ANÁLISES REGIONAIS E GLOBAIS DO
TURISMO BRASILEIRO

ANÁLISES REGIONAIS E GLOBAIS DO
TURISMO BRASILEIRO

EDITOR

Luiz Gonzaga Godoi Trigo

Graduado em Turismo e Filosofia. Doutor em Educação pela Unicamp.
Livre-docente em Lazer e Turismo pela ECA-USP.
Professor da Universidade de São Paulo (USP/LESTE) e da
Pontifícia Universidade Católica de Campinas.

CO-EDITORES

Alexandre Panosso Netto

Graduado em Filosofia e Turismo. Doutor em Ciências da Comunicação pela ECA-USP.
Professor do Centro de Ensino Superior de Rondonópolis.

Mariana Aldrigui Carvalho

Graduada em Turismo pela USP. Mestre em Ciências
da Comunicação pela ECA-USP.
Professora da Pontifícia Universidade Católica de Minas Gerais (Poços de Caldas).

Paulo dos Santos Pires

Engenheiro Florestal. Doutor em Ciências (Área de Geografia Humana) pela USP.
Professor da Universidade do Vale de Itajaí (Balneário Camboriú).

ROCA

ISBN: 85-7241-568-8

CIP-BRASIL. CATALOGAÇÃO-NA-FONTE
SINDICATO NACIONAL DOS EDITORES DE LIVROS, RJ.

A551

Análises regionais e globais do turismo brasileiro / editor Luiz Gonzaga Godoi Trigo ; co-editores Alexandre Panosso Netto, Mariana Aldrigui Carvalho, Paulo dos Santos Pires. – São Paulo : Roca, 2005

Inclui bibliografia
ISBN 85-7241-568-8

1. Turismo – Brasil. 2. Turismo.
I. Trigo, Luiz Gonzaga Godoi.

05-0691. CDD 338.47910981
CDU 338.48(81)

2005

EDITORA ROCA LTDA.
Rua Dr. Cesário Mota Jr., 73
CEP 01221-020 – São Paulo – SP
Tel.: (11) 3331-4478 – Fax: (11) 3331-8653
E-mail: vendas@editoraroca.com.br – www.editoraroca.com.br

Impresso no Brasil
Printed in Brazil

Seção dos Autores

O leitor perceberá duas características nesta seção. A primeira é que as informações sobre os 72 autores são extensas. Dedicamos mais espaço para essas informações para que o leitor conheça um pouco da história pessoal, da experiência profissional e dos trabalhos acadêmicos (no caso dos pesquisadores) daqueles que participaram deste projeto. Pode-se perceber que vários desses autores traçaram uma trajetória profissional mais ou menos linear, enquanto outros atuaram em várias áreas, montando uma carreira pluralista. Isso reflete a riqueza das áreas de meio ambiente, lazer, turismo e hospitalidade, nas quais a multiplicidade de cursos e experiências proporciona uma riqueza intelectual e profissional.

A segunda característica é que convivem neste volume desde conhecidos acadêmicos e profissionais renomados até jovens publicando seu primeiro trabalho, geralmente sob a supervisão de um experiente professor orientador. Há também jovens doutores ou doutoras que, voando *solo*, apresentam textos maduros, estruturados e inéditos. Procuramos abrir espaço para temas e pesquisas ainda não contemplados em estudos anteriores e que precisavam surgir para dar conta, teórica e criticamente, de temas antigos e desconhecidos ou de assuntos muito discutidos atualmente pela mídia e que, por serem novos, ainda não tinham passado por um olhar acadêmico.

O endereço eletrônico que aparece no final das informações, em quase todos os autores, é para facilitar o contato direto entre o leitor e o escritor. *Use com moderação*, pois o tempo das pessoas não é tão farto quanto gostaríamos que fosse.

Titularidades

Editor

Luiz Gonzaga Godoi Trigo – Professor, escritor e pesquisador. Professor da Universidade de São Paulo (USP/Leste) e professor da Pontifícia Universidade Católica de Campinas, na área de lazer e turismo. Livre-docente em Lazer e Turismo pela Escola de Comunicações e Artes da USP (2003). Doutor em Educação pela Unicamp – Universidade Estadual de Campinas (1996). Mestre em Filosofia Social pela PUC-Campinas (1991) e graduado em Turismo (1983) e Filosofia (1988) pela PUC-Campinas. Membro da AIEST – *Association Internationale D'Experts Scientifiques du Tourisme*, com sede na Suíça. Trabalhou na operadora de viagens Abreutur, em São Paulo e Campinas (1979 a 1987). Foi diretor de turismo da Prefeitura de Campinas (1989 a 1991); diretor das Faculdades Senac de Turismo e Hotelaria e assessor do Senac São Paulo (1995 a 2004). Membro das Comissões de Especialistas do Ministério da Educação nas áreas de Administração (1996/1997) e Turismo (2000/2002). Realiza palestras e ministra cursos em várias universidades no Brasil e no exterior (Costa Rica, Espanha, Argentina, Israel, França). Autor de 12 livros publicados e vários capítulos de livos e artigos sobre turismo, cultura e entretenimento, no Brasil e no exterior.

Contato: trigo@usp.br

Co-editores

Alexandre Panosso Netto – Graduado em Filosofia e Turismo pela UCDB – Universidade Católica Dom Bosco. Especialista em História do Brasil pela UFMS – Universidade Federal do Mato Grosso do Sul, especialista em Turismo pela UCB – Universidade Católica de Brasília. Mestre em História pela UFMS e doutor em Ciências da Comunicação, linha de pesquisa em Turismo e Lazer, pela Escola de Comunicações e Artes da Universidade de São Paulo. Desde 2000, coordena o curso de Turismo do Cesur – Centro de Ensino Superior de Rondonópolis (Mato Grosso). Membro fundador do periódico *Cesur em revista* e presidente de seu conselho editorial. Também é colaborador e membro do conselho editorial do BEHT –*Boletim de Estudos em Hotelaria e Turismo*.

Contato: panosso@cesur.br

Mariana Aldrigui Carvalho – Bacharel em Turismo (1998) e mestre em Ciências da Comunicação pela Escola de Comunicações e Artes da Universidade de São Paulo (2003). Docente do curso de Turismo da Pontifícia Universidade Católica de Minas Gerais, *campus* Poços de Caldas; docente do Instituto Superior de Ciências Aplicadas, em Limeira; docente convidada do Centro de Excelência em Turismo da Universidade de Brasília. Foi docente em várias instituições do estado de São Paulo (Faculdades Torricelli, Unicid, Faenac, Senac e Unibero). Realizou várias atividades de consultoria (Blue Tree Hotels, Crowne Plaza São Paulo, NH Hoteles) e traduções e revisões técnicas de textos em hospitalidade para as editoras Roca e Manole. Participou de palestras e eventos em várias instituições no Brasil. É vice-presidente da ABBTUR-SP e conselheira na ABBTUR Nacional.

Contato: mariana.ops@terra.com.br

Paulo dos Santos Pires – Graduado em Engenharia Florestal (1982) pela UFSM – Universidade Federal de Santa Maria; especialista em Fotointerpretação e Sensoriamento Remoto (1989), também pela UFSM; especialista em Turismo e Hotelaria (1995) pela Univali – Universidade do Vale do Itajaí; mestre em Engenharia Florestal (1993) pela Universidade Federal do Paraná; doutor em Ciências (área de Geografia Humana, 1999), pela Universidade de São Paulo. Atuou como profissional liberal no início da carreira nas áreas de topografia, paisagismo e arborização e foi diretor municipal de Meio Ambiente no município de Itajaí (Santa Catarina). Foi consultor da SUREHMA – Superintendência de Recursos Hídricos e Meio Ambiente em convênio com a empresa alemã GTZ na área de análise da paisagem e do CEPA – Instituto Agrícola de Santa Catarina, na área de mapeamento. Atua na Univali desde 1989, como professor, pesquisador e orientador, e desde 1992 exerce atividades no curso de pós-graduação em Turismo e Hotelaria. É consultor *ad hoc* da Fundação O Boticário de Proteção à Natureza e conselheiro de revistas científicas nas áreas de Turismo e Conservação da Natureza. Ministra cursos e disciplinas de curta duração, como professor convidado, em várias instituições de ensino superior no Brasil.

Contato: paulodsp@terra.com.br

Colaboradores

Alexandre Motta – Graduado no curso superior de Tecnologia em Hotelaria pelo Senac São Paulo; especialista em Administração Hoteleira pelo Senac São Paulo; especialista em Gestão Mercadológica em Turismo e Hotelaria pela Escola de Comunicações e Artes da Universidade de São Paulo. Professor da área de hotelaria em várias instituições (PUC-Campinas, Senac São Paulo, Universidade São Francisco, Universidade São Marcos, etc.). Consultor para hotéis e restaurantes, atua na BSH Consultoria Hoteleira. Já trabalhou em vários hotéis de São Paulo: George V Residence Jardins, Park Hotel Atibaia, Crowne Plaza São Paulo, Maksoud Plaza, Novotel São Paulo Morumbi.
Contato: *alexandrepm@hotmail.com*

Alfonso de Jesús Jiménez Martínez – Mexicano. Cursou a licenciatura em Relações Internacionais na FCPyS da UNAM – *Universidad Nacional Autônoma de México* e o mestrado em Desenvolvimento Turístico na *Universidad Autónoma de Guerrero*, no México. Foi bolsista da Organização dos Estados Americanos no Cicatur – *Centro Interamericano de Capacitación Turística* e da Carl Duisberg Gessellschaft da Alemanha, no Instituto Alemão de Turismo da Universidade de Munique. Trabalha desde 1974 em atividades relacionadas aos setores turístico, público e privado. Foi convidado pela consultoria *Pacific Consultants International*, de Tóquio, para participar em estudos de mercado e planejamento turístico no México, Peru e Guatemala. Trabalhou para a Secretaria General de la AEC – *Associación de Estados Del Caribe* e para o *Centro Caribeño de Desarrollo Sustentable da Universidad de Quintana Roo* (México). Foi professor em várias universidades mexicanas e atualmente leciona e pesquisa em tempo integral na *Universidad de Quintana Roo*. Recebeu "*Premio a la Excelencia Turística Miguel Alemán Valdés*" (1992) e ganhou por duas vezes o primeiro lugar no *Concurso Nacional de Turismo* patrocinado pela *Universidad Cuauhtémoc de Puebla*. Publicou vários artigos em revistas especializadas no México e em outros países.

Anderson Pereira Portuguez – Licenciado em Geografia pela UFES – Universidade Federal do Espírito Santo, mestre em Geografia Humana pela Universidade de São Paulo e doutorando do Programa de Pós-Graduação em Educação, Administração e Comunicação da Universidade São Marcos (São Paulo). Professor da Faculdade Estácio de Sá em Vitória (Espírito Santo) e consultor de Meio Ambiente pelo IPEMA – Instituto de Pesquisas da Mata Atlântica.
Contato: *portuguez@terra.com.br*

André Sathler Guimarães – Graduou-se em Economia pela Universidade Federal de Minas Gerais. Especializou-se em Administração Universitária pela Organização Universitária Interamericana, com estágio em universidades canadenses. Mestre em Gerenciamento de Sistemas de Informação pela Pontifícia Universidade Católica de Campinas. Cursou o doutorado em Filosofia na Universidade Federal de São Carlos. Professor da Universidade Metodista de Piracicaba desde 1999, onde é docente na graduação e pós-graduação. Coordenador do curso de Administração – Habilitação em Gestão de Negócios Internacionais da Unimep (São Paulo).

Athos Henrique Teixeira – Bacharel em Turismo e Hotelaria; especialista em Turismo, Planejamento, Gestão e *Marketing*; mestre em Turismo e Hotelaria pela Universidade do Vale do Itajaí – Univali (Santa Catarina). Professor no curso de Turismo e Hotelaria na mesma universidade. Atua como gerente administrativo da Agência Acadêmica de Turismo da Univali, desde sua implantação em 1996.
Contato: *athos@univali.br*

Caio Luiz de Carvalho – Foi coordenador de Turismo do estado de São Paulo e presidente do Conselho da Abemtur – Associação Brasileira das Empresas de *Marketing* do Turismo. Foi ainda sócio-diretor da CTI – Consultoria Turística Integrada e representante no Brasil da *Japan Management Association*, em Tóquio, bem como do departamento de Comércio e Turismo do Estado da Flórida (Estados Unidos), durante o período de 1991 a 1992. De 1992 a 1995, foi Secretário Nacional de Turismo e Serviços do Ministério da Indústria, do Comércio e do Turismo, e coordenador da Câmara Setorial do Turismo. Foi vice-presidente do São Paulo *Convention and Visitors Bureau* e autor do livro "Destino Brasil – novos caminhos para o turismo", publicado em 1994. Em novembro de 1999, com mandato até 2001, foi eleito presidente do Conselho Executivo da OMT – Organização Mundial do Turismo. Atualmente, é um dos 10 membros do Grupo Estratégico da OMT. Ocupou o cargo de presidente da Embratur – Instituto Brasileiro de Turismo de 1995 a 2002, quando assumiu o Ministério de Esportes e Turismo, onde permaneceu até o final do governo Fernando Henrique Cardoso. Atualmente é professor da FGV – Fundação Getúlio Vargas (São Paulo), nas disciplinas Gestão Pública e Privada do Turismo e Planejamento Local do Turismo. Presidente da Anhembi Turismo e Eventos da cidade de São Paulo. Membro de vários conselhos e entidades ligadas ao turismo, no Brasil e no exterior.
Contato: *caio@industriascriativas.com.br*

Carlos Alberto Tomelin – Graduado em Turismo pela Pontifícia Universidade Católica do Rio Grande do Sul, pós-graduado em Metodologia do Ensino Superior, *Marketing* e Turismo, mestre em Turismo e Hotelaria pela Univali – Universidade do Vale do Itajaí (Santa Catarina) e doutorando pelo mesmo programa. Diretor do Centro de Educação da Univali em Balneário Camboriú (Santa Catarina), coordenou os cursos de graduação e pós-graduação

lato sensu e idealizou uma das primeiras agências-escola do país. Participa do mercado de agências de viagens e turismo como profissional, pesquisador e educador.
Contato: *tomelin@univali.br*

Carlos José Rodrigues da Silva – Doutorando em Turismo e Hotelaria pela Univali – Universidade do Vale do Itajaí (Santa Catarina); mestre em Administração, com concentração em *Marketing* pela Universidade de Brasília (UnB). Especialista em Comércio Exterior – Funcex. Curso de *Marketing* de Serviços e Gestão pelo *Center for Services Marketing & Management*, pela *Arizona State University*. Bacharel em Administração de Empresas pela UPF. Presidente da APPAD – Associação dos Professores e Pesquisadores em Administração. Consultor da SRSILVA Marketing Consulting Ltda. Analista pleno em Ciência e Tecnologia da Capes – Coordenação de Aperfeiçoamento de Pessoal de Nível Superior. Avaliador de cursos para o Ministério da Educação. Funcionário do Banco do Brasil (1975-1999), onde exerceu as funções de gerente de negócios, assessor da presidência na área de *marketing*, chefe-adjunto de qualidade, gerente da divisão de modelagem de processos e assessor na área de planejamento estratégico de *marketing*. Professor convidado do Centro de Excelência em Turismo da UnB e coordenador do curso de pós-graduação em Gestão Empresarial do UniCEUB.
Contato: *cjrsilva@terra.com.br*

Cecília Gaeta – Pedagoga graduada pela Faculdade de Educação da Universidade de São Paulo. Especialista em Comportamento Indutivo pela *School of Education* da *Boston University* (Estados Unidos), mestra em Formação de Professores e doutoranda em Educação e Currículo pela Pontifícia Universidade Católica de São Paulo. Coordenadora acadêmica dos cursos de pós-graduação da Faculdade Senac de Turismo e Hotelaria desde 1996. Professora de Didática e Prática de Ensino para cursos superiores. Responsável pelo planejamento, implantação e acompanhamento do Centro de Apoio a Distância para cursos de pós-graduação. Coordenadora do curso de pós-graduação "Docência para o ensino superior em turismo e hotelaria". Possui dois capítulos de livros publicados, organiza as coletâneas de trabalhos de conclusão de cursos de pós-graduação do Senac São Paulo desde 2001 e já teve trabalhos publicados em vários congressos brasileiros.
Contato: *cgaeta@sp.senac.br*

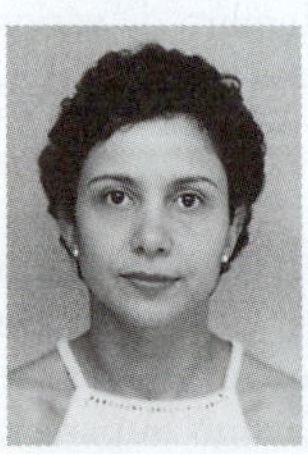

Célia Serrano – Graduada em História pela Unicamp – Universidade Estadual de Campinas, mestre em Sociologia e doutoranda em Ciências Sociais pela mesma universidade. Especialista em Meio Ambiente pelo Centro Universitário do Senac São Paulo. Desde 1992, pesquisa a questão ambiental e o turismo. Coordenadora dos cursos de graduação e pós-graduação em Turismo do Unibero – Centro Universitário Ibero-Americano, em São Paulo, onde leciona desde 1997. Diretora da Edições Chronos, editora especializada em publicações acadêmicas na área de turismo, lazer e meio ambiente.
Contato: cserrano@unibero.edu.br

Christian Dennys Monteiro de Oliveira – Geógrafo, graduado pela Faculdade de Filosofia, Letras e Ciências Humanas da Universidade de São Paulo e licenciado em Educação na mesma universidade. Professor universitário desde 1991, trabalhou em cursos superiores de Geografia, Turismo e Comunicação Social nos estados de São Paulo e Mato Grosso do Sul. Mestre e doutor em Ciências pela Universidade de São Paulo. Pesquisador do Centro de Estudos Latino-Americano sobre Cultura e Comunicação e professor da Unisantos – Universidade Católica de Santos. Membro da AGB – Associação dos Geógrafos Brasileiros, participou das sete edições do Encontro Nacional de Turismo com Base Local.
Contato: *cd49@ig.com.br*

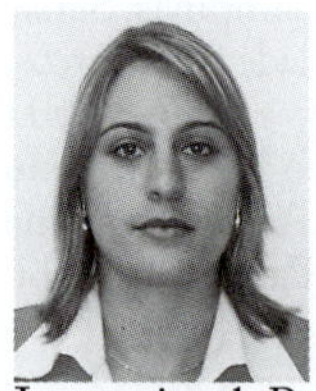

Daniela Moratto Rocco – Graduada em Administração Hoteleira pela Unibero – Centro Universitário Ibero-Americano (São Paulo), especializada em Gestão Mercadológica de Turismo e Hotelaria pela ECA-USP – Escola de Comunicações e Artes da Universidade de São Paulo. Atua na área de vendas da Atlântica Hotels International. Responsável pela definição de procedimentos e desenvolvimento de manuais operacionais na área de reservas. Ministra treinamentos e palestras sobre reservas, *yield management* e *up selling*. Analista de mercado, responsável pela área de *Business Intelligence*.
Contato: *danielarocco@yahoo.com*

Dario Luiz Dias Paixão – Técnico em Administração Hoteleira pela Escola Técnica Centro Europeu, de Curitiba (Paraná); graduado em Turismo pela Universidade Federal do Paraná; especialista em Gestão Estratégica em Ambiente Globalizado pelo Centro Universitário Positivo (Curitiba, Paraná); mestre em Turismo pela *Universidad de Las Palmas de Gran Canária* (Espanha); doutorando em Turismo e Desenvolvimento Sustentável pela *Universidad de Lãs Palmas de Gran Canária* (Espanha). Coordenador do curso de Turismo do Unicenp – Centro Universitário Positivo, em Curitiba (Paraná). Professor de pós-graduação em diversas instituições no Brasil, na Espanha e no México. Presidente do Fórum de Coordenadores dos Cursos Superiores de Turismo e Hotelaria do Paraná. Perito *ad hoc* do Conselho Estadual de Educação do Paraná. Empresário do setor de transportes e turismo receptivo. *Staff* da revista *Estudios e Perspectivas em Turismo* (Argentina). Seu trabalho de pesquisa no mestrado foi sobre cassinos e gerou algumas publicações em revistas especializadas.
Contato: *turismo@unicenp.br*

Eduardo Ehlers – Graduado em Engenharia Econômica pela USP – Universidade de São Paulo; mestre (1994) e doutor (2003) em Ciência Ambiental pela USP. Diretor de extensão do Centro Universitário Senac de São Paulo. Iniciou sua carreira no Senac em 1995, como professor nos cursos de pós-graduação em Turismo e Hotelaria. Em 2000, assumiu a coordenação do Curso Superior de Tecnologia em Gestão Ambiental. Entre 1997 e 2004, foi professor dos cursos de educação continuada e de pós-graduação da Fundação Getúlio Vargas. Entre 1998 e 1999 lecionou na FUNDAP e, entre 1998 e 2002, na pós-gra-

duação da Fundação Armando Álvares Penteado. Durante sete anos trabalhou no serviço de apoio local da IAF – Fundação Interamericana, uma organização do governo norte-americano que apóia projetos de desenvolvimento na América Latina. Foi consultor do Fundo Mundial para a Natureza, do Banco Mundial, do Programa das Nações Unidas para o Meio Ambiente e Desenvolvimento, do Ministério do Meio Ambiente, entre outras organizações.
Contato: *eduardoehlers@sp.senac.br*

Eduardo Yázigi – Diplomado e doutorado em Planejamento Urbano pela Universidade de Paris. Defendeu a Livre-docência, na mesma área, na Universidade de São Paulo. Sua experiência profissional é marcada por duas vertentes fundamentais: uma como chefe da política urbana do estado de São Paulo e gerente do Programa de Preservação do Patrimônio Ambiental Urbano, outra como acadêmico da Universidade de São Paulo, onde é professor junto ao Departamento de Geografia. Possui um grupo de estudos há mais de uma década, oficializado pelo CNPq – Conselho Nacional de Pesquisas Científicas e Tecnológicas, cujos membros são doutorandos e pesquisadores de um conjunto temático preciso: turismo, território e identidade. Seus pormenores são divulgados no *site www.geocities/gpttusp.br*. Tem lutado por uma tese fundamental: a inseparabilidade de um bom turismo do planejamento urbano e regional. É autor de cerca de 70 artigos e livros nas áreas de urbanismo, meio ambiente, planejamento e turismo. Co-criador do Parque Estadual de Ilhabela; orientador das referências que deram origem a vários planos diretores do litoral norte paulista; presidente do Festival Europeu do Filme Científico, sediado na França; criador do Festival Ecocine de São Sebastião. Ministra cursos no Brasil, na Argentina e em vários países europeus.

Eurico de Oliveira Santos – Coordenador e professor do curso de Turismo das FACCAT – Faculdades de Taquara (Rio Grande do Sul); doutorando em Ciências Agropecuárias e Recursos Naturais pela UAEMEX (México); mestre em Extensão Rural pela Universidade Federal de Santa Maria (UFSM); especialista em Produção do Turismo pela PUC-RS – Pontifícia Universidade Católica do Rio Grande do Sul; bacharel em Turismo pela PUC-RS e engenheiro agrícola pela ULBRA – Universidade Luterana do Brasil (Rio Grande do Sul).
Contato: *eurico58@terra.com.br*

Fabio Alberti Cascino – Doutor em Educação pela PUC-SP – Pontifícia Universidade Católica de São Paulo, professor do Unibero – Centro Universitário Ibero-Americano (São Paulo), ambientalista e educador ambiental. Pesquisador do Grupo de Estudos e Pesquisas sobre interdisciplinaridade da PUC-SP. Autor de artigos e livros sobre educação ambiental e interdisciplinaridade.
Contato: *fcascino@uol.com.br*

Fernanda Aguiar de Sousa – Bacharel em Hotelaria, graduada pela Faculdade Senac de Turismo e Hotelaria de São Paulo em 2003. Trabalhou em várias áreas da hotelaria (reservas, manutenção, governança, recursos humanos e área financeira). Atualmente trabalha na Controladoria do Hotel Intercontinental São Paulo. Cursa especialização na Fundação Getúlio Vargas (São Paulo).

Fernando de Figueiredo – Bacharel em Turismo pela Pontifícia Universidade Católica de Campinas, pós-graduando em Ecoturismo na Faculdade Senac de Turismo e Hotelaria, *campus* Águas de São Pedro. Docente da Faculdade Ibitinga nas disciplinas de Planejamento Turístico II e III. Assessor no Departamento de Patrimônio Histórico na Secretaria Municipal de Cultura e Turismo de Jaú (São Paulo).
Contato: *fernandodefigueiredo@hotmail.com*

Francisco Aparecido Cordão – Licenciado em Filosofia, Teologia e Pedagogia. Especialista em Supervisão de Ensino, Administração Escolar e Sociologia da Educação. Foi professor de Filosofia da rede estadual de ensino e do ensino superior privado. Trabalhou no Senac São Paulo, em várias atividades, de 1973 até 2002, quando se aposentou como assessor técnico educacional. Foi conselheiro durante 18 anos do Conselho Estadual de Educação de São Paulo. Foi conselheiro do Conselho Municipal de Educação de São Paulo por quatro anos. Membro do Conselho de Curadores da Fundação Padre Anchieta – Centro Paulista de Rádio e TV Educativa de São Paulo (membro nato enquanto presidente do CEE/SP). Membro do Conselho Diretor do IQE – Instituto de Qualidade no Ensino, vinculado à Câmara Americana de Comércio. Membro do Conselho Diretor da Fundação Escola de Sociologia e Política de São Paulo. Diretor-presidente da consultoria educacional Peabiru Ltda., Consultores Associados em Educação. Participou de vários simpósios e seminários de educação e formação profissional, como conferencista, em todo o Brasil e em vários países. Possui vários títulos publicados em coletâneas, jornais e periódicos especializados em educação, formação profissional, desenvolvimento de pessoal e Diretrizes Curriculares Nacionais. Atual Conselheiro da Câmara de Educação Básica do Conselho Nacional de Educação, com mandato de 8 anos
Contato: *facordao@uol.com.br* ou *cepeabiru@uol.com.br*

Geslayne Franz Ferreira – Graduada em Turismo pela Faculdade de Belas Artes de São Paulo. Licenciada em Estudos Sociais pela Universidade para o Desenvolvimento de Santa Catarina. Especialista em Gestão Mercadológica em Turismo e Hotelaria. Foi docente de História e Geografia em várias instituições em Santa Catarina. Colaboradora em consultoria nas áreas de Alimentos e Bebidas para restaurantes de pequeno e grande porte. Assistente do Prof. Dr. Mário Carlos Beni em várias atividades acadêmicas e editoriais.
Contato: *geslayne_ferreira@yahoo.com.br*

Gisele de Souza Cordeiro Zorzella Di Dio – Graduada em Administração de Empresas, especializada em Administração Hospitalar, trabalhou em instituições de saúde atuando em gerência administrativa e de materiais, consultoria organizacional e gerência de projetos. Desenvolveu, no início da década de 1990, no Hospital A. C. Camargo, uma metodologia de trabalho integrando os serviços de apoio, enfermagem e recepção com o objetivo de aprimorar o *check-in* e *check-out*. Foi docente do IPEP – Instituto Paulista de Ensino e Pesquisa e do Centro Universitário Sant' Anna, em São Paulo. É docente do curso de Tecnologia em Gestão de Serviços Hospitalares da Faculdade Radial e dos cursos de bacharelado e tecnologia em Hotelaria do Centro Universitário Senac (São Paulo). Líder de pesquisa na área de hotelaria hospitalar e orientadora de trabalhos de conclusão de curso. Mestranda em Administração de Empresas pela Universidade Presbiteriana Mackenzie.
Contato: *gisele.didio@bol.com.br*

Glauco Eros Zambonini – Graduado em Análise de Sistemas pela Universidade São Francisco de Itatiba (São Paulo). Especializado em Gestão Mercadológica de Hotelaria e Turismo pela Universidade de São Paulo. Atua há oito anos no ramo hoteleiro, passando por funções como mordomo, *guest relation* e coordenador de informática. Atualmente é responsável pela área de Tecnologia de Informação e Recursos Humanos.
Contato: *glaucozambonini@yahoo.com.br*

Gleice Regina Guerra – Atua na área hoteleira desde meados da década de 1980. Foi gerente geral de diversos empreendimentos hoteleiros e, em educação, foi docente e coordenadora de cursos técnicos, de graduação e pós-graduação. Atua especialmente com estudos de viabilidade, desenvolvimento, implantação e operação de hospedagem. Traduziu e revisou diversos livros e artigos acadêmicos nas áreas de turismo e hotelaria e as publicações de sua autoria versam principalmente sobre contabilidade hoteleira. É administradora hoteleira graduada pelo Senac São Paulo, bacharel em Turismo pela Universidade de São Paulo e bacharel em economia pela FMU (São Paulo). Fez o mestrado em Controladoria e Contabilidade pela FEA-USP. É professora titular da Faculdade Belas Artes de São Paulo, do Instituto Superior de Ensino Sumaré e da Unimep – Universidade Metodista de Piracicaba, onde exerce a coordenação do curso de Administração Hoteleira.
Contato: *grguerra@unimep.br*

Guilherme Lohmann Palhares – Professor do Departamento de Turismo da *Waikato Management School* da *University of Waikato* (Nova Zelândia) e doutorando pela *Victoria University of Wellington* (Nova Zelândia). Mestre em Ciências (Engenharia de Transportes) pela COPPE/UFRJ – Universidade Federal do Rio de Janeiro e graduado em Engenharia de Transportes pela UFRJ.
Contato: *lohmann@waikato.ac.nz*

Heloísa Maria Rodrigues de Souza – Bacharel em Turismo e mestre em Ciências da Comunicação com ênfase em Turismo e Lazer pela Escola de Comunicações e Artes da Universidade de São Paulo, tendo defendido a dissertação "Turismo na Terceira Idade – Expectativas e Realidades" em maio de 2002. Coordenou o curso de Turismo no Uninove – Centro Universitário Nove de Julho, de 2001 a 2003, e atualmente orienta trabalhos de conclusão de curso e é professora de estágios supervisionados. Coordena o projeto interdisciplinar de extensão universitária "Qualidade de vida para a terceira idade" da Uninove. É avaliadora de condições de ensino de cursos de graduação em Turismo e Hotelaria pelo INEP/MEC. Apresentou vários trabalhos em congressos nacionais e internacionais e realiza palestras sobre a qualidade de vida dos idosos.
Contato: *helosouza@uninove.br*

Henry Lesjak Martos – Engenheiro florestal graduado em 1982 pela ESALQ-USP – Escola Superior de Agricultura "Luiz de Queiroz" da Universidade de São Paulo, de Piracicaba (São Paulo). Mestre (1996) e doutor (1999) em Geociências e Meio Ambiente pelo Instituto de Geociências e Ciências Exatas da Unesp – Universidade Estadual Paulista. Atua como professor titular da Faculdade de Turismo da Pontifícia Universidade Católica de Campinas. Professor associado do Departamento de Ciências do Ambiente do Centro de Ciências Médicas e Biológicas da Pontifícia Universidade Católica de São Paulo. Professor convidado de cursos de pós-graduação *lato sensu* e *stricto sensu* de várias instituições de ensino. Realiza e orienta trabalhos de pesquisa científica nas áreas de ecologia aplicada e de turismo e meio ambiente. Atua como consultor na área ambiental.
Contato: *implanta@matrix.com.br*

Hermann Hrdlicka – Bacharel em Administração de Empresas pela FEA-USP (1977). Bacharel em Direito Empresarial pela USP (1983). Mestre em Administração de Empresas, nas áreas de concentração *Marketing* e Finanças, pela FEA-USP (1994). Doutorando em Gestão Ambiental pela FEA/USP. Trabalhou 23 anos no Banco do Brasil, na execução e gestão de atividades junto à Carteira Internacional – Câmbio e Comércio Exterior. Como empreendedor, empresário e sócio-diretor, atuou como gestor nas empresas: Amyr Klink Planejamento e Pesquisa Ltda; Amyr Klink Projetos Especiais Ltda.; Comptor Tecnologia em Sistemas de Informação Ltda. e Porto de Apoio Serviços Náuticos Ltda. Como professor na área de gestão, atuou no Instituto Manchester de Ensino (Sorocaba), na Faculdade Torricelli (Guarulhos) e no Centro Universitário Senac São Paulo. Fundou e foi presidente do Instituto do Mar, voltado ao desenvolvimento de auto-sustentabilidade de comunidades ribeirinhas. Atua na Physis, uma OSCIP – Organização da Sociedade Civil de Interesse Público voltada às questões ambientais. Publicou vários artigos em congressos e eventos científicos.
Contato: *hermann@360graus.com.br*

Hermínio Ribeiro Magalhães – Bacharel em Administração de Empresas pela Unip – Universidade Paulista e pós-graduado em Administração Hoteleira pelo Senac São Paulo. Possui várias experiências no setor de serviços e está iniciando seu trabalho em grupos de pesquisa acadêmicos.
Contato: *hr_magalhães@ig.com.br*

Isabelle Grechi – Graduada em Tecnologia em Administração Hoteleira pela Faculdade Senac de Turismo e Hotelaria de São Paulo e cursando a pós-graduação em Administração de *Marketing* na Universidade Vale do Acaraú de Sobral e Fortaleza (Ceará). Possui grande experiência na área hoteleira. Trabalhou na CP Consultoria e Representações de Hotéis (1998); no Caesar Park Fortaleza como coordenadora de grupos e executiva de contas; no Sol Meliá Confort Fortaleza, como gerente de vendas; e atualmente trabalha no Atlântica Hotels International, como gerente regional de vendas. Já fez vários cursos de aperfeiçoamento profissional nas áreas de informática, vendas e recursos humanos.
Contato: *igrechi@atlanticahotels.com.br*

Jeferson Munhoz – Graduado em Turismo pela Universidade Anhembi-Morumbi, especialista em Administração de *Marketing* na mesma universidade e especialista em Planejamento Estratégico em Turismo e Hotelaria pela ECA-USP – Escola de Comunicações e Artes da Universidade de São Paulo. Gerente Regional da Accor Hotels e professor convidado do curso de espacialização em Planejamento Estratégico em Hotelaria e Turismo da ECA-USP. Sua experiência profissional na Accor

envolve passagens no Sofitel Quatro Rodas em São Luís (Maranhão) e pelo Novotel Morumbi e Center Norte, em São Paulo. Já trabalhou na Rede Eldorado de hotéis e Delphin Hotel Guarujá.
Contato: *jmunhoz2000@yahoo.com.br*

João Meirelles Filho – Dedica-se à mobilização de recursos para o terceiro setor desde meados da década de 1980, em especial na assessoria e capacitação para o desenvolvimento institucional de OSCIP – Organizações da Sociedade Civil de Interesse Público. Dirige o Instituto Peabiru e coordena a Escola Amazôniapé. Colaborou com OSCIP no Brasil, Argentina, Paraguai, Colômbia e Panamá, em especial SOS Mata Atlântica, Instituto de Ecoturismo do Brasil, Instituto Ecofuturo, *Camping* Clube do Brasil e Masp – Museu de Arte São Paulo. É administrador de empresas pela EAESP-FGV-SP, com estudos na *London School of Economics*. Dedica-se à criação de destinos ecoturísticos e à preparação de planos de negócios para propriedades rurais como o Parque das Neblinas, em Bertioga (São Paulo), e para a Suzano Bahia Sul. Entre seus clientes estão a Companhia Brasileira de Alumínio, Unilever, Ministério do Meio Ambiente e proprietários rurais de Goiás, Pará e São Paulo. É líder-parceiro da fundação Avina e vice-presidente da IAERT – *International Association of Rural Tourism Specialists*.
Contato: *www.peabiru.org.br* ou *jmeirelles@peabiru.org.br*

Joaquim Anécio de Almeida – Professor titular do Departamento de Educação Agrícola e Extensão Rural da Universidade Federal de Santa Maria (UFSM). Pós-doutor pela Universidade de Wageningen (Holanda). Doutor em Sociologia pela *Université Catholique de Louvain* (Bélgica). Mestre em Sociologia pela *Université Catholique de Louvain* (Bélgica) e Ciências Sociais pelo *Goa College* (Índia).
Contato: naik@ccr.ufsm.br

José Antonio Scaleante – Graduado em Turismo pela PUC-Campinas (1997), cursou a pós-graduação *lato sensu* em "Análise de usos e conservação de recursos naturais" no NEPAM – Núcleo de Estudos e Pesquisas Ambientais da Unicamp – Universidade Estadual de Campinas (1998-1999) e o mestrado em Geociências na Unicamp (2003). Foi presidente da Sociedade Brasileira de Espeleologia (1994-1995 e 2001-2003), coordenador da equipe que elaborou o Plano Diretor de Turismo de Apiái, já participou de vários congressos nacionais e internacionais sobre espeleologia e a área ambiental. Tem trabalhos publicados nas áreas de turismo e meio ambiente. É professor do curso de Turismo da PUC-Campinas, da Faculdade de Americana (São Paulo), consultor do Programa de Certificação do Turismo Sustentável do Instituto de Hospitalidade e do Conselho da Reserva da Biosfera da Mata Atlântica, no programa de turismo sustentável. É diretor-presidente da Estação Floresta, empresa de projetos educacionais, ambientais e turísticos.
Contato: *floresta.scala@terra.com.br*

José Ruy Veloso Campos – Bacharel em Letras, com especialização em Gestão Educacional pela Unicamp – Universidade Estadual de Campinas e mestrado em Ciências da Comunicação pela Escola de Comunicações e Artes da Universidade de São Paulo. Iniciou sua atuação na área de hospitalidade no Senac São Paulo onde, na década de 1980, gerenciou o restaurante escola Engenho e Arte, Trabalhou para o *shopping* Eldorado na implantação de diferentes casas de pasto e espetáculos (*Show Days*, *Palladium* e *Bom Beef*) e também em projetos hoteleiros. Voltou ao Senac São Paulo no final da década de 1980 para a gestão corporativa na área de hotelaria, à qual acrescentou o turismo. Implantou o primeiro curso de nível superior no Senac São Paulo, o curso de "Tecnologia em hotelaria", o primeiro curso de formação de *chefs* de cozinha em parceria com *The Culinary Institute of America*. Foi consultor da Embratur – Instituto Brasileiro de Turismo, consultor *ad hoc* da SESu/MEC – Secretaria de Educação Superior, consultor da Fundação Odebrecht e consultor do Senac Rio de Janeiro. É presidente da Associação Brasileira de Dirigentes de Escolas de Turismo e Hotelaria desde 1993. Proferiu palestras em eventos internacionais no Caribe e na Europa, escreveu vários artigos para o jornal "O Estado de São Paulo" e periódicos especializados em hospitalidade e turismo. É coordenador do curso de Hotelaria da Universidade de Bragança Paulista. É diretor da Veloso Campos & Associados, Consultoria e Eventos.
Contato: v_campos@uol.com.br

Júlio Segismundo Collares Álvares Pereira Lima – Bacharel em Comunicação Social pela Universidade Federal do Rio Grande do Sul; especialista em administração de recursos humanos pela PUC-RS – Pontifícia Universidade do Rio Grande do Sul; mestre em Turismo pela Universidade de Caxias do Sul (2004) com a dissertação intitulada "Empresa aérea de baixo custo e baixa tarifa no Brasil: contribuições de um novo modelo de empresa aérea para o turismo doméstico". Possui experiência profissional em empresa aérea desde 1986, trabalhando na Varig nas áreas de aeroportos, vendas e operações de vôos. Atuou posteriormente na área de treinamento técnico – formação e reciclagem de comissários de vôo – e na área de recursos humanos voltado para cursos de atendimento ao cliente e educação e desenvolvimento gerencial. Professor dos cursos de Ciências Aeronáuticas (desde 1995) e de Turismo (desde 2004) na PUC-RS. Também é professor nos cursos de turismo da ULBRA – Universidade Luterana do Brasil, em Torres (Rio Grande do Sul) e da FACCAT – Faculdade de Ciências Contábeis e Administrativas de Taquara.
Contato: *jlaero@terra.com.br*

Karina Toledo Solha – Bacharel, mestra e doutora em Turismo pela ECA-USP – Escola de Comunicações e Artes da Universidade de São Paulo. É docente do curso de Turismo da Pontifícia Universidade Católica de Campinas, nas áreas de pesquisa e planejamento turístico. Líder do grupo de pesquisa "Turismo e Contemporaneidade". Possui experiência docente em várias universidades de São Paulo em cursos de graduação de Turismo e Hotelaria (USP, Unibero, Senac). Atuou como consultora *ad hoc* para a área de Turismo e Hotelaria do MEC. Participou como docente de cursos de especialização em Turismo em universidades de vários estados. É membro do conselho editorial da revista Turismo em Análise da ECA-USP. Publicou, em co-autoria com a professora Doris Rushmann, a obra *Turismo: uma visão empresarial* e é autora de artigos publicados na obra *Turismo no percurso do tempo*, organizada pela professora Mirian Rejowski, entre outros. Consultora da Rushmann Consultores em Turismo, tendo participado de diversos projetos na área de educação a distância como conteudista dos cursos de especialização e de graduação em Turismo da Universidade Católica de Brasília.
Contato: *kasolha@yahoo.com*

Keila Cristina Nicolau Mota – Bacharel em Turismo pela Unifor – Universidade de Fortaleza (1991), mestra em Administração pela UECE – Universidade Estadual do Ceará (1999) e doutoranda em Turismo e Hotelaria pela Univali – Universidade do Vale do Itajaí. Fez o curso de extensão em Gestão da Qualidade em Empreendimentos Turísticos e de *Marketing* Turístico pela *Escuela de Turismo de Madrid* (1999). Membro da comissão de especialistas do INEP – Instituto Nacional de Estudos e Pesquisas Educacionais Anísio Teixeira para avaliação das condições de ensino dos cursos de graduação em Turismo e Hotelaria. Coordenadora dos cursos de Turismo e Administração Hoteleira da FIC – Faculdade Integrada do Ceará. Pesquisadora e consultora nas áreas de turismo, administração e *marketing*.
Contato: *keila@fic.br*

Kely Regina Gallizia – Graduada em *Marketing* pela Unip – Universidade Paulista, decoradora pela Abra – Academia Brasileira de Arte e pós-graduada em Administração Hoteleira pela Faculdade Senac de Turismo e Hotelaria de São Paulo. Atua na área de planejamento, coordenação de projetos e gerenciamento de empreendimentos industriais.

Luciana Bon Duarte Fantini – Arquiteta e urbanista graduada pela FAU-USP – Faculdade de Arquitetura e Urbanismo da Universidade de São Paulo. Especialista em Administração Hospitalar e de Sistemas de Saúde pela Fundação Getúlio Vargas de São Paulo. Mestre e doutoranda em Arquitetura e Urbanismo pela FAU-USP. Atua como arquiteta desenvolvendo projetos nas áreas residencial, hospitalar, de serviços, de alimentação e hotelaria desde 1996 e como professora do Centro Universitário Senac nos cursos superiores de Tecnologia em Hotelaria e Gastronomia. Pesquisadora e consultora das áreas de planejamento físico de hotéis, bares, restaurantes e cozinhas industriais, tendo atuado também como coordenadora do setor de consultoria das Faculdades Senac de Turismo e Hotelaria em São Paulo.
Contato: *lduarte@sp.senac.br*

Luciana Moreira Guedes – Bacharel em Administração de Empresas pela FMU e pós-graduada em Administração Hoteleira pelo Senac São Paulo. Já trabalhou como estagiária em várias empresas de prestação de serviços e colabora em grupos de pesquisa sobre hospitalidade.
Contato: *lucianaguedes@terra.com.br*

Luiz Octávio de Lima Camargo – Fez seus cursos fundamentais em seminário católico, tendo inclusive iniciado o curso de Filosofia, que deixou para entrar no recém-criado curso de Jornalismo da ECA-USP – Escola de Comunicações e Artes da Universidade de São Paulo. Na mesma época entrou no Sesc São Paulo, onde teve um aprendizado prático do lazer. Pelo Sesc foi para Paris estudar lazer com o professor Joffre Dumazedier. Concluiu o doutorado na Universidade Sorbonne-Paris 5 (Universidade René Descartes), com tese sobre a gênese do lazer no Brasil. No Sesc, foi diretor do Centro de Estudos de Lazer. Realizou em 1979-1980 a primeira grande sondagem sobre práticas de lazer no Brasil *(Práticas e aspirações culturais da população adulta da cidade média moderna brasileira)*, que repetiria, em 1995, na capital paulista. Deixou o Sesc em 1985. Em 1986 publicou seu primeiro livro (*O que é Lazer*), pela editora Brasiliense, publicou capítulos de livros na França, Inglaterra e artigos nas revistas *Tiers-Monde* (França) e *Leisure & Society* (Canadá). Em 1990, iniciou sua vida acadêmica coordenando os cursos de pós-graduação *lato sensu* em lazer na Universidade Anhembi-Morumbi, na Escola de Sociologia e Política de São Paulo e na Faculdade Senac de Turismo e Hotelaria de São Paulo. A partir de 1993, fez parte do corpo docente do Programa de Mestrado em Educação da Unip – Universidade Paulista e publicou, com seus alunos, *Perspectiva e resultados de pesquisa em educação ambiental* (Arte e Ciência, 1999). Em junho de 1993, foi o primeiro profissional de lazer no Brasil entrevistado nas páginas amarelas da revista Veja. Em 1997, implantou os cursos de Turismo e Hotelaria da Universidade de Sorocaba. Atualmente está no programa de mestrado em Hospitalidade da Universidade Anhembi-Morumbi, de cuja experiência surgiu o livro *Hospitalidade* (Aleph, 2004). É coordenador do núcleo de pesquisa da Faculdade Senac de Turismo e Hotelaria, do Centro Universitário Senac de São Paulo.
Contato: *octacam@uol.com.br*

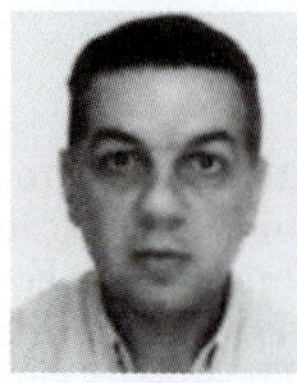

Marcelino de Souza – Professor adjunto do Departamento de Educação Agrícola e Extensão Rural pela UFSM – Universidade Federal de Santa Maria. Doutor em Engenharia Agrícola pela Unicamp – Universidade Estadual de Campinas. Mestre em Extensão Rural pela UFSM. Engenheiro agrônomo graduado pela Universidade Estadual de Londrina.
Contato: *marcelino.souza@uol.com.br*

Marcelo Valente Ramos – Instrutor da OBB – Outward Bound Brasil. Professor de Ecoturismo da Univali – Universidade do Vale do Itajaí. Socorrista voluntário, salva-vidas e trabalha como guia especializado em atrativos naturais desde 1996. Coordena o laboratório CAEX (Campos Experimentais de Ecoturismo e Turismo de Aventura) do curso de Turismo e Hotelaria da Univali, onde desenvolve processos de educação ao ar livre que visam ao desenvolvimento pessoal e social, com base na metodologia de educação experiencial e ambiental. Graduado em Turismo, com especialização na área pedagógica e mestrando em Educação. Pesquisa *Leave no trace* (não deixe rastros), programas de conduta em ambientes naturais e educação ambiental. É sócio da "Paralelo 28", empresa especializada na produção artesanal de remos, embarcações e equipamentos náuticos e também realiza cursos ao ar livre em formato de expedições. Já realizou trabalhos nos Estados Unidos, México, Costa Rica, Canadá e Chile em empresas especializadas em turismo de aventura, desenvolvendo atividades como caiaque oceânico, *mountain biking*, *rafting*, canoagem, *trekking* e outros esportes de aventura.
Contato: *marcelovalente@univali.br*

Marcelo Vilela de Almeida – Bacharel em Turismo pela Universidade Anhembi-Morumbi, especialista em Planejamento e *Marketing* Turístico pelo Senac São Paulo, mestre e doutorando em Ciências da Comunicação pela Escola de Comunicações e Artes da Universidade de São Paulo. Consultor em Turismo, docente da Universidade Anhembi-Morumbi e do curso

de pós-graduação em Planejamento e *Marketing* de Destinos e Produtos Turísticos do Centro Universitário Senac São Paulo. Diretor de comunicação da Associação Brasileira de Bacharéis em Turismo de São Paulo e avaliador de cursos superiores de Turismo pelo INEP/MEC.
Contato: *m_v_almeida@uol.com.br*

Márcio Soldateli – Biólogo, graduado pela UFSC – Universidade Federal de Santa Catarina em 1995. Em 1999, concluiu o mestrado em Engenharia Ambiental, também pela UFSC, na área de concentração "Planejamento de Bacias Hidrográficas", tendo como tema de dissertação "Os impactos de turismo". Seu primeiro contato com o turismo da natureza deu-se em 1992 quando, ainda estudante de Biologia, realizou um estágio em um hotel, conduziu grupos em trilhas e desenvolveu atividades de educação ambiental. Entre 1995 e 1999, atuou como condutor de grupos de ecoturismo em Florianópolis, além de participar de projetos de educação ambiental e agroturismo do Senac Santa Catarina. Em 1999, ingressou na Univali como professor do curso de Turismo e Hotelaria na disciplina de Ecoturismo. Desde 2003, é também docente da Faculdade Estácio de Sá de Santa Catarina, também na disciplina de Ecoturismo. Realiza palestras sobre turismo e meio ambiente e presta serviços de consultoria para instituições públicas e privadas.
Contato: *msolda@bol.com.br*

Maria Angélica Rovina Galvão de Oliveira – Mestra em Educação pela Unimep – Universidade Metodista de Piracicaba, especialista em Administração Hoteleira pela Faculdade Senac de Turismo e Hotelaria de Águas de São Pedro e graduada em Economia Doméstica pela ESALQ/USP – Escola Superior de Agricultura "Luiz de Queiroz" da Universidade de São Paulo, em Piracicaba (São Paulo). Docente em cursos superiores e de nível médio em Turismo e Hotelaria na Unimep e nas Faculdades Senac de Turismo e Hotelaria de São Paulo. Realiza treinamentos *in company* na área de governança e consultoria em Hotelaria Hospitalar.
Contato: *marolive@unimep.br*

Maria José Giaretta – Bacharel em Turismo pela Unibero – Centro Universitário Ibero-Americano (São Paulo) e mestre pela Escola de Comunicações e Artes da Universidade de São Paulo. Trabalhou como docente em cursos de Turismo na Universidade Anhembi-Morumbi (1986-1988); Unibero (1992-2002); Universidade São Judas Tadeu (1999-2005); Pontifícia Universidade Católica de São Paulo (desde 2001); Centro Universitário Assunção (desde 2003). Trabalhou também em várias agências de viagens na década de 1980 e é consultora independente desde 1991. Foi uma das fundadoras da ABBTUR – Associação Brasileira de Bacharéis em Turismo, regional São Paulo, em 1981 e foi presidente em várias gestões. Em 1987, foi uma das fundadoras da ABBTUR Nacional. Desde 1986 é diretora da FBAJ – Federação Brasileira de Albergues da Juventude e, desde 1984, membro da diretoria da APAJ – Associação Paulista de Albergues da Juventude. Membro do Conselho Nacional de Turismo desde 2003, representando os albergues da juventude.
Contato: *geare@uol.com.br*

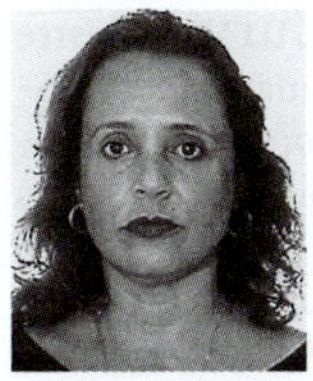

Maria Tereza Duarte Paes-Luchiari – Graduada em Geografia pela Universidade Estadual Paulista "Júlio de Mesquita Filho" (Rio Claro, São Paulo), realizou pós-graduação, mestrado em Sociologia e doutorado em Ciências Sociais na Unicamp – Universidade Estadual de Campinas. Iniciou como docente na Unicamp em 1994, no Instituto de Filosofia e Ciências Humanas, no Departamento de Sociologia. Desde 1999, é professora do Instituto de Geociências, na Unicamp, no Departamento de Geografia do qual foi chefe no período 2001-2003. É coordenadora do curso de graduação em Ciências da Terra (Geologia e Geografia) no mesmo instituto. Possui diversos artigos publicados sobre o modo de vida caiçara, frutos de sua pesquisa de mestrado "Caiçaras, migrantes e turistas: a trajetória da apropriação da natureza no litoral norte paulista" e de doutorado "O lugar no mundo contemporâneo – turismo e urbanização em Ubatuba/SP". Orienta várias pesquisas na graduação e pós-graduação do programa de Geografia da Unicamp.

Maria Yvonne Haddad Galvão Martos – Ecóloga graduada em 1982 pela Unesp – Universidade Estadual Paulista "Júlio de Mesquita Filho" (Rio Claro, São Paulo). Especialista em Saúde Pública pela Faculdade São Camilo. Mestre (1999) em Geociências e Meio Ambiente pelo Instituto de Geociências e Ciências Exatas da Unesp. Doutoranda pelo mesmo programa na Unesp Rio Claro, com pesquisa voltada ao turismo e recursos hídricos. Atuou durante oito anos na área de meio ambiente junto ao Ministério da Marinha. Foi professora da Faculdade de Turismo da Pontifícia Universidade Católica de Campinas e do Senac Sorocaba (São Paulo). Atua como consultora na área ambiental.

Marilia Gomes dos Reis Ansarah – Bacharel em Turismo e doutora em Ciências da Comunicação, com especialização em Turismo, pela Escola de Comunicações e Artes da Universidade de São Paulo. Professora do curso de especialização em Gestão Estratégica do Turismo da EASESP-FGV-SP. Professora convidada dos cursos de mestrado em Turismo e Hotelaria da Univali – Universidade do Vale do Itajaí e do curso Cultura e Turismo da UESC – Universidade Estadual de Santa Cruz. Assessora pedagógica nacional da área de Turismo da Unip – Universidade Paulista.
Contato: *ansarah@uol.com.br*

Marlene Matias – Graduada em Turismo pela Unibero – Centro Universitário Ibero-Americano e mestre em Ciências da Comunicação pela Escola de Comunicações e Artes da Universidade de São Paulo. Docente dos cursos de Turismo da Pontifícia Universidade Católica de São Paulo e do Unifai – Centro Universitário Assunção. Presidente da Associação Brasileira de Bacharéis em Turismo da seccional São Paulo, Vice-presidente da Associação Paulista de Albergues da Juventude e membro do Conselho de Turismo da cidade de São Paulo. Já trabalhou em planos de desenvolvimento turístico em Araxá (Minas Gerais), Caraguatatuba (São Paulo) e no estado do Rio Grande do Sul.
Contato: *marmatias@uol.com.br*

Mauro José Ferreira Cury – Mestre em Ciências da Comunicação, na área de concentração em Publicidade, Propaganda e Turismo pela Escola de Comunicações e Artes da Universidade de São Paulo. Especializou-se em Geografia Humana pela Pontifícia Universidade Católica de Minas Gerais, em Administração da Atividade Turística em Núcleos Receptores pela Universidade de São Paulo-Facisa e Metodologia do Ensino pela Pontifícia Universidade Católica do Paraná. Graduado em Geografia e Estudos Sociais pelas Faculdades Integradas de Uberaba. Professor assistente nos cursos de Turismo e Hotelaria da Unioeste – Universidade Estadual do Oeste do Paraná, *campus* Foz do Iguaçu, desde 1988, e da Faculdade Dinâmica das Cataratas, desde 2000. Exerceu várias funções administrativas na Unioeste. Ministrou cursos na *Universidad Nacional de Misiones* em Posadas (Argentina) e participou de palestras na *Virginia Commonwealth University – Richmond* e *Great Smoky Mountains National Park*, nos Estados Unidos.
Contato: *maurojfc@uol.com.br*

Otilia Cancela Rettondini – Bacharel em Hotelaria pela Faculdade Senac de Turismo e Hotelaria de São Paulo, em 2003. Possui experiência na área de eventos e administração hoteleira. Atua na área de Recursos Humanos e Qualidade no Hotel Gran Meliá Mofarrej São Paulo.

Paulo Jorge de Oliveira Carvalho – Mestrando em Educação pela Pontifícia Universidade Católica de São Paulo. Especialista em Psicanálise pelo Instituto Sedes Sapientiae, em São Paulo; em Psicologia Clínica e Psicodiagnóstico pelo IAMSPE – Hospital do Servidor Público de São Paulo, e em Psicologia Hospitalar pela Secretaria Municipal de Saúde – HSPM. Graduado e licenciado em Psicologia (1988) e guia de turismo (regional, nacional e internacional) desde 1986. Professor do Centro Universitário Senac São Paulo e do Centro Universitário Ibero-Americano, responsável pelo Laboratório de Turismo e pelas disciplinas de Psicologia das Relações Interpessoais e de Teoria e Técnica Profissional. Professor convidado do Centro de Investigação em Psicanálise e Psicossomática e coordenador de trabalhos em equipes multiprofissionais no acompanhamento de grupos em viagens aéreas, rodoviárias e marítimas, na estrutura hoteleira e em eventos. Possui um livro publicado sobre Condução de Grupos no Turismo. Atualmente estuda a história do setor de serviços em São Paulo e a aplicação do turismo na área de saúde mental.
Contato: *pauloj@uol.com.br*

Peter Keller – Suíço. Diretor do *Tourism Policy and Promotion* na Secretaria de Estado para assuntos econômicos do governo suíço. Membro do Comitê Executivo da *Switzerland Federation of Tourism Industries* e do Conselho de Turismo do órgão oficial nacional de turismo suíço. É também responsável pelas relações bilaterais e multilaterais no campo do turismo. *Chairman* da Comissão para a Europa da Organização Mundial de Turismo e do Comitê de Turismo da OECD – *Organization for Economic Cooperation and Development* (Organização para a Cooperação e Desenvolvimento Econômico). Professor na Escola para Estudos Econômicos Avançados na Universidade de Lausanne, onde é responsável pelo Instituto de Pesquisas Turísticas. Ensina também na Universidade de Lugano e em vários cursos de mestrado na Suíça e em outros países. Trabalha como especialista científico para o governo Suíço e para várias organizações internacionais (OMT, OECD, Unesco, Unpan, *European Commission and Council of Europe*). Preside os comitês científicos do evento anual "*Tourism Summits Chamonix-Mont-Blanc*" na França. Presidente da AIEST – *Association Internationale D'Experts Scientifiques du Tourisme* e responsável pela publicação da *AIEST Review of Tourism*. Em 2002, trouxe ao Brasil, pela primeira vez, o Congresso Internacional da AIEST, que se realizou em Salvador (Bahia).

Renata Cury Farha – Bacharel em Hotelaria pela Faculdade Senac de Hotelaria e Turismo. Fluente em inglês e francês, atualmente estuda espanhol e japonês. Trabalhou por quatro anos no Hotel Blue Tree Towers Paulista, onde foi eleita a Funcionária do Ano de 2002. Trabalhou também no Hilton São Paulo Morumbi. "*Jet lag e sua importância para a indústria hoteleira*" foi tema de sua monografia orientada para conclusão de curso (2004).

Ricardo Ricci Uvinha – Doutor em Ciências da Comunicação (Turismo) pela USP – Universidade de São Paulo e docente do curso de Lazer e Turismo na Escola de Artes, Ciências e Humanidades da USP. Proferiu diversas palestras sobre esportes radicais e turismo de aventura para cursos superiores em Turismo pelo país e é autor de publicações sobre o tema, como *Juventude, lazer e esportes radicais* (São Paulo: Manole, 2001). Apresentou trabalhos científicos em eventos nacionais e internacionais, em que se destacam o Congresso Mundial de Lazer da *World Leisure and Recreation Association* (Espanha, 2000), o Congresso Europeu de Lazer da *Leisure Studies Association* (Escócia, 2000), o Congresso de Lazer da Oceania da *Australian and New Zealand Association for Leisure Studies* (Austrália, 2001) e o congresso anual da *Associación Internationale d'Experts Scientifiques du Tourism* (Grécia, 2003). Em 2004, atuou como pesquisador visitante na *Griffith University* (Brisbane, Austrália), desenvolvendo atividades de ensino e pesquisa sobre o turismo de aventura no contexto internacional.
Contato: *uvinha@usp.br*

Rita Mendonça – Bióloga e socióloga. Desenvolve projetos transdisciplinares envolvendo natureza e cultura, oferecidos a instituições públicas, privadas e do terceiro setor. Coordenadora no Brasil da *Sharing Nature Foundation* e diretora do Instituto Romã de Vivências da Natureza. Professora universitária e escritora. Ministra cursos sobre ética, sustentabilidade e educação ambiental. Publicou os livros *Como cuidar de seu meio ambiente* (BEI, 2002) e *À sombra das árvores – transdisciplinariedade e educação ambiental em atividades extra-classe*", em co-autoria pela Editora Chronos (2003), além de diversos artigos sobre ecoturismo, educação ambiental e infância. Coordena as caminhadas ecológicas e filosóficas da Associação Palas Athena e o Grupo de Diálogo Filosofias da Natureza. Colaboradora da Aliança pela Infância, de diversos projetos voltados para a construção de uma cultura de paz desenvolvidos pela Associação Palas Athena, do Instituto Peabiru e da Physis-cultura e ambiente.
Contatos: *ritam@institutoroma.com.br* e *www.institutoroma.com.br*

Rivanda Meira Teixeira – Professora adjunta da Universidade Federal do Paraná, atua na graduação e em cursos de pós-graduação *lato* e *strictu sensu*. Mestre em Administração pela Coppead/Universidade Federal do Rio de Janeiro, concluiu o doutorado em Administração em 1996, pela *Cranfield University* (Inglaterra), com tese sobre responsabilidade social nas pequenas empresas. Fez pós-doutoramento em Turismo na *Bournemouth University* (Inglaterra) e em Gerenciamento de Pequenas Empresas do Setor Turístico na *Strathclyde University* (Escócia) em 2001. Publicou vários artigos no Brasil e no Reino Unido, em co-autoria com os professores John Fletcher, John Westlake, Tom Baum, Tim Knowles e Alison Morrison. É também co-autora de livros voltados para as pequenas e médias empresas e empreendendorismo. Apresentou trabalhos em conferências de Administração e Turismo no Brasil e no exterior. Membro do conselho editorial e consultora *ad hoc* de várias revistas nas duas áreas. Pesquisadora do CNPq – Conselho Nacional de Pesquisas Científicas e Tecnológicas.
Contato: *rivandateixeira@terra.com.br*

Romeu Rodrigues de Souza – Médico, formado pela Faculdade de Medicina da Santa Casa de São Paulo. Foi contratado, em 1970, pelo Departamento de Anatomia Humana da Universidade de São Paulo, onde fez seu doutorado e livre-docência. Desde 1980, dedica-se ao estudo dos efeitos do envelhecimento sobre tecidos e órgãos, tendo publicado mais de 60 trabalhos científicos nessa área em periódicos nacionais e internacionais. Desde 1976, ministra aulas no curso de pós-graduação daquele departamento, tendo orientado cerca de 15 dissertações de mestrado e teses de doutorado. Desde 2003, é professor do curso de pós-graduação em Educação Física na Universidade São Judas, onde ministra a disciplina "Alterações morfológicas do envelhecimento". É autor de três livros na área de Morfologia, sendo o mais recente *Anatomia Humana* (São Paulo: Manole, 2001). Escreveu vários capítulos de livros em publicações nacionais e internacionais. Ministra aulas na área de Morfologia Humana na Universidade de São Paulo desde 1970 e em outras instituições (Universidade São Judas Tadeu, Universidade Cidade de São Paulo, Universidade Ibirapuera). Desde o ano 2000, é convidado para ministrar palestras sobre Bases Anatômicas da Atividade Física em várias cidades do Brasil. Atualmente exerce atividades médicas no Ambulatório de Geriatria do Hospital das Clínicas da Universidade de São Paulo.
Contato: *helosouza@uninove.br*

Rui José de Oliveira – Administrador de empresas graduado pela Pontifícia Universidade Católica de São Paulo, com especialização em *Marketing* pela ESPM-SP e em Planejamento Turístico pelo Senac São Paulo. Mestre em Ciências da Comunicação pela Escola de Comunicações e Artes da Universidade de São Paulo. Atua como pesquisador do grupo de pesquisa "Entretenimento, qualidade de vida e desenvolvimento profissional" do Centro Universitário Senac São Paulo, dedicando seus estudos ao segmento dos mochileiros. Docente das disciplinas de *marketing* em diversos cursos de pós-graduação em Turismo e Hotelaria do Senac São Paulo e do curso de pós-graduação da Universidade Metodista de São Paulo. Atua como consultor de *marketing* no setor turístico. Já esteve, sempre ao estilo *backpacker*, em mais de 70 países nas várias regiões do mundo.
Contato: *ruijoliveira@hotmail.com.br* e *ruijoliv@sti.com.br*

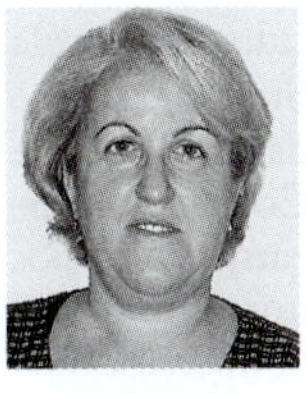

Sabáh Aoun – Graduada em Turismo pelo Unibero – Centro Universitário Ibero-Americano e mestre em Ciências da Religião pela Pontifícia Universidade Católica de São Paulo. Professora do curso de Turismo das Faculdades Integradas Teresa Martin, em São Paulo.
Contato: *saoun@uol.com.br*

Sérgio Rodrigues Leal – Bacharel em Turismo com MBA em Administração de *Marketing* de Serviços pela Universidade Federal de Pernambuco. *Master of Tourism* pela *James Cook University* (Austrália) e doutorando em Turismo na Universidade de Surrey (Inglaterra), com o apoio do Programa de Bolsas de Alto Nível da União Européia para a América Latina. Coordenador licenciado do curso de Bacharelado em Turismo das Faculdades Integradas de Vitória do Santo Antão (Pernambuco), onde é também o editor do Boletim de Estudos em Hotelaria e Turismo. Atua como secretário da *Association for Tourism in Higher Education* (Associação para a Educação Superior em Turismo). Suas principais áreas de interesse são educação para o turismo e imagem de destinações turísticas.
Contato: *sergioleal@yahoo.com*

Susana Gastal – Jornalista graduada pela Fameco/PUC-RS – Pontifícia Universidade Católica do Rio Grande do Sul; mestre em Artes Visuais pela Universidade Federal do Rio Grande do Sul, com pesquisa sobre pintura do Rio Grande do Sul entre 1890-1930; doutora em Comunicação Social pela PUC-RS, com pesquisa sobre tempo, espaço e imagem na cidade, sob o ponto de vista da pós-modernidade, utilizando a semiótica como metodologia de análise. Possui vários artigos publicados em livros e em diferentes órgãos da imprensa. Publicou a revista *Porto&Vírgula*, entre 1991 e 1998. Coordenadora do mestrado em Turismo da UCS – Universidade de Caxias do Sul e professora de graduação do curso de Turismo da UCS e da PUC-RS. Também atua como consultora em projetos na área de Artes, Cultura e Turismo e em produção textual.
Contato: *sgastal@terra.com.br*

Suzana Maria De Conto – Engenheira química graduada pela UCS – Universidade de Caxias do Sul; mestra em Engenharia Civil pela Escola de Engenharia de São Carlos, da Universidade de São Paulo; doutora em Educação pela Universidade Federal de São Carlos. Professora no departamento de Engenharia Química e no mestrado em Turismo da UCS e pesquisadora no Instituto de Saneamento Ambiental. Realiza pesquisas envolvendo a problemática entre turismo e meio ambiente. Possui vários artigos publicados na imprensa em geral e em revistas especializadas. Já publicou vários capítulos de livros em coletâneas ligadas à sua área de pesquisa e teve vários trabalhos publicados em congressos. Organizadora da obra *Tratamento de resíduos sólidos – compêndio de publicações* (Caxias do Sul: Editora do Autor/Universidade de Caxias do Sul, 1991).
Contato: *smcmande@ucs.br*

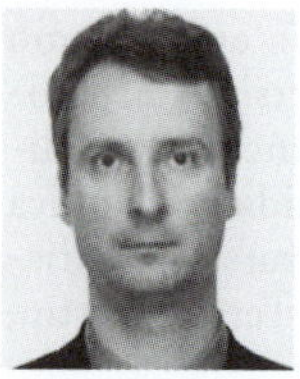

Willy C. Scholz - Graduado pela Escola de Hotelaria e Gastronomia de Strasburg (França) e pela Faculdade de Letras da Universidade de São Paulo. Fez o curso de Consultoria Interna e Desenvolvimento de Recursos Humanos no Instituto Shinyashiki. Diretor administrativo financeiro do Unique Hotel, em São Paulo. Já foi executivo no Crowne Plaza São Paulo Hotel e no Renaissance São Paulo Hotel. Participou da implantação do Unique Garden Spa (região de Atibaia, São Paulo), nas áreas de Recursos Humanos e Administrativa Financeira; na implantação do Hotel Unique (primeiro Design Hotel do Brasil, em São Paulo), nas áreas de Recursos Humanos e Administrativa Financeira; e na implantação do departamento de *Hospitality Express* e *Valet Parking* no Hotel Renaissance, também em São Paulo. Professor de Hospedagem e Qualidade na HOTEC São Paulo, nas universidades Anhembi-Morumbi, Unibero - Centro Universitário Ibero-Americano e FAAP - Fundação Armando Álvares Penteado. Consultor em Hotelaria nas áreas de Hospedagem, Qualidade e Administração Financeira.
Contato: *wscholz@hotelunique.com.br*

Yoná da Silva Dalonso - Bacharel em Turismo e Hotelaria pela Univali - Universidade do Vale do Itajaí e mestra em Turismo pela Escola de Comunicações e Artes da Universidade de São Paulo. Autora de artigos científicos em turismo e turismo cultural, é funcionária de carreira da Prefeitura Municipal de Joinville, docente e gestora do curso de Turismo da Faculdade Cinecista de Joinville e diretora da ABBTUR/SC. Atuou profissionalmente na Embratur, Itamaraty e Hotelaria Accor Brasil.
Contato: *yona@fcj.com.br*

Agradecimentos

Agradecemos a todos que acreditaram e colaboraram, direta ou indiretamente, com este projeto editorial.

Agradecemos também à equipe da Editora Roca por sua visão, generosidade, paciência e competência para que este trabalho fosse continuamente pensado e elaborado.

Prefácio

Produzir conhecimentos inovadores que contribuam, de alguma forma, com a sociedade e a ciência em geral é um dos papéis do pesquisador acadêmico. A Academia não se basta por si mesma; necessita estar ligada e em contato contínuo com a realidade que a cerca, caso contrário as teorias desenvolvidas estarão cada dia mais distantes da prática.

Acreditamos que o livro *Análises regionais e globais do turismo brasileiro,* entre outros itens, cumpre esse duplo papel. Primeiro porque seus textos, escritos por professores e profissionais ligados à área do lazer, do turismo e da hospitalidade, apontam novos rumos e novas formas de abordagens que convidam o leitor para uma tomada de atitude em relação aos temas enfocados. São textos que, muitas vezes, desnudam uma visão estereotipada do turismo e da hospitalidade e que oferecem caminhos alternativos na compreensão desses fenômenos que estão ligados ao deslocamento humano. Segundo porque os autores buscaram teorizar sobre o campo de atuação e sobre a realidade próxima de cada um deles, o que torna os textos estritamente ligados à prática de viagens e turismo vivida por empresários, turistas, órgãos públicos e demais envolvidos com os temas.

Esta é uma "obra aberta", para lembrar o conceito de Umberto Eco. Apresenta o cenário do estado da arte dos interesses e pesquisas em viagens, turismo e hospitalidade. É aberta porque os autores tiveram liberdade para escolher seus temas, enfoques, críticas e métodos. Os únicos limites foram o respeito ao pluralismo democrático e a exigência de parâmetros elevados de qualidade.

Acreditamos que o turismo e a hospitalidade são campos de estudos interdisciplinares, como já destacado por inúmeros pesquisadores nacionais e internacionais. É por esse motivo que, ao idealizarmos a obra, sempre tivemos como pauta de discussão a pluralidade acadêmica dos autores convidados e abrimos espaços para temáticas variadas. Temos consciência de que não abrangemos todas as segmentações de mercado, pontos de vista conflitantes e temáticas possíveis em virtude da própria diversidade inerente dos temas abordados. Por outro lado, temos a clara convicção de que estamos contribuindo com uma obra que pretende ser de referência em se tratando do assunto *turismo brasileiro.*

Os autores convidados para fazerem parte deste projeto foram indicados por nós a partir de inúmeras conversas em reuniões para pensar a obra. Nosso critério principal para estender o convite foi o conhecimento e profissionalismo de cada um deles. O leitor poderá notar que fazem parte desta edição autores estreantes ao lado de autores experientes e renomados da literatura científica em turismo e hospitalidade no Brasil. Os novos autores iniciam a demarcação do território em que atuam e estréiam demonstrando profissionalismo e engajamento com os temas a eles confiados. Os experientes, por sua vez, fortalecem seus pontos de vista e oferecem reflexões novas para velhos temas ou abrem novas áreas para discussão. Destacamos que em nenhum momento privamos os autores de expressarem suas opiniões – mesmo que eventualmente contraditórias –, pois um de nossos objetivos é fortalecer o debate acadêmico.

Ao trabalharmos com esse grupo de 72 pesquisadores, pudemos ter uma visão geral das abordagens que a Academia vem dando ao turismo e à hospitalidade e cada dia ficávamos mais entusiasmados com este trabalho. Primeiro pela notável qualidade dos textos que chegavam às nossas mãos e por estarmos aprendendo cada vez mais; segundo porque os autores conseguem transmitir, com clareza e segurança, as possibilidades da prática do turismo e da hospitalidade tanto em nível regional como global. Assim, a leitura desta obra traz muito mais do que conhecimento, pois traz confiança para continuarmos construindo o turismo e a hospitalidade que todos desejamos.

A leitura do livro pode começar por qualquer capítulo, pois todos eles apresentam uma introdução ao assunto, desenvolvimento e conclusão. Entretanto, para um estudo mais completo, o leitor deve iniciar pelo primeiro capítulo de cada uma das sete seções, pois eles estão dispostos de acordo com uma linha de pensamento na qual o artigo primeiro complementa o segundo, o segundo complementa o terceiro, e assim por diante.

Os capítulos, apesar de terem sido escritos por especialistas e serem profundos em suas abordagens, podem ser lidos por leigos no assunto, uma vez que a linguagem utilizada é clara. Evitamos assim confusões conceituais que poderiam causar dificuldades de interpretação.

Consideramos que o processo de construção do conhecimento ocorre de forma pluralista, respeitando as diferenças e os limites do ser humano, sempre sem desmerecer o trabalho árduo e metódico que essa construção do saber exige para criar um pouco mais de bem-estar para as nossas sociedades. Essa consideração está presente nas linhas desta obra.

Por fim, tenha certeza, caro leitor, que em suas mãos está um exemplo do que há de mais atual na produção do conhecimento em turismo e hospitalidade no Brasil. Esperamos que você viaje nas possibilidades teóricas e práticas que são apresentadas. E, como dissemos no início, que a sua realidade turística possa ser melhorada a partir do conhecimento que aqui é transmitido, pois assim este será um livro que transcende para a prática que cada um de nós deve ter para construir o turismo que desejamos.

LUIZ GONZAGA GODOI TRIGO
ALEXANDRE PANOSSO NETTO
MARIANA ALDRIGUI CARVALHO
PAULO DOS SANTOS PIRES
Março de 2005

Introdução

> *"O turismo é e continuará sendo a maior indústria do mundo. Por mais sofisticada que se torne a infra-estrutura das telecomunicações ou por maior que seja o número de atividades comerciais ou de lazer passíveis de ser realizadas no conforto de nossas salas de estar, a maioria de nós continuará se levantando de suas poltronas, pois não existe substituto para a experiência real."*
>
> **John Naisbitt, 1994, p. 165[1]**

Primórdios do Turismo Brasileiro

Li, quando ainda era garoto, em um folheto de viagens, uma frase muito parecida com a reproduzida na abertura desta introdução. Penso que a velha frase publicitária e a frase de John Naisbitt continuam válidas e aposto que continuarão assim pelos próximos séculos, a menos que a civilização seja destruída por fatores internos (provocados pelo ser humano, como uma guerra termonuclear global ou a devastação ambiental generalizada provocando alterações climáticas desastrosas) ou externos (desastres naturais em escala planetária, como terremotos e maremotos violentos, choque com asteróides ou cometas). Se nada disso acontecer, veremos (ou as próximas gerações verão) a expansão do turismo espacial e o controle cada vez maior dos recursos naturais da Terra, destinados em boa parte ao lazer e ao turismo.

Nenhum meio de comunicação jamais substituirá a plena intensidade sensorial e existencial de se estar em um lugar, evento ou momento da história. É por isso que, em meados da primeira década do século XXI, o turismo mantém-se como um dos fenômenos humanos mais significativos, seja em termos sociais, culturais, econômicos ou políticos.

No Brasil, o turismo foi aparecendo timidamente. No início, era algo destinado aos muito ricos – gente que, nas décadas de 1940 e 1950, podia se deslocar nos poucos aviões e navios que chegavam a este distante país. Na década de 1960, a classe média colocou as mãos em seus automóveis e começou a povoar as praias e campos com suas residências de lazer e uma rede de serviços foi, também timidamente, se espalhando pela costa brasileira e por algumas poucas capitais e cidades mais importantes do interior. A década de 1970 foi um marco importante para o turismo brasileiro. O governo da ditadura militar resolveu investir diretamente no setor, incentivando até o aparecimento dos primeiros cursos superiores de turismo, em 1971.

A história da produção científica em turismo (e áreas de contato como hospitalidade, entretenimento, gastronomia, lazer, cultura, esportes) começa no início da década de 1970 e, a partir de meados da década de 1990, vem mantendo um nível de crescimento cada vez mais acentuado.

[1] NAISBITT, J. *Paradoxo Global*. São Paulo: Campus, 1994, p. 165.

Houve uma grande contribuição para que isso acontecesse: livros, revistas comerciais e profissionais, periódicos científicos, filmes, projetos e programas (governamentais, privados ou do terceiro setor), diversos tipos de eventos (profissionais, estatais ou acadêmicos), criação de escolas e cursos em todos os níveis, formação profissional acentuada, direcionamento da mídia eletrônica e impressa para discutir questões relativas a turismo, tudo isso tem formado um *corpus* de conhecimento que precisa se tornar mais e mais acessível ao grande público além, é claro, de estar disponível aos profissionais, estudantes, empresários, planejadores, pesquisadores e consumidores diretamente interessados no desenvolvimento do setor.

Necessidade Imperiosa

O Brasil encontra-se, na primeira década do século XXI, em uma posição similar à de muitos outros países em desenvolvimento, ou seja, confrontando suas futuras possibilidades. Uma lista de conflitos, paradoxos, contradições e incoerências históricas, fruto de um passado rico, mas fragmentado, é colocada no presente. As decisões a serem tomadas nesse presente terão conseqüências no futuro e, no processo de construção dialética da história, encontra-se a angústia daqueles que possuem consciência histórica e responsabilidade social. Como poderemos compreender e aprimorar o presente de modo que o futuro seja melhor para todos? Há muitas propostas e tentativas de se resolver esses problemas. Desde o utilitarismo de Jeremy Benthan, passando pelo socialismo de Karl Marx e outros ideólogos socialistas, pelas propostas liberais ou libertárias, há uma preocupação humana de tentar garantir um mundo melhor para as próximas gerações. Todas as *utopias* foram erigidas sobre valores humanos considerados mais nobres, como o altruísmo, a justiça e a inclusão social, a paz, o respeito à diversidade humana étnica e comportamental, a democracia participativa, a consciência da cidadania, a preservação ambiental natural e cultural, o desenvolvimento sustentável. Esse permanente olhar para o presente e para o futuro marca a história da humanidade. Os campos do lazer e do turismo não podem ignorar esse contexto humanista. Os acontecimentos mostram que o turismo depende de um desenvolvimento equilibrado e da paz entre os diversos povos e nações. As guerras, o terrorismo, as epidemias, a poluição, os desastres naturais, a miséria ou os regimes políticos tirânicos afastam os fluxos turísticos.

Existe uma necessidade imperiosa de se compreender o fenômeno turístico em sua complexidade e variedade, inserido no contexto das mudanças globais. Em um mundo onde a dinâmica das mudanças é cada vez mais veloz, profunda e caótica, há que, no campo intelectual, ater-se às ciências para que essa aparente (e falsa) voracidade da história não comprometa a racionalidade e a capacidade de os seres humanos reagirem de maneira razoavelmente sensata aos novos desafios e problemas, frutos de nosso próprio processo de desenvolvimento. Para se compreender a problemática do turismo, do lazer, do entretenimento ou da hospitalidade, é preciso se valer da compreensão do mundo como um todo. Em síntese, o conhecimento é o caminho pelo qual deveremos construir um mundo melhor.

Sobre Este Livro

Neste período de maturidade em que a pesquisa em turismo encontra-se no Brasil, já tendo mais de três décadas de publicações, docência e discussões interdisciplinares, algumas pessoas entenderam que era possível publicar uma coletânea mais volumosa abrangendo vários aspectos do turismo brasileiro contemporâneo. No Congresso Brasileiro de Turismo, em Recife, em 2003, houve contatos entre a Associação Brasileira de Bacharéis em Turismo (ABBTUR) e a Editora Roca para se pensar uma obra que contemplasse várias áreas do turismo e da hospitalidade. Logo depois, fui convidado para conhecer a proposta desta publicação que, na época, ainda não possuía uma estrutura definida. O assunto foi amadurecendo, convidei algumas pessoas para me ajudar diretamente, a Roca deu todo o apoio necessário e, cerca de dois anos depois, a obra é lançada.

O conteúdo foi organizado em sete seções:

- Lugares e momentos turísticos.
- Teoria e educação.
- Segmentação turística.
- Turismo e meio ambiente.
- Transportes e agenciamento.
- Hospitalidade.
- Memória.

O livro teve como parâmetros de orientação estrutural a centralização da discussão na realidade brasileira, sem descuidar da análise de contextos mais amplos sempre que necessário. Foram convidados especialistas de cada área específica. Esses especialistas foram preferencialmente indicados por seus pares, mas alguns o foram pelos co-editores ou pelo editor. Alguns não puderam participar em virtude de compromissos previamente assumidos e absoluta falta de tempo para escrever. Muitos outros aceitaram e enviaram os textos que foram lidos, analisados e enviados para a editora. Finalmente, a temática geral e a organização dos capítulos foram definitivamente estruturadas.

Foi uma proposta muito evidente por parte da editora e dos editores que a obra interessasse aos profissionais, docentes, pesquisadores, políticos, profissionais em turismo e serviços em geral, mas também ao grande público interessado em se aprofundar nas grandes questões do turismo. Cada capítulo (com exceções) possui bibliografia comentada, *sites* indicados e alguns exercícios propostos para que o leitor faça uma reflexão mais profunda sobre cada assunto discorrido.

Uma obra vasta, com temática multifacetada e com tantos autores diferentes implica, necessariamente, algumas características que devem ficar explícitas na introdução:

- As posturas de cada autor(a) são de sua exclusiva responsabilidade.
- Não houve, por parte da editoria, censura ou cerceamento no que se refere ao conteúdo de cada capítulo. As revisões focaram exclusivamente aspectos conceituais, metodológicos ou de estilo literário e redação.
- Algumas posturas acadêmicas podem ter divergências entre si. Isso acontece na área acadêmica e foi reproduzido, em parte, nesta publicação. O campo de pesquisas em turismo e hospitalidade já possui maturidade suficiente para conviver com suas diferenças e disputas intelectuais. Em alguns pontos das ciências, não há consenso definitivo e diferenças científicas convivem em saudáveis debates que não podem ser escamoteados pela censura ou por posições ideológicas. A ciência não pode prescindir da liberdade e da transparência entre seus conflitos, paradoxos e contradições.
- A construção do pensamento científico faz-se, justamente, por meio dessas contradições.
- Todos os autores e autoras são a favor do turismo: o turismo responsável, com inclusão social, ética e sustentabilidade. Como se convencionou, aliás, qualificar qualquer texto "correto" nos últimos anos. Os textos são críticos e pluralistas, mas não há posturas dogmáticas, populistas ou demagógicas. Há algumas (poucas) pessoas que são contra o turismo. Elas não estão presentes no livro porque entendemos ser essa uma postura equivocada e ingênua (para dizer o melhor). Se o turismo pode ser prejudicial à sociedade (e algumas vezes o é), a indústria, o comércio, a agricultura e os serviços também podem sê-lo. Para alguns grupos, talvez a única proposta razoável seria a estagnação econômica geral que poderia levar à extinção do ser humano, enquanto espécie, do planeta. Não é o nosso caso. Acreditamos na capacidade e na viabilidade do ser humano. O iluminismo e o racionalismo ainda não se esgotaram, enquanto propostas viáveis às diversas sociedades.
- O leitor possui – ou deve adquirir – maturidade para compreender que a ciência está em permanente construção. Em caso de posições diferentes entre alguns autores, o leitor deve procurar se aprofundar na bibliografia indicada ou contatar especialistas para discutir suas dúvidas.
- Não há uma única linha condutora ao longo do livro. Seria impossível traçar um parâmetro rígido para 60 capítulos sobre áreas tão vastas como turismo e hospitalidade. Preocupou-se em ordenar os temas por grandes áreas e colocar os textos em uma ordem dinâmica.
- A obra é fruto da confiança mútua e do trabalho de todos os autores e autoras. Pessoas de todo o Brasil (e de alguns países) reuniram-se em um projeto desse porte confiando em sua capacidade de pesquisar, produzir e trocar conhecimentos.
- Todos os que aqui estão merecem este espaço. Nem todos que merecem este espaço aqui estão. Aceitamos sugestões para outros temas e nomes.
- Esta obra não pretende esgotar todo o conteúdo do turismo e da hospitalidade. Essa pretensão é um otimismo louvável do início do iluminismo, porém revelou-se impossível. Aqui estão alguns temas delimitados, propiciando fontes iniciais de pesquisa e um mapea-

mento parcial – porém abrangente – sobre o "estado da arte" da produção desse conhecimento no Brasil, no início do século XXI.

- Este livro deve ser atualizado e ampliado nas próximas edições. Isso significa que eventuais correções poderão ocorrer, inclusive a inserção de novos capítulos e temas, proporcionando que a obra esteja sempre compatível com os desafios e exigências da sociedade e do mercado profissional.

LUIZ GONZAGA GODOI TRIGO

Índice

Parte 2 – Teoria e Educação

Parte 3 – Segmentação Turística

Parte 4 – Turismo e Meio Ambiente

Parte 7 – Memória

Parte 1

Lugares e Momentos Turísticos

CAPÍTULO

1 Uma Nova Maneira de Ver o Turismo Global

Peter Keller

Parte 1

Introdução

O processo irreversível de globalização está mudando nosso mundo. O Turismo tem sido um fator importante na aceleração desse processo. A demanda por turismo pode diminuir em tempos e em áreas de crise, e não obstante as inevitáveis flutuações ocorridas, a tendência geral do turismo de hoje continua sendo a de contínuo crescimento. A integração global cada vez maior promoveu inúmeras e amplas mudanças na estrutura do mercado mundial de turismo.

Assiste-se ao surgimento de uma "indústria" internacional de viagens e de turismo, que assumiu o controle sobre o crescente fluxo de visitantes em nível global. Essas grandes empresas, em sua maioria, criaram alternativas ao mercado de turismo individual, no qual predominam os pequenos negócios. Elas exercem uma influência cada vez maior, em nível local, sobre as estruturas dos pequenos negócios, que ainda são dominantes nos destinos turísticos mais tradicionais do mundo industrializado.

O turismo internacional não envolve a concentração das atividades em alguns locais, como é o caso de outras indústrias, das quais o melhor exemplo são as montadoras de automóveis. As oportunidades de desenvolvimento do turismo existem em todos os países. Além disso, o processo de globalização afeta diferentes países de formas diferentes, o que é determinado principalmente por seu nível atual de desenvolvimento.

Ao contrário da noção geralmente aceita, a concorrência no turismo global não envolve apenas as empresas e as indústrias ligadas ao turismo individual. O fato mais importante é a concorrência entre destinos turísticos, decisiva para uma escolha individual de viagem. E, nesse contexto, o crescimento do turismo depende menos dos serviços que das atrações turísticas existentes. As atrações turísticas são, de fato, a matéria-prima do turismo, que criam uma vantagem competitiva para as empresas turísticas.

Embora o turismo seja, principalmente, ligado ao setor privado, o estado certamente tem um papel importante quando se trata de concorrência global, atuando como um tipo de co-produtor do turismo. É o estado que cria e protege as atrações turísticas, e faz com que os bens de uma localidade estejam disponíveis. Um estado funcional que atue dentro das expectativas e crie leis orientadas para o mercado pode criar vantagem competitiva para um destino turístico.

Turismo como Mola Propulsora da Globalização

DIALÉTICA ENTRE INTERNACIONALIZAÇÃO E LOCALIZAÇÃO

O termo "globalização" é derivado da palavra globo, uma miniatura de um objeto redondo que re-

85-7241-568-8

presenta o mundo. A globalização está tornando o mundo menor, encurtando as distâncias e, em conseqüência, as diferenças (Keller, 2002). Como um processo, a globalização une todas as esferas da vida por meio do que hoje é chamado de *networking* (redes de relacionamento). Toda a humanidade converge, de maneira clara e dinâmica, para uma condição global (Fig. 1.1).

O processo de globalização parece ser irreversível. Há, porém, forças contrárias, que tentam compensar algumas conseqüências negativas da crescente integração e promover um renascimento do desenvolvimento local. A concorrência no setor agora é totalmente internacional. A marca da indústria está ficando menor. À medida que a produtividade aumenta, mais bens e serviços são produzidos com uma força de trabalho menor. Isso libera recursos para uma economia baseada em serviços, que produz localmente e é, pelo menos em alguns casos, totalmente específica de uma região.

O desenvolvimento do turismo é fortemente influenciado pelo processo de globalização. Apesar de uma demanda internacionalizada ao extremo, a oferta é, acima de tudo, influenciada pelas condições estruturais de uma região. O processo de globalização ainda está nos estágios iniciais no turismo, mesmo causando um impacto cada vez maior sobre a concorrência e acelerando o processo de reestruturação dos destinos turísticos.

COMBINAÇÃO DOS FATORES ACELERADORES

A globalização não é um fenômeno novo. Adam Smith, o criador da moderna economia, foi um dos primeiros a apontar a importância do livre comércio e da divisão internacional do trabalho (Smith, 1976). O fato novo *é* a aceleração da globalização. A mudança de taxas de câmbio fixas para flutuantes e a conseqüente liberalização de transferências de capital e pagamentos foram fatores importantes nessa aceleração. A intensificação da integração global também é nova. Isso se deve, em grande parte, a inovações essenciais nas áreas de transportes e de tecnologia da informação (TI). Igualmente nova é a ampliação geográfica dos mercados internacionais. E, como se sabe, as supereconomias – a conhecida tríade EUA, Europa Ocidental, Japão – são responsáveis por praticamente 100% das invenções patenteadas. Ao mesmo tempo, entretanto, um número cada vez maior de países emergentes e em desenvolvimento entra no mercado mundial de turismo.

O processo contínuo de globalização é amparado por um conjunto de importantes mudanças políticas, econômicas e técnicas. A passagem gradual das maiores economias, bem como das economias emergentes e dos países em desenvolvimento, para uma economia de mercado, contribuiu para a ampliação do mercado internacional. A desregulamentação, em seus países, aliada à liberalização de suas fronteiras, fortaleceu a concorrência, o que por sua vez estimulou o progresso tecnológico, a produtividade, o crescimento e a elevação do padrão de vida das pessoas (Fig. 1.2).

As variáveis aceleradoras também têm influenciado o desenvolvimento do turismo. A crescente

Figura 1.1 – Megatendência à globalização – processo irreversível de integração.

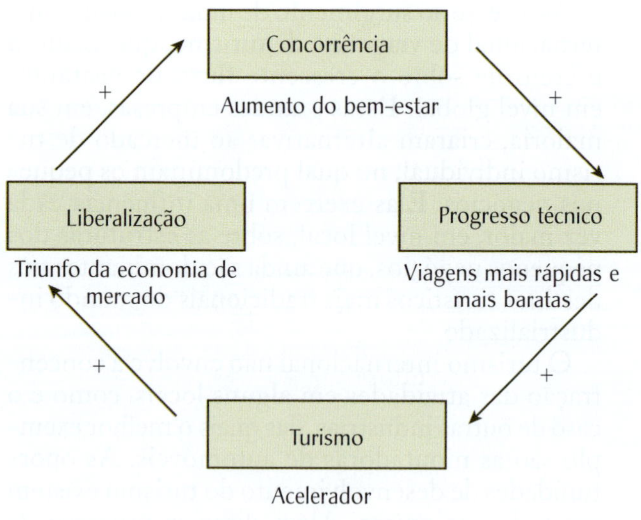

Figura 1.2 – Variáveis aceleradoras da globalização – liberalização, avanços técnicos e turismo.

85-7241-568-8

prosperidade tem possibilitado a muitos cidadãos dos países emergentes economizar para viajar. O aumento dramático na velocidade das viagens e as tarifas aéreas mais baratas, oferecidas por companhias aéreas de renome, favoreceram o florescimento do turismo. O processo de globa lização confirmou a teoria de David Ricardo sobre as vantagens comparativas dos custos relativos. Todos os países que abriram suas fronteiras ao turismo foram capazes de usar o custo relativo e outras vantagens competitivas para obter lucros e capital estrangeiro, graças aos gastos dos visitantes.

INFLUÊNCIA DA ESTRUTURA NO MERCADO INTERNACIONAL DE TURISMO

O processo de globalização levou a uma ampliação sem precedentes no mercado e a aumento maciço na capacidade. A demanda pelo turismo internacional se desenvolveu em um ritmo comparado ao da aviação civil, que também se beneficiou muito com a globalização, ou seja, teve um pouco acima da média crescimento no mercado mundial e da economia mundial como um todo. Isso levou a uma proliferação de destinos. A oferta de assentos na aviação civil e vagas no setor de hospedagem, simultaneamente, cresceu a ponto de se tornar uma sobre-oferta, o que já está afetando os preços que os prestadores de serviços podem cobrar.

Aproximadamente dois terços do turismo internacional se concentra nos países mais desenvolvidos da *Organization for Economic Cooperation and Development* (OECD). Esse mercado se caracteriza por preferências similares de demanda e produtos e serviços comparáveis. Além disso, os países industrializados contam com fortes mercados domésticos e de países vizinhos, um fato que suavizou o impacto do processo de globalização. O turismo intercontinental também se desenvolveu, nos últimos anos, nesse grupo de países. Mas eles enfrentam uma pressão competitiva crescente vinda de novos destinos, que geralmente se beneficiam de vantagens em termos de custos e taxas cambiais.

No espaço de apenas três décadas, os países emergentes e em desenvolvimento buscaram ampliar, de maneira notável, sua fatia de mercado internacional. Entre eles, um pequeno grupo de grandes países, que absorveram 90% do fluxo de capital privado, foram os mais bem-sucedidos. Este grupo inclui gigantes como China, Índia e Brasil. Os países pobres em desenvolvimento estão menos representados no mercado mundial de turismo, com exceção de algumas pequenas ilhas.

Preferência por Padrões Globais de Serviço e pela Exclusividade de Culturas Locais

A grande rede de contatos criada pela tecnologia da informação deu condições para o surgimento de uma cultura global de lazer. A posição do consumidor foi aperfeiçoada nesse mundo globalizado. O "programa de viagem", por exemplo, permite que turistas em potencial analisem visualmente o destino turístico que pretendem visitar, antes de efetivamente realizarem a viagem. Os novos sistemas de distribuição estão melhorando a transparência nos negócios tanto em termos de serviços como de preços. Essas melhorias também significam que as pessoas, em todo o mundo, passaram a adotar padrões similares relativos à expectativa do conforto e da qualidade de serviços. O conforto e o padrão de qualidade de hoje são verdadeiramente internacionais (Fig. 1.3).

Em um momento em que uma cultura, praticamente idêntica, de turismo está surgindo em todo o mundo, os viajantes buscam, cada vez mais, experiências que sejam ao mesmo tempo exclusivas e "típicas". Estes atrativos exclusivos podem ser paisagens ou patrimônios históricos, ou produtos que lembrem pontos turísticos, como parques temáticos ou cruzeiros oceânicos (Keller, 2002).

Figura 1.3 – Abertura para o mundo e volta às origens – liberalização, progresso técnico e turismo.

85-7241-568-8

Ascensão de uma Indústria Global de Viagens e Turismo

SETOR HETEROGÊNEO COM ESTRUTURA INDUSTRIAL DUAL

Nenhuma análise do impacto da globalização na estrutura econômica do turismo deve perder de vista o fato de que a dependência econômica do turismo só se define em termos de demanda. O dinheiro gasto por turistas domésticos e estrangeiros vai para empresas e setores muito diferentes. Desde os setores industrializados da economia até as ramificações denominadas pequenos negócios, isto é, pequenas e médias empresas.

As estruturas do turismo estão em estado de fluxo constante. A indústria turística só começa a existir quando os turistas montam seus próprios pacotes de serviços turísticos, e no local do seu consumo. Aqui há uma distinção muito importante a ser feita, isto é, se a organização da viagem ou parada foi efetuada por um conjunto de operadores ou se os próprios turistas a planejaram e realizaram.

As contas satélite de turismo, dentro das contas de um país, possibilitaram a superação do problema ligado à natureza heterogênea dos setores da área turística, por meio de um modelo teórico-estatístico. Esse modelo identifica os setores-chave, ou "característicos", que dependem essencialmente dos gastos dos visitantes, e os chama coletivamente de "indústria turística". Esta definição não só engloba os setores industrializados, como grandes operadoras e companhias aéreas, mas também as pequenas e médias empresas, como os hotéis e serviços de alimentação (WTO).

De fato, o turismo tem uma estrutura econômica dual. De um lado, estão as grandes corporações, que organizam viagens, transportes e paradas em escala industrial. Normalmente têm suas sedes em aglomerados de países que são pontos de partida para destinos turísticos. Sua força permite levar vantagem do uso do potencial local como base para uma estratégia internacional e padronização de produtos (Fig. 1.4).

Características	Indústria de viagens e turismo	Indústrias ligadas ao destino
Funções turísticas	Informação Organização Transporte	Boas vindas Hospitalidade Lazer
Indústrias ligadas ao turismo	Agência de viagens Aviação Cadeias hoteleiras Outros	Hospedagem Alimentos e Bebidas Bondinhos Outros
Organizações	Grandes empresas	Pequenas e médias empresas

Figura 1.4 – Estrutura industrial dual.

Na outra ponta da escala dessa indústria internacional de viagens e turismo encontram-se os destinos tradicionais de turismo receptivo, com suas pequenas e médias empresas, prestadoras de serviços turísticos para o consumidor final. Elas não só operam em áreas como hospedagem e alimentação, mas também na oferta de atividades de lazer, culturais ou esportivas.

PONTOS FORTES E FRACOS NA PRODUÇÃO EM NÍVEL INDUSTRIAL E DE VAREJO

Um rápido olhar sobre as estatísticas de empresas e de produção deixa claro que há, de fato, poucas grandes empresas no turismo em países turísticos industrializados (OECD, 2004). Microempresas, com 1 a 9 funcionários, como agências de viagens e hotéis, somam 60 a 90% de todas as empresas ativas nos setores mais importantes do turismo, nos países industrializados. Mas as médias e grandes empresas respondem por mais de 50% de todo o movimento.

A estrutura de pequenos negócios predominante nos setores ligados ao turismo é um resultado das preferências dos consumidores e da personalização dos serviços. Muitos turistas querem ser livres para controlar sua própria experiência de férias/viagem. Eles querem serviços personalizados. As pequenas e médias empresas de turismo são flexíveis o suficiente para atender às necessidades, modificadas a todo instante, desses turistas particulares, prestando serviços de qualidade (Keller, 2001).

Porém, está cada vez mais difícil para algumas pequenas e médias empresas sobreviverem em mercados muito concorridos. A estratégia de concentrar esforços para melhorar a qualidade, adotada por muitas pequenas empresas, leva a constantes a aumentos nos custos. Outro aspecto de sua estratégia, estimular o retorno do cliente, faz com que muitas empresas não se disponham a testar novas idéias, o que limita sua capacidade de inovação. Seu potencial de racionalização também é limitado, por conta de seu tamanho restrito e do grau de personalização de seus serviços. Para pequenas e médias empresas nos principais países industrializados, de fato, há pouco espaço para uma maior racionalização dos negócios.

O próprio tamanho das grandes empresas de turismo – companhias aéreas e cadeias hoteleiras, por exemplo – favorece o desenvolvimento de novos mercados de turismo, e assim elas passam a dominá-los. Além disso, graças aos produtos e serviços padronizados, essas empresas conseguem reduzir seus custos, aumentando seus lucros. E graças aos altos retornos decorrentes da economia de escala, elas podem continuar melhorando sua produtividade e acelerando seu crescimento.

Entretanto, até as grandes empresas de turismo têm sua vulnerabilidade. TUI, a maior operadora de turismo do mundo, é uma empresa integrada verticalmente que oferece os mais variados serviços de turismo e cobre a maior parte da cadeia de valores adicionados, com mais de 80 submarcas (Brackenbury, 2003). Porém, se sua atual estrutura terá ou não que passar por uma redução de tamanho e enfrentar a concorrência de várias novas pequenas empresas é uma questão em aberto que deverá ser respondida pela indústria.

CONCORRÊNCIA IMPERFEITA COMO ESTRUTURA DOMINANTE DO MERCADO

O mercado mundial de turismo está sendo cada vez mais liberalizado, com conseqüências que diferem consideravelmente para a indústria internacional de viagens e turismo e para as pequenas e médias empresas do setor.

A indústria internacional de viagem e turismo é um caso típico de "cereja do bolo", isto é, relega aos competidores domésticos as piores faixas de mercado, considerando sua abordagem do mercado mundial. Ela está em posição de diversificar seus produtos e mercados. Não depende de determinados destinos. As empresas são orientadas para o crescimento. Se aumenta o seu tamanho, aumentam os lucros e a economia de escala. Os concorrentes vão sendo eliminados do mercado.

Por essas razões, a indústria internacional de viagens e turismo está passando por um processo de concentração. Isso pode levar à criação de estruturas em forma de oligopólios, o que já ocorreu em vários setores ligados ao turismo, como o de operadoras, companhias aéreas e de cruzeiros marítimos. Estes setores já apresentam, hoje, uma estrutura oligopolista (Keller, 2004) (Fig. 1.5).

O mercado para as pequenas e médias empresas de turismo é o destino turístico, que reúne uma grande variedade de empresas tanto sob o aspecto da oferta como da demanda. O destino turístico parece ser um mercado competitivo, onde a concorrência é perfeita e tanto os visitantes, no papel de compradores, como as empresas, no papel de vendedores, normalmente aceitam os níveis de preços como fatores externos da vida. Em razão da exclusividade dos atrativos, porém, não existem produtos homogêneos no mercado turístico. São os atrativos que diferenciam os produtos no turismo (ver Fig. 1.5).

Geralmente, local e produto são uma coisa só. A diferenciação embasada na geografia leva a uma estrutura de mercado que pode ser perfeitamente descrita como uma concorrência monopolística. Uma estratégia bem-sucedida de diferenciação permite que as pequenas e médias empresas "produtoras" de turismo em um destino turístico tenham uma posição de monopólio, ainda que isso seja apenas temporário.

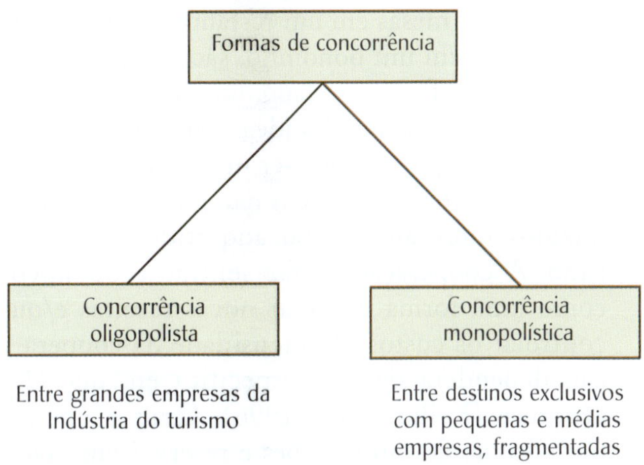

Figura 1.5 – Concorrência imperfeita como estrutura dominante do mercado.

NECESSIDADE DE COOPERAÇÃO

Os monopolistas nunca produzem por meio das estruturas mais eficientes, uma vez que cada produtor mantém baixos os níveis de qualidade, a fim de aumentar os preços, a um nível que não pode ser justificado pelos custos. Além disso, os monopolistas estão enfrentando a pressão crescente dos concorrentes em nível internacional. Esse é também o caso das pequenas e médias empresas nos destinos turísticos.

O turismo individual é caro. Os preços cobrados pelos serviços prestados por pequenas e médias empresas resultam em uma considerável quantia no final do dia. Preços que inciuem tudo são uma raridade. Fragmentado em pequenos negócios, esse segmento do turismo produz a custos elevados. Sua habilidade para competir no turismo doméstico e no internacional, como agentes de mercado, fica comprometida. As pequenas e médias empresas mais caras têm dificuldade em preencher sua disponibilidade, e o fluxo de receita é baixo. Portanto, seu poder de receita é pequeno.

A única forma pela qual as pequenas e médias empresas podem melhorar sua situação econômica é estabelecendo parcerias para melhorar seus serviços, divulgando pacotes. Elas são forçadas a aceitar a cooperação, como meio de se posicionar e vender seus produtos/serviços no mercado. A melhora da produtividade e a redução de custos também demandam esforços cooperativos.

Antes, porém, de considerar a cooperação, os empresários devem verificar todo o seu potencial de crescimento interno. Apartamentos extras em hotéis, mais mesas em um restaurante, ou maior capacidade em um bondinho, são formas de reduzir custos. Por outro lado, isso orienta as empresas para um tamanho ideal, ou ótimo.

A cooperação só deve ser uma opção quando novos produtos ou serviços não possam ser produzidos internamente ou adquiridos no mercado. A cooperação só faz sentido econômico como uma forma de gerar novas receitas e/ou controlar os custos. A intensidade da cooperação dependerá da área específica em que ela acontece (Keller, Koch 1996). Criar e operar um sistema de informações e reservas em nível local, por exemplo, demanda um grau de cooperação relativamente alto.

CURANDO A DOENÇA DO CUSTO

A falta de produtividade é um grande problema estrutural das pequenas e médias empresas, no turismo, em função do tamanho reduzido de suas operações. Tais empresas sofrem da doença do custo. Sua produtividade é baixa, se comparada com a média de outros setores da economia. Elas devem compensar essa falha aumentando os preços. Esse processo enfraquece a empresas de duas formas. Seus serviços se tornam caros e, portanto, difíceis de vender. Também fica difícil obter fatores de produção, entre os quais a força de trabalho e o capital, em razão dessa desvantagem na competitividade com outros setores econômicos.

A doença do custo só pode ser curada com a ajuda de soluções novas e inovadoras para a produção e o *marketing* dos serviços turísticos. A implementação gradual, mas ampla, de inovações em níveis locais tem papel importante nesse contexto. Hoje, a ênfase é a de ajudar o turismo a completar a transição de um setor puramente de serviços para a "indústria da experiência", como também na maior utilização da tecnologia de informação para melhorar a produtividade.

O turismo é como uma fábrica de sonhos. Quando os fornecedores são capazes de oferecer experiências inesquecíveis, o valor de seu serviço aumenta e as vendas melhoram significativamente. Melhorar o valor da experiência de um destino turístico requer o desenvolvimento de novos pacotes de serviço, um espírito de amizade e uma abordagem mais ostensiva para sua apresentação. Ao contrário da indústria internacional de viagens e turismo, com seus produtos padronizados, as pequenas empresas não têm outra escolha a não ser oferecer aos turistas experiências personalizadas e o mais inesquecíveis possível.

As pequenas e médias empresas do turismo já fazem uso da tecnologia de informação. Até as menores empresas podem estar virtualmente presentes em todos os mercados do mundo, 24 horas, graças às chamadas infovias. As reservas diretas, de alto custo, não são mais problema. Isso é possível graças ao correio eletrônico e aos complexos sistemas de informações e de reservas nos destinos. A Internet e os serviços *online* recuperaram a musculatura de algumas empresas turísticas, bem como de alguns destinos tradicionais.

Crescimento Maciço do Turismo Internacional em Países Emergentes

CRESCIMENTO E NÍVEL DE DESENVOLVIMENTO

O desenvolvimento do turismo internacional não é influenciado apenas pela estrutura do setor. Também depende, e muito, das condições econômicas estruturais, que diferem de país para país. Nesse contexto, pode se dizer que, até certo ponto, o turismo segue suas próprias regras. Ao contrário da economia mundial, o turismo está menos sujeito à dominação de um pequeno grupo de grandes países industrializados, que graças a inovações permanentes desfrutam de um alto nível de crescimento interno.

O desenvolvimento de oportunidades em turismo não é o mesmo em todos os países. Dependem muito do nível de desenvolvimento do país em questão. Os países menos industrializados têm apenas uma pequena parcela do mercado turístico mundial, e apresentam um crescimento lento nesse setor. Os países emergentes têm uma parcela maior do mercado mundial de turismo. Desfrutam de maiores taxas de crescimento na fase inicial do desenvolvimento. A maior parte do mercado mundial ainda pertence aos países industrializados, mas atualmente estes têm que aceitar taxas mais baixas de crescimento, e sua fatia de mercado mundial vem sendo, lentamente, reduzida.

Análises empíricas do desenvolvimento histórico do turismo mostram o componente dinâmico da teoria com base no nível de desenvolvimento. Países individuais evoluem no ritmo do crescimento apresentado na ilustração (Fig. 1.6). Um nível insuficiente de desenvolvimento dificulta a entrada no mercado mundial de turismo. Só quando existir um mínimo de infra-estrutura e de oferta de bens e serviços, é que o turismo internacional terá impacto na entrada de capital, como demonstrado pelo padrão de desenvolvimento turístico dos países do lado europeu do Mediterrâneo, no período pós-guerra (Keller, 2002).

Finalmente, um nível de desenvolvimento tão elevado pode atuar como um freio no crescimento do turismo internacional, em razão da presença de estruturas econômicas desfavoráveis, como por exemplo um câmbio muito forte ou altos níveis salariais. Em muitos países industrializados a parcela do mercado turístico diminui, pois uma vez alcançado um alto nível de desenvolvimento, o *portfolio* de setores econômicos de um país torna-se

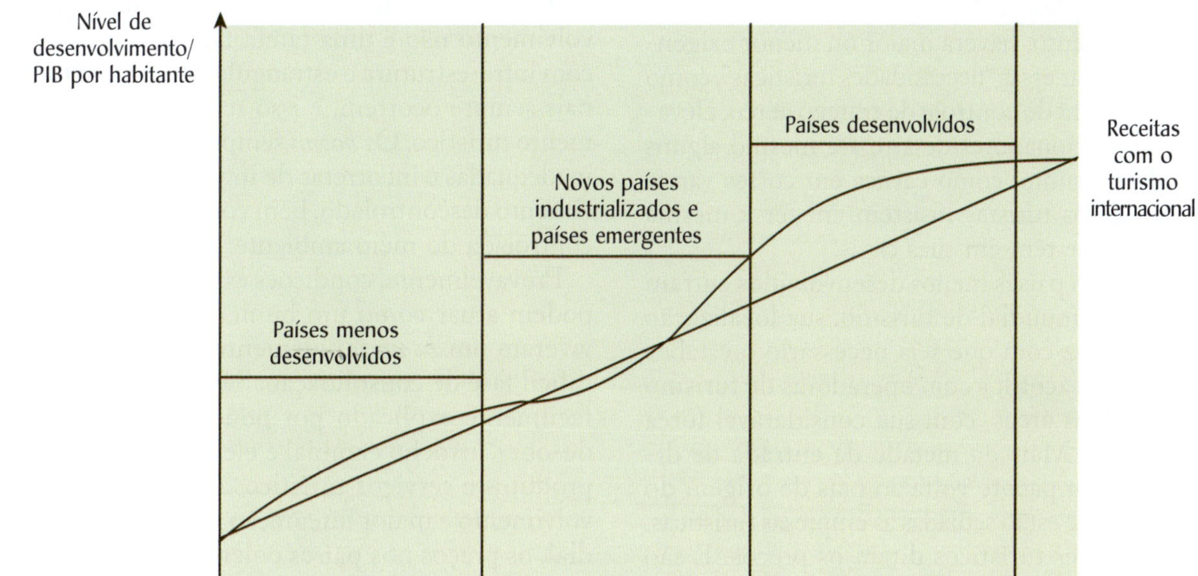

Figura 1.6 – Nível de desenvolvimento e crescimento do turismo internacional.

85-7241-568-8

Parte 1

cada vez mais diversificado e outros setores, como os de tecnologia da informação e biomédico, tendem a apresentar um crescimento mais rápido.

BARREIRAS À ENTRADA NO MERCADO DOS PAÍSES POBRES EM DESENVOLVIMENTO

O principal problema enfrentado pelos países menos desenvolvidos ao tentar entrar no mercado mundial de turismo é o fato de que os visitantes de todo o mundo têm grandes expectativas em relação ao conforto e à qualidade de serviços. Em países com um baixo nível de desenvolvimento, o volume de investimentos em turismo e de bens e serviços a ser importado é alto. Em conseqüência, a saída de dinheiro será tão grande quanto a entrada. Esse fenômeno econômico é conhecido na América Latina como "dólares de ida y vuelta" (dólares de ida e volta).

Atingir padrões internacionais de turismo requer altos investimentos em infra e superestrutura, que estão fora do alcance desses países, que vão então em busca de crédito internacional. Os custos de capital para cada emprego criado no turismo tradicional são significativamente mais caros que os custos no setor de varejo, nos países menos desenvolvidos. Em muitos desses países, a força de trabalho não tem treinamento adequado para prestar serviços no nível desejado. Dependendo do nível de desenvolvimento, haverá maior ou menor exigência de importar essas "necessidades turísticas", como infra-estrutura de controle de tráfego aéreo, elevadores, condicionadores de ar e até mesmo alguns itens de consumo, como carnes em cortes variados, já que os turistas insistem em ter a mesma qualidade que têm em suas casas.

Quando os países menos desenvolvidos entram no mercado mundial de turismo, sua localização geográfica faz com que seja necessário o estabelecimento de acordos com operadoras de turismo e companhias áreas, com sua considerável força de mercado. Mais da metade da entrada de dinheiro de um pacote volta ao país de origem do visitante, onde estão sediadas as empresas turísticas. Os operadores turísticos ditam os preços. E são as companhias aéreas que decidem se um novo destino pode ou não ser atendido com vôos mais baratos ou *charter* (UNCTAD, 1998; WTO, 2002).

Problemas de Crescimento Rápido e de Integração em Países em Desenvolvimento e Emergentes

Os países emergentes têm melhores condições estruturais para o tipo de crescimento rápido que faz sentido econômico. Em termos de infra-estrutura, eles costumam apresentar um nível de desenvolvimento que inclui instalações novas e de última geração. Na área do turismo internacional, eles alcançam grande impacto cambial, já que não precisam importar tantos bens e serviços. Os salários pagos aos funcionários, que em geral são abundantes e bem treinados, são baixos em termos internacionais, e em muitos casos muito abaixo dos níveis salariais em países industrializados. Graças a esse baixo custo com empregado, os novos países turísticos podem competir com sucesso no mercado mundial, oferecendo boa qualidade a preços relativamente baixos.

Os baixos custos de produção quase sempre levam a um crescimento exponencial no turismo internacional, com taxas excepcionais de crescimento, com dois dígitos. O exemplo mais impressionante é a região do sudeste da Ásia-Pacífico, que cresceu, em termos de receita como turismo internacional, de cerca de US$ 3 bilhões em 1975, para mais de US$ 82 bilhões em 2001, ou seja, em apenas 25 anos (WTO, 2003). Controlar uma economia e uma indústria turística em fase de superdesenvolvimento não é uma tarefa fácil. Os problemas com infra-estrutura e estrangulamentos institucionais sempre ocorrem, e isso refreia o desenvolvimento turístico. Os *booms* sempre levam a políticas inadequadas e incorretas de investimento e a crescimento descontrolado, bem como a poluição descontrolada do meio ambiente.

Provavelmente, condições estruturais favoráveis podem atuar como um bumerangue. Países que viveram um *boom* rapidamente se vêem em uma difícil fase de consolidação. Seu colapso pode ser facilmente explicado por pouca oferta de mão-de-obra, arrocho cambial e elevação de preços de produtos e serviços turísticos. Com mais desenvolvimento e maior integração na economia mundial, os preços nos países emergentes se adaptam ao nível dos preços no turismo internacional. Esses novos países turísticos, então, perdem sua capacidade de competir em termos de preços.

85-7241-568-8

DESVANTAGENS DO DESENVOLVIMENTO SELETIVO E VANTAGENS SISTÊMICAS DO *CLUSTER* DE TURISMO

Os países industrializados precisam superar muitas desvantagens para competir com os novos países como destinos turísticos. Em termos genéricos, eles têm câmbios mais fortes e melhores níveis salariais, o que dificulta a competição em termos de preço. Os setores dependentes do turismo também percebem dificuldades para competir com setores mais produtivos no mercado doméstico, para gerar receita, em razão de seu pequeno poder de receita. Em razão de muitas flutuações na demanda, determinada por fatores externos, os riscos do setor são altos. Esse fato, quando os retornos dos investimentos são baixos, não melhoram o clima para uma renovação dos investimentos.

Segundo Porter, entretanto, estruturas desfavoráveis na economia não impedem necessariamente a competição. Em seu livro *The Competitive Advantage of Nations* (Vantagens Competitivas das Nações), ele afirma que "as desvantagens do desenvolvimento seletivo" e as falhas forçam as empresas a adotar um comportamento inovador e mais produtivo. Deve-se assumir, entretanto, que as desvantagens não sejam tão grandes. O fato de que os destinos tradicionais sejam *clusters* competitivos e, como tais, não podem ser copiados, ou só a custo muito alto, é muito útil nesse contexto. Eles criam uma grande utilidade para o consumidor, ou seja, promovem a satisfação dos desejos do consumidor, no caso de turistas individuais (Porter, 1990).

De fato, os destinos turísticos tradicionais se beneficiam de seus muitos anos de especialização na área de turismo. Comparados aos países emergentes, há muito tempo eles resolveram os problemas ambientais e de infra-estrutura derivados do desenvolvimento. O fato de que uma grande parte dos visitantes em países industrializados provém do mercado local e, portanto, são muito críticos e exigentes, tendo estado em muitos mercados turísticos mundiais, força a oferta a manter seus produtos atualizados e "na moda". O mercado doméstico passa a ser um mercado de testes. O *know-how* competitivo é outro fator importante, já que as empresas e os locais turísticos competem com seus pares por um ou mais destinos turísticos em uma área pequena. Finalmente, os destinos turísticos tradicionais podem contar com prestadores de serviços de qualidade excepcional, dele fazendo parte o setor agrícola que pode ser responsável pela atratividade de suas paisagens.

"VANTAGENS DO ATRASO RELATIVO"

A análise das oportunidades de desenvolvimento, no contexto da teoria embasada nos níveis de desenvolvimento que estamos discutindo, mostra que, ao contrário do setor automobilístico ou do setor de administração de bens, o turismo internacional se concentra apenas em alguns locais. Com exceção dos países menos desenvolvidos, todos os demais têm oportunidade de desenvolver o turismo internacional. O único requisito necessário é a existência de atrativos adequados.

De fato, muitos países emergentes e em desenvolvimento já se mostraram capazes de oferecer facilidades e serviços de primeira classe no turismo. Esses países desfrutam do que se chama de "vantagens do atraso relativo" (Gershenkron, 1952). Essas vantagens aumentam na mesma proporção em que os visitantes podem se beneficiar de preços favoráveis, enquanto os investidores se beneficiam de um melhor "retorno no investimento" em função do baixo nível dos custos.

Nos países industrializados, o grau de especialização em turismo internacional, ao contrário das atividades industriais ou de serviços, diminui com o desenvolvimento da economia (Smeral, 2000). Esses países desfrutam das vantagens decorrentes de um alto nível de desenvolvimento. Mas tais vantagens se perdem se, e quando, novos concorrentes conseguirem alcançá-los. Isso é tanto mais verdadeiro se for considerada a ausência de novos potenciais em termos de preferências ou de racionalização do turista.

Os países industrializados precisam renovar seus produtos e serviços, com a ajuda da inovação, permitindo assim melhorar a posição de destinos turísticos que saíram de moda. Também precisam melhorar o uso das novas possibilidades oferecidas pela tecnologia da informação, em particular para atingir um maior crescimento de produtividade (Keller, 2004).

85-7241-568-8

Atrações Como Fator Decisivo na Concorrência entre Destinos Turísticos

ATRAÇÕES COMO MATÉRIA-PRIMA ESPECÍFICA DO TURISMO

O turismo é um fenômeno que depende de fatores que fazem os indivíduos quererem viajar. Há basicamente dois tipos de influência que alavancam a decisão de viajar – a motivação "estimulada" e a motivação por atração. As pessoas viajam para fugir das pressões da vida cotidiana, ou viajam para ver algo novo e diferente. As atrações de um destino turístico, portanto, têm um papel decisivo.

As atrações são a matéria-prima do turismo. Só as áreas onde existem atrações podem ter esperanças de desenvolver o turismo com sucesso. As mais importantes matérias-primas do turismo são paisagens excepcionais e identidades culturais interessantes, diferentes daquelas do local de origem dos visitantes. Entretanto, é possível criar atrações, podendo também ser considerados como matérias-primas para o turismo os centros de lazer e as marinas.

Algo que as atrações naturais e as criadas com o propósito de serem turísticas têm em comum é sua especificidade em relação ao local. Os setores ligados ao turismo, como hotéis e restaurantes, não têm outra escolha senão estarem localizados o mais próximo possível dessas matérias-primas. Esses setores se desenvolvem onde existe a matéria-prima, porque só assim as necessidades dos visitantes podem ser satisfeitas. Somente a agricultura tem esse tipo de dependência específica de locais.

ATRAÇÕES COMO BENS DOS DESTINOS TURÍSTICOS

As belezas naturais e as atrações culturais são bens do destino turístico. A natureza, as paisagens naturais ou artificiais são, normalmente, gratuitas na maioria dos casos. Os recursos sociais também são bens de um destino turístico. Os bens do destino turístico são, na verdade, uma mistura que compreende bens públicos e privados. Conforme cresce a demanda desses bens, também cresce a concorrência para o seu consumo. Pistas de esqui e praias são dois bons exemplos dessa tendência (Fig. 1.7).

Finalmente, há externalidades positivas de um local, que também são bens de um destino turístico. São as contribuições feitas por indivíduos que aumentam a atratividade de paisagens e cidades. As externalidades positivas englobam fazendeiros, que criam cenários com vários tipos de culturas, e cidadãos orgulhosos, que embelezam suas casas com jardineiras de gerânios. Ambos são recursos importantes para o turismo.

Ninguém pode ser excluído da apreciação de bens de um destino turístico. Nem a utilização pode ser competitiva. Entretanto, eles são raramente produzidos por ramificações do setor turístico. Em vista das muitas demandas sobre eles, com o aumento do desenvolvimento do turismo, tendem a se tornar bens públicos, e o estado passa a ser responsável por sua manutenção e proteção. O estado pode divulgá-los como bens econômicos, quando o acesso é limitado, e dessa forma a capacidade de carga é controlada e administrada.

VALOR ECONÔMICO DAS ATRAÇÕES

O planejamento, o cuidado e a proteção dos bens de um destino turístico é responsabilidade das

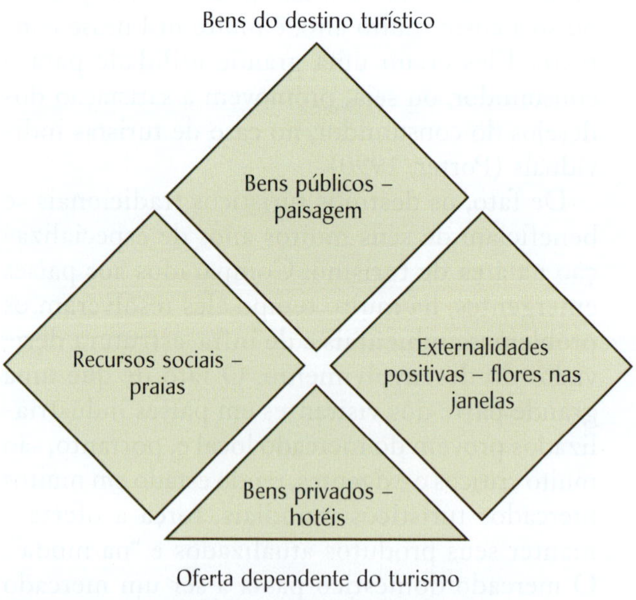

Figura 1.7 – Atrações como bens dos destinos turísticos.

autoridades, que devem respeitá-los em nome do povo. Entretanto, é o mercado que lhes atribui o valor econômico. O visitante em potencial escolhe um destino em particular baseado na natureza especial de suas atrações e sua exclusividade. A disposição do visitante em pagar também é determinada por esse fator. Quanto maior a exclusividade do recurso, maior a disposição para pagar.

Empresas na vizinhança de uma atração se beneficiam dessa disposição de gasto dos visitantes. Tais empresas obtêm renda como resultado de sua proximidade desses imãs turísticos. Elas podem incorporar esse valor econômico a seus produtos e serviços na forma de uma marca baseada na atração (Fig. 1.8).

Os bens de um destino turístico permitem que os fornecedores de produtos e prestadores de serviços turísticos adotem "preços baseados em valor", o que lhes dá considerável liberdade para determinar os preços da empresa e evitar a concorrência desleal baseada em preços. É graças à exclusividade das atrações que preços significativamente altos podem ser cobrados, justificando os custos de *marketing* e de produção.

VALOR DAS ATRAÇÕES NO FORMATO DOS DESTINOS

As atrações têm papel fundamental no formato do destino. Quanto mais importante é a atração, maior o potencial de mercado do destino. Isso leva a uma hierarquia entre destinos. O mercado geográfico dos locais mais atrativos é o mundo todo. Locais menos atrativos acabam se concentrando nos mercados domésticos e mais próximos. Para atrações mais importantes, visitantes em potencial têm maior disposição de gastos em termos de tempo e distância. As atrações são os recursos para o crescimento interno que podem ser influenciados pela indústria turística local.

Uma vez que tenham atingido um determinado tamanho, os locais turísticos se beneficiam dos efeitos da aglomeração. Um destino pode aproveitar as vantagens da aglomeração negadas a seus concorrentes, se estiver localizada próxima a uma grande rodovia, por exemplo. Isso reduz os custos de transporte e de tempo dos visitantes. Da mesma forma que existem os efeitos da aglomeração, há também as economias externas. Elas permitem que as empresas de turismo do local operem de forma mais eficiente que os concorrentes de fora. Ruas inteiras de lojas que surgem assim que o turismo atinge uma determinada dimensão melhoram a competitividade de todo o setor. Elas podem integrar as vantagens da aglomeração a seus produtos e serviços.

Embora os efeitos da aglomeração contribuam para o crescimento dos centros de turismo, eles não são por si só suficientemente importantes para explicar o surgimento desses centros. A nova economia geográfica é a responsável pela criação de centros graças aos crescentes retornos com os quais

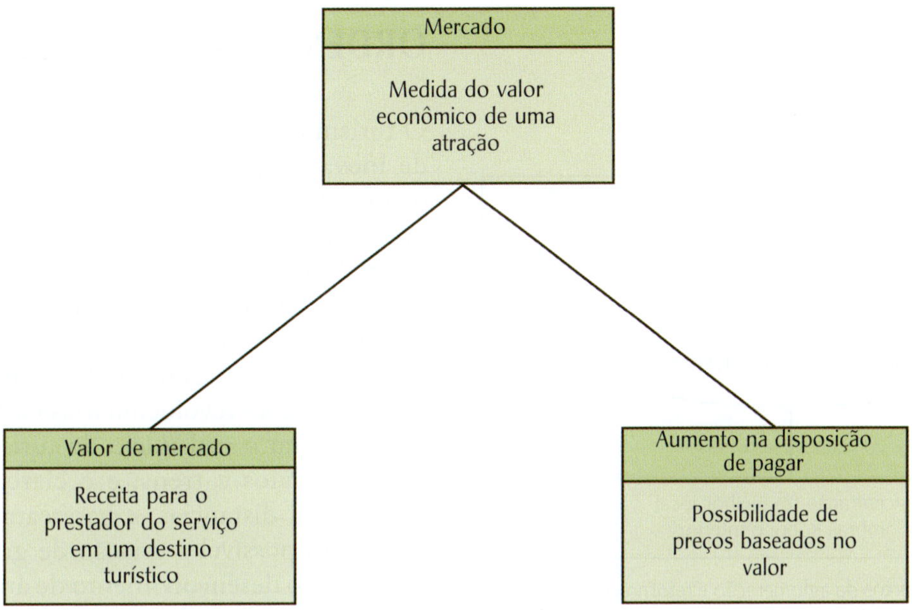

Figura 1.8 – Valor econômico de uma atração.

85-7241-568-8

as empresas se beneficiam, já que com um tamanho maior elas podem produzir de forma mais barata (Krugman, 1991, 1995). Elas podem continuar crescendo até atingir o tamanho ótimo. Somente quando os retornos levam a grandes unidades de produção é que se pode aproveitar a vantagem da aglomeração e das economias externas (Fig. 1.9).

O processo que cria os centros de turismo baseado nas atrações se autoperpetua. Constantemente melhora a atratividade de grandes centros. Com a maturidade dos mercados a demanda turística passa a focar melhores locais. Os grandes centros turísticos fazem sombra no desenvolvimento do turismo do interior. É nesses centros que os principais hotéis decidem se estabelecer. Áreas remotas não tem outra escolha a não ser se concentrar em produtos de nicho como acomodação de grupos ou mercado de *bed & breakfast*.

DIFERENCIAÇÃO *VERSUS* PADRONIZAÇÃO

A exclusividade das atrações reduz a competição entre os destinos turísticos. Isso leva a concorrência imperfeita, já que só pode haver uma Foz do Iguaçu com suas Cataratas, localizada na fronteira entre Brasil e Argentina, e apenas um Matterhorn, no distrito suíço de Valais. Em turismo, são as atrações que diferenciam um produto de outro. Esta diferenciação se baseia na geografia. O local e o produto são freqüentemente um e o mesmo. Para sol, areia e mergulho, você terá que ir ao litoral.

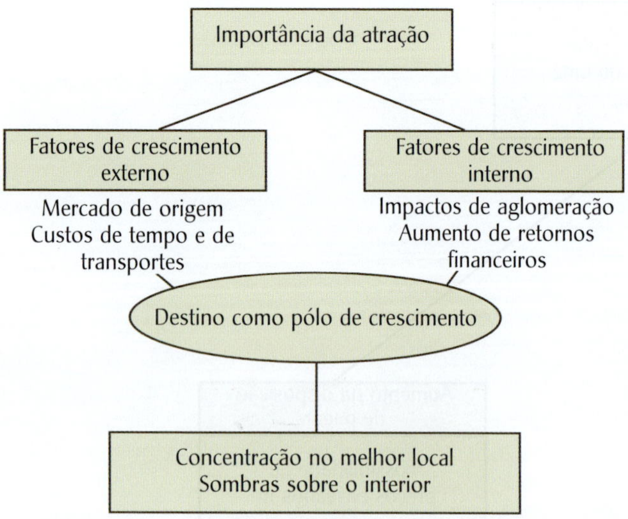

Figura 1.9 – Impactos da aglomeração e retorno crescente como fatores de formação de um destino.

A estratégia de diferenciação de destinos funciona porque os visitantes precisam de mudança. O intercâmbio turístico entre nações industrializadas é baseado no amor pela variedade. Os monopólios dos destinos e suas pequenas e médias empresas são remunerados porque garantem que os consumidores tenham a variedade que desejam.

Mas a diferenciação de destinos turísticos não traz apenas vantagens consigo. Criar uma marca líder é um processo difícil e caro. Os custos se elevam com a diferenciação. Um bom gerenciamento de marca requer investimentos contínuos na melhoria de produtos e nos sistemas de garantia de qualidade. Oferecer múltiplas opções é caro, pois requer muitas facilidades e estruturas diferentes. Uma estratégia de diferenciação também traz os benefícios da especialização e da padronização de preços.

Políticas Eficientes como Vantagem Competitiva

CONDIÇÕES ESTRUTURAIS E DE ORDENAÇÃO DO MERCADO

O turismo, como é conhecido hoje, é o resultado de inovações fundamentais que se acumularam desde a Revolução Industrial, inovações que criaram uma nova prosperidade no chamado "mundo industrializado". A introdução de férias remuneradas na década de 1930 possibilitou que muitas pessoas de várias classes sociais viajassem, distanciando-se de si mesmas e da rotina diária.

As inovações revolucionárias na área dos transportes foram o real início do turismo moderno. Aviões, navios e trens, e é claro, automóveis, encurtaram distancias, e baratearam as viagens. Tornaram possível a criação de grandes centros turísticos, o desenvolvimento de áreas distantes e a abertura de mercados internacionais (Fig. 1.10).

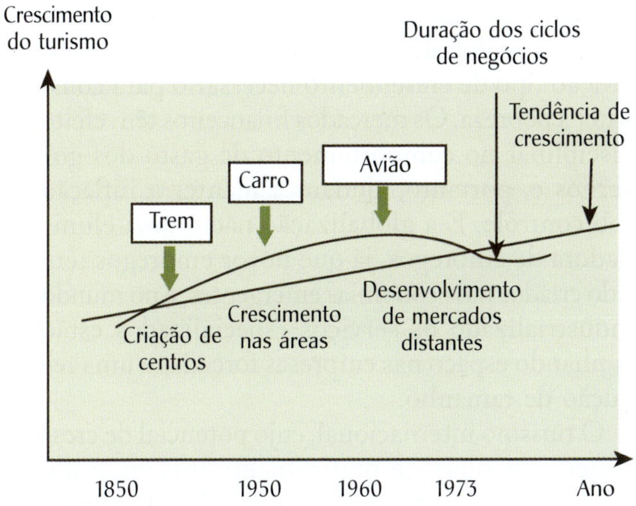

Figura 1.10 – Impactos da aglomeração e aumento dos retornos como fatores de formação de um destino turístico – impacto no desenvolvimento do turismo.

Cerca de 80% dos novos destinos ficaram acessíveis por conta da aviação (Keller, 2004).

A concorrência e as pesquisas feitas pelas empresas mais inovadoras, em busca de aumentar os lucros, são as forças por trás do desenvolvimento do turismo em muitos destinos de sucesso. Mas elas só são possíveis em países onde o estado permite que a economia de mercado funcione adequadamente. A desregulamentação do mercado doméstico e a liberalização das fronteiras são um pré-requisito para o êxito no desenvolvimento do turismo internacional.

ESTADO COMO CO-PRODUTOR DO TURISMO

O estado não pode ser um obstáculo às iniciativas econômicas. Ao contrário, ele deve ter um papel importante na concorrência entre destinos turísticos. Seu impacto no desenvolvimento do turismo é considerável, uma vez que é o estado que disponibiliza os bens dos destinos turísticos. O estado é então um co-produtor do turismo (Fig. 1.11).

Os setores ligados ao turismo, na economia, desenvolvem e divulgam pacotes de serviços e produtos, tornando público o uso dos bens disponíveis. Bens atrativos e funcionais conferem ao destino turístico uma vantagem competitiva, cujo valor não pode ser subestimado. É por esta razão que nosso Escritório Nacional de Turismo já há muito tempo usa o *slogan* "a Suíça trabalha" (ou "a Suíça funciona").

ESTADO COMO ADMINISTRADOR TERRITORIAL

Em teoria, o desenvolvimento regional ótimo se encontra na interface entre as externalidades positivas e negativas. Nesse nível ótimo, que significa mais que "capacidade de carga", acontece o

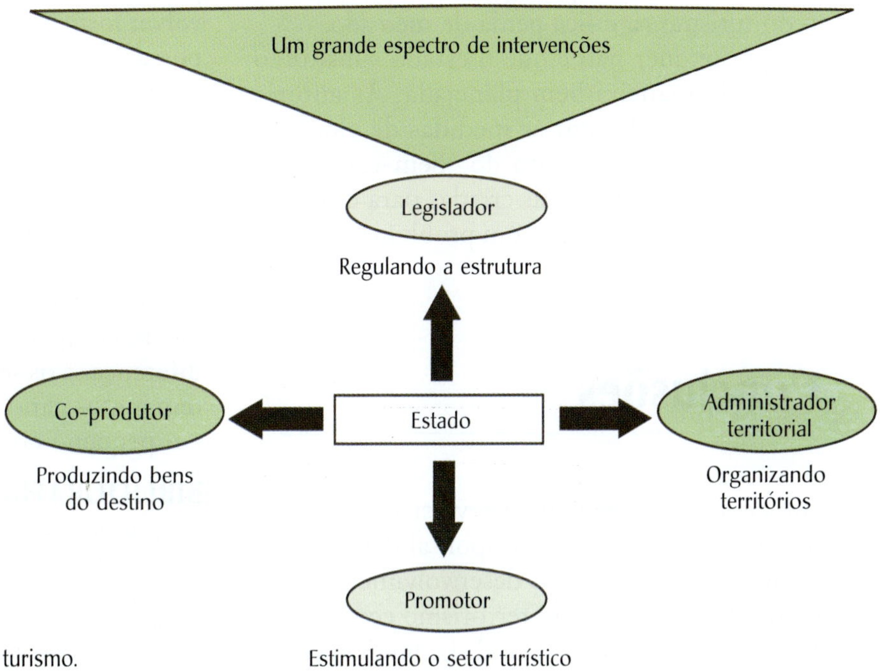

Figura 1.11 – Intervenções do estado no turismo.

85-7241-568-8

maior desafio para as autoridades. É difícil, em cada caso específico, atingir o equilíbrio entre o grande e o pequeno crescimento.

As análises de custo-benefício seriam o melhor instrumento para o gerenciamento do desenvolvimento sustentável. É possível, com essa ajuda, avaliar o valor do bem público, em termos da disposição do consumidor em pagar por ele. Também é possível avaliar o valor existencial e o valor histórico de um bem, ou seja, sua utilidade imaterial e seu valor para as gerações passadas.

Uma "política da terra seca", ou seja, uma política implementada sem as garantias preventivas na área do planejamento regional não é uma forma eficiente de atrair o turista de alto poder aquisitivo. Depende muito, em cada caso, do valor que o potencial visitante atribui aos recursos naturais e culturais. Há vários exemplos de centros turísticos urbanos que recebem grandes fluxos de visitantes apesar dos altos custos da aglomeração.

ESTADO COMO PROMOTOR DO TURISMO

Muitos governos, hoje, promovem o desenvolvimento do turismo adotando medidas muito variadas. Isso leva ao risco de distorções no mercado internacional. Além disso, um estado que destina pouca ou nenhuma verba para o turismo se encontra em um "dilema de prisioneiro". A não promoção do turismo significa perda de mercado.

O que se quer não é que o estado subsidie o turismo de maneira bem planejada. As autoridades devem se limitar às medidas de alocação e distribuição, no espírito do "bem-estar econômico", ou seja, medidas criadas para eliminar casos claros de mercados com problemas ou disparidades não desejadas.

Conclusões

O processo aparentemente irreversível de globalização é freqüentemente responsabilizado pelo grande público por vários desenvolvimentos negativos. Muito se fala em terrorismo econômico, ditaduras do mercado financeiro e tendências de aumento do desemprego. Essa visão não corresponde à realidade. A globalização de mercados leva ao tipo de crescimento necessário para combater a pobreza. Os mercados financeiros têm efeito disciplinar no comportamento de gasto dos governos e, portanto, ajudam a manter a inflação sob controle. E a globalização não é uma eliminadora de empregos, já que novos empregos têm sido criados nas economias emergentes, e no mundo industrializado os serviços especializados estão ganhando espaço nas empresas forçadas a uma redução de tamanho.

O turismo internacional, cujo potencial de crescimento permanece praticamente intacto, é um setor estratégico da economia mundial. É o único setor de exportação que não está confinado a poucos locais. Não é aberto apenas a certos países especializados. Mas para se ter sucesso em turismo, um país deve ter atrativos a oferecer. São os atrativos que colocam os destinos no mapa do turismo mundial e lhes atribui valor. Eles beneficiam as pequenas e médias empresas nos destinos turísticos, que graças à exclusividade das atrações locais têm condições de enfrentar a forte concorrência da indústria internacional de viagens com sua arma letal de padronização.

O impacto econômico do turismo internacional depende muito do nível de desenvolvimento de um país. Somente quando a receita cambial for suficientemente alta, os gastos dos visitantes gerarão desenvolvimento por meio do efeito multiplicador. Os países pobres precisam ainda desenvolver formas novas e inteligentes de turismo, que possam cobrir as "vantagens do atraso relativo" em relação a grupos específicos.

A concorrência existente entre destinos, um fator decisivo no turismo internacional, é muito influenciada pelo estado. O estado provê a maioria dos bens de um destino turístico. Quando estes são atrativos e funcionais, os serviços oferecidos pelo estado podem oferecer às empresas turísticas vantagens competitivas. Mas estas vantagens só farão diferença se os setores público e privado trabalharem juntos para atingir o equilíbrio entre o grande e o pequeno crescimento.

BIBLIOGRAFIA

BRACKENBURY, M. *Innovation and Industrial Structure*. Paris: OECD, 2005.

GERSHENKRON, H. Economic backwardness in historical perspective. In: HOSELITZ, B. (ed.). *Progress of Underdeveloped Areas*. Chicago: Chicago University Press, 1952.

85-7241-568-8

KELLER, P. *Innovation in Tourism: are State incentives necessary?* In: Festschrift Prof. Klaus Weirmair, Gabler, 2005.

KELLER, P.; BIEGER, T. *The Future of SME's*. St.Gallen: AIEST, 2004.

KELLER, P. The future of traditional destination. In: WTO SEMINAR, 2004. Madrid. *Anais do WTO Seminar*, 2005.

KELLER, P. *Management of Cultural Change in Tourism Regions and Communities*. New York: UNPAN, 2002, 49-61.

KELLER, P. *Tourism in a Globalized Society, Introductory Report*. Madrid: WTO, 2002.

KELLER, P. A Swot analysis of SMES faced with competition from the travel industry. In: *World Tourism Organization, The Future of Small and Medium-sized Enterprises in European Tourism faced with Globalization*. Madrid: WTO, 2001, p. 11-16, 143-146.

KELLER, P. Globalization and tourism. In: GARTNER, W. C.; LIME, D. W. *Trends in Outdoor Recreation, Leisure and Tourism*. CABI, 2000, p. 287-297.

KELLER, P.; SMERAL, E. *Faced with Worldwide Competition and Structural Changes: what are the tourism responsibilities of European governments?* 1998.

KELLER, P.; KOCH, K. Innovation and Cooperation in Tourism. In: *La Vie Économique*, 6/1996.

KRUGMAN, P. *Development, Geography and Economic Theory*. Cambridge: MIT, 1995.

KRUGMAN, P. Increasing returns and economic geography. *Journal of Pol Econ, 99 (3):* 483-499, 1991.

OECD TOURISM COMMITTEE. Review of tourism industry restructuring: trends, dynamics and policies. In: *Tourism*. Paris: SMES, 2004.

PORTER, M. *The Competitive Advantage of a Nations*, New York, 1990.

SMERAL, E. *Some Clarification on the Tourism Growth Puzzle, Paper Presented at the Second Tourism Summit*. Geneva: Chamonix-Mont-Blanc, 2000.

SMITH, A. An Inquiry into the nature and causes of the wealth of nations. Chicago: University of Chicago Press, 1976.

UNCTAD. *International Trade in Tourism-related Services: issues and options for developing countries*. Geneva: TD/B/COM.1/EM.6, 1998.

WORLD TOURISM ORGANIZATION (WTO). *Tourism and Poverty Alleviation*. Madrid: WTO, 2002.

WORLD TOURISM ORGANIZATION (WTO). *The Economic Impact of Tourism*. Madrid: WTO, 2002.

WORLD TOURISM ORGANIZATION (WTO). *Statistical Yearbook*. Madrid: WTO, 2003.

Anotações

Anotações

85-7241-568-8

CAPÍTULO

2 Breves Histórias do Turismo no Brasil

Caio Luiz de Carvalho

Introdução

Por que um país como o Brasil, que possui um dos maiores potenciais turísticos do mundo, atravessou décadas sem se beneficiar da atividade turística, a qual, nos últimos 30 anos, transformou-se no instrumento mais importante de geração de empregos e renda da economia produtiva mundial?

Foram, na verdade, diversas as causas que levaram as inúmeras gerações de administradores do setor público e do privado a encararem a indústria do turismo como uma atividade menor, subalterna, embalada por uma aura de romantismo e destinada tão somente a gerar festas e atividades lúdicas.

Em reflexo a essa visão distorcida existente até há pouco tempo, o Brasil privou-se de imprimir maior organicidade a uma atividade de caráter eminentemente humanista, indispensável para disseminar, no mundo, a real imagem de um país.

A adoção dessa postura decorre de reflexos negativos do nosso sistema produtivo que, entre 1944 (ano de inauguração do Aeroporto Santos Dumont, na cidade do Rio de Janeiro) e o início da década de 1970, deixou de contar com um poderoso meio de captação de divisas, capaz de canalizar dinheiro novo, a custo zero, para a economia brasileira.

Poderíamos citar aqui alguns exemplos do crescimento que o turismo nacional apresentava naquele período. Entretanto, a simples menção de ações e fatos ocorridos naquele período – em um breve histórico recordativo – poderá nos dar a dimensão que o turismo vinha impetrando em nossa economia.

A correlação direta entre desenvolvimento turístico e atividade aerocomercial é fato notório em nosso país, sobretudo ao recordarmos nossa extensão territorial e a dispersão geográfica de nossos atrativos turísticos.

No ano de 1947, o Brasil liderava a aviação comercial na América Latina, seguindo Estados Unidos, União Soviética, Inglaterra e Austrália. Registros comprovam que, em 1948, havia 65 empresas aéreas em operação no Brasil, talvez conseqüência direta da escassez do transporte terrestre – em 1950, havia apenas 370 mil quilômetros de estradas de rodagem.

A prestação de serviços de transporte aéreo comercial atingiu seu apogeu, no Brasil, no ano de 1958, quando eram atendidas 333 localidades em todo o país. Posteriormente, houve um decréscimo gradual desse número (em 1975, eram 88 cidades) em decorrência, entre outros, do aumento do tamanho das aeronaves e da inadequação de várias pistas de pouso para receberem aviões com maior porte que os anteriormente utilizados.

Se o ano de 1959 foi marcado pela realização do I Congresso da ABAV – Associação Brasileira de Agências de Viagem, na cidade de São Paulo, o ano de 1960 registrou, além da inauguração de Brasília, o Brasil como o país possuidor da segunda maior rede de transporte aéreo nacional em todo o mundo.

O crescimento da atividade turística era tão evidente que o Congresso Nacional apresentou, no ano de 1963, após a realização do I Simpósio

85-7241-568-8

Nacional de Turismo (em uma iniciativa do Poder Legislativo), a proposta de criação do Ibratur – Instituto Brasileiro de Turismo, projeto que foi vetado pelo então presidente João Goulart.

Finalmente, após um período de turbulências políticas, o Marechal Humberto de Alencar Castelo Branco criou, com Decreto-Lei, no ano de 1966, a Embratur – Empresa Brasileira de Turismo, o Conselho Nacional de Turismo e ainda definiu a Política Nacional de Turismo.

Uma demonstração inequívoca de que o turismo era então uma atividade desprovida de qualquer significado maior infere-se do fato de que, somente em 1970, a Embratur começou a realizar trabalhos econométricos sobre a atividade turística.

Em decorrência da decisão do governo de tentar compreender cientificamente o fenômeno turístico, a Embratur editou, no ano de 1971, a primeira versão de seu Anuário Estatístico. Nesse documento, foi apresentada a primeira série histórica do balanço de pagamentos referente à conta do turismo no Brasil. Essa conta, desde então, excetuando-se o período de 1980 a 1989, caracteriza-se por um *déficit* constante.

Com início em 1963, a referida série histórica sobre a Conta de Turismo Brasileira revela, de acordo com informações do Banco Central, que, naquele ano, a indústria brasileira do turismo exportou um total de US$ 24 milhões, contra importação de apenas US$ 9 milhões.

Como, no turismo, "exportar" significa a saída de turistas nacionais e "importar" implica o ingresso de turistas estrangeiros em solo nacional, o Brasil acusou, naquele ano de 1963, um *déficit* inaugural de US$ 15 milhões.

No período compreendido entre os primeiros anos da realização da pesquisa, específica para a constituição do Anuário Estatístico da Embratur, e o ano de 1970, a série histórica acusa um crescimento constante do *déficit* da Conta Turismo no Brasil.

Apesar das contrações deficitárias registradas nos anos de 1964 e 1995, quando se reduziu, respectivamente, a US$ 3 milhões e US$ 1 milhão, o *déficit* da Conta Turismo apresentou, em 1966, grande expansão, registrando um valor da ordem de US$ 30 milhões.

O pico histórico da distorção existente entre a importação e a exportação do turismo do Brasil aconteceu em 1970, com o registro de um *déficit* de US$ 130 milhões. Isso ocorre mesmo depois do *déficit* ter apresentado uma queda de seus valores para US$ 89 milhões em 1969 – o que representava uma redução de US$ 32 milhões em relação a 1968, quando atingiu a casa dos US$ 121 milhões.

A tendência da indústria brasileira do turismo de registrar *déficits* crônicos, que seria invertida apenas na década de 1980, prosseguiu com expansão acelerada entre os anos de 1971 e 1976. Durante esse período, foi totalizado um *déficit* no valor acumulado de US$ 1,438 bilhão.

A Conta Turismo do Brasil apresentou uma primeira retração significativa no ano de 1977, quando se observou a receita brasileira turística no valor de US$ 700 milhões contra uma despesa total de US$ 887 milhões, motivando, assim, um *déficit* de apenas US$ 187 milhões.

Essa recuperação, entretanto, não se confirmou em 1978, quando o *déficit* voltou a crescer, atingindo, naquele ano, o seu pico da década, com valor de US$ 442 milhões.

Em 1979 tivemos, finalmente, o início da constituição de uma curva descendente do *déficit* da Conta Turismo do Brasil. Naquele ano, registrou-se sua redução para valores de, aproximadamente, US$ 173 milhões.

Essa queda prosseguiu até o ano de 1980, quando, pela primeira vez, o balanço de pagamentos da Conta Turismo do Brasil acusou um *superávit* no valor de US$ 634 milhões. Esse marco, inédito, foi resultante da obtenção de uma receita de US$ 1,794 bilhão contra uma despesa total no valor de US$ 1,156 bilhão.

Apenas como registro histórico, vale ressaltar que esse período (1979-1980) caracteriza, no Brasil, uma fase de liberalização do então regime político administrativo, com a extinção do AI-5 e a assinatura da Lei de Anistia.

Obviamente, a tensão militar existente no Golfo Pérsico (início da guerra entre Irã e Iraque), a invasão russa ao Afeganistão ou mesmo os problemas políticos detectados no Caribe – como a queda da dinastia de Somoza pelos Sandinistas na Nicarágua – permitiram a restrição de oferta de destinos turísticos concorrentes ao Brasil, o que viabilizou a captação de fluxos turísticos diferenciados.

Naquele momento parecia que, finalmente, o turismo nacional havia conseguido delinear seu próprio caminho não só pela obtenção de novos fluxos, mas com a venda acertada de seus atrativos no exterior.

Nos oito anos subseqüentes, o turismo brasileiro apresentou seguidos *superávits*. O maior da série foi registrado no ano de 1983, quando, contra a saída de US$ 839 milhões para o exterior, obtivemos o ingresso de US$ 1,532 bilhão, o que propiciou saldo de US$ 693 milhões superavitários. Ao longo desse período de contas positivas, dos anos de 1980 a 1988, o saldo total da Conta Turismo do Brasil atingiu a cifra superavitária de US$ 4,071 bilhões.

A partir de 1989, a tendência continuada de *superávits* inverteu-se bruscamente a ponto de, em 1990, a Conta Turismo fechar com *déficit* de US$ 114 milhões, decorrentes de uma exportação no valor de US$ 1,559 bilhão contra o ingresso de US$ 1,444 bilhão.

Apesar de o turismo brasileiro, ao longo da década de 1980, ter se caracterizado por *superávits* em sua balança de pagamentos, a incompreensão sobre o verdadeiro papel da indústria mundial de viagens e lazer contribuiu, de maneira incisiva, para que o Destino Brasil não se desenvolvesse.

A falta de conscientização dos próprios brasileiros sobre a importância econômica e social do turismo do Brasil resultou em uma grande crise na captação de fluxos internacionais pelo país, na segunda metade daquela década.

Apesar das deficiências existentes em termos de apuração e totalização dos fluxos turísticos estrangeiros nos primórdios da implantação do sistema de estatística da Embratur, nos anos 1960, o comportamento do gráfico referente à demanda do mercado externo pelo Brasil ilustra, com meridiana clareza, a nossa insipiência em termos de promoção e comercialização do produto turístico nacional.

Imprecisões estatísticas à parte, de acordo com a consolidação de dados apresentada pelo Anuário Estatístico da Embratur de 1971, o Brasil recebeu, entre os anos de 1963 e 1970, um total de 1.102.049 turistas estrangeiros.

Desprezados os contingentes de turistas provenientes da África, da América Central, da Ásia, da Oceania e do Oriente Médio, a maioria dos estrangeiros que visitaram o Brasil naquele período era proveniente dos países da América do Sul, responsáveis por um total de 496.760 turistas. Já a Europa enviou um contingente de 285.489 turistas, enquanto a América do Norte foi responsável por 271.927 viajantes.

O fluxo total de turistas estrangeiros referente à série histórica 1963-1970 foi, no entanto, objeto de revisão técnica a partir de 1972, ano em que foi criado, pela Resolução nº 633, o Sistema Nacional de Estatística da Embratur.

A criação de uma unidade administrativa voltada, exclusivamente, para radiografar com periodicidade anual a indústria brasileira do turismo culminou em um processo que propiciou arbitrar-se que, naquele referido período, o Brasil havia recebido, de fato, um total de 1.278.314 turistas estrangeiros.

Ao lançar um pouco de luz sobre esse período histórico do turismo brasileiro, constata-se, já naquela época, uma verdade que permanece atual no âmbito da indústria internacional do turismo: a demanda que possibilita a determinado mercado receptor transformar-se em um destino prioritário é formada, primordialmente, por consumidores de países fronteiriços ou geograficamente próximos.

Tal tendência desvenda, com perfeição, os motivos que levaram alguns dos mais importantes destinos turísticos do mundo – França e Espanha, por exemplo – a conquistarem e manterem, na década de 1990, expressivos fluxos turísticos internacionais, com valores superiores a 40 milhões de consumidores por ano.

Na realidade, o destino turístico Europa é autoconsumido, anualmente, em alta velocidade. Essa afirmativa confirma-se com a constatação de que, em 1996, apenas 13% do montante de 275 milhões de turistas europeus realizaram viagens turísticas em outro continente que não a Europa. A OMT – Organização Mundial do Turismo constata que, em 1997, apenas 5% dos europeus chegaram às Américas e, desses, 3,8% ficaram na América do Norte.

Essa realidade que caracteriza a indústria internacional do turismo não foi compreendida pelos gestores nacionais do setor. Incompreensão que, em larga medida, comprometeu até hoje a inteligência comercial da indústria brasileira do turismo. A solução para transformar o Brasil em destino turístico competitivo passa, em primeiro lugar, por sua consolidação como grande destino doméstico e, então, como destino relevante na América do Sul.

Essa falta de percepção seguiu até o governo Fernando Henrique Cardoso, apesar de o turismo caracterizar-se como atividade fundamental da economia produtiva mundial, movimentando um mercado consumidor estimado em 600 milhões de pessoas e fazendo circular recursos da ordem de US$ 500 bilhões.

Os números que contam a história do turismo brasileiro, especificamente entre 1963 e 1996, atestam que os neurônios do setor não se desenvolveram em um ritmo sequer semelhante ao da inteligência comercial de países que integram o chamado terceiro mundo, embora a atividade tenha sido sistematizada a partir de 1966, com o reconhecimento da importância econômica do setor e da necessidade de haver uma agência responsável por seu fomento e normatização.

Posteriormente, outras ações foram desencadeadas, via incentivos fiscais e creditícios para investimentos, controle de qualidade dos serviços privados e ordenação do uso e ocupação do patrimônio turístico.

Os incentivos fiscais foram extintos em 1986, assim como foi esvaziado o controle sobre serviços turísticos, enquanto a ordenação do patrimônio em momento algum foi efetivada, restando à estrutura oficial setorial o papel de promoção no exterior, combalido por insuficiência crônica de verbas apropriadas, falta de criatividade e ausência de um plano estratégico de *marketing*. Em resumo, a ação do governo praticamente restringiu-se ao financiamento de hotéis, enquanto havia recursos, a um controle relativo da atividade e a uma promoção de nosso produto ineficiente e descontinuada.

Em 1993, foi criado o Ministério da Indústria, Comércio e Turismo, cuja Secretaria Nacional de Turismo e Serviços, que me teve como seu único titular, tinha a incumbência de planejar as ações do setor; a Embratur, por sua vez, tinha como tarefa executar tais ações. A Secretaria Nacional de Turismo e Serviços foi extinta em 1997 e a reforma ministerial promovida em 1999 criou o atual MET – Ministério do Esporte e Turismo, ao qual passou a ser vinculada a Embratur, autarquia especial do governo federal.

A elevação do turismo ao nível ministerial significou o reconhecimento oficial da importância que o governo passava a emprestar ao setor, expressa no Programa de Governo Mãos à Obra, com o qual o então candidato à Presidência da República, Fernando Henrique Cardoso, lançava as bases de seu futuro governo. As propostas ali contidas adotaram, em sua grande maioria, as recomendações emanadas da Câmara Setorial de Turismo, por meio dos seus subgrupos temáticos.

Com a publicação, ao final de 1995, do documento "Diretrizes para uma Política Nacional de Turismo 1996-1999", pela primeira vez o setor passou a dispor de um roteiro de ações que representava o compromisso claro do governo federal, com a adoção de medidas há muito requeridas por aqueles que militavam no turismo. Nos quatro anos de execução das diretrizes traçadas, a maior parte do que estava ali proposto foi realizado, o que resultou no alcance de todas as metas propostas.

Caminhos Trabalhados e a Consolidar

Antes de deixar o Ministério de Esportes e Turismo em 2002, elaborei, junto com minha equipe, uma proposta de Diretrizes para uma Política Nacional de Turismo para o Novo Milênio. A idéia era deixar uma sinalização para os futuros governos dos caminhos que se fazem necessários para que o Brasil possa, de uma vez por todas, utilizar a indústria do turismo como instrumento econômico e social moderno e poderoso. Essa proposta também tinha por objetivo dar seqüência, revisar e aprofundar a execução dos programas, projetos e ações estabelecidos para o período de 1996 a 1999, objeto da Política Nacional de Turismo 1996-2002. Essa política foi a única e grande responsável pela revolução silenciosa que, ao longo de todo esse período, criou cenários que hoje possibilitam que o atual governo avance rumo à consolidação da atividade como fato econômico e social em nosso país.

Essas diretrizes, elaboradas ao final do governo Fernando Henrique Cardoso, objetivavam explicitar, induzir, orientar e apresentar indicadores e sugestões ao então governo do presidente Lula, que chegava e criava um ministério exclusivo para o turismo. A propósito, ainda não estamos convencidos de esse seja o melhor caminho para uma atividade que quer se firmar como econômica e estratégica para o país; da mesma forma, não concordávamos com o falho modelo Ministério de Esportes e Turismo existente. Enquanto tivermos pessoas capacitadas ocupando o posto de Ministro de Turismo, tudo vai caminhar bem. O problema é quando para lá for um ministro fraco, instrumento das tradicionais barganhas políticas.

Subsídios para uma Política Nacional de Turismo para o Novo Milênio

Na elaboração do documento, adotou-se como princípio norteador as orientações estratégicas que balizaram o processo de revisão da gestão administrativa do Estado, promovido quando da elaboração do Plano Plurianual de Ação (PPA) 2001-2003, de forma que os diferentes programas e projetos atendessem às opções estratégicas do governo federal, a saber:

- Consolidar a estabilidade econômica, com crescimento sustentado.
- Promover o desenvolvimento sustentável voltado para a geração de empregos e oportunidades de renda.
- Combater a pobreza e promover a inclusão social.
- Consolidar a democracia e a defesa dos direitos humanos.

O documento pretendeu, também, servir de ponte entre o governo e a sociedade brasileira e internacional, evidenciando os parâmetros em que se pretendia atuar nos próximos anos e recebendo colaborações que possibilitassem eventuais correções de rumo no percurso.

Essa política foi norteada na promoção do desenvolvimento da economia brasileira, iniciada no primeiro governo do presidente Fernando Henrique Cardoso, quando, a exemplo do cenário internacional, o setor de serviços assumiu maior participação relativa na renda nacional. Ao mesmo tempo, por suas características, o turismo continuará contribuindo para promover:

- Diminuição das desigualdades regionais.
- Geração de empregos e renda.
- Integração de um contingente populacional de baixa qualificação profissional no mercado de trabalho, para executar atividades adequadas ao seu nível de qualificação.
- Desenvolvimento sustentável de áreas com destacado patrimônio histórico, cultural e ambiental.

O turismo tem, ainda, outras funções, tais como:

- Servir de instrumento para a inserção competitiva do país no panorama global, por intermédio do estabelecimento de uma imagem externa positiva.
- Equilíbrio na balança comercial, com a exportação inteligente de serviços turísticos e a importação de fluxos turísticos interessados em consumir nossa matéria-prima em recursos naturais e culturais, que deverão, cada vez mais, ser transformadas em produtos diferenciados competitivos.

Na perseguição desses objetivos, é fundamental que os agentes públicos e privados atuantes no segmento do turismo brasileiro continuem a trabalhar de forma coordenada, por meio do estabelecimento de parcerias efetivas; da descentralização das responsabilidades de planejamento, controle, fiscalização e execução de ações; do fortalecimento institucional e capacitação dos órgãos e empresas de turismo; e do incremento e disseminação da base científica de conhecimento sobre a atividade, em quantidade e qualidade.

À parte das preocupações específicas de aprofundamento e complementação das ações voltadas à dotação de infra-estrutura básica e turística nos pólos turísticos brasileiros, é preocupação da Política Nacional de Turismo garantir a satisfação das expectativas dos turistas com relação aos produtos que lhes são ofertados. Além disso, tem-se como princípio fundamental fazer com que os benefícios da exploração da atividade turística sejam estendidos a todos os habitantes dos municípios onde a atividade se desenvolve.

Após o encerramento do primeiro ciclo de execução da Política Nacional de Turismo, em 2002, o Brasil passou a dispor de uma indústria turística mais vigorosa. Nossos municípios turísticos estão mais preparados e conscientizados para a correta exploração e gestão da atividade. O mercado interno apresenta-se em contínua expansão, ofertando produtos a melhores preços, qualidade e diversidade, em condições de disputar o mercado internacional de forma competitiva. A imagem que o nosso país projeta no exterior já é bem melhor do que antes de 1994.

Chegou o momento, portanto, de expormos mais competitivamente os nossos produtos turísticos junto aos mercados consumidores, de forma que possamos captar fluxos turísticos internacionais crescentes.

A proposta de Política Nacional de Turismo para o Novo Milênio, deixada para o novo governo em dezembro de 2002, tinha entre seus diversos programas e projetos duas prioridades: o aprofundamento e realinhamento das ações voltadas à municipalização do turismo, de forma a organizar, formatar e fomentar o desenvolvimento do turismo sustentável em nosso país; e a adoção de uma estratégia de *marketing* internacional mais agressiva, visando à ampla divulgação de nossos produtos e destinos turísticos.

Princípios Norteadores da Política de Turismo do Novo Milênio

A Política Nacional de Turismo, conjunto de diretrizes, estratégias, objetivos e ações formulados e executados pelo Estado, por intermédio do então Ministério do Esporte e Turismo e da Embratur, pelo Sistema Oficial de Turismo e pela iniciativa privada, tinha como finalidade promover e incrementar o turismo como fonte de renda, geração de emprego e desenvolvimento socioeconômico do país.

No conceito de um Sistema Nacional de Turismo que congregue todos os agentes intervenientes no processo, foram definidas como idéias principais dessa política:

- A contínua ordenação das ações do setor público orientando o esforço do Estado e a utilização dos recursos públicos para o bem-estar social.
- A definição de parâmetros para o planejamento e a execução das ações dos governos estaduais e municipais.
- Orientação referencial para o setor privado.

O turismo, alicerçado nas potencialidades naturais do maior país tropical do mundo, pode cooperar de maneira substantiva como instrumento de desenvolvimento regional e local sustentável, tendo como resultados:

- Melhoria da qualidade de vida de milhões de brasileiros que vivem em regiões com potencial turístico.
- Diversificação qualitativa dos bens e serviços produzidos e da infra-estrutura receptiva do turismo nacional.
- Geração de novos empregos e manutenção daqueles já existentes.
- Qualificação e requalificação dos recursos humanos já envolvidos com a atividade.
- Aproveitamento de mão-de-obra não qualificada, com sua conseqüente capacitação.
- Redução das desigualdades regionais.
- Maior aporte de divisas ao balanço de pagamento, sendo a importação de turistas estrangeiros o nosso mais competitivo produto de exportação.
- Integração socioeconômica e cultural da população.
- Proteção ao meio ambiente e ao patrimônio histórico e cultural.
- Inserção do Brasil no cenário internacional, construindo uma imagem externa positiva.

Perspectivas e Metas

A meta de crescimento no ingresso de turistas estrangeiros no Brasil para o período que se iniciou em 2002 espelhava uma realidade projetada de incremento significativamente menor que o obtido no período de 1996 a 2000 (de 1,8 milhão em 1994 para 5,38 milhões em 1999, ou seja, aumento de 183%). Entretanto, em 2002, já sabíamos que o desafio de alcançá-la não seria fácil, em razão dos cenários econômicos frágeis existentes em países emissores, como a Argentina, e da crise sistêmica das companhias aéreas.

O Brasil foi muito bem-sucedido na captação de fluxos crescentes oriundos de países vizinhos da América do Sul, em particular do Mercosul, até 2000. Essa foi uma estratégia baseada na constatação de que, no mundo, 80% do turismo ocorre em âmbito intra-regional, com viagens de curta distância.

Se, por um lado, o turismo intra-regional aumenta rapidamente em termos do número de turistas ingressados, por outro, não se obtém a mesma proporção no ingresso de divisas. O turismo de longa distância, mais difícil de captar, gera, proporcionalmente, mais renda para o país. Além disso, o turismo de fronteira está mais sujeito aos efeitos de curto prazo provocados por crises econômicas localizadas.

Enfim, o desafio para o Brasil nos próximos anos é crescer com foco no turismo proveniente de mercados localizados a mais de oito horas de vôo, onde a competição é muito maior e as exigências de meios de transportes, infra-estrutura e qualidade são mais fortes.

Acima de tudo, para que se possam captar novos fluxos de longa distância, o Brasil terá, obrigatoriamente, que investir muito mais recursos para ações de *marketing* internacional do que atualmente vem fazendo, bem como uma política agressiva de financiamento a operadoras internacionais para viabilização e expansão de vôos *charters*. Sem esses investimentos, não alcançaremos as metas aqui previstas, correndo o risco de até mesmo perdermos mercado para nossos concorrentes. Não podemos deixar de assinalar aqui a importância estratégica da forte presença da TAP no Brasil desde 2001, quando então ajudamos a autorizar as primeiras 26 freqüências semanais dessa empresa aérea portuguesa para o Brasil. Hoje são 40 freqüências semanais ligando nosso país a toda a Europa. Também, o governo atual, por intermédio de uma ação correta do Ministro de Turismo Walfrido dos Mares Guia, vem aumentando o número de autorizações de vôos não regulares, em especial para a Região Nordeste do Brasil.

METAS PARA O TURISMO INTERNO

As metas para o turismo interno (aumento do fluxo e geração de empregos) estavam inseridas num contexto de crescimento contínuo e sustentável, resultado dos investimentos que já vinham sendo realizados pela iniciativa privada, espelhando a confiança por parte do empresariado na condução das políticas de turismo e no futuro da atividade.

Com a continuidade da execução de boa parte das ações governamentais então traçadas e voltadas para a dotação de infra-estrutura básica em destinos turísticos brasileiros, serão geradas novas oportunidades para investimentos privados que possibilitarão outro salto qualitativo e quantitativo no turismo brasileiro.

Atualmente, com a modernização continuada do arcabouço regulatório do setor, assistimos a um choque de competitividade em áreas estratégicas para o turismo, como o transporte aéreo e de cruzeiros marítimos, que facilitará as viagens para milhares de brasileiros, possibilitando a agregação de novos produtos e novos segmentos de consumo. O turismo está se democratizando em nosso país e essa será a tônica dos próximos anos!

Planejamento Estratégico

O documento entregue por nós, em dezembro de 2002, ao Governo de Transição, previa que as ações do governo federal, como um todo, deveriam se basear em pressupostos para o desenvolvimento, como a estabilização econômica, o financiamento do desenvolvimento e a reforma do Estado, objetivando assim a inserção competitiva, a modernização e eficácia do Estado e a redução dos desequilíbrios espaciais e sociais.

MISSÃO – IDÉIAS FORÇA

- Preservação do meio ambiente.
- Desenvolvimento sustentado.
- Melhoria da qualidade de vida.
- Inclusão dos excluídos.
- Desenvolvimento regional.
- Integração.
- Geração de divisas e melhoria na balança de pagamentos.
- Geração de empregos.
- Formação de mão-de-obra.
- Produto turístico competitivo.
- Inserção internacional do país.
- Segurança pública.
- Satisfação do cliente.

Com esse enfoque, o governo deverá sempre orientar as ações voltadas ao desenvolvimento do turismo no sentido de tornar o produto turístico brasileiro competitivo em nível internacional, pela busca da qualidade na prestação dos serviços e do correto gerenciamento dos recursos naturais, culturais e humanos por todos os atores envolvidos nesse processo, sejam eles públicos ou privados.

MACROESTRATÉGIAS TRAÇADAS

Promover o Desenvolvimento Local Sustentável nos Municípios Turísticos

Atender à demanda das populações dos municípios turísticos brasileiros por melhores condições

Parte 1

de vida na cidade e no campo, trabalho e renda para seus habitantes e um desenvolvimento que seja sustentável em longo prazo.

Ações Estratégicas

- Municipalização do turismo.
- Ordenação territorial.
- Formatação de matéria-prima em produtos.
- Oficinas de conscientização de comunidades locais.
- Processos de formação de agentes locais.

Criar um Ambiente para a Geração de Empregos, Redução das Desigualdades Regionais e Inclusão Social dos Excluídos

Responder ao desafio nacional de gerar emprego e renda para a população brasileira, de forma sustentável, nas áreas com potencial turístico, de forma a promover a melhoria das condições de vida nas regiões menos desenvolvidas do país.

Ações Estratégicas

- Melhoria da infra-estrutura básica.
- Incremento e captação de recursos para infra-estrutura turística.
- Capacitação e qualificação de recursos humanos.
- Promoção de oportunidades de investimento.

Inserção Competitiva do Brasil no Mercado Internacional, Visando Aumentar as Exportações e Equilibrar a Balança Cambial

Contribuir para a preservação dos princípios da estabilidade econômica com desenvolvimento sustentável, lançados com o Plano Real. O maior instrumento para isso é o fomento à exportação de serviços turísticos e à importação de turistas internacionais.

Ações Estratégicas

- Ações segmentadas de *marketing*, eventos e promoção.
- Implantação e regulamentação de centros de promoção turística atuando junto às nossas representações diplomáticas dos principais países emissores.
- Participação do Ministério do Turismo em acordos diplomáticos e junto aos principais organismos internacionais ligados ao setor.

Garantir Direitos e Qualidade na Prestação de Serviços Turísticos ao Consumidor

Responder ao anseio da população brasileira e do visitante estrangeiro no que tange à qualidade na prestação dos serviços turísticos e ao respeito de seus direitos como consumidores. Essa é uma conquista que faz parte dos direitos básicos de cidadania e democracia.

Ações Estratégicas

- Regulamentação da atividade turística.
- Modernização da legislação turística.
- Controle da qualidade do produto turístico.
- Fiscalização delegada.
- Defesa do consumidor.
- Certificação individual.
- Brigadas de qualidade.
- Reformulação e definição dos currículos escolares das faculdades e cursos técnicos do setor.

Promover e Buscar a Formatação, Diferenciação e Comercialização de Produtos Turísticos

Facultar a toda a população brasileira o acesso ao nosso mercado interno, com produtos diversificados, de qualidade, criativos e diferenciados, mas com preços justos. O mesmo se aplica ao turista internacional, ao qual deve ser ofertada uma gama variada e diferenciada de produtos turísticos, para atender a diversos segmentos de consumo.

Ações Estratégicas

- *Marketing* do turismo interno.
- Experiência memorável e transformação do turismo como valor econômico.
- Segmentação de produtos e trabalho junto a nichos de mercado.

Parte 1

- Tematização.
- Desenvolver modelos mentais que assegurem identidade, criatividade e diferenciais ao produto turístico nacional.
- *Cluster* do entretenimento (turismo, cultura, lazer, natureza e comércio) e arranjo da cadeia produtiva local.
- Criação e consolidação de roteiros turísticos.
- Trabalhar processos competentes e inovadores de comercialização de produtos.
- Fidelização do turista.
- Organização de segmentos de consumo.
- Aprimoramento das pesquisas de mercado, base de dados e estatísticas, assim como adoção de indicadores e boletins conjunturais periódicos.

Promover a Articulação entre os Atores Intervenientes no Desenvolvimento da Atividade Turística e Aprimorar o Pensamento Estratégico do Setor

Aumentar o entendimento e o conhecimento sobre a atividade turística, de forma a integrar os diversos atores que interagem ou têm interface com o setor, maximizando os efeitos da aplicação de recursos públicos e privados, orientando a tomada de decisão e disseminando a prática do pensamento estratégico, sob bases científicas.

Ações Estratégicas

- Fóruns, seminários e congressos da cadeia produtiva do turismo.
- Parcerias estratégicas com entidades do setor privado, na busca da profissionalização.
- Estudos e pesquisas.
- Internet/*e-commerce*.
- Fomento ao conhecimento científico e estratégico.
- Certificação individual de qualidade.
- Criação, com as universidades, das brigadas de qualidade para atender destinos e empresas.
- Monitoramento *on-line* de Planos de Desenvolvimento Turístico.
- Fórum dos secretários estaduais de turismo.
- Conselho Nacional de Turismo trabalhando o fim dos gargalos e atuando em grupos técnicos.

Ações Estratégicas Principais

Fomento Centrado na Infra-estrutura Básica, Turística e na Capacitação Profissional

Ao longo dos anos, à medida que o turismo vem evoluindo, o perfil do turista tem-se alterado, ficando cada vez mais conscientizado e exigente em relação ao produto turístico que lhe é ofertado, seja pela comparação direta entre destinos já visitados, seja pelo volume de informações e oportunidades que lhes são disponibilizados. O turista moderno quer se envolver emocionalmente com o destino. Hoje, os serviços são *commodities*; por isso, precisamos proporcionar aos turistas experiências memoráveis que possam também produzir saudáveis transformações.

Assim, é fundamental que, além do meio de hospedagem, o turista encontre em seu entorno serviços urbanos de qualidade no tocante a limpeza pública, saneamento básico, qualidade ambiental, segurança, diversão, acessos e sinalização. Precisamos oferecer ao turista destinos com cenários dignos e buscar sempre materializar a máxima de que "a cidade boa para o turista é aquela que é boa também para o cidadão que nela vive". O Prodetur/NE – Programa de Ação para o Desenvolvimento do Turismo no Nordeste, ainda em plena execução em sua segunda fase, é um exemplo concreto dessa estratégia. Outras regiões começarão, a partir de 2005, a executar projetos semelhantes que certamente criarão cenários cada vez melhores para o desenvolvimento turístico regional, atraindo investimentos do setor privado, os quais gerarão empregos, melhorando a qualidade de vida das pessoas que vivem nessas regiões.

Defesa do Consumidor

Um turismo de qualidade só será alcançado se houver relação estreita entre aqueles que ofertam os produtos turísticos e quem os consome, de sorte que se possa garantir a lucratividade dos investimentos realizados e a satisfação das expectativas dos clientes.

Para tanto, é fundamental sempre continuar atuando junto ao mercado em campanhas de informação e conscientização e no que diz respeito ao controle do produto em dois âmbitos:

- Institucional, com a modernização da legislação (Contratos e Código de Defesa e de Ética do Consumidor Turístico) e da melhor habilitação dos Procon – Proteção e Defesa do Consumidor e das secretarias de turismo estaduais e municipais.

- Clientes, com a disponibilização de canais de comunicação, inclusive no sistema 0800, que lhes permitam exercer uma atividade direta de fiscalização e controle, fazendo valer, também, os seus direitos.

Desenvolvimento do Pensamento Estratégico

O turismo é uma atividade que só assumiu importância econômica há muito pouco tempo, principalmente após a Segunda Guerra Mundial e a disponibilização de transporte aéreo de passageiros e de meios de comunicação globais.

Nos países desenvolvidos, em que a atividade tem importante peso relativo em suas economias, desenvolve-se permanentemente o pensamento estratégico e a base científica de conhecimento. A OMT tem assumido a responsabilidade de disseminar esses conhecimentos, dados e estatísticas.

Num cenário de competitividade global, é necessário que os agentes intervenientes no turismo brasileiro deixem de atuar de forma amadora e tenham acesso às fontes mais avançadas de conhecimento, para que as utilizem no exercício de suas atividades.

Necessitamos, portanto, sempre incentivar a criação de observatórios de tendências e centros de altos estudos que se responsabilizem pelo desenvolvimento, monitoramento e a disseminação do pensamento estratégico do turismo nacional. Temos de incentivar a atuação dos consultores especializados em turismo, disponibilizando seu cadastro ao setor, para incrementar a profissionalização da atividade. Precisamos, ainda, promover cada vez mais a integração entre universidade e empresa, de forma que os estudantes, técnicos e bacharéis em Turismo encontrem campos de estágios e trabalho. Importante, ainda, que se desenvolvam estudos específicos e que os currículos universitários cada vez mais guardem consonância com os anseios do setor privado, no qual os profissionais irão atuar.

Busca da Qualidade de Serviços

Para a melhoria do produto turístico brasileiro, é fundamental continuar investindo na melhoria da qualidade dos serviços ofertados. No entanto, como já foi dito, os serviços no mundo de hoje são considerados *commodities* e a qualidade não é mais um diferencial, e sim obrigação para quem quiser se estabelecer no setor. Além disso, a inserção do Brasil no mercado mundial implica a redução dos custos dos serviços ofertados e a maximização dos resultados econômicos auferidos.

A regulamentação do setor turístico vigente foi elaborada com ênfase nos equipamentos e não nos serviços. Dessa forma, continua sendo necessária uma urgente reformulação que implique uma ação prévia de conscientização do setor sobre essa mudança de enfoque estratégico, para viabilizar sua alteração.

Concomitantemente, faz-se necessária a volta de um Programa Brasileiro de Qualidade e Produtividade específico para o setor turístico, com a implantação de Programas de Qualidade setoriais que promovam a melhoria dos diversos serviços utilizados pelo turista, trabalhando, com eficiência e criatividade, junto aos funcionários, o *marketing* de sensações.

Nesse aspecto, a capacitação de recursos humanos é fundamental e, para realizá-la, deverão ser utilizados todos os mecanismos possíveis de parcerias para a oferta de cursos e programas de capacitação profissional.

Descentralização

A gestão das atividades do turismo envolve as diversas esferas de poder – federal, estadual e municipal – com responsabilidades que devem ser muito bem definidas, visando à maximização dos esforços despendidos por cada um desses atores.

No conceito de descentralização da ação do Estado, faz-se necessária a capacitação das Secretarias e Órgãos Estaduais e Municipais para a execução das ações de gestão, seja em nível de elaboração de planejamento estratégico, planos de desenvolvimento, execução, acompanhamento e controle.

O setor turístico do governo federal deverá sempre transferir aquelas responsabilidades de gestão das atividades turísticas que estejam diretamente afetadas para o campo de atuação dos estados e municípios.

O instrumento maior para alcançar esses objetivos seria a continuidade da implantação do PNMT – Programa Nacional de Municipalização do Turismo, nos 1.800 municípios com potencial turístico do país.

Trata-se do grande divisor de águas da história do turismo nacional. Grande responsável, nos últimos 10 anos, pela conscientização de comunidades locais e pela descentralização e ocorrência de mudanças efetivas dos métodos de gestão com o turismo nas cidades brasileiras.

Um dos pecados cometidos pelo atual governo foi o sepultamento do consistente programa que se transformou em referência da OMT para mais de 130 países. E o pior é que mais de dois anos se passaram e o Programa da Regionalização, que substituiria em grande estilo o PNMT, não saiu do discurso. É o Fome Zero do turismo.

Além de retardar todo um processo em movimento sério, reconhecido inclusive pelo Banco Interamericano de Desenvolvimento, fizeram como vítima maior o Ministro do Turismo Walfrido dos Mares Guia, mal informado que foi por almas menores de sua assessoria.

Conscientização da Sociedade Brasileira para a Importância do Turismo

O turismo nunca foi encarado como atividade econômica relevante para o desenvolvimento do país. Nos diversos estágios de nossa economia, outras prioridades foram estabelecidas e incorporadas no pensamento nacional, como a dotação de indústrias pesadas, de indústria de transformação, de substituição de importações e de produção para exportação. A importância que o setor de serviços e, nesse caso, do segmento do turismo tem na economia mundial e brasileira deverá ser cada vez mais levada à sociedade brasileira para incorporar-se em nosso pensamento comum.

Para tanto, faz-se necessária a elaboração de uma base de dados abrangente sobre o turismo brasileiro que sirva como instrumento de divulgação e promoção da atividade, por meio de campanhas genéricas ou dirigidas. Também devem ser realizadas ações intra e extragovernamentais para a integração de agentes públicos e privados, no esforço de promoção da atividade turística, agora sob a competência da Embratur.

Articulação Intra e Extragovernamental

As várias interfaces para o desenvolvimento da indústria do turismo necessitam de uma permanente articulação entre os diversos órgãos dos setores públicos e privados, no sentido de agilizar soluções, eliminar entraves burocráticos, compartilhar decisões e facilitar a participação de todos os envolvidos no processo de crescimento econômico do país.

A Câmara Setorial do Turismo teve, no passado (1992/1994), a responsabilidade de aglutinar os interesses privados, apresentando diagnósticos e propondo soluções para as questões que afetam os diversos ramos da atividade turística.

Cabe hoje ao MET desenvolver e estabelecer as diversas interfaces com os distintos ministérios e órgãos governamentais, dos quais o turismo depende direta ou indiretamente. O Sistema Nacional de Turismo, coordenado pelo MET/Embratur, deverá produzir documentos, diagnósticos e propostas para o setor turístico nacional, a fim de dar suporte ao trabalho desenvolvido pelo Poder Legislativo (subcomissão de Turismo da Câmara dos Deputados).

Democratização do Turismo Interno

Com o objetivo de resgatar a sociedade brasileira do isolamento e do abandono dos princípios de igualdade e oportunidades, tem-se a preocupação de promover ações direcionadas que possibilitem às populações marginalizadas no mercado turístico, seja por motivo econômico ou contingências, terem acesso ao turismo doméstico.

Essas ações possibilitam a incorporação de novos contingentes ao mercado turístico, a melhoria da qualidade de vida dessas populações e, ainda, serve de estímulo para que mais brasileiros conheçam o seu país e a sua gente.

Esses programas pressupõem uma articulação com o empresariado privado e deverão utilizar-se do período de baixa estação para que tenham custos reduzidos e acessíveis.

Promoção Externa

Para o incremento do turismo externo, é fundamental o *marketing* de nosso produto no exterior, ou seja, a boa promoção de nossa Marca Brasil no exterior, de forma a gerar boas percepções. A formação da imagem do país, que não depende apenas das ações do segmento do turismo, representado pela Embratur, deve ser colocada sempre em um contexto de prioridade de governo, cabendo essa responsabilidade à Secretaria de Comunicação Social da Presidência da República.

Segundo a OMT, os países devem investir, para a promoção do turismo, o equivalente a 2% das receitas cambiais auferidas com a atividade em promoção externa.

Considerando as receitas do ano de 2003, cerca de US$ 3,9 bilhões, o Brasil deveria investir algo em torno de US$ 78 milhões/ano, sendo metade do setor privado. O cumprimento dessa orientação é meta que se deve sempre buscar se quisermos melhorar nossa posição no *ranking* da OMT. Em 1998, chegamos ao 27º lugar, mas foi o período de maiores investimentos em *marketing* de nossa história, auxiliado pela valorização do real à época. Chegamos a investir US$ 25 milhões anuais pela Embratur. Ocorre que o orçamento da União é feito em real e a moeda no turismo é o dólar. Assim, com a crise cambial de 1999, os recursos para promover o Brasil caíram pela metade e espero que voltem a ser expressivos a partir de 2005, conforme a vontade e a luta para melhorar o orçamento de *marketing* do Ministério do Turismo. Espero que a área econômica e o Congresso não cortem esses recursos em benefício das eternas emendas parlamentares para obras de infra-estrutura em seus recantos eleitorais.

A nossa estratégia de *marketing* deve sempre estar calcada em parâmetros de qualidade, especificidade e continuidade, dirigida, inicialmente, aos mercados prioritários, que são os países do Mercosul e os mercados de longa distância (Estados Unidos e nossos cinco principais emissores europeus: Alemanha, Inglaterra, Espanha, Itália, Portugal, França).

A Embratur está tentando instalar junto a esses mercados os Comitês *Visit Brasil*, que têm a incumbência de reunir os agentes locais com interesse na emissão de turistas ou na formação de uma imagem positiva do país, para proporem ações específicas para aqueles mercados, colaborarem na realização de eventos promocionais, identificarem tendências e produtos concorrentes e atuarem em relações públicas, utilizando empresas com experiência naqueles mercados. O desafio é institucionalizá-los e fazer com que eles tenham sua continuidade legal independentemente de mudanças de governos. E, também, abastecer esses escritórios com material promocional, o que parece óbvio mas não é.

Além das ações tradicionais, em que o governo participa institucionalmente em feiras e eventos, a prioridade de *marketing* deve sempre estar enfocada na promoção de campanhas internacionais segmentadas por mercado, temas, produtos, nichos e regiões.

Inserção Internacional do Turismo Brasileiro

O segmento do turismo no Brasil merece e precisa de uma participação internacional que demonstre a prioridade a ele concedida pelo governo brasileiro. Com isso, é sempre preciso obter maior colaboração dos organismos e agências de fomento internacionais, seja para o financiamento de infra-estrutura básica em nossos pólos turísticos, seja nas ações de captação de investimentos privados e institucionais estrangeiros, ou ainda para a transferência de tecnologias e conhecimento.

Institucionalmente, desde 1995, o país passou a atuar de forma mais representativa junto aos organismos internacionais relacionados com a atividade do turismo, de forma a participarmos das ações em prol do desenvolvimento global da atividade. A eleição do Brasil para a Presidência do Conselho Executivo da OMT, em 1997/1998, e a Presidência da Comissão das Américas, em 1996, sem dúvida acelerou o alcance desse objetivo. É preciso tirar dos armários da burocracia do Itamaraty, do Ministério do Turismo e da Embratur dezenas de tratados multilaterais celebrados entre o Brasil e vários governos ao longo das últimas duas décadas para a adequação de normas que afetam o incremento do turismo e, também, visando aproveitar a capacidade negociadora entre blocos econômicos.

Herança Bendita dos Últimos 10 Anos

Até parece que foi ontem. Não foi. O tempo, sempre enganoso, provoca ilusões. E fez parecer que o lapso de 10 anos não aconteceu. Prestidigitação causada pela necessidade de viver a cronologia de modo dessemelhante daqueles que, postos em sossego absoluto, operam com o olhar perdido em um ponto qualquer que não se divisa no horizonte.

Era, então, 1992. Naquele ano, o Brasil, encerrado o balanço estatístico do exercício, recebera pouco mais de um milhão de turistas internacionais. A esmagadora maioria vinda da Argentina, nosso principal parceiro na indústria mundial do turismo.

Dez anos depois, muitos milhões de turistas estrangeiros e alguns bilhões de dólares a mais internalizados no Destino Brasil, o balanço que se poderia fazer, manipulando-se o arsenal muitas vezes ilusório da ciência estatística, é o menos importante em termos de herança. Aliás, uma herança que deve ser abençoada pelos que hoje dela se beneficiam.

Olhando-se para trás, percorrendo-se o intervalo de tempo apenas com a sensibilidade de memória, o legado efetivo que a administração do Estado, na era Fernando Henrique Cardoso, ofereceu, é muito maior, muito mais importante que o aumento da captação turística e o conseqüente crescimento dos ingressos financeiros no país. O início dessa revolução silenciosa que não pode evoluir nas palavras se deu com a criação, em 1992, pelo então presidente Itamar Franco, do Ministério da Indústria do Comércio e do Turismo, de saudosa memória.

A partir daí, cumpriu o Estado, com diligência, sua obrigação de patrocinar a reengenharia do turismo, em comunhão com o setor privado, que participou, em estado de plena intensidade, da Câmara Setorial do Turismo. Instância que, com ineditismo, repensou o setor e escreveu em letra de forma o documento Política Nacional do Turismo que, em 2003, serviu de referência e foi atualizado com inteligência pelo hoje Ministro do Turismo Walfrido dos Mares Guia.

Lembro, como se ontem tivesse acontecido, o mês de março de 1996, quando o presidente Fernando Henrique, perante duas mil pessoas, apresentou no Palácio do Planalto as quatro macroestratégias que banharam de inteligência a indústria brasileira do turismo. Cena, aliás, que se repetiu, no mínimo, em duas dezenas de eventos diversos, e que tenho dúvidas se será alcançada por um Presidente da República.

As macroestratégias abraçadas como o norte do governo no setor eram as seguintes, em 1996:

- Investimentos em infra-estrutura básica em regiões turísticas de forma a melhorar a qualidade de vida das pessoas que viviam nelas e atrair, na seqüência, investimentos privados que gerassem, como geraram, muitos empregos.
- Mudar os métodos de gestão do turismo e a qualidade dos serviços por intermédio de um planejamento participativo local, em mais de 1.800 cidades com potencial turístico.
- Modernizar a legislação turística para que nos tornássemos competitivos.
- Segmentar a ação de *marketing* e priorizar mercados emissores.

Fizemos juntos, setor público e iniciativa privada, o dever de casa. A partir de uma práxis incompetente, amadora, demos à luz uma sintaxe contemporânea, competitiva. E, embalados pela dialética, originamos uma nova prática.

A concepção de *marketing*, ajustada à necessidade de criar novos canais de comercialização e de fundar diferentes táticas de comunicação social, foi implantada com o objetivo único de gerar, nos principais mercados emissivos, novas percepções sobre o Brasil, sua gente, seus produtos tangíveis e intangíveis. Aliás, o projeto hoje abraçado pelo atual governo "Caras Brasileiras" contou com nossa colaboração direta, em 2002, como consultor, a pedido do Sebrae – Serviço Brasileiro de Apoio às Micro e Pequenas Empresas.

Ao mesmo tempo, deixando os discursos populistas de lado, investimos pesadamente em infra-estrutura, conscientes de que era indispensável dotar as cidades de efetiva potencialidade em matéria de infra-estrutura e equipamentos capazes de assegurar competitividade à indústria do turismo brasileiro. Assim, foram atraídos investimentos privados e gerados cenários melhores de qualidade de vida para aqueles que vivem em regiões turísticas.

Fizemos mais. Modernizamos a legislação, o que permitiu que o Brasil se tornasse interesse dos empresários de cruzeiros marítimos. E batalhamos, também, na complexa frente do transporte aéreo de passageiros que resultou, em 1998, na abertura dos aeroportos centrais a todas as companhias nacionais e, principalmente, no aumento da concorrência e da oferta de assentos a preços ajustados à realidade econômico-financeira da classe média brasileira. Aliás, essas conquistas correm o risco, hoje, de se tornarem lenda e darem um passo para trás. Os preços subiram novamente! Corremos o risco de constatar, como antes de 1998, que é mais barato irmos de avião a Miami do que ao Nordeste ou à Amazônia.

Seria extensa a lista de intenções transformadas em atos concretos, gerados pela intensa vontade política do Governo de transformar, de uma vez por todas, como já acontecera nas principais economias do mundo, de fazer do turismo uma ferramenta generosa para alavancar a geração de emprego e renda.

Exemplo maior dessa atuação ao longo desses 10 anos é o Programa Nacional de Municipalização do Turismo. O PNMT, como se tornou conhecido, propagou idéias, ensinou caminhos, realizou uma evolução silenciosa, transformou consciências, alargou horizontes e, sem alarde, atestou a máxima que deve ser perseguida de que "uma cidade só é boa para o turista se for boa para o seu cidadão". É uma pena que o tenham "matado" por mesquinhez de assessores que iludiram o atual ministro. E o que é pior, nada o substituiu com o mesmo vigor. É a história de inventar a roda quadrada.

Outro exemplo foi o ineditismo de, pela primeira vez, termos atacado com seriedade e sem demagogia a questão do combate à exploração do turismo sexual. Foi a Embratur que, durante seis anos, patrocinou o Disque Denúncia (0800 99 0500) e tantas outras ações relacionadas à questão, a qual rendeu ao Brasil prêmios da Unicef – Fundo das Nações Unidas para a Infância, OMT e ANDI – Agência de Notícias do Direito da Infância. Em 2002, em Salvador, fomos os coordenadores da elaboração do Manual de Conduta para Combater a Exploração do Turismo Sexual Infanto-Juvenil. O programa, depois de dois anos abandonado, foi em boa hora retomado no início de 2005. Mas nos entristecemos quando nos deparamos com declarações pequenas, de indivíduos sem passado ou história de lutas pelo setor, falando asneiras como "pela primeira vez o Brasil não vai vender sexo, carnaval e futebol...". Isso foi enterrado, ao menos na Embratur, desde 1992, com a realização da Eco-92, que possibilitou uma sadia mudança de postura do órgão, que até então insistia na exploração da imagem da mulher brasileira de forma perniciosa.

O fato é que, no período compreendido entre 1992 e 2002, com profissionalismo e estratégias, preparamos o terreno. Lançamos as sementes. E frutos, muitos, foram colhidos na esteira do aquecimento da economia mundial. Em 1994, o Brasil recebia 1,9 milhão de turistas estrangeiros e havia cerca de 13,5 milhões de desembarques domésticos. Em 2000, aqui desembarcaram 5,3 milhões de turistas estrangeiros e tivemos 29 milhões de desembarques domésticos. Captação crescente que resultou, no ano derradeiro do século XX, no ingresso de US$ 4,2 bilhões, resultado que colocou o setor em terceiro lugar no *ranking* dos principais produtos brasileiros de exportação.

Entre aquele momento e o atual, a indústria do turismo, acompanhando a tendência de retração da economia mundial, dos impactos do dia 11 de setembro de 2001, da Sars (pneumonia atípica), da Guerra do Iraque e de outros, regrediu também no Brasil. Perdemos um contingente de aproximadamente 1.500.000 turistas internacionais. A maioria absoluta de argentinos. E, sem estarmos no rastro das dificuldades econômicas dos nossos parceiros intra-regionais, deveremos, em 2005, esperar um crescimento maior que em 2004, mas ainda insuficiente para recuperarmos as perdas de 2000.

Afinal, como já vimos, a formação dos fluxos turísticos internacionais segue um padrão rigoroso, segundo o qual as viagens de curta distância são as principais responsáveis pela intensidade ou não da demanda. E nossa Argentina ainda não está com sua economia saudável a ponto de permitir que argentinos invadam o Brasil como fizeram em 2000.

O novo milênio deu à luz a era do entretenimento. Isso significa captar a atenção, personalizando produtos com o objetivo superior de fidelizar o cliente, oferecendo distração, divertimento, informação e recreação. Mas, acima de tudo, oferecendo enredos, histórias e momentos memoráveis ao turista, ao invés de apenas bons serviços.

Em decorrência dessas transformações, emerge com naturalidade um cenário favorável a agressivas manobras de *marketing* de relacionamento por parte dos fornecedores de serviços das indústrias criativas do Brasil que dispõem de produtos naturais, culturais e humanos aptos a serem comercializados por segmentos de consumo, ampliando assim a nova pauta brasileira de exportação. Tarefa, por sinal, urgente, pois é fato incontroverso que a antiga pauta, caracterizada pela "comoditização" é, na economia globalizada, praticamente inelástica.

O turismo, assim como outros produtos que conformam as indústrias criativas do Brasil, como as artes visuais, a moda, a literatura, o *design*, a música, o teatro e a dança, não foram, até o presente, devidamente transformados em bens de exportação. E hoje, graças ao ontem, é possível e é tempo de materializar essas idéias.

Trabalhando o estrutural sem factóides de marqueteiros ao longo dos dois mandatos do presidente Fernando Henrique Cardoso, foi criada uma oferta aeroportuária de padrão internacional. Só na Região Nordeste, oito novos aeroportos foram então construídos e mais de uma dezena reformada e ampliada em todo o Brasil. Também foram realizadas 17 grandes obras de saneamento em regiões turísticas e uma ampla reforma de patrimônio histórico ocorreu por todos os cantos. Foi vitoriosa a estratégia de atrair para nosso país todas as grandes cadeias internacionais de hotéis. Os 42 hotéis pertencentes a cadeias internacionais em todo o Brasil, em 1995, hoje já passam de 300. Além disso, mais de 800 oficinas de capacitação e conscientização de comunidades locais em municípios com potencial turístico e em ecossistemas foram executadas. Mais de dois milhões de brasileiros participaram direta ou indiretamente dessas oficinas, feitas em parceria com a GTZ (Agência de Desenvolvimento da Alemanha) e diversas organizações não governamentais.

Essas e dezenas de outras ações concretas e não abstratas modificaram, nos principais mercados emissivos, as percepções sobre o Brasil, que hoje podem ser mais bem exploradas, potencializadas e cantadas pelo novo governo, ainda que alguns de alma pequena confundam herança bendita com maldita.

Criadas as condições mínimas para que nossa indústria do turismo ofereça produtos e destinos caracterizados por melhor qualidade, impõe-se, a partir de agora, garantir os recursos prometidos e não totalmente cumpridos ao Ministério de Turismo para gerar a demanda de forma a fazer com que a oferta já criada não seja sucateada e atentar para a necessidade de caminhos inovadores para a política de transporte aéreo, em um país continente que conta com rodovias escassas, onde a hidrovia é sonho e a ferrovia, há muito, é história de ninar.

Turismo: Atividade Estratégica

A atividade do turismo, cuja responsabilidade, em nível federal, cabe hoje ao Ministério de Turismo e à Embratur, envolve um complexo de inter-relações abrangendo diversas esferas de poder (federal, estadual e municipal) e, também, uma estreita parceria com a iniciativa privada, a quem, ao final, cabe a exploração comercial do turismo.

A Política Nacional de Turismo, elaborada pelo governo do presidente Luis Inácio Lula da Silva, vem de encontro às diretrizes que vinham sendo implementadas desde o governo anterior, com a diferença de que foi criado um Ministério exclusivo e a Embratur se transformou em uma agência de promoção do Brasil no exterior.

Os pontos principais de todo o documento elaborado pelo Ministério do Turismo em 2003 são os seguintes.

OBJETIVOS GERAIS

- Desenvolver o produto turístico brasileiro com qualidade, contemplando nossas diversidades regionais, culturais e naturais.
- Estimular e facilitar o consumo do produto turístico brasileiro nos mercados nacional e internacional.

OBJETIVOS ESPECÍFICOS

- Dar qualidade ao produto turístico.
- Diversificar a oferta turística.
- Estruturar os destinos turísticos.
- Ampliar e qualificar o mercado de trabalho.
- Aumentar a inserção competitiva do produto turístico no mercado internacional.
- Ampliar o consumo do produto turístico no mercado nacional.
- Aumentar a taxa de permanência e o gasto médio do turista.

Metas para o Turismo (2003-2007)

- Criar condições para gerar 1,2 milhão de novos empregos e ocupações.
- Aumentar para nove milhões o número de turistas estrangeiros no Brasil.
- Gerar US$ 8 bilhões em divisas.
- Aumentar para 65 milhões a chegada de passageiros nos vôos domésticos.
- Ampliar a oferta turística brasileira, desenvolvendo no mínimo três produtos de qualidade em cada Estado da Federação e no Distrito Federal.

Turismo: Gerador de Riqueza

O turismo é formado por um amplo e diversificado conjunto de atividades econômicas e tem importância destacada no setor de serviços, na indústria e no comércio em geral. No Brasil, sabe-se que a matriz insumo produto do IBGE – Instituto Brasileiro de Geografia e Estatística aponta que 52 setores diferentes da economia sofrem impactos diretos pelo desempenho da indústria turística, com reflexos diretos e indiretos consideráveis sobre a geração de empregos.

Segundo a OMT, em 2003, foram realizadas 694 milhões de viagens internacionais que geraram, em todo o mundo, receita global de US$ 4,55 trilhões.

No Brasil, estima-se que, em 2003, a indústria do turismo e lazer tenha movimentado, na economia, de forma direta, R$ 29 bilhões e arrecadado cerca de US$ 7 bilhões em impostos diretos, indiretos e pessoais. Atualmente, esse setor emprega, segundo a Fipe – Fundação Instituto de Pesquisas Econômicas, 1,2 milhão de trabalhadores diretamente, movimentando US$ 16 bilhões em salários, sendo considerado um dos maiores geradores de empregos no país. A indústria do turismo no Brasil remunera seus empregados 4,6% acima da média de outros segmentos da economia. A oferta de empregos no setor cresceu 24% no período compreendido entre 1996 e 2000.

No panorama atual da economia brasileira e mundial, o turismo está inserido em um contexto de alta competitividade em nível global; em países como o Brasil, que possuem economia ampla e diversificada, é difícil a concessão de subsídios diretos para incentivar investimentos da iniciativa privada, em inversões cujo retorno se dá a médio e longo prazo. Além disso, para que esses investimentos tenham possibilidade de sucesso, faz-se necessária a garantia da qualidade dos serviços complementares que ocorrem em seu entorno, dentro do conceito de produtos turísticos integrados.

O turismo interno deve ser tratado sob a perspectiva de transferência de renda entre as regiões mais ricas do país para aquelas menos desenvolvidas, utilizando-o como instrumento do desenvolvimento harmônico do país e promoção do bem-estar social da população brasileira.

Os produtos e destinos voltados ao mercado interno deverão ter o mesmo padrão de qualidade exigido e encontrado no mercado internacional, uma vez que, com a democratização do turismo, o consumidor nacional decide entre viajar no país ou no exterior em função da relação custo-benefício.

Para tanto, só continuaremos a alcançar os resultados positivos, tanto no turismo interno como no externo, com a contínua e efetiva cooperação entre as diversas esferas públicas – governos federal, estadual e municipal – e a iniciativa privada, bem como no apoio do Congresso Nacional para a aprovação de matérias do interesse do setor, que promovam a permanente modernização de seu aparato regulatório, com a eliminação de entraves jurídicos e a dotação de uma legislação em maior consonância com a realidade econômica e política em que o turismo está inserido mundialmente.

No período de 1992 a 2002, assistimos a um enorme salto nos números do turismo brasileiro. O turismo receptivo internacional passou de 1,9 milhão de chegadas para 5,3 milhões e a receita cambial turística, calculada pela Embratur/OMT, subiu para 3,9 bilhões. O movimento nos aeroportos nacionais passou de 13 milhões de desembarques domésticos para 29 milhões, com crescimento de mais de 80% no período.

Por tudo isso, o Brasil passou do 41º lugar no *ranking* publicado pela OMT, em 1996, para o 28º lugar em 2000 com relação ao ingresso de turistas estrangeiros até 2001, antes da tragédia do 11 de setembro e da grave crise econômica da Argentina, que nos tirou mais de um milhão de turistas. Quando analisamos o faturamento direto e indireto do setor no Brasil – pela força do mercado interno –, estamos entre os 12 primeiros países, ao lado da Austrália, por exemplo.

De Onde Vêm os Turistas?

Há alguns anos, tenho me dedicado a analisar fluxos turísticos; seus movimentos, tendências, pontos de origem e de destino. Os estudos estratégicos da OMT para 2020 estimam um total de 1,561 bilhão de viagens internacionais naquele ano, em todo o mundo. E ensinam muito.

A edição do barômetro da OMT do primeiro semestre de 2004 informou que, em 2003, realizaram-se 694 milhões de viagens, contrastando com os 715 milhões de 2002. Uma queda histórica de 1,2% em um setor que, por duas décadas, cresceu à média 4,5% no mundo.

Esse comportamento foi provocado por cenários de ingovernabilidade e de barbáries, filhas legítimas do 11 de setembro de 2001, ambiente recentemente reforçado pelo atentado terrorista ocorrido na Espanha. Mas isso é outra história.

Hoje, do total dessas 694 milhões de viagens internacionais, 80% são de curta distância e apenas 20% de longa distância. As projeções para 2020 indicam que, do total previsto de 1,561 bilhão das viagens, 76% continuarão sendo de curta distância. Algo em torno de sete horas de vôo, no máximo.

Essas constatações nos remetem à urgente necessidade de refletirmos sobre novas estratégias para o Brasil, um país continente que, em matéria de pensamento turístico, convive com realidades diversas, conceitos inúmeros e, além disso, está situado a grande distância dos principais pólos emissores.

Realidade que leva quem trabalha com turismo a repensar estratégias, imaginar tendências, estruturar novos programas de turismo de curta distância e voltar os olhos para a aviação regional, sub-regional e para as empresas aéreas *low cost* e não regulares.

Universo de preocupações que necessita contemplar, também, a formatação de produtos específicos, a fim de atender à demanda dos nichos e segmentos de mercado que demandam produtos específicos, criados especificamente para eles.

Agenda que tem de focalizar, além da formatação do negócio do turismo na América do Sul, os mercados europeu e norte-americano, que exigem prospecção e trabalho intenso com o objetivo de expandir a chegada de turistas internacionais e o ingresso financeiro.

Essas são exigências impostergáveis, mas que não transformarão em realidade as inconseqüências e tolices proferidas, em tom de cátedra, por aqueles que, incapazes de perceber os matizes do azul, queixam-se, ao fastio, do fato de o Destino Brasil não receber 77 milhões de turistas como a França, 11 milhões como Portugal ou 19 milhões como o México.

A insistência no erro decorre, na verdade, do fato de não terem se disposto a compreender o fenômeno da formação dos fluxos turísticos. Bastaria a estes lançar os olhos, ainda que com superficialidade, sobre a composição da demanda mundial pela França.

Atraídos por um acervo de razões, entre as quais pontifícia a cultural, 90% dos turistas internacionais que desembarcam na França são provenientes da Alemanha (14,3 milhões), do Reino Unido (14,9 milhões), de Benelux (21,3 milhões), da Itália (7,8 milhões), da Suíça (3 milhões) e Espanha (2,9 milhões).

Quanto ao ingresso financeiro, 70% das receitas são geradas por turistas desses mesmos países, que aportam as seguintes contribuições em milhões de euros: Alemanha, 3,9; Reino Unido, 5,3; Benelux, 5; Itália, 2,7; Suíça 3,1; Espanha, 1,4.

Deixando a França e dissecando-se a composição do fluxo de Portugal, constata-se uma relação de perfeita simetria. A menor economia da Comunidade Européia tem como principais emissores a Espanha (5,7 milhões de turistas) e o Reino Unido (1,8 milhão de turistas), seguidos pela França (823 mil), Alemanha (814 mil), Holanda (447 mil) e Itália (291 mil).

Fazendo-se um balanço da participação desses países na formação do fluxo que procura Portugal, consta-se que são responsáveis por 88,5% da emissão anual. Esse comportamento também caracteriza, na América do Norte, a formação do fluxo que freqüenta o México.

Dos 19 milhões de turistas internacionais que foram ao México em 2002, os Estados Unidos enviaram 80% e o Canadá 8%. Já a Europa remeteu 7%, número inferior ao que desembarca no Brasil, e a América Latina, 5%, atestando, portanto, que o turismo acontece em âmbito intra-regional em todo o mundo beneficiando, acima de tudo, os destinos próximos dos grandes pólos emissores.

Mas existem os que, ignorando o fenômeno da formação dos fluxos turísticos, procuram desacreditar a realidade, citando exemplos como os da África do Sul e da Austrália. Países que captaram, em 2001, respectivamente, 5,9 milhões e 4,9 milhões de turistas internacionais. Números, por sinal, inferiores aos dos desembarques ocorridos no Brasil em 2000, quando o nosso maior cliente, a Argentina, ainda não fora tragada pela crise de iliquidez na qual prossegue mergulhada.

Esquadrinhadas as realidades desses dois países, no entanto, constata-se que o desenho estatístico não difere do de outros destinos. Pelo contrário. Dos 5,9 milhões de turistas internacionais que entraram na África do Sul em 2001, 4,2 milhões eram do próprio continente.

Quanto à Austrália, destino muito badalado entre os brasileiros em 2000, que investiu bilhões de dólares para ter o direito de hospedar os jogos olímpicos de Sydney, o que valeu uma superexposição planetária, dos 4,9 milhões de turistas que lá desembarcaram em 2001, 2,9 milhões residiam no leste da Ásia e do Pacífico.

O fato de a estruturação dos fluxos turísticos obedecer a um comportamento lógico não implica, contudo, sugerir que o Brasil não deva competir para expandir a captação nos mercados europeu e norte-americano. Essa é uma obrigação e uma necessidade, assim como é estratégico prospectar mercados potenciais, mesmo que distantes, como a China, que se prepara para exportar 100 milhões de turistas nos próximos 10 anos.

Esse dever de casa, fundamental, não vai, no entanto, refundar a história do turismo mundial, nem vai inverter a práxis consagrada de que os fluxos internacionais são maiores em função da demanda realizada pelos consumidores dos países fronteiriços.

Por isso, configura um saudável exercício cultuar a realidade e, com ela, aprender lições que propiciem o desenvolvimento de modelos mentais criativos, sempre de olho no comportamento da economia dos mercados próximos e seguros. Para tanto, é saudável que os agentes do turismo bebam os estudos da *Maison de La France*.

Comparando-se esses estudos com os indicadores brasileiros, hoje disponibilizados no *site* da Embratur, constata-se que a realidade não é passível de ser transfigurada pelo desejo político de quem busca, apenas, fazer proselitismo, pois os números não permitem. E não mentem.

Examinada a estatística referente a 1994, salta aos olhos que, dos 1,9 milhões de turistas internacionais que demandaram o Brasil, 1,2 milhão eram sul-americanos. Desse total, 570 mil eram argentinos. Já em 2000, quando o mercado brasileiro registrou sua marca histórica, recebendo 5,3 milhões de estrangeiros, 63% deles eram sul-americanos, sendo 30% argentinos.

À medida que a economia da Argentina, mesmo com dificuldades, se oxigena, a demanda internacional pelo Brasil tende, como ocorreu em 2003, a ganhar intensidade. Essa recuperação também foi lastreada pelo aumento dos fluxos provenientes da Europa, mercado de grande potencial que necessita ser trabalhado em termos de criação de produtos diferenciados para seus diversos nichos de consumidores.

Sob esse aspecto específico, é indispensável priorizar o Nordeste, por estar a região localizada a pouco mais de seis horas de vôo da Europa. Esse destino integrado vem se beneficiando, há anos, de uma inteligente política de captação de vôos *charter*, que passou a ser apoiada também pelo Ministro do Turismo Walfrido dos Mares Guia.

Além dessa ação, realizada com senso de extrema oportunidade pela indústria do turismo no Nordeste, essa região foi sobremaneira beneficiada pela visão estratégica da TAP, que hoje oferece 24 vôos regulares semanais para a região. Com isso, destinos turísticos de lazer foram consolidados. Mas, ao longo do tempo, criou-se um amplo viés de alta para o turismo de negócios dando razão aos que, em passado recente, apostaram suas fichas no presente da região. Como eu.

O trabalho realizado na última década pelo turismo do Nordeste, que observou o comportamento da demanda em termos de duração de deslocamentos, variável que embasou a agressiva política de comercialização da TAP, rendeu frutos em outras regiões do país. Exemplo é a Região Norte, onde, mediante um competente trabalho do presidente da Paratur, Adenauer Góes, está próximo o momento de a *Air France* ligar o Pará à União Européia, via Caiena, na Guiana Francesa. Isso prova que, para quem busca novos caminhos, os resultados surgem. Só não dá, em matéria de turismo, para ficar esperando Godot.

Tendências e Megatendências do Turismo no Mundo

A expectativa de crescimento da OMT mostra, para o ano 2020, que as viagens vão triplicar no mundo: de 694 milhões de viagens para quase 1,2 bilhões. Acontece que as viagens intra-regionais serão a grande maioria e as de curta distância serão 380 milhões apenas. O que vai acontecer? Daqui a 10 anos, 75% das viagens no mundo serão de curta distância e apenas 24% serão de larga distância. Essa é uma realidade que um país continente como o nosso precisa entender, administrar, pensar e refletir.

As principais tendências do turismo nas próximas duas décadas, de acordo com a OMT, são:

- Globalização do turismo *versus* valorização da identidade local.
- Viagens de férias mais curtas em períodos diferentes do ano (na França já estão trabalhando para que o turista não fique 20 dias, mas que fique duas vezes 10 dias, que possa inclusive conhecer regiões e produtos diferentes da França).
- Maior utilização da Internet nas reservas de viagens.
- O GPS: na realidade, daqui a três ou quatro anos, todos os carros terão GPS e, então, deverão existir *softwares* para roteiros turís-

ticos de curta distância, a serem vendidos, talvez, por agentes de viagem (também na França já estão trabalhando em direção ao turismo rodoviário).

- O celular, creio que no Brasil a cultura não vai permitir, mas, de qualquer forma, na Europa isso, sem dúvida, é uma tendência.
- Polarização entre os turistas que querem o máximo de conforto e aqueles que buscam o máximo em aventura, que querem dormir numa rede no mato e pagarão muito para isso.
- Crescimento do turismo ecológico de observação da natureza em viagens de curta distância.
- Desenvolvimento de produtos visando atingir novos mercados de consumo, como o GLS – *gays*, lésbicas e simpatizantes, ecologia, ambiente rural, aventura e novos desafios para aumentar a adrenalina.
- Crescimento da conscientização quanto ao desenvolvimento turístico sustentável.
- Antagonismo do consumidor conscientizado em relação ao turismo de massa (acho que a massificação nunca vai deixar de existir; mas, cada vez mais, ela tem que ser muito bem pensada).

Outros caminhos a serem pensados:

- Necessidade de organizarmos mercados abertos flexíveis, com transparência nas regras.
- Identificar produtos inovadores.
- Estabelecer a cooperação intra-regional entre os destinos e regiões, do setor privado, universidades e outros.
- Buscar agregar produtos complementares (o chamado turismo combinado, não muito usado no Brasil).
- Busca de caminhos para substituir a massificação em decadência.
- Trabalhar e contar cada vez mais com as condições locais. Turistas modernos querem conhecer as características locais como são.
- Tecnologia como ferramenta a serviço da criatividade permanente.
- Tecnologia induzirá à possibilidade de podermos segmentar e individualizar ofertas a cada cidadão do mundo.
- Qualificação do turismo associado à preservação ambiental e responsabilidade social.
- Necessidade de buscarmos cenários turísticos dignos para o turista e para o cidadão que lá vive.
- Deve ser o objetivo maior de cada um de nós que trabalha com o turismo atingir aquela máxima do Programa Nacional da Municipalização de que "a cidade boa para o turista é aquela cidade que é boa para o cidadão que nela vive".
- Evitar a "comoditização" dos serviços.
- Identificar e entender as necessidades do cliente e criar soluções para lhe proporcionar satisfação.

Experiência Memorável como Valor Econômico

Cada vez mais, o tema *Dream Society*, ou sociedade emocional, vem sendo trabalhado por consultores e professores que atuam no setor de serviços, em especial quando se pensa em novos caminhos para o negócio do entretenimento em que se situam o turismo, a cultura e o lazer. A teoria vem sendo apontada como o caminho a ser seguido por aqueles que desejam inovar nos processos de formatação e comercialização de produtos turísticos.

Vivemos hoje a era da sociedade da informação, na qual o valor econômico são os serviços consumidos, mas já ingressando na chamada sociedade emocional, em que consumidores querem comprar experiências únicas e emoções memoráveis.

Serviços são um conjunto de atividades intangíveis realizadas para o cliente. Experiências são um conjunto de eventos memoráveis que alguém proporciona ou encena para entreter, cativar e fascinar um cliente.

O valor econômico nessa nova sociedade a ser pensada e trabalhada de forma criativa, portanto, são sonhos a serem materializados, histórias a serem vividas, conforto espiritual, etc.

A inteligência racional da sociedade da informação dá lugar à inteligência emocional. Essa tese foi proposta e defendida em profundidade por Joseph Pine e James Gilmore no trabalho publicado em 1999 pela Harvard School Press, intitulado *The Experience Economy*. Hoje os dois já avançaram em suas teses e trabalham a Sociedade da Transformação, que consolidará as experiências que o turista viverá.

A teoria desenvolvida aparece personalizada para a atividade turística pela primeira vez, com vigor, na publicação do Plano Nacional de Turismo do México 2003-2007, e tem sido cada vez mais adotada, adaptada e difundida mundialmente por grandes e respeitados consultores como Eulógio Bordas, da THR de Barcelona.

De certa forma, a OMT, em 1997, ao lançar o livro "Estudos Estratégicos do Turismo para 2020", já apontava como uma das tendências a serem seguidas pelos profissionais do setor o desejo do turista só se deslocar para destinos nos quais, mais do que visitar e contemplar, possam sentir, viver, se emocionar, ser personagens de sua viagem. Sem dúvida, esse é o caminho a ser seguido daqui para frente e lapidado a cada realidade de forma a fortalecer o Destino Brasil e toda a cadeia produtiva do turismo. Deixemos de pensar que somos o país mais lindo do mundo, pois isso não basta. Nem que temos aqui de tudo. De certa forma, nossa enorme diversidade dificulta a busca da identidade e a construção de marcas que prometam algo como conseguiu, em 1999, a Nova Zelândia, hoje um *case* consagrado no turismo mundial.

Processar bem todos esses conceitos, no entanto, exigirá uma mudança radical de procedimentos comerciais, além de exercícios criativos e diferenciados por parte de empresários, governo e pensadores estratégicos da Academia.

Eulógio Bordas conta em suas palestras que, na Dinamarca, o ovo de uma galinha caipira custa 30% a mais que o ovo da galinha da granja industrial e conquistou 50% do mercado local. Sabem por quê? Porque é uma galinha feliz com uma história memorável. Está ligada ao romantismo rural, à criação ética de animais em liberdade, sem química ou mecânica. Na realidade é uma *commodity* que teve agregada a si uma história emocional.

No turismo, seria como o vendedor de quarto de hotel ter que se transformar em vendedor de experiências, o criador de pacotes em roteirista de emoções e o comerciante investindo no *marketing* de sensações. Sei que muitos de vocês questionarão se não estamos abraçando utopias. Que sonhos nem sempre são transpostos para a realidade materializando lucro. Convido então todos a acessarem *www.spectrav.com* e constatarem a explosão do *special interest travel* que vem convalidar a tese do *Dream Society*. Lá se encontram felizes 2.800 operadores com mais de 300 produtos ofertados que não são da IATA, não freqüentam eventos tradicionais, mas venderam nos Estados Unidos cerca de 1,2 milhão de viagens em 2001 e 2,2 milhões na Europa, apresentando um crescimento acima de 16% ao ano.

Que a transmissão dessas idéias a vocês sirva também como exercício para motivá-los a praticar, de fato, tendências que muitas vezes nem mesmo pesquisas apontam. Isso muitas vezes exige percepção acurada, vontade de inovar e descobrir antes da concorrência aquilo que o turista ainda não descobriu que vai querer consumir.

Mãos à obra. O turista moderno é novidadeiro. Vamos pensar e trabalhar essa Sociedade dos Sonhos e a Sociedade das Emoções que transformam e seduzem clientes exigentes. No caso, nossos turistas.

BIBLIOGRAFIA

INSTITUTO BRASILEIRO DE TURISMO (EMBRATUR). *Anuário Estatístico*. Brasil: EMBRATUR, 1970-2002.

INSTITUTO BRASILEIRO DE TURISMO (EMBRATUR). *Estudo de Demanda Turística*. Brasil: EMBRATUR, 1980-2001.

MAISON DE LA FRANCE. *Estudos de Marketing 2003-2007*. Paris: Maison de la France, 2000.

ORGANIZAÇÃO MUNDIAL DO TURISMO. *Barômetro OMT del Turismo Mundial*. Madri: OMT, 2004.

ORGANIZAÇÃO MUNDIAL DO TURISMO. *Tourism 2020 Vision*. Madri: OMT, 2001.

PINE II, J.; GILMOR, E. *O Espetáculo dos Negócios*. São Paulo: Campus, 1999.

TRIGO, L.G.G. Entretenimento: uma crítica aberta. São Paulo: Senac, 2003.

CAPÍTULO

3 Órgãos Estaduais de Turismo no Brasil

Karina Toledo Solha

Parte 1

Introdução

Ao se discutir desenvolvimento turístico destaca-se, sempre, o papel do poder público nesse processo. Essa preocupação instiga os pesquisadores a procurarem compreender diferentes realidades e a identificar as principais mudanças ocorridas nas relações que se estabelecem entre o poder público e o desenvolvimento do turismo.

Todavia, a maior parte dos trabalhos que abordam o assunto enfatizam a coordenação nacional da atividade, como os de Lickorisch e Jenkins (2000), de Acerenza (1991) e da própria OMT – Organização Mundial do Turismo (1993), que discutem as experiências de vários países na organização do turismo. No Brasil, os primeiros estudos abordando a temática foram realizados por Beni (1990, 1991). Recentemente, esse enfoque tem sido ampliado, ainda que de modo restrito, observando e discutindo o envolvimento das outras esferas do poder público, como a estadual e a local, no turismo.

Embora essa situação também seja verificada no país, observa-se um incremento das ações do poder público federal no sentido de estimular a participação de outros níveis de governo na condução do turismo, como foi a experiência do PNMT – Programa Nacional de Municipalização do Turismo, na década de 1990, que atribui aos municípios a responsabilidade pelo desenvolvimento do turismo em nível local.

A partir de 2003, o governo federal realizou uma série de mudanças em sua estrutura administrativa para possibilitar a criação de um canal de comunicação mais efetivo com os governos estaduais e, ao longo do tempo, conseguir compartilhar com o poder público estadual a responsabilidade pela condução do desenvolvimento turístico do país.

Nesse contexto, ressalta-se a importância de promover uma reflexão sobre a atuação do poder público estadual na promoção do desenvolvimento turístico, uma vez que se pretende aumentar progressivamente sua participação nas decisões do setor e, por conseguinte, atribuir-lhe maior responsabilidade no estabelecimento das políticas de turismo.

As ações do poder público estadual têm sido elaboradas e executadas, ao longo do tempo, pelos órgãos estaduais de turismo. Este artigo tem como objetivo discutir a atuação desses organismos, resgatando as experiências de diversos estados brasileiros na institucionalização do turismo.

Para tanto, coletaram-se informações em fontes variadas como obras, teses, dissertações, artigos e, também, em documentos oficiais dos diversos estados que tratavam, especificamente, do poder público e do desenvolvimento do turismo. Para complementar, utilizaram-se dados institucionais sobre os planos e as políticas estaduais para o setor.

Foram de grande contribuição as dissertações e teses nas quais se encontraram subsídios importantes para observar o conjunto de acontecimentos no turismo brasileiro, a partir da experiência de cada um dos estados analisados. Todavia, ainda são

85-7241-568-8

raros os trabalhos acadêmicos que tratam do turismo nos estados de forma abrangente e, de certa forma, essa lacuna limita a compreensão do conjunto de características do desenvolvimento do turismo no Brasil.

Essa busca de informações considerou, inicialmente, todo o universo da pesquisa, ou seja, os 26 estados, tanto para a busca de material institucional quanto acadêmico. Entretanto, limitações como a inexistência de informações e a participação recente de vários governos estaduais no turismo restringiram o universo desta pesquisa a 10 estados que disponibilizaram material informativo: Bahia, Ceará, Maranhão, Minas Gerais, Pará, Paraíba, Paraná, Rio Grande do Norte, Rio Grande do Sul e Santa Catarina (Tabela 3.1).

Tabela 3.1 – Organismos de turismo estaduais por região

Região	Órgão responsável	Vínculo	Criação
Norte			
Acre	Secretaria de Turismo	–	2002
Amapá	Instituto de Desenvolvimento do Turismo	Secretaria da Indústria, Comércio e Mineração	2001
Amazonas	–	–	–
Pará	Paratur – Companhia Paraense de Turismo	Secretaria Especial de Estado de Produção	1972
Rondônia	Superintendência Estadual do Turismo	Secretaria de Estado de Agricultura, Produção e Desenvolvimento Econômico e Social	2000
Roraima	Departamento de Turismo	Secretaria de Desenvolvimento Econômico	2003
Nordeste			
Alagoas	Secretaria de Turismo	–	2003
Bahia	Bahiatursa – Empresa de Turismo da Bahia	Secretaria da Cultura e do Turismo	1968
Ceará	Secretaria Estadual de Turismo	–	1995
Maranhão	Secretaria Extraordinária para o Desenvolvimento do Turismo	Gerência de Estado da Indústria, Comércio e Turismo	2003
Paraíba	PBTUR – Empresa Paraibana de Turismo	Secretaria da Indústria, Comércio, Turismo, Ciência e Tecnologia	1975
Pernambuco	–	–	–
Piauí	Piemtur – Empresa de Turismo do Piauí	Secretaria da Indústria, Comércio e Turismo	1971
Rio Grande do Norte	Secretaria de Estado do Turismo do Rio Grande do Norte	–	1996
Sergipe	–	–	–
Centro-Oeste			
Goiás	Agetur – Agência Goiana de Turismo	Secretaria da Indústria e Comércio	1999
Mato Grosso	Secretaria do Estado de Desenvolvimento do Turismo	–	1995
Mato Grosso do Sul	Fundação de Turismo	Secretaria de Produção e Turismo	2001
Tocantins	–	–	–
Sudeste			
Espírito Santo	–	–	–
Minas Gerais	Secretaria de Estado do Turismo	–	1999
Rio de Janeiro	Turisrio – Companhia de Turismo do Estado do Rio de Janeiro	Subsecretaria de Desenvolvimento Econômico e do Turismo	1960
São Paulo	Coordenadoria de Turismo	Secretaria de Ciência, Tecnologia, Desenvolvimento Econômico e Turismo	1965
Sul			
Paraná	Paranatur – Paraná Turismo	Secretaria de Turismo	1991
Rio Grande do Sul	Secretaria de Estado do Turismo, Esporte e Lazer	–	1995
Santa Catarina	Santur – Santa Catarina Turismo	Secretaria de Estado da Organização do Lazer	1975

Observa-se que alguns estados, ao longo do tempo, transformam, criam, extinguem, fundem os organismos de turismo, parecendo ser sempre algo novo. Essa percepção está relacionada à escassez de estudos e registros das diferentes experiências estaduais.

Alguns autores têm se preocupado em resgatar, registrar e documentar os principais aspectos do desenvolvimento turístico de seus estados de origem e, para tanto, têm se utilizado de diferentes fontes de dados, desde a análise de documentos oficiais até o relato de experiências de personagens que fizeram parte dessa história.

Para identificar as diferentes experiências estaduais na busca da institucionalização do turismo foram utilizadas as obras de Flores, em 1993, no Rio Grande do Sul; Cavalcanti, em 1993, no Rio Grande do Norte; Coriolano, em 1998, no Ceará; Lobato, em 2001, no Maranhão; Endres, em 1999, no Pará; Silveira, em 2002, no Paraná; Queiroz, em 2002, na Bahia e Pereira, em 1999, em Minas Gerais.

Nem todos esses trabalhos trataram especificamente do poder público estadual e de sua participação no desenvolvimento do turismo; contudo, de alguma forma, relatam ou registram sob essa ótica parte da sua abordagem. A obra de Coriolano (1998), por exemplo, analisa a política de turismo do estado do Ceará, a partir dos Planos Estaduais de Turismo, estabelecendo três períodos importantes. Essa metodologia também foi utilizada por Queiroz (2002) ao analisar a evolução do Sistema Institucional Público do turismo baiano, identificando as principais fases. Coincidentemente, as duas análises fazem forte referência aos períodos políticos-administrativos e estão muito ligadas às personalidades públicas que atuaram na atividade turística em cada estado.

Neste estudo, optou-se também por analisar períodos de tempo, considerando a relevância e a quantidade de fatos ocorridos nesses momentos, utilizando como base a evolução do turismo nacional (Solha, 2002, p. 118):

- *Primeiras manifestações (1900-1949):* das estações de cura e do cassinismo ao início do uso do automóvel nas viagens.
- *Expansão e organização do turismo (1950-1969):* da ampliação e melhoria da infra-estrutura de transportes e turística até a organização da atividade por associações e elaboração de políticas.
- *Do sonho à decepção (1970-1989):* do intenso crescimento e das perspectivas otimistas à estagnação e decadência.
- *Retomada (1990-2000):* do crescimento do mercado interno aos grandes investimentos em vários e diferentes setores e da descoberta de novos segmentos de mercado.

Apesar de, em termos gerais, as primeiras manifestações terem ocorrido entre 1900 e 1949, verificou-se certa efervescência do turismo de 1940 até o final do período, com participação incipiente do poder público. Para esta análise, foi necessário considerar que, embora timidamente, a participação do poder público se inicia em 1930.

A fim de identificar e analisar a atuação do poder público no turismo, os dados coletados foram organizados considerando-se os seguintes aspectos:

- Evolução do turismo na estrutura do poder público estadual.
- Papel e importância nos diferentes momentos.
- Dificuldades encontradas pelos organismos estaduais.

Este artigo, portanto, considera em sua análise os seguintes períodos:

- *1930 a 1969:* primeiras experiências de institucionalização.
- *1970 a 1979:* incremento das ações institucionais.
- *1990 a 2003:* desafios da gestão pública do turismo.

Primeiras Experiências de Institucionalização (1930-1969)

No período compreendido entre 1930 e 1969, o turismo brasileiro desenvolveu algumas de suas bases, como a consolidação de algumas estâncias turísticas, balneárias ou litorâneas que tinham, como principal atrativo, o turismo de saúde e os hotéis cassino, a expansão dos cruzeiros marítimos e o fortalecimento dos empresários do setor, representado pela criação da ABAV – Associação Brasileira de Agentes de Viagens*. Apesar dos vários acontecimentos no setor, a participação do poder público no turismo foi tímida e se restringiu a ações locais, normalmente de responsabilidade das prefeituras, como no caso de Salvador que, como afirma Queiroz, em 1930, criou a Seção de Turismo da Diretoria do Arquivo e Divulgação (Queiroz, 2002). No Rio Grande do Sul, entretanto, a atividade turística estava a cargo do *Touring Club* (Flores, 1993) e, no Paraná, notava-se a organização do Clube Náutico da Ilha do Mel (Paraná, 2003).

Algumas iniciativas surgidas na década de 1950 mostram preocupação um pouco maior com o setor, ainda que de modo tímido. No Rio Grande do Sul, foi estabelecido o Conselho Estadual de Turismo, com o objetivo de estimular a hotelaria por meio de isenções fiscais (Flores, 1993). No Paraná, em 1953, organizou-se a Divisão de Turismo para tratar da divulgação das "belezas naturais" e da implantação de infra-estrutura (Paraná, 2003). Em 1956, em Minas Gerais, foi criado o Serviço de Estâncias Hidrominerais e, em 1958, na Bahia, o turismo passou a fazer parte dos planos estaduais ao ser inserido no Programa de Recuperação Econômica do estado (Queiroz, 2002).

Grande mudança pode ser percebida na década de 1960, quando mais estados estabelecem estruturas no poder público com o objetivo de desenvolver a atividade turística, como o Maranhão que, em 1962, criou o Departamento de Turismo e Promoções, o qual tinha entre seus objetivos encontrar recursos para o desenvolvimento do turismo, desenvolver uma "mentalidade" turística, dotar o estado de infra-estrutura turística, particularmente hotéis, além de realizar o inventário dos atrativos turísticos (Lobato, 1999, p. 76).

Nesse mesmo período, surgiu a Hidrominas – Águas Minerais do Estado de Minas Gerais, para explorar e industrializar os recursos hidrominerais e, também, fomentar o turismo no estado. Para atuar em conjunto, foi criado o Departamento de Turismo, que se tornou responsável por executar a legislação e criar estímulos fiscais para o setor, especificamente para a hotelaria (Pereira, 1999).

No Pará, foi criado um departamento na Secretaria da Cultura, Desporto e Turismo; no Rio Grande do Norte, em 1964, criou-se a Superintendência de Hotéis e Turismo do Estado, a fim de supervisionar os investimentos no setor hoteleiro realizados com recursos do governo federal e do BID – Banco Interamericano de Desenvolvimento (Endres, 1999; Cavalcanti, 1991).

No final do período, ou seja, 1969, foram criadas mais duas empresas: a Bahiatursa – Hotéis de Turismo do Estado da Bahia, em 1968, e a Paranatur – Empresa Paranaense de Turismo, juntamente com o Conselho Estadual de Turismo, em 1969. Em Santa Catarina, observou-se a criação do Deatur – Departamento Autônomo de Turismo e a BESC Empreendimentos e Turismo, associada ao BESC – Banco do Estado de Santa Catarina (Queiroz, 2002; Paraná, 2003).

Observa-se que, no final desse período, todos os estados analisados já contavam com algum órgão ou setor para fomentar a atividade turística, sobretudo no que se refere à implantação e modernização da hotelaria. Além disso, verifica-se que a estrutura estabelecida para o turismo, no âmbito federal, também se repete na maioria dos estados, ou seja, um Conselho e uma Empresa de Turismo. As políticas estaduais também seguem as orientações nacionais que, naquele momento, estabeleciam como prioridade o desenvolvimento do setor hoteleiro, utilizando incentivos financeiros, notadamente os fiscais.

Incremento das Ações Institucionais (1970-1979)

A tendência de implementação de empresas turísticas, verificada na década de 1960, continua nesse período, principalmente com a criação de inúmeras outras empresas estaduais de turismo, como a Emcetur – Empresa Cearense de Turismo. Lobato registra, no Maranhão, a criação da Maratur – Empresa Maranhense de Turismo, a qual *"tem como objetivos a execução das políticas estaduais e federais de turismo"* (Lobato, 2001, p. 86). Nos moldes do governo federal, esse estado também criou o Conselho Estadual de Turismo.

No Pará, em 1972, surgiu a Paratur – Companhia Paraense de Turismo, que passa a atuar em conjunto com o Departamento de Turismo já existente. Segundo Endres (1999, p. 34), verifi-

* Recentemente, a ABAV organizou uma publicação resgatando a história da associação, com fotos e textos de época. O material está disponível no *site* www.abav.com.br.

cou-se, até 1987, uma superposição de competências, ocasionando evasão de responsabilidades, indefinição das áreas de atuação, duplicidade de ações, pulverização dos recursos financeiros, entre outros problemas.

Iniciando, também, sua participação na atividade turística, a Paraíba construiu o Hotel Tambaú, em João Pessoa, e iniciou a implantação de uma rede de hotéis no interior do estado. Em 1975, criou a PBTUR – Empresa Paraibana de Turismo para atuar no setor.

A Emproturn – Empresa de Promoção e Desenvolvimento do Turismo do Rio Grande do Norte surgiu, em 1971, com o apoio técnico e financeiro da Sudene – Superintendência do Desenvolvimento do Nordeste, tendo como principal atividade o estabelecimento de escritórios no Rio de Janeiro, em São Paulo e Brasília. Como afirma Cavalcanti:

> *(...) além das atividades próprias à empresa, assumia os encargos dos antigos escritórios de representação do Estado, prestando apoio ao governador, prefeitos e empresários potiguares nessas cidades.*
> **Cavalcanti (1991, p. 111)**

Esse relato sugere que os órgãos de turismo desempenhavam um papel que ressaltava a falta de comprometimento e seriedade com que o setor foi tratado durante longo tempo. Embora a autora também registre a participação desses organismos nas negociações e nos incentivos para a implantação de hotéis no estado, esse caráter amador da participação do poder público é latente.

Em outros estados, ocorria um momento de mudanças e ajustes. No Rio Grande do Sul, em 1971, observam-se transformações na estrutura do governo estadual, que extinguiu a Secretaria de Turismo e criou a CRTUR – Companhia Riograndense de Turismo (Flores, 1993).

O estado de Minas Gerais optou por criar uma Superintendência da Indústria, Comércio e Turismo, à qual se vinculou a Hidrominas. Pereira (1999, p. 47) relata que a nova conformação do poder público mostra-se inoperante e atribui essa deficiência à falta de flexibilidade funcional, de recursos financeiros, de patrimônio e de autonomia administrativa. Logo, essa estrutura foi alterada novamente com a criação, em 1978, da Adetur/MG – Agência de Desenvolvimento Turístico de Minas Gerais, substituída, em 1979, pela Turminas – Empresa Mineira de Turismo, com o intuito de receber o aporte de recursos federais para os programas e projetos do governo estadual (Pereira, 1999, p. 51).

A Bahia ampliou sua estrutura institucional criando, em 1971, o Sistema Estadual de Turismo composto de três órgãos: o Conselho Estadual de Turismo, a Coordenação de Fomento ao Turismo e a Bahiatursa, que tinham entre suas atribuições a preservação do patrimônio, o desenvolvimento do potencial turístico, a expansão do setor de serviços e equipamentos turísticos, além do incremento do fluxo turístico por intermédio de ações mercadológicas (Queiroz, 2002, p. 109).

Ao longo da década de 1970, essa estrutura sofreu algumas transformações, como a criação, em 1973, da Emtur – Empreendimentos Turísticos da Bahia, para atuar, principalmente, no fomento da hotelaria. A empresa Conbahia – Bahia Convenções, responsável pela gerência do Centro de Convenções da Bahia, criado nesse período, passou a fazer parte do sistema.

No final da década, verificou-se grande reestruturação no sistema que, ao extinguir o Conselho Estadual de Turismo e a Coordenação de Fomento ao Turismo, transferiu a responsabilidade integral do desenvolvimento do turismo baiano para a Bahiatursa (Queiroz, 2002, p. 126).

Em Santa Catarina, essas transformações podem ser observadas nas fusões e ampliações de áreas de atuação. A Turesc – Empresa de Turismo e Empreendimentos do Estado de Santa Catarina, criada em 1975, foi substituída, em 1977, pela Citur – Companhia de Turismo e Empreendimentos de Santa Catarina.

Pode-se afirmar que a década de 1970 foi um período em que o poder público estadual demonstrou grande interesse pelo desenvolvimento do turismo e que, de alguma forma, buscou implantar, em sua estrutura administrativa, organismos que pudessem alavancar o setor. Observam-se diferentes estruturas, algumas mais complexas que outras. Notadamente, houve preferência pela criação de órgãos com flexibilidade para captar e gerenciar a utilização de recursos financeiros, representados pelas empresas e companhias de turismo. Em alguns estados, como Maranhão, Minas Gerais e Rio Grande do Norte, essa preocupação foi salientada, inclusive, pelos objetivos atribuídos aos organismos de turismo e, na maioria das vezes, referia-se aos recursos que seriam obtidos do governo federal, por meio de convênios com a

Parte 1

85-7241-568-8

Embratur – Instituto Brasileiro de Turismo ou mesmo de financiamentos internacionais para serem aplicados em hotelaria.

Essa tendência dos estados está associada às preocupações do governo federal em relação ao turismo que, nesse mesmo período, preocupava-se com a expansão da hotelaria nacional, implementando várias ações nesse sentido, como a criação do Fungetur – Fundo Geral do Turismo, financiando investimentos na construção e remodelação do equipamento hoteleiro e a elaboração do Regulamento Geral de Classificação Hoteleira. Como resultado, observou-se a ampliação dos números de leitos, a melhoria na qualidade dos serviços e a diversificação dos meios de hospedagem (Solha, 2002).

Ressalta-se como outra característica do período um grande número de transformações nas estruturas administrativas, notando-se, no início, a criação de vários órgãos dentro da estrutura estadual: consultivos e normativos como os Conselhos, executivos, como Empresas e Companhias; e da administração direta, como Departamentos e Divisões de turismo. Ao longo da década, os ajustes ocorreram no sentido de reduzir essas estruturas, chegando a atribuir as responsabilidades pela formulação e elaboração de políticas e, também, pela execução para um único órgão, normalmente a empresa ou companhia de turismo do estado.

Isso pode estar relacionado ainda às expectativas extremamente otimistas para o turismo no início da década de 1970 e que sofreram fortes abalos no final do período, em decorrência da crise mundial do petróleo, que parece ter se refletido nos estados e provocado a diminuição das ações estaduais nessa área.

A análise desse conjunto de dados permite destacar algumas das características do período, presentes em vários estados:

- Descontinuidade das ações estaduais decorrente das constantes mudanças na estrutura administrativa.
- Observação às orientações do governo federal que, nesse período, concentravam-se na implantação e na modernização do parque hoteleiro.
- Grande fragilidade das estruturas desses órgãos em função da falta de recursos financeiros, ocasionando a dependência dos recursos federais.
- Papel de empreendedor do órgão público estadual se responsabilizando, muitas vezes, pela construção dos equipamentos turísticos, como os hotéis.
- Visão da atividade turística limitada à questão hoteleira e à divulgação.

Deve ser ressaltado que a década de 1980 foi marcada pela estagnação do mercado e conseqüente decadência do turismo nacional.

Desafios da Gestão Pública do Turismo (1990-2003)

O período de 1990 a 2003 caracteriza-se, no início, por grandes mudanças no país, em todos os setores. No turismo, verificou-se a retomada do crescimento e da necessidade de superar inúmeros desafios. Afinal, as discussões sobre turismo, meio ambiente, sustentabilidade, globalização e competitividade tomaram corpo e começaram a compor o cotidiano da população, dos empresários e dos políticos.

Na esfera do poder público estadual, o início da década foi ainda um período de ajustes, em função de muitas mudanças políticas. Carvalho (1994, p. 113) ressalta esses novos tempos, tecendo elogios às atitudes dos novos governadores em relação ao turismo, indicando uma postura de seriedade e profissionalismo.

Nesse momento, destacam-se as negociações com o BID a fim de obter financiamento que possibilitasse o desenvolvimento turístico. No primeiro contato, estavam envolvidos os estados de Alagoas, Bahia, Ceará, Pernambuco, Piauí, Sergipe e Rio Grande do Norte (Queiroz, 2002).

Apenas alguns estados, com muito esforço, conseguiram atender às exigências do BID, dentre as quais a elaboração de um Plano de Desenvolvimento Turístico Estadual. Além disso, Queiroz (2002) destaca que, entre as principais dificuldades, estavam a inadimplência, a dificuldade de contratação dos projetos e a elaboração de estudos. Assim, compreende-se a razão de alguns estados criarem o departamento específico para realizar essa tarefa, como ocorreu na Paraíba, com o Getur – Grupo Executivo de Turismo, vinculado à empresa do estado.

Em 1994, o Prodetur – Programa de Desenvolvimento Turístico foi entregue ao BID com apoio do governo federal. No fim da década, todos os estados nordestinos estavam inseridos no projeto e encontrava-se em andamento o Prodetur-II, assim como a expansão do programa para outros estados brasileiros (Queiroz, 2002, p. 147).

Na região norte estava em discussão, pelo Ministério do Meio Ambiente e a Embratur, o programa de financiamento para o ecoturismo, a fim atender às demandas desse novo segmento do mercado. Assim, viabilizou-se o Proecotur – Programa de Desenvolvimento do Ecoturismo na Amazônia Legal.

De certa forma, esses dois programas de financiamento da atividade turística privilegiam, em primeira instância, os estados das regiões norte e nordeste, gerando, conseqüentemente, a necessidade de se criarem estruturas na administração pública estadual para gerenciar a implementação do programa. Verificam-se, a partir de 1995, mudanças nas estruturas em alguns estados como a Bahia, que criou a Secretaria de Cultura e Turismo, com um departamento exclusivo para gerenciar o Prodetur – a Superintendência de Desenvolvimento do Turismo (Queiroz, 2002, p. 158).

Nesse momento, novamente, a Bahiatursa teve alteradas suas competências, assumindo um papel caracterizado por ações voltadas à captação de investimentos e à divulgação e promoção do turismo (Queiroz, 2002).

No Ceará e no Rio Grande do Norte, foram criadas Secretarias de Turismo e extintas as empresas de turismo então existentes. No Maranhão, verificou-se grande mudança na estrutura governamental com a extinção da Maratur e a criação da gerência de turismo, logo substituída por uma Secretaria Extraordinária do Turismo.

Os estados das regiões sul e sudeste, apesar de não estarem envolvidos nesse programa, também verificaram a necessidade de aprimorar suas estruturas. Assim, em 1990, em Santa Catarina, criou-se a Secretaria da Organização do Lazer, à qual vinculou-se a Santur – Santa Catarina Turismo. Em 1991, o Paraná novamente priorizou a atividade turística transformando a Festur – Fundação de Esportes e Turismo na Paraná Turismo; em 2002, criou a Secretaria Estadual de Turismo.

No Rio Grande do Sul, em 1995, foi criada a Secretaria de Turismo, Esporte e Lazer. Em 1999, instalou-se em Minas Gerais a Secretaria Estadual de Turismo, exercendo papel abrangente na definição e implementação da política estadual de turismo. Conseqüentemente, foram alteradas as atribuições dos organismos a ela vinculados. Assim, a Turminas passou, novamente, a operacionalizar os programas e projetos de incentivo ao turismo.

Pereira (1999, p. 74), ao analisar a participação do poder público estadual em Minas Gerais, afirmava "*que o processo decisório no âmbito do turismo no Estado é marcado pela sobreposição de atribuições e poderes, dificultando qualquer tipo de participação dos segmentos organizados da sociedade vinculados ao turismo*". Tal fato não está restrito a esse estado, mas parece ser um denominador comum quando se examina a evolução dos organismos estaduais brasileiros, caracterizada por inúmeras mudanças de hierarquia e de atribuições.

Observa-se que, de modo geral, a partir de meados da década de 1990, os estados formalizam, em suas estruturas administrativas, um organismo para atender o setor turístico e começam a discutir a necessidade do estabelecimento de políticas estaduais e da elaboração de planos de desenvolvimento.

Os estados da região nordeste e norte são premidos pelas exigências do BID para elaborarem seus planos de desenvolvimento, a fim de serem beneficiados pelos programas de financiamento. Contudo, somente aqueles que priorizavam o turismo estabeleceram uma estrutura administrativa eficiente e conseguiram atender ao BID e implementar seus projetos, como foi o caso da Bahia e do Ceará.

Esse período é marcado pelo aprimoramento das estruturas já existentes e pela criação de novas estruturas, em função de demandas externas, relacionadas principalmente aos organismos internacionais de financiamento.

Considerações Finais

Em virtude de demandas cada vez mais diferenciadas, a coordenação nacional não tem sido suficiente para garantir o dinamismo e, também, a flexibilidade necessária para direcionar o desenvolvimento do turismo. Assim, faz-se cada vez mais indispensável atribuir as responsabilidades pela condução do setor também às outras esferas do poder público, sobretudo a estadual. Durante

85-7241-568-8

um longo tempo, a discussão sobre poder público e desenvolvimento turístico esteve centrada no âmbito nacional, havendo, portanto, pouca compreensão sobre o papel e a importância dos organismos estaduais nesse processo.

A nova gestão do governo federal reagrupou os programas que estavam em andamento, reorientando para o desenvolvimento regional do turismo. Para tanto, o poder público tem criado mecanismos para estimular a participação dos estados. Verifica-se, porém, grande dificuldade para tornar realidade esse discurso, principalmente quando faltam ações que estimulem e criem um ambiente propício para provocar a independência dos organismos estaduais.

A fragilidade das estruturas dos organismos estaduais de turismo pode ser compreendida pelas inúmeras transformações que sofreu ao longo do tempo, caracterizadas por fusões, extinções, criação de diferentes órgãos e mudanças de objetivos, entre outros. Acrescente-se a isso a descontinuidade das ações geralmente relacionada às mudanças político-partidárias das gestões estaduais.

Ressalta-se também a ação centralizadora que os organismos nacionais de turismo brasileiro sempre tiveram, na qual os organismos estaduais quase não participaram dos processos de decisão. O fato de o turismo não ser área de prioridade para a maioria dos estados brasileiros contribuiu para que esses órgãos não fossem vistos com a seriedade e o profissionalismo indispensáveis para modificar a situação. Todavia, em alguns estados, esse panorama tem se modificado ao longo dos últimos anos, e isso se refletiu diretamente nos bons resultados obtidos em estados como a Bahia e o Ceará.

Assim, destacam-se algumas ações que poderiam contribuir para superar os desafios enfrentados por esses organismos:

- Estimular a criação de mecanismos para que se tornem mais independentes e pró-ativos.
- Promover a profissionalização do setor público em suas diferentes esferas, em especial na condução do processo de planejamento.
- Buscar mecanismos que possibilitem ação contínua e planejada do poder público estadual no desenvolvimento do turismo.
- Definir, de forma clara, o papel e a abrangência de atuação dos organismos estaduais de turismo.

Nesse contexto, percebe-se a importância de promover ampla discussão e reflexão sobre a atuação do poder público estadual na promoção do desenvolvimento turístico, uma vez que a ele é atribuída parte da responsabilidade pelas políticas de turismo e, conseqüentemente, no seu conjunto, pelo modelo de desenvolvimento do turismo no país.

Exercícios Propostos

1. Realize uma busca no *site* de seu estado procurando dados sobre: (1) histórico e estrutura administrativa do turismo; (2) plano de desenvolvimento turístico e (3) principais programas e projetos em andamento. A partir desses dados, discuta as seguintes questões:
   a) O governo estadual está se organizando para atuar no desenvolvimento do turismo?
   b) As estratégias de ação previstas no plano são adequadas para as características do estado e atendem às expectativas do setor e das comunidades receptoras?
2. O planejamento turístico pode obter resultados mais eficazes quando realiza um trabalho integrado entre as diferentes esferas do poder público e os diversos segmentos que atuam no setor. Para avaliar se estamos seguindo esse caminho, compare as diretrizes nacionais para o Turismo, contempladas no Plano Nacional de Turismo (2003-2007), e as diretrizes traçadas pelo governo de seu estado.

Sites Estaduais de Turismo

Bahia: www.bahiatursa.ba.gov.br: Bem estruturado e com informações atualizadas. Disponibiliza dados estatísticos e estratégias para o desenvolvimento turístico do estado, assim como o Plano Estratégico (1991-2005) do estado para o turismo. Apresenta informações sobre destinos e serviços turísticos.

Ceará: www.setur.ce.gov.br: Apresenta os atrativos e serviços turísticos do estado.

Goiás: www.agetur.go.gov.br: Apresenta os atrativos das diferentes regiões do estado, galeria de fotos e postais.

Maranhão: www.turismo.ma.gov.br: Informações sobre os pólos turísticos do estado e serviços.

85-7241-568-8

Destaca como principais áreas de segmentação do estado: turismo de aventura, ecoturismo, turismo cultural e religioso.

Mato Grosso: www.sedtur.mt.gov.br: Portal sobre o turismo no Mato Grosso e suas últimas notícias.

Mato Grosso do Sul: www.ms.gov.br: Apresenta fotos e informações sobre o estado, pouco conteúdo sobre o turismo no estado.

Minas Gerais: www.descubraminas.com.br: Parceria do Senac – Serviço Nacional de Aprendizagem Comercial e o Governo do Estado de Minas Gerais, apresenta-se bem estruturado e com informações atualizadas. Disponibiliza notícias sobre o turismo no estado por circuitos e por destinos. Possibilita *download* de uma série de documentos.

Pará: www.paratur.pa.gov.br: Bem estruturado, disponibiliza informações sobre turismo no estado em suas principais regiões, abrangendo também sua cultura, fauna e flora. Permite *download* de vídeos sobre folclore, índios entre outros.

Paraná: www.pr.gov.br/turismo: Portal elaborado tanto para turistas como para profissionais do turismo, contém informações sobre o planejamento e a organização do turismo e estatísticas dessa atividade.

Pernambuco: www.empetur.com.br: Apresenta serviços e informações turísticas e os principais atrativos do estado.

Piauí: www.piemtur.pi.gov.br: Informações turísticas sobre o Piauí.

Rio Grande do Norte: www.setur.rn.gov.br: Apresenta as principais rotas de viagens e destinos do estado. Permite fazer *download* das planilhas com estatísticas do turismo no estado.

Rondônia: www.rondonia.ro.gov.br: Informações sobre hospedagem, transportes e os principais roteiros no estado.

Santa Catarina: www.santur.sc.gov.br: Bem estruturado, disponibiliza informações atualizadas sobre o turismo no estado. É possível fazer *download* de documentos e de guias de viagem com os principais destinos do estado.

São Paulo: www.ciencia.sp.gov.br: Informações sobre os atrativos de responsabilidade do governo estadual e roteiros dos circuitos estaduais.

BIBLIOGRAFIA

ACERENZA, M. A. *Administración del Turismo: conceptualización y organización.* 4. ed. México: Trilhas, 1991, v. 1, 308p.

BENI, M. C. Análise do desempenho do sistema nacional de turismo instituído na administração pública. São Paulo: USP, 1991. Tese (Livre Docência) – Escola de Comunicações e Artes da Universidade de São Paulo, 1991.

BENI, M. C. Política nacional de turismo no Brasil: reestruturação ou extinção da EMBRATUR. In: CONGRESSO INTERNACIONAL DA AMFORT-ECA/USP. II SEMINÁRIO LATINO AMERICANO, Maio 1990. São Paulo. *AMFORT. Turismo: o grande desafio dos anos 90*, 1990, p. 180-186.

CARVALHO, C.L.; BRITO, G. Destino Brasil. Novos Caminhos para o Turismo. São Paulo: Hamburg, 1994. 231p.

CAVALCANTI, K. B. Estado e políticas de turismo: o caso da Via Costeira de Natal. Natal: UFRN, 1993. Dissertação (Mestrado) – Universidade Federal do Rio Grande do Norte, 1991.

CORIOLANO, L. N. *Do Local ao Global: o turismo litorâneo cearense.* Campinas: Papirus. 1998.

ENDRES, A. V. As mudanças na condução política do Estado e seus reflexos nas políticas públicas de turismo. Em análise o Programa Nacional de Municipalização do Turismo. Belém: UFPA, 1999. Dissertação (Mestrado) – Núcleo de Altos Estudos Amazônicos da Universidade Federal do Pará.

FLORES, H. *Turismo no Rio Grande do Sul: 50 anos de pioneirismo no Brasil.* Porto Alegre: EDIPUCRS, 1993.

LICKORISCH, L. J.; JENKINS, C. L. *Introdução ao Turismo.* Rio de Janeiro: Campus, 2000.

LOBATO, F. M. Descentralização das políticas de turismo: a municipalização do turismo no Maranhão. São Paulo: USP, 2001. Dissertação (Mestrado) – Escola de Comunicações e Artes da Universidade de São Paulo.

OMT. *Tourism Development and the Responsability of the State.* Budapeste, 1993.

PARANA. Secretaria do Estado do Turismo. *Política_est_2003_2007.DOC.* Política Estadual de Turismo 2003-2007. 28/10/2003. Word.

PEREIRA, C. A. A trajetória da política de turismo em Minas Gerais e o papel do poder legislativo em sua transformação. Belo Horizonte: UFMG, 1999. Dissertação (Mestrado) – Universidade Federal de Minas Gerais.

QUEIROZ, L. A. *Turismo na Bahia: estratégias para o desenvolvimento.* Salvador: Secretaria da Cultura e Turismo, 2002.

SILVEIRA, M. A. T. Turismo políticas de ordenamento territorial e desenvolvimento: um foco no Estado do Paraná no contexto regional. São Paulo: USP, 2002. Tese (Doutorado) – Faculdade de Filosofia, Letras e Ciências Humanas da Universidade de São Paulo.

SOLHA, K. T. A evolução do turismo no Brasil. In: REJOWSKI, M. *Turismo no Percurso do Tempo.* São Paulo: Aleph, 2002, p. 117-153.

Parte 1

Anotações

85-7241-568-8

CAPÍTULO

4 Nomadismo e Turismo: Viagem como Vida no Espaço[1]

Parte 1

Susana Gastal

> ***Se se tentar pôr ordem na multiplicidade dos fenômenos sociais que caracterizam este fim de século, não será a reapropriação dos arquétipos latentes seu denominador comum? O nomadismo é um deles. E seguramente não o menos importante.***
>
> **Maffesoli (2001, p.117)**

Introdução

O turismo, quer nas suas teorizações quer nas suas práticas de salas de aula, tem priorizado questões como planejamento e gestão de destinos turísticos. A viagem, o percurso, o deslocamento não raro têm sido relegados a um elegante segundo plano. Novas posturas teóricas retomam essa questão e buscam deslocar o objeto de estudo do turismo dos seus fixos, materializados nos destinos, para os seus fluxos – a viagem –, como principal objeto dessa ciência: "o Turismo pode ser estudado como ciência autônoma. Uma ciência social, tendo como objeto próprio inaudível o nomadismo, o deslocamento, o encontro. Deslocamento de superação criativa e humanizadora" (Moesch, 2004, p. 397). A partir desse encaminhamento, Marutschka Moesch (2004, p. 444) propõe definir turismo como "o deslocamento do sujeito e seu retorno ao local de origem".

Tal mudança de enfoque supõe três bases para reflexões, as quais proponho analisar neste artigo: (1) as condições do momento contemporâneo que induzem ao novo paradigma; (2) a retomada da questão do nomadismo; (3) um desdobramento desse novo olhar, permitindo recolocar, de forma crítica, a questão dos não-lugares, tema tão caro à teorização sobre o turismo.

Momento Contemporâneo

Seria difícil falar sobre deslocamentos sem considerar espaço e tempo. Para David Harvey (1992, p. 187), "o espaço e o tempo são categorias básicas da existência humana. E, no entanto, raramente discutimos seu sentido; tendemos a tê-los por certos

[1] A presente reflexão faz parte de um artigo apresentado no VI Compos. A retomada do trabalho indica como a temática, nesse curto espaço de tempo, ampliou-se e ganhou consistência no campo do Turismo e das Ciências Sociais.

e lhes damos atribuições do senso comum ou auto-evidentes". O senso comum tende a ver o espaço como *natural* quando, na verdade, os espaços são *construções culturais,* premissa que o pensamento pós-moderno assume plenamente.

Na contemporaneidade, por exemplo, se a tecnologia nos leva a vivenciar uma aceleração da velocidade dos meios de transporte e dos trânsitos de informação, isso terá conseqüências imediatas sobre a sensibilidade das pessoas. Embora, *a priori*, possa parecer que o aumento da velocidade atinja mais o sentido de tempo – vai-se a Paris ou Nova York em menos horas –, o espaço é que será mais profundamente questionado pelas alterações. Umberto Eco (1999, p. 128) nos lembra que "nosso sistema conceitual encoraja metáforas espaciais para exprimir duração, e não o contrário". Utilizando a viagem como metáfora, diz o teórico italiano que seria lícito falar em *viagem pelo caminho da vida*, afirmação em que o termo *caminho* traz implícita a noção de espaço, e *vida*, a de duração no tempo. Logo, poderíamos concluir que a vida é uma viagem no tempo, "mas menos lícito dizer que uma viagem é vida no espaço" (Eco, 1999, p. 127).

A alteração da velocidade atinge não apenas os deslocamentos dos objetos e pessoas, mas atua de maneira mais drástica sobre os fluxos das trocas simbólicas, com destaque para aqueles realizados através dos meios de comunicação. Inventos como "o telefone, o telégrafo sem fio, o raio X, o cinema, a bicicleta, o automóvel e o aeroplano estabeleceram o funcionamento material de novos modos de pensar sobre o tempo e o espaço e de vivenciá-los" (Harvey, 1992, p. 241), marcando a relação com o território. Vivenciá-los significa agregar outros espaços ao território, desafiando a sensibilidade anteriormente constituída. O avanço das tecnologias de transporte e informação, na segunda metade do século XX, trouxe alterações ainda mais drásticas.

A atual instantaneidade das comunicações e o cenário da *aldeia global*, como antevisto por Marshall McLuhan, leva Fredric Jameson (1996, p. 74) a afirmar: "a distância em geral (incluindo, em especial, a distância estética) é exatamente o que foi abolido no novo espaço da pós-modernidade". Junto com a distância, a pós-modernidade vê a "dissolução de um espaço desigual mais antigo ou qualitativo heterogêneo e sua marginalização na estrutura de equivalência e mensurabilidade homogêneas (...)" (Jameson, 1995, p. 169).

Na pós-modernidade, a "certeza do espaço e do lugar absolutos foi substituída pelas inseguranças de um espaço relativo em mudança, em que os eventos de um lugar podiam ter efeitos imediatos e ramificadores sobre vários outros (...); a verdade da experiência já não coincide com o lugar em que ela ocorre (...)" (Harvey, 1992, p. 238), fruto, em grande parte, da intervenção da tecnologia associada a processos industriais, comerciais e sociais.

As novas práticas de produção de sentido do espaço envolvem ainda contingências advindas das questões tecnológicas e o encolhimento das distâncias que a pós-modernidade colocou em voga: a *desterritorialização.* Para Jameson (2001, p. 162), desterritorialização implica "um novo estado ontológico em livre flutuação, um estado no qual o conteúdo (...) foi definitivamente suprimido em favor da forma". Em termos de vida cotidiana, a desterritorialização significa que não mais teremos o tradicional produto produzido e consumido no local, a carregar em si o conteúdo do território e a marca do lugar:

> ***(...) 25 anos atrás, podíamos identificar a cidade onde estávamos na Grã-Bretanha ou nos Estados Unidos pela marca da cerveja que se tomava. Porque a cerveja é uma mercadoria bastante pesada, não muito valiosa, e não era transportada a longas distâncias. Agora, em Baltimore, se pode tomar cerveja da Tailândia, todas as marcas de cervejas européias, e de outras partes do mundo.***
>
> **David Harvey (1995)**

Nesta lógica, não apenas as mercadorias, mas também o capital facilmente se transfere de local, abandonando operários, máquinas e instalações, se outra região parecer mais lucrativa em termos econômicos. Pouco importa onde a fábrica esteja sediada, seu produto chegará a todo e qualquer local. Ou ainda, o capital pode migrar para a especulação financeira, abandonando a atividade produtiva, caso lhe seja conveniente. Em muitos casos, os trabalhadores irão migrar atrás do sistema produtivo.

Homogêneo, mensurável e submetido ao encolhimento, o espaço torna-se facilmente um produto e, como tal, objeto de especulação mercantil. A comercialização do espaço, entretanto, vai além da tradicional especulação com a terra, transformando-a em propriedade privada. Na pós-modernidade, a comercialização reveste-se de outras possibilidades, como, por exemplo, o turismo, obrigando as cidades a olharem para si mesmas como produtos num mercado altamente disputado; na reconstrução de espaços realizada pelos parques temáticos; ou, mesmo, na forma de fotografia:

> *(...) o turista americano não deixa mais a paisagem estar em seu ser, como diria Heidegger, mas tira uma foto dela, transformando, dessa forma, graficamente o espaço em sua imagem material. A atividade concreta de olhar uma paisagem (...) é assim confortavelmente substituída pelo ato de tomar posse dela e convertê-la numa forma de propriedade pessoal.*
>
> **Jameson (1995, p. 11)**

Os espaços surgidos a partir dos parques temáticos, destinados a um consumo que privilegia o visual, são materializações da experiência dos *sets* cinematográficos hollywoodianos, daí o grupo Disney ser o primeiro a transpor sua experiência cinematográfica para os parques de lazer. Imaginários materializados em imagens, rapidamente essas *narrativas visuais* idealizadas nos parques irão extrapolá-los e ocupar outros espaços urbanos, como *shoppings* ou centros históricos das cidades.

Nesses termos, Jameson (2001, p. 91) se vê autorizado a questionar se as preocupações inconscientes das pessoas, na pós-modernidade, deixariam de estar ligadas às tradicionais angústias temporais – o futuro, o destino, a morte, ou seja, a vida como o percurso no tempo, como pressupõe a citação de Umberto Eco –, e seriam deslocadas para "o sentimento de restrição do espaço no novo sistema mundial" (*idem ibidem*), materializadas em muito nas questões do não-lugar, da desterritorialização e do hiperespaço, mas de maneira nenhuma restritas a eles. Esses dilemas espaciais levariam a um sentimento de confinamento num espaço comprimido. Este, talvez, seja o reprimido vivencial e simbólico na narrativa pós-moderna. Mas, também, pode significar o retorno de outro reprimido, a errância e o nomadismo. Dessa maneira, seria possível retomar o que Umberto Eco (1999) diz ser o não comum: a viagem como vida no espaço.

Nomadismos

O processo de globalização tem sido apresentado como o fenômeno contemporâneo por excelência, nele destacando-se, além das já conhecidas questões econômicas e políticas, a ampliação dos deslocamentos humanos ao redor do planeta, não só por razões turísticas, mas também ocasionados por litígios (refugiados), por motivos econômicos e políticos (exilados), religiosos (peregrinos) e de mercado profissional (trabalhadores). Para esses personagens em viagens, voluntários ou não, a vida deixa de estar atrelada à lógica dos lugares e passa a reger-se por novos paradigmas, entre eles, em muitos casos, o de desconsiderar o retorno. Ou seja, vida é o que acontece no território, ao longo do deslocamento, e não o que se dará quando a viagem finalmente terminar. Na vivência dos deslocamentos, há "um mundo que não contém apenas sujeitos móveis, mas objetos móveis, ou melhor, um mundo no qual a distinção entre sujeitos e objetos torna-se estreita e eclipsada, na medida em que ambos se unem e se dispersam, em um campo informativo cada vez mais fluido" (Featherstone, 1997, p. 176).

Nômade seria, então, a palavra-chave a definir "os modos de vida, o estilo cultural e o consumo dos anos 2000. (...) Os meios de transporte (automóvel, avião, trem, navio) suportes naturais deste nomadismo, serão lugares privilegiados de reunião de objetos nômades: telefones, telefax, televisores, leitores de vídeo, computadores, fornos de microondas" (Ianni, 1996:31) entre outros. O nomadismo, que Maffesoli (2001) trata também como *errância*, estaria presente como marca cultural contemporânea, ressaltando em uma sociedade em movimento:

> *Tomada de empréstimo à mitologia dos escravos negros arrancados da África, a lembrança de que se está a caminhar: 'I'm a rollin' stone' (...) será retomada por Bob Dylan: 'like a rolling stone' e, claro, pelo conhecido grupo musical que adotou esse nome. Esse 'nomadismo espiritual': 'I'm a wandering spirit' (Mick Jagger) pode ser considerado, por mais de um motivo, o símbolo de um mundo em gestação.*
>
> **Maffesoli (2001, p.34)**

Parte 1

Decorrência desse novo estilo de vida *rolling stone* ou *nômade*, haveria maior aproximação entre pessoas e culturas, permeadas por convergência e atritos, em que se constituiriam novas identidades e *terceiras culturas* (Featherstone, 1997, p. 129) nas quais se exigiria uma "crescente familiaridade com o 'outro', seja através da relação face a face, seja através de imagens ou representações da visão de mundo e da ideologia do outro (...)" (Featherstone, 1997, p. 129). Baudrillard (1995) vai mais longe e afirma que a "circulação, a compra, a venda, a apropriação de bens e de objetos/signos diferenciados constituem hoje a nossa linguagem e o nosso código, por cujo intermédio toda sociedade *comunica* e fala" (Baudrillard, 1995, p. 80).

A mobilidade, entretanto, não é fenômeno novo. Desde a pré-história, ela caracterizou o humano: os bandos, as hordas, as tribos seguiam pelo mundo em busca de caça, de frutas e de água ou fugindo do clima adverso.

> *Os primitivos nada possuem de próprio, não se sentem obcecados pelos objetos que deitam fora regularmente, para melhor se deslocarem. (...) Na economia do dom e da permuta simbólica, uma quantidade fraca e sempre finita de bens basta para criar a riqueza geral, que eles passam constantemente de uns para outros. A riqueza não se baseia nos bens, mas na permuta concreta entre pessoas. Por conseqüência, é ilimitada (...).*
>
> Baudrillard (1995, p. 67)

Se para o primitivo os objetos são descartáveis, sua noção de *tempo* também seria outra, pois "para os antigos o agora repete o ontem, para os modernos é sua negação. (...) O passado é um arquétipo, e o presente deve se ajustar a esse modelo imutável; além do que, esse passado está sempre presente, já que retorna no rito e na festa. (...) Assim, (...) o passado defende a sociedade da mudança" (Paz, 1984, p. 21,26). O passado não é o que passou e está encerrado, mas o que está presente, o que é tradição.

Do nomadismo, os humanos passariam ao sedentarismo, uma conquista posterior, fruto da tecnologia agrícola, a permitir outro tipo de cultura: a cultura do *lugar*. No lugar, a estrutura de gerência do grupo será cada vez mais hierarquizada, constituindo, para os grupos sob jurisdição, *prisões morais* (Maffesoli, 2001). Na sociedade nômade, as estruturas de poder eram bem mais simples e a coerção menos diluída: ao líder seguiam-se os liderados e isso bastava ao grupo.

A sociedade sedentarizada não aboliu os deslocamentos, que passam a ser abrigados sob a palavra *viagem*. Para Leed (1991), a palavra manterá a carga simbólica e mitológica da ação que a originou, levando-a a transformar-se em metáfora utilizada para explicar transformações e transições vitais como a morte (*viagem sem retorno*) ou a vida (*jornada sobre a terra*)[2]. Leed faz outras analogias. Busca na palavra latina ex*per*iência sua raiz indo-européia em *per*, a mesma raiz que estaria em *per*igo. Experiência carregaria implícito o sentido de *cruzar um espaço* e *alcançar um objetivo*. Na evolução fonológica do *per* para *fer*, estaria a raiz das palavras inglesas *far*, *ferry* e *fear*, o medo. Além do medo, as viagens ainda seriam responsáveis por levar ao refinamento do caráter (experiência) e por sintonizar o indivíduo, amadurecido pelas andanças pelo mundo, com seu grupo de origem, tornando-o um cidadão mais útil[3].

Com essas análises, Leed pretende demonstrar que a conceituação de viagem liga-se à noção de sofrimento, desafio e vivência (dolorida, mas fundamental). Do sentido de formação (experiência) à transformação ou rito de passagem – *passagem*, hoje, a palavra que em português utilizamos para indicar o que pagamos pela viagem –, está a noção de mudança não só no que se refere a vivências culturais, mas também às psicológicas. Essa é a noção presente em textos clássicos como *Ilíada*, *Odisséia* e n'*Os Lusíadas*, de Camões, mas também nas modernas construções mitológicas expressas no cinema em *2001, Uma Odisséia no Espaço*, *Guerra nas Estrelas* ou *Central do Brasil*. No *per*ambular – o *per*, novamente presente – pré-histórico e mitológico, a viagem estaria ligada à necessidade e ao destino (fado): viaja-se porque não se pode deixar de fazê-lo.

Nos tempos modernos, ao contrário, a viagem de lazer tornou-se sinônimo de liberdade, prazer e fuga às necessidades do destino. Companhias

---

2 "We draw upon the experience of human mobility to define the meaning of death (as a 'passing') and the structure of life (as a 'jorney' or pilgrimage); to articulate changes of social and existencial conditions in rites of initiation of 'passage')." (Leed, 1991. p.3).

3 "The deeply rooted assumption that travel is an experience that test and refine the character of the traveler is demonstrated by the German adjetive *bewandert*, which currently means 'astute', 'skilled', or 'clever' but originally (in fifteenth-century texts) meant merely 'well traveled' (Leed, 1991. p.6).

aéreas, agências de viagens e governos centram boa parte do seu discurso apresentando o viajar como conforto, segurança e *exciting* – ou seja, mascara-se o medo, a necessidade, o destino. Como querem alguns, "entra-se na era da viagem imóvel" (Claval, 1999:50) e da "*fun-morality* em que reina o imperativo de se divertir e explorar a fundo todas as possibilidades de se fazer vibrar, gozar, gratificar" (*idem ibidem*). A *fun-morality*, ou o divertir-se, a qualquer custo, como critério de valor, não deixaria de ser outra *prisão moral*, apenas acrescida de maior liberalidade e incentivo aos prazeres individuais.

Se há o sentimento de prisão, haverá a busca de liberdade. Se o *lugar* estiver associado a essa prisão, a liberdade será associada à evasão: "É uma espécie de *pulsão migratória* incitando à mudança de lugar, de hábito, de parceiros, e isso para realizar a diversidade de facetas de sua personalidade" (Maffesoli, 2001, p. 51). Mas não é necessário que pulsão se materialize no nomadismo de todos – como entre as tribos nômades tradicionais – para que sua presença seja forte. Se vivida por um número cada vez maior de pessoas no conjunto da população, ela alimentará um imaginário coletivo que, não raro, ainda guardará a memória de errâncias atavicamente sedimentadas. "Essa errância nos manda de volta a uma realidade móvel e fervilhante, a da troca que, no próprio seio das sociedades mais sedentárias, está sempre à espreita, pronta para aparecer e balançar as certezas estabelecidas e os diversos conformismos do pensamento" (Maffesoli, 2001, p. 58).

O crescimento da cidade e a vida nas chamadas megalópoles incentivam a errância e, no corpo da urbe, levam a que as pessoas estejam em constante movimento. Nesses termos, a palavra *animação*, se ligada a um espaço urbano, supõe movimento, e a errância, *a perda de si num conjunto quase cósmico*, na busca, talvez, de lugares e situações em que o espírito possa flutuar para além das *prisões morais* (Maffesoli, 2001, p. 89).

> ***Talvez por isso leve ao nomadismo. O do errante na acepção da palavra, mas também o do passeio sem destino, do nomadismo dos grupos de amigos, das tribos diversas que passam de um a outro lugar, dos consumidores, o dos trabalhadores também. Tudo isso proporciona um vasto fluxo a uma órbita indefinida e que, pelo menos nas grandes cidades, parece infinita.***
>
> **Maffesoli (2001, p. 91)**

Estabelecido o novo padrão nômade, conseqüência de novas relações de sentido em especial com o espaço, o errante passará a constituir-se nas terceiras culturas, marcadas por novos espaços – espaços nômades – e por relações mais fugazes. Destacam-se as questões espaciais, no contexto deste artigo.

Lugar e Não-lugar

A visão da modernidade consagrou o *lugar* como o *locus* onde se concretizariam história e geografia e ao qual estariam atrelados cultura e identidade – pessoal e coletiva, local ou nacional. No registro histórico, o sedentário, ao fixar-se, demarcou seu território com os signos de lugar: dos menires à Torre Eiffel, das pirâmides à Estátua da Liberdade. E, como obra-prima, a cidade. Os *signos de lugar* incluem, em especial, os monumentos – com *status* de obra de arte ou não –, mas também o traçado urbano, os jardins, as praças e outras marcas da ação humana, como a arquitetura.

A Torre Eiffel, por exemplo, não foi concebida como obra de arte, "ela foi elaborada para servir como uma espécie de propaganda das novas possibilidades da metalurgia, derivadas das transformações tecnológicas dos complexos industriais" (Sevcenko, 1998, p. 137). A Torre deveria ser apenas mais uma atração na exposição universal de 1889, realizada em Paris. Entretanto, o monumento causou tal impacto sobre a população da cidade que, "quando a feira acabou e a prefeitura anunciou que ia desmontar a torre e começou, de fato, a operação de desmontagem, houve um verdadeiro motim popular" (Sevcenko, 1998, p. 137,138). Armados de pedra, paus e ferramentas, os populares cercaram a prefeitura em prol do monumento que, dessa maneira, foi preservado.

Sevcenko (1998) amplia a análise do caso Eiffel, perscrutando a palavra *monumento* (em latim, *monumentum*). Este, por sua vez, derivaria do verbo *monare*, ou *monio*, cujo original, de fundo religioso, significaria revelar, predizer, sinalizar ou advertir. O que o oráculo dos antigos gregos transmitia era *monio*. "Normalmente, a conotação do *monio* é a de que ele revelava os perigos, portanto era especialmente nefasto, com as ameaças. Neste sentido era a indicação do mal" (Sevcenko, 1998, p. 139). Na mesma origem etimológica, há a palavra *monstro*, enquanto coisa ruim, e *admoestação* e *premonição*, ambas como aviso de perigo. E *monitor*, enquanto aquele que guia para que os perigos sejam evitados.

Para Sevcenko, essa etimologia demonstraria que os monumentos, signos do lugar, seriam a materialização, o espectro, de possíveis perigos, mas também de proteção contra os perigos, em especial os desconhecidos, vindos de fora, de outros lugares. Eles seriam auxiliares importantes no processo de construção de significações e identidades dos lugares, variando conforme o momento histórico, dos templos gregos ao Centro Pompidou, em Paris.

A caminhada civilizatória dos lugares se fez em detrimento do nômade, inclusive nos seus registros: "A História sempre é escrita a partir de um ponto de vista sedentário em nome de um aparato do Estado unitário (...) até mesmo quando o tópico são os nômades. O que faz falta é uma nomadologia, o oposto de uma história" [Deleuze e Gattari *apud* Feateherstone (1997, p. 173)].

A história do sedentário passou a valorizar "as metáforas naturais das raízes, do solo, da mãe-pátria (...). O conceito de nação enquanto 'terra natal' e do lar como um lugar de residência, de onde alguém se aventura, indo para fora, mas ao qual sempre procura voltar (...)" (Feateherstone, 1997, p. 193). O *lugar*, assim definido, seria o *locus* no tempo e no espaço, do acúmulo da experiência em forma de história e tradição, a segurança. O lugar é depositário da memória, que guarda acontecimentos (o que ocorreu), mitos (o dito) e a história (o registro) (Augé, 1994, p. 77). O nômade guardaria apenas o dito, nos seus mitos, cerimônias e narrativas.

A pós-modernidade, como já colocado, altera o sentido de espaço. A nova experiência espacial, constituída a partir de um imaginário da Terra como espaço globalizado, também nega e reprime a temporalidade vivenciada como experiência local. Esse imaginário alia-se ao prolongamento dos espaços das corporações em nossas vidas cotidianas (Jameson, 1996, p. 147), sob a forma de mercados globalizados. Nessas circunstâncias, mesmo o apelo ao etnicismo e ao regionalismo – *marketing* utilizado por muitas corporações globalizadas – é menos um reforço da cultura local e mais uma estratégia mercadológica empresarial, a mascarar a globalização.

A desterritorialização, por sua vez, por construir-se a partir de novos imaginários não atrelados ao *lugar*, impõe-se como um novo espaço vinculado à questão dos nomadismos, envolvendo não apenas pessoas, mas também mercadorias e o próprio capital. A produção de sentido do espaço frente aos novos sistemas (transporte, comunicação, planejamento) e sua representação (*design*, mapeamento, tecnologias de informação), conforme David Harvey (1992, p. 202), estão intimamente ligadas ao hiperespaço, mas também à desterritorialização.

Para definir esse novo espaço e as "instalações necessárias à circulação acelerada das pessoas e bens (vias expressas, trevos rodoviários, aeroportos) quanto os próprios meios de transporte ou os grandes centros comerciais, ou ainda os campos de trânsito prolongado onde estão alojados os refugiados do planeta" (Augé, 1994, p. 36), ou seja, os lugares do nômade, Marc Augé utiliza para designá-los a expressão *não-lugares*.

Associado ao lugar, estaria o fazer; ao não-lugar, o ver, caracterizando-o, assim, não apenas pelo seu uso, mas também pelas relações que os indivíduos desenvolvem com ele. Para Augé (1994), há uma invasão desses novos espaços pelos textos, o que os transforma em *espaços retóricos* (idem, p.99); a comunicação nos *não-lugares* dar-se-ia de maneira prescritiva: coloque o cartão, retire o dinheiro, não fume; ou mesmo impositiva: insira corretamente o cartão!; ou com excessiva cortesia: "boa viagem", "bem-vindo ao...". "As imagens substituem as palavras, ao mesmo tempo em que as palavras revelam-se principalmente como imagens, signos plásticos de virtualidades e simulacros produzidos pela eletrônica e informática" (Ianni, 1996, p. 32).

O nômade, ao circular por *não-lugares,* careceria de cartografias simbólicas e afetivas das trocas pessoais, substituídas pelas relações impessoais permeadas por cartões, botões e máquinas. Partilharia a *terceira cultura*, "conjunto de práticas, conhecimentos, convenções e estilos de vida que se desenvolvem de modo a se tornar cada vez mais independentes dos Estados-Nação" (Featherstone, 1997, p. 158), mas também de outros contatos humanos. Nesses termos, a cultura sedentária careceria de palavras e conceitos para entender esses novos espaços e essa nova cultura e, na falta de compreensão, não raro prefere desqualificá-los.

Maffesoli (2001, p. 87) amplia a discussão, também nesses termos, ao aproximar os termos gregos *topos* (*lugar*) e *u-topos*, ou utopia, para o *não-lugar*, dizendo que toda sociedade tem necessidade de utopias que lhe sirvam de fundamento. Daí a tensão entre o lugar e o não-lugar e, para Maffesoli, o não-lugar colocar-se como espaço utópico onde poderíamos realizar nosso desejo de evasão.

O que talvez incomode os sedentários em relação aos não-lugares, além da carga de possibilidades utópicas que os colocam sempre mais em possibilidades latentes do que em concretizações, seriam os conceitos de cultura, vista como manifestação concreta ou concretizável de imaginários pessoais ou coletivos. Cultura como manifestação concreta ligada a um lugar e a um tempo, sendo insuficiente para dar conta das circunstâncias contemporâneas, cuja teorização passaria a exigir a inclusão da cultura do nômade, a cultura dos ditos não-lugares, com novas lógicas tempo-espaciais. Essas novas lógicas, nascidas da mobilidade, não podem ser analisadas do ponto de vista da lógica moderna do "progresso" – aí embutida a noção de futuro – ou mesmo da lógica tradicional do tempo cíclico, presa ao passado, condicionando a cultura dos não-lugares "a uma inexaurível história do presente" (Augé, 1994, p. 96).

Quanto ao espaço dos não-lugares, para Augé (1994), este caracterizar-se-ia pelo excesso, suas presenças multiplicadas pelos avanços tecnológicos dos transportes, mas também por toda uma gama de espaços criados pelos discursos dos meios de comunicação e da publicidade – os metaespaços –, inseridos nos lugares onde criam "rupturas, que o impede de ver aí um lugar" (Auge, 1994, p. 79).

Os espaços-tempos assim categorizados deslocam a discussão da cultura enquanto produto histórico de um coletivo para a ação de sujeitos, individualizados, agindo antes num espaço do que num grupo. Desloca-se o questionamento da cultura para o da identidade, conceituação sem a qual tornar-se-ia limitado discutir a problemática cultural no mundo contemporâneo.

Identidade, no sentido clássico, é o que torna similar, mas também se define pelo distinto do outro ou dos outros. A identidade é uma construção de significados, embora possa parecer descoberta (Castells, 1999, p. 22) ao optar-se por um conjunto de atributos culturais, os quais prevalecem sobre outras bases de significado. Em termos tradicionais, a construção da identidade – para Maffesoli (2001) uma *territorialização* individual ou coletiva – esteve muito vinculada à Nação, à classe social e ao gênero. Hoje, o rol poderia incluir etnia, geração, local institucional, orientação de classe e gênero, transformados em fonte de significação para os próprios atores, por eles originadas e constituídas por meio de processo de individuação (Castells, 1999, p. 23).

Podemos considerar as identidades como resultantes dos processos culturais – culturas moldariam indivíduos –, mas esta, como já dito, é uma aproximação atrelada ao conceito de *lugar* que

> *(...) articula geografia e história, espaço e tempo, servindo de ponto de referência, parâmetro, paradigma. São séculos de tradições e façanhas, heróis e santos, monumentos e ruínas cristalizadas em valores e padrões, práticas e ilusões, línguas e religiões. Sob vários aspectos, o enraizamento no lugar e a ilusão de identidade podem dificultar a percepção do que é o outro, estrangeiro, diferente, estranho (...).*
>
> **Ianni (1996, p. 30)**

O *lugar* vincular-se-ia, ainda, a uma cultura local: um espaço geográfico delimitado onde os indivíduos têm contatos pessoais e diários, as tarefas estão atreladas a rotinas e à práxis, vistas como tradição, ou seja, marcadas pelo tempo, criando o sentido de pertencimento, sinônimo de *lar*. No imaginário romântico, as comunidades que vivem nos *lugares* desconheceriam o conflito, a violência e a tensão. Os contatos humanos seriam mais simples e autênticos. E seria heresia falar em culturas locais, no plural, pois essa só se admite no singular, homogênea.

Qual seria a identidade fruto da nova sociedade de redes, que é nômade – portanto, não atrelada a *lugares* –, freqüenta *não-lugares* e faz parte da *terceira cultura*? Bhabha (1998) propõe que essa identidade nasce nos próprios momentos ou processos produzidos na articulação de diferenças culturais, no que ele denomina de *entre-lugares*. Os *entre-lugares* forneceriam espaços para estratégias de subjetivação que dariam lugar a novos signos de identidade, nascidos na assimilação e no conflito. "Esses 'entre-lugares' fornecem o terreno para a elaboração de estratégias de subjetivação – singular ou coletiva – que dão início a novos signos de identidade e postos inovadores de colaboração e contestação, no ato de definir a própria idéia de sociedade" (Bhabha, 1998:20).

Para aqueles que lançam sua preocupação sobre as identidades periféricas que estariam sendo sufocadas pelos novos processos, em especial pelos deslocamentos facilitados pelo turismo e pelos nomadismos, há considerações em Bhabha (1998) e Featherstone (1997). Para este:

> *Gerações sucessivas investiram em uma forma de nostalgia, na qual o passado é encarado como a epítome da coerência e da ordem, algo mais simples e emocionalmente gratificante, com relacionamentos mais diretos e integrados. O pressuposto, neste caso, é de que a identidade de uma pessoa e as de outras pessoas significantes estão ancoradas em um local específico, um espaço físico que passa a ser emocionalmente investido e sedimentado com associações simbólicas, de tal forma a tornar-se um lugar. (...) a nostalgia ou a perda do sentido do lar, é um sentimento potente no mundo moderno, particularmente para aqueles grupos que são ambivalentes em relação à modernidade e conservam a vigorosa imagem de uma suposta maior integração e simplicidade de uma cultura mais integrada no passado.*
>
> Featherstone (1997, p. 149)

Bhabha avança em direção paralela e defende que o 'direito' de expressão "a partir da periferia do poder e do privilégio autorizados não depende da persistência da tradição; ele é alimentado pelo poder da tradição de se reinscrever através das condições de contingência e contraditoriedade que presidem sobre as vidas dos que estão na minoria" (Bhabha, 1998, p. 21). Para o teórico, o reconhecimento que a tradição outorgaria seria uma forma parcial de identificação, pois, ao "reencenar o passado, esse introduz outras temporalidades culturais incomensuráveis na invenção da tradição. Esse processo afasta qualquer acesso imediato a uma identidade original ou a uma tradição 'recebida'" (Bhabha, 1998, p. 21).

Num universo movente, identidades também moventes, apresentadas no seu plural: identidades, constituídas por cada sujeito. *Sujeito* que, na definição de Castells (1999), nasceria do que ele denomina de *identidade de projeto*, diferente da identidade legitimadora, aquela imposta pelas instituições dominantes, ou da identidade de resistência, construída pelos excluídos (Castells, 1999, p. 24). A *identidade de projeto* estaria agregada, por exemplo, ao feminismo, ao movimento negro, etc., independendo de nacionalidade e visando constituir os *sujeitos*: aquele que constrói significado para sua existência individual e cria sua história pessoal (Castells, 1999, p. 26).

Na sociedade de redes, "o indivíduo é forçado a negociar opções por estilos de vida em meio a uma série de possibilidades" (Castells, 1999, p. 27). Augé (1994) vê essa contingência como solidão, mas talvez o questionamento fosse outro, sobre se o indivíduo contemporâneo já teria constituído as estruturas psicoafetivas necessárias ao novo momento histórico, a exemplo do que aconteceu na passagem das sociedades tradicionais para as sociedades modernas, industriais. Ou ainda, como colocou Walter Benjamin (1975), entre o agricultor sedentário preso à terra e ao *lugar* e o marinheiro nômade a percorrer *não-lugares*, necessitemos do artesão da pós-modernidade, aquele que transitaria por *lugares* e *não-lugares* e, nos *entre-lugares*, conseguiria organizar sua experiência pessoal de nômade e sedentário.

Nesse contexto, o que deverá ser preservado e o que seria similar aos objetos dos quais o nômade pré-histórico se liberava, para poder seguir caminho? Featerstone (1997) alerta para que tenhamos cuidado ao buscar preservar o que pressuporíamos uma cultura regional autêntica, para simplesmente "não colocá-la em uma reserva protetora, na qual ela se torna um simulacro de si mesma" (Featherstone, 1997:137).

Para Bhabha (1998, p. 20), o contexto pós-moderno seria o da negociação das diferenças intersubjetivas e coletivas de nação, o interesse comunitário ou o valor cultural. Para ele, estar "no *além*, portanto, é habitar um espaço intermediário (...). Mas residir 'no além' é ainda (...) ser parte de um tempo revisionário, um retorno ao presente para redescrever nossa contemporaneidade cultural; reinscrever nossa comunalidade humana, histórica; *tocar o futuro do lado de cá*" (Bhabha, 1998, p. 27).

São desafios que estamos enfrentando no campo teórico, mas também no exercício diário das práxis de vivência. Processos em que os signos de lugar parecem esmaecer no ar e o nomadismo percorre novos caminhos, na difícil tarefa de *viver o futuro do lado de cá.*

Bibliografia Sugerida para Aprofundamento do Texto

Os temas tratados neste artigo são extremamente contemporâneos e, por essa razão, nem sempre

Parte 1

fáceis de serem abordados. Para um aprofundamento das questões aqui tratadas no que se refere à pós-modernidade, o título mais pertinente continua sendo o livro de Fredric Jameson, *Pós-modernismo: a lógica cultural do capitalismo tardio* (São Paulo: Ática, 1996). Jameson é o autor mais citado pelos demais teóricos, portanto, de leitura obrigatória. A posição do autor é muito interessante porque, não raro, suas análises partem do cinema e das situações apresentadas nos filmes. Nesse livro, ele fala sobre vídeo e arquitetura, economia e trabalho, espaço e tempo.

Sobre a questão do nomadismo, dois títulos são fundamentais: *Sobre o Nomadismo: Vagabundagens Pós-modernas* (São Paulo: Record, 2001), de Michel Maffesoli, e *The Mind of the Travel: from Gilgamesh to Global Tourism* (Basic Books, 1991), de Eric J. Leed. Maffesoli faz um resgate histórico e uma reflexão filosófica muito importante sobre o tema, abordando o nomadismo como uma das principais marcas da contemporaneidade. Para ele, o nomadismo é fruto do que denomina errância e da necessidade de fugir das cadeias impostas pelas sociedades sedentárias. A errância não envolveria apenas o turismo, mas também o deambular das pessoas pelas cidades. Eric Leed, por sua vez, também resgata o histórico dos deslocamentos humanos; mas, para ele, as viagens equivalem a experiências de vida necessárias para que nos defrontemos conosco. Para defender sua teorização, resgata personagens mitológicos como Gilgamesh e rituais de passagem. Também apresenta os *viajantes filósofos*, aqueles que percorrem os caminhos em busca de conhecimento.

A quarta sugestão de leitura inclui um livro editado em 2003 pela Rocco: *A Arte de Viajar*, de Alain de Botton. Como o próprio Botton explica, em geral somos inundados de conselhos sobre os lugares aonde devemos ir, mas pouco ouvimos sobre por que e como ir. Em seu percurso pelo mundo das viagens, ele nos fala de partidas e chegadas, paisagens e arte, mas sempre e rapidamente, sobre por que viajar tanto.

Questões para Discussão

1. O cinema tem sido um importante veículo para a reflexão sobre o viajar. Clássicos como *Guerra na Estrelas* (George Lucas, 1977) e *O Senhor dos Anéis* (Peter Jackson, 2001) a *Central do Brasil* (Walter Salles, 1998) são filmes que não só permitem reflexão e debate sobre a viagem, mas também sobre a errância como processo de crescimento e amadurecimento pessoal. Vejam os filmes, debatam e depois procurem comparar os processos pelos quais passam os personagens em cada um deles.
2. Depoimentos sobre o viajar são muito importantes. Procure na sua comunidade pessoas que viajam: podem ser romeiros ou motoristas profissionais de ônibus ou caminhão. Façam entrevistas com eles, em pequenos grupos, e depois, em sala de aula, relatem os depoimentos aos colegas e comparem o que as diferentes falas têm em comum ou o que as diferencia.
3. Os estudantes de Turismo estão familiarizados com os trabalhos de campo. Organize uma saída de campo a pé, no entorno de sua cidade. O ideal é que o percurso dure cerca de três horas, porque experienciar o cansaço é parte do processo. Máquinas fotográficas são proibidas. Cada aluno deverá levar uma pequena caderneta de anotações, para nela registrar o que vir pelo caminho, mas também a reação do seu próprio corpo ao esforço concentrado. Conforme aumenta a resistência física do grupo, a duração das caminhadas pode ser ampliada. Não esqueça de incluir na sua mochila: água (evite refrigerante), filtro solar, chapéu e algumas ataduras, para o caso de bolhas nos pés.
4. O Caminho de Santiago é um dos mais famosos roteiros em que o viajar é mais importante do que o chegar a algum destino. Há vários *sites* na Internet sobre o percurso, inclusive alguns com depoimentos dos participantes. Faça uma pesquisa destacando o que é dito sobre o viajar e, em especial, o que as pessoas falam sobre a experiência vivenciada.

BIBLIOGRAFIA

AUGÉ, M. *Não-lugares: introdução a uma antropologia da supermodernidade.* Campinas: Papirus, 1994.

BAUDRILLARD, J. *A Sociedade de Consumo.* Lisboa: Edições 70, 1995.

BHABHA, H. K. *O Local da Cultura.* Belo Horizonte: Editora UFMG, 1998.

CASTELLS, M. *O Poder da Identidade.* São Paulo: Paz e Terra, 1999.

CLAVAL, P. *A Geografia da Cultura.* Florianópolis: UFSC, 1999.

ECO, U. *Os Limites da Interpretação.* São Paulo: Perspectiva, 1999.

FEATHERSTONE, M. *O Desmanche da Cultura.* São Paulo: Studio Nobel, 1997.

HARVEY, D. *A Condição Pós-moderna.* São Paulo: Loyola, 1992.

HARVEY, D. Entrevista a Susana Gastal. *Ponto & Vírgula,* São Paulo, 21 Jun. 1995.

IANNI, O. *A Era do Globalismo.* Rio de Janeiro: Civilização Brasileira, 1996.

JAMESON, F. *Cultura do Dinheiro.* Petrópolis: Vozes, 2001.

JAMESON, F. *Pós-modernismo: a lógica cultural do capitalismo tardio.* São Paulo: Ática, 1996.

JAMESON, F. *As Marcas do Visível.* Rio de Janeiro: Graal, 1995.

LEED, E. J. *The Mind of the Traveler: from Gilgamesh to global tourism.* Estados Unidos/sl: Basic Books, 1991.

MAFFESOLI, M. *Sobre o Nomadismo: vagabundagens pós-modernas.* São Paulo: Record, 2001.

McLUHAN, M. *Os Meios de Comunicação como Extensões do Homem.* São Paulo: Cultrix, 1998.

MOESCH, M. Epistemologia social do turismo. São Paulo: USP, 2004. Tese (Doutorado) – Escola de Comunicações e Artes da Universidade de São Paulo, 2004.

PAZ, O. *Os Filhos do Barro.* Rio de Janeiro: Nova Fronteira, 1994.

SEVCENKO, N. Entre o paraíso e o inferno. In: *Arte Pública.* São Paulo: SESC, 1998.

Parte 1

Anotações

CAPÍTULO

5 Inúmeras Possibilidades do Entretenimento

Luiz Gonzaga Godoi Trigo

Introdução

Esta reflexão é um aprofundamento e atualização da pesquisa realizada para a tese de livre-docência, defendida em junho de 2003 na Escola de Comunicações e Artes da Universidade de São Paulo, publicada sob o título *Entretenimento – uma Crítica Aberta* (Trigo, 2003). Os tópicos principais discutidos neste texto referem-se à cultura em geral, ao entretenimento em particular e às novas tecnologias que influenciam ambos. A questão central desta reflexão é como a cultura e o entretenimento, processados pelas novas tecnologias de informática e telecomunicações, inseridas na complexidade da globalização e no âmbito das sociedades pós-industriais, estão influenciando a sociedade como um todo.

Em meados de 2004, foram divulgados dois importantes documentos sobre cultura e entretenimento: o *Relatório do Desenvolvimento Humano*, publicado anualmente pela ONU – Organização das Nações Unidas; e a pesquisa *Global Entertainment and Media Outlook 2004-2008*, publicada pela PricewaterhouseCoopers. Esses documentos ajudam a entender como o setor de entretenimento está se configurando nas sociedades atuais e as influências que ele provoca na sociedade, na cultura e na economia. O fato de a ONU ter inserido uma ampla discussão sobre cultura, antecedendo o relatório anual sobre o IDH – Índice de Desenvolvimento Humano, é significativo de como essas instâncias influenciam cada vez mais as sociedades hodiernas.

Visões de um Mundo Imerso na Cultura Veiculada pela Mídia – uma Visão Institucional da ONU

O *Relatório do Desenvolvimento Humano*, com dados de 2002, foi divulgado em julho de 2004 pelo PNUD – Programa das Nações Unidas para o Desenvolvimento. O texto completo está em *http://hdr.undp.org/reports/global/2004*. O relatório é precedido por um documento sobre questões culturais, composto por introdução, cinco capítulos e bibliografia. Essa longa introdução não deixa dúvidas sobre a importância que a cultura possui em um planeta cada vez mais globalizado. A imprensa internacional dedicou várias matérias a respeito, na época da publicação do relatório, especialmente sobre a questão cultural.

Um dos problemas tratados pelo documento são "*os fluxos transfronteiriços de investimentos e conhecimento, de filmes e outros bens culturais e de pessoas.*" (Destaque 5.1, Cap. 5). O segundo parágrafo do Capítulo 5 (*Globalização e escolha cul-*

85-7241-568-8

tural) do documento afirma que "*a globalização aumentou, de um modo sem precedentes, os contatos entre os povos e os seus valores, idéias e modos de vida. As pessoas viajam mais freqüentemente e mais extensamente. Atualmente, a televisão chega às famílias nas áreas rurais mais remotas da China. Da música brasileira em Tóquio aos filmes africanos em Bangcoc, passando por Shakespeare na Croácia, por livros sobre história árabe em Moscou e pelas notícias do mundo da CNN em Aman, as pessoas divertem-se com a diversidade da era da globalização*".

Em um mundo influenciado pelos fluxos financeiros, turísticos e comerciais, a cultura torna-se um espaço extremamente questionado. Em 1994, durante as reuniões preparatórias para a Ronda do Uruguai de negociações comerciais multilaterais, um grupo de produtores, atores e realizadores cinematográficos franceses conseguiu inserir uma cláusula de *exceção cultural* nas regras comerciais, excluindo o cinema e outros bens audiovisuais de suas disposições. Isso significou, na prática, que cinema e outros bens culturais não poderiam ser tratados como bens comercializáveis de qualquer maneira como as *commodities* (cereais, minérios, gado, produtos agrícolas em geral) ou bens de consumo. A cláusula reconheceu a natureza especial dos bens culturais enquanto mercadorias especializadas e que, portanto, poderiam ter proteção especial de seus países, tendo acesso a subsídios, investimentos ou facilidades para divulgação. Muitas discussões a respeito foram desencadeadas, tanto nas reuniões da OECD – *Organization for Economic Cooperation and Development*, em 1998, quanto nas reuniões preparatórias da Ronda de Doha, em Cancun, e na reunião ministerial da Alca – Área de Livre Comércio das Américas, em Miami, ambas ocorridas em 2003. A exceção cultural é um ponto polêmico e polarizado nas discussões internacionais. De um lado estão os que consideram os bens culturais sujeitos às regras do comércio internacional. De outro estão os que vêem os produtos culturais como portadores de idéias, símbolos, estilos de vida, valores e significados e que, por isso, merecem tratamento especial. O problema, conforme exposto no documento da PNUD, "*está em saber se os filmes e os produtos audiovisuais são bens culturais, ou simples entretenimento*" (p. 97). O documento afirma, logo a seguir, que programas de televisão, filmes e produtos audiovisuais são "*portadores poderosos dos estilos de vida e transmitem mensagens sociais. Podem ter um impacto cultural poderoso. Na verdade, são discutidos precisamente por causa de seu impacto nas escolhas em matéria de identidade*" (p. 97) (Fig. 5.1).

Esse trecho é fundamental para essa análise. Entendo que não se pode fazer uma simples dicotomia entre *cultura* e *entretenimento*. Essa pretensa separação é alicerçada em um preconceito ideológico. O documento da ONU faz sérias ressalvas contra essa divisão entendendo que cinema, televisão, rádio e outras expressões da mídia eletrônica e impressa são *cultura*. O documento da PricewaterhouseCoopers ignora totalmente essa discussão enfocando *entretenimento* como parte integrante da cultura, entendida em um amplo aspecto. No livro *Entretenimento – uma Crítica Aberta* (Trigo, 2003), há uma discussão teórica a respeito no capítulo *O que é entretenimento*.

Foto de Luiz Gonzaga Godoi Trigo

Figura 5.1 – *Disneyland Paris* – inaugurado em 12 de abril de 1992, o parque sofreu várias adaptações para se adequar ao estilo de vida europeu em geral e francês em particular.

O termo "cultura" oferece grande amplitude conceitual. A cultura:

> *(...) não é facilmente definida, sobretudo porque pode ter diferentes significados em diferentes contextos. De qualquer forma, o conceito que está no centro dos estudos culturais, pode-se sugerir, é o conceito encontrado na antropologia cultural... A cultura é o complexo mundo cotidiano que todos encontramos e pelo qual nos movimentamos. A cultura começa no ponto em que os humanos superam o que quer que seja dado em sua herança natural.... Dessa forma, os dois elementos mais importantes ou gerais da cultura podem ser a habilidade dos seres humanos para construir e a habilidade para usar a linguagem.*
>
> Edgar e Sedgwick, (2003, p. 75)

A análise do entretenimento, excluído da noção mais geral de cultura, deve suas origens ao conceito de *indústria cultural*. Esse termo foi introduzido pela Teoria Crítica, da Escola de Frankfurt, por Adorno e Horkheimer, na década de 1940 e referia-se primordialmente à indústria do entretenimento. Para esses autores:

> *(...) a noção tradicional e iluminista de cultura implica em uma atitude contra o '*status quo*'. A indústria, em contraste, produz trabalhos artísticos cujos detalhes são formatados para as necessidades do consumo de massa, desvalorizando a experiência da arte e inviabilizando as capacidades críticas do consumidor. Na cultura de massa, o consumidor individual é pretensamente encarado como um rei, mas suas supostas necessidades culturais foram antecipadas e desenhadas pelas exigências de uma industria tipificada pelo cinema de Hollywood, pelo* kitsch, *pelo rádio comercial, publicidade e canções repetitivas... O princípio da indústria cultural seria atender propositalmente as propostas exigidas pelo mercado.*
>
> Macey (2000, p. 78-79)

No caso de alguns países latino-americanos, várias análises acadêmicas ou até mesmo *oficiais* sobre a cultura ainda são marcadas por essa visão maniqueísta de origem marxista. Essas análises tornaram-se, em grande parte, anacrônicas. Nos países desenvolvidos e com forte tradição cultural, como França, Itália, Espanha ou Polônia, há grandes discussões, inclusive envolvendo a *exceção cultural*, mas sua visão de mundo é mais cosmopolita e menos preconceituosa, apesar dos conflitos inerentes às suas sociedades. Em regiões com menor grau de escolaridade e com qualidade de educação nitidamente inferior, esses preconceitos exercem um duplo dano: desqualificam a discussão e tornam-se ineficazes enquanto espaço crítico que deveria evitar abusos por parte da mídia. O próprio documento da ONU deixa claro que as posições extremadas nos debates sobre cultura resvalam para o conservadorismo, nacionalismo ou xenofobia, posições retrógradas que não resolvem o problema. Para se compreender melhor essa discussão é preciso entender que, segundo a ONU (seção *Globalização e multiculturalismo*, do Capítulo 5 do *Relatório do Desenvolvimento Humano*), quatro princípios devem formar uma estratégia para o multiculturalismo na globalização:

1. Defender a tradição pode atrasar o desenvolvimento humano.
2. Respeitar a diferença e diversidade é essencial.
3. A diversidade prospera num mundo globalmente interdependente quando as pessoas têm identidades múltiplas e complementares e pertencem não só a uma comunidade local e a um país, mas também à humanidade em geral.
4. Enfrentar os desequilíbrios do poder político e econômico ajuda a prevenir ameaças às culturas de comunidades mais pobres e mais fracas.

Os problemas com a cultura de massa existem, mas sob outra ótica, pois as ideologias obsoletas ou sectárias não podem mais dar conta teoricamente da complexidade atual. Um dos problemas citados no documento da ONU é o fluxo assimétrico de filmes e programas de televisão que cobrem o planeta. Como exemplo é citado o seguinte fato: de todos os filmes mais vistos no mundo, em todos os tempos, nas salas internacionais (menos nos Estados Unidos), a grande maioria é norte-americana. A fonte utilizada é *The Internet Movie Database* (*www.imdb.com*). Segundo os dados (que são periodicamente atualizados e, portanto, podem apresentar discrepâncias em relação às listas atuais, em futuras visitas ao *site*), os primeiros 43 filmes mais vistos no mundo são norte-americanos. Os filmes de Hollywood também são maioria nos filmes listados com bilheteria superior a US$ 100 milhões. A bilheteria dentro dos Estados Unidos representa uma parte significativa nos lucros dos estúdios, mas a maior parte provém da exibição fora dos Estados Unidos, sem contar os lucros aferidos com comercialização para televisão a cabo e comercial e os produtos que levam as marcas dos filmes (Tabela 5.1).

Porém, os Estados Unidos não são os maiores produtores cinematográficos do mundo. A Tabela 5.2 cita os maiores produtores mundiais, de acordo com a publicação *The Top 10 of Film*, que utiliza como uma das fontes a *Screen Digest*, uma instituição britânica que observa a mídia global audiovisual (*www.screendigest.com*).

Uma pergunta evidente é por que a indústria cinematográfica norte-americana (e grande parte dos produtos culturais) possui tanta hegemonia ao redor do mundo. Entendo que são três grandes motivos: poder econômico, capacidade tecnológica de ponta e utilização extremamente competente de *marketing*.

O poder econômico é o mais óbvio dos três motivos apresentados. Basta ver a Tabela 5.3.

Os valores econômicos são mais objetivos e evidentes de se observar. Porém, os outros fatores (tecnologia e *marketing*), apesar de menos óbvios, são fundamentais para se articular o poder econômico, a produção, a distribuição e o planejamento das atividades culturais. Desde as décadas de 1980 e 1990, o desenvolvimento de novas tecnologias em eletrônica, direcionadas à informática e telecomunicações, vem sistematicamente alterando o modo pelo qual as pessoas processam a informação e geram conhecimento (produção, estocagem, distribuição, análise e recombinação de informações). Os campos da cultura, educação, economia, comunicações, turismo, esportes, arquitetura, transportes, saúde e entretenimento foram reestruturados e ampliados. Desde meados da década de 1980, há discussões na academia e na mídia sobre a pós-modernidade, mas poucos se deram conta de que, enquanto essas discussões tentavam formular conceitos e teorias, a

Tabela 5.2 – Índice de países com mais filmes produzidos

País	Filmes produzidos em 2000
Índia	855
Estados Unidos	762
Japão	282
Hong Kong	185
França	171
Itália	103
Filipinas	103
Bangladesh	100
Espanha	98
Alemanha	90
Reino Unido	90

Fonte: *The Top 10 of Film*, by Russell Ash. London: Dorling Kindersley Limited, 2003.

Tabela 5.1 – Filmes mais vistos em todos os tempos (menos Estados Unidos)

Ordem	Filmes	Ano	País	US$ (milhões)
1	*Titanic*	1997	EUA	1.235
2	*O Senhor dos Anéis – O Retorno do Rei*	2003	EUA	696
3	*Harry Potter e a Pedra Filosofal*	2001	EUA	651
4	*Harry Potter e a Câmara Secreta*	2002	EUA	604
5	*O Senhor dos Anéis – As Duas Torres*	2002	EUA	581
6	*Jurassic Park*	1993	EUA	563
7	*O Senhor dos Anéis – A Sociedade do Anel*	2001	EUA	547
8	*Procurando Nemo*	2003	EUA	513
9	*Independence Day*	1996	EUA	505
10	*Guerra nas Estrelas – Episódio I*	1999	EUA	491
44	*A Viagem de Shihiro**	2001	Japão	245
69	*Ou Tudo ou Nada*	1997	RU	211
86	*Quatro Casamentos e um Funeral*	1994	RU	191
96	*O Diário de Bridget Jones*	2001	RU	183

* O primeiro filme que não é norte-americano aparece em 44º lugar. Até o centésimo lugar aparecem apenas mais três filmes, também falados em inglês (provenientes do Reino Unido). Dados de 2004.

Tabela 5.3 – Países que mais gastam por filme produzido

Ordem	País	Investimento médio por filme em 2000 (US$)
1	Estados Unidos	13.630.000
2	Reino Unido	9.430.000
3	Austrália	4.410.000
4	França	4.340.000
5	Japão	4.270.000
6	Irlanda	4.260.000
7	Alemanha	4.250.000
8	Nova Zelândia	4.000.000
9	Argentina	3.300.000
10	Holanda	3.220.000

Fonte: *The Top 10 of Film*, de Russell Ash.

realidade se alterava a partir de suas bases produtivas gerando a chamada *nova economia*. Os antigos *gurus* da administração, como Peter Drucker e Charles Handy, ou analistas de tendências como John Naisbitt, Jeremy Rifkin e Alvin Toffler, foram alguns dos que publicaram milhares de livros e *papers* sobre as mudanças globais na administração, na economia e na cultura (Fig. 5.2).

Alguns acadêmicos, políticos, economistas e planejadores entenderam o que estava acontecendo, mas sua influência não foi suficiente para induzir de modo mais consistente uma série de mudanças em vários lugares do mundo. O resultado é que o setor de serviços, forte e poderoso em muitos países desenvolvidos, ainda se mostra tímido em países menos desenvolvidos. Isso ocorre em campos como a educação, a saúde, a segurança pública, o turismo, a infra-estrutura e o serviço público em geral. O pior é que o mesmo acontece em algumas instâncias do setor privado. O exemplo do turismo e do entretenimento é significativo. Enquanto esses setores explodiram na maior parte do mundo na década de 1990 (continuando a se expandir a índices abaixo apenas das áreas de informática e biotecnologia), em alguns países como o Brasil, uma parte significativa da academia, dos governos estaduais ou municipais e até mesmo da iniciativa privada simplesmente ignorou ou subestimou a importância desses setores. Isso se reflete na educação direcionada a esses campos e também no planejamento, na gestão e na operação. O setor de entretenimento possui ilhas de excelência marcadas pela presença de algumas empresas. O setor de turismo também possui suas facetas excelentes mas, no geral, ambos apresentam índices abaixo do que se poderia esperar em um país com essas características geográficas e sociais.

Foto de Luiz Gonzaga Godoi Trigo

Figura 5.2 – Vista parcial da Exposição de Hannover (Alemanha) no ano 2000. As Feiras Mundiais são um meio de mostrar avanços tecnológicos e aspectos culturais dos vários países de maneira interativa e divertida, utilizando entretenimento.

Visão Empresarial

Pode-se ter uma idéia do crescimento do entretenimento analisando-se o documento da PricewaterhouseCoopers publicado resumidamente pela revista Veja (21/07/2004, p. 111). Em 1999, o setor movimentou no mundo todo cerca de US$ 500 bilhões (Trigo, 2003, p. 27). Em 2004, estima-se que o setor movimente US$ 1,3 trilhão e, em 2008, cerca de US$ 1,6 trilhão.

Isso significa um crescimento global anual de 6,3%, maior que a taxa média do crescimento da economia global (5,7% anual). Os Estados Unidos isoladamente movimentam US$ 550 bilhões em mídia e entretenimento, cerca de 42% da economia cultural do mundo. Os 14 setores analisados pela pesquisa foram:

1. Filmes.
2. Televisão aberta e a cabo.
3. Distribuição de televisão (estações, cabo e satélite).
4. Música gravada.
5. Rádio comercial.
6. Internet (acesso e publicidade).
7. *Videogames*.
8. Informação para negócios.
9. Revistas.

10. Jornais.
11. Livros.
12. Publicações para formação profissional e treinamento.
13. Parques temáticos e de diversão.
14. Esportes.

Os relatórios empresariais colocam *cultura* como algo amplo abrangendo os setores de entretenimento e mídia e, no cotidiano, percebe-se que a cultura mundial sofre transformações significativas em suas bases. Os adolescentes, em geral, adquirem informação e conhecimento por intermédio do sistema de escolas públicas e privadas, de suas famílias, de algumas instituições como as igrejas, mas, primordialmente, pelos computadores (Internet e jogos), rádio e cinema. Isso para aqueles que têm inclusão digital, seja no âmbito doméstico, nas escolas, no trabalho ou nas *lan houses*.

Porém há uma barreira, para alguns adolescentes, que limita mesmo os que detêm o conhecimento para acessar as redes informatizadas: a língua. No caso do Brasil, o português, assim como o holandês, o norueguês e o italiano, por exemplo, não é uma língua tão globalizada como o inglês ou o espanhol, no caso da realidade ocidental. Já existe, para a imensa maioria da população brasileira (e do ocidente), uma impossibilidade de acesso às línguas com caracteres diferentes dos ocidentais, como o hindu, mandarim, hebraico, árabe, grego, russo ou japonês. Ater-se à língua portuguesa restringe ainda mais a capacidade de acesso à informação globalizada. Os adolescentes europeus, norte-americanos, judeus ou asiáticos possuem maior capacidade de acesso à rede mundial de computadores e à produção intelectual graças à sua capacidade de se comunicar em outras línguas. Em um mundo globalizado, ser monoglota significa exclusão parcial, especialmente no Brasil, onde a tradução do que se produz no mundo impresso é limitada por sua indústria editorial de porte menor do que nos países desenvolvidos. A língua portuguesa é importante e deve ser incentivada, preservada e divulgada, porém é preciso ter consciência de suas limitações geográficas e de como nossa população deve ter acesso ao maior e melhor conteúdo do conhecimento produzido no mundo. Isso se faz com o auxílio de outras línguas, em especial o inglês.

Os dados da pesquisa da Pricewaterhouse Coopers permitem avaliar o crescimento setorial do entretenimento em um período de quatro anos, comparando o Brasil com o mundo (Tabela 5.4).

É possível perceber como os diversos setores crescem razoavelmente e como a Internet apresenta índices mais acentuados desse crescimento. No caso do Brasil, a indústria fonográfica tem um decréscimo previsto (a pirataria em grande escala é uma das responsáveis) e o setor de livros terá uma estagnação. Se não houver políticas públicas e privadas bem-sucedidas de incentivos culturais e educacionais, a Internet e a televisão continuarão a ser os meios prioritários de contato de grande parte dos brasileiros com o mundo e o mesmo acontece em outros países em desenvolvimento. O problema é que a rede mundial de computadores ainda não exerce uma função eminentemente pedagógica. Ela depende do grau de conhecimento prévio dos usuários para ser devidamente aproveitada, seja para filtrar o fluxo de informações considerado *lixo*, seja para buscar as informações desejadas no cipoal da rede, ou para acessar informações que não são *óbvias* ou do senso comum. Quem não possui formação intelectual sólida não tem condições de aproveitar plenamente o imenso manancial de informações da *web*, apresentado de maneira aleatória e fragmentada.

Tabela 5.4 – Estimativa do faturamento da indústria cultural em 2004 e 2008 (US$ bilhões)

	Cinema, vídeo e TV	
	Brasil	Mundo
2004	0,4	82
2008	0,5	108
	Indústria fonográfica	
	Brasil	Mundo
2004	0,2	29,6
2008	0,1	33,6
	Internet	
	Brasil	Mundo
2004	0,7	122,4
2008	1,6	223,9
	Livros	
	Brasil	Mundo
2004	0,8	55,2
2008	0,8	59,8
	Televisão (aberta e por assinatura)	
	Brasil	Mundo
2004	2,6	281,4
2008	3,4	356,5

Fonte: PricewaterhouseCoopers para Veja (21/07/2004, p. 111).

A preocupação das Nações Unidas com o acesso mais universal à produção cultural e à manutenção dos valores culturais regionais tem fundamento, já que o setor cresce ao redor do mundo e os avanços tecnológicos, o poder econômico e uma incrível capacidade mercadológica são alguns dos responsáveis por esse crescimento. No que se refere aos jovens e adolescentes, com exceção daqueles excluídos da comunicação escrita ou digital, ou ainda restritos às suas convicções ideológicas ou religiosas, a maioria deles será cada vez mais influenciada por essa mídia global. O segmento de jogos de computador é uma exceção no que se refere às taxas de crescimento, pois é muito maior que as outras taxas médias. O setor crescerá cerca de 20% ao ano. Isso significa que as faixas mais jovens da humanidade estão rapidamente se inserindo nas teias e redes digitais globais por meio da instigante atividade lúdico-competitiva dos jogos. Já na década de 1980, Patrícia Marks Greenfield elaborou um estudo sobre a influência dos jogos eletrônicos nas faixas etárias mais jovens (Greenfield, 1988). Nessa época, a pesquisadora já percebia como o acesso ao mundo digital/virtual moldava novas maneiras de acessar o conhecimento (Fig. 5.3).

Reflexões Pontuais

A população incluída no acesso digital tende a ser cada vez maior e influente na produção do conhecimento e da cultura. A situação mundial atingiu patamares significativos que precisam ser analisados:

- Atualmente já existe uma primeira geração que se alfabetizou e travou seus primeiros contatos com o mundo por intermédio dos computadores e das redes globais informatizadas. Cerca de 5 a 7% das pessoas, em 2002, usavam computadores ou estavam conectadas à *web* e esse índice cresce a cada ano. Vários pesquisadores já perceberam corretamente as transformações práticas e conceituais causadas pela ICS – *Information and Computational Sciences* e a ICT – *Information and Communication Technologies*, tanto que alguns autores já publicaram textos sobre *Filosofia da Inteligência Artificial* ou *Filosofia da Informação* (Moor e Bynum, 2002, p. 118-119).
- A grande maioria dos setores de produção ou serviços (telecomunicações, finanças, turismo, entretenimento, transportes, saúde, gestão, educação, engenharia, arquitetura, artes) já utiliza em grande escala recursos tecnológicos sofisticados que incluem mecânica de altíssima precisão, biotecnologia ou informática. Pierre Levy é um dos autores que reflete sobre a *filosofia do ciberespaço*.
- O setor de entretenimento, fortemente transformado pela informática, cresce a taxas maiores que o crescimento médio mundial. Isso significa que esse setor torna-se mais estratégico na produção de capital e na influência sobre estilos de vida sociais e culturais.
- O entretenimento, assim como lazer e turismo, não é restrito às classes sociais mais privilegiadas. Existe uma imensa teia de entretenimento direcionada e até mesmo produzida pelos vários segmentos sociais, inclusive mais populares. O que inexiste é um mapeamento das possibilidades oferecidas, especialmente nos grandes centros urbanos. Há festas organizadas, jogos, centros de cultura, artesanato, música, gastronomia, espaços culturais e artísticos que se localizam nas periferias das cidades e são ignorados pela "cultura dominante". Igrejas, sindicatos, clubes, centros culturais, organizações não governamentais e grupos informais são responsáveis por grande produção e consumo de entretenimento e, por estarem no mercado informal, não aparecem nas estatísticas econômicas e nos mapeamentos sociais e culturais. É preciso aprofundar

Foto de Luiz Gonzaga Godoi Trigo

Figura 5.3 – Atividades de lazer a bordo do navio Funchal na costa brasileira, na década de 1980. O entretenimento já era algo essencial na atividade de cruzeiros marítimos.

Parte 1

as pesquisas sobre esse universo tão rico e importante, especialmente em países como o Brasil, onde a organização popular passa por avanços significativos em vários lugares do país.

- Todos esses setores utilizam informação e conhecimento – em sua maior parte digitalizado – para incrementar cada vez mais suas atividades e gerar lucros, redimensionando a acumulação capitalista.
- Essas tendências foram previstas desde a década de 1980 pelos autores que estudaram e desenvolveram teorias sobre as sociedades pós-industriais.
- Nessas últimas décadas, a história mundial tem confirmado grandes parcelas desses estudos no que se refere às características das formações sociais, culturais, econômicas e políticas pós-industriais.
- A educação tornou-se uma questão em aberto pois, segundo seus métodos mais tradicionais, já não atende às necessidades e aos desejos dos mais jovens e o entretenimento midiático (jogos, Internet, rádio, televisão e cinema) tornou-se um fator muito influente para várias classes sociais no que se refere aos seus processos educacionais.
- Apesar dos movimentos antiglobalização, a globalização em si continua a se expandir e os movimentos alternativos utilizam prioritariamente as redes informatizadas para comunicação (até os terroristas islâmicos usam a Internet), o que constitui um paradoxo que se volta contra aqueles que criticam as novas tecnologias e, mesmo a contragosto, amplia as condições materiais e metodológicas da globalização (Fig. 5.4).

Foto de Luiz Gonzaga Godoi Trigo

Figura 5.4 – Espetáculo sobre a China imperial no *World Park*, parque temático localizado perto de Hangzhou (China).

- Nas sociedades atuais, o prazer, o lazer, o turismo e o entretenimento possuem cada vez mais importância e as pessoas querem ter acesso a eles. É uma demanda que exige pessoas bem preparadas para atuar nesses campos. Os produtores, gestores e consumidores de lazer, turismo e entretenimento formam uma categoria de profissionais e usuários diferenciados, com exigências e habilidades específicas.
- Uma configuração obsoleta e preconceituosa do campo educacional, em especial nos países em desenvolvimento, compromete cada vez mais o processo de formação e reciclagem de novos (ou mais velhos) cidadãos e profissionais, perpetuando um círculo vicioso originado pela falta de acesso aos novos conhecimentos. Muitos setores da sociedade ficam restritos à ignorância, à pobreza e ao populismo demagógico com requintes autoritários que as políticas locais, seculares ou religiosas proporcionam aos excluídos. Nos países desenvolvidos ou em desenvolvimento, como a China e a Índia, os valores educacionais continuam elevados. Em alguns países latino-americanos, a sociedade tem consciência crescente da necessidade da educação formal de qualidade como possibilidade de futuro melhor às suas populações.
- Cresce o abismo entre os detentores de capital e tecnologia e os que ainda estão imersos no mundo pré-industrial, ou com formações assimétricas de poder e riqueza. Os movimentos totalitários, populistas, extremamente nacionalistas ou caracterizados pelo fundamentalismo religioso (cristão, judaico, islâmico ou místico em geral) só causam mais miséria e manipulação dessas populações.
- Alguns segmentos pretensamente mais intelectualizados, como partidos políticos, organizações não governamentais e igrejas, eventualmente contribuem para essa realidade, ao valer-se de discursos arcaicos e não científicos para prevalecer suas ideologias. Infelizmente alguns setores acadêmicos são utilizados como legitimadores desses grupos, pois deixam que suas convicções religiosas ou políticas se sobreponham à ciência e à livre pesquisa. Após muitas décadas, o Iluminismo ainda não atingiu a humanidade como um todo. De um lado há a ignorância tecnológica preconizada pelos críticos religiosos ou ideológicos de alguns sistemas econômicos e po-

85-7241-568-8

líticos. De outro, há um pragmatismo irresponsável que só vê a lógica dos lucros e da manutenção do poder a qualquer custo. Entre esses extremos, a violência e a intolerância se expressam em novas formas de terrorismo, criminalidade, hipocrisia política, cinismo, individualismo exacerbado e o trato das situações políticas como um mero espetáculo manipulador dos votos da população.

- É preciso valorizar o cerne das ciências humanas. Crítica, reflexão, antidogmatismo, pensamentos pluralistas e democráticos, comprometimento com pesquisa acadêmica aberta e com os valores humanistas devem ser incentivados. Por outro lado, os preconceitos, a xenofobia, a intolerância, o nacionalismo exacerbado e os dogmatismos devem ser combatidos como antivalores.
- Se os educadores, políticos e planejadores dos países em desenvolvimento não compreenderem as implicações das transformações causadas pelas novas tecnologias e novas formações sociais, a curto prazo, a defasagem entre o desenvolvimento local e regional e o desenvolvimento global, especialmente dos países desenvolvidos, será cada vez maior. O abismo entre os detentores do conhecimento pós-industrial e aqueles que vivem na penumbra pré-industrial, marcada por preconceitos e dogmas pseudopolíticos, será aprofundado nos próximos anos. Os conflitos entre as diferentes concepções de civilização e cultura já existem. Furtar-se a essa discussão é afastar-se deliberadamente das possibilidades razoáveis de futuro para nossa população. Enquanto alguns ideólogos da educação tentam impor restrições preconceituosas aos currículos das escolas públicas, as melhores escolas privadas iniciam seus alunos, desde a infância, em língua estrangeira, informática, conhecimentos gerais e técnicos específicos. O nacionalismo tem sido usado de maneira errada em vários países e regiões, sobretudo por professores e educadores mal formados e ressentidos. Não há mais tempo para que essas medidas sejam aceitas de forma leniente. É preciso denunciar a irresponsabilidade pública, a mediocridade conceitual e a manipulação ideológica de baixa qualidade que se encontra por trás de discursos *antiglobalização* ou a favor de alternativas dúbias para as soluções locais. Deve-se lembrar que há alternativas científicas racionais e prósperas, baseadas em projetos sérios e bem-sucedidos em vários países desenvolvidos. A necessidade de lutar pela inserção social e pela proteção dos países mais pobres na competição global não é incompatível com a necessidade de compreender as novas sociedades e as novas tecnologias e aplicá-las em proveito das várias comunidades em todo o mundo (Fig. 5.5).

A democracia, a educação e a quebra dos preconceitos em todos os níveis são fundamentais para se entender uma sociedade em mudanças e garantir o desenvolvimento de atividades características das sociedades mais avançadas no setor de serviços, incluindo-se lazer, turismo, entretenimento, hospitalidade, etc.

Presente e Futuro – Medos e Possibilidades

Uma das principais vertentes das mudanças sociais é a que deriva das novas tecnologias, especialmente a informática. Ao longo dos últimos anos, estabeleceu-se o chamado "ciberespaço". O advento de robôs cada vez mais sofisticados, as pesquisas sobre inteligência artificial, o aumento da capacidade de armazenamento e velocidade no processamento de informações prenunciam novas mudanças nos próximos anos. Essa capacidade de processamento cresce de forma exponencial e

Foto de Luiz Gonzaga Godoi Trigo

Figura 5.5 – *Show* noturno temático no *World Park*, localizado perto de Hangzhou (China).

85-7241-568-8

permite que a ciência e a tecnologia, por sua vez, ampliem seus campos de uma forma nunca vista na história. É o que tem acontecido com a bioquímica, genética (seqüenciamento de genomas, por exemplo), astronomia, produção de novos materiais e com a própria informática, que se vale de computadores para criar novos programas e configurações arquitetônicas de memórias, redes e possibilidades de comunicação. Hoje, o ciberespaço é uma realidade:

> *O que seria o espaço cibernético? É um terreno onde está funcionando a humanidade, hoje. É um novo espaço de interação humana que já tem uma importância enorme sobretudo no plano econômico e científico e, certamente essa importância vai ampliar-se e estender-se a vários outros campos, como por exemplo na pedagogia, estética, arte e política. O espaço cibernético é a instauração de uma rede de todas as memórias informatizadas e de todos os computadores. Atualmente, temos cada vez mais conservados, sob forma numérica e registrados na memória do computador, textos, imagens e músicas produzidos por computador. Então, a esfera da comunicação e da informação está se transformando numa esfera informatizada. O interesse é pensar o significado cultural disso. Com o espaço cibernético temos uma ferramenta de comunicação muito diferente da mídia clássica, porque é nesse espaço que todas as mensagens se tornam interativas, ganham uma plasticidade e têm uma possibilidade de metamorfose imediata.*
>
> Pierre Levy (http://empresa.portoweb.com.br/pierrelevy/aemergen.html)

Essas palavras proferidas por Pierre Levy em 1994, em Porto Alegre, correspondem cada vez mais à realidade. As dúvidas e angústias são inexoráveis, assim como as novas possibilidades de criação.

Guy Débord receia que o espetáculo gere um tipo de prazer totalitário, manipulador e extensivo a todos os setores da sociedade, tornando indiferenciados os limites entre o que é notícia, cultura, política ou economia. Como o *admirável mundo novo* de Huxley, a mídia hoje *"visa oprimir o espectador por meio não da força totalitária, mas do prazer totalitário"* (Yeffeth, 2003, p. 17).

Em nossa cultura de massa do início do século XXI, uma das obras de arte que se preocupou com isso foi a seqüência de filmes *Matrix*, um dos ícones do entretenimento contemporâneo:

> *Em outras palavras, os irmãos Washowski parecem ter perguntado: como falar a sério para uma cultura reduzida ao formato de histórias em quadrinhos e* videogame*? Resposta: conte-lhe uma história com o único oráculo a que ela dá ouvidos, um filme, e conte a história no formato de HQ e* videogame *em que essa cultura se viciou. Dito de outro modo,* Matrix *é uma tese de pós-graduação sobre consciência disfarçada de filme de ação e aventura.*
>
> Yeffeth (2003, p. 21)

Mas o que é *Matrix*, segundo o filme? Um dos problemas da humanidade é como encarar a tecnologia, no sentido do clássico enigma de Fausto. Se utilizamos a tecnologia para melhorar nossas vidas, temos a obtenção de algo em detrimento de outra coisa já conhecida, portanto caímos no incógnito. "*E é o incógnito que então sobrevém para dominar a nossa vida, emaranhando-nos numa rede de soluções tecnológicas para problemas criados pela tecnologia, proibindo-nos de questionar a própria tecnologia*" (Yeffeth, 2003, p. 25). *Matrix* é, portanto, *a realização plena da sociedade tecnológica* (Yeffeth, 2003, p. 26), pelo menos enquanto projeção de nossos medos perante o desconhecido.

Esse medo é antigo, fortalecido especialmente nas sociedades industriais e expresso em sua plenitude nas sociedades pós-industriais. As principais referências literárias e cinematográficas a respeito são as que seguem.

LIVROS

- *R.U.R. (Rossum's Universal Robots)*, de Karel Capek (1921). Ao fazer uma sátira ao sistema agrário tcheco do início do século XX, o escritor introduziu a palavra "robô" no mundo da ficção científica.
- *Eu, robô*, de Isaac Asimov (1950). Texto clássico de um mestre da ficção científica que trata dos problemas lógicos envolvendo as leis da robótica que garantiriam a segurança dos seres humanos no convívio com os robôs. Lançado como filme em 2004.
- *Do androids dream of electric sheep? (Blade Runner)*, de Philip Dick (1968). Dick é um clássico autor especializado em universos paralelos, questões de lógica envolvendo viagens ao passado ou previsão do futuro e problemas de identidade. Nesse conto, os robôs,

além de inteligência, ganham sentimentos e crises existenciais. Foi transformado em um clássico do cinema de ficção científica.

FILMES

- *Metropolis* (Fritz Lang, 1927).
- *Westworld, Onde Ninguém Tem Alma* (Michael Crichton, 1973).
- *2001 – Uma Odisséia no Espaço* (Stanley Kubrick, 1978).
- Saga *Guerra nas Estrelas* (George Lucas, 1977, 1980, 1983, 1999 e 2002).
- *Blade Runner – O Caçador de Andróides* (Ridley Scott, 1982).
- *Exterminador do Futuro* (James Cameron, 1984 e 1991 e Jonathan Mostow, 2003).
- *Matrix*, *Matrix Revolutions* e *Matrix Reloaded* (Andy e Larry Wachowski, 1999 e 2003).
- *Inteligência Artificial* (Steven Spielberg, 2001).

O campo da cultura de massa (livros, filmes, histórias em quadrinhos, *videogames*, RPG – *Role Playing Game*) possui centenas de referências sobre os perigos que as novas tecnologias trazem aos seres humanos. O domínio das máquinas inteligentes sobre a raça humana, sejam dirigidas por uma elite de pessoas que dominam o mundo, sejam as próprias máquinas dominando todos os seres humanos, representa uma projeção dos antigos sistemas totalitários imperiais ou dos sistemas totalitários mais recentes como o nazismo e o stalinismo. O maior receio talvez resida na perda da liberdade individual que o crescente controle institucional e governamental, possibilitados pela informática, proporcionam às empresas, governos e associações. Existe uma organização não governamental nos Estados Unidos, a *Electronic Frontier Foundation* (*www.eff.com*), que se propõe a defender as pessoas da intrusão eletrônica involuntária em suas vidas. Entre os medos causados pela incógnita do futuro e as ansiedades mercadológicas do presente, entre a ficção e a realidade complexa, resta espaço para um pensamento mais profundo e articulado sobre as novas tecnologias e sua relação com o ser humano e a sociedade.

Luciano Floridi é ligado às faculdades de filosofia e computação da Universidade de Oxford e diretor executivo do *Site* Italiano para Filosofia (*www.swif.uniba.it*). Em seu texto *What is the Philosophy of Information?*, ele argumenta:

> *Mais de meio século após a construção dos primeiros* mainframes, *o desenvolvimento das sociedades humanas agora alcançou um estágio no qual os desafios referentes à criação, dinâmica, gestão e utilização de informações e recursos computacionais são absolutamente vitais. Certamente as sociedades avançadas e a cultura Ocidental terão que assimilar a revolução das comunicações digitais antes de serem capazes de desfrutar completamente as novidades radicais do novo paradigma. A sociedade da informação foi viabilizada pelo avanço tecnológico mais rápido da história. Nenhuma geração anterior foi jamais exposta a tão extraordinária aceleração do poder tecnológico sobre a realidade, com as correspondentes mudanças sociais e responsabilidades éticas. Total relevância, flexibilidade e poder elevaram as tecnologias de comunicação e informação (ICT, em inglês) ao* status *de tecnologias características do nosso tempo, de forma explícita, retórica e, até, iconográfica. O computador apresenta-se como uma tecnologia culturalmente definida e tornou-se um símbolo do novo milênio, tendo um papel cultural muito mais influente do que os moinhos na Idade Média, os relógios mecânicos no século 17, e o tear ou a máquina a vapor na era da Revolução Industrial. As aplicações de ICS (Ciências de Informação e Computação, em inglês) e ICT são atualmente os fatores mais estratégicos para a ciência, a vida social e seu futuro. As sociedades pós-industriais mais desenvolvidas vivem pela informação, e ICS-ICT é o que as mantém constantemente oxigenadas. E ainda, todas essas profundas e significantes transformações mal eram vislumbradas há duas décadas atrás, quando muitos departamentos de filosofia teriam considerado tópicos de "Filosofia da Informação" áreas inadequadas de especialização para estudantes de graduação.*
>
> Moor e Bynum, 2002, p. 120

Esse trecho reproduz um exemplo de pensamento de um dos filósofos especializados em *cyberphilosophy*. Enquanto isso, em muitas universidades de países em desenvolvimento, sobretudo na área de ciências humanas, alguns professores relutam em entender e discutir seriamente os conceitos sobre *sociedade pós-industrial* ou *pós-modernidade*, isso em um tempo no qual esses conceitos já são superados por outras discussões mais avançadas ou considerados *básicos*.

Comparando o grau de imersão das universidades dos países desenvolvidos nos problemas típicos das sociedades pós-industriais avançadas com alguns países em desenvolvimento, constata-se que as dificuldades enfrentadas pelo crescimento econômico e tecnológico têm a ver com a carência de estudos e pesquisas mais ligados ao mundo como um todo, em especial às sociedades tecnologicamente mais desenvolvidas. Não se pode pensar de forma excludente. Os problemas nacionais ou regionais dependem de soluções locais mas também internacionais. Isso é ainda mais relevante quando se analisa a cultura, o turismo e o entretenimento. As novas possibilidades sociais e mercadológicas nos campos do lazer, do entretenimento e do turismo passam pela compreensão dessas questões fundamentais nas sociedades atuais. O turismo insere-se no complexo setor de serviços e é influenciado pelos avanços tecnológicos e mercadológicos de áreas de ponta como o entretenimento e a segmentação de produtos e serviços nas sociedades cada vez mais pluralistas e democráticas. Compreender essas transformações sociais, intensificadas nas últimas décadas, é decisivo no planejamento estratégico e na operação das atividades turísticas e de lazer.

Parte 1

Exercícios Propostos

1. Por que se discute pouco sobre entretenimento nas universidades? É possível que ainda exista um certo preconceito acadêmico sobre o tema?
2. Se a ONU e as consultorias internacionais preocupam-se com o tema, como podemos, no Brasil, organizar melhor os estudos e pesquisas sobre entretenimento para que nossa produção a respeito não fique ignorada?
3. Quais as publicações brasileiras sobre entretenimento?
4. Como você vê os esforços da Rede Globo em organizar sua memória, temas e história? Você pode citar algumas obras a respeito, organizadas e produzidas pela própria Rede Globo?

BIBLIOGRAFIA COMENTADA

ASH, R. *The Top 10 of Film*. Londres: Dorling Kindersley, 2003. *Livro atualizado e publicado anualmente com um banco de dados sobre estatísticas comparadas sobre cinema em todo o mundo, com atenção especial para a filmografia em língua inglesa.*

EDGAR, A.; SEDGWICK, P. *Teoria Cultural de A a Z: conceitos-chave para entender o mundo contemporâneo*. São Paulo: Contexto, 2003. *Dicionário básico para se entender alguns conceitos de cultura e, a partir daí, aprofundar os estudos a respeito.*

FOLHA DE SÃO PAULO. *Folhateen*. São Paulo: Publifolha, 26/Jul/2004, p. 06-09.

GABLER, N. *Vida o Filme – Como o Entretenimento Conquistou a Realidade*. São Paulo: Companhia das Letras, 1999. *Um dos poucos textos publicados em português sobre a problemática do entretenimento e suas relações com a arte.*

GREENFIELD, P. M. *O Desenvolvimento do Raciocínio na Era da Eletrônica – Os Efeitos da TV, Computadores e Videogames*. São Paulo: Summus, 1988.

MACEY, D. *The Penguin Dictionary of Critical Theory*. London: Penguin Books, 2000. *Obra similar à "Teoria cultural de A a Z". Nos países desenvolvidos é comum a organização de dicionários e obras de pronta referência sobre os mais diversos assuntos (música, história, filosofia, etc.).*

MOOR, J. H.; BYNUM, T. W. *Cyberphilosophy: the intersection of computing and philosophy*. Malden: Blackwell, 2002. *O livro avança sobre temas pouco discutidos no Brasil, envolvendo inteligência artificial, novas tecnologias da informática e reflexões filosóficas a respeito. Possui indicação de pesquisadores e centros de pesquisa que trabalham com essa área em vários países.*

Time Out Film Guide. London: Penguin Books, 2002. *Volume com mais de 1.500 páginas, atualizado e publicado anualmente, com muitos dados completos sobre filmes do mundo todo. A primeira edição data de 1968 e a última (2002) possui mais de 14 mil fichas de filmes em ordem alfabética. Os apêndices apresentam os filmes citados por categorias (ação/aventura, infantis, comédia, documentários, épicos, fantasia,* noir, *gângsters, terror, musicais, biográficos, ficção científica,* thrillers, *guerra e* westerns*); os mais significativos produtores mundiais (Austrália, Canadá, França, Alemanha, Itália e Japão); índice de atores; índice de diretores; índice temático geral; prêmios (Academy of Motion Picture Arts and Sciences – Oscar; British Academy of Film and Television Arts – BAFTA Awards; Cannes Film Festival; Berlin Film Festival e Venice Film Festival).*

TRIGO, L. G. G. *Entretenimento – Uma Crítica Aberta*. São Paulo: Senac, 2003. *Texto inédito no Brasil sobre entretenimento. O livro oferece uma discussão conceitual e teórica sobre a área e faz um mapeamento (cronológico, temático e por autores) sobre alguns dos setores do entretenimento. Vários* sites *citados no livro permitem consulta direta e atualizada sobre entretenimento em várias regiões do mundo.*

WOLF, M. J. *The Entertainment Economy*. New York: Random House, 1999. *Texto clássico abordando as relações entre economia, mercado e entretenimento.*

YEFFETH, G. (Org.). *A Pílula Vermelha: questões de ciência, filosofia e religião em Matrix*. São Paulo: Publifolha, 2003. *Um dos melhores textos sobre o filme* Matrix *e suas implicações filosóficas. As referências consultadas na* web *estão inseridas no corpo do texto.*

85-7241-568-8

CAPÍTULO

6 Sedução da Cidade para Nós e Turismo

Eduardo Yázigi

Parte 1

Importância da Ambiência Urbana

Em qualquer modalidade de turismo que pratiquemos (incluindo o de negócios), o espaço receptivo apresenta um gradiente que vai da sedução de permanecer até a repulsa. Na realidade, a soma de impressões que recebemos do meio ambiente em que estamos ultrapassa a explicação científica. É bem comum as pessoas serem tomadas por certa magia e nomearem alguns lugares como místicos ou de alto astral, possíveis em meio a qualquer religião ou cultura, de Machu Picchu às cidades sagradas da Índia, passando por centenas de outros lugares. Pode-se mesmo chegar ao êxtase com a mera visão de uma natureza pura ou de um Taj Mahal. Mas aqui quero apenas particularizar o que foi realizado com mãos humanas: as cidades. Um peregrino cumprindo promessa; alguém a negócios ou num congresso; um praticante de asa-delta ou uma família de férias poderão ser instados a ficar mais tempo ou voltar, dependendo de todas as circunstâncias vividas no lugar. Se alguém pensar que o quadro urbano não tem importância, deve experimentar tomar um café com uma pessoa querida no Boulevard des Champs Elisées de Paris e depois outro, num desses botecos situados nas sombrias laterais do Minhocão de São Paulo. Tomei exemplos extremos para o leitor poder sentir o peso da diferença, a partir de exemplos que todos visualizam com facilidade.

Quando destaco a qualidade urbana de um lugar turístico, sou forçado a incluir o próprio meio natural onde se pratica turismo ecológico. A afluência de amantes da natureza provoca, inevitavelmente, algum grau de urbanização, fato que num país de práticas urbanísticas selvagens significa, guardadas as devidas escalas, reproduzir no meio da natureza os vícios existentes em nossas cidades. Para tirar o sono dos ambientalistas, informo que até o Pantanal já está sendo favelizado graças ao turismo de pesca em vários pontos, conforme doutorado de Álvaro Banducci. Pousadas medíocres ocupam o solo com grande displicência, juntam-se vendedores de combustíveis, isqueiros e barracos de diversos tipos. Todos alegam que precisam ganhar dinheiro para viver, esquecendo-se que o Pantanal é patrimônio de uma sociedade maior que os municípios que o compõem e que se pode ganhar mais dinheiro ainda com bons modos. Perdem de vista que o aumento do desleixo só fará os visitantes fugirem para outro lugar: quem verdadeiramente ama a natureza não suporta vê-la favelizada. Infelizmente, os ecologistas são forçados a negar o turismo por causa desse desleixo – em vez de lutar por práticas salutares da política de urbanização. Mas o que é o urbanismo que muitos imaginam ser mero traçado de ruas em prancheta?

85-7241-568-8

 85-7241-568-8

O Que é Urbanismo

Enganam-se os que consideram o urbanismo uma forma recente de organização da cidade, notadamente depois do advento dos automóveis: queiramos ou não, representam uma autêntica praga. Cada vez mais, as escavações arqueológicas revelam traços sofisticados de vilas e cidades, datadas de pelo menos cinco mil anos. A prática do urbanismo vem se revelando tão velha quanto as mais antigas civilizações. Na Índia, o centro de Dholavira já apresentava organização formal da cidade, que incluía um sofisticado sistema de armazenamento de águas pluviais. Em 1923, isto é, há mais de 80 anos, um tratado de urbanismo de autoria de Joyant já via essa disciplina como objeto que ultrapassava em muito o traçado de ruas. A simples enunciação de seus capítulos revela as preocupações dominantes, a saber: traçado e lógica de vias públicas; técnicas de construção; concepção de esquinas, praças, jardins e parques; usos próprios de cada bairro de uma cidade; lógicas de circulação e organização dos transportes; considerações sobre as superfícies urbanas (densidade, etc.); legislação urbana e, obviamente, planos de manejo. Algumas descobertas no Egito recuam esse horizonte para nada menos de 12 mil anos, com formas bem organizadas de agrupamentos humanos, inclusive com ruas especializadas em determinadas funções.

Na língua portuguesa, usa-se a palavra *urbanismo* tanto para se referir à disciplina acadêmica como para seu produto concreto. Em incontáveis textos de pessoas menos prevenidas, vemos mesmo que o urbanismo só é referido quando ocorre a presença de ruas retas... Prefiro a distinção encontrada na língua italiana, dotada do vocábulo *urbanística* reservado à disciplina e *urbanismo* apenas para o produto. Não obstante, é preciso dar um nome a qualquer que seja a forma que o agrupamento humano adquire, independentemente de possuir linhas retas ou não: o urbanismo é exatamente isso, o produto espacial urbano criado juntamente com o processo social. Por essa razão, estimo que não cabe distinguir *urbanismo planejado* de *urbanismo espontâneo*. Nada é espontâneo, tudo é produto do processo social que não acontece por acaso; nem sempre o urbanismo é produto formalizado em gabinete.

Gregos e romanos, citando apenas os mais conhecidos, já organizavam cidades de modo inteligente, apesar de não terem produzido tratados por escrito, do mesmo modo que a Idade Média ocidental. Foi somente com o Renascimento italiano que começaram a aparecer compêndios de urbanística, como o do fiorentino Leon Batista Alberti (1404-1472), cujo tratado de arquitetura se inspirava no romano Vitrúvio. Só então a cidade começa a ser precedida por preceitos organizacionais, possuidora de um discurso preocupado com qualidade da paisagem.

Todavia, as teorias urbanísticas só começaram a proliferar a partir do século XIX. A Revolução Industrial iniciada no século XVIII atraiu camponeses que chegavam em massa para as cidades, buscando trabalhos fabris. Pobres, amontoavam-se nos subúrbios, sob as piores condições de higiene. Engels e Marx dão uma descrição deprimente da condição humana de Londres em meados do século XIX. Administradores urbanos e profissionais diversos começaram a se assustar com esse novo problema social. Logo, médicos, engenheiros, escritores de ficção, artistas plásticos, entre outros, puseram-se a imaginar receitas, científicas ou não, de como uma cidade deveria ser, alguns chegando aos exageros da utopia. Com o advento do automóvel em fins do mesmo século, a maioria das cidades, concebidas para marchas a pé ou diligências, se vêem de repente invadidas por essas máquinas causadoras de acidentes e barulho. As ruas eram estreitas demais, curvas, mal pavimentadas; muitas sem calçadas. Desde então se inicia nova leva de proposições urbanísticas com três características principais: (1) organizam a cidade em função da nova divisão do trabalho; (2) levam em consideração a presença do automóvel; (3) passam a dispor de argumentação mais científica, graças aos progressos recentes da ciência e da tecnologia.

Ora, a simples consideração dessas três características evidencia que seria muito ingênuo limitar o urbanismo ao traçado do sistema viário. As discussões sobre a nova sociedade industrial concentravam-se então em quatro pontos essenciais: habitação, trabalho, lazer e circulação. A forma física de resolver essas questões produziu variados modelos, entre os quais o de Le Corbusier, que acabou influenciando explicitamente a concepção de Brasília, pois Lúcio Costa foi seu discípulo. O último quartel do século XX introduziria um novo dado nas receitas de cidade: a questão ecológica.

Esse pequeno resumo histórico serve para ilustrar como *o urbanismo teve de evoluir para uma forma altamente complexa de planejamento urbano*, sem, contudo perder a primitiva e importante tarefa de considerar o sistema viário e a circulação. Ora, não existe um único modelo de urbanismo, mas grande variedade, sempre produto da forma como a sociedade, com suas relações de força, resolve a forma física e seus modos de vida no espaço. Como as sociedades são dotadas de culturas diversas, tanto podem surgir maravilhas quanto aberrações. Na medida em que a herança do passado tem muito de fascinante, logo se converte em *glamour* turístico – tanto quanto algumas produções recentes de qualidade.

Não obstante, o planejamento urbano é uma prática premeditada de se organizar e gerir as concentrações humanas, podendo ser considerado um dos ramos da política: a cidade tem de existir para viabilizar nossos projetos de vida, do melhor modo possível. Tão ampla tarefa depende de muitas disciplinas auxiliares, mas cito apenas as principais: o insubstituível *direito* (elaboração de leis e normas que todos devem seguir); as *ciências humanas* (na definição do interesse maior da sociedade, com destaques para a sociologia, história e geografia); a *economia* (necessidades específicas do sistema produtivo, racionalizações diversas); a *engenharia civil* (ruas, pontes, viadutos, túneis); a *engenharia de transportes* (tráfego, sinalização); o *urbanismo* elementar (zoneamento, planejamento do sistema viário, jardins, parques); a *arquitetura* (não há cidade sem arquitetura); a *ecologia* (gerenciamento dos ciclos energéticos; tratamento dos fatores naturais presentes em meio urbano); as *artes* em geral (monumentos, arte pública, adornos); a *saúde pública* (todas as questões que garantem um ambiente são; controle das pestes); a *assistência social* (cuidados para com os menos afortunados; com as comunidades exóticas); a *estética* (regulação qualitativa de tudo que é projetado na cidade); a *segurança* (em todas as manifestações de risco). Seu produto final, mas não definitivo, é a cidade, essa base física de arranjo do modo de vida, próprio de um grupo social específico. Por isso, temos centros tão diferenciados como São Paulo, Cingapura, Cairo, Cubatão, etc.

Quando um agrupamento humano urbanizado se constrói com determinadas qualidades de conjunto dignas de serem preservadas, dizemos que é dotado de patrimônio ambiental urbano, pelo menos em algumas de suas partes. Atente-se para os termos empregados: se o patrimônio de valor a ser preservado for ambiental, significa que *o que está sendo valorizado é a relação*, pois esse termo vem de 'ambiente' em psicologia, que lhe deu esse significado. Finalmente, é urbano por causa do contexto considerado – se fosse na natureza, seria patrimônio ambiental natural. Eis uma definição bastante sumária. O patrimônio ambiental urbano *é sempre um conjunto*, composto de edificações, monumentos, elementos naturais, sistema viário, espaços públicos, cujo uso social é dotado de relação equilibrada. Desse modo, o conceito transcende a simples construção, ainda que de valor, porque é isolado e de significado autônomo. Classicamente, entende-se como patrimônio ambiental (ou qualquer bem cultural) algo dotado de: *valor pragmático* (isto é, deve possuir uso público ou privado que garanta sua existência e manutenção); *valor cognitivo* (aquele que se presta ao conhecimento – da história ou tecnologia, por exemplo); *valor formal* ou estético (correspondendo ao melhor modo de potencializar sua função: uma catedral deve possuir aparência de catedral e não de bordel); *valor afetivo* (aquele que é produto dos anteriores e cria o sentimento de pertença: orgulho-me de pertencer à cidade, do mesmo modo que sou feliz por ser seu filho...). Uma expressão comum dá uma certa idéia do que seja esse patrimônio: um lugar *bem transado*. Mas no Brasil, por conta de incontáveis problemas que afetam a sociedade e a vida pública, a identificação de uma área patrimonial como tal fica quase sempre comprometida, reduzindo aquilo que devesse ser a totalidade urbana a fragmentos: condomínios fechados, uma praça e suas adjacências, uma rua – raramente um bairro inteiro. A idéia de relação, obviamente, inclui todos os atores sociais, o que entre nós revela muitos conflitos.

A partir do exposto, depreende-se que, quanto mais abrangente e menos segmentado for o patrimônio ambiental de uma cidade, maior será o grau de satisfação de seus habitantes: não nos esqueçamos de que a idéia de relação, e relação preservável, pressupõe que os grupos sociais convivam em correspondência pelo menos razoável, aí se incluindo os aspectos sensoriais. Na medida em que essa forma socialmente aceitável de resolver a sociedade com seu espaço seja criativa, tem-se como produto alguma identidade própria, pelo menos do ponto de vista espacial. Isso ajuda a criar o sentimento de pertença do grupo, podendo, eventualmente, tornar-se alvo de interesse turístico... É resolvendo a sociedade que se constrói o turismo com mais propriedade. Em conclusão, o patrimônio ambiental urbano refere-se sempre a conjuntos, e não são áreas para se classificar e catalogar definitivamente: por ser social é dinâmico; vai se modificando com o tempo e sua qualidade pode subir ou descer. A história já identificou muitos lugares considerados sob esse prima de qualidade, mas que depois se deterioram e, depois ainda, às vezes são recuperados – com alto custo! Em outras palavras, não se pode reduzir o patrimônio ambiental de uma cidade só ao que nos foi legado. *O conceito deve incluir tudo o que ainda pode e deve ser construído por meio de bons projetos*. Projetos que não precisam ser caros, mas inteligentes e com amplitude social e estética. Se não for assim, tudo que as gerações futuras terão para apreciar será um passado congelado... Mais uma advertência para concluir este parágrafo: *a exploração comercial do turismo é exímia em desvirtuar e deteriorar ambientes. Todo controle é pouco.*

Quantas prefeituras e particulares, acreditam os leitores, estarão produzindo o urbano de forma a valorizar seu patrimônio?

A Cidade Deve Ser uma Totalidade Resolvida

Uma informação importante para acompanhar este raciocínio: a Espanha é o segundo maior receptor de turismo do mundo, ultrapassada apenas pela França, ainda que ambas permaneçam com índices próximos, na casa dos 60 milhões de visitantes anuais. Sim, a Espanha é um desfile de maravilhas, mas certo autor espanhol calculou que apenas 3% de seu país é turístico. Como explicar tal discrepância aparente?

A verdade é que, ao visitarmos um país ou uma cidade, costumamos nos restringir, inclusive por causa do tempo disponível, a determinados pontos altos, invariavelmente recomendados pelos guias impressos, pelas agências de turismo e pela própria imagem que possuem. Comenta-se que *curtem* mais aqueles que conseguem ultrapassar os locais escancaradamente turísticos. Em suma, dificilmente um turista percorre todo o território da cidade. Foi, com certeza, recenseando tais destaques turísticos que aquele autor chegou à sua conclusão. Falamos de Barcelona ou Madrid, mas não são suas totalidades urbanas como objetos de turismo. Embora a maioria de seus espaços não seja propriamente turística, o turista que circula entre um museu e seu local de hospedagem pode, certamente, ter a sensação de estar em 'lugar turístico' por ser agradável e, salvo exceções, carregado de identidade própria, além do cuidado que lá se procura dedicar à totalidade.

Quem lê classificados de jornais brasileiros já sabe que, em todas as nossas cidades, há ruas que se destacam apenas por possuírem razoável qualidade, *enquanto em países socializados, razoáveis são bairros inteiros*. No Brasil, chegamos ao absurdo de possuir ruas – que aberração! – com um lado nobre e o 'resto' (isto é, infame). Por onde anda nossa dignidade? Decididamente, a sedução maior de Paris é flanar por seus bairros mais simples: é lá que encontramos a atmosfera mais genuinamente impregnada do ar parisiense. São os 97% dos lugares.

Quando digo que uma cidade deve ser uma totalidade resolvida, advogo no interesse de quem mora nela e não propriamente no do turista. Mas ora, quem conhece a Espanha de percorrer por seus territórios 'não turísticos' sabe que a qualidade de vida situa-se num patamar muito bom. Penso que jamais ocorreria a um governo municipal espanhol transferir um castelo de longe (como há tantos sobrando por lá) para reconstruí-lo num lugar banal e, assim, atrair turistas. Usei esse exemplo porque o elginismo (nome dado ao vandalismo que modifica o lugar dos monumentos) é muito comum nos Estados Unidos. Em contrapartida, se uma comunidade espanhola desejar turistificar uma rua banal, os passos a serem dados seriam incomparavelmente menores que no Brasil, pois a qualidade dos bairros é tal que poucos acréscimos seriam suficientes. Aqui, como sabemos por nosso cotidiano, a qualidade de vida urbana é baixíssima e o custo seria absurdamente alto, já que teríamos de elevar o padrão de tudo e cuidar inclusive de fatores como poluição sonora, atmosférica, segurança etc. O Brasil se arvora de ser a oitava economia do mundo, quando países de posição inferior têm suas vidas muito mais bem resolvidas e o turismo também – vide Austrália, Nova Zelândia, Portugal e outros.

Em conclusão, a construção de uma totalidade urbana de qualidade deve estar, antes de tudo, a serviço da sociedade. Seduzir o residente é a melhor forma de dar retorno a seus impostos. A partir disso, eventualmente, um ou mais espaços podem se prestar à organização do turismo com grande facilidade.

Chega de Questão Social Pendente e de Incapacidade Técnica!

As aberrações mencionadas anteriormente evidenciam a dualidade do modelo brasileiro de desenvolvimento como grande responsável, *mas não só*. Não só, porque o desleixo com a esfera pública reaparece em segmentos das classes médias altas e ricas. Até em condomínios de luxo é comum surgirem problemas de esfera pública porque muitos brasileiros expressam sua prepotência livremente: daí a contrariedade das normas de condomínio, os exageros sonoros, a violência interna, o uso de drogas, as reformas não autorizadas... Decididamente, dizer que somos todos iguais perante a lei é pura farsa. Ora, como definir padrões urbanísticos mínimos para uma sociedade extremamente desigual com contradições até com os próprios pares? Daí que o produto turístico brasileiro só consegue ser como a própria sociedade brasileira, isto é, reproduzindo a dualidade.

Outras razões concorrem para a deterioração de nossas cidades: (1) a incapacidade técnica de construir formas de qualidade, tanto por parte do poder público como do privado, o qual também precisa ser co-responsabilizado pelo desleixo geral: pessoas físicas, comerciantes e concessionárias de prestação de serviços; (2) a incapacidade, também dos governantes, de impor regras tanto técnicas como de uso conforme para toda a sociedade, tornando-se cúmplice ao não praticar isonomia com veemência. Não é assim que se constrói uma civilização.

Penso que esse círculo vicioso só pode ser rompido com a insurgência de um poder sustentado por forte capacidade de organização e argumentação. A imprensa escrita ou televisiva, na condição de não ser vendida como de costume, poderá ser uma forte aliada. *Entrementes, se os internautas diminuíssem um pouco o tempo com joguinhos de bang-bang, postais humorísticos e entretenimentos eróticos, poderiam muito bem usar a rede informatizada para criar uma verdadeira falange de moralização política e técnica. Por que ninguém pensa numa corrente que se ramifica indefinidamente através de todos os filiados à rede de informática?*

Como defendo, ostensivamente, que o turismo pode ser um excelente pretexto para a conquista da cidadania, dada sua exigência de qualidade e sua geração de empregos, suponho que os agentes desse setor também podem detonar um grande processo de desenvolvimento social. Essa frente comportaria ambientalistas (desde que se interessem pelo quadro urbano, e então os eco-histéricos seriam os mais bem-vindos!); todos os que lucram com o turismo (isto é, agentes, hoteleiros, comerciantes, publicitários, associações de amigos de bairro, associações comerciais, etc.); turismólogos; imprensa e, é claro, a poderosa Internet, como veículo de mobilização e organização. O turismo anda precisando de um padroeiro ou padrinho, quem sabe esse heróico organizador venha a ser ele... Governos que se preparem!

Podemos dizer que, em nossos dias, predominam eleições livres e democráticas. Em contrapartida, sabemos também que não basta os candidatos serem honestos. A habilidade técnica está muito longe de surgir como por encanto, inseparável dos dotes morais. Eu diria que a improbidade seria um fato maravilhoso se aliada à competência administrativa, mas infelizmente isso não é comum, como demonstrei em *Civilização Urbana, Planejamento e Turismo*. Possuir técnica significa simplesmente saber fazer as coisas, em qualquer campo. Posso ser ótimo professor, mas talvez viesse a ser péssimo diretor de escola, já que não fui preparado para isso. Na minha opinião, o Brasil precisa urgentemente de um novo perfil de políticos: aqueles que agregam as capacidades de reformas desenvolvimentistas e conseguem reunir equipes altamente qualificadas. Mas a consecução desse objetivo só pode acontecer com a participação consciente dos eleitores. E ouçam bem: *não pode existir qualidade técnica com a leviandade com que o ensino é conduzido no Brasil. Estamos criando uma armada nacional de analfabetos funcionais que andam atrapalhando a vida de todo o mundo diariamente*. Retenham mais isso na memória: o poder público e a maioria dos agentes de turismo são de uma ingenuidade comovente ao ignorar esses fatores.

Destaques do Planejamento Urbano a Curto Prazo

Este artigo demonstrou como é longo e trabalhoso colocar o Brasil em dia. As presentes recomendações são apenas exemplos do que pode e deve ser feito de imediato, pois não se pode perder o pouco turismo existente. No entanto, advirto que permanecer apenas no imediato, com abandono das questões estruturais mais profundas, a médio e longo prazos, só tende a afundar o turismo e a dignidade do cidadão.

Por maior que sejam os problemas sociais, nada pode ser pretexto à apatia e à inércia. Algumas medidas, é preciso ter bem claro, não dependem unicamente de recursos, mas do saber fazer. Tanto é verdade que se constroem muitas obras, gasta-se dinheiro, mas o produto é de péssima qualidade. Este artigo não comporta reproduzir o que já escrevi antes e que aponta para tudo que pode ser feito a curto prazo. Para tanto, recomendo um artigo meu, publicado pela Universidade de Brasília (Yázigi, 2000). Apenas para relacionar alguns possíveis destaques urbanísticos comuns aos lugares turísticos, coloco os pontos a seguir, os quais, não obstante, vejo como lugares comuns, embora de qualidade. É preciso ter em conta que se trata de um artigo, não de um tratado.

MEMÓRIA E IDENTIDADE

Em primeiro lugar, denuncio algo vilipendiado no Brasil: os aspectos da história local, grandemente consubstanciados na arquitetura e no urbanismo; a cultura material. Para que a memória social permaneça acesa e o lugar seja turisticamente atrativo, é vantajoso que a cultura urbana possua identidade espacial, mas cuidado com as falsificações!

A museologia, voltada para o lugar ou para a região e bem organizada, é sempre fator de visita e isso deve se repetir em todos os lugares, inclusive como alimento da sociedade local. O planejamento urbano devia se ocupar da história do município ou da região e não ficar colecionando chapéus e outras velharias mitológicas de alienígenas. Apenas os grandes centros metropolitanos conseguem ultrapassar o próprio território, incorporando acervos de fora.

CONFORTO NO ESPAÇO PÚBLICO

Enquanto modo de vida, o urbanismo deve proporcionar o máximo possível de comodidades em todos os aspectos do espaço público: bancos de repouso ou contemplação; transportes públicos de melhor qualidade (acesso fácil, sistema de freios suaves, bancos folgados, acesso ao interior facilitado, itinerário rápido, informação sobre horários de passagem em cada ponto e outros itens, isto é, tudo menos essas tranqueiras poluidoras que se fabricam sem a menor consideração pelo usuário). Os transportes públicos devem possuir qualidade, inclusive para desestimular o uso de autos que só contribuem para a deterioração da cidade. Os pontos de ônibus devem ser cobertos, pelo menos nos lugares de maior movimento. Todos os tipos de acesso a deficientes físicos (banheiros, transporte, travessia de ruas, etc.) devem ser adaptados. Quanto mais itens de conforto, mais a sociedade ganha.

QUALIDADE DO ESPAÇO PÚBLICO

O vício mais pernicioso, generalizado no Brasil, baseia-se na permissividade pactuada entre privados e poder municipal. Esse espaço, vergonhoso para nós brasileiros, costuma ser do pior padrão possível: uma rua de terra não seria tão aviltante. Devem-se evitar vias carroçáveis e calçadas esburacadas, remendadas, com poças d'água... O passeio precisa ser rigorosamente liso e desentupido de tralhas injustificáveis: excesso de mobiliário urbano, bancas de jornal, comércio ambulante, etc. Quando o local possui arquitetura a ser valorizada, não é recomendável que o piso possua desenho, a fim de não concorrer com o entorno. Quando, pelo contrário, a arquitetura representar algo desmerecedor, um padrão uniforme de piso pode ajudar a estabelecer uma unidade no conjunto. *De modo geral, entretanto, os ambientes brasileiros são de tal modo visualmente poluídos que a regra geral mais conveniente consiste em adotar pisos neutros.* O uso de carreiras de árvores (tecnicamente compatíveis) nas calçadas pode, igualmente, ajudar a criar certa unidade.

LOCAIS DE SOCIABILIDADE

Quem determina os padrões de sociabilidade é a sociedade e não o poder público; portanto, tudo que se pode e deve fazer é facilitar o meio ambiente dos locais, tanto de uso tradicional como novos. Construir minhocões diminui o espaço de sociabilidade; proporcionar espaços *clean* facilita. Tenha-se em conta que a sociabilidade também ocorre em lugares fechados e privados. Na medida em que a sociabilidade turística, que se mistura à local, costuma se concentrar em alguns pontos, esses lugares passam a merecer projetos especiais de adaptação ao meio. Desde então, será preciso evitar fatos que possam atrapalhar, tais como barulho e poluição atmosférica local, usos lindeiros incompatíveis (não convém instalar uma agência funerária ou um matadouro de porcos num local de lazer). Conforto, segurança, limpeza e micro-organização agradável do espaço público têm de estar sempre presentes.

INFORMAÇÕES

Os postos de informação turística, quando existem, são também vergonhosos, a esmagadora maioria deles não possuindo sequer um mapa da cidade e do município. Informações precisas e captura de clientela devem começar em aeroportos, rodoviárias, portos. São, basicamente, informações sobre hospedagem, localização, acontecimentos da semana/temporada e endereços úteis. Se os conselhos de turismo fossem capazes de manter, permanentemente, um *site* atualizado, a questão estaria parcialmente resolvida, mas não dispensaria a presença física de um posto: muitos transeuntes não são usuários de Internet ou não tiveram oportunidade de recorrer a ela. Mas um posto de informações ligado à Internet pode ajudar muito os atendentes.

POLUIÇÃO E DEGRADAÇÃO AMBIENTAL

As poluições visuais e sonoras devem ser fortemente reprimidas, ao mesmo tempo em que se garanta a percepção de todas as coisas dignas de serem vistas (por exemplo, impedindo que terminais de ônibus ou outros elementos obstruam a vista de uma bela construção, um arvoredo, etc.). As cidades do nordeste brasileiro são especialistas em permitir que autos particulares irradiem música, em volume absurdamente alto, por alto-falantes situados em capôs abertos: *isso é sintoma de mentalidades totalitaristas que forçam todo mundo a ouvir aquilo que não deseja.* Todos os tipos de poluição hídrica devem ser banidos, a começar pelo despejo de esgotos *in natura*. Pode parecer óbvio, mas nem na turística Petrópolis isso é evitado. A poluição ambiental incomoda a todos.

O Brasil é especialista em transformar rios em esgotos, quando nos países desenvolvidos eles são presenças que valorizam suas vizinhanças, sobretudo no valor dos imóveis. São lugares de entretenimento, contemplação, passeios... No Brasil, por serem espaços de propriedade pública (faixas ribeirinhas), são invadidos e favelizados, mais uma vez por nossa incapacidade de resolver as questões sociais. *Isso significa que não podemos resolver o turismo a contento sem resolver o problema social.* O mais correto, em todas as faixas ribeirinhas de rio ou mar, seria seu aproveitamento para fins de encontro social e lazer, *mas sem transformá-los em parques de diversão*, que podem se instalar em outros lugares, mesmo porque quem vai ao parque não está interessado no resto do meio ambiente. A natureza pede, antes de tudo, finalidade contemplativa! Se as ruas do lugar são menos hostis, certos passeios podem comportar mesas de bares e restaurantes ao ar livre: quase todos gostam disso, *mas não se pode transformar a cidade num boteco.* No caso de rios, projetos de praias artificiais seriam bem-vindos, não fossem os esgotos... O uso misto nessa categoria seria ideal: residências, comércios de categoria, uso intensivo de passeios para pedestres, restaurantes, casas noturnas, etc. Mas de nada adianta falar de regulamentos se o poder municipal é incapaz de cumprir as leis de uso e ocupação do solo: quem haveria de querer morar ao lado de uma discoteca fora dos padrões civilizados?

ILUMINAÇÃO

Residentes e estrangeiros costumam se queixar das ruas que permanecem pouco iluminadas, gerando real sensação de insegurança. Os monumentos, quando existem, podem ser iluminados externa-

85-7241-568-8

mente durante a noite, sem que isso seja obrigatório. No caso de plantas, o tempo de exposição deve ser moderado: a iluminação pode prejudicar a fotossíntese e danificar seu desenvolvimento.

EVENTOS

Centros de convenção para congressos, feiras, festas, festivais, exibições, etc. costumam figurar na lista dos grandes centros turísticos. Acontece, porém, que bem poucos conseguem sustentar um funcionamento justificável, pois a concorrência tem aumentado. Sou de opinião que os valores locais podem ser atrativos diferenciais, na condição de não se querer agarrar todo tipo de turismo. Por exemplo, se um lugar é de vocação rural, com aparência e modos de campo, seria mais conveniente que se explorasse tal veio, tal identidade, em vez de querer imitar grandes centros urbanos, conforme demonstrei em *A Alma do Lugar*. Em que pese Woodstock, não são os melhores lugares para concertos de *rock pauleira*. Devo apenas prevenir que, como a lista de lugares sonhando com o turismo é muito grande, poucos conseguirão preencher agendas com eventos satisfatórios. Em outras palavras, seria aconselhável que a concorrência se desse com o apoio das atividades tradicionais do lugar. Isso é melhor do que trazer enxurradas de turistas com *shows* musicais de marca barbante.

DISPOR DE EQUIPE QUALIFICADA

Para que esses e outros fatos se realizem, é preciso, antes de tudo, contar com uma equipe altamente qualificada, capaz de lidar com as questões urbanas e intermediar as representações sociais, determinar qual tipo de turismo deve ser perseguido, etc. Desde então, fica possível concretizar várias medidas, entre as quais destaco: leis de uso e ocupação do solo e códigos de obras pensados para o lugar e não essas cópias vulgares que os técnicos maria-vai-com-as-outras vampirizam de outros municípios. É preciso dispor de um plano diretor atualizado, incorporando todas as dimensões do turismo e do veraneio. Contudo, sem uma comissão de estética composta por personalidades de fora, fica quase impossível negar projetos ruins porque o compadrio não deixa... O patrimônio ambiental urbano deve contar com uma equipe de profissionais experimentados e conscientes do significado da história. Nada para inglês ver.

A equipe de urbanismo deve ter claro que não se trata de construir um jardim qualquer, mas uma forma aprimorada de jardim. Isso vale para tudo. Vejam esses exemplos. Muitos lugares possuem parques urbanos, mas poucos, como o Parque Guel de Barcelona ou o Jardim Tivoli de Kopenhagen, são exemplares. Do mesmo modo, não se trata de inventar um mercado de pulgas só para dizer que se possui: há depósitos de velharias e há o Bairro Santelmo, de Buenos Aires. Tampouco se faz uma avenida por fazer; uma coisa é a avenida São João (apesar de Caetano Veloso) e bem outra a Avenida Atlântica do Rio de Janeiro, cujo teleférico também não é um qualquer. Entre fazer mal feito com a ridícula mentalidade de conquistar turistas com pedalinho, melhor escolher outra vocação para o município, já que a maioria vive sem ele. Sobre jardins, lembro que, até os anos 1950, mais ou menos, simples jardineiros de prefeitura criavam expressões singelas e cheias de alma popular. Os jardins remanescentes em Monte Sião, com esculturas feitas de vegetação, representam uma tradição milagrosamente salva pela curiosidade turística: hoje, um dos pontos altos dessa cidadezinha mineira. Quase todas as cidades brasileiras possuíam esse tipo de jardim, mas a estupidez retrógrada dos prefeitos que tinham vergonha dessas expressões mandou tudo destruir. Hoje, é preciso ter muito cuidado com as equipes de 'especialistas' que entopem de tal modo os jardins, tornando-os um parque de diversões adornado com algumas árvores...

Considerações Finais

Suponho que essa breve análise sobre a importância do quadro urbano tenha conseguido sensibilizar os estudiosos do turismo e, assim, estimulá-los às diversas ações especializadas. Ao mostrar o emaranhado complexo que envolve a organização da cidade, os leitores terão percebido que se trata de uma tarefa que envolve vários tipos de profissionais, todos instados a trabalharem juntos, cada um com um tipo de contribuição, contemplando a sociedade. Esta é a melhor forma de contemplar o turismo. Sem abandonar praias e sol, *temos de despertar para a importância funda-*

Parte 1

mental de construir uma civilização, desde já como resposta de nossa identidade mediante a globalização. Os historiadores costumam afirmar que uma civilização não se planeja: ela é o que permanece de um povo ao longo do tempo. Penso que, se situarmos parte de nossas preocupações no infinito do tempo, de algum modo haveremos de contemplar melhor nossas necessidades presentes, transformando nossas produções em fatores dignificantes.

Nesta conclusão, coloco a seguinte reflexão. Cerca de 20% de uma cidade são usualmente ocupados por espaços públicos, índice que pode aumentar, dependendo da extensão dos parques e jardins urbanos e da existência de praias, caso se trate de um centro litorâneo. Igual porcentagem costuma se reproduzir em áreas destinadas a instituições oficiais. Assim, metade da superfície urbana depende do poder público, o qual só não disciplina essa parte se não quiser, pois estaria exercendo autoridade e obrigação legitimamente suas e de direito do cidadão, que paga quase uma dezena de impostos para tanto – além de terem sido os particulares que doaram espaços públicos à comunidade, via loteamentos.

No presente caso, estar sensibilizado por problemas que precisam ser resolvidos sugere especial participação por parte dos organizadores do mundo do turismo, os quais, como vimos, são diversificados. É partir dessa consciência que os diferentes profissionais deveriam se reunir numa associação específica – não de turismólogos ou urbanistas, mas dos diversos profissionais interessados no turismo. Ninguém precisa abandonar o que está fazendo, e sim colocar um item a mais em sua lista de afazeres.

Como tarefa permanente, *nada substitui pressionar o poder municipal por todos os meios possíveis, da administração ao corpo de vereadores que votam leis nas câmaras*. É preciso cobrar muita energia tanto na organização do espaço público quanto na disciplina das atividades privadas, exigindo competência, ética e probidade. Por igual, *as associações comerciais devem ser igualmente instadas a colaborar* com todo o processo, pois representam os que mais lucram com o turismo. Este trabalho discutiu padrões mínimos do que deve ser um espaço público civilizado; a quem desejar informações mais detalhadas basta pesquisar a bibliografia produzida pelas escolas de arquitetura e urbanismo.

Por um prazo mais longo, não perder de vista:

- Eleger os candidatos certos (dos sindicatos ao sistema de governo).
- Tornar a formação permanente uma prática obrigatória, pois o mundo globalizado exige profissionais muito competentes.
- Difundir entre associações de amigos de bairros, ambientalistas e similares que suas causas não se resolvem plenamente sem se trabalhar de forma contínua com o social.
- Cobrar dos políticos projetos de interesse regional, mesmo à custa de ter de partilhar com partidos políticos diferentes: uma andorinha não faz verão, ainda mais no esquema de globalização.
- Promover a cidadania plena, por meio de qualificação e trabalho.
- Discutir identidade com expressiva representatividade da sociedade local.
- (Que o leitor coloque aqui tudo o mais que julgar importante).

BIBLIOGRAFIA

BANDUCCI JR., A. "Nativos" em trânsito: catadores de iscas e o turismo de pesca no Pantanal Mato-grossense. São Paulo: USO, 2002. Tese (Doutorado) – Faculdade de Filosofia, Letras e Ciências Humanas da Universidade de São Paulo, 2002.

BENÉVOLO, L. *The Origins of Modern Town Planning*. Cambridge: The MIT Press, 1971.

CHOAY, F. *Allégorie du Patrimoine*. Paris: Seuil, 1996.

FUNARI, P.; PINSKY, J. (Org.). *Turismo e Patrimônio Cultural*. São Paulo: Contexto, 2001.

JOYANT, E. *Traité d'urbanisme*. Paris: Librairie de l'Enseignement Technique / León Eyrolles, 1923.

LYNCH, K. *Good City Form*. Massachussets: Intitue for Technology, 1981.

TRIGO, L. G. G. *Turismo e Civilização*. São Paulo: Contexto, 2001.

YÁZIGI, E. *Civilização Urbana, Planejamento e Turismo: discípulos do amanhecer*. São Paulo: Contexto, 2003.

YÁZIGI, E. *A Pequena Hotelaria e o Entorno Municipal*. São Paulo: Contexto, 2003.

YÁZIGI, E. Roteiro básico para incorporação do turismo nas rotinas municipais. *Espaço e Geografia, Brasília, ano 3 (1l)*: 87-95, 2000.

YÁZIGI, E. *A Alma do lugar*. São Paulo: Contexto, 2003.

Anotações

85-7241-568-8

CAPÍTULO

7 *Marketing* Estratégico de Lugares

Carlos José Rodrigues da Silva

Parte 1

Introdução

Numa escala global de competitividade, o segmento turístico enfrenta o desafio crescente de obter vantagem competitiva sustentável para as suas destinações, em observância às necessidades da demanda e respeitando os recursos naturais, a cultura, a organização social e o desenvolvimento econômico de cada região ou de determinado país. Há uma preocupação no sentido de encontrar a combinação adequada de recursos, por meio de uma estratégia turística equilibrada que proporcione resultados efetivos, de acordo com as competências e habilidades dos responsáveis pela gestão turística, com abordagem integrada e interveniência dos diversos agentes que compõem a cadeia produtiva.

De acordo com Kotler e Gertner (2004), os lugares turísticos – países, regiões ou municípios – precisam criar e administrar uma marca de forma estratégica, posicionando-a perante os públicos de maior potencialidade. Afirmam, ainda, que os administradores têm quatro tarefas importantes nesse contexto: (1) administrar a imagem do local ou país; (2) atrair turistas; (3) atrair empresas industriais e comerciais; e (4) procurar novas oportunidades de mercado. Tornou-se fator crítico de competitividade, na "indústria" do turismo, planejar e dirigir estrategicamente os negócios, respeitando as características próprias dos lugares, suas forças e fraquezas, sob o enfoque da criação de uma vantagem competitiva sustentável.

Este capítulo analisa os principais conceitos e modelos relacionados ao planejamento e à gestão estratégica de *marketing* dos lugares turísticos com base na nova realidade global do setor. Trata de tendências, oportunidades e ameaças do negócio turístico. Avalia, ainda, a necessidade dos chamados lugares turísticos conseguirem uma vantagem competitiva duradoura em seus negócios, focalizando determinados segmentos turísticos e procurando conhecer a complexidade dessa atividade. Essa atividade tem destaque no momento em que se observa uma intensificação dos esforços dos principais destinos em atrair maior número de visitantes e aumentar sua permanência média e o volume de recursos gastos pelos turistas. Como resultado, procura identificar alternativas para construir um modelo referencial de planejamento e gestão estratégica do *marketing* de lugares turísticos, sob o enfoque da sustentabilidade em seus diversos aspectos: econômico, social, cultural, ecológico e político.

Planejamento e Gestão Estratégica em Turismo

Quanto mais competitivo, volátil e globalizado o mercado, maior a necessidade de planejar estrategicamente os negócios e praticar o *marketing* de forma ética, equilibrada e com base nos princípios da inovação. Cada lugar turístico precisa definir o seu futuro para consolidar a posição competitiva mediante os demais destinos turísticos, respondendo a importantes questões, tais como: (1) Onde nos encontramos atualmente? Quais são as nossas forças e fraquezas? Quais de nossas competências podem nos dar uma vantagem competitiva real? (2) Aonde queremos chegar? Como queremos ser percebidos pelos turistas, pelos lugares que concorrem conosco e por nós mesmos? Qual a imagem geral projetada para nosso negócio daqui a cinco ou sete anos? (3) Como chegaremos a esse quadro imaginado para o futuro? Quais serão os recursos e competências necessários para tal? Esses recursos envolvem a infra-estrutura, a oferta turística, a tecnologia, as pessoas, as finanças e outros.

O planejamento e o gerenciamento estratégico do *marketing* de um lugar turístico ocorrem num ambiente marcado pela mudança constante, por crises internacionais das mais diversas naturezas e pelos ciclos de recessão e crescimento dos países. Além disso, o avanço da tecnologia da informação vem reconfigurando totalmente os negócios, em especial no turismo, que depende desses recursos para implementar seu desenvolvimento. A Internet assumiu papel de destaque com a criação dos portais turísticos e de hospitalidade, abreviando as relações entre o turista e os prestadores de serviços e reduzindo, nesse contexto, o papel do agente de viagens, que passou a dar orientação e consultoria especializada em viagens e não somente vender pacotes. As empresas ultrapassam os limites da atividade em que operam, de forma que bancos, por exemplo, oferecem negócios turísticos. Companhias de aviação oferecem pacotes turísticos e hospedagem, operadoras oferecem transporte de turistas e assim por diante. Com as fusões e incorporações, há uma tendência de se criarem grandes grupos mundiais, responsáveis por fatias cada vez mais expressivas dos negócios, não significando perda de oportunidade para as pequenas empresas, que passam a se posicionar de forma mais específica para nichos de mercado.

Há, ainda, as questões relacionadas com o crescimento da violência, que podem ameaçar o turismo de muitas localidades e países. A instabilidade política de determinados países e regiões significa, também, problema para o turismo. A existência de fatores ambientais adversos – terremotos, vulcões, furacões e outros, ao lado da sazonalidade natural de diversas localidades, demandam esforços e criatividade dos planejadores e profissionais de *marketing* para superá-los. Nesse cenário de problemas e dificuldades, há regiões e localidades que enfrentam a superlotação de suas instalações ocasionada pelo turismo massificado. Enquanto isso, outros lugares defrontam-se com a falta de turistas ou fluxos insuficientes para viabilizar o seu desenvolvimento, tornando-se necessário criar uma oferta turística adequada, além de posicionar a imagem do lugar perante os públicos de interesse. Esse é o caso, por exemplo, de Brasília, que, mesmo possuindo fatores únicos de diferenciação para atrair turistas, ainda não consegue gerar os fluxos necessários para manter o seu desenvolvimento (Fig. 7.1).

De acordo com Midleton (2002), o planejamento envolve diversos níveis; "o primeiro é o nível estratégico que engloba todo o negócio em longo prazo; o segundo é o nível tático que engloba mercados e produtos específicos em curto prazo". Na prática, as decisões em curto e em longo prazo se fundem, mas torna-se necessário saber distinguir as diferenças entre elas, aplicando as técnicas adequadas para cada tipo de planejamento. Planejar estrategicamente significa avaliar tendências, identificar oportunidades de negócios, prevenir os lugares turísticos em relação às possíveis ameaças, identificar fatores de força competitiva no local e estabelecer ações estratégicas para minimizar as fraquezas. Dessas avaliações surgem as definições estratégicas em relação ao negócio, a missão, os objetivos, as estratégias organizacionais, o posicionamento competitivo e as estratégias de *marketing* necessárias para dar suporte à estratégia geral de um lugar turístico.

Figura 7.1 – Brasília: arquitetura única, tombada pela Unesco – Organização das Nações Unidas para a Educação, a Ciência e a Cultura.

85-7241-568-8

Assim como o planejamento, a gestão estratégica tem papel fundamental no desenvolvimento de uma localidade turística e baseia-se em dois fatores: competitividade e sustentabilidade. Para Goeldner (2002), nenhum desses dois fatores é suficiente sem o outro, sendo ambos essenciais. A competitividade de uma destinação refere-se à capacidade de concorrer de forma eficaz e lucrativa no mercado turístico, enquanto a sustentabilidade diz respeito à capacidade da destinação de manter a qualidade de seus recursos físicos, sociais, culturais e ambientais. Dentre as principais habilidades requeridas para o gerenciamento eficaz de um lugar turístico está a capacidade de seus dirigentes em utilizar o planejamento estratégico, integrado com o *marketing*, e o gerenciamento dos demais recursos, tais como pessoas, finanças, tecnologia, pesquisa e desenvolvimento, serviços e outros. Além disso, há uma forte necessidade de sintonia com as mudanças rápidas que ocorrem no contexto global, exigindo-se dos gestores atitude proativa e decisões fundamentadas em informação e pesquisa. Na Tabela 7.1 são descritas as principais habilidades requeridas dos gestores para o gerenciamento estratégico de um lugar turístico.

Estratégia Turística de Lugares ou Destinos

Quando um jovem de 21 anos começa a planejar o que vai fazer em suas próximas férias, pensa logo num lugar que reúna um conjunto de atributos de seu interesse, em geral com sol e praia, entretenimento, bares, restaurantes com boa comida e outras facilidades que os jovens dessa faixa etária procuram. Já um casal de meia-idade procura um lugar para suas férias pensando em tranqüilidade, sol e praia ou serra, com adequadas opções gastronômicas e passeios divertidos. Um casal de aposentados, com mais de 60 anos de idade, também tem suas necessidades específicas. Uma criança, um adolescente, um casal em lua-de-mel e tantos outros tipos de turistas procuram opções diferenciadas. Esta é apenas uma forma de analisar o mercado e verificar quais são as ofertas disponíveis para cada tipo de turista. Porém, a escolha de um lugar turístico para as próximas férias nem sempre é fácil, tendo em vista que a maioria dos lugares não dispõe de clara estratégia de posicionamento e divulgação de sua marca. O mais difícil é saber que, no final das contas, só será possível avaliar a qualidade da escolha após as férias, depois de experimentar o produto e usufruir a estrutura do local escolhido. Por essa razão é que os lugares turísticos precisam, cada vez mais, planejar e gerenciar estrategicamente os seus negócios, oferecendo a opção correta para grupos de turistas pré-definidos, comunicando e posicionando a imagem pretendida.

Para Midleton (2002), uma organização turística representa os interesses de uma área geográfica, podendo ser um país, uma região ou uma cidade. No caso de um país, essas organizações nacionais são chamadas de ONT – Organização Nacional de Turismo, representadas por um ministério, uma diretoria geral, um departamento, uma corporação ou conselho. No Brasil, o órgão responsável pelo planejamento estratégico do

Tabela 7.1 – Habilidades do gestor turístico

Competitividade	**Sustentabilidade**
(Disponibilização de recursos) Habilidades gerenciais econômicas e empresariais	(Administração de recursos) Capacidades gerenciais ambientais
• *Marketing* • Gerenciamento financeiro • Gerenciamento de operações • Gerenciamento de recursos humanos • Gerenciamento de informações • Gerenciamento organizacional • Planejamento estratégico	• Gerenciamento da qualidade da água • Gerenciamento da qualidade do ar • Gerenciamento da vida selvagem • Gerenciamento de plantas/florestas • Gerenciamento da comunidade • Integridade do patrimônio histórico
Gerenciamento de informações	
Monitoramento da destinação	Pesquisa sobre a destinação

Fonte: Goeldner *et al.* (2002).

Parte 1

turismo é o Ministério do Turismo, a quem cabe definir a política nacional do turismo. A Embratur – Instituto Brasileiro de Turismo é responsável pelo *marketing* e pela promoção da marca do lugar Brasil junto aos países de onde se originam os fluxos de visitantes. Nos âmbitos regional e municipal, há as secretarias de turismo, responsáveis pelo plano estratégico e pelo *marketing* dos respectivos destinos turísticos. Todo esse esforço é complementado pela ação do *Convention & Visitors Bureau*, que congrega as forças produtivas de um lugar e procura promover suas potencialidades em conjunto com o governo. A experiência tem mostrado que quanto maior o envolvimento da comunidade, por meio de seus órgãos representativos, da imprensa, das instituições de ensino, dos governos, dos empresários e demais *stakeholders*, melhor é o resultado de suas ações estratégicas em prol do desenvolvimento turístico.

À medida que muitos países e lugares começam a ver no turismo uma fonte importante de desenvolvimento e obtenção de divisas, há conseqüente aumento na concorrência pela atração dos melhores fluxos turísticos mundiais. Esse esforço da maioria dos lugares turísticos tem ocorrido de forma desordenada e com elevados prejuízos em termos de recursos naturais, sociais e culturais, levando muitos lugares, sobretudo aqueles voltados para o turismo de sol e praia, a uma profunda degradação de seus recursos, tornando as praias impróprias para banho e gerando problemas de violência contra os turistas.

> *Por que os locais estão nessas condições? Será que eles são vítimas de poderosas forças universais e mudanças nos mares que nenhuma forma de planejamento poderia ter evitado? Ou será que eles são parcialmente a causa do fracasso de planejar melhor seu futuro?*
>
> Kotler (1994).

Essa já não é a realidade dos destinos ecoturísticos, os quais, nos últimos anos, passaram a realizar o seu planejamento estratégico de forma cuidadosa, evitando o excesso de visitantes e o turismo massificado, responsável pela degradação de muitas localidades. Também os destinos de serra, como Gramado (Fig. 7.2) e Campos do Jordão (Fig. 7.3), têm realizado planejamento estratégico atraindo, ao mesmo tempo, um fluxo de turistas de final de semana e de turistas oriundos de localidades distantes, em busca de clima diferente, com culinária especial e serviços de classe mundial. Esses lugares têm conseguido desenvolver estratégias de turismo sustentável, preservando seus recursos e obtendo resultados econômicos bastante satisfatórios.

Figura 7.2 – O posicionamento estratégico deu a Gramado uma vantagem competitiva sustentável.

Conceitos e Modelos do Planejamento e Gestão Estratégica de Lugares

Para Buhalis (2000), um destino ou lugar turístico é constituído pela combinação da oferta de produtos turísticos sob uma marca que os identifica e que oferece uma experiência integrada aos consumidores. Normalmente, o lugar está associado a uma área geográfica – país, estado, região, município ou cidade, mas quase sempre há fatores políticos que influenciam o entendimento de

85-7241-568-8

Figura 7.3 – Campos do Jordão: turismo segmentado, amparado por planejamento estratégico de resultado.

um destino como, por exemplo, o caso dos Alpes, que são explorados pela França, Áustria, Suíça e Itália ao mesmo tempo. A Tabela 7.2 mostra a combinação de oferta de um lugar turístico.

Tabela 7.2 – Componentes da oferta turística dos lugares

Fator	Componentes
Atrações	Naturais, artificiais, feitas pelo homem, construídas com um propósito específico, herança ou eventos especiais
Acessibilidade	Sistema de transportes composto por rotas, terminais e veículos
Amenidades	Acomodações, alimentação, lojas de varejo e outros serviços turísticos
Pacotes	Pacotes pré-formatados por operadoras e agências
Atividades	Conjunto de atividades disponíveis no lugar turístico e o que os turistas farão durante sua estada
Serviços auxiliares	Serviços utilizados pelos turistas: bancos, telecomunicações, correios, agências de notícias, hospitais e outros

Fonte: Buhalis, D. (2000).

Há um certo conflito entre a visão dos profissionais de *marketing* e os de estratégia, no caso do turismo de lugares. Os primeiros têm uma visão mais voltada para a oferta de um produto ou *commodity*, com ênfase na promoção, enquanto os de estratégia têm uma visão mais restritiva, procurando avaliar os impactos negativos do turismo e a necessidade de limitar o uso dos recursos. Porém, os melhores resultados têm sido observados quando ambas as visões são empregadas de forma integrada, com estratégias, programas e ações voltados ao desenvolvimento sustentável do turismo, com visão de longo prazo.

Para Faulkner *apud* Theobald (2001), o planejamento estratégico é particularmente aplicável ao turismo de lugares, tendo em vista que a demanda apresenta características de instabilidade, sujeita a choques transitórios e às tendências de longo prazo. Tem-se observado que, apesar da necessidade óbvia do planejamento estratégico, o turismo feito pela maioria das organizações responsáveis é voltado mais para a promoção mercadológica do que para a definição prévia de uma estratégia integrada e de políticas adequadas de longo prazo que possam dar suporte ao desenvolvimento sustentável de um destino turístico. Faulkner exemplifica essa situação com o caso da Austrália (Fig. 7.4), que começou seus esforços para aumentar o fluxo de turismo receptivo na década de 1980. Toda a ênfase era dada à divulgação, mas não havia um plano estratégico para definir claramente o que se pretendia e para dar sustentação às ações promocionais. Essa situação mudou na década de 1990, culminando com a realização das olimpíadas do ano 2000 em Sydney, o que gerou aumento substancial no fluxo de turistas de forma sustentável.

Figura 7.4 – Austrália: estratégia bem-sucedida.

85-7241-568-8

Para Kotler (1994), existem cinco abordagens consagradas de desenvolvimento de um local, inclusive sob o aspecto turístico, que são:

- *Desenvolvimento comunitário:* baseia-se no princípio de criar um ambiente de qualidade para as pessoas que vivem e trabalham na comunidade, por meio de boas escolas, vizinhanças sólidas, maior segurança pública e instalações médicas e hospitalares adequadas.
- Design *urbano:* trata-se de modelo parecido com o anterior, porém com maior ênfase na qualidade do *design* do local: arquitetura, espaços ao ar livre, utilização da terra, desenho das ruas e fluxo de tráfego, limpeza e qualidade do ambiente. Os *designers* urbanos partem do princípio de que as atitudes e o comportamento das pessoas são influenciados pela qualidade do ambiente físico em que vivem.
- *Planejamento urbano:* muitos administradores de cidades decidem criar uma unidade de planejamento urbano no governo, geralmente chamada de comissão urbana, que se preocupa com os problemas de utilização de terras, zoneamento, densidade e controle do trânsito. Essa comissão tem como função avaliar os diversos projetos propostos, inclusive pelos órgãos governamentais.
- *Desenvolvimento econômico:* neste modelo, há forte ênfase em induzir o desenvolvimento econômico de uma cidade ou região por meio de ações de planejamento que favoreçam a implantação de novas indústrias e a criação de empregos. Esse tipo de planejamento pode ser feito com enfoque participativo, envolvendo órgãos representativos dos diversos segmentos da sociedade. Utiliza os mesmos princípios do planejamento e da gestão empresarial, com ênfase na competitividade.
- *Planejamento estratégico de* marketing: num primeiro momento, esta modalidade de planejamento procurava atrair negócios para determinada localidade. Posteriormente, passou a se preocupar com uma gama maior de objetivos: manter os negócios já existentes; atrair novos negócios; desenvolver o turismo; promover as exportações e os investimentos estrangeiros; sempre com base em estudos da concorrência e do posicionamento de mercado com base na segmentação. Numa etapa mais atual, há uma crescente preocupação com a identificação de nichos específicos de mercado e o desenvolvimento de ofertas personalizadas para esses nichos. Com isso, cada lugar procura desenvolver uma vantagem competitiva baseada em competências ou recursos únicos. Assim, uma cidade como Brasília, patrimônio arquitetônico da humanidade, poderia utilizar esse fator para atrair determinada categoria de turista que tem interesse em conhecer diferentes tipos de arquitetura e estudar suas características.

Esses modelos podem ser empregados de forma integrada com o objetivo de tornar uma localidade competitiva no contexto global, por meio da definição de posicionamento mercadológico específico e, conseqüentemente, o cultivo de uma marca forte para um país, região ou localidade. Como se observa, os modelos são complementares, sendo possível empregar o que cada um tem de melhor em prol da criação de uma vantagem competitiva sustentável para um lugar turístico.

Posicionamento Estratégico de Lugares

As localidades bem-sucedidas em atrair o turismo procuram se definir como lugares especiais, com vantagem competitiva específica para as modalidades priorizadas. Dessa forma, o turismo de negócios, por exemplo, requer infra-estrutura apropriada, com centros de convenções amplos e modernos, trânsito de fácil locomoção, rede hoteleira de bom nível e um conjunto de atrativos turísticos voltados ao atendimento de um amplo espectro de necessidades dos participantes de eventos ou do turismo de negócios, como alimentação, cinema, teatro, casas de *shows* e outros.

> *À medida que a economia americana mudou e a concorrência aumentou, os locais deixaram para trás aquela abordagem descuidada e arriscada do tudo-ou-nada e partiram para estratégias mais refinadas, fundamentadas no estudo da concorrência e do posicionamento de mercado. Aprenderam a segmentar mercados e compradores e voltar seus produtos e serviços para clientes específicos, baseando-se em pesquisas e análises.*
>
> **Kotler (1994).**

De acordo com Kotler e Gertner (2004), os gerentes de marca-país precisam entender que lugares diferentes atraem turistas diferentes. O mercado de turismo pode ser segmentado pelo tipo de atração que os turistas procuram, como belezas naturais, sol, aventura, eventos, esportes, cultura, história, ou então por áreas, regiões ou localidades, estação do ano, características dos clientes e benefícios almejados. Para ter sucesso, um país ou lugar precisa definir com clareza o que deseja vender, para quem e em que condições.

De acordo com Kumar (2004), posicionamento significa desenvolver uma PUV – proposição única de vendas para determinado segmento de mercado. Assim, "a proposição única de vendas deve ser tão única e diferenciada da concorrência quanto vendedora e que represente apelo para o público-alvo".

O posicionamento deve levar em conta a estratégia genérica desejada para o local. Existem diversas abordagens de estratégias genéricas. A mais conhecida é a de Porter (1992), que define duas estratégias genéricas: liderança em custo ou diferenciação.

- *Liderança em custo:* o emprego dessa estratégia genérica garante a lucratividade em longo prazo por meio de custos mais baixos. A liderança por custo pressupõe a presença de um bom produto e/ou serviço gerando vantagem competitiva sustentável em relação aos concorrentes. A vantagem de custo sustentável deve atingir atividades na cadeia produtiva do produto, sendo de difícil equiparação pelas outras empresas ou localidades, no caso do turismo. Alianças e parcerias na cadeia de suprimentos são essenciais para garantir custos reduzidos. A gestão criteriosa dos processos da empresa contribui também para reforçar essa estratégia. Quando uma empresa alcança e sustenta a liderança no custo total, ela se torna um competidor acima da média em sua indústria, desde que possa comandar os preços. Um exemplo interessante dessa estratégia é o das companhias aéreas baseadas em custo. Essas empresas desenvolvem um esforço e se estruturam em função da obtenção de vantagem competitiva duradoura com base em custo. Suprimem serviços como alimentação, emissão de bilhetes e outros. Implantam processos informatizados e de execução simples. Operam rotas favoráveis em termos de demanda e distância e, além disso, procuram oferecer qualidade aos seus usuários.
- *Diferenciação:* essa estratégia começa por identificar quais necessidades o cliente considera de valor. A empresa ou lugar turístico passa, então, a satisfazer essas necessidades melhor que a concorrência, dispondo-se a absorver custos extras, caso seja necessário. Para identificar as necessidades que o cliente considera de valor, faz-se necessária a análise da cadeia de valor dos clientes identificando os elos de ligação das atividades produtivas e quais os fatores críticos para o seu sucesso. Essa análise possibilita identificar o que realmente há de valor para o cliente, de forma a garantir o posicionamento da oferta. Com o passar do tempo, tornar cada vez mais diferenciada a posição da empresa ou do lugar turístico implica inovar constantemente, gerando uma vantagem competitiva duradoura em face da concorrência. Porter afirma, ainda, que a estratégia de diferenciação, assim como a liderança em custo, deve ser fundamentada nas atividades e não nas competências da empresa, pois diferenciação significa uma posição única da empresa ou lugar turístico no mercado. É obtida por vários meios: produto único, tecnologia de produção única, sistema de distribuição único, promoção e comunicação diferenciada e marcante para o público-alvo e outras. No segmento turístico, um exemplo de diferenciação poderia ser dado pelos lugares que desenvolvem o turismo de negócios como, por exemplo, São Paulo, que promove anualmente centenas de eventos voltados para áreas específicas de mercado, muitas vezes para nichos. Para completar o sucesso dos eventos, há uma extensa rede de gastronomia, diversões, *shopping centers* e outros.

O primeiro passo para que uma empresa ou destino turístico compreenda sua situação competitiva, ainda de acordo com Porter, é analisar a estrutura da indústria em que opera, observando as seguintes características: (1) quem são os concorrentes atuais da empresa, seus pontos fortes e fracos; (2) quais são os novos entrantes dessa "indústria", que podem representar concorrência ao posicionamento atual da empresa; (3) quais são os produtos substitutos que os clientes poderão preferir em lugar dos nossos; (4) qual é o poder de organização e de pressão dos fornecedores; e (5) qual é o poder dos clientes. Essa análise permite entender quem possui poder e o que pode ser feito em termos de estratégia competitiva para melhorar a posição da empresa ou do lugar turístico.

85-7241-568-8

Vantagem Competitiva Sustentável de Lugar Turístico

O sucesso mercadológico e os resultados de uma destinação turística em longo prazo dependem da construção de uma vantagem competitiva sustentável ou duradoura. Essa sustentabilidade tem caráter econômico, mas depende fundamentalmente da continuidade da preferência dos turistas, os quais estão cada vez mais sensíveis a outros aspectos de natureza não somente econômico-financeira, senão uma genuína preocupação com os aspectos sociais, culturais e ecológicos de determinada comunidade, constituindo uma tendência mundial.

No contexto turístico, a multiplicidade de indústrias envolvidas na criação e na sustentação das destinações requer o desenvolvimento de um modelo de competitividade que leve em consideração a extensão da cooperação necessária para o futuro da competitividade. Em conseqüência, a competitividade é definida como a habilidade de uma destinação turística em criar e integrar produtos de valor agregado que conservem seus recursos naturais ou artificiais enquanto garantem uma posição relativa aos competidores individuais no mercado.

Hassan (2000)

Criar vantagem competitiva sustentável em turismo significa transformar vantagens comparativas de determinada destinação turística em uma posição competitiva de mercado, por meio do instrumental da gestão e do *marketing* estratégico.

De onde vem uma vantagem competitiva? Há muitas respostas para essa pergunta, variando de autor para autor, de indústria para indústria, de atividade para atividade. No entanto, tem havido consenso sobre alguns elementos que podem conferir vantagem competitiva às empresas. De acordo com Hooley (1996), a vantagem competitiva pode ser criada a partir de qualquer ponto forte de uma empresa ou de uma localidade ou em suas competências específicas em relação à concorrência. Seja qual for a fonte da vantagem, deve ter como fator central o valor que é capaz de gerar para o cliente: menor preço, maior qualidade, melhor atendimento, produto com características exclusivas e outros.

Para Day (1999), "a vantagem competitiva se baseia nos ativos e nas capacidades da empresa que lhe garantem posições competitivas superiores" e pode ser caracterizada de três maneiras: (1) excelência operacional, mediante oferta de qualidade consistente pelo melhor preço, por meio de um sistema de negócios padronizado que minimize os custos e crie facilidades para o cliente; (2) responsividade ao cliente, com ênfase na cuidadosa elaboração e adaptação de produtos e serviços a exigências cada mais precisas dos clientes (pressupõe a utilização de estratégias fundadas em diferenciação, exclusividade e cultivo do relacionamento duradouro com os clientes); e (3) superioridade de desempenho, que pode ser obtida pela inovação contínua e rápida que produz um fluxo estável de produtos de ponta que estimulam, de forma consistente, a tecnologia mais moderna ou ampliam o seu uso ou aplicação para um cliente.

Já Porter (2000) afirma que "a única maneira de se ter uma vantagem é através da inovação. Mas isto tem que envolver um direcionamento estratégico consistente. Uma empresa deve possuir algo que a torne distinta". Afirma, ainda, que a inovação pode ser aplicada de diferentes maneiras, oferecendo coisas de forma diferente para os clientes e criando novas combinações que aumentem o valor percebido.

E, em turismo, o que pode garantir uma vantagem competitiva duradoura? Os mesmos fatores anteriormente relacionados, ou haveria necessidade de acrescentar novos elementos em razão da complexidade da indústria do turismo? Beni *apud* Lage (2000) afirma que as vantagens comparativas (natureza) são cada vez menos importantes para o sucesso duradouro de um destino turístico e que as vantagens competitivas (criadas pelo homem) são decisivas. Essas vantagens estão ligadas a novas formas de competir e novas maneiras de fazer as coisas. Afirma, ainda, que "trata-se de um processo permanente de inovação que se manifesta no aperfeiçoamento dos produtos, nas mudanças nos processos de prestação de serviços, em novos enfoques de *marketing*, e assim por diante".

Em síntese, os fatores que podem gerar vantagem competitiva duradoura estão ligados a:

- Existência de atrativos naturais, culturais ou patrimoniais que justifiquem sua exploração turística, embora sua existência não seja fator indispensável, uma vez que o turismo pode ser criado a partir de produtos artificiais.

85-7241-568-8

- Criação de atrativos artificiais inovadores de acordo com as características predominantes dos visitantes que se pretende atender.
- Qualidade superior na oferta turística: hotéis, restaurantes, parques, locais de compra e diversões e outros atrativos, sempre renovados e conservados de maneira adequada.
- Atendimento e atenção ao turista, feitos de forma diferenciada, com aplicação de técnicas de *marketing* de relacionamento e criação de sistemas exclusivos, privilegiando o turismo de alta renda.
- Inovação constante, com a criação de novas atrações culturais, gastronômicas, sociais e/ou atividades ligadas à área de eventos, esportes e turismo na natureza.

Muitos destinos turísticos ou empresas isoladamente podem usufruir boas vantagens competitivas originadas em estratégias de custo, oferecendo produtos-padrão aos consumidores, com processos de alta produtividade e baixo custo, na área de hospedagem, de transporte, diversões e outras. O tipo de turismo que essas organizações irão atrair, no entanto, pode não ser interessante para manter a imagem da destinação, uma vez que pode conduzir à excessiva massificação da freqüência e conseqüente afastamento do turismo de alto poder aquisitivo. Portanto, para que se obtenha vantagem competitiva mais consistente, as estratégias fundamentadas na diferenciação e na segmentação do mercado podem contribuir de forma mais efetiva, ao permitirem maior número de alternativas para atrair o turismo de alta renda.

Em Busca de um Modelo Referencial de Planejamento Estratégico de Lugares

A obtenção de vantagem competitiva duradoura requer esforços contínuos de todos os agentes envolvidos em determinado lugar turístico, avaliando os fatores que podem gerar impacto positivo ou negativo no turismo em seus diversos âmbitos. A construção de relacionamentos e alianças para fortalecer a capacidade de uma destinação é um componente central dos novos paradigmas para o turismo, transformando economias locais de forma sustentável e respeitando o meio ambiente.

De acordo com Hassan (2000), é necessário considerar a participação de três segmentos no processo de desenvolvimento de uma estratégia competitiva sustentável para o turismo regional:

- *Setor privado*: hotéis, *resorts*, agentes de viagem e operadoras de turismo.
- *Setor público*: responsável pelo estabelecimento da política macro para a indústria turística e pela infra-estrutura necessária.
- *Organizações não governamentais*: ONG e grupos informais de cidadãos.

Afirma ainda que, para uma destinação turística conseguir sustentar sua vantagem competitiva, deverá desenvolver atividades integradas e produtos que vão desde atrativos com base na cultura local e na natureza, na educação ambiental e na preservação da herança histórica, até uma orientação para atividades ao ar livre, como esportes de aventura e outras. Além de preservar a vantagem competitiva, o desenvolvimento de atividades da forma mencionada pode proporcionar reforço para as vantagens comparativas de determinada destinação turística, favorecendo-a na atração de segmentos globais que tendem a estar acima da média em termos de educação, respeito ao ambiente, orientação para experiências transculturais e maior aceitação dos costumes e da cultura local.

O modelo descrito na Figura 7.5 pode contribuir para um planejamento turístico que considere todas as dimensões necessárias à construção de uma vantagem competitiva sustentável para os lugares turísticos. Foi elaborado com ênfase na exploração da abordagem de Planejamento Estratégico do *Marketing* Turístico, considerando: (1) análise da situação externa, tendências macroeconômicas, análise da indústria e da concorrência; e (2) análise do cenário interno do local objeto do planejamento, identificando pontos fortes que poderão constituir diferenciais competitivos e pontos fracos, indicando a necessidade de ações visando à transformação desses pontos em fatores positivos. Com base nessas análises, é possível identificar os fatores geradores de uma vantagem competitiva sustentável para o lugar turístico e as

Parte 1

Figura 7.5 – Modelo referencial para o planejamento estratégico de lugares.

competências necessárias para manter essa vantagem em longo prazo.

Como se observa, o modelo parte de uma análise de caráter macroambiental, em que se consideram todos os aspectos relevantes ligados à economia, sociedade, cultura, ecologia, indústria turística e suas forças, ao mercado e à concorrência. No ambiente interno, avaliam-se os recursos naturais disponíveis, mediante seu inventário; recursos construídos; patrimônio cultural e histórico, além dos recursos internos da destinação: pessoas, tecnologia, instalações e, principalmente, *know-how* ou competências essenciais desenvolvidas ao longo do tempo. Deve ser avaliado o estágio de ciclo de vida da destinação turística, observando-se o que ocorre com os fluxos turísticos e seu nível de massificação ou elitização. Com base nessas análises ambientais, por meio das quais são estabelecidas oportunidades, ameaças, pontos fortes e fracos, as partes interessadas passam a fazer suas escolhas estratégicas, definindo como será o futuro competitivo do lugar ou país e a forma como se pretende construir a marca. Nesse estágio, é fundamental a participação de todos os interessados: governos, empresas, ONG, entidades de classe, instituições especializadas de ensino e a sociedade em geral. O resultado deve ser uma definição clara de estratégia que possa levar à consolidação de uma vantagem competitiva sustentável de longo prazo. Para isso, são necessárias as seguintes decisões:

- *Visão estratégica*: o lugar turístico define, com base na análise dos ambientes externo e interno, as modalidades de turismo nas quais pretende investir e a missão, além de uma visão geral do futuro para o negócio.
- *Objetivos*: são definidos os objetivos maiores para o lugar, como a quantidade de turistas que pretende atrair, o nível de ocupação de sua rede de atendimento, volume de recursos e resultados gerais esperados em termos de crescimento, participação de mercado e satisfação dos clientes.
- *Estratégias*: definição das principais estratégias a serem implementadas para o alcance dos objetivos. As estratégias devem deixar claro quem fará o quê,

quando, a que custo, em quanto tempo e quais os resultados esperados. Nessa etapa, são previstas alianças estratégicas, parcerias, inovação e outras.

- *Posicionamento*: com base nos estudos da situação do turismo no mundo, no país e na região, bem como da atuação dos principais concorrentes identificados, o posicionamento é definido de forma a possibilitar a compreensão clara, por parte do público-alvo, da forma como o lugar turístico pretende ser reconhecido. Ou seja, o posicionamento deve especificar os atributos que se pretende valorizar, como modernidade do lugar, qualidade das instalações e atrativos e, principalmente, aquilo que o local possui como fonte de vantagem competitiva: algo que possa representar uma posição única entre os concorrentes. A definição correta do posicionamento facilitará a fixação de uma marca do lugar turístico no mundo.
- *Estratégias de* marketing: uma vez definidas as principais linhas estratégicas, o *marketing* precisa ser planejado em termos do *mix* adaptado para o turismo: produto turístico, preço, distribuição, promoção, pessoas, processos e forma como se pretende dar evidências físicas da qualidade do destino turístico.
- *Programas e ações*: como parte final do plano estratégico, torna-se necessário definir programas e ações que complementarão as definições de caráter mais estratégico como, por exemplo, programas de capacitação de pessoal, de renovação tecnológica, de melhoria de recursos e instalações e outros. Assim também as ações individuais que deverão ser implementadas para dar suporte ao plano.

A estratégia turística e a conseqüente vantagem em longo prazo dependem de um processo de planejamento integrado entre os setores público e privado. Esse processo precisa ser revisto em períodos não muito longos, com o objetivo de reforçar o posicionamento e as mudanças necessárias para manter essa posição competitiva.

Roteiro para Planejamento Estratégico de Lugares

A elaboração de um plano estratégico de lugar requer uma série de estudos e análises, além do amplo entendimento entre as partes interessadas, de forma que os resultados desses esforços sejam consubstanciados em termos de um conjunto de definições de caráter iminentemente estratégico. O roteiro a seguir contém as ações básicas para o planejamento turístico de lugares.

ETAPA I – ANÁLISE AMBIENTAL

É realizada com base na leitura de textos atualizados, livros, jornais, revistas e, principalmente, informações primárias coletadas em pesquisas de campo ou documentais, além do inventário dos recursos turísticos existentes na localidade. Além disso, o contato com profissionais e autoridades pode enriquecer a coleta de informações.

Tendências

Exame das principais tendências ambientais, considerando os ambientes econômico, legal, social, demográfico, ecológico, cultural, político e outros. Exemplo: envelhecimento da população mundial, necessidade de lazer, preocupação com a saúde e a estética.

Oportunidades

Para cada tendência identificada, definem-se oportunidades para os negócios turísticos. Exemplo: considerando-se a necessidade cada vez maior de lazer, o lugar ou destino turístico Brasília oferece passeios turísticos no Lago Paranoá, com alimentação típica da Região Centro-Oeste e música brasileira.

Ameaças

Para cada tendência, são identificadas ameaças, considerando a situação em que nada seja feito em relação a determinada oportunidade ou em relação à ação dos concorrentes. Exemplo: no caso de uma tendência pela realização de eventos empresariais, se uma destinação não tiver acomodações adequadas – centro de convenções e outras, poderá perder negócios para outra cidade.

Pontos Fortes

Identificação dos pontos fortes de um lugar, em termos de recursos naturais e artificiais, que possam se tornar atrativos turísticos. Disponibilidade de recursos humanos, financeiros, tecnológicos e outros, que possam ser utilizados para criar uma vantagem competitiva sustentável.

Parte 1

85-7241-568-8

Pontos Fracos

Seguindo a lógica anterior, identificam-se os pontos em que uma destinação apresenta carência. Exemplo: ausência de mão-de-obra qualificada, recursos financeiros, consciência comunitária para o turismo e outros.

Análise da Concorrência

Identificação dos atuais e potenciais concorrentes para o lugar em estudo em relação à atração de turistas, forma como se posicionam os concorrentes e descrição da sua vantagem competitiva. Nesse ponto, devem ser avaliados os espaços de mercado ainda não ocupados, ou seja, nichos de negócios que ainda não dispõem de oferta ou possuem oferta insuficiente ou de baixa qualidade.

Análise de *Clusters*

Esta análise visa identificar potencialidades para constituição de um *cluster* turístico, aproveitando-se da complementaridade para ampliar o tempo de permanência dos turistas e oferecer-lhes maior diversificação nos atrativos.

Outras Análises

Quaisquer outros fatos ou análises relevantes para a elaboração do plano estratégico, principalmente em termos de dados estatísticos a serem levantados.

ETAPA II – PLANO ESTRATÉGICO

Com base nas análises feitas na Etapa I, é elaborado o planejamento estratégico seguindo, basicamente, os seguintes passos.

Visão Estratégica

Definição da visão estratégica para o lugar em estudo para os próximos sete anos, em termos de número de turistas atraídos, crescimento do setor, criação de uma marca turística forte e a forma como se pretende que o lugar seja percebido pelos turistas. Indicar a possibilidade de parcerias e alianças que poderão ser feitas e a implementação do conceito de *cluster* turístico, se considerado viável.

Objetivos

Definição de objetivos estratégicos para o desenvolvimento do lugar turístico, tais como número de turistas a serem atraídos, volume de faturamento, participação de mercado, qualidade do produto turístico ofertado e outros.

Ações Estratégicas

Para cada objetivo estratégico é estabelecido um conjunto de ações estratégicas capaz de garantir o alcance do objetivo proposto.

Posicionamento Mercadológico

Descrever a imagem desejada para o lugar turístico e o posicionamento pretendido, indicando o tipo de público que se quer atrair e as razões para isso. Considerações sobre o espaço mercadológico que o lugar ocupará no contexto global do turismo.

Ações de *Marketing*

Indicar as principais ações no âmbito do *marketing* a serem implementadas, visando ao alcance dos objetivos e estratégias. Para essas definições, deve-se utilizar o modelo dos sete pês: produto, preço, praça, promoção, pessoas, processos e evidências físicas (*physical evidence*).

Para finalizar, os responsáveis pela elaboração do plano fazem observações sobre como ele será implementado: definição de tarefas e papéis, estabelecimento de ações de acompanhamento e mensuração de resultados, assim como as ações de correção de rumos. Observe-se que este é apenas um roteiro mínimo para elaboração do plano, não devendo ser visto como limitador para a criatividade das pessoas envolvidas no trabalho. Outros elementos podem, portanto, ser acrescentados para tornar o plano mais viável e efetivo.

Considerações Finais

O modelo de planejamento estratégico de lugares de que trata este capítulo passou por simulações no meio acadêmico e empresarial e pretende-se

85-7241-568-8

que seja uma contribuição nas discussões relativas ao desenvolvimento de um referencial teórico para dar sustentação ao trabalho de criar vantagem competitiva duradoura, objetivo almejado por todas as empresas e destinações turísticas.

Espera-se que o modelo proposto seja avaliado pelos acadêmicos e profissionais que atuam na área turística e que novas contribuições sejam agregadas ao estudo do planejamento estratégico de lugares, em especial às questões específicas do posicionamento e da obtenção de vantagem competitiva com base na sustentabilidade ampliada do turismo.

A competitividade de cada organização de um lugar turístico e de seus distribuidores determinará a competitividade da destinação turística, a qual depende muito da inovação que costuma estar ligada à utilização dos modernos meios de comunicação e da tecnologia da informação, em especial a Internet, com seu poder ilimitado de revolucionar os negócios em turismo.

Questões

1. Identifique os principais fatores do ambiente globalizado que determinam a necessidade de planejar estrategicamente o *marketing* de lugares turísticos.
2. Descreva e comente os principais pontos da sustentabilidade a serem considerados no *marketing* estratégico de lugares.
3. Considerando a necessidade de ampla participação dos agentes comunitários no processo de formulação de uma estratégia de *marketing* de lugar, descreva e justifique os órgãos públicos e empresas privadas ou entidades de classe que devem ser envolvidos nessa atividade.
4. Escolha, dentre as abordagens tradicionais de desenvolvimento de um local turístico, a(s) que melhor se adapta(m) ao local em que você reside. Justifique sua escolha.
5. Avalie os fatores que podem determinar vantagem competitiva sustentável para um lugar turístico.
6. Considerando as estratégias genéricas de Porter, qual é a mais compatível com o posicionamento desejado para lugares turísticos, considerando as características predominantes do usuário de serviços turísticos?

Sites Recomendados

www.ufp.pt: Curso de Pós-Graduação em Gestão Estratégica de Destinos Turísticos – Universidade Fernando Pessoa – Portugal.

www.boletin-turistico.com: Livraria especializada em assuntos turísticos.

www.trillas.com.mx/novedades/nov04/nov348.html: Livro de Miguel Angel Acerenza sobre *Marketing* de Destinos Turísticos.

www.inp.pt: Curso de Pós-Graduação em Gestão de Destinos Turísticos – Instituto Superior de Novas Profissões – Portugal.

BIBLIOGRAFIA

BUHALIS, D. Marketing the competitive destination of the future. *Tourism Management*, nº 21, p. 97-116, 2000.

DAY, G. S. e REIBSTEIN, D. J. *A Dinâmica da Estratégia Competitiva*. Rio: Campus, 1999.

GOELDNER, C. R., RITCHIE, J. R. B.; McINTOSH, R. W. *Turismo: princípios, práticas e filosofias*. Porto Alegre: Bookman, 2002.

HASSAN, S. S. Determinants of market competitiveness in an environmentally sustainable tourism industry. *Journal of Travel Research*, v. 38, p. 239-245, febr. 2000.

HOOLEY, G. J.; SAUNDERS, J. *Posicionamento Competitivo*. São Paulo: Makron, 1996.

KOTLER, P. *Marketing Público: como atrair investimentos, empresas e turismo para cidades, regiões, estados e países*. São Paulo: Makron, 1994.

KOTLER, P.; GERTNER, D. O marketing estratégico de lugares. *HSM Management*, nº 44, p. 62-72, mai-jun 2004.

KUMAR, N. *Marketing como Estratégia*. Rio: Elsevier, 2004.

LAGE, B. H. G.; MILONE, P. C. *Turismo: teoria e prática*. São Paulo: Atlas, 2000.

MIDLETON, V. T. C. *Marketing de Turismo: teoria e prática*. Rio: Campus, 2002.

PORTER, M. E. Criando vantagem. *Executive Excellence*, nº 5, p. 15-16, 2000.

________. *Vantagem Competitiva*. Rio: Campus, 1992.

THEOBALD, W. F. *Turismo Global*. São Paulo: Senac, 2001.

85-7241-568-8

Anotações

85-7241-568-8

CAPÍTULO

8 Trópicos Divertidos: Viajando pela Cultura Brasileira

Luiz Gonzaga Godoi Trigo

Parte 1

Paraísos Encontrados

Segundo Alexander Von Humboldt, o nome Brasil, aplicado a uma madeira de propriedades tintoriais, com inúmeras variantes lingüísticas, teria iniciado sua trajetória há mais de dez séculos, da Sumatra ao Novo Mundo. Não se sabe ao certo quando esse produto foi introduzido entre os povos cristãos do Ocidente, embora não se ignore que já fosse objeto de comércio dos árabes, em 851. Conhecem-se inúmeros documentos de origem francesa, catalã, flamenga, inglesa e irlandesa, do século XII ao XVI, que se referem a esse produto. No romance 'Perceval le Gallois', do ciclo de aventuras do Rei Artur, escrito por Chrétien de Troyes em 1160, fala-se de 'compridas meias tintas em bresil'. O nome Brasil aparece também em mapas medievais, dado a uma ilha misteriosa, entre as muitas que pontilhavam o Mar Tenebroso.

Adonias (1993, p. 26)

Na década de 1930, o antropólogo francês Claude Levi-Strauss chegou ao Brasil, com uma equipe de intelectuais, para ajudar a estruturar a Universidade de São Paulo. Como especialista em culturas, o professor fez uma longa viagem pelo interior do país e publicou um livro intitulado *Tristes Trópicos*, no qual incorreu em um erro de interpretação da realidade ao entender que havia vários aspectos comuns entre o Brasil e a Índia. Algum tempo depois, ele mesmo reavaliou sua análise e deixou claro que esses países eram muito diferentes entre si, em todos os sentidos.

Décadas depois, outros viajantes, até mesmo alguns brasileiros, ainda podem ser enganados pela imensa variedade cultural e complexidade geográfica do país. É uma armadilha do conhecimento muito característica de nações com vasta extensão territorial e que abrigam diversos ecossistemas, raças e culturas. Esses imensos países possuem vertentes distintas na formação histórica de seus povos e cidades. Seus cenários são diferenciados de acordo com a região geográfica, oferecendo uma riqueza de possibilidades turísticas e encantos peculiares. É difícil compreender esses territórios ao fim de alguns poucos dias de viagem ou de poucas horas de leitura. O Brasil, assim como Índia, China, México, Rússia ou outros países extensos ou multiétnicos, não se desvela a um primeiro olhar. Para os próprios brasileiros, sua terra é muitas vezes uma incógnita, recentemente um pouco mais descoberta graças à acessibilidade proporcionada pelas viagens ou pelos programas de televisão nos quais os cenários brasileiros, apesar de estereotipados, são valorizados. Há também a literatura, a iconografia histórico-artística e uma cultura popular riquíssimas que precisam ser mais conhecidas.

O Brasil é jovem. Nas suas comemorações de 500 anos, no ano 2000, uma exposição intitulada "Brasil 500" foi montada no moderno parque do Ibirapuera (projetado pelo arquiteto Oscar Niemayer), em São Paulo. Pela primeira vez, quadros, esculturas, artesanato regional, artefatos indígenas, livros, réplicas de casas, móveis, artigos de decoração e milhares de itens da cultura popular brasileira foram reunidos para serem desfrutados pelas pessoas. A exposição percorreu várias cidades brasileiras, causando agradável espanto por onde passava. Uma frase conhecida da música popular brasileira diz que *o Brasil não conhece o Brasil*. Grande verdade. Como um povo pode viver séculos ignorando, subestimando ou até mesmo, às vezes, superestimando sua realidade cultural? Octávio Paz analisou um fenômeno semelhante no México, no livro *O Labirinto da Solidão*. Autores latino-americanos, feiticeiros do realismo mágico (Gabriel Garcia Marques, da Colômbia; Miguel Angel Astúrias, da Guatemala; Juan Rulfo, do México; Julio Cortazar, da Argentina), também contribuíram para a interpretação do continente e, nesse esforço coletivo, está parte da resposta a ser dada àqueles que procuram entender o Brasil: ele precisa ser analisado com a mesma generosidade conceitual com que se analisa um continente. A América Latina possui áreas bem diferenciadas entre si. Há o México, o Caribe com suas grandes e pequenas ilhas, a América Central continental e a América do Sul. Sem contar o Brasil, que possui especificidades bem delineadas. México e Brasil, por exemplo, possuem características muito peculiares, apesar de fazerem parte de uma realidade maior que se denomina América Latina. Essas peculiaridades são os pequenos e articulados componentes das armadilhas que enredam os viajantes de primeira visita, sejam eles antropólogos, homens e mulheres de negócios ou turistas. No caso brasileiro, as teias culturais desenvolveram-se a partir de três raças: os nativos, os negros africanos trazidos como escravos e os europeus, que migraram em busca de riquezas nas colônias de exploração nos trópicos.

Um dito português do século XVI retrata o senso comum do Brasil até hoje: *não existe pecado do lado de baixo do equador*. A canção contemporânea (de Chico Buarque e Ruy Guerra) completa a letra: *vamos fazer um pecado, rasgado, suado, a todo vapor*. Está aí a primeira imagem: as selvas, as águas e as terras férteis são "visões do paraíso". O éden reencontrado nos *funny tropics*, a alegria do sexo solto e livre com as índias e as escravas negras. O exotismo e a licenciosidade aliados ao mistério provocado pela mestiçagem genética e pelo entrelaçamento cultural entre as raças excitam a libido e o imaginário dos brasileiros e dos estrangeiros. No passado colonial, o batuque dos tambores das ruas e os teclados dos pianos nas casas coloniais uniam-se nas noites quentes sob o aroma das damas-da-noite e dos hibiscos, plantas cheirosas de clima quente, que disfarçavam os cheiros azedos das cozinhas e banheiros e os sentimentos reprimidos das classes dominantes. O paraíso era quente, violento e sensual. Esse estereótipo marcou a imagem externa da jovem nação e hoje se torna difícil, para os órgãos oficiais, desvincularem a imagem do turismo sexual do turismo mais cultural, de negócios ou familiar. Não adianta tentar desvincular nenhum aspecto isoladamente, pois a complexidade local abrange muitas imagens. O paraíso é real, assim como os becos perigosos e as amplas avenidas iluminadas que dão acesso a ele. Um historiador conhecido, Sérgio Buarque de Holanda, escreveu o clássico *Visões do Paraíso*, onde explora essas cenas dos séculos XV e XVI que marcaram os europeus. Luis Spota, escritor mexicano, criticou seu paraíso particular no livro *Casi el Paraiso*, em que, a exemplo do Brasil, mostra que o Éden terrestre é um cenário bem montado, mas com bastidores bem agitados – e talvez um pouco decepcionantes – para os neófitos. Não se pode condenar nem idolatrar uma terra dessas. Entre o patriotismo desvairado e a condenação primária de uma nação subdesenvolvida, estende-se um grande espectro de sutilezas que exige um pensamento crítico, aberto e profundo.

A arqueologia das imagens brasileiras remete ao século XVI. Os dois primeiros livros ilustrados de viajantes franceses que estiveram no Brasil foram de autoria de André Thevet, denominados *Les Singularitez de la France Antartique* (1557) e *La Cosmographie Universelle* (1575). Thevet era cosmógrafo do rei e representante da Igreja Católica Franciscana. Acompanhou a expedição de Villegagnon ao Rio de Janeiro e maravilhou-se com a grandiosidade e a variedade, em suma com o exotismo, da natureza local. Como representante duplamente oficial (do rei e da Igreja), suas imagens muitas vezes observam e reproduzem a realidade, mas não a compreendem, pois elas alteram substancialmente a ordem e a lógica estabelecidas pelo sistema tomista e monárquico vigente na Europa. Essas imagens dos primeiros "artistas exploradores" marcaram o imaginário passado e futuro do país. Reproduzidos em tapeçarias, esculturas, entalhes em madeira ou pedra, aquarelas, quadros, mapas, peças decorativas, painéis em paredes de palácios ou igrejas, tetos rebuscados das mansões senhoriais e palácios oficiais, as imagens foram construindo um país e até hoje influenciam a visão dos nativos e dos turistas sobre a vasta massa de terras e águas ao sul do Equador.

As telas coloridas e tapeçarias do holandês Albert Eckhout, que acompanhou Maurício de Nassau ao Brasil (1637-1644), mostram homens, bichos, paisagens, frutas e plantas. Outros holandeses, como Frans Post e Jan Van Kessel, elaboram quadros e painéis detalhados e extremamente coloridos sobre o nordeste brasileiro, um território com suas próprias cores e cheiros que intriga até mesmo os brasileiros de outras regiões. Posteriormente, as terras, águas e cidades coloniais brasileiras foram reproduzidas por outros artistas estrangeiros, como Johann Moritz Rugendas, Jean Baptiste Debret, Joseph Leone Righini e Felix Émile Taunay. Merecem citação, pelo cuidado com a luz e as cores que envolvem a natureza, as poéticas telas de Martin Johonson Heade, que se encantou pelos maracujás e beija-flores do litoral do Rio de Janeiro.

Assim foi constituído o imaginário inicial do Brasil, através dos olhos e das mãos dos pintores europeus que vieram, nas diversas expedições de seus países, relatar com olhos de artistas esse "admirável mundo novo". A questão é se as pessoas ainda podem ver o que foi retratado séculos atrás. As "visões do paraíso" ainda são acessíveis aos seres humanos contemporâneos ou foram destruídas pelo caótico progresso que se instalou no país?

Trilhas dos Viajantes no Tempo

Há inúmeros exemplos possíveis de cenas urbanas interessantes. O turista que anda pelo centro restaurado da cidade de São Luís do Maranhão, por exemplo, percebe que está em um lugar especial. Situada próxima à linha do equador (latitude 3, sul), a cidade é banhada pelo oceano Atlântico e sofre a maior amplitude nacional de maré (mais de 6m). Isso significa que a água do mar às vezes está próxima dos hotéis costeiros, e às vezes não. A luminosidade explode nos dias claros de sol deixando o azul do céu irisado. O contraste entre o marrom claro das terras, o verde dos mares e o anil celeste atrai os olhos do observador de forma aguda. O cenário natural abriga os edifícios modernos, ao longe, formando o *skyline* das praias; as casas antigas e claras do centro histórico deixam entrever as nuanças de um passado que todavia persiste de maneira quase anódina. São ecos históricos visíveis. A população é formada por brancos, em geral muito ricos, e por negros e mestiços, em geral muito pobres. A vegetação é vistosa e selvagem. Uma família (branca, é claro) de oligarcas controla o poder político do estado do Maranhão com mão de ferro e práticas arcaicas. Recentemente, alguém deu a idéia de que o estado seria a "Jamaica" brasileira porque o *reggae* é a música favorita de boa parte das comunidades negras mais jovens. Em frente a São Luís está a cidade colonial de Alcântara, acessível apenas por barco. São casas velhas, algumas abandonadas, todas formando um cenário colonial belíssimo e misterioso. Impossível entender o Maranhão sem ler Josué Montello. Esse escritor produziu um importante romance intitulado *Os Tambores de São Luís*, no qual narra alguns séculos de história de uma família negra da cidade. Os próprios negros se diferenciam bastante no Brasil. Os negros de diferentes estados como Maranhão, Bahia, Rio Grande do Sul e Rio de Janeiro, por exemplo, possuem traços étnicos e culturais diferenciados. A explicação é que diversas tribos da África foram trazidas para o Brasil, mesclaram-se entre si e com os brancos e índios e desenvolveram comunidades mais ou menos específicas.

Outro texto clássico para tentar entender o país é *Viva o Povo Brasileiro*, do baiano João Ubaldo Ribeiro. Nesse livro, ele relata 300 anos de história de uma família da ilha de Itaparica, localizada na baía de Todos os Santos, bem em frente à cidade de Salvador. Foi em Itaparica que o Club Mediterranèe instalou seu primeiro *resort* no Brasil, em 1976. Os negros dos grandes centros urbanos igualmente criaram suas tradições e especificidades culturais. Entremeados pela lenta constituição do samba e pelo rápido fortalecimento do narcotráfico, negros, brancos e mulatos dividem os espaços urbanos. Quem assistiu ao filme brasileiro *Cidade de Deus* (baseado no livro homônimo de Paulo Lins), premiado em vários países, teve condições de vislumbrar a vida nas áreas mais pobres e violentas do Rio de Janeiro. São mundos diferentes em uma mesma cidade, mas existem distâncias consideráveis entre os núcleos urbanos ao longo do Brasil. Distâncias geográficas e abismos socioeconômicos e culturais isolam os povos. O único espaço mediado mais ou menos por todos é o *cyberspace*, dominado pelas ondas das televisões comerciais com seus melodramas e *reality shows*, publicidades enganosas e programas de auditório típicos do subdesenvolvimento cultural. Formas estéticas perfeitas e extremamente elaboradas que abrigam conteúdos duvidosos mesclados por programas evangélicos, noticiários pseudochocantes e novelas domesticamente ousadas. O imaginário atual do país perdeu em qualidade, mas reveste-se de formas estéticas eficientes para levar o espetáculo a todos os nativos.

Cerca de 500 quilômetros separam as cidades do Rio de Janeiro e de São Paulo. Porto Alegre, capital do Rio Grande do Sul, está a 1.200km de São Paulo. Manaus, no meio da Amazônia, está a 3.500km de São Paulo e a 1.800km da foz do rio Amazonas, no oceano Atlântico. São Luís está a 3.000km de São Paulo e 4.000km de Porto Alegre. A geografia isolou, durante séculos, essas populações e hoje a mídia possibilita certa comunicação entre tão diferentes culturas.

Apesar das distâncias, há apenas uma língua falada: o português. Possui sotaques e algumas expressões diferentes, mas é sempre a mesma língua, herdada de Portugal. O encanto é que o português do Brasil possui musicalidade e entonação gramatical muito próprias. Quando se ouvem as músicas brasileiras (no original), é possível perceber que o português do Brasil é mais suave que o de Portugal (dos fados, por exemplo) ou de suas ex-colônias na África (Angola, Moçambique, Cabo Verde). Essa melodia lingüística tropical faz parceria com os instrumentos, com a ginga e a musicalidade tropical. Falada, cantada em prosa ou em versos, escrita nos mais diversos textos, a língua é uma dessas fronteiras inatingíveis para o estrangeiro a não ser que ele domine, razoavelmente, a língua portuguesa. Mas outras linguagens são perfeitamente acessíveis e podem ser desfrutadas por todos. São as linguagens das artes e das culturas locais, da natureza e a antropológica, que perpassam os diversos grupos humanos em qualquer país do planeta e se articulam nos trópicos de maneiras sensuais, místicas e informais.

Tome-se, como um dos exemplos, a Bahia. Pode-se mergulhar na cidade de Salvador pelas fotografias de Marisa Vianna (Figs. 8.1 a 8.5) ou pelas telas lúdico-eróticas de Carlos Bastos. Pode-se sentir a atmosfera local pelas músicas de Caetano Veloso, Gilberto Gil ou Maria Bethânia. Porém, provavelmente, a onda de choque dos tambores de Olodum ou dos Filhos de Gandhi, que percorrem as ruas de paralelepípedos do centro antigo de Salvador nas datas festivas, talvez sejam as formas mais excitantes de se contatar essa cultura. Andar pelas ruas e sentir o calor e os cheiros, olhar as casas e as ruas imperfeitas, com morros e vales, buracos e vegetação exuberante que sobe pelas encostas e recostar-se na murada perto do farol da Barra e olhar o pôr do sol, isso é deixar-se envolver pela cultura local. Música, povo nas ruas, cenários urbanos – antigos e pós-modernos, afinal o Brasil tem contrastes profundos –, natureza.

Foto de Marisa Vianna

Figura 8.1 – Fachada do Instituto Histórico e Geográfico da Bahia.

Foto de Marisa Vianna

Figura 8.2 – Palácio do Rio Branco.

Figura 8.3 – Asilo Santa Isabel – da Venerável Ordem de São Francisco.

Figura 8.4 – Altar-mor da igreja da Venerável Ordem Terceira do Carmo na cidade de Cachoeira (BA).

Tudo isso forma o contraste fraturado das cenas brasileiras, ou *tupiniquins*, para usar a palavra com a qual os brasileiros ironicamente referem-se às suas "coisas".

Mas, qual natureza? A que sobrou após séculos de devastação e ocupação desordenada do território. A agricultura, a indústria, a especulação imobiliária, o turismo, as ocupações feitas pelos pobres, os planejamentos truncados, o caos urbano e as promessas políticas interrompidas pelo final dos mandatos, tudo isso marcou profundamente o território, em especial o litoral e os entornos das grandes cidades.

As imagens retratadas ao longo dos primeiros séculos de colonização ainda podem ser encontradas? Certamente, mas é preciso algumas horas de vôo ou de estrada para encontrar os deslumbrantes cenários que excitam o imaginário dos europeus e norte-americanos sobre a América do

Figura 8.5 – Mosteiro de São Bento.

Sul, a África ou a Ásia. Pode-se voar em um jato durante horas sobre os cerrados e o pantanal, no centro do país, ou sobre a Amazônia, ao norte. Ainda restam centenas de praias semidesertas ou isoladas dos fluxos turísticos. Fora da temporada de férias (julho, janeiro e fevereiro) ou feriados, várias praias e cidades de veraneio ficam tranqüilas e bucólicas. Evidentemente, quem quiser agitar nas férias deve chegar no auge do verão ou durante o *réveillon* para sentir o pulso forte do país em seus momentos de clímax. Nos mercados e feiras do norte e nordeste, os visitantes (até mesmo os brasileiros do sul/sudeste) encontram um artesanato que se multiplica em formas e utilidades nos mais diversos materiais: pedras preciosas e semipreciosas, madeiras nobres, tecidos dos mais rústicos aos mais sofisticados, metais, fibras vegetais formando cordas e redes, cascas de frutos tratadas e ornamentadas, cerâmicas, telas pintadas, esculturas, móveis, quinquilharias e bugigangas.

Uma aventura no imaginário popular é viajar para Recife e visitar o magnífico atelier de esculturas de Francisco Brennand, montado a partir de 1971 na antiga cerâmica São João, situada nos arredores da capital de Pernambuco. É difícil descrever a beleza plástica local, pois os antigos prédios da cerâmica hoje abrigam peças, murais e paredes que lembram algo entre os alienígenas de Gigger e alguns traços mouriscos; símbolos fálicos e formas quase obscenas povoam os espaços cobertos de grama e árvores que separam os prédios coloniais da antiga fazenda. É como se remanescentes de uma civilização desconhecida tivessem ocupado e redecorado aquela antiga fábrica que produzia telhas e tijolos. Por dentro, o visual lembra uma catedral pagã, algo saído dos contos de H. P. Locecraft. Mesmo com o sol entrando por suas rosáceas dessacralisadas e rebatendo nas cumeeiras entalhadas no madeirame dos telhados, o ambiente parece ser propício a um conto de mistério. Só parece, porque Brennand é alto astral e seu espaço cênico provoca um espetáculo de energias exuberantes e vivas. Amigo do escritor regionalista Ariano Suassuna, do qual ilustrou várias páginas, a produção de Brannand (parte dela transformada atualmente em cerâmica de grife) reveste-se de universalidade profunda e estética única.

Delícia Cultural

O que pode sair de um imenso território que abriga inúmeras variedades de frutas, legumes, sementes, plantas especiais para produção de temperos, peixes, aves, mamíferos e répteis, que, por sua vez, foi povoado por uma mescla de europeus e africanos que se uniram aos habitantes nativos? Uma gastronomia saudável, variada e deliciosa. Viajar pelos bons restaurantes brasileiros (em qualquer região) ou, melhor ainda, ser recebido nas casas familiares que prezam a boa mesa é um prazer especial. Pode ser uma casa de gente rica ou de humildes agricultores, refeitórios de mosteiros ou restaurantes de fábricas, fazendas ou casas de praia, casas de veraneio localizadas às margens de rios ou de praias, apartamentos urbanos ou chácaras, não importa. Se a família gostar de cozinhar, o visitante, necessariamente, será muito bem servido. A gastronomia é enriquecida por três importantes ingredientes: fartura, informalidade e hospitalidade. O esquema funciona mais ou menos assim: quanto mais gente reunida, maior a probabilidade de a reunião acabar em uma verdadeira festa. Sempre há muita comida e bebida. Historicamente, a mesa farta e ampla é símbolo de bem estar, sucesso e obrigação moral para com o visitante, pelo menos para que ele não fale mal da casa quando for embora. Nas antigas fazendas, casas senhoriais e palacetes dos barões agrícolas; nas mansões e casas da nascente burguesia industrial ou ligada à burocracia governamental; nas casas dos remediados e gente mais "humilde, porém decente"; em todas essas casas, a regra é receber a visita com comidas e bebidas de boa qualidade e em quantidade que gere sobras.

Esse hábito doméstico migrou para muitos restaurantes, bares, tavernas e hotéis. O "café colonial" servido no sul do Brasil, por exemplo, pode ser degustado no café da manhã ou no chá da tarde, mas terá sempre umas três dezenas de itens, em média, entre chás, chocolate e café, sucos, pães doces e salgados, tortas e bolos, geléias, frutas, sopas, frios, queijos e ovos. As churrascarias especializadas em "rodízio" servem um imenso bufê de saladas e acompanhamentos (arroz, massas, polenta, salgadinhos, etc.) seguido por carnes (vaca, porco, frango, peixe) que são servidas à mesa, trazidas em espetos diretamente do fogo para o prato. Grupos japoneses que vêm pela primeira vez ao país ficam fascinados pela *potlatch* de carnes oferecidas e pelo preço que, para eles, é ridiculamente baixo. Os rodízios brasileiros de churrasco podem ser encontrados em alguns países da Europa e da América do Norte, a exemplo das churrascarias argentinas e uruguaias que se estendem em redes internacionais.

Uma especialidade brasileira são os peixes e frutos do mar. O país possui mais de 7.500km de litoral, com mares onde se pesca camarão, siri, lagosta e dezenas de tipos de peixes. As moquecas capixabas, feitas em panelas de barro, ou as feitas em outros estados do nordeste brasileiro, são uma combinação apetitosa de cebolas, pimentões, coentro, azeites e pimentas que acompanham camarões, postas de peixe ou carne desfiada de siri. No Rio Grande do Sul e em Santa Catarina, encontra-se a especialidade do preparo das carnes, dos embutidos e da técnica gaúcha de se preparar o churrasco. Os estados de Mato Grosso e Goiás, assim como o norte do Brasil, são o território dos peixes de água doce e das frutas exóticas da Amazônia.

Qualquer mesa brasileira é abundantemente verde. São as saladas de folhas e legumes, frutas, flores e plantas decorando o ambiente, invadindo com seus odores o espaço gastronômico. Uma típica refeição começa com aperitivos alcoólicos (a caipirinha é o *Brazilian drink* mais famoso), algum tipo de entrada e saladas. Os pratos principais não chegam a ser tantos como na Itália, exceto em ocasiões mais festivas ou especiais, mas em geral são servidos em duplas (uma carne e uma massa, fora os acompanhamentos).

Chega-se depois ao *grand finale*, as sobremesas. Os doces brasileiros, não importa de que região sejam provenientes, possuem diversificação imensa e um único traço comum: costumam ser deliciosos. É verdade que são um pouco "doces demais" para os europeus do norte e alguns outros grupos étnicos, mas essa característica vem da origem de boa parte da doçaria brasileira que são os conventos de freiras. Proveniente de Portugal, boa parte da doçaria portuguesa espalhou-se pelo país pelas hábeis mãos das freirinhas, para deleite dos sacerdotes, senhores, senhoras e crianças dos tempos coloniais. Posteriormente, essa doçaria original foi enriquecida pelas receitas alemãs, italianas, francesas, austríacas e árabes. São compotas, geléias, sucos, musses, rocamboles, panquecas, tortas, bolos, sorvetes, caldas, bolachas, pães doces, etc. A grande variedade de frutas tropicais uniu-se ao açúcar de cana-de-açúcar, abundante no país, e aos temperos mais usuais da Europa e Oriente Médio para constituir um cardápio delicioso e altamente calórico.

Vários autores estudaram as influências dos africanos, europeus e nativos na gastronomia brasileira que, rigorosamente, não existe. O que existe são as diversas cozinhas regionais que possuem características muito específicas e são bastante diferenciadas entre si. Em suma, o Brasil possui uma teia gastronômica muito rica e variada, o que aumenta o interesse daqueles que procuram o turismo cultural. O estudioso da cultura brasileira Luís Câmara Cascudo foi um dos pioneiros no estudo das origens e do desenvolvimento dessa faceta tão gostosa da cultura brasileira. Outros autores significativos são Ronaldo Lopes Pontes Barreto, pertencente ao quadro docente do Senac São Paulo, uma das instituições mais importantes na formação de profissionais da gastronomia brasileira, e Caloca Fernandes, pesquisador das tendências culinárias contemporâneas do Brasil.

Cultura em Todo Lugar

O Brasil não possui atrativos exclusivos para o turismo internacional. Há praias, florestas e campos belíssimos, mas essas belezas naturais podem ser encontradas em outros lugares do planeta, apesar de serem extremamente exuberantes no Brasil. Uma das marcas fortes do Brasil, ao lado na natureza e da hospitalidade de seu povo, é a sua cultura. Países muito grandes e etnicamente complexos como a China, Índia, México e Rússia oferecem essa particularidade, tanto aos seus residentes como aos visitantes estrangeiros. Os antigos responsáveis pela Embratur – Empresa Brasileira de Turismo, o antigo órgão oficial de turismo do Brasil (nas décadas de 1970 e 1980), atual Instituto Brasileiro de Turismo, investiam no tradicional trio "futebol, carnaval e mulheres bonitas" para divulgar a imagem do Brasil no exterior. Além dos poucos recursos investidos no *marketing* externo, essa fórmula revelou-se ineficiente e contribuiu, inadvertidamente, para o avanço do turismo sexual no Brasil. Ao longo da década de 1990, o governo do presidente Fernando Henrique Cardoso mudou a ótica de divulgação do Brasil no exterior, concentrando o foco justamente na cultura e nas belezas naturais do país. O atual governo do presidente Luis Inácio Lula da Silva publicou, em 20 de abril de 2003, sua política Nacional do Turismo, o primeiro documento publicado pelo novo Ministério do Turismo (www.turismo.gov.br).

A cultura brasileira, portanto, pode ser o grande atrativo para estrangeiros e brasileiros. Segundo o *International Scientific Committee on Cultural Tourism* (ICOMOS):

> *Turismo cultural é uma forma de turismo cujo objeto é, entre outros, a descoberta e preservação de monumentos e locais históricos. Ele é importante para contribuir no sentido de ajudar a preservar e proteger esses bens. Essa forma de turismo justifica os esforços que a restauração e a manutenção requerem da comunidade em geral, devido aos benefícios sócio-culturais e econômicos oferecidos à totalidade da população.*
>
> **ICOMOS Charter on Cultural Tourism (1976)**

Para se começar a avaliar o patrimônio cultural e natural do país, pode-se observar a Lista do Patrimônio Mundial organizada pela Unesco – Organização das Nações Unidas para a Educação, a Ciência e a Cultura. Em 1972, a Organização das Nações Unidas para a Ciência e a Cultura criou a Convenção do Patrimônio Mundial, para incentivar a preservação de bens culturais e naturais considerados significativos para a humanidade. Em 2002, um total de 730 bens estava incluído na lista da Unesco, sendo 563 culturais, 144 naturais e 23 híbridos. O Brasil está entre os países com mais bens inscritos na Lista do Patrimônio Mundial, o que realça suas boas condições para desenvolver o turismo cultural (Tabela 8.1).

Evidentemente, a lista da Unesco não abrange a totalidade das ofertas turísticas naturais e culturais

Tabela 8.1 – Países com seus respectivos bens inscritos na lista do Patrimônio Mundial da Unesco (2002)

País	Número de bens naturais ou culturais inscritos
Itália	35
Espanha	34
China	28
França	27
Alemanha	26
Reino Unido	24
Índia	23
México	22
Estados Unidos	18
Brasil	17
Grécia	16
Rússia	16

Fonte: *www.unesco.org*.

de um país. Ela representa alguns atrativos significativos, mas cada país ou região possui suas próprias categorias e exigências para classificar e proteger seus bens (Quadro 8.1).

O Brasil possui um órgão federal responsável pela gestão dos bens culturais chamado IPHAN – Instituto do Patrimônio Histórico e Artístico Nacional (www.iphan.gov.br), o qual possui uma listagem organizada em vários segmentos:

- 1.300 instituições museológicas cadastradas.
- 49 núcleos históricos (sítios urbanos tombados).
- 43 fortes e fortalezas.
- Cinco patrimônios arqueológicos tombados e cerca de 20.000 identificados.
- 799 bens culturais cadastrados e procurados (perdidos em decorrência de roubos, extravios, etc.), como cruzes, crucifixos, quadros, imagens de santos, âmbulas, móveis, brincos, cálices, em geral objetos roubados de antigas igrejas católicas que constituem parte do tesouro artístico nacional.

O IPHAN cadastrou cerca de 1.000 bens culturais em todo o Brasil. É importante notar que a quase-totalidade desses bens classifica-se entre imóveis no estilo barroco, arquitetura modernista ou patrimônio natural. Centenas de outros bens restaurados, neoclássicos, *art déco* ou em outros estilos arquitetônicos não foram tombados ou cadastrados por razões de suscetibilidade própria do

Quadro 8.1 – Lista dos bens brasileiros inscritos no Patrimônio Mundial da Unesco com seus respectivos estados e data de tombamento

- Conjunto arquitetônico e urbanístico da cidade de Ouro Preto (Minas Gerais) – 05/09/1980
- Conjunto arquitetônico, paisagístico e urbanístico da cidade de Olinda (Pernambuco) – 17/12/1982
- Ruínas da igreja de São Miguel das Missões (Rio Grande do Sul) – 09/12/1983
- Conjunto arquitetônico e urbanístico de Salvador (Bahia) – 06/12/1985
- Santuário de Bom Jesus de Matosinhos em Congonhas (Minas Gerais) – 06/12/1985
- Parque Nacional do Iguaçu (Paraná) – 28/11/1986
- Conjunto urbanístico, arquitetônico e paisagístico de Brasília (Distrito Federal) – 11/12/1987
- Parque Nacional Serra da Capivara, São Raimundo Nonato (Piauí) – 13/12/1991
- Conjunto arquitetônico e urbanístico do Centro Histórico de São Luís (Maranhão) – 03/12/1997
- Conjunto arquitetônico e urbanístico do centro histórico de Diamantina (Minas Gerais) – 01/12/1999
- Conjunto paisagístico do Pantanal Mato-grossense (Mato Grosso e Mato Grosso do Sul) – 30/11/2000
- Conjunto paisagístico do Parque Nacional do Jaú (Amazonas) – 11/11/2000
- Costa do descobrimento (litoral sul da Bahia) – 01/12/1999
- Mata Atlântica do Sudeste (litoral sul de São Paulo e litoral norte do Paraná) – 30/11/2000
- Reservas do cerrado – Parque Nacional das Emas e Parque Nacional Chapada dos Veadeiros (Goiás) – 16/12/2001
- Centro histórico de Goiás (Goiás) – 16/12/2001
- Ilhas atlânticas – Reservas de Fernando de Noronha e Atol das Rocas – 16/12/2001

Instituto. Para fazer um inventário mais completo do patrimônio cultural brasileiro, é preciso consultar também alguns órgãos estaduais como o CONDEPHAAT – Conselho de Defesa do Patrimônio Histórico, Arqueológico, Artístico e Turístico do Estado de São Paulo, livros e guias específicos e outros órgãos privados ou municipais de menor representatividade nacional, mas significativos em suas regiões.

Na Tabela 8.2 está a lista dos 998 bens tombados nos 26 estados da federação e no Distrito Federal (Brasília), em ordem quantitativa decrescente.

Cultura das Ruas

A cidade de São Paulo é uma metrópole globalizada onde se encontra todo tipo de cultura. A garo-

Parte 1

Tabela 8.2 – Bens tombados nos estados e no Distrito Federal

Estado da federação	Número de bens tombados pelo IPHAN
Rio de Janeiro	216
Minas Gerais	200
Bahia	170
Pernambuco	82
São Paulo	69
Rio Grande do Sul	35
Pará	25
Sergipe	25
Goiás	21
Paraíba	21
Santa Catarina	21
Maranhão	19
Ceará	16
Paraná	15
Espírito Santo	14
Rio Grande do Norte	14
Alagoas	9
Piauí	7
Mato Grosso	6
Amazonas	4
Brasília	4
Mato Grosso do Sul	2
Amapá	1
Rondônia	1
Tocantins	1
Roraima	–
Acre	–

Fonte: *www.iphan.gov.br.*

tada divide-se em segmentos urbanos e reúne-se em espaços específicos como barzinhos, clubes noturnos ou *shopping centers*. Uma reportagem do jornal "Folha de São Paulo" (suplemento *Folhateen* de 21/Jul./2003) mapeou oito grupos de jovens segmentados em São Paulo: *punks*, manos, GLS – *gays*, lésbicas e simpatizantes, roqueiros, góticos, maurícios e patricinhas (jovens mais ricos), *skatistas* e *clubbers*. Muitos desses grupos são encontrados também no Rio de Janeiro, Salvador, Porto Alegre, Recife e até mesmo em cidades menores. A jornalista Erika Palomino (também do jornal "Folha de São Paulo") publicou, em 1997, o livro *Babado Forte* (São Paulo: editora Mandarim). Nesse livro, ela faz uma análise inédita da noite jovem paulistana com suas tribos, história e cultura. É impossível tentar entender a cultura urbana brasileira atual sem mergulhar no mundo adolescente e jovem que forma uma teia labiríntica, similar àquelas existentes em outras metrópoles globais.

Mas essas teias paulistanas reproduzem-se, com características próprias, em algumas outras cidades brasileiras. A revista "Veja" (28/maio/1997 – p. 124-130) analisou o fenômeno cultural em Recife, chamando a cidade, na época, de "capital brasileira da cultura jovem". Em Recife, existem dezenas de bandas reunidas em torno de um movimento denominado *mangue beat*. O ex-secretário de cultura do estado, o escritor Ariano Suassuna, recriou o movimento armorial (criado por ele próprio nos anos 1970) e investiu nos grupos de maracatu (música e dança religiosa de influência afro-indígena). O poeta João Cabral de Melo Neto, um expoente da poesia nacional, reside em Recife. Artistas como Chico Science (morto em 1997 em um acidente de automóvel) e Mestre Ambrósio agitaram o cenário local e nacional por um bom tempo.

O estado da Bahia é um universo especial. Grupos como Olodum, Filhos de Gandhi, Dida (exclusivamente feminina), Araketu; artistas como Carlinhos Brown, Gilberto Gil, Caetano Veloso, Gal Costa, Maria Bethânia, Ivete Sangalo, Daniela Mercury, Netinho, começaram sua carreira na Bahia e depois alcançaram sucesso no Brasil e no exterior. Entender o processo de construção estética da música baiana é atividade para especialistas e uma boa fonte para os iniciantes é o livro da pesquisadora Goli Guerreiro, *A trama dos tambores – a música afro-pop de Salvador*. Essa cultura é da região do recôncavo baiano. O estado possui outros grupos culturais localizados no sul da Bahia (antiga costa do cacau), na chapada Diamantina (no centro-leste) e no agreste (sertão), a região que faz divisa com os estados de Pernambuco e Piauí. Regiões com economias novas como Barreiras (soja) e o vale do rio São Francisco (frutas e enologia) geram receitas e novas migrações internas que enriquecem o mosaico cultural nacional.

Considerações Finais

Os brasileiros que lerem este texto certamente encontrarão algumas lacunas. Não foram citadas inúmeras festas populares, grupos de cultura local, procissões, danças e outras atividades tão importantes quanto as citadas. O motivo é simples: a cultura brasileira é tão vasta e complexa que se torna impossível descrevê-la totalmente em um pequeno espaço.

Essa cultura dinamiza as relações sociais, a economia, a política, a religião e o turismo. Evidentemente, a língua portuguesa é uma barreira para o estrangeiro que deseja compreender melhor o país, porém existem alguns livros e artigos em inglês ou francês que ajudam a inserção nos meandros da cultura brasileira. Vários antropólogos franceses, de Lévy-Strauss a Pierre Vergér, estudaram o candomblé, os índios e a cultura local em geral e seus textos encontram-se em várias línguas.

Existem alguns livros básicos em português (alguns traduzidos para o inglês, espanhol, alemão ou francês) para se entender o Brasil. Uma lista será sempre incompleta em virtude da grande produção científica nas áreas de história, sociologia, antropologia, etc., mas os que desejam iniciar-se podem consultar as obras escritas por brasileiros e estrangeiros (com os títulos e nomes, é possível consultar autores e obras nos *sites* de busca da Internet), apresentadas na Tabela 8.3.

Após as comemorações dos 500 anos da descoberta do Brasil (comemorados em 2000), foram publicadas centenas de obras a respeito do país.

Os trópicos brasileiros são divertidos, mas por trás da aparente atmosfera festiva e superficial que o turista apressado percebe existe, como em todos os lugares da Terra, uma intrincada e articulada teia de relações sociais, histórias e interpretações que apenas o viajante mais perspicaz e estudioso pode perceber. Conhecer a cultura deixa o país ainda mais divertido.

Tópicos Mais Importantes do Capítulo

- Os trópicos vistos pelos europeus do século XVI como lugares de prazer e permissividade.
- O encontro das culturas européias e africanas com as culturas nativas brasileiras e o surgimento de formações culturais pluralistas e complexas que formam o Brasil atual.
- Os primeiros artistas europeus que retrataram a natureza e a colonização do Brasil.
- O Brasil visto por alguns artistas brasileiros.
- A riqueza das cores, olfatos e sabores da gastronomia.
- O patrimônio cultural brasileiro.
- As culturas populares.

Questões para Discussão

1. A cultura brasileira é desconhecida por várias pessoas e grupos sociais. Como fazer com que

Tabela 8.3 – Algumas obras de referência sobre o Brasil (em ordem cronológica)

Nome do livro	Autor	Ano da primeira edição
História do Brasil	Frei Vicente do Salvador	1627
História Geral do Brasil	Francisco Adolfo de Varnhagen	1854
Capítulos da História Colonial	Capistrano de Abreu	1907
D. João VI no Brasil	Manuel Oliveira Lima	1908
Retrato do Brasil: Ensaio sobre a Tristeza Brasileira	Paulo Prado	1928
Casa Grande & Senzala	Gilberto Freyre	1933
Raízes do Brasil	Sérgio Buarque de Hollanda	1936
Formação do Brasil Contemporâneo	Caio Prado Junior	1942
Tempo dos Flamengos	Gonsalves de Mello	1947
Coronelismo, Enxada e Voto	Victor Nunes Leal	1949
Vassouras	Stanley Stein	1957
Visões do Paraíso	Sérgio Buarque de Hollanda	1959
Formação Econômica do Brasil	Celso Furtado	1960
A Devassa da Devassa	Kenneth Maxwell	1973
Olinda Restaurada	Evaldo Cabral de Mello	1975
Portugal e Brasil na Crise do Antigo Sistema Colonial	Fernando Novais	1979
Rebelião Escrava no Brasil	João Reis	1986
O Tempo Saquarema	Ilmar Mattos	1987

Parte 1

essas culturas sejam identificadas e respeitadas, cada vez mais, pela população?

2. A valorização de nossas culturas pode ajudar no desenvolvimento do turismo em geral? Por quê?
3. Você conhece as características culturais de sua cidade ou região? Sabe as suas origens, a importância social e política que elas possuem e pensa que pode ajudar na divulgação e preservação dessas manifestações culturais?
4. Você faz parte de algum grupo envolvido diretamente, de alguma forma, com produção cultural?
5. Qual manifestação cultural brasileira você conhece (por ter visitado, lido, visto na mídia ou ouvido a respeito) que seja proveniente de estado ou região diferente de onde você reside?

Sites Indicados

www.icomos.org: International Council on Monuments and Sites.

www.iphan.gov.br: Instituto do Patrimônio Histórico e Artístico Nacional – Brasil.

www.turismo.gov.br: Ministério do Turismo – Brasil.

www.unesco.org: United Nations Educational, Scientific and Cultural Organization.

BIBLIOGRAFIA

ADONIAS, I. *Mapa: imagem da formação territorial brasileira.* Rio de Janeiro: Fundação Emílio Odebrecht, 1993.

BASTOS, C. *Carlos Bastos.* Rio de Janeiro: edição do autor, 2000.

BELLUZZO, A. M. M. *O Brasil dos viajantes.* São Paulo: Metalivros/Salvador: Fundação Emílio Odebrecht, 1994, 3 vols.

BRENNAND. *Esculturas 1974-1998.* São Paulo: Pinacoteca do Estado, 1998.

FERNANDES, C. *Viagem Gastronômica através do Brasil.* São Paulo: Senac, 2000.

GUERREIRO, G. *A Trama dos Tambores: a música afro-pop de Salvador.* São Paulo: Editora 34, 2000.

RIBEIRO, J. U. *Viva o Povo Brasileiro.* São Paulo: Nova Fronteira, 1984.

VIANNA, M. *Salvador: cidade da Bahia.* Salvador: Bigraf, 2002.

Parte 1

Anotações

Anotações

85-7241-568-8

Parte 2

Teoria e Educação

CAPÍTULO

9 Aproximação à Conceituação do Turismo a Partir da Teoria Geral de Sistemas

Parte 2

Alfonso de Jesús Jiménez Martínez

Introdução e Contexto

O turismo é um objeto de estudo que se revela bastante impreciso; o vínculo que possui com diversos fatores e outras áreas do saber acentua a complexidade de compreensão. De fato, a ausência de definições aceitas universalmente tem sido uma das dificuldades mais significativas para conseguir visualizar e entender com clareza as características do fenômeno, o que causa grande impacto no modo como o turismo é abordado e compreendido. Das abordagens pioneiras de Bodio e Von Wiese, Dumazedier, De Arrilaga e Defert, até os nomes atuais, que passam por Cohen, Macintosh, Cooper, Krippendorf, Gunn, Goeldener, Jafari, Leiper, Mill e Morrison, entre outros, e, no México, especialistas como Raymundo Cuervo, Molina, e instituições como o IMIT – Instituto Mexicano de Pesquisas Turísticas (*Instituto Mexicano de Investigaciones Turísticas*) oferecem uma visão do turismo como fenômeno ou como sistema que é a representação conceitual dos enfoques que modelam a visão que se tem do turismo.

É quase desnecessário mencionar que o turismo mundial cresceu a ponto de constituir algo de grande amplitude, que chama a atenção de todos pela magnitude e pelo impacto econômico, social e ambiental que causa, tornando-se cada vez mais alvo de especialistas e cientistas, tanto nacional como internacionalmente[1].

O turismo tem sido, no entanto, um tema obscuro como objeto de estudo, sem que tenha sido alcançada uma teoria integradora que permitisse explicar em definitivo os componentes necessários

[1] Para o México, o turismo é uma atividade de grande importância econômica. De acordo com a Conta Satélite do Turismo (SECTUR, 2001), alcançou 8,9% do PIB – Produto Interno Bruto nacional no ano de 2000. Entre outras razões, é por esse motivo que há grande preocupação em estudar o fenômeno, tendo sido a Universidade Autônoma do Estado do México a primeira a implantar no país, em 1959, um curso de licenciatura em turismo. Em 2002, existiam 503 instituições registradas oficialmente (*Registro de Validez Oficial de Estudios*, REVOE), que se dedicavam ao ensino do turismo, das quais 190 de nível superior ou universitário, de acordo com informações recentes da Subdireção de Educação e Vinculação da Direção Geral de Cultura Turística da SECTUR.

85-7241-568-8

para seu estudo e os enfoques que devem ser adotados para sua compreensão. Essa falta de definições aceitas universalmente e de concepções que permitam a representação adequada do turismo têm sido as dificuldades mais significativas para conseguir entender com clareza os contornos do fenômeno e permitir abordar seu estudo com maior eficácia e de modo mais integral. Dann, Nash e Pearce já afirmavam há algum tempo: "[...] até o momento, não conhecemos sequer quais elementos combinar a fim de fazer um dimensionamento sensível" (Dann, Nash e Pearce, 1988:14). Os mesmos autores afirmam que, embora alguns estudos comparem o turismo com diferentes aspectos das sociedades, a definição é expressa a partir de analogias, sem no entanto explicar, plenamente, o que *é* o turismo.

Embora na última década tenham ocorrido avanços nesse sentido, ainda há muito por fazer. A OMT – Organização Mundial do Turismo (OMT, 1995; WTO, 1996, 1997) afirma que, nos estudos sobre turismo, as teorias que utilizam a analogia como base de compreensão foram pouco desenvolvidas. Essa mesma organização afirma que, em razão da natureza da atividade turística, é muito difícil a definição e a categorização absoluta, motivo que explica a presente inexistência de uma descrição universalmente aceita sobre o que é o turismo. Em virtude dessa imprecisão, há discordância em relação a que área de estudo o turismo pertence, sobretudo mediante outras áreas já bem estabelecidas. O problema se agrava graças à relativa imaturidade do turismo como área de estudo (WTO, 1997, p. 6). Como conseqüência, é freqüente encontrar o turismo vinculado superficialmente a outras áreas departamentais, o que resulta em uma variedade de cursos que parecem desconexos. Essa falta de clareza gera implicações importantes para a educação e o ensino, já que o turismo necessita de flexibilidade temática, e a maior parte dos sistemas de educação e de capacitação turística se caracteriza por alto grau de inércia e rigidez, conseqüência dos princípios estáticos herdados do passado (OMT, 1997, p. 20).

Por outro lado, a complexidade do tema é amplamente reconhecida, assim como a necessidade de enfoque interdisciplinar que permita melhorar o planejamento formal de seu estudo. Dois estudiosos do tema (Graburn e Jafari *apud* Gunn, 1994, p. 5) afirmam que "nenhuma disciplina pode, por si mesma, abarcar, tratar ou compreender o turismo; ele pode ser estudado somente se forem ultrapassadas as barreiras das disciplinas e se for encontrada e desenvolvida uma perspectiva interdisciplinar". Gunn também afirma que algumas das disciplinas-chave no estudo do turismo são *marketing*, finanças, administração, ciências sociais – como psicologia, sociologia, história, geografia, antropologia, ciências políticas –, planejamento, *design* e futurismo, entre outras. Os enfoques adotados costumam depender da formação original do autor, contribuindo de certo modo na confusão[2].

As análises existentes sobre turismo quase sempre recorrem à história como eixo das formulações explicativas do fenômeno. A falta de ferramentas para construir cenários completos parece privar da utilização prática e crítica que pudesse auxiliar a formular respostas integrais.

De fato, a visão multi e transdisciplinar do sistema turístico também traz uma necessidade de tornar a sustentabilidade viável; no entanto, essa é uma concepção da realidade que supõe a visão e o conhecimento integral dos fatos para poder abordá-los, analisá-los, compreendê-los e aproveitá-los com menor possibilidade de depredação do meio ambiente.

Pela natureza da atividade, os especialistas em turismo enfrentam um paradoxo para abordar a realidade: carecem, por um lado, das ferramentas para a generalização (a conceituação integral) e buscam refúgio na especialização, obtendo com isso uma visão fragmentada e tangencial do fenômeno que, reproduzida nas escolas e universidades, serve apenas para reciclar as dificuldades de compreensão integral do fenômeno. É o equivalente ao reducionismo científico que analisa cada uma das partes de maneira minuciosa, mas perde significativamente na compreensão do todo. Isso, por sua vez, parece dificultar a interação com outros especialistas e pesquisadores de diferentes áreas da ciência, resultando em uma infinidade de incompreensões e prejuízos que polarizam as posturas e que em nada ajudam na compreensão integral da atividade.

Em geral, o turismo como sistema e suas implicações disciplinares encontram-se em estudo em diferentes níveis. Essa proposta deve ser, obviamente, objeto de debate. O presente texto pretende, dessa forma, uma aproximação para entender o turismo como um sistema e, portanto, entendê-lo além da soma de eventos relacionados com a satisfação do

[2] Essa lista de Gunn, por exemplo, não define quando, qual e como abordar o turismo a partir das disciplinas mencionadas, dependendo da temática do estudo – ainda que seja evidente para alguns temas.

Parte 2

turista e com a utilização de todos os meios possíveis para que isso seja possível. Busca-se a identificação precisa dos componentes estruturais do sistema, bem como a definição das inter-relações e escalas, com as quais se pode avançar na compreensão dos processos, que, por sua vez, são dinâmicos, complexos e possuem características evolutivas específicas. Por fim, sabe-se que tentativas de compreender e explicar a realidade nunca conseguem retratar todos os processos, mas possibilitam progressivamente compreensões mais completas.

Objetivo e Propostas Conceituais Centrais

O objetivo do trabalho é identificar e descrever a estrutura e os processos que caracterizam o turismo, fazendo uso das premissas teóricas da TGS, bem como das implicações disciplinares que esse procedimento exige: quais disciplinas são pertinentes para a compreensão de quais temas; quando e sob qual perspectiva utilizar cada disciplina – o que pode depender da abordagem adotada e do objeto de estudo (local emissor, receptor ou a indústria turística).

As perguntas-chave são: quais são as características da estrutura de turismo e quais seus atores principais? Quais são seus âmbitos de ação e seus processos operacionais? Que implicações têm para o estudo das regiões emissoras e receptoras?

O trabalho pretende ser um ponto de partida alternativo para a criação de uma visão integral, o que supõe a utilização da ferramenta conceitual encontrada na TGS – Teoria Geral de Sistemas[3], bem como a visualização do fato turístico como sistema complexo. Este trabalho está muito longe de abordar completa e integralmente todas as exigências da TGS em relação ao sistema turístico ou à Teoria dos Sistemas Complexos. Todavia pretende, em alguma medida, contribuir para o esclarecimento dos elementos que lhe dão sentido e conteúdo, funcionamento e operacionalidade em diferentes níveis. Por outro lado, e em consonância com o objetivo epistemológico dos sistemas complexos, pretende não apenas identificar as estruturas – o que permitiria entender os *estados* em que se encontram os sistemas a elas associados – mas também identificar e compreender as atividades e os mecanismos que permitem levar a cabo esses processos. Ainda há muito que fazer na busca dessa compreensão.

Método

O método para abordar o fenômeno turístico e a definição de suas facetas de estudo partem da TGS. De acordo com o arcabouço conceitual dessa teoria, qualquer abstração da realidade (recorte da realidade) poderia ser um sistema, sempre e quando estiverem definidos claramente os parâmetros dentro dos quais tal sistema se estabelece. Deve-se destacar aqui a diferença entre pensamento sistêmico e TGS. No primeiro caso, significa uma forma de pensar, buscando todos os elementos constituintes (pensamento integral ou holístico); no segundo, são necessárias definições mais precisas, a fim de atuar com vínculos claros e úteis, bem como impedir que a identidade do sistema se dilua dentro de um conjunto difuso de teorias, métodos e técnicas. A TGS requer a definição de conceitos e a descrição do modo que são aplicados, especificamente em relação aos componentes do fenômeno estudado e definido como tal sistema, bem como sua forma de funcionamento.

Não é propósito deste trabalho discutir as considerações e posturas em relação a diferentes teorias de sistemas (ou das teorias de sistemas complexos, em suas variantes estruturalista ou construtivista[4], que são assuntos da filosofia da ciência). Na verdade, este trabalho se norteia, de maneira explícita, pela utilização do arcabouço conceitual da TGS na busca de explicações integrais do fenômeno turístico. Isso ajudará a estabelecer claramente facetas de estudo e as interligações existentes com outras disciplinas, para chegar a uma compreensão mais ampla e proveitosa do tema.

[3] A Teoria Geral de Sistemas descreve um nível de construção teórica de modelos situado entre a matemática pura e as teorias específicas de disciplinas especializadas, que requerem um "corpo sistemático de construções teóricas que possa discutir, analisar e explicar as relações gerais do mundo empírico" (Johansen, 2000, p. 20).

[4] Para uma abordagem resumida das propostas estruturalista e construtivista, ver, respectivamente: Ramírez (1999) e García (2000).

Parte 2

85-7241-568-8

Serão apresentadas, de forma sucinta, as implicações dessa abordagem, que tenta definir a estrutura dos diferentes elementos que constituem e dão forma à atividade turística[5]; as facetas do turismo como objeto de estudo e as conseqüentes multi e transdisciplinaridade inerentes.

No trabalho completo, foi realizada uma revisão das propostas de representação esquemática da atividade turística, feitas por alguns autores que tratam o turismo como sistema: é o caso de Raymundo Cuervo (1966), Mill e Morrison (1998), Sergio Molina (1994) e o australiano Neil Leiper (1981, 1995). A partir disso, e considerando as exigências da TGS, são feitas reflexões que reformulam as implicações derivadas da conceituação do turismo como sistema propostas por esses autores.

Pela simplicidade de representar a realidade de modo esquemático, é utilizado o esquema de representação do turismo de Neil Leiper, aceito de forma generalizada e que, por isso, constitui um ponto de partida consensual. A partir da revisão de suas implicações (não apenas territoriais, espaciais e geográficas, como Leiper considera), é possível reformular o sistema, possibilitando uma diferente compreensão do turismo, em seu contexto global e integral. Neste trabalho não serão apontados os conteúdos do sistema conforme exposto por Leiper – que tem diferenças importantes. A mais significativa delas consiste em aplicar os conceitos da TGS de modo alternativo, para reformular e construir uma estrutura de sistema turístico que seja coerente, bem como para identificar e interpretar os atores e processos que têm lugar no sistema assim construído.

ANTECEDENTES: DIVERSOS ESFORÇOS DE REPRESENTAÇÃO CONCEITUAL

Há esforços altruísticos de representação conceitual do turismo de diversas origens, abordagens, consistência metodológica e êxito didático, todos eles trazendo contribuições à teoria. Essa tem sido uma das conseqüências mais importantes dos modelos construídos: são mapas conceituais que auxiliam a interpretar a realidade. Para fins de identificação e comparação serão descritos, de forma resumida, os diferentes esforços conhecidos realizados a esse respeito, dividindo-os em dois tipos: (1) os que foram feitos a partir de diversas interpretações, como economia e sociologia, e os abordados como um misto de diferentes disciplinas; e (2) os que contemplaram o turismo a partir da TGS.

Alguns Modelos Não Sistêmicos de Interpretação do Turismo

No México, durante a década de 1960, foi muito utilizado um modelo de representação elaborado pelo IMIT, nessa época subordinado ao Conselho Nacional de Turismo, e que era uma ferramenta de interpretação do fenômeno turístico no país (Ramírez Blanco, 1998, p. 52). Essa concepção reflete muitas das principais preocupações da época em relação aos aspectos turísticos e integra alguns dos temas mais importantes a serem considerados (Fig. 9.1).

O modelo do IMIT foi utilizado de modo proveitoso na época, e procurou ordenar o turismo de forma sistemática, a partir de fatores diretos e indiretos que, classificados em estruturais ou dinâmicos, organizavam as diferentes temáticas. Com orientação pragmática, enfocava a abordagem no esforço de buscar resultados viáveis e na possibilidade de planejamento e programação para os setores público e privado.

O modelo do suíço Jost Krippendorf (Fig. 9.2) menciona a existência de dois elementos fundamentais: (1) recursos impositivos constituídos pelas normas sociais e legais; e (2) investimentos em turismo e gastos em consumo, que incidem diretamente nas três diferentes esferas da realidade: sociedade, economia e meio ambiente. Essas esferas interagem entre si e são, por sua vez, constituídas por outros elementos.

O modelo de Westlake (Fig. 9.3) enfatiza o papel central do transporte, ao relacionar a oferta com a demanda de turistas. Enfoca também a importância do processo de comunicação entre o mercado e o destino. Além disso, destaca a importância do planejamento e do desenvolvimento de estratégias voltadas a minimizar os impactos negativos

[5] Alguns dos conceitos básicos que dão origem ao desenvolvimento deste trabalho encontram-se no texto apresentado, em 1998, no I Congresso de Pesquisa Turística, promovido pela Faculdade de Turismo da Universidade Autônoma do Estado do México (UAEM). (Jiménez Martínez, 2000: 127-140).

Parte 2

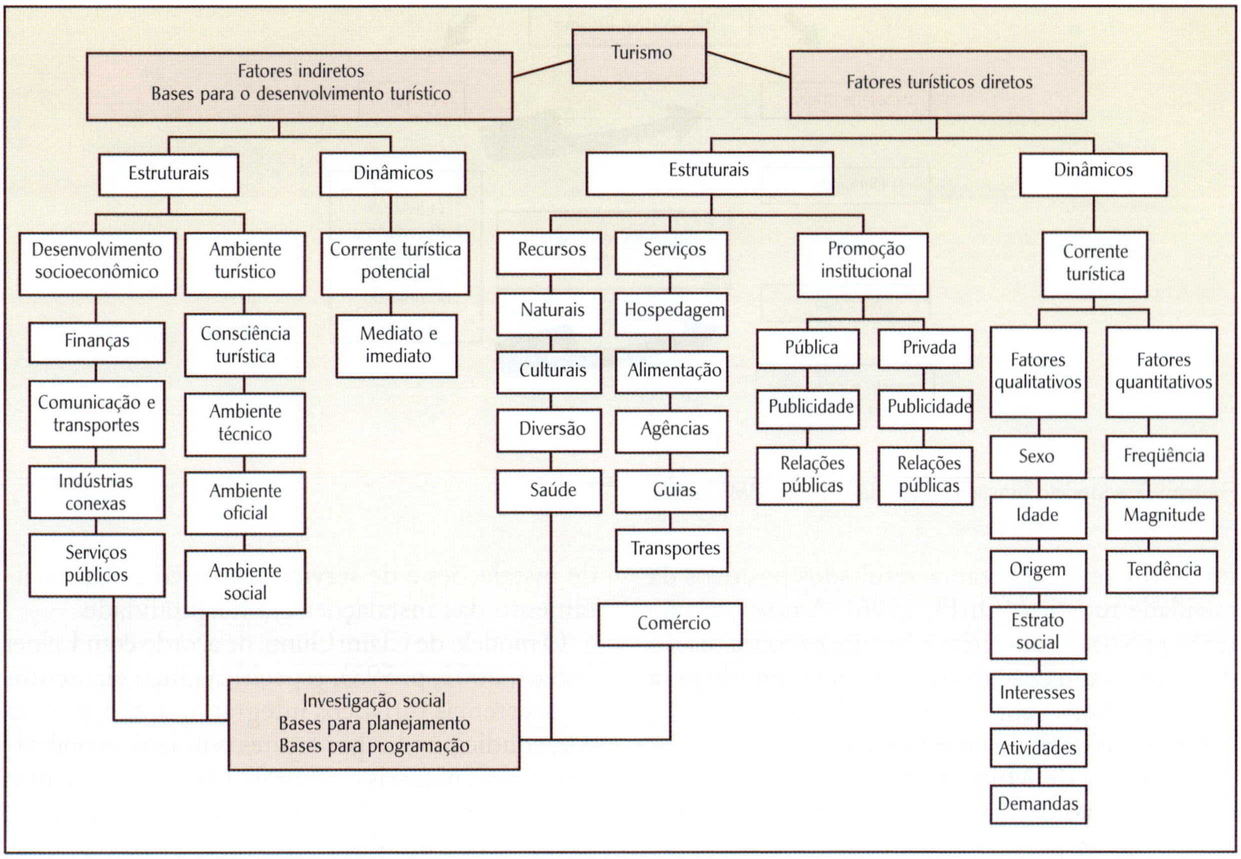

Figura 9.1 – Fatores que integram o fenômeno turístico: IMIT (1963). Fonte: Ramírez Blanco (1998, p. 52).

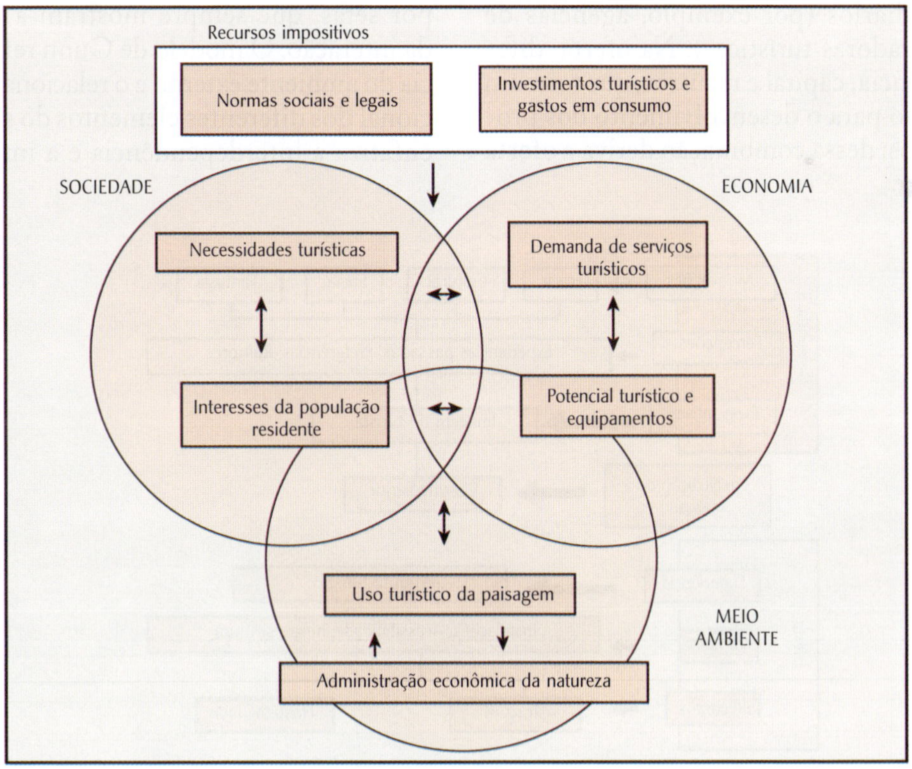

Figura 9.2 – Sistema turístico de Krippendorf. Fonte: Schutler e Winter (1993, p. 50-51).

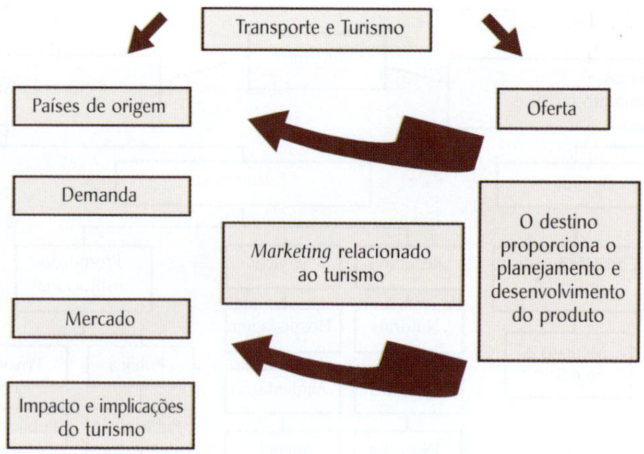

Figura 9.3 – Modelo turístico de Westlake. Fonte: OMT (1996).

no destino e maximizar os resultados positivos da atividade turística (OMT, 1996). Ainda que não tenha provocado um efeito relevante na conceituação do turismo, seu desenho serve como exercício para ajudar a refletir sobre o turismo de modo diverso, e por isso constitui um esforço apreciável.

O modelo de Murphy (Fig. 9.4) se concentra na observação dos fatores de oferta e demanda. Distingue as particularidades psicológicas que influem na demanda (motivação, percepção e expectativa) e mostra como esses critérios estão relacionados, nos locais onde se encontra o mercado, com intermediários (por exemplo, agências de viagem e operadoras turísticas). Na oferta, diferencia experiência, capital e recursos, que formam a base de apoio para o desenvolvimento dos produtos turísticos; dessa combinação deriva a oferta de instalações e de serviços turísticos, o aproveitamento das instalações e a hospitalidade.

O modelo de Claire Gunn, de acordo com Leiper (Jafari, 2002, p. 593), especifica cinco elementos para sistemas turísticos integrais que são, por sua vez, condicionados por fatores políticos, econômicos, físicos, naturais e culturais. Os cinco elementos são: (1) atrativos (ou atrações); (2) transporte; (3) serviços e instalações; (4) informação; (5) o turista – a posição central, com os demais elementos em torno dele, ressalta seu papel. As inter-relações entre os diferentes elementos são indicadas por setas, que sempre mostram a reciprocidade da interação. O modelo de Gunn reflete a influência do ambiente externo e o relacionamento bidirecional dos diferentes elementos do sistema. Gunn enfatiza a interdependência e a importância das

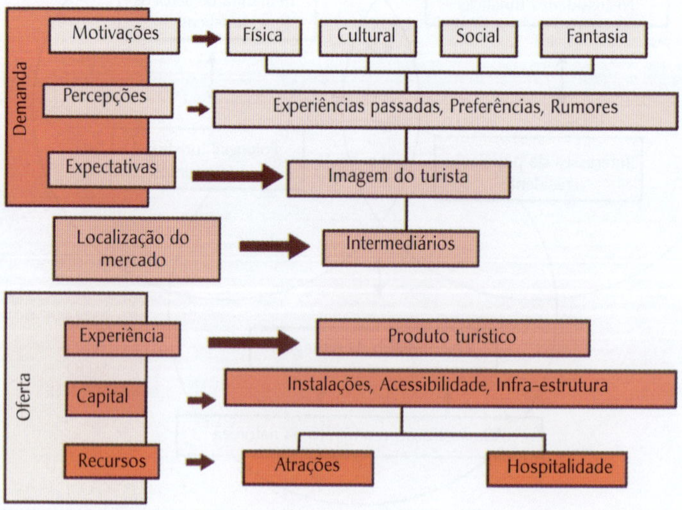

Figura 9.4 – Modelo turístico de Murphy: oferta e demanda (1985). Fonte: OMT (1996).

85-7241-568-8

diversas facetas do sistema turístico, reconhecendo a mútua influência entre certos elementos (Fig. 9.5).

Finalmente, o modelo de Jafar Jafari (apresentado em 1981) é representado como um diagrama em forma de círculo, com 16 raios traçados e um centro (onde se encontram os estudos turísticos). Cada um dos retângulos radiais identifica disciplinas tradicionais que, sob diferentes perspectivas, se encontram envolvidas com o estudo do turismo: antropologia, sociologia, psicologia, economia, geografia, etc. (OMT, 1996). O modelo descreve o fato de que muitas disciplinas têm algo a dizer sobre turismo; no entanto, não vai além disso e, por essa razão, sua utilidade é limitada. Segundo Leiper (*apud* Jafari, 2002, p. 593), o modelo de Jafari mostra um processo no contexto do mundo cotidiano (de rotina) e o mundo no cotidiano (durante as viagens). Na verdade, retrata o mundo turístico como um planeta ao redor do qual orbita grande variedade de disciplinas, as quais auxiliam na sua compreensão, embora não se perceba, de fato, a forma específica como gravitam no turismo. Na verdade, mais do que um modelo que descreve o funcionamento do turismo, essa representação é um gráfico esquemático de todas as disciplinas que contribuem para a compreensão do turismo a partir de seu próprio enfoque disciplinar (Fig. 9.6).

Turismo Visto a Partir da Teoria Geral de Sistemas

A TGS tornou-se uma importante ferramenta para conceituar fenômenos complexos, e um de seus mais importantes representantes é Ludwig von Bertalanffy. Atualmente, a TGS tem se beneficiado das contribuições de muitos outros estudiosos (Newmann, Morgenstern, Wiener, Rapaport, entre outros), que fizeram contribuições relevantes (Johansen, 2000; De la Reza, 2001). Nesta seção são apresentadas propostas que tomaram a TGS como ponto de partida para a explicação do fenômeno turístico. As razões dessa decisão são diversas. Todos os modelos oferecem uma perspectiva diferente do sistema turístico e de como os elementos que o constituem se inter-relacionam e interagem. Como a definição de sistema é ampla e seus contornos são desenhados e construídos a partir das observações do pesquisador, cada modelo considera elementos diferentes como integrantes do sistema de turismo. Cada pessoa pode construir um edifício conceitual, desde que o valide na realidade com a definição precisa de seus componentes, limites, operação e coerência interna. A definição de sistema como um "conjunto de elementos que se encontram inter-relacionados entre si e seus ambientes" (Leiper, 1995, p. 22; Gutierrez, 1997, p. 218) é suficientemente ampla para permitir essa flexibilidade. Dessa forma, nenhum modelo pode ser classificado como definitivo ou absoluto e, por isso, é importante considerar todos eles.

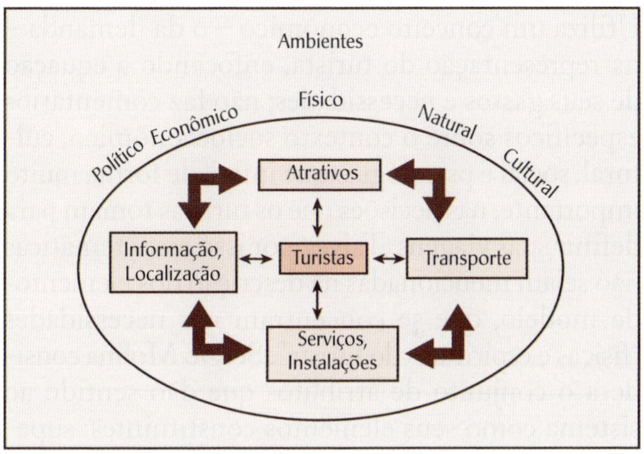

Figura 9.5 – Modelo turístico de Claire Gunn (1988). Fonte: OMT (1996).

Neil Leiper afirma que provavelmente foi o mexicano Raymundo Cuervo – um engenheiro, Diretor da Secretaria de Planejamento do então Departamento de Turismo do México na segunda metade dos anos 1960 – o primeiro a utilizar a TGS para a interpretação do turismo (Leiper, 1995, p. 22). Sua formulação não teve repercussão, talvez por ter sido aplicada em um problema de designação de rotas no convênio aéreo bilateral entre México e Estados Unidos e pela descrição matemática que fez do modelo, utilizando a análise operacional e a engenharia de sistemas, o que limitou de maneira considerável a audiência e a compreensão. Graficamente, foi representado de acordo com a Figura 9.7.

A definição de Cuervo sobre o conjunto representado no diagrama de Venn expressa que "o conjunto S refere-se somente aos *deslocamentos humanos necessariamente reversíveis*, quer dizer, o indivíduo que se desloca faz isso temporariamente e regressa sempre a seu local de residência habitual" (grifo de Cuervo, 1967, p. 47). Esse modelo de representação turística teria sido perdido se não tivesse servido de referência para Leiper na construção de seu próprio modelo.

Por outro lado, Mathieson e Wall identificam um sistema turístico com elementos dinâmicos,

85-7241-568-8

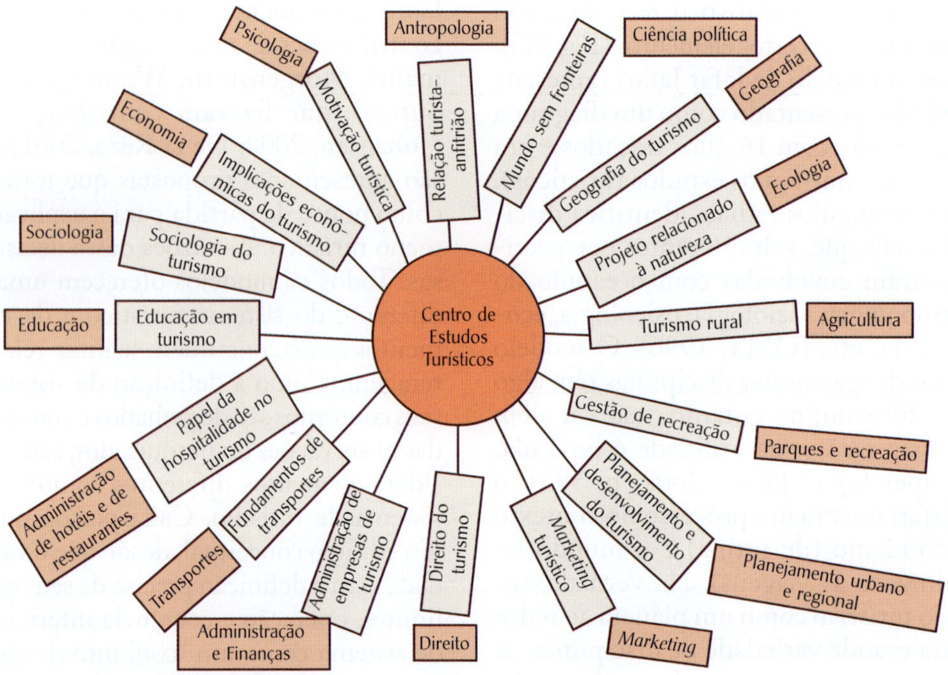

Figura 9.6 – Modelo do Centro de Estudos Jafar Jafari (1990). Fonte: OMT (1996).

estáticos e resultantes. O elemento dinâmico é a demanda de todo tipo de turismo que sucede os turistas, mas levados em consideração os elementos estáticos. Afirmam que os elementos estáticos são relacionados tanto com as características do turista (incluindo características socioeconômicas, tipo de atividade, nível de utilização, duração da estadia e satisfação) como com as do destino (incluindo processos ambientais, organização e estrutura social, nível de desenvolvimento turístico

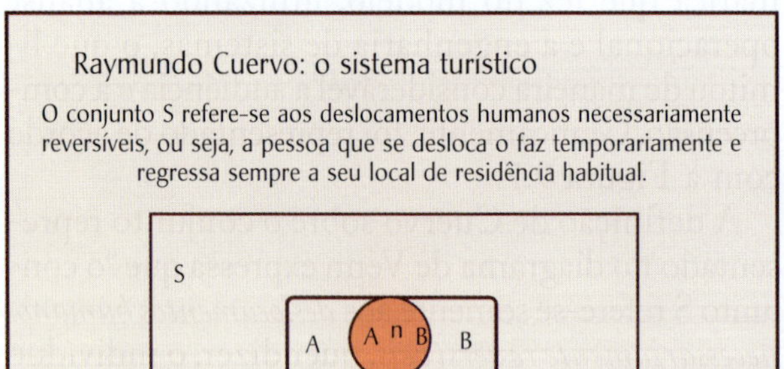

Figura 9.7 – Raymundo Cuervo: o sistema turístico. Fonte: Cuervo (1967, p. 47).

e estrutura econômica), que se combinam para constituir o destino. Disso deriva a pressão ao destino, resultante dos impactos provocados e traduzida pela capacidade de carga. Os impactos do turismo são vistos como conseqüência do sistema turístico e podem ser físicos, sociais ou econômicos, que precisam ser controlados por políticas abrangentes de planejamento e gestão. A Figura 9.8 mostra a representação desse modelo.

Recentemente, Sergio Molina realizou um esforço de aplicar ao conceito de turismo a visão sistêmica. Seu modelo tem auxiliado a identificação de alguns dos mais importantes atores e aspectos do turismo, considerados como subsistemas. Utiliza um conceito econômico – o da demanda – na representação do turista, enfocando a equação de seus gastos e necessidades; não faz comentários específicos sobre o contexto socioeconômico, cultural, social e psicológico que influi, de forma muito importante, nas decisões que os turistas tomam para definir suas viagens. Talvez por isso essas temáticas não sejam mencionadas na descrição dos elementos de modelo, que se concentram nas necessidades "físicas e espirituais do turista". Sergio Molina considera o conjunto de atributos que dão sentido ao sistema como seus elementos constituintes: superestrutura, demanda, atrativos, equipamentos e instalações, infra-estrutura e comunidade local, todos contidos dentro de um supersistema sociocultural

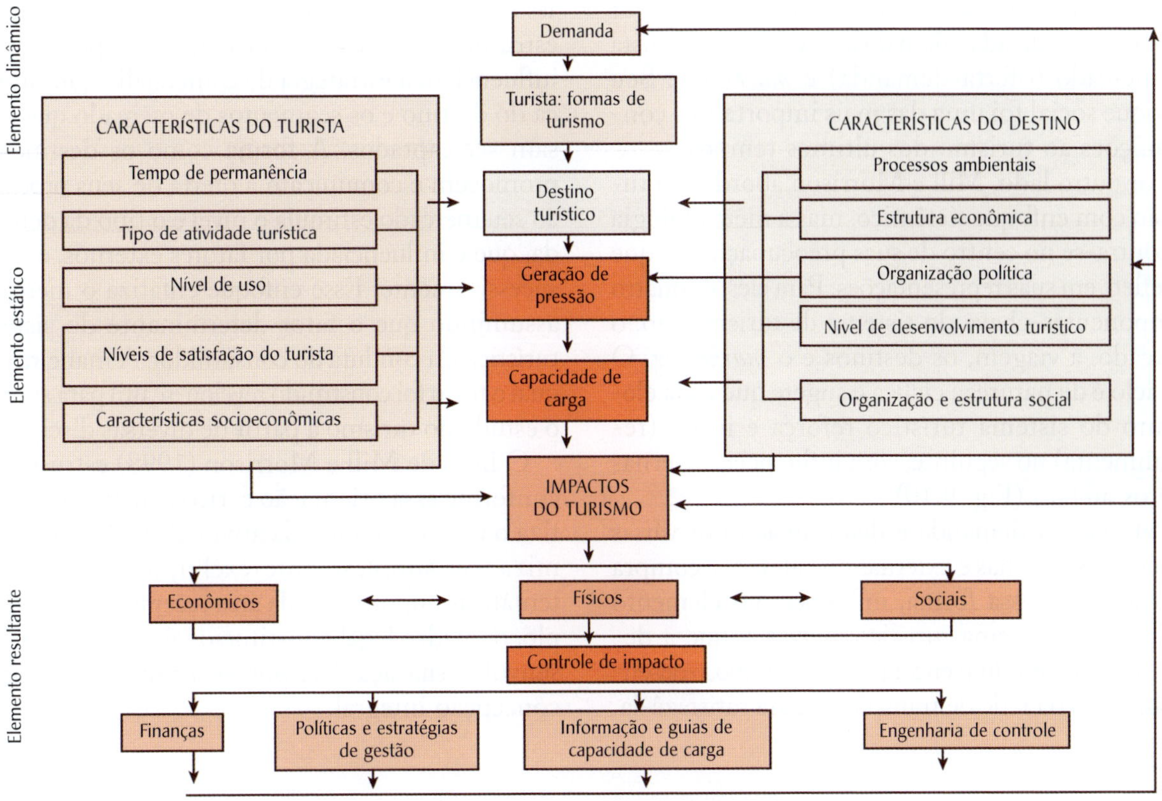

Figura 9.8 – Modelo turístico de Mathieson e Wall (1982). Fonte: OMT (1996, p. 20-24).

– entorno (Molina, 1991, p. 38-40). A descrição de Molina não delineia os aspectos de organização interna dos sistemas e, portanto, não faz referência às equivalências específicas dos processos exigidos pela TGS para o fenômeno turístico[6] – isomorfismo, escalas, sinergia, etc. Sua representação gráfica está ilustrada pela Figura 9.9.

Outra descrição de grande utilidade para avançar na conceituação do turismo foi formulada pelo sociólogo israelita Erik Cohen (1984, p. 373-392), que tratou também das diferentes abordagens possíveis para análises de contexto – que serão verificadas posteriormente –, mencionando quatro diferentes áreas específicas de estudo e análise do turismo: (1) o turista; (2) relações entre o turista e o morador local; (3) estrutura e funcionamento do sistema turístico; (4) conseqüências ou impactos do turismo. O enfoque sociológico de Cohen devolveu ao turismo o interesse pelas disciplinas relacionadas com a sociedade, seus inte-

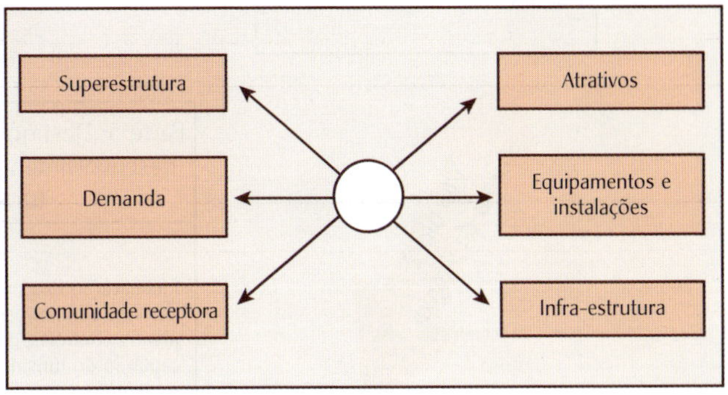

Figura 9.9 – Sistema turístico de Sergio Molina. Fonte: Molina (1991, p. 40).

[6] Citando Manoel Rodríguez, Molina (1990:32-33) descreve alguns princípios aplicáveis aos sistemas, embora não distinga equivalências para o sistema turístico. Refere-se ao seguinte: (1) *totalidade*: seu enunciado diz que o todo é mais que a soma das partes; o todo é, portanto, as partes e suas relações; (2) *qualidade emergente*: significa que o todo possui atributos ou propriedades não redutíveis às partes que o formam; (3) *eqüifinalidade e multifinalidade*: a eqüifinalidade corresponde à idéia de que os sistemas evoluem de estados iniciais distintos para estados futuros ou finais iguais; (4) *diferenciação*: afirma que os sistemas, para sobreviver e se desenvolver, necessitam que suas estruturas e funções se tornem mais complexas e diferenciadas; (5) *retroalimentação*: os sistemas avaliam seu comportamento e aprendem com o entorno pelo processo de observação. Esse processo é chamado de retroalimentação e é imprescindível para estabilizar dinamicamente a conduta do sistema.

grantes e a interação interpessoal, bem como por temáticas localizadas além do esquema reducionista de mercado (oferta-demanda) e *marketing*. Seu enfoque social foi uma das mais importantes contribuições ao turismo dos últimos tempos.

Por outro lado, Mill e Morrison abordam o turismo com enfoque sistêmico, mas a mercadologia encontra-se no centro de suas preocupações, o que se reflete em suas representações. Para eles, os quatro componentes-chave do sistema de turismo são: o mercado, a viagem, os destinos e o *marketing*. O modelo é de natureza cíclica e sugere que cada elemento do sistema turístico reforça e influi (retroalimenta) no seguinte, com influências externas que os afetam (Fig. 9.10).

Para eles, a demanda é determinada por várias influências internas e externas que afetam a compra de viagens. Dessa forma, influencia no elemento "viagem" do sistema turístico, uma vez que a demanda de um produto encoraja, por exemplo, o desenvolvimento da rede de transportes para satisfazê-la. Isso influi no tipo, natureza e nível de oferta de infraestrutura, serviços e instalações, que por sua vez influenciam a estratégia de comercialização turística do destino e os segmentos de mercado que possam ser captados. A forma como os destinos se promovem e comunicam a oferta de seus produtos ao seu mercado estimula o nível e o tipo da demanda, que é influenciada por fatores externos, e assim sucessivamente. Esse enfoque enfatiza o mercado, assumindo que o fator determinante do sistema turístico é a conduta do consumidor. A maneira pela qual o texto foi construído revelou-se útil para abordar o estudo do turismo a partir de diversas disciplinas.

O livro de Mill e Morrison (1998) estrutura-se conforme essa orientação e, rico e instrutivo, enfatiza o funcionamento da atividade turística. Minimiza, ou simplesmente exclui, alguns atores e temáticas importantes da área receptora (por exemplo, o quadro legal e institucional nos quais se desenvolve sua ação) e, por essa razão, restringe a concepção integral.

Parte 2

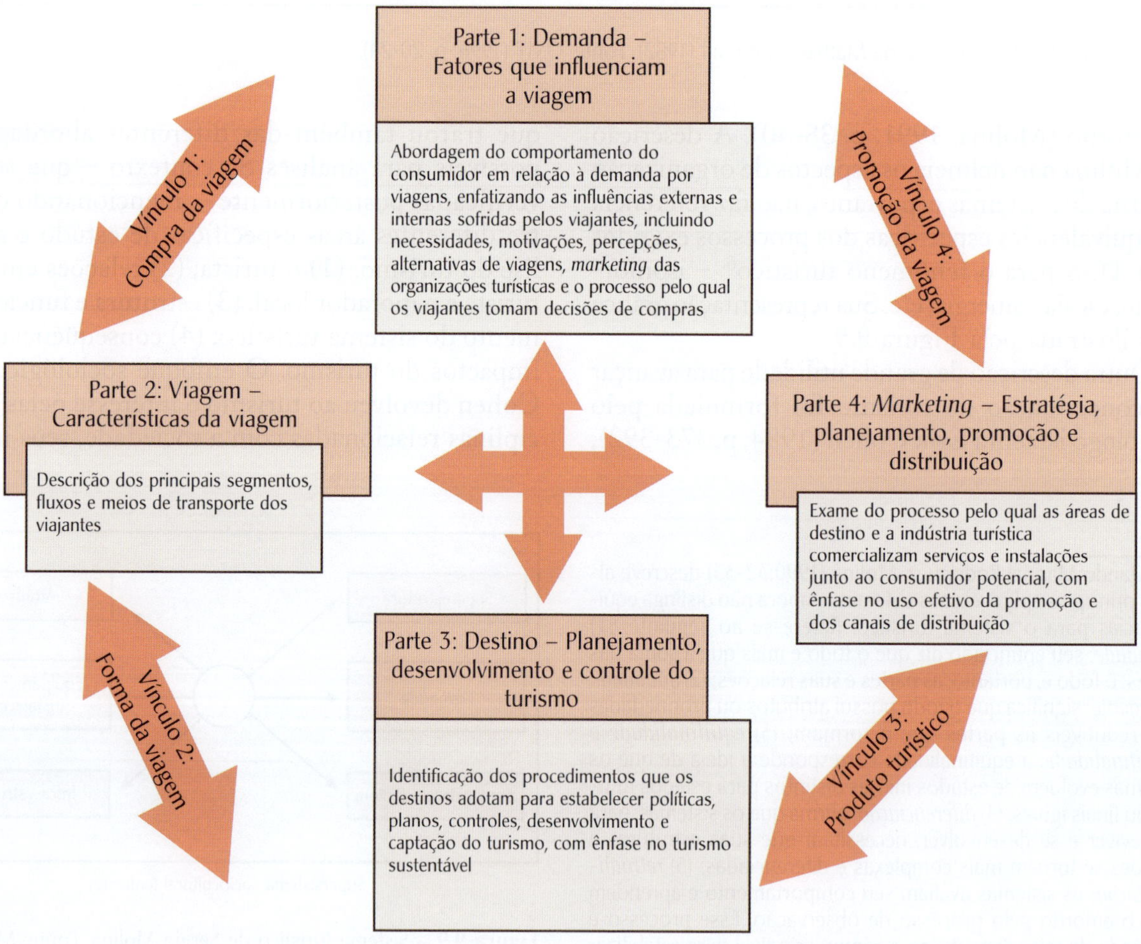

Figura 9.10 – Sistema turístico de Mill e Morrison. Fonte: Mill e Morrison (1998, p. 7).

Por fim, o modelo de sistema turístico do australiano Neil Leiper, por sua simplicidade e lógica funcional, também permite descrever implicações que ajudam a identificar, esclarecer e relacionar os limites e as temáticas próprias do fenômeno turístico.

Para Leiper, "algo é denominado sistema quando desejamos expressar o fato de que algo se percebe/se concebe como um conjunto estabelecido de elementos ou partes, que estão conectados entre si pelo menos por um princípio distintivo" (Leiper, 1995, p. 22). O objeto de estudo tem de ser tratado, para Leiper, de forma holística, sistemática e integrada, havendo a necessidade de um modelo geral no qual as disciplinas tradicionais (economia, geografia, etc.) possam ser localizadas (1995, p. 22-24).

O *sistema turístico integral* (*whole tourism system*) possui, para Leiper, cinco componentes: "pelo menos um turista; três elementos geográficos, sendo o primeiro a região emissora de turistas, o segundo, a rota de deslocamento, e o terceiro, a região turística receptora; e mais um quinto elemento, que é a indústria de viagens e turismo". Em torno desses cinco elementos, forma-se o sistema total em todos os seus aspectos: sociocultural, econômico, físico, etc. (Leiper, 1995, p. 24). A representação gráfica desenhada por Leiper, em 1979, é válida até hoje com todas as suas características, e a literatura de turismo relevante utiliza seu esquema como ponto de partida (OMT, 1996, p. 20). Será apresentado aqui o primeiro dos gráficos desenvolvidos por Leiper, pois mostra melhor as particularidades de funcionamento da indústria no sistema – que, para ele, é fundamentalmente geográfico ou territorial. A Figura 9.11 representa o sistema graficamente.

Na literatura de turismo, este é considerado um modelo de representação lógico, simples e eficaz. Entretanto, seu enfoque geográfico e de itinerários leva a considerar os subsistemas do conjunto como elementos físicos (geográficos), ignorando alguns aspectos conceituais importantes para a classificação, hierarquização e temporalidade do fenômeno em subconjuntos diferenciados.

Ao representar o modelo de maneira abstrata, Leiper tenta abordar o estudo do turismo com simplicidade, de maneira holística e sistemática. Em suas próprias palavras, "[...] este modelo ajuda a organizar nosso conhecimento sobre o turismo, buscando obter partes de informação menos fragmentadas. Este é o caminho para a compreensão" (Leiper, 1995, p. 26). A representação gráfica do que foi dito encontra-se na Figura 9.12.

Leiper afirma que quaisquer dos elementos considerados podem ser utilizados como elemento focal. Dessa forma, por exemplo, o estudo do turista envolve a análise de suas relações com os outros quatro elementos; o estudo da indústria turística, com os outros quatro, e assim sucessivamente (Fig. 9.13).

Ainda que se possa concordar com a idéia geral, o esquema não relaciona de maneira específica a temática necessária para abordar o estudo do turismo nem a dimensão temporal para fazê-lo, o que seria necessário na dinâmica dos deslocamentos, que envolvem a realidade espaço-tempo. Tampouco se identificam claramente as disciplinas auxiliares que permitem abordar o estudo dos distintos "focos" de interesse, nem a dimensão temporal do fenômeno turístico (ou seja, a viagem e seus componentes). Assim, conforme descrito acertadamente por Sergio Molina, os subsistemas são constituídos de diferentes "focos" de interesse específico (a rota de trânsito, a indústria, o turista, ou ainda a região emissora ou de destino), os quais constituem o próprio sistema turístico.

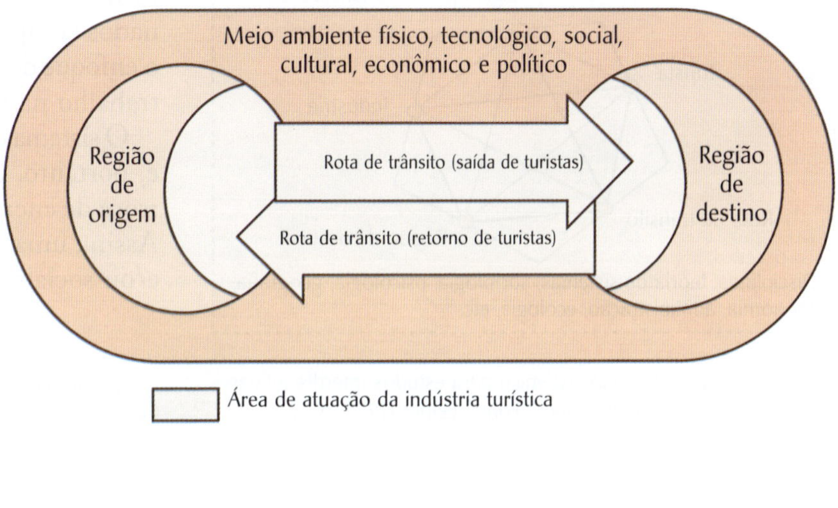

Figura 9.11 – Sistema turístico de Leiper. Fonte: OMT (1996, p. 20); Acerenza (1986); Schutler (1993, p. 35).

85-7241-568-8

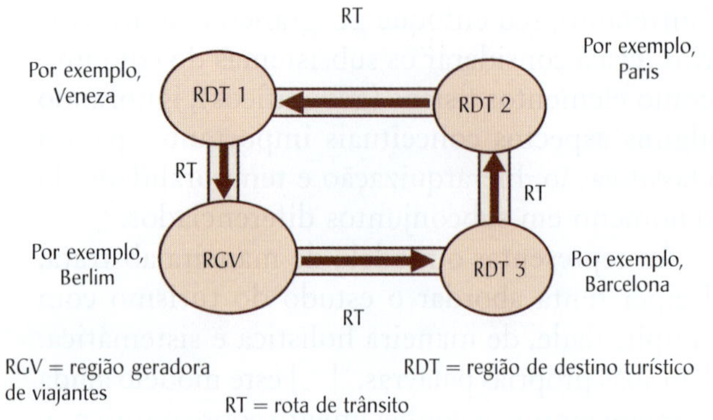

Figura 9.12 – Elementos geográficos em um sistema turístico total com três destinos (segundo Leiper). Fonte: Leiper (1995, p. 24).

A reinterpretação do modelo feita neste ensaio leva a diferentes resultados que, em nossa opinião, são úteis para o estudo integral dos componentes que constituem a essência do fenômeno turístico.

IDENTIFICAÇÃO DA ESTRUTURA E DOS PROCESSOS DO SISTEMA TURÍSTICO

Concepção Básica e Reformulação dos Elementos do Sistema: Estrutura e Organização Hierárquica

A TGS é utilizada para analisar o turismo já há quase meio século, embora Neil Leiper tenha, na realidade, apresentado ao mundo acadêmico do turismo um esquema que parece contar com consenso mundial e que se popularizou amplamente. Esta seção dará destaque à concepção básica de Neil Leiper e à já comentada reformulação de suas implicações, que resume os argumentos com os quais se reinterpretam suas conseqüências e que permite a redefinição da estrutura do sistema turístico.

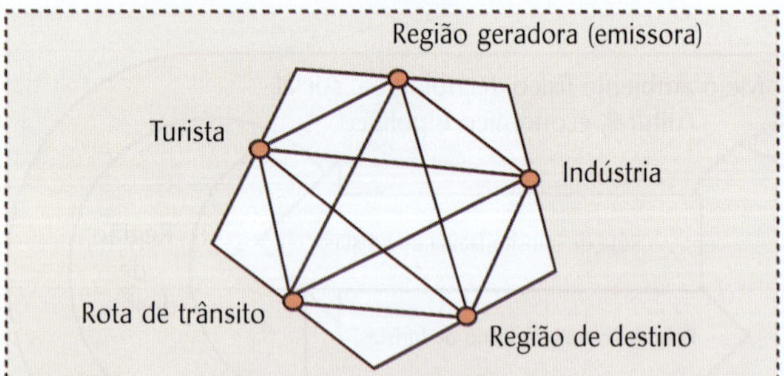

Figura 9.13 – Modelo sistêmico para estudos interdisciplinares em turismo (segundo Leiper). Fonte: Leiper (1995, p. 26).

O que é um sistema? José Luis Gutiérrez define como "[...] uma rede ou estrutura básica na qual os processos são o resultado da interação de elementos integrados em diferentes níveis"[7]. Rolando García afirma: "Construir um sistema significa escolher os elementos abstraídos do material e identificar (ou seja, inferir) um certo número de relações entre tal conjunto de elementos. O conjunto de relações constitui a *estrutura* do sistema" (García, 2000, p. 71). Falta, então, reconhecer estruturas do todo, e para tanto é necessário identificar os componentes do sistema e a forma pela qual realizam seus processos de interação. Simples por um lado e complexo por outro, o sistema é definido como "um conjunto de elementos interatuantes". Sobre a rede construída, podem-se então estabelecer teorias explicativas em cada nível e entre os diferentes níveis. Mas vamos por partes.

No modelo de Neil Leiper, o sistema é descrito sistematicamente conforme a Figura 9.14.

Como já foi dito, o *sistema turístico integral* (*whole tourism system*) é formado, para Leiper, de cinco componentes: "pelo menos um turista; três elementos geográficos, sendo o primeiro a região emissora de turistas, o segundo, a rota de deslocamento, e o terceiro, a região turística receptora; e mais um quinto elemento, que é a indústria de viagens e turismo". Ao redor desses cinco elementos forma-se o sistema total, nos aspectos já mencionados (Leiper, 1995, p. 24). Não se quer discutir o enfoque de Leiper, mas basear as premissas deste trabalho na reformulação de seu enunciado.

O sistema de turismo é identificado como aberto e, portanto, um sistema no qual há permanente troca de energia com o exterior (com o contexto). Assim, uma mudança nas condições econômicas e/ou sociais e/ou políticas de uma região emis-

[7] Na apresentação do livro de Ramírez (1999, p. 1-5) por Germinal Cocho.

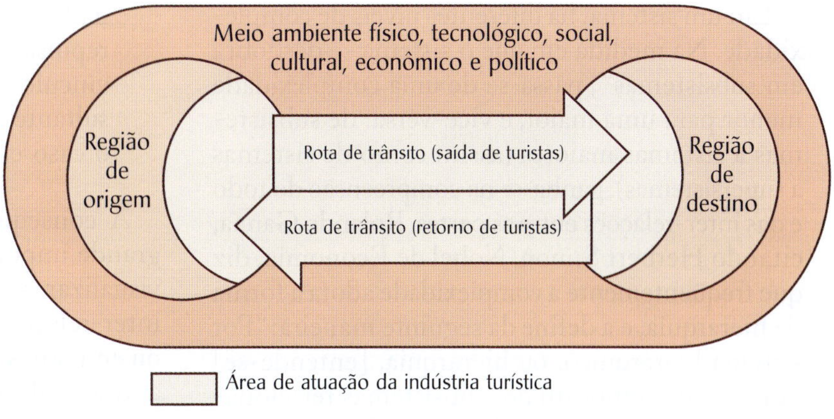

Figura 9.14 – Modelo sistêmico para estudos interdisciplinares em turismo (segundo Leiper). Fonte: Leiper (1995, p. 26) e Acerenza (1986, p. 154).

sora terá repercussão, ou efeito, em outros elementos do sistema, gerando assim um intercâmbio constante de energia (ou seja, verifica-se uma troca de ações, reações e contra-reações no contexto que foi modificado).

Também é importante mencionar a importância que tem o ponto de vista do observador ao existirem, pelo menos, *três perspectivas* diferentes no sistema de turismo: da região emissora, da região receptora e das empresas (indústria turística, que vincula funcionalmente as duas regiões e também tem seus objetivos). Os três elementos possuem objetivos específicos e diferentes, embora estejam intimamente vinculadas pelo sistema, já que um elemento não existe sem os outros. Portanto, nesse ponto, é importante considerar o objetivo fundamental do sistema de turismo.

Objetivos do Sistema de Turismo

De acordo com a TGS, para a definição do sistema também é importante definir seu objetivo. Nesse sentido, pode-se afirmar que o objetivo do sistema turístico é, fundamentalmente, proporcionar aos turistas (isto é, às pessoas que realizam as viagens – os viajantes –, e que são, por isso, o elemento que dá origem e dinâmica ao sistema) as condições propícias para deixar transitoriamente seu entorno habitual de vida e buscar, de modo gratificante, experiências em locais diferentes do seu. Nesse ponto, no entanto, é necessário contemplar um elemento adicional ao objetivo básico do sistema, conforme a existência de três perspectivas possíveis, citadas anteriormente. Esse elemento está relacionado com a distinção, apontada pelos estudiosos de organizações industriais, entre "os objetivos *reais* e os *legítimos*, sendo que esses últimos têm a ver com a moral e a ética dos objetivos" (Johansen, 2000, p. 151). Por esse motivo, embora o objetivo básico e real do sistema turístico seja proporcionar aos viajantes condições adequadas para deixar seu entorno habitual de vida em busca de satisfação em outros locais, isso é ilegítimo se não for considerado – de modo consubstancial ao sistema – que essa satisfação deve ter correspondência com os benefícios para a comunidade que os recebe e onde se utilizam os recursos. Assim, outro objetivo fundamental do sistema, da perspectiva da localidade receptora, é gerar meios para proporcionar condições de vida às comunidades locais que permitam melhorar sua existência, o que origina efeitos multiplicadores nos âmbitos econômico, político e social[8].

Em resumo: para que o objetivo do sistema turístico seja legítimo e ético, deve considerar também a contrapartida local, mencionada atualmente em todos os enunciados relacionados com o desenvolvimento do turismo no mundo – ainda que, na práxis cotidiana, nem sempre parece estar presente.

Outras questões derivadas do sistema de Leiper relacionam-se com as formas pelas quais a estrutura do sistema é visualizada e os processos são descritos.

Sistema e Subsistema Turístico

Considerando que o propósito é procurar e construir uma estrutura, o que representa o modelo de Leiper? É um sistema ou um subsistema? Para responder a essas questões, é preciso verificar alguns conceitos definidos pela TGS.

[8] A terceira perspectiva – a das empresas – tem como objetivo fundamental o mesmo objetivo de todas as empresas comerciais: obter retorno do capital investido e gerar rendimento para os acionistas.

Parte 2

Em um sistema, há diferentes níveis de complexidade. Na medida em que o sistema se desdobra em subsistemas[9] , passa-se de uma complexidade menor para uma maior, e vice-versa: de subsistemas a sistemas maiores (assim como de sistemas a supersistemas), ganha-se na compreensão do todo e das inter-relações entre as partes. Rolando García, citando Herbert Simon, Nobel de Economia, diz que freqüentemente a complexidade adota a forma de hierarquia, e a define da seguinte maneira: "Por sistema hierárquico, ou hierarquia, [entende-se] um sistema composto por subsistemas relacionados entre si, em que cada um é hierárquico na estrutura do sistema subseqüente, até chegar ao nível mais baixo do sistema elementar" (*apud* García, 2000, p. 73). Dessa maneira, para explicar as diferenças entre as escalas ou hierarquias da estrutura, é necessário esclarecer: (1) o que está contido em quê; e (2) estabelecer as respectivas fronteiras e escalas ou hierarquias do sistema[10] As respostas para o segundo item são formuladas e descritas posteriormente neste trabalho. Para responder à primeira questão, é preciso estabelecer dois postulados, que são reformulações dos enunciados de Leiper:

- *Primeiro postulado:* toda região ou localidade emissora é também, ainda que em diferente proporção, uma região ou localidade receptora. Quer dizer, existe uma condição biunívoca[11] das regiões e localidades de serem, todas, simultânea e reciprocamente, emissoras e receptoras – o fluxo de visitantes se verifica em diferentes grandezas conforme as particularidades das regiões e localidades em questão.
- *Segundo postulado:* as pessoas de uma região ou localidade emissora têm relação com a região ou localidade receptora, definida pelas particularidades de cada região ou localidade (os denominados fatores de impulsão e repulsão, *pull & push factors*), bem como pelo vínculo que se estabelece entre as duas, resultante da atuação da indústria turística para o caso específico.

A conseqüência do primeiro postulado é de grande importância para o modelo, pois permite visualizar, sem ambigüidade, uma seqüência de inter-relações entre regiões de origem e destino, ou emissoras e receptoras, que estão ligadas como apresentado pela Figura 9.15.

Estrutura do Sistema Turístico: Escalas ou Níveis Organizacionais

O que foi dito leva à conclusão de que esse conjunto de relações está presente em todo o vínculo turístico (de origem específica com destino específico), ainda que em diferentes proporções, uma vez que as condições nas quais as relações existem podem ser quantitativa e qualitativamente diferentes. Isso pode ser representado conforme a Figura 9.16.

Para a identificação da estrutura do sistema, a TGS formula outras perguntas relevantes: quais são as diferentes escalas de agregação do sistema turístico? Como são definidas? Que hierarquização é contemplada e como um nível se distingue de outro (limites ou fronteiras)? Ou seja, o que está incluído ou excluído do sistema? Quais as características dessas fronteiras?

Para abordar as respostas, mantendo o modelo básico, propõe-se uma visualização esquemática que sugere a concatenação do modelo derivado dos postulados anteriores e permite a identificação dos vínculos que o sistema turístico tem em escala local, regional e mundial. Também se destacam os argumentos que permitem definir os limites ou fronteiras do sistema e que auxiliam a designar cada um dos conjuntos que constituem a estrutura do sistema turístico mundial (Fig. 9.17).

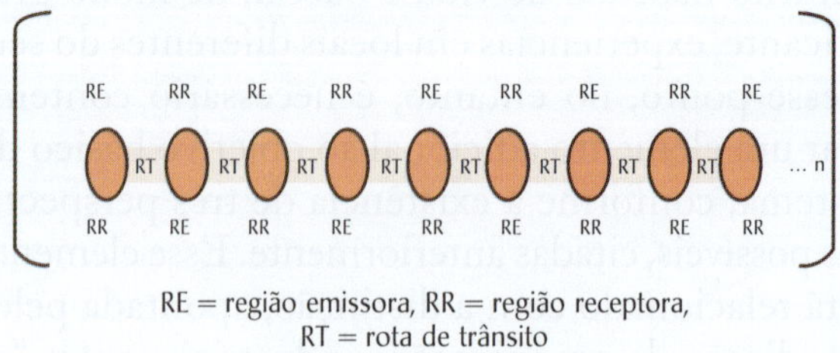

RE = região emissora, RR = região receptora,
RT = rota de trânsito

Figura 9.15 – Seqüência implícita das relações entre regiões emissoras e receptoras (elaborado com base no modelo de Leiper).

[9] Subsistema é definido como: "um conjunto de partes e inter-relações que se encontram, estrutural e funcionalmente, dentro de um sistema maior, e que possui suas próprias características". "Cada uma das partes de um sistema pode ser considerada como um subsistema" (Johansen, 2000, p. 56).

[10] A fronteira é definida na TGS da seguinte forma: "a fronteira do sistema é a linha que separa o sistema de seu entorno e que define o que lhe pertence e o que está fora dele" (Johansen, 2000, p. 63).

[11] Na matemática, é biunívoco o que existe ou se estabelece entre os elementos de dois conjuntos quando a relação, além de ser unívoca, é recíproca; quer dizer, quando cada elemento do segundo conjunto corresponde, sem ambigüidade, a um do primeiro.

85-7241-568-8

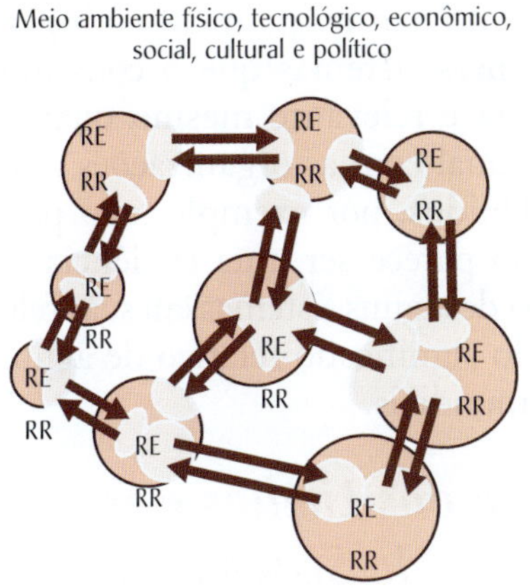

Figura 9.16 – Seqüência implícita das conexões e da escala derivadas do modelo de sistema turístico de Leiper. RE = região emissora, RR = região receptora.

Dessa maneira, o subsistema seria definido pela relação entre duas localidades (um nível inferior ao de regiões, o que sugere uma categoria geográfica diferente) de origem e destino específicas, ou emissora e receptora, vinculadas pela indústria turística de maneira também específica. Este seria o conjunto básico e o núcleo do sistema turístico esquematizado por Leiper e, assim, o *subsistema* básico de turismo.

Em escala superior, um *sistema* seria constituído, como conseqüência, pelo conjunto de subsistemas que se encontram dentro desse sistema específico. Assim, a definição de sistema é feita a partir de critérios básicos relacionados com a independência e soberania dos Estados e com a condição de submissão de todos os atores que neles se encontram às normas e regras por eles definidos.

Em um nível mais elevado da escala, a relação estabelecida entre um conjunto de diferentes sistemas daria origem ao *supersistema* turístico, constituído em regiões específicas – que poderiam agir de maneira conjunta e coordenada, por compartilhar recursos naturais, culturais ou de qualquer outro tipo, permitindo que estabeleçam políticas alinhadas. Nessa escala, a soma de supersistemas constituiria o *hipersistema* turístico, considerando o sistema de turismo mundial. Essa diferenciação de escalas e de seus limites é muito útil para integrar e discriminar a forma de abordagem e de estudo do turismo e de seus componentes. O sistema turístico mundial, ou hipersistema, em seus diferentes níveis, apresentar-se-ia de acordo com a Figura 9.18.

Parte 2

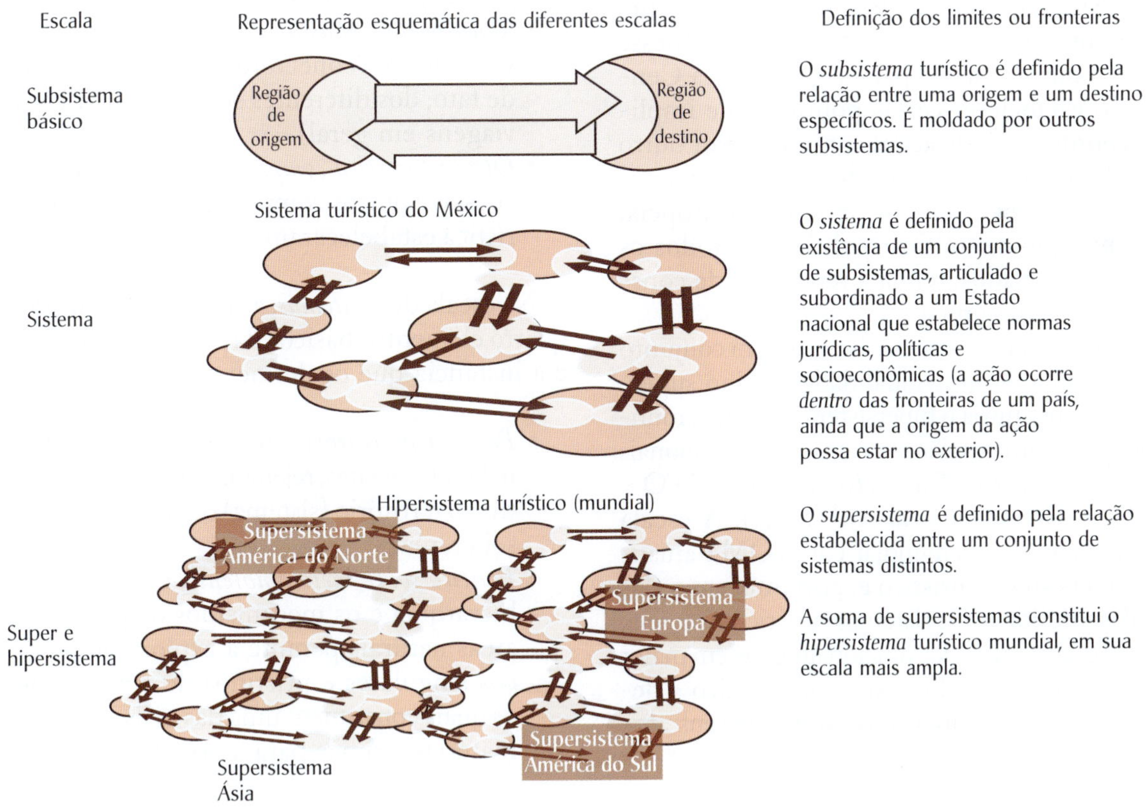

Figura 9.17 – Definição de escalas e de fronteiras no turismo.

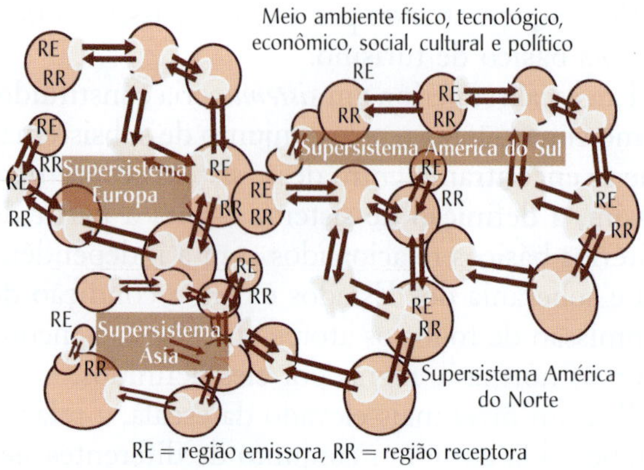

Figura 9.18 – Formato do supersistema e do hipersistema turístico (regional e mundial).

Para exemplificar, pode-se usar o caso da Espanha e do México. São dois sistemas turísticos diferentes que têm uma relação de subsistema, com origem em Madri e destino Cancun (o que não exclui, por exemplo, a existência de uma multiplicidade de outros subsistemas, como o com origem em Madri e destino Marbella, ou com origem na Cidade do México e destino Acapulco, cada um dentro de seus próprios sistemas).

Por sua vez, exemplificando em outra escala, o sistema México constitui o supersistema turístico Mundo Maia, ao compartilhar interesses e recursos naturais e culturais com outros sistemas (nesse caso, com outros quatro países da América Central) e ao estabelecer certas políticas que implicam a coordenação de ações conjuntas. Por outro lado, a Espanha faria parte do supersistema turístico da Europa – embora a União Européia, pela orientação de unificar políticas de todos os membros associados, tenha a tendência de constituir um sistema único.

Dessa maneira, a soma de sistemas, em conjunto ou como soma de individualidades (como supersistemas), constituiria o hipersistema turístico mundial, no qual ocorre a união em organizações regionais (PATA – *Pacific Asia Travel Association*[12], CTO – *Caribbean Tourism Association*[13], etc.). A escala superior imediata seria mundial, com a OMT atuando no hipersistema turístico e, portanto, em todas as escalas inferiores. Os sistemas turísticos (ou seja, os países) estão vinculados funcionalmente, em maior ou menor medida, ao hipersistema turístico – dependendo da importância e prestígio de seus atores e do efeito de suas políticas no hipersistema e nos diferentes sistemas que o constituem. Essa importância é relevante mesmo quando não há vínculo formal com as organizações mundiais: os Estados Unidos, por exemplo, não pertencem à OMT. Isso parece ser uma evidência da relativa autonomia de alguns sistemas em suas relações com outros e do significado relativo de algumas organizações mundiais.

Definição dos Limites e Fronteiras das Escalas do Sistema Turístico

Tomando como base as escalas (hierarquias) consideradas, quais são os limites e as fronteiras que definem a classificação? A proposta de limites e fronteiras, derivada dos postulados e considerações feitos até agora, está resumida na Tabela 9.1.

Dessa maneira, as fronteiras ou limites no nível de subsistema básico estariam definidos por:

- *Atrativos* característicos do lugar e sua relação com o imaginário e as características da população da região de origem (também chamados, na terminologia turística anglo-saxônica, de fatores de "impulsão e repulsão" – *pull & push factors*[14]).
- *Transporte e vias de acesso*, que se tornam os verdadeiros "conectores" dos subsistemas (e, de fato, dos diferentes sistemas turísticos e de viagens em geral).
- *Oferta turística complementar*, que são as opções que outros componentes da indústria turística estabeleceram na localidade receptora.

Na escala dos *sistemas*, as fronteiras consideram quatro elementos básicos da *política de Estado*, que é a instância que os define:

- *Política migratória*, que estabelece as nacionalidades aceitas, rejeitadas ou controladas dentro do território (sistema) onde o Estado exerce soberania.
- *Política sobre meio ambiente*, que estabelece a hierarquia e os mecanismos de proteção das áreas naturais perante a exploração de espaços singulares e prístinos do país (sistema), os quais constituem uma das mais importantes matérias-primas para a atividade turística.

[12] N. T.: Associação de Viagens da Ásia Pacífico.
[13] N. T.: Organização de Turismo do Caribe.
[14] Mill e Morrison (1998:52-55); Oppermann e Chon (1997:84).

85-7241-568-8

Tabela 9.1 – Sistema turístico e definição de suas fronteiras nas diferentes escalas

Escalas	Fronteiras
Subsistema básico	A relação entre *subsistemas turísticos específicos* é definida por: • Atrativos • Transporte ou vias de acesso • Oferta turística complementar
Sistema	As fronteiras do *sistema* são definidas a partir de três elementos básicos da política de Estado: • Política migratória • Política sobre meio ambiente • Política de transporte (o conector) • Política econômica: – Política comercial – Política fiscal – Política de investimentos nacional e estrangeira – Política cambial
Supersistema	No *supersistema*, os elementos básicos que definem a fronteira são: • Conexão ou interesses geográficos derivados da localização • Compartilhamento de recursos naturais ou culturais • Interesses econômicos e comerciais dos participantes • Interesses e afinidades políticas e culturais
Hipersistema	A soma de supersistemas forma o *Hipersistema* Turístico Mundial, caracterizado pela existência de organizações específicas de escala mundial (organizações internacionais públicas, privadas e sociais – ONG*)

* Organizações não governamentais.

- *Política de transporte (o conector)*, que estabelece as condições a partir das quais os transportes aéreo, terrestre e marítimo são ofertados (por exemplo, as permissões aéreas, as concessões do Estado para operar linhas de transporte terrestre e marítimo em seu território, etc.).
- *Política econômica*, definida por quatro componentes no sistema turístico:
  - *Política comercial:* isto é, a plataforma alfandegária e comercial responsável por uma relação particular e um significado específico no conjunto das relações entre países, afetando outros aspectos da política estatal (como política migratória, fiscal e de investimento); gera um efeito facilitador ou obstrutor no movimento turístico.
  - *Política fiscal:* define os trâmites e pagamentos necessários para o acesso ao sistema (país) – custo do visto e do passaporte, taxas de entrada e saída, etc.
  - *Política de investimentos nacional e estrangeira:* define as condições sob as quais pode ser feito um investimento para o funcionamento do sistema turístico (no México, um exemplo seria a aceitação de 100% de investimento estrangeiro em empreendimentos hoteleiros, e a restrição para outros tipos de negócios ou em certas áreas – propriedades em áreas litorâneas, por exemplo; outro exemplo de restrição seria a recusa dos Estados Unidos em aceitar participação acionária majoritária e o controle estrangeiro em determinadas linhas aéreas do país).
  - *Política cambial:* define os termos da relação de troca entre emissor e receptor, já que a taxa de câmbio pode favorecer ou restringir a viagem do turista, que é o elemento dinâmico do sistema.

Os elementos básicos que definem a fronteira no *supersistema* decorrem das particularidades e da vontade dos participantes:

- *Conexão ou alinhamento de interesses com outros sistemas (países) em função da localização geográfica:* a localização geográfica desempenha um papel relevante na consideração do conjunto, pois conforme a localização é possível compartilhar, em escala regional, outras particularidades da relação origem/destino;
- *Compartilhamento dos recursos naturais e culturais comuns:* é o caso citado do Mundo Maia, ou também o da "Rota da Seda".
- *Compartilhamento de interesses econômicos e comerciais dos participantes:* pode ser o caso de

Parte 2

85-7241-568-8

vínculos estabelecidos por tratados com países específicos, por exemplo o NAFTA[15].

- *Compartilhamento de afinidades políticas e culturais:* exemplo desse tipo de supersistema pode ser a União Européia, que coordena ações conjuntas por meio de organizações internacionais de nível regional – públicas, privadas e sociais (ONG – organizações não governamentais) – orientadas a temas turísticos e/ou a eles relacionados. Exemplos desse tipo de critério em supersistemas seriam organismos como a PATA, a CTO, etc.

Por fim, a soma de supersistemas constitui, em escala planetária, o *hipersistema* turístico. A fronteira está além do supersistema, de modo abstrato, e o hipersistema é caracterizado pelas *organizações específicas* de atuação mundial (organizações públicas internacionais, privadas e sociais, ONG, orientadas para temas de turismo e/ou relacionados: OMT, PNUMA[16], WTTC[17], WWF[18], Green Peace) que funcionam como grupos de pressão e de interesse sobre os sistemas, mas que não possuem a capacidade de estabelecer os conteúdos das atividades dentro deles, ainda que possam influir no sentido e na direção das ações. Pode-se observar que, na medida em que se ascende na escala hierárquica, as organizações que representam a sociedade civil (ONG) tornam-se mais escassas, pois necessitam de mais recursos para funcionar em níveis mais amplos. O contrário acontece com as grandes empresas (transnacionais ou multinacionais) que podem, sozinhas ou reunidas em associações, conselhos ou similares (WTTC, por exemplo), influir nas decisões e nas ações que ocorrem nos sistemas (países).

Processos Sistêmicos do Turismo

A partir da reformulação dos enunciados derivados do modelo de Leiper, foram descritas a estrutura e a hierarquia do sistema de turismo, de acordo com as diferentes escalas e seus respectivos limites ou fronteiras. No entanto, para a TGS e, em particular, para os sistemas complexos[19], é necessário descrever os processos, não apenas as estruturas[20] e escalas dos sistemas. São os processos que permitem entender as interações e o modo como essas interações definem o sistema em seu conjunto, bem como suas particularidades. Entre os estudiosos dos sistemas complexos, afirma-se que "não se estudam *estados*, mas *processos*, ou melhor, os mecanismos que levam a esses processos" (García, 2000, p. 68). Assim, espera-se que a análise permita entender os processos que levam a esses estados, mais que apenas definir a estrutura que identifica o estado do conjunto. O último seria o estado estático de uma estrutura, em vez de processos explicativos que, com visão integradora, oferecem uma compreensão das ocorrências.

Dessa maneira, a Figura 9.19 objetiva representar os processos implícitos na TGS e seu equivalente no turismo.

Contorno ou Marco Epistêmico e Entrada ao Sistema

O turismo é um sistema aberto, porque está continuamente trocando energia com o entorno[21], uma vez que é resultado das condições econômicas, políticas, sociais e tecnológicas da sociedade em determinado momento e, portanto, depende delas para seu estado e evolução. Assim, por exemplo, a modificação das condições econômicas e de trabalho ou das condições de tempo livre de

Parte 2

[15] N. T.: *North America Free Trade Agreement*, Tratado de Livre Comércio da América do Norte.

[16] N. T.: Programa das Nações Unidas para o Meio Ambiente.

[17] N. T.: *World Travel & Tourism Council*, Conselho Mundial de Viagens e Turismo.

[18] N. T.: *World Wide Fund For Nature*, Fundo Mundial pela Natureza.

[19] Rolando García, físico e pesquisador do CINVESTAV (e proeminente representante da corrente construtivista), denomina sistema complexo "os sistemas cujos elementos ou subsistemas estão interdefinidos". A "interdefinibilidade" é uma particularidade que consiste em sistemas "não decomponíveis, onde os distintos componentes só podem ser definidos em função dos demais". Conseqüentemente, "o sistema não pode ser adequadamente descrito, nem seu funcionamento explicado, por mera adição de enfoques parciais provenientes de estudos independentes de cada um de seus componentes" (García, 2000, p. 68). Germinal Cocho, do Instituto de Física da Universidade Nacional Autônoma de México (e representante proeminente da corrente estruturalista), define sistemas complexos em termos muito semelhantes: "proposta de organização da realidade concebida como uma totalidade organizada, aberta, condicionada por uma estrutura e indecomponível" (Ramírez, 1999, p. 3).

[20] O dicionário define estrutura como a "distribuição e ordem das partes importantes de um edifício". García define processo como "uma modificação ou uma série de modificações que constituem o curso de ação de relações designadas 'causais' entre eventos (naturais ou produzidos pela intervenção humana)" (García, 2000, p. 70).

[21] "Contorno" ou "Marco Epistêmico", de acordo com a terminologia de Rolando García (2000).

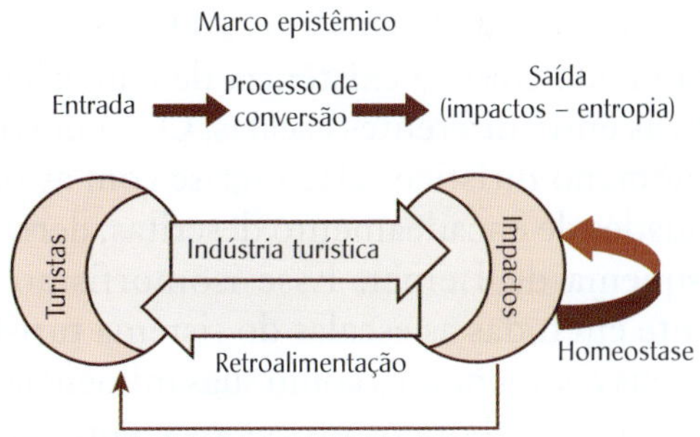

Figura 9.19 – Implicações do processo sistêmico e sua equivalência no sistema turístico.

um país emissor causa mudanças no estado e evolução de um subsistema turístico específico e, freqüentemente, em diversos graus, do sistema turístico em conjunto.

Na escala de sistemas, as modificações do *contorno* ou *marco epistêmico*[22] descritas no exemplo do subsistema Madri-Cancun significam também uma mudança nas condições em que a indústria turística implicada no subsistema específico oferta serviços e uma reação às modificações daquelas condições. Assim, por exemplo, a reação ao atentado terrorista na Estação Atocha, em Madri, pode implicar mudanças de diversos graus no sistema turístico da Espanha – e também no subsistema específico Madri-Cancun, ou ainda em outros subsistemas em que haja interferência do sistema turístico espanhol. Isso decorre do desejo e/ou possibilidade de viajar para algum destino; à possível reação concomitante em relação à freqüência e/ou custo de transporte; a mudanças nas condições, preço e/ou duração do pacote de viagem; a mudanças nas tarifas e condições de hospedagem no hotel de destino, etc. As repercussões podem ser de diversas naturezas (positivas e negativas, dependendo da perspectiva de observação adotada) e, conforme as características da localidade receptora, poderiam implicar na demissão de funcionários e até no fechamento de hotéis e de estabelecimentos de serviços dirigidos essencialmente a turistas (restaurantes, transporte especializado, guias, etc.).

No nível de hipersistema, outro exemplo da influência do *contorno* no sistema (troca de energia do sistema com o entorno ou marco epistêmico) foi o atentado de 11 de setembro de 2001 em Nova York. A ramificação dos eventos no hipersistema turístico tem sido um claro exemplo dos efeitos globais e do modo como ocorrem. Com o atentado, houve um efeito que deslocou o sistema e que não foi homogêneo em todas as regiões (supersistemas) nem em todos os níveis (escalas). Para alguns supersistemas e sistemas (regiões e países), o evento foi prejudicial (os associados com posturas políticas, econômicas, etc. contrárias ao mundo muçulmano), enquanto regiões ou destinos turísticos (neutros para os muçulmanos) se viram favorecidos, beneficiando-se – ao menos alguns deles – do redirecionamento do fluxo por motivos de segurança, quer por iniciativa individual do turista, quer por orientação e influência de operadores turísticos. Um efeito colateral conseqüente da repercussão desses eventos no sistema de viagens e turismo foi a política de controle de acesso a aeronaves e a certas áreas do aeroporto, que se tornou mais rigorosa em todos os subsistemas de transporte, por temor a outro ataque que afete o turismo (vale ressaltar, todavia, que há subsistemas e sistemas com diferentes graus de suscetibilidade a esse tipo de ocorrência). Isso provocou o aumento de gastos em equipamentos e dispositivos de segurança e modificou, em conseqüência, o comportamento operacional das empresas de transporte aéreo.

Na escala de hipersistema e supersistema, outros eventos de mesma relevância alteraram, de diversas formas e em diferentes graus, o sistema turístico. São casos como a guerra do Iraque ou o atentado terrorista em uma discoteca da Indonésia, cujas repercussões são verificadas em alguns sistemas e subsistemas, estendendo-se a outros elementos do hipersistema, uma vez que os diferentes atores trocam energia (ações e reações) nas diferentes escalas.

Por outro lado, o processo de entrada (*input*) se dá com a ação do turista em sua viagem (o "elemento dinâmico do sistema" que Leiper descreve[23]), desencadeando o processo de conversão. Dessa maneira, a ação que implica o deslocamento da viagem constitui o elemento de entrada ao sistema turístico e está, por sua vez, moldado por todas as influências do entorno (incluídas as mencionadas anteriormente) que exercem efeitos na

[22] N. T.: Nem sempre marco epistêmico pode ser utilizado como sinônimo de entorno.

[23] Seria mais bem definido como o "dinamizador do sistema", pois é quem inicia todas as ações e dinâmicas restantes, considerando que todos os outros componentes do sistema também são dinâmicos.

85-7241-568-8

Parte 2

percepção do turista durante a etapa anterior à viagem. Nesse ponto, todos os fatores de impulsão (*push factors*) intervêm no processo decisório que leva à efetiva realização da viagem.

Processo de Conversão no Sistema

O processo de conversão descrito pela TGS é um dos aspectos bem conhecidos no fenômeno turístico – embora não necessariamente bem interpretado à luz da compreensão sistêmica. Ocorre quando inicia a ação de viagem a um destino específico e transcorre com todos os eventos nos quais estão envolvidos os diferentes atores que participam da indústria turística. Em turismo, sabe-se que a presença de um *recurso* ou *atrativo* turístico não se traduz na existência de um *produto* turístico. Para configurar-se como tal, o produto reúne uma série de atributos, com a integração de diferentes serviços oferecidos por um ou por vários dos componentes da indústria turística: utilização de transporte e hospedagem, participação de agência(s) de viagens, contratação de transporte terrestre e de guias, visitas a centros recreativos naturais e culturais, etc. A função da indústria turística equivale à transformação do recurso em um bem ou produto turístico e, por esse motivo, o processo de conversão se origina no início da viagem e do aproveitamento do recurso ou atrativo, com a utilização de todo tipo de serviços turísticos.

Os atributos específicos do produto, somados à experiência vivencial na localidade específica, permitem que o turista forme uma percepção que o leva a criar um juízo de valor sobre a viagem e que resulta em sua satisfação ou insatisfação. Na realidade, a satisfação também decorre das expectativas formadas durante as etapas prévias à viagem, em uma troca contínua de informações e de fatores com o marco ou contorno sistêmico, bem como dos elementos ligados ao sistema, que de fato têm conseqüências importantes no julgamento da viagem e que repercutem na retroalimentação do sistema (que será descrita posteriormente).

Conceitos de Isomorfismo, Sinergia e Recursividade

O *isomorfismo* pode ser definido como a "correspondência formal ou semelhança entre princípios gerais e leis especiais em dois ou mais campos de pesquisa. O objetivo é a transferência de leis de um campo para outro" (De la Reza, 2001, p. 73). Pode ser traduzido como a existência de equivalências idênticas entre diferentes escalas. O isomorfismo no fenômeno turístico relaciona-se com as particularidades de encadeamento descritas, derivadas do esquema de Leiper. Esse isomorfismo está presente em todas as escalas do sistema turístico: tanto seus componentes como suas influências são equivalentes, embora os processos sejam qualitativamente diferentes, já que o sistema é visto em diferentes níveis. A representação esquemática seria então idêntica ao descrito anteriormente, conforme a Figura 9.20.

De forma complementar, sinergia e recursividade são dois conceitos relevantes para a TGS porque auxiliam a compreender diversos processos que se observam em diferentes escalas do conjunto. A sinergia existe quando a soma das partes é maior que o todo. Assim, existe *sinergia* "se as partes de um sistema interagem entre si e o resultado é diferente da soma dos componentes; o todo pode ser maior ou menor do que o agregado em conteúdo informativo, diversidade qualitativa, funções, sensibilidade ou outros critérios" (De la Reza, 2001, p. 85).

A sinergia do sistema turístico é clara ao observar a soma de efeitos produzida a partir das interações dos diferentes atores no processo, que se verifica em diferentes níveis: a soma de atores e processos gera impactos e novas situações que podem ser reconhecidas claramente como processos sinérgicos do sistema turístico, uma vez que as implicações são muito mais amplas que seus componentes individuais. Cancun é um bom exemplo disso, ao ter se desenvolvido tendo o turismo como única fonte geradora de atividades econômicas e sociais.

No sistema turístico, também se observa a multifinalidade a que se refere a TGS. Entende-se por multifinalidade "os processos sociais cujas entidades costumam variar suas trajetórias evolutivas a

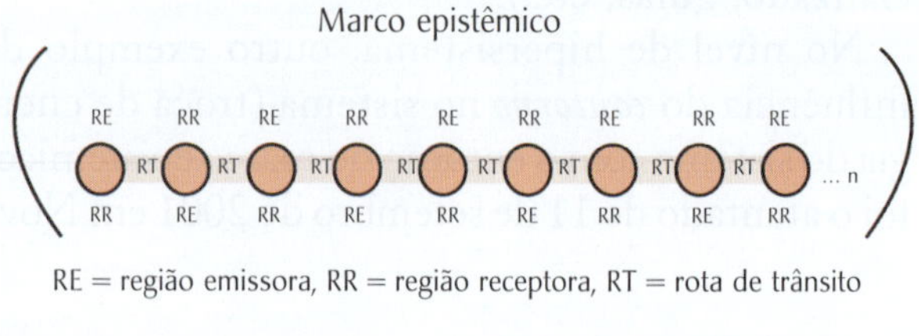

Figura 9.20 – Implicações do processo sistêmico e sua equivalência no sistema turístico.

partir de etapas iniciais semelhantes" (De la Reza, 2001, p. 84). Um exemplo de multifinalidade, no caso do sistema turístico mexicano, seriam os casos de Loreto e de Cancun: ambos são semelhantes na origem (centros integralmente planejados pelo Fonatur – Fundo Nacional de Fomento ao Turismo) e nos processos de suas etapas, embora, até o momento, os resultados sejam qualitativa e quantitativamente diferentes. No sentido inverso, outro exemplo do conceito de multifinalidade em turismo seriam os casos de Acapulco e de Cancun. O início do processo em cada caso foi diferente: no primeiro, houve um desenvolvimento parcialmente espontâneo – derivado da condição contextual, nacional e internacional; no segundo, um desenvolvimento planejado e totalmente estimulado pelo Estado mexicano, num contexto nacional e internacional também diferente. Apesar disso, ambos chegaram a um estado evolutivo semelhante, haja vista os atuais problemas que caracterizam o desenvolvimento turístico de Cancun (e que chegam a ser designados de "Acapulquização de Cancun").

A *recursividade*, por outro lado, é entendida como a propriedade daquilo que se repete em diferentes escalas. "O essencial da recursividade é que cada um dos objetos, independente de tamanho, tem propriedades que o convertem em uma totalidade, ou seja, em elemento independente [...]. O conceito de recursividade se aplica a sistemas dentro de sistemas maiores, e a funções e condutas próprias de cada sistema que são semelhantes às dos sistemas maiores" (Johansen, 2000, p. 44-45).

A recursividade se deriva do fato de que um objeto sinérgico[24], um sistema, é composto por partes caracterizadas por serem, por sua vez, objetos sinérgicos – sistemas (Johansen, 2000, p. 167). Assim, "o conceito de subsistema, sistema ou supersistema leva implícita a idéia da recursividade em virtude de os sistemas e supersistemas serem, afinal, sistemas. Nesse sentido, as propriedades gerais dos três elementos são semelhantes e pode-se fazer, com facilidade, analogias e homologias" (Johansen, 2000, p. 57). A Figura 9.21 representa graficamente a recursividade no turismo.

A discussão contida neste texto é que as evidências existentes nas diferentes escalas permi-

[24] Sinergia refere que "o todo é maior que a soma das partes e a recursividade representa a hierarquização de todos os sistemas existentes" (Johansen, 1999, p. 36).

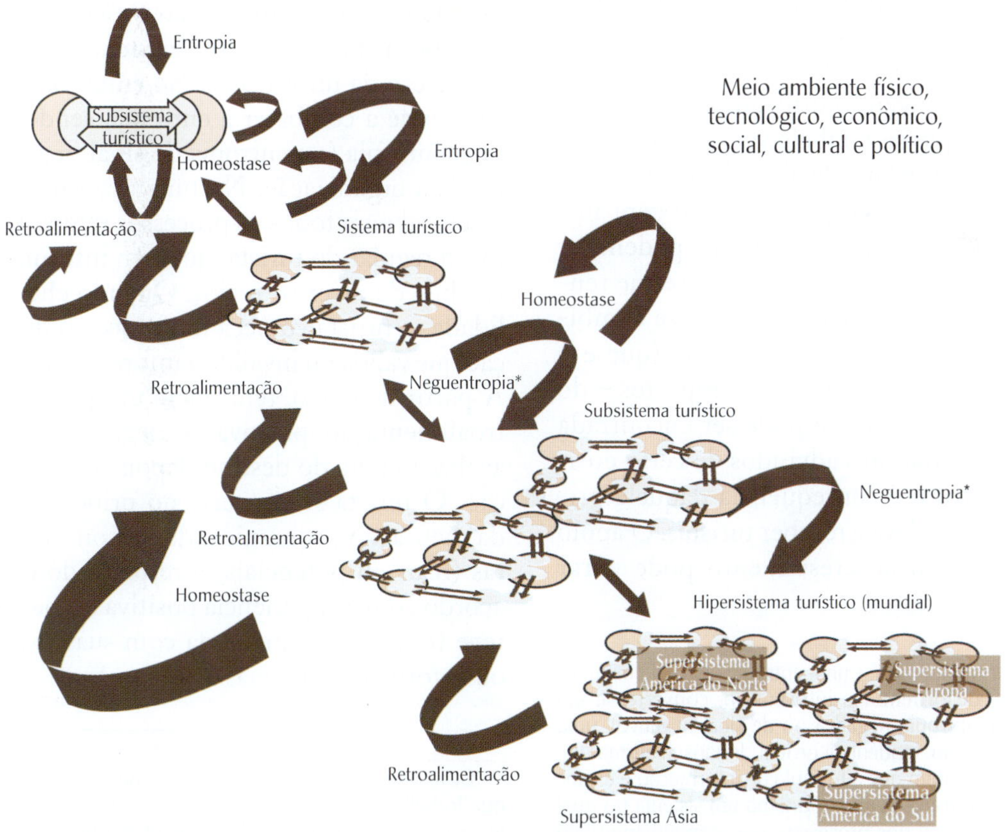

Figura 9.21 – Processos sistêmicos do turismo: isomorfismo, sinergia e recursividade. *N.T.: entropia negativa.

tem afirmar que o turismo é um sistema sinérgico e recursivo, uma vez que cada uma das partes possui as características principais do todo, em uma seqüência escalonada até os níveis superiores: do subsistema ao hipersistema.

Saída (Impactos e Entropia)

Os impactos dos fluxos turísticos nas regiões e localidades receptoras equivalem à definição de saída ou resultados (*output*), e levam a processos de entropia. A entropia é definida como "a mudança de estados mais ordenados e organizados para estados menos ordenados e organizados" (Johansen, 2000, p. 96)[25].

Como se observa essa conversão da organização para a desorganização no turismo? Há uma seqüência de ocorrências no processo que leva a isso. A descrição de um caso, freqüente em muitos países, poderia exemplificar: em um primeiro momento, o setor público dos destinos procura promover o turismo como parte das atividades que estimulam o desenvolvimento, o que se concretiza, em geral, com o apoio do setor privado e da comunidade (isso se traduz em investimentos, melhoria dos atrativos, das condições para recepção do turista e em promoção, que pretendem garantir o interesse do turista, que é o elemento dinâmico do processo). Os atores que intervêm no processo de conversão utilizam a informação e as condições que se estabelecem na localidade receptora com o propósito de dinamizar ainda mais os fluxos, e inicia-se um processo que gera impactos de diversas naturezas, mas que podem ser identificados como entrópicos, uma vez que tendem a desorganizar os elementos que se combinam no âmbito da recepção do turista (que é o lugar onde se observa a saída – ou impactos – do sistema). Assim, a entropia pode ser encontrada nos efeitos depredadores advindos de certo crescimento turístico e é conseqüência daquele primeiro impulso que leva a receber turistas. O apoio a ações que levam ao crescimento pode gerar aumento exagerado do fluxo de turistas; esse tipo de crescimento pode ter características entrópicas, que desestabilizam (desorganizam) o sistema e podem até ser depredadoras. Assim, pode-se considerar, por exemplo, um fluxo volumoso (altamente massivo, ou que alcance grande volume em curto período, ou ainda um volume desproporcional em relação ao espaço aproveitável – caso de algumas áreas protegidas) entrópico nas localidades receptoras, em virtude do volume e de condições incontroláveis que dificultam uma reação compensatória adequada, podendo colocar em perigo a razão pela qual as regiões receptoras se tornaram turísticas (como destinos turísticos com recursos naturais e culturais valiosos que recebem fluxos crescentes de turistas).

Outro aspecto relevante do processo entrópico é o fato de o turismo ser um sistema em que a comunicação é central nos processos. Por essa razão, parece muito sugestiva a afirmação de que "a entropia também tem efeitos na informação, que se comunica por meio de mensagens propagadas de um ponto (emissor) para outro (receptor) no sistema social e através de canais de comunicação, utilizando diversos meios" (Johansen, 2000, p. 104[26]). Como se considera pouco provável que a mensagem chegue de maneira completa ao próximo receptor, a entropia do processo significa a tendência de desorganização da informação. No entanto, a informação tende a combater a entropia, sendo portanto neguentropia (ou entropia de sinal negativo), que tende à organização. No turismo, a informação é essencial para todos os processos referentes à condição regular do turista, que tem informações que recebeu de diversos meios. Quando chega à localidade, o turista começa um processo de observação que valida ou invalida a informação que possui. A partir de então, tem início um processo de retroalimentação, positiva ou negativa, conforme a avaliação feita do destino depois dessa confrontação. O turista se converte no principal condutor da mensagem, comunicando-se com outros turistas (reais ou potenciais) a respeito do destino de acordo com a experiência positiva ou negativa que teve (e que foi comparada com suas expectativas ou informações prévias à viagem).

[25] Em física – termodinâmica –, uma entropia de sinal positivo é uma medida de desordem. Na informação, converte-se em neguentropia (ou entropia negativa ou de sinal negativo), uma medida de organização: tendente à ordem. Johansen afirma que matemáticos descobriram que a fórmula de informação é exatamente igual à de entropia. Sendo o turismo um sistema no qual a comunicação é central nos processos, isso é muito sugestivo (Johansen, 2000, p. 96).

[26] De fato, Raymundo Cuervo e a equipe de especialistas da UNAM que trabalharam no documento do governo mexicano preparatório para as Olimpíadas do México de 1968 consideraram o turismo como um sistema de comunicação (ver bibliografia).

Homeostase e Retroalimentação do Sistema

Na terminologia da TGS, homeostase é definida como "os mecanismos dos sistemas abertos [como o turismo] para manter o equilíbrio, a estabilidade" (Johansen, 2000, p. 118). Também é denominada princípio de organização, pois os sistemas tendem a permanecer em certo equilíbrio, embora, em antítese, seja descrita a força que os impulsiona à destruição – o princípio sempre crescente de entropia. A contradição entre caos e organização é o que os especialistas da TGS chamam de princípio de organização (Johansen, 2000, p. 121)[27]. Desta forma, entende-se a homeostase como "o ajuste entre a restrição do entorno e a adaptação/resposta seletiva do sistema" (De la Reza, 2001, p. 91). Para Germán de la Reza, o termo equilíbrio designa todo mecanismo ou processo de nivelação de forças polares. Na TGS, equilíbrio é entendido como homeostase: "todos os sistemas contêm forças de equilíbrio estruturais e dinâmicas, vinculadas entre si de tal forma que a alteração de uma afeta outra, conduzindo a algum tipo ou grau de regulação compensatória do sistema. A compensação busca manter a estrutura fundamental do sistema frente a efeitos perturbadores externos" (De la Reza, 2001, p. 91-92).

Ainda que todo sistema possua uma entrada ou estímulo (*input*) e uma saída ou resposta (*output*), a retroalimentação é a ação de dar novo estímulo ao sistema como resultado da resposta dada ao estímulo anterior. Assim, define-se retroalimentação como "uma causalidade de tipo circular unidirecional de dupla ação: negativa, quando amplifica as diferenças entre o valor do objetivo e o valor de saída [...]; ou positiva, quando a causalidade diminui essas diferenças". "Os sistemas conectam-se de tal forma que cada um mantém sua totalidade; assim, o sistema afeta e incide precisamente em sua entrada [...] a entrada de um sistema representa a saída de outro e vice-versa, de modo que o mecanismo de retroalimentação se caracteriza pela causalidade multilateral recíproca". "O sentido circular das relações colocam a questão do equilíbrio e a necessidade de sua incorporação às formas organizacionais e aos objetivos do sistema em destaque. A problemática da estabilidade dinâmica no sistema é fundamental; assim, a retroalimentação organiza o vínculo e a informação do entorno que o sistema necessita" (De la Reza, 2001, p. 116-117).

No sistema turístico, a retroalimentação e o controle do sistema estão em diferentes âmbitos. O turista, sendo o agente que dinamiza o sistema (a entrada), é quem faz a retroalimentação, quando compara sua experiência de viagem no destino: desde a chegada, há um processo de valorização de experiências que formará seu julgamento positivo ou negativo da experiência turística. A diferença entre a expectativa e a vivência forma esse juízo de valor, que dá origem às ações que retroalimentam o subsistema e o sistema de modo positivo ou negativo (desmotivando ou motivando mais viagens a um subsistema ou sistema turístico específico). O processo de retroalimentação ocorre de diferentes maneiras e em diferentes momentos do processo, mas é o turista o elemento que gera a retroalimentação. Com o processo de homeostase, isso é diferente.

O processo homeostático (ou mecanismos de controle que representam a busca de equilíbrio do subsistema/sistema específico) está localizado nas áreas de vinculação e de recepção, dependendo das particularidades do âmbito de recepção e da escala do sistema. Nesse processo, intervêm: (1) os controladores do sistema (Estado e governo de diferentes níveis de administração); (2) os atores da indústria turística.

Os atores da indústria turística têm um peso específico e diferenciado nos subsistemas, decorrente da relação estabelecida com as localidades emissoras e receptoras, bem como da escala em que atuam. Há atores que operam em uma ou em todas as escalas do hipersistema. Por esse motivo, a escala pode definir o peso de um ator específico no subsistema, no sistema ou até no supersistema e no hipersistema turístico.

Assim, por exemplo, uma modificação na freqüência (maior ou menor) de transporte entre determinada origem e destino (quer dizer, um subsistema específico) levará a reações dos componentes do sistema turístico (governo, empresários, intermediários, etc.) para se adequarem às novas condições, seja com o estímulo a novos investimentos, se necessários, ou mesmo com a pressão para a restituição da freqüência que restabeleça o equilíbrio da oferta e demanda no subsistema.

[27] Este paradoxo é também o tema de análise dos estudiosos de sistemas complexos.

É o caso da American Airlines, por exemplo, que domina a oferta de serviço aéreo em toda a baía do Caribe e tem grande importância nos processos e funcionamento dos subsistemas e sistemas turísticos do Caribe (neste caso, também no supersistema). Assim, o redirecionamento das rotas ou a mudança de freqüência ou de tarifa de seus serviços influi ou controla os efeitos no supersistema em seu conjunto, e nos sistemas e subsistemas específicos.

Outros atores importantes que podem funcionar de forma coordenada em diferentes escalas são as operadoras de turismo e as redes hoteleiras: a oferta de acomodações no destino pode definir o grau de influência no processo do subsistema ou sistema específico (por influência na tarifa, nos serviços e/ou na imagem do lugar, etc.). Igualmente, uma grande influência de operadoras turísticas em um destino, com vínculos relevantes na região emissora, também intervém no processo e no comportamento individual e, sobretudo, coletivo (com a oferta de "pacotes") em um subsistema específico. O comportamento resultante disso pode ter certa influência em outra das particularidades dos diferentes subsistemas e sistemas turísticos: na sazonalidade (embora esta esteja mais associada ao turista e a suas próprias características de viagem). Portanto, diversas ações da indústria turística, que tendem a estar relacionadas, podem afetar o volume do fluxo e, com isso, influir no *formato* da curva de sazonalidade do subsistema específico em questão.

Outro exemplo ligado ao desequilíbrio do contexto e às ações dos atores para restabelecer o equilíbrio no sistema pode ser encontrado nos acontecimentos de 11 de setembro de 2001 em Nova York. Esses eventos foram desestabilizadores do sistema turístico e o levaram a uma situação crítica, em diferentes escalas e para praticamente todos os atores. As companhias aéreas, por exemplo, ao oferecerem vôos a passageiros amedrontados por causa do atentado e, portanto, com excesso de assentos vazios, viram-se obrigadas a baixar seus preços para atrair negócios[28]. As ações e reações traduzem a busca de equilíbrio no sistema por atores que procuram voltar à situação preexistente ao confronto com eventos que o desestabilizaram.

Outra forma de exemplificar seria a seguinte: mediante as tendências entrópicas geradas pela ação turística em um subsistema (depredação do ambiente natural e/ou cultural), sobretudo pelo turismo de massa, a ação de outros atores – governo em diferentes níveis e indústria turística – para restituir o equilíbrio (homeostase) tende a regular a expansão do turismo em áreas naturais ou privilegiadas de interesse comum; ou a reverter e restituir áreas afetadas; ou a limitar e reduzir a capacidade de construção, etc.; em um processo contínuo visando à adaptação ao entorno e à manutenção do equilíbrio.

Cada ator tem interesses específicos e ações, reações e contra-reações que geram comportamentos homeostáticos nos diferentes âmbitos do sistema e no cenário local, bem como nas diferentes escalas da hierarquia sistêmica do turismo. As diferenças situam-se na capacidade real de cada ator exercer controle sobre as variáveis que incidem no equilíbrio do sistema e que podem ser de responsabilidade do governo (o que explica pressões exercidas por grupos com capacidade para tal) ou do setor privado que, reunido (em empresas multinacionais, transnacionais ou em associações que representam seus interesses), pode influenciar subsistemas ou sistemas (destinos e países) por meio do volume de oferta; do tratamento diferenciado a mercados de origem relevantes para o sistema em questão; das tarifas; da coordenação com outros atores do sistema; e dos esforços de promoção.

Um bom exemplo dos três conceitos mencionados (entropia, retroalimentação e homeostase) seria o crescimento acelerado do fluxo turístico em uma localidade, que leva à expansão acelerada do investimento para aumentar a oferta de hospedagem de modo proporcional à demanda (crescimento no número de turistas), afetando o meio ambiente local (pela demanda adicional em espaços naturais preservados, que são procurados e utilizados, convertendo-se em espaços construídos para os turistas), produzindo efeitos depredadores (entrópicos) que pressionam a "simetria" sistêmica (ou tendência à desorganização mencionada pela TGS). Em certo ponto desse processo é gerada a reação negativa (ou retroalimentação) dos próprios turistas perante essas condições, que pode incidir negativamente na atuação dos catalisadores de viagem (a indústria turística) que, por sua vez, teria em contraparte outra reação (homeostática) dos principais atores da localidade (governo e iniciativa privada com instalações turísticas) no sentido de restituir o fluxo turístico para a localidade[29].

[28] Conforme a News Week em espanhol, 26 de abril de 2004, p. 34.

Essas ações sucessivas formam um dos processos mais interessantes do comportamento do sistema turístico, presente em diferentes escalas da hierarquia do sistema turístico global, graças à sua estrutura isomórfica e recursividade.

O processo homeostático (de controle) pode ter sentido positivo ou negativo, de acordo com a orientação das ações que buscam o restabelecimento do equilíbrio no subsistema ou sistema turístico específico. Assim, são identificadas:

- *Políticas restritivas ou de sentido negativo (leis, normas, decretos, etc.):* procuram definir ou redefinir o referencial no qual se observam as ações de crescimento turístico e cuja tendência entrópica pode afetar significativamente o destino (de modo físico – por depredação, contaminação ou alguma outra causa – ou de modo não físico – pela imagem que gera da hospitalidade no subsistema ou sistema. Isso pode afetar a percepção do turista e a capacidade de atratividade do destino, influindo no sentido da retroalimentação do subsistema e do sistema específico). Poderia ser o caso das leis ou regulamentos que proíbem a construção ou restringem a densidade: zoneamento de reservas ecológicas; controles de acesso; proibição de operação, por exemplo, de cassinos; entre outros.
- *Políticas de estímulo/promoção:* tratam da restituição da ocupação da capacidade turística instalada e do aproveitamento dos recursos naturais e culturais que a localidade dispõe. Uma demanda suficiente e crescente tende a alcançar equilíbrio com a oferta existente ou com a incorporação de nova oferta, o que supõe uma política turística propícia para essa expansão, na qual devem participar diversos atores da indústria turística. Por outro lado, a existência dessa oferta requer taxas de ocupação eficientes para o subsistema e o sistema, fazendo-se necessários a promoção e o estímulo da demanda, tanto por parte do Estado (em diferentes níveis de governo) como dos atores envolvidos no destino. Assim, o estímulo-promoção ocorre por meio de políticas – medidas de apoio do governo, como isenções fiscais, créditos preferenciais, promoção e auxílios à promoção e publicidade da região receptora – com a participação da iniciativa privada. Nesse sentido, os atores que, por suas dimensões ou vínculos, agem em diferentes escalas do turismo mundial também têm papel preponderante no controle do subsistema ou até do sistema, ao passo que podem estabilizar ou desestabilizar o subsistema ou o sistema (o que parece depender das características do sistema/país).

Sendo assim, as particularidades dos processos de entropia, retroalimentação e homeostase nas diferentes escalas do sistema turístico seriam as que seguem.

- **Escala de subsistema:**
  - *Entropia:* representada pelo *impacto* dos fluxos turísticos nos recursos naturais e culturais das localidades, derivado das *características da sociedade emissora e receptora* e das *modalidades* de aproveitamento local dos recursos no destino.
  - *Retroalimentação:* o turista retroalimenta o subsistema, confrontando expectativas positivas ou negativas e *a sua experiência vivencial turística na localidade* derivada das condições de desenvolvimento do destino. O *turista comunica a experiência* a outras pessoas e recicla (*retroalimenta*) o subsistema com suas *percepções, julgamentos e atitudes* No sentido econômico, o subsistema se recicla a partir da entrada de divisas, emprego, efeitos multiplicadores na economia e arrecadação fiscal. A consciência do turista gera efeitos positivos, pois auxilia a preservar os lugares que, de outro modo, teriam possibilidades ínfimas de ser autossustentáveis.
  - *Homeostase:* os mecanismos básicos de controle do subsistema estão nas mãos *do governo e da indústria turística local.* O equilíbrio é mantido nos dois sentidos: *medidas de controle restritivas* (governo local ou sociedade civil) e *estímulo/promoção* dos fluxos para que correspondam com a nova oferta, o que requer assistência da indústria turística local para controlar ou equilibrar o processo. Nessa escala, as organizações da sociedade civil (ONG) também podem exercer certa influência nos mecanismos de controle.

[29] Para uma revisão dos processos de desenvolvimento, ver as propostas de interpretação realizadas por Richard Butler, Stanley Plog, Valene Smith, George Doexey (Jiménez, 1998, p. 32-64).

- **Escala de sistema:**
  - *Entropia:* efeito dos fluxos turísticos nos recursos naturais e culturais *do país*, com o conseqüente impacto na sociedade e na forma como tende a *organizar/desorganizar* esses recursos (estabelecimento de políticas específicas traduzidas em leis e regulamentos, por exemplo).
  - *Retroalimentação:* implica a *reação do fluxo turístico* de uma região emissora em relação à região receptora considerada, que se deriva das condições do país (naturais, estruturais e de superestrutura turística) e da *percepção, julgamento e atitudes* do turista com esse subsistema ou sistema (país) específico, reciclando o processo. Em sentido econômico, o sistema se recicla por meio de indicadores macroeconômicos, relativos à entrada de divisas, emprego, efeitos multiplicadores na economia e arrecadação fiscal. A consciência do turista gera efeitos positivos no meio ambiente, colaborando para a preservação dos lugares que, de outra maneira, teriam poucas possibilidades de ser auto-sustentáveis.
  - *Homeostase:* nessa escala, o controle do sistema está nas mãos do Estado e dos diferentes níveis de governo, bem como da indústria turística nacional e internacional (muitas vezes agrupada em associações que expressam os interesses de grupos e exercem pressão política para orientar decisões em seu benefício). O equilíbrio é obtido por meio de ações nos dois sentidos: *medidas de controle restritivas* ou de favorecimento (vistos, políticas de transporte, políticas de investimento ou de isenção fiscal, etc.) e medidas de correspondência (equilíbrio) com a demanda e seu crescimento, o que implica na *promoção/estímulo* ao desenvolvimento e requer intervenção de políticas públicas e da indústria turística nacional e internacional. As organizações da sociedade civil (ONG) podem exercer certa influência nos mecanismos de controle dessa escala.
- **Escala de supersistema:**
  - *Entropia:* efeitos da ação turística nos recursos naturais e culturais em escala internacional regional (*recursos compartilhados*) com o impacto nas sociedades que ali habitam. Por exemplo, El Arrecife Coralino centro-americano ou o Mundo Maia.
  - *Retroalimentação:* implica a *reação* dos turistas das regiões emissoras, derivada da percepção que têm dos recursos compartilhados do supersistema. A *imagem* do conjunto de sistemas que integram um supersistema influencia a retroalimentação dos sistemas que o compõem. A consciência do turista gera efeitos positivos, pois auxilia na preservação dos lugares que, de outra maneira, teriam poucas possibilidades de ser auto-sustentáveis.
  - *Homeostase:* nessa escala, há um *controle relativo, que depende da vontade dos participantes* do supersistema para definir e exercer as medidas de controle necessárias para proporcionar ou restabelecer o equilíbrio. A vontade para exercer esse controle está nas mãos dos governos participantes e dos atores da indústria turística que atuam em escala regional e internacional, bem como dos organismos públicos e privados internacionais de escala regional (por exemplo, PATA, CTO, etc.) e da sociedade civil (ONG), que reagem à ação da indústria turística local, regional e internacional no que se refere às condições em que se dá o desenvolvimento turístico da região em questão. *Nessa escala, busca-se o controle a partir da influência no sistema.* Busca-se também manter o equilíbrio com ações em dois sentidos: *medidas de controle restritivo* por parte dos governos envolvidos e das organizações públicas e privadas internacionais da região no caso de efeitos negativos no desenvolvimento e, por outro lado, *promoção/estímulo* ao desenvolvimento da oferta, envolvendo políticas públicas dos participantes e da indústria turística local, regional e internacional, no sentido positivo. Nessa escala, as organizações da sociedade civil (ONG) têm reduzida capacidade de influência nos mecanismos de controle.
- **Escala de hipersistema:**
  - *Entropia:* implica o reconhecimento da ação global do turismo, com *impacto nos recursos naturais e culturais do planeta* e conseguintes *efeitos na sociedade global.* Nessa escala, a entropia do desenvolvimento turístico é colocada em evidência do ponto de vista conceitual, indicando impactos do turismo no patrimônio mundial e em zonas protegidas do planeta: por exemplo, o fluxo excedente à capacidade de carga de áreas, monumentos e recursos naturais excepcionais.

85-7241-568-8

- *Retroalimentação:* consciência do papel das viagens e do turismo como fenômeno mundial moderno e em expansão, que se retroalimenta com a percepção-reação em relação aos destinos e com a consciência dos efeitos positivos e negativos das viagens no mundo. Nesse nível, tomam forma imagens oníricas que, multiplicadas exponencialmente, retroalimentam o sonho turístico. A consciência do turista gera efeitos positivos, pois auxilia a preservar locais que, de outra maneira, teriam escassas possibilidades de ser autosustentáveis.
- *Homeostase: nessa escala não há controle total dos sistemas*, ainda que se tente influenciar sistemas e supersistemas sobre os quais governos e empresas multinacionais tenham autoridade. As medidas de controle para equilibrar o hipersistema são observadas em dois sentidos: reação dos organismos públicos internacionais, privados e da sociedade civil (por exemplo, IATA, PNUMA, Green Peace, WWF, OMT, WTTC, OMS[30], OIT[31], etc.) para *alertar – animar (controlar, estimular)* o desenvolvimento/controle da indústria turística e seus impactos nos sistemas (ou seja, nas diferentes sociedades). Suas ações são *recomendações* de restrição/promoção (contenção/estímulo), pois *inexiste controle efetivo de alguns participantes ou possibilidade de coerção a ser exercida nos níveis descendentes do sistema.* Para aplicar medidas de controle e efetivá-las, é necessária a atuação do Estado e da indústria turística local, regional e internacional. Há pouca presença de organizações da sociedade civil (ONG), as quais contam com pouca influência nos mecanismos de controle nessa escala.

A Figura 9.22 mostra o resumo das particularidades do processo em diferentes escalas, de acordo com os níveis hierárquicos definidos em sucessivas abordagens como subsistema, sistema, supersistema e hipersistema turístico.

Chegando às escalas superiores do sistema, pode-se regressar à questão: quais são os componentes do subsistema turístico básico? Aqui, volta-se novamente à identificação de quem e quais são os perfis específicos da relação entre a região ou localidade específica de origem, a de destino e os atores da indústria turística.

[30] N. T.: Organização Mundial da Saúde.

[31] N. T.: Organização Internacional do Trabalho.

SUBSISTEMA TURÍSTICO BÁSICO: SUBSISTEMAS DO SUBSISTEMA

Definição de Critérios de Análise para Subsistemas

A identificação do subsistema turístico implica na identificação e descrição dos elementos que, por sua vez, são componentes desse subsistema básico ou nuclear. De acordo com o diagrama básico proposto, o subsistema turístico estaria composto por outros subsistemas cujos componentes atuariam tanto horizontal como verticalmente, ou seja, interagiriam dentro de seu próprio subsistema, para se inter-relacionar com outros subsistemas do subsistema básico (daí a importância da teoria de sistemas complexos para o turismo, que tem nessa premissa o centro de sua atenção). A Figura 9.23 ilustra o diagrama proposto.

Desta forma, a proposta é abordar os subsistemas a partir de critérios básicos de análise e dos denominados "âmbitos", que constituem as respectivas regiões emissoras, receptoras e de vinculação (definida como o âmbito no qual se observa a ação dos diferentes componentes da chamada indústria turística). A proposta de organização é exposta na Figura 9.24 e descrita a seguir.

Com esses elementos gera-se uma matriz na qual são combinados âmbitos – que poderiam também ser chamados de subsistemas – e possíveis critérios de análise. Cria-se, assim, uma correspondência entre as regiões (ou âmbitos, ou subsistemas) e os critérios, identificando: (1) o geográfico – coincidente com o definido por Leiper, que considera a "rota de trânsito" como um espaço geográfico; (2) o conceitual; (3) o temático; (4) o temporal.

O *critério espacial, territorial ou geográfico* identifica o espaço onde se observa cada uma das ações correspondentes aos diferentes componentes de sistema (sendo esse o principal enfoque de Leiper). É preciso destacar que certos atores do turismo (de ordem transnacional ou multinacional, privados ou sociais) podem operar simultaneamente em um, dois ou nos três âmbitos possíveis, e em diferentes escalas do sistema.

Parte 2

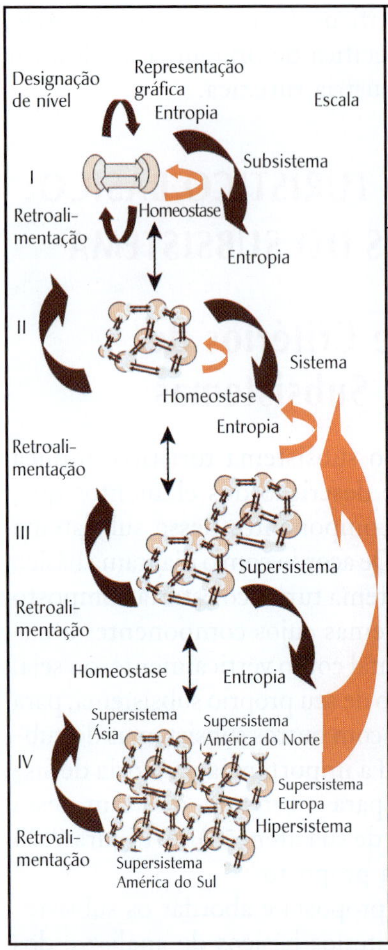

Entropia/ Neguentropia*.	Retroalimentação	Homeostase
Representada pelo impacto dos fluxos turísticos nos recursos naturais e culturais das localidades.	O turista retroalimenta o subsistema com a comparação de experiências positivas ou negativas.	Os mecanismos básicos de controle do sistema são do governo e da indústria turística local. O equilíbrio é alcançado com medidas em dois sentidos: medidas de controle e/ou promoção e estímulo dos fluxos.
Efeito dos fluxos turísticos nos recursos naturais e culturais do país, com o conseqüente impacto na sociedade e na forma pela qual esses recursos são percebidos pelos turistas, que retroalimentam o processo.	Envolve a reação do fluxo turístico de uma região emissora em relação à região receptora considerada. A reação é derivada das condições do país (naturais, estruturais e de superestrutura turística): por exemplo, políticas de estado restritivas ou de promoção.	Controle do sistema pelo governo e indústria turística local e nacional. Busca de equilíbrio em dois sentidos: medidas de controle restritivas ou de favorecimento e/ou medidas de correspondência (equilíbrio) com a demanda, o que implica a promoção/ estímulo do desenvolvimento da oferta.
Efeitos da ação turística nos recursos naturais e culturais em escala internacional regional (recursos compartilhados), com impacto nas sociedades habitantes. Mostra uma tendência à organização de atores e processos, identificada como neguentropia*.	Envolve a reação dos governos envolvidos e dos organismos públicos e privados internacionais de escala regional que regem a ação da indústria turística local, regional e internacional, em relação às condições em que se desenvolve o turismo da região em questão.	Controle relativo, que depende da vontade dos participantes do supersistema para definir e exercer as medidas de controle necessárias para dar equilíbrio ao sistema. Controle por conta dos governos participantes e da indústria turística que atua regional e internacionalmente.
Reconhecimento do impacto nos recursos naturais e culturais do planeta, com os efeitos subseqüentes na sociedade global. Mostra uma tendência à organização de atores e processos identificada como neguentropia*.	Reação dos organismos internacionais públicos, privados e da sociedade civil, bem como de iniciativas da indústria turística para alertar-alentar (controlar, estimular) o desenvolvimento dos fluxos turísticos e seu impacto nas diferentes sociedades.	Inexistência de controle total pelos governos, embora haja influência de multinacionais. Recomendações de restrição/promoção (contenção/ estímulo). Inexistência de controle até os níveis descendentes do sistema. Busca-se o equilíbrio em dois sentidos: alertar-alentar (controlar, estimular) o desenvolvimento/ contenção da indústria turística.

Figura 9.22 – Definição de processos sistêmicos nas diferentes escalas de turismo. * N.T.: Neguentropia: entropia negativa.

O *critério conceitual* coloca em evidência a perspectiva adotada na análise relativa "ao exterior", em contraposição ao âmbito "receptor ou local" e ao "vinculador" – em que se encontram os atores da indústria turística. Define, portanto, o caráter externo do turista e enfatiza suas relações com a alteridade ao chegar ao destino, a percepção formada pelo contexto cotidiano e a influência dessa percepção. Permite identificar também os três diferentes pontos de vista que modificam a pers-

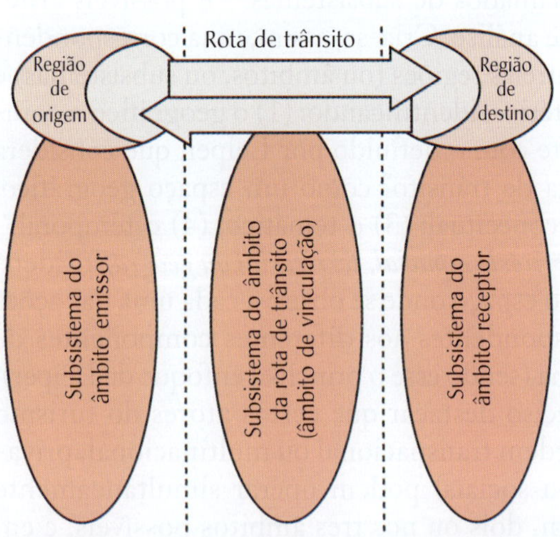

Figura 9.23 – Subsistemas do subsistema turístico básico.

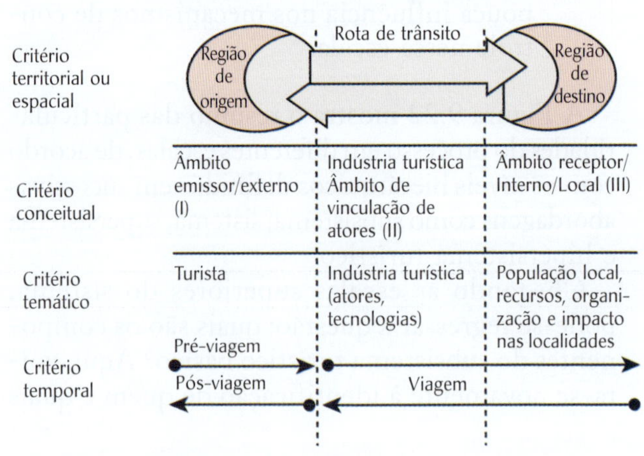

Figura 9.24 – Subsistemas do subsistema turístico básico: âmbitos e critérios de análise.

85-7241-568-8

pectiva de análise e observação que se adota: 1) do turista, 2) da indústria turística; e 3) da comunidade local.

O *critério temático* implica definir quais aspectos se deve estudar para cada um dos âmbitos (subsistemas) a fim de compreender a estrutura e o processo. Nessa proposta, considera-se que o tema do âmbito emissor é o turista; no âmbito de vinculação ficam os diferentes componentes da indústria turística, bem como suas respectivas particularidades; no âmbito receptor se encontram os recursos, a população, as organizações que integram o conjunto associado ao turismo – de onde provêm esforços para orientar o fluxo –, bem como todo tipo de impactos causados pelo turismo e que caracteriza seu processo entrópico. A definição do turista como pessoa é observada em sua cotidianidade, isto é, no âmbito emissor (ao ser o contexto que o forma como ser social), cujas particularidades socioeconômicas são somente um dos fatores que definem o turista e suas ações. Com isso, a importância das características psicológicas, sociais e culturais – em sentido antropológico – são discutidas e colocadas em evidência.

O *critério temporal*, com o qual se reconhecem os diversos fatores que influenciam o turista, pode ser:

- Anterior à partida.
- De realização da viagem – e quando o turista compara a experiência que vive com a informação e os julgamentos anteriores à viagem.
- De regresso da viagem (pós-viagem) – quando se avalia a experiência vivida durante a viagem e forma-se um juízo positivo ou negativo sobre o destino ou região receptora, que influi no próprio comportamento do turista e/ou no dos outros, encorajando ou inibindo sua viagem ou de outros dispostos a viajar ao referido local, retroalimentando assim todo o processo.

Temas de Contexto e dos Respectivos Âmbitos

Uma vez que cada subsistema (isto é, cada região de origem/emissora em relação a cada unidade de destino/receptora) tem particularidades específicas, chega-se à conclusão de que é necessário analisar cada subsistema específico (em suas relações horizontal e vertical) para uma clara compreensão dos fenômenos turísticos em cada uma das conexões (subsistemas) do subsistema turístico básico. Uma aproximação a essas temáticas seriam as apresentadas a seguir.

O "contexto" (ou "entorno", ou "marco epistêmico") com o qual o sistema turístico troca energia, informação e processos em todas as suas escalas é muito amplo, por representar as condições econômicas, políticas, sociais e tecnológicas da sociedade em determinado momento histórico. Como conseqüência, são muitas e diversas as abordagens pertinentes para compreendê-lo. Como parte integral dos temas do contexto geral do sistema turístico, Cohen identificou nove abordagens – a décima foi incorporada para cobrir aspectos de política interna e internacional, complementares ao estudo do contexto –, conforme segue (Cohen, 1984).

- *Turismo como forma de hospitalidade comercial.* Concebe o processo turístico como comercialização das relações tradicionais entre hóspede e anfitrião. O papel do turista na sociedade que visita é temporal, resultando em uma forma de hospitalidade comercial e, eventualmente, industrial.
- *Turismo como viagem democrática.* Ênfase na função do viajante que pratica o turismo. Vê o moderno turismo de massa como expansão democrática da viagem aristocrática (conhecimento sobre a transformação histórica dos papéis turísticos).
- *Turismo como moderna atividade de ócio.* De enfoque essencialmente funcionalista, não aborda o profundo significado cultural das atividades de ócio. Identifica o ócio – e, conseqüentemente, o turismo – com a recreação, vendo-o como uma atividade livre de obrigações. Este é o enfoque que levanta muitas das informações da pesquisa macro-sociológica e institucional do turismo moderno.
- *Turismo como forma moderna de peregrinações tradicionais.* Enfoca o profundo sentido estrutural do turismo moderno e o identifica e associa com a peregrinação das sociedades tradicionais: a viagem sagrada.
- *Turismo como expressão dos temas culturais básicos.* Rejeitando o enforque ético (Nash), trata de chegar a uma compreensão étnica das especificidades culturais, com base no ponto de vista dos turistas. Levaria a um conceito analítico comparativo entre as diversas formas culturais de viajar – um alemão viaja de modo diferente de um francês, e ambos de modo diferente de um norte-americano, etc.

85-7241-568-8

- *Turismo como processo de aculturação.* Enfoca os efeitos do turismo nos países receptores e integra seu estudo ao esquema mais amplo da teoria de aculturação.
- *Turismo como forma de relação étnica.* Integra a análise das relações turista-anfitrião no quadro referencial mais amplo das relações étnicas e de etnicidade. O enfoque concorda com o trabalho de Graburn sobre o impacto da produção artesanal direcionada para o mercado turístico nas identidades étnicas.
- *Turismo como forma de neocolonialismo.* Enfoca o papel desempenhado pelo turismo na criação de dependências entre países metrópoles emissores e nações periféricas receptoras, que reproduzem as formas coloniais ou imperialistas de dominação e subdesenvolvimento estrutural.
- *Turismo como fator de paz e compreensão internacional.* Embora existam críticas a esse enfoque, o argumento afirma que o turismo tem funcionado como fator de paz, ao motivar o conhecimento de outras culturas e possibilitar sua compreensão.
- *Turismo como instrumento de política internacional*[32]. Argumenta-se que, historicamente, o impulso do turismo moderno é derivado das conjunturas específicas das relações internacionais (o avião como instrumento da estratégia bélica das grandes potências e, portanto, da política de poder). As evidências empíricas vinculam a conjuntura econômica, o serviço aéreo e a política internacional, cuja pauta é ditada por algumas potências (principalmente os Estados Unidos), para desenhar políticas que, em princípio, favoreceriam o turismo como forma de intercâmbio econômico, apesar de sustentado por formas de controle político e dos fluxos.

O *âmbito emissor – exterior* tem como temática fundamental o turista. O turista é "*o*" sujeito do fenômeno turístico, a quem se deve olhar em sua concepção mais ampla: são seres humanos com particularidades definidas pelo contexto social, cultural e, portanto, antropológico, mas também histórico, econômico, político e geográfico que Cohen recuperou em seus trabalhos de modo muito pontual (Cohen, 1984, 1988). Além do contexto nesse âmbito, a temática do turista refere-se não somente aos aspectos quantitativos e sociodemográficos da função emissora de determinado país ou território, mas também, com a mesma importância, aos aspectos de motivação, conduta e comportamento, às percepções que se tem dos diferentes lugares visitados e nas atitudes em relação a eles – que, de várias maneiras, são moldadas pelos mencionados aspectos de contexto; finalmente, também são abordados os temas de satisfação e da interação dos turistas com os anfitriões, bem como dos turistas com os próprios turistas – que se tornam companheiros de viagem ou por mais tempo, já em suas próprias localidades de origem (que são a retroalimentação do processo turístico).

No *âmbito de vinculação ou de atores da indústria turística*, é abordada a temática dos atores e de suas particularidades, além da forma como interagem entre si e entre os âmbitos de emissão e recepção. Os atores agem, sobretudo, no âmbito receptor ou local, mas também – ao menos alguns – em âmbito exterior e em diferentes escalas, como demonstrado em seções anteriores. O âmbito de vinculação é muito importante para o estudo do funcionamento do turismo, pois nele são identificados e ponderados não somente os atores, mas também *o peso específico que eles têm no sistema e nos subsistemas*. É o caso, por exemplo, das empresas transnacionais, que parecem ter um peso muito importante no funcionamento do sistema em diferentes escalas, em especial as que trabalham globalmente. Assim, são atores com capacidade para agir e influenciar diversos âmbitos e escalas do hipersistema, sendo particularmente importantes para o âmbito de recepção em qualquer escala. Por serem todos atores que interessam ao estudo de especialistas, há uma corrente muito importante, de conhecimento tecnológico, administrativo e operacional, sem a qual dificilmente seria possível conceber a profissionalização. É por essa razão lógica que se deposita maior ênfase nesse âmbito, no mercado e na academia (ainda que não seja, no entanto, a única vertente necessária para estudo e compreensão integral do turismo).

Por fim, no *âmbito de recepção – local*, também se encontram temas de contexto histórico, político, cultural, socioeconômico e geográfico que dão forma e conteúdo para a conduta, expectativas e satisfação do turista, ainda que, neste caso, sob a

[32] De acordo com o proposto por Octavio Moreno Toscano (1969), Stephen Britton, Alfonso Jiménez Martínez, entre outros.

perspectiva do anfitrião local. Seu reconhecimento é indispensável para a relação turista-anfitrião, presente em todos os fenômenos turísticos, do ponto de vista de interações humanas. Aqui, o conhecimento de aspectos quantitativos sociodemográficos a respeito dos visitantes que chegam, especificamente, aos destinos receptores é necessário, bem como de aspectos qualitativos de recursos, atrativos naturais, culturais, recreativos e infra-estrutura, sem os quais a ação turística é dificultada ou impossibilitada. Também inclui a temática que se refere à denominada "superestrutura", que trata dos esforços específicos e conscientes dos atores institucionais (bem como das organizações e entidades da sociedade civil que atuam nas localidades em torno do fenômeno turístico e em diferentes escalas), que dão suporte ao destino turístico por meio de regulamentações que formam o referencial jurídico e programático dos respectivos âmbitos de recepção. Por fim, e de particular importância, está a temática dos impactos (ambientais, econômicos e sociais), sem a qual o turismo é apenas um referencial utópico.

A partir dos elementos descritos, falta agora identificar esquematicamente a temática de cada um dos âmbitos que permite abordar cada um dos subsistemas do subsistema turístico básico ou nuclear. A Tabela 9.2 mostra essa representação.

Finalmente, uma vez que cada subsistema (ou seja, cada região de origem-emissora em relação a cada unidade de destino-receptora) tem particularidades específicas, a conclusão a que se chega é que se deve analisar cada um para a clara compreensão dos fenômenos turísticos observados entre as conexões (subsistemas) do sistema turístico global. Isso poderia ser representado graficamente conforme a Figura 9.25.

De modo similar ao que concluíram Leiper e Molina, com a Figura 9.26 conclui-se que os subsistemas formados por diferentes elementos qualitativos (motivação do turista no âmbito emissor; ou atrativos, superestrutura e infra-estrutura no âmbito receptor; ou sistemas de transporte, hospedagem e intermediários no âmbito de vinculação) formam os respectivos subsistemas do subsistema turístico básico ou nuclear.

Parte 2

Tabela 9.2 – Âmbitos e temas relacionados com o conhecimento do subsistema turístico

ÂMBITO I – Exterior/Emissor	ÂMBITO II – De vinculação: atores da IT	ÂMBITO III – Receptor/Interno/Local
Tema: o Turista	Tema: Indústria Turística – atores, meios, tecnologias e avanços tecnológicos	Tema: localidades e impactos na população local
A) Quantitativos	Atores	A) Quantitativos
i) interno e ii) internacional; a) classificação por tipo: lazer, negócios, outros 1. volume 2. distribuição espacial 3. destino 4. temporalidade 5. estadia 6. gasto 7. características de crescimento, etc.	Meios de transporte (terrestre, aéreo, marítimo) Hospedagem (hotéis e outras formas de hospedagem, como *time sharing* e derivados, como as empresas de intercâmbio) agências de viagem e operadoras turísticas (representantes de organizadores-produtores, atacadistas e distribuidoras de viagens)	i) interno e ii) internacional; classificação por tipo: lazer, negócios, outros 1. volume 2. distribuição espacial 3. destino 4. temporalidade 5. estadia 6. gasto 7. características de crescimento, etc.
B) Qualitativos	Outros comerciantes (sistemas informatizados de reservas e outros possíveis representantes)	B) Qualitativos
1. Motivações 2. Tipologias/comportamento 3. Satisfação 4. Percepções 5. Atitudes 6. Relação turista-anfitrião 6.1 Interação turista-turista, antes e depois da viagem 6.2 Interação turista-anfitrião; interação turista-turista durante a viagem 6.3 Interação local-local Observada no âmbito III	Guias de turismo/tradutores; guias/escritores gastronomia (restaurantes, bares, banquetes e similares) Organizações internacionais (públicas, privadas e sociais) **Nota:** designa atores com possibilidades de atuar e influir em diferentes níveis do hipersistema	a) Recursos 1) Recursos e atrativos turísticos: naturais, culturais e instalações recreativas (metodologias de avaliação) 2) Infra-estrutura (avaliação de disponibilidade) 3) Superestrutura i) organização da sociedade (organizações públicas, privadas e sociais, de âmbito nacional e local) ii) referencial jurídico iii) referencial programático
		b) Impactos 1) Socioeconômicos 2) Socioculturais 3) Ambientais

85-7241-568-8

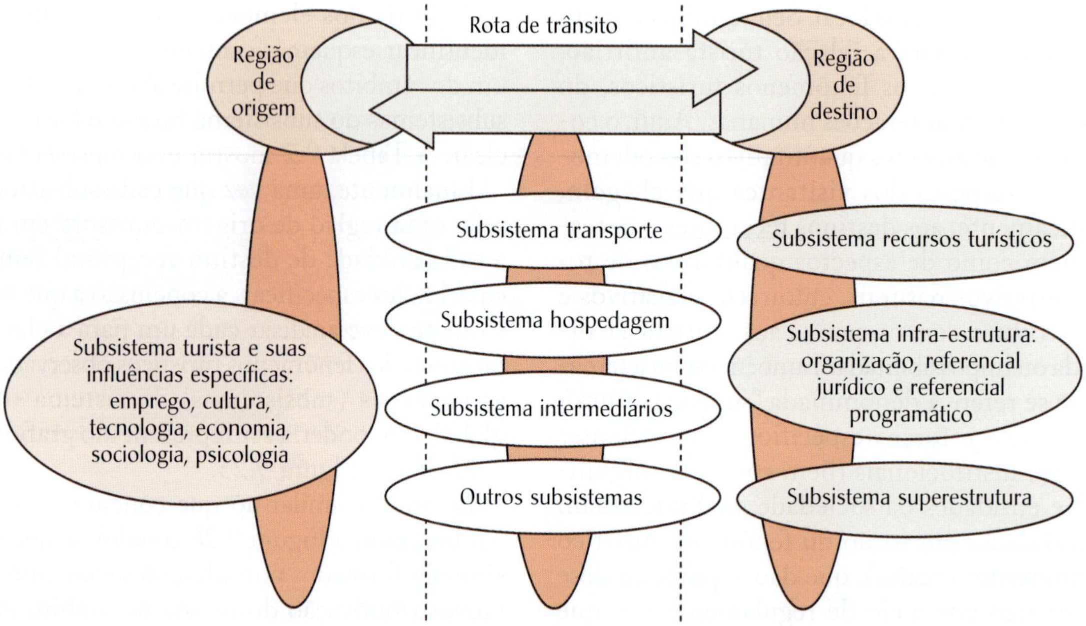

Figura 9.25 – Outros subsistemas do subsistema turístico básico.

Ferramentas para o estudo do turismo	Região de origem	Rota de trânsito	Região de destino
Sociologia	Temas: particularidades da família, trabalho, organização social, usos do tempo livre, etc.	Instituições/Associações da indústria turística. Interação T-A/T-T.	Temas: particularidades da família, trabalho, ócio, organizações sociais.
Psicologia/ Psicologia social	O indivíduo em face de si mesmo, razões de suas ações, motivos, percepção, satisfação. Interação T-T.	Interações T-A/T-T/L-L. Percepção e satisfação do turista.	O habitante local em face de si mesmo, motivos de suas ações, percepção, satisfação. Interações T-A e L-L.
Antropologia	Temas: tradições, cultura, maneiras, relações familiares e de amizade. Interação T-T. Identidade/Cultura.	Interação T-A/T-T/L-L.	Temas: tradições, cultura, maneiras, relações familiares e de amizade. Interação T-A. Identidade/Cultura.
Ciências econômicas e administrativas (*marketing*)	Economia e técnicas de planejamento, comercialização e indução da viagem turística por parte dos atores.	Técnicas de planejamento, administração, controle, comercialização e operação dos atores.	Técnicas de planejamento, administração, controle, comercialização e operação das localidades. Identificação e avaliação de impactos.
Geografia e ciências biológicas	Fatores climáticos que incidem nas características das viagens. Distribuição territorial e caracterização da viagem.		Características geográficas da localidade, distribuição territorial e caracterização da viagem, patrimônio natural e cultural, recursos humanos, climáticos e de flora e fauna. Identificação e avaliação de impactos.
História, direito e ciência política	Evolução dos contextos cultural, histórico, político e jurídico da região de origem.	Contextos histórico e jurídico internacional da atuação dos atores relevantes.	Evolução dos contextos cultural, histórico, político e jurídico da região receptora.
Arte e outras			Investigação, identificação e descrição dos patrimônios artístico e cultural.

Figura 9.26 – Ferramentas para o estudo do subsistema turístico básico.

Temas de Turismo: Multi e Transdisciplinaridade

Os conceitos desenvolvidos envolvem a participação de várias áreas de saber, importantes também para analisar o complexo mundo real. Esclarecidos os principais pontos do tema de turismo, serão definidas as diversas disciplinas que tratam de aspectos do subsistema turístico que, por sua natureza, é necessariamente multidisciplinar. Cada uma delas tem ferramentas próprias de interpretação e análise, bem como orientações e correntes metodológicas (cujo estudo foge do escopo deste trabalho). Todavia, com base nas diretrizes da OMT, serão descritas as particularidades de cada disciplina e a forma como auxiliam na compreensão integral dos três diferentes subsistemas do subsistema básico. A seguir, verifica-se a descrição das disciplinas com as temáticas específicas por âmbito de ação (WTO, 1999, p. 18; OMT, 1995, p. 11-16).

- *Economia:* área na qual o turismo é mais estudado. O impacto econômico em um destino vai além do número de visitantes internacionais recebidos e de seus efeitos no balanço de pagamentos e na geração de divisas. Encontra-se em sua capacidade multiplicadora e sinérgica: o turismo tem alta capacidade de inter-relação com outras atividades econômicas das localidades. A economia é uma disciplina essencial no estudo da indústria turística, do mesmo modo que outras temáticas relacionadas com a conduta do indivíduo (turista) e dos grupos envolvidos.
- *Ciências econômicas e administrativas:* para a viabilidade e competitividade da indústria turística, é crucial o conhecimento de áreas como contabilidade, finanças e suas ramificações (planejamento, custos, orçamentos, etc.), *marketing*, liderança, estratégia, tomada de decisões, legislação trabalhista, recursos humanos e outras.
- *Psicologia:* ajuda a compreender motivações, preferências, condutas e atitudes do turista que devem ser levadas em conta no planejamento de diferentes aspectos da atividade – como em promoção, que precisa entender a importância do comportamento com os produtos e locais, entre outros. Auxilia na escolha de estratégias adequadas para a comunicação com o turista, individual ou coletivamente (psicologia social) e na compreensão do mundo simbólico nele imerso. Permite também entender melhor a postura relativa à percepção e imagem, aprendizagem, satisfação e atitudes em relação ao outro, seja ele o anfitrião ou outro turista.
- *Antropologia:* analisa as condições culturais e socioeconômicas que determinam as necessidades humanas de viajar e seus efeitos na conduta do visitante, da população anfitriã e a interação social resultante. Ajuda a entender a forma como se estabelece a relação turista-anfitrião, bem como a relação turista-turista durante e depois da viagem. Para o âmbito receptor, sua vertente etnográfica auxilia a compreender as formas e práticas culturais que modelaram parte do patrimônio das localidades receptoras.
- *Sociologia:* considera o turismo um fenômeno social em contínuo estado de crescimento; a emergência do turismo de massa e modificações nas preferências dos destinos são atribuídas a fatores como mudanças no contexto de emprego e em outros relevantes, como moda, etc. Estuda variáveis como nacionalidade, trabalho, semiótica, capacitação, idade, sexo, etc., que são essenciais na segmentação do mercado turístico. Também estuda organizações e grupos de poder ou pressão relacionados com a atividade turística em nível nacional e internacional.
- *Geografia:* orienta a análise do turismo a partir da perspectiva espacial, considerando as particularidades territoriais em nível regional, nacional ou internacional; a distribuição dos mercados, sua localização e características; e também as particularidades de atrativos naturais e a sustentabilidade. Os especialistas em geografia têm feito importantes contribuições ao estudo científico do turismo no mundo (D. Pearce, Butler, Doxey, G. Cazes, Leiper, dentre muitos outros).
- *Direito:* a crescente globalização da economia e a maior complexidade nas relações requerem uma visão das diversas legislações vigentes nos países envolvidos, em escala local, regional, nacional e internacional. Essa disciplina deve incluir normas específicas que regulam a atividade (ISO e outras nacionais), bem como códigos de conduta de caráter voluntário, que têm importante função normativa para a operação das organizações turísticas.

85-7241-568-8

- *Ecologia e ciências biológicas:* enfocam o estudo integral do meio ambiente e das inter-relações estabelecidas em grupos bióticos, bem como seu potencial de utilização para propósitos turísticos, destruição e capacidade de regeneração dos recursos naturais. Permite identificar, descrever e ensinar a relevância dos diferentes ecossistemas, a fim de proporcionar maior compreensão (e proteção) por parte da população e visitantes.
- *Estatística:* ferramenta básica do instrumental científico, deve participar com seu conhecimento no apoio a estudos e pesquisas em diversas áreas, incluindo economia, sociologia, psicologia, etc.
- *Educação:* tem importância por deter conceitos fundamentais que precisam ser tratados pela capacitação turística nos diferentes níveis de abordagem, indicando o grau de especialização requerido, a adaptação de cursos e de grades curriculares, em um ambiente dinâmico que se encontra em constante mutação. Também é crescentemente importante para a adequada definição de técnicas de condução e guia, em especial com a progressiva tendência dos turistas de aproximarem-se da natureza e da cultura.
- *História:* estuda o contexto no qual as comunidades emissora e receptora evoluíram. A compreensão do turista está sempre emoldurada pela evolução histórica dos acontecimentos que antecedem o presente. A história e a etnografia também auxiliam a interpretar a arte e o artesanato de diferentes grupos, dando uma perspectiva social à estética artesanal. Descreve também as ações das instituições e das organizações que conduzem os esforços para desenvolver o turismo, oferecendo explicações auxiliares para sua compreensão.
- *Arte:* estuda as formas que a expressão artística de um povo adota e sua evolução. A partir disso, são reconhecidas as identidades que dão significado aos objetos que expressam, universal ou localmente, formas de sentir, pensar e expressar sentimentos humanos. Em certo sentido, aborda o artesanato como uma das formas de aproveitamento da população em sua relação com o turista.
- *Ciências políticas:* ajuda a compreender os mecanismos políticos que influenciam decisões do sistema (país). Também se refere à análise das diferentes escalas (sistema, supersistema e hipersistema) em que ocorre a ação política, procurando compreender a atuação do estado e das associações que integram os diferentes estados do mundo, cenário comum do turismo internacional da atualidade.

A Figura 9.27 descreve a relação entre as diferentes disciplinas do conhecimento científico e a temática dos diferentes âmbitos propostos no modelo.

De fato, e todos os autores concordam, o turismo possui traços que acentuam sua trans e multidisciplinaridade, independentemente das diferentes correntes metodológicas e interpretativas que cada uma das disciplinas possui.

Com o último esquema matricial (Tabela 9.3) são analisadas as disciplinas que correspondem a cada um dos âmbitos, os contextos que os influenciam e, portanto, as ferramentas do conhecimento necessárias para estudar o fenômeno e obter uma abordagem mais adequada para sua compreensão. Os quadrantes sombreados representam as áreas de conhecimento tradicionalmente estudadas nos centros de ensino superior de turismo.

Considerações Finais

O mundo está cada vez mais global e intercultural, e essa é uma das particularidades mais reconhecidas dentre os aspectos sociais que a prática de turismo abarca e que lhe dota, em grande medida, de uma de suas qualidades proeminentes. Ao levar em conta que a parte consumidora se movimenta para o local onde se produz o serviço turístico, sabe-se que o entorno no qual o turismo se desenvolve será definido tanto pelo contexto econômico, político e social de onde se presta o serviço como também pelo de onde se origina a viagem, com as diferenças e particularidades concomitantes das duas partes que entram em contato intercultural: os anfitriões e os hóspedes.

O intercultural é particularmente importante, pois as relações econômicas e culturais atuais repercutem e influenciam as atitudes e valores dos indivíduos que participam direta e indiretamente nos processos. O turismo é uma atividade em que o centro de atenção é a pessoa: é das pessoas e para as pessoas. A dimensão humana deveria estar sempre presente na mente dos envolvidos. A rápida expansão das redes de comunicação, em particular audiovisuais, coloca no cotidiano ocor-

Tabela 9.3 – Disciplinas estudadas em cada âmbito turístico

Âmbito I	Âmbito II	Âmbito III
Âmbito internacional exterior/emissor	Âmbito de interação: internacional/emissor nacional/receptor	Âmbito nacional/interno local/receptor
Tema: o Turista – motivações, contextos, facilidades e satisfação	Tema: Indústria Turística – atores, meios, tecnologias e avanços tecnológicos	Tema: localidades e população local – contextos, potencialidades e impactos
Contextos: todos os aspectos econômicos, sociais e culturais que definem o turista e seu entorno *Econômico*: geografia econômica e humana, dinâmica socioeconômica e tecnológica etc. *Político*: geografia política, história e evolução *Social*: dinâmica sociológica e psicológica – mentalidade e evolução, antropologia comportamental	*Atores*: identificação, características e métodos/técnicas de operação *Hospedagem* (hotéis e outras formas de hospedagem) *Agências de viagem e operadoras turísticas* (variantes desses distribuidores de viagens) *Meios de transporte* (terrestre, aéreo, marítimo) *Gastronomia* (restaurantes, bares, banquetes e variantes) *Guias de turismo* *Outros comerciantes* (sistemas informatizados de reservas, imobiliárias e empresas de *time sharing*, sistemas de intercâmbio) *Avanços tecnológicos* (em transporte, administração, comunicações etc.)	*Contextos*: todos os aspectos econômicos, sociais e culturais que definem o anfitrião e seu entorno *Socioeconômico*: geografia econômica, humana e de recursos turísticos, aspectos socioeconômicos, estatística *Político*: história e evolução – país, região e localidade *Sociocultural*: dinâmica antropológica, sociológica e psicológica – mentalidade e evolução, tradições e manifestações culturais *Ambiental*: ecologia, meio ambiente natural e cultural, sustentabilidade e critérios
Ferramentas (ciência/disciplina) Economia, ciência política, história universal, história do país e da região, história da arte e literatura, história do turismo, geografia universal, sociologia, psicologia social, antropologia social, regulamentos jurídicos específicos em relação a turistas e viagens	*Ferramentas (ciência/disciplina)* Administração, contabilidade, *marketing*, estatística, história, turismo, macroeconomia, microeconomia, matemática financeira, finanças, recursos humanos, direito internacional público e privado, especializações do direito, etc.	*Ferramentas (ciência/disciplina)* História do país, região e localidade, história da arte, geografia econômica e humana, macroeconomia e economia regional, sociologia, antropologia, psicologia social, psicologia, biologia e ecologia específica, especializações do direito

rências que seriam, por costume, consideradas estrangeiras; a viagem e a presença de turistas freqüentemente confirmam ou desmentem essa informação (traduzida em preconceitos, estereótipos, etc. a respeito do outro). A sociedade globalizada atual, caracterizada por uma interdependência cada vez maior, evoca tensões antagônicas que pressionam em direções opostas: por um lado, a tendência à homogeneização em nível nacional e mundial; por outro, a busca de uma condição comunitária particular, de raízes, que para alguns só pode existir se forem reforçadas as identidades locais e regionais.

Nesses paradoxos, o turismo tornou-se um cavaleiro cujo formoso cavalo morde o freio. Parece faltar uma compreensão clara e integral das possibilidades de seus diversos objetivos, de seus componentes e da forma como se inter-relacionam. Ser veloz na profissão não implica ir na direção correta. A meta deve ser clara.

Assim, sabe-se que a ênfase da aplicação teórica proposta não deveria ser somente o reconhecimento e a descrição precisa da estrutura, das escalas e dos atores, mas dos processos, a partir dos quais se podem entender as variações verificadas nas diversas escalas do sistema turístico. Na perspectiva do âmbito receptor, é necessária clara consciência dos impactos e das implicações do crescimento, velocidade e inter-relações do turismo. Nesse sentido, a TGS e a Teoria dos Sistemas Complexos mostram-se particularmente adequadas e estimulantes, pois, em minha opinião, seus conceitos são úteis para descrever muitos dos elementos característicos do fenômeno turístico.

Neste trabalho, pôs-se em evidência que o turismo requer mais que entendê-lo somente como a soma de eventos associados com a satisfação do turista e como a disposição de todos os meios disponíveis para que isso seja possível; o turismo necessita de uma cuidadosa observação do todo para

85-7241-568-8

que o impacto, nas diversas sociedades, possa se transformar em resultado frutífero para os diferentes participantes. Coloca-se em evidência também os três diferentes pontos de vista básicos que são possíveis no fenômeno turístico: dos hóspedes, dos anfitriões e da chamada indústria turística; ainda que assim possa parecer, os pontos de vista nem sempre – ou necessariamente – são convergentes.

A complexidade do assunto exige ressaltar a importância da multidisciplinariedade e da transdisciplinaridade do sistema turístico – a respeito das quais há amplo consenso –, ponto de partida para gerar uma compreensão holística do turismo. Sem o esforço acumulado em cada uma das diferentes disciplinas, haveria uma visão deficiente dos processos e dificuldade para melhorar a compreensão atual e futura do turismo nas diferentes escalas em que é observado. A síntese integradora é a meta do turismo para chegar a um funcionamento que beneficie – de forma mais eqüitativa – todos os seus participantes.

Com vistas à especialização e à multidisciplinaridade que caracteriza o fenômeno turístico, ainda falta uma compreensão que sintetize as partes numa totalidade – o saber integral inerente ao entendimento holístico dos processos. Não há, até o momento, uma explicação clara, específica e congruente dos processos e das inter-relações observadas entre atores e escalas, pois falta uma teoria que estruture de maneira adequada seus componentes e seus processos, proporcionando uma visão ampla do tema – embora se reconheça, de toda maneira, que as capacidades preditivas de um modelo são, quando muito, de curto prazo. A proposta que se faz neste trabalho é somente a de entender o turismo como um processo dinâmico e complexo que tem estrutura definida, objetivos e atores que geram impactos relevantes para a sociedade (emissora e receptora). No ponto em que se encontra, sobretudo em relação ao detalhe específico da interação dos componentes, os estudos ainda descrevem o turismo de maneira muito incipiente. Apesar disso, a intenção é explicar uma realidade relacionada com processos inacabados, mas progressivamente de compreensão mais complexa. Nas palavras de Leiper (Jafari, 2002, p. 619-629), a teoria almeja reduzir a complexidade do assunto. Seu valor prático é que, reduzido o nível de complexidade, fica mais fácil entender, analisar e gerir objetos e idéias.

Embora o avanço deste trabalho seja, quando muito, incipiente, serve como ferramenta conceitual para ordenar e contemplar, a partir de diferentes dimensões, o fenômeno turístico, seus componentes e a forma como são realizados seus processos e relações – embora se possa vislumbrar apenas a sombra de seus perfis. Muito ainda falta para compreender o turismo além de interpretações simplistas relacionadas com o fenômeno. Ainda que passível de debate e inacabado, este é um esforço neste sentido.

Aproximação aos Princípios Gerais do Turismo

Como conclusão geral, em parte derivada da construção conceitual descrita neste trabalho e em parte derivada de textos de outros autores, são propostos aqui alguns princípios gerais aplicáveis ao turismo.

- O turismo é resultante de condições econômicas, políticas, sociais e tecnológicas de uma sociedade em determinado momento histórico.
- Em qualquer sociedade, os tipos de turista dependem da margem excedente de recursos, em tempo e dinheiro pessoal disponível, que se utiliza para o turismo, conseqüentes das condições socioculturais de cada indivíduo (de trabalho, econômicas, sociais, culturais e psicológicas) e de cada sistema.
- O turismo é uma das formas de recreação propiciada pelo aumento do tempo livre (tempo de ócio) das sociedades modernas. O turismo é sempre uma forma de recreação embora, por definição, não exista turismo na recreação (que é um conceito mais amplo).
- O comportamento do turista no destino é função da motivação, sendo normalmente inexistente o turista puramente lúdico. Isso significa aceitar a possibilidade de que um turista de "sol e praia" participe, na mesma viagem, de atividades consideradas "ecoturísticas". Do mesmo modo, um "ecoturista" pode participar, em algum momento, de atividades relacionadas a "sol, praia e vida noturna". Assim, o ecoturista e o turista de sol e praia são idênticos, e devem-se entender essas denominações como uma das possíveis motivações para fazer turismo, e não como uma condição que define, de modo permanente, o visitante-turista. Pela mesma razão, não existe o viajante exclusivamente de negócios.
- O turista gera impactos econômicos, sociais e ambientais diferentes em grau e escala, em

função de: (1) características do turista; (2) características da comunidade receptora; (3) forma e práticas adotadas pela indústria turística.

- O sistema turístico é delimitado por fronteiras dentro das quais o fenômeno ocorre, é induzido e controlado pelas políticas de estado para esse território específico.
- Um conjunto de sistemas turísticos, coincidentes geograficamente (e, portanto, com conectores – transporte – comuns) ou por recursos, e/ou por interesses comerciais comuns, compõe um supersistema. O supersistema relaciona, regionalmente, os atores do turismo, e inclui as organizações regionais internacionais de caráter público, privado e da sociedade civil - ONG.
- Um conjunto de supersistemas forma o hipersistema turístico mundial, que relaciona, em escala planetária, os atores do turismo e inclui as organizações mundiais e regionais internacionais de caráter público, privado e da sociedade civil – ONG.
- Os sistemas turísticos se compõem de subsistemas, que são as unidades elementares (subsistema básico, ou nuclear) de funcionamento turístico.
- O conjunto de subsistemas que se encontra em um território nacional constitui o sistema turístico.
- O subsistema é formado por três âmbitos básicos: de emissão, de recepção e de vinculação. Caracterizam-se da seguinte maneira:
  - No âmbito de emissão, o turista é visto em seu cotidiano, no qual se observam as influências individuais mais importantes.
  - O âmbito de recepção é onde se observam os impactos da ação do turista. É nesse território ou espaço que ocorrem as ações particulares do turista e onde residem os aspectos de interesse para o morador local.
  - No âmbito de vinculação, ocorrem as ações dos atores turísticos interessados no fenômeno (empresas, grupos e instituições), que estimulam e orientam a ação do turista e sua dinâmica. Em conjunto, constitui a chamada indústria turística.

  Cumpridas as condições da Figura 9.27, então:

  - As variáveis atribuíveis a A definem o comportamento de B, C e D e influenciam no modo que B, C e D estabelecem suas inter-relações.

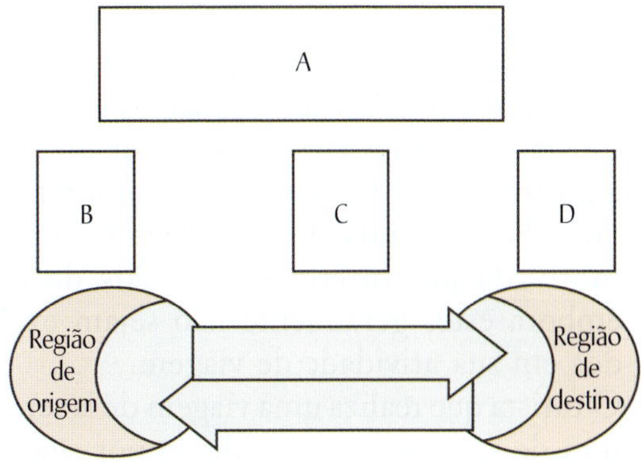

Figura 9.27

  - A relação entre B e D é única, sendo resultante das particularidades de B, C e D. Assim, mudanças nas características de suas relações provocarão mudanças na entrada e na saída do subsistema e, conseqüentemente, na totalidade do sistema.
- A vinculação dos subsistemas pode ser observada nos diferentes sistemas, sendo uma condição natural do supersistema e do hipersistema turístico, onde o impacto das ações se concretiza nos dois âmbitos: receptor e emissor. Por exemplo, no subsistema Nova York-Cancun ou Los Angeles-Cancun, os impactos do turismo em Cancun são econômicos, políticos e sociais, derivados do contexto do sistema local (receptor); no âmbito emissor, entretanto, as conseqüências de um serviço contratado e mal prestado podem dar origem a reclamações judiciais contra a companhia aérea/operadora de turismo, conforme a legislação que protege o consumidor no âmbito emissor.

Princípios do Turista

- Por convenção, define-se visitante como a soma dos turistas e excursionistas (visitantes por um dia). Portanto, o turista é considerado um tipo de visitante (OMT).
- Os turistas são os visitantes que pernoitam em um alojamento coletivo ou privado no lugar que visitam (OMT).
- Há três tipos básicos de visitantes-turistas: os visitantes-turistas a negócios, os visitantes-turistas de lazer e os visitantes-excursionistas. As condições básicas para considerar visitantes-turistas são: (1) transitoriedade; (2) não necessariamente repetitividade; (3) de

significado assimétrico para os que praticam e para os que recebem (ócio e trabalho, respectivamente). As exceções são os visitantes-turistas a negócios, cuja decisão de ir ao destino é motivada por razões além da própria vontade. Não se trata de uma decisão livre ou motivada por interesses pessoais de ócio, embora estes geralmente não sejam excluídos em sua atividade de viagem.

- O turista que realiza uma viagem de lazer para fora de seu contexto cotidiano por sua livre vontade, decisão própria e tempo determinado com o objetivo de se inserir em um espaço ou território diferente do seu é distinto do turista de negócios, cuja decisão de viagem não é tomada pelo próprio sujeito, dependendo do contexto do negócio.
- A relação típica do turismo é a relação turista-anfitrião, embora possam existir outras igualmente importantes: a relação turista-turista, caracterizada pela interação dos turistas durante as viagens, com efeitos no sistema e na retroalimentação; e a relação local-local nos destinos turísticos, caracterizada pelo relacionamento entre habitantes envolvidos diretamente com atividades turísticas e aqueles que não estão. Ambos os casos são afetados pela influência social do comportamento do turista na localidade.
- Os turistas dividem com a população residente a demanda por alguns dos mesmos bens e serviços, o que às vezes gera competição desleal, em detrimento da população menos favorecida (localizada normalmente em certos estratos da comunidade local).
- A satisfação do turista é proporcional às suas expectativas. Quanto maior a expectativa, parece haver maior possibilidade de decepção no momento do contraste com a realidade. Por isso, é possível afirmar que a satisfação é inversamente proporcional às expectativas.

Características da Indústria Turística[33]

- Para satisfazer as necessidades dos turistas são gerados serviços e produtos específicos.
- O turismo é uma atividade consumida no local em que é produzida: desloca-se o consumidor e não o produto.
- O turismo gera espaços turísticos que podem ter diferentes modalidades de desenvolvimento.
- A avaliação dos bens e serviços turísticos e a satisfação são função das expectativas do turista.
- De acordo com René Baretjé, o turismo é: (1) altamente sensível às conjunturas; (2) uma atividade intangível e não estocável; (3) inelástico na produção; (4) caracterizado por uma demanda concentrada no tempo e no espaço, instável e em constante progressão (Jimenéz, 1992, p. 57).
- É uma atividade que pode gerar divisas e, por isso, torna-se uma atividade típica de exportação.
- O grau de dependência do mercado externo é função das particularidades de cada subsistema, mas a demanda interna é indispensável para o equilíbrio saudável da operação e da rentabilidade.

[33] São mencionados aqui alguns enunciados de René Baretjé (*apud* Jiménez, 1992, p. 57) e outros enunciados adaptados do documento *Título de grado en turismo*, da Agência Nacional da Avaliação de Qualidade e Certificação (Madri). disponível em: http://www.aneca.es.

BIBLIOGRAFIA

ACERENZA, M. A. *Administración del Turismo*. México: Trillas, 1986, v. 1.

COHEN, E. The Sociology of Tourism: approaches, issues and findings. *Annual Review of Sociology, 10*: 373-392, Jan-Mar. 1984.

COHEN, E. Traditions in Qualitative Sociology. *Annals of Tourism Research, 15 (1)*, 1988.

CUERVO, R. Un método para evaluar condiciones que afectan la decisión sobre el otorgamiento de la 5ª libertad en el tráfico aéreo internacional. In: *El Turismo como Medio de Comunicación Humana*. México: Departamento de Turismo del Gobierno de México, 1967.

CHECKLAND, P. *Pensamiento de Sistemas. Práctica de Sistemas*. México: Grupo Noriega-LIMUSA, 1993. 367p.

DANN, G.; NASH, D.; PEARCE, P. Methodology in tourism research. *Annals of Tourism Research, 15 (1)*, 1988.

DE LA REZA, G. A. *Teoría de Sistemas: reconstrucción de un paradigma*. México: UAM-Miguel Ángel Porrúa, 2001, 179p.

EDGELL, D.; SMITH, G. International tourism policy & management. In: RITCHIE, J. R. B.; GOELDENER, R. C. *Travel, Tourism and Hospitality Research*. New York: John Wiley & Sons, 1994.

FOSTER, H. Qualifications in tourism. OECD. *DAFFE/TOU/WD, (95)*: 6, Set. 1995.

GARCÍA, R. *El Conocimiento en Construcción: de las formulaciones de Jean Piaget a la teoría de sistemas complejos*. Barcelona: GEDISA, 2000, 252p.

GUNN, C. A. A perspective on the purpose and nature of tourism research methods. In: RITCHIE, J. R. B.; GOELDENER, R. C. *Travel, Tourism and Hospitality Research*. Estados Unidos: John Wiley & Sons, 1994, p. 5.

Parte 2

GUTIÉRREZ PANTOJA, G. *Teoría de las Relaciones Internacionales*. México: Oxford University Press / Harla México, 1997, 366p.

GUTIÉRREZ SÁNCHEZ, J. L. Sociedad, política, cultura y sistemas complejos. *Ciencias, 59:* 46-54, Jul-Set. 2000.

HAWKINGS, D. A conceptual framework for tourism education: the George Washington University approach. *Téoros International, 1 (1)*, 1993.

HUDMAN, L. E.; HAWKINS, D. E. *Tourism in contemporary society: an introductory text* Englewood Cliffs: Prentice Hall, 1989.

JAFARI, J. *Enciclopedia de Turismo*. Madri: Síntesis, 2002, 713p.

JIMÉNEZ MARTÍNEZ, A. de J. *Desarrollo Turístico y Sustentabilidad: el caso de México*. México: Miguel Ángel Porrúa/Universidad Intercontinental, 1998, 191p.

JIMÉNEZ MARTÍNEZ, A. de J. *Turismo: estructura y desarrollo*. México: MacGraw Hill, 1992.

JIMÉNEZ MARTÍNEZ, A. J. La conceptualización del turismo: premisa de la investigación. In: SALVATIERRA, N. M.; VILLARREAL, L. Z. (coord.). *Investigación Turística*. México: Universidad Autónoma del Estado de México, Facultad de Turismo, 2000, pp. 127-140.

JOHANSEN BERTOGLIO, O. *Introducción a la Teoría General de Sistemas*. México: LIMUSA / Noriega, 2000, 167p.

LEIPER, N. *Tourism Management* Victoria: TAFE, 1995, 368p.

LEIPER, N. Towards a cohesive curriculum in tourism. The case for a distinct discipline. *Annals of Tourism Research, VIII* (1), 1981.

MEKLER, G. M. Una aproximación a los sistemas complejos. *Ciencias (59):* 6-8, Jul-Set. 2000.

MILL, R. C.; MORRISON, A. *The tourism system: an introductory text*. Estados Unidos: Kendall & Hunt, 1998.

MOLINA, S. *Conceptualización del Turismo*. México: LIMUSA, 1991.

OMT. *Educando Educadores em Turismo*. Espanha: OMT / Instituto de Turismo / Empresa y Sociedad / Universidad Politécnica de Valencia, 1995.

OPPERMANN, M.; CHON, K. S. *Tourism in Developing Countries*. Reino Unido: International Thomson Business Press, 1997, 177p.

OSTROM, E. Diseños complejos para manejos complejos. *Gaceta Ecológica, INE-SEMARNAP / Nueva Época, 54:* 43-58, 2000.

PEARCE, P. L. Defining tourism study as a specialism: a justification and implications. *Téoros Internacional, 1 (1)*, 1993.

RAMÍREZ BLANCO, M. *Teoría General de Turismo*. México: Diana, 1998, 239p.

RAMÍREZ, S. (Coord.). *Perspectivas en las Teorías de Sistemas*. México: S-XXI / UNAM, 1999, 109p.

RITCHIE, J. R. B. Educating the tourism educators: guidelines for policy and program development. *Téoros International, 1 (1):* 1993.

SCHUTLER, R.; WINTER, G. *El Fenómeno Turístico*. Buenos Aires: Fundación Universidad a Distancia Hernandarias, 1993.

SECTUR-INEGI. *Sistema de Cuentas Nacionales. Cuanta Satélite de Turismo en México (2000)*. México: INEGI, 2001.

MORENO, T. O. Turismo: una interpretación. México: Colégio de México, 1969. Tese (Doutorado) – Colegio de México, 1969.

WALTZ, K. N. *Teoría de la Política Internacional*. Buenos Aires: SRL, 1988, 336p.

WILSON, B. *Sistemas: conceptos, metodología y aplicaciones*. México: Noriega / LIMUSA, 1988, 441p.

WTO. FAYOS-SOLÁ, E.; COOPER, C.; HAWKINGS, D.; SPIVACK, S. *An Introduction to TEDQUAL: a methodology for quality in tourism education and training*. Espanha: OMT, 1997.

WTO; COOPER, C.; SHEPHERD, R.; WESTLAKE, J. *Educating the Educators in Tourism: a manual of tourism and hospitality education*. Espanha: OMT, 1996.

WTO; GEE, C. Y.; FAYOS-SOLÁ, E. *International Tourism: a global perspective*. Espanha: WTO, 1999.

ZIEMELIS, K. Complex systems. *Santa Fe Institute, 410 (6825)*, Mar. 2001.

Parte 2

Anotações

85-7241-568-8

CAPÍTULO

10 Qualidade na Concepção do Projeto Pedagógico dos Cursos Superiores em Turismo e Hotelaria no Brasil

Keila Cristina Nicolau Mota

Parte 2

Conceito de Qualidade

Conceituar uma palavra que, nos últimos anos, se tornou um termo de constante pronunciação entre vários meios torna-se um tanto quanto complexo. Isso porque a palavra qualidade pode ser interpretada sob vários aspectos. Segundo o dicionário da língua portuguesa Houaiss (2001, p. 2.345), o termo qualidade pode ser entendido de diversas formas, entre elas:

> *s.f. propriedade que determina a essência ou a natureza de um ser ou coisa; 1.1 conjunto de traços psicológicos e/ou morais de um indivíduo, caráter, índole; 1.2 característica inerente; 1.3 característica comum que serve para agrupar (seres ou objetos); espécie, casta, jaez; 2 grau negativo ou positivo de excelência; 3 característica superior ou atributo distintivo positivo que faz alguém ou algo sobressair em relação aos outros, virtude; 4 condição social, civil, jurídica etc.; 4.1 habilitação para exercer uma profissão, titulação; 5 título a que correspondem direitos e deveres; função, cargo, posição; 6 capacidade de atingir o(s) efeito(s) pretendido(s); propriedade, virtude; 7 destaque em uma escala comparativa; valor, importância; 8 estratégia de gestão em que se procura otimizar a produção e reduzir os custos; 9 categoria fundamental do pensamento que determina as propriedades ou características de alguma realidade; 10 qualquer aspecto sensível de percepção que não possa ser mensurado ou geometrizado; 11 em lógica, propriedade de uma proposição que a torna afirmativa ou negativa; 12 conjunto das carac-*

85-7241-568-8

terísticas fônicas de um som vocálico; 13 cumprimento estrito das normas preestabelecidas de produção; 14 título que personaliza e distingue um indivíduo como sujeito ativo ou passivo de direito ou, perante a lei, por sua maneira de ser ou agir no organismo social; 15 circunstância de caráter pessoal que confere à pessoa a habilitação necessária para a prática de certos atos ou para o exercício de certos direitos; 16 no kantismo, conceito puro do entendimento, subdividido nas categorias de realidade, negação e limitação, e correspondente aos juízos afirmativos, negativos e indefinidos.

Nas definições do dicionário, identifica-se que o sentido da palavra qualidade pode expressar atributos positivos ou negativos de alguém ou de algo (definições 2, 11, 16), contrariando aquilo que se possa imaginar que expresse somente o sentido positivo, embora algumas definições apontem isso. Outro aspecto relevante é que a qualidade pode ser entendida como um elemento intangível (definição 10), sendo assim muito mais difícil de ser identificada no turismo e na prestação de serviços, que também são intangíveis. Em seu sentido empresarial e econômico, uma das definições (a 8) expressa a qualidade como "estratégia de gestão em que se procura otimizar a produção e reduzir os custos". Nesse sentido, pode-se perceber claramente a noção de padrão especificado para se atingir a qualidade.

Em busca da conceituação da "qualidade", observaram-se palavras-chave de algumas das inúmeras definições existentes. Essa busca identificou que a qualidade pode ser entendida como ajuste contínuo das propriedades de um produto ou serviço à situação demandada, num dado espaço e tempo. Segundo o glossário de termos relativos à qualidade elaborado por Lamprecht (1994, p. 263), o documento ISO 8402, de 1994, ainda é o mais aceitável, definindo qualidade como a "totalidade de características de uma entidade que se relacionam com sua capacidade de satisfazer a necessidades explícitas e implícitas". Destaque-se que, para Lamprecht, a qualidade não pode ser tratada de forma isolada e precisa ser entendida como um sistema no qual todas as suas partes estão inter-relacionadas.

Considera-se importante que todos os atores sejam envolvidos para que não se tenha uma visão distorcida do padrão ideal de qualidade que se deseja atingir. Pode-se admitir que subsistemas sejam estudados de forma particular, mas sempre considerando que fazem parte de um todo inseparável e complexo. Para Las Casas (1994, p. 20)

a qualidade total em serviços engloba, além dos clientes externos, **todos os que com ela interagem,** *ou seja, funcionários e administradores. A razão disso é que os serviços, sendo atos, desempenho, ação, pressupõem que cada pessoa próxima ao indivíduo é considerada um cliente. Em decorrência, uma empresa deve satisfazer necessidades, resolver problemas e fornecer benefícios a todos que com ela interagem, e isso significa considerar clientes, proprietários, como também as demais entidades de um mercado [grifo nosso].*

A qualidade tem sido comumente utilizada como sinônimo de excelência, ou seja, o melhor, ou o nível mais alto de desempenho no processo de elaboração de um produto ou prestação de serviço. Isso não deixa de ser verdade, mas esse conceito deve ser ampliado para ser melhor compreendido. A noção de qualidade extrapolando o conceito de excelência foi adotada por Yasoshima (1997, p. 53) quando escreveu que

a qualidade não significa a melhor performance, *mas sim a* performance *especificada para responder a uma determinada necessidade. Assim, não se tem sentido comparar a qualidade de um restaurante, tipo* fast food, *com a de um restaurante de alta classe, a qualidade de um hotel de duas estrelas, com a de um outro de cinco estrelas. Pois somente pode-se comparar produtos e serviços dentro de uma mesma escala. Nesses casos categoria ou classe não é sinônimo de qualidade.*

Nessa afirmação, a qualidade concentrou-se no que se chamou de "*performance* especificada", ou seja, o nível ou tipo de serviço requisitado pelo usuário. Torna-se necessário identificar qual é a *performance* especificada pelo "cliente" do serviço em questão, para que se possa atendê-la de forma igual ou superior ao que se espera. Destaque-se que a possibilidade de comparação só deve ocorrer se os produtos ou serviços a serem comparados estiverem em uma "mesma escala", ou seja, pertençam a um grupo homogêneo, de mesma classe ou categoria.

É importante ressaltar que o foco da qualidade está no usuário ou em quem irá se utilizar dela, ou seja, o demandante, e não quem está ofertando determinado produto ou serviço. A oferta pode

Parte 2

85-7241-568-8

adotar uma filosofia, um modelo ou critérios que sejam entendidos como qualidade, mas nem sempre esse modelo poderá corresponder às necessidades de sua demanda, considerado o tipo de produto ou serviço e a localidade onde está sendo ofertado. Os contextos sociais, as diversidades culturais e, conseqüentemente, as necessidades podem variar de acordo o espaço geográfico e as características de cada região. Modelos "importados" e descontextualizados são muito comuns de serem interpretados como ideais para casos diferentes e, portanto, estarem fadados ao insucesso, antes mesmo de serem aplicados. Torna-se absolutamente necessário analisar as condições locais e a época em que se estão aplicando determinados modelos para que estes possam atender às expectativas de acordo com cada caso. As normas de qualidade do tipo ISO[1] são usadas, em muitos casos, como referencial e permitem ao ofertante adequar sua produção de acordo com suas especificações, garantindo produção em massa, com uniformidade de padrão do produto, baixo índice de deficiências e nível reconhecido pelo mercado.

Há também definições que dão outra ênfase para a qualidade, como a de Teboul (1991, p. 32), para quem "a qualidade é, antes de tudo, a *conformidade às especificações*. É também a resposta ajustada à utilização que se tem em mente *na hora da compra e também a longo prazo*" [grifo nosso]. Essa definição aponta para a questão da conformidade com o que foi especificado como padrão, modelo ou ideal de qualidade. Estar em conformidade significa atender ao especificado, mesmo que este sofra alterações ao longo do tempo. Ou seja, há a necessidade de se ajustar constantemente o serviço ofertado de modo que este atenda ao que for especificado pelo usuário em diferentes momentos. A palavra-chave é ajuste ou adaptação do mesmo serviço, ao mesmo usuário, no mesmo local, em diferentes momentos. Admite-se então que a variável tempo interfere nas especificações do usuário em relação ao modelo ideal de qualidade. Outro fator que também exige ajustes é quando o cliente habitua-se a encontrar determinado nível de qualidade em um serviço que, mesmo sendo competitivo em relação aos demais, pode fazê-lo pensar que o prestador de serviços não está fazendo mais que a sua obrigação. Na verdade, os níveis de qualidade exigidos pelo cliente também podem variar de acordo com o grau de exigência do cliente, advindos de um conhecimento prévio (por experiência própria ou não) a respeito do serviço.

Observam-se, então, algumas variáveis importantes até aqui: o modelo "referencial de qualidade" (especificado pelo cliente) ou aceito institucionalmente (como as normas ISO) de um produto ou serviço e a conformidade da oferta a esse modelo (forma como é ofertado) num determinado tempo e espaço. Dessa forma, qualidade em serviço envolve um conjunto de características mensuráveis de determinado serviço, especificadas pelo cliente, as quais podem ser avaliadas em relação a uma referência ou comparadas com um modelo.

Ao longo do tempo, alguns autores tentaram estabelecer modelos conceituais de qualidade em serviços, que serão detalhados no item seguinte.

Modelos Referenciais de Qualidade

Desde os tempos mais remotos, a qualidade vem sendo mostrada nas mais diversas formas. A própria história da humanidade possui ícones que carregam em si um referencial para a qualidade, até hoje discutidos, se considerados os recursos escassos, principalmente os tecnológicos, da época em que surgiram: as pirâmides do Egito, as muralhas da China, os templos e castelos e outros grandes monumentos.

Nos tempos atuais, nos primeiros anos do novo século, o atendimento aos padrões de qualidade tornou-se não um diferencial, mas uma condição para sobrevivência das organizações. Os blocos econômicos, a globalização, os trâmites mais intensos de exportação e importação de produtos entre nações e as tecnologias que facilitam cada vez mais a comunicação contribuíram para uma maior consciência a respeito da qualidade tanto do lado da oferta como do lado da demanda. A competitividade acirrada impeliu as organizações a implantarem programas de qualidade ou buscarem atender aos padrões referenciais de suas áreas como condição básica para continuarem suas operações nesse mercado globalizado.

O crescimento do setor de serviços no âmbito mundial despertou recentes estudos e normas a

[1] Trata-se de uma entidade internacional de padronização para obtenção da qualidade em diversas atividades: *International Organization for Standardization (ISO).*

85-7241-568-8

respeito da qualidade voltada para o setor de serviços. Alguns pesquisadores e executivos começaram a estudar a qualidade na prestação de serviços, elaborando e testando modelos de qualidade aplicáveis a essa área. Assim surgiram as séries ISO aplicadas ao setor de serviços.

A Organização Internacional para Normalização Técnica, mais conhecida pela sigla em inglês ISO, que significa *International Organizaton for Standardization*, tem sede em Genebra, na Suíça (Maranhão, 2001). Essa organização objetiva fixar normas técnicas aceitas internacionalmente para estabelecer parâmetros semelhantes de produtos e serviços tanto em países desenvolvidos como em desenvolvimento, por meio da série de Normas Técnicas ISO em várias áreas de conhecimento. A série ISO 9000 é um conjunto de normas técnicas que se referem especificamente à gestão da qualidade. Foram oficializadas em 1987, a partir de alterações na BS 5750, que eram normas do BSI – *British Standard Institute,* surgidas em 1979, na Inglaterra. Depois disso, a atual comunidade européia adotou as normas ISO série 9000 como solução dos problemas tecnológicos e econômicos que surgiriam com a associação dos países europeus. Posteriormente, elas foram adotadas por vários países em todo o mundo. Nos Estados Unidos, elas foram adotadas depois de passar pela Associação Americana de Controle da Qualidade e, no Brasil, pela ABNT – Associação Brasileira de Normas Técnicas. Sofreu revisões em 1994 e em 2000, passando a exigir dos usuários um estreitamento entre suas atividades e as necessidades e expectativas dos clientes. A série de normas ISO 9000 (2000) é composta de quatro normas:

- *NBR ISO 9000:* sistemas de gestão da qualidade – fundamentos e vocabulário: objetiva estabelecer os fundamentos e o vocabulário da qualidade.
- *NBR ISO 9001:* sistemas de gestão da qualidade – requisitos: norma de natureza contratual da série 9000, objetiva especificar os requisitos de sistema de gestão da qualidade para obter conformidade na produção e satisfação dos clientes.
- *NBR ISO 9004:* sistemas de gestão da qualidade – diretrizes para melhoria de desempenho: objetiva prover guia para sistemas de gestão da qualidade.
- *NBR ISO 19011:* diretrizes para auditoria de sistemas de gestão da qualidade e gestão ambiental: tem a finalidade de prover requisitos e diretrizes para processos de auditorias (SGQ/SGA).

As normas NBR ISO 9000 servem de base para quem deseja implementar um sistema de gestão da qualidade (SGQ) e de gestão ambiental (SGA), agregando valor às atividades e melhorando continuamente seus processos. Na verdade, possuir qualidade, o que antes era um diferencial, nesses tempos globalizados passou a ser uma obrigação. Por isso, houve um grande crescimento na adoção das normas. Em outubro de 1993, foram registradas 45 mil empresas em todo o mundo voltadas para a certificação ISO série 9000. Em dezembro de 1999, esse número passou para aproximadamente 400 mil (Maranhão, 2001, p. 32).

Segundo Yasoshima (1997, p. 64), o número de certificados no Brasil é crescente, pois, em 1990, existiam apenas 18 certificados ISO, em 1995 eram 948 e, em agosto de 1997, o Brasil possuía um total de 2.039 certificados ISO emitidos, dos quais cerca de 10% foram para empresas de serviços e cerca de 1% para empresas de turismo. Isso colocava o Brasil como 22º no *ranking* mundial segundo o Comitê Brasileiro da Qualidade, órgão vinculado à ABNT.

Um dos modelos idealizados, aplicado e aceito para a mensuração da qualidade no setor de serviços, é o Servqual – *Service Quality*. Segundo Augustyn e Ho (1998), o Servqual é um importante modelo para definir o real significado da satisfação do consumidor e pode ser usado como estratégia vencedora para a indústria do turismo do novo milênio. Trata-se de um modelo conceitual publicado na década de 1990 pelos pesquisadores Valarie A. Zeithaml, A. Parasuraman e Leonard L. Berry, visando torná-lo aplicável aos diversos tipos de serviços, inclusive os turísticos (Zeithaml *et al.*, 1990). Esse modelo implica um processo lógico que pode ser adotado para mensurar e melhorar a qualidade dos serviços.

Trabalharam com cinco diferentes tipos de *gaps* ou brechas existentes entre o serviço esperado e o percebido pelos clientes (*gap* 5) e aqueles existentes no próprio processo de fornecimento do serviço (*gaps* 1 a 4), de modo que o *gap* 5 fosse igual à soma dos demais.

O primeiro ponto (*gap* 1) estabelece a diferença entre as expectativas dos consumidores e as percepções da gerência do estabelecimento. Ou seja, pode apontar que nem sempre os gerentes conhe-

Parte 2

85-7241-568-8

cem quais são as necessidades de qualidade importantes para seus clientes. Isso está ligado à ausência, à insuficiência ou ao uso inadequado de pesquisas, à pouca interação entre gerência e consumidores e comunicação ineficiente, entre outros aspectos. As decisões dos gerentes em relação ao uso dos recursos podem resultar em percepções (dos clientes) de uma fraca qualidade do serviço oferecido.

O segundo ponto (*gap* 2) refere-se à diferença entre as percepções da administração sobre as expectativas do cliente e as especificações de qualidade do serviço. Trata da dificuldade que os executivos têm em estabelecer padrões de desempenho, pois fazem aquilo que acreditam ser de importância para os consumidores e não exatamente o que é crítico para o cliente. Isso se dá pela heterogeneidade da demanda, pelo grau de dificuldade de padronizar um serviço em virtude de sua variabilidade e pela forma como a empresa e seu pessoal desempenham o serviço.

O terceiro ponto (*gap* 3) está nas diferenças entre as especificações da qualidade do serviço e o fornecimento do serviço propriamente dito, ou seja, a verificação entre aquilo que foi especificado nos documentos da empresa (teoria) e a forma como está sendo executado (prática) pelos funcionários. Nesse ponto entra a questão dos recursos disponíveis para a execução dos serviços, que envolvem infraestrutura, sistemas, tecnologia e, sobretudo, formação e comprometimento dos recursos humanos.

O quarto ponto (*gap* 4) visa observar as diferenças existentes entre o fornecimento do serviço e a comunicação com os clientes a respeito desse fornecimento. As empresas criam expectativas nos clientes a respeito do serviço pela comunicação externa, como propaganda, vendas pessoais, relações públicas, etc. Esse ponto analisa a discrepância entre o serviço prometido e o realizado. Nessa etapa, o preço, para o cliente, também é um indicador de qualidade do serviço, pois quanto mais alto ele for, maior será a expectativa do cliente a respeito da qualidade do serviço.

Pode-se observar que esses *gaps* nos serviços turísticos são extremamente complexos em virtude do grande número de serviços envolvidos, como no caso de um pacote turístico. Assim, a qualidade dos serviços turísticos é como um ideal a ser atingido, mas que deve ser perseguido pelas empresas que o fornecem, pois é condição básica para a sobrevivência num mercado internacionalmente competitivo.

Outro instrumento, talvez o mais específico e próximo ao tema aqui tratado, direcionado para a qualidade na área da educação em turismo, é o TedQual – *Tourism Education Quality*, que significa qualidade na educação turística. Trata-se de uma metodologia desenvolvida pela OMT – Organização Mundial do Turismo com o propósito de contribuir para uma padronização no tratamento dos problemas da qualidade na educação e formação turística. Visa detectar brechas existentes entre as necessidades e expectativas dos empregadores e profissionais turísticos e o *output* dos programas, instituições e sistemas de formação. Essas brechas devem compor um mapa das profissões turísticas que mostre a complexidade do setor e suas necessidades quantitativas e qualitativas de capital humano. Seu objetivo final é atender às necessidades de educação e formação na indústria turística, por meio de um enfoque de qualidade total que permita estimar a magnitude das brechas existentes entre demanda e oferta formativas e priorizar as ações necessárias (OMT, 1997).

Esse modelo metodológico coloca em pauta a questão da formação para a competitividade e a competitividade na formação, ou seja, aborda a qualidade na educação e formação turística como instrumento importante para se obter a competitividade da atividade turística como um todo. Considerando o conceito de qualidade, não basta que se oferte um bom curso de turismo, mas sim que esse curso atenda às necessidades estabelecidas pela demanda da formação. Assim, essa metodologia pode permitir aos futuros empregados melhorar sua formação e ter maiores oportunidades no mercado de trabalho; aos empregadores, melhorar a profissionalização dos serviços prestados e a competitividade de suas empresas; aos educadores, concentrar-se em sua tarefa docente de maneira eficiente.

O primeiro passo para implementação da metodologia da qualidade diz respeito ao estudo das necessidades de educação e formação turística, uma vez que a qualidade depende da capacidade de satisfação dessas necessidades. Quando expectativas (serviço esperado) e percepções (serviço recebido) coincidem, existe qualidade; quando não coincidem, a distância entre uma e outra revela as brechas ou *gaps* da qualidade, ou seja, permite mensurar a maior ou menor ausência da qualidade. A ênfase da qualidade total está na pos-

85-7241-568-8

sibilidade de evitar um erro antes mesmo que aconteça, promovendo a prevenção para eliminação do erro. Dessa forma, a metodologia TedQual parte da premissa básica de que haverá qualidade na educação e formação turística quando as habilidades e conhecimentos dos empregados corresponderem às expectativas dos empregadores, dada pela seguinte representação:

$$QPT = F1\ (DRH) = F2\ (E1 + E2)$$

em que QPT = qualidade dos produtos e serviços turísticos em termos de satisfação do consumidor; F1 = função de qualidade; DRH = desenvolvimento dos recursos humanos; F2 = função de formação; E1 = empregadores; E2 = empregados.

Pela concepção do próprio documento da OMT (1997, p. 34), essa premissa básica é confirmada, pois

> *ainda que nada impeça de aplicar a metodologia TedQual à detecção de brechas de formação em turismo sob a ótica dos educadores e dos educandos, é a partir das percepções do consumidor final, do empregador turístico, de onde se obterá a informação mais relevante sobre as necessidades de formação vigentes. Neste contexto, existirá qualidade em um sistema de formação quando as habilidades e os conhecimentos dos empregados corresponderem, verdadeiramente, às expectativas prévias dos empregadores. (...) É necessário, portanto, adaptar a oferta formativa às capacidades intelectuais transferíveis, atitudes pessoais e relações interpessoais requeridas pelas empresas turísticas [tradução nossa do original em espanhol].*

Nessa afirmação retirada do texto original, observa-se que, além de a formação estar centrada na expectativa dos empregadores, é necessário adaptá-la para formar em três áreas:

- *Formação teórica (saber):* composta pelos conhecimentos intelectuais acadêmicos transferidos na educação formal.
- *Formação prática (saber fazer):* habilidades técnicas requeridas por cada profissão.
- *Formação voltada para a inteligência emocional (saber ser e estar):* diz respeito às atitudes pessoais e relações interpessoais no trabalho, demonstram características da personalidade do indivíduo por meio do seu comportamento grupal.

Essa metodologia também admite que as necessidades de formação podem divergir nos vários postos de trabalho, nos diferentes subsetores do turismo, bem como podem variar em função da heterogeneidade cultural e institucional das regiões turísticas. Isso porque os postos de trabalho podem exigir competências diferentes nos seus diversos níveis (operação ou contato direto com o cliente, supervisores, gerentes e alta direção) e nos subsetores do turismo (hotelaria, transportes, restaurantes, agenciamento e outros).

Também visando detectar essas brechas na formação a longo prazo, a metodologia se utiliza da chamada técnica Delphi, que permite explorar tendências atuais e futuras previsíveis. Ela combina de forma sistemática os conhecimentos e as opiniões de vários *experts* para elaborar um consenso coletivo a fim de encontrar brechas de qualidade e sobre prováveis acontecimentos atuais e futuros do tema estudado, caracterizando-se, assim, em um método qualitativo.

Foi realizado um estudo piloto com a metodologia TedQual pela Universidade George Washington, encomendado pela OMT, para detectar as necessidades de formação nas regiões mundiais. O estudo considerou 12 setores da atividade turística (animação, restauração, hospedagem, congressos e eventos, transportes, agências e operadoras, lazer em área natural e cultural, administração turística, *marketing* turístico e outros como consultorias), quatro níveis profissionais (pessoal de contato, supervisores, média e alta gerência) e seis regiões mundiais (Europa, Américas, África, Ásia Oriental e Pacífico, Oriente Médio e Ásia Meridional), áreas já demarcadas pela OMT (1994) para outros estudos. Os resultados apontaram, entre vários outros itens, que o grau de satisfação dos empregadores turísticos com cada nível profissional varia de acordo com a região pesquisada e situa-se num nível médio-baixo, conforme mostra a Tabela 10.1.

Esse estudo permitiu determinar até que ponto o sistema educativo turístico está correspondendo às expectativas prévias dos empregadores e representa, assim, uma medida sobre o nível de qualidade da oferta em educação e formação nessa área.

No que diz respeito à formação dos empregados, a educação superior (graduação) foi apontada como perfil desejado do empregado por 24% dos empregadores para o pessoal de contato direto, 25%

85-7241-568-8

Tabela 10.1 – Grau de satisfação dos empregadores turísticos com cada nível profissional no mundo

Regiões mundiais	% de empregadores turísticos mundiais satisfeitos com os conhecimentos e habilidades de seus empregados por nível profissional			
	Pessoal de contato	*Supervisores*	*Média gerência*	*Alta gerência*
Europa	38	28	21	23
Américas	28	28	37	35
África	0	33	55	55
Ásia Oriental e Pacífico	47	35	41	50
Oriente Médio	33	11	44	62
Ásia Meridional	14	57	43	83
No mundo	30	31	39	44

Fonte: Tabela adaptada com dados retirados da OMT (1997, p. 117-121).

para o pessoal de supervisão, 62% para o pessoal de gerência média e 47% para o pessoal de alta gerência. A pós-graduação é desejável ao pessoal de contato direto e supervisão somente por 4% dos empregadores, mas para o nível de gerência sobe a 12% e, para os níveis de alta gerência e diretoria, a 42% dos empregadores.

Esse estudo piloto concluiu que um dos maiores consensos girou em torno da necessidade de se contar com recursos humanos qualificados, capazes de garantir a prestação de um serviço turístico de qualidade, como pré-requisito da competitividade. Assim, observou-se que estudos dessa natureza, em maior quantidade e profundidade, podem viabilizar a sistematização e normalização dos programas educacionais de turismo de acordo com as expectativas de todos os atores envolvidos no sistema formativo de turismo.

Segundo informações do *site* da OMT (WTO, 2003a), além dos Estados Unidos, outros 14 países já se envolveram com essa metodologia, por intermédio de 37 instituições de ensino de turismo e hotelaria que obtiveram o certificado de qualidade em educação TedQual fornecido pela OMT: África do Sul, Canadá, China, Croácia, Colômbia, Espanha, Grécia, Irlanda, Itália, Peru, Portugal, Eslovênia, Turquia, Reino Unido. Até meados de 2003, nenhuma instituição brasileira se submeteu ao processo de qualidade com a certificação da OMT, deixando o Brasil de fora desses parâmetros e, conseqüentemente, fora do Conselho de Educação da OMT, composto por membros cujas instituições já possuem o TedQual (WTO, 2003b). Cabe aqui um questionamento a respeito da validade dos resultados provenientes da aplicação de uma metodologia única em todo o mundo.

Qualidade na Educação Superior em Turismo e Hotelaria

Considerando as variáveis inerentes à qualidade analisadas na conceituação, observou-se que estas poderiam ser apontadas, formando um novo "arranjo" voltado para a educação superior em turismo e hotelaria. Assim, percebeu-se que é preciso atentar para as seguintes variáveis em relação à qualidade na educação:

- *Sistema:* identificar seus *inputs* e *outputs*, quem são os atores envolvidos no sistema da qualidade em educação, quais os demandantes e ofertantes desse "produto final" (a mão-de-obra qualificada) e quem serão os beneficiados com essa qualidade.
- *Especificações de qualidade:* identificar qual a *performance* especificada, ou seja, qual a expectativa dos usuários do "produto final" em questão, quais suas necessidades a serem atendidas, que padrões de qualidade são estabelecidos ou servem de referencial da qualidade na educação. Esses padrões proporcionam ao cliente a sensação de segurança e confiabilidade nos serviços prestados e orientam os ofertantes em sua filosofia e missão institucional.
- Performance *praticada:* observar a discrepância entre o especificado e o praticado, verificando se a oferta está em conformidade com as especificações da demanda.

Parte 2

- *Otimização:* implantar estratégias capazes de otimizar os processos produtivos e os recursos ao menor custo possível, ou seja, refere-se à melhor forma de implementar a qualidade de modo viável e econômico com os recursos disponíveis promovendo uma ótima relação entre custo e benefício. Para tanto, é necessário dividir as atividades produtivas em etapas e gerenciá-las como processos.
- *Tempo:* os contextos macroambientais de cada época (ano, década, século, etc.) que apontam as condições sociais, econômicas, políticas, educacionais e direcionam atitudes e comportamentos de indivíduos e empresas de acordo com os cenários atuais e futuros. Constituem variáveis incontroláveis; entretanto, é possível promover adaptações constantes para estar em conformidade com o contexto macroambiental.
- *Espaço:* diz respeito ao microambiente e às condições adequadas para que os processos que conduzem a produção à *performance* especificada possam fluir sem interrupções, que o fadariam ao fracasso.
- *Intangibilidade:* aceita como característica da qualidade, possibilita compreender até onde vão os elementos tangíveis ou mensuráveis capazes de apontar ou não a qualidade e aqueles totalmente intangíveis.
- *Ajuste contínuo:* uma vez entendido que a qualidade pode variar com o tempo e que vários elementos interagem em um sistema, essa concepção de ajuste contínuo é aceita em decorrência do *feedback* que deve retroalimentar o sistema de forma ininterrupta.

Algumas dessas variáveis serão analisadas individualmente a seguir, admitindo a concepção de que integram um todo inter-relacionado e complexo.

SISTEMATIZAÇÃO DA EDUCAÇÃO SUPERIOR EM TURISMO E HOTELARIA

Um sistema pode ser entendido como um conjunto de partes que se inter-relacionam de forma organizada, que impactam e são impactados pelo todo, de modo que sua retroalimentação o mantém em funcionamento atualizado.

Na tentativa de sistematizar, de modo simplificado, o ensino de turismo e hotelaria (Fig. 10.1), poder-se-ia dizer que, no mercado da educação, a entrada ou *input* se daria com os recursos humanos disponíveis em determinada região, num dado tempo, com possibilidades de ingressarem num curso superior.

O processamento acontece durante a formação de futuros profissionais, com conhecimentos teóricos, práticos e éticos capazes de atender às exigências sociais, legais e à demanda do mercado de trabalho. Os responsáveis por esse processamento seriam as IES – instituições de ensino superior, legalmente autorizadas para tais atividades por intermédio de seus programas de formação. A formatação desses programas de formação em turismo e hotelaria está diretamente ligada ao que estabelece o sistema legal, pela LDB

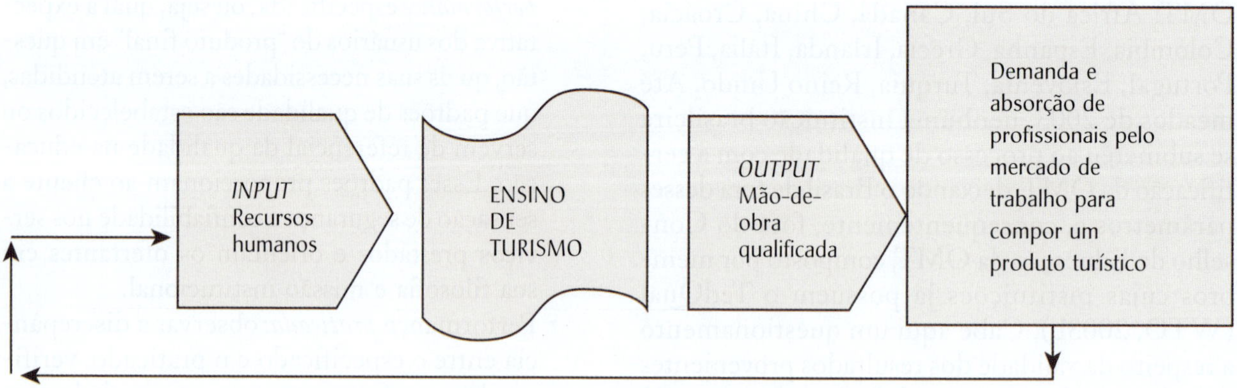

Figura 10.1 – Representação sistêmica do ensino de turismo e hotelaria (simplificada).

– Lei de Diretrizes e Bases da Educação Nacional, das diretrizes curriculares e outros instrumentos que traçam a política da educação nacional, além da própria filosofia da IES. Os atores envolvidos no processamento seriam diretamente: o corpo administrativo acadêmico e não acadêmico da IES, o corpo docente e o corpo discente. Indiretamente, os empregadores do *trade* turístico, o setor público, o terceiro setor e a sociedade como um todo.

A saída ou *output* seria constituída da mão-de-obra qualificada pelas IES, responsáveis pelo incremento da qualidade do produto turístico no mercado nacional que, conseqüentemente, impacta no desenvolvimento do turismo como um todo. Essa mão-de-obra deve ser alocada nas diferentes áreas de atuação do profissional em turismo.

O perfeito funcionamento do sistema educacional é aquele que estabelece e obedece a padrões de qualidade e quantidade. Ao se estabelecer uma política de recursos humanos numa destinação turística, tornam-se necessários o entendimento e o respeito dessas dimensões para que o sistema funcione adequadamente bem.

No que se refere à qualidade, objeto das discussões, sumariamente vale ressaltar que a oferta precisa estar adequada à demanda (o que também vale para o quantitativo), quer seja a oferta de cursos à demanda por qualificação profissional, quer seja pelo tipo de qualificação ofertado ao perfil profissional demandado pelo mercado de trabalho e pela sociedade como um todo.

Um ponto importante das dimensões citadas para o funcionamento do sistema educacional está no dimensionamento quantitativo dos recursos humanos. Para que o sistema funcione, é imprescindível que o ajuste quantitativo seja considerado. A provisão de recursos humanos deve estar adequada à demanda local e regional sob pena de sub ou superdimensionar os recursos a serem alocados. No caso de se subdimensionar, a quantidade de profissionais colocados à disposição no mercado de trabalho e sociedade nunca será suficiente para suprir as demandas, o que implicaria em baixa qualidade de serviços por falta de pessoal qualificado. Caso haja o inverso, ou seja, o superdimensionamento dessa demanda, haverá profissionais em demasia colocados à disposição no mercado e na sociedade, o que pode gerar uma crise de desemprego no setor ou profissionais bem qualificados sendo subutilizados em sua capacidade total, deixando-os desmotivados. Um outro lado, que também precisa ser levado em consideração, é o fato de que o Brasil corre o "risco" de se tornar exportador de mão-de-obra qualificada para outros países.

Para Goeldner, Ritchie e McIntosh (2002, p. 303), a política de recursos humanos possui dimensões que vão além da quantidade e qualidade, passando também pela diversidade desses recursos e capacidade institucional necessária para fornecer a educação e o treinamento exigidos na sustentação das necessidades de recursos humanos da destinação. Segundo os autores, "a diversidade de recursos humanos é um termo de que descreve a distribuição de profissionais turísticos disponíveis em todo o sistema, em termos de quantidade e qualidade".

Dessa forma, considerando a educação superior em turismo e hotelaria como um sistema, depois de definir seu funcionamento, com seus *inputs* e *outputs*, e os atores nele envolvidos, que caracterizam os demandantes e ofertantes desse "produto final" (a mão-de-obra qualificada), vale ressaltar que os benefícios por ele gerados seriam aproveitados por todos. Em pleno e perfeito funcionamento, o sistema educacional pode gerar importantes benefícios para:

- A sociedade, quando forma sujeitos críticos, criativos, preparados e capazes de atuar nos contextos configurados e em constante transformação.
- As IES, por cumprirem adequadamente sua missão e seu papel na sociedade em que estão inseridas.
- Os próprios alunos, por se qualificarem e ampliarem seu potencial pessoal e profissional, aumentando sua empregabilidade.
- Os empregadores turísticos, por terem disponíveis no mercado de trabalho profissionais cada vez mais capazes de atender suas demandas, gerando mais competitividade e lucros empresariais.
- Os destinos turísticos, por meio de seu poder público e planejadores turísticos, por comporem produtos turísticos de qualidade, compatíveis com os padrões internacionais, competitivos e sustentáveis.
- Os turistas, demandantes de um produto turístico de qualidade, com suas expectativas plenamente atendidas.

Parte 2

ESPECIFICAÇÕES DE QUALIDADE E *PERFORMANCE* PRATICADA NO ENSINO DE TURISMO E HOTELARIA

A *performance* especificada da qualidade em educação diz respeito aos padrões mínimos necessários à boa condução do processo educacional no ensino superior. Essa *performance* pode ser especificada em padrões de qualidade previamente aceitos e colocados à disposição de todos para seu conhecimento. Parte de iniciativas (geralmente) federais, nacionalmente respeitadas, e tem o objetivo de orientar e direcionar as ações educacionais em todo o país. Entretanto, essas especificações podem variar de acordo com a área escolhida e vêm sendo aperfeiçoadas por especialistas de cada área de conhecimento.

A especificações de qualidade mínima para cursos de turismo e hotelaria no Brasil conquistaram espaço e se modificaram ao longo do tempo. Fortes referenciais para as IES e para os cursos são os padrões utilizados para a avaliação. Segundo o *site* do INEP – Instituto Nacional de Estudos e Pesquisas Educacionais Anísio Teixeira (2003, acesso em setembro), o Brasil passou a contar, a partir de 1995, com vários mecanismos de avaliação dos cursos de graduação que fornecem informações à sociedade e aos gestores educacionais e, por serem recentes, ainda não atingem todos os cursos e instituições.

O sistema de avaliação da educação superior, em 2003, é composto por instrumentos aplicáveis às IES e aos cursos.

O que hoje se conhece como Diretrizes Curriculares Nacionais e Diretrizes por Curso e os parâmetros de qualidade para avaliação das condições de ensino para fins de autorização e reconhecimento de cursos de turismo ou hotelaria passou por um processo de amadurecimento, assim resumido (Trigo, 1998; Ansarah, 2002; Nascimento, 2002; Matias, 2002):

- *Padrões de qualidade para autorização de novos cursos de turismo ou hotelaria:* descritos no "Manual de orientação para verificação *in loco* das condições de autorização", que analisa o projeto pedagógico do curso, o corpo docente, o coordenador, a infra-estrutura física, tecnológica e recursos materiais, a biblioteca e o planejamento econômico-financeiro. Fica a cargo da comissão de especialistas de ensino de turismo, subordinada à coordenação das CEE – comissões de especialistas de ensino da SESu – Secretaria de Educação Superior do MEC – Ministério da Educação (professores doutores Mirian Rejowiski, Miguel Bahl e Luiz Gonzaga Godoi Trigo). Consiste no processo formal de autorização para a oferta de cursos de graduação do sistema federal de ensino e segue a legislação específica (decretos, portarias, pareceres e resoluções do CNE – Conselho Nacional de Educação).
- Padrões de qualidade para reconhecimento e renovação de reconhecimento de cursos já instalados: foram elaborados inicialmente pelas CEE das diversas áreas do conhecimento da SESu/MEC. Desde 2002, a ACE – Avaliação das Condições de Ensino é realizada *in loco* por uma comissão de avaliadores do INEP que leva em conta três dimensões: organização didático-pedagógica, corpo docente e instalações. É a partir dessa avaliação que o curso recebe seu reconhecimento ou a renovação do reconhecimento. Ao INEP também cabe a realização periódica da avaliação das condições de ensino em cursos de graduação que já são submetidos à avaliação do Provão.

Ainda com relação à *performance* especificada, o atual Ministério do Turismo prevê, em seu Plano Nacional de Turismo, estabelecer normas nacionais para a qualidade profissional do setor de turismo. Vale ressaltar que essa proposta já vinha sendo trabalhada pelo Instituto de Hospitalidade da Bahia (IH, 2003), uma entidade de direito privado, sem fins lucrativos, formada pela parceria entre 32 instituições que atuam nas áreas de educação, trabalho, cultura e turismo, entre as quais a Fundação Odebrecht e a Fundação Banco do Brasil. Esse Instituto lançou o "Programa de Certificação da Qualidade Profissional para o Setor de Turismo", que contou inicialmente com o apoio financeiro do BID – Banco Interamericano de Desenvolvimento e do Sebrae – Serviço Brasileiro de Apoio às Micro e Pequenas Empresas.

Implantaram e têm o propósito de consolidar e expandir o processo de Certificação da Qualidade Profissional para o Setor de Turismo, por meio de ações concretas que sirvam de referência na profissionalização do setor. Esse sistema visa certificar o indivíduo e não diretamente a empresa,

85-7241-568-8

embora o número de pessoas certificadas seja um indicador do valor que a empresa confere à qualidade dos serviços que presta. Ele é composto de um conjunto de normas e processos de avaliação. As normas estabelecem as competências (conhecimentos, habilidades e atitudes) que deve ter o profissional de determinada ocupação e servem também para a elaboração de orientações de aprendizagem.

Já a *performance* praticada pelas IES está diretamente ligada ao contexto macroambiental e com a *performance* especificada, os quais orientam o microambiente e as diretrizes norteadoras do projeto pedagógico institucional. Esses fatores interferem na missão e visão institucionais, que, por sua vez, determinam a filosofia, os objetivos e as metas das instituições de ensino e de seus cursos.

A *performance* praticada refere-se ao conjunto de filosofias e práticas institucionais que conduzem as ações e levam aos resultados concretos. O diagnóstico do ensino superior, com suas práticas pedagógicas, pode revelar essa *performance*. A prática de planejar, organizar, realizar, dirigir, acompanhar, controlar e redirecionar precisa estar implantada para seu monitoramento e ajuste. Por sua vez, o ajuste vai depender das demandas e características regionais, orientado pelas diretrizes nacionais e, principalmente, pelo nível de atendimento às necessidades e expectativas da região onde está situada. Para identificar essas demandas regionais, é absolutamente necessária a pesquisa, seja por observação, por *feedback* ou por ouvidoria de reclamações e sugestões. Contudo, sem meios sistematizados para essa detecção, a instituição até poderá empiricamente apontar na mesma direção do desejado sem jamais ter o controle do nível de atendimento a essa demanda.

A discrepância entre a *performance* especificada e a praticada revela as deficiências e conformidades do ensino com os padrões mínimos esperados. Já a confrontação entre a *performance* praticada e o grau de atendimento às necessidades e expectativas da região revela se a qualidade no ensino está sendo alcançada ou não. Isso porque, no que se refere à qualidade, o atendimento às necessidades e expectativas passou a ser uma obrigação da instituição, a qual deixará seus usuários insatisfeitos caso não ocorra. Entretanto, o mínimo desvio a maior que ultrapasse o esperado será captado como grande diferencial para a instituição que o pratica. Então, o nível de qualidade depende do grau de sucesso alcançado na *performance* especificada e do nível (igual ou superior) de atendimento às necessidades e expectativas dos usuários.

Concepção dos Cursos Superiores de Graduação em Turismo e Hotelaria Reconhecidos no Nordeste Brasileiro

A pesquisa realizada nas instituições de ensino superior do Nordeste brasileiro foi aplicada nos meses de junho a outubro de 2003 e visou diagnosticar a concepção dos cursos reconhecidos de graduação em turismo e hotelaria naquela região, identificando quais são e como foram concebidos os objetivos e o perfil do egresso desses cursos. Buscou também verificar se a concepção desses cursos de graduação em turismo e hotelaria considerou a política de qualificação de recursos humanos do estado onde o curso é ofertado (caso exista).

O universo da pesquisa foi constituído de todos os cursos superiores de turismo e hotelaria ofertados no Brasil, em junho de 2003. A população dessa pesquisa, em função de seus objetivos, teve uma amostragem intencional que envolveu os cursos superiores de turismo e hotelaria já reconhecidos pelo MEC/INEP, ofertados no Nordeste brasileiro até aquela data.

Segundo o *site* do INEP, existiam no Brasil 637 cursos superiores de turismo e hotelaria, em 11 de junho de 2003. Desse total, 114 eram ofertados no Nordeste brasileiro, onde apenas 22 eram reconhecidos formalmente pelo MEC e, destes, somente 20 eram cursos superiores de graduação em turismo e hotelaria, pois havia um curso tecnólogo (Tecnologia em Hotelaria) e um curso de administração (Administração Hoteleira e Turismo). Em razão do pequeno número de cursos reconhecidos, optou-se pela realização de uma pesquisa na qual todos os cursos reconhecidos no Nordeste brasileiro fossem pesquisados (interrogados). Entretanto, ficou-se na dependência dos membros pesquisados quanto a sua participação (retorno dos questionários) ou não nos resultados

Parte 2

85-7241-568-8

da pesquisa. A Tabela 10.2 identifica a amostra dessa pesquisa, com o total de 20 cursos distribuídos em 17 IES.

O INEP estabeleceu critérios para avaliação dos cursos de graduação (2002) das IES em turismo e hotelaria e os subdividiu em dimensões, cada uma com suas categorias de análise, seus indicadores e seus aspectos relevantes a serem avaliados. No que se refere à dimensão didático-pedagógica, as categorias de análise são: administração acadêmica, projeto do curso e atividades acadêmicas articuladas ao ensino. Quanto ao projeto do curso, foram estabelecidos três indicadores: concepção do curso, currículo e sistema de avaliação. Para essa pesquisa, foram analisados os aspectos referentes à concepção do curso, definidos naquele documento como os objetivos do curso e o perfil do egresso. Esses dois aspectos (objetivos e perfil do egresso) foram o foco central do questionário enviado às IES do Nordeste que ofertavam cursos superiores de graduação em turismo e hotelaria reconhecidos em junho de 2003, juntamente com alguns aspectos do TedQual.

As técnicas selecionadas para desenvolver o estudo envolveram pesquisa documental e de campo.

A pesquisa documental foi proveniente de fontes escritas e abrangeu, basicamente, as informações publicadas no *site* oficial do MEC/INEP e nos respectivos *sites* das IES do Nordeste brasileiro. Também fizeram parte da pesquisa documental os arquivos das instituições de ensino públicas e privadas, como o perfil do egresso, os objetivos do curso e o projeto pedagógico dos cursos selecionados. A coleta desses documentos foi feita por meio das publicações oficiais e Internet nos respectivos *sites*.

A pesquisa de campo, direcionada aos coordenadores de curso (ou cargo equivalente), foi feita por meio de questionário enviado via correio e e-mail, acompanhado de carta explicativa quanto aos objetivos da pesquisa. Dividiu-se o questionário em seis blocos de perguntas, além da identi-

Tabela 10.2 – Cursos de turismo e hotelaria reconhecidos no Nordeste brasileiro até junho de 2003

Curso	Instituição	Cidade*	*Site*
Turismo	Universidade Tiradentes – UNIT	Aracaju – SE	*www.unit.br*
Turismo	Universidade de Fortaleza – UNIFOR	Fortaleza – CE	*www.unifor.br*
Turismo	Faculdade Integrada do Ceará – FIC	Fortaleza – CE	*www.fic.br*
Turismo	Instituto de Educação Superior da Paraíba – IESP	João Pessoa – PB	*www.iesp.edu.br*
Turismo – *Marketing* Turístico	Universidade Federal da Paraíba – UFPB	João Pessoa – PB	*www.ufpb.br*
Turismo – Planej. e Org. do Turismo	Universidade Federal da Paraíba – UFPB	João Pessoa – PB	*www.ufpb.br*
Turismo	Centro de Estudos Superiores de Maceió – CESMAC	Maceió – AL	*asppel@fejal.br*
Hotelaria	Universidade Potiguar – UNP	Natal – RN	*www.unp.br*
Turismo	Universidade Potiguar – UNP	Natal – RN	*www.unp.br*
Turismo	Faculdade de Ciências, Cultura e Extensão do Rio Grande do Norte – FACEX	Natal – RN	*www.facex.com.br*
Turismo – Gestão de Animação Turística	Universidade Federal do Rio Grande do Norte – UFRN	Natal – RN	*www.ufrn.br*
Turismo – Gestão Hoteleira	Universidade Federal do Rio Grande do Norte – UFRN	Natal – RN	*www.ufrn.br*
Turismo	Faculdade Integrada do Recife – FIR	Recife – PE	*www.fir.br*
Turismo	Universidade Católica de Pernambuco – UNICAP	Recife – PE	*www.unicap.br*
Turismo	Universidade Federal de Pernambuco – UFPE	Recife – PE	*www.ufpe.br*
Turismo	Instituto de Educação Superior Unyahna de Salvador – IESUS	Salvador – BA	*www.unyahna.br*
Turismo	Faculdade Integrada Olga Mettig – FAMETTIG	Salvador – BA	*www.famettig.br*
Turismo	Faculdade Integrada da Bahia – FIB	Salvador – BA	*www.fib.br*
Turismo	Universidade de Salvador – UNIFACS	Salvador – BA	*www.unifacs.br*
Turismo	Fundação Universidades Federal do Maranhão – UFMA	São Luís – MA	*www.ufma.br*

* Quadro organizado por ordem alfabética de cidades.
Fonte: pesquisa direta no site do INEP (Jun./2003).

ficação da IES e do curso, que já foram previamente preenchidas no final do questionário: objetivos do curso, perfil profissional do egresso, projeto pedagógico, organização curricular, comunicação e relacionamento e, por fim, a qualidade. Antes de ser aplicado, o questionário foi pré-testado com um dos membros da população, sofrendo os ajustes que se fizeram necessários.

O material coletado foi submetido a tratamento descritivo-analítico em função dos objetivos da pesquisa. A análise foi elaborada à luz da realidade geoeducacional e das exigências socioeconômicas e contextuais impostas pela sociedade.

Apresentam-se a seguir os resultados dessa pesquisa, segundo informações obtidas nos 13 questionários que responderam à pesquisa. Participaram como respondentes dessa pesquisa os cursos/IES relacionados na Tabela 10.3.

Serão mostrados a seguir os resultados e as análises da pesquisa referente aos blocos de perguntas sobre projeto pedagógico, organização curricular, comunicação, relacionamento e qualidade. Os resultados e as análises que tratam dos objetivos do curso e do perfil profissional do egresso serão tratados isoladamente, nos itens posteriores. Em virtude do procedimento ético em pesquisa científica, os cursos que participaram dessa pesquisa não serão identificados individualmente em suas respostas, as quais serão tratadas de modo coletivo ou por meio de letras do alfabeto atribuídas aos cursos de forma aleatória.

A resposta dos questionários foi obtida sob a responsabilidade dos seguintes setores das IES (isoladamente ou em conjunto): diretores de curso, coordenadores de curso, ex-coordenadores (atuais professores) de curso, coordenadores interinos, professores fundadores do curso, coordenador de projetos da IES e consultoria pedagógica da IES.

No que se refere à existência de um projeto pedagógico, verificou-se que 100% dos cursos que responderam ao questionário afirmaram possuir um, embora provenientes de origens diferentes. Esses projetos pedagógicos foram elaborados pelo coordenador do curso (23,07%), pelo dirigente da IES (15,38%), pelo colegiado ou grupo de professores da IES (53,84%) ou ainda por outros meios (30,76%), como: "orientação e assistência pedagógica" da IES, "pelo coordenador juntamente com uma equipe multidisciplinar de docentes do curso e direção", "consultoria e professores do curso" e por todos os atores envolvidos no processo, como "coordenadores, professores, alunos, dirigentes e funcionários, acompanhados por uma consultoria como mediadora dos desejos e aspirações da comunidade".

Os objetivos e o perfil profissional dos cursos participantes da pesquisa foram elaborados com

Tabela 10.3 – Cursos de turismo e hotelaria, reconhecidos no Nordeste brasileiro até junho de 2003, participantes da pesquisa

Curso	Instituição	Cidade**	Site
Turismo	Universidade Tiradentes – UNIT	Aracaju – SE	*www.unit.br*
Turismo	Universidade de Fortaleza – UNIFOR	Fortaleza – CE	*www.unifor.br*
Turismo	Faculdade Integrada do Ceará – FIC	Fortaleza – CE	*www.fic.br*
Turismo	Instituto de Educação Superior da Paraíba – IESP	João Pessoa – PB	*www.iesp.edu.br*
Turismo* Marketing Turístico Planej. e Org. Turismo	Universidade Federal da Paraíba – UFPB	João Pessoa – PB	*www.ufpb.br*
Turismo* e Hotelaria	Universidade Potiguar – UNP	Natal – RN	*www.unp.br*
Turismo	Faculdade Integrada do Recife – FIR	Recife – PE	*www.fir.br*
Turismo	Universidade Católica de Pernambuco – UNICAP	Recife – PE	*www.unicap.br*
Turismo	Universidade Federal de Pernambuco – UFPE	Recife – PE	*www.ufpe.br*
Turismo	Instituto de Educação Superior Unyahna de Salvador – IESUS	Salvador – BA	*www.unyahna.br*
Turismo	Faculdade Integrada Olga Mettig – FAMETTIG	Salvador – BA	*www.famettig.br*
Turismo	Faculdade Integrada da Bahia – FIB	Salvador – BA	*www.fib.br*
Turismo	Universidade de Salvador – UNIFACS	Salvador – BA	*www.unifacs.br*

* A IES respondeu apenas um questionário.

** Quadro organizado por ordem alfabética de cidades.

Fonte: pesquisa direta no *site* do INEP (Jun./2003).

Parte 2

85-7241-568-8

base em vários aspectos. Houve mais de uma resposta por IES, destacando-se os parâmetros do MEC (92,30%), nos moldes de outra IES (46,15%), outros fatores e o conhecimento teórico prévio (ambos com 38,46%), como podem ser visualizados na Figura 10.2. Entre aqueles que responderam a opção "outros", destacam-se: "nos padrões de qualidade da CEETUR/MEC", "no próprio mercado de trabalho e suas necessidades", "no projeto pedagógico da IES", "nas necessidades regionais para o desenvolvimento do turismo local...". Observa-se que, entre os cursos que apontaram ter fundamentado seu projeto pedagógico nas necessidades do mercado, não foi citado que essas necessidades foram baseadas em pesquisa.

Observou-se que o item "pesquisas" foi o menos apontado (23,07% dos cursos), o que pode indicar que os cursos têm seu foco pouco voltado para o cliente ou usuário dos serviços prestados, ou fundamentado em hipóteses, ou seja, se o curso é voltado para determinado cliente, suas necessidades são detectadas sem pesquisa, o que pode causar um *gap* ou brecha na qualidade do serviço. As pesquisas a que se referiram tratavam da "expectativa do mercado local", "perfil desejado (do formando) pelo *trade* local" e "audiência de professores, dirigentes, alunos, ex-alunos, mercado de trabalho, associada às diretrizes curriculares do MEC e as diretrizes da Instituição".

Quando se perguntou sobre a existência ou não de uma política de qualificação de recursos humanos no estado onde o curso é ofertado, as respostas apontaram sim para 53,85% e não para 30,77%. Isso porque 15,38% dos entrevistados afirmaram não ter conhecimento dessa política. Entre aqueles que responderam positivamente, identificaram que a política de qualificação de recursos humanos do estado era aquela contida no "planejamento turístico do estado" e no "programa Qualitur do governo do estado". Outros afirmaram que a política era implementada por várias instituições como Sebrae, Embratur – Instituto Brasileiro de Turismo, Sesc – Serviço Social do Comércio, Senac – Serviço Nacional de Aprendizagem Comercial (área técnica) e outras na área privada ou, ainda, pelo FAT – Fundo de Amparo ao Trabalhador e outros, mas não identificaram qual era essa política, que foi a pergunta elaborada inicialmente.

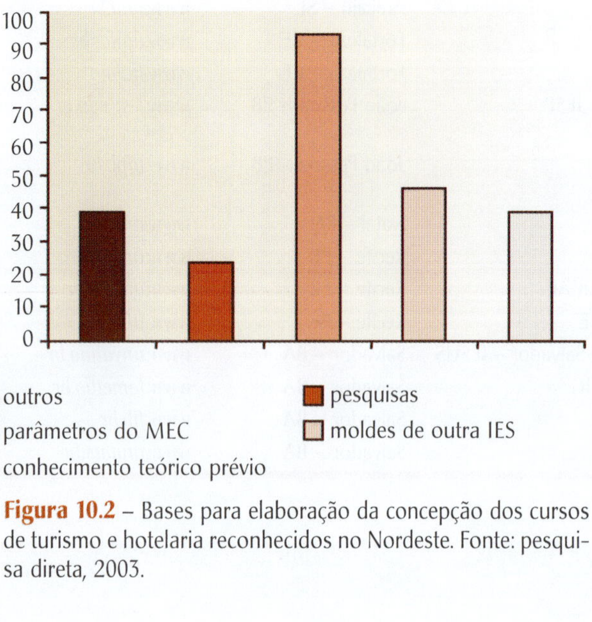

Figura 10.2 – Bases para elaboração da concepção dos cursos de turismo e hotelaria reconhecidos no Nordeste. Fonte: pesquisa direta, 2003.

A política de qualificação de recursos humanos no estado onde o curso é ofertado foi considerada em apenas 36,36% dos casos, justificando que a mesma "visa auxiliar a participação de docentes em congressos internacionais, bem como em programas de pós-graduação, sendo um caminho para qualificação do nosso corpo docente"; que há preocupação em se preparar para o mercado de trabalho ao mesmo tempo em que se precisa atentar para questões sociais e de preservação do meio de forma sustentável; e que contribuiu para a "concepção do curso e perfil do egresso". Outros 63,64% dos cursos afirmaram não considerar essa política porque ela não era conhecida pelos atores envolvidos, por acreditar que a realidade dos cursos ofertados é técnica, porque "se buscava uma formação mais ampla e aprofundada" ou simplesmente porque ela não existe.

Quanto à elaboração de pesquisas (nos últimos cinco anos) na área de qualificação de recursos humanos para turismo e hotelaria, 20,07% responderam não ter realizado pesquisas, 15,39% não têm conhecimento desse assunto e 61,54% afirmaram ter feito alguma pesquisa (própria ou em parceria) (Fig. 10.3). Essas pesquisas foram identificadas como "pesquisas de demanda turística em parceria com a secretaria estadual de turismo"; "um projeto em parceria com o CNPq e outras entidades, que resultou em consultoria a uma agência de viagens"; investigação, sob a perspectiva do *marketing* interno, sobre a gestão de recursos humanos numa empresa de serviços ligados ao turismo; pesquisa em parceria com a seccional estadual da ABAV – Associação Brasileira de Agentes de Viagens sobre o "perfil profissional e a percepção de futuro dos profissionais responsáveis pelas agências de

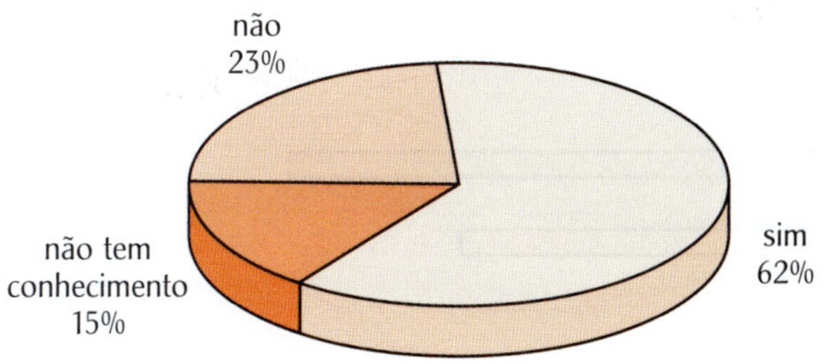

Figura 10.3 – Elaboração de pesquisas na área de qualificação de recursos humanos de turismo e hotelaria, pelas instituições de ensino superior. Fonte: pesquisa direta, 2003.

viagens da região" e outra em parceria com o *Convention & Visitors Bureau* sobre o "perfil dos turistas de eventos e sua mobilidade na cidade" da pesquisa; pesquisa sobre oferta e demanda de capacitação profissional no setor de turismo pelo Instituto de Hospitalidade; pesquisas na área da sustentabilidade, relações públicas, projetos de iniciação científica envolvendo áreas de História, Letras, Geografia, Economia e outras.

No que se refere à consulta de pesquisas (nos últimos cinco anos), feita por órgãos ou instituições, na área de qualificação de recursos humanos para turismo e hotelaria, 27,27% responderam não ter realizado pesquisas e o mesmo percentual (27,27%) não têm conhecimento desse assunto. Uma parcela de 45,46% afirmou ter consultado essas pesquisas, elaboradas por: Secretaria do Turismo do Estado, Embratur, Instituto de Hospitalidade, Capes – Coordenação de Aperfeiçoamento de Pessoal de Nível Superior e MEC.

No bloco de perguntas que trata da organização curricular, a pesquisa apontou que 33,34% não possuem concentração ou ênfase no curso e 66,67% afirmaram possuí-las. As áreas de concentração ou ênfase apontadas foram: na gestão e planejamento do turismo (50%), *marketing* turístico, lazer e animação, patrimônio histórico, artístico e cultural e meio ambiente (cada uma com 10%).

Quanto à identificação das áreas para estágios, destaca-se a área de hotelaria (50% dos cursos), seguida de órgão público, agências e eventos (41,66% dos cursos as apontaram), como mostra a Figura 10.4.

Quanto aos laboratórios instalados nos cursos de turismo e hotelaria, a pesquisa apontou que os mais utilizados nos cursos são informática (84,61%), agência modelo (69,13%), eventos e gastronomia (ambos com 46,15%), como mostra a Figura 10.5. Observou-se que o item "outro" foi apontado por 20% dos cursos, ofertando laboratórios de pesquisa em turismo e planejamento.

Quanto ao ensino de informática obrigatório oferecido no curso, pode-se identificar que é aplicado de forma optativa em 8,33% dos cursos e de forma obrigatória em 91,67% deles. No que se refere à Internet, o ensino foi apontado em 90,9% dos cursos, 63,6% em conhecimentos sobre base de dados e 72,7% sobre processadores de textos. Aqueles conhecimentos que dizem respeito à estatística, gráficos e folha de cálculo aparecem, mas num percentual menor que os outros, como mostra a Figura 10.6.

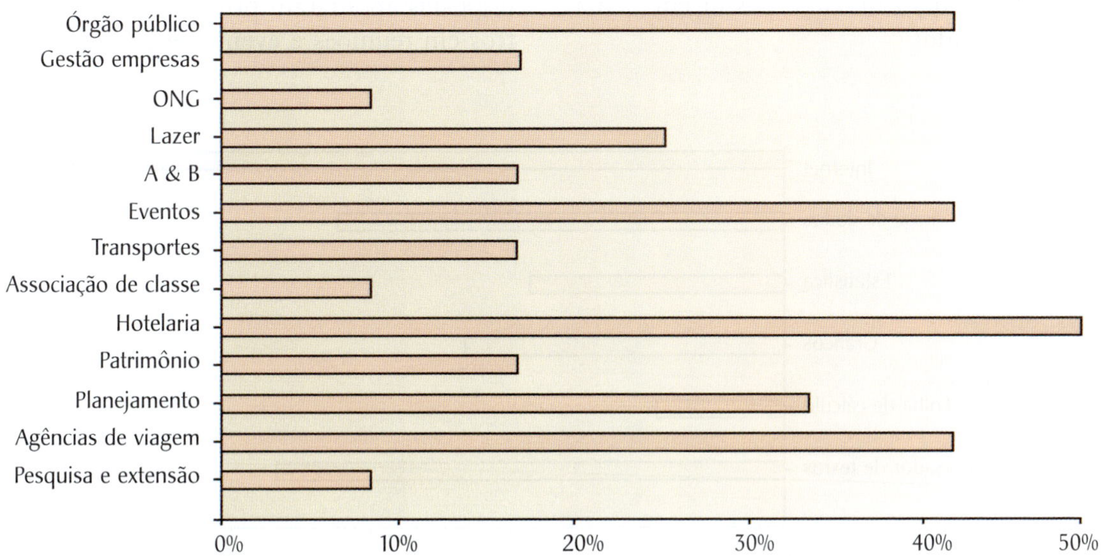

Figura 10.4 – Áreas para estágio identificadas pelos cursos de turismo e hotelaria do Nordeste. Fonte: pesquisa direta, 2003.

Parte 2

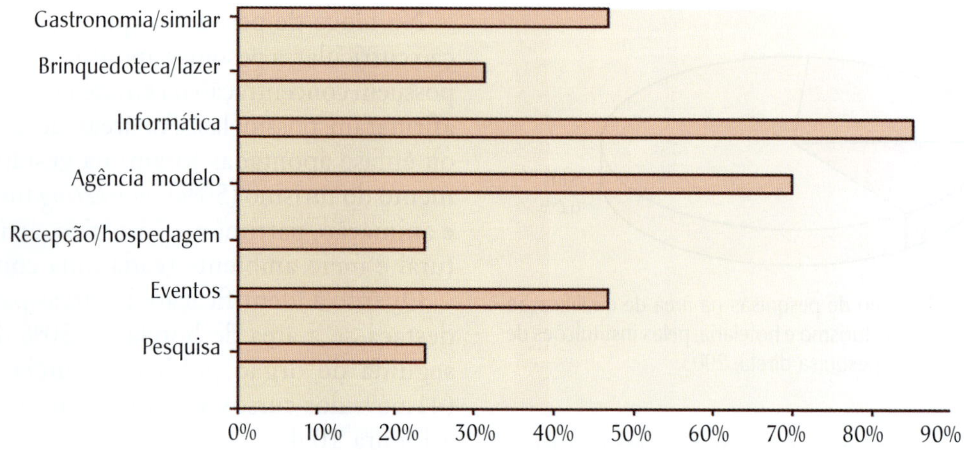

Figura 10.5 – Laboratórios instalados nos cursos de turismo e hotelaria do Nordeste. Fonte: pesquisa direta, 2003.

No que se refere aos idiomas ensinados nos cursos pesquisados, observou-se que o inglês é ensinado em 100% deles e o espanhol, em 91,66%, simultaneamente ao inglês. O ensino de espanhol é 81,8% de modo instrumental e 36,36% fornecem somente noções da língua. Não foi apontado como resposta o ensino de modo completo. As habilidades trabalhadas no espanhol são leitura (81,8%), escrita (54,5%), audição (72,7%) e pronúncia (63,6%). Para o inglês, observou-se que 75% dos cursos o ensinam de modo instrumental, 16,67% promovem o ensino completo e 25% ensinam somente noções da língua. As habilidades trabalhadas no inglês concentram-se na leitura, como mostra a Figura 10.7.

No item que trata do corpo docente, fazendo-se uma média aritmética dos números coletados, a pesquisa apontou que cada curso possui, em média, 29 docentes, sendo:

- Cinco professores bacharéis em turismo e hotelaria, ou 17,24% do quadro.
- Cinco professores pós-graduados, com curso de especialização (*lato sensu*) em turismo e hotelaria, também equivalente a 17,24%.
- Treze professores com mestrado, o que corresponde a 44,82%.
- Cinco professores com curso de doutorado, representando 17,24% dos docentes.
- Fazendo-se a soma total, verificou-se que 3,46% dos docentes não foram apontados na pesquisa.

No bloco de perguntas que trata sobre comunicação e relacionamento, investigou-se o tipo de relacionamento mantido entre a IES e a Secretaria de Turismo (ou órgão equivalente) do estado e as respostas apontaram principalmente para encontros em reuniões e eventos e contato das IES ao

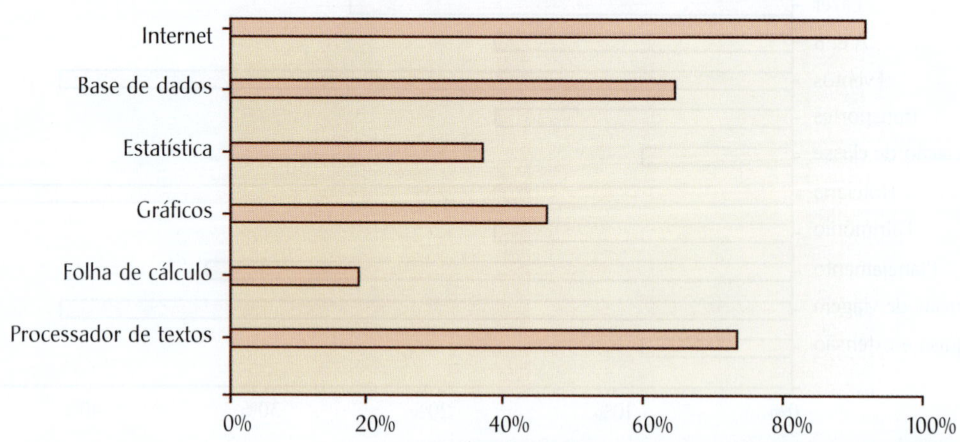

Figura 10.6 – Ensino da informática obrigatório nos cursos de turismo e hotelaria do Nordeste. Fonte: pesquisa direta, 2003.

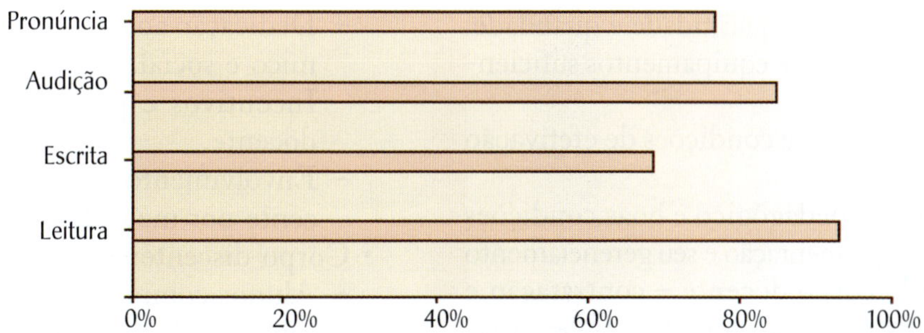

Figura 10.7 – Habilidades no idioma inglês ensinadas nos cursos de turismo e hotelaria do Nordeste. Fonte: pesquisa direta, 2003.

receber alguém das secretarias para palestras e debates na escola, como mostra a Figura 10.8.

A mesma pergunta foi feita para identificar o tipo de relacionamento mantido entre a IES, só que desta vez com o *trade* turístico (empresários, associações de classe, outros) local. O resultado mostrou que 100% possui convênio ou similar, 84,61% já recebeu alguém do *trade* para palestras e debates na escola, 76,92% já se encontrou em reuniões e eventos e 20% identificou outros meios, como o desenvolvimento de projetos em parceria, convênios para estagiários e o pessoal da IES fazer parte do quadro de associação de classe (ABBTUR – Associação Brasileira de Bacharéis em Turismo).

Quanto à identificação se a IES fez ou faz propaganda do curso, detectou-se que 69,23% responderam positivamente a essa questão. Entre aqueles que responderam que não fazem propaganda do curso, um afirmou que a "propaganda é institucional"

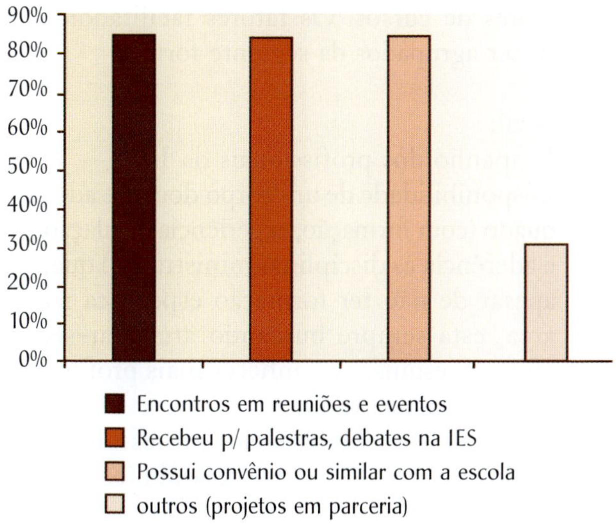

Figura 10.8 – Relacionamento mantido entre as instituições de ensino superior e as secretarias de turismo do Nordeste. Fonte: pesquisa direta, 2003.

e outro que "não é necessário". Daqueles que afirmaram fazê-la, os *folders* (53,84%), a Internet, o jornal e o *outdoor* ou similar (ambos com 46,15%) e a televisão (30,76%) foram apontados como os principais veículos utilizados para tal fim, seguidos de mala-direta e revista (15,38% cada), além de outros meios (15,38%). O *telemarketing* não foi apontado por nenhum curso. Um *slogan*, texto ou apelo comercial utilizado versava sobre a qualidade na formação de recursos humanos; outro admitia que a IES estava ensinando e aprendendo ao mesmo tempo, numa perspectiva de melhoria contínua; outro usou o apelo "turismólogo: a profissão do século XXI" e outro se utilizou do mesmo apelo usado pela Secretaria de Turismo estadual: "porque turismo é a melhor coisa para se fazer" nesse estado. A época para a realização de propaganda do curso foi "sempre" (50%), antes do vestibular (37,5%), esporadicamente (25%) e em outras épocas (37,5%), como no lançamento dos cursos de pós-graduação e extensão ou em datas da profissão (Dia Mundial do Turismo, Dia do Bacharel em Turismo).

Outra questão investigou quem seria o "cliente" se a educação superior fosse considerada um "produto". A pesquisa apontou que 23,07% dos entrevistados acreditam ser a sociedade em geral, mas 61,53% das respostas voltaram-se para a opção "todos", ou seja, alunos, empresas, família e sociedade em geral.

No último bloco de perguntas, que trata sobre qualidade, buscou-se identificar o que daria qualidade a um curso, na visão dos gestores de curso. As respostas foram variadas e juntas puderam formar um corpo de conhecimento qualitativo de grande consistência e importância para a reflexão dos gestores de curso, tais como:

- Infra-estrutura:
  - Infra-estrutura adequada.
  - Boas instalações (incluindo laboratórios).

Parte 2

  - Biblioteca rica em quantidade e qualidade.
  - Instalações físicas e equipamentos suficientes e adequados.
- Projeto pedagógico e condições de efetivação da proposta:
  - Bom projeto pedagógico e boas condições para sua implementação e seu gerenciamento (incluindo corpo docente – contratação e incentivos –, instalações físicas, equipamentos e biblioteca, além da filosofia do curso e do modo de gestão participativa).
  - Projeto pedagógico atualizado, adequado à realidade regional e realizado em parceria com os professores.
  - A proposta educativa na qual conteúdos (conhecimentos) estejam em sintonia com a formação ética-profissional do estudante e lhe sejam asseguradas, durante o processo de ensino aprendizagem, condições que propiciem a aquisição de novos saberes, habilidades e competências em movimento contínuo e progressivo.
  - Atualização proveniente da reciclagem constante pelo conhecimento da produção interdisciplinar acadêmica e científica na área do curso.
  - Solidez na formação técnico-científica.
  - Experiência da IES em atividades de ensino.
  - Objetivos bem traçados e focados no mercado turístico.
  - Grade curricular atualizada, acompanhando a evolução do mercado.
  - Disciplinas com conteúdos atuais e voltados para o mercado de trabalho.
- Teoria, prática e articulação:
  - Experimentação entre teoria e prática.
  - Laboratórios que viabilizem a prática.
  - Articulação da IES e do curso com a comunidade local.
  - Participação em eventos da área e envolvimento com a comunidade.
  - Trabalho com o *trade* turístico e órgãos públicos, com a participação de alunos.
  - Projetos de pesquisa e extensão.
- Corpo docente:
  - Corpo docente qualificado, titulado, atualizado, envolvido com o curso e trabalhando em parceria.
  - Experiência no magistério e no mercado.
  - Corpo docente capacitado, comprometido e com experiência prática na área de turismo.
  - Número adequado de professores.
  - Dedicação ao curso e compromisso acadêmico e social.
  - Incentivos e programas de qualificação docente.
  - Envolvimento dos corpos docente e discente por meio de órgãos colegiados.
- Corpo discente:
  - Alunos comprometidos e motivados.
  - Observância do número de alunos por turma.
  - Participação de alunos nos projetos e envolvimento com a comunidade.
- Excelência:
  - Atuar com excelência nas dimensões estabelecidas pelo MEC: concepção pedagógica, corpo docente e infra-estrutura, convertendo tudo isso em valor perceptível ao cliente/usuário do referido serviço.

Dando continuidade às questões do último bloco, perguntou-se quem verifica a qualidade de um curso superior, no entendimento dos gestores de curso. Observou-se que 66,67% das respostas apontaram o mercado de trabalho e as empresas como responsáveis; 58,33%, alunos e egressos dos cursos; 33,33%, o MEC/INEP e os professores; 25%, a sociedade e a família. Isso pode ser mais bem visualizado na Figura 10.9.

Na seqüência, perguntaram-se quais os fatores facilitadores e dificultadores para se dar qualidade a um curso superior de turismo e hotelaria. Essa pesquisa tratou de agrupar as respostas de acordo com seu conteúdo, tornando-se assim um instrumento qualitativo que viabiliza reflexões e análises dos gestores de cursos. Os fatores facilitadores puderam ser agrupados da seguinte forma:

- Pessoal:
  - Empenho dos profissionais da IES.
  - Disponibilidade de um corpo docente adequado (com formação, experiência, titulação e aderência às disciplinas ministradas) que, apesar de não ter formação específica na área, está sempre buscando atualizar-se, efetuar pesquisas e conhecer mais profundamente o turismo.
  - Remuneração condigna aos professores.
  - Envolvimento de professores e alunos com o curso.
  - Motivação do corpo docente, principalmente em IES federais.
  - Aperfeiçoamento constante dos professores.

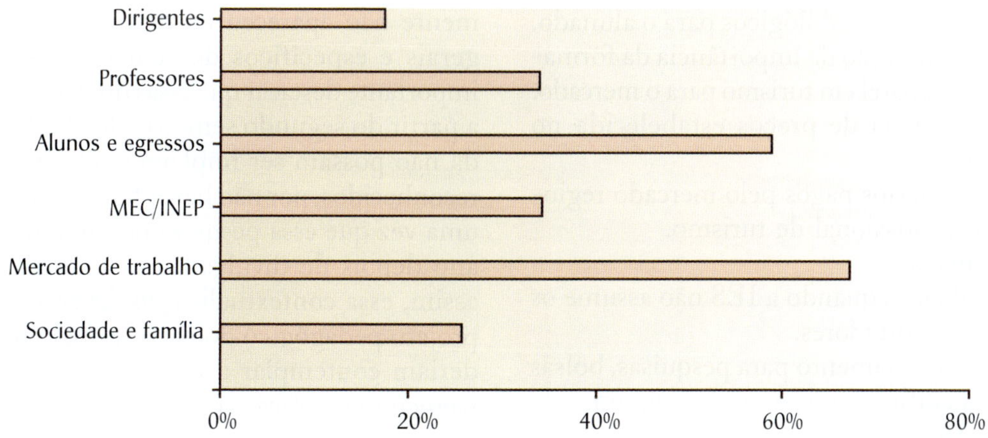

Figura 10.9 – Quem verifica a qualidade de um curso superior, na visão dos gestores de cursos do Nordeste. Fonte: pesquisa direta, 2003.

- Mercado:
  - Facilidade de estágio, com raras exceções.
  - Convênios com empresas do mercado.
  - Atratividade da profissão e reconhecimento da importância da atividade turística para o desenvolvimento econômico de uma região com potencial.
  - Interação com o mercado turístico, suas necessidades e como pensa o profissional que querem receber.
  - Demanda regional.
- Condições e estrutura:
  - Facilidades para aulas práticas necessárias (aulas de campo, estágios, pesquisas, etc.).
  - Acesso, pela Internet, a informações (MEC, centros de estudos, órgãos oficiais de turismo) que podem servir de parâmetro para a constante atualização e melhoria na qualidade das atividades desenvolvidas no curso superior de turismo.
  - Infra-estrutura satisfatória às práticas educacionais.
- Proposta pedagógica:
  - Integração entre teoria e prática.
  - Boa grade curricular.
  - Proposta pedagógica atualizada e aplicável à realidade.
  - Realização de visitas técnicas, implantação de laboratórios e vivência prática.
  - Promover pesquisas (técnicas e científicas) e estudos na área de turismo, como forma de criar, reconstruir e transformar um bom projeto pedagógico e visão institucional voltada para o mercado.
  - Existência de pesquisas e bibliografia.

Quanto aos fatores dificultadores para se propiciar qualidade a um curso superior de turismo e hotelaria, foram identificados e agrupados os seguintes:

- Corpo docente:
  - Falta de professores com titulação específica na área.
  - Professores horistas, sem carga horária para extensão, pesquisa, planejamento de aulas e avaliações de alunos.
  - Professores com muitas turmas ao mesmo tempo, dificultando a dedicação de maior atenção aos discentes.
  - Baixa perspectiva salarial.
  - Pouca autonomia do coordenador (sobretudo em investimentos financeiros).
  - Dificuldade para financiamento de pesquisas, bolsas para qualificação docente e programas de atualização.
- Corpo discente:
  - Baixo nível dos alunos que ingressam no curso.
  - Excessivo número de alunos por turma.
  - Carência de bacharéis com perfil para docência.
- Mercado:
  - Alta concorrência da oferta de cursos de turismo.
  - Dificuldade de absorção de egressos no mercado de trabalho em decorrência do grande número de cursos.
  - Dificuldade de acompanhar constantes mudanças do MEC.

Parte 2

- Estímulos mercadológicos para o alunado.
- Conscientização da importância da formação do bacharel em turismo para o mercado.
- Concorrência de preços estabelecida no mercado.
- Baixos salários pagos pelo mercado regional ao profissional de turismo.

• IES/recursos:
- Dificuldades quando a IES não assume os fatores facilitadores.
- Falta financiamento para pesquisas, bolsas para qualificação docente e programas de atualização.
- Recursos financeiros escassos ou inexistentes, sobretudo nas IES federais, até para melhorias na infra-estrutura física.
- Demasiada burocracia, em especial na administração pública federal.

Nesses agrupamentos de fatores facilitadores e dificultadores, observou-se que alguns itens foram apontados como facilitadores e também como dificultadores. Ocorre que esses fatores existem e podem variar de acordo com a região analisada ou o tipo de IES entrevistada. No caso desta pesquisa, envolveram-se IES públicas e privadas.

Quando se perguntou se o curso entrevistado tinha qualidade, as respostas foram positivas em 84,62% dos casos. Entretanto, 15,38% reconheceram que a qualidade era parcial, pois estavam conscientes das dificuldades que ainda deverão transpor para melhorá-la, num processo contínuo e que, nos casos de IES federais, ainda carecem de melhor infra-estrutura física, equipamentos para laboratórios, entre outros. Isso pode ser verificado nas questões que abordam o que daria qualidade a um curso e aquelas que apontam os fatores facilitadores e dificultadores para propiciar qualidade a um curso superior de turismo e hotelaria.

OBJETIVOS GERAIS E ESPECÍFICOS DOS CURSOS DE TURISMO E HOTELARIA

As diretrizes curriculares orientam que os cursos superiores de turismo e hotelaria apresentem seus objetivos gerais, contextualizados em relação às suas inserções institucional, política, geográfica e social. Na verdade, essa contextualização praticamente não apareceu na descrição dos objetivos gerais e específicos dos cursos pesquisados. É importante destacar que essas diretrizes, divulgadas a partir do segundo semestre de 2002, talvez ainda não possam ser implementadas nos cursos já reconhecidos, por não haver tempo hábil para isso, uma vez que essa pesquisa ocorreu menos de um ano depois de divulgadas as diretrizes. Mesmo assim, essa contextualização deveria aparecer no projeto pedagógico do curso e seus objetivos poderiam contemplar aspectos específicos, principalmente em relação ao contexto geográfico e social, que varia muito nas diversas regiões do Brasil.

Pegando-se como exemplo o projeto pedagógico do curso de turismo da Pontifícia Universidade Católica de Campinas, apresentado por Trigo (1998, p. 226), observou-se que seus objetivos estavam pautados no projeto institucional político-pedagógico da universidade (compromisso social e projeto de qualidade, além de outros). O curso, além de preparar os alunos para o mercado de trabalho, também direcionava esforços para a pesquisa. Ressalta-se que todo o seu projeto pedagógico foi contextualizado com base nas realidades nacionais e internacionais, as quais caracterizavam a conjuntura e os desafios a serem alcançados, na época em que foi construído.

Os objetivos dos cursos de turismo e hotelaria pesquisados foram listados na Tabela 10.4, sem a identificação do curso, para que se possa analisar seu conjunto, suas semelhanças e diferenças e, principalmente, verificar a que se destinam.

A Figura 10.10 adiante mostra que, segundo os cursos analisados, os pontos que mais apareceram nos objetivos gerais foram, respectivamente, em:

- *Primeiro lugar:* pesquisa; planejamento; gestão e ética.
- *Segundo lugar:* responsabilidade social; respeito ao homem e à natureza; valorização humana; promoção da qualidade de vida; justiça; eqüidade social; empreendedorismo; formação de modo crítico e humanista; desenvolvimento do mercado e do turismo na sociedade; desenvolvimento socioeconômico; promoção da economia.
- *Terceiro lugar:* desenvolvimento responsável, sustentável, preservação; teoria e prática; formação específica e cidadania.
- *Quarto lugar:* competência e formação de qualidade.

85-7241-568-8

Tabela 10.4 – Objetivos gerais e específicos dos cursos de turismo e hotelaria do Nordeste

IES	Objetivos gerais e específicos
	Objetivo geral
A	Propiciar ao aluno o domínio de um conjunto de conhecimentos profissionais (de saber teórico e técnico) que assegurem, por meio da aplicação de instrumentos de pesquisa, planejamento e administração, o desenvolvimento responsável e a difusão do fenômeno turístico
	Objetivos específicos • Desenvolver a capacidade de planejar e organizar o planejamento e a execução de projetos e programas na área do desenvolvimento turístico, favorecendo o bem-estar socioeconômico e cultural das comunidades envolvidas • Proporcionar a habilitação tecnológica que permita o domínio à utilização de metodologia adequada para o planejamento e domínio das técnicas indispensáveis à atuação profissional no setor • Promover o fomento dos conhecimentos teóricos do turismo com a pesquisa e para a análise e percepção da natureza e das características do mercado turístico e de sua expansão, bem como a complexidade do mundo globalizado e das sociedades pós-industriais, onde os setores de turismo e entretenimento encontram ambientes propícios para se desenvolver • Estimular a utilização dos recursos disponíveis objetivando o desenvolvimento do turismo dentro das concepções de sustentabilidade
	Objetivo geral
B	Formar um profissional com visão crítica do fenômeno turístico que lhe permita desenvolver habilidades específicas dentro das diversas áreas de sua atuação, tanto quanto investigar e caracterizar a demanda e a oferta relativas ao turismo na elaboração ou reordenação de um plano de desenvolvimento, programas e projetos para os espaços dos municípios turísticos, contribuindo assim para a preservação do patrimônio natural e cultural e para o crescimento da economia e a melhoria da qualidade de vida
	Objetivos específicos Preparar o aluno de turismo para as ações determinantes em sua vida profissional, tais como: • Identificar as novas demandas turísticas da sociedade • Identificar e analisar os aspectos básicos do turismo, seus serviços, empresas e instituições públicas e privadas • Participar adequadamente do planejamento da gestão administrativa e da comercialização do produto turístico • Colaborar na definição de políticas de turismo, na elaboração de programas e projetos • Contribuir para a formação de recursos humanos na área de turismo • Valorizar o fenômeno turístico como objeto de estudo da realidade internacional e nacional • Promover pesquisas que permitam antecipar as futuras tendências do turismo • Analisar os valores éticos e sociais ligados à preservação dos recursos naturais, do patrimônio histórico e artístico das comunidades envolvidas nos diversos processos turísticos
	Objetivo geral
C	Prover a sociedade de profissionais capazes de elaborar estudos e projetos na área de turismo, planejar, gerir e divulgar a atividade turística, com competência, ética e responsabilidade social
	Objetivos específicos • Propiciar a formação técnica e científica de um profissional habilitado a exercer as atribuições concernentes à área, quer no planejamento, na organização ou na gestão de ações ligadas ao turismo, desenvolvendo suas atividades em consonância com as especificidades locais e numa visão globalizada • Tornar-se um centro disseminador de conhecimentos que ultrapassem a barreira dos aspectos puramente teóricos, possibilitando ao profissional desenvolver capacidade crítica, reflexiva e criativa na resolução de problemas e na tomada de decisão • Trabalhar a internalização de valores sociopolíticos, ressaltando o saber crítico para compreender o meio em que está inserido, promovendo a transformação e ordenação da sociedade com responsabilidade, ética e justiça • Discutir, analisar e elaborar princípios de inter e transdisciplinaridade, bem como facilitar a participação do profissional na colaboração com projetos multidisciplinares
	Objetivo geral
D	Formar profissionais conscientes do seu papel social de compromisso permanente com o desenvolvimento socioeconômico do país
	Objetivos específicos • Sensibilizar os estudantes com respeito à busca e ao desenvolvimento das características inerentes à futura profissão: consciência ética, estudo constante, planejamento e execução de estratégias e táticas de negócios • Ensejar ao aluno a formação de sólida base conceitual e a apropriação de ferramentas para a gestão estratégica de negócios turísticos em ambientes competitivos, permitindo-lhe desenvolver um quadro de referência amplo sobre novos cenários e bases funcionais

(Continua)

Parte 2

Tabela 10.4 – Objetivos gerais e específicos dos cursos de turismo e hotelaria do Nordeste – *Continuação*

IES	Objetivos gerais e específicos
	Objetivo geral
E/F	O curso de graduação em turismo da Universidade D objetiva, primordialmente, ser um centro de pesquisas moderno, avançado e interdisciplinar em objetos dos complexos fenômenos turísticos, investindo na capacitação e na habilitação de profissionais para o exercício das atividades executivas nas diversas áreas do mercado de trabalho do setor turístico, a exemplo do planejamento, organização e *marketing*, dotando-lhe ainda de responsabilidade social e formação crítica cidadã em defesa do turismo não predatório, com base nos princípios da sustentabilidade e do desenvolvimento socioeconômico do homem da terra
	Objetivos específicos
	• Proporcionar ao bacharel em turismo conhecimento crítico e analítico do mundo atual a partir da percepção das relações de interdependência entre os diversos elementos que compõem a atividade turística • Oferecer embasamento teórico e orientações técnicas e metodológicas para uma atuação consciente na transformação da realidade turística nacional, regional e local • Criar oportunidades para a formação de equipes interdisciplinares, possibilitando a realização de pesquisas prioritárias, tanto básicas quanto aplicadas • Manter um canal de comunicação ágil entre a Universidade, os setores públicos e privados ligados às atividades turísticas, facilitando acesso a maiores e melhores recursos documentais e de financiamento às pesquisas no turismo • Estimular contato e intercâmbio de conhecimentos e experiências entre pesquisadores do turismo, visando à formação de grupos de pesquisa e construção de redes de informações • Desenvolver ações estratégicas objetivando influenciar positivamente no processo de conscientização das autoridades, do *trade* turístico e das entidades representativas e congregacionais, da importância do papel e da formação de recursos humanos continuada em todos os níveis, visando ao aprimoramento, à eficiência, à competitividade e à melhoria da qualidade em turismo
	Objetivo geral
H	Formar profissionais capazes de atuar no mercado em constante mudança e também como empreendedores
	Objetivos específicos
	• Formar profissionais conscientes de sua condição de cidadãos, capazes de analisar de forma crítica e reflexiva os cenários atuais e futuros da atividade turística • Preparar o profissional para atuar em um mercado que se aperfeiçoa a todo instante e no qual a exigência de conhecimento teórico e prático é cada vez maior • Formar profissionais comprometidos com o desenvolvimento sustentável do estado e da atividade turística, aptos a desempenhar com ética e competência sua profissão
	Objetivo geral
L	Promover o ensino e a aprendizagem de elevada e crescente qualidade das ciências e técnicas relacionadas à atividade turística, de forma que o profissional dessa área esteja comprometido com o desenvolvimento do mercado turístico e com a construção, ética e competente, de uma sociedade justa, contribuindo para o desenvolvimento sustentável do estado
	Objetivos específicos
	• Disponibilizar conhecimentos teóricos para subsidiar a capacidade de análise e tomada de decisão mediante os fenômenos organizacionais, pertinentes, principalmente, ao cenário turístico como também àqueles referentes à dimensão pessoal • Dotar o aluno de conhecimento técnico-metodológico e prático para o planejamento do turismo em vários destinos turísticos • Viabilizar a interação entre os campos teóricos e práticos e o intercâmbio de conhecimentos através de diversos eventos como palestras e visitas técnicas com o mercado turístico local • Capacitar o aluno de informações teóricas e práticas para a viabilização de empresas na área do turismo • Desenvolver a responsabilidade social e os valores éticos e morais que permitam gerar e distribuir riquezas com base no desenvolvimento sustentável • Aprimorar a capacidade gerencial para liderar projetos e atingir resultados satisfatórios às organizações turísticas
	Objetivo geral
M	Formar o profissional turismólogo de modo a permitir o seu ingresso no mercado de trabalho tendo condições de interagir com o meio social, norteados por princípios éticos, consciência de cidadania e responsabilidade social, senso crítico, aptidão para investigação científica e capacidade de lidar com os fundamentos teóricos e práticos da profissão, de modo responsável, sem perder de vista a relevância de seu papel e sua competência profissional no contexto sociopolítico local, regional e global
	Objetivos específicos
	• Favorecer a formação técnica-científica do aluno para atuação nos campos do planejamento e gestão de empreendimentos turísticos, desenvolvendo atividades específicas da prática profissional em consonância com as demandas mundiais, nacionais e regionais • Desenvolver no aluno a capacidade de compreender o fenômeno turístico e a atividade turística em seus múltiplos segmentos, características e necessidades especiais, possibilitando a atuação nos diversos setores do mercado turístico, tendo como prioridade a preservação do patrimônio natural e histórico-cultural e o respeito ao cidadão

Parte 2

Tabela 10.4 – Objetivos gerais e específicos dos cursos de turismo e hotelaria do Nordeste – *Continuação*

IES	Objetivos gerais e específicos
	• Desenvolver a capacidade do aluno de resolver problemas macro e micro pertinentes à prestação de serviços turísticos, utilizando as ferramentas do planejamento, da organização, da execução e da avaliação, para gerir planos, programas e projetos de desenvolvimento turístico de destinações e empreendimentos turísticos, atuando em equipes interdisciplinares e multissetoriais • Sensibilizar o aluno para a necessidade do contínuo aperfeiçoamento profissional, desenvolvendo nele a autoconfiança e a capacidade de gerir sua carreira
N	*Objetivo geral* O curso de turismo da Universidade N foi concebido em função da necessidade de suprir uma demanda de profissionais necessários a um mercado que apresenta elevadas taxas de crescimento nos últimos anos e vem se transformado numa das indústrias mais rentáveis do mundo globalizado, gerando novos empreendimentos e empregos. Como função social, o turismo se caracteriza como lazer, um direito que, mais recentemente, começou a ser visto como tão fundamental quanto trabalho, moradia, transporte, segurança, saúde e educação. Por diversos fatores, cada vez mais as pessoas possuem maiores parcelas de tempo livre e, nesse momento, os profissionais da área de turismo são necessários para orientá-las a usufruir plenamente do seu tempo disponível As exigências do mundo atual, a dinâmica das interações sociais e os desafios das mudanças nos padrões organizacionais tornam visível a formação de um profissional versátil e empreendedor. O curso de turismo não pode se estruturar em moldes tradicionais, pois os profissionais que não acompanharem as mudanças já estarão, de certa forma, marginalizados nas estruturas de trabalho. O curso de turismo requer preparo profissional específico, que deverá ser garantido pelos seguintes itens: • Pelo currículo, com disciplinas que incorporem os avanços científicos e tecnológicos • Práticas educativas subsidiadas por estágios supervisionados, monitoria, empresa júnior • Atuação pedagógica inovadora, identificando formas individualizadas de procedimentos • Métodos e ações vinculados às experiências profissionais e especificidades das áreas de turismo
	Objetivos específicos • Preparar o aluno para enfrentar um mercado emergente, no entanto extremamente competitivo, com uma formação que permita atuar na operacionalização das atividades turísticas bem como ser empreendedor • Desenvolver nos estudantes habilidades técnicas, humanas e conceituais inerentes às atividades turísticas • Levar os alunos ao aprendizado e ao desenvolvimento da capacidade de pensar, de definir situações complexas, de diagnosticar e de propor soluções para as rotinas e problemas que envolvem as atividades turísticas • Capacitar os alunos a desenvolver uma relação de cumplicidade com a área de turismo, implementando o seu desenvolvimento de forma planejada, eficaz e eficiente, como convém a todos os profissionais dessa atividade turística • Capacitar os alunos a desenvolver o raciocínio lógico, crítico e analítico
O	*Objetivo geral* Formar bacharéis em turismo para o pleno exercício profissional de modo crítico e essencialmente humanista
	Objetivos específicos • Promover o conhecimento técnico-científico inerente ao curso • Formar cidadãos conscientes e integrais
P	*Objetivo geral* • Possibilitar a aquisição/incorporação de saberes significativos, habilidades e competências básicas e especificas da área de turismo • Fortalecer compromisso social que assegure comportamentos ético-profissionais que priorizem respeito ao homem, à natureza e à igualdade social • Criar condições técnico-pedagógicas que potencializem a capacitação do futuro profissional de turismo nas dimensões definidas pela comunidade acadêmica
	Objetivos específicos • Concretizar as intenções educativas, formulando os objetivos e resultados esperados que devem orientar a prática pedagógica • Definir e organizar os blocos de conteúdos, sua seqüenciação, levando em conta aspectos lógicos e psicológicos, assegurando a representação e internalização dos conhecimentos em avanços progressivos e numa perspectiva integradora • Proporcionar informações sobre a abordagem metodológica – o como ensinar – que favoreça a aquisição de conhecimentos e o desenvolvimento de atitudes, aptidões e habilidades que potencializam o aprender a aprender • Incluir critérios gerais para projetar as atividades de avaliação, integradas às intenções educativas e objetivas, para determinar as dificuldades e imprecisões do processo de ensino, as aprendizagens realizadas e os ajustes necessários
Q	*Objetivo geral* Proporcionar à sociedade formação de qualidade do profissional de turismo, com equilíbrio entre conhecimento teórico e formação prática; formar profissionais aptos a aplicar a metodologia do planejamento em projetos de turismo, planejar e programar os produtos e serviços a serem oferecidos, interpretar, avaliar e selecionar informações geográficas, históricas, culturais, recreativas, folclóricas, bem como utilizar a metodologia científica no desenvolvimento de estudos e pesquisas básicas e aplicadas; capacitar jovens empreendedores, para que possam servir como base para o desenvolvimento do turismo e de nossa sociedade, formar profissionais éticos, que respeitem e valorizem a condição humana

(Continua)

Parte 2

Tabela 10.4 – Objetivos gerais e específicos dos cursos de turismo e hotelaria do Nordeste – *Continuação*

IES	Objetivos gerais e específicos
	Objetivos específicos Não foram citados
R	*Objetivo geral* O curso de turismo tem por objetivo formar um profissional capaz de atuar como gestor de empreendimentos turísticos – públicos, privados e não governamentais – e como planejador de destinos turísticos, estando também capacitado para atuar como empreendedor e pesquisador na sua área ou em áreas afins à sua atividade profissional
	Objetivos específicos • Entender o processo histórico-social e o turismo no conjunto das várias formas de organização do conhecimento humano. • Compreender os aspectos socioculturais e econômicos que embasam as atividades turísticas • Entender e manifestar domínio de técnicas e processos de gerência de empreendimentos turísticos em geral, planejar e realizar intervenções em destinos turísticos • Empreender e realizar projetos, ações e intervenções em organizações e destinos turísticos

Fonte: pesquisa direta, 2003.

Outros pontos citados isoladamente pelas IES como objetivos gerais dos cursos foram: lazer, operacionalização, organização, divulgação, versatilidade profissional e formação com saberes básicos.

PERFIL PROFISSIONAL DO EGRESSO

Um dos blocos de perguntas da pesquisa abordou o perfil profissional do egresso dos cursos de turismo e hotelaria, identificando suas competências, habilidades e perfil geral.

Na identificação das áreas em que o aluno estará apto a trabalhar, na opinião dos gestores de cursos, a pesquisa apontou que, para 69,23% dos entrevistados, esse perfil deve ser voltado para todas as áreas que cercam o turismo e a hotelaria, como na Figura 10.11.

Outro ponto investigado abordou para onde a formação do turismólogo deveria ser voltada. Segundo indicou a pesquisa, ela deve voltar-se para todos os atores interessados (76,92% das respostas), ou seja, o mercado de trabalho, a sociedade e a academia (pesquisa e ensino), como mostra a Figura 10.12.

Nesse bloco de perguntas, houve questões abertas nas quais cada IES pôde registrar o perfil profissional do egresso dos seus cursos de turismo e hotelaria, identificando suas competências, habilidades e perfil geral. A seguir, elaborou-se uma

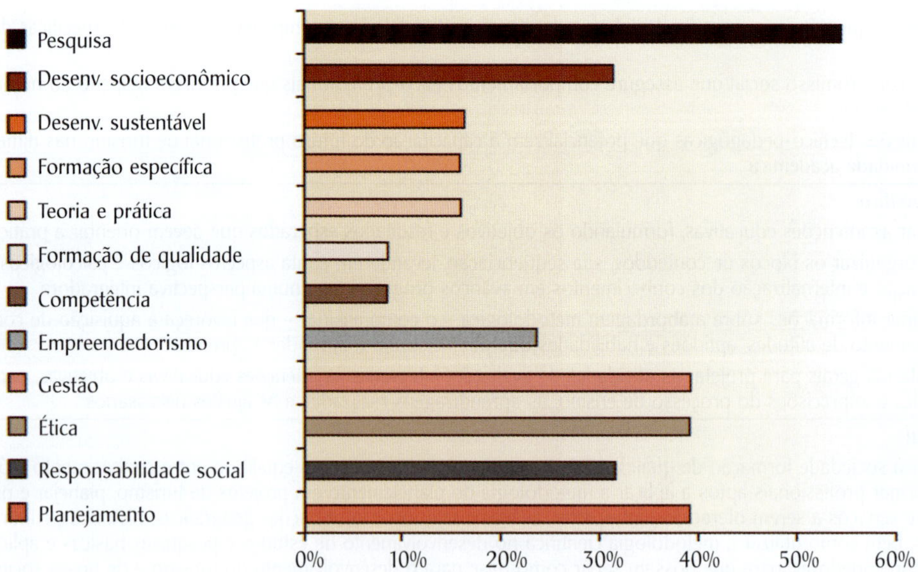

Figura 10.10 – Pontos que mais apareceram nos objetivos gerais dos cursos de turismo e hotelaria do Nordeste. Fonte: pesquisa direta, 2003.

85-7241-568-8

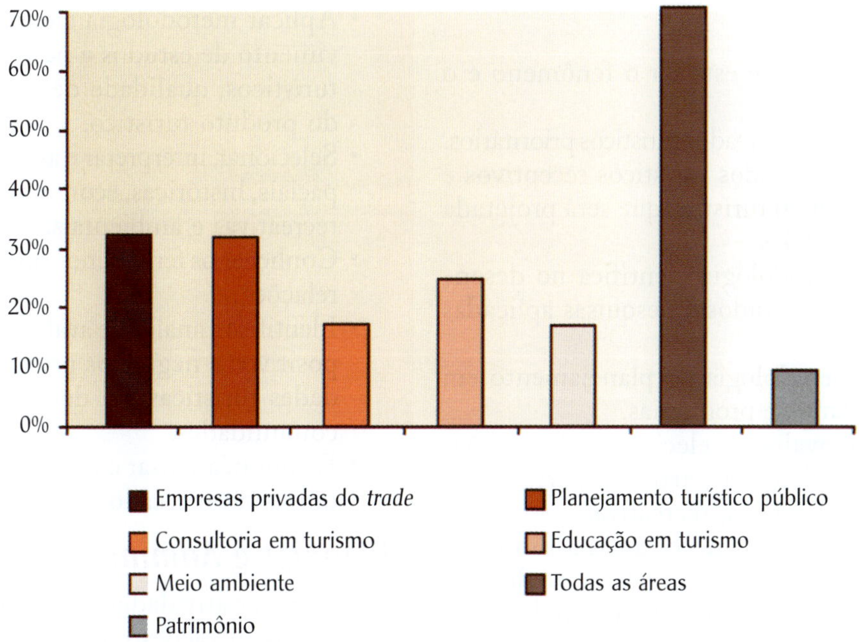

Figura 10.11 – Áreas em que o aluno estará apto a trabalhar segundo os cursos de turismo e hotelaria. Fonte: pesquisa direta, 2003.

lista retirada das informações constantes nas pesquisas, classificada por competências e habilidades semelhantes.

Competências

Ensinar

- Participar da capacitação de novos profissionais em turismo nos níveis técnico e superior.
- Exercer o magistério nos programas de educação formal e informal.
- Apoiar ações voltadas a formação, treinamento e capacitação dos recursos humanos de turismo em níveis técnico, médio e superior.
- Promover ações voltadas à formação e capacitação profissional dos recursos humanos de turismo nos diversos níveis educacionais.
- Elaborar programas de desenvolvimento, de oportunidades de negócios, de capacitação de recursos humanos.
- Planejar e ministrar cursos de treinamento nos vários segmentos do mercado.

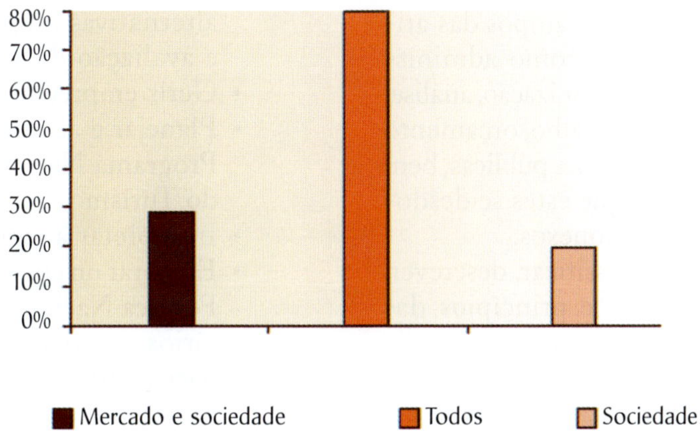

Figura 10.12 – Direcionamento da formação acadêmica segundo os cursos de turismo e hotelaria. Fonte: pesquisa direta, 2003.

Pesquisar

- Observar, definir e estudar o fenômeno e o fato turístico.
- Fazer estudos de mercados turísticos prioritários.
- Analisar os mercados turísticos receptivos e definir a imagem turística que será projetada em cada um deles.
- Utilizar a metodologia científica no desenvolvimento de estudos e pesquisas aplicadas ao turismo.
- Aplicar a metodologia do planejamento em projetos, planos e programas.
- Interpretar, avaliar e selecionar informações geográficas, históricas, artísticas, artesanais, religiosas, folclóricas, recreativas.
- Pesquisar elementos necessários à formação de produtos turísticos com relação ao dimensionamento da oferta e à definição do perfil do turista, entre outros.
- Utilizar a metodologia científica no desenvolvimento de estudos e pesquisas básicas e aplicadas.
- Identificar o papel do turismo como fator econômico, social e cultural.
- Contribuir para o desenvolvimento do turismo por meio de pesquisa e qualificação de recursos humanos.
- Criar um banco de dados sobre a atividade turística.
- Estabelecer as pautas para as análises do grau de modernização e da rentabilidade dos serviços turísticos.
- Elaborar pareceres, relatórios, planos e projetos em que se exija a aplicação de conhecimentos inerentes às técnicas para o desenvolvimento das atividades turísticas.
- Realizar pesquisas, estudos, análises, interpretação, planejamento, implantação, coordenação e controle dos trabalhos nos campos das atividades turísticas em geral, como administração e seleção de pessoal, organização, análise, métodos e programas de trabalho, orçamento financeiro e de material, relações públicas, bem como outros campos em que estes se desdobrem ou aos quais sejam conexos.
- Identificar, reconhecer, classificar, descrever, analisar e comparar fatos e princípios das diferentes categorias de conteúdos aprendidos para compreender suas relações de ordenação, co-variação, coordenação, subordinação, causa e efeito que tenham relevância para definir e resolver problemas.
- Aplicar metodologia científica no desenvolvimento de estudos e pesquisas de mercados turísticos, qualidade de serviços e formação do produto turístico.
- Selecionar, interpretar e avaliar informações espaciais, históricas, econômicas, socioculturais, recreativas e ambientais.
- Conhecer os fenômenos turísticos e suas inter-relações.
- Identificar, analisar e avaliar os possíveis efeitos positivos e negativos provocados pelas atividades turísticas em determinados espaços e comunidades.
- Elaborar, analisar e interpretar estudos e pesquisas do mercado turístico.

Planejar e Administrar

- Planejar atividades turísticas de um destino:
  - Organizações/empresas públicas, privadas e outras:
    - Organização, administração, direção, gerência de implantação, manutenção e desenvolvimento de empresas turísticas públicas e privadas.
    - Ocupar funções em cargos técnicos, de chefia ou direção, assessoria e consultoria em empresas públicas ou privadas, cujas atribuições envolvam, principalmente, a aplicação de conhecimentos inerentes às técnicas de desenvolvimento das atividades turísticas.
    - Estabelecer normas, detectar, aplicar e gerenciar a qualidade dos serviços turísticos.
    - Aplicar, de diferentes maneiras, todos os conhecimentos aprendidos, considerando suas relações internas de variação diante de acontecimentos e situações reais e simbólicas, quando da seleção de alternativas no planejamento, execução e avaliação de ações.
    - Gerir empreendimentos turísticos.
    - Planejar e acompanhar as atividades do Programa Nacional de Municipalização do Turismo.
    - Interpretar a legislação pertinente.
    - Elaborar ou colaborar na implantação da Política Nacional de Turismo; de inventários turísticos; de planejamento de espaços turísticos; de planos, programas, projetos turísticos nos âmbitos federal, estadual e municipal e de estudos de mercados turísticos.

85-7241-568-8

- Proceder ao levantamento de hotéis e respectiva classificação conforme a categoria.
- Estabelecer normas e critérios de categorização e hierarquização dos prestadores de serviços turísticos (meios de hospedagens, transportadoras, agências de viagens, empresas de entretenimento, etc.).
- Planejar e executar projetos e programas estratégicos em empreendimentos turísticos.
- Planejar, administrar e assessorar empresas na área de turismo e concernentes, observando os aspectos jurídicos, administrativos e econômicos necessários à sua implantação e manutenção, de modo integrado, sistêmico, estratégico e sustentável.
- Planejar e programar estudos de viabilidade econômico-financeira de projetos e empreendimentos turísticos.
- Planejar e operacionalizar estudos de viabilidade econômico-financeira de empreendimentos e projetos turísticos.
- Analisar a viabilidade econômico-financeira, social e cultural de projetos e empreendimentos turísticos.
- Planejar e operacionalizar estudos de viabilidade de empreendimentos e projetos turísticos.
- Analisar mercados turísticos receptivos e definir sua imagem e o perfil da demanda.
- Planejar e elaborar estudos e projetos.
- Prestar assessorias e consultorias.
- Executar projetos e serviços referentes a: necessidade do mercado; ampliação das atividades turísticas; divulgação de produtos turísticos; agenciamento; programação de atividade de lazer e entretenimento; eventos.

– Planejamento e administração de destinos e mercados turísticos:
  - Participar de estudos urbanísticos, fazendo um levantamento da situação e importância de certas vias públicas, rodovias e ferrovias.
  - Cuidar de serviços de atendimento e informações turísticas, em órgãos que prestem serviços ao turismo.
  - Elaborar e executar planos estratégicos que promovam destinações e empreendimentos turísticos.
  - Interpretar a legislação pertinente, estabelecer normas e critérios para utilização e gerenciamento da qualidade nos núcleos e prestadores de serviços turísticos.
  - Gerenciar campanhas de promoção de mercados interno e externo.
  - Analisar os mercados receptivos e definir a imagem turística que será projetada em cada um deles.
  - Planejar o calendário turístico de uma cidade, região ou país. Pode, ainda, atuar na criação de áreas de lazer, no aproveitamento de locais públicos, áreas naturais e patrimônios históricos.
  - Planejar e programar produtos e serviços a serem oferecidos.
  - Analisar e avaliar políticas públicas de turismo e atuação do setor governamental na atividade.
  - Colaborar na discussão, elaboração e implantação da política de turismo em âmbito nacional, regional, estadual e municipal.
  - Desenvolver e aplicar métodos de planejamento participativo.
  - Elaborar planos de turismo em municípios turísticos e potencialmente turísticos.
  - Elaborar e operacionalizar inventários turísticos, com base no levantamento de dados sobre oferta e demanda turística.
  - Selecionar os locais de mercado emissor onde deverá centralizar as promoções do país.
  - Planejar e operacionalizar estudos turísticos municipais, estaduais e federais, considerando aspectos socioculturais, ambientais, econômico-financeiros e éticos, compatíveis com as Políticas Nacionais de Turismo.
  - Aplicar a metodologia de planejamento turístico em planos, programas e projetos da área.
  - Criar e colocar em prática soluções alternativas inovadoras para integrar espaços turísticos e serviços, valorizando a participação das comunidades locais, suas singularidades culturais e sociais.
  - Desenvolver e operacionalizar a promoção de eventos.
  - Propulsor e direcionador das atividades e serviços turísticos em órgãos governamentais, empresas públicas ou de economia mista.
  - Gerenciar campanhas de promoção dos mercados interno e externo.
  - Assessorar empresas públicas e privadas na elaboração, execução e acompanhamento de projetos e programas turísticos.

85-7241-568-8

- Planejamento e administração socioespacial:
  - Elaborar o planejamento de espaços naturais.
  - Planejar o aproveitamento e a conservação de logradouros públicos, bem como de áreas naturais, de patrimônios históricos.
  - Planejar atividades turísticas, com identificação e estudos de espaços geoturísticos.
  - Traçar políticas de turismo adequadas à promoção do desenvolvimento sustentável.
  - Identificar, analisar e avaliar os possíveis efeitos positivos e negativos provocados pelas atividades turísticas em espaços e comunidades.
- Planejamento e administração do lazer e entretenimento:
  - Assessorar, planejar, estudar possibilidades, identificar, sugerir, dirigir e estimular atividades de lazer, recreação e serviços correlatos.
  - Interpretar, selecionar e avaliar informações geográficas, históricas, artísticas, esportivas, recreativas e de entretenimento, folclóricas, artesanais, gastronômicas e religiosas e usar a metodologia científica no desenvolvimento de estudos e pesquisas básicas aplicadas.
  - Gerenciar empreendimentos e centros turísticos, conciliando crescimento econômico e qualidade de vida para as comunidades.

Comunicar

O raciocínio verbal, isto é, a capacidade de compreender e raciocinar por meio de idéias manifestas por palavras é também um requisito de grande importância para o bacharel em turismo, pois freqüentemente terá de redigir projetos e relatórios de atividades ou manter contatos com clientes e profissionais de alto nível, de outras empresas.

Características de personalidade salientam-se pela relevância que apresentam no exercício das atividades profissionais do bacharel em turismo, o qual deverá demonstrar iniciativa, dinamismo, sociabilidade, liderança, grande capacidade de interagir com as pessoas que constituem seu grupo e ser aceito por ele, exercendo naturalmente sua autoridade.

Habilidades

Intelectuais

Resumo: raciocínio lógico e analítico; diferenciar contextos; aprendizado contínuo; apreensão e transmissão de conhecimentos; capacidade crítica e de síntese; criatividade; solucionar problemas; compreensão do fenômeno turístico; compreensão da complexidade, da multi e interdisciplinaridade.

- Usar e aplicar raciocínio lógico, analítico e crítico para lidar com fatos, conceitos, princípios e valores; estabelecer relações formais e causais entre fenômenos em diferentes contextos organizacionais e sociais.
- Analisar, interpretar e avaliar criticamente pesquisas e projetos e suas condições de aplicação em contextos socioeconômico-culturais diferenciados.
- Usar o potencial mental na busca incessante de aprender novos conhecimentos para ampliar as perspectivas de crescimento profissional e pessoal.
- Transferir os conhecimentos adquiridos, integrando informações de fontes diversas, para construir redes ou estruturas de significados cada vez mais amplas e complexas.
- Capacidade de apreensão, transmissão crítica e produção criativa do turismo, aliada ao raciocínio lógico e à consciência da necessidade de permanente atualização.
- Raciocínio lógico e capacidade de síntese, crítica e inovação.
- Capacidade para equacionar problemas e buscar soluções coerentes com as exigências sociais.
- Raciocínio lógico, crítico e analítico que o habilite a operar com valores e formulações matemáticas, estabelecendo relações formais causais entre fenômenos.
- Compreender a evolução e complexidade do fenômeno turístico na sociedade pós-industrial, em que os setores de turismo e entretenimento encontram-se num ambiente propício para se desenvolver.
- Capacidade analítica e de síntese da conjuntura socioeconômica e histórica em âmbito local, regional, nacional e mundial.
- Espírito crítico, senso de observação e participação como cidadão, de modo que possa intervir positivamente na sociedade.
- Disposição para aprender constantemente nos níveis do ser, fazer e agir.
- Observar e acompanhar a evolução científica e tecnológica para ampliar as possibilidades de formação e atuação profissional.
- Perceber a necessidade de aperfeiçoamento profissional acompanhando a evolução científica e tecnológica.

Parte 2

- Domínio de análise crítica sobre a aplicabilidade de métodos e técnicas de pesquisa (empírica e científica) apropriadas às diversas realidades.
- Capacidade de entender a complexidade característica do sistema turístico, além do entendimento da inter e da multidisciplinaridade que o estudo e a prática da atividade exigem.

Pessoais e Interpessoais

Resumo: integrar-se na sociedade e em equipes multi e interdisciplinares; comunicação interpessoal e tolerância aos limites do outro; sensibilidade para detectar problemas; auto-realização pessoal e profissional, autonomia e responsabilidade; liderar e ter dinâmica grupal; comunicação e expressão também em outras línguas.

- Integrar-se no mundo social e do trabalho para contribuir, de forma criativa, em ações multi e interdisciplinares em diferentes contextos e circunstâncias.
- Comunicar-se com o *outro*, no cotidiano e no espaço de trabalho, como meio de intercompreensão entre os indivíduos que podem desencadear mudanças nas relações interpessoais e profissionais.
- Estar sensibilizado para os problemas políticos, sociais, econômicos e culturais diante dos desafios da realidade contemporânea.
- Preocupar-se com a auto-realização pessoal e profissional, que implica estar aberto às mudanças, coragem para correr riscos, objetividade para atingir resultados e compreensão e tolerância com os limites do *outro*.
- Dirigir a própria vida de forma autônoma e responsável.
- Exercer sua liderança, compreender os fenômenos de dinâmica grupal, coordenar e dinamizar reuniões.
- Cultivar uma personalidade íntegra, dignificante à profissão, adotando uma postura com equilíbrio moral e ético.
- Comunicação interpessoal, intercultural e expressão correta nos documentos técnicos específicos de interpretação da realidade das organizações.
- Integrar-se e contribuir para a ação de equipes multidisciplinares e interdisciplinares.
- Lidar com sentimentos humanos.
- Bom desempenho em atividades grupais.
- Expressar-se com desenvoltura, de forma oral e escrita, em português e em pelo menos uma língua estrangeira.
- Liderança, exercendo influência sobre o comportamento do grupo com empatia, eqüidade e capacidade de tomada de decisões.

Profissionais

Resumo: usar informática; inter-relacionar fatos e fenômenos; ter princípios éticos e morais; responsabilidade social; tomar e implementar decisões; estar informado; ser inovador, proativo e empreendedor; saber planejar e administrar organizações; implementar modelos de planejamento e gestão; ter visão integradora, sistêmica e estratégica; ser flexível e adaptável a contextos mutáveis.

- Manejar e utilizar a informática e outros recursos tecnológicos.
- Situar-se no espaço e no tempo para apreender inter-relações históricas e antropológicas, socioeconômicas e políticas.
- Agir segundo princípios éticos e morais com os órgãos diretivos e fiscalizadores da profissão e, principalmente, com a sociedade.
- Tomar decisões acertadas e saber implementá-las.
- Senso ético-profissional associado à responsabilidade social, com a compreensão da causalidade e finalidade das normas sociais e da busca constante da libertação do homem e do aprimoramento da sociedade.
- Visão atualizada do mundo e, em particular, consciência dos problemas nacionais e regionais.
- Capacidade de desenvolver formas inovadoras de prevenção e solução de problemas.
- Lidar com modelos de gestões inovadoras.
- Gerenciar projetos e referenciar o estudo de viabilidade para a sua execução.
- Adaptar-se a novos contextos.
- Desenvolver uma postura ética, proativa e empreendedora junto ao mercado turístico, com habilidades nas relações interpessoais e de comunicação visando à empregabilidade do profissional em turismo.
- Estar apto a detectar e adaptar-se às mudanças num contexto globalizado, considerando aspectos inter e multidisciplinares, interagindo com áreas afins de forma criativa, lógica, crítica e analítica.
- Atuar em todas as áreas concernentes à profissão de modo integrado sistêmico e estra-

tégico, percebendo a necessidade constante de atualização profissional, acompanhando a evolução científica, tecnológica e cultural do mercado onde atua.

- Avaliar, analisar e gerir projetos e estudos em empreendimentos e destinos turísticos, contribuindo direta e indiretamente na execução e assessoramento desses projetos.
- Censo de responsabilidade e ética em relação ao processo de planejamento da atividade turística em determinadas áreas.
- Conhecimento teórico e prático.
- Capacidade para atuar como gestor de empreendimentos turísticos nos diversos setores, como hotelaria, agenciamento, transportes, eventos, setor público, recreação e serviços turísticos de modo ágil, eficaz e criativo.
- Projetar ações adequadas que se caracterizem pela flexibilidade e adaptabilidade mediante os problemas e desafios inerentes aos contextos organizacionais e sociais.
- Determinar o melhor meio de se empregar os esforços objetivando otimizar resultados e minimizar riscos.
- Adaptar projetos e planos de ação às diferentes necessidades socioculturais do cotidiano e do imaginário de uma comunidade, para conscientizar-se das implicações éticas das decisões e atuações.
- Perceber a necessidade constante de aperfeiçoamento profissional, acompanhando a evolução científica e tecnológica para compreender a complexidade do mundo globalizado e das sociedades pós-industriais, nas quais os setores de turismo e entretenimento na atualidade encontram ambientes propícios para se desenvolver.
- Compreender a abordagem sistêmica no trato dos problemas que envolvem as atividades turísticas.

Considerações Finais

Considerando os inúmeros aspectos que envolvem a questão da educação superior no Brasil, principalmente no tocante à qualidade, é importante que se tenham bem claros conceitos e teorias para que só então eles sejam colocados em prática.

A percepção de qualidade enquanto atendimento às necessidades e demandas efetivamente detectadas, por meio de pesquisas, é fundamental para dar início a essa consideração. Além disso, ressalta-se que a *performance* desejada ou especificada é proveniente de diversos atores do processo educacional; é preciso atender simultaneamente aos aspectos legais, profissionais, sociais e regionais para que se possa dizer que a qualidade está prevista num projeto pedagógico de curso superior.

Traçar um perfil profissiográfico do egresso de cursos de turismo e hotelaria compatível com a qualidade exigida pela sociedade e pelo mercado de trabalho nas suas diferentes áreas de atuação requer esforço de pesquisa, verificação e adequação constante àquilo que é demandado. Também é importante destacar que as demandas mudam com o tempo e cada vez em velocidade e intensidade maiores. Considere-se que alguns aspectos são imprescindíveis para o perfil do egresso, além das competências e habilidades já conhecidas pelos meios legais, como:

- Teoria e prática:
  - Aliar a teoria aprendida no curso com a prática operacional da profissão.
- Empreendedorismo:
  - Perfil voltado para o empreendedorismo e com objetivos claros de realização em parceria.
- Características e atitudes:
  - Liderança.
  - Criatividade.
  - Iniciativa, ser proativo.
  - Dinamismo.
  - Honestidade.
  - Disponibilidade.
  - Envolvimento e comprometimento com o trabalho e a empresa, dedicação.
  - Procurar sempre o crescimento pessoal e profissional, estar e manter-se atualizado com as mudanças globais.
  - Amplos conhecimentos operacionais e administrativos.
  - Habilidade para lidar com o público e excelente relacionamento interpessoal.
  - Boa apresentação, excelência na postura profissional, simpatia.
  - Boa formação cultural, ampla cultura geral, gostar de leitura, ter interesse pelo turismo e conhecer os pontos turísticos nacionais.

- Fluência em outras línguas, principalmente o inglês.
- Espírito aberto e receptivo.
- Mobilidade, polivalência.
- Visão.

A necessidade de conhecimentos gerais (administrativos, empresariais, mercadológicos, legais, etc.), conhecimentos específicos, habilidades interpessoais (comunicação, relacionamento, trabalho em equipe, etc.) já são conhecidos, mas nem sempre atingem o nível exigido pelo mercado. Outros aspectos importantes no momento de se traçar um perfil do profissional em turismo e hotelaria dizem respeito às ressalvas ou brechas na formação, traduzidas na deficiência ou falta de:

- *Humildade:* começar em postos hierárquicos mais baixos para adquirir experiência.
- *Polivalência:* passar por várias áreas antes de atuar em uma.
- *Conhecimento contínuo:* atualização de conhecimentos.
- Espírito empreendedor.
- Ações em equipe.
- Criatividade.
- Informação global, atualização.
- Programas adequados à realidade do mercado de trabalho.
- Estágios práticos, bem estruturados e efetivamente acompanhados.
- Adaptação dos cursos à realidade turística da região e do país.

Pode-se dizer, em linhas gerais, que quanto mais alto o cargo ocupado pelo profissional de turismo e hotelaria no mercado de trabalho, mais será requerido um nível elevado de educação formal, experiência prévia e uma diversidade em características e atitudes. O grau de satisfação dos empregadores turísticos em relação às competências e habilidades de seus empregados independe do nível ocupacional e pode variar muito, principalmente em função do segmento.

Partindo-se do princípio de que a qualidade é a satisfação plena às expectativas e atendimento às especificações e que não se tem hoje uma quantificação disso no Brasil, poder-se-ia dizer que há sempre o que melhorar. Mesmo aqueles cursos de bom posicionamento hoje poderão não o ser mais daqui a algum tempo, visto que as especificações, tanto legais como sociais, mudam constantemente. Considerando a premissa de que os atuais profissionais estão atendendo parcialmente às expectativas dos empregadores, faz-se necessário montar uma estratégia de aferição e ajuste contínuo em prol da qualidade pedagógica.

BIBLIOGRAFIA

ANSARAH, M. *Formação e Capacitação do Profissional em Turismo e Hotelaria.* São Paulo: Aleph, 2002.

AUGUSTYN, M.; HO, K. S. Service quality and tourism. *Journal of Travel Research, London, 37 (1):* 1-17, Ago. 1998.

GOELDNER, C. R.; RICHIE, J. R. B.; MCINTOSH, W. R. *Turismo: princípios, práticas e filosofias.* Trad. Roberto Cataldo Costa. 8. ed. Porto Alegre: Bookman, 2002.

HOUAISS, A.; VILLAR, M. S. *Dicionário Houaiss da Língua Portuguesa.* Rio de Janeiro: Objetiva, 2001.

INSTITUTO DE HOSPITALIDADE (IH – BA). *Programa de certificação da qualidade profissional.* 2003. Disponível em: http://www.hospitalidade.org.br/ie/index.htm. Acesso: 05/Set./2003.

INSTITUTO NACIONAL DE ESTUDOS E PESQUISAS EDUCACIONAIS (INEP). *Oferta da educação superior.* 2003. Disponível em: www.educacaosuperior.inep.gov.br. Acesso: Set./2003.

LAMPRECHT, J. L. *ISO 9000 e o Setor de Serviços: uma interpretação crítica das revisões de 1994.* Trad. Antonio Romero Maia da Silva. Rio de Janeiro: Qualitymark, 1994.

LAS CASAS, A. L. *Qualidade Total em Serviços: conceitos, exercícios, casos práticos.* São Paulo: Atlas, 1994.

MARANHÃO, M. *Série ISO 9000: manual de implementação versão 2000.* 6. ed. Rio de Janeiro: Qualitymark, 2001.

MATIAS, M. *Turismo: formação e profissionalização.* São Paulo: Manole, 2002.

NASCIMENTO, R. C. Visão estrutural da evolução dos cursos superiores de turismo: a realidade atual. São Paulo: USP, 2002. Dissertação (Mestrado) – Escola de Comunicações e Artes da Universidade de São Paulo, 2002.

ORGANIZACION MUNDIAL DE TURISMO (OMT). *Introducción a Tedqual: uma metodologia para la calidad em educación y formación turisticas.* Madrid: OMT, 1997.

ORGANIZACION MUNDIAL DE TURISMO (OMT). *Recomendaciones sobre Estadisticas de Turismo.* Madrid: OMT, 1994.

TEBOUL, J. *Gerenciando a Dinâmica da Qualidade.* Trad. Heloísa Martins. Rio de Janeiro: Qualitymark, 1991.

TRIGO, L. G. G. *A Sociedade Pós-industrial e o Profissional em Turismo.* Campinas: Papirus, 1998.

WTO. *Instituciones con el certificado OMT. TedQual.* 2003a. Disponível em: http://www.world-tourism.org/education/espanol/tedqual/tedqual.htm. Acesso: 23/Maio/2003.

WTO. *Miembros del Consejo de Educación.* 2003b. Disponível em: http://www.world-tourism.org/education/espanol/consejo_edu/consejo.htm. Acesso: 23/maio/ 2003.

YASOSHIMA, J. R. *A Qualidade na Prestação de Serviços Turísticos.* São Paulo: USP, 1997. Dissertação (Mestrado) – Escola de Comunicações e Artes da Universidade de São Paulo, 1997.

ZEITHAML; PARASURAMAN; BERRY. *Delivering Quality Service: balancing customer perceptions and expectations.* New York: The Free Press, 1990.

85-7241-568-8

Anotações

85-7241-568-8

CAPÍTULO

11

Panorama da Formação Profissional em Turismo e suas Relações com o Mercado de Trabalho no Brasil

Marlene Matias

Introdução

A formação profissional em turismo no Brasil foi instituída pelo MEC – Ministério da Educação com a publicação do Parecer CFE nº 35/71, que criou o curso superior de Turismo, e da Resolução s/n, de 28 de janeiro de 1971, que fixou o currículo mínimo e a duração do curso de turismo.

O primeiro curso implantado no país – da Faculdade Anhembi Morumbi, atual Universidade Anhembi – data de 1971 e recebeu reconhecimento legal após a formação da primeira turma, em 1974. Mesmo sendo a formação superior em turismo reconhecida em termos acadêmicos, a profissão do turismólogo – termo adotado pelos bacharéis em turismo para denominar sua designação profissional – não é regulamentada legalmente. Essa falta de amparo legal enquanto profissão causa a concorrência de profissionais formados em outras áreas do conhecimento na disputa pelo mercado de trabalho, provocando nos bacharéis em turismo insegurança e insatisfação em relação a sua área de formação.

O desenvolvimento do nosso estudo com relação à estrutura da formação profissional em turismo será pautado na Lei nº 9394/96, que dispõe sobre a LDB – Lei de Diretrizes e Bases da Educação Nacional, conhecida também como "Darcy Ribeiro", que estabelece a Política Nacional da Educação. A partir da sua aprovação, o sistema educacional passou por uma série de reestruturações para se adequar conforme o fixado na lei.

Com relação às ocupações em turismo, às atividades que desenvolvem e à formação necessária exigida por cada uma delas, buscamos informa-

85-7241-568-8

ções na Classificação Brasileira de Ocupações 2002, pesquisa realizada pelo Ministério do Trabalho e Emprego.

O nosso estudo a seguir tratará somente de dados referentes à educação profissional e superior e suas relações com o mundo do trabalho.

Referencial Teórico

Segundo a LDB, em seu artigo 1º, *"a educação abrange os processos formativos que se desenvolvem na vida familiar, na convivência humana, no trabalho, nas instituições de ensino e pesquisa, nos movimentos sociais e organizações da sociedade civil e nas manifestações culturais"*.

Ainda no parágrafo 2º do mesmo artigo, temos que *"a educação escolar deverá vincular-se ao mundo do trabalho e à prática social"*.

Essas colocações da LDB apresentam de forma bastante clara que educação é o conjunto de conhecimentos e experiências adquiridas por um indivíduo, ao longo de sua vida, nas suas relações sociais, no qual implicitamente está a formação profissional, isto é, a educação escolar, o mundo do trabalho e a articulação entre ambos.

A LDB, no *Título V – Dos Níveis e das Modalidades de Educação e Ensino*, no seu capítulo I – Da Composição dos Níveis Escolares, estabelece no artigo 21 que a educação escolar compõe-se de:

- I – Educação básica formada pela educação infantil, ensino fundamental e ensino médio.
- II – Educação superior.

Além desses dos dois níveis escolares, outras modalidades de ensino estão previstas na LDB, como:

- Educação para jovens e adultos, destinada àqueles que não tiveram acesso ou continuidade de estudos no ensino fundamental e médio na idade própria.
- Educação especial, modalidade escolar oferecida, preferencialmente na rede regular de ensino, para educandos portadores de necessidades especiais.
- Educação profissional, integrada às diferentes formas de educação, ao trabalho, à ciência e à tecnologia, conduz ao permanente desenvolvimento de aptidões para a vida produtiva. Esse tipo de educação destina-se ao aluno matriculado ou egresso do ensino fundamental, médio e superior, bem como o trabalhador em geral, jovem ou adulto.

Formação Profissional em Turismo no Brasil

EDUCAÇÃO PROFISSIONAL

O Censo Escolar 2003, realizado pelo MEC, INEP – Instituto Nacional de Estudos e Pesquisas Educacionais Anísio Teixeira e a DEEB – Diretoria de Estatísticas da Educação Básica, teve por objetivo apresentar dados estatísticos da realidade da educação profissional no país. Esses dados servirão para nortear a elaboração de políticas públicas para o setor, tais como:

- Ampliação e/ou controle do número de cursos.
- Melhoria contínua na qualidade dos cursos.
- Estímulo à implantação e/ou ampliação de cursos referentes a determinada área profissional, conforme demanda do mercado.

A educação profissional em turismo é anterior à implementação da LDB, período esse de grandes dificuldades para obter dados e/ou informações sobre o assunto. Mas a sua institucionalização possibilitou uma visão do comportamento desse segmento da educação em relação ao desenvolvimento da atividade turística no Brasil.

Atualmente, existem no país 2.789 estabelecimentos que ofertam cursos para a educação profissional. Não foi possível identificar quantos especificamente trabalham com cursos na área de turismo e afins.

Com relação à área de turismo, a educação profissional apresentou os resultados demonstrados na Tabela 11.1.

Dos 6.446 cursos oferecidos pela educação profissional no país, apenas 4,3% pertence à área de turismo e afins. Cerca de 85% dessa oferta encontra-se concentrada nas Regiões Sudeste (70,7%) e Sul (14,6) (Tabela 11.2).

O número de matrículas da educação profissional em 2002 foi de 589.383 pessoas. Os que optaram pela área de turismo representam apenas

Tabela 11.1 – Número de cursos por área profissional, Unidade da Federação e Dependência Administrativa – 2003

Regiões	Área profissional	Federal	Estadual	Municipal	Privada	Total
Brasil		64	41	12	162	279
Norte		3	2	0	2	7
Rondônia	Desenvolvimento Social e Lazer	0	0	0	1	1
Roraima	Desenvolvimento Social e Lazer	1	0	0	0	1
	Turismo e Hospitalidade	0	0	0	1	1
Pará	Turismo e Hospitalidade	0	2	0	1	3
Amapá	Turismo e Hospitalidade	1	0	0	0	1
Nordeste		0	18	0	13	31
Maranhão	Turismo e Hospitalidade	0	1	0	1	2
Ceará	Desenvolvimento Social e Lazer	0	2	0	9	11
	Turismo e Hospitalidade	0	3	0	1	4
Rio Grande do Norte	Turismo e Hospitalidade	0	2	0	1	3
Pernambuco	Turismo e Hospitalidade	0	4	0	1	5
Alagoas	Turismo e Hospitalidade	0	1	0	0	1
Sergipe	Turismo e Hospitalidade	0	1	0	0	1
Bahia	Turismo e Hospitalidade	0	4	0	0	4
Sudeste		54	15	10	119	198
Minas Gerais	Desenvolvimento Social e Lazer	2	1	0	19	21
	Transportes	0	3	0	0	3
	Turismo e Hospitalidade	3	5	0	11	19
Espírito Santo	Transportes	0	1	0	0	1
	Turismo e Hospitalidade	0	1	0	2	3
Rio de Janeiro	Desenvolvimento Social e Lazer	1	0	0	7	8
	Turismo e Hospitalidade	8	3	2	11	24
São Paulo	Desenvolvimento Social e Lazer	0	0	2	9	11
	Transportes	7	0	0	3	10
	Turismo e Hospitalidade	0				
Sul		7	4	2	28	41
Paraná	Desenvolvimento Social e Lazer	0	0	0	1	1
	Turismo e Hospitalidade	1	0	0	3	4
Santa Catarina	Transportes	0	0	0	3	3
	Turismo e Hospitalidade	2	4	0	0	6
Rio Grande do Sul	Desenvolvimento Social e Lazer	3	0	2	4	9
	Transportes	0	0	0	5	5
	Turismo e Hospitalidade	1	0	0	6	7
Centro-Oeste		0	3	0	0	3
Mato Grosso	Turismo e Hospitalidade	0	2	0	0	2
Goiás	Transportes	0	1	0	0	1

Fonte: MEC/INEP/DEEB – 2004.

3,1% desse total, número pouco expressivo em relação à quantidade de empregos gerada pela atividade turística. Isto é, considerando dados do Ministério do Trabalho e Emprego do ano de 2002, a atividade turística no país empregava 1.366.326 trabalhadores. O número de matrículas da educação profissional em turismo do ano de 2003 foi 18.691 ingressantes, o que representou apenas 1,3% dos empregados da atividade turística (Tabela 11.3).

Tabela 11.2 – Percentual de distribuição da oferta de cursos da área de turismo por região – 2003

Regiões	(%)
Sudeste	70,7
Sul	14,6
Nordeste	11,1
Norte	2,5
Centro-Oeste	1,1

Fonte: MEC/INEP/DEEB – 2004.

Tabela 11.3 – Número de matrículas, por área profissional e sexo – 2003

Regiões/UF	Área Profissional	Masculino	Feminino	Total
Brasil		5.261	13.430	18.691
Norte		130	281	411
Rondônia	Desenvolvimento Social e Lazer	3	34	37
Roraima	Desenvolvimento Social e Lazer	44	32	76
	Turismo e Hospitalidade	26	40	66
Pará	Turismo e Hospitalidade	49	153	202
Amapá	Turismo e Hospitalidade	8	22	30
Nordeste		962	2.279	3.241
Maranhão	Turismo e Hospitalidade	55	61	116
Ceará	Desenvolvimento Social e Lazer	497	1.040	1.537
	Turismo e Hospitalidade	90	319 ·	409
Rio Grande do Norte	Turismo e Hospitalidade	64	97	161
Pernambuco	Turismo e Hospitalidade	161	450	611
Alagoas	Turismo e Hospitalidade	11	50	61
Sergipe	Turismo e Hospitalidade	29	79	108
Bahia	Turismo e Hospitalidade	55	183	238
Sudeste		3.547	9.705	13.252
Minas Gerais	Desenvolvimento Social e Lazer	218	1.492	1.710
	Transportes	114	118	232
	Turismo e Hospitalidade	362	812	1.174
Espírito Santo	Transportes	69	73	142
	Turismo e Hospitalidade	50	86	136
Rio de Janeiro	Desenvolvimento Social e Lazer	317	1.841	2.158
	Turismo e Hospitalidade	385	1.049	1.434
São Paulo	Desenvolvimento Social e Lazer	128	542	670
	Transportes	474	107	581
	Turismo e Hospitalidade	1.430	3.585	5.015
Sul		528	953	1.481
Paraná	Desenvolvimento Social e Lazer	0	64	64
	Turismo e Hospitalidade	50	90	140
Santa Catarina	Transportes	89	22	111
	Turismo e Hospitalidade	81	210	291
Rio Grande do Sul	Desenvolvimento Social e Lazer	27	454	481
	Transportes	236	15	251
	Turismo e Hospitalidade	45	98	143
Centro-Oeste		94	212	306
Matogrosso	Turismo e Hospitalidade	61	184	245
Goiás	Transportes	33	28	61

Fonte: MEC/INEP/DEEB – 2004.

A grande maioria de ingressantes da área de turismo pertenceu à Região Sudeste (70,9%), onde está localizada a maior quantidade de cursos de educação profissional e também os dois maiores mercados emissores e receptores de turistas nacionais e internacionais (São Paulo e Rio de Janeiro), o que demanda maior número de trabalhadores formados para o trabalho. A seguir vem a Região Nordeste, com 17,3% das matrículas nos 31 cursos oferecidos pelo estado e pela iniciativa privada. Isso demonstra a preocupação destes em formar mão-de-obra para o turismo, pois a atividade turística se encontra em franco desenvolvimento na região.

Já o número de concluintes da educação profissional em 2002 foi de 248.319 pessoas, sendo da área de turismo somente 2,8% desse total (Tabela 11.4).

Cabe ressaltar que, se compararmos o número de concluintes da área de turismo com o dos ingres-

Tabela 11.4 – Número de concluintes, por área profissional e sexo – 2002

Regiões	Área profissional	Masculino	Feminino	Total
Brasil		2.365	4.811	7.176
Norte		46	159	205
	Desenvolvimento Social e Lazer	29	105	134
	Turismo e Hospitalidade	17	54	71
Nordeste		191	462	653
	Desenvolvimento Social e Lazer	50	196	246
	Transportes	52	11	63
	Turismo e Hospitalidade	89	255	344
Sudeste		1.912	4.000	5.912
	Desenvolvimento Social e Lazer	696	1.321	2.017
	Transportes	224	120	344
	Turismo e Hospitalidade	992	2.559	3.551
Sul		194	138	332
	Desenvolvimento Social e Lazer	6	57	63
	Transportes	161	1	162
	Turismo e Hospitalidade	27	80	107
Centro-Oeste		22	52	74
	Transportes	14	8	22
	Turismo e Hospitalidade	8	22	52

Fonte: MEC/INEP/DEEB – 2004.

santes da referida área no ano seguinte, teremos 38,3% das matrículas, o que nos leva a acreditar que a procura pela educação profissional está crescendo no país.

A educação profissional em turismo no Brasil praticamente encontra-se concentrada na Região Sudeste, isto é, 70,7% dos cursos, 70,9% das matrículas e 82,3% dos concluintes. Com relação à Região Nordeste, voltamos a afirmar que está empenhada na formação para o trabalho, isto é, mesmo possuindo quantidade inferior de cursos que a Região Sul, está em segundo lugar em número de matriculados (17,6%) e concluintes (9%).

Segundo o Ministério do Trabalho e Emprego em 2002, a atividade turística no país empregou 1.366.326 trabalhadores, enquanto a educação profissional em 2003 recebeu 18.691 matrículas e formou 7.176 pessoas. Isso nos leva a concluir que o desempenho da educação profissional para o turismo está muito aquém do desejado para melhorar a qualidade da prestação de serviços em turismo, pois, se considerarmos que os ingressantes e os concluintes da educação profissional estão empregados na atividade turística, eles representaram 1,3% de trabalhadores que estão buscando formação e 0,5% dos já formados para o trabalho.

EDUCAÇÃO SUPERIOR

A educação superior no país atualmente está dividida em duas modalidades de ensino: Bacharelado e Tecnologia.

A principal diferença entre elas está na formação que se pretende dar às pessoas que demandam pelos cursos nessas duas modalidades.

Segundo a LDB, a educação superior tem por objetivo *"estimular a criação cultural e o desenvolvimento do espírito científico e do pensamento reflexivo"*.

Conforme o Parecer CNE/CP nº 29/2002 do MEC, a educação superior em tecnologia deve formar um *profissional apto a desenvolver, de forma plena e inovadora, atividades em uma determinada área profissional*, isto é, ter formação específica *para aplicação e desenvolvimento de pesquisa e inovação tecnológica; difusão de tecnologias; gestão de processos de produção de bens e serviços; desenvolvimento da capacidade empreendedora; manutenção das suas competências em sintonia com o mundo do trabalho; e desenvolvimento no contexto das respectivas áreas profissionais.*

Nosso estudo a seguir baseia-se nas seguintes áreas de ensino: Hotelaria, Turismo e Turismo e Hotelaria.

Os tipos de instituição de ensino que oferecem cursos nessas três áreas são:

- Universidades.
- Centros universitários.
- Faculdades integradas.
- Faculdades.
- Institutos.
- Escolas superiores.
- CET – Centros de Educação Tecnológica.

Entre as décadas de 1970 e 1980, segundo pesquisas realizadas por Trigo e Rejowski, existiam 28 cursos de Turismo e Hotelaria no país. Na década de 1990, após o Governo Collor, a atividade turística voltou a crescer e sua importância econômico-social como geradora de renda fez as instituições de ensino superior voltarem a se interessar pela implantação de cursos superiores de Turismo, Hotelaria e Turismo e Hotelaria, visando atender às necessidades do setor.

Essa tendência pode ser constatada segundo pesquisa realizada por Ansarah e Rejowski, que identificaram a existência de 49 cursos superiores das três áreas do ensino do turismo no país em 1996 (Tabela 11.5). Podemos afirmar que, em relação à década de 1980, houve crescimento de cerca de 121% no número de cursos superiores da três áreas de turismo.

Os cursos superiores das três áreas de turismo mantiveram a tendência de crescimento no final da década de 1990 e início dos anos 2000, isto é, no ano de 2002, já chegavam a 429, o que mostra crescimento de 775,5% no período de 1996 a 2002.

Segundo o Censo Escolar 2004 realizado pelo MEC/INEP, não houve oferta de curso de nenhuma das três áreas nas instituições de ensino do tipo instituto e CET no ano 2000.

Já no ano de 2001, verificou-se nos institutos a oferta de quatro cursos de Turismo e, no CET, um curso da mesma área. No ano seguinte, essa oferta cresceu consideravelmente, chegando a 22 o número de cursos de Turismo nos institutos e sete nos CET, distribuídos da seguinte forma: cinco de Turismo, um de Hotelaria e um de Turismo e Hotelaria.

Com relação à oferta de cursos, as regiões Norte e Centro-Oeste oferecem cursos somente na área de turismo. Caso as pessoas residentes nessas duas regiões queiram cursar outra área do ensino do turismo, deverão migrar para as outras regiões em busca da formação pretendida (Tabela 11.6).

Tabela 11.5 – Cursos de graduação nas áreas de Turismo, Hotelaria e Turismo e Hotelaria no Brasil, por estado – 1996

Estado	Cursos de graduação			
	Turismo	*Hotelaria*	*Turismo e Hotelaria*	*Total*
Amazonas	3	–	–	3
Pará	1	–	–	1
Maranhão	1	1	–	2
Ceará	1	–	–	1
Rio Grande do Norte	2	–	–	2
Pernambuco	2	1	–	3
Sergipe	1	–	–	1
Bahia	2	1	–	3
Distrito Federal	1	–	–	1
Mato Grosso do Sul	1	–	–	1
Minas Gerais	1	–	–	1
Espírito Santo	2	–	–	2
Rio de Janeiro	5	1	–	6
São Paulo	11	3	–	14
Paraná	2	–	–	2
Santa Catarina	1	–	1	2
Rio Grande do Sul	3	1	–	4
Total	40	8	1	49

Fonte: Ansarah e Rejowski (1996).

85-7241-568-8

Tabela 11.6 - Número de cursos na área de turismo por região geográfica e Brasil

Regiões	2000	2001	2002
Brasil	249	348	429
Hotelaria	21	29	34
Turismo	209	302	277
Turismo e Hotelaria	19	17	18
Norte	7	9	14
Turismo	7	9	14
Nordeste	34	61	80
Hotelaria	2	3	6
Turismo	29	54	70
Turismo e Hotelaria	3	4	4
Sudeste	135	190	220
Hotelaria	14	20	21
Turismo	115	166	193
Turismo e Hotelaria	6	4	6
Sul	50	57	72
Hotelaria	6	9	7
Turismo	34	42	57
Turismo e Hotelaria	10	6	8
Centro-Oeste	24	31	43
Turismo	24	31	43

Fonte: MEC/INEP - 2004.

O comportamento da educação superior é semelhante ao da educação profissional, isto é, a maior oferta de cursos nas três áreas do ensino do turismo está nas Regiões Sudeste (51,2%) e Nordeste (18,6%), como também 84,8% dos cursos de Turismo do país. Isso só vem reforçar nosso comentário anterior sobre os principais mercados emissores e receptores estarem na Região Sudeste e a atividade turística estar em desenvolvimento no Nordeste.

Com relação às matrículas da educação superior em turismo, podemos identificar como referentes à formação em tecnologia somente as efetuadas nos CET, pois as outras instituições que possuem esse tipo de formação não tiveram suas matrículas especificadas na pesquisa.

As matrículas da educação superior nas três áreas do ensino de turismo totalizaram 74.807 ingressantes, em 2002. Desse total, somente 536, que representam 0,7%, foram realizadas em CET. Com relação à *performance* das matrículas pelas três áreas do ensino do turismo, encontramos a seguinte distribuição: 84,8% em Turismo, 7,9% em Hotelaria e 7,3% em Turismo e Hotelaria. Desse total de matrículas, 63,5% está no Sudeste e 17,4% no Nordeste, enquanto os outros 19,1% estão distribuídos nas outras regiões.

A Região Sudeste só não lidera o *ranking* de matrículas na área de Turismo e Hotelaria, pois a Região Sul detém 62,6% dos ingressantes.

Cabe ressaltar ainda que 54,1% das matrículas na área de turismo estão na Região Sudeste, vindo a seguir a Região Nordeste com 18,8% (Tabela 11.7).

Ainda sobre as matrículas, conforme o Censo da Educação Superior 2004, com relação ao sexo, temos 69,1% de mulheres e 30,9% de homens. A mesma pesquisa apontou que 70,4% dos ingressantes escolheram o turno noturno para realizar seus estudos.

As regiões que apresentaram maiores índices de crescimento considerável em número de matrículas nas três áreas de ensino do turismo foram: Centro-Oeste (49,7%) em Turismo, Sul (35,4%) em Hotelaria e Sudeste (59,1%) em Turismo e Hotelaria.

Os concluintes da educação superior em Turismo, em 2002, foram 8.288 pessoas, não sendo computado nesse total nenhum concluinte de educação tecnológica porque, segundo o Censo da Educação Superior 2004, não houve formado nesse nível de ensino. A distribuição desses concluintes nas três áreas do ensino do turismo foi a seguinte: 12% em Hotelaria, 81% em Turismo e 7% em Turismo e Hotelaria. A maioria (62,9%) dos concluintes é

Parte 2

Tabela 11.7 - Número de matrículas por área, região geográfica e Brasil

Regiões	2000	2001	2002
Brasil	**40.891**	**57.647**	**74.807**
Hotelaria	3.283	4.495	5.951
Turismo	33.916	48.495	63.474
Turismo e Hotelaria	3.692	4.657	5.382
Norte	**1.310**	**1.789**	**2.468**
Turismo	1.310	1.789	2.468
Nordeste	**5.863**	**9.290**	**13.059**
Hotelaria	167	190	197
Turismo	5.146	8.230	11.977
Turismo e Hotelaria	550	870	885
Sudeste	**23.948**	**31.828**	**40.331**
Hotelaria	2.689	3.645	4.860
Turismo	20.596	28.106	34.346
Turismo e Hotelaria	663	707	1.125
Sul	**6.948**	**9.704**	**12.311**
Hotelaria	427	660	894
Turismo	4.042	5.964	8.045
Turismo e Hotelaria	2.479	3.080	3.372
Centro-Oeste	**2.822**	**4.433**	**6.638**
Turismo	2.822	4.433	6.638

Fonte: MEC/INEP - 2004.

da Região Sudeste e os outros 37,1% das demais regiões brasileiras (Tabela 11.8).

As regiões que apresentaram maior crescimento em termos de concluintes foram a Centro-Oeste (161,2%) e a Sul (65,9%), superando o índice do país, que foi de 62,6%.

As áreas de turismo que apresentaram maior índice de crescimento, em relação ao número de concluintes, nas regiões foram: Turismo e Hotelaria (580%) na Região Nordeste; Hotelaria (176%) na Região Sul e Turismo (161,2%) na Região Centro-Oeste.

Com relação à classificação por sexo, a situação dos concluintes é semelhante à apresentada nas matrículas, isto é, na sua maioria (73,3%) são mulheres e 26,7% homens.

De acordo com o turno em que realizaram seus estudos, identificou-se que 69,9% dos concluintes freqüentaram o período noturno; os outros 30,1%, o diurno.

Considerando os dados do Censo Escolar da Educação Superior 2004, temos que a educação superior em turismo em 2002 recebeu 74.807 matrículas e formou 8.288 pessoas. Se compararmos com a quantidade de mão-de-obra empregada na atividade turística em 2002 – que, segundo o Ministério do Trabalho e Emprego, era de 1.366.326 empregados –, a mão-de-obra em formação significou 5,4% e a já formada, 0,6% do total dos trabalhadores. Essa situação é semelhante à verificada em termos de contribuição da educação profissional, mas apresentando índice um pouco melhor em relação ao número de matrículas, o que nos faz acreditar que a atividade turística está se profissionalizando.

O comportamento do mercado de trabalho no país nos últimos anos, segundo o Ministério do Trabalho e Emprego, vem apresentando crescimento em termos de geração de emprego nos diversos setores econômicos, entre eles o turismo (Tabela 11.9).

O número de empregados na atividade turística com nível de educação superior completo e/ou incompleto, independente da área de formação, também tem apresentado crescimento, seguindo a tendência do mercado.

A Tabela 11.10 mostra o comportamento do setor de turismo nos últimos seis anos do século XX e nos dois primeiros do século XXI, o que demonstra que a área que mais empregou foi a de entretenimento e lazer, enquanto as que mais fecharam postos de trabalho foram agências de viagem e transporte aéreo regular.

O Censo da Educação Superior 2004 apontou que a educação superior em turismo teve 74.807 ingressantes e 8.288 concluintes no ano de 2002, enquanto o Ministério do Trabalho e Emprego declarou que a atividade turística empregou, no ano de 2002, 95.755 trabalhadores com nível de instrução até o terceiro grau. Se compararmos os dados da educação superior em turismo com o número de empregados na atividade turística, teremos que os ingressantes representaram 78,1% e os formados, 8,6% desse total de empregados na atividade turística com nível de instrução até o terceiro grau.

Tabela 11.8 – Número de concluintes por área, região geográfica e Brasil

Regiões	1999	2001	2002
Brasil	**2.721**	**5.266**	**8.288**
Hotelaria	424	616	1.002
Turismo	2.229	4.394	6.715
Turismo e Hotelaria	68	256	571
Norte	**193**	**145**	**159**
Turismo	193	145	159
Nordeste	**400**	**719**	**1.053**
Hotelaria	16	41	21
Turismo	384	663	930
Turismo e Hotelaria	0	15	102
Sudeste	**1.602**	**3.387**	**5.218**
Hotelaria	340	523	837
Turismo	1.262	2.864	4.381
Turismo e Hotelaria	0	32	74
Sul	**393**	**823**	**1.366**
Hotelaria	68	52	144
Turismo	257	562	827
Turismo e Hotelaria	68	209	395
Centro-Oeste	**133**	**160**	**418**
Turismo	133	160	418

Fonte: MEC/INEP – 2004.

Tabela 11.9 – Percentual de participação da atividade turística em número de empregos no Brasil

Ano	Número de empregos no Brasil	Número de empregos na atividade turística	Participação (%)
1995	23.755.736	911.354	3,8
2000	25.752.249	1.241.708	4,8
2001	27.189.614	1.312.962	4,8
2002	28.683.913	1.366.326	4,7

Fonte: MTE/RAIS.

Tabela 11.10 – Mão-de-obra empregada na atividade turística com nível de instrução até o terceiro grau

Setor de Atividade	1995	2000	2001	2002
Atividades recreativas e culturais	(–)	43.174	43.978	45.475
Alimentos e bebidas	10.850	13.544	14.560	16.128
Meio de hospedagem	7.333	8.475	8.759	10.641
Transporte aéreo regular	11.129	8.795	10.307	9.522
Agência de viagem	16.456	6.413	6.636	7.345
Transporte rodoviário regular	2.895	3.439	3.806	3.648
Transporte aéreo não regular	667	1.061	1.178	1.186
Locadora de veículos	(–)	1.348	1.572	1.810
Total	49.330	84.907	90.796	95.755

(–) Dado não disponível.

Fonte: Departamento de Emprego e Salário (DES) Ministério do Trabalho e Emprego (MTE).

Como podemos perceber, o número de ingressantes é 1.094,7% maior que o de concluintes, apontando portanto para uma lacuna a ser preenchida pela educação superior em turismo, mas também pelo mercado de trabalho, isto é, a educação encarrega-se de formar profissionalmente o indivíduo enquanto o mercado de trabalho deveria absorver essa mão-de-obra. O que tem ocorrido na prática é uma desarticulação entre formação e mercado, causando prejuízos para a atividade turística.

Estado de São Paulo no Contexto da Educação Superior em Turismo

O estado de São Paulo, segundo a Embratur – Instituto Brasileiro de Turismo, é o maior emissor e receptor de turistas, nacionais e internacionais, o que lhe confere uma posição bastante privilegiada em termos de desenvolvimento da atividade turística, como também na formação profissional destinada a atuar no setor.

Com relação ao número de cursos das três áreas do ensino de turismo, o estado de São Paulo, em 2002, possuía 155 cursos, sendo 65,8% no interior e 34,2% na capital. Esses cursos representavam 36,1% do total do país e 70,4% da Região Sudeste (Tabela 11.11).

Os cursos estão distribuídos por área da seguinte forma: Turismo (87%), Hotelaria (12,2%) e Turismo e Hotelaria (0,8%).

Com relação aos cursos de tecnologia, cabe ressaltar que, no ano de 2001, existia no estado de São Paulo oferta de apenas um curso na área de Turismo. No ano seguinte, essa oferta aumentou para quatro cursos na área de Turismo e um em Turismo e Hotelaria.

Com relação aos cursos tanto de Turismo quanto de Hotelaria, suas maiores ofertas encontram-se no interior do estado, isto é, 51,6% e 27,2% a mais que na capital, respectivamente.

As matrículas referentes à educação superior em Turismo no estado de São Paulo em 2002 eram de 28.539 ingressantes (Tabela 11.12), 275 dos quais matriculados na educação tecnológica, isto é, em CET, representando apenas 0,9% do total das matrículas. Essas matrículas encontravam-se distribuídas nas áreas do ensino superior de Turismo da seguinte forma: Turismo (72,7%); Turismo e Hotelaria (27,3%%).

Desses matriculados, 65,8% estão realizando seus estudos no interior, enquanto os outros 34,2% optaram por estudar na capital.

Tabela 11.11 – Número de cursos na área de turismo, estado de São Paulo, capital e interior

Área	Capital			Interior		
	2000	*2001*	*2002*	*2000*	*2001*	*2002*
Turismo	25	35	44	58	82	91
Hotelaria	5	7	8	8	11	11
Turismo e Hotelaria	0	0	1	3	0	0
Total	30	42	53	69	93	102

Fonte: MEC/INEP – 2004.

85-7241-568-8

Tabela 11.12 – Número de matrículas por área de turismo, estado de São Paulo, capital e interior

Área	Capital			Interior		
	2000	*2001*	*2002*	*2000*	*2001*	*2002*
Turismo	1.513	2.148	2.870	1.040	1.335	1.714
Hotelaria	8.236	10.146	11.370	7.525	10.622	12.510
Turismo e Hotelaria	0	0	75	283	0	0
Total	9.749	12.294	14.315	8.848	11.957	14.224

Fonte: MEC/INEP – 2004.

Ainda sobre as matrículas do estado de São Paulo, elas representam 38,1% dos ingressantes do país e 79,7% da Região Sudeste.

Com relação ao sexo dos matriculados, 69,7% são mulheres e 30,3%, homens. O turno que a maioria (71,3%) escolheu para realizar seus estudos foi o noturno.

Os concluintes da educação superior em turismo no estado de São Paulo representam a maioria tanto do país quanto da Região Sudeste, isto é, 53,2% e 83,4%, respectivamente.

Desses concluintes, 81,2% terminaram seus estudos em Turismo e 18,8% em Hotelaria. Não houve nenhum formado em Turismo e Hotelaria (Tabela 11.13).

Os concluintes, em sua maioria (50,9%), realizaram seus estudos no interior, enquanto os demais concluíram seus cursos na capital. Com relação à classificação por sexo dos concluintes, tivemos 72,8% de mulheres e 27,2% de homens. O turno noturno foi o escolhido pela maioria (72,1%) para realizar seus estudos.

CURSOS DE PÓS-GRADUAÇÃO

Atualmente, o mercado de trabalho, seja da área de educação, pesquisa ou profissional, está cada vez mais competitivo e exigente, portanto, demandando por profissionais altamente qualificados para atender suas necessidades.

No segmento de turismo, não poderia ser diferente, sobretudo na área de educação, isto é, o crescimento da oferta de cursos e a aplicação dos padrões de qualidade para autorização e reconhecimento de cursos de Turismo do MEC mostram claramente a necessidade da qualificação na pós-graduação.

Os cursos de pós-graduação podem ser classificados em *stricto sensu* e *lato sensu*.

Segundo o Parecer 977/65 do CFE – Conselho Federal de Educação, do conselheiro Newton Paiva:

- A pós-graduação *stricto sensu* indica o ciclo de cursos regulares como parte integrante do complexo universitário, visando desenvolver e aprofundar a formação adquirida no âmbito da graduação e conduzindo à obtenção do grau acadêmico.
- A pós-graduação *lato sensu* indica todo e qualquer curso que se segue à graduação, com o objetivo técnico profissional específico, sem abranger de modo mais profundo a área de conhecimento em que se insere a especialidade.

A pós-graduação *stricto sensu* divide-se em mestrado e doutorado; a *lato sensu* refere-se a especialização e aperfeiçoamento.

Os cursos de pós-graduação *stricto sensu* da área de turismo, hotelaria, lazer e áreas afins, autorizados a funcionar pela Portaria do MEC nº 2.530/2002,

Tabela 11.13 – Número de concluintes por área de turismo, estado de São Paulo, capital e interior

Área	Capital			Interior		
	1999	*2001*	*2002*	*1999*	*2001*	*2002*
Turismo	196	234	359	116	289	475
Hotelaria	636	1.245	1.812	196	949	1.771
Turismo e Hotelaria	0	0	0	0	0	0
Total	832	1.659	2.171	312	1.238	2.246

Fonte: MEC/INEP – 2004.

ainda são em número bastante pequeno, isto é, cerca de sete em nível de mestrado e dois de doutorado, o que demonstra carência desse tipo de curso atualmente em função da dinâmica do mercado de trabalho (Tabela 11.14).

A partir de 2004, foi criada uma Comissão Especial de Acompanhamento e Verificação dos Cursos de Pós-graduação *lato sensu*, nomeada pela Portaria Ministerial nº 1.180/2004.

Essa comissão está responsável para elaborar as normas do cadastramento dos cursos de pós-graduação *lato sensu* no INEP.

Ainda com relação aos cursos de pós-graduação *lato sensu, a* Resolução nº 1/2001, que estabelece normas de funcionamento de cursos de pós-graduação, no seu artigo 6º, parágrafo 1º, determina que os cursos designados como MBA – *Master Business Administration* ou equivalentes devem ser incluídos na categoria de curso de pós-graduação *lato sensu.*

Ocupações em Turismo e Formação Profissional Exigida

Segundo a CBO – Classificação Brasileira de Ocupações 2002 do Ministério do Trabalho e Emprego, foram identificadas no Brasil 596 famílias de ocupações, 2.422 ocupações e 7.258 títulos sinônimos. Esse documento é resultado do trabalho de pesquisadores da Unicamp – Universidade Estadual de Campinas, UFMG – Universidade Federal de Minas Gerais, FIPE – Fundação Instituto de Pesquisas Econômicas/USP – Universidade de São Paulo e Senai – Serviço Nacional de Aprendizagem Industrial, tornando-se instrumento importante para o aprofundamento de questões referentes a políticas públicas de intermediação de mão-de-obra, emprego, desemprego, saúde ocupacional e temas afins.

Com relação à área de Turismo, foram identificadas quatro famílias de ocupações, com suas respectivas ocupações e títulos sinônimos, conforme a Tabela 11.15.

Além das famílias citadas, foi identificado também o grupo de ocupação técnico em turismo, que possui a seguinte constituição:

- Um grupo de ocupação que é o do operador de turismo.
- Um grupo de títulos sinônimos, constituído da seguinte forma:
  - Consultor de turismo nacional (técnico).
  - Operador de turismo exportativo.
  - Operador de turismo nacional.
  - Operador de turismo receptivo.
  - Agente de turismo.
  - Auxiliar de turismo receptivo.
  - Coordenador de turismo.
  - Promotor de eventos (técnico em turismo).

FUNÇÕES E ATIVIDADES DESENVOLVIDAS PELAS FAMÍLIAS E GRUPOS DE OCUPAÇÕES

As funções e atividades das famílias e grupos de ocupações apresentadas a seguir foram retiradas da CBO 2002.

Tabela 11.14 – Cursos de pós-graduação *stricto sensu* em 2004

Instituição	Estado	Área	Área de concentração	Nível
USP/ECA	São Paulo	Comunicação	Relações Públicas, Propaganda e Turismo	M/D
Unicamp	São Paulo	Ciências da Saúde	Educação Física (Lazer)	M/D
UCS	Rio Grande do Sul	Turismo	-	M
Univali	Santa Catarina	Turismo e Hotelaria	-	M
UAM	São Paulo	Hospitalidade	-	M
UNA	Minas Gerais	Turismo e Meio Ambiente	-	M
UESC*	Bahia	Multidisciplinar	Cultura e Turismo	M

* Parceria UESC/UFBA.

Fonte: CAPES – 2004.

Tabela 11.15 – Famílias de ocupações, ocupações e títulos sinônimos em turismo – 2002

Família	**Diretores de operações de serviços em empresas de turismo, alojamento e alimentação**
Ocupações	• Diretor de produção e operações de turismo • Diretor de produção e operações de alimentação • Diretor de produção e operações de hotel
Família	**Gerentes de operações em empresas de turismo, alojamento e alimentação**
Ocupações	• Gerente de hotel • Gerente de restaurante • Gerente de bar • Gerente de pensão
Família	**Guia de turismo**
Ocupação	Guia de turismo
Títulos Sinônimos	• Guia de turismo especializado em atrativo turístico • Guia de turismo especializado em excursão internacional • Guia de turismo especializado em excursão nacional • Guia especializado em turismo regional
Família	**Supervisores dos serviços de transporte, turismo, hotelaria e administração de edifícios**
Ocupações	• Supervisor de transportes • Administrador de edifícios • Supervisor de andar • Chefe de portaria de hotel • Chefe de cozinha • Chefe de bar • *Maître*

Fonte: CBO – 2002.

Família de Ocupações Diretores de Operações de Serviços em Empresas de Turismo, de Alojamento e de Alimentação

As funções desempenhadas por essa família de ocupações são:

- Dirigir, no mais alto nível, como representantes dos proprietários ou acionistas ou por conta própria, as atividades de produção e operação de empresas de prestação de serviços em turismo, alimentação e hotelaria.
- Definir política e diretrizes.
- Traçar plano operacional.
- Produzir resultados.
- Coordenar equipes.
- Garantir a qualidade de produtos e serviços.
- Analisar o mercado.
- Atuar como relações públicas.

Família de Ocupações Gerentes de Operações em Empresas de Turismo, Alojamento e Alimentação

As ocupações que compõem essa família são responsáveis pelas seguintes funções:

- Coordenar áreas operacionais de alojamento, alimentação, recreação e lazer em hotéis, pousadas, pensões, restaurantes e bar.
- Gerenciar serviços em agências de turismo, hotéis e restaurantes.
- Administrar áreas de alimentos e bebidas.
- Promover vendas de produtos e serviços.
- Executar rotinas administrativas.
- Administrar pessoal e recursos financeiros.
- Gerenciar compras.
- Assessorar a diretoria.
- Realizar atividades de relações públicas.

85-7241-568-8

Família de Ocupações Supervisores dos Serviços de Transporte, Turismo, Hotelaria e Administração de Edifícios

As funções inerentes às ocupações dessa família são:

- Planejar rotinas de trabalho em restaurantes, hotéis, transporte e administração de edifício.
- Treinar funcionários em hospedagem, transporte e alimentação.
- Coordenar equipes de trabalho.
- Atender clientes em hotéis, bilheterias e restaurantes.
- Avaliar o desempenho de funcionários na execução de serviços e relatórios de operação e de avaliação.
- Verificar a manutenção de instalações, equipamentos e utensílios.
- Preparar alimentos e bebidas.

Família de Ocupações Guia de Turismo

As funções pertinentes às ocupações dessa família são:

- Executar roteiros turísticos.
- Transmitir informações.
- Atender passageiros (*pax*).
- Organizar atividades do dia.
- Realizar tarefas burocráticas; desenvolver itinerários e roteiros de visitas.
- Comunicar-se.

Grupo de Ocupações Técnico em Turismo

As atividades pertinentes às funções do grupo de ocupações técnico em turismo são:

- Auxiliar no planejamento das atividades de turismo:
  - Levantar dados primários e secundários para projetos de pesquisa de turismo.
  - Auxiliar na organização de informações e dados para o turismo.
  - Subsidiar análises de viabilidade técnico-econômica de produtos turísticos.
  - Organizar dados para avaliar o impacto econômico, social, cultural e ambiental nos locais de turismo.
  - Sugerir nichos de mercado.
- Montar pacotes de turismo:
  - Identificar atrativos turísticos para desenvolvimento de pacotes turísticos.
  - Elaborar roteiros personalizados e para grupos.
  - Contatar prestadores de serviços turísticos e de apoio.
  - Realizar visitas prévias de avaliação dos serviços turísticos.
  - Definir cronogramas e atividades de pacotes turísticos.
  - Calcular custo de pacotes.
- Contratar serviços turísticos:
  - Preparar documentos para formalização de contratos.
  - Contratar serviços de transporte.
  - Contratar hospedagem.
  - Contratar fornecedores de serviços receptivos e de apoio.
  - Contratar guias de turismo.
  - Contratar serviços de apoio a eventos.
  - Liberar ordem de pagamento do serviço prestado.
  - Verificar qualidade do serviço turístico prestado.
- Reservar serviços turísticos:
  - Providenciar reserva de serviços.
  - Controlar prazos de reservas.
  - Programar o pré-pagamento para datas especiais.
  - Encaminhar relação de clientes aos prestadores de serviços contratados.
- Promover serviços turísticos:
  - Montar tarifários.
  - Elaborar material promocional.
  - Participar de *workshops* e encontros técnicos.
  - Participar de viagens de familiarização de produtos turísticos.
  - Participar de treinamentos para a venda de pacotes turísticos.
  - Divulgar produtos turísticos por meio de visitas, mala-direta, multimídia.
  - Participar de treinamentos para a venda de propriedades turísticas.
- Vender serviços turísticos:
  - Vender passagens aéreas, hidroviárias e terrestres.

Parte 2

- Vender pacotes turísticos e excursões.
- Vender roteiros personalizados.
- Vender hospedagem.
- Alugar carros.
- Vender seguro de viagem e assistência.
- Vender opcionais.
- Vender ingressos de atividades culturais e entretenimento.
- Emitir passagens.
- Emitir *vouchers*.
- Orientar o cliente sobre documentação de viagem.

• Assessorar a organização de eventos:
- Propor local e data do evento.
- Selecionar empresas prestadoras de serviços de apoio a eventos.
- Propor equipamentos para os eventos.
- Elaborar orçamentos.
- Organizar atividades sociais para os participantes do evento e seus acompanhantes.

• Fiscalizar serviços turísticos:
- Orientar empresas do setor turístico sobre legislação.
- Cadastrar empresas prestadoras de serviços turísticos e guias de turismo.
- Classificar empresas do setor turístico.
- Realizar visitas técnicas nas empresas de turismo.
- Analisar processos administrativos referentes a reclamações contra empresas de turismo.
- Autuar ou notificar empresas de turismo.

• Prestar orientação técnica:
- Fornecer informações sobre o setor turístico.
- Avaliar projetos para fins de incentivos.
- Elaborar estatísticas sobre o setor turístico.
- Oferecer consultoria ao setor turístico.
- Participar da elaboração de material de divulgação.

• Demonstrar competências pessoais:
- Intermediar interesses.
- Demonstrar persuasão.
- Demonstrar iniciativa.
- Demonstrar fluência verbal em língua estrangeira.
- Transmitir segurança e confiança.
- Demonstrar capacidade de resolver situações imprevistas.

As atividades aqui apresentadas, referentes ao grupo de ocupações técnico em turismo, exigem que o trabalhador que atua nessa área tenha formação técnica de nível médio em turismo. No entanto, se analisarmos as atividades aqui apresentadas, verificaremos que muitas delas transcendem o que é ensinado na formação técnica de nível médio.

Isso acaba por gerar conflitos entre a formação escolar, que não forma um profissional que atenda todas essas exigências, e o mercado de trabalho, que espera ter essa mão-de-obra com esses conhecimentos. Por isso, é importante a integração teórica e prática em todos os níveis de ensino.

FORMAÇÃO E EXPERIÊNCIA NECESSÁRIAS A FAMÍLIAS E GRUPOS DE OCUPAÇÕES

Para desempenhar plenamente as atividades inerentes a cada uma das famílias e/ou grupos de ocupações, os trabalhadores precisam possuir formação profissional que engloba nível de escolaridade e experiência adquirida, ao longo de determinado período no exercício da função.

Isso deixa explícita a necessidade de existir uma articulação entre formação escolar e prática de mercado, para que o trabalhador tenha conhecimentos essenciais e possa desenvolver as funções de sua ocupação satisfatoriamente (Tabela 11.16).

A família de ocupações diretores de operações de serviços em empresas de turismo, alojamento e alimentação é a única que exige formação superior para o desempenho das funções pertinentes à sua ocupação, mas sem especificar em qual área do conhecimento. Outro aspecto referente à formação profissional dessa família de ocupação é que os conhecimentos acadêmicos devem ser acrescidos de programas de treinamento e especialização correlatos às suas atividades.

Com relação às famílias de ocupações gerentes de operações em empresas de turismo, alojamento e alimentação e guia de turismo, a escolaridade mínima é o ensino médio completo, enquanto para supervisores dos serviços de transporte, turismo, hotelaria e administração de edifícios, o mínimo exigido é ensino médio incompleto e curso de qualificação profissional de 200 a 400 horas-aula. Para a família de ocupação guias de turismo, exige-se ainda domínio de idiomas estrangeiros.

Ao grupo de ocupações técnico em turismo, pede-se formação técnica de nível médio em turismo e fluência em idioma estrangeiro.

Parte 2

85-7241-568-8

Tabela 11.16 – Formação e experiência necessárias a famílias e grupos de ocupações

Família/grupo	Formação escolar	Idioma estrangeiro	Experiência
Diretores de operações de serviços em empresas de turismo, alojamento e alimentação	Formação superior acrescida de programas de treinamento e especialização, correlatos às suas atividades	Não fez menção sobre idiomas	Cinco anos
Gerentes de operações em empresas de turismo, alojamento e alimentação	A escolaridade mínima é o ensino médio	Não fez menção sobre idioma	Um a dois anos
Supervisores dos serviços de transporte, turismo, hotelaria e administração de edifícios	A escolaridade mínima de nível médio incompleto e curso de qualificação profissional de 200 a 400 horas-aula	Não fez menção sobre idioma	Um a dois anos
Família de ocupações guia de turismo	A escolaridade mínima é o ensino médio	Domínio de idiomas estrangeiros	Cinco anos
Grupo de ocupações técnico em turismo	Técnica de nível médio em turismo	Fluência de idioma estrangeiro	Um ou dois anos

Fonte: CBO 2002.

Com relação ao tempo de experiência para que os trabalhadores possam desempenhar plenamente suas atividades, identificou-se que as famílias de ocupações diretores de operações de serviços em empresas de turismo, alojamento e alimentação e guias de turismo necessitam de cinco anos na função, enquanto as outras famílias e grupos de ocupações ficam entre um e dois anos.

EMPRESAS QUE DISPONIBILIZAM OCUPAÇÕES EM TURISMO

As empresas onde as ocupações em turismo aqui apresentadas são disponibilizadas, segundo a CBO 2002, são:

- Agências de viagens.
- Meios de hospedagem.
- Centros culturais.
- Organizadoras de eventos.
- Outras da área de turismo.

Nessas empresas, todos os trabalhadores que atuam em uma dessas ocupações – exceto a de guia de turismo, que não menciona qual o tipo de vínculo – são assalariados, com carteira assinada. Considerando a Tabela 11.17, na qual está apresentado o número total de empregos da atividade turística e o número de empregos com instrução até o terceiro grau, em que se enquadra a família de ocupações diretores de operações de serviços em empresas de turismo, alojamento e alimentação, podemos constatar que em 2002, 93% dos trabalhadores do setor de turismo ocuparam as outras famílias de ocupações.

Considerações Finais

A formação profissional em turismo no país encontra-se estruturada em educação profissional, educação superior e pós-graduação. Pelos dados

Tabela 11.17 – Percentual de participação de empregos com nível de instrução até o terceiro grau no total da atividade turística no Brasil

Ano	Número de empregos na atividade turística	Número de empregos com instrução até o terceiro grau	Participação (%)
1995	911.354	49.330	5,4
2000	1.241.708	84.907	6,8
2001	1.312.962	90.796	6,9
2002	1.366.326	95.755	7,0

Fonte: MTE/RAIS.

85-7241-568-8

Parte 2

apresentados no texto referentes a esses níveis de ensino, seu desempenho encontra-se muito aquém do desejado para melhorar a qualidade da prestação de serviço em turismo.

Do total de cursos oferecidos pela educação profissional em 2003, 4,3% foram da área de turismo, que receberam 3,1% dos ingressantes e formaram 2,8% do total de concluintes. Portanto, se considerarmos que a atividade turística no país, em 2002, empregou 1.366.326 trabalhadores, os ingressantes representaram 1,3% dos trabalhadores que buscaram formação e os concluintes 0,5% dos já formados para o trabalho.

Em 2002, a educação superior em turismo recebeu 74.807 matrículas e formou 8.288 pessoas. Em relação à quantidade de mão-de-obra empregada na atividade turística no mesmo ano, os ingressantes representaram 5,4% e os concluintes, 0,6% do total dos trabalhadores. Essa situação é semelhante à da educação profissional, mas com índice melhor em relação ao número de matrículas, o que nos faz acreditar que a atividade turística está se profissionalizando.

Considerando os dados da educação superior, com relação a ingressantes e concluintes, e o número de empregos da atividade turística com nível de instrução até o terceiro grau, no ano de 2002, que foi de 95.755 trabalhadores, teremos o seguinte panorama: os ingressantes representariam 78,1% e os formados, 8,6% do total de empregados na atividade turística com nível de instrução até o terceiro grau.

O número de ingressantes na educação superior é 1.094,7% maior que o de concluintes, o que aponta uma lacuna a ser preenchida tanto pela educação superior em turismo quanto pelo mercado de trabalho. A educação encarrega-se de formar profissionalmente o indivíduo, enquanto o mercado de trabalho deveria absorver essa mão-de-obra. O que tem ocorrido na prática é uma desarticulação entre formação e mercado, causando prejuízos para a atividade turística.

Com relação à educação superior no estado de São Paulo, percebeu-se que a maioria dos cursos superiores em turismo está instalada no interior, o que demonstra a tendência de interiorização do turismo, o qual, enquanto atividade econômica geradora de emprego e renda, demanda por mão-de-obra qualificada para atender esse mercado emergente.

Sobre os programas de pós-graduação *stricto sensu* em turismo, hotelaria e áreas afins, a oferta ainda é muito pequena, isto é, existem sete cursos em nível de mestrado e dois de doutorado, o que demonstra carência desse tipo de curso em função da dinâmica do mercado de trabalho.

Com relação aos programas de pós-graduação *lato sensu*, que também abrangem o MBA nas áreas de turismo, hotelaria e afins, será possível ter uma visão real da oferta desse tipo de curso após o cadastramento que está sendo realizado pelo INEP.

Conforme as famílias de ocupações e a formação profissional que cada uma delas exige, podemos perceber que aquelas que possuem maior representação em termos de empregados na atividade turística são as que exigem formação profissional de nível médio completo e incompleto. Portanto, esperamos que os bacharéis em turismo sejam absorvidos pela família de ocupações diretores de operações de serviços em empresas de turismo, alojamento e alimentação, que é a única que exige formação superior e que não especifica em qual área do conhecimento o trabalhador precisa ser formado, como também em outras ocupações que exijam grau de instrução superior que ainda não foram alvo do estudo da CBO, até porque a profissão do turismólogo não é regulamentada.

Sites Indicados

www.abmes.org.br

www.capes.gov.br

www.edudatabrasil.inep.gov.br

www.embratur.gov.br

www.inep.gov.br

www.mec.gov.br

www.mte.gov.br

www.mtecbo.gov.br

www.pedagogiaemfoco.pro.br

www.semesp.org.br

www.semtec.gov.br

BIBLIOGRAFIA

ANSARAH, M. G. R. *Formação e Capacitação do Profissional em Turismo e Hotelaria*. São Paulo: Aleph, 2002.

ANSARAH, M. G. R.; REJOWSKI, M. Panorama do ensino em Turismo no Brasil: Graduação e Pós-graduação. In: *Turismo em Análise*. São Paulo: ECA/USP, 1996, 7 (1):36-61.

85-7241-568-8

MATIAS, M. *Turismo: formação e profissionalização.* São Paulo: Manole, 2002.

REJOWSKI, M. *Turismo e Pesquisa Científica.* Campinas: Papirus, 1996.

TRIGO, L. G. G. *Cronologia do Turismo no Brasil.* São Paulo: CTI/Terra, 1991.

TRIGO, L. G. G. *Viagem na Memória.* São Paulo: Senac, 2000.

BRASIL. Ministério de Educação. Lei de Diretrizes e Bases da Educação. Lei n 9394/96.

BRASIL. Ministério da Educação e Cultura. Parecer n 35/71.

BRASIL. Ministério da Educação. Parecer CNE/CEB n 16/99.

BRASIL. Ministério da Educação. Parecer CNE/CP 29/2002.

BRASIL. Ministério da Educação. Parecer CNE/CES n 146/2002.

BRASIL. Ministério da Educação. Parecer CNE/CES n 288/2003.

BRASIL. Ministério da Educação. Plano Nacional de Qualificação – Diretrizes para 2003-2007.

Anotações

Parte 2

85-7241-568-8

Anotações

85-7241-568-8

CAPÍTULO

12

Formação Profissional em Turismo no Brasil no Início do Século XXI

Marlene Matias

Introdução

A educação profissional, desde a chegada dos jesuítas no Brasil, é tratada de forma preconceituosa em decorrência de uma herança colonial e escravista, isto é, as tarefas manuais eram executadas pelas pessoas das classes menos favorecidas, que representavam a maioria da população brasileira.

Nessa época, os detentores do conhecimento – "as elites" condutoras do destino do país – acreditavam que o desenvolvimento intelectual adquirido pela educação escolar não deveria ser estendido a essa população de miseráveis, até porque não reconheciam a relação entre educação escolar e trabalho. Tanto isso é verdadeiro que, até os nossos dias, os tradicionais cursos de educação profissional de nível superior, como medicina, engenharia, direito, entre outros, são considerados cursos acadêmicos quando, na verdade, são essencialmente profissionalizantes.

A mudança ocorrida no sistema produtivo, com a entrada do Brasil no mundo capitalista de produção, passou a exigir mão-de-obra especializada e, para tal, era preciso investir na educação.

Ao mesmo tempo em que o governo sugere ser preciso investir em educação e contempla, na Constituição de 1937, o ensino pré-vocacional e profissional como dever do estado em relação às classes menos favorecidas, ele propõe que esse investimento seja feito pelas indústrias e os sindicatos, por meio da criação de escolas de aprendizes, no seu segmento de atividade, para os filhos dos seus operários ou de seus associados.

Cabe ressaltar ainda que a mesma Constituição apresentou em seu texto a distinção social, isto é, que o trabalho intelectual era destinado às classes mais favorecidas, enquanto o trabalho manual, enfatizando o ensino profissional, destinava-se às classes mais desfavorecidas.

No início dos anos de 1970, a formação profissional limitava-se ao treinamento para a produção em série padronizada e o ensino superior, sensível à dinâmica do mercado, buscou criar novas formações profissionais com caráter profissionalizante. Foi nesse contexto que surgiu o curso superior de turismo, o que lhe rende até hoje algumas críticas e preconceitos por parte de outras áreas do ensino acadêmico, as quais acreditavam que o formado em curso superior de turismo seria apenas tarefeiro, sem nenhuma base de conhecimento para desenvolver qualquer trabalho reflexivo.

Nas últimas décadas do século XX, em virtude das modificações ocorridas nas formas de organização e gestão do trabalho, surgiu um novo cenário econômico e produtivo, com base no emprego

85-7241-568-8

de novas tecnologias. Em conseqüência, passou-se a requerer educação geral para todos os trabalhadores, educação profissional básica aos não qualificados, qualificação profissional de técnicos e educação continuada para atualização, aperfeiçoamento, especialização e requalificação de trabalhadores. Em função dessas necessidades prementes, foi criada a LDB – Lei de Diretrizes e Bases da Educação, que operou uma reforma no ensino técnico-profissional, originando uma política pública de trabalho, renda e qualificação profissional.

A educação profissional, ao longo da história do país e no contexto da educação brasileira, sempre assumiu caráter de ordem moralista, para combater a vadiagem, ou assistencialista, para propiciar alternativas de sobrevivência às classes menos favorecidas. Como exemplo, temos a Lei do Aprendiz (Lei nº 10.097/2000), aprovada recentemente.

Falar da formação profissional em turismo no Brasil não é uma tarefa muito fácil, exatamente por ser uma atividade muito recente e os estudos referentes ao assunto ainda estarem em construção.

O turismo é uma atividade econômica e social emergente no país, passa por uma série de adequações e também enfrenta preconceitos não só em termos de formação profissional, como também social, por falta de conhecimento das pessoas sobre o que significa o ensino do turismo.

Diante do exposto, proponho que pensemos de forma mais ampla que formação profissional não consiste apenas no conjunto de conhecimentos e habilidades específicos de determinado campo de atividade prática ou intelectual, mas na forma como uma pessoa é criada, isto é, tudo que lhe molda o caráter, a personalidade, acrescido ainda com o conjunto de cursos concluídos e graus obtidos por ela, apontando, portanto, para uma relação e/ou articulação entre atividade prática e intelectual.

Nosso estudo se propõe, inicialmente, a construir um quadro cronológico da educação no país, em que serão apresentadas as informações mais significantes e os comentários com relação à educação profissional e acadêmica.

Acreditamos ser importante fazermos essa retrospectiva até para contextualizarmos e entendermos alguns aspectos referentes à educação no Brasil e suas influências na formação profissional em turismo.

Posteriormente, apresentaremos a evolução do ensino do turismo no Brasil, bem como os instrumentos legais que regem a formação profissional e um panorama de como se encontra a educação em turismo.

Cronologia da Educação no Brasil e Educação para o Turismo nesse Contexto

As informações apresentadas a seguir, referentes à educação no Brasil, serão agrupadas conforme os períodos da história do país, pois resultam do momento econômico, social e político vigente na época.

PERÍODO JESUÍTICO (1549-1759)

- *1549:* a educação no Brasil inicia-se por volta de 1549 com a chegada dos padres jesuítas da Companhia de Jesus, que tinham por objetivo catequizar os índios e também orientá-los no trabalho agrícola, que garantiria aos jesuítas uma de suas fontes de renda.
- *1554:* o Colégio São Paulo de Piratininga foi a primeira escola jesuítica. Posteriormente, outras foram criadas.
- *1556:* implantadas as Constituições da Companhia de Jesus, que incluíam a aprendizagem do canto, da música instrumental e o estudo profissional agrícola. É a primeira vez que se aplica o termo estudo profissional, o que aponta para uma divisão da educação.
- *1559:* o Plano de Estudos da Companhia de Jesus recebeu elaboração definitiva.
- *1689:* solução do episódio denominado "Questão dos Moços Pardos", proibição feita pelos jesuítas para os colégios recusarem matrícula e freqüência de mestiços. Como as escolas eram públicas, caso a proibição fosse mantida, perderiam os subsídios que recebiam. Esse fato demonstra o preconceito que as pessoas detentoras do saber possuíam em querer determinar quem deveria ter acesso ou não à educação.

PERÍODO POMBALINO (1759-1808)

- *1760:* expulsão dos jesuítas do Brasil, pois Pombal pensava em organizar a escola para servir aos interesses do estado, não os da fé, como anteriormente. Para tanto, criou as aulas régias

Parte 2

de latim, grego e retórica. Cada aula seria autônoma e não articulada com as outras. Resultado dessa medida foi a estagnação da educação, fato que foi logo percebido por Portugal.

- *1772:* para manter os ensinos primário e médio, criou-se o imposto "subsídio literário".
- *1808:* no final do século XVIII e início do XIX, a educação brasileira estava em grande decadência e só veio a melhorar com a chegada da Família Real ao Brasil em 1808.

PERÍODO JOANINO (1808-1822)

- *1808:* foram criados nesse ano:
  - Escola onde se ensinaria francês, português, retórica, aritmética, desenho e pintura.
  - Curso de cirurgia no Rio de Janeiro e Bahia.
  - Cadeira de Ciência Econômica, na Bahia, cujo responsável seria o futuro Visconde de Cairu.
  - Academia Militar no Rio de Janeiro.
- *1809:* criado o Colégio das Fábricas, sinalando a primeira iniciativa governamental na direção do ensino profissional.
- *1816:* surgiu a proposta para a implantação da Escola Real de Ciências, Artes e Ofícios, cujo objetivo era articular o ensino das ciências e do desenho para os ofícios mecânicos. Isso nos leva a perceber que a educação acadêmica e a profissional corriam lado a lado.

PERÍODO IMPERIAL (1822-1888)

- *1824:* a Constituição, outorgada pela Assembléia Constituinte, estabelecia no seu artigo 179 que a instrução primária era gratuita a todos os cidadãos.
- *1826:* foram instituídos por decreto quatro graus de instrução: pedagogia (escolas primárias), liceus, ginásios e academias.
- *1827:*
  - Implantados os cursos de Direito de São Paulo e Olinda.
  - A Lei Geral de 15 de outubro fixou escolas de primeiras letras e seu currículo, e instituiu o ensino primário para o sexo feminino.
- *1838:* foi fundado o Colégio D. Pedro II no Rio de Janeiro, para ser modelo pedagógico do curso secundário.
- *1840:* na década de 1840, foram construídas dez casas de educandos em capitais de províncias, a primeira delas em Belém. Essas casas tinham por objetivo atender prioritariamente menores abandonados para diminuir a criminalidade e a vagabundagem.
- *1849:* primeiro registro de avaliação da qualidade de ensino no país. Gonçalves Dias foi designado para verificar as condições de ensino das províncias do norte e fez o seguinte comentário: "os nossos liceus são escolas preparatórias da academia e escolas más". Esse comentário aponta para as condições em que se encontrava o ensino no país.
- *1852:* Gonçalves Dias, em seu relatório de inspeção, escreve: "Quero crer perigoso dar-se-lhes (aos aldeados) instrução" Isso demonstrava a visão preconceituosa já apresentada antes no período jesuítico, isto é, as pessoas que estavam ligadas à educação acadêmica acreditavam ser desnecessário que a grande maioria da população tivesse acesso à educação acadêmica, por pertencer a classe social inferior.
- *1854:*
  - Decreto imperial criou estabelecimentos para menores abandonados e órfãos denominados "Asilos de Infância dos Meninos Desvalidos". Nesses estabelecimentos, os internos aprendiam as primeiras letras e também freqüentavam oficinas para aprenderem um tipo de ofício.
  - O decreto 1331A dispunha sobre a reforma dos ensinos primário e secundário, estabelecia professores credenciados e também o retorno da fiscalização oficial e criava a Inspetoria Geral da Instrução Primária e Secundária.
- *1857-1864:* uma lei ordenava a recusa de matrícula às crianças negras e aos escravos e negros, "*ainda que libertos e livres*", no Colégio de Artes Mecânicas, no Rio Grande do Sul. Fato similar já havia acontecido na época dos jesuítas, resultando na "Questão dos Moços Pardos".
- *1858:* após esse ano, foram criadas várias instituições de amparo a crianças órfãs e abandonadas, que oferecia formação prática e teórica, iniciando-as no ensino industrial. A mais representativa delas foi o Liceu de Artes e Ofícios do Rio de Janeiro (1858).
- *1861:* um decreto real criou o Instituto Comercial do Rio de Janeiro, cujos diplomados

teriam preferência no preenchimento de cargos públicos dos órgãos da administração estadual.

- *1870:* o Colégio D. Pedro II foi alvo da Reforma Paulino de Souza, que visava dar aos seus alunos caráter formativo, possibilitando-lhes não só ascender aos estudos superiores, mas também para a vida.
- *1872:* a taxa de analfabetismo em 1872 era de 66,4%, índice bastante preocupante.
- *1873:* objetivando estimular os estudos secundários, foram instaladas nas capitais das províncias do império bancas de exames gerais preparatórios, para facilitar aos candidatos acesso a cursos superiores. O objetivo era estimular o desenvolvimento do estudo secundário nas províncias.
- *1878:* a educação depara com outra reforma: a do conselheiro Leôncio de Carvalho, que permitia matrículas avulsas, freqüência livre e exames vagos no Externato do Colégio D. Pedro II.
- *1879:* o senador Oliveira Junqueira declara que "*certas matérias, talvez, não sejam convenientes para o pobre; o menino pobre deve ter noções muito simples*". Essa declaração mostra a visão preconceituosa que os dirigentes do país tinham em relação a quem deveria ter acesso à educação, como também o tipo de educação que receberia.
- *1880:* foi criada a primeira escola normal da capital do Império, que seria mantida e administrada pelos poderes públicos.
- *1889:* o ministro do Império Ferreira Viana faz uma colocação bastante interessante: que era fundamental formar "*professores com a necessária instrução científica e profissional*", deixando muito claro ser adepto de uma educação articulada entre a teoria e prática.

PERÍODO DA PRIMEIRA REPÚBLICA (1889-1929)

- 1890:
  - O Decreto 510, em seu artigo 62, item 5º, coloca que o ensino será leigo e livre em todos os graus e gratuito no primário.
  - O índice de analfabetismo no Brasil era de 67,2%.
- *1891:* a Constituição de 1891 estipulou o ensino leigo nas escolas públicas, em oposição ao ensino religioso.
- *1892:* foi extinto o Ministério da Instrução Pública, Correios e Telégrafos, e a educação passa a ser da alçada do Ministério da Justiça e Negócios Interiores.
- *1893-1901:* nesse período foram criados vários institutos de pesquisa e outras instituições, como:
  - Instituto Adolfo Lutz e Escola Politécnica, em São Paulo (1893).
  - Museu Paulista, em São Paulo (1895).
  - Escola de Engenharia do Mackenzie *College*, em São Paulo (1895).
  - Academia Brasileira de Letras por Machado de Assis (1895).
  - Instituto Biológico, o Butantã, em São Paulo, que teve como diretor Vital Brasil (1899).
  - Instituto Soroterápico Federal, ou escola de Manguinhos, no Rio de Janeiro, dirigido por Oswaldo Cruz (1901) e que se tornou Instituto de Patologia Experimental (1907).
  - Escola Superior de Agricultura Luiz de Queiroz, em Piracicaba (1901).
- *1906:* o ensino profissional passou a ser da competência do Ministério da Agricultura, Indústria e Comércio, o que instituiu uma política de incentivo ao desenvolvimento do ensino industrial, comercial e agrícola. Nesse mesmo ano, foram instaladas escolas comerciais em São Paulo, como a Fundação Escola de Comercio Álvares Penteado, entre outras, em vários estados.
- 1910:
  - A política de estímulo tem continuidade no ano de 1910, quando foram instaladas 10 Escolas de Aprendizes Artífices destinadas aos pobres e humildes, distribuídas em vários estados da federação. Essas escolas eram semelhantes aos Liceus de Artes e Ofícios, mas voltadas especificamente para o ensino industrial, custeadas pelo estado. No mesmo ano, o ensino agrícola também sofreu modificações e foram criados cursos para chefes de cultura, administradores e capatazes. Novamente, o ensino profissional aparece atrelado à visão assistencialista e às classes sociais inferiores.
  - Na década de 1910, foram instaladas várias escolas oficinas para a formação profissional de ferroviários, as quais foram os

embriões da organização do ensino profissional nos anos seguintes.

- *1911:* a Lei Orgânica de Rivadávia Correia estabeleceu o ensino livre e retirou do estado o poder de interferência no setor educacional.
- *1915:* a Lei Orgânica de Rivadávia Correia não poderia mais continuar, ocorrendo sua extinção.
- 1920:
  - Sampaio Dória, tentando reconduzir a educação para novos métodos de ensino, realizou uma reforma que aconteceu em São Paulo.
  - A Câmara dos Deputados, na década de 1920, objetivando expandir o ensino profissional para todos, pobres e ricos, não apenas desafortunados, promoveu uma série de debates sobre o assunto. Para conduzir os trabalhos, foi criada uma comissão especial denominada Serviço de Remodelagem do Ensino Profissional Técnico, que concluiu seus trabalhos na década de 1930, quando foram criados os Ministérios da Educação e Saúde Pública e do Trabalho, Indústria e Comércio.
  - Ainda na década de 1920, alguns educadores, como Carneiro Leão, Heitor Lima, Venâncio Filho e outros, imbuídos de idéias reformistas, criaram a ABE – Associação Brasileira de Educação, que se tornou disseminadora do movimento renovador da cultura brasileira, principalmente por meio das Conferências Nacionais de Educação, que aconteceram a partir de 1927.
  - Os anos de 1920 foram bastante agitados, pois vários educadores de várias correntes ideológicas apresentaram suas idéias, causando confronto entre correntes divergentes.
- *1925:* com base na Lei 1846, o educador Anísio Teixeira promoveu uma reforma educacional no estado da Bahia. Ainda no mesmo ano, ocorreu a Reforma Rocha Vaz, que introduziu a cadeira de Instrução Moral e Cívica como forma de combater o protesto estudantil contra o governo de Artur Bernardes.
- *1926:* aconteceu em São Paulo um inquérito sobre a educação pública, dirigido por Fernando Azevedo.
- *1928:* Fernando Azevedo realizou uma reforma educacional na cidade do Rio de Janeiro, então Distrito Federal, e Carneiro Leão, em Pernambuco.
- *1929:* crise econômica mundial.

PERÍODO DA SEGUNDA REPÚBLICA (1930-1936)

- 1930:
  - A Revolução de 1930 foi o marco da entrada do Brasil no mundo capitalista de produção, que passou a exigir mão-de-obra especializada; para tal, era preciso investir na educação.
  - Foi criado o Ministério da Educação e Saúde Pública, que realizou uma reforma educacional que ficou conhecida pelo nome do Ministro Francisco Campos e prevaleceu até 1942.
- *1931:* os decretos da Reforma Francisco Campos tinham por objetivo organizar o ensino secundário e as universidades brasileiras ainda inexistentes. Os decretos são:
  - Decreto 19.850, de 11 de abril, criou o Conselho Nacional de Educação.
  - Decreto 19.851, de 11 de abril, instituiu o Estatuto das Universidades Brasileiras, dispôs sobre a organização do ensino superior no Brasil e adotou o regime universitário.
  - Decreto 19.852, de 11 de abril, dispôs sobre a organização da Universidade do Rio de Janeiro.
  - Decreto 19.890, de 18 de abril, dispôs sobre a organização do ensino secundário.
  - Decreto 20.158, de 30 de julho, organizou o ensino comercial, regulamentou a profissão de contador e deu outras providências.
  - Decreto 21.241, de 14 de abril, consolidou as disposições sobre o ensino secundário. O decreto nº 20.158 foi o primeiro instrumento legal a estruturar cursos, incluindo a idéia de diretrizes de profissionalização.
- 1932:
  - O Manifesto dos Pioneiros da Educação Nova foi redigido por Fernando Azevedo. Seu conteúdo continha um diagnóstico e sugeria políticas públicas para a educação. O manifesto apontava o surgimento de uma escola democrática, que proporcionasse oportunidades iguais para todos, mais flexível, que possibilitasse especializações para atividades preferencialmente intelectuais (humanidades e ciências) ou a preponderância manual e mecânica (cursos de caráter técnico).

- O decreto nº 21.241 consolidou a reforma do ensino secundário visando, segundo Francisco Campos, à "formação do homem para todos os grandes setores da atividade nacional", o que resultou na implantação de um currículo enciclopédico.

• 1933:
- Foi instituído o Código de Educação do Estado pelo Diretor Geral de Instrução do Estado de São Paulo, que dava nova orientação à educação rural e reformava o aparelhamento escolar.
- Aconteceu a V Conferência Nacional de Educação. Suas conclusões refletiram na Assembléia Nacional Constituinte de 1933.

• 1934:
- A Constituição iniciou uma nova política nacional de educação quando colocou que a educação era direito de todos, devendo ser ministrada pela família e pelos Poderes Públicos, e estabeleceu ser competência da União elaborar as Diretrizes da Educação Nacional e estabelecer o Plano Nacional de Educação.
- Começou a funcionar o CNE – Conselho Nacional de Educação e os CEE – Conselhos Estaduais de Educação.
- Foi criada a Universidade de São Paulo pelo governador Armando Salles Oliveira, a primeira a ser criada e organizada segundo as normas do Estatuto das Universidades Brasileiras de 1931.

• *1936:* a situação da educação no país era a seguinte: 73,3% das escolas eram mantidas e controladas pelos poderes públicos e 24% das escolas particulares não obedeciam aos padrões oficiais de ensino.

PERÍODO DO ESTADO NOVO (1937-1945)

• 1937:
- A Constituição contemplou em seu texto o ensino pré-vocacional e profissional. É a primeira vez que escolas vocacionais e pré-vocacionais são tratadas por uma constituição como dever do estado em relação às classes menos favorecidas. Mas, contrapondo-se a essa citação, o próprio estado sugere que esta empreitada seja realizada pelas indústrias e os sindicatos econômicos, isto é, eles deveriam criar em seu segmento de atividade escolas de aprendizes, para os filhos dos seus operários ou de seus associados. Essa demanda aconteceu em função do processo de industrialização, que necessitava de um número cada vez maior de profissionais especializados, tanto para a indústria quanto para os setores de comércio e serviços.
- Ainda com relação à Constituição, ela mantinha a gratuidade e a obrigatoriedade do ensino primário, estabelecia como obrigatório o ensino de trabalhos manuais em todas as escolas normais, primárias e secundárias e retirou do seu texto que a educação era um direito de todos.
- Outro ponto marcante da Constituição foi a distinção social de que o trabalho intelectual destinava-se às classes mais favorecidas, enquanto o manual, enfatizando o ensino profissional, era voltado às classes mais desfavorecidas. Esse tipo de posição manifestada pelo governo reforça ainda mais o preconceito existente em relação ao ensino profissional, que vem desde a época do Brasil Colônia.

• *1937-1941:* nesse período, foram criados vários institutos, organismos e entidades ligados à educação, que foram:
- SPHAN – Serviço do Patrimônio Histórico e Artístico Nacional (1937).
- UNE – União Nacional dos Estudantes (1938).
- INEP – Instituto Nacional de Estudos Pedagógicos (1938).
- Serviço Nacional de Radiodifusão Educativa (1939).
- Departamento Nacional da Criança, vinculado ao Ministério da Educação e Saúde (1940).
- SAM – Serviço de Assistência a Menores, vinculado ao Ministério da Justiça e Negócios Interiores, para atender às crianças desassistidas (1941).

• 1942:
- O Ministro Gustavo Capanema fez uma reforma em alguns ramos do ensino. Essa reforma ficou conhecida como Reforma Capanema e deu origem às Leis Orgânicas da Educação Nacional, composta pelos seguintes decretos:
  - Decreto-lei 4.048/42 criou o Senai – Serviço Nacional de Aprendizagem Industrial.

Parte 2

- Decreto-lei 4.073/42 regulamentou o ensino industrial.
- Decreto-lei 4.244/42 regulamentou o ensino secundário.
- Decreto-lei 4.481/42 estabeleceu a obrigatoriedade dos estabelecimentos industriais empregarem um total de 8% correspondente ao número de operários e matriculá-los nas escolas do Senai.
- Decreto-lei 4.436/42 ampliou o âmbito do Senai, atingindo também o setor de transportes, das comunicações e da pesca.
- Decreto-lei 4.984/42 estabeleceu que as empresas oficiais com mais de 100 empregados deveriam manter, por conta própria, uma escola de aprendizagem destinada à formação profissional de seus aprendizes.
- Decreto-lei 6.141/43 regulamentou o ensino comercial.

  Os decretos 4.073/42 e 4.984/42 consolidaram no Brasil o ensino profissional, apesar deste ainda ser considerado como educação de segunda categoria.

- O ensino no Brasil apresentou a seguinte estruturação: curso primário (duração cinco anos), curso ginasial (quatro anos), colegial (três anos), podendo apresentar modalidade clássico ou científico. Foi a partir dessa época que o ensino colegial deixou de apresentar caráter preparatório para ingresso no ensino superior, preocupando-se mais com a formação geral.

- 1945:
  - Foi criado o Instituto Rio Branco, destinado a recrutar e educar pessoal para a carreira diplomática.
  - O período do Estado Novo foi marcado por tendências autoritaristas e as conquistas da educação que haviam sido obtidas pelo movimento renovador foram colocadas de lado.

PERÍODO DA NOVA REPÚBLICA (1946-1963)

- 1946:
  - A Nova República iniciou-se com a aprovação de uma nova Constituição Federal de cunho liberal e democrático, para pôr fim na herança do Estado Novo, marcado pelo autoritarismo. A Constituição estabelecia a obrigatoriedade do ensino primário e dava competência à União para legislar sobre as Diretrizes e Bases da Educação Nacional. Seu texto voltou a apresentar que a educação era direito de todos.
  - O Ministro da Educação e Saúde Pública Raul Leitão da Cunha, para instituir o cumprimento da nova Constituição, baixou vários decretos-lei, como:
    - Decreto-lei 8.529 regulamentou o ensino primário.
    - Decreto-lei 8.530 regulamentou o ensino normal.
    - Decretos-lei 8.621 e 8.622 criaram o Senac – Serviço Nacional de Aprendizagem Comercial.
    - Decreto-lei 9.613 regulamentou o ensino agrícola.
  - O Senac, quando foi criado, tinha por objetivo capacitar e treinar profissionais para atuarem nos setores de comércio e serviços. Futuramente, ampliaria suas funções para atender a demanda emergente do setor de turismo por profissionais com formação nesse ramo de atividade.
  - Foram fundadas a Universidade Federal de Pernambuco e a Pontifícia Universidade Católica de São Paulo.
- 1947:
  - Criado o ITA – Instituto Tecnológico da Aeronáutica.
  - O Ministro da Educação e Saúde Pública Clemente Mariani cria uma comissão para elaborar uma reforma na educação nacional. A comissão foi dividida em três subcomissões: ensino primário, ensino médio e ensino superior. O projeto resultante dos trabalhos da comissão recebeu o nome de Lei de Diretrizes e Bases para a Educação Nacional, encaminhado para a Câmara Federal em 1948 para análise e aprovação.
- *1948-1952:* nesse período, aconteceram alguns eventos relacionados com a educação no país:
  - I Congresso Nacional da Campanha do Ginasiano Pobre, que passa a se chamar Campanha Nacional dos Educandários Gratuitos (1948).

Parte 2

- Inauguração da ESG – Escola Superior de Guerra (1949).
- Criação da SBPC – Sociedade Brasileira para o Progresso da Ciência (1949).
- Fundação da AMB – Associação Montessori do Brasil (1950).
- Inauguração do Centro Popular de Educação (Centro Educacional Carneiro Ribeiro) por Anísio Teixeira, em Salvador, dando início a sua idéia de escola-classe e escola-parque (1950).
- Fundação da Universidade Católica de Pernambuco (1951).
- Fundação da Universidade Mackenzie, em São Paulo (1952).

• 1950: a Lei Federal nº 1.076/50 estabelecia que os concluintes de cursos profissionais poderiam continuar seus estudos nos níveis superiores, desde que realizassem provas nas disciplinas não estudadas e provassem ter o conhecimento necessário para os estudos pretendidos. A década de 1950 foi decisiva para o ensino profissional, pois passou a permitir a equivalência entre os estudos acadêmicos e profissionalizantes.

• 1953:
- A Lei Federal nº 1.821/53, que tratava das regras sobre a aplicação do regime de equivalência entre os diversos cursos de grau médio, foi regulamentada pelo Decreto nº 34.330/53, mas seus efeitos só vieram no ano seguinte.
- O Ministério da Educação e Saúde Pública foi desmembrado em Ministério Saúde e Ministério da Educação e Cultura.

• *1955:* após várias discussões sobre o projeto de Lei para Diretrizes e Bases da Educação Nacional, o deputado Carlos Lacerda apresentou seu primeiro substitutivo ao projeto.

• *1957:* o ministro Clóvis Salgado alterou o projeto original da Lei de Diretrizes e Bases da Educação Nacional e enviou para o Congresso Nacional o Substitutivo nº 2.222.

• 1959:
- A Emenda Carlos Lacerda (seu terceiro substitutivo) prevaleceu sobre o texto das Diretrizes e Bases da Educação Nacional, alterando substancialmente o projeto original.
- Cento e oitenta educadores lançam um manifesto à nação, solicitando ao governo que o projeto da Lei de Diretrizes e Bases da Educação Nacional fosse rejeitado.

• 1961:
- Depois de 13 anos de discussões e tramitação no congresso, foi aprovada a Lei nº 4.024/61, que instituiu as Diretrizes e Bases da Educação Nacional. O presidente João Goulart vetou 25 artigos que, posteriormente, foram aprovados pelo Congresso Nacional, prevalecendo as reivindicações da Igreja Católica e dos proprietários de instituições de ensino particular em detrimento aos que eram partidários do monopólio estatal da educação.
  - Para o ensino profissional, a Lei de Diretrizes e Bases da Educação Nacional foi fundamental, pois estabeleceu a equivalência plena entre os cursos do mesmo nível, isto é, caiu a exigência de exames e provas de conhecimentos de disciplinas não cursadas. A LDB equiparou o ensino profissional em relação a ascensão ao ensino superior, ao ensino acadêmico.
- Alguns acontecimentos que contribuíram para a evolução da educação no país foram:
  - Criação dos CPC – Centros Populares de Cultura ligados à UNE.
  - Surgimento do MEB – Movimento de Educação de Base, ligado à CNBB – Confederação Nacional dos Bispos do Brasil e ao governo da União.
  - A campanha "*De Pé no Chão Também se Aprende a Ler*", realizada pela Prefeitura de Natal, no Rio Grande do Norte, iniciou uma técnica didática criada por Paulo Freire.
  - A criação da UnB – Universidade de Brasília permitiu antever uma nova proposta universitária, isto é, previa considerar o rendimento do aluno durante o segundo grau para ingresso na universidade, acabando com o vestibular.

• 1962:
- Foi criado o Conselho Federal de Educação, cumprindo o artigo 9º da LDB, que substitui o Conselho Nacional de Educação. Posteriormente, foram criados também os Conselhos Estaduais de Educação.
- O Ministério da Educação e Cultura criou o Plano Nacional de Educação e o Programa Nacional de Alfabetização, que se basearam no Método Paulo Freire.

• *1963:* grupos de trabalhos elaboraram uma proposta de Diretrizes para Reforma da Universidade no Brasil.

Parte 2

- 1961-1970:
  - Na década de 1960, conforme a LDB, vários experimentos voltados para a profissionalização de jovens foram estimulados, resultando na implantação dos GOT – Ginásios Orientados para o Trabalho e no Premen – Programa de Expansão e Melhoria do Ensino.
  - Lei Federal nº 4024/61 instituiu a profissionalização obrigatória no ensino de segundo grau, hoje ensino médio.

PERÍODO MILITAR (1964-1985)

- 1964:
  - O período da Nova República até o início de 1964 provavelmente tenha sido o mais fértil para a educação brasileira, pois contou com a participação ativa de educadores que deixaram seus nomes na história da educação, como: Anísio Teixeira, Fernando de Azevedo, Lourenço Filho, Carneiro Leão, Armando Hildebrand, Paschoal Leme, Paulo Freire, Lauro de Oliveira Lima, Durmeval Trigueiro, entre outros.
  - A educação brasileira nesse período objetivava erradicar definitivamente o analfabetismo por meio de um programa nacional, diferente dos demais até então, pois levava em conta as diferenças sociais, econômicas e culturais de cada região.
  - Antes de ser instaurado o Regime Militar no país, foi divulgado pela Secretaria de Educação e Cultura, do Ministério de Educação e Cultura, que a cada 1.000 alunos que entraram na 1ª série no ano de 1963, 449 passaram para a 2ª série do 1º grau.
  - Foi criado o PNA – Plano Nacional de Alfabetização, ainda no governo do presidente João Goulart, e extinto após o golpe militar.
  - Após a instauração do Regime Militar, a UnB foi invadida por tropas militares; o reitor Anísio Teixeira foi destituído do cargo e substituído pelo professor Zeferino Vaz, da Faculdade de Medicina da Universidade de São Paulo, por indicação de Luiz Antonio da Gama e Silva, que acumulava os cargos de Ministro da Justiça e Ministro da Educação e Cultura.
  - Durante o Regime Militar, a UNE foi proibida de funcionar pelo Decreto-lei 477, que criou o DCE – Diretório Central dos Estudantes no âmbito da universidade. Assim, eliminou-se a representação nacional e qualquer tentativa de ação política. O lema da ditadura é "estudante é para estudar; trabalhador para trabalhar", o que calou a boca de alunos e professores. O Ministro da Justiça declarou que "estudantes têm que estudar" e "não podem fazer baderna". Essa era a prática do Regime.
  - Outros atos do governo militar em relação à educação foram:
    - Extinção do SAM e criação, em seu lugar, da Funabem – Fundação Nacional do Bem-Estar do Menor, vinculada diretamente à Presidência da República, com o objetivo de atender aos ditos menores carentes.
    - Acordo do MEC/USAID – United States Agency International for Development para aperfeiçoamento do ensino primário previa a contratação de seis assessores americanos por dois anos.
    - A Lei 4.440 instituiu o salário-educação, proveniente de recursos das empresas.
- 1965
  - Após a instauração do Regime Militar, a Secretaria de Educação e Cultura, do Ministério de Educação e Cultura, informou que, de cada 1.000 alunos que entraram na 1ª série no ano de 1963, 313 passaram para a 3ª série do 1º grau.
  - Foram invadidas por tropas militares a UnB, para reprimir uma greve de professores e alunos contra atos autoritários da reitoria, e a Faculdade de Filosofia, Ciências e Letras da USP – Universidade de São Paulo, onde vários equipamentos foram destruídos e diversos professores e alunos foram presos.
  - Mesmo nesse caos em que se encontrava a educação, o governo publicou o Parecer CFE nº 977/65 que tratava dos cursos de pós-graduação *stricto sensu* e *lato sensu* no país.
  - O Decreto-lei 55.551 estendeu o salário-educação a todos os empregados públicos e privados.
  - Dois acordos foram assinados entre o MEC/USAID, sendo um MEC/CONTAP – Conselho de Cooperação Técnica da Aliança para o Progresso/USAID para melhoria do ensino médio, com previsão de assessoria técnica americana para o pla-

nejamento do ensino e treinamento de técnicos brasileiros nos Estados Unidos, e o outro MEC/USAID para dar continuidade e suplementar com recursos e pessoal o primeiro acordo para o ensino primário, assinado no ano anterior.

- Nesse período, aconteceu a proliferação de universidades e faculdades no Brasil, objetivando acabar com o problema de falta de vagas existente no ensino superior. Também foi criado o exame vestibular classificatório para ingresso.
- Lei nº 4.769/65 dispôs sobre o registro no Conselho Federal e Regional de Administração, isto é, os referidos conselhos só receberão *registro de bacharéis em administração.*

- *1966:* Decreto-lei nº 55/66 definiu a Política Nacional de Turismo e criou a Embratur – Empresa Brasileira de Turismo. Posteriormente, o Decreto-lei nº 60.224/67 regulamentou os Decretos-leis nº 55/66 e 62.006/67, estabelecendo os incentivos fiscais previstos no Decreto-lei nº 55/66.
- *1967:* a Lei 5.379/67 criou o Mobral – Movimento Brasileiro de Alfabetização e dispunha sobre a alfabetização de jovens e adultos, tendo por objetivo erradicar o analfabetismo no país.
- *1968:* a Lei Federal nº 5540/68 propunha a instalação e o funcionamento de cursos profissionais de curta duração, destinados a proporcionar habilitações intermediárias de grau superior ministradas em universidades e outros estabelecimentos de educação superior ou mesmo em estabelecimentos especialmente criados para esse fim.
- *1969:* o Decreto-lei nº 547/69 autorizou a organização e o funcionamento dos cursos profissionais superiores de curta duração, dentre os quais o de engenharia de operação, pelas escolas técnicas federais. Esse decreto resultou dos estudos realizados pelos convênios internacionais de cooperação técnica conhecidos como MEC/USAID e foram duramente criticados pelos movimentos estudantis e parte do magistério superior.
- 1970:
  - Com o Parecer CEE/SP nº 50/70, o Conselho Estadual de Educação de São Paulo autorizava a instalação e o funcionamento dos primeiros cursos de Tecnologia do Centro Estadual de Educação Tecnológica de São Paulo, onde ressaltava que o tecnólogo viria preencher a lacuna existente entre o engenheiro e a mão-de-obra especializada.
  - O Parecer CFE nº 160/70 apresentou os cursos superiores de Tecnologia com objetivos definidos e características próprias, estabelecendo que eles deveriam ter a duração necessária e que era imprópria a denominação de "curta duração".
- 1971:
  - A Lei Federal nº 5.692/71, que revisou a Lei Federal nº 4.024/61, a qual tratava das Diretrizes e Bases da Educação Nacional, teve como característica marcante propor à formação educacional um cunho profissionalizante, isto é, generalizou a profissionalização no ensino médio, até então denominado segundo grau. No entanto, a generalização do ensino no segundo grau foi feita de forma impensada, sem preocupação em preservar a carga horária destinada à formação de base, acarretando o desmantelamento das redes oficiais de ensino técnico e a descaracterização das redes de ensino secundário. Isso resultou na criação de uma imagem distorcida da formação profissional como solução para os problemas de emprego, propiciando a proliferação de cursos mais por imposição legal que por demandas reais da sociedade.
  - A partir da reforma da LDB, a educação profissional deixou de ser competência somente das instituições especializadas, fato que não interferiu na qualidade da educação profissional dessas instituições. No entanto, o mesmo não ocorreu no sistema público, por não receber apoio para oferecer ensino de qualidade.
  - O Parecer CFE nº 35/71 criou o *curso superior de Turismo.*
  - A Resolução s/n de 28 de janeiro de 1971 fixou o currículo mínimo e a duração do *curso de Turismo.*
- *1972:* o parecer CFE nº 45/72 regulamentou a Lei Federal nº 5.692/71.
- *1973:* o parecer CFE nº 1.060/73 registrou que os cursos oferecidos pela Faculdade de Tecnologia de São Paulo eram uma iniciativa que vinha dando muitos bons resultados. Nesse mesmo parecer, está registrado que tais cursos deveriam ser chamados de "cursos superiores de tecnologia" e os neles diplomados seriam denominados "tecnólogos".

Parte 2

- 1974:
  - Aconteceu o VII Seminário de Assuntos Universitários, promovido pelo Conselho Federal de Educação, concluindo que "os cursos de graduação em tecnologia, conducentes ao diploma de tecnólogo, deverão ter currículo próprio, definido e terminal, porque correspondem às necessidades deixadas a descoberto pelos cursos tradicionais de graduação plena".
  - O Decreto Federal nº 74.708/74 reconheceu os cursos superiores de tecnologia ministrados pela FATEC – Faculdade de Tecnologia de São Paulo do CEETPS – Centro Estadual de Educação Tecnológica Paula Souza.
- 1975: apresentado o Projeto nº 64/75, que dispunha sobre a regulamentação da profissão dos *bacharéis em Turismo*, de autoria do deputado Amaral Furlan. Posteriormente, esse projeto foi apensado ao de nº 466/75, do deputado Pacheco Chaves.
- *1976:* a Lei Estadual nº 952/76 criou a Universidade Paulista "Julio de Mesquita Filho" e transformou o CEETPS em uma autarquia de regime especial vinculada e associada à universidade.
- 1977:
  - A resolução CFE nº 17/77, para melhor disciplinar a oferta de cursos superiores de tecnologia, passou a exigir que, para a implantação de cursos superiores de tecnologia, a instituição deveria demonstrar a existência de mercado de trabalho, traçar o perfil profissiográfico do formando para o atendimento das necessidades do mercado de trabalho, a determinação da estrutura curricular de acordo com o perfil profissional apresentado e a indicação de corpo docente com as respectivas qualificações técnicas para a docência.
  - Foi criada a Associação Brasileira de Bacharéis em Turismo no Rio de Janeiro.
- 1979:
  - O deputado Pacheco Chaves dá entrada em outro projeto, de nº 881/79, que dispunha sobre a regulamentação da profissão de *técnico em planejamento turístico*
  - I ENBETUR – Encontro Nacional de Bacharéis e Estudantes de Turismo foi o primeiro evento de uma série. Em 1998, passou a denominar-se CBTUR – Congresso Brasileiro de Turismo.
- *1981:* criada a ASPBT – Associação Paulista de Bacharéis em Turismo; após a criação da entidade nacional, passou a denominar-se Associação Brasileira de Bacharéis em Turismo – ABBTUR/SP.
- *1982:* a Lei Federal nº 7.044/82 tornou facultativa a profissionalização no segundo grau. Isso fez com que as escolas de segundo grau imediatamente reformulassem suas grades curriculares, passando a oferecer somente o ensino acadêmico, tornando o ensino profissional restrito às instituições especializadas.
- *1983:* A ABBTUR/SP, em conjunto com a Faculdade Anhembi Morumbi, organizou uma comissão intersetorial para discutir a regulamentação da profissão do *turismólogo*.
- *1984:* o Projeto nº 4.109/84, de autoria do deputado Marcio Braga, que dispunha da profissão de técnico de planejamento turístico, tramitava na Câmara dos Deputados e recebeu o substitutivo nº 4.109-A/84, do deputado Roberto Rollemberg. Foi vetado pelo presidente João Batista Figueiredo.

PERÍODO DA REDEMOCRATIZAÇÃO (A PARTIR DE 1985)

- *1987:* foi criada a Associação Brasileira de Bacharéis em Turismo Nacional – ABBTUR/Nacional.
- *1988:* a Constituição Federal, no capítulo III – Da Educação, da Cultura e do Desporto, diz no artigo 205: a educação, direito de todos e dever do Estado e da família, será promovida e incentivada com a colaboração da sociedade, visando ao pleno desenvolvimento da pessoa, seu preparo para o exercício da cidadania e sua qualificação para o trabalho.
- *1991:* tramitava no Senado o Projeto de Lei nº 57/91, de autoria do senador Marco Maciel, que dispunha sobre o exercício da profissão de técnico em turismo.
- 1993:
  - Lei nº 8.623/93 dispôs sobre a profissão de guia de turismo.
  - Decreto nº 946/93 regulamentou a Lei nº 8.623/93 e dispôs sobre a profissão de guia de turismo.
- 1994
  - Deliberação Normativa nº 326/94 recomenda aos Órgãos Oficiais de Turismo das unidades

da federação que estabeleçam normas próprias para cadastro, classificação, controle e fiscalização de prestadores de serviços não abrangidos na legislação federal, com o objetivo de aperfeiçoar a qualidade do produto turístico, podendo conduzir e orientar o turista em passeios e visitas realizadas no interior de determinado atrativo ou empreendimento turístico.

- Lei Federal 8.489/94 criou os CEFET – Centros Federais de Educação Tecnológica.
- O andamento do Projeto de Lei nº 57/91, de autoria do senador Marco Maciel, que dispunha sobre o exercício da profissão de técnico em turismo, após ser pressionado pela ABBTUR Nacional, foi encaminhado à Câmara dos Deputados sob o nº 4.401/94.

• *1995:* Lei 9.131/95 criou o Conselho Nacional de Educação e dispôs sobre as Diretrizes Curriculares para os Cursos de Graduação e criou o Exame Nacional de Cursos, o "Provão".

• 1996:
- Lei Federal nº 9.394/96 dispôs sobre a Lei de Diretrizes e Bases da Educação Nacional, também conhecida como "Lei Darcy Ribeiro".
- O Projeto de Lei nº 57/91, de autoria do senador Marco Maciel, que dispunha sobre o exercício da profissão de técnico em turismo, encaminhado à Câmara dos Deputados sob o nº 4.401/94, foi vetado na íntegra pelo presidente Fernando Henrique Cardoso.

• 1997:
- Decreto nº 2.406/97 regulamenta a Lei nº 8.948/94, que cria os CEFET. Esses estabelecimentos possuem autonomia para a criação de cursos e ampliação de vagas nos cursos superiores de tecnologia nas mesmas áreas profissionais daqueles cursos já reconhecidos.
- Decreto Federal nº 2.208/97 regulamentou os artigos 39 a 42 (Capítulo III do Título V) e o parágrafo 2º do artigo 36 da Lei Federal nº 9.394/96 e estabeleceu três níveis de educação profissional: básico, técnico e tecnológico, com o objetivo de formar profissionais, qualificar, reprofissionalizar, especializar, aperfeiçoar e atualizar trabalhadores em seus conhecimentos tecnológicos visando à sua inserção e ao melhor desempenho no exercício do trabalho.
- Decreto 2.207/97 e Portaria 639/97 estabeleceram oficialmente a tipologia das instituições de ensino superior, regulamentando o disposto no artigo 45 da LDB. Nessa tipologia, pela primeira vez, figuram os denominados centros universitários.
- Decreto nº 2.306/97 regulamentou o artigo 48 da LDB, o Sistema Federal de Ensino e, no seu artigo 12, define o que é centro universitário.
- Deliberação Normativa nº 386/97 autorizou, em caráter excepcional, o início de novas turmas de formação de guia de turismo.
- Deliberação Normativa nº 5.461/97 autorizou instituições de ensino a ministrarem cursos de formação de guia de turismo.
- Deliberação Normativa nº 5.462/97 autorizou, em caráter excepcional, instituições de ensino a ministrarem cursos de formação de guia de turismo.
- Deliberação Normativa nº 377/97 dispôs sobre a exigência de documentação comprobatória de reconhecimento pelos Conselhos Estaduais de Educação das instituições de ensino que ministravam cursos de formação de guias de turismo e estipulou prazo para revalidação de cursos. Revogou a Deliberação Normativa nº 333/94.
- Parecer CNE/CEB nº 05/97 e 17/97 estabeleceram as Diretrizes Operacionais para a Educação Profissional e orientaram os sistemas de ensino e as escolas sobre a questão curricular dos cursos técnicos.
- Parecer CNE/CES nº 776/97 tratou de orientação para as Diretrizes Curriculares dos Cursos de Graduação.
- Portaria Ministerial nº 2.261/97 autorizou as escolas técnicas e agrotécnicas federais não vinculadas a universidades, que ministrassem cursos superiores de tecnologia, a se transformarem em CEFET.
- Projeto de Lei nº 2.731/97, de autoria do deputado Ricardo Heráclio, que dispunha sobre a profissão de técnico em turismo, foi encaminhado à Câmara dos Deputados.
- Resolução CES/CNE nº 01/97 fixou condições para a validade de diplomas de cursos de graduação e pós-graduação em nível de mestrado e doutorado, oferecidos por instituições estrangeiras no Brasil, nas modalidades semipresenciais ou a distância.

- 1998:
  - Decreto nº 2.494/98 regulamentou o artigo 80 da LDB, que trata do ensino a distância.
  - Deliberação Normativa nº 390/98 dispôs sobre a exigência de parecer técnico emitido por profissional egresso de cursos superiores de bacharel em Turismo, nos projetos e empreendimentos turísticos com recursos do Fungetur – Fundo Geral do Turismo nas cartas, consultas e projetos turísticos na área de atuação da Sudam – Superintendência do Desenvolvimento da Amazônia e Sudene – Superintendência do Desenvolvimento do Nordeste e nos pedidos de apoio institucional ou financeiro oriundos de estados e municípios turísticos ou de potencial.
  - Parecer CNE/CEB nº 15/98 tratou das Diretrizes Curriculares Nacionais para o Ensino Médio, insistindo na flexibilidade curricular e na contextualização dos conteúdos das áreas e disciplinas, para permitir às escolas maior articulação com o currículo especifico da educação profissional de nível técnico.
  - Parecer CNE/CES nº 738/98 dispôs sobre os critérios para avaliação das solicitações de credenciamento de centro universitário.
  - Parecer CNE/CES nº 968/98 tratou dos cursos seqüenciais do ensino superior.
  - Parecer CNE nº 670/98 dispôs sobre a educação a distância no Brasil.
  - Portaria nº 301/98 normatiza os procedimentos de credenciamento de instituições para a oferta de cursos de graduação e educação profissional tecnológica a distância.
  - Portaria Ministerial nº 438/98 instituiu o ENEM – Exame Nacional do Ensino Médio como forma de auto-avaliação ou complementar aos processos seletivos de instituições de educação superior ou para acesso a níveis profissionalizantes pós-médios.
- 1999:
  - Parecer CNE/CEB nº 16/99 tratou das diretrizes curriculares para a educação profissional de nível técnico.
  - O Parecer CNE/CEB nº 17/99 estabeleceu as Diretrizes Operacionais para a Educação Profissional e orientou os sistemas de ensino e as escolas sobre a questão curricular dos cursos técnicos.
  - Portarias Ministeriais nº 1.647/99 e nº 064/01 estabeleceram que as faculdades, faculdades integradas, escolas e institutos superiores necessitarão sempre de autorização prévia para ofertar cursos superiores de tecnologia.
  - Projeto de Lei nº 1.830, de autoria da deputada Maria Elvira, dispondo sobre o exercício da profissão de turismólogo e autorizando a criação do Conselho Federal e dos Conselhos Regionais de Turismo, é apresentado na Câmara dos Deputados.
  - O Projeto de Lei nº 1.840/99, da deputada Nair Lobo, dispõe sobre a criação de Conselhos Federais de Guias de Turismo.
  - Os Projetos de Lei 1.991/99, do deputado Ronaldo Vasconcelos, e 2.034/99, da deputada Maria Abadia, foram apensados ao Projeto de Lei 1.840/99 por tratarem da mesma matéria.
  - Resolução CNE/CES nº 1/99 dispôs sobre os cursos seqüenciais de educação superior nos termos do artigo 44 da LDB.
  - Resolução CNE/CEB nº 04/99 instituiu as Diretrizes Curriculares Nacionais para a Educação Profissional de Nível Técnico.
- 2000:
  - Aviso Ministerial nº 120/2000 encaminha ao CNE, nos termos da Lei Federal 9.131/95, a proposta de Diretrizes Curriculares para a Educação Profissional de Nível Tecnológico, elaborada pela Secretaria de Educação Média e Tecnológica do MEC.
  - Foi constituída uma comissão para tratar do assunto.
  - Lei Federal MTP nº 10.097/2000, também conhecida como "Lei do Aprendiz", estabelece que, segundo o número de funcionários, as empresas devem criar postos de aprendizagem a uma quota de jovens entre 14 e 18 anos e matriculá-los em cursos profissionalizantes ministrados por escolas técnicas do sistema "S" – Senai, Senac, Senat – Serviço Nacional de Aprendizagem dos Transportes, SESCOOP – Serviço Nacional de Aprendizagem do Cooperativismo, etc. – ou em organizações sem fins lucrativos qualificadas para o ensino de adolescentes. Segundo o Ministério do Trabalho e Emprego, o público potencial é de 650 mil a dois milhões de pessoas na faixa etária

abrangida pela lei, o qual pode ser diretamente beneficiado pela introdução nos programas de aprendizes de empresas.

- Portaria nº 1.518/2000 cria a Comissão de Especialistas de Ensino de Turismo, que ficou responsável pelo processo de autorização e reconhecimento dos cursos de Turismo e Hotelaria.
- Apresentado à Câmara dos Deputados o Projeto de Lei nº 2.296/00 do Deputado Eber Silva, que dispõe sobre o exercício da profissão de turismólogo.
- Os Projetos nº 1.849/99, 1.991/99, 2.034/99 e 2.296/00 foram apensados ao Projeto nº 1.830/99, da deputada Maria Elvira.

• 2001:

- O artigo 5º do Decreto nº 2.406/97, acrescentado pelo Decreto nº 3.741/01, concedeu aos Centros de Educação Tecnológica privados, independentemente de qualquer autorização prévia, a prerrogativa de criar novos cursos no nível tecnológico da educação profissional, nas mesmas áreas profissionais dos cursos regularmente autorizados, não necessitando, portanto, do reconhecimento dos referidos cursos para adquirir tal grau de autonomia.
- O Parecer CNE/CES nº 436/01 considerou um equívoco a versão dada pelo Decreto nº 3.741/01 e destacou, pela sua relevância, que o curso superior de tecnologia deve contemplar a formação de um profissional "apto a desenvolver, de forma plena e inovadora, atividades em determinada área profissional, e deve ter formação específica para: aplicação e desenvolvimento de pesquisa e inovação tecnológica; difusão de tecnologias; gestão de processos de produção de bens e serviços; desenvolvimento da capacidade empreendedora; manutenção das suas competências em sintonia com o mundo do trabalho e desenvolvimento no contexto das respectivas áreas profissionais".
- A Resolução CES/CNE nº 01/01 estabelece normas para o funcionamento de cursos de pós-graduação *lato sensu.*
- Deliberação Normativa nº 423/01 estabelece exigência para obtenção de recursos para a implantação de projetos no âmbito do Prointur – Programa Nacional de Infraestrutura Turística, dentre as quais: parecer técnico favorável à implantação do projeto emitido por bacharel em Turismo para os projetos, cujos municípios ainda não criaram o Conselho Municipal de Turismo, acompanhado de cópia autenticada do diploma ou certificado de conclusão do curso de bacharelado em Turismo.
- Deliberação Normativa nº 425/01 fixa valores de preços a serem cobrados pela Embratur e suas regionais, nos processos de credenciamento, cadastro, classificação e habilitação à obtenção de estímulos financeiros e demais serviços.
- Deliberação Normativa nº 426/01 dispõe sobre as normas e procedimentos para cadastramento de guia de turismo, bem como fixa critérios para aplicação das penalidades previstas no artigo 10 da Lei nº 8.623/93.
- Parecer CNE/CEB nº 14/99 e Deliberação Normativa nº 427/01 da Embratur dispõem sobre os critérios para apreciação de planos de curso para a formação de guia de turismo.
- Projeto de Lei nº 290/01, de autoria do senador Moreira Mendes, que dispõe sobre a regulamentação do exercício da profissão de turismólogo, dá entrada no Senado.
- Resolução CNE/CEB nº 01/01 prorroga o prazo final definido pelo artigo 18 da Resolução CNE/CEB nº 41/99, como período de transição para a implantação das Diretrizes Curriculares Nacionais para a Educação Profissional de Nível Técnico.
- Resolução CES/CNE nº 02/01 dispõe sobre os cursos de pós-graduação *stricto sensu* oferecidos no Brasil por instituições estrangeiras, diretamente ou mediante convênio com instituições nacionais.
- Lei nº 10.172/01 aprova o Plano Nacional de Educação e dá outras providências.
- Lei nº 10.287/01 altera dispositivo da Lei nº 9.394/96, que estabelece as Diretrizes e Bases da Educação Nacional.
- Parecer CNE/CES nº 1.301/01 orienta para as Diretrizes Curriculares dos Cursos de Graduação.
- Parecer CNE/CES nº 141/01 dispõe sobre o funcionamento dos cursos de pós-graduação.

- 2002:
  - Decreto nº 4.364/02 estabelece que os Centros de Educação Tecnológica privados que obtiverem essa autonomia poderão aumentar, suspender, diminuir livremente as vagas dos seus cursos superiores de tecnologia, nas mesmas áreas profissionais daqueles cursos já reconhecidos e nas mesmas condições dos Centros de Educação Tecnológica públicos.
  - Deliberação Normativa nº 431/02 institui o sistema de cadastramento dos bacharéis em Turismo junto à Embratur, visando quantificar e qualificar o universo profissional.
  - Lei nº 10.457/02 institui o dia 27 de setembro como Dia do Bacharel em Turismo.
  - Parecer CNE/CES nº 146/02 aprova as Diretrizes Curriculares Nacionais dos cursos de graduação em Direito, Ciências Econômicas, Administração, Ciências Contábeis, Turismo, Hotelaria, Secretariado Executivo, Musica, Dança, Teatro e *Design*.
  - Parecer CNE/CES nº 29/02 dispõe sobre as Diretrizes Curriculares Nacionais Gerais para a Educação Profissional de Nível Técnico, que tem como pontos relevantes:
    - Articulação com os demais níveis de educação.
    - Perfil do tecnólogo.
    - Caracterização de 20 áreas profissionais, como: *turismo, hospitalidade, transportes, lazer* e outras.
  - Resolução CNE/CP nº 03/2002 institui as diretrizes curriculares nacionais gerais para organização e funcionamento dos cursos superiores de tecnologia.
  - Portaria MEC nº 2.530/02 autoriza os cursos de pós-graduação *stricto sensu* a funcionar.
  - Projetos de Lei nº 7.070/02, de autoria do deputado José Carlos Coutinho, que estabelece a regulamentação do exercício da profissão do turismólogo, foi apresentado à Câmara dos Deputados e posteriormente apensado ao Projeto de Lei nº 290/01.
- 2003:
  - Parecer CNE/CES nº 288/03 aprova Diretrizes Curriculares Nacionais do Curso de Graduação em Turismo.
  - Parecer CNE/CES nº 46/03 retificou os pareceres CES/CNE nº 511/99, nº 294/01, nº 859/01 e nº 153/02 referentes ao reconhecimento de programas de pós-graduação *stricto sensu*.
  - Parecer CES/CNE nº 108/03 dispõe sobre a duração dos cursos presenciais de bacharelado.
  - Parecer CES/CNE nº 157/03 dispõe sobre a validade dos cursos de mestrado com o emprego de videoconferência.
  - Pareceres CNE/CES nº 83/03 e nº 79/03 tratam do reconhecimento dos programas de pós-graduação *stricto sensu*.
  - Projeto de Lei nº 812/03, de autoria do deputado Marcelo Teixeira, que dispõe sobre a regulamentação da profissão de turismólogo, foi encaminhado à Câmara dos Deputados e apensado ao Projeto de Lei nº 290/01.
  - A ABBTUR/Nacional e suas seccionais estaduais apresentaram sugestões para comporem o Plano Nacional de Turismo.
  - A ABBTUR/Nacional é convidada para ser integrante do Conselho Nacional de Turismo.
- 2004:
  - Lei nº 10.861/2004 cria o Sianes – Sistema Nacional de Avaliação da Educação Superior, nos termos do artigo 9º – VI, VIII e IX da LDB.
  - Portaria Ministerial nº 2051/2004 regulamenta os procedimentos do Sinaes – Sistema Nacional de Avaliação da Educação Superior.
  - Portaria Ministerial nº 1.606/04 cria o Enade – Exame Nacional para Desempenho dos Estudantes e determina quais áreas do conhecimento serão avaliadas em 2004.
  - Portaria Ministerial nº 106/2004 cria a Conaes – Comissão Nacional de Avaliação da Educação Superior.
  - Portaria Ministerial nº 107/2004, conforme o artigo 25, parágrafo único, da Portaria nº 2051/2004, estabelece como será aplicado o Enade.
  - Portaria Ministerial nº 108/2004, conforme o artigo 25, parágrafo único, da Portaria nº 2051/2004, estabelece quando e quais áreas de conhecimento serão avaliadas em 2004 pelo Enade.
  - Portaria Ministerial nº 1.180/04 nomeou a Comissão Especial de Acompanhamento e Verificação dos Cursos de Pós-graduação *Lato Sensu*.

Evolução da Formação Profissional em Turismo no Brasil

Não podemos ser levianos e achar que a formação profissional em turismo passou a existir a partir do momento em que a atividade turística foi institucionalizada, isto é, a partir da criação da Embratur, pelo Decreto nº 55/66.

Essa institucionalização deu mostras de que o turismo estava se estruturando enquanto atividade econômica e social e, conseqüentemente, demandaria por mão-de-obra especializada. Isso motivou os grupos interessados em implantar o ensino superior de turismo no país a solicitarem amparo legal ao Conselho Federal de Educação.

INSTITUIÇÕES E CURSOS DE FORMAÇÃO PROFISSIONAL

Em 1971, após a publicação do Parecer nº 35/71, que instituiu o currículo mínimo do Curso de Turismo, objetivando atender ao relevante interesse público, pela expansão experimentada pela atividade turística e a exigência de mão-de-obra especializada em nível superior capaz de suprir as necessidades do setor, a Faculdade Anhembi Morumbi (atual Universidade Anhembi) apresentou ao MEC a proposta do primeiro curso superior de Turismo do Brasil, aprovado e implantado no estado de São Paulo.

O ensino superior de turismo no Brasil surgiu no momento em que o ensino superior passava por modificações, isto é, buscava-se dar à formação educacional caráter profissionalizante para atender às necessidades do mercado, o qual demandava por profissionais treinados para desempenhar funções de produção em série padronizada.

Isso fez que o curso de Turismo, desde a sua criação, sofresse algumas críticas e preconceitos por parte de outras áreas do ensino acadêmico, que acreditavam que o graduado no curso superior de turismo seria apenas tarefeiro, sem nenhuma base de conhecimento para desenvolver qualquer trabalho reflexivo. Essa visão em relação ao curso de Turismo deixa muito claro que o preconceito existente em relação ao ensino profissional ainda persiste na academia, prejudicando a articulação entre os dois ramos de ensino, o que prejudica a formação profissional.

Em 1978, foi criado o Ceatel – Centro de Estudos de Administração Hoteleira e Turismo do Senac São Paulo, destinado à formação em nível médio de profissionais nas áreas de turismo e hotelaria e em cursos livres em áreas como turismo, hotelaria, gastronomia, eventos, agenciamento de viagens e outros. Em 1996, passou a denominar-se CET – Centro de Educação de Turismo e Hotelaria, abrangendo a Faculdade Senac de Turismo e Hotelaria.

Entre as décadas de 1970 e 1980, existiam 28 cursos de turismo e hotelaria no país. Na década de 1990, após o governo Collor, a atividade turística voltou a crescer e a sua importância econômico-social como geradora de renda fez as instituições de ensino superior voltarem a se interessar pela implantação de cursos superiores de Turismo, visando atender às necessidades do setor (Tabela 12.1).

Essa tendência pode ser constatada na pesquisa realizada por Ansarah e Rejowski, que identificaram a existência de 49 cursos superiores de Turismo no país em 1996, o que significou crescimento de cerca de 121% em relação à década de 1980. No ano de 2002, segundo o Censo da Educação Superior 2004, o número de cursos de turismo chegou a 429, o que mostra um salto de 775,5% no período de 1996 a 2002.

Não podemos esquecer que, nesse processo de formação profissional em turismo, alguns cursos, antes de serem institucionalizados, eram ministrados por empresas especializadas em realizar cursos denominados livres nos diversos segmentos da área de turismo. A empresa ABL Associados, provavelmente uma das primeiras no ramo, surgiu por volta de 1979 e atua no mercado até hoje, tendo como carro-chefe o curso de formação de guia de turismo, entre outros. Nesses anos de atividade, sua contribuição para o mercado profissional foi bastante significativa, já tendo graduado cerca de 18 mil alunos.

A partir de 1982, a ECA-USP – Escola de Comunicação e Artes da Universidade de São Paulo implantou programa de pós-graduação, mestrado e doutorado na área de relações públicas, propaganda e turismo, ligado ao curso de ciências da comunicação. Em 1993, após uma reforma do sistema de pós-graduação na ECA/USP, foi aprovado o

Tabela 12.1 – Cursos superiores de turismo e hotelaria criados nas décadas de 1970 e 1980.

Ano	Instituição de ensino	Cidade/Estado
1971	Faculdade Morumbi, atual Universidade Anhembi Morumbi/UAM (primeiro curso de Turismo do país)	São Paulo/SP
1973	Faculdade de Turismo da Guanabara	Rio de Janeiro/RJ
1973	Faculdade Ibero-Americana de Letras e Ciências Humanas – atual Centro Universitário Ibero-Americano/ Unibero	São Paulo/SP
1973	Faculdade de Ciências Exatas, Administrativas e Sociais	Brasília/DF
1973	União Pioneira de Integração Social	Brasília/DF
1973	Escola de Comunicações e Artes – Universidade de São Paulo – ECA/USP	São Paulo/SP
1973	Faculdade Ideal de Letras e Ciências Humanas	São Paulo/SP
1973	Faculdade de Turismo Padre Manoel da Nóbrega	São Paulo/SP
1973	Pontifícia Universidade Católica do Rio Grande do Sul – PUC/RS	Porto Alegre/RS
1974	Pontifícia Universidade Católica de Campinas – PUC/Campinas	Campinas/SP
1974	Faculdade Cidade	Rio de Janeiro/RJ
1975	Universidade Católica de Pernambuco	Recife/PE
1976	Associação Educacional do Litoral Santista – AELIS	Santos/SP
1976	Organização Santamarense de Educação e Cultura – atual Universidade de Santo Amaro/Unisa	São Paulo/SP
1976	Universidade Federal do Pernambuco	Recife/PE
1976	Faculdade Capital de Administração e Estatística – atual Centro Universitário Capital	São Paulo/SP
1977	Reconhecido curso da Faculdade Hélio Alonso – Facha	Rio de Janeiro/RJ
1978	Universidade Federal do Paraná	Curitiba/PR
1979	Faculdade de Administração Hoteleira (primeiro curso de Hotelaria do país)	Caxias do Sul/RS
1980	Associação Educacional Veiga de Almeida	Rio de Janeiro/RJ
1980	Faculdade de Turismo Embaixador Paschoal Carlos Magno	Rio de Janeiro/RJ
1981	Instituto Cultural Newton Paiva Ferreira – atual Centro Universitário Newton Paiva	Belo Horizonte/MG
1984	Faculdade de Turismo da Bahia	Salvador/BA
1984	Faculdade Hebraico Renascença (primeiro curso de Tecnologia em Hotelaria)	São Paulo/SP
1985	Faculdades de Ciências Aplicadas	Foz do Iguaçu/PR
1985	Universidade de Fortaleza – Unifor	Fortaleza/CE
1987	Universidade Federal do Maranhão	São Luís/MA
1989	Senac/Ceatel (instala seu primeiro curso superior, de Tecnologia em Hotelaria)	São Paulo/SP

Fonte: Trigo (1991 e 2000) e Rejowski (1996).

primeiro curso de pós-graduação *stricto sensu* em grau de mestrado em turismo e lazer.

Atualmente, no país, o programa de pós-graduação *stricto sensu* oferece sete cursos de mestrado e dois cursos de doutorado, conforme apresentado na Tabela 12.2. Com relação aos cursos de pós-graduação *lato sensu*, sabemos que existe oferta maior no país, mas não dispomos de informações quanto ao seu número. Portanto, acreditamos que, após o cadastramento desse tipo de curso, que está sendo realizado atualmente pelo INEP, será possível traçar um perfil da oferta para turismo no país.

Tabela 12.2 – Cursos de pós-graduação *stricto sensu* em 2004

Instituição	Estado	Área	Área de concentração	Nível
USP/ECA	São Paulo	Comunicação	Relações Públicas, Propaganda e Turismo	M/D
Unicamp	São Paulo	Ciências da Saúde	Educação Física (Lazer)	M/D
UCS	Rio Grande do Sul	Turismo	–	M
Univali	Santa Catarina	Turismo e Hotelaria	–	M
UAM	São Paulo	Hospitalidade	–	M
UNA	Minas Gerais	Turismo e Meio Ambiente	–	M
UESC*	Bahia	Multidisciplinar	Cultura e Turismo	M

* Parceria UESC/UFBA.

Fonte: CAPES 2004.

Parte 2

Em 1989, o Senac-Ceatel criou o curso técnico de turismo (nível secundário) com um ano de duração. O curso técnico de turismo foi uma experiência implantada no início da década de 1970 em regime de intercomplementaridade com algumas escolas estaduais de segundo grau no estado de São Paulo. Em Campinas, o curso existiu de 1972 até 1977 e formou três turmas de profissionais.

O sistema de formação profissional em turismo possui atividade dinâmica e muito sensível aos reclames do mercado, isto é, está sempre procurando adequar-se à realidade, oferecendo cursos regulares do sistema de educação formal do país e cursos não regulares.

Sabemos que, além das instituições de ensino, existem várias empresas especializadas no assunto atuando no mercado. Todavia, em virtude da descontinuidade de funcionamento de algumas delas, fica difícil tecer qualquer tipo de comentário sobre o assunto. Entre essas empresas, existem aquelas que se mantêm e se destacam no mercado, como a Graffit Assessoria e Projetos Turísticos Ltda., que atua no mercado formando mão-de-obra e prestando outros tipos de serviço à área de turismo desde 1989.

Em 1996, o Decreto nº 2.207/97 e a Portaria 639/97 estabeleceram oficialmente a tipologia das instituições de ensino superior, conforme o artigo 45 da LDB. É quando surgem os denominados centros universitários, que, como as universidades, possuirão autonomia para criar cursos, criar, ampliar e/ou diminuir vagas. A partir de então, várias instituições que não eram universidades passaram a solicitar junto ao MEC seu credenciamento como centros universitários.

O surgimento dos centros universitários, em função da autonomia que conseguiram, provocou no país o aumento assustador na oferta de cursos de várias áreas, entre elas o turismo, já referenciado anteriormente quando comentamos sobre a oferta de cursos no país.

No ano de 1997, a Faculdade Anhembi Morumbi, pioneira na implantação de cursos de Turismo no Brasil, que pleiteava há muito tempo sua transformação em universidade, teve seu processo aprovado, passando a denominar-se Universidade Anhembi Morumbi, o que lhe deu um certo destaque e maior respeitabilidade no mercado.

No ano de 2000, o Senac – CET implantou o curso de Tecnologia em Gestão Ambiental, na cidade de São Paulo. Em 2001, implantou o curso regular em nível superior de Tecnologia em Gastronomia, em São Paulo e em Águas de São Pedro.

INSTRUMENTOS LEGAIS E ORGANISMOS DA FORMAÇÃO E ATUAÇÃO DO PROFISSIONAL EM TURISMO

Em 1971, foi publicado o Parecer nº 35/71 do MEC, elaborado pelo Conselheiro Roberto Siqueira Campos. Esse parecer deu base para a Resolução s/n de 28/01/71 do CFE, que fixou o conteúdo mínimo e a duração do curso superior de Turismo.

Durante anos, várias tentativas para modificar o currículo mínimo do curso de Turismo, estabelecido pelo Parecer 35/71, foram feitas, mas sem nenhum resultado efetivo.

A Constituição Federal de 1988, no seu capítulo III – seção I – Da Educação, em seu artigo 205, volta a reafirmar que a educação é um direito de todos e dever do estado e da família, devendo ser promovida e incentivada com a colaboração da sociedade, visando ao pleno desenvolvimento da pessoa, seu preparo para o exercício da cidadania e sua qualificação para o trabalho.

Em 1996, a ABBTUR e a ABDETH – Associação Brasileira dos Dirigentes de Escolas de Turismo e Hotelaria fizeram várias reuniões pelo país para discutir o currículo mínimo e elaborar uma proposta a ser apresentada ao MEC. No final desse mesmo ano, a proposta de novo currículo mínimo foi encaminhada ao MEC. Mesmo não sendo oficializada, ela passou a ser utilizada como referência pelas IES – instituições de ensino superior na implantação dos seus cursos de Turismo.

O parecer CNE/CEB nº 14/99 e a Deliberação Normativa nº 427/02 da Embratur tratam dos critérios de apreciação dos planos de cursos para a formação de guia de turismo, das instituições interessadas em implantar o curso. O plano de curso deve ser encaminhado ao Conselho Estadual de Educação e à Embratur para aprovação.

Para avaliar a qualidade dos cursos e das instituições de ensino superior no que se refere aos resultados do processo de ensino e aprendizagem, a Lei nº 9.131/95 instituiu o Exame Nacional de Cursos, mais conhecido como Provão. A primeira versão aconteceu em 1996. Esse sistema vigorou até o ano de 2003, quando foi suspenso. O curso de Turismo não chegou a ser avaliado pelo Provão.

Em 1996, a CEEAD – Comissão de Especialista do Ensino de Administração da Secretaria de Educação Superior do MEC convidou um bacharel em Turismo para participar dessa comissão como consultor para emitir pareceres sobre cursos superiores de Turismo e Hotelaria no Brasil. O primeiro representante foi o bacharel em Turismo Luiz Gonzaga Godoi Trigo, que exerceu a função no período 1996/1997. Sua sucessora foi a bacharel Marilia Gomes dos Reis Ansarah, que ocupou as funções no período de 1998 a 2000.

A bacharel Marilia Gomes dos Reis Ansarah, no período em que representava o Turismo na CEEAD, elaborou, em conjunto com a ABBTUR, uma proposta para as novas diretrizes curriculares dos cursos superiores, conforme o edital nº 04 de 10/12/97 da SESu – Secretaria de Educação Superior/MEC. O trabalho foi concluído em dezembro de 1998 e encaminhado a CEEAD, com o nome de Modelo de Enquadramento das Propostas de Diretrizes Curriculares, que contemplavam no seu texto proposta para os cursos superiores de turismo e de hotelaria.

Ainda durante o período em que representou os cursos superiores de turismo na CEEAD, em 1998, a bacharel em Turismo Marilia Gomes dos Reis Ansarah elaborou o Manual de Orientação para Avaliação *in loco* das Condições de Autorização dos Cursos de Turismo e Hotelaria, para que os consultores deixassem de utilizar o manual do curso de administração. No ano seguinte, em 1999, organiza o Manual de Orientação para Avaliação *in loco* das Condições de Reconhecimento dos Cursos de Turismo e Hotelaria.

Em 1998, a Deliberação Normativa nº 390/98 dispõe sobre a exigência de parecer técnico emitido por profissional egresso de cursos superiores de Bacharel em Turismo, nos projetos e empreendimentos turísticos com recursos do Fungetur, nas cartas consultas e projetos turísticos na área de atuação da Sudam e Sudene e nos pedidos de apoio institucional ou financeiro oriundos de estados e municípios turísticos ou de potencial. Isso representou um ganho para os bacharéis em Turismo, pois foi um reconhecimento do organismo oficial da categoria enquanto profissional da área de Turismo.

No ano 2000, por meio da Portaria nº 1.518/00, foi criada a Comissão de Especialistas de Ensino de Turismo. A partir dessa portaria, os cursos superiores de turismo e hotelaria deixaram de ser competência da área de administração. Foi uma grande conquista para a formação profissional em turismo. Os bacharéis em Turismo nomeados foram: Luiz Gonzaga Godoi Trigo, Mirian Rejowski e Miguel Bahl. No mesmo ano, a Comissão de Especialistas em Turismo revisou o Manual de Orientação para Avaliação *in loco* das Condições de Autorização dos Cursos de Turismo e Hotelaria e o Manual de Orientação para Avaliação *in loco* das Condições de Reconhecimento dos Cursos de Turismo e Hotelaria.

O Ministério da Educação, por meio do Parecer CNE/CES nº 29/02, dispõe sobre as Diretrizes Curriculares Nacionais Gerais para a Educação Profissional de Nível Técnico. A proposta apresentada pelo MEC coloca os cursos superiores de tecnologia como "uma das principais respostas do setor educacional às necessidades e demandas da sociedade brasileira", porque o progresso tecnológico tem causado profundas alterações nos modos de produção, na distribuição das forças de trabalho e na sua qualificação. Outros pontos relevantes da proposta são:

- Articulação com os demais níveis de educação.
- Perfil do tecnólogo.
- Caracterização de 20 áreas profissionais, como turismo, hospitalidade, transportes, lazer e outras.

Em 2002, a Portaria do MEC nº 2.530/02 tratou da autorização e estabeleceu regras e critérios para o funcionamento dos cursos de pós-graduação *stricto sensu*.

As atuais Diretrizes Curriculares Nacionais do Curso de Graduação em Turismo foram aprovadas pelo Parecer CNE/CES nº 288/03.

O MEC, visando controlar o funcionamento dos cursos de pós-graduação *lato sensu*, nomeou, por meio da Portaria Ministerial nº 1.180/04, a Comissão Especial de Acompanhamento e Verificação dos referidos cursos.

Ainda em 2004, dentro da política de controle e avaliação da educação, foi criado pela Lei nº 10.861/2004 o Sinaes, que tem por objetivo assegurar o processo nacional de avaliação das IES, dos cursos de graduação e do desempenho acadêmico de seus estudantes, nos termos do artigo 9º – VI, VIII e IX da LDB.

Para implementar essa política, foi criada pela Portaria Ministerial nº 106/2004 a Conaes – Comissão Nacional de Avaliação da Educação Superior, cuja função é estabelecer os parâmetros gerais e as diretrizes para a operacionalização do Sinaes, como também coordenar e supervisionar os processos avaliativos previstos pelo referido sistema. A nomeação da Conaes foi publicada no Diário Oficial da União no dia 31 de maio de 2004.

Em 2004, acontecerá no mês de novembro o primeiro Enade, sistema que vem substituir o Provão. O Enade será aplicado a 44% dos alunos ingressantes e concluintes de curso superior, que serão sorteados para realizar a prova. Inicialmente, foram selecionadas 13 áreas, mas Turismo não figura entre elas. A intenção do Enade é avaliar o ingressante para saber como ele chega ao curso superior e o concluinte para identificar como ele está saindo, isto é, verificar quais os conhecimentos esse aluno adquiriu durante o curso.

Considerações Finais

A intenção deste estudo foi apresentar, de forma condensada, várias informações referentes à educação nos diferentes períodos da história do Brasil, bem como mostrar a relação existente entre história e educação.

A formação profissional no país só começou a se estruturar na segunda metade do século XX, portanto há pouco mais de 40 anos, o que nos leva a dizer que ainda se encontra em formação.

Desde a criação do primeiro curso de Turismo até hoje, muito foi feito pela formação profissional em Turismo, sobretudo a partir do período da redemocratização, quando as instituições de ensino e entidades do setor estabeleceram diálogo com os órgãos diretivos da educação no país.

Como resultado, na década de 1990, foi aprovada a Lei nº 9.394/96 – LDB, que deu maior flexibilização para o sistema nacional de ensino. Após a aprovação da LDB, o Parecer nº 35/71 e a Resolução s/n de 1971, já defasados em relação à realidade da área de turismo e que, de certa forma, engessavam a criação dos cursos, não tinham mais por que continuar vigorando. No ano seguinte, foi publicado o Parecer CNE/CES nº 776/97, que trata da orientação para as Diretrizes Curriculares dos Cursos de Graduação.

Nesse período, vários acontecimentos positivos aconteceram para a formação profissional de Turismo, que foram:

- Ter o primeiro representante de turismo na CEEAD da Secretaria de Educação Superior do MEC.
- O representante de turismo no período 1998/2000, junto ao CEEAD, conforme o Parecer CNE/CES nº 776/97 e o edital nº 04 de 10/12/97 da SESu/MEC elaborou, em conjunto com a ABBTUR, uma Proposta para as Novas Diretrizes Curriculares dos Cursos Superiores de Turismo, encaminhada à CEEAD com o nome de Modelo de Enquadramento das Propostas de Diretrizes Curriculares, que contemplavam no seu texto proposta para os cursos superiores de turismo e de hotelaria.
- O representante de turismo no período 1998/2000, junto ao CEEAD, elaborou um Manual de Orientação para Avaliação *in loco* das Condições de Autorização dos Cursos de Turismo e Hotelaria.
- O representante de Turismo no período 1998/2000, junto ao CEEAD, elaborou um Manual de Orientação para Avaliação *in loco* das Condições de Reconhecimento dos Cursos de Turismo e Hotelaria.
- Outros.

Todos esses acontecimentos marcaram o início de um novo período para a formação profissional em turismo, pois registraram o desligamento do ensino do turismo da área de administração e a conquista de autonomia para sua autogestão.

As várias formas que uma pessoa pode buscar para sua formação profissional em turismo são:

- Cursos de pós-graduação *stricto sensu* e/ou *lato sensu*.
- Cursos superiores de Turismo (bacharelado, tecnologia e seqüencial).
- Cursos de educação profissional.
- Cursos técnicos.
- Cursos livres.
- Outras.

Essas formas, presenciais ou não, são regidas por instrumentos legais que normatizam seu funcionamento. Essa normatização não é específica da área de turismo, abrange todas as áreas do conhecimento, podendo ser apropriadas e aplicadas para o turismo, propiciando ao educando a garantia da sua formação profissional.

No transcorrer do texto, chamamos a atenção várias vezes com relação ao cunho assistencialista dado à educação profissional ao longo da história, que busca propiciar alternativas de sobrevivência aos menos favorecidos. Esse tipo de condução dado à educação profissional permeia a educação brasileira e, atualmente, voltou de forma bastante marcante com a aprovação da Lei Federal MTP nº 10.097/00, também conhecida como "Lei do Aprendiz" Essa lei estabelece que as empresas, de acordo com o número de funcionários que possuem, devem criar postos de aprendizagem para jovens entre 14 e 18 anos e matriculá-los em cursos profissionalizantes ministrados por escolas técnicas do sistema "S" – Senai, Senac, Senat, SESCOOP, etc. – ou em organizações sem fins lucrativos qualificadas para o ensino de adolescentes.

Considerando o cenário apresentado, podemos dizer que existem formas, amparo legal, instituições e entidades no país que fazem parte do sistema de formação profissional para o turismo, o qual não está sendo utilizado adequadamente porque o mercado profissional ainda se mostra carente de mão-de-obra qualificada para atuar na atividade turística.

Sites Indicados

www.abmes.org.br

www.capes.gov.br

www.edudatabrasil.inep.gov.br

www.embratur.gov.br

www.inep.gov.br

www.mec.gov.br

www.mte.gov.br

www.pedagogiaemfoco.pro.br

www.semesp.org.br

www.semtec.gov.br

BIBLIOGRAFIA

ANSARAH, M. G. R. *Formação e Capacitação do Profissional em Turismo e Hotelaria.* São Paulo: Aleph, 2002.

ANSARAH, Marilia G. dos Reis e REJOWSKI, Mirian. "Panorama do ensino em Turismo no Brasil: Graduação e Pós-graduação". In *Turismo em Análise.* São Paulo: ECA/USP, 1996, v7, n.1, pp.36-

BRASIL. Ministério da Educação e Cultura. Parecer n 35/71.

BRASIL. Ministério da Educação. Parecer CNE/CES n 146/2002.

BRASIL. Ministério da Educação. Parecer CNE/CES n 288/2003.

BRASIL. Ministério da Educação. Parecer CNE/CP 29/2002.

BRASIL. Ministério da Educação.Resolução n 01/2001.

BRASIL. Ministério de Educação. Lei de Diretrizes e Bases da Educação. Lei n 9394/96.

BRASIL. Ministério do Trabalho e Emprego. Plano Nacional de Qualificação. Diretrizes para 2003-2007.

BRASIL. Parecer CNE/CEB n 16/99.

MATIAS, M. *Turismo: Formação e Profissionalização.* São Paulo: Manole, 2002.

REJOWSKI, M. *Turismo e Pesquisa Científica.* Campinas: Papirus, 1996.

TRIGO, L. G. G. *Cronologia do Turismo no Brasil.* São Paulo: CTI/Terra, 1991.

TRIGO, L. G. G. *Viagem na Memória.* São Paulo: SENAC, 2000.

Anotações

85-7241-568-8

CAPÍTULO

13 Profissão: Professor

Cecília Gaeta

> *O que disse Rousseau ao escrever Emílio?*
> *"Vou ensiná-lo a viver".*
> *Os professores devem ensinar a viver.*
> *Viver é assumir e afrontar nosso destino.*
> Edgar Morin

A profissão de docente sempre foi um campo repleto de misticismos e contradições. O gosto por educar os jovens, a vocação, a vontade de contribuir para o desenvolvimento da sociedade, entre outros, compelem o professor muito mais para o sacerdócio do que para a profissionalização. "*O que é de fácil comprovação quando se analisam as condições de trabalho do professor frente às outras profissões e inclusive frente aos conceitos sociológicos de profissão (Rodrigues e Esteves, 1993): parcos salários, regime parcial ou por hora/aula de contratação, pouca organização sindical, formação deficitária, trabalho prioritariamente isolado com excesso de preocupação por autonomia em contraste com a colegialidade, e pouco reconhecimento e consideração social*". No entanto, para que possa cumprir as exigências do contexto atual e continuar contribuindo para a consecução do progresso econômico, social e cultural, é necessária uma revisão no conceito do papel do professor e de sua inserção no mercado profissional.

Ser Professor

Houve um tempo, no início do século passado, em que uma visão iluminista determinava a função da escola, considerando-a redentora dos males que afligiam a sociedade. Investir em educação era indispensável para o desenvolvimento da nação. Segundo Nóvoa (1987, p. 2), "*a* escola *era encarada como a instituição chave para a transformação coletiva e individual... aos professores era reservada a mais nobre, a mais alta, a mais fundamental de todas as missões: educar o povo*". Segundo o mesmo autor, o perfil do professor, nesse período, se resumia na máxima: "*ter saber, saber ensinar, ensinar com vontade e moralizar com o exemplo e a palavra*".

Mas os tempos mudaram e, já na segunda metade do século, tanto o papel da escola como o perfil dos professores assumem características mais realistas. A missão da escola torna-se preparar as novas gerações para a integração consciente e crítica em uma sociedade dinâmica e globalizada. Os professores deixam de ser detentores e transmissores do "saber" e passam a ter como função principal a preparação dos alunos para a apropriação crítica desse "saber".

Iniciamos o novo milênio com a perspectiva de que, por toda parte e por toda gente, a busca do conhecimento será considerada condição indispensável para se alcançar qualquer fim. Vivemos em uma sociedade dominada pela informação, que se desenvolve de forma espetacular tanto no que se refere às fontes do conhecimento como à sua divulgação. Os indivíduos, todos, serão estimulados a aproveitar todas as ocasiões que se lhes apresentarem para aprender. Isso significa que surge uma nova expectativa sobre o papel do professor, pois depende deles, em grande parte, a realização dessas aspirações. O docente passa, então, a ser encarado como o agente de mudança: aquele que ajuda seus alunos a encontrar, organizar e gerir o saber.

Evidencia-se o consenso que, como muito bem explicitam Rodrigues e Esteves (1993, p. 42), *"se caminha hoje no sentido de definir a profissão do professor à altura dos desafios econômicos, sociais e educativos do mundo moderno. Fazê-la sair do quadro das atividades intuitivas e artesanais em que tradicionalmente tem estado inserida, e dotá-la de um quadro teórico de conjunto em que se fundamente cientificamente a intervenção profissional, é uma ambição, mas também é um imperativo social. A implementação de uma verdadeira formação profissional é uma medida fundamental no sentido do reconhecimento da profissão do professor"*.

Formar-se Profissional Professor

A expectativa sobre o papel do professor é de que forme o aluno para ser capaz de realizar-se como pessoa e profissional competente, inserido crítica e eticamente na sociedade em que vive. É uma situação nova e peculiar, pois a tarefa é complexa, um desafio enorme que muitas vezes atordoa o professor, fazendo-o questionar desde competências e habilidades no exercício da docência (qual a conveniência de se desenvolver esse ou aquele conteúdo? Como redimensionar seu trabalho em sala de aula?) até dúvidas sobre valores educacionais a que se deve referenciar (que caminhos escolher?). Além disso, não se concebe mais a atividade docente de forma isolada, envolvendo só o professor. É uma atividade compartilhada que requer profissionalização. Fundamentado na idéia de ter seu trabalho, há décadas, bem definido e resumido a ensinar o que sabe, o professor se sente confuso, se desestrutura, se sente perdendo a identidade e passa a questionar sua condição de assumir o novo papel. Restam-lhe poucas saídas: manter-se como está e correr o risco de ser ultrapassado; tentar se adaptar com os recursos que tem e/ou buscar ajuda para se adequar às novas alternativas. É nesse momento de incerteza que muitos professores recorrem (ou socorrem-se) a cursos de formação profissional.

Durante longo período, foi considerada eficiente e eficaz a participação de profissionais, de maneira eventual e descontinuada, em programas complementares ou paralelos, do tipo treinamento, reciclagem ou informação, com o objetivo de suprir as falhas da formação inicial e a deficiência de um ensino desatrelado da dinâmica do mercado de trabalho e, ao mesmo tempo, adaptar-se ao forte ritmo de mudanças, característico de nossa sociedade nos últimos tempos. Recentemente, os profissionais de todas as áreas começavam a admitir que precisam atualizar-se e aperfeiçoar seus conhecimentos e técnicas ao longo da vida. No caso específico da formação de professores, o conceito de educação continuada evoluiu e vem sendo substituído pelo de desenvolvimento profissional do docente que, conforme Garcia (*apud* Nóvoa, 1995:95), é:

> *... mais do que aos termos aperfeiçoamento, reciclagem, formação em serviço, formação permanente, convém prestar uma atenção especial ao conceito de* desenvolvimento profissional de professores, *por ser aquele que melhor se adapta à concepção atual do professor como profissional do ensino. A noção de desenvolvimento tem uma conotação de evolução e de continuidade que nos parece superar a tradicional justaposição entre formação inicial e aperfeiçoamento de professores e pressupõe uma valorização dos aspectos contextuais, organizacionais e orientados para a mudança.*

Desenvolvimento profissional pressupõe revisão, reflexão e mudança em dimensões como: cognitiva, pedagógica, teórica, pessoal e profissional. Ou, em outras palavras: aquisição e processamento de informações para construção de novos conhecimentos, melhora na docência por meio de atualização de conhecimentos específicos e da busca de novas habilidades de instrução e de gestão, intensificação da pesquisa para melhorar a reflexão sobre sua prática e conhecimento e compreensão de si mesmo para saber exatamente o que quer e como deseja promover seu desenvolvimento. Isso pressupõe um processo dinâmico de formação inicial e permanente que integram uma evolução.

Hoyle (*apud* Imbernón, 1998, p. 31) nos apresenta um quadro bastante interessante, que permite comparar as características de atuação dos professores com profissionalidade restrita e com profissionalidade desenvolvida (Tabela 13.1).

Nesse contexto, pensar em desenvolvimento profissional dos professores significa considerar as seguintes dimensões propostas pela OMT (1995, p. 197).

Tabela 13.1 – Características da atuação docente.

Profissionalidade restrita	Profissionalidade desenvolvida
Destrezas profissionais derivadas da experiência	Destrezas derivadas da reflexão entre experiência e teoria
Perspectivas limitadas ao imediato em tempo e espaço	Perspectivas que envolvem amplo contexto social da educação
Sucessos e experiências de aula percebidos isoladamente	Sucessos e experiências de aula percebidos em relação às políticas e metas estabelecidas
Metodologia fundamentalmente introspectiva relacionadas exclusivamente com o ensino	Metodologia baseada na comparação com a dos colegas e confrontada com a prática
Valorização da autonomia profissional	Valorização da colaboração profissional
Limitada participação em atividades profissionais não relacionadas exclusivamente com o ensino	Alta participação em atividades profissionais adicionais ao ensino e atividades de sala de aula
Leitura pouco freqüente de literatura profissional	Leitura regular de literatura profissional
Participação em tarefas limitadas de formação a cursos práticos	Participação considerável em tarefas de formação que incluem cursos de natureza teórica
O ensino é visto como atividade intuitiva	O ensino é visto como atividade racional

Fonte: Hoyle [*apud* Imbernón (1998, p. 31), tradução livre].

DESENVOLVIMENTO PEDAGÓGICO

O professor é responsável pela mediação entre o aluno e o conhecimento. Ao exercer essa função, esbarra em um tipo de organização do trabalho pedagógico que reforça seu papel de detentor de conhecimentos, os quais são transmitidos aos alunos de forma fragmentada, levando à rotina, à repetição e ao imobilismo. Nesse caso, ensinar se resume a dar aulas, transmitindo a matéria sem preocupações ligadas à maneira de aquisição de conhecimentos por parte do aluno, nem à construção de sua aprendizagem. É o professor especialista. No entanto, se considerarmos uma atividade conjunta entre professores e alunos em que todas as situações didáticas (aulas, laboratórios, etc.) organizadas e dirigidas, direta ou indiretamente, pelo professor tenham o objetivo de propiciar a assimilação ativa de conhecimento e habilidades pelos alunos, descreveremos um processo de ensino-aprendizagem adequado às demandas dos novos tempos. Partindo do pressuposto de que apenas o domínio do assunto não confere a competência para deflagrar e desenvolver o processo citado, o professor deve se preocupar com o seu desenvolvimento pedagógico no sentido de, como menciona Imbernón (2000, p. 38), *"se capacitar para planejar sua tarefa docente não como técnico infalível, mas como facilitador de aprendizagem, um prático reflexivo capaz de provocar a cooperação e participação dos alunos"*.

O desenvolvimento profissional deve, portanto, prever, estimular e propiciar condições para que o professor possa desenvolver sua competência pedagógica.

CONHECIMENTO E COMPREENSÃO DE SI MESMO

A identidade não é um dado imutável nem adquirível, mas sim algo que vai sendo construído ao longo da vida de cada sujeito. Trata-se de um processo de tomada de consciência gradativa das capacidades e possibilidades, das revisões de seus valores, de suas angústias, de seus anseios. É imprescindível saber o que se é para saber o que se quer, saber "ser" para saber "fazer". Uma identidade profissional se constrói a partir do significado que a profissão tem para cada um, a partir de sua história de vida, de seu modo de situar-se no mundo. Assim, a identidade do professor se estabelece a partir do que significa para ele "ser professor".

No entender de Pimenta (1999), muitas vezes os professores têm uma percepção do "ser professor" por sua experiência como alunos ou pelas informações, nem sempre fidedignas, dos meios de comunicação. Também têm a clareza de ser professor disso ou daquilo (matemática, geografia, turismo) conforme os conhecimentos de sua área de estudos. Poucos se perguntam quanto os saberes da experiência e os saberes do conhecimento são suficientes para que se "vejam como professores".

O professor que tem claro seu papel docente dificilmente se abate com as mazelas do dia-a-dia e se desestrutura com a complexidade das expectativas que se acumulam sobre si, mas uma atitude profissional de atualização e adequação de seu perfil às novas demandas educacionais e/ou sociais.

DESENVOLVIMENTO PROFISSIONAL

A maior exigência de capacitação dos professores para responder às novas características do sistema educacional requer que os conteúdos formativos contemplem não só a atualização daquilo que é considerado conhecimento específico do processo ensino-aprendizagem, mas também abarquem matérias e temáticas não consideradas até então. Dessa forma, um processo de desenvolvimento profissional de docentes deve disponibilizar informações sobre métodos de ensino modernos, conseqüência da internacionalização dos estudos, incorporação da informática como ferramenta de trabalho e pesquisa, trabalhos em equipe, motivação e liderança, integração com o setor empresarial e o mercado de trabalho, planejamento estratégico, gestão de qualidade, gestão participativa, tomada de decisões, preservação do meio ambiente, integração com a comunidade, etc. Em suma, espera-se que os professores possam abrir seus horizontes, de modo a corresponder às expectativas sobre sua função que hoje vigoram na sociedade. Ou como considera Imbernón (2000, p. 42), "*a formação deveria dotar o professor de instrumentos intelectuais que possam auxiliar o conhecimento e interpretação das situações complexas com que se depara*".

DESENVOLVIMENTO COGNITIVO

Durante muito tempo, o conteudismo foi a condição determinante para o exercício da docência. Depois, a perspectiva técnica e racional que controlava a formação dos professores pressupunha um conhecimento uniforme para todos os professores, sobretudo metodológico. Atualmente a ênfase se concentra em atitudes: como o professor age diante dessa ou daquela situação de ensino-aprendizagem. É claro que isso significa a mesma postura em relação ao cognitivo. Imbernón (2000, p. 16) constata que "*o professor possui conhecimentos objetivos e subjetivos adquiridos em um processo amplo e não linear,... ligados à pratica profissional e... em um processo complexo, adaptativo e experiencial*" que devem ser prioritariamente considerados e valorizados em seu projeto de formação, mas devem ser também constantemente revisados e atualizados em um processo contínuo de pesquisa. Entenda-se, aqui, pesquisa individual e com os alunos. A "*pesquisa permite descobrir, organizar, fundamentar, revisar e construir teoria. Se necessário, deve-se ajudar a remover o sentido pedagógico comum, recompor o equilíbrio entre os esquemas práticos predominantes e os esquemas teóricos que os sustentam... é o desenvolvimento de instrumentos intelectuais para facilitar as capacidades reflexivas sobre a própria prática docente*", conforme Imbernón (2000, p. 55). Portanto, a pesquisa deve fazer parte intrínseca de um projeto de desenvolvimento profissional.

DESENVOLVIMENTO DA CARREIRA

O professor precisa desenvolver o senso de carreira docente em contraposição ao especialista que ministra aulas. Sua atuação não deve se limitar às salas de aula, mas sim estabelecer mecanismos de reajustes de modo a participar de um projeto comum em que possa intervir na organização, nas decisões, no currículo e nas diretrizes do processo de ensino-aprendizagem. Apesar de parecerem superadas, ainda encontramos arraigadas as proposições messiânicas nos docentes. Em muitos depoimentos, ainda afloram uma incerteza sobre o papel do professor e uma despreocupação sobre aperfeiçoamento, crescimento e carreira. O professor deve se enxergar como trabalhador que vende sua força e competência de trabalho. Deve superar as dependências e o isolamento e buscar novos caminhos, novos comprometimentos e se achegar e conquistar melhorias não só pedagógicas, mas pessoais e profissionais.

Segundo Veiga et al. (1997), os elementos que caracterizam a profissionalização do trabalhador são seu grau de qualificação e autonomia, o controle hierárquico que sofre, o prestígio social que possui, o grau de organização como categoria, a funcionarização e o assalariamento. Com base nesses critérios, a autora considera que os professores são semiprofissionais, porque apesar de apresentarem alguns fatores de qualificação pedagógica e de autonomia, não apresentam outros, tais como:

- A organização das universidades determinando "*condições nas quais se enfatizam o parcelamento das tarefas, a rotinização do trabalho e a especialização exacerbada... faz com que o trabalhador fique expropriado dos conhecimentos necessários à concepção daquilo que, em algum momento, produz: é a desqualificação*".

- Nossas instituições de ensino superior adotam, no princípio de divisão de tarefas, a separação entre concepção e execução do trabalho. Essa divisão entre os que pensam e os que executam exclui os professores das decisões curriculares, fazendo com que não participem do processo que vivenciam, tornando a docência repetitiva, mecânica e dependente.
- Muitas vezes, o material pedagógico e as referências bibliográficas chegam prontas às mãos dos professores, assim como as alternativas metodológicas como laboratórios, informática, etc., gerando um controle técnico informal.
- O número considerável de conselhos, comissões e colegiados e representantes de cada um deles torna as decisões administrativas bastante distantes do professor.
- O sistema de organização da categoria é bastante questionável. Apesar de muitos pertencerem a sindicatos, há participação inexpressiva em mobilizações, assembléias e outras formas de organização.
- O nível de desprestígio da categoria, os baixos salários, as condições inadequadas de trabalho já são de domínio público e veiculados constantemente pela mídia.

Essa última análise nos permite ressaltar a complexidade de um processo efetivo de desenvolvimento profissional. A profissionalização não pode ser vista como sinônimo de qualificação e capacitação, mas como expressão de uma posição social e ocupacional. Ser profissional significa exercer uma atividade organizada que esteja inserida no sistema dinâmico do mercado de trabalho. Isso implica dominar uma série de capacidades e habilidades específicas que nos permitam entrar nessa dinâmica e, principalmente, interagir com a cultura profissional em seus variados aspectos, como concepção da função docente, processos de formação inicial e permanente; interagir, também, com os requisitos de acesso à profissão, com a avaliação continuada, com as condições de trabalho e de construção da carreira docente, com as políticas educativas, com os projetos pedagógicos das instituições, com as diretrizes curriculares e com as organizações escolares, por exemplo. Ser profissional é participar de uma cultura que permita melhorar os indivíduos, os processos e os produtos de trabalho e, portanto, requer, antes de tudo, maturidade pessoal e responsabilidade ética. É evidente que o professor precisa de novos sistemas de trabalho e é necessário, pertinente e urgente que novos subsídios lhe sejam oferecidos em termos de formação para que possa desenvolver sua profissionalização.

Ser Professor de Turismo e Hotelaria

Construir a identidade docente é algo muito complexo e pessoal, além de e extremamente importante para uma atuação competente e gratificante. No entanto, estabelecer um perfil sobre os professores Garcia (1999, p. 246) considera *"pouco menos que pretensioso"*. Algumas características são evidentes e genéricas, como vimos nos parágrafos anteriores, mas o autor ressalta que outras características devem ser incluídas na lista proposta, dependendo da área de estudos na qual irá lecionar, pois as profissões exigem competências, habilidades e acervo de conhecimentos próprios. Quais seriam, no caso de turismo e hotelaria, as especificidades?

O turismo é uma área extremamente dinâmica, versátil e prática, como todas as áreas de prestação de serviço. As necessidades de adaptação constante dos serviços turísticos às exigências da demanda requerem a mesma presteza do sistema educativo e interferem diretamente nas funções do professor.

A primeira conseqüência disso é que os professores devem estar conscientes do caráter mutável do setor e da prioridade de adequação permanente de seu acervo de conhecimentos. Portanto, a atividade de pesquisa sobre seu conhecimento específico deve ocorrer simultaneamente em duas direções: aprofundamento e inter-relação com outras disciplinas; e em duas dimensões, teórica e prática. O que isso significa exatamente? Pensemos, por exemplo, em professor especializado em Legislação Turística e que está procurando se manter em sintonia com as demandas da área. Sua investigação, com certeza, está direcionada para o aprofundamento das questões jurídicas relativas à prática do turismo. Mas, por ser o turismo uma atividade de caráter multidisciplinar que envolve a integração de várias áreas de estudos, sua pesquisa deve ser complementada com informações sobre outras áreas de estudos que fazem intersecções com sua disciplina. Em outras palavras, o nosso professor, ao se utilizar, por exemplo, de um estudo de caso sobre a Ilha de Alcatraz, precisaria se aprofundar em legislação específica para uso de ilhas para o turismo, mas também precisaria saber – à medida que esses temas possam interferir ou interagir com a sua disciplina – sobre geografia: os impactos e conseqüências do uso desse território para o turismo; ciências ambientais: a diferença entre a teoria sobre o uso ideal do território da ilha para o turismo e a contraposição com o ecoturismo e a preservação ambiental; história: cultura da população local; economia: o significado das atividades pesqueiras na região; políticas ambientalistas: os princípios do Greenpeace e, até, sobre estratégias de treinamento da marinha e impactos químicos das munições sobre o território.

No entanto, essa investigação, além de caminhar nas direções de aprofundamento e inter-relacionamento, também deve atingir as dimensões teórica e prática. O professor terá verdadeiro domínio sobre esse conhecimento quando tiver vivenciado a prática de realizar turismo na Ilha de Alcatraz, tiver convivido com a realidade do turismo de massa, do turismo extra-oficial, do ecoturismo, das atividades amadoras e clandestinas, tiver presenciado o envolvimento da comunidade local, tiver ouvido os tiros da marinha. Só assim terá conhecido os meandros da prática da prestação de serviços.

A segunda conseqüência, nesse caso, bastante peculiar ao turismo: o dinamismo e as transformações das atividades turísticas exigem que o professor revisite continuamente a teoria e a prática, pois o que é verdade hoje pode ser arquivo morto amanhã. Há bem pouco tempo, o planejamento estratégico das empresas turísticas voltava-se para o turismo de massa. Hoje, fala-se da *nova era do turismo*, na qual as novas tecnologias e as exigências de uma clientela mais experimentada alteram, continuamente, as leis da oferta e demanda e as estratégias de ação das empresas; ao turismo de massa se agregaram vários outros segmentos, como o turismo de negócios, de saúde, de compras, de estudos, etc. e diferentes públicos como "melhor idade", estudantes em intercâmbios, GLS – *gays*, lésbicas e simpatizantes e muitos outros. Portanto, o professor deve estar intensamente envolvido com o *trade*[1] turístico para acompanhar as transformações e manter-se atualizado. Desse modo, deve ter "um pé no mercado e outro em sala de aula".

Se a tarefa de pesquisa já é árdua em função do acervo de conhecimento em contínua ebulição, a tarefa de docência, em turismo, não se apresenta mais simples como transformar esse acervo de conhecimentos, mutante, em um processo de ensino eficiente e interessante? O que nos parece mais prudente é que a teoria deve subsidiar a prática, no sentido de promover a indução, dedução, reflexão, criatividade e tomada de decisões, entre outras, nas situações de exercício profissional. "Receitas de sucesso" efetivamente não funcionam, pois podem tornar-se defasadas rapidamente. O professor de economia de turismo que, há alguns anos, se restringia a ensinar seus alunos como direcionar seu planejamento estratégico em função de uma demanda de turismo interna tímida e para o exterior elevada, em função de uma política econômica estável, da queda da inflação e de uma conversão de dólar equilibrada, pode ter deixado alguns profissionais iniciantes, no mínimo, em dificuldades financeiras por falta de opções criativas para atuar com a nova cotação do dólar em suas atividades. Para se aprender turismo é preciso desenvolver a habilidade de adequar conhecimentos com criatividade. Ensinar turismo, portanto, pressupõe que o professor seja capaz de transpor para suas aulas o dinamismo do dia-a-dia do profissional da área, o que exige fundamentação teórica e interface com os empreendimentos turísticos.

Concluímos, portanto, que os professores de turismo devem ter plena consciência das conseqüências que o dinamismo e a versatilidade da área de turismo imprimem à docência, sem a qual não poderão adequar os conteúdos formativos e aproximar o sistema educacional do mercado de trabalho.

Considerações Finais

Diante dos aos enormes desafios que o professor de turismo e hotelaria deve enfrentar, surgiu uma dúvida inquietante: estarão preparados para tal? Aplicamos uma pesquisa junto ao corpo docente de algumas instituições de ensino superior de turismo e hotelaria e obtivemos os dados do Quadro 13.1 e da Tabela 13.2.

[1] Definição de *trade* turístico: conjunto de agentes, operadores, hoteleiros, transportadores e prestadores de serviços; utilizado, também, como sinônimo de mercado ou setor empresarial. *Trade* turístico: são organizações privadas ou governamentais atuantes no setor de Turismo e Eventos (Turismo..., 2000).

A análise e reflexão sobre os depoimentos que originaram a Tabela 13.2 levam a confirmar nossa hipótese inicial de que grande parte dos professores em turismo e hotelaria não estão adequadamente preparados para assumir a tarefa que se lhes propõem. Apresentam características de pouca especialização e de visão individualista do processo, inadequadas para enfrentar os novos paradigmas do turismo e da profissão docente. Ao recrutar profissionais do mercado, ou professores de áreas afins para atuarem no ensino do turismo e hotelaria sem lhes proporcionar oportunidade de adequada preparação, comete-se um enorme desperdício de recursos humanos com a conseqüente desqualificação do processo ensino-aprendizagem. Urge que se implemente um programa de desenvolvimento de professores em turismo e hotelaria que, tendo a visão de toda a complexidade do processo, não se restrinja a promover cursos de abrangência parcial ou aplicabilidade pontual. O que queremos ressaltar é que fornecer bibliografia isolada, ensinar técnicas de ensino modernas ou incentivar a atualização por meio de participação em congressos ou atividades afins, por exemplo, descontextualizadas de toda a problemática referida é efêmero e, portanto, ineficaz. É preciso promover o desenvolvimento profissional do docente em todas as suas dimensões: pedagógicas, cognitivas e teóricas, assim como nas profissionais e pessoais.

Quadro 13.1 – Características dos professores (Gaeta, 2000)

64% têm entre 30 e 50 anos de idade
33,3% não têm titulação
52% migram de outras áreas de estudos
57,7% atuam em áreas específicas do turismo e hotelaria
51% não têm especialização na área em que lecionam
20% são mestres ou doutores em turismo ou hotelaria
71,1% não têm especialização docente
77,8% são professores com menos de seis anos de docência
82,2% dão aulas em mais de uma instituição de ensino
88,4% ministram disciplinas específicas de turismo e hotelaria
77% dão aulas em mais de um curso

Há que se iniciar pela sensibilização conjunta da instituição de ensino, das coordenações acadêmicas e do corpo docente para a incorporação da visão do ensino como atividade racional e profissional e da importância de um projeto de desenvolvimento integrado e co-responsável de todos os envolvidos.

Tabela 13.2 – Resumo de tabulação dos dados da pesquisa (Gaeta, 2000)

	Papel de professor de turismo e hotelaria	Dificuldades	Sugestões de otimização
Ponto de vista dos professores	Ser um *expert* no assunto que ministra (25%) Formador de competências técnicas (21%)	Ação docente (36,8%) (sendo 71,9% no relacionamento com aluno) Parceria com instituições de ensino superior (27,6%) (sendo 33,3% no salário defasado) Planejamento docente (19,6%) (sendo 35,3% em bibliografia escassa) Desenvolvimento pessoal (16%) (sendo 78,5% em tempo disponível)	Condições de trabalho (46%) (sendo 34,5% em melhoria de seleção de alunos) Apoio ao docente (31,7%) (sendo 30% em política de capacitação *versus* carreira) Incentivo à atualização (22,2%) (sendo 85,7% sobre estabelecimento de carga horária remunerada para pesquisa)
Ponto de vista dos coordenadores	Ser um *expert* em turismo (11,7% conhecimento profundo + 41% atualização) Promover adequação da disciplina ao mercado (35,3%)	Falta de iniciativa para atualização - interesse ou condições (30%) Pouco hábito de revisão e reflexão (20%) Pouco academicismo e didática (15%)	Reuniões constantes (26,3%) Incentivo à participação em eventos (26,3%) Divulgação e socialização de bibliografia (26,3%)
Ponto de vista dos alunos	Ser um *expert* no assunto (5% conteúdo + 39% interação mercado) Gostar de ser professor	Muita teoria e pouca prática (31,5%) Desconsideração pelos alunos (26%) Aulas mal preparadas (20%)	Aulas dinâmicas e interessantes (44%) Interação com o mercado por meio de exemplos e aulas práticas (39%) Interação professor e aluno (12%)

Falar a mesma linguagem, valorizar os mesmos princípios, instituir planos de carreira e de avaliação, possuir uma política salarial com prêmios e benefícios, promover atividades de apoio e desenvolvimento, participar e se envolver com diretrizes e projetos pedagógicos, se envolver e participar de todas as atividades são declarações oficiais de apoio, incentivo e comprometimento da instituição com os objetivos da equipe.

Junto aos professores, o primeiro passo é o conhecimento de si mesmo, a imagem do que é ser professor. A conscientização do que é ser professor de turismo e hotelaria pressupõe a incorporação da metodologia de revisitar constantemente a teoria e a prática de modo a tornar-se um *expert* no assunto que irá lecionar. Em outras palavras, significa: (1) ter conhecimento profundo e, ao mesmo tempo, atualizado da sua área específica de ensino; (2) imprimir um caráter multidisciplinar à sua disciplina de modo a atender à necessidade de relacionamento das diferentes áreas de ensino e o turismo; (3) interagir plenamente com o mercado profissional de turismo de forma a compreender os meandros e as sutilezas da área; (4) fazer a transposição didática adequando os conteúdos formativos e aproximando o sistema educacional do mercado de trabalho; (5) dominar métodos e técnicas de ensino para facilitar e otimizar sua ação docente.

É importante ressaltar que a possibilidade de aproximação do fenômeno turístico por diferentes perspectivas pode constituir sua principal debilidade. Embora as investigações realizadas sobre atividade turística indiquem a necessidade da interação entre áreas, os professores continuam trabalhando, estritamente dentro dos limites de sua própria área de formação e atuação. Isso estrangula a possibilidade de aproximações interdisciplinares e gera esforços fragmentados e dispersos, condicionando uma investigação parcelada e descontextualizada. O grande objetivo das disciplinas em turismo e hotelaria é conseguir uma perspectiva conjunta e, portanto, mais enriquecedora de vários campos acadêmicos. Para tanto, é necessário um esforço redobrado em pesquisa genérica e específica, teórica e prática, sintetizada em forma de publicações especializadas em turismo, do grande número de congressos, seminários e reuniões nacionais e internacionais e os programas de integração empresa *versus* escola.

Uma das metodologias que deveriam ser incrementadas na formação dos professores de turismo e hotelaria, principalmente daqueles que têm pouca experiência profissional no mercado turístico, é a realização de períodos de prática e observação em empresas. O objetivo é conhecer diferentes métodos empresariais e diferentes realidades operativas e organizacionais, evoluir na maturidade profissional e gerar maior conhecimento por parte do professorado sobre a realidade mutável do setor turístico. Em última análise, permitiria conhecer os meandros e as sutilezas da área de turismo e hotelaria.

Em razão do nível, dos objetivos e das necessidades apontadas pelos próprios professores, é relevante propiciar condições para o desenvolvimento de competências e habilidades docentes no que se refere à transposição didática, além de métodos e técnicas de ensino adequados. A aprendizagem é o momento mais importante do processo educativo, quando se dá o encontro entre a proposta pedagógica e o aluno. Quando essa inter-relação se desequilibra, todo o processo é questionado. O professor deve estar preparado para sistematizar seus conhecimentos e transformá-los em material de aprendizagem de interesse de seus alunos.

O processo de desenvolvimento profissional docente é contínuo, principalmente na dinâmica área de turismo e hotelaria. A criação e manutenção de um centro de apoio aos professores, na própria faculdade, seria uma forma de manter vivos o interesse e a continuidade do processo. A proposta do centro seria, por exemplo socializar e partilhar informações técnicas e atualizadas, assim como estudos de caso, bibliografias, textos didáticos, relatos de experiências empresariais, oferecer possibilidades de discutir situações de ensino, analisar, e viabilizar e fazer propostas de projetos, facilitar o contato dos professores com seus colegas e outras instituições de ensino, etc.

Afinal, exercer a docência em turismo e hotelaria não é uma tarefa fácil. O professor só efetuará todo esse esforço se tiver consciência da importância de sua atuação no sistema de ensino e na sociedade à qual pertence e *quiser efetivamente* assumir esse papel, o que significa, em última instância, relevar o caráter messiânico e improvisado que tem predominado no perfil dos professores e se profissionalizar. No entanto, o processo de desenvolvimento profissional do professor é complexo e abrangente, exige comprometimento, esforço e dedicação de toda a comunidade acadêmica envolvida. Só assim produz resultados eficazes para a otimização da prática docente, otimização esta que deve ser urgentemente revista pelas instituições de ensino preocupadas com a qualidade dos cursos de turismo e hotelaria que oferecem.

Questões para Discussão

1. Alguns professores dizem que "é muito difícil ser professor do ensino superior atualmente". Como reage a esse desafio?
2. Que atividades desenvolve e que atitudes toma para facilitar a aprendizagem dos alunos?
3. E o inverso, que ações e comportamentos adota e não sente a receptividade que gostaria de seus alunos?
4. Que atividades didáticas poderia utilizar para "importar" para a sala de aula questões prementes do mercado de trabalho em turismo, hotelaria e áreas afins?
5. Como analisaria o seguinte texto (elaborado a partir das reflexões suscitadas pela realização de uma atividade de acompanhamento e assessoria didática ao professor da disciplina de Legislação Ambiental do curso de pós-graduação "especialização" em Ecoturismo da Faculdade Senac – Serviço Nacional de Aprendizagem Comercial de Turismo e Hotelaria):

João Alcatraz

Era uma vez uma ilha. Ilha como muitas outras: cercada de água por todos os lados. Apesar de igual, algo a particularizava: atraía diferentes olhares. E isso, em alguns momentos, a envaidecia; em outros, a aborrecia e em muitos, a confundia: afinal, que ilha era ela?

A marinha brasileira a considerava excelente alvo para seus exercícios de tiros. Bem localizada, com formação geológica adequada para absorver impactos, sem vizinhança que pudesse ser incomodada pelo barulho e atingida pelos projéteis. A ilha é nossa!

Não era bem assim que consideravam os pescadores da região, que viam seus peixes, antes abundantes e variados no entorno da ilha, fugirem para alto-mar em busca de lugar mais pacífico, levando com eles o sustento de suas famílias. A ilha é nossa!

Os ecologistas, com suas peculiaridades, revoltaram-se (quase chamaram o Greenpeace). "Estão acabando com um dos nossos santuários ecológicos e com todas as possibilidades de desenvolvimento de um turismo/hotelaria ecológico sustentável!" A ilha é nossa!

Os cientistas naturais reivindicavam seu direito de, para o bem da humanidade, pesquisar a rica biodiversidade da região. A ilha é nossa!

E a ilha, ali no meio de tantos olhares, se confundia. Tendia para um lado, para o outro; sorria, chorava, ia e vinha. Era uma ilha em conflito que esperava que um dia, todos esses olhares vissem que, acima de tudo, ela era uma ilha. A Ilha de Alcatraz.

Era uma vez um professor de turismo e hotelaria. Um professor como muitos outros: cercado de alunos por todos os lados. Apesar de igual, algo o particularizava: atraía diferentes olhares. E isso, em alguns momentos, o envaidecia; em outros, o aborrecia e em muitos, o confundia: afinal, quem era ele?

A comunidade considerava que, por ser um profissional de turismo/hotelaria bem sucedido e por ser a área tão carente de novos e bons profissionais, ele deveria ser capaz de formar outros profissionais de turismo e hotelaria competentes, inseridos de forma produtiva e eficaz no mercado.

A coordenação pedagógica da instituição escolar, além de concordar com a comunidade, considerava que, por ser um profissional bem-sucedido, deveria ser um professor bem-sucedido, capaz de transmitir com segurança sua experiência e, desse modo, promover a aprendizagem e a pesquisa no aluno, para o bem da instituição e da área de turismo e hotelaria.

O aluno... Ah! O aluno tinha diferentes olhares, variava sua opinião dependendo de sua expectativa: há um tempo considerava o professor um deus, o senhor de todas as verdades, o salvador de suas futuras profissões, o mestre conhecedor de tudo que é necessário para ser bem-sucedido na vida. Mas, oh! incoerência, ao mesmo tempo, é responsável por todos os seus erros e fracassos: "se o aluno não aprendeu, o professor não ensinou".

E o professor, ali no meio de tantos olhares, se confundia. Tendia para um lado, para o outro; sorria, chorava, ia e vinha. Era um professor em conflito que esperava que, um dia, todos esses olhares vissem que, acima de tudo, ele era um professor. O professor João.

Um dia, o professor João olhou a Ilha de Alcatraz. A princípio, se espantou: havia algo, não sabia bem o quê, que o atraía. Como lidava com maestria com os diferentes olhares!

Parte 2

Aos poucos, verificou que, apesar de parecer sozinha e isolada, a Ilha partilhava com a marinha, os pescadores, os ecologistas e cientistas a sua razão de ser. E, apesar de parecerem contraditórios e egocêntricos, eram parceiros, pois juntos desejavam uma solução para melhor interagirem e partilharem de todo o seu potencial. Aos poucos, identificou-se com a Ilha: quanto mais *a* entendia, mais *se* compreendia. Foi sentindo com menos angústia a solidão que vivia. Foi olhando com outros olhos os olhares que recebia. Foi compreendendo a importância do olhar, repleto de significados e sentimentos próprios, que não se contêm nos limites estreitos de uma estrutura, mas que apreendem as variações, as diferenças e se situam fora daquilo que para nós é comum. E o professor João foi compreendendo como lidar com os diferentes olhares que recebia e as expectativas que cada um trazia. E, mais importante que isso, foi aguçando seu olhar no sentido de ver outras dimensões daquilo que se apresentava. E descobriu que nada é definitivo, que não existe um único olhar, tudo depende da ótica e da atitude de quem analisa. E o professor João foi olhando com outros olhos os olhares que emitia.

E assim, de olhar em olhar, de desejo em desejo, foi se sentindo mais importante e mais forte no seu papel de professor; cada dia mais firme, cada dia mais belo, cada dia mais... professor.

Cecília Gaeta

Sites Indicados

pwp.netcabo.pt/cfcp-cascais/: Centro de Formação Contínua de Professores de Cascais – Portugal.

www.abav.com.br/eventoabav/noticias.asp?id=114: relato do Evento ABAV Associação Brasileira de Agentes de Viagem. "Conscientização profissional sobre a importância da capacitação".

www.cedes.unicamp.br/revista/rev/sumarios/sum64.html: artigos sobre competência profissional na Revista Educação e Sociedade n°64 da Unicamp – Universidade Estadual de Campinas.

www.cinterfor.org.uy//: Centro Interamericano de Investigación y Documentación sobre Formación Profesional. Novidades e publicações.

www.eca.usp.br/prof/moran/brasil.htm: endereços brasileiros interessantes em educação e comunicação.

www.finep.gov.br/: biblioteca da Finep (Financiadora de estudos e projetos) do Ministério de Ciência e Tecnologia. Indicação de bibliografia.

www.ilo.org/public/spanish/region/ampro/cinterfor/temas/complab/evento/telec.htm: relato sobre o Simpósio Educação Profissional e Competências: o modelo britânico e perspectivas brasileiras. Publicação das conferências e discussões.

www.oei.es/rifad01.htm: vasta bibliografia sobre formação de professores (em espanhol).

www.unige.ch/fapse/SSE/teachers/perrenoud/php_main/php_1999/1999_36: texto sobre profissionalização do professor e desenvolvimento de ciclos de aprendizagem escrito por Philippe Perrenoud para a Faculdade de Psicologia e das Ciências da Educação. Universidade de Genebra.

www2.uerj.br/~ffp/: Faculdade de Formação de Professores da Universidade do Rio de Janeiro.

BIBLIOGRAFIA

GAETA, M. C. Diagnóstico da ação docente de professores de turismo e hotelaria. São Paulo: PUC, 2000. Dissertação (Mestrado) – Pontifícia Universidade Católica de São Paulo, 2000.

GARCIA, C. M. *Formação de Professores para uma Mudança Educativa.* Lisboa: Porto, 1999.

IMBERNÓN, F. *La Formación y el Desarrollo Profesional del Profesorado: hacia una nueva cultura profesional.* 4. ed. Barcelona: Graó, 1998.

IMBERNÓN, F. *Formação Docente Profissional: formar-se para a mudança e incerteza.* São Paulo: Cortez, 2000.

MORIN, E. *Os Sete Saberes Necessários para a Docência no Século XXI.* Trad. Catarina Eleonora F. da Silva e Jeanne Sawaya. São Paulo: Cortez, 2000.

NÓVOA, A. *Em Tempo de ser Professor (palestra proferida em 16/11/87).* 2. ed Lisboa.

OMT (Organização Mundial do Turismo). *Educando Educadores para o Turismo.* Valência: OMT, 1995.

RODRIGUES, A.; ESTEVES, M. *Análise das Necessidades na Formação de Professores.* Lisboa: Porto, 1993.

PIMENTA, S. G. (org.). *Saberes Pedagógicos e Atividade Docente.* São Paulo: Cortez, 1999.

TURISMO – Visão e Ação – glossário, Universidade Vale do Itajaí, ano 2 (4), Fev. 2000.

Parte 2

CAPÍTULO 14

Hotelaria: Qual Formação?

Mariana Aldrigui Carvalho

Introdução

O crescimento da atividade turística no Brasil e, por conseqüência, da atividade hoteleira, levou a um aumento na oferta de cursos superiores nessas duas áreas em praticamente todos os estados brasileiros. Esse aumento, aparentemente, deveu-se em grande parte ao "modismo", em detrimento da efetiva resposta às necessidades dos locais onde nasceram os cursos, ou ainda de uma análise das tendências futuras do mercado de trabalho.

Cooper, Shepherd e Westlake (1994) afirmam que um movimento, ainda pequeno, em nível mundial aponta para a necessidade de agentes mais bem capacitados para atuar em todas as esferas do turismo, e que os cursos superiores têm sido os principais responsáveis por essa capacitação, uma vez que não se percebe o real interesse de empresários e empresas em investir efetivamente na capacitação da mão-de-obra. Da mesma forma, eles não têm percebido grande interesse dos empregadores em dar oportunidade para alunos recém-saídos dos bancos escolares, onde, teoricamente, foram preparados para atuar na área.

Apesar disso e da crescente necessidade de mão-de-obra qualificada no setor para alavancar o desenvolvimento do turismo, não há garantias de que o curso superior, da forma como se apresenta hoje, seja suficiente para formar os alunos que, em sua maioria, atuarão no mercado de trabalho.

Conhecimento e Formação em Hospitalidade

Walker (1999, p. 4) afirma que "o conceito de hospitalidade é tão velho quanto a própria civilização. A sua evolução do antigo costume de partilhar o pão com um estrangeiro de passagem às operações dos atuais conglomerados da hospitalidade é um tema de leitura fascinante". A mudança de foco do negócio, ou melhor, a compreensão de que os serviços ligados à hospitalidade poderiam ser lucrativos deu início ao que podemos entender como os princípios da hotelaria moderna.

Portanto, não é difícil chegar à conclusão de que a educação na área de hospitalidade começou da necessidade de treinar pessoas para o trabalho, capacitando os aprendizes nas tarefas que lhes seriam delegadas, sem maiores preocupações em relação à crítica ou reflexão. John Tribe, que divide com David Airey a autoria do capítulo *Education for Hospitality* no livro *In Search of Hospitality* (*apud* Tribe 1999, p. 119) refere-se à ação vocacional do currículo focado na capacitação dos alunos para fazer ou "entender as coisas, envolvendo-se com o mundo das ações, e engajando-se no mundo como ele é". Ele mesmo aponta que a existência de cozinhas e restaurantes experimentais, bem como de laboratórios de práticas operacionais, é uma forte evidência dessa situação.

85-7241-568-8

 85-7241-568-8

Alguns cursos procuraram introduzir técnicas administrativas; entretanto, por serem exclusivamente operacionais ou equilibrando conhecimentos operacionais e gerenciais, os programas continuaram a atender às necessidades dos empregadores, sendo o mercado a maior influência nos currículos dos cursos oferecidos. "Em outras palavras, a educação para a administração da hospitalidade foi uma área efervescente da oferta educacional, crescendo mais que a média dos demais cursos. *Da forma que o currículo é conhecido, as origens e a influência do mercado são marcantes (grifo do autor)*" (Lashley, 2000, p. 277).

Evans (*apud* Cooper *et al.*, 1994) coloca que as críticas a educadores da hospitalidade, por parte de educadores das áreas humanas, referem-se ao fato de que os programas da hospitalidade ensinam aos alunos "como fazer" e não "como pensar", o que é razão para o descrédito da comunidade acadêmica.

Nota-se, a partir da leitura do Quadro 14.1, que a administração da hospitalidade é um curso de fortes características interdisciplinares, sendo interessante notar que o aspecto inter e extradisciplinar não é exclusivo do ambiente universitário. Pelo contrário, ele se origina no mundo dos negócios e no ambiente externo à universidade, como grupos de interesse específicos, institutos de pesquisa, empresas de consultoria, entre outros. A aplicabilidade ou a efetiva utilidade na solução de problemas do mundo real é que ratificam sua importância na composição do currículo. Por conseqüência, ele será abordado em pesquisas e na produção de textos acadêmicos. "Mas o tamanho e a experiência da comunidade acadêmica significam que a base do conhecimento está vivenciando rápidas mudanças" (Lashley, 2000, p. 289).

A principal conclusão dos autores Airey e Tribe é que está próximo o momento em que haverá um rompimento com a pura orientação vocacional dos cursos, buscando maiores e melhores relações com outros territórios, estabelecendo novas discussões que envolvam os aspectos culturais, sociais e antropológicos da hospitalidade. No entanto, não se ignora que a produção do conhecimento nessa área tem destino e consumidor certo, ou seja, o mercado, razão primeira de sua existência. Cabe à universidade criar programas que desenvolvam pessoas com habilidades de avaliar, pensar e propor novas alternativas para solucionar velhos problemas.

Quadro 14.1 – Definição da disciplina acadêmica

A administração da hospitalidade é caracterizada por um corpo de conhecimento que considera o gerenciamento de alimentos, bebidas e/ou hospedagem em um contexto de serviços
Os cursos oferecem um *mix* do que se segue, variando as proporções de acordo com o objetivo de cada instituição ou aluno: • Conhecimento técnico das principais áreas de alimentos e bebidas ou hospedagem, com disciplinas opcionais como nutrição, microbiologia, ciência dos alimentos, entre outros • Um elemento prático de experiência nas funções operacionais, como sendo uma combinação de treinamento escolar e estágio supervisionado • Habilidades pessoais, como comunicação, trabalho em equipe e confiança pessoal (que tem implicações também no recrutamento para cursos superiores) • Habilidades gerenciais genéricas para administração, como administração financeira, recursos humanos, sistemas de informação, *marketing*, administração de operações (incluindo gerenciamento de qualidade de serviços), negócios e estratégia corporativa • Conhecimentos aplicados de gerenciamento hoteleiro, como *yield management* e *softwares* específicos • Especialidades da área, como eventos contratados, franquias, *fast food*, parcerias com o setor público, hotéis, entre outros

Fonte: HEFCE, *Review of Hospitality Management* (LASHLEY, 2000, p. 282).

Habilidades e Competências na Visão Internacional

A preocupação com a adequação da formação em hotelaria e hospitalidade não é recente. Muitos pesquisadores internacionais já realizaram estudos aprofundados sobre o tema, publicando seus resultados em artigos científicos.

Lefever e Withiam (1998) procuraram verificar se os representantes do setor viam o currículo do curso *Hospitality Management*[1] como uma ferramenta eficiente e eficaz na formação dos alunos.

Os autores aproveitaram a oportunidade para inquirir os respondentes sobre como eles viam o "futuro", na intenção de identificar o que afetaria o setor nos próximos anos, de modo a orientar diretores e coordenadores de cursos em relação às

[1] Livremente traduzido como *Hotelaria/Administração Hoteleira*.

principais áreas de concentração de esforços. Ficou claro, nessa pesquisa, que tudo que for ligado a recursos humanos, recrutamento e retenção é apontado como mais importante, mesmo em áreas diferentes da hospitalidade (como hospedagem, alimentação, entretenimento, etc.). Alguns consultores reforçaram a necessidade de alunos cultos e letrados; uma força de trabalho com condições de pensar, não apenas de reproduzir ações.

No que tange aos pontos fortes e fracos da educação superior para a hospitalidade, os colaboradores da pesquisa apontaram como principal ponto forte a excitação e disposição dos alunos em iniciar sua carreira na área, demonstrando-se tecnicamente bem preparados para tal. Em contrapartida, o ponto fraco destacado foi que os alunos normalmente supervalorizam suas próprias habilidades e têm visões irreais sobre seu primeiro emprego, freqüentemente almejando posições gerenciais sem antes adquirirem um mínimo de experiência operacional.

Chung (2000) procurou, em seu artigo, delinear um plano efetivo para a reformulação dos currículos de hotelaria e administração hoteleira nas universidades coreanas. Como elementos fundamentais de um currículo, visando às necessidades do século XXI, foram apontadas as habilidades pessoais, liderança, orientação para o serviço, trabalho em equipe, relações com funcionários, identificação e solução de problemas, adaptação a mudanças, habilidade de pensar criativamente, treinamento e desenvolvimento de funcionários, comunicação escrita, gerenciamento de qualidade, habilidades individuais para a tecnologia e habilidades financeiras.

Dalbor e Feinstein (2001) publicaram artigo cujo título faz referência à competência intelectual de Thomas Jefferson, cujas conquistas em vida se deveram, em grande parte, por ser um autodidata em várias disciplinas, em contrapartida ao que se aprende hoje em determinados cursos superiores – treinamento para funções predeterminadas.

Os pesquisadores Su, Miller e Shanklin (*apud* Dalbor) desenvolveram uma lista de habilidades, por meio de entrevistas com especialistas, que são consideradas as mais importantes para um aluno de hospitalidade: comunicação oral e escrita, capacidade de ouvir, capacidade de identificar e resolver um problema e pensamento criativo. "Essas habilidades só podem ser desenvolvidas e lapidadas em alunos por meio de bons fundamentos de educação".

Segundo Haywood (*apud* Dalbor): "O conhecimento e as habilidades específicas adquiridas por meio da educação formal em turismo e hotelaria estão ficando menos importantes que a boa vontade e a disposição em buscar mais conhecimento e compreensão".

A conclusão é de que o preparo de Thomas Jefferson, com a educação como um fim em si, o fez tão proeminente. Da mesma forma, instigar alunos a apreciarem as oportunidades de autodesenvolvimento e ampliar suas habilidades de pensar criticamente fará deles melhores profissionais e melhores pessoas.

Nelson e Dopson (2001) elaboraram artigo sobre habilidades e competências necessárias aos futuros profissionais da área de hospitalidade. Segundo o artigo, a razão de ser dos cursos secundários e superiores em hospitalidade é suprir o mercado com gerentes competentes, sendo, de certa forma, regida pelos padrões do setor. "Os principais determinantes do sucesso na educação para a hospitalidade são a qualidade dos graduados e a retenção destes no setor".

Citando a pesquisa de Lefever e Withiam, os autores reforçam o aspecto de que os estudantes superestimam sua própria competência e nutrem expectativas irreais para seus primeiros empregos após a graduação. Outra questão importante é a retenção dos estudantes (no mercado), o que faz com que a relevância e atualidade dos currículos sejam questões primordiais na educação para a hospitalidade.

Nelson e Dopson dizem que as "questões curriculares foram amplamente discutidas e debatidas na literatura (estrangeira) primeiramente em razão de serem novidade como campo do conhecimento em comparação com outras áreas, e da contínua reestruturação do currículo para satisfazer as necessidades do mercado".

Com base em pesquisas anteriores elaboradas por Geissler e Martin (1998); Breiter e Clements (1996); Okeiyi, Finley e Postel (1994); Umbreit (1993); Knutson e Patton (1992); Umbreit (1992); Baum (1991); Getty, Tas e Getty (1990); Tas (1988) e Mariampolski, Spears e Vaden (1980), os autores desenvolveram uma lista das competências e habilidades potencialmente importantes, representando sete áreas do *expertise* administrativo: computação, finanças, *marketing*, administração geral, recursos humanos, serviços e atributos pessoais. Tais competências são apresentadas no Quadro 14.2.

Quadro 14.2 – Competências importantes para os alunos de hotelaria

- Adaptar a organização para atender às necessidades dos clientes
- Administrar e solucionar problemas e reclamações
- Administrar o estresse pessoal
- Administrar reuniões
- Administrar situações de crise
- Analisar e determinar a localização de empreendimentos
- Analisar oportunidades de investimento
- Analisar relatórios financeiros e gerenciais
- Aumentar e gerenciar *budget*
- Capacidade de delegar
- Conduzir avaliações eficientes de *performance*
- Conduzir entrevistas de seleção
- Controlar custos de forma eficiente
- Coordenar e analisar atividades de pesquisa de *marketing*
- Demonstrar aparência e conduta profissional
- Demonstrar boa capacidade de comunicação escrita
- Demonstrar boa capacidade de comunicação oral
- Demonstrar competência para apresentações
- Demonstrar liderança
- Demonstrar paciência com os outros
- Desenvolver e cultivar um ambiente diversificado
- Desenvolver e implementar um plano estratégico
- Desenvolver empregabilidade (aprender a aprender)
- Desenvolver estratégias de *merchandising*
- Desenvolver memorandos, agendas e relatórios
- Desenvolver relações positivas com os clientes
- Desenvolver relações positivas com os empregados
- Desenvolver um plano de *marketing*
- Empregar técnicas de *yield management*
- Equilibrar vida pessoal e profissional
- Facilitar o trabalho em e de equipes
- Gerar idéias criativas e inovadoras
- Gerenciar a força de trabalho
- Gerenciar e desenvolver pessoas
- Identificar e resolver problemas gerenciais
- Identificar mercados-alvo
- Lidar com cultura e ética corporativas
- Negociar de maneira eficaz
- Planejar e antecipar as necessidades de pessoal e desenvolver escalas
- Projetar receitas
- Promover mudanças, ser um agente de mudanças
- Recuperar dados por meio do sistema de contabilidade
- Resolver problemas dos clientes
- Tomar decisões em termos de desenvolvimento imobiliário
- Trabalhar bem com seus pares
- Treinar e preparar empregados
- Usar a ética ao tomar decisões
- Usar computadores adequadamente: editores de texto, planilhas eletrônicas, bancos de dados
- Usar computadores adequadamente: multimídia, Internet, *e-mail*
- Usar computadores adequadamente: sistemas gerenciais hoteleiros, sistemas de contabilidade, *marketing*, recepção, etc
- Usar computadores para conseguir e analisar informações
- Usar pensamento crítico para tomar decisões (*critical thinking*)
- Usar técnicas de relações públicas
- Usar técnicas eficientes de vendas
- Usar técnicas promocionais

Fonte: Nelson e Dopson (2001).

Habilidades e Competências na Visão Brasileira

Os primeiros cursos de turismo no Brasil surgiram no início da década de 1970, na cidade de São Paulo, na então Faculdade Morumbi (atual Universidade Anhembi-Morumbi), na Escola de Comunicações e Artes da Universidade de São Paulo e na Faculdade Ibero-Americana (atual Centro Universitário Ibero-Americano).

Camargo (*apud* Dias, 2002, p. 1) coloca que a hotelaria, um desdobramento do curso de turismo, pouco a pouco se transformou em habilitação dos cursos técnicos e, posteriormente, dos superiores. “Daí à divisão efetiva em duas áreas foi um passo. Os cursos de Turismo mal tinham atingido sua maioridade e já surgia o curso de bacharelado em Hotelaria”.

As pesquisadoras Ansarah e Rejowski (1996) realizaram um abrangente levantamento de dados sobre os cursos de turismo e hotelaria no Brasil, em 1994. Desde então, não se somaram muitos outros esforços na efetiva “contagem” dos cursos oferecidos. Coube às autoras a atualização dos dados, alguns anos depois, e ocasionalmente surgiram novas contribuições.

A Figura 14.1 apresenta, graficamente, a evolução comparativa entre os cursos de turismo e hotelaria no Brasil de 1996 a 2001.

O INEP – Instituto Nacional de Estudos e Pesquisas Educacionais Anísio Teixeira disponibiliza em seu *site* (*www.inep.gov.br*) os dados referentes ao Censo da Educação Superior. Esse censo “coleta, anualmente, uma série de dados do en-

Parte 2

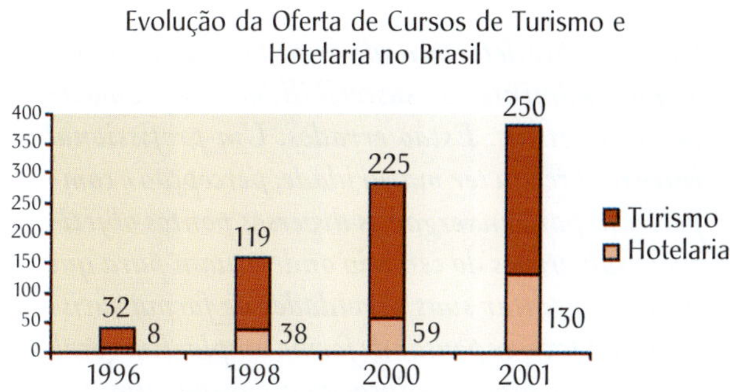

Figura 14.1 – Evolução da oferta de cursos de turismo e hotelaria no Brasil.

sino superior no País, incluindo cursos de graduação, presenciais e à distância. A sua finalidade é fazer uma radiografia deste nível educacional que atende a cerca de três milhões de alunos em 12.155 cursos oferecidos por 1.391 universidades, centros universitários, faculdades integradas, faculdades, escolas, institutos e centros de educação tecnológica".

Estão disponíveis, por meio de planilhas com dados compilados, informações sobre a educação superior brasileira de 1980 a 1998, considerando os grandes cursos (em relação à demanda) e a sinopse dos dados de 1995 a 2003. Durante o primeiro semestre de cada ano, as instituições de ensino preenchem os formulários do censo para que se desenvolvam as análises referentes ao ano anterior. Os dados dos anos 2000 a 2003 estão apresentados de forma tal que permite comparação imediata, dado o detalhamento dos cursos. Os dados dos anos anteriores estão reunidos por grupos de similaridade, o que impede uma correlação imediata entre as informações (Tabelas 14.1 e 14.2).

A preocupação com a qualidade e adequação dos cursos de turismo e hotelaria no Brasil não é nova. Muito provavelmente desde o início dos cursos, e em especial nos últimos 15 anos, quando acontece

Parte 2

Tabela 14.1 – Evolução comparativa do número de cursos entre os anos de 2001 e 2003

	2001	2003	Crescimento percentual
Administração em turismo	4	8	+100%
Administração hoteleira	12	6	–50%
Gestão do lazer	1	1	0%
Gastronomia	2	9	+450%
Hotelaria	29	43	+48%
Hotelaria e restaurantes	1	3	+200%
Lazer e turismo	2	2	0%
Recreação e lazer	1	5	+400%
Turismo	302	430	+42%
Turismo e hotelaria	17	30	+76%
	371	537	+44%

Adaptado de Censos da Educação Superior (INEP).

Tabela 14.2 – Evolução comparativa do número de matrículas entre os anos de 2000 e 2003

	2001	2003	Crescimento percentual
Administração em turismo	1.089	1.355	+24%
Administração hoteleira	2.089	527	–75%
Gestão do lazer	85	65	–24%
Gastronomia	199	858	+331%
Hotelaria	4.495	6.290	+40%
Hotelaria e restaurantes	62	133	+114%
Lazer e turismo	385	542	+40%
Recreação e lazer	92	335	+264%
Turismo	48.495	69.909	+44%
Turismo e hotelaria	4.657	5.750	+23%
	61.648	85.764	+39%

Adaptado de Censos da Educação Superior (INEP).

 85-7241-568-8

o crescimento da oferta de cursos, alguns pesquisadores de renome nacional publicaram trabalhos que fazem referência ao tema. Entre eles, podemos destacar os professores Luiz Gonzaga Godoi Trigo, Marilia Gomes dos Reis Ansarah, Mário Carlos Beni e Miriam Rejowski, entre outros.

Sobre a composição do corpo de conhecimento sobre o turismo (e hotelaria), Ansarah (2002) faz um destaque especial, argumentando que uma das principais características encontradas é a multidisciplinaridade. Já foi dito anteriormente que o turismo se vale da contribuição teórica de várias áreas do conhecimento e que o fenômeno turístico não deve ser analisado somente por um ponto de vista. Sendo assim, o conteúdo dos cursos deve ser aberto a análises críticas e diagnósticos de situações trazidas do ambiente externo e que possam ser compreendidas, pelo menos em sua base, à luz das teorias já existentes, permitindo que nasçam novas formas de interpretar a realidade.

Ela coloca ainda que a educação em turismo deve "propiciar ao aluno uma clara percepção da sociedade na qual o curso está inserido e do mercado em que irá atuar, assim como a conscientização de sua responsabilidade social e política", colaborando na formação de um cidadão, e não apenas de um funcionário. A teoria deve ser aliada à prática, e ambas devem ser analisadas criticamente.

Trigo faz a seguinte consideração sobre os cursos de turismo (e hotelaria):

> *Os cursos são novos, o mercado profissional brasileiro voltou a crescer também recentemente [meados da década de 1990], a formação profissional é variada e complexa e há poucos profissionais capacitados para ensinar. Esses são os principais problemas estruturais acadêmicos encontrados. [...] Existe ainda a ignorância que gera o preconceito e o comprometimento da qualidade de serviço, seja referente às* exigências do mercado em geral, *seja no que se refere aos padrões para que, nas escolas, a qualidade do ensino fique acima do razoável. Outro aspecto a se considerar é a necessidade de os jovens profissionais adquirirem sensibilidade em relação à complexidade subjetiva nas diversas instituições. Isso significa ter sensibilidade política para resolver [e evitar] problemas com os acionistas, parceiros, conselheiros, assessores, sócios e outros profissionais envolvidos, direta ou indiretamente, em seu espaço de trabalho. Vários executivos comentam que possuem conhecimentos técnicos sobre determinado assunto e não são obrigados a administrar suscetibilidades diplomáticas ou políticas. Estão errados. Um profissional integral precisa ter maturidade, percepção e competência para enxergar os diversos pontos objetivos e subjetivos do cenário onde atuam para que possam executar suas atividades de forma satisfatória. Deve-se pensar de forma ampla. Em geral, planeja-se o processo educacional visando simplesmente a sua inserção no mercado como empregado, mas é preciso prepará-lo para ser também empresário, consultor, assessor, voluntário em organizações não governamentais, professor na área ou servidor público.*
>
> Trigo *apud* Lage e Milone (2000, p. 248)

Da mesma forma que foi identificada, nos países da Europa e também nos Estados Unidos, a necessidade de atender ao mercado, os cursos brasileiros têm essa orientação em sua origem. Não há, ainda, a tradição de se formar os "pensadores" da área, e sim em abastecer o mercado, da melhor maneira possível. Ocasionalmente, alguns alunos se "desvirtuam" do caminho e iniciam uma carreira mais focada na pesquisa acadêmica.

Competências e Habilidades em Análise

Uma leitura metódica das referências nacionais e estrangeiras sobre habilidades e competências em hotelaria e turismo levou à elaboração de uma correlação, apontando, para cada uma das competências listadas por Nelson e Dopson (2001), os demais autores que, ao longo da revisão apresentada, as haviam mencionado direta ou indiretamente. A fim de facilitar a compreensão e, ao mesmo tempo, identificar quais autores já fizeram algum tipo de menção às competências consideradas por Nelson e Dopson, foi elaborada a Tabela 14.3.

Considerando, então, que as competências listadas por Nelson e Dopson foram mencionadas pelos demais autores, a escolha dessa relação de competências se justificou como adequada para composição da ferramenta de pesquisa a ser apresentada aos representantes do mercado de trabalho em hotelaria na cidade de São Paulo.

Tabela 14.3 – Correlação das competências de Nelson e Dopson e os demais autores. Os trechos hachurados correspondem à existência de menção na obra dos autores

	Lefever e Withiam	Chung	Dalbor e Feistein	Trigo	Ansarah	Beni
Adaptar a organização para atender às necessidades dos clientes	■			■	■	
Administrar e solucionar problemas e reclamações		■	■	■	■	
Administrar o estresse pessoal	■	■	■	■	■	■
Administrar reuniões	■	■		■		
Administrar situações de crise	■	■	■	■	■	■
Analisar e determinar a localização de empreendimentos	■				■	
Analisar oportunidades de investimento	■				■	
Analisar relatórios financeiros e gerenciais		■			■	■
Aumentar e gerenciar *budget*	■	■				■
Demonstrar capacidade de delegar		■	■		■	■
Conduzir avaliações eficientes de *performance*	■				■	■
Conduzir entrevistas de seleção	■	■				
Controlar custos de forma eficiente	■	■			■	
Coordenar e analisar atividades de pesquisa de *marketing*	■				■	
Demonstrar aparência e conduta profissional		■			■	■
Demonstrar boa capacidade de comunicação escrita	■	■	■	■	■	
Demonstrar boa capacidade de comunicação oral	■	■	■	■	■	
Demonstrar competência para apresentações		■			■	
Demonstrar liderança	■	■	■	■	■	
Demonstrar paciência com os outros	■	■	■	■	■	
Desenvolver e cultivar um ambiente diversificado	■				■	
Desenvolver e implementar um plano estratégico	■	■			■	■
Desenvolver empregabilidade (aprender a aprender)		■	■		■	
Desenvolver estratégias de *merchandising*					■	
Desenvolver memorandos, agendas e relatórios						
Desenvolver relações positivas com os clientes	■	■	■	■	■	■
Desenvolver relações positivas com os empregados	■	■	■	■	■	■
Desenvolver um plano de *marketing*	■				■	
Empregar técnicas de *yield management*	■	■	■	■	■	■
Equilibrar vida pessoal e profissional	■	■	■		■	
Facilitar o trabalho em e de equipes	■	■	■	■	■	■
Gerar idéias criativas e inovadoras	■	■	■	■	■	
Gerenciar a força de trabalho	■	■			■	■
Gerenciar e desenvolver pessoas	■	■			■	■
Identificar e resolver problemas gerenciais	■	■	■	■	■	
Identificar mercados-alvo	■	■	■		■	
Lidar com cultura e ética corporativas	■	■	■	■	■	■
Negociar de maneira eficaz		■			■	
Planejar e antecipar as necessidades de pessoal e desenvolver escalas	■					
Projetar receitas		■			■	
Promover mudanças, ser um agente de mudanças	■	■	■			
Recuperar dados por meio do sistema de contabilidade		■			■	
Resolver problemas dos clientes	■	■	■	■	■	
Tomar decisões em termos de desenvolvimento imobiliário	■	■			■	
Trabalhar bem com seus pares	■	■	■	■	■	

(Continua)

Parte 2

Tabela 14.3 – Correlação das competências de Nelson e Dopson e os demais autores. Os trechos hachurados correspondem à existência de menção na obra dos autores – *Continuação*

	Lefever e Withiam	Chung	Dalbor e Feistein	Trigo	Ansarah	Beni
Treinar e preparar empregados	X	X	X		X	X
Ter ética ao tomar decisões	X	X	X	X	X	X
Usar computadores adequadamente: editores de texto, planilhas eletrônicas, bancos de dados		X		X	X	
Usar computadores adequadamente: multimídia, Internet, *e-mail*		X		X	X	
Usar computadores adequadamente: sistemas gerenciais hoteleiros, sistemas de contabilidade, *marketing*, recepção, etc.		X		X	X	
Usar computadores para conseguir e analisar informações		X		X	X	
Usar pensamento crítico para tomar decisões (*critical thinking*)		X	X		X	X
Usar técnicas de relações públicas		X			X	
Usar técnicas eficientes de vendas		X			X	
Usar técnicas promocionais		X			X	

A pesquisa foi realizada no ano de 2003 e considerou representantes de escolas de hotelaria, empresas hoteleiras e gerentes de recursos humanos em hotéis. Após análise e comparação dos dados, obteve-se como resultado uma hierarquia das competências e habilidades, apresentada no Quadro 14.3.

A fim de que a análise das competências pudesse ser útil não apenas aos professores e alunos, mas também, e principalmente, aos responsáveis pela composição dos cursos, optou-se por dividi-las em grupos, considerando sua similaridade e adequação às competências sugeridas nas Diretrizes Curriculares Brasileiras para o curso de hotelaria (ver Tabela 14.3).

No grupo I figuram as competências que, na média geral dos grupos, estão entre as 10 menos valorizadas (*tomar decisões em termos de desenvolvimento imobiliário, desenvolver memorandos, agendas e relatórios e aumentar o* budget). Foi possível identificar uma grande valorização das competências ligadas ao gerenciamento financeiro e também de recursos humanos.

O grupo II contempla as competências que considerassem a solução de problemas inerentes ao processo administrativo de um hotel, problemas estes ligados ao controle financeiro do empreendimento, desde o estabelecimento de preços, passando pelo processo de comercialização (negociação e efetivação das vendas) e, principalmente, considerando a capacidade de avaliar todo o contexto antes de tomar decisões, valendo-se de princípios éticos para tal. Nesse grupo, encontram-se duas das 10 competências mais valorizadas pelos três grupos: *controlar custos eficientemente* e *ter ética ao tomar decisões.*

Especial ênfase deve ser dada ao fato de que as competências *negociar eficazmente, usar técnicas de relações públicas* e *usar pensamento crítico para tomar decisões* são muito importantes para os entrevistados.

Porém, as competências tidas como efetivamente mais importantes nesse segundo grupo são aquelas ligadas à identificação e solução dos problemas gerenciais.

O terceiro grupo de competências considera a necessidade de compreender o contexto em que se encontram a empresa e seus funcionários, considerando todos os fatores que podem influenciar o desenvolvimento de ambos os grupos. *Desenvolver empregabilidade* foi posicionada entre as 10 mais valorizadas e justifica-se pela atual situação do mercado de trabalho, não exclusivamente da hotelaria. A busca por profissionais em constante aperfeiçoamento tem sido uma constante, e identificar nos candidatos características de automotivação e desenvolvimento facilita a decisão pela contratação.

As competências do grupo IV tratam especificamente da capacidade de gerenciar uma empresa, o que dá a entender que a escola deve desenvolver no aluno condições de inovar os processos diretivos com eficácia. A interpretação desta autora é que, delegando funções aos seus subordinados, o gerente terá tempo de analisar a empresa em cenários de curto, médio e longo prazo, e assim poderá desenvolver idéias criativas e, eventualmente, inovadoras. Nenhuma das duas compe-

Quadro 14.3 – Hierarquia das competências

1. Desenvolver relações positivas com os clientes
2. Facilitar o trabalho em e de equipes
3. Trabalhar bem com seus pares
4. Desenvolver relações positivas com os empregados
5. Controlar custos de forma eficiente
6. Usar a ética ao tomar decisões
7. Desenvolver empregabilidade (aprender a aprender)
8. Demonstrar boa capacidade de comunicação oral
9. Equilibrar vida pessoal e profissional
10. Adaptar a organização para atender às necessidades dos clientes
11. Demonstrar aparência e conduta profissional
12. Ser um agente de mudanças
13. Gerenciar o *budget*
14. Resolver problemas dos clientes
15. Gerar idéias criativas e inovadoras
16. Solucionar problemas e reclamações
17. Empregar técnicas de *yield management*
18. Desenvolver pessoas
19. Usar pensamento crítico para tomar decisões (*critical thinking*)
20. Administrar situações de crise
21. Lidar com ética corporativa
22. Administrar problemas e reclamações
23. Gerenciar pessoas
24. Demonstrar capacidade de delegar
25. Negociar de maneira eficaz
26. Demonstrar boa capacidade de comunicação escrita
27. Promover mudanças
28. Analisar relatórios financeiros e gerenciais
29. Gerenciar a força de trabalho
30. Projetar receitas
31. Administrar o estresse pessoal
32. Usar computadores para conseguir e analisar informações
33. Usar computadores adequadamente: multimídia, Internet, *e-mail*
34. Implementar um plano estratégico
35. Demonstrar liderança
36. Desenvolver e cultivar um ambiente diversificado
37. Lidar com cultura corporativa
38. Demonstrar competência para apresentações
39. Usar computadores adequadamente: editores de texto, planilhas eletrônicas, bancos de dados
40. Usar técnicas eficientes de vendas
41. Usar computadores adequadamente: sistemas gerenciais hoteleiros, sistemas de contabilidade, *marketing*, recepção, etc.
42. Demonstrar paciência com os outros
43. Identificar mercados-alvo
44. Desenvolver um plano estratégico
45. Preparar empregados
46. Usar técnicas de relações públicas
47. Administrar reuniões
48. Usar técnicas promocionais
49. Identificar problemas gerenciais
50. Analisar oportunidades de investimento
51. Determinar a localização de empreendimentos
52. Planejar e antecipar as necessidades de pessoal, e desenvolver escalas
53. Treinar empregados
54. Resolver problemas gerenciais
55. Aumentar o *budget*
56. Conduzir avaliações eficientes de *performance*
57. Desenvolver um plano de *marketing*
58. Analisar atividades de pesquisa de *marketing*
59. Desenvolver memorandos, agendas e relatórios
60. Recuperar dados por meio do sistema de contabilidade
61. Desenvolver estratégias de *merchandising*
62. Conduzir entrevistas de seleção
63. Tomar decisões em termos de desenvolvimento imobiliário
64. Coordenar atividades de pesquisa de *marketing*

tências figura entre as 10 mais ou menos valorizadas apontadas pelos grupos.

Destaca-se maior valorização da criatividade, já que, em virtude da competitividade entre as empresas e a comoditização dos serviços hoteleiros, gestores capazes de inovar no desenvolvimento de produtos ou serviços, e mesmo na criação de valores agregados para os clientes, serão mais valorizados no mercado.

No quinto grupo, a interpretação é que o aluno deverá ser um profissional criativo e flexível, apto para trabalhar em equipes buscando as melhores soluções para os problemas que se apresentarem. Dessa forma, as competências selecionadas para compor esse grupo tratam das relações interpessoais nos vários níveis (vertical e horizontalmente).

É sob esse item que figura o maior número de competências extremamente valorizadas pelos grupos, e as três (*trabalhar bem com seus pares, facilitar o trabalho de e em equipes* e *desenvolver relações positivas com os empregados*) consideram questões de relacionamento interpessoal. Tal fato só reafirma o que já foi dito sobre características daqueles que trabalham na área – aptidão para trabalhar com pessoas, em um negócio de pessoas para pessoas.

Simultaneamente, é também sob esse item que estão duas das competências menos valorizadas pelos três grupos, e as duas referem-se a competências ligadas aos processos de recursos humanos (*conduzir entrevistas de seleção* e *conduzir avaliações eficientes de* performance). O treinamento e o preparo de

85-7241-568-8

Tabela 14.4 – Distribuição das competências adaptadas de Nelson e Dopson sob as competências e habilidades constantes nas Diretrizes Curriculares Brasileiras

Habilidades e competências propostas nas Diretrizes Curriculares	Competências
I – Atuar no planejamento, implantação e gerenciamento de unidades hoteleiras	• Determinar a localização de empreendimentos • Analisar oportunidades de investimento • Tomar decisões em termos de desenvolvimento imobiliário • Administrar reuniões • Aumentar o *budget* • Gerenciar o *budget* • Desenvolver memorandos, agendas e relatórios • Gerenciar a força de trabalho
II – Reconhecer e identificar problemas, equacionando soluções, intermediando e coordenando os diferentes níveis do processo de tomada de decisão	• Analisar relatórios financeiros e gerenciais • Controlar custos de forma eficiente • Empregar técnicas de *yield management* • Identificar problemas gerenciais • Resolver problemas gerenciais • Negociar de maneira eficaz • Projetar receitas • Usar a ética ao tomar decisões • Usar pensamento crítico para tomar decisões *(critical thinking)* • Usar técnicas de relações públicas • Usar técnicas eficientes de vendas • Usar técnicas promocionais
III – Ajustar-se aos diferentes contextos históricos e suas inter-relações geográficas, sociais, econômicas e turísticas, em especial para o constante aperfeiçoamento em planejamentos e gestão de empresas hoteleiras	• Desenvolver empregabilidade (aprender a aprender) • Gerenciar pessoas • Desenvolver pessoas • Lidar com cultura corporativa • Lidar com ética corporativa
IV – Adotar, com eficácia, modelos inovadores de gestão	• Gerar idéias criativas e inovadoras • Demonstrar capacidade de delegar
V – Integrar-se no grupo hoteleiro e na unidade que gerencia, contribuindo para a ação de equipes interdisciplinares e interagir criativamente diante dos diferentes contextos organizacionais e sociais, bem como resolver situações com flexibilidade e adaptabilidade diante de problemas e desafios organizacionais	• Conduzir avaliações eficientes de *performance* • Conduzir entrevistas de seleção • Demonstrar liderança • Demonstrar paciência com os outros • Desenvolver relações positivas com os empregados • Facilitar o trabalho de e em equipes • Planejar e antecipar as necessidades de pessoal, e desenvolver escalas • Trabalhar bem com seus pares • Treinar empregados • Preparar empregados
VI – Comunicar em idiomas estrangeiros, principalmente a língua inglesa e a espanhola, manejando também os recursos informatizados e outros equipamentos tecnológicos	• Demonstrar boa capacidade de comunicação escrita • Demonstrar boa capacidade de comunicação oral • Demonstrar competência para apresentações • Recuperar dados pelo sistema de contabilidade • Usar computadores adequadamente: editores de texto, planilhas eletrônicas, bancos de dados • Usar computadores adequadamente: multimídia, Internet, *e-mail* • Usar computadores adequadamente: sistemas gerenciais hoteleiros, sistemas de contabilidade, *marketing*, recepção, etc • Usar computadores para conseguir e analisar informações

Tabela 14.4 – Distribuição das competências adaptadas de Nelson e Dopson sob as competências e habilidades constantes nas Diretrizes Curriculares Brasileiras – *Continuação*

Habilidades e competências propostas nas Diretrizes Curriculares	Competências
VII – Exercer, com liderança e responsabilidade, o gerenciamento da unidade hoteleira, direcionado ao melhor atendimento ao cliente, usuário	• Adaptar a organização para atender às necessidades dos clientes • Administrar problemas e reclamações • Solucionar problemas e reclamações • Desenvolver relações positivas com os clientes • Resolver problemas dos clientes
VIII – Implantar planejamento estratégico capaz de assegurar produtividade e competitividade, em mercados de significativas diversificações	• Coordenar atividades de pesquisa de *marketing* • Analisar atividades de pesquisa de *marketing* • Desenvolver um plano estratégico • Implementar um plano estratégico • Desenvolver estratégias de *merchandising* • Desenvolver um plano de *marketing* • Identificar mercados-alvo
IX – Ajustar, mediante adequada forma de gerenciamento, o funcionamento institucional a novas situações, emergentes, presentes na pluralidade do mercado hoteleiro, da cultura e da demanda diferenciada, das expectativas de diferentes pólos turísticos ou em razão de diversos processos de mobilidade social	• Administrar o estresse pessoal • Administrar situações de crise • Desenvolver e cultivar um ambiente diversificado • Equilibrar vida pessoal e profissional • Promover mudanças • Ser um agente de mudanças • Demonstrar aparência e conduta profissional

empregados figuram também como competências de menor destaque no grupo, embora sejam, os dois, avaliados como muito importantes.

O grupo VI trata de competências mais práticas, ainda que menos específicas para a área de hotelaria. As competências aqui consideradas são desejáveis a praticamente todas as pessoas interessadas em desenvolver uma carreira profissional em praticamente qualquer área de atuação. O documento das Diretrizes solicita que o aluno seja apto a comunicar-se em outros idiomas além da língua portuguesa, com destaque para o inglês e o espanhol. Considerando que Nelson e Dopson são pesquisadores norte-americanos, é compreensível a razão pela qual não há menção de outros idiomas em sua relação. Contudo, na realidade do mercado de trabalho brasileiro, o domínio de inglês e espanhol é requisito básico para qualquer posição. Já há, inclusive, cargos que priorizam o francês, o japonês e o chinês.

Sobre a questão da comunicação, recebeu maior destaque a capacidade de comunicação oral, que inclusive figura entre as 10 competências mais valorizadas pelos grupos. A capacidade de comunicação escrita vem logo a seguir em termos de importância nesse grupo. A utilização de computadores, em suas várias possibilidades, também é valorizada pelos grupos, havendo especial destaque para a capacidade de usar computadores como ferramentas de pesquisa (*conseguir e analisar informações)* e de suporte para a realização das tarefas do dia-a-dia (*editores de texto, planilhas eletrônicas e banco de dados)*.

As competências no grupo VII são aquelas que devem ser desenvolvidas nos alunos para melhor atenderem o cliente (usuário) dos serviços hoteleiros. É nesse grupo que se encontra a competência mais valorizada pela média dos grupos. Da mesma forma, aparece também a décima competência mais valorizada pelo grupo, *adaptar a organização para atender às necessidades dos clientes.* Ou seja, a organização deve focar todo o seu trabalho para a satisfação daquele que a mantém atuando no mercado, o cliente.

O grupo VIII de competências trata do planejamento estratégico e do posicionamento do produto hoteleiro perante seus concorrentes, disputando parcelas do mesmo mercado. Portanto, foram consideradas as competências que contemplassem o planejamento estratégico em si, a identificação de mercados e o planejamento de ações para atingir esse mercado. A maior valorização aponta para as questões de estratégia e identificação dos mercados-alvo.

85-7241-568-8

Já os processos de *marketing* e *merchandising* figuram entre os menos valorizados, sendo a *coordenação de pesquisas de marketing* a competência menos valorizada por todos os grupos. Pode-se dizer que, de todos os grupos de competências, este é o que concentra o maior número de competências menos valorizadas pelos grupos.

O último grupo de competências é, provavelmente, o mais genérico. Sob esse grupo foram alocadas as competências ligadas a processos de mudança e à influência da atividade profissional na vida do profissional e vice-versa, já que muitas vezes é a mudança no comportamento pessoal que levará à mudança dos rumos do negócio.

Neste grupo encontra-se uma das competências mais valorizadas pelos três grupos, *equilibrar vida pessoal e profissional,* que revela o quanto o equilíbrio emocional do indivíduo é importante para que ele desenvolva um bom trabalho.

Ao fim das comparações, faz-se necessário, entretanto, ressalvar a limitação espaço-temporal do estudo, considerando sobretudo as forças externas que atuam sobre a realidade do mercado de trabalho brasileiro, em especial sobre a hotelaria. O que foi dito no momento da realização desta pesquisa pode rapidamente perder força ou significado, principalmente por ser este um setor em constante adaptação às novas demandas dos consumidores.

Especificamente, cada um dos grupos apresentou avaliações diferentes sobre a importância das competências oferecidas para avaliação.

O grupo composto pelos representantes dos empregadores (hotéis) deu especial destaque às competências ligadas às relações humanas e ao gerenciamento administrativo-financeiro das empresas hoteleiras. O cliente assume um papel de destaque, como alvo das atenções, ações e projetos do profissional que deseja atuar em hotelaria.

Os representantes dos profissionais da área de recursos humanos elegeram as competências centradas nos valores do indivíduo (ética, conduta, criatividade, disposição para aprender) e aos vários desdobramentos do relacionamento interpessoal. Para esse grupo, o aluno deve chamar para si a responsabilidade do desenvolvimento da empresa, partindo do desenvolvimento das pessoas que nela atuam.

Por fim, os coordenadores dos cursos superiores de hotelaria, representando a Academia, apontaram como mais importantes as competências ligadas à condução do negócio hoteleiro, contemplando os aspectos financeiros e de planejamento. Paralelamente, houve também destaque para as competências centradas nos valores individuais (empregabilidade, liderança e capacidade de delegar).

A análise conjunta das avaliações dos três grupos permitiu a identificação de alguns tópicos que podem ser considerados os pontos iniciais de aproximação entre eles, passíveis de desenvolvimento por meio de conteúdos curriculares:

- Ética e cidadania.
- Efeitos da globalização na sociedade e nos indivíduos.
- Relações humanas, relações interpessoais, fortalecimento dos conceitos e da importância do trabalho em equipe.
- Simulações e estudos de caso que aproximem os alunos da realidade do mercado e levem-nos ao exercício da crítica e da criatividade.
- Elaboração de projetos e pesquisas, comunicação de idéias, compartilhamento de conhecimento.
- Aspectos do gerenciamento financeiro, mercadológico, de recursos humanos e de projetos.
- Gestão do capital humano e intelectual.

Considerações Finais

O senso comum atribui à escola a responsabilidade da formação de mão-de-obra, fazendo melhor que o mestre que molda o aprendiz, "ensinando o pescador a pescar, e não dando o peixe".

O surgimento do ensino da hotelaria, em nível formal, foi o resultado da evolução do processo de treinamento interno, aquele no qual o mais novo aprende com o mais velho, repetindo seus atos... Ou seja, não havia uma grande área do conhecimento que contemplasse os processos da hospitalidade e da hotelaria.

As primeiras escolas priorizavam a *ação vocacional*, engajando o aluno no mundo como ele era. As pesquisas centravam-se nas análises e na descrição de procedimentos e práticas, por vezes propondo modificações. É um fato: o ensino de hotelaria nasce da necessidade de melhor formação da mão-de-obra. Será o mercado, então, o grande responsável pelo curso?

Atualmente, sabe-se que não. Ainda que, na origem, essa fosse a verdade, esse mercado é hoje mais um grande beneficiário do que um mandatário, pois é para ele que se dirigem os que saem dos bancos escolares, e seria algo incoerente ensinar ao aluno a andar em caminhos opostos. Sendo assim, suas necessidades devem ser levadas em consideração. Em uma área cuja força de atração está no exercício real da atividade, afastar o aluno da prática seria um grande engano. Mas, nem por isso, deve-se ignorar a produção do conhecimento necessário à evolução da área. Urge que se ampliem e aprofundem as análises sobre as particularidades e peculiaridades da área, relacionando-as e colocando em patamares já conquistados pelas demais áreas do conhecimento.

Os pesquisadores consultados apontaram e os resultados desse exercício confirmaram que o "saber fazer" está definitivamente cedendo seu lugar ao "saber pensar". Os alunos que buscam um curso superior em hotelaria deverão encontrar pela frente estruturas curriculares que lhes ofereçam uma sólida formação de base, que os levem a uma melhor compreensão do mundo em que vivem.

Ao mesmo tempo, os alunos devem compreender que a maior responsabilidade sobre sua formação recai sobre si mesmos ao demonstrarem interesse e identificarem oportunidades de desenvolvimento pessoal por meio de leituras, práticas operacionais, estágios, eventos, congressos, conferências, entre outros.

Enganam-se os que pensam estarmos atrasados em relação a países como Inglaterra ou Estados Unidos. Nossos pesquisadores já haviam se preocupado com a questão da formação e cantam no mesmo tom dos pesquisadores internacionais.

Os resultados de mais esta pesquisa revelam que, para uma melhor adequação ao seu propósito original e para que as pesquisas posteriormente desenvolvidas sejam úteis, os cursos de hotelaria devem procurar, cada vez mais, priorizar conteúdos que desenvolvam, fundamentalmente, valores sólidos necessários a qualquer pessoa que procure a realização profissional.

Valores devem ser fundamentados na assimilação de princípios de ética e cidadania, de respeito e valorização do próximo, sendo este um funcionário, de quem depende a continuidade das atividades da empresa, ou um cliente, alvo principal de seus serviços.

Os alunos deverão tornar-se cidadãos conscientes de seu papel na sociedade, compreendendo-a e atuando para a construção de uma realidade melhor, propondo ações que sejam extensivas a todos os envolvidos na atividade hoteleira.

Indivíduos capazes de liderar a si mesmos, antes de liderar equipes, caminhando para o aprimoramento constante, em termos intelectuais e técnicos, e aceitando as mudanças, aprendendo com elas, exercitando sua criatividade sem se prender a modelos obsoletos. Pessoas que encontrem as oportunidades para transmitir o conhecimento adquirido, fazendo-o chegar a todos os interessados.

Profissionais que integrem o conhecimento teórico e a habilidade prática, apresentando sua posição pessoal e crítica sobre as situações com as quais terá de lidar no exercício de sua profissão.

Mais do que um caminho de fora para dentro, em que o conteúdo seja impingido ao aluno, o que se espera para o futuro é que educadores semeiem valores e conceitos nos indivíduos, para que cresçam em ambiente fértil e criativo, porém com referenciais bem posicionados.

BIBLIOGRAFIA

AIREY, D.; TRIBE, J. Education for hospitality. In: *In Search of Hospitality: theoretical perspectives and debates.* Oxford: Butterworth-Heinemann, 2000.

ANSARAH, M. G. R. *Formação e Capacitação do Profissional em Turismo e Hotelaria: reflexões e cadastro das instituições educacionais no Brasil.* São Paulo: Aleph, 2002. (Série Turismo)

ANSARAH, M. G. R.; REJOWSKI, M. Panorama do ensino em turismo no brasil: graduação e pós-graduação. *Turismo em Análise, ECA-USP, São Paulo, 7 (1):* 36-61, 1996.

BENI, M. C. Experiência internacional do ensino de turismo e hotelaria – modelos para avaliação. *Turismo em Análise, ECA-USP, São Paulo, 3 (2):* 7-21, 1992.

BRASIL. Ministério da Educação, Conselho Nacional de Educação. Parecer CES/CNE 0146/2002. Diretrizes Curriculares Nacionais dos cursos de graduação em Direito, Ciências Econômicas, Administração, Ciências Contábeis, Turismo, Hotelaria, Secretariado Executivo, Música, Dança, Teatro e Design. 03 abr. 2002. http://www.mec.gov.br/sesu/ftp/pareceres/14602DCEACTHSEMDTD.doc

CHO, Y. Y.; WONG, K. K. F. Determinants of hotel employment in Hong Kong. *Cornell Hotel and Restaurant Administration Quarterly*, Feb. 2001.

CHUNG, K. Y. Hotel management curriculum reform based on required competencies of hotel employees and career success in the hotel industry. *Tourism Management, 21:* 473-487, 2000.

COOPER, C. et al. *Tourism & Hospitality Education.* Guildford: The University of Surrey, 1994.

COOPER, C.; SHEPHERD, R.; Westlake, J. *Educando os educadores em turismo: manual de educação em turismo e hospitalidade.* Trad. Rosemary N. S. Dias, Cintia K. Yokota e Laura M. Arnstein. São Paulo: Roca, 2001.

DALBOR, M.; FEISTEIN, A. H. Was Thomas Jefferson trained for his profession? The learned versus trained hospitality student. *Journal of Hospitality & Tourism Education, 13 (1)*, 2001.

Parte 2

DIAS, C. M. M. (Org.). *Hospitalidade: reflexões e perspectivas.* São Paulo: Manole, 2002.

LASHLEY, C.; MORRISON, A. *In Search of Hospitality: theoretical perspectives and debates.* Oxford: Butterworth-Heinemann, 2000.

LEFEVER, M. M.; WITHIAM, G. Curriculum review. *Cornell Hotel and Restaurant Administration Quarterly,* Aug. 1998.

MATIAS, M. *Turismo: formação e profissionalização (30 anos de história).* São Paulo: Manole, 2002.

NELSON, A.; DOPSON, L. Future of hotel education: required skills and knowledge for graduates of US hospitality programs beyond the year 2000 – part one. *Journal of Hospitality and Tourism Education, 13 (5),* 2001.

TRIGO, L. G. G. A importância da educação para o turismo. In: LAGE, B. *Turismo: teoria e prática.* São Paulo: Atlas, 2000.

TRIGO, L. G. G. *A Sociedade Pós-industrial e o Profissional em Turismo.* Campinas: Papirus, 1998.

TRIGO, L. G. G. Congresso Panamericano de Escolas de Hotelaria e Turismo. *Turismo em Análise ECA-USP, São Paulo, 5 (2):* 51-56, 1994.

WALKER, J. R. *Introduction to Hospitality.* 2nd ed. Englewood Cliffs: Prentice-Hall, 1999.

Anotações

CAPÍTULO 15

Formação do Guia de Turismo: do Ensino Médio à Universidade

Paulo Jorge de Oliveira Carvalho

Introdução

Na condição de guia de turismo regional, nacional e internacional, com vasta experiência no campo; formação em psicologia e pós-graduação em psicanálise – que tem resultado em quase 20 anos de prática clínica; e, neste mais recente período de minha carreira acadêmica, como pesquisador na área de Educação: História, Política, Sociedade, na PUC-SP – Pontifícia Universidade Católica de São Paulo, não posso furtar-me à oportunidade de escrever sobre uma reincidente questão no trabalho de docência na área de turismo e hotelaria.

Trata-se de entender as transformações que vêm ocorrendo no processo de constituição dos cursos de formação na área de condução de passageiros no turismo, na inserção do guia de turismo no mercado de trabalho e na sua relação com o turismo em geral. Para tanto, a hipótese norteadora desse estudo baseia-se na concepção de que essa atividade é composta por elementos de grande complexidade, relacionados à prestação de serviços no turismo e cujo papel nem sempre é devidamente valorizado ou reconhecido pelas equipes de profissionais responsáveis tanto por sua formação escolar como por sua contratação no mercado de trabalho. A formação do guia de turismo sustenta-se, basicamente, sobre um tripé composto pelo aprendizado teórico-prático de técnicas inerentes ao acompanhamento de passageiros, por noções sobre habilidades nas relações interpessoais e pela aquisição de um conjunto de conteúdos aplicados ao turismo e oriundos de disciplinas pertencentes, fundamentalmente, a duas grandes áreas de conhecimento: as ciências humanas e sociais e as ciências sociais aplicadas[1] .

Sendo assim, inicialmente será apresentado neste artigo o perfil da profissão, isto é, a forma como se configurou pelos órgãos oficiais competentes e suas principais atribuições legais. Em seguida, será explorado um terreno ainda muito árido na produção de pesquisa acadêmica e que, por essa razão, acarretou a utilização de registros de vivência pessoal e da experiência de colegas de profissão – alguns predecessores e outros que fizeram parte

[1] Segundo critérios utilizados pela Capes – Coordenação de Aperfeiçoamento de Pessoal de Nível Superior, fazem parte das ciências humanas e sociais as disciplinas de artes cênicas, artes visuais, ciências sociais, direito, filosofia, geografia, história, letras, música, pedagogia e psicologia; das ciências sociais aplicadas, as disciplinas de administração, ciências contábeis, ciências econômicas, ciências da informação, comunicação social, hotelaria, serviço social, secretariado executivo e turismo.

85-7241-568-8

do mesmo período – como parte das fontes investigadas. Esse ponto diz respeito ao esboço de uma linha historiográfica que percorre a evolução da formação escolar deste profissional. E, como a complexidade da profissão não se refere somente ao tipo de trabalho a ser executado, mas também à estrutura da personalidade de quem o executará, apresento-lhes logo adiante alguns aspectos incitantes a uma discussão sobre os elementos necessários à constituição do perfil psicológico do guia de turismo.

Essa discussão remete ao principal de toda a questão: em que nível de ensino se desenvolve o ambiente mais propício para a formação do guia de turismo? Não é raro, na história social da humanidade, apelar-se à educação escolar em busca de esclarecimentos às grandes transformações sociais e, concomitantemente, na expectativa de que ela assuma a responsabilidade de lidar com o processo de adaptação do homem às mudanças exigidas por essas transformações. Aspecto bastante delicado porque, quase invariavelmente, nega o verdadeiro lugar que a educação escolar ocupa na sociedade – a fração de um conjunto que, ao agir sobre ela, é, em contrapartida, diretamente influenciada por ela também. Ou seja, como diz Durkheim (1965) sobre os sistemas de educação:

> ***Estão eles de tal modo ligados a sistemas sociais determinados, que não se podem separar de sua estrutura. (...) Cada tipo de povo tem um tipo de educação que lhe é próprio, e que pode servir para defini-lo, tanto quanto sua organização moral, política e religiosa. É um dos elementos de sua fisionomia.***
>
> **Durkheim (1965, p. 79)**

E é justamente considerando o papel da educação como reflexo de diferentes conjunções sociais, políticas, históricas, econômicas e culturais – responsáveis pela totalidade das ações formadoras do conjunto de uma sociedade – que se pretende, ao final deste artigo, apresentar alguns aspectos sobre a dinâmica da evolução dos cursos de formação no setor de guiamento de turistas. Uma evolução que parece partir do caos generalizado e chegar, nos dias atuais, ao rigor do academismo.

O maior objetivo a que se pretende chegar com a formulação desta questão é provocar uma discussão na comunidade acadêmica e no espaço dos profissionais ligados à área da educação profissional, seja no nível médio ou no ensino superior, em relação à integração dessa atividade profissional na área de conhecimento do turismo.

Perfil da Profissão: Conceitos Gerais e Específicos

GUIA DE TURISMO OU GUIA TURÍSTICO? EM NÍVEL DE OU A NÍVEL DE?

Essas são expressões que comumente confundem não só aqueles que têm menor familiaridade com a língua portuguesa, como também alguns intelectuais brasileiros e portugueses – que muitas vezes utilizam *erroneamente* a expressão *a nível de* para referirem-se a um âmbito, uma esfera; e *guia turístico* para referirem-se ao profissional que trabalha com acompanhamento de grupos no turismo. Seria essa confusão o resultado de mais um estrangeirismo em nossa cultura, ao pensarmos no significado que essas expressões têm nos países de língua espanhola, ou remete à tão conhecida dificuldade de lidarmos com o idioma vernáculo? De uma maneira ou de outra, a verdade é que não se justifica o uso da expressão *a nível de* a não ser "quando se pretende indicar movimento (exemplo: 'a inflação elevou-se a níveis intoleráveis')" (PUC-SP/EHPS, 2000); assim como não se justifica o uso de *guia turístico* a não ser quando o objetivo é referir-se às publicações – livros, manuais, revistas, folhetos, etc. – destinadas a orientar sobre regiões, cidades, atrações turísticas, estradas, logradouros, etc.

O guia de turismo é uma profissão reconhecida desde 1986 e regulamentada nos termos da Lei nº 8.623/93, de 28 de janeiro de 1993 – única categoria, entre os profissionais de turismo, que tem a profissão regulamentada e oficializada por força da lei –, sendo o profissional cadastrado pela Embratur – Instituto Brasileiro de Turismo para exercer as atividades de acompanhamento, orientação e transmissão de informações a pessoas ou grupo de pessoas em visitas ou viagens em geral.

85-7241-568-8

Em 30 de outubro de 2001, foi publicada no Diário Oficial da União nº 208, na Seção 1, a deliberação normativa nº 426, de 4 de outubro de 2001, na qual a Diretoria da Embratur, no uso de suas atribuições e tendo em vista o disposto no artigo 10 do Decreto nº 946, de 1º de outubro de 1993, edita normas disciplinando e operacionalizando o cadastramento e a classificação dos guias de turismo, bem como fixa os critérios para aplicação das penalidades previstas no artigo 10 da Lei nº 8623, de 28 de janeiro de 1993. O artigo 3º dessa deliberação normativa diz que: "O requerente será cadastrado na classe de Guia de Turismo para a qual estiver habilitado, desde que comprovada esta condição, mediante apresentação de certificado de conclusão de curso específico de educação profissional de nível técnico, cujo plano de curso tenha sido previamente aprovado pelo órgão próprio do respectivo Sistema de Ensino, inserido no Cadastro Nacional de cursos de Nível Técnico administrado pelo MEC, e apreciado pela Embratur".

Conforme a especificidade de sua formação teórica e prática, esse profissional poderá ser cadastrado pela Embratur como:

- *Guia regional:* quando suas atividades compreenderem recepção, traslado, acompanhamento, prestação de informações e assistência a turistas em itinerários ou roteiros locais e intermunicipais de determinada unidade da federação, para visita a seus atrativos turísticos. É, portanto, um profissional habilitado a trabalhar somente na unidade federativa onde se formou.
- *Guia de excursão nacional*: quando suas atividades compreenderem o acompanhamento e a assistência a grupos de turistas durante todo o percurso da excursão por qualquer região do território nacional ou pelos países da América do Sul, adotando, em nome da agência de turismo responsável pelo roteiro, todas as atribuições de natureza técnica e administrativa necessárias à fiel execução do programa do roteiro adquirido pelos turistas.
- *Guia de excursão internacional*: quando realiza as atividades referidas no inciso II do artigo 4º da Lei nº 8.623 para os demais países do mundo.
- *Guia especializado em atrativos turísticos*: quando suas atividades compreenderem o acompanhamento e a prestação de informações técnicas especializadas sobre determinado tipo de atrativo natural – como parques, reservas, cavernas, trilhas, etc. – ou cultural – como museus, patrimônios históricos, etc. – de interesse turístico, na unidade da federação na qual se submeteu à formação profissional específica. Nessa classificação encontra-se a formação do guia de ecoturismo.

De maneira geral, o acompanhamento de passageiros de que tratam essas classificações pode ser feito a pé e por meio de transporte rodoviário, ferroviário, aéreo, marítimo ou fluvial. Existem procedimentos técnicos específicos que devem ser dominados pelo profissional em cada uma dessas situações.

Segundo o artigo 5º da lei que regulamenta a profissão, são atribuições específicas do guia de turismo:

- Acompanhar, orientar e transmitir informações a pessoas ou grupos de pessoas em visitas, excursões urbanas, municipais, estaduais e interestaduais ou especializadas, dentro do território nacional.
- Acompanhar ao exterior pessoas ou grupos organizados no Brasil.
- Promover e orientar despachos e liberações de passageiros e suas respectivas bagagens, em terminais de embarque e desembarque aéreos, marítimos, fluviais, rodoviários e ferroviários.
- Ter acesso a todos os veículos de transporte, durante o embarque e desembarque, para orientar as pessoas ou grupos sob sua responsabilidade, observadas as normas específicas do respectivo terminal.
- Ter acesso gratuito a museus, galerias de arte, exposições, feiras, bibliotecas e pontos de interesse turístico, quando estiver conduzindo ou não pessoas ou grupos, observadas as normas de cada estabelecimento.
- Portar, privativamente, o crachá de guia de turismo emitido pela Embratur.

O desempenho irregular de suas atribuições sujeita o profissional, conforme a gravidade da falta e seus antecedentes, a penalidades aplicadas pela Embratur, que envolvem desde advertência até o cancelamento de seu cadastro na categoria – conforme o artigo 7º da deliberação normativa citada.

85-7241-568-8

Conforme o artigo 6º dessa mesma deliberação, constituem infrações disciplinares:

I – Deixar de portar, em local visível, o crachá de identificação.
II – Induzir o usuário a erro, pela utilização indevida de símbolos e informações privativas de guia de turismo.
III – Faltar a qualquer dever profissional imposto pelo Decreto nº 946, de 1993.
IV – Utilizar a identificação funcional de guia cadastrado fora dos estritos limites de suas atribuições.
V – Não cumprir integralmente os acordos e contratos de prestação de serviço, nos termos e na qualidade em que forem ajustados com os usuários.
VI – Descumprir totalmente os acordos e contratos de prestação de serviços.
VII – Facilitar, por qualquer meio, o exercício da atividade profissional aos não cadastrados.
VIII – Praticar, no exercício da atividade profissional, ato que contrarie as disposições do Código de Defesa do Consumidor.
IX – Praticar, no exercício da atividade profissional, ato que a lei defina como crime ou contravenção.
X – Manter conduta e apresentação incompatível com o exercício da profissão.
§ 1º Para fins de aplicação das penalidades previstas no artigo 7º, consideram-se infrações de natureza:
I – Leve, as referidas nos incisos I a III.
II – Média, as referidas nos incisos IV e V.
III – Grave, as referidas nos incisos VI a X.
§ 2º Considera-se conduta incompatível com o exercício da profissão, entre outras:
I – Prática reiterada de jogo de azar, como tal definido em lei.
II – Incontinência pública escandalosa.
III – Embriaguez habitual.
IV – Uso de drogas.
V – Contrabando.

Segundo a nova Classificação Brasileira de Ocupações (CBO, 2002)[2] – documento do Ministério do Trabalho e Emprego que tem como finalidade reconhecer, nomear e codificar os títulos e descrever as características das ocupações do mercado de trabalho brasileiro – o guia de turismo, além das competências pessoais, deve ser capaz[3] de:

- Executar um roteiro turístico.
- Transmitir informações.
- Atender passageiros.
- Organizar atividades do dia.
- Realizar tarefas burocráticas.
- Desenvolver itinerários e roteiros de visitas.
- Comunicar-se adequadamente.

A profissão é regida também por um Código de Ética Profissional[4] aprovado no VI CBGTUR – Congresso Brasileiro de Guias de Turismo em Belo Horizonte em 23 de outubro de 1987, e comemora o Dia Nacional do Guia de Turismo em 10 de maio – instituído pelo artigo 1º do Projeto de Lei nº 3.760. Essa data refere-se à fundação, em 10 de maio de 1969, da Associação Profissional dos Guias de Turismo no estado de São Paulo, que mudou o nome, em 1990, para Sindicato dos Guias de Turismo (Sindegtur). (Trigo, 2000a).[5]

Formação Profissional do Guia de Turismo: Historiografia

No Brasil, o trabalho de condução de grupos no turismo precede em algumas décadas o reconhecimento legal da profissão, como vimos, por exemplo, com relação à fundação da Associação Profissional dos Guias de Turismo no Estado de São Paulo. Inicialmente, a atividade costumava ser realizada por importantes cargos da agência responsável pela viagem e era tida, quase invariavelmente, como uma oportunidade de viajar, mer-

[2] Texto disponível na Internet: *http://www.mtecbo.gov.br*, em 17/dez./2004.

[3] As habilidades referentes às competências descritas encontram-se especificadas em: Paulo Jorge Carvalho. *Condução de grupos no turismo*. São Paulo: Chronos, 2003, p. 23-28.

[4] Texto disponível na Internet: *www.sindegtur.org.br/2004/etica.html*, em: 17/dez./2004.

[5] Para o entendimento da estruturação cronológica das viagens e do turismo no Brasil, a consulta de referência é a obra de Luiz Gonzaga Godoi Trigo, *Viagem na memória: guia histórico das viagens e do turismo no Brasil*, publicada em 2000, pela editora Senac de São Paulo.

gulhar em novas culturas, aproveitar as circunstâncias e conhecer novos lugares; em suma, divertir-se tanto quanto os clientes que adquiriam o pacote – sendo realmente difícil distingui-la das intenções gerais dos passageiros. Posteriormente, os promotores de vendas foram responsáveis pelo surgimento de uma nova categoria de acompanhantes, ou seja, o volume de vendas realizado por esses profissionais passou a significar o passaporte de acesso às viagens operadas pelas agências. É nesse momento que se configura o esboço de certo profissionalismo no guiamento de passageiros em viagens e passeios turísticos, já que o êxito na carreira daqueles vendedores dependia diretamente do tamanho da carteira de clientes que conseguiam formar, associado ao nível de satisfação que conseguiam estabelecer a partir do resultado final da viagem. Nesse sentido, a presença de alguém atento não somente à organização da viagem, como também à movimentação dos passageiros, começa a fazer diferença no trabalho de promoção do turismo em geral. Com isso, o segmento de viagens desse mercado de trabalho passa a ser estruturado de tal maneira que permite a criação dos primeiros cursos de formação de *tour leaders* ou *tour conductors*, como eram comumente chamados esses condutores no turismo. Esses cursos eram oferecidos, em geral, por coordenadores – quase sempre, promotores mais experientes – das próprias agências de viagens e eram voltados para um público cujo interesse não podia mais se limitar ao prazer de viajar, mas deveria incluir uma certa disposição em incrementar a quantidade de clientes para os roteiros oferecidos. Sem sombra de dúvida, os destinos norte-americanos, com especial destaque para os parques temáticos da *Walt Disney Company*, foram os principais responsáveis pelo incrível aumento na demanda por profissionais capacitados nesse setor – cujo ápice ocorreu no período que compreende de meados da década de 1970 ao início da década de 1990. Esse inusitado desenvolvimento dos cursos de formação, somado ao reconhecimento oficial da profissão de guia de turismo, permitiu que os profissionais se cadastrassem junto à Embratur – na época, ainda denominada Empresa Brasileira de Turismo – desde que apresentassem certificação de curso ministrado por agência cadastrada ou instituição de ensino regulamentada e que comprovassem, por meio de declaração, experiência de cinco anos na atividade. Esse cadastro permitia que o indivíduo legalizasse a sua situação e recebesse a carteira de registro profissional para trabalhar como guia de turismo. A classificação do profissional como guia regional, nacional ou internacional dependia das provas que conseguia reunir para confirmar sua experiência naquela habilitação específica e da maneira como montava o seu processo de reconhecimento. A partir da regulamentação da profissão, em janeiro de 1993, quase sete anos após o reconhecimento, todos os profissionais foram convocados por meio de publicação em Diário Oficial da União para comparecerem à Embratur – já sob a nova denominação de Instituto – e oficializarem o cadastramento de acordo com as normas e os procedimentos previstos na Lei nº 8.623/93. Essa convocação previa um prazo de até dois anos para que todos comparecessem ao órgão e efetivassem o recadastramento, após o qual os candidatos à profissão de guia de turismo teriam de se submeter aos cursos de formação profissional oferecidos pelas instituições de ensino previamente cadastradas e autorizadas pela Embratur, com carga horária *mínima* de 400 horas para cada um dos cursos de Guia Regional e Guia Nacional e 550 horas para o curso de Guia Internacional. Além da carga horária mínima, a Deliberação Normativa nº 427, de 4 de outubro de 2001, também estipulava a grade disciplinar.

Os conteúdos programáticos mínimos são apresentados por disciplinas para facilitar o entendimento dos docentes na discussão dos projetos pedagógicos das escolas, as quais terão liberdade para compor a organização curricular que melhor atenda ao desenvolvimento das competências profissionais de modo a garantir o perfil profissional de conclusão do egresso[6].

A deliberação estipulava, além disso, o número de viagens técnicas para cada um dos cursos. No curso de guia regional, "será considerada imprescindível a realização de, ao menos, três viagens técnicas, sendo uma com pernoite, no mínimo, além das necessárias atividades práticas e simulações, todas com presença obrigatória." No curso de guia nacional, "conteúdos idênticos aos de Guia de Turismo Regional, porém contemplando todas as Unidades da Federação e Países da América do Sul e três viagens técnicas, compreendendo: uma viagem com procedimento de

[6] A íntegra do texto da Deliberação Normativa nº 427 encontra-se disponível na Internet: *www.embratur.gov.br/br/conteudo/ver.asp?conteudoId=342&id=149*, em 21/dez./04.

85-7241-568-8

Parte 2

aeroporto (aérea), com pernoite; uma viagem interestadual, com pernoite e uma viagem livre". Finalmente, em se tratando da formação de guia internacional, conteúdos idênticos aos de Guia de Turismo Regional, porém contemplando os cinco continentes e três viagens técnicas (aproximadamente 150 horas), compreendendo: uma viagem com procedimento de aeroporto (aérea), com pernoite; uma viagem internacional, com pernoite e uma viagem livre[7].

Embora a atividade de condução de grupos no turismo tenha passado a contar com cursos padronizados de formação profissional que a libertaram do caos em que estava mergulhada – cursos oferecidos por agências de viagem que não possuíam a menor experiência na área de ensino e aprendizagem nem projeto pedagógico, conteúdo programático direcionado essencialmente para o conhecimento de um único e específico roteiro de viagem (geralmente aquele de maior demanda comercial), nenhuma preocupação com a estruturação de um conjunto mínimo de disciplinas voltadas para a formação global do guia de turismo –, continuou existindo um enorme abismo entre os conteúdos ministrados pela disciplina de *Teoria e técnica profissional* nos diferentes cursos técnicos autorizados. Essa disciplina pode ser considerada o núcleo central do curso de formação profissional, pois concentra o ensino que vai dos aspectos gerais do turismo (conceitos, fundamentos e infra-estrutura) aos procedimentos técnicos específicos requeridos nas diversas atividades turísticas – passeios a pé, *city-tours*, meios de hospedagem, restaurantes, passeios opcionais, viagens rodoviárias, aéreas e marítimas, etc.

É exatamente no ensino desses procedimentos que se percebe uma discrepância muito grande no perfil profissional de conclusão dos egressos, dependendo da instituição na qual fizeram o curso de formação e, principalmente, do docente responsável pela disciplina. Muitos desses profissionais ensinam meramente com base na experiência própria, sem considerar uma profissão que, pela importância que assume em sua influência no resultado final de uma viagem, precisa padronizar-se por meio de fundamentação teórico-prática (e não somente pela prática) de seus procedimentos técnicos. O livro *Condução de grupos no turismo* (Carvalho, 2003), que já se encontra na 2ª edição, trouxe ao mercado editorial brasileiro a primeira tentativa de padronização dessas técnicas de maneira sistemática, baseada em uma proposta didática e reflexiva sobre o trabalho do guia de turismo.

No entanto, por fatores ainda desconhecidos, constatou-se, em uma pesquisa realizada por alunos do curso de graduação em Turismo de uma importante faculdade paulistana, certa insatisfação por parte dos egressos de alguns dos cursos oferecidos na área. Essa insatisfação parece estar imediatamente ligada ao fato de, apesar de terem aprendido durante o curso a lidar com os procedimentos técnicos básicos, não têm claro qual é a razão de ser de muitos desses procedimentos – o que parece evidente nas situações em que se ensina *como fazer* sem a devida contextualização. Não conseguem também, muitas vezes, chegar a um acordo de qual é a melhor forma de atuar em determinadas situações – mesmo em se tratando não de situações inesperadas, mas de técnicas de operação básicas requeridas pela profissão, como um embarque rodoviário ou mesmo um *check-in* na hotelaria.

Aspectos Psicológicos da Profissão

A formação desse profissional em âmbito regional, nacional, internacional ou nas diversas especializações – atrativos naturais, culturais, etc. – dá-se percorrendo a mesma 'estrada' até determinado ponto, a partir do qual abrem-se 'trilhas' distintas nas quais características muito próprias estruturam-se em cada modalidade de formação, no que tange tanto às técnicas de trabalho quanto ao conjunto de conhecimentos específicos requeridos pelas diferentes disciplinas da grade curricular. Destaque especial aos aspectos psicológicos das relações interpessoais (um dos pilares do tripé responsável pela formação do guia), além de história geral, história da arte, geografia, ecologia e proteção ao meio ambiente, manifestações da cultura popular e primeiros socorros (conjunto de disciplinas que constitui outro pilar de sustentação na formação profissional), que exploram tópicos distintos em cada uma daquelas categorias. Essa estrada, que tem mão única na formação profissional em direção às várias habilitações possíveis, foi minuciosamente traçada por Carvalho

[7] Idem, *ibidem*.

Parte 2

85-7241-568-8

(2003) ao padronizar os diversos procedimentos técnicos necessários à execução de um roteiro turístico – por parte do guia de turismo – e organizar um conjunto de informações e experiências que esboçam um trajeto possível de ser seguido na formação desse profissional, tanto regional quanto nacionalmente.

Aprofundar a discussão dessas questões implica a tentativa de estabelecer um atendimento de qualidade diferencial a passageiros que, pelas mais diversas razões, escolheram realizar suas viagens, sejam elas de lazer, de negócios, de descanso ou aventura, acompanhados de um guia de turismo, nem sempre porque tenham dificuldades – pelo menos, não só por isso – mas porque, dessa maneira, têm maior chance de que seus objetivos sejam bem-sucedidos. É no momento em que nos aproximamos do significado de seu trabalho que se percebe que o guia tem sob sua responsabilidade muito mais que mostrar às pessoas aquilo que ainda não conhecem – é necessário que cuide delas! Quando alguém viaja na companhia de um guia e se torna seu passageiro, significa que escolheu aventurar-se no desconhecido com a proteção e a orientação de um profissional que, ao contrário da maioria das profissões, dedica praticamente 24 horas do dia em função do cuidado com o outro. Não existe, durante a condução de passageiros no turismo, um horário para começar e outro para terminar o trabalho – há que estar constantemente atento ao que acontece e, principalmente, ao que pode vir a acontecer com as pessoas, cabendo ao guia evitar a todo momento que situações inicialmente estranhas ao turista possam tornar-se também hostis. É um exercício de convivência que, muitas vezes, impede o confortável distanciamento presente nas profissões que se despedem do cliente para encontrá-lo somente na próxima reunião ou consulta. O guia de turismo pode ser solicitado a qualquer hora do dia ou da noite, seja para informar sobre o que não se conhece, seja para socorrer em uma emergência – no hotel, na rua, no hospital ou na delegacia. Para exercer essa função, é preciso, além de se submeter aos cursos de formação ou estudar sobre o mundo e sobre o Homem, ter uma vocação natural em cuidar do outro! Uma predisposição em entregar-se à vivência tão complexa do mundo das relações humanas em que, apesar de tudo que se estudou ou viveu, sempre haverá um elemento surpresa com o qual é preciso lidar e que, muitas vezes, escapa ao controle intelectual. É cuidar de uma demanda vinda de fora e da qual nem sempre se tem uma idéia muito clara do que significa ou do que espera do sujeito. Segundo Trigo (2000b):

> *O guia nasce feito ou se forma no decorrer de um aprendizado? A questão não pode ser formulada de modo excludente. Todo profissional deve ter aptidões inatas e alguma identificação com a área onde se põe a trabalhar, ou seja, uma potencialidade que pode ser desenvolvida tanto do ponto de vista teórico quanto prático, num processo que nunca terá fim. O mesmo acontece com o guia de turismo: ele se aperfeiçoa ao longo de seu exercício profissional, nunca se considerando perfeito ou livre de enganos.*
>
> Trigo (2000b, p. 54)

Como vemos, refletir sobre este trabalho leva a pensar também sobre quais são os objetivos e anseios de quem escolhe uma profissão que exige tanta dedicação como esta. É praticamente unânime, das pessoas que procuram os cursos de formação em condução de passageiros no turismo, a identificação com um enorme prazer em viajar. Um prazer que se apresenta com um misto de orgulho e culpa, como se fosse muito tênue o limite entre o que é lazer e o que é trabalho. E, de fato, essa é uma fronteira que costuma ser tão pouco vigiada que, quando não se tem a exata compreensão disso, a queda livre rumo à inadequação e à falta de profissionalismo pode ser fatal, pois pode significar o fim de uma carreira profissional. Indubitavelmente, gostar de viajar é uma das exigências básicas para essa profissão; contudo, a diferença está no lugar que se pretende ocupar na viagem que se inicia. A poltrona do turista está ocupada, e o que lhes cabe decidir é se querem ou não ocupar a poltrona da *comissária*. Para ocupá-la, é necessária a combinação de diversos fatores, cujo resultado está em assumir uma função de liderança diante de um grupo não só de passageiros, como também dos diversos prestadores de serviços, igualmente envolvidos nesse trabalho. Quando se consegue tomar essa decisão e incorporar, de fato, o papel profissional proposto, torna-se possível perceber quanto há de prazer na caminhada nessa estreita fronteira entre o trabalho e o lazer. Prazer esse que se manifesta, principalmente, na descoberta própria de paisagens, pessoas e culturas novas.

Apesar da enorme responsabilidade exigida do guia de turismo, é proporcional seu nível de satisfação. Basta que possa, assim como os turistas que

85-7241-568-8

estão ao seu lado – ou, o que costuma ser bastante comum, com intensidade muitas vezes maior – olhar pela janela e curtir a paisagem que se descortina aos seus olhos. A diferença está, como disse, no lugar que ocupa. Dentro dessa perspectiva, qualquer profissional que trabalhe consciente da função que assume e do prazer que sente por essa escolha consegue oferecer um serviço de altíssimo nível e competência profissionais. Isso implica, quase sempre, apresentar ao cliente o principal diferencial que o destaca no mercado de trabalho: a qualidade do serviço e o respeito a quem o dedica.

Formação Escolar do Guia de Turismo: Técnica ou Acadêmica?

A despeito da compreensão desses aspectos, é imprescindível que fique clara a necessidade do candidato à profissão de preparar-se em um bom curso de formação, pois "tanto o melhoramento da qualidade dos serviços oferecidos quanto o aumento da produtividade dependem de uma melhor qualificação do pessoal que trabalha nas empresas de turismo, por meio da formação e da capacitação de recursos humanos" (Spinelli, 2002, p. 106-107). Considero um bom curso aquele que, além de habilitá-lo ao registro junto à Embratur para exercer as atividades de acompanhamento, orientação e transmissão de informações a pessoas ou grupo de pessoas em visitas ou viagens em geral, tenha credibilidade suficiente para auxiliá-lo no ingresso ao mercado de trabalho. Como também assinala Spinelli (2002, p. 107), "outro desafio importante é aumentar o nível de confiabilidade das escolas de turismo e hotelaria, a fim de que as empresas prestadoras de serviços nos setores turístico, hoteleiro e gastronômico se sintam mais confiantes para contratar pessoas que tenham estudado nessas escolas". Nesse sentido, parece que estamos prestes a vivenciar outro marco no processo constitutivo dos cursos de formação dos guias de turismo. Desde que a procura pelos cursos profissionalizantes nessa área aumentou consideravelmente – cujo período mais significativo foi entre toda a década de 1990 até a implantação do Programa Profissão da Secretaria de Educação do Estado de São Paulo, em 2000[8] –, tem-se discutido sobre a possibilidade de inclusão dessa habilitação no meio acadêmico. Além de ter sido um dos precursores da causa, sempre defendi ativamente essa idéia, apesar de encontrar forte resistência por parte de alguns coordenadores dos cursos de graduação, cuja principal razão sustentava-se na preocupação com o perfil do egresso dos cursos superiores de turismo, que quase sempre girava em torno de questões como: *qual é o perfil do bacharel em turismo? Que profissional queremos formar?* Essas perguntas transformaram-se em verdadeiros fantasmas que rondam grande parte das reuniões de planejamento de docentes dos cursos de turismo. A angústia parece ter aumentado quando o surgimento de cursos de graduação nessa área aumentou consideravelmente, e a eles se somaram os cursos superiores de tecnologia, dificultando ainda mais a descrição do egresso e a definição dos objetivos específicos em cada um deles[9].

Em vários momentos, ouvi falar que trazer a formação de guia de turismo para as instituições de ensino superior seria um grande equívoco, pois tornaria os cursos de bacharel e de tecnologia extremamente técnicos e operacionais. Nunca pude concordar com esse ponto de vista, uma vez que essa possibilidade é uma forma de compelir ao reconhecimento da complexidade e importância da profissão no processo e na dinâmica da prestação dos serviços em turismo. Afinal, partindo-se da base conceitual com a qual Beni (2001, p. 44) considera o Sistur[10], a estruturação do turismo está ligada a uma série de funções inerentes à natureza da atividade de turismo, tais como: o conjunto de fatores que geram as motivações de viagens e a escolha

[8] O Programa Profissão da Secretaria de Educação do Estado de São Paulo (PP-SEE) funcionou em alguns municípios do Estado e tinha como objetivo capacitar alunos egressos do ensino médio da rede pública, por meio de qualificação em vários cursos técnicos do Senac – Serviço Nacional de Aprendizagem Comercial/SP e do Centro Tecnológico Paula Souza, entre eles os cursos de guia de turismo.

[9] Um estudo pioneiro sobre o turismo como área de conhecimento no país, que investiga o surgimento dessa disciplina nas escolas de ensino superior e dos primeiros cursos dedicados a essa formação, além de tratar da produção científica na área, em especial nas décadas de 70 e 80 do século passado, é apresentado pela pesquisadora Mirian Rejowski (1996), em *Turismo e pesquisa científica*.

[10] Sistur significa *sistema de turismo*, modelo teórico-referencial desenvolvido por Mário Beni na obra *Análise estrutural do turismo*, para aplicação na pesquisa em turismo.

das áreas de destinação turística; o deslocamento de indivíduos no contínuo espaço-tempo; os equipamentos de transporte oferecidos ao tráfego de pessoas; o tempo de permanência na área receptora; a disponibilidade e a solicitação não só de equipamentos de alojamento hoteleiro e extra-hoteleiro, mas também de equipamentos complementares de alimentação; a disponibilidade e a solicitação de equipamentos e instalações de recreação e entretenimento; a fruição dos bens turísticos; o processo de produção e distribuição desses bens e serviços; e também a estrutura e o comportamento de gastos do turista.

Parece clara a contextualização do guia de turismo nesse sistema, não como simples operacional, mas como alguém em quem se devem desenvolver, também, competências e habilidades no terreno do planejamento e da pesquisa – possibilidade presente, invariavelmente, no universo acadêmico. Surpreendentemente, conforme Neto & Maciel (2002), o MEC – Ministério da Educação, através da SESu – Secretaria de Ensino Superior, ao elaborar a proposta para sistematizar as diretrizes curriculares para os cursos de graduação, convocou CEE – Comissões de Especialistas de Ensino, que "são constituídas por docentes de alto nível de formação acadêmica, com experiência profissional e reconhecida atuação no ensino de graduação, que assessoram a SESu na análise dos processos de autorização e reconhecimento de cursos e credenciamento de instituições" (Neto & Maciel, 2002, p. 36); para ficarem responsáveis por "produzir as propostas definitivas para serem encaminhadas para análise do Conselho Nacional de Educação" (Neto & Maciel, 2002, p. 37). Segundo os autores:

> ***Os membros da Comissão de Especialistas de Ensino também sugerem, para compor o projeto curricular dos cursos de turismo, disciplinas de cunho profissionalizante, que viriam a complementar a formação de ordem prática dos estudantes. Entre essas disciplinas destacam-se: legislação turística, legislação ambiental,* marketing *de serviços,* marketing *turístico, técnicas publicitárias, cerimonial, técnicas de recreação, parques temáticos e aquáticos, organização de roteiros, formação do empreendedor, gestão de empresas turísticas, administração de recursos humanos, gestão financeira e estudos de viabilidade, qualidade em serviços turísticos, projetos turísticos, patrimônio natural, planejamento ambiental, espaço turístico, problemas contemporâneos, matemática financeira, história da arte, turismo de segmentos.***
>
> **Neto & Maciel (2002, p. 54-55)**

Tem-se observado, desde então, uma verdadeira revolução em muitas grades curriculares de importantes instituições de ensino superior, com a inclusão de novas disciplinas e, principalmente, a adoção de novas diretrizes para os cursos superiores de turismo visando preparar um aluno com formação mais global e maior flexibilidade de atuação profissional, seja diretamente no mercado de trabalho, seja no plano de carreira acadêmico. Entre elas, e para minha grande satisfação, a disciplina de *Condução de grupos no turismo* passou a ser incluída no projeto acadêmico de cursos, em nível de graduação. Esses cursos se tornaram pioneiros nesta concepção do desenvolvimento de "disciplinas de cunho profissionalizante, que viriam a complementar a formação de ordem prática dos estudantes", como é o caso das faculdades de turismo do Centro Universitário Ibero-Americano e das Faculdades Integradas Rio Branco. Para além disso, estamos assistindo ao surgimento de cursos superiores, em nível de graduação, que, afora o título de bacharel em turismo, formam o aluno nas habilitações de guia de turismo nacional, guia de turismo regional e guia de turismo especializado em atrativos naturais. É o que ocorre, especificamente, no recente curso de bacharelado em turismo criado pelo Centro Universitário Senac – Serviço Nacional de Aprendizagem Comercial.

Ao contrário do que poderia ser interpretado como um simples processo evolutivo no histórico da formação escolar dessa categoria profissional, fica no ar uma questão que provoca não somente os gestores e planejadores na área da Educação em turismo, mas também o corpo docente, o grupo de discentes e, fundamentalmente, as empresas prestadoras de seus serviços no mercado de trabalho, a buscar as perspectivas que o significado dessas transformações pode trazer tanto para a formação quanto para o trabalho no turismo, de modo geral. Particularmente, não acredito que isso signifique, ao menos a curto e médio prazos, uma interrupção nos cursos de formação de guias de turismo em nível técnico, tampouco uma migração em massa desses cursos para o ensino superior. Mas, como sabemos, para que a atividade turís-

Parte 2

tica possa se desenvolver em uma região, faz-se necessária a presença de um profissional – o guia de turismo – que possibilite a intermediação entre os recursos naturais e culturais, as obras de infra-estrutura – meios de transporte, acomodações e restaurantes –, os costumes e o modo de vida da população local. É essa intermediação que permite aos turistas, além de condições de uma boa estadia, a possibilidade de obter o máximo de prazer tanto da região visitada quanto da viagem como um todo. Seguramente, quanto melhores forem as condições oferecidas para a investigação, discussão e reflexão sobre a responsabilidade e as possibilidades de atuação desse profissional, mais próximo estaremos desse ideal.

Pelo menos a princípio, não importa exatamente se essas condições serão oferecidas no ensino médio ou no ensino superior, desde que, no primeiro caso, realize-se um árduo trabalho – em função do tempo exíguo que os cursos técnicos oferecem para a formação de guias de turismo – de mobilização do corpo docente a fim de considerar a necessidade de padronização teórico-referencial e de desenvolver, nos alunos, uma postura suficientemente crítica para que compreendam a importância do seu papel profissional no desenvolvimento do turismo. Já nos cursos de nível superior, as chances são consideravelmente mais animadoras, pois há um tempo maior para se trabalhar no processo de amadurecimento do aluno e no fomento aos projetos interdisciplinares e à pesquisa acadêmica, que hoje é parte obrigatória dos planos de qualquer faculdade que pretenda oferecer uma formação séria e responsável.

Considerações Finais

Apesar do evidente processo de desenvolvimento contínuo na evolução da formação profissional do guia de turismo, percebe-se na produção acadêmica disponível uma ausência de informações, pesquisas e dados estatísticos tanto sobre as origens dessa profissão quanto a respeito daquela padronização de técnicas e procedimentos pertinentes a sua atuação e a sua inserção no setor turístico – entre as dissertações de mestrado e teses de doutoramento e livre docência, defendidas no Brasil, com o tema relacionado aos guias de turismo, não foi possível identificar, até o momento, qualquer estudo finalizado relacionado tanto ao percurso histórico específico dessa profissão quanto à padronização de suas ações técnicas. Por essa razão, é de fundamental importância lançar mão de estudos que revelem a configuração dos diversos cenários – histórico, social, político, econômico – em que essa profissão se constituiu, de que maneira se organizou e também como ocorreram as principais transformações que resultaram na necessidade de habilitações específicas e na diversidade de funções no que se refere à prestação de serviços na área do turismo e lazer.

Além da necessidade de realizar-se o diagnóstico da situação do mercado de trabalho, que vem se modificando constantemente em decorrência do incessante processo de globalização, seja com inovações tecnológicas nos setores de agenciamento, transportes, hospedagem, alimentação e entretenimento, seja com modernas exigências na área das competências pessoais e profissionais no setor de recursos humanos, é importante também que se estimule o trabalho de análise crítica a respeito do posicionamento das agências de turismo face à obrigatoriedade da contratação do guia de turismo – não somente daquele capacitado em cursos autorizados pela Embratur, mas principalmente dos que têm a habilitação específica e necessária para desempenhar determinadas atividades na condução de passageiros. Sendo assim, creio que a continuidade da discussão sobre o histórico, a formação específica e a inserção no mercado de trabalho pode ser extremamente útil na compreensão do papel e importância dessa profissão no contexto do turismo – percebido como uma unidade sistêmica – tanto nos dias atuais quanto em uma perspectiva para o futuro. Isso significa pesquisar e refletir a respeito de uma prática que, há algum tempo, vem sendo muito procurada não somente pelos mais diversos tipos de jovens, como também por profissionais egressos de outros setores, e que sofreu importantes transformações no decorrer de sua caracterização – no nível da atuação profissional e, principalmente, no terreno da formação escolar, em que recentemente rompeu as barreiras do universo acadêmico – sem que, no entanto, tenha havido produção científica a esse respeito. A ausência significativa de informações sobre o assunto que visem a padronizar os procedimentos necessários à condução de passageiros no turismo e que considerem que uma abordagem técnica precisa ser referendada por uma teoria leva, dessa forma, à

85-7241-568-8

necessidade da realização de trabalhos que englobem não só a estruturação do turismo, mas também o comportamento do homem inserido nessa atividade.

Segundo Trigo (2000b),

> *o guia de turismo é um profissional polivalente que participa da parte final – a execução – do longo processo pelo qual passa o produto turístico. O produto (uma excursão, em geral) só ocorre depois que se realizam pesquisas de mercado para avaliar sua aceitação e pesquisas técnicas que examinam as possibilidades do projeto (estradas seguras, hospedagem razoável, alimentação, etc.). Após a constatação da viabilidade técnica e comercial do roteiro, o próximo passo é a reserva: bloqueios na transportadora (um ônibus, um assento no avião ou o fretamento da aeronave toda, camarotes em navios, serviços receptivos de traslados ou* city-tours, *etc.). A seguir, vêm a promoção, as vendas e o processamento técnico e contábil dessas vendas, que ficam sob a responsabilidade do setor de controle de reservas da operadora e do setor de contabilidade. Finalmente, chega-se à execução do projeto, a viagem propriamente dita. É então que começa o trabalho do guia de turismo.*
>
> Trigo (2000, p. 53)

Sendo assim, parece bastante razoável que se considere também a importância do papel desse profissional na interlocução entre os três grandes conjuntos do Sistur: o das *Relações Ambientais*, o da *Organização Estrutural* e o das *Ações Operacionais*. Para tanto, fica aqui um convite à comunidade acadêmica para que, a partir da união de esforços intelectuais, se possam desenvolver estudos que visem ao entendimento e à melhoria das diversas ações profissionais possíveis ao guia de turismo, além da possibilidade de criação de uma referência bibliográfica específica em torno dessa temática.

Exercícios Propostos

1. Com base nas informações do texto, como você definiria a profissão de guia de turismo?
2. Qual é a importância dessa profissão no desenvolvimento do turismo em geral?
3. Desenvolva uma análise crítica sobre a formação escolar do guia de turismo diferenciando-a nos níveis médio e superior de ensino.

Glossário

Agência de viagens: local onde se podem comprar pacotes e excursões para o Brasil e exterior, reservar passagens aéreas, hotéis, passeios e alugar carros.

Atrações turísticas: podem ser agrupadas por suas características naturais ou artificiais. As primeiras incluem a paisagem, o clima, a vegetação, as florestas e os animais selvagens; as outras são fundamentalmente os produtos da história e da cultura, apesar de incluírem complexos de entretenimento criados artificialmente, como os parques temáticos. Costumam ser consideradas os principais motivadores do turismo.

Check-in: procedimento de embarque realizado no aeroporto junto à companhia aérea e procedimento de entrada em hotel.

City-tour: passeio pela cidade que costuma incluir paradas e visitas a atrativos turísticos.

Comissária: termo que designa, no turismo rodoviário, o local no ônibus – que fica na parte central ou nos fundos – onde viaja o guia. Geralmente nesse local estão localizados a poltrona, a pia, a geladeira, o sistema de controle de microfone, som e vídeo, material de serviço de bordo, etc. que compõem os instrumentos de trabalho desse profissional.

Embratur: sigla do Instituto Brasileiro de Turismo, órgão do governo federal criado em 1966 com a finalidade regulamentar, acompanhar e fiscalizar todas as atividades ligadas ao setor. Classifica hotéis e registra guias de turismo, agências e operadoras. Com a criação do Ministério do Turismo, a Embratur passa a cuidar exclusivamente da promoção do Brasil (promoção, *marketing* e apoio à comercialização dos produtos brasileiros) no exterior.

Excursão: passeio ou viagem para destinações tanto próximas quanto distantes da cidade de origem, na maioria das vezes realizada em grupo e acompanhada da presença de um profissional especializado – guia de turismo.

Operadora: agência que planeja, organiza, promove e vende pacotes turísticos, além de manter uma atividade comercial que atua junto a transportadoras, redes hoteleiras e serviços.

Pacote: preço final de uma viagem, incluindo hotel, transporte, passeios e traslados.

Parques temáticos: negócio que passou por uma expansão extraordinária desde a inauguração da Disneylândia, em 1955, em Anaheim, Califórnia, e refere-se a parques de diversão que incluem, além de brinquedos, *shows*, lojas e restaurantes em

Parte 2

85-7241-568-8

ambientes temáticos que costumam primar pela limpeza e prometem aventura, história, ficção científica e fantasia.
Receptivo: situação na qual um guia regional recebe o turista no aeroporto ou porto.
Signtseeing: passeio panorâmico pela cidade e, portanto, geralmente sem paradas para visitações.
Tour conductor: guia de turismo acompanhante.
Traslado: refere-se ao transporte de passageiros entre aeroportos, portos e hotéis. Também é utilizado o termo translado; no entanto, por causa da associação deste com o transporte fúnebre, o termo traslado é mais adequado no turismo.

Sites Indicados

www.embratur.gov.br

www.sindegtur.org.br

www.abbtur.com.br/legiscat.asp?categoria = 7

www.dji.com.br/decretos/1993-000946/1993-000946.htm

www.mec.gov.br/cne/pdf/PCB1497.pdf

www.brasilturisjornal.com.br/site.cfm?tp = WD&cg = LEGIS&noticia

www.hotelservice.com.br/legislacao/lei8623_1993.asp

www.abgtur.tur.br/

www.monografias.com/trabajos11/guiatur/guiatur.shtml

www2.uol.com.br/JC/_1999/1810/tu1410g.htm

www.horizontenet.com.br/gen_mostra_noticia.php?cod_noticia = 40

www.muralnet.jor.br/03/06/30/cart_a.asp

www.noolhar.com/opovo/turismo/34206.html

www.ecoviagem.com.br/entrevistasechats/def_entrevistasechats.asp?codigo = 1794

www2.correioweb.com.br/cw/2001-01-28/mat_25299.htm

http://diariodonordeste.globo.com/2002/05/24/050040.htm

BIBLIOGRAFIA

BENI, M. *Análise Estrutural do Turismo.* 5. ed. São Paulo: Senac, 2001.

CARVALHO, P. *Condução de Grupos no Turismo.* 2. ed. São Paulo: Chronos, 2003.

COOPER, C. et al. *Turismo, Princípios e Prática.* 2. ed. Porto Alegre: Bookman, 2001.

DURKEHEIM, E. *Educação e Sociologia.* São Paulo: Melhoramentos, 1965.

GOELDNER, C.; RITCHIE, J. R.; McINTOSH, R. *Turismo: princípios, práticas e filosofias.* Trad.: Roberto Cataldo Costa. 8. ed. Porto Alegre: Bookman, 2002.

PONTIFÍCIA UNIVERSIDADE CATÓLICA DE SÃO PAULO (PUC-SP). Programa de Estudos Pós-graduados em Educação, História, Política, Sociedade. *Normas para Elaboração de Projetos, Dissertações, Teses e Outros Textos Acadêmicos.* 3. ed. São Paulo: PUC, 2000.

REJOWSKI, M. *Turismo e Pesquisa Científica: pensamento internacional + situação brasileira.* Campinas: Papirus, 1996.

SHIGUNOV NETO, A.; MACIEL, L. Formação profissional nos cursos de turismo do Brasil: algumas reflexões à luz da LDB/96 e das diretrizes curriculares para os cursos de graduação. In: *Currículo e Formação Profissional nos Cursos de Turismo.* Campinas: Papirus, 2002, p. 17-63.

SPINELLI, S. A importância da formação profissional em turismo. In: SHIGUNOV NETO, A.; MACIEL, L. (orgs.). *Currículo e Formação Profissional nos Cursos de Turismo.* Campinas: Papirus, 2002, p. 105-126.

TRIGO, L. *Viagem na Memória: guia histórico das viagens e do turismo no Brasil.* São Paulo: Senac, 2000a.

TRIGO, L. *Turismo Básico.* 4. ed. São Paulo: Senac, 2000b.

Parte 2

85-7241-568-8

CAPÍTULO

16 Publicações em Turismo no Brasil

Alexandre Panosso Netto

Introdução

A idéia para escrevermos sobre as publicações em turismo no Brasil surgiu da observação de que elas tiveram significativo aumento nos últimos 15 anos. A proposta é analisarmos e dividirmos por grupos as publicações de 17 editoras de destaque que publicam livros sobre o turismo.

Destacamos que, em 2003, juntamente com o professor Luiz Gonzaga Godoi Trigo, tentamos fazer um estudo das publicações em turismo no Brasil, mas, dos 12 questionários enviados para as editoras, somente três retornaram, fato que impossibilitou a realização do estudo, já que a amostra foi insuficiente.

Na década de 1970, quando surgiram os primeiros cursos de graduação em turismo no Brasil, a bibliografia sobre o tema era escassa. O material bibliográfico utilizado pelos professores era de textos traduzidos do espanhol, francês e inglês e algumas outras reflexões em *papers* de alguns brasileiros que escreviam sobre turismo. Além disso, havia as normatizações da Embratur – Instituto Brasileiro de Turismo, alguns outros documentos governamentais que abordavam de forma muito superficial o turismo e textos "importados" da economia, sociologia, geografia, que embasavam os estudos turísticos.

Durante a década de 1980, algumas publicações brasileiras sobre turismo começaram a surgir, mas eram formadas por textos de editoras regionais, com pouca ou nenhuma abrangência nacional, fator que limitava a disseminação do que estava sendo produzido. Ademais, com aproximadamente 30 cursos superiores de turismo e produção científica fraca, o mercado editorial brasileiro em turismo era tímido e não chamava a atenção dos editores para o tema nem despertava o interesse da sociedade em geral. Mas esse quadro estava prestes a mudar.

A primeira série de livros de turismo surgiu em 1986, com *Turismo: atividade marcante do século XX*, de Geraldo Castelli, e foi iniciada pela Educs – Editora da Universidade de Caxias do Sul. Pelo que verificamos, apesar deste ter sido o iniciador de uma coleção de turismo, somente em 1999 um segundo título foi lançado por essa editora. Além disso, o livro citado encontra-se hoje na quarta edição e com o título resumido para *Turismo: atividade marcante*. Destacamos que a Educs seguiu com suas publicações na área com o aumento de títulos da Coleção Turismo e a criação da Coleção Hotelaria.

Outro caso de sucesso na área do turismo iniciou-se em 1990 quando, por iniciativa da professora doutora Margarita Barretto, a Editora Papirus lançou a *Coleção Turismo*, publicando como primeiro título a obra de Doris van de Meene Ruschmann, *Marketing turístico*. Esse ano foi o marco de uma crescente onda de publicações em turismo que alcançou seu auge em 2002 e que, pelos dados levantados, hoje já está diminuindo de ritmo.

Nos primeiros anos da década de 1990, uma série de fatores influenciou o aquecimento do mercado editorial em turismo, mas podemos afirmar que o

85-7241-568-8

principal deles foi a proliferação dos cursos superiores de turismo. Algumas hipóteses podem ser apresentadas como causas dessa proliferação:

- A política educacional adotada pelo governo Fernando Henrique Cardoso (1995-2002), que propiciou à iniciativa privada investir "pesado" na educação. Sua política foi a de incentivar os grupos privados a oferecerem cursos superiores em todas as áreas do conhecimento. A autorização para a abertura de novos cursos, que antes de seu governo poderia demorar dois, três ou quatro anos, agora era fornecida em até seis meses, fator que agilizou o processo.
- Nessa época, a mídia nacional passou a divulgar um número maior de notícias sobre o turismo interno, mostrando que o Brasil é rico em destinos e que sua infra-estrutura e a prestação de serviços estavam recebendo investimentos.
- Em 1995, o país conseguiu controlar, ao menos em parte, a inflação, que chegava a 20% ao mês e foi reduzida para menos de 1% ao mês. Tal fator, aliado às potencialidades do país e às motivações humanas (fossem elas físicas, psíquicas, sociais, etc.), possibilitaram a um número cada vez maior de brasileiros fazer turismo doméstico.
- A implantação do PNMT – Programa Nacional de Municipalização do Turismo, que levou à discussão do assunto centenas de municípios em todo o território nacional, despertou o interesse da população pelo tema.

Foi a partir desse cenário que desenvolvemos este estudo.

Pesquisa

Os aspectos que serão destacados sobre as publicações referem-se à data de publicação, ao número de edições de cada título e em qual grande área do turismo elas se enquadram. Por grande área entendemos as sete grandes divisões do turismo utilizadas para estudo no Brasil (planejamento, eventos, gastronomia, agenciamento, hotelaria, transportes e animação e recreação) mais uma categoria de turismo geral, em que estão inseridos textos generalistas do turismo, como os que tratam de globalização, turismo na terceira idade, teoria geral de sistemas aplicada ao turismo, etc.

As editoras selecionadas foram, em ordem alfabética, Aleph, Atlas, Átomo e Alínea, Bookman, Campus, Contexto, Chronos, Educs, Edusc, Futura, Hucitec, Manole, Papirus, Qualitymark, Roca, Senac São Paulo e Thomson Pioneira.

Os dados foram obtidos nas *home pages* das editoras, consultadas entre o dia 10 de novembro e 10 de dezembro de 2004 (apenas não foi encontrado o *site* da editora Chronos). Salientamos que nem todas as editoras têm seu *site* atualizado, uma vez que, em muitos, nem todos os títulos lançados se encontravam disponíveis para consulta. Nesses casos, foi necessário recorrer aos *sites* *www.livrosdeturismo.com.br* e *www.mjlivros.com.br* e à biblioteca de turismo do Cesur – Centro de Ensino Superior de Rondonópolis para esclarecer informações confusas ou incompletas. Muitas editoras também apresentam títulos como sendo da área do turismo, o que muitas vezes não condiz com a realidade. Por exemplo, uma editora publica um livro sobre cerveja e o coloca na área do turismo – títulos como este foram desconsiderados na análise. Dessa forma, o leitor poderá encontrar divergências entre os dados aqui apresentados e os dados nos referidos *sites*, pois foram considerados apenas os títulos que se caracterizavam por serem da área do turismo.

Devemos ainda alertar que poderá haver erros nas datas de publicação de alguns livros ou no número de edições de outros, já que algumas editoras, ao fazerem uma reimpressão da obra, informam que fizeram uma nova edição. Em alguns livros consultados também não é possível saber o ano da primeira edição, fator que dificultou a análise. Apesar de todos esses elementos, cremos que foi possível fazer uma avaliação abrangente da bibliografia em turismo editada no Brasil.

Dados Coletados

O total de títulos publicados pelas 17 editoras pesquisadas chega a 329 títulos, com média de 19,35 títulos por editora, distribuídos conforme mostra a Figura 16.1.

Percebemos, por esses dados, que o interesse pela área do turismo é comum entre editoras de grande porte (Atlas, Thomson Pioneira, Campus), médias (Aleph, Educs) e pequenas (Chronos,

Parte 2

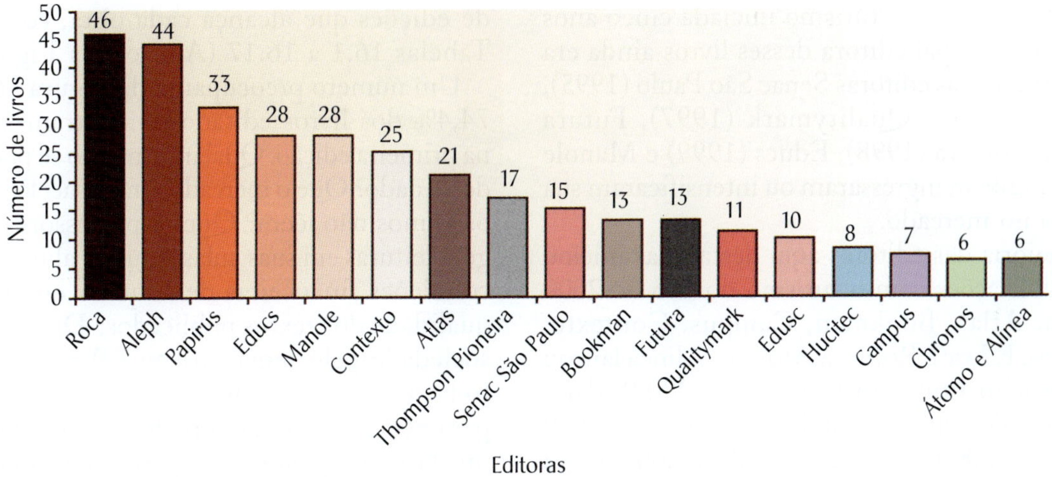

Figura 16.1 – Número de livros publicados por editora.

Edusc). Isso leva a supor que publicar livros sobre turismo é um negócio rentável e tem um mercado bastante diversificado em nosso país.

Outro dado significativo analisado diz respeito ao número de livros editados por ano. O livro já destacado da Educs – *Turismo: atividade marcante no século XX* – foi o primeiro a ser publicado, mas pelo fato de ter sido publicado em 1986, vamos considerá-lo como fora de série – *out line* – para estudos estatísticos, iniciando a série no ano de 1990, uma vez que não encontramos livro algum publicado pelas editoras entre os anos de 1986 e 1989. Vejamos os resultados na Figura 16.2.

Entre 1990 e 1997, o número de livros de turismo publicados manteve-se, em média, em 1,8 por ano. Esse quadro representa a situação atual dos cursos de turismo à época, uma vez que foi a partir de 1994 que houve o aumento da criação de cursos superiores de turismo no país. Observamos que o mercado editorial não acompanhou de perto a visível expansão dos cursos superiores de turismo, pois entre 1990 e 1995 a editora Papirus "reinou" absoluta no setor. Assim, são dois os fatores básicos para explicar o elevado número de edições dos livros de turismo dessa editora (o que pode ser visualizado no Anexo, Tabela 16.13): o primeiro é o pioneirismo na área; o segundo é a boa qualidade e seleção cuidadosa das obras editadas.

Os anos de 1998 e 1999 marcam uma segunda fase de publicações em turismo. Com 11 e 10 livros publicados, respectivamente, esses dois anos são uma "resposta" (atrasada) à proliferação de

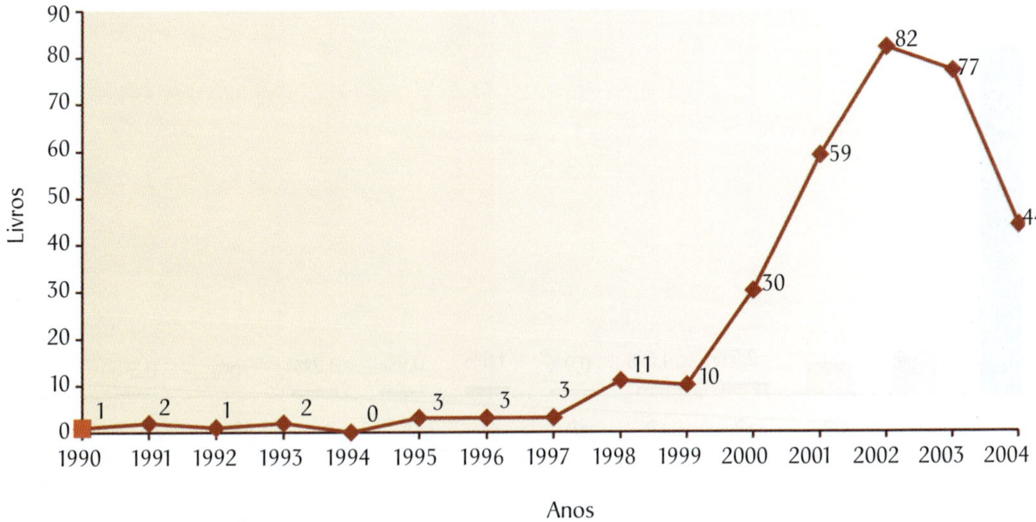

Figura 16.2 – Número de livros publicados por ano (1990 a 2004).

cursos superiores de turismo iniciada cinco anos antes. A principal editora desses livros ainda era a Papirus, mas as editoras Senac São Paulo (1995), Hucitec (1996), Qualitymark (1997), Futura (1998), Pioneira (1998), Educs (1999) e Manole (1999) também ingressaram ou intensificaram sua atuação no mercado.

A maioria das editoras aqui destacadas iniciou suas publicações com o turismo no ano de 2000 (Aleph, Atlas, Bookman, Campus, Contexto, Chronos, Edusc e Roca – a Átomo e Alínea lançou seu primeiro título em turismo em 2002), daí a explicação do salto de 10 títulos publicados em 1999 para 30 em 2000, 59 em 2001 e 82 em 2002. Esses anos (2000, 2001 e 2002) formam outra fase das publicações em turismo, na qual foi mais visível o crescimento dos cursos superiores de turismo no país. A resposta das editoras, desta vez, veio imediata e paralelamente ao aumento desses cursos. Verificamos que o ponto culminante do número de publicações é o ano de 2002, com 82 títulos lançados. Podemos dizer que esse ano foi o marco do início do declínio do número de publicações, pois em 2003 foram 77 títulos lançados e, em 2004, 44 títulos, o que deixa clara a diminuição do ritmo das publicações. Mais uma vez, essa foi a resposta das editoras ao ritmo de crescimento dos cursos superiores de turismo, que já haviam iniciado um processo de estagnação e até de declínio.

Não foi possível sabermos quantos livros foram vendidos por tais editoras, uma vez que são dados confidenciais de cada casa editorial. Contudo, podemos ao menos relacionar o número de edições que alcança cada obra, conforme as Tabelas 16.1 a 16.17 (Anexo) e a Figura 16.3.

Um número preocupante da Figura 16.3 é que 74,4% dos livros editados encontram-se apenas na primeira edição. Qual informação se pode inferir desse dado? Que o mercado está desacelerado? Que os alunos não lêem? Que os professores não exigem leituras em suas aulas? Que os alunos não têm condições financeiras de adquirir os livros? Má qualidade dos textos publicados? Desinteresse da sociedade pelo tema turismo? Acreditamos que todas essas perguntas são as possíveis respostas para essa questão. Não podemos apontar apenas um fator preponderante para a baixa comercialização dos livros de turismo, mas sim um conjunto de fatores que inviabiliza sua maior circulação e consumo.

Os títulos que se encontram na segunda e terceira edições somam 16,2% do total das publicações. Entretanto, "romper" a barreira da terceira edição não é comum para os livros de turismo, uma vez que apenas 9,4% estão em edições iguais ou superiores à quarta edição. Destacamos que a editora que tem o maior índice de edições por título lançado é a Papirus, em razão dos fatores que já destacamos. Apontamos também as editoras Contexto e Edusc, que apresentam todos os seus títulos ainda na primeira edição. Para descobrir as causas desse fato, um estudo mais profundo deve ser feito. Não é possível levantar hipóteses sem corrermos o risco de errar na análise.

Sobre a temática dos livros publicados a Figura 16.4 apresenta um panorama geral.

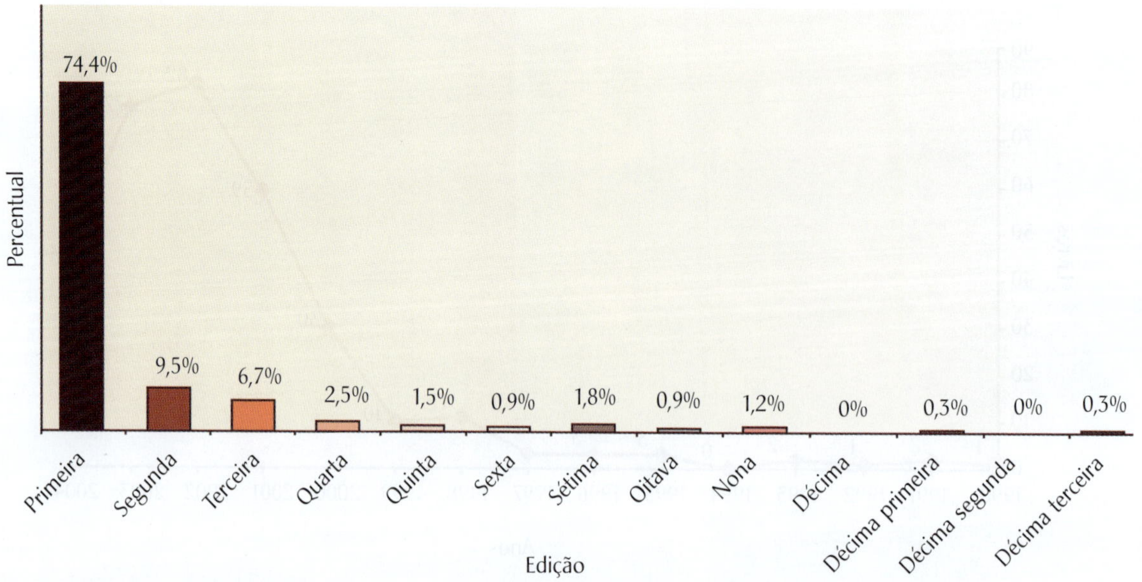

Figura 16.3 – Edições dos livros publicados.

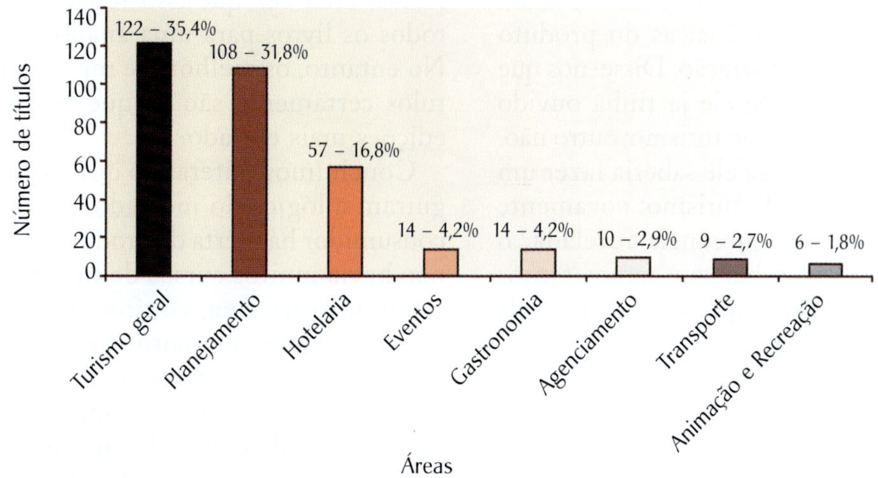

Figura 16.4 – Número de títulos por área e percentual.

Ao analisarmos esses dados, observamos que há um elevado percentual de livros publicados sobre temas "genéricos" do turismo. Isso nos leva a crer que as editoras e os autores brasileiros estão interessados em temáticas variadas. Dentre elas está a área de educação e pesquisa em turismo, que apresenta um número significativo de títulos, demonstrando a relevância do tema.

O planejamento é a segunda área com o maior número de publicações, fator que pode ser explicado pela percepção que a academia tem da necessidade do planejamento das regiões de destinos de turistas. Talvez – e isso é apenas uma hipótese – esse alto número de publicações decorra da orientação que os programas de mestrado e doutorado em turismo e áreas afins (economia, geografia, administração, etc.) exercem sobre os seus alunos, uma vez que tais programas quase sempre trazem entre suas disciplinas uma que está ligada ao planejamento, como planejamento do espaço turístico, desenvolvimento local, gestão de destinos, etc.

A hotelaria também se destaca com um significativo número de publicações. Se turismo geral e planejamento formam um grupo com números próximos de publicações, a hotelaria forma sozinha o segundo grupo no quesito número de publicações. Esse item é facilmente explicado pela evidente e inegável importância do setor hoteleiro para o turismo.

As demais áreas (eventos, gastronomia, agenciamento, transporte, animação e recreação) podem ser reunidas em um terceiro grupo de análise. O número de títulos dessas áreas varia entre seis e 14. Cabe aqui uma análise no sentido de apontar a deficiência de publicações sobre as temáticas. As áreas de transporte e agenciamento, que formam o "tripé" do turismo junto com a hotelaria, têm apenas 19 títulos publicados em todos esses anos de estudos do turismo no Brasil. Ora, duas áreas consideradas de base da atividade turística não deveriam ter tão poucos títulos. Deveriam, sim, ter ao menos o mesmo número de publicações que a área de hotelaria. Como explicar essa realidade? Uma hipótese pode ser o fato de que a área de hotelaria emprega mais que a de agenciamento e transportes, daí a vantagem da primeira em relação às duas últimas.

Considerações Finais

Quem de nós, estudiosos do turismo, nunca se deparou com um leigo na área que, conhecedor de alguns destinos turísticos, fala do turismo com se fosse um *expert*? Quem de nós nunca ouviu um amigo, parente ou acadêmico de um curso que não o turismo dizer que turismo é um curso sem perspectiva? Certamente essas cenas já aconteceram inúmeras vezes a todos os que decidiram atuar e estudar o turismo.

Um dia desses, e permita-nos o leitor contar essa passagem, um aluno da instituição em que trabalhamos disse-nos que preferia o curso de administração ao de turismo porque igualmente (veja – *igualmente*) ele estaria preparado para atuar na área do turismo tanto quanto os nossos alunos.

Demos-lhe os parabéns e perguntamos se eram estudadas as características básicas do produto turístico no curso de administração. Disse-nos que não. Então perguntamos se ele já tinha ouvido falar do efeito multiplicador do turismo; outro não. Insistimos e perguntamos se ele saberia fazer um estudo de impacto social do turismo; novamente não. Então, em face da ignorância revelada, o acadêmico afirmou não saber que temos tantos temas diferentes no turismo e pediu desculpas pela afirmação feita inicialmente.

Contamos essa passagem para destacar a necessidade da pesquisa científica em turismo, da publicação dos resultados obtidos e do seu estudo por parte dos trabalhadores do turismo. Acreditamos que somente assim poderemos avançar na prática do turismo em nosso país. Consideramos o número de publicações em turismo no Brasil ainda baixo, em relação à necessidade que o fenômeno tem de estudos atualizados. Consideramos também que a simples transferência das teorias e metodologias de outros países não basta para desenvolvermos o nosso turismo, uma vez que o Brasil necessita de uma teoria própria do turismo, em razão de sua diversidade cultural, geográfica, ambiental, etc. e pelas suas dimensões continentais – bem diferentes dos países do Velho Mundo e de outros destinos.

Este artigo apresenta algumas limitações, pois é bem verdade que não foram levantadas todas as editoras brasileiras que publicam na área do turismo. Também é possível que algum livro das editoras em destaque tenha ficado fora da análise, graças ao fato de que nem todas elas mantêm seus *sites* atualizados. Contudo, este certamente é um estudo inédito que lança algumas luzes sobre o rumo que está seguindo nossa produção científica em turismo.

Acreditamos que o mercado em 2005 deve manter o número de publicações perto da do ano de 2004, ou seja, entre 40 e 50 títulos lançados. Apesar de acreditarmos numa possível estagnação ou numa diminuição no ritmo das publicações, na segunda semana de dezembro de 2004 recebemos o comunicado de uma grande editora nacional noticiando que estará ingressando no mercado editorial de turismo em janeiro de 2005. Ou seja, o mercado está diminuindo o ritmo, mas ainda há campo para atuação, caso contrário uma grande editora, com vasta experiência no Brasil, não estaria investindo nessa área.

Por limites óbvios, não foi possível fazer um estudo sobre a qualidade das publicações relacionadas, uma vez que isso requereria a leitura de todos os livros para uma análise mais confiável. No entanto, os melhores e mais significativos títulos certamente são os que têm o número de edições mais elevado.

Concluímos reiterando que as publicações seguiram a lógica do mercado, pois se há público consumidor há oferta de produto. Ou seja, quando não havia muitos cursos de turismo, pouca era a publicação na área; conforme aumentou o número de cursos, aumentou também o número de publicações. Lamentavelmente, percebemos então que as publicações em turismo não nasceram da importância do conteúdo, mas sim das possibilidades econômicas que a temática ofertava. Façamos deste um aspecto positivo para nossa área. Vamos valorizá-la como potencial econômico, mas sem nos esquecermos das possibilidades de preservação ambiental, distribuição de renda igualitária e inclusão social que o turismo pode proporcionar a todos.

Exercícios Propostos

1. Selecione cinco livros que tratem do mesmo assunto, mas escritos por autores diferentes. Faça a leitura procurando identificar pontos convergentes e divergentes em cada texto. Procure também perceber a divisão da obra, apresentação, consistência de argumentos e, sobretudo, a linha teórica dos referidos autores – se são marxistas, sistêmicos, fenomenólogos, etc. Depois estabeleça um quadro de comparações e dê notas para cada um dos critérios analisados (estabeleça outras categorias de análise a seu critério).
2. Uma dica: quando o seu professor em sala de aula exigir a leitura de determinado livro, interrogue-o sobre quem é o autor, em qual linha teórica se enquadra, qual a importância da referida obra para o conhecimento na área e se não existem outros autores que abordam melhor o tema em questão. Mantenha-se sempre atualizado com os lançamentos da área.

Anexo

Relação de editoras pesquisadas com título, autoria, data da primeira edição, número de edições e área dos livros publicados entre 1986 e 2004.

Tabela 16.1 – Editora Aleph

Título	Autoria	Primeira edição	Edições	Área classificada
A imagem do Brasil no turismo	Rosana Bignami	2002	1	Turismo geral
A qualidade da logística no turismo: um estudo introdutório	Neuton S. Karassawa	2003	1	Turismo geral
Cidades turísticas: identidades e cenários	Maria da Glória Lanci da Silva	2004	1	Planejamento
City Tour	Adriana de Menezes Tavares	2002	1	Agenciamento
Dicionário inglês-português turismo, hotelaria e comércio exterior	Maria Genny Caturegli	2000	3	Turismo geral
Ecoturismo	Patrícia Côrtes Costa	2002	1	Turismo geral
Estágio em turismo e hotelaria	Maria Angela Marques Ambrizi Bissoli	2002	1	Turismo geral
Estatística aplicada ao turismo	Sérgio Francisco Costa	2003	1	Turismo geral
Estratégias para eventos	Janina Britto e Nena Fontes	2002	1	Eventos
Eventos	Ilka Paulete Svissero Tenan	2002	1	Eventos
Formação e capacitação do profissional em turismo e hotelaria	Marília Gomes dos Reis Ansarah	2002	1	Turismo geral
Gastronomia e turismo	Regina G. Schlüter	2003	1	Gastronomia
Geografia do turismo	Douglas G. Pearce	2003	1	Planejamento
Gestão ambiental em meios de hospedagem	Luiz Cláudio Gonçalvez	2004	1	Hotelaria
Globalização do turismo	Mário Carlos Beni	2003	2	Turismo geral
História das viagens e do turismo	Ycarim Melgaço Barbosa	2002	1	Turismo geral
Hospitalidade e migrações internacionais: o bem receber e o ser bem recebido	Silvana Pirillo Ramos	2004	1	Turismo geral
Lazer e o universo dos possíveis	Sarah Bacal	2003	1	Animação e recreação
Mercado de agências de viagens e turismo	Carlos Alberto Tomelin	2001	3	Agenciamento
Metodologia da pesquisa em turismo e hotelaria	Regina G. Schlüter	2003	1	Turismo geral
O comportamento do consumidor no turismo	John Swarbroobe e Susan Horner	2002	1	Planejamento
O despertar do turismo	Ycarim Melgaço Barbosa	2001	1	Turismo geral
O pós-turismo	Sérgio Molina	2003	1	Turismo geral
Patrimônio histórico e cultural	Haroldo Leitão Camargo	2002	1	Planejamento
Pesquisa e interdisciplinaridade no ensino superior	Ada de Freitas Maneti Dencker	2002	1	Turismo geral
Promoção, entretenimento e planejamento turístico	Bayard Boiteux e Maurício Werner	2002	2	Planejamento, animação e recreação
Reflexões sobre um novo turismo: política, ciência e sociedade	Luiz Gonzaga Godoi Trigo e Alexandre Panosso Netto	2003	2	Turismo geral
Sociologia do turismo	Jost krippendorf	2000	3	Turismo geral
Tecnologia da informação nas agências de viagem	Aitor Marin	2004	1	Agenciamento
Transporte aéreo e turismo	Guilherme Lohmann Palhares	2001	1	Transporte
Transportes	André Milton Paolillo e Mirian Rejowski	2002	1	Transporte
Transportes turísticos	Guilherme Lohmann Palhares	2002	2	Transporte
Turismo e impactos socioambientais	José Osmar Fonteles	2004	1	Planejamento
Turismo e terceira idade	Betty Fromer e Débora Dutra Vieira	2003	1	Turismo geral
Turismo na economia	Beatriz Helena Gelas Lage e Paulo César Milone	2004	1	Turismo geral
Turismo no percurso do tempo	Mirian Rejowski (Org.)	2002	1	Turismo geral
Turismo religioso	Christian Dennys Monteiro de Oliveira	2004	1	Turismo geral
Turismo rural	Olga Tulik	2003	1	Planejamento
Turismo sustentável: conceitos e impacto ambiental (V. 1)	John Swarbrooke	2000	2	Planejamento
Turismo sustentável: gestão e *marketing* (V. 4)	John Swarbrooke	2000	2	Planejamento

(Continua)

Tabela 16.1 – Editora Aleph – *Continuação*

Título	Autoria	Primeira edição	Edições	Área classificada
Turismo sustentável: meio ambiente e economia (V. 2)	John Swarbrooke	2000	2	Planejamento
Turismo sustentável: setor público e cenários geográficos (V. 3)	John Swarbrooke	2000	2	Planejamento
Turismo sustentável: turismo cultural, ecoturismo e ética (V. 5)	John Swarbrooke	2000	2	Planejamento
Unidades de conservação	Patrícia Côrtes Costa	2002	1	Planejamento

Tabela 16.2 – Editora Atlas

Título	Autoria	Primeira edição	Edições	Área classificada
Administração do setor de hospitalidade: exercícios	Tom Powers e Clayton W. Barrows	2004	1	Hotelaria
Administração do setor de hospitalidade: turismo, hotelaria e restaurante	Tom Powers e Clayton W. Barrows	2004	1	Hotelaria
Direito do consumidor no turismo	Gladston Mamede	2004	1	Turismo geral
Direito do turismo: legislação específica aplicada	Gladston Mamede	2001	3	Turismo geral
Economia do turismo (até a 6ª edição foi publicado pela Editora Papirus)	Beatriz Helena Gelas Lage e Paulo César Milone	2001	7	Turismo geral
Estatística básica para o curso de turismo	Conceição Gentil Rebelo Tiboni	2002	2	Turismo geral
Ética e qualidade no turismo no Brasil	Cíntia Möller Araújo	2003	1	Turismo geral
Manual de contabilidade hoteleira	Rogério João Lunkes	2004	1	Hotelaria
Manual de direito para administração hoteleira	Gladston Mamede	2002	1	Hotelaria
Manual prático de eventos	Vanessa Martins	2003	1	Eventos
Marketing turístico: promovendo uma atividade sazonal	Keila Cristina Nicolau Mota	2001	1	Planejamento
Planejamento do turismo: política e desenvolvimento do turismo no Brasil	Reinaldo Dias	2003	1	Planejamento
Sociologia aplicada ao turismo	Celso Antônio Pinheiro de Castro	2002	1	Turismo geral
Sociologia do turismo	Reinaldo Dias	2003	1	Turismo geral
Turismo contemporâneo: desenvolvimento, estratégia e gestão	Mirian Rejowski e Benny Kramer Costa (Orgs.)	2003	1	Planejamento
Turismo e desenvolvimento	Antônio Pereira Oliveira	2001	4	Planejamento
Turismo sustentável e meio ambiente	Reinaldo Dias	2003	1	Planejamento
Turismo, hotelaria e lazer (V. 1)	Beatriz Helena Gelas Lage	2004	1	Turismo geral
Turismo, hotelaria e lazer (V. 2)	Beatriz Helena Gelas Lage	2004	1	Turismo geral
Turismo, hotelaria e lazer (V. 3)	Beatriz Helena Gelas Lage	2004	1	Turismo geral
Turismo: teoria e prática	Beatriz Helena Gelas Lage e Paulo César Milone (Orgs.)	2000	1	Turismo geral

Tabela 16.3 – Editora Átomo e Alínea

Título	Autoria	Primeira edição	Edições	Área classificada
Fundamentos do turismo	Reinaldo Dias e Marina Rodrigues de Aguiar	2002	1	Turismo geral
Gestão de pessoas em turismo: sustentabilidade, qualidade e comunicação	Marina Alzira Pimenta	2004	1	Planejamento
Introdução à economia do turismo	Ednilson José Arendit	2002	3	Turismo geral
Inventário turístico: primeira etapa da elaboração do plano de desenvolvimento turístico	Beatriz Veroneze Stigliano e Pedro de Alcântara Bittencourt César	2004	1	Planejamento
Turismo religioso: ensaios e reflexões	Reinaldo Dias e Emerson J. S. da Silveira	2003	1	Turismo geral
Turismo rural: inventário turístico no meio rural	Mary Mércia G. Salles	2003	1	Planejamento

Parte 2

Tabela 16.4 – Editora Bookman

Título	Autoria	Primeira edição	Edições	Área classificada
Check-in, check-out	Gary K. Vallen e Jerome J. Vallen	2002	6	Hotelaria
Distribuição da informação eletrônica em turismo e hotelaria	Peter O'Connor	2001	1	Hotelaria
E-business para turismo	OMT	2003	1	Turismo geral
Gestão da hospitalidade e comportamento organizacional	Laurie J. Mullins	2004	4	Hotelaria
Gestão de eventos em lazer e turismo	David C. Watt	2004	1	Eventos
Guia de desenvolvimento do turismo sustentável	OMT	2003	1	Planejamento
Hotéis e *resorts*: planejamento, projeto e reforma	Fred Lawson	2003	1	Hotelaria
O restaurante	John R. Wlaker e Donald E. Lundberg	2001	3	Gastronomia
Resorts: administração e operação	Robert Christie Mill	2003	1	Hotelaria
Transporte e turismo	Stephen J. Page	2001	1	Transportes
Turismo internacional: uma perspectiva global	OMT	2003	2	Turismo geral
Turismo, princípios e prática	Chris Cooper, John Fletcher, Stephen Wanhill, David Gilbert, Rebecca Shepherd	2001	2	Turismo geral
Turismo, princípios, práticas, filosofias	Charles R. Goeldner, J. R. Brent Ritchie, Robert W. McIntosh	2000	8	Turismo geral

Tabela 16.5 – Editora Campus

Título	Autoria	Primeira edição	Edições	Área classificada
Economia do turismo	Ivan Pereira Fernandes, Márcio Ferreira Coelho	2003	1	Turismo geral
Introdução à hotelaria	Hadyn Ingram, S. Medlik	2002	4	Hotelaria
Introdução ao turismo	Leonard J. Lickorish, Carson L. Jenkins	2000	1	Turismo geral
Legislação de turismo	Bayard do Couto Boiteux	2002	1	Turismo geral
Marketing de turismo	Victor Middleton, Jackie Clarke	2002	3	Planejamento
Organização e gestão de eventos	Johnny Allen, William O'Toole, Ian McDonnell, Rob Harris	2003	1	Eventos
Turismo de aventura	Colin Beard, John Swarbrooke, Suzana Leckie, Gill Pomfret	2003	1	Turismo geral

Tabela 16.6 – Editora Contexto

Título	Autoria	Primeira edição	Edições	Área classificada
A alma do lugar	Eduardo Yázigi	2001	1	Planejamento
A pequena hotelaria e o entorno municipal: guia de montagem e administração	Eduardo Yázigi	2000	1	Hotelaria
A produção do saber turístico	Marutschka Martini Moesch	2000	1	Turismo geral
Cerimonial e protocolo	Ana Lukower	2003	1	Eventos
Civilização urbana, planejamento e turismo: discípulos do amanhecer	Eduardo Yázigi	2003	1	Planejamento
Criatividade em eventos	Francisco Paulo de Melo Neto	2001	1	Eventos
Desenvolvimento em turismo	Douglas G. Pearce e Richard W. Butler	2002	1	Planejamento
Ecoturismo no Brasil: possibilidades e limites	Adyr Balastreri Rodrigues (Org.)	2003	1	Planejamento

(*Continua*)

Tabela 16.6 – Editora Contexto – *Continuação*

Título	Autoria	Primeira edição	Edições	Área classificada
Ecoturismo: uma introdução	David A. Fennell	2002	1	Planejamento
Planejamento turístico: políticas, processos e relacionamentos	C. Michael Hall	2001	1	Planejamento
Política de turismo e território	Rita de Cássia Cruz	2001	1	Planejamento
Psicologia do turismo	Glenn F. Ross	2002	1	Turismo geral
Supervisão e liderança em turismo e hotelaria	Christine Davies e Lynn Van Der Wagen	2001	1	Hotelaria
Trekking	Athayde Tonhasca Jr.	2003	1	Turismo geral
Turismo de natureza: planejamento e sustentabilidade	Bob McKerher	2002	1	Planejamento
Turismo e civilização	Luiz Gonzaga Godoi Trigo	2001	1	Turismo geral
Turismo e comunicação: a indústria da diferença	Jacques A. Wainberg	2003	1	Turismo geral
Turismo e mídia: o papel da comunicação na atividade turística	Christian Nielsen	2002	1	Turismo geral
Turismo e paisagem	Eduardo Yázigi	2002	1	Planejamento
Turismo e patrimônio cultura	Jaime Pinsky e Pedro Paulo Funari	2003	1	Planejamento
Turismo rural	Adyr Balastreri Rodrigues	2001	1	Planejamento
Turismo urbano	Antonio Carlos Castrogiovanni	2000	1	Planejamento
Turismo: investigação crítica	Antonio Carlos Castrogiovanni, Jacques A. Wainberg, Jost Krippendorf, Leandro Lemos, Mário Carlos Beni, Marutschka Martini Moesch, Susana Gastal	2002	1	Turismo geral
Turismo: uma introdução	Ray Youell	2002	1	Turismo geral
Um outro turismo é possível	Marutschka Martini Moesch, Susana Gastal (Org.)	2003	1	Turismo geral

Tabela 16.7 – Editora Chronos

Título	Autoria	Primeira edição	Edições	Área classificada
Condução de grupos no turismo	Paulo Jorge Carvalho	2003	2	Agenciamento
A educação pelas pedras: ecoturismo e educação ambiental	Célia Serrano (Org.)	2000	1	Planejamento
Lazer e ciências sociais: diálogos pertinentes	Heloisa Turini Bruhns (Org.)	2002	1	Turismo geral
Marketing de cidades turísticas	Marcos Pereira	2001	1	Planejamento
Qual paraíso? Turismo e ambiente em Bonito e no Pantanal	Álvaro Banducci Júnior (Org.)	2001	1	Turismo geral
Turismo e antropologia: uma introdução	Peter M. Burns	2002	1	Turismo geral

Tabela 16.8 – Editora da Universidade de Caxias do Sul (Educs)

Título	Autoria	Primeira edição	Edições	Área classificada
Administração hoteleira	Geraldo Castelli	2001	9	Hotelaria
Alimentos e bebidas	Carlos Alberto Davies	2001	1	Gastronomia
Auditoria interna – rotinas e processos práticos para hotéis, restaurantes e empresas em geral	Luiz C. Zanella e Índio Cândido	2002	1	Hotelaria, Gastronomia
Cardápios: técnica e criatividade	Ione Mendes Teichmann	2000	5	Gastronomia
Cargos em hotelaria	Carlos Alberto Davies	2000	2	Hotelaria
Contabilidade para hotéis e restaurantes	Luiz C. Zanella	2002	1	Hotelaria, Gastronomia

Parte 2

Tabela 16.8 – Editora da Universidade de Caxias do Sul (Educs) – *Continuação*

Título	Autoria	Primeira edição	Edições	Área classificada
Controles em hotelaria: sistema mecanizado para hotel	Índio Cândido	2001	2	Hotelaria
Correspondência e redação técnica	Normélio Zanotto	2002	1	Turismo geral
Glossário técnico: gastronômico, hoteleiro e turístico	Elenara Viera de Viera e Índio Cândido	2001	1	Turismo geral
Governança em hotelaria	Índio Cândido	2001	3	Hotelaria
Lavanderia hoteleira: técnicas e operações	Índio Cândido e Elenara Viera de Viera	2003	1	Hotelaria
Maître d'hôtel – técnicas de serviço	Índio Cândido e Elenara Viera de Viera	2000	1	Hotelaria
Manual de eventos	Renato Brenol Andrade	1999	–	Eventos
Manual de hospedagem: simplificando ações na hotelaria	Carlos Alberto Davies	2002	1	Hotelaria
Marketing hoteleiro: uma ferramenta indispensável	Elenara Viera de Viera	2003	1	Hotelaria, Planejamento
Mensageiro de hotel	Elenara Viera de Viera e Índio Cândido	2002	1	Hotelaria
Recepção hoteleira	Elenara Viera de Viera e Índio Cândido	2002	1	Hotelaria
Recepcionista de eventos: organização e técnicas para eventos	Elenara Viera de Viera e Índio Cândido	2002	1	Eventos
Recreação e turismo para todos	Rafael Sanjuanbevito Aguirre, Maria Fernanda Gómez Simon, Silvia ` Di Santo, Liliana Pântano, Luis Grünewald	2002	1	Animação e recreação
Recreação na hotelaria – o pensar e o fazer lúdico	Airton Negrini, Luciane Bradacz, Paulo Eugênio, Gedoz de Carvalho	2001	1	Hotelaria
Redescobrindo a ecologia no turismo	Margarita Barretto e Elizabete Tamanini	2002	1	Turismo geral
Restaurante – técnicas e processos de administração e operação	Luiz C. Zanella e Índio Cândido	2002	1	Gastronomia
Tecnologia culinária	Ione Mendes Teichmann	2000	–	Gastronomia
The language of hotels in English – book 1	Elenara Viera de Viera, Agata Zgarda Chaves Nunes, Ney Rubens Chaves Nunes	2004	1	Turismo geral
Turismo em áreas naturais protegidas	Luciane Aparecida Cândido	2003	1	Planejamento
Turismo: atividade marcante	Geraldo Castelli	1986	4	Turismo geral
Turismo: interfaces, desafios e incertezas	Margarita Barretto e Mirian Rejowski (Org.)	2001	1	Turismo geral
Vinhos – degustação e serviço, saúde, enoturismo – Licores	Firmino Splendor (Org.)	2003	1	Gastronomia

Tabela 16.9 – Editora da Universidade Sagrado Coração (Edusc)

Título	Autoria	Primeira edição	Edições	Área classificada
Administração do turismo (Vol. 1)	Miguel Angel Acerenza	2002	1	Turismo geral
Administração do turismo (Vol. 2)	Miguel Angel Acerenza	2002	1	Turismo geral
Atividades turísticas e recreativas: o homem como protagonista	Roberto C. Boullón	2004	1	Animação e recreação
História do turismo de massa	Marc Boyer	2003	1	Turismo geral
Introdução à hotelaria	J. Albano Marques	2003	1	Hotelaria
Planejamento do espaço turístico	Roberto C. Boullón	2002	1	Planejamento
Planejamento integral do turismo	Sérgio Rodriguez	2001	1	Planejamento
Turismo e ecologia	Sergio Molina	2001	1	Turismo geral
Turismo rural, ecologia, lazer e desenvolvimento	Joaquim Anécio Almeida (Org.)	2000	1	Planejamento
Um novo tempo livre	Sergio Molina	2004	1	Turismo geral

Tabela 16.10 – Editora Futura

Título	Autoria	Primeira edição	Edições	Área classificada
Agências de turismo: planejamento e gestão	André Luis Viola Bona, Mario Petrocchi	2003	2	Agenciamento
Corporação organizacional em hotéis e restaurantes	Yvonne Guerrier	2000	2	Hotelaria
Gestão de pólos turísticos	Mario Petrocchi	2001	1	Planejamento
Gestão de turismo municipal	Yvonne Guerrier, Duncan Tyler	2001	2	Planejamento
Hotelaria: planejamento e gestão	Mario Petrocchi	2002	1	Hotelaria
Marketing e vendas na hotelaria	Simone B. Lara	2001	2	Hotelaria, Planejamento
Marketing para destinos turísticos	Mario Petrocchi	2004	1	Planejamento
Métodos e técnicas de pesquisa em turismo	Ada de Freitas Maneti Dencker	1998	7	Turismo geral
Planejamento turístico municipal com suporte em sistemas de informação	Maria Angela Marques Ambrizi Bissoli	1999	3	Planejamento
Turismo e estâncias	Madalena Pedroso Aulicino	2001	1	Planejamento
Turismo: o desafio da sustentabilidade	Marta de Azevedo Irvin, Julia Azevedo	2002	1	Planejamento
Turismo: planejamento e gestão	Mario Petrocchi	1998	5	Planejamento
Turismo: segmentação de mercado	Marilia Gomes dos Reis Ansarah	1999	4	Turismo geral

Tabela 16.11 – Editora Hucitec

Título	Autoria	Primeira edição	Edições	Área classificada
Agroturismo e desenvolvimento regional	Anderson Pereira Portuguez	2002	1	Planejamento
Turismo desenvolvimento local	Adyr Balastreri Rodrigues (Org.)	1998	1	Plajenejamento
Turismo e ambiente: reflexões e propostas	Adyr Balastreri Rodrigues (Org.)	1998	3	Planejamento
Turismo e espaço: rumo a um conhecimento transdisciplinar	Adyr Balastreri Rodrigues (Org.)	2000	3	Turismo geral
Turismo e geografia: reflexões teóricas e enfoques regionais	Adyr Balastreri Rodrigues (Org.)	1998	3	Turismo geral
Turismo, modernidade, globalização	Adyr Balastreri Rodrigues (Org.)	1998	1	Turismo geral
Turismo: espaço, paisagem e cultura	Eduardo Yázigi (Org.)	1996	1	Planejamento
Turismo: impactos socioambientais	Amália Inês Geraiges de Lemos	1996	1	Planejamento

Tabela 16.12 – Editora Manole

Título	Autoria	Primeira edição	Edições	Área classificada
Agências, viagens e excursões: regras jurídicas, problemas e soluções	Gladston Mamede	2003	1	Agenciamento
Brasil/Brazil	Alberto Taliani	2000	1	Turismo geral
Brasil: lugares e histórias	Beppe Ceccato	2001	1	Turismo geral
Cruzeiros marítimos	Ricardo Amaral	2002	1	Transportes
Dicionário enciclopédico de ecologia e turismo	Américo Pellegrini Filho	2000	1	Turismo geral
Economia do lazer e do turismo	John Tribe	2003	2	Turismo geral
Ecoturismo: impactos, potencialidades e possibilidades	Stephen Wearing e John Neil	2001	1	Planejamento
Em busca da hospitalidade	Alison Morrison, Conrad Lashley	2004	1	Hotelaria
Guia de mergulho no Caribe	Kurt Amsler	1999	1	Agenciamento
Hospitalidade: reflexões e perspectivas	Célia Maria de Moraes Dias (Org.)	2002	1	Hotelaria
Introdução à hospitalidade	John R. Walker	2002	2	Hotelaria
Introdução ao lazer	Edmundo de Drummond Alvez Jr. e Victor Andrade de Melo	2003	1	Animação e recreação
Juventude, lazer e esportes radicais	Ricardo Ricci Uvinha	2001	1	Planejamento
Lazer e turismo cultural	Mário Jorge Pires	2001	1	Planejamento
Meio ambiente: educação e ecoturismo	Zysman Neiman (Org.)	2002	1	Planejamento

Parte 2

Tabela 16.12 – Editora Manole – *Continuação*

Título	Autoria	Primeira edição	Edições	Área classificada
Organização de eventos	Lucio Velo	2002	3	Eventos
Organização de eventos	Marlene Matias	–	3	Eventos
Raízes do turismo no Brasil	Mário Jorge Pires	2001	1	Turismo geral
Transportes no turismo	Ronaldo Di Roná	2002	1	Transportes
Turismo cultural em Tiradentes	Américo Pellegrini Filho	2000	1	Planejamento
Turismo da juventude	Maria José Giaretta	2003	1	Turismo geral
Turismo e desenvolvimento	Wilson Rabahy	2003	1	Planejamento
Turismo e hospitalidade no século XXI	A. Lockwood e S. Medlik	2003	1	Hotelaria
Turismo no Brasil: análise e tendências	Doris Ruschmann	2002	1	Planejamento
Turismo, lazer e natureza	Alcyane Marinho e Heloisa Turini Bruhns (Orgs.)	2002	1	Planejamento
Turismo: formação e profissionalização	Marlene Matias	2002	1	Turismo geral
Turismo: planejamento e *marketing*	Alexandre Turatti de Rose	2002	1	Planejamento
Turismo: uma visão empresarial	Doris Ruschmann, Karina Toledo Solha	2003	1	Planejamento

Tabela 16.13 – Editora Papirus

Título	Autoria	Primeira edição	Edições	Área classificada
A procura do paraíso no universo do turismo	Sabáh Aoun	2001	2	Planejamento, Turismo geral
A sociedade pós-industrial e o profissional em turismo	Luiz Gonzaga Godoi Trigo	1998	7	Turismo geral
América e outras viagens	Luiz Gonzaga Godoi Trigo	2002	1	Turismo geral
Capacidade de carga nas cidades históricas	Fernando Vicente de Oliveira	2003	1	Planejamento
Currículo e formação profissional nos cursos de turismo	Alexandre Shigunov Neto, Lizete S. Maciel (Orgs.)	2002	1	Turismo geral
Direito aplicado à hotelaria	Luiz André Longanese	2004	1	Hotelaria
Discutindo o ensino universitário de turismo	Margarita Barretto, Bete Tamanini, Maria I. P. Silva	2004	1	Turismo geral
Do local ao global: o turismo litorâneo cearense	Luzia Neide M. T. Coriolano	1998	3	Planejamento
Ecologia, cultura e turismo	Américo Pellegrini Filho	1993	–	Planejamento
Economia do turismo (depois da 6ª edição foi publicado pela Atlas)	Beatriz Helena Gelas Lage e Paulo César Milone	1991	6	Turismo geral
Ecos do turismo: o turismo ecológico em áreas protegidas	Givanni Seabra	2001	2	Planejamento
Ecoturismo e conservação da natureza em parques nacionais	Sônia Kinker	2002	1	Planejamento
Estudo de viabilidade para projeto hoteleiro	José Ruy Veloso Campos (Orgs.)	2003	1	Hotelaria, Planejamento
Manual de direito aplicado ao turismo	Marcos Pinto Nieto	2001	3	Turismo geral
Manual de iniciação ao estudo do turismo	Margarita Barretto	1995	13	Turismo geral
Manual de introdução à economia para cursos de turismo e hotelaria	Jefferson Mariano	2002	1	Turismo geral
Marketing turístico	Doris van de Meene Ruschmann	1990	8	Planejamento
Olhares contemporâneos sobre o turismo	Célia Serrano H. T. e Bruhns M. T. Luchiari (Orgs.)	2000	3	Planejamento
Planejamento e organização do turismo	Margarita Barretto	1991	9	Planejamento
Regime jurídico do turismo	Joandre Antonio Ferraz	1992	1	Turismo geral

(Continua)

Tabela 16.13 – Editora Papirus – *Continuação*

Título	Autoria	Primeira edição	Edições	Área classificada
Sociologia do turismo	Maria das Graças de Menezes Venâncio	1995	8	Turismo geral
Turismo e identidade local: uma visão antropológica	Álvaro Banducci Jr. e Margarita Barretto (Orgs.)	2001	3	Planejamento
Turismo e legado cultural	Margarita Barretto	2000	5	Planejamento
Turismo e meio ambiente; aspectos jurídicos	Antônio Calos Brasil Pinto	2001	4	Planejamento
Turismo e pesquisa científica	Miriam Rejowski	1996	7	Turismo geral
Turismo e planejamento hoteleiro: avaliação econômica e ambiental	Alfredo Ascânio	2003	1	Planejamento, hotelaria
Turismo e planejamento sustentável	Doris van de Meene Ruschmann	1997	11	Planejamento
Turismo e qualidade: tendências contemporâneas	Luiz Gonzaga Godoi Trigo	1993	9	Turismo geral
Turismo religioso	Edin Sued Abumanssur (Org.)	2003	1	Turismo geral
Turismo rural e desenvolvimento sustentável	Joaquim A. Almeida, José M. Froelich e Mario Riedl (Orgs.)	2000	4	Planejamento
Turismo, política públicas e relações internacionais	Margarita Barreto, Raul Burgos e David Frenkel	2003	1	Planejamento
Turismo: que negócio é esse?	Leandro de Lemos	1999	5	Turismo geral
Viagens a natureza: turismo, cultura e ambiente	Célia M. Toledo Serrano e Heloisa T. Bruhns (Orgs.)	1997	6	Planejamento

Parte 2

Tabela 16.14 – Editora Qualitymark

Título	Autoria	Primeira edição	Edições	Área classificada
Descobrindo a essência do serviço	Leonard L. Berry	2001	1	Turismo geral
Excelência em hotelaria: uma abordagem prática	Geraldo Castelli	1999	1	Hotelaria
Excelência em serviços	Claudius D'artagnan C. Barros	1999	2	Turismo geral
Gestão da qualidade em destinos turísticos	Elder Lins Teixeira	2002	1	Planejamento
Hotel: gestão competitiva no século XXI	Renato Ricci	2002	1	Hotelaria
ISO 9000 na hotelaria	Rejane Santos	2004	1	Hotelaria
Logística: novos modelos	Armando Oscar Cavanha Filho	2001	1	Transportes
Marketing e turismo	Carlos Meira Triqueiro	2001	1	Planejamento
Padronizando o sistema da qualidade na hotelaria mundial	Renato Ricci	1997	1	Hotelaria
Planejamento e organização do turismo: teoria e prática	Bayard Boiteux	2003	1	Planejamento
Supervisão em hospitalidade	Raphael R. Kayanaugh	2003	1	Hotelaria

Tabela 16.15 – Editora Roca

Título	Autoria	Primeira edição	Edições	Área classificada
A arte de servir	Instituto de Culinária da América	2004	1	Gastronomia
A ciência da culinária	Peter Barham	–	1	Gastronomia
Administração hoteleira – Parte II – Alimentos e bebidas	Francisco de la Torre	2002	1	Hotelaria
Administração hoteleira – Parte I – Departamentos	Francisco de la Torre	2001	1	Hotelaria
Agências de viagens e transportes turísticos	Francisco de la Torre	2000	1	Agenciamento, Transportes
Animação turística	Zilah Barbosa Torres	2004	3	Animação e recreação

Tabela 16.15 – Editora Roca – *(Continuação)*

Título	Autoria	Primeira edição	Edições	Área classificada
Antropologia das coisas do povo	Clerton Martins	2004	1	Turismo geral
Artes, entretenimento e turismo	Howard Hughes	2004	1	Turismo geral
Consumo e espaço: turismo, lazer e outros temas	Anderson Pereira Portuguez	2001	1	Planejamento
Desenvolvimento sustentável do ecoturismo	OMT	2004	1	Planejamento
Diretrizes para o turismo sustentável em municípios	Cláudia Freitas Magalhães	2002	1	Planejamento
Educando educadores em turismo	Chris Cooper - Organização Mundial de Turismo com a Universidade de Surrey	2001	1	Turismo geral
Estrutura do mercado turístico	Jordi Montaner Montejano	2001	2	Planejamento
Eventos: a importância para o turismo do terceiro milênio	Miguel Bahl (Org.)	2003	1	Eventos
Eventos: ferramenta de sustentação para as organizações do terceiro setor	Antonia Marisa Canton	2002	1	Eventos
Governança: administração e operação de hotéis	Robert J. Martin	2004	3	Hotelaria
Hotéis: gerenciamento, segurança e manutenção	César Ramires Cavassa	2001	1	Hotelaria
Hotel: gerenciamento e operações	Denney G. Rutherford	2004	1	Hotelaria
Inglês para estudantes de turismo	Luciano Amaral Oliveira	2001	1	Turismo geral
Introdução à geografia do turismo	Rita de Cássia Ariza da Cruz	2001	2	Turismo geral
Introdução ao turismo	OMT	2001	1	Turismo geral
Manual de qualidade, higiene e inocuidade dos alimentos no setor do turismo	OMT	2003	1	Gastronomia
Manual prático de recepção hoteleira	Luis Di Muro Pérez	2001	1	Hotelaria
Marketing aplicado ao turismo	Eduardo F. Zardo	2003	1	Planejamento
Menu: como montar um cardápio eficiente	Frederico Vasconcellos, Eudemar Cavalcanti e Lourdes Barbosa	2002	1	Gastronomia
Mercado turístico: áreas de atuação	Miguel Bahl	2003	1	Turismo geral
Metodologia da pesquisa aplicada ao turismo	Rogelio Rocha Centeno	2003	1	Turismo geral
Oportunidades e investimentos em turismo	Maria Henriqueta S. Garcia Gimenes (Org.)	2003	1	Planejamento
Perspectivas do turismo na sociedade pós-industrial	Miguel Bahl (Org.)	2003	1	Turismo geral
Planejamento e gestão em turismo	Deise Maria Fernandes Bezerra	2003	1	Planejamento
Qualidade do atendimento nas agências de viagens	José Carlos de Souza Dantas	2002	1	Agenciamento
Questões de qualidade nas atrações de visitação a patrimônio	Siobhan Drummond e Ian Yeoman	2004	1	Planejamento
Sinais e símbolos turísticos: guia ilustrado e descritivo	OMT	2003	1	Planejamento
Sistemas de transporte turístico	Francisco de la Torre	2002	1	Transportes
Treinamento em qualidade	Paulo Silas Ozores Flores	2002	1	Planejamento
Turismo com responsabilidade social	Miguel Bahl (Org.)	2003	1	Turismo geral
Turismo e ambiente	Luis Casasola	2003	1	Planejamento
Turismo e meio ambiente: uma abordagem integrada	Eliane Regina Ferretti	2002	1	Planejamento
Turismo e meio de hospedagem: casas de temporada	Olga Tulik	2001	1	Hotelaria
Turismo e psicologia no envelhecer	Fátima Sueli de Souza e Silva	2002	1	Turismo geral
Turismo para *gays* e lésbicas	Luciano Amaral Oliveira	2002	1	Planejamento
Turismo popular: investimentos rentáveis	Graciela Ripoll	2003	1	Planejamento
Turismo, cultura e identidade	Clerton Martins	2003	1	Turismo geral
Turismo, memória e patrimônio cultural	Anderson Pereira Portuguez	2004	1	Planejamento
Turismo: enfoques práticos e teóricos	Miguel Bahl (Org.)	2003	1	Turismo geral
Turismo: simples e eficiente	Marcelo Parreira Veloso	2003	1	Turismo geral

Parte 2

Anotações

85-7241-568-8

CAPÍTULO

17

O que São, para que Servem e Quais São os Principais Periódicos em Turismo no Brasil e no Mundo?

Sérgio Rodrigues Leal

Introdução

Este texto pretende trazer à tona aos pesquisadores, professores, alunos e estudiosos do turismo nacional uma discussão que há muito está presente na literatura internacional – a produção do conhecimento científico em turismo e sua disseminação. Um exemplo da importância que esse tema tomou junto à comunidade acadêmica internacional está na temática central da conferência anual do *Council for Australian University Tourism and Hospitality Education* – uma das mais importantes conferências internacionais nas áreas de turismo e hospitalidade – em 2004, *Creating tourism knowledge* ("Criando Conhecimento em Turismo") e, em 2005, *Sharing Tourism Knowledge* ("Compartilhando Conhecimento em Turismo").

A rápida expansão de cursos superiores nessa área no Brasil na última década provocou uma mudança brusca na forma de se encarar o fenômeno turístico nas universidades. Conseqüentemente, a quantidade de obras produzidas no país nessa área cresceu de forma desproporcional. Entretanto, a qualidade do conhecimento produzido não acompanhou o mesmo ritmo, sendo lançadas diversas obras de qualidade duvidosa. Apenas recentemente se passou a discutir esse grave problema gerado pela demanda excessiva por conhecimento que os novos cursos de turismo trouxeram consigo.

Um dos motivos para que a quantidade tenha prevalecido em relação à qualidade foi o fato da necessidade de reconhecimento profissional e pessoal dos pesquisadores. Lawrence (2003), em um comentário sobre a política existente por trás das publicações, destaca o fato de que os respon-

85-7241-568-8

sáveis pelos financiamentos de pesquisas e/ou pelas promoções dos pesquisadores nas instituições utilizam indicadores de *performance* (tais como a quantidade de textos publicados) no lugar da análise do conteúdo do que realmente é produzido. Tal fato estimula a "produção em massa" do conhecimento. Assim, os resultados preliminares de uma pesquisa se tornam um artigo antes mesmo que a pesquisa seja encerrada ou uma nova 'roupagem' é dada para que um novo texto seja produzido.

No caso do turismo internacional, McIntosh (1992 *apud* Leal, 2004) comenta que o primeiro livro tratando do assunto, nos Estados Unidos, foi publicado em 1972, mesmo ano do lançamento do primeiro periódico da área naquele país, *Journal of Travel Research*. Embora os dois tipos de publicações tenham tido início no mesmo ano, a proliferação dos livros se deu de forma muito mais rápida que a dos periódicos, que só atingiram seu atual patamar na última década.

No Brasil, por décadas, os cursos de turismo se utilizaram da bibliografia internacional – em especial a de língua espanhola. Apenas recentemente o mercado editorial se deu conta da demanda por conhecimento gerada pelos mais de 500 cursos de turismo do país. Quanto à publicação de periódicos nacionais, duas décadas se passaram entre a criação do primeiro curso superior em turismo (1971) e o lançamento da primeira revista especializada (1990).

Para continuarmos esta discussão sobre os periódicos em turismo, torna-se indispensável esclarecer o que são e para que servem.

O que São os Periódicos?

Segundo Pearce (2001), a pesquisa é uma luta para se estabelecer uma explicação sobre algo melhor que outras existentes. Ela é composta por idéias e temas, e não por verdades, ou seja, é a melhor explicação em determinado momento, podendo ser mudada, revista. O pesquisador deve continuar se questionando, buscando melhores explicações. Os periódicos funcionam como um canal de comunicação entre o pesquisador-autor e o pesquisador-leitor. Eles se mostram extremamente necessários, complementares aos livros, quando se busca a explicação mais aceita no momento ou quando se faz uma revisão das explicações existentes no intuito de se criar algo novo.

Essa busca constante pelas explicações mais adequadas tornam os livros, em alguns momentos, defasados, uma vez que eles possuem maior tempo de preparação e editoração e demoram anos para que novas edições – atualizadas – sejam lançadas. Já os periódicos são formados por textos atuais e têm novas edições lançadas com freqüência, em geral a cada seis, quatro ou três meses. Além disso, os periódicos se propõem a publicar novas descobertas, novos temas, novas idéias que ainda não estão presentes nos livros.

Pearce (2001) comenta que os livros são muito importantes, especialmente para os estudantes do primeiro ano de um curso de turismo, pois introduzem os principais conceitos da área, já consolidados e aceitos pela comunidade acadêmica. No entanto, para os alunos de períodos mais avançados, estudantes de pós-graduação, professores e pesquisadores em geral, os periódicos é que podem contribuir para o desenvolvimento de uma base de conhecimento. Esse comentário demonstra a necessidade de mesclar a utilização de livros e periódicos no estudo de qualquer área do conhecimento.

Utilidade dos Periódicos

Schmidgall, Woods e Rutherford (1996) realizaram um estudo sobre a utilidade dos periódicos com professores da área de hospitalidade. Os parâmetros utilizados pelos autores com os respondentes foram:

- Para publicação dos seus próprios textos.
- Como fonte de informação para pesquisas.
- Como fonte de informação para aulas.
- Para indicação de leitura para estudantes.
- Para desenvolvimento profissional ou pessoal por meio da leitura.

Além dessas utilidades que um periódico pode ter para um professor, vale ressaltar que as revistas científicas "[...] ajudam uma área de estudo a avançar" (Goeldner, 2001, p. 103). Sendo o turismo uma área relativamente recente na academia, é indispensável unir esforços no intuito de consolidar as suas bases de conhecimento.

85-7241-568-8

Principais Periódicos em Turismo

PERIÓDICOS INTERNACIONAIS

O pioneirismo na divulgação do conhecimento em turismo foi da OMT – Organização Mundial do Turismo, que, em 1946, lançou o *Tourism Review* (Leal, 2004). Os primeiros periódicos em turismo editados por instituições de ensino, por sua vez, só surgiram no início da década de 1970.

Diferentes estudos que tratam de periódicos em turismo (Goeldner, 2001; Pechlaner *et al.*, 2004; Leal, 2004) citam ao menos três publicações internacionais entre as mais importantes do mundo, sendo elas o *Journal of Travel Research*, o *Annals of Tourism Research* e o *Tourism Management*. A seguir, serão apresentadas informações sobre essas e outras revistas científicas internacionais.

Journal of Travel Research

Lançado em 1972 pela *Travel and Tourism Research Association*, o JTR – *Journal of Travel Research*, segundo informações da sua página no *site* da editora *Sage Publication* (*www.sagepub.com/journal.aspx?pid=45*), tem como missão:

> ***[...] ser o principal periódico acadêmico sobre comportamento, gerenciamento e desenvolvimento turístico. Os objetivos específicos são o de ter um escopo internacional com diversidade geográfica, ser multidisciplinar com diversidade em temas e metodologias de pesquisa, e ser relevante para a indústria do turismo na maioria dos seus artigos*** **(tradução livre).**

Tem o professor Richard Perdue, da Universidade do Colorado, como seu editor e, trimestralmente, novas edições são lançadas, as quais são compostas não só por artigos acadêmicos, como também por outras seções, tais como:

- *The travel and research bookshelf:* cita e comenta o que de mais relevante foi publicado em outras revistas especializadas.
- *Research notes and communications:* seção destinada à divulgação dos resultados preliminares de pesquisas e ao relato de eventos científicos de interesse do público leitor do JTR.
- *Book reviews:* resenhas críticas dos mais importantes lançamentos em turismo e áreas afins.

Annals of Tourism Research

O ATR – *Annals of Tourism Research*, lançado em novembro de 1973, é um jornal trimestral, das ciências sociais, que busca proporcionar o avanço de teorias do turismo por meio da publicação de artigos acadêmicos do mais alto nível. Além das tradicionais seções para divulgação de eventos científicos e para resenhas bibliográficas, o ATR serve como um fórum de discussão para os pesquisadores da área, que têm a possibilidade de publicar críticas, sugestões e comentários sobre os artigos publicados. Um recurso que agilizou o debate entre os pesquisadores foi a disponibilização dos artigos na Internet antes mesmo da sua publicação. Assim, pode-se encontrar, em uma mesma edição, um artigo, um comentário sobre ele e uma resposta do seu autor ao comentário.

O corpo editorial do ATR é formado por alguns dos mais importantes pesquisadores do turismo mundial, destacando-se a presença de dois brasileiros, os professores Mário Carlos Beni (Universidade de São Paulo) e Rodrigo Azevedo Grünewald (Universidade Federal de Campina Grande).

Outro fato sobre o ATR que merece destaque é a sua publicação em espanhol, realizada pela Universidade das Ilhas Baleares, instituição onde o professor Jafar Jafari, editor-chefe da revista, é professor convidado. Jafari é também membro do corpo docente do Departamento de Turismo e Hospitalidade da Universidade de Wisconsin-Stout, nos Estados Unidos.

Tourism Management

Lançado em 1980 com o título de *International Journal of Tourism Management*, o TM – *Tourism Management* tem como foco o planejamento e a gestão do turismo. Seu atual editor é o professor Chris Ryan, da Universidade de Waikato, na Nova Zelândia. O mesmo recurso utilizado pelo ATR é utilizado para a divulgação dos textos aprovados para publicação antes da sua impressão. O TM, uma publicação bimestral, é dividido em:

- *Artigos principais:* textos de interesse para acadêmicos e profissionais da área.

85-7241-568-8

- *Discussão de tópicos emergentes:* diferentes opiniões sobre um tópico atual.
- *Estudos de caso:* relatos de situações práticas de empresas, destinos, atrativos, etc.
- *Relatórios:* seção destinada à divulgação de resultados preliminares de pesquisas e relatos sobre eventos científicos.
- *Resenhas bibliográficas e lista de publicações recentes:* nessa seção se divulgam comentários sobre as novas publicações da área.
- *Calendário de eventos:* área destinada à divulgação de eventos científicos de turismo ou de áreas afins.

Journal of Tourism Studies

Lançado em 1990 com o principal objetivo de divulgar novas idéias e descobertas na área de turismo e outras afins a partir de uma perspectiva internacional e para um público internacional, o JTS – *Journal of Tourism Studies* foi a primeira revista científica em turismo da Austrália, um dos países que mais vem desenvolvendo a área de turismo na atualidade. O seu idealizador e editor responsável é o professor Philip Pearce, da *James Cook University*. O JTS é uma publicação semestral e prioriza a divulgação de artigos completos, escritos por professores, pesquisadores, estudantes ou profissionais.

An International Journal of Tourism and Hospitality

Também lançado em 1990, o Anatolia – *An International Journal of Tourism and Hospitality* é uma publicação internacional, originária da Turquia, que desde 1997 publica apenas textos em inglês. Sua periodicidade é semestral e sua estrutura é dividida em três seções:

- *Artigos principais:* seção destinada à publicação dos artigos aprovados pelo corpo editorial após analise anônima dos textos recebidos pelo editor-chefe.
- *Notas de pesquisa e relatórios:* seção destinada à divulgação de resultados preliminares de pesquisas ainda em andamento e à publicação de relatórios de eventos científicos.
- *Calendário de eventos:* área utilizada para a divulgação de eventos científicos em turismo ou áreas afins.

Vale ressaltar que esta é uma das publicações que consegue reunir maior diversidade de nacionalidades entre seus autores. Seu editor-chefe é o professor Nazmi Kozak, da Escola de Turismo e Hotelaria da Anadolu University, na Turquia.

Estudios y Perspectivas en Turismo

Lançada na Argentina, em 1991, com o título de *Revista Latinoamericana de Turismo*, é uma das mais importantes revistas de turismo em língua espanhola publicadas no mundo. É especialmente conhecida na América Latina, não só pelo idioma quanto pela origem da maioria dos seus autores. A professora Regina Schlüter, do *Centro de Investigaciones y Estudios Turísticos*, é a editora responsável pela revista. Destaca-se nesse periódico a presença de diversos pesquisadores brasileiros em seu corpo editorial, a começar pela professora Margarita Barretto (Universidade de Caxias do Sul/Instituto Educacional Luterano de Santa Catarina), uruguaia radicada no Brasil e uma dos quatro editores-coordenadores da EPT – *Estudios y Perspectivas en Turismo*. Os professores Mário Carlos Beni (Universidade de São Paulo/Universidade do Vale do Itajaí), Dario Paixão (Centro Universitário Positivo), Mirian Rejowski (Universidade de Caxias do Sul/ Universidade de São Paulo), Doris Ruschmann (Universidade do Vale do Itajaí/Universidade de São Paulo) e Luiz Gonzaga Godoi Trigo (Pontifícia Universidade Católica de Campinas/Senac – Serviço Nacional de Aprendizagem Comercial/Universidade do Vale do Itajaí) fazem parte do conselho editorial da revista. É uma publicação semestral que também se destaca pela possibilidade de acesso *on-line* de alguns dos seus números especiais e/ou em inglês.

Journal of Teaching in Travel & Tourism

Lançado em 2001, o JTTT – *Journal of Teaching in Travel & Tourism* é a publicação oficial da ISTTE – *International Society of Travel and Tourism Educators*, importante associação de educadores em turismo com membros de diversas partes do mundo. A professora Cathy H. C. Hsu, da Escola de Hotelaria e Turismo da Universidade Politécnica de Hong Kong, é a editora responsável pela revista. É uma publicação trimestral direcionada a professores de turismo, pois aborda, principalmente, temas de interesse desse público. Além de artigos acadêmicos e relatórios de eventos científicos, o JTTT possui uma seção com dicas para novos docentes e monitores.

The Journal of Hospitality, Leisure, Sport & Tourism Education

Lançado em 2002, o JoHLSTE – *The Journal of Hospitality, Leisure, Sport & Tourism Education* é uma publicação eletrônica semestral e gratuita, disponível na Internet pelo endereço *www.hlst.ltsn.ac.uk/johlste/index.html.* Tem como editor-chefe o professor John Tribe, da Buckinghamshire Chilterns University, na Inglaterra. Essa revista possui uma característica especial em relação às outras analisadas: a abrangência de conteúdos. O JoHLSTE trata de aspectos relacionados à educação em hospitalidade, lazer, esportes e turismo e está dividido em cinco seções:

- *Academic papers:* seção destinada à publicação de artigos acadêmicos, escritos por professores e pesquisadores de qualquer parte do mundo.
- *Practice papers:* textos referentes à prática docente dos seus autores contendo sugestões para os leitores.
- *Perspectives:* seção destinada à divulgação de opiniões sobre algum dos temas abordados pelo periódico.
- *Comments and rejoinders:* comentários sobre os textos publicados em edições anteriores. Nessa seção, dá-se também o direito de resposta ao autor do texto comentado.
- *Research notes and reports* ou *educational resource reviews:* área destinada à divulgação de resultados preliminares de pesquisas, relatórios de pesquisas ou de eventos científicos ou comentários sobre recursos educacionais.

Cornell Hotel and Restaurant Administration Quarterly

Publicado desde 1960 pela Cornell University School of Hotel Administration, uma das mais tradicionais escolas de hotelaria do mundo, o CHRAQ – *Cornell Hotel and Restaurant Administration Quarterly* é uma publicação bimestral, com acesso restrito para assinantes na Internet. O professor Michael Sturman, da mesma instituição, é o editor responsável pela revista, que se diferencia das anteriores pela sua linha editorial, muito mais direcionada a questões práticas do que teóricas.

Journal of Vacation Marketing

Lançado em 1995, o JVM – *Journal of Vacation Marketing* tem o professor J. S. Perry Hobson, da escola de turismo e hospitalidade da Southern Cross University, na Austrália, como seu editor-chefe. Seu enfoque principal é no *marketing* aplicado ao turismo. Questões como a imagem de destinações, comportamento do consumidor, posicionamento de produtos turísticos, entre outras, são as bases dos artigos publicados nesse periódico trimestral.

ACESSO AOS PERIÓDICOS INTERNACIONAIS

Durante muitos anos, o acesso aos periódicos internacionais foi bastante restrito para os pesquisadores brasileiros, uma vez que o valor das assinaturas é, muitas vezes, relativamente alto. Apenas aqueles que se encontravam em grandes instituições de ensino, com cursos de turismo já consolidados nos níveis de graduação e de pós-graduação, tinham acesso aos exemplares de algumas publicações internacionais. Apenas em 2000 essa realidade foi modificada, com o lançamento do Portal Periódicos/Capes – Coordenação de Aperfeiçoamento de Pessoal de Nível Superior (*www.periodicos.capes.gov.br*), uma iniciativa da Capes no intuito de democratizar o acesso às principais publicações do mundo em todas as áreas do conhecimento. Alguns dos mais importantes títulos na área de turismo estão disponíveis no Portal Periódicos/Capes.

Atualmente, segundo as informações disponíveis no próprio portal, o acesso aos mais de 7.500 títulos com textos completos é gratuito para:

- Instituições federais de ensino superior.
- Instituições de pesquisa com pós-graduação avaliada pela Capes.

Parte 2

85-7241-568-8

- Instituições públicas de ensino superior estaduais e municipais com pós-graduação avaliada pela Capes.
- Instituições privadas de ensino superior com pelo menos um doutorado com avaliação cinco ou superior pela Capes.

PERIÓDICOS NACIONAIS

No Brasil, o início do ensino superior em turismo no começo da década de 1970 não foi suficiente para estimular a criação de um periódico nessa área. Tal fato só viria a acontecer em 1990, com o lançamento da revista *Turismo em Análise*, editada pela Escola de Comunicações e Artes da Universidade de São Paulo (ECA/USP).

Embora algumas outras publicações tenham sido criadas no decorrer da década de 1990, estas, em sua maioria, eram revistas departamentais que publicavam, prioritariamente, o trabalho de professores e estudantes da instituição responsável pela sua edição. Apenas em 1998, vê-se o surgimento de uma nova revista de abrangência nacional tanto no tocante ao corpo editorial como aos seus colaboradores, a *Turismo: Visão e Ação*. A partir desse momento, com a explosão de cursos no país, novos periódicos foram lançados. Para a elaboração deste texto, foram escolhidas as duas principais e mais antigas publicações nacionais e duas das iniciativas mais recentes na área: o *Boletim de Estudos em Hotelaria e Turismo* e a *Revista Eletrônica de Turismo*.

Turismo em Análise

Primeiro periódico da área no país, a revista TA – Turismo em Análise foi lançada em 1990 pela ECA/USP e, a partir de 2003, passou a ser editada em parceria com a Editora Aleph. Desde a sua edição inicial, a TA ganhou projeção nacional e internacional (especialmente na Argentina). Assim, percebe-se hoje uma forte participação de colaboradores das diversas regiões do país, bem como de países vizinhos.

Sua estrutura é, prioritariamente, composta por artigos principais, havendo também espaço para resenhas bibliográficas. Sua periodicidade é semestral e seu acesso foi facilitado pela parceria com uma editora que tem atuação em todas as regiões do país. Por ser editada por um dos principais centros de estudos em turismo do país e ser a mais antiga publicação especializada brasileira, a TA ganhou prestígio entre os pesquisadores e recebe um grande número de submissões, tendo, conseqüentemente, um alto nível de textos selecionados pelo seu corpo editorial, coordenado pela professora Mirian Rejowski, da Universidade de Caxias do Sul e da Universidade de São Paulo.

Turismo: Visão e Ação

A TVA – Turismo: Visão e Ação, lançada em 1998, é uma publicação quadrimestral da Universidade do Vale do Itajaí que busca divulgar a produção científica em turismo, hotelaria e áreas afins. Além dos três números habituais por ano, são editadas, eventualmente, algumas edições especiais. Além dos artigos, das resenhas bibliográficas e da divulgação de eventos da área, a TVA apresenta resumos de dissertações de mestrado e de teses de doutorado defendidas com sucesso.

Um diferencial da TVA em relação às outras publicações nacionais é o fato de a revista ser editada não só em português como também em inglês, possibilitando a inclusão de pesquisadores internacionais tanto no seu conselho científico – coordenado pela professora Doris Ruschmann, da Universidade do Vale do Itajaí e da Universidade de São Paulo – como no seu quadro de colaboradores. Com essa iniciativa, consegue-se, ainda, a divulgação da produção nacional em outros países.

Boletim de Estudos em Hotelaria e Turismo

Uma das mais recentes iniciativas nacionais quanto à publicação de periódicos em turismo, o BEHT – Boletim de Estudos em Hotelaria e Turismo, lançado em 2003, é editado pelas Faculdades Integradas da Vitória de Santo Antão, em Pernambuco. Seu corpo editorial, liderado pelo professor Sérgio Leal, da mesma instituição, é composto por importantes pesquisadores brasileiros locados em instituições das diversas regiões do país e do exterior. Esse periódico, semestral, tem a seguinte estrutura:

- *Artigos principais:* textos escritos por professores, pesquisadores ou profissionais da área.

85-7241-568-8

- *Artigos de estudantes:* textos escritos por alunos de graduação em cursos de hotelaria, turismo ou áreas afins.
- *Relatos de pesquisas e experiências:* seção destinada aos pesquisadores que estiverem participando de algum projeto de incentivo à produção científica para relatar o andamento de suas pesquisas e aos que tiveram uma experiência relevante para ser disseminada entre os pesquisadores da área.
- *Relatórios de eventos científicos:* seção destinada à divulgação de comentários, opiniões e críticas acerca de eventos nacionais e internacionais nas áreas de hotelaria, turismo ou outras afins.
- *Resenhas bibliográficas:* seção destinada à análise crítica de publicações nacionais ou importadas recém-lançadas no mercado editorial.

Revista Eletrônica de Turismo

A Retur – Revista Eletrônica de Turismo, lançada em 2002 pela Faculdade Cenecista Presidente Kennedy, é a primeira revista acadêmica nacional da área de turismo com acesso gratuito pela Internet (*www.presidentekennedy.br/retur*). Sua periodicidade é semestral e seu corpo editorial tem o professor Alexandre Shigunov Neto, da mesma instituição, como coordenador. Além dos artigos principais, a Retur abre espaço para resenhas bibliográficas e resumos de teses e dissertações.

ACESSO AOS PERIÓDICOS NACIONAIS

Diferentemente dos periódicos internacionais, o acesso às publicações nacionais é simples e de baixo custo. A assinatura anual dos periódicos apresentados custa, em média, menos de R$ 50 – quando pago.

Novas iniciativas estão surgindo, em especial pela necessidade de suprir as demandas do MEC – Ministério da Educação no tocante à divulgação da produção científica dos docentes e discentes das instituições de ensino. Assim, muitas publicações priorizam apenas os textos de autores das próprias instituições que editam as revistas. No entanto, outros periódicos de abrangência nacional estão surgindo com o propósito de consolidar as bases do conhecimento em turismo.

Considerações finais

Observa-se que as iniciativas para fortalecer as bases do conhecimento científico em turismo têm ganhado destaque nos âmbitos nacional e internacional. O número de publicações especializadas, por exemplo, cresce a cada dia e o interesse em avaliar a qualidade dessas publicações acompanha o mesmo ritmo de crescimento, em especial no exterior. Deve-se notar que a quantidade de periódicos não implica, necessariamente, o aumento da qualidade da produção acadêmica em turismo.

A divulgação do conhecimento científico é uma premissa básica para o desenvolvimento de uma área do conhecimento, tal como o turismo. No entanto, instituições que visam a atender as exigências do MEC sem que haja preocupação e comprometimento com a qualidade do conteúdo veiculado em suas revistas tendem a ter abrangência geográfica muito restrita e pouco (ou nenhum) reconhecimento da comunidade acadêmica.

Embora o número de revistas já seja grande no exterior, ainda existe muito espaço para a criação de novos periódicos no Brasil. Os esforços devem ser conjuntos e os objetivos devem estar sempre centrados na consolidação do conhecimento em turismo.

Além da responsabilidade das instituições de criar novas revistas, professores e alunos devem ver os periódicos como parte integrante do seu dia-a-dia dentro e fora das faculdades e universidades. De nada adiantarão os esforços para a criação de novos periódicos de alto nível acadêmico se os mestres e estudantes não se utilizarem do conhecimento divulgado para embasar seus estudos e projetos.

Exercícios Propostos

1. O que diferencia os periódicos dos livros?
2. O que faz dos periódicos uma ferramenta indispensável para o estudo aprofundado de uma área de conhecimento?
3. Quais são os principais periódicos em turismo no Brasil e no mundo?
4. Embora o estudo do turismo no Brasil tenha prosperado nas últimas décadas, ainda são poucas as iniciativas para a criação de perió-

Parte 2

85-7241-568-8

dicos nessa área do conhecimento. Quais são os principais fatores que dificultam a proliferação de revistas especializadas no país?

Sites Indicados

www.periodicos.capes.gov.br: portal da Capes que concentra um grande número de publicações disponíveis *on-line* para determinadas instituições de ensino e de pesquisa do país. É um *website* muito importante para estudantes e professores de todas as áreas do conhecimento. No entanto, vale ressaltar que a grande maioria dos textos é disponível apenas no idioma original dos periódicos, quase sempre inglês. Se o leitor não tiver domínio do idioma, dificilmente poderá tirar proveito dessa importante ferramenta de pesquisa.

www.presidentekennedy.br/retur: *website* da *Revista Eletrônica de Turismo*, publicação semestral da Faculdade Cenecista Presidente Kennedy, em Campo Largo (Paraná), de acesso público e gratuito. Nesse endereço, o leitor terá a possibilidade de obter mais informações sobre a publicação e poderá fazer o *download* de todos os textos publicados.

www.sagepub.com/journal.aspx?pid=45: *site* do *Journal of Travel Research* com informações gerais sobre o periódico, incluindo a sua política de publicação, objetivos, normas editoriais, índices de edições recentes e um *link* para amostra de um número do periódico para conhecimento do público.

www.hlst.ltsn.ac.uk/johlste/index.html: *website* do *The Journal of Hospitality, Leisure, Sport & Tourism Education* que permite o acesso gratuito aos textos publicados. Além dos artigos, podem ser encontradas as normas editoriais, bem como os objetivos do periódico.

Parte 2

BIBLIOGRAFIA COMENTADA

GOELDNER, C. R. Tourism education: North American experiences. *Journal of Teaching in Travel & Tourism, 1 (1):* 97-107, 2001.

Transcrição da apresentação do professor Goeldner durante a Primeira Conferência Pan-americana "Latin American Tourism in the Next Millennium: Education, Development, and Sustainability". O texto apresenta uma análise crítica do ensino do turismo nos Estados Unidos, tratando de assuntos gerais da atividade turística bem como do processo de criação dos primeiros cursos de turismo daquele país e suas peculiaridades. Nesta discussão, o autor ressalta a importância dos periódicos para o desenvolvimento de uma base de conhecimento para o turismo.

LAWRENCE, P. A. The politics of publication. *Nature, 422:* 259-261, Mar. 2003.

Nesse comentário sobre a política existente por trás da publicação de textos científicos, o autor critica a utilização de indicadores de performance *(tais como o número de textos publicados) para avaliar o trabalho de pesquisadores e professores. Essa prática, destaca o autor, é prejudicial para a qualidade dos textos acadêmicos e científicos. Uma vez que há a necessidade de se produzir – e publicar – mais e mais, os autores acabam se precipitando na divulgação dos resultados preliminares de uma pesquisa ou acabam escrevendo diversos textos sobre a mesma pesquisa e submetendo para a análise de vários periódicos. Assim, o autor sugere uma reformulação de todos os procedimentos envolvidos na divulgação dos resultados de uma pesquisa científica.*

LEAL, S. R. A Constante Busca pela Maturidade da Pesquisa Científica em Turismo no Brasil. *Revista Turismo: dimensões e perspectivas*, 2004. (No prelo).

Por ser uma área bastante recente na academia, o turismo ainda não conquistou o reconhecimento da comunidade acadêmica em geral. Um dos fatores, segundo o autor, é a falta de maturidade da pesquisa em turismo. Nesse texto, o autor faz uma comparação entre a realidade do Brasil e de outros países quanto ao número de cursos, periódicos, pesquisadores de destaque, etc.

PEARCE, P. L. *Research Methods/Business Research Methods: lecture outline notes.* Townsville: James Cook University, 2001.

Notas de aula da disciplina de metodologia da pesquisa no mestrado em turismo na James Cook University, Austrália, ministrada pelo professor Pearce – um dos mais importantes pesquisadores do turismo mundial e editor do Journal of Tourism Studies. *Nessa disciplina, o professor Pearce demonstrou aos seus alunos a necessidade de se conhecer os periódicos da área e ter como hábito a sua leitura.*

PECHLANER, H.; ZEHRER, A.; MATZLER, K.; ABFALTER, D. A Ranking of International Tourism and Hospitality Journals. *Journal of Travel Research, 42 (4):* 328-332, 2004.

Esse artigo relata uma tentativa de avaliar os periódicos em turismo e hospitalidade de acordo com as percepções dos membros da comunidade acadêmica internacional. Uma lista dos 22 mais importantes periódicos é apresentada e um ranking *dessas publicações, na percepção de professores pesquisadores americanos, é apresentado em contraposição a outro, formado pelas opiniões de professores pesquisadores internacionais.*

SCHMIDGALL, R. S.; WOODS, R. H.; RUTHERFORD, D. G. Journal and Periodical Usefulness. *Cornell Hotel and Restaurant Administration Quarterly, 37 (2):* 47-55, 1996.

Os autores argumentam a utilidade dos periódicos para professores e pesquisadores em diferentes situações. A percepção de mais de 300 indivíduos sobre 17 periódicos da área de hospitalidade é apresentada. Vale ressaltar que a pesquisa identificou, também, a importância de publicações não acadêmicas para os professores e pesquisadores da área.

Parte 3

Segmentação Turística

CAPÍTULO

18 Turismo e Segmentação de Mercado: Novos Segmentos

Marilia Gomes dos Reis Ansarah

Parte 3

Introdução

> *Para concorrer no mercado turístico, as organizações dos setores público e privado devem saber quem são seus clientes e o que querem, devem ser capazes de comunicar a disponibilidade dos produtos e serviços turísticos aos potenciais clientes e convencê-los a tornarem-se clientes de fato, ou seja, a viajarem até um destino ou atração que tenha sido trabalhado ou a comprarem produtos e serviços, como um pacote turístico ou uma passagem aérea.*
>
> OMT (2003, p. 112)

A segmentação é um fenômeno transcendental na evolução da atividade turística, sendo de todo impossível compreender sua essência. Na academia, a cada dia surgem novos livros a respeito do turismo como estudo que, na realidade, pode-se dizer que são ensaios, cujos autores descrevem uma metodologia para explicar e entender a segmentação. Existe, na atualidade, um processo contínuo de segmentação da demanda turística, que determina a aparição de grupos (nichos) de usuários de serviços turísticos, reunidos de acordo com suas características, preferências, nacionalidades, nível cultural, gosto e idiossincrasias e na experiência pelo viajar – *cultura de viagem*. Mas, para essa demanda fracionada, o ideal seria ter uma oferta adequada para atender as necessidades e os gostos desses nichos detectados pelo mercado.

A ausência dessa oferta específica em destinos turísticos tem causado inúmeros insucessos empresariais. Em virtude do aumento da concorrência, muitas ofertas de produtos são lançadas no mercado sob a forma de – pode-se dizer – *o cliente é quem manda*. Não é mais o cliente que sai à procura da oferta, mas os empresários é que devem se preocupar, ir em busca do cliente e "entender" suas necessidades. O cliente que já possui cultura de viagem consegue fazer a relação produto *versus* preço *versus* serviços oferecidos.

O importante é que se vem chamando a atenção, nos meios profissionais e técnicos, a respeito da necessidade de segmentar o mercado. Há outra preocupação: será que o mercado está preparado, em todos os níveis hierárquicos de uma empresa, para atender e satisfazer uma demanda tão diversificada?

85-7241-568-8

Histórico do Tema

Hoje em dia, os trabalhos de conclusão de curso (em algumas instituições que oferecem curso especificamente de pós-graduação, como a Faculdade Senac de Turismo e Hotelaria de São Paulo, na qual sou docente) são de qualidade e os assuntos desenvolvidos nas pesquisas são temas atuais. Podemos citar os trabalhos que foram utilizados como referência neste capítulo: "Golfe: elemento complementar de desenvolvimento turístico no mercado brasileiro"; e os que foram consultados "Projeto Turismo Pedagógico – ONG – Resgate e Valorização do Movimento Tropeirista"; "Um Estudo sobre Intercâmbio Cultural. Caso Nova Zelândia". Os melhores trabalhos ficam arquivados em bibliotecas das universidades e faculdades, sendo portanto esses espaços excelentes fontes de consulta. Em algumas instituições educacionais, também são consideradas boas fontes de consulta os trabalhos de conclusão dos cursos de graduação em turismo e hotelaria, fazendo parte do curso os projetos experimentais e/ou de consultoria cuja qualidade, em algumas pesquisas, é alta até para publicação.

Para abordar segmentação, sugerimos o livro de Vaz, *Marketing Turístico*, receptivo e emissivo graças à tipologia da segmentação que o autor apresenta de maneira simples e didática. Outro livro que aborda a teoria da segmentação, lançado recentemente e datado de 2005, é *Turismo Essencial,* de Kotler. Baseado no *bestseller Administração de Marketing*, é atualizado e apresenta diferenças entre os mercados consumidores e empresariais, explicando que os profissionais de *marketing* não podem utilizar exatamente as mesmas variáveis para segmentar esses dois mercados. Ao final de cada capítulo, apresenta 10 estudos de casos brasileiros.

Recomendamos ainda o livro que organizei, *Turismo – Segmentação de Mercado*, cujo conteúdo é direcionado a segmentos atuais do turismo. Indicamos mais especificamente o Capítulo 1, cujo estudo é direcionado à teoria de segmentação.

Parte 3

Turismo – Segmentação de Mercado

As exigências de produtos e serviços de qualidade a preço justo por parte dos clientes levaram as empresas a se adequar aos novos tempos.

> *Em virtude das diferenças entre os mercados consumidores e empresariais, os profissionais de* marketing *não podem utilizar exatamente as mesmas variáveis para segmentar esses dois mercados. Em vez disso, eles usam um amplo grupo de variáveis como base para a segmentação do mercado consumidor e outro amplo grupo para a do mercado empresarial.*
>
> **Kotler (2005, p. 187)**

Os mercados são compostos de compradores que diferem entre si em um ou mais aspectos, empresas que estão optando por segmentar em grupos de pessoas nas suas preferências e necessidades, e compradores com comportamentos de compra homogêneos quanto a gostos e preferências.

As principais bases da segmentação dizem respeito à natureza dos fatores de homogeneidade que permitem considerar vários consumidores como pertencendo a um mesmo grupo.

Cobra (2001) define segmentação de mercado como:

> *uma técnica utilizada para agrupar consumidores com comportamentos de compra semelhantes para, a partir daí, realizar esforços concentrados e especializados de* marketing *sobre esse segmento, ou seja, um segmento de mercado bem definido possibilita a eficácia da aplicação dos instrumentos de* marketing, *otimizando recursos de se observar o mercado para subdividi-lo da maneira mais adequada.*
>
> **Cobra (2001, p. 160)**

Causas que levam as empresas a buscar segmentos específicos de mercado:

- Mudança no direcionamento de *marketing*: hoje, a comunicação desperta a necessidade inconsciente da pessoa.

- Mudança no comportamento do cliente em relação ao consumo: ele não compra o produto antes de pesquisar.
- Necessidade de inovar, em virtude da recessão econômica mundial, entre outros.

As empresas e os consumidores estão buscando novos caminhos para o mercado turístico, talvez em decorrência da mudança de postura de vida dos consumidores que não desejam mais viajar com a programação generalizada pelo turismo de massa e desejam algo mais personalizado e direcionado.

Segundo Moraes (1999, p. 24):

> *Um dos fatores determinantes para a segmentação do mercado turístico é a concorrência cada vez maior nos diversos segmentos, o que leva à busca de diferenciais que garantam uma clientela identificada com seu produto. As maiores vantagens nas vendas serão conquistadas pelas empresas que conhecerem seus clientes ou seu mercado potencial; esse conhecimento deverá direcionar melhor seus recursos financeiros e adequar os produtos ao mercado visado.*

Quando uma empresa opta pela segmentação de mercado, deve atentar que os segmentos que utilizarão um mesmo produto terminado sejam compatíveis. Exemplificando, quando uma agência comercializa um cruzeiro temático, turismo de congresso, não deve comercializar o segmento de turismo de lazer numa mesma viagem. São segmentos incompatíveis para partilhar o mesmo produto.

As principais bases da segmentação dizem respeito à natureza dos fatores de homogeneidade que permitem considerar vários consumidores como pertencendo a um mesmo grupo.

Para ser eficaz como ferramenta de *marketing*, um segmento deve ser:

- Mensurável em tamanho e outras variáveis.
- Acessível, por meio de promoção, a canais de distribuição existentes ou potenciais.
- Substancial, grande ou lucrativo o suficiente para servir como mercado-alvo.
- Defensável, em termos de características suficientemente singulares para justificar iniciativas ou programas de *marketing* específicos que possam enfrentar a abordagem de massa dos concorrentes.
- Durável, mantendo-se com o passar do tempo.
- Competitivo a ponto de seu atendimento proporcionar vantagem sobre a concorrência (OMT, 2003, p. 115).

BASES DA SEGMENTAÇÃO TURÍSTICA

Normalmente, segundo Vaz (1999), é possível identificar em cada segmento uma base de segmentação relevante, isto é, um aspecto ao qual está diretamente relacionado, mediante uma referência mais ou menos explícita. No entanto, cada segmento também pode exigir uma segunda e/ou terceira referência, outras bases de segmentação, ajudando assim a definir com mais clareza a amplitude do segmento. Dentre os grupos detectados estão os segmentos em que os dados dizem respeito a alguma característica dos consumidores dos mercados-alvo que se está pesquisando e/ou comercializando, como faixa etária, estágio do ciclo de vida familiar, condição física, entre outras características.

Ainda segundo Vaz (1999), para uma adequada segmentação do mercado, é preciso enquadrar os consumidores em agrupamentos que vão fornecer uma visão abrangente do mercado:

> *Base da segmentação: diz respeito à natureza dos fatores de homogeneidade que permitem considerar vários consumidores como pertencendo a um mesmo grupo. Tais bases são diretamente associadas às características da localidade, aos seus fatores de atratividades. (...) Diz respeito a relação básica com a motivação de viagem – relação necessidade-benefício.*
> *Variável da base de segmentação: qualifica a relação necessidade-benefício segundo os aspectos que podem se tornar relevantes para a avaliação de oportunidades mercadológicas.*
> *Estrato da variável: é o desmembramento de uma variável em faixas ou grupos típicos, de modo que o segmento vai se tornando cada vez mais específico.*
> Vaz (1999, p. 84-85)

Consideramos relevante apresentar a pesquisa de Ignarra (2003) em que o autor identifica os segmentos do mercado turístico (Tabela 18.1).

Esses segmentos não esgotam as possibilidades de tipos de turismo; cada um deles pode se subdividir em outros segmentos ou ainda se associar.

Tabela 18.1 – Segmentos do mercado turístico. Fonte: Ignarra (2003, p. 120)

Critérios de segmentação	Segmentos
Idade	Turismo infantil Turismo juvenil Turismo de meia-idade Turismo de terceira idade
Nível de renda	Turismo popular Turismo de classe média Turismo de luxo
Meio de transporte	Turismo aéreo Turismo rodoviário Turismo ferroviário Truísmo marítimo Turismo fluvial/lacustre
Duração da permanência	Turismo de curta duração Turismo de média duração Turismo de longa duração
Distância do mercado consumidor	Turismo local Turismo regional Turismo nacional Turismo continental Turismo intercontinental
Tipo de grupo	Turismo individual Turismo de casais Turismo de famílias Turismo de grupos
Sentido do fluxo turístico	Turismo emissivo Turismo receptivo
Condição geográfica da destinação turística	Turismo de praia Turismo de montanha Turismo de campo Turismo de neve
Aspecto cultural	Turismo étnico Turismo religioso Turismo histórico
Grau de urbanização da destinação turística	Turismo de grandes metrópoles Turismo de pequenas cidades Turismo rural Turismo de áreas naturais
Motivação da viagem	Turismo de negócios Turismo de eventos Turismo de lazer Turismo de saúde Turismo educacional Turismo esportivo Turismo de pesca

Exemplificando, uma pessoa pode viajar em suas férias por motivo religioso, então mesclando os segmentos de lazer e religioso.

Para Vaz (1999), as principais bases de segmentação, com variáveis e estratos mais relevantes são:

- *Segmentação psicográfica* (Tabela 18.2): referências:
  - Principal personalidade do consumidor.
  - Atitudes, crenças, valores.
  - Estilo de vida.
  - Modos de expressão.
- *Segmentação comportamental* (Tabela 18.3): referências:
  - Hábitos dos públicos.
  - Costumes.
  - Tipos de transporte.
  - Tipos de acomodação.
- *Segmentação demográfica pessoal* (Tabela 18.4): referências:
  - Identificação básica do cidadão.
  - Características físicas.
  - Características genéticas.

Tabela 18.2 – Segmentação psicográfica. Adaptado e atualizado de Vaz (1999)

Segmento do mercado	Variáveis e estratos	Bases da segmentação
Turismo surpresa	Personalidade, estilo de vida	Socioeconômica, demográfica
Turismo de aventura	Personalidade	Demográfica pessoal, comportamental
Turismo espacial	Personalidade	Comportamental, socioeconômica
Turismo esportivo	Estilo de vida	Demográfica pessoal
Turismo de golfe	Estilo de vida, gosto	Comportamental, socioeconômica
Turismo gastronômico	Estilo de vida (requinte)	Comportamental
Enoturismo	Personalidade, gosto	Comportamental
Turismo ecológico, rural	Gosto, atitude	Comportamental
Turismo de praia	Personalidade, gosto	Geográfica
Turismo hidroviário	Estilo de vida	Socioeconômica

Tabela 18.3 – Segmentação comportamental. Adaptado e atualizado de Vaz (1999)

Segmento do mercado	Variáveis e estratos	Bases da segmentação
Turismo viário	Hábito	Socioeconômica, psicográfica
Turismo de *resorts*	Hábito, ocasião	Socioeconômica, psicográfica
Turismo de época	Ocasião	Socieconômica

Tabela 18.4 – Segmentação demográfica pessoal. Adaptado e atualizado de Vaz (1999)

Segmento do mercado	Variáveis e estratos	Bases da segmentação
Turismo infantil	Idade (7 a 13 anos)	Psicográfica, socioeconômica
Turismo juvenil	Idade (14 a 19 anos)	Psicográfica, comportamental
Turismo da terceira idade	Idade (acima de 55 a 70 anos)	Psicográfica, comportamental
Turismo da quarta idade	Idade (acima de 70 anos)	Psicográfica, comportamental
Turismo *single*	Estado civil (solteiro, separado), GLS – *gays*, lésbicas e simpatizantes	Psicográfica, socioeconômica
Turismo romântico	Estado civil (casado sem filhos; separado)	Socioeconômica, comportamental
Turismo familiar	Estado civil (casado com filho)	Socioeconômica
Turismo *gay*	Sexo (orientação sexual)	Psicográfica, socioeconômica
Turismo de saúde	Condição física (estética, tratamento)	Psicográfica, socioeconômica
Turismo para deficientes	Condição física (deficiência)	Socioeconômica

- *Segmentação demográfica socioeconômica* (Tabela 18.5): referências:
  - Formação humanística da pessoa.
  - Convivência.
  - Relacionamento com a sociedade.
- *Segmentação geográfica socioeconômica* (Tabela 18.6): referências:
  - Características quanto às pessoas num bairro.
  - Cidade.
  - Estado ou país.
  - Aglomerações ou outras divisões.

Segmentos Atuais do Mercado de Turismo

Vivemos em tempos de profunda transição, quando o que é válido hoje e consumido amanhã provavelmente não o será em curto espaço de tempo, tornando obsoletos alguns produtos turísticos que não mais respondem às necessidades dos turistas que pareciam satisfazer. Faz-se necessário realizar novas pesquisas para detectar o direcionamento do mercado e saber a tendência do consumidor, isto é, o que deseja consumir! Mediante o resultado, as empresas desenvolvem rapidamente novos produtos para agregar valor em sua cadeia de produtos, forçando assim o consumo e ampliando os mercados.

Apresentamos a seguir alguns segmentos atuais do mercado de turismo.

SEGMENTO DE TURISMO CIENTÍFICO

Um novo nicho de mercado está surgindo no Brasil: o segmento de turismo científico. Esse segmento atrai pessoas que estão se interessando por se embrenhar mata adentro à procura de morcegos ou chafurdar em pântanos à caça de sapos e cobras. Nos últimos quatro anos, pelo menos 700 pessoas de 16 a 80 anos vieram ao Brasil graças a esse segmento, principalmente estrangeiros das mais variadas profissões pagando US$ 2.400 por viagem para ajudar cientistas em pesquisas de campo no Pantanal (*Turistas...*, 2004).

As excursões são coordenadas pela ONG EWI – Organização Não Governamental *Earthwatch Institute* americana, que atua em 50 países e está introduzindo no Brasil o conceito de turismo científico. Voluntários têm ajudado pesquisadores no Pantanal. No Brasil, a ONG americana atua em

Tabela 18.5 – Segmentação demográfica socioeconômica. Adaptado e atualizado de Vaz (1999)

Segmento do mercado	Variáveis e estratos	Bases da segmentação
Turismo de estudos	Área de estudos, instrução, especialização	Socioeconômica
Turismo cultural	Áreas de estudo	Psicográfica
Turismo científico	Área de estudos, instrução, especialização	Psicográfica, socioeconômica
Turismo de intercâmbio	Áreas de estudo	Psicográfica, socioeconômica
Turismo pedagógico	Área de estudos, instrução, especialização	Psicográfica, socioeconômica
Turismo religioso	Afiliação religiosa, filosófica	Psicofráfica
Turismo de raízes	Etnia, ancestralidade	Demográfica pessoal

Tabela 18.6 – Segmentação geográfica socioeconômica. Fonte: Vaz (1999)

Segmento do mercado	Variáveis e estratos	Bases da segmentação
Turismo de eventos	Ocupação profissional	Socioeconômica, comportamental
	Atividade cultural	Psicográfica, socioecômica
	Atividade econômica	Comportamental
Turismo de negócios	Setor empresarial	Comportamental
Turismo comercial	Atividade econômica	Socioeconômica
Turismo de incentivo	Setor empresarial, área funcional	Sociocultural, psicográfica
Turismo social	Nível de renda (baixa renda)	Comportamental

Parte 3

parceria com a ONG brasileira Conservação Internacional, que cede para os estudos de campo a Fazenda Rio Negro, de sua propriedade, com área de sete mil hectares, no município de Aquidauana, no Pantanal de Nhecolândia (Mato Grosso do Sul).

De acordo com o diretor do Centro de Pesquisas da ONG EWI no Pantanal, esse segmento de turismo científico tem por objetivo despertar o interesse das pessoas para a ciência. *Queremos que as pessoas passem a dar valor à atividade científica (...). Além disso, nosso objetivo é transformar esses voluntários que participam das pesquisas em embaixadores da conservação do Pantanal* (Eaton, 2004, p. 18)[1].

O envolvimento das pessoas na atividade de pesquisa e o "despertar" dos turistas para o desenvolvimento sustentável são conceitos essenciais para alcançar metas de desenvolvimento sem esgotar os recursos naturais e culturais nem deteriorar o meio ambiente. Esse conceito deve se basear na sustentabilidade ecológica, sociocultural e econômica. O turismo deve ser ambientalmente sustentável – tanto no âmbito cultural como no natural – para ser economicamente sustentável.

Para a bióloga brasileira Ellen Wang, coordenadora da ONG EWI no Pantanal:

> ***O envolvimento do público é uma das maneiras mais eficientes de abordar questões ambientais complexas em todo o mundo e conscientizar mais pessoas em relação a elas. Participando de estudos científicos, elas percebem a necessidade da preservação dos recursos renováveis e não renováveis. Assim elas podem ajudar na busca de soluções pelo desenvolvimento sustentável***[2].

Além dos turistas que pagam para participar das expedições científicas, que já somam no segmento do turismo científico 65 mil em todo o mundo, a ONG EWI trabalha com parcerias. São empresas multinacionais como o banco HSBC, a Shell, a *British American Tobacco Company*, a Diageo, a Alcoa e a Mineradora Rio Tinto, que incentivam e financiam a participação de seus funcionários em pesquisas. Esses funcionários preparam o material para a pesquisa de campo e a instalação de redes para a captura, entre outras atividades.

Os voluntários envolvidos na pesquisa, tanto turistas como fornecedores, aprendem com os cientistas que, sem preservação, não há como desfrutar do meio ambiente, chegando um a mencionar que: *seria bastante interessante que o projeto se estendesse às escolas de educação infantil e aos fazendeiros (...). Os anfíbios e os répteis são grandes indicadores de qualidade do meio ambiente* (Tânia S. Sousa)[3].

Assim como as pessoas envolvidas na pesquisa saem enriquecidas com novos conhecimentos, a empresa parceira também ganha. A empresa MCR realiza o reflorestamento das áreas mineradas, explica um dos participantes fornecedores: *o conhecimento mais específico da fauna que adquiri ajuda nessa tarefa, pois o uso de espécies que atraem os animais para esses locais contribui, e muito, para o processo de sucessão natural das espécies e, portanto, na reintegração dessas áreas à paisagem natural* (*Turistas...*, 2004).

No início, os cientistas tinham receio da participação dos "turistas cientistas". Mas esses turistas voluntários são pessoas que não reclamam de entrar no mato, na água ou de desatolar o carro, são pessoas que desejam aprender e colaborar. Um aspecto que faz com que os turistas cientistas sejam bem-vindos é que parte dos US$ 2.400 que eles pagam para a ONG EWI é destinada a projetos de pesquisa.

Atualmente, os cientistas estão fazendo uma pesquisa com morcegos e já conseguiram catalogar 25 espécies. Foram capturados 690 morcegos para estudos, em dois anos, por 60 turistas.

O segmento de turismo científico poderá ser expandido no Brasil e já há instituições e ONG com planos de seguir o exemplo da ONG americana. É o caso da Embrapa – Empresa Brasileira de Pesquisa Agropecuária e da ONG Conservação Internacional, parceira da ONG EWI no turismo científico no Pantanal Mato-grossense, com um programa no Sítio do Descobrimento, no litoral sul da Bahia, para proteger orquídeas e bromélias, devendo criar um banco de reprodução das plantas e um esquema para coibir a exportação. Outro grupo brasileiro tem como projeto estudar os macacos muriquis em Caratinga (Minas Gerais).

Não é possível desenvolver turismo sem que ocorram impactos ambientais, mas é possível, com o planejamento correto, gerenciar o desenvolvimento turístico com o objetivo de minimizar os impactos negativos ao mesmo tempo em que se estimulam os impactos positivos.

[1] Don Eaton é diretor do Centro de Pesquisas do EWI no Pantanal (*Turistas...*, 2004).
[2] *Turistas...*, 2004.
[3] Tânia Shirley Sousa é secretária-executiva da gerência-geral da empresa MCR e participou como parceira da atividade. *Turistas...*, 2004.

A ausência de legislação para sustentar o planejamento ambiental não deveria impedir os planejadores de fazer suas próprias avaliações de impacto ambiental em empreendimentos propostos. A proteção ambiental é muito mais fácil e menos onerosa que a correção ambiental, mesmo quando uma ação corretiva for possível.

SEGMENTO DE INTERCÂMBIO CULTURAL

O segmento de intercâmbio cultural engloba não somente as práticas comerciais, mas principalmente o ser humano – sujeito de ação, com suas atitudes, sentidos, idiossincrasias, experiências, cultura e modo de viver.

Em decorrência da globalização, do avanço tecnológico e da estabilidade da economia brasileira pós-Plano Real, muitas transformações aconteceram na sociedade brasileira e incentivaram o estreitamento e novas relações interpessoais com outros países, melhorando a capacidade de consumo do brasileiro, tornando a prática de viajar para estudar comum. Como resultado, o turismo se beneficiou, segmentos já existentes se firmam e outros novos estão se consolidando no mercado como segmento de intercâmbio cultural, com vários destinos no exterior, facilidades nas negociações aduaneiras e crescente valorização do conhecimento de outras culturas e idiomas, que impulsionaram a demanda por práticas educacionais no exterior. O número de agências de turismo que comercializam o segmento de intercâmbio cultural já é significativo, levando interessados de várias faixas etárias para a Inglaterra, Espanha, Estados Unidos, Canadá e, mais recentemente, Austrália e Nova Zelândia.

O atentado aos Estados Unidos em 11 de setembro de 2001 teve como conseqüência o declínio do fluxo do turismo, especificamente para a *Disney World* e Nova York (conhecidos como principais destinos de brasileiros), com repercussões negativas para o segmento de intercâmbio cultural para esse país. Foi com esse panorama que os produtos turísticos da Austrália e Nova Zelândia começaram a crescer como destino para o mercado brasileiro de intercâmbio. Esse produto turístico tende a crescer no Brasil, mesmo porque o mercado valoriza pessoas que estudam no exterior, seja em cursos de graduação, pós-graduação e/ou especialização, e a necessidade de conhecer outras culturas, onde se adquire vivência e fluência em outros idiomas, acentua-se cada vez mais no mercado de trabalho brasileiro.

O jovem, hoje, procura mais esportes radicais, que estão em projeção no mercado brasileiro; a Nova Zelândia está atrelada ao segmento do turismo voltado para a natureza, justificando o aumento de jovens que procuram o país para aperfeiçoar seus estudos.

De acordo com o dicionário Houaiss, intercâmbio significa "reciprocidade de relações (comerciais e culturais) entre nações" (Houaiss, 2001, p. 1632). Para Oliveira (2000, p. 72), turismo de intercâmbio *é o turismo praticado por jovens estudantes com o objetivo de realizar cursos ou aprender idiomas em outros países. Os estudantes ficam hospedados em casas de famílias e freqüentam cursos em escolas regulares. Alguns preferem freqüentar escolas especializadas no ensino de idiomas para estrangeiros.*

Contudo, estão crescendo pacotes seniores que oferecem cursos de línguas atrelados a aulas de moda ou história da arte para a terceira idade. De acordo com o jornal Folha de São Paulo[4], é possível aventurar-se em um programa de estudos no exterior ou aperfeiçoar uma língua estrangeira aliado a muitos passeios e atividades extracurriculares para essa faixa etária. Em algumas publicidades, surge como chamamento para o grupo sênior: "liberte-se dos filhos, da rotina, do estresse, da solidão, e ainda de um desejo eventualmente nunca satisfeito de ter feito uma viagem de intercâmbio". O grupo sênior é mais conhecido como *Golden Age, Special Age e/ou Mature Students.*

> ***Segundo o diretor da Agência Central de Intercâmbio, o segmento passou a ser definido como toda viagem com a finalidade de estudos no exterior. Giaretta (2000, p. 34)***

Para Giaretta (2000, p. 36), *o mercado convencionou como intercâmbio toda e qualquer viagem de estudos de idiomas, cursos de áreas específicas, estágios no exterior, trabalho remunerado, ou seja, toda e qualquer viagem com a função de agregar algum conhecimento.* Ainda a respeito do assunto, o diretor da STB – *Student Travel Bureau* menciona que *o intercâmbio passou a ser uma denominação genérica a todas as modalidades de viagens ao exterior com o*

[4] Folha de São Paulo, 18/03/2004, p. 10.

Parte 3

objetivo de realização de cursos de diversas modalidades (Giaretta, 2000, p. 34). No entanto, viagens de intercâmbio, em sua grande maioria, ainda são realizadas por organizações como o Rotary Internacional, que proporciona bolsas de estudos para bolsistas de 67 países (Giaretta, 2000, p. 35).

Viagens para estudo remontam ao século XVI, quando a Reforma Protestante pôs fim às viagens de peregrinações com o intuito de visitar templos miraculosos e, com o espírito de averiguação da Renascença, gerou nas pessoas grande interesse em conhecer o mundo.

> *Todos os tipos de estudos geravam grande interesse nesse mundo que acabava de florescer. O humanismo científico enfatizava a busca do conhecimento imediato. Francis Bacon considerava o viajante de um Tour Elizabetano ou Grand Tour como um mercado da luz – experiência de um turista que vai ao exterior para alargar os conhecimentos.*
>
> Barbosa (2002, p. 31)

Nessa época, os nobres, burgueses e comerciantes ingleses, para completar os conhecimentos culturais de seus filhos, os enviavam em verdadeiras viagens de aventura para países de maior fonte cultural do velho continente para conseguir, assim, a consideração cultural que a sociedade impunha na Idade Moderna (Bermudez, 1997). Como não havia meios de comunicação e a circulação de livros era rara, a única forma de enriquecer o conhecimento e conhecer outras culturas, hábitos e idiomas era viajando. Em geral, as viagens eram realizadas *por jovens, do sexo masculino, da nobreza ou classe alta européia, acompanhados de um professor particular, a fim de ampliar conhecimento e ganhar experiência pessoal* (Acerenza, 2002, p. 64).

TURISMO PEDAGÓGICO

Outro segmento que está crescendo no Brasil é o turismo pedagógico, o qual envolve atividades voltadas à educação, ao aprendizado, ao conhecimento de "algo" que possa acrescentar ao turista, isto é, que possibilite a ele ter uma visão da realidade. Esse segmento requer atenção e profissionalismo por parte dos seus planejadores. A viagem de estudo tem a capacidade de promover o desenvolvimento humano, social e educacional, podendo servir ao ensino.

Além dos aspectos concretos de consumo da viagem, como compra de bilhete aéreo, *voucher* de hotéis, entre outros, o turista, em seus deslocamentos, necessita dos aspectos subjetivos, aqueles que fazem uma pessoa gostar do destino, sentir prazer e contemplar uma paisagem, o devaneio, que, em suma, faz do turismo um rico campo de estudos e análises dos gostos e preferências dos turistas.

Avighi (2000, p. 104), fazendo uma reflexão, comenta que:

> *A visão exclusivamente econômica oculta os laços entre a 'indústria'*[5] *do Turismo e a pessoa do turista, reduz o imaginário da viagem e artefatos culturais (museus, restaurantes), oculta a imaginação e a cultura do turista, ou seja, o que o turista é ou poderia ser. Um novo modelo, mais afim da conformação atual do mercado, vê o turista como pessoa que participa, e na participação intervém a imaginação e a cultura, o prazer e a inteligência.* **É desta forma que o turismo fornece ao turista o acesso ao mundo (grifo do autor).**

O momento atual é de repensar o turismo em todas as áreas do conhecimento e entender que esse crescimento não se estende apenas ao aspecto econômico, mas também ao cultural, social e ambiental do ser humano. Não se trata de turismo de massa, mas de um turismo que se preocupa com a conservação e a preservação do meio ambiente e, em teoria, promove a sustentabilidade, pois provoca a conscientização dos turistas e a educação ambiental.

Segundo Hora e Cavalcanti (2003, p. 223):

> *A idéia da viagem como recurso para o ensino, aliás, encontra amparo dentro de algumas correntes pedagógicas, principalmente as que sofrem influência dos princípios de Célestin Freinet. Vale ressaltar que as técnicas de Freinet, em especial a aula passeio, ou aula das descobertas, são identificadas como um elo entre a pedagogia e o turismo, sobretudo se essa ligação for interpretada sob o prisma da animação, conferindo ao turismo pedagógico o status de "aula" com animação.*

[5] Na academia, sobretudo no Brasil, é discutível o uso do termo "indústria" do turismo, por estar inserido no setor terciário da economia. Alguns estudiosos, como Mário Beni, preferencialmente usam serviços turísticos, atividades turísticas, devendo, então, vir entre aspas a palavra indústria.

O turismo pedagógico ocorre no tempo letivo, sendo um complemento de estudo, ao contrário do turismo convencional, que ocorre nas férias.

Andriolo e Faustino (1999, p. 165) definem turismo pedagógico como uma *modalidade de turismo que serve às escolas em suas atividades educativas*. Portanto, é uma atividade ligada ao ensino que mescla ensino e turismo.

Para Spínola da Hora (2001):

> *A base dessa afirmação reside no cruzamento dos conceitos gerais básicos de turismo e pedagogia de Freinet e na comparação dos planos e fases de aula passeio com as de uma viagem. Para aproximar seus alunos da vida, Freinet retira-os da sala de aula, realizando o que ele chama de aula passeio, conhecida hoje também como aula das descobertas. Os alunos passam a assumir a condição temporária de turistas, deslocando-se de seu lugar de origem em busca de algo novo. Há, então, numa aula, o elemento dinâmico (a viagem) e o sujeito do turismo (o turista). Não se trata, obviamente, de uma metamorfose, uma mudança física, social e psicológica. Os alunos continuam sendo alunos que participam de uma aula. Essa assunção de posição diz respeito apenas ao tratamento dado à atividade pedagógica.*

O turismo pedagógico tem como objetivo fazer com que o aluno/turista tenha contato com a natureza (num conteúdo como, por exemplo, o estudo do espaço), de vivenciar e conhecer lugares novos (conteúdos de sociologia, antropologia) e, principalmente, inserir nos alunos a conscientização dos docentes acerca de problemas socioculturais e ambientais que vivem muitas comunidades e promover valores construtivos.

Na atividade de turismo pedagógico, o importante é despertar o interesse do aluno para o novo conhecimento, pelo local, pelos usos e costumes da população. Afinal, é por intermédio do querer saber mais, da percepção, que o ser humano desenvolve seu censo analítico crítico e a vontade de conhecer mais a respeito de determinado assunto, enfim, de pesquisar. Trata-se de uma atividade extraclasse, organizada pelas escolas com colaboração de empresas especializadas, e vivenciada pelos alunos como forma de complemento de um conhecimento abordado em sala de aula, envolvendo deslocamentos e/ou viagens de maneira prazerosa.

SEGMENTO DE ENOTURISMO

O enoturismo é outro segmento da atividade turística que está crescendo no Brasil. Ele se fundamenta na viagem motivada pela apreciação do sabor e aroma dos vinhos e das tradições e tipicidade das localidades que produzem a bebida. A idéia é transformar o vinho em um evento cultural e, ao mesmo tempo, mostrar aspectos históricos e culturais das regiões que o fabricam.

Com as contínuas visitas de turistas às vinícolas, o enoturismo tem contribuído para aumentar a renda de algumas fazendas. Esse segmento mostra o processo de fabricação do vinho desde a plantação e colheita da uva até o engarrafamento. Nessa atividade, também são oferecidos aos turistas compotas de geléias e doces de uva. Na época da safra, os visitantes podem acompanhar desde a colheita no parreiral até a produção e rotulagem.

O conceito de hospitalidade já está sendo aplicado em algumas fazendas – o saber receber bem. No serviço receptivo atuam profissionais que, além de explicar todo o processo da produção, apresentam fatos e remontam ao início do século passado, quando os primeiros colonizadores chegaram, trazendo consigo mudas de videiras cuidadosamente acondicionadas de forma a garantir o plantio na nova terra. Contam os profissionais que a área escolhida era de encosta e, com ajuda do clima propício (principalmente na Região Sul, Serra Gaúcha), a uva vinha vigorosa. Dois ou três anos depois, a produção já garantia a fabricação do vinho e isso era motivo de festa (*Novas propostas...*, 2004). Em Caxias do Sul (Rio Grande do Sul), esse tipo de festa atualmente faz parte do calendário turístico da região, atraindo inúmeros turistas.

Contam ainda os recepcionistas que o vinho fazia esquecer tristezas deixadas para trás na Itália, servia para "molhar" a palavra dos compadres e liberava instintos de alegria. Talvez o costume brasileiro de servir vinho em comemorações, festas e a visitantes, para manifestar alegria, seja herdado dos italianos.

Acompanhar os aspectos históricos mesclados com as práticas atuais é uma forma de fornecer aos turistas informações ricas em cultura, mostrando usos e costumes, sobretudo da cultura italiana.

O período de maior visitação de turistas no ano é a safra da uva em pique, quando o visitante tem

Parte 3

a noção exata de todo o processo de vitivinicultor. Além da venda de vinhos, geléia e doces em algumas fazendas, é servida vasta gastronomia italiana, com sobremesas de uva, nos restaurantes.

Alguns municípios estão se destacando no segmento de enoturismo, como a cidade de Tangará (Santa Catarina):

> *Conhecer o Enoturismo em Tangará pode ser diferente de tudo o que você já viu em termos de atrativos. A começar pelo nome da cidade, que quer dizer "pássaro feliz". Reflete, em toda a sua essência, a forma de vida da sua gente, que faz questão de destacar seus costumes e preservar a história. Durante a safra da uva, há roteiros bem definidos de visitação, que incluem desde parreiras, onde é possível ajudar na colheita da uva, até a vinificação da fruta. Todo esse processo é regado com boas doses de informações sobre o município, através de roteiros (...) Ao sair da propriedade rural onde a uva foi colhida, o próximo passo para o visitante é a vinícola Casa Grande/Monte Carvalho, que abre suas portas para os visitantes. Lá o turista é recebido com músicas que vieram para o Brasil junto com os imigrantes italianos, uma das tendências predominantes na região. A cantina é histórica e tem uma arquitetura que chama atenção pela originalidade. (Tangará..., 2004)*

Ao mesmo tempo em que o turista visita a vinícola em Tangará, recebe informações de profissionais a respeito do município, sua história e cultura e, principalmente, da cultura da uva. O turista pode apreciar também apresentações culturais que contagiam o turista, convidando-o a participar. Na parte final da visita, é oferecida aos visitantes degustação dos vinhos produzidos no local, além de outras informações sobre como segurar a taça de vinho, modo de armazenar, técnicas para abrir a garrafa, entre outras.

O vinho é uma bebida repleta de simbologia e, desde os tempos mais remotos, tem servido para desempenhar um papel de importância em quase todas as civilizações. É uma bebida impregnada de religiosidade e misticismo. O vinho surge desde muito cedo na literatura, tornando-se fonte de lendas e inspiração de mitos. As expressões "dádiva dos deuses", "sangue de Cristo" e "essência da vida" mostram bem o papel do vinho na vertente cultural, bem como a sua importância na nossa civilização (*Bebida...*, 2004).

TURISMO DE GOLFE

O interesse pela prática do golfe no Brasil vem crescendo ano a ano e há muitos empreendimentos turísticos com estrutura de qualidade similar aos campos europeus e americanos para a prática do esporte em nosso país. Já se observa que o aumento é significativo e a atividade vem ganhando força, aparecendo novos adeptos a cada dia.

O esporte começou a ser praticado pelos escoceses no século XV e chegou ao Brasil no final do século XIX. Desde o começo, foi mais utilizado pela elite, praticado quase exclusivamente por pessoas do sexo masculino, com alto poder aquisitivo, preferencialmente profissionais liberais e com cargo de direção, segundo o jornal Brasilturis (2004, p. 3), numa edição temática direcionada ao segmento de golfe que tem como título: *Destino Brasil. A bola da vez é o GOLFE.*

A origem da palavra golfe provém do inglês *golf* que, por sua vez, vem do alemão *kolb*, que significa taco. Há versões diferentes para explicar o início da atividade: a primeira delas é que o esporte se originou na Escócia por volta de 1400. Há ainda os que acreditam que o golfe saiu do *jeu de mail*, antigo jogo francês. Mas as regras do golfe, tal como são aceitas hoje, foram definidas no século XVIII, no ano de 1744, na cidade de Edimburgo, Escócia (Urata e Garroti, 2004, p. 16).

No Brasil, a expansão da atividade ocorreu a partir de 2002, com a criação da CBG – Confederação Brasileira de Golfe e, no ano seguinte, do *Bureau* Nacional de Turismo de Golfe, envolvendo os nove principais *resorts* brasileiros, que inseriram o golfe em sua oferta de atrativos.

Hoje, a função da Embratur – Instituto Brasileiro de Turismo é fomentar o produto turístico brasileiro, principalmente no exterior. Para divulgar os equipamentos brasileiros de golfe no mercado brasileiro e para o mercado internacional, foi necessária uma parceria do *Bureau* com a Embratur. Esses turistas chegam a consumir, em média por ano, cerca de US$ 26,1 bilhões em viagens para praticar o esporte (Brasilturis, 2004, p. 3).

De olho nesse mercado, a Embratur segmentou em 11 os produtos turísticos brasileiros. O golfe é um deles. Essa vocação recém-descoberta no Brasil está chamando a atenção de alguns empreendedores internacionais, como o multimilionário Donald Trump, por exemplo. Ele está investindo milhões de dólares em um projeto denominado *Villa Trump* em Itatiba (São Paulo), que prevê a construção de dois campos de golfe numa área de sete milhões de metros quadrados (Brasilturis, 2004, p. 3).

Ainda segundo o Brasilturis (2004, p. 3):

> *A proliferação de campos públicos e o interesse crescente dos empreendimentos hoteleiros e destinos turísticos, que enxergam cada vez no golfe uma grande oportunidade para a captação de novos turistas, acabaram por incentivar também o desenvolvimento da atividade no País, no que diz respeito ao número de pessoas adeptas ao esporte. Considerando-se que em 1998 o Brasil tinha apenas 3 mil golfistas, e hoje está próximo de 20 mil, o crescimento da atividade já ultrapassa o índice de 550%.*

Recentemente, em parceria com a Embratur, a CBG criou o circuito nacional *Conheça o Brasil jogando golfe*, que no ano de 2004 teve nove torneios agendados e outros nove já confirmados para 2005, envolvendo destinos como Costa do Sauípe, Ilha de Comandatuba e Trancoso (Bahia), Foz do Iguaçu (Paraná), Porto Alegre (Rio Grande do Sul), Mogi das Cruzes (São Paulo), Búzios e Angra dos Reis (Rio de Janeiro).

Parte 3

O primeiro contato com o golfe em hotéis ou *resorts* pode dar gosto ao turista. Uma parceria hotel-campo de golfe veio para ficar no Brasil, com a implantação de campos de golfe nas dependências de hotéis, incentivando o início da prática da atividade, uma vez que esses iniciantes não precisam ser sócios de um clube. *Além do incentivo aos iniciantes, o turista golfista é a fatia do mercado que todos querem, porque ele tem bom poder aquisitivo e gasta 50% a mais do que o turista comum* (Urata e Garroti, 2004, p. 3).

Hoje, o golfe é um componente importante do produto turístico do destino, sendo alguns dos seus reflexos:

- A criação do circuito nacional de golfe nos *resorts* brasileiros, principalmente em épocas nas quais os hotéis ficam ociosos, movimenta toda a economia do destino.
- O esporte atua como fator de qualificação e diferenciação da oferta turística, com o poder de influenciar o consumidor na escolha do seu destino de férias, considerando que a demanda possui alto poder aquisitivo.
- Projeção nacional e internacional da imagem do Brasil, inserindo-o como destino para os amantes do esporte.
- Contribui de forma importante para o crescimento da receita média por turista (Urata e Garroti, 2004, p. 21).
- Ainda, o golfe pode contribuir para a preservação do meio ambiente e é notório que o golfe exige respeito à natureza. Os campos são bonitos, o verde predomina e, além da vegetação nativa, há árvores frutíferas, pássaros e outros animais.

TURISMO ESPACIAL

Está chegando a hora em que iremos à Lua somente para um piquenique. O turismo espacial é um velho sonho do ser humano. Quem não gostaria de voar pelas estrelas, conhecer os anéis de Saturno, os canais de Marte? Talvez o primeiro passo para isso seja dado agora, com os vôos parabólicos, em que aviões fazem manobras que permitem aos passageiros sentir os efeitos da falta de gravidade, a gravidade zero, por curtos períodos, exatamente como ocorre no treinamento dos astronautas da Nasa – *National Aeronautics and Space Administration* (*Galeria de fotos...*, 2004).

O roteiro dos americanos parece interessante. Por cerca de US$ 4 mil, os candidatos embarcam em um Boeing 727 cargueiro especialmente preparado para servir de "ônibus espacial". Após atingir uma altura que varia entre oito e 10 mil metros, o avião inicia uma série de subidas e descidas em ângulo bem inclinado, as parábolas. O efeito de gravidade zero se dá por 25 a 30 segundos quando a aeronave está no topo dessas curvas. É aí que o passageiro literalmente flutua. Os vôos duram aproximadamente duas horas e incluem 20 parábolas (*No Mundo da Lua...*, 2004).

Qualquer pessoa está apta a voar. A única exigência aos candidatos é um atestado médico garantindo que não têm problemas cardíacos, musculares ou ósseos e provar que seu dinheiro provém de negócios legais, que não fazem parte de organizações terroristas e não têm vícios que compliquem sua viagem espacial. As limitações são as mesmas observadas nos brinquedos radicais dos parques de diversões.

A Administração Federal de Aviação (FAA na sigla em inglês), que regula a aviação civil nos Estados Unidos, está prestes a aprovar os vôos parabólicos turísticos. Se aprovados, os vôos marcarão a entrada da iniciativa privada no negócio. Atualmente, apenas o governo da Rússia oferece oportunidade parecida.

No dia 22 de novembro de 2004, a nave americana *SpaceShipOne* (Nave Espacial Um) pousou no deserto de Mojave (Califórnia, Estados Unidos) após realizar um feito histórico: tornar-se a primeira nave privada tripulada a romper a barreira do espaço, marcando "o início do transporte espacial comercial". A nave foi lançada de um avião chamado *White Knight*, subiu 120m acima da fronteira convencionada entre a atmosfera e o espaço (114km) e depois planou tranqüilamente até o chão.

O segmento do turismo espacial teve início com o envio de turistas à estação espacial internacional em naves russas *Soyuz*. Um vôo desses custou US$ 20 milhões por turista, que até agora só foram dois: o norte-americano Dennis Tito, de 60 anos, em 2001 e o sul-africano Mark Shuttleworth, de 28 anos, empreendedor de Internet, em 2002, em uma histórica excursão de 10 dias.

Em abril de 2005, Gregory Olsen será o terceiro turista a ir ao espaço. O novo turista é um ex-menino pobre de Nova York. Aos 58 anos, Olsen, que cresceu em uma família de classe operária no Brooklyn e fez fortuna com tecnologia, pagará US$ 20 milhões pela aventura e passará seis meses em treinamento no Centro Yuri Gagarin de Treinamento de Cosmonautas, na cidade das Estrelas, na Rússia (*Nova-iorquino...*, 2004).

Passar as férias a centenas de quilômetros de altura parece insanidade. Em 1996, foi criada a Fundação X-Price, ONG americana que daria US$ 10 milhões para o melhor projeto de nave turística espacial. A equipe ganhou em outubro (2004) o Prêmio X Ansari, no valor de US$ 10 milhões, quando a *SpaceShipOne* e o seu piloto alcançaram uma altitude de 100km pela segunda vez em duas semanas. A idéia do Prêmio X é baratear o acesso ao espaço e viabilizar o turismo espacial. A expectativa é que o barateamento faça crescer o mercado e estimule a evolução da tecnologia espacial.

A companhia aérea *US Airways* fez um acordo com a empresa americana *Space Adventures*, que agencia treinamentos e lugares em espaçonaves russas: quer começar a oferecer viagens ao espaço a partir de 2004/2005 (*Turismo Espacial...*, 2004). Como o preço da passagem não seria dos mais acessíveis – cerca de US$ 98 mil –, a empresa espera conquistar clientes com a utilização do programa de milhagens. Mesmo assim, os consumidores ainda terão dificuldades em obter as passagens. Para ganhar uma viagem ao espaço será necessário acumular 10 milhões de milhas, o que corresponde a 250 voltas ao planeta Terra. No entanto, a companhia continua otimista e assegura que cerca de 350 mil passageiros possuem um mínimo de 10 milhões de milhas acumuladas, o que garantiria uma demanda em potencial.

O avião espacial C-21 (o Sistema Aeroespacial Cosmópolis XXI é o primeiro avião espacial desenhado especialmente para o turismo), que fará essas viagens, foi apresentado em Moscou em 14 de março de 2004. Na verdade, é um sistema composto por duas naves. A pequena cápsula tripulada, chamada C-21, tem lugar para o piloto e dois turistas, parece uma miniatura de ônibus espacial e será "carregada" pelo avião M-55X (*Sul-africano...*, 2004). As pessoas que já possuírem a quantidade de milhas acumuladas já podem fazer as reservas para o vôo inaugural. A aeronave voará a até 100km de altura da Terra e os motores serão desligados por cinco minutos. O avião deverá flutuar na órbita do planeta e oferecerá uma vista privilegiada do contorno, da curvatura da Terra e do horizonte. Os turistas terão uma vista espetacular.

O turismo espacial, negócio potencialmente possível mas que envolve muitos riscos, deve permanecer como um negócio caro por muito tempo. Tanto os vôos suborbitais como os orbitais acontecerão muito cedo, agora que pessoas percebem que não precisam depender dos governos para gerenciar as linhas aéreas. O mercado de venda de passagens para turistas espaciais em suborbitais deve estar maduro entre 2008 e 2010, o mesmo período em que começarão os vôos orbitais privados. Em 2012 e 2015, deverão acontecer as primeiras missões lunares particulares. Em 2020, até visitas a asteróides seriam possíveis (*Lenda viva...*, 2004).

A administradora de empresas mato-grossense Ângela Takesawa, de 24 anos, deve entrar para a história como a primeira brasileira a atingir a marca de 100km acima da superfície terrestre. Moradora de Várzea Grande, Takesawa foi sorteada no dia 11 de novembro de 2004 entre os escolhidos da primeira fase da promoção "Procura-se um Astronauta", da Volkswagen, para realizar até 2006 o passeio espacial a bordo de uma nave semelhante à *SpaceShipOne* projetada especialmente para o turismo. O treinamento e o vôo ficarão sob a responsabilidade da empresa norte-americana *Space Adventures*, a mesma que já levou os dois turistas para a estação espacial internacional (*Matogrossense...*, 2004).

Estima-se, por volta de 2020, 12 mil novos turistas espaciais em vôos suborbitais (*Férias Espaciais...*, 2004) e já há depósitos substanciais de turistas à espera dos próximos vôos espaciais.

Considerações Finais

Concluímos que a segmentação de mercado, conforme descrevemos neste capítulo, é o processo utilizado para agrupar pessoas com desejos e necessidades semelhantes, dando origem a mercados-alvo. A pesquisa é relevante para os profissionais de *marketing* e os demais profissionais de empresas que atuam nos mercados emissivos e receptivos, cumprindo um papel importante na identificação dos segmentos de mercado. Somente após a pesquisa e a identificação de segmentos do mercado é que será possível desenvolver produtos e serviços específicos e diferentes estratégias promocionais para atender às necessidades dos diversos turistas.

A segmentação tem se tornado cada vez mais importante, influenciando a estrutura da oferta e permitindo melhorar a relação custo-benefício nos esforços de promoção, chegando mais facilmente ao público-alvo almejado.

Questão para Discussão

1. Em grupo, realizar um estudo de segmentação da clientela dos tipos de turistas mais comuns de sua região, indicando as características de cada tipo.

Exercícios Propostos

1. Que valor você vê na segmentação de mercado?
2. Quais as vantagens da segmentação de mercado?
3. Em que base é feita a segmentação de mercado?
4. A segmentação consiste em uma estratégia utilizada para agrupar consumidores com comportamentos de compra e características semelhantes. Trata-se de uma tendência atual, cada vez mais utilizada pelo mercado turístico. Explique a importância de se segmentar o mercado atual.
5. Descreva os fatores que contribuíram para a tendência de valorização da segmentação de serviços e produtos nos dias atuais.
6. Cite e explique, de forma clara e objetiva, quatro critérios/tipos de segmentação no mercado de turismo.

BIBLIOGRAFIA

ACERENZA, M. A. *Administração do Turismo*. Trad. Graciela Babuske Hendges. Bauru: Edusc, 2002, vol. 1.

ANDRIOLO, A.; FAUSTINO, E. Educação, turismo e cultura: a experiência de estudantes paulistas em Uruçanga. In: RODRIGUES, A. B. (Org.). *Turismo: desenvolvimento local*. São Paulo: Hicite, 1999.

AVIGHI, C. M. Turismo, globalização e cultura. In: LAGE, B. H. G.; MILONE, P. C. *Turismo: teoria e prática*. São Paulo: Atlas, 2000.

BARBOSA, Y. M. *Histórias das Viagens e do Turismo*. São Paulo: Aleph, 2002. (Coleção ABC do Turismo).

BEBIDA Repleta de Simbologia. Disponível em: www.an.com.br. Acesso: 22/Nov./2004.

BERMUDEZ, J. M. O. *Conocimientos sobre el Mundo del Turismo*. Lleida: Milênio, 1997.

BRASILTURIS. Jornal informativo da Indústria Turística Brasileira. n. 538. São Paulo, setembro, 2ª quinz. 2004.

CARVALHO, J.; BASTA, J.; SANTOS, T. F. C. M. P. *Um Estudo sobre Intercâmbio Cultural*. Caso Nova Zelândia. São Paulo: Senac, 2004. Monografia (Pós-graduação Planejamento e *Marketing* de Destinos e Produtos Turísticos) – Senac, 2004.

COBRA, Marcos. *Marketing de Turismo*. São Paulo: Cobra, 2001.

FÉRIAS ESPACIAIS no Horizonte. Disponível em: www.ualg.pt. Acesso: 23/Nov./2004.

FRADERA, J. V. La supersegmentación de la demanda. In: OMT. *El Capital Humano em la Industria Turística del Siglo XXI*. Madrid: OMT, 1997.

GALERIA de Fotos: chegou o turismo espacial. Disponível em: www.istoe.terra.com.br. Acesso: 22/Nov./2004.

GIARETTA, M. J. *Turismo da Juventude*. São Paulo: Manole, 2000.

HORA, A. S. S. Turismo pedagógico: a conversão do olhar. Natal: UFRN, 2001 Monografia (Graduação) – Universidade Federal do Rio Grande do Norte, 2001 *apud* HORA, A. S. S.; CAVALCANTI, K. B. Turismo Pedagógico: conversão e reconversão do olhar. In. REJOWSKI, M.; COSTA, B. K. (Orgs.). *Turismo Contemporâneo: desenvolvimento, estratégia e gestão*. São Paulo: Atlas, 2003. p. 224

HORA, A. S. S.; CAVALCANTI, K. B. Turismo Pedagógico: conversão e reconversão do olhar. In. REJOWSKI, M.; COSTA, B. K. (Orgs.). *Turismo Contemporâneo: desenvolvimento, estratégia e gestão*. São Paulo: Atlas, 2003.

HOUAISS, A.; VILLAR, M. S. *Dicionário Houaiss da Língua Portuguesa*. Rio de Janeiro: Objetiva, 2001.

IGNARRA, L. R. *Fundamentos do Turismo*. 2. ed. rev. amp. São Paulo: Thomson, 2003.

KOTLER, P. *Marketing Essencial: conceitos, estratégias e casos*. Trad. Sabrina Cairoi. São Paulo: Prentice Hall, 2005.

LENDA VIVA da Engenharia Espacial Quer Ganhar Prêmio de US$ 10 milhões. Disponível em: www.qualidadeaeronautica.com.br. Acesso: 23/Nov./2004.

MATO-GROSSENSE deve Fazer Viagem ao Espaço até 2006. Disponível em: www.qualidadeaeronautica.com.br. Acesso: 23/Nov./2004.

MORAES, C. C. A. Turismo: segmentação de mercado – um estudo introdutório. In: ANSARAH, M. G. R. (Org.). *Turismo: segmentação de mercado*. São Paulo: Futura, 1999.

NO MUNDO da Lua. Disponível em: www.terra.com.br. Acesso: 22/Nov./2004.

NOVA-IORQUINO será o Terceiro Turista Espacial do Mundo. Disponível em: www.estudosturisticos.com.br. Acesso: 23/Nov./2004.

NOVAS Propostas Rendem Bons Negócios no Oeste. Disponível em: www.folhaturismo.com.br/destinos/valeodsvinhedos. Acesso: 04/Dez./2004.

OLIVEIRA, A. P. *Turismo e Desenvolvimento: planejamento e organização*. 2. ed. rev. amp. São Paulo: Atlas, 2000.

OMT. *Turismo Internacional: uma pesperstiva global*. 2. ed. Trad. Roberto Cataldo Costa. Porto Alegre: Bookman, 2003.

SATRIANO, A. C.; NIERO, J. C. C.; AZEVEDO, F. R. Projeto Turismo Pedagógico – ONG – Resgate e Valorização do Movimento Tropeirista. Proposta cedida ao município de Silveiras considerando a implantação a partir do ano de 2004. São Paulo: Senac, 2004. Monografia (Pós-graduação Planejamento e *Marketing* de Destinos e Produtos Turísticos) – Senac, 2004.

TANGARÁ Aposta na Magia do Vinho. Disponível em: www.an.com.br. Acesso: 22/Nov./2004.

TURISMO ESPACIAL já tem sua estréia marcada. Disponível em: www.brasilchannel.com.br. Acesso: 22/Nov./2004.

TURISTAS pagam para caçar sapos. *O Estado de São Paulo*, São Paulo, 21 nov. 2004. p. A 18.

URATA, L. M.; GARROTI, M. M. Golfe: elemento complementar de desenvolvimento turístico no mercado brasileiro. São Paulo: Senac, 2004. Monografia (Graduação) – Senac, 2004.

VAZ, G. N. *Marketing Turístico: receptivo e emissivo*. São Paulo: Pioneira, 1999.

Anotações

Anotações

CAPÍTULO

19

Terceira Idade e Turismo

Heloísa Maria Rodrigues de Souza
Romeu Rodrigues de Souza

Introdução

Terceira idade é uma expressão que, recentemente, popularizou-se com rapidez no vocabulário brasileiro. Mais do que referência a uma idade cronológica, é uma forma de tratamento das pessoas consideradas idosas. A expressão originou-se na França, país onde os primeiros gerontólogos brasileiros foram formados com a implantação, nos anos de 1970, das *Universités du Troisième Age*.

Da mesma forma, a expressão *third age* foi incorporada ao vocabulário anglo-saxão, com a criação das *Universities of the Third Age* em Cambridge, na Inglaterra, no verão de 1981. Essa expressão é hoje de uso corrente entre os pesquisadores de língua inglesa interessados na velhice.

A Assembléia Mundial sobre o Envelhecimento, convocada pela ONU – Organização das Nações Unidas e realizada na cidade de Viena em 1982, definiu os idosos como o grupo de pessoas com 60 anos ou mais. Desde então, esse critério tem sido adotado tanto pela ONU como pela OMS – Organização Mundial da Saúde e OPS – Organização Pan-americana de Saúde.

Estudos demográficos têm demonstrado haver nítida tendência de aumento da população idosa mundial, ou seja, de indivíduos com 60 anos ou mais. É fato que os países desenvolvidos apresentam esse panorama já há muitos anos. Porém, nos países em desenvolvimento, dentre os quais se inclui o Brasil, esse fenômeno também está acontecendo, com velocidade acentuada.

Esses dados são importantes quando se recorda que o crescimento do número de idosos na população passa a exigir um aumento na demanda de atendimento em instituições prestadoras de serviços públicos e privados, com destaque para as áreas da saúde e social, aqui incluídas as empresas de turismo. Além disso, os indivíduos da terceira idade apresentam características físicas, psíquicas e sociais próprias e que os tornam diferentes de indivíduos de outras faixas etárias.

Aspectos do Envelhecimento Populacional

Em 1999, estimava-se que a população idosa mundial era constituída por cerca de 600 milhões de indivíduos. Para 2050, técnicos da ONU projetam a existência de dois bilhões de pessoas nessa faixa etária, o que mostra um nítido crescimento desse segmento da população (ONU, 1999). Desses, 335 milhões (60%) vivem nos países em desen-

85-7241-568-8

volvimento, os quais terão a mais alta porcentagem do crescimento do número de idosos até 2050.

Outro aspecto relevante é que a própria população de 60 anos ou mais está envelhecendo. Pessoas dessa faixa etária representarão, em 2050, 19% da população com 60 anos ou mais. Em 1999, esse percentual era de 11%.

Em relação à América Latina, nas últimas décadas, o aumento do número de pessoas com 60 anos ou mais tem ocorrido especialmente em países como Cuba, Argentina, Uruguai, Chile e Brasil, evidenciando que o envelhecimento da população na América Latina está seguindo a tendência mundial (IBGE, 1999).

No total, a América do Sul tem 344 milhões de habitantes e 29 milhões de pessoas com mais de 60 anos, 64% dos quais vivem nos países do Mercosul (OMS) (Tabela 19.1).

Em termos de Brasil, a concepção ainda vigente para muitos de que esse é um *país de jovens*, sendo o envelhecimento populacional associado a países mais desenvolvidos da Europa e América do Norte, não corresponde por completo à realidade. O aumento da proporção de idosos deve dobrar até 2020, ao atingir 14% da população – equivalente ao número de idosos na França em 1995. A diferença é que, no caso francês, foram necessários 120 anos para que isso acontecesse. No Brasil, deve ocorrer em 25 anos.

Observa-se ainda que a distribuição etária da população brasileira está sendo alterada, pois, no começo do século, as pessoas com 60 anos ou mais representavam apenas 3,3% da população, ao passo que o censo de 1991 mostrou que os idosos brasileiros já eram 7,4% da população, significando, em números absolutos, aproximadamente 10 milhões e 600 mil pessoas. Como já foi referido, de acordo com as projeções da Divisão de População da ONU (1999), a quantidade de pessoas nessa faixa etária atingirá, em 2050, 56 milhões, equivalendo a cerca de 23% da população total.

Assim, o Brasil será, nos próximos 25 anos, o sexto país mais envelhecido do mundo. Isso significa que, até 2020, um em cada 13 brasileiros será idoso.

Em relação à distribuição de idosos nos estados brasileiros, segundo o IBGE – Instituto Brasileiro de Geografia e Estatística, o estado com maior número de pessoas com mais de 60 anos é São Paulo, com 3.217.863 habitantes. Porém, o estado com maior número de pessoas com mais de 60 anos proporcional à sua população é o Rio de Janeiro.

Cabe destacar que, no total da população idosa, há predominância das mulheres sobre os homens, pois de acordo com a já referida Pesquisa Nacional por Amostra de Domicílios 1998, do total da população com 60 anos ou mais, 55,5% eram mulheres e 44,5% homens (IBGE, 2000).

Diante dos dados até aqui apresentados, fica evidente que o envelhecimento da população mundial e da brasileira, em especial, é um fenômeno irreversível.

Em termos mercadológicos, é importante lembrar que o idoso não é um consumidor comum, apresentando características próprias, físicas e psíquicas, que devem ser levadas em consideração, em quaisquer condições, inclusive em atividades turísticas.

Características e Limitações dos Indivíduos da Terceira Idade

Como já foi salientado, é importante ter em mente que os idosos possuem características fisiológicas, psicológicas e mentais próprias dessa faixa etária, todas decorrentes das alterações em seus órgãos durante o envelhecimento. São pessoas diferentes dos jovens e essas diferenças devem ser consideradas por aqueles que tratam com idosos em atividades turísticas, visando proporcionar-lhes viagens mais agradáveis.

Tabela 19.1 – Distribuição de indivíduos da terceira idade em países do Mercosul.

	Brasil	Argentina	Paraguai	Uruguai
Total de habitantes	Mais de 157 milhões	36,2 milhões	5 milhões (censo 1992)	3,2 milhões (censo 1996)
Total de idosos	8,6 %	13,6 %	5,5 %	17,3 %

Fonte: Fundación Ande Iberoamericana

Características do Idoso

Nos últimos anos, foram realizadas numerosas pesquisas demonstrando as mudanças de forma e função que os órgãos sofrem com o passar dos anos. Abordaremos a seguir algumas dessas alterações, as mais importantes para a realização de atividades turísticas. É claro que as alterações do envelhecimento não ocorrem da mesma forma para todas as pessoas. Dependendo de vários fatores, como alimentação, hábitos de vida, realização ou não de atividade física regularmente, essas alterações serão mais ou menos intensas. Assim sendo, as alterações do envelhecimento não serão exatamente iguais para todos.

Força Muscular – Os músculos se atrofiam com o passar dos anos e, como conseqüência, a pessoa perde parte da força muscular. Na terceira idade, a força muscular representa pouco mais da metade do grau de força que se possuía entre 20 e 30 anos.

Ossos – Os ossos, com o passar do tempo, tornam-se porosos e perdem parte de sua massa. Assim sendo, ficam mais fracos e sujeitos a fraturas. Essa perda da massa óssea é mais acentuada nas mulheres graças à diminuição dos hormônios determinada pela menopausa. As articulações entre os ossos (junturas) sofrem alterações que levam à maior dificuldade para movimentação.

Capacidade Respiratória – Ocorre diminuição da elasticidade da caixa torácica e dos pulmões. Ao mesmo tempo, no coração, há perda de células musculares, diminuindo assim a força de contração e o volume de sangue ejetado pelo coração em cada contração. Com isso, o idoso perde parte da sua capacidade respiratória e se cansa mais facilmente, podendo ter falta de ar quando é submetido a esforços intensos.

Audição, Equilíbrio e Visão – Os órgãos da audição e do equilíbrio se alteram, podendo trazer como resultado maior ou menor grau de diminuição da capacidade de ouvir e de equilibrar-se. O mesmo acontece com os olhos, resultando em dificuldade para enxergar, tornando obrigatório o uso de lentes (óculos). Tudo isso torna o idoso mais propenso a quedas.

Capacidade de Raciocínio e Movimentação – O cérebro sofre certo grau de atrofia, de maneira que o raciocínio e os movimentos tornam-se mais lentos. Há certa dificuldade para memorizar fatos novos.

Mecanismos Reguladores de Temperatura – Os mecanismos que regulam a temperatura do idoso não são tão perfeitos como os do jovem. Por esse motivo, os idosos se queixam das alterações de temperatura. Em condições de temperaturas muito elevadas, pode haver prostração e perigo de vida para os idosos. Da mesma forma, o idoso tende a sentir mais frio que as pessoas jovens.

Digestão – Ocorre perda de dentes e diminuição da secreção das glândulas salivares; o fígado e a vesícula biliar sofrem alterações. Como conseqüência, a digestão de certos alimentos torna-se mais lenta, obrigando o idoso a ingerir líquidos na alimentação e preferir determinados tipos de alimentos de mais fácil digestão. Com o envelhecimento, muitos tendem a ficar mais em repouso e a diminuir suas atividades. Assim, o idoso gasta menos energia e, por esse motivo, suas necessidades alimentares tendem a diminuir.

Necessidades Nutricionais – Não mudam significativamente no idoso e, portanto, nenhuma mudança nos hábitos alimentares é necessária pelo fato de envelhecer. Uma boa dieta para o idoso é aquela que contém cerca de 55% de carboidratos, 15% de proteínas e 20% de gorduras, além de vitaminas e sais minerais.

Sistema Urinário – A bexiga urinária sofre alterações que geram maior dificuldade para armazenar grandes quantidades de urina. Daí a necessidade mais freqüente de eliminar a urina no idoso. Os mecanismos que fazem perceber a necessidade de urinar também estão alterados. Assim, quando o idoso percebe, a necessidade torna-se mais urgente.

Pele – Com o envelhecimento, a pele tende a se tornar mais delgada e sensível à luz do sol.

Todas essas alterações constituem um processo absolutamente normal e decorrem exclusivamente do envelhecimento. Embora as modificações produzidas pelo envelhecimento não impeçam que o idoso continue a realizar suas atividades habituais, elas produzem algumas dificuldades, especialmente para realizar atividades que exigem maior esforço dos órgãos, como

 85-7241-568-8

andar muito rápido, entender explicações muito complicadas, etc.

Algumas Doenças Comuns dos Idosos – Além das alterações próprias do envelhecimento, muitos idosos apresentam certas doenças que podem dificultar a atividade turística.

Artrites – São doenças das junturas. Ocorrem principalmente nas junturas das mãos, dos pés, do quadril e do joelho. O principal sintoma é a dor que aumenta com a movimentação.

Osteoporose – A osteoporose é freqüente. Os ossos perdem grande quantidade de massa, ficam fracos e, portanto, mais sensíveis a fraturas. As mais comuns são as fraturas das vértebras e do fêmur.

Câimbras – São contrações involuntárias e sustentadas de determinado músculo, acompanhadas de dor. Podem durar até várias horas. Podem aparecer quando a pessoa está em repouso, durante o sono ou após exercícios. Durante o sono, são freqüentes nos músculos da região posterior da perna e do pé. Fatores como má circulação, frio, baixas taxas de açúcar ou de sódio e cálcio no sangue podem desencadear câimbras.

Hipertensão – A hipertensão (pressão alta) é uma condição freqüente na terceira idade. Considera-se hipertensa a pessoa com pressões maiores que 150/90mmHg. Outra moléstia freqüente em idosos é a doença das artérias coronárias. Nesta, as artérias que nutrem o coração, chamadas artérias coronárias, estão parcialmente obstruídas e, assim, não suprem adequadamente o coração. Há possibilidade de formar-se um trombo na artéria e ocorrer o chamado ataque cardíaco.

Angina – As coronárias estão parcialmente obstruídas. A angina é a ocorrência de dor no centro do peito ou no braço esquerdo ou pescoço e face. O exercício e as emoções podem desencadear episódios de angina.

Insuficiência Cardíaca – O coração tem dificuldade para exercer sua função de maneira adequada. A insuficiência cardíaca pode se manifestar, por exemplo, por apresentar batimentos irregulares, fora do ritmo normal. O indivíduo com insuficiência cardíaca deve receber cuidados especiais.

Enfisema e Bronquite Crônica – Nessa doença, o paciente tem acúmulo de ar nos pulmões, excesso de secreção de muco e tosse persistente. O cigarro agrava essas doenças.

Constipação Intestinal – Conhecida popularmente como prisão de ventre, pode levar à formação de hemorróidas, não somente pela necessidade de esforço excessivo para evacuar como pelo uso freqüente de laxantes. As hemorróidas podem ser causa de dor e, às vezes, de sangramento.

Noctúria – Cerca de 70% dos idosos têm necessidade de urinar várias vezes durante a noite, processo denominado noctúria, o que prejudica o sono. Homens com problemas de próstata ou que se submeteram a cirurgia dessa glândula também têm necessidade de urinar com mais freqüência.

Diante desses dados, podem-se sugerir alguns procedimentos a serem aplicados nas viagens que envolvam o segmento da terceira idade:

- Orientar os turistas dessa faixa etária a realizar uma avaliação médica antes de viajar e que solicitem ao médico que indique, por escrito, possíveis cuidados e/ou necessidades individuais ao viajar. Devem constar, por exemplo, a(s) doença(s) de que é portador, o tipo sangüíneo, os medicamentos que toma e se possui algum tipo de alergia.
- Orientar para que levem consigo, em quantidade suficiente para toda a viagem, os remédios que tomam regularmente, em especial para hipertensão, angina ou artrite, além de outros para possíveis emergências, como diarréias, febre, tonturas e ânsias. Não devem ser esquecidos os documentos do plano de saúde e os do seguro-saúde e seguro-viagem.
- Os profissionais de turismo devem respeitar a dificuldades locomotoras próprias desse segmento. Antes da viagem, avaliar as condições da cidade e do hotel, evitando locais com excesso de escadas e preferindo locais onde existam elevadores, escadas e banheiros com barras de segurança, pisos antiderrapantes e *boxes* adequados para um banho seguro.
- Somente oferecer programas de atividade física que sejam adequados, respeitando as limitações específicas desse público. Caminhadas mais curtas e com paradas para descanso são mais indicadas.
- Avisos e recomendações devem ser ditos com altura de som adequada para que os idosos possam ouvir perfeitamente. Os avisos escri-

tos devem ser elaborados com letras suficientemente grandes.

- Oferecer, sempre que necessário, ajuda para descer e subir do ônibus em viagens rodoviárias. O transporte de idosos exige maior número de paradas para urinar, pois, mesmo que o ônibus tenha banheiro, o seu uso é mais desconfortável para os idosos. Além disso, viagens muito longas podem levar a inchaço nos pés e predispõem à formação de coágulos de sangue (trombose venosa).
- Muitos idosos são portadores de diabetes, mas apreciam doces. Daí a necessidade de providenciar que haja, em toda refeição, pelo menos um tipo de sobremesa dietética, além de frutas.
- As refeições devem conter sempre alimentos leves, pobres em gordura e que não causem prisão de ventre.
- As pessoas de terceira idade devem ser orientadas a evitar a ingestão de excesso de líquidos antes de caminhadas ou à noite, antes de deitar.
- Recomendar aos idosos que tenham tendência a náuseas em viagens aéreas ou terrestres, em estradas com curvas, que tomem um medicamento meia hora antes, com orientação do médico.

Aspectos Psicossociais do Envelhecimento

Quanto ao aspecto psicossocial, pode-se dizer com segurança que, ao atingir a terceira idade, o indivíduo passa a sofrer, sobretudo nos dias de hoje, diversos tipos de tensões. Em tempos remotos, os idosos eram respeitados e os jovens se aconselhavam com eles. Com o passar do tempo, porém, houve profundas mudanças nesse quadro. Atualmente, não é exagero afirmar que o idoso é considerado improdutivo e difícil de ser manejado.

Além disso, os idosos geralmente estão em conflito com os jovens graças às diferenças de valores que norteiam suas vidas.

Por tudo isso, o idoso comumente se encontra em estado de solidão e isolamento. Esse seria o motivo pelo qual ele passa a se sentir inútil; o isolamento o faz concentrar-se em coisas passadas, em perdas ocorridas, o que pode levá-lo à depressão. Na verdade, os idosos têm vontade de utilizar seus conhecimentos e experiência em atividades que tenham significância, e não permanecer inativos.

Diante dessas considerações, percebe-se por que os idosos, nas várias situações da vida, deveriam receber tratamento especial e diferenciado. Para minimizar esse quadro, fica evidente a importância da promoção de eventos sociais e de lazer para os idosos. É nesse contexto que se inclui o turismo.

Importância do Turismo para Terceira Idade

Acompanha o crescimento desse mercado a criação de uma nova linguagem, em oposição às antigas formas de tratamento dos velhos e aposentados: a terceira idade substitui a velhice; a aposentadoria ativa se opõe à aposentadoria; o asilo passa a ser chamado de centro residencial; o assistente social, de animador social e a ajuda social ganha o nome de gerontologia. Os signos do envelhecimento são invertidos e assumem novas designações: nova juventude, idade do lazer. Da mesma forma, invertem-se os signos da aposentadoria, que deixa de ser um momento de descanso e recolhimento para tornar-se um período de atividade e lazer. Não se trata mais apenas de resolver os problemas econômicos dos idosos, mas também de proporcionar-lhes cuidados culturais e psicológicos, de forma a integrar socialmente uma população tida como marginalizada. É nesse contexto que surgem os grupos de convivência e as universidades para a terceira idade como formas de criação de uma sociabilidade mais gratificante entre os mais velhos.

Na terceira idade, os relacionamentos afetivos são datados, muitas vezes começando no meio de uma viagem e terminando ao seu final; são relacionamentos que não precisam se manter para sempre.

Hoje em dia, existem alguns veículos, como televisão e Internet, que abordam temas turísticos, aguçando o interesse das pessoas em conhecer lugares diferentes, atingindo bastante as pessoas de terceira idade, que costumam ver bastante televisão e começam a se interessar muito mais pelos computadores e, conseqüentemente, pela Internet.

A Internet, veículo cada vez mais utilizado pelas pessoas dessa faixa etária, também possibilita que as pessoas, sem sair de casa, consultem pacotes de viagens, acessem *sites* de cidades com sugestões de passeios, conheçam as praias, os principais pontos turísticos, os melhores restaurantes e, se quiserem, também podem reservar viagens, saber o preço e até pagar a viagem via *web*.

Os idosos estão cada vez mais conscientes de que a busca de novos interesses é extremamente saudável e que o isolamento e o sedentarismo são fatores de risco para a saúde, em especial para quem já tem maior tendência a problemas como a depressão. Os idosos estão bem conscientes de que desenvolver projetos pessoais ajuda a viver mais. A participação em projetos de lazer é uma forma de atingir esses objetivos.

O lazer constitui um conjunto de ocupações às quais o indivíduo pode se entregar de livre vontade, seja para repousar, divertir-se, recrear-se, entreter-se ou ainda melhorar sua informação ou formação desinteressada, bem como sua participação social voluntária ou sua livre capacidade criadora após livrar-se ou desembaraçar-se das obrigações profissionais, familiares e sociais. O turismo, sendo uma forma de lazer, oferece oportunidades ao indivíduo de fazer novas amizades e conhecer outras pessoas que poderão proporcionar informações não conhecidas e vivências diferentes. Esse fator é importante para todas as pessoas, mas com especial destaque à população de terceira idade, faixa etária em que as amizades e os relacionamentos são de extrema importância.

Os dados apresentados podem explicar o impressionante aumento atual da demanda turística por parte do segmento da terceira idade. No ano 2000, 20% das viagens domésticas foram efetuadas por pessoas com mais de 60 anos. De acordo com a Associação Brasileira dos Clubes da Melhor Idade, seus associados viajam três vezes por ano, uma das quais para o exterior. No Brasil, os programas para a terceira idade têm mobilizado, sobretudo, um público feminino. Nove em cada dez turistas são mulheres, na maioria viúvas. Formam grupos muito unidos, facilitando sua localização, pois viajam juntos para vários destinos. A participação masculina raramente ultrapassa os 20% e o entusiasmo manifestado pelas mulheres na realização das atividades propostas contrastam com a atitude de reserva e indiferença dos homens.

A maioria dos grupos de terceira idade que efetuam viagens turísticas é formada por pessoas que desistiram de ter crises de culpa, de aborrecer-se com as preocupações dos outros. Essas pessoas, ao viajar, têm expectativas de usar o tempo de forma muito divertida e saudável: conhecendo novos lugares, pessoas e culturas.

Terceira Idade como um dos Mais Importantes Mercados do Setor Turístico

O segmento de terceira idade, nos Estados Unidos e na Europa, é um dos mais importantes mercados para o setor turístico.

Necessidades, desejos e satisfações não envelhecem e organizar viagens para pessoas com idade acima de 60 anos poderá ser um segmento alternativo para o turismo. Um dos motivos favoráveis ao incremento das atividades turísticas nos próximos anos é o aumento do tempo livre das pessoas, da qualidade de vida e das possibilidades particulares de viajar, se divertir e, o que é muito importante, estar em processo de educação e formação permanente.

Entretanto, os programas existentes hoje são apenas adaptados a essa faixa etária. Existe uma demanda reprimida, representada por pessoas dessa faixa, que deseja viajar seguindo roteiros adequados e previamente selecionados para sua disponibilidade de tempo, normalmente em baixa temporada. No futuro, os roteiros de viagens para a terceira idade deveriam atender às expectativas que não têm sido atendidas.

As agências deveriam buscar meios para promover viagens para destinos alternativos aos que já existem para pessoas idosas, como é o caso de estâncias hidrominerais ou hidrotermais. As viagens para os idosos deveriam oferecer possibilidades concretas de participação e integração dessas pessoas em uma sociedade que tende a valorizar apenas o novo e o jovem.

Parte 3

Movimentos deverão criar, junto aos canais competentes, tarifas internacionais reduzidas para pessoas com mais de 60 anos, mesmo que formem grupos menores que 10 pessoas.

Viagens turísticas podem ser uma solução para a crise do envelhecimento, uma vez que, na sociedade atual, a maioria das pessoas considera difícil passar o tempo tentando transmitir experiência acumulada a seus descendentes. Encontrar novos interesses, novos modos de se manter ocupados, poderá ser um objetivo da pessoa com mais de 60 anos.

A última década assistiu à transformação da velhice em um tema privilegiado. Hoje, no debate sobre políticas públicas, nas interpelações dos políticos em movimentos eleitorais e até mesmo na definição de novos mercados de consumo e novas formas de lazer, o idoso é um ator que está sempre presente no conjunto de discursos produzidos. A tendência contemporânea é rever os estereótipos associados ao envelhecimento. A idéia de um processo de perdas tem sido substituída pela consideração de que os estágios mais avançados da vida são momentos propícios para novas conquistas guiadas pela busca do prazer e da satisfação pessoal. As experiências vividas e os saberes acumulados são ganhos que oferecem oportunidades de realizar projetos abandonados em outras etapas e estabelecer relações mais profícuas com o mundo dos mais jovens e dos mais velhos.

Apesar disso, as operadoras e agências de viagens possuem poucas ofertas específicas para o público de terceira idade. As pessoas dessa faixa etária deverão continuar a realizar viagens rodoviárias com percurso de até 800km do local de residência, preferencialmente curtas, com até cinco dias de duração. As mulheres da terceira idade manifestam predileção por viajar em grupos.

No Brasil, proliferaram, na última década, programas voltados para os idosos, como escolas abertas, universidades para a terceira idade e grupos de convivência. Esses programas, encorajando a busca de auto-expressão de um modo que era exclusivo da juventude, abrem espaços para que uma experiência inovadora possa ser vivida pelos idosos.

Ao que tudo indica, em breve, no Brasil, o turismo da terceira idade, a exemplo do que já vem acontecendo nos Estados Unidos, na Europa, na Austrália e no Japão, estará muito mais difundido e, conseqüentemente, muito mais desenvolvido. Os promotores de turismo – agentes de viagens, hoteleiros e transportadores – incluirão obrigatoriamente em seus pacotes programas voltados exclusivamente para esse segmento de mercado. O turismo da terceira idade constituirá, inquestionavelmente, tanto em nível interno como internacional, um expressivo fator de desenvolvimento do tráfego turístico e das destinações de viagens.

Não faz mais sentido que as únicas opções para a terceira idade sejam as excursões para cidades religiosas e estações de águas terapêuticas; os roteiros devem ser diversificados, voltados para as necessidades e características de cada grupo.

A partir dos anos de 1960, com o uso de aviões de grande porte, vôos fretados e o aumento do rendimento das classes médias dos países ocidentais industrializados, além das férias legalizadas e remuneradas, o turismo mudou de escala, passando de um bem superior, característico de consumo das elites, para a categoria de bens de grande consumo. Podemos constatar essa afirmação em relação aos idosos, pois o número de viagens oferecidas a essa faixa tem aumentado de forma considerável e, quanto mais as características do mercado-alvo forem conhecidas, maior será a eficácia das técnicas mercadológicas de publicidade e promoção.

A maioria dos grupos de terceira idade que efetuam viagens turísticas é formada por homens e mulheres que desistiram de ter crises de culpa, de aborrecer-se com as preocupações dos outros e resolveram recuperar o tempo perdido de forma muito divertida e saudável: viajando, conhecendo novos lugares, pessoas e culturas. De fato, nossos resultados mostraram que essas são as expectativas dos idosos ao efetuarem viagens.

As necessidades conduzidas a desejos e satisfações não envelhecem. Organizar viagens para pessoas com idade acima de 60 anos poderá ser um segmento alternativo para o turismo.

Devemos ainda buscar meios para promover viagens para destinos alternativos aos que já existem convencionados a pessoas idosas, como é o caso de estâncias hidrominerais ou hidrotermais, e pensar também em oferecer, por meio de viagens e turismo, possibilidades concretas de participação e integração para as pessoas que envelhecem em uma sociedade que tende a valorizar apenas o novo e o jovem.

O crescimento do turismo de terceira idade nos últimos anos já levou diversos empresários a reverem seus investimentos, enquanto outros estão procurando adaptar a própria estrutura física de seus negócios para receber os grupos que preferem viajar no período de baixa estação.

As grandes redes hoteleiras estão descobrindo o grande negócio que significa atrair os chamados turistas da terceira idade, oferecendo descontos significativos para turistas dessa faixa etária, que viajam no período de baixa estação.

Os novos hotéis já contam com apartamentos adaptados, com tapetes antiderrapantes nos banheiros, barras de apoio, rampas e mão-de-obra especializada, com funcionários treinados para oferecer maior atenção a esse público.

Qualidade de Serviços para Terceira Idade

O setor turístico deve sempre procurar oferecer aos turistas qualidade em seus produtos e serviços. Entretanto, no atendimento ao segmento de terceira idade, as ações para promoção da qualidade assumem significativa relevância. A seguir são apresentados alguns fatores básicos, aos quais se deve dar ênfase no atendimento aos turistas idosos:

- *Segurança:* a redução de exposição a situações de risco propicia ao turista de terceira idade bem-estar psicológico, tranqüilizando-o para melhor aproveitar a viagem.
- *Limpeza:* além de serem fatores imprescindíveis à preservação da saúde, locais e alimentação em bom estado de limpeza e conservação são interpretados como respeito aos idosos.
- *Ambiente:* a apreciação da natureza e da cultura são aspectos de grande importância para as pessoas de mais idade. Assim também, a promoção de atividades ao ar livre, considerando suas limitações, e de atividades que possibilitem seu envolvimento com a comunidade visitada, elevam a qualidade das viagens realizadas.
- *Acessibilidade:* remoção de barreiras arquitetônicas, móveis ergonômicos, iluminação suficiente nos hotéis e nas áreas de acesso, *folders*, guias, *menus*, sinais e símbolos fáceis de ler e entender, comunicação oral igualmente compreensível, são algumas facilidades que devem ser oferecidas ao turista de terceira idade.
- *Proteção ao consumidor:* as informações prestadas devem ser reais e completas para não criar falsas ilusões, o que, necessariamente, no mínimo, trará frustração e comprometerá o aproveitamento da viagem.
- *Educação e treinamento:* pessoas que prestam qualquer tipo de atendimento ao turista de terceira idade devem possuir certas qualidades, dentre as quais cabe ressaltar hospitalidade (demonstrar aos turistas que são, de fato, bem aceitos por si próprios, não apenas em razão de estarem pagando); cortesia (tratá-los com civilidade e respeito); intelectualidade (entender suas necessidades e expectativas); paciência (ouvir e entender seus problemas, bem como aceitar suas limitações) e comunicação eficiente (não usar linguagem profissional e técnica, e sim linguagem normal).

Em geral, os turistas de terceira idade não gostam de mudanças freqüentes de hotéis. Preferem permanecer em um e realizar diariamente passeios que possibilitem familiarização com os arredores, de forma menos cansativa. Os idosos também não gostam de carregar suas bagagens, necessitando de carregadores em aeroportos, estações e hotéis. Os indivíduos dessa faixa etária gostam de manter sua independência, de sentir-se seguros e bem cuidados, de ajuda quando necessitam ou solicitam, de freqüentar locais em condições higiênicas, sobretudo toaletes, e participar continuamente de atividades.

Na terceira idade, o turismo, sendo um tempo de ócio, pode oferecer momentos e circunstâncias ideais para a realização de atividades físicas, como ginástica suave e de manutenção, jogos individuais e em grupos, bailes de salão e folclóricos, sessões de relaxamento, caminhadas e natação, entre outras.

Um aspecto importante sobre o desenvolvimento do turismo para a terceira idade é que ele possi-

Parte 3

bilitará a ampliação de negócios para as agências de viagens, para os transportadores turísticos, para a rede hoteleira e de alimentação. Os diferentes segmentos da economia serão beneficiados pelo turismo (no Brasil, são 52, de acordo com matriz insumo, produto estabelecido pelo IBGE – Instituto Brasileiro de Geografia e Estatística) e, em conseqüência, serão gerados empregos tanto para a mão-de-obra mais qualificada como para a de menor qualificação.

O desenvolvimento do turismo para essa faixa etária propiciará condições para que o tempo do idoso seja preenchido em atividades agradáveis e nas quais possam desenvolver suas aptidões. Tudo isso contribuirá para a melhoria de sua saúde física e mental.

Sugestões para Agências de Viagens e Agentes de Turismo

Diante do exposto nos parágrafos precedentes, podemos oferecer às agências que organizam viagens para a terceira idade algumas sugestões, as quais podem melhorar o atendimento a esses turistas.

- Em relação à alimentação:
  - Oferecer uma opção de dieta balanceada, com pouca gordura, nas viagens que incluam alimentação, além de sobremesas dietéticas, sem adição de açúcar e com baixo índice de gorduras.
- Em relação aos passeios e festas:
  - Oferecer passeios a locais de interesse histórico-cultural, nos quais os guias forneçam explicações sobre a história de cada local visitado.
  - Agências que comercializam roteiros rodoviários que atendem turistas de terceira idade podem organizar com maior freqüência festas ou bailes, possibilitando maior integração entre os participantes das viagens.
- Em relação aos aspectos culturais:
  - Realização de palestras sobre os locais a serem visitados no roteiro, na primeira noite da viagem. Essas palestras abordariam aspectos culturais e paisagísticos dos locais a serem visitados.
  - Distribuir um livreto com informações sobre a população do local: como se compõe etnicamente, quais são os recursos que permitem que esse local sobreviva, e também informar em que medida essas localidades são pólos turísticos.
  - Visando atrair o público masculino, sugerimos que se organizem atividades como palestras sobre temas atuais ou campeonatos esportivos, dirigidos especificamente a esse público.

Questões para Discussão

1. O número de idosos tem aumentado nos países em desenvolvimento ou esse fenômeno só ocorre no primeiro mundo?
2. Como a Internet, veículo cada vez mais utilizado pelos indivíduos da terceira idade, pode ser útil a esse segmento no planejamento de uma viagem turística?
3. Por que os profissionais que tratam com pessoas idosas em viagens devem conhecer as características próprias desses indivíduos?
4. Como são os ossos, os músculos e a capacidade respiratória dos idosos?
5. Como se encontram a audição, o equilíbrio, a capacidade de raciocínio e de movimentação dos idosos?
6. Que alterações ocorrem no processo da digestão com o envelhecimento? Quais as necessidades nutricionais dos idosos?
7. Cite algumas doenças comuns nos idosos e de que forma elas podem interferir em uma viagem turística.
8. Conhecendo as características de pessoas idosas, cite alguns procedimentos que devem ser adotados quando se trabalha com pessoas da terceira idade.
9. Atualmente, as agências de viagens possuem, de forma efetiva, ofertas específicas voltadas para o segmento da terceira idade?

10. Elabore um roteiro de viagem rodoviária de três a cinco dias, voltado para o segmento da terceira idade, contemplando as características específicas desses indivíduos.

Sites Indicados

www.cdc.gov: saúde em viagem.

www.cies.org.br: *site* do Centro Internacional de Informação para o Envelhecimento Saudável. Abriga informações sobre cursos, saúde dos idosos e serviços em geral.

www.doctorglobal.com: especialidades clínicas.

www.idademaior.com.br: revista eletrônica voltada para a terceira idade, com informações sobre lazer, saúde e direitos dos idosos.

www.rgnutri.com.br: dicas de nutrição e alimentação para idosos.

www.sbgg.org.br: Sociedade Brasileira de Geriatria e Gerontologia.

www.thetraveldoctor.com: informações sobre medicina preventiva para pessoas da terceira idade.

BIBLIOGRAFIA

ANSARAH, M. G. *Turismo: segmentação de mercado.* 2. ed. São Paulo: Futura, 2000.

ARAÚJO, C. M. S. Turismo para a terceira idade: refletindo o futuro. *Turismo: Visão e Ação, 7:* 9-30.

BENI, M. C. *Análise Estrutural do Turismo.* 2ª ed. São Paulo: Senac, 2000.

BACAL, S. S. *Lazer, Teoria e Pesquisa.* São Paulo: Difusão Européia do Livro, 1998.

BACAL, S. S. Pressupostos do comportamento turístico. São Paulo: USP, 1984. Tese (Doutorado) – Escola de Comunicações e Artes da Universidade de São Paulo, 1984.

BRANDÃO, H. *Guia Brasileiro da Terceira Idade.* São Paulo: divulgação promocional, 1996.

BRASIL. Lei n.8.842, 4 jan. 1994. Dispõe sobre a política nacional do idoso, cria o Conselho Nacional do Idoso e dá outras providências.

BRASIL. Decreto n.1.948, 3 jul. 1996. Regulamenta a Lei 8.842/94 e dá outras providências.

INSTITUTO BRASILEIRO DE GEOGRAFIA E ESTATÍSTICA. *Síntese de Indicadores Sociais,* 1999. Rio de Janeiro. IBGE, 2000.

INSTITUTO BRASILEIRO DE TURISMO. *Programa Clube da Melhor Idade.* Brasília: Embratur, online. Disponível em: http//www.embratur.gov.br/embratur/clube.htm.

CARVALHO FILHO, E. T.; PAPALÉO, M. *Geriatria, Fundamentos, Clínica e Terapêutica.* São Paulo: Atheneu, 1994.

COSTA, S. F. *Introdução Ilustrada à Estatística.* 3. ed. São Paulo: Harbra, 1998.

DANTAS, P. Terceira idade deve ser grande filão do mercado. *Jornal do Commercio,* Recife, 19/Jul./2001.

DEBERT, G. G. *A Reinvenção da Velhice.* São Paulo: Nobel, 1999.

DUMAZEDIER, J. *Lazer e Cultura Popular.* São Paulo: Perspectiva, 1973.

GAELZER, L. *Lazer: bênção ou maldição.* Porto Alegre: Sulina, 1979.

GARCIA, M. T. G. Turismo na terceira idade: um mercado potencial. São Paulo: USP, 2002. Tese (Doutorado) – Escola de Comunicações e Artes da Universidade de São Paulo, 2002.

HANDSZUH, H. *Quality in senior tourism.* In: SECOND INTERNATIONAL CONFERENCE ON SENIOR TOURISM, 1997. Madrid. *Proceedings – selected material,* WTO, 1997.

JACOB FILHO, W.; DE SOUZA, R. R. *Anatomia e Fisiologia do Envelhecimento.* In: CARVALHO FILHO; PAPALÉO NETTO, M. *Geriatria: fundamentos, clínica e terapêutica.* Atheneu: São Paulo, 1994.

KALACHE, A. *Brasil Muda sua Cara e Envelhece Rapidamente.* São Paulo, 1998. Disponível em: www.maturidade.com.br.

LASLETT, P. *The Emergence of the Third Age.* Aging and Society, 1987.

LORDA, C.; SANCHEZ, C. *Recreação na Terceira Idade.* 2. ed. Rio de Janeiro: Sprint, 1998.

LUCCHESE, F. *Viajando com Saúde: um guia de saúde para suas viagens.* São Paulo: L & PM, 2003.

MAUCHER, M. Les comportements de loisirs et lê marche touristique des personnes agées: le cas de la République Fédérale d Allemagne. Nice: Université de Nice, 1998. Thèse (Doctorat) – Faculté de Droit, de Sciences Économiques et de Gestion, Université de Nice/Sophia Antiplois, 1998.

OMT (Organização Mundial de Turismo). *Introdução ao Turismo.* São Paulo: Roca, 2001.

PASCHOAL, S. Epidemiologia do envelhecimento. In: PAPALÉO, M. (Coord.). *Gerontologia: a velhice e o envelhecimento em visão globalizada.* São Paulo: Atheneu, 1999.

PIAZZI, B. F. Turismo para a terceira idade: atuação das operadoras turísticas. São Paulo: USP, 2003. Dissertação (Mestrado) – Escola de Comunicações e Artes da Universidade de São Paulo, 2003.

SILVA, F. S. *Turismo e Psicologia no Envelhecer.* São Paulo: Roca, 2002.

SPENCE, A. P. *Biology of Human Aging.* 2nd ed. New Jersey: Prentice Hall, 1995.

SOUZA, H. M. R. Turismo na terceira idade: expectativas e realidades. São Paulo: USP, 2002. Dissertação (Mestrado) – Escola de Comunicações e Artes da Universidade de São Paulo, 2002.

TONIOLO, J. Avaliação de aprendizagem de idosos: viver com saúde na velhice. *Gerontologia, São Paulo, 7:* 17-22, 1999.

TRIGO, L. G. G. *Turismo e Qualidade. Tendências contemporâneas.* 6. ed. Campinas: Papirus, 2000.

TRIGO, L. G. G. *Turismo Básico.* São Paulo: Senac, 1999.

VIANT, A. Travel health: a senior overview. In: SECOND INTERNATIONAL CONFERENCE ON SENIOR TOURISM, 1997. Madrid. *Proceedings – selected material*, WTO, 1997.

Anotações

Parte 3

Anotações

85-7241-568-8

CAPÍTULO

20 Turismo e Religião

Sabáh Aoun

Introdução

Meu trabalho "A procura do paraíso no universo do turismo"[1] me fez trilhar caminhos bastante inusitados. Com formação na área de Turismo, o Programa de Estudos Pós-Graduados em Ciências da Religião surgiu como oportunidade para tentar entender o forte apelo acerca da construção e busca da idéia de paraíso que tanto enfeitiçou o imaginário cristão ocidental. Mesmo valendo-me das melhores intenções, disposições físicas e mentais, a empreitada não se configurou menos árdua, justamente por tentar desvendar os caprichos da imaginação.

Fantasias, verdades, idéias e conceitos pessoais herdados e amealhados dos contextos cultural, econômico, social e religioso nos quais estava inserida tiveram que ser ora descartados, ora substituídos e até remodelados por revelarem-se, ao longo das etapas, cheios de crenças desnecessárias, frágeis no conteúdo e funcionando com duvidosa eficácia.

Uma das célebres frases do exegeta alemão e teólogo luterano Rudolf Bultmann (1987, p. 16), que provocava seus leitores da seguinte forma: "Você, que acende a luz na tomada, como pode acreditar no diabo?"[2], exemplifica esse olhar de descoberta que invadiu meu ser.

Certa vez, li que sempre nascemos ao lado ou na correnteza de um repertório de modelos eternos e, paradoxalmente, prontos para morrer. Talvez a partir do meu ingresso naquele mestrado, se fizeram necessárias trocas sistemáticas de diversas construções semânticas e o descarte de arraigados tabus e preconceitos por um novo fôlego teórico.

Enfim, *a procura do paraíso* exigiu, antes de qualquer coisa, outra composição de mosaicos mentais e orgânicos e uma longa descida aos infernos, que ainda está longe de ser completada[3].

Fazer a hermenêutica[4] de um trecho do texto bíblico localizado no livro Gênesis, Capítulo 2, versículos de 8 a 15, no qual a idéia de paraíso é sugerida, significou a realização de uma leitura detalhada do fenômeno histórico e humano por meio de instrumentais como fenomenologia, psicanálise e outras ciências humanas capazes de penetrar no fato apresentado pelo mito, para saber qual o sentido da densa linguagem religiosa e que, durante o exame e investigação, se revelou nada ingênua.

A tarefa da hermenêutica é, portanto, dar vida ao texto, interpretando seu sentido e possuindo, assim, a "capacidade de tirar os véus sem destruir

[1] Dissertação de Mestrado defendida em maio de 1999, na PUC-SP – Pontifícia Universidade Católica de São Paulo. Publicada pela Editora Papirus com o mesmo título, em abril de 2001.

[2] Interpretação pessoal dada pelo professor Gilberto S. Gorgulho, recolhida em sala de aula (março de 1994), da disciplina de Fundamentos das Ciências da Religião. No original, a formulação é a seguinte: "Não se pode utilizar luz elétrica e aparelho de rádio, em casos de doença empregar modernos meios médicos e clínicos, e simultaneamente acreditar no mundo dos espíritos e dos milagres do Novo Testamento".

[3] "Se você não acredita que há um preço para este doce paraíso, só me lembre de te mostrar as cicatrizes". Trecho da canção de Bob Dylan em seu disco de 1968, *Cheap Thrills*, com um milhão de cópias vendidas.

[4] GORGULHO, Gilberto S. Titular da disciplina de Fundamentos das Ciências da Religião em março de 1994. Apontamentos recolhidos em sala de aula: "Hermenêutica é a interpretação do sentido das palavras dos textos sagrados. Foi a partir da obra do filósofo alemão Wilhelm Dilthey (1833-1911) que assume o estatuto de um método de conhecimento. Tem um processo gramaticado, um conhecimento científico com uma lógica. O método é o de correlação. O que está acontecendo? O que tudo isso representa? Qual o significado dos símbolos? Estes significam algo do mundo invisível e manifestam a riqueza da vida humana".

a realidade escondida"[5]. Procurei, dessa forma, entender o significado daquele jardim plantado no início dos tempos, que acolheu o homem ainda "úmido da criação divina" e que continuava ativamente presente no imaginário da maioria, fascinando até a modernidade.

O retorno ao paraíso, oferecido pelo turismo no programado período de férias, consideradas por muitos como sagradas[6], era freqüentemente prometido pela comunicação publicitária, driblando, assim, o melancólico final do texto bíblico, com a interdição divina sobre o seu acesso ocorrida em virtude da desobediência de Adão, o primeiro homem criado, segundo a tradição religiosa.

O turismo vende o paraíso aqui na Terra, apoiado numa clara referência ao consagrado relato bíblico do jardim do Éden e com toda a carga simbólica que ele representa para o Ocidente, para poder atingir as mais diversas camadas da sociedade.

Quando surgiu a oportunidade de escrever a respeito das inter-relações entre turismo e religião, distanciadas fundamentalmente da temática do turismo religioso[7], verificou-se a necessidade de tratar desse tema de forma ampliada, como uma proposta até então pouco discutida na área e merecedora de atenções e cuidados, pois, afinal, existem outros fenômenos religiosos em questão que devem ser observados durante a ocorrência da atividade turística, mesmo que seus significados sejam implícitos.

Existem diversos e sutis rastros do sagrado envolvidos numa viagem turística.

Este texto iniciar-se-á, então, com uma reflexão sobre os acontecimentos globais infligidos pelos seguidos atos terroristas, aos quais estamos assistindo cinematograficamente pela mídia e sua repercussão no mundo do turismo.

Em que medida os atos terroristas profanam o sagrado mundo do turismo?

Selecionamos, da variada lista de atentados terroristas[8] que o mundo, estarrecido, vem acompanhando, um que é de interesse exclusivo da nossa área. Trata-se do atentado suicida ocorrido em 12 de outubro de 2002 na boate *Sari Club*, preferida pelos turistas internacionais (A justiça da Indonésia..., 2003), situada na Ilha de Bali, principal destino turístico da Indonésia, que passou a ser considerada um "desprotegido" paraíso turístico a partir desse episódio.

Atingindo em cheio o alvo – destinos turisticos[9] –, o fundamentalismo religioso neste século se consagrou como um poderoso impacto negativo, instalando uma crise profunda no âmbito do turismo no tocante à fecundação da idéia do medo de viajar, constituindo assim um obstáculo evidente para as condições de expansão da área. Além disso, o extremismo ofusca e confunde tudo acerca do verdadeiro conhecimento da cultura e religião milenares islâmicas, deflagrando raivosos preconceitos e intolerância contra *Allá uacbá*, o grande Deus dos muçulmanos[10].

Parte 3

[5] Interpretação pessoal dada pelo professor Gilberto S. Gorgulho, recolhida em sala de aula em março de 1994.

[6] O tempo aqui denominado *sagrado* foi assim empregado por não estar condicionado ao tempo do trabalho e de tudo que é considerado *ordinário* (cumprimento das obrigações e ocupações básicas dos seres humanos), e, portanto, ele é dotado de especial significado. Por outro lado, ele está inserido na categoria do tempo humano e faz parte do ritmo dos ritos da vida privada para determinadas camadas sociais ou estratos médios urbanos.

[7] Vale a pena esclarecer essa observação. Apesar da seleção de: (1) determinadas imagens, criadas e construídas no imaginário ocidental, como as do paraíso; (2) objetos tais como amuletos, terços cristãos, folhinhas de arruda e outros tantos ligados a valores imateriais que remetem aos contextos religioso e místico e com os quais os indivíduos estabelecem as mais diversas relações pessoais, que vão da posse, admiração, veneração até a "proteção contra diversos males e incidentes"; e (3) ricas e variadas expressões da linguagem também marcadas por forte e exclusivo conteúdo religioso, essas captações de instrumentais latentes de significados simbólicos que utilizo neste texto são para pensar, renovar e estabelecer novas representações da realidade turística, que não necessariamente pertencem ao segmento classificado como "turismo religioso", como assim estabelece a estrutura do mercado turístico. A diferença está em reconhecer que a minha abordagem não pretende tratar deste segmento, mas "flertar" com ele, procurando única e exclusivamente tangenciar, passando muito próximo, "quase" tocando as bordas do que é convencionalmente considerado como especificidade do repertório do turismo religioso, que, este sim, segundo suas características, tem configurados o incentivo e a motivação ao cumprimento de um ato, um ritual de fé ou de sacrifício a destinos ou espaços notadamente religiosos, como bem expressam as peregrinações e romarias a santuários, templos e caminhos, entre outros. Como sugestão de bibliografia para esse tema destaco, entre tantos livros, Abumanssur (2003) e Oliveira (2001).

[8] Incluindo o bioterrorismo (contaminação invisível por vírus e bactérias), pela ordem, elencamos alguns registros de ataques terroristas de repercussão internacional que ameaçaram a indústria turística: (1) *Ataque* a turistas deixa 67 mortos (*Folha de S. Paulo*) – os ataques a turistas são mais numerosos e se concentram no Egito, onde o turismo representa 6,5% do PIB do país; (2) Bydlowski (1997, Revista Veja) – em Luxor, no Egito, 17 de novembro de 1997, no sítio arqueológico do templo de Hatshepsut, a única mulher-faraó do Egito; (3) *Inferno* no paraíso (Revista Isto É) – num *resort* na ilha de Sipadang, na Malásia, em 23 de abril, 2000; (4) *O alvo* são os turistas (Revista Veja) – nas praias de Mombasa, no Quênia; (5) Klintowitz (2004, Revista Veja) – na cidade de Madri, na Espanha: 11 de março de 2004, na estação ferroviária Atocha.

[9] Agora, destinos de *riscos* (o grifo é nosso) em virtude da nova configuração dada pelos atentados terroristas a esses lugares.

[10] Matsuura (2001). O episódio da destruição dos Budas gigantes do vale de Bamiyan, no Afeganistão, pela milícia Taleban, em março de 2001, constituiu um crime contra o patrimônio cultural da humanidade no qual os "talebans desprestigiam o Islã, ao invés de contribuir com o seu esplendor, e assassinam a memória do povo afegão".

Após os trágicos incidentes de 11 de setembro de 2001, nos Estados Unidos, duas palavras mantêm o mundo "ligado" e prudente: tensão e ruído, por terem revelado um estado ainda mais inseguro e explosivo e despertado a sensação geral de profunda impotência humana diante dos acontecimentos.

Outro momento do texto contemplará uma realidade menos explícita. Diz respeito a sutis mudanças de comportamento nos turistas em virtude da prática de gestos especiais e da evocação de determinada linguagem, identificando especificamente algumas expressões pertencentes à esfera do religioso. Frases como "oh, meu Deus", quando um avião levanta vôo, são pronunciadas seguidamente em tom silencioso e de modo privado por milhões de viajantes nos instantes de turbulência, da decolagem aos procedimentos de descida, nas aterrissagens em aeroportos do mundo inteiro[11].

O escritor argentino Jorge Luis Borges nos revelou sua impressão (Scliar, 1995, p.53):

> *Viajar de avião é chato; além disto, as companhias se encarregam de aterrorizar as pessoas: 'Em caso de despressurização, uma máscara de oxigênio cairá à sua frente...' Quando a gente viaja de trem não há dessas coisas.*

Pertencente a um sensível universo semântico, aquela frase em forma de apelo promove verdadeiros minutos de "levitação espiritual" quando lançada ao ar como moedinhas, durante a concretude de uma viagem turística, pois é eficaz a ponto de produzir mudanças num conjunto de atitudes e reações que pode ser observado nos turistas em rituais de gratidão.

Finalizando, temos então, de um lado, o turismo, avançada atividade econômica e social consolidada na última década como um setor que sustenta algumas economias mundiais, que lida com cifras, índices, movimento e permanência de turistas nos locais visitados, além da *performance* no trato com o imaginário e as fantasias das pessoas. De outro, a religião ou a pluralidade das religiões constituídas, fruto da criação humana que, aparentemente "fora do mundo do dinheiro e do lucro" (Alves, 1994, p. 9), é um conjunto teórico e prático, rico em crenças, dogmas, símbolos e ações voltadas para a comunicação do homem com o sagrado.

A união desses dois campos de estudo, turismo e religião, a despeito de apresentarem acanhados resultados bibliográficos ou ainda em andamento no tocante à produção científica, promete, apesar das nítidas distinções sobre como esquadrinham seus próprios fenômenos e dos distintos vocabulários que utilizam para dialogar, refletir e analisar o mundo, ser um terreno frutífero para a colheita à disposição da pesquisa acadêmica.

Este texto pretende deixar como resposta, sem entrar na discussão da religiosidade no mundo moderno, que religião e turismo são aliados capazes de produzir e vender para o homem a mitologia da viagem na comunhão entre ambos[12], apesar da constante imagem de celebridade dispensada aos xiitas[13] da era da globalização.

Bali, Outro Paraíso Perdido que Voou pelos Ares

> *Abre: No momento da interdição divina, na placa indicativa posta do lado de fora de proibida a entrada para todos os seres humanos, D'us[14] e seus "querubins e espadas de chamas fulgurantes"[15] impediram os homens de qualquer contato e comercialização com as terras de Éden, inclusive com as águas dos quatro rios mitológicos, dentre eles os atualmente conhecidos Eufrates e Tigre, localizados no Iraque. Esse foi o claro enunciado revelado pelo mito da criação ocorrido após o pecado da desobediência humana. Fecha parênteses.*

Parte 3

[11] Frases como essa são proferidas apesar de o avião ser o meio de transporte comprovadamente mais seguro do mundo. O problema são as imagens impactantes e a inegável repercussão dos acidentes aéreos que é transmitida pela mídia repetidas vezes.

[12] "Ao longo dos séculos, as mitologias eram produzidas pelos povos. Hoje não. Três ou quatro marqueteiros se juntam, produzem uma mitologia e vendem" (Santos, 2001).

[13] Elegeu-se como sinônimo a forma depreciativa daquele que "tem idéias ou atitudes radicais, dogmáticas, extremistas", do dicionário Aurélio, e não aquele que é pertencente à "seita dos xiitas, formada no séc. VII por muçulmanos partidários de Ali, primo e genro de Maomé".

[14] Para os judeus mais místicos, o nome de Deus não deve ser escrito ou pronunciado. Há uma interdição segundo as leis da religião judaica.

[15] Esse foi o aparato de poder divino destacado para impedir para sempre a entrada do Jardim do Éden descrito na Bíblia. O homem pecador, a partir daí, colheu apenas o que plantou por sua primeira desobediência a uma ordem divina: a expulsão, o sofrimento causado pelo exílio, o suor de seu rosto, as dores da vida e da morte.

Muitos séculos se passaram após aquele relato bíblico, que agora reutilizamos, para continuar refletindo enquanto agregamos ao nosso discurso o surgimento de uma idéia impertinente sobre a provável localização das fundações e dos alicerces das primeiras rotas proibidas para o turismo. Lugares que, atualmente, podem ser considerados "países na solidão"[16], por impedirem a atração de divisas e turistas de outros países a seus territórios.

São ortodoxos os diversos tipos de fundamentalismos que, não necessariamente, são investidos pela religião. Racismo, preconceito, guerra civil, regiões com alto índice de catástrofes naturais e xenofobia são alguns dos exemplos hostis também para o turismo (Franco, 1995). Existem os radicalismos políticos (Swarbrooke e Horner, 2002, p. 100) que ainda hoje sobejam na geografia de um mapa mundial, tanto na Ásia e na Europa[17] como em países da África.

Esses e outros fatores determinam o que instituímos por *impactos negativos*, a temível e prejudicial "alta temporada"[18] de retração da área.

Já o fundamentalismo do tipo religioso, com suas táticas de ameaças disseminadas e práticas explosivas, está aumentando e infernizando como nunca nossa atualidade por seus violentos atos de terrorismo, garantindo, dessa forma, sua inclusão como o mais novo integrante no elenco dos símbolos do mal, passando a fazer parte da histórica e bizantina lista medieval composta pelo pecado, pela mancha e pela culpa.

Foram de profunda violência e impacto as dores vividas pelos habitantes da Ilha de Bali, em 12 de outubro de 2002[19], com repercussões trágicas: um expressivo e insensato número de civis mortos e feridos e, ainda, debandada geral dos turistas.

Considerada um dos lugares mais idílicos e populares da Indonésia para o turismo internacional, Bali, a pequena ilha de 5.620km^2, com autênticas belezas naturais e seus três milhões de sorridentes e amáveis habitantes, é, para o olhar do homem moderno, o clichê perfeito do paraíso terrestre.

A lembrança do paraíso original, que o mundo ocidental recebeu como herança, tem características muito bem definidas e singulares. Em primeiro lugar, sua forma e nomeação – jardim, fértil e belo, com água em seu solo para irrigar grande variedade de árvores, plantas, frutas e flores. Clima suave que não só mantém essa natureza exuberante e sempre abundante, como também possibilita a comunhão entre o homem, os animais e Deus, estabelecendo estado de perfeição, saúde e felicidade.

Na comunicação publicitária do turismo, o impacto da imagem de paraíso terrestre para alguns de seus produtos de consumo, como as ilhas, foi construído com a idéia que se cristalizou e popularizou de um lugar de descanso, do não-trabalho, onde as pessoas se abstraem de suas preocupações. Trata-se de um local rico em prazeres, deleites, situações idílicas na medida e ao gosto de qualquer pessoa disposta a aventurar-se, a romper com seu cotidiano, dando vazão aos seus desejos e às mais extravagantes fantasias, pois de lá não se é expulso; ao contrário, permanece-se e desfruta-se de tudo que ele pode oferecer. Nele, o pecado e a serpente não existem para interromper a permanência (Aoun, 2003, p. 14-17).

Após o atentado terrorista ocorrido no auge da alta temporada (Brant, 2002) em Bali, um desafio é apresentado, em especial, aos agentes voltados para a criação publicitária do turismo: como recuperar o fascínio da imagem paradisíaca para tais pedaços de utopias, localizados nos mais diversos arquipélagos do planeta e que encontram na atividade turística sua maior vocação econômica, uma vez que se revelaram potencialmente indefesos, expostos e frágeis contra a onda de terrorismo que apavora e escandaliza o mundo?

Qual deverá ser a melhor e eficaz produção publicitária a ser criada e eleita como resposta a essa desconstrução de sentido das imagens primordiais do paraíso, capaz de reanimar e potencializar o retorno do fluxo turístico de capitais e de pessoas do mundo todo a esses minúsculos jardins do Éden? Como sobreviveriam os habitantes desses lugares

[16] August (*O Estado de S. Paulo*, 2003) – a matéria radiografa aquela sociedade isolada como "uma nação que produz mísseis e não tem DDI, celular ou Internet". E também como um "reino eremita fechado aos forasteiros, um gulag gigante de 20 milhões de habitantes".

[17] A guerra civil na Irlanda e os conflitos entre católicos e protestantes duram desde a década de 1960 no coração da Europa, onde a religião aparece como motivo principal, ocultando problemas ainda mais graves. Formalizo publicamente o meu enorme agradecimento ao Prof. Dr. Haroldo Leitão Camargo pela formulação desse exemplo (e de outros ainda mais instigantes) quando de nossas discussões durante o período de montagem para a confecção desse texto.

[18] O grifo é nosso, pois pretendemos destacar a referência de forma irônica por resumir uma imposição arbitrária desses eventos tanto pela alta incidência como pelas conseqüências nefastas também em nossa área.

[19] "Um terrorista suicida detonou uma bomba dentro do local, matando outras nove pessoas. Minutos depois, um carro-bomba explodiu em frente ao local, deixando 193 mortos, turistas estrangeiros em sua maioria", registra a nota da *Folha de S. Paulo*, 06 de agosto de 2003, em matéria assinada pela Associated Press, em Bali (Mundo, p. A-15).

até a volta dos turistas de diversos países, levando-se em conta tanto a lenta recuperação da imagem como a do meio ambiente que foi atingido?

Os responsáveis pelo ato terrorista à ilha de Bali[20] e a outros lugares considerados alvos potenciais de ataques, como as grandes cidades mundiais[21], não atacaram apenas alguns templos de férias ou centros econômicos de consumo ou de lazer, mas sugerem pretender atingir outros domínios, buscando sua matéria-prima no terreno do imaginário ocidental, espaço onde se formam as necessidades, os desejos, as doenças e as vontades humanas.

Para o universo do turismo, essa tendência de destruição de pontos geográficos numa escala mundial atinge em cheio o seu melhor produto turístico. Trata-se daquele que agrega os itens de consumo com o ideológico na perfeita medida: os lugares oferecidos com base nas palavras *paraíso*, *santuário* e *jardins do Éden*, que são embalados em papel para presente com a marca de sonho, de ilusão de um mundo novo, diferente daquele que os turistas atuais, ao viajarem, deixam para trás, mesmo que pelo tempo determinado de suas férias.

A procura do paraíso e sua localização física, no decorrer dos séculos, sempre se mostrou carregada de desafios e sucessivos esforços, sem, no entanto, ter sido questionada nos momentos da História.

Uma das inúmeras suspeitas medievais acerca do fim do paraíso era que ele havia sido tragado pelas águas do Dilúvio, razão pela qual se justificava nunca ter sido localizado. Hoje trabalhamos com uma cruel constatação: substituímos as mais crédulas justificativas míticas do que foi considerado a universal inundação bíblica de 40 dias e 40 noites por duas explosões terroristas que interditaram Bali, um dos paraísos criados pelo homem na modernidade.

Atualmente, muitos desses paraísos espalhados pela geografia do planeta ainda são considerados representações vivas da memória daquele relato da criação divina (Bíblia de Jerusalém, p. 33). Longe estão localizados, mas não o suficiente dos clarões seja dos *flashes*, seja das explosões das bombas[22].

Turismo e suas Linguagens

Um breve preâmbulo: viajar é um enorme privilégio. Implica em deslocamento com retorno. É partir do conhecido ao desconhecido, de dentro para fora, do interior de si mesmo para o exterior do outro. O "ensimesmamento" cai por terra ou voa pelos ares para dar espaço às vivências cheias de fantasias e idealizações.

Hoje, viajar transformou-se, para grande parte das pessoas, em obrigação. Virou "culto às férias", um tempo que, embora específico e programado, traduz-se como sagrado e tem valor especial. Estamos o tempo todo, mesmo no trabalho, planejando, sonhando com as próprias férias para fazer a viagem dos nossos sonhos. Ou continuá-la. O turismo realiza os diversos desejos de evasão de seus clientes.

Na sociedade de consumo em que vivemos, existe essa idéia imperiosa de viajar que, além de nos conceder *status* e privilégios, transforma o turista num consumidor em essência.

Viajar também é conhecer terras estranhas, gente diferente, hábitos e paladares fora do comum, idiomas peculiares e culturas variadas. Fim das preliminares.

O universo do turismo está intimamente ligado ao idioma inglês[23]. O emprego de palavras,

Parte 3

[20] Suspeito confessa atentado em Bali (*Folha de S. Paulo*) – o grupo extremista islâmico denominado Jemaah Islamiyah foi acusado pelo governo local pela autoria dos atentados. 'Terrorista sorridente' é condenado à morte (*Folha de S. Paulo*); frases: "Se eu morrer, surgirão centenas de Amrozis. Vocês não têm como nos parar. Isso nunca vai acabar". "Estou satisfeito que a explosão [em Bali] tenha sido um sucesso". Amrozi Bin Nurhasyim. Declarações feitas durante os nove meses de julgamento.

[21] Llosa (2004, *O Estado de S. Paulo*) – os atentados terroristas na Espanha, em 11 de março de 2004, que "provocaram mais de 200 mortos e 1.500 feridos" na estação ferroviária Atocha, na capital.

[22] Dez meses depois, o local do ataque, o bar e boate Sari Club, agora com de novo nome, *Padd'ys Bar*, foi reaberto "numa construção situada a cem metros de sua localização original", com o retorno de turistas australianos, afirma a nota da *Folha de S. Paulo*, 06 de agosto de 2003, em matéria assinada pela *Associated Press*, em Bali: "Diga aos terroristas que estamos de volta", gritou um freguês australiano". Aos 12 de outubro de 2004, "um monumento em forma de árvore foi erguido no local para uma cerimônia em memória aos 202 mortos de 22 nacionalidades, 88 deles australianos" (Mundo, p. A-15 – informação recolhida do *site www.terra.com.br/mundo*).

[23] Caturegli (2001, p. 5) justifica a afirmação no conhecido fato histórico da primeira viagem promovida com conotação turística explicando que foi "desde o surgimento dessa rendosa atividade na Inglaterra, no século XIX, quando Thomas Cook preparou a primeira viagem organizada, em 1841".

 85-7241-568-8

conceitos e outras expressões estrangeiras está consagrado em toda a atividade turística desde os seus primeiros passos: da reserva do destino e emissão do bilhete aos luminosos letreiros nos aeroportos e em tantos outros momentos, constituindo uma chave de leitura principalmente para os profissionais da área e afins[24].

Já o turista se dá conta dessa nova terminologia na hora do recebimento do bilhete de passagem, como se fosse um grande enigma a ser decifrado rapidamente, a fim de se familiarizar com esses novos códigos do mercado de viagens para sua própria segurança. No *check-in*[25], o bilhete é trocado pelo cartão de embarque. Enfim, a atividade possui um glossário próprio, um bê-á-bá "técnico" com sentido turístico.

Não pretendemos dar destaque para esse tipo de vocabulário, apenas o emprestamos como inspiração para o nosso tema, que procurará apontar outros códigos de linguagem.

Retomando: "nem só de serviços vive o turismo". Ele se ocupa, principalmente, de pessoas de diferentes interesses, nacionalidades, culturas, credos, superstições e manias. Toda essa rica diversidade "antropológica" embarca de forma inseparável com o nosso ator principal.

Outra linguagem tem sua existência configurada a partir da adoção da escolha do credo religioso, que é constituído por mitos, ritos e símbolos de fé individuais presentes na identidade dos turistas. Possuindo uma linguagem instável e simbólica inerente a esse universo do sagrado, aparece nos textos de orações, súplicas, cantos, repetição de mantras, gestos e rituais que dialogam com outros "horizontes diferentes do mundo da aplicação da linguagem científica" (Pires, 2004), do pensar racional do nosso cotidiano.

Tudo se expressa na forma de um jogo de linguagem religiosa: palavras são incluídas – e nós nos apropriamos delas – tendo por finalidade o "diálogo com Deus", a comunicação do homem com o transcendente, o incognoscível, impossível de conhecer pela razão e inteligência. Esse tipo de linguagem tem indiscutível eficácia e força social, como as orações e súplicas dos fiéis e adeptos das religiões tradicionais, pois o "mundo está cheio de deuses" [Leggi Platão citado por Galimberti (2003, p. 53)].

Existem também pessoas que criam a própria crença e seus vocabulários afins sem intermediários com o divino. Há ainda aqueles que acreditam em forças transcendentais, mas não praticam um credo formalmente estabelecido e celebram suas comunhões silenciosas com outras esferas consideradas sagradas. Enfim, entre "n" outros seres religiosos que têm fé – seja em palavras ou em símbolos, pois as palavras de oração são similares em todas as religiões –, todos esses personagens embarcam no aconchego dos aviões com a religiosidade a bordo, em conjunto com uma multiplicidade de motivações anteriormente apontadas.

Dentro de um avião, naturalmente existem alguns espaços considerados impermeáveis à religião: os compartimentos de cargas e bagagens.

A decisão de embarcar, desgrudando os pés do chão, com a passagem comprada nas mãos, após planejamento meticuloso e racional, não diminui ou afasta o medo e o fascínio íntimos que as pessoas têm de voar, mesmo que o turista não tenha uma "experiência luxuosa" (Brant, 2001) dentro do avião[26].

O curioso nisso tudo é que, apesar desses sentimentos de forte inquietação, durante e até mesmo antes do vôo, as pessoas reproduzem e encenam certos rituais[27], apoiando-se em elementos de fora da razão. Benzem-se, repetem sinais da cruz, oram de modo reservado e discreto carregando outros acessórios místicos[28] e, por fim, se colocam nas "mãos de Deus"[29], mãos estas mais poderosas que,

[24] Além da área dos transportes aéreos, marítimos e ferroviários, a hotelaria tem sua linguagem específica que concentra outra rica coleção de verbetes próprios também em inglês.

[25] Caturegli (2001, p. 45): *check-in*, "registro de passageiros para embarque em companhias aéreas". Na hotelaria é também "registro de entrada de hóspedes em um hotel". Ver outras formas e empregos da palavra na citada obra.

[26] Ver também a revista *Época* de 05 de março de 2001, na coluna bem ilustrada Portal de Época: "Tipos urbanos: O mala viaja de avião". Traz seis tipos de personagens nas viagens aéreas, entre eles o *agourento*, que "basta uma pequena turbulência para que comece a rezar, fazer previsões funestas e dizer: 'meus pressentimentos nunca falham'".

[27] Segundo a Prof. Dr. Maria Helena Villas Boas Concone, antropóloga da PUC-SP, "o rito é importante porque, por meio dele, a pessoa tira a culpa de si e joga em forças impessoais. É uma tentativa de controlar ou explicar o azar. A pessoa realiza as coisas dentro de um modelo para garantir que dêem certo" (Concone, 2004, p. 33).

[28] *Figas* trazem boa energia, segundo seu significado. Outro tipo de superstição: *bater na madeira afasta coisas ruins*. "Nossos antepassados tocavam as árvores para receber proteção dos espíritos que as habitavam" (Concone, 2004, p. 32-33).

[29] Idéia sugerida pelo Prof. Dr. Luiz Felipe Pondé, ao qual agradeço imensamente, num de nossos encontros em sala de aula, quando da montagem e confecção deste texto.

naquelas alturas, constituem a instância superior mais indicada e "competente" capaz de decidir sobre o êxito da viagem.

Superstição ou não, o repertório é rico em conteúdo, pois elas, as superstições, sempre existiram em todas as sociedades em quaisquer camadas sociais. "É como um lençol freático que a ciência não conseguiu soterrar" (Concone, 2004, p. 32).

O ser humano não se esquiva da idéia da existência do sagrado: pelo contrário, ele a alimenta e é alimentado por ela (Galimbert, 2003, p. 22)[30]. O homem sempre colorirá as dimensões religiosas de interesse, inventando e reinventando as mais diversas simbologias e discursos a fim de mantê-las acesas e carregadas de segredos e mistérios.

Outra experiência valiosa ocorre também no ato da posse do bilhete de viagem, o "doce cupom"; aliás, um pouco antes. Ao adquirir um pacote de viagem, um turista qualquer "ativa todo um sistema econômico de prestação de serviços e aquisição de bens" (Teixeira, 2002, p. 44) que inclui o tipo de transporte, o hotel, guias especializados, um operador ou agente de viagem receptivo às gorjetas que distribuir por onde passar durante sua estadia.

Em seguida, é a vez do imaginário pessoal [Carl Jung citado por Aoun (2003, p. 115)] dos turistas entrar em ação de forma automática. Acionado emocionalmente, inicia um desfile rico em produção de imagens acalentadas e desejadas, outorgadas pela posse do cupom que concede diferenciados direitos aos seus possuidores nesse mundo de consumo. Eles passam a se distinguir, adquirindo um *status* conferido além da condição social e econômica. Eles são os "eleitos", os preferidos (Fouilloux, 1996, p. 96, 136)[31] para aquela viagem de férias, apesar de toda democratização e popularização do turismo.

[30] O autor assim discute a *remoção* do sagrado entre os homens: "A humanidade jamais pensou que essa remoção fosse possível porque, vendo-se sozinha fora dele, precisava acreditar que fora por ele gerada. Assim sempre falaram as religiões (...)".

[31] Na tradição judaica, Israel tem também o "sentido espiritual de povo de Deus [povo eleito], fiel à aliança de Abraão e de Moisés. No Antigo Testamento, a eleição de Israel significa que Deus escolheu um povo para si, um povo que lhe pertencerá. Essa idéia de eleição está estritamente ligada à de aliança. No interior do seu povo, Deus escolheu também certos indivíduos: os patriarcas, Moisés e Aarão. (...) Nenhuma razão é dada para esta escolha, porque Deus é senhor e livre. A eleição, entretanto, confere responsabilidades". Como outras referências, ver a Bíblia, Antigo Testamento, Gênesis 9, 8-17, que trata da aliança formada por Deus representada na imagem do arco-íris nos céus. Sempre que o arco surge nos céus, Yahweh está se lembrando da promessa feita a todos os seres que criara. "Este é o sinal da aliança que estabeleço entre mim e toda carne que existe sobre a terra".

Esses sentimentos, em sua grande maioria, ocorrem em parceria com pensamentos altamente positivos. São de deleite, de libertação do cotidiano e de legítimo merecimento, como se tivessem sido agraciados com um "prêmio" legitimado pelo bilhete em questão. Despertando emoções otimistas, modificam e harmonizam toda uma perspectiva orgânica e mental do indivíduo, elevando o "astral" às alturas.

Considerando que todas as dificuldades até o momento já se encontram inicialmente superadas, não se trata de ilusão ou fantasia enganosa da imaginação; é, de fato, uma experiência singular de sucesso, mesmo que efêmera.

A tese fundamental aponta para a ocorrência da seleção de *alguns* escolhidos (e não de todos) e isso tem uma expressão: o tíquete de viagem é (o) um sinal de eleição, o ingresso no rol dos selecionados.

Enfim, como sublinhou o pensamento de Blaise Pascal, filósofo, teólogo, físico e geômetra do século XVII: "não viajamos só pelo prazer de ver, mas pelo prazer de contar" (Scliar, 1995, p. 58).

Considerações Finais

Estar em intimidade com Deus, assegurada pela oração, apontando e lançando olhares para o alto, acreditando que lá habita o Altíssimo, e transportando variados amuletos e berloques místicos no conforto do ar condicionado, dentro de um Boeing, promove uma grande diferença. Adiciona um *plus* na hora "h" da partida e chegada por existir uma crença mágica no poder da palavra[32].

Em seguida, evocar o nome Dele, por meio de um "Em nome do Pai", que tem sua origem na expressão latina *in nomine patris*, e designar o sinal da cruz, "Em nome do Pai, do Filho e do Espírito Santo", é cumprir um ritual, um movimento muito repetido e de profundo sentido: *Que Ele nos abençoe!* [33].

[32] Além do fato, é claro, de segurar com força os braços da poltrona do avião durante os minutos de turbulência e fazer "figas" contra indesejáveis contratempos, em busca de *algum* alívio.

[33] Após o sinal da cruz, variadas invocações mentais e vocais podem ser murmuradas (AZEVEDO, 2003, p. 3-5). A prece, *Pai Nosso*, por excelência cristã, trata-se de uma súplica, considerada a "oração das orações", por ter sido ensinada por Jesus aos seus discípulos quando estes lhe pediram: "Senhor, ensina-nos a orar!" (Lc 11,1).

O efeito que isso provoca permite uma alteração no estado de consciência, um esvaziamento de todas as preocupações, ultrapassando um estado de angústia em direção a uma sensação de serenidade.

Você pode ser um praticante do candomblé que tem fé nos santos do catolicismo ou até um católico que faz três desejos ao colocar uma fitinha do Senhor do Bonfim. Hoje, já temos outra fitinha de lã na cor vermelha no mercado[34], a da cabala[35], amarrada no pulso esquerdo, mais um "amuleto" protetor à nossa disposição.

Não importa. A questão central é que esses rituais, movimentos e artigos religiosos oferecem "proteção" contra o inesperado durante a viagem e apaziguam os temores mais profundos do humano, prendendo você na realidade do simbólico, mesmo que, para alguns, a experiência seja inverossímil, subjetiva e nada efetiva.

Nessas reproduções de muitos milhões de gestos e atitudes ancestrais que têm por objetivo alcançar transformações positivas, percebe-se de forma contundente a incorporação da religião na viagem e a conseqüente valorização dos discursos e rituais religiosos, inclusive no comportamento dos turistas.

Ao entrar em um ritual, mudanças acontecerão com o praticante; por exemplo, numa simples oração – também entendida como processo "mântrico"[36], justamente pela repetição das palavras, pela postura e concentração no texto –, uma transformação fisiológica interna ocorrerá e o ator entrará em outro registro mental de funcionamento, o qual poderá lhe mostrar situações reconfortantes e otimistas de maneira mais clara. Isso poderá vir a ser convincente para o praticante que crê.

Na experiência concreta da viagem, o turista sentirá também uma transformação positiva ou não e terá nova percepção do mundo, criando assim os novos espaços de conhecimento.

A religião é um campo da experiência humana voltado para a convivência com o que considera sagrado e tem sua eficácia simbólica. Possui um dos mais poderosos sistemas objetivos de sentido conhecidos até hoje, além de uma semântica estabilizada dentro de uma comunidade social. Todo esse corpo de valores não deve ser criticado ou desprezado, pois essas formas objetivas foram fundadas e criadas durante a história da humanidade. Damos aqui um exemplo ilustrativo e pertinente na nossa tradição religiosa cristã: *Deus* é uma idéia produzida historicamente por um povo, o de Israel, há mais de cinco milênios.

O impulso religioso ou a religiosidade é uma importante engrenagem do motor estrutural que existe no ser humano. É erradicável e não se desqualifica porque se revela em atitudes que nascem em um contexto cultural.

A modernidade é a grande produtora de uma crise geral de sentido e o ser humano é um animal aterrorizado pela falta de sentido, por julgar que não está neste mundo por acaso[37].

> ***(...) as religiões sempre foram continentes de sentido, e então as pessoas a elas se voltam, não à procura de Deus, mas à procura de um significado para a própria existência (...)***
>
> **Umberto Galimberti**[38]

No mundo contemporâneo, viajar pode ser uma "experiência religiosa" sem necessariamente ter ocorrido num local considerado sagrado; uma ascese[39], um esforço capaz de produzir, mesmo que minimamente, uma transformação existencial, criando outros estados de afeto.

[34] Adeus, olho gordo... (*Revista Veja*, 2003) – Celebridades do quilate marqueteiro de "Madonna, Demi Moore, Elizabeth Taylor, Mick Jagger, Britney Spears" e outras flertam com esse tradicional conhecimento da religião judaica. *Fibe* (*Revista da* Folha, 2004) – No Brasil temos também pessoas famosas "como a cantora Marina Lima, a apresentadora Gloria Maria e o publicitário Nizan Guanaes [que] aderiram à moda".

[35] "*Kabbalah* (hebr. 'tradição recebida'). No contexto da religião judaica, ela se apresenta, desde o século XII, como mística (em seu conteúdo) e doutrina oculta (em sua forma)" (Lurker, 1997, p. 105). Na Grande Enciclopédia Larousse Cultural (v. 5, p. 1008), o verbete cabala está desta forma definido: "conjunto de comentários místicos e esotéricos judaicos de textos bíblicos e de sua tradição oral", que virou a moda do momento. Tanto assim que já existe no mercado o chamado "kit básico do cabalista", composto por seis itens para prática e estudo dessa vertente mística do judaísmo (Capriglione, 2004).

[36] O *Dicionário Houaiss* da língua portuguesa define o verbete *mantra* como originário da "cultura indiana, sílaba, palavra ou verso pronunciados segundo prescrições ritualísticas e musicais, tendo em vista uma finalidade mágica ou o estabelecimento de um estado contemplativo". O verbete por nós foi emprestado para significar o emprego do neologismo "mântrico" citado (acesso em Jul./2004).

[37] Anotações recolhidas durante as aulas ministradas pelo Prof. Dr. Luiz Felipe Pondé, nos meses de maio e junho de 2004, no Programa de Estudos de pós-graduação, no doutorado em Ciências da Religião, PUC-SP, sobre a obra do filósofo e sociólogo alemão Georg Simmel (1858-1918) sobre as formas de socialização, isto é, das relações sociais em suas diferentes formas e manifestações. Para esse autor, sociedade é o depositário de vários objetos produzidos pela subjetividade humana. No museu, o quadro. Na religião, o culto, o ritual.

[38] Em entrevista exclusiva, de 16 de julho de 2003, quando do lançamento de seu livro *Rastros do Sagrado*, no *site www.paulus.com.br/portal/imp_lancamento/visita2.php?lancamento=220*. Tradução de Paulo Bazaglia.

[39] A etimologia da palavra ascese vem do grego *áskesis*, 'exercício (espiritual)' (No Novo Dicionário Aurélio da Língua Portuguesa, p. 180).

Parte 3

O viajar é metabólico no indivíduo, pois é capaz de promover uma renovação pessoal, descentrando o olhar para uma nova percepção do mundo. Como já dissemos, um novo espaço de conhecimento é criado, agregando experiências singulares no percurso da viagem. Essas experiências estão fora da fronteira da racionalidade e vão além do entendimento socialmente construído no jogo das relações sociais e econômicas.

Sem pretendermos ser triviais e tampouco sentimentais, caberia aqui uma pequena relação de destinos turísticos igualmente especiais (existem muitos outros) que, ao serem visitados por qualquer turista sustentado por suas razões e crenças particulares, permitirão nessas fronteiras, por absoluto acaso, que seja seduzido a crer na existência de um Ser transcendente a quem historicamente ele dá o nome de *Deus*.

Ao pé das pirâmides do Egito.
No topo de Machu Picchu, no Peru.
Na intimidade da Capela Sistina, em Roma.
Diante da imponente Cordilheira dos Andes.
Ou com vista para o arquipélago das Maldivas, na Índia.

Para finalizar, não poderíamos deixar de incluir um breve texto, por se tratar de uma significativa e pertinente contribuição para o tema aqui discutido, a "Oração do Turista", a qual retrata de forma bem humorada as expectativas, os medos e as fantasias dessa personagem, que é o nosso importante foco de estudo.

Oração do Turista[40]

Pai nosso, dignai-vos a olhar-nos, estes servos turistas, humildes, obedientes, obrigados a viajar neste mundo, tirando fotografias, enviando postais, comprando souvenirs *e usando roupas de fácil lavagem.*

Vos suplicamos, oh Senhor, para que nosso avião não seja seqüestrado, nossa bagagem não se extravie e que o excesso de peso passe despercebido.
Protegei-nos de choferes de táxi arrogantes e inescrupulosos, carregadores ambiciosos e guias sem diplomas.
Dai-nos neste dia inspiração divina para a escolha de nossos hotéis e que possamos encontrar as reservas respeitadas, os quartos arrumados e águas correntes quentes, sempre que for possível.
Rogamos para que os telefones funcionem, as telefonistas falem nosso idioma e que, ao chegarmos a uma cidade, não haja à nossa espera cartas dos nossos filhos com notícias que nos obriguem a cancelar o resto da viagem.
Orientai-nos, Senhor, no caminho de restaurantes bons e baratos, onde a comida seja boa, os garçons atenciosos e o vinho esteja incluído no preço da refeição.
Dai-nos a sabedoria de gratificar corretamente em moedas que não conhecemos. Perdoai-nos se gratificarmos a mais por medo, ou menos por ignorância. Fazei com que os nativos gostem de nós e que possamos contribuir para seu bem-estar.
Concedei-nos a energia para visitar museus e catedrais. Se por acaso esquecermos algum monumento histórico para fazer festa depois do almoço, tende piedade de nós, porque 'a carne é fraca'.
(Esta parte é especial para os maridos)
Senhor, afastai nossas esposas de expedições para compras e protegei-as das liquidações, onde só encontram o que não necessitam ou o que não podem comprar. Não as deixeis cair nessas tentações, pois não sabem o que fazem.
(Esta parte da oração é para as esposas)
Pai todo poderoso, não permitais que nossos maridos olhem para as mulheres estrangeiras e as comparem conosco.
Ajudai-os a não fazer papelão em bares e boates, e acima de tudo, não os perdoais por certas transgressões, pois eles saberão exatamente o que estão fazendo.
(Agora juntos)
Quando terminar nossa viagem e tivermos regressado para junto dos que nos são caros, concedei-nos a graça de encontrar alguém que venha às nossas casas assistir à projeção de nossos filmes e escutar nossas histórias, pois só assim nossas vidas de turistas não terão sido em vão.

[40] Sim, isso mesmo, a "Oração do Turista" existe e foi recuperada de uma crônica para a *International Herald Tribune* de Paris, do escritor e jornalista Art Buchwald (1925 -) que "lembra que em certo país do Mediterrâneo, padres e freiras costumam rezar pedindo a proteção divina que os defenda dos turistas. Buchwald acha que seria uma injustiça os turistas não terem também uma oração e por isso compôs a súplica que pode ser recitada ao amanhecer e ao anoitecer pelos turistas". Quero expressar meu profundo agradecimento às colegas do curso de turismo do UNIBERO, Maria José Giaretta, Márcia Midori Matsuura e Andrea Rodrigues, que não pouparam esforços em resgatar este que foi considerado um "texto-relíquia" que circulou entre a turma de 1978, da qual fui personagem integrante.

Exercícios Propostos

1. Você concorda ou não com a afirmação de que os lugares considerados "paraísos turísticos" continuarão reféns das perturbações climáticas da natureza e das inúmeras facções subversivas espalhadas pelos cantos do planeta, prejudicando assim o mercado turístico global?
2. Sentimentos humanos como medo, excitação e emoção pelo desconhecido, embutidos numa viagem turística, justificam de alguma maneira a utilização do recurso da oração e o transporte de instrumentos e símbolos religiosos como imperativo para a superação das fobias imaginárias e do desconforto físico na vivência do turista.
   a) Qual o efeito dessa providência na mudança comportamental e na natureza da experiência do turista?
   b) Qual o significado desses instrumentos religiosos, como rosários, crucifixos e medalhas de santos? Objetos de poder ou peças de artesanato?
   c) Qual a relação entre essas condutas modernas e os atávicos rituais, originários de nossa ancestralidade, quando o homem primitivo, para aplacar a ira dos deuses, era generoso em oferendas, sacrifícios e cerimônias?
3. O turista é um agente de múltiplas relações, traduzidas nas formas de contatos sociais, os quais se dão ora com o grupo no qual viaja, ora com a comunidade visitada e com o seu núcleo de origem, composto por amigos e parentes, com o qual também se relaciona pela remessa, no decurso da viagem, de *e-mails* e cartões-postais. Abrindo parênteses: sabemos que a religião, uma criação exclusivamente humana, impôs diversos paradigmas, dentre os quais a visão sobrenatural de mundo pela crença, no caso da história ocidental, de um Deus único, com o qual os homens mantêm intenso e ininterrupto diálogo. Fechando parênteses. No caso específico da viagem turística, discuta cada uma dessas hipóteses: qual a eficácia da linguagem religiosa e de suas correntes de orações em pleno ar? Subjetivas trocas simbólicas? Integração da dimensão do sagrado ao rol das relações do turista?

Parte

Sites Indicados

www.pucsp.br/rever: revista de Estudos da Religião, da pós-graduação em Ciências da Religião, PUC-SP.

www.usp.br/iea/revista: Instituto de Estudos Avançados da USP. Procurar por ***Dossiê Religiões no Brasil*, da edição 52, que traz um panorama das mudanças na religiosidade brasileira.**

www.estudosturisticos.com.br: portal da comunidade do turismo, com mais de 32 mil associados.

BIBLIOGRAFIA COMENTADA

'TERRORISTA sorridente' é condenado à morte. *Folha de S. Paulo*, São Paulo, 08/Ago./2003. Mundo, p. A-15.

A justiça da Indonésia condenou à pena de morte Amrozi bin Nuhasyim, 41, pelo atentado em Bali em 2002 que matou 202 pessoas, incluindo um brasileiro, o militar Marco Antonio Farias.

ABUMANSSUR, E. S. (Org.). *Turismo Religioso: ensaios antropológicos sobre religião e turismo*. Campinas: Papirus, 2003. (Coleção Turismo)

ADEUS, olho gordo: de carona nas celebridades, cresce a procura por amuletos de todos os credos e origens. *Veja*, 21/Jul./2003. Comportamento, p. 92.

ALVES, R. *O que é Religião*. 18. ed. São Paulo: Brasiliense, 1994, 132p.

AOUN, S. *A Procura do Paraíso no Universo do Turismo*. 2. ed. Campinas: Papirus, 2003, 126p. (Coleção Turismo)

ATAQUE a turistas deixa 67 mortos. *Folha de S. Paulo*, São Paulo, 18/Nov./1997. Mundo, p. 1-14.

AUGUST, O. Coréia do Norte. Um país na solidão. *O Estado de S. Paulo*, São Paulo, 28/Set./2003. Internacional, p. A-30.

AZEVEDO, S. L. *Pai Nosso Poliglota: trezentas línguas e dialetos*. Rio de Janeiro: Marques Saraiva, 2003, 195p.

BÍBLIA de Jerusalém. Nova ed. rev. e ampl. São Paulo: Paulus, 2002. 2366p.

BRANT, M. Ataque pega região na alta temporada. *Folha de S. Paulo*, São Paulo,15/Out./2002, p. A-11.

BRANT, M. Aviação faz dia mundial contra a 'fúria aérea'. *Folha de S. Paulo*, São Paulo, 08/Jul./2001.

BULTMANN, R. *Crer e Compreender. Artigos Selecionados*. São Leopoldo: Sinodal, 1987, 253p.

BYDLOWSKI, L. Morte no templo. *Veja*, São Paulo, 26/Nov./1997. Internacional, p. 52.

CAPRIGLIONE, L. Cabala *light* conquista leigos e irrita rabino. *Folha de S. Paulo*, São Paulo, 01/Ago./2004. Cotidiano, p. C-5

CATUREGLI, M. G. *Dicionário Inglês-Português: turismo, hotelaria e comércio exterior*. 3. ed. ampl. atualiz. São Paulo: Aleph, 2000, 251p.

CONCONE, M. H. V. B. Superstições são um lençol freático universal. *Galileu*, Ago/2004, p. 32.

CRUZ, E. R. *A Persistência dos Deuses: religião, cultura e natureza*. São Paulo: UNESP, 2004, 96p. *Sinopse: (...) "num âmbito mais geral, discute-se o entendimento moderno da religião como forma de cultura, com ênfase nos contextos de que ela surge, e propõe-se uma reflexão sobre as características universais da religião, debatendo a forma como esta produz deuses e seus mundos sobrenaturais".*

FIBE, C. Seis coisas que você não sabia sobre... Cabala. *Revista da Folha*, 01/Ago./2004, p. 1.

FOUILLOUX, D. et al. *Dicionário Cultural da Bíblia*. Trad. José David Antunes. Lisboa: Dom Quixote, 1996, 326p.

FRANCO, E. Raça, religião e ideologia criam "Rotas Proibidas". *Folha de S. Paulo*, São Paulo, 09/Fev./1995. Turismo, p. 6.13-6.17.

GALIMBERTI, U. *Rastros do Sagrado: o Cristianismo e a dessacralização do sagrado*. Trad. Euclides Luiz Calloni. São Paulo: Paulus, 2003, 454p. *Sinopse: (...) "o que resta de autenticamente religioso em uma época como a nossa, em que mais do que em outras, se registra uma explosão de formas diversas de espiritualidade? Além das fúlgidas aparências, o Deus invocado de formas diversas em muitas línguas, em muitos ritos e em variadas formas de religiosidade parece, na verdade, despedir-se do mundo e deixar apenas um desejo infinito de proteção, conforto, segurança: ou seja, apenas o resto exangue da história e da tradição do cristianismo, muito atrasado para governar um tempo dominado pelas implacáveis descobertas técnico-científicas...".*

GUERRIERO, S. *A Magia Existe?* São Paulo: Paulus, 2003, 92p. *Sinopse (:..) "Exibe uma visão do que é a magia, do nível histórico, do antropológico que procura compreender este misterioso mundo e das religiões que possuem seus aspectos mágicos".*

INFERNO no paraíso. *Isto É*, São Paulo, 10/Maio/2000. p. 115.

KLINTOWITZ, J. O século marcado pelo signo do terror. *Veja*, São Paulo, 17/Mar./2004.

LLOSA, M. V. Madri no coração. *O Estado de S. Paulo*, São Paulo, 21/Mar./2004. Internacional, p. A-22.

LURKER, M. *Dicionário de Simbologia*. Trad. Mario Krauss e Vera Barkow. São Paulo: Martins Fontes, 1997, 776p.

MATSUURA, K. Crimes contra a cultura. *Folha de S. Paulo*, São Paulo, 29/Mar./2001. Tendências e Debates, p. A-3.

NASSER, M. C. Q. C. *O Que Dizem os Símbolos?* São Paulo: Paulus, 2003, 92p. *Sinopse: "(...) A linguagem simbólica é uma ponte que liga o homem ao outro no que de mais humano cada um possui. O símbolo depende da estrutura ou condição espiritual de cada homem, ou seja, o símbolo compõe a linguagem da alma e do espírito por meio da transcendência, funcionando como um mediador, uma ponte...".*

O ALVO são os turistas. *Veja*, São Paulo, 04/Dez./2002. Internacional, p. 88-90.

OLIVEIRA, C. D. M. *Basílica de Aparecida: um templo para a cidade-mãe*. São Paulo: Olho d'Água, 2001.

PIRES, F. P. *Linguagem Mitológica e Símbolo*. Disponível em: http://www.metodista.br/correlatio/num_02/a_pires.htm. Acesso: 26/Jul./2004.

Revista Galileu, São Paulo, Ago./2004. 90p. (Edição de Aniversário)

SANTOS, M. Nova Mitologia. *Folha de S. Paulo*, São Paulo, 03/Fev./2001. Opinião, p. 2.

SCLIAR, M. *Dicionário do Viajante Insólito*. Porto Alegre: L&PM, 1995, 110p.

SUSPEITO confessa atentado em Bali. *Folha de S. Paulo*, São Paulo, 23/Nov./2002.

SWARBROOKE, J.; HORNER, S. *O Comportamento do Consumidor no Turismo*. Trad. Saulo Krieger. São Paulo: Aleph, 2002, 408p. (Série Turismo).

TEIXEIRA, E. L. *Gestão da Qualidade em Destinos Turísticos*. Rio de Janeiro: Qualitymark, 2002, 136p.

Anotações

Anotações

85-7241-568-8

CAPÍTULO

21 Turismo Religioso no Brasil: Construindo um Investimento Sociocultural

Christian Dennys Monteiro de Oliveira

Uma viagem determinada pela quebra da rotina de trabalho, com tempo e espaço precisamente demarcados e uso de equipamentos atribuídos (total ou parcialmente) à função turística, permite o enquadramento do viajante como um turista padrão. Todo esforço posterior ao exercício classificatório desse sujeito consumidor visa qualificar a oferta dos bens e serviços como um padrão de consumo economicamente viável e ecologicamente sustentável. Daí a tentativa da elaboração de planos turísticos para as localidades visando responder à pergunta: que segmento de atividade confere uma "vocação turística" para a localidade a ser estruturalmente planificada? Em outros termos, *qual o atrativo geográfico capaz de se tornar o melhor produto turístico local?*

A viagem turística torna-se um negócio cada vez mais setorial. Sua margem de expansão não dispensa o enquadramento de lugares onde um ou mais atrativos de caráter religioso costumam ganhar certo tratamento especial nas paisagens turísticas. Por isso, a preocupação dos estudiosos do turismo em observar paisagens religiosas (templos, santuários, construções históricas e manifestações sacro-profanas) como espaços onde a *religiosidade* – entendida como *experiência de religião* – interage com a prática do turismo cultural. Tal diálogo, portanto, tende a privilegiar localidades específicas e pontuais. Isso representa, nesse período inicial da profissionalização – tecnológica e acadêmica – do turismo brasileiro, uma valorização dos lugares religiosos nos roteiros da regionalização turística e, ao mesmo tempo, um desserviço ao desenvolvimento de uma cultura emancipadora da prática turística.

Este breve ensaio tem a particular intenção de debater essa conseqüência contraditória do recente destaque ao turismo religioso. Contudo, também propõe um posicionamento original na perspectiva de vínculo direto entre esse "segmento turístico" e o investimento sociocultural em turismo emissivo. Muito se fala – vez ou outra até de forma doentia – nas benesses (divisas, emprego, novidades) que o turismo traz, por intermédio do consumo do turista no local. Nunca, entretanto, observa-se que o residente desse mesmo local pode e deve ser promovido a turista nos diversos lugares de destino. É exatamente essa mão-dupla nos fluxos entre os lugares que torna o turismo uma indústria contemporânea tão badalada.

O turismo religioso – em suas práticas peregrinas – tem exercido essa valorização dos fluxos emissivos, como veremos adiante. Temos refletido

85-7241-568-8

sobre a questão da *fé* como atrativo espacial e turístico e percebido o desarranjo que a discriminação religiosa tem aferido às interpretações do crescimento turístico das localidades. Seguindo um direcionamento indutivo, procuraremos ampliar a discussão sobre as limitações e potencialidades do turismo religioso, tomando como base exemplos desafiadores de viagens turísticas a localidades identificadas, em princípio, como espaços não-religiosos: reservas ambientais, centros metropolitanos, pólos ou períodos de festividades artístico-culturais.

Procurando explorar características que fazem o turismo religioso coincidir com o turismo cultural por conta da "visita que ocorre num entorno considerado como patrimônio cultural", Reinaldo Dias, no texto *O Turismo Religioso como Segmento do Mercado Turístico* (2003, p. 17), ajuda-nos a esclarecer a perspectiva da *religiosidade* como atributo social por excelência. Isso permite reduzir a confusão imediata entre o que deve ser tratado de forma exclusivamente teológica pelas diferentes confissões religiosas (igrejas, seitas, filosofias) e o que pode ser investigado enquanto experiência religiosa da sociedade moderna. São objetos de estudos diferentes na abordagem, mas coincidentes na aparência.

Daí a manutenção de termos comuns para a designação de fenômenos distintos. Um santuário religioso não deixa de ser *sagrado* porque se tornou *turístico*, nem deixa de incluir uma série de elementos *profanos* que estão longe de qualquer vinculação turística direta (comércio, poder, serviços, etc.). A medida para a distinção e compreensão do turismo religioso começa no estudo das motivações dos viajantes, embora não encerre a possibilidade da viagem e da própria destinação enriquecer essa mesma medida. Afinal, pode ser traçada uma linha demarcatória para a motivação turística que inclua e/ou priorize a intenção religiosa da visita? Em geral, tal demarcação não se efetiva, justamente pelo enquadramento de valores que situam a densidade espiritual das razões religiosas em oposição à superficialidade atribuída às razões turísticas. Mas, incomodamente, permanece uma questão sobre o *sagrado motivo* das crescentes viagens turísticas. A idéia de *ambigüidade* do sagrado, tão bem formulada pelo sociólogo francês Roger Callois, encaminha um procedimento mais rigoroso para a compreensão desse conceito tão exposto à simplificação das adjetivações.

> *Não há sistema religioso algum, mesmo entendido em sentido largo, em que as categorias do puro e do impuro não desempenhem um papel fundamental. À medida que os diversos aspectos da vida coletiva se diferenciam e se constituem em domínios relativamente autônomos (política, ciência, artes, etc.), vê-se paralelamente as palavras puro e impuro adquirirem acepções novas, mais precisas que o sentido antigo, mas, por essa mesma razão mais pobres.*
>
> **Callois (1988, p. 33)**

Se essa questão pudesse ser resolvida a contento, daríamos um importante passo para superar os impasses que firmam o turismo religioso *exclusivamente* como segmento de mercado. Propomos que o aceite dessa segmentação não exclua uma compreensão da modalidade em seu potencial mais importante: contribuir para uma renovação cultural do tratamento turístico das viagens no Brasil. Do contrário, todo discurso sobre a *alternativa econômica* ofertada pela indústria turística termina na reprodução da desigualdade social. A velha perversidade dos mecanismos de concentração de renda, gerida por elites sociais ainda mais velhas, não faria no turismo algo diferente do que já fez com outros setores industriais. E, nesse caso, é melhor continuar com o simplismo de que, no Brasil, o turismo religioso não existe porque *pobre-crente-marginalizado* – como maioria da sociedade – não faz turismo. Não precisamos justificar por que tal mentalidade só se sustenta quando o planejamento do turismo fica limitado à *gestão de um negócio*. Aí sim, turismo religioso seria apenas o turismo feito por missionários, sacerdotes ou delegações eclesiais. Mais absurdo do que uma restrição desse tipo, impossível.

Fazer um panorama do turismo religioso no Brasil não é fixar o cadastramento de localidades e movimentos que buscam antes a visita a lugares tradicionalmente sacralizados, embora essa seja a opção privilegiada dos textos jornalísticos, veiculados pelas páginas da rede mundial de computadores. É, ao contrário, discutir as interfaces reveladas pelo encontro das peregrinações contemporâneas com a religiosidade presente nos mais diversos aspectos do cotidiano nacional, estabelecendo um panorama de possibilidades das práticas turísticas por meio da dimensão religiosa existente nas regiões brasileiras. Talvez assim teríamos uma melhor evidência dos objetivos desse

85-7241-568-8

texto; e, ao mesmo tempo, um reconhecimento de que sua trajetória é completamente especulativa em vez de descritiva, como poderia parecer.

Divide-se o exercício panorâmico em quatro etapas. A primeira parte de uma vivência peregrina. Em julho de 2000, por ocasião da tradicional peregrinação de 32km da Barra do Una (Peruíbe) à Barra do Ribeira (Iguape), antecedendo a Festa do Bom Jesus, no litoral paulista, tivemos uma oportunidade ímpar de observação participante a respeito do surgimento do turismo religioso no Brasil: um roteiro histórico, transformado em ecológico e finalizado na estética da feira popular (marca registrada da dimensão profana das festas de santo no Brasil e na América hispânica). Por intermédio desse caso específico, retomamos a idéia de ambigüidade do sagrado (pureza/impureza mencionada por R. Callois) para mostrar como o empreendimento turístico, de diferentes agentes, participa da lógica de conservação modernizadora da festa.

A tentativa da Embratur – Instituto Brasileiro de Turismo, em 1999/2000, de sugerir roteiros de turismo religioso em todos os estados brasileiros corresponde à nossa segunda etapa de discussão. Há sugestão de avanço e retrocesso de caráter técnico-científico, ambos a serem devidamente explorados pelos estudiosos das relações entre turismo, religião e cultura. Dificilmente será possível desenvolver o planejamento do turismo religioso se, de antemão, o critério de seleção dos atrativos permanecer vinculado ao produto religioso (templo/imagem do santo) ou ao evento (festa) que ele contém, ainda mais quando apenas a única referência de padrão religioso for estabelecida pelo catolicismo romano.

Já numa terceira etapa, no sentido de responder a esse determinismo confessional, pensamos os múltiplos espaços turísticos em que pode ser realizado o turismo religioso, recriando a concepção – menos católica e mais holística – de *santuários*: antes lugares especiais para atrair religiosamente uma demanda de visitantes dispostos a perpetuar sua mística, do que apenas áreas oficialmente demarcadas pela elite eclesial na perpetuação do poder. Nesse sentido, a multiplicação de santuários evoca diretamente a potencialidade estratégica da dinâmica de *visitação*, conceito mais operacional para uma leitura epistemológica do turismo religioso.

Essa última etapa do texto impõe um procedimento de superação dos tradicionais sistemas (modelos) de interpretação do turismo, nos limites da relação binária de demanda e oferta. No turismo religioso, pensado como visitação, só é possível falar em vinda, estada e volta do turista como um movimento parcial. Para completá-lo, é preciso avaliar as condições de saída – portando de emitir turistas – das comunidades visitadas. Eis aqui, certamente, a maior justificativa para lançar o turismo religioso como um campo desafiador a toda a indústria turística tradicional.

A religiosidade, em sentido lato, lida com intercâmbios pelo Brasil inteiro; mas o planejamento turístico, de padrão global, ainda insiste em ignorar essa tecnologia de movimentação interna. Eis o sentido estratégico para o que denominamos investimento sociocultural em turismo. Não será obtido um legítimo, emancipador e consciente processo de implantação da cultura turística no Brasil se os recursos canalizados para esse setor não previrem o investimento na viagem e visitação dos próprios moradores locais. Quando se fala em investimento na Educação, Saúde e Cultura, pensa-se necessariamente em médio e longo prazos; pensa-se também no retorno social para as gerações futuras. Por que, no caso do turismo, só se pensa em curto prazo com ganhos imediatos advindos do turista ideal? Respondemos a pergunta acreditando poder cooperar na inversão dessa tendência sem bola de cristal, mas com observação menos preconceituosa sobre o sistemático processo socioterritorial operado pelo turismo religioso, já há tanto tempo em curso.

Ecológico, Econômico, Ecumênico... Afinal, que Fé nos Motiva?

Existe uma imagem imediatamente ofuscante quando boa parte dos autores tenta definir turismo religioso.

A linha mais comum de identificação da idéia segue a tendência exclusivista: demarca o caráter eminentemente religioso que poderia dar motivação a essa prática turística. Souza e Correa diz tratar-se de um tipo de turismo motivado pela *cultura religiosa*, o que não colocamos em dúvida. Mas tal cultura, no esclarecimento dos autores, é

Parte 3

caracterizada pela "ida a locais que possuam conotação fortemente religiosa", ou seja, "visita a igrejas, santuários, por peregrinação, romarias e congressos eucarísticos", assim como "o conjunto de atividades com utilização de visitas a receptivos que expressam sentimentos místicos ou suscitam a fé".

Outra importante obra que muito vem contribuindo para influenciar a leitura que a maioria dos profissionais de turismo faz desse segmento é *Turismo: Fundamentos e Dimensões,* de José Vicente de Andrade (1997, p. 77-80). Nesta, o autor qualifica modos específicos de busca religiosa – romaria (viagem livre); peregrinação (viagem compromissada); penitência (viagem de tratamento espiritual) – lembrando oportunamente que nenhuma religião (mesmo o islamismo) interpreta a viagem religiosa como coativa ou compulsiva. Isso significa dizer que o turismo religioso tem identidade própria e aberta no universo da cultura religiosa.

Entretanto, o mesmo autor identifica, nas páginas antecedentes, três possibilidades metodológicas de tratamento técnico-conceitual para todo e qualquer tipo de turismo. O conjunto de conceituações *etimológicas*, mais abrangente e pouco operacional – turismo = *tour* = viagem de ida e volta; as conceituações *funcionais*, estabelecendo a vinculação turismo/lazer/recreação e reconhecendo o papel complementar do setor em relação aos outros setores da economia; e o conjunto de conceitos *estruturais*, predominante entre os teóricos da área, que costuma visualizar o turismo como sistema interdisciplinar, liberando-o da perspectiva tecnicista, mas incluindo-o numa cadeia de ações governamentais e mercadológicas. Segundo Andrade:

> ***Característico de uma sociedade de consumo, o turismo como um todo estruturado não é mais do que um produto composto ou uma combinação de bens e serviços, cuja funcionalidade depende de uma série de bens operacionais e de paciente dedicação para atendimento cabal dos requisitos da oferta e da exigência da demanda.***
>
> Andrade (1997, p. 18)

E, mais adiante, sintetiza com intenção ainda mais técnica:

> ***Turismo é o conjunto de serviços que tem por objetivo o planejamento, a promoção e a execução de viagens, e os serviços de recepção, hospedagem e atendimento aos indivíduos e aos grupos, fora de suas residências habituais.***
>
> Andrade (1997, p. 18)

Para retornar ao campo específico do turismo religioso, fica-nos uma evidente lacuna. Só haveria *turismo religioso* naquelas viagens a locais de atração mística e confessional que mantivessem planejada e profissional dinâmica de consumo-lazer-hospedagem. Portanto, a maior parte das viagens por motivação religiosa, no Brasil, não corresponde a tal enquadramento. Primeiro porque continuam sendo feitas independentemente de qualquer agenciamento estruturado. Basta verificar, nas igrejas católicas, evangélicas e em templos espíritas ou afro-brasileiros, a incidência de excursões realizadas pelos voluntários da própria entidade religiosa, sem qualquer intermediação dos serviços turísticos. Mesmo o fato de associações religiosas, com melhor condição de renda, promoverem saídas de longo percurso (nacionais e internacionais) não contraria a regra de que o turismo religioso brasileiro é antiprofissional e antieconômico.

Outra lacuna advém do enquadramento teórico. Por que as abordagens mais qualitativas (dos métodos fenomenológico e dialético) não contribuem com uma concepção alternativa do fazer turístico? Alguns autores que traçam uma trajetória bastante reflexiva, sedimentada na crítica ao discurso da *salvação pelo turismo*, abrem caminho para a possibilidade de abordagens mais holísticas e ecléticas[1]. Contudo, não se estabelece uma proposta operatória para enquadramento do turismo como um conjunto de ações políticas visando à emancipação das comunidades envolvidas – algo essencialmente utópico, diante do parâmetro técnico usual. Tão utópico, porém, quanto as pretensões materiais, da educação civil, e espirituais, da religião cristã, em um contexto global e periférico.

A perspectiva dialética que aqui defendemos procura pensar o turismo religioso em duas frentes da análise crítica. A primeira dá continuidade à compreensão fenomenológica que desenvolvemos em trabalhos recentes[2], discutindo a perspectiva de multiplicação de lugares sacralizados como *santuários* diante de uma territorialidade cada

[1] Duas coletâneas de textos críticos a respeito das novas tendências do turismo são aqui lembradas. *Turismo na Pós-modernidade (des)inquetações* (Gastal e Castrogiovani, 2003), *Olhares Contemporâneos sobre o Turismo* (Serrano *et al.*, 2000).

[2] Trata-se de dois trabalhos publicados nos últimos anos: "Turismo, monumentalidade e gestação: escalas e dimensões da visitação religiosa contemporânea" (Oliveira, 2003, p. 107-132) e *Turismo Religioso* (Oliveira, 2004).

Parte 3

85-7241-568-8

vez mais urbana, predominantemente profana. Essa linha de estudos permitiu-nos identificar uma complexidade de fatores que facilitam o diálogo cultural entre as motivações religiosas e não religiosas das viagens a santuários.

Isso contribuiu para a ruptura com o empobrecimento do discurso que separava – e, em algumas mentalidades, ainda separa – as peregrinações tradicionais do turismo religioso. Ou seja, separa-se, em um juízo valorativo, o que só poderia ser momentaneamente diferenciado por intenção de análise. Tal perspectiva, aprofundada mais adiante, inclui na matriz binária do historiador das religiões, Mircea Eliade, a questão do *conflito permanente*. Todo peregrino experimenta a transformação do sacrifício em prazer, impulsionando uma dialética da compensação, ao mesmo tempo em que faz da visita aos lugares sagrados uma *volta espiritual*, jamais uma ida. No turismo religioso, por suas vinculações históricas com a peregrinação, não cabe falar de viagem inicial. Em termos antropológicos, o *homem* é um *turista*, como também é migrante, nômade e mutante ao longo de toda uma vida. E o turismo, na identidade peregrina, atualiza sua condição geográfica de busca por uma existência/experiência mais significativa.

A segunda frente de análise crítico-dialética direciona-se a um campo de ação mais estratégico. Há uma tecnologia de articulação político-global capaz de servir como premissa para a expansão de antigos e novos sistemas religiosos em plena conformidade com os avanços científicos. Ao contrário da clássica defesa do *reencantamento* do mundo como forma de explicação para o crescimento fundamentalista das igrejas e seitas, observamos uma disseminação de práticas mundanas a serviço de todo e qualquer tipo de crença. Chamamos originalmente isso de *religiosidade turística*, ao reconhecer que dois requisitos básicos são necessários para mobilizar, anualmente, milhões de peregrinos em centros de visitação cristãos: (1) o acolhimento de diferentes veículos de fé (não padronizados nem previstos pelo clero), tornando a religiosidade popular mais importante que os cânones da religião; (2) a oferta de atrativos culturais dentro de um referencial urbano, como se a materialidade dos lugares precisasse de um atributo turístico para ser bem qualificada.

Em outras palavras, são as imagens *alegóricas* e *comerciais* atribuídas à religião contemporânea, mas originadas nessa *religiosidade turística*, que nos interessa discutir visando ao estabelecimento de novas redes de politização. A leitura do turismo por essa óptica nos revela um fenômeno social mais complexo e substancial que os tradicionais enquadramentos parcelares. O planejamento turístico – enquanto instrumento de negociação permanente – não se limita a uma ideologia desenvolvimentista centrada no teor econômico, ecológico ou mesmo ecumênico. É uma permanente pauta de intercâmbio de imagens e valores entre os grupos locais e a sociedade-mundo, mesmo que dessa pauta façam parte situações de crises, resistências e conflitos. A idéia aqui é explorar a concepção de *religiosidade turística* como caminho, teórico e tecnológico, para racionalizar dialeticamente todo e qualquer sistema de crenças. Isso não só permite, como também promove, a multiplicação infinita de alternativas socioculturais no enfrentamento do monopólio neoliberal.

Enquanto a produção seletiva e fragmentária de lugares turísticos valoriza apenas objetos, situações e fenômenos estereotipados, uma ação política mais coletiva, calcada nessa *religiosidade turística*, tende a superar a dependência das comunidades diante de uma padronização global para o que seja belo e tenha valor de troca. Por oposição – e criativo trocadilho – é a constante troca de valores e padrões de beleza que denuncia o espaço, verdadeiramente infinito, para transformação turística das localidades e regiões, emitindo e recebendo visitantes, conforme a intensificação de seu dinamismo social.

Fizemos essa digressão sobre as potencialidades da abordagem dialética do turismo religioso justamente para demarcar uma posição contrária a duas visões (preconceituosas) que tendem a eliminar o turismo do campo das prioridades sociais. Uma visão tradicional, embora deturpada pelo simplismo, vincula o atrativo turístico a uma *vocação funcionalista*. É aquela idéia de que tal lugar deve desenvolver tal atividade porque aquela é sua vocação. Isso só tem sentido na manipulação técnica dos totalitarismos que sempre buscam perpetuar a apropriação desigual das localidades. Entendemos o turismo religioso, para além de sua segmentação imediata, como um processo antivocacional, basicamente porque são as pessoas e os grupos sociais que contêm dons e vocações; nunca os lugares.

Outra visão entorpecente dá-se na dicotomia entre técnica e religiosidade. Para a maioria das pessoas (no senso comum e científico), o desenvolvimento da religiosidade se faz ou por ignorância

85-7241-568-8

cultural ou por processos místico-esotéricos. Trata-se de uma brutal desqualificação do campo religioso como caracterizador da existência humana. De um lado, mergulha-se no positivismo ingênuo capaz, como se o ato de *acreditar* fosse atributo exclusivo dos povos ignorantes. De outro, mergulha-se no elitismo da identificação de forças míticas descoladas de bases materiais. Novamente, a velha ruptura entre o material e o espiritual.

Com essas duas visões – marcadas sim pela cegueira –, não conseguimos iniciar um panorama interpretativo do turismo religioso no Brasil. Ficaríamos naquela tendência descritiva de indicar lugares e comportamentos exóticos nos quais "bandos de seres humanos", em busca de algum espírito ou divindade, cumprem em apresentar situações classificáveis hoje como turísticas. Seria, isso sim, um procedimento inoperante. Por isso, tratamos de invertê-lo a partir do questionamento central: em que medida o turismo religioso contribuiria para o planejamento estratégico regional e a emancipação política das classes subalternas? Verificaremos um caso capaz de revelar essa resposta, ainda nas primeiras etapas de sua construção.

Peregrinação Turístico-religiosa na Reserva Ecológica Juréia-Itatins

No último final de semana que antecede a festa do Bom Jesus de Iguape – no histórico município de Iguape, litoral sul de São Paulo –, costuma ocorrer uma peregrinação católica capaz de justificar até a abertura de uma área restrita de reserva ecológica. Trata-se da caminhada de 33km de extensão, partindo da Barra do Una (ainda município de Peruíbe), atravessando outras praias e formações litorâneas – como os 6km da encosta do maciço de Itatins, até a chegada na praia da Barra, distrito de Ribeira de Iguape, onde se pernoita à espera da balsa que nos leva à cidade, já em sua semana de festejos.

Como outros percursos que podem ser repetidos na ligação entre a zona rural e o centro urbano, em diversas localidades do país, o percurso da Juréia, especificamente, alimenta-se na tradição de imitar a trajetória que a imagem de Bom Jesus teria feito ao ser resgatada de um naufrágio, nesse trecho do litoral de Peruíbe. O fato, que se deu há mais de 350 anos, marca no lugar aquele momento mítico-religioso que Mircea Eliade, em seu *Tratado de História das Religiões*, chama de *hierofania*. Isso significa que o santo – e, nesse caso de catolicismo popular, o Bom Jesus é, de fato, um santo no sentido de mediador especial entre o crente e a divindade – tenha "escolhido" aquela localidade para se manifestar e operar suas graças, identificadas como milagres.

O mais significativo, ao longo do trajeto que tivemos a oportunidade de acompanhar no mês de julho de 1999, era notar o perfil demográfico dos participantes da caminhada. A maior parte dos peregrinos da própria região (moradores da área menos restrita da reserva estadual) partia antes do amanhecer, para conseguir chegar ao destino final da romaria – a igreja matriz de Nossa Senhora das Neves – ainda no mesmo dia. Tal informação, fornecida pelos monitores do parque que acompanhava o trajeto dos peregrinos, era corroborada pela imagem que se verificava no restante do dia. Eram agrupamentos de jovens e adultos, sem qualquer caracterização expressa de evidente prática religiosa. Seguiam pela vasta paisagem das praias semidesertas, não parando para orações ou rituais católicos predeterminados. Toda imagem ali evidenciada – como mostram as Figuras 21.1 e 21.2 – não indicava qualquer destino religioso na motivação daquele *trekking* litorâneo.

Nossa própria participação deu-se junto a uma equipe de turistas liderada pelo geógrafo e turis-

Figura 21.1 – Peregrinação de Bom Jesus de Iguape: romeiros e ecoturistas.

Figura 21.2 – Peregrinação de Bom Jesus de Iguape: promoções do evento.

mólogo Jorge Monteiro[3]. Formávamos, no total, 16 *peregrinos*, dos quais apenas quatro haviam feito o percurso em anos anteriores. Outros grupos, pelo ritmo que imprimiam à caminhada, demonstravam maior envolvimento com os desafios, as paisagens naturais e a convivência do percurso, do que propriamente o interesse em atingir o destino final. Assim, com eles, demoramos muito mais tempo na travessia das trilhas íngremes do maciço da Juréia, o que resultou em cansaço além do previsto e finalização da caminhada, já à noite, na caçamba de caminhões basculantes. Isso nos fez economizar o último trecho de praia.

A finalização dessa romaria-ecológica deixava a grande maioria dos peregrinos *modernos* – portanto, turistas religiosos – em uma situação de confraternização e repouso, aguardando, no caso, o dia seguinte para uma visita à cidade de Iguape e, por conseguinte, aos festejos do Bom Jesus.

Essa breve descrição de uma experiência peregrina, entre tantas que se realizam por ocasião das festas (mais ou menos tradicionais) do catolicismo popular, denota um conjunto de aspectos fundamentais para o futuro do turismo religioso no Brasil. São eles:

- *Interdependência:* quanto maior a interface ambiental do santuário no qual se realiza o evento central do atrativo religioso, maiores são as possibilidades de convivência do turismo religioso com outros segmentos importantes do turismo. Assim, uma atividade expressiva do turismo ecológico ou de aventura – como essa caminhada litorânea – pode, tranqüilamente, ser incorporada na dinâmica ritual do santuário, sem necessariamente descaracterizar os elementos tradicionais das comunidades locais. Ao contrário, o manejo da reserva, diante das adaptações periódicas à romaria, acaba auxiliando também na conservação dos costumes que valorizam a festa.
- *Ampliação/diversificação de público:* a cada ano, diante de uma preparação compatível com a mitigação dos impactos, é possível incorporar mais visitantes com diferentes motivações associadas, permitindo inclusive uma desconcentração de processos turísticos em diferentes épocas do ano. Afinal, lugares como Iguape representam uma complexidade de atrativos regionais incapazes de serem esgotados em uma única visita.
- *Revitalização de outros eventos religiosos:* se ambientalmente essa diversificação permite o reconhecimento de outros atrativos, no campo especificamente religioso pode ocorrer uma sistemática divulgação de eventos – litúrgicos, comunitários ou diocesanos – realizados em outras fases do ano. Isso sem contar com manifestações de outras confissões religiosas que, a reboque da revitalização católica, encontram meios mais objetivos para incrementar seus eventos.
- E o mais importante, *articulação política de um planejamento turístico integral a partir da dinamização religiosa:* o que não significa restringir a valorização turística do território local em função de uma *vocação religiosa*, mas sim operar tecnicamente as potencialidades territoriais da religiosidade popular. O planejamento estratégico dos atrativos de caráter religioso, em sintonia com velhos e novos atrativos (não religiosos), representa uma ruptura política e metodológica com a postura mais conservadora; aquela que discrimina a motivação religiosa, sem perceber suas interfaces diretas e indiretas.

Há, portanto, um processo de expansão para o turismo religioso que não se confunde com os novos apelos religiosos da sociedade urbano-industrial. Porém, ajusta-se à complexidade humana daquilo que podemos reconhecer como *motivação turística* em geral. Dentro dessa complexidade, não cabe

[3] Professor de Geografia do Colégio Sion, em São Paulo.

Parte 3

85-7241-568-8

julgar ou classificar a autenticidade dos diferentes peregrinos que fizeram (e fazem) a romaria da reserva da Juréia-Itatins. Questionar se a motivação era ou não verdadeiramente religiosa é o mesmo que duvidar dos negócios em um congresso empresarial. Sempre há quem não faça negócio algum, que vá ao congresso para tantas outras finalidades humanas quanto forem possíveis. Mas isso anula ou inviabiliza a preparação do turismo de negócios?

Da mesma forma deve ser encarada a diversificação de relacionamentos, de consumo e de intercâmbios no turismo religioso; não necessariamente por se tratar de um tipo de turismo como outro qualquer, mas justamente por incorporar as faces dialéticas aqui já tratadas: de um lado, a *visitação religiosa* como processo de ida e volta, que torna a região de Iguape – e sua festa do Bom Jesus – um espaço receptivo e emissivo de turistas. De outro, a *religiosidade turística*, que proporciona a multiplicação de produtos turísticos na mesma lógica de um sistema de crença: seja qual for o objeto da fé, o turismo só constitui atrativos porque as crenças humanas direcionam nosso olhar. No planejamento turístico, pelo viés da religiosidade enquanto instrumento tecnológico, *é preciso crer para ver*, não o contrário. O apóstolo Tomé talvez tenha influenciado demais nossos técnicos em espaços turísticos. Podemos e devemos rever agora essa influência.

Limites Intoleráveis da *Segmentação* do Turismo Religioso

Além de Iguape, do Santuário do Bom Jesus, há uma listagem quase infinita de localidades onde o turismo religioso é operado, muito embora nos limites dessa segmentação, até certo ponto antiprofissional, opere uma tendência identificadora da relação *motivações/atrativos*, tão clássica para a constituição de públicos-alvo no mercado consumidor. Quando se tenta encontrar as razões para uma viagem a lugares sagrados, faz-se um isolamento dessa motivação diante de todas as demais possíveis. Trata-se de um ato reflexo de *preservação do desconhecimento* da racionalidade religiosa. Desconhecimento duplo: do sistema teológico de crenças e da experiência da cultura religiosa de uma coletividade. Para os planejadores territoriais – incluindo os profissionais de turismo – esta é uma maneira de praticar o ditado popular no qual se afirma que *no Brasil, fé e política não se discute.*

Ora, na ausência de discussão, pincela-se no mapa dos estados e regiões pontos de peregrinação religiosa mais conhecidos; depois, oficializa-se em tais pontos uma *vocação natural* para o turismo religioso, apenas com o crivo da aparência imediata, como se o processo histórico apenas estivesse cumprindo ali – Aparecida, Nova Trento, Bom Jesus da Lapa, entre tantos – uma determinação exclusiva da Divindade.

Essa limitação conserva-se, a partir de um *inventário descritivo*, por duas frentes. Ambas, como veremos, têm servido de base para a consolidação de catálogos oficiais, promovendo o turismo religioso brasileiro. Dedicar-nos-emos aqui ao guia *Roteiros da Fé Católica no Brasil*, desenvolvido na gestão de Caio Luiz de Carvalho, presidente da Embratur durante a gestão 1999-2002, época em que o instituto ainda se dedicava a políticas de turismo doméstico.

A primeira frente corresponde ao fortalecimento mítico e místico da reprodução do discurso dogmático. Só assim é possível compreender a facili-

Figura 21.3 – Imagens da devoção: Império do Divino em São Luiz do Paraitinga (São Paulo).

Figura 21.4 – Imagens da devoção: visita de Nossa Senhora de Fátima a São Paulo.

Figura 21.5 – Imagens da devoção: a mística da natureza na Chapada dos Veadeiros (Goiás).

dade como uma produção a respeito da fé católica recebe o rótulo de turismo religioso, mas um roteiro ligado aos centros espíritas ou aos terreiros de candomblé provavelmente sofreria outra adjetivação. Seriam pontos de um turismo *místico*, *terapêutico*, *cultural*, *étnico*, até; mas não necessariamente *religioso*, conforme uma identificação imediata. Nesse sentido, em termos históricos, poder-se-ia avançar na diferenciação de dois tipos de turismo religioso: o tradicional (de vinculação católica) e o moderno (expressão contemporânea da diversificação de credos religiosos). Mas, na recusa dogmática ao estudo – *fé não se discute* –, o resultado acaba sendo um enquadramento do atrativo religioso em função apenas do aval da Igreja Católica. Eis o primeiro limite intolerável.

Figura 21.6 – Modernização dos santuários: Centro Cultural em Homenagem a Padre Cícero, em Juazeiro (Ceará).

Figura 21.7 – Modernização dos santuários: *showmissa* no Santuário Canção Nova, em Cachoeira Paulista (São Paulo).

Figura 21.8 – Modernização dos santuários: *Magic Park* com miniaturas turísticas em Aparecida (São Paulo).

A segunda frente constrói o outro limite. Como a fé, católica ou não, só se constitui em atrativo por suas manifestações (arquitetadas, ritualizadas ou encenadas), boa parte do enquadramento desses pontos turísticos depende de uma fortíssima dose de atividades consideradas profanas. E, nessa hora, falta embasamento teórico mínimo aos nossos profissionais para compreender a noção de *profano* como essencial (central) na caracterização da religiosidade popular. As paisagens e territórios que compõem atrativos religiosos motivam visitas religiosas por aproximar as dimensões do sagrado e do profano; não por afastá-las. Por isso, a inconsistência aparente em enquadrar a Procissão da Corda do Círio de Nazaré, a Lavagem da Igreja de Nossa Senhora do Bonfim ou as Cavalhadas da Festa do Divino como turismo religioso. São manifestações profanas, na medida em que não fazem parte de nenhuma convenção católica. Entretanto, exercem atração de público e de mídia, fazendo com que o *religioso* como motivo *stricto sensu* se transforme em pretexto para os roteiros preestabelecidos.

No trabalho *Turismo Religioso* (Oliveira, 2004), fez-se o reconhecimento de três tipos de roteiros cadastrados pelo esforço institucional da Embratur. Essa publicação organizou pioneiramente um manual de turismo religioso, como iniciativa de cadastramento dos destinos e atrativos voltados para essa motivação. A Tabela 21.1, composta a partir dos eventos cadastrados no *Roteiro da Fé Católica no Brasil*, reconstitui um panorama, já bastante incompleto, das atrações religiosas entre as 27 unidades federativas da União. Entre essas, uma infinidade de eventos nos milhares de municípios brasileiros é simplesmente ignorada. Mas ajuda-nos a observação desse aspecto fundamental para a compreensão do turismo religioso: *a viagem movida pela fé tem seu clímax na realização de uma festa sacro-profana*. O *turismo de fé* é mais efetivo e sustentável como *turismo de festa*?

A Tabela 21.1 nos permite reinterpretar três concepções de roteiros, direcionando a motivação desse tipo de viagem em uma trajetória que não excluiu a fé; mais incluiu, paulatinamente, a festa e o evento. Na verdade, expressa um conjunto de motivações articuladas pela ligação de significados espirituais e culturais que se conjugam naquela visita.

A realização da festa é tão antiga quanto a devoção coletiva à divindade. Sua explicação encontra-se amparada nas originais interpretações de Emile Durkheim, que em seu clássico *As Formas Elementares da Vida Religiosa* (1996) interpreta a função de identidade dos cultos religiosos

Figura 21.9 – Imagens da fé como festa (São Luiz do Paraitinga, São Paulo): cavalhada do Divino Espírito Santo.

Figura 21.10 – Imagens da fé como festa (São Luiz do Paraitinga, São Paulo): a folia e o mastro de São Sebastião.

Figura 21.11 – Imagens da fé como festa (São Luiz do Paraitinga, São Paulo): carnaval de rua na véspera da quaresma.

Tabela 21.1 – Eventos cadastrados no roteiro da fé católica no Brasil

Tipos de roteiros	Eventos (por estados da federação)
Padrão	Nossa Senhora da Glória (Acre)
	São José (Amapá)
	Boa Morte (Bahia)
	Conceição da Praia (Bahia)
	Santo Antônio (Bahia)
	São Francisco de Canindé (Ceará)
	Nossa Senhora das Graças (Pernambuco)
	Nossa Senhora do Carmo (Pernambuco)
	Senhor Salvador do Mundo (Pernambuco)
	Nossa Senhora do Carmo (Sergipe)
	Nossa Senhora das Dores (Piauí)
	Nossa Senhora da Glória do Outeiro (Rio de Janeiro)
	Bom Jesus de Matosinhos (Rio de Janeiro)
	São Francisco da Ordem (Paraná)
	Nossa Senhora do Pilar (Paraná)
	Dia de Nossa Senhora Aparecida (Distrito Federal)
	Encontros de Oração Vinde e Vede (Mato Grosso)
Ritual	Nossa Senhora de Nazaré (Acre)
	Santo Antônio de Borba (Amazonas)
	Nossa Senhora do Carmo (Amazonas)
	Nossa Senhora da Conceição (Amazonas)
	Procissão Fluvial de São Pedro (Amazonas)
	Círio de Nazaré (Pará)
	Nossa Senhora do Carmo (Tocantins)
	Senhor do Bonfim (Tocantins)
	Bom Jesus dos Navegantes (Alagoas)
	Bom Jesus da Lapa (Bahia)
	Senhor do Bonfim (Bahia)
	Nossa Senhora da Apresentação (Rio Grande do Norte)
	São José do Ribamar (Maranhão)
	Santa Cruz dos Milagres (Piauí)
	Corpus Christi (Espírito Santo)
	São Sebastião (Rio de Janeiro)
	Nossa Senhora da Penha (Rio de Janeiro)
	Divino (Rio de Janeiro)
	Caminho Santo – Nhá Chica (Minas Gerais)
	Nossa Senhora da Achiropita (São Paulo)
	Nossa Senhora Aparecida (São Paulo)
	Romaria de Fátima (Rio Grande do Sul)
	Madre Paulina (Santa Catarina)
	Divino Pai Eterno (Goiás)
Espetáculo	Çairé (Pará)
	O Homem de Nazaré (Rondônia)
	Padre Cícero (Ceará)
	São João de Caruaru (Pernambuco)
	São João de Campina Grande (Paraíba)
	Paixão de Cristo (Pernambuco)
	Paixão de Cristo (Rio Grande do Norte)
	São João (Sergipe)
	Semana Santa de Araxá (Minas Gerais)
	Semana Santa de Belo Horizonte (Minas Gerais)
	Paixão de Cristo (Rio de Janeiro)
	Semana Santa de Paraty (Rio de Janeiro)
	Gramado Aleluia (Rio Grande do Sul)
	Cavalhadas de Corumbá (Goiás) Procissão do Fogaréu (Goiás)
	Via Sacra de Sobradinho (Distrito Federal)
	Cavalhada de Pirenópolis (Goiás)
	Banho de São João (Mato Grosso do Sul)

85-7241-568-8

na construção de vínculos comuns de um povo e uma nacionalidade. A festa, nesse sentido, *manifesta* o encontro que só o espaço sagrado pode proporcionar. Ao realizar a festa, sacraliza-se o lado profano da existência; ao mesmo tempo, retira-se, ainda que momentaneamente, do lado sagrado a sensação de motivo abstrato (intocado = *sanctus*). Festejar, assim, é antecipar o alcance da graça esperada ou consolidar suas dimensões mais significativas. Prova imediata e didática (acessível a todos) de que todo sacrifício vale a pena.

No roteiro que denominamos *padrão*, a festa acontece como dimensão dicotômica da fé, ou seja, é permitida na periferia (temporal e espacial) da parte sagrada, dos ritos e cerimoniais. Esse lado profano (bailes, apresentações, desfiles e competições) é realizado em uma certa marginalidade, como se não integrasse o turismo religioso.

Já nos roteiros enquadrados como *ritual*, a força dos sincretismos e a incorporação dos costumes pela necessidade da divindade sair de seu espaço fixo proporcionam uma mistura de polaridades sagradas e profanas. O que marca tais roteiros são as procissões. Nelas, santos e símbolos religiosos transportados em andores mobilizam um intercâmbio espacial muito mais evidente entre sagrado e profano. Há também o prolongamento do tempo para realização de todo o cerimonial (com diferentes fases e lugares), o que contribui para enriquecer as possibilidades culturais de manifestação no interior de um mesmo santuário.

Continuando nessa trajetória de intercâmbios festivos, a grandiosidade numérica e a construção de eventos específicos para as comemorações devocionais, o terceiro bloco de roteiros não esconde que a festa tende a superar em importância o espaço religioso que lhe deu origem. O padrão de *espetáculos* certamente representa o ideal desenvolvimento do atrativo religioso em produto turístico. O grande problema dessa classificação e inclusão mantém-se na "recaída diagnóstica" ao senso comum, que tende a se reafirmar no velho puritanismo: *em que medida grandes espetáculos como o São João de Caruaru (Pernambuco) ou de Campina Grande podem ser considerados produtos do turismo religioso*? Afinal, se a presença de elementos religiosos muito indiretos é critério, nada impediria a inclusão aqui do festival folclórico de Parintins e dos desfiles de agremiações carnavalescas (maracatus, afoxés e escolas de samba). Todos eles, em sua origem, são procissões transformadas em espetáculo.

O componente *puritano* nasce de uma mentalidade discriminatória e preconceituosa. E ignora, com tranqüilidade, as raízes pagãs e mitológicas do cristianismo e a essência afro-ameríndia do catolicismo brasileiro. Evidentemente, nada impediria a inclusão de espetáculos folclóricos e carnavalescos nessa concepção mais elaborada dos roteiros. Entretanto, seria preciso partir de uma matriz antropológica – e não confessional, como se deu – para classificar os *roteiros da fé*, desafio que temos elaborado com o reordenamento simbólico e territorial da noção de santuários. Também na perspectiva de que a visitação religiosa, enquanto prática do turismo cultural nesses santuários, sirva para superar os limites dessa visão tão segmentada.

Santuários Profanos para Visitação Religiosa

Considerando os tradicionais santuários católicos um primeiro grupo de atrativos capaz de desencadear a produção de um turismo religioso, observamos agora o quanto podemos ampliar os intercâmbios profissionais desse turismo, mediante o reconhecimento do seu processo de visitação.

Vimos a intensidade dos preconceitos limitando a compreensão dos roteiros a lugares sagrados. A partir daqui, poderemos trabalhar com outro reconhecimento fundamental, na estratégia de sistematização desses lugares como produto turístico: nenhum espaço religioso constitui-se de forma natural. Todo espaço sagrado – e, por conseguinte, todos os demais espaços profanos – são *campos de comunicação* entre os seres humanos e suas divindades. Aliás, é fundamental relembrar que o termo *profano* poderia ser tranqüilamente traduzido em *para comunicar*, isto é, condição ou lugar que prepara o homem para se comunicar com a divindade e vice-versa.

Mas dessa simplicidade de significado advém uma incômoda curiosidade: de que maneira um termo tão direto e ingênuo, nas línguas latinas, transformou-se em um verbo de significado tão nefasto – profanar como sinônimo de violar ou violentar? A teoria do sacrifício religioso proposta pelo antropólogo René Girard (1998) torna-se um caminho fundamental para racionalizar, no campo cultural, aquilo que é identificado espontaneamente como algo inexplicável e, por isso mesmo, isolado na categoria do sagrado e hierarquizado por um conjunto de etapas rituais, tomadas como profanas, justamente por revelar sugerir uma explicação. Diz Girard, de forma contundente:

Parte 3

85-7241-568-8

> *O jogo do sagrado e o jogo da violência são apenas um. Sem dúvida, o pensamento etnológico dispõe-se a reconhecer, no seio do sagrado a presença de tudo o que pode ser recoberto pelo termo violência. Mas ele acrescentará imediatamente que há também, no sagrado, algo de diferente e mesmo contrário à violência. Há tanto a ordem quanto a desordem, tanto a paz quanto a guerra, tanto a criação quanto a destruição [...] A identificação da violência fundadora conduz a uma definição extremamente simples e esta definição não é ilusória; ela revela a unidade sem escamotear a complexidade, permitindo organizar todos os elementos do sagrado em uma totalidade inteligível.*
>
> Girard (1998, p. 323)

A relação que o antropólogo trabalha está na lógica de um raciocínio dialético não acessível a grande parte dos estudiosos que buscam o conhecimento de forma maniqueísta, isto é, estabelecendo para a realidade uma defesa do bem contra o mal. Quando se pensa o atrativo religioso como um atributo necessariamente sagrado, estranhando a possibilidade de alguns santuários serem *profanos*, nos aproximamos do alerta que o próprio Girard faz nos parágrafos seguintes de seu ensaio.

> *O mundo ocidental e moderno escapou até agora das formas mais imediatamente restritivas da violência essencial, da violência que pode aniquilá-lo completamente. Esse privilégio não tem nada a ver com as "superações" que apetecem aos filósofos idealistas, pois o pensamento moderno não reconhece nem sua natureza nem sua razão. Ele ignora até mesmo sua existência; situa sempre a origem da sociedade em um "contrato social", explícito ou implícito, enraizado na razão, no "bom senso", na "benevolência mútua", no "interesse bem compreendido", etc. Esse pensamento é portanto incapaz de identificar a essência do religioso e de lhe atribuir uma função real. Essa incapacidade é de ordem mítica. Prolonga a incapacidade religiosa, ou seja, o escamoteamento da violência humana, o desconhecimento da ameaça que esta faz pesar sobre qualquer sociedade.*
>
> *O religioso, mesmo o mais incipiente, detém uma verdade que escapa a todas as correntes de pensamento não religioso, mesmo os mais pessimistas [...] O religioso instrui realmente aos homens o que deve ser feito e não ser feito para evitar o retorno da violência destruidora.*
>
> Girard (1998, p. 324)

O grande elemento norteador para que essa instrução do religioso permaneça eficiente, mesmo diante da ignorância moderna, encontra-se na alta capacidade mediadora da simbologia religiosa. Esse componente da comunicação só aumenta em eficácia à medida que a revolução dos meios técnico-científicos (Santos, 1996) e pós-industriais (De Masi, 1999) forja um juízo de valor unitário em torno da sociedade global.

Diante dessa tendência, observamos que territórios dominados por paisagens absolutamente distintas dos tradicionais espaços religiosos (igrejas, conventos, retiros) passam a ser cada vez mais adjetivados como *paraíso, jardins de delícias, locus* privilegiado para canalizar todas as razões de existência. São as paisagens naturais, com diferentes graus de ocupação, agora progressivamente promovidas a unidade de conservação, com diversas finalidades. São também as paisagens artificiais e técnicas das grandes cidades, representativas do avanço tecnológico de toda uma região. Entretanto, com especial importância e capacidade de renovação, são as paisagens intangíveis dos ritos, das festividades e dos espetáculos, atualmente mais viáveis por sua flexibilidade intrínseca. Esse conjunto de atributos paradisíacos permite uma articulação muito mais promissora entre os interesses ecológicos, econômicos, culturais e o planejamento turístico das localidades. Nelas, a convivência e o prazer – e não o sacrifício dogmático – respondem mais diretamente pela atratividade do lugar.

A Figura 21.12 esquematiza a sobreposição desses quatro tipos de santuários. Permite a visualização de uma hierarquia da abrangência e das tendências de incorporação de seus atrativos no planejamento turístico. A Figura 21.12 revela que a direção da seta principal representa processo de construção de produtos mais elaborados, da dimensão natural para a cultural. Já as setas menores mostram o intercâmbio mais direto entre valores religiosos de maior proximidade simbólica. Tomando como base o santuário natural – com maior apelo paisagístico – e objetivo as festas religiosas (santuário ritual), o modelo oferece uma dinâmica de fluxos para a visualização da seguinte máxima: *são os espaços profanos que produzem lugares sagrados e não o contrário.* Embora, em termos míticos e espirituais, seja plausível trabalhar com a origem sagrada do mundo e da vida, não se pode ignorar tecnicamente a construção cultural das territorialidades. Assim, na prática, qualquer acontecimento místico (uma graça milagrosa, a experiência de

Parte 3

85-7241-568-8

um sacerdote, feitos heróicos dos antepassados) necessita dessa *base profana* para se perpetuar.

Os santuários rituais, metropolitanos e naturais formam essa ampla base profana para criação, desenvolvimento e modernização dos locais que tradicionalmente chamamos de sagrados. Centros de Peregrinação (como Santiago de Compostela), Templos Monumentais (como Santa Sophia, na Turquia) ou Complexos Religiosos espalhados pelas diversas partes do mundo e do Brasil confirmam uma *potencialidade parcial* do turismo religioso. O determinante para a sustentação sistemática dessas localidades, como produtos turísticos efetivos, encontra-se na interação sagrado/profano. Tal interação pode ser reconhecida em três esferas operacionais de planejamento turístico, capazes de projetar o desenvolvimento territorial em função desses santuários. Vejamos como isso se realiza.

- *Esfera natural-tradicional:* bem representada pelo exemplo de peregrinação ao Santuário do Bom Jesus de Iguape, trabalha com a capacidade de inclusão das reservas naturais à dimensão mística do universo religioso. O grande elemento norteador dessa interação é a inclusão da natureza, dialeticamente, como criação e criatura divina. A esfera natural-tradicional potencializa santuários para uma espécie de *turismo místico*.
- *Esfera da metropolização dos santuários:* o caso mais exemplar aqui é o do Santuário Nacional de Aparecida, onde a construção da Basílica Nova – 1955 a 1980 – mobilizou uma série de esforços urbanísticos (não religiosos) na efetivação da estrutura receptiva da localidade, conforme as novas demandas dos visitantes. Nesta, o investimento em equipamentos e serviços reproduz a dinâmica de uma metrópole, ultrapassando as funções locais e regionais específicas. Aqui os santuários religiosos configuram-se como centros (complexos) para um *turismo cultural*.
- *Esfera da produção de eventos nas festas religiosas:* imediatamente lembramos aqui a Festa do Divino, Folia de Reis e outros folguedos que marcam a tradição do catolicismo brasileiro. Entretanto, essas são festas tradicionais que podem ser incluídas na dinâmica da esfera natural-tradicional, como evento folclórico. Nesse caso, mais adequadas a essa terceira esfera são as megamanifestações profanas como os espetáculos da Paixão de Cristo, os autos natalinos, as comemorações do *réveillon* e o próprio carnaval. Por fazer interagirem os santuários metropolitanos com os rituais, os elementos profanos tendem a encobrir completamente a essência religiosa dessas manifestações. Porém, a qualificação do turismo de eventos requer algum nível de revelação dessa essência religiosa de manifestações tão espetaculares como os maracatus, os afoxés e as escolas de samba, todas procissões sincréticas de rituais pagãos e cristãos e pagãos.

A Figura 21.13 procura sintetizar a complementação dessas esferas a fim de facilitar os ca-

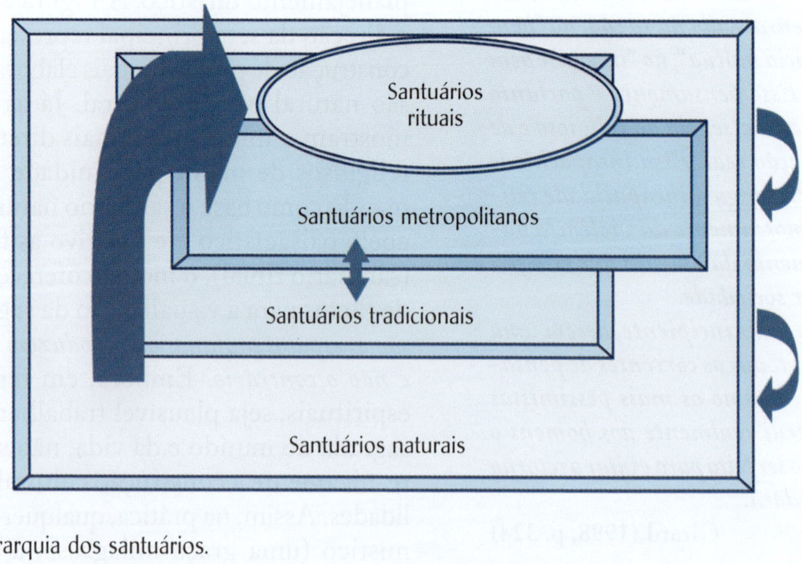

Figura 21.12 – Hierarquia dos santuários.

minhos ao estudo e planejamento operacionais. O importante é visualizar o turismo religioso menos como segmento de mercado – marcado por todos os preconceitos e vícios de superficialidade que já comentamos – e mais como estratégia de análise dos próprios segmentos sociais, ainda tão rejeitados pelo próprio mercado. Para tanto, caracterizar o turismo religioso, em espaços profanos, como uma permanente interação de três tipos de turismo – místico, cultural e de eventos – torna-se essencial.

A idéia central do esquema é caracterizar o turismo religioso como uma tipologia interacionista de diferentes motivações. Os territórios (santuários) profanos, neste caso, acabam tornando-se áreas privilegiadas para os sincretismos de interesses. Derrubam assim a tese (ou a ilusão) de que a motivação de uma visita religiosa é *exclusivamente* a fé dogmática em uma divindade. Na medida em que as esferas apontadas lidam com espaços de intercâmbio (natural/tradicional; provinciano/metropolitano; folclórico/espetacular), os santuários profanos se afastam de quaisquer fixações fundamentalistas. Devolvem, portanto, às comunidades a perspectiva de identificar o turismo como peregrinação e migração: todos movimentos nômades, temporários e marcados pela permanente intenção de retorno.

Como vimos na tabela de roteiros nacionais para o turismo religioso, alguns santuários tradicionais já dialogam, interagem e até promovem boa parte desses santuários profanos. É possível dimensionar o Círio de Nazaré e seus roteiros urbanos, por exemplo, na esfera da metropolização de Belém (Pará), assim como as festas de uma infinidade de santos padroeiros dependem, cada vez mais, da execução de eventos, encenações, *shows*, espetáculos, etc. Mas também não se pode perder de vista a condição cênica das montanhas e praias (Santuário de Vila Velha – Penha, Espírito Santo), dos rios e cavernas (Bom Jesus da Lapa, Bahia) e de áreas protegidas como expressão de defesa do patrimônio natural. O devoto pode ali rever e reverenciar ecossistemas menos agredidos, talvez sob a "proteção" daquele santo. Na cultura cristã, isso nos lembra que a natureza sempre foi um desafio, uma tentação, contra a fidelidade ao Divino. Ao mesmo tempo, fornecia todos os simbolismos pagãos para o movimento de universalização do cristianismo (dando sentido ao termo catolicismo).

Entretanto, são as paisagens naturais as que fornecem, na modernidade (ou pós-modernidade), o maior volume de imagens identificadoras da cultura rural, paroquiana e comunitária. Nelas podem ser encontradas as bases para uma valorização contemporânea das riquezas materiais – anteriores e substanciais – mais próximas à espiritualidade primitiva. Daí pensarmos o turismo religioso como um movimento turístico original centrado, sim, na busca espiritual que mobiliza o comportamento de multidões de peregrinos e, por isso mesmo, marcado por um exercício de plena inversão: *visitar santuários (tradicionais ou profanos) significa voltar ao lugar de identidade.* Trata-se de um compromisso, mais que de uma liberação para um momento de prazer qualquer.

Portanto, nos territórios sacro-profanos (santuários), onde a identificação da simbologia religiosa se faz com ou sem as mediações das igrejas cristãs (além de outras confissões), há que se planejar o fenômeno turístico partir desse modelo

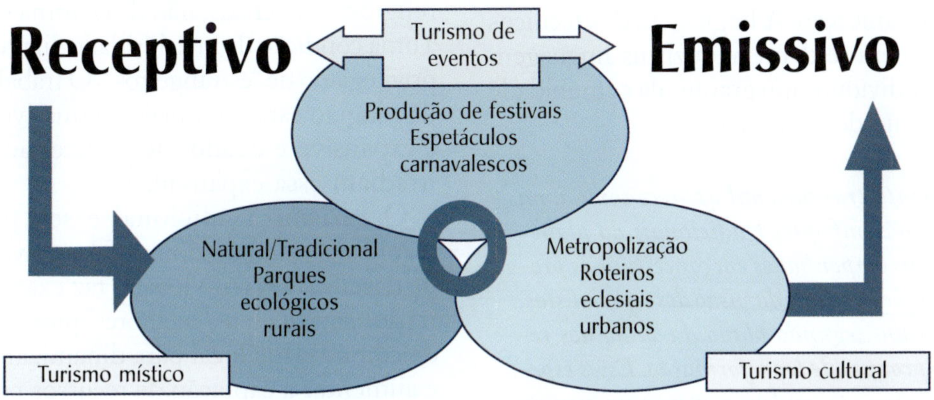

Figura 21.13 – Interação permanente dos santuários profanos.

invertido de visitação. A visitação religiosa pressupõe vantagens na condução da relação socioambiental nesses espaços, considerando três características essencialmente díspares do tradicional vínculo turismo ↔ prazer: (1) essa visitação pressupõe o encontro dos valores imaginados por identidade, não por alteridade. Visita-se o que, de certa maneira, já se conhece; (2) sua realização está firmada em um compromisso social e não em um ato de liberdade individualizada; (3) seu alvo central são as pessoas e as divindades por elas acessadas, jamais as localidades em sua natureza fria e inorgânica, que muitas vezes tornam absolutamente dispensável o cotidiano das comunidades locais.

O vínculo básico do turismo como visitação religiosa a um santuário (seja ele sagrado ou profano) dá-se na relação viagem ↔ dever. Justamente na amplitude dos simbolismos religiosos, cada vez mais presentes em espaços profanos, é que nos convencemos do rico caminho metodológico do turismo religioso como promotor de um verdadeiro turismo com responsabilidade.

Planejamento Turístico da Religiosidade – Um Novo Marco de Investimento

Discutir o planejamento turístico é, acima de tudo, optar por uma matriz técnica e política que oriente a filosofia de planejamento que se pretende. A proposição de um *planejamento transacional*, formulada por Molina e Rodriguez (2001), corresponde a essa opção pelo enfrentamento de um dos maiores desafios para o relacionamento entre planejadores e receptores: a comunicação. A linguagem dos técnicos não se traduz nem se deixa traduzir na linguagem dos grupos e indivíduos integrantes da comunidade receptora. Diante dessa barreira,

> *o planejamento transacional aparece como uma alternativa aos enfoques tradicionais do planejamento, mais empenhados em conceituar os problemas e soluções a partir da visão dos especialistas, relegando a um segundo plano da visão dos receptores do processo de transformação. Esses especialistas geralmente tendem a entrar em contato com a problemática a partir de uma posição particularizada; não valorizam a complexidade organizada. Por outro lado supõem que têm pouco ou nada a aprender com as comunidades receptoras e seu meio [...] O enfoque transacional enfatiza a comunicação entre especialista e os grupos de indivíduos envolvidos no processo de mudança [...] Nesse enfoque, o diálogo é o instrumento-chave para superar o isolamento tradicional existente entre os especialistas e as comunidades receptoras.*
>
> **Molina e Rodriguez (2001, p. 128-129)**

Entretanto, os autores lembram mais adiante que o planejamento transacional "é uma alternativa pouco provada para obter resultados permanentes no processo de desenvolvimento turístico" (Molina e Rodrigues, 2001, p. 131). O motivo principal para essa limitação prática encontra-se justamente na enorme defasagem de formação acadêmica dos profissionais perante as demandas sociais mais significativas. Resumindo, pode-se depreender dessa crítica que o investimento em recursos humanos (e não a promoção de atrativos) corresponde ao principal incentivo ao desenvolvimento do turismo no Brasil.

Essa linha de pensamento facilita enormemente uma reavaliação do papel do turismo religioso mediante a resposta da seguinte indagação: *de que maneira a visitação religiosa em santuários (tradicionais e profanos) coopera com esse foco de investimento em recursos humanos?* Independentemente dos exemplos dos centros de cultos, festas e peregrinação que aparecem no mapa publicado pelo Jornal do Brasil, não é o peso do turismo religioso na receita do município que responde essa pergunta. A resposta advém da prática religiosa (no caso cristã) como o mais antigo – e até agora eficiente – sistema de globalização das comunicações no mundo ocidental. O cristianismo, entre outras religiões universais, não discrimina seus membros a uma condição de inferioridade diante de um grupo privilegiado de "estrangeiros". O trabalho prioritário da religião está no processo emissivo; por isso, ele é expansivo e doador de poderes aos centros que irradiam essa expansão.

O turismo tradicional e seu planejamento tecnicista – amparado em falsas e velhas políticas de desenvolvimento local – faz exatamente o contrário: capacita seus "melhores" profissionais e partes da comunidade local para dinamizar seu receptivo e aumentar a captação de recursos por intermédio dos equipamentos e serviços turísticos. Mesmo que os números do turismo religioso, em grandes cen-

85-7241-568-8

tros de peregrinação, sejam consideráveis (Gonçalves, 2002) ou que a discussão desse segmento seja promovida pela proposta de *turismo popular rentável* (Ripoll, 2003, p. 207-220), o critério de qualificação dos recursos humanos continuará subordinado à visão estritamente empresarial. Em princípio, nada a condenar quando o foco de planejamento se resume à manutenção conservadora dos mecanismos de crescimento desigual.

Mas, conforme uma opção transformadora das relações internas em uma comunidade, a condição turística de uma localidade deve ser mensurada *a partir da potencial/real propensão de seus membros em fazer turismo*. Essa é a lógica da visitação religiosa, que permite projetar toda uma localidade como espaço profano; e só depois selecionar em pontos externos e internos os locais sagrados. De que maneira se pode inventariar atrativos em uma localidade, investindo na promoção de seus produtos e afirmar a capacidade turística de toda comunidade, se a quase totalidade de seus membros nunca fizeram turismo?! Certas localidades e cidades turísticas no Brasil – e, em boa parte, do mundo subdesenvolvido – se comportam, metaforicamente, como uma espécie de *universidade da contra-excelência*: com catedráticos importados e funcionários analfabetos. A sustentabilidade desse empreendimento turístico é tão significativa quanto a rentabilidade de uma *plantation* pós-moderna: não dura meia geração. Vide os balneários litorâneos e as estâncias termais do país.

É fundamental observar, interpretar, dimensionar os santuários profanos de municípios e regiões marcados por culturas e ambientes não diretamente associados ao campo religioso. É aí que construímos as bases de um investimento alternativo no enfoque transacional. Qual a potencialidade turística de Maringá (Paraná), Nova Iguaçu (Rio de Janeiro), Curitibanos (Santa Catarina), Coxim (Mato Grosso do Sul), Osasco (São Paulo), Quixadá (Ceará), para citar apenas seis da maioria de municípios brasileiros quase ignorados pelo planejamento turístico? Que dirá então de sua potencialidade turístico-religiosa? Independentemente disso, nenhuma igreja (cristã ou não) os rejeitaria na mínima possibilidade de erguer um templo em seu território. Essa é a mais preciosa idéia a ser absorvida pela relação entre o turismo e as práticas religiosas.

Finalizamos, assim, propondo um investimento turístico que, alternativamente, siga um direcionamento inclusivo e universal. Tal qual o exercício eclesial de propagação da fé cristã ou a projeção de políticas públicas na saúde, educação, moradia, não há o menor sentido em investir no turismo de lugares atrativos. Todo e qualquer lugar é turístico simplesmente por ter turistas e, religiosamente, porque tem gente com fé. A frase incomoda porque cria condições de ruptura dos oligopólios voltados ao planejamento tecnicista, justamente onde se perpetua o discurso da potencialidade e as práticas da mediocridade: o espaço setorial do turismo.

O espaço religioso que frisamos na discussão dialética dos santuários, que relemos pela inclusão histórica da dinâmica de visitação e que agora podemos compreender como um campo de investimento sociocultural, propõe uma interlocução direta com o planejamento turístico. Verificamos que toda uma linha de pesquisa poderá ser implantada e consolidada a partir de uma mudança efetiva de conceituação. Para tanto, se faz necessária a superação de duas barreiras estruturais que sufocam, em um só tempo, a formação dos profissionais de turismo e a rotina do planejamento governamental:

- A ausência de representantes das confissões religiosas nos fóruns de debate e deliberação das políticas de turismo (locais e regionais), como o Contur – Conselho Municipal de Turismo e outras frentes.
- O desprezo pela investigação das experiências práticas de viagem da maioria da população local, ignorando que a consciência turística desses cidadãos – migrantes, marginalizados, submetidos à clandestinidade e à lógica da sobrevivência – tem a amplitude dessa experiência, base indiscutível de renovação de suas crenças e valores.

O simples fato de perceber coletivamente tais barreiras já pode ser considerado um passo decisivo nesse processo de investimento sociocultural.

Bibliografia Comentada: para um Aprofundamento no Tema

Além dos textos e documentos utilizados nesse trabalho, um estudo mais aprofundado do turismo religioso, na mesma perspectiva de investimento

Parte 3

cultural aqui adotada, pode ser feito na conciliação de três eixos temáticos de leitura.

Um primeiro eixo diz respeito ao estudo da religião como prática cultural da sociedade moderna. Nessa linha, o conhecimento panorâmico das religiões mundiais pode ser bastante acessível por intermédio da obra *O Livro das Religiões*, de Jostein Gaarder, V. Hellern e H. Notaker (Cia das Letras, 2000). Os autores fazem uma descrição completa do conhecimento religioso em diversas culturas, partindo de um referencial filosófico comparativo entre as experiências cerimoniais do Oriente e do Ocidente. Há, no final, um apêndice para tratar exclusivamente das manifestações religiosas brasileiras.

Os aspectos que definem a caracterização popular da religião católica no Brasil são objeto do trabalho de Arnaldo Lemos Filho, publicado em 1996 pela Editora Alínea: *Os Catolicismos Brasileiros*. O resgate histórico da evolução do Catolicismo e suas diferenciações na estrutura social (a fé do camponês, do fazendeiro, do migrante urbano), além da organização eclesial, são as preocupações do autor nesse livro. Ao explorar os conflitos de devoção/organização da fé e os caminhos sincréticos e originais para exercê-la, o professor Arnaldo nos permite compreender o papel da ação pastoral da Igreja que, a partir do Concílio do Vaticano II (1962-1965), incentivou a prática massiva de visitação a centros de peregrinação, abrindo um diálogo permanente entre a religiosidade, o lazer e o turismo.

Culturas e Religiões: uma Leitura Fenomenológica, de Ângela Ales Bello (Edusc, 1998) e *A Realidade Social das Religiões no Brasil*, de Antonio Flávio Pierucci e Reginaldo Prandi (Hucitec, 1996), são dois títulos que completam esse primeiro eixo de estudos, garantindo uma visão mais crítica e construtiva das interações entre a cultura popular e a prática religiosa. O trabalho de Ângela Bello, mais teórico e filosófico, explora a convivência da matriz cultural cristã e suas adaptações no exercício de interação com outras matrizes culturais, principalmente aquelas absorvidas pelos processos de colonização dos novos mundos. De certa maneira, no âmbito religioso contemporâneo, esse processo não parou de produzir outras colonizações mais contraditórias ainda. Por isso, a obra dos sociólogos Pierucci e Prandi completa a discussão da autora italiana, trazendo o debate para o campo político. Os movimentos pentecostais, a democratização das relações civis, as interfaces das crenças com os meios de comunicação também devem auxiliar os novos estudos da religião como ação cultural.

O segundo eixo temático corresponde às leituras sobre a transformação territorial do espaço religioso. Como explicar a construção dos centros de peregrinação em lugares aparentemente marginais? Além dos estudos de nossa autoria citados nesse artigo (Oliveira, 2004 e 2001), devem-se lembrar aqui dois trabalhos importantes. *Hierópolis: o Sagrado e o Urbano* é o primeiro título: uma investigação abrangente executada por Zeny Rozendahl, geógrafa da Universidade Estadual do Rio de Janeiro e autora de outras pesquisas em Geografia da Cultura. Esse trabalho, em específico, auxilia o interessado no tema a relacionar o desenvolvimento das cidades com o simbolismo religioso. Nele há uma série de exemplos demonstrativos do quanto a paisagem religiosa demarca locais de extrema significação social, bem como recria a dinâmica de desenvolvimento das localidades e regiões.

Outro título é *Mystica Urbe, um Estudo Antropológico sobre o Circuito Neo-esotérico na Metrópole* (Studio Nobel, 1999), resultado de uma pesquisa temática desenvolvida pelo professor José Guilherme Magnani, no Departamento de Antropologia da Universidade de São Paulo. A caracterização de São Paulo como centro produtor de múltiplas demandas terapêuticas, filosóficas e esotéricas ajuda a compreensão dessa tão decantada busca por lugares exóticos e alternativos. A caracterização de bairros e grupos sociais, concentradores de motivações "neo-esô" (conforme o autor), abre um significativo campo de interlocução com as demandas turísticas inter-regionais. No conjunto de circuitos que o autor delimita, pode-se reconhecer uma padronização de tipos sociais que valorizam uma vida mais "natural", uma escolaridade "permanente" e uma condição de renda mais elevada, bem dentro da modelagem dos praticantes de ecoturismo.

O terceiro e último grupo de publicações centra sua preocupação no planejamento turístico, ponderando as abordagens críticas e as perspectivas técnicas de sua implantação. O trabalho denominado *O Pós-Turismo*, assinado por Sergio Molina (Aleph, 2003), apresenta um novo paradigma para a conduta de estratégias empresariais (e institucionais). Mais adaptadas ao cenário de espetáculos, representações e trocas virtuais, as ferramentas do fazer turístico já apontam uma o uso sistemático do conhecimento simbólico e virtual. Temos, a partir dessa contribuição de Molina, um importante

Parte 3

caminho para a visualização do fator religioso como tendência futura (dada sua alta densidade de significados) e não um conjunto de valores arcaicos e ultrapassados. A obra aponta para a necessidade de uma *ruptura prospectiva* com a visão de tendencial (muitas vezes fundada apenas em práticas tradicionais). Isso se aproxima efetivamente do motivo de a prática do turismo religioso ter demorado tanto para compor as agendas dos planos de desenvolvimento turístico. Muitas vezes, "religioso" é cientificamente tomado como sinônimo de primitivo ou tradicional.

Outro trabalho representativo das preocupações com o planejamento é o volume 9 da série *Desenvolvendo o Turismo*, editada pelo Sebrae – Serviço Brasileiro de Apoio às Micro e Pequenas Empresas (2003). *Turismo Religioso*, de autoria de Vânia Florentino Moretta, é um manual de orientação para os interessados no turismo religioso como prática de investimento e/ou ação pública e institucional. Voltado ao leitor iniciante, mais interessado na aplicação desse turismo, a obra auxilia o estudioso a verificar administrativamente os problemas circunstanciais que limitam esse mercado. Por isso, é fundamental uma investigação anterior das interfaces culturais e urbanas da religião. Do contrário, o que chamamos de limites da segmentação desse mercado não se transforma em desafios (como nos lembra a autora, diante do seu não-planejamento), mas barreiras intransponíveis.

Questões para Discussão

1. De que maneira a fé se torna motivação turística?
2. Descreva uma experiência prática de turismo religioso. Agora considere: essa experiência seria possível em um lugar sem tradição religiosa? Por quê?
3. Que elementos significativos da natureza tornam as paisagens naturais verdadeiros *santuários* para o turismo religioso?
4. Explique a idéia de "turismo religioso como investimento cultural" apresentada pelo autor.

Sites Indicados

http://es.catholic.net/turismoreligioso: página espanhola da Rede de Igrejas Católicas Ibero Americanas com um conjunto significativo de artigos, localidades e informações sobre turismo religioso.

http://geotur.pt/turismoreligioso: agência portuguesa de turismo especializada em turismo religioso.

www.caminhodesantiago.com: portal destinado à orientação dos peregrinos dos vários caminhos ao Santuário de Compostela, noroeste da Espanha.

www.embratur.gov.br (link – *Festas Populares e Religiosas*): informações oficiais sobre os atrativos sacro-profanos no Brasil.

www.palasathena.org.br: página de organização não governamental voltada aos estudos filosóficos, mitológicos e esotéricos.

www.peregrinacoes.com.br: agência brasileira especializada em turismo religioso.

www.santuario-fatima.pt/portal: *site* oficial do Santuário de Fátima, em Portugal. O maior centro de peregrinação em termos de divulgação internacional.

www.santuarionacional.com.br: *site* oficial do Santuário Nacional de Aparecida, o maior do Brasil.

www.sicielo.br/pdf/ha/v9n20a14.pdf: resenha de Antonio Mendes Braga a respeito do livro *Turismo Religioso*, ensaios antropológicos sobre religião e turismo.

www.villes-sanctuaries.com: portal de um consórcio francês de nove cidades/santuários.

BIBLIOGRAFIA

ANDRADE, J. V. *Turismo: fundamentos e dimensões*. 3. ed. São Paulo: Ática, 1997.

BRASIL. Instituto Brasileiro de Turismo (Embratur). *Turismo Religioso: roteiros da fé católica no Brasil*. Brasília, 2000.

CALLOIS, R. *O Homem e o Sagrado*. Lisboa: Edições 70, 1988.

DE MAIS, D. (Org.). *A Sociedade Pós-industrial*. 2. ed. São Paulo: Senac, 1999.

DIAS, R. O turismo religioso como segmento de mercado. In: DIAS, R.; SILVEIRA, E. (Orgs.). *Turismo Religioso: ensaios e reflexões*. Campinas: Alínea, 2003.

ELIADE, M. *Tratado de História das Religiões*. São Paulo: Martins Fontes, 1993.

GASTAL, S.; CASTROGIOVANI, A. (Orgs.). *Turismo na Pós-modernidade (des) inquetações*. Porto Alegre: Edipucrs, 2003.

GIRARD, R. *A Violência e o Sagrado*. São Paulo: Paz e Terra, 1998.

GONÇALVEZ, F. A fé remove montanhas e dinheiro também. *Revista Turismo em Números do Sindicato da Empresas de Turismo no Estado de São Paulo, (9)*: 8-23, 2002.

MOLINA, S.; RODRIGUEZ, S. *Turismo: planejamento integral – um enfoque para a América Latina*. Bauru: Educ, 2001.

85-7241-568-8

OLIVEIRA, C. D. M. *Basílica de Aparecida: um templo para a cidade-mãe*. São Paulo: Olho D'água, 2001.

OLIVEIRA, C. D. M. Turismo monumentalidade e gestação: escalas e dimensões da visitação religiosa contemporânea. In: ABMANSSUR, E. (Org.). *Turismo Religioso: ensaios antropológicos sobre religião e turismo*. Campinas: Papirus, 2003.

OLIVEIRA, C. D. M. *Turismo Religioso*. São Paulo: Ed. Aleph, 2004. (Coleção ABC do Turismo).

RIPOLL, G. *Turismo Popular: investimentos rentáveis*. São Paulo: Roca, 2003.

SANTOS, M. *A Natureza do Espaço: técnica e tempo; razão e emoção*. São Paulo: Hucitec, 1996.

SERRANO, C.; BRUHNS, H.; LUCHIARI, M. T. (Orgs). *Olhares Contemporâneos sobre o Turismo*. Campinas: Papirus, 2000.

SOUZA E CORREA. *Turismo: conceitos definições e siglas*. Manaus: Valer, 2000, p. 151.

Anotações

Parte 3

85-7241-568-8

CAPÍTULO

22

Turismo Social

Marcelo Vilela de Almeida

Além de controlar o corpo e a mente dos trabalhadores por meio da 'gerência científica' ou da chamada 'organização científica do trabalho', a sociedade administrada também controla as conquistas proletárias sobre o tempo de descanso, ou o chamado 'tempo livre'. A indústria cultural, a indústria da moda e do turismo, a indústria do esporte e do lazer estão estruturadas em conformidade com as exigências do mercado capitalista e são elas que consomem todo o tempo que Lafargue esperara que fosse dedicado às virtudes da preguiça. Em outras palavras, a sociedade capitalista tira com uma mão o que concede com a outra. A jornada de oito horas, o salário-mínimo, o direito a férias e à aposentadoria, o seguro-desemprego, foram conquistados pelos trabalhadores e depois tiveram de ser garantidos pela burguesia. Essa garantia chamou-se Estado do Bem-Estar. A burguesia, porém, soube perfeitamente como transformar em ganho para si o que lhe aparecera inicialmente como uma perda, inventando o consumo de massa de produtos de baixa qualidade e descartáveis, (...) controlando o tempo livre dos trabalhadores com a indústria cultural, a do esporte e a do turismo.

Lafargue (1999, p. 48-49)[1]

Introdução

A partir do século XIX e sobretudo no século XX, observaram-se grandes mudanças em todos os campos da atividade humana, as quais são ainda constantes. Mudaram as formas de contar o tempo, de dominar o espaço, de trabalhar, de se divertir e de viajar.

O que se observa hoje é um sentimento de perplexidade das populações dos países desenvolvidos e em desenvolvimento quanto ao ritmo dessas mudanças e seus impactos sobre o tempo livre, que ao mesmo tempo tem crescido em volume, não por mera benevolência da sociedade capitalista, mas por uma imposição das novas tecnologias, e cuja utilização caracteriza-se, ainda, pela repetição da alienação existente nos meios produtivos.

O turismo de massas comercial ou convencional nada mais faz que perpetuar essa situação, permitindo que as classes média e média alta ocupem plenamente cada centímetro de valorizados cenários turísticos onde se encontram cravados os *resorts* e outros complexos turísticos ou, ainda, destinando à classe média baixa as sobras do espaço turístico, aquilo que não interessa às outras classes.

Pergunta-se, então, como promover o lazer turístico daqueles que não podem freqüentar os destinos ocupados pela classe média, seja através do turismo de massa convencional ou comercial, seja através do turismo popular. É nesse momento que surge a intervenção do Estado no campo do turismo, ou melhor, do chamado "Estado do Bem-Estar".

O Estado do Bem-Estar, ou *Welfare State*, caracteriza-se pela instrumentalização de políticas que permitam a obtenção das necessidades básicas de uma população, levando a cabo as ações necessárias para que essas populações tenham meios para satisfazê-las; ações, portanto, de compensação que conduzam a uma certa igualdade (muito teórica) de meios.

Enquanto os sistemas dos Estados de Bem-Estar Social do passado caracterizavam-se por uma

[1] Extraído da introdução de Marilena Chauí para a edição brasileira da obra de Lafargue, à qual a autora se refere.

85-7241-568-8

obrigação moral com os pobres, os atuais fundamentam-se no "direito dos cidadãos", incluindo-se o tempo livre e o lazer no rol desses direitos (Alvarez Sousa, 1994, p. 113).

> *(...) o tempo livre se converte no tempo de consumo por excelência, e se necessita que as massas consumam para que o sistema funcione. Seguindo Keynes, a crise econômica se deve não à superprodução, mas sim ao subconsumo. É necessário que se inverta a poupança inútil, para o maior bem da comunidade. O Estado deve empreender investimentos públicos para eliminar o desemprego e produzir consumidores. O intervencionismo servirá assim ao consumo, proporcionando uma redistribuição dos lucros em favor das classes com recursos mais baixos. Dentro desta linha se pode incluir o intervencionismo do Estado de Bem-Estar Social em favor da facilitação do consumo turístico aos setores mais desfavorecidos.*
>
> Alvarez Souza (1994, p. 313-314)

E, efetivamente, foi essa a visão prevalecente no campo do turismo social, tanto na Europa como nos países da América Latina, que favoreceu, na prática, a existência de discrepâncias quanto ao seu entendimento e, conseqüentemente, as ações para sua promoção, que nada ou pouco tiveram a ver com aquilo que seria desejável enquanto ideologia; uma ideologia do desenvolvimento humano, ou ideologia do ócio, que, segundo Molina, dissidente da ideologia tecnológica que vigora em nossos dias, permitiria a formação de um novo estado de consciência individual e social apoiado naquilo que há de positivo nas ideologias científicas e políticas antecessoras (Molina, 1998, p. 18-19).

Molina afirma, ainda, que os estudos sobre o turismo foram, até pouco tempo atrás, regidos pela perspectiva tecnológico-industrial, limitando-se à descrição de fatos cotidianos relacionados sobretudo à economia, mas que a viabilidade de uma teoria como a explicitada (a da ideologia do desenvolvimento humano e do ócio) que possibilite uma prática qualitativamente superior de turismo e da recreação nas formações sociais futuras dependerá de questões como a persistência da crítica social e a produção de novos sistemas de idéias (Molina, 1998, p. 22), entre outras, para o que, espera-se, este trabalho venha a contribuir, especificamente no campo do turismo social.

Assim, a seguir serão abordadas, de forma sucinta, as questões conceitual e histórica do turismo social, de modo que, uma vez compreendido adequadamente o conceito, seja possível analisar algumas experiências bem-sucedidas na promoção dessa forma de turismo e outras possibilidades concretas de sua viabilização. Por fim, são apresentadas as perspectivas para o turismo social, que começa agora a receber atenção por parte do governo brasileiro.

Questão Conceitual[2]

Em termos de produção acadêmica nacional, o que se encontra são trechos e capítulos de livros, dissertações e teses que o abordam o tema de forma muito superficial; alguma relação pode ser encontrada em obras que tratam do lazer, como as de Camargo, Dumazedier e Marcellino, entre outras. Já entre os autores internacionais merecem destaque Boullón, Cunha e Fúster.

Merecem destaque algumas obras que versam especificamente sobre turismo social nos idiomas francês e espanhol, cujos principais autores são os seguintes: Froidure, Haulot, Lanquar & Raynouard e Ripoll. Além desses, devem ser mencionados as teses de Baptistela Filho e Bavaresco e os trabalhos de conclusão de curso de Santos e Villani, disponíveis na biblioteca da Escola de Comunicações e Artes da Universidade de São Paulo, que abordam o tema de forma mais aprofundada.

Um dos problemas iniciais encontrados por aqueles que se debruçam sobre o assunto decorre, na realidade, do próprio termo utilizado para designar essa forma de turismo: o termo *social*, que além de bastante desgastado, seja pelas pressões da opinião pública feitas aos governos, seja pela retórica demagógica dos mesmos governos, poderia muito bem se referir a qualquer forma de prática turística.

A fim de resolver a questão de nomenclatura, os vários estudiosos do assunto, com maior ou menor propriedade, propuseram vários sinônimos que, em suas visões, melhor representariam o espírito do turismo social: turismo operário, turismo socializado, turismo dos assalariados, turismo de

2 Almeida, 2003, p. 111-140.

minorias, turismo de massas, turismo da juventude, turismo de classes populares, turismo gratuito, turismo associativo, turismo beneficente, turismo estatal, turismo fomentado sociopoliticamente, turismo democrático, turismo popular, turismo em série, turismo social corporativista ou corporativo, turismo de baixo custo, turismo subvencionado, turismo familial/familiar e turismo de economia social.

De qualquer forma, pelo uso da referida expressão já ter sido profundamente sedimentado entre os meios acadêmico e empresarial (sobretudo no exterior), manter-se-á, para fins desse estudo, o termo "turismo social", não sem essas ressalvas.

Minimizada a discussão sobre o termo mais adequado para substituir a expressão *turismo social*, restavam (e ainda restam) outras questões a serem resolvidas quanto à necessidade de subsídios e subvenções, aos limites físico-territoriais, à renda dos turistas, ao período das viagens, às características socioeconômicas das populações atendidas, aos preços das programações, aos agentes promotores e ao papel do Estado, ao volume de turistas, à evolução de uma forma para outra, etc.

Propõe-se, assim, a seguinte definição: turismo social é aquele fomentado sociopoliticamente pelo Estado e organizado por entidades da sociedade civil (assistenciais, profissionais ou outras) com objetivos claramente definidos de recuperação psicofísica e de ascensão sociocultural dos indivíduos, de acordo com os preceitos da sustentabilidade, que devem estender-se às localidades visitadas.

Considera-se que essa definição é abrangente o bastante para envolver o Estado na qualidade de agente fomentador e coordenador das ações necessárias para o desenvolvimento do turismo social, principalmente no que diz respeito à participação do setor privado quanto à operação dos equipamentos turísticos (que deve oferecer preços compatíveis com seus custos) e às entidades do terceiro setor, responsáveis pela definição das programações que mais interessariam aos grupos por elas atendidos.

A definição anterior defende que seja deixada de lado a questão dos subsídios ou subvenções públicas como pré-requisito para que haja turismo social (não que não devam existir, apenas não devem ser esses os elementos diferenciais), e da restrição aos possíveis participantes, já que tanto os públicos tradicionalmente identificados com o turismo social (jovens, estudantes, terceira idade, trabalhadores de baixa renda, famílias, etc.) como aqueles que se encontram insatisfeitos com as programações de turismo convencionais (advindos de outras classes sociais) poderiam participar do movimento de turismo social, valorizando-se os aspectos socioculturais da viagem, seja ela de duração inferior ou superior a 24 horas (excursionismo ou turismo, respectivamente).

Origens e Desenvolvimento do Turismo Social

Embora existam indicações de práticas de turismo social desde o início do século XX, a bibliografia da área aponta a Alemanha como um dos primeiros países a desenvolvê-lo de forma organizada e consistente, alcançando grande êxito nessa tarefa – ainda que tal promoção estivesse fortemente dedicada a servir aos interesses e ao contexto político-ideológico vigente à época, servindo de meio para a manipulação ideológica: a Alemanha de Hitler, por exemplo, o fez com claros fins propagandísticos da ideologia totalitária, com a criação da KdF – *Nationalsozialistischen Gemeinschaft Kraft durch Freude*, entidade que passa a ser responsável pela organização do tempo livre dos trabalhadores (a exemplo da Dopolavoro, organização fascista da Itália de Mussolini).

A KdF, responsável também pelas manifestações artísticas e esportivas dos trabalhadores, passaria a organizar viagens pelo interior da Alemanha e ao exterior, tendo levado, em 1935, aproximadamente cinco milhões de viajantes, os quais utilizavam diversos meios de transportes para realizar viagens que duravam até 14 dias. Com o enfraquecimento da Alemanha nazista após a II Guerra Mundial, o turismo social distancia-se das diretrizes da KdF e passa a ser delegado à Federação dos Sindicatos Alemães e ao Sindicato dos Operários Alemães.

Há que se destacar que a Alemanha não foi o único país a utilizar-se do turismo social para fins de manipulação das massas: situações semelhantes ocorreram em Portugal, na antiga União Soviética e até no Canadá (em Quebec, mais especificamente).

A partir de um estudo bastante abrangente realizado pela empresa Consultur – Consultores Turísticos S/A, sob supervisão da Direção Geral de Política Turística e publicado pelo Instituto de Estudos Turísticos da Espanha, observa-se, na Europa, que cada país desenvolveu um modelo de turismo social em função de suas particularidades políticas e socioeconômicas, caracterizando-se pela implementação de políticas horizontais – as quais favorecem, de forma quase idêntica, todos os segmentos que podem ser considerados "camadas mais desfavorecidas da população" (como ocorre na Alemanha, Bélgica, Dinamarca, Grã-Bretanha, Holanda e Suíça) – ou de políticas verticais – as quais favorecem, de distintas formas, cada tipologia específica (famílias, terceira idade, deficientes, etc.), como ocorre na Itália, França e Espanha (El Turismo Social..., 1993, p. 139-140).

Esse estudo propõe a classificação dos diversos países europeus segundo os sistemas de ajuda criados: a ajuda ao investimento, que ocorre na Alemanha, Dinamarca, Itália, França e em Portugal, consiste em subvenções ou créditos para a construção de alojamentos específicos para os segmentos considerados; a ajuda à pessoa é dada por meio de contribuições diretas aos membros dos segmentos implicados, como é o caso da Bélgica, Holanda e Grã-Bretanha e as subvenções de preços, como há na Espanha, fazem com que o setor turístico comercial ofereça preços especiais a esses segmentos; alguns países, ainda, realizam políticas simultâneas.

Do ponto de vista internacional, não se pode deixar de mencionar o papel do BITS – *Bureau International de Tourisme Social* (*Bureau* Internacional de Turismo Social), criado em 1963 com sede na Bélgica e considerado a mais importante entidade de turismo social no mundo. Tem por objetivos promover o desenvolvimento do turismo social em nível internacional, coordenar as atividades turísticas de seus membros e informá-los sobre assuntos concernentes ao turismo social, incluindo seus aspectos culturais e suas conseqüências sociais e econômicas.

O BITS reúne mais de 145 organismos-membros em aproximadamente 40 países, entre eles: Áustria, Bélgica, Bulgária, Canadá, China, Colômbia, Espanha, Estados Unidos, França, Grécia, Itália, Malásia, Malta, México, Portugal, República Dominicana, República Tcheca, Romênia, Reino Unido, Rússia, Suíça, Tunísia, Turquia e Iugoslávia. O Brasil é representado por dois membros no BITS: Sesc – Serviço Social do Comércio e SSS – Sociedade de Serviço Social.

A fim de responder melhor e mais concretamente às necessidades das diferentes regiões do mundo, o BITS decidiu, a partir de 1990, constituir seções regionais, criando, em 1993, o BITS-Américas, órgão de promoção, contato e coordenação para os países das Américas.

Um marco importante de sua trajetória foi a Assembléia Geral do BITS realizada na Áustria de 16 a 18 de outubro de 1972, ocasião na qual foi lançada a Carta de Viena, principal documento sobre o assunto, que estabelece as bases e diretrizes do turismo social, confirmadas pela OMT – Organização Mundial do Turismo na Declaração de Manila.

No Brasil, poucas ações consistentes e continuadas foram observadas em termos de promoção e organização do turismo social. Uma das propostas governamentais mais consistentes foram os projetos *Interior na Praia* e *Redescobrindo o Interior*, que tiveram início no estado de São Paulo em 1984, no governo de André Franco Montoro, sob a ação da Fundação Prefeito Faria Lima – Centro de Estudos e Pesquisas de Administração Municipal (Cepam). Esses projetos constituíram objeto de estudo da tese de Bavaresco, na qual se ressaltam a importância e o ineditismo dessas ações, realizadas para escolares "(...) com subvenção de órgãos estaduais e municipais e dentro de claras perspectivas educacionais (...)" (Bavaresco, 1991, p. 8), funcionando, ao mesmo tempo, como veículos de educação para o lazer, veículos de educação pelo lazer e veículos de educação política, garantindo a obtenção de reflexos positivos no ensino do então chamado primeiro grau pela aproximação da escola com a sociedade. Isso só foi possível, na visão da autora, graças a uma mudança na forma de entendimento dos critérios e perspectivas governamentais, alicerçados na descentralização e na democracia, então, recém-reinstaurada no país.

"Surgem da preocupação em difundir, nas comunidades interioranas, um conceito democrático de férias e em poder estimular sua prática entre as camadas menos favorecidas da população. Férias como um direito de todos aqueles que trabalham e estudam, como um hábito salutar de higiene mental, indispensável à recuperação física, psíquica e ao crescimento sociocultural (*sic*) dos indivíduos, indiscriminadamente. Sobretudo em contraposição a férias como privilégio, entendidas apenas como um hábito caro, dispendioso, de natureza sofisticada, circunscrito às classes de alto poder aquisitivo" (Bavaresco, 1991, p. 90-91).

Parte

Esses projetos, de autoria de Chopin Tavares de Lima, estavam fundamentados no aproveitamento de prédios escolares como equipamentos de hospedagem, uma vez que se encontravam ociosos durante as férias, e na possibilidade das crianças virem a conhecer o mar – uma das maiores expectativas de suas vidas. Em janeiro de 1984, ocorreu o primeiro *Interior na Praia*, do qual participaram quatro mil estudantes do primeiro grau da rede oficial de ensino, os quais ficaram alojados no trecho do litoral localizado entre Santos e Peruíbe. Nas férias seguintes, em julho do mesmo ano, 40 municípios recepcionaram 1.600 crianças no primeiro *Redescobrindo o Interior*, obtendo sucesso absoluto na opinião da pesquisadora. Dentre os diversos benefícios que tais atividades trouxeram durante o período em que ocorreram, merece destaque a possibilidade de reprodução dessas iniciativas, com as devidas adaptações, por outras entidades ou segmentos, o que acabou acontecendo – surgiram, em nível local, projetos como *Bóias-frias na Praia* (voltado para trabalhadores rurais) e *Interior no Interior*, realizados em finais de semana.

Apesar do caso bem-sucedido dos projetos anteriormente mencionados, poucas ações foram realmente levadas a cabo pelo governo do estado de São Paulo no que diz respeito à implantação do turismo social. Igual situação ocorre em nível federal: a Embratur – Instituto Brasileiro de Turismo, órgão nacional responsável pelo turismo, chegou a propor algumas iniciativas relacionadas ao turismo social, de pouco ou nenhum alcance prático.

No setor privado, merecem destaque os *hostels* ou albergues da juventude, que surgiram na Europa e permitem aos seus associados usufruir de unidades em mais de quatro mil cidades turísticas do Brasil e do exterior. "*Hostels* é um meio de hospedagem alternativo, com quartos coletivos (alguns *Hostels* também oferecem quarto para casal e/ou família), possuem sala de TV e cozinha comunitárias, alguns possuem áreas de lazer com piscina, quadras esportivas e jogos" (Associação Paulista de Albergues da Juventude, 2004).

Entretanto, pode-se dizer que os albergues da juventude, num sentido mais amplo, caracterizam-se muito mais como um meio de hospedagem destinado ao turismo social do que, propriamente, uma entidade promotora dessa forma de turismo[3]. Assim, o que se vê normalmente, como no caso da *Hostelling International* (detentora da marca mundial dos *hostels* e responsável pela garantia do padrão internacional), é simplesmente o oferecimento de equipamentos de hospedagem a baixo custo, nos moldes do turismo convencional.

De qualquer forma, não há dúvidas de que uma política de turismo social a ser implementada no país deve considerar a existência desses equipamentos como prioritários para o uso pelo turismo social, bem como as colônias de férias, equipamentos que, embora pouco valorizados, representam um considerável potencial em termos de capacidade de hospedagem no Brasil.

Definidas pela Embratur como "locais dotados de equipamentos e instalações para gozo de férias dos associados de entidades classistas, clubes e etc." (Embratur, 1984, p. 140), as colônias instaladas nas estâncias balneárias, hidrominerais e turísticas do estado de São Paulo ofereciam, em 2001, 26.143 leitos, de acordo com pesquisa feita pelo autor.

Conclui-se que tais grupos ou entidades acabaram realizando ações muito mais pontuais do que desenvolvendo contínuas ações em prol do turismo social, razão pela qual nenhuma das experiências citadas pode ser comparada às empreendidas pelo Sesc no Brasil.

O surgimento de entidades como o Sesc[4] data de 1945, quando empresários brasileiros da indústria, do comércio e da agricultura, preocupados com o rumo do país, propuseram recomendações para a melhoria das condições de vida da população. Dessa reunião surgiu a Carta da Paz Social, que oferecia alternativas para reduzir as desigualdades sociais que começavam a agravar-se com a urbanização.

A construção da Colônia de Férias *Ruy Fonseca* representa um marco importantíssimo do início

[3] Exceção feita à APAJ – Associação Paulista de Albergues da Juventude, que possui uma agência de viagens responsável pela organização de pacotes turísticos a baixo custo, graças ao uso de equipamentos de hospedagem também de baixo custo, da obtenção de passagens aéreas com descontos para estudantes e do uso de passes de trens (muito utilizados na Europa e nos Estados Unidos, principalmente). Ainda assim, as viagens organizadas pela APAJ distanciam-se da idéia de turismo social quanto ao cuidado com a realização de atividades diferentes daquelas propostas pelas agências de viagens convencionais.

[4] Essas entidades compõem o que, atualmente, se chama de sistema "S", que inclui as organizações representativas dos setores da indústria (Sesi – Serviço Social da Indústria e Senai – Serviço Nacional de Aprendizagem Industrial), do comércio e serviços (Sesc e Senac – Serviço Nacional de Aprendizagem Comercial), da agricultura (Senar – Serviço Nacional de Aprendizagem Rural), dos transportes (Sest – Serviço Social do Transporte e Senat – Serviço Nacional de Aprendizagem de Transportes) e da micro e pequena empresa (Sebrae – Serviço Brasileiro de Apoio às Micro e Pequenas Empresas).

da atuação do Sesc no campo do lazer, pois tornou visível a importância do tempo livre para o bem-estar das pessoas, servindo posteriormente de modelo para várias colônias de férias em todo o país e de alicerce para a execução dos programas de turismo social do Sesc São Paulo.

Localizada em Bertioga (São Paulo), "(...) considerada então um dos 'mais belos e aprazíveis recantos do litoral paulista', havia sido escolhida por ser a resposta ideal para o atendimento às necessidades de repouso e recuperação de energias durante as férias, através do saudável contato com a natureza, a prática de esportes e a alimentação adequada (...)" (Sesc, 1997, p. 43).

Outros motivos pelos quais Bertioga deveria ser escolhida como sede para a construção da colônia eram seu clima saudável, em que não havia o "excessivo calor de Santos", e a tranqüilidade, pois que estava "longe dos cassinos e da promiscuidade", nas palavras do então diretor regional da entidade.

A obra foi inaugurada em outubro de 1948 apenas com equipamentos essenciais, sendo aumentada e reformada posteriormente, recebendo ginásio, campos e quadras de esportes, piscinas e conjuntos para administração e atividades sociais, possibilitando hospedar até mil pessoas em uma verdadeira minicidade, que conta, ainda, com restaurante e lanchonetes, cinema, salas de jogos, farmácia, mercado, cabeleireiros, posto bancário, parque infantil, biblioteca e infra-estrutura de praia, além de uma bem cuidada área verde, espaços nos quais ocorre intensa programação de atividades recreativas, sociais, culturais e esportivas.

Em relação às atividades de turismo do Sesc para outros destinos, iniciadas em 1951, deve-se ressaltar a colaboração da Sifa – Sociedade Internacional de Fretes Aéreos, que financiou um plano para viagem à Argentina, levando 106 caravanistas para aquele país, em cinco caravanas, nas quais os educadores sociais teriam mais uma possibilidade de desempenhar suas funções. Em decorrência de mudanças cambiais, a entidade passa a atuar localmente, por intermédio de convênios com hotéis, levando os comerciários às estâncias paulistas (Campos do Jordão e Serra Negra, por exemplo) ou à Colônia de Férias de Belo Horizonte (Minas Gerais) (Sesc, 1997, p. 189).

Em 1979, o corpo técnico do Sesc criou um programa de viagens e excursões preocupado em não reproduzir simplesmente as características das atividades desenvolvidas pelo turismo convencional, utilizando equipamentos alternativos de hospedagem (pousadas, colégios e mosteiros, por exemplo) e de outras unidades do Sesc, que se baseia nos seguintes conceitos técnicos e operacionais, norteadores das ações do Programa de Turismo Social:

- *Conceito socioeconômico*: o Programa não é uma ação caritativa, sendo desenvolvido a partir de parâmetros que garantam equilíbrio entre receitas e despesas das unidades que o operacionalizam e valorizando a prevalescência da prestação de um serviço de qualidade, antes do lucro.
- *Conceito social*: a ação social da entidade deve estar presente em todos os momentos do evento, fazendo com que as viagens tenham como objetivos a integração social entre todos os participantes, a facilitação do processo de participação equânime dos desiguais, o exercício da co-gestão e a valorização da co-participação, buscando um efetivo processo de convivência em grupo.
- *Conceito cultural*: os roteiros e as situações de viagem devem servir como instrumentos no processo de transmissão e aquisição de informações culturais pelos viajantes. A situação de descompromisso presente nas viagens deverá ser aproveitada como aliada no processo de educação informal, com abordagem natural de informações sobre os diversos aspectos que formam a identidade sociocultural (*sic*) e econômica das regiões ou locais visitados.
- *Conceito educativo*: toda proposta de turismo social deve, por seu conjunto, prever e conduzir a um processo de educação informal global, inclusive educando seus usuários para o próprio desenvolvimento da atividade turística, formando um indivíduo que saiba usufruir da viagem e que deseje, cada vez mais, consumir um produto turístico com conteúdo e qualidade (Costa, 2000).

Em síntese, o Sesc define turismo social como "(...) ações que oportunizam a integração social, favorecendo a apreensão de bens culturais e a educação para e pelo turismo, garantindo o acesso da clientela a estas mesmas ações, através da oferta de serviços acessíveis ao seu poder aquisitivo" (Costa, 2000).

Com o crescente aumento da procura por esses serviços, bem como pelas reservas para uso da Colônia de Férias de Bertioga, cria-se uma unidade destinada exclusivamente às atividades relacionadas ao turismo social: o Sesc Roosevelt, em São Paulo[5]. O programa foi incrementado em 1988, em função do grande sucesso financeiro e sociocultural que obteve, passando "(...) a coordenar, em nível estadual, as ações técnicas e operacionais do Programa, visando atingir uma ação sistemática e integrada no Estado de São Paulo" (Cornelsen *et al.*, 1997, p. 24).

Em 1993, o Sesc Roosevelt passa a chamar-se Sesc Paraíso, com a mudança de endereço para o bairro do Paraíso, em São Paulo, sendo responsável "(...) pela elaboração da programação das excursões, pela execução de bloqueios diretos (hotéis, colônias de férias ou equipamentos alternativos), pela pesquisa de instalações e roteiros opcionais, pelo estudo de viabilidade das excursões e também por sua execução" (Cornelsen *et al.*, 1997, p. 24-25), sendo responsável, ainda, pela coordenação dos programas de turismo social existentes em outras unidades operacionais paulistas.

A partir de julho de 1996, o Sesc Paraíso passou a oferecer passeios de um dia (DiverSãoPaulo, DiverCidades, FériaSesc – edições de verão e de inverno e Passeio Cultural Caminho das Artes) com o mesmo enfoque conceitual que sempre caracterizou as viagens realizadas pela entidade, com o objetivo de diversificar a oferta de serviços, criando novas formas de atender à sua clientela tradicional, bem como tentando ampliar seu raio de ação, atraindo as famílias dos comerciários que dispõem de parcelas de tempo inferiores a 24 horas. Essas programações visam, ainda, valorizar os serviços e equipamentos da cidade de São Paulo, bem como possibilitar "(...) uma nova percepção do espaço urbano paulista, aliando descanso, divertimento e aprimoramento sociocultural e enriquecendo o tempo livre dos participantes" (Costa, 2000).

É interessante notar que os roteiros supramencionados seguem fórmulas diferenciadas para sua viabilização financeira: alguns são parcialmente subsidiados pelo Sesc, sendo o restante do custo pago pelos próprios participantes (como o DiverSãoPaulo e o FériaSesc) ou pela Secretaria de Estado da Cultura de São Paulo (Passeio Cultural Caminho das Artes); já o DiverCidades não recebe apoio financeiro do Sesc, sendo todo o custo pago pelos próprios participantes.

O programa de turismo social do Sesc visa, assim, minimizar a influência do fator econômico como impeditivo para a prática turística, "(...) propiciando ao trabalhador no comércio e seus dependentes a oportunidade de viagens, férias e fins de semana em localidades agradáveis, com ampla oferta de atividades significativas do ponto de vista cultural, social e recreativo" (Sesc, 1997, p. 185). Por meio desse programa, também é possível hospedar-se nas demais colônias de férias do Sesc espalhadas pelo país: Salvador (Bahia), Caiobá (Paraná), Caldas Novas (Goiás), Belo Horizonte (Minas Gerais), Petrópolis, Nova Friburgo e Copacabana (Rio de Janeiro), Guarapari e Grussaí (Espírito Santo), Cacupé e Blumenau (Santa Catarina).

As diversas ações empreendidas pelo Sesc ao longo dos últimos 50 anos explicam claramente por que a entidade – que, com muita criatividade e bom senso, conseguiu equacionar as principais características do turismo social: viagens diferenciadas do ponto de vista conceitual e operacional e baixo custo – deve ser tomada como modelo de gestão na promoção do turismo social no Brasil.

Buscando Alternativas

Conclui-se que, ao relacionar as definições e práticas de turismo social encontradas no Brasil nos últimos anos, o que se encontrou foram visões equivocadas do papel do estado associadas a uma falta de visão da situação econômica do país e a uma compreensão da importância do lazer fundamentada em experiências importadas de outros países que nenhuma relação guardam com a realidade brasileira.

Fúster *apud* São Paulo (estado) acredita que o turismo social, num primeiro momento, deve ser considerado o instrumento de inclusão na atividade turística das classes que, hoje, encontram-se fora desse mercado, mas que o ideal "(...) seria que os níveis de vida de todas as classes sociais fossem completamente auto-suficientes para realizar o turismo, sem ajuda de nenhuma espécie" (Turismo Social..., 1980, p. 7).

Sob o aspecto operacional do turismo social, Gurría Di-Bella (1991, p. 114) destaca a necessidade de ampla cooperação da planta produtiva

[5] A unidade, então instalada na Praça Roosevelt, no bairro da Consolação, funcionava anteriormente como um setor anexo ao Sesc Carmo, responsável apenas pelas reservas para a Colônia de Férias.

Parte 3

para reunir todos os serviços turísticos a preços acessíveis aos interessados, o que é quase impossível, reconhece, em razão da necessidade de retorno dos investimentos que não ocorre com o turismo social, cooperação a qual passa, necessariamente, pela inclusão do agente de viagens em um processo do qual, normalmente, é excluído. "Em outros países, há agências de viagens especializadas em turismo social, cuja menor margem de lucro é compensada pela redução de tributos e ônus fiscais, já que prestam um serviço cultural relevante à sociedade" (Órgãos Públicos..., 1982).

Ferreira sugere, não estivesse a imagem do *tíquete-restaurante* tão desgastada, a criação de um *tíquete-turismo* a ser aceito por toda a infra-estrutura turística, observados os valores-limite adequados, intransferível e inegociável, o que implicaria uma "estrutura não muito simples, livre da incompetência, politicagem e corrupção" (Ferreira, 1996, p. 93).

Deve-se, ainda, buscar a interação com outras formas de turismo, a exemplo do que ocorre em Quebec (Canadá), onde atua a FAQ – Federação dos Agricultores do Quebec, entidade membro da CLQ – Confederação dos Lazeres de Quebec, criada em 1976, cujo objetivo é promover a prática turística no meio agrícola de forma a possibilitar o atendimento das classes de rendimentos médios (Raynouard, 1980, p. 16).

O aproveitamento de equipamentos turísticos já existentes e muitas vezes ociosos por longos períodos, ainda que combatido por alguns autores, poderia resultar em benefícios tanto para os viajantes como para os empresários – sem que isso signifique queda na qualidade da prestação dos serviços com base na utilização de equipamentos obsoletos. A utilização dos meios de transportes e hotelaria, por meio de uma ação coordenada, reduziria os efeitos da sazonalidade concedendo-se descontos especiais a grupos específicos – haveria que se aproveitar, por exemplo, do crescimento das pequenas companhias aéreas brasileiras que oferecem vôos a preços abaixo dos praticados tradicionalmente pelo mercado e combiná-los com a utilização de equipamentos tradicionais ou alternativos de hospedagem:

> ***As fronteiras entre turismo comercial e o turismo social tendem a se apagar no que corresponde às metodologias para chegar ao usuário. Começa-se a oferecer pacotes de boa qualidade com destinos muito atrativos para o consumidor a custos muito similares ou mais baixos que os que oferecem algumas* Cajas de Compensación.**
>
> **Avila (1998, p. 298)** [6]

A existência de publicações, como guias, com listas de empresas que concedam desconto não inferior a um limite fixado também seria uma forma de estimular um aumento nessa demanda. Segundo Fúster, esses descontos devem existir somente na baixa temporada, a fim de promover o escalonamento das viagens. Merece destaque, como justificativa para o lançamento de tais publicações, a importância da propaganda para um público pouco familiarizado com a prática turística.

Os preços das programações de turismo social devem ser compatíveis com os custos de operação de parte dos prestadores de serviços turísticos, principalmente daqueles que recebem concessões ou que dependem de autorização dos governos para a exploração de determinados setores, como é o caso dos transportes. Para Lanquar, o nível de preços no turismo social deve ser entre 25 e 40% mais baixo que o do setor comercial, com o mesmo nível de conforto e instalações (Lanquar, 1984, p. 24), lembrando que o baixo preço deve ser o meio para a prática do turismo social, não um fim em si mesmo, como ainda se apregoa.

Tais ações, efetuadas com o objetivo de minimizar os efeitos da sazonalidade, acarretam favoráveis impactos econômicos, como a geração e a manutenção, nas baixas temporadas, de empregos diretos e indiretos, o que pode favorecer o treinamento, a reciclagem e a qualificação da mão-de-obra, com reflexo no aumento da competitividade das destinações.

Ascher também é otimista quanto às possibilidades que podem advir do desenvolvimento do turismo social: ele crê que "o volume do turismo internacional saído das camadas mais modestas tende a crescer", mas que "por enquanto, os operadores turísticos privados são, ainda, pouco capazes de aceder massivamente a este mercado" (Ascher, 1984, p. 91). Ainda segundo o autor, esse novo mercado potencial poderia, também, levar a uma melhora dos países em desenvolvimento sobre

[6] As *Cajas de Compensación* citadas no texto são uma estrutura existente na Colômbia que parece ter alcançado bastante êxito naquele país, e se referem a um modelo empresarial privado supervisionado pelo Estado.

os outros mercados turísticos; além disso, esses países poderiam ser auxiliados pelas organizações de turismo social no esforço de implantar políticas sociais nacionais de lazer e turismo, colaboração esta que pode trazer, inclusive, benefícios econômicos.

Beni defende a criação, por sindicatos e associações de classes profissionais, em áreas especialmente escolhidas para o desenvolvimento do turismo social, de equipamentos e instalações especiais de baixo custo unitário (incluindo colônias de férias e centros de recreação e lazer), planejados em economia de escala com base na alta ocupação dos serviços durante o maior tempo possível e programas de redução de tarifas de transportes subsidiado pelo estado (Beni, 2000, p. 421). Aliás, repensar o papel dos sindicatos mediante o turismo social pode ser de grande valia tanto para os trabalhadores como para as próprias instituições, que vêm enfrentando desafios em função de todas as mudanças ocorridas no mundo do trabalho.

Fala-se bastante no reescalonamento dos períodos de férias escolares como forma de redução de custos para a prática do turismo social e dos efeitos da sazonalidade; todavia, tal procedimento parece ser de difícil viabilização, uma vez que, ainda que os estudantes tenham férias em períodos diferentes, nem sempre poderão ser acompanhados por seus pais, que não necessariamente gozarão de férias nos mesmos períodos. Além disso, a sazonalidade também é determinada pelos fatores climáticos e pela disponibilidade financeira que, em geral, é maior no final do ano, quando os trabalhadores brasileiros recebem o 13º salário.

Há que se considerar, ainda, que as viagens ou, melhor dizendo, o lazer turístico ainda são considerados supérfluos, uma das razões pelas quais, talvez, tão pouco se tenha estudado seriamente a questão do acesso a essa forma de lazer, entendido como uma forma de satisfação das necessidades de auto-realização do ser humano:

> *O turismo e o lazer social são viáveis, têm uma importância sociopolítica e podem ser deliciosos para os consumidores e lucrativos para os produtores. Nos países desenvolvidos, ele é uma realidade, mas nos países subdesenvolvidos ainda é uma utopia, um sonho a ser realizado. Um assunto teórico para livros, jornais e revistas.*
>
> Trigo (1998, p. 40)

Segundo Gomes, essa é a visão que se tem do setor terciário como um todo, e cita o sociólogo e urbanista italiano Roberto Guiducci, que distingue o terciário tradicional, constituído do comércio, da publicidade, da administração burocrática, etc., do terciário social, que compreende os setores de pesquisa, instrução, saúde, assistência, de cultura, de turismo e de lazer, entre outros. Na visão de Gomes, os *dois terciários* podem coexistir: "(...) enquanto o primeiro pode (e aceitemos até que deva) gerar serviços a custos marginais decrescentes, o terciário social, por suas características, só obtém resultados após a inversão de consideráveis recursos a custos marginais decrescentes" (Gomes, 1987, p. 139). O turismo seria considerado um *conjunto intersecção*, tendo características do terciário tradicional, mas podendo vir a fazer parte do terciário social e, neste, encontraria espaço o turismo social.

Beni é otimista quanto ao futuro do turismo social ao afirmar que a terceira idade, por exemplo, será alvo dos promotores de turismo, que oferecerão programações especiais para esse segmento, a exemplo do que já ocorre nos Estados Unidos, na Europa e no Japão. Ele garante que assistir-se-á ao seu desenvolvimento "(...) com entidades, tanto públicas como privadas, voltadas à implantação de programas, mobilizando agentes promotores e fontes de financiamento", e que "(...) o turismo social estará sendo operacionalizado de forma estruturada, apresentando respostas de grande envergadura, com amplos resultados sociais e políticos" (Beni, 1996, p. 79-80).

Algumas dessas entidades fazem parte do chamado *terceiro setor* – uma nomenclatura nova para designar um conjunto de agentes atuantes há muitos anos em todo o mundo, inclusive no Brasil.

> *(...) o conceito de terceiro setor descreve um espaço de participação e experimentação de novos modos de pensar e agir sobre a realidade social. Sua afirmação tem o grande mérito de romper a dicotomia entre público e privado, na qual público era sinônimo de estatal e privado de empresarial. Estamos vendo o surgimento de uma esfera pública não-estatal e de iniciativas privadas com sentido público. Isso enriquece e complexifica a dinâmica social.*
>
> Cardoso (2000, p. 7-8)

O terceiro setor torna-se cada vez mais digno de respeito, sobretudo quando se observam as acaloradas discussões sobre o fim do Estado de Bem-Estar Social, motivado não apenas, em alguns casos, pela diminuição de investimentos na área social, mas sobretudo pela onda liberalizante

85-7241-568-8

que tem varrido diversos países do mundo, nos quais, cada vez mais, o setor privado vem ganhando força na definição dos rumos econômicos (e, conseqüentemente, sociais) das nações (Dupas, 1999, p. 87-116).

Considerações Finais

Por toda a discussão que deriva da leitura da bibliografia, nota-se que não há opinião unânime sobre a definição de turismo social, principalmente quando se tem em mente que essa visão (a do Estado do Bem-Estar), vigente até os anos 1980, deve ser repensada diante das novas configurações sociopolíticas e econômicas surgidas a partir dos anos 1990.

Mesmo nos países em que surgiu o turismo social e que possuem considerável quantidade de escritos sobre o assunto, nota-se uma séria incompatibilidade de visões sobre a compreensão do que mereça ser chamado de turismo social; assim, entende-se como muito oportuno o novo *slogan* recentemente adotado pelo BITS: turismo para todos, durável e solidário, a fim de revelar a riqueza e a evolução do conceito e das realidades que ele abrange na atualidade (Jolin, 2003, p. 6-8).

Evidentemente, não foi apenas a falta de compreensão do significado do turismo social que dificultou sua implantação. Sem dúvida alguma, pela análise da bibliografia e das referências às políticas públicas brasileiras sobre o tema, percebe-se, além da estreita visão amplamente difundida do turismo social como turismo para pobres, a falta do que se convencionou chamar *vontade política*, ou seja, do ensejo de transformar as frias palavras dos documentos em atitudes de grande alcance social.

À visão equivocada do fenômeno, somou-se, pois, a indisposição para passar-se do discurso à prática. É possível afirmar, até, que a forma como era visto o turismo social (necessariamente subsidiado pelo governo) fosse, mesmo, a razão (*desculpa* seria, talvez, o termo mais apropriado) apresentada para que não fosse colocado em prática.

Felizmente, a exemplo de iniciativas bem-sucedidas como as do Sesc e da *Hostelling International*, vêem-se surgir ações criativas que podem servir de inspiração a outras organizações, como é o caso do Grupo de Turismo Social Rosa dos Ventos, formado em 2001 por alunos e ex-alunos do Curso de Turismo da Escola de Comunicações e Artes da Universidade de São Paulo, com o objetivo de organizar e realizar viagens e passeios de cunho educativo para crianças e adolescentes carentes da cidade de São Paulo que englobem, além de atividades ligadas ao lazer, abordagens associadas às questões ecológicas, sociais, culturais e históricas dos locais visitados (Malerba *et al.*, 2004, p. 188-189).

Embora Beni afirme que "o mundo está no alvorecer de um novo tempo do turismo, uma era de viagens em escala maciça verdadeiramente global", e que "pessoas de todas as classes sociais e de todos os países viajarão para todos os cantos do planeta" (Beni, 1996, p. 73), não eram até o fim do século XX – e ainda não são, de fato –, todas as camadas da população que tinham acesso às viagens: um grande contingente continuaria, ainda, excluído dos movimentos turísticos, por vários motivos, sendo a falta de condições financeiras o mais visível. Esse e outros fatores devem levar à criação de mecanismos que facilitem a inclusão do maior número possível de camadas da população nos movimentos turísticos, tanto por parte do setor privado como (e, talvez, principalmente) do poder público, cujas iniciativas atuais têm se mostrado, por enquanto, de pouco efeito prático[7] – ao contrário do que se poderia esperar de um governo eleito fundamentalmente em razão dos compromissos assumidos com as graves questões da desigualdade social (no sentido mais amplo possível) brasileira.

Exercícios Propostos

1. Tente levantar as entidades existentes em seu município ou em sua região que promovem ações de turismo social. Analise que tipos de ações são organizadas e/ou promovidas e identifique quais as dificuldades e alternativas encontradas para a sua continuidade.

[7] O Ministério do Turismo, por intermédio da Gerência de Segmentação do Departamento de Relações Institucionais da Secretaria de Políticas de Turismo, estruturou uma Câmara Temática de Segmentação, composta por Grupos Técnicos Temáticos (GTT), dentre os quais foi formado, em 2003, o GTT Turismo Social, que se reuniu pela última vez em dezembro de 2004 em Salvador (Bahia) durante o Fórum Mundial de Turismo para Paz e Desenvolvimento Sustentável. Os trabalhos do GTT Turismo Social têm-se fundamentado, por enquanto, em discussões a respeito do conceito de turismo social que deve basear a formulação de diretrizes para uma política para o segmento e na análise de experiências de turismo social desenvolvidas no país.

2. Quais são as possibilidades de ação de sua instituição (de ensino, profissional, empresa, etc.) no campo de turismo social? Existiria alguma forma de promoção e/ou organização de ações turísticas destinadas aos envolvidos com a instituição? Quais?
3. Levando-se em consideração que o governo brasileiro pretende estabelecer as diretrizes para a formulação de uma política de turismo social para o país, quais aspectos, na sua opinião, deveriam ser contemplados nesse documento de forma a se atender os preceitos existentes na definição de turismo social proposta no texto?

Sites Indicados

www.alberguesp.com.br: todas as informações necessárias para o uso de *hostels* ou albergues da juventude podem ser encontradas no *website* da Associação Paulista de Albergues da Juventude, como características dos *hostels* de São Paulo, orientações para a filiação à entidade e dicas e ofertas de viagens.

www.bits-int.org: referência indispensável para o estudo do turismo social, o *website* do BITS apresenta, além de informações institucionais, documentos importantes para *download* ou impressão, como a Declaração de Montreal – Para uma Visão Humanista e Social do Turismo, texto de referência na área.

www.sescsp.org.br: O *website* do Sesc São Paulo apresenta uma enorme quantidade de informações a respeito de suas ações nas mais diversas áreas em que atua, incluindo a de turismo social, com a descrição da programação de viagens e excursões e com orientações quanto ao uso do seu Centro de Férias, o Sesc Bertioga.

BIBLIOGRAFIA

LAFARGUE, P. *O Direito à Preguiça*. Tradução: Teixeira Coelho. São Paulo: Hucitec/Unesp, 1999, p. 48-49.

ÁLVAREZ SOUSA, A. *El Ocio Turístico en las Sociedades Industriales Avanzadas*. Barcelona: Bosch, 1994, p. 113, 313-314.

ALMEIDA, M. V. Turismo social: por uma compreensão mais adequada deste fenômeno. In: BAHL, M. *Turismo: enfoques teóricos e práticos*. São Paulo: Roca, 2003, p. 111-140.

MOLINA, S. Un plan para la evolución; el ocio. In: MOLINA, S. et al. *Reflexiones sobre el Ocio y el Tiempo Libre*. México: Trillas, 1998, p. 18-19, 22.

El turismo social en Europa y su futuro en España. *Estudios Turísticos, (Madrid), 119-120:* 139-140, 1993.

BAVARESCO, L. P. *Práticas de participação democrática em projeto de turismo social; "Interior na Praia" e "Redescobrindo o Interior"*. São Paulo, 1991, p. 90-91. Tese (Doutorado) – Universidade de São Paulo.

ASSOCIAÇÃO PAULISTA DE ALBERGUES DA JUVENTUDE. *Conheça os Hostels*. Disponível em: http://www.alberguesp.com.br/conheca.asp. Acesso em: 12/Dez/2004.

EMPRESA BRASILEIRA DE TURISMO. Diretoria de Planejamento. Centro Brasileiro de Informação Turística. *Metodologia do Inventário da Oferta Turística*. Rio de Janeiro: Embratur, 1984, p. 140.

SERVIÇO SOCIAL DO COMÉRCIO. *Uma idéia original; SESC São Paulo 50 anos*. São Paulo: Sesc, 1997, p. 43, 185, 189.

COSTA, F. R. *O Lazer Turístico como Ferramenta de Inclusão; DiverSãoPaulo, DiverCidades, FériaSesc e Passeio Cultural Caminho das Artes*. São Paulo, 2000 (Mimeogr.).

CORNELSEN, J. M.; COSTA, F. R.; MARCELINO, A. *Expectativas, perspectivas e necessidades de informação dos clientes internos do Serviço Social do Comércio – Unidade Operacional Paraíso da cidade de São Paulo – SESC Paraíso*. São Paulo, 1997, p. 24-25. Trabalho de Conclusão de Curso – Universidade de São Paulo.

SÃO PAULO. Secretaria de Economia e Planejamento. Superintendência do Desenvolvimento do Litoral Paulista. *Turismo Social e Balneários Praianos; Problemas e Propostas*, 1980, p. 7.

GURRÍA DI-BELLA, M. *Introducción al Turismo*. México: Trillas, 1991, p. 114.

Órgãos Públicos e Turismo Social. São Paulo: [s.n.], 1982. Não paginada. (Mimeogr.).

FERREIRA, F. L. V. Turismo social. In: CONFEDERAÇÃO NACIONAL DO COMÉRCIO. *Coletânea Turística 1996*. Rio de Janeiro, 1996, p. 93.

RAYNOUARD, Y. *Le Tourisme Social au Quebéc*. Paris: Espaces, 1980, p. 16.

AVILA FERNÁNDEZ, V. R. Recreacion y turismo social; un derecho de todos. *Estudios y perspectivas en turismo (Buenos Aires), 3 (4):* 298, 1994.

LANQUAR, R. El turismo social y su lógica como servicio de interés público. Estudios turísticos. *Instituto Español de Turismo (Madrid), (81):* 24, 1984.

ASCHER, F. *Sociétés Transnationales et Identités Culturelles*. Paris: Unesco, 1984, p. 81.

BENI, M. C. *Análise Estrutural do Turismo*. 3. ed. São Paulo: Senac, 2000, p. 421.

TRIGO, L. G. G. *Turismo Básico*. 2. ed. São Paulo: Senac, 1998, p. 40.

GOMES, L. C. T. Reflexões sobre o terciário e o turismo no Brasil. *Boletim Técnico do Senac (Rio de Janeiro), 13 (3):* 139, 1987.

BENI, M. C. Uma nova era para o turismo. In: CORRÊA, T. G. (org.). *Turismo e Lazer; Prospecções da Fantasia do Ir e Vir*. São Paulo: Edicon, 1996, p. 73, 79-80.

CARDOSO, R. Fortalecimento da sociedade civil. In: IOSCHIPE, E. B. (org.) *3º setor; Desenvolvimento Social Sustentado*. 2. ed. São Paulo: Gife; Paz e Terra, 2000, p. 7-8.

JOLIN, L. Le tourisme social, un concept riche de ses évolutions. *Le Tourisme Social Dans le Monde (Bruxelles), 141:* 6-8, 2003.

MALERBA, R. C.; HIRAO, S.; ALLIS, T. Rosa dos ventos: turismo socioeducativo como experiência de extensão do curso de turismo da ECA-USP. In: BAHL, M. (org.). *Turismo com Responsabilidade Social: Coletânea do XXIII CBTUR – Congresso Brasileiro de Turismo 2003*. São Paulo: Roca, 2004, p. 188-199.

Anotações

85-7241-568-8

CAPÍTULO

23 Turismo Industrial como Novo Segmento Turístico: A Experiência da Cidade de Joinville

Yoná da Silva Dalonso

Parte 3

Introdução

O crescente desenvolvimento da atividade turística nos últimos anos promoveu uma revolução no ambiente das destinações. Novos modelos e serviços turísticos passaram a ser adotados para garantir a satisfação e a preferência dos consumidores turísticos. Com esse aumento da concorrência, as destinações passaram a adotar propostas novas e criativas para atrair os turistas, introduzindo novas formas de promoção do turismo local. Nesse contexto, o turismo industrial constitui um segmento novo da atividade turística que vem se desenvolvendo de forma extraordinária nos últimos anos em várias destinações estrangeiras. No Brasil, a exemplo disso, a cidade de Joinville (Santa Catarina) passa a agregar os roteiros de visitação em fábricas no seu receptivo turístico. O patrimônio industrial pode constituir uma oferta tão competitiva quanto os outros modelos de promoção turística a uma localidade.

Conceitos Gerais e Específicos

Segundo Dodd (1997) e Yale (1991), o turismo industrial pode ser classificado como a atividade de visitação a uma empresa de manufaturas, onde o turista conhece o processo de fabricação dos produtos, possibilitando, em algumas situações, o teste dos bens produzidos, além de caracterizar-se como um roteiro educacional e cultural, participando assim da atividade de prestação de serviços.

Trata-se de um segmento novo da atividade turística que, nos últimos anos, vem se desenvolvendo de forma extraordinária em várias destinações estrangeiras. O turismo industrial apresenta-se, já há alguns anos, em estágio desenvolvido em destinações como Grã-Bretanha, Estados Unidos e países escandinavos (Soyez, 1990).

Exemplos desse trabalho são as visitas às instalações industriais da Empresa de Cerâmica Villeroy &

85-7241-568-8

Boch, na cidade alemã de Mettlach. A empresa converteu-se em destino obrigatório aos turistas que visitam a região, recebendo anualmente dezenas de milhares de turistas (Soyez, 1990).

No Brasil, a exemplo disso, a Vinícola Aurora, localizada em Bento Gonçalves (Rio Grande do Sul), recebe anualmente mais de 100 mil visitantes para conhecer o processo de fabricação de vinho, além de degustarem e adquirirem produtos direto da fábrica[1].

O turismo industrial pode ser classificado como elemento componente dos atrativos turísticos de uma localidade. Segundo Cooper (1998), os atrativos culturais do turismo classificam-se em:

- Sítios históricos e arqueológicos.
- Arquitetura.
- Culinária.
- Monumentos.
- Pólos industriais.
- Museus.
- *Shows*.
- Musicais.
- Teatros.

Nota-se que a implantação dessa proposta concentra-se em destinações que possuem um sentimento de resgate à cultura e história da localidade, por meio da valorização dos aspectos da formação econômica e social da região, abordando o processo histórico de implantação e crescimento das indústrias locais.

O patrimônio industrial pode constituir uma oferta tão competitiva quanto os outros modelos de promoção turística a uma localidade. Além de contribuir para o aumento dos atrativos turísticos da região e para o desenvolvimento econômico da destinação, a proposta promove maior valorização das indústrias estabelecidas na região, resgatando sua história e valorizando seus processos de fabricação. O envolvimento de entidades e empresas para o desenvolvimento dessa proposta tornou-se um fator fundamental para a implantação do projeto na cidade de Joinville.

Desenvolvimento

Referenciando Ternes (1986), o mundo está mudando rapidamente. O Brasil, em determinadas áreas, mais ainda. Há ruptura geral e convulsão econômica permanente. A convulsão econômica é uma realidade. Se o mundo e o Brasil transformam-se rapidamente, é preciso reconhecer que os centros industriais, os pólos de desenvolvimento, se transformam em velocidade ainda mais acelerada. "Na verdade, silenciosamente, de segunda a sexta, todas as semanas, acontecem grandes revoluções no cotidiano de trabalho de uma cidade como Joinville. São os tempos modernos, inexoravelmente revolucionários"; ainda Ternes, "poucos anos nos separam da indústria então emergente, tradicional com seu chaminé e fuligem, dos processos sofisticados que empregam até robôs e computadores. Isto, em Joinville, pode ser identificado a poucos metros de distância. Temos indústrias em praticamente todos os estágios de desenvolvimento".

Em Joinville, o metal é transformado em conservadores de alimentos, climatizadores de ar, condutores de água para higiene pessoal, aparelhos para nosso bem-estar físico e, para os turistas mais exigentes, em confortáveis meios de transporte (Tabela 23.1).

A proposta de trabalho consistiu-se no envolvimento de entidades e empresas com potencial para o desenvolvimento do turismo industrial, a fim de elaborar um plano de visitação turística. Esta é uma oportunidade que o visitante tem de conhecer o potencial econômico da cidade, valorizando a marca das empresas envolvidas na proposta e possibilitando a geração de novos negócios, além de promover turisticamente a cidade.

ORGANIZAÇÃO DE PROJETO DE IMPLANTAÇÃO

Envolvimento das Entidades e Empresas

Para a viabilidade da proposta, é necessário o envolvimento das indústrias locais, bem como do órgão oficial de turismo da cidade, a fim de estabelecerem seus procedimentos e critérios para a visitação do público externo, bem como as ferramentas de relações públicas que serão aplicadas para a promoção do espaço. Para a implantação do projeto e o acompanhamento dos resultados, recomenda-se o comprometimento do órgão máximo de turismo do município, integrando o projeto às políticas públicas do turismo local.

[1] A Vinícola Aurora conta com um serviço específico de atendimento aos turistas, com roteiros de visitação e degustação, além de posto de venda direto da fábrica.

Tabela 23.1 – Principais produtos das indústrias de Joinville

Categoria	Tipo
Metal/mecânica	Aparelhos de ar-condicionado Motores para embarcações Bombas centrífugas Chapas de aço Motores e motobombas Ferro fundido e maleável Fundidos em alumínio Hélices para embarcações Parafusos, porcas e arruelas Laminados de ferro e aço Torneiras de cobre Metais sanitários Motocompressores
Plásticos	Conexões de PVC – polivinil clorídrico Conexões plásticas Embalagens plásticas Peças plásticas para refrigeradores Mangueiras Utensílios domésticos
Têxtil	Agasalhos e uniformes Artigos têxteis esportivos Camisas e meias em geral Guarnições de cama Malhas e artigos Confeccionados Fios de algodão a cru e tinto
Madeireiro	Acessórios para banheiros Brinquedos Carrocerias de madeira Esquadrias Moldes para fundição Móveis Peças para decoração interna Revestimentos de pisos e paredes
Outros	Flores secas Alimentos em conserva Aparelhos eletrodomésticos Bebidas e refrigerantes Carrocerias para ônibus Doces e compotas Editorial e gráfico Folhagem e sementes Massas e alimentos em geral Perfumes, sabões e velas Químicos e farmacêuticos Sais de iodo

Fonte: Perfil Socioeconômico de Joinville 2000 (IPPUJ, 2004).

Tornaram-se prioritários os seguintes procedimentos para a implantação do projeto:

- Aprovação do projeto pelo órgão municipal de turismo.
- Apresentação da proposta à entidade de representação do meio empresarial da cidade.
- Definição das empresas que integrarão o roteiro de turismo industrial.
- Visitas técnicas nas empresas interessadas no projeto, definido a agenda e o roteiro de visitação.
- Organização dos roteiros e critérios de visitação às indústrias.

Parte 3

85-7241-568-8

- Elaboração do plano de *marketing* para promoção do projeto.
- Lançamento oficial do projeto.
- Divulgação dos roteiros de turismo industrial à cidade e aos públicos dirigidos.
- Acompanhamento dos trabalhos.
- Avaliação contínua dos roteiros por parte dos visitantes.

Considerações Finais

A transformação dos modelos econômicos nas cidades brasileiras, substituindo o setor secundário para o setor terciário da economia em determinadas regiões e localidades do país, possibilitou o incremento de novas formas de lazer e turismo.

A integração entre os modelos econômicos, como a exemplo do turismo industrial, envolvendo o processo de produção industrial nos roteiros de visitação da cidade, caracteriza-se como uma forma viável de desenvolvimento turístico local, uma vez que os colaboradores das empresas participantes do projeto passam a ocupar o papel de ator principal do processo.

Assim, a rotina da cidade, de suas fábricas e de sua gente passa a ser vivenciada pelos visitantes, com o ritmo frenético das máquinas e da produção dos bens de consumo. O turista industrial transfere, no momento da visitação, a mente e sua percepção para o ritmo local das fábricas, despertando, dessa forma, o sentido de "alma do lugar".

Novas formas do fazer turístico, como o turismo industrial, apresentam-se como alternativas reais de participação no processo de posicionamento no mercado turístico de cidades, aproveitando e desenvolvendo potencialidades locais para a sua competitividade perante outros destinos e produtos turísticos.

Questão para Discussão

1. A partir da análise de proposta para implantação do projeto de turismo industrial em uma localidade, identifique uma região com potencial para desenvolvimento desse segmento e estabeleça um plano de ação para a viabilização do projeto.

Glossário

Patrimônio industrial: conjunto de empresas compreendidas em uma localidade.

Turismo industrial: segmento turístico que compreende roteiros de visitação pelo interior de fábricas.

Anexos

MODELOS DESENVOLVIDOS EM OUTRAS LOCALIDADES

O programa desenvolvido pelo Órgão Oficial de Turismo da Região de Amsterdam objetiva o fomento do turismo industrial apresentando roteiros de visitação em portos, aeroportos, plantações de flores, entre outros (Fig. 23.1).

Em Rotterdam, há roteiros de visitação individual e em grupo nos portos da região (Fig. 23.2).

Em Toulouse, os roteiros de visitação incluem fábrica de perfumes, estação hidrelétrica e fábrica de papel (Fig. 23.3).

Barcelona conta com um órgão oficial para a promoção do turismo industrial, apresentando uma série de roteiros e segmentos industriais que podem ser visitados (Fig. 23.4).

O órgão de turismo de Marseille apresenta a proposta de turismo industrial explorando o potencial econômico e tecnológico oferecido pela cidade (Fig. 23.5).

Nos roteiros de visitação nas Serras Gaúchas, a visita a vinícolas e à empresa Tramontina tornam-se parada obrigatória aos turistas, tornando-se um dos referencias do desenvolvimento da atividade do turismo industrial no Brasil (Fig. 23.6).

A AURORA foi a primeira vinícola a abrir suas portas ao público. No início dos anos 80, criou seu Centro de Recepção Turística para encantar mais de 100 mil visitantes por ano.

A Cooperativa Vinícola Aurora constitui-se certamente em um dos maiores elementos de atração de turistas para Bento Gonçalves.

Durante o ano inteiro, procedentes de vários estados, chegam ônibus e pequenos grupos de excursionistas para visitar as instalações da Cooperativa e acompanhar de perto, o processo de elaboração do

Figura 23.1 – Amsterdam – *www.industrieeltoerisme.nl/.*

Figura 23.2 – Rotterdan – *www.industrieeltoerisme.rotterdam.nl.*

Parte 3

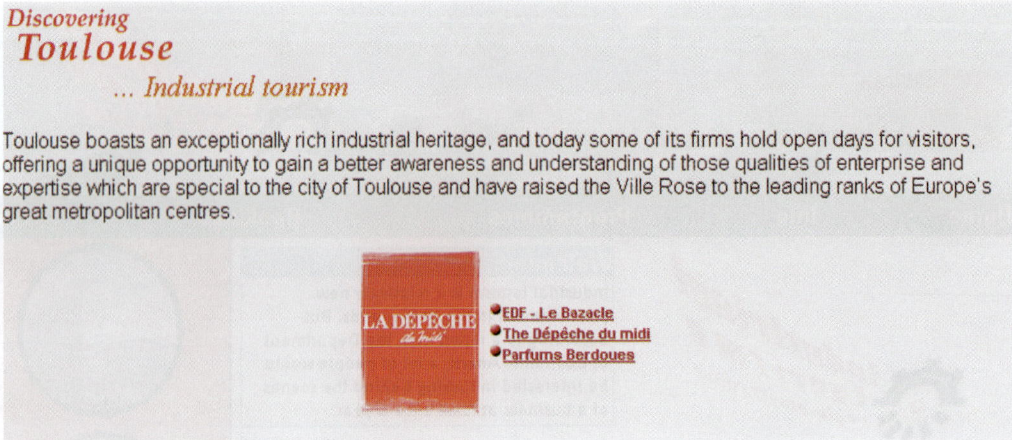

Figura 23.3 – Tolouse – *www.toulouse-tourisme-office.com.*

Figura 23.4 – Barcelona – *www.turismeindustrial.org.*

Figura 23.5 – Marseille – *www.marseille-tourisme.com/tourismeindustrielus.*

Serras Gaúchas

Figura 23.6 – (*A e B*) Serras gaúchas. (*C – F*) Vinícola Aurora.

vinho. O roteiro mostra os diversos procedimentos da arte de elaborar vinhos, percorrendo corredores com barris de carvalho, tanques de inox e enormes pipas de madeira. O trajeto é interligado por túneis, que fazem o visitante vivenciar um pouco da cultura e tradição locais, e o romantismo contagiante do mundo do vinho. O ponto alto da visitação é a chegada à Cave di Bacco. No local a AURORA oferece degustação gratuita de toda a sua linha de produtos. No varejo da empresa, o turista tem a oportunidade de adquirir os produtos degustados.

Centro de Recepção Turística - Vinícola Aurora [2]

[2] Fonte: *www.vinicolaaurora.com.br*.

PROJETO TURISMO INDUSTRIAL DE JOINVILLE

A Figura 23.7 mostra a logomarca do Projeto Turismo Industrial de Joinville.

Figura 23.7 – Joinville – logomarca do Projeto Turismo Industrial.

Sites Indicados

www.promotur.com.br: órgão oficial de turismo da cidade de Joinville, entidade responsável pela implantação e o acompanhamento do Projeto Turismo Industrial.

www.industrieeltoerisme.nl: proposta para o turismo industrial de Amsterdam.

www.industrieeltoerisme.rotterdam.nl: proposta para o turismo industrial de Rotterdam.

www.toulouse-tourisme-office.com: turismo industrial em Toulose (França).

www.turismeindustrial.org: *site* oficial do programa de turismo industrial de Barcelona.

www.marseille-tourisme.com: *site* oficial do programa de turismo industrial de Marseille (França).

BIBLIOGRAFIA

COOPER, C. *Princípios e Práticas do Turismo*. São Paulo: Bookmann, 1998.

DOBB, T.; BIGOTTE, V. Perceptual differences among visitour groups to wineries. *Journal of Travel Research, Victoria (Aus)*: 46-51, 1997.

INSTITUTO DE PESQUISA E PLANEJAMENTO URBANO DE JOINVILLE - IPPUJ. Disponível em: <www.ippuj.sc.gov.br>. Acesso feito em: 20/03/2004.

SOYEZ, D. A. Lê tourisme industriel: exemples européens et nordamericains. In: ASSOCIATION QUEBECOISE D'INTERPRETATION DU PATRIMOINE (Ed.). *L'Interpretation du Patrimoine, um Outil de Développement Regional*. Quebec, 1990, p. 35-59.

TERNES, A. *História Econômica de Joinville*. Joinville: Meyer, 1986.

YALE, P. *From Tourist Attraction to Heritage Tourism*. Huntingdon: Elm, 1991.

85-7241-568-8

CAPÍTULO

24 Panorama do Turismo Náutico de Lazer

Hermann Hrdlicka
Hermínio Ribeiro Magalhães
Kely Regina Gallizia
Luciana Moreira Guedes

Parte 3

Introdução

O homem sempre buscou conhecer novas terras e regiões, quer pela necessidade imposta pelo desenvolvimento de suas cidades e dos grupos sociais, quer pela vontade de satisfazer seu espírito errante.

Neste capítulo são apresentados: um breve relato do transporte aquático e do turismo náutico em geral, o significado do turismo náutico de lazer, com um retrato desse mercado no exterior e no Brasil, mostrando o potencial do Brasil em relação aos seus aspectos geográficos e como um segmento de mercado para o crescimento da hotelaria por meio de empreendimentos náutico-hoteleiros.

Histórico do Tema

O desenvolvimento da maioria das grandes cidades, sejam Paris, Viena, Nova York ou São Paulo, decorreu de certas facilidades proporcionadas pela localização estratégica que possibilitou o crescimento da população e a atração de diferentes e novos negócios. A proximidade da água (fluvial, lacustre ou marítima) foi fundamental.

A história demonstra que, desde as primitivas populações, o homem concentrou sua morada em regiões próximas às margens dos rios e lagos e nas vizinhanças do mar em função da sobrevivência e da exploração (às vezes, dominação) de novos sítios (Andrade, 1982).

Gerações somaram suas experiências até começarem a utilizar as águas como forma de deslocamento ou transporte. Porém, foram necessários outros milhares de anos para que as técnicas de construção de barcos evoluíssem e adquirissem finalidades específicas (carga ou guerra), dotados de propulsores que tornaram possível o deslocamento contra a correnteza e o vento, por meio de remos, velas e lemes (Roná, 2002).

Assim, no comércio entre os povos e as comunidades, foram utilizados os barcos impulsionados pela força dos ventos graças a sua grande capacidade de carga. Os movidos por remos, por sua vez, tinham função militar por serem mais rápidos, porém possuíam pequena autonomia, necessitando então de constantes escalas para reabastecimento.

É sabido que, na Antiguidade[1], os fenícios, dentre outras inovações, ficaram conhecidos como os senhores dos mares por serem os mais audazes marinheiros e por dominarem a "técnica de navegar

[1] O período histórico denominado Antiguidade estende-se de aproximadamente 3200 a.C. até 476 d.C. (Roná, 2002; 18).

85-7241-568-8

pelas estrelas". Conseguiram feitos técnicos notáveis, navegando para fora do Mar Mediterrâneo, atingindo pontos da costa ocidental da África e do norte da Europa e regressando ao porto de origem.

Outro povo navegador foram os persas, que se estabeleceram na região geográfica onde hoje é o Irã.

A Mesopotâmia[2] nunca foi rica em florestas. Dessa forma, sua comunidade encontrava dificuldades para a construção de grandes navios. Criaram-se então outras soluções para enfrentar o problema, e uma delas foi a utilização de juncos[3] unidos em feixes, que foram empregados na construção de barcos que singravam as águas do Golfo Pérsico.

Essa limitação de recursos naturais não permitiu um desenvolvimento excepcional na arte de navegação; todavia, em contrapartida, os persas concluíram o canal entre o rio Nilo e o Mar Vermelho, utilizando os conhecimentos e serviços dos fenícios.

Os gregos, em decorrência do solo pobre e montanhoso que dificultava o transporte, fixaram-se às margens do Mar Mediterrâneo desenvolvendo sua arte naval marítima e aprendendo a manejar seus barcos com muita destreza. Seus primeiros barcos, as *pentacoras* (barco leve, impulsionado por 50 remos que alcançavam curtas distâncias à velocidade máxima de oito nós[4]), foram inspirados nas embarcações fenícias. Depois foram criadas as trirremes, que atingiam até 40 metros de comprimento, podendo levar assim 200 homens a bordo, com velocidade média de quatro nós e máxima de oito nós (Fig. 24.1).

Com o passar dos séculos, surgiram caravelas[5], carracas[6] e outras embarcações que navegaram pelos mares em viagens de guerra, em busca de descobertas, conquistas e transporte de pessoas em passeios, mudanças e negócios.

Por fim, surgiram os veleiros, que tiveram seu apogeu no século XIX, quando chegaram à perfeição como meio de transporte em viagens comerciais, turísticas e de guerra por todos os mares.

Porém, viajar pelas águas tornou-se mais freqüente, conveniente e atraente a partir de uma inovação introduzida em 1803 por Robert Fulton, engenheiro e artista nascido no estado norte-americano de Pensilvânia, ao desenvolver seu barco impulsionado a vapor e rodas de pás. Houve outros inventores antes dele, mas foi Fulton quem tornou prática e viável aquela visão dos pioneiros – um verdadeiro empreendedor que trouxe a conveniência a passageiros e fretes (Fig. 24.2).

A autopropulsão consagrou-se no dia 14 de agosto de 1807, quando o vapor Clermont, mais conhecido como *North River Steamboat*, subiu o rio Hudson, a partir de Nova York, até Albany (150 milhas) com 40 passageiros a bordo e realizando a viagem no tempo total de 32 horas (Fig. 24.3).

O feito foi notável, pois possibilitou a primeira linha comercial bem-sucedida fundamentada num meio de transporte autopropelido. Como comparação, as embarcações à vela levavam quatro dias para fazer o mesmo percurso, pois utilizavam reboques terrestres.

Com isso, houve o declínio no uso de grandes veleiros de transporte e a indústria naval se firmou num novo patamar de desenvolvimento, na virada dos séculos XIX e XX. Os navios transoceânicos começaram a ser símbolos mecanizados da potência de uma nação, que buscavam ter o maior, mais rápido e mais luxuoso navio do mundo.

Hoje, os países que apresentam um sistema de transportes marítimo e fluvial eficiente são tidos como desenvolvidos, pelo seu baixo custo e capacidade de cargas imbatíveis, apesar do avanço da aviação.

Esse sistema de transportes é também importante gerador de desenvolvimento por conta do turismo de lazer e desportivo[7], que fez surgir um novo segmento nessa indústria a partir de em-

[2] *"A Mesopotâmia situava-se na região delimitada pelos rios Tigre e Eufrates, no sudoeste da Ásia. Embora seus limites variassem em diferentes períodos de sua história, de modo geral a Mesopotâmia abrangia, na antiguidade, o território do atual Iraque, ficando ao norte a cordilheira dos Taurus, que a separa da Armênia, ao sul o Golfo Pérsico, a oeste a Assíria e a leste a Síria. O limite entre as regiões norte, montanhosa, e a sul, plana, era a zona de Bagdá, onde mais se aproximam os rios Tigre e Eufrates"* (Cola da *Web*, 2004).

[3] Espécie de planta que crescia nas margens pantanosas dos rios locais.

[4] Cf. dicionário Aurélio: "Nó – unidade de velocidade igual a uma milha marítima por hora". A milha náutica (1.852m) é uma medida definida convenientemente de modo a simplificar as conversões entre ângulos e distâncias, e corresponde a um arco de um minuto de grau sobre a superfície terrestre.

[5] Cf. dicionário Aurélio: "Navio de casco alteroso à popa e baixo à vante, de boca aberta ou coberta, aparelhado com um a quatro mastros de velas bastardas e armado com até oito peças de artilharia".

[6] Carracas – navios de carga e de grande lotação, usados pelos primeiros navegadores portugueses nas viagens de longo curso (Geiger, 1958: 862).

[7] "O desejo de viajar pelo prazer de viajar, que deve ter fascinado o homem primitivo, hoje impele o homem moderno e sofisticado a adquirir ou alugar embarcações pequenas e médias, apenas pelo gosto de bordejar, bem devagar e ao sabor das águas, as margens de rios e lagos e as orlas de praias e ilhas agradáveis e belas" (Andrade, 1992; 132).

Figura 24.1 – Ilustrações de uma trirreme, detalhando a posição do remador. Fonte: *www.cartagena-virtual.com/users/angahe/img/*.

Figura 24.2 – Estátua de Robert Fulton (1765-1815) exposta no *hall* de estátuas nacionais do prédio do Capitólio (Washington, Estados Unidos). Fonte: *www.robertfulton.org*.

Figura 24.3 – Fac-símile de um barco a vapor movido a rodas de pás. Fonte: *www.ohiohistorycentral.org*.

barcações de recreio e que se complementa com a atuação dos iates clubes, o suporte das marinas e a conveniência dos hotéis com marinas, que geram empregos, recursos e novos destinos turísticos.

Turismo Náutico de Lazer: Conceitos e Definições

LAZER NÁUTICO E TURISMO

Para Trigo (2001), *"o turismo faz parte de um universo maior denominado lazer. Entende-se por lazer todas as atividades desenvolvidas fora do sistema produtivo (trabalho), das obrigações sociais, religiosas e familiares"*.

Quando se fala em lazer, surgem palavras como: diversão, brincadeira, descanso, prazer, recreação, jogo, entre outras. O *hobby* que motiva muitas pessoas a navegar é considerado um tipo de lazer, pois não é uma obrigação: é uma escolha pessoal que proporciona prazer.

O turismo de lazer é um turismo praticado por pessoas que viajam por prazer e desejam apenas conhecer novos locais, mudar de ambiente, descansar, rever amigos, visitar parentes, curtir a paisagem, sair em férias com a família. É um tipo

85-7241-568-8

de turismo que pode ser praticado em qualquer lugar (Oliveira, 2001, p. 74).

Nessa concepção, o turismo náutico é a atividade turística cuja motivação de lazer está associada ao litoral, rios, lagos, lagoas e atividades afins, incluindo os esportes náuticos (Embratur, 2003), praticado tanto em grandes navios como em pequenas embarcações de recreio.

É um segmento de mercado turístico individualizado que vem crescendo a cada ano, praticado por turistas que viajam por conta própria, gastam e consomem mais e de forma mais seletiva, buscando destinações mais distantes e exóticas (Ignarra, 1999), num meio de transporte tradicional, mas moderno, confortável e glamoroso. Com isso, novas ofertas de lazer acessíveis e diferenciadas para mais pessoas têm surgido; por exemplo, os minicruzeiros marítimos ou as viagens realizadas em veleiros oceânicos[8].

A complexidade que precede as viagens aéreas, em função de diferentes exigências (tráfego, segurança, *overbooking*, etc.), a inconveniência de fazer e desfazer malas durante uma viagem e a própria novidade são alguns dos fatores que proporcionaram o aumento da demanda pelo turismo náutico, pois este explora a facilidade de se visitar vários destinos com excelência nos serviços a bordo, principalmente quando realizado por meio de navios.

Esse estilo de turismo, antes usufruto da elite, hoje faz parte das inúmeras opções à disposição do turista, decorrente de:

- Avanços da tecnologia naval e de comunicações e da adoção de novos modelos de negócios no turismo náutico, que provocaram a diminuição dos custos operacionais.
- Exuberância e qualidade dos serviços em um navio de turismo, que transformam uma viagem em um sonho de consumo.
- Aventura de se conhecer regiões apenas acessíveis por água.

No caso dos cruzeiros marítimos, o segmento apresentou crescimento bastante expressivo por volta dos anos 1950, sem proporcionar o conforto e os momentos de lazer como os de hoje. Nas décadas de 1960 e 1970, os navios de cruzeiros surgiram com características de *resorts* flutuantes, transportando até cinco mil passageiros. Estima-se que esse mercado represente 8,9 milhões de pessoas em todo o mundo (Girus, 2003).

No Brasil, o mercado de cruzeiros marítimos teve seu grande *boom* no verão de 2000-2001, com a chegada do maior navio já operado em viagens entre os portos do país, o *Splendour of Seas*, da *Royal Caribbean Cruise Lines*. O eficiente *marketing* em torno do navio fez despertar a curiosidade de um público que, até então, era alheio a essa forma de turismo, fazendo com que empresas já tradicionais no país (Costa Cruzeiros e MSC) investissem mais, oferecendo melhor qualidade nos serviços com navios maiores e mais modernos.

Há duas diferentes ofertas de turismo náutico em navios: os minicruzeiros e os cruzeiros. Os primeiros diferem dos cruzeiros quanto à duração da viagem, entre três a quatro noites, e consideram, portanto, a distância percorrida, que é menor que um cruzeiro que dura, no mínimo, sete noites e proporciona o conhecimento de mais destinos turísticos.

"No Brasil, quando pensamos em turismo náutico, pensamos em grandes navios chegando nos portos como o do Rio de Janeiro e Vitória" (Instituto Virtual de Turismo, 2003) (Fig. 24.4).

Além do mercado convencional de cruzeiros marítimos, outro mercado que tem se desenvolvido é o de *yacht*-cruzeiro. São iates com capacidade para transportar até 100 pessoas e oferecem serviço diferenciado a preço bem mais alto. Seu diferencial é que, por serem menores, podem aportar em lugares mais rasos, possibilitando visita a maior variedade de lugares e, inclusive, a navegação em rios como o Amazonas (Girus, 2003).

Contudo, o turismo náutico não se caracteriza, unicamente, por grandes navios e milhares de turistas. Incluem-se também as embarcações menores para a navegação de recreio e competições esportivas. Seu maior diferencial está na possibilidade de se acessar locais restritos a embarcações maiores e visitar pequenas baías e ilhas (Holloway, 1998).

Essa parte do turismo náutico, que é bem difundida em diversas partes do mundo e vem crescendo no Brasil, é realizada com o suporte de embarcações de médio e pequeno porte e com o intuito de lazer. Praticada em travessias de mares, viagens pela costa marítima ou em canais, rios e

[8] Veleiros oceânicos: veleiros que permitem realizar cruzeiros de média distância e até mesmo travessias oceânicas, com relativo conforto (Carneiro, 2004).

Figura 24.4 – Foto do navio *Splendour of Seas*. Fonte: Cortesia Royal Caribbean Cruise Lines.

lagos, tem como grande diferencial a possibilidade de se aproveitar a independência de um barco e curtir a vida social e cultural enquanto se está ancorado.

Na Inglaterra, estima-se que existem mais de dois milhões de pessoas que velejam por prazer (Holloway, 1998). Para melhor explicar essa tendência, faz-se necessário um breve relato sobre o turismo náutico de lazer no exterior e no Brasil.

Nesse contexto, o turismo náutico de lazer é uma viagem de recreio em que os passageiros participam em cada atividade a bordo, seja na própria navegação ou na preparação de refeições. É um turismo que associa esporte, aventura e prazer praticado na água com embarcações à vela ou a motor (Goidanich e Moletta, 2001) e que exercita atividades de recreação como:

- Caiaque.
- Esqui aquático.
- Mergulho.
- Vela.
- *Acqua-rider.*
- Bóia-*cross*.
- *Rafting.*
- *Body boarding.*
- *Outrigger.*
- Canoa havaiana.
- Canoa.
- *Windsurf.*
- Pesca.
- *Morey-buggie.*

TURISMO NÁUTICO DE LAZER NO EXTERIOR

A atividade turística náutica, a indústria de construção de embarcações de recreio e outras atividades relacionadas com a prática do lazer náutico são extremamente desenvolvidas em países da Europa e nos Estados Unidos graças à cultura existente, à infra-estrutura da construção naval, aos empreendimentos de apoio náutico e, também, ao ensino pelas escolas públicas e marinas públicas de técnicas de navegar, fazendo com que cresça a demanda por embarcações de recreio.

Segundo estatísticas da indústria náutica, realizadas em 1999 pela Icomia[9], estima-se que existam 35 milhões de embarcações de recreio no mundo todo, das quais 50% estão localizadas nos Estados Unidos e no Canadá, 24% na Europa e o restante distribuído nos outros países. Desses barcos de recreio, 70% têm propulsão a motor, 11% à vela e os outros 19% movem-se por outro tipo de propulsão como, por exemplo, remo (Embratur, 2003).

[9] Icomia (*International Council of Marine Industry Associations*) – Conselho Internacional de Associações da Indústria de Marinas, formado em 1965 com o objetivo de trazer, em uma única organização global, todas as federações nacionais de esportes náuticos e outros órgãos envolvidos na indústria náutica e representá-los em nível internacional (Icomia, 2004).

85-7241-568-8

Um estudo da UFRJ – Universidade Federal do Rio de Janeiro sobre o comportamento do mercado de pequenas embarcações apontou que os Estados Unidos possuem um volume muito grande de investimentos em relação aos outros países, sendo considerados o maior fabricante de embarcações, com 2,5 a 4 milhões de embarcações por ano. A Europa apresenta produção média de 500 a 600 mil por ano; somente Inglaterra e Itália produzem juntas uma estimativa de 400 mil por ano (Instituto Virtual de Turismo, 2003).

Em termos estatísticos (Amaral, 2003), a relação *barco por habitante* se destaca na Nova Zelândia, Suécia, Finlândia, Canadá, Dinamarca, Estados Unidos e Austrália, países que priorizaram a atividade náutica, investindo em projetos sofisticados como marinas, dragagens e quebra-mares. A Holanda possui um barco para cada dois habitantes e a Noruega, um barco para cada quatro habitantes (Instituto Virtual de Turismo, 2003).

> *Nos Estados Unidos, onde o lazer náutico é de 1 barco para cada 20 habitantes, teve seu* **boom** *de crescimento com a implantação de pequenos pontos de apoio para a prática do lazer e esportes náuticos. Este crescimento aconteceu durante os anos 70. Neste país, menos de 10% de sua população guarda barcos em marinas, e/ou garagens náuticas, ou seja, mantêm seus barcos em casa.*
>
> **Azevedo, 2003**

Conforme se observa na Figura 24.5, o maior número de embarcações de esportes e recreio dos Estados Unidos se encontra registrado nos estados de Michigan, Califórnia, Minnesota e Flórida, nos quais existe a maior concentração de marinas.

Segundo a Embratur – Instituto Brasileiro de Turismo (2004), o setor náutico norte-americano (barcos e artigos náuticos, afora equipamentos para marinas) movimentou, em 1997, US$ 19,3 bilhões, por intermédio de 13 mil revendedores.

Ainda segundo a Icomia, os barcos registrados nos Estados Unidos, em sua maioria, são de menor tamanho e guardados em seco (*dry-stack* ou trailers)[10], dependendo de rampa para o acesso à água. Somente 5% estão baseados em marinas. Mesmo assim, o país possui mais de 12 mil marinas com mais de um milhão de vagas (Embratur, 2004).

Na Espanha, especificamente na região da Catalunha, o turismo movimenta US$ 15 bilhões, dos quais 80% (US$ 12 bilhões) advêm do turismo náutico. A atividade se configura como a maior fonte de renda do país em virtude do favorecimento dos 580 quilômetros de costa e sua estrutura de 42 marinas e hotéis (Praias Paulistas S.A., 2003).

[10] *Dry-stack* ou *trailers*: sistema de acomodação de barcos em vagas (*racks*) suspensas, como se fossem prateleiras, instalados num hangar, otimizando espaço e operação (Embratur, 2004; 85).

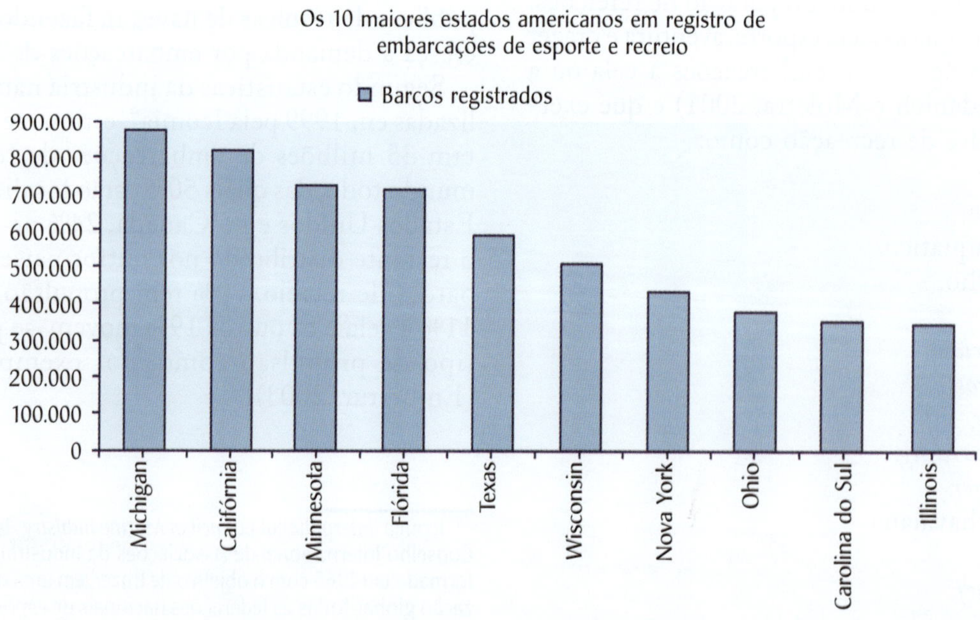

Figura 24.5 – Os 10 maiores estados americanos em registro de embarcações de esporte e recreio. Fonte: Instituto Virtual de Turismo.

Na Inglaterra, o turismo náutico também é praticado nos seus pequenos canais, dos quais 3,2 mil quilômetros de hidrovias navegáveis são mantidos pelo Conselho Britânico de Hidrovias e 1,25 mil quilômetros por outros conselhos (Girus, 2003).

Como se vê, o turismo náutico é bastante explorado em países desenvolvidos da Europa e nos Estados Unidos, países com visão das oportunidades proporcionadas pela atividade turística lucrativa e que, para atrair mais turistas náuticos, investem em obras de infra-estrutura e eventos náuticos como regatas e *Boat Shows*[11].

Esses países não exploram turisticamente apenas o litoral, mas também os seus rios e canais. Bons exemplos disso são as viagens pelos rios Reno (na Alemanha), o Danúbio (na fronteira da Alemanha com a Romênia), o Mississipi (nos Estados Unidos, com as viagens tradicionais em *steamboats*) e o Nilo (no Egito).

Até em países com extrema carência de atrativos naturais e abrigos, que apresentam restrições e dificuldades – por exemplo, Israel –, a atividade náutica no seu *waterfront*[12] foi bastante desenvolvida para atrair turistas: mesmo a custos altos, o país realizou obras de engenharia respeitáveis, incluindo molhes[13] para suportar ondas de até sete metros de altura e aterros (Amaral, 2003).

Os investimentos incluem novos empreendimentos náuticos, com destaque para a construção de novas marinas e readequação de outras existentes, visando o turista de lazer náutico.

Marinas e Turismo de Lazer Náutico

Segundo Felisberto Azevedo (2003), da Acobar – Associação dos Construtores de Barcos e seus Implementos, *"marina é uma palavra de origem italiana e refere-se à orla litorânea"*. Essa palavra foi adotada, em 1928, pela Associação Americana de Fabricantes de Barcos e Equipamentos Náuticos, para nomear o novo conceito de apoio portuário às embarcações de recreio e lazer.

São instalações modernas que, além das funções de abrigo, atracação e amarração das embarcações, passaram a oferecer serviços adicionais como facilidades de embarque e desembarque, fornecimento de água, energia, televisão a cabo e telefonia, remoção de esgotos e rejeitos, reparos e serviços de manutenção, vestiários para os usuários e marinheiros, lojas de conveniência, lazer e recreação, entreposto de provisões e mantimentos náuticos, sistema de comunicações, estacionamento de veículos e, em casos mais sofisticados, até heliportos, e buscam oferecer atendimento rápido e eficiente aos seus clientes ou usuários.

A palavra marina, além de referir-se à orla litorânea, tem em si uma forte conotação marítima, dando a idéia aparente de uma estrutura de lazer específica do litoral. Porém, o lazer náutico não é só praticado nas águas do mar, mas em igual intensidade nas águas interiores: rios, lagos e represas. Assim sendo, marina refere-se tanto às estruturas do litoral como às de água doce.

Estima-se que, na Europa, existam 8.363 marinas contendo 1,7 milhões de poitas[14]; contudo, somente 13,2% de todos os barcos de recreio estão docados[15] em marinas. A Holanda e a Suécia são exceções: metade de seus barcos permanece em marinas (Fig. 24.6).

Marinas atraem turistas por uma série de motivos, dentre os quais o lazer e as facilidades comerciais oferecidas, incluindo-se lojas, restaurantes, hotéis e acomodações, museus, entretenimento e a ambiência da área (Fig. 24.7).

Turistas freqüentam suas variadas lojas em busca de algo diferente, não rotineiro, fantasioso, específico de um comportamento de compras por lazer. Dessa forma, essas lojas se transformam numa imensa vitrine de produtos tão diversos como livros, roupas especiais, antiguidades, artesanato naval, vinhos, etc.

Os restaurantes localizados nas marinas servem seus visitantes com pratos diferenciados, às vezes

[11] *Boat Shows*: eventos náuticos anuais realizados em grandes cidades litorâneas de vários países do mundo, para a promoção de locais turísticos, vendas de embarcações e incentivo à prática esportiva náutica e ao turismo.

[12] *Waterfront*: faixa de terra firme lindeira à margem da água (Embratur, 2004; 86).

[13] Molhes: obras de proteção chamadas de quebra-mar, atenuador de ondas ou quebra-ondas (Embratur, 2004; 19).

[14] Poita: sistema de amarração de um barco ao largo que permite seu giro em 360°, no caso de mudança de ventos. A poita constitui-se basicamente de cabo, bóia, corrente e um bloco de concreto prendendo o conjunto ao fundo (Embratur, 2004, p. 86).

[15] Docas: sistema fixo ou flutuante de vagas molhadas, para barcos de recreio, para a sua amarração a essas estruturas e o acesso dos usuários as embarcações (Embratur, 2004, p. 85).

Parte 3

85-7241-568-8

sofisticados, a preços módicos, num ambiente temático.

Museus e galerias, se presentes numa marina, transformam-se em imensos ímãs atraindo interessados e curiosos. Como exemplo, o navio S.S. Great Britain, transformado em museu e ancorado na marina de Bristol (Inglaterra), atrai mais de 125 mil visitantes anualmente (Elwin, 1995) (Fig. 24.8).

Eventos e entretenimento sediados em marinas atraem turistas pelo ambiente agradável, que pode incluir elementos culturais e esportivos. Hoje, nas marinas mais modernas localizadas nos Estados Unidos, pode-se praticar golfe, assistir a um filme ou descansar em centros de lazer (Fig. 24.9).

Enfim, marinas representam, hoje, um segmento da indústria de hospitalidade muito importante, quer pelo público que as freqüenta e utiliza seus serviços, quer pelos eventos nela realizados e, ainda, pelos impactos positivos no desenvolvimento econômico e socioambiental das localidades por elas assistidas.

Veremos, a seguir, como o Brasil se posiciona, em termos potenciais, para atender esse segmento de turismo que está se tornando cada vez mais global.

Figura 24.6 – Vista área da marina de Brighton (Reino Unido). Fonte: *www.premiermarinas.com.*

Figura 24.7 – Meios de hospedagem oferecidos pela marina B&W Resort and Marina. Fonte: *www.bandwresort.com.*

Figura 24.8 – *Clipper* docado na Marina de Baltimore, para visitação turística. Fonte: *www.marinersguide.com.*

Diferencial Geográfico Brasileiro

O Brasil possui uma área de 8.547.403 quilômetros quadrados, abrangendo 47,7% da América do Sul, sendo o quinto país do globo terrestre, superado apenas por Rússia, Canadá, China e Estados Unidos. Está dividido em 26 estados – 17 litorâneos e 9 interioranos –, além do Distrito Federal. É um dos maiores países em termos de potencial navegável, com a maior costa marítima do globo terrestre, com 8.500 quilômetros de extensão, vastas praias de areias brancas, banhado na maior parte

Figura 24.9 – Fotos da Marina Front Lake, com detalhes nas acomodações e no restaurante.
Fonte: *www.lakefrontmotelandrestaurant.com*.

por uma corrente marítima com águas tépidas e cristalinas. Dependendo do lugar, é possível freqüentar as praias 12 meses por ano (Trigo, 2001; Embratur, 2004).

Mas o Brasil não é só litoral: é também um país com grande disponibilidade de águas navegáveis internas, como rios, represas, lagos, canais, estuários e hidrovias. Possui uma das maiores redes hidrográficas do mundo, bacias como a Amazônica e do Prata que cobrem milhões de quilômetros quadrados, uma longa rede fluvial navegável e uma enorme variedade de paisagens e atrações diferentes acessíveis por via aquática.

É também o país que possui o maior rio em volume de água (senão em comprimento), o Amazonas, e seu território é cortado por duas bacias hidrográficas que se separam por tênues 100 quilômetros: a bacia Amazônica e a bacia do Pantanal. Em resumo, o Brasil é uma imensa ilha de Vera Cruz[16].

Para o empresário Cláudio Brasil do Amaral[17], "o Brasil é, reconhecidamente, o país com o maior potencial, no mundo, para desenvolver atividades náuticas". Isso se deve ao seu aspecto geográfico.

Outro aspecto propulsor turístico que o Brasil possui, sem contar a diversidade das culturas ribeirinhas, é o clima tropical ameno predominante

16 Hermann Hrdlicka, em aula proferida no Senac em 23 de abril de 2004, ao ser indagado sobre o potencial turístico-náutico brasileiro.

17 Cláudio Brasil do Amaral, presidente do Instituto Marinas do Brasil, em palestra proferida em Juquehy, promovida pela Secretaria de Turismo do Estado de São Paulo.

Parte 3

85-7241-568-8

na maior parte das regiões litorâneas. No Caribe, por exemplo, a atividade náutica se retrai por um bom período do ano por causa dos furacões e das severas tormentas tropicais, que fazem com que as embarcações se desloquem para outros países. Os países do Mediterrâneo (França, Espanha, Itália, Turquia, Portugal, etc.), o Canadá e os Estados Unidos interrompem suas atividades náuticas durante os meses de inverno, pois se torna difícil sua prática por causa do frio nessas regiões. Para Amaral, "no lago Michigan, por exemplo, existe um milhão e meio de embarcações de recreio, guardadas geralmente em marina da região. Durante o inverno, o imenso lago congela e esses barcos costumam ser retirados para terra firme. As taxas de permanência em marinas caem pela metade, devido a esta sazonalidade. (...) Nada disso acontece no Brasil, onde existem grandes cidades junto ao mar, enormes faixas de área litorânea, com ventos e ondas amenas, além dos atrativos naturais, como baías, penínsulas, barras de rios, ilhas, além de praias espetaculares, onde o clima tropical predomina na maior parte das regiões litorâneas, (...) os ventos alísios, sopram eternamente na mesma direção e numa intensidade perfeita para a navegação, conduzindo com segurança os veleiros que procedem da África e da Europa em direção ao nosso continente".

Percebemos assim que o Brasil, com grande potencial geográfico e físico natural e outras facilidades, tem tudo para fazer parte daquele grupo de países desenvolvidos no turismo náutico, tornando possível o desenvolvimento sustentável de sua bela e extensa costa litorânea e a complexa rede formada por seus rios navegáveis e suas comunidades ribeirinhas tão diversas.

Mercado Náutico de Lazer e Hospitalidade Náutica no Brasil

O turismo náutico no Brasil, como já foi mencionado, possui grande potencial para investimento turístico, principalmente a náutica de lazer, por ser um mercado rentável, mas ainda pouco explorado (Amaral, 2003).

Segundo dados estatísticos da Acobar, esse mercado náutico de lazer envolve cerca de mil empresas e movimentou, em 2002, algo em torno de R$ 350 milhões, dos quais 70% são voltados a serviços, eventos e competições (Yahoo, 2003).

Pela Embratur, o turismo doméstico brasileiro, no ano de 2001, faturou aproximadamente R$ 48,4 bilhões (um terço do potencial desse setor), dos quais 1,5% utilizou barcos para suas viagens, o que representou R$ 720 milhões anuais.

O mercado náutico de lazer difere por vários fatores:

- Formação cultural das pessoas, fator determinante para suas necessidades e seu comportamento, pois se a pessoa cresce numa sociedade acostumada a viagens e prática de esportes náuticos, acaba por valorizar essas atividades.
- Poder de compra, relacionado à renda, riqueza e educação.
- Localização geográfica, que se refere à tipologia do turismo e está voltada para praias quando se trata de turismo náutico marítimo e para represas, canais, rios e lagos em se tratando de turismo náutico costeiro.
- Comportamento de compra do consumidor, influenciado por atitudes, hábitos e costumes adquiridos.
- Classe social, divisão homogênea na sociedade cujos membros partilham de valores, interesses e comportamentos similares, inclusive os de compra.

Mesmo com todos os aspectos positivos que o Brasil apresenta, a cultura náutica é incipiente quando comparada com outros países; em decorrência disso, a quantidade e a qualidade na infra-estrutura existente cerceiam o mercado, conforme evidencia o dirigente da Acobar (Azevedo, 2003): "*...no Brasil existe 1 barco para cada 1.650 habitantes*". O país atualmente produz três mil barcos ao ano (Yahoo, 2003), o que é muito pouco comparado a outros países citados.

Nos últimos anos, esse mercado vem apresentando crescimento, passando a produzir um maior número de embarcações médias e pequenas em expressiva variação de formas, para o atendimento da demanda de equipamentos para a prática coletiva e individual de esportes e do lazer, nos mares, lagos e rios. Destacam-se o barco à vela (veleiros), lanchas de propulsão forte, *jet ski*, canoa, caiaque, além de outros (Andrade, 1992).

Segundo as estatísticas de venda de barcos anunciadas nas exposições náuticas, é cada vez maior o número de adeptos no setor, mas este ainda é um mercado bastante concentrado, conforme se observa na Figura 24.10: na Região Sudeste brasileira é onde predomina o maior número de embarcações registradas de diferentes tamanhos, que vão desde 16 pés[18] até acima de 65 pés.

O Sudeste é, conforme a Figura 24.11, a região que detém 60% das empresas fabricantes e/ou revendedores das embarcações de recreio e a que possui o maior número de estruturas náuticas (Tabela 24.1). A região metropolitana de São Paulo é o principal mercado de produtos náuticos do país. Em segundo lugar, vem o estado do Rio de Janeiro; em terceiro, o interior de São Paulo, seguido do estado de Minas Gerais e da Bahia (Embratur, 2004).

Duas visões complementares (Yahoo, 2003) da Acobar buscam explicar a tendência. Para Lenilson Bezerra, seu secretário geral, "hoje as embarcações de lazer estão mais acessíveis à classe média e média alta, mas ainda assim os investimentos estão retidos. Os bancos oferecem linhas de financiamento e a indústria já produz barcos com preços equivalentes a um automóvel de médio porte" (Fig. 24.11).

Complementa Paulo Renha, seu presidente: "o produto brasileiro é bom e tem condições de competir em pé de igualdade com o estrangeiro, mas a náutica precisa crescer. Para isso, precisa de incentivos, ao invés de impostos".

Segundo Cláudio Brasil do Amaral, em entrevista[19] na qual foi questionado sobre o crescimento do turismo náutico no Brasil, "o mercado náutico só não cresce mais por falta de marinas, mas todos os anos surgem aqui e ali novas garagens náuticas, como a opção mais fácil, barata e rápida de ser implantada. Estima-se um número de 250 facilidades de apoio náutico, no litoral do país, incluindo-se aí marinas (poucas, menos de 30), garagens náuticas e iate-clubes. Mas isso vem crescendo rapidamente. Somando-se ao interior do Brasil, podemos ter hoje em torno de 550 estruturas de apoio náutico. Nosso país tem um território imenso, superfavorável para a atividade náutica. As estatísticas são ínfimas, comparadas a outros países. No Brasil existem 27 marinas ou estruturas de apoio náutico como garagens náuticas com vagas para barcos; 130 mil barcos registrados, com um crescimento anual de 5%, e 200 garagens náuticas e iate-clubes, números que não batem com o tamanho e as condições favoráveis do Brasil."

[18] Pés: unidade de medida linear anglo-saxônica equivalente a 12 polegadas (30,48 centímetros) utilizada como medida náutica em embarcações. No Brasil, as embarcações ainda são medidas por pés, porém o sistema métrico começa a se tornar padrão.

[19] Entrevista eletrônica realizada em 25 de fevereiro de 2004.

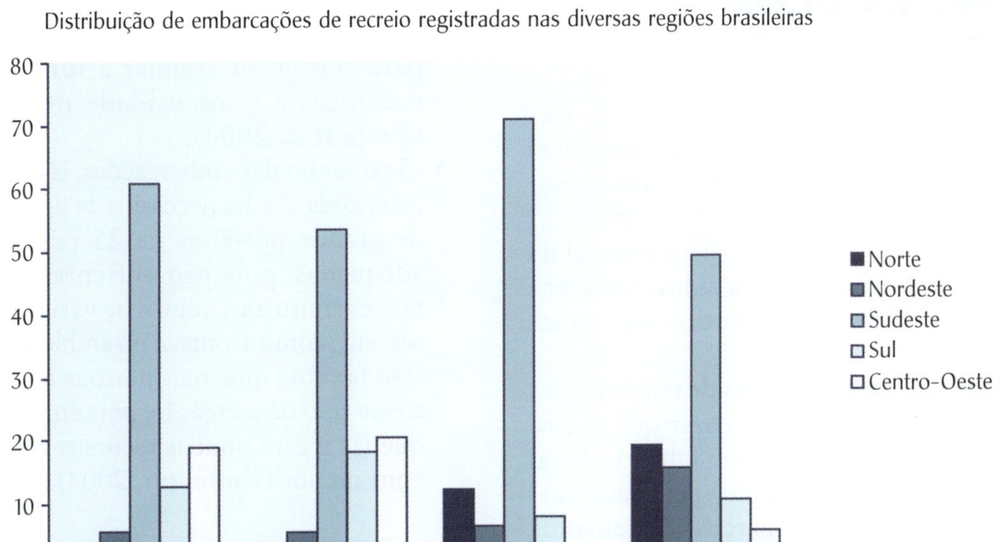

Figura 24.10 – Número de embarcações de recreio registradas nas regiões brasileiras de acordo com o tamanho das embarcações. Fonte: Instituto Virtual de Turismo.

85-7241-568-8

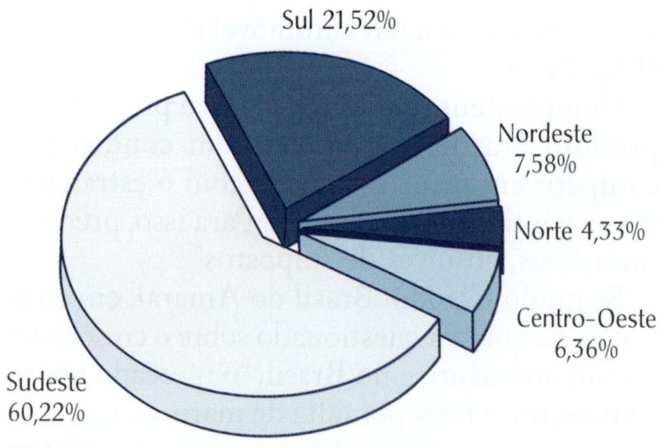

Figura 24.11 – Porcentagem da distribuição dos fabricantes e revendedores de embarcações por região brasileira. Fonte: Embratur.

Então, para atender esse mercado, são necessárias marinas para acomodar as embarcações e hotéis para acomodar seu público – os proprietários das embarcações. Além disso, há a necessidade de lojas de utilidades náuticas, despachante marítimo, postos de combustível, *charter* de embarcações, lojas de reparos, escolas de navegação e mergulho e venda de embarcações, entre outros, os quais, de preferência, sejam oferecidos numa única estrutura, por exemplo, um complexo náutico (Yahoo, 2003), uma marina.

Desenvolvimento de Marinas no Brasil

A construção de marinas está em fase de expansão na costa litorânea. Nas águas interiores (*waterways*), esse crescimento tem sido menor em decorrência da falta de estruturas náuticas suficientes nessas regiões, segundo o manual da Embratur (2004; 32), que fala sobre o mercado de estruturas de apoio náutico nas águas interiores.

Segundo pesquisa, fabricantes de embarcações de recreio foram unânimes em dizer que não se vendem mais embarcações por falta de local confiável (marinas, por exemplo) para seus proprietários guardarem seus barcos. A demanda potencial, portanto, é ainda maior que a demanda efetiva, que não dispõe de estruturas minimamente organizadas para atender às necessidades dos donos de embarcações.

Existem diferenças entre navegar no mar e navegar em águas interiores. Algumas delas são:

- A segurança na navegação, pois o brasileiro ainda não tem tradição náutica. Muitos possuem experiência limitada, portanto preferem navegar em águas mais calmas (águas abrigadas) que proporcionam mais segurança que as águas do mar. É o caso da Hidrovia Tietê – Paraná, formada por uma sucessão de lagos interligados, que tem se mostrado como o meio mais favorável para a prática da navegação de recreio (Embratur, 2004).
- As agressões ambientais causadas às embarcações que navegam no mar (atmosfera salina), pois estão expostas a um ambiente muito mais agressivo que aquelas nas águas interiores. As conseqüências dessa exposição estão diretamente ligadas à vida útil dos componentes e, por isso, merecem manutenção mais efetiva (Embratur, 2004).
- O comportamento de ondas e ventos são os principais elementos da natureza que influenciam a concepção técnica de uma marina. Nas águas interiores, os ventos são mais moderados que no litoral, além de não sofrerem o risco de ondas expressivas, o que torna a construção do empreendimento mais barata, pois apenas o uso de atenuadores flutuantes de ondas é o suficiente para atenuar ou rebater as ondas. Já no mar, são necessárias estruturas fixas de proteção para conter ou atenuar a força das ondas oceânicas e a intensidade de correntezas (Embratur, 2004).
- O tamanho das embarcações, já que nas águas interiores não há necessidade de embarcações de grande porte; as de 25 pés são as mais adequadas, pois não enfrentarão ondas altas, correntezas, repuxos, variação das marés, etc., como acontece no ambiente marítimo. Isso faz com que mais pessoas tenham acesso a esse tipo de recreação, pois embarcações pequenas e com poucos recursos têm um custo bem menor (Embratur, 2004).

Conforme a Tabela 24.1 a seguir, observa-se a existência de 228 estruturas náuticas no litoral; fora das cidades litorâneas, são apenas 44, das quais 60% permanecem na capital e no interior de São

Tabela 24.1 – Distribuição das estruturas náuticas pelo território brasileiro

Estados	Litorâneas				Terrestres				Total
	Marina	*Iate Clube*	*Garagem Náutica*	*Total*	*Marina*	*Iate Clube*	*Garagem Náutica*	*Total*	
São Paulo	36	10	41	87	14	6	5	25	112
Rio de Janeiro	21	27	5	53					53
Pernambuco	7	7	12	26					26
Santa Catarina	9	10	1	20					20
Bahia	11	3		14					14
Rio Grande do Sul	3	5	2	10		1		1	11
Paraná	2	5		7		1	1	2	9
Minas Gerais					1	2	2	5	5
Mato Grosso					1		3	4	4
Distrito Federal					1	2		3	3
Ceará	1	1		2					2
Pará						2		2	2
Rio Grande do Norte	1	1		2					2
Alagoas		1	1	2					2
Paraíba			2	2					2
Sergipe		1		1					1
Maranhão		1		1					1
Espírito Santo		1		1					1
Amazonas					1			1	1
Goiás						1		1	1
TOTAL	91	73	64	228	18	15	11	44	272

Fonte: Embratur, 2004.

Paulo, estado considerado o principal mercado de produtos náuticos do país (Embratur, 2004).

A mesma fonte aponta, segundo os comerciantes de embarcações, que 52% das embarcações vendidas destinam-se às águas interiores e 48% às águas litorâneas. Percebe-se, portanto, que o mercado brasileiro nas águas interiores possui pouca oferta de estruturas náuticas comparada à sua demanda por embarcações, pois essa oferta não atende nem 10% da demanda atual (Embratur, 2004).

Estruturas hoteleiras ligadas ao turismo náutico, como hotéis com marinas, são produtos complementares necessários para o desenvolvimento desse tipo de turismo. A região de Angra dos Reis (Rio de Janeiro) é um exemplo disso, com empreendimentos que não só satisfazem as necessidades dos seus consumidores, mas também trazem melhorias para a cidade, além de gerar empregos para sua população[20].

[20] Estima-se a proporção de sete postos de serviço para cada vaga de barco criada.

O *Meliá Angra Resort Marina & Convention* de Angra dos Reis é um exemplo, projetado pela João Fortes Empreendimentos, que acreditou na viabilidade mercadológica do produto e, no lançamento do empreendimento, vendeu todas as cotas. Foi intitulado como o melhor investimento imobiliário turístico das últimas décadas, tendo obtido o Prêmio Master Imobiliário 2002 na categoria Profissionais – Comercialização (FIABCI Brasil, 2004).

Outros empreendimentos afloram na Região Sudeste, com ênfase na construção de garagens náuticas. Esses empreendedores, com raras exceções, ainda não perceberam a complementaridade de seus negócios com os segmentos do turismo, hotelaria e eventos e a sinergia que existe entre a guarda e recepção de embarcações e a boa acolhida de seus tripulantes-viajantes, quer oferecendo acomodações diferenciadas, gastronomia exótica ou local, ou fazendo-os perceber os diferentes sabores de uma viagem por meio náutico.

Algumas cidades, como Salvador (Bahia) e Ilhabela (São Paulo), já descobriram sua potencialidade no segmento de esporte e turismo náutico com regatas (nacionais e internacionais), passeios e cruzeiros por lanchas e veleiros oceânicos – e estão sendo muito bem-sucedidos: já são referência internacional em acomodações de viajantes marítimos.

Enfim, o Brasil começa a acordar para a importância do segmento no conjunto de atratividade turística.

Considerações Finais

O mercado turístico, e hoteleiro em particular, está mudando rapidamente em decorrência do aumento da oferta de produtos (concorrência) e novas demandas; cada vez mais, investidores e empresários do ramo buscam novos caminhos para expandir esse mercado.

Buscam, na diversidade e no pluralismo das pessoas e de seus gostos, novos nichos de mercado (Ignarra, 1992), identificando clientes com comportamentos homogêneos quanto a seus gostos e preferências e procurando atender aos seus desejos com produtos mais específicos:

> ***Quando o segmento de mercado é bem definido e atinge um público específico e existem poucas empresas especializadas neste tipo de turismo damos o nome de nichos de mercado.***
>
> **Ignarra, 1992**

Segundo estudos da OMT – Organização Mundial do Turismo, uma das novas tendências do turismo é a ampla e extrema segmentação do mercado. Os seguintes segmentos são apontados como os grandes diferenciais na presente década: o ecoturismo, o turismo de aventura, o turismo cultural, o turismo de congressos, eventos e convenções, a pesca esportiva, o turismo de saúde – incluindo os destinos com predominância de águas termais – e o turismo náutico.

Diante dos aspectos abordados, o Brasil é um país privilegiado para o desenvolvimento do turismo náutico de lazer. Investimentos começam a se realizar, principalmente no eixo Rio-São Paulo. Porém, outras áreas atrativas, como Salvador (Bahia) e outras, vêm se esforçando para despontar para esse mercado.

Contudo, pelos impactos socioeconômicos positivos que provoca, esse mercado turístico náutico precisa ser estimulado com:

- Políticas de incentivos à infra-estrutura da construção naval e de segurança em portos, marinas e outros atrativos de natureza náutica.
- Parcerias mais efetivas entre o primeiro setor (governos federal, estaduais e municipais) que incentivem profissionais do ramo, empresários e investidores estrangeiros a construir empreendimentos náutico-hoteleiros no Brasil.
- Novas empresas do terceiro setor alinhando-se a essa oportunidade, pois, com a facilitação do acesso ao mar e aos rios, aumenta-se a prática de esportes náuticos e a profissionalização pela demanda de novos serviços; em conseqüência, gera-se a necessidade de investimentos em educação ambiental e a busca pelo equilíbrio socioambiental.

Por fim, e com o apoio da sociedade, a construção de marinas públicas e privadas e o ensino público profissionalizante sobre manejo náutico de forma abrangente, sobretudo nas áreas-objeto de empreendimentos náuticos, possibilitarão o rápido desenvolvimento da hospitalidade náutica, com respeito à natureza, beneficiando o turismo no Brasil.

Glossário

Boat Shows: eventos náuticos anuais realizados em grandes cidades litorâneas de vários países do mundo, para a promoção de locais turísticos, vendas de embarcações e incentivo à prática esportiva náutica e ao turismo.

Carracas: navios de carga e de grande lotação, usados pelos primeiros navegadores portugueses nas viagens de longo curso (Geiger, 1958, p. 862).

Caravela: navio de casco alteroso à popa e baixo avante, de boca aberta ou coberta, aparelhado com um a quatro mastros de velas bastardas e armado com até oito peças de artilharia.

Docas: sistema fixo ou flutuante de vagas molhadas, para barcos de recreio, para a sua amarração a essas estruturas e o acesso dos usuários as embarcações (Embratur, 2004; 85).

Dry-stack *ou* trailers: sistema de acomodação de barcos em vagas (*racks*) suspensas, como se fossem prateleiras, instalados num hangar, otimizando espaço e operação (Embratur, 2004, p. 85).

Nó: unidade de velocidade igual a uma milha marítima por hora. A milha náutica (1.852 metros) é uma medida definida convenientemente de modo a simplificar as conversões entre ângulos e dis-

Parte 3

tâncias, e corresponde a um arco de um minuto de grau sobre a superfície terrestre, ou 0,51444 metro por segundo.

Molhes: obras de proteção chamadas de quebra-mar, atenuador de ondas ou quebra-ondas (Embratur, 2004, p. 19).

Pés: unidade de medida linear anglo-saxônica equivalente a 12 polegadas (30,48 centímetros) utilizada como medida náutica em embarcações. No Brasil, as embarcações ainda são medidas por pés, porém o sistema métrico começa a se tornar padrão.

Poita: sistema de amarração de um barco ao largo que permite o seu giro em 360°, no caso de mudança de ventos. A poita constitui-se basicamente de cabo, bóia, corrente e um bloco de concreto prendendo o conjunto ao fundo (Embratur, 2004, p. 86).

Veleiros oceânicos: embarcações propelidas por velas e motor (opcional) que permitem realizar cruzeiros de média distância e até mesmo travessias oceânicas, com relativo conforto (Carneiro, 2004).

Waterfront: faixa de terra firme lindeira à margem da água (Embratur, 2004, p. 86).

Questões para Discussão

1. Você já viajou com finalidade de lazer usando barcos, navios ou veleiros? Descreva sua viagem e indique as deficiências nos serviços que você tenha percebido.
2. Explique, com suas palavras, quais as oportunidades que o turismo náutico de lazer oferece.
3. Procure no *www.google.com* cinco diferentes *sites* que se relacionam a marinas e que incluem restaurantes e meios de hospedagem. Explore as facilidades que oferecem, preços de acomodação, serviços e alimentos. Verifique quantos barcos podem atender. Compare-os com os *sites* de marinas nacionais que você encontrar.

Sites Indicados

www.acobar.com.br: reúne informações sobre a Acobar (Associação dos Construtores de Barcos e seus Implementos) que representa a náutica de lazer em todo o Brasil, suas atividades e notícias atualizadas no setor náutico.

www.amyrklink.com.br: descreve a biografia do navegador Amyr Klink, suas viagens, projetos, livros e fotos.

www.angra.rj.gov.br: reúne informações turísticas sobre a cidade de Angra dos Reis (Rio de Janeiro).

www.angra-dos-reis.com: apresenta informações turísticas sobre a cidade de Angra dos Reis (Rio de Janeiro).

www.bl3.com.br: apresenta informações turísticas sobre a cidade de Ilhabela, em São Sebastião, no litoral norte de São Paulo.

www.bracuhy.com.br: apresenta o Porto Marina Bracuhy em Angra dos Reis; sua história, localização, os serviços náuticos oferecidos, hospedagem e as últimas notícias.

www.canoa.com.br: descreve o Canoa Resort Hotel Marina localizado na praia de Barra do Una, em São Sebastião, com fotos, atividades recreativas e serviços do hotel e da marina.

www.cetesb.sp.gov.br: *site* corporativo da Companhia de Tecnologia de Saneamento Ambiental apresenta informações importantes sobre projetos para a preservação do meio ambiente e descreve boletins de qualidade do ar, das praias, rios e reservatórios e traz imagens via satélite.

www.cni.org.br: *site* da CNI – Confederação Nacional da Indústria. Reúne informações e notícias sobre comércio exterior, meio ambiente, gestão empresarial, tecnologia e assuntos diversos.

www.coladaweb.hpg.ig.com.br: *site* de buscas que reúne dicas de estudos, lista de bibliotecas, biografias de autores, mapas e dicionários.

www.costadosalcatrazes.com.br: descreve informações sobre a Associação Costa dos Alcatrazes, do litoral norte de São Paulo, e reúne 40 empreendimentos entre hotéis, pousadas, restaurantes e marinas.

www.embratur.gov.br: portal da Embratur, traz informações sobre o turismo brasileiro, notícias, publicações, dados estatísticos e calendário de eventos.

www.estalagemdopier.com.br: apresenta a Pousada Estalagem do Pier, localizada na praia de Barra do Una, em São Sebastião (litoral norte de São Paulo), seus serviços e tarifas.

www.fiabcibrasil.com.br: *site* da Federação Internacional das Profissões Imobiliárias. Reúne as últimas notícias sobre empreendimentos imobiliários em destaque e vencedores de prêmios.

www.floatingstructures.com: apresenta projetos de estruturas flutuantes, como casas flutuantes, marinas, píeres, atenuadores de ondas e ruas de passagens para pedestres.

www.girus.com.br: reúne informações em turismo e hotelaria para acadêmicos e profissionais do turismo, tendências de mercado e eventos.

www.hotelbracuhy.com.br: *site* do Hotel Bracuhy, localizado no Porto Marina Bracuhy, sua estrutura e sua história.

www.icomia.com: *site* do Icomia – Conselho Internacional de Associações da Indústria de Marinas, traz recursos para quem deseja saber mais sobre a indústria náutica.

www.ivt-rj.net: o portal Instituto Virtual do Turismo do Rio de Janeiro abrange estudos, pesquisas, projetos e experiências sobre o turismo.

www.juqueriquere.com.br: reúne informações sobre a Marina Juqueriquerê, localizada em Caraguatatuba (litoral norte de São Paulo).

www.litoralvirtual.com.br: *site* de guia do litoral norte de São Paulo que reúne hotéis, praias, história do litoral, as últimas notícias, estradas, cartas náuticas e marinas.

www.mar.mil.br: *site* da Marinha do Brasil; reúne notícias, concursos, fotos, informações navais, dúvidas e normas de navegação.

www.marinapiratas.com.br: descreve a Marina Pirata's, localizada na cidade de Angra dos Reis (litoral do Rio de Janeiro), seus serviços e estrutura náutica.

www.marinaverolme.com.br: apresenta a Marina Verolme, localizada na Praia de Jacuacanga (Rio de Janeiro), seus serviços, estrutura náutica e notícias.

www.naviosecruzeiros.com.br: reúne informações ou notícias sobre cruzeiros marítimos, opções de cruzeiros no exterior e entrevistas com profissionais da área.

www.paraty.com.br: reúne informações turísticas sobre a cidade histórica de Paraty (Rio de Janeiro), sua história, guia de praias e hotéis e pousadas, agências de turismo.

www.piratas.angra.org: reúne informações sobre o Flat Pirata's Residence, localizado na Marina Pirata's, e sua estrutura de hospedagem.

www.piratasmall.com: *site* do *shopping* Pirata's Mall, localizado na Marina Pirata's. Reúne informações, guia de lojas, praças de alimentação e eventos.

www.portomarina1.com.br: descreve o Porto Marina 1, localizado em Angra dos Reis, sua estrutura náutica e os serviços que oferece.

www.praiaspaulistas.com.br: reúne projetos em desenvolvimento no Brasil.

www.sportnautica.com.br: reúne projetos e soluções em náutica de lazer cedidas pela Acobar, classificados náuticos, notícias e eventos na área.

BIBLIOGRAFIA

AMARAL, C. B. *Palestra de incentivo a implementação de marinas no litoral norte de São Paulo. Sport & Náutica.* Disponível em: http://www.sportnautica.com.br/projetos/marinas_publicas.htm. Acesso em: 12/Nov/2003.

AMYR KLINK. *Conteúdo do site.* Disponível em: http//: www.amyrklink.com.br/. Acesso em: 14/Jun/2004.

ANDRADE, J. V. *Turismo, Fundamentos e Dimensões.* São Paulo: Ática, 1992.

ANDRADE, N. P.; BRITO, P. L.; JORGE, W. E. *Hotel: planejamento e projeto.* 5. ed. São Paulo: Senac, 2002.

ANGRA-DOS-REIS.COM. *Conteúdo do site.* Disponível em: http://www.angra-dos-reis.com/instrumentos _de_navegacao /navegante.htm. Acesso em: 13/Jun/2004.

ASSOCIAÇÃO BRASILEIRA DOS CONSTRUTORES DE BARCOS E SEUS IMPLEMENTOS (Acobar). *A importância social da indústria náutica.* Disponível em: http:/ /www.acobar.com.br/noticias.htm. Acesso em: 20/Mai/2004.

AZEVEDO, F. *Projeto conceitual de marinas – Acobar. Sport & Náutica.* Disponível em: http://www.sportnautica.com.br/ projetos/marinas_01.htm. Acesso em: 17/Out/2003.

AZEVEDO, F. *Projetos, desenvolvimento e soluções em náutica "Marinas Publicas". Sport & Náutica.* Disponível em: http:/ /www.sportnautica.com.br/projetos/marinas_publicas.htm. Acesso em: 12/Nov/2003.

BADARÓ, R. L. *Direito do Turismo.* São Paulo: Senac, 2003.

BL3 ESCOLA DE IATISMO. *Regras de navegação.* Disponível em: http://www.bl3.com.br/ilhaframeset.htm. Acesso em: 17/Out/2003.

BUENO, F. S. *Dicionário Escolar da Língua Portuguesa.* Rio de Janeiro: FENAME – Ministério da Educação e Cultura, 1980.

CAMPOS, J. R. V.; GARTNER, R. R.; ROSES, C. F. *Estudo de Viabilidade para Projeto Hoteleiro.* Campinas: Papirus, 2003.

CANOA RESORT. *Apartamentos.* Disponível em: http:// www.canoa.com.br/aptos.htm. Acesso em: 14/Jun/2004.

CANOA RESORT. *Hotel.* Disponível em: http://www.canoa. com.br/hotel.htm. Acesso em: 14/Jun/2004.

CARNEIRO, A. G. *Guia Mar São Paulo.* São Paulo: GR1, 1995.

CARNEIRO, D. R. *A temporada 2003 – 2004 já está definida, sete navios já confirmaram presença no próximo verão. Cruising On Line.* Disponível em: http://www.naviosecruzeiros.tur.br/ noticias/artigos/temp2003.asp. Acesso em: 21/Abr/2004.

Parte 3

CASTRO, R. *Associação do Conhecimento Náutico. Conhecimento das Regras*. Disponível em: http://www.geocities.com/pipeline/halfpipe/9101/curso_nautica/curso_velocidade.htm. Acesso em: 27/Jun/2004.

COLA DA WEB. *Mesopotâmia*. Disponível em: http://www.coladaweb.hpg.ig.com.br/geografia/mesopotamia.htm. Acesso em: 17/Jul/2004.

COMPANHIA DE TECNOLOGIA DE SANEAMENTO AMBIENTAL (CETESB). *Licenciamento Ambiental*. Disponível em: http://www.cetesb.sp.gov.br/licenciamento/OqueeLic.htm. Acesso em: 12/Mai/2004.

COSTA DOS ALCATRAZES. *Conteúdo do site*. Disponível em: http://www.costadosalcatrazes.com.br. Acesso em: 21/Jun/2004.

CUNHA, L. *Introdução ao Turismo*. São Paulo: Verbo, 2001.

EMPRESA BRASILEIRA DE TURISMO (Embratur). *Glossário*. Disponível em: http://www.embratur.gov.br/br/glossário/index.asp?id=206. Acesso em: 20/Nov/2003.

EMPRESA BRASILEIRA DE TURISMO (Embratur). *Manual do Programa para Implantação de Marinas*. Disponível em: http://www.embratur.gov.br/0-catalogo-documentos/arquivos-internos/marinas.pdf. Acesso em: 10/Mar/2004.

ESTALAGEM DO PIER. *Conteúdo do site*. Disponível em: http://www.estalagemdopier.com.br. Acesso em: 21/Jun/2004.

FIABCI BRASIL. *Meliá Angra Resort Marina & Convention*. Disponível em: http://www.fiabcibrasil.com.br/premiomaster2002/textos/melia.doc. Acesso em: 29/Jan/2004.

GEIGER, P. *Dicionário Contemporâneo da Língua Portuguesa Caldas Aulete*. Rio de Janeiro: Delta, 1958.

GIRUS. *Turismo Náutico*. Disponível em: http://www.girus.com.br/_php/workexperiences/visualizar.php?id=20. Acesso em 18/Nov/2003.

GOELDNER, C. R.; RITCHIE, J. R.; MCINTOSH, R. *Turismo: princípios, práticas e filosofias*. 8. ed. Porto Alegre: Bookman, 2002.

GOIDANICH, K. L.; MOLETTA, V. F. *Turismo Esportivo*. 3. ed. Porto Alegre: Sebrae/RS, 2001.

Guia do Turista (São Paulo), 16: 132-134, 2003.

HOLLOWAY, J. C. *The Business of Tourism*. New York: Longman, 1998.

HOUAISS, A. *Dicionário Houaiss da Língua Portuguesa*. Rio de Janeiro: Objetiva, 2001, p. 1753.

ICOMIA. *The International Council of Marine Industry Associations*. Disponível em: http//www.icomia.com/aims/aims-and-objectives.asp?p=aims. Acesso em: 30/Abr/2004.

IGNARRA, L. R. *Fundamentos do Turismo*. São Paulo: Pioneira, 1999.

INSTITUTO VIRTUAL DE TURISMO. *Centro Náutico da Bahia (CENAB)*. Disponível em: http://www.ivt-rj.net/caderno/anteriores/3/salvador/cenab.htm. Acesso em: 18/Nov/2003.

INSTITUTO VIRTUAL DE TURISMO. *Cultura e turismo náutico no litoral capixaba*. Disponível em: http://www.ivt-rj.net/caderno/anteriores/3/polo/polo5.htm. Acesso em: 18/Nov/2003.

INSTITUTO VIRTUAL DE TURISMO. *Pólo náutico*. Disponível em: http://www.ivt-rj.net/caderno/anteriores/3/polo/polo1.htm. Acesso em: 18/Nov/2003.

INTERNATIONAL MARINE FLOATATION SYSTEMS INC. (IMF). Disponível em: http://www.floatingstructures.com/commercial.htm. Acesso em: 31/Mai/2004.

INTERNATIONAL MARINE FLOATATION SYSTEMS INC. (IMF). Disponível em: http://www.floatingstructures.com/floatinghomes.htm. Acesso em: 31/Mai/2004.

ISO 14001. *Conteúdo do site*. Disponível em: http://www.cni.org.br/produtos/meio_amb/iso14001_pp.htm. Acesso em: 14/Jun/2004.

Licenciamento de Marinas (Ambiental). In: I SIMPÓSIO NACIONAL DE MARINAS E PORTOS DE LAZER, 2002. São Paulo. *CD-ROM vol. 1 do I Simpósio Nacional de Marinas e Portos de Lazer*, 2002.

Licenciamento de Marinas (Ambiental). In: II SIMPÓSIO NACIONAL DE MARINAS E PORTOS DE LAZER, 2003. São Paulo. *CD-ROM vol. 2 do II Simpósio Nacional de Marinas e Portos de Lazer*, 2003.

LITORAL VIRTUAL. *O berço da história do Brasil*. Disponível em: http://www.litoralvirtual.com.br/litoral/historia.htm. Acesso em: 05/Mar/2004.

MARINA CANOA. *Garagem*. Disponível em: http://www.canoa.com.br/garagem.htm. Acesso em: 14/Jun/2004.

MARINA CANOA. *Marina*. Disponível em: http://www.canoa.com.br/marina.htm. Acesso em: 14/Jun/2004.

MARINA JUQUERIQUERÊ. *Conteúdo do site*. Disponível em: http://www.juqueriquere.com.br. Acesso em: 20/Mai/2004.

MARINA VEROLME. *Índice*. Disponível em: http://www.marinaverolme.com.br/index.htm. Acesso em: 04/Fev/2004.

MARINA VEROLME. *Marina*. Disponível em: http://www.marinaverolme.com.br/marina.htm. Acesso em: 16/Jun/2004.

MARINA'S PIRATA. *Conteúdo do site*. Disponível em: http://www.marinapiratas.com.br/marina/index.html. Acesso em: 13/Jun/2004.

MARINA'S PIRATA. *Índice*. Disponível em: http://www.marinapiratas.com.br/conheca/index.html. Acesso em: 02/Fev/2004.

MARINA'S PIRATA. *Localização*. Disponível em: http://www.marinapiratas.com.br/localizacao/index.html. Acesso em: 13/Jun/2004.

MARINHA DO BRASIL. *10 mandamentos*. Disponível em: http://www.dpc.mar.mil.br/Normam/10_manda.htm. Acesso em: 13/Mai/2004.

MARINHA DO BRASIL. *Marinas, clubes e entidades desportivas náuticas*. Disponível em: http://www.dpc.mar.mil.br/Normam/TabelaNormas.htm. Acesso em: 29/Mai/2004.

MARINHA DO BRASIL. *Perguntas mais freqüentes*. Disponível em: http://www.mar.mil.br/perguntas_mais_frequentes.htm. Acesso em: 25/Mai/2004.

MATOS, P. *Marinas no Brasil*. Disponível em: http://www.sportnautica.com.br/jornalismo/marinas.htm. Acesso em: 18/Nov/2003.

MILL, R. C. *Resorts, Administração e Operação*. Tradução: Sônia Kahl. Porto Alegre: Bookman, 2003.

MORAES, C. C. A. Turismo – segmentação de mercado: um estudo introdutório. In: ANSARAH, M. G. R. *Turismo, Segmentação de Mercado*. São Paulo: Futura, 1999, p. 13-33.

MOTA, K. C. N. *Marketing Turístico, Promovendo uma Atividade Sazonal*. São Paulo: Atlas, 2001.

Náutica de lazer gira R$ 320 milhões. 13/10/2003. Disponível em: http://www.br.news.yahoo.com/031013/13/fd8k.html. Acesso em: 18/Nov/2003.

OLIVEIRA, A. P. *Turismo e Desenvolvimento.* 3. ed. São Paulo: Atlas, 2001.

PARATY. *História de Paraty.* Disponível em: http://www.paraty.com.br/historia.asp. Acesso em: 06/Abr/2004.

PIRATA'S MALL. *Conteúdo do site.* Disponível em: http://www.piratasmall.com/page/shopping3.asp. Acesso em: 13/Jun/2004.

PIRATA'S MALL. *Conteúdo do site.* Disponível em: http://www.piratasmall.com/page/shopping2.asp. Acesso em: 13/Jun/2004.

PIRATA'S MALL. *Shopping.* Disponível em: http://www.piratasmall.com/page/shopping.asp. Acesso em: 13/Jun/2004.

PIRATA'S RESIDENCE. *Conteúdo do site.* Disponível em: http://piratas.angra.org/. Acesso em: 13/Jun/2004.

PORTO MARINA 1. *Conteúdo do site.* Disponível em: http://www.portomarina1.com.br/mar_embarc.html. Acesso em:13/Jun/2004.

PORTO MARINA 1. *Hotel.* Disponível em: http://www.portomarina1.com.br/hotel.html. Acesso em 13/Jun/2004.

PORTO MARINA 1. *Índice.* Disponível em: http://www.portomarina1.com.br/index2.html. Acesso em: 13/Jun/2004.

PORTO MARINA 1. *Lazer.* Disponível em: http://www.portomarina1.com.br/lazer2.html. Acesso em: 13/Jun/2004.

PORTO MARINA BRACUHY. *Conteúdo do site.* Disponível em: http://www.bracuhy.com.br/. Acesso em: 04/Fev/2004.

PORTO MARINA BRACUHY. *Hotel.* Disponível em: http://www. hotelbracuhy.com.br/. Acesso em: 04/Fev/2004.

PORTO MARINA BRACUHY. *Marina.* Disponível em: http://www.bracuhy.com.br/marin.htm. Acesso em: 04/Fev/2004.

PORTO PARATY. *Marina.* Disponível em: http://www.paraty.com.br/marinaporto/index.asp. Acesso em: 20/Mai/2004.

PRAIAS PAULISTAS S.A. *Marina.* Disponível em: http://www.praiaspaulistas.com.br/pt/projeto/principal/novos_projetos.htm. Acesso em: 18/Out/2003.

PREFEITURA DE ANGRA. *História de Angra dos Reis.* Disponível em: http://www.angra.rj.gov.br/acidade_historia.htm. Acesso em: 06/Abr/2004.

RESTAURANTE CANOA. *Restaurante.* Disponível em: http://www.canoa.com.br/restaurante.htm. Acesso em: 14/Jun/2004.

RIO-OFF-RIO. *Parati.* Disponível em: http//:www.rio-off-rio.com.br/parati/. Acesso em: 14/Jun/2004.

RONÁ, R. *Transportes no Turismo.* São Paulo: Manole, 2002.

SÃO SEBASTIÃO. *História de São Sebastião.* Disponível em: http://www.saosebastiao.com.br/historia/historia.htm. Acesso em 21/Jun/2004.

SPORT & NÁUTICA. *Resolução SMA n. 41, de 16 de dezembro de 1994.* Disponível em: http://www.sportnautica.com.br/pesquisa/marinas.htm. Acesso em: 18/Nov/2003.

SQUALO MARINA. *Conteúdo do site.* Disponível em: http://www.squalomarinas.com.br/piratas.htm. Acesso em: 13/Jun/2004.

SUPMAR. *Galpões.* Disponível em: http://www.supmar.com.br/galpões.htm. Acesso em: 20/Mai/2004.

TOMMASI, L. R. *Impactos Ambientais de Marinas. Curso de Extensão Cultural.* São Paulo: IOUSP/FUNDESPA, 1998, p. 1-18.0

TRIGO, L. G. G. *Turismo Básico.* 5. ed. rev. atual. São Paulo: Senac, 2001.

VILLA PORTO PARATY. *Conteúdo do site.* Disponível em: http://www.paraty.com.br/villaporto/index.asp. Acesso em: 20/Mai/2004.

WEST MARINE. *Catalog.* Copyright 2003 by West Marine Products, Inc. USA, 2003.

Parte 3

Anotações

CAPÍTULO

25

Turismo de Pesca

Henry Lesjak Martos
Maria Yvonne Haddad Galvão Martos

Histórico e Conceituação

Não há registros sobre o início da pesca no mundo. Desde os primórdios da humanidade, a pesca era praticada como meio de subsistência. O homem encontrava na natureza alimentos saudáveis e em farta quantidade.

Com o passar do tempo, por meio de estudos do comportamento de peixes, sua captura tornou-se mais fácil, obrigando o homem a repensar seu modo de vida e sua relação com o meio ambiente. Entre várias mudanças, a pesca passou a representar não somente um meio de subsistência, mas também uma ótima opção de lazer.

A fixação do homem por essa atividade se espalhou pelo mundo e, com a evolução, passou de essencial para a vida do homem em determinadas regiões do planeta para uma paixão, independentemente da questão da alimentação, surgindo então a pesca por lazer e entretenimento. Para Ditton *et al.* (2002), a popularidade da atividade de pescaria se dá por dois motivos principais: o custo relativamente baixo e a não-necessidade de preparo físico para a prática da atividade.

Já em 1939, ocorreu a oficialização da pesca como atividade esportiva de competição, com Michael Lerner fundando a IGFA – *The International Game Fish Association*. A entidade regularizou, padronizou e organizou o esporte, centralizando o controle das atividades e organizando competições, editando recordes e regras oficiais.

Conforme a Associação Brasileira de Pesca Esportiva, existem diferenças conceituais entre a pesca amadora e a esportiva. A pesca amadora, praticada pela grande maioria dos pescadores, diferencia-se da pesca profissional por seu caráter não comercial. Seu objetivo é proporcionar a seu praticante horas de prazer em contato com a natureza, relaxamento e contemplação. Já a pesca esportiva é uma atividade competitiva entre pessoas ou grupos.

A pesca esportiva foi criada inicialmente para normalizar os campeonatos de pesca oceânica, fazendo com que fossem respeitadas determinadas regras (todo esporte tem regras). Essas normas tinham a finalidade de estabelecer diversas categorias no esporte e seus graus de dificuldade, dependendo do equipamento e das técnicas usadas. Criaram-se, assim, categorias por espessura de linhas, diferenças entre a pesca com carretilhas e a feita com outros tipos de equipamentos.

Depois de estabelecida na mente dos pescadores a imagem da pesca como lazer ou esporte, foi necessária a conscientização dos períodos adequados para a pesca de determinadas espécies e da conservação de espécies mais raras. Com o aumento das preocupações ambientais nas últimas décadas do século XX, o conceito de pesca esportiva também passou a ser utilizado para o sistema de pesca com devolução do peixe à água, estabelecendo-se a filosofia conhecida como *catch and release*, que, em português, significa "pesque e solte" (Fig. 25.1).

Nessa filosofia, o bom peixe de pesca é aquele pescado com boa disputa entre o homem e o animal, devendo, portanto, ser devolvido à água para que outro pescador tenha o mesmo prazer da disputa. Nem todos os peixes pescados precisam ser levados para casa, bastando o suficiente para alimentar a família ou ainda demonstrar que o pescador teve êxito na pesca.

85-7241-568-8

Figura 25.1 – Símbolo adotado para a atividade de "pesque e solte" (*catch and release*).

Esse sistema de pesca propõe que os peixes de menor tamanho, fora dos padrões permitidos, ou ainda os maiores exemplares, sejam preservados vivos e retornem aos ambientes, pois são reprodutores em potencial. É indicado que somente os peixes mais feridos no ato da pesca sejam levados embora pelo pescador.

Pesca Amadora no Brasil

O Brasil ainda não explora de maneira adequada toda a sua potencialidade para atrair o pescador amador, mesmo possuindo uma rede hidrográfica de 8.400km de costa atlântica e redes hidrográficas aliadas a uma enorme diversidade de peixes. O Ibama – Instituto Brasileiro do Meio Ambiente e dos Recursos Naturais Renováveis afirma que três milhões de brasileiros praticam a pesca regularmente, tornando-a um dos esportes mais populares no Brasil.

O Brasil é o país do mundo com o maior número de espécies de seres vivos. Possui cerca de 2.500 espécies de peixes, o que corresponde a 10% da fauna de peixes do mundo em águas doces. Na região marinha brasileira, existem mais de 1.000 espécies, levando-se em conta as espécies costeiras, pelágicas de passagem, oceânicas e abissais. Das 48.170 espécies de vertebrados existentes, cerca de 24.620 são peixes.

São considerados pelágicos os peixes que nadam continuamente na faixa próximo da superfície da água, não possuindo local específico de moradia. São normalmente migratórios e grandes nadadores. A maioria vive mais afastada da costa, em mar aberto. São exemplos os dourados, pampos, marlins, enxadas, algumas raias e a maioria dos cações.

Nectônicos são peixes que nadam ativamente, porém mantêm uma relação com o substrato marinho, onde alguns fazem sua moradia (toca). Normalmente vivem nas águas costeiras. A coloração do corpo, que varia muito, em geral apresenta pintas, manchas ou listas claras ou escuras com fundo contrastante mais escuro ou mais claro. Alguns possuem bom mimetismo com o fundo onde vivem. São exemplos os meros, budiões, ciobas, robalos e pescadas.

Como bentônicos podem ser considerados os peixes que habitam e dependem do fundo, numa estreita relação com o substrato marinho. Não costumam ser bons nadadores. A maioria apresenta excelente mimetismo com o fundo. São exemplos os bagres, linguados, trilhas, mangangás, alguns cações e a maioria das raias.

Segundo o Ministério do Meio Ambiente, praticamente todas as regiões do Brasil apresentam boas perspectivas para desenvolvimento da pesca amadora. Na Amazônia, rios como o Negro, Tapajós, Trombetas e Xingu vêm atraindo pescadores nacionais e também internacionais, sobretudo em busca do tucunaré, o grande embaixador da pesca esportiva. O Pantanal é outra área de grande interesse da pesca amadora, principalmente para o mercado interno, recebendo mais de 150 mil turistas por ano.

As bacias hidrográficas dos rios Araguaia, Paraná, São Francisco e Grande também apresentam enorme potencial para o turismo de pesca, embora precisem ser mais bem administradas, adequando as atividades de pesca turística à capacidade de suporte do ambiente. Os rios do interior de São Paulo e os pesque-pague também atraem grande número de pescadores, sendo estes os responsáveis pelo aumento expressivo do mercado de pesca amadora.

Na Região Sul do Brasil, além dos rios e da costa, a região da Lagoa dos Patos apresenta um imenso potencial por se tratar de ambiente estuarino, onde a mistura da água salgada com a doce propicia *habitat* para imenso número de espécies de peixes.

A pesca amadora pode ser realizada no mar em regiões de praia, de costão, submarinas e oceânicas, além da pesca em estuários, zonas de confluência da água doce com a água salgada.

A pesca em água doce também pode ser embarcada ou desembarcada, podendo ocorrer em corpos de água corrente (lóticos), como rios e riachos e, em corpos de águas paradas (lênticos), como represas, lagos e lagoas.

Deve-se lembrar, também, que a pesca não se restringe a peixes, podendo ser uma atividade de captura de moluscos, crustáceos e outros tipos de seres aquáticos de interesse recreativo ou esportivo.

Pesca Esportiva de Competição

A pesca esportiva é uma atividade exclusivamente amadora, tendo o esporte espírito e conceituação diferente do lazer. Para que uma atividade seja considerada esportiva, deve ser reconhecida como tal por organismos oficiais internacionais como o COI – Comitê Olímpico Internacional, o qual confere a conceituação de amador ou profissional aos esportes.

A CBPDS – Confederação Brasileira de Pesca e Desportos Subaquáticos é reconhecida oficialmente como a entidade federal de direção da pesca e do mergulho no Brasil. Nessa condição, é também reconhecida pelo COB – Comitê Olímpico Brasileiro, sendo a exclusiva representante no país da CMAS – Confederação Mundial das Atividades Subaquáticas e da CIPS – Confederação Mundial de Pesca Desportiva. A essas entidades internacionais, por reconhecimento exclusivo da Unesco – Organização das Nações Unidas para a Educação, a Ciência e a Cultura e do COI, cabe a direção e normalização das atividades de mergulho e pesca no mundo.

Compete à CBPDS, com exclusividade, no território nacional brasileiro, o cadastro de pescadores amadores mundialmente reconhecidos, o único válido no Brasil e exigido para a prática da respectiva atividade.

No Brasil, é ainda exigida complementarmente para a prática da pesca de linha e da pesca subaquática uma licença anual expedida pelo órgão governamental ambiental, o Ibama. A licença pode ser obtida nas agências desse Órgão em todos os estados brasileiros ou junto à CBPDS, suas federações e clubes filiados.

Compete ainda com exclusividade à CBPDS a representação oficial do Brasil em competições, congressos e demais atividades internacionais de pesca e mergulho amadores. Na parte desportiva/técnica, o Brasil se representa pelas seleções brasileiras formadas pela CBPDS com os melhores de cada área, apurados em campeonatos nacionais e concursos periodicamente realizados.

É competência exclusiva também da CBPDS outorgar os títulos de campeões nacionais brasileiros, homologar os recordes do país e encaminhá-los à homologação mundial quando superarem as marcas internacionais.

Pelo endereço eletrônico (*www.antares.com.br/cbpds*), a CBPDS divulga mensalmente os eventos de pesca e mergulho, com datas e provas.

Outra entidade expressiva nesse ramo é a Abrapia – Associação Brasileira de Pesca com Iscas Artificiais, sociedade civil, recreativa, assistencial e filantrópica fundada em 1998 por um grupo de pescadores amadores que, praticando distintas especialidades, são admiradores da pesca praticada com emprego de iscas artificiais por todo o território nacional brasileiro.

Legislação e Política do Turismo Pesqueiro no Brasil

Compete ao Ibama regulamentar e fiscalizar o que lhe assegura a legislação federal que o criou, excetuando o que, pela legislação federal vigente, é competência exclusiva dos Ministérios do Turismo e do Esporte, além da CBPDS.

O Ministério do Meio Ambiente, por intermédio do Ibama, publicou a Portaria nº 30, de 23 de maio de 2003, que estabelece normas gerais para o exercício da pesca amadora em todo o território nacional, inclusive competições e cadastros de entidades de pesca amadora. Podem ser destacados dessa legislação algumas definições e pontos de interesse, tais como:

- *Pesca amadora:* aquela praticada por brasileiros ou estrangeiros com a finalidade de lazer, turismo ou esporte, sem finalidade comercial.
- *Competições de pesca:* toda atividade na qual os participantes deverão estar inscritos junto à entidade organizadora, visando a concurso com ou sem premiação, atendendo as categorias relacionadas a seguir.

Parte 3

85-7241-568-8

A Portaria também reza que os pescadores amadores, inclusive os praticantes da pesca subaquática, deverão obter a licença para pesca amadora mediante o pagamento de uma taxa, definida na legislação em vigor, a ser recolhida junto à rede bancária autorizada, em formulário próprio, para uma das seguintes categorias:

- *Pesca desembarcada (categoria A):* realizada sem o auxílio de embarcação e com a utilização de linha de mão, puçá, caniço simples, anzóis simples ou múltiplos, vara com carretilha ou molinete, isca natural ou artificial.
- *Pesca embarcada (categoria B):* realizada com o auxílio de embarcações e com o emprego dos petrechos citados no inciso anterior.
- *Pesca subaquática (categoria C):* realizada com ou sem o auxílio de embarcações e utilizando espingarda de mergulho ou arbalete, sendo vedado o emprego de aparelhos de respiração artificial.

O limite de captura e transporte por pescador amador previsto na Portaria é de 10kg mais um exemplar para águas continentais, e 15kg mais um exemplar, para pesca em águas marinhas ou estuarinas, respeitando-se os tamanhos mínimos e máximos estabelecidos em normas federais e estaduais.

A Portaria Ibama 73 de 2003 estabelece os tamanhos mínimos de captura de peixes para ambientes marinhos e estuarinos, sendo o tamanho variável com a espécie. Mais detalhes podem ser obtidos junto ao endereço eletrônico do Ibama (*www.ibama.gov.br/pescaamadora/inicio/home.htm*).

Essa Portaria reza também que normas editadas por órgãos regionais ou estaduais referentes aos petrechos, tamanhos mínimos e máximos de captura, cotas de captura por pescador, períodos e locais permitidos para pesca deverão ser respeitadas, desde que mais restritivas.

As empresas de turismo, agências de viagens, estruturas de hospedagem que organizam excursões, programas ou atividades de pesca com seus clientes nacionais ou estrangeiros estão sujeitas ao cumprimento das condições previstas nessa Portaria.

No caso de pescaria subaquática, observa-se que alguns estados proíbem essa modalidade de pesca em seus rios e lagos. Mesmo com a licença para pesca amadora do Ibama – categoria subaquática, o pescador deve respeitar as medidas de proteção estabelecidas pela legislação estadual.

A legislação federal, por força da Portaria Sudepe – Superintendência do Desenvolvimento da Pesca nº 466,72, proíbe qualquer tipo de pesca praticado a menos de 200m, a jusante e a montante das barragens, cachoeiras, corredeiras e escadas de peixes.

Estados como Minas Gerais, Goiás, Tocantins, Santa Catarina, Paraná e Bahia têm algum tipo de restrição controladora da pesca submarina.

A Lei nº 9605/98 classifica como crimes as seguintes atividades:

- Pescar em período no qual a pesca seja proibida ou em lugares interditados por órgão competente.
- Pescar espécies que devam ser preservadas ou espécimes com tamanhos inferiores aos permitidos.
- Pescar quantidades superiores às permitidas ou mediante a utilização de aparelhos, petrechos, técnicas e métodos não permitidos.
- Transportar, comercializar, beneficiar ou industrializar espécimes provenientes da coleta apanha e pesca proibida.

O defeso da piracema é determinado pela Lei nº 7.679, de 23 de novembro de 1988, e estabelecido anualmente pelo Ibama, com a colaboração de órgãos, instituições e associações envolvidas com a pesca em cada bacia hidrográfica.

Conforme o Ibama, durante a piracema, o apelo para conservação da espécie é tão intenso que os peixes se descuidam de suas estratégias de proteção. Tornam-se presa fácil. A viagem de até centenas de quilômetros os deixa extenuados e muitos pescadores aproveitam-se dessa fragilidade para capturá-los facilmente, em grandes quantidades. Agindo desse modo, interferem em todo o processo de perpetuação da espécie e renovação dos estoques, que será sentido na diminuição do tamanho dos peixes e na quantidade disponível para a pesca nos anos subseqüentes. Por isso é tão importante a proteção dos peixes na época da piracema.

A atividade de pesca amadora no Brasil tem apresentado crescimento vertiginoso nos últimos anos. O que era uma atividade de lazer transformou-se em uma indústria cada vez mais forte, que movimenta anualmente milhões de dólares em segmentos tão diversos como a importação e

85-7241-568-8

a exportação, a aqüicultura, o turismo e a mídia especializada.

Dado a esse grande potencial, foi criado pelo então Ministério do Esporte e do Turismo/ Embratur e Ministério do Meio Ambiente/Ibama o PNDPA – Programa Nacional de Desenvolvimento da Pesca Amadora, que tem o objetivo de transformar a atividade de pesca amadora em instrumento de desenvolvimento econômico, social e de conservação ambiental.

O PNDPA recebe apoio do PNUD – Programa das Nações Unidas para o Desenvolvimento, por meio do Projeto Pesca Amadora PNUD/BRA/97/012, e conta com a parceria dos estados e municípios onde a pesca amadora tem se desenvolvido ou apresenta potencial para desenvolvimento.

O PNDPA tem atuado no sentido de fortalecer a pesca amadora como atividade importante para o turismo, o comércio e a indústria, e também para a conservação do meio ambiente e da cultura e tradição das populações locais, a partir das seguintes ações:

- Capacitação das populações ribeirinhas/costeiras como guias de pesca.
- Prospecção de novas áreas para a pesca amadora.
- Captação de investidores para o desenvolvimento do setor.
- Divulgação do Brasil no exterior, visando aumentar o número de turistas estrangeiros que pescam no Brasil.
- Fomento à realização de feiras e torneios de pesca amadora.
- Divulgação da importância da Licença para Pesca Amadora, visando ao aumento de pescadores licenciados.
- Educação ambiental, alertando sobre a necessidade de conservar o meio ambiente e como cada pescador pode ser parceiro dos órgãos ambientais nesse trabalho.
- Promoção de pesquisas para conhecer melhor a ecologia dos peixes esportivos.

Nessas ações, o PNDPA (*www.ibama.gov.br/pescaamadora*) conta, também, com a colaboração dos pescadores amadores, das populações ribeirinhas e costeiras, de empresas privadas, universidades e institutos de pesquisa, organizações governamentais e não governamentais, entre outros parceiros.

Mercado do Turismo de Pesca

Em vários lugares do mundo, a pesca transformou-se em uma atividade recreativa que envolve um relevante número de pessoas e altas cifras. Ao contrário de outros países, o Brasil possui matéria-prima de riquíssima variedade, tanto em mar como em rios.

A agência estatal de turismo Amazonastur (*www.amazonastur.am.gov.br*) afirma que 40% dos turistas estrangeiros que visitam o Amazonas anualmente são americanos. O Estado obtém do negócio perto de US$ 10 milhões por ano. Os valores poderiam ser maiores levando-se em conta os mais de cinco milhões de quilômetros quadrados de beleza natural e a grande concentração de tucunarés, um dos peixes mais disputados pelos praticantes do esporte.

Além do Pantanal Mato-grossense, outro destino tradicional dos turistas, a Bahia, tem procurado ampliar as áreas de pesca esportiva e trabalhado para que a iniciativa se desenvolva de modo planejado e controlado. O objetivo é ser reconhecido como o primeiro estado brasileiro a ter um programa regionalizado e tornar-se o mais novo pólo de pesca esportiva do país.

Vários ramos de atividade, não diretamente ligados ao *trade* turístico propriamente dito, compõem o universo de atividades econômicas que se beneficiam do turismo de pesca. Entre eles, podem se destacar segmentos industriais como estaleiros, fábricas de motores de popa, metalúrgicas, plásticos, iscas artificiais, varas de pesca, ferramentas, roupas, calçados, chapéus, alimentos, combustíveis, além de serviços como guias especializados, produtores de iscas vivas, piloteiros, importadores de equipamentos, comerciantes de produtos de pesca, editoras de revistas e jornais especializados, entre outros.

A pesca não só contribui para o desenvolvimento socioeconômico de regiões que dependem do turismo como atinge, direta ou indiretamente, outros segmentos. Os fabricantes de equipamentos e barcos, o setor hoteleiro, os bares e restaurantes, as companhias aéreas e de viagem e os guias turísticos são beneficiados com os investimentos na área.

Apostando nesse crescimento, grandes bancos começam a mostrar interesse em investimentos nesse setor, oferecendo produtos diferenciados com

Parte 3

85-7241-568-8

Tabela 25.1 – Resumo dos principais referenciais da pesca amadora no Brasil

Pesca amadora		
Definição	Praticada por brasileiros ou estrangeiros com finalidade de lazer, turismo ou desporto, sem finalidade comercial	
	Pesca de lazer	**Pesca esportiva**
Definição	Pesca para diversão, não se concorre com ninguém, não se pode usar equipamentos restritos aos profissionais (por exemplo, tarrafa - espinhel), o pescado não pode ser comercializado nem exceder a cota determinada pelo Ibama	Exclusiva atividade de competição, estando excluído o "pesque-solte", não competitiva. Os participantes deverão estar inscritos junto à entidade organizadora, visando a concurso com ou sem premiação
Limites de captura	O limite para a pesca amadora é de 10 a 15kg e mais um exemplar de qualquer peso. Ressalvado nas competições do Calendário Desportivo Nacional Brasileiro, ocasiões em que os peixes são doados aos carentes, a quantidade da captura é liberada - Portaria Sudepe nº 18/81	
Objetivo	Lazer, prazer	Esporte, prazer
Regras	Ibama – Portaria nº 30 de 23 de maio de 2003	Normas desportivas e oficiais, reconhecidas pelo Comitê Olímpico Internacional Esporte amador ou profissional
Regras regionais	Todo pescador deve respeitar as normas regionais e estaduais	
Licença	Pessoal, intransferível e válida em todo o território nacional pelo período de 1 ano, contando a partir da data da autenticação bancária, devendo, inclusive, acompanhar o transporte interestadual do pescado. É importante ressaltar que a licença de pesca amadora não permite a comercialização do pescado. A pescaria é amadora e deve ter a finalidade apenas de lazer	
Dispensa da licença	A Lei nº 9.059 dispensa os aposentados, homens com mais de 65 anos e mulheres acima de 60 anos do pagamento da taxa, mas não da licença da pesca	
Responsabilidade	Respeito ao defeso da piracema	
Tamanhos de peixe para captura	Ibama Tabela de água salgada Tabela de água doce	Portaria Ibama 73/2003: as competições oficiais do Calendário Nacional estão isentas de observar a tabela de tamanhos mínimos
Proibições	Pescar sem a licença de pesca amadora Utilizar métodos que caracterizem pesca predatória, tais como explosivos e substâncias tóxicas Capturar peixes abaixo do tamanho mínimo permitido	

Recomenda-se aos turistas pescadores que utilizem os telefones do Ibama nos estados.

linhas de crédito para empresas e profissionais da área, municípios com potencial turístico e pessoas que pretendem viajar. Uma das saídas para incrementar o turismo no país é focar segmentos pouco aproveitados, como a pesca esportiva tipo pesque e solte. Ressaltam ainda que o investimento é muito seguro, sobretudo se estiverem envolvidos os representantes do poder público e da iniciativa privada, de modo a adequar o município à exploração da pesca esportiva.

Os locais receptivos de turismo de pesca sofrem com a baixa temporada no período de proibição da pesca em virtude da piracema (período de defeso). Desse modo, começa a se desenvolver um novo filão para o mercado turístico. Na região do Pantanal, está surgindo o turismo ecológico de contemplação, em que os focos são a visita a ninhais e o conhecimento dos afluentes de rios.

Borguetti e Ostrenky (2002) afirmam que a pesca esportiva está vinculada a um dos setores econômicos que mais crescem no mundo: o turismo, com expansão estimada em 57% somente nos últimos 10 anos. No Brasil, estima-se que existam pelo menos 30 milhões de pessoas cujo passatempo predileto é pescar.

A pesca esportiva apresentou crescimento acentuado a partir da década de 1980. Ribeiro e Petrere (1990) estimaram que cerca de 18 mil pescadores atuavam na bacia amazônica em 1988. Atualmente, estima-se que o número de pescadores esportivos

85-7241-568-8

tenha subido para 57 mil/ano, oriundos principalmente na Região Sudeste. As espécies mais visadas para a pesca são o mapará, o curimatã, o tucunaré e o pirarucu.

O setor turístico pesqueiro estruturou-se para oferecer transporte, hospedagem, alimentação e serviços especializados para essa clientela. A pesca esportiva captura mais de 75% de todo o pescado oficialmente desembarcado no Mato Grosso do Sul. Essa região tende a privilegiar a pesca amadora/esportiva, com finalidades turísticas, em detrimento dos próprios pescadores artesanais (Resende, 1998).

Segundo a *National Survey of Fishing Hunting and Wildlife* (órgão do Departamento do Interior dos Estados Unidos), foram gastos em 1991 US$ 24 bilhões e, em 1999, cerca de US$ 38 bilhões em atividades ligadas à pesca amadora (turismo receptivo, transportes, equipamentos, materiais e, entre outros, a edição de revistas de pesca esportiva), cuja demanda de serviços gerou 890 mil empregos diretos, indicando a importância da pesca amadora como atividade econômica geradora de emprego e renda.

Pescaria continua sendo o passatempo favorito nos Estados Unidos. Em 2001, 16% da população acima de 16 anos passou a média de 16 dias pescando. Comparando os resultados de 2001 com os de 1996, observa-se que o número total de pescadores diminuiu 3% e o total de gastos caiu 16%, 17% das viagens e 22% em gastos com equipamentos. De 1991 a 2001, o número total de pescadores caiu 4%, porém os gastos com a pesca aumentaram 14%; a pesca marítima aumentou 2% (não significativo), mas a pesca em água doce diminuiu 8% (*National Survey of Fishing, Hunting and Wildlife*: *http:/far.r9.fws.gov/surveys/surveys.html*).

Nos Estados Unidos, quase 35 milhões de praticantes de pesca gastam por volta de US$ 40 bilhões na modalidade por ano. Só o Estado da Flórida movimenta cerca de US$ 9 bilhões por ano – mesmo valor faturado pelo Canadá na atividade. Nossos vizinhos argentinos chegam a US$ 3 bilhões por ano.

De acordo com a operadora de turismo Interfishing, estima-se que o negócio da pesca em rios gire em torno de R$ 2 a 3 bilhões por ano. Segundo o PNDPA, do Ibama, existem cerca de 3 milhões de pescadores esportistas brasileiros. Destes, apenas 200 mil são licenciados.

A Embrapa (Empresa Brasileira de Pesquisa Agropecuária) Pantanal vem fazendo o acompanhamento do número de pescadores esportivos na região. De acordo com a Figura 25.2, ocorreu uma queda brusca nos anos de 2000 e 2001, conforme estudos de Catela e Piovesan (2002) no Mato Grosso do Sul, sendo necessário esclarecer os motivos dessa acentuada diminuição do número de turistas pescadores.

Observa-se que não basta possuir potencial para o desenvolvimento da pesca esportiva; é necessário grande esforço conjunto de entidades públicas, privadas e organizações não governamentais para transformar esse potencial em atração de turistas e, conseqüentemente, na geração de emprego e renda.

Eventos

As feiras são nacionais e internacionais, atraindo um público cada vez maior a cada ano. Por intermédio delas, são divulgados e negociados equi-

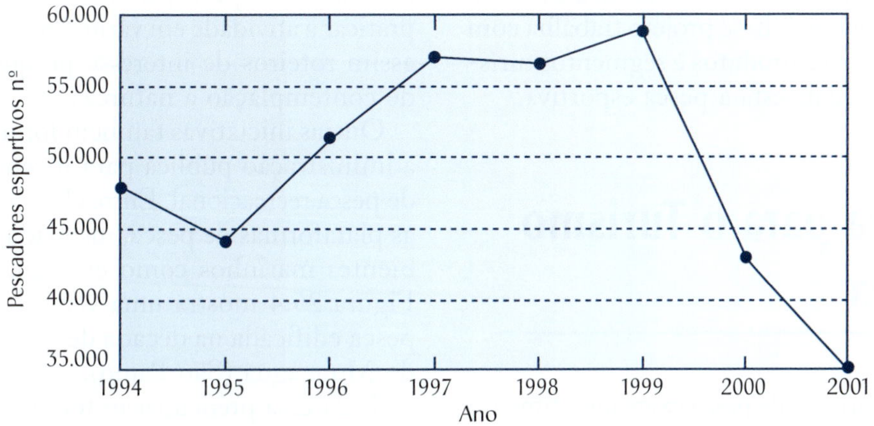

Figura 25.2 – Número de turistas pescadores esportivos no Mato Grosso do Sul no período de 1994 a 2001 (Catella e Piovezan, s/d).

85-7241-568-8

pamentos para esportes e lazer, materiais para pesca, náutica, *camping*, caça e ecoturismo, bem como pacotes turísticos envolvendo esses esportes.

O Ibama divulga, pelo *site www.ibama.gov.br/pescaamadora/pescaria/eventos.htm*, a relação de feiras e eventos que acontecem no Brasil. Há mais de 100 eventos anuais ligados à pesca amadora no Brasil.

Os torneios e festivais de pesca atuam tanto na pesca oceânica (por exemplo, o Campeonato de Pesca Oceânica de Fernando de Noronha) quanto em pesca em água doce. Os mais concorridos atualmente são o Festival Internacional de Pesca de Cáceres (Mato Grosso) e o Festival Internacional de Pesca do Pantanal em Corumbá (Mato Grosso do Sul).

Alguns deles são especializados no tipo de pesca, como o Circuito de Pesca com Iscas Artificiais (Rio Grande do Sul) e o Concurso de Pesca de Currico e Arremesso ao Robalo com Iscas Artificais (Paraná), ou no tipo de peixe, tal qual o Torneio de Pesca do Marlin Azul (Espírito Santo), o Torneio Anual do Peixe de Bico (Rio de Janeiro) ou ainda o Torneio de Pesca do Tucunaré (Pará).

Em atenção ao potencial turístico e econômico da pesca, em agosto de 2004, durante a *Brazil Fishing Show*, foi oficializado o *Bureau* Brasileiro de Pesca Esportiva, órgão conveniado à Embratur cuja finalidade é desenvolver a pesca esportiva de forma organizada. Ele pode se tornar uma importante fonte de renda de impostos para o país, pois movimenta inúmeros setores de comércio e serviços das regiões em que é implementado. O objetivo principal desse órgão é transformar o país em rota definitiva dos turistas internacionais e praticantes dessa atividade em todo o mundo.

A Embratur concebeu o Projeto Caravana Brasil para operacionalizar a estratégia de apoio à comercialização do produto turístico brasileiro no mercado internacional. Esse projeto trabalha com o que se chama de 11 produtos e segmentos turísticos, dentre os quais está a pesca esportiva.

Estrutura para o Turismo de Pesca

O mercado do turismo de pesca exige investimento no desenvolvimento de serviços diferenciados aos turistas pescadores e seus familiares, pois ao contrário do que acontecia no passado recente, quando o pescador acampava no meio do mato em barracas de lona, hoje ele dispõe de pousadas e barcos-hotéis com quartos individuais, ar-condicionado, telefone via satélite, piscina, televisão a cabo, enfim, todo o conforto necessário para tornar sua pescaria inesquecível e sua família satisfeita por estar com ele nessa aventura.

Outro fator que tem contribuído muito para o turismo de pesca esportiva no Brasil é a mão-de-obra especializada, os chamados guias de pesca. Esses profissionais praticamente ensinam o pescador a pescar e geralmente estão munidos com equipamentos de pesca extra, para que o turista possa se aventurar mesmo não tendo levado seu próprio material.

As lojas especializadas em material para pesca têm investido no treinamento de funcionários para que estes possam não apenas vender, mas também orientar o pescador na hora da compra, indicando o equipamento certo para cada peixe, para que o pescador não se decepcione durante sua pescaria e fique satisfeito com sua compra.

Os serviços de hotelaria não podem ser esquecidos no segmento turístico da pesca amadora. Vários hotéis e pousadas nas regiões do Brasil Central e da Amazônia se especializaram em receber e atender grupos de pescadores e suas famílias, oferecendo serviços diferenciados para as atividades pesqueiras, como barcos, iscas, piloteiros, monitores e até equipamento básico de pesca, juntando-se a isso serviços de boa qualidade em termos de alojamento e gastronomia.

Também, nos últimos anos, incorporaram-se à frota destinada à pesca no Pantanal e na bacia amazônica vários hotéis flutuantes, ou barcos-hotéis, como o mostrado na Figura 25.3, onde a atividade principal é a pesca, oferecendo a facilidade de praticar a atividade em vários locais, determinando assim roteiros de interesse pesqueiro e também de contemplação à natureza.

Outras iniciativas também foram tomadas pela administração pública para incentivar o turismo de pesca recreacional. Entre elas, podem ser citadas as plataformas de pesca, instaladas tanto em ambientes marinhos como em águas interiores. A Figura 25.4 mostra uma vista da plataforma de pesca edificada na década de 1970, no município de Mongaguá (São Paulo).

Toda essa preocupação tem surtido efeito positivo e contribuído para o fortalecimento da pesca esportiva no segmento do turismo.

Figura 25.3 – Barco-hotel que opera na região amazônica (*www.xaraies.com.br/img/x02/x02_1.jpg*).

Figura 25.5 – Recife artificial marinho tipo *reef ball* (*www.reefball.com/ecoplan/*).

Figura 25.4 – Plataforma marítima de pesca de Mongaguá (São Paulo).

Além da infra-estrutura para o turismo e para a pesca em si, podem ser providenciadas melhorias do *habitat* dos peixes. Entre elas, incluem-se as melhorias nas condições da qualidade das águas, revegetação das margens dos corpos d'água, controle da pesca, reposição de estoques pesqueiros e também utilização de recifes artificiais.

Os recifes artificiais são estruturas implantadas nos leitos dos corpos d'água com a finalidade de fornecer abrigo, proteção e áreas de fixação e reprodução para as espécies de invertebrados e peixes. São muito utilizados em ambientes marinhos, mas podem ser empregados em áreas de lagos, represas e até rios profundos. Recomenda-se que sejam confeccionados com materiais não poluentes, como concreto e armações metálicas resistentes à oxidação (Fig. 25.5).

Planejamento de Regiões de Turismo com Base na Pesca

Em 1999, a FWA – *Fisheries Western Australia*, órgão do governo australiano responsável pela pesca nessa região do país, apresentou à comunidade da região de Gascoyne um programa de gestão estratégica para pescaria recreacional que, adaptado às condições brasileiras, pode ser perfeitamente utilizado como método de planejamento de regiões de turismo de pesca (*www.fish.wa.gov.au/comm/broc/mp/mp124/index.html*).

Pelas recomendações da FWA, o planejamento dessas regiões deve ser realizado a cada cinco anos, com o intuito de se incorporarem atualizações e correções de rumo em função da dinâmica da atividade.

Fases do planejamento:

- *Reconhecendo a pesca recreacional:* consiste em determinar o perfil da pesca recreacional, determinando as condições ambientais, econômicas e sociais regionais, as espécies-chave para a pesca recreacional e o manejo aplicado a esse tipo de pesca na região. A esses itens pode-se acrescentar o levantamento do perfil dos turistas de pesca que recorrem à região.
- *Visão estratégica para a gestão:* conhecer os interesses da comunidade em termos de ne-

Parte 3

gócios e oportunidades de aproveitamento do potencial econômico da pesca recreacional.

- *Questões-chave e propostas:* uma série de indicações de princípios de gestão, entre os quais:
  - Estabelecimento de princípios-chave para o gerenciamento da pesca recreacional, durabilidade de plano e revisão de metas.
  - Obtenção de informações para a gestão, como biologia das espécies, indicadores de qualidade para a pesca.
  - Levantamento e proteção de espécies vulneráveis e controle da pesca dessas espécies com o estabelecimento de limites de tamanho e quantidade.
  - Implementação de qualidade da atividade recreacional, com priorização de áreas de pesca, repovoamento das espécies mais pescadas (conforme estudos populacionais), incentivo à pesca de baixo impacto como o pesque-solte, compartilhamento na utilização de recursos, otimização da pesca.
  - Proteção de *habitat* e das espécies com a identificação de áreas de desova, recursos alimentares, épocas de acasalamento e reprodução.
  - Implementação de controle comunitário na administração dos recursos pesqueiros com atividades de educação ambiental, consultas à comunidade, envolvimento de entidades civis.
  - Alocação adequada de recursos para implementar a gestão com a obtenção de verbas públicas e privadas.

Como se pode observar, o planejamento proposto tem como objetivo a realização de negócios, a potencialização do atrativo e a conservação visando selecionar a oferta turística.

Outro ponto básico da identificação turística local ou regional dessa atividade é o *marketing* e a promoção do produto pesca recreativa. Nesse sentido, o Canadá pode ser tomado como um exemplo bem-sucedido. Observando-se várias peças publicitárias em revistas e jornais internacionais, além de inúmeros endereços eletrônicos, constata-se que a quantidade e a qualidade das informações e das imagens fornecidas são de excelência, oferecendo ao turista pescador a oportunidade de conhecer em detalhes todas as possibilidades do produto turístico.

As Figuras 25.6 e 25.7, produzidas pelo Ministério dos Recursos Naturais do Canadá, são exemplos desse tipo de informação. A Figura 25.6 é um mapa regional no qual estão locados os principais locais de pesca recreativa. A Figura 25.7 mostra uma tabela relacionando alguns locais de pesca, os peixes mais pescados e a possibilidade de captura desses peixes na região apresentada no mapa da Figura 25.6.

Além de proporcionar visuais muito agradáveis, chamativos e objetivos, existem informações sobre hospedagem e alimentação, locais de pesca, ocorrência de espécies, cuidados a serem tomados com os peixes e com o ambiente, limites de quantidade e tamanho, comércios específicos, meios de transporte, agências e operadoras, órgãos públicos e serviços essenciais.

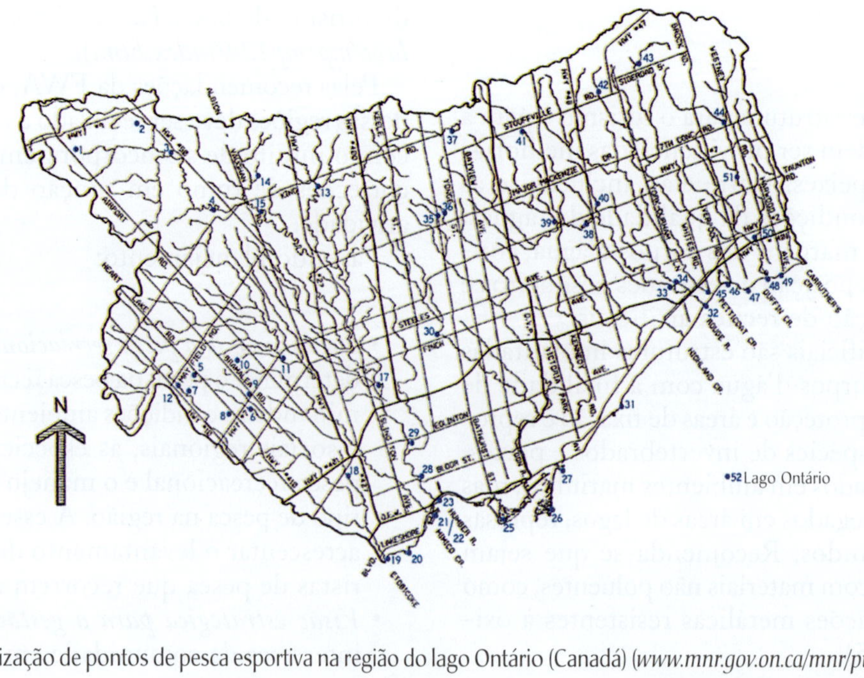

Figura 25.6 – Localização de pontos de pesca esportiva na região do lago Ontário (Canadá) (*www.mnr.gov.on.ca/mnr/pubs/urbanfishing.pdf*).

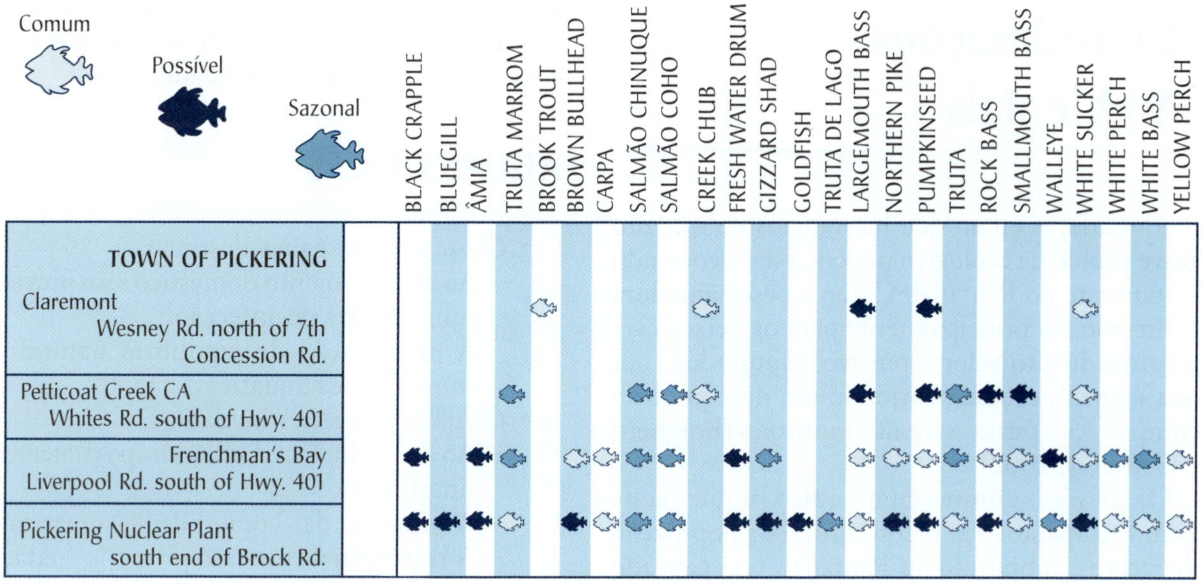

Figura 25.7 – Parte de tabela de informações relativas a locais de pesca, espécies e possibilidade de captura na região do lago Ontário (Canadá), mostrando as características de interesse dos pontos 44 a 47 do mapa apresentado na Figura 25.6.

Para regiões que estão investindo no turismo e ainda não definiram sua vocação, porém estão situadas perto de grandes rios, represas e lagos e possuem uma ou mais espécies de peixes esportivos, a pesca pode ser um bom atrativo. Esses locais devem divulgar sua preocupação com a preservação ambiental, além de manter suas características naturais, matas ciliares e curso original dos rios.

Junto a toda essa proposta, deve-se dispensar grande atenção em proporcionar boa infra-estrutura ao pescador esportivo e sua família, com todo conforto e profissionalismo, visando ao sucesso e à divulgação nesse segmento do turismo.

Apostando nesse crescimento, alguns bancos já demonstraram interesse em investir nesse setor. Entre as propostas das instituições, encontra-se um pacote de produtos diferenciados com linhas de crédito para empresas e profissionais da área, municípios com potencial turístico e pessoas que planejam viajar.

Em 2004, além da criação do *Bureau* de Pesca, a Embratur promoveu a primeira viagem internacional da Caravana Brasil e trouxe ao país seis operadores e jornalistas dos mercados da Itália, Espanha, França e Portugal. A intenção foi mostrar a operadores turísticos destinos e serviços brasileiros. Em 10 dias, especializados em turismo de pesca conheceram a infra-estrutura e os receptivos brasileiros em São Paulo e Vitória (Espírito Santo) para observar a pesca oceânica. Foram também para a Ilha Mexiana (Pará), no rio Roosevelt (Amazonas) e ainda puderam conhecer Brasília (Distrito Federal).

A iniciativa aparentemente teve êxito e provocou interesse nos profissionais em comercializar e divulgar o Brasil como destino de pesca esportiva. A direção do *Bureau* de Pesca Esportiva viu o setor evoluir de forma muito rápida e percebeu diferenças da demanda de serviços e produtos, como tempo de férias, gasto médio e até o tipo de isca usado (europeus só utilizam iscas artificiais). Essas informações devem ser passadas ao *trade* e servir de orientação na montagem de pacotes atraentes ao público europeu. Assim, o leque do público potencial aumenta e os profissionais do setor tornam-se mais competitivos no exterior, oferecendo serviços e produtos adaptados a cada perfil de mercado.

Com essa visita, os profissionais da Embratur puderam observar que os mercados são diferentes; Alemanha e Portugal preferem os "peixes de couro", conhecidos internacionalmente como *catfish*; já os mercados da Itália, França e Inglaterra buscam mais "peixes de escama", sendo seu preferencial o tucunaré, chamado de *peacock bass* nesses mercados. Observaram ainda potencial na pesca oceânica nas categorias de altura, costeira e mangue (*www.revistanauticaonline.com.br/noticias/2004/acervo/setembro/hot014.html*).

Considerações Ambientais

Pesquisadores citam que há indícios de que um grave problema ecológico poderia estar ocorrendo lentamente no Pantanal. Como a pesca amadora é direcionada principalmente para os peixes carnívoros, de alto valor esportivo, capturados com isca e anzol, estaria ocorrendo um desequilíbrio entre espécies carnívoras e não carnívoras (Borguetti e Ostrenky, 2002).

Os mesmos autores citam outro problema de grande impacto: o aumento brutal da população de jacarés, sobretudo no Pantanal, tem causado a redução das populações de peixes locais. A legislação atual é bastante rigorosa com a caça desses animais, mas a pouca efetividade da ação de predadores naturais tem permitido o aumento indiscriminado no número de jacarés, o que poderá levar a desequilíbrios no ecossistema. Os autores citam que o manejo sustentável dessas populações talvez seja a única forma de resolver o problema e ainda possibilitaria o uso dos jacarés como alimento (carne) e na indústria (couro), gerando riqueza e trabalho para a região e contribuindo com o aumento das populações de peixes nos rios.

Nas regiões Sudeste e Sul, a bacia do Paraná engloba a maior densidade demográfica do país. A grande concentração de poluição orgânica e inorgânica (causada por efluentes industriais e agrotóxicos), a eliminação de mata ciliar e o grande número de represamentos efetuados (existem mais de 130 barragens, considerando apenas aquelas com alturas superiores a 10m) transformaram o rio Paraná e seus principais tributários em uma sucessão de lagos.

Ao mesmo tempo em que as barragens contribuem para a autodepuração e retenção de poluentes, melhorando a qualidade da água à jusante da barragem, há uma inevitável alteração na composição das comunidades, com a proliferação de algumas espécies (de pequeno porte e sedentárias) e redução ou eliminação de outras (de grande porte e migradoras), com impactos evidentes sobre a diversidade biológica e a pesca.

A qualidade da água, portanto, é um dos fatores que mais contribui para a piscosidade dos corpos d'água. Nesse sentido, cabe destacar a Resolução nº 20 de 18 de junho de 1986, que classifica as águas doces, salobras e salinas do território nacional determinando, segundo seus usos preponderantes, as classes de qualidade.

ÁGUAS DOCES

- *Classe especial:* águas destinadas:
  - Ao abastecimento doméstico sem prévia ou com simples desinfecção.
  - À preservação do equilíbrio natural das comunidades aquáticas.
- *Classe 1:* águas destinadas:
  - Ao abastecimento doméstico após tratamento simplificado.
  - À proteção das comunidades aquáticas.
  - À recreação de contato primário (natação, esqui aquático e mergulho).
  - À irrigação de hortaliças que são consumidas cruas e de frutas que se desenvolvam rentes ao solo e que sejam ingeridas cruas, sem remoção de película.
  - À criação natural e/ou intensiva (aqüicultura) de espécies destinadas à alimentação humana.
- *Classe 2:* águas destinadas:
  - Ao abastecimento doméstico, após tratamento convencional.
  - À proteção das comunidades aquáticas.
  - À recreação de contato primário (esqui aquático, natação e mergulho).
  - À irrigação de hortaliças e plantas frutíferas.
  - À criação natural e/ou intensiva (aqüicultura) de espécies destinadas à alimentação humana.
- *Classe 3:* águas destinadas:
  - Ao abastecimento doméstico, após tratamento convencional.
  - À irrigação de culturas arbóreas, cerealíferas e forrageiras.
  - À dessedentação de animais.
- *Classe 4:* águas destinadas:
  - À navegação.
  - À harmonia paisagística.
  - Aos usos menos exigentes.

ÁGUAS SALINAS

- *Classe 5:* águas destinadas:
  - À recreação de contato primário.
  - À proteção das comunidades aquáticas.
  - À criação natural e/ou intensiva (aqüicultura) de espécies destinadas à alimentação humana.

85-7241-568-8

- *Classe 6:* águas destinadas:
  - À navegação comercial.
  - À harmonia paisagística.
  - À recreação de contato secundário.

ÁGUAS SALOBRAS

- *Classe 7:* águas destinadas:
  - À recreação de contato primário.
  - À proteção das comunidades aquáticas.
  - À criação natural e/ou intensiva (aqüicultura) de espécies destinadas à alimentação humana.
- *Classe 8:* águas destinadas:
  - À navegação comercial.
  - À harmonia paisagística.
  - À recreação de contato secundário.

Verifica-se então que, em todas as classes, há uma preocupação com a manutenção dos sistemas naturais, porém nem todas são adequadas às atividades recreativas de contato primário e de aqüicultura, classes cujos padrões de qualidade podem ser considerados referência para a atividade pesqueira recreacional.

Pesque-pague

Uma modalidade muito interessante que surgiu em várias regiões do Brasil é o chamado "pesque-pague", em que o piscicultor oferece seus açudes para pescaria de turistas e cidadãos urbanos. Essa modalidade, além de aumentar a produção, poderá incrementar muito o "turismo verde" (*www.itis.com.br/brasil/agricultura.htm*).

Pesque-pague, segundo a portaria nº 136/98 do Ibama, é uma pessoa física ou jurídica que mantém estabelecimento constituído de tanques ou viveiros com peixes para exploração comercial da pesca amadora. A aqüicultura (pesqueiro) é uma atividade zootécnica que, como outras que incluem o uso da água e da terra, requer regulamentação e instrumentos legais que promovam seu desenvolvimento de forma racional (Instituto de Pesca, 1998).

O meio rural brasileiro está passando por uma grande transformação: as atividades não agrícolas assumem importância cada vez mais expressiva. Entre 1981 e 1997, a proporção de pessoas ocupadas nos meios rurais envolvidos em atividades não agrícolas passou de 20 para 30%. Mesmo campos de trabalho tidos como tipicamente urbanos, como a construção civil e a indústria de transformação, vêm apresentando grande crescimento. No entanto, a campeã de desenvolvimento é a prestação de serviços, representada principalmente pelos chamados "pesque-pague" e pelo turismo. Além de ser a principal fonte de complementação de renda dos agricultores, o setor movimenta consideravelmente a economia rural (Campanhola *et al.*, 1997).

Para a abertura legal de um empreendimento desse tipo, há uma série de obrigações a serem cumpridas. Além da abertura formal da empresa, há a necessidade de regularização ambiental. Os órgãos responsáveis pelas autorizações de caráter ambiental analisam a possibilidade de desmatamento, construção de barragens, necessidade de recomposição florestal, averbação da área, derivação de recursos hídricos, utilização de mananciais, lançamento de efluentes, espécies a serem criadas, tipificação florestal, etc., visando com isso que a utilização dos recursos naturais não seja feita de maneira desordenada, causando transtorno futuro à população (Instituto de Pesca, 1998).

Para Smith (1999), devem ser criadas normas de controle e fiscalização dos pesque-pague, pois a regulamentação junto aos órgãos competentes é obrigatória, porém nem sempre cumprida. Muitos desses estabelecimentos são clandestinos ou não possuem suas estruturas adequadas para evitar prejuízos ao ambiente e à ictiofauna.

Venturieri (2002) cadastrou mais de 1.000 empreendimentos somente no estado de São Paulo. Em sua pesquisa, a autora determinou o perfil do usuário, informando que 58% dos freqüentadores é formado por homens adultos (21 a 50 anos), 24% de mulheres adultas, 14% de jovens (13 a 20 anos de ambos os sexos), 18% de crianças até 12 anos e 28% de pessoas com mais de 50 anos, sendo predominante a presença de pessoas da classe média.

A mesma autora classificou os empreendimentos pesque-pague em três tipos distintos, sendo inclusos na categoria A aqueles que apresentavam melhores estruturas e/ou oferta de serviços. Aqueles que apresentavam condições mínimas ou deficitárias para receber o usuário foram incluídos na categoria C e, na categoria B, os que apresentavam condições intermediárias entre as categorias mencionadas.

Trujillo e Martos (2003), em estudo realizado em 27 pesqueiros de 12 municípios da região de

Parte 3

85-7241-568-8

Sorocaba (São Paulo), observaram que a maioria dos pesqueiros possui área em torno de 20.000m^2, com dois a três lagos/tanques para pesca e, na maioria das vezes, a área dos lagos/tanques não ultrapassa 3.000m2. Os autores observaram que, em geral, o funcionamento dos pesqueiros é de segunda a segunda, das 8 às 19h. Existem vários tipos de pesqueiros. Cada um difere-se do outro em relação ao tamanho, aos tipos de peixe, à infra-estrutura, ao preço de serviços, etc., porém deixam muito a desejar no aspecto de qualidade de serviços e de cuidado com o ambiente. Os peixes que os pesqueiros colocam à disposição dos freqüentadores são tilápia, pacu, carpas, piau, *catfish* e pintado, entre outros.

Andriota *et al.* (2004) determinaram a existência de aproximadamente 70 pesque-pague em seis municípios da região de Campinas, dos quais 25 foram visitados. Observaram que a quantidade de lagos em média fica entre dois e cinco por pesqueiro. Há os que possuem 13, 16 e até 84 lagos, mas esses geralmente utilizam alguns lagos para pesque-pague e os demais para a criação de alevinos que são revendidos para os pesqueiros da região.

Esses autores verificaram que, quanto aos horários e dias de funcionamento, 50% dos pesqueiros fecham apenas um dia por semana (segunda ou terça-feira), 40% abrem todos os dias e 10% chegam a fechar dois dias da semana, já que os dias de maior movimento são os finais de semana e feriados. O horário de funcionamento basicamente é das 8 às 19h. Observaram também que não há controle rigoroso por parte dos administradores quanto ao número de visitantes. A freqüência média de usuários foi de 900 visitantes/mês. Os tipos de peixes encontrados são muitos, porém os mais comuns, ou seja, encontrados na maioria dos pesqueiros, são tambaqui, lambari, tucunaré, cachara, bagres, tilápia, *catfish*, curimba, matrinxã, pirarara, pacu, traíra, piau, tambacu, piauçu, piraputanga e tilapinha.

Tanto Trujillo e Martos (2003) como Andriotta *et al.* (2004) verificaram que, apesar de alguns pesque-pague já existirem há anos, é necessário que se melhore a infra-estrutura para o público. Isso se deve principalmente à localização e aos gerentes desses estabelecimentos que, em sua maioria, ficam em zona rural e são comandados por ex-agricultores que resolveram investir em uma nova área, mas não conhecem as necessidades específicas para tal atividade.

Esses autores também informaram que o que deixa a desejar na maioria dos empreendimentos é a infra-estrutura básica, como lixeiras, nem sempre presentes, banheiros em pouca quantidade e mal higienizados. Não se pode generalizar; há os que tiveram investimentos iniciais enormes (até se tornando clubes) e outros em que o negócio surgiu por pura necessidade do proprietário da terra gerar renda para sua sobrevivência.

Para Andriotta *et al.* (2004), os proprietários estão atentos em tentar trazer a família para o pesqueiro e não apenas o pescador. As famílias, muitas vezes com crianças, consomem muito mais. Os empreendimentos ofertam cada vez mais atividades para públicos de várias idades. Piscina, parquinho para crianças, quadra de futebol, churrasqueiras e até mesas de sinuca e outros jogos são algumas das opções oferecidas.

Existe grande diversidade dos sistemas de cobrança pelos serviços, dependendo da categoria e da região onde se encontra o empreendimento. Dentre as modalidades de cobrança, podem ser citadas as principais:

- Pagamento de ingresso mais pagamento do quilo do peixe (mais utilizado).
- Pagamento de entrada e o que se pescar pode ser levado embora.
- Pagamento do quilo do peixe pescado.
- Pagamento de entrada mais pesca esportiva (pesque e solte).
- Pagamento de entrada mais quilo do peixe ou pesca esportiva.

Hoje, a oferta de serviços é o grande filão que realmente dá lucro ao empreendedor. A grande maioria já percebeu isso e oferece serviços cobrados à parte. A venda de iscas, o aluguel ou até mesmo a venda de equipamentos para pesca estão presentes em quase 100% dos pesqueiros. A limpeza de peixe também é oferecida. Porém, grande parcela dos proprietários alega que suas rentabilidades advêm dos restaurantes ou lanchonetes, e são eles que sustentam o funcionamento do local. Por isso, os regulamentos de muitos empreendimentos proíbem que se levem alimentos e bebidas.

No que se refere à adequação ambiental dos pesque-pague, verifica-se que há muitos problemas. O Comitê de Bacias Hidrográficas dos rios Piracicaba, Capivari e Jundiaí, em relatório interno (não publicado, 2004), divulgou que diversas ocor-

85-7241-568-8

rências que podem causar impacto, tanto no meio ambiente quanto na saúde humana, têm sido relatadas, principalmente em função da escassez de informações, do desconhecimento das legislações ambientais ou da falta de cumprimento da legislação específica.

Dentre os impactos mais comuns, esse Comitê de Bacias cita:

- Degradação dos mananciais, em decorrência do despejo inadequado de resíduos, tanto da água dos tanques quanto do esgotamento sanitário dos estabelecimentos.
- Interceptação dos cursos d'água e utilização das margens dos rios, consideradas áreas de preservação permanente.
- Possibilidade de florações de cianobactérias e acúmulo de toxinas nos pescados.
- Manejo inadequado dos tanques, alimentos sem conhecimento de procedência e em excesso e falta de controle das populações de peixes podem comprometer a qualidade da água e do pescado, oferecendo risco de ocorrência de parasitoses e outras doenças.
- Acúmulo de substâncias fitossanitárias ou agrotóxicos utilizados nas práticas agrícolas e pecuárias e que podem ser carreados para esses tanques de piscicultura, assim como metais pesados ou outros tipos de produtos químicos provenientes de áreas contaminadas ou pólos industriais que se encontram próximos ao estabelecimento.
- Exposição da população a doenças como febre maculosa, raiva e leptospirose, veiculadas pela fauna de roedores e outros animais atraídos para esses locais pela água e armazenagem de alimentos como rações, etc.
- Chumbadas (chumbo) perdidas pelos pescadores nos pesque-pague e que se acumulam e deterioram no fundo dos tanques, podendo ser escoados para os corpos hídricos por ocasião das limpezas periódicas ou ser bioacumulados nos pescados.

O turismo se encontra no setor terciário, o da prestação de serviços, e é isso que o pescador leva além do peixe: a maneira como foi atendido, o lugar bem cuidado e higienizado, o lazer dado a toda a família. Os pesqueiros sobreviverão agregando valor ao serviço prestado, pois todos os pesque-pague podem ofertar peixes, mas a limpeza do peixe, um bar com garçom, um parque para as crianças, o aluguel de varas de pesca e venda de iscas, entre outros, podem tornar-se o diferencial na escolha do visitante consumidor.

Considerações Finais

Como se pode verificar no presente capítulo, o turismo de pesca é uma atividade importante para o brasileiro e regulamentada, basicamente, na esfera ambiental.

Há pouco tempo se pensa na pesca como um negócio sério a ser tratado com competência profissional e planejamento adequado. Existe um potencial muito grande de negócios relativos ao turismo de pesca no Brasil, porém faltam bases de informações para a elaboração de planejamentos regionais e locais para a atividade. De nada adianta possuir uma natureza rica e pródiga se ainda não se sabe como utilizá-la de forma racional para o benefício da população, tanto em termos socioeconômicos como em termos de recreação e lazer.

Universidades e órgãos de pesquisa, com raras e heróicas exceções, pouco têm participado do desenvolvimento dessa atividade no Brasil, talvez por ignorarem a importância econômica e social do turismo de pesca ou, talvez, pela falta de demanda ou oportunidade acadêmica e financeira de realizar pesquisas nesse tema, que tem amplas variáveis sociais, econômicas, ambientais e até políticas.

Questões para Discussão

1. Observe as Figuras 25.6 e 25.7 e reflita se você conhece no Brasil alguma localidade ou região com informações suficientes para produzir essas figuras.
2. As comunidades locais brasileiras têm envolvimento nos processos de planejamento turístico?
3. Como pode ser agregado valor ao produto turístico pesca amadora?
4. Qual a dimensão do mercado da pesca amadora no Brasil?
5. Com a evolução da atividade do turismo de pesca, é lógico pensar na alteração dinâmica do perfil do turista. Como acompanhar as mudanças do perfil desse turista e suas novas necessidades?
6. O Brasil possui vários pólos de turismo de pesca. Quais deles poderiam assumir importância nacional e internacional? Por quê?

85-7241-568-8

Sites Indicados

http://tierra.rediris.es/marinet/marinet_portugues. htm

www.aartedapesca.com.br/pescaesportiva. html

www.agricultura.gov.br

www.amazonastur.am.gov.br/programas

www.ambiente.sp.gov.br/deprn/deprn.htm

www.ecu.edu/org/afs/st_louis/ecoofrecfishingsym.htm

www.fish.wa.gov.au/comm/broc/mp/mp124/index.html

www.fppds.com.br/abrapia.htm

www.geocities.com/acquapiscis/aqui.html

www.ibama.gov.br

www.igfa.org/

www.itis.com.br/brasil/agricultura.htm

www.itu.com.br/pesqueiromaeda

www.mnr.gov.on.ca/MNR/pubs/Urban Fishing.pdf

www.pescabrasil.com.br/aquicultura.asp

www.planetapesca.com/setembro2004.asp

www.reefball.com/ecoplan/

www.revistanauticaonline.com.br/noticias/2004/acervo/setembro/hot014.ht

www.sebrae.com.br

www.aartedapesca.com.br

www.ambientebrasil.com.br

www.folhadoturismo.com.br

www.fppds.com.br/abrapia.htm

www.ibama.gov.br

www.pescabrasil.com.br

www.planetapesca.com

BIBLIOGRAFIA

ANDRIOTTA, A.; GERONDI, G.; MARTOS, H. L. Levantamento turístico-ambiental dos "pesque-pague" da Região de Campinas/SP. Campinas: PUC-Campinas, 2004. Relatório (Pesquisa de Iniciação Científica) – Pontifícia Universidade Católica de Campinas, 2004.

BORGUETTI, J. R.; OSTRENKY, A. Panorama atual, problemas e perspectivas para a pesca e aqüicultura continental no Brasil. In: REBOUÇAS, A. C.; BRAGA, B. E.; TUNDISI, J. G. *Águas Doces do Brasil: capital ecológico, uso e conservação*. 2. ed. São Paulo: Escrituras, 2002, p. 451-471.

CAMPANHOLA, C.; SILVA, J. G. *O Novo Rural Brasileiro*. Campinas: Instituto de Economia Unicamp, 1997.

CATELLA, A.C.; PIOVEZAN, U. Setor turístico pesqueiro: desafios e oportunidades. Artigo de Divulgação. Corumbá: Embrapa Pantanal, 2002. Disponível em: *http://www.cpap.embrapa.br/publicacoes/online/ADM028*. Acesso em 25/set./2004.

DITTON, R. B.; HOLLAND, S. M.; ANDERSON, D. K. Recreational fishing as tourism. *Fisheries, 27 (3)*: 17-24, Mar. 2002.

INSTITUTO DE PESCA. Aqüicultura comercial: regulamentação junto aos órgãos ambientais. *Revista do Instituto de Pesca, 2*, 1998.

RIBEIRO, M.; PETRERE JR., M. Fisheries ecology and management of the jaraqui (Semaprochilodus Tae Niurus, S.Insignis) In: *Central Amazonia. Regulated Rivers: Research & Management, 5*: 195-215, 1990.

SMITH, W. S. Pesque-pague: uma ameaça a ictiofauna nativa? *Ciências Biológicas e do Ambiente, PUC-SP, 1 (3)*: 313-319, 1999.

TRUJILLO, H. F.; MARTOS, H. L. Avaliação Turístico-Ambiental dos "pesque-pague" da Região de Sorocaba-SP. Sorocaba: PUC, 2003. Relatório (Pesquisa de Iniciação Científica) – Pontifícia Universidade Católica de São Paulo, 2003.

VENTURIERI, R. *Pesque e Pague no Estado de São Paulo*. São Paulo: Eco Associação para Estudos do Ambiente, 2002.

85-7241-568-8

CAPÍTULO

26 Turismo Backpacker/Mochileiro

Rui José de Oliveira

Introdução

Desde que o turismo começou a conquistar a preferência de grande parte da população mundial como forma de lazer, entre outros motivos das viagens, muitos trabalhos foram desenvolvidos, em diversas áreas do conhecimento, para tentar compreender esse fenômeno de maneira mais profunda.

Existem muitas maneiras de classificar o mercado turístico sob diferentes perspectivas, como o modo de organização da viagem, a afluência dos turistas, o grau de institucionalização, os aspectos motivacionais, o nível econômico e os tipos comportamentais, entre outras, que foram e continuam a ser propostas por diversos autores de todas as partes do mundo.

Há não mais de duas décadas, alguns pesquisadores sugeriram um novo termo para denominar o estilo de viagem praticado por jovens, fundado na liberdade de escolha e na utilização de serviços econômicos, pois sua conceituação ainda se mostrava um tanto emaranhada nas várias classificações propostas até então. Estamos falando do turismo *backpacker* ou mochileiro.

O crescimento desse segmento de viajantes, cujo comportamento se distingue da maioria dos turistas convencionais, fez com que alguns autores se debruçassem para pesquisá-lo, tanto sobre seus aspectos intrínsecos, como perfil demográfico, motivações, processo de compra, atitudes e interações, quanto aos externos, como os fatores culturais e econômicos. Ainda assim, pode-se considerar limitado o número de textos, artigos e livros relacionados ao tema.

No Brasil, o estudo sobre os mochileiros até o momento é ainda mais restrito, embora, como poderá ser constatado mais adiante, nosso país apresente características apropriadas para o incremento desse tipo de turismo internamente e potencial para atrair os viajantes independentes e econômicos de origem estrangeira.

Para se ter uma idéia da importância desse segmento para alguns países na atualidade, basta verificar o que revelam alguns dados da Comissão Australiana de Turismo (Australian Government, 2004): um total de 468 mil *backpackers* visitaram aquele país em 2003, o que representou 11% dos visitantes da Austrália; foram responsáveis por 30 milhões de pernoites ou 25% do total de pernoites de turistas no país; gastaram 2,3 bilhões de dólares australianos, participando com 20% dos gastos efetuados por turistas estrangeiros na Austrália em 2003.

Obviamente, esses números não foram alcançados por acaso. Na verdade, demonstram o resultado de um trabalho consistente dirigido ao segmento de turistas *backpackers*, que vem sendo desenvolvido há alguns anos pelas instituições e organizações que planejam o turismo na Austrália. E não é somente naquele longínquo país que os *backpackers* internacionais costumam e têm planos de desembarcar. Porém, alguns destinos estão atentos e têm aproveitado essa oportunidade; outros, nem tanto.

A questão que você pode estar se fazendo no momento é em relação ao turismo *backpacker* no Brasil.

85-7241-568-8

Quem são os mochileiros estrangeiros que viajam pelo Brasil, quantos são, quanto gastam, quanto tempo permanecem no país, qual seu perfil, quais seus interesses e motivações, quais cidades visitam, do que gostam e o que os desagrada? Será que pertencemos àquele grupo de países que valoriza esse segmento ou àquele outro que o despreza?

Neste capítulo, busca-se responder algumas dessas indagações e sugerir para reflexão outros aspectos sobre o tema *backpacker*/mochileiro. Antes, porém, vale a pena discutir brevemente os conceitos centrais sobre esse estilo de viagem e sua evolução histórica, uma vez que não se trata de um fenômeno novo.

Conceituando Turismo *Backpacker*/Mochileiro

Backpacker é a denominação atual mais utilizada mundialmente para descrever os turistas que viajam de maneira independente, flexível e econômica. Numa tradução literal, essa palavra do idioma inglês significa "pessoa que carrega uma mala nas costas". O termo em português que melhor traduz esse significado seria "mochileiro".

Vale a pena esclarecer que, muitas vezes, mochileiro é equivocadamente confundido com sacoleiro, este entendido como o indivíduo que faz viagens com a finalidade de comprar mercadorias das mais diversas espécies para posterior revenda no local de origem. Bem diferentes disso, os mochileiros são viajantes independentes que têm como propósito conhecer vários destinos de forma mais espontânea e econômica, interagindo com seus pares e com a comunidade local. Assim, neste trabalho, utilizam-se ambos os termos, o original em inglês – *backpacker* – e a tradução em português – mochileiro –, como sinônimos, uma vez que um e outro vêm sendo utilizados em nosso país, tanto por agências e operadoras de turismo quanto por diversos meios de comunicação sobre viagens, para se referir a esse segmento do mercado turístico.

Estudiosos do turismo australiano, Loker-Murphy e Pearce (1995), em artigo intitulado "Jovens Viajantes Econômicos: *Backpackers* na Austrália", discutem a origem desse estilo de viagem e propõem a seguinte definição social contemporânea para o termo *backpacker*:

> ***Turistas jovens e econômicos que mostram preferência por acomodações baratas, enfatizam o encontro com outras pessoas (locais e estrangeiras), organizam o itinerário da viagem de forma independente e flexível, seus períodos de férias são longos e buscam atividades recreativas informais e participativas.***

Esses viajantes querem ter independência para escolher quais atrativos serão visitados, o tempo de permanência em cada local, os meios de locomoção a serem utilizados, os locais de hospedagem e o percurso a ser seguido. Não estão preocupados com luxo e conforto, mas sim com segurança, higiene e praticidade. Seus recursos financeiros, mais por uma questão de opção do que por limitação (embora isso também ocorra), privilegiam reduzidas despesas em hospedagem, transporte e alimentação, em benefício de atividades que lhes proporcionem maior prazer ou para o prolongamento do período de viagem.

Esse grupo de turistas aventureiros ou exploradores, como também são chamados, tem na liberdade a sua principal motivação de viagem, razão pela qual dispensam os pacotes comercializados por agências turísticas. Objetivam, com suas viagens, visitar e apreciar não apenas as principais paisagens e os atrativos turísticos mais comuns e famosos, mas também experimentar e aprender ao máximo a cultura de cada um dos países visitados.

Swarbrooke e Horner (2002) citam como características de viagem dos *backpackers* a independência, o desejo de manter os gastos ao mínimo possível, a tendência de tentar escapar dos locais turísticos tradicionais e a possibilidade de estender a duração da viagem além do período comum de duas semanas de férias. Mencionam que essa última característica se deve ao fato de que os mochileiros, em sua maioria, são jovens estudantes que podem desfrutar de períodos de férias mais longos, ou pessoas que tiram um ano de férias para viajar, geralmente antes ou depois do curso universitário. Portanto, trata-se de um estilo de viagem fundamentado na idéia de permanecer um longo tempo de férias viajando. De acordo com esses autores, destinos intercontinentais, como o sudeste da Ásia e a América do Sul, são populares para esses turistas, em geral provenientes dos países desenvolvidos.

Pesquisa conduzida na Austrália por Murphy (2001) confirma essas características e apresenta as razões que levam os turistas a escolher o estilo *backpacker* de viagem: aspectos econômicos, oportunidade de conhecer e se relacionar com outras pessoas, ter uma

85-7241-568-8

experiência mais real e melhor do país, prolongamento do tempo de viagem, maior independência e flexibilidade durante a viagem, experiência prévia como *backpacker* e recomendação de outras pessoas.

Uriely, Yonay e Simchai (2002) caracterizam os mochileiros como viajantes de longos períodos, sem planos rígidos e apenas uma vaga idéia a respeito de seu retorno; possuem limitações orçamentárias que determinam despesas baixas, utilizam restaurantes econômicos, usam transporte público e não se hospedam em lugares caros. Têm mais oportunidades de interagir com a população local e estão em busca de aventura, autenticidade e experiências mais profundas. Segundo os autores, os *backpackers* deveriam ser considerados uma forma e não um tipo de turismo.

Para Aramberri (1995), em citação de Locker-Murphy e Pearce, o turismo *backpacker* demonstra reduzida organização da viagem, possui maior flexibilidade de decisões, possibilita tomar parte em interações culturais, requer longo tempo disponível, tem recursos financeiros limitados e utiliza meios de hospedagem menos confortáveis.

Diante das diversas conceituações e descrições apresentadas, pode-se dizer que turismo *backpacker*/mochileiro é um estilo de viagem independente, espontâneo e econômico, adotado principalmente por jovens em viagens de longa duração, com a finalidade de conhecer o maior número de destinos e obter um aprendizado mais verdadeiro sobre as culturas locais por meio da experiência de interagir com a comunidade.

Os *backpackers*/mochileiros caracterizam-se por visitar, além dos principais atrativos turísticos, lugares pouco explorados, manter intenso contato entre os viajantes para troca de informações, hospedagens em locais econômicos como albergues da juventude, utilização de transporte público, consulta de guias de viagens internacionais (tipo Lonely Planet) e Internet, prática de atividades de entretenimento junto à natureza e desejo de conhecer mais e mais regiões do mundo.

Histórico do Turismo *Backpacker*/Mochileiro

Alguns estudos de pesquisadores internacionais têm tratado do tema *backpacker* com diferentes proposições e sob particulares pontos de vista.

Um dos primeiros pesquisadores que estudaram o turismo independente utilizado pelos jovens foi Cohen (1973). Segundo esse autor, o turismo *backpacker* contemporâneo se desenvolveu a partir de viagens da elite que aconteciam nos séculos XVII e XVIII, movimento conhecido por *Grand Tour*. Essas viagens eram realizadas por jovens do sexo masculino, da nobreza ou classe alta européia, acompanhados por um professor particular, a fim de ampliar conhecimentos e ganhar experiência pessoal. Segundo esse ponto de vista, essas viagens foram se democratizando e acabaram sendo adotadas com algumas modificações, primeiro pela classe média e, posteriormente, pelos jovens viajantes menos abastados.

Adler (1985) tem um ponto de vista diferente em relação ao surgimento do turismo flexível e econômico. Argumenta que a "cultura da estrada" revela um movimento cultural ascendente e não descendente, como estabelecido convencionalmente. Entende que o turismo jovem, econômico e de longa duração está relacionado com as peregrinações (*tramping*) que tiveram origem na institucionalizada prática de viagem da classe trabalhadora jovem nos séculos XVII e XVIII e, em alguns casos, de caráter religioso. Essa peregrinação seria o *Grand Tour* da classe baixa, em que os trabalhadores exerciam seu ofício de vila em vila, mas que também proporcionava oportunidades de educação, visitação de destinos e aventuras através da própria experiência de vida. Com o declínio dessa forma de trabalho, esses viajantes passaram a ser vistos como se apresentassem um desvio de comportamento social. Mais tarde, esse estilo de viagem independente passou a ser adotado também pela jovem classe média, exclusivamente com propósitos turísticos.

O fato é que os movimentos jovens se desenvolveram como uma reação às condições da vida urbana nas cidades industriais do século XIX, em especial na Europa. Nesse período surgem instituições como a Associação Cristã de Moços (YMCA) e Moças (YWCA) e seus associados passam a viajar para locais menos explorados. Anos mais tarde, já na virada do século XX, os jovens tornam suas viagens para o interior cada vez mais freqüentes. Grupos conhecidos como *Wandervogel* (Pássaros Migratórios) são formados com suas próprias filosofias de vida, especialmente na Alemanha e Inglaterra. Escolas de vilarejos são transformadas em dormitórios durante as férias e, pouco tempo depois, era instituída a Associação dos

Albergues da Juventude da Alemanha. Em 1912, foi aberto o primeiro albergue da juventude, na cidade de Antena (Alemanha) e, em 1920, já eram aproximadamente 700 albergues espalhados por aquele país.

Após a Segunda Guerra Mundial, quando jovens na Europa Ocidental começaram a viajar de carona pelo continente e seus pares americanos pelos Estados Unidos, é que o turismo mochileiro realmente se expandiu, numérica e geograficamente. Nos anos de 1960, diante do movimento *hippie* e contrários ao crescimento de uma política ocidental dominante (configurada pela Guerra do Vietnan, por exemplo), os jovens viajantes começam a expor seus desejos abertamente e também passam a explorar locais mais periféricos como destinos. A imagem desse estilo de viagem, nessa época, fica associada à cultura das drogas e a valores anarquistas, misturada com a busca de um significado existencial e espiritual dos *hippies*.

Somente no início da década de 1970 é que a base conceitual sobre o assunto foi estabelecida, exercendo um papel fundamental para as pesquisas subseqüentes e contribuindo com a trajetória teórica que continua a ser desenvolvida até hoje. Embora os primeiros estudos sobre os turistas independentes nem mesmo utilizem o termo *backpacker* para referi-los, foram eles que deram origem a essa denominação, aceita atualmente por grande parte dos estudiosos do turismo no mundo inteiro.

A fim de conceituar e classificar esse segmento de turistas, Cohen (1973) desenvolveu uma tipologia de turistas, em meados dos anos de 1970. Segundo ele, os turistas poderiam ser divididos em dois grupos: os turistas institucionalizados e os não institucionalizados. Os primeiros seriam aqueles que praticavam o turismo de massa, organizavam sua viagem por intermédio de agências, reservando pelo menos os serviços de acomodação e transporte, de modo a evitar riscos e procurando situações familiares. Já os não institucionalizados incluiriam os chamados *drifter* (viajantes sem propósito, por impulso) e os *explorers* (exploradores). Os dois se caracterizariam por desejarem novidades, serem independentes na organização da viagem, agirem espontaneamente, terem orçamento limitado e estarem dispostos a correr riscos. A diferença seria maior consciência sociopolítica e contracultura do primeiro, isto é, o abandono de padrões estabelecidos e estilos da vida convencionais, além da negação de confortos da sociedade moderna e a busca por experiências emocionais.

Em sua discussão sobre o aspecto econômico, Cohen sugere que os *drifters* querem experimentar a vida real fora da segurança econômica da família e se lançam às viagens por períodos longos e orçamentos restritos, logo depois do término dos estudos e antes de se engajarem na rotina ocupacional da carreira profissional.

Ainda na década de 1970, Plog (2001) desenvolveu uma classificação dos viajantes com base na psicografia, pois, segundo ele, a identificação das características motivacionais e de personalidade seriam mais importantes que as demográficas. Desta forma, apareceram os termos alocentrismo, para designar os indivíduos que estão em constante busca de novas experiências, e psicocentrismo, referente às pessoas que preferem fazer escolhas seguras e confortáveis. Entre esses dois extremos estão os quase-psicocêntricos, os meio-cêntricos e os quase-alocêntricos. A distribuição dessas categorias é similar a uma curva normal, em que apenas 4% dos viajantes são alocêntricos puros, em uma extremidade, e 2,5% psicocêntricos na outra; muitos turistas se enquadram em quase-alocêntricos e quase-psicocêntricos (17% em cada categoria); e a maioria da população pertence à categoria denominada meio-cêntricos ou mesocêntricos (cerca de 60%). Segundo essa forma de classificação dos viajantes, os mochileiros pertenceriam à categoria dos alocêntricos, uma vez que demonstram características semelhantes àquelas que a definem: muito espírito de aventura, busca de experiências originais, elevado grau de autoconfiança, facilidade em tomada de decisões, orientados pela realização de seus objetivos, opinião positiva sobre a vida e as experiências por ela proporcionadas. Mais recentemente, Plog rebatizou os termos dessa classificação psicográfica para aventureiro (antigo alocêntrico), quase-aventureiro (antigo quase-alocêntrico), cêntrico (antigo meio-cêntrico), quase-confiável (antigo quase-psicocêntrico) e confiável (antigo psicocêntrico).

Outro autor que estudou esse tipo de turista, Vogt (1976), preferindo o termo *wandering* (vagante, andarilho), concorda com os apontamentos anteriormente propostos por Cohen. Identifica como principal motivação desses viajantes econômicos a busca de crescimento pessoal, a ser alcançada pela autonomia no processo decisório constante, da aprendizagem por meio da exposição e do desprendimento, e do intenso relacionamento interpessoal. Interpreta esse estilo de viagem como uma oportunidade de exercitar a criatividade e gerar

Parte 3

um sentimento de domínio sobre si mesmo e sobre o ambiente em que se está viajando.

Para os pesquisadores Alteljevic e Doorne (2002), que desenvolveram uma revisão da literatura sobre os *backpackers*, os estudos de Cohen e Vogt são complementares e foram responsáveis por estabelecer a trajetória das pesquisas subseqüentes. Cohen proporcionou a base para contextualização do comportamento em termos de mudanças sociais externas, enquanto Vogt contribuiu para os aspectos internos da cultura *backpacker* e a psicologia desse consumidor.

As mudanças ocorridas na sociedade ocidental nas últimas décadas também refletiram no comportamento e perfil dos viajantes econômicos internacionais. Para Riley (1988), os *backpackers* não devem ser considerados nem marginais nem heróis e sua prévia descrição como *hippies*, *contracultura* e *vagabundos*, características associadas aos *drifters*, não faz mais sentido. Sua pesquisa alterou de forma significativa a conceituação e as conotações negativas relacionadas a esse segmento de turistas. Segundo essa investigação, preferem viajar sozinhos, são educados, da classe média, solteiros, com nível universitário, um pouco mais velhos, em fase de transição para assumir maiores responsabilidades da vida adulta ou entre mudança de empregos.

Entretanto, foi o australiano Pearce, em 1990, interpretando os estilos de viagem, quem introduziu o termo *backpacker* no vocabulário turístico. Seu estudo "O Fenômeno *Backpacker:* Preliminares Respostas a Questões Básicas" analisa as motivações dos viajantes, em especial o interesse em estender a educação, a fuga num momento crítico da vida e o trabalho ocasional para prorrogar o tempo de viagem. Aponta um quarto tema de interesse relacionado ao aparecimento de uma subcultura com foco em atividades saudáveis e ao ar livre. Atribui o crescimento desse segmento de mercado ao desenvolvimento de uma série de empresas destinadas a suprir as necessidades desses turistas, como a Associação Australiana de Albergues da Juventude.

Para Alteljevic e Doorne (2002), o trabalho de Pearce é importante no surgimento do termo *backpacker* não apenas como uma variação semântica simplesmente, mas por indicar uma mudança mercadológica – de uma denominação sem mercado (*demarketing*) para um segmento de mercado (*marketing*), no contexto do significativo crescimento econômico desse setor.

A denominação e o conceito de *backpacker* rapidamente conquistaram novos adeptos e se consolidaram no setor turístico e acadêmico. A partir dos anos de 1990, outras pesquisas exploratórias foram desenvolvidas na tentativa de conhecer e descrever mais detalhadamente as características, motivações e o comportamento do *backpackers*.

Locker-Murphy e Pearce (1995), estudando o fenômeno *backpacker* na Austrália, indicam que esses jovens turistas econômicos exibem características que os diferenciam de outros visitantes e que são cada vez mais importantes economicamente para o turismo na Austrália. Identificam alguns elementos do perfil desses turistas, incluindo a preferência pela acomodação econômica, o interesse em encontrar e conhecer outras pessoas, o alto nível de interação com os anfitriões, a forma de organização independente, a flexibilidade nas decisões sobre a viagem, a prática de atividades informais e participativas, a longa duração da jornada e a busca da mais autêntica experiência de viajar.

Laurie Loker-Murphy (Murfhy, 2001), em outro estudo, examina a natureza das interações entre os mochileiros, numa tentativa de entender melhor a sua rede informal de disseminação de informação. Os resultados indicam que trocar informações sobre os destinos ou atividades ligadas ao turismo é a principal motivação de interagirem uns com os outros. Também menciona que os turistas *backpackers* necessitam de certas habilidades sociais, tais como habilidade para iniciar conversas com pessoas estranhas, na maioria das vezes estrangeiras, comportamento mais aberto do que o usual e tolerância maior diante de diferentes atitudes dos outros, uma vez que convivem e compartilham espaços comuns num albergue da juventude, por exemplo.

Também sob a perspectiva de interação social, Luke Desforges (2000) explora a noção de identidade pela maneira com que os viajantes mochileiros relatam para os outros a sua "coleção de lugares". Discutem a viagem como forma de capital cultural que serve como sinal de distinção entre seus pares, possibilitando a esse viajante ter acesso a uma classe social e seus privilégios.

Sob o contexto de motivações e valores dos viajantes *backpackers*, Alteljevic e Doorne (2002) discutem que, cada vez mais, o turismo *backpacker* tem se aparentado com o turismo convencional, pois seu grau de institucionalização aumenta. Os autores argumentam que, enquanto o *backpacker* tradicional quer escapar do modelo de consumo

85-7241-568-8

ocidental e, portanto, se distinguir do turismo convencional, o *backpacker* contemporâneo excede esse modelo.

Várias outras pesquisas foram conduzidas com a finalidade de dimensionar os aspectos externos gerados pelo turismo mochileiro com relação aos impactos socioculturais, ambientais e econômicos.

Cohen (1982), investigando o impacto do turismo jovem em duas praias do sul da Tailândia, analisa o relacionamento entre os viajantes e a comunidade local, particularmente em relação a valores e dinâmicas de negócio e ao desenvolvimento da infra-estrutura. Entre outros aspectos, relata que a partir do momento em que as ilhas comecem a ficar mais conhecidas, serão incorporadas ao turismo de massa, resultando em uma significativa mudança da infra-estrutura turística. A longo prazo, os pequenos negócios voltados ao turismo jovem ficarão vulneráveis em decorrência da falta de capital, podendo ser adquiridos ou controlados por representantes de interesses externos à comunidade local.

Por outro lado, Wilson (1997) e Hampton (1998) enumeram algumas vantagens desse tipo de turismo econômico, incluindo a pequena mudança na infra-estrutura para acomodá-los, maiores oportunidades de emprego, manutenção dos proprietários locais dos equipamentos turísticos e distribuição dos benefícios econômicos para a comunidade local. Relatam que, com freqüência, o turismo internacional é percebido pelos planejadores governamentais de turismo, em especial dos países menos desenvolvidos, como um dos principais setores para atingir o crescimento econômico, mas o foco é comumente dirigido ao turismo de massa, ignorando o segmento do turismo *backpacker*.

Argumentando que as comunidades locais não são vítimas das circunstâncias geradas pelo turismo econômico, mas se adaptam ativa e estrategicamente para ele, o estudo de Erb (2000) demonstra a realidade em uma comunidade da Indonésia. Relata que o relacionamento entre visitantes e visitados é contraditório. Por um lado, os viajantes são honrados, respeitosos e acatam aos regulamentos vigentes nas comunidades. Entretanto, estabelece-se um elevado grau de dependência econômica nessas visitas, pois as pessoas da localidade se esforçam e se adaptam em demasia para agradar ao máximo os turistas e, conseqüentemente, não perder essa importante fonte de receita. De qualquer maneira, para o autor, o anfitrião ainda exerce um poder sobre os visitantes e tem condições de manter o controle da localidade turística.

Outro aspecto que aparece em recente estudo sobre os *kibbutzim*, desenvolvido por Uriel e Reichel (2000), é a relação turismo-trabalho. Os autores identificam que as atividades dos voluntários dos *kibbutzim* são parte integrante da experiência do turismo e proporcionam a oportunidade de relacionamentos sociais mais longos e autênticos. Segundo os pesquisadores, no turismo pós-moderno, a dicotomia entre trabalho e lazer está esgotada.

Para a pesquisadora Scheyvens (2002), da Nova Zelândia, os governantes de países do terceiro mundo freqüentemente desprezam os turistas *backpackers* internacionais, concentrando esforços e valorizando o turismo de luxo. A autora apresenta uma perspectiva alternativa, propondo caminhos que promovam o desenvolvimento por meio do fornecimento de bens e serviços para os mochileiros, especialmente no plano local. Afirma que paradigmas diversos necessitarão ser superados e que a comunidade pode ser beneficiada se tiver algum controle sobre o segmento de mercado dos *backpackers*. Defende o incentivo por parte dos governantes do terceiro mundo em estabelecer um efetivo ambiente político e uma infra-estrutura que apóie a comunidade a se envolver nessa forma de turismo.

Outra investigação de interesse, do autor dinamarquês Sorensen (2003), apresenta um estudo etnográfico da cultura dos *backpackers* internacionais. Nele são delineadas as características sociodemográficas, a partir das grandes linhas conceituais da cultura de turismo, com o foco particular sobre o "fenômeno da estrada". A análise do turismo *backpacker* como cultura favorece a compreensão de alterações dentro do fenômeno. Exemplos de fatores de mudança incluem os guias de viagens, o mochileiro de curto prazo e, em particular, a Internet. Esse estudo demonstra o mérito de um conceito dinâmico de cultura em que ela ocorre a qualquer momento, sendo ativada por circunstâncias sociais.

No Brasil, a literatura que trata do segmento de turistas mochileiros ou *backpackers*, ainda que escassa, está representada por alguns poucos estudos desenvolvidos por pesquisadores das áreas de turismo e administração.

A pesquisadora Giaretta (2002) apresenta uma revisão dos conceitos das modalidades de turismo que se relacionam com turismo da juventude. Embora o turismo *backpacker* não seja o foco central

85-7241-568-8

de seu trabalho, faz uma reflexão da juventude e seus movimentos na história, buscando uma relação entre o seu comportamento e as formas de turismo que pratica. Analisa diversas modalidades englobadas pelo setor, dentre as quais turismo estudantil, turismo associativo, turismo de natureza, meios de hospedagem, produtos e serviços especiais para jovens, em especial no Brasil. Aborda com particularidade o meio de hospedagem albergue da juventude, trazendo vários dados para discussão.

O trabalho investigativo anterior do autor desse capítulo, Oliveira (2003), traça um panorama do turismo estrangeiro *backpacker*, mundial e nacionalmente, apresentando sua representatividade e evolução. São abordados aspectos que possibilitam determinar o perfil desse segmento de turistas estrangeiros, assim como as características das viagens que esses mochileiros internacionais empreendem pelo Brasil. Algumas das descobertas resultantes dessa pesquisa são apresentadas nos próximos tópicos.

Turismo *Backpacker*/ Mochileiro em Números

O turismo mochileiro ainda apresenta sérias dificuldades em relação à mensuração de sua representatividade mediante os dados do turismo global. Pode-se dizer que são exceções os países em que os estudos estatísticos de demanda, seja nacional ou internacional, contemplam o segmento de *backpackers*, como a Austrália e Nova Zelândia, por exemplo. Nesse cenário, torna-se difícil expor dados concretos sobre esse segmento. Uma possibilidade para, ao menos, estimar alguns dados seria a utilização de informações de organizações que guardem relação estreita com os viajantes *backpackers* e que estão presentes nas várias regiões do mundo.

Uma dessas instituições é o albergue da juventude, ou melhor, a rede de hospedagem internacional Hostelling International, representada em mais de 80 países. É certo que nem todos os alberguistas são essencialmente *backpackers* e que nem todos os *backpackers* são membros dos albergues da juventude, mas podemos afirmar, sem receio de errar, que a grande maioria dos *backpackers* utiliza os albergues da juventude como hospedagem, pois são bastante econômicos, promovem a interação entre os viajantes e estão recomendados nos guias de viagens por eles utilizados.

Vale ressaltar que existem albergues independentes que seguem o mesmo modelo dos albergues membros da Federação Internacional dos Albergues da Juventude, ainda que não sejam filiados a nenhuma instituição reguladora, e que em alguns países essa associação sequer conta com representantes.

Considerando que a Federação Internacional dos Albergues da Juventude (*International Youth Hostel Federation* – IYHF) coordena e controla a operação desses estabelecimentos e possui estatísticas internacionais padronizadas internacionalmente, acredita-se que seja possível inferir, mesmo que provisoriamente, o turismo mochileiro a partir dos seus dados (IYHF, 2003). Da mesma forma, serão utilizados os dados da FBAJ – Federação Brasileira dos Albergues da Juventude para referências no âmbito nacional (FBAJ, 2003). Sempre com as devidas ressalvas e restrições, apresenta-se uma análise dos albergues da juventude, agora denominados no Brasil como "HI Hostel", no período compreendido entre 1994 e 2003.

Em 1994, a IYHF congregava 4.473 albergues, passando em 2003 a contabilizar 3.986 albergues em todo o mundo. A Figura 26.1 destaca os países que apresentavam as maiores quantidades de albergues da juventude no ano de 2003.

Em relação ao crescimento entre 1994 e 2003, ainda a respeito da quantidade de albergues, as principais nações foram Coréia (17 para 63), Portugal (18 para 40), Uruguai (14 para 28) e Itália (51 para 97). Entre os que decresceram estão os Estados Unidos (167 para 118), a Polônia (575 para 410), a França (189 para 158), o Japão (375 para 331) e o Brasil (80 para 71). Vale a pena mencionar que o Brasil chegou a ter 45 albergues em 1998 e, a partir daquele ano, começou sua recuperação.

Em 2003, quase quatro milhões de pessoas eram associadas aos albergues da juventude em todo o mundo. A Tabela 26.1 apresenta os principais expoentes quanto ao número de sócios em 1994 e 2003, bem como a taxa de evolução nesse período.

A quantidade de pernoites efetuada por viajantes estrangeiros nos últimos anos oscilou entre 9.636.387 em 1994 e 10.113.150 em 2003, tendo atingido sua melhor marca em 1997, com 10.714.766 pernoites.

85-7241-568-8

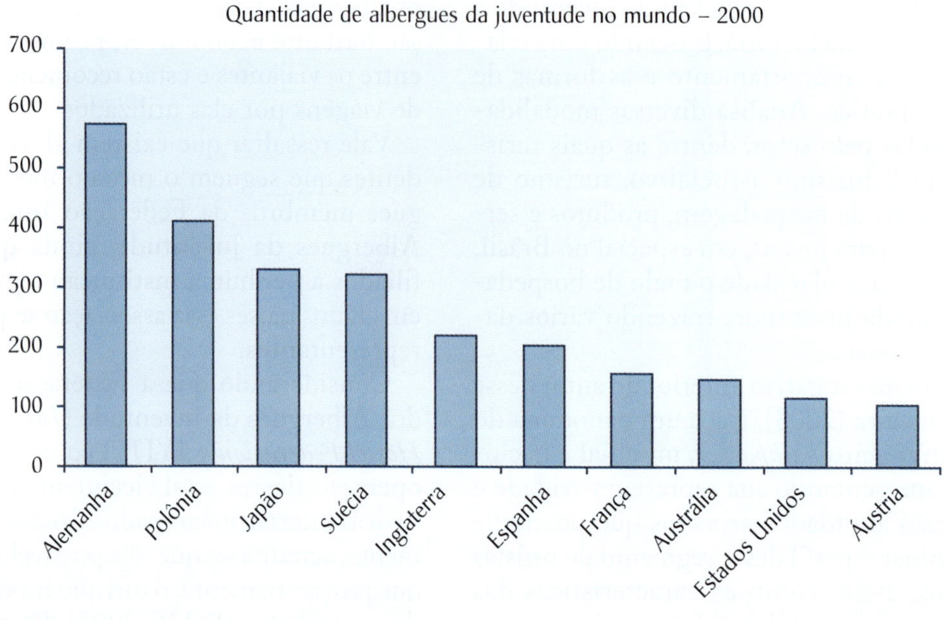

Figura 26.1 – Albergues da juventude no mundo. Fonte: IYHF.

Tabela 26.1 – Número de associados aos albergues da juventude no mundo (1994-2003). Fonte: IYHF.

Ano	**1994**	**2003**	**1994-2003**
País	***Volume***	***Volume***	***Evolução (%)***
Alemanha	1.465.028	1.794.511	22,5
Suécia	322.797	331.261	2,6
Inglaterra	265.013	314.070	18,5
França	150.346	154.925	3,0
Espanha	87.518	134.429	53,6
Índia	61.198	107.399	75,5
Polônia	252.419	105.430	–58,2
Austrália	115.071	98.274	–14,6
Japão	152.393	97.743	–35,9
Estados Unidos	114.141	76.894	–32,6
Dinamarca	12.800	62.008	384,4
Canadá	38.418	50.303	30,9
Holanda	37.004	45.600	23,2
Brasil	55.976	42.457	–24,2
Total geral	3.738.720	3.947.684	5,6

Conforme pode ser observado na Figura 26.2, a Europa foi a região que mais recebeu hóspedes estrangeiros em seus albergues da juventude, demonstrando larga diferença em relação às outras regiões e continentes.

As regiões que demonstraram crescimento no período de 1994 a 2003 foram o Leste Asiático (70,7%) e as Américas (11,7%), enquanto declínio foi apurado na África (93,2%), Ásia Meridional (58,7%) e Oriente Médio (35,7%). A Europa se manteve estável.

A Figura 26.3 apresenta os principais países receptores de turistas *backpackers* internacionais, em número de pernoites despendidos nos albergues da juventude, no período entre 1994 e 2003.

Dentre os ocupantes dos primeiros postos, destaca-se o crescimento da Espanha (185,7%), passando da 20ª colocação para a nona; a Nova

85-7241-568-8

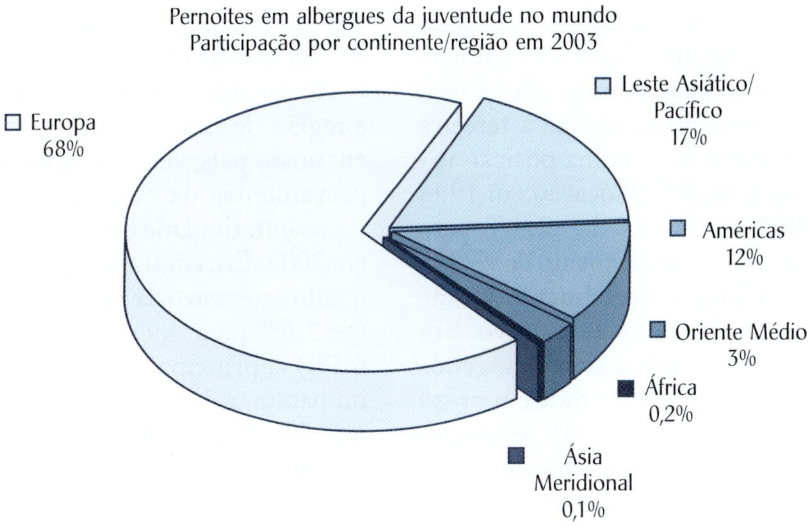

Figura 26.2 – Pernoites em albergues da juventude. Fonte: IYHF.

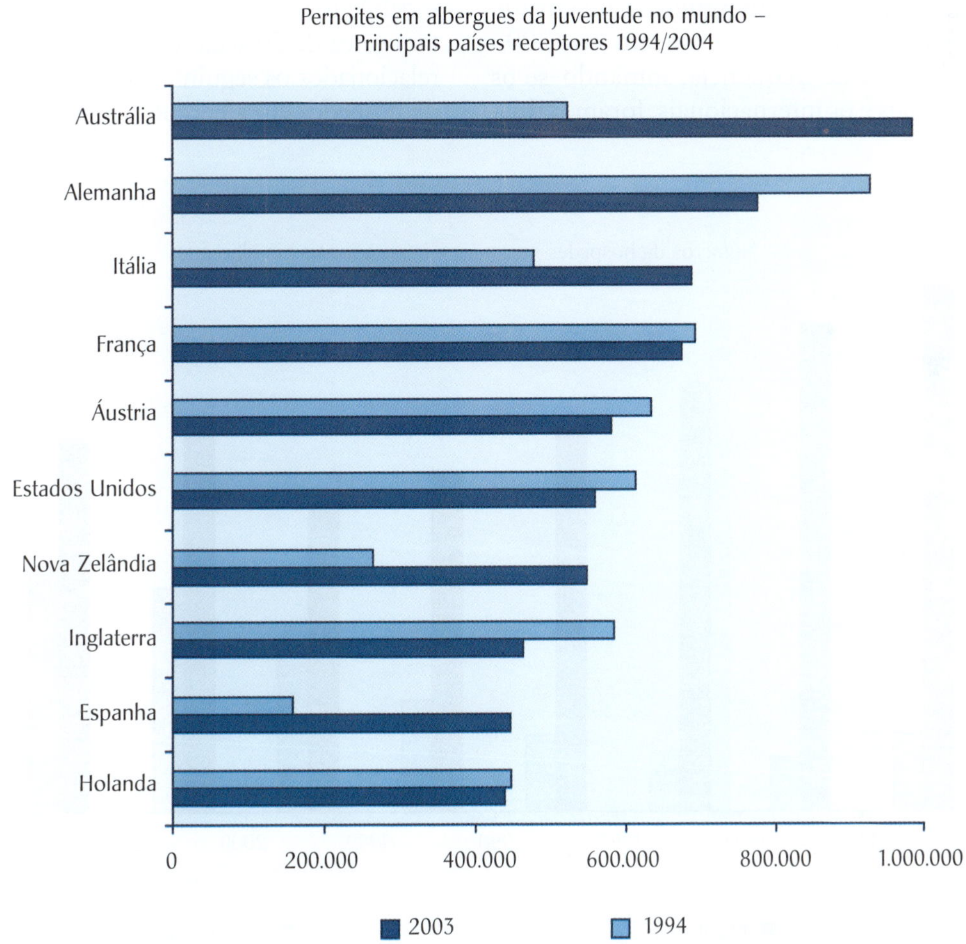

Figura 26.3 – Pernoites em albergues da juventude: países receptores. Fonte: IYHF.

85-7241-568-8

Parte 3

Zelândia (107,2%), deixando a 14ª posição para alcançar a sétima; a Austrália (88,9%), movimentando-se do sexto posto para assumir a liderança e a Itália (43,7%), passando de sétima a terceira colocada. O Brasil se manteve numa posição intermediária, passando da 29ª colocação em 1994 para a 24ª em 2003, evoluindo de 42.873 para 83.076 pernoites, ou seja, um crescimento de 93,8%.

Em número de turistas, o crescimento alcançado pelo Brasil foi ainda mais significativo. Em 2003, um total de 31.625 *backpackers* estrangeiros se hospedou nos albergues da juventude em nosso país, enquanto em 1994 eram 10.718, estabelecendo uma evolução de 195% no período.

Analisando a relação de estrangeiros e brasileiros hospedados em albergues da juventude no Brasil, no período de 1995 e 2003, pode-se perceber o avanço da participação dos turistas internacionais, que alcançaram no último ano analisado 41%, ante 12,7% em 1995. A Figura 26.4 apresenta essa variação em termos de volume de turistas.

Dentre os 17 estados da federação, por onde se distribuem os quase 70 albergues da juventude do Brasil, aqueles que apresentaram em 2003 os maiores índices de freqüência, somando-se os turistas nacionais e os internacionais, foram Bahia, Rio de Janeiro, Paraná, São Paulo, Rio Grande do Sul e Mato Grosso do Sul (Fig. 26.5).

Analisando a origem dos turistas por continente e região de hóspedes em albergues da juventude em nosso país, verifica-se uma queda abrupta dos provenientes da América do Sul, passando sua representatividade de 38,2% em 1994 para 10,2% em 2003. Em contrapartida, verificamos um crescimento expressivo da participação do Oriente Médio (de 1,6% para 4,9%), da Oceania (de 2,7% para 6,1%) e, principalmente, da Europa, que evoluiu do patamar de 33,6% em 1994 para nada menos que 59,8% em 2003 (Fig. 26.6).

Em número de turistas, as regiões onde as oscilações ascendentes mostraram-se mais representativas, nesse mesmo período, foram a América do Norte (de 865 para 3.243), a Europa (de 3.607 para 18.935), a Oceania (de 288 para 1.934) e o Oriente Médio (de 170 para 1.774), enquanto a América do Sul mostrou retração significativa, passando de 4.096 para 3.370 turistas no último ano.

Em relação aos países emissores de turistas mochileiros para o Brasil, os 10 principais representam cerca de 70% da totalidade. Em 1994, estavam relacionados os seguintes países com maior número de hóspedes em albergues da juventude: Argentina,

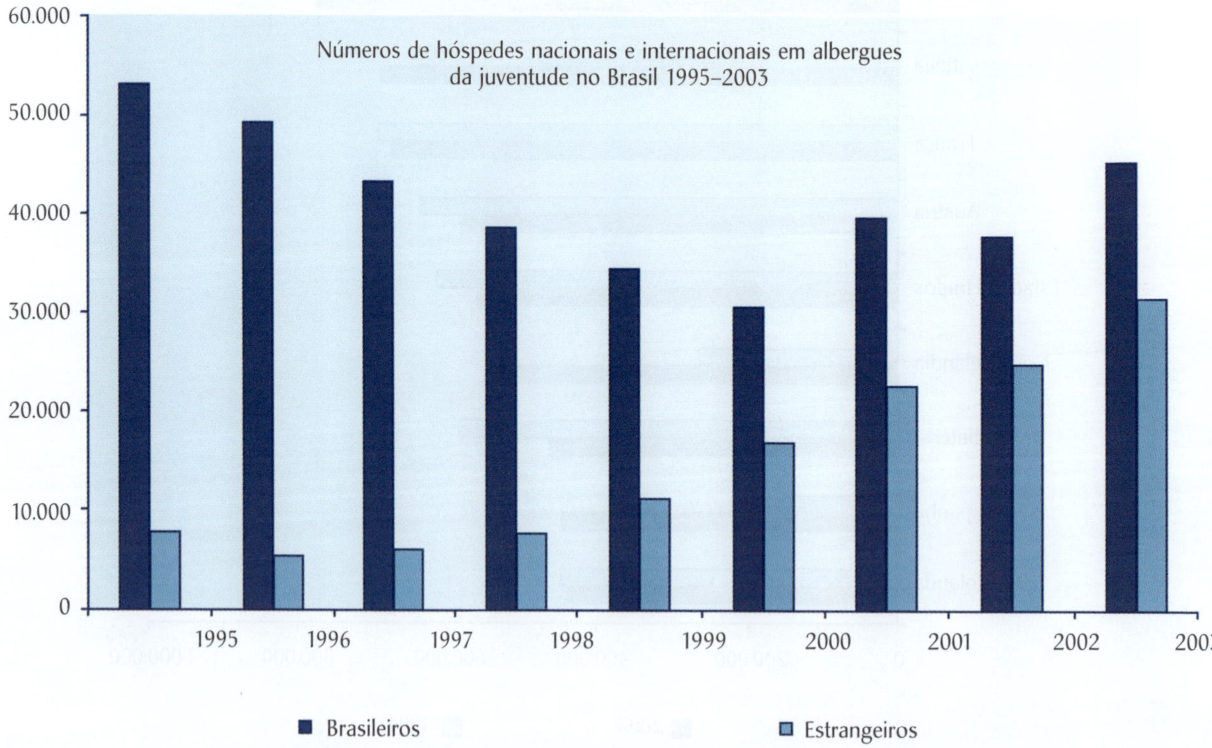

Figura 26.4 – Hóspedes em albergues da juventude: brasileiros e estrangeiros. Fonte: FBAJ.

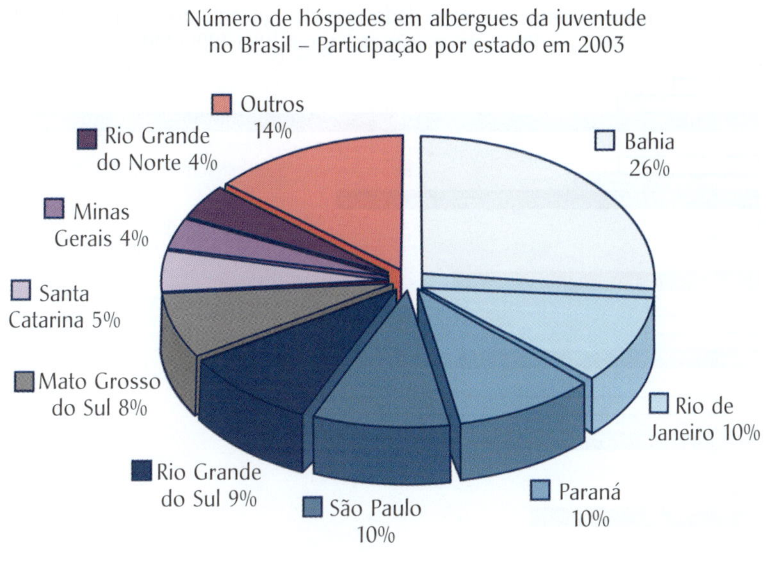

Figura 26.5 – Hóspedes em albergues da juventude brasileiros. Fonte: FBAJ.

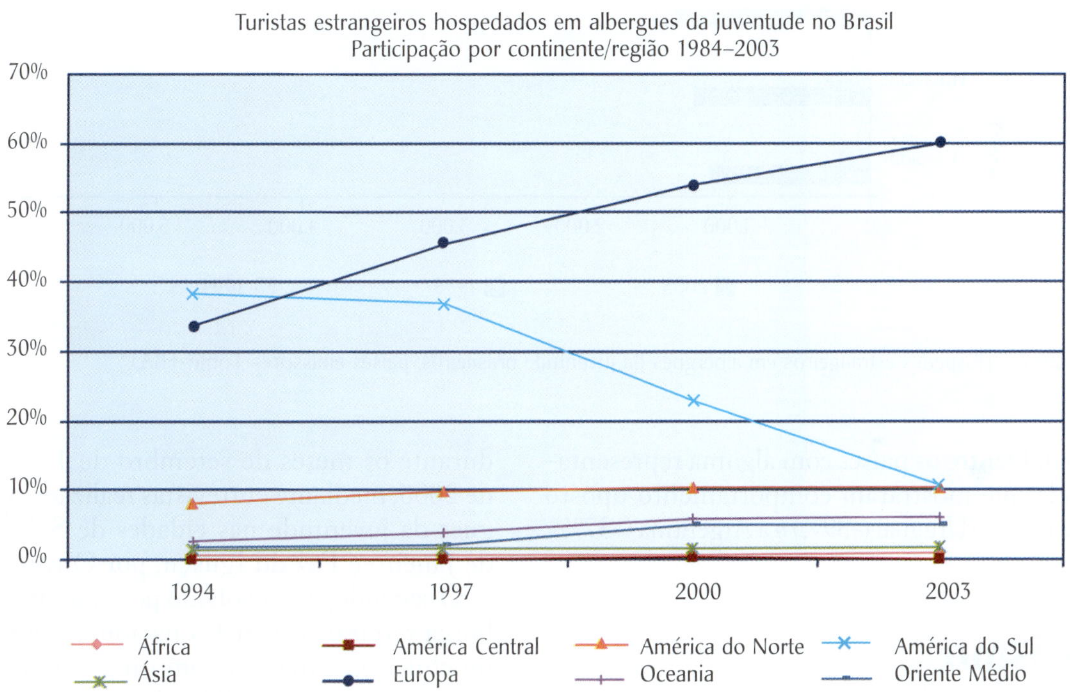

Figura 26.6 – Hóspedes estrangeiros em albergues da juventude brasileiros. Fonte: FBAJ.

Alemanha, Estados Unidos, Uruguai, Inglaterra, França, Itália, Chile, Suíça e Austrália. Figuravam três países da América do Sul, cinco do continente europeu, um da América do Norte e um da Oceania.

Passados 10 anos, várias mudanças aconteceram. Na mais recente lista, referente ao ano de 2003, conforme pode ser observado na Figura 26.7, nota-se ainda a participação de cinco países da Europa (com países diferentes em relação a 1994), dois representantes da América do Norte, um país do Oriente Médio, um da Oceania e apenas um da América do Sul.

Foram muitos os países que apresentaram crescimento elevado entre 1994 e 2003, como o Canadá (1.370%), a Espanha (1.102%), a Holanda (963%), Israel (907%), a Inglaterra (743%) e a Austrália

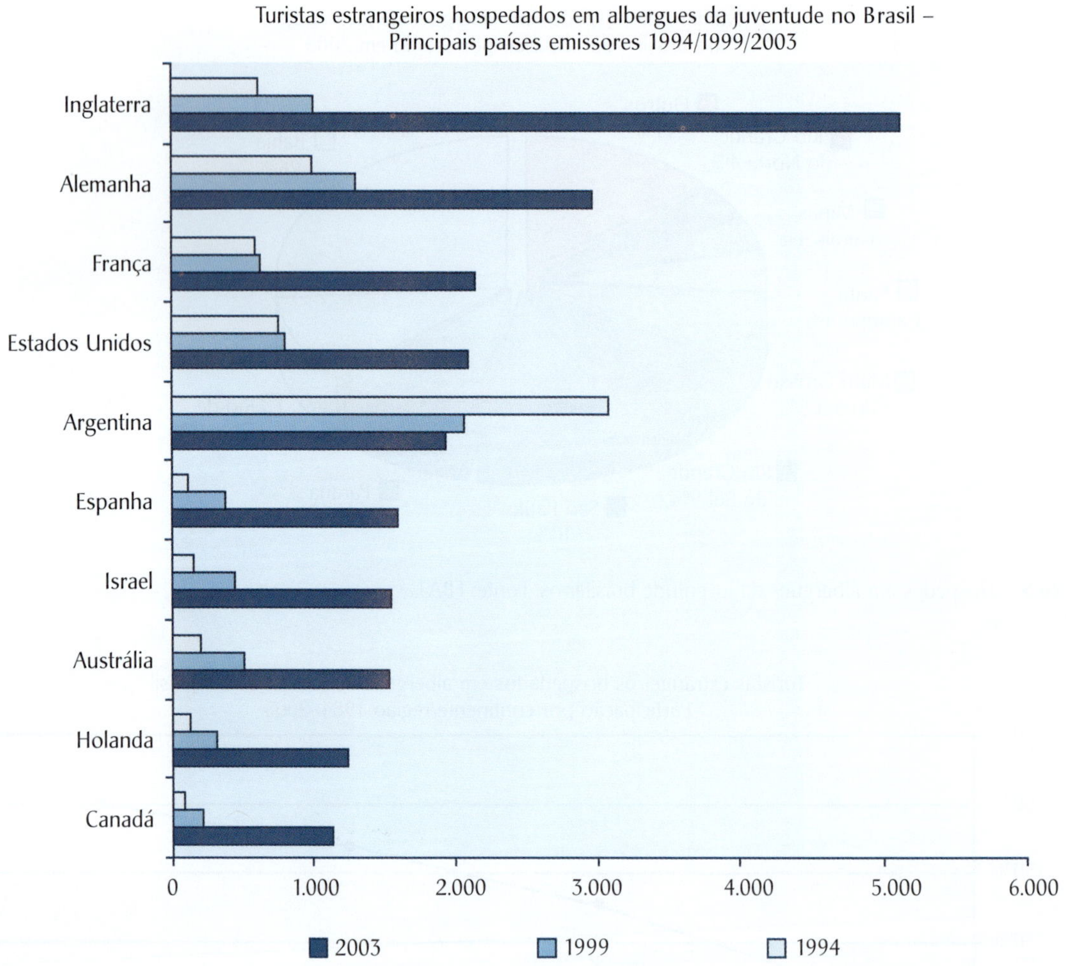

Figura 26.7 – Hóspedes estrangeiros em albergues da juventude brasileiros: países emissores. Fonte: FBAJ.

(638%). Dentre os países com alguma representatividade que mostraram comportamento oposto destacam-se o Uruguai (-39%) e a Argentina (-37%).

Turismo *Backpacker*/Mochileiro no Brasil

A fim de relatar o perfil dos viajantes mochileiros e as características das viagens empreendidas por esse grupo no Brasil, recorre-se a estudos desenvolvidos por alguns pesquisadores com objetivos acadêmicos.

O primeiro trabalho aborda o turismo *backpacker* internacional. Foi realizado com 244 turistas estrangeiros *backpackers* que viajaram pelo Brasil, durante os meses de setembro de 1999 a março de 2000, mediante entrevistas realizadas em albergues da juventude nas cidades de Salvador, Rio de Janeiro e Foz do Iguaçu, por Oliveira (2003).

O segundo, desenvolvido por Giaretta em 2002, busca retratar os turistas nacionais do segmento mochileiro, contando com uma amostra de 400 turistas, formada por 93% de viajantes brasileiros que freqüentaram albergues da juventude no estado de São Paulo ou visitaram a Associação Paulistas de Albergues da Juventude.

VIAJANTES INTERNACIONAIS

Os estrangeiros *backpackers* que participaram dessa pesquisa eram originários de 27 países dos diversos continentes, sendo europeus 60% do total. Vale ressaltar que os turistas da América do Sul não participaram desse estudo.

Para grande parte dos turistas, era a primeira vez que visitavam o nosso país e, também, o continente sul-americano. Metade dos turistas tinha como destino, na verdade, a América do Sul, já que pretendiam visitar outros países da nossa região, principalmente a Argentina, a Bolívia, o Chile e o Peru. Além disso, muitos tinham como plano visitar outros países do continente americano ou mesmo de outros continentes.

Sendo um de seus objetivos conhecer o maior número de países, os *backpackers* pretendem realizar esse sonho viajando várias vezes ao longo da vida. Uma vez que se decidem por uma viagem intercontinental, com passagem aérea de valor significativamente elevado, procuram aproveitar ao máximo esse investimento permanecendo o maior tempo possível em viagem e visitando vários países de uma mesma região. Alguns turistas entrevistados já haviam visitado mais de 80 países em diferentes regiões do globo.

O tempo total da viagem para percorrer todos os destinos planejados era de três a nove meses, para a metade dos viajantes independentes. Cerca de 17% dos *backpackers* estimavam que suas viagens durariam mais de nove meses. A duração média da viagem prevista por esse grupo de turistas, que não tinham apenas o Brasil como destino, era de 177,7 dias, ou seja, aproximadamente seis meses.

Quanto à duração da viagem pelo Brasil, a média geral calculada foi de 52,7 dias, mas 24,5% dos turistas permaneceriam em nosso país por períodos superiores a dois meses. É interessante notar que, mesmo tendo um prolongado tempo disponível para viajar, esses turistas *backpackers* não permaneceram mais que quatro ou cinco dias em localidades com vários atrativos a conhecer e não mais de dois dias em cidades menores. Preferiram visitar rapidamente um número maior de diferentes regiões.

Entre os aspectos que motivaram esses turistas a escolher o Brasil como destino, podemos citar o interesse em conhecer a diversidade cultural e o povo amigável sobre o qual haviam ouvido falar, aproveitar o clima quente para conhecer as praias, visitar os atrativos naturais ímpares do nosso país, ter contato com a música local e apreciar o carnaval. Grande parte dos turistas mochileiros demonstrou relativo conhecimento geral sobre o nosso país.

Como fontes de informação sobre o Brasil utilizaram guias de viagem internacionais (em especial o *Lonely Planet*), amigos que já haviam visitado nosso país, a Internet e amigos brasileiros. Poucos relataram ter visto propaganda em meios de comunicação divulgando o Brasil em seu país de residência.

O perfil demográfico dos *backpackers* internacionais aponta que, na grande maioria, são jovens, com idade média de 27,8 anos; predomínio do sexo masculino, representando quase dois terços dos viajantes; maioria absoluta de solteiros e praticamente metade formada por estudantes universitários.

Quanto ao número de viajantes, a maioria desses turistas estava viajando sozinha pelo Brasil. Porém, percebe-se uma diferença significativa de comportamento entre os sexos, uma vez que, no grupo feminino, perto da metade viajava acompanhada e, entre os homens, apenas cerca de 20%.

Essa característica, também determinante nesse segmento mochileiro, ocorre graças a diferentes fatores, dentre os quais pode-se citar a dificuldade de encontrar um parceiro que disponha do mesmo tempo, de vontade de conhecer os mesmos locais, que possua o mesmo ritmo e tenha um estilo de viagem semelhante; o desafio proposto a si mesmo de viajar um período sozinho em um local totalmente desconhecido; a vontade de conhecer pessoas diferentes, tanto outros viajantes quanto pessoas locais (quando se viaja com mais alguém, não se sente tanto a necessidade de conhecer outras pessoas, até mesmo para conversar); e o desejo de se afastar por algum tempo do cotidiano a fim de refletir sobre o rumo de sua vida.

Em relação à acomodação, os *backpackers* estrangeiros procuraram hospedagem em albergues da juventude e pequenas pousadas, principalmente por questões de ordem econômica, mas também por motivos como maior facilidade de encontrar pessoas com os mesmos interesses e abertas a novas amizades (num hotel de luxo, onde a privacidade é preponderante, são reduzidas as chances desses encontros). Além de estimular esses relacionamentos em ambientes de convivência e, muitas vezes, programações de caráter integrativo envolvendo os hóspedes, os albergues são excelentes pontos para se trocar informações sobre a viagem.

O principal ponto de entrada utilizado pelos visitantes foi a Região Sudeste, especialmente as cidades do Rio de Janeiro e de São Paulo, já que o acesso mais utilizado para o ingresso em nosso país foi o aéreo e, nesses locais, está concentrada a maioria dos vôos internacionais.

Como forma de locomoção, utilizaram ônibus intermunicipais e interestaduais, alegando que poderiam conhecer um pouco mais do interior do

Parte 3

85-7241-568-8

país, ter contato direto com as pessoas locais e, também, pelo alto custo do transporte aéreo.

Embora uma característica dos *backpackers* seja procurar destinos diferentes do convencional, as cidades mais visitadas por eles foram Rio de Janeiro, Salvador, São Paulo, Foz do Iguaçu, Curitiba, Recife, Florianópolis, Porto Seguro, Manaus e Fortaleza. As mais apreciadas foram o Rio de Janeiro, em razão das praias, das pessoas, da paisagem e da vida noturna, e Salvador, motivados pela música, pessoas, praias e diversidade cultural.

Além desses, apreciaram outros locais um pouco menos procurados, como Garopaba (Santa Catarina), Morretes (Paraná), Bonito (Mato Grosso do Sul), São Sebastião (São Paulo), Nova Friburgo (Rio de Janeiro), Itaúnas (Espírito Santo), Pirapora (Minas Gerais), Lençóis (Bahia), Penedo (Alagoas), Petrolina (Pernambuco), Jericoacoara (Ceará), Barreirinhas (Maranhão), Ilha de Marajó (Pará) e Oiapoque (Amapá), para citar alguns.

Aqueles que dispunham de mais tempo tiveram a oportunidade de visitar localidades ainda mais longínquas, praticamente desconhecidas para o turismo, como Arapoti (Paraná), Itaperuna (Rio de Janeiro), Anastácio (Mato Grosso do Sul), Uba (Minas Gerais), Pirenópolis (Goiás), Paracurú (Ceará), Tabatinga (Amazonas), Paracaíma (Roraima) e Guajará Mirim (Rondônia), entre outras.

A renda média anual dos turistas estrangeiros mochileiros era pouco superior a US$ 24 mil, a qual, convertida para a nossa moeda ao câmbio de R$ 3 por dólar americano, corresponderia à renda anual de R$ 72 mil, equivalente a R$ 6 mil mensais. Pouco mais da metade dos viajantes tinha renda de até US$ 20 mil e pouco menos recebia mais de US$ 20 mil anualmente.

O gasto diário médio dos *backpackers* estrangeiros que viajaram pelo Brasil, incluindo acomodação, alimentação, transporte e entretenimento (não considerando o transporte entre as cidades), foi de US$ 29,80, que, convertido para a nossa moeda à cotação de R$ 3 por dólar, resulta em R$ 89,40 por dia. As despesas diárias para 73% dos turistas não ultrapassavam US$ 30.

Em relação aos gastos totais previstos durante a viagem ao Brasil, as respostas variaram bastante em função da permanência planejada. Calculando-se a média das despesas totais da viagem somente por nosso país chega-se ao valor de US$ 1.660,60 (correspondente a R$ 4.981,80 quando convertido para a nossa moeda utilizando-se a cotação de R$ 3 para cada dólar). Esses gastos estavam dentro das expectativas, uma vez que a maioria dos viajantes *backpackers* não considerou o custo da viagem nem caro nem barato.

A maioria absoluta considerou fácil viajar pelo Brasil, apontando como principal dificuldade encontrada durante a viagem a barreira da comunicação, uma vez que poucos dominavam o idioma português. Esse problema foi contornado com o auxílio de algum brasileiro que falava um pouco da língua inglesa, pela ajuda de outros estrangeiros capazes de se comunicar em português (ou, ao menos, no idioma espanhol), recorrendo a dicionários e guias (em alguns guias de viagem internacionais existe um minivocabulário básico para enfrentar situações típicas de viagem) ou, em último caso, utilizando o recurso da mímica. Essas situações aconteceram principalmente em locais menos desenvolvidos, junto a comunidades mais humildes, e não foi surpresa para os *backpackers* mais experientes nem motivo para desistência das atividades que pretendiam realizar.

As principais atividades ou entretenimentos que os turistas mochileiros realizaram durante a viagem pelo Brasil foram: ir às praias, visitar as atrações turísticas, experimentar comidas típicas e sair para beber. Como eles tinham flexibilidade e mais tempo disponível, preferiram conhecer diversas localidades mais tranqüilamente, estabelecendo, a seu critério, o prazo necessário para explorar cada atrativo turístico.

Outras atividades que os turistas desse segmento costumam realizar durante suas viagens são aquelas ligadas à natureza e a cultura. Porém, no período em que viajaram pelo Brasil, muitas atividades deixaram de ser realizadas, principalmente por falta de oportunidade. Foi o caso dos esportes de aventura, por exemplo, atividade realizada por apenas metade dos interessados; da presença em um estádio de futebol, onde pouco mais de um terço compareceu; e de assistir a um *show* de música popular brasileira, atividade presenciada por apenas um de cada dois turistas que manifestaram essa vontade.

Ao final da viagem, o aspecto mais agradável apontado pelos *backpackers* foi encontrar um povo amigável, vindo em seguida, com menos da metade das menções, praias, música/samba e diversidade natural. Na opinião deles, não é comum encontrar em outros países pessoas alegres, que aproveitam a vida e se divertem como os brasileiros. Além disso, eles reconhecem que, apesar da barreira do idioma, nosso povo se esforça em interagir

85-7241-568-8

com os turistas estrangeiros. É importante salientar que esse segmento de turistas valorizou mais a qualidade do contato com as pessoas locais do que os nossos belíssimos atrativos naturais.

Quantos aos aspectos que os desagradaram, citaram a insegurança/crime, o fato de poucas pessoas falarem o idioma inglês, a desigualdade social e a pobreza. Embora a imensa maioria tivesse afirmado que não havia sofrido nenhum tipo de violência, eles puderam acompanhar pelo noticiário local que a violência existe em níveis elevados. A desigualdade socioeconômica, por outro lado, bastante exposta em diferentes centros urbanos, causa estranheza e desaprovação, pois os turistas não se conformam que, mesmo contando com aspectos extremamente desenvolvidos, o Brasil ainda apresente um nível de pobreza tão alto.

A imagem do Brasil em seu país de origem está associada aos símbolos que, por décadas, foram apresentados aos estrangeiros sobre o nosso país, como samba, carnaval, futebol, floresta tropical, praias, sol, beleza natural, povo amigável, divertimento e alegria; e pelos aspectos negativos amplamente divulgados pela imprensa internacional, como pobreza, instabilidade econômica, insegurança, periculosidade e corrupção. Para esse grupo de turistas estrangeiros mochileiros, a imagem que levariam do Brasil, depois da viagem, poderia ser considerada melhor que aquela que eles tinham antes da sua realização.

Essa avaliação positiva do Brasil também pode ser constatada indiretamente pela intenção, demonstrada por parte de cerca de 90% dos turistas estrangeiros *backpackers,* de retornar ao país num futuro próximo.

VIAJANTES NACIONAIS

Apresentam-se a seguir alguns dados resultantes da investigação realizada por Giaretta (2002) sobre o perfil dos viajantes que se hospedaram em albergues da juventude no estado de São Paulo, sendo 93% dos turistas brasileiros e a imensa maioria (78%) formada por turistas de São Paulo.

Os dados demográficos mostram que dois terços dos turistas tinham menos de 30 anos, sendo apenas 15% na faixa de 15 a 20 anos; pouco mais da metade era do sexo feminino; sete em cada dez turistas disse ter concluído ou estar cursando uma faculdade; e quase 50% relatou possuir faixa de renda familiar acima de nove salários mínimos.

As principais motivações que levaram os *backpackers* brasileiros a escolher o destino da viagem foram indicação de amigos, pesquisas na Internet por conta própria, revistas e guias de viagem, existência de aspectos culturais e se tratar de lugares desconhecidos, entre outros.

O meio de transporte aéreo é o mais utilizado por esse grupo de turistas em viagens de férias, segundo mais da metade dos viajantes. A seguir são apontados ônibus de linha regular, automóvel próprio e carona.

A grande maioria dos viajantes nacionais acusa gastos diários de até R$ 50, enquanto apenas 7% relataram despender mais de R$ 100 por dia em suas viagens.

Quanto à melhor época para viajar, a maioria demonstrou preferência por férias no período de verão e cerca de um terço não pronunciaram preferência entre férias de inverno e verão.

Turismo *Backpacker*/ Mochileiro em Discussão

Depois de demonstrar quem são e o que fazem os turistas *backpackers* brasileiros e, em mais detalhes, estrangeiros quando viajam pelo Brasil, é importante discutir alguns aspectos que ficaram evidentes sobre esse segmento de turistas, tanto na parte conceitual quanto nos dados resultantes de pesquisas apresentados por estudiosos nacionais e internacionais.

Da mesma forma que acontece no turismo convencional, o Brasil ainda é pouco visitado pelos viajantes do segmento de *backpackers*. Tendo em vista que a experiência de viajar pelo nosso país agradou imensamente a maioria dos mochileiros estrangeiros, o Brasil tem ótimo potencial para desenvolver esse promissor mercado.

A escassez de dados estatísticos referentes ao turismo no Brasil é evidente. Pretendendo ser uma potência turística e atrair alguns milhões de visitantes estrangeiros, é de fundamental importância o conhecimento, em profundidade, dos segmentos de turistas que se pretende conquistar, pois somente de posse dessa informação será possível organizar e gerenciar, de forma eficiente e eficaz, o turismo em nosso país. Dados oficiais sobre os *backpackers*, por exemplo, não existem.

Parte 3

Figura 26.8 – *Backpackers* embarcando em navio para as ilhas gregas. Foto: Sérgio Luiz de Oliveira.

Figura 26.9 – *Backpackers* em ilha grega. Foto: Sérgio Luiz de Oliveira.

Por outro lado, em alguns países, os *backpackers* já são estudados como um verdadeiro e importante segmento de turistas. Na Austrália, o órgão responsável por desenvolver pesquisas sobre os turistas que visitam o país (*Australian Tourism Commission*) considera os *backpackers* de forma destacada. Existem dados sobre o turismo *backpacker* desde 1995. Para o *Tourism Research Council* da Nova Zelândia, os turistas são classificados em quatro grupos, segundo os estilos de viagem: FIT – *Fully Independent Travel* (viagem totalmente independente), SIT – *Semi Independent Travel* (viagem semi-independente), *Package* (pacote de viagem) e *Group* (viagem em grupo), sendo os *backpackers* pertencentes, principalmente, ao primeiro grupo (FIT), mas, em parte (dependendo de seu comportamento), também ao segundo (SIT).

O que se pode perceber é que as políticas que orientam o turismo no Brasil estão voltadas para o turismo mais elitizado. Um fato que pode comprovar isso é a quantidade de redes de hotéis internacionais luxuosos e *resorts* que, nos últimos anos, se instalou em diversos pólos turísticos do nosso país. Não que isso seja prejudicial, uma vez que são gerados postos de trabalho e a atividade turística se desenvolve, movimentando diversos setores da economia que são traduzidos em riquezas para o país. Porém, faz-se necessário discutir se essa fórmula de turismo internacional receptivo não é

Figura 26.10 – Mochilas utilizadas por *backpackers*. Foto: Rui José de Oliveira.

Parte 3

85-7241-568-8

demasiadamente explorada em detrimento de outras, talvez até mais importantes para o desenvolvimento de um país com as nossas características.

Albergues da juventude e pequenas pousadas, principais meios de hospedagem utilizados pelos mochileiros, requerem investimentos infinitamente menores que um estabelecimento luxuoso e, na grande maioria das vezes, são propriedades de brasileiros. Esses tipos de hospedagem tendem a utilizar produtos de fabricação local, tanto em seus equipamentos quanto nos suprimentos necessários ao funcionamento do estabelecimento. Assim, incentivam e valorizam a cultura brasileira e sua gente, contribuindo na geração de empregos e dividendos para o nosso país.

Porém, para que haja o desenvolvimento desse setor de hospedagem, por exemplo, é necessário que as instituições públicas, responsáveis por disponibilizar linhas de financiamento, passem a oferecer condições que incentivem a abertura, ampliação ou reforma desses pequenos empreendimentos hoteleiros de forma mais intensa.

Segundo dados do Sebrae – Serviço Brasileiro de Apoio às Micro e Pequenas Empresas (2004), há no Brasil mais de quatro milhões de pequenas e médias empresas formais, que respondem por cerca de 45% dos empregos com carteira assinada e são responsáveis por aproximadamente 20% do PIB – Produto Interno Bruto (US$ 98,6 bilhões). Esses dados mostram a importância desses empreendimentos de menor porte.

Outro ponto que merece ser debatido é o aspecto sociocultural proporcionado pela atividade turística. No turismo elitizado, em muitos casos, o turista pouco sai de seu hotel, pois há uma variedade de atividades para serem desenvolvidas no local; e, mesmo quando sai, visita a localidade através da janela do ônibus que faz o *city tour*. Em geral, esses turistas não buscam manter contato com as pessoas locais, interagindo com elas da forma mais superficial possível, na maioria das vezes numa relação cliente-funcionário.

Então, que tipo de desenvolvimento social essa interação turista estrangeiro-cidadão brasileiro proporciona? Não deveria fazer parte dos objetivos da atividade turística o desenvolvimento sociocultural tanto daquele que visita quanto do visitado? Não seriam essas trocas culturais também responsáveis por estimular o progresso e o bom convívio entre os povos? Ou apenas os aspectos financeiros são importantes para o país?

Nesse quesito, os turistas *backpackers* apresentam características e comportamentos aparentemente mais saudáveis à população nativa. Um dos objetivos desse grupo de viajantes é exatamente interagir com as pessoas da região de destino, trocar experiências e vivenciar o cotidiano dessa gente. Nessa relação de mão dupla, tanto o turista quanto a comunidade aprendem e ensinam.

Além disso, é bastante comum a formação de grupos entre os próprios mochileiros, sejam eles estrangeiros ou entre brasileiros e estrangeiros. Depois de se encontrarem algumas vezes no albergue, conversas informais se tornam rotineiras e, em pouco tempo, já combinam visitas a atrações turísticas em conjunto, ou mesmo uma saída para a vida noturna. O número de pessoas que compõem esses grupos é bastante variado, podendo ser de duas até mais de 15.

Também não é difícil encontrar *backpackers* que, tendo se conhecido num albergue ou numa atividade turística, resolveram seguir viagem em parceria, abrindo mão da total liberdade de decisão que tinham para compartilhar as escolhas com outras pessoas, possivelmente de nacionalidades diferentes, brasileiros inclusive, e até recentemente desconhecidas. Alguns desses turistas viajam em duplas ou trincas por alguns dias, semanas ou até meses.

A conscientização dos viajantes estrangeiros mochileiros sobre a importância dos aspectos ambientais foi demonstrada pelo interesse em visitar regiões onde a natureza estivesse preservada, pela prática de atividades recreativas que não interferissem prejudicialmente no meio ambiente, pela valorização do patrimônio construído conservado, assim como por suas críticas quando o meio ambiente não se encontrava adequadamente protegido, por sua preocupação com o destino dos dejetos sólidos e líquidos e por seu desagrado diante do nível de poluição do ar, das águas, sonora e visual encontrado em várias localidades. Essas opiniões poderiam ser benéficas às localidades e incentivariam maior atenção da comunidade e dos agentes de atividades turísticas para esse aspecto, fundamental para o desenvolvimento do turismo no Brasil. Porém, estudos sobre esse assunto tornam-se necessários para mensurar seus impactos reais.

Sobre o aspecto financeiro, a respeito do volume de gastos despendidos pelos denominados turistas elitizados, acredita-se que seja infinitamente superior àquele dos *backpackers*. Segundo pesquisa realizada em 2000 pela Embratur – Instituto Brasileiro de Turismo (2003), o gasto diário médio dos turistas estrangeiros que vieram por agência de viagem (normalmente é esse tipo de turista que se hospeda em grandes hotéis) foi de US$ 95,40 e o tempo médio de permanência em nosso país foi de 12,6 dias. A investigação conduzida com os turistas *backpackers* na mesma época apontou gasto médio diário (não considerando o transporte entre cidades) de US$ 29,80 e tempo médio de viagem de 52,7 dias. Multiplicando os dois elementos, obtém-se o valor do total de gastos: US$ 1.202,04 para o turismo convencional e US$ 1.570,46 para o turismo *backpacker*. Dados equivocados? Surpreendentes? Nem tanto.

Esse fenômeno não acontece somente em nosso país. Países como Austrália e Nova Zelândia, grandes incentivadores do turismo receptivo de *backpackers*, pelo que se tem visto, não têm muito a reclamar a respeito do volume de gastos gerado por esse segmento, tampouco são noticiados problemas enfrentados pelos habitantes locais relacionados à interação com esses turistas.

Na Austrália, os turistas convencionais permanecem no país por volta de 24 dias e gastam, em média, 2.272 dólares australianos, enquanto o segmento *backpacker* viaja pela Austrália por 64 dias e despende mais do que o dobro, em média 4.857 dólares australianos, segundo dados de pesquisa disponibilizados pelo Tourism Austrália (2004).

Já na Nova Zelândia, segundo a última estatística disponível (março de 2004) referente ao tempo de estadia, os grupos denominados FIT e SIT são os que apresentam médias mais altas, computando 30 dias e 24 dias, respectivamente. Quanto aos gastos, esse mesmo segmento FIT apresenta despesas de NZ$ 2.772 e o SIT, NZ$ 3.637, este último acima da média total de NZ$ 3.191 (Tourism Research Council, 2004).

Esses dados contradizem correntes que defendem que os turistas mochileiros não têm dinheiro para viajar. Como já foi dito, muitos desses viajantes estrangeiros possuem recursos que lhes possibilitariam se hospedar em hotéis luxuosos e caros, mas por questão de opção escolhem uma viagem ao estilo *backpacker*. Preferem economizar seus recursos com hospedagens mais baratas a fim de prolongar sua viagem ou realizar atividades que lhes proporcionem mais prazer.

Em relação à organização da viagem, os *backpackers* geralmente desenvolvem um plano básico de viagem. Funcionaria mais ou menos assim: um pouco antes da viagem, levando em conta os recursos disponíveis, o turista reflete sobre o tempo total da viagem, os países que serão visitados, as cidades que prioritariamente serão conhecidas, a ordem cronológica das visitas, o tempo de permanência em cada região e os meios de transporte que serão utilizados para os vários deslocamentos.

Assim, por exemplo, poderia ter sido realizado o seguinte plano de viagem para a América do Sul:

- Tempo total da viagem: 60 dias.
- Países que serão visitados: Brasil, Bolívia, Paraguai e Peru.
- Cidades prioritárias e tempo de permanência (em dias): Brasília (cinco), Rio de Janeiro (cinco), Salvador (três), Foz do Iguaçu (dois), Assunção (quatro), La Paz (quatro), Cochabamba (três), Lima (três), Cuzco (quatro), Arequipa (dois), outros lugares e deslocamentos (25).
- Roteiro da viagem: Rio de Janeiro → Foz do Iguaçu → Assunção → Cochabamba → La Paz → Arequipa → Cuzco → Lima → Brasília → Salvador → Rio de Janeiro.
- Meio de transporte: aéreo somente entre Lima e Brasília; rodoviário nos demais deslocamentos.

Na verdade, os mochileiros sabem que seu plano original é apenas uma diretriz e será alterado substancialmente ao longo da viagem, pois reconhecem que, ao chegarem no país de destino, obterão informações mais apuradas, interagirão com outros viajantes que lhes passarão informes de localidades que mereçam ou não uma visita e se interessarão em conhecer vários outros locais até então desconhecidos e de pequena importância. Muitos estudam o guia de viagem sobre o país em maior profundidade apenas quando já estão em solo estrangeiro e, então, descobrem que aquele tempo de permanência previamente estipulado não faz o menor sentido, seja porque o local não é como o imaginado, seja porque há muitas atrações a serem visitadas no entorno.

Esse estado de espírito e a espontaneidade dos *backpackers* são muito bem ilustrados pela seguinte afirmação disponível no *site* de turismo da Austrália (Australian Tourism Commission, 2004) sobre esse segmento: "o plano é não ter um plano".

Além disso, muitos *backpackers* preferem conhecer os lugares simplesmente andando pelas ruas, utilizando os meios de transporte públicos, entrando em lojas comerciais, restaurantes e supermercados comuns aos cidadãos locais, sempre com o intuito de vivenciar realmente os costumes da comunidade local e, quando possível, interagir com as pessoas

85-7241-568-8

Figura 26.11 – Guias de viagem internacionais utilizados pelos turistas *backpackers*. Foto: Rui José de Oliveira.

Figura 26.12 – Guias de viagem internacionais sobre o Brasil utilizados pelos *backpackers*. Foto: Rui José de Oliveira.

nativas. Esse último aspecto se mostrou bastante valorizado pelos viajantes, em razão da hospitalidade e amabilidade proporcionada pelos brasileiros.

Um dia típico para esse tipo de turista no Rio de Janeiro seria o seguinte: acordar por volta das 8 horas da manhã; tomar café da manhã no albergue; permanecer na sala de convivência conversando com outros mochileiros; pegar ônibus até o centro antigo do Rio de Janeiro; perambular pelas ruas do centro visitando os atrativos turísticos; almoçar em algum restaurante comum (voltado ao público local); tomar o metrô até a praia de Ipanema; ficar na praia até o entardecer; voltar para o albergue de ônibus ou metrô; passar em um supermercado para comprar produtos alimentícios a serem consumidos no jantar; tomar um banho; preparar e comer o jantar; trocar infor-

Figura 26.13 – Turista *backpacker* na recepção do albergue da juventude São Paulo Hostel. Foto: Rui José de Oliveira.

Figura 26.15 – Turistas *backpackers* trocando informações no São Paulo Hostel. Foto: Rui José de Oliveira.

Figura 26.14 – *Backpacker* consultando painel de informação em albergue de São Paulo. Foto: Rui José de Oliveira.

Figura 26.16 – Turistas *backpackers* na recepção do albergue da juventude São Paulo Hostel. Foto: Rui José de Oliveira.

85-7241-568-8

mações e experiências de passeios com outros viajantes na sala de convivência; ler o guia de viagem ou consultar a Internet para planejar os pontos a conhecer no dia seguinte; sair com brasileiros e outros estrangeiros que também estão alojados no albergue para um bar ou comprar algumas cervejas e ficar no próprio albergue bebendo e conversando; ir dormir por volta da meia-noite.

Outras tarefas que os turistas *backpackers* necessitam realizar no decorrer da viagem são: lavar suas próprias roupas (alguns albergues oferecem esse serviço mediante pagamento e, em outros, há máquinas de lavar ou mesmo tanques à disposição); preparar sua alimentação (a maioria faz isso somente à noite, na cozinha comunitária do albergue, pois durante o almoço acaba comendo algum tipo de alimento disponível em supermercados e outras lojas de varejo, ou utiliza-se do serviço de lanchonetes e restaurantes); providenciar as reservas e compras de passagens (quando existe a necessidade de comprar com antecedência deve-se fechar o negócio pela Internet ou ir até a rodoviária ou agência de viagem, no caso de transporte aéreo); planejar as atividades do dia seguinte (para não perder tempo traçando os lugares que merecem ser visitados por região da cidade e entorno) e para as próximas semanas (tentar adequar o tempo que resta, as cidades que ainda pretenda visitar, os períodos de locomoção e os recursos financeiros). Muitos viajantes fazem questão de registrar os acontecimentos em diários, que agora podem ser até virtuais.

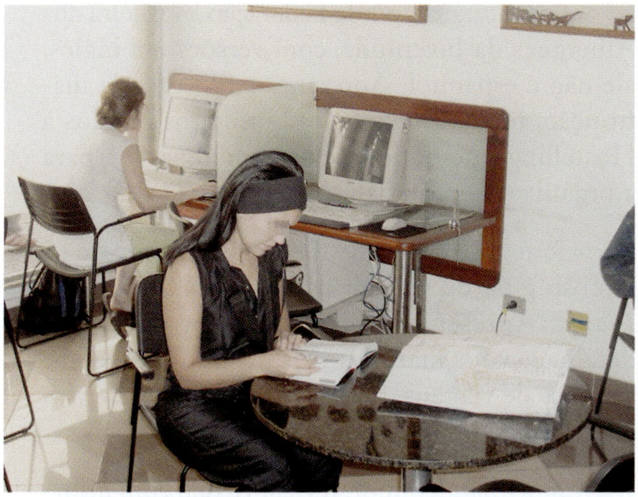

Figura 26.17 – Turistas *backpackers* planejando suas viagens por meio de consultas na Internet e guia de viagem e mapa no São Paulo Hostel. Foto: Rui José de Oliveira.

Considerações Finais

O turismo *backpackers* é um termo recentemente adotado para definir o estilo de viagem econômica e independente, praticado por jovens do mundo inteiro, que buscam conhecer atrativos naturais e culturais no maior número de destinos, com alto grau de interação entre os próprios viajantes e as pessoas das comunidades locais, em viagens de longa duração.

Esse segmento de viajantes vem apresentando considerável crescimento nos últimos anos e sua representatividade ganha cada vez mais importância. Algumas destinações como, por exemplo, a Austrália, têm demonstrado habilidade e competência para aproveitar essa oportunidade. Embora não tenhamos números oficiais sobre os *backpackers* no Brasil, inferimos que o segmento está se desenvolvendo em ritmo significativo, ainda que por conta própria.

Considerando as três dimensões em que o turismo sustentável deve ser entendido: o meio ambiente – tanto natural quanto construído; a economia – da comunidade e dos agentes do setor; e os aspectos socioculturais – em termos de seus impactos sobre a localidade, alguns estudos iniciais sugerem que os turistas *backpackers* mostram condições favoráveis para o seu desenvolvimento. Obviamente, diversos estudos em maior profundidade das diferentes áreas do conhecimento que o turismo abrange ainda necessitam ser realizados para ratificar ou não tal hipótese.

Para melhorar a posição do Brasil entre os principais países receptores de turismo desse segmento, é necessário que os diversos aspectos apontados sejam trabalhados pelas diversas organizações que fazem parte do setor turístico, potencializando nossos pontos fortes e corrigindo os principais problemas.

Quanto aos órgãos responsáveis por determinar as diretrizes do turismo em nosso país, é fundamental investigar de forma mais abrangente o mercado turístico com vistas a estabelecer os segmentos prioritários para o desenvolvimento do turismo receptivo da maneira mais sustentável possível. Para tanto, é necessário que não partam de conceitos preestabelecidos e considerados como verdades absolutas, sem que estudos comprobatórios lhes forneçam fundamentos consistentes.

Parte 3

O turismo receptivo *backpacker* talvez não seja a resposta para todos os problemas enfrentados nesse setor no Brasil, tampouco os outros segmentos de turistas são de menor valor. Há espaço para todos os tipos e segmentos de turismo receptivo e, quando somados, os resultados alcançados serão superiores.

O desenvolvimento do turismo passa necessariamente pela profissionalização de todas as atividades que constituem a multidisciplinaridade do turismo. Não haverá espaço para países, estados, municípios, empresas e instituições turísticas cujos dirigentes se comportem como amadores e não gerenciem seus negócios, como o século XXI exige. A globalização está proporcionando um número infinito de opções aos clientes-turistas, eliminando as fronteiras e facilitando o acesso à informação. Sem dúvida, o Brasil tem avançado, mas ainda tem muito a melhorar nesse quesito.

Exercícios Propostos

1. Visite o *site* das instituições responsáveis pelas diretrizes do turismo no Brasil (*www.turismo.gov.br*) e na Austrália (*www.tourism.australia.com*) e verifique de que forma os dados estatísticos sobre os visitantes internacionais são segmentados. Existem informações sobre o turismo *backpacker*?
2. Do ponto de vista social, na sua opinião, que tipo de turismo (convencional ou mochileiro) pode trazer mais benefícios para as comunidades locais? Explique.
3. Pergunte a pessoas que já fizeram viagens para outros estados ou para o exterior no estilo *backpacker* e outras que viajaram para os mesmos destinos por intermédio de pacotes turísticos quanto tempo permaneceram viajando, quantidade de pessoas que conheceram e gastos totais realizados. Compare os resultados e verifique se as informações são semelhantes aos dados de pesquisas apresentados.
4. Descreva o processo de decisão de uma viagem de um turista mochileiro e de um turista convencional para o Peru, desde as fontes que utilizarão para obterem informações sobre o destino até o comportamento durante a viagem.
5. Em sua opinião, por que a maioria dos jovens turistas brasileiros não tem o hábito de viajar ao estilo *backpacker* pelo nosso país, mesmo sendo a maneira mais econômica de viajar? E por que, quando viaja para o exterior (especialmente para a Europa), não vê problemas em ser mochileiro?

Sites Indicados

www.amabr.cjb.net: *site* da Associação de Mochileiros e Aventureiros do Brasil. Contém informações básicas de viagem e espaço para troca de informações de viajantes.

www.backpackers.com: página em inglês, com sistema de busca de acomodação em vários destinos mundiais, fórum para troca de informações, cronograma de eventos e classificados sobre turismo.

www.backpackers.com.au: *site* australiano (em inglês) com alguns serviços de turismo para *backpackers*, em especial informações e reservas de hospedagem econômica ao redor do mundo.

www.backpackers.net/: página em inglês com serviço de reserva de hospedagem e entretenimento nas principais cidades turísticas do mundo.

www.backpackeressentials.com.au: *site* da revista impressa australiana *Backpacker Essentials*, com informações sobre diferentes temas de viagem abordados na revista e espaço para interação de viajantes.

www.ecoviagem.com.br: *site* bastante completo sobre viagens ecoturísticas e atividades de aventura. Contém informações abrangentes e detalhadas de destinos no Brasil e no mundo, parques nacionais, institutos ambientais, modalidades de aventura e agenda de eventos.

www.hostel.org.br: *site* da Federação Brasileira dos Albergues da Juventude, com versões em inglês, alemão e espanhol. Apresenta a filosofia da instituição, todos os albergues brasileiros filiados à Hostelling International e disponibiliza *links* para a organização mundial.

www.lonelyplanet.com: *site* em inglês do mais famoso guia de viagem para *backpackers, Lonely Planet*. Apresenta informações abrangentes e detalhadas dos mais diversos destinos mundiais, serviços de viagens, fórum para interação de viajantes, loja de produtos, etc.

www.mochilabr.com.br: revista virtual com informações variadas sobre serviços de turismo, ecoturismo, cicloturismo, esportes de aventura e destinos. Conta ainda com fórum e álbum de fotos.

85-7241-568-8

www.mochilabrasil.com: guia virtual bastante completo, contendo informações de diversos destinos brasileiros, hospedagem, transporte, equipamentos, com várias fotos.

www.mochileiros.com: espaço para troca de informações entre viajantes *backpackers* brasileiros.

www.nomad.com.br: *site* para a comunidade que gosta de viajar, contendo espaço para publicar histórias de viagem, possibilidade de trocar de informações com outros viajantes e *links* para serviços diversos de acomodação, cotação de moedas, clima e mapas, entre outros.

www.oviajante.com: *site* direcionado a *backpackers* brasileiros com diversas informações sobre viagem, guia de acomodação econômica no Brasil e vários espaços para troca de mensagens, como carona, parcerias, diários de viajantes, publicação de fotos, "barbadas" e "roubadas". Traz poucas informações sobre destinos nacionais e estrangeiros.

www.tourism.australia.com/content/Research/Factsheets/Backpacker_July_2004.pdf: página da Comissão Australiana de Turismo com diversas informações sobre o segmento *backpacker* na Austrália.

www.trcnz.govt.nz/: página do Conselho de Pesquisas Turistas do governo da Nova Zelândia, contendo diversos dados sobre o turismo na Nova Zelândia.

www.voudemochila.com.br: *site* bastante completo voltado a turistas independentes, contendo informações detalhadas sobre destinos internacionais, serviços diversos de hospedagem, transporte, fórum para troca de mensagens com outros viajantes, notícias de turismo e loja virtual.

BIBLIOGRAFIA

ADLER, J. Youth on the road: reflections on the history of tramping. *Annals of Tourism Research, 12 (3):* 335-354, 1985.

ALTELJEVIC, I.; DOORNE, S. *Theoretical Encounters: A Review of Backpacker Literature: A Transnational Research Project on Backpacker Tourism*. 2002. 19p. (artigo não publicado)

ARAMBERRI, J. The nature of youth tourism: motivations, characteristics and requirements. In: INTERNATIONAL CONFERENCE ON YOUTH TOURISM – WORLD TOURISM ORGANIZATION, 1991. New Delhi *apud* LOKER-MURPHY, L.; PEARCE, P. L. Young budget travelers: backpackers in Australia. *Annals of Tourism Research, 22 (4):* 819-843, 1995.

AUSTRALIAN GOVERNMENT. Tourism Australia, Tourism Info. Available at: http://www.tourism.australia.com/NewsCentre.asp?lang = EN&sub = 0315&al = 968. Access: 23/Sep./2004.

AUSTRALIAN TOURISM COMMISSION. Disponível em: www.tourism.australia.com/content/Research/Factsheets/Backpacker_July_2004.pdf. Acesso: 23/Sep./2004.

COHEN, E. Marginal paradises: bungalow tourism on the island of South Thailand. *Annals of Tourism Research, 9 (2):* 189-228, 1982.

COHEN, E. Nomads from affluence: notes on the phenomenon of drifter-tourism. *International Journal of Comparative Sociology, 14:* 89-103, 1973.

DESFORGES, L. Traveling the world: identity and travel biography. *Annals of Tourism Research, 27 (4):* 926-945, 2000.

EMBRATUR. *Anuário Estatístico/1994–2003*. Brasília: Embratur, 2003.

ERB, M. Understanding tourist: interpretations from Indonésia. *Annals of Tourism Research, 27 (3):* 709-736, 2000.

FEDERAÇÃO BRASILEIRA DOS ALBERGUES DA JUVENTUDE. *Demonstrativo de Hóspedes e Pernoites / 1994 – 2003*. Rio de Janeiro, 2003.

GIARETTA, M. J. *Turismo da Juventude*. São Paulo: Manole, 2002.

HAMPTON, M. P. Backpacker tourism and economic development. *Annals of Tourism Research, 25 (3):* 639-660, 1998.

INTERNATIONAL YOUTH HOSTEL FEDERATION. *Statistical Report of International Youth Hostel Federation / 1994 – 2003*. Hertfordshire, 2003.

LOKER-MURPHY, L.; PEARCE, P. L. Young budget travelers: backpackers in Australia. *Annals of Tourism Research, 22 (4):* 819-843, 1995.

MURPHY, L. Exploring social interactions of backpackers. *Annals of Tourism Research, 28 (1):* 50-67, 2001.

OLIVEIRA, R. J. Turistas estrangeiros *backpackers* em viagem pelo Brasil: perfil dos viajantes e características da viagem. São Paulo: USP, 2003. Dissertação (Mestrado) – Escola de Comunicação e Artes da Universidade de São Paulo.

PEARCE, P. L. *The Backpacker Phenomenon: preliminary answers to basic questions*. Department of Tourism, James Cook University of North Queensland, 1990 *apud* ALTELJEVIC, I.; DOORNE, S. *Theoretical Encounters: A Review of Backpacker Literature: A Transnational Research Project on Backpacker Tourism*. 2002. 19p. (artigo não publicado)

PLOG, S. C. Por que a preservação do destino tem sentido econômico. In: THEOBALD, W. F. *Turismo Global*. São Paulo: Senac, 2001. Cap. 15, p. 267-282.

RILEY, P. J. Road culture of international long-term budget travelers. *Annals of Tourism Research, 15 (3):* 313-328, 1988.

SCHEYVENS, R. Backpacker tourism and third world development. *Annals of Tourism Research, 29 (1):* 144-164, 2002.

SEBRAE. Disponível em: www.sebrae.com.br. Acesso: 04/Nov./2004.

SORENSEN, A. Backpacker ethnography. *Annals of Tourism Research, 30 (4):* 847-867, 2003.

Parte 3

85-7241-568-8

SWARBROOKE, J.; HORNER, S. *O Comportamento do Consumidor no Turismo*. São Paulo: Aleph, 2002, 405p.

TOURISM RESEARCH COUNCIL. Disponível em: www.trcnz.govt.nz/Topics/Behaviour + and + Characteristics/ Travel + Styles + - + FIT/. Acesso: 23/Set./2004.

URIEL, N.; REICHEL, A. Working tourists and their atitudes to hosts. *Annals of Tourism Research, 27 (2)*: 267-283, 2000.

URIELY, N.; YONAY, Y.; SIMCHAI, D. Backpacking experiences: a type and form analysis. *Annals of Tourism Research, 29 (2)*: 520-538, 2002.

VOGT, J. Wandering: youth and travel behavior. *Annals of Tourism Research, 4 (1)*: 25-40, 1976.

WILSON, D. Paradoxes of tourism in Goa. *Annals of Tourism Research, 24 (1)*: 52-75, 1997.

Anotações

Parte 3

CAPÍTULO

27

Albergues da Juventude - *Hi Hostels*

Maria José Giaretta

Introdução

A rede mundial *Hi Hostels* (albergues da juventude), fundada em 1909 com o objetivo de formar uma rede de hospedagem para abrigar jovens em suas viagens, soma hoje mais de quatro mil *hostels* espalhados em mais de 70 países, nos cinco continentes.

Esse meio de hospedagem é regido por filosofia própria e muito conhecido no continente europeu. Está presente no Brasil desde a década de 1970 e tem como objetivo mais que um simples local para dormir: sua missão é promover o intercâmbio cultural entre seus usuários. Por isso, apresenta características especiais, além do objetivo comercial de prestação de serviços de hospedagem.

Os serviços prestados são mínimos, apenas os necessários, sem a mordomia de um hotel. Porém, o aspecto informal, em clima que proporciona a integração entre viajantes, sobretudo entre os independentes, é a principal característica dessa rede.

Tais aspectos especiais colocam os *hostels* como uma oferta do turismo social. Sua forma de organização, filiados às associações estaduais, nacionais e internacionais, os classificam como turismo associativo.

Os albergues da juventude têm como características: ser meio de hospedagem segmentado para o público jovem, embora na maior parte do mundo não haja mais limite de idade; ter caráter associativo, por estarem organizados por associações e federações dos países que, por sua vez, são filiadas à Federação Internacional de Albergues da Juventude. Apresentam ainda a característica de meio de hospedagem econômica, pelo preço das diárias, com características para atender parte da demanda do turismo social.

A informalidade e a forma de operação fazem com que essa rede pertença à hospedagem alternativa e extra-hoteleira.

O padrão de cada empreendimento é bastante variado quanto a tamanho, forma, administração, organização e oferta de serviços. Eles são inspecionados pelas associações e federações nacionais e internacionais quanto ao padrão mínimo de qualidade.

Abordaremos neste capítulo o histórico e a evolução do "alberguismo", os principais conceitos, objetivos, missão, organização e operação dos *hostels*.

Conceitos

Meio de hospedagem peculiar de turismo social, integrado ao movimento *alberguista* nacional e internacional, que objetiva proporcionar acomodações comunitárias de curta duração e baixo custo com garantia de padrões mínimos de higiene, conforto e segurança (Embratur, 1987).

Os albergues da juventude são alojamentos turísticos usados pelos jovens em seu país e no exterior. A importância desse meio de hospedagem no turismo pode ser medida de diferentes formas: número de pernoites aberto para negócios, nú-

85-7241-568-8

mero de pernoites comercializados no mundo e número de associados (Davidson, 1989, p. 86).

Os albergues da juventude internacionais existem para ajudar os jovens a viajar, conhecer e amar a natureza e apreciar os valores culturais das pequenas cidades e grandes metrópoles. Estes variam de região para região, mas as características gerais são as mesmas: ofertam dormitórios, toaletes separados por sexo, sala de estar e cozinha e são regidos por uma filosofia mundial (Trotta, 1978, p. 17).

Os albergues da juventude se diferenciam por seus clientes, estando reservados para jovens. São filiados a IYHF – International Youth Hostel Federation, *com sede em Londres, que tem como missão desenvolver a rede em todos os países; estimular o espírito de compreensão entre as nações, especialmente facilitando o turismo internacional, por meio dos sócios das associações de albergues da juventude; propiciar viagens a todos os jovens do mundo. Fuster (1974, p. 381).*

Conforme os conceitos apresentados, verificamos que o *hostel* (albergue da juventude) é um equipamento importantíssimo para o segmento de turismo da juventude, até por ter sido criado para esse fim, e representa um meio de hospedagem importante, por inserir os jovens no fluxo turístico mundial.

Em entrevistas realizadas com os diretores de agências de viagens de intercâmbio e cursos no exterior, o albergue da juventude é apontado, por unanimidade, como meio de hospedagem para a juventude, por aliar preço, espírito jovem, ser um ponto de encontro de jovens e proporcionar a sua convivência.

A dissertação de mestrado de Rui José de Oliveira apresenta, como resultado das pesquisas, que o *hostel* é o meio de hospedagem ideal ao público de mochileiros internacionais que visitam o Brasil.

Evolução Histórica do "Alberguismo" Mundial

MOVIMENTOS LIGADOS AO TURISMO DA JUVENTUDE ANTERIORES AO "ALBERGUISMO"

Há mais de cinco séculos, estudantes bolsistas medievais viajavam a pé de uma universidade européia até outra, procurando acomodações no caminho. Eles ficavam em dormitórios instalados em mosteiros por duas noites até mudar para assegurarem-se como hóspedes permanentes (Grassi e Herth, 1982, p. 8).

A utilização de alojamentos também se dava por artesãos e artistas que viajavam para adquirir novos conhecimentos e tinham hospedagem fornecida pelas associações de artesãos das quais eram membros.

Por volta do século XIX, foram criadas acomodações para esses viajantes por religiosos católicos e protestantes.

Em 1844, em Londres, George Williams criou a YMCA – *Young Men's Christian Association* (Associação Cristã de Moços).

Em 1855, também na Grã-Bretanha, foi criada a Associação Cristã de Moças, com organização similar. Ambas ofereciam acomodações econômicas e desenvolviam atividades culturais, passando, em seguida, a oferecer atividades físicas.

No mesmo ano, surgiu na França uma associação similar, denominada Associação da Juventude Católica.

Em 1856, surgiu o primeiro Clube Alpino[1], daí o advento das primeiras viagens de esqui britânico, que seguiu pela Itália, Suíça e Alemanha.

No mesmo período, encontramos organizações atléticas e esportivas, como o *Clube de Caminhadas*, criado na Alemanha.

Em 1895, foi fundada a organização *Associação Amigos da Natureza*, em Viena, por jovens sociais democratas, impressores, professores e estudantes provenientes da classe operária.

Conforme relatos de (Knebel,1974) *a* Associação Amigos da Natureza procurava nos domingos, que os trabalhadores tomassem consciência de sua própria existência. Da imagem da natureza emanava uma concepção de mundo.

Em 1884, surgem os primeiros albergues escolares para estudantes, que atendiam apenas 2% da juventude alemã.

No final do século XIX, passagem para o século XX, surgiu o movimento da juventude denominado *Aves Migratórias* – original do alemão *Wandervogel*, "que se converteu em símbolo de

[1] O Clube Alpino surgiu do romantismo pelo amor e respeito à natureza, assim como a alegria e domínio do próprio corpo. O movimento iniciou para fomentar o acesso aos Alpes por um grupo de idealistas.

85-7241-568-8

protesto frente ao mundo burguês dos adultos, característico da sociedade do fim do século. (...) Adotou como lema andar ao ar livre, em contato com seus semelhantes. Caminhavam pelos campos, com violão, cantando canções populares, estabelecendo contato entre cidade e campo" (Knebel, 1974, p. 41).

Entre as leituras realizadas, a obra de Hans J. Knebel, *Sociologia del Turismo*, foi a que melhor descreveu as questões sobre turismo social e o papel das organizações ligadas à juventude, no final do século XIX e no século XX. Esse autor aborda que, nesse período, "o homem havia se convertido num ser burocrático e suas relações interpessoais eram reguladas pelas regras profissionais e de disciplina e a juventude não tinha função social alguma."

Em 1908, surgiu a Associação dos Escoteiros, por Robert Baden-Powell, seguida pela Associação das Bandeirantes, em 1910. Ambas filiaram muitos sócios pelo mundo, promovendo caminhadas e contato com a natureza.

Conforme informações anteriores, verificamos que esses movimentos contribuíram para a criação do "alberguismo".

Devemos levar em consideração que, no mesmo período, ocorreu o desenvolvimento das estradas de ferro, Thomas Cook organizou a primeira viagem, surgiram na Europa as primeiras agências de viagens e os primeiros hotéis, houve a invenção de pneu e da bicicleta. Surgiram o automóvel com pneus, o motor a combustível, o dirigível, ou seja, os movimentos juvenis ligados ao turismo surgiram paralelamente a outros fatos decorrentes da Revolução Industrial.

De acordo com documentos da Federação Internacional de Albergues da Juventude, constatamos que o precursor do movimento alberguista foi Guido Rotter, com os albergues escolares em 1884. Porém, esses albergues atendiam a apenas 2% dos alunos alemães e eram voltados unicamente aos escolares.

A idéia dos albergues da juventude, denominados mundialmente até 1990 como *Youth Hostel,* que forma a atual rede da marca *Hostelling International*, surgiu com o professor Rischard Schirrmann, que já naquela época tinha o método didático de ministrar aulas fora da sala de aula – talvez nossa atual aula prática, trabalho de campo ou estudo do meio.

Em 26 de agosto de 1909, em uma das excursões-aula, Schirrmann pegou uma tempestade e precisou buscar abrigo numa escola em Brol Valley (Alemanha). Em função da tempestade, enquanto os alunos dormiam, ficou imaginando que as escolas poderiam ser usadas como alojamento nas férias.

A partir dessa idéia, começou a escrever em periódicos alemães sobre o assunto, ganhando simpatizantes ao tema.

Em 1912, foi aberto o primeiro albergue da juventude de fato, que funciona até hoje em Altena (Alemanha), num monumento histórico restaurado.

Nesse mesmo ano, aconteceu a primeira Conferência do Conselho de Turismo da Juventude e foi publicado o primeiro guia de albergues da juventude na Alemanha, contando com 40 locais dessa natureza.

Em 1914, Schirrmann encontrou-se com Baden Powel (fundador do movimento escoteiro mundial) na Inglaterra e eles iniciaram a expansão do movimento internacional. Após o encontro, o movimento ficou estagnado, em função da Primeira Guerra Mundial.

Em 1919, formou-se um Comitê Central de Albergues da Juventude, com a finalidade de retomar a idéia do movimento, no momento em que a Europa estava arrasada pela Guerra, com inflação altíssima.

No ano de 1920, realizou-se a primeira publicação completa sobre os albergues da juventude, contendo 700 albergues, com uma mensagem de Schirrmann aos jovens alemães: "Em vossas viagens pensem na seriedade do tempo e evitem fazer chamativos em vossa conduta e aparência. Evitem álcool e cigarros em vossas viagens. Deixem de lado cada coisa que não seja essencial".

Em 1926, Schirrmann escreveu um manual de orientação sobre a construção de albergues da juventude denominado "Concepção de Albergues da Juventude", no qual recomendava albergues simples, funcionais e a preservação da paisagem.

Nos anos seguintes, o movimento alberguista se desenvolveu na Europa, instalando-se nos seguintes países: em 1927, chegou na Suíça e Polônia; em 1929, na Holanda; em 1930, o "alberguismo" chegou na Inglaterra, Noruega e França; em 1931, foi implantado na Irlanda, Bélgica e Escócia.

Em 1932, foi criada a IYHF – *International Youth Hostel Federation* (Federação Internacional

85-7241-568-8

de Albergues da Juventude) e, a partir desse momento, o movimento tornou-se, de fato, internacional, com a entrada em diversos países, conforme relação a seguir: 1932, na Nova Zelândia; 1934, nos Estados Unidos; 1938, no Canadá; 1940, na Austrália; 1946, em Marrocos e na Tunísia; 1949, na Índia; 1951, no Paquistão e no Japão; 1954, no Egito e na África do Sul; 1955, na Malásia; 1956, na Argentina; 1957, no Kenya, 1958, no Uruguai; 1959, no Sri Lanka e na Tailândia; em 1967, na Coréia do Sul; 1969, no México, Chile, Peru, Colômbia, Brasil, Costa Rica, Bolívia; 1973, em Hong Kong e 1978, nas Filipinas.

Knebel (1974) relata em sua obra que, em 1935, o albergue da juventude de Altena (Alemanha) foi nomeado por Hudolf Hess, deputado de Hitler, como albergue do mundo. Nesse período, o "alberguismo" foi usado pelos nazistas como um tributo do partido para promoção do entendimento internacional, como outras modalidades de turismo social foram usadas como ideologia política do nazismo.

Na biografia do fundador do movimento, encontramos que, em 1936, o partido nazista obrigou Schirmann a renunciar a seu cargo de presidente da organização internacional, o que ele fez em 1937. Em sua renúncia, discursou com as seguintes palavras: "A Federação Internacional de Albergues da Juventude existe com o objetivo de estender o Albergue da Juventude das distintas nações, fazendo um "alberguismo" de povo a povo, mútuo e frutífero e capaz de estar em todas as nações da terra e converter-se em uma instituição provedora de benefícios no mundo inteiro".

Para assegurar que o presidente, Richard Schirrmann, renunciaria, seu passaporte foi anulado para que não saísse da Alemanha e ele foi proibido de entrar nos albergues da juventude até o final da Segunda Guerra Mundial.

Durante a Segunda Guerra Mundial, grande parte dos albergues foi ocupada como lugar de emergência.

Em 1946, a maior parte das cidades onde estavam os albergues encontrava-se em ruínas. Membros da Associação Americana e Schirrmann saíram juntos pela Europa, reabrindo e reconstruindo muitos albergues da juventude. No mesmo ano, Schirrmann convocou os demais países para a Conferência Internacional na Escócia e promoveu um curso de capacitação para líderes de grupos caminhantes com o objetivo de ter mais aliados.

Logo após a guerra, Schirmann foi o primeiro civil a sair da Alemanha.

Em 1949, foi restabelecida a Federação Alemã de Albergues da Juventude e o fundador foi condecorado duas vezes, em reconhecimento à sua idéia e ao seu trabalho: em 1952, com a cruz da Alemanha Federal e em 1954, quando já estava com 80 anos, como cidadão de honra.

Em 1952, durante a Conferência Internacional realizada na cidade de Roma, foi aprovado o documento "Padrões Mínimos dos *Hostels*".

Schirrmann morreu em 14 de dezembro de 1961.

Conforme registros da Federação Internacional de Albergues da Juventude, nos anos 1950 e 1960 houve grande crescimento do movimento *alberguista* no mundo, em especial na década de 1960, representativa para a massificação do turismo no mundo, quando a atividade, de forma geral, cresceu em grande escala.

A década de 1960 foi um período conturbado para a juventude mundial, com protestos contra a Guerra do Vietnã e a ditadura vigente em vários países. O movimento de 1968 dos estudantes, em Paris, foi também um período de restabelecimento do movimento mundial para o "alberguismo"; o período registrou crescimento no número de jovens que procurava os albergues da juventude.

Na década de 1970, o movimento voltou a se expandir em todo o mundo em conseqüência do importante segmento de hospedagem econômica, chegando a haver 10 mil albergues da juventude espalhados pelo mundo.

Nesse período, teve início um estudo de suas características primordiais, com a contratação de mão-de-obra especializada, deixando o trabalho voluntário para as diretorias de associações. Assim, os recursos humanos dos albergues da juventude começaram a ser substituídos por profissionais.

A década de 1980 foi marcada por grandes alterações nos albergues da juventude. Foi quando começou a ser avaliada a questão da tecnologia, com estudo de um sistema mundial de reservas. Foi um período de muitas reuniões e cursos de capacitação para pessoas que trabalhavam nos albergues, como também houve a implantação de albergues-chave em diversos pontos do mundo. Nesse mesmo período, foi elaborado o plano de *marketing* mundial, a fim de repensar a marca, a questão da rigidez, o limite de idade e de implantação do sistema de controle de qualidade, agências de turismo nas principais associações do mundo, e foi proposta a troca de idealismo por profissionalismo.

85-7241-568-8

Foi um período de grande participação da América Latina no movimento internacional e a organização mundial investiu prioritariamente na região em cursos de capacitação, reuniões e implantação de albergues da juventude.

Em 1989, a reunião do Cidajal (Centro de Informação e Desenvolvimento de Albergues da Juventude na América Latina) foi em San José (Costa Rica) e o grande questionamento era se os albergues da juventude satisfaziam, de fato, às necessidades do turismo da juventude.

Na Conferência de 1990, realizada no Japão, foi apresentado o plano de *marketing* para o desenvolvimento do movimento na década de 1990, resultando em pesquisas de *marketing*, propostas de tecnologia, meio ambiente, política de divulgação mais agressiva, pessoal profissional e a mudança da marca de *Youth Hostel* para *Hostelling International*.

No Seminário Internacional de *Marketing* da Federação Internacional de Albergues da Juventude, realizado em 1991, em Dublin, foram apresentados os pontos fortes e fracos da organização e elaborado o planejamento estratégico para a rede.

Carmo (2001) coloca que "na década de 1990, os jovens se encontravam *plugados* na Internet. Os chamados *teens globais* são cidadãos do mundo, não são 'antenados' na ideologia de 1968, em Marx, e sim na auto-estrada da comunicação *on-line*, via Bill Gates" – e o movimento alberguista precisou trilhar o mesmo caminho, desenvolvendo sistemas de reservas *on-line* e página na Internet para acompanhar a mudança dos usuários.

Em 1992, a Federação Internacional de Albergues da Juventude lançou, durante a Conferência Internacional em Copenhagen (Dinamarca), o sistema de reservas *on-line* denominado IBN – *International Booking Networking* (Sistema Internacional de Reservas), "onde a partir desta data o alberguista passou a sair de seu país com seu comprovante, garantindo a reserva, com endereço, telefone, mapa do local e ponto de referência em 4 idiomas (inglês, francês, alemão e espanhol). Este sistema foi lançado em agosto de 1992, operando em 51 países, 390 pontos de reserva e funcionando 24 horas por dia".

Na mesma conferência, foi aprovada a logomarca da *Hostelling International*, com o triângulo, a casa e o pinheiro em pé.

Para os albergues participarem desse sistema, tornou-se obrigatório um bom padrão de qualidade (bons dormitórios, recepção eficiente, limpeza e segurança).

No mesmo período, foi inserida no Guia Internacional uma carta ambiental para os sócios e os albergues. Para os primeiros, tratava da importância do cuidado com a natureza e a água, da economia de energia elétrica, do uso de transportes não poluentes, de andar mais a pé, bicicleta e transporte público; para os albergues, cuidados na hora de construir, reciclagem de lixo, conservação de energia e uso de produtos biodegradáveis. A carta convidava os proprietários ao desenvolvimento sustentável.

Na primeira metade da década de 1990, foram inaugurados os albergues-chave previstos na década anterior, como Santiago (Chile), Quito (Equador), San José (Costa Rica), Rio de Janeiro e Bali (Indonésia).

Em 1994, a Conferência Internacional foi realizada na Austrália, quando foi amplamente discutida a questão do padrão de qualidade, gerando o documento "Padrões de Qualidade Garantidos" e sua implementação no mundo, assim como questões de modernização da rede mundial, atendendo às expectativas dos sócios.

A partir de 1996, as carteiras de sócios passaram a ter um modelo único no mundo, fazendo com que todas as federações as comprassem da IYHF de Londres. Além da padronização da carteira, a Federação Internacional passou a ter maior controle sobre as federações dos países.

Em 1997, a Federação Internacional de Albergues da Juventude lançou o Manual de Construção de Albergues da Juventude.

No ano de 2000, a IHFY elaborou o último plano estratégico para a organização, apresentado durante o seminário de *marketing* em Nova York.

Em fevereiro de 2001, o sistema IBN passou a ser operado pela Internet, com a denominação de *IBN Web-based Booking System*, trazendo ao movimento internacional mais rapidez, segurança e economia.

Em 2002, a Federação Internacional de Albergues da Juventude desenvolveu uma ação em prol da paz mundial com uma campanha denominada "Albergues da juventude pela paz e entendimento internacional", cuja marca foi uma foto com mãos coloridas sobrepostas; a Unesco – Organização das Nações Unidas para a Educação, a Ciência e a Cultura reconheceu os *hostels* como *centros de cultura de paz*.

A Reunião Internacional de *Marketing* do ano de 2003 aconteceu em Buenos Aires e, entre as recomendações deliberadas, foi acordada a padronização mundial de material promocional e uso

85-7241-568-8

mundial do nome *Hi Hostel*. O assunto mereceu destaque de todos os países participantes por, de fato, reafirmarem a característica de rede mundial.

Em 2004, a Federação Internacional de Albergues da Juventude lançou o programa de fidelidade à rede, denominado *free nigths & more*, que pontua o uso de pernoites, podendo trocar por pernoites ou serviços dos *hostels*.

HISTÓRICO DO "ALBERGUISMO" NO BRASIL

O início do movimento alberguista brasileiro se deu no final dos anos 1950.

O primeiro contato dos fundadores do movimento no Brasil deu-se em 1956, na França, quando um casal de brasileiros, Yone e Joaquim Trotta, que estudavam em Paris, conheceram o movimento e resolveram trazer a idéia ao Brasil.

Em 1957, o casal de educadores levou um grupo de brasileiros para fazer uma excursão cultural na Europa, usando albergues da juventude. Na volta ao Brasil, numa fase anterior à de implantação, de fato, dos albergues da juventude, o casal passou a divulgar o movimento no país, realizando palestras em colégios e universidades, e denominaram essa primeira fase de teórica.

De acordo com registros no livro de atas da FBAJ – Federação Brasileira de Albergues da Juventude, descreveremos, a seguir, os principais dados que marcaram a evolução do movimento *alberguista* no Brasil.

Em 1961, os educadores resolveram implantar os albergues da juventude no Brasil, realizando contatos com as federações européias para melhor conhecimento do movimento.

Em 1965, foi instalado o primeiro albergue da juventude no bairro de Ramos, na cidade do Rio de Janeiro. Com o nome "Residência Ramos" e 36 leitos, funcionou no período entre 1965 e 1973. Nele hospedavam-se estudantes de outros estados brasileiros e mochileiros vindos do Uruguai, Chile, Alemanha, Suíça e Inglaterra.

Em 1966, instalou-se um albergue da juventude na cidade de São Paulo, com o mesmo número de leitos, porém não conseguimos dados precisos sobre ele.

Nesse mesmo período, foi registrada uma Associação Brasileira de Albergues da Juventude.

Em função da ligação dos fundadores com a educação, eles procuraram estabelecimentos estudantis, estabelecendo convênios com eles, como ocorreu com o Centro de Excursionista Brasileiro, com 30 leitos. Em seguida, abriram os seguintes albergues da juventude: Pousada da Juventude, com 300 leitos, no bairro da Lapa, na cidade do Rio de Janeiro e um albergue em Campos do Jordão com 40 leitos.

Em 1968, Trotta registrou sua participação num Congresso Estadual de Municípios, em Campos do Jordão, quando o prefeito do município incluiu na pauta um pedido para que os prefeitos criassem alojamentos para jovens, com apoio do estado.

Em 1970, a Federação Internacional de Albergues da Juventude convidou o casal Trotta para participar da Conferência Internacional de Albergues da Juventude, na Finlândia, marcando a primeira participação do Brasil no movimento internacional.

No retorno do casal ao Brasil, os dois educadores deram várias entrevistas à mídia brasileira, contribuindo para a divulgação do movimento no país.

No Rio de Janeiro, foi criada a FBAJ, em 9 de dezembro de 1971, ocasião em que teve início a emissão de carteiras de sócios dos albergues da juventude. Nesse período, tais carteiras eram repassadas ao Brasil pelo Uruguai, país onde o movimento já havia sido implantado e encontrava-se filiado à Federação Internacional de Albergues da Juventude.

No mesmo ano, a Casa do Estudante do Brasil foi incorporada, por meio de um convênio, à FBAJ, na lista de albergues da juventude no Brasil.

Em 1971, também foi realizado o primeiro encontro do Cidajal – Centro de Informação e Desenvolvimento de Albergues da Juventude na América Latina, na Argentina, com a participação do Brasil já com a FBAJ.

Ainda nesse ano, a Casa do Estudante do Brasil começou a participar do movimento alberguista, criando inclusive um departamento de albergues da juventude.

Em 1973, Trotta assumiu o departamento de "alberguismo" dentro da Casa do Estudante do Brasil.

Na mesma época, foi realizado no Uruguai o segundo congresso do Cidajal.

Conforme visto, foi nesse período que o "alberguismo" brasileiro passou a se incorporar à Organização Internacional.

Outro fator que verificamos foi o forte elo com a educação, em função de a liderança do "alberguismo" estar vinculada aos meios educacionais, no papel de educador.

No ano de 1974, a Casa do Estudante do Brasil passou a liderar o movimento em âmbito nacional. Segundo registro de Trotta, esse fato foi importante para aquela casa, que ficou fechada e afastada da juventude no período de 1964 a 1971, época da ditadura militar, quando o "alberguismo" ficou estagnado em nosso país.

Também no ano de 1974, uma ata registra que a IYHF cobrou do Brasil uma adaptação dos albergues brasileiros aos moldes dos internacionais.

Em 1978, encontramos no suplemento Viagem, do jornal *O Estado de São Paulo,* uma matéria que abordou a questão da classificação de meios de hospedagem, incluindo os albergues entre os meios de hospedagem classificados junto à Embratur, órgão oficial federal de turismo, nessa época.

Em 1979, o casal Yone e Joaquim Trotta abriu o Albergue Muxarabi, na cidade de Cabo Frio. Esse fato foi um novo marco do "alberguismo" no Brasil, com uma oferta de *hostel* voltada ao público-alvo, viajantes em férias, com hospedagem dentro da filosofia do movimento mundial.

Em 1979, Miguel Colassuono, então presidente da Embratur, apresentou as diretrizes do turismo nacional, nas quais constava a ampliação do turismo social e de massa, abordando os albergues nas diretrizes de turismo social. No entanto, sua proposta não se efetivou, ficando apenas no papel.

Graças ao apoio da Embratur, em especial de seu presidente da época, João Dória Jr., a década de 1980 marcou um período de expressivo desenvolvimento para o "alberguismo" brasileiro, incorporado como um dos projetos de turismo social, contando com um Plano Nacional de Albergues da Juventude, com equipe técnica para cuidar da implantação das instalações por todo o país, inclusive com verba destinada à divulgação dessa modalidade turística.

Constatamos ainda que, no período, vários técnicos da Embratur e das Secretarias Estaduais de Turismo realizaram treinamentos dados pela IYHF para melhor compreensão do movimento mundial, incorporando as ações assimiladas de vários países onde o movimento era forte e consolidado.

Em 1984, o Brasil foi admitido como *Full Member* (membro pleno) na Federação Internacional de Albergues da Juventude, durante a 35ª Conferência Internacional de Albergues da Juventude, realizada em Garmisch-Oartenkiirchen (Alemanha).

Nesse mesmo ano, foi criada em São Paulo a APAJ – Associação Paulista de Albergues da Juventude, com apoio total do governo estadual, gestão do governador Franco Montoro. A APAJ foi criada como uma associação civil sem fins lucrativos e, apesar de ter início na Secretaria de Esportes e Turismo, teve administração desvinculada e autônoma, o que garantiu sua continuidade e o desenvolvimento do movimento no estado de São Paulo.

Durante a gestão de Franco Montoro, o "alberguismo" teve muita força no estado, com a implantação dos albergues da juventude em Campos do Jordão, Ubatuba, Caverna do Diabo, Socorro, São Paulo, Pindamonhangaba e, por outro lado, fazendo sócios pelo estado.

Nesse período, o movimento paulista era gerenciado pela Secretaria de Esportes e Turismo, que tinha como secretário Caio Pompeu de Toledo, que dava todo o apoio para o fomento dos albergues no estado de São Paulo.

No ano seguinte, a entidade paulista entrou como membro afiliado da FBAJ.

Apesar de a Embratur considerá-lo importante e de cunho social, o projeto ficou parado e só em 1986 foi implementado.

Em 1986, a FBAJ emitia muitas carteiras internacionais, cuja verba estava destinada à aquisição de um albergue da juventude na cidade do Rio de Janeiro.

No mesmo período, já se encontravam afiliadas à FBAJ, além de São Paulo e Rio, as associações do Paraná e de Santa Catarina.

Em 1986, a Embratur, por intermédio de seu presidente João Dória Jr., implementou o movimento de fato no país, adotando um esquema bastante profissional, com trabalho realizado em conjunto com os órgãos oficiais de turismo nacional. A implementação deu-se por meio da criação de associações estaduais de albergues da juventude, da implantação de albergues da juventude nos estados brasileiros e da geração da demanda por meio de divulgação na mídia, de alcance do público-alvo. A marca da campanha era um casal de mochileiros.

No ano de 1987, aconteceu a grande divulgação do movimento junto à mídia, que se deu por meio de campanhas dirigidas ao público-alvo, para geração de demanda e aos possíveis empreendedores, com o objetivo de atrair proprietários de imóveis que se interessassem em se tornar proprietários de albergues da juventude.

85-7241-568-8

A campanha contou com um filme promocional de 30 segundos, exibido nos canais de televisão nos estados de São Paulo e Rio de Janeiro, anúncios de jornais, guia brasileiro de albergues da juventude, *posters, displays* e assessoria de imprensa gerando notícias na grande imprensa brasileira.

A campanha trouxe resultados positivos em função de ter atingido resultados desejados tanto em número de alberguistas quanto em número de albergues, em vários estados brasileiros. Encontramos registros no livro de atas da APAJ que o número de usuários no estado de São Paulo passou de 600 para 13 mil no período de um ano.

No mesmo ano de 1987, em decorrência do crescimento do movimento, a FBAJ, em conjunto com a Embratur, realizou uma reforma nos estatutos das Associações Estaduais de Albergues da Juventude, tornando-os uniformes e de acordo com o próprio estatuto da Federação Brasileira e Internacional.

Nesse momento, deu-se a desvinculação do "alberguismo" da Casa do Estudante do Brasil, quando as duas organizações passaram a ter estatutos e espaços distintos.

Ainda no ano de 1987, aconteceu em Foz de Iguaçu (Paraná) uma reunião entre Brasil, Argentina e Uruguai, denominada Encontro da Amizade.

Em virtude do crescimento na década de 1980, a Embratur criou, em 1988, um evento para discussão e análise do movimento denominado Enbergue – Encontro Nacional de Albergues da Juventude, com a participação dos técnicos da Embratur, dos órgãos oficiais estaduais, dos proprietários e funcionários de albergues da juventude e de funcionários e diretores das associações estaduais.

Nesse período, o funcionário que tomava conta do albergue da juventude era chamado de pai ou mãe alberguista. Eram pessoas-chave no albergue porque, além de cuidar das instalações, tinham como função desenvolver o espírito comunitário nos usuários e difundir a filosofia do movimento.

No ano de 1988, aconteceu a primeira reunião das associações estaduais, com estatuto refeito, e foi eleito para a presidência da entidade nacional o diretor da Embratur, da pasta que cuidava de assuntos ligados ao turismo social, Edenyr Machado.

No ano de 1989, o maior e mais bem estruturado albergue da juventude era o Magdalena Tagliaferro, localizado no Parque Estadual do Jaraguá, na cidade de São Paulo, onde se realizaram os cursos de capacitação para proprietários e funcionários de albergues, técnicos dos órgãos estaduais e Embratur.

A década de 1990 representou o período de consolidação do movimento para o "alberguismo" brasileiro e foi marcada pelas seguintes ações:

- Modernização da rede nacional.
- Elaboração de procedimentos e matriz de controle de qualidade dos albergues da juventude.
- Elaboração do Manual de Abertura e Operação de Albergues da Juventude, determinando os padrões mínimos de qualidade.
- Cursos de capacitação para inspetores de qualidade, gestão de albergues da juventude.
- Participação do Brasil nos encontros internacionais.
- Implantação do sistema internacional de reservas.
- Consolidação dos sistemas estaduais de reservas.
- Entrada do "alberguismo" na era da Internet, com reservas e páginas de divulgação.
- Maior enfoque aos cuidados com a natureza, tanto para alberguistas quanto para as administrações de albergues da juventude, trabalhando educação ambiental com usuários e determinando procedimentos ambientais adequados nos aspectos de construção e operação, como reciclagem de lixo, uso de produtos biodegradáveis, economia de energia elétrica, entre outras medidas ambientais.

Em 1990, precisamente em 9 de março, realizou-se reforma dos estatutos da federação brasileira, instituindo votos por números de albergues, leitos vendidos e carteiras emitidas, acabando com o voto por procuração, o que diminuiu os poderes da Casa do Estudante do Brasil e aumentou o poder das associações estaduais.

Até esse período, só poderia ser candidato ao cargo de diretor da FBAJ o delegado oriundo de associações que fossem proprietárias de albergues da juventude. Essa medida foi sugestão da federação internacional, que tinha por objetivo forçar as associações a construírem seus próprios albergues da juventude.

Em 8 de outubro de 1990, Sérgio Cabral Filho foi eleito presidente da FBAJ.

No mesmo ano, o Brasil participou do Seminário Internacional de *Marketing* de Albergues da Juventude, realizado em Paris, por ocasião da inauguração do Albergue Lê d'Artagnan que, na época, marcou a era da modernização dos albergues internacionais em função de ser um albergue construído com esse fim, contendo restaurante, discoteca, quartos modernos, lavanderia, recepção informatizada, serviços de agência de viagens, etc.

85-7241-568-8

O Brasil participou, no mesmo ano, do encontro do Cidajal, em San José (Costa Rica), como país atuante e exemplo de crescimento na América Latina, e de um seminário na Fitur – Feira Internacional de Turismo, realizada em Madri, onde foi proferida palestra sobre "*O Brasil como destino turístico para jovens*" para agentes de viagens que trabalhavam especificamente com o público jovem.

No mesmo ano, com a compra de um imóvel no Bairro de Botafogo, na cidade do Rio de Janeiro, pela Federação Internacional de Albergues da Juventude, foi inaugurado o albergue-chave do Rio de Janeiro, com mobília e utensílios fornecidos por meio de investimentos da FBAJ.

A segunda metade da década de 1980 e a primeira metade da década de 1990 representaram para o movimento brasileiro sua época áurea, em decorrência do apoio da federação internacional, cuja meta era consolidar o movimento na América Latina e do apoio oficial da Embratur. Nesse período, o Brasil foi convocado para todos os eventos internacionais sobre o assunto, graças ao crescimento atingido.

Em 1992, o Brasil realiza o primeiro controle de qualidade em âmbito nacional, excluindo todos os albergues que não atendiam aos padrões mínimos de qualidade.

Em 1994, o Brasil participou da Conferência Internacional de Albergues da Juventude e, em função do trabalho realizado no país, Sérgio Cabral Filho, Presidente da FBAJ, foi eleito membro executivo da IYHF. Essa foi a primeira vez que um latino-americano ocupou aquele cargo.

No ano de 1994, o IBN iniciou sua operação no Brasil, primeiramente com a participação da Associação Paulista de Albergues da Juventude, depois com a Associação do Rio de Janeiro. No ano seguinte, passou a operar no Rio Grande do Sul e no Paraná.

A partir de 1996, as carteiras de sócios passaram a ter um modelo único no mundo, fazendo com que todas as entidades as comprassem da sede de Londres, da Federação Internacional de Albergues da Juventude. Além da padronização da carteira, a Federação Internacional passou a ter maior controle sobre os países, principalmente sobre o controle estatístico.

Em 1996, a Federação Internacional realizou, pela primeira vez no Brasil, no Rio de Janeiro, a reunião do Comitê Internacional da IYHF.

Nesse mandato, a FBAJ adotou o sistema de classificação dos albergues da juventude em três categorias: muito bom, bom e regular. Dependendo da pontuação, foram excluídos os albergues da juventude que não atingiram a pontuação mínima para albergues de categoria regular.

A segunda metade da década de 1990 foi marcada pela entrada de menor número de albergues da juventude; porém, com edifícios mais modernos, harmonia e arquitetura voltadas para jovens e melhor qualidade, como é o caso dos albergues da Praia do Forte (Bahia), de Bonito (Mato Grosso do Sul), das Missões (Rio Grande do Sul) e de Foz de Iguaçu (Paraná).

O mesmo período foi marcado pelas informações do movimento via Internet. No ano de 2000, o sistema internacional de reservas passou a funcionar via Internet, agilizando o processo de informações e reservas.

Em 2001, foram implantados bons albergues da juventude no estado de São Paulo, como os de Maresias e Camburi, no município de São Sebastião e, em 2002, em Brotas.

Em fevereiro de 2003, o presidente Sérgio Cabral Filho deixou a presidência da entidade, por ter sido eleito senador da República. O gaúcho Carlos Augusto Silveira assumiu a presidência da entidade brasileira.

TENDÊNCIAS DO MOVIMENTO ALBERGUISTA NO SÉCULO XXI

A rede mundial dos *hostels* é formada por cerca de quatro mil empreendimentos espalhados por 70 países, cinco continentes e oferta 34.135 leitos, somando 3.947.684 sócios. Em 2003, efetuou 34.918.735 pernoites.

O Brasil conta com 87 *hostels* localizados em 17 estados, com 47.819 sócios ativos e recebeu, em 2003, 35.047 alberguistas estrangeiros.

Conforme esses dados, constatamos que a rede mundial de albergues da juventude movimenta um número significativo de pessoas que demandam uma oferta de hospedagem voltada para turistas que a hospedagem convencional não atende.

Segundo a Federação Internacional de Albergues da Juventude, a meta da entidade é expandir a rede com qualidade. Sua missão é fazer o "alberguismo" chegar em novas terras, ou seja, onde a rede ainda não se faz presente, como Cuba, por exemplo.

A entidade internacional procura, ainda, em colaboração com governos, implantar e desenvolver o movimento no mundo, com a missão de possi-

85-7241-568-8

bilitar que jovens do mundo inteiro conheçam novos lugares, culturas e respeitem o meio ambiente.

Os *hostels* representam uma oferta importante de alojamento alternativo em destinos nos quais se desenvolve ecoturismo e turismo de aventura. Esse meio de hospedagem é ideal para implantação nos destinos com vocação para o turismo de natureza, graças ao baixo impacto ambiental nos locais.

A direção da organização mundial procura aliar as necessidades e exigências dos jovens do mundo moderno à preservação da filosofia, ideologia e da marca *Hostelling International* – o triângulo azul é sinônimo de alojamento econômico e credibilidade para a juventude mundial.

Outra tendência é que a demanda busca cada vez mais privacidade, com quartos de casal ou número menor de leitos por quarto, preferencialmente com banheiro.

Em decorrência desse padrão de exigência da demanda, os novos *hostels* já oferecem quartos coletivos com preço menor e os de casal e duplos com preços diferenciados dos coletivos.

Outro aspecto que já é realidade é o uso da Internet, tanto para consulta quanto para reservas.

Filosofia Alberguista

A filosofia da organização, que se mantém viva desde 1909, está estampada no artigo 2º do estatuto da federação internacional: "Promover educação para jovens de todas as nações, mas especialmente para jovens com condições econômicas limitadas, encorajando-os ao desenvolvimento do conhecimento, amando e cuidando da região, apreciando os valores culturais nos lugares em todas as partes do mundo, promovendo os albergues da juventude sem discriminação de raça, cor, religião, sexo, classe social ou política, desenvolvendo o melhor entendimento entre os homens no seu país e fora dele".

A filosofia alberguista propõe a busca de uma relação harmoniosa do ser humano consigo mesmo, com o outro e com a comunidade.

A prática da filosofia alberguista se realiza nos espaços físicos dos albergues da juventude, nas associações estaduais e federações dos países, onde os participantes de diferentes partes do país e do mundo terão a oportunidade de conviver e praticar os princípios da filosofia: desenvolver o espírito comunitário; solidariedade; ausência de preconceitos e discriminação de raça, nacionalidade, cor, religião, classe social, política; e respeito ao meio ambiente.

A comunicação da filosofia é transmitida por todas as pessoas envolvidas na rede mundial de *hostels*, com equilíbrio, justiça e amabilidade, proporcionando orientação básica à comunidade em questão.

MISSÃO

Promover o intercâmbio cultural.

Estrutura Organizacional da Rede dos *Hi Hostels*

A Figura 27.1 mostra a estrutura organizacional partindo da entidade internacional com sede em Londres para o grupo de trabalho regional que, no caso do Brasil, é o grupo da América Latina; por sua vez, a entidade nacional é a FBAJ, entidade membro do organismo mundial, detentora da marca *Hostelling International* no Brasil e que coordena toda a rede de *Hi Hostels* brasileira.

A IYHF (*International Youth Hostel Federation*) lidera o movimento internacional de *hostelling*, promovendo e desenvolvendo *Hostelling International* como a marca líder em hospedagem, em especial para jovens viajantes, por meio de:

- Apoio às associações ou federações nacionais.
- Desenvolvimento e fortalecimento da rede de *hostels* em todo o mundo.
- Oferta de hospedagem de baixo custo que satisfaça às necessidades dos jovens.
- Tornar os *hostels* facilmente acessíveis.
- Cuidar de todo o material informativo, como guias internacionais, boletins informativos, campanhas, imagens do movimento alberguista, meios de divulgação institucional.
- Desenvolver novos produtos.
- Criar projetos que incentivem a dedicação das equipes dos *hostels* em causas que promovam o diálogo intercultural e a aprendizagem social.

A FBAJ, como entidade membro pleno da federação internacional, é quem lidera o movimento

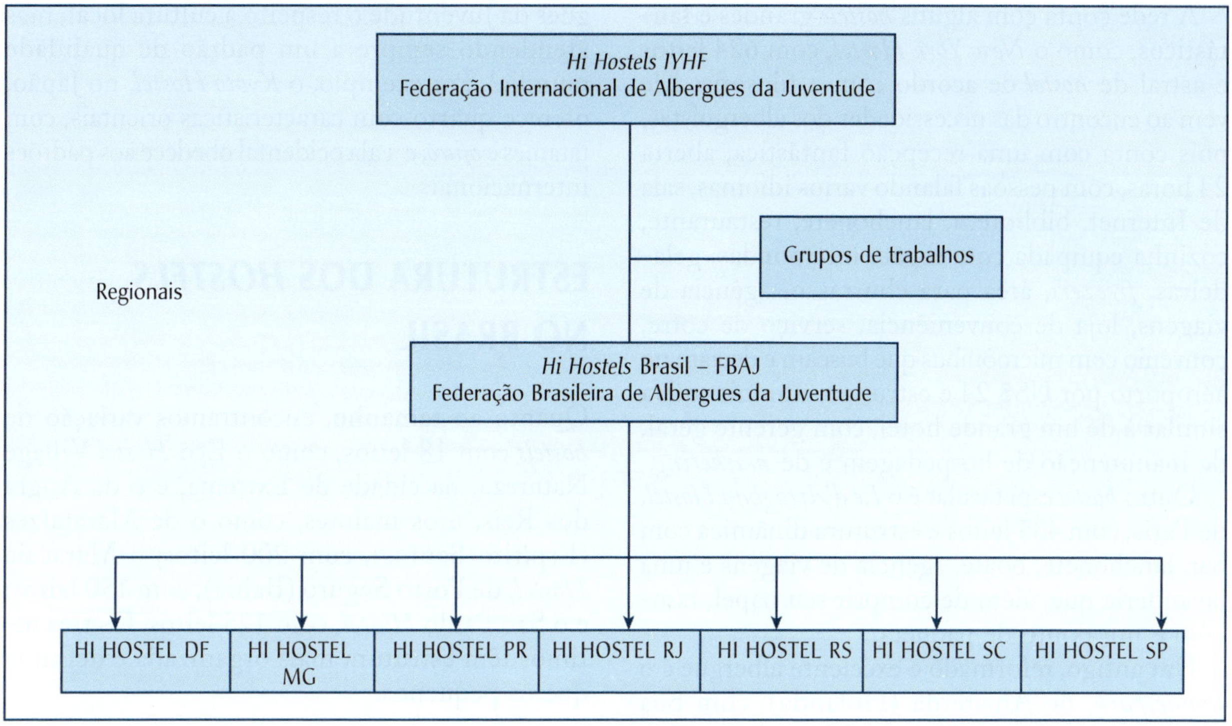

Figura 27.1 – Estrutura organizacional do *Hi Hostel* Brasil na rede mundial.

nacional, promovendo, desenvolvendo e coordenando a rede no Brasil.

Como membro e representante da Federação Internacional, a entidade nacional tem como objetivo fomentar o movimento alberguista no país, portanto cabe à entidade credenciar e descredenciar *hostels*, estabelecer padrões de qualidade, fazer cumprir as normas estipuladas pela federação internacional, promover o movimento no país, fazer inspeções de qualidade, atender e apurar as reclamações dos associados.

A entidade nacional estabelece ainda valores das carteiras de sócios, categorias, assim como o valor de pernoite dos *hostels* e distribui as carteiras de associados às associações estaduais.

Nos países de grande extensão territorial, como é o caso do Brasil, a entidade nacional filia membros estaduais ou regionais. Como vimos no organograma, o Brasil possui associações estaduais nos estados de Minas Gerais, Paraná, Rio de Janeiro, Rio Grande do Sul, Santa Catarina, São Paulo e no Distrito Federal.

Encontram-se em implantação as associações do Pará e da Bahia. Nos demais estados brasileiros, a federação brasileira trabalha com representações formadas por agências de viagens ou dos *hostels*.

As associações estaduais têm como objetivo fomentar o movimento nos estados e coordenar a rede nos aspectos de demanda (sócios) e oferta (*hostels* e prestação de serviços a eles). São as entidades estaduais que emitem as carteiras aos sócios dos estados, assim como fomentam o movimento no estado, credenciando e descredenciando *hostels* no território estadual, cuidando dos padrões de qualidade e divulgando o movimento, nomeando representantes comerciais no espaço geográfico que lhes diz respeito e fazendo cumprir no local as orientações internacionais.

ESTRUTURA DOS *HOSTELS*

Conforme já foi abordado, os empreendimentos se apresentam bastante heterogêneos. No mundo, temos *hostels* que funcionam em antigos castelos, em prédios supermodernos construídos para esse uso, adaptações de antigos hospitais, barcos atracados, construções em estações de trem, casas adaptadas, etc.

Quanto ao tamanho, encontram-se *hostels* com sete leitos muito modestos e outros com mais de 1.300 leitos, como em Hongcheam, na Coréia.

A rede conta com alguns *hostels* grandes e fantásticos, como o *New York Hostel*, com 624 leitos e astral de *hostel* de acordo com a filosofia. Ele vem ao encontro das necessidades dos alberguistas, pois conta com uma recepção fantástica, aberta 24 horas, com pessoas falando vários idiomas, sala de Internet, biblioteca, lanchonete, restaurante, cozinha equipada com fogão, microondas, geladeiras, *freezers*, área para churrasco, agência de viagens, loja de conveniência, serviço de cofre, convênio com microônibus que buscam e deixam no aeroporto por US$ 24 e estrutura administrativa similar à de um grande hotel, com gerente geral, de manutenção de hospedagem e de *marketing*.

Outro *hostel* espetacular é o *Le d'Artaghan Hostel*, de Paris, com 435 leitos e estrutura dinâmica com bar, lanchonete, boate, agência de viagens e uma lavanderia que, além de cumprir seu papel, também é um ponto de paquera.

Um antigo, reformado e excelente albergue é o *Vondelpark*, de Amsterdã (Holanda), com boa estrutura e 526 leitos, dos quais 75 são de famílias.

A cidade de Sydney, na Austrália, também conta com um *hostel* no centro da cidade, em localização estratégica que não deixa nada a desejar. Supermoderno, atendeu à demanda das Olimpíadas de 2000.

Não poderia deixar de citar o *Veneza Hostel*, que se localiza a duas estações do barco *vaporeto* da Praça São Marcos. Tem uma das melhores ocupações do mundo, é muito econômico (custa cerca de U$ 15 por diária) e tem um astral fantástico.

O *Hostel* de Florença, com 322 leitos, tem afrescos de Michelangelo no teto de uma das salas.

Para finalizar as características específicas de alguns *hostels* do mundo, não poderia faltar o *Chapamn Hostel*, de Estocolmo (Suécia), onde uma das alas, a mais procurada, funciona num barco desativado e atracado.

Como podemos verificar, a rede conta com desde o modesto *hostel* de sete leitos até o gigante da Coréia com 1.307 leitos. Faz parte da filosofia da Federação Internacional de Albergues da Juventude o respeito à cultura local, mas atendendo sempre a um padrão de qualidade mundial. Por exemplo, o *Kyoto Hostel*, no Japão, oferece quarto com características orientais, com tatames e *ofurô*, e a ala ocidental obedece aos padrões internacionais.

ESTRUTURA DOS *HOSTELS* NO BRASIL

Quanto ao tamanho, encontramos variação de *hostels* com 18 leitos, como o Eco *Hostel* Village Natureza, na cidade de Extrema, e o de Angra dos Reis, e os maiores, como o de Marataízes (Espírito Santos), com 200 leitos; o Maracaia *Hostel*, de Porto Seguro (Bahia), com 150 leitos; e o São Paulo *Hostel*, com 125 leitos. Os três últimos têm estrutura mais organizada e definida que os pequenos.

CLASSIFICAÇÃO DOS *HOSTELS* BRASIL

Tamanho

Se classificássemos os *hostels* pelo tamanho, para verificar a estrutura, seria da forma apresentada na Tabela 27.1, a seguir.

Categoria

A classificação dos *hostels* do Brasil é feita pelo sistema de classificação privada, estabelecida e realizada pela FBAJ.

Os *hostels* no Brasil são classificados em três categorias, conforme descrito a seguir. Essas categorias são estabelecidas pela pontuação que o empreendimento alcança no período de vistoria para o credenciamento do novo *hostel*, para a rede oficial da *Hostelling International*, da marca mundial

Tabela 27.1 – Classificação dos *hostels*, de acordo com tamanho

Local/*Hostels*	Realidade brasileira	Realidade internacional
Pequeno porte	Até 40 leitos	Até 100 leitos
Médio porte	De 41 a 100 leitos	De 101 a 300 leitos
Grande porte	Acima de 100 leitos	Acima de 300 leitos

85-7241-568-8

do *Hi hostel.* A vistoria é feita por um inspetor de qualidade devidamente treinado para isso.

A pontuação é dada em relação ao cumprimento das normas estabelecidas, conforto dos *hostels*, estrutura física, atendimento, funcionamento da recepção, atendimento aos princípios filosóficos, prestação de serviços exigidos pela demanda (Quadro 27.1).

Organização

Quanto à organização dos *hostels*, ocorre dentro de uma estrutura formal de divisão de tarefas, tendo funções bem definidas a partir dos *hostels* de médio porte, seguindo uma sistematização de experiências passadas pela Federação Internacional e a FBAJ, pela prática do dia-a-dia, seguindo procedimentos e princípios passados pela organização nacional e internacional pela rede ao longo de sua existência.

Temos alguns *hostels*, como os da cidade de Salvador (o Porto *Hostel* e o Laranjeiras), que participaram do processo de qualidade *Qualitur*, do Instituto de Hospitalidade. Estão muito organizados, como todos os procedimentos registrados que apresentam um andamento de prestação de serviços de forma organizada e padronizada. Segundo as gerentes dos dois empreendimentos, o sistema apresenta destaque de atendimento, num procedimento para transmitir informações de forma eficiente, maior cuidado com a segurança e com o sistema de limpeza, atendendo às premissas básicas da rede de ter segurança, higiene, conforto e hospitalidade.

De acordo com levantamento realizado nos principais *hostels* do país, constatamos que os *hostels* de médio porte apresentam estrutura contando, em média, com seis a nove funcionários, divididos nas funções de recepção, camareira com serviços gerais – principalmente limpeza dos quartos e banheiros –, segurança e alimentos e bebidas, atendendo o café da manhã e a lanchonete, quando o *hostel* possui esse serviço.

Quadro 27.1 – Classificação por categoria segundo padrão de qualidade e serviços

Categoria
★ ★ ★ ★ ★ Muito bom (380 a 476 pontos)
★ ★ ★ Bom (285 a 379 pontos)
★ ★ Regular (95 a 284 pontos)

Fonte: Federação Brasileira de Albergues da Juventude.

Já os *hostels* de grande porte apresentam estrutura mais formal, com funções definidas, conforme modelo (Fig. 27.2).

Na estrutura apresentada, a diretoria é ocupada pelos proprietários.

Nos *hostels* de grande porte, detectamos uma média entre 12 e 15 funcionários.

Os *hostels* de pequeno porte apresentam organização muito variada: as mesmas pessoas desenvolvem várias funções e, dependendo do tamanho do *hostel*, há entre dois e cinco funcionários.

Considerações Finais

De acordo com o texto, verificamos que a rede de *hostels* está próxima da comemoração de 100 anos de existência. Uma das razões de sua sobrevivência é ter uma filosofia com princípios sólidos e missão definida, que permitiu-lhes sobreviver a duas Grandes Guerras, muitos fatos marcantes na história e chegar ao primeiro centenário com cerca de quatro milhões de sócios e em torno de quatro mil *hostels* espalhados pelo mundo. Imaginem quantos jovens viajaram pelos *hostels* ao longo de sua existência.

Apesar de mundiais, os *hostels* se adaptam à realidade de cada localidade, apresentando variação diversificada quanto a estrutura física, tamanho, atividades culturais e apresentação.

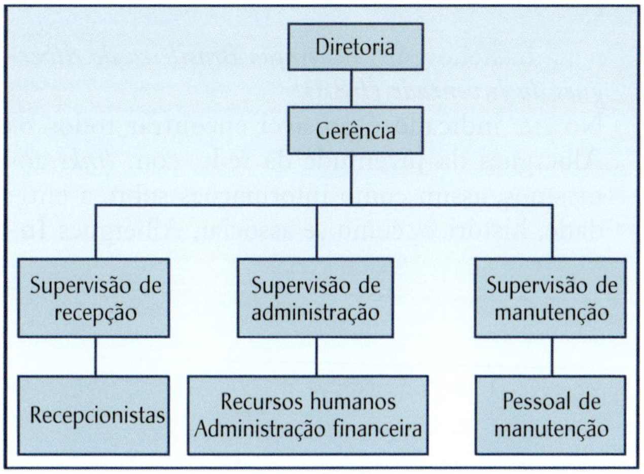

Figura 27.2 – Organograma de um *hostel* de médio e grande porte.

Trata-se de uma forma de turismo social. No entanto, não há a devida atenção para seu fomento, contribuindo para a expansão da rede e uma oferta sólida ao público-alvo composto, principalmente, por mochileiros e estudantes.

Verificamos ainda que a rede tende a apresentar os quartos, cada vez mais, com maior grau de privacidade, levando os empreendimentos a contarem com a oferta de quartos de casal, família e individual. Podemos dizer que tal tendência é até contraditória com a sua origem, com a proposta de criação da rede.

Finalizando, verificamos que os *hostels* são, de fato, espaços de intercâmbio cultural.

Sites Indicados

www.alberguesp.com.br: *Associação Paulista de Albergues da Juventude.*
Através desse *site* é possível encontrar todos os produtos comercializados pela rede mundial, informações sobre os mesmos, novidades sobre a rede, promoções, benefícios aos sócios e estabelecer *links,* com todos os albergues brasileiros, Federação Brasileira e de todas as Federações de Albergues da Juventude espalhadas pelo mundo. O *site* indicado também possibilita fazer reserva nos Albergues Brasileiros e Internacionais (conectados ao sistema IBN).
No *site* indicado também estão disponíveis os serviços da Agência da Associação Paulista de Albergues da Juventude (APAJTUR), com todos os serviços necessários ao Turismo de Juventude, como: passes de trens, ônibus, seguros, cursos de idiomas no exterior, viagens especiais para jovens, etc.).

www.hostel.org.br: *Federação Brasileira de Albergues da Juventude (FBAJ)*
No *site* indicado é possível encontrar todos os Albergues da Juventude da rede, com *links* aos mesmos, assim como informações sobre a entidade, histórico, como se associar, Albergues Internacionais, como reservar e informações sobre a rede de forma geral.

www.iyhf.org: International Youth Hostel Federation – IYHF *(Federação Internacional de Albergues da Juventude).*
O *site* da IYHF, que é editado em 4 idiomas (inglês, espanhol, francês e alemão) e nele é possível encontrar: Informações e notícias sobre a rede, Informações sobre os Albergues da Juventude e o sistema de reserva internacional o *IBN (International Booking Network)*, informações sobre os guias Internacionais de Albergues da Juventude e descontos aos sócios no mundo todo.

www.alberguesp.com.br: *Albergues da Juventude:* Hi Hostels SP

www.hostel.org.br e www.iyhf.org

Bed and Breakfast: www.bedandbreakfast.com

www.camaecafe.com: *Cama e café*

www.campingclub.com.br: *Camping*: Camping Clube do Brasil:

www.campismo.org.br: Associação Paulista de Campismo

www.sescsp.org.br: *SESC:* Colônias de férias

BIBLIOGRAFIA

DAVIDSON, R. *Tourism.* Londres: Pitman. 1989.

TROTTA, J. Educação e correlação. Experiência Internacional e Regional. Os Albergues da Juventude para Jovens e Jovens de Espírito. Rio de Janeiro: Associação dos diplomados da Faculdade de Educação da UERJ, 1978, p. 17.

FUSTER, L. F. *Teoria y Técnica Del Turismo.* Madri: Nacional Tomo II, p. 381.

GRASSI, A.; HERTH, G. *The Magic Triangle.* Londres: IYHF, 1982, p. 8.

HEATH, G. *Biografia de Richard Schirrmann.* Montevidéu: Federação Uruguaia de Albergues da Juventude, [s.d.] p. 15.

EMBRATUR. *Projeto dos Albergues da Juventude.* Brasília: Embratur, 1987.

85-7241-568-8

CAPÍTULO

28

Esportes Radicais e Turismo: Análise Conceitual

Ricardo Ricci Uvinha

Introdução

Neste texto, é proposta uma breve discussão acerca da acepção da categoria "aventura" no campo do turismo. Na realidade brasileira, entendemos o chamado *turismo de aventura* como um segmento consubstanciado enquanto elemento no campo mais amplo do turismo, exprimindo forte influência estrangeira em sua con28uração (em especial na criação e execução de modalidades a ele atreladas), e comumente associado à esfera do "ecoturismo" ou "turismo ecológico".

Como mencionado no título deste artigo, a preocupação central será desenvolver uma análise conceitual da relação "esportes radicais e turismo". Não discutiremos questões mais amplas, e igualmente importantes, como a implantação de programas de turismo de aventura em certas localidades, a interface acadêmica desse assunto em universidades pelo país e no mundo e a relação intrínseca dessa temática com a literatura acadêmica sobre o ecoturismo, itens que procuramos explorar mais amplamente em outro estudo (Uvinha, 2003).

Será defendida, assim, uma relação muito próxima entre o elemento "aventura" no turismo e os ditos "esportes radicais", os quais, por si sós, constituem a principal base fundante desse segmento turístico.

Será ainda sugerida e comentada no texto uma literatura estrangeira especializada, a fim de colaborar com a implementação do estudo acadêmico sobre o assunto em nosso país.

Conceitos Gerais e Específicos

> ***Eu entendo ecoturismo como mais um turismo de observação da natureza local, mais ligado a caminhada, e o turismo de aventura eu já imagino ligado mais a uma atividade mesmo, um rapel, um* motocross, *uma escalada, um* paraglider, *tal (Praticante de* trekking, mountain biking *e* bungee-jump*)*[1].**

Observa-se o crescimento do segmento chamado de *turismo de aventura* de forma vertiginosa contem-

[1] O leitor observará alguns relatos neste texto que foram aproveitados a partir de ampla pesquisa de campo realizada no estudo de doutoramento já mencionado (Uvinha, 2003).

85-7241-568-8

poraneamente, acompanhando a valorização do elemento "ecológico" proposta em âmbito mundial.

Diante desse quadro, tal "campo" do turismo vem acompanhado de uma série de imprecisões quanto ao seu entendimento. Um exemplo disso se mostra passível de análise na venda de "pacotes" turísticos temáticos ao segmento, quando é possível encontrar no mercado viagens ligadas ao ecoturismo, turismo de aventura, turismo esportivo, turismo ecológico, turismo verde, turismo alternativo, turismo exótico, entre outros[2].

A imprecisão quanto aos termos também é observada na abordagem do *esporte radical*, elemento fundamental e, no nosso entendimento, em si constituinte do turismo de aventura.

O termo "radical" nesses esportes vem sendo associado, tanto na literatura acadêmica como em senso comum, a outros como "de aventura", "de natureza", "de verão", "*outdoor*", "extremos" e "alternativos"[3].

Parece haver uma tentativa de fugir do termo radical nessas atividades buscando uma conotação mais *light* para a sua prática, sob pena de perder um público não familiarizado ao risco, certamente presente em tais modalidades.

Em nosso entendimento, todas as distintas atribuições ao termo "radical" verificadas anteriormente em muito se aproximam e podem ser entendidas como sinônimos, já que, em tese, mostram-se praticamente idênticas. Se verificarmos na literatura estrangeira especializada, academicamente, tanto a palavra "radical" como os demais termos anteriormente mencionados aparecerão sem significativas distinções[4].

Abordagem do Tema

Foi possível verificar na literatura consultada autores como Beni (2002, p. 31-34) que, ao procurar propor distinções entre *turismo rural*, *agroturismo*, *ecoturismo* e *turismo ecológico*, incluem os praticantes de esportes ditos radicais nesse último, entendendo que o turismo ecológico é aquele que absorve "[...] pessoas que buscam uma observação participante e interativa com o meio natural [...]".

Ao enfocar o turismo rural em sua obra, Oliveira aponta que as atividades pertinentes a tal segmento chegam a ser conceituadas como ambientais,

[2] Vários exemplos sobre o fato poderiam ser aqui citados. Um deles é a paulista *Coraltur Turismo* que, no verão de 2002, ofereceu pacotes para aqueles interessados em *roteiros exóticos* como caminhadas pela Chapada Diamantina ou mergulhos em Fernando de Noronha. A também paulista *MultiStar Tour Operator* sistematiza suas operações com base na divisão do turismo em *cultural, ecológico, exótico, místico* e *temático*, em que a prática de um esporte de aventura é possível praticamente em todas as divisões. Já o *Conselho Municipal de Turismo da cidade de Socorro*, no interior paulista, baseia sua oferta de atividades aos turistas segmentando-as em Turismo de *Águas Minerais, Histórico, de Compras, Rural, Ecológico* e *de Aventura*, notando-se neste último exemplo a separação da prática "ecológica" da "de aventura".

[3] Bonalume Neto (1999), em artigo intitulado "Besteiras dos anos 90", aponta em primeira instância o conceito de *alternativo* como uma das palavras mais enganosas da referida década, já que tal elemento (empregado da alimentação ao esporte), em vez de representar uma quebra radical com o que existe, acabaria sendo mais um truque de *marketing*. *Revista da Folha*, 17 out. 1999.

[4] O termo *Radical Sports* é utilizado, por exemplo, por Bizley (1999); *Extreme Sports* por Roberts (1997) e *Outdoor Sports* e *Adventure Sports* por vários outros autores que serão mencionados neste texto.

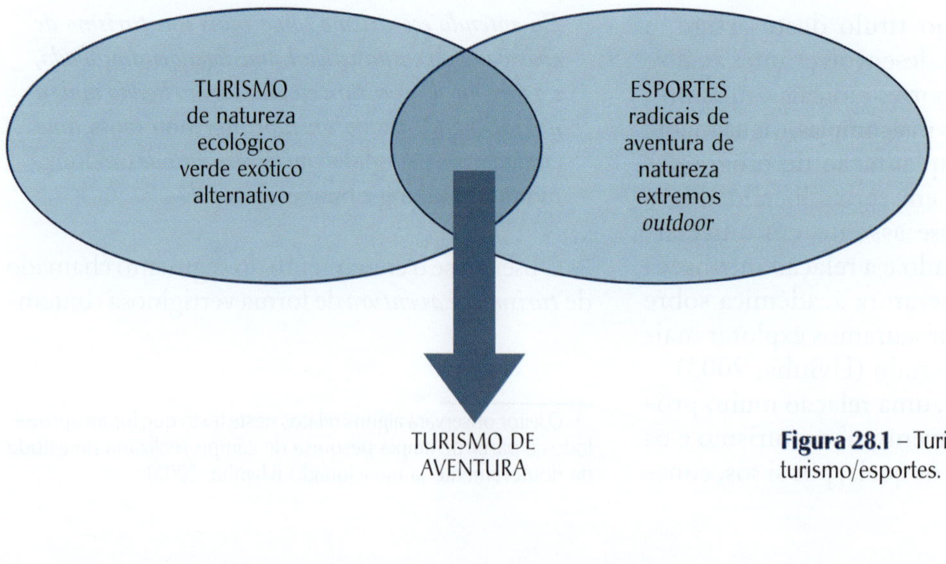

Figura 28.1 – Turismo de aventura na intersecção turismo/esportes.

de natureza e até mesmo de *eco-rural* (Oliveira, 2001, p. 20).

Já Magalhães (2002, p. 27) inclui as modalidades de *turismo ecológico, rural, verde* e *aventura* num conceito mais amplo denominado *alternativo*, destacando que tal segmento já é apresentado com grande "sucesso" no exterior. A autora ressalta ainda que comumente se utiliza na literatura o conceito "ecoturismo" para qualquer prática de turismo sustentável na natureza.

Ao analisar tais práticas na Espanha, Aspas (2000, p. 27, tradução do autor) observa que os nomes diferem em cada região do país mas, na realidade, são praticamente idênticos: *ócio e aventura* (Madrid), *turismo desportivo* (Aragón), *turismo ativo* (Catalunha), *atividades de desporto, ócio e turismo* (Navarra), *atividades de turismo ativo e de aventura* (Cantabria) e *atividades de turismo desportivo* (Galícia).

Ainda a partir da contribuição dos estudos espanhóis sobre o assunto, Olabuénaga (1996, p. 26, tradução do autor) atribui ao conceito de turismo de aventura o termo *ócio ecológico*, o qual corresponde a três características: (1) desfrute de ar fresco em atividades "*outdoor*"; (2) desfrute da natureza e de entornos ecológicos; (3) prática dos chamados "desportos californianos", como *surf* e *rafting*.

Na literatura escocesa, Leslie (1999, p. 179, tradução do autor) é outro autor que ressalta várias terminologias para uma mesma prática, com poucas variações em termos de características mas que, no fundo, correspondem ao mesmo significado: "turismo alternativo", "ecoturismo", "turismo verde", "turismo responsável" e "novo turismo".

Ampliando a fundamentação sobre tais incertezas, Phelps (1999, p. 72) também registra sua impressão quanto à polissemia de termos ligados ao "verde":

> *Existe ainda uma certa confusão no que diz respeito ao uso do termo 'verde': para alguns, é o 'turismo em áreas verdes' ou a promoção do turismo rural. Outros vêem 'esverdeado' o grande potencial para as vendas comerciais: companhias estão engajadas em balanços ambientais de operações antes de entrarem para o novo segmento de* marketing *com pessoas ambientalmente sensibilizadas. Surgiu então o termo 'ecoturismo': para algumas pessoas, esse é o turismo com consciência, o modelo do mínimo impacto; para outros, isso significa experimentar verdadeiramente lugares intocados para uma experiência 'autêntica', talvez causando aí o maior impacto de todos (tradução do autor).*

> *Nesse âmbito de "incertezas conceituais", Serrano (2001, p. 208) verifica uma polissemia envolvendo a definição de ecoturismo, que outrora já foi chamado de alternativo,* soft[5]*, brando, verde, ecológico, ambiental, entre outros. Assim, sugere que a idéia "guarda-chuva" melhor traduziria a multiplicidade de termos.*
> *Swarbrooke (2000, p. 56) aponta ser a "confusão conceitual" um dos problemas para definir as atividades de turismo na natureza, como vemos a seguir:*
> *Um dos problemas para se definir o ecoturismo é que o termo varia dependendo de quem você é [...] Para o turista, o ecoturismo é sinônimo de férias modernas, que podem conferir um 'status' elevado a seus praticantes; é freqüentemente identificado com turismo de qualidade. Para a indústria, o ecoturismo é um produto que oferece margens de lucro atraentes e dispõe de um mercado extenso e em expansão. Já para as destinações que têm emergido atualmente, o ecoturismo é altamente rentável, representando um turismo de volume pequeno que permite diferenciá-las da concorrência.*

No intuito de entender junto aos próprios praticantes o significado dessas práticas esportivas na natureza, verificamos os seguintes relatos de praticantes de *motocross*:

> *Ecoturismo seria um turismo ecológico, um turismo feito em mata, e o turismo de aventura seria a aventura justamente em cima dessa mata, então os dois estão ligados.*
> *Olha, ecoturismo pra mim seria assim um tipo de atividade onde você explora a natureza, conhece a região, tudo ligado à vegetação local. O ecoturismo seria uma coisa mais light, mais uma caminhada. Quando você coloca alguma coisa mais relacionada à aventura, seria uma coisa um pouco mais radical, tipo moto, jipe.*

Como vemos, para esses praticantes, o turismo de aventura se diferencia do ecoturismo por uma espécie de caráter de "ação" atribuído ao primeiro, com forte ligação na prática de modalidades esportivas.

[5] Ruschmann (1994, p. 31) emprega o termo *soft* ligado à prática do turismo de natureza, entendendo-o como possível de ser aplicado ao praticante que apresenta envolvimento físico com a atividade, com a característica de "participação leve e sem grandes esforços físicos".

Parte 3

85-7241-568-8

Enfoque no Elemento *Radical* no Esporte

Seja na literatura acadêmica nacional, ainda que escassa, nas revistas especializadas ou na organização de grandes *eventos temáticos* à aventura[6], o fato é que comumente encontramos os esportes radicais divididos em três ambientes: (1) aéreos (como *paragliding* e *parachuting*); (2) aquáticos (como *surf* e *rafting*); (3) terrestres (como *trekking* e *mountain biking*).

Vale destacar que tais esportes têm recebido distintas considerações dependentes do meio cultural onde são praticados. Na literatura inglesa, por exemplo, Hardy (1997, tradução do autor) considera os três ambientes anteriormente citados e acrescenta ainda duas novas classificações: os "de montanha" e os "extremos". No tocante aos *esportes de montanha*, o autor frisa modalidades geralmente referidas aos *esportes terrestres*, como *canyoning*, *ice climbing* ou *snowboarding*. Já nos *exportes extremos* são destacadas modalidades como *bungee-jump* e *bob skeleton*.

É interessante notar que várias dessas atividades consideradas "de aventura" são elevadas à categoria de modalidades esportivas, com associações de praticantes e reconhecidas por uma confederação esportiva federal. É o caso, por exemplo, do *surf*, que mundialmente (inclusive no Brasil) recebe *status* de modalidade esportiva passível de participação em diversos torneios e com suporte de associações específicas.

Outras tantas atividades, porém, são meramente comercializadas nas propostas de diversas empresas "especializadas" no ramo. O *zorbing* pode ser citado como um bom exemplo de atividade que vem sendo tradicionalmente praticada por turistas que se aventuram pela cidade de Queenstown, na Nova Zelândia.

Um fato que ainda queremos destacar (e que parece beirar até a obviedade) é a notória predominância do idioma inglês na atribuição dos nomes a essas várias modalidades de turismo de aventura, e como esse fato recebe certa resistência em localidades onde vigora o nome regional.

Um bom exemplo disso é a modalidade *sandboard*, que consiste em surfar com uma prancha adaptada para grandes dunas de areia. Em lugares como a Lagoa de Jacumã, no Rio Grande do Norte, e outros pontos do Nordeste brasileiro, tal atividade recebe o nome de *esquibunda*.

É evidente que o *mass media* desenvolve um papel notório na criação desses novos esportes e na herança americanizada, bem como no estímulo à sua prática, papel sobretudo desempenhado pela televisão. Aproximamos tal prerrogativa à afirmação de Willians (1995, p. 190):

> ***A mídia tem se revelado um aspecto significativo. O nível de exposição dos ditos 'outdoors sports' na televisão tem sido realmente notável, conjuntamente com o rádio e coberturas de jornais, garantindo ao esporte um devido destaque, se será bem-vindo ou não. A exposição da mídia serve a vários objetivos, entre eles a possibilidade de demonstração de esportes e, fazendo isto, estimula nova participação por colocar certos esportes no foco principal (tradução do autor, grifo original).***

A televisão brasileira não foge à regra e a todo ano surgem novos programas especializados em esportes de aventura, em especial na rede a cabo[7]. A "telinha" deslumbra a busca por conhecimento dessas novas atividades em lugares exóticos, desde as montanhas do Himalaia nepalês à Grande Barreira de Corais australiana.

Literatura Temática

ASPAS, J. M. A. *Los Deportes de Aventura: consideraciones jurídicas sobre el turismo activo*. Zaragoza: Prames, 2000.

Publicação espanhola que imprime interessante discussão conceitual sobre o turismo de aventura, além de divulgar importantes decretos atuais

[6] Destaque aqui para a *Adventure Sport Fair*, evento realizado anualmente na cidade de São Paulo, que agremia uma expressiva oferta de turismo temático à aventura, centralizando suas operações na venda de serviços, demonstrações de esportes de aventura e palestras correlatas.

[7] Não devemos deixar de observar que os programas específicos em esportes radicais se concentram em grande parte na dita televisão fechada, como televisão a cabo e por parabólica, presentes em canais atuais como *Discovery Channel Travel and Adventure*, *AXN*, *ESPN*, *National Geographic*, entre outros.

Parte 3

em vigor que foram criados para regular as atividades de aventura naquele país. O autor cita como exemplo o Decreto 81/1991 da Catalunha, que estabelece os requisitos obrigatórios para as empresas começarem a atuar nesse segmento, como adotar uma efetiva política de seguros contra acidentes e dispor de "técnicos de atividade na natureza e esportes de base" (*técnicos de actividad en la natureza y de deportes base*) com conhecimentos específicos homologados pela *Escuela Catalana del Deporte*.

BASTART, J.; NAVARRO, X. *Guía de los Deportes de Aventura*. Barcelona: Libros Cúpula, 2000.

Também espanhola, a publicação registra um esforço dos autores em divulgar os esportes de aventura mais praticados naquele país, dividindo-os em distintos ambientes com recomendações diversas sobre adequado material para utilizar na sua prática, bem como contatos de agências e operadoras temáticas.

DRAKE, L. *The Complete Book of Outdoor Adventure*. Sydney: Weldons, 1987.

Uma das publicações australianas sobre o gênero, a obra se refere em especial à prática de atividades de aventura no estado de New South Wales e é dividida pelo autor em três partes. A primeira retrata locais e atividades para o setor, como o *rafting* no Nymboida Valley ou o *caving* nas cavernas de Bungonia Gorge. A segunda se refere aos equipamentos utilizados para a aventura, com orientações sobre os veículos adequados para as atividades, alimentação e vestuário. E a terceira parte é condizente com as habilidades e técnicas para o seguro planejamento de uma viagem de aventura.

EDINGTON, J. M.; EDINGTON, M. A. *Ecology, Recreation and Tourism*. Cambridge: University Press, 1986.

A preocupação central dos autores neste livro se refere aos impactos negativos (físicos e sociais) de práticas executadas na natureza, como as provenientes do turismo de aventura. Assim, é proposta uma discussão de como evitar práticas que não se coadunem com a sustentabilidade do meio, em que são citados casos, por exemplo, como o do estado da Califórnia (Estados Unidos), em que a Agência de Administração do Território (*Bureau of Land Management*) regulariza 12 milhões de acres de propriedades no deserto proibindo, desde 1973, a circulação de veículos *off road* para prevenir impactos físicos e sociais dessas práticas.

EGGAR, R. *Daring Days Out*. London: Metro Books, 1997.

O autor ressalta as dificuldades de se ter assegurada a atividade de turismo de aventura no Reino Unido como um todo. Notifica ainda a notória resistência das empresas de seguros em cobrir sinistros de casos ligados à prática de esportes radicais, em que as federações de praticantes (como a *British Mountaineering Council* e a *British Handgliding and Parachuting Association*) têm assumido um importante papel em convencer tais segmentos empresariais demonstrando seriedade nos procedimentos ligados à segurança.

FOLEY, M.; McGILLIVRAY, D.; McPHERSON, G. (Ed.). *Leisure, tourism and environment: sustainability and environmental policies*. Brighton: LSA, 1999.

Interessante publicação inglesa que discute as implicações do turismo e lazer realizados na natureza. Destaque para o texto de M. Collins, intitulado "Quiet: please: sport in the British Countryside", em que o autor demonstra vários impactos ocorridos a partir da prática de esportes de aventura na Inglaterra, como a interferência do *waterskiing* na biomassa e qualidade da pesca por aumentar a turvação das ondas na linha litorânea e provocar a descarga de resíduos a partir do uso do motor do bote.

FOSTER, T.; NICHOLLS, J. *Outdoors: enjoying and surviving adventure activities in the bush and on the water*. Sydney: Methuen, 1980.

Publicação australiana que enfoca a relação do risco com a prática de esportes radicais, que pode ser minimizado, segundo o autor, com a correta utilização de equipamentos condizentes com cada modalidade. São exemplificados vários casos relacionados ao assunto em atividades realizadas nos parques nacionais e regiões litorâneas daquele país.

GARTNER, W. C.; LIME, D. W. (Ed.). *Trends in Outdoor Recreation, Leisure and Tourism*. New York: CABI, 2000.

Merece destaque nesta publicação americana o texto de J. J. Pigram, "Tourism and sustainability: a positive trend", pelo estudo realizado pelo autor demonstrando que a sustentabilidade é uma possibilidade real a partir da implantação do turismo ecológico, vendo tal prática não como ameaça para o ambiente, mas como um instrumento de efetiva mudança ambiental. Pensa que tal situação seja possível no fato desse turismo proteger e intensificar as reservas biofísicas de uma região, aliado a um especial cuidado e preocupação com a cultura e patrimônio da localidade.

HARDY, J. M. *The Adventure Sports Directory*. London: The Adventure Directory, 1997.

Relevante contribuição prestada por esse autor britânico à análise conceitual dos esportes radicais, classificando-os em distintos ambientes e sugerindo locais e contatos para a prática por todo o Reino Unido.

HUDSON, S. (Ed.). *Sport and Adventure Tourism*. New York: The Hawort Hospitality, 2003.

O livro reúne 10 textos temáticos de turismo de aventura e esportes radicais. Ênfase para o trabalho de L. D. Neirotti, "An introduction to sport and adventure tourism", em que a autora se dedica a demonstrar as atuais pesquisas realizadas por importantes organizações temáticas nos Estados Unidos (como a *Adventure Travel Society*), ressaltando por números o real crescimento dessas práticas naquele país. Enfatiza-se também nessa publicação o trabalho de P. Beedie, "Adventure tourism", palestrante na universidade inglesa *De Montfort University*, que foca sua análise em como antigas atividades no Reino Unido (como o *mountaineering* que, em si só, compunham modalidades como o *climbing* e o *walking*) agora são desmembradas e, portanto, "reinventadas" para atender a uma certa demanda ligada à indústria do consumo, como *adventure climbing, abseiling* e *trekking*.

JUBENVILLE, A.; TWIGHT, B. W. *Outdoor Recreation Management: theory and application*. 3rd ed. State College: Venture, 1993.

Enfoque especial prestado pelos autores à realização de atividades *outdoor*, na escolha do equipamento adequado e na capacitação do profissional proponente da atividade. É proposta nessa obra uma *Administração dos Perigos* nas atividades que envolvam a aventura (*Hazard Management*), uma espécie de administração dos riscos antevendo problemas que possivelmente ocorram na prática dessas atividades, como perigos classificados pelos autores como "naturais" (raios, penhascos, deslizamentos de rochas, avalanches de neve, vegetação densa, ação vulcânica e furacões) e "a partir da construção do próprio homem" (estradas mal cuidadas, alterações de paisagens por exploração de minas).

McLENNAN, C. *New Zealand: pure adventure*. Auckland: David Bateman, 1999.

É notório o destaque da Nova Zelândia no cenário do turismo de aventura internacional como país que oferece uma ampla gama de possibilidades na operacionalização desse setor. É justamente o que o trabalho de McLennan procura retratar por texto e belíssimas fotos, tanto da Ilha do Norte como a do Sul, considerando ser este país a "terra dos esportes radicais".

MEIER, J. F.; MORASH, T. W.; WELTON, G. E. (Eds.). *High Adventure Outdoor Pursuits: organization and leadership*. Salt Lake City: BPC, 1980.

Publicação americana que reúne interessantes pesquisas relacionadas ao setor da aventura. Destaque para o texto de D. R. Dunn e J. M. Gulbis, "The risk revolution", em que os autores apontam, já na década de 1970, o notório desenvolvimento de toda uma indústria especializada ligada ao risco a partir da constatação da real necessidade no uso de equipamentos. Destaque também para o texto de J.F. Meier, "Is the risk worth taking?", em que o autor aponta a indubitável presença do risco no turismo de aventura, elemento que varia em grande parte pela habilidade (ou não) do indivíduo que se propõe a praticar tais atividades.

McNEILL, C.; CORY-WRIGHT, J.; RENFREW, T. *Teaching orienteering*. 2nd ed. Doune: Harveys, 1998.

A primeira edição data de 1987 e, desde então, esse livro tem se tornado uma referência britânica para o trabalho com o *orienteering*, especialmente endereçado a professores que atuam com crianças em escolas. Como sugerem os autores, atividades como *mountaineering* ou *mountain biking* podem já serem aplicadas a uma criança de oito anos de idade com o aprendizado básico de navegação, utilizando mapas no pátio da escola, nos parques da cidade e até mesmo na sala de aula.

MILES, J. C.; PRIEST, S. (Eds.). *Adventure Programming*. 2nd ed. State College: Venture, 1999.

Esse livro traz 61 capítulos dispostos em 495 páginas com diversos autores, representativos em grande parte de universidades dos Estados Unidos, da Inglaterra e da Austrália. Lançado em sua primeira edição em 1990 como "Adventure Education", teve a mudança no título para a edição seguinte porque, segundo as palavras de S. Priest, "[...] este novo título reflete mais adequadamente a terminologia da profissão desenvolvida nesta última década. *Adventure Programming* é deliberadamente o uso de experiências de aventura para criar um aprendizado para indivíduos e grupos, que resulta em transformação para a sociedade e comunidades" (p. xiii, tradução do autor).

Destaque para o texto de M. Csikszentmihalyi e I. Csikszentmihalyi, intitulado "Adventure and the flow experience", em que os autores publicam uma pesquisa verificando que, entre outros, em situações de risco na prática de esportes nos quais o perigo é real (menciona-se na oportunidade modalidades como *hang-gliding*, *deep-sea diving* e *rock climbing*), os praticantes freqüentemente alegam que seu prazer vem não do perigo em si, mas de sua habilidade para minimizá-lo.

MORTLOCK, C. *The Adventure Alternative*. 3rd ed. Berwick Upon Tweed: Cicerone, 1994.

Mortlock contribui para ampliar a publicação inglesa no setor ressaltando a importância do foco mental e da concentração que deve estar presente no praticante de esportes radicais, sobretudo nos momentos que antecedem a prática, além, evidentemente, das habilidades técnicas e físicas necessárias. O autor argumenta que a aventura no ambiente natural é um desafio que demandará o melhor das nossas capacidades, sejam elas físicas, mentais ou emocionais.

PHILLIPS, V. *The Outdoor Classroom*. Wellington: A New Zealand Forest Service Publication, 1983.

Publicação neozelandesa patrocinada pelo Departamento de Educação e o Serviço Florestal daquele país em que o autor sugere aos professores de crianças e adolescentes em idade escolar atividades como *abseiling*, *rock climbing* e *hiking* enquanto alternativas às tarefas convencionais de aprendizado em sala de aula. Tais atividades, com base no lema "o que eu ouço eu esqueço; o que eu vejo eu me lembro; o que eu faço eu entendo", são denominadas pelo autor de *camp activities*.

SIMMONS, J. C. *The Big Book of Adventure Travel*. 4th ed. Emeryville: Avalon Travel, 2001.

Simmons divide seu livro em duas seções: atividades terrestres e atividades aquáticas. Em cada seção, as subseções contemplam várias atividades, como *river rafting expedition*. O destaque fica por conta da ênfase dada pelo autor às viagens realizadas em família, denominadas por ele de *Family Adventure Travel*, e também pela menção ao Brasil, representado na oportunidade por uma sugestão de *expeditionary cruising* pelos rios da região amazônica a partir de Manaus.

STERN, J. *Getaway Adventure: expand your horizons*. Cape Town: Ramsay, Son & Parker, 2000.

Publicação sul-africana que registra o esforço de Stern em apresentar os esportes radicais mais praticados naquele país, bem como locais conhecidos para a prática e contatos em cada modalidade mencionada.

SWARBROOKE, J. et al. *Adventure Tourism: the new frontier*. Oxford: Butterworth-Heinemann, 2003.

Lançado no Brasil em 2004 pela editora Campus como "Turismo de aventura: conceitos e estudos de caso", esta publicação inglesa reúne quatro autores da *Sheffield Hallam University* que dissertam sobre análises conceituais do turismo de aventura, relação demanda-oferta dessas práticas e estudos de casos temáticos em todo o mundo (inclusive com referência a algumas regiões brasileiras conhecidas mundialmente no setor, como a Amazônia e o Pantanal).

WILLIANS, S. *Outdoor Recreation and Urban Environment*. London: Routledge, 1995.

Interessante contribuição relacionada ao decisivo papel do *mass media* na criação dos esportes radicais e sua herança americanizada. Willians enfoca o fato de que a exposição desses esportes na mídia acaba por estimular a participação de novos praticantes, já que coloca essas práticas "no foco principal" da audiência.

Documentos de Estudos de Ócio

Espanhola, essa publicação científica da Universidade de Deusto é de reconhecida importância nos estudos do lazer. Traz, em sua edição nº 3 (1996) o texto de J. I. R. Olabuénaga, "Los desafios del ocio", em que o autor contribui para a análise conceitual dos esportes radicais a partir do chamado *ócio ecológico*.

World Leisure and Recreation Association Journal

Publicação que reúne trabalhos científicos vinculados à Associação Mundial de Lazer e Recreação. Essa revista traz, periodicamente, artigos relacionados à prática de esportes ligados à aventura e natureza. Na edição nº 1, volume 42 (2000), S. Wearing e N. Gartrell, em "Exploring ecotourism and community based in research applications for joint management of national parks", expõem práticas ligadas ao turismo ecológico como importante e crescente forma alternativa à de "massa", caracterizada pelo consumo e por grandes grupos. Na edição nº 2, de mesmo volume e ano, J. Knowles-

Lankford e S. V. Lankford, em "Tourism and sustainability – can they be partners?", destacam a tendência no turismo de aventura mundial pela busca de uma viagem realizada em pequenos grupos, procurando aguçar assim a sua experiência com o ambiente natural e o contato com as pessoas das localidades visitadas. São os chamados "viajantes livres e independentes" (FIT – *free and independent travelers*).

Considerações Finais

O segmento turístico ligado à aventura no Brasil vem experimentando crescimento considerável, consubstanciado na realização de eventos diversos pelo Brasil (feiras temáticas, simpósios em universidades públicas e privadas pelo país) e um atual foco no tema promovido governamentalmente a partir dos Ministérios do Turismo, Meio Ambiente e Esportes, em especial no tocante à certificação de agências/operadoras que lidam com essas atividades.

Se, por um lado, o crescimento "mercadológico" desse segmento se mostra estrondoso, por outro a abordagem acadêmica desse fenômeno não parece ter acompanhado tal ritmo.

Vemos abordagens do tema em diversas revistas especializadas disponíveis nas bancas de jornais por todo o país; no entanto, ainda há expressiva carência bibliográfica específica sobre turismo de aventura, ficando este passível de análise geralmente subjugado a estudos que visam discutir ecoturismo num espectro mais amplo.

Ao sugerir aqui literatura estrangeira sobre esportes radicais e turismo, é importante ressaltar que não se procurou valorizar a produção internacional sobre o tema em detrimento à nacional, a qual já vem sendo produzida direta ou indiretamente em relevantes trabalhos, como dissertações e artigos em periódicos especializados. A tentativa é de colaborar com uma lista de publicações para ampliar a literatura sobre o tema, coadunando com o objetivo deste trabalho. Propõe-se ao leitor, mesmo que pareça em princípio inacessível, uma busca futura de tais obras a serem utilizadas especialmente em trabalhos científicos no nosso país, promovendo no nosso entendimento uma importante articulação da recente produção brasileira com a já estabelecida publicação internacional.

Exercícios Propostos

1. M. Collins, em seu interessante trabalho "Quiet: please: sport in the British Countryside", já comentado neste texto, faz uma alusão aos possíveis impactos negativos de esportes radicais motorizados na natureza, provocados em especial por *motos* e *jeep off road*:
   - Barulho e aborrecimento para os residentes.
   - Erosões e outros estragos para a terra.
   - Distúrbios na vida selvagem.

   Procure dissertar identificando como você vê essa questão. É possível a prática desses esportes na natureza minimizando os seus impactos negativos físicos e sociais? Como envolver a comunidade nesse processo, visando à sustentabilidade dessas práticas?
2. Assim como o *esquibunda*, mencionado no texto como uma atividade nacional presente nos "pacotes turísticos" semelhante a modalidades já estabelecidas como o *sandboard*, resistindo a uma certa "americanização" do termo, sugira outros esportes radicais que você conhece que se enquadram nesse modelo de semelhança em termos de prática e consumo, porém em distintos idiomas (português/inglês).
3. Em obra anterior (Uvinha, 2001), verificamos algumas gírias utilizadas por praticantes de esportes radicais (em especial no *skateboarding*) que identificam um interessante vocabulário e sugerem uma identidade de grupo. Entendendo que tais palavras não se limitam somente a esse grupo, mas também são utilizadas muitas vezes na linguagem cotidiana, procure fazer uma correta associação das colunas a seguir:

(a) capote	( ) policial
(b) gambé	( ) briga
(c) prego	( ) tombo
(d) treta	( ) azar
(e) zica	( ) iniciante
4. Identifique outras gírias no grupo de praticantes e descreva, expondo seu significado imediatamente à frente da palavra.

Glossário[8]

Abseiling/Rappelling/Rapel: descida de árvores, rochedos ou até mesmo viadutos no meio urbano por meio da técnica de rapel.

[8] Serão mencionadas apenas as modalidades citadas neste texto, com suas explicações baseadas em Hardy (1997), Bastart e Navarro (2000) e Stern (2000) (traduções do autor).

Parte 3

Bob skeleton: praticado em pistas de gelo, individualmente, utilizando pranchas específicas.

Bungee-jump: salto de uma ponte ou guindaste, geralmente numa altura mínima estabelecida em 40m, preso a uma corda elástica.

Canyoning/*Canoenismo*/Canyoneering: exploração de cursos de rios.

Caving/*Cavernismo*: exploração de cavernas.

Deep-sea diving/Scuba diving/*Mergulho autônomo*: mergulho com a utilização de equipamentos específicos, como cilindros de ar, cintos com peso e máscara.

Hang-gliding/Asa-delta/*Vôo livre*: esporte aéreo que utiliza equipamento de vôo em estrutura rígida, com formato de uma asa.

Hiking/Wilderness walks: semelhante ao *trekking*; o termo é utilizado geralmente na Europa e atribuído a caminhadas com elevado grau de dificuldade.

Ice climbing: escalada em paredes com gelo.

Jeep off-road: prática utiliza automóveis especialmente preparados para superar terrenos com obstáculos.

Motocross: prática utiliza motocicletas especialmente preparadas para superar terrenos com obstáculos.

Mountain bike: prática utiliza bicicletas especialmente preparadas para superar terrenos com obstáculos.

Orienteering: esporte de navegação usando mapas detalhados e especialmente desenhados. Neste, são inclusas atividades como o *mountaineering*, *mountain bike* e *ski*, entre outras.

Parachuting/Sky diving/Pára-quedismo: salto em queda livre utilizando pára-quedas.

Paragliding/Parapente/Paraglider: salto geralmente a partir de morros em técnica bastante semelhante à da asa-delta; o praticante vai sentado em cadeira específica presa a um pára-quedas.

Rafting: descida de corredeiras de rios em botes coletivos, geralmente com capacidade para até 10 praticantes.

Rock climbing/Mountain climbing: escalada em áreas abertas, como em paredes de rochedos, com utilização de equipamentos como corda e mosquetão.

Sandboarding: utiliza-se prancha alongada para descer dunas e demais superfícies arenosas.

Skateboarding: utilização de prancha com rodas; prática individual em pistas próprias ou espaços públicos como ruas e praças.

Snowboarding: utiliza-se prancha alongada para a prática sobre superfície com neve.

Surf: praticado nas ondas do mar com utilização de prancha específica.

Trekking/Walking: caminhada, geralmente em trilhas já estabelecidas.

Waterskiing/*Esqui aquático*: o praticante, ancorado por uma corda numa lancha, realiza manobras sobre as ondas produzidas com equipamento específico preso a cada pé.

Zorbing: descida geralmente em trechos de morros previamente estabelecidos em que o praticante vai dentro de uma esfera especialmente construída para absorver impactos.

Sites Indicados

O assunto *esportes radicais* traz, num *site* de busca como o Google Brasil, mais de 64.700 resultados e 220.000 para *esportes de aventura*. Por sua vez, *turismo de aventura* no Brasil mobiliza 111.000 buscas, o que amplia a 633.000 em todo o mundo, entre agências especializadas, organizações não governamentais, eventos já realizados, entre outros.

Serão, portanto, mencionados apenas alguns *sites*, confiando a informação aqui registrada aos textos divulgados por eles.

www.aventuraespecial.com.br: *site* sugerido pelo Ministério do Turismo, é promovido pela organização não governamental *Aventura Especial* e trata da prática dos esportes radicais para PNE – Pessoas com Necessidades Especiais.

www.ciencia.sp.gov.br/turismo/aventura/guia/: *site* da Secretaria de Estado de Ciência, Tecnologia, Desenvolvimento Econômico e Turismo do Governo do Estado de São Paulo, com um *Guia de Turismo de Aventura* que presta informações a respeito de 19 modalidades esportivas e uma lista de 43 cidades do estado onde se sugere praticá-los.

www.ecoviagem.com.br/adventurefair: criado em 1999, este é um dos *sites* brasileiros que trazem uma série de informações a respeito do turismo de aventura, como modalidades esportivas, locais para a prática no Brasil e propostas de certificação para um turismo sustentável. No *link* "fique por dentro", informações sobre a última edição da feira realizada anualmente em São Paulo, *Adventure Sport Fair*, com dados sobre alguns dos resultados a partir de simpósio envolvendo membros do Governo Federal.

www.esporte.gov.br: é possível encontrar no *site* do Ministério dos Esportes alguns resultados

Parte 3

obtidos nas discussões sobre os *esportes de aventura* da *1ª Conferência Nacional do Esporte*, realizada de 7 a 11 de junho de 2004. Esse evento acaba por localizar tais esportes como subtemas do eixo temático *esporte e alto rendimento* e sugere a realização dos *Jogos dos Esportes de Aventura* como subseção do calendário dos chamados *Jogos Nacionais*.

www.setur.rn.gov.br/dest_jacuma.html: *site* da Secretaria de Turismo do governo do estado do Rio Grande do Norte em que é possível encontrar a prática do *esquibunda* realizado na Lagoa de Jacumã, comentada neste texto.

www.tasmaniaoutdoors.com/industry/tasorcabout.php: em países como a Austrália, há disponibilidade de conselhos especializados em atividades de aventura, fazendo uma importante articulação entre empresários do setor e governo local, em especial no tocante a questões jurídicas e administrativas. Aqui o destaque vai para o *The Tasmanian Outdoor Recreation Council Inc. (TasORC)*, formado em 1997 e bastante atuante naquele país.

www.turismo.gov.br: *site* oficial do turismo brasileiro, traz *links* como o que dá detalhes sobre a programação do *Simpósio sobre Certificação em Turismo de Aventura*, que contou com representantes dos Ministérios do Meio Ambiente, Esporte, Cultura e Turismo, realizado em agosto de 2004 na *Adventure Sports Fair*.

www.yourbiography.com: algumas das publicações estrangeiras sugeridas e comentadas neste artigo trazem a referência de *sites* nos quais é possível encontrar mais informações sobre os autores e até adquirir a obra em questão. Esse, por exemplo, é o endereço disponibilizado por J. C. Simmons, em *The Big Book of Adventure Travel*.

BIBLIOGRAFIA

ASPAS, J. M. A. *Los Deportes de Aventura: consideraciones jurídicas sobre el turismo activo*. Zaragoza: Prames, 2000.

BASTART, J.; NAVARRO, X. *Guía de los Deportes de Aventura*. Barcelona: Libros Cúpula, 2000.

BEEDIE, P. Adventure tourism. In: HUDSON, S. (Ed.). *Sport and Adventure Tourism*. New York: The Hawort Hospitality, 2003.

BENI, M. C. Conceituando turismo rural, agroturismo, turismo ecológico e ecoturismo. In: BARRETO, M.; TAMANINI, E. (Orgs.). *Redescobrindo a Ecologia no Turismo*. Caxias do Sul: EDUCS, 2002.

BIZLEY, K. *Radical Sports: surfing*. Oxford: Heinemann Library, 1999.

BONALUME NETO, R. Besteiras dos anos 90. *Revista da Folha*, São Paulo, 17/out./1999, p. 48.

COLLINS, M. Quiet: please: sport in the British Countryside. In: FOLEY, M.; MCGILLIVRAY, D.; MCPHERSON, G. (Eds.). *Leisure, tourism and environment: sustainability and environmental policies*. Brighton: LSA, 1999.

CSIKSZENTMIHALYI, M.; CSIKSZENTMIHALYI, I. Adventure and the flow experience. In: MILES, J. C.; PRIEST, S. (Eds.). *Adventure Programming*. 2nd ed. State College: Venture Publishing, 1999.

DRAKE, L. *The Complete Book of Outdoor Adventure*. Sydney: Weldons, 1987.

DUNN, D. R.; GULBIS, J. M. The risk revolution. In: MEIER, J. F.; MORASH, T. W.; WELTON, G. E. (Eds.) *High adventure outdoor pursuits: organization and leadership*. Salt Lake City: BPC, 1980.

EDINGTON, J. M.; EDINGTON, M. A. *Ecology, recreation and tourism*. Cambridge: University, 1986.

EGGAR, R. *Daring Days Out*. London: Metro Books, 1997.

FOSTER, T.; NICHOLLS, J. *Outdoors: enjoying and surviving adventure activities in the bush and on the water*. Sydney: Methuen Australia Pty, 1980.

HARDY, J. M. *The Adventure Sports Directory*. London: The Adventure Directory, 1997.

JUBENVILLE, A.; TWIGHT, B. W. *Outdoor Recreation Management: theory and application*. 3rd ed. State College: Venture, 1993.

KNOWLES-LANKFORD, J; LANKFORD, S. V. Tourism and sustainability – can they be partners? *WLRA Journal, Warszawa, 42 (2):* 2000.

LESLIE, D. Sustainable tourism – or more a matter of sustainable societies? In: FOLEY, M.; MCGILLIVRAY, D.; McPHERSON, G. (Eds.). *Leisure, Tourism and Environment: sustainability and environmental policies*. Brighton: LSA, 1999.

MAGALHÃES, C. F. *Diretrizes para o Turismo Sustentável em Municípios*. São Paulo: Roca, 2002.

MCLENNAN, C. *New Zealand: pure adventure*. Auckland: David Bateman, 1999.

MCNEILL, C.; CORY-WRIGHT, J.; RENFREW, T. *Teaching orienteering*. 2nd ed. Doune: Harveys, 1998.

MEIER, J. F. Is the risk worth taking? MEIER, J. F.; MORASH, T. W.; WELTON, G. E. (Eds.) *High Adventure Outdoor Pursuits: organization and leadership*. Salt Lake City: BPC, 1980.

MORTLOCK, C. *The Adventure Alternative*. 3rd ed. Berwick Upon Tweed: Cicerone, 1994.

NEIROTTI, L. D. An introduction to sport and adventure tourism. In: HUDSON, S. (Ed.) *Sport and Adventure Tourism*. New York: The Hawort Hospitality, 2003.

OLABUÉNAGA, J. I. R. Los desafio del ocio. *Documentos de Estudos de Ocio, Bilbao, Universidad de Deusto, (3)*, 1996.

OLIVEIRA, C. G. S. Turismo rural: procedimentos para implantação dessa atividade em propriedades rurais do Estado de São Paulo. São Paulo: USP, 2001. Dissertação (Mestrado) – Escola de Comunicação e Artes da Universidade de São Paulo, 2001.

PHELPS, A. Greening the curriculum: opportunities in teaching tourism. In: FOLEY, M.; MCGILLIVRAY, D.; McPHERSON,

G. (Eds.). *Leisure, Tourism and Environment: sustainability and environmental policies.* Brighton: LSA, 1999.

PHILLIPS, V. *The Outdoor Classroom.* Wellington: A New Zealand Forest Service Publication, 1983.

PIGRAM, J. J. Tourism and sustainability: a positive trend. In: GARTNER, W. C.; LIME, D. W. (Eds.). *Trends in Outdoor Recreation, Leisure and Tourism.* New York: CABI, 2000.

ROBERTS, B. *Extreme Sports: in-line skating.* London: Franklin Watts, 1997.

RUSCHMANN, D. V. M. O planejamento do turismo e a proteção do meio ambiente. São Paulo: USP, 1994. Tese (Doutorado) – Escola de Comunicação e Artes da Universidade de São Paulo, 1994.

SERRANO, C. M. T. O "produto" ecoturístico. In: ANSARAH, M. G. R. (Org.). *Turismo: como aprender, como ensinar.* São Paulo: SENAC, 2001.

SIMMONS, J. C. *The Big Book of Adventure Travel.* 4th ed. Emeryville: Avalon Travel, 2001.

STERN, J. *Getaway Adventure: expand your horizons.* Cape Town: Ramsay, Son & Parker, 2000.

SWARBROOKE, J. et al. *Adventure Tourism: the new frontier.* Oxford: Butterworth-Heinemann, 2003.

SWARBROOKE, J. *Turismo Sustentável: turismo cultural, ecoturismo e ética.* São Paulo: Aleph, 2000.

UVINHA, R. R. *Juventude, Lazer e Esportes Radicais.* São Paulo, Manole, 2001.

UVINHA, R. R. Turismo de aventura: uma anáise do desenvolvimento desse segmento na Vila de Paranapiacaba. 2003. São Paulo: USP, 2003. 184p. Tese (Doutorado) – Escola de Comunicação e Artes da Universidade de São Paulo, 2003.

WEARING, S.; GARTRELL, N. Exploring ecotourism and community based in research applications for joint management of national parks. *WLRA Journal, Warszawa, 42 (1)*, 2000.

WILLIANS, S. *Outdoor Recreation and Urban Environment.* London: Routledge, 1995.

Anotações

Anotações

85-7241-568-8

CAPÍTULO

29 Uso de Cavernas como Produto Turístico

José Antonio Scaleante

Introdução

O aproveitamento das cavernas para pesquisa, lazer, prática de esportes radicais e como forma de desenvolvimento econômico de uma região vem aumentando de forma significativa nas últimas décadas. No entanto, somente nos últimos anos é que pesquisadores e, posteriormente, usuários começaram a se preocupar com os impactos provocados pela presença humana em um ambiente tão frágil como é o mundo subterrâneo.

Este artigo visa a orientar pesquisadores, usuários e profissionais do turismo sobre a importância do manejo adequado antes de se iniciar a utilização de uma caverna para fins turísticos e informar sobre alguns passos a serem implementados que possam contribuir para evitar sua conseqüente degradação. Quanto a esse último aspecto, é importante ressaltar que não se trata de proibição, mas do uso correto do produto adequado.

De acordo com a legislação brasileira (Decreto nº 99.556, de 1º de outubro de 1990, artigo 1º, parágrafo único): *"Entende-se como cavidade natural subterrânea todo e qualquer espaço subterrâneo penetrável pelo homem, com ou sem abertura identificada, popularmente conhecido como caverna, incluindo seu ambiente, conteúdo mineral e hídrico, a fauna e a flora ali encontrados e o corpo rochoso onde os mesmos se inserem, desde que a sua formação haja ocorrido por processos naturais, independentemente de suas dimensões ou do tipo de rocha encaixante. Nesta designação estão incluídos todos os termos regionais, tais como gruta, lapa, toca, abismo, furna e buraco".*

Esses espaços naturais têm despertado o interesse das pessoas, provocando uma demanda sempre crescente em todo o mundo nos últimos anos.

Há por volta de 800 importantes cavernas turísticas no mundo, com perto de 170 milhões de visitantes por ano, cada uma demandando por volta de 100 habitantes locais diretamente envolvidos com esse segmento de mercado, além de algumas centenas de outras pessoas trabalhando indiretamente para cada trabalhador direto (Cigna, 1999), portanto, centenas de milhares no mundo. Segundo estimativa de Cigna e Forti (1989), cerca de 10 milhões de pessoas recebem salário proveniente de trabalhos ligados a cavernas turísticas no mundo. Esse número poderá aumentar se forem considerados os parques cársticos, não apenas as cavernas.

Reportando-se a tais análises, observa-se que o turismo em cavernas não é um fenômeno que possa passar despercebido; necessita de muita atenção por ser uma atividade com significativa influência positiva na economia local.

Estudos e pesquisas são necessários para um avanço no setor. Além disso, é imprescindível o anteparo da legislação. Portanto, a aprovação e a regulamentação da lei de proteção a cavernas, juntamente com um trabalho de educação, poderão preencher a lacuna que atualmente existe no Brasil.

A permanência do ser humano tanto dentro como nos arredores de cavernas interfere subs-

Parte 3

85-7241-568-8

tancialmente em seu ecossistema. O impacto provocado pela visitação intensiva em cavernas tem sido bastante estudado em países desenvolvidos, como França, Estados Unidos, Espanha e Itália. Contudo, estudos relacionados a esse tipo de uso turístico de grutas no Brasil são incipientes, destacando-se hoje apenas quatro cavernas – Ubajara (Ceará), Bacaetava, Lancinha e Botuverá (Paraná) – em fase de implantação do turismo com planejamento e algumas outras em fase de análise do Plano de Manejo, de acordo com informações obtidas junto ao Ibama – Instituto Brasileiro do Meio Ambiente e dos Recursos Naturais Renováveis e o Cecav – Centro Nacional de Estudos, Proteção e Manejo de Cavernas.

Desta forma, no Brasil, muitas cavernas importantes sob o aspecto científico já foram destruídas por mineradoras e hidrelétricas sem que se definisse seu melhor uso. Paradoxalmente, em muitos casos se preserva intocado aquilo que poderia render matéria-prima para a construção civil, implementos para a agricultura ou verbas provenientes de um turismo bem controlado.

Neste artigo, apresentamos informações básicas sobre o turismo em cavernas, abordando os aspectos que possam contribuir para a avaliação básica dos ambientes possíveis de uso.

Turismo em Cavernas

As cavernas inicialmente foram utilizadas pelo homem como moradia, abrigo e espaço para expressão de sua arte. Em meados do século XVIII, serviam para obtenção de salitre, matéria-prima para fabricação de pólvora (Gomes, 1992), enquanto também alguns naturalistas, como Peter Lund, em 1831, para elas se dirigiam com finalidade de estudá-las (Auler, 1997).

A espeleologia em nível mundial consagrou-se como ciência na segunda metade do século passado, tendo como precursor E. A. Martel (Lino, 1989). No âmbito da biologia subterrânea, contou-se com Jeannel e Rocovitza, enquanto Robert, Jolly e Norbert Casteret dedicaram-se especificamente à sua exploração técnica e esportiva, em decorrência da grande variedade de desafios e aventuras que as cavernas proporcionam. Cvijic, Penk e Grund, todos integrantes do Grupo de Geomorfólogos de Viena, aprofundaram-se nos estudos sobre o carste, representado por rochas solúveis, em especial as carbonáticas (Lino, 1989).

No Brasil, o sábio dinamarquês Peter Wilhelm Lund iniciou estudos paleontológicos no período de 1835 a 1844, mais precisamente na região de Lagoa Santa, Minas Gerais (Cartelle, 1994). Na virada do século XIX, aconteceu o primeiro avanço considerável em termos de exploração espeleológica no Brasil, por intermédio do alemão Ricardo Krone, radicado em Iguape, São Paulo, que dedicou seus estudos à região do Vale do Ribeira, cadastrando as primeiras 41 cavernas do Estado de São Paulo (Lino, 1989).

Após alguns anos de silêncio e anonimato, em 1935 nasceu o primeiro grupo de espeleologia da América Latina em Ouro Preto (Minas Gerais), por influência dos estudantes franceses da Escola de Engenharia de Minas. Iniciou-se uma nova fase de exploração espeleológica que culminou com a fundação, em 1º de novembro de 1969, da SBE – Sociedade Brasileira de Espeleologia (Le Bret, 1995).

Hoje, a sociedade concentra seus esforços para o desenvolvimento da espeleologia na área científica (geografia, geologia, hidrologia, biologia, arqueologia, paleontologia, antropologia, etc.); esportiva (*rapel*, escalada, caminhadas com alto grau de dificuldade, trechos complicados de natação, mergulho, etc.) e turística, geralmente associada ao ecoturismo (Figueiredo, 1998).

Dentro do enfoque do turismo, atualmente essa atividade exerce um papel decisivo em vários países do mundo, sendo, não raras vezes, o carro-chefe do desenvolvimento econômico, social e cultural de muitas regiões.

O Brasil vem tentando dar atenção ao desenvolvimento turístico de diversas regiões por meio de programas realizados pela Embratur – Instituto Brasileiro de Turismo, como o PNMT – Programa Nacional de Municipalização do Turismo, as Diretrizes para uma Política Nacional de Ecoturismo da Embratur e Ibama – Instituto Brasileiro do Meio Ambiente e dos Recursos Naturais Renováveis e as Diretrizes para uma Política Estadual de Ecoturismo da Secretaria Estadual de Meio Ambiente do Estado de São Paulo. Com o grande potencial que a nação possui em termos de riquezas naturais e culturais, a possibilidade de estar entre os principais receptores de turistas do mundo é evidente (Bissoli, 1996).

As cavernas brasileiras representam um dos atrativos turísticos que mais tem se destacado nos últimos anos, graças a fatores como a relevância

85-7241-568-8

do aspecto ecológico na sociedade ocidental e a divulgação do tema pela mídia (Figueiredo, 1998). O interesse nacional pelo tema provocou o aumento de associados à SBE, culminando com a realização do último Congresso Internacional de Espeleologia, em Brasília, entre 15 e 22 de julho de 2001. O evento trouxe ao país espeleocientistas de 43 países do mundo, provavelmente muitos deles descobrindo uma região tropical única para desenvolvimento de seus estudos, ao mesmo tempo em que estimulou o próprio potencial humano brasileiro. As excursões pré e pós-congresso mostraram aos visitantes os encantos dessa terra, funcionando como meio de divulgação de suas potencialidades no setor turístico.

Ao considerar o turismo como um segmento de mercado preponderante para o desenvolvimento econômico de várias regiões brasileiras, a SBE elaborou uma minuta para o projeto de lei que dispõe sobre a proteção das cavidades naturais subterrâneas, em conformidade com o artigo 20 da Constituição Federal, que diz: "*São bens da União*", inciso X, "*as cavidades naturais subterrâneas e os sítios arqueológicos e pré-históricos*" e, no artigo 216: "*Constituem patrimônio cultural brasileiro os bens de natureza material e imaterial, tomados individualmente ou em conjunto, portadores de referência à ação, à memória dos diferentes grupos formadores da sociedade brasileira, nos quais se incluem:*" o inciso V que diz: "*os conjuntos urbanos e sítios de valor histórico, paisagístico, artístico, arqueológico, paleontológico, ecológico e científico*". O Projeto de Lei nº 5.071 atualmente se encontra em fase final para aprovação.

Conforme o artigo 6º, inciso I da lei, fica condicionada a permissão de utilização das cavidades naturais à elaboração prévia de um Plano de Manejo:

> *Art. 6 – As atividades em cavidades naturais subterrâneas não serão permitidas sem a devida permissão, autorização ou licença da autoridade competente, na forma disposta na regulamentação desta lei.*
> *Parágrafo primeiro – A autorização, permissão ou licença para atividades de turismo e de lazer intensivos ou realizados em caráter permanente em cavidades naturais subterrâneas será condicionada à apresentação de Plano de Manejo, do qual conste programa de educação ambiental.*

Dessa forma, em termos de legislação, o que ainda precisa ser definido em prol da espeleologia brasileira diz respeito a uma abordagem mais específica, de caráter interdisciplinar, para determinar a melhor forma de uso para uma gruta, que tanto pode ser turística, para exploração de bens minerais ou resguardada para estudos científicos.

Dentre os tipos de cavernas existentes, aquelas formadas em calcário são as de maiores proporções e as mais ornamentadas. Por isso mesmo são problemáticas, pois são mais frágeis, com delicadas formações de espeleotemas em seu interior e, em geral, as mais procuradas pelos turistas (Huppert *et al.*, 1993).

Cavernas Utilizadas para o Turismo em Massa no Brasil

As 17 cavernas relacionadas possuem infra-estrutura física e de monitoramento local para receberem os turistas com segurança (Tabela 29.1).

Outras Cavernas com Visitação Turística no Brasil

As cavernas a seguir possuem pouca infra-estrutura e são mais procuradas pelos amantes de esportes radicais ou pelos praticantes de ecoturismo:

- São Paulo:
  - Gruta do Morro Preto.
  - Gruta da Água Suja.
  - Gruta do Chapéu.
  - Gruta das Aranhas.
  - Gruta do Ouro Grosso e outras cavernas do Parque Estadual Turístico do Alto Ribeira.
  - Gruta de Itambé e outras cavernas areníticas da região de Altinópolis.
- Bahia:
  - Gruta da Torrinha.
  - Lapa Doce I.
  - Gruta do Lapão.
  - Poço Encantado.

Parte 3

85-7241-568-8

Tabela 29.1 – Cavernas com infra-estrutura física e monitoramento local para receberem turistas com segurança

Denominação	Município	Estado
Gruta do Maquiné	Codisburgo	Minas Gerais
Gruta da Lapinha	Lagoa Santa	Minas Gerais
Gruta Rei do Mato	Sete Lagoas	Minas Gerais
Gruta de Palhares	Sacramento	Minas Gerais
Caverna do Diabo	Eldorado	São Paulo
Furnas de Vila Velha	Ponta Grossa	Paraná
Gruta de Ubajara	Ubajara	Ceará
Lapa da Mangabeira	Ituaçu	Bahia
Gruta do Santuário do Bom Jesus da Lapa	Bom Jesus da Lapa	Bahia
Gruta do Lago Azul	Bonito	Mato Grosso do Sul
Gruta de São Miguel	Bonito	Mato Grosso do Sul
Abismo de Anhumas	Bonito	Mato Grosso do Sul
Gruta Mimoso	Bonito	Mato Grosso do Sul
Gruta do Botuverá	Botuvera	Santa Catarina
Caverna de Santana	Iporanga	São Paulo
Abrigos do Parque Nacional da Serra da Capivara	Coronel José Dias	Piauí
Abrigos do Parque Nacional de Sete Cidades	Coronel José Dias	Piauí

- Gruta da Pratinha.
- Buraco do Cão, entre outras com menor fluxo na Chapada Diamantina.

• Goiás:
- Gruta de Terra Ronca.
- Gruta dos Ecos.

• Distrito Federal:
- Buraco das Araras.
- Buraco do Inferno.

• Amazonas:
- Refúgio do Marauaga.

• Espírito Santo:
- Gruta do Castelo.

• Rio Grande do Norte:
- Furna Feia.

• Minas Gerais:
- Gruta do Janelão.
- Lapa dos Desenhos.
- Gruta dos Caboclos.
- Gruta Bonita.
- Gruta dos Troncos.
- Gruta dos Cascudos.
- Arco do André.
- Gruta do Carlúcio e outras cavernas do Vale do Peruaçu (Januária e Itacarambi).
- Gruta das Bromélias e outras cavernas do Parque Estadual do Ibitipoca.
- Gruta do Éden (Pains).
- Gruta do Tamboril (Unaí).
- Gruta da Igrejinha (Ouro Preto).
- Gruta do Carimbado (São Tomé das Letras).
- Lapa Grande (Montes Claros).
- Gruta da Morena (Cordisburgo).
- Gruta do Baú (Pedro Leopoldo).
- Gruta do Urubu Rei (Lagoa dos Patos).
- Gruta do Salitre (Diamantina).

Turismo no Parque Estadual Turístico do Alto Ribeira

O parque, com 35.102,83 hectares, estando 24% dessa área no município de Apiaí e os restantes 76% em Iporanga (Burg, 1998), estado de São Paulo, foi criado oficialmente por força do Decreto nº 32.283, de 19 de maio de 1958, como Parque Estadual do Alto Ribeira, e ratificado pela Lei nº 5.973, de 28 de novembro de 1960, como o Petar – Parque Estadual Turístico do Alto Ribeira, que é uma unidade de conservação administrada pelo Instituto Florestal, por sua vez subordinado à Coordenadoria de Informações Técnicas, Documentação e Pesquisa Ambiental da Secretaria do Meio Ambiente. Essa unidade de conservação, portanto, localiza-se na região do alto curso do rio Ribeira de Iguape (SP/SMA/DRPE/IF, 1994).

O Petar é um destino muito procurado por turistas, tendo sido objeto de regulamentação específica – a Portaria de 19 de maio de 1992, do Instituto Florestal – que classifica as áreas de visitação em intensiva (visitação de massa), extensiva (visita com autorização e pré-agendada) e restrita (somente com projetos de pesquisa). Representantes do Instituto Florestal, do Instituto Geológico e da SBE, em comum acordo, decidiram pelo estabelecimento da mesma classificação para turismo em cavernas. Até quando se trata de uma única gruta, calcária, ela pode ser muito complexa, a ponto de permitir vários usos, como a Caverna de Santana, a mais procurada pelos turistas por ser de melhor acesso e a mais ornamentada da região.

Cavernas nessa litologia também são fortemente ameaçadas pela exploração mineral, visto que o calcário é de suma importância para a linha de desenvolvimento que segue a nossa sociedade. Os aqüíferos, depósitos de água subterrânea, quando existentes em tipos de rochas denominadas cristalinas, ainda não foram suficientemente estudados no Brasil. No caso particular de aqüíferos em rochas sedimentares, especificamente rochas carbonáticas, que são solúveis em água – os denominados aqüíferos cársticos –, ainda são menos estudados, embora muito importantes em virtude de todas as suas especificidades.

Aproximadamente 20% da superfície do planeta se compõem de rochas carbonáticas, havendo significativo número de parques e reservas naturais nessas áreas, chamadas de regiões cársticas (Huppert *et al.*, 1993). Por esses motivos, o estudo nesse tipo de rocha servirá não exatamente como modelo, mas ponto de partida para análise de cavernas em outras litologias que não tenham tais complicadores.

IMPACTOS DO TURISMO EM CAVERNAS

A simples presença humana em ambientes cavernícolas, desde que em quantidade superior àquela que o sistema é capaz de absorver, provoca impactos irreversíveis sobre a biota, o maciço rochoso e as formações internas. O impacto ambiental pode ser definido como uma somatória de efeitos e conseqüências sobre o ambiente, em decorrência das atividades humanas.

Podem ser realizados paralelismos entre a mudança dos territórios conquistados pelo homem, ou seja, a transformação do ambiente selvagem em ambiente antropofisado, que se relaciona com a interface da história da civilização e do meio ambiente.

Segundo Forti (1999), o ambiente cárstico é um dos mais vulneráveis e a transformação de uma caverna natural em uma caverna turística deve ser projetada, implementada e manejada com grande atenção para os problemas de proteção ambiental, o que justifica a contribuição da Geologia de Engenharia nessas interferências.

Impactos externos ou de superfície são aqueles que resultam das alterações no entorno da caverna para instalação de toda a infra-estrutura necessária à atividade, como o desmatamento, a pavimentação do solo, a construção de estacionamentos, banheiros, hotéis, centros de informações, demarcação das trilhas, entre outros.

A impermeabilização do solo na superfície, com cobertura de cimento ou asfalto, produz nas cavernas e em todo o carste impactos já identificados por pesquisadores renomados nessa área de estudo, como Williams, Forti, Cigna, Menichetti, Tosti, Pierini, etc. Os possíveis impactos são mudanças na hidrologia, como desvio do curso d'água provocado pela construção de passarelas; mudanças na atmosfera das cavernas; interferência na permeabilidade natural do carste, provocando alterações no crescimento dos espeleotemas (redução ou até eliminação); crescimento de plantas verdes, ocasionado pela iluminação contínua (algas, musgos e samambaias); aumento prolongado na concentração de gás carbônico (CO_2), que pode afetar o equilíbrio químico dos espeleotemas, etc.

CAPACIDADE DE CARGA E NÍVEIS DE ENERGIA DA CAVERNA

Sobre as condições de um ambiente cárstico suportar ou não determinado número de turistas, Cigna (1989) e Cigna e Forti (1989) mencionam: *"A capacidade de carga de visitantes pode ser definida como o número máximo aceitável de visitantes em uma unidade de tempo sob condições definidas, as quais não podem implicar em uma modificação permanente de um relevante parâmetro ambiental da caverna".*

Os autores salientam que essa definição baseia-se nas seguintes suposições:

- Variações naturais dos parâmetros ambientais não prejudicam a integridade do ambiente.

Parte 3

- Se o número de visitantes em uma caverna por unidade de tempo é gradativamente aumentado, isso fará o parâmetro ambiental exceder seu limite de variação natural, passando para um estado impactante.
- A capacidade de carga de visitante corresponde ao fluxo máximo de turistas na caverna que eleva os parâmetros para o limite de sua variação natural.
- A seleção de parâmetros ambientais de maior ou menor amplitude ou abrangência é arbitrária. Se classificarmos a temperatura do ar, a concentração de dióxido de carbono e a qualidade da água como parâmetros mais amplos e significativos, a classificação de outros parâmetros requererá estudos mais detalhados. A importância dos parâmentros varia muito de uma caverna para outra.

As pesquisas de Kermode (Cigna e Forti, 1989) na Nova Zelândia apontaram um decréscimo superficial em espeleotemas como resultado da visitação de cerca de 500 visitantes por dia.

Para subsidiar os estudos sobre capacidade de carga de visitantes, pode-se lançar mão da revisão do conceito de níveis de energia feita por Heaton (1986), que classificou as cavernas em três categorias:

- *Nível de energia alto*: cavernas que normalmente abrigam eventos de alta energia; por exemplo, cavernas que sofrem inundações periódicas. De acordo com essa classificação, galerias ou salões em cavernas de alta energia pouco são afetados pelas atividades turísticas, pois há uma reorganização do espaço interior da caverna por fenômenos naturais, como queda de rochas ou inundações (Fig. 29.1).
- *Nível de energia moderado*: cavernas que abrigam eventos mais fracos; por exemplo, as mais significativas forças devem ser águas de chuva, vento constante ou mesmo perturbações de animais. Em cavernas ou trechos de energia moderada, que geralmente possuem muita ornamentação, a presença de visitantes é muito mais prejudicial. A energia liberada pelos turistas em um curto período de tempo pode ser da mesma magnitude que a liberada por processos naturais, que demoram mais tempo para ocorrer. Isso pode levar a um dano irreversível (Fig. 29.2).

Figura 29.1 – Alta energia: galeria do rio da Caverna de Santana.

Figura 29.2 – Nível moderado de energia: Caverna Morro Preto.

- *Nível de energia baixo:* cavernas que abrigam eventos de magnitude menor ainda; por exemplo, o evento de mais alta energia pode ser uma queda d'água. Uma visita a uma caverna de baixa energia tem implicações mais sérias porque, em um intervalo de tempo muito curto, mais energia pode ser liberada pelos turistas do que aquela que a caverna já recebeu em centenas de anos. O dano causado por um grupo de turistas é muito grande e os espeleotemas são rapidamente destruídos (Fig. 29.3).

As cavernas turísticas mais comuns são as de energia baixa e energia moderada. Isso se deve à dificuldade e ao alto custo para desenvolvimento e manutenção de cavernas turísticas que sejam de energia alta (Heaton, 1986).

85-7241-568-8

Figura 29.3 – Baixa energia: Salão Taqueupa, na Caverna de Santana.

Em campo, a situação é muito mais complexa que esses exemplos, pois a mesma caverna pode ter os três níveis de energia quando observada em diferentes trechos; por exemplo, a Caverna de Santana.

Plano de Manejo Espeleológico

Após os estudos preliminares para definir o aproveitamento turístico de uma caverna, deve-se elaborar um Plano de Manejo Espeleológico, conforme especificado no item Legislação Brasileira de Proteção a Cavernas. Esse plano deve visar à minimização dos impactos promovidos pela ocupação humana no seu entorno e pela visitação intensiva. Enquanto a lei que rege esse assunto se encontra em trâmites para sua aprovação, faz-se provisoriamente o Termo de Ajuste e Conduta.

Cavernas que não tiveram uma definição sobre seu melhor uso no Brasil já se desfiguraram ou foram mesmo destruídas no Vale do Ribeira (São Paulo), no Piauí, em Goiás, na Amazônia, em Minas Gerais, entre outros lugares.

O processo de planejar e implementar os Planos de Manejo Espeleológico é complexo, dispendioso e requer dos profissionais envolvidos observações anteriores para definição do quadro em seu estado natural e após o início da implantação de visitação mais intensiva. A observação e o controle também devem ocorrer *a posteriori* e por tempo indeterminado.

Retomando a abordagem do item anterior sobre a capacidade de carga de uma caverna relacionada com seus três níveis de energia (Heaton, 1986) para relacioná-la com seu Plano de Manejo, deve-se imaginar que, ao visitar uma gruta, o turista deseja encontrar os três níveis de energia propostos pelo autor. Esse fato se confirma observando as centenas de cavernas disponibilizadas para o turismo no mundo que, em sua maioria, têm o percurso turístico inserido onde há os três níveis de energia (Cigna, 1999). Citam-se como exemplos as Grutas Frasassi e Gigante, na Itália; Postojna e Skocjanske, na Eslovênia; Mamooth Cave, nos Estados Unidos; Niaux, na França; entre outras. O percurso turístico definido na Caverna de Santana por Scaleante (2003) se enquadra no conceito dos níveis de energia de Heaton (1986) (Figs. 29.4 a 29.9).

Fatores de Degradação

Podemos considerar inúmeros fatores que provocam deterioração em uma caverna com a presença humana. Diante desse fato já estudado e conhecido por vários pesquisadores, ao pensar no uso de uma caverna para fins turísticos, é necessária uma reflexão profunda e o mais abrangente possível sobre seu real potencial turístico, fragilidade

Figura 29.4 – Gruta Frasassi (Itália).

Figura 29.5 – Mamooth Cave (Estados Unidos).

Figura 29.7 – Gruta Postojna (Eslovênia).

Figura 29.6 – Gruta Gigante (Itália).

Figura 29.8 – Gruta Skocjanske: Eslovênia.

estrutural, potencial faunífero e, posteriormente, verificar seu potencial econômico e social, relacionado com o local em que se insere. Há de se lembrar que, sobre essa primeira análise, serão elaboradas as definições futuras, daí a sua grande importância. Nada obsta, porém, que outros parâmetros sejam inseridos conforme a abrangência do uso e as observações periódicas indispensáveis que se deve fazer.

Alguns fatores de degradação de uma gruta são evidentes e passíveis de soluções por meio de

Figura 29.9 – Gruta Niaux (França).

educação para com o uso adequado. Como exemplo, cita-se o lixo de várias naturezas como pilhas, garrafas, sacos plásticos, etc.

Outros fatores de degradação podem aparecer visualmente com o tempo, como deposição da fuligem de carbureto nos espeleotemas, partículas em suspensão, contato físico provocado pelo caminhamento em locais impróprios, roubo de concreções, de objetos arqueológicos e paleontológicos, pichações realizadas com chamas de carbureto, tintas, raspagem nas rochas, etc. (Forti e Cigna, 1983).

Alguns desses fatores produzem ou podem produzir danos irreversíveis. Na proposta de uso turístico de uma caverna deve-se incluir o aumento do controle interno e de sua área de entorno, visando à eliminação total das causas de degradação por falta de informações ou aos atos de vandalismo, tornando-se o turismo um potente *"veículo de tutela e de proteção"*. (Forti e Cigna, 1983; Cigna, 1987).

Por meio de depoimento verbal de pessoa fortemente ligada à Caverna de Santana no Vale do Ribeira, menção feita por Scaleante (2003), pode-se conhecer um caso concreto de deterioração de espeleotemas por fuligem de iluminação a carbureto. Em 1953, a Empresa de Mineração Furnas era detentora da posse das terras na região da Caverna de Santana, tendo cedido parte da área para moradia de uma família, da qual um membro, em relato recente, diz lembrar-se de que, àquela época, a caverna possuía suas concreções totalmente brancas, com espeleotemas claros e limpos. A veracidade dessa informação é simples de constatar ao se observar as fotos (Figs. 29.10 e 29.11).

A freqüente visitação turística em uma caverna ou a conseqüente permanência por tempo variável somado ao número elevado de pessoas tende a apresentar riscos de poluição térmica, química e biológica na caverna.

Figura 29.10 – Espeleotema sujo no Salão do Cristo (2001).

Figura 29.11 – Caverna Santana.

DISTÚRBIOS TÉRMICOS

Normalmente, o risco de poluição térmica decorrente da influência turística é somado com o produto da iluminação.

O cálculo do calor dissipado por uma pessoa que visita a caverna é suficientemente complicado porque são inúmeros os fatores (ventilação, tamanho do conduto, existência de água, etc.) a serem considerados (Cigna e Forti, 1989).

Foram efetuadas medidas no salão das pinturas da caverna Altamira, na Espanha, demonstrando que, naquelas condições experimentais, o calor dissipado por um corpo humano está entre as medidas 82 e 116 watts (Villar *et al.*, 1984).

Para avaliar as variações ambientais criadas pelo aumento da temperatura e, possivelmente, a diminuição da umidade, é necessário monitorar esses parâmetros simultaneamente com a quantidade de pessoas que transitam ou permanecem no local determinado para a pesquisa.

85-7241-568-8

É necessário iniciar o monitoramento com algum tempo de antecedência e finalizá-lo após a passagem do grupo e o retorno às condições físicas iniciais. Os valores obtidos serão em função dos respectivos volumes e níveis de energia do local.

As cavernas de Castellana, também na Espanha, são um típico exemplo de desequilíbrio térmico causado pela freqüente visitação humana, pois nem mesmo a pausa noturna permite restabelecer as condições iniciais do ambiente. Esse fato permitiu o aquecimento da Caverna do Arco, com 22 anos de visitação, onde se registrou aumento da temperatura de aproximadamente 3°C (Forti e Cigna, 1983; Cigna, 1989).

A maior geração de energia no interior de cavernas turísticas é originária da iluminação elétrica, quando existe, e do fluxo de visitantes, como evidenciou Menichetti (1995). O autor examinou a caverna Frasassi, na Itália, e concluiu que ela apresenta um aumento do fluxo térmico de 86% em conseqüência dos fatores já mencionados.

ACÚMULO DE GÁS CARBÔNICO

Após seus estudos na gruta Pozzi della Piana, na Itália, Palomba (1995) concluiu que vários são os fatores que atualmente contribuem para o aumento da concentração de gás carbônico no interior da caverna. Podemos destacar alguns deles, como:

- Produção de organismos oxidantes a partir do material orgânico presente no substrato.
- Respiração da fauna presente, em particular espécies homeotermas (quirópteros) que se aglomeram em algumas zonas, formando colônias de verão ou de inverno.
- Combustão do acetileno produzido pelas carbureteiras dos espeleólogos.
- Respiração dos visitantes.

Enquanto os primeiros dois fatores são fisiológicos da caverna e, portanto, parte integrante do ecossistema, os outros são originários da visitação humana.

ILUMINAÇÃO DE ACETILENO

A reação química que ocorre na queima do carbureto de cálcio, produto industrial cuja fórmula química é CaC_2, é a seguinte: $CaC_2 + 2H_2O$ (carbureto + água) produzem $Ca(OH)_2 + C_2H_2 + \Delta Q$ (hidróxido de cálcio + acetileno + calor).

Segundo Palomba (1995), a reação provocada pela queima que ocorre no bico da carbureteira produz fuligem, que fica em suspensão e, posteriormente, deposita-se nos espeleotemas. Poderá haver uma ressedimentação nos espeleotemas, impossibilitando definitivamente sua retirada.

Outros danos podem ser produzidos pelo calor das reações e também pelo comportamento do hidróxido de cálcio, que leva a uma variação do pH em determinados locais (Palomba, 1995).

Lembra ainda o autor que, durante a visita não monitorada, há ocorrências de materiais deixados pelos visitantes, classificados como inorgânicos e orgânicos.

Os inorgânicos são, em geral, materiais ferrosos abandonados que apresentam alto poder poluente.

Os biodegradáveis orgânicos são restos de alimentos que podem ser um meio de transporte de agentes patogênicos ou criam anomalias que produzem desequilíbrios nas populações ali existentes.

Outros materiais biodegradáveis são tocos de cigarros, altamente tóxicos por conta das substâncias solúveis neles contidas (nicotina e alcatrão).

Ocorrem duas reações durante o fenômeno químico de combustão do acetileno, expressas nas seguintes fórmulas:

a) $C_2H_2 + 3/2\ O_2$ (acetileno + oxigênio) produzem $2CO_2 + H_2O + \Delta Q$ (anidrido carbônico + água + calor).
b) $C_2H_2 + 1/2\ O_2$ (acetileno + oxigênio) produzem $2C + H_2O + \Delta Q$ (carbono + água + calor).

Considerando a combustão do gás perfeita, expressa somente pela reação "a", a aplicação de PV = nRT em pressão atmosférica à temperatura de 10°C e que o volume final do gás produzido esteja em equilíbrio com a temperatura da caverna, a quantidade de gás carbônico é proporcional ao tamanho do orifício no bico de porcelana pelo qual passa a chama de acetileno.

$$c\,(CO_2) = \frac{42 \times 10^3 \times t \times N}{V}$$

Existe no mercado um tipo de bico de 21 litros/hora; portanto, pode-se calcular a quantidade máxima de gás carbônico produzida pelos visitantes que utilizam iluminação de carbureteira aplicando a seguinte fórmula:

85-7241-568-8

$$c\,(CO_2) = \frac{42 \times 10^3 \times t \times N}{V}$$

Em que:

- $c\,(CO_2)$ = concentração de dióxido de carbono expresso em ppm.
- t = tempo de permanência em hora.
- N = número de visitantes.
- V = volume de cada sala (em metros cúbicos).

Os valores expressos nos cálculos efetuados são apenas exemplificativos, pois, em se tratando de valores experimentais, não foram considerados todos os parâmetros necessários (temperatura, umidade, conexão com outros salões da caverna, alterando a circulação de ar, reação "b", etc.), que ocorrem sempre em condições reais e não ideais.

Na caverna Altamira (Espanha), em uma primeira análise, ocorreu situação parecida com a mencionada nos estudos da gruta Pozzi della Piana. Depois da permanência de um grupo de seis pessoas por 20 minutos a 1 hora no interior da caverna, a concentração de dióxido de carbono somente retornou aos valores iniciais ou estáveis após 12 horas (Villar *et al.*, 1984).

Conforme Palomba (1995), já foram realizados estudos para avaliar a variação térmica graças à presença de luzes de acetileno, lâmpadas incandescentes, descarga de gases e enriquecimento de gás carbônico devido à presença de espeleólogos.

Ao elaborar um Plano de Manejo Espeleológico, deve-se reportar a tais estudos, uma vez que a preocupação com a iluminação a ser implantada no percurso turístico deve ser avaliada com atenção, pois a luz é um fator de forte perturbação no ambiente hipógeo, onde a presença de iluminação artificial provoca, inevitavelmente, alterações nas condições físicas e químicas da caverna. O calor produzido aumenta a temperatura e, conseqüentemente, provoca a diminuição da umidade relativa do ar, o que age negativamente nas populações de troglóbios, que somente se desenvolvem dentro de uma estabilidade dos níveis de umidade relativa do local.

A luz permite o desenvolvimento de organismos fotossintéticos (algas e musgos). Os esporos e os germes de tais vegetais podem estar presentes na caverna quando transportados pelas correntes de ar. O que impede seu crescimento é justamente a falta de condições fóticas.

Dado que o crescimento dos organismos fotossintéticos decorre da luz artificial, podem-se escolher fontes de luz que impeçam essas ações ou possam retardá-las (Imprescia, 1983).

Examinando a composição espectral da luz emitida dos vários tipos de lâmpadas, é possível efetuar uma escolha racional de fontes de luz a serem utilizadas para fins turísticos na caverna, quando essa for a opção de uso.

Legislação Brasileira de Proteção a Cavernas

Com base no levantamento efetuado pela organização não gevernamental Geo Brasil (2002), será apresentado a seguir um breve histórico da legislação brasileira concernente a cavernas. Essa legislação oferece não apenas uma definição de caverna (Decreto nº 99.556, artigo 1º, parágrafo único), como toda uma abordagem a respeito de sua proteção. Cavernas são, portanto, avaliadas como ambientes únicos que devem ser considerados pelo seu espaço interior e pelo seu entorno. O espaço interno e a vida aí existente dependem, em grande escala, do que se passa fora. Dessa percepção decorrem o Código de Ética da SBE e as leis brasileiras específicas de proteção às cavidades subterrâneas naturais: Projeto de Lei nº 5.071 (em análise pelo Congresso Nacional); Decreto nº 99.556; Portaria Ibama nº 887.

Enquanto inexistia uma legislação que dissesse respeito diretamente às cavernas, que teve seu início embrionário em 1961, com a Lei nº 3.924 (proteção de monumentos arqueológicos e pré-históricos), as cavidades naturais se beneficiavam indiretamente pela criação de unidades de conservação, como parques e APA – áreas de proteção ambiental, onde se situavam.

As primeiras regulamentações específicas a respeito de cavernas surgiram em 1986 (Resolução do Conama – Conselho Nacional de Meio Ambiente nº 9, criando uma comissão especial referente à preservação do patrimônio espeleológico) e 1987 (Resolução Conama nº 5, que aprova o Programa Nacional de Proteção ao Patrimônio Espeleológico).

Representando a sociedade civil organizada, a SBE contribuiu na elaboração da Constituição Federal de 1988 em defesa dos interesses espeleológicos, de modo que nela fez constar o reconhe-

Parte 3

85-7241-568-8

cimento das cavernas como bens da união em seu artigo 20, inciso X e artigo 216, inciso V.

Em 1989, foi criado o Ibama e, no ano seguinte, em 1º de outubro, o Decreto nº 99.556 ratificou e forneceu maior abrangência à Portaria Ibama nº 887. De acordo com esse Decreto, ficou estabelecido que cavernas são patrimônio nacional a se conservar, além de serem determinadas as condições de seu apropriado manejo. No artigo 3º consta a obrigatoriedade de EIA sujeito a aprovação de órgão competente nos casos de empreendimentos em áreas de ocorrência de cavernas ou de potencial espeleológico. No artigo 4º consta o seguinte: *"compete ao Poder Público, por intermédio do Ibama, preservar, conservar, fiscalizar e controlar o uso do patrimônio espeleológico brasileiro, bem como fomentar levantamentos, estudos e pesquisas que possibilitem ampliar o conhecimento sobre as cavidades naturais subterrâneas existentes no território nacional"*.

Por força da Portaria 57, de 05 de junho de 1997, foi criado um órgão dentro do Ibama, o Cecav, responsável por normatizar, fiscalizar e controlar o patrimônio espeleológico nacional, fomentar pesquisas na área, elaborar diagnósticos, levantar usos e respectivos riscos e ordenamento da utilização turística. O Cecav dispõe que a atividade turística em cavernas exige um Plano de Manejo Espeleológico, mais específico que o EIA, segundo o qual serão definidos critérios, métodos e procedimentos ideais para uma intervenção mínima no ambiente cavernícola.

A Lei do SNUC – Sistema Nacional de Unidades de Conservação, aprovada em 2000, reconheceu a proteção às cavernas e aos sítios espeleológicos como um dos objetivos básicos da criação e implantação de áreas protegidas no Brasil.

O uso turístico de cavernas da Chapada Diamantina foi regulamentado pela Portaria Ibama nº 15, de 23 de fevereiro de 2001, enquanto a Portaria Ibama nº 89, de 13 de agosto de 2001, criou o CNIC – Cadastro Nacional de Instrutores e Condutores e regulamentou as atividades de mergulho em cavernas.

Por fim, a lei que dispõe sobre quaisquer assuntos relacionados com a espeleologia no Brasil, que é o Projeto de Lei nº 5.071, ainda está em fase de aprovação.

A seguir, em seqüência cronológica, são citadas as leis a respeito de cavernas no Brasil:

- Lei nº 3.924 de 26 de julho de 1961: dispõe sobre monumentos arqueológicos e pré-históricos.
- Lei nº 4.771 de 15 de julho de 1965 – Código Florestal: dispõe sobre a proteção da vegetação num raio mínimo de 50 metros de largura em torno de nascentes e olhos d'água.
- Lei nº 5.513 de 20 de julho de 1977: dispõe sobre a criação de áreas especiais e de locais de interesse turístico.
- Lei nº 6.766 de 19 de dezembro de 1979: dispõe sobre o parcelamento do solo urbano.
- Lei nº 6.902 de abril de 1981: dispõe sobre a criação de estações ecológicas, APA, entre outras providências.
- Lei nº 6.938 de 31 de agosto de 1981: dispõe sobre a Política Nacional do Meio Ambiente, seus fins e mecanismos de formulação, aplicação, entre outras providências.
- Lei nº 7.374 de 24 de julho de 1985: disciplina a ação civil pública de responsabilidade por danos causados ao meio ambiente, ao consumidor, a bens e direitos de valor artístico, estético, histórico, turístico e paisagístico, possibilitando a qualquer cidadão acionar judicialmente destruidores ou degradadores do patrimônio espeleológico e ainda propor ação cautelar visando evitar dano às cavernas.
- Resolução Conama 9 de 24 de janeiro de 1986: criação de uma Comissão Especial para tratar de assuntos relativos à preservação do patrimônio espeleológico.
- Resolução Conama 5 de 06 de agosto de 1987: preservação do Patrimônio Espeleológico Nacional.
- Resolução Conama 10 de 14 de dezembro de 1988: definição e regulamentação das APA, cujo parágrafo único do artigo 6º diz: *"As atividades acima referidas (terraplanagem, mineração, dragagem e escavação), num raio mínimo de 1.000 metros no entorno de cavernas, corredeiras, cachoeiras, monumentos naturais, testemunhos geológicos e outras situações semelhantes, dependerão de prévia aprovação de estudos de impacto ambiental e de licenciamento especial pela entidade administradora da APA"*.
- Constituição Federal de 1988, artigos 20 e 216: considera as cavidades naturais subterrâneas como Bens da União, constituindo-se em patrimônio cultural brasileiro.
- Portaria Ibama nº 887 de 15 de junho de 1990: delibera a promoção de diagnóstico da situação do patrimônio espeleológico nacional, a constituição de um Sistema Nacional de Informações Espeleológicas conjugado ao SISNAMA – Sistema Nacional do Meio

85-7241-568-8

Ambiente, a limitação do uso das cavernas e declara a obrigatoriedade de EIA para atividades potencialmente lesivas a cavernas, entre outras providências.

- Decreto nº 99.556 de 01 de outubro de 1990: condiciona a utilização das cavernas e de sua área de influência mediante condições que garantam sua integridade física e equilíbrio ecológico. Reafirma a obrigatoriedade de EIA para ações potencialmente lesivas e condiciona a sua aprovação pelo órgão ambiental competente. Atribui ao Ibama competências para preservar, conservar, fiscalizar e controlar o uso do patrimônio espeleológico, bem como fomentar levantamentos, estudos e pesquisas que possibilitem ampliar o conhecimento sobre as cavernas brasileiras.
- Resolução Conama nº 2 de 18 de abril de 1996: determina a implantação de uma unidade de conservação de domínio público e uso indireto aos empreendimentos de relevante impacto ambiental para fazer face à reparação de danos ambientais causados pela destruição de florestas e outros ecossistemas.
- Portaria nº 57 de 05 de junho de 1997: criação do Cecav no âmbito do Ibama.
- Resolução Conama nº 237 de 19 de dezembro de 1997: regulamenta o licenciamento ambiental.
- Lei nº 9.985 de 18 de julho de 2000: lei do SNUC reconhece a proteção a cavernas e sítios espeleológicos como um dos objetivos básicos da criação e implantação de áreas protegidas no Brasil.
- Portaria Ibama nº 89 de 13 de agosto de 2001: regulamenta a prática de mergulho em cavernas.
- Portaria Ibama nº 15 de 23 de fevereiro de 2001: regulamenta o uso turístico de cavernas da Chapada Diamantina.
- Projeto de Lei nº 5.071, em trâmites finais no Congresso Nacional.
- Resolução Conama nº 347 de 10 de setembro de 2004: dispõe sobre a proteção do patrimônio espeleológico.

Classificação dos Visitantes das Cavernas

Nem todos os visitantes de uma caverna possuem características de *explorador*. Os freqüentadores de uma caverna podem ser classificados em cinco categorias:

1. Turista ocasional.
2. Turista comum ou convencional.
3. Turista assíduo.
4. Cientista.
5. Espeleólogo explorador.

TURISTA OCASIONAL

É a pessoa que descobriu uma caverna por acaso, ao passar, por exemplo, num lugar onde existe uma placa indicativa. Essa pessoa não terá preocupações sobre "qual o equipamento necessário para adentrar uma caverna". Esse tipo de visitante normalmente está com a família e a visitação deverá ser rápida, tranqüila e sem muito esforço.

TURISTA COMUM OU CONVENCIONAL

É aquele que buscou uma empresa de turismo especializada ou está acompanhado de guia responsável, com suficiente conhecimento sobre o que é necessário levar para o local a ser visitado.

TURISTA ASSÍDUO

É aquele muito interessado por cavernas, que retorna sempre. Ele já demonstra interesse pela atividade, gosto por cavernas, conhecendo pouco mais sobre elas do que os anteriores. Nesse caso, existe uma predisposição de visitá-las; inclusive, tais pessoas até sentem necessidade de comprar alguns equipamentos básicos de segurança para a atividade espeleológica.

CIENTISTA OU PESQUISADOR

Nem sempre é um explorador de cavernas. Alguns deles, por força de suas pesquisas, têm necessidade de estar em cavernas ou de visitá-las com determinada freqüência, mas nem por isso obrigatoriamente apreciam cavernas ou possuem condições técnicas e condicionamento físico para explorá-las. Muitas vezes, o cientista depende de outrem para a atividade de exploração, descida em abismos, mergulhos profundos, coleta de materiais ou fotografias do interior de uma gruta.

Parte 3

85-7241-568-8

ESPELEÓLOGO EXPLORADOR

Pode ser considerado um dos mais importantes visitantes de uma caverna em termos de desvendar os seus mistérios, de se aventurar pelas entranhas da terra em busca do desconhecido. É ele quem adentra espaços muitas vezes reduzidos (quebra-corpos), quem utiliza técnicas específicas de espeleologia (rapel, espéleo-mergulho), quem possui destemor e noções de localização suficientes para se lançar no mundo das trevas. É ele o grande desbravador dos espaços totalmente desprovidos de luz natural. O espeleólogo explorador é aquele que detém conhecimento sobre todos os equipamentos disponíveis no mercado para avaliar qual será o mais indicado e escolhido para sua expedição. É ele também que necessita possuir conhecimentos sobre primeiros socorros, presença de espírito para se safar de situações imprevistas e perigosas, equilíbrio emocional para acalmar os ânimos dos companheiros quando a situação embaixo da terra se complica por algum motivo, conhecimentos gerais para enfrentar quaisquer tipos de problemas que possam surgir em tais aventuras, conhecimentos suficientes sobre preservação e cuidados com o ambiente e com os companheiros de atividade.

Equipamentos Utilizados pelos Visitantes

Após identificação dos possíveis visitantes de uma caverna, serão mencionados os equipamentos necessários para cada um deles.

PELO TURISTA OCASIONAL

Quem descobriu a caverna passeando com a família não tem por que se preocupar com o equipamento necessário para adentrá-la. Ela provavelmente já estará preparada com infra-estrutura para visitação, como iluminação, passarelas, corrimãos, guias locais, guia preparado para acompanhamento e infra-estrutura de apoio. Exemplo disso são as cavernas preparadas para o turismo que existem em todo o mundo, inclusive no Brasil, como a gruta de Maquiné (Minas Gerais) e Caverna do Diabo (São Paulo). O número desse tipo de caverna vem sempre aumentando.

PELO TURISTA COMUM OU CONVENCIONAL

O turista levado por empresa especializada ou por convite de amigos deverá ser orientado sobre os equipamentos que levará. De preferência, que sejam os bem básicos, pois os mais específicos devem ser fornecidos pela empresa de turismo ou por quem está convidando. É incoerente provocar gastos desnecessários para uma pessoa que pode não se identificar com esse tipo de atividade. A firma ou pessoa responsável pelo turista também deverá fornecer-lhe material para sua segurança, o que evita a necessidade de aquisição de tais equipamentos pelo próprio visitante, que correria o risco de nunca mais utilizá-los no caso de não voltar outras vezes ao local. É bom lembrar que cada caverna possui suas próprias características, seus diferentes graus de dificuldade e, portanto, os equipamentos específicos também podem ser diferentes em relação a cada uma. Há cavernas turísticas que possuem iluminação elétrica e todas as demais facilidades para o turismo, enquanto outras exigem alguns *equipamentos básicos*, como:

- *Iluminação*: lanterna com pilhas de reserva ou capacete com sistema de iluminação a carbureto.
- *Capacete*: equipamento de extrema importância para evitar acidentes (para iniciantes, podem ser capacetes comuns de obras de construção civil).
- *Calçado*: tênis ou bota de solados não derrapantes, que sejam adequados e confortáveis.
- *Agasalho seco*: quando se pensa em uma permanência maior dentro de uma caverna e existe a possibilidade de se passar por água, a temperatura do corpo tende a baixar muito; portanto, é indispensável algum agasalho seco, muito bem embalado.
- *Mochila*: para levar pertences como: alimentação, agasalho, máquina fotográfica, etc., o que possibilita manter as mãos livres.
- *Cantil*: deve sair cheio, de preferência com água limpa e potável. É importante o cuidado com pequenos detalhes como esse para não trazer prejuízos à própria saúde e, conseqüentemente, ao andamento das atividades do grupo.

- *Vestuário*: o ideal é macacão; em caso de não possuí-lo, pode-se usar uma roupa não muito apertada, como agasalhos de ginástica. As calças de tecidos finos, leves e sintéticos são as mais indicadas. Tecidos grossos como *jeans* são os menos indicados, pois tolhem os movimentos e pesam muito quando molhados.

Observação: normalmente, quem convida fornece o capacete; já os demais equipamentos são providenciados pelo visitante.

Figura 29.12 – Capacete, iluminador e reator.

PELO TURISTA ASSÍDUO

O turista assíduo, aquele muito interessado por cavernas e que retorna sempre, deve estar preparado com seu próprio equipamento. Para as visitas mais freqüentes são necessários os *equipamentos básicos* já mencionados e mais alguns acréscimos, como se segue:

- *Capacete*: deve estar equipado com o dispositivo refletor para fornecer a iluminação necessária decorrente do carbureto.
- *Reator (iluminação)*: equipamento apropriado para colocar o carbureto e a água, de modo que o gás acetileno, originado da reação dos dois elementos, percorra uma mangueira ligada ao capacete (Fig. 29.12).
- *Novo modelo de iluminação*: a novidade no mercado são as lanternas de LED, mais econômicas e menos poluentes (Fig. 29.13).
- *Cinto*: acessório onde se pendura o reator de carbureto; deve possuir características especiais para, se necessário, servir de segurança (Fig. 29.14).
- *Calçado:* bota confortável apropriada para espeleologia, com solado não derrapante (Fig. 29.15).
- *Mochila:* deve ser bem reforçada pois, além de estar pesada, estará constantemente roçando nas paredes, encostando em lugares úmidos, secos ou ásperos (Fig. 29.16, *A* e *B*).
- *Vestuário:* o macacão passa a ser imprescindível, sendo opcional manga curta ou longa. Quanto ao tecido, o náilon é ideal para regiões muito frias, enquanto o terbrim é o mais apropriado para as cavernas com água e temperatura média de 19 a 20°C (Fig. 29.17, *A* e *B*).

Figura 29.13 – Lâmpada tipo LED.

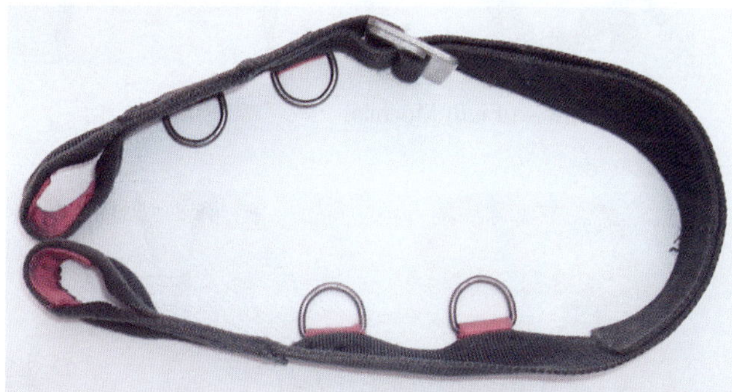

Figura 29.14 – Cinto.

PELO CIENTISTA

O cientista que desenvolve seu trabalho em uma caverna necessita estar com os equipamentos básicos e os específicos para turistas assíduos, além daqueles apropriados para o seu trabalho.

85-7241-568-8

Figura 29.15 – Calçado.

Figura 29.16 – (*A* e *B*) Mochila.

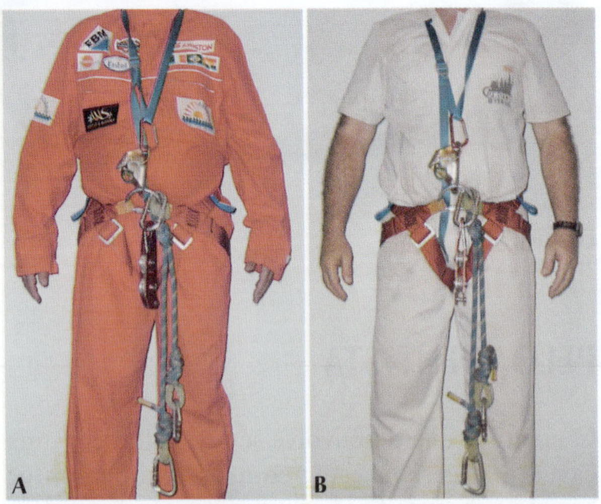

Figura 29.17 – (*A* e *B*) Vestuário.

PELO ESPELEÓLOGO EXPLORADOR

O espeleólogo explorador carrega consigo ou com sua equipe todo o material necessário para a realização de seus trabalhos. Entre os equipamentos da lista mencionada, ele deve escolher o que mais se adapta às funções que realizará e ao tipo de gruta em que se dará a expedição.

Equipamentos para Exploração

ILUMINAÇÃO

São necessários:

- Capacete com refletor.
- Reator de carbureto.
- Lanternas.

VESTUÁRIO

São necessários:

- Macacão simples.
- Macacão de náilon para lugares frios.
- Cinto (serve para ajustar o macacão na cintura, pendurar o reator e para segurança, quando houver necessidade).
- Bota confortável, de solado não derrapante.

EQUIPAMENTOS DE APOIO

São eles:

- Mochila.
- Corda pequena para segurança (15 metros).
- Mosquetões com trava e sem trava.
- Fitas para amarração.

Cavernas mais Famosas no Brasil e no Mundo

Ver Tabelas 29.2 a 29.5.

Tabela 29.2 – As maiores cavernas do Brasil

Nome	Localidade	Desenvolvimento (metros)
Toca da Boa Vista	Campo Formoso (Bahia)	103.000
Toca da Barriguda	Campo Formoso (Bahia)	31.000
Gruta do Padre	Santana/S. M. da Vitória (Bahia)	16.400
Boqueirão	Carinhanha (Bahia)	15.170
Lapa do Angélica	São Domingos (Goiás)	14.100
Gruta da Água Clara	Carinhanha (Bahia)	13.880

Fonte: Sociedade Brasileira de Espeleologia.

Tabela 29.3 – Os maiores desníveis do Brasil

Nome	Localidade	Desnível (metros)
Gruta do Centenário	Mariana (Minas Gerais)	481
Gruta da Bocaina	Mariana/Catas Alta (Minas Gerais)	404
Gruta Alla Ouf	Mariana (Minas Gerais)	294
Gruta da Casa de Pedra	Iporanga (São Paulo)	292
Abismo do Juvenal	Iporanga (São Paulo)	241
Lagoa Misteriosa	Jardim (Mato Grosso do Sul)	211
Gruta da Água Suja	Iporanga (São Paulo)	202
Abismo do Jatobá	Iporanga (São Paulo)	197
Gruta do Ouro Grosso	Iporanga (São Paulo)	192
Gruta do Córrego Fundo	Iporanga (São Paulo)	191

Fonte: Sociedade Brasileira de Espeleologia.

Tabela 29.4 – As maiores cavernas (em desenvolvimento) do mundo

Nome	Localidade	Desenvolvimento (metros)
Mammoth Cave System	Estados Unidos	557.155
Optimisticeskaja	Ucrânia	212.000
Jewel Cave	Estados Unidos	207.718
Holloch	Suíça	189.026
Lechuguilla Cave	Estados Unidos	176.207
Wind Cave	Estados Unidos	174.726
Fisher Ridge Cave System	Estados Unidos	172.008
Siebenhengste-hohgant Hohlensystem	Suíça	145.000
Ozernaja	Ucrânia	122.000
Gua Air Jernih (Clearwater Cave-Black Rock)	Malásia	109.000
Sistema Ox Bel Há	México	107.118
Toca da Boa Vista	Brasil	103.000

Fonte: Sociedade Brasileira de Espeleologia.

Tabela 29.5 – Os maiores desníveis do mundo

Nome	Localidade	Desnível (metros)
Veronja Cave (Krubera Cave)	Geórgia	2.080
Gouffre Mirolda/Lucien Bouclier	França	1.733
Lamprechtsofen Vogelshacht Weg Schacht	Áustria	1.632
Reseau Jean Bernard	França	1.602
Torca del Cerro (del Cuevon)	Espanha	1.589

Fonte: Sociedade Brasileira de Espeleologia.

Considerações Gerais

O tema ora discutido é muito complexo, pois envolve inúmeros atores sociais e exige abordagem interdisciplinar, além de não prescindir das ações bem planejadas de profissionais especializados da área de turismo. No entanto, foi atingido o objetivo proposto de lançar, em poucas linhas, uma pincelada sobre o assunto, sem a pretensão de esgotá-lo. A reflexão sobre o tema requer compromisso e ética individual para tratá-lo de forma ampla, com uso de uma metodologia adequada e que venha a contemplar os três importantes segmentos – social, econômico e ambiental – base de uma desejável sustentabilidade.

Como podemos observar nas pesquisas mencionadas, o uso das cavernas para fins turísticos pode ser a alternativa de desenvolvimento socioeconômico para muitas regiões. Contudo, é sempre aconselhável agir com parcimônia e muita responsabilidade, pois, ao transformar uma caverna em produto turístico, pode-se também levar ao extermínio espécies endêmicas, por simples desconhecimento. Dessa forma, vale lembrar que é imprescindível um estudo preliminar o mais abrangente possível para uso intensivo de uma caverna, pois ela não é significativa apenas pelo ecossistema que abriga, pela realização de pesquisas científicas em seu interior, para a visitação pública visando à difusão de conhecimentos ou para o desenvolvimento socioeconômico dos municípios no seu entorno.

A demanda existente no mercado para disponibilizar cavernas para uso turístico requer um estudo aprofundado do planejador com apoio na legislação vigente, bom senso e compromisso em minimizar os impactos produzidos.

BIBLIOGRAFIA

AULER, A.; FARRANT. A. R. A brief introduction to karst and caves in Brazil. *Proceedings University of Bristol Spelaeological Society, 20:* 187-200, 1996.

AULER, A.; FARRANT. A. R. Espeleometria no Brasil: uma abordagem histórica. *Espeleo-Tema, 18:* 23-30, 1997.

AULER, A.; FARRANT. A. R. Peter Lund e o salitre nas cavernas brasileiras. *O Carste, 9:* 103, 1997.

AYUB, S. Aplicação do corante traçador fluorescente Rhodamina-WT no estudo hidrológico e hidrogeológico dos sistemas cársticos Pérolas-Santana, Grilo e Zezo, município de Iporanga, Estado de São Paulo. São Paulo, 1998. Dissertação (Mestrado) – Universidade de São Paulo, 1998.

BARBIERI, A. J. Depósitos minerais secundários das cavernas santana, pérolas e lage branca, Município de Iporanga – São Paulo. São Paulo, 1993. 96p. Dissertação (Mestrado) – Universidade de São Paulo.

BARNTHOUSE, L. W. Ecological risk assessment and the National Research Council. In: BENDER, E. S.; JONES, F. A. (eds.). *Applications of Ecological Risk Assessment to Hazardous Waste site Remediation.* Alexandria: Water Environment Federation, 1993.

BARROS, S. M.; LA PENHA, D. H. M. *Diretrizes para uma Política Nacional de Ecoturismo.* Brasília: Grupo de Trabalho Interdisciplinar MICT/MMA/IBAMA, 1994.

BISSOLI, M. A. M. A. *Plano de Desenvolvimento Turístico do Município de Altinópolis.* Campinas: PUC, 1996.

BOGGIANI, P. C. (org.). *Estudo de Impacto Ambiental da Visitação Turística do Monumento Natural Gruta do Lago Azul – Bonito, MS.* 135p, 2002.

BRANDT, W. Espeleologia aplicada aos estudos de impacto ambiental. In: I CONGRESSO DE ESPELEOLOGIA DA AMÉRICA LATINA E DO CARIBE, 1988. Belo Horizonte. *Anais do 1º Congresso de Espeleologia da América Latina e do Caribe*, 1988, p. 197-206.

BRASIL. Reserva da biosfera da Mata Atlântica. IV SEMINÁRIO NACIONAL DA RESERVA DA BIOSFERA DA MATA ATLÂNTICA REGIÃO SUDESTE, 1996. *Anais do IV Seminário Nacional da Reserva da Biosfera da Mata Atlântica Região Sudeste*, 1996, p. 53.

BROOK, G. A.; ALLISON, T. Fracture mapping; ground subsidence susceptibility modelling in covered karst terrain: Dougherty County, Georgia. *IAHS Publication 151*: 595-606, 1984.

CAMPANILI, M. (org.). *Relato do Laboratório Ambiental para Imprensa Vale do Ribeira/94.* São Paulo: Fundação SOS Mata Atlântica, 1994.

MARRA, R. J. C. (org.). Centro de Estudo, Proteção e Manejo de Cavernas-CECAV/IBAMA 1998. *Dinho e a Caverna.* Cartilha, CD e K7.

CARTELLE, C. *Tempo Passado, Mamíferos do Pleistoceno em Minas Gerais.* Belo Horizonte: Palco, 1994.

CHRISTOFOLETTI, A. A geografia física no estudo das mudanças Ambientais. In: *Geografia e Meio Ambiente no Brasil.* São Paulo/Rio de Janeiro: Hucitec, 1995, cap. 4, p. 334-345.

CIGNA A. A. Prime ricerche meteorologiche nella Grotta di Bossea (Cuneo). *R.S.I., 2:* 191-201, 1958.

CIGNA, A. A.; FORTI, P. Problemi di inquinamento e salvaguardia delle aree carsiche. (I principali agenti di degrado nelle grotte turistiche: loro effetti e possibili rimedi). *Nuova Editrice Apulia,* 47-60, 1989.

CIGNA, A. A.; FORTI, P. La V.I.A delle grotte turistiche. The E.I.A. of a tourist cave. *VIA (Milano), 4 (16):* 42-53, 1990.

CIGNA, A. A. Atti XV Congresso Nazionale di Speleologia. Castellana Grotte, p. 999-1011, 1989.

CIGNA, A. A. *Environmental Protection and Management of Show Caves.* The Case of Italy. In press, 1999.

CUNHA, M. L.; BORN, B.; HORTA, L. C. S. *Projeto Vida, Espeleologia.* Belo Horizonte: Edição CPRM, Companhia de Pesquisa de Recursos Minerais, 1994.

DEREK, F.; WILLIAMS, P. *Karst Geomorphology and Hydrology.* London: Chapman & Hall, 1989.

85-7241-568-8

Parte 3

ELFVENDAHL, S. Minor Field Studies nº 129. Detection of Pesticide Residues in Water, Sediment and Fish in Parque Estadual Turístico do Alto Ribeira, State of São Paulo, Brazil, 2000.

ENGECORPS. Proposta de Macrozoneamento do Vale do Ribeira. Secretaria do Meio Ambiente, Coordenadoria de Planejamento Ambiental, 1996.

ESPELO-TEMA: Publicação científica anual da Sociedade Brasileira de Espeleologia.

FIGUEIREDO, L. A. V. Cavernas brasileiras e seu potencial turístico, um panorama entre a escuridão e as luzes. In: *Turismo e Meio Ambiente*. VASCONCELOS, F. P. (org.). Fortaleza: FUNECE, 1998.

FORD, D.; WILLIAMS, P. *Karst Geomorphology and Hydrology*. London: Unwin Hyman, 1989.

FORD, D.; WILLIAMS, P. *Karst Geomorphology and Hydrology*. London: Chapman & Hall, 1992.

FORTI, P.; CIGNA, A. Relazione della commissione tecnico scientifica per lo studio di alcumi fenomeni di infiltrazione nelle Grotte di Castellana. Unpublished report for the Amministrazione Provinciale di Bari, 1983.

FORTI, P.; GRIIMANDI, P. Il Parco dei Gessi Bolognesi: uma realizzazione non piu differibile. Atti. Conv. "Per ilrilancio Del Parco dei Gessi". Bologna: Pitagora, 1987, p. 25.

FORTI, P. *Problemi di Inquinamento e Salvaguardia Delle Aree Carsiche. (I Principali Agenti Inquinanti Dell'ambiente Carsico Ipogeo).* Nuova Editrice Apulia, 1989, p. 35-46.

FORT, P. Turisticizzazione de tutela dell'ambiente ipogeo: due aspetti non contrastanti. In: CIGNA, A. A. (ed.). BOSEA MCMXCV. Proc. "Show Caves and Environmental Monitoring" Symp. Int., Frabosa Soprana (Cueno) 24-27/III/1995: 49-56, 1996.

GRUPO ESPELEOLÓGICO DE GEOLOGIA DA USP (GEGEO). *Caracterização Geo-espeleológica Preliminar das Cavernas da Porção Central da Serra da Bodoquena, na Região de Bonito, MS.* São Paulo: IG/USP, 1996.

Relatório Nacional GEOBRASIL (GEOBRASIL). *Projeto Relatório Perspectivas do Meio Ambiente Mundial (PNUMA/IBAMA) para o Tema Subsolo.* Serviço Geológico do Brasil. BORN, M. B. (org.). CPRM. 2002.

GENTHNER, C. Aplicação do traçador fluorescente rhodamina – WT no estudo geohidrológico da área carbonática Lageado – Bombas, Vale do Betari, Sul do Estado de São Paulo, 2001. São Paulo. Dissertação (Mestrado) – Universidade de São Paulo, 2001.

GILLIESON, D. *Caves Processes, Development, Management.* Great Britain: T. J. Press, Padstow, Cornwall, 1996.

GUTJAHR, M. R. Critérios relacionados à compartimentação climática de bacias hidrográficas: a bacia do rio Ribeira de Iguape, 1993. São Paulo. Dissertação (Mestrado) – Universidade de São Paulo, 1993.

HILL, C.; FORTI, P. *Cave Minerals of the World.* National Speleological Society, 1997.

HEATON, T. Caves. A tremendous range in energy environments on earth. *National Speleological Society News, 44 (8):* 301-304, 1986.

HUPPERT, G.; BURRI, E.; FORTI, P.; CIGNA, A. Effects of tourist development on caves and karst. In: WILLIAMS, P. W. (ed.). *Karst Terrains: environmental changes and human impact.* Cremlingen-Destedt: Catena Supplemment, 1993.

IMPRESCIA, U.; MUZI, F. Luce artificiale e sviluppo dlla flora in ambiente di grotta. Atti XV Congr. Naz. Spel. Castellana Grotte.1023-1030, 1989.

IMPRESCIA, U. Considerazioni teoriche sulla radiazione emessa da vari tipi di lampade, in relazione alla formazione ed alla crescita di alghe e muschi sulle pareti illuminate di grotte turistiche. *Le Grotte d'Italia, 11 (4):* 93-102, 1983.

INFORMATIVO SBE. Monte Sião: Sociedade Brasileira de Espeleologia, 1997.

KARMANN, I. Evolução e dinâmica atual do sistema cárstico do Alto Vale do Rio Ribeira de Iguape, Sudeste do Estado de São Paulo. São Paulo, 1994. Tese (Doutorado) – Universidade de São Paulo.

KARMANN, I. Alto Vale do Ribeira: província espeleológica do Vale do Ribeira. In: KOSHIMA, A. et al. I SIMPÓSIO SOBRE A OCUPAÇÃO DO VALE DO RIBEIRA, ABGE/SBE, 1982. São Paulo. *Anais do I Simpósio sobre a ocupação do Vale do Ribeira*, 1982.

KARMANN, I.; SANCHES, L. E. Distribuição das rochas carbonáticas e províncias espeleológicas do Brasil. *Sociedade Brasileira de Espeleologia, Espeleo-Tema (São Paulo), 13:* 105-167, São Paulo, 1979.

KAVLOCK, R. J.; ANKLEY, G. T. A perspective on the risk assessment process for endocrine-disruptive effects on wildlife and human health. *Risk Analysis, 16 (6):* 1996.

KRONE, R. As grutas calcárias do Vale do Rio Ribeira de Iguape. *Inst Geogr Geol, volume, 8 (3):* 248-298, 1950.

KOSHIMA, A. I SIMPÓSIO SOBRE A OCUPAÇÃO DO VALE DO RIBEIRA, ABGE/SBE, 1982. São Paulo. *Anais do I Simpósio sobre a ocupação do Vale do Ribeira*, 1982.

LE BRET, M. *Maravilhoso Brasil Subterrâneo.* Jundiaí: Japi, 1995.

LEPINE, R. Mapeamento geoespeleológico da caverna Santana, Iporanga. SP. São Paulo, 1991. Relatório (Iniciação Científica) – Bolsa FAPESP no 91/2314-1. Orientador: Ivo Karmann, Universidade de São Paulo, 1991.

LINO, C. F.; ALLIEVI, J. *Cavernas Brasileiras.* São Paulo: Melhoramentos, 1980.

LINO, C. F. Alto Vale do Ribeira: Vale do Ribeira: incorporação de uma área periférica à economia central. In: KOSHIMA, A. et al. I SIMPÓSIO SOBRE A OCUPAÇÃO DO VALE DO RIBEIRA, ABGE/SBE. *Anais do Simpósio sobre a Ocupação do Vale do Ribeira,* 1982.

LINO, C. F. *Cavernas, o Fascinante Brasil Subterrâneo.* São Paulo: Rios, 1989.

MARRA, R. J. C. *Espeleo Turismo: planejamento e manejo de cavernas.* Brasília: WD Ambiental, 2001, 224p.

MENICHETTI, M. Bilancio energetico diuna griotta turistica: la Grotta Grande delVento a Frasassi. In: SIMP. INTER. GROTTE TURISTICHE E MONITORAGGIO AMBIENTALE, Frabrosa Soprana (Cuneo), 1995. *Anais do Simp. Intern. Grotte Turistiche e Monitoraggio*, 1995.

MENICHETTI, M.; GALDENZI, S.; MARINELLI, G.; PIERINI, A.; TOSTI, S. Monitoraggio ambientale e fusso turistico nella Grotta Grande del Vento a Frasassi. In: SIMP. INTER. GROTTE TURISTICHE E MONITORAGGIO AMBIENTALE, Frabrosa Soprana (Cuneo), 1995. *Anais do Simp. Intern. Grotte Turistiche e Monitoraggio*, 1995.

MILKO, P. Alto Vale do Ribeira: a necessidade de preservação. In: KOSHIMA, A. et al. I SIMPÓSIO SOBRE A OCUPAÇÃO DO VALE DO RIBEIRA. ABGE/SBE, 1982. São Paulo. *Anais do I Simpósio sobre a Ocupação do Vale do Ribeira*, 1982.

Parte 3

OLIVEIRA, J. F.; SERRANO, C. M. T. (org.). *Diretrizes para uma Política Estadual de Ecoturismo*. Secretaria do Meio Ambiente, 1997.

PALOMBA, V. *Proposta per La Fruzione Naturalística Di Um Ambiente Ipogeo Neo Parco Fluviale Del Revere*. Perugia: Universitá Degli Studi di Perugia – Facolta' di Scienze MM FF NN, 1995.

PILÓ, L. B. Caracterização regional do Carste do Vale do Peruaçu. *O Carste, 9:* 22-29, 1997.

PILÓ, L. B. Démormations dans la structure de la couverture pédologique dues a des processus de dolinisation dans le karst du Baú-Brésil. Montpellier. XVI CONGRES MONDIAL DE SCIENCE DU SOL, 1998. Montpellier. *Resumos do XVI Congres Mondial de Science du Sol*, 1998.

PILÓ, L. B. Solos sobre calcários – referências e perspectivas de análises no contexto da geomorfologia cárstica. *O Carste, 8:* 11-15, 1996.

PILÓ, L. B. Rochas carbonáticas e relevos cársticos em Minas Gerais. *O Carste, 9:* 72-78, 1997.

PRANDINI, F. L.; NAKASAWA, V. A.; FREITAS, C. G. L.; DINIZ, N. C. In: BITAR, O. Y. (org.). Curso de geologia aplicada ao meio ambiente. São Paulo. Associação Brasileira de Geologia de Engenharia: Instituto de Pesquisas Tecnológicas, Divisão de Geologia, 1995.

ROSS, J. L. Relevo brasileiro: uma nova proposta de classificação. *Revista do Departamento de Geografia (São Paulo)*, 4: 1985.

SÁNCHEZ, L. E. Avaliação do impacto ambiental na mineração. *Brasil Mineral (São Paulo), 48:* 1987.

SÁNCHEZ, L. E. O sistema, unidade lógica de referência dos estudos espeleológicos. *Espeleo-Tema, 16:* 3-14, 1992.

SÃO PAULO. Secretaria do Meio Ambiente. *A Reserva da Biosfera da Mata Atlântica e sua Aplicação no Estado de São Paulo Não Matarás*. São Paulo: Terra Virgem, 1998.

SÃO PAULO. DRPE/IF. *Plano de Ação Emergencial Implantação e Manejo de Unidades de Conservação*. São Paulo: DRPE/IF, 1994.

SOCIEDADE BRASILEIRA DE ESPELEOLOGIA (SBE). *Cadastro Nacional de Cavernas Naturais. Índice de Dados sobre as Cavernas do Brasil. Listagem Inédita*. São Paulo: SBE, 1993.

SBE-SOCIEDADE BRASILEIRA DE ESPELEOLOGIA. Conteúdo do site. Disponível em: http://www.sbe.com.br/cavernas_maiores.asp. Acesso em: 15/Jan/2005.

SCALEANTE, J. A. *Banco de Imagens da Oferta Turística e das Capacidade instalada do Município de Apiaí*. Apiaí: Prefeitura Municipal e Camargo Corrêa Industrial S/A, 1998.

SHIMADA, H. et al. Diagnóstico da situação minerária no PETAR e nas suas vizinhanças. In: *Comunicação ao Conhecimento do Meio Físico no Parque Estadual Turístico do Alto Ribeira – PETAR (Apiaí e Iporanga, SP)*. São Paulo: Instituto Geológico, Relatório final (Inédito), 1998.

SCALEANTE, O. A. F. Geography and speleology. In: XII INTERNATIONAL CONGRESS OF SPELEOLOGY, 1997, p. 363. La Chaux-de-Fonds/ Switzerland. *Proceedings of the XII International Congress of Speleology*, 1997.

SCALEANTE, O. A. F. Rapel na casa de pedra. *Informativo SBE, 35:* 7, 1990.

SESSEGOLO, G. C. (org.) *Conservação e Manejo da Gruta de Botuverá – SC*. Botuverá: Prefeitura e Grupo de Estudos Espeleológicos do Paraná, 1997.

SISTEMA INTEGRADO DE GERENCIAMENTO DE RECURSOS HÍDRICOS DO ESTADO DE SÃO PAULO (SIGRH). *Dados Pluviométricos do Posto Serra dos Motas (município de Iporanga)*. Disponível em: www.sigrh.sp.gov.br. Acesso em: 27/Jul/2001.

TAVARES FILHO, R. F. *Contagem de Visitantes em Parques Nacionais – Uma Aplicação Prática da Compressão de Dados em Tempo Real*. São Paulo: Boletim Informativo da SBE, 2003.

DATA ACQUISITON FUNDAMENTALS - TUTORIAL NATIONAL INSTRUMENTS. Conteúdo do site. Disponível em: http://digital.ni.com/devzone/conceptd.nsf/webmain/139DFA364.

TAVARES, R.; GUTJHAR, M. R. *Contribuição ao Conhecimento do Meio Físico no Parque Estadual Turístico do Alto Ribeira – PETAR (Apiaí e Iporanga, SP)*. São Paulo: Instituto Geológico – SMA (relatório interno), 1999.

VIANA JR., O. Hidroquímica, hidrologia e geoquímica isotópica (O e H) da fácies de percolação vadosa autogênica, Caverna de Santana, município de Iporanga, Estado de São Paulo. São Paulo, 2002. Dissertação (Mestrado) – Universidade de São Paulo, 2002.

VILLAR, E.; BONET, A.; DIAZ-CANEJA, B.; FERNANDEZ, P. L.; GUTIERREZ, I.; QUINDOS, L. S.; SOLANA, J. R.; SOTO, J. Ambient temperature variations in the Hall of Paintings of Altamira Cave due to the presence of visitors. *Cave Science, Transactions for the British Cave Research Association, 11 (2):* 99-104, 1984.

WORLD WILD FUNDATION (WWF); INSTITUTO ING-ONG DE PLANEJAMENTO SOCIOAMBIENTAL. *Plano de Uso Recreativo do PETAR, Iporanga e Apiaí, SP. Relatório Técnico Parcial*. São Paulo: WWF Brasil e Instituto Ing-Ong de Planejamento Socioambiental, 2002.

Parte 3

CAPÍTULO

30 Aventura e Turismo de Aventura: Faces Mutantes

Marcelo Valente Ramos

Introdução

Algum dia você já se questionou como deve ser viajar auto-suficiente, remando em caiaques oceânicos pelas águas geladas da Patagônia chilena em meio a *icebergs*, acampando em áreas extremamente selvagens, com técnicas de mínimo impacto e junto com um grupo de, no máximo, 12 pessoas? Ou escalando uma montanha como o K2 pela face sul? Ou mergulhando com tubarões?

Expedições e incursões em meio natural com os moldes das grandes escolas de educação ao ar livre *Otward Bound* e NOLS – *National Outdoor Leadership School*[1] são as que chegam mais perto das premissas do turismo de aventura, pois a prática de esportes radicais como *bungee-jump*, arvorismo, tiroleza, rapel, *trial* ou escalar paredes artificiais, entre outras, não pode jamais ser classificada como turismo de aventura.

Tais atividades despertam, dentre outras sensações, adrenalina, aventura e risco, mas não fazem parte de um programa mais complexo envolvendo o *trade*. Algumas dessas atividades podem estar incluídas como parte de um programa ou contexto em visitações ao ambiente natural.

Já atividades como *mountain biking, trekking*, mergulho, observação de cetáceos, *rafting*, canoagem oceânica e outras podem ser definidas como turismo de aventura ou ecoturismo, desde que sejam estudados o enfoque e o contexto da atividade ou saída à natureza. Os esportes de aventura ou radicais relacionam-se às viagens à natureza somente enquanto deslocamentos necessários para sua execução. Portanto, evidencia-se um estudo completo e mais detalhado no sentido de levantar questionamentos sobre qual o tempo de duração da atividade e quais as habilidades técnicas dos envolvidos, entre outros, definem as características da incursão ao meio natural, clarificando assim o seu contexto ou, mais precisamente, o seu formato, os detalhes das atividades, do destino e todos os fatores naturais e operacionais que podem ser estudados.

O tratamento dado a esse assunto está inserido em um cenário mais específico de aventuras relacionado às expedições e incursões aos ambientes inóspitos e seus riscos inerentes. Sabe-se que uma grande quantidade de produções técnicas científicas tem surgido a cada dia. Tais produções já discutem o suficiente as terminologias e as dimensões histórico-conceituais do fenômeno turismo de aventura. Esse exercício é muito bem-vindo aos estudos do turismo e de outras áreas em comum. Sendo assim, essa discussão não terá destaque aprofundado de discussão, e sim um breve embasamento de pressupostos teóricos que baseiam esta abordagem.

Neste caso, serão abordadas algumas questões conceituais sob novas óticas, mais precisamente voltadas ao enfoque de quem já pratica atividades de aventura, profissionalmente ou não. Também será dado incentivo a pesquisas acadêmicas por

[1] *Outward Bound* e NOLS – os termos e definições encontram-se no final deste artigo ou nos *sites www.obb.org.br* e *www.nols.edu*.

85-7241-568-8

meio de novos questionamentos que clarificam as classificações de turismo de aventura e seus significados. Para contribuir com esse estudo, os leitores serão estimulados à realização de apenas uma pergunta: em que contexto a atividade se insere? A resposta virá com outras perguntas, às quais o leitor poderá responder no final deste capítulo.

Um novo olhar sobre os riscos e perigos das atividades de aventura será um dos enfoques das discussões que serão ilustradas por meio de gráficos e figuras para melhor compreensão. Por fim, serão exemplificados dois cenários para o exercício da classificação das atividades, nos quais também será evidenciada uma abordagem sobre os profissionais que atuam nesse mercado e apresentada uma nova sugestão para classificar os segmentos de turismo de aventura, ecoturismo e turismo na natureza associados aos estudos do seu contexto, os quais serão mais detalhados no decorrer desta abordagem.

Variações e Reflexões dos Conceitos

Não há dúvida de que o turismo de aventura exprime uma face mutante advinda do ecoturismo e, em certo ponto, se aproxima quanto às áreas selvagens de relevante conservação de paisagens naturais e biodiversidade onde se desenvolvem. Por outro lado, as competições de aventura ou radicais não podem ser classificadas como turismo de aventura por não estarem envolvidas com o *trade* e por adotarem um enfoque de competição, pois envolvem ganhadores, regras, patrocinadores, enfim, aspectos esportivos. Não cabe também ao turismo de aventura ser desenvolvido em áreas urbanas, como alguns autores destacam, pois se sabe que uma das suas raízes foi o ecoturismo, conforme afirmam Fennell e Eagles (2002) e reforçam Pires (2002) e outros pesquisadores.

Existe grande variação dos conceitos de turismo praticados em meios naturais. Há estudos que perpassam as discussões desde o turismo alternativo ao turismo de aventura. Nesse sentido, D. G. Pearce *apud* Pires (2002) comenta que a natureza multifacetada do turismo torna difícil a classificação e análise das atividades pois estudiosos e pesquisadores acabam concentrando-se em certos aspectos parciais, enfocando certas atividades ou tipos particulares de turismo, limitando-se assim às suas áreas.

Pretende-se evitar o caráter ambíguo da abordagem conceitual do turismo de aventura. Por essa razão, por uma visão acadêmica e de mercado, os estudos estarão direcionados a duas definições bem próximas: a *Canadian Tourism Comission* (1995, p. 5), *apud* Fennell (1999, p. 49), define turismo de aventura como "atividade de lazer que ocorre em um local de destino não usual, exótico, remoto ou de vida selvagem; envolve algum meio de transporte não convencional, e tende a ser associado a níveis de risco elevados da atividade".

Já Swarbrooke *et al.* (2003) apresentam um amplo estudo referente às definições de aventura e turismo de aventura, o qual deve ser pesquisado para o complemento deste estudo. Os autores pontuam que o turismo de aventura "implica em atividades de viagem e lazer que são contratadas na esperança de produzirem uma experiência de aventura recompensadora. Essa experiência será de natureza intensiva e envolverá uma série de emoções (...) resultará em riscos e desafios físicos". Vale destacar que esses desafios vão além da natureza física pois, durante uma situação de risco, o participante depara-se com decisões acerca de suas habilidades técnicas, intelectuais e sensitivas.

Mas, afinal de contas, em que o turismo de aventura difere do ecoturismo e do turismo na natureza? Para alguns, existem poucas diferenças; mas, se analisarmos o contexto da atividade, poderemos ter uma visão mais clara e detalhada e, assim, classificar corretamente a atividade e seu cenário (quando, onde, como, quem, quanto tempo). O que define tal atividade como de turismo é o envolvimento com o *trade* (operadora, transporte, guias, etc.).

A aventura existe individualmente em cada pessoa, porém não podemos confundir e generalizar a aventura para todas as pessoas de diferentes habilidades, culturas e fatores sociais, muito menos aceitar o uso da palavra aventura relacionada ao conceito de turismo de aventura. Para o estudo das palavras, destaca-se o trabalho de Costa (2000), que apresenta em sua pesquisa um amplo embasamento das interpretações dos esportes e aventura em busca dos seus sentidos e significados. Wall Burnett, em *The Spirit of Adventure* in *McMenamim National Geographic* (2000, p. 2), define aventura como:

é uma necessidade humana. Nós a reconhecemos como um desafio, ousado, que nos torna maiores do que nós mesmos. Aventura é a curiosidade humana de ver o outro lado da montanha, o impulso em nós mesmos que nos faz romper as barreiras como menos recursos e liberta para grandes possibilidades.

Por essa razão, é importante destacar alguns elementos fundamentais que ajudam em um exercício de classificação da aventura e como o turismo de aventura se apóia.

Com base em pesquisas e, principalmente, em vivências no mercado nacional e internacional, foi possível definir que o turismo de aventura é realizado impreterivelmente em áreas remotas e selvagens, como mostra a Figura 30.1. As atividades desenvolvidas pelo *trade* são esportivas e envolvem alto grau de risco. Os clientes, quase sempre em números reduzidos, estão ativamente envolvidos com o cenário em um grau de imersão tão alto que se desprendem de quaisquer desconfortos habituais chegando, muitas vezes, a dormir em áreas física e climaticamente instáveis, quando necessário. Para que essas atividades possam ser desenvolvidas, é necessário um grande planejamento de todos os aspectos do roteiro por meio do estudo do contexto, o qual será abordado a seguir.

A Figura 30.1 reforça os conceitos de turismo de aventura e as características da aventura contidas no turismo. Por outro prisma, não valem para a aventura as características do turismo, ou melhor, a aventura está contida no turismo e não o inverso. Swarbrooke *et al.* (2003) comenta que a "incerteza é um dos fatores determinantes de um desafio, ela pode ser criada de inúmeras formas. A presença do perigo que por sua vez gera o risco, assegura a imprevisibilidade do resultado".

Um número expressivo de autores tem dedicado seus estudos à elaboração de categorias e tipologias umas dentro de outras, criando assim mais subrelações de turismo de aventura. Não desmerecendo esses trabalhos, destaca-se que essas subcategorias acabam fragmentando tanto o conceito quanto a atividade e seus significados. Por mais que haja diversidade de conceitos e categorias de análises, esse trabalho torna-se cansativo aos estudos, já que, uma vez definido o conceito raiz que o define, cabe partir adiante estudando e divulgando outras questões intrínsecas da atividade de turismo de aventura mais relevantes, como os protocolos de segurança, organizar associações ou grupos, definir critérios[2] para o *trade* e público praticante e outros mais. Além disso, outra questão importante é o estímulo de praticar, ou seja, de experimentar as aventuras, sair em busca de novas experiências,

[2] Esses critérios estão começando a ser estudados e apresentados à sociedade. Nesse sentido, foram realizadas cinco oficinas pela Embratur – Instituto Brasileiro de Turismo e seus parceiros no período de 2001 a 2003, e também do GTT Aventura da Câmara Temática de Segmentação, instituído em dezembro de 2003, além do Plano Nacional de Desenvolvimento Sustentável do Turismo de Aventura.

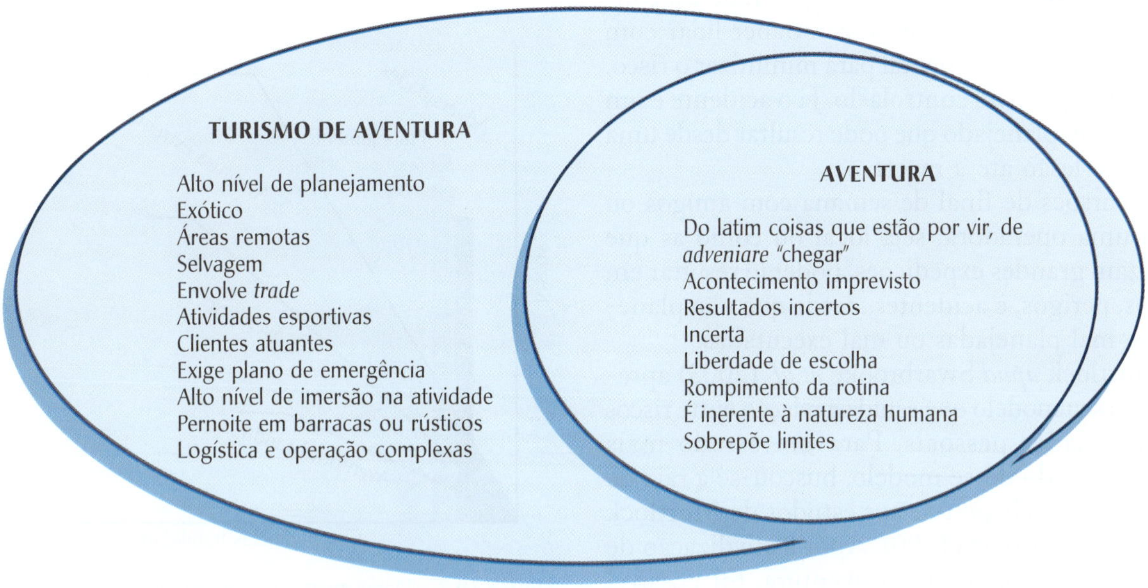

Figura 30.1 – *Espectrum* da aventura dentro do turismo.

 85-7241-568-8

aprimorar as existentes e ampliar o "leque" de *hard skills* e *soft skills* para cada atividade ao ar livre; praticar tanto quanto estudar. Dessa forma, teremos atividades mais conscientes no meio natural, gerando menos impactos e menos acidentes.

> *Se você rejeita a comida, ignora os costumes, teme as adversidades, e evita pessoas, é melhor que fique em casa.*
>
> James Michener (2000)

Planejamento da Aventura e seus Riscos

Antes de iniciar esta abordagem, é necessário discutir as diferenças entre risco, acidente e perigo. Os perigos no meio ambiente costumam ser óbvios, mas podem ser mais difíceis de evitar. Os perigos relacionados com o tempo incluem as exposições à chuva, à água corrente, ao calor, ao frio, entre outros. O perigo é inerente a qualquer atividade, seja pedalando uma bicicleta em trilhas do tipo *down Hill* ou *single trekk,* ou descendo corredeiras praticando *rafting*, ou acampando (com técnicas de mínimo impacto). O perigo de acontecer algum incidente (quase acidente; evento que deu origem a um acidente ou que tinha o potencial de levar a um acidente) é inerente e independente, algo que não podemos mudar. Já o risco é a relação entre a probabilidade de acontecer algo errado e a conseqüência que isso pode trazer. Saber lidar com essa relação é fundamental para minimizar o risco. Ou seja, é possível controlá-lo. Já o acidente é um evento não planejado que pode resultar desde uma pequena lesão até a morte.

Excursões de final de semana com amigos ou com uma operadora, seja local ou como as que realizam grandes expedições, poderão resultar em riscos, perigos, e acidentes, desde que não planejadas, mal planejadas ou mal executadas.

Mortlock *apud* Swarbrooke *et al.* (2003) apresentam seu modelo que estuda a relação entre riscos e habilidades pessoais. Para um estudo mais aprofundando desse modelo, buscou-se a raiz da sua criação e chegou-se aos estudos de Mortlock (1984) *apud* Priest (1990). Após a atualização de outros fatores inerentes à aventura, foi possível desenvolver esse modelo para essa abordagem, o qual, além de abordar os estudos com mais detalhes, soma as reflexões do planejamento. Tanto a versão original quanto a apresentada na Figura 30.2 são igualmente teóricas e, portanto, não deverá ser feita uma leitura matemática lógica, pois se trata de um modelo teórico.

O modelo, originalmente chamado de *The adventure experience model*, destaca apenas os quatro estágios da aventura e suas relações com riscos e habilidades. A partir desse ponto, foram acrescentadas variáveis como a incidência do planejamento e os riscos naturais e pessoais relacionados a cada estágio da aventura (adversidades, aventura extrema, aventura, aventura branda).

O tamanho simbólico das representações geométricas exprime a importância dos elementos destacados. Sendo assim, o planejamento das atividades é proporcional aos estágios das aventuras pois, quanto mais complexa a aventura, maiores serão os riscos e as incertezas; portanto, maior deverá ser o planejamento. Porém, se houver planejamento deficiente para as atividades, mesmo sendo de iniciantes, elas poderão incorrer em riscos para os participantes. As linhas que separam os estágios possuem uma seta desvirtuando a linha e forçando a representação de maior competência e habilidade para cada estágio de aventura, representando uma constante busca pelo aprimoramento das habilidades técnicas do tipo *hard skills* e *soft skills.*

Com base na discussão conceitual realizada, é possível verificar que, em qualquer estágio de aventura, as habilidades são diretamente relacionadas ao conhecimento, à atitude, ao comporta-

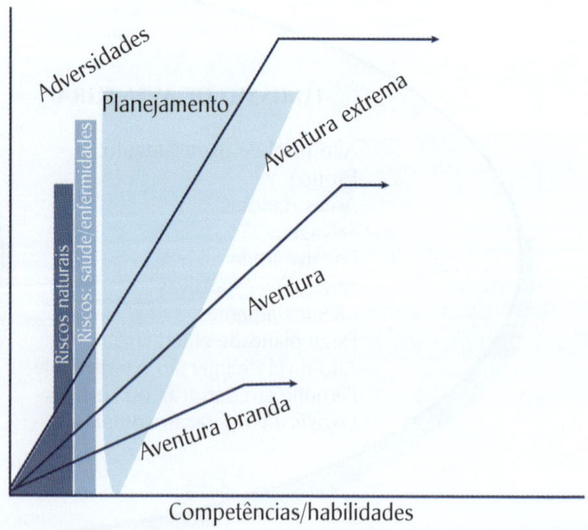

Figura 30.2 – Planejamento nas aventuras. Adaptado de Priest (1990).

Parte 3

mento, à confiança e às experiências individuais somadas à resolução de problemas para evitar conseqüências negativas do risco.

As escolas ao ar livre *Outward Bound* Brasil e NOLS oferecem excelentes cursos de desenvolvimento pessoal. Dentre eles, estão os de liderança, técnicas de mínimo impacto, manejo de riscos, treinamentos para empresas do tipo PDP – Programa de Desenvolvimento Pessoal e muitos outros. Esses cursos são recomendados tanto para os que trabalham com o turismo de aventura quanto para os clientes em potencial que têm interesses em técnicas *outdoor* e vivências ao ar livre.

Para quem procura conhecimentos mais específicos e treinamentos para segurança individual e de grupo, destacam-se os cursos de primeiros socorros em áreas remotas[3], a maioria dos quais é oferecida em São Paulo e no Paraná. É fundamental a obtenção desses conhecimentos não somente para as aventuras no meio natural, mas para a vida toda.

Estudo do Contexto e sua Complexidade

Certa vez, Amyr Klink, um grande velejador, em palestra durante o *Adventure Fair*, último grande evento em turismo de aventura da América do Sul, em agosto de 2004, comentou ao público que, durante uma expedição "(...) longe, isolado a mais de 8 mil milhas náuticas de qualquer espaço de terra, a última coisa que eu quero passar é por uma aventura".

Com essa explanação, pode-se questionar: afinal, experimentar uma aventura é ou não é prazeroso? Mais uma vez, destaca-se que ir a uma aventura não quer dizer sair ao ambiente natural despreparado, sem rumo nem destino certo, mas sim realizar um complexo planejamento e preparação prévia com todas as perguntas do contexto respondidas (Tabela 30.1) e, mesmo assim, com um plano "B" flexível às adversidades naturais e outras que possam ocorrer.

Analisar o contexto ou o conteúdo de determinado roteiro de turismo significa levantar os dados da logística e do planejamento desse roteiro. Planejar uma viagem requer muito mais que apenas decidir onde e quando. Mesmo sendo uma pequena excursão de final de semana com amigos ou operadoras, ou ainda um programa de expedição mais complexo, é necessário avaliar a viagem por meio de uma gama de categorias ou contextos, como apresento a seguir para desenvolver um plano sólido.

Seja qual for a viagem de ecoturismo, turismo na natureza ou de aventura, é necessário definir se a rota se encaixa ao grupo ou se o grupo se encaixa às características do roteiro. Rick Curtis, diretor da *Princeton University* em 2000, em entrevista pessoal informal[4], afirmou que, mesmo após o planejamento, é fundamental realizar outro plano de roteiro e logística adaptável a mudanças, como mau tempo, equipamentos quebrados e doenças. Cada um desses elementos pode mudar completamente os itinerários.

Logística, segundo o dicionário Larousse (2004, p. 565), é "parte da arte da guerra que visa garantir provisões, transporte, alojamento entre outros aos efetivos militares. E, envolve planejamento, execução e controle".

Na Tabela 30.1, explica-se o que compete às questões do contexto e como estão ligadas à logística, independentemente do destino, do roteiro, da operadora ou da atividade. Essa tabela pode também funcionar como exercício para os estudos que buscam classificar os três segmentos apresentados anteriormente.

Turismo de Aventura ou Ecoturismo?

Na medida em que as viagens à natureza se expandem geograficamente, a aventura no seu sentido popular e científico sofre uma definição de termos que extrapola os espectros da sua definição. Em um extremo desse espectro, a atividade envolve intenso risco e perigo, como o mergulho com

[3] Destacam-se os cursos do COSMO-No P.E. Pico Marumbi-Paraná; Laborativ-credenciado pelo *National Safety Council/RTI-Rescue Trainning International e Adventure Factory*, ambos em São Paulo.

[4] Durante visita à *University of Carboo College* na Colúmbia Britânica-Canadá, em novembro de 2000.

Tabela 30.1 – Questionamentos do contexto

Logística	Contexto
Planejamento	Qual é a idade dos participantes? Seus níveis de experiências? Condições físicas, médicas? Que tipo de grupo irá para a viagem (estudantes, voluntários, empresas)? Qual é o objetivo de cada integrante do grupo? E do grupo?
Destinos (principais e secundários)	Quanto é remoto e de difícil acesso? Desertos? Selvas? Oceano? Montanhas?
Duração	Datas de início e provável fim? Quantos dias de imersão na atividade?
Pernoite	Quantos dias? As áreas são públicas ou privadas? É necessário *bivak*, abrigos, barracas, embarcações ou improvisar de acordo com técnicas de mínimo impacto? Há viabilidade de água?
Alimentação	Alimentos preestabelecidos, estudos de ração, quantidade energética, armazenamento, transporte e preparo auto-suficiente do grupo
Atividades	Quais atividades são realizadas durante toda a experiência? Alto nível de preparação e conhecimento das técnicas de diferentes atividades na terra, água e ar?
Equipamentos	O que trazer e o que não trazer? Equipamentos do grupo (alimentação, abrigo, higiene, *kits* de reparos, etc.) e individuais (roupas, calçados, equipamentos específicos de adorno com as atividades, etc.)?
Guias	Quantos guias do grupo, guias locais? Nível de experiência?
Número de pessoas	Geralmente não excede a 15 participantes (ideal 12). Grupo com enfoques semelhantes
Primeiros socorros	O grupo tem cursos de primeiros socorros reconhecidos com protocolos universais? Leva consigo um *kit*? Sinalizações? Comunicações?
Transportes artificiais	Bicicletas, *jeeps*, balões, embarcações, aviões, planadores, helicópteros, parapente, asa-delta, *trike*, entre outros
Transportes animais	Cavalos, camelos, elefantes, jegues, cães/lobos
Segurança	Há um plano de emergência? Equipes de apoio? Seguro de vida?
Riscos intrínsecos da atividade e naturais	Qual o nível de risco da atividade? Essa pergunta deverá ser analisada juntamente com o nível de preparação do grupo Há riscos de tromba d'água, enchentes, tempestades, ataques de animais selvagens?
Tempo (fator climático)	Qual a época do ano; quente? Frio? Possibilidades de ventos? Chuva? Geada? Neve?

tubarões, *skiing* em regiões extremamente inóspitas e/ou verticais, muitas vezes em condições extremas, do tipo *skysurfing*, expedições de caiaque oceânico, entre outros. No outro extremo do espectro, os viajantes se entregam a luxuosas e confortáveis formas de viagem, infelizmente chamadas, algumas vezes, de viagem de aventura. Esse novo estilo combina aventura com conforto produzido artificialmente em áreas inóspitas, por exemplo: após uma aventura gelada, o indivíduo aprecia uma lareira e bebida quente em um *lodge*[5] para recuperar suas energias.

É o caso dos modelos de roteiros de aventura com o desejo de combinar a aventura extrema com uma cozinha internacional, como as expedições da *Butterfield & Robinson* ou *Northen Lights Expeditions*, operadoras do tipo cinco estrelas. No acampamento "selvagem", um *chef* de cozinha, de uniforme e *tok*, prepara um prato internacional com vinho francês, taças e pratos especiais. É importante destacar que essas operadoras também possuem os roteiros autênticos de turismo de aventura.

Infelizmente, o mercado do turismo de aventura está sendo "moldado" por algumas operadoras, mesmo que pequenas e amadoras, a ponto de alterar seu significado. Porém, cabe ressaltar que esse padrão de operação se destina a poucos clientes que podem pagar preços altíssimos e ter o conforto e o luxo habituais ou, pelo menos, próximos do nível a que estão acostumados.

Essa tendência de conforto e luxo advinda do turismo convencional não pode permanecer em roteiros comercializados como turismo de aventura, pois se sabe que a melhor e mais enriquecedora experiência que a atividade de turismo de aven-

[5] Tradução do termo: cabana (Aurélio, p. 114), habitação precária e rústica, casebre. A estrutura dessas cabanas pode variar desde as utilizadas na Amazônia àquelas abandonadas em regiões de difícil acesso.

tura e ecoturismo possui é o fato de os clientes se adaptarem ao meio visitado, nunca o contrário. Os turistas devem experimentar novas sensações, quebrar paradigmas, romper barreiras psicológicas, sociais e interpessoais, entre outras.

É possível focalizar algumas variáveis que diferenciam essas formas de turismo na natureza e que, com o passar dos anos, tomaram outra faceta, na qual ele passou a ser praticado pelo *trade* sob o "codinome" ou jargão de ecoturismo ou, até mesmo, de aventura ou turismo de aventura.

Essa constatação permite apresentar uma nova abordagem (Figura 30.3) que retrata a realidade do mercado nacional e internacional de viagens à natureza.

Além das diferenças que essas duas (turismo de aventura e ecoturismo) definições apresentam, há um componente central que as diferencia: a motivação e o enfoque da atividade. Quanto menos intensa no sentido de esforço e mais educativa no sentido de interpretação do ambiente visitado, mais próxima a atividade estará do ecoturismo; quanto mais imersiva, incerta, de risco e com o componente de "adrenalina", mais próxima essa atividade estará dos elementos que definem a aventura. Esse exercício não permite encaixar ou definir com exatidão as definições, mas ajuda a reflexão que leva à definição mais próxima da realidade.

É interessante destacar a seguinte relação: quanto menor a logística somada à menor habilidade específica requerida e menor necessidade de segurança da atividade, mais próxima estará do turismo na natureza, em que os clientes terão baixo compromisso com as atividades e as questões ambientas. De acordo com a Figura 30.3, da direita para a esquerda, evoluindo para a educação ambiental pela interpretação no, do e para o ambiente, as atividades aproximar-se-ão do ecoturismo. Continuando a análise, quanto maiores o risco, a logística e a habilidade específica para a prática de atividades ao ar livre e a incerteza de experiências, mais próximos do turismo de aventura certos contextos ou atividades estarão.

Um fator muito importante a ser destacado nesse estudo é que uma classificação não exclui a outra. O que temos é a aproximação de uma ou outra segmentação. Para exercitar essa proposta, sugere-se o estudo de dois cenários.

CENÁRIO 1: *RAFTING* EM SANTA CATARINA

Um roteiro de descida de corredeiras (*rafting*) no rio Itajaí Açu (Santa Catarina), comercializado por uma operadora local (Fig. 30.4).

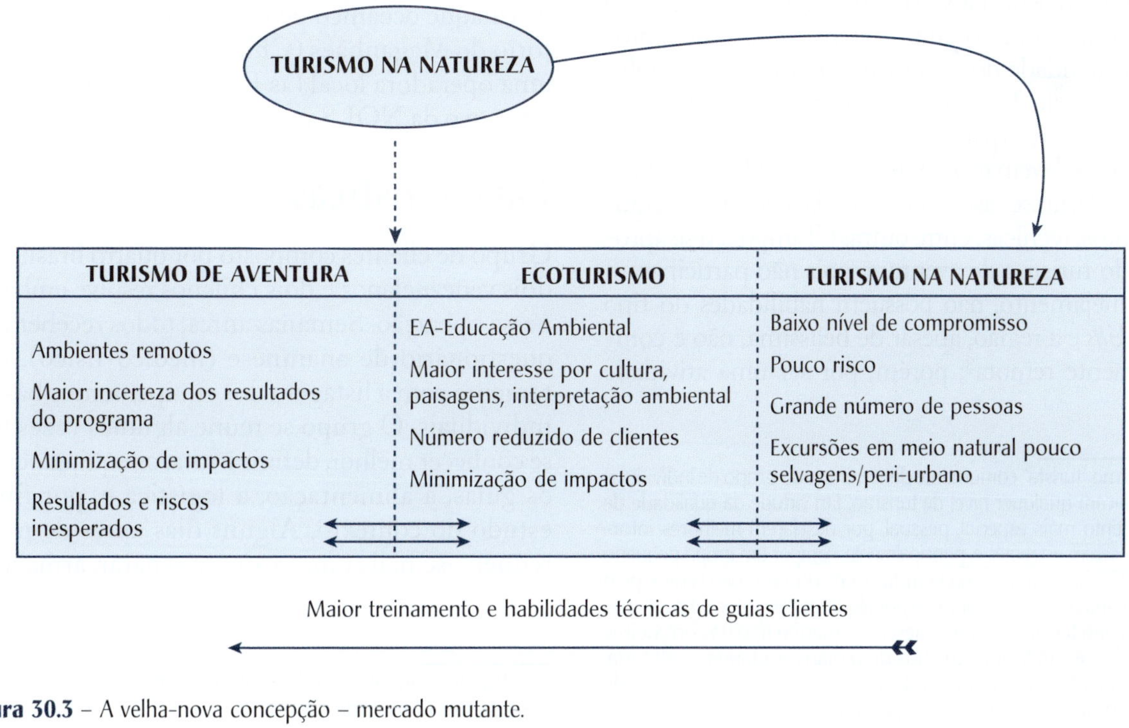

Figura 30.3 – A velha-nova concepção – mercado mutante.

Características

Um grupo de turistas[6] de Florianópolis resolve comemorar o aniversário de um dos integrantes realizando uma atividade "radical" de aventura. O grupo nunca tinha descido corredeiras, com exceção de um integrante, o qual organizou tudo, pois era bacharel em Turismo e Hotelaria. Procuram uma agência local, que oferece serviço de transporte em *vans* com saída prevista para as 7 horas e retorno previsto para as 16 horas. Tudo acontece como o previsto: todos se divertem, "tomam uns caldos" e ainda recebem uma quantidade razoável de informações pelo guia do bote (morador local, comenta sobre a vegetação de mata ciliar, paisagens e histórias durante a parte *flat*[7] da descida), voltando para casa no mesmo dia com a certeza de banho quente, comida e "vida urbana".

Perguntas

- A atividade pode ser classificada como turismo de aventura, ecoturismo ou turismo na natureza?
- Os integrantes participaram do planejamento da atividade ou ajudaram a encher os botes?
- Qual a motivação do grupo?

Portanto, fica claro que, após o estudo do contexto por meio dos questionamentos propostos, o presente cenário está *mais* classificado em turismo na natureza, porém o cliente passa a receber informações, mesmo que poucas, sobre o ambiente visitado, o que aproxima a atividade do ecoturismo. Por fim, desenvolve uma atividade de aventura, não um turismo de aventura ou esporte (para ser definido como esporte, os praticantes devem realmente praticar, conhecer a fundo a atividade; nesse caso, a dinâmica das corredeiras, equipamentos, técnicas, entre outras). Tampouco se aproxima do turismo de aventura, pois não participaram do planejamento, não possuem habilidades do tipo *hard skills* e a região, apesar de belíssima, não é completamente remota[8]; porém, por ser uma atividade aquática[9] e em corredeiras, o grau de risco (afogamento) é alto. Os participantes não possuem motivações para aprendizado na natureza (apesar disso inerentemente acontecer). Seu enfoque principal era comemoração, brincadeira, recreação e pequenos desafios. Essa classificação é um exercício; portanto, ficam em aberto outros questionamentos e reflexões aos leitores. Afinal, é exercitando (na prática) e estudando o contexto que se aprende.

Figura 30.4 – Corredeiras rio Itajaí Açu.

Cenário 2: Caiaque Oceânico na Patagônia Chilena

Roteiro em formato de expedição com a prática de caiaque oceânico pelos canais e costas do território de Maganhães (Chile). Comercializado por uma operadora local (as Figs. 30.5 a 30.8 ilustram um curso da NOLS realizado em janeiro de 2004).

Características

Grupo de clientes composto por quatro brasileiros, dois venezuelanos e dois chilenos resolve embarcar nessa operação. Semanas antes, todos recebem um questionário de anamnese (médico-físico), juntamente com a listagem dos equipamentos básicos individuais. O grupo se reúne algumas vezes para se conhecer melhor, definir a rota, os equipamentos, os guias, a alimentação, a logística e, por fim, o estudo do contexto. Alguns dias antes de partir, reúnem-se mais uma vez para separar, armazenar

[6] O termo "turista" comumente denomina todo grupo de indivíduos que praticam qualquer nível de turismo. Em virtude da qualidade de atendimento mais especial, pessoal, por desejarem melhores informações, serem exigentes e, principalmente, compor um grupo pequeno de até 12 participantes, recebem também o nome de clientes pelo mercado internacional e também por algumas operadoras brasileiras.

[7] *Flat* é um termo usado em descidas quando não há corredeiras ou quedas, e sim longos trechos de remansos planos e calmaria.

[8] Considera-se remota área distante a qualquer civilização, de difícil acesso, comunicação, longínqua, etc.

[9] Atividades aquáticas, seja qual for o ambiente, envolvem alto grau de risco aos participantes.

e distribuir os alimentos que serão utilizados durante a atividade. A expedição foi prevista para 22 dias. No primeiro, o grupo pega um barco que navega cerca de 18h longe da costa em direção ao *Canal de las Montañas,* considerado o K2 para a canoagem oceânica. Chegam, montam o acampamento e definem outras rotas alternativas, de acordo com o passar dos dias e as condições do tempo. O acampamento é itinerante: em dias, pernoita-se ao lado de geleiras monumentais; outros, em pequenas enseadas abrigadas do inesquecível vento vivo da Patagônia. As remadas ao longo do canal são extremamente perigosas pois, além do risco de hipotermia decorrente das águas geladas, caso o caiaque vire, existe também um estágio de alerta constante por causa dos *williwalls* (ventos de quase 80km/h) que, ao surgirem, formam uma pequena coluna de água em forma de minitornado na superfície da água.

A área é extremamente remota. Durante todos esses dias, não se avistou qualquer ser humano. O tempo muda em quatro estações em um intervalo de um único dia. O grupo utiliza equipamentos desde telefones via satélite (somente em caso de necessidade), caiaques *feathercrafts* (desmontáveis), fogareiros MSR, bússolas, cartas náuticas, roupas em *polipro,* ou termos, entre outros. Ao final, o grupo faz um contato com o barco para pegá-lo em um ponto da costa, chega na cidade de *Puerto Natales,* realiza *check-up* (contagem, limpeza, manutenção) de todos os equipamentos e comemora em um apetitoso jantar típico na cidade.

Perguntas

- Pode ser classificado como turismo de aventura, ecoturismo ou turismo na natureza?

Figura 30.5 – Grupo da expedição Kawaskar.

Figura 30.6 – Grupo nos caiaques.

Figura 30.7 – Acampamento Canal de las Montañas.

Figura 30.8 – Remada no Ventisquero.

- Os integrantes participaram do planejamento da atividade? Qual foi o grau de imersão da atividade?
- Qual o enfoque e a motivação do grupo?

Analisando o contexto, é possível classificar esse cenário como turismo de aventura. Fica claro que não se classifica em ecoturismo nem tampouco em turismo na natureza, pois o grupo é autônomo, possui grau de habilidades técnicas elevado, a atividade foi planejada, teve alto nível de imersão e foi necessária a elaboração de um plano de emergência, composto inclusive com comunicação via satélite. Envolveu riscos elevados inerentes à atividade e ao local, foi desenvolvido em uma região remota e estavam todos com um mesmo enfoque. Por fim, os turistas não estavam interessados em educação ambiental nem em contato com a comunidade local. Vale destacar que uma visão clara do enfoque da atividade ajuda a definir melhor a atividade. Lembro novamente que este é um exercício para estudo do contexto, ficando em aberto outras reflexões e questionamentos aos leitores.

Considerações Finais

Talvez essas reflexões nos auxiliem a compreender melhor não somente o segmento turismo de aventura, mas os diversos fatores que levam pessoas e grupos a visitar as áreas naturais, sejam unidades de conservação ou outras áreas remotas. O progresso inevitável das atividades de turismo em ambientes naturais é responsável pela mutação dos seus conceitos e pelo aumento gradativo dos impactos gerados nesses ambientes. Nesse contexto, destaco que é por meio da educação ao ar livre e da adoção de seus princípios de mínimo impacto que amadureceremos nossos conceitos e habilidades de conduta consciente em ambientes naturais.

Quanto ao mercado, observa-se uma ampliação da sua base. Nesse processo, cada vez mais operadoras trabalharão com turismo na natureza e outras modificarão seus produtos para satisfazer seus clientes. Por esse motivo, algumas operadoras tidas como "marketeiras", por rotularem de maneira errada seus produtos como "ecoturismo" ou "turismo de aventura", deverão rever seus princípios, condutas e, é claro, o contexto de seus roteiros, para que possam credenciar de maneira profissional e correta as suas atividades. As operadoras que não se alertarem por esse cenário acabarão assistindo à demanda por seus produtos "ir por água abaixo".

O mercado mostra sinais de maior preparo pois os clientes estão mais exigentes e preparados, com habilidades *hard skills* e *soft skills* mais apuradas. As lojas e a indústria de equipamentos de uso *outdoor* estão cada vez mais populares e especializadas. Os clientes estão mais bem informados quanto aos produtos e serviços que compram e, conseqüentemente, mais dispostos a exigir programas de acordo com suas necessidades.

Os guias, como importante elemento no processo de conservação das áreas naturais protegidas, devem estimular seus clientes a refletir sobre lições valiosas a respeito do meio e da natureza humana, lições que os ajudam a tomar atitudes voltadas para o bem-estar da comunidade global. Além de guias, esses profissionais devem ser mais que montanhistas e amantes da natureza; é necessário que sejam educadores, alguém dedicado a auxiliar o cliente no caminho do seu desenvolvimento na natureza e como indivíduo.

Os estudantes, de modo geral, devem experimentar ao máximo toda e qualquer atividade de turismo na natureza que desejarem, para que aprendam fazendo, mais do que apenas debruçados por finais de semanas em estudos unicamente teóricos. Nesse sentido, o estudo do contexto é apenas um esforço advindo da prática e estudar o turismo é muito mais complexo e dinâmico do que alguns livros apresentam. O estudo do contexto constitui um exercício para as reflexões e deverá sempre vir acompanhado pelas vivências ao ar livre, sair, experimentar. Essa tarefa pode começar hoje, ou até mesmo agora. Então, o quê você está esperando?

> ***Se eu pudesse viver novamente (...) correria mais riscos, viajaria mais. Contemplaria mais entardeceres, subiria mais montanhas, nadaria mais rios e mares, iria a mais lugares onde nunca fui (...)***
>
> **Jorge Luiz Borges**

Exercícios Propostos

1. Busque uma revista especializada em turismo ou ecoturismo que circule pelas bancas. Selecione qualquer roteiro "pacote" de uma das grandes operadoras de "ecoturismo" e estruture os seguintes questionamentos:
   a) Qual o contexto do programa?
   b) Como a operadora vende esse programa? Analise a linguagem, as informações contidas na revista, as imagens e reflita sobre esse programa, respondendo ao estudo do contexto.

Após esse exercício, conclua em que segmentação (turismo na natureza, ecoturismo, turismo de aventura) o roteiro se enquadra melhor.

Exercite sempre qualquer roteiro que encontrar.

2. Qual a relação entre o planejamento das atividades em meio natural e o nível de risco/ competências dos adeptos dessas atividades?
3. Discuta com outras pessoas o enfoque de turismo na natureza apresentado neste capítulo.
4. Exercite o gráfico de riscos de atividades e planejamento das aventuras utilizando outros cenários sobre o turismo de aventura por meio de leituras específicas, revistas, livros, filmes, entre outros.

Glossário

Down hill: descida de montanhas ou trilhas em alta velocidade, atingindo até 90km/h em bicicletas.

Hard skills: competência técnica, experiência no meio *outdoor*, manejo de risco e habilidades específicas de cada atividade, do tipo remar em corredeiras, escalar, pedalar, acampar, entre outras.

NOLS: organização sem fins lucrativos com seis bases operacionais desde Alasca e Nova Zelândia à Patagônia. Sua história está intimamente ligada à de seu fundador, Paul Petzoldt, um guia de montanha. Enquanto trabalhava como instrutor chefe da *Colorado Outward Bound School*, Paul identificou questões que o levaram a fundar, em 1965, a NOLS, com idéia de formar bons instrutores para atuarem em todas as escolas, inclusive a OBB. Para saber mais sobre essa renomada escola, acesse *www.nols.edu*.

OB (Outward Bound): organização internacional com mais de 50 escolas espalhadas em 32 países. O termo *Outward Bound* é um jargão náutico que se refere ao momento em que um barco deixa a segurança do porto para os perigos e aventuras desconhecidos do mar aberto. Nesse momento, o barco está *outward bound*. Acesse a Outward Bound Brasil (*www.obb.org.br*).

Single trekk: percorrer trilhas de bicicleta passando por obstáculos, curvas fechadas, alta velocidade e constante ritmo.

Soft skills: habilidades de tomada de decisão, manejo do grupo, liderança, espírito de grupo, comunicação, segurança.

BIBLIOGRAFIA COMENTADA

BARROS, M. I. A. *Outdoor education*: uma alternativa para a educação ambiental através do turismo de aventura. In: SERRANO, C. *A Educação pelas Pedras: ecoturismo e educação ambiental.* São Paulo: Chronos, 2000.

CURTIS, R. *The Backpacker's Field Manual: a comprehensive guide to mastering backcoutry skills.* New York: Three River Press, 1998.

COSTA, V. L. M. *Esportes de Aventura e Risco na Montanha: um mergulho no imaginário.* São Paulo: Manole, 2000.

HADDOCK, C. *Managing Risks in Outdoor Activities.* Wellington: New Zealand Mountain Safety Council, 1993.

HARVEY, M. *The National Outdoor Leadership School's Wilderness Guide.* New York: Fireside Simon & Schuster, 2000. *Este clássico livro da renomada escola de liderança ao ar livre NOLS (*The National Leadership School*), intitulada "a Harvard das escolas ao ar livre" pela Money Magazine, é uma reedição de informações sobre segurança, liderança, expedições ao ar livre, técnicas de viajar e viver ao ar livre,* leave no trace, *entre outras. Repleta de ilustrações e informações para mochileiros, viajantes e amantes da natureza.*

LAROUSSE Ilustrado da Língua Portuguesa. São Paulo: Nova Cultural, 2004 (p. 565).

McMENAIMM, P. *The ultimate adventure sourcebook: National Geographic.* National Geographic, 2000. *Esta obra é uma verdadeira enciclopédia que resume as melhores destinações de turismo de aventura no mundo e as melhores operadoras desse segmento que atuam em cada destinação. O livro também ajuda os aventureiros a organizarem suas próprias viagens de forma organizada e com qualidade.*

MORTLOCK, C. *The Adventure Alternative.* Cumbria: Cicerone, 1984.

PEARCE, D. G. Alternative tourism: concepts, classifications and questions. In: *Tourism Alternatives.* Chichester: John Wiley & Sons, 1994.

PRIEST, S. *The Adventure Education Paradigm.* In: MILES, J. C.; PRIEST, S. (Eds.). *Adventure Education.* State College PA: Venture, 1990, p.158-172.

PRIEST, S.; BAILLIE, R. *Justifying the Risk to Others: the real Razor's Edge.* In: WARREN, K.; SAKOFS, M. *The Theory of Experiencial Education.* Association for Experiential Education-AEE, Dubuque Lowa, Kendall/Hunt, 1995.

PIRES, P. S. *Dimensões do ecoturismo.* São Paulo: SENAC, 2002. *Pioneira no estudo do ecoturismo no Brasil, esta obra é extensamente utilizada no meio acadêmico, pois retrata a evolução desse segmento, suas variações conceituais e o papel das operadoras que atuam no Brasil. Uma obra de leitura obrigatória tanto para o* trade *como para estudantes e pesquisadores.*

SWARBROOKE, J. et al. *Turismo de Aventura: conceitos e estudos de caso.* Trad. Marise P. Toledo. Rio de Janeiro: Elsevier, 2003. *Este livro traduzido para o português foi o único que compilou informações sobre o segmento de turismo de aventura, suas variações e subsegmentações, o qual recebeu alguns comentários sobre este enfoque. Ótimo livro para acadêmicos e pesquisadores, pois apresenta gráficos, exercícios e estudos de caso. A única crítica a esta obra deve-se à variação do turismo de aventura para o lado psicológico do usuário, e também voltado às áreas urbanas. Essa discussão foi apresentada neste presente capítulo.*

Anotações

85-7241-568-8

Parte 4

Turismo e Meio Ambiente

CAPÍTULO

31

Entendendo o Ecoturismo

Paulo dos Santos Pires

Introdução

A atual dimensão social alcançada pelo ecoturismo impõe a toda iniciativa que o adote como tema ou objeto de abordagem. Há necessidade de considerar exatamente essa sua dimensão seja com o intuito de abrangê-la na totalidade, seja com o propósito de enfocar facetas e aspectos parciais ou específicos que nela estão contidos, de forma que se permita entender o significado e o alcance do conteúdo e das informações geradas em relação ao seu contexto de abordagem.

A inserção contextual das abordagens envolvendo o ecoturismo leva à necessidade de estabelecer justamente os distintos níveis em que elas poderão se dar, possibilitando com isso delimitar os enfoques e condicionar todo o conteúdo produzido, seja ele informativo, descritivo ou analítico a objetivos pertinentes com o nível considerado. Porém, reconhecer e considerar os distintos níveis de abordagem do ecoturismo não significa compartimentá-los em campos estanques e desconectados entre si, mas sim identificar uma linha condutora que permita explorar determinado campo temático em sua plenitude, incluindo suas interfaces e relações com os demais campos, quando essas se tornam pertinentes e necessárias.

Tomando essas questões como fator de motivação, o presente capítulo se propõe a identificar e descrever as vertentes a partir das quais podem se estabelecer os níveis de abordagem antes mencionados, com a intenção de contribuir com um referencial básico de orientação, principalmente, para aqueles que estão tomando contato inicial com o ecoturismo, seja enquanto tema e objeto de abordagem acadêmica, seja por interesse profissional ou mesmo pessoal.

Para tanto, o capítulo se estrutura em quatro itens principais, a saber:

- Ecoturismo como paradigma.
- Ecoturismo como segmento do mercado de turismo.
- Setores da sociedade com interesse e atuação no ecoturismo.
- Produção acadêmica no Brasil sobre ecoturismo.

Enquanto os três primeiros itens tratam, respectivamente, das vertentes anteriormente mencionadas, o quarto item oferece um painel (amplo e não exaustivo) sobre a produção acadêmica nos últimos 10 anos, com ênfase na chamada "literatura cinzenta" e que é representada por trabalhos monográficos de graduação e pós-graduação, a fim de situar especialmente aqueles que desejam investir em pesquisas e estudos de índole acadêmica e científica sobre o tema.

Parte 4

85-7241-568-8

Ecoturismo Como Paradigma

A partir do momento em que o *turismo na natureza* passou a ser reconhecido pelo ambientalismo, no período pós-Eco-92, como alternativa para a viabilização de propostas, projetos e ações de caráter ambiental, sobretudo conservacionista, desenvolvidas ou defendidas pelos seus protagonistas mais representativos, ocorreu a emergência do *ecoturismo*. Tal ocorreu não apenas como simplificação nominativa do termo *turismo ecológico* – mudança muito bem absorvida e difundida pelo mercado pujante desse novo segmento do turismo – mas, principalmente, pela força do significado de que passou a se revestir esse novo termo. O ecoturismo, então, passa à condição de linha de frente do turismo idealizado como *sustentável*, beneficiando-se da matriz (referencial) ambientalista por um lado e, por outro, servindo de catalizador para as ações e práticas ambientalistas, ajudando assim a ampliar os próprios quadros desse movimento, na medida em que a eles proporcionava a experiência do contato direto com o objeto maior de suas bandeiras – a natureza e sua dimensão ecológica –, não deixando de ser também uma faceta da própria militância ambientalista[1].

Nessa condição, o ecoturismo incorpora uma base conceitual claramente orientada na direção de princípios identificados com o paradigma do desenvolvimento sustentável, ao mesmo tempo em que ele próprio passa a se converter na idealização da sustentabilidade do turismo. Assim, a partir de distintas interpretações de seu conceito, estabeleceram-se princípios capazes de exprimir seu alcance enquanto novo paradigma para o turismo.

A base conceitual do ecoturismo começou a ser concebida a partir do final da década de 1980 por alguns protagonistas mundiais – que podem ser bem representados na pessoa de Hector Cebalhos-Lascuráin[2] – e a partir de uma das suas definições de reconhecida influência para a consolidação da seguinte base.

Ecoturismo ou turismo ecológico consiste em viagens ambientalmente responsáveis com visitas a áreas naturais relativamente sem distúrbios, para desfrutar e apreciar a natureza – juntamente com as manifestações do passado ou do presente que possam existir – e que, ao mesmo tempo, promove a conservação, proporciona baixo impacto pelos visitantes e contribui positivamente para o envolvimento socioeconômico ativo das populações locais[3].

Se, por um lado, definições como essa permitem captar, em síntese, a essência do entendimento conceitual de ecoturismo, por outro possibilitam expandir esse mesmo entendimento na forma de postulados vinculados aos seus múltiplos significados. Assim, a partir do reconhecimento de que o ecoturismo implicava, antes de tudo, a opção por ambientes naturais íntegros e por manifestações culturais autênticas, mas também a afirmação dos pressupostos de responsabilidade ambiental, de compromisso conservacionista e de envolvimento das populações locais, foi se consolidando uma base conceitual assentada em um conjunto de ideais que se consubstanciaram no que atualmente se difunde como princípios, componentes ou características do ecoturismo.

Para tanto, houve a participação central de organizações com atuação mundial no campo do turismo sustentável e do ecoturismo. Entre elas, devem ser destacadas, além da própria OMT – Organização Mundial do Turismo, o PNUMA – Programa das Nações Unidas para o Meio Ambiente[4], A IUCN – *The World Conservation Union* (União Mundial para a Conservação)[5] e a TIES – *The International Ecotourism Society* (Sociedade Internacional de Ecoturismo). Contemporaneamente no Brasil e de forma análoga, entidades com atuação nacional do ecoturismo[6] exerceram o mesmo papel na definição nacional da mesma base conceitual.

[1] Uma abordagem ampla e aprofundada sobre esse tema poderá ser apreciada em Pires, 2002.

[2] Hector Cebalhos-Lascuráin, arquiteto mexicano, autor e consultor internacional em ecoturismo e turismo sustentável.

[3] Conceito adotado pelo Programa de Ecoturismo da União Mundial para a Conservação e extraído de: Hector Cebalhos-Lascuráin, Ecotourism, Consultancy Programme. México, 1993.

[4] Por intermédio da *Division of Technology, Industry and Economics*.

[5] Por intermédio da *World Commission on Protected Areas (WCPA)*.

[6] Devem ser destacados o Senac – Serviço Nacional do Comércio, a Ecobrasil – Associação Brasileira de Ecoturismo e o IEB – Instituto de Ecoturismo do Brasil. Este último agrega, principalmente, os principais protagonistas da fase inicial do ecoturismo no Brasil que atuavam no mercado e como consultores.

85-7241-568-8

Nessa ocasião, foi constituído oficialmente o chamado Grupo Interministerial em Ecoturismo[7], de cujo trabalho resultou não só o lançamento, em 1995, das Diretrizes para uma Política Nacional de Ecoturismo, como a definição oficial de ecoturismo, sustentada por uma base conceitual em consonância com a mesma base que vinha sendo construída mundialmente: *ecoturismo* é um segmento da atividade turística que utiliza, de forma sustentável, o patrimônio natural e cultural, incentiva a sua conservação e busca a formação de uma consciência ambientalista através da interpretação do meio ambiente, promovendo o bem-estar das populações envolvidas.

A base conceitual aqui referida pode ser compilada e apresentada como um postulado composto de princípios, componentes e características que passaram a ser atribuídas universalmente ao ecoturismo e, como tal, servem como marco orientador para sua implantação e desenvolvimento, por parte de todos os setores sociais (públicos e privados) com interesse ou atuação na área. Assim, a partir da sua matriz originadora, que é o turismo na natureza – a *natureza* referida obviamente a ambientes naturais, com elevada integridade de suas características originais e alterações antrópicas não significativas –, o ecoturismo busca a sua identidade nos postulados a seguir.

ATENÇÃO PARA OS IMPACTOS NOS DESTINOS

O desenvolvimento da atividade deve buscar reduzir ao máximo os seus efeitos negativos seja no ambiente natural, seja nos valores culturais representados pelo patrimônio material e imaterial presente nas localidades e regiões atingidas. Para tanto, devem-se considerar aspectos como:

- Redução do consumo direto e indireto de recursos naturais.
- Adoção de estudos e monitoramento das atividades e de seus impactos.
- Adaptação do turista aos destinos no sentido comportamental e de consumo.
- Adequação e harmonização da infra-estrutura (acomodações, transporte, equipamentos) ao ambiente natural e cultural dos destinos.
- Disseminação em pequenos grupos e com operações de pequena escala.

ADOÇÃO DA EDUCAÇÃO AMBIENTAL COM ÊNFASE NA CONSERVAÇÃO DA NATUREZA E NOS VALORES CULTURAIS

O contato direto e de primeira mão com os ambientes naturais e com as manifestações ou aspectos culturais presentes no seu entorno possibilita aos turistas e visitantes uma oportunidade preciosa para desenvolver a percepção ambiental e assimilar conhecimentos que influenciarão decididamente na formação de uma consciência ecológica e cultural capaz de determinar posturas e atitudes diante do ambiente e da sociedade. Na prática ecoturística, essa condição ocorre com:

- Preparação dos visitantes/turistas desde as primeiras informações sobre os destinos nos meios de divulgação.
- Desenvolvimento da interpretação ambiental enquanto meio de sensibilização, percepção e assimilação de conhecimentos, em todas as etapas de contato direto com os turistas, incluindo a viagem, o acesso aos destinos e a visita.

CONTRIBUIÇÃO PARA A CONSERVAÇÃO DA BIODIVERSIDADE (E DA NATUREZA, POR EXTENSÃO)

As áreas naturais remanescentes geram expectativa e demanda da sociedade pelos recursos contemplativos, educativos, científicos e recreativos que contêm, incluindo a fundamental biodiversidade, ao mesmo tempo em que se constituem em estoques cada vez mais raros e valiosos de matéria-prima para a sustentação de outros segmentos sociais que as têm como única fonte de

[7] Composto por representantes do Ministério da Indústria, Comércio e Turismo, Ministério do Meio Ambiente, da Embratur – Instituto Brasileiro de Turismo e do Ibama – Instituto Brasileiro do Meio Ambiente e dos Recursos Naturais Renováveis, de empresários e de consultores.

Parte 4

85-7241-568-8

suprimento ou de renda. Portanto, o ecoturismo pode e deve participar na sua conservação, da seguinte forma:

- Diretamente por meio da geração de receitas advindas da sua operação e da oferta de outros serviços aos visitantes, a serem utilizadas diretamente na proteção, pesquisa e manutenção dessas áreas.
- Indiretamente proporcionando à população local alternativas de renda em relação à exploração predatória e ilegal dos recursos naturais dessas áreas, com sua inserção nos serviços requeridos pela atividade ecoturística.
- Permanentemente servindo como meio estratégico de disseminação da consciência ecológica e ambiental, ampliando a base social de apoio à conservação da biodiversidade e da natureza.

GERAÇÃO DE BENEFÍCIOS SOCIOECONÔMICOS PARA LOCALIDADES, REGIÕES E PAÍSES ANFITRIÕES E SEUS HABITANTES

Em muitas regiões subdesenvolvidas ou em desenvolvimento na faixa intertropical do planeta, ainda se encontram áreas em que a natureza e seus recursos se mantêm íntegros, com importância fundamental para os processos ecológicos e equilíbrio ambiental do planeta. Essa contingência normalmente tem levado à exploração predatória dos recursos naturais por parte das populações e comunidades locais marginalizadas, como alternativa insustentável para sua subsistência. Nesse contexto, o ecoturismo pode atuar positivamente por meio de:

- Geração de empregos e oportunidades de trabalho para a comunidade local junto a atividades fornecedoras de serviços ao ecoturismo.
- Geração de oportunidades de negócios e iniciativas empreendedoras em escala local para atender a demandas de serviços e produtos geradas pelo ecoturismo.
- Apoio à melhora do nível de educação da comunidade e catalisação de meios para a capacitação profissional daqueles que precisam e desejam inserir-se no mercado de trabalho em torno do ecoturismo.
- Estímulo e fomento ao associativismo e ao espírito cooperativo nas comunidades, como forma de organização social e política para conquistar sua autodeterminação no processo de desenvolvimento do ecoturismo.

A identidade paradigmática do ecoturismo idealizada a partir desses postulados básicos ainda está muito aquém da sua plena constatação na prática *ecoturística* e na realidade dos destinos *ecoturísticos*. Nem por isso se lhe deve tirar o mérito de paradigma da sustentabilidade no turismo que conquistou e que ainda mantém, pois a mesma trajetória que permite constatar as limitações e os desvirtuamentos a que está sujeito também oferece experiências, sedimenta avanços socioambientais e proporciona a orientação de como prosseguir acreditando e investindo no potencial do ecoturismo.

Nessa perspectiva, o ano de 2002 foi declarado, pelas Nações Unidas e a Organização Mundial do Turismo, como o Ano Internacional do Ecoturismo, culminando com a realização da Cúpula Mundial do Ecoturismo, o maior e mais importante evento da área ocorrido até o momento. Em sua declaração final[8], reconheceu que o ecoturismo incorpora os princípios do turismo sustentável em relação aos impactos econômicos, sociais e ambientais do turismo, mas incorpora outros princípios específicos que o diferenciam do conceito mais amplo de turismo sustentável. São eles:

- Contribui ativamente para a conservação do patrimônio natural e cultural.
- Inclui as comunidades locais e indígenas em seu planejamento, desenvolvimento e exploração, contribuindo para o seu bem-estar.
- Interpreta o patrimônio natural e cultural do destino para os visitantes.
- Presta-se melhor aos viajantes independentes, assim como aos circuitos organizados para grupos de tamanho reduzido.

Nota-se, portanto, que esses princípios diferenciadores do ecoturismo, preconizados pela Declaração de Quebec, reforçam os demais pos-

[8] Declaração de Quebec Sobre o Ecoturismo. Quebec, Canadá, maio de 2002.

85-7241-568-8

tulados apresentados, confirmando-se como um marco de referência para o entendimento da dimensão conceitual do ecoturismo.

Talvez o estágio em que nos encontramos atualmente permita antever que sua viabilidade como tal está mais próxima de ser constatada no conjunto das muitas experiências bem-sucedidas em escala local, distribuídas em várias regiões do mundo e envolvendo a participação compartilhada do setor público, da iniciativa privada e da comunidade, buscando alcançar, de forma responsável e com planejamento participativo, cada uma das condições que se postulam como as desejadas para a sustentabilidade do ecoturismo, do que na globalidade desse paradigma aberto a toda e qualquer apropriação política e mercantilista, facilmente verificadas na esfera dos governos que passaram a ter no ecoturismo mais uma plataforma política, e no âmbito das organizações privadas com atuação no turismo que passaram a tê-lo como uma *eco*-oportuna alavanca expansionista e capitalizante.

Ecoturismo como Segmento do Mercado de Turismo

Assumindo que, no plano conceitual, o ecoturismo se insere como uma versão sustentável do *turismo na natureza*, é exatamente a partir dessa vertente que ele poderá também ser posicionado enquanto segmento do mercado turístico. Como se observa na Figura 31.1, o turismo na natureza está equiparado ao nível dos demais segmentos básicos do turismo, como o turismo de negócios, o turismo cultural ou o turismo de sol e praia.

O ecoturismo, então, deriva do turismo na natureza ou dele faz parte como um subsegmento, assim como o turismo de aventura, embora ambos adquiram identidade própria a partir de seu desmembramento da vertente “natureza”. No ecoturismo, as principais motivações são a contemplação e a observação das características naturais e dos recursos culturais a ela relacionados nos seus destinos, enquanto no turismo de aventura a motivação principal é, antes de tudo, o exercício físico e a experimentação de situações desafiadoras no ambiente natural, em áreas remotas ou de difícil acesso.

Do ponto de vista funcional e no âmbito mercadológico, as principais características diferenciadoras do ecoturismo são as seguintes[9]:

- Atende a pequenos grupos de até 25 pessoas, podendo ser, inclusive, um único cliente.
- Utiliza meios de hospedagem com menos de 100 leitos, preferencialmente com características alternativas aos hotéis convencionais.
- É operado por empresas de pequeno a médio porte.
- Concentra-se na condução e na acomodação de grupos pequenos para oferecer atendimento mais personalizado com o uso de materiais interpretativos e guias especializados.
- Preocupa-se com a capacitação e o treinamento de guias, operadores e fornecedores dos serviços requeridos pela atividade.

No entanto, como se observa na mesma Figura 31.1, o ecoturismo estabelece ligação com o turismo cultural e o turismo rural na medida em

[9] Elaborado com base nas seguintes referências: Wood, 2001 e Hillel, 1995.

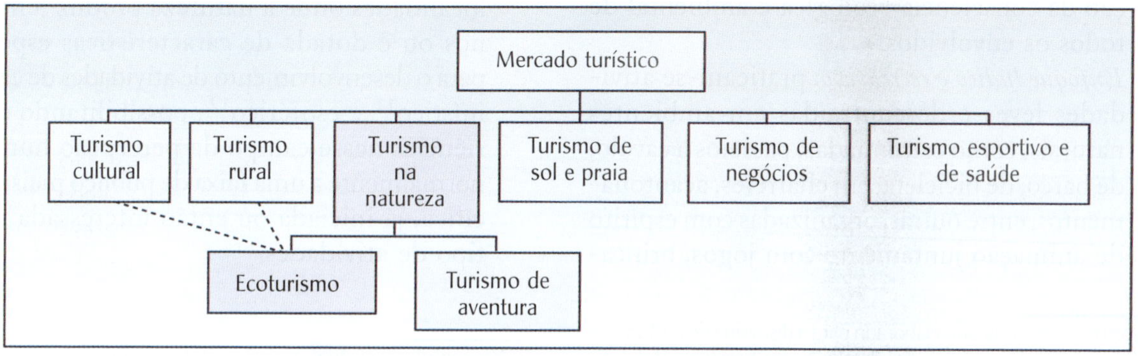

Figura 31.1 – O mercado turístico. Adaptado do PNUMA, 2001.

85-7241-568-8

que a experiência e o produto ecoturístico podem proporcionar, de forma complementar e a ela associada, elementos desses dois segmentos turísticos sem, no entanto, descaracterizar-se ou descaracterizá-los.

ENFOQUES E MODALIDADES DO ECOTURISMO

Observando-se o universo de atividades oferecidas sob o *guarda-chuva* do ecoturismo, contidas no material promocional das agências e operadoras, e considerando a diversidade de roteiros e produtos associados a esse segmento, é possível estabelecer alguns enfoques diferenciáveis entre si a partir de uma abordagem teórica, como no presente caso, mas que, na prática ecoturística, podem ocorrer simultaneamente, de forma combinada, complementando-se em uma mesma programação e roteiro ou integrando um mesmo produto ecoturístico. Sendo assim, os principais enfoques que podem definir distintas modalidades de ecoturismo são os seguintes[10]:

- *Enfoque educativo e interpretativo*: trabalha prioritariamente com a observação da vida selvagem e das paisagens naturais e culturais, com a orientação geográfica, observações astronômicas, contatos culturais com populações locais, entre outras possibilidades, utilizando técnicas, meios e intérpretes capacitados e envolvendo o público de forma a tornar a experiência, além de produtiva enquanto geradora de conhecimentos, agradável e prazerosa, comumente incorporando atividades lúdicas e recreativas. Esse é o enfoque que contribui decididamente para a formação da consciência ecológica e ambiental de todos os envolvidos.
- *Enfoque lúdico e recreativo*: praticam-se atividades leves e descontraídas em ambientes naturais, como caminhadas, passeios a cavalo, de barco, de bicicleta, em charretes, acantonamentos, entre outras, organizadas com espírito de animação juntamente com jogos, brincadeiras, convivência e sociabilidade entre o grupo de participantes, em que o ambiente natural, além de cenário, também proporciona experiências perceptivas e educativas aos participantes.
- *Enfoque científico e especialista:* a operação ecoturística serve como recurso logístico e apoio operacional imediato para o desenvolvimento de pesquisas, estudos e observações em biologia, botânica, zoologia, geologia, oceanografia, espeleologia, arqueologia, paleontologia, etc., por parte de um segmento de público predominantemente, mas não apenas acadêmico, como observadores aficionados por aspectos e manifestações específicos da natureza. Nessa modalidade, incluem-se também turistas não iniciados que desejam voluntariamente apoiar e acompanhar estudos e pesquisas realizadas em ambientes naturais.
- *Enfoque esportivo e de aventura:* utiliza a natureza como cenário e adota a prática de modalidades esportivas como escalada, rapel, canoagem, *canyoning*, mergulho, *montain-biking*, entre outras, como principal apelo motivacional, quando o objetivo é a superação dos limites pessoais, a busca por desafios ou o aprimoramento das técnicas inerentes a essas atividades e a *performance* dos praticantes. Da mesma forma, quando o objetivo é atingir áreas naturais inóspitas, remotas ou de difícil acesso. Em ambos os casos, deve-se ressalvar que esse enfoque integra uma proposta de categorização baseada no amplo espectro da oferta "ecoturística" e não deve ser confrontado com a dimensão conceitual do ecoturismo anteriormente apresentada.
- *Enfoque místico e esotérico:* algumas agências e operadoras de turismo na natureza e ecoturismo incluem, em seus destinos e roteiros, localidades onde a natureza produz fenômenos ou é dotada de características especiais para o desenvolvimento de atividades de caráter místico[11] e esotérico[12], possibilitando experiências nesse campo da percepção humana, normalmente a uma faixa de público mais específica, já iniciada ou então interessada nesse tipo de atividades.

[10] Com base em conteúdo elaborado para a disciplina de Ecoturismo por Pires, P. S. junto ao Curso de Graduação em Turismo e Hotelaria da Universidade do Vale do Itajaí – UNIVALI. 2000.

[11] No sentido espiritual e contemplativo do termo.

[12] No sentido "ocultista" do termo.

Parte 4

85-7241-568-8

Esse amplo espectro de atividades e experiências que o ecoturismo, enquanto subsegmento do turismo na natureza, é capaz de proporcionar tem levado algumas operadores e guias a imprimir uma identidade própria aos seus serviços e produtos, construindo e consolidando uma imagem de mercado claramente associada a um desses enfoques, especializando-se nas atividades que os caracterizam.

No entanto, é necessário ressaltar que, além dessa identificação por parte das empresas e agentes que integram o segmento do turismo na natureza no mercado turístico, a marca do ecoturismo só será reconhecida se os respectivos programas e roteiros contemplarem, de alguma forma, o componente educativo, a integração cultural dos participantes com os habitantes locais e a atenção para com os impactos negativos das atividades no ambiente natural onde se desenvolvem todas essas modalidades, destinando ainda parte das receitas geradas para a conservação da natureza, preferencialmente nos próprios destinos.

Setores da Sociedade com Interesse e Atuação no Ecoturismo

O caráter multifacetado do ecoturismo e seu alcance socioambiental tornaram-no objeto de interesse pelos mais diversos segmentos sociais e setores da atuação humana em todo o mundo. Essa constatação é facilmente comprovada nos eventos da área que buscam absorver em sua programação temática essa multiplicidade de interesses, atraindo a participação dos distintos atores sociais que os representam. Outra forma de comprovação ainda mais contundente se dá no campo das ações e das iniciativas da sociedade e dos governos, envolvendo a implantação de projetos, a elaboração de planos, a realização de programas, a concepção de políticas e a prática ecoturística, para cujas ações, além das respectivas competências humanas, é necessário realizar articulações, arranjos, contraposição de forças e mobilização entre os atores sociais envolvidos ou com interesse no ecoturismo.

Assim considerado, podem-se identificar os principais setores da sociedade que comprovadamente vêm atuando, manifestando interesse ou sendo afetados pelo ecoturismo ao longo da sua existência contemporânea:

- *Os governos em nível nacional, regional e local*: a quem cabe a definição de políticas públicas para a área e sua implementação, o planejamento e a gestão do ecoturismo e a participação no marco regulador da atividade, juntamente com a participação da sociedade civil e de seus grupos de interesse nas respectivas esferas de abrangência. No Brasil, o marco oficial para a área de ecoturismo está no documento Diretrizes para uma Política Nacional de Ecoturismo, lançado em 1994 e que atualmente está sendo tomado como ponto de partida para a revisão e atualização das políticas públicas na área.
- *Organizações intergovernamentais e organismos de assistência para o desenvolvimento*: organismos como PNUMA, OMT, WTTC – *World Travel and Tourism Council*, IUCN e OEA – Organização dos Estados Americanos atuam, por exemplo, na aplicação e elaboração de diretrizes, capacitação das organizações nacionais, regionais e locais, intercâmbio de experiências e diálogo multissetorial e entre países e regiões, promoção de eventos e difusão de conhecimentos.
- *Setor privado*: compreende as empresas constituídas para atuar diretamente na oferta de serviços e produtos ecoturísticos, como as agências, operadoras, meios de hospedagem, meios de transporte, meios de interpretação, restauração e produtos artesanais, além de outros setores que atuam nos serviços básicos de apoio aos turistas nos destinos. Além do IEB – Instituto de Ecoturismo do Brasil, que já atua junto ao *trade*, recentemente foi lançado o *Bureau* Brasil de Ecoturismo, Aventura e Mergulho, entidade que objetiva organizar a comercialização dos serviços e destinos brasileiros para o mercado internacional. Em nível internacional, merece destaque a atuação da TOI[13].

[13] *Tour Operators' Initiative for Sustainable Tourism Development*, rede mundial de 25 operadores que busca incorporar princípios de sustentabilidade em suas operações comerciais e trabalha para promover práticas compatíveis com o desenvolvimento sustentável. O Brasil está representado por uma empresa na TOI.

85-7241-568-8

- *Organizações não governamentais e associações comunitárias*: organizações internacionais (TIES – *Tourism Concern*, WWF – *World Wildilife Foundation*, *Conservation International*, TNC – *The Nature Conservation*), com atuação no ecoturismo inclusive no Brasil, juntamente com algumas importantes ONG – organizações não governamentais brasileiras, vêm desenvolvendo papel central na viabilização da sustentabilidade do ecoturismo. As ONG servem como fonte vital para a viabilização de financiamentos e assistência técnica para projetos de ecoturismo. Além disso, facilitam negociações entre as comunidades locais e empresários do ecoturismo e seus membros e colaboradores buscam informações e orientação para os problemas relacionados ao ecoturismo. Sua atuação se estende à educação, capacitação, apoio técnico e financeiro, no monitoramento de impactos socioambientais e culturais do turismo, no processo de certificação da atividade[14] e no seu planejamento.
- *Instituições acadêmicas e de pesquisa*: são as escolas técnicas e profissionalizantes, as universidades e instituições de pesquisa cuja relação com o ecoturismo é formar ou capacitar quadros profissionais, gestores e educadores para atuarem na área. Ao mesmo tempo, produzem conhecimentos e tecnologias aplicados ao planejamento e desenvolvimento do ecoturismo, muitas vezes a partir de sua própria base empírica. Os indicadores de resultado e de atuação desse setor podem ser obtidos junto à produção de literatura técnico-científica (monografias, teses, artigos e livros), nos quadros acadêmicos (professores, pesquisadores, estagiários) e no contingente de profissionais que atuam com ecoturismo, enquanto empreendedores, operadores, guias, consultores, funcionários públicos, etc., formados ou capacitados no ambiente acadêmico.
- *Instituições financeiras internacionais*: instituições bi e multilaterais laterais, como o Banco Mundial, o Banco Interamericano de Desenvolvimento, a Agência dos Estados Unidos para o Desenvolvimento Internacional, desenvolvem mecanismos para oferecer crédito e financiar sistemas de certificação, infra-estrutura, formação, capacitação e estruturação de pequenas e médias empresas, entre outras demandas do ecoturismo.
- *Comunidades locais (incluindo populações indígenas)*: a autodeterminação é o fator mais importante que relaciona o interesse das comunidades locais nas quais se desenvolve o ecoturismo aos interesses dos demais atores com ele envolvidos, para assegurar os benefícios coletivos dele advindos no plano socioeconômico e promover e valorizar sua cultura expressa nas técnicas e conhecimentos tradicionais aplicados no artesanato, na culinária, na produção agrícola, na construção tradicional e nos demais aspectos do seu cotidiano e modo de vida.
- *Imprensa*: atua, basicamente, em dois campos relacionados ao ecoturismo. O primeiro é na clássica produção da notícia, na medida em que esse segmento, na sua condição de paradigma ou na notável disseminação das suas múltiplas ações e atividades, produz fatos e acontecimentos de interesse geral para a sociedade. O segundo, e bem mais seletivo, é o envolvimento de um número ainda reduzido de profissionais da imprensa com os aspectos mais profundos e complexos do ecoturismo, produzindo pesquisas jornalísticas, documentários, séries especiais e colunas especializadas que têm como alvo principal o público praticante e segmentos sociais com interesses específicos nesse segmento, embora o caráter público dessa difusão venha gradativamente atingindo camadas mais amplas da sociedade.
- *Público turista*: é a partir das expectativas, preferências e motivações desse setor da sociedade que se segmentam as modalidades de ecoturismo e seus respectivos enfoques e atividades, o que costuma ocorrer nos demais segmentos básicos do turismo. No entanto, por ter a condição de promover em seus praticantes valores e condutas responsáveis e pró-ativas nos campos social e ambiental, esse segmento estabelece uma salutar relação de fidelidade, beneficiando-se ainda do crescimento da demanda pelo caráter predominante

[14] No Brasil, desde o ano de 2000, as ONG WWF e SOS Mata Atlântica vêm coordenando um processo para a implementação de um programa de certificação para o turismo (incluindo o ecoturismo), com base em padrões de sustentabilidade. Esse processo culminou com a recente criação do CBTS – Conselho Brasileiro de Turismo Sustentável. Para mais informações, acessar *www.wwf.org.br*.

85-7241-568-8

de divulgação boca-a-boca derivado dessa mesma fidelidade e pela expansão da consciência ecológica na sociedade, para a qual concorre o próprio ecoturismo.

Produção Acadêmica no Brasil sobre Ecoturismo

É possível que se encontrem alguns registros isolados de produção acadêmica na forma de trabalhos de conclusão de curso de graduação, bem como relatórios monográficos de cursos de especialização (*lato sensu*), mestrado e doutorado (*stricto sensu*) produzidos no ambiente universitário brasileiro durante os anos de 1980, cuja abordagem esteja relacionada ao que atualmente se denomina ecoturismo. A mesma possibilidade pode ser estendida a outras modalidades de produção científica, como artigos científicos gerados no mesmo ambiente universitário ou outras instituições de pesquisa atuantes em nosso país.

No entanto, foi a partir da década de 1990, principalmente a partir da Eco-92[15], que a academia e o meio científico em geral despertaram para a abordagem do ecoturismo como tema e objeto de estudos e pesquisas, não só nos formatos anteriormente citados, como também na forma de artigos técnico-científicos em periódicos especializados. Mesmo na literatura estrangeira, as primeiras referências sobre o tema remontam à segunda metade dos anos 1980[16], quando o neologismo "ecoturismo" começava a despontar em meio a designações mais correntes na época, como turismo baseado na natureza, viagem orientada para a natureza e turismo ecológico[17]. Não obstante, desde a década anterior, já se verificavam o surgimento e a gradativa disseminação de abordagens com o foco mais aberto em temáticas então emergentes, relacionadas à massificação e aos impactos, sobretudo, socioculturais e ambientais do turismo.

Remetendo novamente ao cenário dos anos 1990 no Brasil, alguns consultores então atuantes no ora chamado de "turismo ecológico", ora de "turismo ambiental" ou mesmo de "ecoturismo" publicaram matérias e artigos em periódicos especializados e em anais dos primeiros eventos voltados para a párea, expondo sua experiência e seu ponto de vista sobre o desenvolvimento dessas novas modalidades de turismo[18]. Notadamente a partir da segunda metade dessa década, a grande impressa também começou a abrir espaço jornalístico para matérias divulgadoras dos novos destinos e experiências de turismo na natureza e ecoturismo no país.

Já na esfera acadêmica, em especial nas universidades que já mantinham cursos superiores regulares na área de turismo e hotelaria[19], começam a se produzir trabalhos que perpassam a temática mais ampla do "turismo sustentável" e chegam ao ecoturismo, seja como uma aplicação do paradigma turismo sustentável ao turismo na natureza, seja como o próprio turismo na natureza orientado para a sustentabilidade. Dessa forma, a produção no âmbito acadêmico vai, aos poucos, se avolumando no decorrer da segunda metade da década de 1990, inicialmente mais representada por trabalhos de conclusão de curso de graduação e, depois, já na passagem para a década atual, com a progressiva produção de trabalhos também em nível de pós-graduação (*lato e stricto sensu*).

Essa constatação, que se baseia na percepção deste autor, o qual, na condição de docente e pesquisador, acompanhou e tomou parte dessa trajetória histórica contemporânea do ecoturismo no ambiente acadêmico, poderia ser comprovada mediante levantamento sistemático e quantitativo junto às instituições de ensino e pesquisa já citadas e a tantas outras que passaram a oferecer formação e espaço para pesquisas nessa área. Contudo, nesta oportunidade, optou-se por expor essas breves referências temporais e espaciais sobre o assunto, com a intenção de oferecer um esboço indicativo para abordagens futuras mais ampliadas e aprofundadas.

Na atualidade, para além das esferas dos cursos de graduação e pós-graduação na área de turismo, hotelaria e hospitalidade, o ecoturismo, enquanto tema e objeto de investigação acadêmica, vem sendo

[15] Conferência das Nações Unidas sobre Meio Ambiente e Desenvolvimento.

[16] São exemplos: Cebalhos-Lascuráin, 1987, 1988; Healy, 1988; Ingran & Durst, 1987; Pizón, 1984; Ziffer, 1989.

[17] Mais informações em Pires, 2002.

[18] A exemplo de Barros II, 1991 e 1992; Hillel, 1995; Janer, A. 1993; Mourão, 1993 e Piza, 1992.

[19] Por exemplo: Anhembi-Morumbi (São Paulo)/ECA-USP (São Paulo)/UFPR (Curitiba)/UNIVALI (Balneário Camboriú).

Parte 4

abordado em associação a outras áreas do conhecimento em distintas instituições de ensino e pesquisa pelo país. Isso pode ser comprovado, ainda que de forma parcial, a partir de uma pesquisa na Internet[20], na qual se identificaram trabalhos acadêmicos (desde trabalhos de conclusão de curso de graduação até teses de doutorado) envolvendo o ecoturismo em instituições públicas e privadas de ensino e pesquisa em nível de graduação e pós-graduação. Com base nos resultados, é possível mostrar um breve panorama dessa produção dividido em dois critérios: *evolução temporal* e *distribuição geográfica*. A ocorrência por nível acadêmico (graduação, especialização, mestrado e doutorado) não poderá ser apresentada em virtude da maior imprecisão das informações levantadas junto às fontes consultadas.

- *Evolução temporal:* no período 1994 a 1997, ocorre pequena produção; a partir de 1998, nota-se um aumento sensível da produção, com pico no ano de 2001 e ligeira redução no ano de 2003 em relação à média desse último período (1998 a 2004).
- *Distribuição geográfica:* os estados com mais produção são os de São Paulo e de Santa Catarina, com ligeira vantagem para este último. Em um bloco intermediário aparecem os estados do Rio Grande do Sul, Rio de Janeiro, Pará e Minas Gerais. Na escala de redução, nota-se o grupo formado por Bahia, Ceará e Distrito Federal. Por fim, identificam-se os estados de Mato Grosso, Mato Grosso do Sul, Paraíba, Pernambuco, Paraná e Rio Grande do Norte.

Quanto à distribuição de toda essa produção pelos distintos níveis acadêmicos, embora não seja possível apresentar dados mais confiáveis nesta oportunidade, é possível constatar que, de forma geral, nos primeiros anos do período considerado (1994-2004) notabilizaram-se os trabalhos de conclusão de curso de graduação. A partir daí, foram se avolumando as monografias de especialização e, numa ordem natural de evolução, as dissertações de mestrado e, mais recentemente, as teses de doutorado, que vêm ganhando destaque em volume de produção. Um dado pontual, porém significativo, de que se dispõe é o de que a primeira tese de doutorado tendo como tema central o ecoturismo foi defendida em março de 1999 na Universidade de São Paulo.

Considerações Finais

Reportando às considerações quanto ao público alvo preferencial desta abordagem, tem-se que ela constitui um referencial básico para orientar iniciativas e ações a partir dos distintos segmentos sociais – e de seus atores, com interesse no ecoturismo. Ao expor esse corpo de informações e o âmbito de abordagem em torno do tema *Entendendo o Ecoturismo*, mais do que apresentar conhecimentos inéditos, procurou-se reelaborar o conhecimento já existente, abordado sob enfoques distintos e disperso em outras fontes, de forma que a sua disposição e organização no presente trabalho resultasse em corpo de informações úteis, sobretudo para aqueles que, na área acadêmica ou no campo profissional, estão se aproximando do ecoturismo enquanto tema ou objeto de interesse. Contudo, não se deixou de contribuir, em algumas passagens, com aportes que ainda não haviam sido registrados em publicações da área.

De qualquer forma, tem-se claro que o caráter dinâmico do ecoturismo em seu contexto socioambiental leva não só a relativizar muitas das idéias e constatações que a ele se referem, como à necessidade de revê-las e atualizá-las permanentemente, com base nas experiências dele resultantes. E é com esse espírito que se deve apreender o ecoturismo enquanto objeto de abordagem e tema de interesse, tanto na área de pesquisa e formação acadêmica quanto no campo da atuação profissional e das ações voltadas para o seu desenvolvimento.

[20] Durante o mês de setembro de 2004, com a participação do acadêmico bolsista Marcos Barbosa da Cruz, realizou-se uma busca da produção acadêmica (trabalhos de conclusão de curso, monografias, dissertações, teses) no período de 1994 a 2004 no sistema de bibliotecas universitárias e banco de dados nos *sites* da CAPES – Coordenação de Aperfeiçoamento de Pessoal de Nível Superior e BDTD – Banco Digital de Teses e Dissertações. Para tanto, usaram-se as palavras-chave ecoturismo, turismo de/da natureza e turismo em áreas naturais. Foram pesquisadas as bibliotecas das principais universidades que mantêm cursos regulares nas áreas de turismo, hospitalidade e hotelaria e de algumas outras que oferecem cursos afins com o ecoturismo. Já a busca via CAPES e BDTP alcançou também outras instituições de ensino. Cabe registrar que ainda não há um sistema único totalmente integrado entre todas as instituições universitárias que permita acesso pleno ao universo dessa produção, e que em algumas fontes ocorrem imprecisões ou desatualização de dados, o que dificulta e limita o alcance desse tipo de pesquisa remota.

85-7241-568-8

Sites Indicados[21]

www.turismo.gov.br: Ministério do Turismo. Área governamental responsável pela política de turismo e, por decorrência, do ecoturismo no Brasil.

www.mma.gov.br: Ministério do Meio Ambiente. Área governamental responsável pela política de meio ambiente no Brasil, em cujo contexto desenvolve ações para o ecoturismo. No âmbito desse ministério está o Ibama – Instituto Brasileiro do Meio Ambiente e dos Recursos Naturais Renováveis (www.ibama.gov.br), também com ações específicas voltadas para o ecoturismo.

www.world-tourism.org: *World Tourism Organization*. Principal organização intergovernamental vinculada à ONU – Organização das Nações Unidas que atua na área de turismo, sendo portanto a referência mundial oficial para a área. O ecoturismo está plenamente contemplado na atuação dessa organização.

www.ecotourism.org: *The International Ecotourism Society*. Principal organização em nível mundial criada para atuar diretamente com ecoturismo. Tornou-se referência no planejamento e na orientação do ecoturismo para outras organizações, instituições e governos.

www.uneptie.org: o *United Nations Environment Programme* (Programa das Nações Unidas para o Meio Ambiente), por intermédio de sua Divisão de Tecnologia, Indústria e Economia, possui importante atuação em relação ao ecoturismo e ao turismo sustentável, tendo participado dos principais acontecimentos e processos de orientação da atividade nos últimos anos.

www.iucn.org: *World Conservation Union*. Desenvolve ações voltadas para a conservação da natureza no planeta, com ênfase para as áreas naturais protegidas. Para tanto, reúne e articula agências governamentais, instituições de pesquisa e organizações não governamentais.

www.wwf.org.br: *World Wildlife Foundation*, organização internacional com representação no Brasil. Entre as ações dessa ONG para a conservação da natureza está a utilização do ecoturismo enquanto alternativa para o desenvolvimento socioeconômico de base local, com o objetivo de garantir a proteção e a sustentabilidade de áreas prioritárias para a conservação da biodiversidade.

www.conservation.org.br: *Conservation International*, organização internacional com representação no Brasil. Sua atuação está centrada na conservação da biodiversidade e, para tanto, envolve o ecoturismo em suas estratégias de ação.

www.tourismconcern.org.uk: *Tourism Concern*. Atua com ênfase nos impactos do turismo e promove a difusão de informações e conhecimentos junto a governos, ao setor turístico e a setores da sociedade com interesse na área.

BIBLIOGRAFIA COMENTADA

BARROS II, S. M. Ecoturismo: alternativa para o desenvolvimento da Amazônia. *Revista ECORIO (Rio de Janeiro), 1 (1):* 24-26, 1991.

BARROS II, S. M. Turismo na Amazônia – Uma opção "Eco" Lógica. *Turismo em Análise (São Paulo):* 31-36, 1992.

CEBALLOS-LASCURÁIN, H. *Estudio de Prefactibilidad Socioeconômica Del Turismo Ecológico y Anteproyecto Arquitectónico y Urbanístico Del Centro de Turismo Ecológico de la Reserva de la Biosfera Sian Ka, na.* México: Sedue, 1987.

CEBALLOS-LASCURÁIN, H. The future of ecotourism. *México Jornal,* Mexico, 17 jan. 1988, p. 13-14.

CEBALLOS-LASCURÁIN, H. *Tourism, Ecotourism and Protected Areas: the state of nature-based around the world and guidelines for its development.* Gland, Switzerland and Cambridge: IUCN, 1996, 301p. *Faz parte da série de publicações da IUCN – União Mundial para a Conservação e foi elaborada por Hector Ceballos-Lascuráin, uma das principais personalidades mundiais do ecoturismo. Seu conteúdo se baseia em documentos de dois* workshops *realizados durante o IV Congresso Mundial de Parques e Áreas Naturais no ano de 1992, em Caracas, e em muitas outras fontes obtidas pelo próprio autor. É uma fonte obrigatória de consulta para aqueles que se envolverão com planejamento ou pesquisas em turismo, ecoturismo e sua relação com áreas naturais.*

CHRIST, C.; HILLEL, O.; MATUS, S.; SWEETING, J. *Tourism and biodiversity*: mapping tourism's global footprint. Washington: Conservation International, 2003. *Recente publicação da Conservação Internacional em conjunto com o Programa das Nações Unidas para o Meio Ambiente, destinada a mostrar a sobreposição entre o desenvolvimento do turismo e as áreas de elevada biodiversidade (*hotspots*) no planeta, com ênfase na relação de oportunidades e ameaças do turismo para a conservação da biodiversidade dessas áreas e para a melhora do bem-estar humano das populações que nelas vivem.*

[21] Procurou-se apresentar apenas uma amostra da rede que atua com o ecoturismo, de forma a permitir ao leitor sua entrada nesse universo. Portanto, muitos outros *websites* de órgãos governamentais, instituições, entidades e organizações também relacionados ao ecoturismo e importantes para seu desenvolvimento não foram aqui apresentados por uma questão de racionalização de espaço. Contudo, vários *sites* referenciados oferecem *links* que certamente levarão a esse universo.

Parte 4

EAGLES, P. F. J.; MCCOOL, S. F. *Sustainable Tourism in Protected Areas: guidelines for planning and management*. Gland, Switzerland and Cambridge: IUCN/UNEP/WTO, 2002. *Aborda o campo de relacionamento e a gestão entre as áreas naturais protegidas e o turismo. Apresenta um equilíbrio entre fundamentação teórica e abordagens de caráter empírico e prático, e está estruturado como um guia de orientação geral para planejamento e gestão do uso sustentável dessas áreas pelo turismo.*

HEALY, R. G. Economic considerations in nature-oriented tourism: the case of tropical forest tourism. *Working Paper (North Carolina), 3:* 1, 1988.

HILLEL, E. O. *Tendências do Mercado Turístico*. São Francisco do Sul: CEKKO/NATURISMO/HILLAS, 1995. (Apostila do Curso Básico de Práticas Ecoturísticas).

INGRAN, C. D.; DURST, P. B. *Nature-Oriented Travel to Developing Countries*. USDA, 1987. (Série FPEI, 28: Southeastern Center for Forest Economics Research, Research Triangle Park, Carolina do Norte).

JANER, A. Ecoturismo: experiências empresariais. In: III SEMINÁRIO NACIONAL DE TURISMO ECOLÓGICO, 1993, Ilhéus. *Compilação de textos do III Seminário Nacional de Turismo Ecológico*, 1993.

LINDBERG, H.; HAWKINS, D. E. *Ecoturismo: um guia para planejamento e gestão*. São Paulo: Senac, 1995. *Primeira edição em português (existem edições mais recentes) do mesmo original em inglês. Tornou-se uma obra de referência na época de sua publicação por oferecer, além de uma base conceitual sobre ecoturismo, abordagens com enfoque no planejamento e na gestão da atividade em distintas destinações, envolvendo participação das comunidades locais, diretrizes, administração do visitante, questões econômicas, implantação de infra-estrutura, entre outras.*

MITRAUD, S. (org.). *Manual de Ecoturismo de Base Comunitária: ferramentas para um planejamento responsável*. Brasília: WWF-Brasil, 2003. *Este manual incorpora a experiência do WWF-Brasil nos últimos anos na capacitação e no treinamento de organizações socioambientalistas para o desenvolvimento do ecoturismo de base comunitária, ao apresentar um amplo e detalhado conjunto de informações e orientações para a realização de projetos de ecoturismo e sua prática, de forma acessível e em consonância com a realidade brasileira. As orientações e metodologias propostas estão orientadas para um futuro sistema de certificação ambiental na área.*

MOURÃO, R. M. F. Turismo aventura, ecoturismo e turismo participativo. In: II SEMINÁRIO NACIONAL DE TURISMO ECOLÓGICO, 1993, Ilhéus. *Compilação de Textos do III Seminário Nacional de Turismo Ecológico*, 1993.

ORGANIZAÇÃO MUNDIAL DO TURISMO (OMT). *Desenvolvimento Sustentável do Ecoturismo: uma compilação de boas práticas*. São Paulo: Roca, 2004. *Tradução para o português de um documento original homônimo publicado pela Organização Mundial do Turismo em 2001, que reuniu diversas experiências com exemplos concretos de projetos, de empresas e de outras iniciativas de ecoturismo distribuídas em várias regiões do mundo, com o objetivo de disseminar as boas práticas relacionadas ao planejamento, desenvolvimento,* marketing, *gerenciamento e monitoramento de atividades ecoturísticas em bases sustentáveis.*

PIRES, P. S. *Dimensões do Ecoturismo*. São Paulo: Senac, 2002. *A obra aborda o contexto histórico em que surgiu o ecoturismo e sua evolução e expõe uma ampla análise conceitual sobre o tema. Apresenta também um histórico do ecoturismo no Brasil e de seus principais protagonistas. É uma referência essencialmente teórica e se destina a estudantes e pesquisadores que desejam conhecer o contexto histórico e a base conceitual sobre o tema.*

PISÓN, E. M. El viaje a la naturaleza y la educación em España. *Estúdios Turísticos (Madrid), 83:* 55-68, 1984.

PIZA, D. T. Experiências precursoras do turismo ecológico no Brasil. *Turismo em Análise (São Paulo), 3 (1):* 72-82, 1992.

WEARING, S.; NEIL, J. *Ecoturismo: impacto, tendencias y posibilidades*. Madrid: Sintesis, 2000, 269p. *Obra aqui referenciada em espanhol, mas originalmente publicada em inglês e também já disponível em português. Seu conteúdo é uma compilação dos diversos enfoques e implicações do ecoturismo, fornecendo um conteúdo bastante adequado para aqueles que precisam obter amplo conhecimento do seu campo de abordagem.*

WOOD, M. E. *Ecotourism: principles, practices & policies for sustainability*. Paris: UNEP/ TIES, 2002. *Publicação do Programa das Nações Unidas para o Meio Ambiente em conjunto com a Sociedade Internacional de Ecoturismo, cujo objetivo é servir como fonte de orientação básica sobre as implicações socioambientais para o desenvolvimento do ecoturismo em bases sustentáveis.*

ZIFFER, K. *Ecotourism: The Uneasy Alliance*. Washington: Wildlife Conservation International and Erns & Young International Management Consulting Group, n. 1, 1989.

Parte 4

CAPÍTULO

32 Turismo e Conservação Ambiental

Eduardo Ehlers

Introdução

O ideal do "desenvolvimento sustentável", que se firmou a partir do final dos anos 1980, é uma clara evidência de que se tornou necessário encontrar formas de crescimento menos nocivas ao ambiente. Mas seria ilusório acreditar numa brusca mudança nos padrões de produção e de consumo que se firmaram desde a Revolução Industrial. Por isso, em vez de uma completa reorientação do processo de crescimento econômico, a busca de um padrão mais sustentável parece depender muito mais de mudanças institucionais que permitam estimular a simultânea retração das atividades que degradam o ambiente e o avanço das que podem conservá-lo.

Dentre as atividades que permitem conciliar crescimento econômico e conservação, vêm ganhando importância os mais diversos tipos de empreendimentos que valorizam o patrimônio natural e as amenidades no meio rural. Em muitos países, o avanço das atividades relacionadas ao turismo, ao lazer, à moradia em segundas residências já começa a ser considerado uma nova fase do desenvolvimento rural, na qual a produção e a exportação de bens primários são substituídas por um conjunto de serviços relacionados à promoção do bem-estar e à conservação ambiental. Ou seja, a manutenção da natureza já começa a dar sinais de que pode se tornar um "bom negócio".

O Desenvolvimento no Meio Rural Está Ficando Mais Verde?

Tradicionalmente, o ideal de desenvolvimento no meio rural sempre esteve muito mais associado à sua capacidade de "urbanização" do que à valorização de seus recursos naturais e culturais. Predomina a noção de que a artificialização é sinônimo de progresso e de que só permanecerão rurais as regiões que não conseguirem se desenvolver (Abramovay, 2000, p. 2). Entretanto, o que vem ocorrendo em algumas regiões rurais de vários países é justamente o contrário, isto é, a valorização do patrimônio natural e cultural tem funcionado como um dos principais indutores da dinamização e do desenvolvimento.

O declínio das condições de vida em muitas regiões metropolitanas (criminalidade, trânsito, poluição), associado à crescente demanda pelas amenidades e ao aumento da renda dos indivíduos urbanos, tem provocado uma verdadeira reviravolta nas principais crenças em relação ao desenvolvimento rural (Clemeson, 1995, p. 53; OCDE, 1995, p. 13). Progressivamente, a ruralidade começa a ser entendida como um "novo" e valorizado estilo de vida (OCDE, 1995, p. 16).

Para William Galston e Karen Baehler (1995), a recente valorização dos atributos naturais e cul-

85-7241-568-8

turais já pode ser considerada uma nova fase do desenvolvimento rural. Estudando a história norte-americana, esses autores mostram que, inicialmente, a principal vantagem comparativa dessas regiões era a possibilidade de exportar produtos primários, principalmente agrícolas, para os centros urbanos. O essencial era poder expedir para as cidades um volume crescente de mercadorias primárias que elas mais demandavam: alimentos, fibras, madeira, minérios e energia.

Mas logo a agregação de valor pela transformação local dos bens primários antes de exportá-los às cidades se tornou bem mais importante. A segunda fase – que não exclui a ocorrência concomitante da primeira – foi marcada pela crescente imigração de indústrias para o meio rural. Mão-de-obra mais barata, terrenos gratuitos, isenção de impostos, foram alguns dos fatores de atração. O êxito na industrialização de produtos primários ajudava a atrair os demais empreendimentos cruciais para o desenvolvimento regional. Todavia, logo se percebeu, também, que as inovações tecnológicas na agricultura e na indústria permitiam reduzir drasticamente a ocupação de mão-de-obra, provocando mudanças profundas nas estruturas de produção do meio rural.

A terceira fase identificada por Galston e Baehler tem início por volta dos anos 1990, quando se intensificam as atividades relacionadas à exploração das amenidades presentes no meio rural: paisagens naturais ou cultivadas pela agricultura, ar puro, água limpa e silêncio, particularidades do ambiente e da cultura de regiões rurais muito diferentes daquelas encontradas nos centros urbanos (Galston e Baehler, 1995, p. 20). Nos países ricos, as comunidades rurais que atualmente apresentam os maiores índices de desenvolvimento são as que fazem parte dessa terceira geração e não as que se deixaram iludir por passageiras vantagens comparativas de atividades primárias e industriais. E a razão para esse dinamismo é óbvia: o setor terciário continua a expandir oportunidades de trabalho e de geração de renda, ao passo que os outros diminuem a necessidade de mão-de-obra (Veiga, 2002, p. 92).

A geração de renda rural por meio da exportação de *commodities* certamente continuará existindo, mas, em alguns territórios, já há claros sinais de declínio. A dinamização econômica de uma região rural tem sido cada vez mais determinada pela sua capacidade de captar rendas urbanas trazidas por famílias que constroem segundas residências (chácaras de lazer, casas de veraneio, chalés de montanha), pela presença sazonal de famílias em férias, pelas visitas dos mais diversos tipos de turistas, esportistas, congressistas, ou ainda pela significativa imigração de aposentados. Ou seja, o dinamismo econômico de certas áreas rurais está cada vez mais atrelado à capacidade de explorar as amenidades presentes em territórios que puderam evitar ou impedir a degradação de seus patrimônios natural e cultural pelas forças altamente destrutivas e poluentes dos dois impulsos precedentes (Veiga, 2002, p. 72).

Em geral, são os turistas, os proprietários de segundas residências, os novos moradores que carregam para o meio rural as preocupações relacionadas à conservação do patrimônio natural e cultural. Na maioria dos casos, as preocupações ecológicas e os valores éticos e estéticos relacionados à preservação da natureza são emanados dos centros urbanos para o meio rural. Foi isso o que mostrou Willian Friedland (2002), pesquisando comunidades rurais próximas à cidade de São Francisco, Califórnia, em particular o Vale de Napa, ocupado nos anos 1970 por vinicultores e, nos anos 1990, por "consumidores de amenidades". O uso da terra deixa de ser exclusivamente produtivista, agregando também valores estéticos.

Mesmo nos países ricos, o patrimônio era considerado uma despesa improdutiva que deveria ser custeada pelos governos centrais por razões patrióticas, educacionais ou estéticas. Mas, atualmente, o patrimônio tem sido cada vez mais entendido como uma oportunidade de consumo, motivando muitas comunidades a assumirem um papel decisivo na sua conservação. O patrimônio não se limita aos aspectos físicos, como as paisagens, as obras artísticas ou os sítios arqueológicos. Inclui também as tradições locais, os saberes artesanais e culinários, ou a própria imagem do território. O conjunto desses recursos é que estimula uma série de atividades econômicas, tanto relacionadas ao turismo e ao lazer como às segundas residências (Veiga, 2002, p. 41).

Na maior parte dos casos, a criação de empregos relacionados ao aproveitamento das amenidades tende a ser de pequena escala. Mesmo assim, em algumas comunidades, isso pode significar um impacto importante na economia (Clemenson, 1995, p. 51). Com exceção dos parques temáticos e *resorts*, trata-se de uma atividade calcada, funda-

85-7241-568-8

mentalmente, nos pequenos empreendimentos, o que favorece a definição de arranjos institucionais mais propícios ao seu desenvolvimento (Galston e Baehler, 1995, p. 175). De acordo com o *Small Business Administration*, quase 99% dos negócios relacionados ao turismo são qualificados como "pequenos" (Galston e Baehler, 1995, p. 184).

Nessa terceira fase do desenvolvimento rural, descrita por Galston e Baehler (1995), a vantagem recai, portanto, sobre a valorização da principal diferença entre o meio rural e o meio urbano: a possibilidade de um relacionamento mais direto com a natureza.

Amenidades Rurais São um Bom Negócio?

As amenidades são entendidas como um conjunto de qualidades associadas a uma atividade ou a um determinado local que desperte prazer ou bem-estar, seja no ambiente urbano ou rural. No meio rural, estão presentes em ambientes naturais preservados ou em áreas criadas pelo homem, como as plantações, as fazendas ou os monumentos históricos. Também são geralmente associadas às tradições culturais e às manifestações folclóricas de uma região: festas, danças, culinária, artesanato local, etc. São, portanto, as heranças naturais ou as manifestações culturais passíveis de serem apreciadas pelo seu valor estético, emocional ou, simplesmente, pela sua existência (OCDE, 1999, p. 7).

No século XII, cidadãos ricos das grandes cidades já mantinham casas de campo nas cercanias das grandes cidades com o intuito de desfrutar as amenidades rurais (Thomas, 1988:295). No final do século XVIII, a moda da casa no campo já se espalhava por várias partes da Europa ocidental e a permanência no meio rural era vista como uma oportunidade de se recuperar o equilíbrio físico e espiritual perdido nas grandes cidades. Na Inglaterra e na França também se tornaram comuns as visitas a estações balneárias e outras localidades próximas às grandes cidades. Muitas vezes, essas visitas eram recomendadas por médicos entusiasmados com as descobertas sobre os efeitos terapêuticos associados ao contato com a água do mar (Corbin, 1989, p. 270).

> *Em meados do século XVIII, os donos de hospedarias, vendas de cervejas e estalagens em Hampstead, Chelsea e outras localidades nos limites de Londres podiam sustentar um florescente negócio fornecendo refeições para os enxames de excursionistas vindos da cidade nos finais de semana.*
>
> Thomas (1988, p. 297)

Além da noção de salubridade, a imagem do meio rural com seus campos, bosques e plantações era geralmente associada à pureza e à ingenuidade, em oposição às cidades, com suas fábricas, oficinas e escritórios, que supostamente concentravam a falsidade e a mundanidade. Graças à proximidade e às relações de vizinhança entre seus habitantes, era no "campo" que se davam os "verdadeiros relacionamentos pessoais". É claro que a construção dessa imagem desconsiderava completamente as nada amigáveis relações de trabalho no meio rural (Willians, 1989, p. 69). De qualquer modo, era como se Deus tivesse feito o campo e o homem, as cidades (Willians, 1989, p. 229).

A noção divina do mundo natural teve origem no século XVII, principalmente com os pensadores franceses da *teologia natural*. Esta corrente postulava que a natureza era uma dádiva de Deus aos homens, a sua mais perfeita criação; "a beleza da natureza atesta o poder e a bondade do Criador" (Corbin, 1989, p. 34). Essas idéias estimularam uma espécie de "santificação da paisagem", convertendo o ambiente natural em um espetáculo sacro. A contemplação da natureza era vista como uma oportunidade de contato com a providência divina e, muitas vezes, induzia às "lágrimas do coração, ao arrependimento e à conversão" (Corbin, 1989, p. 34-36). Essa concepção perdurou até meados do século XVIII, quando "o mundo culto volta-se pouco a pouco para outros modos de apreciação da natureza distanciando-se do providencialismo" (Corbin, 1989, p. 42).

É certo que, na Renascença, a cidade era vista como o "berço" do aprendizado e da civilização, e o "campo" como sinônimo de atraso e rusticidade. Mas isso não era suficiente para apagar a imagem de que a saúde e o bem-estar eram atributos do meio rural. Na Inglaterra, a queima do carvão no período moderno continha o dobro do enxofre do produto usado atualmente. A poeira espalhada pelas indústrias era nociva à saúde, escurecia o ar, sujava as roupas, matava as árvores e as flores. Igualmente prejudicial era a poluição causada pelos gases e detritos gerados por novos processos industriais como a fabricação de roupas, de cervejas, de goma, de tijolos, etc. Essas condições acentuavam o desejo pela luz solar e pelo ar fresco e aumentavam a idealização sobre as qualidades estéticas e espirituais do meio rural (Thomas, 1988, p. 291-293).

Entretanto, essa mitificação do mundo natural convivia com a noção de que a natureza deveria ser domesticada e controlada conforme os desejos do homem. As florestas virgens, sem qualquer cultivo agrícola, eram sinônimos de atraso ou mesmo de degeneração dos habitantes dessas regiões (Thomas, 1988, p. 234). As matas, em geral, eram vistas como ambientes perigosos, não só por servirem de refúgio a animais selvagens como a criminosos de alta periculosidade. As florestas eram consideradas importantes, em particular como fonte de madeiras, mas deveriam ocupar as terras "inferiores", de baixa fertilidade e com plantios regulares e limpos. Keith Thomas resgata as palavras de um autor inglês (desconhecido) redigidas em 1712: "num lugar habitado por gente civilizada, as árvores não podiam crescer. Deviam dar lugar a campos e pastagens, de uso e de interesse mais imediatos para a vida" (Thomas, 1988, p. 235).

No final do século XVIII e em boa parte do XIX, a imagem idílica da natureza permanece viva na pintura e na literatura romântica, mas os sedutores avanços do industrialismo e o crescimento das cidades a colocam em segundo plano. Na Inglaterra, em meados do século XIX, pela primeira vez na história, a população urbana ultrapassou a rural e, ao final do século, já representava três quartos do total (Thomas, 1988, p. 290). No meio rural, as atenções estavam muito mais voltadas às inovações tecnológicas que possibilitavam enormes aumentos de produtividade das lavouras, a começar pelas descobertas do químico alemão Justus von Liebig que, em 1840, culminaram na produção em larga escala de fertilizantes químicos, passando pela introdução dos tratores com motores de combustão interna fabricados por Henri Ford em 1917, até os surpreendentes avanços da engenharia genética que resultaram, a partir dos anos 1960, na produção de sementes de alta produtividade.

A escalada da modernização agrícola consolidou a imagem de que a vocação do meio rural é a produção de bens primários para abastecer os centros urbanos. Foi apenas no final dos anos 1980 e início dos 1990 que o espaço rural começou a ser revalorizado pelas suas qualidades naturais e culturais (Galston e Baehler, 1995). Obviamente, isso não foi obra do acaso: esse período coincidiu com o avanço do movimento ambientalista e com o notável aumento dos problemas ambientais nas grandes aglomerações urbanas. A possibilidade de contato com as amenidades do meio rural voltou a ser – como já fora no passado – uma opção de lazer ou mesmo de moradia, em particular para os habitantes das regiões metropolitanas.

> *O que está ocorrendo hoje nos países do primeiro mundo é que o espaço rural tende a ser cada vez mais valorizado por tudo o que ele opõe ao artificialismo das cidades: paisagens silvestres ou cultivadas, água limpa, ar puro, silêncio.*
>
> Veiga (2002, p. 95)

Os recursos naturais deixam de ser considerados meros fatores da produção primária para se tornarem componentes da paisagem e dos atributos culturais da comunidade (Campanhola, 2001, p. 2). A tranqüilidade e os "sentimentos" associados ao meio rural tornam-se importantes atrativos, contribuindo para a geração de novas atividades de serviços (Clemenson, 1995, p. 53). Dependendo da singularidade da amenidade, o "valor de uso" proveniente das visitas, moradias temporárias ou permanentes supera o valor da produção que poderia advir dessas áreas (custo de oportunidade), tornando as amenidades um recurso importante para o desenvolvimento do meio rural (OCDE, 1999, p. 7, 87).

As diferentes modalidades de turismo no meio rural têm levado ao surgimento das mais variadas expressões, quase todas permeadas por enorme imprecisão conceitual. Olga Tulik mostra que a variedade de formas de exploração dos recursos e de hospedagem no meio rural levou ao surgimento de modalidades como agroturismo, ecoturismo, agroecoturismo (que pretende ser a fusão dos dois anteriores), turismo verde, turismo naturalista, turismo campestre, turismo de habitação, de retorno, de estância, de granja, além do turismo sustentável (Tulik, 2002, p. 137,138). A própria Embratur – Instituto Brasileiro de Turismo ampliou as imprecisões ao lançar uma confusa definição de turismo rural em seu Manual Operacional publicado em 1994:

85-7241-568-8

> *O Brasil adotou para o turismo rural um conceito múltiplo – um turismo diferente, turismo interno, turismo doméstico, turismo integrado, turismo endógeno, turismo alternativo, agroturismo e turismo verde. O turismo rural inclui todas estas variedades. É o turismo 'do País', um turismo concebido por e com os habitantes desse País, um turismo que respeita a sua identidade, um turismo da zona rural em todas as formas (...).*
> Embratur (1994, p. 7) *apud* Portuguez (1999, p. 76)

Mais recentemente a Embratur tem trabalhado com outra definição, tão pouco esclarecedora quanto a anterior:

> *(...) o turismo rural é a atividade multidisciplinar que se realiza no meio ambiente, fora de áreas intensamente urbanizadas. Caracteriza-se por empresas turísticas de pequeno porte, que têm no uso da terra a atividade econômica predominante, voltada para práticas agrícolas e pecuárias.*
> Portuguez (1999, p. 76)

Graziano da Silva e Campanhola (1999, p. 13) evitam o uso da expressão *turismo rural*, adotando *turismo em áreas rurais* ou *turismo no meio rural* como o conjunto de modalidades baseadas na atração da demanda para os ambientes rurais, onde os visitantes podem ter maior contato com a natureza e com os costumes locais. Para os autores, essa denominação reflete de modo mais adequado a amplitude de oportunidades presentes no meio rural, permitindo englobar também as atividades de lazer e de recreação[1].

O turismo no meio rural inclui atividades como pesca, esportes na natureza, caminhadas, visitas a sítios históricos e arqueológicos, visitas a paisagens cênicas regionais, participação em festivais e rodeios, apreciação da gastronomia regional, compra de artesanato, dentre outras (Graziano da Silva, 1997; Graziano da Silva *et al.*, 1998, p. 5,6). O que há em comum entre essas atividades é o relacionamento com o patrimônio natural e cultural de cada localidade, em contraposição ao chamado "turismo de massas", no qual a demanda tende a concentrar-se em determinados locais com oferta de serviços homogeneizados (Graziano da Silva e Campanhola, 1999, p. 12). O turismo no meio rural visa explorar a economia de "gama" e não de escala, isto é, o que se pretende não é levar uma enorme quantidade de turistas ao meio rural, mas ampliar as oportunidades e ocasiões de gastos desses turistas (Graziano da Silva e Campanhola, 1999, p. 22).

As chácaras de lazer e as segundas residências também integram o conjunto de modalidades de turismo no meio rural. São as casas de temporada, de campo, de praia, os chalés, os ranchos, os sítios, etc. (Tulik, 1998, p. 201). Graziano da Silva *et al.* (1998, p. 21) definem essas chácaras como:

> *(...) pequenas áreas de terra destinadas ao lazer de famílias de classe média urbana, geralmente inferiores a dois hectares, localizadas nas periferias dos grandes centros urbanos, na orla marítima ainda não densamente povoada ou em áreas próximas a rios, lagos, represas ou reservas florestais, e com fácil acesso através das principais rodovias asfaltadas do País.*
> Graziano et al. (1998, p. 13)

Pelo menos três aspectos justificam a importância dessas chácaras para a economia local. O primeiro é que elas são responsáveis pela expansão dos empregos domésticos rurais, como caseiro, vigia, jardineiro, manutenção de hortas, pomares e de criações, empregada doméstica, faxineira, arrumadeira, cozinheira, etc. As empregadas domésticas das regiões não metropolitanas paulistas desfrutam, em geral, de melhores condições de emprego do que as trabalhadoras temporárias na agricultura (embora o seu salário médio possa ser, em algumas situações, até um pouco inferior ao das últimas). Além de gerar empregos permanentes, as chácaras de lazer são freqüentemente alugadas para a realização de festas e reuniões, gerando também uma demanda por trabalhos temporários (Del Grossi, 1999, p. 21-22).

O segundo aspecto favorável é a cessão da moradia e, em alguns casos, o direito a uma horta doméstica e criações de animais que, em geral, acompanha o vínculo empregatício. Para algumas prefeituras, essa é uma importante "política" habitacional. O terceiro e último aspecto é o uso menos intensivo dos recursos naturais, principalmente o solo e a água, o que favorece a conser-

[1] A diferença entre o turismo e a recreação está relacionada à sua duração: enquanto as atividades de recreação são realizadas em períodos inferiores a 24 horas, as atividades turísticas pressupõem a permanência no local por, pelo menos, uma noite [Sun e Walsh (1998) *apud* Campanhola (2001, p. 5)].

vação ambiental e o surgimento de povoamentos rurais menos adensados. Olga Tulik (1998, p. 202) ressalta que as residências secundárias também contribuem para a valorização de recursos naturais e culturais nas proximidades dos grandes centros urbanos.

Na capital paulista, a primeira "onda" de segundas residências foi impulsionada pela rápida industrialização e pelo crescimento populacional no início dos anos 1920 [Keller (1954, p. 211) *apud* Tulik (1998, p. 206)]. As áreas de maior interesse estavam localizadas no entorno da represa de Santo Amaro e no alto da Serra da Cantareira. "A tranqüilidade do local aliada ao clima saudável dessa região serrana, em contraste com a vida agitada e a atmosfera saturada da cidade, acabaram por eleger a Cantareira como um dos mais apreciados (...) locais de recreio para a população paulistana" [Penteado (1958, p. 45) *apud* Tulik (1998, p. 207)]. Mas foi a partir da década de 1970 que a instalação de segundas residências passou a ocorrer em larga escala nos municípios vizinhos à capital.

Além das segundas residências, muitas localizadas em condomínios, o número de restaurantes e hotéis-fazenda também tem crescido significativamente no interior paulista (Balsadi, 2000, p. 69). Os especialistas diferenciam o "hotel-fazenda" da "fazenda-hotel": o primeiro pode ser entendido como um hotel similar aos demais com a particularidade de estar localizado no meio rural e oferecer serviços integrados ao local, como passeios a cavalo, comidas típicas, etc. Já os hotéis-fazenda são definidos como:

> *(...) empreendimentos geralmente idealizados a partir do meio urbano e que têm pouca interação com a comunidade rural e não proporcionam o desenvolvimento dos recursos locais, pois os equipamentos, os materiais utilizados, os alimentos consumidos e a mão-de-obra mais especializada vêm de fora da propriedade. A mão-de-obra local é apenas envolvida em trabalhos de baixa qualificação, o que não possibilita oportunidades de capacitação e crescimento profissional.*
>
> Campanhola (2001, p. 20)

A fazenda-hotel é um empreendimento que concilia a produção agropecuária e a recepção de visitantes interessados em um contato mais próximo com a rotina e com o estilo de vida de uma propriedade agrícola. Os turistas que procuram esse tipo de hospedagem, em geral, valorizam mais o prazer de estar em uma velha sede colonial autêntica, por exemplo, do que o conforto dos hotéis-fazenda. É certo que, nos dois casos, a transformação de uma fazenda em um hotel contribui para a conservação de suas características paisagísticas e arquitetônicas, mesmo porque a renda gerada pela atividade turística é, em geral, superior à proveniente da atividade agropecuária e pode ser reinvestida na sua conservação (Graziano da Silva *et al.*, 1998, p. 8).

Outra modalidade importante é o agroturismo, isto é, um conjunto de serviços não agrícolas oferecidos no interior das propriedades agropecuárias, permitindo ao turista integrar-se aos hábitos locais e à vida da fazenda, preferencialmente em locais livres de agrotóxicos. Pode ser definido como:

> *(...) atividades internas a propriedade, que geram ocupações complementares às atividades agrícolas, as quais continuam a fazer parte do cotidiano da propriedade, em menor ou maior intensidade. Devem ser entendidas como parte de um processo de agregação de serviços aos produtos agrícolas e bens não materiais existentes nas propriedades rurais (paisagem, ar puro etc.) a partir do "tempo livre" das famílias agrícolas, com eventuais contratações de mão-de-obra externa. São exemplos de atividades associadas ao agroturismo: a fazenda-hotel, o pesque-pague, a fazenda de caça, a pousada, o restaurante típico, as vendas diretas do produtor ao consumidor, o artesanato, a industrialização caseira e outras atividades de lazer associadas à recuperação de estilo de vida dos moradores do campo.*
>
> Graziano da Silva e Campanhola (1999, p. 14)

Agregar as atividades turísticas a uma propriedade agropecuária que mantém práticas tradicionais ou métodos alternativos de produção (orgânico, biodinâmico) permite explorar a oferta de produtos junto a nichos de mercado com interesses bastante específicos. Atualmente, 20% dos agricultores austríacos, suíços e suecos recebem turistas em suas propriedades. Na Alemanha e na Holanda, esse número é de 8%; na França, 4% e na Itália, 2% (Cavaco, 1996, p. 119-120).

O agroturismo é uma das modalidades de turismo no meio rural que apresenta maiores oportunidades de geração de renda complementar às propriedades familiares. Entretanto, é obvio que as queimadas, o desmatamento, o uso de agrotóxicos, a poluição de mananciais com dejetos de suínos e aves, dentre outros impactos, podem tornar impraticável qualquer tipo de exploração turística no meio rural (Stolton *et al.*, 1999, p. 156).

As atividades de ecoturismo também geram oportunidades de negócios para os produtores agropecuários. Essa modalidade inclui atividades como caminhadas em trilhas, montanhismo, *camping*, observação da flora e da fauna, entre outras. Em 1997, o ecoturismo abocanhava 10% do bilionário mercado turístico mundial, com crescimento anual estimado em 30% [Blackstone *et al.* (1998) *apud* Dourojeanni e Pádua (2001, p. 119)]. As atividades ecoturísticas crescem 15% ao ano nos países em desenvolvimento, tornando-se cada vez mais populares (Gössling, 1999, p. 315). No Brasil, em 1999, essa modalidade empregava cerca de 30 mil pessoas divididas entre 250 agências especializadas, mais de duas mil pousadas e, aproximadamente, 1.500 empresas prestadoras de serviços, entre lojas de equipamentos, transporte, alimentação, consultorias e serviços de apoio.

No documento intitulado "Diretrizes para uma política nacional de ecoturismo", a Embratur define essa modalidade como:

> *(...) um segmento da atividade turística que utiliza, de forma sustentável, o patrimônio natural e cultural, incentiva sua conservação e busca a formação de uma consciência ambientalista através da interpretação do ambiente, promovendo o bem estar das populações locais.*
>
> Magalhães (2001, p. 18)

Para o IEB – Instituto de Ecoturismo do Brasil, o ecoturismo é definido como:

> *(...) uma prática do turismo recreativo, esportivo ou educativo, que se utiliza de forma sustentável dos patrimônios natural e cultural, incentiva a sua conservação, promove a formação de consciência ambientalista e garante o bem estar das populações envolvidas.*
>
> Magalhães (2001, p. 18)

Todavia, a falta de investimentos e de formação especializada, particularmente relacionada à gestão de negócios, dificulta a participação dos residentes locais nessas atividades (Campanhola, 2001, p. 11). Em geral, as melhores oportunidades de novos negócios e de geração de renda são aproveitadas por empresas urbanas responsáveis pelo agenciamento das visitas (Campanhola, 2001, p. 11; Graziano da Silva e Campanhola, 1999, p. 5). Muitos produtores agropecuários preferem vender as propriedades que tenham algum potencial ecoturístico, tornando-se empregados temporários ou permanentes desses empreendimentos (Graziano da Silva e Campanhola, 1999 , p. 8).

Independentemente da sua capacidade de gerar negócios controlados pelas populações locais, é certo que essas atividades geram novos empregos e mais renda. Além disso, há diversas evidências de que o ecoturismo tem maior potencial para promover a conservação do patrimônio natural, histórico e cultural, do que as formas tradicionais de exploração dos bens primários ou de transformação desses bens.

É certo que o aproveitamento das amenidades e o crescimento do turismo no meio rural, em particular do ecoturismo, não podem ser considerados uma panacéia, mas podem ser um "ingrediente" importante para que alguns territórios rurais se tornem mais polivalentes, isto é, para que consigam conciliar a exportação de recursos e a atração de consumidores. A forma como uma região cuida de seu ambiente tornou-se um dos principais fatores de atração e de segmentação da demanda turística. Em certos territórios, já é nítida a formação de *clusters* ecoturísticos, como identificaram Barbosa e Zamboni (2001, p. 455) no município de Bonito (Mato Grosso do Sul).

Esses arranjos são formados por empresas especializadas (agências, meios de hospedagem, restaurantes, lojas) com o apoio de organizações locais, universidades e empresas como o Sebrae – Serviço Brasileiro de Apoio às Micro e Pequenas Empresas e o Senac – Serviço Nacional de Aprendizagem Comercial. Permitem otimizar o uso das vantagens competitivas naturais e contribuir para que sua exploração seja mais sustentável. O sucesso desses arranjos depende, fundamentalmente, da capacidade dos atores de se aglutinar em torno de objetivos comuns e diretrizes de longo prazo. Isso requer um patamar mínimo de coesão social e visão estratégica em torno da forma como deve ser aproveitada a vocação turística do território (Barbosa e Zamboni, 2001, p. 455).

O Turismo no Meio Rural Contribui para a Conservação da Natureza?

Muito mais que o chamado "turismo de massa", as distintas modalidades de turismo no meio rural e demais atividades que valorizam as amenidades rurais dependem da conservação do patrimônio natural para sua existência. Desde que cuidadosamente planejadas, manejadas e controladas, essas atividades podem minimizar muitos dos efeitos negativos habitualmente gerados pelas formas mais convencionais de turismo e, simultaneamente, contribuir para a conservação do patrimônio natural (Gössling, 1999, p. 303 e 314).

Para Campanhola (2001, p. 8), o turismo no meio rural pode promover a conservação e a preservação de recursos naturais, históricos e culturais. "Devido ao aumento da demanda turística, algumas espécies de plantas e animais têm se multiplicado em número, melhorando a biodiversidade". Já o agroturismo contribui para uma maior preocupação com a conservação da paisagem e dos recursos naturais na propriedade, resultantes de uma mudança de atitude do produtor agropecuário em diversas ações de manejo, como aquelas relacionadas à qualidade dos recursos hídricos e à recuperação de áreas degradadas (Campanhola, 2001, p. 9).

As chácaras de lazer e as segundas residências também contribuem para a manutenção de áreas de preservação ou do que restou da flora e da fauna local, favorecendo, freqüentemente, processos de reflorestamento e recuperação de áreas degradadas. Além disso, tendem a afastar as "grandes culturas" que, em geral, empregam enormes quantidades de insumos químicos e de máquinas pesadas (Graziano da Silva *et al.*, 1998, p. 22).

Entretanto, nem sempre essas atividades promovem a conservação ambiental. Wall [(1997) *apud* Campanhola (2001, p. 11-12)] aponta três fatores que costumam levar à degradação: (1) dificuldade para se estabelecer o limite de uso dos recursos naturais (a chamada "capacidade de carga"); (2) as atividades são geralmente direcionadas a ecossistemas frágeis com baixa capacidade para reagir às pressões de uso; (3) a presença de visitas em épocas críticas, como períodos de acasalamentos ou quando os predadores saem em busca de suas presas, pode desestabilizar espécies animais ou provocar a sua migração a outras áreas.

A falta de planejamento pode gerar poluição visual e depreciação ambiental, reduzindo a naturalidade e a autenticidade da paisagem (Campanhola, 2001, p. 12). O crescimento não planejado do turismo no meio rural pode levar a um rápido aumento da densidade populacional, do tráfego, dos congestionamentos de veículos de carga e de passageiros, do lixo, da poluição atmosférica, entre outros impactos. Também é possível que ocorra aumento da erosão e da compactação dos solos pelo uso intensivo de caminhos e trilhas, principalmente com passeios a cavalo, abertura de estradas ou estacionamentos para veículos (Campanhola e Rodrigues, 2001, p. 271).

Outro efeito negativo, sobretudo em períodos de férias e de feriados prolongados, é a sobrecarga da infra-estrutura de saneamento, acarretando problemas de descarte de esgoto e de resíduos sólidos (coliformes fecais, sólidos flotantes como garrafas e objetos plásticos, matéria orgânica, produtos químicos de limpeza, óleos, etc.). O resultado, muitas vezes, é a contaminação dos mananciais e dos ambientes naturais, podendo levar à redução da demanda turística [Convery e Flanagan (1992) *apud* Campanhola (2001, p. 13)].

As segundas residências e as chácaras de lazer no meio rural também podem provocar impactos ambientais, a começar pelo fato de o Incra – Instituto Nacional de Colonização e Reforma Agrária não exigir escritura de imóveis com tamanho inferior a dois módulos rurais, incentivando os loteamentos a adotarem esse critério de parcelamento para fugir dos custos de titulação dos lotes. Com esse procedimento, muitos loteamentos rurais mantêm-se na clandestinidade e grande parte deles não possui nenhum tipo de tratamento de esgoto ou sistema de coleta de lixo. Isso decorre da inexistência de uma legislação específica para as construções rurais, levando a um descontrole total das condições de moradia e do padrão de suas instalações, uma vez que não é obrigatória a aprovação de projetos de execução das obras residenciais pelos órgãos competentes. Essa situação coloca em risco a qualidade da paisagem, muitas vezes descaracterizada por construções inadequadas e desarmônicas com o seu ambiente (Ortega e Cardoso, 1999).

Há, ainda, os riscos de impactos sociais sobre as comunidades, como a descaracterização da cul-

Parte 4

85-7241-568-8

tura decorrente de mudanças nos padrões tradicionais de comportamento, sobretudo dos mais jovens (Schneider e Fialho, 2000, p. 36-37). Também pode crescer a competição pelos serviços públicos ou o aumento do custo de vida de forma permanente, em especial dos preços de serviços e de moradia.

A literatura especializada e os casos práticos trazem vários indícios de que é possível promover a conservação do patrimônio cultural e natural de determinada localidade por meio do incentivo às modalidades de turismo rural e de outras atividades que valorizam as amenidades rurais. Mas, certamente, essa não é uma tarefa trivial. Para que isso ocorra, é necessário que se disponha de políticas públicas que integrem o planejamento regional, investimentos, divulgação responsável, avaliação e mensuração precisa dos mercados, capacitação de pessoal, assistência técnica, etc. (Lane, 1995, p. 82; Graziano da Silva *et al.*, 1998, p. 37).

Em suma, a produção científica sobre desenvolvimento rural traz fortes evidências de que o avanço dos empreendimentos que promovem o aproveitamento econômico das amenidades rurais pode ser um "bom negócio", tanto para empreendedores quanto para a conservação do patrimônio natural. Em muitos territórios, essa desejável combinação já começa a acontecer, trazendo novas feições ao desenvolvimento no meio rural.

Questões para Discussão

1. É mesmo possível conciliar o crescimento do turismo e a conservação da natureza?
2. Existem exemplos dessa conciliação na sua cidade ou na sua região?
3. Que fatores estimulam e que fatores atrapalham o desejável "casamento" entre turismo e conservação da natureza?
4. Se você fosse chamado para criar um plano de desenvolvimento do turismo sustentável em um município do seu estado, como seria esse plano?

BIBLIOGRAFIA

ABRAMOVAY, R. *Funções e Medidas da Ruralidade no Desenvolvimento Contemporâneo.* Rio de Janeiro: IPEA, 2000, texto para discussão 702.

BALSADI, O. V. Características do emprego rural no Estado de São Paulo nos Anos 90. Campinas: Unicamp, 2000. Dissertação (Mestrado) – Instituto de Economia da Universidade Estadual de Campinas, 2000.

BARBOSA, M. A. C.; ZAMBONI, R. A. Formação de um *cluster* em torno do turismo de natureza sustentável em Bonito – MS. In: TIRONI. L. F. (Org.). *Industrialização Descentralizada: sistemas industriais locais.* Rio de Janeiro: Ministério do Planejamento, Orçamento e Gestão / Instituto de Pesquisa Econômica Aplicada, 2001, p. 451-498.

BLACKSTONE et. al. Strategic overview of ecotourism in Brazil. Inter-American Development Bank, Washington, DC, 1998 *apud* DOUROJEANNI, M. J.; PÁDUA, M. T. J. *Biodiversidade: a hora decisiva.* Curitiba: UFPR, 2001.

CAMPANHOLA, C. A dinâmica das atividades agrícolas e não agrícolas no novo rural brasileiro: Fase III do Projeto Rurbano. In: *II Seminário sobre o Novo Rural Brasileiro – Texto Oito: A Sustentabilidade do Novo Rural Brasileiro.* Campinas: s/ed. Out. 2001.

CAMPANHOLA, C.; RODRIGUES, G. S. Avaliação da sustentabilidade de atividades do turismo no meio rural. In: OLIVEIRA, C. G. S. et al. (Ed.). TURISMO NO ESPAÇO RURAL BRASILEIRO. ANAIS DO III CONGRESSO DE TURISMO RURAL, 2001. Piracicaba. *Anais...* FEALQ, 2001, p. 268-275.

CAVACO, C. Turismo rural e desenvolvimento local. A. RODRIGUES. *Turismo e Geografia: reflexões teóricas e enfoques regionais.* São Paulo: Hucitec, 1996.

CLEMENSON, H. Rural amenities and employment and enterprise creation. In: OCDE. *Niche Markets and Rural Development.* Paris: OCDE, 1995, p.51-66.

CONVERY, F. J.; FLANAGAN, S. Tourism and the environment: impacts and solutions. BRIASSOULIS, H.; VAN DER STRAAT, J. (Eds.). Tourism and the environment: regional, economic and policy issues. Dordrecht: Kluwer, 1992, v. 2, p.145-153 *apud* CAMPANHOLA, C. A dinâmica das atividades agrícolas e não agrícolas no novo rural brasileiro: Fase III do Projeto Rurbano. In: *II Seminário sobre o Novo Rural Brasileiro – Texto Oito: A Sustentabilidade do Novo Rural Brasileiro.* Campinas: s/ ed., 2001.

CORBIN, A. *O Território do Vazio, a Praia e o Imaginário Ocidental.* Trad. Paulo Neves. São Paulo: Companhia das Letras, 1989.

DEL GROSSI, M. Evolução das ocupações não agrícolas no meio rural brasileiro 1981-1995. Campinas: Unicamp, 1999. Tese (Doutorado) – Universidade Estadual de Campinas, 1999.

DOUROJEANNI, M. J.; PÁDUA, M. T. J. *Biodiversidade: a hora decisiva.* Curitiba: UFPR, 2001.

EMBRATUR (Instituto Brasileiro de Turismo). *Manual Operacional de Turismo Rural.* Brasília: Embratur, 1994 *apud* PORTUGUEZ, A. *Agroturismo e Desenvolvimento Regional.* São Paulo: Hucitec, 1999.

FRIEDLAND, W. Agriculture and rurality: beginning the "final separation"? *Rural Sociology, 67 (3):* 350-371, 2002.

GALSTON, W. A.; BAEHLER, K. J. *Rural Development in the United States – connecting theory, practice and possibilities.* Washington: Island, 1995.

GÖSSLING, S. Ecoturism: a means to safeguard biodiversity and ecosystem functions. *Ecological Economics, 29:* 303-320, 1999.

GRAZIANO DA SILVA, J. O novo rural brasileiro. *Nova Economia, Belo Horizonte, 7 (1):* 43-98, Maio 1997.

Parte 4

GRAZIANO DA SILVA, J.; VILARINHO, C.; DALE, P. J. Turismo em áreas rurais: suas possibilidades e limitações no Brasil. Versão revisada do trabalho apresentado no Congresso Internacional sobre Turismo Rural e Desenvolvimento Sustentável, realizado em Santa Maria (RS) de 27 a 29 de maio de 1998. Santa Maria: FAPERGS/CNPQ/CAPES/SETUR, 1998, p.11-48.

GRAZIANO DA SILVA, J.; CAMPANHOLA, C. Panorama do turismo rural brasileiro: nova oportunidade para o pequeno agricultor. In: I CONGRESSO BRASILEIRO DE TURISMO RURAL. *Anais*... Piracicaba, FEALQ, 1999. p. 9-42.

KELLER, E. C. S. Notas sobre a evolução da população do Estado de São Paulo de 1920 a 1950. In: *Aspectos geográficos da terra Bandeirante*. Rio de Janeiro: Instituto Brasileiro de Geografia e Estatísitca/Conselho Nacional de Geografia, 1954, p.209-236 *apud* TULIK, O. O espaço rural aberto à segunda residência. In: LIMA, L. C. (Org.). *Da cidade ao campo: a diversidade do saber-fazer turístico*. Fortaleza: UECE, 1998, p.200-218.

LANE, B. Creating niche markets in a growing sector: rural tourism. In: OCDE. *Niche Markets and Rural Development*. Paris: OCDE, 1995, p. 81-97.

MAGALHÃES, G. W. (Coord.). *Pólos de ecoturismo*. São Paulo: Terragraph, 2001.

OCDE (Organization for Economic Cooperation and Development). *Niche Markets and Rural Development*. Paris: OCDE, 1995.

OCDE (Organization for Economic Cooperation and Development). *Cultivating Rural Amenities: an economic development perspective*. Paris: OCDE, 1999.

ORTEGA, A. C.; CARDOSO, A. O novo rural no Triângulo Mineiro: três estudos de caso. In: CONGRESSO BRASILEIRO DE ECONOMIA E SOCIOLOGIA RURAL. Foz do Iguaçu. *Anais*... Brasília: SOBER, 1999. (CD ROM – Grupo de pesquisa 43: Dinâmica rural/urbano, texto 348).

PENTEADO, A. R. Os subúrbios de São Paulo e suas funções. In: *Estudos de Geografia Urbana*. São Paulo: Companhia Editora Nacional, p. 5-60. (Coleção Brasiliana) *apud* TULIK, O. O espaço rural aberto à segunda residência. In: LIMA, L. C. (Org.) *Da Cidade ao Campo: a diversidade do saber-fazer turístico*. Fortaleza: UECE, 1998, p.200-218.

PORTUGUEZ, A. P. *Agroturismo e Desenvolvimento Regional*. São Paulo: Hucitec, 1999.

SCHNEIDER, S.; FIALHO, M. A. V. Atividades não agrícolas e turismo rural no Rio Grande do Sul. In: ALMEIDA, J. A. RIEDL, M. (Orgs.). *Turismo Rural: ecologia, lazer e desenvolvimento*. Bauru: Edusc, 2000, p.15-50.

STOLTON, S.; GEIER, B.; MCNEELY, J. A. (Eds.). The relationship between nature conservation, biodiversity and organic agriculture. *Proceedings of an International Workshop Held in Vignola*. Italy: IFOAM, 1999.

SUN, D.; WALSH, D. Review of studies on environmental impacts of recreation and tourism in Australia. *Journal of Environmental Management, 53 (2-3):* 323-338, 1998 *apud* CAMPANHOLA, C. A dinâmica das atividades agrícolas e não agrícolas no novo rural brasileiro: Fase III do Projeto Rurbano. In: *II Seminário sobre o Novo Rural Brasileiro – Texto Oito: A Sustentabilidade do Novo Rural Brasileiro*. Campinas: s/ ed., Out. 2001.

THOMAS, K. *O Homem e o Mundo Natural: mudanças de atitudes em relação às plantas e aos animais*. Trad. João Roberto Martins Filho. São Paulo: Companhia da Letras, 1988.

TULIK, O. O espaço rural aberto à segunda residência. In: LIMA, L. C. (Org.). *Da Cidade ao Campo: a diversidade do saber-fazer turístico*. Fortaleza: UECE, 1998, p. 200-218.

TULIK, O. Do conceito às estratégias para o desenvolvimento do turismo rural. In: RODRIGUES, A. B. (Org.). *Turismo e Desenvolvimento Local*. 3. ed. São Paulo: HUCITEC, 2002, p.136-143.

VEIGA, J. E. *Cidades Imaginárias: o Brasil é menos urbano do que se imagina*. Campinas: Autores Associados, 2002.

WALL, G. Is ecotourism sustainable? *Environmental Management, 21 (4):* 483-491, 1997 *apud* CAMPANHOLA, C. A sustentabilidade do Novo Rural Brasileiro. In: *II Seminário sobre o Novo Rural Brasileiro: A Dinâmica das Atividades Agrícolas e não Agrícolas no Novo Rural Brasileiro – Fase III do Projeto Rurbano*. Campinas: s/ ed. Out. 2001.

WILLIANS, R. *O Campo e a Cidade: na história e na literatura*. São Paulo: Companhia das Letras, 1989.

Parte 4

CAPÍTULO

33 (Eco)turismo e Meio Ambiente no Brasil: Territorialidades e Contradições[1]

Célia Serrano
Maria Tereza Duarte Paes-Luchiari

Introdução

Pensar o ecoturismo pede que se vá além das práticas e proposições dirigidas exclusivamente às viagens à natureza, para guardar coerência com sua definição "oficial" no Brasil, enunciada pela Embratur – Instituto Brasileiro de Turismo e pelo Ibama – Instituto Brasileiro do Meio Ambiente e dos Recursos Naturais Renováveis nas *Diretrizes para uma política nacional de Ecoturismo*. Por aquela definição, ecoturismo "é um *segmento* da atividade turística que utiliza de forma sustentável o patrimônio natural e cultural, incentiva sua conservação e busca a formação de uma consciência ambientalista através da interpretação do ambiente, promovendo o bem-estar das populações" (Brasil, 1994, p. 19, grifo do autor).

Assim, trataremos neste artigo de algumas implicações do desenvolvimento desse tipo de atividade no Brasil, relacionando-a a outras ações dirigidas ao turismo em geral, bem como alguns de seus desdobramentos no território. As políticas públicas para o turismo e o ecoturismo, da mesma forma como aspectos do planejamento e das transformações socioambientais a eles vinculadas, serão igualmente abordadas.

Institucionalização do Ecoturismo no Brasil

A forma mais evidente da reinvenção da natureza e da paisagem pelo ambientalismo contemporâneo talvez seja o ecoturismo. De definição imprecisa e, sobretudo, contraditória com a maior parte das práticas realizadas sob seu nome, o ecoturismo guarda, ao menos

[1] Este artigo foi desenvolvido a partir de um trabalho originalmente preparado para a Conferência Rio + 10, publicado em Hogan (2002) e atualizado para esta edição.

85-7241-568-8

em suas conceituações mais aceitas, um forte compromisso com a inclusão voluntária e igualitária das populações locais, a conservação da bio e da sociodiversidade e a sensibilização de anfitriões e convidados para as questões ambientais. Numa perspectiva ainda mais utópica, ele pretende promover ou estimular a ruptura com o cotidiano estruturado pelo consumo inconsciente e pela homogeneização característicos da cultura globalizada. Contraditoriamente, a redução do consumo supérfluo e do desperdício em um segmento no qual cada modalidade possui seu próprio arsenal de consumo, na forma de equipamentos cada vez mais modernos, amplia com ainda mais sofisticação as necessidades de consumo[2].

No Brasil, o desenvolvimento de tais práticas remete aos anos 1960, com a operação de viagens de "estudos do meio" por escolas paulistanas. Em termos mais caracteristicamente mercadológicos, a partir de meados da década de 1980 é possível visualizarmos a organização de um mercado emissor a partir das grandes cidades (especialmente de São Paulo) e, na década seguinte, a estruturação de receptivos mais profissionalizados e completos nos destinos, forçando, inclusive, a mudança nas formas de operação e comercialização dos produtos pelos agentes emissores[3]. Nesse sentido e nesse momento, podemos afirmar que a reinvenção das paisagens naturais e das comunidades e culturas ainda pouco influenciadas e incluídas pelo capitalismo como lugares e símbolos para o consumo de parcelas privilegiadas da sociedade brasileira começa a se evidenciar.

Da mesma forma como as atividades turísticas tradicionais, o ecoturismo só vai ser objeto de alguma tentativa de regulamentação em meados da década de 1990, apesar da criação, em 1987, de uma Comissão Técnica Nacional constituída pelo Ibama e pela Embratur. Assim, a partir de discussões envolvendo representantes dos vários setores da sociedade relacionados ao setor, são apresentadas *Diretrizes para uma Política Nacional de Ecoturismo*, uma proposta preocupada com o desenvolvimento sustentável e com a conciliação entre exploração econômica e gerenciamento racional dos recursos naturais. No que concerne à realidade brasileira, naquele momento, os próprios órgãos públicos e os setores da iniciativa privada e da sociedade civil organizada avaliam que o ecoturismo ainda não se apresentava definitivamente estruturado:

> *... o ecoturismo praticado no Brasil é uma atividade ainda desordenada, impulsionada, quase que exclusivamente, pela oportunidade mercadológica, deixando, a rigor, de gerar os benefícios socioeconômicos e ambientais esperados e comprometendo, não raro, o conceito e a imagem do produto ecoturístico brasileiro nos mercados interno e externo.*
>
> **Brasil (1994, p. 9)**

Na seqüência dessa iniciativa, foi lançado o Programa Nacional de Ecoturismo, em 1995, com a formação de um Grupo Técnico de Coordenação (GTC-Amazônia) responsável pela implantação de um projeto-piloto na Região da Amazônia Legal por meio de uma linha de financiamento, o Proecotur – Programa de Desenvolvimento do Ecoturismo na Amazônia Legal, com recursos do BID – Banco Interamericano de Desenvolvimento. O foco das ações desse projeto tem sido a capacitação de recursos humanos, a criação de infraestrutura e o planejamento estratégico nos estados da Região Norte.

A Embratur apoiou ainda projetos como a Agenda de Ecoturismo do Vale do Ribeira, implementado pela Fundação Florestal do Estado de São Paulo; o Pólo Ecoturístico do Sertão Central do Ceará, implementado pela Secretaria do Turismo do Estado do Ceará; a capacitação de técnicos do Parque Nacional da Serra da Capivara, executada pela Fundação Museu do Homem Americano; e o Pólo Ecoturístico do Lagamar, articulado pela Fundação SOS-Mata Atlântica.

Atualmente, as diretrizes nacionais para o ecoturismo encontram-se em revisão, mediante um processo que pretende a participação social em sua reformulação e atualização, num esforço coerente com as propostas mais gerais do governo federal, mas ainda com pouca penetração junto aos múltiplos agentes sociais envolvidos.

No entanto, apesar da constatação desse esforço do governo federal, as políticas públicas que têm sido propostas têm sido tímidas e suas ações ainda têm pouca visibilidade. O mercado ecoturístico segue se expandindo sem que uma discussão mais abrangente e que envolva seus diversos ato-

---

[2] Para além dessas dificuldades, há também aquela de se delimitar o espectro de suas atividades. Não há, apenas, uma polissemia, mas uma gama variada de práticas. Pode-se afirmar que o ecoturismo é uma idéia "guarda-chuva", pois envolve uma multiplicidade de atividades como *trekking*, *hiking*, escaladas, rapel, espeleologia, *mountain biking*, cavalgadas, mergulho, *rafting*, *floating*, *cayaking*, vela, vôo livre, *paragliding*, balonismo, estudos do meio, safári fotográfico, observação de fauna e de flora, pesca (*catch-release*), turismo esotérico e turismo rural, para citar as mais usuais. Cf. Serrano (2001).

[3] Ver, sobre esse ponto, Pires (1998) e Serrano (2001).

res sociais se estabeleça *de fato*, para além de esforços localizados em algumas regiões, como Bonito (Mato Grosso do Sul) e Brotas (São Paulo), e de algumas ações governamentais e de organismos não governamentais.

Os casos desses municípios são exemplares: no primeiro, a iniciativa do controle de visitantes sobre os sítios turísticos surgiu da percepção de seus proprietários de que a atividade não seria minimamente durável – dadas as condições do próprio ambiente natural (grutas calcáreas, em especial); o envolvimento da população local na prestação de serviços foi um desdobramento da discussão sobre o interesse turístico da área. Uma rede de guias locais, a centralização das reservas para visitação[4], entre outras, são estratégias que têm demonstrado alguma eficácia, apesar dos problemas de infra-estrutura já verificáveis na cidade[5].

Em Brotas, o ecoturismo se desdobrou do movimento ambientalista local, mobilizado contra a poluição do rio que cruza o município e a instalação de indústrias, colocando-se como uma alternativa pelos próprios moradores. A cidade tornou-se o mais importante centro de práticas de esportes radicais do estado de São Paulo e, apesar da presença de muitos operadores turísticos "externos" pouco comprometidos com a conservação do lugar a longo prazo, da dificuldade de controle do número de visitantes aos sítios e da saturação da infra-estrutura urbana, o Comtur – Conselho Municipal de Turismo é um órgão que se mantém ativo na busca de um desenvolvimento adequado do turismo local.

Para Ferreira (2003, p. 47),

> *o ecoturismo cresceu tanto nestes municípios que ambos têm enfrentado problemas decorrentes do excesso de visitantes. No entanto, são justamente as experiências vivenciadas no enfrentamento dos problemas advindos do excesso de visitantes que fazem destes municípios referências para outros que desejem consolidar-se como destinos ecoturísticos.*

Outra ação governamental na escala do território brasileiro é o projeto dos "Pólos de Desenvolvimento do Ecoturismo", dentro da Política Nacional do Turismo. Seus objetivos incluíam a contribuição "para a formação de uma rede sistêmica do ecoturismo", a facilitação da "interação dos agentes públicos e privados que atuam no setor", a promoção da "capacitação de recursos humanos", a difusão de "conhecimentos que possibilitem a conscientização ambiental" e o estímulo a novos negócios (Magalhães, 2001, p. 66).

Por meio desse projeto, entre 1997 e 2000 foram identificadas localidades onde o ecoturismo já acontecia e apresentava-se como alternativa de desenvolvimento e realizou-se um levantamento de seu potencial turístico, infra-estrutura e serviços. Tal diagnóstico identificou 96 pólos, dispersos pelo país, mas com concentração expressiva nas regiões Nordeste e Sudeste (Magalhães, 2001, p. 65-68). Recursos oriundos do Proecotur, do Ministério do Meio Ambiente, com aportes provenientes do BID, foram investidos, visando à capacitação (formação de guias e monitores) e ao levantamento do potencial regional para a implantação desses pólos. Essa tarefa será executada por organizações não governamentais[6].

A eficácia de tais pólos em suas pretensões desenvolvimentistas é algo que ainda precisa ser avaliado e suas implantações merecem um acompanhamento próximo. Experiências anteriores, como o Pólo Ecoturístico do Lagamar (São Paulo)[7], entre outras, não deixam de apontar para a necessidade de suporte constante às comunidades envolvidas por um longo período, não apenas no planejamento e implantação. Se a (des)continuidade das políticas públicas é de importância decisiva em qualquer área, quando se trata do desenvolvimento comunitário, da reorganização de práticas sociais e

[4] A instituição do "*voucher* único" foi o principal instrumento para a organização da atividade: "Dessa forma, além de ter o controle, através de sistema informatizado, sobre o número máximo de visitantes permitido em cada atrativo, de acordo com a capacidade de suporte estabelecida, todos obrigatoriamente recolhem, o Imposto sobre Serviços – ISS para a prefeitura, garantindo assim arrecadação proveniente do turismo para ser revertida em benefícios à comunidade como um todo" (Ferreira, 2003:49-50).

[5] Ver Banducci Jr. e Moretti (2001).

[6] A presença do terceiro setor nas ações relacionadas ao ecoturismo no Brasil é algo que merece destaque, especialmente nesse contexto da pouca ação do poder público. Entre outras, desenvolvem projetos na área as organizações não governamentais WWF, SOS Mata Atlântica, Instituto de Hospitalidade, Funbio – Fundo Brasileiro para a Biodiversidade, Instituto de Ecoturismo do Brasil e *Conservation International*, além da Unesco – Organização das Nações Unidas para a Educação, a Ciência e a Cultura, através da Reserva da Biosfera da Mata Atlântica.

[7] O Pólo Ecoturístico do Lagamar, arquitetado pela SOS Mata Atlântica, a despeito de sua concepção participativa e do apoio inicial da Embratur, não demonstra, depois de mais de cinco anos de implantação, ter produzido os resultados esperados em termos de estímulo ao desenvolvimento regional e ao envolvimento comunitário.

econômicas e da negociação de identidades e valores – como exigido pela atividade ecoturística –, isso se torna uma condição indispensável.

Quanto aos principais destinos ecoturísticos do Brasil, consolidados nas últimas duas décadas, podemos citar: Bonito e Pantanal (Mato Grosso do Sul); Pantanal Norte e Chapada dos Guimarães (Mato Grosso); Chapada Diamantina e litoral sul da Bahia; Chapada dos Veadeiros (Goiás); Amazonas, Fernando de Noronha, Pernambuco e Serra Gaúcha (*www.embratur.gov.br/temas/defaut.asp*).

Segundo Ferreira (2003, p. 46) todos esses destinos ecoturísticos possuem alguma relação com unidades de conservação brasileiras (Tabela 33.1). Esse fato nos coloca um problema na gestão do território, pois as mesmas áreas que devem ser preservadas e mantidas distantes da lógica do capital e da especulação imobiliária são as mais atrativas para receber os empreendimentos de padrão internacional.

Embora algumas das políticas públicas estimulem o desenvolvimento local e o turismo regional, os investimentos federais não priorizam esses projetos. O turismo regional e nacional desenvolve-se às margens do projeto federal, que é implementar o turismo internacional. Esse fato, além de estimular a "guerra dos lugares" na busca em atrair os investimentos e os fluxos turísticos, reforça as desigualdades regionais, pois acentua a capacidade de tornar o turismo um vetor do desenvolvimento urbano e regional nas regiões economicamente mais consolidadas do Sul e Sudeste, em relação às regiões Norte, Nordeste e Centro-Oeste. Para essas últimas, que parecem reviver uma nova fase de colonização, a implantação dos grandes projetos turísticos, ao invés de estimular o desenvolvimento local, rende o território aos interesses internacionais.

As densidades técnicas implantadas no território, ou seja, a modernização da infra-estrutura instalada, como aeroportos, rodovias pavimentadas, redes materiais de saneamento, comunicação e circulação, infra-estruturas urbanas em geral para dar suporte às novas formas de turismo – mesmo quando priorizam o turismo na natureza – imprimem uma racionalidade específica para ampliar a produtividade econômica e espacial da atividade. Por isso, uma das características dos projetos turísticos contemporâneos é a concentração de infra-estruturas. Esse procedimento otimiza o investimento e precariza as condições de vida das populações locais que, não podendo pagar pela modernização, acabam segregadas em seu próprio território. Assim, vemos a modernização técnica de amplas parcelas do território nacional, impulsionadas pelos investimentos públicos em infra-estrutura, como uma ação preparatória para a implantação dos grandes empreendimentos turísticos, em sua maioria, do capital internacional. Inúmeros exemplos podem ser citados na Região Nordeste, após os investimentos do Prodetur I – Programa de Desenvolvimento Turístico, e agora nas regiões Norte e Centro-Oeste, com o Proecotur.

A sustentação econômica da atividade toma para si as melhores estratégias locacionais e os recursos

Tabela 33.1 – Exemplo de destinos apontados pela Embratur e suas respectivas unidades de conservação

Destino Brasil	Unidades de conservação brasileiras
Bonito (Mato Grosso do Sul)	Mon. Nat. Est. Gruta do Lago Azul e Nossa Senhora Aparecida
Chapada Diamantina (Bahia)	Parque Nacional Chapada Diamantina
Chapada dos Guimarães (Mato Grosso)	Parque Nacional Chapada dos Guimarães
Chapada dos Veadeiros (Goiás)	Parque Nacional da Chapada dos Veadeiros
Região de Manaus (Amazonas)	E. Ecológica de Anavilhanas
Fernando de Noronha (Pernambuco)	Parque Nacional de Fernando de Noronha
Litoral Sul da Bahia (Bahia)	Parque Nacional de Monte Pascoal
Pantanal (Mato Grosso/Mato Grosso do Sul)	Parque Nacional do Pantanal Mato-grossense
Serra Gaúcha (Rio Grande do Sul)	Parque Aparados da Serra
Vale do Ribeira (São Paulo)	Parque Estadual Turístico do Alto Ribeira
Litoral nordestino	Parque Nacional dos Lençóis Maranhenses
Região do Lagamar (São Paulo)	Parque Estadual da Ilha do Cardoso
Serra do Mar (São Paulo)	Parque Estadual da Serra do Mar

Fonte: Ferreira (2003, p. 46).

paisagísticos mais privilegiados. O potencial atrativo das regiões é determinado pela valorização externa de seu patrimônio ambiental, independentemente das dinâmicas culturais e produtivas locais. A refuncionalização turística dos lugares, determinada pelo mercado internacional, é organizada por modelos econômicos racionais que programam, de cima para baixo, as territorialidades locais. A valorização da diversidade cultural presente em nosso território, assim como a emancipação e a autonomia das comunidades, é substituída pelo enclausuramento de remanescentes naturais e de grupos sociais economicamente privilegiados (Luchiari, 2002, p. 123-125).

Territorialidades Estrangeiras na Regionalização Desigual do Turismo

As territorialidades expressam a intencionalidade de estabelecer relações de poder e alteridade, uma necessidade social de separar identidades. A construção de territorialidades que emergem nos lugares pode fortalecer o sentimento de pertencimento e de exclusividade, legitimado pela apropriação e pelo uso, como é o caso de muitas territorialidades de populações tradicionais, ou mesmo das sociedades complexas como as urbanas (indígenas, caiçaras, negras ou outras para o primeiro caso, e as da cultura *hip hop* para o segundo caso, por exemplo); ou podem criar rupturas ao implantar estruturas impermeáveis ao lugar, fragmentando o território entre territorialidades locais e estrangeiras.

A dinamização do turismo no território brasileiro, positiva em muitos aspectos, acentuou, contudo, um desenvolvimento socioeconômico seletivo, tanto na escala local como na escala regional. Refletindo sobre as diferentes formas de processo, podemos citar três exemplos desta afirmação: a construção de grandes complexos turísticos em municípios pobres e distantes do dinamismo econômico de outras regiões do país, tais como os *resorts* no litoral nordestino, ou os hotéis de selva (os *lodges*) no Amazonas; a valorização e a conseqüente urbanização no entorno das unidades de conservação, processo comum nas inúmeras regiões do país, mas contraditório em relação ao binômio conservação *versus* urbanização; e o processo de urbanização turística[8] que ocorre, sobretudo, por meio das segundas residências nas cidades médias e pequenas das regiões Sul e Sudeste.

Nesses três exemplos, vemos as relações de poder estabelecidas nas escalas locais e regionais, orientadas pelas políticas públicas e estratégias econômicas do mercado, direcionadas para as práticas de turismo de elite, salvo exceção, sem estratégias de inclusão social, como é possível analisar por meio da segregação espacial que esses processos têm imprimido no território. A construção de territorialidades estrangeiras para dar suporte às atividades e práticas de um turismo de elite, sobretudo e contraditoriamente associadas às modalidades de turismo de natureza, tem gerado rupturas no uso do território, colocando em evidência as diferenças entre muitos lugares destituídos de modernidade (como muitas vilas de pescadores artesanais ou de populações de origem indígena em áreas longínquas de centros urbanos no Amazonas), com enclaves de riqueza como as infra-estruturas turísticas instaladas para atender a demanda internacional.

Além disso, ocorre uma relação diferenciada dessas estruturas com as regiões e aquelas que já possuem características de desenvolvimento local e modernidade conseguem capitalizar os investimentos nas atividades turísticas, selecionando melhor aqueles que possam se converter em desenvolvimento local (como os roteiros turísticos rurais para o desenvolvimento regional, a urbanização turística ou o turismo de negócios), processo que tem acentuado ainda mais o desenvolvimento regional desigual.

[8] Processo de abrangência regional que ocorre em áreas valorizadas como atrativas, estruturadas, sobretudo, pela iniciativa privada, pelos capitais individuais e pelo consentimento do poder local. São cidades e municípios que optam pelo turismo como principal atividade econômica, demarcando traços específicos em sua urbanização: aumento da especulação imobiliária, da segregação residencial, visibilidade maior do consumo em relação à produção, valorização estética das paisagens naturais e construídas, rápido crescimento populacional, impulsionado por fluxos imigratórios, ofertas sazonais de trabalho, fortalecimento das associações de moradores, alto custo de vida nas temporadas, produção de novos lugares de consumo como *shoppings*, galerias, redes de *fast food*, aeroportos, condomínios residenciais, etc., inserção de um novo sistema de objetos que remetem à identidade da moderna sociedade de consumo. Cf. Mullins (1991) e Luchiari (1999).

Parte 4

85-7241-568-8

Territorialidades Turísticas Impermeáveis ao Lugar

Os complexos turísticos, ou *enclaves turísticos*[9], relacionam-se a uma forma produzida pela atividade turística bastante presente nos países do terceiro mundo. Sua implantação rouba do lugar parcelas do seu território para construir ali um conteúdo social estrangeiro. É o turismo dos hotéis internacionais, estilo Méditerranée ou dos hotéis de selva (os *lodges*) ou os *megaresorts*, como o da Costa do Sauípe. Salvo exceções, esse tipo de infra-estrutura turística não é acessível para o mercado interno, não melhora as condições de vida da população local e não se comunica com o lugar, embora utilize, no discurso e no *marketing*, os atributos diferenciais do ambiente físico e da cultura local.

O estranhamento do lugar, só apreciado em sua versão exótica ou pitoresca, é distanciado pela reclusão espacial em enclaves. A liberdade desses turistas – mediada por guias, monitores e transportes especiais – se restringe às visitas aos pontos turísticos inclusos em um roteiro previamente estabelecido.

Para beneficiar as comunidades à sua volta, esse tipo de infra-estrutura turística deve prever uma contrapartida do empreendimento, visando à revalorização do lugar, cidade ou município e de seu patrimônio socioambiental[10], como: extensão de infra-estrutura, de serviços, inclusão e capacitação da população local como força de trabalho, valorização dos bens culturais locais, recuperação de áreas degradadas, tratamento adequado na destinação de resíduos (lixo e esgoto), etc. Contudo, é comum no Brasil que as populações autóctones sejam excluídas da nova organização socioespacial, perdendo, muitas vezes, as suas territorialidades originais.

Esforços para romper com essa "tradição", contudo, podem ser encontrados, ainda que timidamente. A busca de alternativas econômicas por meio do ecoturismo que, por sua vez, caracterizará a busca de uma prática turística alternativa, pode ser exemplificada por dois casos: o da Reserva de Desenvolvimento Sustentável de Mamirauá e o do projeto de ecoturismo comunitário de Silves, ambos no estado do Amazonas.

A conservação ambiental em Mamirauá, originalmente uma estação ecológica (1990), transformada em Reserva de Desenvolvimento Sustentável em 1996, tem como marca o manejo dos recursos naturais pela população local, por intermédio de associações de moradores e de usuários, com o apoio do Instituto de Desenvolvimento Sustentável criado pelo governo federal. Um *staff* de pesquisadores, extensionistas e pessoal administrativo dá suporte a um programa de alternativas econômicas que lida com formação para uso de novas práticas de produção e comercialização dos produtos, gerenciamento contábil e acesso a financiamentos na forma de microcréditos, através da pesca, agricultura, artesanato, manejo florestal comunitário, microcrédito e ecoturismo. Os programas de ecoturismo lá desenvolvidos têm como base de apoio uma pousada flutuante, projetada com esforço de mínimo impacto sobre o ambiente.

Já em Silves, a pioneira iniciativa local tem apoio internacional, por intermédio do governo da Áustria e da ONG WWF – *World Wildlife Foundation*. Uma associação de moradores, fortalecida com o ecoturismo operado pela população local, busca recursos para a conservação de seus lagos de pesca, contribuindo assim para a conservação ambiental.

Bastante distante da concepção desses projetos, os *resorts* se multiplicam na costa brasileira e, agora, seguem em direção ao interior do país, em especial para as regiões Norte e Centro-Oeste, utilizando-se da mesma lógica de sociabilidade e de conversão do espaço público em espaço coletivo privado dos *shopping centers* e dos condomínios fechados.

Os *resorts* têm padrão de hotel de luxo, com vários equipamentos e atividades disponíveis que se assemelham aos navios de cruzeiros. Entre os mais antigos, destacam-se o Transamérica Ilha de

[9] A idéia de *enclaves* apresentada aqui se aproxima de duas definições conceituais. De um lado, aquela que remete às áreas altamente programadas e especializadas da urbanização contemporânea (*shopping centers*, parques temáticos, condomínios fechados), os *enclaves fortificados* de Davis (1990) e Caldeira (1997). De outro, o que Boorstin (1964) denominou *bolha ambiental*, idealizada como um paraíso turístico isolado do meio, cujo exemplo mais significativo era o do Clube Méditerranée. Ambas possuem como condição a segregação socioespacial.

[10] Algumas atitudes ainda tímidas, mas já dentro dos princípios básicos do ecoturismo em relação às comunidades locais, como o atendimento médico de populações ribeirinhas, visitadas por embarcações de turismo, no Amazonas, podem ser vistas em Pires (1998).

85-7241-568-8

Comandatuba, em uma ilha próxima ao continente, a 70 quilômetros de Ilhéus (Bahia), e o Praia do Forte Eco Resort, a 55 quilômetros de Salvador (Bahia). Entre os mais recentes, podemos citar o Blue Tree Park, em Cabo de Santo Agostinho, a 50 quilômetros de Recife (Pernambuco) e em Angra dos Reis, a 160 quilômetros do Rio de Janeiro; o Summerville e o Nannai, que possuem superbangalôs polinésios e piscinas privativas, em Muro Alto (Pernambuco), a 10 quilômetros da vila de Porto de Galinhas; o Venta Club Pratagy, mais antigo, a 20 quilômetros de Maceió (Alagoas), que oferece farta cozinha italiana e recebe, sobretudo, italianos; o Barceló Oasis Praia das Fontes, reinaugurado em 2001, a 85 quilômetros de Fortaleza (Ceará), os Club Med de Itaparica (Bahia) e Rio das Pedras (Rio de Janeiro).

Entre os hotéis de selva, empreendimento em expansão, podemos citar os tradicionais Amazon Lodge e Ariaú Jungle Towers, a duas horas de barco de Manaus (Amazonas), a Pousada Olho D'Água em Bonito e o Refúgio Ecológico Caiman, ambos no Mato Grosso do Sul. Acompanhando a Rodovia Transpantaneira, existem cerca de 12 pousadas ecológicas; no entorno de Manaus existem, aproximadamente, 26 hotéis de selva (Pires, 2002, p.192). No interior do país, a Pousada do Rio Quente, em Caldas Novas (Goiás), é o *resort* mais freqüentado, com um parque aquático de águas quentes aberto 24h por dia e servido por vários vôos *charter*. No sul do país, o Mabu Termas, em Foz do Iguaçu, oferece fontes termais, trilhas ecológicas e a paisagem das Cataratas.

De maneira geral, podemos dizer que os investimentos do governo federal impulsionaram o *boom* dos empreendimentos hoteleiros internacionais. Os empresários brasileiros são pouco competitivos em relação aos grandes empreendimentos dos estrangeiros, pois encontram linhas de crédito reduzidas e juros acima dos encontrados em outros países. Contudo, para Prosérpio (2003, p. 76):

> *... o acirramento da competição provocado pelo aumento de viagens e demanda por hospedagem, determinou a redefinição da forma de operação no segmento de hospedagem, que passou a focar a gestão hoteleira. Com esta nova tendência, em lugar das fortes inversões imobiliárias anteriores, o capital do segmento de hospedagem passou a se concentrar na administração hoteleira, deixando a cargo de investidores domésticos 'fundos de pensão, construtoras e incorporadoras' a responsabilidade pela construção e financiamento do imóvel. Com isso, ampliaram-se as possibilidades de disseminação dos estabelecimentos e reduziu-se o risco do negócio.*[11]

À parte a dinamização da economia, alimentada pelas múltiplas estratégias do setor turístico no território brasileiro, vale ressaltar que essa dinamização não tem, necessariamente, corrigido as diferenças no desenvolvimento regional. Ao contrário, as políticas públicas e as estratégias econômicas que têm priorizado o segmento "turismo de natureza" têm gerado, na maioria dos casos, maior seletividade do território e inúmeras formas de segregação socioespacial.

Preservação Ambiental, Urbanização e Turismo

Embora a expansão do turismo interno e a possibilidade de fazer do turismo uma alavanca para o desenvolvimento regional e local não excluam o turismo internacional, a mitificação dos lugares para a implantação de enclaves turísticos de apelo internacional, em regiões que ainda possuem ecossistemas naturais preservados e populações naturais vivendo no limite da subsistência, rouba delas o seu último recurso.

São inúmeros os casos de populações que viviam em uma economia relativamente autônoma, com atividades produtivas mais centradas na subsistência, sustentadas pela reprodução das espécies e dos ciclos da natureza, isoladas da sociedade de consumo e organizadas culturalmente em função das territorialidades historicamente estabelecidas entre o grupo social e o ambiente de entorno – às vezes mais limitados como os caiçaras do litoral norte paulista em suas pequenas planícies costeiras, outras vezes em ambientes mais ampliados como os seringueiros da Amazônia.

[11] As maiores redes hoteleiras internacionais em operação no Brasil concentram-se no litoral e nos grandes centros mas, com a possibilidade de diversificar o produto e o segmento de mercado, que é oferecido pelas grades "marcas", tem ocorrido maior interiorização desses empreendimentos.

Essas comunidades, ao sofrerem a pressão da legislação ambiental, das demandas da sociedade urbano-industrial e da valorização de suas paisagens para o turismo, perderam o acesso aos recursos naturais e às suas tecnologias patrimoniais. A perda do patrimônio cultural nesse processo é enorme, afinal, o saber organizado em sistemas classificatórios para a tradução da natureza em cultura foi substituído pelo consumo da natureza e da cultura. Como observa Diegues (2000, p. 42) em relação às unidades de conservação:

> *Dentro dessa visão, aparentemente moderna e globalizadora, os parques estão sendo privatizados ou terceirizados para que empresas se encarreguem de construir e gerir os equipamentos turísticos, transformando essas áreas de proteção em disneylândias naturais destinadas exclusivamente à obtenção de lucro.*

É uma grande ironia constatar que, enquanto as populações tradicionais vão sendo expulsas de suas territorialidades originais ou simplesmente perdendo as possibilidades de manutenção de suas atividades de subsistência devido a uma legislação ambiental restritiva ao seu uso econômico, ou à valorização dessas áreas para a produção ou para a sociedade de consumo do lazer e do turismo, criamos, na preocupação com a *sustentabilidade ambiental global*, mais uma forma excludente de tratar as comunidades tradicionais. Ao mesmo tempo em que extensas áreas do território nacional foram sendo tomadas a essas populações para serem transformadas em unidades de conservação e serem excluídas da dinâmica de mercado, elas foram reincorporadas ao mercado por meio da apropriação e valorização dos empreendimentos turísticos.

Urbanização Turística na Reinvenção dos Lugares

A urbanização turística já mencionada é outra expressão da atividade, em plena expansão com a mitificação dos lugares. É o turismo em áreas verdes, serras, planícies, vales ou litorais. O atrativo central é a qualidade de vida que as áreas naturais preservadas podem propiciar, onde a valorização tem se mostrado como propulsora de vários processos de urbanização turística e as contradições entre a preservação ambiental, a atividade turística e a justiça social são evidentes.

Ao revalorizarem a natureza para o lazer, para o turismo ou para implantarem as suas segundas residências, as elites sociais têm estimulado um processo de urbanização turística em várias regiões do país. Bairros, distritos, cidades, municípios, todos agora se preocupam com os seus remanescentes florestais, seus atrativos naturais, tentando encontrar aí uma fonte de desenvolvimento para o lugar. Unidades de conservação, áreas de proteção ambiental, parques nacionais, estaduais e municipais, estações ecológicas, reservas ambientais públicas ou privadas transformam-se em símbolos distintivos para que os municípios próximos, ou ali localizados, possam maximizar suas receitas e melhorar suas ofertas de infra-estrutura, necessárias à urbanização.

Contudo, os lugares assim valorizados são restritos e as classes médias e as elites urbanas vão ganhando a hegemonia na apropriação e na construção das novas territorialidades locais. Para essas áreas, a preservação pressupõe a proibição do excessivo parcelamento do solo e da alta densidade ocupacional (residencial e populacional), ou seja, essa proposta de urbanização é tributária da exclusão social. Assumindo que há um paradoxo entre ocupação horizontal rarefeita e justiça social, e ocupação vertical densa e preservação ambiental, temos que esse processo de urbanização turística necessita, urgentemente, de um planejamento cuidadoso para adequar o zoneamento racional dos sítios naturais, as demandas diferenciadas de turismo e de lazer de cada município e as formas de inserção da população local em seu próprio território.

Por meio da urbanização turística, as paisagens valorizadas por sua rusticidade e distanciamento da urbe são rapidamente transformadas na reprodução de objetos e ações necessários à vida urbana. Esses cenários idealizados nos grandes centros urbanos acabam por perverter o caráter público dessas áreas de proteção ambiental e implantar ali uma lógica regida pelas forças corporativas do mercado. Na urbanização turística, esse processo é mais acentuado. As cidades vão sendo projetadas pela determinação eco-

85-7241-568-8

nômica da indústria da construção civil e pelo poder de consumo (Luchiari, 1999).

Na escala regional, podemos fazer uma distinção entre as regiões que estão sendo reorganizadas pela incorporação de parte dos seus territórios para a implantação de grandes projetos do turismo internacional, como o Nordeste, o Norte e, mais recentemente, o Centro-Oeste; e as regiões que estão encontrando no desenvolvimento do turismo rural e da urbanização turística de seus municípios, como as regiões Sul e Sudeste, uma nova forma de desenvolvimento local. Nas primeiras, a urbanização para o turismo (Cruz, 2000), impulsionada pelos investimentos das políticas públicas do turismo no Brasil, têm incorporado os lugares atrativos, criando uma territorialidade extremamente excludente em relação ao lugar. Como coloca Santos (1997), as verticalidades de um projeto gestado na economia global incidem na horizontalidade do lugar. Assim, o modelo dos *resorts* do litoral nordestino, por exemplo, é um produto padrão muito semelhante ao modelo do Caribe. Não importa se as territorialidades preestabelecidas remetiam a outra forma de organização socioespacial (vilas de pescadores, jangadeiros, artesãos...). O modelo planejado a partir da concepção externa é hegemônico. O território soberano da formação socioespacial brasileira submete-se, então, às territorialidades hegemônicas de um mercado turístico globalizado.

Enquanto isso, ao sul do país, nas regiões com maior dinamismo econômico e tradicionalmente mais desenvolvidas, vemos a incorporação das estratégias de desenvolvimento turístico indicando a possibilidade de um desenvolvimento local mais bem equacionado. Por meio do turismo cultural e de natureza, vemos o poder local legitimando o desenvolvimento urbano do município e o turismo rural agregando valor a uma atividade econômica que, para vários produtos, estava em decadência (é o caso de muitas regiões do Rio Grande do Sul, aquecendo a vinicultura com os roteiros da uva).

A nova possibilidade de desenvolvimento socioeconômico apresentada pelo turismo tem sido incorporada de forma diferenciada no território brasileiro. Ainda que de maneira genérica, podemos afirmar que as desigualdades regionais, tradicionalmente naturalizadas pela construção sociopolítica do território, estão sendo fortalecidas pelo desenvolvimento do turismo.

Considerações Finais

Nunca é demais reforçar o papel do planejamento e da ação do Estado na colocação de parâmetros para o desenvolvimento do turismo em todas as suas segmentações e em todos os seus espaços. Contudo, nos vários processos de implantação de infra-estrutura turística no território brasileiro, o planejamento turístico, ao invés de evitar, acaba reforçando a mitificação dos lugares atrativos. As territorialidades que deveriam ser realmente valorizadas, pois remetem à reprodução da vida cotidiana no lugar, são externalidades que o planejamento turístico se nega a enfrentar. O planejamento do espaço turístico deve ter como referência a realidade do lugar e, só a partir daí, escolher as possibilidades de agregar novas formas e funções, sem correr o risco de perder os atributos locais (Boullón, 1997; Pearce, 1991).

É importante salientar que o desenvolvimento de metodologias específicas para o planejamento dos espaços turísticos deve evitar o excessivo pessimismo sobre os impactos que o turismo provoca, mas também deve ser prudente com o exacerbado otimismo econômico que, ao defender os benefícios no curto prazo, perde de vista os custos socioambientais no médio e longo prazos. A simples imitação ou a transferência de modelos de consumo e de desenvolvimento urbano podem não ser adequadas para certas regiões ou lugares.

O planejamento turístico deveria ser, antes de tudo, uma contribuição para o planejamento do lugar, da vida daqueles que ficam, permanecendo em suas trajetórias cotidianas, independentes dos mitos por meio dos quais seus lugares são tomados de assalto. Os mitos passam, pois não possuem substância. A urbanização turística deixa suas materialidades, ou suas *rugosidades*, cristalizando a promessa de uma urbanização social e espacialmente diferente.

A urbanização turística é um processo que põe em diálogo o lugar com o mundo. Esse processo promete embaralhar os lugares e construir, em cada um, sociabilidades mais híbridas. Se o papel do turismo na mitificação e no consumo dos lugares tem sido acentuado com a revalorização das paisagens naturais, é preciso que o planejamento turístico também potencialize a positividade de um novo processo de urbanização que se revela.

Questões para Discussão

1. A partir do exposto no texto, reflita sobre os limites e as possibilidades das estratégias voltadas ao desenvolvimento sustentável do turismo.
2. Analise de que forma e em que medida as ações relacionadas ao planejamento turístico, no âmbito público ou no privado, seja em nível federal, regional ou local, poderiam incorporar o respeito às territorialidades locais em seus escopos.

Sites Indicados

Os *sites* do Ministério do Turismo (www.turismo.gov.br) e do Ministério do Meio Ambiente (www.mma.gov.br) dispensam apresentação e recomendação para acompanhamento das políticas e ações públicas na área. Listamos a seguir alguns outros *sites* de igual interesse, embora com perspectivas diferenciadas sobre as mesmas questões, reproduzindo a apresentação feita por eles mesmos em suas páginas. Todos eles representam fontes de informação que merecem ser conhecidas e acompanhadas, mantendo-se sempre, é claro, a postura crítica sobre seus posicionamentos e contextualizando-se seus conteúdos e atividades.

www.ambientebrasil.com.br: o Ambientebrasil é "Um portal focado em Meio Ambiente; Fonte de estímulo à ampliação do conhecimento ambiental; Informações "on line" em constante pesquisa e renovação; Uma mídia dirigida a um público formador de opinião; Referência ambiental dentro da Internet. (...) A missão do Portal é estimular a ampliação do conhecimento ambiental e a formação de uma consciência crítica sobre os problemas e soluções para o meio ambiente, idealizando a obtenção de conhecimentos de forma organizada, sistemática e com velocidade, através de ambientes que orientam, informam e oferecem facilidades".

www.anppas.org.br: Associação Nacional de Pós-graduação e Pesquisa em Ambiente e Sociedade. "São objetivos da ANPPAS incentivar academicamente o estudo, o ensino e a pesquisa de caráter interdisciplinar no âmbito de Ambiente e Sociedade nas suas múltiplas dimensões, promover e incentivar academicamente atividades voltadas ao diálogo e à interação entre diferentes campos do saber permitindo tratar problemas multidimensionais de forma interdisciplinar, promover reuniões científicas, objetivando o intercâmbio de informações entre seus associados e os de associações similares brasileiras, estrangeiras ou internacionais, promover a divulgação de estudos em Ambiente e Sociedade, promovendo publicações, concursos e premiações".

www.conservation.org.br: *Conservation International* do Brasil. "A CI é uma organização privada, sem fins lucrativos, dedicada à conservação e utilização sustentada da biodiversidade. Fundada em 1987, em poucos anos a CI cresceu e se tornou uma das mais eficientes organizações ambientalistas do mundo. Atualmente, trabalha para preservar ecossistemas ameaçados de extinção em mais de 30 países distribuídos por quatro continentes".

www.ecobrasil.org.br: Instituto Ecobrasil. Criado há dez anos como Associação Brasileira de Ecoturismo, tem como objetivos: "ser uma importante rede de troca de informações; ser uma alavanca para o desenvolvimento de ecoturismo no país; defender os interesses da organização nacional e internacionalmente. Buscando atingir estes objetivos por meio: da promoção da participação de comunidades em projetos ecoturísticos; da disponibilização de informações, via Internet, sobre projetos e atividades ecoturísticas; da criação de banco de dados sobre projetos, programas, estatísticas e de formação de recursos humanos; da formação profissional e da capacitação técnica com a realização de cursos ou viabilizando oportunidades para acesso a cursos nacionais e internacionais; da avaliação, do monitoramento e da divulgação dos impactos positivos ou negativos sociais, culturais e ambientais resultantes de atividades ecoturísticas".

www.hospitalidade.org.br: "O Instituto de Hospitalidade tem como objetivo social contribuir para a promoção da educação e da cultura da hospitalidade, visando o aprimoramento do setor do turismo e sua contribuição ao desenvolvimento sustentado do Brasil, através da concepção e desenvolvimento de programas e da mobilização e articulação de agentes representativos da sociedade. Como estratégia de atuação, o IH estrutura as suas ações com foco em Pessoas, em Empreendimentos e em Destinos".

Parte 4

85-7241-568-8

www.redeprouc.org.br: Rede Nacional Pró-Unidades de Conservação, criada em 1996 "com a missão de proteger, fortalecer, aprimorar e ampliar o conjunto de unidades de conservação, especialmente as de proteção integral, visando conservar a biodiversidade e outros valores destas áreas, através da mobilização, da ação política coordenada e do apoio mútuo entre organizações não governamentais. O papel da Rede é identificar os problemas, alertar a sociedade sobre a existência destes e atuar politicamente através da união de esforços rumo às suas soluções, estando seus critérios de atuação apoiados em dados técnicos e científicos".

www.wwf.org.br: *World Wildlife Foundation*. "A missão do WWF-Brasil é contribuir para que a sociedade brasileira conserve a natureza, harmonizando a atividade humana com a preservação da biodiversidade e com o uso racional dos recursos naturais, para o benefício dos cidadãos de hoje e das futuras gerações. Atuando no país desde 1971, o WWF-Brasil é uma organização não governamental brasileira que integra a maior rede mundial de conservação da natureza. (...) O WWF-Brasil executa (...) projetos em parceria com ONGs regionais, universidades e órgãos governamentais. Desenvolve atividades de apoio à pesquisa, legislação e políticas públicas, educação ambiental e comunicação. Além disso, há também os projetos de campo voltados para a viabilização de unidades de conservação, pelo estímulo a alternativas econômicas sustentáveis com a participação das comunidades locais".

BIBLIOGRAFIA

BANDUCCI JR., A.; MORETTI, E. (Org.). *Qual paraíso? Turismo em ambiente em Bonito e no Pantanal*. São Paulo: Chronos, 2001.

BRASIL-MICT/MMA. *Diretrizes para uma Política Nacional de Ecoturismo*. Brasília: Embratur/Ibama, 1994.

BOULLÓN, R. C. *Planificación del Espacio Turístico*. México: Trillas, 1997.

BOORSTIN, D. *The Image: a guide to Pseudo-Events in América*. New York: Harper & Row, 1964.

BURNS, P. M. *Turismo e Antropologia: uma introdução*. São Paulo: Chronos, 2002.

CALDEIRA, T. P. R. Enclaves fortificados: a nova segregação urbana. *Novos Estudos CEBRAP, São Paulo, 47:* 155-176, Mar. 1997.

CRUZ, R. C. *Política de Turismo e Território*. São Paulo: Contexto, 2000.

DAVIS, M. *Cidade de Quartzo: escavando o futuro em Los Angeles*. São Paulo: Scritta, 1993.

DIEGUES, A. C. Etnoconservação da natureza: enfoques alternativos. In: *Etnoconservação*: novos rumos para a proteção da natureza nos trópicos. São Paulo: Hucitec, 2000.

FEATHERSTONE, M. *Cultura de Consumo e Pós-modernismo*. São Paulo: Studio Nobel, 1995.

FERREIRA, L. F. Ecoturismo: estágio no Brasil e Peru. Experiências brasileiras em capacitação. São Paulo: USO, 2003. Dissertação (Mestrado) – PROLAM Universidade de São Paulo, 2003.

HARVEY, D. *A Condição Pós-moderna*. São Paulo: Loyola, 1992.

LUCHIARI, M. T. D. P. O lugar no mundo contemporâneo: turismo e urbanização em Ubatuba – SP. Campinas: Unicamp, 1999. Tese (Doutorado) – IFCH da Universidade Estadual de Campinas, 1999.

LUCHIARI, M. T. D. P. Turismo e meio ambiente na mitificação dos lugares. *Turismo em Análise, ECA-USP, São Paulo, 11 (1)*, Maio 2000.

LUCHIARI, M. T. D. P. Turismo e território: sustentabilidade para quem? In: BARRETO, M.; TAMANINI, E. (Orgs.) *Redescobrindo a Ecologia no Turismo*. Educs, 2002. (Coleção Turismo)

LUCHIARI, M. T. D. P.; SERRANO, C. Tourism and environment in Brazil. In: HOGAN, D. J.; BERQUÓ, E.; COSTA, H. S. M. (Eds.). *Population and Environment in Brazil: Rio + 10*. Campinas: CNPD/ABEP/NEPO, 2002.

MAGALHÃES, G. W. (Coord.). *Pólos de Ecoturismo: planejamento e gestão*. São Paulo: Terragraph, 2001.

MULLINS, P. Tourism urbanization. *International Journal of Urban and Regional Research, 15 (3):* 326-342, 1991.

PEARCE, D. *Desarrollo Turístico: su planificación y ubicación geográficas*. México: Trillas, 1991.

SANCHEZ, F., MOURA R. Cidades-modelo: espelhos de virtude ou reprodução do mesmo. *Cadernos IPPUR, UFRJ, Rio de Janeiro, XIII (2)*, 1999.

SANTOS, M. *A Natureza do Espaço*. São Paulo: Hucitec, 1997.

SANTOS, M. *Por uma outra Globalização: do pensamento único à consciência universal*. Rio de Janeiro: Record, 2000.

PIRES, P. S. Ecoturismo no Brasil: uma abordagem histórica e conceitual na perspectiva ambientalista. São Paulo: USP, 1998. Tese (Doutorado) – Escola de Comunicações e Artes da Universidade de São Paulo, 1998.

PIRES, P. S. *Dimensões do Ecoturismo*. São Paulo: Senac/SP, 2002.

PROSÉRPIO, R. O avanço das redes hoteleiras internacionais no Brasil: 1994-2002. São Paulo: USP, 2003. Tese (Doutorado) – Escola de Comunicações e Artes da Universidade de São Paulo, 2003.

SERRANO, C. (Org.) *A educação pelas pedras: ecoturismo e educação ambiental*. São Paulo: Chronos, 2000.

SERRANO, C. O 'produto' ecoturístico. In: ANSARAH, M. (Org.). *Turismo: como aprender, como ensinar*. São Paulo: Senac, 2001.

85-7241-568-8

Anotações

CAPÍTULO

34 Impactos Ambientais Negativos no Contexto do Turismo de Natureza

Márcio Soldateli

Introdução

Pode-se dizer que o interesse turístico e em grande escala do homem pela natureza é um fenômeno recente, influenciado pelo movimento ambientalista do final dos anos 1960 e também motivado pelas características artificiais da vida urbana.

A partir desse período, as viagens com interesse na natureza e nos aspectos culturais autênticos e tradicionais das regiões de destino tornaram-se precursoras do que, mais tarde, viria a ser denominado *ecoturismo*.

Contudo, em função da crescente segmentação do mercado de turismo e das diferentes interpretações sobre os segmentos com ênfase na natureza, faz-se necessário estabelecer um marco conceitual para essa abordagem.

Nesse sentido, adota-se a definição oficial brasileira para o ecoturismo (Embratur/Ibama, 1994), como:

> ***um segmento da atividade turística que utiliza, de forma sustentável, o patrimônio natural e cultural, incentiva sua conservação e busca a formação de uma consciência ambientalista através da interpretação do ambiente, promovendo o bem-estar das populações envolvidas.***

Entende-se assim que, para determinado destino e atividade serem considerados ecoturismo, é necessária a incorporação de princípios de sustentabilidade a eles, além do enfoque prioritário no contato e interpretação do ambiente natural. Teoricamente, então, o ecoturismo, em seu arcabouço conceitual, traz implícita a preocupação com o mínimo impacto ambiental.

Disso, entretanto, podem ser tiradas duas considerações: a primeira é que nem todas as atividades de contato com a natureza apresentam tal ênfase ou interesse. Como exemplo, pode ser citado o crescente segmento do turismo de aventura, que apresenta enfoque nos esportes de natureza e nem sempre incorpora princípios de sustentabilidade na sua realização. Além desse segmento, o turismo, de forma geral, pode apresentar diversos outros interesses recreativos de contato com a natureza, com ou sem preocupação com a sustentabilidade.

A segunda consideração é que, na prática do mercado, a expressão *ecoturismo* tem forte apelo comercial e, conscientemente ou não, é vendida, na maioria das vezes, sem que o produto ou serviço oferecido corresponda conceitualmente a sua definição teórica.

Dessa forma, será utilizada nesta abordagem a expressão *turismo de natureza* que, de maneira genérica, contempla todos os segmentos e atividades turísticas que, de uma forma ou de outra,

85-7241-568-8

apresentam como foco de interesse ou espaço de uso o ambiente natural.

Inevitavelmente, esse uso acarreta conseqüências negativas em maior ou menor intensidade e é sobre esse tema que o texto a seguir discorre, apresentando primeiramente os aspectos conceituais e a tipologia dos recursos naturais de interesse para o turismo de natureza e a relação do turismo de natureza com esses recursos, bem como os principais fatores condicionantes de impacto indicados na literatura.

Em seguida, são apresentados e descritos, de forma sucinta, os impactos do turismo de natureza sobre vários componentes ambientais, sob o enfoque de diferentes autores.

Para finalizar, uma lista com a tipologia das principais modalidades de turismo de aventura e seus respectivos impactos é apresentada de forma esquemática e comentada.

Recursos Naturais de Interesse para Turismo de Natureza

O turismo, sob o ponto de vista de um sistema econômico, apresenta os componentes de oferta e demanda. Obviamente, a oferta do turismo baseia-se em um produto e este, por sua vez, pode ser decomposto em vários elementos, como infra-estrutura, instalações e equipamentos turísticos e, fundamentalmente, recursos turísticos.

Para Cerro (1993),

> *um recurso não se define apenas pela sua própria existência, mas sim pela sua capacidade para satisfazer as necessidades humanas. Assim, a atividade turística poderá ser desencadeada se existirem certas "atrações" que provoquem a motivação turística nas pessoas, fazendo-as abandonar o seu domicílio habitual, viajar e permanecer certo tempo em contato e no desfrute das mesmas.*

Esse mesmo autor atribui à expressão "recurso turístico" igual significado que "atrativo turístico".

Para outros autores (Boullón, 1997), o termo "recurso" vem sendo aplicado ao turismo a partir da teoria econômica e implicaria a soma de três fatores: recursos naturais, humanos e de capital. Como os atrativos turísticos não envolvem recursos humanos e de capital, esse autor sugere que o termo não é adequado à linguagem turística.

Para fins desta abordagem, as expressões recurso turístico e atrativo turístico serão entendidas com o mesmo significado.

Dada a importância fundamental dos atrativos turísticos para a existência e o sucesso do turismo, muitos esforços vêm sendo empreendidos no sentido da sua identificação e classificação.

Boullón (1997) classifica os atrativos turísticos em:

- Ambientes naturais.
- Museus e manifestações culturais e históricas.
- Folclore.
- Realizações técnicas, científicas ou artísticas contemporâneas.
- Acontecimentos programados (festas, feiras, concursos, etc.).

Especificamente sobre os aspectos naturais, ênfase do turismo de natureza e, num senso mais amplo, considerando tanto a natureza virgem como a natureza adaptada (pelo homem), este mesmo autor define os elementos básicos do ambiente natural conforme o Quadro 34.1.

Uma tipologia básica dos recursos naturais de interesse do turismo de natureza é apresentada por Pires (2001):

- Morros, montanhas, serras e encostas.
- Cavidades subterrâneas (cavernas, grutas, furnas).
- Quedas d'água (cachoeiras, saltos, cascatas, corredeiras).
- Lagos, lagoas, lagunas.

Quadro 34.1 – Elementos básicos do ambiente natural

- Crosta terrestre:
  - Terra (montanhas, planaltos, desertos, etc.)
  - Água (oceanos, mares, rios, lagos, etc.)
- Clima:
  - Temperatura, ventos, chuva, umidade, etc
- Organismos vivos:
  - Homem
  - Animais (selvagens, semi-selvagens e domésticos)
  - Vegetais (árvores, arbustos, ervas, etc.)

Fonte: Boullón (1997)

Parte 4

- Zona costeira (mar costeiro, praias, restingas, dunas, costões, planícies, deltas, baías, enseadas).
- Ilhas (oceânicas, costeiras, fluviais).
- Cursos d'água (rios, ribeirões, arroios).
- Formas notáveis do relevo (vales, depressões, *canyons*, chapadas, falésias, dunas, escarpas).
- Relevos esculpidos (rochas erodidas).
- Formas vegetais (árvores, arbustos, ervas, gramas, plantas epífitas, rupestres e pioneiras).
- Formações vegetais (florestas, savanas, estepes).
- Ambientes subaquáticos (marinhos, fluviais, lagunares e subterrâneos).
- Ecossistemas (floresta, campo, cerrado, caatinga, manguezal, restinga).
- Fauna selvagem (espécies terrestres, costeiras e marinhas).
- Singularidades biogeográficas (limites geográficos, pontos extremos, barreiras e corredores naturais, refúgios ecológicos, elementos naturais notáveis).

Assim, esses diversos elementos componentes dos atrativos naturais sofrem com as pressões de uso turístico, ainda que o turismo *a priori* faça uso indireto deles.

Relação do Turismo de Natureza com Recursos Naturais

Em todo o mundo, o turismo tem sido foco de grande interesse como atividade potencial para o desenvolvimento econômico em nível local, regional e mesmo nacional.

Apesar de aclamado como gerador de uma miríade de efeitos benéficos – representados, principalmente, por alguns indicadores econômicos, dentre os quais a geração de divisas, de trabalho, de renda e de impostos, além de estimular a conservação ambiental e gerar benefícios diversos às comunidades receptoras –, em escala massiva ou mesmo se realizado de maneira desordenada, pode apresentar custos potenciais, como iniqüidade e instabilidade econômicas, mudanças socioculturais negativas e degradação ambiental (Boo, 1993).

Sobre esse último aspecto, estudos e discussões vêm sendo realizados há mais de três décadas. Como um dos precursores desses estudos, Budowski (1976, p. 27-31) defende a idéia de que pode haver três formas de relação entre o turismo e a conservação ambiental, conforme apresentado na Tabela 34.1.

Em referência à relação de simbiose, concorda-se amplamente que o turismo promove a geração de divisas para os países, de trabalho e de renda para as comunidades locais, enquanto contribui para a conservação ambiental. De fato, o turismo não pode existir a menos que os recursos sobre os quais se baseia sejam protegidos. Dessa forma, o turismo pode incentivar a criação de áreas naturais protegidas e ainda garantir às comunidades envolvidas o poder de decisão e controle sobre seu próprio desenvolvimento, sendo também um eficiente meio para a promoção da educação ambiental dos visitantes, envolvendo-os ativamente nos esforços conservacionistas. Em resumo, o turismo tem o potencial para maximizar benefícios e minimizar custos ambientais, desde que, é claro, seja conduzido de forma responsável e tenha por finalidade alcançar tais objetivos (Mathieson e Wall, 1983; Whelan, 1991; Boo (1993); Ceballos-Lascuráin, 1998).

Tabela 34.1 – Relações entre turismo e conservação ambiental

Relação turismo/conservação	Característica
Conflito	A presença do turismo e suas conseqüências são prejudiciais para a conservação ambiental
Coexistência	Há pouco contato entre a atividade turística e a conservacionista, pois nem uma nem outra estão bem desenvolvidas em dada região; essa relação, por sua vez, raramente permanece estática e, em geral, torna-se uma relação de conflito ou de simbiose
Simbiose	O turismo e a conservação estão organizados de tal maneira que ambos beneficiam-se da relação; isso significa que, ainda que haja conservação ambiental (mantendo suas condições originais ou até mesmo recuperando ambientes degradados), um crescente número de pessoas obtém benefícios mais amplos desse fato, seja em sentido físico, estético, cultural, científico, educacional ou mesmo econômico. Esse apoio recíproco é um ótimo instrumento para alcançar melhores níveis de qualidade de vida

Fonte: Budowski (1976).

 85-7241-568-8

Já a relação de conflito é marcada justamente pelos efeitos prejudiciais gerados pelo turismo sobre o ambiente natural.

Características e Fatores Condicionantes dos Impactos do Turismo de Natureza

Para melhor entendimento desse problema, tornam-se necessárias algumas considerações básicas sobre os impactos negativos, suas causas e conseqüências.

A Resolução 001/86 do Conama – Conselho Nacional do Meio Ambiente, em seu artigo 1º, considera impacto ambiental:

> ***qualquer alteração das propriedades físicas, químicas e biológicas do meio ambiente, causada por qualquer forma de matéria ou energia resultante das atividades humanas que, direta ou indiretamente, afetam: a saúde, a segurança e o bem-estar da população; as atividades sociais e econômicas; a biota; as condições estéticas e sanitárias do meio ambiente; a qualidade dos recursos ambientais.***

Segundo o Fearo – *Federal Environmental Assessment Review Office*, *apud* Tommasi (1994, p. 14), impactos ambientais são fatores que perturbam e/ou descaracterizam condições ou processos no ambiente natural ou que causam modificações nos usos instalados, tradicionais, históricos do solo e nos modos de vida ou na saúde de segmentos da população humana ou que modificam características ambientais de forma significativa.

De acordo com o enfoque funcionalista, impacto é qualquer fator ou influência que tende a perturbar o estado de equilíbrio dinâmico em que se encontra um sistema. Já sob o enfoque estruturalista, impactos são aqueles fatores ou condições de um sistema que levam a mudanças estruturais do mesmo (Garcia *apud* Tommasi, 1994).

Muitos impactos podem implicar mudanças funcionais e estruturais simultaneamente; portanto, não podem ser reduzidos a fenômenos pontuais, pois são dinâmicos e multicausais, podendo muitas vezes apresentar descontinuidade no tempo e no espaço, inclusive com efeitos sinérgicos e cumulativos.

O turismo de natureza, por fazer uso do espaço e de determinados atrativos, obviamente também gera impactos em diversos componentes dos sistemas naturais. Como citado anteriormente, vários estudos vêm sendo realizados, já há algumas décadas. Um dos primeiros trabalhos mais completos sobre esse assunto foi publicado por Mathieson e Wall (1983). Nesse trabalho, além dos impactos no ambiente físico (natural), também são considerados os impactos sociais e econômicos do turismo.

Para esses autores, os impactos do turismo são ocasionados por alguns fatores condicionantes, relativos aos visitantes e aos destinos visitados.

As características dos visitantes que influenciam a magnitude, a freqüência e o tipo de interação nas áreas de destino podem ser resumidas no perfil socioeconômico, na intensidade de uso, no tempo de permanência, no tipo de atividade e no nível de satisfação do visitante.

Por outro lado, as áreas de destino são influenciadas em sua própria capacidade de absorver a demanda de visitação, em decorrência das características de seu ambiente natural e processos vinculados, da estrutura e grau de desenvolvimento econômico, da estrutura e organização social, da organização política e do nível de desenvolvimento turístico.

Em relação aos impactos turísticos de cunho social e ecológico, Kuss, Graefe e Vaske (1990) consideram que existem cinco princípios básicos que norteiam sua determinação, conforme a adaptação mostrada no Quadro 34.2.

Impactos do Turismo de Natureza Sobre os Recursos Naturais

Como apresentado anteriormente, os recursos naturais, nas suas mais diversas formas, garantem a atratividade, o espaço e as condições necessárias para as práticas e os usos diversos do turismo de natureza, sofrendo também com as conseqüências desse uso pelos impactos ambientais negativos.

Parte 4

Quadro 34.2 – Princípios básicos para determinação de impactos sociais e ecológicos

- Não há uma resposta única ou parâmetros preestabelecidos em relação aos impactos turísticos. Ao contrário, existe uma variedade de parâmetros inter-relacionados que podem ser identificados como indicadores de impactos. Ainda que algumas formas de impacto sejam mais diretas ou óbvias que outras, qualquer parâmetro ou combinação de parâmetros pode tornar-se a base para determinação de impactos conforme cada caso
- Muitos impactos não exibem relação linear direta com a quantidade de usuários. As relações de uso/impacto são influenciadas por muitos aspectos vinculados à intensidade de uso e a diversos outros fatores, conforme cada situação
- Um dos mais importantes fatores que afetam as relações de uso/impacto é a variação de tolerância entre diferentes ambientes e grupos sociais (residentes e visitantes). Nem todos os elementos respondem da mesma maneira ao aumento no número de visitantes. Algumas espécies ou grupos sociais podem beneficiar-se em detrimento de outras
- O segundo fator mais importante que afeta as relações de uso/impacto é a modalidade de atividade desenvolvida. Algumas modalidades de atividades turísticas geram impactos de maneira mais rápida ou intensa que outras. Os impactos também podem variar, ainda que em uma mesma atividade, de acordo com a maneira com que esta é desenvolvida e conforme as características do grupo
- Os impactos turísticos e recreativos também são influenciados por diversas características ambientais locais e variáveis sazonais. Isso significa que, dado um nível de intensidade e tolerância básico para determinada atividade, o resultado do uso pode permanecer dependente do local e momento da interferência antrópica

Adaptado de: Kuss, Graefe e Vaske (1990).

A Tabela 34.2, de acordo com diferentes autores, apresenta os componentes ambientais que sofrem as conseqüências dos efeitos negativos do turismo de natureza.

Com base nesses autores, será feito um breve comentário acerca dos impactos do turismo de natureza sobre esses componentes ambientais. Antes, porém, é importante considerar que muitos dos impactos gerados já têm sua origem nas fases iniciais de desenvolvimento dos destinos, ocasionados pela falta de planejamento responsável com foco na sustentabilidade e não somente durante a realização (execução) das atividades recreativas ou esportivas de contato com a natureza.

Dessa forma, tanto na implantação como na gestão socioambiental de empreendimentos e destinos (ou pela falta delas), diversos impactos ambientais podem estar vinculados, acarretando conseqüências de larga escala, comprometendo a qualidade ambiental de todo um destino. Como exemplo, podem-se citar:

- Mudanças no uso e ocupação do solo.
- Remoção e movimentação de solos.
- Desmatamento para obras de infra-estrutura e construção de equipamentos turísticos.
- Compactação, erosão e perda de solos ricos em nutrientes.
- Assoreamento de rios e cursos d'água.
- Aterramento e destruição de nascentes.
- Uso descontrolado da água e falta de tratamento adequado de efluentes, diminuindo a disponibilidade de água e contaminando lençóis freáticos e águas superficiais.
- Gestão inadequada de resíduos sólidos gerando a contaminação de solos e águas, bem como a atração de animais transmissores de doenças (baratas, ratos, pombos, etc.).
- Perda generalizada de biodiversidade causada, direta ou indiretamente, por todos os fatores listados acima.
- Diminuição da qualidade visual da paisagem.

Por outro lado, os impactos gerados na prática das atividades, na maioria das vezes, podem ser considerados pontuais, o que não implica dizer que são menos danosos que os comentados ante-

Tabela 34.2 – Componentes ambientais sujeitos a impactos negativos do turismo de natureza

Componentes ambientais		
Mathieson e Wall (1983)	*Kuss, Graefe e Vaske (1990)*	*Ceballos-Lascuráin (1996)*
Vegetação	Vegetação e solos	Vegetação
Geologia		Elementos geológicos, minerais e fósseis Solos
Qualidade da água	Recursos hídricos	Recursos hídricos Saneamento
Vida selvagem (fauna) Qualidade do ar	Vida selvagem (fauna)	Vida selvagem (fauna) Estética da paisagem

riormente, já que essas práticas são crescentes e ainda há grande carência em estudos que possam elucidar muitas das conseqüências do uso das áreas naturais.

A seguir, são apresentadas algumas das causas e conseqüências do turismo de natureza sobre os componentes ambientais. Contudo, cabe ressaltar que essa análise por componente ambiental é apenas didática pois, como já explicado, uma única causa pode gerar uma multiplicidade de efeitos sinérgicos sobre mais de um componente ambiental. Além disso, os impactos apresentados se referem apenas aos mais evidentes, mais estudados e citados em literatura, não esgotando o assunto.

VEGETAÇÃO

A vegetação pode sofrer impactos a partir de diversas atividades turísticas. Alguns fatores são listados a seguir:

- Compactação da vegetação por pisoteio, por uso de meios de transporte diversos (bicicletas, animais de montaria, motos, carros, etc.) ou acampamentos (Fig. 34.1). Esses fatores estão estritamente relacionados às características e fragilidade do ecossistema utilizado e ao tipo de solo. O pisoteio também implica na compactação dos solos e, por conseguinte, na alteração de suas características de porosidade, umidade, oxigenação, atividade biológica e nutrientes disponíveis, dentre outros fatores, o que acaba dificultando e modificando a ocupação e o crescimento normal de vegetação nesses locais.
- O pisoteio também pode expor e danificar raízes, prejudicando sua capacidade de absorver nutrientes e realizar trocas gasosas, bem como as condições de estabilidade física da planta, causando queda de árvores e abertura de clareiras (Fig. 34.2).
- Corte de vegetação para abertura de trilhas, locais para acampamento ou outros tipos de uso (Fig. 34.3). Todo tipo de corte de vegetação, conforme o ecossistema em questão e suas características, pode implicar perda de biodiversidade, já que algumas espécies são mais suscetíveis a impactos do que outras ou estão presentes em menor quantidade ou ainda apresentam exigências de condições específicas para reprodução, germinação e crescimento, além do seu *status* de conservação, ou seja, podem ser espécies consideradas ameaçadas de extinção.
- Corte de vegetação para montagem de acampamentos rústicos (camas e tendas) e para fogueiras, incluindo, nesse caso, o risco de incêndios (Fig. 34.4).
- Coleta de plantas e flores, alterando as características de composição e ocorrência de determinadas espécies, bem como os processos de reprodução (polinização).
- Deposição de lixo e dejetos que podem alterar as condições bioquímicas dos solos e, por conseqüência, o crescimento vegetal.
- Introdução de espécies exóticas, principalmente pela condução de sementes que podem estar presas em calçados ou roupas dos visitantes

Foto de Márcio Soldateli

Figura 34.1 – Compactação de vegetação e solo em local de acampamento.

Foto de Márcio Soldateli

Figura 34.2 – Queda de árvore e abertura de clareira causada por exposição de raízes.

Figura 34.3 – Corte de vegetação para local de acampamento.

ou mesmo pelas fezes de animais de montaria. Algumas espécies exóticas, encontrando condições propícias, são muito agressivas na colonização, podendo competir com as espécies nativas e dominar a ocupação dessas áreas.

SOLOS

O impacto nos solos pode envolver alterações em suas características físicas, químicas e biológicas, basicamente ocasionadas por:

- Compactação dos solos gerada por pisoteio (caminhada), animais de montaria, bicicletas, motocicletas e veículos *off-road* (Fig. 34.5).

Como citado anteriormente, a compactação altera as características de porosidade, umidade, oxigenação, atividade biológica, cobertura por serrapilheira e nutrientes disponíveis.

- Solos compactados tornam-se expostos (sem cobertura vegetal) e mais suscetíveis à erosão causada pela água ou pelo vento. No primeiro caso, a falta de porosidade do solo impede a infiltração da água, aumentando o escorrimento superficial e o processo erosivo (Figs. 34.6 e 34.7); já a erosão eólica é mais comum em solos arenosos e secos.
- A diminuição da infiltração da água também pode levar ao seu acúmulo em depressões do terreno e à formação de lamaçais, acarretando, em geral, maior uso das bordas e ampliação do problema (Fig. 34.8).

Figura 34.4 – Local de fogueira com uso de vegetação nativa.

Figura 34.5 – Clareira e compactação de solo em área de decolagem para vôo livre.

Parte 4

85-7241-568-8

Foto de Márcio Soldateli

Figura 34.6 – Escorrimento superficial da água e processo erosivo em trilha.

- Os problemas relacionados à alteração de fatores ecológicos (umidade, oxigenação, atividade biológica e disponibilidade de nutrientes) podem levar à perda na biodiversidade de microorganismos do solo, bem como nas condições de nutrição, germinação e crescimento vegetal, provocando modificações na estrutura e composição da cobertura vegetal.

Foto de Bruno Mendonça Bruggemann.

Figura 34.7 – Processo erosivo em trilha com risco ao usuário.

Foto de Márcio Soldateli

Figura 34.8 – Formação de lamaçais em locais com drenagem deficiente.

- A deposição de lixo e dejetos (fezes e urina) humanos e animais (cães, cavalos, etc.) pode causar a contaminação biológica dos solos (Fig. 34.9).
- Também pode haver poluição por produtos químicos, principalmente relacionados ao uso de veículos automotores (combustível, óleo, etc.).

Foto de Márcio Soldateli

Figura 34.9 – Latrina improvisada em área de decolagem para vôo livre.

ELEMENTOS GEOLÓGICOS, MINERAIS E FÓSSEIS

Os estudos de impactos sobre elementos geológicos apontam que os principais problemas relacionados se referem à destruição de características únicas. Porém, não residem nesses componentes os problemas mais graves relacionados aos impactos do turismo de natureza, já que, em geral, são situações pontuais e localizadas. Problemas mais graves são registrados em relação à destruição de sítios paleontológicos.

Os principais impactos registrados em literatura são:

- Coleta de rochas, minerais e fósseis como *souvenir* em áreas turísticas.
- Vandalismo, pichação e destruição de formações rochosas raras ou únicas (Fig. 34.10).
- Coleta e destruição de formações (espeleotemas) em cavidades naturais.
- Descaracterização de paredes rochosas em função de atividades de montanhismo e escalada (abertura e uso de vias).

RECURSOS HÍDRICOS

Um dos mais graves problemas gerados sobre a água é a sua poluição. Seguem os principais efeitos negativos do turismo de natureza descritos na literatura:

- Contaminação das águas por organismos patogênicos (coliformes, parasitas, etc.), pela falta de tratamento adequado de efluentes, podendo afetar rios, lagos, lagoas, lagunas, represas, praias e mesmo lençóis freáticos. Além das alterações nos ecossistemas aquáticos, isso pode acarretar graves problemas de saúde aos usuários desses recursos.
- O aporte excessivo de substâncias orgânicas (nutrientes), como restos de comida e detergentes, causando o processo de eutrofização, implica crescimento de fitoplâncton, algas e plantas aquáticas, bem como processos de decomposição de matéria orgânica, gerando aumento no consumo de oxigênio dissolvido na água (demanda bioquímica de oxigênio) e sua indisponibilidade para outros organismos que necessitam dele para sua respiração (animais aquáticos em geral), os quais acabam morrendo.
- O uso de veículos motorizados (lanchas, *jetski*, etc.) e a falta de critérios e cuidados na sua manutenção, inclusive em marinas, pode acarretar derramamento acidental ou não de combustível, óleo e outras substâncias poluentes nos corpos d'água. Muitos derivados de petróleo são constituídos por metais pesados e substâncias biocumulativas, trazendo contaminação e prejuízo aos seres vivos em geral.
- A ancoragem de embarcações em ambientes frágeis, como bancos de corais, também pode trazer prejuízos por causa da destruição dessas formações e descaracterização do fundo pelo impacto das âncoras, o que é significativo em locais de concentração de embarcações.
- O uso recreativo também afeta as condições de transparência da água. Isso ocorre pela movimentação próxima ao fundo (banhistas, mergulhadores, embarcações, etc.), de forma que os sedimentos arenosos ou lodosos, principalmente, sejam revolvidos aumentando a quantidade de substâncias em suspensão e a turbidez da água. Como conseqüência, há menor incidência de luz, dificultando os processos de fotossíntese e reposição dos níveis normais de oxigênio dissolvido, o qual é necessário à respiração e aos processos de decomposição aeróbica e disponibilização de nutrientes ao ambiente aquático. Além disso, a turbidez pode afetar diversos outros processos naturais de organismos aquáticos, como reprodução, alimentação (disponibilidade de alimentos, predação, etc.), e deslocamento, além de oferecer maior risco aos banhistas.

Foto de Márcio Soldateli

Figura 34.10 – Pichação nas rochas em mirante natural.

Parte 4

- Outro problema que afeta o ambiente aquático é a erosão das margens. Apesar de muitas atividades recreativas na água fazerem uso das margens, com acesso para banhistas, mergulhadores, pescadores, embarcações, etc., os impactos às margens também têm origem em outras atividades ligadas ou não ao turismo. De qualquer forma, a eliminação da vegetação ciliar e a erosão das margens contribuem para o assoreamento e o aumento de turbidez, entre outros problemas.

VIDA SELVAGEM (FAUNA)

De forma geral, os estudos sobre impactos do turismo de natureza na vida selvagem se referem aos animais de grande porte, sobretudo mamíferos e aves. Apesar disso, é óbvio que todos os grupos animais, dos grandes mamíferos a insetos ou outros pequenos invertebrados, podem potencialmente sofrer as conseqüências negativas do turismo. É importante frisar que a suscetibilidade aos impactos varia de acordo com as características de cada espécie e do seu respectivo ecossistema. Os impactos sobre a vida selvagem podem ocorrer de forma direta e indireta.

- A presença de turistas em áreas naturais para observação de fauna pode causar perturbações nos processos naturais de alimentação. A perseguição da fauna em busca de fotografias pode prejudicar atividades de predação, afugentando as presas, fazendo com que os predadores tenham insucesso e maior gasto energético para se alimentar, em alguns casos podendo levar tanto pais como filhotes à morte por inanição. Por outro lado, assustados com a presença de turistas, os pais podem afastar-se dos ninhos ou perder-se dos filhotes, deixando-os abandonados ou sujeitos a predação. A simples interrupção dos momentos de alimentação e os gastos extras de energia para se afastar dos turistas já têm implicações negativas nos ritmos normais das populações animais (Fig. 34.11).
- Além dos casos citados, em relação aos cuidados parentais com os filhotes, a presença de turistas também pode afetar os processos de reprodução em vários momentos, no encontro dos parceiros, durante a cópula, na postura de ovos ou nascimento de filhotes e nos primeiros estágios de vida.

Foto de Márcio Soldateli

Figura 34.11 – Perturbação de animais silvestres por visitantes de áreas naturais.

- A alimentação de fauna em áreas de visitação faz com que certas espécies que apresentam mais tolerância à presença humana mudem seus hábitos, passando a se alimentar sobretudo ou exclusivamente do que é dado pelos turistas, deixando de cumprir seus papéis ecológicos como predadores, presas ou dispersores de sementes, podendo gerar significativas alterações na estrutura e no funcionamento dos ecossistemas.
- A morte de fauna pode ter origem em várias causas. A morte acidental por atropelamentos é muito comum em áreas naturais e tem aumento de freqüência na medida em que aumenta o fluxo de veículos. A morte por caça também é significativa em algumas regiões, tanto para produção de comidas típicas à base de fauna silvestre como para produção de artesanato e *souvenirs*. Pode-se citar aqui também o comércio ilegal de fauna silvestre que, além da crueldade com que é realizado, traz

enormes prejuízos em relação à perda de biodiversidade.

- Também é possível citar como impacto à fauna o turismo de pesca que, de acordo com as condições e a intensidade com que é praticado, pode apresentar características predatórias e declínio das populações das espécies preferidas.

QUALIDADE DO AR

O impacto do turismo na qualidade do ar não é considerado um dos problemas mais graves desta atividade. Contudo, reconhece-se sua implicação no deslocamento de pessoas que, por sua vez, implica a queima de combustíveis e conseqüente contaminação do ar. Sobre esse problema, são apresentados os seguintes comentários:

- O turismo contribui com a queima de combustíveis porque envolve o transporte de pessoas em carros, ônibus, trens, barcos e aviões, entre outros. As conseqüências locais significativas desse impacto se referem aos casos em que há a formação de congestionamentos em determinados destinos, acarretando a concentração de gazes poluentes na atmosfera, trazendo prejuízo aos seres vivos em geral (plantas, animais, pessoas, etc.).
- Também pode-se mencionar o problema dos geradores de energia (motores a diesel que, com a queima do combustível, produzem energia elétrica) em destinos ou empreendimentos onde não há fornecimento de energia elétrica.

ESTÉTICA DA PAISAGEM

Muitas ações humanas sobre o ambiente natural, principalmente aquelas relacionadas à criação de estruturas artificiais, causam alterações estéticas na paisagem (Fig. 34.12). O desenvolvimento de destinos e a criação de infra-estrutura e equipamentos turísticos certamente têm grande influência na paisagem. Contudo, a forma como esses elementos artificiais são concebidos e sua implantação planejada podem reduzir muito os efeitos estéticos negativos na medida em que sejam respeitadas as características naturais e culturais locais quanto a formas, linhas, cores, materiais, etc.

Em relação ao uso de áreas naturais, os principais impactos na paisagem identificados em literatura, além daqueles que são conseqüências dos impactos em outros componentes ambientais já citados (vegetação, solos, recursos hídricos, etc.), são comentados a seguir:

- A deposição de lixo ao longo dos caminhos e trilhas de acesso aos atrativos e nos próprios atrativos e locais de uso, como acampamentos e áreas de piquenique, além dos problemas de contaminação já mencionados, também têm efeito visual negativo para outros usuários desses locais, os quais, em geral, esperam fazer uso de áreas naturais com pouca ou nenhuma presença de outros grupos. Sendo assim, há diminuição na qualidade da experiência desses visitantes.
- O vandalismo, já mencionado no item elementos geológicos, minerais e fósseis, também é fator de impacto na paisagem.

Parte 4

Foto de Márcio Soldateli

Figura 34.12 – Detração visual na estética da paisagem.

Tipologia e Impactos das Atividades de Turismo de Natureza

O aumento da demanda turística por áreas naturais é um fenômeno crescente. Tanto o mercado do ecoturismo como o do turismo de aventura e mesmo de outros segmentos turísticos que fazem uso dos espaços naturais vêm apresentando altas taxas de crescimento, sobretudo a partir da segunda metade dos anos 1990, em particular no Brasil.

As mudanças no comportamento do consumidor de turismo têm gerado um viajante mais experimentado e exigente que busca cada vez mais experiências autênticas e emocionantes (Swarbrooke *et al.*, 2003). Juntamente com isso, as empresas de turismo de natureza têm possibilitado o acesso a um amplo conjunto de atividades organizadas com os mais diversos focos de interesse, da observação de fauna silvestre à prática de esportes de aventura nos mais variados destinos do planeta, tendo a grande maioria dessas atividades a natureza como espaço primordial para sua realização.

Os enfoques e as modalidades possíveis no turismo de natureza são grandes. Uma revisão sobre o assunto renderia uma lista com algumas dezenas de modalidades diferentes; além disso, com freqüência, novas modalidades são criadas a partir de modalidades precursoras já consagradas.

Muitas áreas naturais também são procuradas por visitantes locais "não turistas" e grupos excursionistas independentes, tratados aqui de forma genérica e incorporados no bojo do turismo de natureza, já que também fazem uso recreativo dessas áreas e são, potencialmente, causadores de impactos.

Nesse sentido, toma-se também a liberdade de tratar e exemplificar o tema a partir de modalidades com ênfase no turismo de aventura, considerando a diversidade de uso que elas fazem do espaço natural, bem como seu potencial de impacto, o que, por exemplo e analogia, pode ser transferido ao entendimento de outras modalidades e usos não contemplados neste texto.

No Brasil, o crescimento do turismo de natureza, em especial o de aventura, é vertiginoso. Nesse sentido, em 2001, a Embratur – Instituto Brasileiro de Turismo realizou uma Oficina de Planejamento para o Desenvolvimento Sustentável do Turismo de Aventura (Embratur, 2001), com objetivo de gerar subsídios para a elaboração de uma política nacional para esse segmento. Adaptado do relatório produzido nessa oficina, a Tabela 34.3 apresenta a lista das principais modalidades de turismo de aventura identificadas no Brasil.

Anteriormente a essa oficina, ainda em meados da década de 1990, foi lançado o Guia Brasil Aventura (Rocha e Linsker, 1995), um primeiro esforço com fins de documentar, organizar e divulgar as principais atividades até então mais

Tabela 34.3 – Principais modalidades de atividades de aventura em contato com a natureza

Meio físico	Modalidades
Ar	Asa-delta Parapente (*paraglider*) Pára-quedismo *Sky-surf* (*surf* em queda livre) *Base jump* (pulo a partir de uma base terrestre com pára-quedas) Balonismo Ultraleve
Terra	Excursionismo (caminhadas), (*hikking* – caminhada leve e/ou de curta duração) e (*trekking* – caminhada pesada e com longa duração) Montanhismo (escalada, caminhada) Corrida de aventura *Bungee-jump* (salto em vão livre conectado a cabo elástico) *Canyoning* (atividades em *canyons* com uso de técnicas verticais) Espeleologia (exploração de cavidades naturais) Ciclismo (cicloturismo) *Mountain biking* (ciclismo em montanha e trilha) Cavalgada *Rope swing* (pêndulo) Arvorismo *Sand board* (*surf* em dunas de areia) *Rallies* (classe turismo) *Off-road* (fora de estrada) *Motocross*
Água	Canoagem (caiaque e canoa) *Outrigger* (canoa havaiana) *Rafting* (descida de corredeiras em bote inflável) Bóia-*cross* (descida de corredeiras em bóias) *Acqua-rider* (descida de corredeiras em bóias especiais) Mergulho Vela *Windsurf* (*surf* em prancha com vela) *Surf* *Body boarding* (*surf* em prancha de *morey buggie*)

Adaptado de Embratur (2001).

Parte 4

praticadas e conhecidas no país. Esse guia contempla as seguintes atividades:

- Caminhada (*hiking e trekking*).
- Canoagem.
- *Canyoning*.
- Escalada.
- Espeleologia.
- Mergulho esportivo.
- *Mountain biking*.
- *Off road*.
- *Paragliding*.
- *Rafting e hidrospeed*.
- *Surf*.
- Turismo eqüestre.

Basicamente, as mesmas modalidades apresentadas em 1995 continuam mantendo sua importância por serem as mais tradicionais e agregarem maior número de praticantes.

Para se fazer considerações sobre os impactos dessas modalidades, é necessário avaliar quais componentes ambientais são utilizados e como se dá esse uso. Assim, com base na Tabela 34.3, segue a análise das modalidades por meio físico.

Ar

Das modalidades aéreas, a única que, de maneira evidente, gera impactos no ar é o ultraleve, por ser um veículo motorizado que libera gases poluentes na atmosfera. Todas as demais modalidades não apresentam evidência explícita de danos à atmosfera. Entretanto, podem apresentar impactos em outros componentes ambientais, como nos solos, na vegetação e na água.

Pode ser feita uma distinção entre modalidades como pára-quedismo, *sky-surf*, balonismo, ultraleve e *base-jump*, as quais não necessariamente utilizam o ambiente natural para sua prática. No pára-quedismo e no *sky-surf*, por exemplo, pode-se decolar e pousar em aeroportos ou aeroclubes. Já modalidades de vôo livre, como a asa-delta e o parapente, costumam ter seus pontos de decolagem em áreas montanhosas, em maior ou menor grau afastadas de áreas urbanas, ou seja, utilizando ambientes naturais.

A Tabela 34.4 apresenta as características e os impactos das modalidades aéreas de turismo de aventura.

Terra

O impacto das modalidades terrestres está fortemente condicionado ao meio de transporte utilizado e ao tipo e intensidade de uso dos recursos naturais. A corrida de aventura, por exemplo, implica a prática de várias modalidades como caminhada (corrida), *mountain biking* e atividades aquáticas como a canoagem. Além disso, o impacto de um grupo de pessoas correndo sobre uma trilha é muito maior daquele do mesmo grupo caminhando. Essa modalidade em particular não será incluída na Tabela 34.5, já que é constituída por outras modalidades, estas sim presentes na tabela.

Parte 4

Tabela 34.4 – Características e impactos das modalidades aéreas de turismo de aventura

Modalidade	Características principais que condicionam os impactos	Impactos
Ultraleve	Queima de combustível	Poluição atmosférica Perturbação da fauna (potencial) Degradação na estética da paisagem (potencial)
Asa-delta Parapente (*paraglider*)	Acesso às áreas de decolagem com veículos motorizados Uso das áreas de decolagem	Corte de vegetação para acesso às áreas de decolagem Pisoteio de vegetação Compactação e erosão de solos Formação de lamaçais Acúmulo de lixo e dejetos (fezes) nas áreas de uso Derrame de combustível nos solos Perturbação da fauna (potencial) Degradação na estética da paisagem (potencial)
Pára-quedismo *Sky-surf* *Base jump* Balonismo	Conforme uso de áreas naturais	Podem ser considerados os mesmos impactos citados para o vôo livre Perturbação da fauna (potencial) Degradação na estética da paisagem (potencial)

Tabela 34.5 – Características e impactos das modalidades terrestres de turismo de aventura

Modalidade	Características principais que condicionam os impactos	Impactos
Excursionismo (*hiking* e *trekking*) Montanhismo (caminhada e escalada)	Abertura e uso de trilhas (caminhada e corrida) Uso de locais para acampamento Fogueiras Uso de ambientes aquáticos (travessias, banho) Abertura e uso de vias de escalada (montanhismo)	Corte de vegetação para acesso as trilhas/locais de prática Pisoteio de vegetação Compactação e erosão de solos Formação de lamaçais Corte de vegetação para acampamentos e fogueiras Acúmulo de lixo e dejetos (fezes) nas áreas de uso Descaracterização de rochas nas vias de escalada Vandalismo, pichação Contaminação de águas por dejetos Perturbação da fauna (potencial) Degradação na estética da paisagem (potencial)
Canyoning Espeleologia *Bungee-jump*	Abertura e uso de trilhas (caminhada) Uso de locais para acampamento Fogueiras Uso de ambientes aquáticos (travessias, banho) Uso de ambientes com formações geológicas únicas, raras e/ou frágeis	Corte de vegetação para acesso as trilhas/locais de prática Pisoteio de vegetação Compactação e erosão de solos Formação de lamaçais Corte de vegetação para acampamentos e fogueiras Acúmulo de lixo e dejetos (fezes) nas áreas de uso Vandalismo, pichação Destruição de espeleotemas (espeleologia) Contaminação de águas por dejetos Perturbação da fauna (potencial) Degradação na estética da paisagem (potencial)
Ciclismo (cicloturismo) *Mountain biking* Cavalgada	Abertura e uso de trilhas (bicicletas; cavalos) Uso de locais para acampamento Fogueiras Uso de ambientes aquáticos (banho)	Corte de vegetação para acesso as trilhas/locais de prática Pisoteio de vegetação Compactação e erosão de solos Formação de lamaçais Corte de vegetação para acampamentos e fogueiras Acúmulo de lixo e dejetos (fezes) nas áreas de uso Contaminação de águas por dejetos (humanos e animais) Introdução de plantas exóticas em ambientes naturais por fezes animais (cavalgada) Perturbação da fauna (potencial) Degradação na estética da paisagem (potencial)
Rope swing (pêndulo) Arvorismo	***Obs.***: essas atividades nem sempre utilizam áreas naturais para sua realização; em geral, estão próximas a bases operacionais com infra-estrutura de apoio. Uso de árvores como base para a montagem dos circuitos de atividades Uso de áreas terrestres no entorno dos circuitos	Estrangulamento e excesso de peso em árvores, podendo levá-las à morte Corte de vegetação para acesso aos locais de prática Pisoteio de vegetação Compactação e erosão de solos Formação de lamaçais Perturbação da fauna (potencial) Degradação na estética da paisagem (potencial)
Sand board	Uso de áreas de dunas para a prática	Deslocamento de areia e mudanças na dinâmica de dunas móveis e semifixas Pisoteio de vegetação para acesso e nos locais de prática Acúmulo de lixo e dejetos (fezes) nas áreas de uso Perturbação da fauna (potencial) Degradação na estética da paisagem (potencial)
Rallies (classe turismo) *Off-road* (fora de estrada) *Motocross*	Abertura e uso de trilhas (veículos motorizados) Uso de locais para acampamento Fogueiras Uso de ambientes aquáticos (travessias, banho)	Corte de vegetação para acesso às trilhas/locais de prática Pisoteio de vegetação Compactação e erosão de solos Formação de lamaçais Corte de vegetação para acampamentos, fogueiras e construção de pontes Acúmulo de lixo e dejetos (fezes) nas áreas de uso Contaminação de águas por dejetos Contaminação de solos e águas por combustíveis Perturbação da fauna (potencial) Degradação na estética da paisagem (potencial)

Parte 4

Muitas das atividades listadas acarretam impactos comuns, principalmente aqueles relacionados à supressão de vegetação, compactação e erosão de solos e contaminação de águas. Na medida do possível, serão abordadas de forma conjunta as modalidades semelhantes, ainda que uma ou outra apresente características e impactos específicos, os quais serão identificados nas respectivas colunas.

A Tabela 34.5 apresenta as características e os impactos das modalidades terrestres de turismo de aventura.

Água

Das modalidades que utilizam o ambiente aquático, as mais impactantes são aquelas que fazem uso de embarcações motorizadas, cujos impactos já foram listados. Contudo, de acordo com a Tabela 34.3, nenhuma dessas modalidades foi incluída na lista oficial brasileira de atividades de turismo de aventura.

Das modalidades incluídas na Tabela 34.6, a maior parte não acarreta impactos significativos (ou pelo menos estudados até o momento) na água, mas principalmente em outros componentes ambientais.

A Tabela 34.6 apresenta as características e os impactos das modalidades aquáticas de turismo de aventura.

Em relação à fauna e à estética da paisagem, todas as modalidades listadas podem potencialmente trazer algum tipo de prejuízo, o que depende, em grande parte, do enfoque das atividades e das características comportamentais dos praticantes.

Considerações Finais

As considerações sobre os impactos do turismo nos recursos naturais não tratam esse tema de forma exaustiva nem conclusiva. São, antes, um esclarecimento sobre as características e a tipologia dos impactos gerados pelas principais modalidades de turismo de natureza praticados atualmente.

Muitos outros desdobramentos e correlações entre uso e impacto podem ser estabelecidos para as modalidades apresentadas. Além disso, como já mencionado no texto, há forte dependência das características específicas e fragilidade do ambiente utilizado na geração dos impactos.

Também é importante ressaltar que, mesmo que diferentes atividades apresentem um mesmo tipo de impacto, a intensidade desse impacto pode variar de acordo com a atividade e/ou os equipamentos utilizados.

Esses e outros fatores contribuem para que haja consenso entre os autores que tratam do assunto de que ainda existem diversas lacunas para o entendimento mais amplo e profundo do tema e da

Tabela 34.6 – Características e impactos das modalidades aquáticas de turismo de aventura

Modalidade	Características principais que condicionam os impactos	Impactos
Canoagem (caiaque e canoa) *Outrigger* (canoa havaiana) *Rafting* Bóia-*cross* *Acqua-rider*	Acesso aos corpos d'água utilizando as margens Uso dos corpos d'água para deslocamento	Corte de vegetação, compactação e erosão de solos nas margens Formação de lamaçais Acúmulo de lixo e dejetos (fezes) nas áreas de uso Contaminação de águas por dejetos Perturbação da fauna (potencial) Degradação na estética da paisagem (potencial)
Mergulho	Ancoragem de embarcações Uso de corpos d'água, recifes e costões rochosos para atividade Observação de vida selvagem	Destruição de recifes e fundo marinho Perturbação e coleta de organismos aquáticos Aumento de turbidez da água Contaminação de águas por dejetos Destruição de espeleotemas (mergulho em cavernas) Degradação na estética da paisagem (potencial)
Vela *Windsurf* *Surf* *Body boarding*	*Obs.*: essas atividades em geral estão próximas a bases operacionais ou balneários com infra-estrutura de apoio	Por analogia, podem ser considerados alguns dos impactos anteriores

necessidade de mais estudos e pesquisas que possibilitem esses esclarecimentos.

Mesmo assim, ferramentas para o planejamento, manejo e monitoramento do uso de áreas naturais, bem como a ética e a prática de mínimo impacto para prevenir e minimizar problemas, já vêm sendo desenvolvidas há mais de 30 anos.

Dentre as primeiras, podem ser citadas as seguintes metodologias: capacidade de carga (CEAP, 1992); espectro de oportunidades de recreação (CEAP, 1992); limites aceitáveis de câmbio (Baéz e Acuña, 1998); manejo do impacto de visitantes (Kuss *et al.*, 1990) e experiência do visitante e proteção de recursos (Baéz e Acuña, 1998).

Sobre a ética e a prática de mínimo impacto em ambientes naturais, podem ser citados os esforços da ONG – organização não governamental *Leave No Trace*, que promove e difunde princípios para a conduta responsável em ambientes naturais. As ações de educação experiencial ao ar livre da OBB – *Outward Bound Brasil*, o programa *Pega Leve de Mínimo Impacto em Áreas Naturais*, promovido pelo Centro Excursionista Universitário, organização que também fornece apoio técnico ao MMA – Ministério do Meio Ambiente no programa oficial *Conduta Consciente em Ambientes Naturais*.

O MMA e o Ibama – Instituto Brasileiro do Meio Ambiente e dos Recursos Naturais Renováveis merecem ser mencionados pelos esforços para a criação e implantação das unidades de conservação e para a elaboração dos seus respectivos planos de manejo, que, por sua vez, contêm as diretrizes e os regulamentos necessários ao ordenamento do uso público nas unidades de conservação que assim o permitem.

Parte 4

Ainda em relação às unidades de conservação, também devem ser mencionados a Fundação O Boticário de Proteção à Natureza e a Rede Nacional Pró-Unidades de Conservação, pelo importante trabalho que vem sendo realizado, podendo-se mencionar aqui o Congresso Brasileiro de Unidades de Conservação.

No âmbito internacional, também vêm sendo criadas e divulgadas políticas, diretrizes, princípios e práticas para o turismo sustentável em áreas naturais (CBD, 2001; Wood, 2002, Eagles *et al.*, 2002), direcionadas aos diversos atores e segmentos envolvidos com o turismo de natureza, como governos, planejadores, operadores e meios de hospedagem.

Nesse sentido, podem ser citadas organizações como PNUMA – Programa das Nações Unidas para o Meio Ambiente, PNUD – Programa das Nações Unidas para o Desenvolvimento, CBD – *Convention on Biological Diversity* (Convenção sobre Diversidade Biológica), TIES – *The International Ecotourism Society* (Sociedade Internacional de Ecoturismo), OMT – Organização Mundial do Turismo, IUCN – *The World Conservation Union* (União Mundial para a Conservação), dentre diversas outras que atuam nessa área.

Portanto, se por um lado há um aumento desordenado de demanda para o turismo de natureza, por outro, diversos esforços que ultrapassam as fronteiras políticas internacionais vêm criando uma base de políticas, diretrizes, princípios e práticas para o adequado planejamento e desenvolvimento do turismo em áreas naturais.

Cabe aos diversos segmentos envolvidos e interessados no assunto a apropriação, a adaptação e a aplicação desses instrumentos no âmbito de abrangência de suas ações, bem como a integração institucional e a canalização de esforços de forma a minimizar os impactos negativos do turismo de natureza.

Exercícios Propostos

1. Segundo Budowski, pode haver três formas de relação entre o turismo e a conservação ambiental. Descreva essas relações e comente suas possíveis conseqüências.
2. Explique cinco princípios ou fatores que condicionam os impactos do turismo.
3. Descreva dois tipos de impactos do turismo de natureza sobre cada um dos componentes ambientais citados a seguir: solos, vegetação, recursos hídricos e vida selvagem.
4. Cite dois impactos negativos que podem ser gerados por cada uma das modalidades de turismo de natureza dadas a seguir: caminhada, canoagem, espeleologia e parapente.

Glossário

Antrópico: relativo ao homem e a suas ações.

Assoreamento: obstrução e/ou diminuição de profundidade de cursos ou corpos d'água por sedimentos originados a partir de processos erosivos.

Biocumulativos: relativo àquilo que se acumula em organismos vivos.

Biodiversidade: diversidade biológica representada pela variabilidade de genes, espécies e ecossistemas de uma região.

Ecossistema: sistema ecológico formado pelo conjunto de relações mútuas entre seres vivos e fatores físico-químicos de seu respectivo ambiente.

Efluentes: descarga de poluentes líquidos ou gasosos no meio ambiente, *in natura*, parcial ou completamente tratados.

Espécies exóticas: espécies que não são nativas de determinada região, mas foram ali introduzidas proposital ou acidentalmente.

Fotossíntese: processo utilizado por algas e plantas verdes para síntese de substâncias orgânicas a partir da luz e da fixação de gás carbônico, com liberação de água e oxigênio.

Lençol freático: lençol ou corpo d'água subterrâneo.

Paleontologia: ciência que estuda animais, vegetais e outros grupos de organismos fósseis.

Resíduos sólidos: conjunto dos produtos não aproveitados ou considerados inúteis e descartáveis para atividades humanas ou aqueles gerados pela natureza (folhas, galhos, etc.), que são retirados das ruas e enviados para os locais de destinação ou tratamento.

Serrapilheira: camada superficial de folhas, galhos e outras partes vegetais em processo de decomposição que cobre o solo das florestas.

Sinergia: associação simultânea de vários fatores que potencializam determinado efeito ou resultado.

Turbidez: relativo ao estado de sombrio, opaco, com pouca translucidez.

Vegetação ciliar: vegetação presente nas margens de rios e corpos d'água.

Sites Indicados

www.mma.gov.br: Ministério do Meio Ambiente. Site oficial do Ministério do Meio Ambiente. Apresenta informações sobre diversos temas relacionados, bem como sobre as políticas e ações ambientais no Brasil. Especificamente no endereço mma.gov.br/port/sbf/dap/condnatur.html, podem ser encontradas informações sobre o programa de Conduta Consciente em Ambientes Naturais.

www.ibama.gov.br: *site* oficial do Ibama. Traz informações sobre políticas, projetos, programas e serviços institucionais. Dentre outras informações, aquelas relacionadas às unidades de conservação e à educação ambiental são de especial importância para o tema abordado neste capítulo.

www.embratur.gov.br: *site* oficial de turismo no Brasil. Traz diversas informações sobre serviços de apoio ao turista, destinos, calendário de eventos e produtos turísticos, além de *links* para o Ministério do Turismo contendo informações sobre missão e estrutura institucional.

www.lnt.org: *Leave No Trace*, ONG dedicada a promover a ética e a recreação responsável em contato com a natureza, por meio da conscientização da educação, da pesquisa e de parcerias. Desenvolve um programa destinado a auxiliar pessoas em suas visitas à natureza. Além de educar, fornece técnicas para prevenir e reduzir os impactos no uso dessas áreas.

www.obb.org.br: *Outward Bound Brasil*. A *Outward Bound* é uma comunidade de organizações sem fins lucrativos localizadas ao redor do mundo. As escolas *Outward Bound* fornecem aos interessados experiências e desafios realizados na natureza, visando desenvolver as potencialidades pessoais e as qualidades de liderança dos participantes. O *site* traz informações sobre cursos, programas e outras atividades desenvolvidas pela organização.

www.ecoturismo.org.br: IEB – Instituto de Ecoturismo do Brasil, ONG que tem como objetivo difundir os princípios de sustentabilidade junto ao *trade* ecoturístico, visando à conservação dos recursos naturais, culturais e históricos. Congrega representantes do segmento e está envolvido na elaboração de políticas públicas e outras ações de fomento ao ecoturismo, envolvendo parcerias entre o poder público, o terceiro setor e a iniciativa privada. O *site* apresenta, entre outros, a estrutura da organização, artigos, notícias, guia de destinos e serviços oferecidos.

www.ecobrasil.org.br: Eco Brasil, primeira ONG de ecoturismo do Brasil, criada com fins de representar os interesses do ecoturismo nacional e internacionalmente, além de promover o seu desenvolvimento em bases sustentáveis. O *site* contém informações sobre ecoturismo no Brasil e no mundo, documentos oficiais, artigos, informações sobre destinos, *links*, notícias, parcerias, ações e áreas de atuação da organização e apresenta o programa Melhores Práticas em Ecoturismo.

www.sosmatatlantica.org.br: Fundação SOS Mata Atlântica. ONG cujos principais objetivos são defender os remanescentes da Mata Atlântica, valorizar a identidade física e cultural das comunidades humanas que os habitam e conservar os riquíssimos patrimônios natural, histórico e cultural dessas regiões, buscando o seu desenvolvimento sustentado. O *site* traz diversas informações ambientais em geral, projetos, programas de ação, serviços, parcerias e *links*, entre outros.

www.wwf.org.br: WWF – *World Wildlife Foundation*. ONG cuja missão é contribuir para a harmonização da atividade humana com a preservação da biodiversidade e com o uso racional dos recursos naturais. Executa projetos em parceria com ONG regionais, universidades e órgãos governamentais. Desenvolve atividades de apoio à pesquisa, legislação e políticas públicas, educação ambiental e comunicação e estimula alternativas econômicas sustentáveis com a participação das comunidades locais. O *site* traz diversas informações ambientais em geral, projetos, programas de ação, serviços, parcerias e *links*, entre outros.

www.fbpn.org.br: Fundação O Boticário de Proteção à Natureza. ONG criada e mantida pelo grupo O Boticário, cujo objetivo é promover e realizar ações de conservação da natureza. Atua em três frentes principais: financiamento de projetos, fomento, criação e manutenção de áreas naturais protegidas e ações de educação ambiental. O *site* apresenta, entre outras, informações sobre a instituição e seus programas de ação.

www.ceb.org.br: CEB – Centro Excurcionista Brasileiro, um dos mais tradicionais e ativos clubes de montanhismo do país e o mais antigo da América do Sul, fundado em 1919. Oferece variada programação direcionada para o montanhismo em diversos locais do Brasil e, eventualmente, no exterior. Aos seus associados oferece caminhadas, escaladas, palestras e cursos. O *site* traz informações sobre membros, programação de atividades, destinos de montanha e *links*, entre outras.

360graus.terra.com.br: 360 Graus. Portal que traz diversas informações sobre esportes de aventura, ecoturismo e expedições, com dicas, informações sobre destinos, relatos de experiência, programação de atividades e cursos, entrevistas, histórias, notícias, equipamentos e lojas.

www.ecotourism.org: TIES, ONG internacional que promove viagens responsáveis a áreas naturais. Promove a integração institucional, a educação de turistas e profissionais do turismo e a incorporação dos seus princípios nas ações dos diversos segmentos envolvidos nessa atividade. O *site* contém informações sobre a instituição, educação e capacitação, destinos, pesquisa, publicações e ações desenvolvidas.

www.world-tourism.org: OMT, agência especializada das Nações Unidas que lidera a organização internacional na área do turismo. Atual como um fórum global na elaboração e divulgação de políticas e práticas para o turismo sustentável. O *site* apresenta variada e volumosa base de informações sobre diversos aspectos relacionados ao turismo.

www.ecoviagem.com.br: Ecoviagem. O objetivo do portal é incentivar a prática do ecoturismo, levando conteúdo informativo de qualidade ao internauta, além de orientar sobre a importância de se fazer turismo responsável, colaborando com a sustentabilidade dos locais visitados, preservando o meio ambiente e preocupando-se com a segurança na prática do turismo de aventura. Apresenta vasto conteúdo como guias de viagem, parques nacionais, atividades de aventura, notícias, artigos, entrevistas e *links*, entre outros.

BIBLIOGRAFIA

BAÉZ, A. L.; ACUÑA, A. *Guia para las mejores prácticas de ecoturismo en las áreas protegidas de Centro América.* San José: Turismo & Conservación Consultores, 1998. *Esta publicação tem como foco o sistema de áreas protegidas da América Central. Está formatada como um guia, uma ferramenta técnica que oriente os processos de tomada de decisão sobre o manejo da atividade turística em áreas protegidas, de forma que permita aos administradores de cada área definir seu marco de ação e buscar os mecanismos para sua implementação.*

BOO, E. Ecotourism planning for protected areas. In: *Ecotourism: a guide for planners and managers.* Vermont: North Bennington, 1993. *Este trabalho se refere a um capítulo de uma publicação da TIES que contempla diversos outros autores e tem por finalidade servir como guia de referência para planejadores e gestores de ecoturismo, principalmente em áreas protegidas. No Brasil, foi editado pelo Senac – Serviço Nacional de Aprendizagem Comercial, sendo uma das primeiras publicações sobre o assunto.*

BOULLÓN, R. C. *Planificación del espacio turístico.* 3. ed. México: Trillas, 1997. *Esta já pode ser considerada uma obra clássica e de referência quase obrigatória quando se fala em planejamento turístico. O autor trabalha no esclarecimento de questões conceituais e aborda o turismo do ponto de vista sistêmico, discutindo e fornecendo informações sobre o planejamento do espaço turístico natural e urbano.*

BUDOWSKI, G. Tourism and conservation: conflict, coexistence ou symbiosis? *Environmental Conservation, 3 (1)*, 1976. *Este artigo, pela data de sua publicação, é considerado um clássico e um marco de referência na discussão da relação do turismo com a conservação ambiental. O autor apresenta, de forma clara e objetiva, os aspectos positivos e negativos que podem advir do desenvolvimento turístico e suas conseqüências ao meio ambiente.*

CBD (CONVENTION ON BIOLOGICAL DIVERSITY). *Biological Diversity and Tourism: development of guidelines for sustainable tourism in vulnerable ecosystems.* Santo Domingo: CBD, 2001. *Esta publicação se caracteriza como um guia básico de divulgação de diretrizes gerais sobre turismo sustentável em ecossistemas vulneráveis ou áreas protegidas. Apresenta di-*

Parte 4

versas ilustrações que contribuem para a atratividade da atenção do leitor.

CEAP (CENTRO DE ESTUDIOS AMBIENTALES Y POLITICAS). *Analisis de capacidad de carga para visitación en las areas silvestres de Costa Rica.* San José: Fundación Neotropica, 1992. *Considerado um dos documentos mais importantes e de referência obrigatória em relação às técnicas de avaliação de capacidade de carga, apresenta uma breve definição de conceitos básicos para o entendimento do trabalho e o resultado de estudos sobre capacidade de carga, conduzidos em áreas naturais da Costa Rica, com ênfase no detalhamento das metodologias utilizadas.*

CEBALLOS-LASCURÁIN, H. *Tourism, Ecotourism and Protected Areas: the state of nature-based tourism around the world and guidelines for its development.* Gland/Cambridge: IUCN, 1996. *Importante e completa obra que aborda o turismo e ecoturismo em áreas protegidas. Foi elaborada com base em trabalhos apresentados durante o IV Congresso Mundial de Parques Nacionais e Áreas Protegidas, realizado em Caracas (Venezuela) em 1992, além de utilizar outras referências e pesquisas. Apresenta ampla base teórica para o planejamento e manejo do turismo em áreas protegidas.*

CERRO, F. L. *Técnicas de Evaluación del Potencial Turístico.* Madri: MCYT, 1993. (Serie Libros Turísticos). *Esta publicação espanhola faz parte de uma série destinada ao debate técnico e científico e busca servir como veículo de difusão de trabalhos de investigação sobre temas turísticos. Este trabalho, realizado por Francisco Leno Cerro, tem por objetivo a análise das técnicas de avaliação do potencial turístico como ferramenta de grande utilidade para o processo de tomada de decisão na localização e no desenvolvimento de projetos turísticos. Trata-se de um guia prático, estruturado e com caráter pedagógico, revisando diversos enfoques metodológicos que vêm sendo desenvolvidos para a avaliação do potencial turístico, acompanhado de ampla bibliografia da área.*

EAGLES, P. F. J.; McCOOL, S. F.; HAYNES, C. D. *Sustainable Tourism in Protected Areas: guidelines for planning and management.* Gland/Cambridge: IUCN, 2002. *Esta obra faz parte de uma série de publicações da Comissão Mundial de Áreas Protegidas, intitulada Diretrizes para Melhores Práticas em Áreas Protegidas, com a participação da UNEP, da OMT e da IUCN. Apresenta sólida base de orientações para planejamento, manejo e monitoramento do turismo.*

EMBRATUR. *Plano Nacional de Desenvolvimento Sustentável do Turismo de Aventura,* Relatório da Oficina de Planejamento. Caeté: Embratur, 2001. *Relatório da oficina de planejamento que envolveu diversos participantes, cujo objetivo foi elaborar um plano de ação subsidiando a fundamentação de uma Política Nacional de Fomento ao Turismo de Aventura e conceber a estrutura básica de um Guia Nacional de Turismo de Aventura e de um Manual de Orientação aos Municípios. Dessa forma, o relatório contempla informações básicas sobre os assuntos propostos.*

EMBRATUR/IBAMA. *Diretrizes para uma Política Nacional de Ecoturismo.* Brasília: Embratur/Ibama, 1994. *Este documento se caracteriza como um marco de referência conceitual e estrutural ao desenvolvimento do ecoturismo no Brasil. Foi elaborado a partir de uma oficina envolvendo um grupo de trabalho interministerial, à época Ministério da Indústria, Comércio e Turismo e Ministério do Meio Ambiente. Define objetivos e indica nove Ações Estratégicas ao desenvolvimento do ecoturismo no Brasil.*

KUSS F. R.; GRAEFE A. R.; VASKE J. J. *Visitor Impact Management: a review of research.* Washington: National Parks and Conservation Association, 1990, v. 1, IX. *Trabalho básico de referência sobre a metodologia MIV – Manejo do Impacto de Visitantes. Aborda, de forma detalhada, aspectos conceituais e teóricos relacionados ao uso recreativo de áreas naturais e seus impactos, com sólida base científica. É complementado por um segundo volume direcionado à aplicação prática da teoria contida neste primeiro.*

MATHIESON A.; WALL G. *Tourism: economic, physical and social impacts.* 2nd ed. New York: Longman, 1983. *Considerada uma obra clássica de referência sobre os impactos do turismo, apresenta uma base conceitual para entendimento do fenômeno do turismo, seus impactos e, de forma detalhada, descreve e discute os impactos do turismo nas dimensões econômica, física e social.*

PIRES, P. S. Interfaces ambientais do turismo. In: *Turismo: como aprender, como ensinar.* São Paulo: Senac, 2001. *Este trabalho se refere a um capítulo de uma obra básica, direcionada à contribuição ao conhecimento do ensino do turismo. Especificamente, o capítulo citado aborda a dimensão ambiental do turismo nos aspectos dos recursos naturais, dos impactos no meio físico e da capacidade de carga turística.*

ROCHA A. A.; LINSKER R. *Guia Brasil Aventura.* São Paulo: Terra Virgem, 1995. *Primeiro guia de destinos e atividades de aventura publicado no Brasil. Traz informações sobre destinos brasileiros e sobre caracterização e prática de atividades e ações de aventura. Apresenta também informações sobre turismo de mínimo impacto ambiental, saúde em viagens e agências e operadoras.*

SWARBROOKE, J. et al. *Turismo de Aventura: conceitos e estudos de caso.* Rio de Janeiro: Elsevier, 2003. *Primeira obra publicada no Brasil direcionada especificamente ao turismo de aventura. Apresenta uma interessante discussão conceitual sobre o tema e faz uma descrição analítica do mercado de aventura e suas perspectivas futuras.*

TAKAHASHI L. Y. Limite Aceitável de Câmbio (LAC): manejando e monitorando visitantes. In: CONGRESSO BRASILEIRO DE UNIDADES DE CONSERVAÇÃO, 1997. Curitiba, *Anais...*, v. 1. *Este artigo, publicado no primeiro Congresso Brasileiro de Unidades de Conservação, é também o primeiro trabalho em português que apresenta a metodologia de planejamento LAC – Limites Aceitáveis de Câmbio.*

TOMMASI. *Estudo de Impacto Ambiental.* São Paulo: CETESB, 1994.

WHELAN, T. Ecotourism and its role in sustainable development. In: *Nature Tourism: managing for the environment.* Washington: Island, 1991. *Considerado um dos primeiros livros a discutir os aspectos positivos e negativos do turismo de natureza no sentido de um instrumento para o desenvolvimento e conservação. Apresenta contribuição de diversos autores, abordando questões de planejamento, em última análise.*

WOOD, M. E. *Ecotourism: principles, practices and polices for sustainability.* Paris: UNEP, 2002. *Esta obra foi publicada em consideração ao Ano Internacional do Ecoturismo (2002), como um guia básico de referência para governos e outros segmentos envolvidos com o desenvolvimento responsável do ecoturismo. Traz informações básicas, bem como diretrizes práticas, incluindo estudos de caso, tendo contribuições do meio acadêmico, de especialista de ONG e de governos, entre outros.*

Anotações

CAPÍTULO

35 Experimentando a Sustentabilidade do Turismo na Natureza

Rita Mendonça[1]

Para o rio, o melhor caminho não é o mais curto, mas o mais seguro.

Marina Silva[2]

Introdução

Por ecoturismo entendemos as diversas modalidades que as visitas à natureza tomaram no decorrer das últimas décadas do século XX. Essas visitas, originalmente, caracterizaram-se por serem realizadas por pessoas bem informadas e interessadas nas oportunidades que se abrem em termos de autodesenvolvimento, participação na proteção da natureza e na valorização das culturas locais. Nesse sentido, tais visitas são, em sua essência, educativas.

Por serem educativas, facilmente são associadas aos processos chamados da educação ambiental, uma vez que são realizadas em áreas naturais altamente visadas para a proteção dos ecossistemas e essenciais para o resgate do equilíbrio nas relações ecológicas planetárias. Mesmo assim, entendemos que o caráter educativo dessas visitas ultrapassa as fronteiras da educação ambiental, uma vez que são potencialmente ricas em experiências que promovem o aprimoramento das relações dos indivíduos consigo mesmos e auxiliam a tornar conscientes as relações que as pessoas têm umas com as outras e com o meio natural. Por extensão, auxiliam no refinamento das relações com os ambientes em que vivem, na modificação progressiva dos hábitos cotidianos e na ampliação de suas visões de mundo. Participam, dessa forma, de uma educação para a vida.

A educação vista dessa forma torna-se elemento essencial para a construção de uma sociedade sustentável, meta que só poderá ser alcançada se houver engajamento na abertura de caminhos que levem à transformação interna dos indivíduos, contribuindo assim para a transformação das relações sociais, políticas e econômicas.

Essa visão da educação nas visitas à natureza apóia-se, entre outros autores, nos estudos de Mitchell Thomashow (1995), que afirma que "para construirmos sociedades sustentáveis precisamos de psiques sustentáveis".

[1] Este artigo foi elaborado com a colaboração de Arianne Brianezi, Carla Morgado e Júlia Dojas, diretoras do Instituto Romã.

[2] Ministra do Meio Ambiente, em discurso proferido por ocasião da inauguração do Parque das Neblinas, em outubro/2004.

85-7241-568-8

Como desenvolver psiques sustentáveis em um mundo apressado, excludente, violento e injusto? Como modificar a dinâmica de destruição/construção que nos caracteriza? Como abrir caminhos para a modificação dessa situação que hoje vigora no mundo? Como as visitas à natureza, em seu aspecto mais profundo e original, podem contribuir para esse processo?

Essas questões serão abordadas neste artigo, primeiramente enfocando seus aspectos conceituais para, em seguida, apresentar os resultados de diferentes experiências práticas de visitas à natureza desenvolvidas pelo Instituto Romã[3].

Caminho Conceitual

Antes de mais nada, devemos lembrar que as inúmeras facetas que nos caracterizam enquanto sociedade ocidental urbana foram construídas a partir de gigantescos esforços e grandes conquistas empreendidas pelas gerações que nos antecederam durante diversos milênios. Se hoje temos problemas, também desfrutamos das vantagens desenvolvidas por esse processo histórico. Sendo assim, não podemos modificar unicamente uma parte do processo. Se desejamos uma sociedade mais harmônica, pacífica e justa, na qual os desequilíbrios ambientais, entre tantos outros, desapareçam, precisamos conhecer o processo que nos deu origem e, muito provavelmente, abrir mão também de algumas conquistas e vantagens. Ou seja, as vantagens e desvantagens de nossa vida atual foram geradas pelo mesmo processo. Para alcançar um equilíbrio, será necessário modificar tanto o lado vantajoso como o desfavorável de nossas conquistas.

Estaremos dispostos a enfrentar mudanças dessa natureza? Quando expressamos o desejo de proteger a natureza, de desenvolvermos comportamentos ambientalmente responsáveis, até que ponto estamos dispostos a modificar nosso modo de vida para que esses desejos se realizem?

Todos nós temos a experiência de agir em contradição com nossas convicções mais íntimas. As contradições em nossos comportamentos são facilmente observáveis, se nos permitirmos esse olhar introspectivo. Segundo Jung[4], a cisão entre o pensamento, a fala e o gesto são características do chamado homem moderno.

Estamos dispostos a empreender mudanças de forma a aproximar nossos pensamentos de nossas ações? Estamos aptos para tal? As conquistas trazidas pelo desenvolvimento tecnológico, pelos avanços da legislação e das políticas ambientais em todo o mundo já não seriam suficientes para cuidar de nós e do planeta? Segundo Jung, a busca de soluções externas aos indivíduos revela uma compreensão limitada dos processos humanos e das suas origens: "Assim como a tendência predominante da consciência é procurar a fonte de todas as suas necessidades no mundo exterior, pressupõe-se acriticamente que as modificações externas, de ordem política e social, hão de solucionar os graves problemas da cisão da personalidade" (Jung, 1989, p. 37).

Precisamos, portanto, desenvolver um olhar crítico sobre nós mesmos, a fim de promovermos o desenvolvimento das estruturas mentais necessárias para a construção de uma sociedade sustentável. A consolidação desse olhar crítico e desapegado dar-nos-á condições de abrir mão de certas vantagens, às quais estamos momentaneamente apegados em excesso. Assim, para mudanças efetivas e duradouras ocorrerem, devemos nos preparar.

Em nossas propostas de mudança, costumamos nos conformar com a absorção de conceitos, novas teorias, hipóteses e comparações. A contradição entre os aspectos intelectuais e emocionais do indivíduo permanecem, pois o alcance dos conceitos não ultrapassa o nível de consciência em que vivemos. Para engendrarmos mudanças, precisamos "da ativação de uma energia mental inteiramente nova" (Needleman, 2000, p. 49). Segundo Needleman, podemos conhecer a ordem profunda de nossa natureza por meio do autoconhecimento. Mas isso "implica em questionamento total, envolvendo todos os aspectos da estrutura humana, e o surgimento de uma atenção consciente, capaz de penetrar o inconsciente e harmonizar todos os impulsos discrepantes da estrutura humana" (Needleman, 2000, p. 60).

[3] O Instituto Romã é o representante oficial no Brasil da *Sharing Nature Foundation*, instituição internacional dedicada ao desenvolvimento de atividades de facilitação da percepção da natureza, criada pelo renomado educador naturalista Joseph Cornell.

[4] Carl Gustav Jung foi uma das maiores expressões da ciência contemporânea, tendo pesquisado em praticamente todas as áreas do saber humano, buscando reunir o maior material possível que revelasse os meandros profundos da psique humana.

85-7241-568-8

Tenho feito a experiência de perguntar informalmente a muitas pessoas sobre que desejos fariam se lhes aparecesse repentinamente um *gênio da lâmpada* e lhes oferecesse a sua realização. As respostas costumam ser ou voltadas para os aspectos materiais restritos à vida pessoal de cada um, ou voltados para a solução dos problemas do mundo, mas sem a inclusão daquele que deseja. Por que isso acontece? Por que é tão fácil de se separar daquilo que deseja? Por que não fazer parte das soluções, seja para os problemas pessoais seja para os do mundo? Um breve e simples exercício como esse nos revela nosso hábito arraigado de uma visão de mundo que separa o sujeito do ambiente em que está imerso, separando-o inclusive de seus sonhos.

Mas se não nos incluímos nas soluções do mundo, ou seja, se os problemas do mundo não são vistos como nossos, como e quem irá solucioná-los ou modificá-los?

Hoje em dia, recebemos muita informação. E, se procurarmos, podemos também ter acesso a um riquíssimo universo de reflexões, seja por intermédio de publicações, instituições voltadas para esse fim e das mais variadas mídias. Nosso dia-a-dia ficou tão rico em informações e em convites a reflexões que não conseguimos digerir aquilo que ingerimos. Não assimilamos o que aprendemos. Não nos damos a oportunidade de internalizar nossas experiências.

Por esse motivo, temos nos dedicado a oferecer oportunidades de experiências associadas a reflexões, dentro da compreensão de que a internalização dessas experiências precisa de tempo e de repetição. Precisa também da liberdade de experimentação, ou seja, de permitir-se errar, de voltar atrás, de dar saltos, de olhar sob outros ângulos, de rodear as idéias e as emoções, de se desapegar das descobertas, de criar novas situações. Acreditamos que não conseguiremos nos transformar sem a oportunidade de experimentar, de avançar e retroceder quando for necessário, de se permitir explorar caminhos incertos.

Se não for assim, como seria possível construir a sustentabilidade a partir de caminhos previamente definidos, seguros e acertados se ainda não a conhecemos? Precisamos da oportunidade de experimentar, e é sobre essa questão que residirá a exposição de nossas experiências práticas. Nossa experimentação se dá em áreas naturais em atividades que podem ser definidas como educativas. Por esse motivo, nossa abordagem pode ser considerada de educação ambiental no contexto do ecoturismo.

Os desequilíbrios ambientais que criamos são o reflexo de nossa própria visão de mundo e, portanto, a expressão de nossa atividade psíquica. Refletem nosso desequilíbrio interno. A questão que tem norteado nossa experimentação é: de que maneiras a natureza pode nos ajudar a reflorestar nossa *biodiversidade* psíquica? Como podemos estruturar visitas à natureza de forma a estimular o resgate do equilíbrio biopsíquico-espiritual dos participantes?

Nossa experiência tem mostrado que, para conservar os ambientes naturais, para proteger e valorizar a biodiversidade, precisamos, além de criar normas, técnicas e leis, trabalhar com as pessoas. Precisamos proteger ou resgatar a necessidade de convivência com o mundo selvagem existente no coração das pessoas, não somente dos participantes de nossos grupos de caminhadas e viagens, mas também daqueles que são os responsáveis pela elaboração de tais normas, técnicas e leis. Trabalhamos na fronteira entre o tradicional e o transgressional, pois sabemos que, para criar e experimentar novos caminhos, é preciso agir alargando os limites do tradicional, renovando-o assim.

Essas reflexões e as práticas que serão apresentadas a seguir baseiam-se na proposta da *Sharing Nature Foundation* e foram realizadas pelo Instituto Romã de Vivências na Natureza[5].

Programa Brincar e Aprender com a Natureza: Experiência com Crianças e Adolescentes

Brincamos aprendendo e aprendemos brincando. É com essa frase que costumamos dar início às atividades desse programa. De modo divertido e educativo, conduzimos a um aprendizado possível de ser internalizado; com isso, buscamos desenvolver uma relação afetiva com a natureza, em crianças e adolescentes. O aprendizado se dá pela

[5] *www.institutoroma.com.br.*

Figura 35.1 – Fazenda Alvorada, Juquitiba (São Paulo).

vivência em si, ou seja, pelo que ali foi experienciado por cada um, sem priorizar os conceitos e as informações.

O programa consiste em um roteiro de atividades desenvolvidas em parques urbanos da cidade de São Paulo, voltadas para alunos dos ensinos médio e fundamental. O tempo de duração das atividades é de duas horas, com até 50 alunos conduzidos por quatro monitores especialistas na abordagem da *Sharing Nature Foundation*.

O roteiro do programa é delicadamente planejado, levando em consideração a área física visitada, o perfil e a idade dos grupos. Há uma certa flexibilidade na execução das atividades planejadas, o que exige que os monitores estejam bem sintonizados entre si, perceptivos e atentos quanto aos interesses apontados e ao nível de concentração do grupo. Eles devem se dispor ao improviso e constantemente experimentar novas maneiras de atuar.

As brincadeiras iniciais, mais ativas e agitadas, são feitas junto com todos os alunos, pois o enfoque dessa fase consiste em despertar o entusiasmo e cativá-los para brincar e aprender. Nessa fase, é imprescindível que se estabeleça uma atmosfera de grupo.

Em seguida, o grupo é dividido em dois, ficando dois monitores responsáveis por subgrupo. O propósito dessa divisão é potencializar as experiências, pois as fases seguintes requerem mais atenção e concentração. A passagem de uma fase para outra é feita de modo sutil. Com grupos menores, a aprendizagem de cada participante e o aproveitamento do grupo são intensificados, capazes de serem assimilados e internalizados.

Com o grupo bem concentrado, é possível proporcionar uma experiência direta com a natureza. Esse estágio pode trazer à luz sentimentos de unidade, pertencimento e fazer com que aflore a sensibilidade. Nesse momento, os alunos caminham sozinhos, entrando em contato com o silêncio. É um momento de introspecção, de se conhecerem e se reconhecerem na natureza. Entram, assim, em contato com a natureza de seus sentimentos.

Com o propósito de ampliar o aprendizado para além das fronteiras do conhecimento formal, formamos uma roda no final das atividades e os convidamos a expressar, em uma única palavra, os sentimentos que estiveram presentes durante a vivência.

Felicidade, paz, harmonia, sensível, alegria, tranqüilidade, calma, silêncio são exemplos das palavras expressas. Porém, a internalização dessas palavras é visível, pois elas não são apenas expressas pela voz, mas principalmente pelo comportamento de cada um. Os alunos estão mais calmos, tranqüilos e perceptivos, bem diferentes do estado de agitação com que chegaram ao parque.

Avaliamos o resultado do programa pela genuína expressão de encantamento pela natureza e pela coerência entre palavras compartilhadas e o comportamento dos participantes (Fig. 35.1).

Experiência com Professores

Essas oficinas têm como objetivo oferecer aos professores uma ferramenta para lidar com as suas dificuldades de concentração e as de seus alunos, fornecer instrumentos para trabalharem com a formação de valores e atitudes necessários para a formação do caráter dos jovens e conferir poderes ao professor para enfrentar os desafios característicos de sua árdua tarefa de educar.

Todos nós aprendemos muito mais pela imitação do que pela enorme quantidade de informações que recebemos da escola. Por isso, o autodesenvolvimento dos professores é essencial. Eles são o exemplo que as crianças terão como referência. No caso de populações carentes, o professor é, muitas vezes, a única referência que as crianças possuem.

Parte 4

Figura 35.2 – Parque das Neblinas, Mogi das Cruzes (São Paulo).

As atividades extraclasse são riquíssimas em oportunidades de reflexão, autoconhecimento e revisão de valores e atitudes. Quando são realizadas em áreas naturais, o aprendizado se amplia, já que a natureza tem o poder de encantar as pessoas e conduzi-las a percepções mais vivas da realidade de cada um. As visitas aos ambientes naturais possibilitam o contato com o que é original, essencial, genuíno (Fig. 35.2).

A conceituação oferecida nessa oficina baseia-se no livro "À sombra das árvores – transdisciplinaridade e educação ambiental em atividades extraclasse" (Mendonça e Neiman, 2003). A prática é realizada em três momentos: no primeiro, os professores têm uma vivência na natureza; no segundo, aprendem a técnica (desenvolvida pela *Sharing Nature* e chamada de aprendizado seqüencial) e os princípios que a norteiam; no terceiro, o aprendizado é consolidado por meio da discussão e análise das experiências e práticas de cada um. Em virtude da possibilidade de continuidade entre uma oficina e outra, temos a referência de diversos relatos dos participantes. Vamos observar alguns deles:

> *Quando me sentei no chão, no meio da mata, em silêncio, me senti acolhida. A gente é tão pequeno perto dessa grandiosidade toda!*

Outro precioso relato consiste na superação física e psíquica de uma professora que, na primeira oficina, durante um trecho bastante íngreme da trilha, teve dificuldades de respirar e sentiu-se envergonhada, principalmente pela presença de sua filha, também professora. *"Minha filha me criticou, acho que ficou envergonhada pelo vexame que eu dei".* Após a subida, com alguns instantes de dedicada atenção, essa professora, por si, se dispôs a caminhar novamente, se divertia e se alegrava espontaneamente, como uma criança. Contou-nos, então, que antes dessa primeira oficina ela tinha medo de altura, além de muitos outros medos. Entretanto, saiu dessa caminhada fortalecida e autoconfiante, e agora ela não subia mais ladeiras irritada, reclamando a falta de um carro. A dificuldade da subida da trilha a ensinou a respirar, a subir no seu tempo, a observar e estar atenta aos detalhes do caminho. Expressou também que *"é difícil carregar para fora o que aprendemos aqui. Por exemplo, ser atento. Eu mesma fui ser atenciosa com uma menina que não tinha onde se sentar, num restaurante do* shopping, *e meu marido brigou comigo. Fiquei superenvergonhada".* Essa observação, de acordo com a psicóloga Silvia Pinheiro Machado, presente na oficina seguinte, indica que a visita à natureza pode tocar em aspectos profundos da natureza humana: "Em alguns participantes reabriu o desejo de ser atento e atencioso. A natureza se mostra generosa, regenerativa e nós nos sentimos impelidos também a assim ser, mesmo sabendo das dificuldades de transportar e disseminar para além das áreas preservadas, a generosidade entre os seres vivos, especialmente, entre os homens".

Experiência Fotográfica como Instrumento de Educação Ambiental

> *Diego não conhecia o mar. O pai, Santiago Kovadloff, levou-o para que descobrisse o mar. Viajaram para o Sul. Ele, o mar, estava do outro lado das dunas altas, esperando. Quando o menino e o pai alcançaram aquelas alturas de areia, depois de muito caminhar, o mar estava na frente de seus olhos. E foi tanta a imensidão do mar, e tanto seu fulgor, que o menino ficou mudo de beleza. E quando finalmente conseguiu falar, tremendo, gaguejando, pediu ao pai:*
> *– Me ajuda a olhar!*
>
> E. Galeano

Parte 4

Figura 35.3 – Estação Ecológica da Juréia Itatins, Peruíbe (São Paulo).

Por que tanta gente gosta de fotografar a natureza? Para captar o momento? Porque é bonita? Para se lembrar depois? Para poder compartilhar com outras pessoas o que sentiu no exato momento do "click"?

Os motivos são muitos, mas as pessoas preocupadas em somente registrar o momento acabam nem prestando atenção na paisagem nem no que estão sentindo. Elas não se permitem a contemplação. E os lugares se tornam conhecidos somente após a revelação das fotos, quando alguns detalhes vêm à tona.

A experiência com fotografias aqui apresentada baseia-se na pesquisa realizada no contexto do curso de pós-graduação em ecoturismo do Senac – Serviço Nacional de Aprendizagem Comercial[6], que teve como objetivo avaliar qualitativamente o comportamento de determinado grupo de pessoas quanto à influência da técnica do aprendizado seqüencial aliada à fotografia, na tentativa de aprimorar a relação do homem com a natureza, sugerindo uma nova ética processual. Esse trabalho pretendia analisar o potencial da fotografia como instrumento para a educação ambiental, uma vez que revela o olhar do fotógrafo e registra sua evolução ao longo do tempo (Fig. 35.3).

As atividades foram realizadas em área de vegetação de Mata Atlântica bem preservada. O perfil dos participantes era de indivíduos que visitam áreas naturais com certa freqüência e utilizam máquinas fotográficas nessas visitas.

[6] Autoras do trabalho: Giuliana Capello, Simone Battaiola e Vânia Almeida. O trabalho foi defendido em setembro/2004.

Nos vários depoimentos colhidos pelas autoras do trabalho, pode-se verificar a transformação pela qual os participantes passaram. Muitos deles puderam ver a diferença de fotografar antes e depois das atividades do aprendizado seqüencial. Muitos relatos apontam a evolução do olhar, quando trazem as diferenças entre o que eram capazes de ver antes e depois das experiências assim conduzidas.

Apesar de usar a fotografia como instrumento, em nenhum momento as técnicas fotográficas foram enfatizadas. Quando questionados se sentiram falta disso, os participantes disseram que o mais importante tinha sido passado, que era aprender a olhar e a enxergar as coisas de forma diferente na natureza.

A ampliação da percepção pode ser observada a partir dos relatos que destacam a progressiva observação de detalhes da mata e a reflexão de que, quando não vemos o belo, contribuímos para o fim da beleza.

As autoras concluíram, com esse trabalho, que os fotógrafos pesquisados perceberam seus olhares estimulados pela técnica, a ampliação do seu potencial e o modo de enxergar vários aspectos da vida, tendo a fotografia como instrumento facilitador.

Oficina de Formação de Multiplicadores[7]

> *Se planejamos para um ano, plantamos arroz.*
> *Se planejamos para dez anos, plantamos árvores.*
> *Se planejamos para cem anos, preparamos pessoas.*
> **Antigo ditado chinês**[8]

Despertar os mais profundos sentimentos no indivíduo, disseminar a harmonia com a natureza, uma cultura de paz, unidade, autodesenvolvimento. Multiplicar. Capacitar pessoas interessadas em capacitar mais pessoas. Indivíduos preocupados com o meio ambiente, o seu bem-estar, o seu entorno, em tornar sua vida sustentável.

[7] Essas oficinas são oferecidas periodicamente pelo Instituto Romã e constituem a principal atividade de disseminação da técnica *Sharing Nature* no Brasil.

[8] Retirado de *Manual do Arquiteto Descalço*, de Johan Van Lengen.

Basicamente, essa é a idéia da oficina de formação de multiplicadores na técnica do aprendizado seqüencial. Formar indivíduos, professores, guias de ecoturismo, qualquer pessoa que tenha potencial e vontade de educar e transmitir a importância da natureza não só em relação à sustentabilidade da sociedade, mas também ao potencial de desenvolvimento humano (Fig. 35.4).

As oficinas duram quatro dias e são realizadas em local de natureza bem preservada e de uso exclusivo nesses dias. Normalmente acontecem na Estação Ecológica Juréia – Itatins no município de Peruíbe (São Paulo), local que não permite a visitação pública[9]. O local escolhido influencia muito a qualidade da experiência, pois quanto mais preservado, maior a qualidade da experiência.

O enfoque das oficinas é tanto conceitual como prático. Os participantes passam por todos os estágios da técnica, que parte de estados mais agitados para estados mais concentrados e contemplativos. Cada pessoa tem sua experiência. Acreditamos que, para entender a técnica, é preciso primeiro vivenciá-la. No final de cada dia, acontecem reuniões nas quais todos os aspectos da técnica e experiências pessoais são comentados, com o intuito de compartilhar, solidificar e aprofundar o aprendizado.

Apesar de as atividades serem realizadas em ambientes naturais, o enfoque não é a natureza, e sim o ser humano, sendo a natureza a grande mestra. A partir dela é que conseguimos ter a experiência e sentir que há um ciclo e um fluxo do qual ela e nós fazemos parte, e que através dela conseguimos enxergar aspectos e condições que estão dentro de nós. Descobrimos que, na verdade, somos mais uma manifestação da natureza.

Com as atividades, conseguimos sentir que toda e qualquer mudança que desejamos deve começar dentro de nós e precisamos nos permitir isso. A técnica é tão sutil que os participantes são conduzidos a passar de um estágio para outro e não percebem a diferença entre as fases, pois já estão envolvidos no processo de transformação.

Por meio de diversos relatos, notamos que, depois das oficinas, muitas pessoas percebem que a transformação pela qual passaram influencia sua vida em muitos aspectos, não somente quando estão no meio natural. As transformações são tão profundas e internas que, na verdade, seu comportamento e modo de pensar antigos se tornam, no mínimo, questionáveis. Problemas que pareciam muito grandes acabam se dissolvendo diante da imensidão que é descoberta do universo presente dentro de cada um.

[9] Nossa visita é autorizada mediante apresentação de projeto detalhado e assinatura de termo de responsabilidade.

Foto de Angélica Del Nery

Figura 35.4 – Parque das Neblinas, Mogi das Cruzes (São Paulo).

Experiência com Executivos

Por que o número de treinamentos ao ar livre para empresas está crescendo cada vez mais? Por que há uma tendência a serem realizados em ambiente natural?

Os desafios e a oportunidade de superação das limitações pessoais oferecidos pelos ambientes naturais são incomparáveis. No entanto, na maior parte dos casos, esses treinamentos utilizam a natureza como cenário, pouco oferecendo em termos de oportunidade de interação e descobertas (Fig. 35.5).

Apesar de não priorizar o desenvolvimento de liderança, a competitividade e o incremento na produtividade, os programas de treinamento empresarial do Instituto Romã têm apresentado resultados surpreendentes. Os participantes saem dessas experiências mais harmonizados consigo mesmos e com suas atividades, o que, indiretamente, os conduz a um melhor desempenho profissional.

As atividades iniciais, mais descontraídas, convidam os participantes a se sentirem à vontade com o grupo e a se divertir. O aprofundamento da imersão na natureza faz com que as pessoas permitam-se expressar o encantamento e o contentamento produzido pela experiência. São também bastante fre-

85-7241-568-8

Foto de Angélica Del Nery

Figura 35.5 – Estação Ecológica da Juréia Itatins, Peruíbe (São Paulo).

qüentes as observações de analogias entre os elementos naturais e a vida humana. O contato com o mundo selvagem também facilita a percepção de que o mundo criado pelos humanos é, muitas vezes, desumano, e que para reumanizá-lo precisamos desse contato, para nos darmos conta do que é verdadeiramente humano.

Esses grupos têm se mostrado muito receptivos para as atividades propostas e com forte demanda de atividades e situações que os auxiliem no processo de reequilíbrio biopsíquico-emocional.

É freqüente a observação: "como é que a gente faz para manter essa sensação de bem-estar lá fora, no mundo do estresse?". E: "a gente devia vir aqui pelo menos uma vez por mês. Íamos nos sentir melhor para trabalhar".

O que será que nos une na natureza e nos separa na cidade? Essa é uma pergunta que muitos se fazem. Percebemos que, nos questionamentos, as transformações começam a acontecer. Será que a liderança, a competitividade, a ambição nos remetem a descobrir o que de melhor existe dentro de nós?

Experiência das Caminhadas Ecológicas e Filosóficas

Essas caminhadas são desenvolvidas a partir da Associação Palas Athena de São Paulo[10], desde 1999. Seu objetivo é oferecer caminhadas de um dia, em áreas de mata no entorno da cidade de São Paulo, e um estilo de condução reflexivo, integrado e responsável em relação ao ambiente visitado. Junto com esse propósito há o desejo de conhecer as matas que circundam a cidade e criar uma demanda para a sua proteção e/ou recuperação.

Durante os cinco anos de experiências desse programa, os participantes aprimoraram seu olhar sobre as matas e, assim, tornaram-se mais exigentes em relação à sua proteção e à qualidade da visita. Desejam ter uma experiência direta com a natureza e auxiliam para que a condução do grupo caminhe nessa direção.

Antes de começar a trilha, são propostas atividades para a preparação do corpo e formação do espírito de grupo. À medida que as pessoas enveredam pela mata, são praticadas atividades de percepção da natureza, com pausas para trocar idéias e refletir sobre as situações que se apresentam. As pessoas são conduzidas a silenciar a mente e a estar presentes em cada passo para poder perceber, ter novas sensações e, a partir dessa atenção, deixar emergir novos questionamentos e idéias autênticas (Fig. 35.6).

Por que você caminha?

"Por causa da necessidade de estar atento à caminhada no mundo, desfrutando sua beleza e ouvindo sua voz interior".

"A importância da libertação dos condicionamentos culturais e sociais, fazendo com que as pessoas se aproximem cada vez mais de sua essência".

Como você se percebe, na mata?

"Aqui é tão diferente de nossa vida na cidade que somos levados a prestar atenção em tudo, até em nós mesmos, em nossos corpos e em como nos sentimos".

"Nessas experiências a gente aprende a ver, e não só olhar desatentamente".

"Por estar acostumado a caminhar muito, descobri que é mais emocionante não ter pressa".

"Assim é que estamos: cansados e intoxicados, mas dispostos a ir, a rever a natureza fora e dentro de nós, a caminhar sem saber ao certo onde iremos chegar, porque no fundo nós intuímos que 'o caminho está onde estamos'".

"Por um momento, esqueci de minha função de pessoa como cidadã de São Paulo. Senti ser um ser mais essencial e menos moldado pela sociedade".

[10] Instituição dedicada à educação em filosofia visando promover conhecimentos e reflexões capazes de produzir ações práticas construtivas para a vida social. *Site: www.palasathena.org.*

85-7241-568-8

Figura 35.6 – Parque Estadual da Cantareira, São Paulo.

O que na mata nos une e na cidade nos separa?

"A mata nos mostra nossas dependências".

"O reconhecimento das limitações humanas, a sensação de que a vida é muito maior que nós mesmos".

"Nossa, aqui diante dessa cachoeira a gente se sente pequena! A natureza nos devolve a dimensão humana, pequena e humilde".

Esses depoimentos e o convívio com os participantes mais freqüentes evidenciam que, ao longo desses anos, houve um intenso processo de mudança e de amadurecimento. Essas caminhadas têm inspirado e alimentado processos de transformação na maneira de perceber e, conseqüentemente, na maneira de se relacionar consigo e com o meio.

AGRADECIMENTOS

Este capítulo foi elaborado com a colaboração de Arianne Brianezi, Carla Morgado e Júlia Dojas, diretoras do Instituto Romã.

Sites Indicados

www.institutoroma.com.br

www.sharingnature.com

www.palasathena.org

Bibliografia

THOMASHOW, M. *Ecological Identity: becoming a reflective environmentalist*. The MIT Press, 1995.

JUNG, C. G. *Presente e Futuro*. Petrópolis: Vozes, 1989.

NEEDLEMAN, J. *O Coração da Filosofia*. São Paulo: Palas Athena, 1991.

MENDONÇA, R.; NEIMAN, Z. *À Sombra das Árvores: transdisciplinaridade e educação ambiental em atividades extraclasse*. São Paulo: Chronos, 2003.

MENDONÇA, R. A experiência na natureza segundo Joseph Cornell. In: SERRANO, C. (org.). *A Educação pelas Pedras: ecoturismo educação ambiental*. São Paulo: Chronos, 2000.

MENDONÇA, R.; NEIMAN, Z. Ecoturismo: discurso, desejo e realidade. In: NEIMAN, Z. (org.). *Meio Ambiente, Educação e Ecoturismo*. São Paulo: Manole, 2002.

CORNELL, J. *Brincar e Aprender com a Natureza*. São Paulo: Senac/Melhoramentos, 1996.

CORNELL, J. *A Alegria de Aprender com a Natureza*. São Paulo: Senac/Melhoramentos, 1997.

CORNELL, J. *Listening to Nature: how to deepen your awareness of nature*. Nevada City, CA: DAWN Publications, 1987.

CORNELL, J. *With Beauty Before Me: an inspirational guide for nature walks*. Nevada City: Dawn, 2000.

CORNELL, J. *Journey to the Heart of Nature: a guided exploration*. Nevada City: Dawn, 1994.

CORNELL, J. *John Muir: my life with nature*. Nevada City, CA: Dawn, 2000.

Parte 4

Anotações

CAPÍTULO

36

Comunidade e Ecoturismo: Outras Leituras para a Educação Ambiental

Fabio Alberti Cascino
Fernando de Figueiredo

Parte 4

Apresentação

Este texto foi construído a quatro mãos. Os autores, parceiros na vivência de um curso de pós-graduação, de início como aluno e professor, depois como orientando e orientador, para então à condição de amigos, decidiram pela produção em conjunto deste trabalho, um pouco para inventar para si mesmos um outro estágio na relação companheira, mas também para ousar academicamente e apresentar um exercício de ampliação conceitual sobre os temas que unem a ambos: educação ambiental e ecoturismo.

Ao mesmo tempo, no âmbito da pós-graduação *lato sensu*, em particular no curso desenvolvido na especialização em ecoturismo do Senac – Serviço Nacional de Aprendizagem Comercial de Águas de São Pedro, este trabalho de parceria entre professor/orientador e aluno/orientando quer se apresentar como outra possibilidade de produção acadêmica – e este formato acaba por ficar, em geral, confinado aos programas de mestrado e doutorado das tradicionais universidades públicas e privadas. Tentar uma parceria, tentar novas produções, tentar outras leituras: eis nossa tarefa e realização.

Introdução

Após cerca de 20 anos de processos de construção da educação ambiental, são inequívocos os avanços e a consolidação de uma área e de uma disciplina. Nesse ponto, apesar do esforço de muitos educadores e ambientalistas no sentido de não circunscrever disciplinarmente as práticas de educação ambiental, há um sem-número de iniciativas disciplinares em curso, todas apontando para a consagração de métodos, conteúdos e resulta-

85-7241-568-8

dos na direção da demarcação de um campo de ação disciplinar, com o objetivo de consubstanciar e qualificar a educação ambiental, o que oferece segurança para a firmação de que ela disciplinarizou-se.

É momento, portanto, de reafirmar necessidades e demandas. Em particular, o ecoturismo, porque lida com a potência educacional como condição para sua prática, pode tornar-se um importante meio para aprofundar as questões sobre educação ambiental. O ecoturismo, como prática turística destinada a oferecer lazer, aventura, conhecimento sobre áreas e experiência de efetivo contato com ambientes naturais preservados, possui as condições para ampliar os campos relacionais entre turistas, comunidades e lugares. Tais conexões complexas decorrem dos múltiplos encontros proporcionados pelas atividades turísticas. Enfim, apontemos nossos esforços para a construção de outros referenciais que possibilitem desdobramentos ainda mais ricos das relações entre ecoturismo e educação ambiental em relação ao que fizemos até aqui.

Comunidade

> *Qualquer meio é só obstáculo para possibilitar o encontro.*
>
> Martin Buber

A proximidade espacial, condição para a formação do grupo, sempre remeteu o ser humano a compartilhar as mesmas condições de sobrevivência, construindo dentro de cada lugar uma cultura, produzida por meio de processos históricos específicos. O surgimento de problemas e a realização dos desejos, construídos pela multiplicidade de encontros, não somente desenvolveram um contexto cultural em cada lugar, mas também a maneira de sentir e pensar o mundo de forma particularizada. Tal partícula é instituída perante os encontros com os outros, que compõem um todo formador de cada ser – a comunidade.

Quando falamos em comunidades, logo pensamos em pequenos grupos longínquos, que assumem características tradicionais, não vivendo o tempo acelerado imposto na contemporaneidade. Comunidades que se formam em decorrência da aproximação espacial e do cotidiano rotineiro de certos lugares, como as indígenas, ribeirinhas, de bairro, de centros religiosos, etc.; comunidades que se encerram nelas e por elas. Esse tipo se distancia de uma comunidade ainda maior, a global. Pensar uma comunidade global é imaginar uma comunidade que se forma e se desfaz com o efêmero, rumando a outra comunidade, em outro tempo e lugar. Com esse sentindo, torna-se possível imaginar comunidades em diversos lugares, inclusive na prática do turismo, quando indivíduos se aproximam de realidades distintas.

Essa construção é uma propriedade (condição) do ambiente – é a configuração do ambiente. Ao buscarmos a origem da palavra ambiente, encontramos no latim a palavra *ambiens* – dois que se encontram em um mesmo lugar, ou a afirmação da relação que nos remete ao encontro, em uma geografia que define o *eu* na fronteira do *nós*. O encontro, possibilitado pelas várias ações, interações e retroações, em um emaranhado de cruzamentos que permite sinalizar laços subjetivos, mesmo que existam laços objetivos mais aparentes. A lugaridade é a estrutura fundante do ser. O *eu-nós* decorre da ambientação.

Diante disso, é inegável o aparecimento da *relação* (seja *ser/ser* ou *ser/lugar*), um *re-laço*. São laços que se acocham e/ou se afrouxam, em processos históricos característicos, compondo um sentido comum. O laço não tem a obrigatoriedade de estar sempre unido, o que torna instável toda a relação. Porém, a necessidade de encontro, em um sentido, a afirmação da busca subjetiva do outro – a afirmação do emocional – com o outro, fazem com que se reafirme o laço, possível somente no encontro compartilhado da relação, firmando um movimento em direção à estabilidade – como rumo.

O laço é a união de duas partes, que podem ser diversas, diferentes, conflitantes. Essa composição de laços fortalece o sentido, emocionalmente unido mesmo que racionalmente conflituoso. Estrutura-se em tal perspectiva a organização de uma comunidade, que pode ser entendida como

> ***um sentimento recíproco e vinculante – a vontade real e própria daqueles que se unem"; e é graças a esse entendimento, e somente a esse entendimento, que na comunidade as pessoas permanecem essencialmente unidas a despeito de todos os fatores que as separam.***
>
> **Ferdinand Tönnies *apud* Bauman (2003, p. 15)**

A comunidade aprende a viver em afetividade, introjetando o conflito, porém não o eliminando.

85-7241-568-8

Nunca é pura, uma vez que os laços estão em direto confronto, discordando com o predestinado e o preconceito, assumindo uma relação – movimento – estável/instável (no dizer de Bauman, um movimento líquido) do "é versus o deve ser"[1].

A comunidade ganha sentido graças aos vários laços formados. O encontro com cada sujeito comunitário reforça e estremece cada sujeito singular. Reforça na posição de agente formador singular, no qual todos participam na composição do sentido comunitário, rearranjando de maneira efêmera todos os sujeitos. Estremece nos momentos em que a comunidade sonda cada sujeito, para desconsolidar posições que comprometam a existência dos laços comunitários.

A comunidade ganha sentido em decorro conflito, que é gerado em seu interior, inscrito na cotidianidade por *estar sendo – só somos por estar sendo. Estar sendo é a condição entre nós, para ser* (Freire, 1996, p. 36). Não existe uma posição acabada de comunidade, mas momentos de estabilidades e instabilidades, ordem e desordem, comunhões e conflitos. O sentido é instituído no sujeito, formado pela comunidade, a partir do ponto de desordem, de conflito. Desordenado, enfim, sai à busca de ordem – de comunhão –, entra no campo da reorganização, do sentido.

Os traços de uma comunidade comportam os fragmentos de cada sujeito, que se reconhece no(s) outro(s) – o singular e o plural estão em interação contínua. Uma parte sua que busca o encontro com uma fração, com o sentido do todo. O encontro *eu-eu* nos é revelado através do outro. Diante dos conflitos que trazemos da tenra infância, nossa sexualidade, medos e desejos, tudo tende a ser externalizado, para que possa ser encontrado e/ou filtrado em laços comunitários. As pessoas constroem e reproduzem *seu(s) eu(s)* diante dos outros e com os outros, em uma forma de se situarem no tempo e no espaço em que convivem. Essa é uma busca constate da verdade, para que possamos ser coesivos com a realidade, desencadeando os processos de consciência. Diante disso:

> *(...) a nossa relação com a verdade passa pelo outro. Ou procuramos a verdade com eles, ou não descobriremos.*
>
> **Ponty (1998)**

Educação e Comunidade

Essa *passagem* pelo outro nos leva a uma percepção (mesmo que não explícita, mesmo que "apenas" intuída) sobre o que fazer de formação para a convivência. Logo, o que encontramos em tal relação comunal é a possibilidade de uma educação que está inscrita no ambiente – condicionado como *locus* de ambientação –, proporcionando ao ser e com o ser a *comum-unidade.*

O que deve ser extraído dessa condição existencial, como vivência, é que ela não tem um fim último, se não ela mesma. É educar a comunidade para a comunidade. Levar em conta a profunda relevância do lugar que nos circunda, que nos une, possibilitado pelas vivências, ações e interações muito próximas – território objetivo – e semelhantes – território subjetivo. Somente e dentro de tal "cerco" de inter-relações, é que pode nascer e ser produzido o chamado tecido comunitário. A finalidade se torna a própria comunidade. O fim não é educar-se para uma comunidade, e sim que se construa e se verifique o surgimento (inclusive pela espontaneidade) dos laços comunitários.

Longe dessa reflexão, estaríamos a elaborar uma teoria sobre a comunidade que deveria ser seguida, que teria um fim, que determinaria, que estabeleceria procedimentos – receituário. Ao sugerirmos as espontaneidades subjetivas, objetivas, plurais e singulares, afirmamos rupturas, confrontamos padrões, desrespeitamos normas. A formação da comunidade não é um padrão a ser mantido e seguido. Ao contrário:

> *(...) aquele que quer educar não educa! O que educa, em última análise é o espontâneo.*
>
> **Buber (1989, p. 78)**

A liberdade é a espontaneidade que se entrelaça no seio da comunidade, atrelada a todos. Sem a obrigatoriedade de todos estarem constantemente sendo vigiados por órgãos reguladores – Panopticon[2] – restringindo e punindo qualquer espontaneidade, julgada imprópria para a vida comum.

[1] Ver especialmente Marcuse (1967).

[2] Ver Michael Foucault (1989).

Parte 4

> *Uma negociação prolongada pode resultar em um acordo que, se obedecido diariamente, pode, por sua vez, tornar-se um hábito que não precisa mais ser repensado, e muito menos monitorado ou controlado.*
>
> Bauman (2003, p. 16)

Dentro de uma comunidade, a regulação também floresce de forma espontânea. As pessoas são afetivamente próximas umas das outras, mesmo que de forma racionalmente conflituosa. Para a comunidade existir, o conflito é utilizado como forma de reevolução da mesma, não como algum exercício de exclusão. É nesse emaranhado de cruzamentos que os laços ganham consistência, e o sujeito afirma sua localidade na comunidade – novamente, caminho à lugaridade. Tal rearranjo é desencadeado pelo próprio ser que se auto-regula – estabelece normas de conduta, limites – para conviver e dar sentido a comunidade, pois

> *(...) o ego preserva a sua existência, observando e testando a realidade, recebendo e conservando uma "imagem verdadeira" da mesma, ajustando-se à realidade e alterando-a no seu próprio interesse.*
>
> Marcuse (1978, p. 47)

Dentro de tal perspectiva, as pessoas estão muito próximas umas das outras; a relação permite que se abram campos de subjetivação, para a construção de relações verdadeiras em uma realidade. Esse contato, racional e afetivo, proporciona territorialização e desterritorialização constantes, sem que se desemaranhe o laço. A descoberta da sua coesão é uma perturbação – desconforto, desacomodação – para a sua existência. Enquanto está em busca de um sentido unido, desarranja os sujeitos da posição estável, para transcender à posição de todos. A proposta de instabilidades, tanto objetivas quanto subjetivas, o fixa novamente dentro da realidade.

> *Psicanaliticamente, nós continuamos buscando a "identidade" e construindo biografias que tecem as diferentes partes de nossos eus divididos numa unidade porque procuramos recapturar esse prazer fantasiado da plenitude.*
>
> Hall (2002, p. 39)

A identidade da comunidade se relaciona com a diferença (Boaventura, 2001; M. Santos, 2002); ela é formada ao longo do tempo, não é definida como algo imutável, e sim uma constância de eventos que nos compõem durante toda a vida. *Assim, em vez de falar da identidade como uma coisa acabada, deveríamos falar de identificação e vê-la como um processo em andamento* (Hall, 2002, p. 39); existe, diante dos múltiplos eventos, uma volta constante dos conflitos que são rearranjados, levantando os processos que os formam, buscando um sentido.

A identidade comunitária é o resultado da ação de constituição da própria comunidade, a partir do acontecimento de encontros, trocas, desencontros, toda série de eventos já abordados. Ocorre, como trilha para a formação da comunidade, a dialógica, ou o encontro de incorporação de diferenças – somatória complexa –, incorporação de contraditórios e afirmação de novidades decorrentes desses diálogos multidirecionais.

A formação comunitária é efêmera; no movimento de constituição e reforma, arranjo e desarranjo, a vitalidade paradoxal do sempre – como permanência – novo – o inédito. A realização da educação ambiental na comunidade comporta esse movimento, uma dialógica.

Não ocorrem, portanto, formas de fixação paradigmática, as quais comportariam o encerramento do universo da exploração/inovação e, em outras dimensões, sua transcendência. Desse modo, encerraríamos com o poder de transição que é proposto pelo evento, pelo efêmero. O novo não afloraria, pois já seria conhecido no passado. Aí ocorreria a limitação do universo de locução. Seria uma tal racionalização da realidade, uma maneira de (pré) concebê-la, como algo acabado (!), por movimentos históricos finitos e simplesmente acreditando na perpetuação do passado, na predefinição do futuro, tal que impediria a busca do novo – ou o exercício fundamental de todo ato educativo progressista.

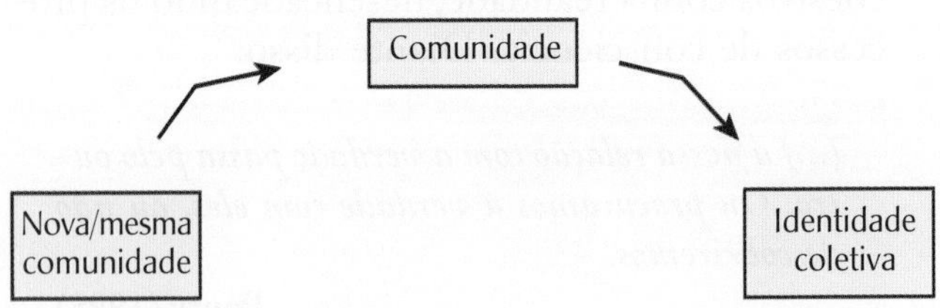

A educação ambiental que buscamos e acreditamos comportaria formas de transição paradigmáticas, abrindo um território para a transcendência, o movimento constante de territorializar e desterritorializar, estaria livre para transitar, em territórios jamais explorados – novos – ou um posicionar-se perante uma multi-interpretação do real. Por *estar sendo* – tempo contínuo –, ao mesmo tempo em que se apresenta como resultado do exercício da razão que divide e organiza – disciplina, é, ao mesmo tempo, unida em campos de afetividades. Assim, a comunidade pode se entregar de forma aberta para o enfrentamento do inesperado, do novo universo ainda inexplorado, que se delineará mais à frente. Conseqüentemente, pode dialogar com os diversos contrapontos existentes, para que uma participação no conflito se dê, para vasculhar as nuances dos caminhos.

A educação ambiental na comunidade demanda um redimensionamento da leitura de seu ambiente. Uma maneira de estar sempre reconstruindo, tanto a comunidade e suas reações, quanto o ambiente em sua natureza.

Como forma, o mundo é experiência e interpretação, remetendo-nos a como o real nos é apresentado e como o compreendemos. Como se apresentam os fatos e como são interpretados, são os elementos modificadores de como cada um se relaciona com o mundo. A comunidade pode nos revelar um mundo a ser transcendido, diante da dimensão que nos abre, em uma posição de releitura do real, assim como pode nos limitar em uma dimensão.

Tal interpretação ocorrerá da natureza em seu sentido mais claro, "contemplada inteira na sua alta e plena majestosidade" (Pascal) que seja geradora de múltiplos pontos de interpretação. Dessa maneira, aloca o comunitário no centro da pessoa, como ponto de compreensão do todo. "O universo visto como uma esfera infinita onde o centro está em toda a parte" (Pascal). Lugar este que possa proporcionar os mais tenros conflitos, com certa união afetiva; uma imagem que possa ultrapassar os limites do concreto e nos impulsione a uma reconstrução constante da comunidade. A formação de tal centro é regulada com a inter-relação com a alteridade e, conseqüentemente, com a comunidade, que se regula para manter-se unida racionalmente.

Com isso, a maneira de como se relaciona e se concebe o real é transcendida. O real deixa de ter caráter de lugar "verdadeiro" para um *deve ser* (aí sim, forma de construção de verdades). *A idéia antiga de um estado no qual o Ser atinge sua realização, no qual a tensão entre o "é" e o "deve" é resolvida no ciclo de um retorno eterno, participa da metafísica da dominação. Mas também pertence à metafísica da libertação – à reconciliação de logos e Eros. Essa idéia visualizada a interrupção da produtividade repressiva da Razão, o fim da dominação na satisfação* (Marcuse, 1967, p. 134).

Interpretação no Ecoturismo

Tema recorrente nas práticas de ecoturismo, a questão da interpretação dos ambientes visitados é um tema central para o seu desenvolvimento conceitual, assim como para a reconceituação da própria educação ambiental. Em realidade, existe uma demanda para a realização de atividades ecoturísticas assentadas em práticas interpretativas. É o caso de inúmeras agências de ecoturismo, de guias e monitores, de escolas regulares – educação formal – de todos os níveis. Aqui encontramos o centro das reflexões e das práticas denominadas "trilhas interpretativas", ou atividades de "interpretação da natureza", também aquelas chamadas leituras.

Dessa forma, a questão da interpretação passa pela comunidade – a comunidade é o lugar de onde se parte. Deve ser o *locus* para que o turista possa compreender a localidade a partir de uma diversidade de símbolos – para assumir o lugar como parte da mesma comunidade. A comunidade é

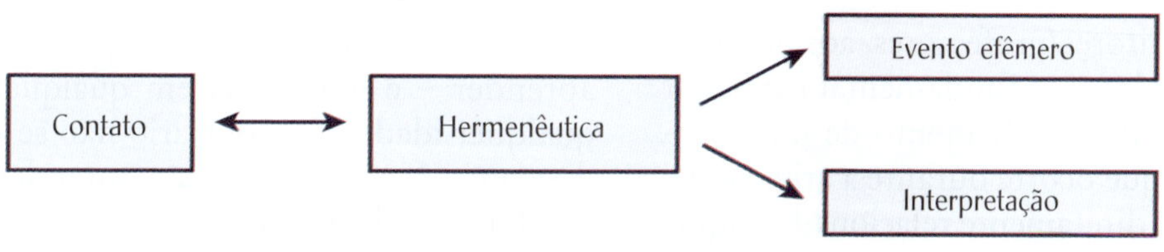

agente dos territórios de subjetivação, elemento fundante da lugaridade.

Esta deve partir do exercício de análise do lugar – pós-visita –, da dúvida sobre aquilo que se viveu e conheceu e, posteriormente, a construção da interpretação.

Toda interpretação se dá como construção posterior à experiência. Durante a experiência, prevalece a percepção da coisa-lugar. É tempo do primeiro reconhecimento. A interpretação é a construção crítica derivada da experimentação. Dá-se como tempo e lugar posterior, de elaboração. É posterior ao ato. É razão sobre emoção.

Ocorre, entretanto, e paradoxalmente, em tempos correspondentes, porém de valores distintos. A direção desdobrada de cada um dos tempos é qualitativamente diferente. Logo, os resultados obtidos, que se somam complexamente na conformação da consciência do vivido, são diferentes. Ocorrem, como já dito, de maneiras distintas.

Como ato planejado de construção desses processos de reconhecimento-consciência dos lugares visitados – no sentido da elaboração do conhecimento desses lugares e formação da chamada consciência ambiental –, há que se buscar a estruturação didática de tais momentos – o da experimentação e o da reflexão. Ou seja: é preciso permitir, ao visitante, que aconteça o passeio, da maneira mais livre possível – atenção às normas de segurança e/ou informações básicas sobre as questões do lugar (relevo, vegetação, clima e outras peculiaridades) –, construindo, posteriormente, após o passeio, um momento de reflexão sobre o que se viveu.

Toda orientação, destinada à construção da chamada reflexão sobre o meio – tônica de grande parte das propostas de estudo do meio voltados à sensibilização e interpretação – pode originar desvios qualitativos em torno do meio a ser conhecido, vivido, reconhecido/interpretado. As consagradas paradas nas trilhas, a fim de permitir que os visitantes "sintam" o meio, em geral provocam deslocamentos subjetivos em relação à experiência que se está vivendo, esvaziando de sentido – sentimento de pertinência, pertencimento, apropriação do lugar – o próprio passeio.

Aos guias/monitores/professores, aos propositores de tais atividades, é fundamental explicitar a necessidade do desenvolvimento de uma percepção aguda ao que ocorre durante a atividade – tal percepção está diretamente relacionada à aquisição de posturas humildes diante do outro que desconhece o lugar. A atitude daquele que conhece mediante o que desconhece não pode ser de sobreposição ou imposição. A atitude de respeito perante o que desconhece deve estar mergulhada no silêncio fecundo, gerador da dúvida e da vontade de conhecer, forças propulsoras da criação, razão primeira da realização da atividade. Aquele que conhece deve permanecer calado, deixando àquele que desconhece todo terreno aberto à exploração. O bom guia deve desconhecer o lugar para permitir ao guiado o direito de construir o conhecimento sobre o próprio lugar.

Os tempos atuais obliteram, em profundidade, a visão sobre a necessidade da humildade nas relações de trocas e construções para o conhecimento. É comum a ocultação de idiossincrasias por meio de exercícios de poder travestidos de relações professorais. Aos professores, instrutores, guias, cabe o contínuo exercício da paciência, para oferecer todo tempo necessário para que aquele que ignora possa trilhar, com liberdade, na construção da autonomia, os passos para o seu saber.

Após o passeio, a reflexão sobre o passeio. Ao condutor das conversas e reflexões, o papel "apenas" do organizador/problematizador. Fluindo com as diversas percepções, emoções e conhecimento vividos no lugar. Tal proposta confere múltiplas dimensões à interpretação do local, passando a vivência a habitar um espaço de reconhecimento das múltiplas vertentes de liberdade.

Como na assimilação de uma obra de arte, em que o reconhecimento – interpretação – das pulsões ocorre posteriormente à vivência da obra – a crítica da obra de arte ocorre depois de sua observação como ato e realização da razão, se dá temporalmente no passado –, assim acontece com o espaço natural. Ou, como afirma Buber:

> ***O essencial é vivido na presença, as objetividades no passado.***
>
> **Buber (2001, p. 15)**

A condição aprendente se dá a partir da compreensão daquele que aprende, que seu processo é decorrência de sua afirmação dele e nele. É decorrência de sua condição de ser territorializado, portanto consciente de seu lugar, que o torna apto ao aprender – e isso se dá em qualquer nível, em qualquer idade. Do contrário não se dá a aprendizagem. A condição para o aprender é a condição territorializada do ser aprendente.

Àquele que deseja conhecer, cabe a afirmação de sua territorialidade, ponto de partida para reconhecimento do novo. É de seu lugar que este pronuncia sua voz interpretativa. O lugar inédito é, pois, lugar de confronto, de ruptura, de avaliação – contraposição com o seu lugar de referência. Este deve ser gerador de crise, não de conforto.

O ser territorializado busca o novo na direção de ser este propulsor de formas de desterritorialização. Ir ao encontro do desconhecido causa desconforto. No desconforto, gerado pela dúvida e pelo incerto, abre-se espaço para a crise. Dela e nela, a pista para o novo território.

Metaforicamente, o armário da existência está estabilizado nas condições confortáveis para o mundo do consumo. Os paradigmas consagrados querem a manutenção do armário assim como ele está. Não há, nessa visão de mundo, qualquer intenção de deslocar ou rearranjar esse armário. Cabe a nós, críticos do que aí está, sacudir, deslocar, empurrar, "bagunçar" esse tal armário. E que dentro dele todas as peças, todas as coisas aí guardadas se desloquem, sejam desordenadas e passem a ocupar outros e distintos lugares. Mas não queremos que esse armário se fixe em uma nova posição. Ele deverá, paradoxalmente, bem ao contrário dos jogos das estabilidades, permanecer em movimento, sendo levado para um lado e para outro para todo o sempre. Todas as coisas nele contidas deverão permanecer em movimento, gerando, no e pelo movimento, o equilíbrio instável que compõe a vida. Uma vida, que se quer e se anunciará, rica, fluida, viva, ousada e criativa, uma vida em sintonia com o coração e com a mente criadora – a oposição frontal e absoluta à reprodução.

A instabilidade, geradora dos conflitos, tenderá a uma nova territorialização em um processo contínuo de reconstrução e organização. Tanto a comunidade como o visitante estão passíveis ao desconforto e ao rearranjo. São seres humanos, em mesma condição, se desestabilizando em conjunto para um construtor reorganização.

O efêmero é um momento transitório, entre a estabilidade e a instabilidade. Por algum tempo será estável – o efeito efêmero –, tendendo a uma nova instabilidade que conceberá um sujeito libertado, podendo se submeter vários territórios. Efemeridade com tempo e localização.

Tarefa urgente da educação ambiental e do ecoturismo, precisamos reconhecer e cultivar novas formulações teóricas para que as novas conjunturas contemporâneas possam ser trabalhadas na medida de suas exigências e desdobramentos.

BIBLIOGRAFIA

BAUMAN, Z. *Comunidade: a busca por segurança no mundo atual.* São Paulo: Jorge Zahar, 2003.

BUBER, M. *Eu e Tu.* São Paulo: Centauro, 2001.

BUBER, M. *Sobre Comunidade.* São Paulo: Perspectiva, 1987.

FOUCAULT, M. *Vigiar e Punir: a história da violência nas prisões.* Petrópolis: Vozes, 1989.

FREIRE, P. *Pedagogia da Autonomia.* São Paulo: Paz e Terra, 1996.

MARCUSE, H. *A Ideologia da Sociedade Industrial: o homem unidimensional.* São Paulo: Jorge Zahar, 1967.

MARCUSE, H. *Eros e Civilização.* São Paulo: Jorge Zahar, 1978.

MERLEAU-PONTY, M. *Elogio da Filosofia.* Lisboa: Guimarães, 1998.

HALL, S. *A Identidade Cultural na Pós-Modernidade.* São Paulo: PD & A, 2000.

Parte 4

85-7241-568-8

Anotações

85-7241-568-8

CAPÍTULO

37 Ecoturismo e Amazônia: Biodiversidade, Etnodiversidade e Diversidade Cultural

João Meirelles Filho

Parte 4

Troque seu bifinho por uma passagem para a Amazônia

> ***Dentro de alguns centos de anos, outro viajante, tão desesperado como eu, neste mesmo lugar, chorará o desaparecimento daquilo que eu teria podido ver e que não aprendi***
>
> **Claude Lévi-Strauss**

Situação Atual

Você é responsável pelo que acontece na Amazônia? Se pensa que sim, continue lendo; se acredita que não, desista do ecoturismo! Se você, que é uma pessoa interessada no ecoturismo, não conhecer a Amazônia para valer, quem poderá se dedicar a seus caboclos, índios, florestas, águas e cultura?

Qual é o seu compromisso com a Amazônia? Efetivo, autêntico, compromisso de vida? Você é responsável pelo que acontece na Amazônia. Sim, é a sua decisão de consumo que determina o que acontece na última grande floresta do planeta. Cada vez que você come um pedaço de carne bovina é muito provável que esteja engolindo um pedaço da Amazônia.

"Você já foi ao exterior?" "Você já visitou a Amazônia?" Reiteradamente costumo fazer essas duas perguntas quando falo em público. Na maior parte das vezes, mais pessoas foram ao exterior do que à Amazônia. O Brasil não conhece a Amazônia. Pior, a Amazônia não conhece a Amazônia. Por quê? O brasileiro tem vergonha da Amazônia? Tem medo de enfrentar a sua ignorância? De não saber tratar o mais diversificado ambiente natural do globo?

A situação da Amazônia é dramática, tomada pela lógica da destruição e do sofrimento. Não se trata de palavras fúteis, fáceis e imprecisas – a Amazônia é maltratada todos os dias, durante todo o dia, por todos nós brasileiros. Em 500 anos, extinguimos 95% dos povos indígenas e jogamos a maior parte de seus habitantes na miséria. Em 30 anos, conseguimos destruir 20% da maior floresta tropical do planeta – uma área superior a 800 mil

85-7241-568-8

quilômetros quadrados (equivalente a toda a Região Sul do país mais o estado de São Paulo). Se não bastasse, pelo menos 1% da floresta é abatida anualmente (área equivalente ao estado de Sergipe – 23,75 milhões de quilômetros quadrados em 2002/2003). As queimadas são cada vez maiores; o roubo de madeira, a caça e a pesca são excessivos; há biopirataria e invasão de terras, tanto por grileiros como por famílias em busca de um pedaço de chão para trabalhar. O caos está instalado.

Nada de novo. A ocupação da Amazônia repete o que ocorreu com os outros biomas brasileiros. A Mata Atlântica perdeu 93% de sua cobertura vegetal original e, apesar da grande atenção pública e do papel dos órgãos fiscalizadores e das organizações ambientalistas, continua a diminuir drasticamente. Sobre seus escombros vivem mais de 110 milhões de brasileiros.

O cerrado perdeu 70% de sua cobertura vegetal em menos de meio século. A expansão da pecuária bovina e da agricultura deverão modificar para sempre mais de 90% da região. Da mesma forma, a caatinga já perdeu mais de 80% de sua área original e continua a ser alterada. A *Conservation International* considera a Mata Atlântica e o cerrado duas das 25 áreas de grande biodiversidade planetária, prioritárias para a conservação da vida na Terra.

Por que esse caos? Porque tratamos o sintoma da doença e não o doente. Tratamos a febre – o desmatamento, a queimada – e não as causas que promovem o desmatamento e a dilapidação dos recursos naturais. Mais de 80% do desmatamento decorre da plantação de pasto para boi. O boi ocupa a Amazônia porque há gente interessada em comer carne bovina. O principal motor da destruição da Amazônia é a pecuária bovina extensiva.

Não se trata de apontar os pecuaristas como únicos responsáveis pela destruição da Amazônia e o caos social vigente, com altíssima concentração de renda e poder. Se o são, e quanto a isso não há dúvidas, não estão sozinhos; o consumidor representa parte importante desse processo, pois aceita essa situação e pactua com ela a cada naco de carne que coloca em seu estômago.

Ademais, não são apenas os grandes pecuaristas, aquelas 23 mil propriedades rurais da Amazônia, os únicos possuidores do rebanho. Há mais de 150 mil pequenos proprietários envolvidos na pecuária bovina extensiva, até porque se lhes apresentam poucas opções econômicas para a sobrevivência. Dedicam-se à pecuária porque a maior parte dos produtos e serviços que os ambientes naturais propiciam não encontra consumidor, não tem preço atraente, é de difícil escoamento, possui restrições sanitárias não resolvidas, não apresenta tecnologia apropriada e, principalmente, os produtores rurais não estão qualificados para conviver harmoniosamente com a complexidade amazônica.

Resultado: 65 milhões de cabeças de gado ocupam a Amazônia. Três bois para cada habitante! Esse número cresce rapidamente e deve chegar aos 100 milhões de cabeças até o fim da década!

Figura 37.1 – Floresta produtiva. Instituto de Permacultura da Amazônia.

Por quê? Primeiro, porque mais e mais gente quer comer carne. A principal razão do crescimento da pecuária está no aumento do consumo de carne em São Paulo, Rio de Janeiro e em todo o Sul e Sudeste do país, sem contar no ingresso da Amazônia no mercado exportador de carne.

Segundo, porque é mais barato produzir carne na Amazônia do que no restante do Brasil, e incomparavelmente menos custoso que em outros países. O cumprimento da legislação ambiental é menos vigiado: a cada bifinho vendido a um barzinho em São Paulo, toneladas de solo, milhões de invertebrados, milhares de plantas e dezenas de mamíferos são comidos.

Mais grave: poucos se beneficiam dessa bovinaria. A mão-de-obra é mal paga e a maioria das 120 mil pessoas empregadas na atividade não possui registro em carteira. Sem falar na insignificância da pecuária como geradora de emprego: são necessários oito milhões de empregos na região. Economicamente a pecuária é insignificante: gera pífios 0,04% do PIB – Produto Interno Bruto brasileiro e apresenta índices de produtividade diminutos. O pecuarista aufere baixíssimos resultados financeiros. Seria melhor aplicar seus recursos na caderneta de poupança. Por que então insistir na pecuária?

Pecuária *versus* Ecoturismo

Você deve se perguntar: afinal, eu, interessado no ecoturismo, por que preciso saber tudo isso? Porque o pecuarista só é pecuarista por falta de opção, porque não teve a oportunidade de aprender outras profissões, porque o mercado das centenas de alternativas econômicas que poderiam tratar com respeito o ambiente e a população local é desprezado pela iniciativa pública e, principalmente, pelo próprio consumidor. Porque delegamos aos representantes do poder público de plantão a iniciativa de resolverem esse assunto.

A resposta é clara – sim, há total correlação: se o ecoturismo der certo, o pecuarista bandeia imediatamente para o lado do ecoturismo. Dá mais lucro, mais emprego, mais estabilidade, mais felicidade, mais saúde, mais liberdade, mais cultura, mais dignidade.

Eu sou filho de pecuarista, conheço os dois lados da cerca. Em Bonito (Mato Grosso do Sul), acompanhei, por mais de 30 anos, o cerrado e a Mata Atlântica sendo comidos para dar espaço para bois. Nos últimos 10 anos, ocorreu uma mudança radical de comportamento. Os sintomas: as queimadas diminuíram drasticamente, o desmatamento passou a ser insignificante, a caça caiu a níveis desprezíveis. Por quê?

Figura 37.2 – Arácea com formiga.

Porque o ecoturismo passou a ser levado a sério, ainda que os órgãos públicos pouco tenham se dedicado à questão. Quem realizou essa mudança radical foi o próprio consumidor. Um conta para o outro: "olha, ali há uma cachoeira incrível". "Aquela dona cozinha muito bem". "Seu fulano tem cavalo bom". "E se nós mergulharmos de máscara nesse rio?" "E se sairmos flutuando nesse 'corguinho'?"

O resultado: a pecuária já não é o principal empregador de Bonito e logo mais deixará de ser a principal fonte econômica. Enquanto uma fazenda com dois mil hectares e mil bois emprega dois peões, um atrativo turístico com 50 hectares, de pequeno porte, emprega diretamente pelo menos três a quatro pessoas. Em duas horas, um turista deixa a mesma renda de um mês de aluguel de pasto para um boi. A revolução é, antes de tudo, econômica.

Planejamento e Compromisso Econômico

Voltemos à Amazônia. Se não houver compromisso econômico efetivo, não haverá ecoturismo.

Parte 4

Trabalho com planejamento de ecoturismo há mais de 15 anos. Sem um plano de negócios – um estudo efetivo da viabilidade do empreendimento ecoturístico –, as suas chances de darem certo diminuem muitas vezes. Pode dar certo, mas o "achismo" e o "chutômetro", artes praticadas pela imensa maioria dos empresários de ecoturismo, não são socialmente justos: são concentradores de renda e, na maior parte, trazem grandes prejuízos ao meio ambiente.

Planejamento turístico é fundamental. Se as palavras retorno sobre o capital, ponto de equilíbrio, fluxo de caixa descontado, LAIR, balanço, demonstração de lucros e perdas, plano de contas não fazem sentido para você, o ecoturismo tem poucas chances de acontecer na Amazônia.

A maior parte dos empreendimentos de ecoturismo na Amazônia foi feita por imitação. Um copiou o outro que, por sua vez, viu nos Estados Unidos ou no Nordeste algo parecido, tirou algumas fotos, chamou o carpinteiro para copiar e assim por diante. Poucos são os que convocaram especialistas para realizar diagnósticos ambientais, sociais e econômicos, estudos de demanda, projetos arquitetônicos, estudos sobre o destino turístico e os atrativos.

Figura 37.3 – Batendo o açaí, Mosqueiro, Belém.

Como sair dessa situação na Amazônia? Certamente, a capacitação dos empreendedores é fundamental – empreendedorismo ecoturístico.

Bioma Amazônico

O bioma amazônico é o maior conjunto contínuo de florestas tropicais do planeta. Com mais de sete milhões de quilômetros quadrados, ocupa 50% da América do Sul, espalhando-se por nove países – Bolívia, Colômbia, Equador, Guiana, Guiana Francesa, Peru, Suriname, Venezuela e Brasil. O Brasil possui mais de metade da Amazônia continental, sendo o país com mais de um terço do que resta de florestas tropicais ao planeta. A Amazônia brasileira corresponde a 4,4 milhões de quilômetros quadrados, mais da metade do território nacional.

AMAZÔNIA NO MERCADO DE ECOTURISMO

Não é difícil perceber a pequena presença da Amazônia no cenário turístico internacional. Ao se folhear quaisquer revistas internacionais de turismo de grande circulação, a Amazônia aparece de forma insignificante. Quando aparece, a maior parte das referências corresponde à Amazônia peruana, equatoriana, venezuelana ou das Guianas. A Amazônia brasileira, com exceção de alguns poucos *lodges* no entorno de Manaus, pouco participa do mercado internacional.

Sabe-se que, com seu rápido crescimento nas duas últimas décadas, o mercado internacional de ecoturismo se tornou cada vez mais exigente e segmentado. Não basta dizer que o número de observadores de pássaros é de milhões de pessoas na Europa ou nos Estados Unidos. É preciso aprofundar-se em termos geográficos, de interesse das espécies procuradas, das exigências relacionadas à idade e origem das pessoas.

Não é exagerado dizer que o Brasil está praticamente fora do mercado internacional de ecoturismo. No Brasil, o ecoturismo atende, sobretudo, o mercado interno. *Mesmo internamente*, representa menos de 3% do movimento turístico. A Amazônia deve participar com menos de 10% desse mercado. Mesmo atendendo menos de 1% da população brasileira, já movimenta mais de dois milhões de viagens/ano, emprega mais de 50 mil pessoas e consegue contribuir visivelmente para a economia e a conservação ambiental de regiões onde outras atividades econômicas não são viáveis ou apresentam baixa rentabilidade, como Fernando de Noronha (Pernambuco), Lençóis Maranhenses (Maranhão) e Chapada Diamantina (Bahia). Em outras regiões, como Bonito (Mato Grosso do Sul) e Brotas (São Paulo), o ecoturismo já conseguiu desbancar atividades tradicionais como a pecuária extensiva. O Pantanal, que antes recebia milhares de clientes para uma pesca esportiva sem grandes critérios, está hoje se voltando ao ecoturismo, muito mais compatível com a sua conservação ambiental.

Na Amazônia, o turismo representa cifras desprezíveis no PIB e o ecoturismo, uma parcela ainda insignificante. Dificilmente alcança 1%. A maior parte das viagens é de turismo de negócios e de eventos. No Brasil, o turismo representa menos de 3% do PIB, bem abaixo da média mundial próxima de 8%. Na maior parte dos países europeus, o turismo está acima de 11% do PIB.

Para o público estrangeiro, a Amazônia não é uma prioridade, mesmo considerando que a região está presente no imaginário coletivo da Humanidade. Por quê? Uma das mais difíceis razões de aceitar é que o mercado internacional tem pouca confiança no produto brasileiro.

Pode-se afirmar que menos de 0,16% dos 30 milhões de ecoturistas estrangeiros (aqueles que vão de um país a outro) escolhem a Amazônia brasileira como destino. Se considerarmos a Amazônia como um todo, menos de 1% do mercado mundial prefere a Amazônia (considerando o Peru, a Bolívia, o Equador, a Venezuela e as Guianas). Isso num cenário mundial de mais de 650 milhões de turistas.

INICIATIVA PÚBLICA

Nenhum estado da Amazônia tem no ecoturismo prioridade de governo. Nenhum estado ou município da Amazônia investe no ecoturismo mais de 1% de seu orçamento. Ou seja, o ecoturismo não existe na Amazônia do ponto de vista da iniciativa pública.

Na Amazônia, todas as iniciativas públicas para alavancar o ecoturismo como um efetivo instrumento de desenvolvimento sustentável até o momento foram de pequeno porte e de muito baixo impacto. Basta observar o que representa o turismo na agenda pública da federação, dos governos estaduais e dos poucos municípios que se interessam pelo assunto.

Apesar do Proecotur – Programa de Desenvolvimento do Ecoturismo na Amazônia Legal, lançado pelo governo federal há algum tempo, seus resultados pouco afetam o mercado. Da mesma forma, as linhas de crédito do Banco da Amazônia e do FNO – Fundo Constitucional do Norte pouco atraem investidores. Praticamente não há tomadores de empréstimos para o ecoturismo na Amazônia. Os investimentos são realizados com recursos próprios ou parcerias empresariais.

Afinal, para que Serve o Ecoturismo?

O ecoturismo é "o reencontro do homem e da natureza"; a reconciliação, o presente da natureza ao homem, para que ele perceba seu verdadeiro lugar no planeta, no Brasil, no dia-a-dia em que nos envolvemos. Para gerar emprego e renda às populações locais, valorizar sua cultura, ao mesmo tempo em que conserva o meio ambiente, diminui a pressão sobre os recursos naturais, incentiva a pesquisa científica e a busca da harmonização do homem com a natureza.

O ecoturismo é o melhor instrumento econômico para a promoção da diversidade – a biodiversidade, a etnodiversidade, a diversidade cultural. Nenhum outro negócio interfere em tantos ramos da economia e da sociedade, revolvendo suas raízes mais profundas. Nenhum outro negócio é capaz, em tão curto espaço de tempo, de provocar mudanças.

No caso da Amazônia, com o boi capeta solto, comendo e churrasqueando a floresta, precisamos de mudanças radicais em curto prazo. Mudanças primeiro no comportamento do consumidor: você leitor, venha para a Amazônia, faça já sua reserva. A epígrafe de Claude Levi-Strauss na abertura deste texto é provocadora. Volte, releia-a, memorize-a. Ela dói, dói como a marca de ferro em brasa no couro do boi.

Parte 4

Em segundo lugar, é preciso que o eleitor force mudanças radicais na postura do poder público – menos discurso e mais ação, menos estandes bonitos em eventos de turismo e mais produtos turísticos, menos salamaleques e mais capacitação dos profissionais do *trade* ecoturístico.

Critérios para Saber se É Ecoturismo ou Enganação

O ecoturismo não é uma modalidade de turismo. É um novo turismo; veio para substituir o que o turismo não conseguiu realizar. O CBTS – Conselho Brasileiro para o Turismo Sustentável apresenta diversos critérios para qualificar o que é ecoturismo. Para um rápido diagnóstico, proponho oito pontos para saber se o que temos diante de nós é ecoturismo (não há uma ordem específica de importância dos itens a seguir):

- *O ecoturismo provoca mudanças incríveis em quem o realiza:* você já tomou uma chuva numa tempestade amazônica? Já observou o fenômeno da pororoca (acabo de retornar dessa experiência e surfar em suas ondas explosivas, destruidoras e barrentas). Ou seja, o ecoturismo é de foro íntimo. Provoca mudanças permanentes, alegres e felizes. Segundo Rita Mendonça e Zysman Neiman, "a grande maravilha, a verdadeira mina de ouro, é a experiência pessoal que se tem no contato com a Natureza. Essa experiência não é transferível. Ela é de uma amplitude tal que não pode ser traduzida em palavras". Assim, "numa viagem de ecoturismo podemos questionar sobre o que é de fato necessidade, segurança, conforto. Um viajante aplicado pode surpreender-se com suas próprias respostas".
- *O ecoturismo é um ótimo negócio para a economia local, gerando emprego e renda:* a comunidade local só abraçará o ecoturismo quando "a árvore em pé valer mais que a árvore no chão". Estamos falando de verdadeira participação das comunidades envolvidas, dos proprietários rurais, guias, barqueiros, produtores de artesanato, fornecedores de alimentos, etc. A imensa maioria das empresas que opera ecoturismo na Amazônia fica com a maior parte do bolo, cedendo migalhas para a participação local. Há muitos casos em que as comunidades locais não são sequer consultadas e nada recebem em troca. Tenho vergonha de uma empresa de ecoturismo que paga quantias ínfimas para um *show* folclórico fajuto e deprimente, ou que contrata caboclos para se vestirem de índios, ou leva turistas para pescarem piranhas em áreas de abastecimento das comunidades. Essas empresas praticam o roubo, não o ecoturismo. Enfim, o ecoturismo só acontece quando cria riqueza local, quando respeita os ritmos e as ordens sociais, quando organiza a economia, gera empregos permanentes, fixos, em especial para os jovens; gera dignidade, ajudando a controlar a migração rural e agregando valor aos produtos regionais (alimentos, artesanato, serviços, etc.).
- *O ecoturismo respeita a natureza:* parece óbvio, mas não é. Impossível realizar uma caminhada na mata com mais de 15 pessoas, inconcebível desrespeitar os ciclos naturais de vida de plantas e animais, destruir a natureza para praticar o ecoturismo. O ecoturismo só acontece quando se reconhecem os limites da natureza, sua capacidade de carga é devidamente estudada e monitorada, quando a biodiversidade é respeitada. Fundamental reconhecer a força das estações climáticas, dos ventos, da umidade, das marés, das chuvas e tornar isso um atrativo *per se*. Na tentativa de controlar tudo, dizemos: "foi ótimo, mas choveu!" – isso numa região onde chove mais de 200 dias por ano e, em algumas áreas, mais de 3.500 milímetros.
- *O ecoturismo controla a biopirataria:* a arara, o tucano ou o preguiça que você acha bonitinho na entrada do hotel "de selva" é um estímulo à biopirataria. Lugar de bicho é no mato ou em centros de pesquisa muito bem monitorados. Tenho vergonha de um projeto de ecoturismo que compra animais silvestres e os expõe como troféus da natureza ao alcance dos turistas. Ademais, retirar jacarés da água não me parece uma atitude digna de um empreendedor de ecoturismo.
- *O ecoturismo gera negócios sustentáveis:* o verdadeiro ecoturismo permite criar diversos negócios em seu redor – produção de artesanato, alimento, geração de energia, etc., que diminuem consideravelmente a pressão sobre

Parte 4

85-7241-568-8

os recursos naturais, colaborando no controle do desmatamento, das queimadas, da coleta ilegal de madeiras, da sobrepesca, do garimpo, da caça e assim por diante.

- *O ecoturismo desperta em cada um a consciência ambientalista para sempre*: o ecoturista está sempre preocupado com a saúde do planeta e a relação entre sua saúde e a dos seres vivos. Não se trata do ecoturista de férias, que retorna para casa e se torna um selvagem cidadão urbano, subindo nas calçadas com sua possante camionete com tração nas quatro rodas.
- *O ecoturismo valoriza a cultura:* o verdadeiro ecoturismo é motivo de orgulho para a comunidade local. Valoriza, resgata e promove tradições, procura compreender a cultura do outro sem impor a sua. Ecoturismo não é só ver passarinhos ou golfinhos; é, principalmente, participar do dia-a-dia das comunidades tradicionais no cuidar da Terra. O ecoturismo não substitui a cultura local. O verdadeiro ecoturista não quer ver um ambiente "preparado" para ele. Quem tem que se "preparar" para a nova experiência é o visitante.
- *O ecoturismo promove o desenvolvimento social:* ecoturismo é sinônimo de respeito, dignidade, saúde, educação, estabilidade de emprego, cuidado com minorias, idosos, crianças. No ecoturismo não há crianças trabalhando, não há pedintes, não há crianças vendendo artesanato aos turistas, em trajes locais, com olhos de bovina suplicância.

Não é difícil perceber as dimensões amazônicas do desafio de transformar o ecoturismo em algo sério e competente para o desenvolvimento regional.

Empresários Responsáveis

Se há uma única ação a realizar é formar empresários responsáveis para administrar o ecoturismo da Amazônia. É preciso tomar muito cuidado com aqueles que enxergam no ecoturismo apenas uma chance de rápida acumulação de capital. Auferir bons lucros da atividade bem feita é mais do que justo e merecido.

Responsabilidade social é a palavra-chave. Combater a informalidade, o improviso, a falta de compromisso social e ambiental é o primeiro passo. O empresário que tem um negócio legalizado não faz mais que sua obrigação. O que preocupa é a informalidade do ecoturismo. Muitos se aproveitam desse amadorismo e se utilizam do ecoturismo para responder a outros interesses. Combater a concentração de renda é vital. Ecoturismo se faz com transparência e negociação, à exaustão.

Neste Brasil de legislações que "não pegam", sobretudo nas áreas social e ambiental, há questões que são legais mas não éticas. Uma delas é o desmatamento. O Ibama – Instituto Brasileiro do Meio Ambiente e dos Recursos Naturais Renováveis emite uma autorização para desmatar. É legal, está dentro da lei, mas não é ético. A ética planetária não admite um único metro quadrado de desmatamento da última grande floresta tropical do planeta. De que lado está o ecoturismo? Da lei ou da ética? Da ética planetária ou da lei feita pelos interesses de plantão?

Muitos empreendimentos que se apresentam como de ecoturismo são até imorais – exploram a mão-de-obra local. O que os mantém abertos é a própria tolerância do visitante, de seus parceiros econômicos, das autoridades, de seus vizinhos, enfim, a tolerância do mercado. Como tolerar, por exemplo, uma pousada que não tem seus empregados registrados? Que paga valores de esmola para eventos folclóricos locais ou pelo artesanato "autêntico" e os revende a preços exorbitantes? Que não protege seus mananciais ou não trata seus esgotos? Que não possui um sistema adequado de disposição do lixo?

Nesse cenário, há diversas iniciativas bem intencionadas, empreendedores sérios, que querem acertar, respeitam as regras básicas do negócio e da ética e merecem grande atenção. É preciso destacar as iniciativas de turismo sustentável de Mamirauá (Tefé, Amazonas), Aldeia dos Lagos (Silves, Amazonas) e de Pedras Negras (Costa Marques, Rondônia).

Promoção da Amazônia

Num cenário nacional e internacional altamente competitivo, não é possível promover a Amazônia com os poucos recursos humanos e financeiros disponíveis. Pior: se adotados os padrões usuais

Figura 37.4 – Furo do Maracujá, Belém, PA.

de promoção turística, o que se pode alcançar a curto e médio prazo é muito pouco.

Não podemos contar com os mesmos canais de promoção turística para a Amazônia que existem hoje.

A melhor promoção que podemos realizar para a Amazônia é dar a oportunidade para que os visitantes falem dela. No *website* oficial, oferecer espaço para *blogs*, artigos, manifestos, realizar pesquisas.

O diretor de turismo da Costa Rica, Alberto Salas, em 2003, informou-me que o principal vetor de divulgação do país é o boca-a-boca e os muitos livros que os turistas escrevem sobre sua experiência. A Costa Rica recebe um milhão de turistas, mais de 80% para o ecoturismo, gerando US$ 1,1 bilhão (o primeiro produto do país) porque, entre outras razões, 86 pessoas escreveram livros, diários, guias sobre sua maravilhosa visita ao país.

A Amazônia merece mais criatividade. É preciso abordar a questão do consumo consciente quando se fala de Amazônia. Chamar para o sentido de brasilidade que há em visitar a região e, no caso do turista internacional, de seu compromisso planetário. Na década de 1990, deparei-me com uma pesquisa alemã que informava que 36% dos alemães e austríacos sonhavam em, um dia, conhecer a Amazônia! Digamos que isso seja exagerado e que apenas 5% dos norte-americanos, japoneses e europeus queiram, um dia em suas vidas, visitar a Amazônia. Será que não poderíamos substituir a pata do boi pela sandália do ecoturista?

Para aquele casal de aposentados de Kyoto (Japão), não importa se o destino será Letícia (Colômbia), Iquitos (Peru), um parque no Beni (Bolívia) ou Belém (Pará). Ele irá para a Amazônia. Ademais, o ecoturismo pode unir a Amazônia continental. Em vez de continuarmos de costas para o Peru, a Bolívia, o Equador e os demais países, por que não oferecer ao mundo uma experiência única onde o visitante conhece, em uma só viagem, Machu Picchu, o encontro das águas do Negro e o Solimões e a pororoca?

É uma falta de visão absurda a promoção da Amazônia de forma isolada, seja fatiada em estados, seja esquartejada em países. Os países onde há a cultura maia já perceberam a importância de tratar da questão pelo viés cultural e não pelas fronteiras nacionais. Se eu quero conhecer a cultura maia, pouco me importa se hoje esse território está na Guatemala, em Belize, em Honduras ou no México. Claro que, uma vez em um desses países, há muito que aprender e desfrutar; porém, o principal gancho que me levou a conhecer essa região e que me fez poupar para visitá-la é a cultura maia.

No caso da Amazônia, estamos perdendo tempo tentando diferenciar o que o estado do Amazonas tem de melhor que o Mato Grosso, que o Pará é o portal da Amazônia, etc. Ninguém ganha nesse processo; somente os outros destinos ecoturísticos mais bem estruturados.

Também é louvável contar com os esforços de governos estaduais promovendo a Amazônia em outras partes do país e do mundo. No entanto, se o estado pretende optar pelo ecoturismo, deverá efetivamente adotá-lo como um eixo de desenvolvimento. Nenhum governo é sério se não adotar ações concretas para desestimular as atividades predatórias. Como pode um estado promover a soja e a pecuária bovina extensiva ao mesmo tempo em que deseja atrair ecoturistas?

Como pode um fazendeiro querer o ecoturismo em sua propriedade rural se continua a desmatar, a bloquear riachos para fazer represas artificiais, a cavar valos para a drenagem de água, a promover a caça e a pesca de maneira indiscriminada? A cortar árvores que não precisariam ser cortadas, somente para fazer a cabana para o turista?

Verdadeiros Valores que Fundamentam o Ecoturismo

Palavras de Rita Mendonça e Zysman Neiman: "Que seria de nós se não a tivéssemos perto ou longe, para nos dar a esperança de um dia nos tornarmos dignos de nossa rica experiência humana? A floresta simboliza o próprio processo de aprendizado da vida. Ela dá sentido às atividades humanas. Ou melhor, ela nos faz questionar o sentido do que fazemos", e continua: "Quando entramos em uma área natural quase sempre nos sentimos bem, percebemos que alguma coisa muda. Quanto mais nos aprofundamos nessa relação, nessa intimidade com os elementos naturais, percebemos que ali há uma grande escola que nos proporciona uma das raras oportunidades que temos para realmente evoluir".

O ecoturismo só ocorrerá se houver uma mudança radical, a qual se inicia por nós mesmos, novas posturas de vida, novas visões. Sem concessões. O filósofo alemão Hans Magnus Enzenberger afirma que o "o tempo, a autonomia, o espaço, a tranqüilidade, o silêncio e o ambiente ecologicamente saudável" estão cada vez mais escassos na sociedade. O ecoturismo propõe respostas concretas a essas questões, de maneira criativa e que se renova a cada dia. Não é um produto pasteurizado, em série, para contentar grandes massas. De maneira diversa, permite a cada ser uma experiência relevante, enquanto habilita a repartir, com seu pequeno grupo, essa oportunidade única.

O ecoturismo não se apresenta apenas como mais um segmento do turismo tradicional, um simples ganha-pão, um bom negócio. Os empreendedores, guias, barqueiros e profissionais de ecoturismo que não mostrarem os olhos brilhando, marejados de paixão, não merecem ser os abre-alas e os porta-estandartes da natureza.

Só haverá ecoturismo na Amazônia se o desmatamento e a queimada diminuírem, se nos comprometermos a mudar. A opinião pública mundial costuma bombardear o Brasil pela sua forma irresponsável de tratar a Amazônia. Não será hora de assumir essa triste realidade? Não será este o momento de chamarmos os formadores de opinião mundial a nos auxiliarem no processo de mudança de comer a Amazônia? Ao invés de "comer" carne, soja, ouro de garimpo e madeira roubada, vamos "comer" ecoturismo, castanha-da-Amazônia (o que chamamos de castanha-do-pará), sabonete de muru-muru, perfume de priprioca, artesanato de gurumã, etc.

Você, Profissional de Ecoturismo

Se há uma profissão que depende de profundo envolvimento, preparo, paixão, compromisso com as pessoas e a natureza, esta é o ecoturismo. O visitante que economizou anos a fio para conhecer a maior floresta tropical do planeta, reino da biodiversidade por excelência, não merece um guia mediano ou sofrível, um dono de pousada ou de restaurante que apenas o vê com cifrões na língua.

O ecoturismo utiliza binóculos que enxergam riquezas onde as atividades tradicionais (agropecuária, mineração, etc.) apenas vêem "área sem utilidade": é o barulhinho do riacho; a cachoeira de pedras escorregadias; a revoada de pássaros no fim de tarde; os cipós entrelaçados na árvore; a sofreguidão de um preguiça, desmaiado de alegria; a podridão da árvore servindo de ninho ao pica-pau; os rios transparentes, cantarolando... A intenção não é dar utilidade e preço a tudo que aparece pela frente – ao selvagem, ao vento, ao sol –, e sim protegê-los, cuidar para que a ganância e a cobiça não os explorem.

O ecoturista quer mais do que ver macaco e árvore. Quer participar da vida cotidiana dos co-

Parte 4

munitários, sentir o cheiro da tempestade tropical, sair para o mato para coletar borracha, quebrar castanha, ir para a espera, ver se o matapi está cheio, acompanhar a vazante, atracar-se num caldo de peixe com farinha, ralar mandioca, passar a mandioca no tipiti, secar a mandioca, seguir de montaria para a vila, sorver o tacacá apertando o jambu nos dentes, sentir o cheiro das queixadas no mato, ver menino subir na palmeira açaí para cortar o cacho, tirar a espinha da apaiari...

A força do ecoturismo está nessa capacidade de abrir os olhos, permitir que se fareje, sinta, respire, ouça a natureza. Mais que aeroportos, lanchas rápidas, equipamentos de última geração, o ecoturismo exige pessoas sensíveis, interessadas no destino das comunidades tradicionais e na Mãe Natureza, capazes de reconhecê-los e reverenciá-los a cada passo. Mais que investir em infra-estrutura, é preciso investir em bons guias e monitores, prepará-los para serem os abre-alas da natureza, despertando neles o que depois ele despertará em seus clientes. Mais que os nomes científicos e as datas históricas, a interação do homem e da natureza e a compreensão dos ciclos vitais tornam a Amazônia única e una.

Figura 37.5 – Mercado do Ver-o-Peso - Belém.

Estudos do Meio

Se há uma modalidade de ecoturismo que merece imediata atenção é o estudo do meio – levar a campo o que se trata nas salas de aula das escolas formais – da pré-escola à universidade. Nós do *trade* ecoturístico precisamos empreender uma campanha para incluir a Amazônia no currículo escolar brasileiro – os "Estudos Amazônicos". Somente assim teremos um público interessado em conhecer a região. Nunca é demais mencionar que só se preserva o que se conhece, só se quer visitar o que se conhece.

É muito imaginar que cada estudante universitário brasileiro, ao menos uma vez, durante seu período de formação, visite a Amazônia, seja para conhecer o seu próprio país como cidadão, seja para participar da definição dos destinos da maior floresta tropical do planeta? É muito solicitar que cada escola tenha um canto em sua biblioteca e videoteca denominado "canto da Amazônia"?

Além disso, será que não há pais neste Brasil interessados em ver seus filhos conscientes e conhecedores da realidade deste país? Será que não é o momento de oferecer, como rito de passagem dos 15 anos, uma viagem à Amazônia? Que melhor presente os pais podem dar do que a educação integral a seus filhos? Eu tive essa oportunidade e, por isso, estou aqui escrevendo essas palavras. A viagem que mais marcou minha vida foi uma expedição à Amazônia com meu irmão Renato, ele aos 15, eu aos 16 anos.

Considerações Finais

> *Trata-se de salvar, enquanto é tempo, toda uma fonte prodigiosa de vida para que, ao florescer amanhã, faça da Amazônia o grande jardim terrenal que os homens do futuro desejarão ver, cheirar, sentir, admirar.*
>
> **Darcy Ribeiro**

O que os empresários, gestores públicos e demais profissionais de ecoturismo necessitam é, primeiramente, aceitar o que é o ecoturismo, reconhecerem-se como ecoturistas, comprometerem-se com a causa. Ecoturismo, além de um bom negócio, é uma causa, uma razão de ser. Assumir a vocação. Em nosso caso específico, a vocação pela Amazônia. Sem concessões.

Está mais do que provado que é possível substituir as atividades predatórias em uma geração. Em 30 anos, podemos transformar radicalmente a Amazônia. Se fomos capazes de destruí-la em 30 anos, certamente seremos capazes de barrar a destruição e reerguê-la, com dignidade e paixão.

A Amazônia conheceu cinco séculos de depredação, matança de populações nativas, sacrifícios sociais e ambientais que estão entre os maiores da história humana. Está na hora de optar por um caminho econômico, pela trilha do ecoturismo, que envolve os caboclos, a floresta, as tradições, os nossos próprios encantos e sonhos.

Os ocupantes do poder público precisam meditar seriamente sobre o papel do ecoturismo para a sustentabilidade econômica e social da Amazônia. Não basta absorver o discurso ambientalista das organizações do terceiro setor; é preciso adotar medidas reais, representativas, que signifiquem mudanças.

A primeira medida é a capacitação. Investir em cursos, seminários, visitas de campo, publicações, programas de rádio, televisão, conteúdo de Internet. Sem acesso à educação para o ecoturismo, nada se alcançará.

O ecoturismo permitirá ao Brasil inserir a Amazônia em agendas internacionais com respostas positivas, em substituição à pecuária e a outras atividades destrutivas.

No entanto, tudo se inicia com a sua visita à Amazônia. A verdadeira visita, de completa integração com seus representantes, árvores, águas e animais. Visitar a verdadeira Amazônia é uma experiência marcante e indelével. Tudo que é autêntico e genuíno é bom, é positivo. O ecoturismo só busca o autêntico e o genuíno; não há lugar na Amazônia para parques temáticos.

Não fique aí parado, pensando. Aja. Pegue ou compre a sua rede e venha visitar a verdadeira Amazônia, sentir a extrema simpatia e cordialidade de seu povo, experimentar sua música, culinária, sentir seus cheiros, passear pelos ambientes naturais. Como dizem os paraenses, venha tomar o açaí e se encantar pela Amazônia.

Sites Indicados

Locais de Turismo Comunitário no Brasil

www.mamiraua.org.br: Instituto de Desenvolvimento Sustentável Mamirauá, organização da sociedade civil que atua na Reserva de Desenvolvimento Sustentável Mamirauá, em Tefé (Amazonas), onde opera a Pousada Flutuante Uacari.

www.viverde.com.br/aldeia.html: Aspac – Associação de Silves para Preservação Ambiental e Cultural, de Silves (Amazonas), que opera a pousada Aldeia dos Lagos.

www.pedrasnegras.com/index_english.htm: parceria entre a Organização dos Seringueiros de Rondônia, Associação dos Seringueiros do Vale do Guaporé e da Ação Ecológica Guaporé (Ecoporé), que operam a Pousada Pedras Negras, na Reserva Extrativista de Pedras Negras e Curralinho (Rondônia).

www.bananalecotour.com.br: a empresa Bananal Ecotour, do Instituto Ecológica, organização sem fins lucrativos de Tocantins, opera o ecoturismo no Araguaia, Jalapão e outros destinos.

www.fortalnet.com.br/~fishnet/efolder_pcv3.htm: mesmo fora da Amazônia, vale a pena verificar o exemplo do Ceará – a Prainha do Canto Verde –, experiência de ecoturismo comunitário.

Organizações Ambientalistas de Dedicadas ao Tema no Brasil

www.cbts.org.br: Conselho Brasileiro de Turismo Sustentável – reunião das principais organizações do país para a definição de condições básicas para a operação do turismo sustentável no país.

www.ecobrasil.org.br: Ecobrasil, uma das mais antigas organizações do setor.

www.fundacaooboticario.org.br: Fundação O Boticário.

www.pcts.org.br: Instituto de Hospitalidade – Programa de Certificação em Turismo Sustentável, o único programa de certificação em curso no país.

www.physis.org.br: Instituto Physis Cultura & Ambiente – dirigido pelo autor de diversos livros sobre o tema, Zysman Neyman.

www.ecoturismo.org.br: Instituto de Ecoturismo do Brasil, organização associativa de caráter nacional, da qual o autor foi presidente por oito anos.

www.peabiru.org.br: Instituto Peabiru que realiza trabalhos de planejamento de ecoturismo para propriedades privadas, onde trabalha o autor.

www.iucn.org: IUCN – União Internacional para a Conservação da Natureza.

www.tnc.org.br: *The Nature Conservancy*.

www.wwf.org.br/projetos/siteturismo_principal.htm: *World Wildlife Foundation*, apóia alguns dos programas acima mencionados.

Parte 4

Para quem Lê em Espanhol

www.proarca.org/p_apm5.html: CCAD – *Comissión Centro Americana de Ambiente y Desarollo*, Proarca – *Programa Ambiental Regional para Centroamerica* – ver página de *Turismo Sostenible y Ecoturismo.*

Para quem Lê em Inglês

www.conservation.org: *Conservation International.*

www.rainforest-alliance.org: *Rain Forest Alliance.*

www.sharingnature.com: *Sharing Nature Foundation* – a organização criada por Joseph Cornell, que conta no Brasil com o Instituto Romã, dirigido por Rita Mendonça, como seu representante.

www.ecotourism.org: *The International Ecotourism Society* – organização internacional com mais de 1.700 associados de mais de 70 países.

www.nature.org/ecotourism: *The Nature Conservancy* – uma das principais organizações ambientalistas do planeta, dedica diversos esforços ao ecoturismo.

BIBLIOGRAFIA COMENTADA

BELETSKY, L. The ecotraveller's wildlife guide to Costa Rica. San Diego: Academic Press, 1998. *Modelo de guia de turismo, elaborado com o necessário esmero que o tema merece.*

BLAKE, B.; BECHER, A. *The New Key to Costa Rica.* 14th ed. Ulysses Press, 1993. *Igualmente, um guia exemplar.*

CORNELL, J. Brincar e aprender com a natureza: um guia sobre a natureza para pais e professores. Trad. Maria Emilia de Oliveira. São Paulo: Melhoramentos/Senac, 1996. *Receitas práticas. Cornell representa a quintessência da educação ambiental. Impossível tratar de ecoturismo sem conhecê-lo e sem realizar os* workshops *oferecidos pelo Instituto Romã sobre o tema.*

DRUMM, A.; MOORE, A. *Introdução ao Planejamento de Ecoturismo.* Arlington: The Nature Conservancy, 2003, vol. I. *Manual com preciosas dicas, rica bibliografia e de grande praticidade.*

EAGLES, P. F. J., McCOOL, S. F.; HAYNES, C. D. A. *Sustainable Tourism in Protected Areas: guidelines for planning and management.* Swiirtzerland, Cambridge: IUCN Gland, 198p. 2002. *Bem organizado, inspirador.*

HONEY, M. *Ecoturism and sustainable development: who owns paradise?* Washington: Island Press, 1999. *Um livro que questiona o papel do ecoturismo e seus impactos. Martha Honey é uma das melhores autoras no tema.*

MEIRELLES FILHO, J. C. *O livro de ouro da Amazônia: mitos e verdades sobre a região mais cobiçada do planeta.* Rio de Janeiro: Ediouro, 2004. *Trata a Amazônia com o carinho que merece e urgência que demanda ações imediatas.*

MENDONÇA, R.; NEIMAN, Z. *À Sombra das Árvores.* Campinas: Chronos, 2002. *Discute a importância dos estudos do meio. Imperdível!*

MOLINA, E. S. *Turismo Ecologia.* Tradução Josely Vianna Baptista. Bauru: Edusc, 2001, 222p. (Coleção Turis). *Um clássico no tema.*

NEIMAN, Z. (Org.). *Meio Ambiente, Educação e Ecoturismo.* Barueri: Manole, 2002. *Neiman está entre os melhores pensadores das questões maiores que envolvem o ecoturismo e os estudos do meio.*

PNUMA. Secretaria del Convenio sobre la Diversidad Biológica. *Diversidad Biológica y Turismo: Desarrollo de Directrices para un Turismo Sostenible en Ecosistemas Vulnerables. Excelente manual!*

ZAMORANO CASAL, F. M. *Turismo Alternativo: servicios turísticos diferenciados: animación, turismo de aventura, turismo cultural, ecoturismo, turismo recreativo.* México: Trillas: 2002, 336p. *A coleção desta editora é a melhor que existe em espanhol, o que a torna bastante acessível a quem versa em língua portuguesa.*

WEARING, S.; NEIL, J. *Ecoturismo: impacto, tendencias y posibilidades.* Síntesis, 1999. (Gestíon turística). *Tradução de outro clássico, cujo original é em inglês.*

WWF. MITRAUD, S. (Org.). *Manual de Ecoturismo de Base Comunitária: ferramentas para um planejamento responsável.* Brasília: WWF Brasil, 2003. 470p. *O WWF esmerou-se bastante para produzir este manual.*

85-7241-568-8

CAPÍTULO

38

Lazer em Parques Nacionais

Mauro José Ferreira Cury

Introdução

Ao analisar a função dos parques nacionais e as atividades de lazer para o turismo, deve-se refletir inicialmente sobre a estruturação dessas unidades de conservação, em associação às idéias de que foram estabelecidas com princípios de preservação. O ambiente natural em turismo, apesar de pouco documentado, vem sendo objeto de estudo de vários autores que escrevem sobre o ecoturismo.

Os problemas devem ser observados sob uma esfera globalizada enfocando medidas sustentáveis. Ao analisá-los, verifica-se que eles foram causados pela modernização, pelo avanço das tecnologias, pelo aumento populacional que ocorre com freqüência em países emergentes ou subdesenvolvidos, que vão à procura de recursos naturais, de bens materiais e de tudo que a natureza possa produzir. Associada a essa evolução da sociedade, a instalação de atividades recreativas em parques nacionais vem crescendo sob os olhos de administradores de áreas naturais protegidas ou não. A cada ano, essas unidades de conservação vêm batendo recordes em número de visitantes. Até quando isso é bom?

A visitação em um parque nacional pode ser compreendida como um conjunto de atividades educacionais, recreativas e de interpretação ambiental realizadas em contato com a natureza, obedecendo às diretrizes dos planos de manejo, nas quais o objetivo é propiciar ao visitante a oportunidade de conhecer, de forma lúdica, os atributos e valores ambientais protegidos por uma unidade de conservação.

A satisfação do turista, um dos desafios da gestão do turismo sustentável nessas áreas, é associada a mais dois objetivos: a preservação do meio ambiente e a qualidade de vida das comunidades locais.

Este artigo tem como objetivo rever a instalação dos parques nacionais, suas funções – entre elas as atividades de lazer –, com olhar sobre o Parque Nacional do Iguaçu no Brasil, por apresentar uma nova proposta de visitação.

No primeiro momento, serão abordados a evolução conceitual e o uso dos parques nacionais; a seguir, será apresentada a instalação dos parques nacionais no Brasil e a relação com as atividades de lazer; num terceiro momento, será abordado o Parque Nacional do Iguaçu e sua realidade sobre a visitação.

Evolução Conceitual e Uso dos Parques Nacionais para Atividades Recreativas

A proposta inicial é enfatizar a criação dos parques nacionais, os eventos ou períodos significativos que delinearam a criação dessas unidades de

85-7241-568-8

conservação até a atual conceituação de sistemas nacionais de "áreas protegidas" que têm denominações diferenciadas em cada país.

Milano (2002) sustenta que "verifica-se a fundamentação de base utilitarista e religiosa opondo-se aos filosóficos (talvez românticos) e de outro lado os utilitaristas pautados em bases ideológicas opondo aos filosóficos".

As manifestações de conservação ambiental ao longo do tempo registram a valorização de espaços naturais ligados à cultura de vários povos, mostrando assim uma importância a várias civilizações com a preocupação ambiental, embora, para a sociedade, o tema seja um assunto recente relacionado à conservação e manutenção dos recursos naturais.

As atividades turísticas em áreas naturais, protegidas ou não por leis, vêm crescendo nos últimos anos, conceituadas há muito pouco tempo como ecoturismo e amplamente discutidas na academia. A viagem às áreas naturais com objetivos específicos, para conhecer a história do meio ambiente, compreender a cultura e cuidar para não alterar a integridade do ecossistema, ao mesmo tempo em que produz oportunidades econômicas que fazem com que a preservação de recursos naturais seja benéfica à população local, é o princípio primordial para o ecoturismo. Espera-se, com esse processo simbiótico, que a produção de relações turismo – espaço natural – comunidades locais gere resultados positivos que vêm a iniciar as bases de sustentabilidade local.

Deve-se ressaltar: o sujeito que está nesses espaços naturais seria turista ou visitante? Se a área apresenta regras de como esse sujeito deve se comportar, ele será um visitante. Descrevendo o turista de forma conceitual, vários autores o definem na sua permanência por mais de 24 horas e em relação às motivações que o levaram para conhecer novas destinações.

Uma consideração importante nessa pesquisa está relacionada ao uso de termos como turismo, turista e visitante. Para a ONU – Organização das Nações Unidas e a OMT – Organização Mundial do Turismo, em *Recommendations on Tourism Statistics* 77, as definições são:

- *Turismo:* atividades de visitantes, pessoas que viajam e permanecem em lugares fora de seu ambiente costumeiro por até 12 meses para lazer, negócios, peregrinações, etc.
  - Internacional.
  - Doméstico.
- *Turista (hospedagem por uma noite/pernoite):* visitante que permaneça pelo menos uma noite no lugar visitado (não necessariamente em uma acomodação paga).
- *Visitante:* qualquer pessoa que viaja para outro lugar, que não o de seu ambiente costumeiro, por até 12 meses e tenha como principal finalidade de viagem o lazer, negócios, peregrinação, saúde e outra que não o exercício de uma atividade remunerada no local visitado, ou migração.

Goeldner *et al.* (2002) definem como excursionista "o viajante que passa menos de 24 horas em uma destinação".

O turismo constitui uma atividade na qual as pessoas permanecem por mais de 24 horas fora de sua residência, consumindo serviços em outros locais. Quando elas passam por um museu ou parque nacional para visitar, são visitantes, obedecendo a regras de comportamento estabelecidas nesses espaços e, muitas vezes, não se identifica se são ou não turistas.

A visitação em áreas naturais ao longo dos anos foi formatada mediante as necessidades humanas em estar em contato com o meio ambiente natural distante dos centros urbanos. A busca da liberdade humana, o encontro com a natureza, enfim, o contato com ambientes únicos e dotados de beleza cênica vêm estabelecendo espaços paisagísticos, sendo esses recursos primários para o turismo.

Dourojeanni e Pádua (2001) afirmam que "as Unidades de Conservação são tão antigas como a humanidade e que não são como alguns acreditam uma invenção do imperialismo de Theodore Roosevelt com a criação do primeiro 'Parque Nacional' o de *Yellowstone* em 1872".

A história da preservação de áreas naturais registra no ano de 252 a.C., quando o imperador Ashoka, da Índia, ordenou a proibição da caça, pesca e o corte de árvores em uma extensa área de seu império. Posteriormente, em 684, na ilha de Sumatra (Indonésia), o rei de Srivijya demarcou a criação de uma área protegida (Miller, 1997, p. 3-21).

A reverência a locais com recursos naturais, presença ou não de vida selvagem, lugares sagrados e belezas cênicas, sobretudo no oriente, propiciou a criação de áreas protegidas desde os tempos antigos até os nossos dias, como a reserva de caça de rinocerontes Ranthambore, na Índia; a reserva de Ujung Kulon, em Java; o Real Parque Nacional de Chitwan, no Nepal; as reservas de Cagar Alam, criadas para cultuar os macacos na Índia e em Kumano. No Japão, o santuário de Tamaki recebe, há milhares de anos, pessoas que viajam para se comunicar com os cedros (Miller, 1997, p. 3-21).

Na África, em Gana, o lugar sagrado dos Asante era a floresta onde os povos cultuavam os mortos. Na África do Sul, o povo Venda venera o lago Fundudzi, que acredita ser morada de curandeiros e da deusa da fecundidade. As visitas são feitas mediante autorização e em veículos, não sendo permitida a entrada de pessoas no lago (Miller, 1997, p. 3-21).

A preocupação em criar reservas partiu, muitas vezes, dos povos que habitavam locais específicos antes dos colonizadores, propondo a instalação de reservas naturais. Os Maoris, por exemplo, solicitaram a criação do Parque Nacional de Tongariro na Nova Zelândia para a proteção da extração de madeira e o pisoteio de ovelhas. O estabelecimento do Parque Nacional de Kakadu foi reivindicado pela comunidade aborígine da Austrália como meio de proteção aos seus lugares sagrados, pinturas rupestres e belas paisagens contra a mineração e outras formas de exploração.

O primeiro *zoneamento ecológico econômico* no mundo é citado por Dourojeanni e Pádua (2001). O rei Guilherme I, da Inglaterra, fez um inventário nacional de florestas, áreas de pesca, áreas agricultáveis, reservas de caça e outros recursos naturais produtivos.

Mediante a experiência européia da ocupação desordenada do solo, dos problemas ambientais e da elevada concentração populacional, fazia-se necessária a criação de espaços funcionais novos, poupando o desastre de paisagens belas e outras ameaçadas, ainda que fosse apenas para mostrar às futuras gerações americanas.

Os romancistas na segunda metade do século XVIII, com sua exímia sensibilidade artística, representam pela pintura os costumes indígenas, a exuberância das florestas tropicais, enfim, a beleza paisagística das terras americanas. Outros artistas retrataram as regiões tropicais mostrando cenas de antropofagismo praticado pelos indígenas e a vida dos animais. Esse movimento deu origem ao grande tema americano da vida selvagem *Wilderness* (vida natural/selvagem).

Com essas representações, artistas e cientistas chamaram a atenção de políticos e governantes por meio de uma mensagem de proteção e conservação na natureza. As ilhas marítimas desempenharam papel importante nesse imaginário do mundo selvagem, do paraíso perdido pelo homem. Isso pode ser constatado na ilha em *As Aventuras de Robinson Crusoé*, descrita por Daniel Defoe (Diegues, 2001).

Diegues (2001) descreve que "as transformações em relação ao mundo selvagem começaram a mudar no século XIX, e que contribuíram para o avanço da História Natural, e pelo respeito que os naturalistas tinham com os recursos naturais".

Até o século XIX, os Estados Unidos eram um *wilderness*, com a expansão para o oeste americano. Pelo *Homestad Act,* de 1862, qualquer cidadão americano poderia adquirir até 160 acres de terra devoluta que tivesse cultivado. Foi uma rápida ocupação e houve agressões ao meio ambiente, como retirada de recursos naturais, sobretudo madeira, peles de animais e metais preciosos. Perante a intensa devastação dos recursos naturais que já havia acontecido na Europa, provocada pela urbanização e pelas áreas agrícolas, os ideais sobre a preservação ambiental assumem na América uma forma responsável com as questões ambientais, iniciando com a criação de parques nacionais.

O estabelecimento de parques nacionais nos Estados Unidos levou à criação do NPS – *National Park Service* em 1916, com a criação original de preservação para proteção das belezas naturais e significância geológica. Desde então, percebeu-se o conflito entre fazer recreação em áreas preservadas ou manter a distância de visitantes e conservar essas áreas intactas. Daí vem a preocupação de educar as pessoas que chegam a essas áreas naturais, inserindo a idéia de responsabilidade, levando ao que chamamos de conservação ambiental. Parques nacionais como o *Yellowstone*, *Yosemite*, *Grand Canion* e *Great Somoky Mountains* são áreas referenciais do turismo internacional, como também para milhões de visitantes dos Estados Unidos. Não só como áreas naturais, a função do NPS está relacionada à manutenção de museus, florestas, locais históricos, monumentos diretamente relacionados à história e cultura americana. Hoje, os parques americanos são verdadeiros patrimônios inseridos nos ideais da identidade americana.

Desde a criação do *Yellowstone*, o crescimento das áreas protegidas foi vertiginoso; até 1997, já existiam 9.766 por 149 países, com área de 8.695.540 quilômetros quadrados ou 7% do planeta, correspondendo a 4,9% da África, 8,9% da

Europa, 10,2% da América do Norte e Central, 6,3% da América do Sul, 4,4% da Ásia e 11,7% da Oceania (Miller, 1997, p. 3-21).

No Congresso da UICN – União Internacional para a Conservação da Natureza em Nova Deli, em 1969, as preocupações sobre visitação em áreas naturais aparecem em relação aos parques nacionais. Trata-se de unidades de conservação nas quais é permitida a visitação e o turismo tem forte interferência. Duas funções caracterizam os parques nacionais:

- Permitir o estudo científico dos ecossistemas dos quais são o suporte e que são ou deveriam ser isentos de qualquer exploração ou ocupação humana.
- Favorecer, junto ao público, o conhecimento dos ambientes naturais e dos espaços assim administrados, abrindo para os lazeres ao ar livre.

Um dos objetivos do turismo em proteger o meio ambiente foi preparado pela OMT (1983): uma declaração sobre turismo e meio ambiente assinada com o PNUMA – Programa das Nações Unidas para o Meio Ambiente e assessorada pela UICN, estabelecendo:

- Modos e meios de envolver a comunidade local que vive nas reservas e ao redor de forma que possa obter benefícios sociais e econômicos decorrentes do turismo.
- Determinar que tipo de turismo é apropriado para o parque nacional.
- Melhorar o manejo dos recursos naturais das áreas.
- Projetar uma infra-estrutura turística apropriada nos parques nacionais.
- Proporcionar melhores serviços de trilhas interpretativas e educacionais aos visitantes.
- Proporcionar aos visitantes melhor apreciação das belezas dos parques nacionais.
- Determinar como a atividade turística do parque nacional pode servir como mecanismo de autofinanciamento para o parque e, conseqüentemente, uma ferramenta de conservação.

Ao longo do estabelecimento dessas unidades de conservação, percebeu-se a delimitação de áreas e comportamentos do visitante além dos princípios e funções dos parques nacionais. O aumento vertiginoso desses visitantes causou a preocupação de construir instalações ligadas à infra-estrutura e ao conforto dos visitantes. Muitas vezes, as áreas naturais estabelecidas em países subdesenvolvidos e em desenvolvimento não tiveram apoio governamental para tais melhorias e tiveram que recorrer à abertura de concessões dos serviços destinados ao turismo.

A experiência dos Estados Unidos ensinou diversas lições valiosas que podem ter apelo universal:

- O uso público, a apreciação e o valor de áreas protegidas são essenciais à sustentabilidade de um sistema para áreas protegidas.
- É irracional supor que um setor sozinho pode sustentar o frágil balanço dos usos humanos e preservação.
- As áreas protegidas necessitam da cooperação, assim como as verificações e os contrapesos, tidos recursos para a tríade do compromisso do público, privado e de setores não beneficiários.
- Os setores privados e não beneficiários podem fornecer serviços excelentes aos residentes locais e os públicos visitantes, e seja um sócio sustentando o parque aos recursos e os valores.
- A maioria dos problemas de construção e manutenção colaborativa pode ser removida estabelecendo políticas completas e detalhadas da concessão e estabelecendo especificações.
- As agências protegidas da área devem remanescer diligente seus deveres e responsabilidades aos seus cidadãos e as gerações do futuro, devem ser competente autorizando a concessão gerenciando o pessoal, e assegurar que a agência e a concessionária são responsáveis.

Portanto, os parques nacionais são uma das classificações de unidades de conservação em que é permitida a visitação com fins específicos, sendo a atividade turística a responsável para tal fim.

Ao referenciar parques nacionais e turismo, um clássico exemplo de responsabilidade ambiental é o Parque Nacional de Banff, no Canadá. Nos anos 1990, o governo canadense investiu 2,5 milhões de dólares canadenses para a elaboração de um manejo responsável à integridade desse parque. Mais de 500 recomendações foram direcionadas à manutenção, à melhoria ecológica e ao fortalecimento da condição desse parque como destino turístico internacional.

Sobre as atividades recreativas em parques nacionais, existem muitas diferenças de um país para outro. A pesca esportiva (uso direto) é tolerada nos parques americanos e canadenses, enquanto no Brasil essa prática não é permitida. Em muitos países americanos (Estados Unidos, Canadá, Costa Rica, Argentina e Chile), os parques têm vocação turística, inclusive ao turismo internacional. Este, até a atualidade, não tem sido o caso do Brasil, sendo o Iguaçu uma das poucas exceções (Dourojeanni e Pádua, 2001).

Os parques nacionais podem abrigar em áreas de uso público equipamentos de hospedagem, áreas de *camping*, trilhas, áreas de piquenique, natação, canoagem, *rafting*, escalada, mirantes, entre outros recursos recreativos. A instalação desses equipamentos está vinculada à autorização de montagem de equipamentos pela administração desses parques.

Cury (2003) destaca a valorização da interpretação ambiental em "ajudar as pessoas a ganharem senso de espaço, responder à beleza de seu meio, o significado da sua história e o seu meio cultural". O papel da interpretação em áreas naturais está relacionado aos Centros de Interpretação ou de Visitantes, museus, espaços culturais ou até em unidades educacionais instaladas nos parques nacionais.

O *Great Smoky Mountains National Park*, parque de maior visitação norte-americano, recebe em torno de 9 a 13 milhões de visitantes por ano. Poucos são aqueles que chegam até um de seus três Centros de Visitantes. O principal e mais equipado é o de *Sugarlands*, que apresenta em sua infra-estrutura um jardim de flores nativas, museu, livraria, informações sobre o parque, programações especiais de primavera e verão, informações sobre a vida selvagem com atenção aos ursos negros, veados, raposa vermelha, porco cateto (exótico) e também animais de pequeno porte como pássaros, cobras e salamandras. O visitante pode assistir a um filme com duração de 20 minutos em que se apresenta a exuberância do parque nacional. Os *rangers* ou guarda-parques estão sempre à disposição para as diversas questões sobre o parque e também dos diversos programas ambientais nele desenvolvidos.

Portanto, o turismo em parques nacionais tem a sua função educacional associada à interpretação ambiental com compromisso responsável de conservação para futuras gerações. A seguir serão abordadas a realidade dos parques nacionais no Brasil e suas funções recreativas.

Instalação dos Parques Nacionais no Brasil

As primeiras preocupações com os recursos naturais no Brasil possivelmente tiveram início entre os anos de 1801 e 1823, com a vinda de naturalistas europeus. Entre eles, estavam Alexander von Humboldt, Auguste de Saint-Hilaire e Agassiz, que viajaram pela América do Sul descrevendo a flora, a fauna, os costumes, a etnografia e as belezas naturais, fazendo menção a algumas cavernas (Trigo, 2000). Os valores registrados em desenhos, pinturas e relatos dessas expedições naturalistas aos trópicos renderam contribuições à sociedade científica e também promoveram a divulgação de um espaço natural diferenciado do que existia até então na Europa.

Com a chegada da família real ao Brasil em 1808, foi estabelecido o Horto Real, aberto à visitação pública em 1922 e hoje denominado Jardim Botânico do Rio de Janeiro, um dos mais importantes centros de pesquisa sobre Mata Atlântica e Amazônia brasileira (Trigo, 2000).

A proposta de criação dos parques nacionais no Brasil deveria trazer um benefício palpável para as sociedades locais, sendo um agente de promoção e diminuindo as barreiras para o desenvolvimento regional. Rebouças ainda enfatiza a experiência dos parques nacionais norte-americanos, como a presença de turistas ricos da Europa e a apresentação de um país atraente por suas belezas naturais. A contribuição do turismo é mencionada para a modernização dos meios de transporte. As belezas naturais do Brasil poderiam "atrair imigrantes, ousados naturalistas, entusiastas de florestas virgens e de cataratas assombrosas" (Rebouças *apud* Pádua, 2002). Rebouças, em 1876, recomendou os primeiros lugares do Brasil para essa iniciativa, que seriam o Salto do Iguaçu e as Sete Quedas do Guaíra, no Paraná, e a Ilha do Bananal, no rio Araguaia (Pádua, 2002).

Em 14 de junho de 1937, foi estabelecido o primeiro parque nacional do Brasil: o do Itatiaia, na Serra da Mantiqueira, entre os estados de Minas Gerais e Rio de Janeiro, por força do Decreto Federal nº 1.713, no governo de Getúlio Vargas. Posteriormente, em 1939, estabeleceram-se os parques nacionais do Iguaçu (Paraná) e Serra dos Órgãos (Rio de Janeiro).

Pádua (1997, p. 214-235), afirma que "entre 1937 até a década de 1970, os Parques Nacionais estabelecidos, foram criados sem critérios técnicos e científicos e muitos menos com a idéia de um sistema. As áreas foram estabelecidas muito mais pelas belezas cênicas".

É incontestável tal afirmação tendo em vista a instalação de parques nacionais como Itatiaia, Iguaçu, Serra dos Órgãos, Aparados da Serra e Sete Quedas, extinto em 1980 com a formação do lago da usina de Itaipu. No parque de Sete Quedas existia a maior catarata em volume de água do mundo. Somente em 1997, foi estabelecido o Parque Nacional de Ilha Grande ao norte da cidade de Guaíra (Paraná), a montante das extintas cataratas.

No Brasil, o gerenciamento dos parques nacionais é realizado pelo Ibama – Instituto Brasileiro do Meio Ambiente e Recursos Renováveis. Essas áreas comportam a visitação pública com fins recreativos e educacionais, regulamentada pelo plano de manejo da unidade de conservação. As pesquisas científicas, quando autorizadas pelo órgão responsável pela sua administração, estão sujeitas às condições e restrições determinadas por ele, bem como ao que for definido em seu plano de manejo.

Seguindo o modelo dos parques nacionais americanos, os parques brasileiros foram criados com objetivos de preservação, desconsiderando as comunidades locais que vivem dentro ou no seu entorno criando conflitos, delineando assim o que muitos ambientalistas consideram "ilhas de preservação". Isso faz a comunidade ver o parque não como um patrimônio a ser protegido, mas como um inimigo, já que as pessoas ficam impossibilitadas a conviver de forma sustentável com a área.

Até o mês de novembro de 2004, no Brasil, existiam 53 parques nacionais. Desses, 14 foram criados entre 1937 e 1961, ou seja, em 24 anos. De 1970 a 2004 (34 anos), 39 parques nacionais foram estabelecidos. O A Figura 38.1 representa o número de parques nacionais criados no Brasil nesses períodos. Percebe-se então que as 14 primeiras unidades estão localizadas, em sua grande maioria, na região centro-sul do país, em sua maioria criadas com o objetivo de preservar as belezas cênicas, dentre as quais o Parque Nacional da Tijuca, onde está instalado o Cristo Redentor no Rio de Janeiro, e o Parque Nacional do Iguaçu, com as Cataratas do Iguaçu, os quais, inegavelmente, são

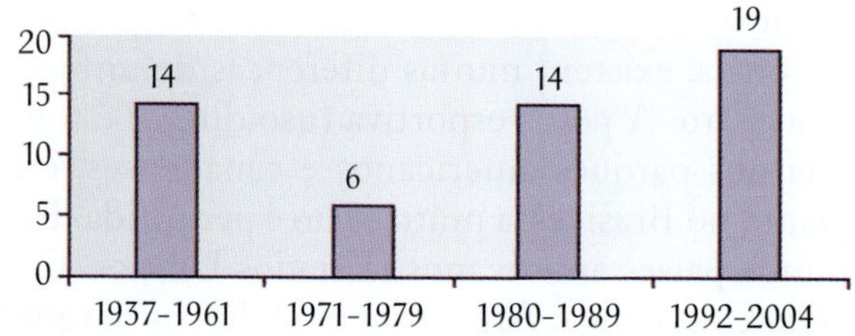

Figura 38.1 – Cronologia da instalação dos parques nacionais do Brasil.

ícones da paisagem brasileira divulgada pela atividade turística. Esses parques nacionais são os de maior visitação no Brasil. O Iguaçu vem em primeiro lugar, seguido pelo Parque Nacional da Tijuca. Este, por sua vez, tem três portões de entrada. A visitação é controlada no portão que dá acesso ao morro do Corcovado. O Iguaçu será tratado a seguir por apresentar, nos últimos cinco anos, uma experiência positiva de desenvolvimento na visitação em parques nacionais.

No período de 1970 a 2002, com as novas diretrizes internacionais adotadas pela UICN e pela WWF – *World Wildlife Found*, novos parques foram criados em ecossistemas distintos em todo o país, contribuindo para essa instalação a ocupação tardia do interior brasileiro e a crescente preocupação ambiental conservacionista brasileira.

PARQUE NACIONAL DO IGUAÇU

O contexto geográfico desse parque é peculiar por estar em fronteira com a Argentina. Numa área de tríplice fronteira incluindo o Paraguai, esse parque foi o centro de motivações para a preocupação ambiental nos três países nas últimas décadas.

A Figura 38.2, da *Fundación Vida Silvestre* (Argentina), demonstra a evolução das áreas protegidas na região da tríplice fronteira. O início da preservação ocorreu nos anos de 1930; seu crescimento foi modesto em número de unidades e área. A partir de meados de 1980, ocorreu progressivo aumento até o final do ano de 2002, com 64 unidades de conservação numa área de quase mil quilômetros quadrados, sendo o Parque Nacional do Iguaçu o centro dessa área de proteção ambiental.

Esses valores, que a natureza oferece sem a necessidade de interferência do homem, sustentam

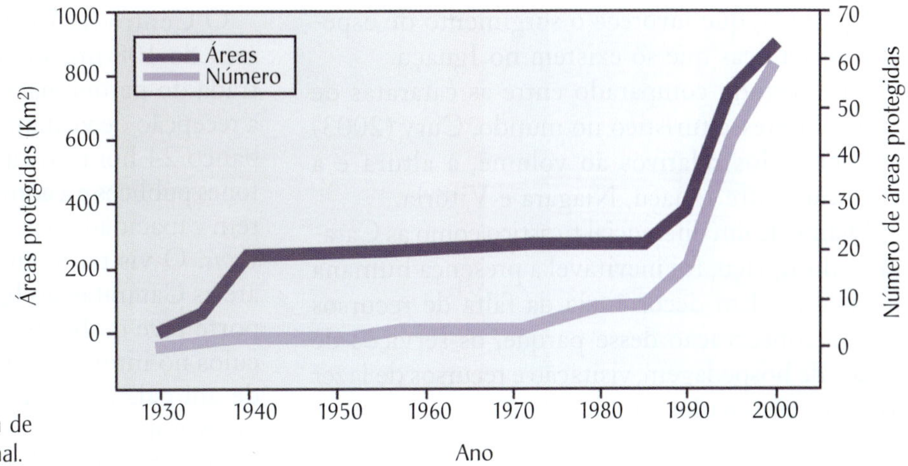

Figura 38.2 – Evolução do sistema de áreas protegidas na região trinacional.

os deslocamentos de pessoas com finalidades especificamente turísticas. A oferta turística consiste em um conjunto dos recursos naturais e culturais constituindo a base da oferta turística. Envolvendo esses recursos, agregam-se os serviços produzidos para dar consistência ao seu consumo, os quais compõem os elementos que integram a oferta em um sentido amplo (Beni, 2000).

A dimensão dos Parques Nacionais do Iguaçu – Argentina e Brasil pode ser analisada na Figura 38.3.

O *Parque Nacional del Iguazú*, na Argentina, localiza-se ao nordeste da província de Missiones, entre os paralelos 25°31' e 25°43' de latitude sul e os meridianos 54°08' e 54°32' de longitude oeste, com altitude de 200 metros na região ocidental até 350 metros no extremo sudeste (Crespo, 1982).

No Brasil, o parque está localizado na Região Sul, no extremo oeste do estado do Paraná, entre as coordenadas geográficas de 25°04' a 25°41' de latitude sul e 53°58' a 54°28' de longitude oeste, na bacia hidrográfica do baixo rio Iguaçu. Além da Argentina, o entorno do parque é feito com os municípios de Foz do Iguaçu, Santa Terezinha de Itaipu, São Miguel do Iguaçu, Serranópolis do Iguaçu, Matelândia, Céu Azul, Santa Tereza do Oeste,

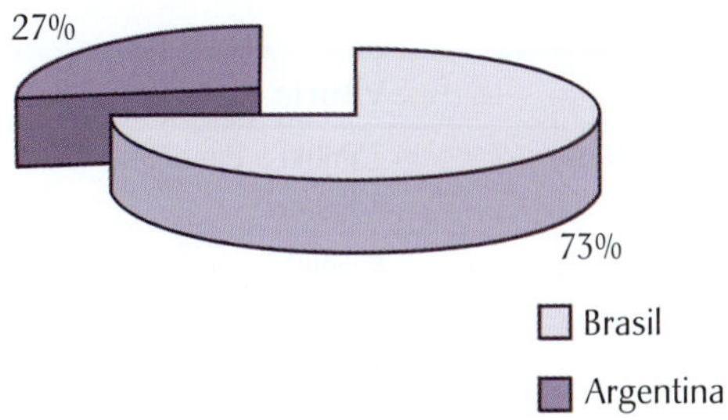

Figura 38.3 – Dimensão dos Parques Nacionais do Iguaçu.

Lindoeste, Santa Lúcia, Capitão Leônidas Marques e Capanema (Ibama, 2000).

A peculiaridade desses parques vem a ser as Cataratas do Iguaçu. O rio Iguaçu acima das cataratas mede 1.200 metros de largura. A fenda tectônica onde é formado o *canyon*, que varia de 65 a 100 metros de largura, é a mais extensa do mundo: do lado brasileiro são 800 metros e, do argentino, 1.900 metros, totalizando uma frente semicircular de 2.700 metros. Com altura aproximada de 82 metros, dependendo da vazão, tem em média 31 grandes saltos, 70% dos quais estão em território argentino. Portanto, a visão panorâmica pode ser contemplada do lado brasileiro.

As Cataratas do Iguaçu surgiram há cerca de 100 mil anos na desembocadura do rio Iguaçu no rio Paraná, ponto de limite entre Brasil, Argentina e Paraguai. A falha geológica existente no leito do rio Paraná originou também as Sete Quedas em Guaíra, 230 quilômetros ao norte das três fronteiras, e os saltos de Eldorado, 90 quilômetros ao sul (Aust, 1993).

Para Aust, "o retrocesso das cataratas foi lento, foram 23 quilômetros em 100 mil anos, isto devido à dureza do basalto e os sedimentos transportados pelo rio Iguaçu (argila, areia, limo e cascalho), são os responsáveis pela erosão".

A atividade vulcânica aconteceu entre 250 e 205 milhões de anos atrás e formou as fissuras, fendas na superfície do solo por onde as águas penetram e esculpiram lentamente o leito do rio até criar as corredeiras e cachoeiras. O volume é variável de 300 a 6.500 metros cúbicos por segundo.

Ao cair, as águas produzem belos arco-íris e uma nuvem de vapor em suspensão cobre o local das cachoeiras, deixando a mata sempre úmida. Essas águas pulverizadas criam um ambiente propício à vida, que favorece o surgimento de espécies endêmicas que só existem no Iguaçu.

Num estudo comparado entre as cataratas de maior interesse turístico no mundo, Cury (2003) aponta dados relativos ao volume, à altura e à extensão entre Iguaçu, Niágara e Vitória.

Diante de um diferencial turístico como as Cataratas do Iguaçu, foi inevitável a presença humana nessa área. Em decorrência da falta de recursos para a conservação desse parque, os serviços de meios de hospedagem, visitação e recursos de lazer são concessionados (Tabela 38.1).

CONCESSÃO DE SERVIÇOS - ALTERNATIVA PARA A QUALIDADE DA VISITAÇÃO NO IGUAÇU

No Parque Nacional do Iguaçu, por força dos contratos 01/98 e 02/98, abre-se à concessão dos serviços destinados à visitação. A Empresa Cataratas S/A foi constituída em 18 de janeiro de 1999, tendo por objetivo social a implantação, operação, administração, manutenção e o aproveitamento econômico das áreas concedidas pelo Ibama pelo período de 15 anos. Na área de abrangência, que consiste em visitação pública, estão as cataratas, que perfazem 0,3% do Parque Nacional do Iguaçu.

Sediada em Foz do Iguaçu, a empresa é gerida por um conselho de administração e uma diretoria. Seus objetivos caracterizam uma SPE – Sociedade de Propósito Específico. A concessão consiste na liberação, para aproveitamento econômico, de seis áreas no parque, denominadas espaços, a saber: Espaço do Centro de Visitantes, Espaço Porto Canoas, Espaço Santos Dumont, Espaço Naipi, Espaço Tarobá e Trilha da Represa, além do sistema de transporte no interior da reserva.

O Centro de Visitantes foi edificado em uma área de 108 mil metros quadrados antes da entrada do parque nacional. Nesse local, situam-se a recepção de visitantes, posto o de informações, o banco 24 horas, o câmbio, os sanitários, os telefones públicos e a administração. O estacionamento tem capacidade para 676 carros, 174 ônibus e 20 *vans*. O visitante embarca em ônibus *duble deck* até as Cataratas do Iguaçu: esse sistema de transporte teve o objetivo de diminuir o fluxo de veículos no interior do parque, reduzindo o número de animais silvestres atropelados e a emissão de gases poluentes.

Nas atividades de lazer, como passeio de barco a jusante das cataratas, conhecido como Macuco Safári, o visitante percorre três quilômetros de jipe, acompanhado de guias poliglotas com informações sobre a fauna e a flora do parque. Numa segunda etapa, o visitante caminha por 600 metros e, por último, passeia de barco nas Cataratas do Iguaçu.

O *rafting* pode ser realizado pelas corredeiras do rio Iguaçu por dois quilômetros.

O Circuito M'Boi, aberto no final de 2003, é uma trilha de nove quilômetros, podendo ser percorrido a pé ou em bicicletas elétricas. Na segunda etapa, o visitante faz um passeio de barco a motor até a Ilha das Taquaras, onde há a opção de remar em pequenos barcos infláveis entre as ilhas. O retorno é feito em barco motor até a trilha das Bananeiras, na qual o visitante pode percorrer 1,6 quilômetro a pé ou em jipe.

A escalada pelo *canyon* Iguaçu, aberto à visitação no final de 2003, situado nas proximidades do Tropical das Cataratas Ecoresort, oferece atividades de arvorismo, rapel, escalada em rocha e escalada *indoor*.

Desde os anos 1990, o Parque Nacional do Iguaçu demonstra à sociedade brasileira novas alternativas de exploração em áreas de uso público, novos equipamentos de lazer, com uma preocupação constante acerca do treinamento de funcionários

Tabela 38.1 – Comparativo entre as Cataratas do Iguaçu, Niágara e Vitória

Cataratas	Iguaçu	Niágara	Vitória
Localização	Argentina e Brasil	Canadá e Estados Unidos	Zâmbia e Zimbábue
Rio	Iguaçu	Niágara	Zambezi
Tipo de rocha	Basalto	Dolomita e xisto	Basalto
Altura (m)	82	54	**99**
Extensão (m)	**2.700**	1.095	1.708
Volume (m^3/s)	2.000	**6.000**	935

Fonte: Cataratas do Iguaçu S/A – Projeto Pesquisa 2001, *http://falls.net/history*, *www.unesco.org/whc/sites/509.htm*.

Parte 4

no aspecto ambiental e de recepção de visitantes. O processo de construção desses equipamentos seguiu rigorosas normas ambientais estabelecidas no Brasil para a instalação de centros de visitantes, áreas de atendimento ao público, controle do uso de combustíveis. A capacidade de carga é um desafio a ser vencido; ainda não se tem, precisamente, um estudo sobre o número de visitantes nesse parque.

Considerações Finais

Ao pensar sobre parques nacionais e lazer, embora isso seja muito próximo ao sentimento de natureza, paraíso, liberdade e encontro do homem com seu estado natural, devem-se analisar as responsabilidades do homem interferindo em espaços protegidos e que mudanças isso traz para o próprio ambiente, cada vez mais procurado por visitantes com interesses diversos, seja para uma simples contemplação, observação ou até mesmo para a compra de direitos de caça por parte de comunidades locais (caso dos esquimós no Canadá, com a caça da morsa).

A revisão deste estudo levou em consideração a evolução do estabelecimento dos parques nacionais associada ao conceito que eles representam como unidades de conservação no mundo e no Brasil. Paralelamente a esse estudo, foi possível analisar a importância que esses espaços proporcionam para a atividade turística.

As preocupações com a preservação ambiental acontecem desde a Idade Antiga, com a valorização da natureza pelas civilizações, ligada à religiosidade, até a criação de um mito de *natureza intocada* muito antes do moderno conceito estabelecido com a criação do Parque Nacional de Yellowstone.

É inegável que a presença humana em ambientes naturais provoca alterações ambientais, seja ela qual for. Na atualidade, é crescente a busca de espaços naturais, sendo os parques nacionais um ícone de conservação da natureza, com fins específicos para as atividades de recreação e lazer associadas à educação.

A região do Iguaçu abriga uma floresta tropical semidecídua, administrada na Argentina pela APN – *Administradora de Parques Nacionales* e no Brasil pelo Ibama. As Cataratas do Iguaçu estão em uma área de uso público, que permite a realização de atividades práticas com fins de lazer e recreação.

Espera-se que as considerações apresentadas sejam o estímulo de discussões com o público, simplesmente porque não houve a intenção de esgotar o assunto. Cada unidade de conservação tem seu espaço diferenciado, com atrativos únicos que possivelmente motivarão maior fluxo de visitantes em ambientes naturais. Deseja-se ainda que este estudo possa contribuir para futuros trabalhos na área de turismo e lazer e também no aprimoramento da visitação em áreas naturais protegidas.

Exercícios Propostos (Fig. 38.4)

1. Imagine-se como gestor de uma área natural preservada, com recursos naturais de valor inigualável para a sociedade, considerada Patrimônio Natural da Humanidade. A visitação aumenta a cada ano. Que iniciativas você teria em relação aos cuidados ambientais e ao turismo nessa área?
2. O espaço geográfico proporciona diferentes espaços, tais como áreas litorâneas, montanhas, recursos hídricos, matas tropicais, desertos quentes e frios. As peculiaridades espaciais são, muitas vezes, objeto da oferta turística primária. Escolha cinco espaços diferentes e faça

Figura 38.4

um relatório aconselhando aos gestores de áreas naturais melhorias na área, com sugestões para atividades de lazer.

Sites Indicados

http://falls.net/history: Cataratas do Niágara.

www.ibama.gov.br: Ibama.

www.nationalparks.nsw.gov.au: parques australianos.

www.nps.gov: *National Park Service.*

www.parquesnacionales.gov.ar: parques argentinos.

www.pc.gc.ca: parques canadenses.

www.trilharte.com.br/parque.htm: Trilharte.

www.unesco.org/whc/sites/509.htm: Projeto Pesquisa 2001, Cataratas do Iguaçu S/A.

www.unesco.org/whc: Mosi-Ao-Tunya/Victoria Falls.

www.us-national-parks.net: parques americanos.

BIBLIOGRAFIA

AUST, C. A. *Origen y Evolución de las Cataratas del Iguazú.* Posadas: [s.n.], 1993.

BENI, M. C. *Análise Estrutural do Turismo.* 3. ed. São Paulo: Senac, 2000.

BRASIL. Ministério do Meio Ambiente. Resumo Executivo-Plano de Manejo do Parque Nacional do Iguaçu. Brasília, Ibama, 2000.

CRESPO, J. A. Ecologia de la comunidad de mamíferos del Parque Nacional del Iguazú, Misiones. *Revista del Museo Argentino de Ciencias Naturales "Bernardino Rivadavia" (Buenos Aires), 3 (2):* 1982.

CURY, M. J. F. *Visitação em Áreas Naturais Protegidas, um Estudo Comparado dos Parques Nacionais Del Iguazú e do Iguaçu.* São Paulo, 2003, 208p. Dissertação (Mestrado) – Universidade de São Paulo.

DIEGUES, A. C. *O Mito Moderno da Natureza Intocada.* 3. ed. São Paulo: Hucitec, 2001.

DOUROJEANNI, M. J.; PÁDUA, M. T. J. *Biodiversidade: a hora decisiva.* Curitiba: UFPR, 2001.

WORLD WILD FOUNDATION. *Evolução do Sistema de Áreas Protegidas na Região Trinacional.* Puerto Iguazú: WWF, 2002.

GOELDNER, C. R. et al. *Turismo: princípios, práticas e filosofias.* Porto Alegre: Bookman, 2002.

MILANO, M. S. *Por que Existem as Unidades de Conservação. Unidades de Conservação. Atualidades e Tendências.* São José dos Pinhais: Fundação O Boticário de Proteção à Natureza, 2002.

MILLER, K. R. Evolução do conceito de áreas de proteção: oportunidades para o século XXI. In: II CONGRESSO BRASILEIRO DE UNIDADES DE CONSERVAÇÃO, 1997. Campo Grande. *Anais do II Congresso Brasileiro de Unidades de Conservação, 1:* 3-21, 1997.

PÁDUA, J. A. *Um Sopro de Destruição: pensamento político e crítica ambiental no Brasil escravista, 1786-1888.* Rio de Janeiro: Jorge Zahar, 2002.

PÁDUA, M. T. J. Sistema Brasileiro de Unidades de Conservação: de onde viemos e para onde vamos? In: I CONGRESSO BRASILEIRO DE UNIDADES DE CONSERVAÇÃO, 1997. Curitiba. *Anais do I Congresso Brasileiro de Unidades de Conservação, 1:* 214-235, 1997.

TRIGO, L. G. G. *Viagem na Memória: guia histórico das viagens e do turismo no Brasil.* São Paulo: Senac, 2000.

ICN; CPNAP; CMMC. *Directrices para las Categorias de Manejo de Areas Protegidas.* Gland, 1994, 261p.

CAPÍTULO

39 Turismo Rural

Anderson Pereira Portuguez

Introdução

A história econômica mundial tem mostrado claramente o quanto o processo de desenvolvimento, nos moldes da modernidade capitalista, não se processou de forma espacialmente homogênea. Os modelos de crescimento econômico adotados por diversos países do mundo, inclusive o Brasil, têm gerado processos de segregação, na medida em que o capital elege algumas áreas para concentrar seus benefícios, em detrimento de outras.

Ao longo de boa parte do século XX, o desenvolvimento das nações foi expresso basicamente pelo aumento real do PIB – Produto Interno Bruto – e do PNB – Produto Nacional Bruto. Os superávits comerciais eram as principais metas dos governos nacionais na conquista de posições privilegiadas na hierarquia global. Dessa forma, as áreas internas das nações deveriam se esforçar para gerar a maior quantidade possível de bens exportáveis – preferencialmente industrializados – com qualidade e variedade, para que pudesse haver real inserção no mercado internacional, além de assegurar o abastecimento interno.

Nos países em desenvolvimento, popularmente chamados de *emergentes*, onde a industrialização se deu tardiamente, porém com certa eficiência[1], verificou-se um movimento de concentração da riqueza em áreas específicas, fortemente urbanizadas. A competitividade interna se instalou e a hierarquização se fez presente por meio das desigualdades regionais. O meio rural, nesse caso, viu-se posto à margem do desenvolvimento calcado nos grandes projetos estatais e multinacionais, que foram instalados fundamentalmente no ambiente citadino, uma vez que a modernidade industrial apoiou-se na estrutura urbana em função das possibilidades técnicas e de força de trabalho que as cidades ofereciam.

Surgiu assim um processo de hierarquização intra-regional, por vezes perverso, no qual o campo passou a sanear as necessidades urbanas com o fornecimento de matéria-prima, alimentos, água potável, reservas de valores, entre outros recursos. Passou ainda a consumir produtos com valor agregado, oriundos das cidades. Com o passar do tempo, a concentração do capital nas cidades levou o meio rural a enfrentar muitas dificuldades para assegurar qualidade de vida e de produção para sua população.

Em muitas nações do mundo, dentre as quais o Brasil, o processo de urbanização provocou o êxodo rural em massa, resultando em graves problemas sociais tanto para o meio rural quanto para o urbano. O campo passou a depender cada vez mais do governo para manter-se produtivo mas, mesmo com inúmeras ações de auxílio, em muitos casos, a produtividade permaneceu insuficiente. A esse respeito, Cavaco (1996, p. 96) afirmou:

> ***O mundo ocidental conhece atualmente múltiplas situações de crise econômica e social, mas também de novas oportunidades, geradas por sistemas de apoios oficiais e privados, nomeadamente no quadro de programas nacionais e comunitários, pelas novas tecnologias de comunicação, informação, produção, organização e marketing ou pelas inovações no sentido da qualidade (...). No nível de***

[1] Alguns exemplos importantes são: México, Argentina, Brasil, República da África do Sul, Índia, Coréia do Sul, Taiwan e outros.

85-7241-568-8

micro-regiões, nos pequenos territórios, aldeias e populações, são fortemente sentidas as mediocridades de rendimentos e condições de vida, a falta de empregos e ganhos, traduzidas no êxodo, a de serviços de apoio aos idosos, as insuficiências no acesso e na qualidade do ensino ou da assistência, a falência das atividades econômicas, a destruição dos tecidos socioeconômicos, a pobreza, a degradação geral da habitação, dos fontanários, das ruas das aldeias.

Cavaco (1996, p. 96)

As ações de socorro ao meio rural basearam-se fundamentalmente em decisões políticas destinadas a oferecer linhas de crédito, subsidiar produções, financiar projetos de mecanização, investir em benefícios previdenciários específicos para o trabalhador rural, investir em tecnologia agrícola, entre outros exemplos.

Essas medidas resultaram em outros graves problemas, como investimentos desiguais entre as áreas internas das nações (gerando descontentamentos), elevação dos custos sociais da produção, dependência financeira, juros elevados, incentivo ao cultivo de produtos destinados ao mercado externo (em detrimento da produção doméstica de alimentos) e até mesmo o comprometimento da posse da terra em caso de longas inadimplências por empréstimos.

Para não depender mais dos governos e reduzir a alta vulnerabilidade econômica, inúmeras comunidades rurais passaram a reagir, mobilizando suas próprias forças – mesmo que poucas – para resolver seus problemas. Tal reação é fruto das dificuldades enfrentadas pelas populações rurais de se inserirem no modelo dominante de desenvolvimento (conhecido como modelo pós-fordista), com base em critérios de crescimento do capital, em detrimento do meio ambiente e da qualidade de vida.

Essa reação, que no Brasil fortaleceu-se na última década do século XX, levou muitas localidades interioranas a investir nas ditas *formas alternativas de produção e acumulação*, geralmente baseadas na multifuncionalização[2] das propriedades, na diversificação da produção, na busca por recursos tecnológicos de automação e mecanização de baixo custo (mas com alta eficiência), na valorização da indústria familiar, no revigoramento do artesanato, no incentivo às cooperativas comerciais e de serviços e, entre muitas outras ações, na implantação de programas de turismo alternativo nas áreas rurais.

Foi, portanto, nesse cenário que o turismo rural despertou o interesse da população rural a partir dos anos 1960 na Europa e, no Brasil, a partir da segunda metade da década de 1980. Essa iniciativa contou com o interesse de inúmeros segmentos da sociedade, que vislumbraram nessa atividade uma oportunidade de agregar renda e trazer benfeitorias infra-estruturais para o campo. A partir da virada da década de 1990, essa modalidade de turismo vem crescendo no Brasil e assumindo cada dia mais importância tanto para o meio produtivo (sobretudo no espaço agrário) quanto para os estudos acadêmicos.

Conceitos de Turismo Rural e de Espaço Rural

Do ponto de vista conceitual, pode-se dizer que é possível criar tantas concepções de turismo rural quanto se é capaz de identificar espaços rurais diferentes. Por esse motivo, muitos autores têm enfrentado dificuldades para estabelecer uma grade conceitual que dê conta do amplo conjunto de aspectos que caracterizam essa modalidade de turismo.

Em cada configuração espacial, um arranjo de paisagens dará origem a distintos entendimentos da *ruralidade*[3] e, desse modo, o turismo que lá for praticado terá aspectos próprios de acordo com a organização histórica, cultural e geográfica de cada lugar.

[2] Segundo Portuguez (1999, p. 71), "*o fenômeno da multifuncionalização pode ser entendido como a agregação de atividades produtivas em uma determinada organização – no caso as propriedades rurais – de modo a diversificar produtos, serviços e mercadorias na tentativa de criar condições para o aumento da renda e da oferta de postos de trabalho por ela*".

[3] Aqui entendido como conteúdo *tecnoesférico* do meio rural. Segundo Milton Santos (1988, p. 10), as técnicas que constituem o conteúdo da tecnoesfera são um "*conjunto de meios de toda espécie de que o homem dispõe em um dado momento, e dentro de uma organização social, econômica e política, para modificar a natureza, seja a natureza virgem, seja a natureza já alterada (...) Devem ser entendidas em sua coabitação em um lugar, mas também na sua sucessão*".

Para exemplificar, pode-se dizer que refletir sobre a ruralidade ribeirinha da Amazônia, onde vivem os caboclos e indígenas é, inquestionavelmente, diferente de refletir sobre a ruralidade agrícola dos campos destinados ao cultivo cafeeiro do Sudeste e do Sul, onde a maior parte da população descende dos imigrantes europeus que vieram para o Brasil no século XIX.

Se o meio rural apresenta diferenças tão grandes dentro do mesmo país, quando a análise se expande ao mundo, as distinções de *forma e função*[4] dos meios agrários se tornam ainda muito maiores. Nessa perspectiva, pensar o meio rural significa lembrar desertos, geleiras, áreas florestadas, montanhas, campos altamente mecanizados, campos cultivados no regime de subsistência, áreas ricas em castelos medievais, áreas onde o *camping* é a única possibilidade de pernoite, entre muitos outros exemplos.

Em outras palavras, não se deve vincular a reflexão sobre o turismo rural com a imagem de *ruralidade* imediata que comumente se faz a partir do mundo rural que se conhece. Para cada composição paisagística, um conteúdo diferente de experiências pode ser ofertado ao viajante, de modo que distintos produtos turísticos podem ser formatados tendo a diversidade de ambientes como *matéria-prima* das operadoras especializadas.

Segundo Gómez (1988, p. 14), entre os países europeus onde o turismo rural se encontra mais amadurecido, existem diferentes concepções sobre o conceito de espaço rural. Na Itália e na França, por exemplo, definiu-se como espaço rural as zonas com pequenos núcleos de população que apresentam características de baixo dinamismo urbano. Na Itália, incluem-se as áreas montanhosas como parte do ambiente rural.

Na Grã-Bretanha e na Irlanda, o campo é visto como o antônimo de cidade, com um fato em particular: todas as aglomerações humanas são consideradas cidades, independentemente do tamanho e/ou de sua população absoluta. Na Grécia e em Portugal, define-se campo como sinônimo de áreas com vocação para as atividades agrárias.

No Brasil, o IBGE – Instituto Brasileiro de Geografia e Estatística considera como área urbana: as sedes municipais, as sedes distritais e as áreas urbanas isoladas, enquanto as áreas rurais são as situadas fora desses limites, incluindo-se os aglomerados rurais. Rodrigues (1998, p. 92) criticou essa definição afirmando que:

> ***Conforme se pode observar, há muitas ambigüidades nesta classificação. Segundo este critério, uma sede de distrito – vila – com 100 habitantes, por exemplo, é considerada urbana, enquanto um distrito industrial, com sua planta e residências de empregados é considerado rural.***
>
> **Rodrigues (1998, p. 92)**

Rodrigues (1997, p. 126) lembrou ainda que o processo de urbanização não gerou mudanças apenas nas cidades, até porque, nos dias atuais, é muito difícil "*distinguir o que é urbano do que é rural*". Nesse sentido, por mais que se procure valorizar as características do ambiente agrário receptor, o turismo nele praticado ganha, cada vez mais, forte conteúdo técnico que acaba por caracterizá-lo muito mais como uma extensão do fenômeno urbano.

No Brasil, ao longo dos últimos 20 anos, entendeu-se turismo rural a partir de uma série de concepções fundamentadas no conteúdo da ruralidade do centro-sul do país. Só muito recentemente se vem pensando outras possibilidades que incluem os povos pantaneiros, da Amazônia e da caatinga. No entanto, é notória a influência do modelo agrícola sul-sudestino na construção de conceitos extrapolados para todo o país.

O documento *Diretrizes para o Desenvolvimento do Turismo Rural no Brasil*, divulgado pelo Ministério do Turismo do Brasil para o período 2003-2007, traz algumas novidades nesse aspecto. Trata a ruralidade a partir de uma concepção claramente definida de território e de meio rural, o que possibilita abarcar a grande diversidade de ambientes rurais do Brasil.

Até mesmo ao afirmar que o turismo rural deve comprometer-se com a atividade agrícola, deixa claro que essa produtividade assume aspectos diferenciados, podendo, inclusive, não se dar em escala comercial, pois os modos de vida e saberes locais estarão vinculados à natureza de uma vida

[4] Trata-se de duas das quatro categorias de análise da totalidade espacial propostas por Milton Santos: forma, função, estrutura e processo. Essas categorias foram dimensionadas para o turismo por Rodrigues (1997, p. 61-77) e servem como princípios de análise da dinâmica espacial do fenômeno turístico. A forma refere-se aos aspectos da organização da paisagem, enquanto a função se refere ao uso que se faz de cada aspecto da forma, dando funcionalidade ao conjunto.

rural, que pode até incluir atividades como: pesca, criações, extrativismo, cultivos de subsistência, entre outros exemplos. Segundo o documento, o turismo rural é:

> *(...) o conjunto de atividades turísticas desenvolvidas no meio rural, comprometido com a produção agropecuária, agregando valor a produtos e serviços, resgatando e promovendo o patrimônio cultural e natural da comunidade.*

Por sua vez, a Carta de Joinville[5], assinada durante a cerimônia de encerramento do IV Congresso Internacional sobre Turismo Rural e Desenvolvimento Sustentável, realizado em Joinville (Santa Catarina) de 12 a 15 de maio de 2004, propôs o seguinte conceito para o turismo rural: aquele que, do ponto de vista geográfico, acontece no espaço rural; do ponto de vista antropológico, oferece ao visitante a possibilidade de vivências da cultura rural; do ponto de vista socioeconômico, representa um complemento às atividades agropecuárias; finalmente, do ponto de vista do imaginário, atende às expectativas de evasão da rotina urbana e de realizar outras experiências de vida. Turismo rural é a atividade realizada no meio rural apropriada por atores de cultura local rural e estimulada por um fluxo de pessoas que desejam a contemplação dos significados da sociedade local e seu entorno natural, com retorno para a economia regional.

Esses dois conceitos mostram claramente a vinculação que a academia e o poder público desejam reforçar, no sentido de valorizar o turismo rural como aquele que se baseia no meio agrário e as características socioambientais do lugar rural. No entanto, deve-se deixar claro que se trata de construções conceituais válidas para o Brasil, para o atual período histórico e para as áreas atualmente consideradas rurais em nosso país[6].

[5] Disponível em: *http://www.ielusc.br/citurdes*.

[6] Os conceitos são construções intelectuais que buscam explicar determinados fenômenos que são, via de regra, complexos e dinâmicos. Do ponto de vista acadêmico, nascem da relação que se estabelece entre os sujeitos do conhecimento e os objetos pesquisados. Podem variar de cultura para cultura, de acordo com a concepção que cada povo tem do fenômeno conceituado. Pode ainda apresentar grande dinamismo na mesma cultura, na medida em que as novas gerações atribuem novos significados ao objeto da análise.

Experiências Pioneiras de Turismo Rural no Brasil e no Mundo

Após a segunda metade do século XIX, quando se consolidou o período da modernidade urbana, o turismo passou a ser visto como uma atividade produtiva importante e, por conseqüência, passou a contar com planejamento efetivo e específico. No entanto, o turismo se configurava como um fenômeno citadino, pois o *glamour* e a opulência das metrópoles da América do Norte e da Europa representavam muito bem o discurso de vida moderna desejado pela classe consumidora daquele período.

Nessa fase inicial do turismo moderno, o lazer e a recreação no meio rural foram vertentes relativamente tímidas e economicamente vulneráveis até a segunda metade do século XX, quando os campos de cultivo da Europa Mediterrânea passaram a atrair grande quantidade de viajantes, uma vez que muitas cidades estavam se recuperando, aos poucos, dos arrasadores efeitos da Segunda Guerra Mundial.

No continente americano, a hospedagem em propriedades rurais surgiu, provavelmente, com a acomodação de viajantes, caçadores e pescadores que se deslocavam pelo interior dos Estados Unidos, onde se constatava grande carência de hospedarias e refeitórios. Surgiram assim as chamadas *Farm Houses*, ou ainda *Country Vacations* (Embratur, 1994, p. 6).

Nas áreas de caça e pesca mais distantes das áreas povoadas, a acomodação em ranchos era a alternativa mais segura e economicamente viável. Aos poucos, essas propriedades se estruturaram melhor para alimentar, acomodar e entreter os usuários, dando origem aos primeiros *resorts* e hotéis-fazendas norte-americanos. Atualmente, essas unidades são conhecidas como *Working Farm*, *Working Ranch*, *Guest Farm*, *Ranch Resort* ou *Lodge Resort*e *Wilderness Lodge* (Embratur, 1994, p. 6).

Na Europa, sobretudo na França, na Espanha, em Portugal, na Itália, na Grã-Bretanha, na Alemanha e em muitos outros países, a prática da hospedagem rural ganhou fôlego com a valorização da história e da cultura, pois na zona agrária do velho continente é possível encontrar milhares de edificações, que são vestígios arquitetônicos da Idade Antiga e da Idade Medieval. Além, claro, da culinária, das vinícolas, entre outros atrativos.

Por sua vez, na América do Sul, o turismo rural passou a contar com maiores atenções a partir dos anos 1980 nos pampas da Argentina, no Uruguai, nas zonas de imigração européia do Brasil, nas fazendas de café da Colômbia, nas rotas incas do Peru, só para citar alguns exemplos.

No Brasil, as unidades federativas com mais experiência localizam-se na porção centro-sul do país, com destaque para os estados de Santa Catarina[7] (pioneiro no turismo rural), Espírito Santo (pioneiro na elaboração de rotas do agroturismo[8]), Rio Grande do Sul e Paraná. Interessante notar que se trata dos estados onde ocorreu imigração européia, com fixação dos imigrantes, sobretudo, pelo sistema de colônias de povoamento, que originou cidades com forte conteúdo cultural da Europa rural do século XIX. Por vezes, as práticas de turismo rural nesses Estados se mesclam com outras modalidades, como *turismo cultural* e *turismo em cidades históricas*.

No Vale do Paraíba do Sul, entre o Rio de Janeiro e São Paulo, bem como em Minas Gerais, as áreas onde ocorreu a fase áurea da monocultura cafeeira são os espaços mais representativos, apropriados por essa modalidade. Em Minas Gerais, algumas tradições rurais chegam a influenciar fortemente a imagem global do estado, que tem tirado ótimo proveito da oferta de produtos formatados para uma clientela crescente.

Nos estados do Centro-Oeste, o turismo rural tem se vinculado à natureza[9], à pescaria, aos esportes radicais, bem como a uma infinidade de possibilidades oferecidas pelas operadoras que atuam nas comunidades pantaneiras. Em Goiás, onde o turismo rural vem sendo bem pesquisado pela UFG – Universidade Federal de Goiás, tem-se percebido crescente interesse em associar a recreação rural com a identidade socioambiental do cerrado.

No Nordeste do Brasil, as experiências de turismo rural têm gerado interessantes resultados em alguns estados. O chamado *turismo sertanejo* tem ganhado força e algumas rotas já fazem sucesso, como a *Rota Paraíba-Pernambuco*, que leva os turistas a uma viagem no tempo e no espaço por antigos caminhos de tropeiros pela serra da Borborema.

> *O Turismo Sertanejo é uma forma de lazer fundamentada na paisagem natural, no patrimônio cultural e no desenvolvimento social das regiões interioranas do Brasil. Tem como principal objetivo promover a compreensão integrada do meio ambiente em suas múltiplas e complexas relações, envolvendo os aspectos naturais, socioeconômicos, culturais e éticos. De maneira bastante sintética, pode-se dizer que o Turismo Sertanejo insere-se na categoria de turismo exótico, um misto de agroecoturismo, com ênfase na valorização da identidade cultural regional e na melhoria das condições de vida da comunidade local.*[10]

Já na Região Norte, algumas adequações conceituais precisam ser feitas, pois a geografia local não apresenta as mesmas características do centro-sul, tampouco do sertão nordestino. Falar em turismo rural na Amazônia significa vinculá-lo à natureza, à cultura cabocla e indígena e a uma organização socioespacial única. É falar das rotas da borracha, dos passeios pelos igarapés, das diferentes manifestações locais do *bumba-meu-boi*, ou mesmo visitações em fazendas de agroturismo. Desse modo, dependendo da localidade, a Região Norte

Parte 4

[7] No Brasil, embora algumas áreas rurais recebessem visitantes já há algumas décadas, convencionou-se que o turismo rural tenha se iniciado como fruto de uma política pública na cidade de Lages (Santa Catarina), de onde se disseminou por todo o país. Lages lançou seu produto turístico em 1984, a partir de uma iniciativa da Prefeitura, que contou com parcerias locais importantes para o sucesso da empreitada (Zimmermmann e Castro, 1996).

[8] Essa modalidade de turismo em espaço rural se caracteriza pela clara vinculação da visitação com a produção agropecuária, chegando, em algumas localidades, a haver participação dos turistas na colheita, na produção de queijos, na fabricação de vinhos e outros produtos. No Brasil, essa prática não se popularizou ainda, embora já existam algumas poucas experiências de interação do visitante com as hortas e granjas. Boa parte dos viajantes prefere se divertir nas fazendas produtivas, nas quais adquirem produtos naturais, livres de agrotóxicos e a preços mais baixos. Em geral, as propriedades recebem os turistas nos finais de semanas ou no tempo livre das famílias agricultoras, quando a recreação rural (pesque-pagues, trilhas, passeios a cavalo, etc.) é oferecida com maior atenção por parte dos anfitriões.

[9] Segundo Mariane (2003 e 2004), a maior parte dos atrativos turísticos da cidade de Bonito (Mato Grosso do Sul) localiza-se no meio rural.

[10] Todos os dados sobre a experiência do chamado *turismo sertanejo* estão organizados num dos *sites* da Internet mais visitados por pesquisadores e estudantes do Brasil: *www.turismosertanejo.com.br*. Nele, além de dados sobre localidades brasileiras de interesse turístico, existe uma galeria de textos escritos pelos mais renomados professores de turismo do país. O conceito mencionado foi extraído do *site* em 28/set/2004.

pode oferecer possibilidades muito diversificadas pois, só para lembrar, essa é a macrorregião de maior dimensão territorial do Brasil.

Objetivos e Função Social do Turismo Rural

Enquanto atividade produtiva, o turismo rural tem como objetivos: a geração de renda, geração de postos de trabalho, aumentar a arrecadação de impostos e, ao mesmo tempo, funcionar como otimizador dos empreendimentos rurais em áreas de interesse de visitação, que contam com aspectos culturais e naturais atraentes para uma demanda predominantemente urbana, cada vez mais diversificada e exigente.

Socialmente, o turismo rural teria o objetivo de reduzir (ou evitar) o êxodo rural, valorizar o trabalho familiar, divulgar a diversidade étnico-cultural existente no meio rural e promover intercâmbios culturais pela interação da população urbana com a população rural.

Do ponto de vista estratégico, a minimização das desigualdades regionais é um elemento importante pois, caso gere resultados satisfatórios, pode até incentivar os investimentos públicos em assistência às comunidades carentes. Se o turismo rural consegue levar ao campo maior movimentação financeira, junto a ele investimentos infraestruturais de uso coletivo são implantados e, assim, há a possibilidade de melhoria da qualidade de vida no meio agrário.

Em termos ambientais, pode-se dizer que o objetivo do turismo rural se vincula às estratégias de crescimento econômico com conservação ambiental, criando vínculos afetivos entre as pessoas (residentes e visitantes) e os recursos naturais existentes: matas, rios, chapadas, montanhas, fauna e outros. Nesse sentido, vale destacar o fato de, na atualidade, a idéia de sustentabilidade estar se vinculando cada vez mais ao respeito aos saberes locais. Desse modo, proteger o ambiente por intermédio do turismo rural é um exercício de reconhecimento e valorização das culturas ditas *tradicionais*.

No entanto, vale a pena destacar que os benefícios mencionados são aspirações nem sempre alcançadas, em virtude de equívocos no planejamento da atividade ou fatores das mais distintas ordens. Alguns lugares têm mostrado grande dinamismo no incremento do turismo rural, enquanto outros têm figurado como grandes fracassos.

Nesse caso, vale ressaltar a necessidade de bom planejamento que, entre outras funções, tem o propósito de minimizar os impactos[11] da atividade, que podem ser: aumento da produção do lixo nas propriedades que, ocasionalmente, não lhe fornecem destinação correta; agressões à vegetação com o uso inadequado das trilhas; caça clandestina; queimadas; pesca predatória; oferta de trabalho em condições precárias; aumento da pressão social sobre ambientes muito frágeis; introdução de serviços destoantes da cultura rural; aumento da circulação de veículos com a conseqüente liberação de gases poluentes na atmosfera, entre muitos outros exemplos.

Diretrizes do Ministério do Turismo 2003-2007

Vale a pena, nesse momento, fazer uma breve análise das diretrizes estabelecidas pelo Ministério do Turismo para o segmento do turismo rural no Brasil. Tomou-se como base o documento divulgado em 2003 pela Internet e por publicações do Ministério, intitulado *Diretrizes para o Desenvolvimento do Turismo Rural no Brasil.*

O material foi dividido em tópicos e, para a presente análise, optou-se por considerar os quatro mais importantes. No primeiro, delineou-se um panorama do turismo rural no Brasil, apresentando algumas questões a respeito dos benefícios e malefícios que essa atividade pode trazer para as áreas agrárias que se convertem em espaços receptores do turismo.

Na segunda parte, os técnicos do Ministério apresentaram alguns conceitos para balizar as diretrizes que propuseram. Tiveram o cuidado de citar

[11] Ultimamente, tem-se visto em muitas publicações a utilização do termo *impacto* tanto para designar resultados negativos de determinada atividade produtiva quanto para designar resultados positivos. Propõe-se aqui que essa expressão seja utilizada para os aspectos negativos, pois o vocábulo "impacto" é sinônimo de embate, choque, agressão. Para os resultados positivos, que se utilize termos como: *benfeitoria*, *melhoramento* e outros.

conceitos abertos, com abrangência ampla, em função da própria diversidade de espaços e subespaços rurais do Brasil. Essa atitude mostra grande amadurecimento das políticas públicas que começam a tratar a elaboração de diretrizes com maior embasamento acadêmico, fruto de parcerias entre a ação política e a produção universitária.

A terceira parte traz os objetivos da política pública em análise. Mostra clara preocupação com o envolvimento das comunidades locais, seguindo uma tendência de planejamento fortalecida no Brasil a partir de meados da década de 1990. Evidencia ainda uma preocupação com o papel social e humanizador do turismo rural, visando não só à otimização dos resultados financeiros da atividade, mas também à conservação ambiental e cultural das áreas de interesse de turistificação.

As diretrizes propriamente ditas compõem a quarta parte do documento. A Tabela 39.1 mostra as principais estratégias de cada diretriz.

Como se viu, cada diretriz contém um conjunto de metas que deverão ser atingidas por meio das estratégias. O documento menciona ainda as parcerias necessárias para a conquista de cada etapa. Os parceiros, que podem ser ainda chamados de agentes de desenvolvimento local, são organizações governamentais, iniciativa privada, organizações não governamentais e comunidades.

A operacionalização fica, portanto, previamente delegada a esses atores sociais, que deverão coordenar ações e elaborar projetos para as áreas de recepção do turismo rural, respeitando os princípios propostos pelas diretrizes. Com isso, espera-se que o turismo rural traga para o meio agrário

Tabela 39.1 – Diretrizes e estratégias do Ministério do Turismo para o turismo rural brasileiro (2003-2007)

Diretrizes	Estratégias
Ordenamento	Identificação da legislação pertinente
	Desenvolvimento de estudos comparados das legislações vigentes
	Promoção de discussões intersetoriais e institucionais para normatização da atividade
	Estabelecimento de normas, regras e procedimentos específicos para a atividade
	Levantamento, classificação e cadastramento dos serviços
	Identificação da demanda
Informação e comunicação	Fomento à produção e disseminação de conhecimento
	Criação e disponibilização de rede de informação
	Fortalecimento e consolidação do turismo rural no Brasil
Articulação	Valorização e fortalecimento de fórum com representatividade nacional
	Estímulo à criação e ao fortalecimento de instituições e órgãos representativos do turismo rural
	Estabelecimento de convênios, acordos e parcerias interinstitucionais e intersetoriais
Incentivo	Identificação de fontes de cooperação e captação
	Negociação de crédito diferenciado
	Simplificação de mecanismos de concessão de crédito
	Definição de critérios de alocação de recursos para financiamento de infra-estrutura
	Fomento e apoio a iniciativas de pequenos e microempreendedores
	Elaboração e efetivação de estratégias e ações eficientes para a promoção e comercialização de produtos e serviços
	Criação de mecanismos que priorizem a qualidade de produtos e serviços
Capacitação	Identificação das diferentes necessidades de capacitação
	Avaliação de programas, metodologias e possíveis parcerias
	Elaboração conjunta de políticas, programas, planos e projetos específicos de profissionalização
	Promoção de cursos de qualificação e de aperfeiçoamento profissional
	Apoio e promoção de eventos locais, regionais, nacionais e internacionais
Envolvimento das comunidades	Identificação dos territórios com vocação para o turismo rural
	Promoção de encontros e intercâmbios
	Planejamento do desenvolvimento territorial de forma integrada e participativa
Infra-estrutura	Mapeamento regional para identificar as necessidades de infra-estrutura
	Identificação das responsabilidades e competências dos envolvidos
	Implantação de infra-estrutura

Fonte: Ministério do Turismo (2003).

Parte 4

brasileiro uma série de benfeitorias a médio e longo prazos, de modo a melhorar a qualidade da produção e da vida no campo.

Considerações Finais

Com base no exposto, pode-se observar que o turismo rural é um segmento que vem crescendo nas últimas décadas, passando a contar com ação mais efetiva do poder público, dada sua importância socioambiental e econômica.

A literatura especializada tem apontado um rápido crescimento dessa atividade em áreas com predomínio da agricultura familiar, onde alguns aspectos devem ser observados e estudados com mais detalhes. São eles:

- Tendência de utilização da força de trabalho do lugar nos novos empreendimentos de turismo receptivo.
- Valorização crescente do trabalho feminino, considerado uma das pedras angulares da atividade receptiva no meio rural.
- Criação no meio rural, de estruturas (mesmo que rústicas) para realização de eventos, *shows* artísticos e até mesmo feiras de negócios. Essas novas atividades fogem da vinculação conceitual proposta pela Carta de Joinville e pelo Ministério do Turismo, mas mostram algumas tendências de tecnificação de alguns ambientes agrários de alto dinamismo econômico.
- Em algumas localidades, já se percebe a presença do capital internacional, geralmente com a implantação de *resorts* ou grandes empreendimentos para recreação e hospedagem em áreas rurais, onde a natureza e a cultura são consideradas muito atrativas.
- Por outro lado, o resgate do mundo dos caipiras, sertanejos, ribeirinhos, pantaneiros e outros tem dado fôlego aos atores sociais locais, tanto no resgate de seus valores e traços socioculturais quanto na melhoria da qualidade de vida em escala comunitária.
- A multifuncionalização do meio rural deve permanecer como tendência, agregando novas atividades às propriedades e gerando transformações paisagísticas que precisam ser bem planejadas, para evitar impactos socioambientais.

Parte 4

Seminários e Congressos

ENTBL – Encontro Nacional de Turismo com Base Local: esse evento apresenta, anualmente, uma série de pesquisas sobre turismo rural, sendo considerado um dos congressos de turismo mais importantes da academia brasileira.

Citurdes – Congresso Internacional sobre Turismo Rural e Desenvolvimento Sustentável: esse evento tem reunido, no Brasil, uma série de estudiosos dedicados aos estudos do turismo rural. Como resultado, tem dado origem a publicações muito importantes para a compreensão dessa atividade tanto no meio agrário brasileiro quanto de alguns países do mundo.

Seminário de Turismo Sertanejo: organizado pela Universidade Federal da Paraíba, tem apresentado alternativas inovadoras para o turismo em áreas interioranas no Brasil. Embora não se resuma ao turismo rural, esse evento tem dado origem a estudos interessantíssimos, sobretudo sobre o semiárido brasileiro.

Nupaub – Núcleo de Apoio à Pesquisa sobre Populações Humanas e Áreas Úmidas Brasileiras: tem realizado diversos eventos que tratam das dinâmicas de vida e sobrevivência de comunidades tradicionais. Nesses eventos, estudos de ruralidade e turismo são apresentados e podem servir de referência para novas experiências. O núcleo funciona na USP – Universidade de São Paulo e seu acervo de publicações pode ser acessado gratuitamente pelo *site www.usp.br/nupaub/acervo.html.*

Exercícios Propostos

1. O Brasil é um país com dimensões continentais que apresenta grande diversidade interna. Pesquise os diferentes arranjos geográficos do meio rural brasileiro e escreva sobre a possibilidade de se organizar roteiros de turismo rural que:
   a) Contemplem a cultura e os aspectos naturais da caatinga nordestina.
   b) Contemplem a natureza exuberante e a cultura ribeirinha do interior amazônico.
2. O Pronaf – Programa Nacional de Agricultura Familiar lançou um projeto de incentivo ao turismo rural em propriedades familiares.

Faça uma pesquisa no *site www.pronaf.gov.br* e analise as propostas contidas no documento disponibilizado pelo órgão.

3. Escolha um município de seu estado que tenha um caso de sucesso de turismo rural e faça uma análise crítica do local escolhido. Se necessário, elabore algumas propostas de melhoria para a localidade e encaminhe para seu proprietário.
4. A história do Brasil se fundamentou durante séculos no trabalho escravo. Em muitas regiões do país, existem comunidades que trabalham o turismo rural vinculando-o à cultura negra, que deixou traços marcantes na população e nos costumes locais. Identifique uma dessas comunidades (preferencialmente em seu estado) e faça uma redação sobre a importância cultural dos afrodescendentes no desenvolvimento do turismo rural.

BIBLIOGRAFIA COMENTADA[12]

ALMEIDA, J. A.; FROEHLICH, J. M.; RIEDL, M. (org.). *Turismo Rural e Desenvolvimento Sustentável.* Santa Maria: UFSM, 1998. *O livro resultou das palestras e conferências do I Congresso Internacional sobre Turismo Rural e Desenvolvimento Sustentável, realizado na cidade de Santa Maria (Rio Grande do Sul) no ano de 1998.*

ALMEIDA, M. G. (org.). *Paradigmas do Turismo.* Goiânia: Alternativa, 2003. *Coletânea de textos que retratam as experiências de turismo em áreas naturais e/ou rurais, com ênfase para a região do cerrado brasileiro. É uma das principais referências para se compreender as manifestações do turismo no Centro-Oeste do Brasil.*

BANDUCCI JR., A.; MORETTI, E. C. (org.). *Qual Paraíso? Turismo e Ambiente em Bonito e no Pantanal.* São Paulo: Chronos, 2001. *Traz estudos realizados no Pantanal e na cidade de Bonito (Mato Grosso do Sul). Os textos trazem importantes visões sobre a atividade turística (rural, ecológica, cultural e outros) numa das regiões mais importantes para o desenvolvimento do turismo rural no Brasil.*

BRASIL. Instituto Brasileiro do Turismo. *Manual Operacional do Turismo Rural.* Brasília: Embratur, 1994.

BRASIL. Ministério do Turismo. *Diretrizes Para o Desenvolvimento do Turismo Rural no Brasil.* Brasília: Ministério do Turismo, 2003.

BRASIL. Programa Nacional de Agricultura Familiar. *Turismo Rural.* Disponível em: http://www.pronaf.gov.br. Acessado em: 23/Nov/2004.

[12] É evidente que existe uma infinidade de outras obras no mercado que não foram citadas aqui. Uma pesquisa bibliográfica cuidadosa pode revelar, além de estudos regionais, uma série de escritos com teorização competente, que serve de base para as novas pesquisas que se iniciam em todo o país. Para complementar um pouco mais essas sugestões de fontes de consulta, recomenda-se a leitura das referências deste capítulo, onde outros títulos importantes foram mencionados.

CALS, J.; CAPELLÀ, J.; EMPAR, V. (org.). *El Turismo en el Desarrollo Rural de España.* Madrid: Edita, 1994.

CASOL, F. *Manuale Agriturístico Per Operatori ed Utenti.* Belluno: Conegliano, sd.

CAVACO, C. Turismo rural e desenvolvimento local. In: RODRIGUES, A. A. B. (org.). *Geografia e Turismo. Reflexões Teóricas e Enfoques Regionais.* São Paulo: Hucitec, 1996, p. 94-121. *Um dos primeiros textos publicados no Brasil sobre o turismo rural considerando essa atividade como motor do desenvolvimento local. Sua contribuição parte da experiência portuguesa com essa modalidade de turismo, compartilhada com a Universidade de São Paulo entre os anos de 1996 e 1999.*

IV CONGRESSO INTERNACIONAL SOBRE TURISMO RURAL E DESENVOLVIMENTO SUSTENTÁVEL, 2004. *Carta de Joinville.* Disponível em: http://www.ielusc.br/citurdes. Acesso em: 23/Nov/2004.

DESPLANQUES, H. Une nouvelle utilisation de l'espace rural en Italia: L'Agritourisme. *Annales de Geographie (Mars-Avril), 82 (450):* 151-164, 1973.

ESTADO DO ESPÍRITO SANTO. Secretaria de Estado do Desenvolvimento Econômico (SEDES). Agroturismo – Região Serrana Central do Estado do Espírito Santo. *Perfil de Proposições (Vitória):* SEDES/SEAG, 1992.

GÓMEZ, V. B. *Turismo en Espacio Rural. Rehabilitación del Patrimonio Sociocultural y de la Economia Local.* Madrid: Popular, 1988.

LIMA, L. C. (org.). *Da Cidade ao Campo: a diversidade do saber-fazer turismo.* Fortaleza: UECE, 1998. *Uma das publicações resultantes do II Encontro Nacional de Turismo com Base Local. Traz um conjunto de capítulos dedicados aos estudos do turismo rural no Brasil.*

MARIANI, M. A. P. *Turismo e Meio Ambiente no Paraíso das Águas.* Campo Grande: UCDB, 2003.

ORGANIZAÇÃO MUNDIAL DO TURISMO. *Directrices: ordenación de los parques nacionales y zonas protegidas para el turismo.* Madrid: OMT, 1995. *Estabeleceu as diretrizes para o uso de áreas rurais com natureza protegida, sobretudo parques nacionais.*

PORTUGUEZ, A. P. *Agroturismo e Desenvolvimento Regional.* São Paulo: Hucitec, 1999.

PORTUGUEZ, A. P. *Consumo e Espaço: turismo, lazer e outros temas.* São Paulo: Roca, 2001. *Estudo sobre o Programa do Agroturismo implantado no estado do Espírito Santo a partir do início da década de 1990. Traz uma ampla discussão conceitual e um estudo de caso realizado na chamada região serrana central capixaba.*

PORTUGUEZ, A. P. (org.) *Turismo, Memória e Patrimônio Cultural.* São Paulo: Roca, 2004.

RIEDL, M.; ALMEIDA, J. A.; VIANA, A. L. B. (org.). *Turismo Rural: tendências e sustentabilidade.* Santa Cruz do Sul, Edunisc, 2002. *Traz as palestras do III Congresso Internacional de Turismo Rural e Desenvolvimento Sustentável, realizado em Santa Maria (Rio Grande do Sul) em 2002.*

RODRIGUES, A. A. B. *Turismo e Espaço: rumo a um conhecimento transdisciplinar.* São Paulo: Hucitec, 1997.

RODRIGUES, A. A. B. Turismo eco-rural, interfaces entre o ecoturismo e o turismo rural. In: ALMEIDA, J. A.; FROEHLICH, J. M.; RIEDL, M. (org.). *Turismo Rural e Desenvolvimento Sustentável.* Santa Maria: UFSM, 1998.

RODRIGUES, A. A. B. (org.). *Turismo Rural.* São Paulo: Contexto, 2001. *Coletânea baseada nas experiências acumuladas na parceria estabelecida pela Universidade de São Paulo e a Universidade de Lisboa (1996-1999) para intercâmbio de informações e metodologias de planejamento do turismo rural e ambiental entre Brasil e Portugal.*

ROQUE, A. *Turismo Rural Brasileiro: região Sudeste.* São Paulo: Turismo de Campo, 2004. *O autor pesquisou diversos aspectos do turismo rural nos estados do Espírito Santo, Rio de Janeiro, Minas Gerais e São Paulo. A obra é ricamente ilustrada e fornece uma visão panorâmica dessa atividade na Região Sudeste do Brasil.*

SANTOS, E. O. *O Agroturismo e o Turismo Rural em Propriedades da Metade Sul do Estado do Rio Grande do Sul.* Florianópolis: Editora do Autor, 2004. *O autor escreveu sobre o turismo rural e o agroturismo no Rio Grande do Sul, com especial enfoque para a chamada metade sul gaúcha. Trata-se de uma obra importante para o conhecimento dessas atividades em um dos estados pioneiros nesse segmento no Brasil.*

SANTOS, M. O espaço geográfico como categoria filosófica. *Terra Livre (São Paulo), 5:* 9-20, 1998.

TESSARI, R. *O que É Agroturismo?* Venda Nova do Imigrante: Agrotur, 1994.

TESSARI, R. *Riflessioni e Prospetive Sull'Agriturismo Veneto.* Marghera: CIPA-CIT/CIA, sd.

TORESAN, L.; MATTEL, L.; GUZZATI, T. C. *Estudo do Potencial do Agroturismo em Santa Catarina: impactos e potencialidades para a agricultura familiar.* Florianópolis: CEPA/SC, 2002. *Os autores escreveram sobre a experiência de turismo rural e agroturismo em Santa Catarina. São textos didáticos, muito elucidativos sobre essas atividades e seu desempenho nas terras catarinenses, pioneiras em escala nacional.*

TULIK, O. Do conceito às estratégias para o desenvolvimento do turismo rural. In: RODRIGUES, A. A. B. (org.). *Turismo e Desenvolvimento Local.* São Paulo: Hucitec, 136-143, 1997.

TULIK, O. *Turismo Rural.* São Paulo: Aleph, 2003. *Este livro centrou-se nas questões conceituais do turismo rural e traz uma série de discussões sobre as diversas manifestações do turismo rural no Brasil e no mundo.*

TURISMO SERTANEJO. *Um projeto turístico para o sertão.* Disponível em: www.turismosertanejo.com.br. Acesso em: 23/Nov/2004.

UNIVERSIDADE DE SÃO PAULO. *Núcleo de Apoio à Pesquisa sobre Populações Humanas (Nupaub) em Áreas Úmidas Brasileiras.* Disponível em: *www.usp.br/nupaub.* Acesso em: 23/Nov/2004.

VALCÁRCEL-RESALT, G.; VINUESA, M. A. T.; CAVA, L. E. *Desarrollo Local, Turismo y Medio Ambiente.* Madrid: EXCMA, 1993. *Obra em língua espanhola com conceitos e estudos de caso de turismo rural na Espanha, um dos países mais importantes do mundo no desenvolvimento dessa atividade.*

ZIMMERMANN, A.; CASTRO, I. C. *Turismo Rural. Um Modelo Brasileiro.* Florianópolis: Editora do Autor, 1996. *Os autores escreveram sobre a primeira experiência de turismo rural brasileira: a da cidade de Lajes (Santa Catarina).*

Anotações

CAPÍTULO

40 Turismo em Propriedades Rurais da Metade Sul do Estado do Rio Grande do Sul[1]

Eurico de Oliveira Santos
Joaquim Anécio Almeida
Marcelino de Souza

Parte 4

Introdução

Considerando a crise que os proprietários rurais vêm enfrentando desde a extinção dos subsídios governamentais para agricultura e pecuária, é importante que se desenvolva o ideário de que uma receita suplementar oriunda, por exemplo, do turismo rural pode ser uma alternativa para o enfrentamento dessa crise (Veiga, 2002).

Além disso, essa atividade pode auxiliar em diversos aspectos, em especial na preservação dos patrimônios natural e cultural das regiões. É por isso que Tulik (2003, p. 32) entende turismo rural como o "aproveitamento turístico no conjunto de componentes do espaço rural incluindo aqueles basicamente rurais e culturais (principalmente o patrimônio arquitetônico) e, também, elementos da natureza". A esse respeito, o desenvolvimento é concebido como algo mais profundo que o simples crescimento econômico, preservando as identidades e os potenciais local e regional. O desenvolvimento da atividade turística, sem excessos de localismos e regionalismos, pode ser uma alternativa interessante para a promoção de intercâmbio entre a cultura do proprietário rural e a do homem urbano. Com seus traços típicos e peculiaridades, a troca existente entre ambos pode tornar-se muito rica.

Considerando os aspectos econômicos, o turismo tem-se revelado como atividade econômica de grande dinamicidade. De acordo com a Organização Mundial do Turismo (1998), a relação é de um emprego direto para três indiretos, o que significa muito para os países em desenvolvimento, cuja mão-de-obra disponível é abundante. Além disso, o turismo incrementa o consumo de uma

[1] O presente artigo derivou da dissertação de mestrado defendida pelo autor Eurico de Oliveira Santos.

85-7241-568-8

série de bens produzidos no espaço rural. Conforme Castanheira (2001, p. 67), o desenvolvimento do turismo pressupõe importantes aportes ao meio rural, como "melhoria das condições de vida da população local, contribuição para a revitalização econômica de regiões, e geração de rendas complementares".

A atividade turística no meio rural possibilita ainda a proliferação de atividades em áreas que, de outra forma, seriam consideradas improdutivas. Passam, dessa forma, a exercer um importante papel na dinamização da economia da região. No Brasil, além do pioneirismo de Lages (Santa Catarina) e de iniciativas isoladas para o desenvolvimento do agroturismo e do turismo rural no estado Rio Grande do Sul, tem-se buscado maiores conhecimentos sobre esse segmento.

Em virtude de sua multifunção de gerador de empregos e de renda para promover as infra-estruturas de intercâmbios entre o meio rural e o urbano, bem como cultural, é provável que o turismo rural pode trazer desenvolvimento àquelas regiões menos favorecidas. O mesmo, todavia, não pode ser considerado uma panacéia para os problemas latentes do setor primário, mas poderá contribuir no sentido de constituir um adicional nas receitas das fazendas. Além disso, o desenvolvimento da atividade turística tem conotação política, legitimada na participação democrática – comunitária, escolhendo estilos, padrões de vida, respeito ao meio ambiente, à eqüidade social e à conservação da natureza, complementares a um processo de forma harmônica e com o atendimento às necessidades básicas da população, ou seja, congrega a idéia de desenvolvimento sustentável.

Incentivado e aprovado em diversos países, o turismo rural vem-se potencializando quando observadas as realidades geográfica, histórica e econômica, como, por exemplo, do Rio Grande do Sul. Extensas pradarias de um lado e montanhas de outro, a natureza posiciona o estado com privilégios característicos para a prática dessa modalidade turística. A tradição e o apego às lides campeiras criaram um diferencial do gaúcho em relação aos habitantes de outras unidades da federação. A história sempre atraiu pesquisadores de todo o Brasil. Com a chegada maciça dos imigrantes alemães e italianos, entre outras etnias, criou-se um híbrido cultural que conseguiu aliar a cultura de seus países de origem com a encontrada no novo mundo.

Todavia, Fleischer e Felsenstein (2000, p. 1008) observam que a efetividade desse tipo de estratégia de desenvolvimento em gerar empregos e rendas locais tem recebido pouca atenção. O que está muito evidente é que os esforços correntes de colocar em prática essa estratégia de desenvolvimento sofrem de uma falta de instrumentos rigorosos de monitoramento e avaliação. Isso tem implicações importantes para a formulação de políticas públicas. Os autores enfatizam ainda que apenas de forma intuitiva esta forma de desenvolvimento econômico se associa com a geração de empregos e rendas locais.

Dessa forma, o presente estudo procurou investigar as potencialidades de propriedades rurais da metade sul do estado do Rio Grande do Sul, as quais praticam o turismo rural como alternativa econômica para suas propriedades. Os objetivos deste estudo foram identificar as potencialidades dessas propriedades rurais para o desenvolvimento do turismo rural como alternativa econômica; caracterizar os empreendimentos rurais com atividades turísticas em relação aos seguintes aspectos: localização; identificação das propriedades e familiares; histórico e administração das propriedades; atividade primária nas propriedades; infra-estrutura e atividade turística; traçar o perfil da demanda turística e estabelecer o perfil da geração de ocupações fixas e temporárias nos setores terciários do empreendimento.

O turismo rural pode ser considerado uma alternativa econômica para as propriedades rurais na metade sul do estado do Rio Grande do Sul. Argumentamos que o turismo apresenta-se como alternativa econômica para propriedades rurais dessa região porque pode viabilizar retorno monetário em tempo menor que a agricultura e a pecuária, sem a necessidade de grandes investimentos e sem descaracterizar o meio rural. Além disso, proporciona às famílias empreendedoras bem-estar perceptível vinculado a melhores condições financeiras e oportuniza contato com diferentes pessoas, produzindo reflexo direto e positivo em termos de redução do êxodo rural. Para as mulheres, o turismo rural representa uma mudança qualitativa dos seus papéis tradicionais, mas facilmente compatível com as responsabilidades domésticas. Outros pontos poderiam ser salientados, como a preservação do meio ambiente e do patrimônio edificado. Dada a importância desses aspectos, enfatizamos a necessidade de se atentar para o aspecto multidimensional do turismo rural.

Metodologia

Participaram deste estudo 42 proprietários de estabelecimentos rurais localizados na metade sul do estado do Rio Grande do Sul. Todos eles praticavam o turismo rural. Foram investigadas propriedades ativas e inativas no período de julho a setembro de 2002. Todo o trabalho de campo foi desenvolvido diretamente pelo pesquisador responsável, que se deslocou até os empreendimentos previamente contatados durante todo o período de coleta de informações. Tendo em vista o objetivo deste trabalho, realizou-se um censo das propriedades rurais da metade sul do estado do Rio Grande do Sul.

A pesquisa foi realizada em dois estágios. No primeiro momento, foi de caráter exploratório para investigar as propriedades existentes na metade sul do estado do Rio Grande do Sul que se enquadravam neste estudo. Para tanto, foi utilizada a *homepage* da Secretaria de Turismo do Estado do Rio Grande do Sul e informações dos próprios proprietários rurais. No segundo momento, foram visitados todos os estabelecimentos relacionados, tendo em vista a aplicação de um questionário com todos os proprietários. O questionário possuía questões abertas e fechadas, especialmente elaboradas para este estudo. As respostas às questões fechadas foram importadas e tabuladas eletronicamente no programa SPSS 10.1 visando à estatística descritiva – freqüências e cruzamentos das variáveis.

Caracterização Socioeconômica da Metade Sul do Estado do Rio Grande do Sul

Apesar de sua extensão, que abrange 54% do território do estado, a metade sul do estado do Rio Grande do Sul tem apresentado indicadores socioeconômicos pouco favoráveis se comparados com a metade norte. De forma contraditória, por seus indicadores de riqueza e infra-estrutura econômica e social, o Rio Grande do Sul está na terceira posição no *ranking* dos estados brasileiros.

Historicamente, é possível verificar vários ciclos de valorização de determinados produtos produzidos na porção meridional e que, cronologicamente, são: ciclo extrativista (couro, graxa); ciclo do charque; ciclo da ovinocultura concomitante ao desenvolvimento da pecuária bovina extensiva; ciclo dos frigoríficos e ciclo da modernização industrial, que usufruía do benefício de estar próximo dos portos de Rio Grande e de Pelotas. A transição de um ciclo para outro ocorreu através de novos mercados (por exemplo, o charque) ou novas tecnologias (por exemplo, ciclo da ovinocultura e os frigoríficos). Dentre esses ciclos, as mudanças mais marcantes ocorreram no ciclo do couro e do charque para o ciclo da carne e da lã e, entre os anos 1940 e 1950, da pecuária associada à agricultura irrigada. Os ciclos de produtos propiciaram, em função de uma estrutura fundiária de grandes propriedades, um sistema de produção calcado na pecuária extensiva e na posse da terra fundamentada na grande propriedade.

Além disso, esses diferentes momentos refletiram mudanças nas paisagens da região, como a introdução dos rebanhos e o expansionismo colonial levaram à modificação da cobertura vegetal nativa em decorrência da pressão do pastoreio e pelo corte dos poucos capões e matas, cujos produtos foram utilizados como matéria-prima em benfeitorias e como lenha. Num segundo momento, com o estabelecimento das "charqueadas"[2], começou a polarização de núcleos produtivos e urbanos, sendo a cidade de Pelotas um pólo de beneficiamento e escoamento da produção. Esse processo foi substituído no século XX pelo abate industrial dos rebanhos, mantendo o predomínio de campos de pastoreio e mudando paulatinamente o regime de utilização do campo pela introdução da pecuária ovina laneira voltada às poucas indústrias têxteis que estavam surgindo. Em torno de 1920, começaram a se destacar as primeiras iniciativas de empreendimentos agrícolas, em particular as lavouras tritícolas e orizícolas.

Alguns poucos movimentos migratórios levaram à Região Sul núcleos de colonos alemães que

[2] Ciclo de fundamental significância no desenvolvimento econômico da Região Sul no final do século.

trouxeram hábitos voltados às culturas de subsistência, como a cultura de legumes, hortaliças e frutas. Além disso, propiciaram o surgimento de um artesanato colonial complementar.

Na metade sul, existe atualmente predomínio das atividades da pecuária cujo efetivo de bovinos responde por cerca de um terço do total da área. Já na agricultura, predomina o cultivo do arroz, exceto no caso das pequenas propriedades. Nos campos onde as terras foram utilizadas para orizicultura irrigada, há predomínio de terras arrendadas, contribuindo assim economicamente para os proprietários rurais com a renda da terra.

Diante dos aspectos anteriormente mencionados, tornou-se importante para a economia da metade sul a busca de alternativas, dentre elas a instalação de empresas agroindustriais com objetivo de implantar novas linhas de produção que integrem a indústria e o pequeno produtor agrícola. Dessa forma, aproveitando-se a experiência vivenciada na região norte do estado do Rio Grande do Sul, pode-se fazer o mesmo na metade sul, entre outras alternativas.

ESTRUTURA FUNDIÁRIA DA METADE SUL

De acordo com os dados do Censo Agropecuário do IBGE (1985), *apud* Engevix (1997), as áreas médias dos estabelecimentos agropecuários podem ser divididas em:

- Menos de 50 hectares.
- De 50 a 100 hectares.
- De 100 a 200 hectares.
- De 200 hectares e mais.

Na metade sul, predominam os grandes estabelecimentos agropecuários, com densidades demográficas iguais ou inferiores a cinco habitantes por quilômetro quadrado (censo demográfico de 1991, *apud* Engevix, 1997). Entretanto, cabe destacar que são consideradas pequenas propriedades os estabelecimentos agrícolas com menos de 50 hectares de área total[3].

[3] Não existe um limite definido sobre o tamanho máximo da pequena propriedade, mas estudos realizados têm tomado o limite de 50 hectares como referência.

A análise da posse da terra na metade sul do Rio Grande do Sul revela que 79% dos estabelecimentos agrícolas possuem menos de 50 hectares. A classificação dos estabelecimentos em pequenos, médios e grandes está relacionada a um significado político, quase sempre determinado pelas instituições de financiamento.

A principal característica da estrutura fundiária da metade sul é a concentração de estabelecimentos agropecuários, destacando-se que os estabelecimentos com 100 e mais hectares representam cerca de 78,35% da área dos estabelecimentos agropecuários do Rio Grande do Sul. Entretanto, os empreendedores de turismo rural possuem propriedades maiores que 50 hectares.

Cerca de 85% das propriedades rurais da metade sul são pequenas, muitas com pouca rentabilidade, levando muitos agricultores em estágio de pobreza ao êxodo rural. A baixa produtividade, os elevados custos de produção, a baixa renda e a descapitalização estão sendo fortemente sentidos. Entretanto, as propostas para tentar reverter o atual quadro não são animadoras.

É fundamental para todas as pequenas e médias propriedades agrícolas, sejam da metade sul ou da metade norte que, por meio de diferentes formas associativas, busquem novas formas de se organizar numa economia globalizada.

TURISMO – PERSPECTIVAS PARA DESENVOLVIMENTO DO SETOR DE SERVIÇOS

As tendências atuais enfocam, com grande ênfase, o turismo rural como perspectiva muito forte para o desenvolvimento do setor de serviços no meio rural da metade sul do estado do Rio Grande do Sul. Sob esse enfoque, os empresários partem da premissa, ainda que primária, de que, com bom acesso, podem conseguir desenvolver o turismo. Conjugadas as duas situações, poder-se-ia chegar a uma fórmula adequada para o desenvolvimento do turismo rural e, conseqüentemente, ao desenvolvimento dos serviços nas propriedades.

Apesar de existir destacado potencial turístico na metade sul do estado do Rio Grande do Sul, torna-se necessário o desenvolvimento de projetos e a participação da iniciativa privada e governamental para torná-lo efetivo. Várias têm sido as iniciativas nesse sentido, como a promoção de eventos e a implantação de hotéis-fazenda e pousadas. Apesar delas, é necessária também uma renovação na mentalidade em relação à ocupação do espaço rural e no aproveitamento do patrimônio, a fim de se criar um novo contexto para o desenvolvimento.

Caracterização e Potencialidades do Turismo Rural da Metade Sul

LOCALIZAÇÃO DAS PROPRIEDADES

A localização das propriedades que fizeram parte do presente estudo encontra-se na Tabela 40.1. Vale destacar que a metade sul do estado do Rio Grande do Sul divide-se em sete sub-regiões. Todavia, os empreendimentos turísticos rurais foram encontrados em apenas quatro delas.

Constatou-se também que a maior parte das propriedades localiza-se na Fronteira Oeste (31%), Campanha (31%) e Sul (26%). Não foi localizada nenhuma propriedade na região do Vale do Rio Pardo, Central e Litoral, as outras regiões que compõem a metade sul.

Em relação a esses dados, cabe comentar que, na região do litoral, por ser uma região de apenas três municípios, a probabilidade de haver uma propriedade que pratique turismo rural é menor, assim como pelo fato de ser uma região de poucos recursos e acesso difícil. Quanto à região central, apesar de contar com vários municípios, não foi localizada nenhuma propriedade que se enquadrasse na prática das atividades investigadas,

Tabela 40.1 – Regiões onde se localizam as propriedades

Metade sul	Freqüência
Fronteira oeste	31% (13)
Campanha	31% (13)
Sul	26% (11)
Centro-sul	12% (5)
Total	100% (42)

Fonte: pesquisa de campo, 2002.

o que causa certa estranheza em virtude de sua grandeza em termos de propriedades produtivas. Segundo a secretaria da metade sul do estado do Rio Grande do Sul, encontra-se também na região a gradativa recomposição de porções de mata em áreas rurais próximas à encosta do Planalto, onde existem resquícios originais de Mata Atlântica, parte da reserva da biosfera da Mata Atlântica. Essas áreas caracterizam-se por grande possibilidade ao desenvolvimento do turismo rural. Como atrativos apresentam áreas com sítios paleobotânicos e paleontológicos nos municípios de Mata, São Pedro do Sul e Santa Maria. Alguns dos empecilhos na área do turismo são a falta de integração dos produtos turísticos na região e a carência de recursos humanos qualificados na área, bem como os acessos e a sinalização (praticamente inexistente), o desconhecimento dos produtos turísticos, pouco material de divulgação e a falta de empreendimentos locais na área.

Quanto à região do Vale do Rio Pardo, de acordo com o relatório do I Seminário de Desenvolvimento Regional e do plano estratégico de desenvolvimento da região, destacaram-se algumas dificuldades para o desenvolvimento da atividade turística. Dentre elas, citam-se muitas propriedades com extensão menor que 10 hectares, bem como o predomínio da concentração de poder econômico gerado pela indústria fumageira (SCPGMS/RS, 2002).

Em relação às regiões que praticam turismo rural, suas possibilidades, dificuldades e demais características serão discutidas ao longo da apresentação dos resultados.

Os municípios com maior concentração de propriedades foram Pedras Altas e Lavras do Sul, respectivamente com cinco (12%) propriedades cada, e São Gabriel, com quatro (10%).

Nos municípios de maior concentração, destaca-se Lavras do Sul como precursor do turismo rural, com grande ascendência nos anos 1990, mas apresentando declínio atualmente. Já Pedras Altas é um município emancipado no ano de 2000, caracterizando-se por ser carente de recursos, mas com grande potencial turístico, com base principalmente no turismo rural-cultural, por contar com o Castelo de Joaquim Francisco de Assis Brasil.

A Tabela 40.2 apresenta a área das propriedades investigadas. Em relação a elas, a menor propriedade tinha 12 hectares e a maior, 4 mil hectares. A média das áreas foi de 705,45 hectares. Conforme exposto na Tabela 40.2, a maior parte das pro-

85-7241-568-8

Tabela 40.2 - Área das propriedades rurais pesquisadas

Distribuição (hectares)	Número de propriedades
< 10	–
10 < 100	24% (10)
100 < 200	5% (2)
200 < 500	21% (9)
500 < 2.000	45% (19)
> 2.000	5% (2)
Total de propriedades	100% (42)

Fonte: pesquisa de campo, 2002.

priedades (45%) tinha menos de 500 a 2 mil hectares e apenas duas (5%) tinham mais de 2 mil hectares. Não houve propriedade menor de 10 hectares. Segundo o relatório da Engevix (1997), a área média das propriedades da metade sul é inferior a 50 hectares, enquanto das propriedades que praticam turismo rural é 705,45 hectares. Esses dados sugerem que o empobrecimento dos grandes proprietários provavelmente os levou a procurarem novas fontes de receita na atividade receptiva do turismo.

Em relação à distância de cada propriedade de Porto Alegre, a distância mínima foi 50 quilômetros e a máxima, 715 quilômetros, sendo a média 355,12 quilômetros.

Os dados revelam predomínio de propriedades distantes entre 300 e 400 quilômetros da capital (47%). Considerando o que Zimmermann (1996) referiu, que o turismo rural regional tem sua maior clientela num raio de 150 quilômetros, essa distância maior poderia constituir um entrave à atividade turística. Esse dado concorda com Martinez e Monzonis (s.d.), que propõem uma classificação do tempo de estadia em relação à distância. Segundo esses autores, quando a distância é de uma hora e meia até menos de 150 quilômetros, os hóspedes costumam passar o final de semana; quando a distância é de 150 a 300 quilômetros, ficam em feriadões; numa distância maior, geralmente permanecem no período de férias. Assim, os autores entendem que o turismo rural é, basicamente, um turismo de proximidade.

DADOS DE IDENTIFICAÇÃO DAS PROPRIEDADES E FAMILIARES

Quanto ao gênero dos proprietários rurais dos estabelecimentos investigados, 25 (60%) são homens e 17 (40%) mulheres. Os dados indicam aumento importante na participação da mulher como proprietária rural, muitas por morte de seus maridos, mas outras também por receberem herança de seus pais. De qualquer modo, em vez de vendê-los, elas têm comandado esses empreendimentos com grande afinco.

Relacionado ao gênero, aparece o estado civil dos proprietários. É possível que grande parte das mulheres mantenha a propriedade justamente por ser casada (67%), o que faz com que tenham apoio do companheiro na administração da propriedade. Em muitos casos, observa-se também que a mulher envolve-se mais na atividade turística e o homem, em atribuições das atividades primárias.

Quanto à escolaridade dos proprietários, a maior parte dos participantes tinha ensino superior (60%), tanto na área das Ciências Agrárias como em outras áreas. Proprietários com pós-graduação foram minoria no grupo investigado (7%), assim como aqueles apenas com ensino fundamental (10%). Portanto, apresentam alta escolaridade.

Em relação ao local de residência dos proprietários, somente três (7%) moram na propriedade e apenas quatro (10%) residem em Porto Alegre. Os demais se distribuem em cidades do interior do estado. O nível de instrução dos filhos dos proprietários rurais é alto. Dentre os que possuem ensino superior, 40% cursaram outras áreas, sugerindo que desejam afastar-se, pelo menos profissionalmente, das atividades do campo. Além disso, 51% dos filhos, somando-se todos com ensino superior completo ou não, estão em outras áreas que não as agrárias.

Complementando a discussão anterior, quanto ao local de residência dos filhos dos proprietários rurais, destaca-se que apenas 19% moram na propriedade e os demais moram na capital (20%) ou em outras cidades do interior. Os filhos que moram nas propriedades normalmente são aqueles que não continuaram seus estudos depois do término do ensino médio.

Em relação à freqüência com que os filhos dos proprietários visitam a propriedade, grande parte vai uma vez por semana (20%) ou uma vez por mês (19%) e um número muito reduzido (1%) somente em feriadões e férias. Os dados sugerem que os jovens realmente não têm interesse ou vontade de permanecer no meio rural: a soma das porcentagens de quem visita a propriedade uma e duas vezes por semana perfaz apenas 24%, refletindo muito pouco interesse pela vida rural.

HISTÓRICO E ADMINISTRAÇÃO DA PROPRIEDADE

Quanto ao histórico da propriedade na família, em 54% dos casos, a propriedade está na família há pelo menos cinco gerações (28%, sexta geração; 26%, quinta geração). Isso indica o apego das famílias pelo seu patrimônio mas, ao mesmo tempo, não implica que elas permaneçam residindo ou trabalhando no campo. Além disso, mesmo permanecendo por várias gerações, o empobrecimento e o sucateamento da infra-estrutura são evidentes pela falta de manutenção em alguns estabelecimentos. A maioria das propriedades sofreu fracionamento de suas áreas físicas, pois se constatou na pesquisa que 59% delas tinham área de até 9 mil hectares antes de serem divididas.

INFRA-ESTRUTURA E ATIVIDADE PRIMÁRIA NOS EMPREENDIMENTOS

Verificou-se que há um predomínio de açudes (60%) que, além de serem utilizados na atividade primária, podem ser também aproveitados para pesca e banho.

Na produção do arroz e da soja, esses produtos necessitam de grandes investimentos como adubo, sementes, defensivos, tratores, colheitadeiras, implementos, etc. Todavia, o milho é o produto mais plantado pelos proprietários entrevistados no presente estudo (30%), possivelmente por ser um produto de fácil plantio. Ele é cultivado em pequenas, médias e grandes extensões de terra. Produtos de subsistência, como feijão e batata-doce, apresentam-se em menor proporção.

Os dados revelam que 38% dos proprietários não plantam e 24% plantam, em geral, por conta própria. Os parceiros (10%) e os arrendatários (7%), em menor número, ficam com a responsabilidade da agricultura.

Quanto ao maquinário agrícola, 43% declararam possuir apenas um trator e 31% não têm nenhum, totalizando 74%. De certa forma, esses números podem constituir um indicativo de não-atualização da frota. A quantidade de colheitadeiras que os proprietários rurais possuem também é bastante reduzida. A grande maioria (81%) não possui esse tipo de máquina e, quando o tem, não ultrapassa uma (7%) ou duas (2%).

Quanto ao local de armazenamento dos produtos colhidos, a grande parte (97%) não é proprietária da infra-estrutura de armazenagem de seus produtos, os quais são guardados nos silos das cooperativas.

No que se refere ao tipo de pecuária praticada nas propriedades investigadas, a principal atividade da pecuária na metade sul do estado do Rio Grande do Sul continua sendo a bovinocultura (75%), com maior destaque para a de corte (36%) e de cria (32%).

ATIVIDADE TURÍSTICA NA PROPRIEDADE

Na Tabela 40.3, apresentam-se o número de empreendimentos que estavam ativos e inativos e a situação operacional daqueles inativos. Como pode ser visto, a maioria das propriedades investigadas está ativa (81%). Dentre as que estão fechadas (19%), a inatividade mostrou-se permanente (44%) em igual número à inatividade temporária (44%). Em apenas um caso (11%) houve venda da propriedade.

Na Tabela 40.4, podem ser verificados os motivos para o encerramento das atividades turísticas nos empreendimentos. O motivo mais mencionado foi a baixa rentabilidade da atividade turística, o que está diretamente relacionado à sazonalidade do turismo.

Se, por um lado, a Tabela 40.4 apresenta os motivos de fechamento das propriedades, por outro, a Tabela 40.5 discrimina as dificuldades apontadas pelos entrevistos para permanecer na atividade. A principal delas é a sazonalidade do turismo (21%). Os outros motivos mais citados foram a dificuldade de acesso (14%) e a falta de divulgação (14%).

Tabela 40.3 – Propriedade ativa na atividade turística

Atividade turística	N = 42
Ativa	81% (34)
Não ativa	19% (8)*
Situação operacional	
Inatividade permanente	44,4% (3)
Inatividade temporária	44,4% (4)
Venda da propriedade	11,1% (1)

* Dessas oito propriedades não ativas, uma foi vendida.

Fonte: pesquisa de campo, 2002.

Parte 4

Tabela 40.4 – Motivos para fechamento das atividades turísticas

Motivos para fechamento	Freqüência
Baixa rentabilidade da atividade turística	25% (6)
Sazonalidade do turismo	21% (5)
Despreparo dos recursos humanos vinculados ao turismo	17% (4)
Baixo fluxo de turistas na propriedade	17% (4)
Problemas pessoais e familiares	13% (3)
Outras atividades profissionais	8% (2)
Total	100% (24)

Fonte: pesquisa de campo, 2002.

Em relação à dificuldade de acesso, Martinez e Monzonis (s.d.) referem que, no contexto europeu, cerca de 68% das pessoas que utilizam os serviços de turismo rural fazem seu deslocamento de carro, o que reflete a importância da conservação adequada das estradas vicinais. Pode-se inferir que esse dado seja semelhante aqui no Brasil, pois está relacionado, segundo esses autores, às próprias características da atividade e ao perfil de turistas. No que se refere à comunicação, segundo Ruschmann (1991), a comunicação é fundamental para que as pessoas comprem determinado produto ou utilizem um serviço.

A maior parte das propriedades (62%) iniciou suas atividades entre os anos de 1998 e 2000, tendo o ápice sido atingido em 2000 (24%). Nesse ano, ocorreram a emancipação do município de Pedras Altas e a abertura de cinco novas propriedades com empreendimentos turísticos. Outro motivo é que os municípios de Alegrete, Rosário do Sul e, principalmente, São Gabriel estão no trajeto de deslocamento dos turistas argentinos em direção às praias do norte do estado do Rio Grande do Sul e Santa Catarina, fazendo com que essas pessoas utilizem esses serviços tanto na ida como na volta de suas férias. O custo de uma diária era cerca de US$ 25 por pessoa, o que era rentável para os proprietários mas representava pouco para os argentinos, por conta da cotação do dólar favorável a esses últimos.

Tabela 40.5 – Dificuldades para permanecer na atividade turística

Dificuldades para permanecer na atividade turística	Freqüência
Sazonalidade do turismo	22% (15)
Dificuldade de acesso	14% (10)
Falta de divulgação	14% (10)
Problemas financeiros	11% (8)
Falta de apoio governamental	10% (7)
Distância e localização	6% (4)
Dificuldade de comercialização do turismo rural	4% (3)
Não vê dificuldades	4% (3)
Outros	4% (3)
Total	100% (70)

Fonte: pesquisa de campo, 2002.

A preferência dos hóspedes quanto ao equipamento e os atrativos para a recreação revelam que o tipo de atrativo preferido foi o cavalo (23%). Além do manejo do gado, também constituem atrativos para os turistas os galpões para máquinas e implementos; depósito para estocagem de insumos, como semente, adubo, defensivos, combustíveis, etc.

Existe ainda a possibilidade de os hóspedes realizarem atividades de caça e/ou pesca em algumas propriedades. Esta, porém, praticamente não ocorre, pois 71% delas não têm autorização para realizá-la em virtude da forte fiscalização do Ibama – Instituto Brasileiro do Meio Ambiente e dos Recursos Naturais Renováveis. Em sua maioria, as propriedades permitem a pesca (88%) em decorrência da presença de açudes, usados tanto na agricultura para irrigação como na pecuária.

A Tabela 40.6 destaca os motivos para ingressar no turismo rural. Os que mais se destacam são

Tabela 40.6 – Motivações dos empreendedores para entrar no turismo rural

Motivos para entrar no turismo rural	Freqüência
Econômicos n=31*	42% (31)
Aumentar rendimentos e agregar valores	68% (21)
Diversificação da atividade econômica	26% (8)
Manutenção econômica da propriedade	6% (2)
Atratividade turística da propriedade n=17*	23% (17)
Preservação do patrimônio histórico da propriedade	47% (8)
Demanda para o turismo	41% (7)
Beleza natural na propriedade	12% (2)
Qualidade de vida e sociabilidade n=13*	18% (13)
Maior convivência social no campo	46% (6)
Melhoria da qualidade de vida	38% (5)
Morar no local	15% (2)
Área ociosa na propriedade n=7*	10% (7)
Outros n=5*	7% (5)
Total de respostas	100% (73)

* Nesta tabela, 73 representa o total geral de respostas referidas. Já o "n" colocado em cada motivo representa o número de respostas em relação àquele motivo.

Fonte: pesquisa de campo, 2002.

motivações de ordem econômica, dos quais o desejo de aumentar os rendimentos e agregar valores representa a maioria. Outros aspectos também foram mencionados, como atrativos turísticos existentes, a qualidade de vida e o aumento da sociabilidade entre as pessoas.

Na Tabela 40.7 são apresentados os motivos dos proprietários para permanecerem na atividade turística. Os motivos que mais se destacaram foram acreditar que a atividade turística, a longo prazo, constitui uma fonte de renda adicional e o desejo de conviver com pessoas diferentes, visto que a atividade primária o deixa muito isolado do convívio social. Quanto aos investimentos em equipamentos para o funcionamento da atividade turística, o maior deles foi em infra-estrutura, sobretudo as reformas e melhorias da casa (36%), seguidos da aquisição de eletrodomésticos (25%) e equipamentos de lazer (13%).

A Tabela 40.8 relata a percepção dos empreendedores quanto aos resultados da atividade turística na propriedade. Grande parte deles percebe os resultados como bons e satisfatórios e um percentual inferior acha que a atividade turística está lhes trazendo ótimos resultados.

Em relação à faixa etária dos turistas que freqüentam as propriedades, a grande maioria encontra-se entre 29 e 52 anos (70%). Crianças, adolescentes e turistas da melhor idade têm percentual bastante baixo (4%). Quanto à profissão, 76% dos hóspedes que freqüentam as propriedades são profissionais liberais.

A maioria dos hóspedes permanece de uma a duas noites (57%) e um menor número (19%) o faz por três ou quatro noites. Isso sugere várias possibilidades: o turista pode utilizar o local para se hospedar no trajeto de uma viagem mais longa, ou então é possível que acreditem que não haja muito o que fazer numa fazenda.

Tabela 40.7 – Motivos para permanecer na atividade turística

Dificuldades para permanecer na atividade turística	Freqüência
Acredita na atividade turística a longo prazo	23% (10)
Fonte de renda adicional	23% (10)
Conviver com pessoas diferentes	14% (6)
Por gostar	11% (5)
Perpetuação da propriedade e da história da familiar	9% (4)
Está tendo sucesso	2% (1)
Atividade nova no município	2% (1)
Quer abrir um *spa* natural	2% (1)
Está iniciando	2% (1)
Outros	11% (5)
Total de respostas	100% (44)

Fonte: pesquisa de campo, 2002.

Tabela 40.8 – Percepção do proprietário quanto aos resultados da atividade turística na propriedade

Percepções dos proprietários	Freqüência
Bons ou satisfatórios	48% (20)
Satisfatórios	19% (8)
Bons	12% (5)
Bons, porém o retorno é muito sazonal	7% (3)
Financeiro está empatando	5% (2)
Dá para continuar	2% (1)
Bons, mas existe pouca procura	2% (1)
Ótimo	12% (5)
Excelentes, lucrativos	2% (1)
Bons pelo fluxo ótimo de argentinos	2% (1)
Mais positivo que negativo	2% (1)
Realização, está ótimo	2% (1)
Dentro das expectativas	2% (1)
Expectativa/dúvida	10% (4)
Perspectiva de melhora	5% (2)
Não sabe como vai ser agora (argentinos não vêm mais)	2% (1)
Pequena, com tendência de melhorar a médio e longo prazo	2% (1)
Ruim	7% (3)
Retorno lento	2% (1)
Baixos, pois recebe somente fins de semana	2% (1)
Abaixo daquilo que esperava	2% (1)
Não respondeu	24% (10)
Total	100% (42)

Fonte: pesquisa de campo, 2002.

Quanto ao retorno à propriedade, a maioria dos hóspedes procura voltar, em geral, uma a duas vezes ao ano. Esse dado acena para uma preferência por pequenas saídas para o campo várias vezes ao ano, em vez de estadas prolongadas. Essa tendência a férias curtas, mas freqüentes, é característica do mundo atual, em que o estresse do dia-a-dia acumula-se rapidamente, sendo necessárias várias paradas ao longo do ano. Os proprietários atribuem o retorno dos hóspedes, de forma geral, ao atendimento, sendo os demais motivos: localização, atrativos, contato com a natureza ou o campo, descanso, fuga do estresse e outros, diluídos em porcentagens bem mais baixas.

Em particular no tocante ao atendimento, destacou-se o atendimento bom e ótimo (37%). Segundo

Avena (2002), quem recebe hóspedes não vende somente um produto material ao cliente, pois é importante que se incluam a amabilidade, o calor humano, o reconhecimento, a hospitalidade, o cuidado.

Na Tabela 40.9 estão apresentados os resultados relativos aos grupos e os tipos de ocupações declaradas nos empreendimentos de turismo rural pesquisados na metade sul do estado do Rio Grande do Sul.

Antes de qualquer coisa, é preciso afirmar que os grupos de ocupações apresentados na tabela foram feitos com base na classificação da Pesquisa Nacional de Amostra de Domicílios do IBGE. Como podemos averiguar, a maior parte das ocupações geradas na atividade turística é do tipo temporário (68,9%). Além disso, as informações revelam que as ocupações exigem baixa qualificação, ou seja, são as seguintes: cozinheiras, caseiros, copeiras, pedreiros, camareiras, faxineiras, doceiras, lavadeiras, auxiliares de serviços gerais, peões, capatazes, etc. Apenas uma pequena porcentagem dos ocupados na atividade turística declarou ocupação técnica e/ou científica, ou seja, foram encontrados apenas dois biólogos e um contador.

Vale destacar que o número de empregos gerados pela atividade turística nos empreendimentos é relativamente baixo: ao dividirmos o número total de empregos gerados pelo número de empreendimentos ativos, chegamos ao resultado médio de menos de seis empregos, indicando que a atividade constitui um "pequeno negócio". Esse resultado encontra-se em consonância com o de outros autores, em especial aquele obtido por Hall e Page (1999) internacionalmente.

Outro aspecto que diz respeito aos impactos econômicos do turismo rural refere-se à questão das rendas obtidas pelos trabalhadores nessa atividade. Na Tabela 40.10, sumarizamos os resultados obtidos na pesquisa.

Como se pode observar, a maior parte das pessoas ocupadas na atividade, especialmente aquelas com ocupação *fixa*, declararam receber salários que atingem, no máximo, três salários mínimos da época da pesquisa. Em relação aos trabalhadores com ocupação temporária, cerca de 25% ganham de R$ 10 a 20 por dia, mas alguns tipos de trabalhadores podem atingir até R$ 50. Alguns trabalhadores temporários declararam inclusive que trabalham *por tarefa*, não especificando a quantia recebida. Portanto, pode-se afirmar que as rendas obtidas nas ocupações são relativamente baixas. Há, todavia, que se mencionar o fato de que os trabalhadores fixos, ainda que não recebam salários altos, costumam obter vantagens adicionais, quais sejam: muitos deles moram no empreendimento, estando isentos de pagamento de aluguel; garantia de alimentação no local de trabalho, etc.

Uma explicação apresentada Hall e Page (1999, p. 195) em relação aos resultados anteriores é que "a circunstância menos favorecida na qual se promove turismo é aquela em que a economia rural já está relativamente fraca, então o turismo tende a criar distribuição de renda e empregos altamente não-balanceados". Essa é a situação que se apresenta na maioria dos estudos de turismo rural e, em especial, em relação às propriedades rurais da metade sul do estado do Rio Grande do Sul, região historicamente marcada por um tipo particular de estrutura social, cultural, econômica e política. Ainda segundo os autores, o turismo rural

Tabela 40.9 – Grupos e tipos de ocupações declaradas nos empreendimentos de turismo rural da metade do sul do estado do Rio Grande do Sul

Grupos de ocupações	Tipos				Total	
	Fixas		*Temporárias*			
	Abs.	(%)	Abs.	(%)	Abs.	(%)
Técnicas e científicas	1	0,5	2	1,1	3	1,6
Operador agrícola	1	0,5	4	2,2	5	2,7
Serviços da construção civil	–	–	4	2,2	4	2,2
Serviços pessoais não domésticos	22	12	59	32,2	81	44,3
Serviços pessoais por conta própria	–	–	22	12,0	22	12,0
Diversos	33	18	35	19,1	68	37,2
TOTAL	57	31,3	126	68,9	183	100,0

Fonte: Pesquisa de Campo, 2002.

Parte 4

Tabela 40.10 – Estratos de rendas pessoais, segundo os tipos de ocupações declaradas nos empreendimentos de turismo rural da metade do sul do estado do Rio Grande do Sul

Estratos de rendas	Tipos				Total	
	Fixas		*Temporárias*			
	Abs.	(%)	Abs.	(%)	Abs.	(%)
de 1 a 2 salários mínimos	54	29,5	27	14,8	81	44,3
de 2,1 a 3 salários mínimos	3	1,6	–	–	3	1,6
mais de 3 salários mínimos	–	–	2	1,1	2	1,1
R$ 10 a 20/dia	–	–	46	25,1	46	25,1
R$ 21 a 30/dia	–	–	18	9,8	18	9,8
R$ 31 a 50/dia	–	–	26	14,2	26	14,2
por tarefa	–	–	7	3,8	7	3,8
TOTAL	57	31,1	126	68,9	183	100,0

Fonte: pesquisa de campo, 2002.

constituiria um suplemento melhor para uma economia próspera e diversa, do que como um esteio para o desenvolvimento rural.

Ainda, Hall e Page (1999) apresentam os seguintes aspectos como elementos explicativos para o fato de que o turismo rural não constituiria uma solução mágica para o desenvolvimento: os "vazamentos" de rendas, sua volatilidade, os multiplicadores declinantes (benefícios proporcionados pelos gastos de turistas nas áreas rurais), os baixos salários, a contratação de trabalho externo *versus* o trabalho local e o conservadorismo dos investidores. Então, o papel do turismo no desenvolvimento enfatiza a proposição que ele deveria ser, antes de tudo, um suplemento do que o esteio das economias rurais.

Outras pesquisas ressaltam a importância de se considerar outros aspectos em relação ao turismo rural, evitando uma visão que se estreite sob o ponto de vista econômico. Nesse particular, vale a pena destacar o trabalho de Fronza da Silva (2002) que, ao analisar o turismo rural em Bento Gonçalves (Rio Grande do Sul), concluiu que, adicionalmente ao motivo principal – que seria a elevação de renda das famílias –, seguiram-se outros, como: preservação do patrimônio cultural, permanência da esposa no lar e trabalho mais autônomo. Outros elementos foram citados, como perspectiva de trabalho para os filhos e valorização pessoal.

Em outro contexto, Fucks (2003) destacou a importância do turismo na preservação de um patrimônio edificado de grande valor histórico. O reconhecimento do turismo rural não se restringe unicamente ao fato de ele constituir um vetor de diversificação de atividades, mas também porque ele se torna um elemento capaz de melhorar a condição de vida da família, bem como sua auto-estima.

Esses aspectos, em seu conjunto, além dos de caráter ambiental (ainda pouco estudados em relação à atividade turística no meio rural), precisam ser levados em conta na análise do turismo rural, a fim de ultrapassarmos os limites relativos aos impactos econômicos (que obviamente são muito importantes) e tomá-los sob uma visão multidimensional.

Considerações Finais

A metade sul tem sido alvo de várias discussões, tendo surgido inclusive um movimento de emancipação em relação ao estado do Rio Grande do Sul, a fim de torná-la um estado federativo. Para tanto, os resultados desta investigação sobre o turismo rural nessa região apresentam-se importantes na medida em que essa atividade possa contribuir para pensar novas propostas de políticas públicas na região visando a ajudar a superar as dificuldades apontadas pelos proprietários rurais em relação à crise agrícola.

O turismo rural é uma realidade presente na metade sul do estado do Rio Grande do Sul. Existem sete regiões na metade sul, sendo somente quatro ativas em termos de atividades turísticas em propriedades rurais. A maior parte das propriedades localiza-se na fronteira oeste, Campanha e sul. As regiões do Vale do Rio Pardo, central e litoral também poderiam aderir à utilização das propriedades rurais como mais uma fonte de renda aos proprietários, o que não ocorre atualmente. A maior concentração de propriedades ocorreu em Lavras do Sul, precursora na atividade turística. Os municípios de Pedras Altas e São Gabriel estão buscando se desenvolver. Além de São Gabriel, o turismo nas cidades de Uruguaiana, Alegrete e Rosário do Sul é bastante influenciado pela situação geográfica, levando os *hermanos* da Argentina a se hospedarem nas propriedades – que fazem parte do trajeto para as praias do Rio Grande do Sul e Santa Catarina – quando a cotação da sua moeda, o peso, em relação ao real, apresentava taxa de câmbio conveniente para eles.

Os dados indicaram um aumento importante na participação da mulher como proprietária rural, mostrando que as mulheres estão assumindo posições antes consideradas masculinas. Metade dos proprietários rurais possui nível superior; dentre os que possuem terceiro grau completo, um terço cursou ciências agrárias. Apenas um proprietário tem graduação em turismo, o que leva a deduzir que este provavelmente não é um fator que influencie no início da atividade nas propriedades. Muitos dos proprietários vivem exclusivamente dos rendimentos obtidos no campo, o que hoje em dia requer muita habilidade para administrar as dificuldades advindas da atividade primária. Entretanto, mais da metade deles vive também de outras atividades, o que talvez os leve a não residirem exclusivamente na propriedade.

Partindo da premissa de que, entre os locais de residência dos filhos dos proprietários rurais, estejam Bagé, Uruguaiana, Santana do Livramento, São Gabriel e Pelotas, onde existem a UFSM – Universidade Federal de Santa Maria, a URCAMP – Universidade da Campanha (*campus* Bagé, Santana do Livramento e São Gabriel), a UFPEL – Universidade Federal de Pelotas e a PUC-RS – Pontifícia Universidade Católica do Rio Grande do Sul (*campus* Uruguaiana), os filhos poderiam estudar nas universidades regionais, mas vários não o fazem. Essas universidades têm tradição vinculada às ciências agrárias, justamente por sua localização. Entretanto, os filhos dos proprietários não escolhem, em sua maioria, cursos ligados ao campo (engenharia agrícola, administração rural, engenharia florestal, zootecnia, medicina veterinária e agronomia). Apesar disso, visitam a propriedade com certa regularidade, uma vez por semana ou uma vez por mês, fazendo com que haja uma manutenção do vínculo com o campo.

Em relação ao tempo que a propriedade está na família, em um pouco mais da metade dos casos, ela se encontra em posse da família há pelo menos cinco gerações, havendo uma hereditariedade do patrimônio. Apesar disso, essas mesmas áreas já tiveram extensões maiores e foram divididas: muitas dessas propriedades tinham área de até 9 mil hectares antes da divisão entre os descendentes. As propriedades, de forma representativa, são administradas pelo próprio proprietário, indicando apego à vida do campo.

No que se refere à economia da região, a base econômica da metade sul foi, inicialmente, a exploração do gado bovino, com acréscimo da agricultura, em especial do arroz, seguido da soja e do milho. Vários dos proprietários entrevistados não plantam; aqueles que o fazem costumam plantar por conta própria. Ao mesmo tempo, uma minoria consegue plantar arroz com recursos próprios. A maioria não tem trator ou possui apenas um. Em relação às colheitadeiras, grande parte não possui esse tipo de máquina e, quando tem, não ultrapassa uma ou duas.

Quanto à pecuária nas propriedades investigadas, o carro-chefe da pecuária na metade sul do estado do Rio Grande do Sul continua sendo a bovinocultura, com maior destaque para corte e cria. A maioria das propriedades produz leite para consumo interno, sendo a produção para consumo externo praticada por um número muito pequeno de proprietários.

Em geral, a idéia de iniciar o turismo na propriedade foi do próprio proprietário, revelando espírito empreendedor. A maior parte delas iniciou as suas atividades entre 1998 e 2000, tendo o ápice ocorrido em 2000. Entretanto, em nenhum dos casos, ao adquirirem a propriedade ou a receberem por herança, a idéia inicial era torná-la um empreendimento de turismo rural.

Os empreendimentos ativos, em sua maioria, recebem hóspedes para passar o dia e o pernoite, estando incluída alimentação completa. Essa é uma das modalidades referidas por Zimmermann (1996), muito utilizada por representar uma receita mais significativa, de alta rentabilidade, na qual os quartos são aproveitados para transformar a propriedade rural em uma pousada.

O tipo de recreação preferido pelos hóspedes, nas propriedades investigadas, foi o cavalo. As lidas campeiras foram pouco referidas, talvez pela incompatibilidade física do homem urbano com essas atividades. Isso também pode ser explicado pelo fato de que o turismo rural visa proporcionar descanso, contato com os valores culturais e patrimoniais tradicionais, assim como o lazer num contexto diferenciado da cidade.

Muitas das propriedades oferecem autorização para pesca, pois não causam danos ao meio ambiente. Já a caça é bastante restrita em virtude da consciência de preservação dos proprietários, assim como pela forte fiscalização e restrição do Ibama em relação às épocas para abate de cada espécie.

Dentre os motivos dos proprietários para ingressarem no turismo rural, o que mais se destacou foi o de origem econômica, sendo o desejo de aumentar os rendimentos e agregar valores um dos aspectos mais referidos na literatura (Beni, 1998; Tulik, 1997). Já quanto aos motivos dos proprietários para permanecerem na atividade turística, os que mais se destacaram foram o fato de acreditarem na atividade turística a longo prazo e a fonte de renda adicional, para aqueles que praticam o agroturismo, além do desejo de conviver com pessoas diferentes. As principais dificuldades para permanecer na atividade turística são a sazonalidade do turismo, a dificuldade de acesso e a falta de divulgação. Santos (1998) verificou que, além dessas dificuldades, encontram-se também a falta de mão-de-obra especializada, a falta de divulgação e o fato de ter de abrir a casa ao público.

Os proprietários também acreditam no turismo por ser uma fonte de renda adicional para quem o pratica, assim como por constituir um investimento a longo prazo.

Em relação aos investimentos em equipamentos para o funcionamento da atividade turística, o maior foi em infra-estrutura, principalmente reformas e melhorias da casa. Isso porque as propriedades foram construídas com finalidade residencial para os proprietários, em geral há muitas gerações, sem capacidade para hospedagem e/ou até piscina, salas de jogos, parquinhos, etc.

Em relação ao perfil do turista, a grande maioria encontra-se entre 35 e 52 anos, são profissionais liberais, casais acompanhados dos filhos, vindos de várias localidades do estado. A maioria dos hóspedes permanece de uma a duas noites, retornando à propriedade uma a duas vezes ao ano em decorrência, principalmente, do atendimento oferecido a eles. Os fatores motivadores para busca do lazer no turismo rural são o contato com a natureza, com os animais, o silêncio e a tranqüilidade do campo. Com o estresse do mundo moderno, a possibilidade de refugiar-se, ainda que por poucos dias, num lugar tranqüilo, possibilita que os turistas se reabasteçam de energia para seguirem seu atribulado dia-a-dia.

Enfim, o presente estudo revelou que o homem do campo continua no campo, sem descaracterizar a atividade. A atividade produtiva é o fator mais importante na atividade turística, pois a inexistência de uma atividade produtiva inviabiliza a prática do turismo, cujo principal atrativo são as atividades primárias e terciárias do campo nas quais a população rural tem empregos fixos e temporários. Contrariando algumas afirmações correntes na literatura, podemos afirmar que, enquanto o turismo rural apareceu na agenda do desenvolvimento por algum tempo e foi considerado uma ferramenta capaz de promover os empregos locais e o bem-estar econômico nas áreas rurais deprimidas, admite-se que isso está mais próximo de uma quase-ausência de alternativas econômicas e sociais viáveis, ou mesmo um mero instrumento de retórica.

O turismo rural costuma se apresentar como um *pequeno negócio*, gerador de ocupações sazonais e salários relativamente baixos. Todavia, há que se ressaltar que os benefícios que o turismo traz para o meio rural não podem se resumir a essas dimensões, ainda que elas não possam ser desprezadas (e precisam ser mais conhecidas por meio de instrumentos adequados). Outras dimensões precisam ser consideradas, quais sejam: a valorização do meio rural, por meio da renovada consideração da paisagem, da cultura e do estilo de vida dessa população; da preservação do meio ambiente; do redimensionando do papel da mulher; do aumento da sociabilidade daqueles que ainda permaneceram nas áreas rurais; bem como a preservação do patrimônio edificado.

Sites Indicados

www.turismo.rs.gov.br

www.ufsm.br/turismorural

www.gauchos.com.br/agroturismo

www.fidamerica.cl

BIBLIOGRAFIA

AVENA, B. M. *Acolhimento de qualidade – fator diferenciador para o incremento do turismo na sociedade pós-industrial.* Disponível em: www.abbtur.com.br/conteúdo/trabalhos/trab11.htm. Acesso em: 02/Mai/2002.

BENI, M. C. *Análise Estrutural do Turismo.* São Paulo: Senac, 1998.

Parte 4

CASTANHEIRA, P. A inserção da atividade turística na exploração agropecuária. In: OLIVEIRA, C. G. S. et al. (ed.). *Turismo no Espaço Rural Brasileiro – Anais do III Congresso Brasileiro de Turismo Rural.* Piracicaba: FEALQ, 2001.

FLEISCHER, A.; FELSENSTEIN, D. Support for rural tourism: does it make a difference? *Annals of Tourism Research, 27 (4):* 1007-1024, 2000.

FRONZA DA SILVA, M. Caminhos de pedra: família, comunidade e turismo rural – Distrito de São Pedro, Bento Gonçalves (RS), Santa Maria, RS, 2002. Dissertação (Mestrado) – Universidade Federal de Santa Maria – RS.

FUCKS, P. M. O patrimônio arquitetônico como atrativo turístico: Fazenda do Sobrado, São Lourenço do Sul (RS). Santa Maria, RS, 2003. Dissertação (Mestrado) – Universidade Federal de Santa Maria – RS.

HALL, C. M.; PAGE, S. J. *The Geography of Tourism and Recreation: environment, place, and space.* Great Britain: Bath, 1999.

INSTITUTO BRASILEIRO DE GEOGRAFIA E ESTATÍSTICA (IBGE). *Censo Agropecuário 1995-1996.* Rio de Janeiro: IBGE, 1998, n. 22.

INSTITUTO BRASILEIRO DE TURISMO (Embratur). *Manual Operacional do Turismo Rural.* Brasília: Embratur, 1994.

MARTÍNEZ, F. J.; MONZONÍS, J. S. *Alojamiento Turístico Rural: Gestión y Comercialización.* Madrid: Síntesis, [s.d.]

OMT NOTICIAS. El turismo: un gran generador de empleo. N.2. Marzo-Abril, 1998, p. 7.

PIRES, J. M. O turismo rural e a preservação de valores sócio-culturais. In: OLIVEIRA, C. G. S. et al. (ed.). *Turismo no Espaço Rural Brasileiro – Anais do III Congresso Brasileiro de Turismo Rural.* Piracicaba: FEALQ, 2001.

PLANO DE REESTRUTURAÇÃO ECONÔMICA PARA A METADE SUL DO RIO GRANDE DO SUL. *Relatório Final.* Porto Alegre: ENGEVIX, 1997. vol. 1, 2, 6 e 10.

RODRIGUES, A. B. *Turismo e Desenvolvimento.* São Paulo: Hucitec, 1997.

RUSCHMANN, D. V. M. O turismo rural e desenvolvimento sustentável. In: ALMEIDA, J. A. et al. (org.). *Turismo Rural e Desenvolvimento Sustentável.* Santa Maria: [s.e.], 1998.

SANTOS, E. O. Turismo rural em fazendas com mais de 1000 ha no estado do Rio Grande do Sul. 1998. Monografia (Especialização) – Pontifícia Universidade Católica do Rio Grande do Sul.

SECRETARIA DA COORDENAÇÃO E PLANEJAMENTO GABINETE DA METADE SUL DO RIO GRANDE DO SUL – SCPGMS/RS. *Dados da Metade Sul.* Porto Alegre: 2002. Arquivo magnético.

TULIK, O. Do conceito às estratégias para o desenvolvimento do turismo rural. In: RODRIGUES, A. B. (org.). *Turismo: desenvolvimento local.* São Paulo: Hucitec, 1997.

TULIK, O. *Turismo Rural.* São Paulo: Aleph, 2003.

TURISMO – Visão em Ação. *Glossário, 2 (4):* 9, 25, 28, 2000.

VEIGA, J. E. *Cidades Imaginárias: o Brasil é menos urbano do que se calcula.* Campinas: Autores Associados, 2002.

ZDEPSKI, F. B. Aspectos determinantes da oferta para o desenvolvimento do turismo rural. In: OLIVEIRA, C. G. S. et al. (ed.). *Turismo no Espaço Rural Brasileiro. Anais do III Congresso Brasileiro de Turismo Rural.* Piracicaba: FEALQ, 2001.

ZIMMERMANN, A. *Turismo Rural: um modelo brasileiro.* Florianópolis: Editora do Autor, 1996.

Parte 4

Parte 5

Transportes e Agenciamento

CAPÍTULO

41 Desregulamentação do Transporte Aéreo e Surgimento das Empresas Aéreas de Baixo Custo

Julio Segismundo Collares Álvares Pereira Lima

Introdução

O sucesso empresarial da Gol Transportes Aéreos, que realizou seu primeiro vôo no dia 15 de janeiro de 2001 e terminou o ano de 2003 como a terceira empresa aérea de transporte aéreo regular – com 19,24% de participação de mercado (DAC, 2004) –, tem despertado a atenção de estudantes, professores e pesquisadores no campo do turismo, além das áreas de administração e economia.

No esforço de entender e explicar o *fenômeno* Gol, a mídia e mesmo as publicações acadêmicas trouxeram ao conhecimento público, aos poucos, as expressões em inglês – *low-cost/low-fare* ou *low-fare airline* – e suas versões em português, como *empresa aérea de custos baixos*; *empresa aérea de tarifas baratas* ou a expressão adotada para este capítulo, *empresa aérea de baixo custo e baixa tarifa*.

Tomando como pressuposto que, num país de dimensões continentais como o Brasil, o transporte aérco é fundamental para o acesso aos destinos turísticos, um modelo de empresa aérea que repasse seus baixos custos em forma de tarifas também mais baixas aos usuários pode trazer importante contribuição para o desenvolvimento do turismo doméstico.

A forte relação entre turismo e transporte é adequadamente abordada na obra traduzida para o português de Page (2001), conforme citado no próximo capítulo, de autoria de Guilherme Lohmann Palhares, o qual igualmente apresenta de modo didático e abrangente a relação existente entre turismo e transporte. O mesmo autor também faz a devida referência à bibliografia produzida por autores brasileiros a respeito da temática turismo, transporte e transporte aéreo, que vai de Pellizer (1978), seguido de um intervalo de quase 30 anos, até os trabalhos de Roná (2002), Paolillo e Rejowski (2002) e do próprio Palhares (2001 e 2002). Por oportuno, podem-se citar também os trabalhos de Pessoa (1989) e de Sonino (1995), o primeiro de cunho histórico a respeito da aviação comercial brasileira e o segundo com retrospectiva e análise das cíclicas crises da aviação brasileira.

As empresas aéreas de baixo custo e baixa tarifa têm sido citadas e abordadas com assiduidade, principalmente na área de administração, com

Parte 5

85-7241-568-8

ênfase na empresa texana Southwest Airlines, considerada o arquétipo desse modelo operacional e de gestão. Como exemplo desse fato têm-se as obras traduzidas para o português de Porter (1992), Oliver (1999), Lovelock (2001), Mintzberg (2000), Hamel (2001), Freiberg e Freiberg (2000), entre outros.

A literatura disponível a respeito desse modelo de empresa aérea não foi suficiente para evitar que executivos e gestores das chamadas empresas aéreas tradicionais, como Varig, Tam e Vasp, bem como representantes de órgãos estatais ligados ao transporte aéreo e ao turismo, ficassem atônitos com o vertiginoso crescimento de uma empresa que começou a operar com quatro aeronaves em janeiro de 2001 e terminou o ano de 2003 com 22 aeronaves, além da participação de mercado já exposta no primeiro parágrafo. Tudo isso aproveitando uma regulamentação do setor aéreo que, embora já mais flexível – principalmente com as medidas tomadas entre 1991 e 2001, como será visto adiante –, ainda restringe bastante os aspectos econômicos da atividade no que tange à liberdade para explorar novas rotas, implantar mais freqüências de vôos e aumentar suas frotas de aeronaves.

Um evento que ilustra a dificuldade para entender o modelo operacional e de gestão adotado pela Gol Transportes Aéreos aconteceu em 10 de maio de 2004, quando a empresa anunciou a promoção de vender passagens para 27 destinos ao preço de R$ 50. Quando o DAC – Departamento de Aviação Civil, no mesmo dia, suspendeu a promoção da empresa, ficou evidente o transtorno causado pelo anúncio da Gol às empresas tradicionais e a diversos setores do governo. Na esteira desse evento, o então ministro da Defesa, José Viegas, defendeu a medida tomada pelo DAC como resposta às críticas ao órgão pela suspensão da promoção, feitas um dia antes pelo ministro do Turismo, Walfrido Mares Guia (Viegas Defende, 2004). O mesmo episódio trouxe à tona, novamente, a disputa de bastidores em relação à estrutura regulatória do transporte aéreo brasileiro. De um lado, estão os setores conservadores, que defendem uma forte regulamentação e atuação governamental em cima dos aspectos econômicos e técnicos do transporte aéreo. De outro lado, os que defendem que a regulamentação deva se ater aos aspectos técnicos (ou não econômicos) e que seja exercida por um órgão civil, representada pela proposta de criação da Anac – Agência Nacional de Aviação Civil.

Desse modo, a proposta deste capítulo tem como fio condutor a relação entre os processos de desregulamentação do transporte aéreo e o surgimento das empresas aéreas do modelo de baixo custo e baixa tarifa. Para isso, primeiramente, descrevem-se os principais aspectos do processo de desregulamentação do transporte aéreo nos Estados Unidos que, de algum modo, contribuíram para o surgimento das empresas aéreas do modelo de baixo custo e baixa tarifa naquele país. A seguir, são abordados os principais elementos históricos relacionados à regulamentação do transporte aéreo no Brasil e ao seu processo de flexibilização. Por último, apresenta-se o surgimento da Gol Transportes Aéreos, que inovou ao ser concebida e lançada como a primeira empresa aérea brasileira do modelo de baixo custo e baixa tarifa, e suas principais características operacionais.

Regulamentação do Transporte Aéreo e suas Principais Formas de Organização

Os motivos que contribuem para a atividade de transporte aéreo ser tão regulamentada estão relacionados à utilização de tecnologia de ponta, com o fato de usar o ar como via de transporte (exigindo altos padrões de segurança), de sobrevoar o território de vários países nos vôos internacionais e de se ter transformado em símbolo de desenvolvimento e de representatividade dos países. De acordo com Palhares e Espírito Santo Jr. (2002), as regulamentações podem ser divididas em econômicas[1] e não econômicas[2].

Segundo o estudo de Luz (2000), duas formas básicas de organização do setor de transporte aéreo foram desenvolvidas no decorrer da sua evolução: o modelo complementar e o modelo competitivo. Os demais modelos (chamados de híbridos) resultam da mistura das características desses dois modelos.

[1] Referem-se principalmente aos direitos de tráfego ("liberdades do ar", criadas na Convenção de Chicago, em 1944) e ao controle das tarifas.

[2] Cuida dos aspectos relacionados com a normatização e padronização das normas técnicas e de segurança, envolvendo fabricação, operação e manutenção de aeronaves; atribuições e treinamento de tripulantes e também normatiza a infra-estrutura aeronáutica (aerovias, serviços meteorológicos e aeroportos).

Parte 5

85-7241-568-8

O modelo complementar, criado na Europa no início dos anos 1920, incentiva a complementação e não a competição entre as atividades. Esse modelo pressupõe que a competição enfraquece as empresas e restringe as possibilidades de crescimento e diversificação do setor. Desse modo, o escopo da atuação das autoridades aeronáuticas inclui o controle e a organização da oferta e dos preços por meio de um sistema integrado, no qual a diversificação e a expansão dos serviços dão-se por meio de subsídios e incentivos. O modelo complementar levou a que, na Europa e em alguns países da América Latina, os serviços de transporte de passageiros e de cargas fossem operados por empresas estatais.

Já no modelo competitivo, há um processo abrangente de reorganização dos serviços públicos e da atuação do estado na atividade econômica, o qual influenciou diversas reformas econômicas na Europa e na América Latina. O mercado é responsável pela organização da oferta dos serviços aéreos – expansão e diversificação de rotas e freqüências, tipos de serviços oferecidos em terra e a bordo – e, sobretudo, pelo estabelecimento do valor das tarifas. O estado, por sua vez, é o responsável pelos padrões de segurança e por garantir as condições de acesso ao mercado e à concorrência.

Os modelos híbridos surgem a partir de uma nova formatação dos modelos complementares usados na Europa e na América Latina, que ocorreu nos anos 1980. O pressuposto dos modelos híbridos é o desenvolvimento do setor aéreo por meio da concorrência limitada, na qual a autoridade aeronáutica define parâmetros a partir dos quais o mercado estabelece a oferta e o valor das tarifas (Luz, 2000).

A Tabela 41.1 resume as características dos modelos de organização do setor aéreo propostas na obra de Luz (2000). A compreensão desses modelos facilitará o entendimento dos processos de desregulamentação do transporte aéreo nos Estados Unidos e no Brasil.

Desenvolvimento

Os três tópicos a seguir desenvolvidos – que compõem os objetivos específicos deste capítulo – utilizam como referencial teórico os trabalhos de Banfe (1992); Gudmundsson (1998); Luz (1998 e 2000); Freiberg e Freiberg (2000); Page (2000); Palhares (2001 e 2002); Lawton (2002); Groenewege (2003); Rodrigues (2003) e Binder (2003), bem como os estudos, documentos e dados estatísticos produzidos e divulgados pelo DAC, em seu *site* *www.dac.gov.br*.

Banfe (1992) considera sua obra um guia prático do "como fazer", no qual, de modo didático e claro, aborda assuntos do dia-a-dia do gerenciamento e do planejamento de uma empresa aérea.

Binder (2003) teve como objeto de sua pesquisa as questões das estratégias genéricas e da cadeia de valor a partir da obra de Michel Porter, na qual, aplicando a metodologia do estudo de caso, focou a Gol Transportes Aéreos e seu sistema de atividades.

Groenewege (2003), com sua extensa e detalhada publicação – *The Compendium of International Aviation* –, oferece aos pesquisadores e profissionais de transporte aéreo e turismo uma valiosa e importante fonte de consultas.

Gudmundsson (1998), considerando o contexto do setor aéreo norte-americano após a desregulamentação de 1978, efetuou um detalhado trabalho de pesquisa sobre o nascimento de novas empresas aéreas, suas falhas e seus acertos e, também, a resposta dada pelas empresas aéreas estabelecidas.

Freiberg e Freiberg (2000) talvez sejam os autores mais citados nos últimos tempos quando o assunto é o modelo de empresa aérea de baixo custo e baixa tarifa. Examinando o ícone representado pela *Southwest Airlines* dos Estados Unidos, a pesquisa desses autores mostra a determinação que orienta seus executivos e funcionários a prestarem um serviço aéreo simples, seguro e de custo acessível a um maior número de usuários.

Lawton (2002) elaborou um estudo a respeito do surgimento das empresas aéreas de baixo custo na Europa, suas estratégias e características operacionais, cujo fio condutor é o conjunto de características da norte-americana *Southwest Airlines*. Esse autor confere destaque para a brasileira Gol Transportes Aéreos como exemplo do surgimento desse modelo de empresa aérea fora dos Estados Unidos ou da Europa.

Luz (1998 e 2000), por sua vez, pesquisou a respeito da organização do setor aéreo brasileiro e as transformações ocorridas nos anos 1990.

Page (2000), em sua extensa obra, abrange o relacionamento entre os fornecedores de serviços e estruturas de transporte e os turistas, ilustrando, com estudos de caso, o envolvimento dos setores públicos e privados que tomam decisões e gerenciam o transporte e o turismo.

Palhares (2001 e 2002) apresenta uma visão atualizada da relação entre turismo e transportes, dedi-

Tabela 41.1 – Características gerais dos modelos de organização do setor aéreo

Características	Modelos		
	Complementar	*Competitivo*	*Híbrido*
Estratégia para o desenvolvimento da indústria	Cooperação	Concorrência	Concorrência limitada
Organização da oferta e definição dos preços	Autoridade aeronáutica	Mercado	Autoridade aeronáutica e mercado
Perfil das empresas aéreas	Privadas e públicas	Privadas	Privadas
Barreiras à entrada	Legais	Econômicas	Econômicas e legais

Adaptado de Luz (2000, p. 35).

cando uma expressiva parte de seus estudos às questões do transporte aéreo, notadamente a aspectos relacionados com aeroportos, desregulamentação do transporte aéreo nos Estados Unidos, Europa e Brasil e com as empresas aéreas de baixo custo e baixa tarifa.

Rodrigues (2003) analisou e comparou os processos de regulamentação e desregulamentação do transporte aéreo doméstico de passageiros no Brasil e nos Estados Unidos e seus impactos sobre a estrutura de mercado e a competitividade do setor.

PRINCIPAIS ASPECTOS DA DESREGULAMENTAÇÃO DO TRANSPORTE AÉREO NOS ESTADOS UNIDOS

Este tópico inicialmente aborda o cenário do período antecedente à desregulamentação do transporte aéreo nos Estados Unidos e a importância do papel da CAB – *Civil Aeronautics Board*. Depois, descreve o *Deregulation Act* de 1978, de que modo ficou estruturado o setor aéreo naquele país e a contribuição do processo de desregulamentação para o surgimento de novas empresas aéreas.

Cenário do Transporte Aéreo nos Estados Unidos antes do Processo de Desregulamentação e Controle Exercido pela *Civil Aeronautics Board*

Williams (1996) afirma que uma das primeiras formas de regulamentação do setor aéreo nos Estados Unidos se deu a partir do *Contract Air Mail Act of 1925*, que introduziu um sistema de contratos para o transporte de correio por via aérea. As rotas eram controladas para evitar a competição e, inicialmente, o pagamento era feito com base no peso dos malotes do correio. Depois, os pagamentos foram atrelados à capacidade de peso[3] disponível das aeronaves, e bônus foram oferecidos para incentivar o uso de aeronaves com mais de um motor. Essa conjunção de fatos encorajou o desenvolvimento de aeronaves de transporte de passageiros. Segundo Wells e Richey (1996), as empresas que decidiram adicionar o transporte de passageiros ao transporte de correio começaram a crescer e a prosperar.

Com a aprovação do *Air Commerce Act of 1926*, o Congresso colocou a responsabilidade da regulamentação da aviação no *Aeronautics Branch of the Department of Commerce*, sendo os três principais propósitos da citada lei: (1) estabilizar e encorajar o desenvolvimento da aviação civil; (2) estabelecer aeroportos, aerovias e regras para a navegação aérea; (3) registrar e classificar tudo que fosse relacionado com as aeronaves, seus componentes e peças de manutenção; (4) tratar dos aspectos relacionados com a seleção e qualificação dos profissionais da aviação (Wells e Richey, 1996).

Em conjunto e com o suporte do *Department of Commerce*, o *Aeronautics Branch* efetivamente trabalhou para ver implementadas as novas determinações. Nesse sentido, foram criados nove escritórios do *Regulatory Division*, setor respon-

[3] Também chamado de *payload*, ou seja, o peso total disponível na aeronave, já descontado o peso do combustível para transportar passageiros, bagagem, carga e correio que pode ser carregado numa aeronave (DAC, 2002d).

Parte 5

sável por conduzir inspeções e checagens de aeronaves, pilotos e pessoal de manutenção, bem como dividir as tarefas de licenciamento e certificação com o escritório central do *Aeronautics Branch* em Washington. De acordo com Wells e Richey (1996), essas responsabilidades sobreviveram até hoje, sendo as do *Department of Commerce* agora do DOT – *Department of Transportation* e de seu braço principal, a FAA – *Federal Aviation Administration*[4].

Em 1934, em decorrência do escândalo nacional que resultou das investigações sobre irregularidades[5] nos contratos de correio, o presidente Roosevelt ordenou o cancelamento de todos os contratos e transferiu-os para o recém-formado *Army Air Mail Service*. No entanto, os vôos desse serviço tiveram uma série de acidentes, muitos deles com perdas fatais de aeronaves e pilotos, o que fez com que a opinião pública e as empresas aéreas pressionassem pelo retorno dos contratos de serviço do correio. Dessa maneira, as empresas que foram banidas pelo envolvimento por irregularidades surgiram com outros nomes e com novos executivos, e o correio aéreo e suas rotas foram redesenhados.

No mesmo ano de 1934, um novo *Air Mail Act* foi decretado, conferindo autoridade à *Interstate Commerce Commission* para investigar práticas e competições desleais entre as empresas contratadas que afetassem o negócio do transporte aéreo, bem como a rentabilidade nas rotas do correio aéreo. O *Department of Commerce* teve seus poderes aumentados para investigar acidentes, incluindo a delegação de tornar públicos os resultados dessas investigações. Essa política do Congresso dos Estados Unidos colaborou para colocar os aspectos relativos à segurança de vôo[6] bem acima dos interesses econômicos da indústria do transporte aéreo (Wells e Richey, 1996). Assim, os primeiros esforços para regulamentar o transporte aéreo nos Estados Unidos dividiam a autoridade em duas agências: os aspectos técnicos da aviação civil eram regulamentados pelo *Department of Commerce*, enquanto os aspectos econômicos e comerciais eram monitorados pela *Interstate Commerce Commission*.

Em 1938, o Congresso, por força do *Civil Aeronautic Act*, transferiu a aviação civil para a recém-criada CAA – *Civil Aeronautics Authority*, a qual, em 1940, passou a ser chamada de CAB[7] que, além do transporte de correios, foi dotada de poderes para regular os preços das tarifas, a entrada das empresas aéreas em rotas interestaduais e controlar todos os aspectos relacionados à segurança do transporte aéreo (Wiliams, 1996). A partir dessa data, foi exigida a todas as empresas aéreas, quer com contratos de correio, quer não, a obtenção de certificados autorizando a permissão para operar serviços em rotas específicas, desde que essas rotas fossem submetidas a uma avaliação pública de sua necessidade ou interesse. Para Wells e Richey (1996), a regulamentação dos aspectos econômicos foi um dos mais importantes poderes conferidos pelo *Civil Aeronautics Act* de 1938, fato que, no entender dos autores, inicia uma nova era de estrito controle econômico e, principalmente, de aspectos relacionados à competição no setor do transporte aéreo americano. Williams (1996) afirma que uma das primeiras providências da CAA foi a garantia denominada *grandfathers rights*[8] a todas as 23 empresas aéreas que existiam na época.

[4] De acordo com ATA (2003), em 1956, duas aeronaves colidiram no ar acima do *Grand Canyon*, causando a morte de 128 pessoas, o que levou o Congresso a aprovar, em 1958, o *Federal Aviation Act*, que criou uma nova agência regulatória para os aspectos relacionados à segurança de vôo, inicialmente denominada *Federal Aviation Agency*, com a missão imediata de gerenciar o sistema de controle de tráfego aéreo. Em 1967, quando o Congresso criou o *Department of Transportation*, a agência passou a se chamar FFA – *Federal Aviation Administration*.

[5] O Correio fazia licitações nas quais os vencedores ganhavam com preços muito abaixo dos necessários para a operação dos serviços, mas sabendo de antemão que esses preços seriam ajustados depois pela *Interstate Commerce Commission* para assegurar sua rentabilidade (Williams, 1996).

[6] Regulamentos adicionais para melhorar a segurança de vôo foram adotados, como mais exigências para os pilotos que voavam nos serviços de transporte de passageiros e correio interestaduais, incluindo a limitação de jornada de trabalho. É interessante notar que, já naquela época, os pilotos não podiam voar mais que 100 horas por mês, muito semelhante às 85 horas (para aeronaves a jato) e 100 horas (para aeronaves turbo-hélice) da atual regulamentação brasileira.

[7] De acordo com Page (2001), a transformação da CAA em CAB ocorreu em 1946.

[8] Expressão usada para explicar as exceções quando da implantação de uma nova legislação ou de regulamentos administrativos. No caso específico do transporte aéreo nos Estados Unidos, diz respeito à manutenção e garantia dos certificados de necessidade e conveniência pública das 23 empresas que operavam os serviços de transporte aéreo num período prévio de 90 dias à aprovação do *Civil Aeronautics Act of 1938* (Groenewege, 2003).

Parte 5

Em Farina (1989, p. 1233), pode-se ler que a atuação da CAB:

> *não apenas restringia a entrada de novas empresas, mas também sua distribuição entre os mercados. Usualmente somente duas ou três empresas eram autorizadas a servir numa dada rota. Apenas às maiores empresas, as chamadas nacionais, como, por exemplo, a* American *e a* United, *era concedido o direito de atuar nos principais mercados de longa distância. As demais empresas serviam regiões não sobrepostas do país.*
>
> **Farina, 1989, 2003**

Outro aspecto relevante da atuação da CAB diz respeito à forma como organizou o setor aéreo doméstico nos Estados Unidos (Williams, 1996), que foi segmentado em:

- Empresas nacionais (*trunk*), que estavam certificadas para operar as médias e longas rotas interestaduais.
- Empresas locais (*locals*), que originalmente operavam em pequenas e médias comunidades com rotas de pequena densidade, algumas das quais eram eleitas pela CAB para receberem subsídios como forma de cobrir as perdas das operações[9].
- Empresas regionais (*commuter*)[10], que proviam serviços entre comunidades muito pequenas e eram excetuadas das regulações econômicas da CAB.

As empresas locais, ou *locals*, datam do início dos anos 1940, quando a CAB foi pressionada para prover serviços aéreos para as pequenas comunidades e criou um nível de serviço aéreo regular denominado *local service*. Surgiram então as *local carriers*, ou empresas locais, que foram subsidiadas para proverem um serviço considerado essencial para essas pequenas comunidades (Gudmundsson, 1998). No entanto, no final dos anos 1950, a opinião pública pressionava pela redução desse tipo de subsídios para diminuir o déficit das contas do governo. Assim, para continuar viabilizando esses serviços, a CAB autorizou as empresas locais a operarem rotas de grande densidade de modo a estabelecer um subsídio-cruzado para as rotas de baixa densidade das pequenas comunidades. Tal iniciativa da CAB acabou por estimular essas empresas a mudarem seu foco de atuação para mercados mais rentáveis, o que deixou as pequenas comunidades com o mínimo de dois vôos diários, o que era uma exigência do governo. Muitas das empresas locais, na década de 1960, transformaram-se em empresas de tamanho médio e passaram a operar aeronaves a jato (Williams, 1996).

Esse quase abandono das empresas locais nas pequenas comunidades deixou espaço para a atuação das empresas de táxi-aéreo, que operavam pequenas aeronaves e não eram regulamentadas economicamente pela CAB[11] nem recebiam subsídios do governo. Em 1969, a CAB reconheceu essas empresas de táxi-aéreo como *third level commuter carriers* (Gudmundsson, 1998). De igual modo, Wells e Richey (1996) afirmam que o termo *commuter airline* foi oficialmente reconhecido quando, em 1969, o governo federal utilizou-o para definir as empresas de táxi-aéreo que operavam vôos regulares. Para poderem receber esta classificação, as então empresas de táxi-aéreo necessitavam comprovar que realizavam pelo menos cinco viagens de ida e volta[12] por semana entre dois ou mais pontos e que tinham tornado de domínio público as freqüências e os horários desses vôos. A partir desse fato, essas empresas foram autorizadas pela CAB

[9] A esse respeito, Page (2001, p. 196) afirma que os subsídios foram fornecidos para que as comunidades "pudessem estar conectadas à rede-tronco interurbana de rotas aéreas que estão surgindo e tenham igualdade social no acesso ao transporte aéreo".

[10] Segundo Wells e Richey (1996), a utilização do termo *commuter* começou a perder espaço para o termo *regionals* a partir de 1981, quando a entidade de classe então denominada CAAA – *Commuter Airline Association of America* alterou seu nome para RAA – *US Regional Airline Association*. Essa entidade define empresa regional como aquela que opera serviços de vôos regulares de trechos curtos e médios que fazem a ligação das pequenas comunidades com as grandes cidades (Lawton, 2002).

[11] No entanto, havia uma legislação bastante rígida em relação ao peso máximo de decolagem da aeronave (12.500 libras, o equivalente a 5.670 quilos) e número máximo de 18 assentos. De acordo com Wells e Richey (1996), em 1972, a CAB redefiniu os padrões para um peso disponível de 7.500 libras (3.402 quilos) e um máximo de 30 assentos. Em 1979, como conseqüência da desregulamentação de 1978, as capacidades máximas passaram para 60 assentos e 18 mil libras (8.165 quilos) de peso disponível. Atualmente, as empresas regionais utilizam aeronaves turbo-hélice de 19 a 68 assentos ou aeronaves a jato com 30 a 100 assentos (Lawton, 2002).

[12] De acordo com o *Longman Dictionary of Contemporary English* (1995, p. 271), a palavra *commuter* significa uma pessoa que, diariamente, viaja uma longa distância para trabalhar (tradução do autor).

85-7241-568-8

a fazer acordos com as empresas locais para operar nas rotas menos rentáveis das pequenas comunidades em troca de receberem parte ou o total dos pagamentos dos subsídios destinados para as empresas locais.

Inseridas nesse contexto altamente segmentado, cada empresa aérea servia o seu respectivo mercado e havia um elevado grau de restrição quanto às políticas de entrada em novas rotas. Williams (1996) salienta que essa configuração do setor criou uma forte interdependência entre as empresas aéreas[13] e que a política da CAB, de prover um ambiente operacional altamente estável para as empresas aéreas americanas, estimulou esse grau de interdependência, o que, somado ao sistema de alocação de licenças para explorar rotas, resultou no fato de que a maioria das empresas tinha o chamado sistema de rede de transporte linear ou ponto-a-ponto[14].

Para fixar o preço das tarifas, a CAB usava uma fórmula que tomava por base as distâncias. Farina (1989) afirma que, a respeito dessa fórmula, entre rotas de mesma distância, os custos podem variar bastante em decorrência de fatores como, por exemplo, o volume de tráfego. Outros fatores, como as mudanças tecnológicas[15], reduziram os custos nas rotas mais longas; no entanto, as tarifas regulamentadas não se reduziram na mesma proporção, fato que levou a uma diminuição da demanda e, conseqüentemente, na taxa de ocupação das aeronaves. Williams (1996) complementa afirmando que a CAB fixava as tarifas abaixo do custo nas rotas mais curtas e bem acima nas mais longas. Isso, na prática, estabelecia um sistema de subsídio cruzado.

Além de não permitir que as empresas aéreas alterassem estruturas de rotas e os preços de tarifas sem sua aprovação, a CAB também solicitava o envio dos dados referentes aos indicadores de desempenho operacional e financeiro das empresas aéreas e os tornava de domínio público, possibilitando o acesso dessas informações a todas as empresas (Banfe, 1992). Desse modo, no ambiente regulamentado e a competição entre as empresas aéreas acontecia na esfera dos serviços e não na dos preços (Farina, 1989). Essa competição na esfera dos serviços era agressiva no tocante à qualidade e à quantidade das refeições e das bebidas servidas a bordo, bem como na aparência e no atendimento das equipes de comissários de vôo. Além disso, as empresas competiam agressivamente também em oferecerem mais freqüências de vôos, o que ampliava a oferta e reduzia a taxa de ocupação das aeronaves, ao mesmo tempo em que aumentava seus custos (Rodrigues, 2003).

Palhares e Espírito Santo Jr. (2002), ao enfatizarem que a atuação da CAB ocorria no âmbito das ligações interestaduais, enquanto as ligações intra-estaduais eram desregulamentadas, afirmam que esse fato foi objeto do estudo de economistas e pesquisadores, os quais demonstraram que linhas de distâncias semelhantes apresentavam valores de tarifas diferentes em função de serem intra-estaduais ou interestaduais.

Os principais estudos a respeito da diferença das tarifas nos mercados intra-estaduais foram efetuados no estado da Califórnia. Como já exposto, as rotas intra-estaduais fugiam da jurisdição da CAB e, no caso da Califórnia, eram controladas por uma autoridade estadual (*Public Utilities Commission*), cuja maior preocupação era com o aumento dos preços (Williams, 1996). O mesmo autor faz referência ao trabalho de Jordan (1970), que comparou as tarifas intra-estaduais nas rotas operadas pela PSA – *Pacific Southwest Airlines*, com rotas de distâncias semelhantes, interestaduais, regulamentadas pela CAB, cujas tarifas intra-estaduais eram, em média, 32 a 45% mais baixas. Gudmundsson (1998) afirma que o estado da Califórnia tinha um ponto de vista bastante liberal a respeito da entrada de novas empresas aéreas e cita a pesquisa de Levine, realizada entre 1959 e 1965, a qual mostrou que o mercado desregula-

[13] De acordo com Williams (1996), pouco antes da desregulamentação (1978), aproximadamente uma entre quatro empresas domésticas americanas tinha acordos de *interline*. O termo *interline*, utilizado em conjunto com outra palavra, é usado para descrever qualquer coisa – geralmente acordos operacionais e de serviços – que envolvam duas ou mais empresas aéreas. Como exemplo, podem-se citar os acordos de *interline* envolvendo reservas, passageiros, vôos, conexões, bagagens e carga (Groenwege, 2003).

[14] Como conseqüência da desregulamentação, as empresas aéreas estabelecidas e tradicionais criaram o sistema *hub-and-spoke*. Um conceito inicial de *hub-and-spoke* pode ser encontrado no glossário do próximo capítulo. Para mais detalhes, sugerimos a leitura de Lima (2004) e Palhares (2002).

[15] Doganis (1995) afirma que a introdução da tecnologia do motor a jato teve um impacto desdobrado em dois momentos. Num primeiro momento, no início dos anos 1960, as aeronaves ganharam muito em velocidade, mas pouco em tamanho. Num segundo momento, no início dos anos 1970, as aeronaves mantiveram a velocidade, porém ganharam muito em tamanho com a introdução das aeronaves *wide-body (fuselagem larga)* como o DC-10 e o Boeing 747. Esse aumento de tamanho se traduz em mais oferta de assentos e capacidade de carga, o que contribuiu para a redução dos custos de assento por quilômetro e da tonelada por quilômetro oferecidos.

mentado entre as cidades de Los Angeles e São Francisco beneficiava os consumidores com as menores tarifas do mundo, fato que incrementou em 300% o volume de tráfego de passageiros nessa rota.

Williams (1996) ressalta que outros estudos e pesquisas semelhantes aos de Jordan e Levine evidenciaram que a política estabelecida pela CAB a partir de 1938, com o intuito de desenvolver o sistema de transporte aéreo e de proteger as empresas aéreas, não poderia mais ser mantida com a justificativa de que era uma política que preservava o interesse público[16]. O mesmo autor faz uma crítica à regulamentação então vigente, que não objetivava a busca de processos eficientes e que pouca atenção dava aos interesses dos consumidores. Desse modo, os defensores da desregulamentação, a partir dos exemplos dos mercados intra-estaduais da Califórnia e do Texas, cujas maiores empresas (PSA e Southwest) operavam seus vôos com eficiência e ofereciam tarifas significativamente mais baixas, tinham a expectativa de que todo o setor do transporte aéreo norte-americano se transformaria num setor eficiente, competitivo e orientado para os consumidores. Ainda mais, os defensores da desregulamentação consideravam que as barreiras de entrada seriam removidas, permitindo a criação de diversas pequenas e médias novas empresas aéreas que operariam onde bem quisessem, com capacidade para competir com as empresas tradicionais, grandes, caras e já estabelecidas.

Em 1975, a CAB começou a relaxar algumas de suas restrições sobre as operações e definições de preços de vôos fretados que competiam com os vôos regulares, permitindo tarifas com descontos e licenciando novas companhias transatlânticas, preparadas para oferecer tarifas baratas. Essas ações criaram o cenário para o *Airline Deregulation Act*, de 1978, que estabeleceu maior flexibilidade no licenciamento de rotas e aboliu a CAB em 1984 (Page, 2001, p. 196-197).

O Decreto que, em 1978, Iniciou o Processo de Desregulamentação do Transporte Aéreo nos Estados Unidos e a Nova Estrutura do Setor Aéreo

No dia 24 de outubro de 1978, o decreto de desregulamentação do transporte aéreo nos Estados Unidos (*Airline Deregulation Act*) foi transformado em lei e, quatro dias depois, foi assinado pelo presidente Jimmy Carter (ATA, 2003). A partir daí, o papel do governo americano passou a ser o de garantir o processo de competição ao invés de proteger os competidores. Groenewege (2003) adverte que o escopo da desregulamentação limitava-se essencialmente aos aspectos comerciais – determinação de preços (tarifas e taxas), entrada no mercado, número de freqüências e capacidade das aeronaves – porém, não incluía nenhum relaxamento, por parte do governo, dos aspectos ligados à segurança de vôo, controle de tráfego aéreo, certificação de tripulantes e manutenção das aeronaves. É importante ressaltar que o Congresso estipulou que os assuntos relacionados às rotas domésticas e às tarifas seriam totalmente desregulamentados num prazo de quatro anos; portanto, a completa eliminação de restrições quanto à exploração de novas rotas e freqüências aconteceu a partir de 31 de dezembro de 1981, e a completa extinção de regulamentos sobre tarifas, a partir de 1º de janeiro de 1983 (ATA, 2003).

O trabalho de Page (2001) salienta uma nova divisão nas funções e responsabilidades reguladoras entre o DOT e a FAA. Ao primeiro, coube assumir também algumas das funções da CAB (extinta em 1984)[17], como o licenciamento de empresas aéreas americanas para servir ao mercado; a manutenção dos serviços aéreos para as pequenas comunidades; as fusões das empresas aéreas; os aspectos relacionados aos consumidores (reclamações); a negociação de direitos do transporte aéreo internacional e o monitoramento de tarifas internacionais. Já a atuação da FAA visa a garantir a segurança da separação física das aeronaves durante o vôo e organizar seus movimentos de taxiamento na pista, decolagens e pousos – funções de controle de tráfego aéreo[18] – bem como a cuidar dos aspectos inerentes ao projeto, construção e manutenção de aeronaves, estipular os padrões mínimos de treinamento das tripulações, estabelecer padrões operacionais para as empresas aéreas e aeroportos e promover a segurança de vôo por meio de pesquisa e desenvolvimento de novos materiais e equipamentos.

---

[16] Em 1974, a administração do governo Ford iniciou um movimento a favor de reformas em setores regulamentados da economia americana como forma de responder ao crescente sentimento da opinião pública de que as regulamentações existentes oprimiam o desenvolvimento desses setores, bem como contribuíam significativamente para a inflação (ATA, 2003).

[17] Também é considerada a data de 1º de janeiro de 1985 (ATA, 2003).

[18] Aproximadamente dois terços dos quase 50 mil funcionários do FAA exercem atividades relacionadas ao controle de tráfego aéreo (ATA, 2003).

Definidas essas responsabilidades reguladoras, Page (2001) considera que a estrutura do setor aéreo nos Estados Unidos ficou composta por:

- Empresas aéreas.
- Aeroportos e fornecedores de sistemas de controle de tráfego.
- Fabricantes de aeronaves.
- Consumidores.
- Terceiros, como agências do governo – DOT, FAA e o *National Transportation Safety Board*[19].

A classificação das empresas aéreas americanas regulares de transporte de passageiros e/ou cargas foi feita pelo governo dos Estados Unidos com base no critério do montante da receita gerada por suas operações (ATA, 2003). Dessa maneira, elas foram classificadas em: *majors; nationals* e *regionals:*

- *Empresas aéreas* majors*:* aquelas que geram receitas anuais acima de US$ 1 bilhão. Também denominadas empresas *trunk*, de modo geral, operam o serviço de transporte aéreo por todo o país e, algumas vezes, por todo o mundo. Em 2000, havia 12 empresas de passageiros nessa classificação: Alaska, *America West, American, American Eagle, American Trans Air, Continental, Delta, Northwest, Southwest, Trans World*[20], *United* e *US Airways*.
- *Empresas aéreas* nationals: são as que geram receitas anuais entre US$ 100 milhões e 1 bilhão. Muitas delas operam em determinadas regiões do país, embora outras operem vôos longos ou mesmo internacionais com aeronaves a jato de médio e grande porte. Alguns exemplos dessas empresas: *Aloha*, *Atlas Air*, *Emery Worldwide*, *Evergreen*, *Hawaiian* e *Midwest Express*.
- *Empresas aéreas* regionals: operam serviços de transporte aéreo, em sua grande maioria, limitados a uma única região do país, transportando usuários entre as cidades maiores e as pequenas comunidades de suas regiões.

Passados 25 anos do início do processo de desregulamentação do transporte aéreo nos Estados Unidos, há quantidade considerável de literatura produzida a respeito desse tema, que despertou atenção e interesse não somente pelos impactos imediatos e significativos para um grande número de consumidores, mas também porque muitos dos resultados das transformações que aconteceram no setor se parecem cada vez menos "[...] com as confiantes previsões daqueles que defendiam a política da desregulamentação" (Williams, 1996, p. 1).

Groenewege (2003) considera que o ponto central da discussão sobre a desregulamentação é a respeito de qual a função básica do transporte aéreo comercial: se ele é um serviço público, se é uma atividade estritamente comercial que deve gerar lucros ou, ainda, se é algo intermediário entre essas duas posições. E conclui afirmando que, em relação aos Estados Unidos, o pressuposto do processo de desregulamentação é o de que as forças do mercado, por si só, têm a habilidade de criar o melhor meio ambiente comercial para o setor, mesmo se isso levar à existência de um menor número de empresas aéreas e aumentar a concentração da participação do mercado dessas empresas.

Outro aspecto da desregulamentação do transporte aéreo americano – que pode parecer contraditório – é a continuação da distribuição de subsídios para manter o serviço de transporte aéreo para as pequenas comunidades pelo programa *Essential Air Service*[21] (ATA, 2003), cuja administração, com a extinção da CAB, passou a ser função do DOT. Segundo Wells e Richey (1996), o programa foi mantido por 10 anos para todas as comunidades que dele faziam parte quando da efetivação do *Airline Deregulation Act* (1978) e, em outubro de 1988[22], foi prorrogado por mais 10 anos.

Parte 5

[19] Agência federal independente, encarregada pelo Congresso Americano de investigar os acidentes da aviação civil e os acidentes mais significativos dos outros modais de transporte, bem como emitir recomendações de segurança com o objetivo de prevenir futuros acidentes. Para maiores informações, consulte http:// www.ntsb.gov/Abt_NTSB/history.htm.

[20] Em janeiro de 2001, foi adquirida pela *American Airlines* (Groenewege, 2003).

[21] Além do subsídio para manter o serviço aéreo nas pequenas comunidades (com baixa densidade de tráfego aéreo), o programa é responsável por garantir empréstimos que auxiliem as empresas aéreas na aquisição de aeronaves (Wells e Ritchey, 1996).

[22] Data da efetivação do *Airport and Airway Safety and Capacity Expansion Act* de 1987.

Contribuição da Desregulamentação do Transporte Aéreo nos Estados Unidos para o Surgimento de Novas Empresas Aéreas

Observa-se que, de modo geral, a maioria dos estudos sobre a desregulamentação do transporte aéreo nos Estados Unidos concorda em um aspecto: a partir de 1978, a competição passa efetivamente a fazer parte do setor aéreo, acirrando-se de modo bastante acentuado nos primeiros anos pós-desregulamentação. A partir dessa concordância comum e como um dos resultados visíveis da competição, outro aspecto é bastante salientado: o desaparecimento de diversas empresas aéreas. De acordo com Groenewege (2003), 200[23] empresas aéreas desapareceram por falência, mudança de controle acionário, aquisições e fusões, o mesmo número apontado por Goetz e Sutton (*apud* Page, 2001). Para Palhares e Espírito Santo Jr. (2002, p. 115) a falência de empresas estabelecidas e tradicionais como a *Pan American*, a *Braniff* e a *Eastern* aconteceu como decorrência da desregulamentação e "principalmente porque não estavam preparadas para operar com um mercado mais competitivo".

Falências, fusões e aquisições são aspectos que contribuíram para outras duas importantes conseqüências da desregulamentação do transporte aéreo nos Estados Unidos: a (re)concentração da indústria e o aparecimento de novas empresas aéreas.

A (re)concentração do mercado figura como uma das "surpresas" ou "efeito não esperado" do processo de desregulamentação (Farina, 1989). Nesse sentido, Page (2001) cita o estudo de Goetz e Sutton (1997), os quais observaram que, entre 1983 e 1988, as nove maiores empresas (*American Airlines, United Airlines, Delta Air Lines, Northwest Airlines, Continental Airlines, USAir, TWA, Pan Am* e *Eastern*) eram responsáveis por 92% das receitas de milhas domésticas voadas por passageiro. Em seu trabalho, Groenewege (2003) constata que, atualmente, o transporte aéreo nos Estados Unidos apresenta maior grau de concentração que nos anos anteriores à desregulamentação, quando as cinco maiores empresas (*American Airlines*[24], *United Airlines, Continental Airlines, Delta Air Lines e Northwest Airlines*) controlavam mais de 80% do mercado doméstico, enquanto, antes da desregulamentação, esse percentual não era superior a 60%. Ele considera ainda que essa tendência deve se manter, o oposto do que era esperado pelos defensores das políticas adotadas em 1978.

Em relação ao aparecimento de novas empresas aéreas, Lawton (2002) enfatiza que a concentração do transporte aéreo nos Estados Unidos – causada pela onda de falências, fusões e aquisições – e no mundo – resultante da formação de alianças globais – pode até guardar semelhanças com a estrutura que existia nos anos pré-desregulamentação. No entanto, para o autor, a diferença fundamental entre o mercado atual e o mercado da Europa nos anos 1980 e dos Estados Unidos nos anos 1970 é a de que hoje, além da existência das grandes e tradicionais empresas aéreas estabelecidas, o usuário tem a possibilidade de escolher e viajar por preços mais baixos.

Se, por um lado, a desregulamentação fez diminuir a rentabilidade das empresas aéreas tradicionais (Groenewege, 2003), por outro, os novos modelos de empresas aéreas – muitas delas nascidas após a desregulamentação – vêm apresentando boas margens de lucro e crescimento (Lawton, 2002), fato que está levando as empresas tradicionais a repensarem suas próprias estruturas de custos e tarifas, bem como a refletir sobre as novas necessidades de seus clientes e as características e atributos que eles realmente valorizam no transporte aéreo.

DESREGULAMENTAÇÃO DO TRANSPORTE AÉREO NO BRASIL

Este tópico, dividido em duas partes, destina-se a levantar e descrever os principais aspectos do processo de desregulamentação do transporte aéreo no Brasil. A primeira traz uma abrangente, porém sintética, evolução da regulamentação do setor aéreo

[23] Aí inclusas as novas empresas entrantes, em decorrência do processo de desregulamentação do transporte aéreo.

[24] Conforme já citado na nota 21, em janeiro de 2001, a *American Airlines* adquiriu a TWA – *Trans World Arlines*, tornando-se a maior empresa aérea do mundo (Groenewege, 2003).

Parte 5

no Brasil e do papel do DAC até o final dos anos 1980. A segunda trata do processo de desregulamentação ou flexibilização do transporte aéreo de passageiros no Brasil, ocorrido no período entre a realização da Quinta Conferência Nacional de Aviação Civil, em 1991, e dezembro de 2002.

Principais Elementos Históricos da Regulamentação do Transporte Aéreo no Brasil e o Papel do Departamento de Aviação Civil

De acordo com Pessoa (1989), as primeiras regulamentações para o transporte aéreo de passageiros no Brasil datam de 25 julho de 1925, com a promulgação do Decreto 16.983, que estabeleceu a subordinação das atividades aéreas civis ao Ministério de Viação e Obras Públicas.

Segundo Luz (1998), a regulamentação oriunda desse Decreto 16.983 foi elaborada com base na legislação francesa, a qual estabelecia que as atividades aéreas domésticas deveriam ser realizadas por empresas com sede no Brasil, o que explicaria por que as empresas aéreas estrangeiras[25] em operação no país organizaram subsidiárias para se adequar à legislação.

Pessoa (1989), embora não faça nenhum parecer a respeito da possível origem francesa do Decreto 16.983, de 25 de julho de 1925, considera-o bastante avançado[26], visto que regulamentava com detalhes uma atividade que, a rigor, sequer ainda existia, conforme alguns aspectos listados a seguir:

- O transporte de passageiros ou cargas entre dois pontos do território brasileiro só poderia ser feito por aeronaves nacionais (e concedia poder ao ministro de Viação e Obras Públicas para fazer alterações nessa disposição).
- As aeronaves já eram classificadas, de acordo com a natureza de seus proprietários, em públicas ou privadas.
- Eram concedidos, simultaneamente, um certificado de navegabilidade e um prefixo para a aeronave, que poderia ser renovado ou suspenso quando das vistorias, exames e revisões periódicas.
- Nas aeronaves de transporte de passageiros, era obrigatória a instalação de aparelhos transmissores e receptores de telegrafia sem fio.
- Caso a lotação da aeronave excedesse a 10 assentos e fossem realizados vôos noturnos e/ou contínuos de mais de 500 quilômetros sobre a terra ou mais de 200 quilômetros sobre o mar, a tripulação deveria ser acrescida de um navegador diplomado.
- As habilitações dos tripulantes (brevês) eram concedidas pelas escolas de aviação do Exército e da Marinha.
- As aeronaves nacionais somente podiam operar com tripulantes nacionais, excetuadas as situações autorizadas pelo ministro de Viação e Obras Públicas.

O decreto também citava as rotas aéreas que as aeronaves poderiam seguir, e dizia que o legislador poderia determinar a interdição do tráfego aéreo sobre certas áreas do território brasileiro.

Subordinado ao Ministério de Viação e Obras Públicas, em 22 de abril de 1931, foi criado pelo presidente Getúlio Vargas o Departamento de Aeronáutica Civil, com o propósito de concentrar a regulamentação e a fiscalização do setor aéreo civil.

De acordo com Castro e Lamy (1993, p. 6), com a Revolução de 1930, a regulamentação vigente foi revista e, nesse sentido, os autores afirmam que o primeiro Código Brasileiro do Ar "foi instituído pelo Decreto-Lei nº 483, de 8 de junho de 1938, a partir de um anteprojeto elaborado por uma das subcomissões legislativas do governo provisório". Em 1939, em virtude do início da Segunda Guerra Mundial, os militares assumiram o controle sobre todas as atividades aéreas no Brasil e, com a unificação das divisões aéreas do Exército e da Marinha, criaram a FAB – Força Aérea Brasileira[27]. Desse modo, em 20 de janeiro de

[25] Luz (1998) cita a empresa francesa *Aeropostale*, que trabalhava com o transporte de malas postais e pretendia prolongar a linha da África até a América do Sul, tendo realizado o primeiro vôo experimental em janeiro de 1925, entre Rio de Janeiro e Buenos Aires. Em outubro de 1925, ela fundou a CBEA – Companhia Brasileira de Empreendimentos Aeronáuticos. Cita também o exemplo do consórcio organizado para promover a indústria aeronáutica alemã (*Condor Sindikat*), que, em 1926, constituiu sua subsidiária no Brasil, denominada Sindicato Condor.

[26] Rodrigues (2003, p. 83) afirma que alguns de seus dispositivos: "[...] tornaram-se basilares para o desenvolvimento da aviação comercial e da infra-estrutura aeroportuária no Brasil".

[27] O Ministério da Aeronáutica foi criado no dia 20 de janeiro de 1941 e, curiosamente, seu primeiro titular foi um civil, Joaquim Pedro Salgado Filho. Em 10 de junho de 1999, com a criação do Ministério da Defesa, o Ministério da Aeronáutica passou a ser denominado Comando da Aeronáutica, tendo como primeiro comandante o **Tenente-Brigadeiro-do-Ar Walter Werner Bräuer** (FAB, 2003).

85-7241-568-8

1941, o Departamento de Aeronáutica Civil foi incorporado pela FAB, passando a se denominar Diretoria de Aeronáutica Civil. Em 1969, foi renomeado como Departamento de Aviação Civil, a quem, de acordo com Rodrigues (2003, p. 85), "coube, desde então, o estudo, a orientação, o planejamento, a coordenação, o controle, o incentivo e o apoio às atividades da aviação civil, pública e privada". Para Luz (2000), nos anos 1940, a militarização foi acompanhada de mudanças estruturais e nas diretrizes políticas do setor aéreo. Desse modo, o Estado centralizou as ações para o seu desenvolvimento. De modo similar ao modelo norte-americano, as ações do Estado tomaram por base as empresas aéreas privadas, que passaram a ser estimuladas por meio de subvenções e reserva de mercado.

Luz (2000) salienta, ainda, que a atuação das empresas estrangeiras foi restringida e, como exemplo, cita a nacionalização da empresa Condor[28] – controlada pela *Lufthansa* – que, em 1942, passou a ser denominada Cruzeiro do Sul. Também a *Panair* do Brasil, então uma empresa subsidiária da *Pan American Airways* dos Estados Unidos, passou a contar com acionistas brasileiros.

Em 1944, o Brasil aderiu à Convenção de Chicago e passou a fazer parte do conselho da OACI – Organização de Aviação Civil Internacional, com direito a assento no primeiro grupo da organização, formado pelos países de maior contribuição ao desenvolvimento da aviação comercial. Desse modo, a partir de 1944, a aviação civil brasileira adotou os padrões técnicos da OACI[29], válidos também para a aviação doméstica, e efetivamente começou a participar das atividades do conselho da OACI e de sua Comissão de Navegação Aérea (Rodrigues, 2003).

Em 1946, como resultado da reciprocidade instituída com a Convenção de Chicago, o DAC impôs restrições para a concessão de freqüências para o exterior, devendo as empresas aéreas que as operassem terem a participação de acionistas brasileiros num percentual mínimo de 51%. De acordo com Luz (2000), assim, distribuíram-se as operações de vôos internacionais: (1) para a América do Sul, a Cruzeiro do Sul; (2) para a Europa, a *Panair* do Brasil; (3) para os Estados Unidos, a Aerovias.

Fruto da conjuntura favorável – disponibilidade de aeronaves e de pilotos –, o DAC atuou de forma a incentivar o setor nos anos 1940, o que fez aumentar o número de empresas aéreas de 5 para 24 (Luz, 2000). Este autor enfatiza, citando Garófalo (1982), que a maior parte das empresas tinha, no entanto, suas operações inviabilizadas pelo reduzido tamanho de sua malha de vôos e a utilização de aeronaves antigas, o que, já na época, causava custos elevados.

Nos anos 1950, o DAC estabeleceu acordos para disciplinar a competição e racionalizar a oferta nas rotas principais onde, até então, as tarifas e freqüências eram definidas livremente. Um desses acordos ensejou a operação de forma cooperada entre Varig, Vasp, Sadia e Cruzeiro do Sul do trecho Rio de Janeiro – São Paulo, que resultou na criação, em 1959[30], da ponte aérea.

Em 1958, as tarifas foram estabelecidas com base na distância, no custo operacional e no aproveitamento médio, independentemente da capacidade de oferta das aeronaves, ação na qual fica demonstrada a orientação do DAC de intervir na competição e procurar preservar as empresas que operavam com aeronaves antigas e menores malhas de vôos e ganhos de escala (Luz, 2000).

Sonino (1995) afirma que a necessidade de renovar a frota fez com que os dirigentes das empresas aéreas apelassem ao Governo Federal, o qual, *sensibilizado*, sancionou, em dezembro de 1956, a Lei 3.039, prevendo sua participação financeira nesse processo de renovação da frota. No período de 1957 a 1961, as empresas receberam Cr$ 2,25 milhões a título de contribuição federal, distribuídos de modo diretamente proporcional ao número de toneladas/quilômetros ofertados no ano anterior pelas empresas. Esse dinheiro, segundo Castro e Lamy (1993) – um financiamento a fundo perdido –, além de contribuir no acesso a aeronaves mais modernas, possibilitou também

[28] Com a entrada do Brasil na Segunda Guerra Mundial, o então Ministro das Relações Exteriores, Oswaldo Aranha, questionou a existência da Condor e começou a apurar a origem de seu capital (Sonino, 1995). O autor afirma ainda que havia forte pressão dos Estados Unidos, que via na existência e operação da empresa uma possibilidade de ligações com a Alemanha nazista. Nesse contexto, em 1941, todos os executivos alemães que trabalhavam na Varig, desde 1927, tiveram de ser afastados, o que resulta na eleição de Rubem Berta para assumir a presidência da empresa aos 34 anos.

[29] Entre os objetivos da OACI estão a segurança, a eficiência, a regularidade e a economia dos serviços aéreos.

[30] De acordo com Trigo (2000), foi em 6 de junho de 1959 que a Varig, a Vasp e a Cruzeiro do Sul iniciaram, entre os aeroportos de Santos Dumont (Rio de Janeiro) e Congonhas (São Paulo) "uma operação em *pool* denominada Ponte Aérea. Em 1965, a Panair e a Sadia (atual Transbrasil) ingressaram no *pool*". Trigo informa ainda que, até 1995, a ponte aérea havia transportado 44 milhões de passageiros e era a segunda colocada no mundo, atrás apenas da ponte aérea entre Nova York e Washington. O autor ainda faz uma menção especial aos aviões Lockheed L-188 Electra II, quadrimotores, turbo-hélices com capacidade para 90 passageiros, os quais voaram até 1991, sendo substituídos pelos Boeing 737-300.

85-7241-568-8

a aquisição das recém-lançadas aeronaves a jato puro[31]. Sonino (1995) considera que a aviação comercial brasileira entrou oficialmente na era dos jatos em dezembro de 1959, quando um Caravelle da Varig fez o primeiro vôo comercial entre Porto Alegre e Nova York, com escalas em São Paulo, Rio de Janeiro, *Port of Spain* e Nassau. Conforme Pessoa (1989), o Caravelle[32] não era uma aeronave a jato adequada para rotas longas. De fato, a Varig havia encomendado, em setembro de 1957, duas aeronaves Boeing 707[33] – o primeiro jato transcontinental a operar no Brasil –, que chegaram em 23 de julho de 1960, quando passaram a operar o vôo para Nova York, sem escalas e com partida do Rio de Janeiro.

Modificações Ocorridas nas Décadas de 1960 e 1970

Tanto Luz (1998, 2000) quanto Sonino (1995) consideram que a introdução das aeronaves a jato, as quais necessitavam de melhor infra-estrutura aeroportuária (pistas pavimentadas e equipamentos de auxílio), levou as empresas a concentrarem suas operações entre os grandes centros econômicos de maior densidade de tráfego de passageiros. De modo inversamente proporcional, à medida que aumentava a operação de aeronaves turboélices[34] e a jato, diminuía o número de cidades atendidas pelo serviço aéreo.

Os mesmos autores afirmam que o governo, numa tentativa de apoiar as linhas que eram de interesse nacional, mas de baixa rentabilidade, criou, em 1963, a RIN – Rede de Integração Nacional, que organizou o sistema nacional de transporte aéreo em duas categorias: as rotas com valor comercial (linhas tronco) e as rotas de serviço local (ou linhas de alimentação). Sonino (1995) destaca que cada linha podia ser operada por apenas uma empresa aérea e que, em 1963, o total de subsídios destinados à RIN somava Cr$ 1,9 bilhão, distribuídos de acordo com os quilômetros percorridos nas linhas da Rede. Nesse sentido, Luz (2000) relata que os subsídios e subvenções oferecidos a partir de 1963 chegavam até 60% dos custos e abrangiam 500 trechos aéreos.

No início dos anos 1960 – mesmo com os subsídios do governo para a renovação da frota e para a operação das rotas da RIN – as empresas aéreas e o setor aéreo como um todo enfrentavam uma crise econômica que, segundo Rodrigues (2003), tinha como principais motivos:

- A baixa rentabilidade provocada pela concorrência excessiva.
- A necessidade de mais investimentos para a renovação da frota de aeronaves do pós-guerra (dificuldade em encontrar peças de reposição, o que inviabilizava a manutenção das aeronaves e prejudicava a regularidade dos vôos).
- Modificações na política econômica do Brasil, as quais retiraram o benefício de usar o dólar preferencial para as importações das empresas aéreas.

Inseridos nesse cenário, o governo e as empresas aéreas organizaram uma reunião, em 1961, denominada Conferência de Petrópolis (Rio de Janeiro), na qual sugeriram um conjunto de medidas para a recuperação da aviação comercial com ênfase em regulamentação da concorrência, investimentos em aeroportos e ampliação dos subsídios do setor (Luz, 2000). Outra reunião – a Conferência do Hotel Glória, realizada em 1963, no Rio de Janeiro – teve como principal resultado a definição e adoção do realismo tarifário, o qual passaria a considerar, para o valor das tarifas – fixadas pelo Poder concedente –, todos os custos vinculados à operação, principalmente os relacionados à manutenção, à melhoria da infra-estrutura aeroportuária e à remuneração do capital. Sonino (1995, p. 29-30), além dos estudos relativos à correção da defasagem tarifária, enfatiza, como resultado da Conferência do Hotel Glória, "a adoção de medidas para proibir o funcionamento de novas empresas e a busca de possibilidades de acordos e de fusões entre as empresas operantes".

[31] Castro e Lamy (1993, p. 14) afirmam que o motor a jato possibilitou o desenvolvimento de aeronaves mais seguras, com maior capacidade de assentos e custos operacionais por assentos oferecidos cada vez menores, "o que vai permitir, no mundo todo, às companhias aéreas saírem do vermelho no início dos anos 60".

[32] O autor considera que o Brasil entrou na era do jato ao mesmo tempo em que os países ricos e de tecnologia aeronáutica mais avançada. Ainda a respeito dos Caravelle, com a chegada dos Boeing 707, eles passaram a ser utilizados nas principais linhas domésticas da empresa.

[33] Com sua velocidade de cruzeiro de 850 quilômetros por hora, altitude de 10 mil metros e capacidade para 128 passageiros, as aeronaves Boeing 707 revolucionaram o transporte aéreo mundial (Trigo, 2000).

[34] Turboélices são aeronaves a jato nas quais parte dos gases que saem do compressor das turbinas é expelida como empuxo e parte é utilizada para mover uma hélice, ligada ao eixo da turbina por um redutor de velocidade (Pessoa, 1989).

Parte 5

De acordo com Rodrigues (2003, p. 87), a partir desse momento,

> *iniciava-se o regime da competição controlada, com medidas contra a competição ruinosa, e repúdio ao monopólio estatal ou privado, em que o governo passou a intervir pesadamente nas decisões administrativas das empresas, seja na escolha das linhas, no reequipamento da frota e no estabelecimento do valor das passagens.*

Segundo esse mesmo autor, nesse período, foi instituída a regulamentação das concessões para os serviços públicos de transporte aéreo, com a definição de direitos, obrigações e prazos de validade das concessões[35], fato que terá conseqüências em toda a dinâmica do setor aéreo brasileiro.

Em meados da década de 1960, aconteceu também a falência da *Panair* do Brasil[36], a respeito da qual Trigo (2000, p. 95) ressalta que "em 10 de fevereiro de 1965, o governo militar, em um ato arbitrário, cancelas as concessões da Panair do Brasil, para a Europa e o Oriente Médio, beneficiando-se do arbítrio militar".

A instituição de um novo Código Brasileiro do Ar, a partir do Decreto-lei nº 23, de 18 de novembro de 1966, e alterado pelo Decreto-lei nº 234, de 28 de janeiro de 1967, define e enfatiza como princípios basilares do setor que o transporte aéreo é uma atividade de caráter estratégico para a segurança e a integração nacional, que é necessário manter uma reserva de mercado para as empresas nacionais e que o Estado é responsável pela implantação e operação direta dos serviços de apoio e infra-estrutura.

Assim, o DAC assumiu a responsabilidade pela organização do mercado, por meio da concessão de freqüências e definição das tarifas, e passou a estimular a consolidação econômica das atividades, adotando o princípio do realismo tarifário. Para os serviços de proteção ao vôo, controle de tráfego aéreo e telecomunicações aeronáuticas, foram criadas, pelo governo federal, a TASA – Telecomunicações Aeronáuticas S/A, em 1969 e, para a operação dos aeroportos, a Infraero – Infra-estrutura Aeronáutica, em 1972 (Luz, 2000, p. 62).

Os princípios básicos instituídos em 1966, pela implementação do Código Brasileiro do Ar, foram consolidados nos anos 1970: a atuação do DAC tem como premissa que o estado é o organizador do mercado no qual o sistema de complementaridade e de integração entre as empresas aéreas é estimulado em detrimento da competição (Luz, 2000). Ainda de acordo com Luz (2000), as medidas de regulamentação mais marcantes dos anos 1970 foram a proibição da entrada de novas empresas no setor aéreo, em 1973 – mesmo ano em que se garantiu a exclusividade da Varig nos vôos internacionais[37] – e a proibição da competição por meio de preços, em 1975. Ainda na década de 1970, o DAC, quando necessário, adotou medidas destinadas a melhorar o desempenho das empresas aéreas, como a implantação de vôos noturnos, em 1976, com tarifas menores e, em 1977, redução das freqüências de vôo de modo proporcional à participação no mercado das empresas, com o objetivo de melhorar os níveis médios de aproveitamento, medida essa que Luz (2000) denominou *deflação* da oferta.

Criação do Transporte Aéreo Regional

Apesar dos subsídios e incentivos do programa RIN que, conforme já explicado, foi instituído em 1963, de acordo com dados do DAC, de um total de 355 cidades servidas por linhas aéreas em 1958, somente 92 continuavam a dispor do serviço em 1975 (DAC, 2003a).

Objetivando organizar a aviação regular de terceiro nível – as linhas de pequeno curso – e

[35] De acordo com Rodrigues (2003), as concessões e autorizações para o serviço aéreo regular, conforme estabelecido nos CBA de 1938, 1966 e 1986, são regulamentadas pelo Poder Executivo. Desse modo, o Decreto nº 72.898, de 9 de setembro de 1973, prorrogou as concessões da Varig, Cruzeiro do Sul, Vasp e Transbrasil por 15 anos. Em setembro de 1988, essas concessões foram prorrogadas por mais 15 anos; portanto, até setembro de 2003. A empresa Tam, em 1997, obteve sua concessão nacional para operar vôos regulares por 15 anos; a Gol Transportes Aéreos obteve a sua em 2001.

[36] Para mais detalhes da história da *Panair* do Brasil, ver Pessoa (1989) e Sonino (1985).

[37] Pode parecer paradoxal, mas a primeira linha internacional da Varig passou a ser operada em agosto de 1942 para Montevidéu, no Uruguai, e os vôos para outros estados só aconteceram a partir de 1946 (Palhares e Espírito Santo Jr., 2002). Sonino (1995) explica o processo que fez a empresa ganhar, em 1953, o direito de operar na rota de Nova York, bem como a incorporação da Real-Aerovias em 1961, o que quadruplicou as rotas para o exterior (Estado Unidos: Miami e Los Angeles, via Lima, Bogotá e México, e Japão) e dobrou as rotas domésticas. A empresa recebeu as linhas para a Europa e o Oriente Médio em 1965, em decorrência do já citado processo da *Panair* do Brasil.

Parte 5

também garantir o transporte aéreo regional, o Ministério da Aeronáutica instituiu, em 11 de novembro de 1975, pelo Decreto nº 76.590, o Sitar – Sistema Integrado de Transporte Aéreo Regional. O Sitar buscava interligar os locais de difícil acesso, estimular o crescimento dos centros regionais de tráfego – importantes para alimentar as rotas principais ou rotas tronco – e, também, criar mercado para os aviões Bandeirante da Embraer – Empresa Brasileira de Aeronáutica (Luz, 2000). Essas operações regionais obtiveram apoio na forma de subvenções, financiadas pelo adicional tarifário de 3% sobre o valor das passagens aéreas nacionais, denominado Ataero – Adicional de Tarifa Aérea[38], e também linhas de crédito especiais para a aquisição das aeronaves Bandeirante (Luz, 1998; 2000). Em seu papel regulador, o DAC determinaria o valor das tarifas, levando em conta que as linhas superavitárias deveriam cobrir as linhas deficitárias.

Em conformidade com a política de competição controlada, cada uma das empresas regionais criadas deveria operar em determinada região, denominada sistema (DAC, 2003a). Desse modo, o Sitar era composto por cinco sistemas criados a partir das localizações dos centros econômicos e das rotas existentes (Tabela 41.2).

Guimarães e Salgado (2003) consideram que a constituição do Sitar foi uma forte intervenção do DAC na organização do mercado da aviação regional, caracterizada pela clara delimitação dos espaços para atuação das empresas aéreas regionais e nacionais, bem como pelo fato de desencorajar a competição, a qual, sob a ótica do DAC, era um fator prejudicial à estabilidade do mercado.

Anos 1980 e Atuação do Departamento de Aviação Civil

Em 1980, o DAC criou os vôos noturnos econômicos no mercado doméstico, iniciativa atribuída por Garófalo (Luz, 2000) às dificuldades causadas pelo segundo choque do petróleo de 1979 – que fez subir em 230% os preços dos combustíveis aeronáuticos, os quais representam de 30 a 40% dos custos operacionais das empresas aéreas.

Durante a década de 1980, podem-se destacar dois fatos principais que marcam o papel de órgão regulador do DAC na aviação comercial brasileira. Em 1986, as empresas regionais estavam em dificuldades financeiras, apesar dos subsídios do DAC (Luz, 1998). Com o objetivo de expandir o mercado de atuação e a demanda dessas empresas, o DAC garantiu-lhes a exclusividade na operação dos chamados VDC – Vôos Diretos ao Centro, que interligam, sem escalas, os aeroportos de Congonhas (São Paulo), Santos Dumont (Rio de Janeiro), Pampulha (Minas Gerais) e Brasília (Distrito Federal), os quais, de acordo com Luz (2000), constituem os principais terminais executivos do país em virtude do volume de viagens de negócios, o mais rentável e maior componente da demanda no país. Na prática, tal medida veio a estimular o aumento das operações da Rio-Sul e da TAM, cujos efeitos serão apresentados adiante, no tópico referente ao processo de desregulamentação (ou flexibilização) do transporte aéreo no Brasil.

[38] Rodrigues (2003) afirma que, no início da década de 1990, a Tam, em conjunto com a BR-Central, era responsável pelo transporte de 60% do tráfego regional. Assim, o Sitar desempenhou um importante papel no crescimento dessa empresa, atualmente uma das maiores do Brasil.

Tabela 41.2 – Sistema Sitar

Sistemas	Rotas
Sistema 1	Do sistema 1, faziam parte o Acre, o Amazonas e parte do Pará e de Mato Grosso, sendo este concedido à empresa Transportes Aéreos da Bacia Amazônica, criada a partir da táxi-aéreo Sagres
Sistema 2	O sistema 2 era composto pela região de Goiás, Distrito Federal e parte do Pará, do Maranhão e de Minas Gerais, São Paulo e Rio de Janeiro, sendo concedido à empresa de táxi-aéreo Votec
Sistema 3	O sistema 3 foi assumido pela Nordeste, a qual resultava da associação entre a Votec Amazônia, a Transbrasil e o governo do Estado da Bahia, sendo integrado pelo Piauí, Ceará, Rio Grande do Norte, Paraíba, Alagoas, Sergipe, Bahia e parte do Maranhão, Minas Gerais e Espírito Santo
Sistema 4	A associação entre a Vasp e a empresa táxi-aéreo Marília resultou na empresa Tam, que assumiu o sistema 4, abrangendo o Mato Grosso e parte de São Paulo
Sistema 5	O sistema 5, composto por parte dos estados do Rio de Janeiro e de São Paulo, bem como dos estados da Região Sul, origina-se a Rio-Sul, fruto da associação da Varig, Bradesco táxi-aéreo e Boa Vista Seguros

Adaptado de DAC (2003a)

Ainda em 1986 – quase 10 anos após o início do processo de desregulamentação do transporte aéreo nos Estados Unidos –, foi realizada a IV Conferência Nacional de Aviação Comercial, a qual, de acordo com Rodrigues (2003, p. 89), "não trouxe modificações substanciais à política vigente, mas permitiu a introdução gradual de mudanças no pensamento então vigente". O autor afirma que uma das recomendações da IV Conferência Nacional de Aviação Comercial que, se houvesse sido implantada, teria grandes efeitos no setor, era a reformulação do regime de concessões e autorizações para o tráfego aéreo internacional. Essa recomendação gerou, por parte do então Ministério da Aeronáutica, um ato administrativo a partir do qual era permitido o acesso às linhas internacionais a todas empresas de transporte aéreo regular brasileiras. É importante também registrar que, em 1986, o Brasil e os Estados Unidos iniciaram uma extensa negociação, a qual resultou em um acordo bilateral com características bem liberalizantes – notadamente quando comparado a acordos firmados com outros países – que, ao invés da então designação singular, estipulou a adoção da multidesignação de empresas, com aumento dos vôos ofertados e flexibilização das tarifas. Segundo Rodrigues (2003), esse acordo bilateral, que também foi estabelecido com a Argentina, fez aumentar o tráfego de passageiros entre os países.

Outras contribuições da IV Conferência Nacional de Aviação Comercial foram agregadas ao novo Código Brasileiro de Aeronáutica, que tramitava há três anos pelo Congresso Nacional, e foi sancionado no dia 19 de dezembro de 1986, pela Lei nº 7.565. Esse CBA – Código Brasileiro de Aeronáutica, que dispõe sobre a regulamentação básica do setor da aviação comercial, está em vigor até os dias de hoje. A respeito do CBA, Luz (2000, p. 70) afirma que "manteve os princípios fundamentais que nortearam a política para o setor desde o início dos anos 40". Ou seja, o DAC continuou a exercer forte controle sobre o mercado do transporte aéreo, com competência para determinar a entrada e a saída de empresas no mercado, estipular a capacidade das rotas, freqüências, horários e a estrutura tarifária nas rotas domésticas.

Conforme afirmação de Rodrigues (2003, p. 90), a regulação do transporte aéreo no Brasil, tal qual na maioria dos países, foi construída sobre três pilares:

- A autoridade regulatória precisa influir nas redes de rotas objetivando garantir o desenvolvimento de um sistema integrado.
- É desejável prover algum tipo de subsídio para garantir a provisão dos serviços de transporte aéreo a localidades remotas e pequenas comunidades.
- A competição destrutiva pode predominar no mercado na ausência de intervenção regulatória.

Ainda de acordo com Rodrigues (2003), a atividade regulatória do DAC sobre as condições de entrada no mercado, no entanto, é distorcida pela atuação da CLA – Comissão de Linhas Aéreas, instituída no âmbito do DAC, mas sob forte influência do SNEA – Sindicato Nacional das Empresas Aeroviárias, o qual integra a comissão juntamente com a Infraero, além do próprio DAC. A crítica à atuação da CLA está presente no estudo do Banco Mundial, que analisou o mercado de aviação no Brasil (World Bank, 1995), e também nos trabalhos de Castro e Lamy (1993) e Franco *et al.* (2002). Para esses autores, a existência e a atuação da CLA pode ser caracterizada como uma alocação cartelizada da capacidade no mercado, que o bloqueia e restringe um gerenciamento mais eficiente e competitivo com relação aos seguintes aspectos:

- Melhor utilização das aeronaves.
- Elaboração de uma malha de vôos com melhor fluxo do tráfego de passageiros.
- Responder imediatamente às mudanças da demanda.
- Aproveitar as oportunidades mais rentáveis do mercado.
- Promover o crescimento das empresas.

Na tentativa de pontuar a atuação do DAC, pode-se dizer que ele autoriza ajustes na estrutura das rotas, concede novas linhas, a ampliação de freqüências e a entrada de novas empresas – desde que isso não venha a causar um grande impacto sobre a demanda das empresas estabelecidas –, procurando preservar a lucratividade e o equilíbrio financeiro destas últimas.

O DAC também controla todas as características operacionais do setor:

- Onde e quando novas empresas podem ser formadas.
- O tamanho e a composição da frota de cada empresa aérea, pois o DAC é quem autoriza as aquisições de novas aeronaves.

Parte 5

- As rotas que podem ser voadas por cada empresa.
- A capacidade que a empresa aérea pode oferecer em dada rota autorizada pelo DAC.
- A estrutura tarifária e os níveis tarifários para cada rota doméstica.

O DAC exige a comprovação de elevados índices de ocupação (em média acima de 65% da oferta de assentos nos últimos seis meses) para conceder a ampliação de freqüências numa rota. As dificuldades de entrada são acompanhadas de dificuldades para a suspensão das atividades em determinada rota ou mesmo da saída completa daquele mercado e, nesse sentido, as empresas precisam de autorização prévia do DAC antes de suspender as operações em determinada rota. Com essas barreiras para obter novas autorizações – principalmente em rotas já atendidas por outra empresa aérea – as empresas, muitas vezes, mantêm a operação de vôos em mercados de baixa ocupação e baixa rentabilidade.

Em suma, a regulamentação do DAC feita sobre a capacidade e a entrada das empresas estabelecidas em novas rotas ou sobre a criação de novas empresas impediu o mercado de exercer uma eficiente alocação da oferta. Desse modo, sua atuação colaborou para manter as empresas aéreas brasileiras ineficientes no mercado, mesmo que às custas do usuário, uma vez que restringia a criação e o desenvolvimento de empresas aéreas eficientes.

Pode-se afirmar ainda que o DAC, de alguma forma, teve de lidar com os efeitos do Plano Cruzado, de 1986, o qual, de acordo com os cálculos do SNEA, teria congelado as tarifas aéreas quando elas estavam defasadas em média 60% (Luz, 2000). Esse fato acentuou os desequilíbrios financeiros do setor aéreo, em que pese o grande aumento da demanda. As empresas aéreas também contestavam o direito de exclusividade das rotas internacionais da Varig, em vigor desde 1973[39], conforme já exposto. A pressão a respeito do assunto cresceu ainda mais quando as demais empresas aéreas constataram que, no período de 1980 a 1986, a Varig foi a única a obter resultados positivos, uma vez que 75% de suas receitas eram geradas pelos vôos internacionais, o que, até então, tornava-a menos vulnerável à inflação doméstica e à desvalorização cambial.

Processo de Desregulamentação (Flexibilização) do Transporte Aéreo no Brasil

O processo de desregulamentação do transporte aéreo em curso no Brasil se caracteriza pela lentidão, semelhante ao que ocorreu na Europa, e que Palhares e Espírito Santo Jr. (2002) denominam flexibilização. Luz (2000) afirma que, no início da década de 1990, a autoridade aeronáutica buscou realinhar a atuação do agente público no setor do transporte aéreo com as mudanças ocorridas no final da década de 1980, que restringiam a atuação direta do Estado na economia. Nesse sentido, foi criado, com o Decreto nº 99.179, de 15 de março de 1990, o Programa Federal de Desregulamentação, cujo objetivo era fortalecer a iniciativa privada em todos os seus campos de atuação e reduzir a interferência do Estado na vida e nas atividades do indivíduo (art. 1º) e adotar, como diretrizes básicas, tão-somente a manutenção dos controles e formalidades imprescindíveis, deixando a atividade econômica reger-se, basicamente, pelas regras do livre mercado, limitada a interferência da Administração Pública Federal ao que dispõe a Constituição (art. 2º, II e III).

No transcorrer desse ano de 1990, o então Ministério da Aeronáutica implementou as recomendações da Comissão de Fiscalização e Controle da Câmara dos Deputados, com destaque para:

- O sistema de VDC[40], operado somente pelas empresas regionais, foi estendido para os trechos da ponte aérea Rio de Janeiro – São Paulo (até então exclusivos da Varig, Vasp e Transbrasil). Desse modo, as empresas regionais também passaram a operá-los, inicialmente com aviões turboélice e com a mesma tarifa da ponte aérea.
- Permissão para operação de vôos internacionais concedida para a Vasp e a Transbrasil (na verdade, um desdobramento do já citado acordo bilateral de aviação de 1986 entre o Brasil e os Estados Unidos).

[39] De acordo com Luz (2000), havia previsão de término desse monopólio para 1987, o que não teria acontecido porque a desvalorização do iene frente ao dólar, nesse ano de 1987, elevou a dívida da Varig em torno de 40% junto aos bancos japoneses que haviam financiado a modernização de sua frota nos anos 1980.

[40] Mais tarde, foram definidos, pelas Portarias 688/GM5 (1992) e 569/GC5 (2000), como Linhas Aéreas Especiais.

85-7241-568-8

- As empresas aéreas ganham permissão para criarem novas modalidades de tarifas aéreas que permitam a ampliação dos usuários do transporte aéreo – tarifas para idosos, jovens, estudantes em viagens de pesquisa, etc. – desde que examinadas e confirmadas pelo DAC (Palhares e Espírito Santo Jr., 2002).

Segundo Rodrigues (2003), em 1991, com a publicação da Portaria nº 196/DGAC, de 27 de junho, foram dados os primeiros passos no sentido da flexibilização tarifária, com a instituição de um sistema que estabelecia:

- Um índice de preço do quilômetro voado decrescente em função da distância percorrida, levando em conta que os vôos mais curtos são os de maior tráfego.
- Fatores de ponderação na definição de uma escala da variação a partir de uma tarifa básica com peso igual a 1 e, a partir dela, a possibilidade de: uma tarifa especial, com peso 0,7 para passagens com reserva confirmada com pelo menos 15 dias de antecedência em relação ao dia da viagem e com pagamento à vista; uma tarifa de primeira classe, com peso 1,2; tarifas promocionais, com pesos de 0,5 a 0,9 e tarifas regionais, com peso 1,3.
- As tarifas promocionais seriam determinadas pelas empresas concessionárias, nacionais ou regionais.

Em 25 de setembro de 1991, foi publicada a Portaria nº 322/SPL, que consolida o princípio da faixa tarifária, também denominada *banda tarifária*, permitindo que as empresas criassem novas modalidades de tarifas. Nesse sistema, foi estabelecida uma banda superior – com valor até 32% maior que a tarifa básica definida pelo DAC – e uma banda inferior – com valor até 50% menor que a tarifa básica nacional igual a 1 e a tarifa básica regional igual a 1,3. Cada empresa aérea deveria especificar os trechos nos quais as tarifas seriam aplicadas, bem como as condições associadas.

Ainda em 1991, no mês de novembro, foi realizada a V Conferência Nacional de Aviação Comercial, que marcou a adoção da desregulamentação como diretriz da política para o transporte aéreo brasileiro, segundo a qual:

> *A autoridade aeronáutica anunciou a implementação de um modelo competitivo para a indústria, em substituição ao modelo complementar, sendo mantidos o caráter público do serviço, que garantia ao Estado o direito de exploração e concessão, e o papel estratégico da atividade e a sua subordinação às instituições militares. Com isso o desenvolvimento do setor e o bem-estar dos usuários passariam a ser estimulados com base nas leis de mercado.*
>
> Luz, 2000, p. 73

Os resultados da V Conferência Nacional de Aviação Comercial fizeram com que o Ministério da Aeronáutica estabelecesse diretrizes para a orientar a atuação do DAC, "no sentido de proceder a uma redução gradual e progressiva da regulação existente" (Rodrigues, 2003, p. 92).

Em fevereiro de 1992, houve a chamada "liberalização monitorada" das tarifas de transporte aéreo doméstico, e o DAC passou a se responsabilizar pelo controle e fiscalização das tarifas praticadas pelas empresas aéreas nacionais (Palhares e Espírito Santo Jr., 2002).

Em seguida, tiveram papel de destaque as portarias de 1992, 686/GM5, 687/GM5 e 688/GM5. A primeira estabeleceu, entre outras medidas, uma nova forma de controle de oferta, prevendo o limite de participação dentro do mercado doméstico das empresas, de forma individual ou associada, de 50%. Já a segunda fez uma revisão nas regras de autorização e concessão dos serviços aéreos públicos, eliminando a delimitação estrita das atividades das empresas nacionais e regionais. A terceira reestruturou o sistema aéreo regular e criou as Linhas Aéreas Especiais, "aquelas que ligam diretamente dois aeroportos centrais ou um aeroporto central e o aeroporto da Capital Federal". Ficam designados como aeroportos centrais os aeroportos Santos Dumont, no Rio de Janeiro; Congonhas, em São Paulo; e Pampulha, em Belo Horizonte (DAC, 2002c). Em relação a essa terceira portaria, Rodrigues (2003) observa que a condição para as empresas regionais terem acesso a essas Linhas Aéreas Especiais era uma participação de, no mínimo, 15% da oferta global do então mercado aéreo regional. Outro detalhe importante frisado pelo autor é que as aeronaves, para operar nessas linhas, deveriam estar adequadas à infra-estrutura dos aeroportos centrais, desaparecendo a obrigação do uso de aeronaves turboélices com menor capacidade de assentos, menor conforto

85-7241-568-8

e menor velocidade. Os horários para operar as linhas especiais deveriam ser requeridos ao DAC por intermédio da CLA, e essas linhas somente poderiam fazer conexão com vôos regionais.

Rodrigues (2003) destaca que essas medidas de flexibilização e aumento do escopo de atuação das linhas regionais foram acompanhadas de atos que renovaram as concessões das empresas aéreas regionais, as quais foram concedidas em 1976, com a criação do Sitar; na renovação, desapareceram os cinco sistemas regionais de operação e as empresas regionais foram autorizadas a operar por todo o território nacional.

Ainda no ano de 1992, a Portaria nº 690/GM5 fixou o coeficiente do adicional tarifário, mantendo-o em 3% sobre as tarifas de todas as passagens das linhas nacionais e especiais, e alterou as regras para a distribuição do valor arrecadado. O recebimento da suplementação ficou restrito às empresas aéreas regionais que operassem aeronaves com até 30 assentos e fossem:

- Linhas aéreas pioneiras, ou seja, que não tivessem sido operadas por empresa regular há pelo menos três anos, e a suplementação seria dada durante dois anos, com a possibilidade de renovar por mais um, de acordo com os resultados da linha.
- Linhas aéreas regionais essenciais, que são a ligação entre duas localidades não atendidas por qualquer outra empresa regular com, no mínimo, uma freqüência diária e/ou que o perfil de seu tráfego não seja em sua maioria turístico, cuja suplementação seria feita enquanto enquadradas nos critérios do DAC.

Na avaliação de Rodrigues (2003), a suplementação tarifária instituída quando da criação do Sitaer, em 1975, teve importante papel na viabilização econômica das linhas e das empresas regionais. Como resultado das alterações feitas em 1992, o produto dessa arrecadação passou a ser dirigido de modo mais específico para as localidades remotas da Região Norte do país, com o propósito da permitir a integração do território nacional pela ligação aérea. Após a flexibilização e ampliação do mercado nacional para as empresas regionais, as linhas por elas operadas deixaram de ser suplementadas. Desse modo, após a consolidação do transporte aéreo regional, o adicional tarifário, que foi instituído por decreto, passou a ser questionado pelas empresas aéreas nacionais, com a justificativa de que sua cobrança onerava os usuários das linhas domésticas, encarecia as tarifas e diminuía a demanda. Em 1998, a Varig, a Vasp, a Transbrasil e a TAM obtiveram liminares que as fizeram suspender o recolhimento da suplementação tarifária. Rodrigues (2003) infere que a Gol Transportes Aéreos ingressou com uma ação para sustar o recolhimento, mas não havia obtido a liminar e, até a data de sua pesquisa, todas as demais empresas aéreas brasileiras de transporte regular recolhiam a suplementação, porém com alíquota de 1% estabelecida pelo DAC.

Os resultados da flexibilização das tarifas, conforme Castro e Lamy (1993), não foram dos mais efetivos, pois a estrutura das rotas ainda permanecia sob rígido regime de concessão e, assim, as empresas aéreas não podiam tomar decisões levando em conta, além do preço, as quantidades de freqüências e rotas. À época, as empresas aéreas calculavam que as passagens com tarifa cheia representavam 75% do total de passagens emitidas e as com desconto, 25%. Castro e Lamy (1993) concluem a avaliação a respeito das medidas implantadas no período de 1990 a 1992 com a constatação de que a existência da CLA possibilitava aos representantes das já estabelecidas empresas aéreas defenderem seus interesses nos processos de alocação de linhas, horários e freqüências dos vôos, estando para isso respaldados pela legislação vigente, a qual defendia o conluio e a cartelização das grandes empresas aéreas. Também a manutenção do *pool* formado pelas grandes empresas aéreas nacionais na operação exclusiva da ponte aérea de/para os aeroportos Santos Dumont (Rio de Janeiro) e Congonhas (São Paulo) acabava por institucionalizar o cartel das empresas oligopolistas. Essas práticas, de acordo com os autores, eram contraditórias em relação aos preceitos preconizados no documento divulgado em setembro de 1992, intitulado *Política para os Serviços de Transporte Aéreo Comercial*, o qual estabelecia que haveria um sistema de livre competição e que gradualmente seriam retirados os regulamentos que limitavam a exploração dos serviços.

A introdução do Plano Real em 1994, além de proporcionar estabilidade monetária, possibilitou a criação de parâmetros para a comparação dos custos e preços internos com os externos. Conforme afirma Rodrigues (2003), com o objetivo de avaliar e propor medidas para flexibilizar a regulamentação e incrementar a competição, bem

Parte 5

como ampliar a oferta destinada a atender ao mercado turístico, o Governo Federal, sob a coordenação da Casa Civil da Presidência da República, promoveu, em 1996 e 1997, diversas reuniões com a participação dos Ministérios da Aeronáutica e da Indústria, do Comércio e do Turismo, da Embratur – Instituto Brasileiro de Turismo, do SNEA e do DAC.

No final de 1997, a Portaria nº 986/DGAC, de 18 de dezembro, aumentou a banda máxima de descontos permitidos de 50 para 65% da tarifa básica dos vôos regulares e a Portaria 1003/DGAC, de 24 de dezembro, desvinculou os vôos *charter* dos pacotes turísticos, o que possibilitou às empresas aéreas venderem passagens nesses vôos, sem incluir a hospedagem e o transporte terrestre (Palhares e Espírito Santo Jr., 2002).

No início de 1998, a Portaria 05/GM5, de 9 de janeiro, "estabelece as Linhas Especiais e dá outras providências". O termo "Linhas Especiais" aparecerá novamente na Portaria nº 569/GC5, de 5 de setembro de 2000, agora como "Linhas Aéreas Especiais", referindo-se "àquelas que ligam diretamente dois aeroportos centrais ou um aeroporto central[41] e o aeroporto da Capital Federal" (DAC, 2002c, p. 133). Se, de um lado, Palhares e Espírito Santo Jr. (2002) consideram que a Portaria 05/GM5, de 9 de janeiro de 1998, era bastante liberal pelo fato de permitir às empresas nacionais operar os antigos VDC que eram exclusivos das empresas regionais, de outro lado faz uma crítica, pois três das grandes empresas nacionais[42] – Varig, Transbrasil e TAM – já operavam nessas linhas por meio de suas subsidiárias regionais. Luz (1998, p. 333) apresenta um dado adicional para referendar a crítica feita por Palhares e Espírito Santo Jr. (2002): é que o direito de operação de rotas a partir dos aeroportos centrais foi estendido somente para as empresas aéreas que operavam vôos regulares domésticos por mais de dois anos, "o que na prática significou estender o direito apenas para as companhias nacionais".

Por oportuno, é importante ressaltar que 1998 ficou marcado como o ano em que ocorreu a primeira grande disputa de preços ou guerra tarifária, conforme os estudos de Luz (1998; 2000), Feitosa (2002), Binder (2003) e Rodrigues (2003). Na abertura do ano, a Varig instituiu o programa Voa Brasil, com descontos de 57% em relação às tarifas básicas. O foco da empresa era expandir a demanda transportando usuários que não utilizavam o transporte aéreo, fazendo, para tanto, um complexo planejamento para possibilitar melhor aproveitamento das aeronaves Boeing 737 à noite. Luz (2000) afirma que, como reação, a Vasp criou o programa *Tarifácil*, com descontos de 60%; a Transbrasil ofereceu descontos de até 40% e a TAM – que até então nunca havia oferecido descontos – criou a *tarifa light*, com reduções de 20, 30 e 50% no valor das tarifas nacionais.

Luz (1998) destaca que, em março, a disputa foi para a ponte aérea Rio de Janeiro – São Paulo, quando a TAM reduziu as tarifas em 24,84%, passando de R$ 158,34 para R$ 119; no dia seguinte, a Rio-Sul reduziu suas tarifas de R$ 158 para R$ 115, preço que também foi adotado pelo então *pool* da ponte aérea.

No mês de abril, a Varig lançou um novo programa de tarifas, com descontos que variavam de 20 a 60% nos vôos domésticos, com exceção para os vôos da ponte aérea Rio de Janeiro – São Paulo. Em maio, a TAM contra-atacou, reduzindo suas tarifas aéreas em até 60%, ainda com a possibilidade de o usuário parcelar o pagamento em cinco prestações mensais (Binder, 2003).

Luz (2000) afirma que, além da disputa de preços, o aumento da concorrência promoveu uma reorganização da oferta. Em agosto de 1998, a Varig encerrou um acordo operacional que mantinha há 39 anos com a Vasp e a Transbrasil, e abandonou a ponte aérea Rio de Janeiro – São Paulo, principal rota doméstica, passando a operar essa rota em parceria com a Rio-Sul e a Nordeste, suas duas empresas regionais controladas. A Vasp e a Transbrasil firmaram uma parceria para operar conjuntamente na rota São Paulo – Brasília, a segunda principal rota doméstica, enquanto a Total, a Passaredo, a Pantanal e a Interbrasil criaram um *pool* para operar a rota Rio de Janeiro – Belo Horizonte.

Conforme Rodrigues (2003), os dados das empresas aéreas indicavam que, desde o início da chamada guerra tarifária, havia um percentual de 17% de novos usuários do modal transporte aéreo e que, em 1998, a oferta média de assentos

[41] A mesma Portaria define que os aeroportos designados como centrais são: Santos Dumont, no Rio de Janeiro; Congonhas, em São Paulo; e Pampulha, em Belo Horizonte.

[42] A Varig, por intermédio da Rio-Sul; a Transbrasil, pela Interbrasil; e a TAM, que estava dividida em uma empresa nacional, a TAM – Transportes Aéreos Meridionais e uma regional, a TAM – Transportes Aéreos Regionais.

Parte 5

aumentou 21%, se comparada com a de 1997. No entanto, a taxa média de ocupação dos assentos manteve-se estável em 56%, o que permite dizer que as empresas aéreas aumentaram a oferta de assentos sem diminuição do número de passageiros transportados. Segundo o autor, um ganho secundário foi o aprendizado de racionalizar melhor o uso da frota, ao mesmo tempo em que ampliou a oferta de freqüências[43] nas linhas com maior tráfego de passageiros.

Binder (2003), ao analisar os efeitos da disputa de preços de 1998, afirma que, apesar do aumento da demanda, a receita permaneceu constante por causa da queda nos preços e do aumento nos custos pelos serviços adicionais (estacionamento gratuito por 12 horas em Congonhas, bônus para os programas de milhagem na rota Rio de Janeiro – São Paulo e reformulação do serviço a bordo, passando a oferecer maior variedade de sucos, bebidas alcoólicas, duas opções de sanduíches quentes e até sorvete).

Para o DAC, em seu documento intitulado *Fluxo das Ligações Aéreas Nacionais*, de junho de 2002 (p. 15):

> *Este cenário de flexibilização estimulou uma maior concorrência entre as empresas aéreas e resultou em benefícios diretos ao usuário, por intermédio de melhores serviços e práticas tarifárias mais vantajosas (...) como resultado dessa política, o setor aéreo vem se tornando mais dinâmico e competitivo, o que pode ser comprovado pelo expressivo aumento, no período entre 1994-1998, no número de empresas aéreas, de ligações realizadas e localidades servidas.*

Em relação ao ano de 1999, Palhares e Espírito Santo Jr. (2002) destacam duas medidas implantadas pelo DAC para maior abertura e flexibilização do mercado doméstico. A primeira medida foi implantada em janeiro de 1999, quando o Ministério da Aeronáutica, por intermédio do DAC, liberou de vez as tarifas domésticas, extinguindo o sistema das bandas tarifárias. Já em Rodrigues (2003), a data exata da liberalização das tarifas é 30 de dezembro de 1998, quando foi instituída a Portaria nº 701/DGAC. Essa portaria determina que os valores praticados para as tarifas domésticas seriam livremente estabelecidos desde que as empresas aéreas, com prazo mínimo de quatro dias, submetessem ao DAC as suas propostas com seus índices tarifários líquidos e as alterações e, num prazo de até cinco dias após o início da aplicação dos índices tarifários propostos, os valores praticados para as tarifas domésticas. Tanto Palhares e Espírito Santo Jr. (2002) quanto Rodrigues (2003) enfatizam que, apesar dessa Portaria com a liberação das tarifas, a instância para tanto não estava mais na alçada do Ministério da Aeronáutica. A implantação, em 1994, do Plano Real criou, em 1995, a Lei nº 9.069, a qual determinava que o reajuste e a revisão dos preços públicos e das tarifas de serviços públicos seriam de competência exclusiva do Ministério da Fazenda.

A segunda medida é desse modo descrita por Palhares e Espírito Santo Jr. (2002, p. 126):

> Em abril de 1999, o DAC flexibilizou a regulamentação que dispunha sobre a exigência de haver um comissário de bordo para cada saída da aeronave. Com a nova legislação, as empresas passaram a ser autorizadas a escalar um comissário de bordo para cada cinqüenta assentos oferecidos em uma aeronave.

A flexibilização a que se referem Palhares e Espírito Santo Jr. foi efetivada pela Portaria nº 179a/STE, de 24 de março de 1999, que alterou a seção 121.391 do Regulamento Brasileiro de Homologação Aeronáutica 121 (RBHA 121)[44], a qual preconizava que as empresas aéreas deveriam prover um comissário para cada saída de emergência[45] ao nível do assoalho. O novo texto condicionava o número mínimo de comissários em função do número de assentos, ou seja:

- Aeronaves entre 19 e 50 assentos – um comissário.
- Aeronaves entre 51 e 100 assentos – dois comissários.

[43] Entre março e junho de 1998, na rota Rio de Janeiro - São Paulo, o DAC concedeu o aumento do número de freqüências diárias da Rio-Sul de 6 para 16; da TAM, de 6 para 23, e ainda concedeu 10 freqüências diárias para a Nordeste (Luz, 1998).

[44] Os Regulamentos Brasileiros de Homologação Aeronáutica são normas elaboradas com base na legislação norte-americana que reúnem as normas, os procedimentos e requisitos para as empresas aéreas, os tripulantes e as oficinas de manutenção, entre outros (Luz, 1998).

[45] Saídas de emergência ao nível do assoalho são as portas da aeronave equipadas com escorregadeiras infláveis para serem utilizadas numa situação de emergência para a retirada (evacuação) dos passageiros.

Parte 5

85-7241-568-8

- Aeronaves acima de 101 assentos – dois comissários, com a adição de mais um comissário para cada grupo ou parte de 50 assentos acima da capacidade de 100 assentos.

Ainda a respeito dessa medida, Palhares e Espírito Santo Jr. (2002, p. 126) apontam que:

> *Com relação à Portaria relativa aos comissários de bordo, dois desdobramentos diretos podem ser citados: um maior enxugamento dos quadros das empresas aéreas, particularmente no quadro de comissários; e, por conseqüência, um impacto direto na redução de custos para as empresas, apesar de contribuir para um aumento de desemprego no setor. Pouco tempo depois, por meio de uma liminar concedida pela Justiça*[46]*, o sindicato da categoria conseguiu um efeito suspensivo da citada Portaria.*

No ano de 2000, uma nova modificação com reflexos no processo de flexibilização do transporte aéreo no Brasil foi a criação do Conac – Conselho de Aviação Civil, regulamentado pelo Decreto nº 3.564, de 17 de agosto de 2000, o qual estabeleceu que o Conac seria presidido pelo Ministro da Defesa e seus demais componentes seriam os Ministros das Relações Exteriores, da Fazenda, do Desenvolvimento, Indústria e Comércio Exterior, da Casa Civil da Presidência da República e o Comandante da Aeronáutica. Desse modo, o Conac passaria a ser a instância máxima para a definição da política e regulamentação da aviação civil, o que permitiria quebrar o monopólio até então exercido pela Aeronáutica sobre o setor. Rodrigues (2003, p. 136) afirma que a política então moldada pelo Conac tinha como propósito criar novos padrões de eficiência para o setor aéreo "através de quatro formas: liberdade tarifária; liberdade para o estabelecimento da oferta de serviços; facilidade de acesso à infra-estrutura aeroportuária e o estabelecimento de uma estrutura regulatória que estimulasse a competição no setor".

Em setembro de 2000, com a publicação da Portaria 569/GM5, o DAC alterou a tradicional classificação das empresas aéreas brasileiras, até então *nacionais*[47] e *regionais*[48], passando a usar os termos *regulares* e *não regulares*. Essa alteração, na prática, usa como premissa o vôo regular[49], ou seja, aquele que atende às normas do Hotran[50], e considera todas as outras situações como vôos não regulares. Enquanto as empresas não regulares podem alterar os horários de seus vôos ou cancelá-los, as regulares precisam formalizar pedido de cancelamento ou alteração de rota e horário junto ao DAC.

Em dezembro de 2000, o governo encaminhou ao Congresso Nacional o projeto de lei para a criação da Anac, com atribuições de desmilitarizar o transporte aéreo brasileiro e iniciar o processo de privatização dos aeroportos brasileiros (Paolillo e Rejowski, 2002). As diversas emendas propostas para esse projeto de lei acabaram por desfigurá-lo de tal maneira que o Presidente da República retirou-o do Congresso no final de 2001 (Palhares e Espírito Santo Jr., 2002).

Em abril de 2001, com a expedição da Resolução do Conac nº 007/2001, de 28 de março, o governo federal liberou o preço das tarifas aéreas praticadas (portanto sem necessidade de aprovação por parte do DAC) entre as cidades que detêm 46% do tráfego aéreo brasileiro: São Paulo, Campinas, Rio de Janeiro, Belo Horizonte, Brasília, Porto Alegre, Curitiba e Florianópolis. A resolução, no entanto, recomendou ao DAC que monitorasse a evolução das tarifas aéreas e a distribuição de capacidade nesses mercados e apresentasse um relatório mensal ao Conac.

De acordo com Rodrigues (2003), o acompanhamento, realizado durante quatro meses, das tarifas praticadas nas linhas liberadas mostrou que

[46] A Justiça Federal, por intermédio da 2ª Vara do Rio de Janeiro, deferiu a liminar no dia 20 de maio de 1999.

[47] De acordo com Luz (1998), eram classificadas como empresas aéreas nacionais as que operavam em pelo menos 12 estados e oito capitais. Em julho de 1998, cinco empresas aéreas (Itapemirim, Transbrasil, TAM, Vasp e Varig) estavam assim classificadas.

[48] As linhas aéreas regionais compreendiam as rotas domésticas de pequeno curso, que complementavam as linhas aéreas nacionais. Eram rotas com pouco tráfego, que ligavam aeroportos menores, sem condições de receber aeronaves de médio e grande porte. Em maio de 1998, havia 16 empresas aéreas denominadas "regionais" em operação no Brasil (Luz, 1998).

[49] Definido como "a ligação aérea entre duas ou mais localidades, caracterizadas por um número, através do qual é executado serviço regular de transporte aéreo, de acordo com horário, linha, equipamento e freqüência previsto em HOTRAN" (DAC, 2002d, p.18).

[50] Sigla de Horário de Transporte, documento aprovado e emitido pelo DAC, que formaliza as concessões para a exploração de linhas aéreas regulares internacionais e domésticas de passageiros e/ou carga e da Rede Postal pelas empresas de transporte aéreo com os respectivos horários, número de vôos, freqüências, tipos de aeronaves e oferta de assentos (DAC, 2003e).

85-7241-568-8

essa iniciativa apresentava bons resultados. Franco *et al.* (2002, p. 29) ressaltam que o DAC observou pequenas migrações de vôos das rotas liberadas para as outras não liberadas e vice-versa, o que, no entanto, não trazia problemas para a oferta. O mesmo autor diz ainda que, de acordo com os dados do DAC, "a liberalização das tarifas nas rotas mais importantes do país eram um bom indicativo de que as empresas aéreas se comportaram como as demais empresas numa economia de mercado".

A partir dessa constatação, o governo liberou totalmente os preços das passagens aéreas para todas as demais cidades do Brasil, por meio da Resolução nº 8 do Conac, do dia 9 de agosto de 2001 (Palhares, 2001). A respeito dessa resolução, Rodrigues (2003) acrescenta que o Comando da Aeronáutica foi recomendado a monitorar o comportamento das tarifas aéreas e a alocação de capacidade no mercado, bem como apresentar mensalmente relatórios à Cotaer – Comissão Técnica de Coordenação das Atividades Aéreas, que dá suporte às atividades do Conac.

Guimarães e Salgado (2003) consideram que alguns dos resultados do processo de desregulamentação do transporte aéreo no Brasil foram a ampliação da oferta de vôos, o que também fez aumentar as opções e o acesso ao serviço aéreo; a competição por preços, que contribuiu para o aumento de tamanho do mercado; e a competição por diferenciação na forma de um melhor atendimento aos diferentes segmentos de perfis da demanda.

Os autores afirmam ainda que, segundo dados do DAC, o fluxo de passageiros por quilômetro, em 1992, foi de 11,8 milhões, enquanto, em 2000, foi de 20,5 milhões, o que mostra um crescimento no fluxo de passageiros por quilômetro da ordem de mais de 9% ao ano, taxa superior à da expansão da economia.

É possível afirmar que o mais importante efeito da desregulamentação do transporte aéreo brasileiro talvez seja o incremento na entrada de novas empresas aéreas. A partir de 1999 até 2001, o mercado assistiu à entrada de novas empresas aéreas, não regulares como a Fly[51], a BRA[52], a Nacional[53] e a Via Brasil[54], ou regulares, como a Gol Transportes Aéreos. Em outubro de 2003, estavam registradas no DAC, para o transporte de passageiros, 20 empresas de transporte aéreo regular (destas, três com as atividades paralisadas) e 10 empresas de transporte aéreo não regular (três com as atividades paralisadas). Essas empresas estão listadas na Tabela 41.3 (DAC, 2003b).

Palhares e Espírito Santo Jr. (2002, p. 127) afirmam que a entrada das novas empresas aéreas, em especial as que têm estruturas de custos

[51] Criada em 1995 como uma empresa de fretamento para o Nordeste e o Caribe, com uma aeronave Boeing 727-200 (Trigo, 2000). No ano de 2000, com dois Boeing 727-200, obteve aproveitamento de 82% do número de assentos oferecidos (Palhares e Espírito Santo Jr., 2002).

[52] Iniciou suas operações em 1996, com fretamentos e, em 1999, adquiriu seu primeiro Boeing 737-300. Em dezembro de 2003, contava com uma frota de nove aeronaves, entre Boeing 737-300 e Boeing 737-400 (Bilhete Barato, 2003).

[53] Criada em junho de 2000, iniciou suas operações em janeiro de 2001. Mesmo voando para 12 destinos (incluindo Córdoba, na Argentina), encerrou suas operações em março de 2002 (Palhares e Espírito Santo Jr., 2002).

[54] A Via Brasil foi fundada em 1997, teve seu vôo inaugural com um Boeing 727-200 e operava para Rio de Janeiro, São Paulo, Recife, João Pessoa, Fortaleza e Natal (Palhares e Espírito Santo Jr., 2002). A empresa encerrou suas atividades em 2002.

Parte 5

Tabela 41.3 – Empresas de transporte aéreo regulares e não regulares

Empresas de transporte aéreo regular	Abaeté Linhas Aéreas; ABSA Aerolinhas Brasileiras S/A; BRASMEX – Brasil Minas Express Ltda.; Gol Transportes Aéreos Ltda.; Interbrasil Star S/A (atividades paralisadas); Meta-Mesquita Transportes Aéreos Ltda.; Nordeste Linhas Aéreas Regionais S/A; Oceanair Linhas Aéreas Ltda.; Pantanal Linhas Aéreas Sul Mato-grossenses S/A; Passaredo Transportes Aéreos S/A (atividades paralisadas); Penta-Pena Transportes Aéreos S/A; Puma Air Linhas Aéreas Ltda.; Rico Linhas Aéreas S/A; Rio-Sul Linhas Aéreas S/A; Tam Linhas Aéreas S/A; Tavaj Transportes Aéreos Regulares S/A; Total Linhas Aéreas S/A; Transbrasil S/A Linhas Aéreas (atividades paralisadas); Trip – Transporte Aéreo Regional do Interior Paulista Ltda; Varig S/A (Viação Aérea Rio-grandense); Varig Logística S/A;Vasp – Viação Aérea São Paulo S/A
Empresas de transporte aéreo não regular	Beta – Brazilian Express Transportes Aéreos Ltda; BRA Transportes Aéreos Ltda; Fly S/A Linhas Aéreas; Jet Sul Linhas Aéreas (atividades paralisadas); Nacional Transporte Aéreos Ltda. (atividades paralisadas); Skymaster Air Lines Ltda.; Taf Linhas S/A; TCB – Transportes Charter do Brasil Ltda.; Team Transportes Especiais Aéreos e Malotes Ltda.; Via Brasil Transportes Aéreos Ltda. (atividades paralisadas)

Fonte: DAC (2003b).

e modelos operacionais inspirados nas características das empresas de baixo custo e baixa tarifa, de fato alteraram a dinâmica do setor aéreo brasileiro durante o ano de 2001, pois provocaram um real estado de competição no mercado doméstico.

SURGIMENTO DAS EMPRESAS AÉREAS DO MODELO DE BAIXO CUSTO E BAIXA TARIFA

Nos dois tópicos anteriores, a respeito do processo de desregulamentação do transporte aéreo nos Estados Unidos e da flexibilização que ocorreu no Brasil, fica evidenciado que um dos principais resultados foi o estímulo ao surgimento de novas empresas aéreas. Assim, este tópico busca proporcionar ao leitor uma visão do surgimento das empresas aéreas de baixo custo e baixa tarifa, inicialmente nos Estados Unidos e, depois, abordar o nascimento, no Brasil, da Gol Transportes Aéreos.

O estudo de Gudmundsson (1998) apresenta um ordenamento cronológico evidenciando que os anos 1980 foram o período da "primeira onda" das novas empresas, enquanto os anos 1990 correspondem ao período da "segunda onda" das novas empresas. Durante a *primeira onda*, mais especificamente no período entre 1978 e 1989, 88 empresas operando aeronaves a jato foram formadas – de transporte de carga e/ou passageiros e de vôos regulares e/ou não regulares –, das quais 83 fecharam. As cinco sobreviventes, em 1998, eram empresas de transporte de passageiros regulares e/ou não regulares: a *Southwest Airlines* (fundada em 1967)[55], a *Midwest Express* (fundada em 1984), a *America West* (fundada em 1981), a *Tower Air* (fundada em 1982) e a *World Airways* (fundada em 1948, com início de vôos regulares em 1979). Entre as empresas regulares e mistas (não regulares e regulares), apenas 26 lograram operar mais que três anos. Algumas das 83 empresas fechadas operaram por um período de tempo inferior a três anos e outras ainda por menos de 12 meses. O mesmo autor define as novas empresas aéreas (ou *new-entrant*) como:

> ***Uma empresa aérea regional, doméstica ou internacional estabelecida após a desregulamentação ou flexibilização de um mercado doméstico ou uma rota bilateral internacional, ou empresas charter que se transformaram em empresas de vôos regulares depois de mudanças na regulamentação.***
>
> **Gudmundsson (1998, p. 4)**

Groenewege (2003, p. 96) afirma que, após a desregulamentação de 1978 nos Estados Unidos, diversas novas empresas entraram no mercado, apresentando uma estrutura de tarifas aéreas mais simplificada e com preços substancialmente mais baixos. Tais tarifas, segundo o autor, nasceram de um novo conceito nas viagens aéreas "e o estabelecimento das empresas aéreas de baixo custo e baixa tarifa, conhecidas como empresas aéreas *no-frills service*[56], como a *Southwest Airlines* e a *JetBlue Airways* nos Estados Unidos" (tradução do autor).

O termo *no-frills* – que pode ser traduzido por *sem frescuras* –, de acordo com Palhares e Espírito Santo Jr. (2002), é outra maneira de se referir em inglês às empresas aéreas de baixo custo e baixa tarifa.

A partir dos tipos de tarifas e dos modelos operacionais, Gudmundsson (1998) apresenta e exemplifica uma classificação em quatro grupos, conforme a Tabela 41.4.

A Tabela 41.5 apresenta as empresas aéreas listadas no quadro anterior pelo grupo, início das operações e situação da empresa.

Pela análise da Tabela 41.5, é possível constatar que apenas a *Southwest Airlines*, a qual oferece um serviço simplificado (*no-frills*) e com modelo operacional que tem como foco permanente a redução de custos, permaneceu no mercado.

A expressão *low-fare, no-frills service*, segundo Meyer e Oster (*apud* Gudmundsson, 1998), remonta ao surgimento da empresa PSA – *Pacif Southwest Arlines*[57], no ano de 1949, a qual teria

[55] Após diversas disputas judiciais, iniciou suas operações em 1971 (Lawton, 2002; *www.southwest.com/investor_relations/swaar02.pdf*) dentro do estado do Texas, interligando Dallas, Houston e San Antonio. Passou a ser uma empresa interestadual a partir de 1979 (Williams, 1996).

[56] Porter (1992) refere-se à *Southwest Airlines* como "empresa aérea sem requintes".

[57] A PSA iniciou suas operações como uma empresa aérea intraestadual em maio de 1949, utilizando aeronaves DC-3 entre Los Angeles e San Diego. Norwood (1996) afirma que suas baixas tarifas e a grande demanda de tráfego no estado da Califórnia alavancaram o crescimento da empresa, a qual passou a operar com aeronaves a jato Boeing 727 em 1965. Após a desregulamentação, transformou-se numa empresa interestadual e, na onda de fusões, aquisições e falências dos anos 1980, foi adquirida pela empresa *USAir* em abril de 1988.

Tabela 41.4 – Classificação de acordo com o tipo de tarifa e o tipo de serviço oferecido pelas empresas aéreas

Grupo	Tarifa	Serviço oferecido	Empresa aérea
I	Baixa	*No-frills*	*PeoplExpress, Southwest Airlines*
II	Baixa	Serviço tradicional	*Muse Air*
III	Padrão (sem descontos)	Primeira classe	*Air Atlanta, Presidential Air One*
IV	Padrão e/ou de primeira classe	Serviço de luxo	*MGM Grand Air*

Adaptado de Gudmundsson (1998, p. 14-15).

Tabela 41.5 – Situação das novas empresas aéreas

Empresa	Grupo	Início das operações	Fim das operações	Situação da empresa
Air Atlanta	III	1984	1986	Falida
Air One	III	1983	1984	Falida
MGM Grand Air	IV	1987	1993	Transformada em empresa de *charter*; posteriormente fechada
Muse Air	II	1981	1985	Comprada pela *Southwest Airlines*
PeoplExpress	I	1981	1986	Comprada pela *Continental Airlines*
Presidential	III	1985	1989	Falida

Adaptado de Gudmundsson (1998, p. 14-15).

iniciado esse modelo operacional. É possível que, a partir do sucesso da *Southwest Airlines* e da expressão *low-fare, no-frills service*, tenha saído a expressão atualmente utilizada *low-cost/low-fare* e sua sigla LFA ou LFC.

Groenewege (2003, p. 458) apresenta a seguinte definição de *low-cost/low-fare airline*:

> *Uma empresa aérea com estrutura de custos mais baixa em comparação com outras empresas aéreas e que desenvolveu e implementou uma estrutura tarifária simplificada e que oferece tarifas baixas. A estrutura de baixo custo é atingida pela operação de uma frota padronizada de um só tipo de aeronave, configurada em classe única, para reduzir custo com treinamento de tripulantes e com manutenção, e, através da eliminação de alguns serviços oferecidos pelas empresas aéreas tradicionais como marcação de assentos, refeições e bebidas, entretenimento a bordo e facilidades de conexão de passageiros e bagagens com outras empresas aéreas.*

Lawton (2002, p. 143) reproduz o texto de um estudo[58] a respeito das empresas de baixo custo e baixa tarifa divulgado pelo DOT dos Estados Unidos em 1996:

> *O rápido crescimento e o sucesso competitivo das empresas aéreas de baixo custo e baixa tarifa reduziram em mais de US$ 6 bilhões os custos de voar para os americanos no ano passado (...) as baixas tarifas encorajaram mais pessoas a voar, estimulando a indústria do transporte aéreo e a economia.*

De acordo com esse estudo do DOT, no início dos anos 1990, o número total de passageiros nos mercados com empresas de baixo custo e baixa tarifa triplicou, enquanto nos mercados sem a participação dessas empresas o número de passageiros diminuiu. Em meados dos anos 1990, quase 40% dos passageiros dos Estados Unidos já tinham voado nos mercados onde existem as empresas de baixo custo e baixa tarifa, se comparado com o percentual de menos de 15% de 1988. Groenewege (2003) afirma que, atualmente, as empresas de baixo custo e baixa tarifa representam em torno de 20% do transporte aéreo nos Estados Unidos e 25% na Europa, e prevê que a participação de mercado dessas empresas vai crescer, o que continuará representando um sério desafio para as grandes empresas aéreas tradicionais e estabelecidas.

Isso posto, é possível fazer duas afirmativas a respeito do surgimento de novas empresas aéreas: a primeira é que há um elevado índice de fecha-

[58] Estudo intitulado *"The low cost airline service revolution"*, publicado em abril de 1996 pelo DOT (Lawton, 2002).

mento entre essas novas empresas. A segunda é que o modelo operacional mais utilizado (e mais copiado) é o da empresa de baixo custo e baixa tarifa. Observa-se também que, conforme já referido por Gudmundsson, o surgimento dessas novas empresas aéreas, de certo modo, acompanha o movimento dos processos de desregulamentação ou flexibilização do transporte aéreo pelo mundo.

A Tabela 41.6 lista as principais empresas aéreas de baixo custo e baixa tarifa por país.

Nascimento da Gol Transportes Aéreos: Pioneira Brasileira a Operar no Modelo de Baixo Custo e Baixa Tarifa

Na parte final de sua obra, na qual faz uma retrospectiva do setor aéreo brasileiro da década de 1980 até a metade da década de 1990, Sonino (1995, p. 124) constata que:

> *O exemplo da Southwest americana, cujos crescentes lucros são propiciados pela utilização racional e rotativa da frota e pela eliminação dos custos relacionados com os serviços a bordo (que possibilitaram o oferecimento de tarifas altamente competitivas) não teve imitadores no Brasil.*
>
> *Oito anos depois, a edição de setembro de 2003 da revista Airline Business apresenta uma matéria especial com o ranking das duzentas maiores empresas aéreas do mundo em tráfego de passageiros, na qual pode-se ler que: "As empresas de baixo custo dominaram a lista do crescimento de tráfego de passageiros transportados em 2002, liderada pela brasileira Gol, que apresentou um crescimento de 150%.*
>
> Demand Lag (2003, p. 69)

Na obra do já citado Lawton (2002, p. 183), também, aparece uma referência à primeira empresa brasileira de transporte aéreo regular do modelo operacional de baixo custo e baixa tarifa:

> *No Brasil, a Gol Transportes Aéreos surgiu em 2001 como a primeira empresa aérea de baixo custo e baixa tarifa. Apesar de ter sido lançada em um dos piores anos para o setor do transporte aéreo no Brasil, a nova empresa aérea fez mais que seus concorrentes. Ela fez voarem mais de*

Tabela 41.6 – Principais empresas de baixo custo e baixa tarifa

Empresa	País	Início das operações	Situação atual
Southwest Airlines	Estados Unidos	1971	Em operação
JetBlue Airways	Estados Unidos	1999	Em operação
AirTran Airways	Estados Unidos	1996	Em operação
Vanguard Airlines	Estados Unidos	1994	Em operação
Ryanair	Irlanda	1985, reestruturada como empresa de baixo custo e baixa tarifa em 1991	Em operação
EasyJet	Inglaterra	1995	Em operação
Go	Inglaterra	1998	Em operação
Buzz	Inglaterra	1999	Em operação
Virgin Express	Bélgica	1996	Em operação
Debonair	Inglaterra	1996	Falência declarada em 1999
WestJet Airlines	Canada	1996	Em operação
Virgin Blue	Austrália	2000	Em operação
Skymark Airlines	Japão	1998	Em operação
Air Do	Japão	1998	Em operação
Gol Transportes Aéreos	Brasil	2001	Em operação

Fonte: Lawton (2002).

um milhão de passageiros em seus primeiros seis meses de operação (janeiro a julho de 2001) e estava operando com uma pequena margem de lucro no meio desse ano. O aproveitamento da empresa em julho de 2001 foi de 78%, acima da média do setor do transporte aéreo no Brasil, bem como acima de muitas empresas aéreas de baixo custo e baixa tarifa de todo o mundo.

Planejada dentro de um dos maiores grupos de transporte rodoviário do Brasil – o Grupo Áurea[59], do empresário Constantino de Oliveira (também chamado de Nenê Constantino) – e com investimentos iniciais em torno de R$ 24 milhões, a empresa recebeu, no dia 18 de agosto de 2000, a autorização do DAC para operar como uma empresa de transporte aéreo regular.

A Gol Transportes Aéreos começou a operar no dia 15 de janeiro de 2001, com uma frota de quatro aeronaves Boeing 737-700, servindo as cidades de Porto Alegre, Florianópolis, São Paulo (Congonhas), Rio de Janeiro (Galeão), Belo Horizonte e Salvador (Palhares, 2001).

Principais Características Operacionais da Gol Transportes Aéreos

A Gol Transportes Aéreos opera seguindo o receituário das empresas aéreas de baixo custo e baixa tarifa, guardadas algumas diferenças ou necessidades de adaptação à realidade brasileira. Esse receituário contemplou um *benchmarking*[60] das principais e bem-sucedidas empresas aéreas que operam no mesmo modelo nos Estados Unidos e na Europa (Tabela 41.7).

Como principais características operacionais da Gol Transportes Aéreos estão: frota padronizada; eliminação do tradicional bilhete de passagem; vendas diretas pela Internet ou pelo telefone; terceirização; informatização máxima das atividades; maior densidade de assentos por aeronave (menor espaço entre as poltronas); simplificação do serviço de bordo; redução de custos de mão-de-obra com aumento da produtividade e maior taxa de horas de vôo/dia das aeronaves.

Frota Padronizada

Para padronizar sua frota, a Gol Transportes Aéreos optou pelo fabricante Boeing e pela família de aeronaves Boeing 737 séries 700 e 800. Essas aeronaves foram projetadas a partir de 1993 e compõem o que a Boeing chama de família *Next Generation*, da qual fazem parte as séries 600, 700, 800 e 900. O fabricante realizou a primeira entrega de uma aeronave Boeing 737-700 em dezembro de 1997, enquanto o primeiro Boeing 737-800 foi entregue em abril de 1998. Essas duas configurações em classe única sugeridas pela Boeing – com o mínimo e o máximo de assentos – são, respectivamente, para o Boeing 737-700, 126 e 149 assentos, e para o Boeing 737-800, 162 e 189 assentos (Boeing, 2002) (Fig. 41.1).

A escolha dos novos Boeing 737-700[61] é uma característica operacional que colabora para manter os custos baixos:

[59] O Grupo Áurea surgiu em 1949, na cidade de Patrocínio, no estado de Minas Gerais. Em 50 anos de atuação, o grupo é composto por 37 empresas rodoviárias de transporte urbano, intermunicipal e interestadual, com uma frota de mais de seis mil ônibus que transportam, em média, 36 milhões de passageiros por mês. Com faturamento anual superior a R$ 1 bilhão, tem aproximadamente 25 mil funcionários e constitui o maior grupo nacional de transporte rodoviário de passageiros (Binder, 2003).

[60] De acordo com Moreira (1999, p. 59), *benchmarking* significa: "1. Comparação do desempenho de produtos e processos com o daqueles de empresas líderes. 2. (...) O propósito de uma empresa fazer *benchmarking* é imitar ou melhorar os melhores desempenhos de outras empresas".

[61] O autor refere-se às primeiras quatro aeronaves Boeing 737-700 do início das operações da empresa.

Tabela 41.7 – *Benchmarking* feito pela Gol Transportes Aéreos

Empresa	Característica(s)
Southwest Airlines	Frota padronizada Vôos diretos e curtos Serviço de bordo simplificado
EasyJet	Terceirização de diversas atividades
JetBlue e Ryanair	Informatização máxima das atividades

Adaptado de Binder (2003, p. 112).

Figura 41.1 - Avião no ar; modelo 737.

Primeiro, porque essas aeronaves têm maior eficiência aerodinâmica e voam mais rápido do que os modelos anteriores da família Boeing 737; segundo, porque qualquer aeronave mais nova é muito mais eficiente em termos de consumo de combustível e de custos de manutenção do que uma aeronave mais antiga.
Palhares e Espírito Santo Jr., 2002, p. 151

Em relação ao consumo de combustível, Binder (2003) afirma que este seria em média 11% menor que o consumo de aeronaves similares usadas pela concorrência nas mesmas rotas operadas pela Gol Transportes Aéreos. Quanto à manutenção, a empresa utiliza um sistema informatizado denominado *Aims* 2000 da HP, com capacidade para monitorar 24 mil peças de uma aeronave, avaliando a milhagem e o tempo de desgaste de cada delas, o que possibilita a realização de trabalhos diários "diferentemente da manutenção tradicional, na qual o avião deve ficar parado durante cinco dias a cada três meses" (Palhares, 2001, p. 154). As aeronaves da empresa têm configuração única de classe doméstica, com 144 assentos nas 16 aeronaves Boeing 737-700 e 177 assentos nas quatro aeronaves Boeing 737-800.

A Tabela 41.8 mostra a evolução da frota de aeronaves da empresa desde o início de suas operações, em janeiro de 2001, até novembro de 2003.

A frota de aeronaves para o transporte regular de passageiros no Brasil totalizava, em novembro de 2003, 257 aeronaves, com uma média de idade de 10,9 anos. Desse total, a Gol Transportes Aéreos possuía – em novembro de 2003 – 22 aeronaves com idade média de 3,2 anos, sendo a mais moderna do Brasil. A TAM possuía 73 aeronaves, com idade média de 5,6 anos. O grupo Varig[62] (incluindo as frotas da Nordeste e da Rio-Sul) totalizava 88 aeronaves, com idade média de 9,5 anos, enquanto a Vasp tinha a frota mais antiga, com 26 aeronaves e com idade média de 26 anos[63] (Oliver, 2003).

Eliminação do Tradicional Bilhete de Passagem

De acordo com Palhares (2001, p. 154):

A Gol não trabalha com bilhete aéreo. Depois de se fazer a reserva, também via Internet, telefone ou diretamente no agente de viagens, o passageiro recebe uma senha com a qual se apresentará no dia e no horário do vôo no balcão da companhia e munido do documento de identidade para retirar o seu cartão de embarque.

O diretor comercial da Gol, Lincoln Amano, afirmou em entrevista à revista Banco Hoje, em novembro de 2003, que "em função de não termos bilhetes, temos facilidade de não gerar papeladas e outros trâmites internos. Por decorrência disso conseguimos uma eficiência operacional e administrativa maior". Goleada..., 2003

Venda Direta: pela Internet ou pelo Telefone

Desde o seu início, a Gol Transportes Aéreos incentivou a utilização da Internet como meio de efetivar a venda direta das passagens e, com isso, reduzir o custo com o pagamento de comissão aos agentes de viagens. Binder (2003) afirma que, na Gol Transportes Aéreos, a venda pela Internet é significativa (embora não informe o percentual), enquanto para os concorrentes o percentual seria entre 1 e 2% do volume total de vendas. De acordo com Palhares e Espírito Santo Jr. (2002), o percentual de vendas pela Internet da Gol Transportes Aéreos é de 20%.

[62] A frota do grupo Varig também possui as aeronaves Boeing 737-700 (três) e Boeing 737-800 (duas).

[63] A mesma matéria informa que a empresa é a maior operadora no Brasil das aeronaves Boeing 737-200; duas delas voam há mais tempo (34 anos) numa mesma empresa aérea em todo o mundo. A última entrega de uma aeronave desse modelo feita pelo fabricante ocorreu em agosto de 1988.

Tabela 41.8 – Evolução da frota da Gol Transportes Aéreos (até novembro de 2003)

Prefixo na Gol	Modelo	Data do primeiro vôo da aeronave	Data da entrega para a Gol	Prefixo anterior
PR-GOA	Boeing 737-700	14/02/1998	19/12/2000	OY-MRB
PR-GOB		01/01/1998	11/01/2001	D-AGEM
PR-GOC		02/04/1998	11/01/2001	D-AGEO
PR-GOD		17/07/1998	09/01/2001	D-AGEV
PR-GOE		22/06/1998	09/01/2001	D-AGEW
PR-GOF		30/04/2001	18/05/2001	Novo
PR-GOG		11/07/2001	09/08/2001	Novo
PR-GOH		07/09/2001	28/09/2001	Novo
PR-GOI		09/01/2001	24/10/2001	Novo
PR-GOL		29/12/1997	19/12/2000	OY-MRA
PR-GOM		23/12/1999	08/02/2002	N312ML
PR-GON		18/11/1999	11/02/2002	N311ML
PR-GOO*		30/01/2002	23/02/2002	PR-SAB
PR-GOQ		06/09/2002	24/10/2002	Novo
PR-GOR		11/10/2002	21/11/2002	Novo
PR-GOU		29/04/1998	30/01/2003	LV-ZON
PR-GOV		13/10/1998	10/01/2003	PP-VQA
PR-GOW		08/12/1998	15/01/2003	PP-VQD
PR-GOJ	Boeing 737-800	12/12/2001	14/01/2002	Novo
PR-GOK		19/02/2002	06/03/2002	Novo
PR-GOP		05/08/2002	26/09/2002	Novo
PR-GOT		12/11/2002	27/11/2002	Novo

Adaptado de Oliver (2003).
* Sofreu um acidente após pouso com forte chuva no aeroporto de Navegantes, em Itajaí (Santa Catarina), no dia 20 de dezembro de 2003.

Outra modalidade de venda direta é o telefone. A Gol Transportes Aéreos não utiliza o sistema 0800, mas sim o sistema 0300, no qual quem paga a ligação é o usuário – R$ 0,30 por minuto de telefone fixo e R$ 0,77 de telefone móvel[64] –, o que também reduz seus custos. Binder (2003) afirma que, quando essa medida foi também adotada pela TAM e pela Varig, a partir de junho de 2002, isso gerou entre seus clientes uma má percepção na relação de custo-benefício, uma vez que, em princípio, eles pagam tarifas mais altas.

Terceirização

A empresa procurou, desde a sua concepção e o início das operações, manter-se dentro de seu *core business*[65], que é o transporte aéreo. Nesse sentido, tudo que não for diretamente relacionado com a atividade é terceirizado. Como afirma Palhares (2001, p. 124): "A empresa também não tem lojas, e o serviço de solo – escada, troca de água, banheiros, limpeza do avião – é terceirizado, assim como sua própria central de reservas. Tudo em nome da economia". A Gol terceiriza até os roteadores usados nos sistemas de tecnologia da informação e mantém uma equipe de 15 pessoas, bastante enxuta se comparada ao grupo de 300 profissionais nessa mesma área da empresa TAM (Apoio..., 2003).

Informatização Máxima das Atividades

No ano de 2002, a empresa usou quase 2% de seu faturamento de R$ 680 milhões em investimentos e custeio de despesas relacionadas com a área de tecnologia. A Gol utiliza um programa desenvolvido pela empresa aérea *JetBlue*, o *Open Skies*, o qual processa as reservas e as receitas simultaneamente e envia os dados de cada terminal da Gol e da Internet para a base de dados em *Salt Lake City*, nos Estados Unidos. Desse modo, no momento em que o passageiro recebe o comprovante de embarque para determinado vôo, o processo é

[64] Valores em dezembro de 2003.
[65] *Core-business* é uma expressão inglesa que significa o negócio principal de uma empresa (Pinho, 1997).

85-7241-568-8

contabilizado para todos os setores inerentes na empresa 30 minutos depois que a porta da aeronave é fechada, o que possibilita saber se aquele vôo ficou abaixo do ponto de equilíbrio (*break-even*) necessário ou se foi rentável (Palhares, 2001).

Em dezembro de 2003, a empresa lançou – com a anuência e de acordo com os procedimentos de segurança estipulados pelo DAC e pela Infraero – um sistema que permitirá aos usuários que estejam viajando somente com a bagagem de mão efetuarem o *check-in* pela Internet com até três horas de antecedência do horário do vôo, bem como implementou um sistema de *check-in* expresso com a utilização de impressoras portáteis conectadas a uma rede sem fio, também buscando agilizar o embarque dos usuários sem bagagem (Gol lança, 2003). Os tripulantes recebem as escalas de vôo e os manuais operacionais e administrativos por meio magnético e os informativos por *e-mail*, enquanto nas demais empresas boa parte desse processo ainda é impresso (Binder, 2003).

Maior Densidade de Assentos por Aeronave (Menor Espaço entre as Poltronas)

Conforme anteriormente exposto, as aeronaves da Gol Transportes Aéreos possuem maior densidade de assentos por aeronave. No caso dos Boeing 737-700, entre as configurações mínima (126 assentos) e máxima (149 assentos) sugeridas pelo fabricante, a empresa adotou uma configuração com 144 assentos. Comparados com os 132 assentos em classe única da mesma aeronave da frota do grupo Varig, pode-se considerar que a Gol Transportes Aéreos *ganha um vôo* na configuração da aeronave do Grupo Varig a cada onze realizados e *ganha um vôo* na sua própria configuração a cada doze vôos realizados.

Quanto aos Boeing 737-800, a Gol adotou uma configuração com 177 assentos, intermediária em relação aos 162 a 189 assentos sugeridos pelo fabricante. Nesse caso, não é tão fácil estabelecer a comparação com a mesma aeronave do grupo Varig, pois esta opera seus dois Boeing 737-800 configurados para as classes executiva (12 assentos) e econômica (144 assentos) com oferta total de 156 assentos por aeronave (Fig. 41.2).

Simplificação do Serviço de Bordo

Desde a sua concepção e lançamento no mercado, a empresa deixou clara a adoção dessa característica com a eliminação de dois itens tradicionais no transporte aéreo doméstico brasileiro: as refeições quentes e as bebidas alcoólicas. Além da vantagem em relação ao custo das refeições, das bebidas alcoólicas em si e do processo como um todo, a ausência de refeições quentes possibilitou a retirada dos equipamentos e facilidades para armazenar e aquecer essas refeições, o que, de acordo com Binder (2003), significou espaço para acrescentar mais 12 poltronas nas aeronaves Boeing 737-700[66].

Figura 41.2 – Boeing 737-700 da Gol.

Tal iniciativa otimiza o tempo de vôo em solo nas escalas, pois há menos lixo que o produzido pelo serviço de bordo tradicional para ser retirado (caixinhas, embalagens descartáveis, copos, latas de cerveja, etc.) e a reposição feita pelo fornecedor de *catering* é simplificada (apenas refrigerantes, sucos, água, gelo e copos). A barrinha de cereais facilita seu controle tanto em termos de validade do produto em si[67] – quesito bastante diferente para saladas, frutas, lanches e refeições para serem aquecidas – quanto em relação ao espaço que ocupam. Como são abastecidas no início do vôo, de acordo com a previsão de embarque para todas as escalas, sua utilização também contribui para diminuir o tempo de solo (Goleada..., 2003).

[66] Em relação à configuração de 132 assentos da mesma aeronave Boeing 737-700 do grupo Varig.

[67] Conforme contato telefônico mantido com o Centro de Atendimento ao Consumidor da Nutrimental S/A Indústria e Comércio de Alimentos, de São José dos Pinhais (Paraná), em dezembro de 2004, as barras de cereais têm prazos de validade – em função de seus sabores – que variam de sete meses a um ano.

Parte 5

Mão-de-obra: Implantação de Menores Patamares Salariais e, ao Mesmo Tempo, de Programas de Motivação[68]

A exemplo das demais empresas aéreas de baixo custo e baixa tarifa, os aspectos referentes à mão-de-obra são gerenciados pela Gol Transportes Aéreos como uma possibilidade de reduzir custos, aumentar a produtividade e, ao mesmo tempo, manter uma força de trabalho motivada. Numa empresa aérea, entre todas as categorias profissionais que colaboram para o seu funcionamento, três envolvem elevados custos em treinamentos de formação e atualização: pessoal de manutenção e revisão, pilotos e comissários de vôo. Essas duas últimas, em especial, exigem formação específica que deve atender à rigorosa legislação em relação ao treinamento de formação inicial e às licenças de habilitação para tripular determinada aeronave. Além disso, a legislação não permite quadros terceirizados[69] de tripulantes.

[68] As tabelas publicadas neste tópico utilizam dados compilados das publicações do DAC disponibilizadas em seu *site*, intituladas "Anuário do Transporte Aéreo" e seus volumes I e II, que apresentam, respectivamente, os dados estatísticos e os econômicos. É importante ressaltar que, para efeitos de melhor comparação, foram mantidos os dados referentes às empresas Rio-Sul e Nordeste, que, a partir de setembro de 2002, unificaram suas operações e o quadro de pessoal com a Varig, passando a ser consideradas pelas estatísticas do DAC como "Grupo Varig".

[69] Já os quadros de pessoal de tráfego e vendas e outros serviços podem ser terceirizados. Nesse aspecto, a Varig, em suas bases no exterior, tem boa parte de seus quadros nessas áreas terceirizados, controlados por um gerente ou supervisor local, que é funcionário da empresa. A TAM também possui elevado percentual de seus quadros de vendas e aeroportos terceirizados, com exceção dos aeroportos de Congonhas e Guarulhos, em São Paulo.

Palhares e Espírito Santo Jr. (2002) afirmam que, em 2002, a Gol contratou aproximadamente 360 ex-funcionários da Transbrasil. De fato, não só da Transbrasil como também da Vasp, da Rio-Sul, da Nordeste e da Varig, em especial porque essas empresas também operam com aeronaves da família Boeing 737. Se o pessoal de manutenção e os tripulantes possuem *as carteiras das aeronaves em dia*, ou seja, já estão habilitados junto ao DAC, necessitam tão-somente de um curso rápido de readaptação nas aeronaves específicas da Gol Transportes Aéreos.

As Tabelas 41.9 e 41.10 apresentam os dados referentes aos custos diretos com pilotos e comissários, os quais incluem os gastos com salários (parte fixa e variável), encargos sociais, treinamento, despesas de viagens (hospedagem e alimentação) e alimentação a bordo, bem como o total desses tripulantes empregados em 31 de dezembro de 2001 e de 2002.

A análise das Tabelas 41.9 e 41.10 permite constatar que a Gol Transportes Aéreos apresentou, em seus dois primeiros anos de atividade, os menores custos diretos médios anuais e mensais com tripulantes. A empresa instituiu patamares menores para a remuneração de tripulantes, aproveitando a redução dos salários do setor do transporte aéreo verificada na última década (Binder, 2003).

Ao mesmo tempo em que a Gol Transportes Aéreos implantou menores patamares salariais no setor aéreo, a empresa busca manter suas equipes motivadas por meio da constante comunicação entre a presidência e os funcionários, programas de treinamento, plano de cargos e salários com ênfase no desenvolvimento e retenção dos talentos internos e plano de assistência médica e odontológica (Soares, 2004). Há ainda um importante

Tabela 41.9 – Custos diretos com tripulantes em 2001 (valores em reais)

Discriminação/ Empresa	Gol	Nordeste	RioSul	TAM	Varig	Vasp
Total Custos Diretos Pilotos e co-pil.	9.685.900	21.262.073	57.058.778	140.201.322	290.311.117	40.421.411
Total Custos Diretos Comissários	5.859.554	7.640.187	28.040.793	111.900.299	280.039.133	29.475.260
Nº de pilotos e copilotos	155	174	455	895	1.390	289
Nº de comissários de vôo	226	193	710	2.517	3.428	497
Custo Médio Anual p/piloto e co-pil.	62.490	122.196	125.404	156.650	208.857	139.866
Custo Médio Mensal p/piloto e co-pil.	5.207	10.183	10.450	13.054	17.405	11.656
Custo Médio Anual p/comis.	25.927	39.586	39.494	44.458	81.692	59.306
Custo Médio Mensal p/comis.	2.161	3.299	3.291	3.705	6.808	4.942

Compilada a partir de dados do DAC (2002a e 2002b).

85-7241-568-8

Tabela 41.10 – Custos diretos com tripulantes em 2002 (Valores em Reais)

Discriminação/ Empresa	Gol	Nordeste	RioSul	TAM	Varig	Vasp
Total Custos Diretos Pilotos e co-pil.	31.309.115	29.466.562	58.804.305	155.415.101	289.923.947	39.367.579
Total Custos Diretos Comissários	17.896.845	7.873.096	28.328.398	122.276.608	297.423.387	25.593.491
Nº de pilotos e co-pilotos	269	169	365	999	1.569	327
Nº de comissários de vôo	484	203	399	1.830	2.579	506
Custo Médio Anual p/piloto e co-pil.	116.391	174.358	161.108	155.571	184.783	120.390
Custo Médio Mensal p/piloto e co-pil.	9.699	14.530	13.426	12.964	15.399	10.033
Custo Médio Anual p/comis.	36.977	38.784	70.998	66.818	115.325	50.580
Custo Médio Mensal p/comis.	3.081	3.232	5.917	5.568	9.610	4.215

Compilada a partir de dados do DAC (2003c e 2003d).

fator motivador: o programa de distribuição de resultados, ajustado entre a empresa e seu quadro funcional,

> ***como instrumento de integração e de estímulo à maior qualidade, produtividade, eficiência e rentabilidade das atividades operacionais da Gol e com o objetivo de convalidar a distribuição de incentivos remunerado, sem natureza salarial.***
>
> Soares (2004, p. 53)

Segundo Blecher (2004), o programa distribuiu, no final de 2003, para 80% dos funcionários da Gol Transportes Aéreos, em torno de quatro salários extras por conta dos bons resultados obtidos.

A Tabela 41.11 apresenta o número total de tripulantes e aeronaves por empresa em 31 de dezembro de 2001 e 2002. É importante frisar que, nas empresas Varig e Vasp, além de pilotos, co-pilotos e comissários, há ainda os tripulantes denominados mecânicos de vôo (ou engenheiros de vôo) – 84 e 99 na Varig; 18 e 22 na Vasp, em 2001 e 2002 – necessários para a operação de algumas aeronaves[70].

A partir da análise da Tabela 41.11, pode-se constatar que o número de tripulantes por aeronave da maioria das empresas, bem como do setor aéreo, apresentou em 2001 e 2002 relativa uniformidade. Uma das razões para essa uniformidade, como já abordado, é que o número mínimo de tripulantes para operar cada tipo de aeronave obedece tanto aos requisitos técnicos do fabricante quanto aos requisitos da legislação do DAC, mais especificamente do RBHA-121. Tanto que, se comparado o número de tripulantes da Gol Transportes Aéreos em dezembro de 2001, com uma frota de 10 aeronaves, com o total de 2002, com uma frota de 19 aeronaves, observa-se que a relação entre o número de tripulantes se manteve, o mesmo acontecendo com a Vasp. Já a TAM apresentou aumento da frota em 2002 e, no entanto, reduziu o quadro de tripulantes. Uma possível explicação para a grande

[70] Na Varig, as aeronaves Boeing 727 e DC-10; na Vasp, as aeronaves Airbus A-300.

Tabela 41.11 – Tripulantes por aeronave: posição em 31 de dezembro de 2001 e 2002

Empresa	2001			2002		
	Nº de tripulantes	*Nº de aeronaves*	*Média*	*Nº de tripulantes*	*Nº de aeronaves*	*Média*
Gol	381	10	38,1	753	19	39,6
Nordeste	367	21	17,5	372	13	28,6
Rio-Sul	1.165	47	24,8	764	40	19,1
TAM	3.412	84	40,6	2.829	101	28
Varig	4.902	99	49,5	4.247	98	43,3
Vasp	804	31	25,9	855	31	27,6
Setor aéreo	12.297	365	33,7	10.158	334	30,4

Compilada a partir de dados do DAC (2002a e 2003c).

Parte 5

85-7241-568-8

redução no indicador de número de tripulantes por aeronave pode estar no fato de que, durante o ano de 2002, algumas de suas aeronaves *Airbus* A-330 permaneceram sem operar, o mesmo acontecendo com muitas de suas aeronaves Fokker F-100, que foram, aos poucos, desativadas – permanecendo, porém, na composição da frota da TAM – e substituídas por aeronaves Airbus A-319 e A-320.

A Varig apresentou os maiores números para a relação do número de tripulantes por aeronave – 49,5 em 31 de dezembro de 2001 e 43,3 em dezembro de 2002. É possível atribuir esse dado ao fato de a empresa – por operar vôos domésticos e para o exterior – possuir a frota mais heterogênea do Brasil, composta por aeronaves Boeing 737 e suas versões 300, 400, 500, 700 e 800, que atendem os vôos domésticos e da América Latina, e por aeronaves de grande porte como os Boeing 767, MD-11, Boeing 777 e as versões cargueiro das aeronaves Boeing 727 e DC-10. Essa frota heterogênea determina também um quadro de carreira – basicamente por tempo de serviço na empresa – complexo e com várias divisões, ou seja, mais compartimentado. Nesse sentido, há, portanto, uma cláusula da convenção coletiva[71] dos aeronautas que normatiza os casos de redução da força de trabalho, a qual deve ser feita por função e a partir dos tripulantes menos antigos nas empresas.

[71] Essa garantia, estipulada pela cláusula 6 – Normas em caso de necessidade de redução da força de trabalho, bem como a cláusula 5 – Garantia de emprego, por três anos, às vésperas da aposentadoria, ficaram válidas até 30 de maio de 2003.

Outro motivo para o maior número de tripulantes por aeronave é que, no caso da Varig, por ser uma empresa mais antiga e com diversos tripulantes com bastante tempo de serviço, eles estejam enquadrados na cláusula da convenção coletiva que dispõe sobre a garantia de emprego, por três anos, às vésperas da aposentadoria. Essa cláusula diz que as empresas se comprometem a não demitir – exceto em casos de justa causa – o aeronauta que contar com mais de 15 anos de casa e que esteja a três anos ou menos de adquirir o direito à aposentadoria.

Desse modo, é possível constatar, pelos dados da Tabela 41.11, que uma empresa que opera uma frota padronizada de um tipo de aeronave – como a Gol Transportes Aéreos – pode manter uma média de tripulantes por aeronave mais equilibrada que as empresas aéreas que possuem frotas com diversos tipos de aeronaves.

Outro indicador utilizado para mensurar a produtividade da mão-de-obra nas empresas aéreas é relação do número de funcionários por aeronave. A Gol Transportes Aéreos tinha 84 funcionários por aeronave no ano de 2001, enquanto a média brasileira, no ano de 2000, seria de 160 funcionários por aeronave (Palhares e Espírito Santo Jr., 2002). Já para Binder (2003, p. 136), o número é de 94 funcionários por aeronave e a média do setor seria de 150 funcionários por aeronave no ano de 2002. Os dados da Tabela 41.12 apresentam o número de funcionários por aeronave para os anos de 2001 e 2002.

Tabela 41.12 – Número de funcionários por aeronave: posição em 31 de dezembro de 2001 e 2002

Empresa	**2001**			**2002**		
	Nº de funcionários	***Nº de aeronaves***	***Média***	***Nº de funcionários***	***Nº de aeronaves***	***Média***
Gol	1.170	10	117	2.072	19	109,05
Nordeste*	666	21	31,71	685	13	52,69
Rio-Sul	2.686	47	57,14	1.648	40	41,20
TAM	7.994	84	95,16	7.618	101	75,42
Varig	17.323	99	174,97	11.720	98	119,59
Vasp	4.598	31	148,32	4.848	31	156,38
Setor aéreo	38.651	365	105,9	29.730	334	89

Fonte: Compilada a partir de dados do DAC (2002a e 2003c).

* Os dados da Tabela 41.12 relativos à Nordeste e Rio-Sul são os menores entre todas as empresas aéreas. Alguns fatores contribuintes para esses resultados: (1) ambas têm suas equipes de aeroportos terceirizadas ou seus vôos são atendidos pelas equipes da Varig, resultado de um projeto de sinergia implantado a partir de 1997, ainda na administração de Fernando Pinto (atualmente na TAP); (2) a Varig absorveu também as estruturas comerciais dessas empresas, o que determinou a extinção de seus setores próprios de reservas e redução de seus efetivos de vendas; (3) ambas tinham pilotos na função de comando emprestados pela Varig, tanto para cumprir escalas de vôo normais como para atividades de instrução e cheque em vôo; (4) seus setores de manutenção e revisão foram absorvidos pela Varig.

A Tabela 41.12 demonstra que a empresa aérea de baixo custo e baixa tarifa, a Gol Transportes Aéreos, teve uma média de 117 funcionários por aeronave em 2001 e de 109,05 em 2002. O setor aéreo apresentou uma média de 105,9 funcionários por aeronave em 2001 e de 89 em 2002.

A Varig apresentou expressiva redução de seu quadro de pessoal em 2002, quando a nova empresa do grupo, VEM – Varig Engenharia e Manutenção, iniciou suas atividades. Isso acarretou a transferência da maioria dos funcionários de manutenção da Varig para os quadros da VEM. Fato semelhante ocorreu com os funcionários da extinta Diretoria de Cargas, que foram transferidos para a VLOG – Varig Logística.

Maior Taxa de Horas de Vôo/Dia das Aeronaves

Essa característica operacional é atingida pela sinergia de outras características anteriormente descritas, sobretudo a simplificação do serviço de bordo. Trata-se de uma característica operacional que, em conjunto com a maior densidade de assentos por aeronave, assegura a vantagem em custos para as empresas aéreas de baixo custo e baixa tarifa (Doganis, 2001). Conforme a já citada entrevista do diretor comercial da Gol Transportes Aéreos, Lincoln Amano, a empresa é reconhecida e parabenizada pela Boeing pelo fato de as aeronaves terem taxa de utilização superior a 10 horas por dia (Goleada..., 2003). Os dados de Binder (2003) referentes aos anos de 2001 e 2002 apontavam que as aeronaves da Gol Transportes Aéreos voavam, em média, 10,5 horas por dia, enquanto as empresas concorrentes voavam, em média, 8 a 9,5 horas por dia. Já Sgarioni (2004), em matéria publicada na edição especial – Melhores e Maiores de 2004 – da revista Exame, informa que, em 2003, cada aeronave da empresa voou uma média de 12,4 horas por dia, enquanto cada aeronave da Varig e da TAM voou, em média, 9,24 horas e 5 horas por dia, respectivamente.

Considerações Finais

A desregulamentação do transporte aéreo que ocorreu nos Estados Unidos a partir de 1978, por seu impacto e ineditismo mundial, provocou conseqüências e efeitos que alteraram não só o cenário do setor daquele país, como também influenciaram os processos de desregulamentação em outros países. A partir de então, esses outros países iniciaram seus processos de desregulamentação, alguns de modo mais efetivo e outros de modo mais brando, conceituado como um processo de flexibilização. É importante ressaltar que essa desregulamentação atinge primordialmente o transporte aéreo doméstico, visto que a movimentação internacional de aeronaves e passageiros envolve detalhados acordos diplomáticos entre os países e as diretrizes preconizadas pela OACI, órgão ligado à ONU – Organização das Nações Unidas, responsável por normatizar e coordenar o transporte aéreo em todo o mundo.

O modelo adotado pelos Estados Unidos, de separar os aspectos não econômicos dos econômicos, quando de seu processo de desregulamentação, e atribuir a dois órgãos diferentes – a FAA e o DOT, respectivamente – a missão de supervisioná-los, tem-se mostrado o mais adequado e o mais seguido.

Sem exagero, pode-se afirmar que a adequada e eficaz supervisão e controle dos aspectos não econômicos do transporte é uma questão de vida ou morte, literalmente, uma vez que envolve os aspectos inerentes à segurança de vôo, como é o caso do treinamento de formação e reciclagem das tripulações e equipes de manutenção e aeroportos, dos padrões de revisão e manutenção das aeronaves, bem como da infra-estrutura e operações aeroportuárias.

Quanto aos aspectos econômicos, o papel do órgão regulatório seria o de fiscalizar e, se necessário, proibir o que fosse lesivo ao usuário e ao interesse público. Enfim, o governo passaria a garantir o processo de competição entre as empresas aéreas ao invés de proteger e cuidar das competidoras.

A exemplo do que é colocado por outros autores, não se pode afirmar que houve um processo de desregulamentação do transporte aéreo no Brasil. O termo mais adequado é, de fato, o de flexibilização, ocorrido a partir de 1991 e com medidas mais efetivas entre o período de 1997 e 2001. Nesse sentido, pode-se destacar de modo pontual:

- A desvinculação dos vôos *charters* dos pacotes turísticos, o que possibilitou a venda de assentos nessa modalidade de vôo sem a obrigatoriedade de incluir a hospedagem e o transporte terrestre.

- A extinção do sistema de bandas tarifárias e a posterior liberação monitorada das tarifas aéreas.
- A criação, em 2000, do Conac.
- A modificação da classificação das empresas aéreas, que passaram de *nacionais* e *regionais* para *regulares* e *não regulares*.

Conseqüência mais importante e mais visível foi o estímulo ao surgimento de diversas novas empresas aéreas, a exemplo do que ocorreu nos Estados Unidos. Muitas não saíram do papel, outras começaram bem mas depois paralisaram suas operações, e uma delas decolou forte e vem mantendo um vôo estável. Trata-se da Gol Transportes Aéreos, a empresa brasileira pioneira a adotar o modelo operacional de baixos custos e baixas tarifas. Assim, é possível considerar que a concepção da Gol Transportes Aéreos levou em consideração o resultado das medidas do processo de flexibilização do transporte aéreo no Brasil, o qual deixava evidente a dificuldade das empresas aéreas tradicionais inovarem e reagirem frente às inovações. Também considerou que as medidas de flexibilização que possibilitaram oferecer alternativas de transporte aéreo mais barato, como foi o caso dos vôos *charters* e/ou as guerras de preços, sugeriram que existia e ainda existe uma demanda reprimida e sensível a preço de usuários do transporte aéreo.

Nesse contexto, como também ocorreu nos Estados Unidos e na Europa, o modelo de empresa aérea de baixo custo e baixa tarifa encontra as condições adequadas para nascer e se desenvolver, como é o caso da Gol Transportes Aéreos, que, tendo iniciado suas operações em janeiro de 2001, ocupa desde o final de 2002 a posição de terceira maior empresa aérea de transporte regular de passageiros do Brasil. Em julho de 2004, abriu seu capital em uma bem-sucedida venda de ações na Bolsa de Valores de São Paulo, no Brasil e na Bolsa de Valores de Nova York, nos Estados Unidos.

No início deste capítulo, foi proposto como seu fio condutor examinar a relação entre os processos de desregulamentação do transporte aéreo e o surgimento das empresas aéreas do modelo de baixo custo e baixa tarifa. Desse modo, em sua conclusão, é pertinente enfatizar que a regulamentação do transporte aéreo no Brasil poderá constituir um limitador ao crescimento da Gol Transportes Aéreos. As medidas de ajuste da oferta e da demanda foram impostas pela autoridade regulatória, cujo maior exemplo foi a operação de compartilhamento de assentos *(code-share)* adotada entre Varig e TAM a partir de abril de 2003. Esse acordo celebrado entre as duas empresas foi reflexo direto da Portaria 243/GC5, de 13 de março de 2003, que "dispõe sobre as medidas destinadas a promover a adequação da indústria de transporte aéreo à realidade do mercado".

Essa portaria, ainda em vigor, em um de seus cinco artigos, reafirma que a autorização emitida pelo DAC para importar aeronaves comerciais está sujeita à comprovação da real necessidade da empresa aérea e fundamentada nas autorizações de concessão para a exploração do transporte aéreo. Medidas regulatórias como essa engessam a capacidade de inovar e responder com rapidez às necessidades e demandas do mercado de transporte aéreo. Tais demandas se traduzem em explorar novas rotas e/ou aumentar o número de freqüências de vôos em mercados específicos, onde é fundamental a rápida disponibilização de mais aeronaves para as empresas. No caso específico das empresas aéreas de baixo custo e baixa tarifa, esse tipo de expansão de rotas e/ou freqüências de vôos é vital pois, graças à característica de trabalharem com tarifas baixas, há a necessidade de operarem sempre com volume crescente no número de passageiros transportados, bem como em elevados índices de ocupação das aeronaves.

O ano de 2004 terminou sem que se vislumbrasse com clareza para onde caminhará o setor aéreo do país e que modelo regulatório será adotado. Percebe-se que há divergências no próprio governo em relação a esse assunto; não obstante, há definição e certeza de que o setor é estratégico para o país pelo fato de promover a integração intra-regional e internacional, atrair negócios e empreendimentos, arrecadar impostos, gerar empregos e, principalmente, ser conseqüência e causa da expansão do turismo.

Agradecimentos

Sintetizando a colaboração e o estímulo de diversos professores, colegas e alunos, o autor agradece de forma especial ao professor, pesquisador e doutorando em Turismo na *Victoria University of Wellington*, na Nova Zelândia, Guilherme Lohmann Palhares, pela paciência em ler e apontar sugestões de correção e de melhoria em meu trabalho de dissertação de Mestrado em Turismo – na área de transporte aéreo – defendido em maio de 2004,

85-7241-568-8

na Universidade de Caxias do Sul, que embasou este capítulo.

BIBLIOGRAFIA

Apoio ao novo sistema de cargas. *Gazeta Mercantil*, São Paulo, 2 set. 2003.

THE AIRLINE HANDBOOK (ATA). *Conteúdo do site.* Disponível em: http://www.airlines.org.publications/display1.asp?nid=961. Acesso em: 10/Dez/2003.

BANFE, C. F. *Airline Management.* Englewood Cliffs: Prentice Hall, 1992.

Bilhete barato garante aeronave cheia. *Zero Hora*, Porto Alegre, 21/dez./2003.

BINDER, M. Discussão do modelo porteriano através de críticas, teoria dos recursos e o caso Gol. São Paulo, 2003. 188p. Dissertação (Mestrado) – Fundação Getúlio Vargas.

BLECHER, N. Gol, a empresa do ano. *Exame, 13:* 20-26, 2004.

BOEING. *The Boeing Next-Generation 737 Family.* Disponível em: http://www.boeing.com/commercial/737family/background.html. Acesso em: 10/Jul/2002.

CASTRO, N.; LAMY, P. Desregulamentação do setor transporte: o subsetor transporte aéreo de passageiros. *IPEA, Texto para Discussão, 319:* Out. 1993.

DEPARTAMENTO DE AVIAÇÃO CIVIL (DAC). *Estatísticas do Transporte Aéreo: dados comparativos avançados.* Disponível em: http://www.dac.gov.br/download/JAN%20A%20DEZ%202003%20X%202002.xls. Acesso em: 25/Set/2004.

DEPARTAMENTO DE AVIAÇÃO CIVIL (DAC). *Institucional: evolução do transporte aéreo.* Disponível em: http:/www.dac.org.br/institucional5.asp. Acesso em: 10/Jun/2003a.

DEPARTAMENTO DE AVIAÇÃO CIVIL (DAC). *Empresas Aéreas.* Disponível em: http://www.dac.org.br/empresas. Acesso em: 30/Out/2003b.

DEPARTAMENTO DE AVIAÇÃO CIVIL (DAC). *Anuário do Transporte Aéreo. v. I – Dados Estatísticos – 2002.* Disponível em: http://www.dac.gov.br/estatisticas/estatisticas1.asp. Acesso em: 25/Mar/2003c.

DEPARTAMENTO DE AVIAÇÃO CIVIL (DAC). *Anuário do Transporte Aéreo. v. II – Dados Econômicos – 2002.* Disponível em: http://www.dac.gov.br/dados/dados.asp. Acesso em: 25/Mar/2003d.

DEPARTAMENTO DE AVIAÇÃO CIVIL (DAC). *IAC1502-0699 – Cálculo dos Índices de Regularidade, de Pontualidade e de Eficiência Operacional.* Disponível em: http://www.dac.gov.br/publicacoes/iacs.asp. Acesso em: 10/Set/2003e.

DEPARTAMENTO DE AVIAÇÃO CIVIL (DAC). *Anuário do Transporte Aéreo – v. I – Dados Estatísticos – 2001.* Disponível em: http://www.dac.gov.br/estatisticas/estatisticas1.asp. Acesso em: 02/Mar/2002a.

DEPARTAMENTO DE AVIAÇÃO CIVIL (DAC). *Anuário do Transporte Aéreo – v. II – Dados Econômicos – 2001.* Disponível em: http://www.dac.gov.br/dados/dados.asp. Acesso em: 02/Mar/2002b.

DEPARTAMENTO DE AVIAÇÃO CIVIL (DAC). *Fluxo de Passageiros em Ligações Aéreas Nacionais.* Disponível em: http://www.dac.gov.br/publicacoes/publicacoes.asp#estudos. Acesso em: 10/Jul/2002c.

DEPARTAMENTO DE AVIAÇÃO CIVIL (DAC). Estatística sob um novo enfoque. Disponível em: http://www.dac.gov.br/estatisticas/est_traf.asp. Acesso em: 10/Dez/2002d.

DEMAND, L. A. G. Airline business. *Reed Business (Sutton), 19 (9):* 69-70, 2003.

DOGANIS, R. Survival lessons. *Airline Business,* 62-65, 2001.

FORÇA AÉREA BRASILEIRA (FAB). *História.* Disponível em: http://www.fab.mil.br/acms/clientes/maer/conheca/historia/index.htm. Acesso em: 10/Dez/2003.

FARINA, E. M. M. Q. A desregulamentação da economia americana: uma análise sob a ótica da teoria da organização industrial. In: XVII ENCONTRO NACIONAL DE ECONOMIA DA ANPEC, 1989. Fortaleza. *Anais do XVII Encontro Nacional de Economia da ANPEC,* 1989. p. 1231-1251.

FEITOSA, W. R. Estratégias e políticas de preço no mercado de aviação: caso da Gol Transportes Aéreos. *ECA-USP (São Paulo): 13 (1):* 48-65, 2002.

FRANCO, F. A. L. et al. *Recent Deregulation of the Air Transportation in Brazil.* Brasília: Secretariat for Economic Monitoring of the Ministry of Finance, 2002.

FREIBERG, K.; FREIBERG, J. *Nuts. As Soluções Criativas da Southwest Airlines para o Sucesso Pessoal e nos Negócios.* São Paulo: Manole, 2000.

TERRA. Gol lança serviço de check-in pela internet. *Redação Terra,* 22/Dez/2003. Disponível em: http://informatica.terra.com.br/ebusiness/interna/0OI239753-EI716,00.html. Acesso em: 28/Dez/2003.

Goleada na concorrência. *Revista Banco Hoje,* Nov. 2003. Disponível em: http://www.bancohoje.com.br/artigo.asp?Artigo = 1011&Pagina = 1. Acesso em: 28/Nov/2003.

GROENEWEGE, A. D. *The Compendium of International Aviation.* 3. ed. Montreal: International Aviation Developement Corporation, 2003.

GUDMUNDSSON, S. V. *Flying too Close to the Sun: the success and failure of new-entrant airlines.* Aldershot: Ashgate, 1998.

GUIMARÃES, E. A.; SALGADO, L. H. A *Regulação do Mercado de Aviação Civil no Brasil.* Rio de Janeiro: IPEA. DIMAC, 2003. Notas Técnicas/IPEA; 02.

HAMEL, G. *Liderando a Revolução.* Trad.: Afonso Celso da Cunha Serra. Rio de Janeiro: Campus, 2000.

LAWTON, T. *Cleared for Take-off: structure and strategy in the low fare airline business.* Aldershot: Ashgate, 2002.

LIMA, J. S. C. A. P. Empresa aérea de baixo custo e baixa tarifa no Brasil: contribuições de um novo modelo de empresa aérea para o turismo doméstico. Caxias do Sul, 2004. 276p. Dissertação (Mestrado) – Universidade de Caxias do Sul.

LOVELOCK, C. *Serviços: marketing e gestão.* São Paulo: Saraiva, 2001.

LUZ, M. C. V. Análise setorial do transporte aéreo. Panorama setorial. *Gazeta Mercantil (São Paulo), 1:* 1998.

LUZ, M. C. V. A organização da indústria do transporte aéreo no Brasil: as transformações dos anos 90. São Paulo, 2000. Dissertação (Mestrado) – Pontifícia Universidade Católica de São Paulo.

MINTZBERG, H.; AHLSTRAND, B.; LAMPEL, J. *Safári de Estratégia: um roteiro pela selva do planejamento estratégico.* Porto Alegre: Bookman, 2000.

MOREIRA, J. C. T.; PASQUALE, P. P.; DUBNER, A. G. *Dicionário de Termos de Marketing: definições, conceitos e palavras-chave de marketing, propaganda, pesquisa, comercialização, comunicação e outras áreas correlatas a estas atividades.* 3. ed. São Paulo: Atlas, 1999.

OLIVER, R. *Como Serão as Coisas no Futuro.* São Paulo: Negócio, 1999.

85-7241-568-8

OLIVER, S. A idade da frota brasileira. Avião Revue – revista mensal de aviação. *Motorpress (São Paulo), 50:* 2003.

PAGE, S. *Transporte e Turismo.* Trad. Roberto Cataldo Costa. Porto Alegre: Bookman, 2001.

PALHARES, G. L.; ESPÍRITO SANTO JR., R. A. Transporte aéreo e turismo. In: PALHARES, G. L. *Transportes Turísticos.* São Paulo: Aleph, 2002, cap. 3. Série Turismo.

PALHARES, G. L. *Transporte Aéreo e Turismo: gerando desenvolvimento socioeconômico.* São Paulo: Aleph, 2001. Série Turismo.

PALHARES, G. L. *Transportes Turísticos.* São Paulo: Aleph, 2002. Série Turismo.

PAOLILLO, A. M.; REJOWSKI, M. *Transportes.* São Paulo: Aleph, 2002. Coleção Turismo.

PELIZZER, H. A. *Uma Introdução à Técnica do Turismo: transportes.* São Paulo: Pioneira, 1978.

PESSOA, L. T. *História da Aviação Comercial Brasileira.* São Paulo: Rios, 1989.

PINHO, M. O. M. *Dicionário de Termos de Negócios: português-inglês: english-portuguese.* 2. ed. São Paulo: Atlas, 1997.

PORTER, M. *Vantagem Competitiva: criando e sustentando um desempenho superior.* Trad. Elisabeth Maria de Pinto Braga. Rio de Janeiro: Campus, 1992.

RODRIGUES, A. R. O mercado da aviação doméstica no Brasil: o processo de desregulação comparado com a experiência norte-americana, sob o enfoque da Teoria Política Positiva da Regulação. Brasília, 2003. Dissertação (Mestrado) – Universidade de Brasília.

RONÁ, R. *Transportes no Turismo.* São Paulo: Manole, 2002.

SGARIONI, M. A caçula chega ao topo. *Revista Exame, Melhores e Maiores Empresas de 2004,* Abr. a Jul. 2004.

SOARES, A. L. Endomarketing da Gol. Porto Alegre, 2004. Monografia (Conclusão de Curso) – Pontifícia Universidade Católica do Rio Grande do Sul.

SONINO, G. *Depois da Turbulência: a aviação comercial brasileira aprende com suas crises.* São Paulo: APVAR, 1995.

TRIGO, L. G. L. *Viagem na Memória: guia histórico das viagens e do turismo no Brasil.* São Paulo: Senac, 2000.

Viegas defende veto a tarifa de R$ 50 da Gol. *Folha de São Paulo,* 13/mai./2004.

WELLS, A.; RICHEY, F. *Commuter Airlines.* Malabar: Krieger, 1996.

WILLIAMS, G. *The Airline Industry and the Impact of Deregulation.* Aldershot: Ashgate, 1996.

WORLD BANK. *The Brazilian Airline Industry: options for deregulation and competition.* June 27, 1995.

Anotações

Parte 5

85-7241-568-8

Anotações

85-7241-568-8

CAPÍTULO

42 Transporte para Turistas: Conceitos, Estado da Arte e Tópicos Atuais

Guilherme Lohmann Palhares

Introdução

Faz 10 anos que o primeiro livro-texto sobre transporte e turismo foi lançado em inglês (Page, 1994). De lá para cá, não só esse autor ampliou sua primeira publicação com um novo título (Page, 1999) – já traduzido para o português (Page, 2001b) –, mas várias outras surgiram quer em português (Palhares, 2001; 2002; Paolillo e Rejowski, 2002; Roná, 2002), quer em outros idiomas (Blasco, 2001; Torre, 2000). Apesar do trabalho pioneiro de Pelizzer (1978) no Brasil, que não foi acompanhado nas duas décadas seguintes por nenhum outro estudo sobre o tema, uma retórica constante na literatura sobre o transporte voltado para o turismo é a de que raros são os estudos e pesquisas desenvolvidos nessa área (Almeida, 1992; Page, 2001b; Palhares, 2002). Além disso, há uma crítica consistente de que poucos são os conceitos e modelos aplicados a esse tema, uma vez que boa parte do que é publicado tem caráter mais descritivo que analítico.

Embora seja verdade que não muitos acadêmicos tenham estudado de forma consistente e sistemática como os transportes se relacionam com as origens e os destinos turísticos, por outro lado o que se percebe é que muitos dos estudos já desenvolvidos têm sido negligenciados quando se faz essa crítica. Ou seja, há estudos desenvolvidos ao longo dos últimos 30 anos, mas parece que eles não se consolidaram de forma a criar um conjunto de conceitos e conhecimento que permita um mapeamento do que já foi aprendido até o momento e o que ainda precisa ser mais bem compreendido.

Este capítulo, portanto, tem três objetivos primordiais. O primeiro é descrever alguns conceitos sobre transporte e turismo, além de avaliar modelos estruturais[1] que enfatizem o papel dos transportes no turismo. Em função da literatura não fornecer um modelo que seja completo para entender o sistema de transportes turísticos, este artigo propõe um a partir daqueles que aqui são analisados. O segundo objetivo é efetuar uma revisão bibliográfica sobre o tema, apresentando o estado da arte dos transportes turísticos. Isso é feito a partir de duas vertentes. A primeira é uma análise das disciplinas que têm sido

[1] Modelos estruturais são aqueles que enfatizam a relação entre origens e destinos, enquanto os modelos evolucionários evidenciam a dinâmica, as mudanças e as situações de evolução dos destinos. Modelos evolucionários não foram considerados aqui, uma vez que estão mais focados no destino turístico do que no elemento de transporte.

empregadas para estudar o tema. A segunda é feita separando as publicações por modo de transporte: aéreo, hidroviário, rodoviário e ferroviário. Por meio delas, procura-se resgatar boa parte das pesquisas já desenvolvidas e que foram "esquecidas" na literatura internacional. O terceiro objetivo consiste em evidenciar, para cada um dos modos de transportes, seus temas mais relevantes na atualidade.

Assim, diferentemente de outros capítulos sobre transportes em livros de turismo, aqui não será apresentada uma análise do mercado nem será descrito o quadro atual do setor, quer no Brasil, quer no exterior. Para tal, o leitor deverá consultar não só o trabalho desenvolvido por Carvalho (2001), mas também a ampla literatura agora já disponível em português (Page, 2001b; Palhares, 2002; Paolillo e Rejowski, 2002; Roná, 2002; Torre, 2002). Ou seja, mais que repetir em novo formato que já existe, este capítulo visa a contribuir para consolidar o que já foi desenvolvido até o momento, ao mesmo tempo em que propicia condições para que novos estudos possam ser desenvolvidos em temas relevantes com a atualidade. Por fim, apresentam-se alguns itens que poderão ser úteis aos leitores em geral, como glossário e *links* de *sites* na Internet, incluindo uma lista de discussão virtual sobre o tema.

Conceitualizando Transportes Turísticos

É fato bem documentado que a indústria do turismo apresentou um crescimento vertiginoso no século passado. Esse crescimento tem sido particularmente caracterizado a partir dos anos 1950, com uma significativa diversificação dos produtos turísticos e gostos do consumidor. Durante esse período, tem havido crescente interesse no turismo, demonstrado por inúmeros acadêmicos das mais variadas disciplinas, tais como sociologia, economia, psicologia, antropologia, ciências políticas, geografia, história, além de campos mais específicos tais como direito, hospitalidade, administração, *marketing* e planejamento urbano e regional (Jafari e Ritchie, 1981). Conjuntamente, essas disciplinas criaram um corpo substancial de pesquisa, ainda que quase sempre se comente que estudos em turismo, em toda a sua magnitude, carecem de certa coesão encontrada em outras áreas de pesquisa.

Estudos em transportes, da mesma forma que o turismo, são essencialmente multidisciplinares. Componentes bem desenvolvidos na área dos estudos de transportes incluem: engenharia de transportes, preocupada, sobretudo, com o desenho e a construção das infra-estruturas e o planejamento dos sistemas de transportes; economia dos transportes, que lida com a análise da demanda de transporte e os custos para atendê-la em relação a outras formas de atividades econômicas; além de outros, tais como história e geografia dos transportes.

De forma a tentar contribuir para a discussão sobre turismo, vale a pena estabelecer o que as pesquisas já desenvolvidas até o momento conseguiram alcançar, de forma a prover uma base sustentável para a pesquisa contemporânea. Como assunto acadêmico, o turismo é relativamente recente, tendo sido criado como departamento ou grupo de pesquisa nas várias instituições acadêmicas apenas no início dos anos 1980 (Pearce, 2003). No entanto, anteriormente a isso, o lazer e a recreação têm sido enxergados como disciplinas merecedoras de interesses acadêmicos há mais tempo (Pearce, 1993). O crescente interesse no turismo é resultado de um número diferente de fenômenos. Primeiramente, desenvolveu-se uma estrutura mais holística que a maioria das outras áreas de interesse acadêmico. Isso pode ser considerado um desenvolvimento positivo, uma vez que várias disciplinas tomaram emprestadas das outras e contribuíram entre si para uma melhor compreensão do tema (Sheldon, 1990). No outro lado da equação, no entanto, o desenvolvimento do assunto produziu certo vácuo teórico (Dann *et al.*, 1988). Ainda que seja verdade afirmar que muitas áreas do turismo se prestaram muito bem para análises em certas narrativas tradicionais, considerações sobre a indústria em geral têm progredido pouco além de um mero formato descritivo.

TRANSPORTE E TURISMO

Definições[2]

Intuitivamente, a grande maioria das pessoas consegue perceber a relação existente entre transporte e turismo. Qualquer um que já tenha saído em viagem, de férias ou a negócios, sabe que, para alcançar seu destino, precisa utilizar um meio de transporte: automóvel, ônibus, avião, trem, navio, etc. É fato, portanto, que o turismo não existe sem o transporte. No entanto, para aqueles que desejam ir além do mero senso comum existente en-

[2] Esta seção foi extraída e adaptada de Palhares (2002).

tre tais atividades, faz-se necessário defini-las, até mesmo para que possam ser mais bem compreendidas. A Organização Mundial do Turismo e a Comissão de Estatística das Nações Unidas definem turismo como (Lapierre e Hayes, 1994):

> *As atividades que pessoas viajando para ou permanecendo em lugares fora do seu ambiente usual, por não mais do que um ano consecutivo, a lazer, negócios ou outros objetivos.*

No entanto, nem toda viagem é um meio de deslocamento turístico. O trânsito de pessoas em transportes públicos dentro de seus espaços habituais de convívio (trabalho, escola, compras, etc.), viagens a estudo e a trabalho[3], ainda que em lugares não habituais — como imigrantes, diplomatas ou membros das forças armadas em missões — não são considerados turismo. A fim de quantificar as atividades turísticas, alguns países definem distâncias mínimas a serem percorridas para que determinado deslocamento seja considerado turístico.

Em estudo desenvolvido para mensurar a importância socioeconômica do turismo entre os anos de 1998 e 2000, o Departamento de Estatística da Nova Zelândia considerou uma distância mínima de 40 quilômetros a partir da residência dos viajantes para distingui-la como uma viagem turística (*Statistics New Zealand*, 2001). No Canadá, para caracterizar uma viagem turística, é preciso deslocamento em raio superior a 80 quilômetros da residência do viajante.

Aqui se faz mister definir o viajante como qualquer pessoa que se desloca de um ponto A para um ponto B, seja esse deslocamento temporário ou permanente[4]. Nesse universo de viajantes, existe o subgrupo de visitantes, dividido em duas categorias: turistas (visitantes que pernoitam no local visitado) e excursionistas (visitantes que não pernoitam no local visitado). A Figura 42.1 situa melhor esses termos e fornece-lhes alguns exemplos.

[3] Viagem a trabalho se diferencia de turismo de negócios da seguinte forma: turismo de negócios é aquele tipo de turismo no qual o motivo principal da viagem está relacionado a assuntos profissionais e empresariais. Segundo Oliveira (2002), turismo de negócios "é o turismo praticado por executivos que viajam para participar de reuniões com seus pares, para visitar os fornecedores dos produtos que comercializam e fechar negócios". Viagem a trabalho, no entanto, é aquela em que o viajante está se dirigindo para um novo destino com o intuito de ir ao encontro do seu local de trabalho.

[4] Não considerados aqueles que viajam diariamente dentro da sua área de domicílio, nem mesmo as pessoas que estão mudando de residência.

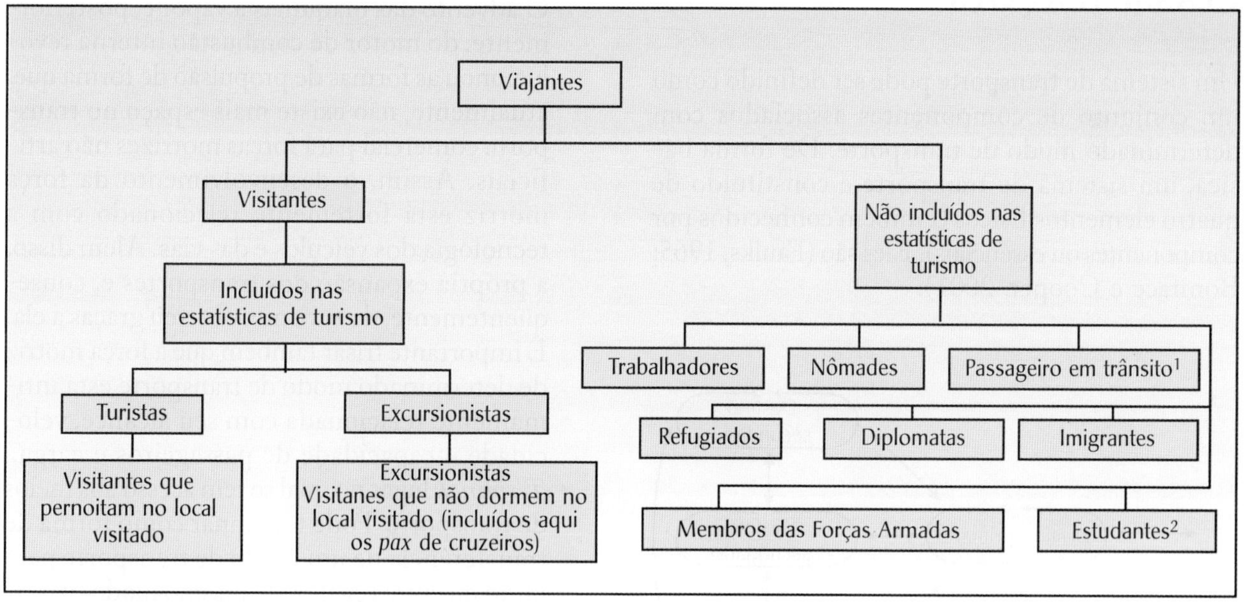

1 Apenas aqueles que não deixam a área de trânsito do aeroporto ou porto. Caso contrário, estes viajantes devem ser considerados como visitantes.
2 Apenas quando estão viajando com o propósito de estudar no local de destino.

Figura 42.1 – Definições dos tipos de viajantes – adaptada por Palhares (2002) e de Collier (1999).

Parte 5

Embora essas classificações possam variar de país para país, o mais importante para o transporte é que, em função de se tratar de um turista ou excursionista (o que, em última análise, representa situações bem diversas em termos de distância percorrida, tempo e motivo da viagem, etc.), a opção pelo modo de transporte pode variar significativamente.

Contudo, como nem todo passageiro é um viajante, o transporte voltado para a indústria do turismo constitui um subproduto da atividade de transporte. Sem o conhecimento prévio da importância do turismo para o setor de transporte, o planejador e o tomador de decisão muitas vezes limitam seus objetivos a atender exclusivamente as necessidades do sistema de transportes, desconsiderando todo o impacto que a regulamentação ou o investimento em infra-estrutura pode acarretar para outras atividades, notadamente o comércio e o turismo (Forsyth, 2001; Pender, 2001; Wheatcroft, 1997).

De forma mais precisa, o transporte turístico pode ser definido como o serviço que interliga a origem de uma viagem turística a determinado destino (e vice-versa), que interliga vários destinos turísticos entre si (primário e secundário) ou que faz com que os visitantes se desloquem dentro do destino (Fig. 42.2).

SISTEMA DE TRANSPORTE E CLASSIFICAÇÕES

Um sistema de transporte pode ser definido como um conjunto de componentes associados com determinado modo de transporte. De forma básica, um sistema de transporte é constituído de quatro elementos físicos (também conhecidos por componentes ou essenciais). Eles são (Faulks, 1965; Boniface e Cooper, 2001):

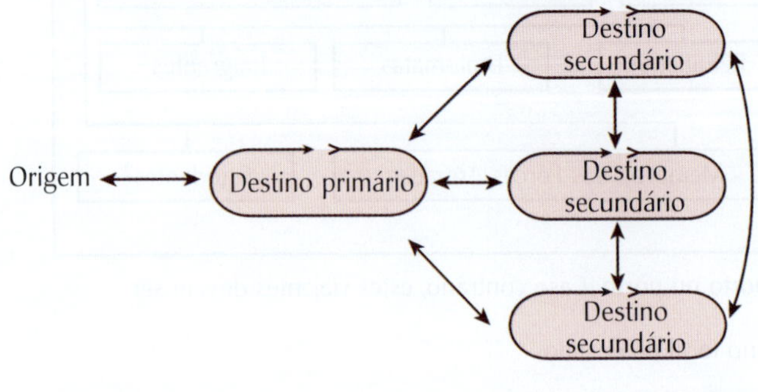

Figura 42.2 – Sistema de transportes turísticos. Fonte: Palhares (2002).

- *Via:* meio pelo qual o transporte se desenvolve. Pode ser de três tipos: natural, natural artificialmente melhorado e artificial. Vias naturais, como o ar ou o mar, costumam estar disponíveis para serem usadas sem nenhum custo. Como exemplo de via natural artificialmente melhorada tem-se o caso dos rios dragados ou cujas margens foram ampliadas para a navegação. Por fim, vias puramente artificiais são aquelas totalmente construídas pelo homem, como ferrovias e rodovias, que exigem custo tanto para a construção quanto para a manutenção. O tipo de via escolhido para determinado sistema de transportes caracterizará o veículo empregado, assim como o terminal utilizado.
- *Veículo:* os diversos veículos de transporte são construídos para operarem em determinada via e influenciarão muito na escolha do modo de transporte pelo viajante. Sua tecnologia poderá apresentar maior flexibilidade e privacidade, como no caso do automóvel, ou maiores velocidades e alcance, como no caso dos aviões. Alguns veículos são ditos como confinados na via, como os trens.
- *Força motriz:* inicialmente, o transporte confiava nas forças naturais para a propulsão dos veículos – transporte hidroviário na energia eólica e transporte rodoviário na tração animal. O advento das máquinas a vapor e, posteriormente, do motor de combustão interna revolucionou as formas de propulsão de forma que, atualmente, não existe mais espaço no transporte comercial para forças motrizes não artificiais. Assim, o desenvolvimento da força motriz está fortemente relacionado com a tecnologia dos veículos e das vias. Além disso, a própria expansão dos transportes e, conseqüentemente, do turismo, ocorreu graças a ela. É importante frisar também que a força motriz de determinado modo de transporte está intimamente relacionada com seu alcance, velocidade e capacidade de passageiros e carga.
- *Terminal:* lugar no qual se tem acesso aos meios de transporte. Pode funcionar como forma de transferência de um modo de transporte para outro ou entre veículos do mesmo modo (passageiros em trânsito). Quanto mais interligado for determinado terminal, maior possibilidade de escolha seus usuários encontrarão para chegar ou partir de suas viagens (aeroportos e rodoviárias interligadas a metrôs, estações

ferroviárias com acesso a ônibus, etc.). Atualmente, muitos terminais de transporte estão ampliando suas atividades para o comércio e a oferta de serviços, como hotéis, centros de convenções e exposições, restaurantes e cinemas, para passageiros e outros clientes potenciais (Palhares, 2001).

A Tabela 42.1 apresenta as principais características dos diversos modos de transporte para os elementos via, veículo e força motriz.

Os transportes também podem ser classificados das seguintes formas:

- *Público ou privado:* transporte público é aquele em que o acesso é permitido a qualquer pessoa, desde que adquira direitos e privilégios de utilizá-lo (pela compra de passes ou de bilhetes, tendo como exemplo os ônibus interestaduais, os táxis, as barcas e os aviões comerciais). Transporte privado é aquele restrito a determinada pessoa ou organização (por exemplo, automóvel particular e ônibus fretado).

Tabela 42.1 – Principais características dos modos de transportes. Fonte: Palhares (2002) adaptado de Boniface e Cooper (2001).

Modo	Via	Veículo	Força motriz	Vantagens e desvantagens	Importância para o turismo
Rodoviário	Estradas e *off road*	Carros e ônibus. Baixa capacidade em termos de passageiros transportados	Motores a gasolina, diesel, gás, álcool e elétricos	*Vantagens:* flexibilidade porta-a-porta. Mais adequado para viagens curtas e médias *Desvantagens:* como a via é compartilhada por outros veículos, engarrafamentos podem ocorrer	Permite ao turista escolher sua rota e levar equipamentos próprios de turismo. Funciona também como ligação entre os terminais de transporte e os destinos finais. Funciona como transporte de massa para excursões em áreas turísticas
Ferroviário	Via permanente com trilhos	Locomotivas e carros de passageiros com alta capacidade	Motores a diesel (diesel, elétrico ou diesel, hidráulico), exclusivamente elétricos ou a vapor	*Vantagens:* oferece flexibilidade quanto ao número de carros transportados (ideal para localidades com grande sazonalidade). Adequado para viagens de média e longa distância e em áreas urbanas adensadas *Desvantagens:* Altos custos fixos e necessidade de integração, pois não é porta-a-porta	Carros especiais podem ser adicionados (leito, panorâmico e restaurante). Rotas transcontinentais e panorâmicas transportam um volume significativo de turistas
Aéreo	Natural: ar	Aviões. Alta capacidade em termos de passageiros	Motores turboélice, turborreator ou turbo jato	*Vantagens:* velocidade e cobertura mundial. Apropriado para viagens médias e longas *Desvantagens:* alto consumo de combustível e, em função das regulamentações de segurança, acaba se tornando caro	Graças à sua velocidade e cobertura mundial, tornou possível o turismo mundial em larga escala
Hidroviário	Natural: mar, rios e lagos	Navios, barcos e *ferries*. Podem apresentar alto grau de conforto. Alta capacidade de transporte de passageiros e carga	Motor a diesel ou turbina a vapor	*Vantagens:* adequado tanto para longas viagens, quanto curtas. Pode oferecer grande conforto para os passageiros (cruzeiros marítimos) e o transporte de veículos em *ferries roll-on roll-off* *Desvantagens:* velocidade baixa. Altos custos com mão-de-obra	Atualmente confinado aos cruzeiros marítimos e aos *ferries*

- *Modo:* o modo de transporte está associado à tecnologia do veículo transportador e ao tipo de via em que opera, podendo ser aéreo, ferroviário, rodoviário ou hidroviário (a Tabela 42.1 apresenta as principais características dos diversos modos de transportes).
- *Regular ou não regular:* o transporte regular é aquele que cumpre horário e é anunciado previamente, sendo sua partida obrigatória independentemente do número de passageiros que se disponibilizem a viajar. Já o transporte não regular, do qual faz parte o *charter*, é aquele existente para uma finalidade específica, sem a obrigatoriedade de cumprir horários e partidas.
- *Doméstico ou internacional:* respectivamente, o transporte que ocorre dentro de um mesmo país e o que ocorre entre países.

Além dos conceitos de turismo, transporte e transportes turísticos apresentados neste item, o item a seguir conceitualizará os sistemas de transportes turísticos apresentando vários modelos estruturais.

Conceitualizando os Sistemas de Transporte e Turismo

Como visto na definição de turismo, este requer, entre outras condições, que o viajante deixe o seu lugar usual de convivência e se dirija a um destino turístico. O transporte é, portanto, o meio que liga o local de residência permanente (a origem) a um centro turístico (destino). Do ponto de vista do transporte, o turismo pode ser visto como o que Pearce (2003) chama de sistema de origem-ligação-destino, com o termo "ligação" significando "transporte" (Fig. 42.3).

Figura 42.3 – Sistema origem-ligação-destino.

Destinos turísticos, por outro lado, são lugares em que os turistas passam, visitam ou permanecem durante suas viagens. Geograficamente, os destinos podem ser um centro autônomo, vilarejo, uma cidade, região, ilha ou mesmo um país inteiro. Além disso, pode estar localizado em apenas um lugar, pode ser um conjunto de vários destinos como parte de um *tour* ou um destino em movimento, como nos cruzeiros marítimos e nas viagens cênicas de trem (Page, 2001b). Vários elementos podem influenciar o turista na escolha de um ou mais destinos. Cho (2000) considera que existem cinco tipos principais de atratividade em um destino turístico, a saber:

- *Atrações:* naturais, construídas, culturais e sociais.
- *Conveniências:* infra-estrutura básica, acomodações, transportes, serviços de alimentação, entretenimento, lojas e centros de informações turísticas.
- *Acessibilidade:* refere-se à facilidade de acesso que os turistas têm para chegar aos destinos e de se locomover dentro deles.
- *Imagem:* idéias e impressões que os turistas possuem sobre um destino turístico.
- *Preço:* varia em função do tipo e da classe do serviço (acomodação, transportes, atividades), sazonalidade e distância do destino.

Como se pode notar, a acessibilidade ao destino é uma parte importante para atrair ou não os turistas, sendo diretamente relacionada com a existência de infra-estrutura – vias e terminais – e operações de transportes. Por essa razão, é possível mencionar que o transporte é um elemento fundamental para atrair turistas a um destino. No seu estudo sobre o papel do transporte no desenvolvimento do turismo em Cairns (Austrália), Prideaux (2000b, p. 56) considera o sistema de transportes turísticos como:

> ***A operação e interação entre modos de transportes, vias e terminais que dão suporte aos resorts turísticos em termos do fluxo de passageiros e carga de e para os destinos, e a provisão de conexão de modos de transporte na região geradora de turismo.***

De forma mais geral, essa definição declara que a infra-estrutura, os serviços e as redes de transportes provêm as ligações essenciais entre as áreas de origem e destino, assim como para destinos turísticos secundários e entre destinos turísticos (primário ou secundário).

Diferentemente da Figura 42.3, a Figura 42.2 inclui o conceito de destinos primários e secundários, podendo eles servirem como base para viagens diárias e de curta duração para áreas recreacionais ou centros turísticos menos importantes. Ademais, ela também inclui a possibilidade de viagens circulares entre vários destinos turísticos e dentro deles. No entanto, o que a Figura 42.2 não considera é o fato de que turistas podem visitar vários destinos sem hierarquizá-los em termos de importância. Outro ponto não considerado na Figura 42.2 é a possibilidade de um viajante visitar alguns destinos secundários antes de chegar ao seu destino primário.

Outra questão não levantada até então é a noção de rota de trânsito, pela qual os viajantes passam durante o curso das suas viagens (Fig. 42.4). De acordo com Leiper (1990, p. 22),

> *a fim de visitar os lugares que eles consideram como interessantes, os turistas precisam viajar através de lugares intermediários. Às vezes este estágio da viagem é bem curto e em alguns casos pode cobrir o mundo inteiro. Mas ele sempre existe, sempre há um intervalo na viagem quando o viajante sente que ele já deixou a sua região ou país de origem, mas que ainda não chegou à região ou país que ele escolheu para visitar. Este elemento pode ser chamado de rota de trânsito.*

De certo modo, o modelo de Leiper (Fig. 42.4) é similar ao de Mariot apresentado por Pearce (2003). Mariot considera que o turista pode utilizar três diferentes caminhos para ir do seu lugar de residência até um centro turístico: uma rota de acesso, uma rota de retorno (que pode ser ou não a mesma da rota de acesso) e uma rota recreacional (Fig. 42.5). As duas primeiras provêm uma ligação direta entre essas duas localidades, enquanto na recreacional o turista pode utilizá-la "apenas em parte da viagem, tomando-a ou deixando-a no meio do trajeto entre a origem e o destino" (Pearce, 2003, p. 30).

Leiper propõe também outro modelo de transportes turísticos composto por cinco elementos, incluindo os três elementos geográficos mencionados na Figura 42.4, ou seja, RGV, RT e RDT. Os outros dois são o turista e a indústria de viagem e turismo (centros de informações turísticas, acomodações, etc.). De acordo com Leiper (1990), a interação desses cinco elementos é influenciada por fatores ambientais externos e, por sua vez, o mesmo sistema impacta nos vários ambientes, como humano, sociocultural, econômico, tecnológico, físico, político, legal, etc., influenciando como os viajantes passam pela região de trânsito (Fig. 42.6).

No sistema de Leiper, cada um dos elementos interage com o sistema não apenas para contribuir com a existência do produto turístico, mas também é impactado por ele (Fig. 42.6). De acordo com Lohmann (2004, p. 12), "as principais vantagens apresentadas pelo modelo de Leiper são sua simplicidade e aplicabilidade geral, provendo uma forma útil de se 'visualizar'" o sistema de transportes turísticos. Dentre seus benefícios, tem-se [Lohmann (2004), adaptado de Cooper (1998)]:

- Habilidade em incorporar uma perspectiva interdisciplinar, uma vez que não está calcado exclusivamente em determinada disciplina (ou ambiente), ao mesmo tempo em que provê uma estrutura que identifica a participação individual de cada ambiente.
- Pode-se usar o modelo em qualquer escala ou nível de generalização, desde uma análise local até do setor como um todo em esfera global.

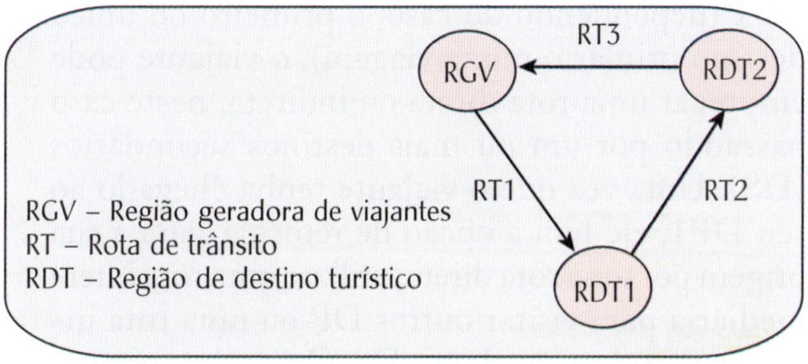

Figura 42.4 – Elementos geográficos de Leiper num sistema de turismo com dois destinos turísticos. Fonte: Leiper (1990).

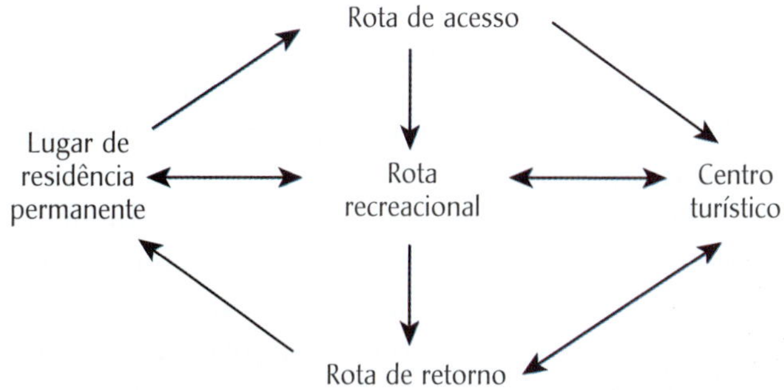

Figura 42.5 – Modelo de Mariot do fluxo de turistas. Fonte: Pearce (2003).

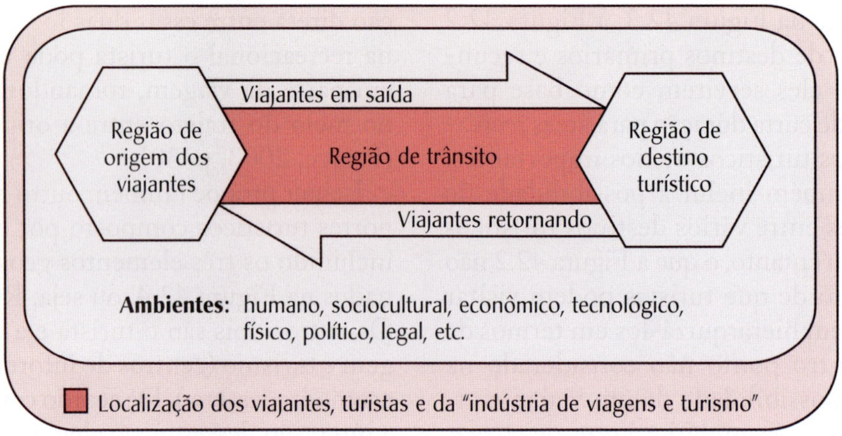

Figura 42.6 – Modelo de Leiper para um sistema de transportes turísticos. Fonte: Leiper (1990).

- O modelo é flexível, permitindo a incorporação de diferentes formas de turismo, além de considerar os seus cinco elementos básicos, a saber: os turistas ou demanda; os elementos geográficos – região de origem dos viajantes; região de trânsito e região de destino turístico; e a "indústria do turismo" ou oferta.
- Por fim, o modelo demonstra um importante princípio do estudo do turismo, que é a inter-relação entre os seus vários elementos.

No entanto, uma das deficiências do modelo de Leiper, como aponta Prideaux (2000b, p. 30), é que ele "não comenta como o sistema de transporte influencia o comportamento dos viajantes".

Outros modelos poderiam ser descritos aqui, como os de Campbell e Lundgren apresentados por Pearce (2003). Enquanto o primeiro introduz algumas variações em termos de viagens recreativas e de lazer, o segundo considera uma hierarquia espacial do fluxo de turistas. No entanto, eles podem ser vistos como variações dos modelos previamente mencionados, em termos do tipo de viagem e da escala geográfica. O modelo de Mill e Morrison, apresentado por Prideaux (2000b), também reconhece o papel do transporte num sistema turístico, mas sob o ponto de vista do *marketing* como ferramenta para desenvolver um destino turístico.

Analisando os modelos anteriormente mencionados, é possível notar que todos eles têm algum aspecto a acrescentar ao sistema de transportes turísticos, embora nenhum seja realmente completo. Portanto, é possível elaborar outro modelo (Fig. 42.7) que aglutine todas as informações consideradas, tais como:

- Transporte é o elemento de ligação entre as regiões de origem e destino.
- Os destinos turísticos podem apresentar graus de importância variada para os viajantes e podem ser divididos em destinos primários (principais) e secundários. Além disso, os viajantes podem circular de um destino para outro e também usar modos de transporte dentro de cada destino turístico.
- Algumas regiões têm função de trânsito no sistema de transportes turísticos. Além disso, o sistema em si impacta e, ao mesmo tempo, é impactado nos ambientes externos, como humano, sociocultural, econômico, tecnológico, físico, político, legal, etc.
- Em alguns casos, os viajantes utilizam uma rota direta (rota de acesso); em outros, uma rota indireta (recreacional, mais apropriada no caso de viagens por transporte rodoviário) por meio da qual podem visitar alguns lugares no seu caminho para seus destinos finais.

A Figura 42.7 considera que cada viagem terá ao menos um destino primário (DP). Para alcançar DP1 (dependendo do caso, o primeiro ou único destino primário numa viagem), o viajante pode empregar uma rota direta ou indireta, neste caso passando por um ou mais destinos secundários (DS). Uma vez que o viajante tenha chegado ao seu DP1, ele tem a opção de retornar para a sua origem por uma rota direta, utilizar uma rota intermediária para visitar outros DP ou uma rota indireta para alcançar alguns DS. O círculo, no canto inferior direito do modelo, representa que o viajante pode visitar tantos DP e DS quantos quiser,

Parte 5

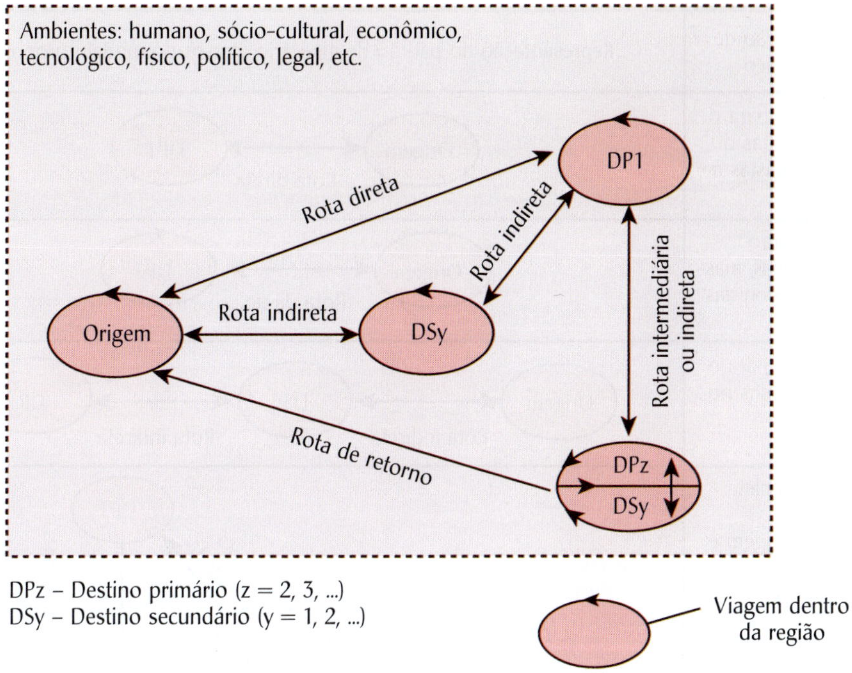

Figura 42.7 – Modelo completo de sistema de transportes turísticos.

antes de retornar para a origem por meio de uma rota de retorno ou via DP1.

Lew e McKercher (2002), resumindo quatro modelos de itinerários turísticos (Gunn, 1997; Lue *et al.*, 1993; Mings e McHugh, 1992; Oppermann, 1995), obtiveram sete diferentes padrões. A Figura 42.8 apresenta esses padrões, bem como as suas representações no modelo proposto na Figura 42.7.

Embora o modelo estrutural apresentado na Figura 42.7 tente cobrir o maior número possível de situações do ponto de vista dos trajetos escolhidos pelos viajantes, ele não considera que muitos lugares são, em diferentes graus, tanto origens quanto destinos turísticos (Pearce, 2003). Além disso, também não explica como o transporte em si mesmo, mais especificamente as redes de transporte, pode contribuir ou não para incrementar o número de turistas num destino em particular (primário ou secundário).

TRANSPORTES TURÍSTICOS: ESTADO DA ARTE

Ainda que boa parte da literatura em turismo reconheça o transporte como um dos fatores mais significativos a contribuir com o desenvolvimento do turismo no mundo (navios e trens a vapor no século XIX, carros e ônibus na década de 1950 e aviões a jato após os anos 1970), pouco tem sido pesquisado especificamente na relação entre o transporte e o turismo (Prideaux, 2000a). Na grande maioria dos casos, a pesquisa em transporte e turismo interliga as duas áreas, ainda que esteja basicamente fundamentada no turismo (Punter, 1999).

Ambas as literaturas em transporte e turismo, no entanto, raramente consideram os transportes turísticos. Isso pode ser atribuído ao fato de que, do ponto de vista do transporte, uma distinção entre viajantes (visitantes ou não) quase nunca produz alguma diferença para os principais temas relacionados ao transporte, tais como tecnologia, administração, operação, logística, meio ambiente e infra-estrutura. Além disso, estudos em transportes também cobrem temas não totalmente relacionados ao contexto do turismo, como transportes urbanos, engenharia de tráfego e distribuição de carga e encomendas (logística).

Dentre outras, a pesquisa em transportes turísticos pode ser analisada sob duas perspectivas diferentes. A primeira, empregada por Page (2001b), considera as diferentes disciplinas que dão suporte a essa pesquisa. Transporte e turismo, como áreas multidisciplinares, têm sido influen-

Parte 5

Descrição do padrão de itinerário turístico	Representação do padrão de itinerário através do modelo proposto
Mesma rota de e para o destino sem paradas ou viagens excursionistas a partir deste	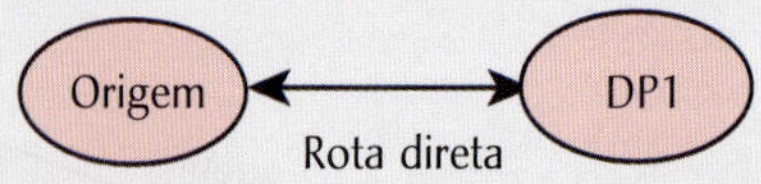
Mesma rota de e para o destino sem paradas, mas com viagens excursionistas a partir deste	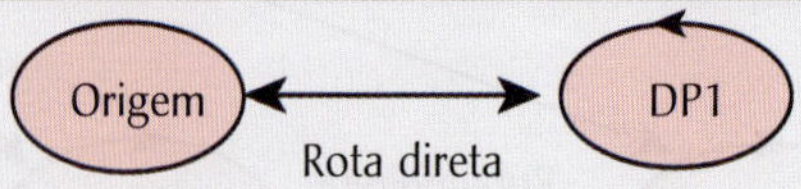
Mesma rota de e para o destino com paradas no meio do caminho	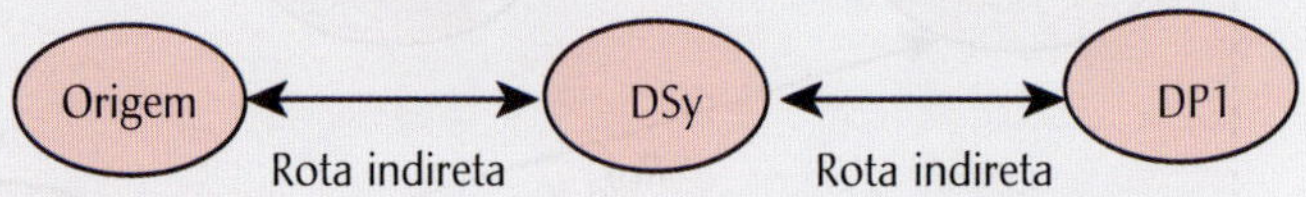
Rota circular completa começando e terminando na origem e com paradas em vários tipos de destinos turísticos	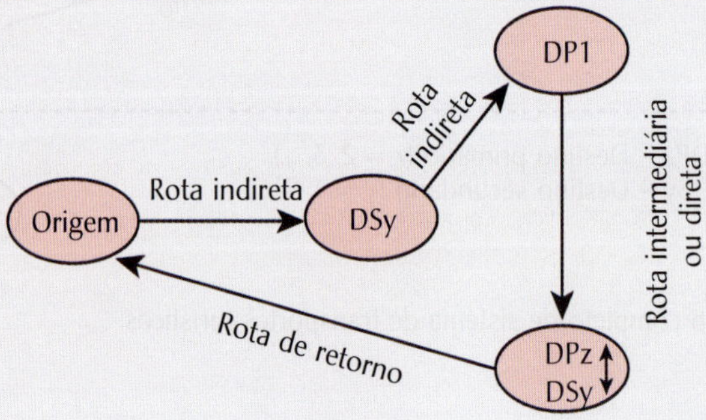
Mesma rota do e para o destino com uma rota circular na região de destino turístico	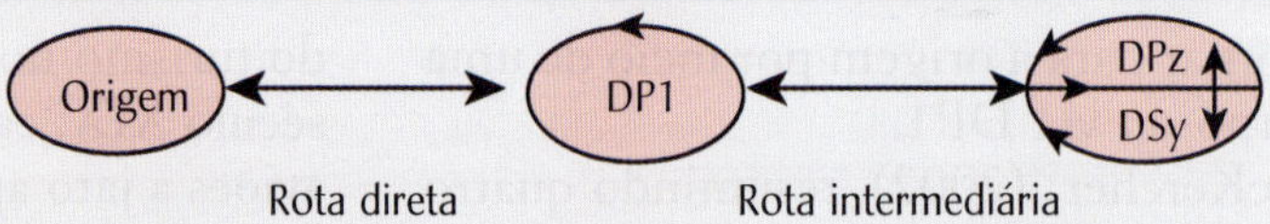
Rotas diferentes do e para o destino turístico com uma rota circular parcial na área de destino	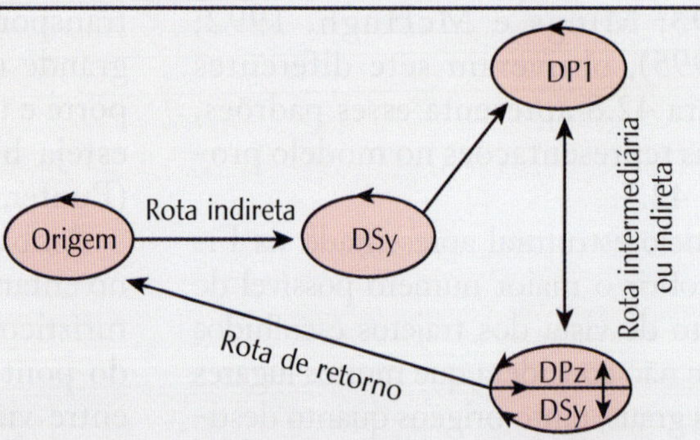
Rota circular completa com viagens excursionistas a partir dos destinos turísticos localizados ao longo do caminho	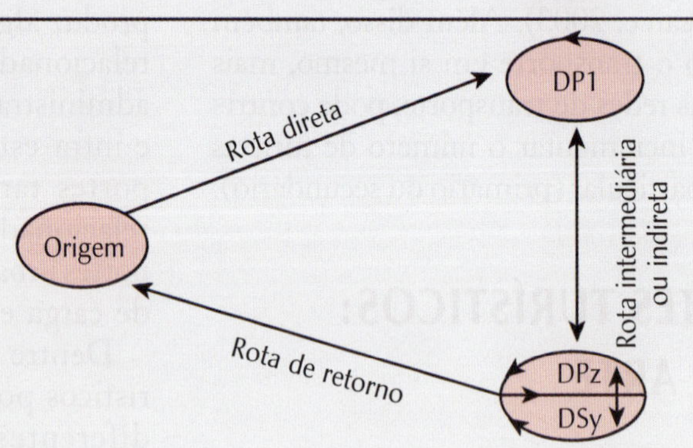

Figura 42.8 – Padrões de itinerários turísticos apresentados por Lew e McKercher (2002) e suas representações de acordo com o modelo de transportes turísticos proposto na Figura 42.7.

ciados por diferentes disciplinas, tais como economia, geografia, administração, psicologia, sociologia, etc. A segunda, utilizada por Palhares (2002), adota uma perspectiva fundamentada nos modos de transporte, uma vez que eles (aéreo, hidroviário, rodoviário e ferroviário) têm, cada qual, suas peculiaridades. As duas seções a seguir, portanto, apresentam uma visão geral do tema sob esses dois enfoques.

Análise Disciplinar

Analisando a literatura em transportes turísticos, algumas características interessantes podem ser identificadas. Primeiramente, estudos que tentam compreender temas relacionados aos transportes turísticos estão normalmente fundados em uma disciplina principal, como história, economia, geografia, administração, psicologia e sociologia. Raros são os casos, portanto, em que mais de uma disciplina é utilizada. Esta seção resume algumas das conclusões obtidas por pesquisas desenvolvidas a partir dessas disciplinas individuais.

Uma das primeiras tentativas de entender determinado tópico é por meio da sua evolução histórica. No caso dos transportes turísticos, fica claro que certo grau de evolução tem ocorrido. Como Prideaux (2000a) enfatiza, no primeiro quarto do século XIX, transporte era um sistema bimodal compreendendo estradas e mar. Não é coincidência que o turismo tenha sempre obtido crescimento maciço após a introdução de uma nova tecnologia de transporte, conforme visto. Nelson e Wall (1986) conduziram um estudo mais específico no qual analisaram o relacionamento entre carros e acomodações na Ilha de Vancouver no período entre 1890 e 1980. De acordo com os resultados obtidos por eles, a ampla adoção do automóvel na década de 1920 estimulou um rápido crescimento na quantidade de estabelecimentos hoteleiros. No entanto, os turistas que inicialmente permaneciam na ilha por semanas e se envolviam em atividades esportivas e sociais foram substituídos por outros com menor poder aquisitivo, além de mais propícios a circular pela ilha e a permanecer por apenas alguns dias. O que pode ser concluído a partir desse estudo é que o aumento da acessibilidade em destinos turísticos já estabelecidos pode representar uma alteração não desejada no perfil do turista. Pope (2001) descreve o envolvimento das empresas ferroviárias com o mercado de lazer, sobretudo no que diz respeito ao gerenciamento de hotéis por parte delas. Em seu estudo, ele enfoca, particularmente, o período entre guerras (1918-1939) na Inglaterra.

É importante mencionar que muitos dos estudos sobre turismo no Brasil e, por conseqüência, dos transportes turísticos, terminam por enfatizar mais o aspecto histórico e descritivo (por exemplo, Roná, 2002) do que a parte analítica e de pesquisa primária. Ainda que o primeiro aspecto seja relevante para se entender o momento atual do tema no país, não se conseguirá avançar essa pesquisa sem que haja uma preocupação também quanto ao segundo ponto.

Uma das áreas mais importantes para mensurar a relevância do transporte para o turismo é pelos benefícios econômicos que ele pode trazer para os destinos turísticos. Em geral, esse tipo de estudo se refere ao incremento na atividade econômica que certo modo de transporte pode proporcionar a determinada região, mensurando-se o valor agregado para a economia local ou regional em termos de salários pagos, empregos criados e impostos coletados. Dentre esses estudos, encontram-se os desenvolvidos por Mescon e Vozikis (1985), Dwyer e Forsyth (1998) e Braun *et al.* (2002) sobre cruzeiros marítimos; além de Haitovsky, Salomon *et al.* (1987), Raguraman (1997), Palhares (2001), Palhares e Espírito Santo Jr. (2001) e Morley (2003) sobre transporte aéreo.

Além dos impactos econômicos, outros estudos se focam nos custos do transporte associados ao desenvolvimento turístico. Abeyratne (1993), por exemplo, discute as conseqüências do aumento dos impostos no transporte aéreo para o turismo. Prideaux (2000b), num interessante estudo, apresenta um modelo de custo de transporte que identifica a importância do transporte como fator preponderante no desenvolvimento de um destino turístico e no processo de escolha desse destino por parte dos turistas. Em seu modelo, o CAT – custo de acessibilidade do transporte é identificado como uma das categorias dentro dos GTV – gastos totais da viagem; as outras são as despesas discricionárias no destino turístico e os custos com acomodação. O modelo de Prideaux assume que os turistas costumam ter certo padrão de acomodação e de gastos discricionários estabelecidos, enquanto o CAT é considerado aquele que irá variar de acordo com o destino escolhido. Quanto mais longe o destino está localizado da área de origem do turista, maior será o CAT. Nas palavras do autor (Prideaux, 2000b, p. 61),

A relação entre a origem e os destinos turísticos baseados no custo de acessibilidade do transporte indica que o transporte é um fator significativo tanto no desenvolvimento do destino turístico quanto no tipo de mercado que os destinos competem.

Esse estudo compara quatro diferentes segmentos de transportes (ferroviário, aéreo e rodoviário – automóveis particulares e ônibus) em Cairns (Austrália). A conclusão principal obtida é que o turismo na região beneficiou-se da inauguração do aeroporto internacional em 1985. Por intermédio dele, turistas internacionais e visitantes de fora passaram a voar diretamente para Cairns, evitando os portões de entrada intermediários como Brisbane e Sydney. Além disso, o mercado interestadual, que apresenta alta propensão a viajar de avião ao invés de carro, também aumentou, uma vez que as tarifas aéreas diminuíram.

Downward e Lumsdon (2004) utilizam outra forma de estudo em que consideram a relação entre os gastos dos visitantes e o modo de transporte empregado. Eles identificaram que existe uma diferença entre os padrões de gastos entre os visitantes que utilizavam veículos particulares e transporte público; os primeiros efetuam despesas maiores. Esse tipo de informação pode ser relevante para planejadores almejando uma mudança no modo de transporte empregado, em especial no caso de parques nacionais, onde esta pesquisa foi desenvolvida.

Geógrafos que têm estudado os transportes estão geralmente preocupados com a interação espacial entre lugares. A fim de que uma interação espacial possa existir, um sistema de transporte que inclua os quatro elementos vistos anteriormente (via, veículo, terminal e força motriz) é necessário. Dentre esses quatro elementos, geógrafos de transportes têm geralmente concentrado suas pesquisas na parte dos terminais (ou nodos) da rede de transportes (Boniface e Cooper, 2001). Como Hoyle e Knowles (1998, p. 2) mencionam, "'situações' nodais mudam e as qualidades espaciais de centralidade e intermediação aumentam a importância e os níveis de tráfego dos *hubs* estrategicamente localizados dentro do sistema de transportes". De fato, *hubs* e suas implicações na localização e no desenho das redes de transportes têm sido consistentemente estudados por geógrafos de transportes (Bowen, 2000; Dennis, 1994; Fleming e Hayuth, 1994; O'Kelly, 1998; O'Kelly e Miller, 1994; Thompson, 1995). Dentre eles, no entanto, apenas Bowen (2000) brevemente menciona que o turismo pode ser desenvolvido graças à localização de um nodo de *hub*. Entretanto, ele não descreve explicitamente como isso pode acontecer.

Outro tipo de função nodal freqüentemente estudada são os portões de entrada. Tal como no caso dos *hubs*, a maioria da pesquisa sobre portões de entrada é desenvolvida pela perspectiva do transporte aéreo (Caruana e Simmons, 1995; Matthiessen, 2004; Page, 2001a). Outros estudos não enfocam, especificamente, um modo de transporte e tendem a analisar a importância do papel dos portões de entrada em termos gerais. Mistilis e Dwyer (1999), por exemplo, mostram que os portões de entrada estão em posição mais privilegiada para sediar exibições, convenções, reuniões e eventos de incentivo do que destinos turísticos que não são portões de entrada. Outros estudos lidam com destinos turísticos específicos, como nos casos de Cingapura (Low e Heng, 1997), Hong Kong (Lew e McKercher, 2002), Sudeste Asiático (Pearce, 2001b) e Nova Zelândia (Palhares, 2003). Um elemento comum nesses estudos é, contudo, que eles não apresentam uma proposta direta e explícita de como os transportes podem contribuir para o desenvolvimento do turismo nos portões de entrada.

Apenas para efeito ilustrativo, a Figura 42.9 apresenta um exemplo teórico dos quatro tipos de funções nodais, incluindo os *hubs* e portões de entrada aqui mencionados. Todos os oito pontos ilustrados nesta figura (A a H) podem ser con-

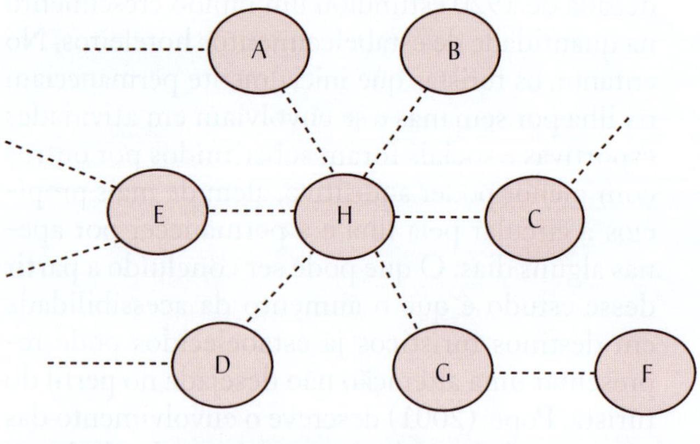

Figura 42.9 – Exemplo teórico de origem, destino turístico, *hub* e portão de entrada numa rede de transportes.

siderados origens e destinos turísticos. No entanto, o ponto H tem uma localização privilegiada na rede de transportes, uma vez que, por intermédio dele, passa a maioria do tráfego que liga os vários pontos do sistema. Portanto, ele pode ser considerado um *hub*. Já o ponto G apresenta outro tipo de situação, sobretudo em relação ao ponto F. Todo tráfego para alcançar ou deixar F precisa passar por G, fazendo com que esse seja o portão de entrada de F.

Tal como em outras disciplinas, a aviação domina a pesquisa sobre transportes turísticos a partir do ponto de vista da administração (Abeyratne, 1999; Lafferty e Fossen, 2001; Turton e Mutambirwa, 1996). Turton e Mutambirwa (1996) consideram os efeitos do gerenciamento do transporte em destinos turísticos. Eles obtêm algumas conclusões interessantes de como as políticas de *marketing*, gestão e operação podem impactar no desenvolvimento do turismo no Zimbábue. Lafferty e Fossen (2001) exploram questões de administração, tais como integração horizontal e vertical, entre empresas de transporte e turismo, ainda que a maior parte das suas análises esteja focada nas empresas aéreas e nas cadeias de hotéis. No entanto, outros tipos de parcerias ainda estão por ser exploradas, como aspectos operacionais, de *marketing*, alianças estratégicas envolvendo outros setores do turismo (agentes de viagens, operadores turísticos, canais de distribuição, restaurantes e organizações governamentais) e de transportes (cruzeiros marítimos, *ferries*, empresas rodoviárias, locadoras de veículos, táxis, trens, etc.). A Figura 42.10 apresenta os principais setores do turismo e suas maiores propensões a uma integração vertical.

A maior parte da pesquisa em psicologia desenvolvida com o tema transportes turísticos está associada com o comportamento dos viajantes e as escolhas feitas por eles. Punter (1999) enfoca o comportamento de turistas na escolha dos modos de transportes em termos dos diferentes padrões de viagens intra e inter-regionais. O que se pode concluir de seu estudo é que, dentro da mesma região de destino turístico (sudoeste da Inglaterra), a escolha do modo de transporte em viagens de férias varia em termos do local onde as férias serão realizadas e das atividades praticadas pelos viajantes. Eby e Molnar (2002), analisando os fatores que visitantes viajando de carro usam para escolher uma rota, identificaram que, nos Estados Unidos, eles estão mais preocupados em seguir a rota mais direta, segura e sem congestionamentos do que outra que seja agradável de dirigir ou que ofereça entretenimentos no caminho. O aspecto cênico das estradas não pareceu tão importante nessa pesquisa. No entanto, o que se pode questionar é se ele apresentaria um peso diferente nos casos de visitantes utilizando outros modos de transportes, principalmente quando eles não precisam dirigir e podem aproveitar mais a viagem.

Finalmente, estudos sociológicos e antropológicos dos transportes turísticos são praticamente inexistentes. Algumas das poucas pesquisas foram desenvolvidas por Wood (2000) e Foster (1986). O primeiro descreve vários aspectos sobre o setor de cruzeiros marítimos sob a óptica da globalização. Ele discute tópicos como país de origem dos passageiros, nacionalidade dos construtores de navios e etnia dos tripulantes. O segundo autor faz uma contribuição anterior sobre o tema sob o ponto de vista antropológico, sobretudo ao descrever uma viagem pessoal na qual ele observa "os demais passageiros com um olhar profissional" (Foster, 1986, p. 219).

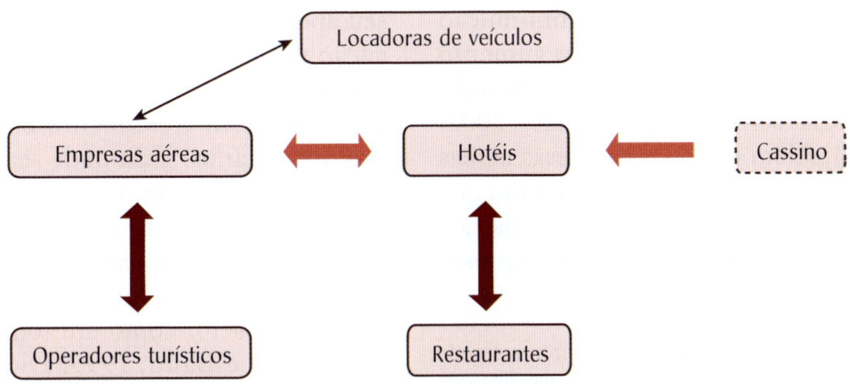

Figura 42.10 – Integração vertical no setor de turismo. Fonte: Palhares (2002) a partir de Lafferty e Fossen (2001).

Análise Modal

Outra forma de analisar a literatura existente sobre transporte e turismo são os diferentes modos de transporte. A maior parte da pesquisa sobre o tema baseia-se em um único modo de transporte, com raras exceções, como nos casos de Owen (1991), Stubbs e Jegede (1998), Phang (2003) e González-Savignat (2004). Particularmente interessante é a visão contemporânea sobre competição e integração modal apresentada por Stubbs e Jegede. Nesse estudo, os autores sugerem que, embora a competição entre os modos de transportes ferroviário e rodoviário, bem como hidroviário e aéreo, continue existindo, com os transportes rodoviário e aéreo levando vantagem na disputa pelo mercado de passageiros, a integração modal alterou-se consideravelmente na década de 1990. Tradicionalmente, a integração ocorria entre os modos ferroviário-hidroviário e rodoviário-aéreo, como nos casos da integração navios-trens e dos estacionamentos nos aeroportos (carro-avião). Atualmente, o modo metro-ferroviário tem-se integrado mais ao aéreo, em especial com a crescente ligação de aeroportos com os grandes centros metropolitanos por meio de metrô e trens e com as rodovias se interligando ao transporte hidroviário, notadamente no caso dos *ferries roll on – roll off* (Ro-Ro), em que os automóveis são embarcados por meio de suas próprias forças motrizes[5]. A Figura 42.11 ilustra as visões tradicional e contemporânea de competição e integração entre os modos de transportes.

Em termos dos modos de transportes individuais, a aviação é provavelmente o mais estudado com relação ao turismo. Isso pode ser atribuído ao fato de que o desenvolvimento do turismo internacional nas últimas décadas tem sido propiciado graças ao crescimento das malhas aéreas e da infra-estrutura aeroportuária, a diminuição real dos custos do transporte aéreo e o aumento da capacidade e velocidade através da introdução de novas tecnologias aeronáuticas (Palhares, 2002; Sypher..., 1990). Além disso, as empresas aéreas propiciam uma contínua expansão do turismo que vai além do mero transporte. Conforme mostra a Figura 42.10, a integração vertical com empresas de acomodação e operadores turísticos bem como outras atividades relacionadas ao turismo, tais como restaurantes e locadoras de veículos tornou-se uma realidade no setor (Lafferty e Fossen, 2001; Pyle, 1985). Ademais, as empresas aéreas também contribuem para a promoção dos destinos turísticos o que representa um grande impacto principalmente no caso dos países-ilha e dos países em desenvolvimento (Grech, 2000; Kissling, 1998; Turton e Mutambirwa, 1996). Outros estudos, no entanto, têm identificado impactos negativos do transporte aéreo e do turismo, notadamente com relação ao meio ambiente, tais como poluição sonora e atmosférica, produção de lixo e esgoto, acidentes e congestionamentos (Abeyratne, 1999; Janic, 1999; Wheatcroft, 1991).

No entanto, talvez o aspecto mais estudado da relação entre a aviação e o turismo seja a desregulamentação do setor (Boberg e Choy, 1988; Findlay, Sien *et al.*, 1997; King, 2000; Papatheodorou, 2002; Pompl, 2002; Shaw, 1982; Simons, 1992; Sinha, 2001; Vellas e Bécherel, 1995; Wheatcroft, 1994; Williams, 1999). Isso pode ser atribuído ao fato de que, usualmente, a regulamentação governamental restringe a competição, a acessibilidade e a capacidade das empresas aéreas em operar de ou para certo destino turístico. Em geral, o turismo se beneficia da remoção dessas barreiras porque as oportunidades para os passageiros voarem para um destino aumenta, incrementando com isso as chances do turismo crescer. É o que aconteceu em vários países e regiões do mundo (Palhares, 2002), como nos Estados Unidos, com a desregulamentação de 1978 (Shaw, 1982); na União Européia, com o processo de liberalização durante as décadas de 1980 e 1990 (Simons, 1992; Subrémon, 2000); e na região do Pacífico, desde a metade da década de 1980 (Boberg e Choy, 1988).

Embora o transporte aquaviário tenha perdido seu apelo com a substituição das linhas de navegação pelas linhas aéreas no transporte de longo percurso, os cruzeiros marítimos têm sido um segmento com crescimento bastante rápido nos últimos 20 anos. Essa pode ser uma das explicações atribuídas para o crescente número de pesquisas e publicações sobre o tópico. Enquanto algumas dessas publicações têm enfoque bastante genérico e amplo sobre o tema, geralmente descrevendo o setor como um todo (Amaral, 2002; Cartwright e Baird, 1999; Dickison e Vladimir, 1997; Douglas e Douglas, 2001a; 2004a; Hall e Braithwaite, 1990; Kester, 2002; Marti, 2004;

[5] Para mais informações sobre o trabalho de Stubbs e Jegede (1998), ver Palhares (2002, p. 46-47). Informações sobre ligações metro-ferroviárias em aeroportos podem ser obtidas em Palhares (2001, p. 48-50).

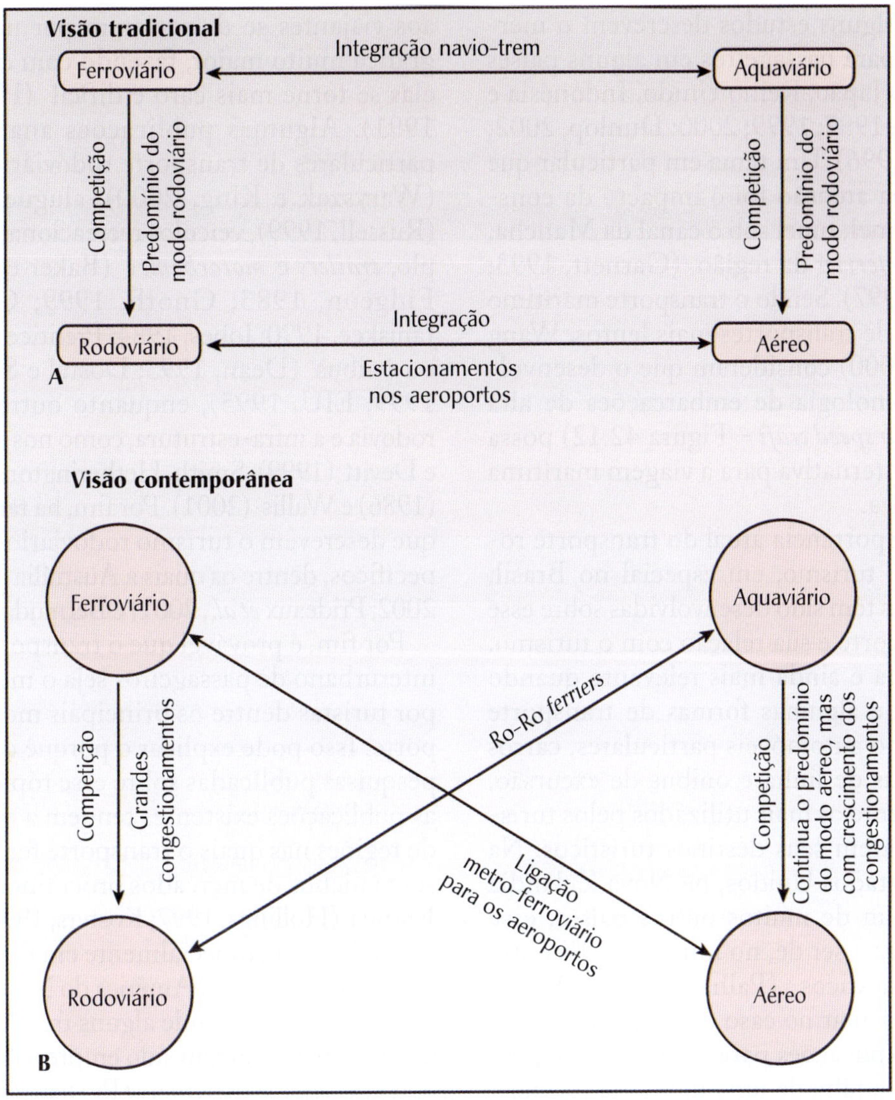

Figura 42.11 – Competição e integração entre os modos de transportes: (*A*) visão tradicional; (*B*) visão contemporânea. Fonte: Palhares (2002) a partir de Stubbs e Jegede (1998).

Peisley, 1995; 2000; WTO, 2003), outras analisam de forma mais específica um particular aspecto ou segmento. Por exemplo, alguns estudos se concentraram em descrever temas, problemas e características associados a um país ou região (BNDES, 2000; Douglas e Douglas, 2001b; Dwyer e Forsyth, 1998; Hobson, 1993; Irandu, 2004; Lawton e Butler, 1987; Miller e Grazer, 2002; Peisley, 1998a,b; The Bahamas Ministry of Tourism, 1994; Wood, 2000), enquanto outros se focaram no comportamento e nas motivações dos passageiros enquanto a bordo (Douglas e Douglas, 1999; Prosser e Leisen, 2003; Qu e Ping, 1999) ou durante suas permanências nos portos ou nas regiões visitadas (Douglas e Douglas, 2004b; Henthorne, 2000; Jaakson, 2004). Wood (2000; 2004) considera aspectos da globalização que têm impactado nos cruzeiros marítimos, como a sua estrutura, os tripulantes, os destinos turísticos e a presença multicultural existente a bordo dos navios.

Ferries, mais utilizados por turistas que cruzeiros marítimos, não são tão pesquisados quanto estes últimos. Uma das explicações para isso pode ser o fato de os *ferries* serem operados apenas em algumas áreas ou regiões específicas no mundo, como na Europa – Bálticos, França, Itália, Irlanda, Espanha e Reino Unido; Oceania – Tasmânia e Estreito de Cook. Há raríssimas pesquisas sobre a importância dos *ferries* para o turismo, sendo a proposta apresentada por Palhares (2003) uma das exceções. Alguns estudos descrevem o mercado de *ferries* para passageiros em alguns países e regiões, como Japão, Reino Unido, Indonésia e Europa (Baird, 1997; 1999; 2000; Dunlop, 2002; Rutz e Coull, 1996). Um tema em particular que mereceu alguma atenção foi o impacto da construção do Chunnel, túnel sob o canal da Mancha, no mercado de *ferries* da região (Garnett, 1993; Peisley, 1992; 1997). Sendo o transporte marítimo um dos modos de transportes mais lentos, Wang e McOwan (2000) consideram que o desenvolvimento da tecnologia de embarcações de alta velocidade (*high speed craft* – Figura 42.12) possa se tornar uma alternativa para a viagem marítima mais competitiva.

Apesar da importância atual do transporte rodoviário para o turismo, em especial no Brasil, poucas pesquisas têm sido desenvolvidas sobre esse modo de transporte e sua relação com o turismo. Essa negligência é ainda mais relevante quando se considera que algumas formas de transporte rodoviário, como automóveis particulares, carros alugados, ônibus de linha e ônibus de excursão, são conjuntamente os mais utilizados pelos turistas para alcançarem seus destinos turísticos. Na Europa, nos Estados Unidos, na Nova Zelândia e no Brasil, além de muitos outros países, esse percentual chega a ser de, no mínimo, 80% entre os turistas domésticos (Palhares, 2002; Ward, 1987). Em particular no caso dos veículos privados, uma das explicações para a ausência de pesquisas pode ser a falta de uma indústria formal e estabelecida no mundo inteiro de forma que a coleta de dados junto aos turistas possa ser feita de maneira sistemática e coerente. Outra razão é que a acessibilidade proporcionada pelo automóvel permite aos viajantes se dispersarem por uma área geográfica muito maior, fazendo com que o acesso a elas se torne mais caro e difícil (Hensher *et al.*, 1991). Algumas publicações analisam formas particulares de transporte rodoviário, como táxis (Waryszak e King, 2000), aluguel de veículos (Russell, 1999), veículos recreacionais – por exemplo, *trailers* e *motorhomes* (Baker e Baker, 1997; Fidgeon, 1983; Gnoth, 1999; Green, 1978; Janiskee, 1990; Jobes, 1984; Prentice e Witt, 1991) ou ônibus (Dean, 1993; Dostal e Schiefelbusch, 1999; EIU, 1995), enquanto outros enfocam a rodovia e a infra-estrutura, como nos casos de Tyrell e Devitt (1999), Smith, Hetherington e Brumbaugh (1986) e Wallis (2001). Por fim, há também aquelas que descrevem o turismo rodoviário em países específicos, dentre os quais a Austrália (Carson *et al.*, 2002; Prideaux *et al.*, 2001) e Bermuda (Teye, 1992).

Figura 42.12 – *Ferry* catamarã "The Lynx" que interliga Wellington e Picton, Nova Zelândia. Foto: Guilherme Lohmann Palhares.

Por fim, é provável que o transporte ferroviário interurbano de passageiros seja o menos utilizado por turistas dentre os principais modos de transporte. Isso pode explicar o porquê da ausência de pesquisas publicadas sobre esse tópico. Em geral, as publicações existentes tendem a enfatizar casos de regiões nas quais o transporte ferroviário apresenta nichos de mercados proeminentes, como na Europa (Hollings, 1997; Kosters, 1995; Page, 2002; Russell, 2000), especialmente em função dos trens de alta velocidade; na América do Norte (Loverseed, 1999) e Austrália, onde alguns trens de passageiros de longo percurso têm sido empregados como parte da experiência turística (Prideaux, 1999).

Tópicos Atuais dos Transportes Turísticos no Brasil e no Exterior

Enquanto os dois itens anteriores visam a uma revisão conceitual e bibliográfica dos transportes turísticos, este aponta os principais tópicos da atualidade relacionados ao tema tanto no Brasil quanto no exterior. Seu objetivo não é, como foi dito no início deste capítulo, descrever o quadro atual do setor, mas sim enfatizar os temas mais relevantes para os transportes turísticos. Isso possibilitará maior compreensão geral do tópico, sobretudo a fim de se avaliar quais aspectos dos

Parte 5

transportes turísticos têm merecido atenção por parte de pesquisadores e estudiosos e quais, por outro lado, ainda se encontram negligenciados. De forma geral, pode-se indicar que, embora muitos setores ainda precisem ser mais bem explorados no Brasil, de forma geral o que os estudos em transportes turísticos carecem é de uma melhor explicação de como o transporte influencia e contribui para o desenvolvimento do turismo.

TRANSPORTE AÉREO

Alguns dos tópicos que têm despertado maior atenção no transporte aéreo incluem:

- Análise do mercado e gestão das empresas áreas de baixo custo (Azevedo e Silveira, 2000; Donne, 2000; Mason, 2000; 2001; Pender e Baum, 2000). Casos específicos incluem a Gol Transportes Aéreos (Feitosa, 2002; Lima, 2004; Silva e Espirito Santo Jr, 2003), *Southwest* (Freiberg e Freiberg, 1998; Palhares e Espírito Santo Jr., 2002) e *EasyJet* (Swarbrooke e Horner, 2002, p. 359-367).
- O mercado de aviação regional (BNDES, 2002; Donne, 2001; Valente, 2004).
- Vôos *charter* e o turismo (French, 1995).
- Processo de desregulamentação do setor (Castro e Lamy, 1993; Coelho, 2002; Espírito Santo Jr. e Correia, 2000; Guimarães e Salgado, 2003; Tavares, 1999).
- Aeroportos e sua importância para o turismo (Graham, 2001; Palhares, 2001).

CRUZEIROS MARÍTIMOS

O transporte hidroviário é o segmento que tem demonstrado grande interesse tanto por parte de turistas quanto de pesquisadores. Dentre os temas que merecem ser destacados, têm-se:

- Navios de cruzeiros como destinos turísticos.
- Importância das receitas extras para as empresas de cruzeiro.
- Praias e ilhas particulares.
- Hesitação de alguns turistas em efetuar viagens de cruzeiros.
- Riscos associados com as empresas de cruzeiros.
- Ambiente de trabalho nos navios de cruzeiros.
- Aspectos e problemas associados ao futuro dos cruzeiros marítimos.

Swarbrooke e Horner (2002, p. 341-353) apresentam um estudo de caso da *Carnival Cruise Lines*, a maior empresa de cruzeiros no mundo.

No Brasil, apesar da extensa costa marítima e de muitas cidades e capitais de estados estarem situadas à beira-mar, poucos são os transportes marítimos de passageiros empregados com função turística e não turística. É de especial interesse avaliar a possibilidade da criação de ligações hidroviárias quer dentro de um destino turístico (mesmo que no contexto urbano), quer entre destinos turísticos.

TRANSPORTE RODOVIÁRIO

Conforme visto anteriormente, de forma geral, o transporte rodoviário carece de uma análise descritiva e analítica que o correlacione com o turismo e com o seu desenvolvimento. Isso fica ainda mais nítido no caso brasileiro, uma vez que o transporte rodoviário apresenta uma expressiva participação na matriz dos transportes. Como sugestão para estudos futuros, podem-se considerar os mais variados tipos de serviços, como automóveis particulares e alugados, ônibus de excursão e de linha, táxis, veículos recreacionais, dentre outros. Pela óptica das disciplinas envolvidas, seriam interessantes estudos que analisassem o gerenciamento das empresas de transportes face ao turismo, o planejamento turístico focado no transporte rodoviário, aspectos da regulamentação do setor a fim de incentivar o turismo, incluindo nesse caso questões relacionadas ao estímulo à competitividade entre as empresas rodoviárias.

TRANSPORTE FERROVIÁRIO

O transporte ferroviário no âmbito do turismo está atualmente focado em algumas tecnologias e modos de atuação particulares, como:

- *Trens de alta velocidade* (Gutiérrez *et al.*, 1996; Palhares, 2002; Thompson, 1995; UIC, 2000; Wong *et al.*, 2002).
- *Ligação metro-ferroviária com aeroportos* (Palhares, 2001).

- *Trens regionais* (BNDES, 1998).
- *Trens turísticos* (Allis, 2002; Fernandes e Porto Jr., 2003),
- *Trens históricos com tração a vapor* (Halsall, 2001).
- *Atrações turísticas dentro do destino turístico* (Pearce, 2001a).

MODOS DE TRANSPORTE INTRADESTINO

Uma das áreas particularmente pouco exploradas por pesquisas tem sido a análise dos transportes utilizados por turistas dentro dos destinos turísticos (Evans e Shaw, 2001; Israeli e Mansfeld, 2003). Embora seja de extrema valia conhecer como os turistas se deslocam dentro do destino turístico, a grande dificuldade de um estudo dessa natureza é o fato de os turistas estarem inseridos no contexto urbano, sendo a sua segmentação dificultada por esse motivo. Outro ponto é que, em geral, os turistas representam apenas um pequeno percentual da demanda do transporte urbano. Numa pesquisa canadense apresentada por Palhares (2002), o percentual de turistas no transporte urbano era de apenas 3%. No entanto, é importante notar que tanto o nível de serviço ofertado pelas empresas de transportes urbanos (Flor, 2002) quanto as políticas do setor (Mistilis, 2003) têm um fator influente na atratividade do destino turístico por parte dos turistas. Mistilis (2004) desenvolveu um pequeno estudo, ainda que bastante interessante, com turistas domésticos e internacionais em Sydney (Austrália). Nesse trabalho, a autora aponta algumas das carências que os turistas identificaram no transporte terrestre (rodoviário e ferroviário) nesse destino. Ela também avalia as viagens a pé efetuadas pelos turistas e a importância da sinalização turística como forma de melhorar a experiência turística em um destino.

Modos de transportes turísticos empregados para ter acesso a atrações turísticas também carecem de maiores explicações (Fraga, 2004), sobretudo quando a escolha modal está relacionada a diferentes padrões de visitas e gastos. Além disso, em alguns casos, o próprio modo de transporte dentro do destino turístico pode se tornar uma atração turística, tal como é o caso do bonde de Christchurch, na Nova Zelândia (Fig. 42.13), cujo processo de recuperação foi descrito por Pearce .

Figura 42.13 – O bonde de Christchurch (Nova Zelândia) foi restaurado e se tornou uma atração turística nessa cidade. Foto: Guilherme Lohmann Palhares.

OUTROS MODOS DE TRANSPORTES TURÍSTICOS

Outros modos alternativos de transportes que vêm ganhando cada vez mais importância junto aos turistas incluem:

- *Bicicletas:* em vários países, turistas viajam e se deslocam até os destinos com o propósito de pedalar. Isso pode ser notado tanto na Europa quanto em outras partes do mundo, como na costa oeste dos Estados Unidos, na Nova Zelândia (Ritchie, 1998; Ritchie e Hall, 1999) e na Austrália.
- *Viagens a pé:* embora a literatura não apresente estudos sobre o tema, algumas empresas, como a francesa *Terre d'Aventure* (*www.terdav.com*), são especializadas em viagens a pé que podem durar desde um final de semana até várias semanas. Tais excursões são realizadas em dezenas de países no mundo, incluindo o Brasil.
- *Turismo espacial:* o turismo espacial tem atraído cada vez mais a atenção da mídia e dos pesquisadores acadêmicos (Apel, 1997; Boniface e Cooper, 2001, p. 361-362; Gaubatz, 2002, p. 329-333; ISU Summer Session Students, 2000, 2001; Laing, 2003; Rogers, 2001; Smith, 2001; Swarbrooke *et al.*, 2003). Pode-se dizer que o turismo espacial começou no ano de 2001, com o milionário norte-americano Dennis Tito pagando US$ 20 milhões para uma viagem até a Estação Espacial Interna-

cional (ISS). Um ano depois, em abril de 2002, Mark Shuttleworth, outro milionário da África do Sul, também visitou a ISS. Embora viagens com turistas a bordo de missões espaciais governamentais estejam planejadas para ocorrer nos próximos anos, o maior potencial desse mercado, sobretudo no que diz respeito aos custos, está nas empresas privadas civis. A Britânica Virgin Galactic efetuou a encomenda de cinco espaçonaves SpaceShipOne e espera mandar ao espaço milhares de turistas afortunados. Cobrando R$ 600 mil por viagem, esses vôos alcançam altitude máxima de 130 quilômetros e sensação de ausência de peso por cerca de três minutos. As espaçonaves estarão em operação em 2007, ainda que dois testes tenham sido realizados com sucesso em 2004.

Considerações Finais

Este capítulo apresentou os principais conceitos e definições relacionados a transporte e turismo, além de avaliar aspectos particulares dos vários modos de transportes. Ademais, foram mostrados vários modelos estruturais de transportes turísticos. Em função da ausência na literatura de um modelo que congregue todos os aspectos relevantes ao tema, aqui se propôs um novo modelo para tratar o sistema de transportes turísticos (ver Fig. 42.7). Tal modelo foi posteriormente testado (ver Fig. 42.8) em vários modelos de itinerários propostos por Lew e McKercher (2002).

Outro ponto considerado foi uma análise do estado da arte dos transportes turísticos feita sob os aspectos disciplinar e modal. Com isso, procurou-se resumir, ainda que em muitos casos apenas de forma sucinta, os principais resultados obtidos pelas pesquisas já desenvolvidas. Mais que esgotar o assunto, o que se desejou aqui foi evidenciar, de forma inédita, a literatura brasileira e internacional sobre o tema, a fim de que estudos futuros possam utilizar essas fontes de forma organizada.

Por fim, o capítulo apresentou brevemente os principais tópicos atuais dos transportes turísticos no Brasil e no exterior com o propósito de posicionar o leitor de forma rápida nos temas relevantes dos vários modos de transportes, incluindo aspectos pouco estudados, tais como os transportes dentro dos destinos turísticos e formas de transportes alternativos, como bicicletas, viagens a pé e turismo espacial.

Glossário[6]

Acordo de Serviço Aéreo: a aviação internacional baseia-se na soberania absoluta de uma nação sobre o seu espaço aéreo. Isso foi estabelecido pela Convenção de Paris em 1919. A soberania é controlada pelas "liberdades do ar" que regulam o tráfego aéreo dentro das fronteiras de um país. Esse conceito foi definido como um princípio do direito aeronáutico na Convenção de Chicago em 1944, quando representantes de 52 países se reuniram para discutir o futuro da aviação internacional no pós-guerra. A Convenção de Chicago reiterou a noção de soberania nacional do controle do espaço aéreo da mesma forma com a qual os países exercem direitos sobre as águas territoriais e adotou como modelo para os futuros acordos bilaterais uma forma de acordo padrão para rotas aéreas provisórias. No entanto, isso foi suprimido pelo ASA – Acordo de Serviço Aéreo negociado entre o Reino Unido e os Estados Unidos em 1946, chamado de Bermuda 1, local onde ocorreram as negociações (uma segunda rodada de renegociações ocorreu em 1977 e ganhou o nome de Bermuda 2). Este se tornou o modelo de acordo aceito nos 30 anos seguintes, embora atualmente existam características nos ASA mais favoráveis à liberalização. As características principais de Bermuda 1 são que os governos, e não as empresas aéreas, negociam os termos do acordo. Autoridades governamentais de cada país têm o direito de designar as empresas aéreas. As empresas designadas dos dois países têm então o poder de estabelecer a capacidade, sendo as rotas e a designação das empresas aéreas autorizadas a operar identificadas no acordo. As tarifas eram decididas pela IATA – *International Air Transport Association* (Associação Internacional de Transportes Aéreos), requerendo a aprovação dos governos participantes. Seguindo o formato de Bermuda 1, os ASA bilaterais têm três componentes.

[6] Boa parte deste glossário é resultado das dúvidas levantadas por leitores do livro "Transportes Turísticos" (Palhares, 2002) e encaminhadas ao autor. As fontes principais desse glossário são *Air New Zealand* (2003), Jafari (2003), Harris e Howard (1996) e Palhares (2002).

O primeiro é o ASA em si. Em seus artigos, o acordo especifica arranjos que determinam as tarifas e os níveis de capacidade, taxas aeroportuárias e outros detalhes técnicos. O segundo é o horário das rotas, o qual detalha os direitos de tráfego e especifica as rotas e aeroportos a serem servidos pelas empresas aéreas designadas de cada país. Por fim, há o memorando de compreensão que clarifica os pontos no ASA principal e pode ser confidencial a fim de preservar os interesses comerciais e nacionais.

Assento-quilômetro disponível (ASK – available seat kilometres): medida de transporte calculada como o produto do número de assentos à venda na aeronave e o total de quilômetros voados. As empresas aéreas norte-americanas trabalham com a medida ASM – *available seat miles* (assento-milha disponível). Multiplicando-se o ASM por 1,609 obtém-se o correspondente em ASK.

Cabotagem: nas embarcações, o comércio na costa ou o transporte entre portos de um mesmo país. Na aviação, o transporte e a viagem em rotas domésticas ou entre territórios de um mesmo estado soberano, incluindo suas colônias ou dependências. Acordos internacionais não são extensíveis para as rotas de cabotagem. Portanto, residentes de um país podem obter tarifas reduzidas, conhecidas como tarifas de cabotagem. Direitos de cabotagem referem-se à permissão de uma empresa aérea de um país de transportar passageiros entre dois pontos de outro país.

Catamarã: originalmente descrevia uma jangada com dois barcos amarrados lado a lado. Hoje, o termo costuma ser usado para uma embarcação com duplo casco, desenhada para cortar as ondas, tais como aquela apresentada na Figura 42.12.

Catering: serviço de fornecimento de alimentação para um vôo. A cozinha de uma empresa de *catering* prepara refeições, lanches e outros tipos de alimentos, sendo geralmente localizada no aeroporto principal servido pela empresa aérea (*hub*). O serviço de *catering* pode ser efetuado pela própria empresa aérea ou por uma empresa terceirizada (quer seja outra empresa aérea ou uma empresa especializada em *catering*).

Charter, empresas aéreas: vôos *charter* (de aluguel) são serviços aéreos não regulares (com horários não regulares, uma vez que estão regularizados do ponto de vista legal). São normalmente organizados por um grupo particular ou para um nicho de viajantes, por meio de um operador turístico, que se desloca para destinos turísticos, em especial na alta temporada. Vôos *charter* visam maximizar a utilização do avião, uma vez que ele pode ser cancelado caso a empresa não obtenha o número de passageiros esperado.

Code-sharing: acordo entre duas ou mais empresas aéreas que envolve uma empresa aérea utilizando o código de identificação de vôo de outra. As empresas aéreas podem usar o *code-sharing* por diversas razões, incluindo o desejo de projetar uma imagem de maior presença no mercado. *Code-sharing* pode ocorrer tanto em vôos diretos ou em conexão.

Códigos aeroportuários e de empresas aéreas: duas organizações atribuem códigos para aeroportos e empresas aéreas: a IATA e a OACI (Organização de Aviação Civil Internacional). No caso dos aeroportos, eles podem ser de três letras (IATA) e quatro letras (OACI). Assim, por exemplo, o aeroporto do Galeão (Rio de Janeiro) possui dois códigos: GIG (IATA) ou SBGL (OACI). No caso das empresas aéreas, os códigos IATA têm duas letras e os da OACI, três. Como exemplo, tem-se a *United Airlines*, cujos códigos IATA e OACI são, respectivamente, UA e UAL. Em geral, os códigos IATA são usados nos bilhetes aéreos, tíquetes de bagagem e outras comunicações das empresas aéreas.

Cruzeiro: viagem de barco a lazer – comumente no mar, mas também podendo ocorrer em lagos, rios e canais – com duração variável. Ainda que não seja necessário, as viagens podem sair e chegar ao mesmo porto e incluir paradas programadas em outros destinos durante a viagem. O Caribe e o Mediterrâneo são os principais destinos de cruzeiros marítimos, atraindo boa parte do mercado norte-americano e europeu.

Departamento de Aviação Civil: criado em 1931, tem entre suas atribuições o planejamento e o controle das regulamentações econômicas e não econômicas da aviação civil, pública e privada. Além da fiscalização da segurança das aeronaves e da habilitação de pilotos e comissários, o DAC – Departamento de Aviação Civil também regula o mercado do transporte aéreo. Isto ocorre quer pelo lado da oferta, quer das tarifas, ainda que essas atribuições tenham se tornado pouco claras nos últimos anos, sendo sistematicamente questionadas pelas empresas aéreas (quando isso lhes é conveniente) ou por parte de vários segmentos da sociedade. Atualmente, encontra-se sob a gerência do Comando da Aeronáutica e deve ser substituído com a criação da Anac – Agência Nacional de Aviação Civil.

Demanda, transporte aéreo: no transporte aéreo em particular, existem múltiplas demandas a partir de múltiplos segmentos de clientes para múltiplos serviços de transportes. A complexidade dos mercados de transporte aéreo e a perecibilidade do serviço fazem com que o gerenciamento da demanda seja um fator-chave para o atendimento ao cliente e a viabilidade do negócio. A tarifa aérea afeta de formas variadas a demanda pelos transportes aéreos. Uma dimensão importante da demanda é a elasticidade, ou seja, a sua resposta à variação de preço. A disponibilidade de substitutos, o motivo da viagem, as preferências do passageiro, a tarifa, o tamanho do mercado e a integração e competição dos demais serviços são determinantes importantes na elasticidade da demanda. Boa parte do custo dos ASK é inerente ao serviço, com algumas diferenças entre as classes do avião (primeira, executiva ou turística). Uma vez que esse índice ASK não pode ser estocado, o custo marginal para preencher um assento até então disponível é muito pequeno. O segredo para a lucratividade é minimizar os assentos não vendidos e, com isso, maximizar as receitas. Ambos requerem clara compreensão e controle da demanda por transporte aéreo. O gerenciamento da demanda de passageiros é conhecido como *yield management* (sendo o *yield* igual à unidade de receita por assento-quilômetro). As empresas aéreas definem segmentos de mercado pelo nível e elasticidade da demanda. Clientes com demandas relativamente altas e inelásticas (como viagens a negócios) não precisam de desconto para serem induzidos a voar. Segmentos cuja demanda é mais elástica (viagens de lazer) necessitam de descontos para serem induzidos a viajar. A classificação de viajantes a negócios e lazer em segmentos altamente inelásticos e elásticos está sendo questionada atualmente. Os orçamentos de viagem das empresas estão diminuindo, a disponibilidade de tecnologia de videoconferência aumentando e a Internet se espalhando rapidamente. Com menos dinheiro para gastar e com o aumento de substitutos disponíveis, as viagens corporativas se tornaram mais elásticas atualmente. Por outro lado, turistas a lazer, com maior renda e nível educacional, estão começando a demonstrar que as férias podem ser vistas como uma necessidade ao invés de um luxo, tornando essa demanda menos elástica. Portanto, aqueles que trabalham com a projeção da demanda por transporte aéreo estão sempre à frente de um desafio interminável.

*Descontos em passagens aéreas (*air fare rebates*):* as seguintes categorias de passageiros têm direito a descontos em relação aos preços normais na primeira classe e nas classes executiva e turística. O percentual do desconto varia entre regiões e com outros critérios: *infants* (menos de dois anos de idade), crianças (acima de dois e menos de 12 anos), jovens (acima de 12 e menos de 22 anos), estudantes (acima de 12 e menos de 28 anos), funcionários de empresas aéreas e agentes de viagens credenciados na IATA. Descontos similares podem ser obtidos em empresas ferroviárias, marítimas e rodoviárias.

Desregulamentação, transporte aéreo: um mercado é considerado razoavelmente competitivo se (1) existe um grande número de compradores e vendedores; (2) os produtos e serviços oferecidos são homogêneos; (3) compradores e vendedores têm informações "perfeitas" do mercado; (4) a entrada e saída de empresas do mercado é fácil. Nenhuma indústria tem desafiado as teorias da competitividade e da regulamentação tanto quanto o transporte aéreo. Sete décadas após o seu surgimento, seis décadas após a regulamentação inicial e mais de duas décadas desde a desregulamentação, a competitividade do mercado de transporte aéreo continua problemática tanto para os tomadores de decisão quanto para os planejadores de políticas de transporte. Durante o surgimento do transporte aéreo, os governos incentivaram o setor de forma bastante ativa e, com isso, injetaram muito dinheiro nos fabricantes de aviões e nas empresas aéreas. De forma a proteger os interesses públicos e as necessidades militares, a indústria foi regulamentada no início da década de 1930. Com isso, a entrada e a saída do mercado eram restritas, sendo as tarifas publicadas de comum acordo entre o governo e as empresas. Descontos e subsídios eram livremente oferecidos por meio de várias formas. Durante a década de 1970, algumas pessoas nos Estados Unidos e em outros países começaram a questionar as razões econômicas e os benefícios da regulamentação. Nos Estados Unidos, o serviço de passageiros foi desregulamentado em 1978 e a primeira tentativa de desregulamentar um serviço internacional ocorreu em 1980 nesse mesmo país. A União Européia veio logo atrás, na década de 1980, com a desregulamentação finalmente implementada em 1992. Outras nações, sobretudo na Ásia, no Pacífico, no Caribe e América Latina, uniram-se a esses países e outros em breve juntar-se-ão.

Etapa média (average stage length): soma das distâncias de cada segmento programado dividido pelo número de segmentos programados.

Fator de ocupação (load factor): obtido dividindo-se o RPK por ASK (em percentual), ou seja, representa em termos percentuais o número de assentos ocupados em relação à capacidade total da aeronave. É o indicador básico de eficiência de uma empresa aérea, também conhecido como índice de aproveitamento.

Federal Aviation Administration: agência do governo norte-americano responsável pelo transporte aéreo. Suas responsabilidades incluem o controle do tráfego aéreo, a certificação das aeronaves, empresas aéreas, aeroportos e pilotos e comissários de vôo, cumprimento das regulamentações e desenvolvimento dos padrões de operação. Faz parte do *Department of Transportation*, o equivalente ao Ministério dos Transportes no Brasil.

Ferry: em geral, um serviço de *ferry* é aquele em que uma embarcação (*ferryboat*) é utilizada para transportar passageiros, carga e/ou veículos numa rota regular entre dois pontos, quase sempre através de um rio, lago ou outro corpo d'água. Sendo a costa européia bastante sinuosa, os *ferries*, sobretudo aqueles para o transporte de veículos, são muito característicos nas viagens a lazer desde o Mar Báltico, no norte, até o Mar Egeu, no sul.

Hub (sistema *hub and spoke*): rede de rotas aéreas através de um aeroporto principal (*hub*) usado como ponto de parada para alimentar serviços de ou para outros aeroportos (*spokes*). Em geral, esse procedimento propicia maiores índices de aproveitamento (fator de ocupação) nas aeronaves do que a oferta de vôos diretos (ponto a ponto) entre um grande número de aeroportos. Pode ser aplicado também para outros modos de transporte. Ver Figura 42.9 para exemplo conceitual.

Infraero: criada em 1972, a Empresa Brasileira de Infra-Estrutura Aeroportuária administra uma rede de 65 aeroportos, além de 82 grupamentos e unidades de navegação aérea. A Infraero detém 97% da movimentação de passageiros aéreos regulares no país. É uma empresa estatal subordinada ao Ministério da Defesa.

Liberdades do ar: durante a Convenção de Chicago, em 1944, os Estados Unidos propuseram cinco "liberdades do ar" que faziam parte da política de "céus abertos" (*open skies*) defendida, as quais são conhecidas como as cinco primeiras liberdades do ar. As outras quatro foram enumeradas em outras épocas:

- *Primeira liberdade do ar:* direito a sobrevoar o espaço aéreo de um país sem aterrissar.
- *Segunda liberdade do ar:* direito a fazer escala técnica (reabastecimento e reparos mecânicos) em determinado país, sem embarque ou desembarque de passageiros e carga.
- *Terceira liberdade do ar:* direito de uma companhia aérea de transportar passageiros e carga pagantes do país em que está sediada para outro país.
- *Quarta liberdade do ar:* direito de uma companhia aérea de transportar passageiros e carga pagantes de outro país para o país em que está sediada.
- *Quinta liberdade do ar:* direito de uma empresa aérea sediada em determinado país, durante viagem com origem ou destino nesse país, de transportar passageiros e carga pagantes de outro país para um terceiro país.
- *Sexta liberdade do ar:* direito de uma empresa aérea transportar passageiros e carga pagantes de um segundo país, via o país em que está sediada, para um terceiro país.
- *Sétima liberdade do ar:* direito de uma empresa aérea registrada em um país de transportar passageiros e carga pagantes de um segundo país para um terceiro país, sem que a ligação se origine, faça escalas ou termine no país em que está registrada.
- *Oitava liberdade do ar:* direito de uma empresa aérea registrada em um país de transportar passageiros e carga pagantes para um local no território de um segundo país e deste local levá-los para outro ponto no território desse mesmo país como parte de uma viagem que se origina ou termina no país de registro.
- *Nona liberdade do ar:* direito de uma empresa aérea registrada em um país de transportar passageiros e carga pagantes entre dois locais do território de um segundo país, sem que essa viagem comece e termine no país de registro.

Ônibus de excursão: compreende a forma mais popular de transporte de excursão. Pode ser oferecido individualmente ou em parceria com o transporte aéreo, a fim de prover traslados para hotéis e atrações turísticas. Tem sido fator influente no planejamento e na construção de acesso para áreas populares a esse mercado, como *shopping centers*, parques e centros de diversão. Os operadores de ônibus de excursão obtêm receitas a partir do aluguel dos ônibus ou provendo as suas próprias excursões. A maioria dos ônibus utilizada nesse segmento tem capacidade de aproximadamente 45 a 50 passageiros e é usada primordialmente em viagens com menos de 1.500 quilômetros. Dentre as conveniências encontradas nos veículos mais modernos, podem-se listar: janelas panorâmicas, televisão, vídeo, banheiros e bar. O uso de microônibus é uma prática relativamente nova nesse segmento. Esses veículos transportam até 25 pessoas e possuem o mesmo nível de conforto encontrado nos ônibus maiores.

Parque para caravans (*caravan park*): estabelecimento onde turistas dirigindo veículos recreacionais podem parar. Em geral, provê serviços básicos, como luz elétrica, chuveiros, lavanderia e lojas de conveniência. Alguns também oferecem infra-estrutura de recreação, como piscinas e quadra de tênis.

Passageiro-quilômetro transportado pago (RPK – revenue passenger kilometres*):* número de passageiros pagantes transportados multiplicado pela distância percorrida em quilômetros. Para as empresas aéreas norte-americanas é o RPM, que pode ser convertido para RPK usando o fator 1,609.

Táxi: modo de transporte rápido e flexível, mas relativamente caro, usado com freqüência para levar turistas do aeroporto ou rodoviária para o seu local de hospedagem. Eles são particularmente úteis para se viajar em lugares não familiares ou para o transporte de malas e bagagens. Táxis são utilizados em especial por viajantes a negócios. A fim de evitar práticas irregulares, os motoristas de táxi costumam ser licenciados pela autoridade municipal ou local.

TGV: com o êxito do trem-bala japonês, a operadora do sistema ferroviário francês (SNCF) iniciou, no ano de 1966, os estudos para a implantação de uma linha de alta velocidade chamada de TGV (*Train à Grande Vitesse*), o mesmo que Trem de Alta Velocidade, em português. A primeira linha inaugurada foi entre Paris e Lyon em 1981. Posteriormente, essa tecnologia foi ampliada para várias outras regiões da França, Europa e outros continentes. Por conta disso, a sigla TGV se consolidou, ainda que outras tenham surgido para designar serviços similares em outros países, tais como AVE (Espanha), ICE (Alemanha, Áustria, Holanda e Suíça) e X2000 (Suécia).

Trem-bala: trem japonês de alta velocidade introduzido em 1964. Até 1981, quando o TGV francês entrou em operação, o trem-bala era o mais rápido do mundo.

Veículos fora de estrada (veículos off-road*):* trata-se de um termo usado para veículos do tipo automóvel, como jipes, e para veículos recreacionais, como bicicletas (*mountain bikes*), bugres para dunas e *snowmobiles*. Veículos fora de estrada aumentam a acessibilidade em várias atrações e terrenos, mas às vezes seu uso tem causado impactos negativos no meio ambiente.

Veículos recreacionais: veículo com acomodações para ocupação permanente, sazonal ou temporária que atende aos requerimentos para a construção e uso de veículos automotivos. Distinções básicas se dão em termos de *trailer* (reboque) e *motorhome* ou *caravan* (com tração própria).

Yield: Receita unitária por passageiro obtida dividindo-se a receita da venda de passagens pelo RPK.

Agradecimentos

O autor agradece aos professores Flávio Valente (PUC-MG) e Júlio Lima (PUC-RS) pelo envio de alguns artigos da bibliografia consultada. *Links* sugeridos na seção anterior foram obtidos por indicação de participantes da lista Transportes Turísticos, enquanto alguns termos do glossário foram gentilmente enviados pelo Engenheiro Dr. Sergio Varella Gomes (BNDES). Ficam essas pessoas eximidas de quaisquer eventuais erros, os quais devem ser atribuídos exclusivamente ao autor.

Sites Indicados

Esta seção, mais do que prover uma lista de endereços na Internet relacionados ao tema (como de empresas de aviação), procurará apresentar *links* pouco conhecidos e que podem oferecer informações, estudos ou apenas direcionar para grupos e organizações que tenham interesses ligados aos transportes turísticos. A fim de facilitar o acesso desses endereços, bem como mantê-los atualizados, eles podem ser acessados diretamente no *site www.guilohmann.com*, no qual, aliás, encontra-se uma lista de dezenas de *links* para aeroportos no mundo inteiro (ver seção Aeroportos), *links* de empresas e órgãos governamentais relacionados a transporte e turismo (ver seções "Transportes" e "Favoritos"), além de artigos publicados pelo autor sobre o tema (seção "Trabalhos Publicados").

 85-7241-568-8

É importante também realçar a existência de uma lista de discussão sobre transportes turísticos. Criada em março de 2003 pela turismóloga Carla Fraga, atualmente conta com mais de 130 assinantes do Brasil e exterior. Para se cadastrar na lista, envie um *e-mail* para *transportes_turisticos-subscribe@yahoogrupos.com.br*. Mais informações podem ser obtidas também no endereço *www.estudosturisticos.com.br/transportesturisticos*.

Transportes em Geral

A consulta de alguns *sites* é interessante, uma vez que apresentam informações sobre o transporte como um todo. Dentre eles, constam:

www.railbuss.com.br: o *railbuss* se intitula o ponto de encontro do transporte. Oferece *links* para empresas, notícias e parte histórica dos vários modos de transportes no Brasil. Vale a pena conferir!

http://routesinternational.com: o *Routes International* apresenta várias informações interessantes, principalmente *links* para as mais diversas empresas dos principais modos de transportes turísticos. O *site* é todo em inglês, embora a página inicial possa ser lida em português.

www.unb.br/ft/enc/sict: o *site* do Sistema de Informação Científica em Transportes da Anpet – Associação Nacional de Pesquisa e Ensino em Transportes é uma ótima fonte de *links* para várias áreas temáticas dos transportes como um todo.

Transporte Aéreo

www.wajb.freeserve.co.uk/codes.htm: Códigos IATA e OACI dos aeroportos e das companhias aéreas de todo o mundo.

www.dac.gov.br: Departamento de Aviação Civil – órgão regulador do transporte aéreo no Brasil.

www.infraero.gov.br: Empresa Brasileira de Infra-Estrutura Aeroportuária.

www.sbta.org.br: Sociedade Brasileira de Pesquisa em Transporte Aéreo: contém artigos, teses e outras informações, além de permitir o ingresso à lista de discussão que conta com a presença de mais de 300 especialistas no Brasil e exterior.

Transporte Rodoviário

www.milbus.com.br: o *Mil Bus* se intitula o maior portal de ônibus do mundo. Ainda que tal título seja questionável, o fato é que, nesse endereço, é possível encontrar de "tudo um muito" sobre ônibus no Brasil e exterior.

www.buses.org: *site* da *American Bus Association*.

www.estradas.com.br: oferece principalmente boas informações sobre transporte rodoviário e turismo.

www.abcr.org.br: leitores interessados nas estradas brasileiras poderão visitar o *site* da Associação Brasileira de Concessionárias de Rodovias.

www.abla.com.br: o *site* da Associação Brasileira das Locadoras de Automóveis apresenta notícias e informações sobre esse mercado no país. Os *sites* das principais empresas de locação de veículos são: Localiza – empresa nacional, a maior do setor na América Latina (*www.localiza.com*), Unidas (*www.unidas.com.br*), Hertz (*www.hertz.com.br*) e Avis (*www.avis.com.br*).

Transporte Hidroviário

Os *sites* das principais corporações de cruzeiros marítimos são:

www.carnivalcruise.com: *Carnival Corporation.*

www.royalcaribbean.com: *Royal Caribbean.*

www.pocruises.com e www.princesscruises.com: *P&O Princess.*

www.starcruises.com: *Star Cruises.*

www.cruising.org: a CLIA é a Associação Internacional de Empresas de Cruzeiro e seu endereço na Internet provê muitas informações e notícias em inglês sobre o setor.

www.iccl.org: O ICCL – Conselho Internacional das Empresas de Cruzeiros – é uma organização basicamente norte-americana cujo objetivo é defender os interesses do setor. Seu *site* possui alguns estudos interessantes.

www.viagensdenavio.com.br: Informações sobre cruzeiros marítimos em português.

www.cruisejunkie.com: *site* com perfil mais "alternativo" sobre os cruzeiros marítimos, o *Cruise*

Junkie, criado e mantido pelo acadêmico Ross Klein, apresenta o "outro lado" das viagens e empresas de cruzeiros, sobretudo a partir da experiência do autor como cruzeirista.

Sites de empresas de *ferries* que efetuam transporte de médio e longo curso incluem:

www.poferries.com: P&O em vários países da Europa.

www.spiritoftasmania.com.au: Austrália.

www.interislander.co.nz: Nova Zelândia.

www.vineyardfastferry.com: Estados Unidos.

Ainda que utilizados no contexto do transporte urbano de passageiros, os *ferries* nas cidades de Sydney e Brisbane (Austrália) são muito populares como meio de transporte para turistas. No caso de Sydney, eles propiciam o transporte a atrações turísticas tais como o Aquário, o Zôo, *Opera House* e a praia de Manly, além de passeios cênicos pela baía de Sydney. Para mais informações, visite *www.sydneyferries.info* e *www.ourbrisbane.com/gettingaround/ferries*.

Transporte Ferroviário

www.anpf.com.br: Associação Nacional de Preservação Ferroviária: dentre outras informações, o *site* oferece uma lista com *links* para vários trechos ferroviários no Brasil com apelo turístico.

www.trem.org.br: memória do trem.

www.revistaferroviaria.com.br: Revista Ferroviária: notícias sobre transporte de carga e passageiros.

Alguns *sites* de empresas ferroviárias no exterior que merecem ser visitados incluem:

www.orient-express.com: *Orient Express*.

www.tgv.com: TGV francês.

www.railaustralia.com.au: Austrália.

www.tranzscenic.co.nz: Nova Zelândia.

www.amtrak.com: Estados Unidos.

www.viarail.com: Canadá.

BIBLIOGRAFIA

ABEYRATNE, R. I. R. Air transport tax and its consequences on tourism. *Annals of Tourism Research, 20:* 450-460, 1993.

A BEYRATNE, R. I. R. Management of the environmental impact of tourism and air transport on small island developing states. *Journal of Air Transport Management, 5:* 31-37. 1999.

AIR NEW ZEALAND. *Air New Zealand Limited Annual Report 2003*. Auckland: Air New Zealand Limited, 2003.

ALLIS, T. Ferrovia e turismo cultural – alternativa para o futuro da vila de Paranapiacaba (SP). *Turismo em Análise, 13 (2):* 29-53, 2002.

ALMEIDA, E. M. Transportes e planificação do turismo. *Turismo em Análise, 3 (2):* 83-91, 1992.

AMARAL, R. *Cruzeiros Marítimos*. Barueri: Manole, 2002.

APEL, U. Space tourism: a promising future? *Space Policy, 13 (4):* 279-284, 1997.

AZEVEDO, L. T. M.; SILVEIRA, J. A. Uma avaliação das estratégias gerenciais das companhias aéreas de baixo custo. In: XIV CONGRESSO DA ASSOCIAÇÃO NACIONAL DE PESQUISA E ENSINO EM TRANSPORTES, 2000. Gramado. *Anais...*, p. 41-48.

BAIRD, A. A Scottish east coast European ferry service: review of the issues. *Journal of Transport Geography, 5 (4):* 291-302, 1997.

BAIRD, A. A comparative study of the ferry industry in Japan and the UK. *Transport Reviews, 19 (1):* 33-55. 1999.

BAIRD, A. The Japan coastal ferry system. *Maritime Policy Management, 27 (1):* 3-16, 2000.

BAKER, K.; BAKER, S. *The RVer's Bible*. New York: Fireside, 1997.

BLASCO, A. *Turismo y Transporte*. Madrid: Síntesis, 2001.

BNDES (Banco Nacional de Desenvolvimento Econômico e Social). *Transporte Ferroviário Regional de Passageiros*. Rio de Janeiro: BNDES, 1998.

BNDES (Banco Nacional de Desenvolvimento Econômico e Social). *Breve Panorama sobre o Mercado de Cruzeiros Marítimos*. Rio de Janeiro: BNDES, 2000.

BNDES (Banco Nacional de Desenvolvimento Econômico e Social). *Aviação Regional Brasileira (Modal Aéreo IV)*. Rio de Janeiro: BNDES, 2002.

BOBERG, K.; CHOY, D. J. L. Emerging Trends in Trans-Pacific Air Routes. *Journal of Travel Research, 26; (3):* 15-23, 1988.

BONIFACE, B.; COOPER, C. *Worldwide Destinations: The Geography of Travel and Tourism*. 3rd ed. Oxford: Butterworth Heinemann, 2001.

BOWEN, J. Airline hubs in Southeast Asia: national economic development and nodal accessibility. *Journal of Transport Geography, 8:* 25-41, 2000.

BRAUN, B. M.; XANDER, J. A. et al. The impact of the cruise industry on a region's economy: a case study of Port Canaveral, Florida. *Tourism Economics, 8 (3):* 281-288, 2002.

CARSON, D.; WALLER, I. et al. (Eds.). *Drive Tourism: up the wall and around the bend*. Altona: Common Ground, 2002.

CARTWRIGHT, R.; BAIRD, C. *The Development and Growth of the Cruise Industry*. Oxford: Butterworth-Heinemann, 1999.

CARUANA, V.; SIMMONS, C. The role of traffic growth and capital investment from 1918-82 in the development of Manchester Airport as an international gateway. *Journal of Transport Geography, 3 (3):* 199-219, 1995.

Parte 5

CARVALHO, A. L. Transportes. In: ANSARAH, M. G. R. (Ed.). *Turismo: como aprender, como ensinar*. São Paulo: Senac, 2001, v. 2. p.87-145.

CASTRO, N.; LAMY, P. *Desregulamentação do Setor Transporte Aéreo e Subsetor Transporte Aéreo de Passageiros*. Rio de Janeiro: Instituto de Pesquisa Econômica Aplicada, 1993.

CHO, B. H. Destination. In: JAFARI, J. (Ed.). *Encyclopedia of Tourism*. Londres e Nova York: Routledge, 2000, p.144-145.

COELHO, R. *A construção da agenda da desregulamentação do setor de transporte aéreo no Brasil*. In: XVI CONGRESSO NACIONAL DA ASSOCIAÇÃO NACIONAL DE PESQUISA E ENSINO EM TRANSPORTES, 2002. Natal: Anpet, 2002.

COLLIER, A. *Principles of Tourism: a New Zealand perspective*. 5th ed. Auckland: Addison Wesley Longman, 1999.

COOPER, C. An introduction to tourism. In: SHEPHERD, R. (Ed.). *Tourism Principles and Practice*. Essex: Longman, 1998, p.1-18.

DANN, G.; NASH, D. et al. Methodology in tourism research. *Annals of Tourism Research, 15 (1)*: 1-28, 1988.

DEAN, C. J. Travel by excursion coach in the United Kingdom. *Journal of Travel Research, spring*: 59-64, 1993.

DENNIS, N. Airline hub operations in Europe. *Journal of Transport Geography, 2 (4)*: 219-233, 1994.

DICKISON, R. H.; VLADIMIR, A. N. *Selling the sea: an inside look at the cruise industry*. Nova York: John Wiley & Sons, 1997.

DONNE, M. The growth and long-term potential of the low-cost airlines. *Travel & Tourism Analyst, 4*: 1-15, 2000.

DONNE, M. Regional airlines: the European scene. *Travel & Tourism Analyst, 2*: 3-14, 2001.

DOSTAL, A. W. T.; SCHIEFELBUSCH, M. Bus and coach operators in Europe. *Travel & Tourism Analyst, 5*: 1-17. 1999.

DOUGLAS, N.; DOUGLAS, N. Cruise consumer behavior: a comparative study. In: PIZAM, A.; MANSFELD, Y. (Ed.). *Consumer Behavior in Travel and Tourism*. Binghamton: The Haworth Hospitality Press, 1999, p. 369-392.

DOUGLAS, N.; DOUGLAS, N. The cruise experience. In: DOUGLAS, N.; DOUGLAS, N. et al. (Eds.). *Special Interest Tourism: context and cases*. Milton: John Wiley & Sons Australia, 2001a, p. 330-351.

DOUGLAS, N.; DOUGLAS, N. The short, unhappy life of an Australia-based cruise line. *Pacific Tourism Review, 5*: 131-142, 2001b.

DOUGLAS, N.; DOUGLAS, N. *The Cruise Experience*. Frenchs Forest: Pearson, 2004a.

DOUGLAS, N.; DOUGLAS, N. Cruise ship passenger spending patterns in Pacific island ports. *International Journal of Tourism Research, 6*: 251-261, 2004b.

DOWNWARD, P.; LUMSDON, L. Tourism transport and visitor spending: a study in the North York Moors National Park, UK. *Journal of Travel Research, 42*: 415-420, May 2004.

DUNLOP, G. The European ferry industry: challenges and changes. *International Journal of Transport Management, 1*: 115-116, 2002.

DWYER, L.; FORSYTH, P. Economic significance of cruise tourism. *Annals of Tourism Research, 25 (2)*: 393-415, 1998.

EBY, D. W.; MOLNAR, L. J. Importance of scenic byways in route choice: a survey of driving tourists in the United States. *Transportation Research Part A, 36*: 95-106, 2002.

EIU. Bus travel in the USA. *Travel & Tourism Analyst, 1*: 4-18, 1995.

ESPIRITO SANTO JR., R. A.; CORREIA, F. C. Desregulamentação, competição e ampliação dos investimentos no transporte aéreo brasileiro. In: *Transporte em Tempos de Reforma: Ensaios sobre a Problemática, LGE, Brasília 1*: 367-389, 2000.

EVANS, G.; SHAW, S. Urban leisure and transport: regeneration effects. *Journal of Leisure Property, 1 (4)*: 350-372, 2001.

FEITOSA, W. R. Estratégias e políticas de preço no mercado de aviação: caso da Gol transportes aéreos. *Turismo em Análise, 13 (1)*: 48-65, 2002.

FERNANDES, R. O.; PORTO JR., W. Clusters: uma ferramenta de segmentação para os trens turísticos brasileiros. *I Rio de Transportes, Rio de Janeiro*, 2003.

FIDGEON, P. R. Holiday caravaning in Wales: Construction of a national site inventory. *Tourism Management, 4 (3)*: 199-208, 1983.

FINDLAY, C. C.; SIEN, C. L. et al. (Eds.). *Asia Pacific Air Transport: Challenges and Policy Reforms*. Cingapura: Institute of Southeast Asian Studies, 1997.

FLEMING, D. K.; HAYUTH, Y. Spatial characteristics of transportation hubs: centrality and intermediacy. *Journal of Transport Geography, 2 (1)*: 3-18, 1994.

FLOR, C. S. Qualidade no sistema de transporte público urbano na Ilha de Santa Catarina, direcionado ao usuário turista. Florianópolis: USSC, 2002. Monografia (Graduação) - Universidade do Sul de Santa Catarina, 2002.

FOSTER, G. M. South seas cruise: a case study of a short-lived society. *Annals of Tourism Research, 13*: 215-238, 1986.

FRAGA, C. C. L. Trem do Corcovado: experiência funcional ou turística? Juiz de Fora: UFJF, 2004. Monografia (Trabalho de Conclusão de Curso) - Universidade Federal de Juiz de Fora, 2004.

FREIBERG, K.; FREIBERG, J. *NUTS! Southwest Airlines Crazy Recipe for Business and Personal Success*. Nova York: Broadway Books, 1998.

FRENCH, T. Charter airlines in Europe. *Travel & Tourism Analyst, 4*: 4-19, 1995.

GARNETT, C. Impact of the Channel Tunnel on the tourism industry: a sea of change in cross-Channel travel. *Tourism Management, 14 (6)*: 436-439, 1993.

GAUBATZ, W. A. Sub-orbital flights, a starting point for space tourism. *Acta Astronautica, 51 (1-9)*: 647-666, 2002.

GNOTH, J. Tourism expectation formation: the case of campervan tourists in New Zealand. In: PIZAM, A.; MANSFELD, Y. (Eds.). *Consumer behavior in travel and tourism*. Nova York, Londres e Oxford: The Haworth Hospitality Press, 1999, p. 245-266.

GONZÁLEZ-SAVIGNAT, M. Will the high-speed train compete against the private vehicle? *Transport Reviews, 24 (3)*: 293-316, 2004.

GRAHAM, A. *Managing Airports: an international perspective*. Oxford: Butterworth-Heinemann, 2001.

GRECH, J. C. *The Relationship between Tourism and Air Transport and the Importance of this Partnership for Island Destinations: the case of Malta*. Funchal: World Tourism Organization, 2000, p. 107-112. (Tourism and Air Transport)

GREEN, F. B. Recreation vehicles: a perspective. *Annals of Tourism Research, 5 (4)*: 429-439, 1978.

GUIMARÃES, E. A.; SALGADO, L. H. *A Regulação do Mercado de Aviação Civil no Brasil.* Rio de Janeiro: Instituto de Pesquisa Econômica Aplicada, 2003.

GUNN, C. A. *Vacationscape: developing tourist areas.* Washington: Taylor & Francis, 1997.

GUTIÉRREZ, J.; GONZÁLEZ, R. et al. The European high-speed train network. *Journal of Transport Geography, 4 (8):* 227-238, 1996.

HAITOVSKY, Y.; SALOMON, I. et al. The economic impact of charter flights on tourism to Israel. *Journal of Transport Economics and Policy:* 111-134, May 1987.

HALL, J. A.; BRAITHWAITE, R. Caribbean cruise tourism: a business of transnational partnerships. *Tourism Management, 11 (4):* 339-347, 1990.

HALSALL, D. A. Railway heritage and the tourist gaze: Stoomtram Hoorn-Medemblik. *Journal of Transport Geography, 9:* 151-160, 2001.

HARRIS, R.; HOWARD, J. *Dictionary of Travel, Tourism and Hospitality Terms.* Melbourne: Hospitality, 1996.

HENSHER, D. A.; HOOPER, P. G. et al. *Developments in Surface Passenger Transport: implications for tourism.* Sidney: University of Sydney Institute of Transport Studies, 1991.

HENTHORNE, T. L. An analysis of expenditures by cruise ship passengers in Jamaica. *Journal of Travel Research, 38:* 246-250, 2000.

HOBSON, J. S. P. Analysis of the US cruise line industry. *Tourism Management, 14 (6):* 453-462, 1993.

HOLLINGS, D. Europe's railways in the 21st century. *Travel & Tourism Analyst, 4:* 4-22, 1997.

HOYLE, B.; KNOWLES, R. Transport geography: an introduction. In: HOYLE, B.; KNOWLES, R. (Eds.). *Modern Transport Geography.* Chichester: John Wiley & Sons, 1998, p. 1-12.

IRANDU, E. M. The potential for cruise tourism in Kenya. *Anatolia: An International Journal of Tourism and Hospitality Research, 15 (1):* 69-86, 2004.

ISRAELI, Y.; MANSFELD, Y. Transportation accessibility to and within tourist attractions in the Old City of Jerusalem. *Tourism Geographies, 5 (4):* 461-481, 2003.

ISU SUMMER SESSION STUDENTS 2000. Dreams and realities: the challenges facing development of space tourism. *Space Policy, 17 (2):* 133-140, 2001.

JAAKSON, R. Beyond the tourist bubble? Cruiseship passengers in port. *Annals of Tourism Research, 31 (1):* 44-60, 2004.

JAFARI, J. (Ed.). *Encyclopedia of tourism.* Londres: Routledge, 2003.

JAFARI, J.; RITCHIE, J. R. B. Towards a framework for tourism education. *Annals of Tourism Research, 8 (1):* 13-34, 1981.

JANIC, M. Aviation and externalities: the accomplishments and problems. *Transportation Research Part D, 4:* 159-180, 1999.

JANISKEE, R. L. Resort camping in America. *Annals of Tourism Research, 17:* 385-407, 1990.

JOBES, P. C. Old timers and new mobile lifestyles. *Annals of Tourism Research, 11:* 181-189, 1984.

KESTER, J. G. C. Cruise tourism. *Tourism Economics, 9 (3):* 337-350, 2002.

KING, J. M. C. *Contemporary Aviation: issues in regulation & practice for the tourism sector.* Bangkok: PATA, 2000.

KISSLING, C. International tourism and civil aviation in the South Pacific: issues and innovations. *GeoJournal, 19 (3):* 309-315, 1998.

KOSTERS, M. J. Tourism by train: its role in alternative tourism. In: SMITH, V. L.; EADINGTON, W. R. (Eds.). *Tourism Alternatives: potentials and problems in the development of tourism.* Chichester: John Wiley & Sons, 1995, p. 180-193.

LAFFERTY, G.; FOSSEN, A. Integrating the tourism industry: Problems and strategies. *Tourism Management, 22:* 11-19, 2001.

LAING, J. *Space Tourism: exploring the motivations behind a frontier experience. Taking Tourism to the Limits Conference.* Hamilton: Waikato Management School / The University of Waikato, 2003.

LAPIERRE, J.; HAYES, D. *The Tourism Satellite Account.* Ottawa: National Income and Expenditure Accounts, 1994, p. xxxiii-lviii.

LAWTON, L. J.; BUTLER, R. W. Cruise ship industry – patterns in the Caribbean 1880-1986. *Tourism Management, 8 (4):* 329-343, 1987.

LEIPER, N. *Tourism Systems: an interdisciplinary perspective.* Palmerston North: Department of Management Systems, Massey University, Nova Zelândia, 1990.

LEW, A. A.; MCKERCHER, B. Trip destinations, gateways and itineraries: the example of Hong Kong. *Tourism Management, 23:* 609-621, 2002.

LIMA, J. S. C. A. P. *Empresa Aérea de Baixo Custo e Baixa Tarifa: contribuições para o turismo doméstico.* Caxias do Sul: UCS, 2004. Dissertação (Mestrado) - Universidade de Caxias do Sul, 2004.

LOHMANN, G. Globalização e os impactos dos ataques terroristas de 11 de setembro de 2001: implicações para o sistema de turismo. *Boletim de Estudos em Turismo e Hotelaria, 2 (1):* 11-20, 2004.

LOVERSEED, H. Rail travel in North America. *Travel & Tourism Analyst, 4:* 1-19, 1999.

LOW, L.; HENG, T. M. Singapore: development of gateway tourism. In: GO, F. M.; JENKINS, C. L. (Eds.). *Tourism and Economic Development in Asia and Australasia.* Londres: Cassell, 1997, p. 237-254.

LUE, C. C.; CROMPTON, J. L. et al. Conceptualization of multidimensional pleasure trips. *Annals of Tourism Research, 20:* 289-301, 1993.

MARTI, B. E. Trends in world and extended-length cruising (1985-2002). *Marine Policy, 28:* 199-211, 2004.

MASON, K. J. The propensity of business travellers to use low cost airlines. *Journal of Transport Geography, 8:* 107-119, 2000.

MASON, K. J. Marketing low-cost airline services to business travellers. *Journal of Air Transport Management, 7:* 103-109, 2001.

MATTHIESSEN, C. W. International air traffic in the Baltic Sea Area: hub-gateway status and prospects. Copenhagen in focus. *Journal of Transport Geography, 12:* 197-206, 2004.

MESCON, T. S.; VOZIKIS, G. S. The economic impact of tourism at the port of Miami. *Annals of Tourism Research, 12:* 515-528, 1985.

MILLER, A. R.; GRAZER, W. F. The North American cruise market and Australian tourism. *Journal of Vacation Marketing, 8 (3):* 221-234, 2002.

MINGS, R. C.; MCHUGH, K. E. The spatial configuration of travel to Yellowstone National Park. *Journal of Travel Research, 30 (4):* 38-46, 1992.

MISTILIS, N. *Can transport policy enhance the urban tourist experience?* In: 9TH APTA CONFERENCE, 2003. Sidney.

MISTILIS, N. *Tourist transport in the city of Sydney – preliminary findings*. In: 2004 CONFERENCE OF THE COUNCIL FOR AUSTRALIAN UNIVERSITY TOURISM AND HOSPITALITY EDUCATION, 2004. Brisbane

MISTILIS, N.; DWYER, L. Tourism Gateways and Regional Economies: the Distributional Impacts of MICE. *International Journal of Tourism Research, 1:* 441-457, 1999.

MORLEY, C. L. Impacts of international airline alliances on tourism. *Tourism Economics, 9 (1):* 31-51, 2003.

NELSON, R.; WALL, G. Transportation and Accommodation Changing Interrelationships on Vancourver Island. *Annals of Tourism Research, 13:* 239-260, 1986.

O'KELLY, M. E. A geographer's analysis of hub-and-spoke networks. *Journal of Transport Geography, 6 (3):* 171-186, 1998.

O'KELLY, M. E.; MILLER, H. J. The hub network design problem: a review and synthesis. *Journal of Transport Geography, 2 (1):* 31-40, 1994.

OLIVEIRA, A. P. *Turismo e Desenvolvimento: planejamento e organização*. 4. ed. São Paulo: Atlas, 2002.

OPPERMANN, M. A model of travel itineraries. *Journal of Travel Research, 33 (4):* 57-61, 1995.

OWEN, C. Improving multi-modal passenger interchanges – an urgent need. *Tourism Management, 12 (2):* 97-100, 1991.

PAGE, S. *Transport for Tourism*. Londres, Nova York: Routledge, 1994.

PAGE, S. *Transport and Tourism*. Harlow: Longman. 1999.

PAGE, S. Gateways, hubs and transport interconnections in Southeast Asia: implications for tourism development in the twenty-first century. In: TEO, P.; CHANG, T. C. et al. (Eds.). *Interconnected Worlds: tourism in Southeast Asia*. Oxford: Pergamon, 2001a, p. 84-99.

PAGE, S. *Transporte e Turismo*. São Paulo: Bookman, 2001b.

PAGE, S. Rail travel in Europe. *Travel & Tourism Analyst*, 2002.

PALHARES, G. L. *Transporte Aéreo e Turismo: gerando desenvolvimento socioeconômico*. São Paulo: Aleph, 2001.

PALHARES, G. L. *Transportes Turísticos*. São Paulo: Aleph, 2002.

PALHARES, G. L. The Role of Transport in Tourism Development: Nodal Function and Management Practices. *International Journal of Tourism Research, 5:* 403-407, 2003.

PALHARES, G. L.; ESPIRITO SANTO JR., R. A. O turismo e o transporte aéreo como multiplicadores socioeconômicos. In: XV CONGRESSO DA ASSOCIAÇÃO NACIONAL DE PESQUISA E ENSINO EM TRANSPORTES (ANPET), 2001. Campinas. *Anais...*, p. 225-232.

PALHARES, G. L.; ESPIRITO SANTO JR., R. A. Transporte aéreo e turismo. In: PALHARES, G. L. (Ed.). *Transportes Turísticos*. São Paulo: Aleph, 2002, p. 99-184.

PAOLILLO, A. M.; REJOWSKI, M. *Transportes*. São Paulo: Aleph, 2002.

PAPATHEODOROU, A. Civil aviation regimes and leisure tourism in Europe. *Journal of Air Transport Management, 8:* 381-388, 2002.

PEARCE, D. G. Comparative studies in tourism research. In: PEARCE, D. G.; BUTLER, R. W. (Eds.). *Tourism research: critiques and challenges*. Londres: Routledge, 1993, p. 20-35.

PEARCE, D. G. Tourism, trams and local government policy-making in Christchurch, New Zealand. *Currents Issues in Tourism, 4 (2-4):* 331-354, 2001a.

PEARCE, D. G. Towards a regional analysis of tourism in Southeast Asia. In: TEO, P.; CHANG, T. C. et al. (Eds.). *Interconnected Worlds: tourism in Southeast Asia*. Oxford: Pergamon, 2001b, p. 27-43.

PEARCE, D. G. *Geografia do Turismo: fluxos e regiões no mercado de viagens*. São Paulo: Aleph, 2003.

PEISLEY, T. Ferries, short sea cruises and the Channel Tunnel. *Travel & Tourism Analyst, 4:* 5-26, 1992.

PEISLEY, T. The cruise ship industry to the 21st century. *Travel & Tourism Analyst, 2:* 4-25, 1995.

PEISLEY, T. The cross-channel ferry market. *Travel & Tourism Analyst, 1:* 4-20, 1997.

PEISLEY, T. The Cruise Market in Mainland Europe. *Travel & Tourism Analyst, 1:* 4-25, 1998a.

PEISLEY, T. The North American cruise market. *Travel & Tourism Analyst, 4:* 1-22, 1998b.

PEISLEY, T. Cruising in crisis? *Travel & Tourism Analyst, 5:* 3-23, 2000.

PELIZZER, H. A. *Uma Introdução à Técnica do Turismo: transportes*. São Paulo: Pioneira, 1978.

PENDER, L.; BAUM, T. Have the frills really left the European airline industry? *International Journal of Tourism Research, 2:* 423-436, 2000.

PHANG, S. Y. Strategic development of airport and rail infrastructure: the case of Singapore. *Transport Policy, 10:* 27-33, 2003.

POMPL, W. *Structural Changes in the Airline Industry and the Consequences for Tourism. Air Transport and Tourism.* Salvador: AIEST, 2002, p. 85-120.

POPE, R. Railway companies and resort hotels between the wars. *The Journal of Transport History, 22 (1):* 62-73, 2001.

PRENTICE, R. C.; WITT, S. F. Holiday parks: current issues and trends. *International Journal of Hospitality Management, 10 (3):* 229-244, 1991.

PRIDEAUX, B. Tracks to tourism: Queensland Rail joins the tourist industry. *International Journal of Tourism Research, 1:* 73-86, 1999.

PRIDEAUX, B. Links between transport and tourism – past, present and future. In: FAULKNER, B.; MOSCARDO, G. et al. (Eds.). *Tourism in the 21st Century: Reflection on Experience*. Londres: Cassells Academic, 2000a, p. 91-109.

PRIDEAUX, B. The role of the transport system in destination development. *Tourism Management, 21:* 53-63, 2000b.

PRIDEAUX, B.; WEI, S. et al. The senior drive tour market in Australia. *Journal of Vacation Marketing, 7 (3):* 209-219, 2001.

PROSSER, E.; LEISEN, B. Determinants of on-Board Retail Expenditures in the Cruise Industry. *Journal of American Academy of Business, 3:* 304-310, 2003.

PUNTER, M. S. Tourist transport systems with particular reference to the Southwest of England. Exeter: University of Exeter, 1999. Tese (Doutorado) - University of Exeter, 1999.

PYLE, T. I. The International Air Transport Association and Tourism. *Annals of Tourism Research, 12 (4):* 648-650, 1985.

QU, H. E.; PING, W. Y. A service performance model of Hong Kong cruise travelers' motivation factors and satisfaction. *Tourism Management, 20:* 237-244. 1999.

RAGURAMAN, K. Estimating the net economic impact of air services. *Annals of Tourism Research, 24 (3):* 658-674, 1997.

ROGERS, T. F. "Space tourism": its importance, its history, and a recent extraordinary development. *Acta Astronautica, 49 (3-10):* 537-549, 2001.

RONÁ, R. *Transportes no Turismo.* São Paulo: Manole, 2002.

RUSSELL, P. Car rental in Europe. *Travel & Tourism Analyst, 1:* 1-28. 1999.

RUSSELL, P. Rail travel in Europe. *Travel & Tourism Analyst, 2:* 3-33, 2000.

RUTZ, W. O. A.; COULL, J. R. Inter-island passenger shipping in Indonesia: development of the system. *Journal of Transport Geography, 4 (4):* 275-286, 1996.

SHAW, S. Airline deregulation and the tourist industry. *Tourism Management, 3 (1):* 40-51, 1982.

SHELDON, P. J. Journals in Tourism and Hospitality. *Journal of Tourism Studies, 1 (1):* 42-48, 1990.

SILVA, E. N. A.; ESPIRITO SANTO JR., R. A. Gol Linhas Aéreas: Challenges and perspectives of operating a low cost-low fare airline in Brazil. In: 7TH AIR TRANSPORT RESEARCH SOCIETY CONFERENCE, 2003. Toulouse.

SIMONS, M. S. Competition law, air transport deregulation and the tourism industry in the European Economic Community Part I A legal perspective. *International Journal of Hospitality Management, 11 (1):* 33-45, 1992.

SINHA, D. *Deregulation and Liberalisation of the Airline Industry: Asia, Europe, North America and Oceania.* Burlington: Ashgate, 2001.

SMITH, V. L. Space tourism. *Annals of Tourism Research, 28 (1):* 238-240, 2001.

SMITH, V. L.; HETHERINGTON, A. et al. California's highway 89 a regional tourism model. *Annals of Tourism Research, 13:* 415-433, 1986.

STUBBS, J.; JEGEDE, F. The integration of rail and air transport in Britain. *Journal of Transport Geography, 6 (1):* 53-67, 1998.

SUBRÉMON, A. *La libéralisation du transport aérien dans l'Union europèene et les perspectives pour le tourisme.* Funchal: Tourism and Air Transport, 2000, p. 75-82.

SWARBROOKE, J.; BEARD, C. et al. *Adventure tourism: the new frontier.* Oxford: Butterworth-Heinemann, 2003.

SWARBROOKE, J.; HORNER, S. *O Comportamento do Consumidor em Turismo.* São Paulo: Aleph, 2002.

SYPHER MUELLER INTERNATIONAL INC. *Air Transportation and Tourism: Competing and Complementary Needs.* Canada: Tourism Canada, 1990.

TAVARES, M. P. *O Transporte Aéreo Doméstico e a Lógica da Desregulamentação.* Brasília: Secretaria de Acompanhamento Econômico, Ministério da Fazenda, 1999.

TEYE, V. B. Land transportation and tourism in Bermuda. *Tourism Management, 13 (4):* 395-405, 1992.

THE BAHAMAS MINISTRY OF TOURISM. *Cruise Survey Report, Cruise Visitor Profile and Evaluation Main Findings 1994.* Bahamas: The Bahamas Ministry of Tourism, 1994.

THOMPSON, I. B. High-speed transport hubs and Eurocity status: the case of Lyon. *Journal of Transport Geography, 3 (1):* 29-37, 1995.

TORRE, F. *Sistemas de Transportación Turística.* Cidade do México: Trillas, 2000.

TORRE, F. *Sistemas de Transporte Turístico.* São Paulo: Roca, 2002.

TURTON, B. J.; MUTAMBIRWA, C. C. Air transport services and the expansion of international tourism in Zimbabwe. *Tourism Management, 17:* 453-462, 1996.

TYRRELL, T. J. E M. F. DEVITT. Valuing changes to scenic byways. In: PIZAM, A.; MANSFELD, Y. (Eds.). *Consumer Behavior in Travel and Tourism.* Binghamton: The Haworth Hospitality, 1999, p. 227-244.

UIC. *High Speed Rail: success and challenges.* Paris: International Union of Railways, 2000.

VALENTE, F. J. O turismo como fator de influência no planejamento de linhas regulares das empresas aéreas regionais do Brasil. Balneário Camboriú: Univ. do Vale do Itajaí, 2004. Dissertação (Mestrado) - Universidade do Vale do Itajaí, 2004.

VELLAS, F.; BÉCHEREL, L. Air transport and tourism. In: VELLAS, F.; BÉCHEREL, L. (Eds.). *International Tourism.* Nova York: St Martin's, 1995, p. 119-162.

WALLIS, M. *Route 66: the mother road.* Nova York: St Martin's Press, 2001.

WANG, J.; MCOWAN, S. Fast passenger ferries and their future. *Maritime Policy and Management, 27 (3):* 231-251, 2000.

WARD, J. Tourism and the private car. *Tourism Management, 8 (2):* 164-165, 1987.

WARYSZAK, R.; KING, B. Tourists and taxis: an examination of the tourism transport interface. *Journal of Vacation Marketing, 6 (4):* 318-328, 2000.

WHEATCROFT, S. Airlines, tourism and the environment. *Tourism Management, 12 (2):* 119-124, 1991.

WHEATCROFT, S. *Aviation and Tourism Policies: balancing the benefits.* Londres: World Tourism Organization e Routledge, 1994.

WILLIAMS, G. *The Airline Industry and the Impact of Deregulation.* Vermon: Ashgate, 1999.

WONG, W. G.; HAN, B. M. et al. Evaluation of management strategies for the operation of high-speed railways in China. *Transportation Research Part A: Policy and Practice, 36 (3):* 277-289, 2002.

WOOD, R. E. Caribbean cruise tourism: globalization at sea. *Annals of Tourism Research, 27 (2):* 345-370, 2000.

WOOD, R. E. Cruise ships: deterritorialized destinations. In: LUMSDON, L.; PAGE, S. (Eds.). *Tourism and Transport: issues and agenda for the new millenium.* Oxford: Elsevier, 2004, p. 133-145.

WTO. *Worldwide Cruise Ship Activity.* Madri: World Tourism Organization, 2003.

Anotações

85-7241-568-8

CAPÍTULO

43 O que é *Jet Lag* e sua Importância para o Turismo

Hermann Hrdlicka
Renata Cury Farha

Alguns anos atrás, consegui realizar um sonho: fazer a organização completa para uma reunião na Europa. Fui extremamente feliz para a Europa, mas, infelizmente, com muito esforço fui obrigada a ficar acordada durante algumas sessões de planejamento para tomar simples decisões como se deveria ficar acordada ou não. O meu relógio interno "mandou" meu cérebro para a cama ignorando o tempo horário real da Europa, lembrando-me do horário do Alaska. Eu estava passando pelo jet lag.

Carla Helfferich [1] (tradução dos autores)

Introdução

Um dos maiores inconvenientes em viagens de longa duração é conhecido pelo nome de *jet lag*.

Hoje, embarca-se em São Paulo e, 23h depois, encontramo-nos do outro lado do mundo, sem troca de aeronave, apenas uma escala técnica no meio do percurso. Provavelmente, em futuro não distante, as aeronaves possam completar o percurso sem essa parada obrigatória. Ganha-se tempo – um dos principais argumentos favoráveis; porém, viver essa experiência chega a ser prejudicial à saúde dos viajantes.

Fadiga, redução nas habilidades mentais e físicas, palidez, náuseas e dores de cabeça são os sintomas mais comuns e que os reportam ao *estresse* (neologismo do termo inglês *stress*) e este, à síndrome geral de adaptação [2]. Todos os embarcados sofrem desse mal-estar [3], em maior ou menor grau, seja o comandante da aeronave, seja um passageiro de primeira viagem.

A importância para a hotelaria em se conhecer o assunto se fundamenta na possibilidade de que os funcionários, ao não saberem identificar ou conhecer os sintomas da síndrome, podem estar deixando de oferecer um bom atendimento e, mais importante, devendo, ainda, estar preparados para alguma eventualidade decorrente desse mal e seus resultados.

Uma situação de risco ocorreu em um hotel de luxo em São Paulo, protagonizada por um hóspede que havia viajado da Ásia para o Brasil e estava sob os efeitos do *jet lag*. Ao chegar ao quarto, o cliente ligou a banheira (como costume dos orientais, com a água muito quente) e adormeceu, deixando a banheira ligada. Após um tempo, o detector de fumaça acionou o alarme, quando então foi possível constatar que o hóspede estava passando muito mal, com a pressão baixa em

[1] Jornalista científica canadense. Alguns de seus textos poderão ser acessados pelo *site* *www.gi.alaska.edu*.

[2] Denominação dada pelo fisiologista Hans Selye às reações orgânicas inespecíficas em resposta ao estresse.

[3] "Mais de 90% dos viajantes freqüentes reclamam dos problemas físicos e mentais associados a viagens de longa distância" (Fairechild, 1999, p. 49).

decorrência da alta temperatura no apartamento. Além disso, a água transbordou da banheira, inundando a unidade inferior.

Se a equipe não tivesse subido para verificar o que estava acontecendo, esse hóspede poderia ter sofrido conseqüências maiores ou causado outros contratempos. Sem dúvida, o *jet lag* já deve ser incluído no rol de riscos hoteleiros.

Como vemos, é importante que recepcionistas e colaboradores reconheçam os sintomas, devendo ser treinados na percepção da síndrome e no bom senso de atendimento de recepção aos hóspedes que realizaram viagens de longa duração transmeridional.

Este capítulo tem por objetivo apresentar os conceitos que envolvem a "síndrome dos viajantes aéreos de longo percurso"[4], seus sintomas, prevenção e formas de recuperação. Por fim, algumas iniciativas hoteleiras são apontadas visando ao bem-estar dos seus clientes internacionais.

Conceitos

Jet lag é um fenômeno relacionado ao desconforto experimentado após a realização de um vôo transmeridiano. Seria fruto da dessincronização do ritmo biológico no viajante em relação à súbita mudança de horário a ele imposta (Douglas, 1994).

Para o Prof. Dr. Luiz Menna-Barreto, pesquisador da USP – Universidade de São Paulo em cronobiologia humana, em depoimento oferecido aos autores:

> *Em português,* jet lag *seria síndrome da mudança brusca de fusos horários, é uma síndrome que se caracteriza pelo desconforto, insônia e/ou sonolência, irritabilidade, lentidão de reflexos e dificuldade de concentração.*

De outra forma, o *jet lag* altera a percepção de tempo do relógio biológico das pessoas conforme elas viajam a lugares distantes em alta velocidade para leste ou oeste e vice-versa. E, como o relógio biológico varia de acordo com cada organismo, as reações também são diversas e têm sido responsáveis por molestar passageiros em viagens de férias e prejudicar reuniões de negócios.

[4] Conceito desenvolvido pelos autores.

Pesquisa realizada pela *British Airways* apontou que 94% de seus passageiros apresentaram algum tipo de sintoma de *jet lag* e 45% consideraram esses sintomas extremamente debilitantes. As maiores manifestações estão apresentadas na Tabela 43.1.

Assim, há uma relação intrínseca entre a geografia mundial, o corpo humano, o *estresse* e o meio de transporte utilizado pelo viajante (aéreo). Tudo relacionado com o dia terrestre – quando há luz.

GEOGRAFIA DO DESTINO

Na Terra, diferentes processos fisiológicos e de comportamento que ocorrem nos seus organismos vivos são rítmicos.

A periodicidade desses ritmos biológicos está relacionada, por exemplo, com ciclos sazonais decorrentes do movimento de rotação do planeta em torno de seu eixo e em torno do sol.

Aqueles com a periodicidade de um dia são referidos como circadianos[5]; outros apresentam ocorrência anual (circanual). Outros, ainda, como os animais marinhos e os insetos, estão fortemente ligados ao ciclo das marés ou ao ciclo lunar (circalunar).

Os ritmos circadianos acompanham a evolução do dia e da noite; inclusive se relacionam, nas altas latitudes, com os efeitos do dia ou da noite de 24 horas, como acontece no sul da Argentina ou no Alaska, por exemplo. Para entender esse ciclo, é necessária a compreensão do papel dos meridianos terrestres nesse contexto.

O globo terrestre é dividido em 24 meridianos longitudinais. A divisão é feita de 15 em 15° a partir do primeiro meridiano – o de Greenwich, na Inglaterra –, considerado como referência de navegação aérea, terrestre e por mar nos cálculos para se estabelecer a longitude do lugar. Cada meridiano representa um fuso ou o espaço terrestre percorrido pelo sol em uma hora. E é por aí que as diferenças de horário nos diferentes destinos na Terra são verificadas pela passagem por esses fusos.

Durante viagens para leste, o dia fica mais curto, ou seja, o relógio deve ser adiantado de acordo com o número de meridianos que serão atravessados. As viagens a oeste seguem o mesmo procedimento, porém os relógios são "atrasados" ao invés de serem adiantados.

[5] Do latim *circa* = cerca de, *dian* = dias.

85-7241-568-8

Tabela 43.1 - Sintomas do *jet lag*.

Sintomas	%
Sonolência durante o dia e fadiga	90
Insônia noturna	78
Poder de concentração fraco	65
Dor de cabeça, irritabilidade e depressão	50
Indigestão e problemas gastrintestinais	47
Fome em horários incompatíveis	44

Fonte: *www.sportsguidemag.com/archive/December/trainfit-jet*

As viagens com destinos norte-sul causam efeitos menores que as anteriores porque, na maioria das vezes, não há travessia de meridianos e, quando existe, a diferença de meridianos atravessados não costuma ser tão grande como, por exemplo, uma viagem de São Paulo ao Japão, quando se atravessam 11 meridianos (Figs. 43.1 e 43.2).

CORPO HUMANO

Estudar o *jet lag* e suas implicações no corpo humano no contexto do relógio biológico é fundamental para o desenvolvimento de profilaxias adequadas.

Para compreendermos a abrangência do fenômeno *jet lag*, é necessário conhecer, antes de tudo, o significado dos metabolismos que os organismos possuem: o *basal* e o *ativo*, que se relacionam ao gasto com energia do organismo e à obtenção de calor.

O *metabolismo basal* significa a taxa de energia utilizada pelo organismo durante o repouso absoluto, ou seja, um gasto energético mínimo. Por sua vez, o *metabolismo ativo* está associado a uma atividade que pode implicar maior ou menor gasto de energia (por exemplo, correr, andar, saltar, ler, etc.).

De outra forma, nosso relógio biológico é afetado por fatores *endógenos* (fisiológicos, neurológicos e hormonais) que podem sofrer alterações em função de outros fatores *exógenos* provenientes do meio ambiente (luz, calor, ruídos, entre outros).

Os fatores endógenos garantem a ocorrência das variações e os exógenos determinam o momento no qual as variações terão início.

A perfeita sincronia entre os fatores endógenos e exógenos garante o bom ritmo de funcionamento do organismo. Dessa forma, fatores endógenos como pressão sangüínea, batimentos cardíacos e temperatura se equilibram com aqueles exógenos, como calor, ruído e luz.

Assim, os sintomas que os viajantes apresentam são causados pelo avanço ou retardo no tempo normal de seu ritmo circadiano, principalmente seus picos de atividade, em função da dificuldade em se readaptarem à nova zona internacional de tempo. Pessoas que viajam de oeste para leste sentem mais dificuldade em se readaptarem do que as que viajam de leste para oeste. Explica-se: o corpo humano apresenta mais dificuldades em adiantar o *timing* de seu ciclo biológico que de atrasá-lo.

O centro de controle biológico para avanço ou retardo do ritmo circadiano está localizado no hipotálamo, a parte posterior do cérebro, onde se encontra a glândula pineal; é fortemente influenciado pelo ambiente e, internamente, por sugestões "criadoras de tempo" (*zeitgebers*, em alemão) que incluem dieta, luz do dia e temperatura, exercícios, interações sociais e drogas.

Durante as viagens transmeridionais para oeste, o passageiro sofre um ganho de tempo aparente que não é compensado por seu relógio biológico. Por sua vez, as viagens para leste implicam perda de tempo e anoitecer mais breve, ocasionando efeitos inversos ao anterior. Em ambos os casos, essa nova realidade é imediatamente percebida pelo organismo e é praticamente inevitável que haja uma alteração hormonal, em especial daquele hormônio que controla o estado de sonolência: a *melatonina*.

A ciência descobriu que o estímulo de uma luz intensa inibe a produção da melatonina, mantendo o indivíduo em estado de vigília, enquanto, na ausência de luminosidade, sua produção é aumentada, provocando o sono.

Buscando entender o fenômeno, cientistas descobriram que a glândula pineal, a partir de um aminoácido chamado de triptofano, normalmente ingerido numa alimentação equilibrada, produz a serotonina, que se acumula durante o dia e faz com que o organismo permaneça desperto. Ao contrário,

Parte 5

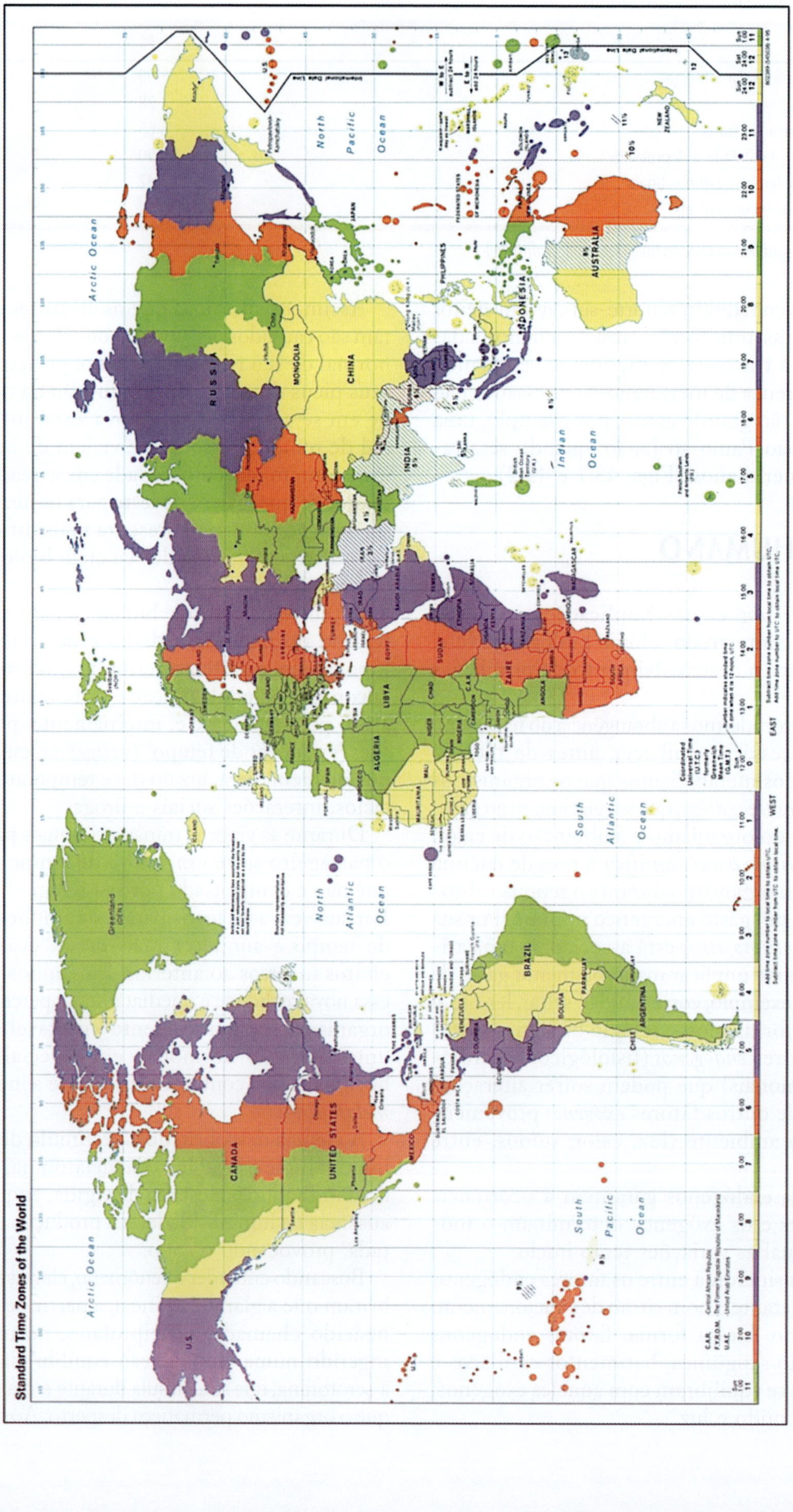

Figura 43.1 – Fusos horários e meridianos. Fonte: *www.google.com.br/imagens.*

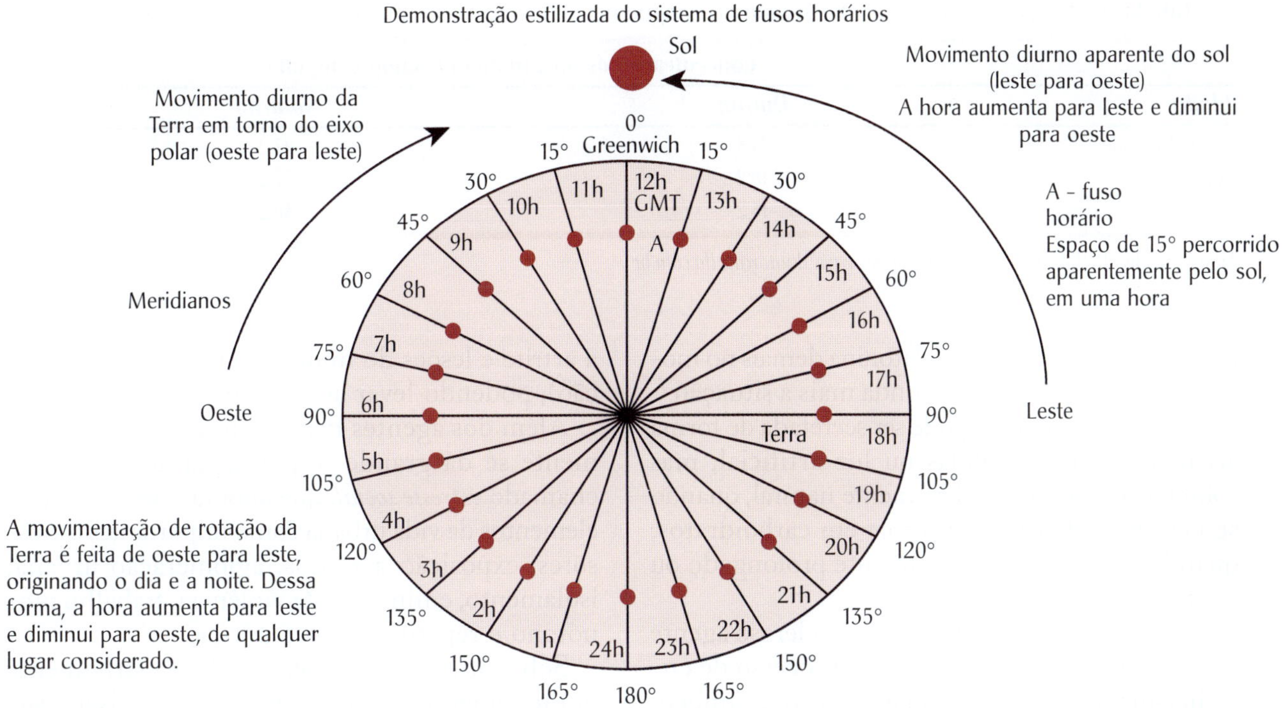

Figura 43.2 – Demonstração estilizada do sistema de fusos horários. Fonte: *www.google.com.br/imagens*.

na ausência de luz, a serotonina se transforma em melatonina, incitando o sono.

Uma chave "liga-desliga" bioquímica explica por que os animais com hábitos diurnos se recolhem ao anoitecer e outros, de hábitos noturnos, despertam.

> *A melatonina é o mais importante hormônio produzido pela nossa glândula pineal, uma pequeníssima glândula existente no cérebro, situada aproximadamente atrás da região dos olhos, responsável pelo controle do ritmo de harmonia entre o dia e a noite, a luz e o escuro... e apresenta como principal função a de regular o sono*[6].

A principal necessidade do sono diário relaciona-se à recuperação do organismo: dormindo, grande parte da energia e do equilíbrio orgânico se restabelece; para tanto, é necessário que a melatonina seja secretada de forma adequada.

Dessa forma, quando a luz solar incide na retina do nervo óptico humano, essa informação é transmitida para a glândula pineal, que inibe a produção da melatonina. Ao contrário, num ritmo de vida normal, é durante a noite que sua maior produção ocorre (entre 2 e 3 horas da manhã), e essa produção aumentada produz ou mantém o sono.

Essa produção também é afetada conforme a idade: seu pico máximo é atingido aos três anos de idade e declina de forma importante entre os 60 e 70 anos, o que explica o sono de má qualidade tanto reclamado por nossos avós. Para se ter uma idéia dessa involução, aos 60 anos temos metade da quantidade de melatonina que tínhamos aos 20 e, por volta dos 70, os níveis são baixíssimos ou quase nulos, como demonstrado na Tabela 43.2.

Na Tabela 43.2, podemos observar as diferenças entre a produção noturna e diurna entre o grupo da pré-puberdade, fases adulta e senil.

A partir das constatações de experimentos, depois de 1994, que apontavam a melatonina como causadora de sonolência e sensação de relaxamento quando liberada, ela passou a ser mais recomendada, em sua forma sintética (que não cria dependência química), para viajantes internacionais, com a finalidade de ajustar o horário biológico com os fusos horários locais.

Mas é importante que se saiba, antes de tudo, a quantidade e a hora de ingerir a substância. Especialistas acreditam que esses fatores dependem diretamente do tipo de problema apresentado e alertam

[6] Disponível em *www.doutorcasella.com.br*, acessado em 01/abr./2004.

Tabela 43.2 – Concentração de melatonina no sangue nas diferentes fases da vida, em homens chineses.

	Concentração de melatonina no sangue (ng/mL)	
Idade	*Diurna*	*Noturna*
Pré-puberdade	21,8	97,2
Adulta	18,2	77,2
Senil	16,2	36,2

Adaptado de: "Melatonina" – disponível em *www.doutorcasella.com.br*

para o fato de que tomar melatonina demais no momento errado pode piorar ainda mais a situação [7].

Porém, não somente pode ser secretada de forma artificial, seja por pílulas ou luz artificial, mas sobretudo, e de forma plenamente natural, quando se faz uma refeição muito rica em carboidratos, quando se toma um banho quente prolongado ou quando há exposição do sol.

Finalmente, a melatonina é um poderoso agente antioxidante que pode retardar o processo de envelhecimento. Existem evidências de que também estimula a produção de hormônio do crescimento.

ESTRESSE E *JET LAG*

O estresse, também conhecido como GAS – *General Adaptation Syndrome*, ou seja, Síndrome Geral de Adaptação, resume-se em mudanças que ocorrem no cotidiano dos seres humanos em função de diferentes estímulos, por exemplo, pressão para terminar um serviço em determinado tempo, etc.

A síndrome, descoberta em 1926 pelo austríaco Hans Selye [8] durante seu segundo ano de medicina, resume-se em mudanças que ocorrem no cotidiano dos seres humanos que, como vimos, está amplamente condicionado ao seu ciclo circadiano.

Selye concluiu que, na tentativa de adaptar-se a um estímulo agressivo, um organismo passará por três fases distintas: alarme, resistência e esgotamento. Após a fase de esgotamento surgem sempre doenças, chamadas de doenças de adaptação, como exemplos mais comuns a úlcera, a hipertensão, a artrite e lesões do miocárdio (músculo do coração), podendo levar ao infarto.

Além dos agentes físicos e psicológicos, atualmente se dá grande importância ao estudo do chamado *estresse social*, que aponta diversos outros elementos da vida urbana como importantes estressores: exposição a ruídos, aglomeração urbana, isolamento, eminência de violência, trabalho monótono e repetitivo, entre outros.

Sob a ótica do estresse, o *jet lag* é estritamente um fenômeno no qual os viajantes precisam, subitamente, adaptar-se às mudanças cronológicas impostas por um destino, o que implica, necessariamente, na alteração de seu ritmo circadiano (Ehret e Scanlon, 1993).

Em comum, tanto os sintomas do *jet lag* como os do *estresse* variam de acordo com o organismo de cada pessoa, pois algumas são mais sensíveis a mudanças do que outras. Nos dois fenômenos, de acordo com a sensibilidade do organismo, os efeitos podem se agravar e se tornar fatais.

Aeronáutica

A aeronáutica é um dos assuntos importantes quando se comenta o *jet lag*, pois engloba vários fatores, dentre os quais a rotina de trabalho, a escala de folgas, a jornada de trabalho, o desempenho e a saúde dos aeronautas. Assim colocados, os fatores humanos são essenciais para que sejam alcançadas escalas elevadas de segurança de vôo e de produtividade.

A indústria dos transportes aeronáuticos caracteriza-se pela irregularidade de horários de trabalho, sendo necessária à disponibilidade das tripulações durante as 24 horas do dia. Na maioria das vezes, é necessário que o aeronauta trabalhe em função da alta demanda do tráfego ou por uma eventual falta de tripulantes em determinada aeronave, o que o impele a uma situação estressante que, se combinada com o *jet lag*, torna-se um risco.

[7] "Melatonina ajuda a combater insônia", disponível em *www.lerparaver.com/noticias_melatonina.html*, acessado em 01/set./2004.

[8] Hans Selye nasceu em 1907, em Viena (Áustria), e dedicou a maior parte de sua vida ao estudo sobre o estresse. Foram aproximadamente 30 livros escritos e mais de 1.500 artigos publicados. Algumas autoridades chegaram a referir-se a ele como o "Eisntein da Medicina". Faleceu em 1932, em Montreal (Canadá), onde passou 50 anos estudando as causas e conseqüências do estresse.

Parte 5

85-7241-568-8

Portanto, empresas de transporte aeronáutico devem manter um programa de informação, prevenção e recuperação dos efeitos do *jet lag* para suas equipes internacionais como forma de minimização de riscos e melhor qualidade de atendimento aos viajantes.

Em resumo, humanos e outros organismos têm inata acomodação à rotação da Terra. Dessa forma, o relógio circadiano dirige os padrões de acordar-dormir, a secreção de hormônios, a mudança de temperatura corporal e outras funções apropriadamente relacionadas com a hora do dia.

Histórico do Tema

Certamente, até quatro décadas atrás, o termo *jet lag* só era conhecido pela elite de pessoas que viajavam de avião. Nos dias atuais, pode-se dizer que em torno de 140 milhões de pessoas do mundo inteiro que costumam viajar de um aeroporto internacional a outro estão familiarizadas com o termo.

A síndrome passou a ser discutida, em 1953, quando os norte-americanos decidiram limitar o número de horas de vôo. No começo, os administradores das empresas aéreas encararam tal redução como uma estratégia dos pilotos para aumentarem seus ganhos. Posteriormente, médicos e psicólogos começaram a entender os problemas associados aos trabalhos de longa duração e seus efeitos na saúde e no comportamento dos tripulantes, sobretudo quando relacionados ao cruzamento de fusos horários e à irregularidade de horários.

Hoje, apesar do alto número de viajantes prejudicados pelo *jet lag*, apenas uma parte deles realmente tem conhecimento sobre o fenômeno. Até mesmo no mundo científico o conhecimento é reduzido, pois apenas uma pequena quantidade de cientistas especializados em cronobiologia e em pesquisas de regularidade dos círculos circadianos sabe a sua causa real, a natureza dos seus efeitos mais graves e o tratamento adequado de recuperação.

Diana Fairechild[9] é extremamente preocupada com a falta de conhecimento dos viajantes, sejam eles tripulantes ou passageiros. Para ela, o tratamento deveria ser o mesmo que se eles estivessem entrando em um *space shuttle flight*. Porém, a autora acredita que esse quadro será revertido e, com o conhecimento, todos saberão como lidar com esses momentos difíceis.

No Brasil, as principais pesquisas cronobiológicas estão sendo realizadas na USP e envolvem o estudo da incidência da luz em diferentes seres, inclusive em humanos.

Sintomas, Práticas de Recuperação e Prevenção

Como vimos, os sintomas do *jet lag* são causados pela ruptura ou alteração dos ritmos circadianos do corpo – o chamado relógio biológico: a quantidade de meridianos atravessados em viagens na direção leste-oeste e vice-versa é muito maior que nas viagens na direção norte-sul (as viagens usuais). No caso dos viajantes transmeridionais, os sintomas variam de pessoa para pessoa. A seguir, alguns deles:

- *Sintomas do primeiro dia de viagem:* cansaço anormal; o senso de tempo, espaço e bem-estar também é afetado, como a memória, a concentração e a *performance*.
- *Sintomas posteriores:* intestino desregulado, perda de apetite, dores de cabeça, etc.

Em decorrência de os sintomas do *jet lag* serem causados por agentes externos e de, como vimos, haver certa diferença entre os sintomas sofridos conforme o sentido leste-oeste, o tempo médio que as pessoas despendem para se recuperarem também varia, conforme podemos notar nas Tabelas 43.3 e 43.4.

Por sua vez, vôos no sentido norte-sul que permanecem na mesma zona de tempo permitem que o viajante mantenha seus padrões de sono e alimentação e, usualmente, não causam disritmia circadiana.

PRÁTICAS DE RECUPERAÇÃO

Comenta-se que nem todas as pessoas podem "se dar ao luxo" de diminuir os desconfortos causados pelo *jet lag* gradualmente em um período de dias e semanas.

[9] Diana Fairechild é autora do livro que trata sobre o *jet lag* e apresenta algumas práticas de recuperação. Cf. em *Jet Smarter – The Air Traveler's Rx* (Fairechild, 1999).

85-7241-568-8

Tabela 43.3 – Recuperação dos sintomas causados pelo *jet lag* em dias, em relação à quantidade de horas atravessadas - sentido leste.

	Diferença de acordo com os meridianos atravessados (horas)					
Performance (psicomotora)	3	6 - 7	9 - 10	12	12	Mais de 12
Reação ao tempo (vigília)	1 - 2	3 - 4	5	6 - 7	8	8
Batimentos cardíacos	2	4	6	8	8 - 10	8 - 10
Corticosteróides	4	7 - 8	11 - 12	12	12	Mais de 12
Noradrenalina	1	2	3	4	4 - 5	4 - 5
Adrenalina	2	4	6	8	8 - 10	8 - 10
Movimentos corporais	3	6 - 7	9 - 10	12	12	Mais de 12
Temperatura do corpo	3	6	9	12	12	Mais de 12
Sono	1	3 - 4	4 - 5	6 - 7	8 - 9	8 - 9

Adaptado de: Ehret e Scanlon, 1993, p. 34.

Tabela 43.4 – Recuperação dos sintomas causados pelo *jet lag* em dias, em relação à quantidade de horas atravessadas – sentido oeste.

	Diferença de acordo com os meridianos atravessados (horas)					
Performance (psicomotora)	2	4	6	8	10	Mais de 12
Reação ao tempo (vigília)	1	1 - 2	2 - 3	3	4	5 - 8
Batimentos cardíacos	1 - 2	2 - 3	4	5 - 6	6 - 7	8 - 10
Corticosteróides	2 - 3	5	7 - 8	10 - 11	12	Mais de 12
Noradrenalina	1	1 - 2	2	2 - 2	3 - 4	4 - 5
Adrenalina	1 - 2	2 - 3	4	5 - 6	6 - 7	8 - 10
Movimentos corporais	2 - 3	4 - 5	7	9	11	Mais de 12
Temperatura do corpo	2	4	6	8	10	Mais de 12
Sono	1	2	3 - 4	4 - 5	6 - 7	8 - 9

Adaptado de: Ehret e Scanlon, 1993, p. 35.

Muitas vezes, as viagens duram de um a dois dias, às vezes uma semana, enquanto o mal-estar provocado pelo *jet lag* pode ter duração maior. Como conseqüência, quando as pessoas estariam começando a se adaptar, elas já estariam voltando para casa, podendo até estar se preparando para uma próxima viagem.

Várias pessoas que vivenciaram o transtorno causado pelo *jet lag* desenvolveram os seus próprios caminhos para combaterem os efeitos indesejáveis. A maioria delas atua na diplomacia internacional e em negócios internacionais; outras consideram seus efeitos para fins de desempenho físico, como é o caso dos esportistas olímpicos.

Enfim, esse desconhecimento aparente da causa desses sintomas fez surgir vários livros aconselhando os passageiros sobre maneiras de minimizar o desconforto e apresentando diferentes opções de prevenção e recuperação.

Nos livros são apresentadas, em linhas gerais, as profilaxias desenvolvidas para antes do vôo, durante o vôo e após a chegada no destino. Neles, a desidratação é considerada um dos grandes sintomas após viagens de longa duração. Recomenda-se que, antes de embarcar, o passageiro:

- Tenha uma alimentação leve, à base de frutas, vegetais e maior consumo de água.
- Faça uma refeição como essa também durante o vôo para se manter hidratado.
- Evite o consumo de bebidas alcoólicas também é fundamental.
- Preferencialmente, não passe por nenhum momento de estresse antes do embarque.

Diferentes pesquisadores e profissionais [10] sugerem, também, mas principalmente durante o vôo, uma série de exercícios (Figs. 43.3 a 43.6) para

[10] Em especial, a reportagem publicada no jornal *O Estado de São Paulo*, em 03/fev./2004; o entrevistado é o Dr. Fernando Lucchese Cirurgião Cardiovascular de Porto Alegre, diretor da Santa Casa da cidade; e autor do livro *Viajando com Saúde* em 2003.

85-7241-568-8

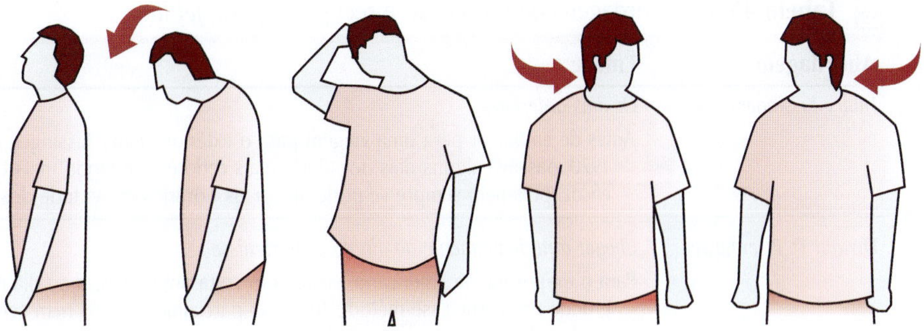

Figura 43.3 – Exercícios para o pescoço. Ilustração de Fernando Gomes Belezi, inspirado em ilustração publicada em *O Estado de São Paulo* (03/fev./2004).

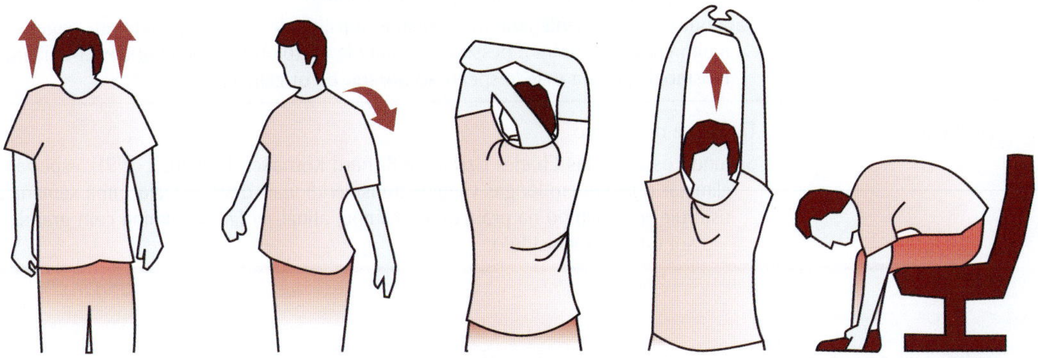

Figura 43.4 – Exercícios para ombros, costas e tronco. Ilustração de Fernando Gomes Belezi, inspirado em ilustração publicada em *O Estado de São Paulo* (03/fev./2004).

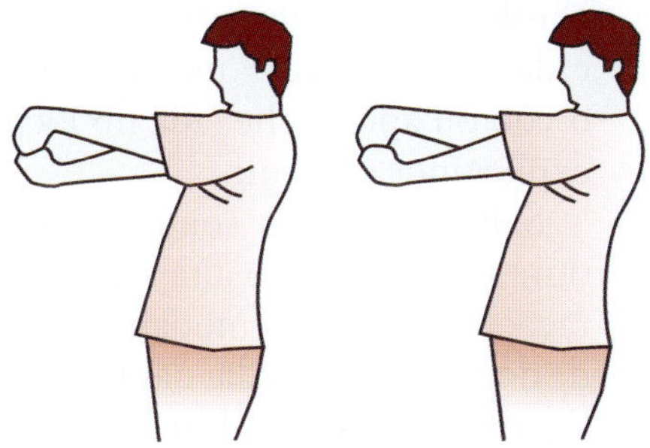

Figura 43.5 – Exercícios para braços, punhos e mãos. Ilustração de Fernando Gomes Belezi, inspirado em ilustração publicada em *O Estado de São Paulo* (03/fev./2004).

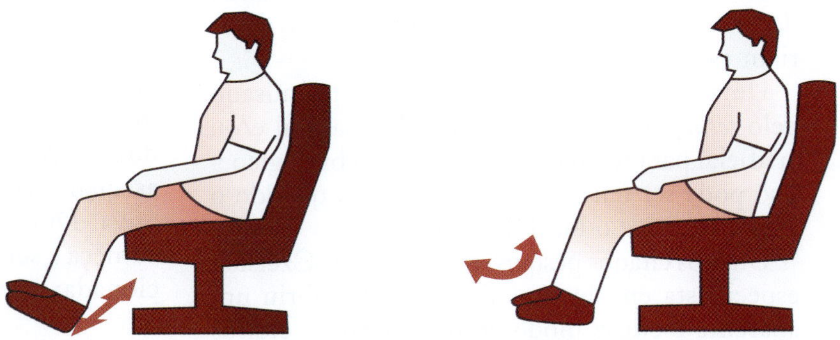

Figura 43.6 – Exercícios para pés e pernas. Ilustração de Fernando Gomes Belezi, inspirado em ilustração publicada em *O Estado de São Paulo* (03/fev./2004).

evitar doenças como trombose venosa profunda, muitas vezes fatal e muito comum entre passageiros da classe econômica, mas que não se identifica com os sintomas do *jet lag*. Outra dica é a exposição à luz solar assim que o viajante atingir o seu destino.

Na Tabela 43.5, são apresentadas outras estratégias que antecedem o vôo, desenvolvidas por viajantes ilustres.

Para os médicos americanos Charles F. Ehret e Lynne Waller Scanlon, ambos autores do livro *Overcomming Jet Lag*, nenhuma das primeiras três

85-7241-568-8

Tabela 43.5 – Abordagens de prevenção e recuperação do *jet lag*

Abordagem	Ênfase
Henry Kissinger	*Os dias anteriores* Antes de embarcar para uma viagem para o exterior, Henry Kissinger, chefe da diplomacia americana dos anos 1970, passava alguns dias dormindo mais cedo e acordando mais tarde. Porém, esse *approach* não é 100% eficaz, pois nem sempre se pode alterar os horários em virtude dos compromissos que antecedem a viagem
Dwight D. Eisenhower	*Chegar antecipadamente ao dia do compromisso* Para o ex-presidente americano, viajar com certa antecedência ao dia do compromisso agendado é uma grande profilaxia. Esse método funciona parcialmente, pois nem sempre as pessoas conseguem chegar com os dias de antecedência equivalentes ao número de zonas atravessadas durante a viagem.
Lyndon Johnson	*Manter a rotina de origem, não importa onde estiver* Para outro ex-presidente americano manter a rotina de origem, quando em viagens no exterior, é solução muito eficiente, porém a pessoa fica limitada a explorar a cidade que está visitando, seja a negócios ou a turismo, haja vista esse "respeito ao horário de origem".
Sete dias	Divirta-se no destino Segundo os cientistas Charles Czeisler e Richard Kornauer (Helfferich, 1991), especialistas no assunto, para eliminar o *jet lag* em longas viagens transmeridionais deve-se viajar uma semana antes ao destino e usufruir desse tempo na praia ou no campo, afinal, *jet lag* se elimina com grande exposição a luz brilhante – o sol ou outro substituto.

soluções apresentadas anteriormente são eficazes. Eles acreditam que um dos melhores métodos para combater o *jet lag* seria utilizar os efeitos da luz e da alimentação – um meio profilático durante o vôo ou após a chegada no local de destino, que explicamos a seguir.

Sabemos que o sono é um grande problema durante viagens em alta velocidade e de longa duração, e é grande a mudança que ocorre no desejo de dormir e de acordar das pessoas que ficam muito ligadas com seus hábitos antigos. Com o tempo, elas se desvinculam rapidamente de seus antigos hábitos, porém sentem vontade de dormir quando deveriam estar acordando e de acordar quando deveriam estar dormindo.

Uma das formas de combater o efeito causado pelo *jet lag*, como vimos, é usar luz natural e/ou artificial para ressincronizar o relógio biológico – isso pode ser feito dentro do avião ou quando o viajante atinge o local de destino.

Um dos citados pesquisadores Charles Czeisler, especialista em doenças do sono, descobriu um aparente e eficaz modo de minimizar os efeitos do *jet lag*, ao tratar de uma vítima desse mal-estar em Massachusetts, cujo relógio biológico encontrava-se pelo menos 6 horas em desacordo com o tempo real. Ao aplicar o método, fruto de estudos anteriores que indicavam que a exposição à luz provocava o acerto do relógio interno em 1 a 2 horas a cada dia, sua paciente conseguiu realinhar seu relógio biológico ao tempo real local.

A partir daí, e com a cooperação de um matemático, os pesquisadores desenvolveram um modelo teórico de como a luz afeta o relógio biológico humano e, em seus experimentos, conseguiram alterar o relógio biológico de seus voluntários em 12 horas.

Explica Diana Fairechild, em depoimento eletrônico oferecido aos autores: *a luz pode agilizar ou retardar o metabolismo*.

Hoje, empresas desenvolveram um tipo de lâmpada capaz de auxiliar na recuperação do *jet lag* e outras síndromes, em especial a *Winter Blues*[11], que apresenta alguns sintomas semelhantes.

Outra maneira de combater essa fadiga inesperada, para que as pessoas não tenham os seus negócios prejudicados e consigam aproveitar as atrações locais, seria alterar o conteúdo da alimentação. Sabemos que, durante o dia, são produzidas doses de adrenalina a partir da serotonina, as quais são responsáveis por manter a pessoa ativa. Durante a noite, a adrenalina diminui e começa a ser produzida outra substância já mencionada: a melatonina.

[11] *Winter Blues*, ou SAD – *Seasonal Affective Disorder* (distúrbio afetivo sazonal), segundo o Prof. Dr. Luis Menna-Barreto, "representa um desarranjo no sistema de regulação temporal do ser humano (nesse aspecto, é análogo ao *jet lag*), mas é deflagrado pela diminuição progressiva da duração do dia (luz) que ocorre no outono. Esse distúrbio não se restringe a países situados em latitudes mais elevadas, ocorrendo também em zonas temperadas mas, aparentemente, em menor escala.

Pesquisadores concluíram que refeições compostas por alimentos com *alta dose de proteínas*, como peixes, ovos, carne e feijão, estimulam a adrenalina. Em contrapartida, alimentações compostas por *altas doses de carboidratos*, como massas, saladas, frutas e sobremesas com alto valor energético, abaixam a adrenalina.

Por exemplo, uma pessoa que chega à Áustria pela manhã, vinda dos Estados Unidos, após atravessar várias zonas de tempo e alimentar-se com café da manhã com muitos carboidratos, tende a ficar mais cansada. Caso essa pessoa se alimente de ovos mexidos, queijos, leite, salsicha, alimentos ricos em proteínas, além de acumular mais energia durante o dia, sentirá os efeitos do *jet lag* em menor grau.

Para Menna-Barreto [12]:

> *A magnitude dos efeitos (do* jet lag*) depende da quantidade de fusos horários atravessados, e também da direção (adaptação tende a ser mais rápida nas viagens leste-oeste e mais lenta no sentido oposto).*
> *(...) uma primeira maneira de minimizar efeitos é tentar adiantar ou atrasar hábitos antes da viagem de acordo com o horário do local de destino, mas isso nem sempre é viável às vésperas de viagens.*
> *(...) ao chegar no destino, a recomendação é maximizar a interação com o ambiente social e expor-se o mais possível à luz (solar, preferencialmente); refeições e exercícios em horários regulares podem ajudar também.*
> *(...) não há evidências satisfatórias sobre composição mais ou menos favorável da dieta.*
> *Portanto, a correlação entre energia dispendida pelo metabolismo ativo, luz, alimentação, liberação de melatonina e ciclos circadianos ainda não tem concordância geral por parte dos estudiosos.*
> *Por fim, a literatura pesquisada aponta o uso de cápsulas contendo melatonina sintética no tratamento do* jet lag. *É uma forma moderna de tratamento, mas os resultados ainda deixam a desejar: O uso do hormônio melatonina (cuja venda é proibida no Brasil) ainda é objeto de investigações, mas há algumas evidências de aceleração do processo de ajuste ao novo fuso horário; entretanto não recomendo seu uso sem o devido acompanhamento por algum profissional informado sobre cronobiologia (...)*
>
> **Menna-Barreto**

[12] Professor doutor e pesquisador em cronobiologia humana, em depoimento oferecido para a presente pesquisa, em entrevista eletrônica realizada em 18/set./2003.

Hotéis e Recuperação do *Jet Lag*

Uma das opções pós-vôo é a busca de hotéis que se preocupam com o bem-estar de seus hóspedes e que, ao visarem a diferenciais para novos clientes, oferecem programas anti-*jet lag*. Este, aliás, é um conceito que vem se difundindo no exterior, particularmente em hotéis localizados na Ásia.

No Brasil, foi feita uma pesquisa (Farha, 2004) com hotéis de luxo que apontou fato de interesse para a indústria hoteleira paulista: alguns deles consideraram ter serviços anti-*jet lag* pelo simples fato de possuírem um *spa* com tipos de massagens ou *room service* 24 horas; todavia, não divulgam esses serviços como diferencial para hóspedes que chegam ao hotel após viagens de longa duração.

Um deles, localizado em Ilhabela, litoral norte de São Paulo, diz ser o único hotel que divulga um serviço para combater o *jet lag*, porém não esclareceu seus procedimentos.

Outro hotel pesquisado – *Okura Tokyo*, localizado em Tóquio (Japão), considerado um dos hotéis mais luxuosos e tradicionais do país, possui o programa *jet lag*. Para desenvolvê-lo, contou com o auxílio do médico, professor e chefe de cadeira do Departamento de Psiquiatria Geral da Universidade de Viena, na Áustria, o Dr. Siegfriend Kasper.

O hotel auxilia seus hóspedes antes que eles cheguem ao hotel, oferecendo instruções por meio de um *folder* que sugere medidas que devem ser tomadas antes do vôo, durante o vôo e quando o viajante chega ao hotel.

Segundo o hotel, um dos piores momentos que pode ser experimentado por uma pessoa procedente de longas viagens é a sensação de estar sem sono, sentindo-se exausta e não conseguindo dormir, em decorrência do descontrole causado pelo relógio biológico.

Do ponto de vista do hotel, uma das maneiras mais eficazes para a sincronização do relógio biológico é a exposição do corpo humano à luz em horários específicos do dia.

O uso de luz artificial, como se vê, é um dos elementos de profilaxia do *jet lag*. Para a autora Diane Fairchild, em exclusivo depoimento para este artigo:

> *A luz pode acelerar ou retardar o metabolismo. Isto é explicado em detalhes no meu livro* Jet Smarter: the air traveler's rx. *Hotéis podem auxiliar a adaptação dos viajantes ao assegurar que as fontes de luz nas UH tenham variação de luminosidade, assim as pessoas podem ajustar a claridade do ambiente às suas necessidades de energia.*

Para isso, o hotel oferece um serviço no qual os hóspedes podem usar o *jet lag fighter*, uma tabela para calcular quanto tempo é necessário ficar exposto à luz, que pode ser adquirida na recepção. O próximo passo é a solicitação de uma unidade da *Philips Bright Light Energy* no apartamento, sentar-se e ficar exposto aos raios da luz. Após o tempo necessário, o relógio biológico estará 100% sincronizado (Fig 43.7).

O hotel também acredita no princípio de que, para se ter uma boa noite de sono, é essencial que o hóspede possua o travesseiro de costume. Dentre outras amenidades, oferece travesseiros que possuam a mesma altura e o mesmo peso que o hóspede está acostumado a utilizar em seu cotidiano; assim, ele poderá ter noites mais tranqüilas de sono reparador.

PONTO DE VISTA DE UM EMPRESÁRIO BRASILEIRO

Em entrevista realizada com um célebre empresário hoteleiro sediado em São Paulo, foi-lhe perguntado quanto à possibilidade de ser oferecido um serviço que reconforte os clientes com sintomas de *jet lag*.

Figura 43.7 – Uso sugerido de lâmpada especial para recuperação do *jet lag*. Fonte: *www.okura.com.tokyo*.

O empresário declarou que nunca tinha pensado nisso, mas acredita que é um serviço interessante para hotéis com grande fluxo de viajantes que vêm do exterior voando mais de 8 ou 9 horas. Para a implantação desse serviço, o hotel precisaria:

> *(...) fazer, em primeiro lugar, uma pesquisa junto aos hóspedes e verificar o nível de utilização pelos hóspedes senão se corre o risco de ser mais um serviço com pouca aplicação prática, acabando por ser apenas uma ferramenta de divulgação do hotel e não, especificamente de benefício para os hóspedes.*

Finalmente, apesar das dúvidas relativas ao volume da utilização do serviço a ser oferecido – que necessita de pesquisa junto aos hóspedes viajantes, o empresário apontou:

> *(...) Sem dúvida, é um serviço a mais para o hóspede que apreciará o serviço voltado ao seu bem-estar... em princípio gosto bastante da idéia.*

Considerações Finais

Este capítulo buscou conceituar *jet lag* e apresentar o panorama que envolve a síndrome: seus sintomas, remédios e novas descobertas.

Apesar da importância do assunto, poucas pesquisas estão disponíveis e alguns livros, escritos por viajantes, apresentam o problema. Dois pesquisadores brasileiros foram contemplados na nossa pesquisa e – prazer maior, a constatação de que um dos trabalhos, desenvolvido no Brasil, foi premiado internacionalmente.

O problema será um dos principais complicadores das viagens em subespaço, nova tecnologia de transportes aéreos transglobais. A ciência busca compreender o fenômeno por meio de novas descobertas e desenvolver novas profilaxias.

Por exemplo, por muitos anos, os cientistas acreditaram que a retina tinha dois tipos de células sensíveis à luz: cones e bastonetes; ambos capturariam a luz e a enviariam para o cérebro, onde seriam enviados sinais que acertariam o relógio biológico, informando o tempo de acordar e de dormir.

Recentemente, foi descoberta uma nova substância que pode ser encontrada no olho, diferente das anteriormente estudadas. Essa célula é uma molécula sensitiva a luz chamada *melanopsina*, uma proteína que converte sinais fóticos em elétricos e químicos, os quais são usados pelo sistema nervoso.

A *melanopsina* é encontrada em um pequeno número de células ganglionárias nas retinas de camundongos, macacos e humanos. Também age enviando sinais para o cérebro, que regula o relógio biológico.

A cientista brasileira Ana Maria Castrucci[13] desenvolveu uma pesquisa na qual mostra como um fotopigmento presente nas células da retina dos mamíferos percebe a luz ambiente e ajusta o relógio biológico do organismo. Segundo a opinião da cientista, em curto prazo, usaremos pulsos de luz para tratar a insônia e os efeitos que o *jet lag* causa no relógio biológico.

Outro problema levantado recentemente refere-se ao uso de *ecstasy* e suas conseqüências se a pessoa que estiver sob seus efeitos permanecer com os sintomas do *jet lag* por mais tempo.

Segundo a psicóloga Stephany Biello, da Universidade de Glasgow, na Escócia, o *ecstasy* interrompe o mecanismo do sensível relógio existente no cérebro, danificando as células que contêm seretonina que, como vimos, desempenha um papel ativo na regulação do sono. Uma vez que o *ecstasy* altera ainda mais o relógio biológico, os adeptos dessa droga possuem um agravante que dificulta sua recuperação em viagens longas.

Por fim, um relógio biológico bem regulado é fundamental para uma melhor recuperação dos efeitos contra o *jet lag*, e os cuidados necessários incluem boa alimentação, exercícios físicos regulares, boa dose de sono reparador e preparo antecipado à viagem transmeridional pretendida.

Questões para Discussão

1. Explique, com suas palavras, o que é a "síndrome da mudança brusca de fusos horários", mais conhecida por *jet lag*.
2. Por que o problema do *jet lag* se potencializa em determinadas épocas do ano, quando se viaja, por exemplo, de São Paulo à ilha de Hokaidô, no Japão? Que época seria essa?
3. Os efeitos do *jet lag* são diferentes de pessoa para pessoa, e também variam com a idade. Por que pessoas da terceira idade provavelmente poderão sofrer seus efeitos em menor grau?

Exercício Proposto

Você é o responsável pelo atendimento em uma agência de viagens. Um grupo de empresários se apresentou solicitando seus serviços para planejar uma viagem à China, cuja finalidade é o fechamento de um importante contrato de transferência de *know-how*. Para isso, os empresários dispõem de uma semana, no máximo, para o traslado ao destino da reunião.

O grupo precisa estar em condições físicas e psicológicas excelentes, pois os chineses interessados no negócio são hábeis negociadores. O que você faria, considerando que a viagem vai demorar mais de 23 horas, com algumas escalas no percurso?

Glossário

Adrenalina: substância que regula a pressão sangüínea.

Corticosteróide: hormônio produzido pela suprarenal, industrializado sinteticamente. Usado como antiinflamatório.

Ciclo circadiano: período de um dia terrestre relacionado com dia e noite.

Cronobiologia: estudo de como o tempo afeta a vida do ser vivo.

Ecstasy*:* droga, também conhecida como MDMA ou 3,4-metileno-dioximetam-fetamina, consumida, na maioria das vezes, por jovens entre 17 e 31 anos de idade. É uma substância sintética, criada em laboratório na Alemanha em 1913. Foi usada, sem sucesso, como inibidor do apetite, no tratamento do mal de Parkinson e como antidepressivo.

Melatonina: hormônio produzido pela glândula pineal durante a noite em resposta à obscuridade. Regulariza e controla o nosso relógio biológico: melhora o sono, estimula o sistema imune e protege o sistema nervoso central. Influencia os sistemas reprodutores, cardiovasculares e neurológicos.

Meridiano terrestre: círculo máximo da esfera celeste terrestre que passa por ambos os pólos terrestres.

Meridiano de Greenwich: meridiano terrestre que define o primeiro fuso horário e serve de referência

[13] Bióloga, formada pela USP, cursou também pós-doutorado nos Estados Unidos em Endocrinologia Comparada. Atualmente trabalha no Laboratório de Biociências da USP. As pesquisas que ela desenvolveu na USP e na Universidade Militar de Bethesda, nos Estados Unidos, foram incluídas na lista das 10 maiores realizações científicas de 2002. A publicação foi feita em uma edição especial da revista norte-americana *Science*.

à definição das horas dos outros fusos. Corta a cidade do mesmo nome, considerada a hora zero universal.

Metabolismo: conforme o *Dicionário Houaiss*, "representa o conjunto de transformações num organismo vivo pelas quais passam as substâncias que o constituem: reações de síntese (anabolismo) e de desassimilação (catabolismo) que liberam energia... é a quantidade mínima de energia necessária para manter funções vitais como respiração, circulação, atividade glandular e etc.".

Noradrenalina: substância usada para a manutenção da pressão e circulação sangüínea.

Pesquisas de regularidade dos círculos circadianos: estudo de como controlar o ritmo diário do ser humano.

Sites Indicados

www.doctor-travel.com: *site* com recomendações, dicas, histórias e outros tópicos relacionados para viajantes (em inglês).

www.bodyclock.com: apresenta tópicos relacionados com o relógio biológico e as viagens internacionais. Possui um simulador de profilaxia ante-viagem do *jet lag*, com recomendações de uso de lâmpadas especiais (em inglês).

www.sleepfoundation.org: a NSF – *National Sleep Foundation* é uma ONG independente dedicada a desenvolver saúde e segurança pública por meio da promoção de estudos que buscam entender o sono e suas desordens (em inglês).

www.sleepdisorderchannel.net/jetlag: outra boa referência em se entender a síndrome do *jet lag* (em inglês).

http://portal.varig.com.br: portal da Varig, com ótimas recomendações para minimizar os efeitos do *jet lag*.

www.millenniumbcp.pt: apresenta dosagens e horários para o viajante se medicar com melatonina sintética. Observação: a melatonina sintética é proibida no Brasil.

www.abav.com.br/dicas: *site* da Associação Brasileira de Agentes de Viagem. Apresenta algumas dicas básicas para minimizar os efeitos do *jet lag*.

www1.folha.uol.com.br/folha/ciencia/ult306u12107.shtml: página de Internet que relaciona os ciclos circadianos, as bactérias e como elas também sofrem com o *jet lag*. Matéria científica de interesse.

www.united.com.br/portugues/travel_support/tips/jetlag.htm: outro *site* de empresa aeronáutica apresentando dicas para prevenção do *jet lag*.

BIBLIOGRAFIA

BARRETO, L. M.; MARQUES, N. *Cronobiologia: princípios e aplicações*. São Paulo: Edusp, 1999, 321p.

BELLUSCI, S. M. *Doenças Profissionais ou do Trabalho*. São Paulo: Senac, 2001, 99p.

DOUGLAS, C. R. *Tratado de Fisiologia Aplicada às Ciências da Saúde*. São Paulo: Robe, 1994, 1422p.

EHRET, C. F.; SCANLON, L. W. *Overcoming Jet Lag*. Berkley, 1993, 160p.

FAIRECHILD, D. *Jet Smarter: the air traveler's rx*. Flyana Rhyme, 1999, 399p.

FRENCH, J. *Jet Lag*. S/l, s/d. Disponível em www.nmjc.org/aoard/jetlag.html. Access: 10/Nov./2002.

HELFERICH, C. *Article [7]1015: More Light on Jet lag*. In: ALASKA SCIENCE FORUM, Jan. 1991. Disponível em www.gi.alaska.edu/ScienceForum/ASF10/1015.html. Acesso: 03/out./2003.

HOTEL Okura Tokyo. S/l, s/d. Disponível em www.okura. com/tokyo/index.html. Acesso: 08/abr./2004)

HOW to Stop Jet Lag. S/l, s/d. Available at: Disponível em www.stopjetlag. com/stopjetl.html. Acesso: 10/nov./2002.

L. C. R. Técnicas para não sofrer com o *jet lag*. *O Estado de São Paulo*, São Paulo, 03/fev./2004. Caderno de Viagem, p. 12.

MAISON Joly. S/l, s/d. Disponível em: www.maisonjoly. com.br Acesso: 10/Nov./2002.

MATSUKARA, M. *Jet lag: a ressaca do viajante*. S/l, s/d. Disponível em: www.geocities.com/CapeCanaveral/hangar/8315. Acesso: 10/nov./2002.

PINSARD, L. *Le décalage horaire, qu'est ce que c'est?* S/l, s/d. Disponível em: www.routard.com/partir_dossiers_pratiques. asp?id_dp = 5. Acesso: 10/nov./2002.

ROZENCWAIG, R.; WALJI, H. *The Melatonin and Aging Sourcebook*. Hohm, 1996, 193p.

UMA MAISON contra o *jet lag*. *Ícaro, 217:* Set. 2002.

Parte 5

CAPÍTULO

44 Gerenciamento da Cadeia de Suprimentos e do *Marketing* de Relacionamento nas Agências de Viagens

Carlos Alberto Tomelin
Athos Henrique Teixeira

Parte 5

Introdução

O estudo apresentado aborda de maneira sistemática as agências de viagens e a importância do uso do gerenciamento da cadeia de suprimentos e o *marketing* de relacionamento como forças competitivas na gestão dessas organizações. É notório que o processo de globalização ocasiona uma concorrência mundial, demandando organizações mais competitivas, cuja oferta de produtos e serviços baseia-se no binômio qualidade e preço acessível.

Por outro lado, os hábitos e costumes dos consumidores mudam constantemente, forçando as empresas a terem flexibilidade para adaptar seus produtos e serviços às exigências e necessidades do seu principal patrimônio, o consumidor.

É neste cenário que as agências de viagens procuram estabelecer diferenciais competitivos para sua sobrevivência num mundo globalizado e competitivo, onde o conhecimento profundo do mercado pode fazer a diferença. O "cliente" é realmente reconhecido como indispensável no planejamento das ações estratégicas das organizações. Investir no seu conhecimento é investir no futuro da empresa.

E, para que isto ocorra, o gerenciamento da cadeia de suprimentos e o *marketing* de relacionamento desempenham papel fundamental, pois possibilitam que as organizações conheçam seus clientes e tracem ações estratégicas para sua manutenção e conseqüente fidelização.

85-7241-568-8

Um elemento básico no processo produtivo do turismo é o distanciamento espacial entre a destinação turística (o produto), os mercados consumidores (os turistas), que geralmente são gerenciados pelas operadoras turísticas. Assim, o desenvolvimento da TI – tecnologia da informação – e a facilidade de comunicação entre fornecedores e clientes criam obstáculos às organizações que têm como função a intermedição de produtos e serviços, no caso as agências de viagens. Essas organizações devem procurar estabelecer diferenciais e agregar valores aos seus serviços de modo que, efetivamente, os consumidores sintam que, ao procurar uma agência de viagens, serão compensados de alguma forma, pois, se isto não ocorrer, poderão migrar para o concorrente ou ao próprio fornecedor.

Para melhor compreensão da situação atual das organizações, é necessário compreender o momento atual das agências de viagens e o fenômeno turístico de suas relações com o mercado.

O fenômeno turístico dessas organizações é caracterizado pela inter-relação de uma série de elementos que se complementam para possibilitar que o turista, sujeito de todo o processo, alcance seu principal objetivo: realizar uma viagem. A falta de algum elemento que compõe a cadeia produtiva do turismo pode inviabilizar a realização de uma viagem para um determinado destino, seja ele, turístico ou não. Por exemplo: se a região escolhida por um viajante não é atendida por algum meio de transporte (aéreo, terrestre, marítimo ou lacustre), torna-se praticamente impossível chegar até ela.

Toda essa *combinação* entre os elementos – transportes, hospedagens, destinos, lazer, entretenimento e turista – que compõem uma viagem é atribuída à função das agências de viagens, conhecidas tradicionalmente como agências de turismo. Com o crescente desenvolvimento do turismo, principalmente após meados do século XIX, com os serviços de profissionais de Thomas Cook na Inglaterra, Henry Wells nos Estados Unidos e Bernardo Abreu em Portugal, perante organizações que tinham como objetivo facilitar a vida dos viajantes daquela época, tornou-se imprescindível o desenvolvimento de empresas que fossem capazes de orientar, intermediar e promover os serviços e produtos turísticos. Nessa visão, as agências de viagens servem como motivadoras do ato de viajar, ocupando uma posição de liderança no setor de viagens e turismo.

As agências de viagens, peças fundamentais para a interação harmônica do fenômeno turístico, em face da atual conjuntura econômica brasileira e mundial, passam por um período de mudanças e investimentos, a fim de assegurar a competitividade num mercado globalizado, dinâmico e veloz.

O reposicionamento do profissional *agente de viagens* em relação às novas tendências do mercado turístico necessita adaptar-se à *era do cliente*, em que os serviços oferecidos e o *valor agregado* à venda de um produto turístico são fatores determinantes no processo de decisão de compra por parte de um cliente, o qual opta por fazê-lo na empresa que lhe transmitir maior gama de informações sobre os serviços oferecidos, tornando o agente de viagens um consultor de viagens. Tais mudanças estão ocorrendo porque o cliente também valoriza as assessorias e orientações de viagens prestadas por um profissional, além dos serviços ou produtos adquiridos, seja ele uma passagem ou um pacote turístico. Isto se deve à facilidade que os consumidores têm para obter informações e adquirir os produtos diretamente dos próprios provedores da cadeia de suprimentos turísticos, principalmente após o advento da Internet.

Num mercado caracterizado pela intermediação de produtos e serviços, o estreitamento nas relações com o mercado permite que as agências de viagens conheçam melhor as necessidades dos seus clientes, para, então, poder proporcionar a satisfação máxima no consumo dos produtos e serviços turísticos. Afinal, não é peculiar em outra atividade de prestação de serviços a exposição plena das preferências, vontades e necessidades pelo consumidor, tanto quanto na organização de uma viagem. Para Oppermann (1999, p. 231) "(...) poucas outras indústrias envolvem um nível tão alto de contato com o cliente como faz a indústria do turismo. Entretanto, muito poucos fazem uso disto".

O momento e as leis de mercado exigem mudanças das organizações que antes eram orientadas para a venda de produtos e serviços e deixavam em segundo plano o atendimento das necessidades reais dos seus clientes. Segundo Costa:

> *A organização, ao voltar-se para o cliente, passa a entender e aceitar que a qualidade de seus produtos e serviços é o principal determinante do seu sucesso no mercado. Privilegiar a qualidade é, antes de tudo, admitir a importância dada a este elemento, por parte do consumidor.*
>
> Costa (2000, p. 4)

Parte 5

Considerando a qualidade como parte dos processos atuais, entende-se por qualidade "algo decorrente de um processo natural de adaptação (das empresas ou organizações) às mudanças de comportamento das pessoas (clientes ou usuários), também influenciado pelas circunstâncias do ambiente externo (concorrência, mercado, governo, órgãos de comunicação, etc.") (Yasoshima, 1997, p. 52). O processo de qualidade nas empresas ligadas à atividade turística inicia-se no primeiro contato com seus consumidores potenciais. Isto significa que, antes de depender do produto ou do serviço em si, a qualidade depende da relação entre organização e consumidor que se inicia no atendimento.

Para que não haja lacunas no processo comercial e para que as empresas comecem a conhecer melhor a necessidade de seus clientes, para, enfim, adaptar seus produtos e serviços de modo que atinjam excelência na qualidade, uma ferramenta essencial neste processo é o uso do gerenciamento da cadeia de suprimentos aliada ao *marketing* de relacionamento. Grandes empresas, inclusive do setor turístico, já desenvolvem suas estratégias competitivas baseadas no relacionamento com seus fornecedores e clientes, objetivando a integração dos elos desta e, conseqüentemente, a melhoria da lucratividade, conquistada pelas freqüentes compras desses clientes fiéis e a boa relação comercial entre os parceiros de forma pró-ativa.

A instabilidade do mercado torna as agências de viagens muito vulneráveis a qualquer tipo de variação, seja para mais ou para menos. Fatores econômicos (crise na Argentina), sociais (atentados terroristas, guerras religiosas) e de mercado (redução do comissionamento, processo de desintermediação) causam cada vez mais dúvidas quanto ao futuro dessas organizações. O que se sabe ao certo é que os laços comerciais com seus clientes são essenciais para permanecerem vivas no mercado, daí a necessidade de investimentos no conhecimento profundo de seus clientes sob o foco da gestão de suprimentos e de relacionamentos.

A situação das agências de viagens perante o mercado turístico aponta algumas mudanças radicais que comprometerão seu faturamento, caso se mantenham inertes aos acontecimentos nacionais e internacionais, relacionados a seguir:

Após a implantação do Plano Real, em julho de 1994, as empresas tiveram de se adaptar a uma economia mais concorrencial e com preços relativamente estáveis, diferentes da gestão numa economia fechada e com elevadas taxas de inflação. Segundo Lanzana (2000, p. 132), "A ênfase à área financeira cedeu lugar à área comercial e de custos. O *float*[1] financeiro deixou de existir e a lucratividade passou a ser função única e exclusiva do próprio negócio". Numa economia mais estabilizada com a chegada do Plano Real, as agências foram afetadas pela redução da inflação e conseqüente eliminação da receita inflacionária.

Não só as mudanças relacionadas à economia brasileira, mas também as mudanças ocorridas nos últimos 20 anos relacionadas aos novos processos que envolvem a tecnologia da informação (TI), principalmente após a massificação do uso da Internet para acesso à informação, acabam por facilitar o contato direto entre consumidores finais e os próprios provedores, eliminando a intermediação feita pelas agências de viagens. Este fenômeno é chamado de desintermediação dos produtos turísticos.

A tecnologia da informação faz com que as agências de viagens concorram com os próprios provedores e outros *players* da cadeia distributiva. A pressão dessas organizações na conquista de clientes, utilizando-se dos mais diversos meios de comunicação e distribuição dos produtos e serviços, procura estabelecer o contato direto entre fornecedor e cliente, eliminando o intermediário, neste caso as agências viagens, que acabam prejudicadas no seu desempenho.

A utilização do *e-commerce,* nas bases de comunicação *business to business*[2] *(b to b),* e *business to consumers*[3] *(b to c)* traz novas perspectivas até então desconhecidas há 15 anos. Tais mudanças podem significar um espaço aberto às novas oportunidades de mercado, que utilizam a Internet como ferramenta de trabalho e mais um canal de *marketing* no processo de customização de clientes.

Outro aspecto que mereceu destaque foi a redução das comissões pagas às agências de viagens pelas companhias aéreas, a fim de diminuírem seus custos operacionais, em tempos nos quais muitas dessas companhias passam por uma crise aguda.

Segundo Silva (2001, p. 12), um estudo realizado pelo Fórum das Agências de Viagens Especializadas em Contas Comerciais – FAVECC,

[1] *Float* – ganhos gerados por causa da inflação.
[2] *Business to business (b2b)* – processo de comercialização de produtos e serviços de empresas para empresas no ambiente virtual.
[3] *Business to consumers (b to c)* – processo de comercialização de produtos e serviços de empresas para consumidores no ambiente virtual.

entidade que congrega as 24 maiores agências do país, atuantes no segmento corporativo e responsável por 29% dos bilhetes aéreos emitidos no Brasil, aponta uma redução de 22% na receita das agências, em decorrência da redução do comissionamento das companhias aéreas. Isto afeta diretamente a sobrevivência dessas empresas, provocando mudanças significativas no processo de sua gestão, fazendo com que busquem novas alternativas para permanecerem competitivas num mercado globalizado.

Essa situação desconfortável, aliada à pequena margem de lucro dos produtos e serviços comercializados, faz a agência de viagem ser extremamente dependente de seus clientes habituais e, com isso, traçar estratégias no processo de fidelização destes.

Um dos aspectos mais importantes relacionados a estas mudanças é considerar que as agências de viagens estão passando por transformações, repercutindo nas tendências dessas organizações, onde o futuro das agências de viagens e do agente de viagens dependerá de uma postura de vanguarda, estratégica, dinâmica e pró-ativa que possa atender e compreender o desenvolvimento de estratégias mercadológicas inovadoras e diferenciadas, calcadas a partir das novas teorias da relação do consumidor (customização e fidelização).

Neste contexto, fica evidente que as agências de viagens devem investir num modelo de gestão orientado para os clientes, desenvolvendo ações estratégicas e cultura organizacional que valorizam o relacionamento com os clientes *habitué* e as parcerias com os fornecedores responsáveis pelos suprimentos de formatação dos produtos turísticos. Dessa forma, percebe-se a importância dada ao consumidor e aos fornecedores, os quais constituem o principal componente externo de uma empresa e o interesse dado ao assunto, para que as agências de viagens mantenham-se valorizadas e competitivas na nova era da gestão compartilhada pela experiência.

Agências de Viagens – Conceitos e Funções

As empresas chamadas agências de viagens enquadram-se no setor terciário da economia, ou seja, são responsáveis pela produção e intermediação de serviços de agenciamento de viagens. Suas relações com os demais elementos que compõem a atividade turística são de extrema interdependência, pois nada é feito de forma isolada. Um hotel terá um crescimento na sua taxa de ocupação se utilizar todo o potencial de promoção e distribuição que as agências puderem oferecer; da mesma forma, as companhias aéreas teriam grandes problemas de comercialização de seus bilhetes aéreos se fossem unicamente responsáveis pela distribuição destes. Os turistas ficariam muitas vezes sem respostas, se tivessem que buscar todas as informações sobre suas viagens na Internet. De forma simplificada, as agências nada seriam sem o complemento dos demais elementos (Acerenza, 1990).

Assim, define-se uma agência de turismo como:

> *Uma empresa que se dedica à realização de arranjos para viagens e à venda de serviços soltos ou organizados em forma de pacotes, em caráter de intermediário entre as empresas chamadas a prestar os serviços e o usuário final, para fins turísticos, comerciais ou de qualquer outra natureza.*
>
> Acerenza (1990, p. 29)

Para cumprir seus objetivos, as agências de viagens dependem de uma série de elementos da cadeia de distribuição. O processo de comercialização do turismo pode ser representado por um esquema sugerido pelo professor J. Krippendorf, conforme a Figura 44.1, em que cada prestador de serviços pode vender diretamente aos consumidores finais ou por meio de intermediários, entre eles as agências de viagens.

Segundo Torre (1990, p. 21), as agências de viagens têm como função básica "a organização, promoção, reservas e vendas de serviços de transporte, alojamento, alimentação, visitas a lugares e a eventos de interesse, transporte local e visitas organizadas. Ainda facilitam o trâmite de documentos, como passaportes, vistos, seguros, créditos, etc." Nota-se a importância da relação entre a agência e os efetivos prestadores de serviços de transporte, alojamento e facilidades que perfazem a organização de uma viagem.

As funções são representadas pelas características dos serviços prestados pelas agências de viagens. De forma mais ampla, as agências operam com quatro funções básicas, que podem ser simultânea ou individualmente prestadas ao cliente, dependendo da situação de atendimento: organização e execução de viagens; intermediação; promoção; assessoria (Beni, 2000; Andrade, 2000; Ansarah, 2001).

Parte 5

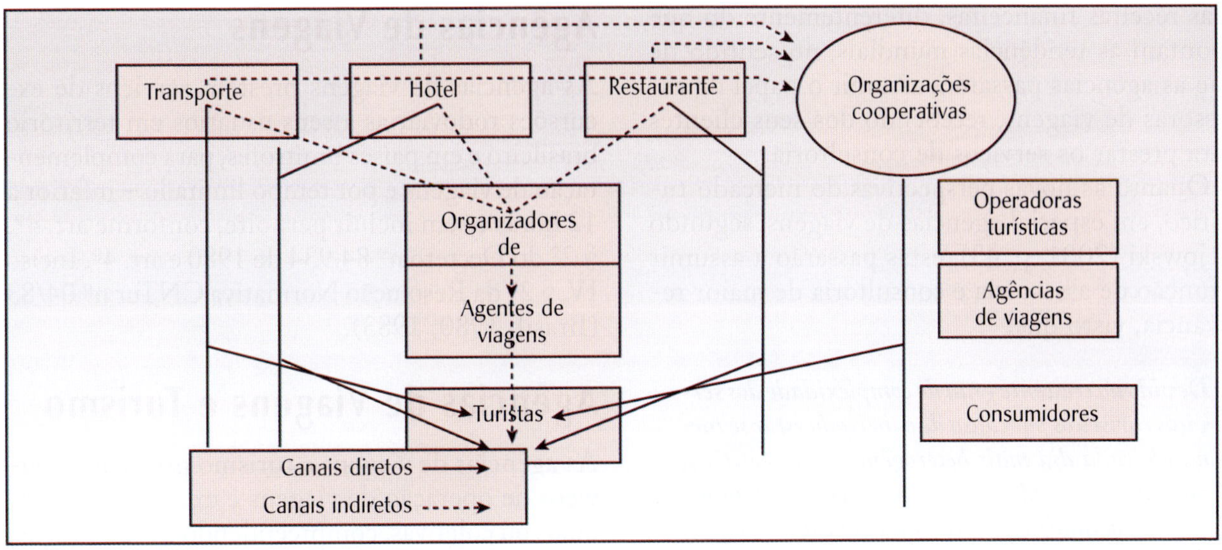

Figura 44.1 – Esquema básico dos canais de distribuição de turismo. Fonte: Krippendorf, 1971 (*apud* Acerenza, 1990, p. 48).

As agências assumem a função de organizadoras e executoras de programas de viagens quando realmente constituem produtos turísticos, *fabricados* a partir da combinação de diferentes insumos disponíveis no mercado, tais como: serviços de transportes, alojamento, entretenimento, etc.

Beni (2000, p. 191) lembra que "organização de viagens deve estar de acordo com o desejo do cliente, seja individualmente ou em grupo".

No processo comercial entre a agência de viagens e o consumidor, concretiza-se a função de intermediação de uma agência. Este é o processo que disponibiliza os produtos turísticos aos consumidores finais, fazendo a ligação entre fornecedor e consumidor. Nessa relação, tradicionalmente as agências de viagens recebem uma comissão dos fornecedores pelos produtos comercializados.

Para Cooper et al. (2001), a tarefa básica do agente de viagens é fornecer os serviços de viagem ao público em nome de seus fornecedores e, para que isso ocorra, recebe uma comissão sobre o valor da venda do produto, que pode variar para mais ou para menos, dependendo do produto comercializado.

Cooper separa as agências em varejistas e atacadistas (operadoras); assim considera que o agente de viagens tem a função de intermediação e aceita que novas correntes atribuam o papel de consultor à figura do agente. Porém, cabe às agências atacadistas e aos fornecedores o papel do desenvolvimento e operação de pacotes, bem como o da promoção dos destinos e dos produtos turísticos.

A função de promotora é assumida quando a agência promove os destinos turísticos, dinamizando a atividade em todo o mundo. Esta é uma importante função da agência, visto que, em muitos destinos turísticos, as agências de viagens são responsáveis por uma parcela significativa dos turistas.

Tomelin (2001, p. 31) ressalta que:

> *Quanto aos agentes denominados provedores – transportadoras aéreas e rodoviárias, indústria hoteleira e demais provedores/fornecedores de produtos e serviços receptivos –, constituem-se em componentes da indústria de viagens tradicionalmente ligados às agências de viagens e turismo e promocionalmente ao fomento de destinos turísticos.*

A função de assessora é prestada ao cliente sempre que ele necessita de informações, sugestões e orientações a respeito dos mais diversos produtos e destinos comercializados e promovidos numa agência de viagens.

No momento atual das agências de viagens brasileiras, a função de intermediação tem sido a de maior importância, caso se considere que a fonte principal de sua receita financeira provém da comissão recebida dos provedores pelos produtos intermediados. Em países como os Estados Unidos e Inglaterra, o pagamento dos serviços prestados pelas agências é efetuado pelo próprio consumidor, visto que as agências podem acabar oferecendo produtos e serviços que lhes pagam maiores comissões e não exatamente aqueles que são os melhores para os seus clientes. Nesse sentido, observa-se que, no Brasil, as agências de viagens *trabalham* para os fornecedores, pois são eles que lhes garantem suas receitas financeiras, diferentemente do que apontam as tendências mundiais, no sentido de que as agências passam a assumir o papel de assessoras de viagens, recebendo dos seus clientes para prestar os serviços de consultoria.

Quanto às novas perspectivas do mercado turístico, em especial agências de viagens, segundo Rejowski (2001, p. 43), estas passarão a assumir a função de assessoria e consultoria de maior relevância, visto que:

> *Devido ao crescente grau de complexidade dos serviços turísticos por causa de o mercado estar se tornando cada dia mais heterogêneo e competitivo, começa-se a considerar o assessoramento ao viajante como a verdadeira função da agência de viagem num futuro próximo, distinguindo-a dos outros prestadores turísticos. Para tanto, o agente deve compreender profundamente os serviços que vende, com base em experiência própria ou em abundante informação confiável sobre os mesmos (...)*

Cooper et al. (2001, p. 288) também sentencia:

> *Uma visão alternativa defende que a aquisição de conhecimento sobre o produto e assumir os riscos envolvidos na avaliação da extensão e da natureza da demanda são trabalho do agente. Assim sendo, o agente deve assumir o papel de um conselheiro de viagem para aconselhamento imparcial ao público e buscar gerar negócios no mercado local.*

É importante entender que estes são os fatores que impulsionam a busca de novos desafios às agências de viagens e, por conseguinte, melhoram a qualidade dos serviços prestados, em que o ganhador acaba sendo o consumidor final.

Deve-se considerar que cada autor escreve sob situações particulares de cada um, levando-se em consideração o mercado (país) pesquisado. Porém fica evidente a gama de funções atribuídas às agências de viagens, não apenas como intermediadora, mas também como responsável pela informação e a opção mais adequada de viagens a um determinado cliente.

TIPOLOGIA DAS AGÊNCIAS DE VIAGENS NO BRASIL

A legislação brasileira estabelecida pelo Instituto Brasileiro de Turismo Embratur, por meio do Decreto nº 84.934, de 1980, sugere uma tipologia que divide as "agências de turismo" em duas categorias:

Agências de Viagens

As agências de viagens prestam serviços de excursões rodoviárias a seus usuários em território brasileiro e em países limítrofes, para complementação de viagens e por tempo limitado – inferior a 12 horas e sem incluir pernoite, conforme art. 4º, § 2º do Decreto nº 84.934 de 1980 e art. 4º, Inciso IV, § 2º da Resolução Normativa CNTur nº 04/83 (Brasil, 1980; 1983).

Agências de Viagens e Turismo

As agências de viagens e turismo prestam os serviços de operação de viagens e excursões, individuais ou coletivas, compreendendo a organização, contratação e execução de programas, roteiros e itinerários, quando relativos a excursões do Brasil para o exterior, conforme Art. 4º, § 1º do Decreto nº 84.934 de 1980 (Brasil, 1980).

Beni (2000, p. 191), deixa mais claro o emprego das classificações, relacionando o prescrito da legislação brasileira com a aplicação no mercado de intermediações operações de viagens, estabelecendo o seguinte:

> *Agências de Viagens têm a função de facilitar e resolver todos os problemas dos turistas a fim de que possam realizar suas viagens da maneira mais satisfatória possível. Pela sua organização, pessoal especializado e informações disponíveis, proporcionam ao cliente todos os elementos para a realização de viagens seguras e bem organizadas. Agências de Viagens e Turismo correspondem ao conceito de operadoras turísticas, conhecidas internacionalmente como* tour operators. *É privativa dessa categoria a operação de viagens e excursões, individuais e coletivas, compreendendo a organização, contratação e execução de programas, roteiros e itinerários quando relativos a excursões do Brasil para o exterior.*

Andrade (2000, p. 194), completa:

> *As agências de viagens são as internacionalmente designadas travel agency. Prestam serviços a seus usuários em território brasileiro e em países limítrofes, quando em função da complementação de viagens e por tempo limitado. As agências de viagens e turismo são as internacionalmente designadas de* Wholesale Tour Operators. *Prestam serviços não apenas ao público consumidor, mas,*

principalmente às próprias agências de turismo, tanto no Brasil como no exterior (...). São as outrora denominadas operadoras turísticas, que se restringiam apenas às funções de criadoras de programas e fornecedoras de pacotes e planejamentos a serem comercializados pelas agências de viagens, hoje agências de turismo.

Em razão das constantes dúvidas no que concerne à tipologia das agências no Brasil, e principalmente no desenvolvimento de suas atividades operacionais, e que o previsto em lei fica limitado ao papel e não atende às especificidades do mercado, há pesquisadores que sugerem uma reformulação nas tipologias adotadas no Brasil.

Para Tomelin (2001), os autores (entidades, pesquisadores, educadores) e profissionais que atuam na área utilizam diferentes terminologias no cotidiano acadêmico e profissional. Ele sugere a aplicação do modelo de Acerenza (1990), por ser uma terminologia atual que caracteriza a maioria das empresas que existem no mercado mundial, porém acrescenta outros tipos:

Agências de Viagens Detalhistas (Acerenza, 1990): Estas empresas não elaboram seus próprios produtos. Revendem viagens com roteiros preestabelecidas tipo "pacotes que são organizados por empresas maioristas, ou tour operators, *sendo que no Brasil estas empresas são semelhantes quanto a sua função.*
As empresas detalhistas podem ou não oferecer os serviços de receptivo, os quais são representados por City Tour, Transfer In/Out, Sightseeing *e outros, caracterizados pela ligação direta entre a oferta (empresa) e a demanda (turista).*
Quando assumem uma estrutura mais complexa, podem optar em trabalhar com segmentos de mercado diferentes além de atender o público em geral, especializando-se, por exemplo, no atendimento de contas correntes, grupos e convenções, intercâmbio e outros. A exemplo, Via Apel e Ilhatur.
Agências de Viagens Maioristas (Piñole, 1989, Acerenza, 1990): São empresas que têm por objetivo principal a confecção de programas de viagens organizados ou "pacotes", que são repassados às agências detalhistas para a venda ao consumidor final.
Normalmente, as agências maioristas não vendem diretamente ao público, porém como as estruturas organizacionais diferem entre si, em alguns casos isto pode acontecer. A exemplo, Flot e Transatlântica.
Agências de Viagens Tour Operators *– Operadoras de Turismo (Piñole, 1989, Acerenza, 1990): A principal diferença entre uma maiorista e uma agência* tour operators, *é que esta última opera seus próprios programas de viagens, com seus próprios equipamentos ou subcontratação de operadores terrestres locais. Os maioristas, por sua vez, não operam seus próprios serviços.*
Outra diferença é que as agências tour operators *vendem seus produtos às agências detalhistas e ao próprio público geral através dos seus escritórios locais, e as agências maioristas trabalham exclusivamente suas vendas através das agências detalhistas.*
É importante salientar que, no Brasil, as agências de viagens maioristas e tour operators se confundem, onde são empregadas as mesmas funções operacionais tanto para as agências maioristas quanto para as tour operators, onde o termo para designar estas empresas é "operadora". A exemplo, Soletur e CVC.
Agências de Viagens Receptivas (Piñole, 1989, Gazeta Mercantil, 2000): Além das agências de viagens que atuam como uma grande rede de distribuição dos pacotes montados e comercializados pelas operadoras, existem também agências de viagens voltadas especificamente para o turismo receptivo. São muito comuns nos principais destinos turísticos do País, como na região Nordeste, por exemplo. As agências de receptivo prestam serviços para as operadoras de turismo e as demais agências de viagens, por meio do oferecimento ao turista de uma gama variada de serviços, como transfers entre aeroporto e hotel (e vice-versa), city tours *e assessoria ao turista, enquanto ele estiver no destino da viagem.*
Além de prestarem serviços e serem pagas por isso pelas operadoras e agências, as agências de receptivo obtêm receitas pela montagem de passeios e programas, que são oferecidos ao turista e cobrados à parte do pacote turístico. São produtos adquiridos pelo turista diretamente das agências de receptivo, numa relação comercial que não envolve as operadoras e agências que montaram e venderam os pacotes. A exemplo, Vip Service *e Ilhatur.*
Agências de Viagens e Turismo Consolidadora (Tomelin, 2001): São empresas de turismo classificadas junto à EMBRATUR como Agências de Viagens e Turismo e têm como função a consolidação de serviços junto às transportadoras aéreas repassando bilhetes (TKT'S) às agências que não

Parte 5

possuem credenciais para este fim. A denominação é senso comum no mercado informal e, em tese, conteúdo de aula na disciplina de Agências e Transportes de cursos superiores de Turismo, por ser uma realidade no mercado, portanto precisa ser discutida nos estudos. A exemplo, Orinter e Rextur.

Agências de Viagens e Turismo Escola (Tomelin, 1995): São empresas-laboratório de instituições educacionais de cursos superiores de turismo, legalmente constituídas no mercado de viagens, classificadas junto à Embratur como Agências de Viagens ou Agências de Viagens e Turismo, que desenvolvem ações didático-pedagógicas e operacionais a fim de atender as necessidades de ensino-aprendizagem para o desenvolvimento de habilidades e competências profissionais do egresso, como Agente de Viagens. A exemplo a Acatur/Univali e Flytour/Universidade Anhembi Morumbi (sistema franquia).

Tomelin (2001, p. 24-25)

A falta de uma legislação atual que arbitre sobre as mais variadas formas de empresas que fazem a intermediação de produtos e serviços turísticos acaba deixando que o próprio mercado se auto-regulamente; porém, dada a necessidade de melhores organização e profissionalização da atividade, espera-se que a iniciativa pública e privada discuta sobre esta questão e defina o escopo básico de serviços de cada tipo de organização.

Não só as agências de viagens, mas de, maneira geral, o setor turístico no Brasil sofre carências de leis que realmente possibilitem desenvolvimento do setor. Segundo Ferraz (2001, p. 130), "o objetivo de modernizar a legislação setorial constante da política de turismo formulada pela Embratur em 1995 está longe de ser alcançado, não tendo sido sua implementação sequer iniciada".

Em relação às agências de viagens especificamente, o autor cita:

Há vários exemplos neste sentido, como o "registro" – na verdade recadastramento – tratado na Deliberação Normativa Embratur n. 398/98, que colide, conceitual e operacionalmente, com o cadastro tratado na de nº 195/86 (...) Esse cenário, ilustrado pelos exemplos citados, recomenda a iminente operacionalização do objetivo de modernizar a legislação setorial constante da política oficial de turismo, sob o risco de desorganizar o mercado.

Ferraz, 2001, p. 131

Os projetos de lei que tramitam na Câmara dos Deputados e no Senado Federal, que regulamentam a atividade das agências de viagens, aos poucos estão ganhando força e apoio político. Segundo o presidente da Associação Brasileira das Agências de Viagens – ABAV Nacional, Tasso Gadzanis, no 30º Congresso Brasileiro da ABAV em Recife, Pernambuco, em agosto de 2002, enfatizou: "pela primeira vez temos o ministro dos Esportes e do Turismo e a Embratur apoiando no Senado e na Câmara Federal a regularização como lei e a possibilidade de dar às autoridades o poder de fiscalização" (informação verbal)[4].

Com a regulamentação da atividade, a entidade associativa da classe das agências terá poder de fiscalização, podendo, assim, coibir o desenvolvimento e a operação de empresas irregulares, e estes estabelecimentos são os que mais utilizam práticas predatórias e antiéticas que acabam prejudicando os demais e denegrindo a imagem da categoria perante os consumidores.

Este capítulo não tem a intenção de apresentar uma terminologia definitiva para as várias subcategorias assumidas pelas empresas "agências de turismo". Faz-se, no entanto, necessário esclarecer que objeto em estudo são as agências de viagens, também no âmbito de sua caracterização legal e de mercado.

MERCADO COMPETITIVO E O PLANEJAMENTO ESTRATÉGICO DAS ORGANIZAÇÕES

O mundo passa por diversas transformações. Especialmente em países em desenvolvimento, como o Brasil, o processo de globalização estimula um mercado competitivo em que as organizações devem apresentar um comportamento dinâmico, com vistas às oportunidades com que os mercados interno e externo acenam.

A competição entre as empresas se intensificou de tal forma que se exige um aperfeiçoamento constante em todas as suas áreas, sejam elas produtivas, técnicas, tecnológicas e humanas.

[4] Declaração do presidente da Associação Brasileira das Agências de Viagens – ABAV CN, Tasso Gadzanis, durante o 30º Congresso Brasileiro da ABAV, em Recife, Pernambuco, em agosto de 2002.

85-7241-568-8

Mesmo no ramo das agências de viagens esta competição torna-se a cada dia mais acirrada, não só pelo desenvolvimento e expansão de algumas redes, como, por exemplo, Thomas Cook, Flytour (mesmo que franquias), mas também aquelas que partem para um processo de fusão a exemplo de outras atividades econômicas, como FIT Turismo e Giro Turismo, as quais, para tornarem-se competitivas, dividem os custos de infra-estrutura e equipamentos, bem como de promoção e vendas (Tomelin, 2001).

Neste contexto, a competitividade organizacional é primordial para a sobrevivência no mercado atual. Segundo Boljwin e Kumpe (1990, *apud* Azevedo e Costa, 2001, p.1), "(...) afirmam que a competitividade está fundamentada no trinômio produtividade, qualidade, e flexibilidade. A flexibilidade está associada à capacidade da organização de atender às flutuações da demanda do mercado. Assim, a competitividade da organização também está fundamentada na sua capacidade de perceber as mudanças e se preparar para enfrentá-las, adotando uma postura pró-ativa."

Para que esse posicionamento competitivo ocorra, é fundamental que o planejamento organizacional seja realizado dentro de um processo contínuo de preparação para o futuro. "Torna-se imprescindível avaliar, no planejamento estratégico, o comportamento das organizações frente as forças competitivas do mercado, ou seja, diagnosticar o grau de competitividade da organização, identificando sua posição competitiva no setor em que atua" (*Id. ibiden,* p. 2)

A avaliação da postura estratégica das organizações é um processo discutido por muitos autores. Porém, dada a abrangência do tema, utilizar-se-ão os modelos das Cinco-Forças, desenvolvido por Michael Porter (1999), e o modelo Delta, desenvolvido por Hax e Wilde (2000), para compor a sustentação teórica, relacionando a teoria à pratica comercial das agências de viagens.

Para melhor compreender como se dá o processo competitivo entre as empresas na conquista de mercados, Porter (1999, p. 28) diz que o estado da competição num determinado setor depende de cinco forças básicas, conforme a Figura 44.2.

A Figura 44.2 demonstra como o mercado e as empresas reagem na medida em que são submetidas a forças que determinam o maior/menor desempenho de uma organização. As organizações devem saber direcionar suas ações de modo a estabelecerem vantagens em relação a suas concorrentes, utilizando-se dos fatores que lhes dão maior competitividade.

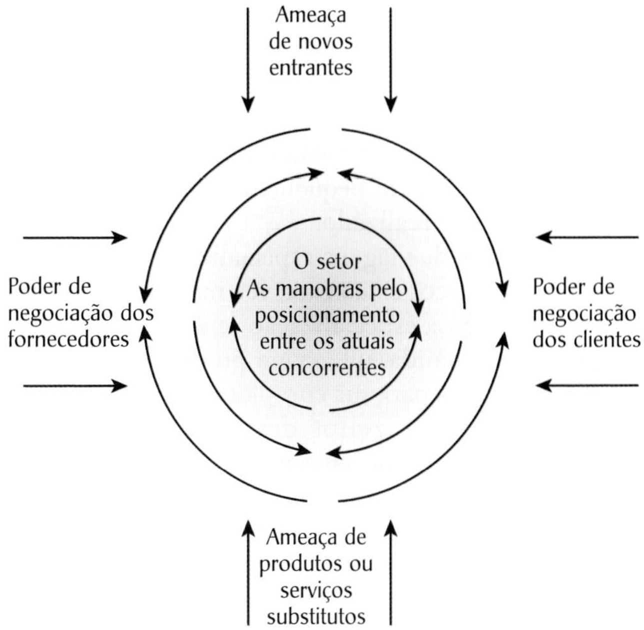

Figura 44.2 – Forças que governam a competição num setor. Fonte: Porter (1999, p. 28).

Porter (1999, p. 29) ainda estabelece que:

> *(...) quanto mais fracas as forças em termos coletivos, maiores as oportunidades para o desenvolvimento superior. – O objetivo do estrategista empresarial é encontrar uma posição na qual a empresa seja capaz de melhor se defender contra as forças ou de influenciá-las a seu favor. E que essa visão da competição se aplica aos setores que atuam com serviços ou àqueles que vendem manufaturados, sendo que os mesmos princípios gerais são válidos para todos os tipos de empresas.*

No mercado de agências de viagens a força competitiva entre as empresas é ainda maior, pois praticamente todas trabalham com a revenda dos mesmos produtos e serviços, onde sua principal fonte de receita ainda é a intermediação de produtos e serviços de terceiros. A condição de intermediadora de produtos e serviços diminui as chances de as agências de viagens criarem novos produtos e necessidades aos consumidores, a fim de minimizarem sua dependência a terceiros – fornecedores.

Um planejamento estratégico bem formatado com foco em públicos pouco explorados e, se possível, identificados por pesquisas preliminares, pode trazer novas perspectivas de negócios às empresas turísticas. As estratégias voltadas a segmentos específicos de mercado acabam otimizando recursos financeiros antes geralmente despendidos em campanhas promocionais muito generalistas, com baixo índice de consumidores persuadidos e, conseqüentemente, pequeno retorno financeiro do investimento realizado.

Agências de viagens especializadas em nichos mercadológicos estão cada vez mais presentes no mercado. Essa especialização se dá em função da própria demanda, que exige produtos e serviços diferenciados para sua completa satisfação. Prova disso são os cruzeiros destinados ao público GLSBT[5], operadoras receptivas especializadas em ecoturismo e turismo de esportes radicais, operadoras especializadas em programas e circuitos europeus, Disney, viagens de incentivo, entre outras.

Para que uma empresa se torne competitiva, ela deve definir o seu posicionamento estratégico, a fim de tornar-se especialista e garantir a satisfação do cliente por meio do pleno atendimento às suas expectativas. É importante diferenciar a eficácia operacional da estratégia. A busca da produtividade e da qualidade disseminou uma série de ferramentas administrativas e gerenciais que se preocupam em garantir a perpetuidade da empresa. Gestão da qualidade total, *benchmarking*, parceria, terceirização, reengenharia, entre outras, aos poucos e de forma imperceptível, tomaram o lugar da estratégia. Porter (1999, p. 65) diz que "a eficácia operacional consiste no desempenho de atividade melhor do que os rivais. Abrange a eficiência, mas não se limita apenas a esse aspecto. Diz respeito a quaisquer práticas pelas quais a empresa utiliza melhor os insumos (...)"; por outro lado, o posicionamento estratégico significa desempenhar atividades diferentes das exercidas pelos rivais ou desempenhar as mesmas atividades de forma diferente.

O posicionamento advém de três fontes distintas: posicionamento baseado na variedade, onde o foco é a escolha de produtos ou serviços, e não em segmentos de clientes, posicionamento com base nas necessidades; neste caso o posicionamento é atender a maioria das necessidades de um determinado grupo de clientes, que está mais próximo à orientação para um determinado segmento de clientes como alvo, e, por último, a escolha do posicionamento baseado no acesso, que pode ser em função da geografia ou do conjunto de atividades para melhor alcançá-lo (*Id. ibiden*, p.68b).

[5] GLSBT – Gays, lésbicas, simpatizantes, bissexuais e transgêneros: grupos de pessoas optantes e simpatizantes ao relacionamento com indivíduos do mesmo sexo.

Dada a dinâmica do mercado e os mais variados modelos de gestão empresarial, a estrutura defendida por Michael Porter não abrange todas as maneiras pelas quais as empresas competem no ambiente atual. Essa conclusão vem de uma pesquisa feita com cem empresas dos Estados Unidos, cujo resultado foi a elaboração de um novo modelo estratégico, batizado de "Modelo Delta", que, segundo Hax e Wilde (2000), se baseia em três opções estratégicas (Fig. 44.3):

- Estratégia de melhor produto.
- Estratégia de soluções para o cliente.
- Estratégia de *lock-in* do sistema, ou do sistema fechado.

Na opção estratégica de melhor produto, as organizações poderão escolher as formas clássicas de concorrência por meio de baixo custo ou diferenciação. Apesar de todas as opções procurarem estreitar as relações com os clientes para gerar uma mudança, os laços entre empresa e clientes são frutos da superioridade intrínseca de seu produto ou serviço.

Na opção de soluções para o cliente, as estratégias baseiam-se numa oferta mais ampla de produtos e serviços que satisfaçam as necessidades da maioria dos clientes e, quando não, todas elas. As organizações procuram desenvolver produtos personalizados de acordo com a necessidade individual. O relacionamento profundo com o cliente permite que a empresa preveja suas necessidades e, de forma conjunta, trabalhe no desenvolvimento de novos produtos e serviços. O relacionamento é aprimorado com o aprendizado e a personalização.

Na opção estratégica de *lock-in* do sistema, as organizações desenvolvem ações num espectro mais amplo. Em vez de se concentrar no produto ou no cliente, as empresas levam em consideração todos os participantes importantes do sistema. Dessa forma, conseguem defender o padrão de mercado, servindo de modelo para as demais empresas.

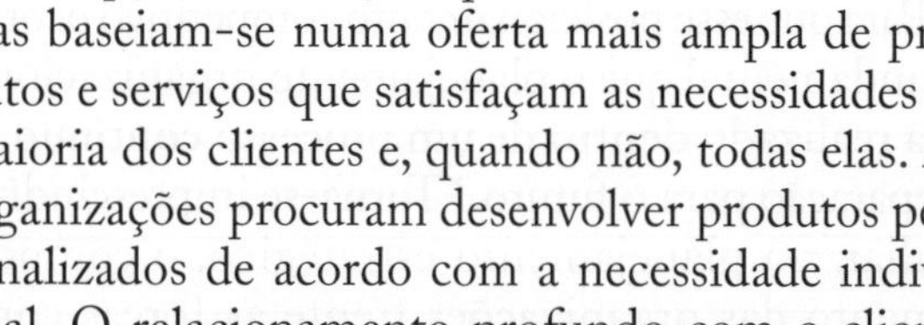

Figura 44.3 – O triângulo do modelo Delta. Fonte: Hax e Wilde (2000).

85-7241-568-8

Independentemente da escolha do critério ou da combinação deles, o posicionamento depende do conjunto de ações sob medida, pois é sempre conseqüência de diferenças na oferta ou na demanda. Definido o posicionamento de uma agência de viagens, esta deve desenvolver a estratégia, que significa criar uma posição exclusiva e valiosa, envolvendo um diferente conjunto de atividades. Nesse sentido, se as empresas oferecessem os mesmo produtos, atendessem as mesmas necessidades dos clientes e tivessem acesso a todos eles, o que determinaria o desempenho de uma empresa seria a eficácia operacional.

Dessa maneira, fica evidente que o posicionamento estratégico de uma agência de viagens depende necessariamente da escolha do foco que se quer trabalhar. A escolha pode ser feita privilegiando o produto ofertado (a empresa escolhe a especialização de um determinado destino turístico, ou região, ou país, ou produto intermediado), o tipo de cliente (a empresa orienta suas atividades em função da escolha de nichos mercadológicos), o acesso (atendimentos a corporações e inserção de postos de serviços), ou ainda através da combinação de alguns deles ou de todos.

Mielenhausen (2000, p. 52) faz uma importante consideração:

> *Os mercados-alvos determinam as características dos produtos/serviços a serem oferecidos, sendo que a clareza das definições e a consistência na atuação empresarial aumentam a eficiência, muito embora seja comum ainda hoje em dia ver as empresas atuando sem nenhuma especialização de mercado ou tentando atuar em mais de uma função. Isto diminui a eficiência no mercado e tende a diminuir a rentabilidade e a possibilidade de sobrevivência.*
>
> **Mielenhausen (2000, p. 52)**

O comprometimento com o público-alvo faz com que as agências de viagens desenvolvam estratégias de penetração de mercado, buscando informações importantes e valiosas de seus clientes, que traduzem suas vontades, anseios, sonhos, necessidades e satisfações. A partir da posse dessas informações, as agências devem-se preocupar em organizá-las e utilizá-las com inteligência na manutenção do seu público cativo. Nessa fase, dá-se início ao desenvolvimento do *marketing* de relacionamento, entre a agência e seus clientes.

Dessa forma, apresenta-se a importância do relacionamento com o cliente, cujo objetivo é mantê-lo cliente fidelizado à marca ou a empresa, por meio da leitura individual de cada pessoa envolvida num processo comercial.

Logística, Cadeia de Suprimentos e o *Marketing* de Relacionamento

Faz-se necessário uma retrospecção de conceitos de logística, cadeia de suprimentos e *marketing*, deixando mais claro o entendimento das relações entre empresas, produtos/serviços e clientes, em que a base fundamental dos conceitos converge para a satisfação completa das necessidades dos consumidores por meio de uma entrega e/ou troca de produtos e serviços.

LOGÍSTICA

A concepção logística de agrupar conjuntamente as atividades relacionadas ao fluxo de produtos e serviços para administrá-las de forma coletiva é uma evolução natural do pensamento administrativo.

As atividades de transportes, estoques e comunicações iniciaram-se antes mesmo da existência de um comércio ativo. Hoje as empresas devem realizar essas mesmas atividades como uma parte essencial de seus negócios, a fim de prover seus clientes com os bens e serviços que eles desejam.

Para melhor entendimento do estudo, é importante conhecer os diferentes conceitos da logística, que para Ballou:

> *(...) trata de todas atividades de movimentação e armazenagem, que facilitam o fluxo de produtos desde o ponto de aquisição da matéria-prima até o ponto de consumo final, assim como dos fluxos de informação que colocam os produtos em movimento, com o propósito de providenciar níveis de serviços adequados aos clientes a um custo razoável.*
>
> **Ballou (1993, p. 24)**

Já para Christopher:

> *Logística é o processo de gerenciar estrategicamente a aquisição, movimentação e armazenagem de materiais, peças e produtos acabados (e o fluxo de informações correlatas) através da organização e seus canais de* marketing, *de modo a poder maximizar as lucratividades presente e futura através do atendimento dos pedidos a baixo custo*
>
> Christopher (1997, p. 2)

Segundo Ching (1999), a logística pode ser entendida como o gerenciamento do fluxo físico de materiais que começa com a fonte de fornecimento no ponto de consumo. É mais do que uma simples preocupação com produtos acabados, o que era tradicional preocupação da distribuição física. Na realidade, a logística está preocupada com a organização e os locais de estocagem, níveis de estoques e sistemas de informação, bem como seu transporte e armazenagem.

Portanto a logística pode ser vista como o elo entre o mercado e a atividade operacional da empresa e seu raio de ação estende-se sobre toda a organização, do gerenciamento da matéria-prima até a entrega do produto final (Christopher, 1997).

O gerenciamento logístico engloba, portanto, o conceito de fluxo de compras de matéria-prima, operações de produção e transformação, controle de materiais e processos, bem como produtos acabados, compreendendo também todo o gerenciamento de transporte e distribuição de produtos destinados a vendas, até os consumidores finais.

Arnold (1999, p. 26) denomina logística como uma área de estudo relacionada ao fluxo de materiais a partir do fornecedor, passando pela produção até o consumidor. Diz, ainda, que o grande objetivo é: maximizar a utilização dos recursos da empresa e fornecer o nível requerido de serviços ao consumidor.

No turismo a distribuição se dá antes da produção, com a venda dos serviços, a exemplo do *resort*, que precisa ser oferecido ao cliente, podendo ser através de uma venda direta ou indireta pelas agências de viagem e turismo.

Neste caso, a logística é um forte instrumento para criar vantagem competitiva para o turismo, onde está inserido o mercado das agências de viagens e, nesse caso, pode-se citar o entendimento de Porter, quando afirma que:

> *A vantagem competitiva não pode ser compreendida olhando-se para uma empresa como um todo. Ela deriva das muitas atividades discretas que desempenha, projetando, produzindo, entregando e apoiando seu produto. Cada uma dessas atividades pode contribuir para a posição de custo relativo da empresa e criar a base para a diferenciação. A cadeia de valor desdobra a empresa em suas atividades estrategicamente relevantes, para compreender o comportamento dos custos e as fontes de diferenciação existente ou potenciais. Uma empresa ganha vantagem competitiva executando estas atividades estrategicamente importantes de maneira mais barata, ou melhor, que seus concorrentes.*
>
> Porter (1985)

A compreensão do nível de serviço logístico, que para Christopher (1997) é a qualidade com que o fluxo de bens e serviços é gerenciado, é fator-chave no conjunto de valores logísticos que as empresas oferecem a seus clientes para assegurar sua fidelidade; como o nível está associado aos custos de prover esse serviço, o planejamento da movimentação de bens e serviços se deve iniciar com as necessidades de desempenho dos clientes no atendimento de seus pedidos.

O produto ou serviço oferecido por qualquer empresa pode ser razoavelmente descrito pelas características de preço, qualidade e facilidades. Compradores selecionam fornecedores baseados numa combinação dessas características para satisfazer suas necessidades. Vendedores inteligentes criam diferentes combinações dessas três características básicas para atrair classes diferentes de compradores ou segmentos de mercado.

Enquanto os níveis de atividade logística e seus custos associados estão refletindo no preço e, em menor grau, na qualidade do produto, sua influência direta ocorre no nível de facilidades, que variam desde relacionamentos informais até relações formais rigidamente definidas.

O propósito destas alternativas no turismo é alcançar a coordenação entre as atividades logísticas, que podem estar em conflito umas com as outras, escolhendo uma estrutura organizacional dependente da natureza das operações da empresa e da importância da logística, beneficiando o *marketing*, as finanças e, ainda, a melhoria no clima organizacional das empresas turísticas.

GERENCIAMENTO DA CADEIA DE SUPRIMENTOS

Hoje, os conceitos de vantagem competitiva e de *core competence* (Porter, 1999) estão presentes na definição das estratégias das grandes empresas. É mais proveitoso concentrar as atividades naquilo que a empresa consegue fazer bem, diferenciando-a de modo positivo dos concorrentes e adquirindo externamente componentes e serviços ligados a tudo que não estiver dentro de sua competência central *(core competence)*. Assim, não somente componentes e matérias-primas são hoje adquiridos de outras empresas, como também serviços de variadas espécies: distribuição, armazenagem e transporte de produtos e insumos, alimentação de empregados, estacionamento e muitos outros. É claro que, nesse contexto, é muito importante o adequado entrosamento entre as empresas participantes, com um grau de confiança mútua elevado.

A atitude clássica das empresas numa fase preliminar da logística e que, infelizmente, ainda perdura em muitas organizações nacionais, era tirar a máxima vantagem da situação, visando, com isso, ganhar sempre dos concorrentes, numa perspectiva imediatista. Por exemplo, com a integração mais efetiva das empresas nos dias de hoje, é comum um lote de um certo produto ser entregue atrasado à transportadora, mas com a documentação indicando a data acertada previamente com o cliente, numa tentativa de passar a ineficiência de um dos participantes aos demais elementos da cadeia. Esse tipo de atitude está ligado ao desbalanceamento de poder entre as empresas participantes. Aquela que fala mais alto, mostrando seu poder, acaba, muitas vezes, impondo situações irregulares aos elos mais fracos da cadeia de suprimentos.

Felizmente se chegou à conclusão de que os ganhos que podem ser obtidos por intermédio da integração efetiva dos elementos da cadeia, com a otimização global de custos e de desempenho, são mais expressivos do que a soma dos possíveis ganhos individuais de cada participante, quando atuando separadamente.

Segundo Novaes (2001), para se chegar a esse estágio de integração plena, com benefícios globais expressivos, faz-se necessária a eliminação de inúmeras barreiras. Uma delas é o esquema organizacional da empresa, que precisa ser modernizado. Outro requisito é a necessidade de um sistema de informações bem montado e interligado com todos os parceiros da cadeia. Também é preciso implantar, nas empresas participantes, sistemas de custos adequados aos objetivos pretendidos, permitindo a transparência de informações entre os parceiros da cadeia. Esse tipo de operação logística integrada moderna é denominado *Supply Chain Management* (SCM), ou, em português, Gerenciamento da Cadeia de Suprimentos. A seguinte definição de *Supply Chain Management* foi adotada pelo Fórum de SCM realizado na Ohio State University:

> *SCM é a integração dos processos industriais e comerciais, partindo do consumidor final e indo até os fornecedores iniciais, gerando produtos, serviços e informações que agreguem valor para o cliente.*
>
> Marien (1998)

A definição do SCM – *Supply Chain Management*, é bastante aceita. Sua caracterização geralmente envolve muito mais a idéia de parceria e relacionamento coorporativo que administração usual. Sua concepção declara uma relação *win-win* (vencer-vencer), em que fornecedores e clientes ganham com o melhor atendimento do consumidor final, toda a cadeia de atividades necessárias para agregar valores ao consumidor final. É claro que essa integração administrativa tem por objetivo fazer os produtos da cadeia mais competitivos, de baixo custo, de alta qualidade, mais confiáveis, mais diversificados e de pronta entrega.

As estratégias de logística e a cadeia de suprimentos surgem da relação com os fornecedores, e alguns benefícios resultam dessa integração, que Ching (1999, p. 98) relaciona como:

- Parceiros mais fortes e para todo o negócio.
- Foco comum na qualidade.
- Confiabilidade de entregas mais estáveis e repetitivas.
- Baixos níveis de estoques.
- Menos burocracia.
- Melhor controle do processo.
- Dependência mútua e congruência de objetivos.
- Custos da cadeia logística reduzida.

Assim, a parceria pode ser definida como um relacionamento comercial sob medida, com base em confiança mútua, abertura, riscos e recompensas compartilhados, que proporciona vantagem competitiva estratégica, resultando em um desempenho melhor do que seria possível individualmente.

85-7241-568-8

Na cadeia de logística integrada, promover parcerias com fornecedores é vital. Permite ganho de eficiência operacional, os quais não seriam possíveis de outra maneira, leva a vantagens de integração vertical e de melhor especialização do ramo e constitui-se em uma forma de reagir à concorrência, assegurando ou fortalecendo posições.

A otimização da parceria entre a empresa e seus fornecedores gera uma cadeia de valor, que é toda atividade estratégica que proporciona valores ao cliente. O valor é o que o cliente está disposto a pagar ou que ele perceba estar incluído no produto ou serviço, gerando receita para a empresa. A cadeia de valor desdobra a empresa em suas atividades estrategicamente relevantes, para compreender o comportamento dos custos e as fontes de diferenciação existentes ou potenciais (Porter, 1985).

Essas atividades de valor são: logística interna, operações, logística externa, *marketing*, vendas e serviços, que na cadeia de valor têm suas atividades de apoio, na infra-estrutura da empresa, gerência de recursos humanos e desenvolvimento de tecnologia. A empresa alcança vantagem competitiva executando suas atividades de valor estratégico de maneira mais barata, ou melhor, do que seus concorrentes.

Percebe-se que a cadeia de valor está presente desde a entrada da matéria-prima até a utilização do produto ou serviço pelo cliente, e sua gestão eficaz pode garantir vantagens diferenciadas à empresa.

Segundo Christopher (1997), a gestão da cadeia de suprimento visa tornar as redes mais eficientes na satisfação das exigências do usuário final, o que requer um alto nível de cooperação entre as organizações participantes e o reconhecimento da necessidade de tornar os relacionamentos das empresas mutuamente benéficos, e sua gestão se caracteriza pelo enfoque com:

- O prévio envolvimento dos fornecedores no processo de desenvolvimento de novos produtos.
- O programa conjunto de melhoria contínua de produtos e processos, facilitado pela transparência dos custos em ambas as direções.
- O acordo sobre objetivos de desempenho e critérios de avaliação.

A gestão da cadeia de suprimentos é a integração entre os fornecedores de insumos (entrada), a produção (processamento) e o produto final (saída), com o objetivo de gerar valor para o cliente, de modo que todos os envolvidos tenham lucratividade com as atividades integradas. Dessa forma, criam-se canais de informações que asseguram que a produção e o fornecimento de produtos sejam orientados pela demanda real, e não por previsões, conseqüentemente proporcionando melhor operação entre todos os membros, objetivando gerar menor custo total e maximizando os serviços aos clientes.

Uma cadeia de suprimentos típica do setor de turismo é apresentada na Figura 44.4. Fornecedores de matéria-prima entregam insumos de natureza variada para a indústria principal (hotelaria) e também para operadores de turismo que participam da montagem, confecção e promoção do produto, aqui baseadas no Sistur de Beni (2001). A indústria de hotéis comercializa o produto em questão, diretamente ao consumidor ou através das agências de viagens e, em parte, aos distribuidores informais do mercado. Estes últimos fazem o papel de intermediários, pois muitas agências não comercializam um volume suficiente do produto que lhes possibilite a compra direta; a partir das destinações turísticas ou indiretamente por operadores de viagens, vendem o produto ao consumidor final. Há ainda outros aspectos não considerados na Figura 44.4, como a logística reversa e as operações de pós-venda.

Por definição, a estrutura e a organização das agências de viagens estão ligadas às funções básicas de promoção, reservas e vendas de serviços

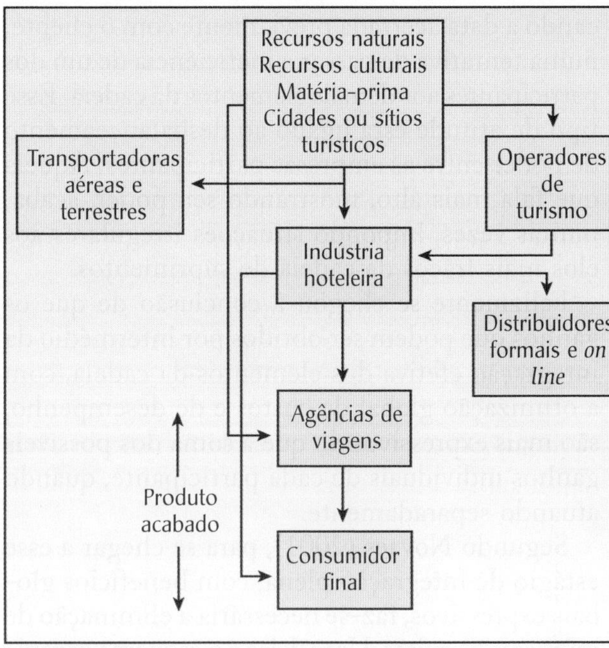

Figura 44.4 – Cadeia de suprimentos. Fonte: Novaes, 2001. Adaptado por Tomelin.

de transportes, alojamento, alimentação, visita a lugares e a eventos de interesse, transporte local e visitas organizadas, além da facilitação do trâmite de documentos, como passaporte, vistos, seguros, vacinas, etc. (Torre, 1990). Nota-se a importância da relação entre a agência com os efetivos prestadores de serviços de transporte, alojamento e facilidades que perfazem a organização de uma viagem, enquadradas no subsistema do turismo – agenciamento.

Dependendo da tipologia e atuação da agência de viagens e turismo no mercado de viagens em que está inserido, a empresa terá de definir adequadamente sua estrutura, tipo e matriz de serviços, conseqüente organização estrutural e funcionamento integrado com os provedores de serviços turísticos, a exemplo da demonstração realizada na Figura 44.4.

A importância do Gerenciamento da Cadeia de Suprimentos vem, portanto, de como a organização se posiciona em suas competências para obter vantagem competitiva. Logo, gestão logística inclui o projeto e a administração de sistemas para controlar o fluxo de materiais, materiais em processo, estoque de produtos acabados e consumidores, para suportar a estratégia da unidade de negócio.

MARKETING DE RELACIONAMENTO

Segundo Kotler (1998, p. 27), "*marketing* é um processo social e gerencial pelo qual indivíduos e grupos obtêm o que necessitam e desejam através da criação, oferta e troca de produtos de valor com outros".

Complementando, Manzo (1996) diz que a empresa moderna elabora seus produtos com base nas necessidades e desejos expressos de seus consumidores ou potenciais consumidores, sendo preciso, portanto, primeiro conhecer tais necessidades e desejos, estudar a fabricação do produto visando atendê-las, fabricá-lo adequadamente, distribuí-lo e vendê-lo. Peter Drucker (Duarte, 1998) faz uma análise mais profunda quando ressalta que o objetivo do *marketing* consiste em tornar a venda supérflua, fazendo com que o produto e/ou serviço se ajuste perfeitamente à necessidade do consumidor, sendo vendido por si só.

Levitt (1985) enquadra a área de *marketing* no cenário mundial de mudanças, enfatizando que o diferencial para qualquer empresa competitiva é alcançado através do estudo e resposta ao que o consumidor quer ou dá valor, devendo ajustar-se rapidamente às opções oferecidas pelos concorrentes.

Para Gordon (1998, p. 111), "o contínuo processo de criação e compartilhamento de valores com os clientes que as empresas escolhem para atender é denominado: *marketing* de relacionamento. Dessa forma é reconhecida a importância de aprender com o cliente a criar o valor que cada um deseja, afinal os relacionamentos são os bens essenciais de uma empresa".

Assim o *marketing* de relacionamento busca os conhecimentos profundos dos clientes, concorrentes e fornecedores para formação de estratégias a fim de manter uma relação duradoura e rentável.

Segundo Stone e Woodcock (2000, p. 25), *marketing* de relacionamento é definido da seguinte forma:

> *É o uso de várias técnicas e processos de* marketing, *vendas, comunicação e cuidado com o cliente para:*
> *a) Identificar clientes de forma individualizada e nominal;*
> *b) Criar um relacionamento entre a sua empresa e esses clientes – relacionamento que se prolongue por muitas transações;*
> *c) Administrar esse relacionamento para o benefício dos seus clientes e da sua empresa.*
>
> Stone e Woodcock (2000, p. 25)

Nos estudos do *marketing* de relacionamento, o importante é reconhecer que suas definições sempre tratam como filosofia o foco no cliente. O que acontece é uma constante evolução dos conceitos e das suas aplicações, para que as organizações mantenham seus padrões de competitividade e a importância dos relacionamentos duradouros com os clientes.

Contudo, para assegurar que sua organização possa contar com seus "velhos e bons" clientes, é indispensável praticar essas gentis ações, principalmente quando se vive em um mercado cada vez mais competitivo, onde a disputa pelos clientes é cada vez mais agressiva e o crescimento de mercado cada vez mais lento. Em contrapartida, os clientes tendem a ser cada vez mais exigentes, e a prática comum de descontos e promoções tem atingido em cheio a lealdade da marca e produto.

McKenna (Bogmann, 2000) contribui com o entendimento do *marketing* de relacionamento fazendo três afirmações importantes, deixando clara a natureza deste:

- *Marketing* é um processo constante de aprendizagem, pelo qual a empresa adquire conhecimentos ininterruptamente por meio do processo de interação com clientes e o mercado, de modo a adaptar-se e poder reagir de maneira competitiva.

- O serviço preserva a lealdade à marca. O mais alto grau de lealdade à marca ocorre quando o consumidor se depara com um problema que é imediatamente resolvido pelo fornecedor.
- Na era da informação, todas as empresas tornar-se-ão prestadoras de serviços, e as marcas terão como base os serviços.
  - As relações entre fornecedores e clientes podem ser caracterizadas pelo nível de relacionamento entre eles. Apresentam-se três níveis do *marketing* de relacionamento, segundo Berry e Parasuraman (2000):
    - *Nível um:* pelo incentivo de preço. É conhecido como *marketing* de freqüência ou de retenção, cuja eficiência é contestada, uma vez que é facilmente imitado pelos concorrentes.
    - *Nível dois*: vai além do puro incentivo de preço, formando elos sociais acima dos elos financeiros. Neste nível é dada ênfase à prestação de serviço personalizada e há transformação de consumidores em clientes. O consumidor pode não ter nome para a instituição, o cliente não pode deixar de ter. O consumidor é atendido como parte da massa, o cliente é atendido de forma pessoal e individual. O cliente é entidade, em si por si; as especificidades sobre ele – informações pessoais, serviços utilizados, exigências especiais – estão num banco de dados. O consumidor é atendido por um profissional designado, ao menos em suas necessidades não rotineiras.
    - *Nível três*: neste nível de marketing são consolidados os relacionamentos com elos estruturais, além dos elos sociais e financeiros. Os elos estruturais são aquele tipo de serviço muito valioso para o cliente, mas nem sempre prontamente disponível em outras fontes. Os serviços têm como base a tecnologia e são integrados ao sistema, em vez de dependerem dos comportamentos de formação de relacionamento de cada um dos empregados, daí o termo estrutural.

Os três níveis estão representados na Tabela 44.1.

A Tabela 44.1 representa as características nas relações entre clientes e fornecedores, fazendo com que as empresas possam analisar o nível empregado no mercado e estrategicamente provocar mudanças para estabelecer novos vínculos e atingir o nível mais alto de relacionamento, ou seja, o nível 3.

Para aplicação dos níveis de relacionamento, é importante que as empresas conheçam melhor os seus clientes e possam avaliá-los e qualificá-los dentro de uma categoria que defina seu grau de fidelidade com uma marca, produto ou serviço. Segundo Gordon (1998, p. 128) "(...) os consumidores são agrupados, de acordo com os comportamentos demonstrados, em seis categorias diferenciadas tanto pela participação crescente nos negócios quanto pelo *share of mind*[6] obtidos em cada uma". Gordon (1998, p. 129) aborda as seguintes categorias de vínculos com os clientes:

- *Prospects (clientes potenciais):* são pessoas identificadas da população em geral e cujo perfil combina com o que sua empresa está procurando, ou seja, as pessoas têm bom potencial de adaptação ao enfoque, às capacidades e aos produtos e serviços da sua empresa.
- *Experimentadores*: são os *prospects* que tomaram conhecimento de sua organização e suas ofertas e começam a adquirir bens e serviços em caráter de compras experimentais, avaliando sua empresa.
- *Compradores*: são experimentadores que estão satisfeitos com sua experiência inicial e passaram a fazer negócios com sua empresa, mas não de forma efetiva. Continuam a fazer negócios com os fornecedores atuais, mas mostraram-se muito interessados na negociação com a sua empresa.
- *Clientes eventuais*: neste caso a sua empresa já preencheu as necessidades do seu cliente, conquistando parcialmente a sua confiança. O cliente pode utilizar seus concorrentes como forma a garantir fontes alternativas, caso haja problemas com a sua empresa.
- *Clientes regulares*: nesses casos o cliente já compra há muito tempo da sua empresa, cuja confiança já foi conquistada. Os clientes desejam participar não só no processo de compra, mas também em outros componentes estratégicos essenciais ao negócio, em que o compromisso mútuo levará ao próximo estágio do processo.

[6] *Share of mind:* significa até que ponto a sua empresa desfruta favoravelmente das intenções repetidas de compra e uma percepção de que o impulso favorece sua empresa no segmento em que atua (Gordon, 2001, p. 128).

Parte 5

85-7241-568-8

Tabela 44.1 – Níveis do *marketing* de relacionamento.

Nível	Tipo de ligação	Orientação do *marketing*	Grau de personalização do serviço	Elemento básico do *mix* de *marketing*	Potencial de diferenciação competitiva sustentada
Um	Financeira	Consumidor	Baixo	Preço	Baixo
Dois	Financeira e social	Cliente	Médio	Comunicações pessoais	Médio
Três	Financeira, social e estrutural	Cliente	De médio a elevado	Prestação do serviço	Alto

Fonte: Berry e Parasuraman (*apud* Bogmann, 2000, p. 29).

- *Defensores:* esses clientes são tão comprometidos com a sua empresa que somente uma grave violação da confiança poderia prejudicar essa relação. Um defensor estará sempre do lado da empresa disseminando boas referências a respeito dela. Fará *boas reclamações* convidando-lhe a melhorar sem ser negativo nas suas orientações.

Gordon (1998) faz três considerações a respeito da escala de vínculo:

- Conforme a Figura 44.5, a primeira é que: o relacionamento no seu decorrer pode andar em ambas as direções. A confiança, como a antipatia, é acumulativa, porém o relacionamento pode ser facilmente deteriorado, ao passo que, para o crescimento, o caminho é bem mais difícil.
- A segunda é que o processo até o vínculo máximo deve ser conquistado passo a passo. Dificilmente se conseguirá o vínculo maior num único encontro. Cada passo deve ser encarado como um objetivo máximo e, para isto cada passo deve ser estabelecido e orientado por um plano.
- A terceira é aquela em que o processo de compra e o estado final da categoria do cliente estão intimamente ligados. É importante que a empresa saiba a importância de cada cliente e trabalhar o nível de consciência sobre os produtos, e serviços é vital para aumentar o nível de vínculo com o cliente.

No mercado turístico, as agências de viagens sofrem em todos os sentidos as forças de um mercado competitivo. Precisamente os consumidores requerem um leque de benefícios, como: preço, segurança, acompanhamento, qualidade do produto/serviço, benefícios, condições de pagamento, para que criem vínculo junto às empresas.

A acirrada concorrência faz as empresas agregarem aos seus produtos valores que acabam seduzindo ainda mais os consumidores mais afoitos. Na guerra para conquistar um número cada vez maior de clientes, as empresas aéreas há algum tempo já vêm utilizando estratégias, como programas de milhagens, serviços de massagistas e mordomos em sala *vip* dos aeroportos, assentos garantidos em vôos internacionais sem necessidade de reservas, poltronas executivas na classe econômica reservada exclusivamente para os passageiros escolhidos. Todos esses benefícios para seduzir os passageiros freqüentes, grupo seleto que representa apenas 20% de todas as pessoas transportadas, mas que responde por 60% do faturamento das empresas de aviação (Boechat, 2001).

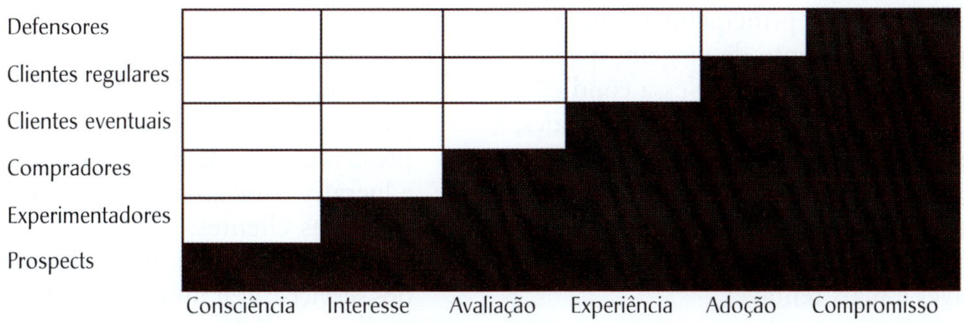

Figura 44.5 – Escala de vínculo – processo de compra e intensidade de relacionamento com o cliente. Fonte: Gordon (1998, p. 131).

85-7241-568-8

Muitas empresas já colhem os frutos da melhora de seus produtos e serviços, cuja origem foi identificada após o estreitamento da comunicação com o cliente.

A generalização do termo fidelização pode ser alvo de discordância. Para Carvalho (2001), só uma parcela de alto poder aquisitivo pode se dar ao luxo de ser fiel a uma marca. Para a grande maioria da população dos consumidores, o que conta mesmo é o preço, e não a marca. Isso evidentemente levanta dúvidas sobre a eficácia ou até mesmo a necessidade de tais campanhas de fidelização.

Uma pesquisa realizada pelo Provar – Programa de Administração do Varejo da Faculdade de Economia e Administração da Universidade de São Paulo (FEA/USP) – detectou que a fidelidade do consumidor tem características distintas em relação ao tipo de produto, local de venda e, principalmente, a faixa de renda, ou seja, quanto maior a sensibilidade ao preço, menor é a sua fidelidade. Esses elementos devem ser considerados pelas empresas que desenvolvem ou que desejam desenvolver um programa de fidelização (Carvalho, 2001).

As agências de viagens e o senso comum do *trade* turístico transferem a responsabilidade dos programas de benefícios ou incentivos aos clientes freqüentes a seus fornecedores, pois elas entendem que os produtos comercializados não são seus e sua função é simplesmente de distribuidora, não competindo às agências arcar com custos de programas de incentivos e benefícios para comercialização de produtos que não são produzidos por elas. Pode-se argumentar sobre essa situação quando se compara a agência a outras atividades desenvolvidas por intermediários, como, por exemplo: postos de gasolina, supermercados, distribuidores de bebidas, atacadistas, entre outros. Nesse caso, será que eles também transferem a responsabilidade de promoções aos seus fornecedores?

As agências possuem grandes vantagens em relação a outras atividades, pois a relação comercial com seus clientes está baseada principalmente na confiança depositada no agente de viagem, quando da organização de uma viagem. Nessa condição, o cliente expõe abertamente todas as suas vontades, necessidades, preferências, desejos, sonhos, disponibilidades sociais e financeiras, formando um completo banco de dados, que futuramente pode ser gerido para transformar essa relação numa relação durável e mais rentável.

Assim, o *marketing* de relacionamento assume papel de fundamental importância nas empresas que colocam a satisfação do cliente em primeiro lugar. Mielenhausen (2000, p. 61) argumenta que "os custos crescentes com propaganda, o aumento da concorrência e a redução da rentabilidade, a dificuldade em turismo de diferenciação de produtos/serviços fazem do *marketing* de relacionamento a ferramenta fundamental de sobrevivência e sucesso de uma agência de viagens (...)". Essa afirmação revela a importância que deve ser dada ao *marketing* de relacionamento pelas agências de viagens, pois somente dessa forma é que se poderá alcançar uma vantagem competitiva.

FERRAMENTA OPERACIONAL *CUSTOMERS RELATIONSHIP MANAGEMENT*

A abreviação das palavras da língua inglesa *Customers Relationship Management* (CRM), traduzido para o português como *administração do relacionamento com clientes*, é o que muitas organizações buscam para a manutenção de clientes habituais, desenvolvendo estratégias para torná-los cada vez mais fiéis, minimizando o custo com investimento para aquisição de novos clientes.

A combinação de processos de negócios e tecnologia que busca compreender um cliente por meio de uma perspectiva múltipla, identificando quem é ele, o que ele faz, o que ele deseja e qual foi a satisfação percebida após a compra, serve para as empresas estarem mais preparadas no relacionamento com a sua clientela. As estratégias integradas de vendas, *marketing* e serviços, planejadas e executadas por meio de ações coordenadas vão resultar no processo do CRM, que tem seus objetivos calcados na interdependência e relação entre empresa e cliente, resultando nas seguintes evidências, segundo Almeida (2001):

- Uso do relacionamento para aumentar a receita: compõe uma visão abrangente dos clientes para maximizar seu relacionamento com a empresa por meio de vendas cruzadas. Melhorar a lucratividade ao identificar, atrair e reter os melhores clientes.
- Uso das informações integradas para excelência dos serviços: usar informações dos clientes para melhor servi-los, fazendo com que ganhem tempo e não tenham frustrações com possíveis

85-7241-568-8

problemas. Os clientes devem ficar surpresos ao descobrir quanto se sabe a respeito deles.

- Criação de um novo valor e instigação à lealdade: isto pode ser uma vantagem competitiva, ao tornar a empresa conhecida pelos clientes e clientes potenciais com habilidades em responder a suas necessidades e pedidos.
- Implementação de uma estratégia de soluções mais pró-ativa: usar uma solução focada em clientes por toda a empresa. Em vez de apenas juntar dados e, eventualmente, usá-los, eliminam-se questões antes que elas se tornem crises. A coleta reativa de dados passa a relações pró-ativas para o consumidor, resolvendo problemas no primeiro contato.
- Tornar-se focado no cliente não significa necessariamente melhorar o serviço ao cliente. Significa ter interação consistente e conveniente com o cliente em cada encontro. CRM é uma estrutura de integração, não um produto. Colocar essa estratégia em prática requer desenvolvimento de uma série de aplicações integradas que levam em conta todos os aspectos de *front-office*, tal como a necessidade de automatizar o relacionamento dos usuários, servindo a vendas e *marketing*.

A famosa arte de manter o cliente satisfeito está obrigando o *marketing* a conviver com a informática e entender o processo organizacional. Essa é a razão de ser do CRM, que é a união dos avanços da tecnologia que permitem analisar e avaliar a base de dados com o novo pensar em *marketing*, possibilitando o tão sonhado atendimento personalizado, objetivando a fidelização das clientelas.

O CRM é um modelo de negócios centrado no cliente; a idéia básica é estabelecer um relacionamento com os clientes de forma individual, logo dispor das informações para tratar clientes diferentes de maneiras diferentes. O intercâmbio entre o cliente e a empresa torna-se mutuamente benéfico, uma vez que os clientes fornecem informações em retribuição aos serviços personalizados que atendem às suas necessidades individuais.

A filosofia do CRM poderia ser traduzida como "esqueça o produto, pense no cliente (...)". CRM, é um sistema que ajuda a empresa a reunir todo o conhecimento coletivo sobre clientes que possui dentro de si, colocando-o num lugar onde possa ser aproveitado por todos os funcionários por meio do uso de um conjunto variado de ferramentas. Com ele, a empresa consegue entender melhor os clientes, oferecer-lhes maior apoio, servi-los melhor e, em última análise, ganhar novos clientes (Gaset, 2001, p. 116).

Para o sucesso na implantação do CRM numa empresa, os responsáveis não devem achar que apenas com a aquisição de um *software* de CRM o processo estará findado. Somente com comprometimento da alta diretoria e de todos os funcionários envolvidos no processo de implementação, manutenção e controle das relações com os clientes é que o CRM trará resultados positivos a uma organização.

É importante que o clima e a cultura organizacional da empresa estejam abertos a inovações e desafios. Numa empresa em que as pessoas são reticentes às mudanças, certamente não se conseguirá instituir a filosofia do *marketing* de relacionamento e das relações comerciais focadas nos clientes.

Segundo Gaset (2001, p. 120):

> *(...) as empresas que ajudam seus funcionários a enxergar o valor dessa mudança, dessas novas soluções de CRM são aquelas que têm sucesso. Para envolver as pessoas da organização na implementação do CRM, é preciso, portanto, que a cúpula reapresente as informações de tal forma que elas digam: É assim que o sistema ajudará você. É importante não apenas que você utilize, mas que deseje utilizá-lo.*

Nesse caso, quando se quer alcançar resultados positivos no desempenho de funções, sejam elas pessoais e/ou profissionais, é indispensável a gestão do processo pró-ativo nas organizações.

Da mesma forma, a pró-atividade pode ser vista como antecipação aos problemas, para minimizar os efeitos de sua ocorrência com ações corretivas. De uma forma ou de outra, se diz pró-ativo aquilo que se faz premeditadamente.

Segundo Lago (2002), o prefixo *pró* tem como um dos significados antecipação, algo que acontece antes. A pessoa pró-ativa está sempre se antecipando aos acontecimentos, fazendo até mesmo alguma espécie de previsão para poder atuar de forma planejada.

A situação pró-ativa requer que, de alguma forma, mudança no processo, cuja alavanca para tal é a união de alguns elementos: criatividade, planejamento e iniciativa.

As organizações, em especial as agências de viagens, necessitam incluir na sua rotina de trabalho ações pró-ativas que melhorem o desempenho comercial junto aos seus clientes. Dificilmente se encontram empresas (agências de viagens) que oferecem produtos e/ou serviços aos seus clientes que foram identificados antecipadamente por meios estratégicos (banco de dados, pesquisas, etc.).

A pró-atividade possibilita a antecipação de demandas dos clientes; *agir antecipadamente* é um dos principais elementos de alavancagem da sua satisfação, pela capacidade de surpreendê-los favoravelmente ao responder a suas necessidades emergentes. Geralmente os profissionais *agentes de viagens* conhecem muito bem seu cliente, pois a grande maioria é favorável a uma relação de inteira confiança ao agente de viagens, passando, assim, informações valiosíssimas que muitas vezes não são bem aproveitadas.

Desta forma, a pró-atividade, quando utilizada para dar uma resposta rápida às reclamações dos clientes, também pode agregar valor aos serviços prestados, à medida que promove sua fidelidade junto à empresa. Porém sempre se faz necessário lembrar que a resposta a uma reclamação pressupõe já ter havido um erro no processo, o que pode abalar a confiança do cliente depositada na empresa.

A adoção de modelos de gestão contidos na cadeia de suprimentos e apoiadas em estratégias de *marketing* de relacionamento pode auxiliar as agências de viagens no processo de fidelização e reconhecimento dos seus serviços por parte dos consumidores. O estabelecimento de programas que visem à construção de um relacionamento duradouro e rentável entre fornecedores, organização e clientes é uma condição necessária às empresas que querem se manter competitivas em tempos de globalização.

Mas, se isso parece tão simples, por que as agências não o fazem? Por total desconhecimento? Não é o que parece. O presente estudo indica que as agências de viagens reconhecem que poderiam ser mais pró-ativas e estabelecer estratégias mais eficazes, de modo que pudessem antever as necessidades de viagens dos seus clientes e, assim, recompensá-los com sugestões que realmente os satisfaçam.

Outro ponto abordado aponta que, informalmente, os agentes de viagem conhecem bem os seus fornecedores e clientes, pois é comum que esse relacionamento se torne mais informal e íntimo, pois em alguns casos as pessoas procuram nas viagens a compensação de alguns dissabores, seja na vida afetiva ou profissional. O que realmente falta às organizações é a aplicação de uma política administrativa séria que conscientize e valorize os funcionários e equipes de trabalho para que, juntamente com uma estratégia corporativa com seus fornecedores, possam estabelecer o cumprimento de ações voltadas ao enriquecimento das relações empresas, fornecedores e clientes, desenvolvendo a gestão da experiência a partir do uso do gerenciamento da cadeia de suprimentos e o *marketing* de relacionamento.

Considerações Finais

O consumidor tem-se tornado o centro das atenções nos últimos tempos. As empresas descobriram que o sucesso do seu negócio dependerá da satisfação, no amplo sentido da palavra, dos consumidores, em relação aos produtos e serviços adquiridos e ou oferecidos. Em tempos em que a "qualidade" não é mais diferencial competitivo, é na prestação dos serviços que se perde ou se conquista um cliente.

Com o avanço da tecnologia, principalmente com o advento da Internet, os consumidores passaram a ter acesso fácil às informações e, assim, maior conhecimento em praticamente todas as atividades que o cerca. Essa situação não é diferente nas agências de viagens, onde, nos dias atuais, assiste-se ao rápido processo de mudanças que colocam o cliente final diante dos fornecedores, causando um encurtamento na cadeia distributiva, colocando em cheque sua função de intermediária de produtos e serviços turísticos.

Atualmente se observa grande crescimento na dinâmica das tecnologias gerenciais em vários segmentos empresariais, utilizadas de forma adequada; nesse sentido a informação pode constituir-se em vantagem competitiva também nas organizações turísticas.

Dessa forma, torna-se importante a compreensão de novas atribuições da distribuição do produto turístico no setor de viagens a partir do gerenciamento da cadeia de suprimentos e do *marketing* de relacionamentos nas agências de viagens.

Percebe-se que o novo modelo competitivo mudou do convencional "unidade individual de negócios" para "unidade coletiva de negócios", focada na cadeia de suprimentos, tendências estas que podem ser observadas não só nas manufaturas, mas também no competitivo setor do turismo, que oferece uma série de serviços típicos, incluindo hospedagem, transportes, restauração, entretenimento e requer importante infra-estrutura, como telecomunicações e logística.

Nesse sentido, o setor de viagens e turismo, independentemente da função e tipologia vinculada, é caracterizado pelas atividades econômicas do setor turístico, na fase de intermediação e distribuição dos produtos ao consumidor final, reconhecido dentro dos canais de distribuição como mercado varejista, que é influenciado diretamente pelo gerenciamento da cadeia de suprimentos e pelo *marketing* de relacionamento.

Esse estudo foi inspirado na necessidade conceitual, a fim de ordenar, organizar e direcionar a discussão para o gerenciamento da cadeia de suprimentos e o *marketing* de relacionamento no setor de viagens, a partir da realidade das agências de viagens em relação ao mercado atual, tendo sido útil para identificar conceitos que devem ser revistos para adequar o modelo industrial (SCM) ao setor de viagens, adequação esta necessária. A distinção entre serviços e processo de produção é feito pela intangibilidade do serviço e a simultaneidade da produção e consumo.

Os agentes de viagens, em sua maioria, trabalham em uma espécie de situação de concorrência perfeita por serem muito numerosos e oferecem serviços similares, possuindo, portanto, dificuldades em se diferenciar.

Suas vantagens competitivas, basicamente, referem-se ao relacionamento estabelecido com o consumidor, que permite criar preferências e desenvolver a política de fidelização.

Nesse sentido, as agências minoristas ou de pequeno porte se diferenciam pela vantagem na flexibilidade oriunda de seu tamanho, já que é possível intensificar mais facilmente o contato entre todos da cadeia de suprimentos e do *marketing* de relacionamentos.

As agências de viagens, para serem competitivas, devem utilizar a tecnologia da informação para agregar valor ao cliente e criar diferenciais, de modo que possam reduzir significativamente o poder competitivo dos seus concorrentes. Assim, a empresa precisa oferecer um produto de qualidade, integrando o maior número de informações a este produto, e a tecnologia da informação proporciona esse processo a qualquer tipo de organização, inclusive àquelas que dispõem de poucos recursos financeiros.

A estruturação das agências de viagens, a fim de se preparar para a era da globalização, depende da interatividade com as tecnologias da informação disponíveis para o mercado turístico, especialmente no nível de acesso à informação e contratação de serviços *on-line*.

Ante as novas tecnologias e as vantagens que elas oferecem ao mercado das viagens e turismo, a capacitação profissional do setor torna-se imprescindível para o bom desempenho das funções, visto que, para o acesso das fontes de informações do agente de viagem, além da tradicional e cara *folheteria* e material impresso, o acesso à rede mundial de computadores e os sistemas globais de distribuição (GDS – *global distribution system*) tornam o trabalho muito mais fácil, ágil, seguro e, o que é mais interessante, com um custo menor.

A desvantagem apresentada é que o desenvolvimento das atividades do serviço no setor, dentro de cada fase da cadeia, torna-se lento quando não bem coordenado, pois, se ocorrem atrasos na tomada de decisões pelos fornecedores, as agências, distribuidores diretos dos serviços aos clientes, sofrerão as conseqüências, referentes à consolidação dos serviços disponibilizados no mercado consumidor, comprometendo todos os parceiros da cadeia produtiva do turismo.

Para o bom desempenho dessa relação baseada no SCM, é importante que as ações entre fornecedores, os sítios turísticos/cidades, os hotéis, transportes, distribuidores e agências estejam bem coordenadas e integradas, a fim de que possam fortalecer os elos dessa cadeia, garantindo relacionamentos duradouros e competitivos.

Desenvolvimentos futuros desse estudo devem incluir a participação dos fornecedores, e uma outra proposta é averiguar opiniões, atitudes e comportamentos dos consumidores dentro da cadeia a partir de suas percepções sobre a logística e o gerenciamento das relações com os clientes.

Exercícios Propostos

1. O fenômeno turístico dessas organizações (agências de viagens) é caracterizado pela inter-relação de uma série de elementos que se complementam para possibilitar que o turista, sujeito de todo o processo, alcance seu principal objetivo: realizar uma viagem. Relacione e explique quais são esses elementos.
2. Num mercado caracterizado pela intermediação de produtos e serviços, o estreitamento dessas relações permite às agências de viagens conhecer melhor as necessidades dos seus

clientes, para então poder proporcionar a satisfação máxima no consumo dos produtos e serviços turísticos. Defina como deve ser o novo profissional agente de viagens, diante das modificações do mercado turístico.

3. A instabilidade do mercado torna as agências de viagens bastante vulneráveis a qualquer tipo de variação, seja para mais ou para menos. Quais foram os últimos fatores econômicos e sociais que desestabilizaram as agências?
4. A legislação brasileira estabelecida pelo Instituto Brasileiro de Turismo Embratur, através do Decreto Nº 84.934, de 1980, sugere uma tipologia que divide as "agências de turismo" em duas categorias. Quais são esses modelos? Eles dão conta de refletir a realidade do mercado atual?
5. Para melhor compreender como se dá o processo competitivo entre as empresas na conquista de mercados, Porter (1999, p. 28) diz que o estado da competição num determinado setor depende de cinco forças básicas. Relacione e explique cada uma delas?
6. Explique o conceito de gerenciamento da cadeia de suprimentos adaptada ao setor de viagens e turismo.
7. Quais as vantagens do uso do *marketing* de relacionamento na gestão pró-ativa das agências de viagens e na fidelização dos clientes?

Sites Indicados

Agências Especializadas em Intercâmbio

www.ci.com.br

www.cintercambio.com.br

www.ef.com

www.intercambioglobal.com.br

www.intercultural.com.br

www.internationalschools.com.br

www.sis-intercambio.com.br

www.stb.com.br

Empregador nos Estados Unidos (Programa de Intercâmbio de Trabalho)

www.ccusa.com/home.aspx

Estações de Ski (Programa de Intercâmbio de Trabalho)

www.adventurenortheast.com

www.fmjfee.com

www.investnews.net

www.secure.sunvalleyexpress.com/homepage.html

www.summitskishuttle.com

www.ssa.gov

Despachante de Documentos/Documentos para Viagens

www.aa.com/index.jhtml

www.celestinodesp.com.br

www.ckasa.com.br/index.html

www.correios.com.br

www.gbase.com

www.vistos.com.br

www.vtc.com.br

Companhias Aéreas Americanas/Compra Direto pelo Passageiro

www.americawest.com/default.asp

www.erowid.org

www.gateway.com

www.hp.com

www.jetblue.com

www.orbitz.com

www.pinkfloyd-co.com/mast_idx.html

www.sagewisdom.org

www.sony.com

www.supershuttle.com

Cotações de Moedas/Compra de Moedas Estrangeiras/*Traveller checks*

www.actioncambio.com.br

www.americanexpress.com.br

www.cotacao.com.br

85-7241-568-8

Agências e Operadoras Especializadas em Ecoturismo

www.ambiental.tur.br

www.ecoturismobrasil.com.br

www.mandovi.com.br

www.tba.com.br/pages/ecotur

www.venturas.com.br

Operadoras

www.adv.com.br

www.aerop.com.br

www.bancorbras.com.br

www.bonvoyage.com.br

www.braztoa.com.br/site/home/index.php

www.calcos.com.br

www.chamonix.com.br

www.cvc.com.br

www.cvc.com.br/cvcsc

www.flot.com.br

www.incomum.com.br

www.intermunditour.com.br

www.juliatours.es

www.lusanova.com.br

www.nascimento.com.br

www.newage.tur.br

www.polvani.com.br

www.qpctur.com.br

www.queensberry.com.br

www.rcatours.com.br

www.suncoastusa.com

www.tamviagens.com.br

www.trendoperadora.com.br

www.trenfeiras.com.br

www.softtravel.com.br

www.vtc.com.br

Cruzeiros Marítimos

www.costacruzeiros.com.br

www.infolink.com.br/excalibur

www.royalcaribbean.com.br

Consolidadoras

www.flytour.com.br

www.gruposonata.com.br

www.marktravel.com.br

www.orinter.com.br

www.premiere.com.br

www.tortola.com.br

Companhias Aéreas – Venda de Passagens Aéreas

www.airtrip.com.br/usuario/GerenciaNavegacao.php

www.belvitur.com.br

www.rextur.com.br

www.tam.com.br

www.varig.com.br

www.voegol.com.br

www.voetrip.com.br

Locação de Carros

www.avis.com.br

www.hertz.com.br

www.interlocadora.com.br

www.localiza.com.br

www.unidas.com.br

Reserva de Hotéis

www.accorhotels.com.br

www.atlanticahotels.com.br

www.natal.com.br

www.trendfeiras.com.br

85-7241-568-8

Informações Diversas

www.adobe.com

www.as.com.br

www.sigmaturismo.com.brwww.bcb.gov.br

www.checkmytrip.com.br

www.dfes.gov.uk

www.disclive.com

www.freedict.com/onldict/por.html

www.geotur.pt

www.hiusa.org/index.cfm

www.ind.homeoffice.gov.uk

www.interep.com.br

www.irs.gov/index.html

www.malvernhouse.com/home.htm

www.mapblast.com

www.newagetour.com.br

www.otecviajes.com/Pagina_Principal.htm

www.raymanzarek.com

www.taxback.com

www.touring.com.br

www.tradetours.com.br

www.uscis.gov

www.visitmalta.com

www.xe.com/ucc/full.shtml

Parte 5

BIBLIOGRAFIA

ACERENZA, M. A. *Agencias de Viajes, Organización y Operación*. México: Trillas, 1990.

ANDRADE, J. V. *Turismo – Fundamentos e Dimensões*. 8. ed. São Paulo: Ática, 2000.

ANSARAH, M. G. R. (org.). *Turismo: como aprender, como ensinar*. São Paulo: Senac, 2001, vol. 2.

ARNOLD, J. R. T. *Administração de Materiais: uma introdução*. São Paulo: Atlas, 1999.

BALLOU, R. H. *Logística Empresarial: transportes, administração de materiais e distribuição física*. São Paulo: Atlas, 1993.

BENI, M. C. *Análise Estrutural do Turismo*. 3. ed. rev. e ampl. São Paulo: Senac, 2000.

BOECHAT, Y. A fidelidade se conquista: sedução vai além da milhagem. *Gazeta Mercantil*, São Paulo, 30 mai. 2001. p. C-6.

BOGMANN, I. *Marketing de Relacionamento: estratégias de fidelização e suas implicações financeiras*. São Paulo: Nobel, 2000.

BRASIL. Decreto n. 84.934, 21 jul. 1980. Dispõe sobre as atividades e serviços das Agências de Turismo, regulamenta o seu registro e funcionamento e dá outras providências. Disponível em: http://www.embratur.gov.br/legislacao/agencia.asp. Acesso em: 10/Jan/2003.

BRASIL. Resolução Normativa CNTur n. 04/83. Estabelece para os fins do Art. 3º da Lei n. 6.505/77 e de acordo com o Art. 35 do Decreto n. 84.934/80, as condições a que deverão obedecer as Agências de Turismo no exercício das atividades e na prestação de serviços turísticos. Disponível em: http://www.embratur.gov.br/legislacao/agencia.asp. Acesso em: 10/Jan/2003.

CARVALHO, J. A "fidelização" vem do bolso: volúvel por natureza, o consumidor, em geral, só é sensível ao preço. *Gazeta Mercantil*, São Paulo, 11 abr. 2001. Análise e Perspectiva, p. A-3.

CHING, H. Y. *Gestão de Estoques na Cadeia de Logística Integrada – supply chain*. São Paulo: Atlas, 1999.

CHRISTOPHER, M. *Logística e Gerenciamento da Cadeia de Suprimentos: estratégias para a redução de custos e melhoria dos serviços*. São Paulo: Pioneira, 1997.

COSTA, J. I. P. Atendimento como pressuposto do Marketing de Relacionamento. Florianópolis, 2000. Tese (Doutorado) – Universidade Federal de Santa Catarina.

COOPER, C. et al. *Turismo: princípios e prática*. 2. ed. Porto Alegre: Bookmann, 2001.

DUARTE, D. C. O uso da Internet como estratégia mercadológica: um estudo comparativo entre algumas agências de viagens e operadoras de turismo de São Paulo e Florianópolis. Florianópolis, 1998, 137p. Dissertação (Mestrado) –Universidade Federal de Santa Catarina.

EMBRATUR. *Anuário Estatístico Embratur*. Brasília: Embratur, 1999, vol. 26.

FERRAZ, J. A. Fundamentos multidisciplinares do turismo: direito e legislação turística. In: *Turismo: como aprender, como ensinar*. 2. ed. São Paulo: Senac, 2001.

GADZANIS, T. Regulamentação da atividade. XXX CONGRESSO BRASILEIRO DE AGÊNCIAS DE VIAGENS E EXPOSIÇÃO DE TURISMO, 2002. Recife. In: *Anais do XXX Congresso Brasileiro de Agências de Viagens e Exposição de Turismo*, 2002.

GASET, J. C. O CRM não é *software*; é uma nova filosofia. *HSM Management (São Paulo): 28 (5)*: 116-121, 2001.

OPERADORES DE TURISMO E AGÊNCIAS DE VIAGENS. São Paulo: Gazeta Mercantil, volume único, Jul. 2000. 235p.

GORDON, I. *Marketing de Relacionamento. Estratégias, Técnicas e Tecnologias para Conquistar Clientes e Mantê-los para Sempre*. 3. ed. São Paulo: Futura, 1998.

HAX, A. C.; WILDE, D. L. Modelo Delta. *HSM Management (Barueri), 19 (4)*: 45-54, 2000.

KOTLER, P. *Administração de Marketing: análise, planejamento, implementação e controle*. Trad.: Ailton Bomfim Brandão. 5. ed. São Paulo: Atlas, 1998.

LAGE, B. H. G.; MILONE, P. C. (org.) *Turismo: teoria e prática*. São Paulo: Atlas, 2000.

LANZANA, A. E. T. Impactos do Plano Real sobre as agências de turismo. In: LAGE, B.; MILONE, P. *Turismo: teoria e prática*. São Paulo: Atlas, 2000, p. 132-141.

85-7241-568-8

LEVITT, T. *A Imaginação de Marketing*. São Paulo: Atlas, 1985.

MANZO, J. M. C. *Marketing: uma ferramenta para o desenvolvimento*. Rio de Janeiro: Livros Técnicos e Científicos, 1996.

MARIEN, E. J. Reverse logistics as competitive strategy. *Supply Chain Management Review:* 43-52, 1998.

MIELENHAUSEN, U. Gestão do *mix* promocional para as agências de viagens e turismo. In: LAGE, B., MIL ONE, P. *Turismo: teoria e prática*. São Paulo: Atlas, 2000, p. 50-62.

NOVAES, A. G. *Logística e Gerenciamento da Cadeia de Distribuição*. Rio de Janeiro: Campus, 2001.

OPPERMANN, M. Databased marketing by travel agencies. *Journal of Travel Research (Queensland) 37:* 231-237, 1999.

PIÑOLE, I. A. *Gestión y Tecnicas de Agencias de Viajes*. Madrid: Sintesi, 1989.

PORTER, M. E. *Competitive Advantage*. New York: The Free Press, 1985.

PORTER, M. *Competição On Competition – Estratégias Competitivas Essenciais*. 5. ed. Rio de Janeiro: Campus, 1999.

SILVA, F. L. Indústria turística cresce, mas agências têm queda na receita. *Jornal Feira e Cia (São Paulo), 2 (11):* 12, 2001.

TOMELIN, C. A. Introdução a agência de viagens e transportes I. s/f. Apostila (Graduação) – Universidade do Vale do Itajaí, 1995.

TOMELIN, C. A. *Mercado de Agências de Viagens e Turismo: como competir diante das novas tecnologias*. São Paulo: Aleph, 2001.

TORRE, F. *Agencias de Viajes y Transportacion*. México: Trilhas, 1990.

TRIGO, L. G. O. (org.). *Turismo: como aprender, como ensinar*. 2. ed. São Paulo: Senac, 2001.

YASOSHIMA, J. A qualidade na prestação dos serviços turísticos. São Paulo, 1997. Dissertação (Mestrado) – Universidade de São Paulo.

Anotações

Parte 5

Anotações

85-7241-568-8

Parte 6

Hospitalidade

CAPÍTULO

45

Hospitalidade[1]

Luiz Octávio de Lima Camargo

> *A hospitalidade é um sinal de nostalgia e uma nova moda intelectual*
>
> Alain Montandon

A Hospitalidade Perdida

Hospitalidade pode ser apenas uma moda. Até menos: apenas uma nova designação para o turismo receptivo, sobretudo para a hotelaria. É o que os americanos estão fazendo. Quem sabe, a inexistência de um termo para hotelaria tenha apressado a adoção doravante do *hospitality industry*.

Mas também pode ser uma nostalgia de tempos... que tempos, mesmo? Será que, algum dia, o ser humano foi inequivocamente hospitaleiro, sempre feliz ao distinguir no horizonte a chegada de algum semelhante?

Hospitalidade evoca a idéia de algo desejável, mas um tanto fora de moda: algo como uma atitude positiva em qualquer código ético, mas que, nas prateleiras do nosso imaginário, parece estar relegada ao lado dos antigos livros de boas maneiras. Há, assim, sempre um tom nostálgico que perpassa a compreensão do termo, mas essa nostalgia apenas nos desvela o sentimento de pesar por sua perda. Assim, mais que uma realidade observável, hospitalidade soa como algo que se perdeu. Serve às gerações mais antigas como um signo da decadência das novas ou do esgarçamento do vínculo social nas grandes cidades, em expressões como "hoje os jovens nem sabem conversar" ou "a gente nem mais conhece os vizinhos".

Essas expressões, já banalizadas, são, no entanto, portadoras de sentido. Não há como deixar de notar que a sociedade secularizada pós-revolução industrial não sabe o que fazer com os rituais herdados do passado, em especial os da hospitalidade. O que as pessoas talvez não saibam, contudo, é que esse é um discurso que se repete de geração em geração. Quando Ulisses, em sua penosa odisséia, achegava-se a um novo porto, perguntando se seria objeto de hospitalidade ou de hostilidade, ou quando os anjos bíblicos recompensaram generosamente Abraão pelo banquete que lhes foi oferecido com a gravidez tardia de sua mulher Sara, estavam implicitamente afirmando que a hospitalidade já não era a regra do convívio humano.

Como explicar essa nostalgia? Em algum momento da aventura humana no planeta a hospitalidade foi regra?

Se os estudos de paleoetnologia[2] permitem alguma ilação, é de se supor que, ao final do paleolítico superior (antes, pois, de 8.000 a.C.), a então reduzida população da terra, não superior ao milhão de pessoas, já espalhada em pequenos grupos por todo o espaço do planeta hoje habitado, era marcada pela intensa expectativa de encontrar, receber e conhecer outros seres humanos, o que, ao deixar de povoar o pequeno universo sociológico então existente, passou a se chamar hospitalidade.

[1] Este texto representa uma revisão de reflexões já escritas e publicadas em *Hospitalidade*. São Paulo: Aleph, 2004 e *O desafio da hospitalidade*. Anais do Intercom, 2004.

[2] Aqui entendida como o estudo de populações pré-históricas ou mesmo de povos atuais que, no início do século XX, ainda se mantinham no estágio de coleta e caça.

85-7241-568-8

Que fatos tão importantes teriam acontecido em seguida e promovido tal desarranjo da percepção que os seres humanos tinham de si mesmos, a ponto de a palavra hospitalidade ter aparecido simultaneamente, com o seu verso, de mesma origem etimológica, a hostilidade?

A explicação mais conhecida é a que permeia a quase-totalidade da obra marxiana: a assertiva do determinismo do meio de produção sobre o modelo de sociedade e sobre a cultura. Sem dúvida, tal assertiva tem aqui a sua evidência plena: a passagem do sistema coleta/caça do paleolítico para o sistema agricultura/pecuária do neolítico traz consigo a divisão social perversa do trabalho, a exploração do homem pelo homem e o conflito/luta de classes (Marx, 1981).

Os estudos do historiador Leroi-Gourhan (1964-1965) e do etologista Konrad Lorenz (1991) trazem uma reflexão complementar de grande valia para a compreensão do componente nostálgico implícito na noção corrente de hospitalidade: as necessidades da agricultura e da pecuária durante o neolítico (entre 8.000 e 3.500 a.C.) multiplicaram oito vezes a população do planeta; os pequenos grupos crescendo e transformando-se em cidades, determinando o início da história da civilização[3], nada mais são que a exacerbação desse movimento[4]. Tal como também acontece entre os animais gregários, a disputa pelo território determina o início da agressão intra-específica entre seres de uma mesma espécie. *Territorium est terra plus terror*, como bem nos lembra Montandon[5]. Com silos de cereais e rebanhos a defender, o homem passou a ser lobo do homem.

Nunca saberemos ao certo se as comunidades coletoras e caçadoras foram efetivamente a representação desse paraíso que se perdeu. Leroi-Gourhan é incisivo nesse ponto de sua reflexão:

> ***De qualquer forma, a nostalgia da solidariedade que se imaginava ter existido em uma época na qual ninguém acumulava mais do que os seus poucos pertences, deve ter adoçado as lembranças e fermentado os relatos orais que chegaram aos primeiros escritores do século VII e VI a.C. (data dos escritos de Homero e Hesíodo na Grécia e dos primeiros escritos bíblicos). Esses textos falam de uma humanidade arrogante e insensata que trocou a felicidade (o paraíso) pelo roubo dos segredos dos deuses (o fogo por Prometeu e do fruto da árvore do conhecimento por Adão) e que por isso foi castigada com a perda do paraíso[6].***

A nostalgia da hospitalidade é, pois, também, a nostalgia de uma inocência perdida[7] e, não por acaso, o uso da expressão hospitalidade soa, para muitos, como algo infantil, próprio de povos e seres que ainda não contam com a autoconfiança necessária para enfrentar um mundo doravante hostil. Aqui, também, a ontogênese repete a filogênese. Da mesma forma, como o mundo se tornou desconfiado e cruel e os povos inventaram instituições e práticas para conviver nesse meio, a história da vida do indivíduo também é o progressivo abandono da ingenuidade que em tudo acredita em favor de uma atitude desconfiada e tensa diante do estranho.

(Re)nasce o Tema da Hospitalidade

Por que, então, um termo tão marcado ao longo da história pelo estigma da nostalgia e da ingenuidade transforma-se hoje em tema de ponta na discussão filosófica e científica? A resposta parece ser simples, já que nos coloca diante de um tema intensamente discutido nos dias atuais: as mazelas da globalização.

Em primeiro lugar, as migrações humanas continuam, até nossos dias, a ser a única alternativa de populações que enfrentam seja a violência de tribos e vizinhos mais fortes, como ocorre na África, ou o caos econômico e a miséria, como é o caso de todas as sociedades atuais que não se enquadram no figurino de sociedade desenvolvida ou que conhecem regressão econômica acentuada e que

[3] Não custa lembrar que civilização vem do latim *civis* (cidade).

[4] É nesse sentido que se deve entender o quase desabafo de Konrad Lorenz: é possível ser hospitaleiro com 11 pessoas; difícil é sê-lo para com 6 bilhões (1991).

[5] Tal como a epígrafe deste artigo, essa lembrança de Montandon está em artigo *(Hospitalidade: ontem e hoje)* a ser publicado em nova coletânea organizada pelos docentes do Programa de Mestrado em Hospitalidade da Universidade Anhembi Morumbi, a ser publicada pela editora Pioneira-Thomson.

[6] A *experiência total* que os *resorts* hoje buscam oferecer não seriam também uma expressão dessa nostalgia?

[7] E impossível de ser recuperada, se examinarmos a situação das nossas tribos indígenas, após o contato com a civilização.

85-7241-568-8

migram internamente para províncias mais ricas ou externamente para países mais ricos. Para citar apenas exemplos de vizinhos, a população paraguaia em diáspora é superior à população autóctone; na Argentina, já do início da década de 1980, quando a crise econômica atual apenas se desenhava, a terceira província mais populosa do país era a população em diáspora. A mídia, uma das pontas de lança da globalização, acentua o fenômeno nos dias atuais.

Mesmo o Brasil, que ao longo do século XX teve seu crescimento populacional intensificado por emigrações de países europeus e asiáticos, hoje conhece o estranho fenômeno do regresso (ou ao menos da conquista da dupla nacionalidade) por descendentes desses emigrantes. O passaporte dos países de origem dos avós, hoje desenvolvidos, representa a perspectiva de uma vida melhor ou, ao menos, um seguro de vida contra os percalços de um futuro que assoma tão instável.

Em segundo lugar, a preocupação com a progressiva homogeneização de hábitos e costumes, com o conseqüente esvaziamento dos rituais que regem o vínculo social e marcam a identidade dos povos. Diga-se que a mídia desempenha um papel bastante relevante nesse processo e no processo envolvido no movimento contrário de reação. Assim, temas como a hospitalidade, a conversação (Burke, 1995; Millon, 1999; Zeldin, 2001) e a comunicação interpessoal, a identidade cultural, a tradição e os rituais (Hobsbaun e Ranger, 1984) ganham nova atualidade e interesse.

Nesse caso, a hospitalidade transforma-se em tema da filosofia (a ética da hospitalidade incondicional dos filósofos franceses Emmanuel Levinas e seu discípulo Jacques Derrida), da sociologia (Anne Gotman [2001]), da Ecole de Hautes Etudes em Sciences Sociales de Paris) ou de estudos de semiologia e análise literária (equipe de Alain Montandon, em Clermond-Ferrand). A hospitalidade é também o mote da revisão e da recuperação da importância dos estudos de Marcel Mauss (Revue du Mauss, dirigida por Alain Caillé), em especial do seu clássico *Ensaio sobre a dádiva e dom* (1974) que, de forma quase unânime, constitui o texto fundador da teoria da hospitalidade, como será explicitado adiante.

Outra vertente do interesse moderno pelo estudo da hospitalidade, de natureza completamente diferente da anterior, é a das migrações turísticas, fenômeno que vem se intensificando desde meados do século XIX e que, com o desenvolvimento dos transportes, são vistas atualmente, de forma triunfalista, como a indústria do século XXI, das populações que viajam por prazer.

Pessoas que viajam necessitam de acolhimento, envolvimento e a hospitalidade torna-se um tema caro à economia moderna, na proporção direta do que as pessoas consomem e gastam nessas migrações lúdicas. Assim, não é por acaso que, nos Estados Unidos, por exemplo, o termo hospitalidade hoje remeta exclusivamente a instituições, empresas e pessoas envolvidas na emissão e recepção dessas migrações.

Com isso, temos desenhadas duas escolas de estudo da hospitalidade:

- A francesa, que se interessa apenas pela hospitalidade doméstica e pela hospitalidade pública e que tem na matriz maussiana do dar-receber-retribuir a sua base, ignorando a hospitalidade comercial.
- A americana, que passa ao largo dessa matriz e para a qual tudo se passa como se da antiga hospitalidade restasse apenas sua atual versão comercial, calcada no contrato e na troca estabelecidos por agências operadoras, transportadoras e de viagens e por hotéis e restaurantes[8].

Seria o caso de aceitar esse conflito teórico como natural e comodamente isolar o estudo da hospitalidade moderna da contribuição maussiana, como fazem os americanos, ou, inversamente, sob a perspectiva francesa, simplesmente deixar de considerar hotéis e restaurantes como espaços de hospitalidade? Devemos aceitar que a pesquisa sobre hotelaria, turismo, gastronomia, eventos, etc., limite-se aos meros procedimentos e rotinas administrativas e continue ausente de uma perspectiva mais crítica? Não seria mais rico para hotéis e restaurantes passarem a pensar suas práticas como portadoras da mais nobre das missões, de espaço privilegiado para a prática das tradições da hospitalidade, e tentar ir além desse impasse teórico?

Para tentar superar esse impasse, surgiram duas iniciativas quase simultâneas: de um lado, o conjunto de autores ingleses reunidos na publicação de Lashley e Morrison (2000)[9]; de outro, o Programa de Mestrado em Hospitalidade criado pela Universidade Anhembi Morumbi, em São Paulo[10].

[8] O livro de Chon e Sparrowe (2003) é exemplar dessa escola.
[9] Esta obra já foi traduzida para o nosso idioma e publicada pela Ed. Manole.
[10] Já existe uma coletânea publicada de artigos dos docentes do programa (Dias, 2002).

85-7241-568-8

Ambas as iniciativas, ainda que motivadas pelas temáticas do turismo e da hotelaria, tentam integrá-las à matriz maussiana.

Estabelecendo Pontes

Por que franceses e americanos colocam-se em posições tão opostas? A razão estaria no mesmo mundo dos negócios que tanto atrai os americanos e repugna aos franceses? Será que os franceses, em sua tradição de pesquisa fortemente marcada pelos mesmos ideais da sua Revolução, experimentam algum constrangimento diante da idéia de considerar que os pobres emigrantes fazem parte de uma problemática semelhante à dos ricos turistas? Será que os americanos, em seu pragmatismo, simplesmente relegaram ao esquecimento a hospitalidade não monetizável das casas, das cidades e dos países?

É, então, necessário estabelecer pontes. Mas seria isso possível? O espectro da discussão ideológica faz-se aqui presente e é capaz de minar qualquer esforço. Mais do que nunca, deve-se observar que negar as pontes é tão revelador de uma postura ideológica – ao menos antes de uma observação sistemática de fatos – quanto tentar criá-las artificialmente.

As hipóteses subjacentes às mencionadas iniciativas inglesa e brasileira tentam dar conta desse desafio e podem ser assim formuladas:

- Tanto a hospitalidade comercial como a hospitalidade pública nutrem-se da mesma matriz, a hospitalidade doméstica.
- A inospitalidade tão característica da sociedade moderna e que vitima tanto os migrantes pode ser lida como uma falta de *hospitabilidade*[11], de capacidade de hospitalidade tanto de anfitriões como de hóspedes.
- O comércio moderno da hospitalidade humana efetivamente abole o sacrifício implícito na dádiva, ao trocar serviços por dinheiro, mas a hospitalidade sempre foi atributo de pessoas e de espaços, e não de empresas; a observação deve, pois, dirigir-se para o que acontece além da troca combinada, além do valor monetizável de um serviço prestado, para o que as pessoas e os espaços proporcionam além do contrato estabelecido. Nesse campo, permanecem vivas a hospitalidade (e, por que não lembrar também) a hostilidade humanas.

Teoria da Hospitalidade

Certamente, alguns poderão ler no presente texto um eco das discussões sobre alguns temas integrantes das modas gerenciais atuais, como *marketing* experencial, fidelização, qualidade total, etc. A esses, peço um esforço para entender as diferenças. A hospitalidade é um conceito difícil de ser apreendido com as ferramentas das ciências aplicadas à gestão as quais, por sua vez, mostram-se como que predestinadas ao estudo do negócio. Aqui está o ponto controvertido e, portanto, polêmico de minha reflexão. *Hospitalidade não é negócio. Nada tem a ver com negócio.* Espero conseguir explicar-me a contento.

Hoje, quando pensamos em troca entre pessoas, nosso pensamento automaticamente resvala para o padrão toma-lá-dá-cá. É o modelo do negócio. É a base do comércio. Preto no branco, assinado por ambas as partes. Delimitação clara do objeto. Encerramento estabelecido. Fórum judicial para discussão de pendências. Leis conhecidas para julgamento: código civil, código do consumidor, etc.

Para nós, esse é o único modelo. Sua objetividade coincide com o pensamento utilitarista das pessoas. Mas é importante que se diga que esse modelo somente se tornou o dominante – ou, quem sabe, apenas mais definido em seus componentes – ao longo dos últimos 500 anos. Anteriormente, o modelo predominante era outro e esse, na verdade, foi a matriz do modelo do comércio (do ponto de vista da administração, mais instrumental e eficiente). Esse modelo antigo não desapareceu. Na verdade, o modelo anterior continua presente em quase todas as trocas humanas, na verdade em todas as ocasiões em que seres humanos protagonizam uma cena de troca. Curiosamente, até mesmo no comércio (Bevilaqua, 2001)[12] e, mais ainda, como veremos, no comércio da hospitalidade.

[11] Termo cunhado por Lashey e Morrison (2000, cap. 3) estabelecendo uma distinção entre o indivíduo hospitaleiro (que gosta de receber, mas não tem essa "hospitabilidade", essa qualidade da hospitalidade) e o anfitrião, dotado dessa qualidade.

[12] Em interessante estudo, a autora coloca em relevo o fato de, em órgãos de defesa do consumidor, as reclamações dos consumidores estarem mais afetas ao sistema da dádiva do que ao sistema do comércio.

85-7241-568-8

Esse modelo é o da dádiva. Ao invés do toma-lá-dá-cá, ele baseia-se em dar, receber, retribuir. Alguém oferece algo, o outro deve aceitar e retribuir. Esse sistema não é muito claro, já que suas leis não são escritas. Mas, ao mesmo tempo, são leis de grande importância. Aquele que esqueceu de retribuir um presente ou um favor recebido de outrem sabe bem o tamanho e o peso da canga às suas costas. Aquele que vai, pela terceira vez, de mãos vazias para uma festa à qual vem sendo convidado experimenta um certo mal-estar que ele mesmo imagina ser de falta de educação, mas, na realidade, é de pressão das leis não escritas da dádiva.

Aqui, quem sabe, já fique claro por que hospitalidade e negócio não combinam. O sistema do comércio prevê o final do processo após a consumação da troca. Na hospitalidade, dar-receber-retribuir é um processo sem fim, já que a retribuição é uma nova dádiva. O que a dádiva tem a ver com hospitalidade? Ainda que nem toda dádiva esteja inscrita na hospitalidade, toda hospitalidade é uma dádiva, inclusive de si mesmo.

Hospitalidade e negócio não combinam ainda porque toda motivação de interesse (sobretudo pecuniário) de qualquer das partes faz abortar o processo de hospitalidade e o transforma em negócio. Voltam as leis desse sistema.

Dar, receber e retribuir. Esse tríplice dever que Mauss descobriu no seio da socialidade (do núcleo central do social) nas sociedades arcaicas responde a uma dupla questão:

- Qual é a regra de direito e de interesse que, nas sociedades de tipo atrasado ou arcaico, faz com que o presente seja obrigatoriamente retribuído?
- Que força há na coisa dada que faz com que o donatário a retribua?

Dos próprios fatos observados por Mauss ressalta uma noção de hospitalidade que começa como uma dádiva e que não se limita à dinâmica das sociedades arcaicas. Ao contrário, essas leis não escritas da hospitalidade continuam a se exprimir com toda a sua força na hospitalidade doméstica atual: convidar alguém para ir à sua casa, oferecer abrigo e comida a alguém em necessidade. No caso, a dádiva sempre desencadeia o processo de hospitalidade, seja ou não precedida de um pedido de ajuda.

O que é dádiva? Comecemos com a definição sociológica de dádiva proposta por Caillé (2002, p. 142): "toda prestação de serviços ou de bens efetuada sem garantia de retribuição, com o intuito de criar, manter ou reconstituir o vínculo social". Como diretor da *Revue du Mauss*, Caillé avança, com sua definição, um elemento essencial da noção de dádiva (e de hospitalidade): mais do que portadora de signo, a dádiva é um signo. Mais do que o dom, a dádiva, o que importa é o vínculo social (a ser) criado. Dar é sacrificar algo que se tem em nome de algo, notadamente no plano ético. O *sacrifício* é, pois, um componente essencial da hospitalidade. Mas isso não é tão fácil de entender. A dádiva acontece por princípios *nobres* como a ajuda ao próximo em necessidade, um sentimento religioso ou simplesmente filantrópico. Mas, mesmo nesses casos, essa ação de dar é plena de ambigüidades ao longo de diferentes eixos: utilidade-gratuidade, interesse-desinteresse, saber-desconhecer as leis subseqüentes de receber e retribuir. Quem dá algo sempre tem algum interesse. É a *finalidade sem fim* de que fala Kant (1994) ou o *altruísmo interessado* de que fala Caillé (2002), para quem o grande equívoco das religiões e desespero de teólogos é buscar a dádiva sem interesse.

Essa lei-não-escrita da dádiva não abole o interesse, apenas exige que ele não se instrumentalize sob a forma de um negócio que se quer fechar, ou simplesmente a troca do que se oferece por um outro bem, sobretudo o dinheiro. Não abole igualmente a perspectiva de uma retribuição futura, apenas exige que se aja como se a retribuição não fosse necessária. *Que gentil ter lembrado!* Quem não recorda esse dito tão pleno de sentido de uma dona-de-casa que nos convida ao receber as flores com que a regalamos?

O dom deve ser recebido, aceito. Recusar um presente, uma honraria, uma lembrança é algo que ainda soa insultuoso mesmo em nossos dias. E esse ato de receber não é tão simples. Porém, receber algo de presente resulta na consciência de uma situação clara de desvantagem. Quem recebe a dádiva deve manifestar alegria mesmo sentindo que assume um débito para com aquele que doou. O donatário fica à mercê do doador. A única forma de livrar-se desse débito é... retribuir.

Retribuir é reinstaurar o dom, a dávida. É reinstaurar o sacrifício, criar uma nova dádiva e colocar em marcha esse processo sem fim que alimenta o vínculo humano. Nesse sentido, a hospitalidade assume sua face mais nobre na moral humana: a de costurar, sedimentar e vivificar o tecido social.

Na Hospitalidade Doméstica

Essa dinâmica acontece na hospitalidade doméstica, marcada pela socialidade primária, feita de intimidade, de aconchego (ao menos se já não abolimos, em nossas vidas, esse cuidado ancestral de reservar a intimidade do lar às pessoas com quem também desfrutamos de intimidade). Pode-se mesmo dizer que a hospitalidade doméstica é a matriz e o espaço de preservação dos rituais legados pela tradição, tanto na forma de recepcionar como de hospedar, alimentar e entreter.

E o que acontece nas situações regidas por todo tipo de socialidade secundária, baseada em crachás (você é o prestador do serviço, eu sou cliente), seja ou não esse vínculo permeado por uma retribuição financeira?

Na Hospitalidade Comercial

Quando alguém compra um pacote de viagem, efetua uma reserva num hotel, quando o aluno procura o setor de atendimento de sua escola, ele entende que tudo está pago com seu dinheiro, com seu cartão de crédito ou com seus impostos (no caso de serviços públicos). Receber um serviço condizente com o preço pago é condição de cliente e não de hóspede. Sua relação é vigiada pelo Código de Defesa do Consumidor e não pela lei não escrita da dádiva.

Retribuir, no caso, precede o receber e interrompe o vínculo. Um contrato se finda, se extingue simplesmente, e todos os contratos esmeram-se em deixar claro esse momento. Não há sacrifício. Há troca, simplesmente. Não tenho por que agradecer o belo quarto de hotel, a piscina, a sauna, a boa refeição se todos esses itens já constituíam a minha expectativa de consumidor que já pagou o que já estava dentro da expectativa ou vai pagar adicionalmente algo pelo que acontece a mais.

Isso significa que não existe hospitalidade nem sacrifício se existe o contrato? Então, por quê, assim mesmo, tantas vezes fazemos questão de agradecer ao recepcionista, ao guia, às vezes até mesmo com lágrimas? Por que escrevemos cartas de agradecimento, elogiamos funcionários para suas chefias? Se tudo se resume a um contrato, por que pessoas mundanas (e também, registre-se, não mundanas) fazem questão de um relacionamento pessoal com o *maître* (até mesmo, qual é o significado sociológico da metria?), com o *chef* de uma cozinha? Por que, ao final de uma refeição, fazemos questão de convidar esse *chef* à nossa mesa para agradecer a excelência dos pratos, mesmo sabendo que esse *chef* não sabia que os estava preparando para nós?

Se não se acredita na hospitalidade comercial ou se não a consideramos hospitalidade (já que abole o sacrifício), devemos utilizar outras reflexões e fatos obscuros e que parecem se querer deixar na obscuridade como pontos de questionamento. É o momento de recolocar nosso ponto de vista inicial e que permanece como hipótese, não obstante tenhamos certeza de que estudos empíricos encontrem à farta evidências do fato: *na hospitalidade comercial, a hospitalidade propriamente dita acontece após o contrato*, e esse após deve ser entendido como "para além do" ou "tudo que se faz além do..." contrato.

Recoloquemos o problema na forma da hipótese enunciada por Caillé (ibidem, p 148): "(a tríplice obrigação) continua agindo vigorosamente até no seio da socialidade secundária. Nenhuma empresa, privada ou pública, nenhum empreendimento científico poderia funcionar se não mobilizasse em benefício próprio as redes de primariedade cimentadas pela lei do dom".

Dessa forma, explica-se por que não podemos deixar de agradecer a dádiva de uma camareira que cuida de uma peça de nosso vestuário além do horário de recepção dessas peças, ou que "sacrifica" uma parte de seu tempo de lazer em hora-extra que não será remunerada pelo seu contrato pessoal com o empregador e nem sabe se será retribuída por nós. Como deixar de emocionar-se com o recepcionista que, ao saber de um acidente com um membro de nossa comitiva, ao invés de burocraticamente nos dar o número de telefone e da polícia, mostra-se humanamente solidário conosco, deixando suas tarefas rotineiras para fazer ou para conseguir alguém que nos auxilie? Como deixar de reconhecer que nunca somos tão frágeis como quando em território estranho, e que essa *compaixão* para conosco é a marca da solidariedade humana e não pode ser prevista em nenhum contrato? É tão estranho, assim, ao menos imaginar que aquela

Parte 6

refeição estava tão ansiosamente aguardada que o resultado final somente pode ser resultado do fato de o *chef* ter adivinhado a nossa presença e a nossa expectativa? Será estranho agradecer a um *maître* que percebe a nossa enrascada ao saber que não existe mesa e que esse fato pode abortar o nosso sonhado e planejado encontro romântico?

A resposta parece ser óbvia. Esses gestos trazem o reconhecimento à hospitalidade, à dádiva de que recebemos, mesmo sabendo que essas pessoas, dentro da boa norma do *dar*, subentendem a expectativa da retribuição da dádiva aceita, seja sob a forma de um cumprimento, de um elogio ao chefe, do registro enfático da dádiva *desinteressada* recebida na ficha de avaliação que tantas vezes preenchemos no momento do *check-out*.

Quando há dinheiro ou objeto material envolvido no processo, o constrangimento do pesquisador é grande. Mas, no caso, uma reflexão sobre o gesto pode ser esclarecedora. Analisemos o caso da gorjeta ou ao menos de algumas gorjetas (naturalmente devemos retirar, para efeito da discussão, o gesto tragicômico do empregado que estende a mão como que afirmando querer a retribuição em dinheiro). Recebemos o serviço, gratificamos (não faríamos o mesmo se a dádiva tivesse partido do proprietário ou da proprietária do hotel ou restaurante), mas o processo de dar-receber-retribuir continua em marcha. Essa dádiva/retribuição torna o receptor que a aceitou imediatamente disponível para retribuir.

Na Hospitalidade Pública

Quando recebemos em nossas casas ou quando, como funcionários de um hotel, efetuamos o *check-in* de um hóspede, nem sempre temos consciência de que o espaço real da hospitalidade não é a nossa casa ou o hotel e sim a cidade. Por melhor que seja a nossa hospitalidade doméstica ou os cuidados com que um hotel cerca o hóspede, seu interesse está na *cidade que recebe*. Se o visitante não apreciar a cidade, ele não voltará nem para nossa casa nem para nosso hotel. Dessa forma, a hospitalidade doméstica e a hospitalidade comercial são espaços preliminares ao verdadeiro espaço da hospitalidade, que é a cidade.

Se os nossos hoteleiros são hoje os maiores incentivadores das políticas de eventos e se um evento é uma justificativa adequada para o convite a que um amigo nos venha visitar é porque, ao menos implicitamente, aceitamos tal assertiva.

É no espaço público que a hospitalidade assume sua dimensão política, com imensos desafios, sobretudo os relativos aos movimentos migratórios. A hospitalidade pública mediada pelo interesse econômico causa aqui os maiores estragos. Habitualmente, cidades e países admitem e incentivam a visita de pessoas capazes de gastar ou de produzir riquezas. E, quando assumem claramente o intuito de selecionar públicos de seu interesse econômico, mostram a sua face mais perversa. Nesse domínio, a crítica inflamada e contundente de Derrida (1999) e seu brado por uma hospitalidade incondicional assumem toda a sua atualidade e importância.

É importante acrescentar, contudo, que, mesmo no domínio econômico, tal lógica é estúpida. Um jovem mochileiro que se contenta com o banco de uma estação rodoviária para dormir, no futuro, certamente efetuará um balanço de suas experiências de hospitalidade antes de decidir o destino no qual gastará o dinheiro que já possui. Os próprios Estados Unidos são exemplo de um país que se construiu com os braços de migrantes que chegaram carregados com os poucos e únicos pertences de que dispunham e, aos poucos, construíram a sua vida e a do país que os acolheu. Em qualquer circunstância, pesará fortemente o balanço hospitalidade/hostilidade.

Hostilidade

A hostilidade é a outra face da hospitalidade. Afinal, lembra Caillé, ir ao encontro de alguém era uma expressão contida no termo latino *ad-gredior*, da qual resultou o nosso termo agressão. Mas o ritual da hospitalidade já é, em si, um antídoto contra a hostilidade, o que se pode traduzir singelamente no sorriso de acolhimento com o qual desarmamos alguém com semblante pouco amigo a quem nos dirigimos.

O sentido antropológico da etiqueta enquanto ritual de minimização da agressividade humana pode ser aqui sentido em toda a extensão. Estar à altura dessas situações exige o domínio do ritual social. A boa etiqueta (retiremos dessas reflexões a noção de etiqueta enquanto fórmula de alpinismo social ou de denotar uma condição social superior, presente em tantos manuais) proporciona às pessoas hospitaleiras e dotadas de *hospitabilidade* a capacidade de manter o vínculo social. Mas pode-se dizer também que, no plano doméstico, a hospitalidade é mais fator de cimento que de esgarçamento do tecido social.

Já na sociabilidade secundária da hospitalidade comercial, as coisas se passam de forma bem diferente. As situações de hostilidade e agressão se multiplicam. Nenhum indivíduo está tão à beira de um colapso nervoso e de descarga agressiva de sentimentos como o hóspede que chega de uma longa viagem e não encontra o receptivo de sua operadora ou que chega com as malas à recepção de um hotel e percebe o embaraço do recepcionista a procurar onde está a sua reserva.

Mas as situações de hostilidade não se resumem a esse plano de contatos individuais. Hoje, habitantes das cidades e estações de veraneio mais procuradas não escondem sua aversão por esse turista que consome à exaustão reservas precárias de infra-estrutura de água, energia, tratamento de lixo e esgoto, causa congestionamentos monstruosos de trânsito, provoca aumentos nos preços de bens e serviços.

Existe hábito tão detestável do ponto de vista da hospitalidade ou tão hostil como aquele, presente em locais de grande demanda turística, de segregar e carregar de preconceitos os lugares *feitos para turistas*, nos quais tudo o que se vê é *fake* e custa o dobro do preço? Quando, em país estranho, superamos as barreiras ou lacunas da hospitalidade comercial e adentramos a hospitalidade doméstica de alguns desses lugares e ouvimos o famoso *vamos levá-lo a um endereço que não é divulgado para turistas, onde se come bem e se paga o preço adequado*, sentimos o carinho do gesto mas, ao mesmo tempo, não deveríamos perguntar-nos o que acontece, aconteceu e acontecerá conosco nos lugares aos quais não temos acesso à instância doméstica da hospitalidade?

O que se quer demonstrar aqui é que tanto o não-cumprimento das cláusulas de um contrato como a falta de previsão da carga turística suportável desconhecem e violam as leis não escritas da hospitalidade mais que as leis escritas de defesa do consumidor. Em outras palavras: qualquer quebra de contrato é fonte de agressividade, mas a quebra de um contrato em situação de hospitalidade parece agredir-nos mais ainda. Da mesma forma que a hospitalidade começa após cumprido o contrato comercial, a quebra desse contrato nos fere ainda mais. Uma das hipóteses é que (isso certamente seria comprovado em estudos empíricos) nunca somos tão frágeis como em terra estranha. Se somos mais ricos em situação turística que no habitual do nosso cotidiano é porque, em terras estranhas, somente o dinheiro pode nos salvar em emergências. Dito de outra forma: confiamos desconfiando do contrato comercial, mas nada nos leva a acreditar na hospitalidade. Além do mais, como fartamente estudado em pesquisas, não se vende uma viagem: vende-se um sonho. Uma quebra de contrato pode ser contornada. Mas um sonho quebrado parece perdido para sempre.

Para Pensar

Essas reflexões projetam muitos desafios. Em primeiro lugar, a lembrança basilar: hospitalidade é a interação entre seres humanos em tempos e espaços planejados para essa interação. Tudo se passa como se a mesma camareira mencionada nos dissesse o seguinte: "a sua roupa não pode ser levada, limpa e passada porque o contrato que você assinou com minha empresa prevê que essa roupa seja entregue até um prazo que já se esgotou; mas, como pessoa humana, entendo a sua necessidade e vou, pessoalmente e por minha conta, oferecer esse gesto de hospitalidade".

Daí decorre que a preparação de pessoas para a hospitalidade é o primeiro desafio. O atual planejamento turístico, que, na realidade, é um planejamento da hospitalidade, deve estar atento a muitas rubricas desse desafio: cursos variados para profissionais do setor, motoristas de táxi, montagem de estandes de orientação e mesmo de polícia turística, conscientização nas escolas, formação de gerentes, de profissionais de hospedagem e restauração.

Mas há ainda um longo caminho até que esses currículos sejam menos carregados de procedimentos e mais de conscientização sobre a *hospitabilidade*. Se aceitas essas reflexões, o passo seguinte será certamente repensar os nossos programas de formação, nos diversos níveis, de profissionais do turismo, da hotelaria, de eventos, de lazer, de gastronomia, incluindo não apenas aulas como oficinas de vivência nos diferentes domínios, tanto os espaços (doméstico, público, comercial e virtual) como os tempos (receber, hospedar, alimentar e entreter) da hospitalidade.

85-7241-568-8

Hoje, nuvens negras rondam o universo do turismo. Companhias aéreas bradam por uma reengenharia do setor, hotéis e restaurantes antes lotados têm altas margens de ociosidade. Os motivos arrolados são os epidérmicos: terrorismo, guerra, violência, epidemias, falta de confiança na tecnologia de transportes (como já perguntou alguém, como ter segurança em aviões construídos com peças sempre compradas pelo menor preço?). Esses problemas existem e fazem parte do que se chama de forte sensibilidade do fluxo turístico.

Não é desses problemas que se quer falar aqui. Essas conjunturas vêm e vão. De qualquer forma, mostram como são inoportunas as reflexões triunfalistas sobre o turismo (*a indústria que mais cresce no mundo, a indústria do novo milênio*) até que se ataque a verdadeira doença do turismo que é a inospitalidade, na raiz de todas as manifestações vistas sobre hostilidade. Como você será recebido? É uma pergunta que, hoje, o turista se faz com muito mais ênfase do que há 30 anos. Essa consciência sutil hoje se instaura nas mentes, com visibilidade cada vez maior do que a qualidade final da viagem. É mais importante que o simples registro mundano da viagem para amigos e parentes.

Outra questão: até quando pensaremos apenas nos que viajam, sem pensar também sobre os que recebem? É justo colocar todo o ônus do crescimento econômico advindo do turismo nas costas da população residente? Quando vamos pensar nas patologias de cidades e condomínios de veraneio que esquizofrenicamente se agitam em algumas datas para se transformarem em locais fantasmas na maior parte do ano? Quando a sociedade, finalmente confrontada à escassez, vai se insurgir contra tal dilapidação de recursos? Como valorizar a identidade local se os moradores se sentem, às vezes, agredidos pelo comportamento de visitantes que não foram convidados? Como despejar numa localidade uma horda turística em número já registrado até 10 vezes superior ao da população residente?

O estudo moderno da hospitalidade não pode, pois, ignorar esse campo do comércio da hospitalidade. E, reciprocamente, talvez esteja aí o segredo desse abre-te-sésamo tão buscado pelo turismo moderno – a tão decantada qualidade ou diferencial de serviços, a responsabilidade social ou qualquer outro termo que a moda mercadológica invente para incentivar a melhoria dos serviços comerciais de hospitalidade. O próprio deslizamento do termo hospitalidade ao longo deste parágrafo já mostra o nosso ponto de vista central: existe, sim, o exercício e o estudo da hospitalidade em serviços do turismo receptivo comercial.

Os estudos da hospitalidade querem e precisam resgatar, sobretudo na hospitalidade comercial, as verdadeiras virtudes da hospitalidade, com todos os desafios que essa diretriz implica, quais sejam: repensar as cargas turísticas, os receptivos locais, a formação do pessoal envolvido e, resumidamente, auxiliar as comunidades a pensar um estilo de hospitalidade e educar os turistas para a *hospitabilidade*.

Uma Hospitalidade à Brasileira?

O que essa noção de hospitalidade tem a acrescentar ao turismo e à hotelaria? Cabe, em primeiro lugar, lembrar que, desde o século XIX, esses campos dividem, no seu desenrolar, os sistemas de comércio (para tudo que é objeto de contrato) e de hospitalidade (para todas as relações entre seres humanos). Mas não nos deixemos iludir pelo valor econômico de uma e outra dimensão. O fator decisivo é o da hospitalidade, não do comércio.

No sistema da dádiva e, portanto, na hospitalidade, não existe simetria, a não ser no ritual e do ritual. Aquele que recebe, mesmo que mais pobre, é mais poderoso que aquele que é recebido, mesmo que mais rico. Não é por acaso que são tão importantes as políticas de segurança pública dos locais visitados e que as notícias de assassinatos de turistas no Brasil causam tanto impacto na demanda turística de nosso país.

Ainda assim e por isso mesmo, o ritual busca iludir essa assimetria. "Faça de conta que a casa é sua". Eis uma frase que seria hipócrita se não resultasse de uma elipse de termos de uma frase mais longa. O conteúdo, aliás muito difícil de ser verbalizado e, ainda mais, de ser compreendido sem parecer uma ameaça, pode ser assim explicitado: "sou o anfitrião e, como tal, sou mais forte do que você. Você, hóspede, na realidade está em minhas mãos, pois não conhece nem mesmo o espaço onde pisa, nem as pessoas que aqui estão, muito menos as autoridades. Mas não precisa entrar em pânico; como seu anfitrião, minha tarefa é protegê-lo. Faça de conta que minha casa é sua casa, mas isso é apenas uma fórmula verbal ritual; não se atreva a levar essa frase às últimas conseqüências".

Resumindo: nas trocas humanas, sempre que dois seres humanos interagem e produzem algum vínculo, o sistema da dádiva está em marcha. Dessa forma, o comércio, as repartições públicas, todas as instituições de alguma forma prontas a atender algum tipo de público – o turismo e a hotelaria à frente – são afetadas pelo sistema da dádiva e, portanto, abertas conceitualmente para análise a partir das categorias da hospitalidade.

Tentemos sistematizar nossa reflexão resumindo-a nos itens a seguir.

É PRECISO ESTAR ATENTO À ASSIMETRIA ESPECÍFICA DO TURISMO

No caso do turismo, quase sempre o hóspede é o rico e o anfitrião, o pobre. Essa circunstância não se esgota no fato de o turista ter mais recursos e, portanto, naturalmente tender a ostentar a superioridade típica dos contatos sociais entre populações ricas e pobres. Às vezes, essa assimetria é a fenomenologia de uma intrusão. O hóspede chega sem ser convidado, com direitos que ele imagina que seus recursos financeiros permitam.

Essa assimetria muitas vezes coloca, de imediato, o turista no centro de um processo não de hospitalidade, mas do seu verso, a hostilidade e a agressão. O desrespeito às leis não escritas da hospitalidade humana pode ser uma declaração de guerra na qual o turista, ainda que mais rico, sempre sairá perdendo.

COMO SER O ANFITRIÃO MAIS FORTE, AINDA QUE COM MENOS RECURSOS MATERIAIS?

Muitos turistas reportam seu desconforto com populações receptoras que os agridem com sua pobreza. A mendicância junto ao turista é uma das situações que levam a esse desconforto, ainda mais porque quase sempre vêm marcadas pelo desejo de assimilar-se ao visitante. É o caso do primo pobre que, para receber o primo rico, empresta de alguém o jogo de pratos e talheres e mais o que estiver disponível.

Mas há também a população receptora pobre mas com auto-estima elevada que exibe com orgulho sua identidade ao hóspede, mostrando que a falta de recursos não significa uma atitude deprimida diante da existência. Se o pobre envergonhado constrange, este encanta.

MAS QUEM SOMOS E O QUE SOMOS?

Receber alguém, tanto um indivíduo em sua casa como a população de uma cidade, implica mostrar o que se é. Por que, assim, fazer de conta que somos norte-americanos ou europeus? Quem quer conhecer europeus vai à Europa; quem quer conhecer norte-americanos vai aos Estados Unidos ou ao Canadá; quem quer conhecer chineses vai à China e quem quer conhecer brasileiros vem ao Brasil.

Não tenhamos dúvida: qualquer pessoa que viaja traz como experiências mais gratificantes o encontro com pessoas, mais do que com espaços. Gente é o que mais diverte gente. E hospitalidade é feita de gente. Os que recebem são solicitados a mostrar sua forma peculiar de se vestir, de se alimentar, de se cumprimentar, de habitar, etc. O projeto Cara Brasileira, do Sebrae – Serviço Brasileiro de Apoio às Micro e Pequenas Empresas, está aqui com a palavra. Esperemos que tenha evoluído bastante desde o seu lançamento.

Pensar o turismo sob a ótica da hospitalidade é, assim, em primeiro lugar, valorizar as pessoas não como recursos (humanos), mas como elementos essenciais do processo. Um hotel como o Fórmula 1, que pretende quase abolir o contato humano, está buscando a proeza de uma hotelaria sem hospitalidade.

Em decorrência, não é assim tão absurdo pensar na hospitalidade (turismo, hotelaria, lazer, eventos) como provedora de postos de trabalho. Se o que temos em mente é hospitalidade e não o negócio, quanto mais gente envolvida, melhor.

Finalmente, se adotarmos a postura do pobre orgulhoso, nosso estilo de hospitalidade será coerente: muita satisfação de mostrar o que somos e, sobretudo, como somos – alegres, descontraídos. Como já disse o filósofo espanhol Julián Marias, "há mais alegria no Mercado de Olinda do que em toda a Suíça". Ou, como já disse também Domenico de Masi, "no Brasil as pessoas dão mais gargalhadas num dia do que na Itália em uma

85-7241-568-8

semana e do que na Suécia em um mês". Essas frases são inspiradoras para o início de uma reflexão sobre a cultura brasileira da hospitalidade.

BIBLIOGRAFIA

BEVILAQUA, C. Notas sobre a forma e a razão dos conflitos no mercado de consumo. In: *Sociedade e Estado.* 2001, p. 306-334, v. 16.

BURKE, P. *A Arte da Conversação.* São Paulo: Unesp, 1995.

CAILLÉ, A. *Antropologia do Dom.* Petrópolis: Vozes, 2002.

CHON & SPARROWE. *Hospitalidade: conceitos e aplicações.* São Paulo: Thomson, 2003.

DERRIDA, J. *Manifeste Pour L'hospitalité.* Grigny: Paroles d'Aube, 1999.

DIAS, C. (org.). *Hospitalidade: reflexões e perspectivas.* São Paulo: Manole, 2002.

GOTMAN, A. *Le Sens de L'hospitalité. Essai Sur Les Fondements Sociaux de L'accueil de L'autre.* Paris: PUF, 2001.

HOBSBAWN, E.; RANGER, T. *A Invenção das Tradições.* Rio de Janeiro: Paz e Terra, 1984.

KANT, E. *Anthropologie D'un Point de Vue Pragmatique.* Paris: Vrin, 1994.

LASHLEY & MORRISON. *In Search of Hospitality.* Oxford: Butterwort-Heineman, 2000.

LEROI-GOURHAN, A. *O Gesto e a Palavra.* Lisboa: Edições 70, 1964-1665.

LORENZ, K. *Os Oito Pecados Mortais do Homem Civilizado.* São Paulo: Brasiliense, 1991.

MARX, K. *Manuscritos Econômico-filosóficos e Outros Textos Escolhidos.* São Paulo: Nova Cultural, 1991.

MONTANDON, A. Hospitalidade: ontem e hoje. In: DIAS (org). DIAS, C. (Org.). *Hospitalidade: reflexões e perspectivas.* São Paulo: Manole, 2002.

MAUSS, M. *Sociologia e Antropologia.* São Paulo: Edusp, 1974.

MILLON, A. *L'Art de La Conversation.* Paris: PUF, 1999.

ZELDIN, T. *Conversação.* Rio de Janeiro: Record, 2001.

Anotações

Parte 6

Anotações

85-7241-568-8

CAPÍTULO

46

Tendências da Arquitetura Hoteleira no Brasil

Luciana Bon Duarte Fantini

Introdução

É comum afirmar-se que a verdadeira arquitetura supera o tempo, contudo isso tem se mostrado um paradoxo no caso das edificações hoteleiras. Percebe-se que os hotéis, outrora badalados, representaram um marco à sua época de implantação; entretanto, com o decorrer dos anos, passaram a representar meros atores coadjuvantes.

Muitos edifícios causaram grande impacto na mídia e no cenário das cidades quando foram inaugurados; um impacto não somente visual, como também conceitual. Contudo, em não muito espaço de tempo, essas inovações foram absorvidas e logo copiadas, perdendo a originalidade e o caráter de exclusividade.

No decorrer da história da hotelaria nacional, vários hotéis surgiram como os mais arrojados, luxuosos e de arquitetura inovadora e a maior parte deles viu, com o tempo, seu *status* sendo substituído pela chegada dos novos empreendimentos.

É com base nesse raciocínio que este texto pretende analisar a evolução da arquitetura hoteleira no Brasil, procurando identificar alguns hotéis que causaram impacto à sua época de construção. Tendo como espinha dorsal a história das manifestações artísticas e arquitetônicas, este capítulo analisa e discute a evolução da arquitetura hoteleira nacional buscando compreender e identificar novos caminhos e as prováveis tendências para o futuro.

Evolução Histórica da Arquitetura Hoteleira no Brasil

Do descobrimento ao início do século XIX, a história da arquitetura hoteleira no país se resume aos mosteiros, às casas de família e às estalagens nos pousos de tropeiros. Até a chegada da família real, em 1808, a hospedagem aos viajantes era motivada pela caridade dos jesuítas ou pela benevolência dos proprietários de fazendas e não havia ainda qualquer indício de profissionalização.

Nesse período, destacou-se a figura do tropeiro, elemento importante para o desenvolvimento do Brasil até final do século XVIII que, em seu trajeto, levava mercadorias como sal e alimentos para o interior e trazia ouro, metais preciosos e produtos

85-7241-568-8

agrícolas para o litoral, gerando a necessidade de paradas estratégicas nos caminhos onde, mais tarde, vieram a se formar cidades. Em decorrência desse movimento, hoje chamado de tropeirismo, surgiram as primeiras estalagens de que se tem notícia no país, as quais, na verdade, eram grandes cabanas utilizadas para abrigar os viajantes e suas mulas.

Grande colaborador para os registros históricos desse período foi o biólogo *August de Saint-Hilaire*, que percorreu boa parte do Brasil e dedicou várias páginas do seu livro *Viagem à Província de São Paulo* (Prestes, 1997) às descrições das edificações, do local, dos modos de produção e dos produtos existentes.

A obra de *Saint-Hilaire* ajuda a recompor um cenário e a compreender a situação da hotelaria na época. Em um de seus relatos, por exemplo, explica que, em 1819, havia em São Paulo apenas uma hospedaria, de propriedade do senhor português Antonio Bexiga, localizada *do outro lado da ponte do Lorena*, no Anhangabaú. O autor descreve o estabelecimento como *um lugar cheio de lama*, ao lado de uma *buraqueira danada* em que todos os quartos tinham porta para o terreiro, eram úmidos e de uma *imundície repugnante*, não havia forro ou janelas e "*eram tão estreitos que mesmo com toda a bagagem empilhada, restava pouco espaço para o viajante e seus companheiros se moverem*".

Embora em São Paulo as estalagens e os ranchos para tropeiros tenham se desenvolvido de forma mais acentuada que nos demais centros urbanos da época, em virtude das fortes relações comerciais na região, isso não se traduzia em estabelecimentos cômodos ou até mesmo limpos.

Até meados do século XIX, a maior parte da demanda por hospedagem nas principais metrópoles do país foi mesmo suprida pelas casas de família. Somente a partir da metade desse século os hotéis começaram a ocupar os edifícios comerciais existentes no centro das cidades e nas proximidades das áreas portuárias.

Até esse momento não existiu, portanto, uma tipologia ou representação arquitetônica na hotelaria. Em alguns casos, eram ocupados casarões de taipa, como o hotel *Quatro Nações*, na esquina das ruas São Bento e Direita, em São Paulo; em outros, eram construídos pequenos edifícios no estilo arquitetônico neoclássico, como o *Grande Hotel*, inaugurado em 1878 e considerado, naquele tempo, o melhor de São Paulo (Figs. 46.1 e 46.2).

O primeiro hotel efetivamente planejado para abrigar um meio de hospedagem construído no

Figura 46.1 – Hotel Quatro Nações. Fonte: *www.almanack.paulistano.com.br*.

Figura 46.2 – Grande Hotel. Fonte: *www.almanack.paulistano.com.br*.

país foi o *Hotel Avenida*, inaugurado em 1908 no Rio de Janeiro. O empreendimento, também em estilo neoclássico, inaugura o século XX, dando início a uma fase mais fértil para o desenvolvimento do parque hoteleiro nacional.

As décadas de 1920 e 1930 representaram um primeiro *boom* de desenvolvimento, muito provavelmente graças à implantação, por parte do governo, das primeiras leis de incentivos fiscais para a construção de hotéis. Nesse período surgiram, por exemplo, os hotéis *Glória* e *Copacabana Palace*, no Rio de Janeiro; *Esplanada* e *Términus*, em São Paulo, que ainda hoje ilustram, embora um pouco descaracterizados, os estilos arquitetônicos que vinham sendo aplicados nesse período: o neoclassicismo, marcado pela utilização de elementos das ordens clássicas (como arcos, colunas e adornos)

Parte 6

e partido arquitetônico predominantemente horizontal, e, logo em seguida, o ecletismo, caracterizado pela mistura de diversos estilos e pelo início do emprego de novas tecnologias (Figs. 46.3 a 46.6).

Figura 46.3 – Hotel Glória. Fonte: *www.hotelgloriario.com.br*.

Figura 46.4 – Hotel Copacabana Palace. Fonte: *www.copacabanapalace.com.br*.

Figura 46.5 – Hotel Esplanada. Fonte: *www.almanack.paulistano.com.br*.

Figura 46.6 – Hotel Términus. Fonte: *www.almanack.paulistano.com.br*.

Até 1946, quando um decreto federal do Presidente Eurico Gaspar Dutra proibiu o jogo e exigiu o fechamento dos cassinos, a hotelaria nacional passou por momentos de grande crescimento. Pode-se dizer que a década de 1940 ficou marcada pelo esplendor dos hotéis-cassino, localizados em estâncias balneárias e climáticas como Águas de São Pedro, Águas da Prata e Poços de Caldas. São exemplos desses hotéis o Quitandinha, inaugurado em Petrópolis em 1944, e o Cassino Atlântico de Santos. Com a proibição do jogo, alguns desses empreendimentos entraram em decadência e fecharam suas portas; outros conseguiram se reerguer transformando-se em hotéis de lazer.

Nessa década, não é possível identificar um estilo arquitetônico predominante; ainda se observam reminiscências do neoclassicismo, além da forte presença do ecletismo, do *art nouveau*, estilo estético caracterizado pela utilização de formas orgânicas que remetem aos elementos da natureza e valorizam os trabalhos artesanais, e do *art déco*, movimento eminentemente decorativo, decorrente do *art noveau*, que tem sua maior expressão nos desenhos geométricos, com linhas precisas e definidas.

O *Grande Hotel São Pedro*, um aconchegante e sofisticado hotel-escola do Senac – Serviço Nacional de Aprendizagem Comercial em plena operação no município de Águas de São Pedro, é um exemplo de hotel-cassino cuja edificação apresenta elementos decorativos do estilo *art déco* (Figs. 46.7 e 46.8).

Um novo pico no desenvolvimento hoteleiro aconteceu a partir da década de 1950, com o crescimento da atividade industrial e incremento da infra-

Parte 6

85-7241-568-8

Figura 46.7 – Grande Hotel São Pedro. Fonte: *www.sp.senac.br.*

Figura 46.8 – Escadaria *art déco*. Fonte: *www.sp.senac.br.*

estrutura turística do país. Nessa época, expandiam-se fortemente as cadeias hoteleiras norte-americanas, surgindo, por exemplo, *Holiday Inn*, *Howard Johnson*, *Marriott* e *Hyatt*. De maneira bem mais acanhada, cresciam também as redes nacionais, como *Othon*, *Luxor* e *Vila Rica* (Duarte, 1996). Na arquitetura, enquanto o Brasil ainda buscava referências no neoclássico e edificava seguindo o estilo eclético, ou muitas vezes misturava ambos resultando em estilo nenhum, o restante do mundo já vivia as mudanças ocasionadas pelo movimento moderno.

O modernismo teve suas origens a partir das idéias do arquiteto Le Corbusier, na França; de Frank Lloyd Wright, nos Estados Unidos; e da *Bauhaus,* escola de arte e arquitetura fundada por Walter Gropius na Alemanha. O mundo buscava um estilo arquitetônico que refletisse as necessidades e os ideais do pós-guerra: a valorização da funcionalidade, a intensificação das construções de baixo custo e a produção em larga escala, sobretudo no âmbito residencial.

Muito embora esses ideais já estivessem influenciando fortemente os arquitetos brasileiros, como Lúcio Costa, Oscar Niemeyer, Afonso Reidy e Rino Levi, o modernismo demorou a se refletir na arquitetura hoteleira. O antigo *Hotel Jaraguá*, entretanto, projetado nos anos 1950 por Jacques Pillon e Franz Heep, é um exemplo ainda existente da interpretação do movimento moderno nacional, pois fez uso de elementos como a modulação estrutural rígida e rítmica, *brises* e a integração das artes plásticas ao edifício, características típicas do modernismo (Figs. 46.9 e 46.10).

Vale também ressaltar que data da década de 1950 a formulação de um conceito e a construção de empreendimentos que representaram verdadeiros embriões do que hoje são os hotéis do tipo *resorts*. O conceito trazido pela rede *Club Mediterranée,* por exemplo, transformou o hotel em um clube de férias, com partido arquitetônico totalmente horizontal, áreas sociais, habitacionais (*villages*) e, sobretudo, atividades de lazer espalhadas em amplos e bem localizados terrenos.

Da segunda metade do século XX em diante, na história da arquitetura surgiram também algumas vertentes do movimento moderno, como

Figura 46.9 – Hotel Jaraguá.

Figura 46.10 – Painel de Di Cavalcanti. Fonte: *www.arcoweb.com.br.*

o *International Style* de origem européia e o *Organicismo* de origem americana, vindo a culminar no movimento pós-moderno que, de forma bem simplificada, pode-se dizer que perdura até os dias atuais.

Não se pode deixar de mencionar que o maior influenciador da arquitetura hoteleira das décadas de 1960 e 1970 foi o norte-americano John Portman. O principal arquiteto da rede *Hyatt* foi o primeiro a quebrar a tradição dos projetos na Europa, até então caracterizada pela arquitetura do César Ritz (Marco, 1987), em que os espaços eram pequenos e acanhados, com ambientes formados por uma monótona seqüência de salas.

O primeiro hotel planejado por Portman foi o *Hyatt Regency Atlanta*, em 1967. O fator de impacto presente nesse projeto e nos vários outros que se seguiram (Chicago, São Francisco, etc.) foi a criação de um grande átrio central, um espaço de proporções gigantescas, definido pelos pavimentos habitacionais abertos para o interior do edifício. Dos corredores de apartamentos passou a ser possível visualizar o saguão e as áreas sociais, o que, para a arquitetura, foi um ganho na qualidade do espaço construído e, para o investidor, possibilitou maior visibilidade e incremento do consumo nos pontos de vendas localizados no pavimento térreo.

A criação desse generoso espaço central provocou também um impacto cultural e social sobre a forma de utilização dos espaços nos hotéis. Houve a transformação de um ambiente privado para um semipúblico, que convida ao convívio social não somente aos hóspedes como também à comunidade local.

Planejado na década de 1970, porém somente construído na de 1980, o *Hotel Maksoud Plaza* é um exemplo da influência dos projetos de John Portman na hotelaria nacional. Graças ao luxo, profissionalismo, qualidade nos serviços e originalidade arquitetônica com que entrou no mercado, o *Maksoud Plaza* foi, por muito tempo, considerado um dos melhores hotéis do país (Figs. 46.11 e 46.12).

Figura 46.11 – *Hyatt Regency Atlanta*. Fonte: *www.atlantaregency.hyatt.com.*

Figura 46.12 – *Maksoud Plaza*. Fonte: *www.maksoud.com.br.*

Parte 6

85-7241-568-8

Ainda nos anos 1970, ressalta-se a chegada do primeiro hotel pertencente a uma rede internacional: o *São Paulo Hilton*. O empreendimento foi importante a seu tempo em decorrência da implantação de novíssimas tecnologias, como o sistema de ar condicionado central e os *shafts* para instalações hidráulicas.

Na década de 1980, contudo, o país vivenciou um período economicamente desfavorável e a crise dificultou a realização de grandes investimentos. Como alternativa para a recessão, potencializou-se uma nova forma de investimento voltada para o mercado imobiliário: os *flats*, que surgiram inicialmente como uma mistura de hotel com residência, mas logo se transformaram em um grande negócio de compra, aluguel e venda.

As manifestações arquitetônicas desse período não refletem um estilo definido. Os *flats* se parecem ora com edifícios comerciais, ora residenciais; para projetá-los, foram contratados escritórios das mais diversas linhas, mesmo que não tivessem experiência em programas hoteleiros.

Escapando dessa monotonia dos anos 1980, contudo, há um glorioso exemplar da arquitetura hoteleira nacional: a *Pousada da Ilha de Silves* de Severiano Mário Porto. Nesse projeto, o arquiteto utilizou recursos e materiais naturais, buscando elementos da arquitetura regional, genuinamente brasileira e procurando inserir o edifício de forma integrada ao meio ambiente, com simplicidade e conforto. Mais tarde, vários outros arquitetos, sobretudo os de interiores, passaram também a utilizar elementos regionais na arquitetura, na tentativa de contemplar uma identidade nacional a seus projetos.

O mais recente *boom* de desenvolvimento hoteleiro teve início na década de 1990, principalmente a partir do Plano Real e da estabilização econômica. No governo Fernando Henrique Cardoso, surgiram novas formas de financiamento (fundos de pensão, incorporadores imobiliários e entidades financeiras) e, nesse momento, aqui se instalaram várias redes internacionais e muitos hotéis foram construídos em todo o país.

Nos últimos anos do século XX, o desenvolvimento da arquitetura hoteleira foi marcado pela construção dos grandes edifícios com alta tecnologia, pela disseminação dos hotéis padronizados e pela forte segmentação do mercado, que lançou produtos específicos para públicos seletos.

Os projetos de hotéis pertencentes às bandeiras das grandes redes hoteleiras obedecem aos manuais de especificações, verdadeiras cartilhas que em muito restringem a liberdade do arquiteto e fazem com que os edifícios tenham fachadas e interiores muito semelhantes. Os hotéis econômicos, por exemplo, que se expandem fortemente no mercado atual e que tiveram seu momento inicial de crescimento a partir de 1999, sobretudo com o crescimento da *Accor* e da *Choice* (Trigo, 2000), são produtos já pré-definidos que possuem programa físico enxuto, estabelecido pelo estudo de viabilidade, e orçamento restrito, restando pouco espaço para as manifestações criativas na arquitetura.

Dessa última década até o início do século XXI, a realidade mundial vive um cenário similar; as tipologias hoteleiras podem ser agrupadas por hotéis de centros urbanos (*downtown hotels*), *resorts*, hotéis de convenções, hotéis-cassino, hotéis residenciais, hotéis superluxuosos, *mega*-hotéis e hotéis *de uso múltiplo*. No Brasil, essas duas últimas categorias ainda não são uma realidade, muito provavelmente porque os centros urbanos que poderiam comportar tais tipologias já estão superofertados e saturados de empreendimentos hoteleiros.

Em meio a essa padronização da arquitetura hoteleira, destacam-se os projetos do famoso e polêmico *designer* francês Philippe Starck, que veio a influenciar positivamente e alterar suavemente o panorama contemporâneo da hotelaria. Starck é o precursor dos chamados hotéis *design* e os melhores representantes dessa tipologia estética encontram-se em Londres. Os hotéis *Sanderson* e *Saint Martin's Lane* possuem arquitetura minimalista e são decorados com mobiliários assinados por *designers* famosos que compõem espaços teatrais e cenários irreverentes e inovadores.

No Brasil, as reformas de dois antigos hotéis do centro de São Paulo, o *Pergamon* e o *Normandie*, já no início do século XXI, fizeram surgir os primeiros hotéis *design* nacionais. Não se pode, entretanto, dizer que a arquitetura proposta nesses empreendimentos seja realmente arrojada ou inovadora, ou que esses hotéis definam uma nova tipologia para esse período, pois os indícios de *design* encontram-se quase tão-somente na decoração (Figs. 46.13 e 46.14).

Na Suíça, o arquiteto francês Jean Nouvel, também conceituado *designer* da arquitetura contemporânea, restaurou o *Hotel Lucerne*, que veio a ser um dos primeiros hotéis-butique do mundo. O empreendimento também surpreende por seus interiores, onde são projetadas cenas de filmes e outras imagens cenográficas em tetos e paredes.

85-7241-568-8

Figura 46.13 – *Saint Martin's Lane*. Fonte: *www.arcoweb.com.br*.

Figura 46.14 – *Hotel Pergamon. Fonte: www.pergamon.com.br.*

No Brasil, o primeiro hotel-butique é o *Emiliano*, localizado em bairro nobre de São Paulo, reformulado e decorado pelo arquiteto Arthur de Mattos Casas em 2001. Novamente, a inovação proposta não se refere à arquitetura, mesmo porque o edifício foi inicialmente planejado para uso residencial, mas sim aos interiores, pois todos os objetos, peças de *design* e até mesmo móveis presentes na decoração dos ambientes podem ser vendidos aos hóspedes e freqüentadores das áreas sociais.

De grande impacto no contexto contemporâneo e, talvez, o único exemplo nacional de hotel *design* é o *Hotel Unique*, projetado pelo arquiteto das formas curvas e sinuosas, Ruy Ohtaque, também em São Paulo. Se, por um lado, entre os grandes nomes da arquitetura nacional, sobretudo no ambiente acadêmico, o projeto do *Unique* seja exaustivamente criticado por sua forma em arco invertido que, de alguma maneira, remete à imagem de um navio ou à de uma fatia de melancia, por outro lado, não se pode negar que o empreendimento seja um verdadeiro sucesso.

Fundamental, contudo, é observar que esse hotel possui personalidade, que se destaca dos demais e é capaz, por sua arquitetura arrojada, de provocar sensações diversas no sentido humano, seja quando se entra no grandioso saguão, com luminosidade que penetra através de um espelho d'água localizado na cobertura, ou quando se percorrem os sinuosos corredores de apartamentos, cujo único elemento decorativo são as janelas redondas que emolduram a magnífica vista para o Ibirapuera.

Esses anos mais recentes vêm sendo, portanto, marcados por uma efervescência de tipologias hoteleiras, desde os hotéis de luxo para executivos com projetos de arquitetura moderna, como o *Grand Hyatt São Paulo*; hotéis de extremo luxo inspirados nos tradicionais hotéis europeus, como o *Hotel Fasano*; os *resorts* influenciados pelo estilo arquitetônico de bangalôs da Indonésia, como o *Nannai Beach Resort*; os *mega-resorts* inspirados no turismo edificado de Cancun como *Costa do Sauípe*, ou ainda os hotéis econômicos planejados e padronizados pelas redes internacionais, como o *Sleep Inn Galeria* da *Atlântica Hotels* (Figs. 46.15 a 46.18).

Enfim, chegou-se à pós-modernidade e, com ela, a inúmeras e diferentes definições para o movimento e, inclusive, para o próprio termo. O que se afirma de senso comum é que o pós-modernismo teve início no final do século XX, envolto em um panorama de crescimento acelerado das novas tecnologias, marcado pela tamanha velocidade de informações e por fortes mudanças

Figura 46.15 – *Hotel Unique*. Fonte: *www.arcoweb.com.br*.

85-7241-568-8

Figura 46.16 – *Grand Hyatt* São Paulo Hotel. Fonte: *www. saopaulo. grandhyatt.com.br.*

Figura 46.17 – *Nannai Beach Resort*. Fonte: *www.nannai.com.br.*

Figura 46.18 – *Sleep Inn Galeria*. Fonte: *www.atlantica-hotels.com.*

culturais, do modo de agir e pensar da sociedade pós-industrial.

Nesse contexto globalizado, existe espaço para todos os estilos arquitetônicos e manifestações artísticas. A estética se apresenta mais homogênea, há uma repetição e mistura de formas passadas, destroem-se os referenciais e todos os estilos são válidos, o que pode, no entanto, representar uma crise de identidade e perda da cultura e dos valores individuais do país.

Tendências da Arquitetura Hoteleira no Brasil: Versatilidade, Velocidade, Novas Tecnologias e Supersegmentação de Mercado

Existe um limite muito tênue entre a discussão sobre as tendências para algo determinado no futuro e as previsões que recorrem à famosa "bola de cristal". No desenrolar dessa análise, pretende-se se aproximar da primeira hipótese, procurando apenas imaginar os caminhos que a arquitetura hoteleira tende a seguir no Brasil, tomando como base a análise de sua própria evolução histórica, como apresentado no tópico anterior.

Dentre as principais tendências da arquitetura hoteleira nacional estão a versatilidade, a velocidade, o uso de novas tecnologias e a supersegmentação de mercado. Mas o que representa cada uma dessas características em termos do planejamento físico?

Para compreender essa questão, vale primeiramente ressaltar que o projeto arquitetônico de um empreendimento hoteleiro talvez seja um dos mais complexos dentre as edificações contemporâneas. A definição adequada do programa físico de necessidades deve envolver, por exemplo, além dos aspectos relacionados ao próprio projeto (a concepção do partido arquitetônico, a volumetria, o raciocínio estrutural, a racionalização das instalações e a estética), fatores que definirão a funcio-

85-7241-568-8

nalidade operacional e a adequação mercadológica do hotel em planejamento.

Em outras palavras, um bom projeto de hotel não soluciona somente a arquitetura, mas considera e organiza aspectos operacionais que dependem do administrador e que variam de empreendimento para empreendimento, além de articular os espaços de forma racional, respeitando a funcionalidade de cada ambiente de trabalho e as necessidades de cada tipo de hotel.

Sob esse ponto de vista, é possível perceber que um projeto hoteleiro possui fortes características de uma "camisa de força". Portanto, a primeira tendência identificada no planejamento dos empreendimentos do futuro é a versatilidade.

O chamado programa de necessidades de um hotel, um *checklist* de todos os ambientes e setores, precisa muitas vezes ser modificado ou readaptado, seja por alterações administrativas (estrutura organizacional do empreendimento ou tipo de gestão) ou mercadológicas (novo direcionamento de público-alvo, por exemplo). Esse programa muitas vezes se comporta de maneira efêmera; portanto, o hotel precisa ser adaptável, moldável, permitir ampliações e adaptar-se às mudanças para manter-se atual. É, então, muito importante que os ambientes possibilitem uma multifuncionalidade para que possam dar lugar a diferentes tipos de atividades e públicos.

Resumindo o raciocínio em uma única frase, pode-se dizer que, considerando seu projeto arquitetônico, um hotel nunca pode possuir "prazo de validade"!

Os hoteleiros e planejadores precisam descobrir uma fórmula para manter seus empreendimentos sempre na vanguarda. Então, essa versatilidade deve ser considerada para que os hotéis possam ser constantemente reinventados e redefinidos; somente assim esses produtos terão *fôlego* para se manter ativos e com o caráter de originalidade.

Outra forte tendência observada é a velocidade, característica eminentemente atual que alterou para sempre o tipo de vida do mundo contemporâneo. Na realidade pós-moderna, o tempo é precioso, raro e muito caro; portanto, torna-se muitas vezes o fator determinante do sucesso de implantação de algumas tipologias hoteleiras.

Na arquitetura, a velocidade se traduz sobretudo no constante aprimoramento da tecnologia civil. Cada vez mais são utilizadas novas técnicas construtivas, que agilizam em muito o andamento das obras, resultando em um retorno mais rápido do investimento.

Uma crítica que se pode fazer com relação aos edifícios gerados pela excessiva preocupação com a velocidade e com o retorno financeiro diz respeito ao caráter monetarista que se imprime à arquitetura. Com tanta pressa em construir o edifício, não sobra espaço para o exercício de projeto e a volumetria acaba reduzida a adornos, enfeites, modismos e cenários. A arquitetura contemporânea vem se tornando aquela que consegue resolver os problemas do tempo!

A pré-fabricação de materiais é uma forte aliada da velocidade, bem como alguns aspectos que podem ser considerados na fase de planejamento e concepção do projeto. Um desses aspectos, por exemplo, é a busca de formas e desenhos simplificados que facilitem a padronização e a modulação estrutural. Os projetos do futuro procuram também racionalizar as instalações, planejando apartamentos padronizados espelhados no pavimento-tipo através do banheiro e possibilitando a construção de *shafts* hidráulicos. Para os materiais de acabamento, buscam-se revestimentos com durabilidade, de simples reposição e que possuam facilidade de manutenção e limpeza.

Entretanto, uma conseqüência gerada pelas racionalizações e padronizações extremas é a impessoalidade, sobretudo quando se trata de projetos pertencentes às grandes redes hoteleiras. Como a repetição dos apartamentos, que respeita uma modulação simétrica e constante, leva a uma volumetria óbvia, formada por uma seqüência de janelas exatamente iguais, fica mais difícil para o arquiteto alcançar uma originalidade que resulte em projetos únicos e criativos.

O uso das tecnologias de ponta é também uma forte tendência não somente na arquitetura hoteleira, como na construção civil de maneira geral. Na hotelaria, contudo, esse aspecto leva também a reduções de custos de manutenção e administração do empreendimento, podendo inclusive resultar em melhor qualidade no atendimento e na prestação de serviços aos clientes.

Os novos edifícios já possuem, por exemplo, sensores de presença, chaves que acionam a energia nas unidades habitacionais, elevadores digitais, sistemas de automação para a rega de jardins, controle de temperatura do ar condicionado em todas as áreas sociais, sistemas de controle de nível de caixa d'água e até mesmo geradores de energia elétrica, responsáveis por produzir e armazenar a energia utilizada nos horários de pico, quando as tarifas cobradas pela prefeitura são bem mais caras.

Além disso, a automação pode estar presente em todos os lugares do hotel e a tendência é que quase tudo seja acionado sem que se precise colocar as mãos nos equipamentos. Embora isso pareça apenas uma futilidade, um sistema automático de fechamento de persianas pode, por exemplo, apresentar durabilidade muito maior que o sistema manual; da mesma forma, pode ser que, no futuro, o ar condicionado, a sonorização ambiente, os chuveiros, a televisão e a intensidade de luz dos apartamentos sejam verificados em telas de computadores, o que facilita também o controle e a manutenção desses equipamentos e instalações pelo *staff* do hotel.

Não existem limites para a automação nos edifícios hoteleiros. Pode-se dizer que quase tudo, desde o *check in*, dos gastos em qualquer ponto de venda, dos sistemas de telefonia e lógica, e até a saída ou *check out* do hóspede, pode ser monitorado por meio de computadores de alta tecnologia.

A procura por materiais adequados à preservação do meio ambiente também faz parte dessa busca por novas tecnologias. A consciência ecológica, na verdade, é uma tendência do mundo pós-moderno, pois há algum tempo o homem percebeu que o futuro de sua própria qualidade de vida depende da preocupação com a manutenção do equilíbrio biológico na terra.

Na arquitetura hoteleira, a busca por materiais recicláveis e não poluentes deverá ser cada vez mais forte; os impactos ambientais associados à construção deverão ser observados cautelosamente e ainda será necessário aumentar, em muito, a preocupação com o consumo dos maiores bens naturais, como a energia e a água. Pelo menos existe uma esperança de que isso realmente ocorra.

Uma última tendência que se pode apontar neste capítulo é a supersegmentação de mercado, que já vem sendo observada no Brasil desde o final do século XX, como mencionado anteriormente. Hotéis supereconômicos, superluxuosos, com marcas de grife direcionados a um seleto grupo de pessoas e hotéis para executivos, entre vários outros, são alguns dos mais recentes produtos que surgiram no panorama nacional.

Vivem-se os dias da sobrevalorização das exigências de mercado e os projetos de arquitetura hoteleira são um reflexo evidente desse contexto. A supersegmentação decorre da crescente necessidade de diferenciação decorrente da forte concorrência encontrada, sobretudo, nas principais capitais. Os planejadores procuram direcionar cada vez mais os empreendimentos a nichos, castas ou pequenos grupos de pessoas com características peculiares e adaptam a infra-estrutura e os serviços às suas necessidades.

Em alguns países, já se observa a construção de hotéis seis estrelas voltados a uma minoria milionária, onde o luxo é exacerbado. Um exemplo é o *Burj Al Arab*, em Dubai, um hotel construído sobre uma ilha artificial de estrutura de aço e concreto com 60 pavimentos e um restaurante abaixo do nível do mar, mergulhado em um gigantesco aquário. É uma arquitetura arrojada, que utiliza tecnologia de ponta e decorrente da supersegmentação, mas que também não deixa de ser um tipo de arquitetura de desperdícios e excessos.

Outro exemplo no mínimo excêntrico é o *Ice Hotel*, localizado na região da Lapônia (Suécia), totalmente construído com toneladas de neve e gelo e que fica aberto, obviamente, apenas no inverno (Figs. 46.19 e 46.20).

Pode ser que, no futuro, surjam outras tipologias hoteleiras excêntricas, como hotéis com gravidade zero, direcionados aos ricos e curiosos que pretendem experimentar algo novo e criativo; ou hotéis totalmente submersos, para os apaixonados pelos mistérios do mundo aquático; ou ainda hotéis tão baratos e econômicos que as unidades habitacionais pareçam mais "cápsulas" espaciais do que apartamentos.

Figura 46.19 – Hotel *Burj Al Arab*. Fonte: *www.burjalarab-hotel-dubai.com*.

Figura 46.20 – *Ice Hotel*. Fonte: *www.icehotel.com*

Os hotéis de grife, por sua vez, já não são mais novidade; vários estilistas famosos vincularam seus nomes a empreendimentos requintados como o Hotel Bulgari, *Palazzo Versace*, Armani e Ferragamo, entre outros. Na arquitetura, contudo, não há novidade, os projetos são também luxuosos e dos mais variados estilos. Em breve, esses hotéis deverão chegar ao Brasil e, provavelmente, os projetos caberão aos arquitetos da moda no momento, que farão os desenhos a seu estilo e ao gosto das respectivas grifes.

Na busca pela diferenciação, os hotéis também tenderão a se destacar em seus serviços de alimentação e lazer. Os bares e restaurantes estarão cada vez mais vinculados a nomes famosos da alta gastronomia e aos *chefs* de prestígio; já as áreas de lazer tendem a se sofisticar cada vez mais, passando a englobar verdadeiros *spas*, clínicas de estética ou até mesmo academias e centros esportivos.

Uma última categoria que se pode mencionar é a dos hotéis inseridos em grandes complexos de uso misto. São edifícios gigantescos que comportam diversas finalidades como o uso comercial, de serviços e residencial junto ao empreendimento hoteleiro. Essa tipologia só se torna viável em grandes capitais e já está presente em alguns lugares do mundo. Os edifícios são tão grandes e tão altos que se comportam como verdadeiras cidades. Não se sabe, contudo, se haverá no Brasil mercado para esse tipo de complexo. Atualmente, como já mencionado, mesmo os grandes centros urbanos encontram-se com oferta hoteleira excessiva e sem perspectivas de crescimento de demanda para novos meios de hospedagem.

Como um exemplo desse tipo de complexo com múltiplos usos, pode-se mencionar o edifício mais alto da China, o *Jin Mao*, em Shangai. O projeto foi desenvolvido pelo famoso escritório norte-americano Skidmore, Owings & Merrill, de Chicago, que também já assinou projetos no Brasil. Trata-se de um megaedifício composto por uma torre de 88 andares, sendo os primeiros 50 pavimentos destinados a escritórios; nos 38 restantes, está instalado o *Grand Hyatt Hotel* (Figs. 46.21 e 46.22).

Enfim, a supersegmentação exige que a edificação se destaque no entorno, cabendo ao arquiteto a difícil tarefa de diferenciar o projeto do empreendimento direcionando-o a esses diversos públicos

Figura 46.21 – Edifício *Jin Mao*. Fonte: *www.arcoweb.com.br*

Figura 46.22 – *Palazzo Versace*. Fonte: *www.palazzoversace.com.au.*

85-7241-568-8

para que sua volumetria transfira a imagem que se deseja. É uma arquitetura preconceituosa, que acompanha modismos, repleta muitas vezes de uma plasticidade estética desnecessária ou de total ausência de plasticidade.

Mas será possível fugir desses modismos e das repetições óbvias de modelos ultrapassados que só foram coerentes à sua época, de acordo com os materiais e tecnologias até então existentes? Será possível no futuro criar-se uma arquitetura hoteleira genuinamente brasileira, preocupada com a relação do edifício com a cidade e com a durabilidade dos partidos e das volumetrias? Será que a estética pós-moderna tenderá a uma manifestação sem excessos, mas também criativa e de vanguarda?

Essas são perguntas que só o próprio tempo irá responder. Com certeza, muitas outras tendências da arquitetura hoteleira poderiam aqui ser mencionadas e discutidas, mas o que se pretendeu foi apontar algumas questões fundamentais para a compreensão dos caminhos futuros a fim de despertar olhares para a necessidade de se pensar essa arquitetura de forma mais homogênea. Se arquitetos, engenheiros e administradores continuarem a planejar seus empreendimentos de forma individualizada, jamais se verá neste país uma arquitetura que seja efetivamente representativa da cultura brasileira.

Considerações Finais

O Brasil é um país jovem, com poucos anos de história se comparado ao continente europeu, mas dotado de riqueza e diversidade cultural muito grandes. Toda essa efervescência criativa também se manifesta na arquitetura, tanto no âmbito residencial quanto no comercial, institucional ou até mesmo na hotelaria.

Ao longo da história, é possível reconhecer vários bons exemplares da produção nacional de meios de hospedagem, tanto em termos estéticos quanto em termos funcionais. Existem empreendimentos de diversos estilos, muitas vezes muito bem inseridos no ambiente urbano, bem como exemplos dos quais não é possível se orgulhar tanto. Na realidade pós-moderna, existe espaço para todas as tipologias arquitetônicas, que buscam referências no passado, criando e recriando novíssimas formas e volumetrias.

Por isso, procurou-se neste texto discutir a evolução da arquitetura hoteleira em um contexto histórico, procurando salientar alguns exemplares famosos e representativos, buscando compreender quais seriam as principais tendências para o futuro dessas construções no país.

Espera-se, portanto, com este capítulo, instigar novos textos e análises que levem a uma discussão dos caminhos que as edificações hoteleiras vêm percorrendo no Brasil e que contribua para uma atitude menos individualizada e mais preocupada em construir uma identidade genuinamente brasileira em nossa arquitetura.

Sites Indicados

www.almanack.paulistano.com.br: Almanack Paulistano.

www.arcoweb.com.br: Arcoweb.

www.arcoweb.com.br: Jin Mão.

www.atlantaregency.hyatt.com: Hyatt Regency.

www.burjalarab-hotel-dubai.com: Burj Al Arab.

www.copacabanapalace.com.br: Copacabana Palace.

www.hotelgloriario.com.br: Hotel Glória.

www.icehotel.com: Ice Hotel.

www.maksoud.com.br: Maksoud Plaza.

www.palazzoversace.com.au: Palazzo Versace.

www.saopaulo.grandhyatt.com.br: Grand Hyatt.

www.sp.senac.br: Grande Hotel São Pedro.

BIBLIOGRAFIA

ANDRADE, N.; BRITO, P. L.; JORGE, W. E. *Hotel: planejamento e projeto.* São Paulo: Senac, 2000.

BEASLEY, K. A.; DAVIES, T. D. *Design for Hospitality: planning accessible hotels and motels.* New York: Nichols, 1988.

BRUNO, E. S. *História e Tradições da Cidade de São Paulo. Arraial de sertanistas (1554-1828).* São Paulo: Hucitec, 1991.

DUARTE, V. V. *Administração de Sistemas Hoteleiros – Conceitos Básicos.* São Paulo: Senac, 1996.

FANTINI, L. B. D. Arquitetura Hoteleira: avaliação de duas categorias na cidade de São Paulo. Elementos para a montagem de um método de projeto. São Paulo, 2004. Dissertação (Mestrado) – Universidade de São Paulo.

GÖSSEL, P.; LEUTHÄUSER, G. *Arquitetura no Século XX.* Germany: Benedikt Taschen, 1996.

Parte 6

85-7241-568-8

KISHIKAWA, H.; KIRISHIKI, S. *Great Hotels of the World.* Tokio: Kawade Shobo, 1992, vol. 1-6.

LAWSON, F. *Hotéis & Resorts. Planejamento, Projeto e Reforma.* Trad.: Alexandre Salvaterra. Porto Alegre: Bookman, 2003.

MARCO, A. R. Cadernos Brasileiros de Arquitetura / nº 19. *Revista Projeto (São Paulo):* 1987.

PRESTES, L. F. *A vila tropeira de Nossa Senhora de Sorocaba: seus aspectos sócio-econômicos e a arquitetura das classes dominantes.* São Paulo, 1997. Dissertação (Mestrado) – Universidade de São Paulo.

REIS FILHO, N. G. *Quadro da Arquitetura no Brasil.* São Paulo: Perspectiva, 2004.

RUTES, W. A.; PENNER, R. H. *Hotel Planning and Design.* New York: Watson-Gruptil, 1985.

SCHIMID, A. M. *International Hotel Redesign.* New York: PBC International, 1990.

STIPANUK, D. M.; ROFFMANN, H. *Hospitality Facilities and Design.* East Lansing: Educational Institute of American Hotel & Motel Association, 1982, 1996.

TRIGO, L. G. G. *Viagem na Memória: guia histórico das viagens e do turismo no Brasil.* São Paulo: Senac, 2000.

VENTURI, R. *Complexidade e Contradição em Arquitetura.* Trad.: Álvaro Cabral. São Paulo: Martins Fontes, 1995.

Anotações

85-7241-568-8

Anotações

85-7241-568-8

CAPÍTULO

47

Hotelaria Brasileira *for Export*: o Caso Blue Tree Hotels

Mariana Aldrigui Carvalho

Dentre as várias possibilidades de aprofundamento oferecidas para os que escolhem o turismo como área de estudos, a hospitalidade sempre me chamou a atenção. Segundo o Dicionário Houaiss da Língua Portuguesa (2001), a "*hospitalidade* é o ato de hospedar, acolher hóspedes. É também a qualidade do que é hospitaleiro".

A hospitalidade como área de conhecimento só recentemente despertou o interesse da academia, e vários pesquisadores da área do turismo voltaram seu trabalho para a compreensão dessa grande área, que abrange temas como hospedagem, alimentação, deslocamento e entretenimento. Tão interdisciplinar como o turismo, a hospitalidade oferece muitas possibilidades de análises, a partir de fundamentações teóricas que vão desde a sociologia e a antropologia, passando pela administração e chegando, inclusive, à tecnologia.

Tradicionalmente, e com certeza pela relação dos termos, há certa confusão entre hospitalidade e hospedagem, sendo esta última considerada uma das expressões possíveis da hospitalidade, atendendo à necessidade de abrigo e proteção daquele que se encontra fora de sua casa.

Se a OMT – Organização Mundial do Turismo define turismo como "as atividades que as pessoas realizam durante suas viagens e estadas em lugares diferentes do seu local de residência, por um período consecutivo inferior a um ano, com propósitos de lazer, descanso, negócios e outros", a necessidade de um local para passar a noite fora de seu local de residência é condição fundamental para que o turismo aconteça.

Tendo atuado profissionalmente no mercado nacional de turismo e, em seguida, optado pela dedicação ao ensino e à pesquisa na área de hospitalidade, elaborei este artigo a partir de minha vivência pessoal junto à Blue Tree Hotels e por duas entrevistas pessoais concedidas pela presidente da empresa, Chieko Aoki.

Hotelaria Brasileira

Walker (1999) afirma que "o conceito de hospitalidade é tão velho quanto a própria civilização. A sua evolução do antigo costume de partilhar o pão com um estrangeiro de passagem às operações dos atuais conglomerados da hospitalidade é um tema de leitura fascinante".

A mudança de foco do negócio, ou melhor, a compreensão de que os serviços ligados à hospitalidade poderiam ser lucrativos deu início ao que podemos entender como os princípios da hotelaria moderna.

85-7241-568-8

O Quadro 47.1 apresenta os marcos da hotelaria brasileira, uma atividade que já tem quase 200 anos, desde a chegada da corte portuguesa. É importante notar que, somente a partir da década de 1970, empresas internacionais puderam operar empreendimentos no país.

Portanto, há pouco mais de 30 anos, grandes empresas hoteleiras internacionais puderam iniciar seus investimentos no Brasil, construindo ou administrando hotéis nas principais cidades do país.

Um dos principais efeitos da entrada das empresas hoteleiras internacionais no país é inerente ao processo de globalização – a concorrência com as empresas nacionais e a disputa pela preferência do consumidor. Porém, no caso particular da hotelaria, o sucesso ficou com as empresas internacionais. Tradição e tecnologia de ponta nas operações dos empreendimentos, aliados a um conhecimento mais aprofundado do mercado internacional, fizeram com que tais empresas rapidamente se distanciassem dos concorrentes brasileiros.

Por sua vez, os empresários que representavam a hotelaria brasileira se viram defronte a duas situações: a primeira, continuar trabalhando da mesma forma, acreditando na fidelidade de seu cliente; a segunda, observar o que faziam os concorrentes para tentar fazer igual ou melhor.

Infelizmente, foram poucas as empresas que aceitaram o desafio de melhorar seus serviços. Obviamente, não eram poucos os obstáculos a serem superados, e pesou a favor das empresas internacionais a disponibilidade de moeda forte, acesso a tecnologia de ponta, profissionais mais bem capacitados e experiência em mercados mais competitivos.

Atualmente, uma empresa cujo nome remete ao mercado internacional, mas cujo sangue é completamente brasileiro, desponta no cenário com competência e criatividade, ilustrando com mérito os casos de sucesso do turismo brasileiro: a Blue Tree Hotels.

Blue Tree Hotels

A Blue Tree Hotels é uma empresa genuinamente brasileira presidida por Chieko Aoki, hoteleira que, antes de fundá-la, foi diretora de *marketing* e vendas do Caesar Park São Paulo, sendo depois presidente da Caesar Park Hotels & Resorts e da Westin Hotels & Resorts.

Segundo dados disponíveis no *site* da empresa, "com a criação da administradora Caesar Towers, em julho de 1992, estava plantada a primeira semente do que viria a ser o grupo BTH. Chieko Aoki se tornou a principal executiva da empresa. Em janeiro de 1997, a empresária dá um grande passo e adquire 100% da Caesar Towers. Já são seis hotéis sob o controle da administradora".

Em 1998, a empresa Caesar Towers mudou de nome, assumindo atual designação. O nome Blue Tree foi selecionado, entre outros motivos estratégicos, por ser a tradução do sobrenome da fundadora (*Aoki* significa árvore azul). "A mudança de marca consolida uma nova etapa da BTH, que entra no século XXI preparada para oferecer os melhores serviços em concepção, implantação e gerenciamento de hotéis. Hoje, são cerca de 30 contratos de gerenciamento assinados, entre os segmentos de hotéis de cinco, quatro e três estrelas".

Em 1998, a Funcef – Fundação dos Economiários Federais passou a ter participação societária na empresa ao adquirir 20% da administradora Blue Tree Hotels, consolidando sua expansão. O Quadro 47.2 apresenta os números da Blue Tree Hotels.

Padrão Internacional

As salas de aula dos cursos de hotelaria e turismo estão povoadas de alunos e professores que ainda

Quadro 47.1 – Marcos da hotelaria no Brasil.

1808	Mudança da corte portuguesa para o Brasil, o que incentiva a implantação de hospedarias no Rio de Janeiro
1904	Primeira lei de incentivos para a implantação de hotéis no Rio de Janeiro
1946	Proibição dos jogos de azar e fechamento dos cassinos, o que inviabiliza os hotéis construídos para esse fim
1966	Criação da Embratur – Empresa Brasileira de Turismo e do Fungetur – Fundo Geral do Turismo, que viabilizam a implantação de grandes hotéis, inclusive nas áreas da Sudam – Superintendência do Desenvolvimento da Amazônia e da Sudene – Superintendência do Desenvolvimento do Nordeste
1971	Inauguração do São Paulo Hilton Hotel
1973	Inauguração do Sheraton Hotel & Towers
1990	Entrada definitiva das cadeias hoteleiras internacionais no país

Fontes: Andrade (2000, p. 25) e Trigo (2000).

85-7241-568-8

Quadro 47.2 – Números da Blue Tree Hotels.

Ano de fundação: 1992
Número de hotéis (2004): 25
Número de apartamentos (2004): 5.740
Número de funcionários (agosto de 2004): 3.500
Número de hóspedes (2003): 650 mil
Faturamento (2003): R$ 150 milhões
Faturamento (previsão para 2004): R$ 190 milhões

Fonte: *www.bluetree.com.br* (acesso: dez./2004).

fazem distinção entre hotelaria nacional e hotelaria internacional. Essa distinção já não deveria mais existir. Uma das principais características da globalização é o "encolhimento" do mundo, e muito do que é feito longe pode ser replicado aqui.

Particularmente na hotelaria, os efeitos da globalização são sentidos já há muito tempo. Se disposta a atender visitantes oriundos de outros países, a hotelaria deve obrigatoriamente ser internacional. Segundo Chieko Aoki, o país é parte do mundo, o cenário maior da atividade turística e, portanto, não é possível imaginar que a hotelaria aqui existente não seja de "padrão internacional".

Os clientes são internacionais, sejam estrangeiros ou brasileiros. São assim porque viajam, têm contato com o que outros países oferecem, vivenciam serviços diferenciados e, com o suporte tecnológico disponível e a velocidade da troca de informações, são apresentados a produtos e serviços "internacionais".

Portanto, a lógica do mercado descarta rapidamente as empresas que não atendem a esse requisito mínimo. Além disso, além de possível, é viável e economicamente estratégico oferecer serviços nesse padrão.

O Brasil Faz a Diferença

Oferecer produtos e serviços de padrão internacional não significa descaracterizá-los a ponto de não haver identidade com o local em que se encontram. Eis uma das principais diferenças nos serviços da Blue Tree Hotels.

Mesmo com sua dimensão continental e as muitas diferenças que existem no país, há uma característica que destaca o colorido brasileiro, e essa característica foi integrada aos princípios administrativos da empresa.

O Brasil é heterogêneo em sua formação e a miscigenação das raças faz com que os brasileiros aceitem naturalmente as diferenças. Enquanto em muitos países a segregação e o preconceito dificultam o convívio harmonioso, no Brasil, a naturalidade do convívio com as diferenças faz com que a hospitalidade seja espontânea.

Outro ponto forte da cultura do brasileiro é sua capacidade de sorrir naturalmente, uma demonstração inata de acolhimento e simpatia, aceitando o outro, sem discriminação.

Portanto, sendo esse o ponto mais forte da cultura brasileira na visão da presidente da empresa, é a partir da valorização dessas características que ela estabelece o marco diferencial em seus serviços.

Convivem na empresa colaboradores oriundos de todos os cantos do país, cada um trazendo em si elementos representativos de suas cidades e regiões de origem. O equilíbrio entre a "agilidade e organização do sul, com o calor e a simpatia do nordeste" leva à criação de uma linguagem comum, uniforme e diferente.

Encontro de Pessoas

Por se tratar de uma empresa hoteleira, seu maior valor reside nas pessoas e em sua capacidade profissional, mas não é possível, para a presidente, imaginar que as pessoas tenham um comportamento profissional artificial, diferente daquele de sua vida pessoal. O ingrediente pessoal é, em suas palavras, o verdadeiro segredo.

"Eu me acostumei a procurar nas pessoas algumas indicações sobre o que elas buscam". É assim em uma livraria, por exemplo, quando muitos dos *best-sellers* da atualidade são na linha da auto-ajuda. "Se é fato que há algum tipo de angústia, resultante da pressão do dia-a-dia, da redução dos encontros entre pessoas, da excessiva quantidade de trabalho", diz Chieko Aoki, "eu posso, com os

Parte 6

meus serviços, fazer algo que mude essa situação". Não se trata apenas de atender um cliente, e sim de enxergá-lo como pessoa e, de alguma forma, transmitir calor humano.

A partir da constatação de que o ser humano gosta, e precisa, se sentir importante, os programas de treinamento da empresa contemplam essa valorização, de modo que, se o colaborador se sente útil e importante para a empresa, ele será capaz de transmitir essa sensação, fazendo com que o hóspede também se sinta importante. "Sem artificialidade, sem encenação. Você tem que ser bom como profissional e como pessoa, para que os demais notem que você é diferente".

Conceito da Qualidade

A Blue Tree Hotels entrou no mercado com produtos de padrão cinco e quatro estrelas, sob as marcas Blue Tree Park e Blue Tree Towers, respectivamente, e conquistou a fidelidade de seus clientes pela qualidade dos serviços prestados em cada um de seus produtos.

Em consonância com as tendências do mercado brasileiro, em 2004 foi inaugurado o primeiro hotel da marca Blue Tree Basic, na cidade de Curitiba (Paraná). Perguntada se a qualidade dos serviços seria a mesma, ou se o fato de ser um hotel econômico comprometeria, de alguma forma, a qualidade, Chieko Aoki respondeu que, ainda que as facilidades não sejam as mesmas encontradas nos hotéis Towers e Park, por conta da diferença de custos operacionais, o serviço é o mesmo em qualquer hotel da rede.

"O hóspede que está em um Basic sabe o que vai encontrar. Ele optou por uma certa limitação de facilidades, mas todo o conforto necessário esperado de um hotel estará presente". "O diferente", diz, "são as pessoas". Segundo ela, o treinamento dos funcionários é exata e criteriosamente o mesmo.

Benchmark para o Mercado

A entrada da Blue Tree Hotels no segmento econômico da hotelaria pode ser analisada, em um cenário mais amplo, como um novo momento de pressão para a qualificação dos serviços nesse ramo. Nesse ponto, vale destacar que o mesmo fazem as empresas de bandeira internacional que já atuam nesse mercado.

A questão é que, enquanto a hotelaria de "padrão" e bandeira internacional se concentrava nos segmentos mais caros, de quatro e cinco estrelas, a hotelaria independente (e resistente) trabalhava os clientes do segmento econômico (três e duas estrelas).

No momento em que tais empresas ampliam sua área de atuação para esse grupo, pode-se prever com alta margem de acerto que o impacto será similar, para não dizer devastador. Com estruturas mais enxutas, otimizadas e, na maioria das vezes, com serviço melhor a custo menor, os hotéis serão considerados opções (melhores) aos já tradicionais (e muitas vezes decadentes) hotéis independentes.

Além disso, por se tratar de um empreendimento que oferece serviços com qualidade, haverá a exigência de mão-de-obra mais bem qualificada, o que qualificará também a experiência do turista e, portanto, estimulará o desenvolvimento do destino. O círculo virtuoso ideal.

Em seu discurso, Chieko Aoki deixa claro seu comprometimento com o turismo brasileiro além dos limites de sua empresa. Discorrendo ainda sobre a tendência dos empreendimentos focados no segmento econômico, ela destaca que, se todas as redes em operação concentrarem seus esforços na qualificação constante dos serviços, essa ação terá eco nos demais empreendimentos.

Com isso, o turista, principalmente o estrangeiro, terá uma boa experiência e poderá voltar, como também recomendar o destino a seus pares. Essa ação, que compete exclusivamente aos empresários da hotelaria, terá reflexos no desenvolvimento do turismo nacional, independentemente das ações do governo. Os líderes podem influenciar a criação de modelos que estimulem a melhoria dos serviços.

Expectativas em Relação ao País

Todos os envolvidos com o estudo e a compreensão do fenômeno turístico sabem que a atividade demanda ações governamentais a fim de estimular, orientar e controlar a atividade turística.

A presidente da Blue Tree Hotels enxerga o turismo como elemento estratégico para o desen-

85-7241-568-8

Tabela 47.1 – Hotéis Blue Tree nas cidades brasileiras.

Estado	Cidade	Número de hotéis	Categoria
Bahia	Itacaré	1	Village
	Salvador	1	Towers
Ceará	Fortaleza	1	Towers
Distrito Federal	Brasília	2	Towers/Park
Paraná	Curitiba	2	Towers/Basic
Pernambuco	Cabo de Santo Agostinho	1	Park
	Recife	1	Towers
Rio de Janeiro	Angra dos Reis	1	Park
Rio Grande do Sul	Caxias do Sul	1	Towers
	Porto Alegre	2	Towers
Santa Catarina	Florianópolis	1	Towers
	Joinville	1	Towers
São Paulo	Campinas	1	Towers
	Mogi das Cruzes	1	Park
	São Paulo	8	Towers

Fonte: *www.bluetree.com.br* (acesso: dez./2004).

volvimento do país e gostaria que os representantes do governo, em todas as suas esferas, também o fizessem. Segundo ela, além dos evidentes benefícios econômicos, destacados recentemente com a entrada de maior número de turistas estrangeiros, as ramificações dos benefícios atingem a comunidade, a partir de melhorias na infra-estrutura, nos sistemas de transporte, na criação de oportunidades para microempresários e no acesso à informação e à educação.

Quadro 47.3 – Compromissos da Blue Tree Hotels.

Com o investidor

- Comprometimento total com a maximização da rentabilidade do investimento, conceituando, operando e continuamente atualizando os produtos e serviços hoteleiros
- Obter resultados que excedam as expectativas do mercado e antecipem as tendências, ampliando as oportunidades do produto e dos novos empreendimentos

Com o hóspede

- Oferecer excelente e inigualável experiência em hospedagem em todos os segmentos de atuação, encantando-os pelo conforto das instalações, pelo alto nível de competência e pela qualidade dos serviços

Com o funcionário

- Mantê-lo motivado, atualizado e comprometido, com treinamentos e desenvolvimento profissional, com autoridade e responsabilidade para exceder as expectativas dos clientes e atingir os resultados operacionais, financeiros e de qualidade de serviços

Com a sociedade

- Incrementar a economia com a rentabilização dos investimentos, ampliando oportunidades de trabalho e melhorando o nível técnico e profissional no setor de serviços hoteleiros e de alimentos e bebidas

Com o meio ambiente

- Preservar e valorizar a natureza, desenvolvendo os empreendimentos com respeito ao meio ambiente, bem como criando sinergia com a tipicidade e cultura da região

Fonte: *www.bluetree.com.br* (acesso: dez./2004).

85-7241-568-8

Outra razão apontada por ela, justificando a necessidade de mais atenção ao turismo, está no fato de que, quando um empresário estrangeiro vem ao país em seu período de férias, ele não deixa de ser empresário e poderá enxergar oportunidades de investimento que podem colaborar com o desenvolvimento do país.

Se as pessoas que ocupam postos nas diferentes esferas do governo se conscientizarem disso, poderão se organizar para agir em todas essas frentes.

Destino Brasil

Perguntada se o Brasil já é um destino internacional, Chieko Aoki respondeu que ainda não, porque há muito a ser feito. Mas destaca que essa situação traz em si dois desafios: o primeiro, de superar as carências, especialmente em termos de qualificação de produtos, serviços e mão-de-obra, para que o Brasil possa se equiparar aos demais destinos; e o segundo, olhar para o futuro já tendo aprendido com a experiência dos demais países, analisando tendências e, se possível, antecipando-as, para que o destino Brasil seja melhor e mais atraente.

Questões para Discussão

1. Selecione um hotel tradicional de sua cidade, que não pertença a nenhuma rede. Se possível, visite suas instalações e verifique o que existe de "padrão internacional" e quais ações são necessárias para que ele possa se tornar mais competitivo.
2. Elabore um texto argumentando sobre as vantagens e desvantagens de se investir na melhoria dos produtos e serviços de um hotel, em um mercado movido à busca de preços menores.

Sites Indicados

www.abih.com.br

www.bluetree.com.br

www.world-tourism.org

BIBLIOGRAFIA

ANDRADE, N. et al. *Hotel: planejamento e projeto*. São Paulo: Senac, 2000.

TRIGO, L. G. G. *Viagem na Memória: guia histórico das viagens e do turismo no Brasil*. São Paulo: Senac, 2000.

WALKER, J. R. *Introduction to Hospitality*. 2nd ed. Englewood Cliffs: Prentice Hall, 1999.

Parte 6

85-7241-568-8

CAPÍTULO

48

Conceituação de Hotéis Exclusivos

Alexandre Motta
Daniela Moratto Rocco
Geslayne Franz Ferreira
Glauco Eros Zambonini
Jeferson Munhoz

INTRODUÇÃO

Este trabalho foi apresentado no Curso de Especialização em Gestão Mercadológica de Turismo e Hotelaria junto à Escola de Comunicações e Artes da Universidade de São Paulo. Trata de estudar uma nova conceituação de hotelaria que vem aflorando na cidade de São Paulo, aqui denominada hotelaria exclusiva. As principais características dessa categoria são: luxo, *design* e originalidade. O mercado, quando observado e comparado a um sistema, torna-se dinâmico e, conseqüentemente, em constante mutação. Em virtude disso, este trabalho apresenta-se genérico, multidisciplinar e não se esgota neste estudo. Ele busca identificar *inputs* empreendedores que possam confirmar essa constante mutação, levantar algumas considerações e suscitar a curiosidade e o senso crítico, servindo para estimular outras pesquisas.

O questionamento, portanto, gira em torno da identificação das premissas básicas para que um hotel possa ser considerado exclusivo.

O desenvolvimento mundial do turismo, a globalização e o incremento das viagens vêm determinando o desenvolvimento do setor hoteleiro, que protagoniza uma crescente diversidade na oferta hoteleira.

Um dos fatores importantes para a realização deste trabalho foi a ausência de pesquisas e bibliografias específicas. Isso abriu a oportunidade de produzir um trabalho que possa ser utilizado como referência acadêmica para futuros estudos.

Elementos do Produto Hoteleiro

Ao se falar em hotéis, é natural vir à mente de qualquer pessoa a imagem de um empreendimento especializado em acolher pessoas em viagem e prover-lhes um local de pouso. Certamente, essa é a principal atividade de um estabelecimento hoteleiro.

Segundo Beni (2001, p. 195), "o hotel é uma empresa de prestação de serviços e diferencia-se de outros estabelecimentos industriais ou comerciais. Enquanto na indústria pode-se planejar o número certo de equipamentos, instalações e pessoal para um determinado tipo de produção, o mesmo não acontece com a hotelaria, que fica no aguardo dos clientes para pôr em funcionamento seu esquema de produção."

85-7241-568-8

O cliente é o grande foco da hotelaria. Conforme mudam os clientes e os potenciais clientes, quer seja no aspecto social, cultural ou até mesmo em relação ao *status*, os hotéis buscam a necessária adaptação a essas novas exigências.

Evolução da Hotelaria – um Breve Histórico

Ninguém sabe ao certo como e quando começou a atividade hoteleira no mundo. Sabe-se que sua evolução ao longo do tempo mescla-se com o desenvolvimento dos meios de transporte. A primeira notícia que se tem sobre um local especialmente criado para hospedagem vem da Grécia Antiga, por conta da realização dos jogos olímpicos. Essa hospedaria teria sido o primeiro hotel de que se tem notícia.

Para alguns autores, o início do turismo como atividade comercial está relacionado ao desenvolvimento dos *resorts*, considerados então estâncias balneárias, empreendimentos especializados dos séculos XVII e XVIII. O *spa*, conhecido como estação das águas, teve sua origem a partir da crença nos benefícios das águas minerais (Dias, 1990, p. 31).

Desde o começo da evolução da hospitalidade, já existiam diferentes meios de hospedagem. A variedade de meios de hospedagem oferecidos passava por castelos, pousadas, pensões, fazendas ou mesmo casas de família.

Na segunda metade do século XIX, alguns nomes começaram a despontar e se tornaram responsáveis por mudanças na hotelaria. César Ritz foi considerado o criador de uma série de conceitos hoteleiros e introdutor no mercado dos hotéis de luxo. Robert Huyot inovou atraindo para a hotelaria os homens de negócios. Conrad Nicholson Hilton, fundador da Sociedade Hilton Hotels Corporation, criou o sistema de *management contract* ou *franchising*.

No Brasil, a hotelaria teve como marcos as cidades do Rio de Janeiro e São Paulo, no século XVIII. Em São Paulo, o século XVII marcou o início das atividades de hospedagem na cidade. Profissionais de diferentes áreas atuavam, na época, como *hoteleiros*. Também é nesse século que aparece a primeira classificação das hospedarias paulistanas, elaborada por Charles Burton, segundo Duarte (1996, p. 20), com as seguintes categorias:

- Simples: pouso de tropeiros.
- Telheiro: coberto ou rancho ao lado de pastagens.
- Venda: correspondente à *pulperia* dos hispano-americanos, mistura de venda e hospedagem.
- Estalagens ou hospedaria.
- Hotéis.

A hotelaria no Brasil, a partir de 1990, passou a vivenciar uma nova fase de desenvolvimento e São Paulo foi o lugar onde esse movimento foi observado primeiro. Novos empreendimentos foram colocados no mercado, oferecendo serviços diferenciados, dedicando-se a uma clientela seleta e disponibilizando outros serviços que os tornam realmente exclusivos.

SEGMENTAÇÃO, POSICIONAMENTO, DIFERENCIAÇÃO E PREÇO

Esses são quatro itens importantes para o setor de serviços e são responsáveis diretos pelo sucesso do produto. Nesta pesquisa, foram utilizados como subsídios para a criação de uma nova proposta de classificação hoteleira.

Segmentação, segundo Kotler (1998, p. 225), "representa um esforço para um aumento de precisão de alvo de uma empresa. Ela pode ser adotada em quatro níveis: segmentos, nichos, áreas locais e indivíduos".

O conceito de mercado deve ser realçado, uma vez que é nesse ambiente que os hotéis sobrevivem como empresa. Significa dizer que o mercado e os hotéis estão inseridos em um ambiente que comporta clientes potenciais, com diversas características e necessidades. Depois de definido o segmento a ser trabalhado, é importante conquistá-lo a partir da adoção de uma posição estratégica.

É necessário que se busque um posicionamento mercadológico; segundo Al Ries e Jack Trou (1987, p. 3), "é o que você faz na mente do cliente em perspectiva. Ou seja, você posiciona o produto na mente do comprador em potencial (...)", preenchendo lacunas não exploradas ou inadequadamente enfocadas. A segmentação da demanda e o posicionamento de mercado da empresa justificam a existência de tantos tipos de hotéis no mercado, o que torna necessária a criação de um conjunto de diferenças significativas a fim de distinguir a oferta da empresa das ofertas dos concorrentes.

Diferenciação em hotelaria é a prática de procurar fazer com que o produto possa agradar ao cliente não só pelas instalações e serviços, mas que lhe dê a certeza de que ali é o melhor local para se hospedar e que ele poderá encontrar tudo que realmente lhe importa.

Os preços praticados por um hotel devem ter relação direta com seus outros atributos, pois o preço é o fato mais tangível e perceptível de todo o *mix* de *marketing*. Segundo Kotler, Bowen e Makens (1998, p. 14), "os consumidores fazem suas compras com base em sua percepção de valor. Para ele é a diferença entre os benefícios que o consumidor ganha ao ter ou usar um produto e os custos disto". Existem várias formas de se definir uma política de preços, mas ela somente será válida se permitir um julgamento positivo de valor, pelo cliente, entre o preço cobrado e o produto entregue. Kotler, Bowen e Makens (1998, p. 404) alertam que "a fixação de preços vai além do conhecimento técnico. Ela requer senso crítico e consciência do perfil do cliente (...) no fim são os clientes que decidem se o preço de um produto está certo, o que eles chamam de *buyer-based pricing*"[1].

PERCEPÇÃO DO PRODUTO HOTELEIRO

As percepções captadas por um cliente que fez uso de um hotel têm características intangíveis, pois apesar de ele transitar em um espaço delimitado e utilizar-se de itens tangíveis, quando termina seu consumo nada mais lhe resta senão suas lembranças. Segundo Swarbrooke e Horner (2002, p. 218): "O cliente de um hotel de luxo busca uma experiência especial, *status* e um alto nível de serviço personalizado. Já o usuário do motel econômico é motivado pelo desejo de uma experiência funcional". Para um gestor, é necessário administrar a experiência do hóspede dentro do hotel no intuito de garantir a satisfação do cliente.

Existem pontos relativos ao produto que devem merecer atenção criteriosa, pois por intermédio deles é que ocorre a experiência do consumo. Esses pontos estão relacionados com os elementos do *mix* de apresentação, que são:

- *Instalações*: diz respeito ao que é físico e que possa ser rapidamente percebido em um hotel.
- *Localização*: já foi muito importante, mas atualmente tem valor menor, por conta de todos os avanços na área de transportes. Pode ser utilizada como reforço aos outros elementos, como diferencial a ser explorado em um ambiente altamente competitivo.
- *Ambiente ou atmosfera*: refere-se à experiência sensorial que o hóspede tem ao adentrar o hotel. A consistência do ambiente é percebida de várias formas, seja por cores, efeitos de iluminação, essências, temperatura ou texturas.
- *Colaboradores*: são aqueles que se apresentam aos hóspedes como os geradores, intermediários e facilitadores de suas experiências no hotel.
- *Preço*: também é um importante elemento desse *mix* de apresentação.

Pode parecer inusitado considerar os hóspedes como um dos elementos da tangibilização do produto, mas essa inclusão está relacionada à necessidade do hotel de atrair hóspedes com perfis similares, que devem sentir-se em casa e não desambientados.

Com esses elementos, os gestores podem elaborar um produto hoteleiro que tenha condições de ser apresentado ao mercado e cujo posicionamento seja corretamente percebido, oferecendo diferenciais que podem ser facilmente reconhecidos e até mesmo classificáveis.

COMPONENTES DA AVALIAÇÃO E CLASSIFICAÇÃO DE HOTÉIS

Sempre houve a necessidade da classificação de hotéis. Ela auxilia os consumidores em seus processos de compra, pois por mais questionável que possa ser um processo de avaliação e o seu resultado, ele é normalmente gerado a partir da observação de alguns critérios que, objetivos ou subjetivos, atendem às necessidades de pesquisa e geram informação mercadológica qualificada para os consumidores. No Brasil, a avaliação e a classificação dos hotéis ba-

[1] *Buyer-based pricing* – é a técnica que destaca a importância de se ter a exata noção do que o cliente quer e como ele compra, oferecendo produtos que possam atender às suas expectativas de valor e preço, para então fixar o preço de venda. Equivale a basear os preços na percepção do cliente.

seiam-se em dois importantes pilares: instalações e serviços. Entretanto, não têm caráter obrigatório.

Existem outros tipos de classificação, como os guias de viagens e turismo, e as das associações hoteleiras como a *Leading*[2] e a *Small Luxury*[3]. No Brasil, a associação *Roteiros de Charme* possui hotéis com diferentes posicionamentos, para os quais foram criadas identificações gerais que explicam aos consumidores o que cada indicação significa.

Essa fórmula que combina as instalações do hotel e seus serviços é eficiente em um primeiro momento, pois permite definir a tipologia básica do empreendimento. Entretanto, na dinâmica do mercado, não é possível restringir-se a apenas esse conceito. Os processos de posicionamento mercadológico devem passar pelos de diferenciação.

Quanto mais se segmenta o mercado, maior é a necessidade de atributos. Os hotéis atributos são divididos em cinco dimensões:

- *Arquitetura*: deve contemplar os espaços de acordo com aquilo que se deseja ofertar aos clientes.
- *Ambientação*: está ligada aos fatores sensoriais, ou seja, a projetos de decoração, paisagismo, iluminação, acabamentos e complementos que possam influenciar a formação de uma percepção predefinida e que passe alguma mensagem aos clientes.
- *Oferta de serviços*: deve-se criar uma cesta que esteja de acordo com o que o hotel se propõe de forma a não decepcionar o hóspede.
- *Perfil dos colaboradores*: destacado como ponto crítico, pois eles estarão quase sempre em contato direto com os clientes e serão, em muitos casos, um fator de diferenciação do hotel.
- *Perfil da gestão*: fator que diz respeito ao modo como o produto é hoje apresentado ao cliente e como será apresentado no futuro. Refere-se à capacidade dos gestores manterem o produto competitivo e adequado às condições mercadológicas.

A hotelaria se desenvolve por meio de um processo contínuo de segmentação. O mercado hoteleiro, em resposta à complexidade da demanda, apresenta uma dinâmica de produtos que atendem às aspirações atuais, na qual as experiências e sensações voltam a ser valorizadas, por exemplo, pela sofisticação e pelo *design*.

MERCADO DE LUXO E *DESIGN*

Para evoluir até um possível sistema de classificação para o segmento denominado exclusivo, além de levantar os elementos do negócio hotelaria, é necessário estudar dois fatores importantes nesse mercado: o conceito de luxo, que trabalha fortemente com o sentido de superioridade, ostentação e experiências raras e o *design*, que busca tornar o produto esteticamente agradável, atraente, sedutor e funcional.

O luxo existe desde o início da história do homem e está sempre relacionado à ostentação e ao prazer. É, portanto, algo subjetivo, pois está relacionado ao que o consumidor sente ao adquirir ou usufruir o produto ou serviço.

Segundo Forbes *apud* Domenico de Masi (2004): "O luxo continua sendo uma raridade. O que é raro nos dias de hoje? Segundo o sociólogo Domenico de Masi, primeiro, o tempo. Nossa maior riqueza é o tempo. Segundo, a autonomia; terceiro, o silêncio; quarto, a beleza; e quinto, o espaço. São esses os cinco elementos do luxo".

Em relação ao luxo, pode-se verificar que houve um transpassar do conceito de ostentação e fausto para um conceito de estilo de vida, prazer e, principalmente, distinção. A hotelaria é um dos setores que acompanha a evolução desse conceito.

LUXO NA HOTELARIA

Os hotéis de luxo estão na ponta do *iceberg* da oferta hoteleira pois, como na pirâmide socioeconômica de qualquer sociedade, a parcela da população com maior poder aquisitivo é pequena em relação ao total.

Em termos práticos, o que se espera de um hotel de luxo são os seguintes aspectos: instalações amplas, bem cuidadas e conservadas, que primem pelo uso de materiais naturais, ambientação coerente com a proposta do hotel, tanto nas áreas comuns quanto nos apartamentos, serviço atencioso, gastronomia primorosa e tecnologia nas áreas de informática e comunicações.

---

[2] *The Leading Hotels of the World*: associação de hotéis de luxo de origem européia.

[3] *Small Luxury*: denominação genérica de agentes de mercados para hotéis de luxo de pequeno porte.

MERCADO E HOTÉIS DE LUXO

A indústria da hospitalidade, no segmento de luxo, visa atender às necessidades e preferências de novos grupos consumidores.

Segundo pesquisa realizada pela empresa francesa *Sémis – Sensibilités, Signes & Genérations* (2000), os clientes de luxo são divididos em quatro grupos bem característicos:

- Héritage: geração fortemente marcada por fatos históricos, estão em fase de aposentadoria.
- *Bobos:* burgueses no estilo de vida e boêmios nas idéias; estão no auge da maturidade profissional.
- *Momos (móbile e moral):* impulsivos e antenados.
- Yoyos *(jovens* e yobbo*):* vivem em grupos e são espertos. Têm 20 anos ou são adolescentes.

O luxo, como discorrido, mostra quão subjetiva é sua conceituação. No entanto, a força de sua presença, aliada a outros itens como o *design*, deixam clara a importância do conjunto.

DESIGN

A expressão *design* surgiu no século XVIII, na Inglaterra, como tradução do termo italiano *disegno*, mas com o desenvolvimento da produção industrial e com a criação das *Schools of Design*, essa expressão passou a caracterizar uma atividade específica no processo de desenvolvimento de produtos (Unicarioca, 2004).

Entende-se por *design* a melhoria dos aspectos funcionais, ergonômicos e visuais dos produtos, de modo a atender às necessidades do consumidor, melhorando o conforto, a segurança e a satisfação dos usuários.

Na concepção de Charles Bezerra (2002) "*design* é um instrumento para agregar valor e para encontrar diferenciais competitivos. Um processo de *design* é um processo de inovação". Buckminster Fuller, famoso arquiteto e *designer* americano, dizia que "o contrário do *design* é o caos".

DESIGN NA HOTELARIA

O conceito de *Hotel Design* surgiu em Nova York, no início da década de 1990, com a reforma de um antigo hotel na Broadway. Ian Schranger, proprietário do hotel, pediu a Philippe Starck, *designer* francês reconhecido mundialmente por sua ousadia, para criar um espaço totalmente novo. O projeto deveria ser diferente de tudo que o mercado hoteleiro já havia concebido. Surgiu então o *Hotel Paramount*, que logo se tornou uma referência na cidade (Normandie, 2004).

Dessa forma, entende-se que o *design* é peça fundamental para a arquitetura e ambientação dos hotéis, sendo utilizado como um instrumento que orienta o posicionamento e a identidade do hotel no mercado.

CONCEITUAÇÃO DOS HOTÉIS EXCLUSIVOS

Os hotéis exclusivos, denominação sugerida neste trabalho, representam uma tendência que reflete a dinâmica da evolução da sociedade como um todo, seja em aspectos econômicos, comportamentais, culturais ou tecnológicos.

Os hotéis exclusivos são produtos que atendem às novas tendências de consumo que se verificam por produtos de luxo. No caso desse tipo de hotel, as características de consumo são a exclusividade ou a raridade.

Em outras palavras, é premente que um hotel exclusivo trabalhe conceitos de hospitalidade que não sejam comuns no mercado e que possuam apelo que possibilite aos hóspedes usufruírem experiências que não sejam facilmente encontradas e que justifiquem a escolha desse produto.

Assim, a palavra mais adequada para o hotel exclusivo é *personalidade*.

Construir uma personalidade é um processo difícil, pois as diferenciações criadas por um hotel podem ser facilmente copiadas ou servir de inspiração para inovações pelos concorrentes. Assim, um hotel exclusivo não é somente um hotel que apresenta serviços diferenciados; ele deve ter valores muito consistentes.

Dessa forma, entende-se que a barreira entre o hotel exclusivo e o hotel de luxo está fundamentada em ambientação, na personalização dos serviços e na originalidade (no conceito de exclusividade).

Um hotel de luxo pode ser igual a outro hotel de luxo. Os *lobbies* de hotéis de luxo podem ser iguais, não favorecendo uma identificação do local onde se esteja, caso não se encontre sinais diferenciais da marca. Em um hotel exclusivo não cabe esse tipo de situação, pois os conceitos que o fazem ser classificado como tal não o permitem ser como os demais hotéis. Nesse caso, o conceito de *design* é um norteador para a concepção arquitetônica e a ambientação.

O *design*, a personalização dos serviços e a originalidade devem estar presentes em todas as dimensões do produto que foram definidas no título "Componentes da avaliação e classificação de hotéis", que são: arquitetura, ambientação, oferta de serviços, colaboradores e perfil da gestão.

É importante frisar que um hotel exclusivo deve possuir uma interação em seus conceitos-chave, os quais precisam possuir sinergia. Um hotel não tem como estar classificado na categoria exclusivo se investir em apenas um dos atributos. Na cidade de São Paulo, existem dois hotéis que foram renovados sob o conceito de *design*: o *Hotel Normandie* e o *Hotel Pergamon*, ambos localizados no Centro Histórico. Contudo, apesar do esmero na arquitetura e ambientação, os dois hotéis não representam o conceito de um hotel exclusivo, pois agregam valor apenas no item de *design*, mas outros importantes pontos não são atendidos.

Por esse motivo, a pergunta do problema a ser entendido e respondido é: seria possível, caso necessário, classificar um hotel na categoria exclusivo, observando-se as cinco dimensões citadas e atender aos conceitos de *design*, personalização de serviços e originalidade?

Sim. Os critérios selecionados são flexíveis e podem deixar claras as diferenças existentes entre os produtos. Para tanto, apresenta-se a seguir uma proposta sobre as premissas básicas para uma possível classificação.

ARQUITETURA

O primeiro ponto a ser considerado em um hotel exclusivo é a sua concepção arquitetônica.

Nos quesitos originalidade e exclusividade, o projeto do hotel deve ser desenvolvido por arquitetos que tenham reconhecimento não só em seu meio profissional, mas também entre o público comum, sendo considerados referências na área de arquitetura.

O estilo arquitetônico também deve fugir dos padrões, não sendo totalmente diferenciado em questão de linhas arquitetônicas, mas tendo uma linguagem de *design* que valorize espaços e permita, posteriormente, a formatação de uma atmosfera adequada ao tipo de uso.

O arquiteto deve se comprometer em não replicar ou adaptar o projeto em um segundo momento.

AMBIENTAÇÃO

A ambientação complementa a arquitetura e traduz a atmosfera do hotel.

A ambientação é composta para agradar aos sentidos – visão, audição olfato, tato – e, dessa forma, deve estar tangibilizada nos itens de decoração, paisagismo, iluminação, acabamentos e complementos.

Para que os ambientes possam ter equilíbrio e os sentidos possam ser estimulados, é necessário desenvolver os ambientes de forma única, que garanta que cada momento passado ali possa ficar marcado no subconsciente do cliente como um momento de experiência singular.

OFERTA DE SERVIÇOS

O conceito de bem-estar deve ser trabalhado e, para isso, é preciso desenvolver serviços e itens que dêem ao cliente a percepção de bem-estar durante a estada.

A entrega dos serviços (atendimento) deve ser percebida pelo cliente como sendo personalizada, o chamado *taylor made* (sob medida), disponível 24 horas por dia em todos os níveis de serviços.

No que se refere aos serviços ofertados, diferenciações devem ser focadas, pelo menos em alguns aspectos.

COLABORADORES

O perfil dos colaboradores deve estar em sintonia com o público-alvo, seja nas atitudes ou na postura. Por isso, esse tipo de hotel deve privilegiar a seleção de colaboradores com habilidades e disposições para serviços de alto nível.

Outro ponto importante é o número de colaboradores, pois, diferentemente de outros tipos de produtos nos quais a polivalência tem importância no processo de gestão, nesse tipo de hotel o cliente espera um atendimento altamente especializado em cada serviço que lhe é prestado; por isso, o número de colaboradores deve ser maior.

PERFIL DA GESTÃO

A gestão é o ponto principal para manter um hotel exclusivo nesse nível de classificação, porque para manter as características do *design*, a personalização do produto e a originalidade, são necessários sistemas administrativos bem coordenados e adequados aos objetivos do hotel.

O perfil da gestão reflete-se no conjunto de experiências do cliente.

ELEMENTOS DA CLASSIFICAÇÃO DE UM HOTEL EXCLUSIVO

A partir dos principais pontos que podem distinguir um hotel exclusivo no mercado, propõe-se a tabulação da Tabela 48.1.

MATRIZ DE AVALIAÇÃO DE HOTEL EXCLUSIVO

A matriz de avaliação de um hotel exclusivo deve considerar os conceitos tangíveis e intangíveis desse tipo de produto. Isso não é tarefa fácil, uma vez que envolve os conceitos de ambientação, personalização de serviços e originalidade.

Para tanto, os 12 grupos de elementos receberam pesos de acordo com sua importância, definidos com base nas considerações de personalidade necessárias a um hotel exclusivo. Para justificar a classificação, a Tabela 48.2 mostra o *ranking* do percentual de valor concedido a cada item analisado.

Os pesos atribuídos a cada item no processo de classificação foram estabelecidos conforme os principais tópicos destacados como os responsáveis pela definição do que seria um hotel exclusivo.

Tabela 48.1 – Características dos elementos de classificação

Elementos	Característica
Arquitetura	Projeto exclusivo de um arquiteto renomado ou desenvolvido em prédios históricos recuperados Até 120 unidades habitacionais
Ambientação	Acabamentos de primeira linha com materiais nobres Objetos de artistas e profissionais renomados da área de decoração e artes Enxoval, *amenities* e utensílios devem ser de linhas exclusivas e não encontrados para venda direta ao público Os ambientes devem ser decorados com arranjos florais e aromatizados com aromas diferentes Cama como elemento principal do apartamento Iluminação agradável, criando efeitos sensoriais Sinalização externa deve ser discreta, sem a denominação "hotel", ou inexistente Sinalização interna quase imperceptível ou inexistente
Serviços	*Concierge* e mordomia disponíveis 24 horas *Spa e fitness center* completos Local para pequenos eventos ou refeições privativas Equipamentos oferecidos com tecnologia de ponta Pequenas gratuidades oferecidas para os hóspedes Bares e restaurantes devem constar nos guias gastronômicos O cardápio deve trazer a assinatura de um renomado *chef* Bar como ponto de convergência do hóspede no hotel e como referência de local de entretenimento para a região de seu entorno
Colaboradores	Média mínima de 1,5 colaborador por unidade habitacional Uniformes exclusivos e assinados por estilista renomado
Gestão	Controles de reclamações e retorno aos clientes Coordenação dos sistemas administrativos Diárias 95% acima da diária mais alta do seu mercado geográfico Programas de atualizações e renovações

Tabela 48.2 – *Ranking* de valor dos itens de classificação

Item	Peso (%)
Arquitetura	15
Ambientação	25
Serviços	25
Colaboradores	20
Gestão	15

O peso de cada grupo de elementos foi ponderado por uma escala variável entre 0 e 100 pontos na qual, para efeitos de classificação do hotel na categoria exclusivo, faz-se necessário que a soma dos pontos obtidos seja igual ou superior a 80 (o hotel deve atingir pelo menos 80% da pontuação total possível). Esse nível de pontuação necessária foi determinado para que os estabelecimentos avaliados, com características e referências tão diferenciadas, não aceitem um *quase* exclusivo ou qualquer outro termo que não deixe claro se o hotel em questão está ou não formatado dentro dos conceitos essenciais da categoria aqui proposta (Tabela 48.3).

Considerações Finais

A atividade hoteleira tem um início incerto na história; contudo, não restam dúvidas de que seu desenvolvimento está diretamente ligado ao desenvolvimento dos meios de transporte e, conseqüentemente, das viagens.

Considera-se como importante marco dessa indústria a realização dos jogos olímpicos na Grécia Antiga, evento que congregou em Atenas pessoas de várias localidades e que fez surgir a primeira hospedaria de que se tem notícia na história.

Desde esse tempo, o mundo assistiu a grandes evoluções sociais e econômicas, como o Renascimento e a Revolução Industrial, chegando ao século XX com a hotelaria como um segmento importante na economia dos países e já bastante bem estruturado.

Fator importante a salientar é que a hotelaria, como produto, sempre esteve ligada às características do seu público-alvo, pois cada pessoa tem necessidades e desejos específicos e uma determinada capacidade financeira; assim, não haveria como somente um tipo de produto se adequar a uma demanda tão variada por hospedagem. Isso faz com que a oferta se posicione de forma específica para diferentes segmentos de clientes.

Apenas para ilustrar tal fato na história da hotelaria do Brasil, no século XVII já havia uma classificação disponível ao grande público sobre o nível de conforto dos locais de hospedagem, que graduava os estabelecimentos como simples, telheiro, venda, estalagens ou hospedarias e hotéis.

Para o gestor hoteleiro, entender os clientes e fazer com que seus produtos digam-lhes algo consistente é importante. Atualmente, estudam-se motivações, desejos e estilos de vida para que se possa descobrir o que realmente é importante e poder influenciar o processo de compra pelo cliente.

O *mix* de apresentação é composto por instalações, localização, atmosfera ou ambiente, colaboradores, hóspedes e preço.

Assim, para encarar uma classificação hoteleira de forma racional e abrangente, após se entender como o cliente obtém suas percepções e entender que cada cliente busca o atendimento de necessidades e desejos específicos, deve-se tentar efetivamente apontar quais são os processos para a obtenção de uma classificação hoteleira razoável.

A hotelaria tem a função básica de prover abrigo, com determinado conforto, para atender a diferentes perfis de clientes.

Para tanto, os hotéis são formados por instalações e serviços.

O consumo de produtos de luxo está ligado aos conceitos de exclusividade e excelência, porém de forma discreta.

Na hotelaria, esse novo perfil de luxo está se desenvolvendo e tem como base a criação de uma identidade forte, marcada pela personalização dos serviços, por novos conceitos de ambientação e pela originalidade (com o sentido de exclusividade).

A personalização dos serviços no segmento de hotéis exclusivos é permitir que os clientes sejam atendidos segundo suas expectativas, com atenção total dos colaboradores em todas as suas necessidades e sempre que solicitarem.

Tabela 48.3 – Matriz de classificação

Itens	Premissas	*Status* (S/N)	Pontuação	Pontos
Arquitetura	Projeto exclusivo/prédio histórico recuperado		5	0
	Projeto com assinatura de arquiteto de renome		5	0
	Até 120 unidades habitacionais		5	0
Totalização			15	0
Ambientação	Acabamento de primeira linha com materiais nobres (mármore, tecido, madeira, vidro)		3	0
	Mobiliário e utensílios exclusivos		3	0
	Obras de arte (pinturas, esculturas, gravuras, entalhes, objetos de decoração)		3	0
	Arranjos florais em todas as dependências		2	0
	Enxoval exclusivo		3	0
	Amenities assinados por marca de grife		2	0
	Ambiente com aromas		1	0
	Cama como elemento principal		2	0
	Iluminação		3	0
	Sinalização externa discreta ou inexistente		2	0
	Sinalização interna discreta ou inexistente		1	0
Totalização			25	0
Serviços	*Concierge* e mordomia 24 horas		3	0
	Spa e/ou *fitness center*		3	0
	Local para pequenos eventos ou refeições privativas		2	0
	Equipamentos com tecnologia de ponta		4	0
	Pequenas gratuidades para o hóspede		2	0
	Bar e restaurante constam nos guias gastronômicos da cidade		4	0
	Cardápio do bar e restaurante com a assinatura de chefe renomado		4	0
	Bar como ponto de convergência do hóspede no hotel		3	0
			25	0
Colaboradores	Média de 1,5 por unidade habitacional		10	0
	Uniformes assinados por um estilista renomado		10	0
Totalização			20	0
Gestão	Controle de reclamações e retorno aos clientes		3	0
	Coordenação dos sistemas administrativos		3	0
	Diária equivalente a pelo menos 95% da diária mais alta do seu mercado geográfico		5	0
	Atualizações e inovações freqüentes		4	0
Totalização			15	0
			100	0

A ambientação é um fator de maior percepção e diferencial do hotel exclusivo. Nesse item, há grande influência do *design* e do contato humano como elementos fundamentais na criação de identidade do produto.

Foi preciso fazer um corte bastante pontual para a elaboração do trabalho, pois o tema é amplo. As variantes são demasiado numerosas para serem estudadas em um único trabalho.

Desse modo, a oportunidade para novas tentativas de conhecer o mercado, detectar suas necessidades e apontar novas formas de entender os empreendimentos hoteleiros apresenta-se como um leque de variabilidades.

Em resumo, não se espera, com a elaboração de trabalhos como este, mudar a face do mercado, o que seria uma recompensa caso fosse possível, nem esgotar o tema, mas o fato de colocar em cheque os padrões estabelecidos faz com que o futuro profissional da área agregue um diferencial às suas atividades.

O interesse pelo assunto deveria ser uma constante, evitando-se assim a incerteza sobre os produtos colocados à disposição do consumidor. Sabe-se que, a cada novo desejo e necessidade satisfeitos, criam-se novas expectativas, quem vêm alinhar-se ao senso comum do mercado.

A busca por um diferencial, tanto por parte dos clientes como por parte do mercado, é o que torna a competitividade atraente.

Exercícios Propostos

1. Qual a sua visão particular sobre a atividade hotelaria no Brasil?
2. Você tem conhecimento da classificação utilizada na hotelaria no Brasil hoje em dia? Qual a sua opinião sobre o assunto?
3. Diante da proposta aqui exposta de se criar uma classificação denominada hotel exclusivo, em sua opinião, os autores estão sendo visionários? Ou a realidade que se delineia no mercado aponta não só para essa, mas para outras classificações, assim como para uma readequação da classificação utilizada hoje?
4. A classificação de hotel exclusivo aponta características bastante específicas, as quais muitas vezes passam desapercebidas. Dessa forma, como crítico e com bom senso, que outras características você apontaria para que houvesse um afunilamento sem, no entanto, perder a flexibilidade da tabela de classificação, porém levando em conta os critérios e valores de pontuação aqui apontados?
5. Tendo em vista que a tabela tem condições de ser utilizada, perguntamos a você leitor: com o seu conhecimento sobre hotelaria, você seria capaz de identificar os hotéis que possivelmente se encaixariam nesta classificação? Se, por acaso, as suas expectativas forem frustradas, que outros itens você incluiria para uma readequação da tabela?
6. Qual seria a sua reação, como estudioso ou profissional da área, com base nessa classificação, ao tentar classificar um dado hotel e não obtivesse o resultado esperado? Qual seria sua proposta para mudanças? Quais outras classificações seriam possíveis? Quais as suas sugestões?

Parte 6

BIBLIOGRAFIA COMENTADA

AMAZONAS, E. *Raio X da Hotelaria Brasileira: as redes hoteleiras do Brasil.* São Paulo: Amazonas & Goldner Consultoras Associadas, 2004, vol. 2. *Material sempre atualizado sobre o assunto, sempre indicado para consultas de atualidades.*

ANDRADE, N.; BRITO, P. L.; JORGE, W. E. *Hotel: planejamento e projeto.* 2. ed. São Paulo: Senac, 2000. *Livro para se ter à mão sempre que o trabalho ou o estudo estiver relacionado com hotelaria, seja para a construção ou para o planejamento de um hotel ou meio de hospedagem.*

BENI, M. C. *Análise Estrutural do Turismo.* 8. ed. São Paulo: Senac, 2003, p. 195. *Leitura obrigatória para a compreensão do estudo do turismo, mostra de maneira sistêmica o funcionamento da área e suas variações.*

BEZERRA, C. *O design, a exportação e a cegueira do Brasil. 21/10/2002.* Disponível em: http://webinsider.uol.com.br/vernoticia.php/id/1481. Acesso em: 19/Set/2004.

BROOKS, I. *Seu Cliente Pode Pagar Mais.* Trad.: Márcia Cláudia Alves. São Paulo: Fundamento Educacional, 2003. *Apresenta tabela sobre as cinco zonas de valor do cliente que vão da zona de comodidade, onde está a solução básica, à zona de platina, na qual são valorizados o prestígio, a escassez e a exclusividade.*

DESIGNBR. *O que é design.* Disponível em: http://designbr.webcindario.com/design/design_oqeh.htm. Acessado em: 19/Set/2004. Site *de interesse na área de* design, *explanando os conceitos e fornecendo informações importantes para os interessados no assunto.*

DIAS, C. M. M. "Home Away From Home" – evolução, caracterização e perspectivas da hotelaria: um estudo compreensivo. São Paulo, 1990. Dissertação (Mestrado) –Escola de Comunicação e Artes da Universidade de São Paulo. *Apresenta uma vasta gama de informações sobre a hotelaria; sua história, desenvolvimento e crescimento. Leitura indicada para um conhecimento geral e busca de mais referências, servindo inclusive como parâmetro de comparações.*

DUARTE, V. V. *Administração de Sistemas Hoteleiros: conceitos básicos.* São Paulo: Senac, 1996. *Referencial para vários estudos na área de hotelaria. Vale a pena ler e refletir sobre o assunto.*

FORBES, J. *A "desinstitucionalização" do luxo.* Disponível em: http://www.jorgeforbes.com.br/br/contents.asp?s = 23&i = 69. Acesso em: 07/Nov/2004. *Artigo sobre a mudança no conceito de luxo que diz que ainda continua privilegiando a raridade e a escassez mas não está mais relacionado à ostentação.*

GIACOMINI FILHO, G. Turismo, como aprender, como ensinar. In: TRIGO, L. G. G. (org.) São Paulo: Senac, 2001. *O capítulo, como o livro todo, é leitura recomendada por tratar de matérias que estão diretamente ligadas ao turismo e à hotelaria.*

FERREIRA, A. B. H. *Dicionário Aurélio Básico da Língua Portuguesa.* São Paulo: Melhoramentos, 1995. *Indispensável para qualquer pessoa. Ao contrário do que se costuma pensar, o dicionário é presença constante na vida daqueles que levam a sério sua busca pelo conhecimento e saber.*

KOTLER, P. *Administração de Marketing: análise, planejamento, implementação e controle.* 5. ed. São Paulo: Atlas, 1998. *Leitura obrigatória para o início dos estudos sobre* marketing, *oportuno para todos os setores da vida.*

KOTLER, P.; **BOWEN, J.; MAKENS, J.** ***Marketing for Hospitality and Tourism.*** **2. ed. Prentice Hall, 1998.** ***Assim como o livro de Administração de* Marketing, *este é referência no* marketing *para hospitalidade e turismo.***

OHTAKE, R. *Design* (2004). Disponível em: http://www.mre.gov.br/cdbrasil/itamaraty/web/port/artecult/design/apresent/. Acessado em: 19/Set/2004. *Arquiteto considerado referência na criação de projetos arrojados em* design, *mostra a cada novo trabalho uma concepção diferente do* design.

Psicanalista vê um novo tipo de luxo. *Folha de São Paulo*, São Paulo, 15 ago. 2004. Disponível em: http://www1.folha.uol.com.br/fsp/cotidian/ff1508200422.htm. Acesso em: 17/Out/2004. *Artigo sobre o psicanalista Jorge Forbes, que defende que um novo conceito de luxo está surgindo, considerado como estilo de vida, prazer e distinção.*

RIES, A.; TROUT, J. *Posicionamento: Como a mídia faz sua cabeça*. São Paulo: Pioneira, 1987.

RONÁ, R. *Transportes no Turismo*. São Paulo: Manole, 1999. *A leitura oferece base para o entendimento do desenvolvimento dos transportes e, como conseqüência, o surgimento e a evolução dos meios de hospedagem.*

ROTEIROS DE CHARME. *Conteúdo do site*. Disponível em: http://www.roteirosdecharme.com.br. Acesso em: 18/Out/2004. Site *indicado para consulta e entendimento de como é realizada a classificação da Associação, quais as exigências, qual a localização dos meios de hospedagem.*

SWARBROOKES, J.; HORNER, S. *O Comportamento do Consumidor no Turismo*. São Paulo: Aleph, 2002. *Compreender o comportamento do consumidor ou, pelo menos, esforçar-se para tanto é um enorme passo para o sucesso e um empreendimento. Este livro é leitura sugerida para a área de turismo e outras afins.*

UNICARIOCA. ***A origem do termo design***. Disponível em: http://www.unicarioca.edu.br/design/ocurso/definicao.htm. Acesso em: 19/Set/2004. *Leitura referencial sobre o surgimento do termo* design, *voltando às suas origens, indicado para uma compreensão do significado contextual do termo.*

UNIVERSO ON LINE. *Dicionário Houaiss da Língua Portuguesa*. Disponível em: http://houaiss.uol.com.br/busca.jhtm?verbete=luxo&stype=k e http://houaiss.uol.com.br/busca.jhtm?verbete = design>. Acesso em: 07/Nov/2004. *Para quem não tem dicionário, mas tem um computador com acesso à Internet, a facilidade de acesso é a principal característica.*

Anotações

Anotações

85-7241-568-8

CAPÍTULO

49 Flatelaria: Uma Visão Pessoal

Isabelle Grechi

Introdução

O contexto é o Brasil de 1980 em diante. Teremos que retroceder alguns anos para entender por que essa revolução na administração hoteleira aconteceu no Brasil.

Contextualizar é uma maneira de justificar algum erro, esse *pecado*. O mesmo se fez na época da concepção dos motéis na nossa cultura latina. E precisaremos justificar algo que, na verdade, é uma tendência de qualquer empresa no século XXI.

Romper tradições nem sempre é visto com bons olhos e essa geração que vivenciou – trabalhando – a hotelaria brasileira dos anos 1980 e ainda hoje figura entre os "ativos" ou sobreviventes sabe bem qual é a diferença: serviço. E, ao falar de serviço, uma referência histórica sempre vem em mente.

Hoteleiros são os precursores do serviço "24 horas". Há séculos, estão sorrindo para quem chega e arrumando a cama de todos pela manhã. São precursores e, ainda hoje, o que chamam de tecnologia de "ponta" em atendimento. Preste atenção, fora os "24 horas" já citado, faça esse exercício:

- Quem começou e há décadas está habituado a personalizar? (O atualíssimo *on demand*).
- Quem há muito sabe as preferências e pesquisa a satisfação do seu cliente (o tal CRM – *costumer relationship management*)?
- Quem, por sua vez, provavelmente inventou a digníssima frase *o cliente tem sempre razão*? Ela não cabe perfeitamente na boca de um *consierge* com sotaque francês de cabelos impecáveis e sapato lustroso?

Exato. Exercício feito, eis a conclusão que queria. Somos realmente *high tech*.

Não vamos nos ater aos fatos históricos, apenas visualizar nossa indústria em cada uma das duas décadas que nos precederam para entender por que estamos onde estamos hoje.

Na década de 1980, a situação social, política e econômica se resumia em uma palavra: instabilidade. Grandes investimentos eram possíveis apenas para quem não dependeria deles no futuro. Quase ninguém tinha cacife para investir milhões de cruzeiros em um hotel com, no mínimo, otimistas oito anos de prazo para retorno de investimento. Também com o caminho para abertura da economia, os olhos dos investidores estavam voltados para fora do país e não para o desenvolvimento interno. Com isso, nossos hotéis ainda eram aqueles que comemoravam 10 a 20 anos de existência. Magníficos, enormes, antigos. E o Rio de Janeiro continuava lindo. E a Bahia de todos os santos.

Nada de muitas novidades com exceção de uma, que já era conseqüência da abertura de nossa economia: os *flats* ou condomínios com serviço.

Perceba o que acontecia na década de 1990. Logo no início, abriram-se as portas do Brasil. Importação, exportação e, principalmente, a permissão de fabricar produtos com moldes estrangeiros nas terras tupiniquins. Inclusive os serviços e franquias de serviços – vistos como produto.

85-7241-568-8

Não estamos falando de uma indústria que simplesmente acompanha tendências. Estamos nos referindo a quem dita tendências, quem rapidamente entende o contexto internacional e provavelmente lidera, ainda hoje, a busca pela qualidade total de seu produto. Terceirização, globalização, padronização de processos. Isso tudo era antigo para a hotelaria dessa época e, para o resto do Brasil, era o maior *frisson* futurista. A diferença é que acontecia assim: dessa vez, o dinheiro a mais que se fazia no Brasil não era brasileiro. Como crescer? Como sobreviver em uma economia na qual não se tolera o investimento a longo prazo? Que oportunidade aparece assim? Alguém pode ter uma idéia genial?

Tiveram. E, mais uma vez, um brasileiro teve o prazer de usar o sotaque francês para resolver uma equação difícil com uma jogada de mestre. A construção civil é outro segmento econômico que imediatamente sofre com a queda do investimento de longo prazo.

Então deram as mãos. Juntaram o útil ao agradável. O Brasil era a peça que faltava na economia mundial, em pleno processo de abertura econômica, estrangeiros vinham aos montes para gerar novos negócios em nossas capitais e... onde ficavam hospedados? Resposta: parte em nossos luxuosos e decadentes empreendimentos datados de 1960 ou 1970 e outra parte em *flats*, aqueles condomínios com serviço. Não havia outro lugar para ir.

Certo, visionários de plantão. A partir de então, é só encaixar as peças do redor. A construção civil encontrou a possibilidade de aproximar o horizonte muito distante da quitação de um investimento imobiliário. E, ao mesmo tempo em que reduzia o seu tamanho, otimizando o metro quadrado, conseguiria rentabilizar e amortizar aquele investimento. Enfim, ele se pagaria por cinco a sete anos e, depois, passaria a distribuir os lucros. O *mix* perfeito de interesses. Uma sacada, jogada, *whatever*... genial.

A vocação para o turismo deste país começava a sair do quadrilátero Rio-Bahia-Foz-Manaus. Era possível usar esse modelo em todas as capitais. O que não falta é demanda. E aumentaria.

De fato aumentou, e houve então o período de ouro da flatelaria nacional, que é anterior à globalização e ao movimento que a difundiu no Brasil. Mais uma vez, saímos na frente. Com sotaque, mas na frente.

Começamos a nossa caipirinha de procedimentos: o *know-how* estrangeiro sobre padronização e procedimentos, com pitadas de brasilidade em administração de empresas, leis trabalhistas e tributárias resultou em um novo modelo de gestão que abriria portas para as bandeiras internacionais chegarem de mansinho e tomarem o seu espaço.

Operadoras

Foram os franceses que, sem querer, começaram essa jornada. Acredito que, naquela época, não tinham idéia de quanto poderiam alterar o modelo hoteleiro no Brasil que hoje, em número de leitos, corresponde a mais de 50% dos disponíveis.

Quais são suas origens? São ex-proprietárias de empreendimentos hoteleiros que, na oportunidade de seguir essa tendência, a exemplo dos franceses, pararam simplesmente de se comprometer com altos investimentos para emprestar seu *know-how* aos pequenos investidores de grandes empreendimentos. São franqueadores habituados a instalar a característica de processos e procedimentos padronizados para garantir a qualidade de seus serviços.

Do Contrato

De qualquer maneira, existem algumas premissas ou itens obrigatórios para se estabelecer uma administração flateleira:

- Contrato de administração que prevê taxas de administração, franquias e outras taxas que variam desde *marketing* até processamento de dados, como contabilidade e folha de pagamento.
- As porcentagens dessas taxas variam de operadora para operadora e nem sempre são debitadas dos resultados líquidos, mas podem ser abatidas das receitas, do montante referente à taxa de condomínio.
- Deve estar contida na convenção de condomínio a opção pela administração por uma operadora e a formação de um *pool* de apartamentos para operação hoteleira.
- Ambos os documentos descritos regem que a comunicação com os investidores deve se estabelecer no mínimo semestralmente e que um conselho de *pool* e condomínio deve ser instaurado para que se represente a vontade e anuência de todos nas decisões do dia-a-dia.
- Toda a documentação de condomínio e do *pool* deve estar à disposição sempre que o conselho ou qualquer investidor desejar ver, averiguar ou auditar.

85-7241-568-8

As bandeiras internacionais vislumbraram a possibilidade de emprestar seus modelos de gestão e padrões a algumas das operadoras brasileiras. Hoje, desde bandeiras ultra-econômicas até as de alto luxo são tratadas internacionalmente como a melhor versão de seus padrões.

Esse é o sotaque da nossa "flatelaria". Japoneses, americanos, franceses, espanhóis, mexicanos e brasileiros, claro: eram eles que tentavam sobreviver e renovar nossa hotelaria, na década de 1990, e que conseguiram no início dos anos seguintes até os dias de hoje. O pré-modelo é basicamente aquele criado pelos franceses: administrar *flats* com serviços hoteleiros, com base em tecnologia para otimização de recursos.

Terceirização de Serviços

Tecnologia para otimização de recursos prevê também a terceirização de serviços. Com muitos objetivos, na verdade:

- Não comprometer um condomínio na pessoa do síndico que representa o conjunto de proprietários, mas não é um profissional especializado.
- Prestar os serviços mínimos tradicionais na pequena estrutura física disponibilizada na construção.
- Garantir a qualidade dos serviços tentando aumentar o número de pessoas envolvidas, porém desvinculadas do condomínio.

Ou seja, algumas fórmulas mágicas começaram a surgir para a prática do bem servir barato; por exemplo, lavanderias terceirizadas comissionando a operação flateleira sob as receitas geradas quando lavadas as roupas dos hóspedes.

Jardineiros, pintores, seguranças e demais serviços marginais facilmente se apoiaram na tendência desse segmento de mercado para fincar sua existência na economia e certificar-se do seu espaço no mercado de serviços.

Contabilidade, camareiras, recrutamento e seleção? Pode ser, mas variam de operadores para operadores. Há quem diga que é possível terceirizar algum desses itens com facilidade e há quem diga que isso é impossível e sensibilizaria demais a operação.

Parte dessas escolhas reflete o que se entende por modelo hoteleiro tradicional, centralizador e cheio de costumes tradicionais.

Queira ou não, eles ainda hoje estão no mercado, sabem tratar um hóspede como ninguém, mas reconhecem o choque que se tem em fazer mágica com muito pouco dinheiro e relacionar-se com pelo menos 15 dos 150 investidores todos os dias.

Aumentamos então o universo da bajulação típica do hoteleiro – ou, melhor dizendo, do encantamento. É preciso encantar o hóspede, seu agente de viagens, o gestor de viagens de sua empresa e mais um tipo de cliente: o mais importante.

O Investidor

A operadora, mesmo que na pessoa do gerente geral, é responsável por esse encantamento, por ações contínuas de informação e fidelização. Como antes eram as proprietárias dos empreendimentos, não estavam habituadas a esse tipo de retratação.

A dinâmica de contato com os investidores obviamente varia de acordo com os resultados. Sempre se contemplam os seguintes passos, com algumas alterações características de cada administradora:

- *Anuais*: geralmente em Assembléia Geral Ordinária de condomínio e de *pool* (separadas), deve-se aprovar a prestação de contas do ano anterior, contemplando ou não uma auditoria externa; aprovar o orçamento para o ano seguinte e eleger o síndico e seus conselheiros.
- *Semestrais*: sempre que for discutido algum item inerente à operação do *pool* ou do condomínio e de acordo com o que rege a convenção de condomínio, deverá ser convocada uma assembléia geral extraordinária para submeter o assunto a votação.
- *Mensais*: todo mês é enviada, invariavelmente, uma carta aos investidores informando detalhes e novidades da operação de condomínio e *pool*, bem como o balancete mensal com o demonstrativo de resultados. Sujeitos a comentários, eles devem estar separados durante os 30 dias correntes seguintes para serem apresentados com mais detalhes aos investidores.
- *Semanais*: em alguns casos, recomenda-se que os gerentes gerais entrem em contato semanal com o síndico, informando-lhe as principais notícias da semana e os casos de demissão ou admissão – principalmente do condomínio.

Parte 6

85-7241-568-8

Tudo isso exige o jogo de cintura e o desprendimento que são as melhores peculiaridades do hoteleiro; por isso, dá certo, respeitando as diferenças de cada função.

Horizontalização da Hierarquia

Chacoalharam o modelo de gestão tradicional, a fim de que surgissem pontas que deveriam ser aparadas. Isso aconteceria à maioria dos segmentos econômicos no fim dos anos 1990. Com a hotelaria, entretanto, essa década mal começara e já havia traços bem definidos da nova gestão.

Padronizar procedimentos com a premissa de simplificar os processos e o objetivo de reduzir a folha de pagamento requer sabedoria. A melhor forma de se fazer isso foi horizontalizando o organograma, tornando multifuncionais aqueles que antes apenas carregavam bagagem, os que apenas indicavam passeios e atrações gastronômicas, aqueles que apenas arrumavam apartamentos.

Para que a motivação em sair da rotina e da zona de conforto dos funcionários pudesse aflorar, apareceram os programas de treinamento nos quais o foco é o cliente, os programas de carreira e sucessão e o escalonamento de salários dentro do que seria uma função única: agente de serviços.

A visão do funcionário passa a ter duas vertentes: quem pode mais facilmente se sobressai diante do nivelamento básico e quem não vê naquele empreendimento oportunidades de crescimento profissional pelo estreitamento dos níveis hierárquicos.

A política de recursos humanos calcada em manuais e no estabelecimento de normas e procedimentos favorece muito o aparecimento de talentos. A formação do profissional que conhece todos os processos das mais diversas áreas dentro de um *flat* se dá ao longo do seu dia-a-dia, participando dos processos que antes eram infinitamente mais dificultosos e dificultados. Hoje, cada talento aparece muito mais facilmente ao gerente geral, que deve sempre exercer sua liderança e promover treinamentos interaéreas para incentivar a todos. Essas áreas foram radicalmente reduzidas e contemplam apenas serviços (agregando recepção, governança e manutenção), controladoria (agregando administrativo, financeiro e recursos humanos) e comercial (agregando relacionamento, *marketing* e vendas).

Na corrida para se destacar entre os demais gerentes gerais de uma operadora em franca ascensão, quem apresenta o maior número de talentos tem muito mais chances de evoluir profissionalmente e ser reconhecido.

Alimentos e Bebidas

O maior risco de uma operação hoteleira e a sua maior arma em favor do encantamento da fidelização é o serviço de alimentos e bebidas.

Assim como no Brasil é impossível fazer uma simples visita a alguém sem que se ofereça uma tigelinha de petiscos ou um convite para jantar, um *flat* que prevê serviços hoteleiros não pode simplesmente não dispor de alimentação para seus hóspedes. Isso não é bem servir.

"A alma de um hotel é o que se serve para comer e beber", diziam os professores de hotelaria na década de 1990. Hoje, em um *flat*, a alma de um hotel está atrelada a um contrato de serviços que deve prever:

- Cardápio de serviços hoteleiros que um *restauranteur* normal não está habituado a ter: *coffee breaks*, limites para montagem de bufê e coquetéis, por exemplo.
- Limites de alçada para negociação, já determinando desde o início qual a porcentagem de *mark up* mínimo, assim como descontos e escala de progressão em relação à quantidade de refeições contratadas.
- Porcentagem de comissionamento ou aluguel variável de acordo com a receita.
- Ferramentas de responsabilidade do terceirizado, de controle de qualidade em produtos e serviços e obrigações trabalhistas.

Além desses, existem itens que constariam em qualquer acordo de aluguel convencional e em qualquer contratação de restaurante em relação à prestação de contas mensal dos tributos recolhidos ou pagos à Anvisa (Agência Nacional de Vigilância Sanitária).

Depois de regulamentada toda a transação comercial com o restaurante terceirizado, há que se entender também o outro lado da moeda, que é

Parte 6

85-7241-568-8

a ferramenta de exigência e controle de qualidade. Esta deve ser o principal elo de ligação entre o empreendimento e o terceirizado. Por intermédio de seus serviços, o empreendimento conseguirá ou não imprimir e fixar a qualidade de seus serviços. E, com treinamento – envolvendo sempre toda a equipe do *flat* mais a equipe do restaurante –, pratica-se a unidade de linguagem entre os funcionários: mais um desafio para o gerente geral.

Condomínio

Entendidas as diferenças mais significantes, partimos para outra, também muito chamativa e mais percebida para quem está trabalhando do que propriamente hospedado: trata-se de duas empresas em um mesmo lugar.

Um condomínio é o que constitui a primeira parte da empresa e uma sociedade em contas de participação (o que chamamos de SCP ou *pool*). O condomínio é a empresa que administrará fisicamente todo o *flat*. Em corpo estão registrados todos os funcionários – inclusive o gerente geral.

Essa empresa, que não tem fins lucrativos, visa a melhor administrar mantendo, preservando e melhorando o patrimônio. E, nessas três palavras, estão contidos sistemas de segurança, estoque de materiais de limpeza e a difícil arte da limpeza impecável que todos esperam em um hotel, mesmo que isso não aconteça. Está contido o serviço prestado a todos, independentemente de serem hóspedes ou condôminos. As camareiras, o faxineiro, o supervisor ou o gerente de manutenção e sua equipe, o contador e alguém que vai cuidar para que tudo isso transcorra ao longo dos meses seguro, prosperando, melhorando e, principalmente, economizando.

No condomínio, existem todas as despesas inerentes ao funcionamento do empreendimento, recebam-se ou não hóspedes. Alguém precisa limpar a piscina e comprar seus materiais químicos. Alguém deve saber quantos pratos, quantas camas, quantas fronhas cada apartamento tem. Esse alguém é o zelador no seu apartamento? Aqui, detesto derrubar assim o sonho de *glamour* de muitos, é o gerente geral.

Dependendo, obviamente, do tamanho desse condomínio, mas como a premissa principal é economizar, acredite: é ele mesmo quem toma essas decisões e quem vai cuidar dessas situações.

Escrever sobre a premissa da economia em um condomínio é muito simples: quanto menos despesas, mais simples sua operação diária, menos funcionários, mais formas de gerar receita para abater no balancete mensal e menos detalhado for esse processo, melhor.

Esse é o enigma desta discussão. Hotelaria é o cuidado com cada detalhe, fazer com que ele apareça, se mostre. Obter o inesperado por pouco dinheiro e grande efeito com clientes. Já o condomínio tem o fim de simplesmente pagar as contas e manter a estrutura física.

O desafio de cada dia é encontrar o ponto de equilíbrio entre essas duas situações, valorizando o ponto comercial e criando valor agregado ao produto que, na sua origem, é tão simplificado.

É possível gerar mais receitas condominiais para o condomínio alugando lojas e espaços para exploração comercial. Outra excelente oportunidade é a locação diária de espaços ou centros de convenções para eventos. Essa é uma receita condominial que, em alguns casos, é taxada pelo *pool*, que compartilha de equipe comercial para realizar sua divulgação.

Tudo isso em prol de um item conhecido da administração de condomínio: a taxa de condomínio, ou seja, a soma de todas as despesas e custos, subtraídas as receitas condominiais e dividida pelo número de apartamentos, submetida à possível variação de metragem de cada um deles.

A taxa de condomínio de um empreendimento com serviços é muito maior que as de condomínios residenciais porque contempla despesas fixas e variáveis. Esta, por sua vez, é considerada o ponto de equilíbrio de um empreendimento *flateleiro*. Sua taxa de condomínio deve ser paga mensalmente.

A operação do *pool* deve pagar, todos os meses, a taxa de condomínio referente às unidades habitacionais que compõem o *pool*. Ou seja, a taxa de condomínio já é parte da remuneração ou do rateio da lucratividade do empreendimento. Assim, rapidamente entendemos a interligação entre as duas empresas que compõem um *flat*.

Pool

Sociedade em contas de participação. Trata-se de um modelo no qual cada unidade e seu proprietário se unem a outros iguais para obter, em contas de proporção pela metragem do seu investimento, o retorno ou a parte que lhe cabe sobre os lucros de um aluguel diário.

Em grupo e tendo como sócio ostensivo uma operadora de empreendimentos hoteleiros, é possível tornar realidade a promessa desse novo tipo de investimento. É possível então imobilizar e receber parte do retorno de investimento desde o início da operação? Nem tanto assim, até porque um investimento hoteleiro não muda tanto de características, independentemente de onde venha ou de como seja feito o investimento, sendo ele pulverizado ou proveniente de uma única fonte.

A sociedade em contas de participação que costumamos chamar de *pool* é uma empresa à parte. É responsável pela comercialização das unidades habitacionais (ou de investimento) e pela operação hoteleira nesse universo muito mais restrito, que não tem nem metade dos recursos tidos como habituais em um hotel – inclusive recursos humanos. No embate entre essas duas criaturas, condomínio e *pool*, este último perdeu sensivelmente o segredo de tantos encantamentos: gente. Quantas e quantas vezes se media o poder de determinado equipamento hoteleiro pela equação entre o número de apartamentos disponíveis e seus funcionários? *Observe que potência: dois funcionários por apartamento!*

Hoje, esse já não é mais o índice principal. Hoje se fala em lucratividade, em receita por apartamento disponível, típico do universo das franquias.

O objetivo é, com todo o conhecimento físico, financeiro e social do empreendimento, obter o melhor índice de lucratividade, o que é bom para a operadora e para os investidores.

Fornecedores

Muito da mágica de encantar um cliente em hotel é uma alusão ao ditado popular: "fazer cortesia com o chapéu dos outros". Essencial para esse exercício era a figura do comprador que desaparece assim que ocorre a terceirização dos serviços de alimentos e bebidas e lavanderia.

Cada chefe de área passa a ter então a responsabilidade da compra do que lhe é necessário. A governanta trata de *amenities*; o chefe de manutenção, das lâmpadas e utensílios. Como, então, com limites de alçada, calcular precisamente quanto vai custar cada uma das surpresas de bajulação? Esta é, sem dúvida, parte do trabalho do franqueador: estabelecer uma razão matemática para o que sempre foi feito por instinto, dentro dos limites de perda de cada um dos itens. Mas, nesse modelo de gestão, já não não é mais possível ser instintivo assim.

Comercialização

Quem se apaixona por essa profissão não se atem a números, não quer saber de estoque, tampouco do ponto de equilíbrio. Quem se apaixona por essa profissão quer simplesmente lidar com pessoas. Servir. E, ainda bem, assim fica muito mais simples comercializar esse produto que ficou complexo por dentro mas, aparentemente, por fora continua o mesmo.

A comercialização do produto regido por esse modelo de gestão é muito mais complicada internamente. Sempre há que se considerar:

- Condições dos parceiros e terceirizados.
- Noções e controle do sobre-preço aplicado a cada um dos serviços terceirizados envolvidos no produto hospedagem.
- Considerar a escala de preços relacionada à demanda.
- Controle de processos e padronização de comunicação com o cliente, dependendo da bandeira representada pelo empreendimento.

Além disso, devem ser consideradas as faixas de preços destinadas a segmentos específicos e a administração dos inúmeros canais de distribuição que não diferem dos hotéis.

O principal fator a se salientar na diferença entre a comercialização do *flat* e o hotel é a limitação de recursos para investimento em CRM e o número de pessoas que passa a ser responsável pelas receitas de determinado empreendimento e, certamente, pela divulgação de sua rede ou operadora como principal garantia de serviços.

Por outro lado, visto que há padronização de processos, é bem provável que os *flats* tenham mais regularidade em ações comerciais que a hotelaria tradicional com sua atividade pouco regulamentada, embora, nesse caso, não se possa atrelar necessariamente o padrão internacional aos *flats*.

Parte 6

Estamos traçando quais as diferenças entre o hotel e o *flat*; o que não é perceptível ao hóspede, e sim a quem estará trabalhando dentro da estrutura, seja qual for.

A diferença é que, com a redução de quadro e uma estrutura de processos bem eficiente, a margem de lucro deveria aumentar. Porém, em virtude da estagnação da demanda e do aumento descontrolado da oferta em vários mercados, o que ocorreu foi o esmagamento das tarifas, reduzindo a margem de lucro a ponto de a qualidade de nossos produtos ser questionada internacionalmente. É possível afirmar com segurança que operamos com 50% da nossa capacidade de lucro nas principais capitais por conta da desunião das operadoras e falta de consenso da classe.

Hóspede

Não se trata mais de decidir se ele tem razão ou não. Simplesmente, ele não tem culpa de ter comprado algo que não sabe muito bem o que é. O mau hábito do flateleiro é pensar que seu *flat* é um hotel.

Em geral, com exceção daqueles empreendimentos que possuem características físicas muito semelhantes a apartamentos residenciais, o hóspede não consegue diferenciar o *flat* do hotel. Percebe suas diferenças de gestão, mas não as recrimina ou evidencia em seus comentários.

Em sua maioria, os empreendimentos têm, hoje, gerentes que se fizeram ou participaram da hotelaria profissional e por isso não assumem perante o cliente a diferença entre esses dois produtos.

Definitivamente, não há nada de errado em administrar um *flat*. Se a equipe de atendimento tiver plena consciência das diferenças e se colocar diante do cliente apresentando a realidade, este será, sem dúvida, um dos melhores *flats* do Brasil.

Diferenças

Dias atuais. Neste país, a maioria dos hóspedes de negócios muitas vezes compra *gato por lebre*. Note como, mesmo para quem conhece, os conceitos se misturam. Há uma intervenção e uma eterna busca pelo hoteleiro no que é *flat* e do que é *flat* num hotel. Questão de sobrevivência bivalente.

O impecável, o inesperado, o sonho, o ideal de um castelo, do *status* em algo muito mais acessível pelos investidores e para o hóspede.

Estrutura física impecável dentro dos apartamentos, alta tecnologia disponível em colchões especiais, chuveiros e pias modernas, poucos detalhes de estética, mais muita praticidade e novos itens obrigatórios. Espelhos de maquiagem, poucos vasos, granito no lugar do mármore. Onde está o bidê?

Menciona-se *dentro dos apartamentos* propositalmente, uma vez que deixamos de ter unidades habitacionais para ter unidades de investimento. Cada apartamento é de propriedade diferente e precisa ter, dentro dele, tudo que o difere dos outros, tudo que o faz ser tão especial.

Com certeza, essa é a razão de haver essa gritante diferença entre *flats* e hotéis: as áreas comuns. Mesmo que elas estejam contidas nos editais e contratos como uma fração de propriedade de áreas comuns, elas não são tão atrativas. Esses são o pensamento e a cultura do construtor e incorporador brasileiro: não se vende essa fatia de parque, de piscina, de sauna de academia, de mais um restaurante, de bar tão facilmente. É o perfil do brasileiro. Independe de operadoras, é anterior a elas. A estrutura que chega em suas mãos já é menor, mais parecida com um condomínio de edifício residencial.

Outra fundamental diferença está na padronização e simplificação de processos. Mesmo que se deposite na automação os créditos pela redução da folha de pagamento dos empreendimentos flateleiros, o crédito maior é de quem ficou para dar conta de tudo aquilo que 12 pessoas faziam em três turnos e que agora fazem em seis.

O Brasil também aprimorou outro aspecto bastante ligado à otimização de recursos: aquela tremenda oportunidade que, na década de 1990, despontava para os investidores também se tornou oportunidade para estudantes. Naquela época, anualmente, milhares de profissionais qualificados especificamente nos processos hoteleiros eram despejados no mercado em franco crescimento. Facilitaram e melhoraram muito a qualidade dos serviços prestados. Por outro lado, a média salarial da hotelaria baixou consideravelmente pela lei da oferta e da procura.

É interessante traçar esse paralelo agora e localizá-lo também para que, ao longo dos meses, possa deixar de ser mais um dogma e torne-se outro paradigma, que será quebrado com a ajuda da tecnologia, pela lei da sobrevivência ou mesmo pela evolução natural do modelo de gestão.

Anotações

85-7241-568-8

CAPÍTULO

50

Diagnóstico de Pequenos Negócios Hoteleiros em Sergipe

Rivanda Meira Teixeira

INTRODUÇÃO

A exemplo das demais atividades econômicas, a maioria dos negócios do setor de turismo é realizada por empresas de pequeno porte. A predominância dessas empresas pode ser explicada, de acordo com Hughes (1992) e Ball (1996), por três fatores: o capital inicial para começar o negócio pode ser pequeno, não é necessário conhecimento específico e as barreiras para entrada no setor são relativamente baixas, quando comparadas com outras indústrias. Entretanto, como afirma Morrison (1998), o mercado de turismo é bastante segmentado e freqüentemente operado por uma diversidade de pequenas empresas, que oferecem variedade de locações, qualidade, infra-estrutura física e são voltadas para mercados-nicho especiais.

Apesar de as pequenas empresas serem dinâmicas na criação de empregos, necessitam, de acordo com Baum (1999), de subsídios para atividades de *marketing* e treinamento. Além disso, afirmam Keep e Mathew (1999), há grandes *gaps* entre as habilidades existentes e as exigidas para o gerenciamento de pequenos empreendimentos. O aumento das competências gerenciais é o ponto vital para a criação de vantagens competitivas nessas empresas e condição necessária para o desempenho satisfatório.

Esse diagnóstico foi elaborado em empresas de micro e pequeno porte do setor hoteleiro no estado de Sergipe. Teve como objetivos identificar o perfil desses empreendedores e as características desses empreendimentos, analisar as práticas de gestão adotadas nas áreas de *marketing* e de recursos humanos, avaliar o desempenho desses negócios e, finalmente, analisar como ocorre o processo de desenvolvimento gerencial, enfatizando as competências gerenciais e o processo de aprendizagem.

Foram considerados para este estudo 30 hotéis e pousadas de micro e pequeno porte, utilizando-se a classificação do número de empregados do setor de serviço, que define como micro as que possuem até nove empregados e de pequeno porte as que

85-7241-568-8

85-7241-568-8

possuem de 10 a 49 empregados (Sebrae, 2003). Foram selecionados hotéis e pousadas com até 49 empregados localizados em Aracaju e nos municípios que possuem maior movimento turístico, a exemplo de Itabaiana, Lagarto, Estância, Tobias Barreto e Canindé do São Francisco. A coleta de dados foi realizada no ano de 2002 por meio de entrevistas pessoais com os proprietários dos empreendimentos, com a utilização de questionários elaborados a partir das variáveis operacionais relevantes para o diagnóstico.

Este relatório será apresentado em nove partes. Inicialmente, o contexto do setor hoteleiro é discutido, seguindo-se os aspectos metodológicos do estudo e da análise dos dados coletados, que por sua vez são divididos em seis itens: o perfil do empreendedor, as características dos negócios hoteleiros, a gestão de *marketing*, a gestão de pessoas, o desempenho dos negócios e o desenvolvimento gerencial. Por fim, apresentam-se as conclusões com os principais resultados.

Contexto do Setor Hoteleiro

Segundo dados da Associação Brasileira da Indústria Hoteleira, a indústria hoteleira no Brasil (Embratur, 2000) gera cerca de um milhão de empregos diretos e indiretos nos 18 mil meios de hospedagem existentes, com receita bruta em torno de US$ 2 bilhões, patrimônio imobilizado em torno de US$ 10 bilhões e arrecadação de mais de US$ 400 milhões em impostos e taxas. Um quarto de hotel construído gera de 0,4 a 2 empregos diretos. O setor hoteleiro é o quarto maior empregador do país em virtude de suas receitas serem provenientes de gastos do turista com hospedagem, alimentação e bebidas e utilização de serviços como telefonia, lavanderia, aluguel de sala para eventos, etc.

No entanto, segundo o Estudo do Turismo Receptivo em Sergipe realizado pela Emsetur – Empresa Sergipana de Turismo (1999), o setor hoteleiro sergipano não acompanhou o crescimento do fluxo hoteleiro nacional. Para Andrade (Emsetur, 1999, p. 13), a hotelaria sergipana tem capacidade máxima de absorção de 410.765 turistas/ano, podendo absorver um fluxo adicional de 73% no número de turistas. De acordo com o PDITS – Plano de Desenvolvimento Integrado do Turismo Sustentável para o Pólo Costa dos Coqueirais (2001), existiam em Sergipe, no ano de 1980, 18 estabelecimentos hoteleiros, com 715 unidades habitacionais e taxa de ocupação média de 55,8%. Em 2000, o número de unidades era de 88, com 2.760 unidades habitacionais, das quais cerca de 73% se localizavam na sua capital, Aracaju. Segundo informações da RAIS – Relação Anual de Informações Sociais resumidas no PDITS (2001), em 1998 havia 1.930 empregos ligados aos meios de hospedagem. No ano de 2000, esse número caiu para 1.500, mas, de acordo com as projeções do BID – Banco Interamericano de Desenvolvimento, em 2005, serão 2.591 e em 2015, 4.590.

Alguns estudos sobre o setor hoteleiro do estado merecem destaque, a exemplo do realizado pelo Sebrae – Serviço Brasileiro de Apoio às Micro e Pequenas Empresas/ABIH – Associação Brasileira da Indústria de Hotéis/Sergipe (1999), voltado basicamente para o perfil das empresas do setor, e o realizado pela Unidade Técnica Administrativa dos Pólos Turísticos de Sergipe, Unitur/Prodetur – Programa de Desenvolvimento Turístico/Sergipe (2002), que analisou a evolução do setor, abordando aspectos da oferta, taxa de ocupação e fluxo de hóspedes. O Perfil da Hotelaria Sergipana (Sebrae/ABIH/Sergipe, 1999) foi realizado em 86 estabelecimentos de todos os portes, sendo 41 hotéis, 44 pousadas e um hotel-residência, 60% deles localizados em Aracaju e os demais, no interior do estado, com destaque para as áreas urbanas. O estudo observou que o setor hoteleiro gerava aproximadamente 1.500 empregos fixos e faturamento anual em torno de R$ 20 milhões. Verificou-se que 88% dos estabelecimentos hoteleiros sergipanos pertenciam a empresários independentes sem vinculação a grupos econômicos e que 62% foram criados na década de 1990. Identificou-se que a qualidade dos serviços prestados ainda era incipiente e que 82% dessas empresas não eram classificadas pela Embratur – Instituto Brasileiro de Turismo. A terceirização de serviços foi verificada em 27% desses estabelecimentos, com predominância para o setor contábil, seguido por manutenção, limpeza, lavanderia e vigilância. Constatou-se que apenas 28% estavam conectados pela Internet e que apenas 6% participavam de programas de proteção ambiental. Segundo avaliação realizada no estudo do Sebrae/ABIH/Sergipe, a atuação do setor turístico foi considerada regular ou péssima por 75% dos respondentes e essa situação se deve ao reduzido apoio do governo.

Dados da pesquisa realizada pela Unitur/Prodetur (2002) revelam que o fluxo de hóspedes na hotelaria sergipana aumentou cerca de 66% no período de 1997 a 2002. Anualmente, a taxa de crescimento no fluxo de hóspedes em Sergipe cresce em torno de 10%. O número de hóspedes em 2001 foi de 134.644 e, em 2002, chegou a 140.673. Com relação à permanência média dos hóspedes, percebe-se nesse período um pequeno aumento anual, na ordem de 7,24%, que resulta em otimismo para os demais segmentos do setor turístico, pois, demorando mais tempo na cidade, o turista utiliza uma gama de serviços significativamente maior.

Aspectos Metodológicos

Este estudo tem por objetivo a análise da gestão de empreendimentos e empreendedores do setor hoteleiro e se volta especificamente para os de pequeno porte, em geral gerenciados pelo seu proprietário. Tem natureza exploratória, qualitativa e interpretativa e adota enfoque considerado apropriado por Goffee (1996), fundamentado em análise de variáveis qualitativas, representando uma nova tendência na abordagem de temas mais subjetivos nas empresas de pequeno porte. Os enfoques qualitativos são utilizados na integração de fatores objetivos e subjetivos, prevenindo *insights* parciais sobre os fenômenos (Gorton, 2000) e objetiva produzir uma compreensão mais rica de pontos-chave que, de fato, afetam e determinam o potencial de desenvolvimento das pequenas empresas (Hill e McGowan, 1999).

Em função de seus objetivos, algumas questões de pesquisa foram definidas:

- Qual o perfil dos empreendedores do setor hoteleiro de pequeno porte em Sergipe?
- Quais as características dos empreendimentos hoteleiros de pequeno porte do estado de Sergipe?
- Quais as práticas de gerenciamento de *marketing* dessas empresas?
- Quais as práticas de gerenciamento de pessoas nessas empresas?
- Como o desempenho desses negócios é avaliado?
- Como ocorre o processo de desenvolvimento gerencial desses empresários?

Para a coleta de dados, utilizou-se o método de entrevistas pessoais e pretendeu-se, com a utilização desse método, captar as percepções dos entrevistados a respeito do tema em profundidade, especialmente dos aspectos relacionados às variáveis qualitativas do estudo. Foi aplicado roteiro de entrevistas estruturado com vistas a obter repostas às perguntas da pesquisa, composto de questões fechadas e abertas.

De acordo com dados do PDITS/Prodetur (2000), existiam 88 hotéis e pousadas classificados e não classificados em Sergipe. Para esse estudo, foi considerada uma amostra de 30 estabelecimentos localizados em Aracaju e nos municípios que possuem maior movimento turístico, a exemplo de Itabaiana, Lagarto, Estância, Tobias Barreto e Canindé do São Francisco.

O critério de amostragem adotado foi o não probabilístico por julgamento. As empresas pesquisadas foram selecionadas em função da variável tamanho, pois somente foram considerados para este estudo os hotéis de pequeno porte e as pousadas. Os métodos não probabilísticos se adaptam perfeitamente às pesquisas exploratórias, nas quais há a necessidade de conhecer de forma mais qualitativa o fenômeno explorado. Pode-se entender melhor esse tipo de amostragem usando-se a explicação dada por Arber (Nigel, 1993, p. 71) "quando o objetivo do pesquisador é o de gerar teoria e uma compreensão mais ampla do processo social ou da ação social, a representatividade da amostra é de menor importância e a melhor estratégia de amostragem deve ser baseada no julgamento do pesquisador".

Foram consideradas para esse estudo seis variáveis operacionais que estão definidas na Tabela 50.1, em função de seus indicadores.

Perfil do Empreendedor

Esta seção traz uma análise do perfil do empresário e inclui indicadores como local de nascimento,

85-7241-568-8

Tabela 50.1

Variáveis	Indicadores
Perfil dos empresários	Local de nascimento Idade Nível educacional Atividade exercida anterior ao negócio Razões por que decidiu tornar-se empresário Motivações para iniciar um negócio no setor
Características dos empreendimentos	Tipo e localização Número de quartos e leitos Número de empregados Propriedade e família Estrutura organizacional do negócio Data de início do negócio
Gestão de *marketing*	Clientes Produtos e serviços Preços e taxa de ocupação Estratégias para diminuir a sazonalidade Qualidade dos serviços Concorrência Vantagens competitivas Propaganda, promoção e vendas pessoais
Gestão de pessoas	Salários Escolaridade Recrutamento e seleção Treinamento Benefícios Rotatividade Profissionais que se pretende contratar Requisitos e habilidades para a contratação Profissionais difíceis de encontrar no mercado Maiores deficiências dos empregados Contratação de graduados e estagiários Maiores problemas de pessoal
Desempenho dos negócios	Avaliação do crescimento do negócio Perspectiva de crescimento Avaliação do lucro Crescimento do número de empregados Desempenho da taxa de ocupação Expansão e melhorias Obstáculos para o crescimento dos negócios Objetivos pessoais *versus* objetivos do negócio Maiores dificuldades no dia-a-dia do seu negócio
Desenvolvimento gerencial	Habilidades e competências necessárias para gerenciar Habilidades e competências desejadas Participação e avaliação de treinamento Formas de aprendizado preferidas Participação desses empresários em *networks*

idade, nível educacional, atividade exercida anterior ao negócio, razões por que decidiu tornar-se empresário e motivações para iniciar um negócio no setor.

LOCAL DE NASCIMENTO

A maioria dos empresários do setor hoteleiro em Sergipe é oriunda do próprio estado: 43,3% nasceram na capital, Aracaju, e 23,3% no interior, como pode ser visto na Figura 50.1. Observa-se que 23,3% vieram de outros estados do Nordeste, como Bahia, Alagoas e Pernambuco, e que um percentual de 10% veio de estados da Região Sudeste, como Rio de Janeiro e São Paulo (Fig. 50.1).

Quando se comparam esses dados com os outros estudos realizados no estado, tanto voltados para empresas do setor turístico (Barbosa e Teixeira, 1997) como para pequenas e médias indústrias (Teixeira e Barbosa, 2002), vê-se que os resultados são muito próximos, pois, no primeiro estudo, observa-se que os empresários sergipanos correspondem a 71%; já no segundo, esse percentual é de 67,5%.

IDADE E SEXO

Os proprietários dos negócios do setor hoteleiro que participaram desse estudo são jovens e estão concentrados entre três faixas etárias: de 30, 40 e 50 anos, com discreta predominância na de 40 anos. O estudo de Barbosa e Teixeira (1997), realizado no setor turístico como um todo, destaca que os empresários mais jovens se encontravam no setor de alimentos e bebidas e que, àquela época, 45% dos empresários do setor hoteleiro estavam na faixa de 31 a 40 anos (Fig. 50.2).

Já quando a comparação é feita com os proprietários de pequenas e médias empresas do setor industrial (Barbosa e Teixeira, 2002), observa-se que a faixa etária dos empresários desse grupo é bem mais alta que a do setor de turismo, pois 55% deles se encontram na faixa de 40 a 59 anos e 22,5%, na faixa de mais de 60 anos.

Observou-se a presença destacada de mulheres empresárias nas empresas hoteleiras do estado, pois 33,3% dos entrevistados eram do sexo feminino (Fig. 50.3). Vale destacar que cerca de metade dessas empresárias não foi responsável pela criação do negócio, o qual foi iniciado pelo pai, pelo esposo ou pela mãe, mas atuava como principal executiva responsável pelas decisões mais importantes. Apenas 6,6% delas iniciaram o negócio sozinhas, por iniciativa própria, independente do marido. Outras iniciaram o negócio em parceria com o esposo, mas atuavam como principal executiva. Em 30% dos negócios nos quais os empresários foram entrevistados, a condução é dividida com a esposa. Quando se observam os estudos de Barbosa e Teixeira (1997, 2001), verifica-se que o percentual de mulheres era inferior a 10%.

NÍVEL EDUCACIONAL

O nível de escolaridade dos que dirigem os negócios do setor hoteleiro em Sergipe é relativamente alto, conforme pode ser visualizado na Figura 50.4, pois

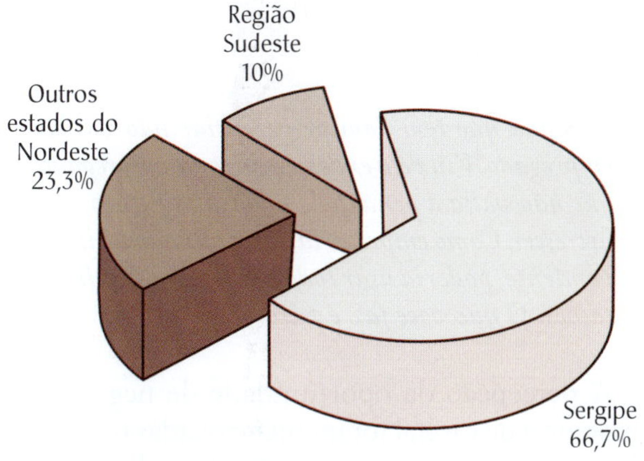

Figura 50.1 – Local de nascimento.

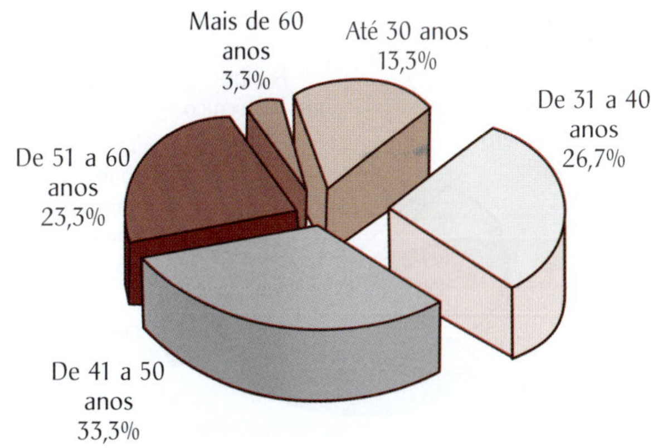

Figura 50.2 – Idade do empresário.

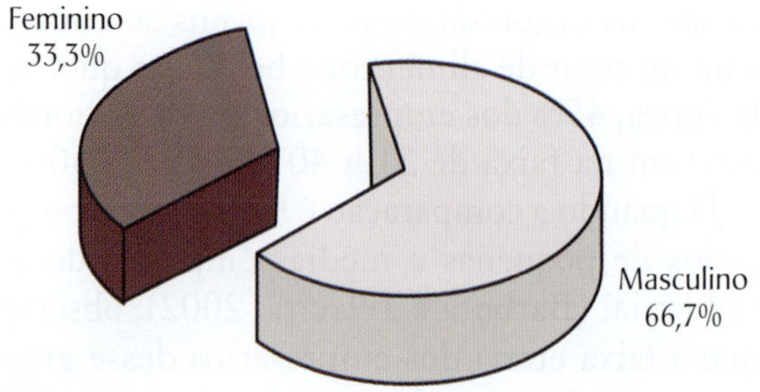

Figura 50.3 – Sexo dos empresários.

mais de 50% dos entrevistados têm ensino superior completo e 30%, ensino médio completo ou curso técnico. No entanto, vale ressaltar que, desses graduados, apenas 3,3% têm curso na área de turismo e não existem empresários com formação em hotelaria.

Dados do Perfil da Hotelaria Sergipana (Sebrae/ABIH/Sergipe, 1999), realizado com empreendimentos de todos os portes, apontavam que 55% dos gerentes dos hotéis do estado possuíam curso superior e apenas 5% tinham formação em hotelaria. Entre os gerentes intermediários, geralmente encontrados nos hotéis de maior porte, a escolaridade predominante era de ensino médio.

Quando se comparam esses dados com os encontrados no estudo de Barbosa e Teixeira (1997) em todas as empresas do setor turístico, observou-se que esse percentual alcançou 60% para os que possuem curso superior completo. Já comparando com os resultados da pesquisa sobre pequenas e médias indústrias (Barbosa e Teixeira, 2002), observa-se que esse percentual é bem menor, pois apenas 10% dos empresários entrevistados tinham curso superior completo e 40%, incompleto. Uma possível explicação para essa maior

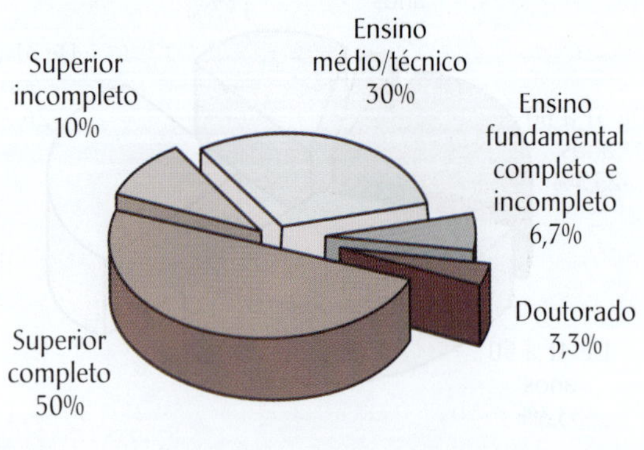

Figura 50.4 – Nível educacional dos empresários.

escolaridade talvez seja porque, como o setor é relativamente novo, atraiu não só empresários mais jovens, como de maior escolaridade.

EXPERIÊNCIA ANTERIOR AO NEGÓCIO

É relativamente reduzido o número de empresários que tinham experiência anterior na área de turismo, pois apenas 20% deles tinham atuado em hotéis da família ou possuíram restaurantes. Tanto os bancários quanto os ex-funcionários da Petrobrás tinham-se desligado dessas empresas por causa da aposentadoria ou de programas de desligamento voluntário. A Tabela 50.2 demonstra essas atividades.

FATORES QUE INFLUENCIAM A DECISÃO DE TORNAR-SE EMPRESÁRIO

As razões pelas quais os empresários entrevistados decidiram iniciar o próprio negócio são muito variadas, conforme pode ser visto na Tabela 50.3. A influência da família foi mencionada por cerca de 20% dos entrevistados que estiveram, de certa forma, envolvidos em negócios por causa da influência de familiares que possuíam negócios. Outros 20% destacam que possuir terreno ou imóvel em local com potencial turístico influenciou a decisão de iniciar o próprio negócio.

Vale destacar que 16,6% dos respondentes iniciaram o negócio movidos pelo desejo de independência ou porque possuem personalidade empreendedora, como pode ser visto pelo depoimento de um deles:

> *A pessoa que tem dom de gerenciar não vai ser empregado. Viu pela experiência como empregado, que não valia a pena, pois não tinha futuro, não ia crescer. Como empresária, seria autônoma, independente, poderia usar todo o potencial sem limitações. O que você faz é para o seu futuro.*

A percepção da oportunidade de negócio e a existência de capital foram mencionadas por 13,3% dos respondentes, bem como o fato de terem se aposentado com recurso e tempo para se dedicar

Tabela 50.2 – Atividades desenvolvidas antes de iniciar o empreendimento.

Atividades	Freqüência absoluta	Freqüência relativa**
Profissional liberal	6	20
Empresário-comércio e indústria	6	20
Hotel/restaurante	6	20
Funcionário público	4	13,3
Petrobrás	4	13,3
Bancário	3	10
Outros	3	10
Total de respostas*	32	–
Total de respondentes	30	100

* A questão admitiu mais de uma resposta.

** O percentual foi calculado em função do número de respondentes.

Tabela 50.3 – Razões para empreender

Razões	Freqüência absoluta	Freqüência relativa
Influência da família	6	20
Tinha terreno ou imóvel em local turístico	6	20
Desejo de independência, personalidade empreendedora	5	16,6
Viu oportunidade de negócio, tinha capital	4	13,3
Aposentadoria	3	10
Experiência anterior em negócios	2	6,6
Qualidade de vida de Aracaju	2	6,6
Aumentar a renda familiar	1	3,3
Total	30	100

a uma nova atividade. Vale destacar que a qualidade de vida de Aracaju, fugindo dos grandes centros, foi citada como razão para iniciar o negócio, como pode ser visto nesse depoimento:

> *Resolveu ter um negócio para ter qualidade de vida. Veio para Sergipe – saiu do Rio de Janeiro porque a vida era muito complicada e viajava muito para o interior. Deu uma parada e foi ser voluntário. Conheceu a esposa, que tinha um projeto de vida de um hotel.*

MOTIVAÇÃO PARA INICIAR UM NEGÓCIO NO SETOR HOTELEIRO

A percepção de que havia carência de oferta de empreendimentos hoteleiros no estado de Sergipe e a existência de potencial no setor foi apontada por 60% dos entrevistados como a principal motivação para iniciar o seu negócio, como pode ser visto na Tabela 50.4.

O depoimento de um dos entrevistados demonstra bem o ponto de vista da percepção de potencial no setor:

> *Inicialmente pensou em uma loja no* shopping*. Começou a pesquisar e viu que na época Aracaju tinha carência de pousada. Tinha hotel, mas faltava pousada com um estilo diferente. Queria algo simples, queria ter pousada, mas confortável, de qualidade, que pudesse dar atenção pessoal aos hóspedes. Tem muita facilidade de interagir/comunicar com as pessoas, por isso decidiu por turismo. Não sabia nada do setor hoteleiro, mas achava que ia se dar bem, pois tinha habilidade gerencial nata.*
> *Porque é uma área que depende dos serviços de qualidade, depende mais da criatividade do empresário do que capital. Sentiu que Aracaju tem muito espaço para crescer. Acha que o turismo em Sergipe ainda nem começou, tem muito potencial para crescer. Tem potencial muito grande.*

É interessante destacar que a motivação pelo negócio é conseqüência do estilo de vida e do tipo de atividade:

Tabela 50.4 – Motivações para iniciar o negócio no setor hoteleiro

Motivações	Freqüência absoluta*	Freqüência relativa**
Carência de oferta/potencial do negócio	18	60
Localização do terreno	6	20
Estilo de vida, gostar da atividade	4	13,3
Experiência anterior na área	4	13,3
Puro acaso, desconhecia completamente, coincidência	2	6,6
Retorno financeiro do setor	2	6,6
Total de respostas*	36	-
Total de respondentes	30	100

* A questão admitiu mais de uma resposta.

** O percentual foi calculado em função do número de respondentes.

Sempre gostou de turismo, gostava de viajar, conhece o mundo, estudou inglês e escolheu uma área que gostava. Além disso tinha facilidade de relacionamento. Mas não tinha experiência anterior no setor. Administrava a casa e tinha experiência de trabalho.
Era um projeto da esposa. Era um lugar para reunir pessoas interessantes, conhecer pessoas, ter traços de história de vida. O interesse não foi comercial. Estilo de vida.

Outros claramente destacam a existência do fator comercial e mostram a preocupação com o futuro do turismo no estado:

Tem construtora e outros negócios de pneus. Sentia interesse e via que seria um bom negócio. Hoje acha que, se não houver um trabalho sério em Sergipe, hotelaria já não será um negócio. Acha que, se não houver crescimento dos turistas, no futuro vai ser problema. Hoje tem dois hotéis e constrói mais.

Características dos Empreendimentos Hoteleiros

O perfil dos empreendimentos hoteleiros será analisado nesta seção em função dos seguintes indicadores: tipo, localização e número de quartos e leitos, número de empregados, propriedade e família, estrutura organizacional do negócio e data de início do negócio.

TIPO, LOCALIZAÇÃO E NÚMERO DE QUARTOS E LEITOS

Dos 30 estabelecimentos que participaram do estudo em Sergipe, 53% eram hotéis e 47% eram pousadas. Deles, 70% eram localizados na capital, Aracaju e 30% eram localizados no interior, em cidades como Itabaiana, Lagarto, Estância, Tobias Barreto e Canindé do São Francisco.

Um dos critérios utilizados para medir o tamanho de negócios no setor hoteleiro é o número de quartos e de leitos. Como mencionado, este estudo se voltou para os empreendimentos de pequeno porte, nos quais cerca de 60% dos estabelecimentos pesquisados tinham até 30 quartos e 53,3% tinham até 60 leitos, conforme visualizado nas Figuras 50.5 e 50.6.

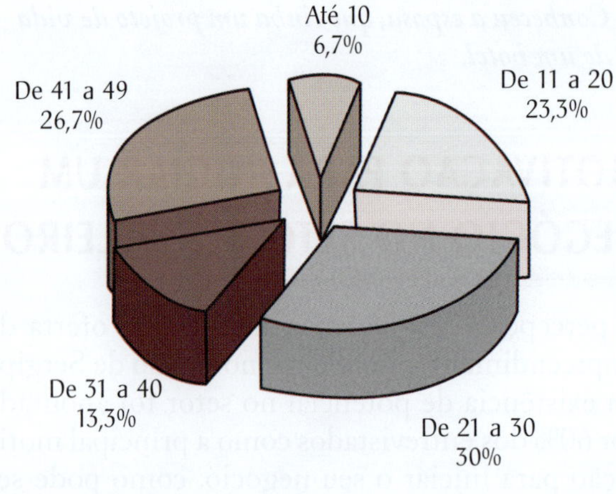

Figura 50.5 – Número de quartos.

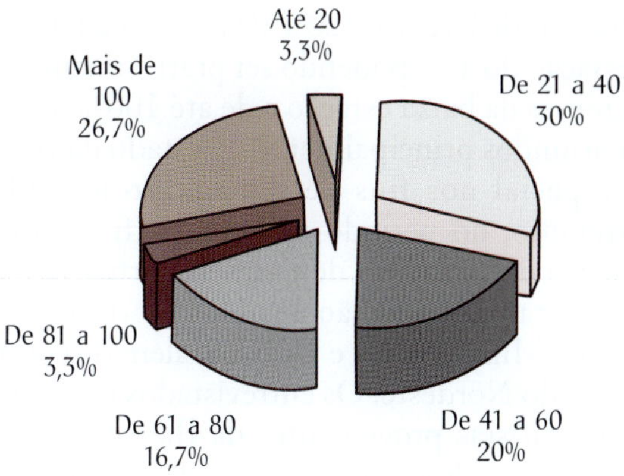

Figura 50.6 – Número de leitos.

NÚMERO DE EMPREGADOS

Segundo o Perfil da Hotelaria Sergipana (Sebrae/ABIH/Sergipe, 1999), realizado com hotéis e pousadas de todos os portes, 65% dos estabelecimentos hoteleiros possuíam até cinco pessoas ocupadas fixas. Contudo, os hotéis classificados absorviam cerca de 40 pessoas e, destes, os cinco estrelas possuíam em média 74 pessoas ocupadas, enquanto nos quatro estrelas esse número é de 51 pessoas. O estudo também identificou cerca de 10 pessoas entre os estabelecimentos não classificados.

Cerca de 46,7% dos estabelecimentos hoteleiros que participaram deste estudo possuem até nove empregados; os demais 53,3% possuem até 49 empregados. Cerca de 63,3% informaram que costumam contratar mão-de-obra temporária no período de alta estação (Fig. 50.7).

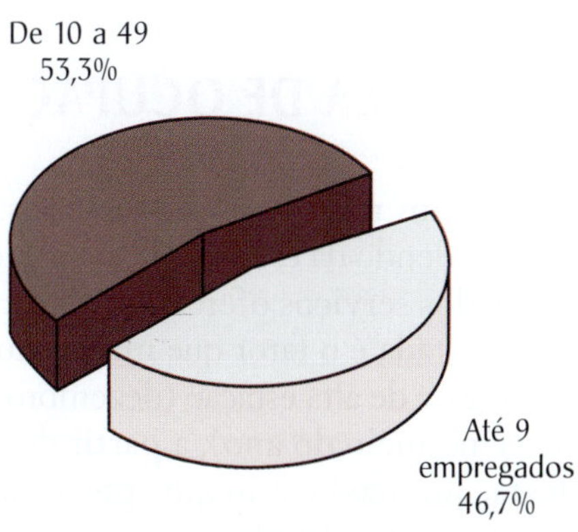

Figura 50.7 – Número de empregados.

PROPRIEDADE E FAMÍLIA

A grande maioria dos negócios hoteleiros de pequeno porte em Sergipe (73,3%) é de propriedade familiar. Os principais sócios dos empreendimentos são esposo(a), pai, mãe, irmãos e filhos. Apenas 26,6% dos negócios pertence a um único dono. Essa participação de familiares na empresa pode dar-se de forma ativa, desempenhando funções gerenciais, ou apenas formalmente, na constituição jurídica da empresa. Verificou-se que, em praticamente todas as empresas que participaram do estudo (93,3%), existem pessoas da família trabalhando nas diversas atividades do hotel/pousada, as quais costumam ser o cônjuge, filhos, irmãos e sobrinhos.

Um percentual elevado dos empresários sergipanos (53,3%) tem outros negócios além do hotel/pousada. Os negócios podem estar ligados ao setor de turismo, como alimentos e bebidas, locadora de veículos ou outros, como posto de gasolina, construtora, farmácia. Há aqueles que atuam como profissionais liberais, como médicos ou funcionários públicos, e um dos entrevistados ocupava cargo de secretário de turismo do município.

ESTRUTURA ORGANIZACIONAL

Os empreendimentos hoteleiros de pequeno porte em Sergipe, em sua maioria (63,3%), têm estrutura muito simples, contando apenas com os donos e os empregados. Apenas 36,6% deles têm um nível intermediário de gerente que, em muitas situações, assume a direção do negócio, pois o proprietário trabalha em outra atividade. Apenas dois deles, os de maior porte, tinham mais de um cargo de gerente (Fig. 50.8).

Em praticamente todas as empresas entrevistadas, a contabilidade é feita internamente. Em algumas delas, contudo, o proprietário informa que prepara tudo, faz registros e os leva para que o contador realize o fechamento.

DATA DE INÍCIO DO NEGÓCIO

A maioria dos negócios hoteleiros de pequeno porte no estado de Sergipe é recente e se iniciou em meados dos anos 1980. Observa-se que, a partir de 1996, houve maior incidência de novos empreendimentos, conforme pode ser visualizado na Figura 50.9.

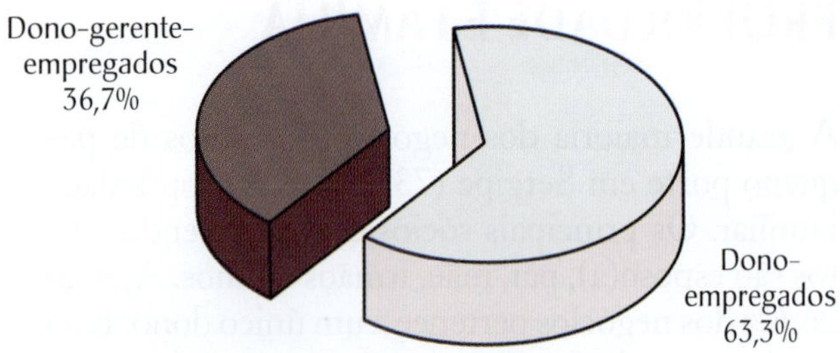

Figura 50.8 – Estrutura organizacional.

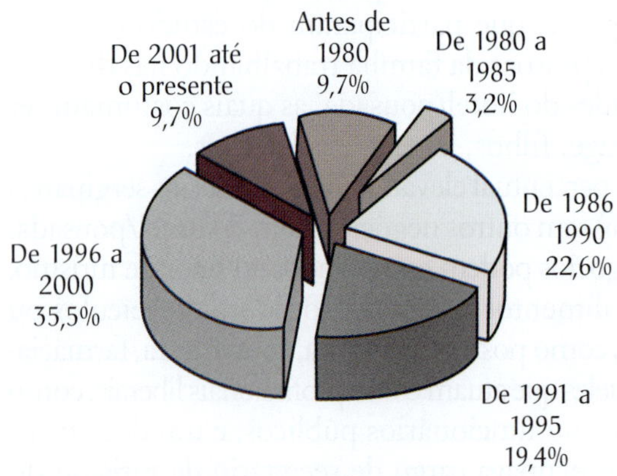

Figura 50.9 – Ano de início das atividades.

Ao comparar com o estudo de Barbosa e Teixeira (1997), observa-se que, nos dados encontrados nas empresas do setor turístico como um todo, também a partir da segunda metade da década de 1980, houve maior incremento da atividade em Sergipe.

Gestão de *Marketing*

A gestão de *marketing* nos pequenos estabelecimentos hoteleiros em Sergipe é analisada em função dos seguintes indicadores: clientes, produtos e serviços, preços e taxa de ocupação, estratégias para diminuir a sazonalidade, qualidade dos serviços, concorrência, vantagens competitivas, propaganda, promoção de vendas e vendas pessoais.

CLIENTES, PRODUTOS E SERVIÇOS OFERECIDOS

A maioria dos turistas de Sergipe é de negócios, conforme verificado neste e em outros estudos (Barbosa e Teixeira, 1997; Emsetur, 1999). O percentual médio de turistas de lazer é de 20 a 30% e varia em função da estação do ano, podendo ser praticamente zero nos meses da baixa estação e de até 100% na alta. São oriundos principalmente do estado da Bahia, em especial nos fins de semana prolongados. Entretanto, no período de verão, é freqüente a presença de visitantes de todas as partes do país, com destaque para São Paulo, Rio de Janeiro, Brasília, Minas Gerais e Goiânia, além dos outros estados do Nordeste. Os entrevistados comentam que os turistas provenientes da Bahia vêm para Aracaju para descansar nos fins de semana e feriados, enquanto os dos outros estados vêm para conhecer a cidade. Alguns dos entrevistados comentaram o aumento do número de turistas da terceira idade – em especial na baixa estação –, de participantes de eventos esportivos e grupos que viajam por intermédio de agências e operadoras. No interior do estado, observa-se um aumento de número de visitantes em festas de padroeiros ou em eventos especiais como micareta, vaquejada, exposição agropecuária, entre outros.

Já o turismo de negócios é predominante na maior parte do ano e, mesmo na alta estação, continua sendo expressivo. A média de turistas de negócios é de cerca de 70 a 80%, sendo estes, em sua maioria, representantes de vendas, funcionários de empresas de telefonia (cuja central está em Salvador), servidores públicos, entre outros profissionais.

Todos os hotéis e pousadas de Sergipe oferecem café da manhã; entretanto, o número de opções oferecidas para outros produtos e serviços é bastante limitado, como pode ser visto na Figura 50.10. Pode-se observar que apenas em 26,6% dos estabelecimentos pesquisados existem restaurante e lanchonete e que 23,3% deles afirmam possuir sala para reuniões, cursos e seminários em função da necessidade do cliente principal, que é o de negócios.

PREÇOS E TAXA DE OCUPAÇÃO

Os preços variam muito nos hotéis/pousadas de Sergipe, dependendo da estação, da localização, das instalações e dos serviços oferecidos. No entanto, o período da estada é o fator que mais influencia o preço. Nos meses de alta estação (dezembro, janeiro e fevereiro e no meio do ano), a partir do final de junho (festas juninas) e julho, os preços atingem seu ponto máximo. Também são considerados períodos de alta os fins de semana prolongados

Parte 6

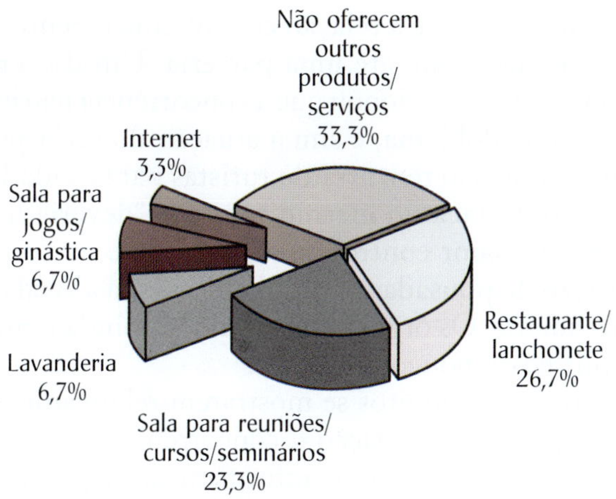

Figura 50.10 - Produtos e serviços.

com feriados, quando hotéis e pousadas vendem *pacotes* com preços mais altos que no período normal.

Existem preços para quartos de solteiro, de casal, triplo ou quádruplo e descontos especiais para a baixa estação e períodos de permanência maiores. De forma geral, todavia, os proprietários admitem negociar redução de preço.

Os preços mais baixos registrados para o quarto de solteiro nos hotéis/pousadas que participaram deste estudo chegaram a R$ 10 e o mais alto pode chegar, em apartamento duplo, a R$ 140. Comumente, os preços para quartos de solteiro em baixa estação em hotéis e pousadas se encontram mais concentrados em duas faixas: 40% cobram menos de R$ 30, outros 40% de R$ 30 a 40, 17% de R$ 41 a 50 e apenas 3%, mais de R$ 50. Para os quartos de casal, esses valores podem aumentar de 15 a 50%. Na alta estação ou em fins de semana especiais, os preços podem ser majorados de 30 a 100%.

A taxa de ocupação média nos hotéis/pousadas de Sergipe na alta estação é de 90%, podendo chegar a 100% na posição mais otimista e 50% na mais pessimista. Já a ocupação média na baixa temporada pode ser de até 10%, mas chega a 80%. Uma das pousadas informa ter ocupação de 100% todo o ano por adotar a estratégia de diárias fracionadas para casais que pretendem utilizar o quarto por poucas horas.

As taxas de ocupação variam muito entre a alta e a baixa estação. A média na alta estação pode chegar a 90%, enquanto na baixa pode ficar na faixa de 30%, havendo casos de empresas que podem chegar a 10%. São considerados meses de alta estação janeiro, fevereiro e julho e, no outro extremo, abril, maio e agosto são meses de baixa. A faixa de ocupação média durante o ano, então, ficaria na faixa de 60%. Uma das estratégias de sobrevivência é a adoção de diárias fracionadas para casais que pretendem ocupar o quarto por poucas horas.

ESTRATÉGIAS PARA DIMINUIR A SAZONALIDADE

Apesar dos sérios problemas enfrentados pelos hoteleiros do estado com relação aos efeitos da sazonalidade, nem todos adotam medidas para diminuir seus efeitos. Dos hoteleiros que participaram deste estudo, 73,3% afirmam adotar estratégias específicas para diminuir os problemas da sazonalidade. Para os demais, nada muda, pois a maior parte dos clientes é turista de negócio e não há necessidade de alterações. Dentre as estratégias citadas, vale mencionar as visitas e os convênios com as empresas (33,3%), descontos especiais ou pacotes (26,6%), participação do *Convention Bureau* para atrair eventos (6,6%), uso de mala direta (6,6%), participação em eventos de divulgação como feiras (3,3%) e elaboração de *home page* (3,3%). A utilização de diárias fracionadas para casais foi também mencionada por cerca de 10% dos respondentes, os quais explicam que, caso não utilizem esse recurso na baixa estação, não conseguem sobreviver.

QUALIDADE DOS SERVIÇOS

Um dos pontos essenciais para a atração e manutenção de clientes no setor de hotelaria é a qualidade dos serviços prestados. Em 66,6% dos estabelecimentos que participaram do estudo, o controle da qualidade desses serviços é feito pessoalmente pelo proprietário e/ou sua esposa; nos demais 33,3%, é feito pelo gerente, pela governanta ou pela recepcionista.

Vale destacar que muitos entrevistados do sexo masculino mencionam que a esposa é diretamente envolvida nesse controle, pois costuma ser mais cuidadosa com a limpeza, o café da manhã e os detalhes que garantem, de forma geral, a qualidade dos serviços. Muitos entrevistados mencionam a dificuldade de manter a qualidade apesar da supervisão, pois existe uma tendência dos empregados de relaxar na limpeza. Essa avaliação pode ser feita diariamente ou apenas algumas vezes na semana. Alguns mencionam que verificam a limpeza em todos os quartos; outros o fazem por sorteio aleatório. Várias são as maneiras utilizadas pelos entrevistados para manter um bom padrão de qualidade; dentre elas, vale mencionar: a utilização de caixa de sugestões, a realização de reuniões com os empregados, o uso de prêmios a empregados que realizam a melhor limpeza, a presença no café da manhã, o cuidado com os produtos utilizados, o treinamento para os empregados. Um dos entrevistados informou que, além do controle da qualidade, procura atender às preferências individuais dos seus clientes mais usuais, turistas de negócio, adquirindo travesseiros especiais, cortinas e solicitações de dieta no café da manhã, entre outros.

Quando se pergunta se é feita alguma forma de avaliação da qualidade dos serviços junto aos clientes, cerca de 63% dos entrevistados informam que essa avaliação é apenas informal, enquanto 53% responderam utilizar formulários ou caixa de sugestões. Esses contatos informais ocorrem entre os clientes e os donos ou funcionários, sobretudo os da recepção, quando os equipamentos não estão funcionando da maneira adequada e existe algum problema com o mobiliário, ou o serviço não foi satisfatório. Segundo alguns entrevistados, os clientes são exigentes e reclamam logo, em especial o turista de lazer, pois, como os turistas de negócio permanecem pouco no estabelecimento, sentem menos os problemas quando estes ocorrem. De forma geral, os entrevistados dizem que seus serviços são bem avaliados pelos clientes.

CONCORRÊNCIA

Várias são as maneiras como os proprietários dos hotéis/pousadas que participaram deste estudo lidam com os concorrentes. Um percentual de 16,6% deles informou que não se preocupa com seus concorrentes porque se garante, oferecendo um bom serviço por um bom preço ou por não ter concorrentes diretos na mesma faixa de serviços ou preços. Outros 10% dizem fazer pesquisa direta de preços junto aos maiores concorrentes. Igual percentual menciona que os maiores concorrentes são as pousadas pequenas, que cobram muito pouco e não pagam impostos. Outros 10% mencionam que a relação com os concorrentes é boa e que existe até uma parceria. Um dos entrevistados mencionou que a concorrência não era o maior problema, e sim a atuação do setor público, que não tem atraído turistas para a cidade. Outro destaca no mesmo tom que "deveria haver um maior controle na qualidade e na construção de pousadas. Pousada feia deixa a Atalaia decadente. Os órgãos de turismo são ainda muito políticos e pouco técnicos".

Apesar de muitos se mostrarem relativamente tranqüilos com relação à concorrência, cerca de 60% dos entrevistados informam fazer pesquisa de mercado por telefone para saber preços. Outros 30% dizem que não precisam fazer isso, pois são informados pelos clientes, e 16,6% admitiram não fazer qualquer tipo de pesquisa.

VANTAGENS COMPETITIVAS

Para os entrevistados, as principais vantagens competitivas do seu negócio são a localização e o atendimento. A localização é justificada por 50% como principal atributo diferencial para hotéis/pousadas que se encontram na praia de Atalaia, em Aracaju, ou no centro, nas cidades do interior do estado. Quando se referem ao atendimento, a ênfase é na informalidade, no tratamento pessoal e no fato de que o hóspede é muito bem tratado por todos, donos e empregados. A Tabela 50.5 demonstra essas vantagens.

O preço é visto como atributo diferenciador para 30% dos proprietários, os quais consideram seu preço melhor que o dos concorrentes e que os clientes o percebem como vantajoso pela qualidade que oferecem. A existência de estacionamento privativo é vista por 20% dos entrevistados como diferencial competitivo, pois muitos hóspedes só se hospedam em lugares onde seus carros estejam protegidos. O café da manhã foi igualmente destacado pelos entrevistados, que consideram que a refeição matinal de seu estabelecimento oferece grande variedade de itens como frutas, sucos, bolos e comidas típicas. O preço, as instalações, a existência de piscina e a qualidade dos serviços também são vistos pelos proprietários como importantes vantagens competitivas. Outras vantagens foram citadas, como: salão de jogos, decoração, lavagem de carro gratuita, sala de reuniões, vista para o mar, instalações para deficientes e televisão a cabo.

Tabela 50.5 – Principais vantagens competitivas

Vantagens	Freqüência absoluta	Freqüência relativa**
Localização	15	50
Atendimento	12	40
Preço	9	30
Estacionamento	6	20
Café da manhã	6	20
Espaço dos quartos	6	20
Instalações (televisão, ar-condicionado, frigobar)	5	16,6
Piscina	5	16,6
Qualidade dos serviços	3	10
Outros	5	20
Total de respostas*	72	-
Total de respondentes	30	100

* A questão admitiu mais de uma resposta.

** O percentual foi calculado em função do número de respondentes.

PROPAGANDA, PROMOÇÃO E VENDA PESSOAL

As formas de propaganda mais utilizadas pelos hotéis/pousadas em Sergipe são *home page* (66,6%), folhetos (56,6%) e páginas amarelas (50%) (Tabela 50.6). As *home pages* são utilizadas, de acordo com os entrevistados, tanto para oferecer informações das instalações e da localização como para a realização de reservas. Muitas estão vinculadas apenas a *sites* locais que divulgam o turismo do estado e algumas pagam para fazer parte de um sistema de divulgação por meio de diversos *links* relacionados com turismo. Muitos comentam que a busca de informações pela Internet ainda é pequena, mas está crescendo, em especial para consulta de preços.

Dentre as outras formas, foram mencionadas: propaganda feita pelas agências e operadoras, participação em eventos e feiras, utilização de carro de som (no interior) e presença dos tarifários de hotéis do Brasil.

Tabela 50.6 – Formas de propaganda

Formas	Freqüência absoluta*	Freqüência relativa**
Home page	20	66,6
Folhetos	17	56,6
Páginas amarelas	15	50
Cartões	13	43,3
Guias e mapas	10	33,3
Mala direta	8	26,6
Rádio	5	16,6
Outdoor, placas luminosas	5	16,6
Jornal	5	16,6
Brindes (canetas, chaveiros, bonés)	4	13,3
Boca a boca	4	13,3
Fax, telefone	3	10
Outros	5	16,6
Total de respostas	114	-
Total de respondentes	30	100

* A questão admitiu mais de uma resposta.

** O percentual foi calculado em função do número de respondentes.

Parte 6

Os valores gastos com propaganda podem ser de R$ 200 a 10 mil, dependendo do porte do estabelecimento e da variedade de despesas envolvidas. Alguns respondentes não sabiam sequer precisar o valor gasto, mas admitiam ser muito pouco e que precisavam investir mais.

Quanto às promoções de venda utilizadas por hotéis/pousadas em Sergipe, praticamente todos os respondentes mencionaram oferecer pacotes para fins de semana e feriados, preços promocionais na baixa estação, convênios com empresas e preços especiais para grupos. Os preços promocionais podem ser até 50% inferiores aos do balcão, e a política de descontos para empresas pode variar de 10 a 50%. De forma geral, a definição dos preços para pessoas físicas e grupos depende da estação e do nível de ocupação do hotel/pousada. Apenas um dos respondentes mencionou que não oferecia preços menores na baixa estação porque já trabalhava com margens muito apertadas.

As vendas costumam ser realizadas pelos proprietários ou gerentes nos estabelecimentos hoteleiros do estado, os quais negociam os preços diretamente com clientes, grupos ou empresas. Quarenta por cento das empresas utilizam-se de operadoras e agências para as vendas, e apenas 10% mencionaram o uso de *telemarketing*. Foi também mencionada a utilização de agentes comissionados, sendo um deles agente exclusivo do hotel e o outro, não.

Gestão de Pessoas

A gestão de pessoas nas empresas de pequeno porte do setor hoteleiro em Sergipe será analisada por meio dos indicadores: salários, escolaridade, recrutamento, seleção, treinamento, benefícios, rotatividade, profissionais que se pretende contratar, requisitos e habilidades para a contratação, profissionais difíceis de encontrar no mercado, maiores deficiências dos empregados, contratação de graduados e de estagiários e, finalmente, os maiores problemas de pessoal enfrentados por essas empresas.

SALÁRIOS

A grande maioria dos profissionais que trabalha nessas empresas como camareira, copeiro, serviços gerais, lavadeira, mensageiro recebe basicamente um salário mínimo ou, no máximo, dois. Profissionais como recepcionistas, assistente administrativo, governanta, cozinheiro e garçom ganham, em geral, na faixa de um salário mínimo e meio, podendo até chegar a quatro salários mínimos se houver funções de supervisão ou se o empreendimento for de maior porte. Gerentes e supervisores podem alcançar um patamar máximo de até 10 salários mínimos em hotéis de maior estrutura com quase 50 empregados. Algumas empresas mencionaram que, para recepcionistas ou gerentes, haveria um percentual flexível a ser incorporado em função do desempenho das vendas. Em uma empresa, citou-se o rateio da taxa de serviço com base em um sistema de pontos.

ESCOLARIDADE

A grande maioria dos recepcionistas que atua nessas empresas tem ensino médio completo ou incompleto. Contudo, 36,6% das empresas informaram contratar, para a sua recepção, pessoas com escolaridade de ensino fundamental apenas. Para os níveis de supervisão e gerência, a grande maioria dos profissionais possui o ensino médio, mas foram encontradas pessoas cursando o nível superior ou o curso seqüencial de dois anos na área de turismo.

Para quem atua como copeiro, camareira, cozinheiro, lavadeira ou em serviços gerais, observou-se que o nível de escolaridade predominante é o ensino fundamental, mas foram encontradas, em 26,6% dessas empresas, pessoas analfabetas ou semi-analfabetas, assim consideradas aquelas que sabem basicamente escrever o nome.

Esses resultados permitem inferir que o nível de escolaridade dos profissionais do setor é muito baixo e que esses dados são coerentes com os salários pagos, em média, também muito reduzidos. Vale lembrar as implicações diretas da falta de escolaridade na qualidade dos serviços prestados por essas empresas.

RECRUTAMENTO E SELEÇÃO

As empresas mencionaram utilizar múltiplas formas de recrutamento de empregados, merecendo destaque a busca de informações por intermédio de amigos, dados do cadastro e empregados. Outras formas foram citadas, como a imprensa escrita e falada, o NAT – Núcleo de Apoio ao Trabalhador,

Senac – Serviço Nacional de Aprendizagem Comercial, agências e pessoas oferecendo-se para trabalhar (Tabela 50.7).

Para a seleção de empregados, o método preferido por praticamente todos os empresários é a entrevista pessoal (76,6%), na qual o empresário, com base em seu *feeling*, escolhe a pessoa mais apropriada para a função que está vaga. A seguir, os métodos de seleção mais utilizados por essas empresas são referências (66,7%), carteira profissional (43,3%), testes práticos ou de conhecimentos gerais e específicos (16,6%) e um período de 90 dias de experiência (6,6%). De forma geral, os empresários utilizam mais de um método.

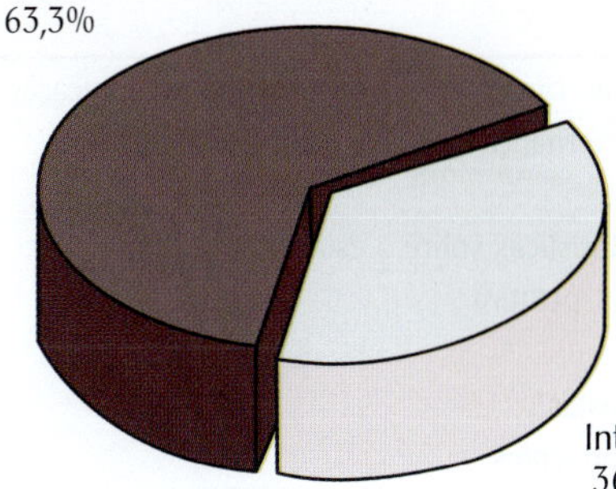

Figura 50.11 – Treinamento.

TREINAMENTO

Todas as empresas que participaram do estudo fazem treinamento interno e 63,3% delas realizam tanto o interno como o externo, conforme a Figura 50.11. No interno, os novos empregados são treinados, na maioria das vezes, pelo próprio dono do negócio, que ensina as rotinas operacionais e os procedimentos próprios da empresa. A maioria das empresas que só realizam treinamento interno justifica sua resposta por considerar os cursos caros e não poder pagá-los ou por pensar que não vale a pena investir nos empregados, pois eles deixam a empresa depois de aprenderem.

Entre as empresas que só realizam treinamento interno (36,6%), apenas uma adota sistemática diferente das demais, pois contratou uma empresa privada para treinar o pessoal em técnicas de relações humanas. O entrevistado explicou as razões da sua decisão com suas próprias palavras:

> *Uma empresa privada ofereceu um pacote de treinamento* in-house *e achou bom. O Senac é devagar. Resolveu fazer curso fechado, achou melhor do que Senac. Contratou uma pessoa de relações humanas para melhorar o nível de pessoal.*

Dos entrevistados, 63,3% realizam também treinamento externo, encaminhando seus empregados a cursos específicos em órgãos como Sebrae e Senac.

Este estudo procurou identificar também as necessidades de treinamento e apresenta, na Tabela 50.8, quais cursos os empresários gostariam que fossem oferecidos.

Os entrevistados também foram solicitados a avaliar se a oferta de cursos no estado era adequada e também opinar sobre a sua qualidade. Observou-se que apenas 30% deles consideram que a oferta atual atende suas necessidades. Além disso, dois desses empresários foram muito críticos

Tabela 50.7 – Formas de recrutamento

Formas	Freqüência absoluta*	Freqüência relativa**
Amigos	17	56,6
Cadastro	16	53,3
Empregados	15	50
Jornal e rádio	6	20
NAT	5	16,6
Agências/Senac	5	16,6
Porta	1	5,5
Total de respostas	65	
Total de respondentes	30	100

* A questão admitiu mais de uma resposta.

** O percentual foi calculado em função do número de respondentes.

Parte 6

Tabela 50.8 – Necessidades de treinamento

Cursos	Freqüência absoluta	Freqüência relativa**
Atendimento ao cliente, relações humanas, comunicação	15	50
Camareira, governança	7	23,3
Recepcionistas	4	13,3
Informações turísticas sobre o estado	4	13,3
Boas maneiras, postura	3	10
Motivação	3	10
Total de respostas*	36	–
Total de respondentes	30	100

* A questão admitiu mais de uma resposta.

** O percentual foi calculado em função do número de respondentes.

e avaliaram muito mal os cursos oferecidos, dizendo que o curso era muito teórico e não ia direto ao assunto ou que não tinha qualidade e o professor era pior do que ele.

Entre os 70% que consideraram a oferta insuficiente, muitos justificaram suas respostas dizendo que a oferta era limitada, que não existiam cursos no interior e que, de forma geral, os cursos eram fracos e os órgãos que ofereciam treinamento e o governo não atuavam de maneira eficiente:

Tem que chorar para ter cursos. É muito limitada a oferta. Não tem muitos cursos porque acha que o estado não tem muito turista.
Não existe nenhuma oferta no interior. O Sebrae e o Senac não oferecem esses cursos/serviços na cidade. E quando fazem na capital, não enviam correspondências informando.
O governo oferece muito pouco! O Senac é caro: para o pequeno hoteleiro, é caro!
Falta em tudo na área de turismo. Tem uma orientação por cima. Falta curso que ensine prática. O que tem é muito fraco, muito geral. Para crescer no turismo, é preciso muito mais do que propaganda. É preciso profissionalizar no setor. Não tem nem um mapa turístico – é uma vergonha! O setor de turismo do governo não funciona.

BENEFÍCIOS

Praticamente todos os estabelecimentos hoteleiros de pequeno porte no estado oferecem refeições ou lanches para seus empregados, os quais costumam ter direito à refeição no horário em que estão trabalhando. Contudo, essa refeição em geral consiste no que restou do café da manhã, pois muitas empresas não têm restaurante para almoço ou jantar. Uma das empresas oferece para o almoço o *ticket* do Sesc – Serviço Social do Comércio. Cerca de 66% oferecem uniformes, mas apenas 6,6% propicia plano de saúde ou odontológico. Foi mencionado que é sempre melhor selecionar empregados que morem nas proximidades, para não haver necessidade de pagar o vale-transporte. Além desses benefícios, foram citados a cesta básica, a cesta de Natal e presentes.

ROTATIVIDADE

Embora a atividade hoteleira tenha grande influência de fatores sazonais, 53,3% não consideram que a rotatividade de seus empregados seja um problema específico do setor. Para os que consideram rotatividade um problema comum na hotelaria (46,65%), a lei trabalhista é considerada o maior empecilho, pois muitos empregadores avaliam que o empregado quer receber o seguro-desemprego e o FGTS – Fundo de Garantia por Tempo de Serviço e não fica no emprego muito tempo. Outros consideram que as características típicas da própria atividade são as maiores responsáveis pela rotatividade, conforme pode ser visto no depoimento:

Tem uns que ficam até pegar o seguro-desemprego. Tem outros que querem emprego e não trabalho. Tem que trabalhar em feriados, fins de semana – a atividade hoteleira é muito exigente.

Nesse setor sempre é grande. É um setor muito exigente que precisa trabalhar no fim de semana, férias. É muito trabalho! Horários de trabalho – manhã/tarde/noite – 24 horas.

Parte 6

PROFISSIONAIS QUE PRETENDE CONTRATAR

Procurou-se identificar que tipo de profissionais essas empresas pretendiam contratar e observou-se que 50% não pretendiam realizar futuras contratações, pois não tinham condições de assumir maiores custos com salários e encargos. A seguir, foi mencionada por alguns a necessidade de profissionais para atuarem em vendas, como gerentes, recepcionistas e governantas. Para gerente, relatou-se que seria pessoa da família. Foi também citada a necessidade de contratação de pessoal para atuar na área de informática e outros profissionais como *office-boy*, camareira, copeira e auxiliar administrativo. Alguns também citaram que utilizarão mais mão-de-obra temporária nos períodos de alta estação por causa dos altos encargos sociais e de serviços terceirizados.

Um dos entrevistados admitiu que pretende demitir em vez de contratar (Tabela 50.9).

REQUISITOS E HABILIDADES PARA A CONTRATAÇÃO

Os entrevistados foram solicitados a avaliar quatro requisitos/habilidades para a contratação de profissionais para as empresas: escolaridade, aparência, experiência anterior e conhecimentos de língua estrangeira. Apesar de terem sido encontrados profissionais trabalhando nessas empresas sem sequer possuírem o ensino fundamental, a grande maioria (93,3% dos entrevistados) afirmou exigir o ensino fundamental ou médio, dependendo da função a ser exercida. Para recepcionistas, dois empresários mencionaram que estavam procurando universitários, os quais permanecem por pouco tempo, pois os salários são baixos. Em torno de 13% informaram não se importar com o grau de escolaridade na hora de contratar seu pessoal, em especial camareiras, copeiros e serviços gerais, sendo necessário apenas que saibam desempenhar seu trabalho.

Com relação à aparência, foi destacada sua importância para os profissionais que atuam, principalmente, na recepção; limpeza foi considerada importante para todos os demais. A experiência anterior é considerada por 46,6% dos empresários entrevistados como requisito absolutamente irrelevante. Eles afirmam preferir, eles mesmos, treinar seu pessoal, pois os que possuem experiência têm vícios de outro emprego.

O conhecimento de línguas estrangeiras foi visto por 80% dos empresários de pequenos estabelecimentos como irrelevante, pois eles consideravam que não teriam como pagar salários mais altos para profissionais bilíngües. Alguns consideraram interessante que o pessoal da recepção tivesse noções básicas, enquanto outros disseram falar um pouco.

MAIORES DEFICIÊNCIAS DOS EMPREGADOS

Procurou-se identificar também quais as maiores deficiências dos empregados quanto a suas habilidades técnicas e comportamentais. Observou-se que os empresários percebiam a falta de noções de higiene e limpeza, o desconhecimento dos

Parte 6

Tabela 50.9 – Tipo de profissional que pretende contratar

Tipo	Freqüência absoluta	Freqüência relativa**
Não pretende contratar	15	50
Profissional de vendas/*marketing*	5	16,6
Gerente	3	10
Recepcionistas	2	6,6
Governantas	2	6,6
Outros	7	23,3
Total de respostas*	34	-
Total de respondentes	30	100

* A questão admitiu mais de uma resposta.

** O percentual foi calculado em função do número de respondentes.

 85-7241-568-8

atrativos turísticos do estado e a dificuldade de escrever como as principais deficiências técnicas entre seus empregados.

Entre as habilidades comportamentais vistas como carentes, destacam-se falta de iniciativa dos empregados, falta de vontade de aprender coisas novas, dificuldade de relacionamento, displicência com o trabalho e falta de educação básica, a qual, sem dúvida, é a origem dessas deficiências (Tabela 50.10).

PROFISSIONAIS DIFÍCEIS DE ENCONTRAR NO MERCADO

Metade dos empresários entrevistados informou não ter qualquer dificuldade de encontrar profissionais no mercado de trabalho para trabalhar em sua empresa, pois, segundo eles, o desemprego no estado era muito grande e havia gente demais procurando emprego. Alguns deles, no entanto, destacaram que o grande problema não era a carência de pessoas, mas sua qualificação e atitude, conforme pode ser visto nos depoimentos seguintes:

> *Tem gente demais no mercado, no entanto não têm qualificação e interesse. Querem emprego, não trabalho. Querem sair depois de seis meses por causa do seguro-desemprego.*

Para os demais 50%, havia carência de alguns profissionais, sendo destacados os recepcionistas (23%) e cozinheiros (10%), além de lavadeiras capazes de operar lavanderia industrial, pessoal administrativo para a área de custos, almoxarifado, copeiro. Para 13,3% dos que responderam haver carência, o que existia de fato era falta de pessoal qualificado e não de pessoal, como pode ser visto nos depoimentos:

> *Falta pessoas que queiram trabalhar, tem gente demais, mas sem o compromisso com o trabalho. Você tem que treinar. Falta gente que conheça da atividade. O pessoal não sabe nada.*
> *A mão-de-obra é desqualificada. O pessoal não sabe trabalhar. Gente não falta mas o pessoal é fraco. São desinformados. Não sabem nada de turismo.*

CONTRATAÇÃO DE GRADUADOS

A maioria (66,7%) dos empresários dos pequenos estabelecimentos hoteleiros (Fig. 50.12) não contrataria graduados para atuarem em sua empresa por considerarem não ter como pagar, pois a empresa era pequena ou porque a família assumia as funções gerenciais.

Entre os que contratariam esses profissionais, mencionou-se a preferência por graduados em administração, turismo e hotelaria. Perguntados sobre o salário que poderiam pagar a esses graduados, os entrevistados apresentaram valores que estão na faixa entre dois e oito salários mínimos.

Dentre os conhecimentos técnicos considerados essenciais para esses profissionais graduados, destacaram todos os respondentes a necessidade de conhecimentos de *marketing*, informática, contabilidade, finanças e, em menor escala, inglês. Além disso, mencionou-se também a importância de esses profissionais possuírem conhecimentos em hotelaria, relações humanas, eventos ou de um pouco de tudo, e tivessem experiência prática em gerenciar.

Entre as habilidades comportamentais necessárias para os graduados atuarem nessas empresas, enfatizou-se a necessidade de relacionamento interpessoal, liderança e comunicação oral.

CONTRATAÇÃO DE ESTAGIÁRIOS

Com exceção de duas empresas participantes do estudo, praticamente todos os entrevistados (93,3%) afirmaram que contratariam estagiários em suas

Tabela 50.10 – Principais problemas de pessoal

Problemas	Freqüência absoluta	Freqüência relativa
Falta de qualificação, escolaridade	13	43,3
Acomodação, falta de iniciativa, motivação	7	23,3
Relacionamento	6	20,0
Legislação trabalhista	2	6,6
Não têm problemas	3	10,0
Total	30	100,0

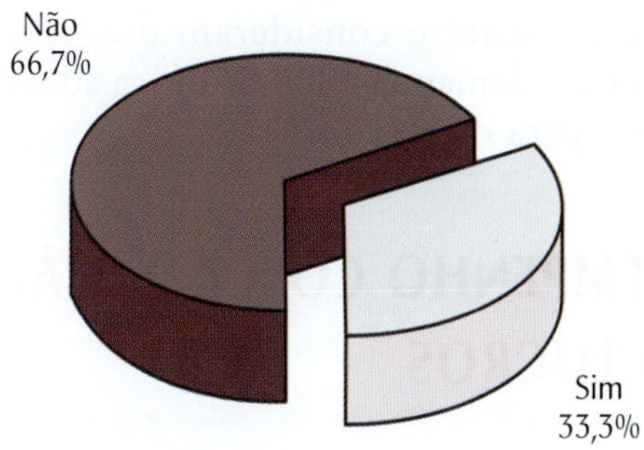

Figura 50.12 – Contratação de graduados.

empresas. No entanto, foi visível a preferência por estagiários de cursos profissionalizantes oferecidos pelo Senac, Sebrae e Prefeitura, pelo Programa de Ação Solidária, e não os oriundos de cursos de nível superior. Alguns afirmam que gostariam de contratar universitários, mas não teriam como pagá-los.

MAIORES PROBLEMAS DE PESSOAL

Perguntados a respeito dos maiores problemas com pessoal, os empresários destacaram a falta de qualificação e escolaridade, que impedia a assimilação de novos conhecimentos. A seguir, percebem-se como problemas a falta de motivação, de interesse no trabalho e de iniciativa. A existência de "fofoca" entre os empregados e as dificuldades de relacionamento entre eles também foram consideradas problemas graves; também assim a legislação trabalhista, que estimula o empregado a sair por causa do seguro-desemprego.

Alguns desses problemas estão explicados pelos empresários:

> *A maioria é irresponsável. Falta ao trabalho, atende mal, treina e não segue o que foi ensinado. Precisa sempre reciclar o funcionário, pois ele relaxa.*
> *Falta de profissionalismo e dedicação. Acha a mão-de-obra do setor muito ruim.*

Apenas 10% dos empregadores comentaram não ter problemas com o seu pessoal e afirmaram:

> *A mão-de-obra é boa. O pessoal é honesto. O serviço é simples! Existe uma grande oferta de mão-de-obra. Tem muito desemprego!*
> *Não sente deficiência. É até mais fácil e barata do que o comércio.*

Entre as principais carências percebidas pelos empresários com relação às habilidades e competências necessárias para o desempenho das funções, observou-se que elas foram divididas em duas categorias: operacionais e comportamentais.

Entre as carências na parte operacional, destacam-se as dificuldades de comunicação oral no atendimento ao hóspede e ao telefone; para escrever, em virtude da baixa escolaridade; ausência de noções de higiene; falta de prática na atividade hoteleira e desconhecimento dos atrativos turísticos e da própria cidade.

Já na parte comportamental, as principais carências estão relacionadas à falta de educação doméstica, pois, sendo os empregados, de forma geral, pessoas rudes e oriundas de famílias muito pobres, sentem dificuldades de assimilar novos conceitos de qualidade e de atendimento ao cliente.

Desempenho dos Negócios

A análise de desempenho de pequenos negócios, de forma geral, é uma tarefa árdua, pois esses empresários não gostam de revelar dados financeiros ou indicadores que reflitam seus resultados. Para este estudo, foram escolhidos alguns indicadores que possam fornecer uma visão geral do desempenho desses negócios, como avaliação global do crescimento da atividade, perspectiva de crescimento para os próximos dois anos, avaliação do lucro, aumento do número de empregados, situação relativa à taxa de ocupação e expansão, melhorias realizadas nos últimos dois anos. Além disso, procurou-se identificar os principais obstáculos para o crescimento dos negócios no estado, os conflitos resultantes do objetivos pessoais *versus* objetivos do negócio e, finalmente, as maiores dificuldades percebidas pelos empresários no dia-a-dia do seu negócio.

AVALIAÇÃO DO CRESCIMENTO DOS NEGÓCIOS

Com relação ao crescimento dos negócios nos últimos dois anos, é possível observar que, de forma global, o desempenho foi muito bom, pois a maioria dos entrevistados considera que sua empresa cresceu, 26,6% julgam que permaneceu na mesma situação e apenas 13,3% avaliam que decresceu, conforme pode ser visualizado na Figura 50.13.

A explicação dada pelos empresários para explicar o decréscimo dos negócios foi o aumento da concorrência com a construção de novos empreendimentos hoteleiros no estado sem o devido aumento no número de turistas.

A previsão de crescimento dos negócios para os próximos dois anos, percebida pelos empresários, é também muito otimista, pois 70% acreditam que sua empresa vai crescer nesse período, 23,3% avaliam que vai permanecer no mesmo e 6,6% dizem que esse crescimento dependerá de investimentos nas instalações e em *marketing*, conforme demonstrado na Figura 50.14.

Uma das explicações dadas pelos entrevistados para explicar o otimismo das suas avaliações quanto ao crescimento de sua atividade é a atuação do Secretário de Turismo e Lazer do Estado, vista como eficiente. As ações são consideradas propícias ao retorno do turismo em Sergipe. Os que não vêem a situação com otimismo pensam de forma diferente e consideram que será difícil aumentar a demanda com a política adotada pelo governo para o setor turístico.

DESEMPENHO COM RELAÇÃO AOS LUCROS

Observou-se que também houve maior percentual de entrevistados considerando ter havido aumento dos lucros (36,6%), mas percentual semelhante (26,6%) considerou que o lucro diminuiu ou permaneceu o mesmo, enquanto os demais 10% informaram que não teriam como avaliar seu desempenho com base nesse indicador, pois o negócio ainda é muito recente (Fig. 50.15).

As principais justificativas dos empresários para explicar o crescimento dos lucros foram: aumento na divulgação do negócio, maior investimento na arrumação do local, ampliação do número de quartos ou diminuição dos custos. Para os que responderam que o lucro decresceu ou permaneceu o mesmo, o maior problema apontado foi o

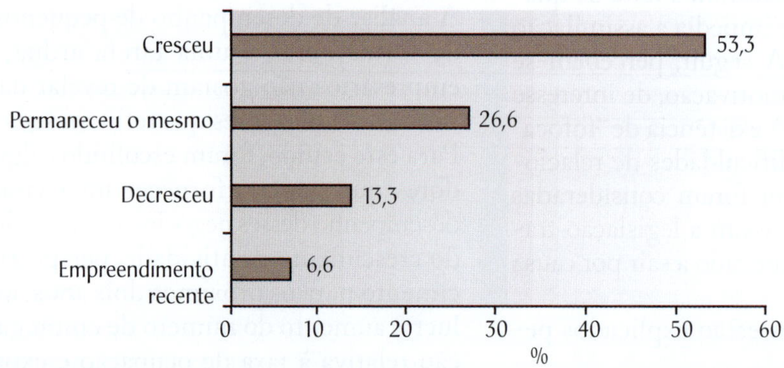

Figura 50.13 – Percepção do crescimento do empreendimento.

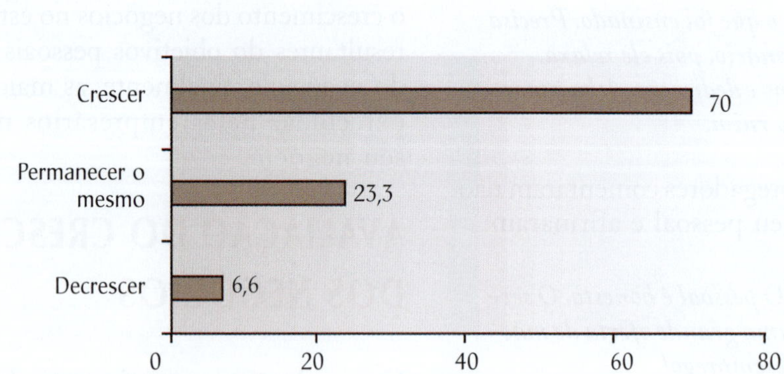

Figura 50.14 – Previsão de crescimento.

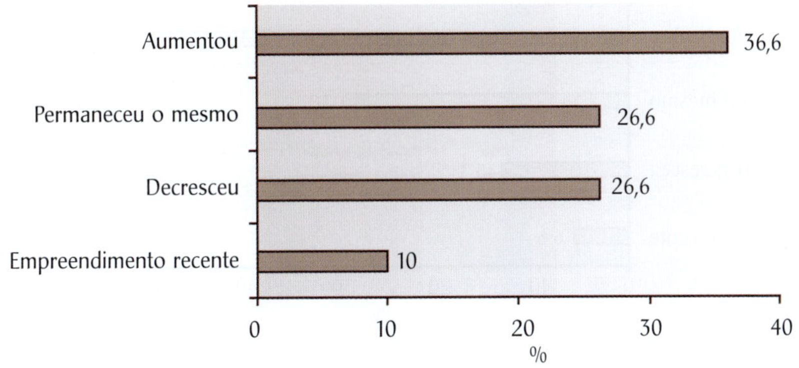

Figura 50.15 – Desempenho com relação a lucros.

aumento do preço das despesas de água, energia elétrica, telefone e pessoal, enquanto as tarifas cobradas permanecem as mesmas há muitos anos.

DESEMPENHO COM RELAÇÃO AO NÚMERO DE EMPREGADOS

Os indicadores de desempenho também são positivos com relação ao número de empregados, pois 50% dos entrevistados informaram que o número de empregados aumentou nos últimos dois anos, 26,6% responderam que esse número permaneceu o mesmo e, para 20%, houve diminuição, de acordo com a Figura 50.16.

As explicações dos entrevistados para a redução do número de empregados foram trabalhar com mais eficiência para reduzir custos ou o decréscimo no volume de hóspedes em função da concorrência ou da situação recessiva em que se encontra o país.

DESEMPENHO COM RELAÇÃO À TAXA DE OCUPAÇÃO

Com relação à taxa de ocupação, a situação é vista como positiva, pois, para 50% dos entrevistados, ela aumentou nos últimos dois anos, para 30% permaneceu a mesma e para apenas 13,3% diminuiu, conforme a Figura 50.17.

Os empresários para os quais a taxa de ocupação diminuiu justificaram suas respostas explicando que o aumento da concorrência, com o surgimento de muitos novos hotéis e pousadas na cidade de Aracaju, foi o principal motivo.

EXPANSÕES E MELHORIAS

Os empresários foram também questionados sobre a realização de expansões e melhorias no seu hotel/pousada nos últimos dois anos. Verificou-se que foram várias as melhorias realizadas pelos em-

Parte 6

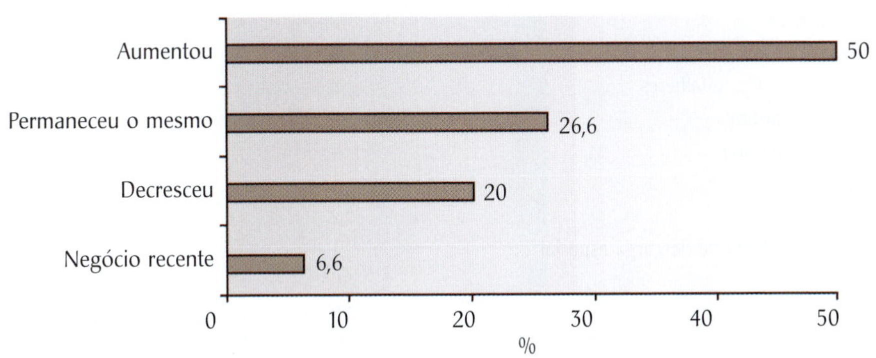

Figura 50.16 – Número de empregados.

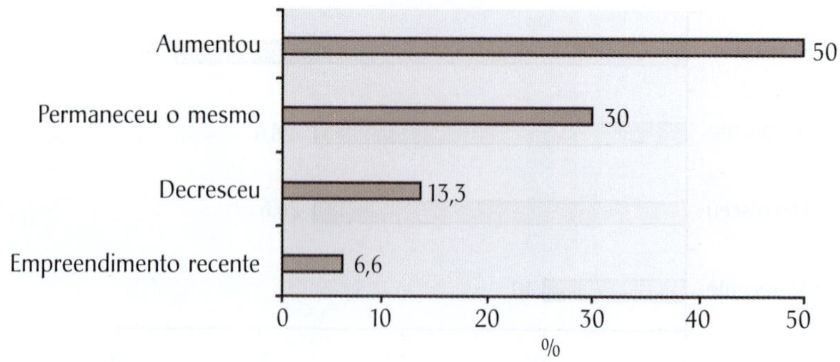

Figura 50.17 – Taxa de ocupação.

presários em seus estabelecimentos, pois 50% adquiram novos equipamentos como televisores, antena parabólica, frigobar, *freezers*, secadora, máquina de lavar, computadores e central telefônica. Foi também alto o percentual daqueles que aumentaram o número de quartos, alguns praticamente duplicando sua capacidade. Observou-se também que 26,6% adquiriram mobiliários novos, substituíram roupas de cama, louça e talheres, realizaram reformas, nova pintura, decoração ou refizeram o jardim. Vale destacar que um dos empresários, ao realizar obras para a ampliação do número de quartos, preocupou-se com a preservação do meio ambiente quando decidiu utilizar aquecimento solar e sistema de descarga utilizando as águas servidas da pia do banheiro. Um resumo desses resultados estão detalhados na Tabela 50.11.

PLANOS DE EXPANSÃO

Procurou-se saber também se os empresários tinham planos de expansão para seus estabelecimentos. Verificou-se que 86,6% gostariam de oferecer mais atrativos e conforto para seus hóspedes, 56,6% gostariam de aumentar o número de quartos, enquanto 26,6% preferem permanecer no mesmo tamanho. Observou-se também que um dos respondentes pretende construir novos hotéis e outro condiciona seu crescimento ao desenvolvimento do turismo no estado, conforme pode ser visto na Figura 50.18.

Entre as razões apontadas pelos empresários para explicar por que preferem que sua empresa permaneça do mesmo tamanho, destacou-se a preocupação com a qualidade de vida, pois eles acreditam

Tabela 50.11 – Expansões e melhorias

Realizações	Freqüência absoluta	Freqüência relativa**
Adquiriu novos equipamentos (televisão, antena parabólica, frigobar, *freezers*, secadora, máquina de lavar, computadores, central telefônica)	15	50
Aumentou o número de quartos	10	33,3
Comprou mobiliário novo	8	26,6
Reposição de roupa de cama, louças e talheres	8	26,6
Reformas, pintura, decoração, jardim	8	26,6
Sala de ginástica, de reuniões, piscina	4	13,3
Construiu/ampliou lavanderia	3	10
Garagem/estacionamento	2	6,6
Instalou aquecimento solar e sistema de descarga especial	1	3,3
Total de respostas*	59	
Total de respondentes	30	100

* A questão admitiu mais de uma resposta.

** O percentual foi calculado em função do número de respondentes.

Parte 6

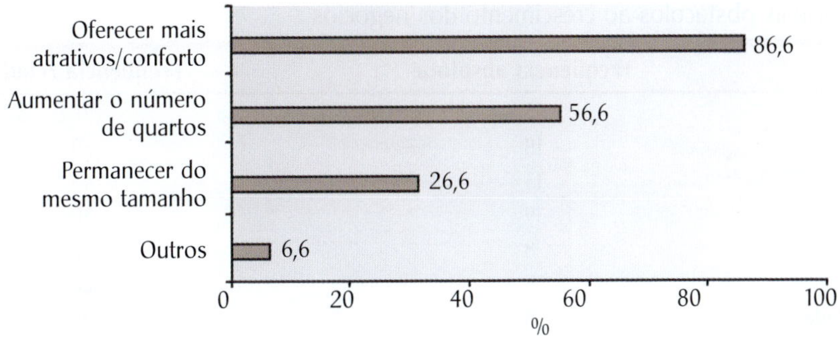

Figura 50.18 – Planos de expansão.

que, se crescessem, teriam de se dedicar muito mais ao trabalho. Outra explicação foi a manutenção da qualidade dos serviços prestados, pois não seria possível oferecer atendimento personalizado aos seus hóspedes se crescessem. Dentre os atrativos e itens de conforto citados, destacam-se: colocar televisor nos quartos, frigobar, som, melhorar a decoração, construir piscina, sala de reuniões, entre outros.

INDICADORES DE DESEMPENHO UTILIZADOS

Procurou-se saber quais indicadores de desempenho eram os mais utilizados pelos empresários para controle dos seus negócios. Observou-se que todos os respondentes efetuavam controle regular das receitas e despesas e que 66,6% desse controle era feito por meio de livro-caixa, 13,3% por *software* especializado para esse controle e outros 13,3% afirmaram conhecer como estavam seus negócios pela combinação do número de clientes, que oferece a receita, e o controle das despesas. Alguns mencionaram que era muito importante ser muito organizado para saber se estava tendo lucros e que era necessário anotar tudo, pois é difícil controlar os custos variáveis.

AVALIAÇÃO DOS OBSTÁCULOS PARA O CRESCIMENTO

A falta de turistas no estado é considerada pelos empresários do setor hoteleiro o maior obstáculo para o crescimento dos seus negócios (Tabela 50.12). A seguir, vale destacar os altos impostos (69%) e a economia recessiva (43,3%) que, sem dúvida, influenciam a diminuição do movimento de turistas.

Os empresários também emitiram vários comentários para explicar por que o turismo em Sergipe não cresce e apontaram o governo como responsável pela falta de divulgação do estado, pelo amadorismo da atividade e pela ausência de uma política voltada para desenvolver o turismo:

> *Falta de turistas é causado pela falta de política do Estado. O estado melhorou há dois anos, mas o processo é de longo prazo.*
> *O maior problema é a falta de estrutura turística que caberia ao governo e aos órgãos. Não existe profissionalismo na área – não tem treinamento que preste. O turista não tem o que fazer. O cliente reclama muito de Aracaju. Diz que não tem o que fazer em Aracaju. Acham que a cidade não oferece nada. Só fim de semana tem algo. Falta turismo de diversão! A Emsetur não funciona – não tem sequer um mapa. O turismo em Sergipe é muito amador – não tem nem mapa da cidade. Acho que a divulgação é muito fraca. Sergipe é mal vendido. Tem de enfatizar que é lugar de paz e sossego. A divulgação é ruim. Só a do São João é boa. Competir com Salvador, Recife – com pré-caju é bobagem. O foco é a tranqüilidade. Tem que vender a imagem de província. Falta espírito público. Falta compromisso com a sociedade. O turismo ainda está se estruturando em Sergipe. Não consegue deslanchar! Falta algo! Uma combinação de tudo. Falta espírito empreendedor do governo – falta técnicos competentes.*

OBJETIVOS PESSOAIS *VERSUS* OBJETIVOS DOS NEGÓCIOS

Um dos maiores problemas percebidos na atividade hoteleira é a dedicação exigida do empresário, em especial nos pequenos empreendimentos, em fun-

Parte 6

Tabela 50.12 – Principais obstáculos ao crescimento dos negócios

Obstáculos	Freqüência absoluta	Freqüência relativa**
Falta de turistas	23	76,6
Impostos	18	69
Economia recessiva	13	43,3
Burocracia do governo	9	30
Concorrência	8	26,6
Pessoal qualificado	6	20
Falta de divulgação do estado	6	20
Custos de mão-de-obra	5	16,6
Custos de água, luz e telefone	4	13,3
Recursos financeiros	3	10
Espaço para crescer	1	3,3
Total de respostas*	96	-
Total de respondentes	30	100

* A questão admitiu mais de uma resposta.

** O percentual foi calculado em função do número de respondentes.

ção do trabalho nos finais de semana, da dificuldade de se afastar para férias, da conciliação dos objetivos pessoais e profissionais. Procurou-se conhecer como o empresário do setor em Sergipe percebia esse conflito e verificou-se que, para 63,3%, ele de fato existe, sendo muito difícil separar a atividade profissional da vida pessoal, conforme pode ser observado nos depoimentos a seguir:

Atrapalha muito. Trabalha sábado, domingo. Tem que revezar com a irmã. Tira muito o seu tempo. Se não estiver presente – difícil manter o negócio.
É difícil, não pode se afastar por muito tempo, sempre pouco tempo. É um negócio que prende – tem que fazer tudo.
Prende muito, escraviza, por causa do fim de semana. Absorve muito tempo, tendo ou não tendo hóspedes.
É um negócio que exige 24 horas no ar e fim de semana. É difícil conciliar. Aproveita as viagens de negócio para férias. É difícil ficar longe do negócio.

No entanto, para os demais 36,6%, era possível conciliar de forma harmoniosa as duas atividades e eles explicaram como isso era feito:

Depende do movimento – almoça em casa, tem tempo, pois é organizada. O domingo é das crianças. Tenta tirar um dia livre – viaja, faz tudo. Acha que dá para conciliar – já tem a equipe – não atrapalha a vida – sabe se organizar.
Não tem problema porque contrata profissionais. As empresas andam sozinhas. Os profissionais recebem rentabilidade sobre o lucro. São pagos em função da lucratividade do negócio.
Acha que atividade hoteleira propicia flexibilidade. Não tem problema porque aceita a atividade hoteleira como ela é, com fins de semana – Hoje tem gerentes, mas sempre participa.

MAIORES DIFICULDADES NO DIA-A-DIA DOS NEGÓCIOS

Lidar com os empregados ou com os clientes e necessitar permanente manutenção são percebidos pelos empresários do setor hoteleiro como as maiores dificuldades na condução do dia-a-dia do seu negócio. Para 33,3% dos empresários, os empregados constituem um problema diário, pois precisam ser sempre supervisionados para manter a qualidade dos serviços ou evitar problemas de desentendimentos entre eles. Um dos entrevistados mencionou carência de pessoas para trabalhar na região onde o negócio está instalado, em uma praia no interior do estado. Para 30% deles, os clientes podem ser o maior problema, pois muitos agem de forma desonesta, furtam coisas e outros reclamam de tudo, são pessoas difíceis de lidar. Para 23,35% dos respondentes, o maior problema na administração do negócio foi a necessidade de manutenção constante, pois equipamentos, mobiliário, utensílios e instalações estão sempre se quebrando ou deteriorando, em especial os localizados na orla.

Alguns proprietários afirmaram que fazem pequenos consertos e outros disseram ter pessoas que já conheciam e chamavam nas emergências. Outros problemas foram mencionados, como falta de clientes, problemas com os fornecedores, falta de formação profissional da mão-de-obra ou mesmo a rotina de fazer a mesma coisa todos os dias. Dois dos entrevistados destacaram não sentir dificuldades, pois tinham a equipe já formada e a família trabalhava junta.

Desenvolvimento Gerencial

O desenvolvimento gerencial é analisado neste estudo pela análise das habilidades e competências necessárias e desejadas pelos empresários para gerenciar seus negócios, da sua participação e avaliação de treinamento e das formas de aprendizado preferidas por eles. Além disso, é analisada a participação desses empresários em *networks* (redes de relacionamento), como outra forma de aprendizado, pois suas limitações gerenciais e as dificuldades para participação em treinamento podem ser, muitas vezes, compensadas por redes de relações tanto pessoais quanto institucionais.

COMPETÊNCIAS E HABILIDADES PERCEBIDAS COMO NECESSÁRIAS

Os entrevistados foram inquiridos sobre as habilidades que consideravam essenciais para gerenciar um negócio nesse setor. A habilidade de relacionamento com os hóspedes, o saber lidar com os empregados e o conhecimento em contabilidade e finanças foram citados como os mais importantes, como pode ser visto na Tabela 50.13.

Para alguns entrevistados, é importante a comunicação com os clientes e é necessário saber lidar com os empregados, pois estes não têm qualificação, conforme pode ser visto no depoimento:

> *Saber lidar com o público. O maior problema é lidar com funcionários. A lei trabalhista é paternalista e dificulta o trabalho. As pessoas não têm qualidade – qualificação. É necessário saber orientar, ensinar a essas pessoas. Passa boa parte do tempo ensinando.*

Outros enfatizam também a necessidade de conciliar as habilidades interpessoais com as exigências do mercado.

> *Hoje precisa conhecer o mercado. Não é só construir o imóvel como no passado. Precisa saber qual o nicho de mercado. Precisa saber lidar com ser humano. A visão de negócio é muito mais humana. O setor de serviço é exigente com relação a lidar com pessoas. Não precisa saber detalhes. Tem que saber delegar.*

Tabela 50.13 – Competências e habilidades mais importantes

Competências e habilidades	Freqüência absoluta	Freqüência relativa**
Facilidade de relacionamento com os hóspedes	21	70
Saber lidar com os empregados	18	60
Conhecimento de contabilidade e finanças	18	60
Dedicação exclusiva ao negócio	13	43,3
Conhecimento do tipo de negócio	12	40
Experiência em negócios, capacidade gerencial	6	20
Personalidade (dinamismo, perseverança, vocação)	6	20
Noções de impostos, parte burocrática, informática	5	16,6
Marketing, conhecimento do mercado, concorrência	3	10
Só controla resultados - não administra o dia-a-dia	2	6,6
Saber de tudo um pouco	2	6,6
Total de respostas*	104	-
Total de respondentes	30	100

* A questão admitiu mais de uma resposta.

** O percentual foi calculado em função do número de respondentes.

Parte 6

Alguns destacam que hotelaria é uma atividade simples para quem conhece negócios em geral, ou que é possível aprender fazendo:

> *Não teve dificuldade, é muito fácil. A dificuldade é compra de equipamentos para hotéis que no Nordeste não tem fábricas. Só no sul. Já era empresário, achou fácil. É uma atividade simples, fácil de abrir.*
>
> *Não precisa saber muita coisa. Aprende fazendo. Foi aprendendo aos poucos. Precisa saber atender o cliente. Lidar com as pessoas. É preciso saber um pouco de informática, de contabilidade.*

Cerca de 80% dos empresários afirmam que aprenderam essas habilidades na prática, enquanto os demais se dividem quanto a isso. Alguns alegam que a experiência profissional anterior, trabalhando em outras empresas antes de abrir o negócio, ajudou muito; outros consideram ter havido uma combinação de fatores.

COMPETÊNCIAS E HABILIDADES DESEJADAS PELOS EMPRESÁRIOS

Procurou-se saber neste estudo se existiam habilidades que os empresários não possuíam e gostariam de possuir. Verificou-se que as mais mencionadas foram idiomas, *marketing* e informática, conforme listado na Tabela 50.14.

Entre as outras habilidades desejadas estão: negociação, atendimento, habilidades comportamentais e fontes de financiamento.

PARTICIPAÇÃO E AVALIAÇÃO DE TREINAMENTO

Procurou-se saber se os empresários do setor hoteleiro em Sergipe participam com freqüência de treinamento voltado para o seu empreendimento. Verificou-se que, enquanto 60% costumavam participar, 40% não faziam qualquer forma de treinamento. As justificativas dadas pelos empresários que não participam de treinamento para explicar o seu desinteresse foram variadas: uns consideravam não precisar, pois a atividade hoteleira consistia em aprender na prática; outros não tinham tempo; outros, ainda, viajavam muito.

Dentre os que participavam, foram mencionados cursos de gestão hoteleira, custos, *marketing*, qualidade e lavanderia. Os cursos tinham sido realizados no Senac, no Sebrae e na ABIH. Muitos mencionaram que os fizeram fora do estado porque, em Aracaju, não havia muitas opções. Um dos empresários mencionou que fez visitas técnicas em hotéis fora do estado.

A avaliação desse treinamento pelos empresários foi dividida, pois 50% consideram que foram bons e que têm a função de atualizar. Um deles destacou o ótimo nível de curso realizado em Natal, no hotel-escola de Barreira Roxa, e outro pela ABIH. Os demais dividem suas opiniões: um considerou que foram razoáveis, que são poucos em quantidade; outros, que cursos longos são inadequados, pois as pessoas não têm muito tempo; outro, que foram péssimos, muito superficiais.

Procurou-se saber se o treinamento, de forma geral, atendia às necessidades do pequeno empresário. Verificou-se que, na opinião de 50%, não vem

Tabela 50.14 – Competências e habilidades desejadas

Competências e habilidades	Freqüência absoluta	Freqüência relativa**
Idiomas	8	26,6
Marketing	6	20
Informática	5	16,6
Custos e finanças	4	13,3
Administração hoteleira	4	13,3
Pessoal e leis trabalhistas	2	6,6
Outros	5	16,6
Total de respostas*	34	–
Total de respondentes	30	100

* A questão admitiu mais de uma resposta.

** O percentual foi calculado em função do número de respondentes.

atendendo; para 26,6%, atende parcialmente; para 23,3%, atende. Alguns comentários foram feitos pelos empresários para explicar por que as necessidades dos pequenos empresários não são atendidas:

Não. Porque é mais uma maneira de desviar o dinheiro do FAT. As pessoas que ministram não têm conhecimento profundo sobre o assunto. Não são administradores.
Hoje já existe uma oferta maior para o pessoal operacional. Para empresário, nem sabe. Tem curso básico – para os empresários, desconhece o que existe em Sergipe.
Não. Preferem grandes hotéis. Os cursos são muitos gerais, não são voltados para as necessidades do pequeno ou microempresário.

Para aqueles que consideram que as necessidades são atendidas parcialmente, algumas justificativas foram selecionadas:

Raramente oferece cursos voltados para a gerência em hotelaria. A oferta é muito limitada. Quase não tem cursos voltados para empresários do setor hoteleiro. Existe uma demanda não atendida.
O Sebrae manda muitas coisas, fez alguns, mas acha que fica muito no campo teórico. A parte prática é sempre fraca.

Alguns destacam que existe opção, mas que o problema é a fala de interesse do empresário:

Falta interesse do empresário. Cursos existem. O que falta é a conscientização do empresário em fazer o curso.
Acho que o Sebrae/Senac oferece, mas os empresários é que não têm muito interesse – preferem mandar o pessoal – mas também eles não se interessam. Acham que já sabem demais.

TIPOS E FORMAS DE APRENDIZADO

Os empresários sergipanos do setor hoteleiro gostam de participar de seminários, palestras e cursos. No entanto, enfatizam que devem ser de pequena duração, pois eles não têm tempo nem paciência para ficar muitas horas sentados. Muitos deles enfatizam, porém, que os cursos precisam ter conteúdo específico e reafirmam a necessidade de conteúdos práticos. Alguns preferem os *workshops* a cursos, pois preferem práticas que possam ser aplicadas. A Tabela 50.15 demonstra esses percentuais.

A preocupação com a prática é uma característica desses empresários, o que pode ser visto nas formas como preferem aprender. A observação de outros hotéis vem em segundo lugar; a leitura, em terceiro. Outras formas foram citadas, como ouvindo, participando de cursos, trocando experiências com pessoas do mesmo setor e viajando (Tabela 50.16).

PARTICIPAÇÃO EM *NETWORKS*

Identificou-se nas empresas pesquisadas que o percentual dos empresários que não participavam de associações de classe (53,3%) era maior que dos que participavam. Entre essas associações de classe, destaca-se principalmente a ABIH, a mais importante associação voltada especificamente para as empresas do setor hoteleiro, mas foram citadas em menor número a CDL – Câmara de Diretores Lojistas e a Associação Comercial. Entre as razões citadas para explicar a não-participação na ABIH, destacam-se o custo, o fato de se sentir discriminado por ser pequeno, além de problemas de caráter pessoal. Os empresários explicam suas razões com suas palavras:

Tabela 50.15 –Tipo de atividade de aprendizado

Tipo	Freqüência absoluta	Freqüência relativa**
Seminários e palestras	15	50
Cursos	12	40
Pequenos grupos	9	30
Workshop	6	20
Total de respostas*	42	-
Total de respondentes	30	100

* A questão admitiu mais de uma resposta.

** O percentual foi calculado em função do número de respondentes.

Parte 6

Tabela 50.16 – Formas preferidas de aprendizagem

Formas	Freqüência absoluta*	Freqüência relativa**
Fazer	13	43,3
Observar	10	33,3
Ler	7	23,3
Ouvir	7	23,3
Outras formas	3	10
Total de respostas	40	–
Total de respondentes	30	100

* A questão admitiu mais de uma resposta.

** O percentual foi calculado em função do número de respondentes.

Não faz parte da ABIH – é um custo – é o valor de uma diária. É custo e acha que não vale a pena – é improdutiva. Não consegue atingir a meta de energia. Ninguém quer ter trabalho. Não tendo dinheiro, o desinteresse é grande.
Acho que é fechada e por isso não conseguem uma participação maior. Os grandes hotéis têm interesses diferentes. A linguagem é diferente. Não sente que existe união! Interesses de grupos divergentes – vai às reuniões mas sente que não acrescenta. Virou muito um fórum político e perdeu o interesse pelo setor.
Não vai às reuniões – sempre tem algo para fazer. Acha que tem que participar mais. Deixou de ir porque não há espaço para o pequeno hoteleiro. Não há respeito ao pequeno hoteleiro. Sente discriminação. Direciona para o próprio negócio.
Não se sente atraída. Foi e viu que não tinha nada a ver com o estilo pessoal. Sentiu muita superficialidade nos encontros. Falam e não praticam. Sente que não acrescenta nada. Existe competição entre o pessoal – o nível pessoal.
Só beneficia o próprio grupo. Não vê vantagens por isso não participa. Não funciona como associação de hotéis, mas para cuidar de interesses pessoais do gerente da associação.
O hoteleiro daqui não tem visão de negócio a longo prazo. A ABIH local não consegue congregar as pessoas – não é organizada, não se articula – não tem sede, não tem nada. Falta estrutura! O presidente não consegue fazer eleições democráticas.
Não existe em Sergipe. Pagava a ABIH e não viu retorno. Como não viu retorno resolveu agir de forma independente – suspendeu e não vai pagar.
Era mais vantajoso ser mais barata e ter muitos participantes. As pessoas se afastam se não vêem vantagens! O presidente atual não tem trabalhado. Não tem nada mais!

Para os que participam da ABIH, existem vários benefícios, sendo eles mais pessoais do que para o negócio, conforme pode ser visto nos seus depoimentos:

Trouxe o Convention Bureau – se unificar e se tornar forte junto ao governo. Tem que se reunir – crescer mais para poder ter efeito. Precisa ter maior participação para funcionar.
Começou a participar há pouco tempo. Existem dois grupos – os grandes e os pequenos. Entrou para ver se o pequeno tem poder de voz. Se algo me afetar – pode reclamar.
Tem ido pouco, mas acha que participar de associação é de suma importância. Encontrar outras pessoas é o que vale – trocar idéias – contato com outras pessoas.
Permitir o maior relacionamento entre os associados. Reforça a classe. É bom discutir com outras pessoas – ganha força fazer em conjunto as reivindicações. Tomar conhecimento do que está ocorrendo e o que precisa. Participa ativamente.
Para o negócio traz pouco. Sente que contribui para o desenvolvimento do Estado. O crescimento é maior no âmbito pessoal – você quer contribuir ativamente. Gostaria que as coisas evoluíssem em seis meses. A médio e longo prazo é bom para o negócio. Se a comunidade participa, todo mundo ganha. O pessoal não participa e se sente discriminado – por falta de envolvimento – não existe espírito associativo no setor. É preciso desenvolver no empresariado o espírito associativo.
O empresário é muito individualista e não percebe a associação. Acha que a associação é que tem que procurá-los e não o contrário! Acha que não sabem o papel da associação – associação não existe para atender a interesses individuais, mas à maioria.

Considerações Finais

As conclusões serão apresentadas em função das questões de pesquisa que nortearam o estudo.

QUAL O PERFIL DOS EMPRESÁRIOS DOS PEQUENOS NEGÓCIOS HOTELEIROS DE SERGIPE?

Os proprietários dos pequenos negócios do setor hoteleiro em Sergipe que participaram deste estudo são jovens e observou-se a presença destacada de mulheres empresárias. Vale destacar que cerca de metade dessas empresárias não foi responsável pela criação do negócio, iniciado pelo pai, esposo ou mãe, mas que estava atuando como principal executiva responsável pelas decisões mais importantes.

A maioria dos empresários do setor hoteleiro em Sergipe é oriunda do próprio estado. O nível de escolaridade é relativamente alto, pois mais de 50% dos entrevistados têm nível superior completo. No entanto, convém ressaltar que, desses graduados, apenas 3,3% têm curso na área de turismo e não existem empresários com formação em hotelaria.

É relativamente reduzido o número de empresários que tinham experiência anterior na área de turismo, pois apenas 20% deles tinham atuado em hotéis da família ou possuíram restaurantes. Tanto os bancários quanto os ex-funcionários da Petrobrás tinham-se desligado dessas empresas por causa da aposentadoria ou de programas de desligamento voluntário.

A percepção de oportunidade de mercado é uma característica essencial encontrada entre as pessoas empreendedoras. Neste estudo, observa-se que existe consciência dos pesquisados sobre a carência na oferta no setor hoteleiro e do potencial no turismo do estado. O empreendedor do setor de turismo em Sergipe tem características especiais que o diferenciam visivelmente dos que atuam em outros setores, especialmente no comercial: podem ser considerados, na maioria das vezes, empreendedores por necessidade. Verifica-se que a maioria das motivações para a entrada no setor é predominantemente econômica e pragmática e observa-se claramente que existe, entre os pesquisados, o empreendedorismo de oportunidade.

QUAIS AS CARACTERÍSTICAS DOS EMPREENDIMENTOS HOTELEIROS DE PEQUENO PORTE DO ESTADO DE SERGIPE?

A maioria dos negócios hoteleiros de micro e pequeno porte no estado de Sergipe é recente e se iniciou em meados dos anos 1980. Observa-se que, a partir de 1996, houve maior incidência de novos empreendimentos. Os empreendimentos hoteleiros de micro e pequeno porte em Sergipe, na sua maioria, têm estrutura muito simples, com apenas os donos e os empregados. A grande maioria desses negócios é de propriedade familiar. Verificou-se que, em praticamente todas as empresas que participaram do estudo, existem pessoas da família trabalhando nas diversas atividades do hotel/pousada, em geral o cônjuge, filhos, irmãos e sobrinhos.

Um percentual elevado de empresários tem outros negócios além do hotel/pousada, os quais podem estar ligados ao setor de turismo, como alimentos e bebidas, locadora de veículos ou outros, como posto de gasolina, construtora, farmácia. Há ainda quem atue como profissionais liberais, médicos ou funcionários públicos, e um dos entrevistados ocupava o cargo de secretário de turismo do município.

QUAIS AS PRÁTICAS DE GERENCIAMENTO DE *MARKETING* DESSAS EMPRESAS?

A gestão de *marketing* pode ser avaliada como pouco técnica e fundamentada no *feeling* dos seus proprietários, fato comum em empresas de pequeno porte. Os pequenos negócios hoteleiros de Sergipe tentam compensar os efeitos da sazonalidade com flexibilidade de preços, e alguns admitem utilizar o sistema de horas fracionadas.

85-7241-568-8

Os investimentos em propaganda e promoção de vendas são relativamente modestos e, apesar de ser reconhecida a importância da qualidade dos serviços e do atendimento, percebe-se que as ações são informais e não sistemáticas. Apesar da tímida utilização de *home pages*, é visível o crescimento dessa forma de divulgação entre as empresas de pequeno porte em Sergipe. É perceptível, no entanto, que a carência de informações técnicas sobre o uso adequado desse instrumento e das suas potencialidades não permite que os empresários o utilizem de forma mais eficiente e alcancem melhores resultados.

QUAIS AS PRÁTICAS DE GERENCIAMENTO DE PESSOAS NOS PEQUENOS NEGÓCIOS HOTELEIROS DE SERGIPE?

Os salários pagos no setor hoteleiro são evidentemente muito baixos; mas, quando comparados a outros estudos realizados em pequenas empresas do setor industrial (Teixeira e Barbosa, 2002), observa-se que essa também é a realidade nos demais setores no estado. No entanto, é preciso estar consciente das implicações negativas que esses baixos salários podem trazer para a qualidade dos serviços na hotelaria, atividade que, basicamente, depende das pessoas.

A avaliação pelos empresários da qualidade e da quantidade do treinamento oferecido pelos órgãos no estado é muito crítica, pois eles consideram que, na capital, mas principalmente no interior, a oferta era insuficiente e os cursos, muito teóricos.

Revelou-se que era difícil encontrar no mercado sergipano recepcionistas e cozinheiros, porém a área de vendas parece a mais promissora para a contratação de futuros profissionais. Apesar de grande receptividade à contratação de estagiários, a perspectiva de contratação de graduados pelas empresas do setor é muito limitada no estado.

É visível que a baixa escolaridade e, como conseqüência, os baixos salários pagos pelo setor se refletem na desmotivação e no desinteresse dos empregados pelo trabalho, que os empresários percebem como os principais problemas de pessoal.

COMO O DESEMPENHO DESSES NEGÓCIOS É PERCEBIDO PELOS EMPRESÁRIOS?

Apesar da crise econômica que atravessa o país, pode-se observar, com base nas percepções dos empresários sergipanos com relação a algumas variáveis qualitativas selecionadas para esse estudo, que o setor hoteleiro de Sergipe se encontra em fase de crescimento. Os empresários hoteleiros de pequeno porte no estado mostram-se otimistas com relação ao desempenho de seus negócios e, apenas quando se referem aos seus lucros, mostram-se relativamente divididos, pois percentual expressivo considera que decresceram ou permaneceram o mesmo. De forma geral, avaliam que o negócio evoluiu, que continuará crescendo nos próximos anos, indicam aumento do número de funcionários, ampliação da taxa de ocupação e investimentos em expansão e melhorias. Além disso, percentual expressivo pretende expandir o número de quartos e/ou oferecer maiores atrativos.

COMO OCORRE O PROCESSO DE DESENVOLVIMENTO GERENCIAL DESSES EMPRESÁRIOS?

A discussão do desenvolvimento de empresários de negócios hoteleiros de pequeno porte, em Sergipe, reforça algumas das constatações observadas na literatura quanto às dificuldades de descobrir formas de aumentar o nível de competência gerencial desses empresários e identificar estratégias de estimular o seu aprendizado. Apesar de muito poucos terem formação específica na área de hotelaria ou experiência anterior na atividade, constata-se claramente que é reduzido o número dos que percebem a necessidade de buscar esse desenvolvimento de forma contínua e sistemática.

Um dos maiores obstáculos reside no fato de esses empresários considerarem a atividade hoteleira relativamente simples e não perceberem a necessidade de maiores esforços para se manterem atualizados ou de aprenderem novas técnicas gerenciais. Outra dificuldade é a sua percepção de que o gerenciamento de hotéis/pousadas de pequeno porte é considerado essencialmente prático, isto é, a melhor maneira de aprender a gerenciar é a prática.

Outro aspecto que se destaca nos resultados é o relativo descrédito dos órgãos que ofertam treinamento gerencial, pela sua dificuldade de atender especificamente às necessidades das pequenas empresas do setor ou que ofereçam a esses empresários os conhecimentos que consideram relevantes para a condução dos seus negócios. Por fim, ressalte-se a reduzida participação desses dirigentes em associações como a ABIH, consideradas fechadas e incapazes de trazer benefícios compensadores para o negócio. Os empresários têm dificuldade de perceber como poderiam aprender com seus pares, por meio da ampliação de sua rede de relacionamentos, e tendem a se isolar.

A conscientização desses fatores e a busca de novas alternativas de desenvolvimento gerencial para empresários de negócios de pequeno porte tornam-se absolutamente necessárias para os órgãos de desenvolvimento e para agências envolvidas em treinamento. O desenvolvimento desses empresários envolve, portanto, uma convergência de aspectos que devem ser compreendidos e analisados de forma integrada, tendo-se consciência das suas características específicas e das suas necessidades.

Por fim, é conveniente mencionar, mais uma vez, a importância dos empreendimentos hoteleiros de pequeno porte para o desenvolvimento da atividade turística no estado. Vale destacar que esse estudo não tem a pretensão de esgotar o tema, pois são muitos os seus ângulos e nuanças. Entretanto, é principalmente ouvindo os empresários que se terá consciência de suas fragilidades, carências e anseios e, com esse conhecimento, buscar soluções por meio de ações práticas que estimulem o aprimoramento das técnicas de gestão, voltadas para as reais necessidades desses negócios.

BIBLIOGRAFIA

BALL, S. Wither the small independent take-away. IAHMS CONFERENCE, 1996. Harrogate. *Paper presented at IAHMS Conference*, 1996.

BAUM, T. Human resource management in tourism's small business sector: policy. In: LEE, R. (ed.). *Tourism and Hospitality: international perspectives on small to medium-sized enterprises*. London: Cassel, 1999, p. 3-16.

INSTITUTO BRASILEIRO DE TURISMO (EMBRATUR). *Estudo Econômico-Financeiro dos Meios de Hospedagem e Parques Temáticos do Brasil*. Brasília: Embratur, 2000.

EMPRESA SERGIPANA DE TURISMO (EMSETUR). *Estudo do Turismo Receptivo em Sergipe: 1996-1999*. Aracaju: EMSETUR-SE/SEBRAE-SE/SEPLANTEC-SE/PRODETUR-NE, 1999.

GOFFEE, R. Understanding family businesses: issues for further research. *International Journal of Entrepreneurial Behaviour and Research, 2 (1)*: 36-48, 1996.

GORTON, M. Overcoming the structure-agency divide in small business research. *International Journal of Entrepreneurial Behaviour and Research, 6 (5)*: 276-293, 2000.

HILL, J.; MCGOWAN, P. Small business and enterprise development: questions about research methodology. *International Journal of Entrepreneurial Behaviour and Research, 5 (1)*: 5-18, 1999.

MORRISON, A. Small firm statistics: a hotel sector focus. *The Service Industries Journal, 18 (1)*: 132-142, 1998.

NIGEL, G. *Researching Social Life*. Londres: Sage, 1993.

HILL, J.; MCGOWAN, P. Small business and enterprise development: questions about research methodology. *International Journal of Entrepreneurial Behaviour and Research, 5 (1)*: 5-18, 1999.

HUGHES, H. *Economics for the Hotel and Catering Industry*. London: Hutchinson, 1992.

KEEP, E.; MAYHEW, K. *The Leisure Sector, Skills Task Forces Research Paper 6 ESRC Centre on Skills Knowledge and Organizational Performance*. Oxford and Warwick Universities, 1999.

Plano de desenvolvimento integrado do turismo sustentável para o pólo costa dos coqueirais (PDITS). SEPLANTEC-SE/ PRODETUR-SE II, Aracaju, 2001.

SERVIÇO BRASILEIRO DE APOIO ÀS MICRO E PEQUENAS EMPRESAS (SEBRAE). *Coletânea Estatística da Micro e Pequena Empresa*. Brasília: SEBRAE, 1998.

SERVIÇO BRASILEIRO DE APOIO ÀS MICRO E PEQUENAS EMPRESAS/ASSOCIAÇÃO BRASILEIRA DA INDÚSTRIA DE HOTÉIS (SEBRAE/ABIH/SE). *Perfil da Hotelaria Sergipana*. Aracaju: SEBRAE/Abih/SE, 1999.

UNITUR/SECRETARIA DE PLANEJAMENTO, CIÊNCIA E TECNOLOGIA DE SERGIPE (UNITUR/ PRODETUR). *A Evolução Recente da Hotelaria Sergipana*. Aracaju: SEPLANTEC-SE/PRODETUR-SE, 2002.

Anotações

CAPÍTULO

51 Hospedagem Alternativa

Maria José Giaretta

Introdução

Na busca de encontrar uma tipologia adequada para esse conjunto de meios de hospedagem que, em sua maioria, não se encontram credenciados nem tampouco classificados pelo órgão oficial, além de apresentar várias denominações por parte de diversos autores, busca-se sua melhor compreensão como um início de estudos sobre o assunto, dentro da realidade brasileira.

Quando falamos em hospedagem alternativa, muitas pessoas remetem o título à geração *paz e amor* do movimento *hippie* da década de 1960, principalmente aquelas que não são da academia e que só aceitam as denominações convencionadas como corretas pelo mercado, sem buscar o que estudiosos já pesquisaram e escreveram a respeito.

Outro ponto é que muitos autores denominam a hospedagem alternativa como extra-hoteleira.

Segundo Montejano (1991, p. 145):

> *São aqueles estabelecimentos mercantis que prestam diversos tipos de alojamentos distintos dos que oferecem os hotéis, devido a sua diferente ordenação legal, infra-estrutura, preços e serviços.*

Como podemos verificar nesse conceito, a hospedagem alternativa de fato está dentro da extra-hoteleira.

O papel do meio de hospedagem alternativo no núcleo de turismo receptor é complementar a oferta de leitos no local, ampliando a capacidade de infra-estrutura de hospedagem do destino e, muitas vezes, até ter uma oferta de lugar para dormir.

A administração predominante desse tipo de hospedagem é de microempresários, com estrutura familiar em sua maioria. Em muitas prefeituras, seu cadastro não encontra um campo próprio, o que dificulta seu mapeamento real.

Para melhor compreensão, buscamos conceitos estabelecidos sobre turismo alternativo e só depois trataremos a hospedagem num contraponto do assunto.

Turismo Alternativo

Pelegrini (2000) define turismo alternativo como "qualificação relativa a modalidades de turismo que não se fixam em viagens convencionais".

Para Cruz (2001), turismo alternativo é "uma expressão criada para caracterizar modalidades de turismo que, do ponto de vista de seu objeto de consumo e da sua forma de consumo do espaço, se contrapõem ao chamado turismo de massa".

Bueno (1995) considera, em um conceito mais geral, o turismo alternativo como aquele que se contrapõe ao turismo de massas e ao convencional, e elabora a Tabela 51.1 para mostrar diferenças, modalidades e classificação.

Jones (1992) afirma que turismo alternativo é aquele considerado independente; uma viagem planejada com itinerários que podem ser mudados livremente, realizada por um número pequeno de pessoas a destinações remotas.

Krippendorf (1989) aborda os alternativos da seguinte forma:

85-7241-568-8

Tabela 51.1 – Diferenças entre turismo de massa e alternativo

Variável	Turismo de massa	Turismo alternativo
Modelo		
Padrão espacial	Costeiro, alta densidade	Disperso, baixa densidade
Escala	Grande escala, integrado	Pequena escala, doméstico
Propriedade	Estrangeiro, multinacional	Local, familiar. Pequenos negócios
Mercado		
Volume	Alto	Baixo
Origem	Um mercado dominante	Não tem mercado dominante
Segmento	Psicocêntrico-mediocêntrico	Alocêntrico-mediocêntrico
Atividades	Água, praia, vida noturna	Natureza, cultura
Estacionalidade	Verão	Não há estação dominante
Economia		
Status	Domínio do setor turístico	Domínio dos setores complementares
Impacto	Não há retenção de benefícios	Retenção dos benefícios

Fonte: Weaver (1991), citado por Mowfort (1993) e Bueno *et al.* (1995).

> *(...) o imperativo essencial dos turistas alternativos é de dissociar do turismo de massa. Agir diferentemente das outras pessoas, ficar fora das veredas batidas pelo turismo. Se possível, ir a lugares inexplorados, até então. Ou, ainda fazer algo de muito fora do comum, onde se viva uma verdadeira aventura longe da civilização. Ademais os turistas alternativos querem ter mais contatos com os nativos, renunciar a maioria das infra-estruturas turísticas normais, alojar-se de acordo com os hábitos locais e utilizar os meios de transporte públicos do local. Procuram também se informar antes e durante a viagem, que empreendem sozinhos ou em pequenos grupos. (...) os turistas alternativos fazem o papel de batedores do turismo de massa, ao qual tentam escapar. Eles põem em ação novos mecanismos de mercado, justamente quando um grande número deles, sobretudo jovens, são inimigos declarados da ideologia de consumo. Mas eles próprios se tornaram um mercado.*

Conforme conceitos apresentados, verifica-se que os autores denominam alternativo aquilo que se contrapõe à massa.

Outro aspecto do turismo alternativo, conforme coloca Krippendorf, é o de que o turista alternativo é um desbravador de novos destinos e sua demanda é formada, em sua maioria, por jovens. Embora esse tipo de turismo fuja do convencional, do modismo, torna-se influenciador de novos mercados que, conforme observa Featherstone (1997), "tanto a elaboração do imaginário na produção de *marketing*, como os consumidores buscam modelos diferentes do estilo de vida".

Outra questão que detectamos é o consumo de serviços rústicos, uso de transportes públicos do local, vivência da cultura da comunidade local e também que o turismo alternativo remete à hospedagem de pequeno porte, de pequenos empreendedores, com características bem simples.

Hospedagem Alternativa

Em função da ausência de conceito de hospedagem alternativa, buscamos sua identidade junto ao turismo alternativo; portanto, consideramos meio de hospedagem não convencional aquele que complementa a oferta de leitos nos destinos turísticos e tem como característica ser mais econômico que a hospedagem convencional, apresentando grande variação quanto à sua prestação de serviços. É de propriedade de pequenos empreendedores e apresenta um leque composto por: albergues da juventude, *bed & breakfast* – cama e café, na versão brasileira –, *campings*, acampamentos, residências estudantis, alojamentos esportivos, quartos em residências da população local, casas alugadas de residentes da localidade, pousadas, hotel sobre rodas, estabelecimentos religiosos, alojamentos de clubes de campo, etc.

Buscamos ainda definir os principais meios de hospedagem que compõem essa tipologia de meios de hospedagem alternativo e extra-hoteleiro.

Parte 6

85-7241-568-8

Concluímos que a hospedagem alternativa é uma parte da hospedagem extra-hoteleira, porém com grau de serviços menor. O padrão é constituído por pequenos empreendimentos, com preço econômico e, muitas vezes, ligados a uma entidade (associação, federação, sindicatos, etc.).

TIPOLOGIA DE MEIOS DE HOSPEDAGEM ALTERNATIVOS

Hi Hostels (Albergues da Juventude)

Meio de hospedagem peculiar de turismo social, integrado ao movimento alberguista nacional e internacional, que objetiva proporcionar acomodações comunitárias de curta duração e baixo custo com garantia de padrões mínimos de higiene, conforto e segurança.

Embratur (1987):

> *Os Albergues da Juventude Internacionais existem para ajudar jovens a viajar, conhecer e amar a natureza e apreciar os valores culturais das pequenas cidades e grandes metrópoles. Estes variam de região para região, mas as características gerais são as mesmas, ofertam dormitórios, toaletes separados por sexo, sala de estar e cozinha e são regidos por uma filosofia mundial.*
>
> **Trotta (1979, p. 17)**

> *Os Albergues da Juventude se diferenciam por seus clientes, estando reservados para jovens. São filiados a* IYHF *– (International Youth Hostel Federation) com sede em Londres e que tem como missão: desenvolver a rede em todos os países; estimular o espírito de compreensão entre as nações, especialmente facilitando o turismo internacional, por meio dos sócios das Associações de Albergues da Juventude; propiciar viagens a todos os jovens do mundo.*
>
> **Fuster (1974, p. 381)**

O albergue da juventude é um meio de hospedagem alternativo pertencente à maior rede de hospedagem econômica mundial, a marca *Hostelling International*. Espalhados por 70 países, somam mais de quatro mil empreendimentos em todo o mundo. Cerca de 80 deles situam-se no Brasil e essa rede internacional oferece padrão mínimo de conforto, proporciona uma noite bem dormida, em ambiente descontraído, onde se cria a oportunidade de encontrar pessoas, formando o maior círculo de amizades, com pessoas que viajam o mundo e buscam conhecer o máximo gastando o mínimo.

Os albergues da juventude têm como característica serem um meio de hospedagem segmentado para o público jovem – embora, na maior parte do mundo, não haja mais limite de idade – e de caráter associativo, por estarem organizados por associações e federações dos países que, por sua vez, são filiadas à Federação Internacional de Albergues da Juventude. Apresentam ainda a característica de meio de hospedagem econômico, em virtude do preço das diárias e da característica de atender ao turismo social. Trata-se ainda de uma das organizações mais antigas do mundo ligadas ao turismo e são importantes em função dos números que alcançam em quantidade de estabelecimentos, sócios e pernoites realizados.

CAMPINGS

> *Alojamento ideal para o turista que quer passar suas férias em contato com a natureza respeitando-a e com status econômico.*
>
> **Fuster (1974, p. 381)**

> *Área especialmente preparada para montagem de barracas e o estacionamento de reboques habitáveis, conhecidos como trailers, ou equipamento similar. Dispõe de instalações, equipamentos e serviços específicos para facilitar a permanência dos usuários ao ar livre.*
>
> **Pelegrini (2000, p. 3)**

> *Campismo é uma atividade sustentável de vida ao ar livre que oferece um encontro íntimo com a natureza e que se constitui em uma forma alternativa e informal de hospedagem em viagens de férias ou turismo.*
>
> **Tostes (2000, p. 4)**

Segundo Tostes (2000, p. 21), não temos muitos dados sobre a história do campismo no país, mas sua organização ocorreu a partir da fundação do *Camping* Clube do Brasil, em 1966, cuja iniciativa se deu por um grupo de jovens liderados por Roberto Menescal. Nos Estados Unidos e na Europa, acampar já era um hábito comum desde a década de 1930, tanto que a Federação Internacional de *Camping* foi criada em 1933.

Parte 6

85-7241-568-8

Se consultarmos os jornais de viagem da década de 1970, veremos que o *camping* e o Fusca formavam quase um ícone do período, uma vez que o Brasil estava se estruturando para o turismo exatamente nesse momento.

No *camping*, o turista utiliza barracas que, a cada ano, se modernizam mais, tornando-se cada vez mais práticas de montar e desmontar. Além disso, elas contam com uma linha sempre mais moderna de equipamentos e utensílios, os quais trazem toda a tecnologia possível para facilitar a vida do turista que deseja contato com a natureza com certo nível de facilidades.

Além das barracas, os campistas mais sofisticados e com bom poder aquisitivo contam com os *trailers*, os quais necessitam de um engate no automóvel para puxá-los, e os *motorhomes*, que possuem propulsão própria e estão cada vez mais sofisticados, com ar condicionado, televisão, DVD, música, etc.

A grande característica dessa modalidade é o ambiente descontraído, o contato direto com a natureza e a socialização entre os usuários.

No *site* da Associação de Campismo do Brasil, encontrou-se que o Brasil possui cerca de 1.100 *campings*. Outro dado é uma certa tendência de que, na maior parte dos *campings*, ofertam-se, no mesmo espaço, chalés ou pousadas.

POUSADA

Estabelecimento comercial de hospedagem, instalado total ou parcialmente em edifício de valor histórico *ou de significação regional, ou local reconhecido pelo poder público, e que alugue para ser ocupação temporária aposentos mobiliados com serviços de alimentação parciais, oferecendo ainda outros serviços complementares da hotelaria.*

Castelli (1982, p. 9)

Estabelecimento comercial de hospedagem, sem parâmetros predefinidos de classificação, situa-se em edificações de valor histórico, *ou em* construções novas, *com predominância do estilo do proprietário na decoração interna, paisagismo do entorno, serviços com atendimento personalizado e cozinha regional ou internacional refinada. Observa-se no Brasil, uma tendência de confundir pousada com hospedaria. A pousada evoluiu para a categoria de equipamento hoteleiro convencional.*

Beni (2000, p. 328)

Observamos que, pela ausência de uma denominação específica por parte dos órgãos públicos, os pequenos empreendimentos que não se encaixavam em modalidades definidas e classificadas passaram a se denominar pousada.
Meio de hospedagem confortável, todavia não luxuoso.

Pelegrini (2000)

PENSÃO

Estabelecimento comercial de hospedagem, geralmente de caráter familiar, com serviços característicos de alojamento, representados pela locação de quartos individuais ou compartilhados, com instalações sanitárias coletivas proporcionais à quantidade de leitos, e pelo fornecimento de refeições incluídas nas diárias.

Beni (2000, p. 327)

PENSIONATO

Tem as mesmas características de alojamento e serviços da pensão, diferenciando-se desta pelo tipo de clientela segmentada atendida como: estudantes universitários, profissionais.

Beni (2000, p. 327)

COLÔNIAS DE FÉRIAS

Estabelecimento comercial corporativo, dotado de equipamentos, instalações e serviços de alojamento, destinado aos associados de entidades, privadas ou públicas para fruição de suas férias.

Beni (2000, p. 328)

No Brasil, a rede de colônia de férias mais organizada é a do Sesc – Serviço Social do Comércio, que passou a ser denominada centro de férias.

Além do Sesc, grande parte de Sindicatos e Associações profissionais possui colônias de férias para seus associados, espalhadas pelos principais destinos turísticos do país.

Como a maior parte dos meios de hospedagem alternativos, essa modalidade também não conta com um mapeamento. Portanto, sabe-se que somam muitas colônias de férias, mas não se tem dados quantitativos nem qualitativos sobre elas.

85-7241-568-8

ACAMPAMENTOS DE FÉRIAS

Estabelecimento comercial dirigido especificamente a crianças e jovens para a prática de atividades recreativas, desportivas e culturais. Situa-se predominantemente no campo ou ao longo do litoral. Apresenta unidades habitacionais em edificação pavilhonar, com dormitórios e banheiros coletivos. É comercializado em pacotes nos períodos correspondentes as férias escolares e feriados prolongados.

Beni (2000, p. 329)

IMÓVEIS LOCADOS

Locação temporária de casa ou apartamento em qualquer época do ano com finalidade de fruição de férias, feriados prolongados e repouso.

Beni (2000, p. 329)

Esse tipo de hospedagem é bem comum no Brasil, representando muitas vezes a única possibilidade de oferta de local para se hospedar, sobretudo por ocasião de grandes eventos populares, como *Oktoberfest* em Blumenau (Santa Catarina), a Festa do Boi em Parintins (Amazonas), o Carnaval de Olinda (Pernambuco), a Festa do Peão Boiadeiro de Barretos (São Paulo) e em casos de projetos sociais, como o de Nova Olinda, no sul do Ceará, em que a comunidade participa do desenvolvimento turístico local, colocando à disposição quartos em suas residências para receber turistas.

Infelizmente, tal ocorrência deve-se à falta de organização dos órgãos oficiais, o que, de certa forma, demonstra a exclusão das associações ligadas ao turismo e também deixa transparecer a existência de um pouco de preconceito em relação a essa modalidade. Oficialmente, faltam dados concretos a respeito dessa prática.

BED & BREAKFAST

No Reino Unido é um sub-setor no qual os operadores aceitam hóspedes sazonal ou esporadicamente e como resultado, podem oferecer um recurso de hospedagem flexível para uma cidade ou região, disponível para uso quando e como necessário, mas sem grandes custos fixos, especialmente em termos de pessoal.
Nos Estados Unidos, entretanto tendem a ser mais sofisticados em sua abordagem mais abrangentes em seus serviços.

Cooper *et al.* (2001, p. 356)

O *site* do *British Council* informa que *Bed & Breakfast* é uma instituição britânica, também conhecida como B&B, onde é possível usufruir de hospitalidade e conforto, como normalmente significa a hospedagem em casas particulares britânicas. Geralmente aos cuidados de uma família, os B&B podem ser tão variados quanto as pessoas que os administram, de maneira que é possível se hospedar em uma casa urbana, fazenda ou mansão de campo.

Bed & Breakfast em Paranapiacaba

Fez-se necessário referir-se a essa modalidade conhecida internacionalmente e que, no Brasil, foi adotada pela prefeitura do município de Santo André (São Paulo) na elaboração do Plano de Turismo da Vila de Paranapiacaba, que aproveitou várias casas de ex-funcionários ferroviários para esse tipo de hospedagem.

Segundo cadastro da subprefeitura da Vila, Paranapiacaba conta com 10 casas *Bed & Breakfast*, com a chamada *venha dormir numa casa inglesa da Vila de Paranapiacaba*. Elas representam grande importância ao local, uma vez que seu aproveitamento representa um envolvimento da comunidade na atividade turística, complementando a oferta de hospedagem junto com três pousadas e duas hospedarias locais.

Cama e Café em Santa Tereza

É a versão brasileira formada por uma rede de casas no bairro de Santa Tereza, na cidade do Rio de Janeiro.

A proposta da rede de Santa Tereza é aproveitar os casarões do charmoso bairro e adaptá-los às características da modalidade internacional.

Além de hospedagem, cadastro de casas, quartos, preparação de mão-de-obra e padrão de qualidade, os diretores da Cama e Café têm como proposta que a rede seja uma prática de turismo sustentável, integrando os resultados e a melhoria das condições de vida da população local.

A recepção do hóspede se dá por uma estrutura familiar, facilitando a troca de informações por conversas, contatos e pontos de encontro propiciados pela rede no bairro.

Segundo dados do *site* da rede (*www.camaecafe.com.br*), em Santa Teresa a rede conta com 25 casas cadastradas até o momento.

85-7241-568-8

ALOJAMENTOS DE TURISMO RURAL

São estabelecimentos dedicados a prestar serviços de alojamento em espaço rural. Segundo Martinez e Monzonís (2000), podemos encontrar uma tipologia variada de alojamentos de turismo rural: casa rural, casa da lavoura, residência rural, vivenda de turismo rural, mosteiros, castelos, hotel rural, hospedaria, pousada, albergue rural, *camping* rural, casa rural de aluguel.

RESIDÊNCIAS SECUNDÁRIAS

> *Constituem parte dos meios de hospedagem. Essa por sua vez integra a oferta turística que está compreendida nas estruturas e nos processos do desenvolvimento turístico.*
>
> Tulik (2000, p. 3)

Essa modalidade às vezes se apresenta como solução e, muitas vezes, como problema aos destinos turísticos, em função da especulação imobiliária, do crescimento desordenado das cidades, gerando problemas de infra-estrutura básica nas altas temporadas, como problemas de trânsito, falta d'água e de energia elétrica.

Considerações Finais

Contamos com um leque significativo de hospedagem alternativa, cujo importante papel é a complementação da capacidade de receber parte do fluxo turístico em um destino. Todavia, tal modalidade de hospedagem apresenta certa fragilidade, uma vez que sua gerência provém de estruturas familiares centralizadas que, mesmo contando com organizações de apoio ao microempresário, apresentam-se no mercado de forma tímida, sem a divulgação de seu negócio.

Por outro lado, verificamos que a estrutura do poder público deixa a hospedagem alternativa em segundo plano, não lhe dando a devida atenção quanto a orientação, incentivo e legislação específica. Inclusive, não se pode contar com o apoio de um banco de dados com as informações dessa modalidade de hospedagem.

Esperamos que seja dada maior atenção a esse tipo de hospedagem, semelhante à que é dada a prestadores de serviços informais como ambulantes de praia e responsáveis por quiosques, os quais contam hoje com orientações quanto à prestação desses serviços, principalmente no tocante à segurança de alimentos.

Constatamos, enfim, a dificuldade de obter dados confiáveis a respeito do tipo de hospedagem em questão.

Outro problema detectado foi a baixa produção acadêmica sobre o tema, o que gera certa polêmica acerca de o que é de fato alternativo e quanto o alternativo pode ser considerado extra-hoteleiro.

Pautados nas leituras realizadas, concluímos que a hospedagem alternativa compõe o extra-hoteleiro, cuja característica é ser mais abrangente, contando com grau de serviços maior que o simplesmente alternativo.

Esperamos que, ao elaborar várias diretrizes sobre diversas áreas do turismo, o Ministério do Turismo trate esse assunto de maneira adequada.

Constatamos também maior integração dos pequenos meios de hospedagem na associação de classe, a ABIH – Associação Brasileira da Indústria de Hotéis, que editou material didático voltado aos pequenos empreendimentos de hospedagem, buscando melhoria de qualidade e produtividade por meio da autoqualificação dos recursos humanos que atuam nessa área.

BIBLIOGRAFIA

ANDRADE, N.; BRITO, P. L.; JORGE, W. E. *Hotel, Planejamento e Projeto.* São Paulo: Senac, 2000.

BANGS JR., D. H. *Planejamento de Negócio.* São Paulo: Nobel, 1999.

BENI, M. C. *Análise Estrutural do Turismo.* São Paulo: Senac, 2000.

BUENO, J. C. et al. El turismo alternativo como sistema integrado: consideraciones sobre el caso Andaluz. *Estudios Turísticos*, n.125, 1995.

CASTELLI, G. *Marketing Hoteleiro.* Caxias do Sul: Educs, 1991.

CASTELLI, G. *Administração Hoteleira.* Caxias do Sul: Educs, 1999.

CAVASSA, C. R. *Gestión para Empresas Turísticas.* México: Trillas, 1993.

COOPER, C. et al. *Turismo. Princípios e prática.* Porto Alegre: Bookman, 2001.

CRUZ, R. C. A. *Geografia do Turismo.* São Paulo: Contexto, 2000.

DAVIDSON, R. *Tourism.* Londres: Pitman, 1990.

FEATHERSTONE, M. *O Desmanche da Cultura – Globalização, Pós-modernismo e Identidade.* São Paulo: Nobel, 1997.

FUSTER, L. F. *Teoria y Técnica del Turismo.* Madri: Mundo Científico, 1974. Tomo II.

GIARETTA, M. J. *Manual de Abertura e Operação de Albergues da Juventude.* São Paulo: APAJ, 2000.

Parte 6

RIGOT-MULLER, V.; TIPHAGNE, A. *Guia Brasil Renault.* São Paulo: Nobel, 2000.

INTERNATIONAL YOUTH HOSTEL FEDERATION. *IYHF General Policy for Hostel Operations.* Londres: IYHF, 1995.

INTERNATIONAL YOUTH HOSTEL FEDERATION. *Hostel, 2000.* Londres: IYHF, 2000.

INTERNATIONAL YOUTH HOSTEL FEDERATION. *Annual Report.* Londres: IYHF, 2003.

IGAWA, L. Camping: uma opção sadia de hospedagem. *Boletim de Turismo e Administração Hoteleira (São Paulo), 2:* 99-108, 2000.

KRIPPENDORF, J. *Sociología do Turismo. Para uma nova compreensão do lazer e das viagens.* São Paulo: Aleph, 2000.

LICKRORISH, L.; JENKINS, C. *Introdução ao Turismo.* Rio de Janeiro: Campus, 2000.

LOMBARDO, A.; AZEVEDO, J. H.; MARQUES, M. Monte sua pousada. *Revista Pequenas Empresas Grandes Negócios (Brasília),* Edição Especial, [sd].

MARTINEZ, F. J.; MONZONIS, J. S. *Alojamento Turístico Rural, Gestión y Comercialización.* Madri: Síntesis, 2000.

MONTEJANO, J. M. *Estrutura Del Mercado Turístico.* Madri: Sintesis, 1991.

YÁZIGI, E. *A Pequena Hotelaria e o Entorno Municipal. Guia de Montagem e Administração.* São Paulo: Contexto, 2000.

PELEGRINI FILHO, A. *Dicionário Encilopédico de Ecologia & Turismo.* São Paulo: Manole, 2000.

SEBRAE. *Guia Prático: Como Montar uma Pousada.* São Paulo: Sebrae, 1996.

STIGLIANO, B. V. Turismo de Aventura: Off-road como prática. *Turismo em Análise, 1* (11): 4-54, 2000.

TOSTES, L. E. P. *Campismo no Brasil.* Monografia do curso de especialista em Gestão do Turismo. Brasília: Universidade de Brasília, 2000.

TROTTA, J. *Educação e Correlação. Experiência Internacional e Regional, os Albergues da Juventude, para Jovens e Jovens de Espírito.* Rio de Janeiro, 1979.

TULIK, O. *Turismo e Meios de Hospedagem. Casas de Temporada.* São Paulo: Roca, 2001.

Anotações

Parte 6

85-7241-568-8

Anotações

85-7241-568-8

CAPÍTULO

52 Hotelaria Hospitalar: Estratégia de Diferenciação na Busca da Vantagem Competitiva

Gisele de Souza Cordeiro Zorzella Di Dio
Otilia Cancela Rettondini
Fernanda Aguiar de Sousa

Os profissionais de serviços de saúde de antigamente viviam e trabalhavam em um mundo que dominavam e controlavam, um mundo em que se supunha que sempre haveria doença, enfermidade e calamidade, e em que os doentes e feridos sempre precisariam de hospitais, médicos e enfermeiras. E eles sempre seriam bons pacientes e fariam exatamente aquilo que lhes fosse dito. E alguém sempre pagaria as contas sem questionar; os tempos mudaram.

Zemke e Schaaf (1989, p. 138)

Os autores referenciados no parágrafo anterior afirmam que o mundo em que os pacientes (clientes) vivem hoje é de orçamentos, controles, contenção de despesas, posicionamento de mercado e concorrência, o que pode resultar num cenário básico diferente do hospital de outrora concebido. Na disputa pelos negócios, os hospitais estão descobrindo maneiras de atender aos pacientes/clientes e ganhar dinheiro. No Brasil, essa postura começa, de forma tímida, a encontrar espaço dentro dos hospitais.

Segundo Mirshawka (1994), os hospitais têm duas categorias de clientes: externos e internos. Os clientes externos podem ser definidos como pacientes, médicos, famílias e terceiros que pagam as contas, por exemplo, as empresas de medicina de grupo e as empresas de seguro-saúde, que são identificadas pelo mercado como operadoras de serviços de saúde e a própria comunidade. Os clientes internos incluem todos os departamentos e indivíduos que fornecem serviços para outros dentro do hospital.

A implementação dos serviços de hotelaria nos hospitais pode ser entendida baseando-se na premissa referenciada por Aaker (2001) de que a *estratégia de diferenciação* valoriza o serviço oferecido e é percebida pelos clientes e concorrentes como um processo voltado à qualidade e melhoria contínua, pois "posicionamento estratégico significa exercer atividades diferentes dos rivais ou *exercer atividades semelhantes de um modo diferente*" (Porter, 1996, p. 64).

85-7241-568-8

A vantagem competitiva está em escolher deliberadamente um conjunto de diferentes atividades para fornecer uma combinação única de valor (Porter, 1996).

Essa diferença anunciada por Porter é identificada por Amit e Shoemaker (1993) como as capacidades no emprego de recursos que geram eficácia operacional, podendo gerar vantagem competitiva sustentável.

Um estudo sobre a sensibilidade do cliente de serviços de saúde, feito pela *Custom Research de Minneapolis*, constatou que aqueles que procuram esses serviços podem facilmente discriminar entre a qualidade do atendimento e o nível de atenção que recebem; entre a forma pela qual são tratados como pacientes e pessoas. Como clientes, sentem-se competentes para avaliar o nível de atenção que recebem e optar pelo tratamento com base nessa avaliação, mas muitas vezes sentem-se sem o conhecimento necessário para avaliar o procedimento médico (Zemke e Schaaf, 1989).

O conceito *nível de serviço* é o equivalente da qualidade de um bem (Ellenrieder, 1988); é uma medida dos benefícios explícitos e implícitos oferecidos ao cliente. As empresas prestadoras de serviços, além dos serviços explícitos, podem estar "vendendo" também atmosfera, uniforme, *status*, tratamento pessoal, tranqüilidade, etc.

Ellenrieder (1988, p. 3) diz:

> *A conceituação e fixação dos níveis esperados de serviço são fundamentais, não apenas para o sucesso mercadológico do serviço, mas também para poder estabelecer parâmetros de medição da produtividade dos correspondentes processos de prestação de serviços.*

Um exemplo dessa definição pode ser encontrado na análise da compra de um pacote obstétrico num hospital. Em primeiro lugar, é comprado um conjunto de serviços: médicos, enfermeiros, exames, hotelaria, etc. Em segundo lugar, compram-se produtos físicos: medicamentos, materiais cirúrgicos, alimentos, materiais de higiene, etc. Em terceiro lugar, compra-se também um certo número de características que podem ser avaliadas por, pelo menos, algum dos cinco sentidos: o atendimento da recepção, a atmosfera criada pela arquitetura, a decoração, a limpeza, o nível de comprometimento e a integração dos profissionais de saúde, o sabor e a aparência da comida, os sons e odores percebidos. E, por último, compra-se um conjunto de benefícios psicológicos que não podem ser claramente definidos pelos outros sentidos: *status*, conforto e bem-estar.

Tarabulsi (2003) e Godoi (2001) concordam que o atendimento médico hospitalar vem sofrendo modificações nos últimos anos e os benefícios oferecidos pelos hospitais passaram a representar vantagem competitiva, como tratamento médico, tecnologia de ponta, atendimento, conforto e humanização.

Nos Estados Unidos, o *Carolinas HealthCare System* obteve um crescimento na ordem de US$ 2 bilhões (Rees, 2000), adotando como estratégia o foco nas necessidades dos pacientes, buscando lições de hotelaria com os profissionais do hotel Holiday Inn.

Humanizar o ambiente hospitalar implica dar lugar à palavra do paciente e também dos profissionais de saúde, formando uma rede de diálogo que pensa e promove ações, campanhas, programas e políticas a partir da dignidade ética da palavra, do respeito e o reconhecimento mútuo e da solidariedade (Granovetter, 1973; Betts, 2003).

O equívoco da redução, que seria explicar a existência de hospitais como uma organização destinada a tratar do corpo biológico, enfatizando os processos curativos do corpo biológico e esquecendo-se da condição social do paciente, distancia a idéia na qual o hospital deve ser considerado um espaço de trocas intersubjetivas (Onocko, 2003). Boeger (2000) afirma que hospitalidade não é prerrogativa do departamento de hotelaria nos hospitais; médicos e enfermeiros, dentre muitos outros, necessitam de treinamento em hotelaria.

Um indivíduo anestesiado em uma mesa cirúrgica está reduzido ao grau máximo de "objeto", explica Onocko (2003), de corpo biológico puro. Isso não o exime da condição de ser social.

Taraboulsi (2003) propõe que a criação de um departamento de hotelaria poderia contribuir para a percepção de bem-estar do cliente, que muitas vezes agrega essa percepção de conforto ao produto genérico oferecido (medicina, instalações, atendimento) e *somada a condição da humanização*, que poderia ser desenvolvida por meio da identificação e do desenvolvimento das competências existentes nos hospitais (Roggero, 2003), construir-se-ia um quadro de vantagens competitivas sustentáveis nessas organizações.

Humanização no Cenário Hospitalar

A natureza humana é composta por diversos aspectos: sociais, biológicos, psicológicos e econômicos, que influenciarão a saúde e o bem-estar do indivíduo. Esses aspectos são interdependentes, relacionando-se o tempo todo e sendo influenciados pelo ambiente.

Masetti (1998) propõe que padrões até então adotados como verdades absolutas em relação ao atendimento do paciente sejam questionados, transformando os relacionamentos em aspectos humanísticos e humanitários na saúde, propiciando convívio mais equilibrado entre saúde e medicina. Entende-se saúde como qualidade de vida e medicina como a ciência que protege parte dessa qualidade; dentro dessa visão, torna-se evidente o relacionamento que ambas devem ter. Combinar a experiência da hospitalização ao ciclo da vida e transformá-la em uma oportunidade de desenvolvimento humano são procedimentos que caracterizam a humanização.

Um exemplo claro de estratégia de diferenciação voltada para a humanização é o caso do Hospital Shouldice em Toronto, no Canadá (Fitzsimmons e Fitzsimmons, 2000). Esse hospital, que é privado, usa um procedimento especial para corrigir hérnias inguinais que lhe tem proporcionado excelente reputação. Seu sucesso é medido pela taxa de recorrência, que é 12 vezes menor que a de seus competidores.

Os elementos estruturais do conceito de serviços do Shouldice que sustentam sua estratégia de diferenciação no atendimento aos clientes/pacientes baseiam-se em:

- *Sistema de atendimento:* participação do paciente em todos os aspectos do processo. Por exemplo, os pacientes caminham da mesa de recuperação até a área de recuperação, fazem sua própria tricotomia antes da operação e são incentivados a discutir a experiência com novos pacientes para aliviar seus medos pré-operatórios.
- *Projeto das instalações:* as instalações são intencionalmente projetadas para incentivar os exercícios e a recuperação rápida em quatro dias, que é aproximadamente metade do tempo dos hospitais tradicionais. A arquitetura permite o encorajamento de passeios e convívio com outros pacientes; o interior é acarpetado e decorado para evitar a lembrança de um ambiente hospitalar típico.
- *Encontro em serviços:* todos os empregados são treinados para ajudar no aconselhamento de pacientes e encorajá-los a alcançar uma recuperação rápida. Uma cultura de serviços buscando uma atmosfera do tipo familiar é reforçada com jantares comuns para pacientes e funcionários.
- *Qualidade:* a característica mais importante da qualidade é a adesão de todos os médicos ao método de tratamento. A percepção da qualidade é realçada na permanência no Shouldice, mais parecida com um breve período de férias do que com uma internação hospitalar típica.
- *Informação:* uma característica singular do serviço do Shouldice é um encontro anual dos pacientes atendidos, que representa um relacionamento continuado do hospital com seus pacientes.
- *Localização:* fácil acesso ao mercado mundial, pois está localizado numa grande cidade.

Humanizar o ambiente hospitalar implica dar lugar à palavra do paciente e também dos profissionais de saúde, formando uma rede de diálogo que pense e promova ações, campanhas, programas e políticas a partir da dignidade ética da palavra, do respeito e o reconhecimento mútuo e da solidariedade, como argumenta Betts (2003).

A adoção da prática hoteleira nos hospitais não deve ser confundida com humanização. A hotelaria é um dos aspectos que contribuem para o processo de humanização.

Hotelaria Hospitalar

A hospitalidade possui a seguinte característica (Mullins, 2004): é uma relação entre indivíduos que atuam como administradores do setor hoteleiro e hóspedes. Essa relação pode ser comercial ou social. A chave para a hospitalidade bem-sucedida, tanto na área comercial quanto na privada, exige o conhecimento daquilo que agrada ao hóspede; a hospitalidade é um processo que inclui a chegada, a acomodação confortável, o atendimento dos desejos do hóspede e sua partida ao final da estada.

Boeger (2000) afirma que hospitalidade não é prerrogativa do departamento de hotelaria nos hospitais. Médicos e enfermeiros, entre muitos outros, necessitam de treinamento em hotelaria. O ato de receber, acolher os clientes mostra-se relevante em todas as áreas do hospital, não ficando restrito ao pessoal de hotelaria.

Chon e Sparrowe (2003) afirmam que muito da terminologia relacionada à hospitalidade vem do latim: *hospe* que significa hóspede ou hospedeiro e *hospitium* que significa acomodação de hóspede, hospedaria ou alojamento. Outras palavras relacionadas à *hospitium* são hospital, hotel, hospício.

Taraboulsi (2003, p. 44) define hotelaria hospitalar como um conjunto de ações voltadas para a humanização do paciente e profissionais da saúde: "hotelaria é a arte de oferecer serviços repletos de presteza, alegria, dedicação e respeito, fatores que geram a satisfação, o encantamento do cliente e, principalmente, a humanização do atendimento e do ambiente hospitalar".

Para facilitar a compreensão da hotelaria hospitalar, cabe aqui uma conceituação da instituição hospitalar moderna, a qual está muito ligada ao papel e aos programas comunitários relacionados com a saúde.

Segundo McGibony (1982, p. 65), "o sucesso do hospital está baseado numa tríade: 'Bom planejamento comunitário, bom projeto de construção e boa administração'. Em termos de cuidado ao pacientes, eficiência administrativa e serviços comunitários, a falta de um item desta combinação gera um hospital medíocre".

Para Owen (1972, p. 78), "o hospital deve trabalhar 365 dias no ano, e, muito embora, seja olhado como instituição humanitária, encontra os mesmos problemas econômicos das indústrias".

MacEarchern (1957, p. 19), pioneiro da moderna administração hospitalar, enunciou a seguinte definição, de caráter filosófico, para o hospital: "Hospital é a representação do direito inalienável que o homem tem de ter saúde, e o reconhecimento formal, pela comunidade, de sua responsabilidade de prover meios de mantê-lo são ou de restaurar-lhe a saúde perdida".

Sob o ponto de vista estratégico, poder-se-ia conceituá-lo segundo a proposição de Carvalho (1983, p. 28):

> *O hospital é a união harmoniosa, econômica e funcional de um grupo de unidades entrosadas de modo a formar um todo, cuja forma agrade aos olhos. Possui, entretanto, uma função essencial, de restaurar o indivíduo doente e, o mais depressa possível devolvê-lo à comunidade. Para que o hospital desempenhe plenamente esta finalidade, porém, deve ser planejado, de modo mais adequado possível, a fim de fornecer ao paciente e aos que nele trabalham o máximo de conforto e bem estar.*

O Dr. John S. Billings, na abertura do hospital John Hopkins, de Baltimore, definiu o hospital como: "Organismo vivo, constituído de diferentes partes, tendo funções diversas, mas todas na devida proporção, relacionadas entre si e no conjunto, para produzir os resultados desejados".

O hospital deve ser encarado sob a forma de uma instituição dotada de planta física, equipamentos e organização adequados para receber pacientes, tratá-los e devolvê-los à comunidade em condições satisfatórias de saúde.

A definição de saúde tem evoluído através dos tempos, estando seu conceito intimamente ligado à evolução da medicina, da tecnologia, da administração e de outras especialidades, exigindo dos estudiosos uma adaptação progressiva e permanente ao ambiente.

Por séculos, o conceito da finalidade principal da instituição hospitalar resumiu-se no cuidado da doença. As funções do hospital foram alteradas e atingiram tal complexidade que, hoje, a idéia isolada do "diagnóstico e tratamento" da doença já não é mais aceita.

O desenvolvimento da medicina, nos campos preventivo e social, e sua aplicação, alcançando populações inteiras, fez com que o hospital recebesse substancial impacto concernente às suas funções. O tipo de serviço a ser prestado pelo hospital tem sido influenciado pela aplicação do conceito de saúde, emitido pela OMS – Organização Mundial da Saúde e pelo aumento das exigências comunitárias.

A Comissão de Peritos em Assistência Médica da OMS, em reunião realizada em Genebra, de 18 a 23 de junho de 1956, definiu hospital como:

> *(...) uma parte integral de uma organização médica e social, cuja função é prover completa assistência de saúde à população – curativa e preventiva e cujos serviços de ambulatório atingem até a família em seu meio ambiente, é também um centro destinado ao treinamento de pessoal de saúde bem como à pesquisa biossocial.*

A referida Comissão discutiu as funções do hospital geral e sentiu que este não poderia limitar suas atividades à esfera restaurativa, devendo, tanto quanto possível, organizar-se no sentido de servir às necessidades preventivas, de ensino e de pesquisa.

O Ministério da Saúde define hospital como parte integrante de uma organização médica e social, cuja função básica consiste em proporcionar à população assistência médica integral, curativa e preventiva, sob quaisquer regimes de atendimento, inclusive o domiciliar, constituindo-se também em centro de educação, capacidade de recursos humanos e de pesquisas em saúde, bem como de encaminhamentos de pacientes, cabendo-lhes supervisionar e orientar os estabelecimentos de saúde a ele vinculados tecnicamente e estabelecer definição diversa de hospital geral, que seria aquele hospital destinado a atender pacientes portadores de doenças das várias especialidades médicas.

A definição de hospital proposta pela OPAS – Organização Pan-Americana da Saúde (1999, p. 8) diz:

> *São todos os estabelecimentos com pelo menos 5 leitos, para internação de pacientes, que garantem um atendimento básico de diagnóstico e tratamento, com equipe clínica organizada e com prova de admissão e assistência permanente prestada por médicos. Além disso, considera-se a existência de serviço de enfermagem e atendimento terapêutico direto ao paciente, durante 24 horas, com disponibilidade de serviços de laboratório e radiologia, serviço de cirurgia e/ou parto, bem como registros médicos organizados para a rápida observação e acompanhamento dos casos.*

Funções dos hospitais, padronizadas pela Comissão de Peritos em Assistência Médica da OMS, são:

- *Função restaurativa:* diagnóstico: ambulatório e internação; tratamento de doença: curativo e paliativo, envolvendo os procedimentos médicos, cirúrgicos e especiais; reabilitação: física, mental e social; cuidados de emergência: acidentes e doenças (mal súbito).
- *Função preventiva:* supervisão da gravidez normal e nascimento da criança; supervisão do crescimento normal da criança; controle das doenças transmissíveis; prevenção das enfermidades prolongadas; prevenção da invalidez mental e física; educação sanitária; saúde ocupacional.
- *Função de ensino:* graduação médica; pós-graduação; educação continuada em serviço; residência médica; residência em administração hospitalar; cursos; simpósios; palestras.
- *Função de pesquisa:* pesquisas básicas ou puras; pesquisas aplicadas ou operacionais; pesquisas médicas ou clínicas; pesquisas administrativas.

Há a necessidade da adequação do hospital às exigências decorrentes das características da sociedade que ele serve, em termos de estrutura, administração, recursos humanos, instalações e equipamentos e mesmo de tamanho e capacidade de leitos e padrão de serviços.

Essa adequação exige que o hospital evolua no sentido do atendimento às necessidades de saúde e às expectativas da população, mantendo contato com a realidade social e adaptando-se às circunstâncias.

O perfil da administração hospitalar atual e para o futuro deve estar calcado no desenvolvimento do hospital em função da saúde, das necessidades e expectativas dos seus clientes internos e externos.

O conceito de hotelaria hospitalar sofre interpretações variadas, dependendo da instituição que assume para si esse serviço. Em alguns hospitais, essas atividades se resumem às áreas de lavanderia e limpeza; em outros, o conceito é expandido para áreas de recepção, telefonia, segurança, estacionamento, alimentos e bebidas, eventos, lazer.

A hotelaria é uma ferramenta que o hospital pode utilizar para melhorar o atendimento e o serviço. Porém, é necessário observar a atividade em que ela será inserida e adaptá-la para melhor servir e atingir os objetivos propostos com sua implantação.

Dessa forma, a divisão funcional para um serviço de hotelaria hospitalar pode ser: Hospitalidade; Alimentos e Bebidas; Governança e Eventos/Lazer/Bem-estar.

HOSPITALIDADE

Recepção

A recepção de um hospital poderá realizar internações e altas, além do atendimento direto aos clientes. Para desempenhar essas funções, é relevante considerar a realização de um treinamento específico, tendo em vista que é necessário lidar com questões burocráticas e planos de saúde, o que requer atenção especial. Citam-se como exemplos

85-7241-568-8

os serviços oferecidos, que podem diferir de plano para plano. O cliente deve ser alertado de todos os detalhes no momento da internação, de forma clara e objetiva.

O balcão de informações deve estar provido de todas as informações necessárias para orientar pacientes e visitantes, fazendo o papel, assim, de uma *conciergerie*. Os profissionais envolvidos nessa atividade devem ter certas atribuições quanto ao seu comportamento, como calma, clareza, criatividade, cordialidade e simpatia.

Em hotelaria, o papel da *conciergerie* é disponibilizar um serviço ao hóspede que atenda suas necessidades além do que o hotel oferece, como informações sobre eventos na cidade, restaurantes, peças, museus e outros, providenciando ingressos, passagens aéreas e tudo que for necessário para o hóspede. Adaptado ao hospital, a *conciergerie* pode fornecer informações sobre pacientes, números de quartos, caixas eletrônicos, serviços fornecidos próximo ao hospital e outras informações para atender acompanhantes e visitantes.

Muitas pessoas necessitam viajar à procura de instituições de saúde especializadas, criando o chamado turismo de saúde. Com isso, é importante que o balcão de atendimento possa indicar entretenimento fora do ambiente hospitalar para os acompanhantes, caso eles requisitem informações como atividades culturais, locais para passeio, *shopping centers* e lojas.

Trigo (2001) salienta a necessidade do Brasil em identificar oportunidades de negócio em turismo. O turismo da saúde vem sendo cada vez mais incrementado no Brasil. Dentre os motivos, encontram-se o poder aquisitivo dos estrangeiros frente à moeda brasileira, a imagem positiva de algumas áreas da medicina nacional e a qualidade nos serviços prestados.

A mensageira poderá ser subordinada ao setor de recepção. Segundo Castelli (2001), o mensageiro tem como atribuições acompanhar o cliente até seu quarto levando seus pertences, mostrar e dar instruções de uso e do funcionamento de equipamentos e fornecer informações adicionais, como funcionamento do restaurante/cafeteria (se possuir) para o acompanhante, instruindo também o uso do telefone para mais informações.

Para complementar esse conceito, adaptando-o à hotelaria hospitalar, o mensageiro será o responsável pelas primeiras e últimas percepções do cliente quanto aos serviços de hotelaria hospitalar, pois este irá acompanhá-lo em sua chegada até sua unidade de internação, e no momento de sua alta, na saída. Além disso, será o responsável por carregar as bagagens, entregar encomendas e mensagens durante a estada do cliente no hospital.

O atendimento do mensageiro é completado com o serviço oferecido pelo capitão porteiro. De acordo com Castelli (2001), o capitão porteiro é o primeiro a entrar em contato com o cliente em sua chegada. Por esse motivo, é recomendável que esse profissional possua um perfil com características como boa educação, cortesia e saiba recepcionar o cliente de forma acolhedora. Já Taraboulsi (2003) agrega algumas outras características como responsabilidade, facilidade de expressão, objetividade, simpatia, iniciativa, boa apresentação e dinamismo.

Em alguns hospitais, pode-se observar a figura do capitão porteiro, que fica na entrada do hospital e ajuda na recepção e no direcionamento dos clientes, como acontece, por exemplo, no Hospital Israelita Albert Einstein (Godoi, 2003).

Reservas e Telefonia em Hospital

Os setores de reservas e telefonia desempenham importante papel em uma instituição de saúde. A telefonia deve estar provida das informações sobre pacientes e serviços oferecidos pelo hospital, filtrando as ligações e as distribuindo conforme a necessidade para os departamentos específicos.

Ao setor de reservas deve haver atenção especial, pois trata-se de reservas de internação, prescritas por médicos, de acordo com a disponibilidade do hospital. É recomendável haver interação com os planos de saúde para agendamentos de cirurgias, verificar coberturas e previsão de tempo de estada.

SETOR DE ALIMENTOS E BEBIDAS

O setor de nutrição e dietética requer atenção especial, uma vez que, diferentemente de um hotel, as refeições preparadas em um hospital, especificamente para pacientes, são prescritas por médicos e devem ter o acompanhamento de uma nutricionista chefe, que se reporta diretamente à direção do hospital. Muitos hospitais de São Paulo vêm passando por transformações nesse setor, reestruturando suas cozinhas e investindo na apresentação e sabor dos pratos (Nutrinews, 2000).

Segundo Walker (2002), o desafio da gerência do setor de A&B – alimentos e bebidas está no fato de pacientes necessitarem de dietas específicas para cada tipo de tratamento, aumentando a importância de uma logística que permita que as refeições sejam entregues corretamente para cada paciente, em um período inferior a 30 minutos após o preparo.

O autor sugere que sejam implantados na linha de produção códigos em cores específicas para cada tipo de dieta, com o objetivo de acelerar o processo e diminuir erros. Sugere também que o *menu* seja preparado por uma nutricionista registrada, mantendo atenção especial para evitar repetições no cardápio.

O gerente de alimentos e bebidas tem como funções se encarregar de supervisionar e coordenar os setores que estão diretamente ligados ao seu departamento, como o *stewarding* (lavagem de pratos), serviço de quarto, restaurantes, cozinha e, eventualmente, banquetes, respeitando as normas hospitalares e sanitárias, além de assegurar um serviço de bom atendimento e qualidade aos clientes. Além disso, deve controlar os custos e a compra de materiais (Castelli, 2003; Taraboulsi, 2003; Pérez, 2001).

Áreas Operacionais

Na cozinha, o chefe de cozinha poderá atuar junto à nutricionista na elaboração de cardápios para pacientes, acompanhantes e visitantes. Se o hospital possuir serviço de quarto e restaurante próprio, o chefe de cozinha poderá ter maior autonomia para elaborar pratos e um cardápio mais sofisticado, pois as pessoas que freqüentam o hospital (médicos, acompanhantes, visitantes e fornecedores diversos) geralmente utilizam o serviço de Alimentos e Bebidas, seja para uma refeição rápida em uma cafeteria ou uma refeição completa em um restaurante bem estruturado (Nutrinews, 2000).

Se a instituição possuir um setor de banquetes e eventos, as refeições provenientes poderão ser de responsabilidade do departamento de Alimentos e Bebidas, que deverá estar adequadamente estruturado para prestar esse serviço aos participantes do evento.

É relevante observar que o setor de A&B representa um papel importante quanto à opinião do cliente sobre a instituição. Sendo assim, é recomendável haver um bom atendimento nas áreas de alimentação, bem como atenção na apresentação dos alimentos.

Se essa área for terceirizada, é interessante haver auditorias internas promovidas pela instituição para atestar a boa qualidade do atendimento, pois o cliente não distingue um restaurante próprio de um terceirizado. Tendo em vista esse fator, os funcionários devem conhecer a visão de serviços e qualidade da instituição para assim manter o padrão de atendimento do local.

Muitos hospitais têm investido na melhoria do sabor das refeições servidas a seus pacientes. Além disso, como já citado, nem todos que estão no hospital são pacientes com restrições alimentares. Médicos, enfermeiros, profissionais, visitantes e acompanhantes também precisam de alimentação e, na maioria das vezes, não encontram no hospital algo que agrade seu paladar, buscando restaurantes e outras opções fora dele, como revela Godoi (2001).

Para atender essa demanda, podem-se observar alguns exemplos já implantados em alguns hospitais. O hospital Sírio Libanês tem, por exemplo, uma chefe de cozinha formada por uma prestigiada escola parisiense, *Le Cordon Bleu*, comandando a cozinha. Se o paciente não tiver restrição alimentar ou tiver restrição relativa, poderá saborear pratos como camarão na moranga ou filé *mignon* regado ao molho mostarda, entre outros. No hospital Copa D'Or, no Rio de Janeiro, além do chefe de cozinha, um garçom pode servir o almoço nos quartos, complementando a idéia de serviço personalizado.

Pode-se citar também o Hospital do Coração que, além de um cardápio especial para pacientes, tem um bistrô para atender acompanhantes e visitantes. Ou ainda o Hospital Oswaldo Cruz, que possui um restaurante com serviços procurados inclusive por pessoas que não estão freqüentando o hospital, como, por exemplo, no chá da tarde. Já o Hospital Albert Einstein possui um restaurante da cadeia Viena, com arquitetura que permite visualizar a paisagem de jardins e árvores em que o restaurante está inserido.

Muitas pessoas da região se deslocam até o hospital para utilizar o restaurante, que possui acesso ao público externo sem que se tenha contato com as áreas hospitalares.

É importante ressaltar que o trabalho desenvolvido por chefes de cozinha e pelo setor de A&B precisa ter relação estreita com nutricionistas e com o setor de nutrição e dietética, pois refeições para pacientes são aspectos delicados em um hospital e não podem, de forma alguma, prejudicar ou causar mal estar em algum paciente.

Higiene e Limpeza

A organização e a limpeza das áreas de produção de alimentos são de extrema importância para diminuir o risco de contaminação alimentar, como afirmam Wagen e Davies (2001), sobre a importância no processo de manipulação correta dos alimentos.

Segundo Castelli (2001), a higiene na produção de alimentos interfere diretamente na saúde das pessoas. Por esse motivo, é importante que os manipuladores de alimentos conheçam procedimentos e técnicas de armazenamento, bem como o preparo de alimentos, higiene pessoal, além de técnicas de limpeza do local e equipamentos.

SETOR DE GOVERNANÇA

A governanta chefe (ou responsável pela área) poderá ter como atribuições coordenar e supervisionar o trabalho das seguintes áreas: limpeza das áreas sociais, limpeza de apartamentos (limpeza concorrente e terminal), limpeza do centro cirúrgico, lavanderia e outros serviços, conforme seguem definições (Taraboulsi, 2003).

Limpeza das Áreas Sociais dos Hospitais

Para determinar o tipo de limpeza correspondente para cada área, classificam-se as áreas hospitalares conforme o grau crítico em que estão situadas. Existem as áreas críticas, semicríticas e não críticas, conforme as definições a seguir:

- *Áreas críticas*: aquelas onde existe alto risco de contaminação e transmissão de infecções como, por exemplo, UTI – Unidades de Terapia Intensiva, pronto atendimento e centro cirúrgico.
- *Áreas semicríticas*: áreas de menor risco de transmissão de infecções, como ambulatórios.
- *Áreas não críticas:* áreas que não possuem contato com pacientes, como as áreas administrativas do hospital.

A limpeza representa um fator visível aos olhos do cliente sobre o nível de organização e higiene da instituição. Além disso, existem normas específicas do Centro de Vigilância Sanitária e da CCIH – Comissão de Controle de Infecções Hospitalares para estabelecimentos de saúde que devem ser seguidas fielmente a fim de evitar contaminações e complicações na saúde do paciente e outros usuários do local.

A limpeza das unidades de internação é de suma importância para garantir a higiene da instituição de saúde e garantir que não haja infecções hospitalares decorrentes da falta de cuidados com a limpeza. Limpeza concorrente é aquela realizada enquanto o paciente ainda está internado; limpeza terminal ocorre após alta, transferência ou óbito do paciente.

Na limpeza concorrente, a camareira deve realizar a limpeza do banheiro, dos móveis, equipamentos e do chão do apartamento. A camareira não deve tocar no paciente nem trocar sua roupa de cama; essa tarefa é atribuída às auxiliares de enfermagem, que devem receber o enxoval em quantidades adequadas para prestar um bom serviço.

No intuito de prestar um serviço humanizado, a camareira deve ser rápida e cordial, perguntar ao acompanhante se pode limpar o quarto, tomar cuidado com os pertences dos clientes, manter tudo organizado e reportar ao supervisor solicitações especiais dos clientes, para que essas possam ser atendidas na medida do possível. A camareira deve ser bem treinada e preparada para lidar com pessoas, pois tem contato direto com os clientes e grande participação na satisfação e na opinião deles quanto à instituição de saúde (Taraboulsi, 2003; Torres e Lisboa, 2001).

Segundo Torres e Lisboa (2001), a limpeza terminal lida com apartamentos já desocupados e também requer diversos cuidados na limpeza, com procedimentos corretos para assegurar a qualidade do trabalho realizado. É recomendável que haja uma equipe especializada para a limpeza terminal, pois se trata de uma limpeza minuciosa que precisa ser feita com agilidade, para poder liberar o apartamento para uma próxima internação, livre de riscos de contaminação.

Para as UTI, é interessante possuir uma equipe que só atue nesse setor e que esteja disponível 24 horas, pois a rotatividade em uma UTI pode ser alta em virtude do número de procedimentos cirúrgicos (dependendo de cada instituição de saúde) realizados e da gravidade de cada paciente. A limpeza deve ser rápida e precisa, para manter o local sempre higienizado e pronto para receber um novo paciente, com total segurança, sem oferecer maiores riscos para a saúde.

Limpeza do Centro Cirúrgico

A limpeza do centro cirúrgico também pode ser de responsabilidade do setor de governança, que poderá manter uma equipe fixa e especializada, bem treinada e preparada para desempenhar suas funções.

Assim como nas outras áreas de um hospital, conforme já abordado, o centro cirúrgico é uma área crítica, que deve ter higienização especial para evitar contaminação durante um procedimento cirúrgico.

Existem alguns tipos de limpeza que seguem um ciclo, dentro do centro cirúrgico. A primeira delas é a preparatória, realizada antes de cirurgias previamente marcadas, com o objetivo de garantir que não haja microorganismos na sala, mesmo que ela não tenha sido usada após sua última atividade. Depois, realiza-se a limpeza operatória, feita durante a cirurgia, limpando eventuais fluidos corporais que vazem durante a operação. Por fim, ocorrem as limpezas concorrentes e terminais, sendo a primeira feita entre uma cirurgia e outra e a segunda, feita após a realização de todas as cirurgias (Torres e Lisboa, 2001).

É recomendável que a equipe atue 24 horas para assegurar que essa área esteja limpa para procedimentos cirúrgicos emergenciais e agendados.

Lavanderia Hospitalar

A lavanderia dos hospitais pode ser própria ou terceirizada. No caso de ser própria, deve haver uma equipe especializada na operação de máquinas e um supervisor de lavanderia com experiência no setor hospitalar, para melhor lidar com equipamentos e produtos específicos, pois o enxoval pode estar contaminado com secreções dos pacientes, podendo aumentar o risco de contaminação cruzada.

Quando o serviço de lavanderia é terceirizado, é necessário que o setor de governança supervisione a qualidade do enxoval, verificando se existem resíduos ou depreciação do tecido, para não comprometer a saúde do paciente e do acompanhante (Torres e Lisboa, 2001).

O responsável pelo setor de governança, juntamente com o responsável da lavanderia, podem escolher o enxoval do hospital, que compreenderá, entre outros, lençóis, fronhas, colchas e toalhas. Nesse tipo de escolha é importante atentar para o tipo de tecido utilizado, dando preferência para a durabilidade, que suporte várias lavagens e que seja confortável para o paciente.

Além disso, a quantidade de enxoval também é um aspecto importante. É necessário levar em consideração a média de trocas de roupa por dia, a quantidade em cada leito e se haverá enxoval para o acompanhante. Esses fatores são relevantes para ter maior controle de custos com lavagem e reposição de peças extraviadas.

Outros Serviços Atribuídos à Governança Hospitalar

A governança hospitalar pode ser responsável, ainda, pela coordenação das atividades de jardinagem, do serviço de lavanderia e *valet* (pessoa que busca e leva a roupa na unidade de internação) para acompanhantes. No caso da jardinagem, o hospital poderá terceirizar essa área, porém deve haver a supervisão por um responsável do hospital (no caso, a governanta) para assegurar que o trabalho esteja sendo bem realizado e dar instruções de normas de trabalho.

Recomenda-se que o serviço de lavanderia para roupas pessoais de acompanhantes deve ter regras estabelecidas, como horário de funcionamento, tempo de entrega da roupa e seguro, caso alguma roupa seja deteriorada por conta de um procedimento de lavagem de responsabilidade da instituição.

EVENTOS E SETOR DE LAZER E BEM-ESTAR

Para o ambiente hospitalar, uma das possibilidades a serem adotadas é que os setores de eventos, lazer e bem-estar possam estar reunidos em um único departamento. Já para hospitais que possuam um centro de convenções com salas destinadas especificamente a eventos externos, é recomendável o desmembramento do departamento, tornando o setor de eventos independente do setor de lazer e bem-estar. Para melhor entendimento dessa sugestão, a seguir se explica o conceito e as funções de cada um desses setores.

Eventos

Percebe-se no ser humano uma necessidade intrínseca de convívio e interação social entre semelhantes. Com a finalidade de ampliar sua esfera de relacionamentos inerentes ao convívio em família, no trabalho, na escola ou no lazer, o homem cria, organiza e participa de reuniões, genericamente chamadas de eventos.

Pode-se definir evento como:

> *(...) muito mais que um acontecimento de sucesso, uma festa, uma linguagem de comunicação, uma atividade de relações públicas ou mesmo uma estratégia de* marketing, *o evento é a soma de esforços e ações planejadas com o objetivo de alcançar resultados definidos junto ao seu público-alvo.*
>
> Britto e Fontes (2002, p. 4)

A realização de eventos é uma forma de convivência motivada ou por algum interesse comum entre os envolvidos, ou por comemoração social de acontecimentos esporádicos, mas sempre relacionada ao envolvimento da comunidade ou sociedade, reunindo pessoas com um objetivo comum. Ressalta-se sua importância como promotor de convivência em sociedade, favorecendo a troca de experiências, contato com pessoas e desenvolvimento de relacionamentos.

Em hotelaria, o departamento de eventos tem papel fundamental como propulsor de vendas em Alimentos e Bebidas e hospedagem. Caso o hospital possua um centro de convenções, eventos de natureza médico-hospitalar podem ser captados.

Para as instituições de saúde, eventos como seminários, conferências, simpósios, cursos e treinamentos sobre especialidades da Medicina, Nutrição e disciplinas relacionadas, e até mesmo exposições de equipamentos médicos, podem gerar receita e, além de tudo, consolidar a imagem do hospital como instituição que busca sempre inovação, atualização, participação e divulgação das novidades no campo da saúde e medicina.

É importante ressaltar que os eventos realizados em hospitais pedem que sigam certos critérios que os definem como eventos afins à atividade hospitalar.

O setor de eventos em hotelaria pode simplesmente locar o espaço para que outras empresas organizem e operacionalizem o evento, ou pode também fazer a sua captação e organização. Nesse caso, uma vez captado o evento, o departamento precisa se preocupar com uma série de tarefas, em todas as fases que compõem o desenvolvimento de um evento. São elas: planejamento, realização e avaliação (Castelli, 2001).

No hospital, o centro de convenções trabalha de maneira bastante similar ao hotel, mantendo-se as devidas proporções de estrutura física e de pessoal, já que o hospital geralmente possui centro de convenções que comportam eventos de menor capacidade.

É importante que Eventos e Alimentos e Bebidas trabalhem em congruência, uma vez que usualmente os eventos podem necessitar de serviços de alimentação, como *coffee-breaks* (parada para um rápido café e lanche) e refeições. Taraboulsi (2003) cita que, nos hotéis de médio e grande porte, o setor de eventos costuma estar subordinado ao Departamento de Alimentos e Bebidas, pois a maioria dos eventos envolve esses serviços.

O coordenador de eventos é a pessoa que planeja, coordena e acompanha os eventos, *coffee-break*, refeições e todas as atividades relacionadas que estão sendo realizadas. Acompanha e participa de todas as fases do evento, começando na negociação até seu término e avaliação, trabalhando diretamente com o cliente, oferecendo suporte para que não haja incidentes.

Lazer e Bem-estar

Em hotelaria, esse setor pode estar subordinado ao departamento de hospedagem ou ser independente (Castelli, 2001). É importante ressaltar que esse setor não tem como principal objetivo a lucratividade direta, uma vez que ele deve ser oferecido como diferencial, voltado para o bem-estar dos clientes, para a humanização e para a motivação. A lucratividade é encontrada de forma indireta, pela satisfação e fidelidade dos clientes à instituição, o que também poderá servir de ferramenta de *marketing* em hospitais, para atrair clientes e planos de saúde.

O departamento poderá ser responsável por desenvolver atividades de lazer para adultos e crianças, coordenar todas as atividades de lazer e a programação audiovisual, organizar os materiais de esporte, entre outros, de acordo com Castelli (2001). Além disso, a infra-estrutura de lazer que pode ser oferecida pelos hotéis é abrangente: piscinas, salas de jogos, quadras de esportes, boate, cinema, barcos, bicicletas, equitação, pista de corrida e outros.

Já em ambientes hospitalares, o departamento de lazer e bem-estar pode promover atividades para visitantes, acompanhantes, familiares e pacientes, tais como: aulas de arte, ginástica, concertos musicais, teatro, jogos e brincadeiras, biblioteca, salas de leitura, palestras, cursos rápidos, eventos especiais (comemoração de Natal, Ano Novo, por exemplo), recreação para crianças e passeios pela cidade (Taraboulsi, 2003; Godoi, 2002).

Esse tipo de serviço proporciona mais conforto e comodidade para os clientes do hospital, que podem encontrar utilidades sem necessitar sair da estrutura física do hospital; por exemplo, estações móveis, em especial banca de jornal e loja de presentes, que se deslocam até os apartamentos determinadas horas do dia para oferecer revistas, jornais, produtos de uso pessoal e alimentos (Walker, 2002; Godoi, 2001).

Concluindo este capítulo, percebe-se que definir precisamente os serviços oferecidos por um hospital envolve o conhecimento teórico e prático das diversas modalidades existentes. Partindo dessa definição, é possível estabelecer com maior clareza as relações entre os próprios serviços, estabelecer os processos adequados para sua produção e controle.

As necessidades das organizações variam. O projeto e a implementação de um departamento de hotelaria deve, necessariamente, ser influenciado pelos objetivos e práticas de cada organização.

BIBLIOGRAFIA

AAKER, D. A. *Administração Estratégica de Mercado*. 5. ed. Porto Alegre: Bookman, 2001.

AMIT, R.; SHOEMAKER, P. H. J. Strategic assets and organizational rent. *Strategic Management Journal, 14 (Issue 1)*: 33-46, Jan. 1993.

BETTS, J. *Considerações sobre o que é Humano e o que é Humanizar*. Out. 2003. Disponível em: http://www.portalhumaniza.org.br/.

BOEGER, M. A. *Implementação de um Projeto de Hotelaria Hospitalar com Sucesso*. (filme-vídeo). São Paulo: TV MED, Jun. 2000.

BRASIL. Ministério da Saúde. Portaria n.479/GM, 15 abr. 1999. Dispõe sobre critérios de classificação e inclusão dos hospitais nos Sistemas Estaduais de Referência Hospitalar em Atendimento de Urgências e Emergências, que farão jus à remuneração adicional. *Diário Oficial da União*, Brasília, 16 abr. 1999. Seção I. [informativo *on line*] Disponível em: http://www.saúde.gov.br/portarias/. Acesso em: 09/Set./2004.

CARVALHO, L. F. Elementos do hospital geral. *Revista Paulista Hospitalar, II (3)*: 28-33, 1983.

CASTELLI, G. *Administração Hoteleira*. 9. ed. Caxias do Sul: EDUCS, 2001.

CHON, K. S.; SPARROWE, R. T. *Hospitalidade: conceitos e aplicações*. São Paulo: Pioneira Thomson Learning, 2003.

ELLENRIEDER, A. R. V. Administração de serviços – parte 1: conceitos. *Engenharia de Produção, Escola Politécnica / Universidade de São Paulo, (1)*: 306, 1988.

FITZSIMMONS J. A.; FITZSIMMONS, M. J. *Administração de serviços – operações, estratégia e tecnologia da informação*. 2. ed. Porto Alegre: Bookman, 2000.

GODOI, A. F. A hospitalidade como novo paradigma na área hospitalar. In: Tendências: os desafios para promover a atenção integrada à criança. *Revista do INCOR, São Paulo, ano 7 (72)*: 6-17, 2001. Disponível em: http://www.estudosturísticos.com.br/. Acesso em: 12/abr./2004.

GODOI, A. F. *Cultura e Lazer nos Hospitais*. Abr. 2003. Disponível em: http://www.estudos turísticos.com.br/. Acesso em: 24/abr./2004.

GRANOVETTER, M. The strength of weak ties. *American Journal of Sociology, 78 (6)*: 1360-1380, 1973.

MACEACHERN, M. *Hospital Organization and Management*. 3. ed. Chicago: Physician´s Record, 1957.

MASETTI, M. *Soluções de Palhaços: transformações na realidade hospitalar*. São Paulo: Pallas Athena, 1998.

MC GIBONY, J. R. *Principles of Hospital Administration*. New York: Putman, 1982.

MIRSHAWKA, V. *Hospital: fui bem atendido, a vez do Brasil*. São Paulo: Makron Books, 1994.

MULLINS, L. J. *Gestão e Comportamento Organizacional*. 4. ed. Porto Alegre: Bookman, 2004.

NUTRINEWS. *Hospital Cinco Estrelas: qualidade e requinte na medida certa*. 2000. [informativo on line] Disponível em: http://www.nutrinews.com.br/edicoes/Mat01Ed185 Hospitall5Estrelas.html/. Acesso em: 04/Out./2004.

ONOCKO, R. C. *Reflexões sobre o Conceito de Humanização*. 2003. Disponível em: http://www.portalhumaniza.org.br/.

OWEN, J. K. *Modern Concepts of Hospital Administration*. Philadelphia: Saunders, 1972.

PÉREZ, L. D. M. *Manual Prático de Recepção Hoteleira*. São Paulo: Roca, 2001.

PORTER, M. E. What is strategy? *Harvard Business Review, 74 (6)*: 61-79, Nov./Dec., 1996.

REES, T. Carolinas HelathCare attends to patients, amenities; builds business. *Profiles Healthc Mark, 16 (5)*: 1, 4-10. Sep. 2000. [Resumo *on line*] Disponível em: http://www.ncbi.nlm.gov/. Acesso em: 20/Sep./2004.

ROGGERO, R. Qualificação e competência: um diálogo necessário entre sociologia e gestão da educação para alimentar as práticas pedagógicas na formação do profissional. *Boletim Técnico do SENAC, Rio de Janeiro, SENAC, 29 (3)*. Set./Dez. 2003.

TARABOULSI, F. A. *Administração de Hotelaria Hospitalar: serviço aos clientes, humanização do atendimento, departamentalização, gerenciamento, saúde e turismo*. São Paulo: Atlas, 2003.

TORRES, S.; LISBOA, T. C. *Limpeza e Higiene, Lavanderia Hospitalar*. São Paulo: CLR Balieiro, 2001.

TRIGO, L. G. G. *Turismo e qualidade: tendências contemporâneas*. 7. ed. Campinas: Papirus, 2001.

WAGEN, L. V. D.; DAVIES, C. *Supervisão e Liderança em Turismo e Hotelaria*. São Paulo: Contexto, 2001.

WALKER, J. R. *Introdução à Hospitalidade*. 2. ed. Barueri: Manole, 2002.

ZEMKE, R.; SHAAF, D. *A Nova Estratégia do Marketing: atendimento ao cliente*. São Paulo: HABRA, 1989.

Anotações

85-7241-568-8

CAPÍTULO

53

Gerenciamento de Resíduos Sólidos em Meios de Hospedagem

Suzana Maria De Conto

Introdução

A geração de resíduos sólidos vem se tornando cada vez mais um problema nos empreendimentos turísticos, necessitando, portanto, do desenvolvimento de programas de gerenciamento integrado desses resíduos.

Para implantar uma política de gerenciamento de resíduos sólidos gerados nos meios de hospedagem, é importante identificar as condições de manejo desses resíduos. No diagnóstico desse tipo de fonte geradora de resíduos, podem ser identificadas diferentes situações:

- Serviços oferecidos aos hóspedes.
- Características dos diferentes setores do hotel.
- Número de hóspedes.
- Características dos hóspedes.
- Tipologia dos resíduos sólidos gerados em cada serviço.
- Produção *per capita* de resíduos sólidos.
- Tipos e características dos dispositivos de acondicionamento dos resíduos.
- Segregação dos resíduos.
- Periodicidade de coleta interna e externa.
- Comportamento dos hóspedes em relação aos resíduos que geram.
- Comportamento dos gerentes, cozinheiros, camareiras, garçons, entre outros agentes, em relação aos resíduos sólidos.
- Informações aos hóspedes sobre condutas a serem desenvolvidas em relação aos resíduos sólidos.
- Locais de armazenamento dos resíduos.
- Organização da fonte geradora.
- Tratamento dos resíduos sólidos.
- Disposição final.

De Conto (2001) evidencia a importância de desenvolver estudos relacionados ao comportamento de turistas e prestadores de serviços turísticos em relação ao manejo de resíduos sólidos no âmbito dos hotéis. É importante e necessário visualizar um meio de hospedagem como um local para desenvolver diferentes ações sobre educação ambiental. Nesse sentido, a autora assim descreve:

> *O desenvolvimento de estudos sobre o gerenciamento de resíduos sólidos em hotéis permite desencadear o processo de sensibilização dos agentes responsáveis pelo manejo desses resíduos. Tais estudos buscam o manejo ambientalmente saudável dos resíduos, tendo como desafio mudanças comportamentais dos turistas, tornando-os agentes multiplicadores, principalmente na identificação de resíduos e na sua separação. Um hotel ambien-*

Parte 6

85-7241-568-8

> *talmente organizado, que busca em suas atividades não desperdiçar, reutilizar materiais, separar materiais nos serviços oferecidos aos turistas, demonstra ser um local não apenas para a hospedagem, mas também para desenvolver o processo ensino/aprendizagem. O hotel passa a ser uma escola a partir do momento em que implanta seu plano de gerenciamento de resíduos e o socializa para todos os turistas.*
>
> De Conto (2001, p. 67)

Nessa direção, a Universidade de Caxias do Sul iniciou o primeiro projeto de pesquisa relacionado ao gerenciamento de resíduos sólidos em meios de hospedagem em 2001. O objetivo principal desse projeto visou à elaboração de diretrizes para o gerenciamento de resíduos sólidos nesses meios. Para tal, diferentes atividades foram realizadas: determinação da composição gravimétrica dos resíduos sólidos gerados no âmbito do Hotel da Universidade de Caxias do Sul durante 12 meses, realização de entrevistas com gerentes e camareiras em 10 meios de hospedagem sobre informações e condutas em relação ao manejo de resíduos sólidos e aplicação de questionários com hóspedes do Hotel Vila Verde da Universidade relacionados à percepção ambiental.

A relevância do estudo sobre gerenciamento de resíduos sólidos em hotéis está fundamentada em diferentes aspectos:

- Necessidade de implantar uma política de gerenciamento integrado desses resíduos.
- Carência de estudos que examinam os processos produtores de resíduos sólidos no âmbito das redes hoteleiras.
- Carência de estudos que examinam condutas dos agentes do turismo quanto ao manejo dos resíduos.

Realizar estudos e pesquisas sobre o manejo de resíduos sólidos no âmbito de hotéis, identificando suas características e determinantes, pode auxiliar no esclarecimento de possibilidades de melhoria na construção de relações entre diferentes etapas do gerenciamento desses resíduos, que constituem crescentes problemas sociais e ambientais (De Conto, 2001).

Nesse sentido, é importante questionar: que fatores determinam a origem e formação dos resíduos sólidos? Como o poder aquisitivo dos hóspedes interfere na geração dos resíduos sólidos? A classificação do hotel determina as características dos resíduos sólidos? Como os serviços ofertados aos hóspedes determinam a quantidade e tipologia dos resíduos? Que relação se estabelece entre o número de hóspedes, funcionários contratados e funcionários terceirizados e a quantidade de resíduos sólidos gerados no âmbito da hotelaria? A faixa etária dos hóspedes interfere na composição gravimétrica dos resíduos? As variações sazonais interferem nas características dos resíduos sólidos? As pesquisas relacionadas à determinação da composição gravimétrica dos resíduos sólidos gerados em todos os setores de um hotel, e a análise dessa composição em relação a todas as situações de geração e manejo desses resíduos, permitem definir com bastante clareza esses fatores e, conseqüentemente, a definição de melhores alternativas tecnológicas para o gerenciamento dos resíduos gerados.

A partir desses estudos é possível afirmar que a geração de resíduos sólidos em meios de hospedagem é determinada por diferentes fatores, entre os quais destacam-se:

- Número de hóspedes.
- Número de funcionários.
- Variação sazonal.
- Classificação do hotel.
- Serviços oferecidos aos hóspedes.
- Faixa etária dos hóspedes.
- Poder aquisitivo dos hóspedes.
- Motivo da hospedagem.
- Área relativa de geração de resíduos em jardins e parques; entre outros.

A partir do conhecimento desses fatores, é possível afirmar que cada meio de hospedagem deve planejar seu próprio modelo tecnológico de gerenciamento de resíduos sólidos, no sentido de atender as especificidades de suas atividades e desencadear a responsabilidade ambiental em seus hóspedes, funcionários e na alta direção. Assim, os resíduos sólidos gerados no âmbito desses meios necessitam ser identificados e contabilizados para que, administrativamente, sejam definidas as medidas gerenciais pertinentes.

Resíduos Sólidos em Meios de Hospedagem

Para o desenvolvimento de ações relacionadas ao gerenciamento de resíduos sólidos em meios de hospedagem, são importantes as contribuições de Lima

(1995), Mandelli (1997), Valle (2002), De Conto *et al.* (2002), Pessin, De Conto e Quissini (2002) e De Conto *et al.* (2004) sobre a conceituação do fenômeno resíduos sólidos (fatores que determinam a sua origem e formação, a escala de prioridades no gerenciamento desses resíduos, tipologia dos resíduos e a adoção de políticas para implantar modelos tecnológicos).

No sentido de compreender a composição dos resíduos sólidos de um meio de hospedagem, De Conto *et al.* (2004), com base em Mandelli (1997), identificaram em seus estudos realizados no Hotel da Universidade de Caxias do Sul os seguintes componentes:

- *Matéria orgânica putrescível*: restos alimentares de origem animal e vegetal (cascas de frutas, erva-mate, preparo da alimentação), guardanapos empregnados com gordura ou restos alimentares, flores, grama, ervas gramíneas e podas de árvores.
- *Plástico*: sacos, sacolas, garrafas de refrigerante e água, isopor, embalagens de biscoito, embalagens de batata frita e de café, recipientes de produto de limpeza, copos de água e embalagens de iogurte.
- *Papel e papelão*: caixas, revistas, jornais, cartões, pratos, guardanapos, toalhas de mesa e informativos em geral.
- *Vidro*: garrafas de bebidas (refrigerantes, cerveja, vinho, espumante e champanhe), embalagens de produtos alimentícios, embalagens de produtos de limpeza, embalagens de cosméticos e de medicamentos.
- *Metal ferroso*: entalados (produtos alimentícios), lã, palha de aço e materiais de construção.
- *Metal não ferroso*: latas de bebidas e fiação elétrica.
- *Madeira*: caixas de frutas e verduras, palitos de fósforo e material de construção.
- *Panos, trapos, couro e borracha*: peças de vestuário, pedaços de tecidos, panos de limpeza, balões e pó da máquina secadora de roupa.
- *Contaminante químico*: pilhas, medicamentos (comprimidos e pomadas), embalagens com medicamentos, lâmpadas fluorescentes, embalagens com produtos químicos, cera de assoalho, embalagens pressurizadas, vidros com esmalte de unhas, canetas com tinta, latas de óleo de motor, cosméticos em geral, solventes, cera, sabonetes e sabões.
- *Contaminante biológico*: papel higiênico, curativos, gazes, absorventes higiênicos, fraldas descartáveis e palito de dente.
- *Misto*: embalagens longa vida (leite e suco), papel aluminizado, fiação elétrica, papel de sabonete, embalagens impermeabilizadas, lixas de mão e de pé.
- *Diversos*: pontas de cigarro, rolhas, goma de mascar, papel celofane e pó de aspirador.

A partir dos resultados obtidos por De Conto *et al.* (2004), é possível constatar que a matéria orgânica putrescível apresenta a maior fração, independentemente da temporada (72,85%). É importante ressaltar que, em um meio de hospedagem que possui área verde (jardins, parques e bosques), a quantidade de matéria orgânica putrescível é considerável, uma vez que está relacionada à limpeza, poda, capina e varrição dessa área. A existência de áreas verdes e áreas externas de lazer é um fator importante a ser analisado nos programas de gerenciamento de resíduos sólidos em meios de hospedagem, sobretudo em meios que definem em seu modelo tecnológico a adoção de compostagem como alternativa de tratamento dos resíduos.

Um dos aspectos importantes sobre a geração de resíduos sólidos está relacionado à temporada de turismo. Cabe destacar que a fração de componentes, em especial plástico, papel, papelão e vidro, aumenta nos finais de semana (hotel turístico) e, principalmente, nos meses de alta temporada, como em dezembro, em virtude das festas de Natal. A fração do componente vidro (garrafas de vinho, espumante e champanhe) aumenta consideravelmente nas festas natalinas e está relacionada ao poder de compra dos hóspedes. A geração de embalagens, sobretudo nos apartamentos, é maior quando o motivo da viagem é o turismo e o lazer e não o trabalho.

A categoria contaminante biológico aumenta com a taxa de ocupação, principalmente quando crianças menores de dois anos são hóspedes do hotel, devido à presença de fraldas descartáveis.

É importante considerar a geração de resíduos que apresentam características que conferem periculosidade (ABNT, 2004) em virtude da presença, principalmente, de metais pesados como mercúrio, cádmio e chumbo. Esses elementos são encontrados, por exemplo, em produtos farmacêuticos, pilhas e baterias, amaciantes, lâmpadas de néon, fluorescentes e de arco de mercúrio, interruptores e tintas. Estudos que analisam os compo-

85-7241-568-8

nentes potencialmente perigosos na composição gravimétrica dos resíduos sólidos domésticos são apresentados por Mandelli (1997), De Conto *et al.* (2002) e Pessin, De Conto e Quissini (2002). Tais estudos também podem ser analisados à luz do gerenciamento de resíduos sólidos na hotelaria.

Dentre os aspectos ambientais da atividade hoteleira e matriz dos principais impactos ambientais observados por Sant'anna e Zambonim (2002), são destacados os produtos químicos e tóxicos que, em geral, são utilizados nos hotéis: alvejantes, desinfetantes, amaciantes, inseticidas, herbicidas e raticidas. Os autores comentam que não existe, em nenhum dos hotéis visitados, procedimento definido para a compra desses produtos, nem treinamento apropriado de funcionários para aplicá-los. É importante identificar os resíduos perigosos gerados no âmbito da hotelaria, no sentido de criar condições para o seu manejo, coleta, tratamento e disposição final. Cabe destacar que um meio de hospedagem deve também prever dispositivos para perfurocortantes, principalmente agulhas de seringas. Assim, é importante que os resíduos perigosos sejam acondicionados e separados dos demais e encaminhados para um destino correto, evitando, com isso, o seu tratamento juntamente com os resíduos comuns.

Também, cabe destacar que a composição dos resíduos está relacionada também aos serviços que um meio de hospedagem oferece. Por exemplo, em meios de hospedagem que aceitam animais, o plano de gerenciamento dos resíduos sólidos deverá prever um sistema de acondicionamento, armazenamento, coleta seletiva e destino dos resíduos desses animais.

No que tange ao gerenciamento de resíduos sólidos, IHA, IHEI e UNEP (1995) apresentam informações importantes para o diagnóstico, relacionadas ao destino desses resíduos gerados no hotel, controle da tipologia e quantidade dos resíduos gerados, medidas para redução do desperdício e para reciclar os resíduos, utilização de matéria orgânica putrescível como adubo, reutilização de artigos de toalete, condições de estocagem de resíduos e controle da geração de resíduos perigosos. Também são apresentadas medidas importantes e simples para a redução de desperdício de materiais, como uso de papel reciclado, uso de pedaços de papel para anotações, coleta diferenciada de papel usado, uso dos dois lados de folhas de papel para fotocópias, entre outros.

Questões importantes são, então, destacadas por IHA, IHEI e UNEP (1995) no sentido de colaborar com o diagnóstico da situação da geração e manejo dos resíduos sólidos gerados no âmbito da hotelaria:

- O hotel sabe o que acontece com os resíduos sólidos produzidos no seu âmbito?
- São monitorados os tipos e quantidades de resíduos sólidos produzidos pelo hotel?
- As oportunidades de reduzir o desperdício são identificadas e toma-se uma atitude para reverter isso?
- Existem sistemas para minimizar perdas, reduzir e reciclar quando possível?
- O hotel recicla ou reutiliza garrafas, latas, baterias, pilhas e papel?
- Os resíduos sólidos orgânicos são utilizados como adubo?
- O hotel reutiliza artigos de toalete?
- Os resíduos sólidos seletivos e orgânicos são encaminhados para um local seguro e oficial?
- Existe um registro de resíduos perigosos?

Examinando o Decreto-lei nº 38.356, o qual aprova o regulamento da Lei nº 9.921 de 27 de julho de 1993, que dispõe sobre a gestão dos resíduos sólidos no Estado do Rio Grande do Sul (Rio Grande do Sul, 1998), é possível identificar o compromisso dos meios de hospedagem com a gestão de seus resíduos sólidos:

Art. 1º – A gestão dos resíduos sólidos é responsabilidade de toda a sociedade e deverá ter como meta prioritária a sua não-geração, devendo o sistema de gerenciamento desses resíduos buscar sua minimização, reutilização, reciclagem, tratamento ou destinação adequada.

Parágrafo único – O gerenciamento de resíduos poderá ser realizado em conjunto por mais de uma fonte geradora, devendo, previamente, seu projeto ser licenciado pela Fepam – Fundação Estadual de Proteção Ambiental.

Art. 2º – A segregação dos resíduos sólidos na origem, visando ao seu aproveitamento otimizado, deverá ser implantada gradativamente nos municípios, mediante programas educacionais e sistemas de coleta segregativa, entendida esta como o acondicionamento e coleta em separado dos materiais para os quais exista viabilidade técnica e reaproveitamento.

É oportuno destacar as contribuições de Valle (2002, p. 97) ao examinar os termos reduzir, reaproveitar, tratar e dispor os resíduos gerados nas atividades diárias:

Parte 6

- *Reduzir*: abordagem preventiva, orientada para diminuir o volume e o impacto causado pelos resíduos. Em casos extremos, pode-se eliminar completamente o resíduo pela prevenção de sua geração.
- *Reaproveitar*: abordagem corretiva, direcionada para trazer de volta ao ciclo rodutivo matérias-primas, substâncias e produtos extraídos dos resíduos depois que eles já foram gerados. A reutilização e a reciclagem são formas de reaproveitar resíduos.
- *Tratar*: abordagem técnica que visa alterar as características de um resíduo, neutralizando seus efeitos nocivos. O tratamento pode conduzir a uma valorização do resíduo – abordagem de cunho econômico dirigida para extrair valores materiais ou energéticos, que contribuem para diminuir os custos de tratamento e, em alguns casos, podem gerar receitas superiores a esses custos.
- *Dispor*: abordagem passiva, orientada para conter os efeitos dos resíduos, mantendo-os sob controle, em locais que devem ser monitorados.

Nessa direção, convém salientar que a reciclagem dos resíduos sólidos promovida nos meios de hospedagem é apenas uma forma de reaproveitar esses resíduos. Portanto, é uma abordagem corretiva. O necessário, no entanto, é priorizar nas atividades desenvolvidas no âmbito desses empreendimentos a não-geração de resíduos, o que significa o desenvolvimento de novos comportamentos dos funcionários, dos hóspedes e da alta administração em relação ao meio ambiente.

Papel Ambiental dos Meios de Hospedagem

A exemplo das indústrias, dos hospitais e dos centros comerciais, os meios de hospedagem, independentemente de suas capacidades de leitos, é responsável pelo meio ambiente. Importantes contribuições podem ser destacadas para o desenvolvimento de ações ambientais na hotelaria: IHA, IHEI e UNEP (1995), ABIH (2001), Abreu (2001), Lamprech e Ricci (1997), De Conto (2001), Ricci (2000), Sant'Anna e Zambonim (2002a), Sant'Anna, Paludo e Quadros (2002) e Sant'Anna e Zambonim (2002b).

Gradativamente, companhias hoteleiras estão implantando o gerenciamento ambiental no dia-a-dia. Os hotéis têm um papel ambiental importante e devem estar comprometidos a desenvolver atitudes no sentido de utilizar significativas práticas ambientais em todos os processos; cumprir rigorosamente toda a legislação ambiental; minimizar o uso de energia, água e materiais; minimizar a geração de resíduos sólidos, reutilizando e reciclando; convidar os clientes, fornecedores e serviços terceirizados a participar nos esforços para proteger o meio ambiente; fornecer a todos os funcionários treinamento e recursos requeridos para vir de encontro com os objetivos traçados; comunicar abertamente sua política e práticas ambientais para quem estiver interessado; monitorar o impacto ambiental e comparar a *performance* com outras políticas, objetivos e metas (ABIH, 2001).

Ricci (2002) comenta que os hotéis europeus, desde os anos 1980, têm usado técnicas para minimizar o uso de recursos naturais, como energia e água. O autor destaca que hotéis asiáticos (japoneses, coreanos e chineses), a AHMA – *American Hotel and Motel Association*, a IEHI – *International Hotel and Environmental Initiative* e a ABIH – Associação Brasileira da Indústria de Hotéis vem desenvolvendo programas voltados à redução de desperdício e de recursos materiais e reaproveitamento de materiais.

Conforme destacam IHA, IHEI e UNEP (1995), os meios de hospedagem consomem água, energia e materiais para proporcionar serviços aos seus hóspedes. Também usam substâncias agressivas (como clorofluor-carbono, usado em geladeiras e alvejantes clorados). Como decorrência, geram resíduos sólidos e liberam efluentes e emissões gasosas que poluem o meio ambiente. Muitas das mercadorias adquiridas pelos meios de hospedagem têm impacto ambiental associado a sua produção, uso ou disposição final. Diante disso, é importante a definição de estratégias voltadas à minimização desses impactos. IHA, IHEI e UNEP (1995) apresentam alguns fatores que determinam as ações ambientais na hotelaria: características operacionais, características dos clientes e legislação ambiental (local, estadual e nacional).

O objetivo do diagnóstico proposto por essas instituições é auxiliar no planejamento e na implantação do gerenciamento ambiental na administração hoteleira como extensão de sua rotina diária. Também, as contribuições dessas instituições são muito importantes para a definição de um plano

85-7241-568-8

ambiental na hotelaria, principalmente por apresentar diferentes situações, que auxiliam os administradores dos hotéis a perceberem a dimensão dos problemas ambientais a serem solucionados.

Iniciativas para aumentar a proteção ambiental estão sendo desenvolvidas também por importantes organizações turísticas, como a Organização Mundial do Turismo, *World Travel and Tourism Council*, *Pacific Asia Travel Association*, *Travel Industry Association of Canada* e *Travel Industry Association of America* (Goeldner; Ritchie; McIntosh, 2002). Esses autores, ao analisarem turismo e meio ambiente, apresentam diferentes casos de iniciativas empresariais relacionadas à gestão ambiental.

A Ramada Internacional *Hotels and Resorts* estabeleceu um compromisso em toda a companhia com a integridade ambiental. Muitos dos hotéis da rede na América do Norte ampliaram ou iniciaram programas de reciclagem de resíduos sólidos para itens como latas, alumínio, papel, vidro, louça quebrada e plásticos (incluindo os sacos de lavagem a seco e garrafas nos quartos de hóspedes).

Sant'Anna e Zambonim (2002a) apresentam um estudo sobre gestão ambiental para hotéis, destacando dois programas que vêm sendo adotados pela hotelaria: o Programa Hóspedes da Natureza e o ISO 14001. Os autores destacam que esses programas contribuem significativamente para o avanço da conscientização e da responsabilidade ambiental por parte dos empresários, hoteleiros, funcionários, fornecedores e hóspedes.

Outro estudo importante relacionado à gestão ambiental na indústria hoteleira diz respeito ao reuso de águas, conforme apresentam Sant'Anna, Paludo e Quadros (2002). Os autores comentam que a maioria dos empresários do setor hoteleiro da região de Florianópolis desconhece as possibilidades e tecnologias de reaproveitamento de água de chuva e de reuso de águas servidas. Ainda, os autores apresentam propostas no sentido de promover a adaptação do empreendimento à gestão hoteleira: levantamento dos pontos de maior consumo, equipamentos de consumo reduzido de água, conscientização dos usuários, ações da gerência, coleta e utilização da água da chuva.

Sant'Anna e Zambonim (2002b), em seu estudo sobre gestão e certificação ambiental para hotéis, apresentam aspectos e impactos ambientais da atividade hoteleira.

Webster (2000) destaca várias ações e políticas ambientais na indústria hoteleira. O autor comenta que a Inter-Continental Hotéis e *Resorts* foi a primeira companhia hoteleira a criar um sistema de gerenciamento ambiental e a publicar um manual ambiental da companhia. Para celebrar o 50º aniversário da empresa, um exame ambiental foi publicado em 1996, com base nos dados de 1995. A companhia Bass, um grande grupo hoteleiro do qual uma das divisões é a Bass Hotéis e *Resorts*, que inclui o Inter-Continental, Crowne Plaza, Holiday Inn, Holiday Inn Express e Staybrigde Suíte, publicou seu primeiro relatório ambiental em 1998.

Ricci (2002, p. 121) apresenta a matriz de classificação dos meios de hospedagem proposta pela ABIH/Embratur em 2001. Analisando essa matriz, é possível identificar 13 requisitos relacionados a ações ambientais:

- Manter um programa interno de treinamento de funcionários para a redução de consumo de energia elétrica, consumo de água e redução de produção de resíduos sólidos.
- Manter um programa interno de separação de resíduos sólidos.
- Manter um local adequado para armazenamento de resíduos sólidos separados.
- Manter local independente e vedado para armazenamento de resíduos sólidos contaminantes.
- Dispor de critérios específicos para destinação adequada dos resíduos sólidos.
- Manter monitoramento específico sobre o consumo de energia elétrica.
- Manter critérios especiais e privilegiados para aquisição de produtos e equipamentos que apresentem eficiência energética e redução de consumo.
- Manter monitoramento específico sobre o consumo de água.
- Manter critérios especiais e privilegiados para aquisição e uso de equipamentos e complementos que promovam a redução do consumo de água.
- Manter registros específicos e local adequado para armazenamento de produtos nocivos e poluentes.
- Manter critérios especiais e privilegiados para aquisição e uso de produtos biodegradáveis.
- Manter critérios de qualificação de fornecedores levando em consideração as ações ambientais por eles realizadas.
- Ter um certificado expedido por organismo especializado quanto à efetividade de adequação ambiental da operação.

Com base no IHA (1995), Abreu (2001), Bonilla e De Conto (2003), Gonçalves (2004), Ricci (2002), Rues (1995) e Webster (2000), é possível destacar sete grandes áreas que precisam ser definidas para avaliar as ações ambientais nos meios de hospedagem:

- Água de abastecimento.
- Água residuária e emissões.
- Energia.
- Resíduos sólidos
- Educação ambiental.
- Programas de sensibilização.
- Fornecedores e terceirizados.
- Aspectos de mercado.

Cabe destacar que, para cada área, devem ser identificadas informações importantes, tais como as relacionadas a seguir, no sentido de propiciar o melhor monitoramento das ações ambientais pelos meios de hospedagem:

- *Água de abastecimento*: legislação relacionada aos recursos hídricos; origem da captação da água (abastecimento público e poços); qualidade da água; sistemas de captação de água da chuva; uso da água da chuva; economia de água ao longo dos meses; monitoramento do uso da água; sistema de checagem de vazamentos e goteiras no sistema hidráulico; sistemas hidráulicos com restrições e limitações de fluxo (torneiras, encanamentos, vasos sanitários, entre outros) e programas de sensibilização para controlar o uso e desperdício de água (troca de toalhas e de roupas de cama, duração do banho, entre outras).
- *Água residuária e emissões*: legislação pertinente aos efluentes e emissões; quantidade de efluentes e emissões geradas; características dos efluentes e das emissões; tratamento e disposição final das águas residuárias; programa de reuso da água tratada (efluente da estação de tratamento de águas residuárias) e das águas da pias dos sanitários; monitoramento do reuso da água; diagnóstico sobre a geração de emissões nos últimos meses (ruídos, odores, gases, entre outros) e programas de redução de emissões.
- *Energia*: monitoramento do consumo de energia; programas de redução do consumo de energia; auditoria sobre o consumo de energia; utilização de energia solar e eólica; adequação da instalação de rede elétrica durante a construção ou reforma do prédio; utilização de dispositivos de presença (sensores) nos corredores e áreas sociais; colocação de lâmpadas de baixo consumo; entre outras.
- *Resíduos sólidos*: diagnóstico da geração de resíduos sólidos em todos os setores; segregação dos resíduos obedecendo as suas características; reaproveitamento, tratamento e disposição final correta; monitoramento das empresas terceirizadas responsáveis pela coleta e tratamento dos resíduos; programas de redução da geração; controle de resíduos perigosos; devolução de embalagens para os fornecedores ou fabricantes, entre outras.
- *Educação ambiental*: cumprimento da Política Nacional de Educação Ambiental (Brasil, 1999); desenvolvimento de programas de sensibilização dos hóspedes e funcionários; capacitação permanente e contínua de funcionários sobre gestão ambiental; divulgação permanente e contínua sobre informações relacionadas ao consumo e desperdício de água, geração e minimização de águas residuárias e de resíduos sólidos; manejo correto de resíduos sólidos, consumo de energia, política ambiental dos meios de hospedagem e de seus fornecedores; entre outras.
- *Fornecedores e terceirizados*: adoção de uma política de compra de produtos ambientalmente corretos; substituição de produtos mais agressivos por menos agressivos ao meio ambiente; adoção de aspectos legais nas relações que se estabelecem entre o meio de hospedagem e fornecedores e terceirizados; entre outras.
- *Aspectos de mercado*: adoção de tecnologias mais limpas; cumprimento da legislação ambiental; divulgação das ações ambientais para a sociedade; compromisso ambiental dos fornecedores, terceirizados e operadoras turísticas associadas aos meios de hospedagem; entre outras.

Cabe destacar que saber diagnosticar, realizar balanços de massa e de energia nos empreendimentos hoteleiros é importante para o planejamento, a implantação, a operação e o monitoramento de sistemas de gestão ambiental.

Parte 6

Compromisso Ambiental dos Hóspedes

Quantos turistas se preocupam com os impactos do turismo sobre todas as destinações? Quantos turistas se preocupam com os impactos do turismo sobre a destinação onde, naquele momento, estão passando as férias? Essas, entre outras perguntas, merecem ser analisadas e respondidas para que sejam percebidas as lacunas no planejamento do turismo, principalmente aquelas relacionadas ao conhecimento disponível sobre o assunto e às informações que os turistas possuem e que necessitam para transformá-las em condutas.

Swarbrooke e Horner (2002) apresentam determinantes importantes do comportamento dos turistas em relação ao meio ambiente. Os autores se referem a um comportamento *mais verde* por parte dos *turistas verdes*, destacando que são relativamente poucos os turistas que parecem tomar decisões movidos por preocupações ambientais.

Abreu (2001) diz que a responsabilidade ética e ambiental, fator que caracteriza os hóspedes verdes, é algo relativamente novo na sociedade (p. 28). A autora também destaca a necessidade de identificar os *hóspedes verdes*, conhecendo a sua importância e os valores que eles podem trazer para o meio de hospedagem. A autora continua dizendo:

> *Os hóspedes verdes já estão influenciando o mundo dos negócios, definindo com precisão os tipos de produtos que querem adquirir e o perfil das empresas com as quais querem negociar. Assim, eles estão fazendo essas empresas repensarem seus produtos, serviços e suas formas de gestão, buscando novas alternativas que não agridam o meio ambiente.*
>
> Abreu (2001, p. 19)

Em outras palavras, isso quer dizer que, nos hotéis onde se hospedem, esses hóspedes estão atentos à política ambiental desses meios de hospedagem. Ou seja, estão atentos ao plano de gerenciamento de resíduos sólidos, ao consumo de água e de energia e, conseqüentemente, à redução dos desperdícios nesses meios de hospedagem.

Goeldner, Ritchie e McIntosh (2002) relatam sobre a responsabilidade individual dos turistas. Nesse sentido, os autores destacam que os turistas precisam ser educados em relação a essas obrigações e responsabilidades, no sentido de contribuírem para o turismo social e ambientalmente responsável. Eles devem fazer parte da destinação turística como hóspedes e, como tais, co-responsáveis pela manutenção do destino.

Outros autores também relatam a importância da participação dos hóspedes nos programas ambientais desenvolvidos pelos meios de hospedagem (De Conto, 2001; Cesa e De Conto, 2003; Amorim e Ramos, 2003; Moura *et al.*, 2003). Cesa e De Conto (2003) propõem a realização de pesquisas com hóspedes, no sentido de identificar sua percepção ambiental. Moura *et al.* (2003) destacam a ausência de conscientização nos hotéis pesquisados para as temáticas ambientais. Amorim e Ramos (2003) ressaltam a participação de hóspedes crianças nas atividades recreativas desenvolvidas no hotel em estudo, no sentido de conscientizá-las, multiplicando os efeitos positivos da educação ambiental.

Também, no que tange à sensibilização dos hóspedes em relação às questões ambientais, diferentes autores convergem ao destacar a importância do desenvolvimento de programas de educação ambiental nos meios de hospedagem (De Conto, 2001; Abreu, 2001; Lemos, 2002; Souza, 2004). Gonçalves (2004), ao examinar a gestão ambiental em meios de hospedagem, sublinha a importância do processo de sensibilização de pessoas em relação ao meio ambiente e releva os princípios do sistema ambiental da ABIH.

Cabe destacar um desses princípios, no sentido de analisar o envolvimento integrado de ações e pessoas na direção da sensibilização ambiental: desenvolver o programa como um instrumento de difusão dos conceitos práticos de responsabilidade ambiental, promovendo ações que envolvam todo o empresariado hoteleiro, a comunidade, o poder público, os fornecedores, os funcionários e, principalmente, os hóspedes. Seus objetivos são:

- Estimular e viabilizar projetos de produção limpa, fornecendo aos governantes os dados a respeito da infra-estrutura que facilitará ações futuras.
- Estabelecer uma relação de parceria com fornecedores para o desenvolvimento de embalagens e produtos compatíveis com a gestão ambiental.
- Estimular a função da hotelaria como agente multiplicador por meio de ações de divulgação da gestão ambiental entre os hóspedes, funcionários e a comunidade do entorno (Gonçalves, 2004, p. 79).

Considerações Finais

É necessário lembrar as responsabilidades dos meios de hospedagem em relação à geração e ao destino dos resíduos sólidos gerados em suas atividades.

85-7241-568-8

Todos os meios de hospedagem precisam ter clareza de suas operações, das entradas (água, energia e matéria-prima) e das saídas (produtos resultantes das atividades diárias), nunca esquecendo que os resíduos sólidos, mesmo que indesejáveis, são um desses produtos.

Se a geração de resíduos é inerente às atividades desenvolvidas nos meios de hospedagem, os responsáveis por eles deverão sempre contabilizar essa geração: sistemas corretos de acondicionamento dos resíduos gerados em todos os setores; abrigos externos e internos (local projetado para abrigar provisoriamente os resíduos sólidos); sistemas de acondicionamento e estocagem na via pública, no sentido de atender às características dos resíduos e a periodicidade da sua coleta; sistemas de transporte, tratamento e disposição final e programas de sensibilização ambiental.

Peciar (2004), em seu estudo sobre "a educação ambiental na formação acadêmica dos turismólogos: um caminho para o turismo sustentável", apresenta reflexões sobre a qualidade da formação acadêmica e profissional dos turismólogos em relação aos problemas de ordem ambiental da contemporaneidade. Nesse sentido, é importante e necessário revisar os programas de ensino dos cursos de graduação em Turismo e Hotelaria, no sentido de contemplar de forma efetiva a variável ambiental. Contabilizar do ponto de vista ambiental as atividades desenvolvidas no turismo e na hotelaria torna-se imprescindível para analisar com clareza as responsabilidades éticas e legais de todos os agentes que constroem o turismo.

Em síntese, parece que essas contribuições sobre o gerenciamento de resíduos sólidos podem ser utilizadas pelos dirigentes dos meios de hospedagem como instrumentos de apoio para a construção de novos comportamentos em relação ao meio ambiente. Cabe às universidades o compromisso de formar profissionais capazes de lidar e intervir com os problemas decorrentes dos impactos ambientais do turismo e da hotelaria. Parece fundamental que os meios de hospedagem, juntamente com os seus sindicatos, secretarias municipais e estaduais de turismo e universidades, desenvolvam estudos e pesquisas relacionados ao gerenciamento de resíduos sólidos, no sentido de atender às legislações ambientais municipal, estadual e nacional, promovendo de forma sistêmica um turismo mais humano e mais ecológico.

Exercícios Propostos

1. Identifique a legislação ambiental municipal, estadual e nacional. Reflita sobre as relações que se estabelecem entre as sete grandes áreas do sistema de gestão ambiental de um meio de hospedagem apresentadas no texto e a legislação vigente.
2. Verifique as informações relacionadas às ações ambientais de meios de hospedagem apresentadas nos *sites*: *www.abih.com.br* e *www.hotelnews.com.br*.
3. Comente as relações que devem ser estabelecidas entre a Política Nacional de Educação Ambiental (*www.mma.gov.br/port/conama/index.cfm*) e os programas de ensino dos cursos de Turismo e de Hotelaria em nosso país.
4. Em sua próxima estadia em um meio de hospedagem, eduque o seu olhar para perceber as ações ambientais que ele desenvolve.

Sites Indicados

www.abes-dn.org.br

www.cempre.org.br

www.sema.rs.gov.br

www.fepam.rs.gov.br

www.ibge.gov.br

www.mma.gov.br

www.famurs.com.br

www.ibam.org.br

www.abih.com.br

www.ambientebrasil.com.br

www.hotelnews.com.br

www.rs.senai.br/cntl

www.abntnet.com.br

BIBLIOGRAFIA

ABREU, D. *Os Ilustres Hóspedes Verdes*. Salvador: Casa da Qualidade, 2001.

AMORIM, C. G.; RAMOS, S. E. V. C. Programa hóspede da natureza: uma ferramenta para a educação ambiental. In: I SEMINÁRIO DE PESQUISA EM TURISMO DO MERCOSUL, 2003, Caxias do Sul. *Anais do I Seminário de Pesquisa em Turismo do Mercosul*, 2003.

Parte 6

85-7241-568-8

ASSOCIAÇÃO BRASILEIRA DA INDÚSTRIA DE HOTÉIS (ABIH). Programa ABIH de responsabilidade ambiental – hóspedes da natureza. *Boletim da ABIH (Porto Alegre)*: 2001.

ASSOCIAÇÃO BRASILEIRA DE NORMAS TÉCNICAS (NBR 10.004). *Resíduos Sólidos – Classificação*. Rio de Janeiro: NBR, 2004.

BONILLA, J.; DE CONTO, S. M. Planejamento de um meio de hospedagem ecológico. In: I SEMINÁRIO DE PESQUISA EM TURISMO DO MERCOSUL, 2003, Caxias do Sul. *Anais do I Seminário de Pesquisa em Turismo do Mercosul*, 2003.

BRASIL. Lei nº 9.795, de 27 de abril de 1999. Dispõe sobre a educação ambiental, institui a Política Nacional de Educação Ambiental e dá outras providências. Ministério do Meio Ambiente-CONAMA. Brasília, DF, 1999. Disponível em: www.mma.gov.br/port/conama/index.cfm. Acesso em: 23/dez./2004.

CESA, P. P. P.; DE CONTO, S. M. Informações relacionadas às situações de manejo de resíduos sólidos no âmbito de seis meios de hospedagem. In: I SEMINÁRIO DE PESQUISA EM TURISMO DO MERCOSUL, 2003, Caxias do Sul. *Anais do I Seminário de Pesquisa em Turismo do Mercosul*, 2003.

DE CONTO, S. M. O estudo do comportamento de turistas e prestadores de serviços turísticos no manejo de resíduos sólidos gerados no âmbito dos hotéis. In: BARRETTO, M.; REJOWSKI, M. (orgs.). *Turismo: interfaces, desafios e incertezas*. Caxias do Sul: EDUCS, 2001, p. 57-68.

DE CONTO, S. M. et al. Composição gravimétrica de resíduos sólidos domésticos – um estudo de caso. In: VI SEMINÁRIO NACIONAL DE RESÍDUOS SÓLIDOS, 2002, Gramado. *Anais do VI Seminário Nacional de Resíduos Sólidos*, 2002.

DE CONTO, S. M. et al. Geração de resíduos sólidos em um meio de hospedagem: um estudo de caso. In: CONGRESSO BRASILEIRO DE CIÊNCIA E TECNOLOGIA EM RESÍDUOS E DESENVOLVIMENTO SUSTENTÁVEL, 2004, Florianópolis. *Anais do Congresso Brasileiro de Ciência e Tecnologia em Resíduos e Desenvolvimento Sustentável*, 2004.

GOELDNER, C. R.; RITCHIE, J. R. B.; MCINTOSH, R. W. *Turismo: princípios, práticas e filosofias*. 8. ed. Porto Alegre: Bookman, 2002.

GONÇALVES, L. C. *Gestão Ambiental em Meios de Hospedagem*. São Paulo: Aleph, 2004.

INTERNATIONAL HOTEL ASSOCIATION (IHA); INTERNATIONAL HOTELS ENVIRONMENT INITIATIVE (IHEI); UNITED NATIONS ENVIRONMENT PROGRAMME (UNEP). *Environmental Action Pack for Hotels*. s. l.: IHA, IHEI, UNEP, 1995.

LAMPRECHT, J.; RICCI, R. Padronizando o sistema da qualidade na hotelaria mundial: Como implementar a ISO 14000 em hotéis e restaurantes. 1. reimp. Rio de Janeiro: Qualitimark, 2001.

LEMOS, A. D. da C. Será que os turistas estão começando a ficar "verdes"? *Retur (São Paulo), 1 (1)*: 2002. Disponível em: http://www.presidentekennedy.br/retur/edicao01/artigo03.pdf. Acesso em: 4/Out/2004.

LIMA, L. M. Q. *Lixo – Tratamento e Biorremediação*. 3. ed. São Paulo: Hemus, 1995.

MANDELLI, S. M. C. Variáveis que interferem no comportamento da população urbana no manejo de resíduos sólidos domésticos no âmbito das residências. São Carlos, 1997, 267p. Tese (Doutorado) – Universidade Federal de São Carlos, 1997.

MOURA, T. N. et al. A indústria hoteleira na via costeira da cidade do Natal-RN: diagnóstico das variáveis de interesse ambiental. In: XXII CONGRESSO BRASILEIRO DE ENGENHARIA SANITÁRIA E AMBIENTAL, 2003, Joinville. *Anais do XXII Congresso Brasileiro de Engenharia Sanitária e Ambiental*, 2003.

PECIAR, P. L. R. A educação ambiental na formação acadêmica dos turismólogos: um caminho para um turismo sustentável. In: II SEMINÁRIO DE PESQUISA EM TURISMO DO MERCOSUL, 2004, Caxias do Sul. *Anais do II Seminário de Pesquisa em Turismo do Mercosul*, 2004.

PESSIN, N.; DE CONTO, S. M.; QUISSINI, C. S. Componentes potencialmente perigosos nos resíduos domésticos – Estudo de caso de sete municípios de pequeno porte da região do Vale do Caí – RS. In: VI SIMPÓSIO NACIONAL DE RESÍDUOS SÓLIDOS, 2002, Gramado. *Anais do VI Simpósio Nacional de Resíduos Sólidos*, 2002.

RICCI, R. *Hotel, Gestão Competitiva no Século XXI: ferramentas práticas de gerenciamento aplicadas a hotelaria*. Rio de Janeiro: Qualitimark, 2002.

RIO GRANDE DO SUL. Decreto nº 38.356, de 01 de abril de 1998. Aprova o Regulamento da Lei nº 9.921, de 27 de julho de 1993, que dispõe sobre a gestão dos resíduos sólidos no Estado do Rio Grande do Sul. Secretaria Estadual do Meio Ambiente – Legislação. Porto Alegre, RS, 1998. Disponível em: www.sema.rs.gov.br/sema/html/dec_38356.htm. Acesso em 23/dez/2004.

RUES, E. *Eco-hotel Management: conciencia ecológica em la administración hotelera*. México: Iberoamérica, 1995.

SANT'ANNA, F. S. P.; PALUDO, D.; QUADROS, M. E. Gestão ambiental: o reuso de águas na indústria hoteleira. In: III SIMPÓSIO INTERNACIONAL DE QUALIDADE AMBIENTAL, 2002, Porto Alegre. *Anais do III Simpósio Internacional de Qualidade Ambiental*, 2002.

SANT'ANNA, F. S. P.; ZAMBONIM, F. M. Gestão ambiental para hotéis. In: III SIMPÓSIO INTERNACIONAL DE QUALIDADE AMBIENTAL, 2002, Porto Alegre. *Anais do III Simpósio Internacional de Qualidade Ambiental*, 2002a.

SANT'ANNA, F. S. P.; ZAMBONIM, F. M. Gestão e certificação ambiental para hotéis. In: VI SIMPÓSIO ÍTALO BRASILEIRO DE ENGENHARIA SANITÁRIA E AMBIENTAL, 2002, Vitória. *Anais do VI Simpósio Ítalo-Brasileiro de Engenhara Sanitária e Ambiental*, 2002b.

SOUZA, C. A. de. Gestão da educação ambiental em meio de hospedagem: estudo de caso da Pousada do Rio Quente Resorts. In: II SEMINÁRIO DE PESQUISA EM TURISMO DO MERCOSUL, 2004, Caxias do Sul. *Anais do II Simpósio de Pesquisa em Turismo do Mercosul*, 2004.

SWARBROOKE, J.; HORNER, S. *O Comportamento do Consumidor no Turismo*. São Paulo: Aleph, 2002.

VALLE, C. E. *Como se Preparar para as Normas ISO 14000: qualidade ambiental: o desafio de ser competitivo*. 4. ed. rev. e ampl. São Paulo: Senac, 2002.

WEBSTER, K. *Environmental Management in the Hospitality Industry – a Guide for Students and Managers*. London: Cassel, 2000.

Parte 6

85-7241-568-8

CAPÍTULO

54 Administração Hoteleira em Tempo Real: a Revolução dos Sistemas de Informação Integrados

Gleice Regina Guerra
André Sathler Guimarães

Introdução

A década de 1960 popularizou a perspectiva sistêmica, uma nova forma de entender e interpretar as organizações. A Teoria dos Sistemas substituiu a metáfora da máquina, oriunda das teorias clássicas, pela metáfora do organismo. Vista como um organismo, uma organização é uma entidade viva em um ambiente que fornece energia e para o qual ela retorna algum produto. O organismo é cercado por uma membrana permeável que permite o intercâmbio de entradas e saídas com o ambiente.

Entender a empresa como um sistema é entendê-la como um conjunto de partes, interdependentes e inter-relacionadas, voltadas para alcançar um determinado objetivo e inseridas em um ambiente dado, que influencia e é influenciado pela empresa. Katz e Kahn (1978), em sua obra *A Psicologia Social das Organizações*, desenvolveram uma teoria das organizações baseada na teoria dos sistemas[1]. Para eles, a perspectiva sistêmica era importante porque tornava possível o tratamento e a compreensão tanto de micro quanto de macroconceitos, como o relacionamento da organização com o ambiente.

Entre outras vantagens, a abordagem sistêmica das organizações realçou o papel da informação e de seu fluxo entre as diversas partes da empresa. A informação tem dupla importância: em primeiro lugar, o fluxo informacional com o exterior precisa funcionar, de forma a permitir que a empresa troque informações com o ambiente; em segundo, o fluxo informacional é o responsável por manter a homeostase, o equilíbrio do sistema, ao propiciar a comunicação entre suas diferentes partes.

A revolução tecnológica – marcada pela chegada da computação em tempo real, pelo avanço contínuo da capacidade de processamento dos

[1] Vale ressaltar que o trabalho de Katz e Kahn baseou-se na obra de Ludwig Von Bertalanffy, *Teoria Geral dos Sistemas*, de 1968, que propôs as regras que governam os sistemas abertos.

Parte 6

85-7241-568-8

computadores e pela queda acentuada dos custos associados às tecnologias de informação (TI) – propicia às empresas, de forma geral, uma crescente adoção de sistemas de gestão integrada. Baseados em computadores e com excelente desempenho, esses sistemas subsidiam a tomada de decisões estratégicas, permitindo um acompanhamento geral e instantâneo da situação das empresas e agilizando as operações cotidianas. Um sistema de gestão integrada é um sistema voltado à coleta, armazenamento e processamento de dados para produzir informações. Os três principais papéis dos sistemas de informação em uma empresa são: apoio às decisões estratégicas, apoio às funções tradicionais de administração (monitoramento e controle) e apoio ao setor operacional.

O setor hoteleiro não está, e não deve estar, alheio a esse movimento. A TI está penetrando crescentemente nos hotéis, revolucionando alguns processos e permitindo uma riqueza muito maior de informações à disposição dos seus gerentes, facilitando a tomada de decisões. Este capítulo pretende apresentar um pouco do que vem acontecendo nesse campo.

Conceitos Gerais

As empresas atuam a partir de um grande conjunto de processos. Os processos, por sua vez, são constituídos pelas atividades necessárias para que uma determinada tarefa seja realizada. O que ocorre é que há uma tendência grande de os processos se cristalizarem ao longo do tempo e quase adquirirem vida própria. Todos os que já fizeram a pergunta "por que é feito desse jeito?" e receberam como resposta "porque sempre foi assim", sabem o que isso quer dizer.

Um primeiro ataque a esse tipo de mentalidade se deu com a reengenharia. Apesar de existir um certo preconceito em relação ao que é chamado de reengenharia, muitas vezes causado pela má-interpretação e conseqüente má-aplicação do conceito, a reengenharia basicamente diz para as empresas: olhem para os seus processos e vejam o que é possível ser cortado, racionalizado, otimizado. Medidas simples podem gerar resultados impressionantes.

Uma pessoa comum certamente levaria mais do que uma hora para trocar os quatro pneus de um carro (supondo que andasse por aí com quatro estepes no porta-malas). A equipe de mecânicos da Ferrari tem o recorde mundial de tempo de troca de pneus: 5,5 segundos para os quatro pneus (FIA, 2004). Brincadeiras à parte, o fato é que existem nas empresas muitos processos que ainda são extremamente onerosos, demorados, ineficientes. Uma análise de um pedido de financiamento na IBM demorava seis dias, envolvia sete funcionários e quatro etapas em que os dados tinham de ser redigitados em sistemas diferentes. A reengenharia desse processo resultou em um tempo de trabalho necessário de 90 minutos e apenas uma pessoa envolvida (Laudon e Laudon, 2004, p. 30). Lembra bastante o exemplo da Ferrari.

Ao se debruçarem sobre seus processos, entendendo sua natureza sistêmica, as empresas descobrem que a aplicação da tecnologia pode ter um grande impacto sobre elas. Analisando as possíveis aplicações, vislumbram pelo menos cinco formas de aperfeiçoamento dos processos com o uso da TI (O'Brien, 2004):

- *Criar rotinas para determinadas transações*: transformando processos não estruturados em transações rotineiras, com roteiros pré-definidos capazes de garantir sempre os mesmos resultados, como é o caso do pagamento de um fornecedor. Se cada vez que um hotel realiza o pagamento da conta da lavanderia terceirizada, por exemplo, usa um procedimento diferente (solicita que a governanta confira a nota fiscal antes ou depois de o gerente autorizar o pagamento, paga semanal ou mensalmente, contabiliza ao saldar o débito ou ao utilizar o serviço, etc.), é como se estivesse sempre *inventando a roda*, com desperdício de tempo e de esforço cognitivo.
- *Superar as barreiras geográficas*: com o acesso a informações instantâneas, independentes da localização (graças às redes e às telecomunicações). Cadeias hoteleiras de presença internacional podem se valer desses recursos para que sejam compartilhados dados entre todos os hotéis.
- *Automatizar*: reduzindo ou substituindo a necessidade de mão-de-obra nos processos que envolvem transações repetitivas e altamente estruturadas. Por exemplo, um *resort* racionalizou o trabalho dos auditores noturnos com a compra de um *software* que inicializa automaticamente alguns processos necessários do sistema hoteleiro e envia relatórios digitalizados para cada usuário; antes disso, os auditores "faziam inúmeras viagens entre o escritório da recepção e o de informática, para imprimir um grande número de relatórios" (Grove, 2002).

- *Agregar informação*: disponibilizando grandes quantidades de informações detalhadas ao longo dos processos. Por exemplo, ao rastrear o fluxo de enxoval da saída das unidades habitacionais até o seu retorno (transporte, triagem, pesagem, lavagem, centrifugação, secagem, calandragem, dobragem, armazenamento e distribuição).
- *Melhorar o acompanhamento*: permitindo o monitoramento detalhado da situação de todas as entradas e saídas de um processo. A governanta pode, por exemplo, monitorar em tempo real a situação de cada unidade habitacional, a camareira designada para cada uma delas, entre outras informações.

No âmbito do conceito de reengenharia, portanto, a TI tornou-se uma grande aliada das empresas na tarefa de revisar profundamente os processos internos. Cabe uma ressalva: informatizar um processo ruim é apenas fazer mais rápido o que não deveria ser feito!

Sistemas de Informação na Hotelaria: Pioneiros

Atualmente, quase todos os estabelecimentos de hospedagem, incluindo os de pequeno porte, fazem uso de sistemas informatizados de diferentes níveis de sofisticação. Já em 1995, Van Hoof *et al.* encontraram 95,3% dos meios de hospedagem pesquisados utilizando algum tipo de tecnologia; no mesmo ano, Coyne (1995, p. 397) contava, nos Estados Unidos, a existência de mais de 81 fornecedores de sistemas de gestão hoteleira.

Em uma rápida sondagem realizada com meios de hospedagem do estado de São Paulo, foram identificados mais de 80 fornecedores de sistemas informatizados para hotelaria, computados apenas os *softwares* com funções de recepção[2], e excluídos *softwares* de meios de hospedagem extra-hoteleiros, como motéis, hospitais e outros (Guerra, 2004).

Esse desenvolvimento é muito recente. Um dos primeiros relatos da utilização de sistemas informatizados em hotel talvez seja o de Bourseau (1974, p. 587-592), que conta o caso do hotel PLM Saint-Jacques em Paris, de 800 unidades habitacionais, cujos trabalhos de implantação de um sistema começaram em fevereiro de 1971, com a parceria da IBM, para um *sistema completo*. A principal preocupação pode ser vista no trecho seguinte:

> ***A consciência de que um hotel pode (...) se comparar a uma indústria levou a considerar a instalação de um sistema de controle automático, comparável ao utilizado pelas linhas de produção (...) mas a informatização de um hotel não constitui, de nenhuma maneira, a desumanização da hotelaria.***
>
> **Bourseau (1974, p. 588)**

O fato de o pioneiro ter sido um hotel de grande porte não é um simples acaso. Até o final dos anos 1970, estimava-se que o hotel deveria ter mais de 200 unidades habitacionais para justificar a compra de computadores (Abbott e Lewry, 2000, p. 197). Em 1994, a *Hospitality Information Technology Association* (HITA) norte-americana, em conjunto com consultores da empresa *PKF Consulting*, realizou uma pesquisa em 550 meios de hospedagem dos Estados Unidos com o objetivo de identificar as necessidades e percepções dos gerentes gerais em relação à tecnologia[3]. Uma das conclusões a que chegaram (Van Hoof *et al.*, 1995) foi de que existe uma correlação estatística positiva entre o porte do meio de hospedagem e sua necessidade de tecnologia.

Entretanto, a existência de sistemas informatizados que pudessem, de fato, atender às "necessidades singulares da indústria hoteleira" só seria verificada a partir do começo da década de 1980 (IHA, 1988, p. 19).

Até os anos 1990, o pensamento dominante das grandes cadeias hoteleiras era desenvolver seu próprio *software*: os hotéis da cadeia Sol Meliá na Espanha operavam com um sistema próprio da década de 1970 (Valdés, 2003, p. 265-269); em São Paulo, o Transamérica e o Maksoud Plaza[4], entre os melhores da cidade na época, desenvolveram seus programas informatizados. A idéia subjacente era de que todo o *know-how* da empresa

[2] Vários *softwares* identificados possuem módulos apenas de alimentos e bebidas, estoque, ou outras funções e operam com sistemas para a recepção de fornecedores parceiros.

[3] Definida na mencionada pesquisa como *tecnologia de computador*, um termo genérico para permitir interpretações variadas, desde computadores pessoais a sistemas de gestão hoteleira totalmente integrados.

[4] Por intermédio da Sisco Sistemas e Computadores S.A., também controlada pela Hidroservice Engenharia e Projetos Ltda. (Mendes Jr., 2001, p. 179-184).

85-7241-568-8

hoteleira só poderia ser comportado por um sistema próprio, ao mesmo tempo em que o controle de tal sistema agregaria valor à administração da marca, no caso de comercialização de franquias ou de negociação de contratos de administração. A utilização de aplicativos desenvolvidos por empresas especializadas só começaria depois.

No começo da década de 1990 ainda havia muita desconfiança com a informatização. Na transição da operação manual para a informatizada, uma das maiores preocupações de então residia na hipótese de falha no maquinário ou no programa de computador. Não é raro encontrar hotéis que trabalharam, por muito tempo, operando simultaneamente com formulários manuais e com o sistema informatizado, e ainda há casos assim: em Piracicaba, São Paulo, sabe-se de um hotel de 50 unidades habitacionais, inaugurado em 1994, considerado na época o segundo melhor hotel da cidade, que, dez anos depois, ainda mantém algumas rotinas realizadas manualmente em paralelo. É nesse sentido a declaração de Howey, de 1995:

> *Máquinas falham, e as pessoas que são responsáveis por gerar as contas/faturas que serão apresentadas aos hóspedes sempre precisarão saber como realizar o trabalho manualmente, caso o sistema "caia".*
>
> Howey (1995, p. 385)

É claro que, atualmente, o que se recomenda é que os arquivos tenham *backups* e/ou que relatórios de recepção sejam impressos periodicamente, para poder ter, em casos de emergência, posições de saldos e a distribuição das acomodações de hóspedes: as duas informações que possibilitam a ocorrência de *check-ins* e *check-outs* sem transtornos. Também é desejável um fornecedor de *software* que possa atender de imediato. O manual dos hotéis Crowne Plaza, por exemplo, recomenda a realização de *back-up* de contas de hóspedes três vezes ao dia, além de exigir dos hotéis baterias com autonomia de, no mínimo, 20 minutos para os casos de falta de energia elétrica (Bass, 1999, p. 103).

Os gerentes gerais de hotéis são os maiores interessados em um sistema de gestão hoteleira (SGH), já que empresas que fazem bom uso da tecnologia podem alcançar seus objetivos com mais facilidade por intermédio da melhoria da qualidade do serviço, da integração dos departamentos, da agilidade proporcionada à comunicação interna e da redução de custos.

A mencionada pesquisa de Van Hoof et al. (1995) verificou que a percepção e o nível de conhecimento dos gerentes gerais em relação à tecnologia disponível no meio de hospedagem não variavam de acordo com sua idade ou experiência profissional. Encontrou, ainda, outros resultados interessantes: 92,7% dos gerentes acreditavam que o alto investimento tecnológico era compensado pelo aumento na satisfação de hóspedes – e os gerentes dos maiores empreendimentos relacionavam diretamente a satisfação do hóspede à tecnologia oferecida; 57% dos gerentes de hotéis com mais de 300 unidades habitacionais consideravam sua necessidade tecnológica alta ou muito alta; 75% dos gerentes julgavam ter maior conhecimento tecnológico do que sua equipe; e os gerentes afirmavam, conforme a pesquisa, que os departamentos que mais se beneficiavam da tecnologia eram, em ordem: recepção, vendas e *marketing*, controladoria e alimentos e bebidas (Van Hoof *et al.*, 1995).

A maioria das estruturas organizacionais dos meios de hospedagem norte-americanos atribui aos *controllers* (ou gerentes financeiros), desde 1983, a responsabilidade pelos sistemas informatizados. Em 1983, Geller *et al.* encontraram 52% dos *controllers* de hotéis responsáveis pelo processamento eletrônico de dados (Geller *et al.*, 1990). Em 1989, uma pesquisa realizada a partir do envio de 750 questionários a membros da *International Association of Hospitality Accountants* (IAHA) descobriu que mais de 87% deles – entre *controllers* corporativos (14,7%), regionais (8,2%), de hotéis (52,6%) e outros (24,5%) – eram responsáveis pelos sistemas informatizados usados para contabilidade, e mais de 58% também tinham responsabilidade sobre os sistemas de recepção e reservas (Geller *et al.*, 1990). Em 1998, Burgess encontrou 71,4% dos gerentes financeiros de hotéis responsáveis pela tecnologia da informação. Burgess ressalta que isso não seria o esperado, uma vez que a grande maioria das mudanças causadas pela tecnologia ocorreu na recepção dos hotéis (2000, p. 7). Rutherford (1995, p. 355) corrobora esses resultados. Não se tem conhecimento de pesquisas similares realizadas no Brasil.

Sistemas de Informação nas Empresas

As tarefas internas das empresas, durante muito tempo, foram processadas manualmente. Nos grandes hotéis, há apenas vinte anos, havia o cargo de faturista: datilógrafos encarregados de abrir contas correntes de hóspedes e realizar lançamentos. Chegaram, então, primeiro as máquinas faturadoras mecânicas, depois as elétricas e as eletrônicas, que causaram uma série de revoluções. A última delas foi conseqüência do advento da informática, com o surgimento dos primeiros sistemas. No entanto, não havia sistemas capazes de dar conta de todos os departamentos de uma empresa, o que obrigava os hotéis a comprar diversos programas, que muitas vezes não conversavam entre si, cada um para atender a uma área específica: "Em *resorts*, com tantos sistemas operacionais diferentes [...] cada área tende a ter seu próprio *software* exclusivo" (Grove, 2002).

Com o tempo, isso começou a gerar grandes dificuldades para as empresas e um caos informacional. A Petrobrás, por exemplo, chegou a ter mil sistemas legados[5] que geravam informações diferentes: caso o presidente quisesse saber o faturamento de uma determinada refinaria poderia, em tese, ter até mil respostas diferentes.

A partir de 1992 começou a surgir um novo tipo de abordagem em termos de TI: os sistemas ERP – *Enterprise Resource Planning*, ou Sistemas de Gestão Integrada[6]. O uso de ERP se difundiu na Europa e Estados Unidos no início da década de 1990 e, no Brasil, a partir de 1996 (Colangelo Filho, 2001, p. 11). Nessa época, representavam uma solução prática para o então temido *bug* do milênio (Riccio, 2001, p. 5).

Um ERP tem como objetivo integrar todos os departamentos e funções internas de uma empresa em um único sistema informatizado, de forma que possa atender às diferentes necessidades dos distintos departamentos. Um exemplo interessante de uso de ERP no setor hoteleiro vem do grupo Hilton. Em dezembro de 1999, a Hilton International adquiriu a Promus Hotel Corporation). Antes da aquisição, ambas as empresas já tinham muitos servidores, sistemas operacionais e bancos de dados. Após a aquisição, a situação ficou crítica, com um conjunto extremamente heterogêneo e variado de tecnologias diferentes. Em 2001, a empresa decidiu partir para um processo de implantação de um ERP, tendo optado pela solução da PeopleSoft. O sistema permitiu ao grupo Hilton padronizar suas interfaces tecnológicas, mantendo, contudo, a flexibilidade e a autonomia de suas unidades hoteleiras, uma das características de sua gestão. Segundo seus próprios administradores, a adoção do ERP representou uma economia anual de 5 milhões de dólares para o Grupo (PeopleSoft, 2004).

Com um ERP, as empresas são forçadas a coordenar melhor suas atividades, o que serve para eliminar os desperdícios de recursos, reduzir os custos e responder mais rápido às mudanças das necessidades do mercado (Zwicker e Souza, 2003, p. 63); a "velocidade" aumenta e o controle de desempenho é aprimorado, permitindo decisões mais rápidas e eficazes (Ozaki e Vidal, 2003, p. 285).

O ERP tenta combinar todos os recursos existentes em um único programa, que funciona a partir de uma única base de dados, de forma que os vários departamentos possam compartilhar informações entre si mais facilmente. É crucial que as empresas entendam que a instalação de um ERP, ou de algum de seus módulos (Finanças, Contabilidade, Recursos Humanos etc.), afeta sua forma de fazer negócios. Na verdade, a aquisição de um ERP é necessariamente acompanhada de uma consultoria administrativa, para avaliar os processos da empresa e buscar aproximá-los das melhores práticas do mercado. Isso se deve ao fato de que a implantação de um sistema ERP é uma tarefa muito mais complexa do que instalar um novo *software* na empresa (Souza e Saccol, 2003, p. 23-24). Conforme Colangelo Filho, "as primeiras implantações de sistemas ERP foram relativamente caras e demoradas (...)", e nem todas as companhias utilizam todas as vantagens do sistema.

Unificar a linguagem e integrar todas as atividades é, simultaneamente, a maior dificuldade e o grande benefício. "A homogeneidade dos processos é o pré-requisito da integração, já que não há como integrar ações baseadas em conceitos conflitantes" (Colangelo Filho, 2001, p. 18). A percepção da empresa como um sistema único pelos departamentos acarreta, por si só, mudanças organizacionais e comportamentais, na medida em que facilita e padroniza o trânsito de dados e de informações. O banco de dados único, interligando as atividades *on line*, elimina a necessidade de transformação da informação entre duas atividades de um mesmo processo (Zwicker e Souza, 2003, p. 90).

Com um sistema integrado de gestão, fica fácil para todos os setores envolvidos lidar com o fluxo de ordens de serviço de manutenção (OSM), por exemplo. A Tabela 54.1 mostra como um sistema integrado poderia tratar uma OSM, hipoteticamente.

Parte 6

[5] Termo técnico para sistemas desenvolvidos sob encomenda para uma empresa, encontrados, portanto, em operação quando se propõe a instalação de algum sistema novo.

[6] A tradução literal é "Planejamento de Recursos Empresariais". Em português, porém, é freqüente optar pelo uso de "Sistemas de Gestão Integrada" ou "Sistemas Integrados de Gestão".

Tabela 54.1 – Gerando e acompanhando uma OSM

Ação	Envolvido	Descrição
Registro	Recepção	O hóspede entra em contato com a recepção e reclama que a TV não funciona. O funcionário da recepção cria uma OSM por meio de seu terminal, atribuindo, para o caso, uma dada prioridade
	Governança	A OSM aparece imediatamente para os demais departamentos. Acionada, a governança retira a TV com problemas e providencia sua substituição, registrando a ação na mesma OSM
	Manutenção	O departamento de manutenção aloca o conserto da TV removida para um funcionário interno ou para uma firma terceirizada. O sistema pode gerar uma notificação por *e-mail*, para um PDA – *Personal Digital Assistant* ou ainda para um telefone celular
Requisição	Compras	Se um funcionário interno verifica que a troca de uma peça do aparelho solucionaria o problema, o sistema pode emitir um pedido de compras para o departamento responsável, ou ainda diretamente para o fornecedor
	Contas a pagar	No caso de peças ou de serviços solicitados de outras empresas, o sistema pode agendar e efetuar o pagamento por transação eletrônica e, quando for o caso, debitar o valor na conta do hóspede
Monitoramento	Operacional (conserto)	Enquanto o funcionário ou empresa designado para o conserto da TV não o realizar, o sistema continua monitorando a OS, informando que o problema ainda não foi solucionado. Pode ser programado para emitir vários tipos de alerta
	Patrimonial (aparelho)	O acompanhamento da localização física do aparelho de TV pode ser mantido pelo sistema, para fins de controle patrimonial
	Contábil (despesa)	As horas de trabalho e as peças necessárias para o conserto podem ser valorizadas e contabilmente debitadas ao departamento responsável
Histórico	OSM	Após o atendimento da OSM, o histórico fica armazenado no sistema, podendo gerar vários tipos de relatório
	Aparelho	O departamento de manutenção pode acompanhar, cronologicamente, o histórico de problemas de cada equipamento, facilitando o planejamento de programas de manutenção preventiva
	Hóspede	O problema com a TV fica registrado no histórico do hóspede, para que em sua próxima estada a recepção tenha acesso a essa informação
	Fornecedor	O preço, o prazo de atendimento e outras informações ficam registrados para possibilitar a avaliação de fornecedores
	Funcionário	O desempenho do funcionário também pode ser utilizado pelo setor de Recursos Humanos

Como foi dito, um sistema de informação facilita a gestão na medida em que é capaz de estabelecer rotinas, eliminar barreiras geográficas, automatizar, agregar informações e garantir o monitoramento da operação (O'Brien, 2004). Um sistema integrado pode, além disso, estabelecer formas de comunicação interdepartamental que garantam que as informações coletadas e armazenadas por cada departamento sejam processadas em benefício de toda a empresa.

Sistemas de Informação em Hotéis: Possibilidades e Características Desejáveis

Dertouzos (2002, p. 81), refletindo sobre o processo de *check in* em um hotel, após ter sido obrigado a aguardar 28 minutos até ser levado para sua acomodação, escreveu:

> ***(...) meu registro (...) poderia ser feito em menos de um minuto. Assim que chegasse ao hotel, eu passaria meu cartão de crédito por um pequeno dispositivo que faria uma verificação automática de crédito e uma designação imediata de um quarto que correspondesse às minhas preferências, declaradas quando fizera a reserva.***

Isso já ocorre em diversos hotéis Formule 1 da cadeia francesa Accor. Na verdade, toda a experiência de hospedagem vem sendo inteiramente revolucionada pela tecnologia.

O uso de sistemas informatizados é imprescindível para o turismo internacional. A capacidade de disponibilizar reservas pela Internet, de modo a facilitar o contato do cliente com o estabelecimento de hospedagem, é uma das características desejáveis de sistemas hoteleiros. A reserva pode ser feita após o cliente ter conferido, no *site* do hotel, fotos das unidades habitacionais, das áreas comuns e de lazer, preços e condições de hospedagem, etc. É possível transmitir sons do ambiente, imagens ao vivo, informações em tempo real sobre temperatura e demais condições climáticas, entre outras possibilidades.

O que se observa é que os *sites* de meios de hospedagem existentes utilizam, hoje, diferentes níveis de tecnologia. Há os que utilizam a Internet apenas para dar informações – como um *folder* eletrônico –, solicitando ao cliente que entre em contato por *e-mail* ou outro meio de comunicação. Outros disponibilizam um local no *site* para inserir os dados de solicitação de reservas, alguns obrigatórios (como nome, período da estada, número de pessoas, tipo e categoria de unidade habitacional); as informações são enviadas a um departamento de reservas, que as processa e responde ao cliente – nesse caso, não há integração entre o sistema disponível na Internet e o sistema de reservas. Outra possibilidade de trabalhar com sistemas de reservas não integrados é bloqueando determinado número de acomodações para vender pela Internet – isso possibilita a confirmação *on line* até o número máximo de unidades bloqueadas, mas é uma solução inadequada do ponto de vista operacional e administrativo. Ainda nos dias atuais, e em grandes redes hoteleiras, é fácil encontrar sistemas de reservas não integrados com a recepção.

O uso mais sofisticado da Internet para reservas ocorre de forma integrada ao sistema hoteleiro, quando se pode fornecer ao cliente em tempo real a disponibilidade do hotel para o período de estada desejado, e eventualmente já solicitar a garantia da reserva por meio de um número de cartão de crédito. Um bom sistema inclui, também, dispositivos integrados de *yield management*, capazes de fornecer tarifas para o período solicitado de acordo com as expectativas de ocupação do hotel. Os módulos de reserva pela Internet têm a vantagem de funcionar 24 horas por dia, sete dias por semana, com baixo custo.

Os sistemas de reservas também podem disponibilizar ferramentas para lidar com a prestação de outros serviços para os hóspedes, individuais ou em grupo. O serviço de *conciergerie*, por exemplo, é essencial para hotéis que trabalham intensamente com grupos: no momento em que a reserva é feita, o hotel pode reservar uma passagem aérea, um jantar, um passeio de barco, um *city tour*. Uma reserva para sete dias, por exemplo, pode gerar a reserva de outras 30 atividades diferentes para os hóspedes.

A Figura 54.1 mostra um exemplo de confirmação de reserva, gerado por um sistema com essas capacidades.

Para Cote (1997, p. 350-360), além do módulo de reservas e previsão de ocupação (*forecast*), outros desejáveis em um sistema hoteleiro são: gestão de acomodações; recepção; tarifação telefônica; pontos-de-venda; gestão de cardápios e receitas; gestão de estoque; contas a receber e a pagar; contabilidade; folha de pagamento. Funcionando de forma integrada, esses módulos permitem um monitoramento abrangente do meio de hospedagem, fornecendo subsídios importantes para o gestor em suas competências de controle e tomada de decisões.

Uma característica fundamental do sistema hoteleiro é a comunicação entre os diferentes *softwares* e suas funções, tanto para a automatização de tarefas, como para o redesenho de processos inteiros. Na hotelaria, especialmente os sistemas de PABX, minibar, fechaduras e chaves devem ter uma interface com o sistema de gestão hoteleiro.

Particularmente no tocante ao acompanhamento e controle, os sistemas hoteleiros produzem uma diversidade de relatórios, instrumentos que reúnem de forma coerente e organizada, segundo algum critério, os dados gerados pelas operações das empresas.

Há relatórios de vários tipos. O mais tradicional é o periódico programado: o gerente define um intervalo de tempo e o associa a uma ou mais variáveis, passando a receber aquele relatório periodicamente. Exemplos poderiam ser: previsão de ocupação semanal, movimentação mensal do almoxarifado, etc. Outro tipo de relatório é o que informa uma exceção. O gerente define parâmetros para uma determinada variável e o relatório só é gerado quando aquela variável oscila para além dos limites, como uma espécie de alerta; por exemplo: hóspedes que excedem o limite de crédito estabelecido para gastos internos, horas extras que ultrapassam certo patamar, etc. Atualmente, no entanto, com a evolução tecnológica, há um tipo de relatório que vem ganhando crescente importância: o relatório sob demanda (*on demand*), que é aquele pedido pelo gerente a qualquer tempo e que traz informações em tempo real, ou seja, informações atualizadas naquele exato momento. A Figura 54.2 mostra um relatório sob demanda que revela a disponibilidade instantânea de unidades habitacionais (UH), na data solicitada ou em qualquer data dos próximos 100 dias, em menos de um segundo.

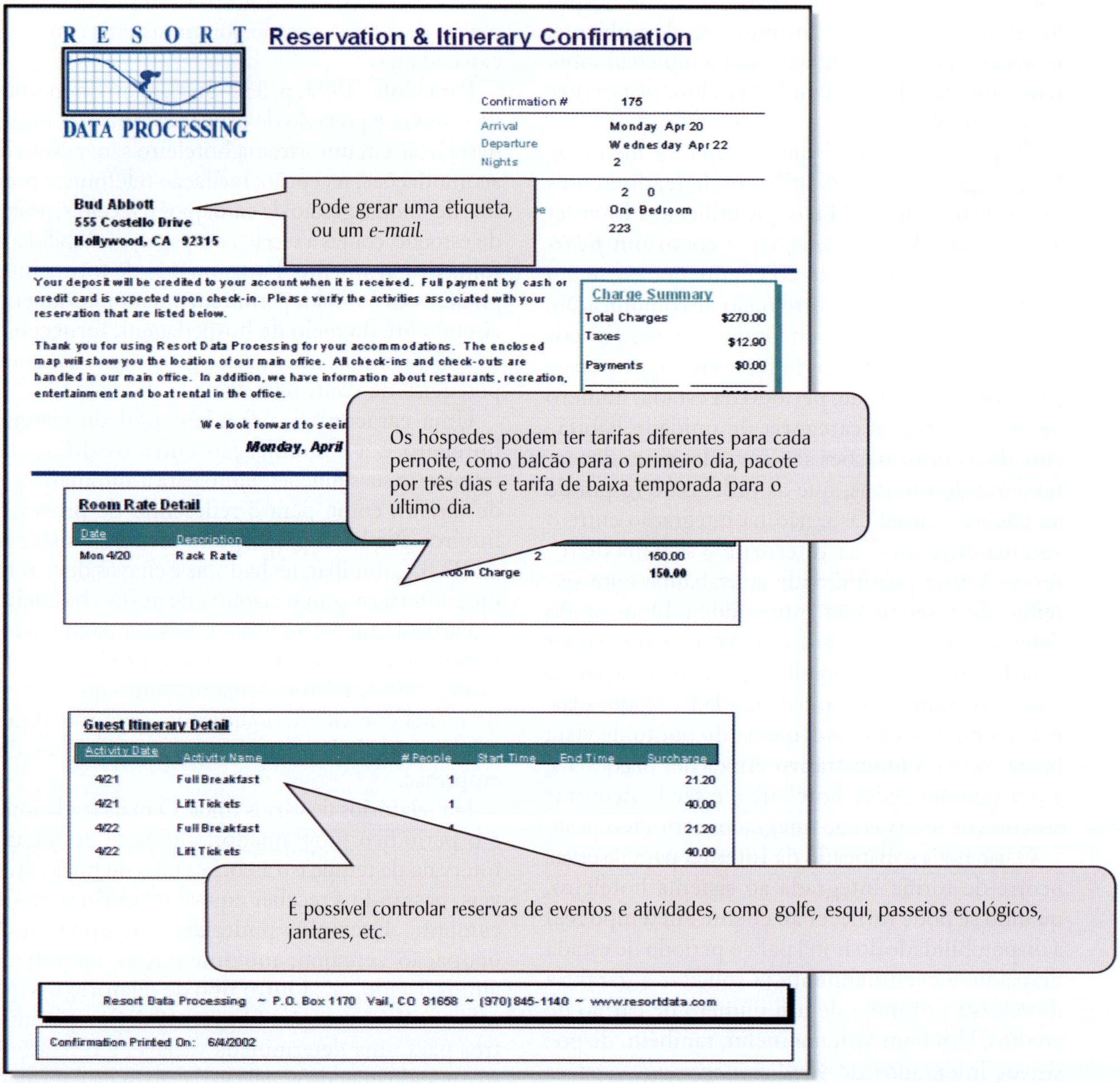

Figura 54.1 – Confirmação de reserva. Adaptado de Resort (2004).

Em se tratando de uma rede de hotéis, não apenas a integração entre módulos e entre sistemas é importante. As diversas unidades hoteleiras precisam de canais de comunicação. No que se refere à prestação de serviços, a Internet pode ser útil para compartilhar dados e preferências de hóspedes entre as diversas unidades; na gestão da empresa, a comunicação com fornecedores, o envio de dados contábeis e extracontábeis entre unidades e escritórios corporativos, etc. pode ser muito interessante. O sistema informatizado de gestão hoteleira deve prever e facilitar essas necessidades.

Para uma rede, a escolha do sistema a ser utilizado deve levar em conta o maior e mais complexo hotel. Desse modo, é comum que hotéis menores da rede tenham à sua disposição um sistema com capacidade e funções além de sua necessidade (Ismail, 2004, p. 1999).

Essas são características relacionadas com o *software* em si. Conforme Coyne (1995), a avaliação do *software* deve considerar: o atendimento das necessidades particulares do meio de hospedagem, com a melhor relação custo-benefício; o aperfeiçoamento contínuo, com uso de tecnologia de úl-

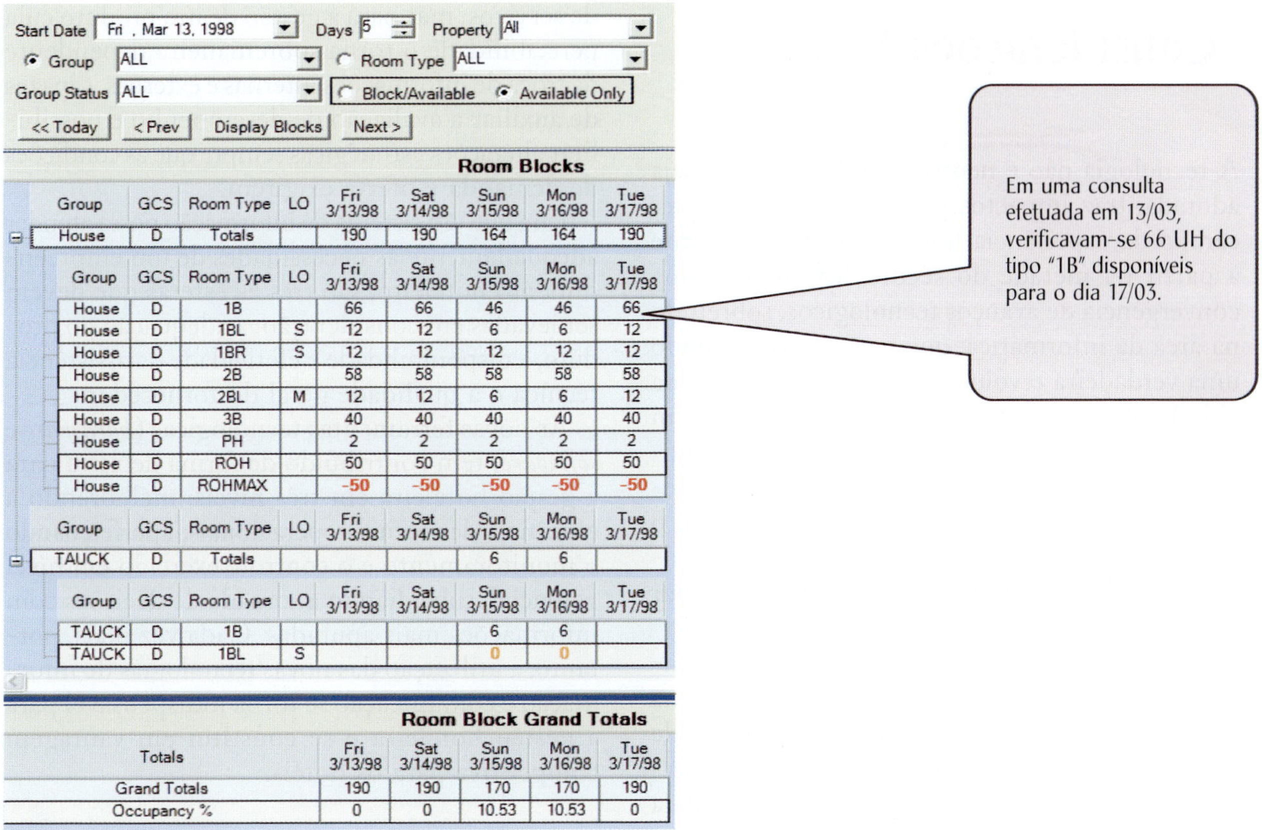

Start Date: Fri , Mar 13, 1998 — Days: 5 — Property: All
Group: ALL — Room Type: ALL
Group Status: ALL — Block/Available — Available Only
<< Today | < Prev | Display Blocks | Next >

Room Blocks

Group	GCS	Room Type	LO	Fri 3/13/98	Sat 3/14/98	Sun 3/15/98	Mon 3/16/98	Tue 3/17/98
House	D	Totals		190	190	164	164	190

Group	GCS	Room Type	LO	Fri 3/13/98	Sat 3/14/98	Sun 3/15/98	Mon 3/16/98	Tue 3/17/98
House	D	1B		66	66	46	46	66
House	D	1BL	S	12	12	6	6	12
House	D	1BR	S	12	12	12	12	12
House	D	2B		58	58	58	58	58
House	D	2BL	M	12	12	6	6	12
House	D	3B		40	40	40	40	40
House	D	PH		2	2	2	2	2
House	D	ROH		50	50	50	50	50
House	D	ROHMAX		-50	-50	-50	-50	-50

Group	GCS	Room Type	LO	Fri 3/13/98	Sat 3/14/98	Sun 3/15/98	Mon 3/16/98	Tue 3/17/98
TAUCK	D	Totals				6	6	

Group	GCS	Room Type	LO	Fri 3/13/98	Sat 3/14/98	Sun 3/15/98	Mon 3/16/98	Tue 3/17/98
TAUCK	D	1B				6	6	
TAUCK	D	1BL	S			0	0	

Room Block Grand Totals

Totals	Fri 3/13/98	Sat 3/14/98	Sun 3/15/98	Mon 3/16/98	Tue 3/17/98
Grand Totals	190	190	170	170	190
Occupancy %	0	0	10.53	10.53	0

Figura 54.2 – Modelo de relatório sob demanda: disponibilidade de UH. Adaptado de Resort (2004).

tima geração; o atendimento eficaz à prestação de serviços, às operações e à gestão; a possibilidade de instalação remota; a capacidade de controle de acesso e de fornecimento de trilhas para auditoria interna; a ausência de *bugs*; a facilidade em modificar ou adaptar; e a compatibilidade com diversas plataformas de *hardware*. Além disso, e da mencionada capacidade de interface com outros programas, seriam ainda características ideais para o produto: existência de ferramentas de programação para desenhar relatórios especiais e configuração modular, não só em termos de *software*, mas também de *hardware*, de modo a permitir a expansão do sistema sem que haja necessidade de modificar componentes básicos (Coyne, 1995, p. 398).

Coyne (1995, p. 398) detecta outras duas esferas, além da do produto, que devem ser consideradas na decisão de aquisição de um sistema informatizado por empresas hoteleiras: a do fornecedor e a da assistência técnica.

As principais preocupações a respeito do fornecedor são dispor de: uma carteira de clientes estabelecida e que possa dar referências; estabilidade financeira; capacidade de prover *software* e *hardware*; manuais adequados e ferramentas de auto-aprendizado; equipe de suporte que, além de conhecimento técnico, conte com experiência em hotelaria (Coyne, 1995, p. 398). A experiência ou o conhecimento de hotelaria é muito importante: entre os mencionados *softwares* disponíveis no mercado brasileiro, muitos foram desenvolvidos por profissionais que, claramente, não se encontravam familiarizados com a operação hoteleira e nem sequer com o vocabulário técnico, provocando, algumas vezes, mais problemas do que soluções aos usuários.

A assistência técnica, por sua vez, deve: ser capaz de atender problemas de *hardware* e *software* em uma única chamada, com pessoal qualificado; atender imediatamente 24 horas por dia, sete dias por semana; e ter representação local para *hardware* que distribua peças de reposição (Coyne, 1995, p. 398).

Em suma, espera-se que um sistema informatizado agilize e racionalize o trabalho, permitindo o monitoramento e a mensuração de desempenho, auxiliando a identificar tendências e facilitando a tomada de decisões.

Considerações Finais

A tecnologia não é neutra – onde quer que seja adotada, traz impactos profundos, em qualquer campo da experiência humana. Particularmente a partir da metade do século XX, houve uma convergência de avanços tecnológicos, sobretudo na área da informática, que teve como resultado uma verdadeira revolução em todas as esferas da vida humana. O setor hoteleiro não está, e nem poderia estar, imune a essas mudanças. A tecnologia chega aos hotéis e revoluciona seus procedimentos administrativos internos, bem como o atendimento aos seus clientes – embora essa última abordagem não tenha sido privilegiada por este capítulo.

A tecnologia de informação tem sido um importante instrumento da abordagem sistêmica na gestão das organizações, ao facilitar o fluxo de informação dentro da empresa e propiciar a inter-relação entre os setores. Além disso, contribui para uma reformulação radical dos processos internos, otimizando-os e racionalizando-os.

Foi a partir da década de 1980 que os sistemas de informação passaram a fazer parte do cotidiano dos hotéis e, já nos anos 1990, eram quase onipresentes. É interessante observar que, apesar de sua orientação operacional, os sistemas foram muito bem-vindos pelos gerentes gerais, que perceberam sua importância na condução dos negócios, principalmente por sua capacidade de proporcionar a integração entre departamentos/setores, sistemas e unidades hoteleiras.

A integração é primordial para otimizar os processos de uma empresa hoteleira. A possibilidade de obter informações consolidadas em tempo real é essencial, não só para a qualidade da prestação de serviços, mas para a gestão de um produto cuja perecibilidade o torna sobremaneira dependente da troca de informações internas e externas, capazes de auxiliar a avaliação de desempenho e possibilitar alterações estratégicas sempre que as condições de demanda e oferta exigirem.

Para que um sistema de informação possa atender adequadamente às necessidades de um empreendimento hoteleiro, são três as esferas que devem ser levadas em consideração: a adequação do produto, a disponibilidade e efetividade da assistência técnica e a qualidade geral do fornecedor.

As novas ferramentas tecnológicas (*hardware* e *software*) têm contribuído de forma decisiva para a gestão hoteleira em três níveis: melhorando a eficiência das rotinas operacionais; aperfeiçoando o monitoramento e o controle exercido em nível gerencial; subsidiando a tomada de decisões com informações mais apuradas. Cada vez mais, portanto, a utilização das novas tecnologias de informação e comunicação se torna indispensável para a gestão hoteleira e se constitui em vantagem competitiva para os hotéis.

Exercícios Propostos

1. Visite um hotel e faça um levantamento do que existe nele em termos de tecnologia de informação. Use o roteiro seguinte como um guia. Com os resultados, releia o capítulo e tente identificar ferramentas que ainda não estão disponíveis no hotel visitado. Apresente essas possibilidades para a gerência do hotel visitado.
2. Apresente um panorama tecnológico do hotel escolhido.
   a) Quantos microcomputadores há no hotel? Discrimine-os conforme suas especificações (use a Tabela 54.2 como modelo, se desejar).

Tabela 54.2 – Tabela para o exercício

Tipos de computador	Setor 1			Setor 2			Setor 3		
	Quantidade			*Quantidade*			*Quantidade*		
	Em rede	*Isolado*	*Total*	*Em rede*	*Isolado*	*Total*	*Em rede*	*Isolado*	*Total*
386 ou inferior									
486									
586 – Pentium									
RISC									
Outro(s)									
Total									

b) Quais são os principais *softwares* utilizados pelo hotel? Faça uma relação, descrevendo sucintamente quem são as pessoas que utilizam os *softwares* e para quais finalidades.
c) Quais são as principais utilizações da rede de computadores da empresa? (Caso os computadores não estejam ligados em rede, ignorar a pergunta).
d) Como o hotel se comunica com seus clientes e fornecedores?
e) Quais são os dados que o hotel mantém sobre seus clientes e fornecedores? Qual é a utilização que o hotel faz desses dados?

3. Cite cinco exemplos de como um sistema de informação integrado pode contribuir para a administração hoteleira.
4. Reflita sobre as possibilidades futuras da tecnologia de informação em meios de hospedagem. Analise em que medida a excessiva informatização pode comprometer a experiência do hóspede em um empreendimento.

Sites Indicados

www.datasul.com.br; www.microsiga.com.br; www.oracle.com.br; www.peoplesoft.com.br; www.rm.com.br; www.sap.com.br: *sites* de fabricantes de ERP.

Normalmente, os sites de fabricantes de sistemas do tipo ERP são repletos de informações técnicas, bem detalhadas, com destaque para todas as funcionalidades dos diversos tipos de sistemas e módulos. Apresentam também, por vezes, casos reais de aplicação dos sistemas em empresas.

www.tcinet.com.br: *site* com muitas informações técnicas sobre tecnologia de informação, bastante útil para leigos que desejam ter maior conhecimento sobre o assunto.

www.appsistemas.com.br; www.cmsolucoes.com.br; www.micros.com: *sites* de fabricantes de *softwares* hoteleiros. Trazem muitas informações técnicas, bem como descrições de funcionamento dos sistemas e sua aplicação à administração hoteleira.

BIBLIOGRAFIA

ABBOTT, P.; LEWRY, S. *Front Office*. 2. ed. Oxford: Butterworth Heinemann, 2001, 211p.

BASS HOTELS & RESORTS. *Crowne Plaza Standards Manual.* 174p, 1999.

BOURSEAU, M. *La Gestion Hoteliére: exploitation, commercialisation, administration.* Paris: Flammarion, 1974, 1151p.

BURGESS, C. The hotel financial manager: challenges for the future. *International Journal of Contemporary Hospitality Management, 12:* 6-12, 2000.

COLANGELO FILHO, L. *Implantação de Sistemas ERP*. São Paulo: Atlas, 2001, 191p.

COTE, R. S. *Understanding Hospitality Accounting I.* 4. ed. Michigan: Educational Institute of the American Hotel & Motel Association (EI-AH&MA), 1997, 452p.

COYNE, R. Vital guidelines for property management systems (PMS) selection. In: RUTHERFORD, D. G. (org.). *Hotel Management and Operations*. 2. ed. Nova York: John Wiley & Sons, 1995, p. 395-398.

DERTOUZOS, M. *A Revolução Inacabada*. São Paulo: Futura, 2002.

FÉDÉRATION INTERNATIONALE DE L'AUTOMOBILE (FIA). *Conteúdo do site.* Disponível em: http://www.fia.com. Acesso em: 4/Nov/2004.

GELLER, A. N.; ILVENTO, C. L.; SCHMIDGALL, R. S. *The Hotel Controller Revisited.* Cornell Hotel and Restaurant Administration Quartely, 1990, p. 91-98.

GROVE PARK INN RESORT AND SPA. Eliminating the night audit process. *The Bottomline, 16 (8):* 2001/2002.

HOWEY, R. M. Evolution of the night audit. In: RUTHERFORD, D. G. (org.). *Hotel Management and Operations*. 2. ed. Nova York: John Wiley & Sons, 1995, p. 378-385.

INTERNATIONAL HOTEL ASSOCIATION (IHA). *Hotels of the Future: strategies and action plan*. Londres: IHA, 1988.

ISMAIL, A. *Hospedagem: front office e governança*. São Paulo: Thomson Learning, 2004, 380p.

KATZ, D.; KAHN, R. L. *The Social Psychology of Organizations.* New York: John Wiley and Sons, 1978.

LAUNDON, K. C.; LAUNDON, J. P. *Sistemas de Informação Gerenciais*. São Paulo: Prentice Hall, 2004.

MENDES JR., A. O uso da tecnologia de informação na estratégia de negócios: uma abordagem para o setor hoteleiro. São Paulo, 2001, 208p. Dissertação (Mestrado) –Fundação Getúlio Vargas.

O'BRIEN, J. A. *Sistemas de Informação e as Decisões Gerenciais na Era da Internet.* São Paulo: Saraiva, 2004.

OZAKI, A. M.; VIDAL, A. G. R. Desafios da implementação de sistemas ERP: um estudo de caso em uma empresa de médio porte. In: SOUZA, C. A.; SACCOL, A. Z. (org.). *Sistemas ERP no Brasil: teoria e casos*. São Paulo: Atlas, 2003, 285-303.

PEOPLESOFT. *Conteúdo do site.* Disponível em: http://www.peoplesoft.com. Acesso em: 4/Nov/2004.

RESORT. *Conteúdo do site.* Disponível em: http://www.resortdata.com. Acesso em: 4/Nov/2004.

RICCIO, E. L. ERP systems: study about the effects of ERP in the accountants function – analysis of the effects of ERP systems in accounting organization. In: V INTERNATIONAL SEMINAR ON MANUFACTURING ACCOUNTING RESEARCH, 2001. Pisa, Itália. *Anais do V International Seminar on Manufacturing Accounting Research*, 2001, 19p.

RUTHERFORD, D. G. *Hotel Management and Operations*. 2. ed. Nova York: Van Nostrand Reinhold, 1995, 462p.

SOUZA, C. A.; SACCOL, A. Z. 2003. *Sistemas ERP no Brasil: teoria e casos.* São Paulo: Atlas, 368p.

VALDÉS, J. A. 2003. Marketing estratégico e estratégia competitiva de empresas turísticas: um estudo de caso da cadeia hoteleira Sol Meliá. São Paulo, 2003, 313p. Tese (Doutorado) – Universidade de São Paulo.

VAN HOOF, H. B.; COLLINS, G. R.; COMBRINK, T. E.; VERBEETEN, M. J. Technology needs and perceptions: an assessment of the U.S. Lodging industry. *Cornell Hotel and Restaurant Administration Quartely, 36 (5):* 1995. ABI/INFORM Global, 1995, p. 64-69.

ZWICKER, R.; SOUZA, C. A. Sistemas ERP: conceituação, ciclo de vida e estudos de casos comparados. In: SOUZA, C. A.; SACCOL, A. Z. (org.). *Sistemas ERP no Brasil: teoria e casos.* São Paulo: Atlas, 2003, p. 64-87.

Anotações

CAPÍTULO

55 Ampliando a Visão sobre a Governança: Características, Atribuições e Importância do Setor

Maria Angélica Rovina Galvão de Oliveira

Introdução

A limpeza e a arrumação de um ambiente, seja ele qual for, são requisitos básicos e imprescindíveis para o bem-estar e a segurança daqueles que o freqüentam. Quando se trata de um ambiente público, há que se considerar também o caráter econômico dessas atividades, pois os custos devem ser os menores possíveis, mantendo a qualidade.

Na área da hospitalidade[1], as condições de higienização do ambiente são fundamentais a ponto de garantir a sobrevivência da empresa. Os profissionais responsáveis pela administração desse setor em hotéis, motéis, cruzeiros marítimos, parques temáticos e até em hospitais, apesar de receberem diferentes titulações (como governantas ou chefe de setor), possuem as mesmas responsabilidades: garantir a qualidade do serviço, mantendo o menor custo operacional.

Porém, a importância da atividade e de seus responsáveis e a valorização que se dá a estes não se encontram no mesmo patamar. Além de não ser considerada uma tarefa nobre, aqui no Brasil, mais do que em alguns países, o trabalho de limpeza está relacionado ao trabalho servil, subserviente, herança de uma cultura escravocrata que ainda permeia algumas relações em nossa sociedade. Assim, o setor responsável pela limpeza e arrumação desses empreendimentos não recebe o devido investimento para a contratação e desenvolvimento de recursos humanos e aquisição de recursos materiais apropriados ao seu bom desempenho. Mesmo na área tecnológica, poucos foram os desenvolvimentos efetuados.

Na hotelaria, as atividades de limpeza e a arrumação competem ao setor de governança, administrado pela governanta ou gerente de governança

[1] Alguns autores consideram, no segmento da hospitalidade, as empresas que operam com hospedagem, alimentação e entretenimento (Lashley, 2000; Butler; Jones, 2003; Lockwood; Baker, 1996).

85-7241-568-8

– designação esta mais recente em razão da mudança de visão que vem sendo processada.

Embora todos os setores – de um hotel de pequeno ou grande porte, simples ou superluxo – desempenhem papel importante para promover a satisfação do cliente e conseqüente manutenção do negócio, muitos ainda vêem a governança como um setor menor, ou mesmo extensão de um serviço doméstico, não lhe dando o devido valor.

Alguns setores ou cargos se destacam por possuírem maior prestígio ou por promover *status*, como, por exemplo, um renomado *chef* de cozinha que pode dar ao restaurante do hotel uma classificação por estrelas e, dessa forma, incrementar o valor agregado do serviço ou produto oferecido pelo empreendimento. Outros setores, por mais importantes e fundamentais que sejam, não possuem essa mesma valorização: é o caso do setor de governança, que ainda é universalmente não respeitado e entendido.

Isso explicaria o desinteresse de estudantes de turismo e hotelaria em fazer estágios na área e, mesmo na contratação, há dificuldades em encontrar profissional gabaritado para os cargos de supervisão e gerência.

Entretanto, muitas empresas hoteleiras já reconhecem o valor do *staff* e o papel vital que desempenha, dando ao responsável pelo setor a função de *gerente* e investindo na profissionalização da atividade e do pessoal.

Algumas empresas, entendendo que pode haver uma otimização dos serviços prestados pelo setor, desenvolvem projetos de construção do empreendimento em função da governança. É o caso de uma rede internacional que, segundo reportagem publicada em 2001, construía seus hotéis com número de unidades habitacionais (UH) sempre divisível por 16, por ser esse o número de quartos que cada camareira (dessa categoria de hotel) poderia limpar durante a sua jornada diária de trabalho.

Outra rede internacional tinha em seu quadro uma governanta responsável por implantar o setor nos novos empreendimentos. Juntamente com o arquiteto, essa profissional definia, entre outros itens, quais elementos de decoração seriam utilizados, aliando estética e facilidade de manutenção desses objetos.

A bibliografia específica de hotelaria existente no Brasil apresenta pouco material, seja como capítulo ou título, sobre o setor de governança. Esses livros apresentam alguns aspectos do setor, porém não se aprofundam em questões inerentes à boa administração, importantes a um setor tão complexo como este.

Para que a Governança receba a valorização que merece e, dessa forma, profissionalize o serviço executado pelo seu *staff*, é importante que hoteleiros, estudantes de hotelaria e até mesmo o pessoal que nele trabalha conheçam mais profundamente esse setor e que efetivamente sua participação garanta o sucesso do empreendimento.

Características do Setor

O setor de governança, subordinado ao departamento de hospedagem, tem no seu comando a governanta ou gerente de governança (ou governante, para os pouquíssimos homens que gerenciam esse setor no Brasil). Enquanto nos Estados Unidos mais de 40% são homens porque sua administração é feita de maneira profissional, não importando o sexo da gerência, na hotelaria brasileira é raro encontrar gerentes do sexo masculino (Rutherford, 1994).

O pessoal operacional também é composto, na grande maioria, pelo sexo feminino. Aos homens são destinadas as atividades que necessitam de maior força física[2].

Outra característica do setor é o estigma que carrega, pois resquícios de uma cultura escravocrata ainda permeiam as relações de trabalho e mesmo as relações entre hóspede e funcionário. Dessa forma, o serviço executado muitas vezes é confundido com trabalho servil e subserviente e, em casos mais extremos e até de certa forma comuns, ocorrem abusos, como quando o hóspede não se preocupa com a desordem deixada, porque sabe que a camareira irá organizar, ou até extremos, como os assédios sexuais.

A pouca valorização concedida aos funcionários do setor é percebida no perfil dos funcionários contratados: baixa escolaridade e baixos salários[3]. Não

[2] Em uma companhia de cruzeiros marítimos, a equipe de limpeza e higienização das cabines era formada por pares, cabendo aos homens responsabilidade por higienizar os banheiros, enquanto às mulheres era destinada a limpeza dos quartos.

[3] A hotelaria, em geral, paga baixos salários, pois, segundo dados apresentados pela Embratur, em 2001, dos 208.455 funcionários do setor de alojamento, 67% tinham como escolaridade até o ensino fundamental, incluindo os analfabetos, e a faixa de remuneração média mensal ficou entre 1,01 e 3 salários mínimos para 77% do pessoal (Brasil, 2005).

Parte 6

há preocupação com treinamentos, pois, com base no senso comum, esse serviço não precisa ser ensinado, porque qualquer pessoa (leia-se *mulher*) saberia limpar banheiro e arrumar camas. E, diferentemente de outros setores, trabalhar na governança não dá *status* a ninguém – ao contrário.

Entretanto, o setor é um dos maiores do empreendimento hoteleiro em número de funcionários, o que representa o maior centro de custos fixos; portanto o responsável pela sua administração deve possuir competências e habilidades que otimizem seus recursos.

Dependendo do tipo, porte e administração do hotel, as tarefas atribuídas ao setor e a sua estrutura organizacional podem variar, assim como se pode distinguir claramente o perfil das profissionais responsáveis pela administração do setor:

- Existem governantas com escolaridade de ensino médio ou inferior, sem formação na área, com parcos conhecimentos técnicos e de administração. Podem ter iniciado sua carreira no empreendimento como camareira, sendo promovidas a governantas, sem, no entanto, terem sido preparadas para o desempenho da função. Têm maior desembaraço para as questões operacionais e menos para as administrativas.
- Há governantas que possuem nível superior, muitas vezes com formação na área, dominam um ou mais idiomas e possuem conhecimentos técnicos e administrativos suficientes para gerenciar o setor de maneira profissional. Participam da tomada de decisões na empresa, muitas vezes substituindo a chefia durante sua ausência.

Atribuições e Responsabilidades

A principal função do setor de governança é servir ao hóspede, provendo os suprimentos e cuidados necessários durante a sua permanência no hotel. Embora isso pareça simples, inúmeras tarefas complexas estão vinculadas à sua responsabilidade.

O principal produto do hotel – a UH – é onde o hóspede passa a maior parte do tempo enquanto hospedado, portanto a higienização e a arrumação devem estar impecáveis. Segundo pesquisa realizada nos EUA, 63% dos hóspedes que retornam a um determinado hotel o fazem pela limpeza e arrumação de suas instalações (Hall, 1990).

A responsabilidade do setor é a limpeza e a arrumação de grande parte da área física do hotel. Com exceção de poucas áreas (como cozinha e manutenção), a governança deve manter em ordem as UH, áreas públicas, escritórios, áreas de lazer, de eventos, áreas externas, entre outras. A limpeza e arrumação são quesitos básicos e imprescindíveis, especialmente na hotelaria, visto que há um forte apelo visual: por isso os lobbies ganham destaque na decoração, os *buffets* são bem arrumados e até mesmo o rolo do papel higiênico disponibilizado nas UH ganha gravatinha[4].

Também são de responsabilidade da governanta os cuidados com a decoração e paisagismo, devendo providenciar as trocas dos elementos decorativos quando necessário, estabelecer contato com profissionais da área para a renovação dos ambientes, entre outros.

Ainda atrelado a essa questão da imagem, o uso de uniformes pelos funcionários é obrigatório nos melhores hotéis. A escolha do fornecedor, modelos e padronagens deve ter o aval da governanta, pois mantê-los em ordem e asseados é função de um dos subsetores de sua responsabilidade – a lavanderia – que deve estar atenta à quantidade adequada de peças, ao correto armazenamento, ao bom estado de conservação e distribuição dos uniformes aos funcionários. Esse subsetor tem a responsabilidade de aumentar a durabilidade das peças, visto que é um item de importância considerável no orçamento do hotel.

À lavanderia também cabe a responsabilidade pelo processamento do enxoval do hotel (que compreende lençóis, toalhas de banho, toalhas de mesa, etc.). O enxoval é um item oneroso no orçamento, tanto para a reposição como para o seu processamento. Além da quantidade suficiente, tamanho adequado ao colchão, cor e tipo de tecido, a governanta deve ter equipamentos, produtos e técnicas apropriados para aumentar a vida útil do enxoval, além de organização, planejamento e controle para garantir seu fornecimento aos setores (andares, restaurante e outros)

[4] A gravatinha do rolo de papel higiênico é uma dobra em formato de "V", que se assemelha à ponta de uma gravata, bastante utilizada na hotelaria. Alguns hotéis colam etiquetas adesivas com a logomarca da empresa, prendendo a ponta da gravatinha.

Parte 6

As roupas de hóspedes processadas (lavadas e passadas) representam receita para o hotel, mas, se a mão-de-obra não for qualificada, se a técnica ou os produtos não forem apropriados, ou se não existir um controle adequado, podem ocorrer perdas ou danos às peças, demandando ressarcimento ao hóspede. Dependendo do valor do vestuário, o desfalque pode ser considerável.

É bastante comum, principalmente em grandes centros urbanos, a terceirização da lavanderia. Para a empresa significa eliminar os altos investimentos de instalação e mão-de-obra; o fato de ter aumentado o número de empresas terceirizadas especializadas no serviço de lavanderia possibilita a associação de bons preços e qualidade no serviço.

Para a governanta é uma responsabilidade a menos, porém ela deve estabelecer um bom contrato com a empresa terceirizada e possuir um controle rigoroso do enxoval para evitar preocupações e até mesmo problemas mais sérios, que possam afetar a produtividade e a qualidade do serviço prestado ao hóspede. Muitos hotéis de luxo preferem manter a lavanderia própria, pois entendem que o enxoval, composto de artigos mais caros, será mais bem cuidado e sua vida útil, prolongada, se processado no próprio hotel.

Outra responsabilidade do setor é com os objetos ou pertences esquecidos pelos hóspedes. Há grande volume de objetos encontrados nas UH e nas dependências do hotel, que vão desde uma escova de dentes até objetos de maior valor, como jóias e aparelhos eletrônicos. Apesar de o hotel não ter responsabilidade sobre esses objetos depois de executado o *check-out*, a grande maioria dos empreendimentos guarda esses pertences por um determinado período, até que seus donos os reclamem.

O registro desses objetos é efetuado pelo pessoal da governança; depois são embalados, etiquetados, armazenados em local seguro e, dependendo de seu valor, permanecerão por períodos que podem variar de um a vários meses para, posteriormente, serem descartados ou doados. Muitos hotéis têm como política entregar o objeto ao funcionário que o encontrou depois de respeitado o período de guarda. Outros preferem doá-los a entidades carentes, para evitar quaisquer tipos de problemas futuros.

E sempre é bom lembrar que o hotel jamais deve fazer contato com o hóspede avisando-o de seu esquecimento. Deve-se aguardar que o hóspede procure pelo objeto e informe como o empreendimento deverá proceder para a sua devolução.

Importância da Governança

Apesar de o setor de governança não ser valorizado por muitos dentro da própria hotelaria, e até mesmo por alguns hóspedes, seu bom desempenho é vital para a empresa. Além de garantir a satisfação do hóspede durante a sua estadia, atendendo às suas necessidades básicas, zela pelo patrimônio do hotel.

Em países como Estados Unidos, Reino Unido, Espanha e Austrália existem associações de governantas que têm como objetivo principal a valorização e o desenvolvimento do profissional. A *International Executive Housekeepers Association (IEHA)*, sediada nos Estados Unidos, opera desde 1930 e tem em seu cadastro mais de 4.000 membros.

Destacam-se, a seguir, algumas das razões pelas quais esse setor e o pessoal que nele opera devem receber maior valorização.

VIABILIZAR A VENDA DAS UNIDADES HABITACIONAIS

Quando o hóspede entra na UH pela primeira vez, tem a sensação de que o quarto fora arrumado para recebê-lo. Ele não se preocupa com quem esteve anteriormente lá porque o *cenário* está montado para que se sinta exclusivo. A atmosfera criada permite ao hóspede *sentir-se em casa*, não porque exista familiaridade com o que tem em sua residência, mas pela segurança, conforto e bem-estar encontrados, promovidos pela governança.

Por isso, quando o hóspede encontra algo irregular, como um fio de cabelo, por exemplo, fica horrorizado. Não apenas pelo fio de cabelo (que normalmente causa repulsa), mas pelo que este representa: alguém já esteve lá antes e usou tudo o que agora ele ou ela vai utilizar. Quebra a magia instaurada, viola-se a intimidade. E quanto maior a sofisticação do hotel, maior é a expectativa do cliente em encontrar essa atmosfera e experimentar essas sensações de exclusividade, de importância e receber todos os mimos que merece e pelos quais está pagando.

Ainda é muito comum encontrar quartos nem tão limpos e nem tão arrumados. Mas, com o aumento da concorrência no mercado hoteleiro e com a mudança de comportamento dos hóspedes, agora

Parte 6

85-7241-568-8

mais exigentes, esse serviço básico e essencial deverá ser melhorado. A favor disso estão alguns novos produtos, equipamentos e acessórios de limpeza desenvolvidos e disponibilizados pelos fabricantes.

Portanto, a governança viabiliza a venda das UH, liberando-as para o uso e elimina muitas das reclamações, ao garantir que o hóspede, ao se instalar em seu quarto, encontre-o limpo, arrumado e com todos os equipamentos em perfeito funcionamento.

FIDELIZAR O CLIENTE

Por meio da sua apresentação pessoal, postura, discrição e atendimento, o pessoal da governança pode conquistar ou expulsar o cliente. Qualquer funcionário de qualquer setor do hotel tem este poder, uns mais que outros.

Se o hóspede encontrar-se no corredor com uma camareira, cujo uniforme esteja manchado e amassado, cabelo desgrenhado, unhas compridas e mal pintadas, mascando, cheirando a cigarro, que impressão ele terá? Que tipo de limpeza imagina será feita em seu quarto. Como confiar seus pertences a essa funcionária? E o resto do hotel, como deve ser?

Do mesmo modo, a discrição deve ser pré-requisito para quem trabalha nessa área, pois a intimidade do hóspede é revelada e suas manias conhecidas. Pelos objetos e sua disposição, é possível perceber alguns traços da personalidade, como organização, vaidade, excentricidades e outros. Alguns incidentes também podem ocorrer, pois muitas vezes, ao entrar na UH, a camareira pode-se deparar com situações que podem constranger a ambos (cliente e funcionária), como o hóspede estar no banho ou outras mais embaraçosas.

As situações vivenciadas pela camareira no dia-a-dia de um hotel podem exigir dela bom senso e discernimento, para que o atendimento, aos mais diferentes tipos de hóspedes, seja adequado. São hóspedes irritadiços, mal-humorados, exigentes, excêntricos e, às vezes, inconvenientes, que podem colocar em cheque a preparação dessa funcionária para o trabalho. E isso pode fazer a diferença entre conquistar um cliente e torná-lo habitual, ou expulsá-lo de vez.

O conceito "momentos da verdade" pode ser perfeitamente aplicado na Governança, pois o hóspede poderá vivenciá-lo em várias situações ao cruzar com a camareira nos corredores, ao solicitar algo, ou até mesmo, quando encontra seu quarto em perfeitas condições (ou não).

Em um hotel de lazer bastante tradicional, alguns de seus hóspedes habituais mais antigos (e que já estavam trazendo os netos para passar temporadas) faziam questão de serem atendidos pela mesma camareira, pois, ao longo do tempo, acabaram estabelecendo uma relação de confiança e amizade com a camareira.

Portanto, a governança contribui para a qualidade do atendimento e deve fazer parte do projeto de *marketing* desenvolvido pelo empreendimento, pois de nada adianta o hotel oferecer serviços diferenciados, se o básico não é bem feito.

DIMINUIR OS RISCOS DE CONTAMINAÇÃO

Com uma higienização adequada e o uso de técnicas e produtos de limpeza apropriados, algumas doenças podem ser evitadas, eliminando ou diminuindo consideravelmente sua propagação. Os ambientes de quarto e banheiro são propícios a alguns tipos de doença.

É o caso das dermatoses, que são doenças de pele provocadas por fungos (como as micoses), cujo meio são as áreas úmidas de banheiros ou vestiários de piscina. As doenças respiratórias podem atacar principalmente os alérgicos, provocadas pelo ácaro, encontrado aos milhões nos travesseiros, colchões, cortinas e carpete. Além destas, existem doenças mais sérias, como a hepatite B, que é transmitida pelo vírus HVB, bastante resistente se comparado a outros vírus e encontrado em resíduos corpóreos, como urina, sangue, esperma, etc.

Não se pode esquecer que os clientes da hotelaria vêm de diferentes partes, com diferentes hábitos de higiene pessoal e, muitas vezes, portando doenças contagiosas. Uma profissional da área, que já havia tido experiência em hospitais, afirmava que as funções que desenvolvia nas duas instituições eram praticamente as mesmas (de limpeza dos quartos e áreas públicas). A grande diferença, no entanto, era que nos hospitais se sabia exatamente qual patologia os clientes apresentavam, e na hotelaria não se sabe com o que se está lidando.

E ao se considerar as UH de empreendimentos, como os motéis, essa preocupação deve ser redobrada, em função da alta rotatividade na venda dessas unidades, principalmente nos finais de semana, quando o movimento é mais intenso.

Assim, a governanta deve escolher adequadamente os produtos de limpeza que utilizará na higienização das UH, se preocupando com a eficiência destes no combate aos microorganismos patogênicos. Os produtos de uso profissional são formulados para reduzir a população microbiana, com o adicional de não afetar a superfície que está sendo limpa, pois se deve considerar que, pela intensa utilização de produtos químicos, os revestimentos e acabamentos podem ser danificados, comprometendo sua aparência.

Muitos hotéis ainda utilizam produtos de uso doméstico na higienização da UH. Não se pode esquecer que num ambiente doméstico são sempre as mesmas pessoas que utilizam e compartilham os espaços e que, portanto, convivem harmoniosamente com os mesmos microorganismos. Dessa forma, os produtos disponíveis no varejo atendem às necessidades do ambiente doméstico.

O hóspede, ao entrar na UH, deve encontrá-la isenta de odores de cigarro ou fragrâncias fortes, pois limpeza não tem cheiro. Quando **não** se executa uma higienização bem feita, apela-se para os desinfetantes ou aerossóis, que, além de mascarar a limpeza, podem não agradar a todos e afetar o alérgico.

Devem-se, portanto, utilizar produtos da linha profissional ou industrial. Num primeiro momento, o uso desses produtos pode parecer mais custoso, poism sendo altamente concentrados, sua aquisição exige maior investimento inicial. Porém, deve-se calcular o valor da solução obtida a partir de sua diluição e também os custos que deixarão de existir ao se eliminar o volume abundante de água utilizada para enxágüe e o tempo despendido para a execução da limpeza, quando adotada outra técnica, diferente da doméstica.

Portanto, quando a governança utiliza técnicas, equipamentos e produtos de limpeza adequados ao tipo de sujidade encontrada no ambiente hoteleiro, diminui os riscos de contaminação.

Colaborar com a Segurança de Hóspedes e do Patrimônio do Hotel

Dentro do hotel pessoas circulam livremente sem serem obrigadas a se identificar. Dependendo do porte do hotel e das áreas que disponibiliza (como eventos ou lazer) há um número muito grande de pessoas presentes, impossibilitando que o pessoal do *front office* e da segurança tenha controle absoluto sobre o fluxo destas.

Ao menos nos andares, o pessoal da governança pode observar atividades e/ou pessoas suspeitas que possam colocar em risco a segurança de hóspedes, funcionários e o patrimônio da empresa. Cabe a esses funcionários ficarem atentos e relatar à chefia quaisquer irregularidades encontradas, como armas, drogas, brigas e outros.

Por outro lado, o pessoal da governança também sofre com suspeitas quando o hóspede sente falta de algum objeto seu deixado na UH. É como aquela história: "o mordomo sempre é o culpado". O primeiro suspeito sempre será a camareira, pois ela tem acesso irrestrito à UH, trabalha sozinha, portanto sem testemunhas, consegue ser discreta no caminhar e passar desapercebida e tem muitas oportunidades para afanar os objetos. Naturalmente existem casos de delitos praticados pelos funcionários, porém há muitos casos também em que o hóspede se confunde, achando que deixara tal objeto no quarto, quando o esqueceu em outro lugar, e até mesmo o hóspede que inventa estórias, tentando lograr alguma vantagem.

Por isso, a escolha do pessoal que trabalha na governança, principalmente nos andares, deve ser feita de maneira bastante rigorosa para garantir que esse colaborador tenha idoneidade para cuidar dos objetos de valor, dinheiro, jóias, etc. freqüentemente expostos nas UH.

CONTRIBUIR PARA A REDUÇÃO DOS CUSTOS OPERACIONAIS

Um funcionário bem treinado, motivado e consciente não desperdiça produtos de limpeza, água ou energia elétrica. Utiliza adequadamente os produtos e equipamentos, preservando-os. Além disso, técnicas de limpeza e métodos que otimizem o trabalho evitam o desperdício de tempo e esforço físico. Isso leva à redução dos custos operacionais.

Para tanto, a governanta deve estabelecer procedimento operacional padrão (POP) para todas as atividades desenvolvidas no setor. Contando com a participação dos funcionários que executam a tarefa, a governanta deve elaborar os POP do setor, buscando e testando novas técnicas e produtos, fazendo os ajustes quando necessário.

Também faz parte do trabalho da camareira fornecer informações para que a chefia componha o relatório de discrepância. A partir de suas observações, ela poderá indicar quantas pessoas estão realmente ocupando a UH e a governanta poderá comparar essas informações com os registros da

Parte 6

recepção. Se houver diferença nos dados, ou discrepância, a recepção é avisada e providencia a solução do problema. Nos hotéis em que não há cobrança diferenciada para as diárias *single* e *double*, essas observações não necessitam ser efetuadas.

Outros controles efetuados pelo pessoal da governança podem influir nos custos do hotel. O controle do consumo do minibar pode também ser uma das atribuições da governança (em muitos hotéis essa responsabilidade pode ser do departamento de alimentos e bebidas), que, se não for bem realizado, pode provocar prejuízos ou mesmo confusão na cobrança do hóspede. Há casos também em que o hóspede consome o produto do minibar e desenvolve técnicas perfeitas para camuflar seu consumo, pois, numa olhada rápida pelos itens, não se percebem as fraudes. São latinhas de cerveja com lacres intactos, bombons recheados com papel, garrafa de água da torneira, com a tampa cuidadosamente colada, e uma infinidade de outras técnicas desenvolvidas pelos "experientes" clientes.

Há ocorrências em que objetos do hotel são levados ou danificados pelo hóspede (às vezes até de forma intencional). Por essa razão, muitos empreendimentos eliminaram as estampas da sua logomarca nas toalhas de banho, porque isso estimulava o hóspede a levar um *souvenir*. Cabe ao pessoal da governança verificar se realmente ocorreu o furto ou o dano proposital e avisar sua chefia.

Portanto, a governança, tendo funcionários treinados e motivados, contribui com a diminuição dos custos operacionais.

PROLONGAR A VIDA ÚTIL DOS EQUIPAMENTOS E MATERIAIS

Ao praticar a manutenção preventiva mais barata – a limpeza – o pessoal da governança prolonga a vida útil dos equipamentos existentes nas UH. Aparelhos de TV, ar-condicionado, minibar e outros, limpos minuciosa e periodicamente, terão maior tempo de utilização. Além disso, faz parte da rotina das camareiras testar diariamente os equipamentos, evitando, assim, situações que possam afetar o hóspede, como lâmpadas queimadas, bateria de controle remoto gasta ou qualquer outro mau funcionamento.

A utilização correta de produtos e acessórios de limpeza poderá preservar por mais tempo os equipamentos e superfícies. Em muitos hotéis são utilizados saponáceos, cloro ou esponjas ásperas, que, por suas características abrasivas ou corrosivas, acabam riscando ou desgastando metais, louças e outras superfícies. Num hotel de luxo visitado, os metais dourados que adornavam os toaletes estavam totalmente riscados, sem o brilho e a beleza original. A razão de tal estrago foi decorrente do uso de utensílio inadequado para a limpeza. Às camareiras foram dadas esponjas de dupla face, tendo sido utilizado o lado mais áspero para a limpeza dos metais.

Outro detalhe que pode levar a um gasto maior com os recursos materiais é a utilização incorreta de artigos armazenados. Deve-se atentar para o prazo de validade dos itens de consumo, como *amenities*, produtos de limpeza e, principalmente, alimentos e bebidas disponíveis no minibar[5]. Em todo estoque deve haver rodízio de materiais, colocando em uso aquele item que primeiro foi armazenado, ou seja, o primeiro que entra no estoque é o primeiro que deve sair. Essa mesma prática deve ser adotada com as peças de enxoval, pois, do contrário, o mesmo item pode estar sendo utilizado várias vezes, enquanto outros ficam armazenados por muito tempo.

DESENVOLVER BOAS PRÁTICAS AMBIENTAIS

Se o hotel tem ou pretende implantar um sistema de gestão ambiental, o pessoal que opera no setor de governança terá papel importante nesse processo. Muitas são as oportunidades de o setor praticar os três "R" (reduzir, reciclar e reutilizar), tão propalados para as boas práticas ambientais. A redução do uso dos recursos naturais pode ser alcançada estimulando o consumo responsável, principalmente da água na higienização das UH, ao utilizar produtos de limpeza e de lavanderia menos poluentes e ao realizar coleta seletiva dos resíduos.

As camareiras podem ser estimuladas a separar os diferentes tipos de resíduos encontrados nas UH (como latas, vidros e papel), para que o valor

[5] Pelo Código de Defesa do Consumidor, o hotel é co-responsável pelo produto disponibilizado ao hóspede, devendo garantir o armazenamento correto e respeitar o prazo de validade.

85-7241-568-8

arrecadado com a venda desse material seja revertido em benefícios à equipe.

Muitos hotéis têm sugerido aos hóspedes colaborar com o meio ambiente, ao optar pela troca do enxoval, principalmente as toalhas de banho, em dias alternados, economizando o consumo de água e reduzindo o lançamento de detergentes no meio ambiente.

Os *amenities* disponibilizados aos hóspedes são itens que merecem análise, pois, além das embalagens plásticas que são descartadas, sempre há resíduo de xampu, sabonete e outros, aumentando a poluição ambiental. Existe a opção de utilizar dosadores que dispensam as miniembalagens, substituindo os milhares de minissabonetes ou frascos de xampu. Porém, a maioria dos hotéis ainda trabalha com os frascos individuais.

Alguns hotéis reutilizam os frascos utilizados pelo hóspede, completando seu volume com o conteúdo de outras embalagens. Se, por um lado, isso pode representar economia e menos agentes poluidores, por outro, pode comprometer a qualidade do que será disponibilizado ao hóspede, pois o contato manual pode contaminar o produto.

A técnica de higienização utilizada no Brasil, diferentemente de muitos países, utiliza em abundância a água para o enxágüe, pois é crença e hábito do brasileiro que, para realizar uma limpeza eficiente, é necessário friccionar a superfície a ser limpa com produtos que gerem bastante espuma. Se isso não bastasse, é muito comum a torneira permanecer aberta enquanto o operador executa a limpeza, desperdiçando grande volume de água.

Mudar esse hábito tão arraigado é tarefa difícil, mas, em razão da falta desse recurso sentida já em algumas regiões do país e com a eminência de se tornar um produto cada vez mais escasso, espera-se que novas técnicas sejam adotadas pela hotelaria, a fim de minimizar o impacto que já se faz sentir.

Pensar em economizar recursos, utilizando vassourinha mágica em vez de aspirar o carpete, por exemplo, é uma péssima idéia se considerarmos que há grande acúmulo de poeira, pêlo e outros agentes nocivos. A aspiração diária é fundamental para minimizar essa sujidade existente e garantir a saúde do hóspede. Outra idéia infeliz é desligar os minibares quando a UH está vazia, pois, além do sério risco de comprometer os alimentos ali armazenados, pode levar a um desgaste mais rápido do equipamento e, conseqüentemente, gerar outras despesas.

Outras alternativas podem ser adotadas nas UH e outras áreas, como uso de redutores de vazão nas torneiras, bloqueadores de circuitos elétricos, dispositivos de presença, louças sanitárias com sistema de fluxo de água reduzido, lâmpadas econômicas e outros. Essas instalações não dependem apenas da governança, mas da disponibilidade de recursos do hotel para os investimentos iniciais necessários, cujo retorno é garantido, uma vez que haverá redução considerável do consumo dos recursos naturais e que pesam no orçamento da empresa.

Pode-se pensar ainda no tratamento dos efluentes produzidos pelas UH e lavanderia, que poderiam ser reaproveitados, além de outras práticas que favoreceriam na minimização do impacto ambiental.

ESTRUTURA ORGANIZACIONAL

A governança pode apresentar diferentes estruturas, de acordo com a categoria, localização, tipo de administração e porte do hotel. A Figura 55.1 apresenta um possível organograma do setor.

PAPEL DA GOVERNANTA

A governanta, ou governanta executiva, ou gerente de governança, tem um papel fundamental no sucesso do empreendimento hoteleiro, pois está em suas mãos a responsabilidade de garantir ao cliente o bem-estar, o conforto e a segurança que este espera encontrar num empreendimento hoteleiro.

Em muitas famílias abastadas, existe também a "governanta", responsável por organizar a casa e o trabalho dos serviçais. Embora a missão dessa profissional seja bem parecida com a da hotelaria, não se pode afirmar que essa experiência lhe permitiria administrar o setor de governança de um empreendimento hoteleiro.

A governanta deve também estar atenta às inúmeras e variadas solicitações dos hóspedes. Aspectos como hábitos, cultura, religião, etnia e outros podem gerar conflitos, se não respeitados. As situações são as mais variadas, desde uma ocorrência simples, como a solicitação de um travesseiro para alérgicos, ou casos mais sérios em que há a necessidade de envolver o setor de segurança do hotel para resolver o conflito.

Também deve dar atenção especial aos clientes VIPs, oferecendo-lhes os benefícios que a política da empresa permite e atendendo aos seus pedidos, muitas vezes inusitados. Alguns clientes, por

85-7241-568-8

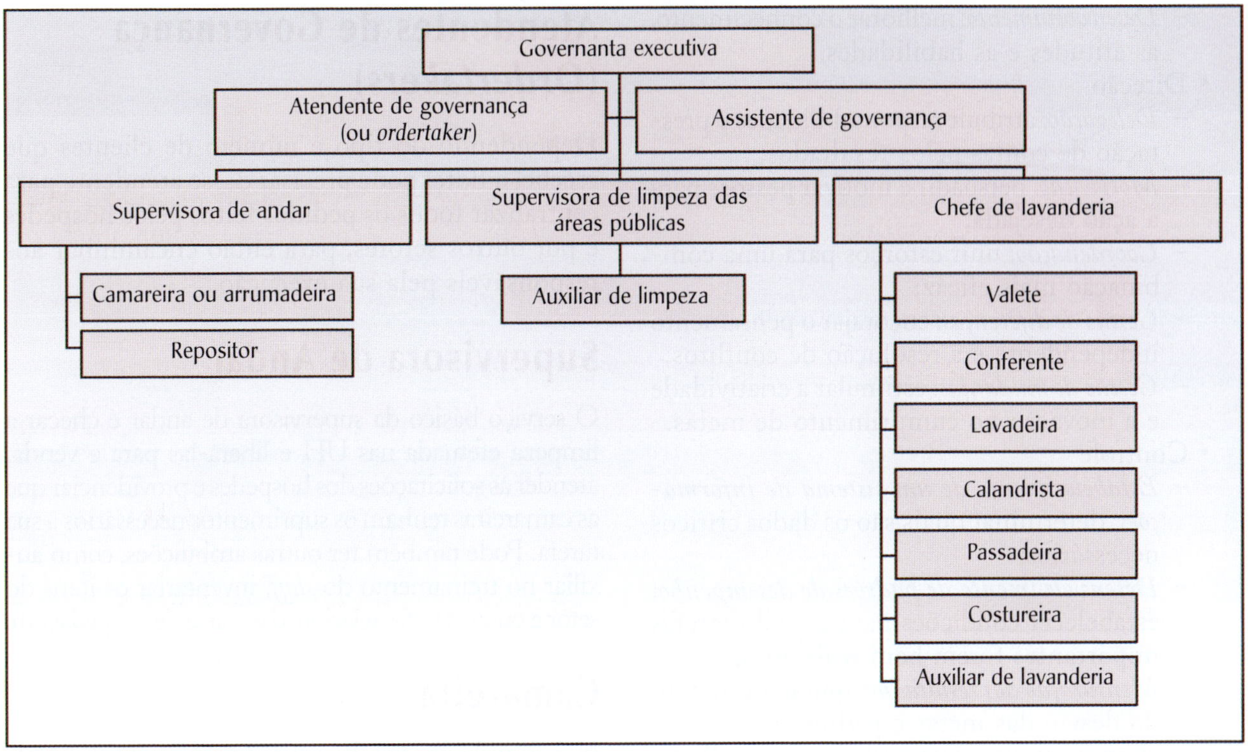

Figura 55.1 – Organograma do setor de governança.

serem destaques em seu meio ou na mídia (artistas, políticos, atletas, etc.) podem exigir da governanta criatividade e jogo de cintura para atender às suas solicitações e, até mesmo, às suas excentricidades.

Independentemente desses cuidados com o hóspede, a Governanta é, antes de tudo, a gerente de um setor complexo. Pode-se dizer que o setor de governança é uma empresa dentro de uma empresa, pois o montante de recursos humanos, materiais e financeiros envolvidos na sua operação pode superar o de muitas empresas instituídas (imagine quanto desses recursos estariam envolvidos no Hotel Cassino MGM Grand de Las Vegas, nos EUA, que possui 5.005 UH).

Nas atribuições da governanta, as tarefas de planejar, organizar, dirigir, controlar e supervisionar devem fazer parte da sua rotina para que seu desempenho alcance as metas de produtividade e qualidade traçadas. Para tal, a governanta executiva deve conhecer os princípios básicos da administração, apresentados por Martin (2004, p. 10-11):

- Planejamento
  - *Previsão*: estabelecer aonde o curso atual conduzirá;
  - *Instituição de objetivos*: determinar os resultados desejados;
  - *Desenvolvimento de estratégias*: decidir como e quando atingir as metas;
  - *Programação*: estabelecer prioridades, seqüência e cronograma das ações;
  - *Elaboração do orçamento*: alocar recursos;
  - *Instituição de procedimentos*: padronizar métodos;
  - *Desenvolvimento de políticas*: tomar decisões permanentes sobre problemas importantes recorrentes.
- Organização
  - *Estabelecer uma estrutura organizacional:* desenhar o organograma;
  - *Definir relacionamentos:* definir linhas de ligação para facilitar a coordenação;
  - *Criar descrições de cargos*: definir escopo, relacionamentos, responsabilidade e autoridade de cada membro da organização;
  - *Estabelecer qualificações para os cargos*: definir a qualificação para as pessoas em cada cargo.
- Pessoal
  - *Seleção de funcionários*: recrutar pessoas qualificadas para cada cargo;
  - *Orientação de funcionários*: familiarizar as novas pessoas com o ambiente;
  - *Treinamento*: tornar as pessoas eficientes por meio da instrução e da prática;

  - *Desenvolvimento*: melhorar o conhecimento, as atitudes e as habilidades.
- Direção
  - *Delegação*: atribuir responsabilidades e prestação de contas pelos resultados;
  - *Motivação*: persuadir e motivar pessoas para a ação desejada;
  - *Coordenação*: unir esforços para uma combinação mais eficaz;
  - *Gestão de diferenças*: encorajar o pensamento independente e a resolução de conflitos;
  - *Gestão de mudanças*: estimular a criatividade e a inovação no cumprimento de metas.
- Controle
  - *Estabelecimento de um sistema de informações*: determinar quais são os dados críticos necessários;
  - *Desenvolvimento de padrões de desempenho*: estabelecer condições para quando tarefas importantes forem bem realizadas;
  - *Mensuração dos resultados*: apurar a extensão do desvio das metas e padrões;
  - *Ações corretivas*: ajustar planos, aconselhar a alcançar níveis, replanejar e repetir tantas funções seqüenciais quantas forem necessárias;
  - *Recompensas*: elogiar, remunerar ou administrar a disciplina.

Esses princípios citados pelo autor devem ser considerados, independentemente do porte e estrutura do hotel, pois são fundamentais para a *performance* da governança.

OUTROS CARGOS DO SETOR DE GOVERNANÇA

Os cargos encontrados no setor e o número de funcionários que deles se ocupam variam de hotel para hotel, pois o dimensionamento da equipe depende do porte, categoria e tipo de administração do empreendimento. Muitos hotéis terceirizam a lavanderia, diminuindo, assim, o número de contratações. As atribuições dos cargos listados a seguir podem diferir, dependendo da dinâmica de cada empreendimento.

Assistente de Governança

A assistente de governança pode ter funções apenas burocráticas e de atendimento ou ser um elemento-chave, auxiliando a governanta nas várias tarefas administrativas.

Atendentes de Governança (*Ordertakers*)

Dependendo do tipo e número de clientes que recebe, o hotel pode precisar desse atendente para centralizar todos os pedidos feitos pelos hóspedes e por outros setores, para então encaminhar aos responsáveis pela sua execução.

Supervisora de Andar

O serviço básico da supervisora de andar é checar a limpeza efetuada nas UH e liberá-las para a venda, atender às solicitações dos hóspedes e providenciar que as camareiras tenham os suprimentos necessários à sua tarefa. Pode também ter outras atribuições, como auxiliar no treinamento do *staff*, inventariar os itens do setor e outras tarefas relacionadas à área de hospedagem.

Camareira

Nos grandes hotéis há uma divisão clara das atribuições de cada cargo e, nesses casos, a camareira (que também pode ser denominada arrumadeira) pode ter como responsabilidade somente a higienização das UH, não se ocupando com a limpeza dos corredores de acesso ou com a reposição de enxoval e produtos de minibar. Em outros empreendimentos, a camareira pode cuidar também da limpeza das áreas públicas, além de outros serviços.

Repositor

O repositor (em muitos casos são homens) pode ter a tarefa de providenciar ao pessoal de andar o suprimento de todos os itens necessários para a tarefa do dia. Ele fornece os mais diferentes itens, como *amenities*, enxoval, produtos do minibar, camas extras etc. Pode ser de sua responsabilidade também a limpeza de corredores de acesso aos quartos, elevadores e outras atividades que demandem maior força física.

Supervisora de Limpeza das Áreas Sociais

É a pessoa responsável por supervisionar o trabalho do pessoal que cuida da limpeza das áreas públicas do hotel, como *lobby*, escritórios, áreas de eventos, áreas externas e outras. Em hotéis com grandes áreas de eventos, pode também acompanhar a organização e limpeza desses espaços, dando o suporte necessário. Pode ter o mesmo nível

Parte 6

85-7241-568-8

hierárquico que a supervisora de andar e algumas responsabilidades administrativas.

Auxiliar de Limpeza

Responsável pela limpeza das áreas sociais, sua presença não deve ser notada, pois em sua área de trabalho circula um maior fluxo de clientes (como o *lobby* do hotel). Também é responsável pela limpeza dos escritórios e todas as outras áreas do hotel. Muitas vezes esse pessoal recebe um salário menor que o das camareiras, pois os pré-requisitos exigidos não são os mesmos.

Chefe de Lavanderia

O chefe de lavanderia deve conhecer profundamente os tipos de tecidos e técnicas de processamento para garantir maior durabilidade dos enxovais e uniformes, bem como o cuidado com a roupa de hóspede. Deve também possuir conhecimentos administrativos para gerenciar o subsetor. O trabalho desenvolvido por seu pessoal é bastante repetitivo, além das condições de trabalho (altas temperaturas, umidade, ruído), que podem gerar problemas de saúde. Ao chefe de lavanderia cabe a responsabilidade por zelar pela saúde de seus funcionários, garantir o suprimento de enxoval aos clientes internos (andares e restaurantes), otimizar o trabalho e minimizar custos.

Valete

Em alguns hotéis a presença do valete se faz necessária em razão do grande volume de pedidos de lavanderia. Normalmente se contrata um funcionário do sexo masculino, que devidamente uniformizado (terno e gravata), retira das UH os pedidos dos hóspedes e posteriormente reencaminha as roupas processadas.

Conferente

Todas as peças de roupas recebidas para o processo de lavagem e/ou passagem devem ser conferidas, separadas por tipo de tecido ou sujidade e pesadas, para posterior encaminhamento às lavadoras. No caso específico das roupas de hóspede, o conferente analisa e identifica as peças antes de encaminhá-las para o processo de lavagem.

Lavadeira

É responsável pelas máquinas lavadoras e extratoras, adequando os programas de lavagem de acordo com o tipo de fibras, sujidades e volume de roupa.

Calandrista

Opera as calandras, que são equipamentos utilizados para secagem e passagem dos lençóis. Essas peças deverão, depois, ser dobradas manualmente pelos operadores, pois equipamentos com dobragem automática são muito caros e poucos são os hotéis com condições de adquiri-lo. Os equipamentos podem exigir de dois a quatro funcionários para operá-los.

Passadeira

A passadeira ou passador se responsabiliza pela passagem manual das peças de vestuário, pois estas demandam mais cuidados (como camisas, vestidos, etc.). Atualmente, o mercado oferece uma gama variada de equipamentos que visam facilitar e agilizar essa operação.

Costureira

Em toda lavanderia de hotel é necessário que haja uma costureira para executar os reparos no enxoval, uniformes e roupas de hóspedes e até mesmo confeccionar peças ou reaproveitar itens que foram retirados de uso (por exemplo, um lençol de casal ser transformado em um de solteiro).

Auxiliar de Lavanderia

O auxiliar de lavanderia executa os serviços que não exigem qualificação, como dobra de enxoval, atendimento, coleta e separação de roupas, entre outros.

Considerações Finais

Espera-se que, com esta exposição, tenham-se oferecido argumentos para que o setor de governança possa ser entendido e respeitado. Investir na profissionalização de seu pessoal, na aquisição de equipamentos mais eficientes e no desenvolvimento de técnicas mais eficazes trará melhores resultados operacionais, como aumento da produtividade e diminuição dos custos.

Esses investimentos afetarão as condições de trabalho, repercutindo na qualidade do serviço e no melhoramento das relações entre funcionários. Os reflexos serão sentidos pelo hóspede, que receberá melhor atendimento, num ambiente realmente acolhedor. O cliente satisfeito retorna ao empreendimento e/ou o indica a outros, aumentando, assim, a lucratividade da empresa.

Há que considerar também a necessidade cada vez maior da racionalização dos recursos naturais utilizados em grande escala pelo setor de governança. O consumo responsável deverá ser uma prática crescente na hotelaria e será crucial o papel do setor nesse processo.

Em época de aumento da competitividade, estes seriam os diferenciais com os quais a hotelaria poderia trabalhar para fidelizar seus clientes: qualidade nos produtos e serviços oferecidos e compromisso com o meio ambiente.

Cabe aos profissionais da área, juntamente com alunos, professores e pesquisadores das instituições de ensino, discutir e buscar formas de profissionalizar o setor, para que a governança, o empreendimento hoteleiro, os hóspedes e a natureza tenham muito a ganhar.

Exercício Proposto

1. Imagine que você tenha sido contratado(a) para assumir a gerência do setor de governança de um hotel em funcionamento, cujo quadro de pessoal corresponde a quase metade do número total de funcionários da empresa. Logo no início de suas atividades percebe que existe forte preconceito contra o setor e desvalorização do pessoal que opera na área. Que medidas tomaria para reverter o quadro? Como agiria para aumentar a auto-estima dos seus funcionários?

Glossário

Amenities *ou amenidades*: são artigos de higiene pessoal disponibilizados aos hóspedes nas UH. Normalmente são oferecidos em pequenas embalagens, como os minissabonetes, xampus e outros.

Momentos da verdade: expressão utilizada por Jan Carlzon (presidente da *Scandinavian Airlines System*), em 1987, para designar todo e qualquer contato do cliente com funcionários ou parte da estrutura de uma empresa. Muitos desses momentos da verdade são cruciais para conquistar ou expulsar o cliente, pois transmitem a imagem da empresa e sua preocupação com seus clientes internos e externos.

Procedimento operacional padrão (POP): documento utilizado em organizações para criar um padrão de operação, a fim de garantir certos resultados finais esperados. Normalmente são desenvolvidos POP para as atividades críticas, ou seja, as imprescindíveis para que uma determinada tarefa tenha bom resultado.

Very important person (VIP): termo utilizado para designar clientes especiais, que podem trazer prestígio ou que despertam grande interesse da empresa, como celebridades artísticas, autoridades, ou outras que o empreendimento hoteleiro entende serem merecedoras de um tratamento diferenciado. Normalmente são oferecidos serviços adicionais, cuidados especiais e agrados (como cestas de frutas, flores etc.).

Sites Indicados

www.ieha.org: International Executive Housekeepers Association (IEHA), localizada nos EUA, é uma organização profissional e educacional, que tem em torno de 4.000 membros, funcionando desde 1930. Agrega membros nos Estados Unidos e de outros países. Promove o Código de Ética para profissionais do setor.

www.pehn.org: Professional Executive Housekeepers Network (PEHN), Austrália. Desenvolve atividades de recrutamento, seleção e treinamento de *staff* para o setor de governança.

www.ukha.co.uk: United Kingdom Housekeepers Association (UKHA), localizada no Reino Unido, é formada por mais de 600 membros que atuam no gerenciamento de governança, de hotéis, instituições, hospitais, etc. A entidade promove eventos, encontros e informativos sobre o setor.

BIBLIOGRAFIA

BRASIL. Ministério do Turismo. Instituto Brasileiro de Turismo. Mão-de-obra empregada nas atividades turísticas. Disponível em: http://www.embratur.gov.br/br/conteudo/ver.asp?conteudoId = 121&id = 160. Acesso em 07/Jan/2005.

BUTLER, R.; JONES, P. Conclusão – problemas, desafios e soluções. In: LOCKWOOD, A.; MEDLIK, S. *Turismo e Hospitalidade no Século XXI*. São Paulo: Manole, 2003.

HALL, S. S. *Quality Assurance in the Hospitality Industry*. Milwaukee: Quality Press, 1990.

LASHLEY, C. In search of hospitality: towards a theoretical framework. *International Journal of Hospitality Management, 19 (1):* 3-15, 2000.

LOCKWOOD, A.; BAKER, M. *Quality Management in Hospitality*. London: Cassell, 1996.

MARTIN, R. J. *Governança: administração e operação de hotéis*. 3. ed. São Paulo: Roca, 2004.

RUTHERFORD, D. G. *Hotel Management and Operation*. New York: John Wiley, 1995.

CAPÍTULO

56

A Carreira na Hotelaria segundo o Departamento de Recursos Humanos

Willy C. Sholz

Introdução

Como sabemos, em toda profissão, o bom profissional destaca-se pelos conhecimentos que adquire ao longo de sua vida. Na hotelaria, tal qualidade é imprescindível, visto a diversidade cultural com que os profissionais dessa área lidam diariamente. O profissional da hotelaria necessita estar sintonizado com os costumes da cultura do país de onde provém cada hóspede. Precisa estar atento às informações que recebe, por mais estranhas ou inúteis que pareçam naquele momento. Como lidar com os costumes de hóspedes provenientes do Oriente e do Oriente Médio? Como agir, caso um bando de formigas resolva atacar um maravilhoso *brunch* servido à beira da piscina?

As metas da Embratur – Instituto Brasileiro de Turismo para 2003 incluíam a criação de 500 mil novos empregos na área do turismo e 300 novos hotéis. Esperava-se receber nesse ano 6,5 milhões de turistas estrangeiros e uma receita cambial turística de US$ 5,5 bilhões. Para 2007, a meta é da entrada de nove milhões de turistas.

Entretanto, há cerca de 10 anos, a cidade de São Paulo vem sofrendo um excesso na oferta de apartamentos para hospedagem. Desde o ano 2000, há mais de 20 mil novos apartamentos em construção, o que representará um total de 50 mil novas unidades até 2010.

Esse excesso de oferta deve-se, sobretudo, ao lançamento de *flats*, hotéis-residência ou hotéis *long stay*, vendidos como unidades a investidores. Tal fato ocorre por uma falha na legislação, que permite que os hotéis-residência sejam considerados condomínios residenciais, gozando da diferenciação no pagamento de impostos, taxas e salários. Os hotéis, por sua vez, são reconhecidos como empresas, arcando com a pesada tributação que é de conhecimento geral. Essa diferenciação na legislação induziu os hotéis, em especial os pequenos e independentes, a uma verdadeira *guerra tarifária*, abandonando padrões de serviço e reduzindo o número de empregados.

Há anos, a ABIH-SP – Associação Brasileira da Indústria de Hotéis de São Paulo, vem demandando a equiparação de ambos os serviços de hospedagem junto aos vários governos, porém essa luta tem se mostrado muito difícil.

Atualmente, esse excesso de oferta dos hotéis-residência também tem mostrado que o rendimento prometido aos investidores está longe de tornar-se realidade. Administradoras que prometiam um retorno de aproximadamente R$ 1,5 mil por unidade hoje pedem aos proprietários que façam aportes para que o negócio possa se manter ativo. Tal fato gera

85-7241-568-8

grande insatisfação nos investidores, que pode ser observada na intensa troca de bandeiras das administradoras desses condomínios.

A vinda de grandes redes hoteleiras internacionais nesse mesmo período, focadas no segmento luxo cinco estrelas, também contribuiu com a guerra tarifária, acarretando uma verdadeira liquidação de diárias. A preferência dessas redes pelas regiões das avenidas Paulista e Engenheiro Luís Carlos Berrini, à procura de um mesmo nicho de mercado – o hóspede executivo –, criou um excesso de oferta nesses locais. Somente na região da avenida Engenheiro Luís Carlos Berrini foram criados em torno de dois mil novos apartamentos para hospedagem. Hoje, esses hotéis trabalham com ocupação média de 40% e diária média entre 40 e 50% da diária balcão. Para a hotelaria em geral, o equilíbrio entre oferta e procura deve acontecer somente em cinco anos.

Com esse cenário, as redes hoteleiras nacionais e internacionais, e mesmo os hotéis independentes, começam a diversificar com a oferta de hotéis de categoria E e D, ou seja, econômica na capital e sobretudo no interior, oferecendo um produto de qualidade, renome e acessível ao hóspede com diárias variando entre US$ 20 e 35.

Porém, devemos enfrentar uma realidade que já existe: como atrair hóspedes para cada hotel?

Hoje, há uma tendência de que cada hotel crie o seu *conceito* – cada um deve saber qual seu hóspede, o que ele quer e atendê-lo naquilo que necessita. Ao contrário de abrir o leque de negócios, cada hotel deve convergir para um tipo de hóspede que queira atingir: deve calibrar sua arma, treinar seus atiradores para que acertem na mira; de nada adianta atirar em todas as direções. Os hóspedes já não querem ficar em uma fila de *check-in* e *check-out*, não querem ser tratados como outro hóspede – mas querem ser tratados de forma diferencial, personalizada, em um local onde o conheçam, que o identifiquem, que já conheçam suas necessidades e que apreciem recebê-lo como um indivíduo, mesmo que a serviço de uma multinacional. Daí surgiram os conceitos de hotéis-butique, *design*, de charme, *spas*, com andares e serviços voltados ao público feminino, preocupados com o meio ambiente e que utilizem produtos recicláveis, que ofereçam a mais alta tecnologia de comunicação ou que desenvolvam ações educacionais e beneficentes.

Devemos ser mais questionadores: temos obrigatoriamente de seguir uma hotelaria que foi definida há 200 anos? Devemos todos ter o mesmo comportamento? Os hotéis têm de ser iguais em todos os lugares do mundo? Por que não valorizar a diversidade cultural, racial, religiosa? A tão falada "globalização" não está padronizando tudo e todos. Ao contrário, estamos valorizando as diferenças, queremos o que é diferente, exótico, obter novas experiências de vida.

Por fim: que tipo de funcionário deverá trabalhar nesse mercado? Por que o mercado deve contratar esse e não aquele candidato?

Carreira

Da mesma maneira que houve uma explosão na oferta de apartamentos, houve também um *boom* na oferta de cursos de Hotelaria e Turismo.

Há alguns anos, em São Paulo, havia apenas duas faculdades de Hotelaria (com formação de tecnólogo). Os hotéis procuravam a mão-de-obra necessária junto a alunos de outras áreas: administração, economia, *marketing*, letras, economia doméstica. Nas entrevistas, cabia às chefias a difícil tarefa de "convencer" o candidato a trabalhar em hotelaria – a trabalhar como recepcionista, como garçom ou outra função. Bastava dominar outro idioma – preferencialmente o inglês – e pronto, já estava contratado. Muitos vinham de intercâmbios no exterior, até com experiência como garçons ou lavadores de pratos. Quando chegavam ao Brasil, todavia, ocorria uma transformação radical: não aceitavam mais cargos como esses. Todos os recém-formados queriam ser gerentes gerais.

Raras vezes, encontrava-se alguém formado ou que queria trabalhar em hotelaria e os que ficavam realmente amavam aquilo que faziam, gostavam de lidar com gente, de servir, de transformar sonhos em realidade.

Desde 1996, aproximadamente, a hotelaria e o turismo viraram moda. Descobriu-se que há um grande potencial nessas áreas. Há faculdades e escolas técnicas em cada canto. As entrevistas com os candidatos também mudaram radicalmente. As respostas para as velhas perguntas: "por que você escolheu hotelaria?", "por que gosto de lidar com gente?", "por que gosto de me relacionar?", "por que gosto de servir?" mudaram para: "porque há uma grande perspectiva de desenvolvimento da área" ou "porque é a carreira do momento". Ou seja, o prazer simplesmente deu lugar à "carreira do momento". Como pode alguém passar a vida trabalhando em algo que não sente prazer e alegria? Como esse alguém infeliz tornar um hóspede feliz por estar em seu hotel?

CONCORRÊNCIA

Façamos uma análise simples: quantas faculdades de hotelaria há em São Paulo hoje? Aproximadamente 15. Quantos alunos há, em média, por classe? Quarenta. Quantos períodos de aulas? Dois (matutino e noturno). Portanto, temos: 15 × 40 × 2 = 1.200 alunos formando-se em Hotelaria por ano, sem contar as faculdades de Turismo e escolas técnicas. Ou seja, são 1.200 novos concorrentes por ano. E, no Brasil, existem mais de 600 faculdades de Hotelaria ou Turismo.

Sempre pergunto aos alunos: por que um hotel contratará você e não o colega que está a seu lado? Que habilidades e competências ele possui e você não? O que você faz melhor do que ele?

Da mesma maneira que cada hotel precisa descobrir seu *conceito*, cada aluno, cada profissional também deve descobrir sua tendência: que mercado deve atingir? Para quais setores das empresas hoteleiras deve focar sua carreira? O domínio de idiomas já não é um fator opcional, mas obrigatório. Causa espanto ver que mais da metade dos alunos de Hotelaria ainda não dominam o inglês básico para comunicação. Como podem acessar a Internet e obter informações se não têm o básico? Há muitas facilidades atualmente: pode-se aprender via Internet, por telefone, escolas de todos os preços e em todas as esquinas, no computador com CD. O inglês é o idioma da comunicação e não há como negar ou fugir desse fato.

As faculdades e escolas têm uma parcela de responsabilidade em tudo isso: o vínculo escola-empresa precisa ser incrementado. Deve-se proporcionar aos alunos contato com a realidade do mercado, não apenas durante os estágios. Os alunos devem saber como elaborar um currículo e portar-se durante uma entrevista, como atuar em dinâmicas de grupo. Precisam ser ensinados e treinados a fazer seu *marketing pessoal*, a vender o *seu* produto e ter claros os setores nos quais podem atuar. Nas entrevistas, notamos que os alunos tendem a escolher trabalho em apenas três setores: eventos, vendas ou alimentos e bebidas. As escolas devem ter consciência de que são responsáveis pela formação profissional do aluno, ou seja, co-responsáveis pela carreira durante o resto da vida de seus alunos, não somente durante quatro ou cinco anos, enquanto pagam as mensalidades. Compare-se o preparo profissional que os alunos de universidades americanas e européias possuem para o mercado em relação ao que recebem no Brasil.

Como esses recém-formados podem se candidatar a cargos nos hotéis, sobretudo nas redes internacionais, as quais têm exigências cada vez maiores, muitas vezes absurdas para a realidade de nosso país: ensino secundário completo e inglês até para cargos de auxiliares de limpeza. Primeiro, devemos oferecer condições para a pessoa sobreviver e depois exigir que ela estude, faça cursos técnicos, incutindo nela a necessidade de que precisa dominar outro idioma para que possa ser sempre "empregável".

Pontos Positivos da Carreira

CONTATO COM PESSOAS

O profissional da hotelaria deve gostar de lidar com gente, interagir, ter contato com vários tipos de culturas, costumes e comportamentos. Tem a oportunidade de observar e enriquecer-se culturalmente com essas diferenças. Aprender com diversas situações que surgem a cada dia e que demandam soluções diferentes.

DINÂMICO

Deve ser ágil no raciocínio, na busca de soluções imediatas. Muitas vezes, o hóspede está à sua frente, com um problema que deve ser solucionado.

Ser dinâmico para aprender a mudar e mudar rapidamente. Mudar procedimentos, conceitos – mudar para acompanhar a mudança do mundo.

RAMO DE NEGÓCIO GLOBAL

Muito antes de se falar em globalização, os profissionais já dominavam essa questão: domínio de outros idiomas, compreensão e respeito a outras culturas e costumes.

RÁPIDA ASCENSÃO

Em comparação com outras atividades profissionais, a hotelaria possibilita relativa rapidez de ascensão na carreira. Logicamente, muito dependerá do esforço do profissional, mostrando-se interessado em conhecer outras áreas, aprender, aperfeiçoar-se e ser o melhor.

 85-7241-568-8

ÁREA DE ATUAÇÃO

A hotelaria é uma carreira que abre um leque de opções em um mesmo ramo de atividade. Basicamente, na maioria dos hotéis, há quatro grandes áreas: hospedagem, alimentos e bebidas, vendas e administração. Oportunamente, veremos com mais detalhes cada uma delas.

MERCADO NÃO SATURADO

Como vimos anteriormente, apesar de haver uma certa saturação nos grandes centros, o mercado de trabalho na Hotelaria está longe da saturação. Basta fazer um comparativo com a França – primeiro lugar no *ranking* de turismo receptivo. Com área aproximada um milhão de quilômetros quadrados, o país recebeu em 2003 cerca de 70 milhões de turistas. O Brasil, por sua vez, com seus 8,5 milhões de quilômetros quadrados, oito mil quilômetros de litoral e todas as belezas naturais à disposição, recebeu em 2003 cerca de 4,5 milhões de turistas.

Basta explorarmos tudo isso com consciência. Poucos países têm uma diversidade geográfica, cultural, racial e climática tão grande como a nossa. Portanto, há muito que se fazer em turismo e hotelaria no Brasil. O que precisamos é que nosso *marketing* seja bem feito: como convencer alguém a viajar durante 10 ou 12 horas de avião e ser recompensado por isso, e não recebido com violência e exploração. Os turistas querem sentir-se bem tratados e seguros.

MUDANÇAS

A hotelaria é um dos segmentos mais rapidamente atingidos por quaisquer crises que ocorram no mundo. Crise no petróleo, terrorismo, violência? As companhias aéreas imediatamente são afetadas – reduzirão vôos e aumentarão tarifas. Portanto, menos passageiros. Menos passageiros afetarão a ocupação dos hotéis e de todos os serviços envolvidos, reduzindo empregos e oportunidades.

Mas isso é positivo? Sim, para as mudanças. Os hoteleiros devem criar, desenvolver novas idéias e projetos. Sempre devem estar alerta ao que ocorre no mundo, porque no dia seguinte sofrerão as conseqüências. Como escapar? Como sobreviver durante um, cinco, dez, vinte anos?

Pontos Negativos da Carreira

DEDICAÇÃO INTEGRAL

Em hotelaria, costuma-se dizer: "temos horário para entrar, mas não temos horário para sair". É uma das carreiras que mais exigem tempo e dedicação de seus profissionais. Muitas das áreas exigem que chefias e funcionários permaneçam atuando 10, 12 horas seguidas. Na ocorrência de um problema ou imprevisto, um gerente geral, de hospedagem ou de alimentos e bebidas precisa permanecer atuando até a completa solução da ocorrência. Um coordenador de eventos, por exemplo, deve acompanhar a realização de eventos desde a venda até sua finalização. O gerente de manutenção e o gerente de segurança devem acompanhar ocorrências diversas até seu término e ainda permanecer à disposição da empresa durante 24 horas para eventuais emergências.

Assim sendo, todos devem estar conscientizados. Muitas vezes, enquanto todas as pessoas estão desfrutando de seus feriados, carnavais e festas de fim de ano, o profissional de hotelaria estará trabalhando, atendendo ao hóspede e prestando o melhor serviço.

Muitas vezes, essa dedicação pode causar problemas familiares, afinal é muito difícil para alguém que não seja da área entender que seu marido ou mulher esteja dedicando-se tantas horas ao trabalho.

ESTRESSE

Além dos fatos mencionados, o profissional deve estar a apto a suportar as mais diversas pressões, sobretudo nos cargos de chefia. Um gerente é cobrado por seu superior imediato (muitas vezes o próprio investidor), pelo hóspede e pelos funcionários. O profissional sabe que deve fazer a empresa aumentar receitas e cortar custos, deve dar lucro. Por outro lado, deve oferecer o melhor e a maior atenção aos hóspedes, mantendo-os satisfeitos e fiéis. Deve ainda estar atento às solicitações de sua equipe e dos funcionários, mantendo-os unidos em busca do objetivo comum.

Deve ter resultados apurados corretamente, para tomar decisões que sejam necessárias para adequação às exigências do mercado.

Em hotelaria, as ações e decisões devem ser tomadas rapidamente. A hotelaria não é uma indústria como outras. Se um hóspede tem uma reclamação, não adianta dizer-lhe para contatar o sistema de atendimento ao consumidor ou um *0800* e esperar que a empresa analise sua reclamação e lhe dê uma resposta depois de 30 ou 60 dias. O profissional da hotelaria deve resolver o problema apresentado pelo hóspede imediatamente. Muitas vezes estará lá, frente a frente, nervoso, quase sem controle, deverá ser ouvido atentamente para que seja tomada uma decisão em poucos minutos. Enquanto o profissional escuta, deve já pensar na solução. Ele terá de solucionar o problema e ajudar; não adianta tentar repassar a responsabilidade a outro funcionário ou departamento. Para o hóspede não interessa; o profissional que o atende naquele momento representa o hotel.

DESLOCAMENTOS

Os profissionais que atuam em redes hoteleiras nacionais ou internacionais devem estar preparados para eventuais solicitações de deslocamentos de cidade, ocasionando transtornos, sobretudo para aqueles que têm filhos. Muitas vezes, eles se mudam antes da família, de acordo com as necessidades da empresa.

Em algumas redes internacionais, durante contratação, o executivo deve assinar um termo em que se disponibiliza a esses deslocamentos. Algumas empresas permitem que o executivo não aceite um deslocamento, mas não permitem uma segunda negativa.

Em termos de hotelaria internacional, não são muitos os brasileiros que ocupam altos cargos executivos. Esperamos que o desenvolvimento da carreira no Brasil proporcione maior oportunidade aos brasileiros, que já possuem uma das mais importantes e exigidas qualidades: a criatividade.

Áreas de Atuação

Como abordado, a carreira em hotelaria proporciona a seus profissionais a atuação em distintas atividades em uma mesma área.

O profissional pode escolher entre os setores:

- *Hospedagem*: compreendendo recepção, governança, lavanderia, *guest relations*, *fitness center* e, em alguns casos, reservas.
- *Alimentos e bebidas*: cozinha, restaurantes, bares, *room service* e banquetes.
- Vendas e eventos.
- Marketing.
- *Administração*: controladoria, compras, contabilidade e recursos humanos.
- Tecnologia.
- Manutenção.
- Segurança.
- Outros, de acordo com o conceito do hotel.

DESENVOLVIMENTO DE CARREIRA

Este é outro conceito que deve ser mudado. Os alunos ou profissionais recém-contratados costumam sempre perguntar: "qual plano de carreira a empresa me oferece?".

A carreira é, exclusivamente, da responsabilidade de cada um. Para uma empresa, é muito fácil criar fases de desenvolvimento para uma carreira, normas e procedimentos.

Porém, o interesse e o esforço de cada um e que farão o desenvolvimento da carreira ser bem-sucedido ou não.

O profissional deve sempre fazer cursos técnicos ou de aperfeiçoamento – muitas vezes, é interessante estudar algo fora da área de atuação ou carreira. Assim, poderá ver sua atuação sob outra perspectiva. Deve sempre aperfeiçoar os idiomas que domina e procurar aprender outro. Deve sempre se interessar em conhecer e fazer treinamentos em outros setores.

Recursos Humanos

Atualmente, as empresas hoteleiras já vêem o setor de recursos humanos como um setor diferente, não mais como um departamento de pessoal para elaboração da folha de pagamentos.

O setor de recursos humanos deve fazer parte das decisões estratégicas da empresa. Afinal, além de administrar um dos maiores custos da empresa, deve ter políticas atuais no relacionamento com os funcionários – deve ter seleção rigorosa de candidatos, preparar, treinar e fazer com que os funcionários assumam, comprometam-se e lutem pela filosofia e pelo conceito da empresa. Deve fazer com que tenham orgulho do que fazem e da empresa para a qual trabalham. Deve saber como trazer e reter os melhores profissionais. A empresa deve respeitar e oferecer o melhor a seu funcionário, assim ele respeitará a empresa e fará o melhor para seus hóspedes.

Em algumas empresas hoteleiras, a área de recursos humanos está diretamente ligada ao responsável administrativo financeiro, possibilitando a esse profissional visão e análise imediatas entre o desempenho da empresa, o mercado e a gestão da equipe.

Para encerrar, destacam-se alguns requisitos básicos para aqueles que queiram atuar em hotelaria:

- Saber ouvir.
- Saber relacionar-se.
- Criatividade sempre.
- Fácil adaptabilidade.
- Ausência de preconceitos.
- Discrição.
- Nunca estar satisfeito com o que sabe; sempre querer mais.
- Gostar de servir.

Exercícios Propostos

1. Em muitos hotéis independentes ou pertencentes a redes nacionais ou internacionais, o gerente geral muitas vezes deve morar no hotel, só ou com sua família. Analise como deve ser o comportamento desse gerente: durante 24 horas e 365 dias por ano, ele terá seu comportamento observado por funcionários e hóspedes. Que nível de privacidade ele possui? Pense, sobretudo, em um hotel de luxo, onde há todas as facilidades e serviços disponíveis para o hóspede, mas não para o gerente. Ele pode freqüentar a piscina? E se, naquele momento, um hóspede solicitar sua presença para fazer uma reclamação?
2. Há pouco tempo, um hotel localizado em um país do Oriente Médio recebeu uma ameaça de bomba por telefone. Uma das gerentes estava em casa e, antes de sair para o trabalho, soube da ameaça. Ela teve de analisar a situação e tomar uma decisão que poderia afetar sua carreira ou sua família. Se, de fato ocorresse a explosão, o que poderia acontecer-lhe? Por outro lado, se ela não comparecesse ao trabalho naquele dia e nada acontecesse, como ela enfrentaria sua equipe no dia seguinte?

Sites Indicados

www.embratur.gov.br: Embratur.

www.abih.com.br: Associação Brasileira da Indústria Hoteleira.

www.spcvb.com.br: São Paulo *Conventions & Visitors Bureau.*

www.panrotas.com.br: Panrotas.

www.estadao.com.br: jornal O Estado de São Paulo.

www.ahma.com: *American Hotel & Motel Association.*

Parte 6

Parte 7

Memória

CAPÍTULO

57

Mário Carlos Beni Fala

Professor Mário Carlos Beni.

Alexandre Panosso Netto

Introdução

Dedicação, pesquisa e divulgação do conhecimento em turismo. Esse parece ter sido o lema de trabalho de Mário Carlos Beni em seus 35 anos de envolvimento com a temática.

Arrisco afirmar que nenhum estudioso brasileiro fez tanto não só pela Academia do Turismo, mas também pela atividade turística em nosso país. Projetos pedagógicos de cursos de graduação e pós-graduação; participação em congressos como palestrante; escritor de dezenas de artigos científicos em revistas nacionais e internacionais, prefácios, contra-capas, apresentações e artigos de jornais; autor de dois livros referências em suas abordagens; professor e orientador de mais de 40 mestres e doutores que fizeram suas pesquisas em turismo; orientador atualmente de 13 pós-graduandos – mestrado e doutorado – em turismo e hotelaria; participante como membro em banca examinadora de mais de 35 mestres e doutores; consultor em turismo e, como genuíno descendente de italianos, apreciador de um bom vinho.

Mário Carlos Beni iniciou seus estudos na graduação em 1958, no curso de Engenharia Civil da Escola de Engenharia Mackenzie. No quinto ano transferiu-se para a Universidade Federal Fluminense, no Rio de Janeiro, onde obteve o título de engenheiro em 1963. De 1964 a 1968 cursou Ciências Jurídicas na mesma universidade, graduando-se em 1968. Logo em seguida foi aperfeiçoar seus estudos no Japão e na Europa, com passagens pela França, Itália e Espanha. Também fez cursos de extensão universitária nos Estados Unidos, na Universidade de Cornell. Nessa época já estava envolvido com o turismo.

Voltando ao Brasil, em 1975 ingressou no mestrado em Ciências Sociais da FESPSP – Fundação Escola de Sociologia e Política de São Paulo, onde desenvolveu a dissertação "Caracterização da Natureza dos Fluxos para a Classificação da Demanda por Turismo" e obteve o título de mestre em 1981, sob a orientação da professora Eva Maria Lakatos.

Nessa época era professor concursado na ECA/USP – Escola de Comunicações e Artes da Universidade de São Paulo, onde ajudou a criar o curso de Turismo, no qual assumiu a cadeira de Turismo e Desenvolvimento. O doutorado veio logo a seguir. Na mesma ECA/USP, defendeu, em 1988, a tese "Sistema de Turismo – Construção de um modelo teórico referencial", sob a orientação do Professor Doutor Osvaldo Sangiorgi.

Alcançando o auge da produção acadêmica, em 1991, obteve o título de Livre-docente na USP, com a tese "Análise do Desempenho do Sistema Nacional de Turismo Instituído na Administração Pública". Este é seu maior título acadêmico.

Por seu trabalho recebeu vários prêmios, dentre os quais se destacam o "Troféu Loba Romana por Serviços Prestados à Comunidade – 2003", oferecido pela Assembléia Legislativa do Estado de São Paulo; o "XIV Prêmio UPIS de Turismo – 2003", oferecido pelas Faculdades Integradas do Distrito Federal; e o "*Amforht Awards* – 2004", oferecido

85-7241-568-8

pela AMFORHT – Associação Mundial para a Formação em Hotelaria e Turismo.

Mário Beni tem atuação internacional. Prova disso é ser membro da AMFORHT; da AIEST – Associação Internacional dos Cientistas *Experts* em Turismo e da *International Academy of Tourism*. Faz parte do conselho de ética da Organização Mundial do Turismo e do conselho editorial de revistas científicas como a *Annals of Tourism Research* e a Turismo em Análise.

Esses são alguns números para contextualizar a importância de seu trabalho. Mas, ao ser perguntado se sabe de sua responsabilidade e o quanto é referência na área, modestamente, divide os méritos com todos aqueles que foram e que são seus alunos de pós-graduação.

Esta entrevista foi feita na manhã do dia 9 de junho de 2004, em seu escritório na cidade de São Paulo. Seu relato é também parte da história da educação em turismo no Brasil, daí a sua importância.

Entrevista

Alexandre: Para iniciar o senhor poderia nos explicar um pouco como foi seu envolvimento com a temática do turismo.

Mário: Bem, na verdade comecei a minha atividade docente na Faculdade de Arquitetura Urbanística [FAU] na Universidade de São Paulo numa cadeira, na época, de planejamento regional do professor Lauro Bastos Bicos, com o professor Nestor Goulart Reis. Eu fazia o mestrado em ciências sociais na Escola de Sociologia Política, que é uma instituição complementar da Universidade de São Paulo.

O acesso à carreira docente na FAU naquele período, por volta de 1969, 1970 era muito difícil. Não havia vaga. Aí surgiu uma oportunidade na Escola de Comunicações e Artes com a disciplina vinculada ao departamento de Relações Públicas, Propaganda e Jornalismo. Era a disciplina de Turismo e Desenvolvimento. Abriu-se um concurso e eu, com o objetivo de ingressar na carreira docente da USP, acabei fazendo esse concurso. Fui classificado, e a partir daí então comecei a desenvolver a disciplina e tomei contato com a teoria do professor Roosevelt.

Logo em seguida eu concorri para uma bolsa do governo japonês e também fui classificado. Eram duas vagas para toda a América do Sul. Classificaram-se uma arquiteta do Uruguai e eu. Fiquei praticamente oito meses na Universidade de Tóquio, no momento em que o Japão se preparava para um *boom* turístico que ocorreu em todo o sudeste asiático no início da década de 1970. Lá eu tomei conhecimento de todo o *marketing* que existia, que começava praticamente ali naquele período, e acabei me envolvendo muito com esse tema.

Ao voltar do sudeste asiático eu permaneci na Espanha por mais dois meses, no Instituto de Estudos Turísticos de Madri. Tive um mês mais em Aix-en-Provence com o professor René Barejte. Aí eu realmente mergulhei na pesquisa em turismo. Depois complementei esses estudos em Cornell [Estados Unidos] com enfoque hoteleiro e retornando ao Brasil já comecei imaginar um curso de Turismo na Universidade de São Paulo.

Então, quando fui, havia já o esboço da Anhembi Morumbi que, de fato, em 1971 instalou seu primeiro curso de Turismo. Na verdade era Faculdade Morumbi [antigo nome da Faculdade Anhembi Morumbi]. Logo em seguida fui convidado pelo corpo docente e fui o primeiro professor autorizado pelo Ministério de Educação e Cultura [MEC] a ministrar a disciplina de Teoria e Técnica do Turismo. Em seguida, também no processo da Ibero-Americana, fui igualmente autorizado. Então, nas duas, nos primeiros cursos, eu respondia pela disciplina de Teoria e Técnica do Turismo em razão também da minha especialização feita no exterior.

A USP lança seu curso no final de 1972, ou melhor, já em 1971 organizamos. Sabendo que era um curso novo, e que ia ter resistência do conselho universitário, eu, estrategicamente, procurei trazer professores de outras unidades públicas. Tanto é que o chefe do departamento proposto para o curso de Turismo foi exatamente um docente da Faculdade de Filosofia, Letras e Ciências Humanas, o professor Penteado, do departamento de Geografia. Foi o primeiro chefe do departamento. Foi um curso que começou já com uma característica multi e interdisciplinar. A minha preocupação já nesse período, pois eu sabia que o turismo precisava ser desenvolvido com esses enfoques [multi e interdisciplinares].

A partir daí realmente foi aprovado o curso que se inicia. Importante destacar nesse momento é que o Ministério da Educação e a Embratur [Instituto Brasileiro de Turismo], muito preocupados com esse ritmo de cursos superiores de Turismo no Brasil, acabaram designando o curso de turismo da Universidade de São Paulo para fazer um grande debate sobre o currículo pleno, uma vez que o MEC havia estabelecido o currículo mínimo. A USP coordenou esse trabalho e foi aí

Parte 7

85-7241-568-8

que houve um grande divisor. Um grande marco, porque a Faculdade Anhembi Morumbi tinha todo seu projeto pedagógico voltado ao modelo espanhol, que era mais voltado ao mercado. Ou seja, à formação profissional e não à pesquisa, à colocação, à abordagem científica do turismo e o macroplanejamento envolvendo aspectos sociais, econômicos, etc. Esta é a linha e que sempre foi da USP. A partir daí os cursos de Turismo implantados nas universidades, como PUC e outras, seguiram o modelo da USP. Os estados do Rio de Janeiro e de Minas Gerais seguiram basicamente o modelo da Morumbi. Foi assim que nasceram os cursos e se difundiram em todo o país.

Alexandre: O senhor destacou o pesquisador René Barejte como importante professor no início de seus estudos. Houve outros mestres que lhe marcaram?

Mário: Sim. O professor René Barejte foi, eu diria, "o grande". Porque lá [na França] eu me defrontei com outros colegas. Poderia citar Joseph [não lembra o sobrenome] da Universidade de Bordeaux. Conheci também nesse período o professor Alberto Sessa, que também fez os seus primeiros estudos [sistêmicos]. Não foi meu contemporâneo. Ele fez depois de mim; e também o Wahab [Salah-Eldin Abdel Wahab] sendo que posteriormente nos encontramos em Milão [Itália]. Também o professor Pierre Lainé. Enfim Aix-en-Provence era a "Meca" dos estudos turísticos dessa década. O professor René Barejte vive até hoje, mas já se retirou [da academia]. Nesse período havia uma preocupação em aprofundar a epistemologia, coisa que hoje a gente percebe que ficou em segundo plano em razão do mercado, da importância do turismo e o impacto econômico do mercado.

Alexandre: Esses autores que o senhor acabou de citar produziram há 20, 25 anos. No seu entender, a leitura deles ainda hoje é importante para os acadêmicos de turismo no Brasil?

Mário: Eu acredito que não! Turismo é uma atividade científica, enfim, uma atividade de mercado. Mas é também uma área que exige uma permanente reciclagem. Para se estar *up to date* é preciso acompanhar a evolução. O turismo, além de ser uma atividade intersetorial, interdisciplinar, transdisciplinar, precisa ser acompanhado ano a ano. Precisa ser repensado! Enfim, muitos desses autores ficaram numa obra só, não continuaram a pesquisa e se retiraram da academia. Aqueles que efetivamente trabalham, o próprio [Alberto] Sessa tem uma atividade intensa, mas muito voltada ao mercado. A pesquisa acadêmica voltada ao sistemismo que ele [Sessa] trabalhou no início, ele mesmo não prosseguiu! Ele achou que eventualmente já estariam esgotadas. Eu tenho até encontrado com ele. Ele agora dá um enfoque também mais voltado ao mercado. Ele não aprofundou na epistemologia, nos conceitos e no estudo do turismo. Na verdade ele, como tantos outros pesquisadores, ficou mais aí na interpretação e nos avanços voltados à gestão empresarial e mercadológica.

Alexandre: Recentemente o senhor recebeu o prêmio máximo oferecido pela Associação Mundial para Formação Profissional Turística – Amforht pelo reconhecimento do seu trabalho e envolvimento com a temática do turismo. O que significa isso na sua vida?

Mário: A Amforht foi uma das primeiras associações que congregou a maioria dos pesquisadores. Ela antecede a Organização Mundial do Turismo, só não antecede a Associação Internacional dos Cientistas *Experts* em Turismo – AIEST. Mas ela realmente nasceu de um grupo de professores e docentes franceses, basicamente espanhóis e depois franceses. O próprio professor Pierre Lainé participou da fundação; professor Barejte e tantos outros. E da Espanha também o professor [Luiz Fernandez] Fuster e tantos outros. Mas ela teve um período de vida até aí, por volta de 1989/1990. Depois houve problemas políticos e ela acabou se estagnando por 10 anos e aí ela retomou com o grupo francês ligado à Universidade de Perpignon. Em 90 ela retoma suas atividades. Na verdade ela não encerrou suas atividades, ela ficou mais circunscrita à Europa. Aquela característica internacional dela que foi muito forte até 1980, perdeu-se um pouco por questões políticas, regionais e no âmbito da União Européia. Agora que ela retoma o vigor com o grupo da Universidade da Perpignon e liderada pelo professor Serge Perrot da Universidade Sorbone I. Nesse momento eles resolveram fazer um resgate de tudo que foi feito no passado, quem foram os autores e pesquisadores que se destacaram naquele primeiro período e que de alguma forma continuam contribuindo com produções, com artigos científicos, etc. É a razão porque criaram no fim da década de 1980, por volta de 1987, é muito recente esse prêmio, é o Amforht Awards. No início de 1987 que eles foram pelo colegiado superior da Amforht. Não é uma homenagem. É efetivamente uma análise de retrospectiva. Primeiro buscando aqueles que ao longo da existência na Amforht produziram. Então, é em razão da produção científica. E eu me surpreendi porque acabei sendo o primeiro brasileiro e sul-americano a ter essa honra. Basicamente, ou fundamentalmente, pela produção de livros e artigos no decorrer desses anos. Em razão disso, hoje essa premiação se volta à empresa, ou seja, àqueles empresários e pesquisadores que se destacaram na área. A cada dois anos são premiados um empresário de turismo e um pesquisador científico.

Alexandre: Como membro da AIEST e da Amforht, eleito recentemente também membro representante da Organização Mundial do Turismo – OMT, como o senhor avalia o Brasil nas questões de turismo em nível mundial? O país está envolvido ou se põe à margem das disposições internacionais?

Mário: Não. Eu acho que, no momento, nós estamos muito envolvidos. Veja que o Brasil tem sediado importantes reuniões, importantes congressos, seminários, ainda semana próxima vamos sediar um da Organização das Nações Unidas [ONU]. Sediamos, ainda no fim do ano passado, um da própria OMT. A OMT nesses últimos cinco anos sediou, pelo menos que eu me recorde, cinco eventos no Brasil. Isto demonstra que a atividade de pesquisadores brasileiros e empresários tem sido marcante ainda que se questione alguns aspectos metodológicos. O fato é que o Brasil a partir do Caio Luiz de Carvalho [ex-presidente da Embratur e ex-ministro do Turismo], que foi o presidente do conselho da Organização Mundial do Turismo, inaugurou uma fase de participação mais ativa e pelas suas próprias iniciativas e pela sua importância como destino turístico alternativo. Então eu acredito que, de uns cinco anos para cá, o Brasil tem estado presente em todas as iniciativas do OMT e de outras iniciativas de outros organismos internacionais. Eu até acredito que essa, que parte dessa homenagem, ainda que haja um conteúdo que justifique, isso é uma atenção ao país. É uma deferência ao país, por meio do Brasil. Usando o Brasil, a Amforht estabeleceu um novo contato com a América do Sul e com o próprio Brasil. A OMT realiza seu congresso internacional a cada dois anos, e todo ano elege um país para fazer um fórum de discussões e este ano nós teremos em outubro um fórum de discussões da Amforht em Natal, onde serão convidados pesquisadores, universitários dos países sul-americanos. Então foi uma maneira também de se amarrar um contato maior do Brasil com a América do Sul e se estabelecer uma recomposição, ou um retorno da Amforht com representações sul-americanas e enfim com a América do Norte.

Alexandre: Em nossas aulas sempre abordamos a questão do desenvolvimento internacional do turismo e sempre repetimos aos nossos alunos que o turismo é uma atividade característica da sociedade pós-moderna e do mundo globalizado. Como que o senhor justifica essa afirmação?

Mário: No meu livro Globalização do Turismo [Editora Aleph, 2003] eu tentei mostrar que, ao contrário do que se imagina, o turismo não é um fruto desenvolvido da internacionalização da economia. Ele foi o fator preponderante também da globalização. Então, na verdade, eles se completam. Quer dizer: o processo de globalização teve no turismo um eixo muito importante, um vetor muito importante. O turismo foi responsável como vetor destacado do processo de globalização da economia. Então é por isso que hoje ele se evidencia como uma das primeiras atividades econômicas do mundo, ao lado aí da indústria automobilística, petróleo, armamento, informática, etc.

Alexandre: Entrando um pouco mais na sua obra do Sistema do Turismo – Sistur, quando foi ou por que o senhor considerou que a visão sistêmica era a melhor forma de compreender o turismo?

Mário: Eu sentia, como docente, uma grande dificuldade dos alunos correlacionarem as diferentes disciplinas que integram a estrutura curricular de turismo. Era muito difícil eu estabelecer essa correlação. Então eu comecei estudar e, sem perceber, comecei a utilizar uma série de diagramas. Concebi alguns desenhos e diagramas para explicar a complexidade e eventualmente os setores que estariam envolvidos e que deveriam ser trabalhados numa interatividade permanente e, além disso, no aspecto de integração e pró-ativo. Então eu usava isso de uma forma absolutamente empírica, foi quando eu me deparei com um livro despretensioso [Análise de sistemas em geografia. São Paulo: Edusp/Hucitec, 1979], mas que me conduziu a um raciocínio sistêmico. Então eu nem estava imaginando utilizar um instrumento da Teoria de Sistemas ao turismo. Mas lendo um livro de um autor brasileiro, o professor Antonio Christofolleti, que aplicou a Teoria de Sistemas à geografia, até então meu contemporâneo, docente da Unesp em Rio Claro, e eu comecei a achar que precisava trabalhar com isso. E aí foi aí que nasceu o Sistur, com colaboração na época com o

Parte 7

engenheiro Ansarah que foi um dos primeiros a trabalhar com a teoria, não com a Teoria dos Sistemas, mas com a cibernética e com as aplicações da cibernética em algumas áreas acadêmicas. Em conjunto com ele traçamos, depois eu pessoalmente passei a detalhar aquilo que seria hoje o esquema, o desenho do Sistema de Turismo. Quer dizer: o que eu buscava na verdade era um diagrama que pudesse mostrar aos alunos toda a complexidade e os subsistemas que integravam o turismo com a preocupação de mostrar aqueles sistemas que antecedem e explicam o fenômeno turismo. Então eu precisava mostrar que a ecologia, a cultura, a economia e a sociologia tinham variáveis usadas permanentemente na interpretação do fato e do fenômeno do turismo. Então é claro que, para mostrar isso, eu sempre procurava remeter naquilo que eu chamei de ambiente do sistema. Porque, na verdade, são áreas que definitivamente nos emprestam variáveis a todo momento, e a partir das quais nós utilizamos para explicar o quadro do fenômeno turismo e então voltadas à sociologia, à antropologia, às ciências, à geografia, à ecologia, à área ambiental, à cultura, enfim, todas essas áreas, a própria filosofia, etc. A partir daí existe até um trabalho que apresentei num congresso internacional da AIEST [*Higher level education and qualification in tourism: 21st century demands and needs – Revue de Tourisme* 4/1990, p. 15-21] onde eu aplico todas as disciplinas e as integro e que mais tarde foi feito, ou antes, não me recordo pelo – ocasião que o conheci também nesse congresso internacional que ele igualmente estava apresentando um modelo dele – professor Jafar Jafari. Você tem esse modelo que tem aquelas disciplinas? Isso foi apresentado em conjunto.

Alexandre: E nessa elaboração, porque foi uma tese que o senhor defendeu também...

Mário: Sim, foi a tese de doutorado que foi defendida em 1981. Eu não me lembro se foi em 1981 ou 1989. Agora não lembro. Não, foi em 81 mesmo, é que 1989 foi a tese de titular, eu não lembro...

Alexandre: Pela jovialidade do turismo nesta época, quais foram os obstáculos teóricos encontrados na elaboração do Sistur?

Mário: Preocupado em levar para os alunos, transmitir, fazer com que eles interpretassem a complexidade de um modelo do turismo, eu não me prendi muito na questão do objeto, eu me preocupei na representação gráfica e, a partir da representação gráfica, desenvolver um estudo. Naquela época eu sentia, mas a minha formação acadêmica não me permitia, ainda que tivesse feito o mestrado e doutorado, eu não avancei muito por essa questão da metodologia da pesquisa. Eu sentia que faltava um aproveitamento sociológico maior, até filosófico. Então eu não quis realmente avançar nesse questionamento de método, processo de sujeito. O sujeito está muito claro no meu sistema. O sujeito se volta ao próprio turista, com a minha tese de construção de um modelo teórico referencial para aplicação da pesquisa em turismo, que é o Sistur, foi em 1988 que eu defendi, mas que na verdade eu vim trabalhando com ele desde 1980. Eu levei mais de oito anos para fazer o meu doutorado porque eu achei que ele precisava ser mais sólido. Naquela época não havia muita exigência de tempo, então eu demorei muito para realmente fazer, me convencer de que o sistema estava pronto e ser colocado numa tese de doutorado e depois ser utilizado como instrumento teórico de aprofundamento e, basicamente, de reflexão teórica do turismo.

Alexandre: Posteriormente, em 1998, o senhor transformou essa sua pesquisa, sua teoria toda, no livro Análise Estrutural do Turismo...

Mário: Eu levei mais 10 anos para escrever o livro porque da tese de doutorado que foi em 1988, veja que, eu acho que o livro... porque eu imaginava um livro de referência onde o estudante pudesse, a cada momento, utilizando o referencial sistêmico teórico, se localizar na complexidade e na amplitude do turismo. Então eu até acho que foi pouco 10 anos para colocar num livro toda essa complexidade. Eu me lembro que os colegas me criticavam muito: "Você é muito perfeccionista, vai demorar mais dez!" "Não, um dia sai!" Eu tenho que buscar essa abrangência de alguma forma porque o meu livro não é um livro... É um livro de referência! Ele basicamente ajuda e remete o estudante, em qualquer dificuldade que ele tenha, a um campo delimitado, a um foco. Evidente que esse foco precisa ser aprofundado com outras variáveis, etc., mas o foco ele vai sempre encontrar no Sistur e, a partir desse foco, ele se orienta. Então é claro que hoje nós temos, ultrapassamos já todos os países em termos de publicação. Isso é muito importante registrar e o Brasil hoje tem uma bibliografia em turismo que ultrapassou a Espanha, França e outros países em produção. É claro que há muitos autores e há diferentes enfoques, mas eu continuo entendendo que, claro em dado

Parte 7

momento, eu estou pensando seriamente em retornar o "Análise Estrutural", principalmente em alguns aspectos: hotelaria, transporte. Atualizá-lo. Mas como referência ele passou a ser efetivamente um guia aí para as pessoas não se perderem, buscar o foco. Tanto é que está aí se aproximando a 70 mil volumes. São nove edições, caminhando para a décima. E acho que também além dos alunos, ele também ajuda muito os docentes na interdisciplinaridade porque ele remete a cada momento à interdisciplinaridade. Ele força a discussão, o debate. Aquele professor de economia que fica só na economia pura e não vem buscar o exemplo no turismo, ele ajuda bastante e assim por diante.

Alexandre: O senhor não pretende editá-lo em outros idiomas?

Mário: Eu já até mandei para quem está estudando lá nos Estados Unidos. Está até no prelo, na Universidade de George Washington. Eu até preciso atualizar um pouco, eu estive lá duas vezes. É claro que está sendo... e em Espanhol está com a Editora Trillas, já há algum tempo.

Alexandre: Certamente o senhor fez parte de um grupo informal que trabalhou a teoria de sistemas aplicada do turismo. O primeiro que temos notícia a fazer essa aplicação com sucesso foi o australiano, professor Neil Leiper...

Mário: Que eu não conheci...

Alexandre: Mas o senhor consegue identificar diferenças entre o seu Sistur e a Teoria de Sistemas dele?

Mário: Eu acho que todos nós ao mesmo tempo, e isso foi muito interessante, precedidos pelo Leiper, que eu vim conhecer muito recentemente, mas basicamente o [Alberto] Sessa, o Pierre Lainé, da França, o próprio Boullón [Roberto C. Boullón], sentíamos falta disso. Eu acho que a aplicação da Teoria de Sistemas no turismo nasceu de uma necessidade comum de todos nós. Claro que eu acho que há uma linha comum de raciocínio, de reflexão e que ainda que o desenho seja diferente, a intenção de organizar um campo de estudos é a mesma. Todos buscaram uma forma didática ou um espaço configurado de toda a complexidade de todas as variáveis que interferem no processo de pesquisa e mais do que isso, no fato e no fenômeno do turismo.

Alexandre: Nós temos percebido no Brasil que muitos estudantes se preocupam em pesquisar mais na área do planejamento, agenciamento e hotelaria. Por que nós não temos, no seu entender, autores que se preocupam com as questões de teorias na área do turismo ou na questão epistemológica ou da ciência do turismo?

Mário: O que eu tenho observado tanto em nível nacional quanto internacional, é que os autores estão se preocupando fundamentalmente com o mercado. Então o *marketing* de destino e tudo o que se relaciona com a comercialização do produto turístico é um apelo mais destacado na área de produção científica em turismo. Mas assim mesmo há muitos que estão aí trabalhando na área de planejamento, pesquisa. Autores internacionais concentrados mais na Austrália, por exemplo, o autor Hall, Chris Hall. Tem também outros que estão aí preocupados com o planejamento e o desenvolvimento sustentado em turismo como o [John] Swarbrooke. Enfim, esses mais recentes, têm sido traduzidos. Em nível nacional, tem aí alguns, a professora, lá da geografia, Adyr Aparecida Balastreri Rodrigues que tem trabalhado mais essa questão de planejamento. O próprio Eduardo Yázigi, tem questionado muito e tem produzido boas propostas na área de pesquisa e planejamento. Agora, especificamente na epistemologia do turismo, realmente são poucos os que têm se dedicado até porque, como é um assunto de interesse eminentemente acadêmico, evidente que não há assim, deveria haver efetivamente um interesse maior, mas eles querem livros que possam atender não só a área de consultoria, de planejamento, de pesquisa em turismo como o mercado. Então eu acho que você e a Marutschka [Martini Moesch] realmente inauguraram um setor, um nicho de estudo, de produção científica que estava faltando.

Alexandre: Tocando neste tema eu tenho que lhe fazer outra pergunta, que é essa questão da tentativa que nós vemos, não tão diretamente dos autores brasileiros, de configurar uma ciência do turismo, uma "ciência turística". No seu entender, caso essa base científica do turismo seja estabelecida, o que isso ajudará no desenvolvimento da prática do turismo diretamente?

Mário: Bom eu tenho insistido que o turismo tem, como objetivo de investigação científica inter e transdisciplinar, remetido muitos estudiosos a procurar construir essa epistemologia que envolve cuidados teóricos, advindos de um entendimento complexo sobre a prática social que dissemina as formas diferenciadas a partir de subjetividade infinitamente diversas e de vivências múltiplas dos sujeitos que as praticam em um mundo cada vez mais globalizado. É claro que toda contribuição

Parte 7

e todo questionamento nessa direção vai aperfeiçoar e vai trazer uma grande contribuição para aprofundar os estudos e a pesquisa da inter e da transdisciplinaridade. Lembrando sempre que como nós temos utilizado variáveis de diferentes ciências já consolidadas e na medida em que transformamos essas variáveis e as aplicamos ao Sistema de Turismo, ainda que não percebamos, nós estamos praticando a transdisciplinaridade. Ou seja: hoje se pratica a transdisciplinaridade sem conhecer o assunto em profundidade. Então é muito comum os pesquisadores, estudiosos, docentes, trabalharem com essas variáveis, desenvolvê-las e modificá-las, aplicando e ajustando ao próprio sistema de turismo. Isto é uma evidência, uma prática da transdisciplinaridade que nós precisamos aprofundar. Assim, na medida em que esta pesquisa epistemológica – na qual vai se ter claramente o sujeito, o método muito bem delineado – essa questão de transdisciplinaridade estará bem mais facilitada, vai se abrir caminhos para isso.

Alexandre: Consultando a página do INEP é possível contar mais de 450 cursos de turismo e hotelaria, sendo que até 1994 o número chegava a um pouco mais de 40 ou 50. A que o senhor atribui o significativo aumento na quantidade dos cursos de Turismo no Brasil e como o senhor vê essa oferta?

Mário: Bem, eu diria que o turismo está aí na pauta, se colocando como uma das principais atividades econômicas do mundo. Em razão disso ele adquiriu uma importância econômica extremamente projetada e globalizada, assim claro que as atenções voltam para isso, esse setor extremamente difundido hoje. É muito importante se colocar que o Brasil antecedeu a própria Europa em 10 anos com os cursos de graduação. Isso não quer dizer que a Europa não tinha cursos, mas os cursos da Europa eram cursos eminentemente de formação técnica. Tanto é daí aquele divisor de água dos primeiros professores espanhóis que vieram e desenvolveram os projetos, o plano de estudos e o projeto pedagógico da Faculdade Anhembi-Morumbi, e que depois se tornou um contraponto da USP que não se utilizou desse modelo europeu. Então, na verdade, o que ocorre: por um lado isto se consolidou de uma certa forma criando aí, na década de 1970, toda uma evolução. 1970, 1980 até 1985 há uma estabilidade, depois em 1990 há uma nova ascendência, um novo ponto de inflexão e os cursos tomam aí um volume que, ao meu ver, realmente não foi bom ter acontecido. Tanto é que agora, já começa a... já está passando... ultrapassando um processo que nem chegou a se consolidar. Estabilização e já está caindo em declínio. Eu acho que nós estamos em franco declínio! Eu me arrisco a dizer que, dos quase 500 cursos já, há quem diga que ultrapassou a 500, nós já a essa altura devemos ter seguramente tido uma redução acima de 30% de cursos que não abriram novas turmas e que estão aos claudicantes, dependendo efetivamente de demanda. E por outro lado, como o curso de administração, o turismo, eu costumo brincar sempre, depende de giz e saliva! Então é um curso de baixo custo e, portanto, as faculdades exageraram realmente com o oferecimento, às vezes, em cidades próximas, sem nenhuma formação turística em regiões que efetivamente deveriam ter cursos mais voltados aos aspectos econômicos locais, ou seja: à vocação regional e que acabaram se envolvendo também com a administração, turismo, etc., O próprio Programa Nacional de Municipalização do Turismo – PMNT foi responsável pela criação de muitas faculdades. Com a interiorização e a conscientização do turismo em todo território nacional, todo mundo achou que turismo era um grande negócio, campo de trabalho e atividade profissional, se esquecendo que é um curso complexo que envolve sempre a inter e a transdisciplinaridade.

Alexandre: Nós temos percebido que a idéia do turismo é mais bem compreendida nos grandes centros e nos parece também que a demanda dos cursos de Turismo é maior nesses grandes centros do que no interior do país. Existe algum fator ou item que possa explicar a que isso se atribui?

Mário: Em primeiro lugar é claro que em grandes conglomerados urbanos, nos grandes centros, há uma demanda maior para o ensino universitário como um todo que nas regiões do interior, não polarizadas. É evidente que hoje os centros universitários, educacionais estão espalhados em todo o território nacional. Eu creio que não haja nenhuma cidade cujo raio de 100 quilômetros, ou até menos, 50, não tenha um instituto isolado de ensino superior. Isto é um cenário. O outro cenário é que é exatamente nos grandes centros que estão localizados os docentes mais qualificados, com pós-graduação, mestrado, doutorado, com produção científica e isto tem revelado realmente uma certa constância. Veja, me reportando um pouco, voltando um pouco ao que havia colocado de divisor de área: o Rio de Janeiro seguiu o modelo da Anhembi-Morumbi e até hoje não tem – e isto talvez é um destaque importante para você pes-

85-7241-568-8

quisar – o curso de mestrado. Eles não conseguiram formar massa crítica de pesquisa para consolidar um curso de mestrado em Turismo. Estão tentando há quase 15, 20 anos e não consolidam. Eles precisam sair do Rio de Janeiro. Já deveriam ter saído, se titulado em outros estados e voltar para o Rio de Janeiro. Mas não conseguem. Houve "n" tentativas, não é o caso de citar instituições, conheço elas todas. Mas na verdade, na hora de reunir a massa crítica, aqueles poços de, eu diria, excelentes profissionais, professores, docentes que estão no Rio de Janeiro, não têm titulação embora tenham produção científica. Eu enumeraria muitos, mas não há condições básicas de titulação para consolidar isto. Em Minas Gerais, que também foi o mesmo caso que seguiram aquela linha da Morumbi, também. Agora, muito recentemente, assim mesmo porque aproveitaram docentes titulares da Universidade de Viçosa e o curso de pós-graduação e mestrado em turismo voltado ao meio ambiente – pela concentração desses pesquisadores em Viçosa – é que conseguiram o programa de mestrado. Então são os dois estados que tiveram dificuldades, ao passo que o Sul, que seguiu a orientação da USP, principalmente a PUC de Porto Alegre, a Universidade do Vale do Itajaí – Univali e a Universidade de Caxias do Sul – UCS, já vêm se destacando como centros de excelência em pesquisa e pós-graduação em turismo.

Alexandre: Nesse aspecto então da formação profissional é inegável que existe uma disparidade do ensino nas capitais e no interior?

Mário: Basta ver no *ranking* das universidades de cursos superiores de turismo no Brasil. Uma das que mais se destaca está lá isolada em Salvador. É a Faculdade de Turismo da Bahia, que tem todo o seu corpo docente e a sua linha de pesquisa e projeto pedagógico calcado no curso da USP. E ela hoje se destaca como um centro de excelência. Só não tem condições ainda de ter seu curso de mestrado consolidado por ser uma faculdade isolada, não estar na estrutura de um centro universitário.

Alexandre: Sendo o único teórico brasileiro que efetivamente propôs uma abordagem do turismo na sua complexidade, com sua participação na academia e nos órgãos oficiais de turismo, isso o torna diretamente responsável pelos cursos superiores de Turismo no Brasil. Como o senhor avalia essa responsabilidade e o que vem fazendo para estar auxiliando no desenvolvimento desses cursos?

Mário: Ao longo da minha vida, eu nem sei, mas eu devo ter formado algumas dezenas de doutores e muitos mestres e claro que eles todos atuam. Houve uma geração toda que passou e que acompanha as minhas idéias e que eventualmente trabalha essa questão da interdisciplinaridade. A professora Mirian Rejowski, a professora Marilia Gomes dos Reis Ansarah, a professora Dóris Ruschmann. Enfim, todos aqueles que se destacam foram não só meus alunos, mais do que isso: foram meus orientandos e me seguem de uma certa forma. A professora Mirian talvez é a que mais de perto deu continuidade. Eu me afastei um pouco dessa questão de projeto pedagógico, produzi muito sobre isso. Há um material aí até para um livro. Tenho muitos textos que a própria professora Mirian está agora fazendo a repescagem para tentar fazer uma obra em conjunto, mas na verdade ela deu prosseguimento. A professora Marilia também de outro lado. Enfim, são os professores Antônio Carlos Sarti, o professor Fernando Kani e tantos outros. Eu não me lembraria agora, mas é uma legião de ex-alunos que trabalharam essa questão. Na verdade eu divido hoje a responsabilidade com todos esses porque são eles que têm uma atuação. Eu já há algum tempo me afastei da graduação e tenho me dedicado só à pós-graduação. A professora Mirian, também minha companheira, sempre na pós-graduação, tem se dedicado mais à pesquisa ligada à academia e às questões pedagógicas da academia. O professor Renê Corrêa do Nascimento e tantos outros. Na verdade há um bom tempo já não trabalho mais com essa área. Mas na medida em que estou em permanente contato, em trabalho com todos, me sinto igualmente responsável, nessa co-responsabilização em parceria com todos eles.

Alexandre: No seu entender, o que poderia mudar então na formação de professores de turismo no Brasil?

Mário: A área de lazer deve ser melhor trabalhada. E aí envolve os cursos de educação física, a área de medicina. Eu tenho participado de bancas com enfoque à crenologia do turismo. Ou seja, um todo voltado às estações climáticas. Um tratamento crenológico trabalhando aí todos os aspectos hoje voltados mais à medicina de saúde, aos *spas*, *shopping centers*, etc. Tenho também trabalhado na área de engenharia de produção. Só esse ano fui três vezes à Universidade de São Carlos. Teses de engenheiros agrônomos e engenheiros de produção na área do turismo. Trabalhando aí o ambiente inteligente e a questão da informática, etc. Então veja que, pelas próprias características,

Parte 7

85-7241-568-8

mais uma vez insisto na questão interdisciplinar, multidisciplinar e transdisciplinar do turismo. Então é claro que o que eu sinto, para concluir essa sua preocupação, é a ausência ainda de um projeto pedagógico que contemple essa questão inter e transdisciplinar. Isto eu diria que não é nem 10% dos cursos superiores de turismo no Brasil têm o modelo de turismo voltado a essa necessidade. E eu diria até esta imperiosa necessidade de trabalhar a inter e a transdisciplinaridade.

Alexandre: Nesse aspecto, quais são os itens que mais se destacam na academia de turismo? O que diferencia a academia brasileira da academia européia e americana ou até asiática que é muito destacada?

Mário: Alexandre, eu diria que nós estamos mais avançados na graduação apesar de todos os desacertos, de todo o excesso de cursos. Mas se você selecionar os cursos, e eles estão aí, não é preciso elencá-los, é só verificar o *ranking* dos cursos de Turismo no Brasil, eles destacam-se de uma forma muito clara. Então estes estão bem mais avançados. Eu vejo que a produção científica em turismo avança. Avança às vezes em direção a um cenário que outros falham. No mínimo nós estamos *up to date*. Quer dizer, veja que agora se fala muito na questão, ou já se falou antes, e agora começa a se falar mais pontualmente e mais se aprofundar na questão *dream societies* ou sociedade dos sonhos, ou a economia da experiência e nós já estamos trabalhando, estamos produzindo nessa direção. Então, o Brasil chega junto, quando não está na frente. Isto eu tenho percebido. A questão da sustentabilidade a gente trabalha há 10 anos. Quer dizer quando o John Swarbrooke chegou – e depois o próprio professor Ignacio Sachs, que fez seus estudos no Brasil e se destacou na Universidade da Sorbone, sendo hoje uma referência internacional de sustentabilidade – ele não inovou muito daquilo que ele apresenta. Os cenários de sustentabilidade que ele coloca, os sete cenários, nós já trabalhamos há um bom tempo na área de turismo. Então eu acho que nós estamos bem à frente aí ou pelo menos chegamos juntos na pior das hipóteses. Nada a se acrescentar. E eu tenho visto teses de mestrado e doutorado que chegam à USP para serem convalidadas, reconhecidas. Aliás, muito fracas algumas, a grande maioria. Raramente se destaca um trabalho científico – e de universidades renomadas no exterior.

Alexandre: Um pouco de política. O senhor fez há pouco tempo uma proposta da criação da Agência Nacional de Turismo. Ainda continua com esse pensamento?

Mário: O próprio governo federal persegue esse objetivo. Está se estudando a transformação, a médio e longo prazos, de transformar a Embratur numa agência nacional de desenvolvimento.

Alexandre: Qual é a importância da criação do Ministério de Turismo pelo governo Lula? Ele vem de fato contribuir para alavancar o turismo no Brasil?

Mário: Eu tenho dito em todas as minhas manifestações que eu preferiria ter uma agência nacional do desenvolvimento vinculada ao Ministério de Planejamento, ou ao Ministério de Economia. Enfim, eu acho que o turismo precisa imperiosamente estar na agenda econômica do governo, portanto num ministério da área econômica. Claro que foi importante para o Brasil em termos de *status* ter um Ministério de Turismo. Mas não acho que o Ministério de Turismo seja a solução para alavancar o turismo no Brasil. Continuo achando que falta ao ministério um órgão que trabalhe essa intersetorialidade do turismo e que na verdade ele ainda não apareceu. Apesar de hoje o Ministério do Turismo estar muito bem estruturado, com uma secretaria de políticas nacionais de turismo, uma secretaria de desenvolvimento, a própria Embratur vem trabalhando mais a questão de promoção e de estatística voltadas ao turismo. Enfim, a política atual do governo é muito bem intencionada. É uma coisa que foi muito importante não foi desse governo, começou no outro. Mas esse governo se aproximou ainda mais da Academia, tudo o que faz busca a consultoria da Academia, dos pesquisadores em turismo. Enfim nós acabamos, nós que não éramos ouvidos no passado nunca fomos ouvidos, hoje somos respeitados, acatados e permanentemente consultados.

Alexandre: Quais são as principais tendências do turismo no Brasil e em nível mundial?

Mário: Eu acho que o Brasil tem um grande futuro no turismo. Eu vejo o terrorismo como um dos fatores inibidores do tráfego turístico internacional. O Brasil passa a ser o grande destino turístico. Embora eu ache que, para que se consolide isso, eu continuo insistindo que há a necessidade de se trabalhar o multidestino. Ou seja, o Brasil com toda a sua característica exuberante de natureza, de cenário paisagístico, de ecologia, de aspectos culturais, somados à grande contribuição da colonização ibero-americana na América do Sul, trabalhando aí a questão das características regionais. Por exemplo, quando se fala em Amazônia é preciso se considerar a Amazônia Peruana, Amazônia Venezuelana. Quando se fala no Pantanal, é preciso se considerar o Charco Boliviano e assim por diante. Essas regiões precisam ser melhor integradas e a promoção do turismo tem que ser uma promoção conjunta porque há espaços transnacionais que não podem ser desenvolvidos isoladamente por cada um dos países sul-americanos. Então a partir daí que eu vejo realmente a América do Sul como um grande destino turístico. Ela só conseguirá desviar o tráfego turístico do Atlântico Norte, que ainda é predominante, com essas posições políticas de integração e de ação pró-ativa em multidestinos. Esse é um lado. O outro, evidentemente, são os governos respectivos dos países sul-americanos também entenderem que o turismo é uma prioridade econômica nacional e que precisa estar na agenda econômica do governo. São as características que os governos sul-americanos ainda não entenderam.

Alexandre: Nesses mais de 30 anos de envolvimento teve alguma decepção que o turismo trouxe?

Mário: Ao longo da nossa vida tem sempre decepções. Também claro, eu diria que as decepções foram menos na Academia e mais na condução política do turismo. A desconsideração que se teve em ver, em observar e identificar, interpretar o turismo como um grande fator de desenvolvimento econômico, social, principalmente de inclusão social, distribuidor de renda. Esse viés que os governos tiveram e eu passei por tantos! Claro que equívocos terríveis como o da hotelaria. A Embratur, lá no seu início, imaginou só o receptivo e praticamente ignorou o interno, estimulando uma hotelaria absolutamente divorciada da realidade socioeconômica do país. Então essas decepções foram grandes ao longo dessa vida toda. Na Academia, a falta de um modelo, de um projeto pedagógico. A questão muito voltada aí a resultados econômicos e não a resultados de pesquisa. O turismo, a formação em turismo como um negócio das particulares, um negócio lucrativo sem a preocupação com o modelo pedagógico e a inserção deste projeto pedagógico à vocação econômica regional.

Alexandre: E a satisfação?

Mário: Satisfações foram muitas! Eu resumiria que a maior é ter hoje o reconhecimento de um imenso contingente de alunos. Eu acho que a grande satisfação de um docente ao ser solicitado permanentemente a posar para fotos, a dar autógrafos, não só em livros, mas em qualquer papel. Isso demonstra que realmente um livro complexo, difícil, que pretendeu dar um norte, uma referência, acaba sendo muito conhecido. Em razão desse livro o autor também passa a ter uma popularidade que não teve como político e acabou tendo como docente pesquisador.

Alexandre Panosso Netto foi orientando do professor Mário Carlos Beni enquanto cursava o doutorado em Ciências da Comunicação, linha de pesquisa Turismo e Lazer, na ECA/USP, entre agosto de 2002 e março de 2005.

O entrevistador agradece a Tatiana Lima Sarmento pela cuidadosa transcrição da entrevista e a Geslayne Franz Ferreira pela revisão dos dados.

Parte 7

85-7241-568-8

CAPÍTULO

58

1930-1945, A *Belle Époque* do Turismo Brasileiro: os Hotéis-Cassino na Era Getulista

Dario Luiz Dias Paixão

Introdução

Na segunda metade do século XIX, a Revolução Industrial – em sua terceira fase – promoveu mudanças radicais no estilo de vida da sociedade. Entre as mais significativas, destaca-se o início da viagem organizada, ou seja, do turismo moderno. Realizado, em sua maioria, por uma classe burguesa recém-formada, com tempo e dinheiro para viagens em trens e navios a vapor – geralmente em busca de saúde e novos conhecimentos –, essa nova e fervorosa atividade da elite chamou a atenção de estudiosos, que passaram a referir-se a esse período como *belle époque* ou *años dorados* do turismo.

No Brasil, o século XIX não trouxe desenvolvimento para o setor, pois eram raros os equipamentos e serviços turísticos encontrados pelos viajantes. Uma realidade normal até mesmo para a capital da época: o Rio de Janeiro (Pires, 2002).

Os verdadeiros *anos dourados* do turismo brasileiro aconteceram um pouco mais tarde, já no século XX, quando surgiram construções fora dos padrões comuns, dando vida a *shows* e espetáculos voltados para uma elite acostumada à moda européia, surgindo os cassinos, incorporados ora por hotéis luxuosíssimos, ora por estâncias hidrominerais, termais ou climáticas de alta classe.

Precisamente em 1930, quando se iniciava a era getulista, a população do país girava em torno de 37 milhões de pessoas, 70% das quais vivia no campo. Até o final do primeiro período

Parte 7

85-7241-568-8

do governo Vargas, em 1945, já havia 46 milhões de habitantes e o Brasil deixava de ser um país agro-exportador, mas não plenamente industrial. Essa ambivalência marcou a estrutura social, as formas de urbanização, o debate político e as relações com o exterior (Nosso Século, 1980).

De 1929 a 1939, as viagens se intensificam no país. O número de companhias aéreas aumentou de quatro (com 51 aeroplanos perfazendo 1.476 vôos, com 3.651 passageiros) para nove (com 72 aviões que decolaram 7.900 vezes, com 63.423 pessoas). Segundo Rejowski (2002), nesse período foram criadas no Brasil: a Varig (1927), a *Panair* da americana Pan Am (1930) e a Vasp (1933). Em 1945, o número de viagens chegou a 22.553, comportando 289.580 passageiros, com a existência de 65 empresas aéreas no país. Não só as viagens aéreas se intensificaram, mas também as rodoviárias, pois em 1939 o Brasil já possuía uma frota de 111.832 automóveis, 5.853 ônibus e 63.079 caminhões (Nosso Século, 1980).

Se, por um lado, o país se desenvolvia, as cidades cresciam e a vida da classe média alta prosperava, por outro, as Guerras Mundiais e a queda da Bolsa de Nova York fizeram com que se viajasse pelo Brasil. Ainda, a falta de saneamento básico e a problemática da saúde pública contribuíram para que a burguesia do país repetisse a história da atividade turística, quando a busca pela saúde tornou-se forte imperativo para os viajantes europeus.

Histórico da Relação Estâncias Turísticas e Jogos de Azar

Apreciados por gregos e romanos, os banhos medicinais eram lugares de descanso, divertimento e higiene. Apesar de existirem indícios de que os gregos inventaram as termas e de que os romanos as colocaram em destaque no império por séculos, são escassos os estudos sobre o papel desempenhado por elas (De Masi, 2003).

Segundo De Masi (2003), "no século I a.C. existiam em Roma 170 termas, e no quarto século já haviam chegado na casa do milhar, e isto sem contar as 11 termas imperiais". As termas de Caracalla, por exemplo, chegavam a receber 9 mil pessoas por dia.

> *Nas termas não só existiam banheiros e piscinas, ginástica e farmácia, pontos de encontro, alamedas para passeio e terraços para se bronzear, ambientes destinados aos jogos, às unções, aos tratamentos com areias e lamas, mas também havia escritórios, bibliotecas, auditórios, salas para exposições e para convênios (...) para organizar tudo isso, era necessário não só um labirinto formado por aquedutos e tubulações (...), mas também um abastecimento constante de lenha, de pedras-pomes, de comidas e de bebidas, assim como um exército de vigias, de funcionários ligados aos fornos e ao aquecimento, à manutenção, bombeiros hidráulicos, guardiões, treinadores, professores de ginástica e das várias modalidades de jogos, massagistas, barbeiros, depiladores, especialistas nas unções, médicos, enfermeiros, escribas, secretários, cozinheiros, salva-vidas e almoxarifes.*
>
> De Masi (2003)

Apesar da popularidade, a igreja e vários moralistas procuraram combater as famosas promiscuidades e jogos de azar que aconteciam nas termas, inclusive proibindo a presença de mulheres no local. Mas foram os visigodos os responsáveis pela ruína total dos locais de banho, com a interrupção dos aquedutos.

Quanto aos jogos de azar, deve-se ressaltar que a vida foi originalmente guiada pela sorte, apesar de o ser humano ter aprendido gradualmente a distinguir as possibilidades de sua própria vida por meio das experiências de seus antecessores. Mesmo assim, os jogos eram constantes, alimentados pela superstição. Os gregos, por exemplo, utilizavam dados para explicar sonhos e, também, como instrumentos para a astrologia. Os imperadores romanos se divertiam jogando pedaços de pergaminho escritos com números sobre as arenas para sortear privilégios, ou mesmo, às vezes, só sandálias. Egípcios, mesopotâmicos, gregos e romanos antigos já praticavam e regulavam os jogos em função dos efeitos pessoais que se verificavam entre os jogadores e do impacto sociológico.

A longa história dos jogos levou-os à distinção entre lícitos e ilícitos. Desde os tempos mais remotos, essa distinção consiste na diferença entre habilidade e azar, passatempo e vício. Por isso, o jogo sempre possuiu alguns opositores. Aristóteles, por exemplo, considerava os jogadores avarentos e ladrões. No Egito antigo, o jogo de azar foi considerado invenção do demônio (Paixão, 1999).

Para o Direito Romano e mesmo para Justiniano I, o jogo de azar era proibido. O ganhador não podia exercer ação sobre seu crédito e ao perdedor era concedido o favor de considerar sua dívida como pagamento indevido. A palavra "azar", do árabe vulgar *az-zahr*, e do francês *assard*, significa sorte ou a falta dela. No árabe culto, *Hazart* é o nome de um castelo localizado na Palestina, onde teria sido inventado o jogo de dados.

Na época medieval, essa proibição prevaleceu de maneira geral, pois muitos se viciavam, causavam brigas, estabeleciam contratos especulativos, exerciam atos de má-fé para adquirir riquezas, além de arruinar patrimônios e famílias.

Nos séculos XVI e XVII, os jogos de azar protagonizaram batalhas memoráveis no Reino Unido – entre a Igreja e o Estado –, sobre religião e leis seculares. A crença na sorte afrontava a influência da Igreja, enquanto o Estado também atacava os jogos, de tempos em tempos, quando o tesouro se apresentava insuficiente para manter a milícia ou quando as casas de jogos patrocinavam algum tipo de tumulto popular. Entretanto, foi a diferença de classes que baniu as casas de jogos nesse período, pois os ricos viam como uma ameaça a presença das classes menos favorecidas nos mesmos estabelecimentos.

Essa tradição voltou à moda durante o fenômeno do *Gran Tour*, dos séculos XVI e XVII, quando se buscava a melhoria da saúde e do conhecimento. A partir do século XVIII, surgiram famosos balneários (centros termais e climáticos) como *Bath* e *Brighton*, na Inglaterra; *Spa-Francorchamps* na Bélgica (batizada em 1.323 d.C., *spa* quer dizer fonte em francês e estância mineral em inglês); *Aix-la-Chapelle* e *Schwalbach*, na Alemanha; *Biarritz*, na França; e os Alpes, destacando-se *Saint Moritz*, na Suíça; e, *Chamonix*, na França, recomendados pelos médicos graças à pureza do ar das montanhas (Barbosa, 2002; Rejowski, 2002).

As águas frias, que contrastavam com as águas quentes a vapor, eram procuradas e algumas pesquisas científicas apontavam o ar do oceano mais puro que o da montanha. Até mesmo o filósofo Jean-Jacques Rousseau foi defensor dessa tese. Mas somente os aristocratas tiravam benefícios desse segmento de viagem. "Já as classes operárias utilizavam a praia como lugar de recreação e não como fim terapêutico. Banhos de mar se intensificam por volta de 1870, especialmente no Atlântico Norte e Báltico" (Barbosa, 2002).

Os hotéis adaptam-se para acolher essas pessoas e a medicina aplicada é magnífica, prestando serviços personalizados nunca antes vistos. Comercializavam-se as águas, as praias e o ar da montanha como elementos de cura.

Após o sucesso dos balneários e das estâncias na Europa, muitos investidores seguiram os passos de seus antecessores, mas dessa vez aliando a tranqüilidade desses lugares comparativamente aos frenéticos cassinos. Era preciso fazer com que a elite ociosa voltasse a se divertir. Segundo Paixão (1999), em vários países, somente em estâncias ou balneários as casas de jogos eram permitidas, como ordenou Napoleão Bonaparte para atrair visitantes aos *resorts* (complexos turísticos). De fato, a fase mais glamurosa do turismo, ao aliar *termalismo, cassinismo e paisagismo* (Rejowski, 2002).

No século XIX, novos destinos se tornaram muito famosos e o jogo, de atividade complementar, passou a principal, além de financiar o custo das mega-instalações e do crescente número dos profissionais contratados. Alguns deles merecem destaque: *Le Mont Charles* (Monte Carlo), em Mônaco; *Nice, Cannes* e *Vichy,* na França; *Blackpool*, na Inglaterra; *Marienbad*, na Tchecoslováquia; *Roullettebourg* (de 'O Jogador' de Dostoievski), *Baden Baden, Wiesbaden e Karlsbaden,* na Alemanha (*baden* significa banho); a Riviera Italiana; *San Sebastian* e Ilhas Canárias na Espanha; e Cascais e Estoril, em Portugal.

E, na América do Norte, *Atlantic City* e *Saratoga Springs*, nos Estados Unidos e *Banff Springs Hotel*, no Canadá. Na América do Sul já se destacavam *Mar del Plata*, na Argentina, e *Viña del Mar*, no Chile.

Muitos desses complexos inspiraram os profissionais ligados ao desenvolvimento da atividade de banho e de jogo e suas luxuosas construções por todo o Brasil.

CONTEXTO HISTÓRICO DAS TERMAS E DO JOGO NO BRASIL

Na América do Sul, os povos nativos já praticavam alguns jogos de azar antes da chegada dos

85-7241-568-8

colonizadores. Inclusive no Brasil, o jogo possui antecedentes históricos com modalidades bem características, em geral relacionadas à loteria, corridas de cavalo e outros comuns às festas populares. Sabe-se que, no Rio de Janeiro, havia uma casa de jogos chamada de *Beira-Mar Cassino, no antigo Passeio Público, que o Vice-Rei Luiz de Vasconcelos incumbiu a Mestre Valentim de construir à beira do cais, em 1789* (*www.magocom.com.br*) .

Entretanto, as atividades de lazer e, em especial, as de jogos sempre sofreram restrições por parte de detentores de algum poder: Estados; Igreja; defensores da *moral e dos bons costumes*; guardas de rua e leões-de-chácara. Para exemplificar, a jogatina (do italiano *giocatina* – entretenimento, diversão e brincadeira) de baralhos e dados era proibida nas Ordenações do Reino pela legislação portuguesa e, por extensão, nas colônias; como no Brasil, por mais de 300 anos.

Essa prática estendeu-se entre nós desde os primeiros momentos da colônia. Quando Estácio de Sá veio combater os franceses no Rio de Janeiro, o jogo já estava disseminado. No tempo do Marquês de Pombal, a Imprensa Régia cuidava da feitura das cartas. Em 1806, a Tipografia Real lisboeta chegou a imprimir uma verdadeira enciclopédia, sob o título *Academia de Jogos*. E, em 1811, com a corte portuguesa já instalada no Brasil, a Real Fábrica de Cartas de Jogar foi anexada aos prelos da Imprensa Régia, no Rio. Mas, por essas coisas que a lógica não explica, o jogo nunca foi aceito.

Oficialmente, o jogo no Brasil se estrutura, ainda no século XIX, depois da vinda da corte portuguesa. Em São Paulo, por exemplo, a primeira loteria data de 1824; a do Rio Grande do Sul, de 1843; a do Pará, de 1856. No Rio de Janeiro, Dom Pedro II fundou a Caixa Econômica Federal em 12 de janeiro de 1861, com o objetivo de realizar empréstimos sob penhor e organizar uma poupança popular. Hoje essa instituição é responsável por 50% de toda a arrecadação dos jogos de azar no país, a qual, em 2003, passou da marca de US$ 2 bilhões (*www.magocom.com.br*).

Curiosamente, a maioria das loterias oficiais dos governos estaduais foi criada na primeira metade do século XX, época em que surgiram e desapareceram os hotéis-cassino. Por exemplo, em São Paulo, foi criada em 1939; no Rio de Janeiro, em 1940; em Minas Gerais, em 1944.

Entretanto, o desenvolvimento da oferta turística não acompanhou de perto o crescimento do jogo no país. Quando a Família Real chegou ao Brasil, em 1808, abrindo os portos às nações amigas, surpreendeu-se pelo fato de não haver hospedagem ou restaurantes em todo o território imperial. Existiam apenas alguns ranchos e hospícios jesuíticos que atendiam tropeiros e as viagens de alguns aventureiros e comerciantes (*www.magocom.com.br*).

Durante décadas, "as viagens pelo país só ocorriam em função da necessidade de expansão de novos territórios, da busca de riquezas e dos gêneros de primeira necessidade" (Rejowski, 2002). Porém, pouco a pouco, os europeus, que chegavam aos milhares, começaram a introduzir no país novas hospedarias, restaurantes mais apresentáveis, novas rotas de trem e novos costumes, como manter ou recuperar a saúde (o que preocupava pobres e ricos pela proliferação de doenças) ao se banhar em águas termais ou salgadas do mar, ou mesmo acudir a locais de veraneio.

As primeiras regiões que receberam esses visitantes, na segunda metade do século XIX, foram: Petrópolis (Rio de Janeiro), Caxambu e Poços de Caldas (Minas Gerais), Campos do Jordão (São Paulo), Santo Amaro e Caldas da Imperatriz (Santa Catarina). Mesmo os primeiros hotéis do Rio de Janeiro (que surgiram entre 1860 e 1880) contavam com chácaras para banhos de cachoeira. Nesse momento, apesar do desejo da aristocracia brasileira viver como os europeus, deveria existir um número inferior a 100 hotéis com serviços de alimentos e bebidas em todo o país; o melhor deles, o Grande Hotel, inaugurado em 1878, estava localizado em São Paulo (Pires, 2002).

Segundo Pires (2002), esse crescimento da oferta turística foi proporcionado pelo desenvolvimento das cidades e o aumento da classe média, já que os nobres da corte ou os fazendeiros de café em São Paulo e Minas Gerais ficavam sempre em casas de amigos ou de segunda residência. Mas, no final do século XIX, o Brasil não estava nem perto de possuir hotéis e estâncias glamurosas como aquelas encontradas na Europa, muito menos de contratar profissionais como Cézar Ritz, que virou lenda junto com seus métodos de gestão hoteleira.

Já no início do século XX, esse panorama começou a mudar. A chegada dos primeiros turistas internacionais se deu com a excursão da empresa *Thomas Cook and Son* que, em 1907, trouxe o primeiro grupo organizado ao Rio de Janeiro a bordo do navio a vapor *Byron*. O pai do turismo já havia falecido (1892) e cerca de 500 agências de viagem funcionavam em todo o mundo quando o Brasil começou a receber turistas, no sentido pleno da palavra, e não apenas os comerciantes, imigrantes e viajantes de outras naturezas.

Nesse mesmo ano de 1907, *"a cidade passou a oferecer incentivos fiscais para construções de novos hotéis"* (Gazeta Mercantil, 1999). E, segundo Rejowski (2002), *"assim, consolidou-se a tendência do século anterior: no litoral, os banhos de mar, mas de forma mais elaborada e com disponibilidade de mais alguns serviços; no interior, as estâncias hidrominerais, termais e climáticas (a partir de 1910)"*.

A partir de então, nasceu o Hotel Avenida, com 220 quartos, o maior do país até surgir o Copacabana Palace, inaugurado em 1922 como o empreendimento mais luxuoso do Brasil, com 233 apartamentos. Construído pelo empresário Otávio Guinle, tinha como referência o Hotel Carlton, situado de frente para o Mediterrâneo, em Cannes. A idéia nasceu em função de que o presidente Epitácio Pessoa, ao hospedar o Rei Alberto I da Bélgica e sua comitiva, pretendia impressioná-los satisfatoriamente (Trigo, 2000).

Apesar de contratempos históricos como a Primeira Guerra Mundial e a Queda da Bolsa de Nova York, as décadas de 1920 e 1930 foram boas para a atividade turística nacional, quando os melhores exemplos do turismo de cura, que estiveram muito na moda entre os viajantes, eram Campos do Jordão (São Paulo) e Caldas Novas (Goiás). Nesse último destino, foram construídas casas de banho ainda nos anos 1920 (Barbosa, 2002).

Nesse momento, no Brasil, nova ordem social se iniciava e o setor turístico e hoteleiro estava por presenciar uma diversificação sem precedentes.

Sociedade e Política Brasileira dos Anos 1930-1945

A Revolução de 1930, liderada pelo gaúcho Getúlio Dornelles Vargas, derrubou a República Velha do então presidente Washington Luís. Queriam construir algo novo a partir da insatisfação da emergente classe média, do tenentismo, da burguesia e do movimento operário dos anos 1920. Com a promulgação da Constituição de 1934, no dia 16 de julho, Vargas efetivamente tomava posse do governo, do qual era presidente provisoriamente desde 1930.

Inspirada na Constituição alemã de *Weimar*, a nova Constituição – terceira do Brasil e segunda da República (a última era de 1891) – preservava o liberalismo e o presidencialismo. Ainda, mantinha a independência dos três poderes fixando, em caráter excepcional, a eleição do primeiro presidente eleito por voto indireto da assembléia.

Foram instituídos o salário mínimo, o voto secreto e universal para maiores de 18 anos alfabetizados, o direito de voto às mulheres, a nacionalização das empresas, a Lei de Sindicalização, a criação da Previdência Social, a carteira de trabalho, a CLT – Consolidação das Leis do Trabalho e o mandado de segurança. A nação precisava se modernizar e o regime de Getúlio propunha a evolução e o progresso com a criação de leis e incentivos às indústrias.

Em 1937, à medida que se aproximava o fim de seu mandato constitucional, Vargas não pretendia deixar o governo e tornava-se urgente para ele e os setores que o apoiavam encontrar um meio de suspender as eleições.

No dia 10 de novembro de 1937, o Exército cercou o Palácio Monroe, no Rio, onde funcionava o Senado, sob o pretexto de evitar um possível golpe comunista. Com o apoio das armas, Getúlio fechou o Congresso e extinguiu os partidos políticos. Era o começo do Estado Novo. Agora, só existiam duas forças polarizadoras no cenário político nacional: o Exército e Getúlio. O Governo passou a admitir uma única bandeira para todos os Estados: o pavilhão nacional. Em dezembro, realizou-se no Rio uma cerimônia de queima das bandeiras estaduais, símbolo da vitória do poder central. A carreira de Getúlio ditador começava.

O general Góis Monteiro e seu braço direito, o general Eurico Gaspar Dutra, eram os principais articuladores do golpe. Poucos ousavam não se integrar à tendência autoritária implantada, como os ministros liberais das Relações Exteriores, Oswaldo Aranha, e da Agricultura, Fernando Costa.

Para melhor controlar a nação, o governo criou o DIP – Departamento de Imprensa e Propaganda em 1939. O objetivo do órgão era controlar os meios de comunicação, utilizando a censura, a repressão e a doutrinação, designando o que poderia ou não ser publicado. As crianças, por exemplo, recebiam cartilhas do DIP que diziam: "Fortes e unidos, os brasileiros do Estado Novo são guiados pela grande Trindade Nacional: Nossa Pátria, Nossa Bandeira, Nosso Chefe".

Durante esse *estado de guerra*, dois locais totalmente distintos recebiam pessoas importantes e pensadores da época: as cadeias e os hotéis-cassino das principais cidades brasileiras. Nas masmorras do Estado Novo, desprovidos de qualquer liberdade ou dignidade, encontravam-se membros da elite política, como Luís Carlos Prestes e sua mulher, Olga Benário, presos em 5 de março de 1936. Cerca de 10 mil presos políticos foram torturados ou exilados – apenas no Rio de Janeiro, foram 3 mil.

De outro lado, os hotéis-cassino se enchiam de pessoas da sociedade extravagante. Festas apoteóticas, geralmente patrocinadas pelo espírito filantrópico da primeira dama do país, Darcy Vargas, sucediam-se no Estado Novo. Salões, clubes e cassinos multiplicavam-se a olhos vistos, transformando a Capital Federal na maior jogatina do país. Homens fortes do regime também imperavam nesse cenário, como o famoso *Bejo*, Benjamin Vargas, irmão de Getúlio, que sempre aparecia de revólver na cinta nas famosas noites do Tênis Clube de Petrópolis (Nosso Século, 1980).

Uma elite milionária fortalecida pelo Estado Novo ocupava as mesas de jogo (destacava-se a imponente presença de Carmem Miranda nos *shows* do Cassino da Urca). Com produção milionária, as festas promovidas pelo Estado e pela elite em geral eram custeadas pelo empresário Joaquim Rolla, proprietário dos mais importantes cassinos do país, como os da Urca, Icaraí, Pampulha e Araxá.

No início da década de 1940, um espetáculo que marcou época foi o *Joujoux et Balangandans*, que contava a movimentada viagem da pitoresca família Mota Durães pelas Américas, a bordo de um navio da *Frota da Boa Vizinhança.* Adequado ao espírito festivo que reinava nas altas rodas, o *show Joujoux et Balangandans* serviu de inspiração para que manifestantes ocultos pichassem o muro do Palácio do Catete com as palavras *"Basta de Balangandans, o que queremos é água!"*, como clara referência às festas promovidas pelo Governo, em detrimento da constante falta de água na Capital Federal. Pelo descuido, a guarda presidencial foi presa e, durante o tempo que a frase permaneceu lá, nenhum automóvel transitou pela rua Silveira Martins (Nosso Século, 1980).

Esse era o tempo dos cassinos, dos *shows* e das vedetes. O combustível estava racionado – inclusive para ambulâncias – em função do início da Segunda Guerra Mundial em 1º de setembro de 1939. As despesas públicas eram rigorosamente contidas e o custo de vida subia a todo vapor. No entanto, 24 horas por dia, 48 caminhões subiam sem parar a estrada para Petrópolis, levando areia de Copacabana, material de construção e trabalhadores. O luxuosíssimo Cassino de Quitandinha estava em construção. Alguns antigetulistas protestavam, sem serem ouvidos.

Na teoria, o Estado Novo não concordava nem com a boemia, nem com os jogos de azar, considerando-os inaptos e desestruturadores do cidadão estadonovista. O bom trabalhador, com direito a exercer livremente a cidadania e receber a proteção do Estado, era o indivíduo que respeitava a ordem e usufruía a liberdade de forma disciplinada. Não deveria ser desordeiro como eram os grevistas e arruaceiros.

Vargas, dessa forma, por meio de sua propaganda política, voltava a atenção ao cidadão e à garantia de seus direitos junto ao Estado e à sociedade.

O Estado Novo queria acabar com a cultura de que *é bom ser malandro*, criando o *samba da legitimidade* na busca de converter a figura do *bon vivant* em operário de fábrica, enfim, de um trabalhador que estava longe de ser um desempregado, mendigo, marginal, criminoso, desordeiro e boêmio.

PELO RÁDIO E CINEMA: INFLUÊNCIA PARISIANA E HOLLYWOODIANA E PAPEL DAS MULHERES

Os meios de comunicação de massa, sobretudo a imprensa e o rádio, difundiam a ideologia do Estado Novo junto às camadas populares, contribuindo para a transmissão de idéias, ideais e valores. De acordo com Ortriwano (1985):

> *O impacto do rádio sobre a sociedade brasileira a partir de meados da década de 30 foi muito mais profundo do que aquele que a televisão viria a produzir trinta anos depois. De certa forma, o jornalismo impresso, ainda erudito, tinha apenas relativa eficácia (a grande maioria da população nacional era analfabeta). O rádio comercial e a popularização do veículo implicaram a criação de um elo entre o indivíduo e a coletividade, mos-*

Parte 7

trando-se capaz não apenas de vender produtos e ditar 'modas', como também de mobilizar massas, levando-as a uma participação ativa na vida nacional. Os progressos da industrialização ampliavam o mercado consumidor, criando as condições para a padronização de gostos, crenças e valores.

Os hábitos de vida norte-americanos e europeus penetravam no país, via Hollywood, provocando mudanças nas concepções de vida das classes médias e abastadas. Nas roupas, o estilo de Paris e a maquilagem dos filmes americanos. Na telona, exibiam-se homens e mulheres incomparavelmente belos, vestidos por figurinistas sofisticadíssimos e levando uma vida fascinante. Um grande exemplo foi o lançamento do lendário filme Casablanca, em 1942, dirigido por Michael Kurtz.

Era a época do cassino e *boîte* das famílias *chics*.

Aqueles tempos eram voltados para a família. Enquanto homens estudavam nas faculdades e conseguiam os melhores empregos, cabia às mulheres cuidar da casa e dos filhos, sem muito espaço para vida social e profissional. Casava-se muito cedo e, embora as mulheres começassem a votar, a trabalhar, a fumar em público e a dirigir, entrar em um cassino somente era possível se acompanhada por um homem para evitar a má fama, já que, quando inserida nesse ambiente, poderia muitas vezes ser confundida com uma *mulher da vida* (Nosso Século, 1980).

A diferença entre o papel da mulher nas sociedades norte-americana e européia com relação à sociedade brasileira se ampliou significativamente no período da Segunda Guerra Mundial (em 1943 o Brasil entrou em batalha), já que naqueles países chamados de primeiro mundo, o *sexo frágil* era obrigado a tomar conta de comunidades, fábricas, indústrias, comércios e serviços enquanto os homens lutavam contra as forças nazi-fascistas.

Nessa época, o presidente dos Estados Unidos aproveitou-se do fato de que Getúlio estava contra o regime comunista da União Soviética e pouco simpático às idéias nazi-fascistas para emprestar US$ 50 milhões para a construção da Companhia Vale do Rio Doce e da Hidrelétrica de Paulo Afonso (1942). Em troca, o governo americano recebeu permissão para construir uma base militar em Natal e o apoio brasileiro na Segunda Guerra Mundial (coincidentemente após vários bombardeios alemães à frota mercante brasileira). A política de boa vizinhança com os americanos fez até *Walt Disney* criar o malandro papagaio Zé Carioca, que apareceu ao lado de Pato Donald e seus companheiros em *Saludos Amigos!* (1943).

De forma muito mais suave, as mudanças drásticas que viviam os Estados Unidos chegavam ao país. O crescimento das cidades, do setor industrial (Vargas, em 1942, criou o Senai – Serviço Nacional de Aprendizagem) e do consumismo desenfreado ajudou as mulheres a conquistarem algum espaço.

Aqui no Brasil, para trabalhar fora, as mulheres ainda necessitavam de autorização do pai e, quando casadas, do marido. Segundo pesquisa de Ernst (2003):

Foi somente a partir de 1943 que a mulher ganhou o direito de poder trabalhar fora de casa sem a autorização expressa do marido. Mesmo assim, o exercício de qualquer atividade da mulher fora de casa não era visto com bons olhos por grande parte da sociedade.

As mulheres da elite possuíam privilégios, diferentemente das operárias, que não precisando trabalhar, ocupavam seu espaço em confeitarias e casas de chás em seus trajes que seguiam a moda de Nova York e Paris.

Muitas vezes, as mulheres eram inspiradas por outras que pareciam estar à frente do seu tempo. Um exemplo de modernidade e que inspirou tantas outras surgiu no Cassino da Urca. Por meio de seus *shows*, Carmem Miranda tornou-se rapidamente coqueluche dos fãs brasileiros e norte-americanos. Quando deixou o porto do Rio, em 4 de maio de 1939, a bordo do vapor Argentina, milhares de fãs cariocas acenavam adeus do píer da praça Mauá.

A convite do empresário Lee Shubert, foi atrás do sonho americano com seis fantasias de baiana na bagagem, indicada pela dinamarquesa Sonja Henie, campeã mundial de patinação sobre o gelo que *Hollywood* cortejou calorosamente por um tempo. Aproveitando a Feira Mundial, *The Lady in Tutti-Frutti Hat* fez sucesso rapidamente, principalmente em Boston e Nova York. Inclusive, no auge de uma de suas maiores crises de público, a revista *Click*, em novembro de 1939, publicou: *Carmem Miranda salvou a Broadway da Feira Mundial*. Chegou a ser mais comentada pela imprensa do que a ícone Greta Garbo. Logo gravou dois discos, *South American Way* e *Touradas em Madrid*, e um filme, *Serenata Tropical: down*

Parte 7

85-7241-568-8

argentine way. Até foi recebida pelo presidente Roosevelt antes de voltar para o Brasil depois de uma temporada de 14 semanas nos Estados Unidos (Nosso Século, 1980).

No dia 10 de julho de 1940, cinco mil pessoas foram saudá-la no porto do Rio e a conduziram em uma caravana até a zona sul da cidade. Entre muitos elogios e críticas, Carmem pôs tudo a perder em um *show* beneficente organizado por Darcy Vargas, no Cassino da Urca, por estar gripada e sem ensaiar. Mas, dois meses depois, em nova apresentação na mesma casa de espetáculos, viria a consagração.

Em outubro, voltou novamente para a terra do Tio Sam para finalizar uma brilhante carreira de 15 anos, com mais de 30 discos e 15 filmes, além de incontáveis aparições em teatros, *night clubs* e programas de rádio e televisão. Quase um milagre para quem, durante muito tempo, só conhecia três palavras em inglês: *Yes*, *No* e *Money*. Até hoje, sua mansão em Los Angeles é apontada e comentada por guias turísticos locais.

Naquela primeira metade do século XX, a sociedade do trabalho e sua agitação direcionaram as pessoas para o lazer como forma de aliviar as tensões da vida, afastar a rotina, a disciplina do trabalho e as normas estabelecidas. Eis que, com o crescimento acentuado das cidades e dos negócios pós-queda da Bolsa de Nova York, em 1929, a boemia se fortaleceu como uma das formas de entretenimento mais importantes para o modelo social vigente.

Hotéis-Cassino Brasileiros

O jogo organizado, que tanto prazer e dinheiro proporcionava às elites, precisava prosseguir e ampliar-se. E se o Rio de Janeiro já possuía os cassinos do Copacabana Palace (considerado o primeiro do país), do Atlântico (no Posto 6, em Copacabana) e da Urca; Niterói tinha o Icaraí; Terezópolis, o Higino Palace; Santos, o Parque Balneário, Ilha Porchat e o Atlântico; Guarujá, o Cassino do Barreiro; Poços de Caldas, o Quississana e o Politeama; Araxá, o Grande Hotel; Belo Horizonte, o Pampulha; Curitiba, o Ahú; Salvador, o Central; e, Recife, o Grande Hotel; Petrópolis não podia ficar para trás, pois lá personalidades importantes possuíam casas.

A idéia de construir um grande cassino em Petrópolis (dotado até de uma praia artificial) partiu do empresário Joaquim Rolla, ex-tropeiro amigo de Amaral Peixoto, que foi interventor do Rio de Janeiro. Era genro de Vargas e proprietário de grande parte dos cassinos já nomeados.

Antes de lançar-se ao vultoso empreendimento, Rolla negociou com o governo um contrato que lhe assegurava a indenização de 120 mil contos de réis, no caso de o jogo ser proibido em território nacional. As obras do Quitandinha demoraram três anos: no dia 12 de fevereiro de 1944, a casa foi parcialmente inaugurada, com um banquete para duas mil pessoas, no salão Marcondes. Um *show*, intitulado Vogue 44, do qual participaram, entre outros, Yma Sumac, Grande Otelo, Alvarenga e Ranchinho, coroaria a noitada. Tocaram as orquestras de Carlos Machado e Gaó durante o jantar e o baile (Nosso Século, 1980).

No ato da proibição do jogo, existiam no Brasil 71 cassinos, que empregavam 60 mil trabalhadores direta e indiretamente. Essas casas de jogos ofereciam, além de ambiente de descontração – restaurante, salão de baile, bar e música – a jogatina, a qual era expressa por meio de jogos de cartas, roleta e bacará, entre outras formas. Era um ambiente no qual as pessoas acabavam por conhecer a riqueza ou a pobreza (Paixão, 1999).

Enquanto a elite discursava sobre a necessidade de investir nesse tipo de ambiente seleto e voltado para a sociabilidade e diversão sadia, as classes populares viam seus clubes de jogo serem acusados de locais perigosos à sociedade e à margem dos bons costumes. As famílias tradicionais exigiam luxo, segurança, higiene e boas atrações nos clubes, hotéis e cassinos que garantiam o lazer após o trabalho. Diferente das classes trabalhadoras que, ao presenciarem seus patrões nas casas de jogos, eram levadas a imaginar que tais lugares os distanciavam de ganho financeiro justo e digno. O bom cidadão deveria prezar o trabalho e a família, estereótipo definido por Getúlio Vargas, para o trabalhador que realmente amasse a nação e o trabalho.

> ***De qualquer maneira, em qualquer classe social, o jogo como seguimento da boemia, faz com que seus praticantes fujam de sua rotina e de seu cotidiano de maneira lúdica.***
>
> **Ernst (2003)**

Parte 7

Nessa época, com o fortalecimento da sociedade capitalista, o jogo foi categorizado como instituição, espelhado nos cassinos, ao que a igreja combate fervorosamente.

> *Os jogos, quando voltados apenas para fator divertimento, não envolvem valores monetários, remetendo, por exemplo, a jogos em família. Quando há a instituição organizada, estes possuem o caráter de exploração monetária e despertam a paixão nos jogadores ao fator acaso.*
> Documentos Eclesiásticos do Brasil (1957)

Ao mesmo tempo, o Código Penal de 1890 considerava contravenção a prática da prostituição, do jogo, da vadiagem, das bebedeiras e desordens. Locais da periferia, onde a classe trabalhadora se divertia, passaram a ser severamente vigiados pela polícia. Todavia, os cassinos não se localizavam somente na periferia das grandes cidades, mas também em estâncias de águas, geralmente cercadas de vegetação. Os estancieiros, como eram chamados, respaldavam-se na Lei das Estâncias de Águas Hidrominerais, baseada no Decreto nº 3.987 de janeiro de 1920, que concedia autorização temporariamente para que vigorassem os jogos de azar em clubes e cassinos das estações balneárias, termais e climáticas, ou seja, instalações que fossem separadas da vida pública. Inclusive, esse decreto estipulava que 15% dos lucros líquidos dos jogos de azar deveriam ser dedicados à saúde pública.

As estâncias de águas ou de repouso necessitavam de instalações que reunissem natureza e sossego. Sua finalidade sempre foi retirar o indivíduo do caos urbano e da agitação do trabalho para que ele pudesse descansar e cuidar de sua saúde, tanto mental como física.

Manter a saúde como complemento de várias diversões, como os jogos de azar, sempre foi estratégia dos hotéis e *resorts* que historicamente mantiveram cassinos (Paixão, 1999).

A regularização para uma estância hidromineral que abrigava cassinos sempre coube aos governos nacionais ou locais. Os altos impostos eram aplicados a todos os estabelecimentos, fossem eles da iniciativa privada, do próprio governo ou mesmo mistos.

No Brasil, os empresários do jogo deveriam firmar um contrato com o governo, normalmente com prazo de 10 anos, para a exploração da estância hidromineral, com renegociação ao término de sua vigência. No complexo deveria ser construído um hotel com restaurante, bar, piscina, salões, salas para conferências e festas beneficentes.

Os estabelecimentos deveriam ser construídos com o que havia de melhor e possuir alvará das prefeituras, além de se preocupar com várias benfeitorias locais. O concessionário deveria pagar uma quantia aos governos local e estadual antes e depois de inaugurado o cassino, sendo o contrato freqüentemente renegociado entre as partes. Segundo o governo, esses pagamentos eram revertidos em assistência social como melhor lhe conviesse, muitas vezes contrariando o Decreto de 1920.

A estância hidromineral era obrigada, por contrato, a ser de primeira classe e manter a ordem, investindo em fiscalização e segurança, sob pena de multa ou rescisão do contrato.

Havia regulamentação quanto ao horário de abertura do local, limite de freqüentadores, horário de permanência nas salas de jogos, proibição da entrada de menores nessas salas e determinações quanto a pessoas que não poderiam jogar como, por exemplo, os bancários, que eram vigiados a mando dos banqueiros (Ernst, 2003).

As mulheres podiam entrar nos cassinos e jogar, mas calcula-se que não representavam mais que 25% dos freqüentadores, pois deveriam estar sempre acompanhadas de seus maridos, mesmo nos *shows* e espetáculos.

Ainda hoje, quando se entra em ambientes que outrora foram cassinos, pode-se observar que, para a sociabilidade entre homens e mulheres, esses locais possuíam salas distintas: uma destinada aos jogos (roleta, bacará ou *chemin de fer* e campista) e outra para o *grill-room*, um salão enorme destinado para jantares e bailes com orquestras.

Todos os que entravam nos ambientes de jogos, mesmo sem o intuito de apostar, deveriam comprar fichas como forma de ingresso, o que não incluía os serviços de alimentos e bebidas.

As mulheres esbanjavam elegância com seus longos, peles, jóias, luvas e chapéus. Os homens se apresentavam no "passeio completo", ou seja, terno e gravata e o indispensável chapéu.

De forma alguma, mal vestidos, bêbados e prostitutas poderiam adentrar ao recinto.

Já para os lugares mais informais e descontraídos dos hotéis e das estâncias, as mulheres encurtavam seus vestidos, porém nunca acima dos joelhos, num padrão geralmente xadrez nas cores branco e preto, modismo da época. Para os homens, as preferidas eram as jaquetas de gola alta ou camisas de mangas dobradas.

Respaldados pelo governo Vargas e pela Lei de Estâncias de Águas, os hotéis-cassino brasileiros eram espaços de sociabilidade, difundidos pelo rádio e pelos jornais para chamar a atenção dos interessados quanto às programações e aos acontecimentos, perfazendo toda a grandiosa imagem do jogo-entretenimento para a sociedade.

O FENÔMENO CASSINO DA URCA NO RIO DE JANEIRO

O centro de jogos e entretenimento mais famoso do Brasil, o Cassino da Urca, foi inaugurado em 1933. Além dos luxuosos *shows* e espetáculos nacionais e internacionais, jogava-se roleta, cartas, dados e bacará em seus salões. Carmem Miranda e outras cantoras, bailarinas e vedetes foram consagradas em seus palcos. As *chanteuses* parisienses vieram para o Brasil contratadas pelo cassino, assim como várias orquestras, como a de Isidoro Benitez, de Cuba.

O *Cassino da Urca* ocupava todas as dependências do enorme prédio da Rua João Luiz Alves. Este, aliás, foi o maior de todos, projetando-se na história pela realização de maravilhosos *shows* em seu *grill-room*. No palco da Urca terá acontecido, sem dúvida, a mais extraordinária seqüência de espetáculos artísticos. Por lá estiveram celebridades internacionais, como Bing Crosby, Jean Sablon, Martha Eggerth, Pedro Vargas, Carmem Miranda, Toni Bennett, Edith Piaf, Amália Rodrigues. Havia grandes orquestras, como a titular de Carlos Machado, com o iniciante Dick Farney como *crooner*, e o fantástico Russo do Pandeiro. Vale ainda fazer referência a Déo Maia, cantora negra de enorme sucesso, Grande Otelo, às jovens Emilinha Borba, Linda e Dircinha Batista e Heleninha Costa. O palco do Cassino da Urca tinha sempre para seu público momentos maravilhosos para compor sua caríssima e sempre atraente programação. Isso sem falar nos músicos, malabaristas, acrobatas, ilusionistas, instrumentistas de renome no exterior, contratados a peso de ouro para manter o alto nível do que se poderia ver no lendário palco (*www.magocom.com.br*).

A Companhia Imobiliária e Construtora do Rio de Janeiro foi a primeira proprietária, mas logo Joaquim Rolla compraria suas ações, associado a Nicolas Ladamy, Abgar Renault e João Daher. Estes últimos fizeram do Cassino da Urca o fenômeno do Rio de Janeiro (Louzeiro, 2000).

Os jornais, como O Imparcial, retratavam a mudança da antiga vida noturna do Rio de Janeiro para uma era mais fervorosa da boemia carioca:

> *Freqüentemente ouvimos um velho bohemio sentenciado com a melancolia incurável de um desencantado: não há vida nocturna no Rio de Janeiro! No Rio não se diverte. Fechados os cinemas e os teatros não se tem onde matar o tempo alegremente.*
> *Nos cabarés as mesmas caras de sempre. Caras que há uns vinte anos compõem a multidão tresnoitada que se denomina "boemia carioca".*
> *E que esse velho bohemio não comprehende a evolução que sofreu a vida nocturna do Rio, não comprehende ou não se adaptou ainda á nova athmosphera que o Rio nocturno respira. Porque a verdade é que o Rio nunca teve tantos e tão attractivos centros de vida nocturna como atualmente.*
> *O Atlântico, o Copacabana e o Balneário da Urca, todas as noites se enchem. E até alta madrugada uma sociedade fina, distincta, se diverte a grande no seu movimentado e rumuroso* "grill-room". *(...) Enquanto isso o velho bohemio procura matar a saudade do Rio antigo nas casas de* chopps *da Lapa...*
> Jornal O Imparcial. Rio de Janeiro, 29 de maio de 1935. p. 15 em Ernst (2003)

Não era só o Cassino da Urca que deixava sem vida outros locais boêmios, mas também o cassino do Copacabana Palace e o Cassino Atlântico eram os "donos da noite", aliás, muito criticados por alguns apreciadores de teatros e cinemas.

O Cassino da Urca, da sociedade fina e elegante, dos fenômenos que transformavam a noite, dos bailes e jantares no *grill-room* e do jogo incessante, como todas as outras casas de jogos, fechou suas portas em 1946 e passou a sediar, em 1950, os estúdios da extinta TV Tupi até 1980, para depois se transformar no Museu da Televisão (Louzeiro, 2000).

Em 2004, foram investidos quase US$ 5 milhões para recuperar a fachada original de quando o prédio abrigava o Hotel Balneário, inaugurado em 1932 e que assumiu a condição de cassino um ano depois. O edifício restaurado abriga o Museu do Rio, contando a história urbana da cidade e dos meios de comunicação (*www.magocom.com.br*).

Parte 7

Na era de Getúlio Vargas, entre os anos de 1933 e 1946, o fenômeno do Urca representou a política que atendia as necessidades de lazer da elite ao mesmo tempo em que censurava o jogo para a classe trabalhadora, por acreditar que esta última não trazia lucros para o Estado e, ainda, poderia causar desordem local.

OS MARAVILHOSOS CASSINOS NAS ESTÂNCIAS HIDROMINERAIS DE MINAS GERAIS

Em Minas Gerais, os cassinos mais importantes eram os de Lambari, o Grande Hotel do Barreiro de Araxá, o Hotel Brasil de São Lourenço e os de Poços de Caldas.

São Lourenço foi fundado em 1927, tornando-se o menor de todos os municípios do Estado. Seguiu o exemplo de muitas estações termais da Europa e chegou a possuir oito empreendimentos que exploravam o jogo. Quarenta hotéis surgiram ao redor dos cassinos, atraindo visitantes da classe média alta de São Paulo e Rio de Janeiro, além de turistas argentinos, paraguaios e uruguaios.

Até então, existia uma linha aérea diária regular com Belo Horizonte, Rio de Janeiro e São Paulo. A entrada era proibida para menores de 21 anos e as bebidas eram muito baratas, a exemplo do *marketing* que se faz atualmente na maioria dos cassinos do mundo.

O cassino do Hotel Brasil, o mais luxuoso da cidade, promovia bailes inesquecíveis e *shows* com artistas famosos da época, como Francisco Alves (O Rei da Voz) e Luiz Gonzaga (O Rei do Baião) (*www.magocom.com.br*).

Nas décadas de 1920 e 1930, Poços de Caldas, por exemplo, era um balneário visitado por muitas pessoas em busca de cura para suas doenças e, assim, tornou-se símbolo nacional, graças à ampla cobertura de revistas e jornais.

Situada na divisa entre os estados do Rio de Janeiro, São Paulo e Minas Gerais, atraía as oligarquias do *café-com-leite* e a vasta máquina pública do Rio de Janeiro.

De *estação de cura* passou a ser um exemplo da agitação mundana, pois segundo Rejowski (2002), em Poços de Caldas, *"a elite mineira e a paulistana freqüentavam o Cassino Politeama, e distraíam-se com as inúmeras atividades oferecidas para passar o dia, como os banhos, os passeios, as atividades físicas, os flertes, os concertos, as danças, as beberagens e o jogo"*.

Já o Palace Cassino, de Poços de Caldas, construído com o intuito de se tornar a mais completa e moderna estância hidromineral das Américas, possuía linhas neocoloniais, luxuosos jardins, salões e sacadas amplas. Sua rentabilidade era tamanha que motivou a construção de dois outros hotéis na região, o Palace Hotel e Thermas Antônio Carlos, em 1930. Muitos desses hotéis estão abertos até hoje e recebem, sobretudo, turistas internos que visitam o Circuito das Águas, no sul de Minas Gerais.

ÁGUAS DE SÃO PEDRO: MUNICÍPIO PROJETADO EM TORNO DE UMA ESTÂNCIA HIDROMINERAL E HOTEL-CASSINO

Descobertas fontes minerais de propriedades terapêuticas, a família Moura Andrade inicia um ambicioso projeto turístico. Aproveitando o *boom* das estâncias, englobou todo um município com suas ruas, alamedas, construções e serviços diversos, além de um luxuoso hotel-cassino em *art déco*, inspirado nos hotéis de *Spa*, na Bélgica.

Quando entra pela porta giratória, um marco personalizado na portaria principal do hotel, o viajante sente-se voltando a um passado de suntuosidade ante a plasticidade do *lobby* de aparadores espelhados dominado pelo charme de uma sinuosa escadaria que desemboca no piso de granilite, onde finas lâminas de bronze delineiam o nome do hotel. Móveis em madeira escura e linhas retas, reproduzindo o estilo inovador para a época em que o hotel foi inaugurado, se harmonizam com o ambiente e auxiliam a compor o espaço que dá ao viajante noção do período de inauguração do hotel. Nas paredes dos corredores sociais, fotos em preto e branco relatam os mais marcantes episódios da existência do hotel e das histórias que ele abrigou (Da Silva, 2001).

Com essa idéia, nasceu em 21 de setembro de 1935 a empresa *Águas Sulphídricas de São Pedro e Thermas de São Pedro S/A*, que pretendia atender pessoas que precisavam de tratamento de saúde e turistas em busca de descanso e diversão.

Segundo Da Silva (2001), "destaca-se o fato de que Águas de São Pedro era a única estância

85-7241-568-8

termal do país a possuir um planejamento da atividade turística e de suas necessidades urbanísticas anterior à sua construção. Antes dela, somente o Guarujá, estância balneária que havia sido planejada, em 1892".

A pedra fundamental do hotel foi lançada em 1938, próximo às fontes e não na cidade de São Pedro, como se havia pensado. Sua construção foi complicada em decorrência da eclosão da Segunda Guerra Mundial, que levou todos os recursos à escassez. Portanto, sua fundação só ocorreu em 25 de julho de 1940, como marco inicial de toda a estância.

Alguns hotéis surgiram em torno do Grande Hotel Águas de São Pedro. Toda a cidade girava em função desse empreendimento, que atraía visitantes de todo o país e dos vizinhos da América do Sul. Mas, novamente, a atividade complementar dos jogos de azar se tornou a principal, muito acima do termalismo.

Acredita-se que, além da proibição dos cassinos, Águas de São Pedro sofreu um golpe duro, assim como todas as termas de interior, inferido pelos filmes hollywoodianos que impuseram a moda do lazer nas praias com a imagem principal do *Hawaii*. Na década de 1940, já era mais comum ver as pessoas banhando-se no mar e se bronzeando.

Com estrutura menor comparada aos outros hotéis-cassino, o Grande Hotel de Águas de São Pedro sobreviveu apesar de inúmeros problemas, até que, em 1969, o Senac – Serviço Nacional de Aprendizagem Comercial o adquiriu em regime de comodato para transformá-lo em hotel-escola.

CASSINO DO AHÚ DE CURITIBA: EXEMPLO DA EXPANSÃO DOS CASSINOS PELO BRASIL

Por volta de 1930, um parque em Curitiba, denominado Ahú, passou a ser muito visitado aos domingos. A crença popular era de que suas águas eram terapêuticas. Antes localizado em área rural, graças à rápida expansão urbana, o parque foi incorporado à cidade. Essa era uma das principais diversões com que contavam os curitibanos, além do teatro, dos clubes, do cinema, dos bailes, dos circos e das festas religiosas.

A exemplo de outros centros mais desenvolvidos do país, desde o início do século XX, em Curitiba, já existiam cassinos e casas de jogos que serviam aos interesses políticos e financeiros, "como o Clube Cassino Curitibano, instalado próximo de seu rival o Clube Curitiba", além do Jockey Club, da Associação de Imprensa, do Britânia, do Centro Português, do Atlético e do cassino instalado no edifício Garcez, no centro da cidade, denominado Estância das Mercês (Ernst, 2003).

O Cassino do Ahú abriu suas portas em 1935. Personalidades do mundo artístico, político e empresarial prestigiavam o local, diariamente.

A abertura do cassino pode ser considerada uma ruptura local, contando-se do pré ao pós-cassino, pois para atrair freqüentadores, os dirigentes efetuaram melhorias visíveis nas ruas, onde praticamente só transitavam carroças; a poeira deu lugar ao calçamento; o local ganhou iluminação e, aos moradores da região, que eram em maioria pessoas simples e trabalhadoras, juntaram-se os festeiros e ricos (Ernst, 2003).

Numa primeira fase, que durou dois anos, as pessoas se interessavam mais pela fonte de água que pelos jogos em si. Talvez porque a capital paranaense, bastante voltada para o trabalho, seguia de perto as políticas do governo Vargas.

Em 1937, os jogos em cassinos passaram a ser permitidos apenas respaldados pela Lei de Estância de Águas Hidrominerais de 1920, o que ocasionou o fechamento de estabelecimentos menores. Manoel Ribas, o interventor do estado do Paraná, pôs fim aos jogos de azar, restando "à população boêmia e freqüentadores de cassinos, os bares e cafés, principalmente os da Rua XV, como o Palácio; cabarés como o famoso A República; cinemas como o Cine Luz; Broadway; Palácio Imperial e República, dentre outros" (Ernst, 2003).

Esse fato serviu como pretexto para Acyr Guimarães (presidente da Associação de Imprensa) e outros empresários ampliarem a estrutura, em 1939, do que seria a coqueluche da diversão curitibana (Ernst, 2003).

Para a alegria dos curitibanos que consideravam possuir poucas opções de lazer e devidamente regularizado perante o estado do Paraná, em 25 de janeiro de 1940, o Cassino do Ahú voltou a funcionar.

O Cassino do Ahú não seria um local destinado apenas à população boêmia, uma vez que o *complexo* era composto por diversas atrações, como cantores que vinham de diversos locais, artistas cômicos, danças e restaurante, entre outras. Essas formas de atração eram consideradas inova-

85-7241-568-8

doras no sentido de serem atribuídas a um único local, e atraíam uma mescla diferenciada de freqüentadores, pois uns apreciavam a música, outros a dança, outros o jantar e outros ainda o jogo, a bebida (Ernst, 2003).

A abertura do Cassino foi divulgada com bastante antecedência pelos jornais como um evento luxuoso. *"Um acontecimento social de vulto, com extraordinário sucesso foi inaugurado ontem o Cassino do Ahú, magnífico, moderno e luxuoso centro de diversões noturnas"* (Jornal Gazeta do Povo, 26 de janeiro de 1940 em Ernst, 2003).

Com o passar dos anos, o cassino cresceu e sua estrutura foi ampliada, chegando a incentivar os esportes, em especial a natação. Uma piscina foi construída para sócios e visitantes, reforçando a imagem da água relacionada à saúde. Senhoras e senhoritas deviam, obrigatoriamente, agendar horários para os banhos.

Vários turistas (principalmente de elite da Região Sul) freqüentavam o complexo. Os dias que atraíam maior número de freqüentadores eram as quintas-feiras, sábados e domingos. Havia matinê aos domingos; assim, os menores podiam freqüentar o clube desde que permanecessem no *grill-room* (salão de baile e jantar) e nunca no salão de jogos.

O jogo mais popular, como em quase todos os cassinos, era a roleta. Em termos de espetáculos, chamavam a atenção os nomes internacionais, que vinham das melhores casas do Chile e da Argentina. Mas onde a sociedade do trabalho predominava, os jogos de azar passavam para muitos uma imagem degradante do ser humano. Por outro lado, os cassinos localizados nas estâncias hidrominerais voltados à saúde, ao lazer e ao bem-estar do cidadão e do trabalhador atraíam mais simpatizantes, quer no Brasil ou no exterior.

Nessa época, em todos os quadrantes do mundo, havia resistência contra os jogos de azar. Governos buscavam incrementar suas receitas por meio das loterias, enquanto a Igreja – inimiga histórica – combatia os cassinos por acreditar ser um meio de diversão prejudicial à família. A única a caminhar em sentido contrário em todo o mundo era Las Vegas, nos Estados Unidos. Então, nas últimas duas décadas, voltou a ser exemplo mundial para a reimplantação dos cassinos.

Como aconteceu com os cassinos da época, o Ahú de Curitiba passou por um declínio importante causado pelos anos de guerra mundial. Muitos setores econômicos do país se enfraqueceram, com ênfase aos estabelecimentos que proporcionavam lazer, diversão e sociabilidade aos cidadãos.

Queda de Vargas e Fim da *Belle Époque* Tupiniquim

Durante a Segunda Guerra Mundial, chegaram ao Brasil relatórios de tropas brasileiras que se posicionavam a favor da redemocratização do país. Assim, em fevereiro de 1945, a Constituição de 1937 acolheu um ato adicional que possibilitava a fixação de eleições presidenciais. Naquele ano, todos os presos políticos foram anistiados e as eleições convocadas para dezembro próximo.

Prevendo que Vargas proibiria as eleições presidenciais, os militares deflagraram um golpe político e Getúlio se exilou em São Borja, no Rio Grande do Sul.

Ministro da Guerra desde 1936, o general Eurico Gaspar Dutra (1889-1974), que se destacou por promover a modernização e a ampliação das forças armadas, além de comandar a FEB – Força Expedicionária Brasileira, enviada para ajudar os Aliados na Itália, concorreu às eleições presidenciais de 1945 contra o Brigadeiro Eduardo Gomes, opositor de Vargas.

Do extremo sul, Getúlio se manifestou a favor de Dutra para a presidência da República (1945-1950), vencedor das eleições com 3,25 milhões de votos pelo recém-criado PTB – Partido Trabalhista Brasileiro. E Vargas foi eleito deputado por nove e senador por dois estados brasileiros.

Curiosamente, pouco antes de retirar-se de sua primeira presidência, Getúlio Vargas, em um dos seus últimos atos, assinou e mandou publicar o Decreto-Lei nº 8.621, que criou o Senac, o qual pretendia capacitar profissionais para as mais diversas áreas, entre elas o turismo e a hotelaria. Décadas depois, também o Senac tomaria conta dos antigos hotéis-cassino Grande Hotel Águas de São Pedro e Grande Hotel Campos do Jordão (Trigo, 2000).

Empossado em 31 de janeiro de 1946, Dutra tinha pela frente o desafio de manter o conservadorismo e, ao mesmo tempo, equilibrar o orçamento, severamente abalado no pós-guerra. Surpreendentemente, uma de suas primeiras atitudes foi restabelecer a vigência do artigo 50 da Lei de Contravenções Penais, por meio do Decreto-Lei nº 9.215, de 30 de abril de 1946, que mandava fechar todas as casas, centros e cassinos que mantinham os jogos de azar, sem exceção, mesmo os que estavam amparados pela Lei das Estâncias de Águas. Somente os jogos em áreas abertas e aqueles que envolvessem animais foram poupados.

Declarou o presidente Dutra:

> *Considerando, que a repressão aos jogos de azar é um imperativo da consciência universal; considerando, que a legislação penal de todos os povos cultos contém preceitos tendentes a este fim; considerando, que a tradição jurídica, moral e religiosa do povo brasileiro é contrária à prática e à exploração de jogos de azar e, das exceções abertas à lei em geral, provêm abusos nocivos à moral e aos bons costumes.*
>
> www.magocom.com.br

A decepção daqueles que nele apostaram pela continuidade das casas de jogos de azar foi enorme, pois o Brigadeiro Eduardo Gomes, claramente contrário aos cassinos, era apoiado por alguns setores da sociedade opositores às apostas, principalmente a Igreja. Inclusive, uma faixa em volta do edifício do Hotel Quitandinha alertava para uma possível vitória de Eduardo Gomes, o que seria prejudicial para os profissionais daquele estabelecimento (*www.magocom.com.br*).

O então candidato à presidência General Dutra não se declarava nem contra nem a favor do jogo, ao contrário de sua esposa, Dona Carmela Dutra (mais conhecida como Dona Santinha), que, em virtude de sua conduta rígida católica, condenava os jogos de azar, já que sua prática conduzia o cidadão trabalhador aos ganhos ilícitos condenados pela Igreja.

Logo após a proibição do jogo, começou um movimento para reabrir os cassinos, sobretudo porque o Cassino de Lambari, em Minas Gerais, estava funcionando há apenas um dia quando foi fechado. Outros cassinos famosos, como o Quitandinha e o Grande Hotel Araxá, também investiram grandes somas, mas sem sucesso.

Com as grandes perdas surgiram revoltas e desemprego. Nos cassinos, os *shows* eram agendados com antecedência e, sobre a quebra de contrato, previam-se ressarcimentos. Foram muitos os prejuízos e funcionários demitidos e/ou indenizados.

O mundo fantástico do Quitandinha desabou, veio abaixo. Desemprego em massa, chefes de família desarvorados, lágrimas, desolação, tristeza. Tragédia social de dimensões abissais. Notícias de suicídio. O Quitandinha fora reduzido a cinzas e, desde então, vem cumprindo uma senda absolutamente diversa daquela que inspirou sua criação, que era seu verdadeiro destino: cassino. Na imensidão dos salões, salas, jardins, galerias, corredores, *boites*, teatros, varandas, tudo, só fantasmas e fantasmas (*www.magocom.com.br*).

Como a maioria dos cassinos, o Quitandinha continuou com seu hotel até falir, sendo atualmente convertido em condomínio, na tentativa de revitalizar seu antigo *grill-room* (salão de jantar), onde abrigava os bailes, em um espaço de aluguel para festas. O Cassino do Ahú, em Curitiba, transformou-se em discoteca e, depois, tornou-se sede do Provincialato das Irmãs da Divina Providência. Na capital paranaense, o local onde antes se jogavam cartas, dados, roleta e bacará agora – ironicamente – é local de orações e de elevação espiritual.

Para a elite freqüentadora, o fechamento dessas casas repercutiu de forma muito desagradável porque, desde então, aqueles que buscavam essa forma de lazer e diversão perderam essa prática. Cidades menores que não contavam com cinemas, teatros ou *boîtes* tiveram sua oferta de entretenimento muito prejudicada.

E o Sonho Continua...

Em geral, os jogos de azar foram escritos, interpretados e pensados, por vários séculos, como uma luz desfavorável à ética e à moral, normalmente alimentados por segmentos da Igreja.

Mas a maioria dos países o utilizava (e ainda utiliza) para conseguir impostos fáceis.

Muitos filósofos influenciaram as leis dos estados com suas teorias, como o francês Jean Jacques Rousseau: "a base das leis é a vontade das pessoas expressadas por elas mesmas".

Nos últimos dois séculos, as leis se aperfeiçoaram e o moderno consumidor parece não querer restrições, exceto quando elas são feitas para a sua própria proteção (Paixão e Gândara, 1999).

Por isso, estudar as décadas de 1930 e 1940, que marcaram a história do Brasil para sempre, é de grande utilidade para planejar o futuro das políticas que atingem o jogo e a atividade turística no país, sobretudo quando se pensa na recuperação de balneários e estâncias em decadência.

Na ditadura de Vargas, a urbanização planejada de uma maneira mais prática assegurou um desenvolvimento territorial voltado à modernização.

85-7241-568-8

A cidade tornou-se o centro das atenções de toda a sociedade, mesmo sendo um espaço que deixava mais visíveis as desigualdades sociais. Ainda assim, mudaram as perspectivas do homem do campo, que via na cidade grande o local propício para construir e melhorar sua qualidade de vida e condições de trabalho, com reflexo nas realizações de ócio e lazer das elites.

Ambos, aristocracia e classe trabalhadora, parecem relembrar esses momentos como se fossem os melhores de suas vidas.

De fato, lugares centrais e regiões periféricas, principalmente onde se localizavam as fontes de águas, transformaram-se em grandes centros de diversão e lazer. Muitos hotéis-cassino brilharam durante os anos em que Getúlio Vargas lhes deu apoio para que a elite pudesse desfrutar de momentos que, ainda hoje, deixam na memória dos mais idosos: orgulho, saudade, alegria, esperança, tristeza, desgosto e nostalgia.

São esses sentimentos que indicam a verdadeira *belle époque* de qualquer nação.

Na maioria dos casos, os cassinos têm ajudado a aumentar a rentabilidade e a ocupação dos hotéis e dos *resorts*, além de colaborar com o incremento do produto turístico. No Brasil, muitos hotéis surgiram da implantação desses centros e outros desapareceram com eles. A história dos extintos hotéis-cassino na *Terra Brasilis* é curiosa e polêmica.

Enquanto prossegue o debate, a população brasileira continua na condição de grande apostadora, seja nas loterias oficiais, nas casas de jogos ilegais ou, ainda, nos vários cassinos de fronteira que contribuem para a fuga de divisas do país.

Exercícios Propostos

1. Assistir a *O Sorriso de Monalisa*, com a atriz Julia Roberts, e debater as mudanças que a sociedade sofreu no pós-guerra; sobretudo discutir o papel da mulher nesse período, relacionando texto e sociedade brasileira.
2. Discutir em grupo e citar quais as principais mudanças que a Segunda Guerra Mundial trouxe para que surgisse o turismo de massa na sociedade da época.
3. Pesquisar em *sites* de busca (por exemplo, *www.google.com.br*) como está a situação atual dos antigos hotéis-cassino citados neste capítulo.
4. Assistir a *Olga* e debater sobre o período de Vargas no poder, pré-Segunda Guerra Mundial.
5. Investigar no *site www.magocom.com* a problemática atual do jogo no Brasil e debater com seus professores e colegas.

Sites Indicados

www.magocom.com.br: boletim de novidades lotéricas.

Artigo "Façam o jogo, Senhores...Oswaldo Miranda ainda sonha com a reabertura dos cassinos" acessado em 18 de outubro de 2004.

BIBLIOGRAFIA

BARBOSA, Y. M. *História das Viagens e do Turismo*. São Paulo: Aleph, 2002.

DA SILVA, J. C. I. Grande Hotel São Pedro: o patrimônio cultural como fator de atração do turista. São Paulo, 2001. Dissertação (Mestrado) – CUIA, 2001.

DE MASI, D. *Criatividade e Grupos Criativos*. Rio de Janeiro: Sextante, 2003.

DOCUMENTOS ECLESIÁSTICOS DO BRASIL. *Pastoral Coletiva sobre o Jogo a Dignidade da Família e a Defesa do Brasil*. Petrópolis: Vozes, 1957.

ERNST, K. G. Memórias do Cassino Ahú: sociabilidade e relações de gênero (Curitiba 1940-1946). Curitiba, 2003. Monografia (Conclusão de curso) – Universidade Tuiuti do Paraná, 2003.

GAZETA MERCANTIL. Análise Setorial: a indústria hoteleira – vol. 1. São Paulo: Gazeta Mercantil, 1999.

LOUZEIRO, J. *Urca: o bairro sonhado*. Rio de Janeiro: Relume Dumará, 2000.

NOSSO SÉCULO: 1930-1945 A ERA VARGAS. São Paulo: Abril Cultural, 1980.

ORTRIWANO, G. S. *A Informação no Rádio*. São Paulo: Summus, 1985.

PAIXÃO, D. L. D. La reimplantación de los casinos en Brasil y sus efectos en la actividad turística. Las Palmas de Gran Canaria, 1999. Dissertação (Mestrado) –ULPGC.

PAIXÃO, D. L. D.; GÂNDARA, J. M. G. A Legalização dos Cassinos no Brasil: uma análise comparativa das situações governamentais em outros países. *Turismo – Visão e Ação (Balneário Camboriú), 1 (2):* 1999.

PIRES, M. J. *Raízes do Turismo no Brasil: hóspedes, hospedeiros e viajantes no século XIX*. 2. ed. São Paulo: Manole, 2002.

REJOWSKI, M. (org.) *Turismo no Percurso do Tempo*. São Paulo: Aleph, 2002.

TRIGO, L. G. G. *Viagem na Memória: guia histórico das viagens e do turismo no Brasil*. São Paulo: Senac, 2000.

Parte 7

Anotações

CAPÍTULO

59 Educação Profissional no Brasil

José Ruy Veloso Campos

Introdução

Alvo de uma colonização extrativista que legou ao país uma sociedade escravocrata, o Brasil deu saltos tímidos em sua economia em alguns períodos de sua história, saindo de uma economia agrícola para uma subsidiada economia industrial (1930-1958), buscando mudanças tecnológicas para conseguir a hegemonia no mundo latino-americano (1964-1978) e, finalmente, entrando de vez *na era dos serviços*. Nas duas últimas décadas do século XX, o país teve grandes avanços em sua economia e no sistema político. O setor primário passou a ser um forte exportador utilizando tecnologias avançadas em pesquisas que aumentaram a produtividade do campo, tornando o agronegócio competitivo em relação aos países do primeiro mundo. A indústria foi reformulada, também por tecnologias, e o poder de consumo do brasileiro melhorou depois que se debelou a inflação a partir do chamado Plano Real. Por outro lado, as populações urbanas tiveram um aumento vertiginoso que, ao mesmo tempo em que aumentou os cinturões de pobreza nas periferias, aumentou também a oferta de serviços e de empregos, criando novos paradigmas para a empregabilidade. O ano 2000 chegou num mundo onde os serviços formam a maior oferta de empregos e possibilidades de renda. Nos últimos anos da década de 1990, com as privatizações e saltos na qualidade de muitas áreas do setor de serviços, a sociedade foi surpreendida pela falta momentânea de profissionais preparados para novas tecnologias como telecomunicações e informática aplicada a alguns setores. Do ponto de vista da educação profissional, no entanto, nunca houve uma política forte o bastante para garantir a formação de profissionais para suprir as necessidades de todos os setores da economia. Ainda que nas medidas tomadas para o primeiro dos saltos aqui colocados, o próprio Estado tenha criado instrumentos e instituições voltados para a educação profissional com a criação dos *Quatro Esses* (Senai/Sesi e Senac/Sesc) nas décadas de 1940, que oficializou o preparo de mão-de-obra qualificada para a indústria e para o comércio, e mais tarde, na década de 1980, com o FAT – Fundo de Amparo ao Trabalhador, os problemas do país com a educação de base e com a educação profissional persistiram até o final do século XX, sobretudo fora dos bolsões de riqueza situados nas Regiões Sul e Sudeste, além das muitas dificuldades na preparação de pessoas qualificadas para atuar no setor de serviços.

Outro aspecto importante a ser considerado foi a forte cultura escravocrata, traduzida numa aversão dessas elites pelos trabalhos que consideram *braçais* (que se confundem com qualquer atividade que tenha o caráter de *servir*, vocábulo que, para os protestantes, segundo Weber, tem um significado bem mais abrangente e digno) que permeou, e permeia ainda em algumas regiões, os costumes da classe dominante no país. Entre os muitos re-

Parte 7

85-7241-568-8

gistros da origem desse tipo de comportamento, documentou o viajante Thomas Ewbank:

> *Interrogando-se um jovem nacional de família respeitável e em má situação financeira sobre o porque não ganha a vida de maneira independente, há dez possibilidades contra uma de ele perguntar, tremendo de indignação, se o interlocutor está querendo insultá-lo. "Trabalhar! Trabalhar", gritou um deles, "para isso temos os negros". Sim, centenas de famílias têm um ou dois escravos, vivendo do que eles ganham. O doutor C. conta que um jovem prefere morrer de fome a abraçar uma profissão manual. Diz que há alguns anos aconselhou uma pobre viúva, que tinha dois filhos rapazes, um de quatorze, outro de dezesseis anos, a encaminhá-los em ofícios. A viúva ergueu-se, deixou a sala, e nunca mais falou com ele, embora tivesse fornecido gratuitamente seus serviços profissionais à família durante oito anos. Recentemente foi abordado por um funcionário do Departamento de Polícia, que se deu a conhecer como o filho mais velho da viúva, que revelou ter um cargo satisfatório. Ser empregado no governo, na polícia, é honroso, mas descer abaixo de empregos no governo, mesmo para ser negociante, é degradante.*
>
> Caldeira, 1995

E registra, ainda, Caldeira (1995):

> *Esse desprezo ao trabalho era fundamental para marcar uma diferença social básica nas sociedades escravatistas, na quais a distinção se confundia com não se sujeitar a tarefas consideradas humilhantes.*
>
> Caldeira (1995)

Na metade do século XX, as elites brasileiras e sua pequena classe média tinham muitas dificuldades em ver seus filhos em trabalhos considerados *braçais* e, ao mesmo tempo, mantinham fortes preconceitos em relação a algumas profissões, como as de enfermeiro e comissário de bordo. Mais forte que a cultura do bacharelado, que permanece até os dias atuais, o preconceito com essas profissões tem sua raiz não só na cultura escravocrata, como também no preconceito em relação ao papel da mulher na sociedade.

Pode-se elencar uma série de profissões e ocupações que *humilhariam* os atores sociais: cantores, radialistas, cozinheiros, gerentes de hotéis, de restaurantes, de teatros, atores e outros.

Resulta desse comportamento uma grande dificuldade no preparo de pessoal qualificado e de bom nível para o setor de serviços, em especial os serviços que implicam atendimento direto ao cliente.

A percepção desse contexto é importante para o tema deste texto, uma vez que a *educação em hotelaria* vai se dar justamente na perspectiva de melhorar o quadro de serviços nesse tipo de empreendimento como uma das grandes alavancas para o crescimento do turismo e, portanto, do aumento da receita das comunidades (do país) e melhor distribuição de renda com a geração de novos postos de trabalho.

Bastante concentrada na corte, a hospitalidade brasileira (por *hospitalidade* entenda-se sempre o conjunto das áreas de hospedagem e alimentação, o que inclui necessariamente hotéis, cafés, bares, restaurantes, casas noturnas e similares) foi por muito tempo estimulada e dirigida por estrangeiros e teve crescimento significativo a partir da chegada da Família Real em 1808, quando as elites da corte vieram a conhecer o uso do talher para as refeições.

Registra Caldeira:

> *O Rio de Janeiro havia mudado bastante... Em 1836, a população da cidade aumentara quase 200 mil pessoas, cada vez mais acotoveladas no quadrilátero central. Os últimos vestígios do comércio de escravos desapareceram e os negros recém-importados não dormiam nos porões nem tomavam sol nas ruas. A mudança não chegava a ser radical, pois os comerciantes continuavam espalhando mercadorias pelas ruas e empregando escravos para transportá-las... Mas ao lado da tradição começavam a surgir ali os primeiros sinais de novidades. Além da rua comercial e de cerimônias, a Direita passou a ser a rua preferida dos lançadores das novas modas e comportamentos... O restaurante do Hotel de França deixara de ser o único da cidade e o hábito de fazer refeições fora de casa passara a ser adotado também pelos nativos. Comer nas então chamadas "casas de pasto" tinha virado marca de distinção, sobretudo depois que passaram a oferecer novidades culinárias difíceis de preparar em casa. Uma dessas novidades atraía multidões ao Café do Círculo do Comércio, dirigido pelo francês Nicolas Denis. Em 1835, o esperto* restauranteur *se associou ao italiano Basini, que dominava a complicada tecnologia de produção de um doce que caía muito bem no calor sufo-*

Parte 7

> *cante da cidade e que todos vinham experimentar: o sorvete.*
> *Como movimento atrai movimento, a casa vizinha foi ocupada pela confeitaria de um outro francês, Louis Carceller. Ali as senhoras se adaptavam ao hábito dos pequenos lanches à tarde, enquanto faziam uma pausa nas compras. Pouco adiante, no Hotel Globo, políticos e jornalistas comentavam as últimas do governo em animados almoços e comentadas ceias noturnas.*
>
> Caldeira (1995)

Um século depois desse quadro do Rio de Janeiro ainda *a Corte*, Lévi-Strauss (1955) registrou a respeito da cidade de São Paulo:

> *No meio de uma dessas ruas quase rurais, embora tendo 3 ou 4 quilômetros de comprimento, que prolongavam o centro de São Paulo, a colônia italiana tinha mandado erguer uma estátua de Augusto. Era uma reprodução em bronze, em tamanho natural, de um mármore antigo que na realidade era medíocre mas que merecia todavia um certo respeito numa cidade onde não havia nada que evocasse a história anterior ao século precedente... Estavam todos de acordo no fato de Augusto usar "shorts" o que era só meio humor, pois a maior parte dos transeuntes não conhecia a saia romana. Essas brincadeiras corriam de boca em boca, menos de uma hora após a inauguração, e eram repetidas com um grande acompanhamento de palmadas nas costas no sarau elegante do cinema Ódeon que se realizava nesse dia... E como todas as nações tinham em São Paulo uma embaixada em forma de estabelecimento (o Chá Inglês, a Pastelaria Vienense, ou a Parisiense, a Cervejaria Alemã), também se exprimiam intenções tortuosas de acordo com aquele sobre o qual recaía a escolha...*
> *Visitei Goiânia em 1937. Uma planície sem fim que tinha algo de terreno baldio e campo de batalha... a mais importante de todas era o hotel, um paralelepípedo de cimento que fazia lembrar, no meio daquela planície, uma estação aérea ou um forte... Aquele edifício sem graciosidade era o contrário de Goiás: não havia história, duração ou hábito que lhe saturasse o seu vazio ou adoçasse a sua rigidez...*
>
> Lévi-Strauss, 1955

O crescimento dos serviços de alimentação e hospedagem no Brasil foi diferente do mesmo setor nos Estados Unidos. Enquanto naquele país o desenvolvimento da hospitalidade, lá conhecida como *hospitality industry*, deu-se em atendimento a períodos de razoáveis demandas (as grandes imigrações na Costa Leste, a corrida para o Oeste e o desenvolvimento da indústria automobilística), no Brasil esse desenvolvimento foi tímido e teve seu alicerce na empresa familiar, de alguma forma ligado à cultura de subsistência. A grande diferença do crescimento desse setor entre os dois países está, na realidade, na forma de colonização. Enquanto ingleses, escoceses e irlandeses chegaram ao continente americano para se estabelecer com suas famílias, os portugueses não deram à terra descoberta uma ocupação programada. Foi um ato continuado de extrativismo e de pobre ocupação militar, escorada em mercenários que se juntavam aos mesmos índios a quem escravizavam ou massacravam de acordo com suas conveniências. Essa ocupação *sem famílias* foi um fator decisivo na desorganização dos espaços urbanos e na carência da oferta de serviços que demandavam talentos *de ofício*.

Os postos de trabalho nessa área foram tratados como *ofício* onde os aprendizes seriam os futuros titulares, como na indústria o faziam os oficiais.

Mas esse processo formativo não teve, no Brasil, o mesmo peso da aprendizagem dos burgos europeus, onde os *mestres de ofício* tinham peso social de acordo com o peso do trabalho e sua projeção social. Padeiros e cozinheiros tiveram, nas cidades européias, projeção e participação social. No Brasil, em razão do histórico das ocupações urbanas, essas profissões não existiram socialmente e foram alicerçadas na força dos escravos, resultando daí uma baixa profissionalização e a falta de registros de seus talentos.

Dada a força dos escravatistas no Brasil, em especial na corte, e sua influência junto ao Império, a sociedade brasileira, ainda em formação, viu-se refém da mão-de-obra escrava e do crescente preconceito em relação ao trabalho. Como vimos, resultou desse quadro uma peculiar cultura de hospitalidade na qual valores culinários e o *modo de receber* tiveram grande influência dos povos africanos. Essa aversão ao trabalho nas elites das sociedades divididas em castas, como a Índia e países de origem árabe, por exemplo, não chegou a afetar a cultura local, tendo em vista que os serviçais são da mesma espécie de seus senhores, facilitando a preservação de costumes. No Brasil, a força da cultura africana e silvícola ficou arraigada até os dias de hoje. Por outro lado, essa mesma cultura dificultou a compreensão, pelas elites, da necessidade de se dar educação ao seu povo. Quem podia mandava os filhos estudarem no exterior; os outros contentavam-se em saber ler e fazer algumas contas. A base da pirâmide, composta por agregados e escravos, não tinha o que almejar. As fazendas recebiam boas construções de igrejas e todas tinham sua capela. Escolas, no entanto, eram coisa rara e vieram a ser construídas no final do ciclo do café, com a chegada dos italianos e japoneses.

A educação não era vista como uma necessidade básica para a população, assim como não era a saúde. Médicos eram artigos raros e poucos senhores de escravos cuidavam de seus negros com artigos das boticas. A substituição foi, em alguns períodos, mais barata que os cuidados com a sua saúde. Assim era com a educação. A educação profissional surgiu como preocupação antes da metade do século XIX e teve como grande motivação os assuntos militares como a forja de armamentos e técnicas de guerras. A influência do imperador Dom João VI foi também importante nesse contexto. O soberano entendeu que o Brasil, ou pelo menos a corte, precisava adequar-se às necessidades culturais e artísticas daqueles que o acompanharam àquele período de vida abaixo do Equador. Foi Dom João VI que trouxe da Europa diversos artesãos e artistas que viriam a dar início ao gosto de alguns brasileiros pela arte e pela educação.

Enfoque do Ensino Secundário no Brasil Império

Os esforços do ensino público no sentido de dar organicidade a esse tipo de ensino datam da década de 1930 do século XIX, embora já em 1809 um decreto do Príncipe Regente, que viria a ser Dom João VI, criou o *Colégio das Fábricas*, visando reativar as fábricas em terras do Brasil após a suspensão da proibição do funcionamento de indústrias manufatureiras em terras brasileiras. Em 1816, foi proposta a criação da *Escola de Belas Artes* com o objetivo de valorizar o ensino das ciências e do desenho para os ofícios mecânicos. Em 1835, foram criados os liceus provinciais e, em 1837, surgiu, no Rio de Janeiro, o Colégio Dom Pedro II.

O que se seguiu foi um grande vai-e-vem em razão da influência dos chamados exames parcelados de preparatórios que davam acesso aos cursos superiores.

O ensino secundário, ainda que descentralizado por um Ato Adicional na época, teve forte influência e controle do poder central – que conservava o monopólio dos estudos maiores – e visava à condição de matrícula para os cursos superiores.

São poucos os registros dos cursos e programas visando preparar pessoas para o mundo do trabalho sem a necessidade de formação de nível superior, exceção feita aos colégios de ensino secundário para o sexo feminino que – ainda que se libertando do vício dos estudos preparatórios – oferecia apenas conhecimentos básicos de aritmética e história, os idiomas, o canto, a arte dos bordados, desenho e música e, em alguns casos, economia doméstica.

Uma das tentativas de trazer para o Brasil o traço burguês dos *mestres de ofício* aconteceu por volta de 1816 quando, na esteira da abertura dos portos e por força de ser o Brasil sede da Coroa Portuguesa, o imperador contratou uma missão de artistas franceses composta de escultor, pintor, arquiteto, gravador, maquinista, empreiteiro de obra de ferraria, oficial serralheiro, surradores de peles, curtidores e carpinteiros de carros (Ribeiro, 1988).

As escolas profissionalizantes propriamente ditas só aconteceram em razão da defesa militar, conforme mostra a Tabela 59.1.

Tabela 59.1 – Escolas profissionalizantes

Escola/Curso	Local	Ano
Academia Real da Marinha	Rio de Janeiro	1808
Academia Real Militar	Rio de Janeiro	1810
Curso de Cirurgia	Bahia	1808
Curso de Medicina	Bahia	1809
Escola de Serralheiros, Oficiais de Lima e Espingardeiros	Minas Gerais	1812
Curso de Economia	Bahia	1808
Agricultura e Botânica	Bahia	1812
Química, Química Industrial, Geologia e Mineralogia	Bahia	1817
Desenho Técnico	Bahia	1818
Colégio Pedro II	Rio de Janeiro	1837

Fonte: Ribeiro, 1988.

Denominar *cursos* os programas criados à época pode levar a uma idéia de que o ensino estava organizado para a formação superior e profissional. É um equívoco. Conforme registra Ribeiro:

> *... a expressão curso não dá uma idéia precisa, uma vez que, em verdade muitos correspondiam a aulas, como os de economia, anatomia e outros. Em segundo lugar pelas condições imediatistas a que teve que se subordinar, quase que exclusivamente se condicionou o prosseguimento de tais estudos conforme duas tendências que, de determinado ponto de vista, foram prejudiciais ao seu pleno desenvolvimento. Tais tendências são: organização isolada (não universitária) e preocupação basicamente profissionalizante.*
>
> Ribeiro (1988)

Esses cursos tiveram, porém, a vantagem de buscar suprir as reais necessidades do Brasil, naquele momento, sede da Coroa Real.

Já o Colégio Dom Pedro II surge no meio da reforma constitucional de 1834, que criou as Assembléias Legislativas Provinciais e deu poderes às províncias para legislar sobre a educação em seus domínios, sem contudo abrir mão da legislação geral sobre o assunto e mantendo a competência da Assembléia Geral para legislar sobre as faculdades de medicina, os cursos jurídicos e qualquer outro estabelecimento que fosse criado por lei geral.

O Colégio Dom Pedro II teve seu currículo inspirado nos colégios franceses e ganhou os estudos simultâneos e seriados, organizados em um curso regular de 6 a 8 anos e que contemplavam as línguas latina, grega, francesa e inglesa, a gramática nacional e a retórica, a geografia, a história, as ciências naturais, as matemáticas, a música vocal e o desenho. Aos egressos do Colégio Dom Pedro II foi concedido o direito de se matricular em qualquer das Faculdades do Império, independentemente de exames de seleção.

Os liceus provinciais enriqueceram seus currículos com a ampliação dos estudos matemáticos, das línguas modernas e da criação das *cadeiras* de história e geografia, antes praticamente inexistentes. Contudo limitavam-se, com poucas exceções, às disciplinas exigidas como preparatórias para as Academias. Haidar (1972) registra o testemunho de Gonçalves Dias ao inspecionar o estado e a instrução pública nas províncias do Norte e Nordeste:

> *Se alguns dos liceus provinciais têm querido introduzir no quadro do ensino secundário noções de ciências naturais e exatas como as matemáticas puras, a química, a física, a botânica, a agricultura, a agrimensura, vêem definhar esses estudos, porque não são necessários para nenhum grau literário. As duas cadeiras de química e física e a de botânica e agricultura da Bahia contam com um aluno apenas.*

Os liceus padeciam ainda do mal da desorganização curricular, de acordo com as observações de Gonçalves Dias:

> *Em todos esses liceus, ainda mesmo na Bahia, no qual se confere o grau de bacharel, não são as matérias distribuídas por diferentes anos. Cada aluno estuda o que quer e como quer (salvo uma variável subordinação de matérias) concluindo os seus estudos no tempo em que pode.*

É possível que os liceus adotassem a avaliação por competência, pela qual os estudantes deixam os estudos na medida em que atingem o grau de competência determinado pelo programa. É possível, mas pouco provável, uma vez que esse era um traço típico da aprendizagem de ofício e que não aparece no escopo dos programas desses estabelecimentos, como registrou enfaticamente Gonçalves Dias:

> *O mal desses estabelecimentos está em serem escolas preparatórias das Academias sem que, contudo, as consideremos aptas para darem um título de aprovação.*

Foi uma política que firmou raízes no Brasil. As escolas públicas para ensino médio não *formavam para ocupações* e sim *preparavam* para a Academia. Essa linha de oferta educacional pública veio até meados do século XX, quando se começou a criar as *escolas profissionais*. A partir de 1840, foram construídas 10 "Casas de Educandos e Artífices" em capitais das províncias, sendo a primeira delas em Belém do Pará, para atender, prioritariamente, os menores abandonados objetivando "a diminuição da criminalidade e da vagabundagem" (MEC, 2000). Esse conceito veio até o século XX quando, já em 1910, Nilo Peçanha instalou 19 "Escolas de Aprendizes e Artífices" destinadas "aos pobres e humildes" distribuídas em várias Unidades da Federação (MEC, 2000).

85-7241-568-8

Esse espírito de tentativas do estado em tratar mais seriamente a educação profissional vem até o século XXI, com projetos financiados por órgãos internacionais, como será visto mais à frente. Em 1843, discutiram-se na Câmara os artigos do Colégio Dom Pedro II, que dispunham sobre o bacharelado em letras e o livre acesso aos cursos superiores. Foi lembrada a conveniência de se conceder os mesmos privilégios aos egressos dos liceus provinciais, uma proposta que não contou com muitos defensores em razão das dúvidas quanto à eficiência daqueles estabelecimentos. As discussões sobre o papel dos liceus provinciais se arrastaram por anos e apareceram sempre que se propunha qualquer tipo de reforma na área da educação. Equiparar os liceus ao Colégio Dom Pedro II apareceria ainda em 1846, dentro de um projeto de criação de um liceu nacional na Corte, e novamente em 1851, em uma pauta semelhante, a qual não foi aprovada. Por outro lado, as províncias, sem recursos para fazer frente aos serviços públicos, acabaram delegando a educação a diversas escolas particulares que recebiam subvenções dos cofres públicos. É possível compreender que o insucesso dos liceus provinciais decorresse da própria desorganização administrativa e política das províncias. Nas décadas de 1870 e 1880, mais uma vez a equiparação dos liceus voltou às discussões na Assembléia Geral, mas não saiu das discussões até o fim do Império.

Os liceus, esquecidos, deixaram de cumprir um papel importante no preparo de pessoas para o mundo do trabalho e não chegaram a preparar efetivamente as pessoas para a Academia.

Em 1857, o Colégio Dom Pedro II sofreu uma tentativa tímida e equivocada de preparar pessoas para outra área que não somente a Academia. Nesse ano, o Pedro II teve uma demanda de 293 alunos, contra 1.697 em colégios particulares. Foi quando Luiz Pedreira de Couto Ferraz, então titular da pasta do Império, resolveu dividir o Pedro II em dois estabelecimentos distintos: o internato e o externato, com a seguinte configuração: os quatro primeiros anos seriam comuns; aconteceria então uma bifurcação: enquanto os aspirantes ao bacharelado cumpririam mais três anos de estudos, perfazendo os sete previstos para a concessão do grau, os candidatos ao certificado de estudos da primeira classe cursariam um quinto ano especial. No quarto ano de sua implantação, já não havia mais alunos para cursar o quinto ano, mesmo aqueles vindos de outras escolas e que poderiam receber, com o quinto ano, o certificado de primeira classe. Todos seguiam para os sete anos. Além da cultura escravocrata, havia ainda a facilidade de se entrar para os cursos superiores, como registra Haidar (1972):

> *... o desprestígio das funções manuais e mecânicas exercidas até então por humildes artesãos ou por escravos e a ascensão social propiciada pelo ingresso nas profissões liberais às quais conduziam os cursos das Academias incentivavam a busca dos canais de acesso à nova aristocracia de bacharéis e de doutores. O ingresso nos cursos superiores, aliás extremamente facilitado pela desmoralização dos exames de preparatórios era, pois, a meta necessariamente visada por todos os jovens que empreendiam os estudos secundários.*

A falta de visão do Estado para com a formação profissional encontra explicação na cultura escravocrata, o que aumentou a cultura do bacharelado. Sobre o tema, registra ainda Haidar (1972):

> *No Instituto Comercial era insignificante o número de matrículas. Na Academia, os cursos de belas artes aplicadas à indústria haviam sido até então praticamente ignorados. Desprezados por aqueles que, podendo usufruir dos benefícios da instrução secundária buscavam cursos superiores, afugentavam igualmente os artífices e operários que encontravam, nos preparatórios exigidos e no horário das lições, obstáculos insuperáveis.*

O que se seguiu do meio para o final do século XIX foi a grande crise do modelo agrário-comercial-exportador dependente e a tentativa de incentivo à industrialização. A década de 1850 marcou um período de muitos sinais de mudança na economia: o país ganhou o início do movimento regular da constituição das sociedades anônimas; a segunda fundação do Banco do Brasil; o primeiro tráfego comercial de linha de estradas de ferro no país; a construção da nova linha que ligaria a corte à cidade de São Paulo.

Foi o período da chamada modernização da sociedade brasileira – o Brasil continuou e continua se modernizando nos discursos de Fernando Collor, o primeiro presidente eleito depois da ditadura militar que durou 22 anos (1964-1986); de Fernando Henrique Cardoso (1995-2002) e do governo do PT – Partido dos Trabalhadores iniciado em 2003

85-7241-568-8

para encerrar-se em 2006. Sobre esse período, registrou Reis Filho, *apud* Ribeiro (1979):

> *Na realidade transplantavam para o Brasil a experiência que os Estados Unidos haviam desenvolvido, a partir das inovações que receberam na Europa. O pragmatismo americano ainda não havia encontrado sua expressão filosófica e já a escola americana atendia às exigências das condições sócio-culturais de sua clientela. Deste modo, a partir de sugestivas experiências de Pestalozzi, uma notável renovação dos métodos de ensino atinge no século 19 a educação americana. É o resultado dos progressos neste campo que as congregações religiosas protestantes introduziram juntamente com seus ministros quando expandiram sua ação missionária no Brasil. No momento em que interesses comerciais americanos localizaram-se nos principais centros comerciais e urbanos brasileiros, surgiram comunidades estadunidenses no Rio, São Paulo e Porto Alegre gerando o aparecimento de escolas para os filhos de norte-americanos, naquele ambiente tão carente de instituições de ensino. Por outro lado, na maioria eram escolas sectárias religiosas que visavam proselitismo religioso. Entretanto a influência desse modelo atinge a escola pública, principalmente em São Paulo, no início da República.*
>
> Ribeiro (1979)

Período Pós-Segunda Guerra Mundial

Politicamente, o Brasil adotou o modelo norte-americano que, segundo Rui Barbosa, era o que mais se adaptava ao "*vastíssimo arquipélago de ilhas humanas que era o Brasil*", conforme registra Ribeiro (1979). A formação profissional no Brasil, de acordo com Castro,

> *é marcada por um estranho paradoxo. De um lado temos uma total incapacidade e paralisia da educação formal para definir uma política de formação profissional. De outro, possuímos fora do sistema educacional acadêmico um sistema de formação profissional de excelente qualidade, capitaneado pelo Senai e pelo Senac.*
>
> *Triste, porém curioso, é ver como o pensamento educacional brasileiro não consegue arrumar suas idéias e menos ainda partir para a ação. O que temos de melhor hoje dentro do sistema acadêmico (que exclui Senai e Senac) são as escolas técnicas federais, quase todas criadas a primeira metade do século. Mais do que isso, não conseguimos fazer. Daí para frente, ou é uma comédia de erros ou não passa de discussões e devaneios.*
>
> Castro (1994)

Na realidade, o Senac – Serviço Nacional de Aprendizagem Comercial de hoje (administração regional no estado de São Paulo, a mais rica das regionais da instituição), como será visto neste texto, entrou na área acadêmica com maior velocidade do que se podia esperar e transformou-se em um grande centro universitário de tecnologia e cursos acadêmicos. As políticas governamentais brasileiras sempre fracassaram por não fazer dessas escolas um *locus* que receberia novos investimentos na medida do avanço tecnológico e das mudanças do seu entorno. Ao contrário, os governos sempre trataram a educação, de modo geral, por decreto. Outro fator desestimulador é o de que as comunidades não têm iniciativa própria para manter escolas profissionalizantes em suas áreas urbanas ou rurais e que o Senac e o Senai – Serviço Nacional de Aprendizagem Industrial obedecem critérios pouco ortodoxos para implantar seus centros de treinamento e investir o dinheiro que recebem compulsoriamente do setor de comércio e serviços e da indústria, respectivamente. Sobre essa política, registra Castro:

> *Na década de 1960 é construída uma série de "ginásios polivalentes" e "ginásios orientados para o trabalho", cujos resultados jamais foram avaliados corretamente. Parece que o principal problema com eles foi terem oferecido uma ocupação manual em descompasso com o nível de escolaridade. Naquele momento, os graduados do ginásio não tinham interesse por ocupações de* status *(e remuneração) tão baixa. Eram muito menos numerosos os que atingiam este nível e podiam, portanto, encontrar ocupações manuais mais atraentes. De resto, este é um dos problemas clássicos da formação profissional oferecida dentro da escola. Quando o ensino ginasial generaliza-se e a profissionalização começa a fazer sentido, de repente, acaba-se com ela na década de 1970. Por decreto, acaba-se com a ini-*

Parte 7

> *ciação profissional no nível ginasial, empurrando-se para o 2º grau tudo o que ali se tentava fazer. Por passe de mágica, tenta-se transformar todas as escolas secundárias em escolas profissionais. Na verdade, muda pouco mais do que o nome, pois não há uma experiência a ser seguida, não há qualquer vontade política de buscar no mercado de trabalho a inspiração para os cursos práticos e não há recursos adicionais. A intenção pode ter sido boa, mas a implementação foi burra e cega.*
>
> Castro (1994)

Como se vê, o trato com a educação profissional foi sempre revestido de uma boa dose de irresponsabilidade do Estado e de uma negligência da própria sociedade, que sempre atribuiu aos governos a obrigação de investir nesse tipo educação.

Cenário Atual

O crescimento da oferta de programas de educação profissional no Brasil continuou até o ano de 2004, alicerçado no pressuposto de que é possível rapidamente preparar pessoas para assumirem determinadas ocupações independentemente de terem tido uma base de educação que lhes permita adquirir rapidamente determinadas habilidades básicas. Não é um pensamento muito diferente daquele que permeava o empresariado de 1946, que chamou o governo federal à criação de serviços educacionais destinados a *atenuar a complexidade crescente das funções especializadas na área mercantil*, conforme registra o texto que explica a origem do Senac na página da Internet da instituição no estado de São Paulo. Um programa exemplo disso é o estimulado sob os imensos recursos do FAT, disponibilizado pelo governo federal de forma descentralizada como estratégia de socorrer diferentes regiões em seus diferentes problemas de recolocação de pessoas no mercado formal de trabalho. O dinheiro é repassado para escolas já existentes, empresas de treinamento ou consultores habilitados a treinarem pessoas em determinadas áreas. Não se tirando o valor e a boa intenção que podem caracterizar essa política, o que se constata é que o volume de recursos disponível em 1996, por exemplo, algo em torno de US$ 1,5 bilhão, nem sempre foi bem utilizado. Alguns deles são simplesmente devolvidos aos cofres centrais porque o órgão do estado encarregado de administrar a verba não conseguiu colocar os programas na estrada. Em outros casos, muito piores, a distribuição dessas verbas acaba em inquéritos administrativos ou policiais em razão do mau uso por aqueles encarregados de passar o conhecimento. Em 2004 os jornais noticiaram que uma organização não governamental ligada ao PT havia recebido milhões para programas de formação profissional cujo trabalho estava sob suspeita. Os valores utilizados pelo FAT poderiam, por exemplo, destinar a determinadas regiões os recursos para a construção simples e equipagem de escolas de educação mais vocacionadas de acordo com a economia do entorno, o que não exclui os programas mais rápidos visando à sempre alegada recolocação. A manutenção e a gestão dessas escolas ficaria por conta de um ou mais municípios e da sociedade local. Os cursos poderiam ser mais consistentes e atingir um público mais jovem ainda em fase de decisão sobre a profissão a seguir. Por outro lado, as instituições criadas para esse fim, o chamado *Sistema Esse(s)*, não respondem à altura de sua arrecadação na oferta de programas e no preparo de pessoas, sobretudo numericamente. Em geral, essas instituições acabam por investir grandes somas em construções caríssimas nem sempre compatíveis com o cenário onde se implantam, deixando assim de distribuir melhor os seus recursos em benefício de uma educação profissional mais democrática e acessível a todos. Nas regiões mais atrasadas, o Senac e Senai acabam sendo esferas de poder entregues a determinados partidos, os quais fazem das instituições grandes cabides de emprego e de baixo desempenho profissional.

Outro aspecto a se considerar nesse campo é a educação profissional superior, como define a Lei de Diretrizes e Bases promulgada na década de 1990 e que carece ainda de regulamentação em muitos de seus artigos. A educação profissional superior chega por meio dos chamados cursos seqüenciais e dos cursos de formação de tecnólogos que, na prática, visam a uma formação mais rápida e focada em determinada área, propiciando ao seu egresso um caminho mais curto para o mundo do trabalho.

Não é uma solução nova. Já se pensou, até mesmo no século XIX, na tentativa de copiar-se o modelo dos *Community College* dos Estados Unidos. No segundo período do governo de Fernando Henrique Cardoso, o Brasil foi contemplado com re-

85-7241-568-8

cursos do BID – Banco Interamericano de Desenvolvimento para a construção de centros de educação profissional, por intermédio do PROEP – Programa de Expansão da Educação Profissional. Os recursos deveriam ser destinados a instituições sem fins lucrativos e de composição não societária e sim do chamado terceiro setor, em parceria com prefeituras da região. Dentro do espírito dos *Community College*, esses centros elaboravam seus projetos visando atender as características regionais e deveriam contar com o suporte financeiro das prefeituras interessadas no atendimento de suas populações. Trata-se de um princípio de atendimento às necessidades "vocacionais" da região onde o estado dá suporte financeiro para equipar estruturas que atendam a demanda da economia local. Essa é uma orientação discutível, uma vez que a formação de técnicos para determinadas áreas pode, rapidamente, saturar o mercado local e provocar a mesma evasão dos autóctones ou deixar, em pouco tempo, às moscas os equipamentos adquiridos por essas escolas. O PROEP ficou parado desde que o PT assumiu o governo em 2003. Na verdade, quem mais está investindo nos chamados cursos seqüenciais e de nível tecnológico, educação profissional superior, portanto, são as instituições privadas. O Decreto nº 2.208 de 17 de abril de 1997, que regulamenta o parágrafo 2º do artigo 36 e os artigos 39 a 42 da Lei nº 9.394 de 20 de dezembro de 1996, que estabelece as diretrizes e bases da educação nacional, estabelece que a educação profissional compreende três níveis:

- *Básico:* destinado à qualificação, requalificação e reprofissionalização de trabalhadores, independentemente de escolaridade prévia.
- *Técnico:* destinado a proporcionar habilitação profissional a alunos matriculados ou egressos do ensino médio, devendo ser ministrado na forma estabelecida pelo decreto.
- *Tecnológico:* correspondente a cursos de nível superior na área tecnológica, destinados a egressos do ensino médio e técnico.

As instituições privadas, de ensino médio ou superior encontraram aí um óbvio nicho de mercado e foram sôfregas à fonte. Ocorre que nem sempre seus programas refletem as intenções profissionalizantes colocadas em seus anúncios. Quase sempre faltam laboratórios e docentes que trabalhem bem os conteúdos, permitindo aos egressos uma oportunidade no competitivo e mutante mercado de trabalho do século XXI. Muitas instituições de nível médio conseguem autorização para o funcionamento de seus cursos, valendo-se de convênios assinados com empresas que mantêm equipamentos relativos aos cursos que oferecerão. No caso da área de hospitalidade, é comum a relação das escolas com restaurantes e hotéis onde supostamente devem acontecer as aulas práticas. Esse tipo de acordo é facilitado, sobretudo, pela proposta da SEMTEC – Secretaria da Educação Média e Tecnológica de estimular a contratação de docentes que tenham vivência de mercado, ou seja, que estejam efetivamente trabalhando com uma experiência concreta de mercado e que não sejam apenas acadêmicos. Resta saber quando, quantas vezes e como as instituições de educação utilizam tais parcerias.

Nesse sentido, a educação profissional de nível superior na área da hospitalidade tem sido beneficiada. A maioria das instituições, em parte das Regiões Sudeste e Sul, que oferecem cursos de educação profissional superior de menor duração, sejam eles os seqüenciais ou de tecnologia, têm equipado suas instalações visando às disciplinas de caráter prático. Nem poderia ser diferente. Como é possível ensinar culinária sem ter fogões e equipamentos modernos de cozinha? Não só as instituições de ensino superior precisam ter essa visão em sua proposta educacional como também, e principalmente, os técnicos da SEMTEC, do Ministério da Educação, cobram com rigor todos esses aspectos necessários ao bom desenvolvimento dos cursos de educação profissional quando da autorização e do reconhecimento.

Hotelaria no Brasil: da Colônia aos Anos 1960

A palavra *hospitalidade* ainda é parcialmente desconhecida no Brasil, embora seja a linguagem internacional para os negócios de restaurantes e hotéis, definidos como *hospitality industry*. A palavra hospitalidade, segundo Belchior e Poyares (1987), deriva provavelmente do latim *hospitium*, "*palavra que servia para designar o local em que as pessoas, durante as viagens conseguiam, em caráter temporário, instalações para se alimentar e descansar*". *Hospitale, hospitalicum* designavam hospedaria, a casa dos hóspedes (*hospes, hospitus*). Ainda

Parte 7

85-7241-568-8

segundo Belchior e Poyares (1987), no século V d.C., a palavra *hospitium* serviu para definir a obrigação de os habitantes das províncias agasalharem, por uma noite, o imperador, funcionários e governadores em viagem e mesmo soldados que estivessem em marcha. A palavra *hospício* aparece no sentido de hospedaria e *albergue*, pela primeira vez, no século IX. Ainda segundo os mesmos autores, a palavra *albergue* deriva do gótico *haribergen*, que significa hospedar, ou do árabe berge.

Abordar a etimologia da palavra *hospitalidade* tem aqui o sentido de ajudar a lembrar que, no Brasil, essa foi uma cultura informal e, por que não dizer, do *jeitinho*. Se tomarmos como termo de comparação a colonização e o desenvolvimento dos Estados Unidos, por exemplo, veremos que estamos diante de uma diferença cultural. Enquanto os ingleses, escoceses e irlandeses atravessaram o oceano com suas famílias para estabelecer-se na Colônia e, portanto, trazendo modelos e costumes europeus, os portugueses chegados ao Brasil não tinham essa pretensão clara e não pareciam estar preparados para fincar aqui seus negócios. Era uma cultura extrativista, de exploração, que se diferenciava do conceito de povoamento.

França e Inglaterra já tinham sua cultura de hospedagem estabelecida na Idade Média. Em 1407, a França criou a primeira lei para registro de hóspedes e, em 1561, regulamentou as tarifas das pousadas. Já a Inglaterra substituiu, entre 1750 e 1820, as estalagens pelos *inns*, cujos proprietários, os *inkkepers*, diversificaram e melhoraram seus serviços, conquistando a reputação de serem os melhores hospedeiros da época, segundo Lattin (1999). Como nas demais colônias inglesas, os primeiros albergues da colônia que viria a ser os Estados Unidos foram construídos nas cidades portuárias e ganharam espaço, de forma organizada, com a expansão da colonização para dentro do território. Os chamados *postos de troca* que se espalhavam pelo interior funcionavam como lojas de conveniência, uma vez que ofereciam provisões e refeições prontas para o consumo. Muitas delas acabaram ampliadas também para a hospedagem. Nova York registra, segundo Lattin (1999), a abertura oficial de seu primeiro projeto especialmente construído para hotel em 1794: o City Hotel, com 73 quartos. O City tornou-se um ponto de reunião dos nova-iorquinos bem-sucedidos, numa cidade que somava então 30 mil habitantes. Pode-se dizer que a hotelaria dos Estados Unidos foi marcada por três grandes movimentos:

- Na metade do século XIX, com a construção de prédios próprios para hotéis nas grandes cidades do Leste, com camas para duas ou três pessoas, chaves nas portas e bacia com grande jarro d'água, para higiene simples.
- No mesmo período, na corrida para o Oeste que, junto com as ferrovias, resultou no crescimento de hotéis nas cidades em desenvolvimento do Meio Oeste em direção ao Pacífico. Esses hotéis ofereciam ainda refeições e banho. Outros agregavam ainda o jogo e a prostituição, resultando nos primeiros hotéis-cassino do Oeste ou o *Saloon* imortalizado pelo cinema de Hollywood.
- Entre 1930 e 1940, com a expansão da indústria automobilística e da malha viária americana que acabou por gerar o conceito de *Motel*. Em 1963, de acordo com Vieira Duarte (1996), os Estados Unidos contabilizavam cerca de 36 mil motéis ao longo das rodovias.

Em 1948, 84,4% dos chamados *hotéis típicos* americanos eram localizados numa comunidade bastante populosa ou num centro de negócios, tinham cerca de 50 quartos e eram de donos independentes. Somente 4,7% de todas essas propriedades pertenciam a duas promissoras redes: *Sheraton* e *Hilton*. Os quartos eram pequenos, muitos não tinham telefone e muito poucos ofereciam banheiro privado, não havia padronização do produto, *amenities*[1] ou qualquer tipo de serviço. O preço médio do pernoite era de US$ 3,75. Nesse período do pós-guerra, segundo James R. Abbey (1989), somente os grandes proprietários podiam suportar investimentos em restaurantes e bares e hotéis com piscinas eram raros. Havia poucos *resorts*[2], a maioria localizada nas montanhas, às margens dos lagos ou em praias. Os *resorts* eram primariamente sazonais e caracterizados mais como locais para tratamento de saúde. No começo dos anos 1950, contudo, a hotelaria americana mudou em razão de alguns fatores decisivos:

- Crescimento populacional.
- Maior longevidade dessa população.

[1] *Amenities:* definição, pelos americanos, da *gentileza* de oferecer nos apartamentos produtos como sabonete, touca de banho, xampu, sais de banho e outros.

[2] *Resort:* do inglês, estação de veraneio. Serve para identificar hotéis planejados para o lazer com áreas grandes especialmente preparadas para essa finalidade.

Parte 7

85-7241-568-8

- Aumento da renda familiar.
- Crescimento do tempo destinado ao lazer.
- Expansão das grandes rodovias.
- Desenvolvimento das zonas suburbanas com áreas de negócios.
- Crescimento das viagens aéreas.
- Expansão dos centros de convenções.

A partir de então, a hotelaria dos Estados Unidos foi a que mais cresceu no mundo. Transformou-se em empreendimentos que têm seus papéis negociados em bolsas próprias (RSIT – *Real State Investiment Trust*), forjaram novas marcas e sistemas de gestão e ganharam o mundo vendendo esses serviços.

O BRASIL

É possível que a falta de iniciativa para abrirem estabelecimentos definitivamente voltados para a hospedagem de pessoas deva-se mesmo à cultura extrativista do colonizador da Terra Brasil. Existem muitos registros da necessidade de hospedar pessoas em residências por falta de locais apropriados para isso, como registram Belchior e Poyares:

> ***Pessoas de influência encontravam moradia em casas conventuais, residências citadinas, fazendas e engenhos de moradores abastados. Não possuindo projeção social, tampouco carta de recomendação, uma família hospitaleira poderia abrigar o viajante, caso não preferisse se manter a bordo dos navios, quando rápida a passagem em busca de outras paragens ou no vaivém dos negócios.***
>
> **Belchior e Poyares (1990)**

O Colégio de Jesus, de Salvador, contava com a Casa dos Hóspedes em suas dependências e, de acordo com Serafim Leite, em Belchior e Poyares (1990), "sempre existiu desde a primeira hora e teve a honra de hospedar muitas personalidades ilustres".

Mas não foi só na antiga capital da colônia que os colégios da Companhia de Jesus recebiam hóspedes. Também no Rio de Janeiro, os jesuítas hospedavam pessoas recomendadas por autoridades, pagantes ou pelo dever de caridade. Ainda no Rio de Janeiro, os monges beneditinos construíram, na metade do século XVIII, uma hospedaria que era tão grande que pode hospedar a Real Academia dos Guardas da Marinha, de 1808 a 1839. Na mesma cidade, havia ainda o Convento da Ajuda que, segundo registro de J. Luccok, em 1808, em Belchior e Poyares (1990), destacava que "numa das extremidades da casa e a distância considerável dos aposentos das freiras, há um corredor de quartos grandes, vazios e sujos, destacados para servirem de abrigo aos desocupados, por mau tempo. Um pobre se acha encarregado desses quartos, permitindo-se-lhe acender fogo para os seus ocupantes ocasionais". A ordem terceira de Santo Agostinho fundou em 1693, em Salvador, um *hospício*, para os membros de sua ordem que estavam em trânsito entre Portugal, Ilha de São Tomé e Bahia. Diversas outras cidades do Brasil, segundo Luccok, tiveram desses *hospícios*. Ficaram mais conhecidos os do Rio de Janeiro – o Terra Santa – construído em meados do século XVII, onde se ergue hoje o quartel da Polícia Militar e o da Rua do Rosário. Recife registra o Nossa Senhora da Penha dos Capuchinhos, fundado em 1663.

A hospitalidade brasileira firmou-se nas casas de família que recebiam seus parentes, autoridades e pessoas recomendadas. Diversos historiadores estrangeiros do século passado registravam que *a hospitalidade é virtude comum entre os brasileiros*. Um costume que parece ter ficado do período em que a colonização era fortemente calcada na *permanência provisória* dos exploradores que vieram de Portugal. Essa parece ter sido uma diferença fundamental e decisiva na formação da cultura hoteleira do país. As entradas para o interior do território não tiveram, em seu início, outra razão que não a de extrair riquezas e capturar índios. A cidade do Rio de Janeiro, que abrigava a corte, foi a que teve o desenvolvimento do parque hoteleiro, ainda que tardio, mais organizado. Na década de 1790, o Rio chegou a registrar entre 8 e 15 *casas de pasto*, que foram os embriões dos futuros hotéis da cidade. O inglês John Barrow (1792), em Belchior e Poyares (1990), registrou sobre o Rio de Janeiro: "um tipo de taverna, à direita da Grande Praça, mantida por um francês, Monsieur Phillipe, que à chegada dos navios estrangeiros, coloca-se na principal escada dos navios estrangeiros oferecendo seus serviços de agente, corretor e intérprete". As *casas de pasto* proliferaram no Rio com serviços de mesa redonda onde as pessoas sentavam-se todas juntas e comiam até fartarem-se. A segunda metade do século XIX foi mais bem organizada no Rio de Janeiro. Diversas construções surgiram especificamente para hotelaria, boa parte delas oferecendo banho e, em alguns casos, comida. O historiador Jorge Caldeira (1995) registra que, em 1836, a população do Rio já chegava a 200 mil habitantes, os costumes eram mais civilizados e uma das novidades da elite da corte era o *Café do Círculo do Comércio*, dirigido pelo francês Nicolas Denis, um empreendedor que pouco tempo depois se associaria a um italiano chamado Basini para trazer ao Brasil a mais nova tecnologia em culinária: o sorvete. O aumento da massa populacional das grandes cidades não significava absolutamente o poder de consumo para os bens e serviços que eram criados. Na hotelaria de melhor qualidade no Rio de Janeiro, o grande marco foi o Hotel Avenida, inaugurado em 1908 com 220 quartos e salas tidas como *magníficas*. A cidade de São Paulo teve o desenvolvimento do negócio hoteleiro lento e pouco profissional. A vinda dos *Barões do Café* à cidade, bem como o fim da escravidão, deram novo colorido à hotelaria no estado de São Paulo. O Hotel Términus, então localizado na atual avenida Prestes Maia, e o Hotel Esplanada, localizado próximo ao Teatro Municipal, ambos com salões de chá e de refeições e na faixa de 200 a 250 quartos, foram construídos na década de 1920. Mas o que caracterizava mesmo a hospedagem nas comunidades brasileiras eram as casas dos senhores de boas posses. Era comum que autoridades, professores, médicos e outros tipos de prestadores de serviço ficassem hospedados numa casa de família durante determinado período. As pensões e os hotéis que surgiram ao longo dos anos eram, em geral, localizados à beira das estradas de ferro ou portos marítimos e não primavam pelos serviços e pela boa freqüência. Hospedar alguém de melhor nível requeria, portanto, um *jeitinho brasileiro* para o assunto. Há que se lembrar também o fato de que o Brasil manteve o regime de escravidão na sua forma legal até 1888 e que, nos anos seguintes, o contingente negro libertado constituiu mão-de-obra fácil, sobretudo nas grandes fazendas, de onde acabaram não saindo aqueles que prestavam serviços nas chamadas *casa grande*. As elites não tinham o hábito de trabalhar nos serviços domésticos em razão da facilidade gerada pela escravidão. A longa duração da escravidão fortaleceu a idéia de que o trabalho poderia ser vergonhoso e sinônimo de sofrimento.

HOTÉIS DOS VIAJANTES

O crescimento da rede hoteleira no Brasil foi ligado ao desenvolvimento das formações urbanas no começo do século, atreladas aos caminhos das ferrovias. As regiões mais desenvolvidas como o Sudeste, por exemplo, tiveram benefícios nesse sentido com a cultura cafeeira e a abertura das grandes fazendas. Parte de Minas e quase todo o estado de São Paulo tiveram bons surtos de desenvolvimento na esteira do café. São Paulo chegou a ter mais de três diferentes companhias privadas de estradas de ferro[3] que levavam passageiros da capital para o interior e traziam de lá as riquezas da sociedade rural.

Cidades como Bauru e Araraquara, no interior de São Paulo foram privilegiadas com os entroncamentos ferroviários, o que aumentou consideravelmente a sua oferta hoteleira.

Houve até quem vendesse determinado tipo de projeto para hotéis no progressista interior paulista. Assim, várias cidades tinham, e algumas mantêm até hoje, as mesmas fachadas para os hotéis, geralmente denominados *Hotel Municipal* e erguidos numa esquina da praça principal. É o caso da cidade de Araraquara, cujo *Hotel Municipal* foi um projeto do engenheiro Alcântara Machado e está hoje reformado com um resgate arquitetônico de época recebendo hóspedes no centro da cidade. Os hotéis do interior desses estados, podendo-se também incluir o Rio Grande do Sul e Santa Catarina, tiveram boa demanda até meados dos anos 1960. As cidades do interior sempre tinham também o seu *Hotel dos Viajantes*, segmento muito respeitado pelo universo da hospitalidade da época, uma vez que eram clientes assíduos, fiéis e, às vezes, gastavam acima da média. Era um tempo em que as comunicações e o transporte obrigavam as pessoas a negociarem *cara a cara*, os agentes divulgadores dos produtos tinham espaço para trabalhar e costumavam ganhar bem.

Os prédios desses hotéis costumavam ter três pisos, com o restaurante embaixo.

Em geral, uma escada central de granito, em "Y", levava aos pisos superiores e uma escada mais simples, de serviço, ficava localizada numa das

[3] Companhia Paulista de Estradas de Ferro, Companhia Mogiana de Estrada de Ferro, Companhia Araraquarense de Estradas de Ferro, Estrada de Ferro Sorocabana, Estrada de Ferro Noroeste do Brasil.

Parte

extremidades do prédio. A média de quartos era de até 20 por andar.

Para cada cinco quartos havia um quarto de banho completo com água aquecida através de serpentina a lenha a partir da cozinha. No piso desses banheiros, o indefectível estrado de madeira para piso do hóspede e um rodo para puxar a água após o banho. Os quartos eram mobiliados com camas simples de madeira e *colchões de capim*. Um guarda-roupas simples, uma pequena mesa com uma cadeira, sempre com uma moringa d'água de barro e dois copos e uma pia para a higiene simples, faziam desses hotéis uma cópia dos hotéis americanos do final do século XIX. Eram *marca registrada* desses estabelecimentos o interruptor de luz no modelo *pêra*, colocada na ponta de um fio que vinha do alto do teto, ligado à lâmpada única de iluminação, até a cabeceira das camas.

Ainda nos anos 1960 era possível encontrar esse modelo de quarto, que já tinha um componente importante: o ventilador. Esses modelos de hotéis eram sempre familiares. No interior não era incomum que fazendeiros investissem nesse tipo de empreendimento e os passassem para algum membro da família ou para agregados interessados. Era um serviço de menor importância e o que contava mesmo para a cultura local era o fato de agregar mais um bom imóvel ao patrimônio. Curiosamente, as cidades do interior tiveram, na década de 1960, três ramos de negócios em decadência: as ferrovias, os hotéis e os cinemas. Com o regime militar instalado em 1964 houve, já nos anos seguintes, um grande *boom* de investimentos em rodovias e, ao mesmo tempo, nos meios de comunicação, incluindo-se aí a expansão da televisão. As pequenas cidades, fascinadas com os aparelhos de televisão em branco e preto e cheios de chuviscos, passaram a seguir cada vez mais as novelas produzidas pela Rede Tupi, líder da época, e foram deixando os cinemas. Ao mesmo tempo, as rodovias permitiam um giro maior dos viajantes pelas diferentes cidadezinhas, sem a necessidade de ficar muitos dias sediados em uma só cidade *pião*, como chamavam as cidades de maior porte onde se alojavam por um período maior para atender as outras. Tudo isso embalado pelos financiamentos de longo prazo que permitiam à classe média o acesso ao automóvel. E o trem foi ficando somente para grandes cargas. Ademais, chegou também o *Telex*, que possibilitava a comunicação em tempo real para negócios e fechamento de vendas, o que permitia às empresas prescindir de viajantes para alguns dos seus negócios. Foi um rápido e cruel declínio de uma hotelaria ainda muito pouco profissionalizada. Em meados dos anos 1970, boa parte desses hotéis já estava em novas mãos e foi reformada para atender ao perfil do cliente dos novos tempos. Ganharam assim apartamentos com banheiros privativos, ar-condicionado de parede e telefone no quarto. Os restaurantes transformaram-se em salas para o café da manhã e, às vezes, em salas para atender reuniões, ainda que de forma incipiente.

JOGO E TERMALISMO

O período de 1930 a 1950, que foi de grande desenvolvimento para a hotelaria interiorana, foi também pródigo para as grandes cidades e para os investimentos em dois outros segmentos: o jogo e o termalismo. Enquanto as cidades grandes ganhavam, nos primeiros 30 anos do século XX, seus hotéis mais bem organizados, empresários mais visionários investiam alto em um modelo de *resort* que conjugava tratamento de saúde com jogos e atrações artísticas. Os hotéis convencionais surgiram aos poucos. O Rio de Janeiro ganhou o Copacabana Palace e diversos outros hotéis de menor luxo, mas não menos profissionais como, por exemplo, o Hotel Glória, de 1922, que já contava com banheiros privativos e, até hoje, é um dos que mais apartamentos oferece no país, com cerca de 680 unidades habitacionais. Em São Paulo, surgiram ainda na década de 1920 os hotéis Esplanada e Términus. Enquanto isso, os investimentos nos *resorts* aconteceram nos estados do Rio de Janeiro, São Paulo e Minas Gerais, mais fortemente. A descoberta de fontes termais em regiões serranas abriu uma espécie de trilha no sentido Minas Gerais – São Paulo. As fontes do Araxá, há muito conhecidas, começaram a ser exploradas por hotéis mais bem organizados já na década de 1920 e a cidade ganhou notoriedade com a construção do Grande Hotel Araxá, inaugurado em 1944 por Getúlio Vargas e o então governador de Minas Gerais, Benedito Valadares.

O Grande Hotel Araxá custou o valor total de dois orçamentos anuais do estado de Minas Gerais e foi um grande marco na história da hotelaria mineira com seus mármores, lustres e pratarias importados da Europa, sua capacidade para mil hóspedes, seus quatro salões de jogos, cinema, teatro e restaurantes. Um déficit crônico fechou suas portas em 1971 e foi resgatado por meio de financiamento do estado de Minas Gerais em 1996. No mesmo período, surgiram ainda o Quitandinha, na cidade de Petrópolis (Rio de Janeiro), outro grande investimento público que hoje, privatizado, tornou-se um condomínio fechado; o Grande Hotel São Pedro, em Águas de São Pedro (São Paulo) e diversos outros hotéis nas cidades de São Lourenço, Águas da Prata, Lindóia, Serra Negra e Poços de Caldas, todos com equipamentos de cassinos. Todos esses hotéis foram construídos com incentivos dos governos estaduais e tiveram grande dificuldade de honrar seus compromissos a partir da proibição do jogo em 1946 durante o governo de Eurico Gaspar Dutra. Um grande projeto dessa época foi o balneário de Águas de São Pedro, empreendido pelo empresário Octávio de Moura Andrade. Com um decreto do governo em junho de 1940, a cidade em construção tornou-se uma estância hidrotermal de Águas de São Pedro, ganhando um balneário público e outro nas instalações do Grande Hotel. Com uma visão clara da segmentação de sua clientela, Moura Andrade ergueu também outro hotel com os mesmos equipamentos e instalações mais modestas para acomodar outras faixas de renda. Em 1969, o Grande Hotel São Pedro, então propriedade do governo do estado de São Paulo, foi cedido ao Senac e tornou-se um hotel-escola.

A construção de Brasília e sua inauguração em 1961 propiciaram a criação de novos empreendedores hoteleiros.

No final da década de 1960 e durante os anos 1970, os governos militares fizeram uma tentativa para o desenvolvimento do turismo interno por meio de financiamentos para hotéis em cidades classificadas como *estâncias turísticas*, ao mesmo tempo em que promoveram a construção, pelos estados, de hotéis nessas mesmas comunidades. Esses hotéis deram grandes prejuízos nos anos que se seguiram até que, nos anos 1990, começaram a ser vendidos pelo estado para particulares.

O final dos anos 1960 guarda ainda um marco na profissionalização da hotelaria brasileira com a chegada da bandeira Hilton na cidade de São Paulo em 1969.

Os anos 1970 e 1980 foram de um desenvolvimento medíocre para a hotelaria brasileira. Surgiram isoladamente alguns grandes investimentos nas grandes cidades e em locais de atrativos turísticos. Na medida em que esses hotéis foram surgindo, aqueles gloriosos dos anos 1950 foram perdendo seu brilho e sua clientela por falta de investimentos.

Há que se registrar duas grandes redes nacionais que dominaram o mercado por alguns anos, mas deixaram-se sucatear nas instalações, nas localizações de seus prédios e, muito provavelmente, no modelo de gestão: a rede Orsa e a rede Othon. A primeira saiu do mercado no final de 1970 e a segunda continua administrando seus hotéis, cuja concentração maior está em Copacabana, no Rio de Janeiro. A rede Othon, a maior das genuinamente brasileiras, não chegou a ter três mil unidades habitacionais nos seus melhores momentos.

A chegada de bandeiras estrangeiras ajudou a dar outro padrão profissional ao universo da hotelaria, a partir da padronização de serviços, da constante renovação do leque de serviços oferecidos e, sobretudo, pelo conceito de fazer do hotel um grande ponto de vendas de bens e serviços que se iniciou com perfil de galeria de vendas e evoluiu para um conceito mais próximo de centros comerciais e de convenções. Na década de 1970, as grandes cidades receberam muitos investimentos em motéis nas zonas periféricas. Foram investimentos que lograram grande sucesso na esteira da expansão da indústria automobilística brasileira e da emancipação feminina na perspectiva da pílula anticoncepcional.

Há que se registrar ainda uma tentativa de profissionalizar a administração de hotéis na década de 1970: foi a chegada da bandeira *Holiday Inn* pelas mãos de uma administradora paulista que licenciou hotéis nas cidades de Campinas, Americana, Marília, Ribeirão Preto e São Bernardo do Campo. A verdadeira razão do naufrágio dessa bandeira nesses hotéis dificilmente será conhecida. O fato é que faltava maior força de vendas para a marca e as bandeiras estavam a distâncias consideráveis uma da outra. O comentário dos proprietários da época era de que o custo de manter a bandeira era muito alto. A Holiday Inn internacional, hoje nas mãos da britânica Bass, tem sua administração para a América Latina com sede no México e, em 1996, tinha planos de chegar a 200 hotéis na América do Sul. As Tabelas 59.2 e 59.3 mostram os fatores de crescimento e declínio da hotelaria entre 1930 e 1970.

O que vimos nesta parte foi que a palavra *hospitalidade* vem do latim *hospitius* e que, internacionalmente, usa-se essa palavra para definir os negócios de hotéis e restaurantes: *hospitality industry* ou *hospitality world*. Vimos também que há diferença cultural entre o desenvolvimento da hospitalidade nos Estados Unidos e no Brasil. Enquanto a colo-

85-7241-568-8

Tabela 59.2 – Fatores de crescimento da hotelaria 1930-1950

Fator	Característica
Crescem ferrovias	Percurso demorado
Crescem indústria e comércio	Vendas por viajantes
Transporte rodoviário fraco	Demora no deslocamento entre as cidades
Colégios com internato	Permanência dos familiares em visitas
Repartições públicas nas cidades-tronco	Permanência de funcionários públicos e interessados em processos e informações

Fonte: Vca. Consultant Group, 1992.

nização dos Estados Unidos deu-se na perspectiva do assentamento de famílias, a do Brasil foi extrativista, e esse teria sido um forte fator no modelo de hospedagem construído no Brasil. Enquanto lá a hospedagem foi, desde o começo, um tipo de negócio, aqui era apenas uma atividade "às vezes agregada" à forma de subsistência da família. No Brasil, o desenvolvimento da hotelaria começou a tomar forma organizada no século passado na cidade do Rio de Janeiro, a corte. Em São Paulo, os negócios começaram a florescer na década de 1920 com o desenvolvimento da capital e a chegada das ferrovias no interior. Nos Estados Unidos, a hotelaria desenvolveu-se em três estágios: a colonização da Costa Leste, a corrida para o Oeste, o crescimento da indústria automobilística e o aumento da malha viária. Vimos ainda que o crescimento da hotelaria no Brasil nas décadas de 1960 a 1980 foi medíocre e que poucas marcas internacionais mantinham aqui suas bandeiras (Tabela 59.4).

Tabela 59.3 – Fatores de crescimento da hotelaria (1960-1980)

Fator	Característica
Crescem rodovias	Percursos mais rápidos
Cresce indústria do automóvel	Melhores possibilidades de deslocamento
Aumenta transporte rodoviário	Passageiros e encomendas com maior rapidez
Classe média motorizada	Independência nos deslocamentos
Crescem meios de comunicação	Menor dependência do contato *face a face*
Aumenta número de escolas nas cidades	Diminuem os colégios internos e permanência em cidades maiores

Fonte: Vca. Consultant Group, 1992.

Tabela 59.4 – Hotéis com bandeiras estrangeiras nas principais cidades brasileiras nas décadas de 1970 e 1980

Hotel	Cidade – Estado
Intercontinental	Belém do Pará (Pará)
Hilton	Belém do Pará
Meridien	Salvador (Bahia)
Meridien	Rio de Janeiro (Rio de Janeiro)
Intercontinental	Rio de Janeiro (Rio de Janeiro)
Sheraton	Rio de janeiro (Rio de Janeiro)
Hilton	São Paulo (São Paulo)
Novotel	São Paulo (São Paulo)
Novotel	São José dos Campos (São Paulo)
Novotel	Campinas (São Paulo)
Sheraton Moffarej	São Paulo (São Paulo)

Fonte: Duarte, V. Senac, 1997.

EMPRESAS FAMILIARES

O hábito do Brasil colônia de hospedar pessoas em casas de família talvez tenha sido um dos fatores que impulsionaram algumas famílias de posses a empreenderem o negócio da hospitalidade. Deve-se considerar que, como mencionamos na primeira parte do ensaio, essas atividades de hospitalidade e restauração compunham um negócio menor e de significado duvidoso, uma vez que conviviam muito perto do trabalho braçal e, portanto, uma ocupação de pessoas que *precisavam trabalhar*. Trata-se aqui do entendimento da cultura escravocrata, necessário para a melhor compreensão do perfil das empresas e dos profissionais que surgiram e se formaram nesse cenário.

Tido pelos católicos como punição, o trabalho operacional/braçal foi, para as elites que formaram a sociedade brasileira, sinônimo de vergonha por representar o insucesso da família que precisava se valer dele para sobreviver. Como se o fato de ter um negócio comercial, como uma loja, por exemplo, fosse menos trabalho que qualquer outro. Ocorre que, naquela loja, todo o trabalho braçal de receber, arrumar e entregar a mercadoria aos clientes deveria ser trabalho para os escravos ou *pessoas menos favorecidas que necessitavam trabalhar.* Essa foi uma cultura que virou com o século. Carregar caixas, cozinhar ou, de alguma forma, *servir pessoas* eram atividades vergonhosas.

Tivemos então um cenário no qual as famílias aceitavam aquele negócio como um empreendimento que ajudava alguns de seus membros e que podia

Parte 7

gerar dinheiro todos os dias, diferente dos produtos das fazendas ou das fábricas. Os hotéis ou restaurantes eram, então, assim definidos: renda acessória ou forma de ajudar familiares ou agregados que necessitavam de trabalho. A família apenas conferia esse trabalho e embolsava a receita.

Não só essa cultura, mas também o fato de que o país se tornou dependente da boa mão-de-obra e dos ofícios aprendidos pelos escravos, transformaram-se em fatores positivos da importação de mão-de-obra especializada da Europa para os serviços de hospitalidade.

No Rio de Janeiro do final do século passado, os melhores restaurantes, por exemplo, estavam nas mãos de estrangeiros. É, novamente, um fato cultural. Enquanto na Europa pré-industrial a sociedade burguesa estabeleceu-se com base nas *artes e nos ofícios* nos quais filhos e/ou agregados aprendiam o ofício e mantinham ou perpetuavam o negócio, no Brasil imperial ou no Brasil do ciclo do café isso era um negócio menor. Foi essa cultura européia que trouxe os bons cozinheiros e *restauranteurs* que fizeram sucesso e dinheiro na época. O fato é que a cozinha dos escravos era tosca, formada pelos costumes africanos e pela cultura portuguesa. Os estabelecimentos mais refinados precisavam de um toque de classe para os seus serviços e passaram a contratar profissionais europeus para melhorar o padrão. A figura do chefe cozinheiro na Europa era respeitada tanto quanto o seu ofício. A cozinha francesa, por exemplo, foi dominadora no mundo não porque as pessoas formadoras de opinião da época fossem a Paris provar suas iguarias, mas sim porque freqüentavam os jantares dos delegados da França espalhados pelo mundo. De acordo com Camara Cascudo,

> ***o velho axioma de "quem come amansa" era preceito político essencial em Direito Internacional Público. As habilidades de Charles Maurice de Talleyrand-Périgord, príncipe de Benevent, infernalmente astuto, no Congresso de Viena, de setembro de 1814 a junho de 1815, teriam o lastro da cozinha francesa em glória inexcedível. "Não há bom diplomata com mau cozinheiro", dizem ser frase sua.***
>
> **Cascudo (1983)**

Essa perspectiva do refinamento e das comidas que não tivessem somente o sabor luso-africano é que possibilitou a entrada de muitos estrangeiros nos serviços de hospitalidade e gerou uma cultura que se firmou até os nossos dias.

Foi um ciclo interessante do ponto de vista das oportunidades do país em desenvolvimento. Não foram poucos aqueles estrangeiros que iniciaram suas atividades como empregados e, alguns anos depois, já tinham seu próprio negócio.

Talvez essa seja outra das diferenças que marcam até hoje os *empresários* do setor e os *hoteleiros ou restauranteiros*. Ocorreu que a cultura das famílias em preservar-se daquilo que consideravam trabalho pesado (ou humilhante) impediu-as de adquirir o conhecimento necessário para manter o mesmo padrão de qualidade à saída do profissional europeu. Decorreu dessa atitude a virada do concorrente, que oferecia um produto ou serviço melhor do que seu ex-patrão. É ainda significativa nos dias de hoje a má vontade das pequenas empresas de hospitalidade em permitirem uma melhor formação profissional de seu pessoal partindo do pressuposto de que, ao reciclar-se, o empregado encontrará uma oferta melhor e deixará o seu emprego. Ocorre que, para aquele que *tem no sangue o espírito da hospitalidade*, o dia-a-dia de seu negócio, como as compras, a criatividade nos serviços ou nas receitas e o jeito característico de atender o cliente, está incorporado ao negócio e à sua missão de *servir*.

Servir é aqui uma palavra-chave. A cultura escravocrata brasileira confundiu o trabalho profissional de servir bons pratos e boas acomodações com subserviência e vassalagem.

É nessa esteira cultural que apareceram os hotéis brasileiros, sem o espírito empresarial e sem a cultura expansionista, exceção feita ao Othon, que deixou o Nordeste para fixar-se no Rio e tentar São Paulo; à Orsa, que fez caminhos de Brasília a São Paulo; e a Tropical que, por acaso, acabou tendo hotéis em Manaus, João Pessoa e Foz do Iguaçu, sem forte espírito de rede.

A principal característica dos hotéis de empresas familiares era a presença distante da cabeça do empreendedor mais importante do grupo e a sua falta de visão de futuro para o negócio. As gestões familiares têm sido estudadas e tratadas em muitos livros de administração e recursos humanos e não é objetivo deste trabalho enfocar o assunto. O que importa aqui é por que os hotéis familiares não tiveram sua expansão consolidada.

Quando se fala em falta de visão do futuro para o negócio, é preciso que fique claro, refere-se àquele

Parte 7

85-7241-568-8

negócio específico da hospitalidade. É preciso lembrar que muitas famílias que empreenderam nesse ramo tinham fortes negócios em outras atividades ou setores da economia. Essa falta de visão pode ser traduzida também numa leitura míope das necessidades do cliente e das mudanças do mercado. Vejamos, por exemplo, o caso de um hoteleiro de uma cidade média do interior paulista que manteve seu hotel com poucas modificações em relação à estrutura encontrada nos anos 1950: os quartos foram reformados para receber banheiros privativos no final da década de 1960 ou meados de 1970. Não foi um investimento pequeno. Trata-se de mexer nas redes elétrica e hidráulica do prédio, o que demanda tempo e investimento. Não se vai questionar o dimensionamento e a qualidade do material empregado nesses banheiros, tampouco a qualidade das camas. A telefonia ainda exige a chamada à recepção e pode não ter tarifador automático, o que faz sentido em razão dos receios que os proprietários têm de *abrir para o mundo* os grandes segredos de seu movimento (esse foi um fator de extrema demora na informatização desses pequenos estabelecimentos). Já no começo dos anos 1980, ele começa a perceber que não é possível manter-se só com aqueles hóspedes pessoa física que dão a média de dois pernoites e não ajudam a sua ocupação a sair da taxa média de 45%, tornando o seu negócio medíocre em relação ao patrimônio e às reformas feitas nos últimos anos, cujo retorno inicial estava previsto para cinco anos e não se concretizou, segundo suas contas, depois de decorridos já sete anos. É nesse momento que o proprietário se lembra de suas viagens e participações em eventos e dá-se conta de que sua cidade ou sua região tem potencial para eventos e que eles poderiam captar para si alguns deles, caso algumas adaptações fossem feitas no prédio e no esquema de vendas. Então ele inicia um caminho de adaptações intermináveis e, dada a falta de equipamentos para eventos existente no país – em especial na Região Sudeste –, acaba vendendo para determinado segmento, não sem um bom esforço inicial. Dois anos depois, começa a recompra de seus serviços, se eles forem honestos em relação ao que foi vendido. Nessa trajetória empírica, ele aprende a agregar produtos aos diferentes serviços, acrescentar um *plus* a determinados clientes, relacionar-se com seus concorrentes, traçar seu plano mercadológico. Nesse momento, coincidem a virada na economia e a estabilização da moeda, gerando novas opções de investimentos, os hotéis entre eles, no setor imobiliário. Nesse mesmo momento, o hoteleiro familiar vê chegarem as bandeiras de administradoras e seu forte apelo para atrair investidores. As coisas começam a mudar. Lentamente, mas começam.

Essas bandeiras estimularam, sobretudo depois do Plano Real, em 1994, os investimentos no setor imobiliário. Hotéis passaram a ser uma nova opção para abrigar o capital de investidores que se mantinham fiéis às aplicações financeiras que tiveram, no período inflacionário, rendimento invejável. Esses investimentos tiveram como alvo, nas capitais dos principais estados do Brasil, os hotéis de maior luxo e outros mais econômicos. São Paulo, com ar cosmopolita e a diversidade cultural e empresarial mais rica do país, foi a que mais recebeu novos prédios destinados aos hotéis de luxo. Esses investimentos foram anunciados com propostas de retorno de 1,3% ao mês, uma taxa conseguida nos bancos para um volume razoável de investimento a longo prazo. Muitos dos que investiram nos anos de 1998-2002 nessas unidades de negócios talvez esperem até hoje o resultado prometido. Os de melhor retorno financeiro foram os hotéis do chamado padrão econômico. Esses, caracterizados por uma construção simples, de baixo investimento e fácil manutenção, têm boa demanda, não só nas cidades grandes como São Paulo, mas sobretudo no interior e nas cidades praianas da Região Nordeste. Os investidores em hotéis econômicos nas áreas mais ricas das Regiões Sul e Sudeste não têm do que reclamar. Seus empreendimentos, adquiridos por uma média de R$ 80 mil por cota de unidade habitacional, têm dado o retorno prometido. Já os investidores em hotéis de luxo nem sempre tiveram a mesma sorte e seus negócios, que ficavam na faixa de R$ 120 mil por cota de unidade habitacional, não tiveram, na média e de acordo com consultores especializados no mercado imobiliário hoteleiro, retorno de 9% ano ao na taxa interna de retorno (TIR), metade ou menos daquilo que foi anunciado no lançamento desses projetos. Mesmo com esses aspectos nem sempre tão favoráveis aos empreendimentos hoteleiros, esse cenário favoreceu a tomada de posição por parte dos chamados *hotéis independentes*, fazendo com que seus proprietários se lançassem na busca da modernização de seus estabelecimentos. Durante a feira *Equipotel 2004*, uma feira de equi-

85-7241-568-8

pamentos, utensílios e serviços para a área de hospitalidade que existe há mais de 30 anos, organizada pela família de Magdala de Castro (pioneira nesse tipo de evento e editora da revista *Hotel News*) na cidade de São Paulo, e que constitui o maior evento do ramo na América do Sul, foi realizado o 46º CONOTEL – Congresso Nacional de Hotéis, organizado pela ABIH – Associação Brasileira da Indústria de Hotéis, cujo tema principal era a questão dos hotéis independentes *versus* as redes de bandeiras internacionais. Num painel de discussão aberto com uma palestra do ex-ministro e consultor de turismo Caio Luiz de Carvalho, hoteleiros discutiram a "invasão" dos empreendimentos imobiliários que levam bandeiras internacionais e os supostos prejuízos que isso causou aos chamados *hoteleiros proprietários ou independentes*. Ao tempo em que os representantes à mesa registravam seu descontentamento, a ABIH/Brasil anunciava a criação da *Rede ABIH de Hotéis*, na prática uma organizada central de vendas visando enfrentar a ação capilar dessas redes no Brasil. A solução é boa e parece ser natural. Só não precisava ter sido reativa. Os chamados hoteleiros independentes nem sempre têm uma visão de mercado realista. Pelos discursos ouvidos naquele congresso (falamos de setembro de 2004), o estado deveria controlar a expansão imobiliária nessa área de modo a não permitir o crescimento da oferta que, segundo os representantes à mesa, prejudicam todo o mercado. Trata-se de uma reação desproporcional a uma tendência que vem se consolidando há mais de 14 anos no Brasil, em especial nas grandes capitais e nas cidades de grande fluxo de turistas e negócios. Num país de livre concorrência, é de se estranhar esse tipo de atitude. O que muitos desses independentes talvez tenham ignorado foram os sinais do mercado consumidor que ficou mais exigente e prefere, sim, instalações mais modernas e tratamento mais padronizado, desde que seja bom. O mesmo cenário se aplica também à área de alimentação. Após a chegada das bandeiras de alimentação estruturadas e padronizadas, a visão desses empresários do setor começou a mudar. Essa mudança ficou mais visível a partir de meados da década de 1980, quando lojas do McDonald's começaram a abrir nas grandes capitais do Brasil. Na esteira delas vieram as praças de alimentação, sempre com serviços padronizados e pessoal mais bem qualificado. Num salto de empreendedorismo, várias redes brasileiras se adaptaram ao novo tipo de negócio e passaram a vender suas próprias franquias, inclusive no exterior. Podemos lembrar aqui marcas como *Habib's*, *Fogo de Chão* e *Porcão*, hoje consolidadas como marcas em negócios de alimentação. Essa qualidade se estendeu nos anos 1990 também para os serviços à beira da estrada nas regiões mais desenvolvidas. A privatização de rodovias entre 1995 e 2001 favoreceu a melhoria do leito carroçável e também da implantação de bons serviços aos usuários, em que pesem as críticas ao valor dos pedágios. No estado de São Paulo, os postos das principais rodovias são altamente profissionalizados e têm também o peso de redes e serviços padronizados. Lá é possível encontrar desde Bancos 24 horas até fraldários, restaurantes e lanchonetes, padarias, conveniências, oficinas, abastecimento, livrarias, lojas de móveis e, sobretudo, banheiros limpos e bem cuidados. Essa é uma área de negócios de hospitalidade que, embora precursora no ramo, nem sempre é lembrada pelas resenhas do desenvolvimento econômico.

Cursos Superiores

MOSAICO DA MEMÓRIA DOS CURSOS PIONEIROS

Como vimos, a educação profissional no Brasil sempre enfrentou dificuldades em razão da cultura escravocrata da sociedade brasileira.

Não foi diferente com a educação superior para a área de hospitalidade.

A educação nessa área começou no final da década de 1950 com alguns cursos livres desenvolvidos pelo Senac, tanto no Rio de Janeiro como em São Paulo, destinados à formação de garçons e camareiras. A criação do *Sistema Esse(s)* não mudou a idéia escravatista de que o servir era coisa para pobre e não se enxergavam os serviços de hospitalidade como negócios do mundo do comércio. Era apenas um apêndice e não tinha a força que poderia ter merecido, por exemplo, na então capital do país. Daí por que o Senac se preocupou mais com a formação de pessoal de escritório do que com esse tipo de atividade. Além disso, inegavelmente, uma moça

85-7241-568-8

de boa família de classe média dos anos 1950 poderia dizer com certo orgulho que tinha curso de datilografia e secretariado, o que lhe dava mais *status* e, em princípio, garantia de emprego. Quem ousaria pensar, à época, em moças servindo mesas e que não estivessem próximas da chamada *vida fácil*? Mesmo outras profissões como aeromoça, enfermeira e lanterninha de cinema eram pouco recomendáveis em razão da exposição das mulheres ao assédio masculino e da baixa possibilidade de arranjar um bom casamento. Quanto aos homens, a visão não era muito diferente. Carreiras de sucesso eram as do profissional liberal como médico, advogado, engenheiro ou professor. Tudo mudava se o varão era herdeiro de terras ou fábricas. Nesse caso, ele poderia estudar menos e assumir logo os negócios da família. Estudar era uma necessidade para dar *status* e preparar os filhos para os negócios da família. Foi por mandar seus rapazes para estudar, ainda no século XIX, na França ou mesmo no Rio de Janeiro, que cidades como Campinas e Pelotas acabaram por ganhar a fama de ter muitos *almofadinhas* ou *dândis*. Em seus períodos de férias e mesmo depois de formados, esses rapazes traziam para suas cidades suas maneiras refinadas de trajar-se, comer e tratar as pessoas, principalmente as jovens casadoiras, o que lhes valia, por escárnio dos outros nativos, a dúvida de sua sexualidade. Independentemente de sua população homossexual, essas duas cidades ganharam fama pela educação de seus varões que, depois de formados, assumiam os negócios familiares. Como vimos no item *empresas familiares*, os negócios da hospitalidade eram algo marginal no capital das famílias. E o cenário não era diferente nos anos 1980, quando a imprensa tratava os chamados *empresários da noite* como excentricidades que ganhavam dinheiro. Se, por um lado, é certo que alguns deles eram mais colunáveis do que banqueiros e fazendeiros, é certo também que sabiam fazer o negócio dos serviços bem feito, atrair muita gente para suas atividades, ganhar dinheiro e vender o negócio no momento certo. O que fazem os especuladores das bolsas senão algo parecido?

Foi o Senac de São Paulo que mais investiu na formação profissional em hospitalidade, mais fortemente no final da década de 1960. Nesse período, foram criados os restaurantes escola na cidade de São Paulo e, no ano de 1969, a instituição assumiu, em comodato, o Grande Hotel São Pedro, em Águas de São Pedro. A clientela dos cursos de garçom do Grande Hotel São Pedro era recrutada diretamente da Febem – Fundação Estadual do Bem-estar do Menor. O Senac oferecia todos os serviços de saúde para essa clientela como dentista, pequenas cirurgias, alimentação, uniforme e hospedagem. Funcionava como um antigo *patronato* no qual doações de comerciantes davam educação básica aos menos favorecidos. Essa visão foi alterada ao longo dos anos 1980 e, em 1990, a educação em hotelaria da instituição mudou de vez, deixando de oferecer programas de caráter social nessas unidades específicas como hotéis escola. Outra Unidade do Departamento Regional no Estado de São Paulo passou a tratar de programas destinados a pessoas de baixa renda; neles estavam incluídos vários cursos da área de hotelaria. Durante as décadas de 1970 e 1980, os demais departamentos regionais do Senac no Brasil valeram-se da experiência da instituição em São Paulo e no Rio de Janeiro para montar cursos e programas de treinamento para a área de hospitalidade. A partir da proposta de Amin Aur, diretor da Regional de São Paulo, a instituição começou a implantar cursos denominados de *Qualificação Profissional 4*, que permitiam aos egressos receber o diploma de técnico em determinada ocupação se ele tivesse o então segundo grau completo. Caso não tivesse, o certificado seria apenas de *Qualificação Profissional*. Se o egresso, depois de concluído o programa, viesse a concluir também o segundo grau do ensino regular, ele poderia trocar seu certificado por um diploma de técnico. Amin Aur, que fez parte do Conselho Estadual de Educação em várias ocasiões, deu grande contribuição para a elaboração das diretrizes curriculares da educação profissional e tem atuado como consultor do MEC e do Ministério do Trabalho nessa área. O Senac de São Paulo, como será visto a seguir, entrou no ensino superior de hospitalidade em 1989.

ESCOLA CASTELLI DE HOTELARIA

O primeiro curso de nível superior visando preparar pessoas para a gestão em hospitalidade surgiu no Rio Grande do Sul nos anos 1970, graças à batalha do economista Geraldo Castelli, que voltava de seu período de graduação em economia na Suíça, conforme ele mesmo confirma em seu depoimento especial para este trabalho:

No período 1966-1972 realizei meus estudos na Universidade de Fribourg/Suíça, na área das ciências econômicas. Foi um período marcante para a minha formação, quer pela excelência do ensino ofertado por aquela universidade, quer pelo contexto sociocultural proporcionado pela Suíça e pelos países europeus, com os quais tive a oportunidade de conviver, oportunizando-me uma agregação de valor significativo.

Na época, a Suíça, no contexto europeu e mundial, era tida como uma referência, em várias dimensões, valendo citar a tecnológica, a educacional, a organizacional, a turística e a de serviços. Todas essas dimensões podiam ser percebidas no meu cotidiano, no contexto acadêmico ou fora dele e, deste modo, muitos dos atributos que caracterizavam "la belle Suisse", slogan *fartamente difundido no mundo, foram incorporados no meu pensar e no meu agir.*

No que tange ao turismo, na década de 1960, a Suíça era uma referência, em especial em três dimensões:

- *Destino. Enquanto parte dos países europeus ainda se recuperava das conseqüências desatrosas da Segunda Guerra Mundial, a Suíça, que praticamente passou imune, se constituía num destino almejado pelos turistas.*
- *Hotelaria. A hotelaria tem-se distinguido pela qualidade dos serviços prestados, não somente pelo que César Ritz, um dos ícones da hotelaria moderna, tem feito no passado na Suíça, e em outros países europeus, como também pelo papel desempenhado pelas excelentes escolas de hotelaria existentes naquele país, principalmente, a Escola de Lausanne, na formação de profissionais para a área.*
- *Estudo científico. O estudo científico do turismo, com a criação da AIEST – Associação Internacional dos Especialistas em Turismo, sediada em Berna, congregando os primeiros estudiosos do fenômeno turístico moderno.*

Este era o cenário, dentro do qual, à época, eu estava inserido e que, mais tarde, dei-me conta de que ele interferiu, de alguma forma, nos rumos que tomei.

Quando do meu regresso ao Brasil, em 1972, ingressei na Secretaria Estadual de Turismo/RS, assumindo a chefia do Núcleo de Estudos Econômicos e, posteriormente, a Coordenação do Planejamento do Turismo do Estado/RS. Vários projetos formam implementados, marcantes para o desenvolvimento turístico do Estado do Rio Grande do Sul, constituindo-se numa referência nacional, entre eles, o da Escola de Hotelaria. Cabe registrar o papel liderança da Secretaria de Turismo do Estado do Rio Grande do Sul no cenário gaúcho e nacional, da época.

Em meados da década de 70, houve uma grande explosão do parque hoteleiro nacional, em especial dos hotéis independentes, graças às facilidades de financiamento propostas pelo governo federal, valendo citar o Fungetur – Fundo Geral do Turismo. Em decorrência inúmeros hotéis foram construídos em todo o território nacional, evidenciando-se, de imediato, a carência de pessoas qualificadas para assumir os cargos de chefias intermediárias e os de gerência. A estratégia utilizada pelos hotéis de então, foi trazer estes profissionais do exterior, em especial, dos países europeus. Esta estratégia evidenciou alguns equívocos, valendo citar os elevados custos para os hotéis e a difícil adaptação de muitos daqueles profissionais para algumas regiões do país. Cabe registrar o excelente trabalho do Senac, realizado na época, no tange à preparação dos recursos humanos dos quadros de base. Não havia, contudo, instituições de ensino, em especial do ensino superior, que visavam uma preparação com foco na hotelaria. Este era o cenário de meados da década de 70.

Face a este cenário, propus a criação de três escolas de hotelaria, sendo uma localizada no Sul, a outra no Centro e a terceira no Nordeste, visando a capacitação dos quadros gerenciais. Esta idéia não teve a devida acolhida por parte das entidades de classe e dos organismos de turismo, em especial, da Embratur que, na época exercia grande liderança e poder de fiscalização das atividades turísticas e hoteleiras. Abandonadas as duas outras alternativas, redimensionou-se a alternativa do Sul, e deu-se o início ao projeto de concepção, organização, implantação e operação da futura e primeira Escola Superior de Hotelaria do país.

Para melhor aprofundar a concepção e operação da Escola, em 1976, retornei à Europa, realizando estágios e visitas técnicas em várias escolas, na Suíça, Alemanha, Áustria, Espanha e Portugal.

Castelli (2004)

Castelli voltou ao Brasil disposto a iniciar uma etapa de vida diferente. Casado com uma espanhola que conheceu na universidade, propôs à Universidade de Caxias do Sul a criação de um curso de gestão hoteleira. Não foi uma tarefa fácil:

Parte 7

85-7241-568-8

Em 1977, com o banco de dados e informações de que dispunha, formatei o projeto da Escola Superior de Hotelaria. Após isso, em 1978, realizei várias investigações para averiguar que Instituição de Ensino Superior oferecia as condições ideais para abrigar o projeto em questão. Optei pela UCS – Universidade de Caxias do Sul, por ser, na época, uma instituição de ensino superior de pequeno porte, havendo a expectativa de que a mesma pudesse melhor assimilar um proposta de ensino inovadora.

Castelli (2004)

Os próximos passos de Castelli foram conseguir apoio do estado do Rio Grande do Sul para o projeto e um laboratório para a parte prática do curso nos moldes suíços. Assim, fechou-se contrato de aluguel entre a Universidade de Caxias do Sul e um hotel no balneário de Atlântida, onde as aulas tiveram início, com a devida autorização do MEC em 1978, e lá aconteceram até 1985, quando a universidade as transferiu, por razões estratégicas, para a cidade de Canela.

Em julho de 1978, as aulas foram iniciadas, com o projeto devidamente autorizado pelo MEC.
No período 1978-1985 a Escola realizou suas atividades em Atlântida e, a partir de 1986 foi transferida para a cidade de Canela/RS. Transferência realizada (1) por razões de aproximação de um dos principais pólos turísticos do país, compreendendo a região Gramado-Canela/RS, e (2) por razões do suporte logístico hoteleiro, gastronômico e de eventos ofertados pela região.
Quando da transferência para Canela, houve a aquisição do Hotel Charrua, do grupo Ipiranga, local onde seriam construídas as futuras instalações da Escola. Nessa aquisição participaram, com três partes iguais, o governo do Estado do Rio Grande do Sul, a Universidade de Caxias do Sul e um grupo de hoteleiros, formando uma empresa denominada Hotel Universidade S/A, detentora, pois, do empreendimento hoteleiro. Cabe enfatizar, nessa compra e composição a efetiva participação de um grupo de hotéis que, talvez pela primeira vez no país, houve uma participação efetiva num processo formativo para o setor. Cabe também registrar que, anos mais tarde, a UCS adquiriu as cotas dos hoteleiros.

Castelli (2004)

Uma importante decisão foi tomada à época e depois copiada pelas instituições que resolveram oferecer esse tipo de programa de graduação: o nível tecnológico. A decisão de Castelli e da Universidade de Caxias do Sul viria nortear os demais cursos de hotelaria no país nos próximos 15 anos:

Embora fosse a UCS, uma instituição de ensino superior de pequeno porte, na época, ela estava inserida dentro dos paradigmas das demais instituições em relação ao conceito do SABER e do COMO ele era acessado ou DISTRIBUÍDO. O SABER estava enclausurado, num alto patamar e era privilégio de poucos.
A proposta formativa que esbocei, para a Escola Superior de Hotelaria, vinha na contramão do paradigma do ensino superior de então, caracterizado por um acentuado academicismo. Propus um processo formativo altamente compromissado com o mercado de trabalho, forjando um acadêmico com conhecimentos, habilidades e atitudes pertinentes ao seu futuro campo de trabalho. Isto envolvia aulas teóricas e práticas, desenvolvendo no aluno a idéia de que para ele ser um bom gestor ele devia conhecer, na prática, toda a complexidade operacional do hotel. Daí a importância do processo formativo proposto possuir um suporte físico adequado, como foi o caso do Hotel Atlântida.
Esta proposta formativa "chocou" a cúpula acadêmica, em especial no que dizia respeito ao envolvimento prático, ao ponto de uma das autoridades expressar: "Castelli, isto que você está colocando é utópico para a realidade brasileira. Talvez você esteja ainda muito marcado pelo espírito suíço".
Fruto das discussões, concluiu-se que o tipo de curso que melhor abrigaria as convicções, propostas originalmente no projeto, era o de TECNÓLOGO. Sugestão essa referendada pelo próprio representante do Ministério da Educação, integrante de algumas reuniões, realizadas sobre o assunto, na UCS. Foi assim que surgiu o primeiro Curso de Tecnólogo em Hotelaria do país.

Castelli (2004)

A resistência naquela instituição narrada por Castelli não era uma particularidade gaúcha. Em geral, as instituições de educação superior são formadas por profissionais acadêmicos com o espírito socrático e platônico do saber e do conhecimento como algo teórico para se abstrair e discutir. Esse não é o caso dos programas voltados para a educação profissional. Isso não quer dizer que esse tipo de curso não contemple as questões críticas, uma visão holística sobre o universo do trabalho ou discussões políticas e sociais em seus conteúdos. É pobre e preconceituosa a idéia de que os cursos de tecnologia são *uma formação menor*, voltada para a prática, instrumentadora e adestradora. É tão preconceituoso quanto ouvir de profissionais de mercado sobre os acadêmicos: "*Quem sabe faz, quem não sabe ensina*". Mais do que preconceitos, esses são conceitos superados, uma vez que, no século XXI, os acadêmicos, para sobreviverem, precisam estar em perfeita sintonia com o mundo do trabalho, não em pesquisas pela *web*, mas engajados em ocupações que lhes possibilitem melhores ganhos e experiências que possam ser passadas para seus estudantes. A experiência de Castelli foi única no país. Quando, em 1987, o Senac no estado de São Paulo resolveu de vez entrar no ensino superior em hotelaria (foi o primeiro curso superior da instituição), uma equipe viajou para Canela para visitar a escola e entrevistar Castelli, a fim de melhor conhecer seu pioneirismo. Sobre o desenvolvimento do curso, o decano da área relata:

> *As questões práticas faziam parte essencial do processo formativo proposto pelo projeto da Escola Superior de Hotelaria, tendo em vista o desenvolvimento das habilidades e da formação das atitudes a que se propunha. Daí a importância de um contexto físico adequado, incluindo os laboratórios pertinentes, valendo citar restaurante, cozinha, bar, copa, recepção, reservas, lavanderia, serviço de andares, eventos, e controladoria. Todos esses setores o Hotel Atlântida oferecia e eram disponibilizados para que os acadêmicos realizassem as atividades práticas, durante e nos finais de semana. As práticas eram devidamente supervisionadas e analisadas.*
>
> *Os resultados da integração teoria e prática, num contexto bem próximo àquele encontrado no mercado de trabalho, tem facilitado e motivado o aluno a melhor construir e absorver os conhecimentos, a desenvolver as habilidades, e a formar as atitudes pertinentes.*
>
> **Castelli (2004)**

Uma questão importante para esse tipo de programa, além da prática que gera a metodologia do *aprender fazendo*, é a prática no mercado, traduzida pelos estágios operacionais. Para a educação profissional esse complemento é fundamental, como propôs Castelli na década de 1970:

> *Além disto, para solidificar ainda mais os atributos previstos no perfil do egresso, extremamente compromissados com as exigências do mercado, estabeleceu-se dois estágios, realizados na rede hoteleira nacional, a saber:*
>
> - *O primeiro estágio, com a duração de três meses, era realizado junto à rede hoteleira local e abrangia as áreas de alimentos e bebidas, e de hospedagem. Estas áreas constituíam o eixo temático do ensino proposto nos dois primeiros semestres;*
> - *O segundo estágio, com a duração de três meses, era realizado junto à rede nacional de hotéis, e abrangia as áreas administrativas, de vendas e de eventos. Essas áreas integravam o ensino proposto nos dois últimos semestres do Curso de Tecnólogo.*
>
> *Essa formatação de estágios, após cada ano de estudos, era semelhante a que a Escola de Lausanne/Suíça concebia e executava.*

EXPERIÊNCIA DO SENAC DE SÃO PAULO

Embora tenha visitado Castelli e sua escola, a equipe do Senac de São Paulo (*composta por José Ruy Veloso Campos, David Lord Tuch, que veio para o Senac pelo Convênio da Cornell University no final dos anos 1970 e aqui fincou raízes, Giulio Vicini e Regina Vilara, os dois últimos, técnicos da instituição especializados em educação profissional que estavam a serviço do CEATEL – Centro de Estudos em Administração de Hotelaria e Turismo*) acabou por conceber um desenho do curso com base na experiência que a instituição tinha de dois convênios mantidos com escolas do exterior e que formavam um *caldo cultural* da área na instituição. Os convênios que o Senac manteve foram com a Escola de Hotelaria de Lausanne, na Suíça (a mesma que inspirou o curso de Castelli) e com a Universidade de Cornell. Eram duas diferentes posições em educação para hotelaria. Enquanto a Escola de Lausanne tinha o foco nas ações operacionais, em especial na área de alimentos e bebidas, o curso da Cornell era voltado para *marketing* e gestão financeira. Cornell, todavia, não excluía o *aprender fazendo* de sua metodologia. O pequeno hotel no *campus* de Ithaca, ao norte do estado de Nova York, era o campo de estágio para o pessoal do curso de *Hotel Business School*. Diziam os ex-estudantes que foram selecionados para lecionar no curso do convênio com o Senac que, ao entrar no hotel para as práticas, um instrutor lhes entregava o esfregão e dizia: *esse é o seu lápis aqui dentro!*

A mescla do curso da Cornell com os programas de Lausanne permitiu ao Senac um bom desenho curricular que, depois, foi modelo para outras instituições. Esses dois convênios aconteceram no final dos anos 1970. O curso em convênio com a Cornell tinha a duração de um ano e seguia o calendário americano. Eram sete professores vindos da Cornell University nos Estados Unidos (David Fort, contabilidade; David Lord Tuch, planejamento físico; David Salutski, coordenação; Clark Blynn, alimentos e bebidas; Mukesh Chandra, *marketing*; David Black, finanças; Jose Alonso, recursos humanos). Outros três, dois brasileiros e um guatemalteco (Juvenal Reis, Ronaldo Lopes Pontes Barreto e Daniel Altuzar), estagiaram em Lausanne para outro programa denominado, à época, Papeme – Programa de Atendimento à Pequena e Média Empresa Hoteleira e participaram do curso da Cornell nas disciplinas de *marketing*, recursos humanos, comunicação e hospedagem. Além desse grupo, outros profissionais complementavam o programa com disciplinas de direito, matemática e relações públicas. O Papeme foi um precursor das ações que o Sebrae – Serviço Brasileiro de Apoio às Micro e Pequenas Empresas teria depois em relação ao pequeno e médio empresário. A equipe do Senac oferecia os cursos e dispunha de outras horas para, nas empresas, analisar situações num serviço de consultoria. Tudo em um só pacote. O final da década de 1970 marcou, portanto, a virada que o Senac de São Paulo deu na oferta de programas para a área de hospitalidade, saindo da formação de base (garçons, camareiras e auxiliares de cozinha) para a formação de gestores. Era a política do então presidente do Conselho Regional do Senac de São Paulo, o jovem empresário José Papa Júnior, que tinha como seu diretor regional para todo o estado de São Paulo o educador Bahij Amin Aur. Além do convênio com a Cornell, Papa Júnior assinou também contratos com a San Diego University, da Califórnia, e Pace University, em Nova York. Ele também criou o Prodemp – Programa de Desenvolvimento Empresarial, pioneiro dos prestadores de serviços de consultoria para empresas e, ao mesmo tempo, promotor de eventos que traziam grandes nomes de administração e *marketing* como Peter Drucker, Stan Rapp e outros. José Papa Júnior foi candidato ao Senado em 1982 e perdeu a eleição; também candidatou-se à presidência da Federação do Comércio no estado de São Paulo, o que o afastou do conselho do Senac. A mudança de política na instituição nos anos 1980 inibiu as ações do Prodemp, que perdeu o espaço para organizações como a HSM Management e AMANA Key, hoje líderes de mercado na área de desenvolvimento empresarial. Em 1982, a coordenação do curso, em convênio com a Cornell, foi assumida pelo também *Cornell former studant* João de Abreu, um hoteleiro português que prestava serviços para administradoras de hotéis, ramo ainda incipiente no Brasil.

Por um ano, fui assistente de João de Abreu na gestão do curso, cuidando de sua divulgação e venda. À época, a proporção de candidatos por vaga para o curso era de 10 para 1, tanto no diurno como no noturno. A exemplo do curso livre do Castelli, o do Senac/Cornell colocou no mercado muitos profissionais bem-sucedidos, independentemente da validade acadêmica de seu certificado. O Ceatel tornou-se faculdade em 1988, quando recebeu a autorização do MEC para isso.

O curso de Tecnologia em Hotelaria seria oferecido no período matutino, na sala de reuniões plenárias do Senac, à rua Dr. Vila Nova, na Vila Buarque, a um quarteirão da Universidade Mackenzie, na cidade de São Paulo e haveria um período de *internato* de 30 dias no Hotel Escola de Águas de São Pedro para a prática operacional. O primeiro vestibular foi um arranjo quase amador, não fosse pela instituição que o realizou, a Vunesp – Fundação para o Vestibular da Universidade Estadual Paulista, responsável pelo vestibular da Unesp – Universidade Estadual Paulista "Julio de Mesquita Filho". À época, eu respondia pela assessoria técnica de hotelaria, subordinada diretamente ao Diretor do Senac no estado de São Paulo, e me coube colocar em andamento o vestibular. Além da aproximação com a Vunesp, tratamos de conseguir a veiculação de um anúncio institucional sobre o novo curso com um vídeo feito às pressas pela produtora TV 1. Não era cultura da instituição esse tipo de veiculação na mídia e muito menos se pretendia tratar do assunto como uma *faculdade*, uma vez que, à época, suas diretrizes estratégicas tratavam com reservas a educa-

85-7241-568-8

ção tradicional e as palavras *ensino*, *faculdade*, *professor*, *avaliação*, *escola* e *aluno* eram quase proibidas. O número de candidatos por vaga, no entanto, foi surpreendente e, embora o esforço de mídia tivesse sido direcionado para o interior de São Paulo, boa parte dos candidatos vieram de bons e tradicionais colégios da cidade de São Paulo, como Porto Seguro, Dante Alighieri, Santa Cruz, Rio Branco e Mackenzie. Foram mais de 20 candidatos por vaga e o nível dos estudantes era muito bom, com mais de 50% deles já dominando um idioma estrangeiro. No ano seguinte, o Senac negociou o vestibular com a PUC/SP – Pontifícia Universidade Católica de São Paulo e mudou-se para instalações provisórias na região do Bexiga, em São Paulo.

Em 1992, assumi a direção do Ceatel, acumulando a gestão corporativa da área de turismo e hotelaria e mudou-se de novo a faculdade, dessa vez para o prédio da avenida Francisco Matarazzo, onde ficou até 2004, quando a instituição inaugurou seu centro universitário na região de Interlagos. Em 1992, criamos a segunda turma de hotelaria no período vespertino e a demanda, embora menor do que para a turma do matutino, ainda faria inveja no ano de 2005: mais de 10 candidatos por vaga. Era momento de uma nova leitura sobre esse tipo de curso e formação para a classe média. Nas pesquisas internas que fazíamos e com os dados socioeconômicos do vestibular, conseguimos desenhar o perfil do estudante do curso superior de hotelaria do Senac no início dos anos 1990: classe média alta, os pais eram executivos de grandes empresas ou profissionais liberais, cerca de 60% já haviam viajado para o exterior, 50% já dominavam outro idioma que não o português e mais de 65% já tinham o próprio carro. Mais de 80% ainda não trabalhavam com carteira assinada.

A década de 1990 foi de crescimento para essa área no Senac. Em 1995, o curso de tecnologia em hotelaria foi ofertado também na cidade de Águas de São Pedro, a 180 quilômetros da capital, onde a instituição já tinha o seu hotel-escola. O vestibular foi realizado por intermédio da Unimep – Universidade Metodista de Piracicaba. Também naquele ano aconteceu a turma piloto do curso de Cozinheiro *Chef* Internacional, em parceria com o *The Culinary Institute of America*, uma escola de educação profissional de culinária localizada no estado de Nova York, nos Estados Unidos. Para a coordenação desses cursos na cidade de Águas de São Pedro, trouxemos o professor Luiz Gonzaga Godoi Trigo que, à época, finalizava o seu doutorado, que seria defendido na Unicamp – Universidade Estadual de Campinas. A abertura desses cursos não se deu sem um bom estudo de possibilidades e viabilidade. Para que chegássemos ao *The Culinary Institute of America*, foi feita uma pesquisa sobre diversas escolas de culinária do mundo ocidental que incluiu países como França, Áustria, Itália, Espanha, Portugal, Alemanha, Estados Unidos e Suíça. O estudo foi coordenado por David Lord Tuch e visava à maior abertura da escola para cozinhas multinacionais, o que é a grande característica do *The Culinary Institute of America*, reunindo bons profissionais de todas as partes do mundo. Funcionando desde a sua fundação em 1946, na década de 1990 o *The Culinary Institute of America* abriu outra unidade na Costa Oeste na Califórnia na região do Napa Valley, conhecida pela qualidade de seus vinhos. As duas escolas funcionam em prédios que foram mosteiros. Para se ter uma dimensão de o que é o *The Culinary Institute of America* (localizado em Hyde Park, a leste do rio Hudson, entre Nova York e Albany, a apenas uma hora de viagem de trem, partindo de Nova York e descendo na estação de Poughkeepsie), o antigo mosteiro tinha, nos anos 1990, 37 cozinhas dispostas em salas de aulas com estações de trabalho individuais para seus estudantes, três diferentes restaurantes abertos ao público onde os pratos podiam ser testados, tanque de água salgada para manter vivas algumas espécies marítimas e uma biblioteca fantástica equipada com um auditório para exibições culinárias de fazer inveja a cenários de ficção científica. Esse conjunto de biblioteca e auditório foi construído pela cadeia Hilton e recebeu o nome de *Conrad Hilton Library*. O número de livros, documentos microfilmados, vídeos, história, antropologia e receitas é impressionante: são mais de 70.500 títulos e 280 periódicos assinados. A escola oferece também alojamento para quem quiser ficar no *campus*. É um exemplo de como aplicar bem o dinheiro em educação profissional.

Voltando ao Senac, em maio de 1996, a instituição obteve a autorização para a abertura do mesmo curso superior na cidade de Campos do Jordão, onde está localizado o seu segundo hotel-escola. Também nessa mesma década, a instituição foi pioneira no lançamento de alguns programas de pós-graduação *lato sensu* como o de Planejamento

Parte

e Organização de Eventos, para o qual contamos com a inestimável ajuda profissional da conhecida organizadora de eventos Vera Simão. Outro programa de pós-graduação que merece registro foi o de *Turismo e Meio Ambiente*, cuja coordenação esteve a cargo da professora Doris Van de Meene Ruschmann, que inovou a área com sua metodologia transdisciplinar.

Os programas de pós-graduação *lato sensu* tornaram-se um novo nicho para a escola superior em hotelaria do Senac de São Paulo. Na década de 1990, alguns dos programas chegaram a ser executados em parceria com outras instituições em outros estados do Brasil.

Na mesma década de 1990, criamos para o Centro de Educação em Turismo e Hotelaria diversos programas na área ambiental em parceria com outras instituições como o *The Hocking College*, de Ohio (Estados Unidos), o Instituto Florestal e a Secretaria Estadual do Meio Ambiente. O programa de maior visibilidade foi o de formação do Guarda Parques, inspirado no *Forest Ranger Program* no qual o *Hocking College* é referência recomendada pelo *National Park Service* dos Estados Unidos. O programa, ministrado por docentes brasileiros e americanos, tinha como cenários de suas aulas o hortoflorestal, a Fazenda Intervales, mantida pelo Instituto Florestal no Vale do Ribeira (São Paulo) e a sede da escola à avenida Francisco Matarazzo, em São Paulo. O programa piloto reuniu pessoas de todo o país numa turma de pouco mais de 30 estudantes para um curso de oito meses. Entre os docentes, oficiais da Polícia Ambiental do Estado de São Paulo e do Corpo de Bombeiros. A parceria com o Hocking foi estimulada pelo então consultor da Embratur – Instituto Brasileiro de Turismo, Silvio de Barros II, e pelo ex-Senac, o biólogo Oliver Hillel, que à época trabalhava também para o Centro de Educação em Turismo e Hotelaria. Conhecer o Hocking College, seu diretor, o senhor John Light e seu diretor para a área ambiental o ex-militar Russel Typet, vale a pena para aqueles que gostam de educação profissional. Situado nos arredores da pequena cidade de NelsonVille, a cerca de 70 milhas de Columbus, no Estado de Ohio, o College tem seu foco principal naquilo que eles convencionaram chamar de carreiras públicas e que compreendem cursos com a duração média de dois anos e meio, em nível superior (*Faculty*) e que, para nós, equipara-se ao tecnólogo. Alguns deles: enfermagem, socorrista, ciências policiais, oficial de bombeiros, guarda parques, oficial de estabelecimentos correcionais de delinqüentes juvenis, especialista em cenas do crime, *hardware* e *software*, fotografia, hotelaria, culinária, gestão e manejo de vida selvagem, gestão e manejo de cavalos e outros cursos de menor duração.

Visitar o College era entrar um pouco nas fantasias do cinema. Cenários montados para os aspirantes a oficiais de polícia fazerem uma *batida* enfrentando bonecos que surgiam inesperadamente das paredes, alunos descendo e subindo em escadas magirus, gente dando injeção em bonecos, fotografando *cadáveres* ou dirigindo lanchas nos lagos. Jovens treinando cavalos nos currais ou observando animais a distância. Também era possível, num final de semana, encontrar estudantes vestidos como os pioneiros do século XVIII fazendo pão ou lavando roupas numa precursora das máquinas de lavar, em espetáculo aberto ao público. Em outras épocas, havia concursos de lutas e danças sobre troncos na água, numa homenagem à tradição secular dos lenhadores, segundo a lenda de Paul Bunnyan. Na década de 1990, era impressionante a sinergia que conseguiam entre os diferentes programas aproveitando, sobretudo, a área de saúde em núcleos comuns a todos os cursos. O convênio do Senac de São Paulo com o Hocking College terminou no final dos anos 1990. Deixei o Senac de São Paulo em agosto de 1997. Luiz Gonzaga Godoi Trigo assumiu aquela função e foi o gerente corporativo de hotelaria e turismo até 2002, quando passou para a função de consultor da instituição. Trigo encerrou a relação trabalhista com o Senac em janeiro de 2005 para ingressar na USP Leste.

INICIATIVA DA HEBRAICO BRASILEIRA RENASCENÇA

Na cronologia dos cursos de nível superior em hotelaria, a Faculdade Hebraico Brasileira Renascença, na cidade de São Paulo, adiantou-se ao Senac em cinco anos. Em 1984, aquela instituição iniciou seu curso de tecnologia em hotelaria, devidamente autorizado pelo MEC e dirigido pelo professor Abrahão Bernardo Zeiwman, no prédio localizado à rua Prates, no bairro do Bom Retiro, então ainda um tradicional reduto da comunidade judaica que empreendia no ramo da confecção e tecelagem.

A Sociedade Hebraico Brasileira Renascença mantém estabelecimentos de ensino desde sua fundação em 1922. Seu primeiro registro de funcionamento foi em 1924, com o ensino primário. Em 1951 iniciou o ginásio; em 1962, o colegial e, em 1965, o curso normal, para a formação de professores do ensino básico. Em 1973, foi autorizada a Faculdade de Educação, Ciências e Letras Hebraico Brasileira Renascença e, em 1980, as Faculdades Integradas.

O grande estimulador da criação do curso de hotelaria da Renascença foi o hoteleiro Aron Sahm, patriarca da Rede Eldorado de Hotéis. Sahm, que na época era o presidente da Sociedade Hebraico Brasileira Renascença, vislumbrou essa necessidade a partir de sua experiência pessoal com seus hotéis na cidade de São Paulo e, depois, na região de Atibaia, numa propriedade rural. A direção de Abrahão Zeiwman no curso foi fundamental para que a Renascença conseguisse seu espaço no mercado. Zeiwman articulou-se com o mercado hoteleiro buscando alguns profissionais que já haviam trabalhado nos cursos operacionais do Senac e outros que atuavam no mercado. Embora o prédio da rua Prates não contemplasse instalações de cozinha ou laboratórios para recepção e governança, os estudantes do Renascença sempre tinham oportunidades nos hotéis da Rede Eldorado e em outras sobre as quais a sociedade hebraica tinha alguma influência. No final dos anos 1980, a Sociedade Hebraico Brasileira Renascença construiu um novo prédio em outro bairro da cidade de São Paulo, o Higienópolis, uma área de tradicionais descendentes dos barões do café, chamados de *paulistas quatrocentões*, para onde se transferiu a colônia judaica que habitava o Bom Retiro. Pequeno, plano, arborizado e em região central da cidade de São Paulo, o bairro de Higienópolis tem muita história e moradores famosos, antigos e mais novos. Entre os mais novos, personalidades como o ex-presidente Fernando Henrique Cardoso e o humorista Jô Soares. Para alguns é um pedaço urbano muito parecido com Manhattan, em Nova York, com alguns charmosos restaurantes, um *shopping* não agressivo à paisagem e uma singularidade: quatro sinagogas e um bufê *kasher*. É o espaço geográfico apelidado por alguns de *Ótimo Retiro*, na comparação feita com o bairro de origem da colônia judaica. O velho bairro industrial do Bom Retiro teve sua colônia substituída pelos coreanos, que entraram para valer na indústria da confecção. No começo dos anos 1990, Abrahão Zeiwman lançou programa de especialização *lato sensu* em hotelaria e foi seguido por diversas outras instituições que descobriram esse nicho de mercado. De acordo com Zeiwman, a opção da instituição pela modalidade de tecnologia deu-se por razões burocráticas e políticas:

> *A razão de ser tecnólogo foi tomada por estarem fechadas as aberturas de novos cursos no Brasil naquele momento, e através do artigo 18º da LDB da época os tecnólogos estavam liberados, principalmente os que não tinham currículo mínimo fixado pelo CFE – MEC e que trouxessem propostas inovadoras.*
> *As vagas iniciais foram de 60 semestrais e a demanda chegou nos primeiros vestibulares a 14 candidatos por vaga.*
> Zeiwman (2004)

Sobre os grandes estimuladores do curso, Abrahão aponta Aron Sahm como o mais forte e os docentes foram buscados no mercado hoteleiro e também no Senac:

> *Professores qualificados não havia. Dispúnhamos no mercado de trabalho de excelentes profissionais e que se tornaram professores tais como Jonas Juliani Oliva, Archimedes Geraldo Gutila, Antonio Marmuggi e José Plínio.*

Jonas Juliani e José Plínio vinham da experiência do Senac de São Paulo.

No início de 2005, a Faculdade Hebraico Brasileira Renascença iniciou um processo de incorporação a UNIESP – União das Escolas Superiores do Estado de São Paulo e mudou de endereço, transferindo-se da Rua Prates, no Bom Retiro, e da Rua São Vicente de Paula, no Higienópolis, para a Rua Álvares Penteado, 231, no Centro de São Paulo. A UNIESP, cujo conceito fundamental é o da educação solidária, tinha, em 2004, seis anos de existência e reunia diversas escolas no interior do Estado de São Paulo nas cidades de Presidente Prudente, Presidente Epitácio, Presidente Venceslau, Birigui, Guararapes, Mirandópolis e na capital, São Paulo. O site da instituição mantenedora informa ainda que o projeto é agregar ainda mais escolas de nível superior em Araçatuba, Marília, Franca e Santo Anastácio, formando uma nova universidade no estado de São Paulo. Abrahão Zeiwman continuou com a

85-7241-568-8

coordenação do curso de hotelaria no novo modelo da instituição.

ESTÁCIO DE SÁ

A Universidade Estácio de Sá começou a oferecer o curso de Tecnologia em Hotelaria em 1979, quando era ainda uma faculdade. A opção pela hotelaria deu-se em razão da busca da melhoria dos serviços oferecidos aos turistas num momento em que o Rio de Janeiro era ainda o mais conhecido portão de entrada do país. O professor Rui Otávio Bernardes foi o grande estimulador da criação do curso na instituição. A modalidade de tecnologia foi uma escolha compulsória, pelas mesmas razões da Renascença em São Paulo. Otávio Bernardes, que na década de 1990 seria eleito presidente do CFA – Conselho Federal de Administração e depois reeleito para outros mandatos até o ano de 2004, inspirou-se nas atividades práticas do Senac para desenvolver o curso na Estácio de Sá e, nos anos 1980, foi a única instituição a oferecer hotelaria em nível superior naquela cidade. Entre 1993 e 2000, Rui Otávio apoiou, por intermédio do CFA e como membro do Conselho Diretor, a ABDETH – Associação Brasileira de Dirigentes das Escolas de Turismo e de Hotelaria na organização e divulgação das sugestões para diretrizes curriculares e bibliografia específica para os cursos de turismo. Um tema ao qual voltaremos mais à frente.

Outras instituições no Rio de Janeiro elaboraram e desenvolveram programas de bacharelado em hotelaria ou de administração com habilitação em hotelaria e o grande aumento da oferta foi mesmo entre 1997 e 2002, não só na Região Sudeste, mas em todo o país.

UNIVALI

A Univali – Universidade do Vale do Itajaí é uma fundação municipal que nasceu como Sociedade Itajaiense de Ensino Superior em 1964 e teve crescimento significativo na década de 1980, na cidade de Itajaí (Santa Catarina). Esse crescimento deveu-se ao espírito empreendedor de seu reitor, Edson Vilela, que, sem medo de administrar e com visão de futuro correta sobre a região, soube implementar novos cursos e parcerias que resultaram no sucesso daquela instituição de nível superior. A idéia do curso de hotelaria nasceu de um programa duplo: um *curso de turismo e hotelaria*. Era diretora do novo *campus* de Balneário de Camboriú a professora Marlene Barato, outra empreendedora da equipe do reitor Vilela que tinha a missão de implantar novos cursos num *campus* de instalações provisórias numa escola pública local. Barato implantou, com relativa tranqüilidade, os dois primeiros anos do curso de turismo, tratando do assunto turismo. Quando viu se aproximar a hora da hotelaria, resolveu recorrer a uma instituição que tinha condições de ajudá-la. E foi parar no Senac de São Paulo, mais precisamente no Ceatel, como era chamada a faculdade de hotelaria da instituição antes da denominação obrigatória de faculdade.

A professora Marlene Barato e uma equipe bastante enxuta da Univali vieram a São Paulo para conhecer as instalações do Ceatel e do Hotel Escola em Águas de São Pedro. Mais do que isso, ela se propôs a comprar do Senac uma consultoria para a instalação do programa piloto do seu curso de dois tempos (como era chamado por alguns colegas nas reuniões sobre currículos). Assim, docentes do Senac Ceatel foram até a Univali e prestaram serviços com conteúdos programáticos e aulas propriamente ditas. Entre os docentes da consultoria estavam Aristides de Oliveira Pacheco, David Lord Tuch, João Carlos Ignácio da Silva e José Ruy Veloso Campos. Barato capitaneou a construção do novo prédio para o *campus* de Balneário de Camboriú e tratou de privilegiar as áreas de turismo e hotelaria. Nessa perspectiva, a Univali conseguiu aprovar também o curso de gastronomia e teve seu *lato sensu* com muito sucesso. A Univali criou o primeiro mestrado em Turismo e Hotelaria em 1997, tendo como linhas de pesquisa o planejamento em turismo: planejamento e gestão de espaços turísticos e planejamento e gestão de empresas turísticas, essa última abordando a questão da hospitalidade, sob a coordenação de Doris Ruschmann.

UNIVERSIDADE FEDERAL DE PERNAMBUCO

Em 1995, o professor Djailton de Araújo começou a movimentar-se para a criação de um curso

85-7241-568-8

de hotelaria na Universidade Federal de Pernambuco. Foram várias idas e vindas do professor a reuniões da ABDETH e a outras instituições da Região Sudeste. Finalmente, o curso teve início em meados de 1996, atendendo aos reclamos do *trade* local para melhor formação de novos profissionais para essa área do setor de serviços em Pernambuco. A grade do curso é uma das mais ricas em flexibilidade, se levada em conta a carga horária obrigatória de disciplinas eletivas (120 horas) que podem ser cursadas no programa de hotelaria ou em qualquer outro curso da instituição. Existe, por exemplo, a oferta de idioma instrumental em italiano, alemão e francês, além do inglês, normalmente oferecido na grade regular.

Há que se registrar que a Federal de Pernambuco foi a primeira instituição pública a oferecer curso de gestão hoteleira.

UNIVERSIDADE DE BRASÍLIA

A professora Núbia David Macedo foi a grande batalhadora pela criação do CET – Centro de Excelência em Turismo da UnB – Universidade de Brasília, para o qual teve apoio do professor Timothy Mulholland, vice-reitor da instituição. Entre 1997 e 1998, Núbia Macedo conseguiu reunir no *campus* Darcy Ribeiro, na cidade de Brasília, um respeitável número de profissionais de hotelaria, gastronomia e turismo, expondo-lhes seus propósitos e buscando diferentes formas de parceria para a consecução de seu projeto. Dessas reuniões resultou, entre outros, um contrato com a escola de culinária *Le Cordon Bleu*, que gerou cursos de menor duração oferecidos na cidade de Brasília. O CET não teve como objetivo oferecer programas de graduação, mas de reciclagem e pós-graduação em hotelaria, gastronomia e turismo. Das primeiras reuniões promovidas pela professora Macedo participaram José Ruy Veloso Campos, Luiz Gonzaga Godoi Trigo, Marília dos Reis Ansarah, Rui Otávio Bernardes e outros professores da própria instituição.

Em 1997, a UnB promoveu um seminário internacional do qual participaram esses professores e nomes internacionais como Jafar Jafari, Ph.D. em antropologia cultural pela universidade de Minnesota e professor em turismo na universidade de Wisconsin.

O CET pode ser encontrado no *site* da UnB em *Centros e Núcleos*, no item academia da página principal. No começo de 2005, o CET oferece diversos programas de pós-graduação *lato sensu* e tem um grande foco em segurança alimentar e turismo ambiental. Em termos de universidade pública, ainda que bastante isolado, é um exemplo do que se pode fazer pela educação profissional em hospitalidade, aproveitando diferentes áreas do conhecimento e seus talentos e, ao mesmo tempo, abrindo os muros da universidade para diferentes campos do saber.

UNIVERSIDADE POTIGUAR

O professor Paulo Vasconcelos de Paula é um ex-oficial da aeronáutica que entrou para o comércio na cidade de Natal (Rio Grande do Norte). Dotado de excepcional visão empresarial, Paula resolveu entrar no ensino superior no ano de 1981 criando a então Faculdade de Administração, Ciências Contábeis e Ciências Econômicas Unipec. Desde então, a instituição só cresceu e, a partir de 1996, tornou-se a única universidade privada do Rio Grande do Norte. Percebendo o crescimento do setor de serviços e a óbvia vocação turística de seu estado, Paula incentivou a criação dos cursos de turismo e de hotelaria em sua instituição, nessa ordem. Seu grande braço direito nessa empreitada foi a arquiteta e bacharel em turismo Jurema Márcia Dantas da Silva. O curso de hotelaria, que teve início em 1999 e foi reconhecido pelo MEC em 2001, teve um diferencial de grande sensibilidade nessa área. Começou totalmente modular. Seus módulos, equivalentes às disciplinas, eram oferecidos compactamente conforme o número de horas proposto para aquele conteúdo. Assim, era possível que a turma iniciasse em fevereiro cursando dois módulos como, por exemplo, Teoria Geral da Administração e Alimentos e Bebidas, um deles de segunda a quarta e o outro às quintas e sextas-feiras. Após o término desses módulos, era possível que o curso recebesse novos ingressantes que cursariam os módulos seguintes para, depois, cursar aqueles que já haviam sido oferecidos, respeitados eventuais pré-requisitos. A instituição oferecia a modalidade de tecnologia em hotelaria com quatro semestres de duração e o bacharelado com duração de seis semestres, de acordo com informação dada à Associação Brasileira de Dirigentes de Escolas de Turismo e de Hotelaria em 2001. Uma idéia que prevalecia à época era a do uso das instalações do

Parte 7

85-7241-568-8

hotel Barreira Roxa, em parceria com Sebrae e Senac para as aulas práticas. De acordo com depoimento de Jurema Dantas, o sistema modular não se manteve porque as entradas no meio do ano ficaram irregulares ficando, portanto, difícil manter a rotina da oferta de módulos.

UNIFMU

A FMU – Faculdades Metropolitanas Unidas, a FIAM – Faculdades Integradas Alcântara Machado e a FISP – Faculdades Integradas São Paulo pertencem à família Alves da Silva, são lideradas pelo advogado Edvaldo Alves da Silva e existem desde 1968. Durante as décadas de 1970 e 1980, as instituições cresceram e tiveram em seus cursos de direito, psicologia e administração sua referência no mercado das instituições privadas de educação superior. No final da década de 1990, seguindo uma tendência de privilegiar programas voltados para o setor de serviços, a instituição passou a oferecer cursos de turismo e hotelaria. O grande incentivador da área foi o professor e biólogo Celso Piedmonte, que contou com o apoio do educador Amin Aur na elaboração da grade curricular com a coordenação inicial do professor Antonio Carlos Moura de Quadros, ex-Renascença e ex-Senac, que permaneceu na função até 2003. A decisão sobre o curso de hotelaria foi definitiva em termos de equipamentos e de aumento do leque de oferta de cursos visando ao melhor aproveitamento das instalações e criando sinergia entre diferentes programas. Assim, a instituição resolveu investir num núcleo que contemplou um conjunto de cozinhas que, mais tarde, viria abrigar também um curso seqüencial de gestão executiva em gastronomia, cuja implantação teve a coordenação de Fabrício Camargo Veloso Campos. A FMU passou a centro universitário, tem boa localização na zona central da cidade de São Paulo e continua investindo em cursos de caráter profissionalizante.

ANHEMBI MORUMBI

Pioneira no ensino em turismo no país, a Anhembi Morumbi, originalmente Faculdade de Turismo Morumbi, iniciou suas atividades em 1971. Em 1982, a instituição fundiu-se com outra, a Faculdade de Comunicação Social Anhembi, resultando na Anhembi Morumbi. Em 1997, foi credenciada como universidade e abriu seu segundo *campus* em outra região da cidade de São Paulo. A grande incentivadora das áreas de turismo e de hospitalidade na instituição foi a professora Gracira Cabrera. O curso de hotelaria teve início em 2000 e foi reconhecido em 2002. O diferencial oferecido pela instituição para esse curso é a chamada graduação modular, que consiste na habilitação após um período médio de dois anos com o título de *Gestão de Operações Hoteleiras*. A graduação modular é vendida pela instituição como um diferencial competitivo por intermédio do qual o estudante pode interromper seus estudos temporária ou definitivamente, recebendo um diploma sem prejuízo do tempo e do investimento feito no período. Na prática, trata-se do cumprimento de um currículo voltado para um curso seqüencial que, emendado a outro, possibilita a graduação como bacharel.

A Anhembi Morumbi ganhou um espaço de mercado com dois outros serviços educacionais importantes na área: o curso superior de gastronomia e o mestrado em hospitalidade. O curso de gastronomia, de caráter profissionalizante na modalidade seqüencial, teve início em 1999 e foi reconhecido em 2001. A instituição mantém um convênio com a universidade Jonhson & Wales, que aprovou o programa da grade curricular e aceita os estudantes da Anhembi para complementarem seus estudos em seus campi. A Johnson & Wales tem um programa de graduação (*bachelor of science degree*) em Artes Culinárias desde 1993 em seus *campi* de Providence e North Miami. O mestrado em hospitalidade é um serviço educacional pioneiro em razão de sua área de concentração e linhas de pesquisa como dimensões conceituais e epistemológicas da hospitalidade e do turismo e também em políticas e gestão de hospitalidade e turismo. O tratamento da questão da hospitalidade nessa dimensão é importante para o desenvolvimento da área no universo educacional brasileiro. As palavras turismo e hospitalidade apareceram pela primeira vez na universidade de Cornell, nos Estados Unidos, em 1922 e, de lá para cá, esses conceitos têm sido bastante estudados e discutidos em teses, artigos acadêmicos e publicações específicas sobre educação em hospitalidade, naquele país e em outros da Europa. No Brasil, pelas razões já expostas, é um tema ainda marginal na academia e vítima de alguns obscurantistas preconceituosos que vagam pelas universidades.

85-7241-568-8

UNIVERSIDADE SÃO FRANCISCO

A Universidade São Francisco tem sua origem no ano de 1976, quando a Ordem Franciscana Menor assumiu as *Faculdades de Bragança* em substituição à então mantenedora *Instituto Superior da Região Bragantina*, que contava com *campi* nas cidades de Bragança Paulista, Itatiba e São Paulo. A partir daí, foram criadas as Faculdades Franciscanas que, em 1985, passaram à condição de Universidade. Forte na área da saúde, a instituição mantém cursos de medicina, odontologia, biologia, farmácia, química, fisioterapia e nutrição no *campus* de Bragança Paulista e concentra as engenharias no *campus* de Itatiba, onde tem um curso de psicologia muito bem conceituado e que teve seu doutorado recomendado em 2002. No mesmo *campus*, seu curso de pedagogia foi o mais bem avaliado no último provão antes das mudanças no sistema de avaliação institucional promovido pelo governo do PT após 2003. A São Francisco oferece ainda mestrados nas áreas de Educação e Engenharia: Ciências de Materiais. Foi em 1997 que a instituição resolveu entrar na área de hotelaria. A cidade de Bragança Paulista tinha um daqueles hotéis construídos pelo estado e que estavam sob a administração do Fumest – Fomento de Urbanização e Melhoria das Estâncias, órgão ligado à Secretaria de Esportes e Turismo do Estado de São Paulo. Era o tempo da gestão do governador Mário Covas (1930-2001), que buscava sanar as contas do Estado de São Paulo e, para isso, buscava livrar-se de todo o patrimônio e atividades que não fossem absolutamente pertinentes à função do Estado. Foi essa a possibilidade que a São Francisco teve de comprar o hotel do Estado de São Paulo com os planos de transformá-lo em um hotel-escola. A universidade encontrou na PUC de Campinas o apoio para elaborar os projetos de hotelaria e também de turismo: a professora Maria Ângela Marques Ambrizzi Bissoli. O curso começou no ano de 1998 no prédio dos cursos de administração, economia e contábeis, a então FEA – Faculdade de Economia e Administração (a instituição mudaria depois sua estrutura por áreas do conhecimento) e, em 1999, começou a funcionar no prédio do antigo hotel com um equipamento, à época, só encontrado nas escolas do Senac de São Paulo em Águas de São Pedro e Campos do Jordão (cozinha com três ambientes diferentes: 22 estações individuais de trabalho, ambiente de sala e bar, cozinha de demonstração, laboratório de governança com apartamento modelo, piscina e quadras poliesportivas). Os recursos e equipamentos do prédio da São Francisco ajudaram a imprimir ao curso uma qualidade diferenciada sob a metodologia do *aprender fazendo*. A idéia do hotel-escola foi, todavia, arquivada diante de mudanças nos cenários interno e externo da instituição. Em 2000, a universidade alterou a grade curricular do curso de hotelaria, possibilitando a saída do estudante após cinco semestres com a graduação de *tecnólogo em hotelaria* e após oito semestres como *bacharel*. Após a visita e exigências da Comissão de verificação da SEMTEC responsável pelo reconhecimento dos cursos de tecnologia (a Comissão entendeu que o vestibular para a formação de tecnólogos não podia ser conjunto com os candidatos a bacharel e que o corpo docente, ainda que tivesse considerável número de profissionais que atuavam no mercado, era *muito acadêmico*), a universidade desistiu da oferta daquela habilitação e hoje, depois de nova alteração curricular, oferece apenas o curso de bacharelado em hotelaria.

A coordenação do curso de hotelaria da São Francisco, desde 1998 até janeiro de 2005, estava a cargo do professor José Ruy Veloso Campos.

ASSOCIAÇÃO BRASILEIRA DE DIRIGENTES DAS ESCOLAS DE TURISMO E DE HOTELARIA

A ABDETH nasceu sem a palavra turismo, criada em 1980 por Amin Aur, então diretor regional do Senac no estado de São Paulo. Aur inspirou-se em uma associação européia, a Euhofa, criada em 1955 por diretores de escolas da Suíça, Áustria e Alemanha visando à troca de experiências entre suas instituições. Em 1974, a Euhofa adaptou seus estatutos para internacionalizar-se e passou à denominação de Euhofa International. Amin Aur, que como diretor do Senac e, portanto, também diretor maior de uma escola de hotelaria já participava de reuniões anuais da associação como visitante, foi aceito como membro, o primeiro do continente americano. A Euhofa International de 2005 tem 55 membros votantes que trabalham com escolas e treinamento e mais cerca de 45 membros honorários que vêm dos cinco continentes. Veio daí então

Parte 7

a inspiração para se criar uma associação nos moldes para o Brasil. Assim foi criada a ABDEH – *Associação Brasileira dos Dirigentes de Escolas de Hotelaria*, que teve como seu primeiro presidente e fundador Amin Aur e como superintendente José Ruy Veloso Campos. Os principais parceiros da então ABDEH à época eram os diretores dos Senac de outros estados do Brasil e alguns profissionais de São Paulo que trabalhavam com educação profissional e em treinamento em hotéis. A primeira idéia era o fomento de publicações e encontros técnicos que possibilitassem o desenvolvimento de novos cursos e novas metodologias de treinamento e cursos profissionalizantes. Os encontros anuais da então ABDEH resumiam-se a discussões sobre uma maior interação com o mercado posto que, na sua maioria, os participantes eram do Senac. Em 1983, Amin Aur deixou o Senac e a associação foi gerida pelos diretores do então Ceatel do Senac, liderados pelo professor Giulio Vicini, especialista em formação profissional. No final da década de 1980, assumiu a presidência da ABDEH o professor Abrahão Bernardo Zeiwman, das Faculdades Renascença. Foi nesse período que voltamos a trabalhar para o Senac de São Paulo e ajudamos a impulsionar a associação graças ao apoio administrativo dado pelo então diretor regional do Senac, Luiz Francisco de Assis Salgado. Em 1991, resolvemos promover um evento internacional. Assim, a ABDEH organizou, junto com o Senac de São Paulo, com apoio do Cinterfor – Centro Interamericano de Investigação e Documentação sobre Formação Profissional, órgão da OIT – Organização Internacional do Trabalho com sede em Montevidéu, à época presidido por João Carlos Alexim, do Departamento Nacional do Senac com sede no Rio de Janeiro, então presidido por Roberto Regnier e outros parceiros comerciais, o *I Encontro Ibero Americano de Instituições de Educação em Hotelaria e Turismo*. O evento foi realizado no Grande Hotel São Pedro, em Águas de São Pedro (São Paulo) e contou com a participação de profissionais de todo o Brasil e de países como Uruguai, Paraguai, Argentina, Portugal, Cuba, Venezuela, Peru, Colômbia, Costa Rica, Nicarágua, Republica Dominicana e Espanha. Desse encontro participou um grupo que se poderia convencionar como a *intelligentsia* do turismo e da hospitalidade no início dos anos 1990. Sara Bacal, Haroldo Leitão de Camargo e Marilia Ansarah faziam parte dele. Foi durante esse evento que começou um movimento para que as escolas de turismo participassem da associação. Abrahão Zeiwman, o presidente, era contra. Ele entendia que o número de cursos de turismo (eram 25 no Brasil todo) era bem maior do que os de hotelaria (de nível superior, eram então sete) e que isso poderia esvaziar os interesses da área de hotelaria num futuro próximo. Em 1993, fui eleito presidente da ABDEHT e, com o apoio de Rui Otávio Bernardes, da Estácio de Sá, foi transformada a ABDEH em ABDETH. Amin Aur também se manifestou solidário com Abrahão Zeiwman por entender que o leque de temas e de cursos do turismo era muito grande e poderia comprometer as ações voltadas para a hospitalidade. Eles estavam certos. A primeira ação mais política e objetiva na nova associação foi a proposta de diretrizes curriculares para os cursos de turismo. Rui Otávio sugeriu que fizéssemos seminários regionais, a exemplo do que havia feito o CFA, para alterar o currículo mínimo dos cursos de administração. Sem os recursos do CFA, a ABDETH conseguiu organizar três encontros regionais, em Canela (Rio Grande do Sul), Salvador (Bahia) e São Paulo (São Paulo) para a discussão das propostas. No Congresso Anual de 1995, ainda em meio às discussões sobre as diretrizes para os cursos de turismo, houve boa participação de representantes de instituições de países vizinhos e contamos, inclusive, com a presença do então presidente da CONPEHT – *Confederación Panamericana de Escuelas de Hoteleria y Turismo*, Miguel Torruco Marques. Profissionais da Argentina, Chile e Uruguai estiveram também no evento. Em 1996, no Congresso Anual da associação, foram fechadas as propostas para as diretrizes. Foi convidada a ABBTUR – Associação Brasileira dos Bacharéis em Turismo, como parceira na formulação das diretrizes e seu então presidente nacional, o professor Miguel Bahl, participou de parte desses encontros. Nesse período, Rui Otávio Bernardes de Andrade, que presidia a Comissão de Especialistas em Administração na SESu/MEC, procurava um representante dos cursos de turismo para participar da comissão. Foi indicado Luiz Gonzaga Godoi Trigo, que passou a fazer parte do grupo representando os cursos de turismo e hotelaria. Em razão de seus compromissos profissionais, Trigo ficou por dois anos na Comissão e foi substituído pela professora Marilia Gomes dos Reis Ansarah.

No início de 1997, a ABDETH entregou à SESu/MEC a proposta que foi posteriormente encaminhada ao Conselho Nacional de Educação. No mesmo ano, a associação editou e lançou a *Biblioteca Básica para Cursos de Graduação em Turismo*, elaborada por Rui Otávio Bernardes, Nério Amboni e Luiz Gonzaga Godoi Trigo.

Em 1999, a ABDETH realizou, na cidade de Bragança Paulista, com apoio da Universidade São Francisco e do Conselho Federal de Administração, o *I Seminário Nacional de Diretores e Coordenadores dos Cursos de Hotelaria e de Turismo*. O evento reuniu cerca de 170 profissionais de todo o país para a discussão das novas diretrizes para os cursos de hotelaria e turismo.

No ano de 2000, o segundo seminário foi realizado na cidade de São Lourenço (Minas Gerais), em parceria com a ABBTUR, então sob a presidência de Sérgio Fernandes Martins. Nesse encontro, a nova Comissão de Especialistas de Turismo (que incluía os cursos de hotelaria) estava com novo formato: Miriam Rejowsk, Miguel Bahl e Luiz Gonzaga Godoi Trigo. As sessões do evento visavam ao contato dos diretores e coordenadores com a comissão, objetivando sanar as dúvidas sobre as diretrizes (que não estavam então oficialmente em vigor) e buscar caminhos para as exigências nem sempre fáceis de serem cumpridas ou, em alguns casos, vagas e poucos claras, ficando as instituições de ensino superior na dependência da orientação da comissão que as visitava para autorização ou reconhecimento. O foco corporativo dado pelos profissionais de turismo às questões relativas às diretrizes dos cursos de turismo foi bastante fechado e privilegiava os bacharéis em turismo em todas as propostas para os cursos e seus programas. Foi um momento de se ver o riso sarcástico de Abrahão Zeiwman, que disse à ABDETH: "eu não falei que eles eram um grupo muito maior e com interesses diferentes? Corremos o risco de acabarem com os cursos de hotelaria nessa sanha corporativa!".

No encontro ABBTUR de Porto Seguro, em 2003, surgiu ainda a idéia de um fórum permanente para a discussão de assuntos sobre os cursos, o que originou então o *Fórum Nacional dos Cursos Superiores de Turismo e Hotelaria*, cujas orientações e justificativas institucionais falam, no *site*, da *falta de representatividade para os cursos de turismo e de hotelaria* e cujos objetivos tratam da *congregação de esforços para as necessidades nacionais e regionais para o desenvolvimento da pesquisa, extensão*, etc. O Fórum teve na sua presidência a professora Jurema Márcia Dantas, depois substituída pelo professor Raul do Amaral Rego e reuniu profissionais de instituições de vários estados do Brasil, no mesmo modelo da ABDETH.

Uma articulação dos fundadores da então ABDEH, no ano de 2004, pretende retornar a Associação à sua origem, tratando apenas de assuntos relativos aos interesses de cursos e treinamentos para a área de hospitalidade, o que está ainda em discussão.

Exercícios Propostos

1. Como a forte cultura escravocrata, que avançou por um bom tempo ainda no século XX, influenciou ou criou resistências à educação profissional no Brasil e quais os fatores que podem ter contribuído para diminuir essa resistência?
2. O desenvolvimento da hotelaria no Brasil diferenciou-se da hotelaria nos Estados Unidos. A característica familiar da rede hoteleira no Brasil começou a diminuir depois da década de 1980. Faça uma busca pelos principais *sites* de redes hoteleiras ou de hotéis independentes no Brasil e busque formar um cenário das empresas que dominam esse mercado no início do século XXI.
3. Como a criação do chamado *sistema* esse ajudou na educação profissional no Brasil e em que época a formação profissional voltada para a hospitalidade surgiu no país? Consulte os *sites* das instituições Senac, Senai, Sesi, Sesc e Senar para obter mais dados sobre o assunto.
4. Que tipo de comparação se pode estabelecer entre os *Community College* dos Estados Unidos e as nossas necessidades de educação profissional? Faça uma busca com essas palavras em inglês para melhor entender o conceito desse tipo de instituição.
5. Visite as páginas das instituições pioneiras em educação superior em hotelaria e procure suas grades curriculares visando conhecer suas metodologias. A partir dessas informações, busque compreender a metodologia do *aprender fazendo*, suas eventuais vantagens ou desvantagens para a área de hospitalidade.

Parte 7

Sites Indicados

www.abdeth.com.br: Associação Brasileira de Dirigentes das Escolas de Turismo e de Hotelaria.

www.anhembi.br: Universidade Anhembi Morumbi.

www.castelli.edu.br: Escola Superior de Hotelaria.

www.estacio.br: Universidade Estácio de Sá.

www.fmu.br: Centro Universitário das Faculdades Metropolitanas Unidas.

www.renascenca.br: Sociedade Hebraico Brasileira Renascença.

www.saofrancisco.edu.br: Universidade São Francisco.

www.sp.senac.br: Senac São Paulo.

www.ufpe.br: Universidade Federal de Pernambuco.

www.unb.br: Universidade de Brasília.

www.univali.br: Universidade do Vale do Itajaí.

www.unp.br: Universidade Potiguar.

BIBLIOGRAFIA

ABBEY, J. R. *Hospitality Sales and Advertising*. Lansing: American Hotel and Motel Association, 1989.

ANSARAH, M. G. R. *Formação e Capacitação do Profissional em Turismo e Hotelaria*. São Paulo: Aleph, 2002.

BELCHIOR, E. O.; POYARES, R. *Pioneiros da Hotelaria no Rio de Janeiro*. Rio de Janeiro: Senac, 1990.

CALDEIRA, J. *Mauá, o Empresário do Império*. São Paulo: Cia. das Letras, 1995.

CAMPOS, J. R. V. A evolução da educação profissional em hotelaria no Brasil: o caso Senac de São Paulo como referência na área. São Paulo, 2000. Dissertação (Mestrado) – Escola de Comunicação e Artes da Universidade de São Paulo.

CASCUDO, L. C. *História da Alimentação no Brasil*. São Paulo: Edusp, 1983.

CASTELLI, G. Entrevista pessoal e via e-mail, 2004.

CASTRO, C. M. *Educação Brasileira: concertos e remendos*. Rio de Janeiro: Rocco, 1994.

COSTA, E. V. *Da Senzala à Colônia*. 4. ed. São Paulo: Unesp, 1998.

DANTAS, J. M. Entrevista por telefone, 2004.

DUARTE, V. V. *Administração de Sistemas Hoteleiros*. São Paulo: Senac, 1996.

GERMANO, J. W. *Estado Militar e Educação no Brasil*. São Paulo: Cortez, 1993.

HAIDAR, M. L. M. *O Ensino Secundário no Império Brasileiro*. São Paulo: Edusp, 1972.

LATTIN, G. W. *The Lodging and Food Service Industry*. Lansing: American Hotel and Motel Association, 1998.

LÉVI-STRAUSS, C. *Tristes Trópicos*, Lisboa: Edições 70, 1955.

PAIM, A. (org.). *Pombal e a Cultura Brasileira*. Rio de Janeiro: Fundação Cultural Brasil-Portugal, Tempo Brasileiro, 1982.

RIBEIRO, M. L. S. *História da Educação Brasileira: a organização escolar*. São Paulo: Cortez, 1988.

RIEMMA, C. *Apontamentos para a História do DR/SENAC/SP*. São Paulo: Coordenadoria de Pesquisa e Desenvolvimento, 1973.

ROMANELLI, O. O. *A História da Educação no Brasil* (1930/1973). Petrópolis: Vozes, 1980.

SENAC. *Boletim de Documentação Técnica*. São Paulo: Senac, 1983.

SENAC. *2º Plano Diretor de Turismo e Hotelaria 1989-2000*. São Paulo: Senac.

SENAC. *Proposta de Trabalho para a Área de Turismo e Hotelaria*. São Paulo: Senac, 1995.

TRIGO, L. G. G. *Viagem na Memória: guia histórico das viagens e do turismo no Brasil*. São Paulo, Senac, 2000.

ZEIWMAN, A. B. Entrevista telefônica e via e-mail, 2004.

Parte 7

85-7241-568-8

Anotações

85-7241-568-8

CAPÍTULO

60 Educação Profissional para o Turismo no Senac de São Paulo

Francisco Aparecido Cordão

O Senac – Serviço Nacional de Aprendizagem Comercial foi criado em 10 de janeiro de 1946, por força do Decreto-Lei nº 8.621 de 1946, com fundamento na Lei Orgânica do Ensino Comercial, o Decreto-Lei nº 6.141 de 1943.

O dia 13 de junho de 1946 marca o início das atividades do Senac no estado de São Paulo, sob a presidência do Dr. Brasílio Machado Neto, que o apresentou à comunidade paulista como "uma nova instituição, de caráter eminentemente social e especificamente educacional, na sua essência e forma"[1].

Já em 1947, o Senac de São Paulo havia implantado sete unidades educacionais, sendo quatro na capital e três no interior do estado, nas cidades de Santos, Campinas e Ribeirão Preto. Ainda em 1947, em parceria com o Sesc – Serviço Social do Comércio, implantou a pioneiríssima Universidade do Ar, a qual, com seus programas radiofônicos, atendia a praticamente todo o estado de São Paulo. Já no seu primeiro ano de funcionamento, a Universidade do Ar foi responsável por quase cinco mil matrículas em cursos preparatórios para o comércio, atendendo a mais de uma centena de cidades, sem contar as demais "atividades educativas", que promoviam grandes movimentações em seus programas socioeducativos e culturais (Cordão, 2004).

Em 1951, em seu sexto ano de atividades, começou a atuação do Senac na área da hotelaria, com os primeiros cursos de especialização para garçons. Essa programação foi bastante incrementada com a instalação da primeira Escola de Hotelaria do Senac de São Paulo, na rua 24 de maio, responsável pela implantação de ampla programação destinada tanto à formação inicial para o trabalho, para candidatos a emprego nas várias ocupações da área, quanto ao aperfeiçoamento dos trabalhadores (Riema, 1979).

O relatório anual das atividades do Senac de São Paulo no ano de 1957 já registrava uma ampla gama de programação de cursos e de programas de treinamento, tanto para a formação inicial quanto para o aperfeiçoamento profissional nas áreas de turismo e hotelaria. O primeiro curso de qualificação profissional de guia de turismo, entretanto, foi implantado apenas em 1965 (Riema, 1979).

Em 1964 já fora criada, no Senac de São Paulo, uma divisão de formação profissional para as áreas de turismo e hospitalidade. Essa nova divisão implantou uma série de cursos de qualificação e de aperfeiçoamento profissional para garçom, *barman*, arrumador, cozinheiro, porteiro, recepcio-

[1] Primeiro Relatório Anual das Atividades do Senac em São Paulo, 1946.

nista, bem como realizou seminários específicos para guias de turismo. Merece destaque um seminário realizado em novembro de 1964, "destinado a estudantes universitários, no sentido de motivá-los a trabalharem, nas férias escolares, guiando grupos de turistas em excursão regional no Brasil e no Paraguai" (Riema, 1979). O referido seminário de guia de turismo reuniu 15 conferências de temas variados e uma excursão prática seguindo o "Roteiro das Bandeiras".

Em 1965, foi finalmente implantado, em São Paulo, o primeiro curso de qualificação profissional de guia de turismo. Em 1966, realizou-se em Campinas, com a colaboração do Conselho Municipal de Turismo de Campinas, o seu I Seminário de Turismo, no período de 20 de outubro a 20 de novembro de 1966, obedecendo ao seguinte temário: política turística, arquitetura brasileira, turismo e juventude, agência de viagem no desenvolvimento do turismo, turismo receptivo, arte e estética no turismo, relações públicas e turismo, folclore, tradições e costumes, geografia turística, turismo social, turismo e transporte, Campinas como centro turístico (Riema, 1979).

Esses grandes seminários do turismo, tais como os realizados pelo Senac de São Paulo em 1964 na capital paulista e em 1966 na cidade de Campinas, assim como os primeiros cursos de qualificação profissional de guia de turismo, muito contribuíram para o desenvolvimento da indústria turística no estado de São Paulo. Tanto assim que, pelo Decreto Estadual nº 48.282, de 25 de julho de 1967, estabeleceu-se como exigência para todos os ônibus da classe de turismo que operam no estado de São Paulo que contassem "com os serviços de guia de turismo, com habilitação profissionalizante, à base de um para quatro ônibus" (Riema, 1979). Esse decreto estadual marcou o início efetivo da regulamentação profissional do guia de turismo.

No ano de 1967, além da manutenção do curso de qualificação profissional de guia de turismo, o Senac de São Paulo implantou, ainda, vários cursos de aperfeiçoamento em roteiros turísticos.

No ensejo das comemorações do 20º aniversário da implantação das atividades do Senac no Estado de São Paulo, em 1966, já tivera início uma profunda revisão na programação educacional da entidade, buscando propiciar maior atendimento às ocupações não pertencentes aos quadros originais do comércio, passando a atender comerciários e não comerciários, candidatos a emprego e empregados dos setores de comércio e serviços. Com essas medidas, ampliou-se significativamente o atendimento do Senac de São Paulo à clientela adulta, diversificando a programação da entidade com os então denominados "cursos de formação profissional acelerada" (Riema, 1979), entre os quais estão compreendidos os cursos de turismo e hospitalidade. O sucesso desse esforço de diversificação da produção, atendendo igualmente tanto menores quanto adultos, foi tão grande que o relatório anual das atividades do Senac de São Paulo no ano de 1967 já registrou um volume de matrículas de adultos quase 10 vezes maior que a de menores, aprendizes e candidatos a emprego em comércio e serviços.

O crescimento da atuação do Senac de São Paulo nas áreas de turismo e hospitalidade foi tão significativo que, já em 1968, seus técnicos foram chamados a prestar assessoria e assistência técnica a unidades do Senac em outros Estados da Federação, em especial para a implantação de cursos de formação inicial e aperfeiçoamento nessas áreas profissionais, com ênfase nos cursos de qualificação profissional para guias de turismo. O maior impulso à programação do Senac de São Paulo nas áreas do turismo e da hospitalidade, entretanto, veio a ocorrer em 1969, quando o Senac de São Paulo assinou um convênio com o governo do estado de São Paulo para instalar o seu primeiro hotel-escola no estado, no município de Águas de São Pedro. Nesse mesmo ano realizou, em São Paulo, o I Seminário Nacional de Turismo e Folclore e implantou o primeiro curso de técnico em turismo na cidade de São Paulo (Riema, 1979).

Em 1969, foi incluída na programação dos cursos de qualificação profissional do Senac de São Paulo, além dos cursos de guia de turismo em São Paulo, Santos e Campinas, o curso de técnico em turismo em São Paulo. Para as 75 vagas previstas para esse primeiro curso de técnico em turismo, inscreveram-se 220 candidatos e foram indicados e matriculados apenas 51 alunos[2].

A programação de 1970 já se apresenta significativamente diversificada na área de turismo, incluindo, além dos cursos de técnico em turismo e de qualificação profissional de guia de turismo, também os cursos de qualificação de recepcionista de turismo em São Paulo e os estágios ocupacionais, nas áreas da hotelaria e turismo, no Hotel Escola Senac de Águas de São Pedro[3].

[2] Relatório Anual das Atividades do Senac de São Paulo no ano de 1969.

[3] Idem, no ano de 1970.

O Hotel Escola Senac de Águas de São Pedro foi inaugurado em 1970, representando um marco fundamental para a programação do Senac de São Paulo nas áreas de turismo e hospitalidade. Os primeiros cursos implantados no Hotel Escola de Águas de São Pedro foram os de qualificação profissional de garçom, cozinheiro e recepcionista de hotel, além dos programas de treinamento e cursos de aperfeiçoamento para profissionais diversos, das áreas de turismo e hospitalidade.

Em 1973, o Senac de São Paulo iniciou um amplo trabalho de reestruturação de toda a programação educacional da entidade, objetivando sua adequação às novas normas do Sistema Educacional Brasileiro, em especial no que se refere à modalidade ensino supletivo, prevista na Lei Federal nº 5.692 de 1971, de reforma dos ensinos de primeiro e segundo graus, dando-lhes caráter profissionalizante, de orientação para o trabalho no ensino de primeiro grau e de habilitação profissional no ensino de segundo grau.

Com a implantação da profissionalização obrigatória no ensino regular de primeiro e segundo graus, o Senac de São Paulo decidiu orientar prioritariamente a sua programação para o ensino supletivo, diversificando-a, em termos de cursos de aprendizagem, qualificação profissional e suprimento, na forma de cursos e programas de especialização, atualização e aperfeiçoamento, de acordo com a Resolução nº 30 de 1972, do Conselho Estadual de Educação de São Paulo, e artigos 24 a 28 da Lei Federal nº 5.692, de 11 de agosto de 1971. Os cursos regulares de técnico de nível médio foram reestruturados para adequação às normas regulamentares decorrentes da implantação das novas Diretrizes e Bases definidas pela Lei Federal nº 5.692 de 1971.

O artigo 3º da Lei Federal nº 5.692 de 1971 previa que os sistemas de ensino estimulassem "a entrosagem e a intercomplementaridade dos estabelecimentos de ensino entre si ou com outras instituições sociais, a fim de aproveitar a capacidade ociosa de uns para suprir deficiências de outros" (Brasil, 1971). Nesse sentido, em 1973, foi assinado um convênio de intercomplementaridade entre o Senac de São Paulo e a Secretaria Estadual de Educação de São Paulo para a oferta de cursos regulares de segundo grau, em que os estabelecimentos de ensino da rede pública estadual respondiam pela parte da educação geral, do chamado núcleo comum, e os centros de formação profissional do Senac respondiam pela parte especial do currículo, de natureza profissional. O diploma seria expedido pelo Senac, à vista dos resultados obtidos tanto na habilitação profissional cursada no Senac quanto no ensino de segundo grau, cursado no estabelecimento de ensino conveniado, da rede pública da Secretaria Estadual de Educação.

Tive a honra de ter sido um dos coordenadores da execução do convênio de intercomplementaridade entre o Senac e a Secretaria Estadual de Educação, ao lado do professor José Antonio Küller, pelo Senac, e dos professores Henrique da Silva Cabrera e Cléstenes dos Reis, pela Secretaria Estadual de Educação, nomeados para a função em 13 de agosto de 1973, por Resolução da Secretária de Educação, Dra. Esther de Figueiredo Ferraz. O professor Cléstenes dos Reis foi, posteriormente, substituído pelo professor Lázaro do Carmo Prestes Miramontes.

Esse convênio de intercomplementaridade envolvia, em todas as localidades onde foi implantado, o centro de educação profissional do Senac, com a oferta de uma ou mais habilitações profissionais e um ou mais estabelecimentos de ensino da rede púbica estadual de ensino de segundo grau. Assim, foram implantadas três habilitações profissionais em Araraquara, entrosadas com quatro escolas estaduais; quatro habilitações profissionais em Bauru, envolvendo duas escolas estaduais; duas habilitações profissionais em Botucatu, com duas escolas estaduais; três habilitações profissionais em Campinas, com quatro escolas estaduais; duas habilitações profissionais em Marília, com uma escola estadual; duas habilitações profissionais em Ribeirão Preto, com duas escolas estaduais; três habilitações profissionais em Santos, com três escolas estaduais; duas habilitações profissionais em Santo André, com duas escolas estaduais; duas habilitações profissionais em São Carlos, com duas escolas estaduais; quatro habilitações profissionais em São José do Rio Preto, com uma escola estadual, e duas habilitações profissionais em Taubaté, com uma escola estadual.

Esse convênio de intercomplementaridade entre o Senac de São Paulo e a Secretaria Estadual de Educação de São Paulo envolveu 11 centros de formação profissional do Senac de São Paulo e 24 escolas de segundo grau, da rede pública estadual de ensino, em 11 cidades do estado, oferecendo 29 habilitações profissionais a um total de 2.585 alunos do segundo grau, que obtiveram seus diplomas de técnico em decorrência de terem cursado, com aproveitamento, seus cursos técnicos de segundo grau em regime de intercomplementaridade entre o Senac de São Paulo e a Secretaria Estadual de Educação de São Paulo.

O referido convênio de intercomplementaridade foi assinado em 18 de janeiro de 1973, tendo sido anteriormente aprovado pelo Conselho Estadual de Educação, em 10 de janeiro de 1973, pelo Parecer CEE nº 85 de 1973. Durante o ano de 1973 "foram constituídas comissões locais em 11 cidades do Estado de São Paulo, para elaboração dos planos de ação intercomplementar, visando à seleção das habilitações profissionais a serem oferecidas, assim como à fixação das condições operacionais do referido convênio, inclusive quanto ao número de alunos que seriam atendidos, inicialmente, quer oriundos das escolas da rede estadual de ensino de segundo grau, quer oriundos da rede de unidades educacionais do Senac, dentro do regime de reciprocidade previsto pelo ajuste". A metodologia utilizada para o desenvolvimento desse trabalho, por parte da comissão coordenadora da execução do convênio de intercomplementaridade SE/Senac, foi a da Ação Comunitária, envolvendo no debate todas as escolas oficiais de segundo grau da cidade, bem como todas as lideranças formais e informais do município.

A área do turismo foi contemplada nesse convênio de intercomplementaridade com a oferta de quase 500 vagas do curso de técnico em turismo, nas cidades de Campinas e de Santos, envolvendo dois centros de educação profissional do Senac e sete escolas de ensino de segundo grau da rede estadual de ensino, sendo três na cidade de Santos e quatro em Campinas. Um dos alunos desse pioneiro programa desenvolvido em regime de intercomplementaridade SE/Senac, na cidade de Campinas, foi o professor Luiz Gonzaga Godoi Trigo, docente da Pontifícia Universidade Católica de Campinas, que também foi funcionário do Senac de São Paulo em Águas de São Pedro e em São Paulo, onde acabou se tornando meu substituto na Assessoria Técnica de Educação, sendo atualmente professor na Universidade de São Paulo (USP-Leste).

O convênio de intercomplementaridade SE/Senac foi apreciado pelo Conselho Estadual de Educação de São Paulo, inicialmente, pelo Conselheiro Hilário Torloni, no âmbito do Processo CEE nº 618 de 1974, posteriormente relatado na Comissão de Legislação e Normas do Colegiado pelo professor Osvaldo A. Bandeira de Mello, dando a origem ao Parecer CEE nº 89 de 1975, que encaminhou o assunto à apreciação da Comissão de Planejamento do Colegiado, onde foi aprovado, convalidando-se todos os atos escolares praticados desde 1874, por força do Parecer CEE nº 2964 de 22 de outubro de 1975, relatado pelo Conselheiro Erasmo de Freitas Nuzzi, que acompanhou de perto todo esse importante trabalho, uma vez que, à época, era também o coordenador do ensino técnico da Secretaria Estadual da Educação. A deliberação plenária do Conselho Estadual de Educação, que consolidou a aprovação de todos os atos praticados no âmbito do convênio de intercomplementaridade SE/Senac, foi publicada no Diário Oficial do Estado de São Paulo em 24 de outubro de 1975, p. 22-23.

O primeiro termo de aditamento ao convênio de intercomplementaridade SE/Senac, com vigência nos anos de 1874 a 1978, atendeu, no seu conjunto, um total de 10.998 alunos, sendo 12.552 concluintes com aprovação em 29 cursos e sete diferentes habilitações profissionais, envolvendo 11 unidades educacionais do Senac de São Paulo e 24 escolas estaduais de segundo grau[4]. O segundo termo de aditamento ao referido convênio, com vigência no período de 1978 a 1982, atendendo a mais de 12 mil alunos, envolveu a execução de seis diferentes programas, a saber: iniciação para o trabalho; antecipação da qualificação profissional; habilitação profissional planejada de forma modular e flexível, incluindo habilitações parciais; exames supletivos profissionalizantes; cursos de aperfeiçoamento profissional e programas de informação profissional.

A excelência do trabalho desenvolvido no âmbito do convênio de intercomplementaridade SE/Senac possibilitou que a Secretaria Estadual de Educação constituísse um grupo de trabalho no âmbito daquela Secretaria de Estado, sob coordenação da professora Rosa Tedescho Manso Vieira, para a produção de um "Manual de instruções para a implantação do ensino de segundo grau em regime de intercomplementaridade"[5]. O referido manual

[4] Relatório da Comissão de Execução do Convênio de Intercomplementaridade SE/Senac – São Paulo, 1978.

[5] O documento elaborado pela professora Rosa Tedescho Manso Vieira orienta no sentido de que, para a determinação das habilitações profissionais a serem oferecidas à comunidade, em regime de intercomplementaridade, será necessário coordenar: tendências da comunidade, possibilidades das escolas, interesses e necessidades dos educandos.

de instruções não chegou a ser concluído em função do término do mandato da professora Esther de Figueiredo Ferraz como titular da Secretaria Estadual de Educação de São Paulo.

Até 1978, os carros-chefes da programação educacional do Senac de São Paulo na área do turismo eram os cursos de Qualificação Profissional de Guia de Turismo e de Programador de Excursão, oferecidos em todo o estado, os cursos de Qualificação Profissional de Emissor de Passagens, setores nacional e internacional, desenvolvidos na cidade de São Paulo, e os dois cursos de Técnico em Turismo, habilitações profissionais de segundo grau, desenvolvidos em Santos e em Campinas, em regime de intercomplementaridade entre o Senac de São Paulo e a Secretaria Estadual de Educação de São Paulo.

Em 1978, o Senac de São Paulo deu grande impulso às suas programações nas áreas de turismo e hospitalidade. Para tanto, firmou vários convênios internacionais de cooperação técnica, para aprofundar o conhecimento institucional na área, desenvolver *know-how* próprio e criar condições efetivas para uma reestruturação programática que fizesse a diferença na área da educação profissional para as áreas do turismo e da hotelaria. Foram firmados convênios de cooperação técnica com as Escolas de Hotelaria de Lausane e de Glion, na Suíça; com a Cornell University, nos Estados Unidos da América do Norte, e com o Instituto de Hotelaria Jean Drouand, de Paris, na França. O mais significativo desses convênios de cooperação técnica, entretanto, foi o celebrado com a OIT – Organização Internacional do Trabalho, o qual possibilitou o envio ao Brasil, por parte da OIT, de um perito em hotelaria e turismo, o professor Antonin Joseph Finochiaro, o qual, em parceria com uma equipe de especialistas brasileiros, tanto do Senac de São Paulo quanto do Departamento Nacional do Senac, promoveu um amplo estudo da estrutura ocupacional da área turístico-hoteleira no Brasil, a partir do qual foram propostas novas programações a curto, médio e longo prazos, por intermédio dos chamados "Planos Diretores de Turismo e Hotelaria", dando forma a uma profunda reestruturação programática de todos os cursos oferecidos pelo Senac de São Paulo nos vários níveis e modalidades de ensino, buscando maior adequação dessa programação com as reais demandas do mercado de trabalho e da sociedade brasileira.

O primeiro grande impulso para o desenvolvimento da programação nos setores de turismo e hospitalidade, no âmbito do esforço concentrado de modernização da programação da entidade, deu-se com a criação e instalação, ainda em 1988, do Ceatel – Centro de Estudos de Administração em Turismo e Hotelaria. O Ceatel foi criado com o objetivo de prestar assistência técnica às empresas das áreas do turismo e da hotelaria na implantação de programas de desenvolvimento de pessoal, bem como desenvolver programas pioneiros em termos de cursos técnicos e superiores nas áreas de turismo e hotelaria. Foi justamente no âmbito do Ceatel que nasceu o primeiro curso superior do Senac de São Paulo, o de Tecnologia em Hotelaria, implantado em 1989, uma vez que foi autorizado a funcionar pelo Decreto Federal nº 97.333 de 21 de dezembro de 1988, publicado no Diário Oficial da União no dia seguinte.

A implantação desse curso superior de Tecnologia em Hotelaria na cidade de São Paulo, no âmbito do Ceatel, em regime de cooperação técnica com o Hotel Escola Senac de Águas de São Pedro, onde eram desenvolvidas as atividades de prática profissional e de estágio supervisionado dos alunos do curso, seguia orientação expressa do primeiro Plano Diretor de Turismo e Hotelaria elaborado pelo Senac de São Paulo para a década de 1980, como um dos produtos do convênio de cooperação técnica celebrado com a OIT (Senac, 1984; 1990).

Na área de turismo, o primeiro Plano Diretor previa, a curto prazo, concentrar-se na melhoria qualitativa dos cursos existentes: Qualificação Profissional de Guia de Turismo, de Programador de Excursão e de Emissor de Passagens – setor nacional e setor internacional, bem como Habilitação Profissional de Técnico em Turismo. Paralelamente, o Plano previa a reestruturação dos programas de atualização, aperfeiçoamento e especialização para profissionais do setor turístico, especialmente em relação às profissões para as quais o Senac de São Paulo já oferecia programas de qualificação profissional nos níveis básico e técnico. A médio prazo, o Plano previa a ampliação de estudos do mercado turístico, visando à obtenção de dados quantitativos e qualitativos que orientassem a expansão da atuação do Senac na área, prevendo, a longo prazo, o incremento dos cursos técnicos e a implantação de curso superior de turismo.

Na área da hotelaria, o primeiro Plano Diretor previa, a curto e médio prazos, consolidar a programação já existente do ponto de vista da qualidade técnica e administrativa, buscando ampliar a gama de cursos oferecidos, do nível básico ao superior, "garantindo-se um padrão qualitativo superior, tanto nos cursos básicos, quanto nos cursos desenvolvidos em nível do segundo grau (médio) como do terceiro grau (superior), atendendo mais adequadamente às exigências do mercado de trabalho em relação à capacitação de profissionais de nível gerencial, médio e superior".

O primeiro Plano Diretor de Turismo e Hotelaria contemplava ações a serem implementadas pelas principais unidades educacionais do Senac de São Paulo com atuação nas áreas de turismo e hotelaria, quais sejam: Ceatel, Hotel Escola do Grande Hotel de Águas de São Pedro e Hotel Escola do Grande Hotel de Campos do Jordão. Em relação ao setor turístico, o primeiro Plano Diretor previa a revisão dos planos de curso de Qualificação Profissional de Guia de Turismo, Programador de Excursões e Emissor de Passagens, setores nacional e internacional; o estabelecimento de uma nova programação de cursos de aperfeiçoamento e de especialização profissional; o incremento da oferta de cursos técnicos e de nível superior; a realização de "seminários sobre aspectos técnicos, tecnológicos, econômicos e psicossociais ligados às atividades turísticas, destinadas principalmente à classe empresarial e aos níveis gerencial e técnico-gerencial, visando à atualização, ao aperfeiçoamento e à sensibilização profissional desses segmentos de mercado", bem como a "organização de encontros do setor, junto com órgãos e associações de classe, com a finalidade principal de promover as atividades do Senac no setor turístico" e a "criação de um curso de nível superior para qualificação de gerentes técnico-operacionais de agências de viagens" (Senac, 1984).

O segundo Plano Diretor de Turismo e Hotelaria do Senac de São Paulo, para o período de 1990 a 2000, considera que "o tripé do turismo é formado pela hospedagem (hotéis, pousadas, *flats*, etc.), transporte (terrestre, aéreo e marítimo) e serviços (agências de viagens, restaurantes, lojas, etc.)" (Senac, 2000). Um dos principais projetos desenvolvidos no âmbito desse segundo Plano Diretor de Turismo e Hotelaria do Senac de São Paulo, ao lado da expansão e da diversificação programática, incluindo novos cursos de nível técnico e superior, foi o Projeto "Educação para o Turismo – uma campanha educativa para o século XXI", que objetivou "levar às comunidades com vocação turística – e principalmente aos seus estudantes – as reflexões, seguidas de ações, sobre as vantagens e benefícios que o turismo pode trazer ao país e às suas comunidades em especial" (Senac, 2000). O ponto alto da atuação do Senac nesse período, entretanto, é a inauguração da Escola de Hotelaria do Grande Hotel de Campos de Jordão, um dos marcos da educação hoteleira e turística e do desenvolvimento da hotelaria paulista e nacional.

A educação superior no Senac de São Paulo, nas áreas de turismo e hotelaria, merece destaque especial, uma vez que exerceu grande influência no próprio desenvolvimento da educação superior paulista na área. Teve início com a aprovação do primeiro curso superior de Tecnologia em Hotelaria, no ano de 1988, pelo Decreto Federal nº 97.333 de 1988, no âmbito do primeiro Plano Diretor de Turismo e Hotelaria, com o objetivo de ampliar a atuação do Senac de São Paulo no atendimento a todas as ocupações da estrutura ocupacional dos setores turístico e hoteleiro, de forma a possibilitar que a entidade pudesse atender a toda a demanda de educação profissional, do nível básico ao mais alto nível da pós-graduação.

Ao primeiro curso de tecnologia em hotelaria, implantado de forma pioneira em 1988, parte dele em São Paulo e parte no Hotel Escola de Águas de São Pedro, seguiram-se outros cursos superiores na área, tanto em São Paulo e Águas de São Pedro, quanto no Hotel Escola de Campos de Jordão. Merecem destaque, a título de exemplo, os novos cursos de Tecnologia em Turismo (Portaria MEC nº 686, de 8 de julho de 1998), Tecnologia em Gastronomia (Portaria MEC nº 604, de 3 de agosto de 2000, para Águas de São Pedro e Portaria MEC nº 1.962, de 6 de julho de 2004, para São Paulo) e Tecnologia em Hotelaria, específico para Águas de São Pedro (Portaria MEC nº 2.256, de 19 de dezembro de 1997), além do curso de Bacharelado em Hotelaria, autorizado a funcionar pela Portaria MEC nº 201, de 6 de março de 1998.

Para concluir este pequeno painel sobre a educação profissional para o turismo e a hotelaria no Senac de São Paulo, recuperando dados históricos de sua atuação ao longo de quase 59 anos de existência, é impossível deixar de fazer referência à Portaria MEC nº 2.677, de 2 de setembro de 2004, publicada no Diário Oficial do Estado de 3 de setembro de 2004, que autorizou o funcionamento do Centro Universitário do Senac de São Paulo, o qual, sem dúvida alguma, é a marca de uma nova época na programação educacional da entidade em termos de criação de condições efetivas para que ela possa atender à demanda por educação profissional e geração de conhecimento em comércio e serviços, entre os quais se incluem os setores turístico e hoteleiro, em todos os níveis de exigência de qualificação e de habilitação profissional: básico, auxiliar, técnico especialista, chefias médias, técnico gerencial – geral e especializado, graduação – tecnologia e bacharelado, gerencial superior – nos níveis de graduação e de pós- graduação, bem como toda a gama de programas de atualização, aperfeiçoamento e especialização profissional exigidos pelo mercado de trabalho e pela sociedade paulista e brasileira. Com isso, o Senac de São Paulo estará contribuindo para o desenvolvimento de uma educação profissional que aproveita plenamente a sinergia de sua programação educacional, beneficiando-se dos resultados do aprofundamento de estudos no nível superior para o aprimoramento das demais programações desenvolvidas nos níveis básicos e de técnico de nível médio. É o Senac de São Paulo desenvolvendo o conhecimento para os setores de Comércio e Serviços, no quais se incluem as áreas profissionais do Turismo e da Hotelaria, em benefício do aprimoramento dos programas de educação profissional dos cidadãos trabalhadores.

BIBLIOGRAFIA

1º Relatório Anual das Atividades do Senac em São Paulo, 1946.

CORDÃO, F. A. A pioneira universidade do ar. In: BARBOSA FILHO, A.; PIOVESAN, A.; BENETON, R. (orgs.). *Rádio – Sintonia do Futuro*. São Paulo: Paulinas, 2004.

RIEMA, J. C. K. *Apontamentos para a História do Senac*. São Paulo, Senac, 1979. Série Informação.

BRASIL. Lei Federal nº 5.692/71, 11 ago. 1971, Artigo 3º, alínea "b".

BRASIL. Conselho Estadual de Educação de São Paulo. Parecer CEE 2964/75. Relator: Erasmo de Freitas Nuzzi, 22 out. 1975.

Relatório da Comissão de Execução do Convênio de Intercomplementaridade SE/Senac. São Paulo: Senac, 1978.

SENAC. Plano Diretor de Turismo e Hotelaria (1985 a 1990). São Paulo: Senac, 1985.

SENAC. Segundo Plano Diretor de Turismo e Hotelaria (1990 a 2000). São Paulo: Senac, 2000.

Anotações

Anotações

85-7241-568-8

Índice Remissivo

As páginas seguidas pelas letras *q*, *t* e *f*, significam, respectivamente, quadro, tabela e figura.

85-7241-568-8

85-7241-568-8

85-7241-568-8

85-7241-568-8

S

T

85-7241-568-8

85-7241-568-8

U

V

Z

85-7241-568-8

Anotações

85-7241-568-8

Anotações

85-7241-568-8